〔唐〕房玄齡等 撰

晉書

中華書局

晉書

唐　房玄齡等撰

第二冊

卷一一至卷一八（志）

中華書局

出版說明

晉書一百三十卷，包括帝紀十卷，志二十卷，列傳七十卷，載記三十卷，唐房玄齡等撰。它的敍事從司馬懿開始，到劉裕取代東晉爲止，記載了西晉和東晉封建王朝的興亡史，並用「載記」形式，兼敍了割據政權「十六國」的事蹟。

晉書的修撰，從貞觀二十年（公元六四六年）開始，二十二年（公元六四八年）成書，歷時不到三年。參加編寫的前後二十一人，其中房玄齡、褚遂良、許敬宗三人爲監修，其餘十八人是令狐德棻、敬播、來濟、陸元仕、劉子翼、盧承基、李淳風、李義府、薛元超、上官儀、崔行功、辛丘馭、劉胤之、楊仁卿、李延壽、張文恭、李安期和李懷儼。天文、律曆、五行三志，出自李淳風之手；修史體例，是敬播擬訂的，没有流傳下來。由於李世民（唐太宗）曾給宣帝（司馬懿）、武帝（司馬炎）二紀及陸機、王羲之兩傳寫了四篇史論，所以又題「御撰」。

唐代以前寫成的晉史有二十多種，在唐初，除沈約、鄭忠、庾銑三家晉書已亡佚外，其餘都還存在，當時認爲「制作雖多，未能盡善」，所以李世民才下詔重修。在修撰晉書時所能見到的晉代文獻，除上述專史外，還有大量的詔令、儀注、起居注以及文集，可供採

擇的資料應當説是很豐富的。但此書的編撰者只用臧榮緒晉書作爲藍本，並兼採筆記小説的記載，稍加增飾。對於其他各家的晉史和有關史料，雖然也曾參考過，却没有充分利用和認真加以選擇考核。因此成書之後，卽受到當代人的指責，認爲它「好採詭謬碎事，以廣異聞；又所評論，競爲綺豔，不求篤實」。劉知幾在史通裏也批評它不重視史料的甄别去取，只追求文字的華麗。

李世民統治時代所修的前代史書，在晉書之外，還有梁、陳、北齊、周、隋五代史，何以李世民偏要選擇晉書來寫史論呢？這主要因爲西晉是個統一的王朝，它結束了三國時期幾十年的分裂局面。然而它的統一又是短暫的，不久就發生了中原地區的大混戰，此後便形成了東晉和十六國、南朝和北朝的長期對立。李世民作爲統一的唐朝的創業之君，很想對於晉朝的治亂興亡進行一番探索，作爲借鑑。正由於這個緣故，所以把西晉王朝的奠基人司馬懿和完成統一事業的司馬炎當作主要研究對象（關於陸機、王羲之的史論，主要着眼於他們的文學藝術成就，屬於另一種情況，姑置不論）。宣帝（司馬懿）、武帝（司馬炎）二紀的史論，雖然比較籠統，没有觸及晉朝治亂興衰的實質，但它指出司馬炎「居治而忘危」，「不知處廣以思狹」，「以新集易動之基，而無久安難拔之慮」，這些評論總算是看到了一些現象。

中華書局

由於晉書成於衆手，從歷史編纂學的角度來看，還存在不少問題，前後矛盾，失去照應，敍事錯誤、疏漏，指不勝屈。如馮紞傳說「紞兄恢，自有傳」，殷顗傳說「弟仲文、叔獻，別有傳」，而實際上書中並沒有馮恢傳和殷叔獻傳。李重傳說「重議之，見百官志」，其實本書沒有百官志，只有職官志，其中不載李重奏議。司馬彪傳說「語在郊祀志」，實際上本書沒有郊祀志，此事也不見於禮志。又如地理志僅詳於西晉的情況，永嘉以後到東晉時代的建置和演變則非常簡略，對於僑置郡縣也不加區分，以致混淆不清。至於敍事中人名、地名、官職、時間、地點的錯誤和歧異就更多，一部分在校勘記裏已經指出，這裏不再詳舉。雖然這部書是有缺點的，但由於唐代以前的諸家晉書已經失傳，它還是我們今天研究兩晉歷史的一部主要參考書，包含了不少可供我們利用的資料。如東晉末年孫恩、盧循所領導的大規模農民起義，儘管作者有嚴重歪曲，史實也有遺漏，但本傳中還是記述了起義的概況。對於晉朝統治者的貪鄙無恥，本書也有所揭露。如劉毅傳，反映了開國皇帝的出賣官職。武帝紀和愍懷太子、何曾、任愷、會稽王道子等傳，記載了從皇帝太子到大官僚的唯利是圖，驕奢淫逸。在石崇傳裏，我們還可以看到身爲荆州刺史的石崇竟公開搶劫，因而成爲巨富，擁有水碓三十餘區，家奴八百多人。在王戎傳，可以看到「園田水碓，周徧天下」的大官僚王戎，仍然「積實聚錢，不知紀極，每自執牙籌，晝夜算計，恒若不足」的貪婪

醜態。文苑王沈傳中的釋時論和隱逸魯褒傳中的錢神論，則把當時統治階級無耻鑽營、貪財好利的醜惡本性，作了淋漓盡致的諷刺和嘲弄。在志的部分，如食貨志從三國時代敍起，大體彌補了三國志無志的缺憾；律曆志所記幾種曆法，是我國科學史上的重要資料；因崔鴻的十六國春秋已經亡佚，三十卷載記成爲了解十六國漢族、少數族之間的階級鬥爭、民族鬥爭和民族融合的重要史料。

我們這次點校，以金陵書局本爲工作本，與宋本（卽百衲本）、清武英殿本互校，並參考了元二十二字本（卽元大德九路刊本）、明南北監本、吳本（卽吳琯西爽堂本）、周本（卽周若年刊本）、毛本（卽毛晉汲古閣本）。版本間的文字歧異，擇善而從，不出校記。但各本皆誤，唯一二本爲是的，仍作說明。

前人成果，利用較多的有張熷讀史舉正、盧文弨羣書拾補、王鳴盛十七史商榷、錢大昕二十二史考異及諸史拾遺、洪頤煊諸史考異、勞格晉書校勘記、李慈銘晉書札記、周家祿晉書校勘記、丁國鈞晉書校文、張元濟和張森楷的晉書校勘記（這兩種都是未刊稿）以及吳仕鑑晉書斠注等。此外，還參閱了三國志、宋書、魏書、南史、華陽國志、建康實錄、通典、通志、資治通鑑以及藝文類聚、北堂書鈔、太平御覽、册府元龜等，校正了有關部分。書中的避諱字，天干「丙」字，唐人諱改爲「景」，現一律改回。其他避諱字，一

般不改，只在第一次出現時寫出校記。

全書總目，爲便於檢閱，加以重編。晉書音義三卷，唐代何超撰，對閱讀晉書有一些參考價值，今與修晉書詔一併附於書後。

本書點校初稿由吳則虞同志擔任。載記部分，曾經唐長孺同志覆閱修改。先後參加全書編輯整理工作的，有楊伯峻、吳翊如、汪紹楹、丁曉先、張忱石諸同志。限於水平，錯誤在所難免，望讀者隨時指正，以便再版時修正。

中華書局編輯部

晉書目錄

晉書卷一

帝紀第一

宣帝

宣皇帝諱懿，字仲達，河內溫縣孝敬里人，姓司馬氏。其先出自帝高陽之子重黎，爲夏官祝融。歷唐、虞、夏、商，世序其職。及周，以夏官爲司馬。其後程伯休父，周宣王時，以世官克平徐方，錫以官族，因而爲氏。楚漢間，司馬卬爲趙將，與諸侯伐秦。秦亡，立爲殷王，都河內。漢以其地爲郡，子孫遂家焉。自卬八世，生征西將軍鈞，字叔平。鈞生豫章太守量，字公度。量生潁川太守儁，字元異。儁生京兆尹防，字建公。帝卽防之第二子也。少有奇節，聰朗多大略，博學洽聞，伏膺儒教。漢末大亂，常慨然有憂天下心。南陽太守同郡楊俊名知人，〔一〕見帝，未弱冠，以爲非常之器。尚書清河崔琰與帝兄朗善，亦謂朗曰：「君弟聰亮明允，剛斷英特，非子所及也。」

漢建安六年，郡舉上計掾。魏武帝爲司空，聞而辟之。帝知漢運方微，不欲屈節曹氏，辭以風痹，不能起居。魏武使人夜往密刺之，帝堅臥不動。及魏武爲丞相，又辟爲文學掾，敕行者曰：「若復盤桓，便收之。」帝懼而就職。於是使與太子游處，遷黃門侍郎，轉議郎、丞相東曹屬，尋轉主簿。

從討張魯，言於魏武曰：「劉備以詐力虜劉璋，蜀人未附而遠爭江陵，此機不可失也。今若曜威漢中，益州震動，進兵臨之，勢必瓦解。因此之勢，易爲功力。聖人不能違時，亦不失時矣。」魏武曰：「人苦無足，既得隴右，復欲得蜀！」言竟不從。既而從討孫權，破之。軍還，權遣使乞降，上表稱臣，陳說天命。魏武帝曰：「此兒欲踞吾著爐炭上邪！」答曰：「漢運垂終，殿下十分天下而有其九，以服事之。權之稱臣，天人之意也。虞、夏、殷、周不以謙讓者，畏天知命也。」

魏國既建，遷太子中庶子。每與大謀，輒有奇策，爲太子所信重，與陳羣、吳質、朱鑠號曰四友。

遷爲軍司馬，言於魏武曰：「昔箕子陳謀，以食爲首。今天下不耕者蓋二十餘萬，非經國遠籌也。雖戎甲未卷，自宜且耕且守。」魏武納之，於是務農積穀，國用豐贍。帝又言荆州刺史胡脩粗暴，南鄉太守傅方驕奢，並不可居邊。魏武不之察。及蜀將關羽圍曹仁於樊，于禁等七軍皆沒，脩、方果降羽，而仁圍甚急焉。

是時漢帝都許昌，魏武以爲近賊，欲徙河北。帝諫曰：「禁等爲水所沒，非戰守之所失，於國家大計未有所損，而便遷都，既示敵以弱，又淮沔之人大不安矣。孫權、劉備，外親內疏，羽之得意，權所不願也。可喻權所，令掎其後，則樊圍自解。」魏武從之。權果遣將呂蒙西襲公安，拔之，羽遂爲蒙所獲。

魏武以荆州遺黎及屯田在潁川者逼近南寇，[三]皆欲徙之。帝曰：「荆楚輕脫，易動難安。關羽新破，諸爲惡者藏竄觀望。今徙其善者，既傷其意，將令去者不敢復還。」從之。其後諸亡者悉復業。

及魏武薨于洛陽，朝野危懼。帝綱紀喪事，內外肅然。乃奉梓宮還鄴。

魏文帝卽位，封河津亭侯，轉丞相長史。會孫權帥兵西過，朝議以樊、襄陽無穀，不可以禦寇。時曹仁鎭襄陽，請召仁還宛。帝曰：「孫權新破關羽，此其欲自結之時也，必不敢爲患。襄陽水陸之衝，禦寇要害，不可棄也。」言竟不從。仁遂焚棄二城，權果不爲寇，魏文悔之。

及魏受漢禪，以帝爲尚書。頃之，轉督軍、御史中丞，封安國鄉侯。

黃初二年，督軍官罷，遷侍中、尚書右僕射。

五年，天子南巡，觀兵吳疆。帝留鎭許昌，改封向鄉侯，轉撫軍、假節，領兵五千，加給事中、錄尚書事。帝固辭。天子曰：「吾於庶事，以夜繼晝，無須臾寧息。此非以爲榮，乃分憂耳。」

六年，天子復大興舟師征吳，復命帝居守，內鎭百姓，外供軍資。臨行，詔曰：「吾深以後事爲念，故以委卿。曹參雖有戰功，而蕭何爲重。使吾無西顧之憂，不亦可乎！」天子自廣陵還洛陽，詔帝曰：「吾東，撫軍當總西事；吾西，撫軍當總東事。」於是帝留鎭許昌。

及天子疾篤，帝與曹眞、陳羣等見於崇華殿之南堂，並受顧命輔政。詔太子曰：「有間此三公者，愼勿疑之。」明帝卽位，改封舞陽侯。

及孫權圍江夏，遣其將諸葛瑾、張霸幷攻襄陽，帝督諸軍討權，走之。進擊，敗瑾，斬霸，幷首級千餘。遷驃騎將軍。

太和元年六月，天子詔帝屯于宛，加督荆、豫二州諸軍事。

初，蜀將孟達之降也，魏朝遇之甚厚。帝以達言行傾巧不可任，驟諫不見聽，乃以達領新城太守，封侯，假節。達於是連吳固蜀，潛圖中國。蜀相諸葛亮惡其反覆，又慮其爲患。達與魏興太守申儀有隙，亮欲促其事，乃遣郭模詐降，過儀，因漏泄其謀。達聞其謀漏泄，將舉兵。帝恐達速發，以書喻之曰：「將軍昔棄劉備，託身國家，國家委將軍以疆埸之任，任將軍以圖蜀之事，可謂心貫白日。蜀人愚智，莫不切齒於將軍。諸葛亮欲相破，惟苦無路耳。模之所言，非小事也，亮豈輕之而令宣露，此殆易知耳。」達得書大喜，猶與不決。帝乃潛軍進討。諸將言達與二賊交構，宜觀望而後動。帝曰：「達無信義，此其相疑之時也，當及其未定促決之。」乃倍道兼行，八日到其城下。吳蜀各遣其將向西城安橋、木闌塞以救達，帝分諸將以距之。

初，達與亮書曰：「宛去洛八百里，去吾一千二百里，聞吾舉事，當表上天子，比相反覆，一月間也，則吾城已固，諸軍足辦。則吾所在深險，司馬公必不自來；諸將來，吾無患矣。」及兵到，達又告亮曰：「吾舉事八日，而兵至城下，何其神速也！」上庸城三面阻水，達於城外爲木栅以自固。[三]帝渡水，破其栅，直造城下。八道攻之，旬有六日，達甥鄧賢、將李輔等

開門出降。斬達，傳首京師。俘獲萬餘人，振旅還于宛。乃勸農桑，禁浮費，南土悅附焉。

初，申儀久在魏興，專威疆埸，輒承制刻印，多所假授。達既誅，有自疑心。時諸郡守以帝新克捷，奉禮求賀，皆聽之。帝使人諷儀，儀至，問承制狀，執之，歸于京師。又徙孟達餘衆七千餘家於幽州。蜀將姚靜、鄭他等帥其屬七千餘人來降。

時邊郡新附，多無戶名，魏朝欲加隱實。屬帝朝於京師，天子訪之於帝。帝對曰：「賊以密網束下，故下棄之。宜弘以大綱，則自然安樂。」又問二虜宜討，何者爲先？對曰：「吳以中國不習水戰，故敢散居東關。凡攻敵，必扼其喉而搗其心。夏口、東關，賊之心喉。若爲陸軍以向皖城，引權東下，爲水戰軍向夏口，乘其虛而擊之，此神兵從天而墮，破之必矣。」天子並然之，復命帝屯於宛。

四年，遷大將軍，加大都督、假黃鉞，與曹眞伐蜀。帝自西城斫山開道，水陸並進，泝沔而上，至於朐䏰，拔其新豐縣。軍次丹口，遇雨，班師。

明年，諸葛亮寇天水，圍將軍賈嗣、魏平於祁山。天子曰：「西方有事，非君莫可付者。」乃使帝西屯長安，都督雍、梁二州諸軍事，[四]統車騎將軍張郃、後將軍費曜、征蜀護軍戴

淩、雍州刺史郭淮等討亮。張郃勸帝分軍住雍、郿爲後鎮，帝曰：「料前軍獨能當之者，將軍言是也。若不能當，而分爲前後，此楚之三軍所以爲黥布禽也。」遂進軍隃麋。亮聞大軍且至，乃自帥衆將芟上邽之麥。諸將皆懼，帝曰：「亮慮多決少，必安營自固，然後芟麥，吾得二日兼行足矣。」於是卷甲晨夜赴之，亮望塵而遁。帝曰：「吾倍道疲勞，此曉兵者之所貪也。亮不敢據渭水，此易與耳。」進次漢陽，與亮相遇，帝列陣以待之。使將牛金輕騎餌之，兵才接而亮退，追至祁山。亮屯鹵城，據南北二山，斷水爲重圍。帝攻拔其圍，亮宵遁，追擊破之，俘斬萬計。天子使使者勞軍，增封邑。

時軍師杜襲、督軍薛悌皆言明年麥熟，亮必爲寇，隴右無穀，宜及冬豫運。帝曰：「亮再出祁山，一攻陳倉，挫衄而反。縱其後出，不復攻城，當求野戰，必在隴東，不在西也。亮每以糧少爲恨，歸必積穀，以吾料之，非三稔不能動矣。」於是表徙冀州農夫佃上邽，興京兆、天水、南安監治。

青龍元年，穿成國渠，築臨晉陂，溉田數千頃，國以充實焉。

二年，亮又率衆十餘萬出斜谷，壘于郿之渭水南原。天子憂之，遣征蜀護軍秦朗督步

騎二萬，受帝節度。諸將欲住渭北以待之，帝曰：「百姓積聚皆在渭南，此必爭之地也。」遂引軍而濟，背水爲壘。因謂諸將曰：「亮若勇者，當出武功，依山而東。若西上五丈原，則諸軍無事矣。」亮果上原，將北渡渭，帝遣將軍周當屯陽遂以餌之。數日，亮不動。帝曰：「亮欲爭原而不向陽遂，此意可知也。」遣將軍胡遵、雍州刺史郭淮共備陽遂，與亮會于積石。臨原而戰，亮不得進，還於五丈原。會有長星墜亮之壘，帝知其必敗，遣奇兵掎亮之後，斬五百餘級，獲生口千餘，降者六百餘人。

時朝廷以亮僑軍遠寇，利在急戰，每命帝持重，以候其變。亮數挑戰，帝不出，因遺帝巾幗婦人之飾。帝怒，表請決戰，天子不許，乃遣骨鯁臣衞尉辛毗杖節爲軍師以制之。後亮復來挑戰，帝將出兵以應之，毗杖節立軍門，帝乃止。初，蜀將姜維聞毗來，謂亮曰：「辛毗杖節而至，賊不復出矣。」亮曰：「彼本無戰心，所以固請者，以示武于其衆耳。將在軍，君命有所不受，苟能制吾，豈千里而請戰邪！」

帝弟孚書問軍事，帝復書曰：「亮志大而不見機，多謀而少決，好兵而無權，雖提卒十萬，已墮吾畫中，破之必矣。」與之對壘百餘日，會亮病卒，諸將燒營遁走，百姓奔告，帝出兵追之。亮長史楊儀反旗鳴鼓，若將距帝者。帝以窮寇不之逼，於是楊儀結陣而去。經日，乃行其營壘，觀其遺事，獲其圖書、糧穀甚衆。帝審其必死，曰：「天下奇才也。」辛毗以爲尚

未可知。帝曰：「軍家所重，軍書密計、兵馬糧穀，今皆棄之，豈有人捐其五藏而可以生乎？宜急追之。」關中多蒺蔾，帝使軍士二千人著軟材平底木屐前行，蒺蔾悉著屐，然後馬步俱進。追到赤岸，乃知亮死審問。時百姓爲之諺曰：「死諸葛走生仲達。」帝聞而笑曰：「吾便料生，不便料死故也。」

先是，亮使至，帝問曰：「諸葛公起居何如，食可幾米？」〔五〕對曰：「三四升。」次問政事，曰：「二十罰已上皆自省覽。」帝既而告人曰：「諸葛孔明其能久乎！」竟如其言。亮部將楊儀、魏延爭權，儀斬延，并其衆。帝欲乘隙而進，有詔不許。

三年，遷太尉，累增封邑。蜀將馬岱入寇，帝遣將軍牛金擊走之，斬千餘級。武都氐王苻雙、强端帥其屬六千餘人來降。〔六〕

關東饑，帝運長安粟五百萬斛輸於京師。

四年，獲白鹿，獻之。天子曰：「昔周公旦輔成王，有素雉之貢。今君受陜西之任，有白鹿之獻，豈非忠誠協符，千載同契，俾乂邦家，以永厥休邪！」

及遼東太守公孫文懿反，徵帝詣京師。天子曰：「此不足以勞君，事欲必克，故以相煩

耳。君度其作何計？」對曰：「棄城預走，上計也。據遼水以距大軍，次計也。坐守襄平，此成擒耳。」天子曰：「其計將安出？」對曰：「惟明者能深度彼己，豫有所棄，此非其所及也。今懸軍遠征，將謂不能持久，必先距遼水而後守，此中、下計也。」天子曰：「往還幾時？」對曰：「往百日，還百日，攻百日，以六十日爲休息，一年足矣。」

是時大修宮室，加之以軍旅，百姓饑弊。帝將卽戎，乃諫曰：「昔周公營洛邑，蕭何造未央，今宮室未備，臣之責也。然自河以北，百姓困窮，外內有役，勢不並興，宜假絕內務，以救時急。」

景初二年，帥牛金、胡遵等步騎四萬，發自京都。車駕送出西明門，詔弟孚、子師送過溫，賜以穀帛牛酒，敕郡守典農以下皆往會焉。見父老故舊，讌飲累日。帝歎息，悵然有感，爲歌曰：「天地開闢，日月重光。遭遇際會，畢力遐方。將掃羣穢，還過故鄉。肅清萬里，總齊八荒。告成歸老，待罪舞陽。」遂進師，經孤竹，越碣石，次于遼水。文懿果遣步騎數萬，阻遼隧，堅壁而守，南北六七十里，以距帝。帝盛兵多張旗幟出其南，賊盡鋭赴之。乃泛舟潛濟以出其北，與賊營相逼，沈舟焚梁，傍遼水作長圍，棄賊而向襄平。諸將言曰：「不攻賊而作圍，非所以示衆也。」帝曰：「賊堅營高壘，欲以老吾兵也。攻之，正入其計，此王邑

所以恥過昆陽也。古人曰，敵雖高壘，不得不與我戰者，攻其所必救也。賊大衆在此，則巢窟虛矣。我直指襄平，則人懷內懼，懼而求戰，破之必矣。」遂整陣而過。賊見兵出其後，果邀之。帝謂諸將曰：「所以不攻其營，正欲致此，不可失也。」乃縱兵逆擊，大破之，三戰皆捷。賊保襄平，進軍圍之。

初，文懿聞魏師之出也，請救於孫權。權亦出兵遙爲之聲援，遺文懿書曰：「司馬公善用兵，變化若神，所向無前，深爲弟憂之。」

會霖潦，大水平地數尺，三軍恐，欲移營。帝令軍中敢有言徙者斬。都督令史張靜犯令，斬之，軍中乃定。賊恃水，樵牧自若。諸將欲取之，皆不聽。司馬陳珪曰：「昔攻上庸，八部並進，晝夜不息，故能一旬之半，拔堅城，斬孟達。今者遠來而更安緩，愚竊惑焉。」帝曰：「孟達衆少而食支一年，吾將士四倍于達而糧不淹月，以一月圖一年，安可不速？以四擊一，正令半解，猶當爲之。是以不計死傷，與糧競也。今賊衆我寡，賊飢我飽，水雨乃爾，功力不設，雖當促之，亦何所爲。自發京師，不憂賊攻，但恐賊走。今賊糧垂盡，而圍落未合，掠其牛馬，抄其樵采，此故驅之走也。夫兵者詭道，善因事變。賊憑衆恃雨，故雖飢困，未肯束手，當示無能以安之。取小利以驚之，非計也。」朝廷聞師遇雨，咸請召還。天子曰：「司馬公臨危制變，計日擒之矣。」既而雨止，遂合圍。起土山地道，楯櫓鉤橦，發矢石雨下，

晝夜攻之。

時有長星，色白，有芒鬣，自襄平城西南流于東北，墜於梁水，城中震慴。文懿大懼，乃使其所署相國王建、御史大夫柳甫乞降，請解圍面縛。不許，執建等，皆斬之。檄告文懿曰：「昔楚鄭列國，而鄭伯猶肉袒牽羊而迎之。孤爲王人，位則上公，而建等欲孤解圍退舍，豈楚鄭之謂邪！二人老耄，必傳言失旨，已相爲斬之。若意有未已，可更遣年少有明決者來。」文懿復遣侍中衞演乞剋日送任。帝謂演曰：「軍事大要有五，能戰當戰，不能戰當守，不能守當走，餘二事惟有降與死耳。汝不肯面縛，此爲決就死也，不須送任。」文懿攻南圍突出，帝縱兵擊敗之，斬于梁水之上星墜之所。既入城，立兩標以別新舊焉。男子年十五已上七千餘人皆殺之，以爲京觀。僞公卿已下皆伏誅，戮其將軍畢盛等二千餘人。收戶四萬，口三十餘萬。

初，文懿篡其叔父恭位而囚之。及將反，將軍綸直、賈範等苦諫，文懿皆殺之。帝乃釋恭之囚，封直等之墓，顯其遺嗣。令曰：「古之伐國，誅其鯨鯢而已，諸爲文懿所詿誤者，皆原之。中國人欲還舊鄉，恣聽之。」

時有兵士寒凍，乞襦，帝弗之與。或曰：「幸多故襦，可以賜之。」帝曰：「襦者官物，人臣無私施也。」乃奏軍人年六十已上者罷遣千餘人，將吏從軍死亡者致喪還家。遂班師。天子遣使者勞軍于薊，增封食昆陽，并前二縣。

初，帝至襄平，夢天子枕其膝，曰：「視吾面。」俛視有異於常，心惡之。先是，詔帝便道鎭關中；及次白屋，有詔召帝，三日之間，詔書五至。手詔曰：「間側息望到，到便直排閤入，視吾面。」帝大遽，乃乘追鋒車晝夜兼行，自白屋四百餘里，一宿而至。引入嘉福殿臥內，升御牀。帝流涕問疾，天子執帝手，目齊王曰：「以後事相託。死乃復可忍，吾忍死待君，得相見，無所復恨矣。」與大將軍曹爽並受遺詔輔少主。

及齊王卽帝位，遷侍中、持節、都督中外諸軍、錄尙書事，與爽各統兵三千人，共執朝政，更直殿中，乘輿入殿。爽欲使尙書奏事先由己，乃言於天子，徙帝爲大司馬。朝議以爲前後大司馬累薨於位，乃以帝爲太傅，入殿不趨，贊拜不名，劍履上殿，如漢蕭何故事。嫁娶喪葬取給於官，以世子師爲散騎常侍，子弟三人爲列侯，四人爲騎都尉。帝固讓子弟官不受。

正始元年春正月，〔七〕東倭重譯納貢，焉耆、危須諸國，弱水以南，鮮卑名王，皆遣使來獻。天子歸美宰輔，又增帝封邑。

初，魏明帝好修宮室，制度靡麗，百姓苦之。帝自遼東還，役者猶萬餘人，雕玩之物動

以千計。至是皆奏罷之，節用務農，天下欣賴焉。

二年夏五月，吳將全琮寇芍陂，朱然、孫倫圍樊城，諸葛瑾、步騭掠柤中，帝請自討之。議者咸言，賊遠來圍樊，不可卒拔。挫於堅城之下，有自破之勢，宜長策以御之。帝曰：「邊城受敵而安坐廟堂，疆埸騷動，衆心疑惑，是社稷之大憂也。」

六月，乃督諸軍南征，車駕送出津陽門。帝以南方暑溼，不宜持久，使輕騎挑之，然不敢動。於是休戰士，簡精銳，募先登，申號令，示必攻之勢。吳軍夜遁走，追至三州口，斬獲萬餘人，收其舟船軍資而還。天子遣侍中常侍勞軍于宛。

秋七月，增封食郾、臨潁，并前四縣，邑萬戶，子弟十一人皆爲列侯。帝勳德日盛，而謙恭愈甚。以太常常林鄉邑舊齒，見之每拜。恆戒子弟曰：「盛滿者道家之所忌，四時猶有推移，吾何德以堪之。損之又損之，庶可以免乎！」

三年春，天子追封謚皇考京兆尹爲舞陽成侯。

三月，奏穿廣漕渠，引河入汴，漑東南諸陂，始大佃於淮北。

先是，吳遣將諸葛恪屯皖，邊鄙苦之，帝欲自擊恪。議者多以賊據堅城，積穀，欲引致

官兵。今懸軍遠攻，其救必至，進退不易，未見其便。帝曰：「賊之所長者水也，今攻其城，以觀其變。若用其所長，棄城奔走，此爲廟勝也。若敢固守，湖水冬淺，船不得行，勢必棄水相救，由其所短，亦吾利也。」

四年秋九月，帝督諸軍擊諸葛恪，車駕送出津陽門。軍次於舒，恪焚燒積聚，棄城而遁。

帝以滅賊之要，在於積穀，乃大興屯守，廣開淮陽、百尺二渠，又修諸陂於潁之南北，萬餘頃。〔八〕自是淮北倉庾相望，壽陽至於京師，〔九〕農官屯兵連屬焉。

五年春正月，帝至自淮南，天子使持節勞軍。

尚書鄧颺、李勝等欲令曹爽建立功名，勸使伐蜀。帝止之，不可，爽果無功而還。

六年秋八月，曹爽毀中壘中堅營，以兵屬其弟中領軍羲。帝以先帝舊制禁之，不可。

冬十二月，天子詔帝朝會乘輿升殿。

七年春正月，吳寇柤中，夷夏萬餘家避寇北渡沔。帝以沔南近賊，若百姓奔還，必復致寇，宜權留之。曹爽曰：「今不能修守沔南而留百姓，非長策也。」帝曰：「不然。凡物致之安地則安，危地則危。故兵書曰『成敗，形也；安危，勢也』。形勢，御衆之要，不可以不審。設令賊以二萬人斷沔水，三萬人與沔南諸軍相持，萬人陸梁柤中，將何以救之？」爽不從，卒令還南。賊果襲破柤中，所失萬計。

八年夏四月，夫人張氏薨。

曹爽用何晏、鄧颺、丁謐之謀，遷太后於永寧宮，專擅朝政，兄弟并典禁兵，多樹親黨，屢改制度。帝不能禁，於是與爽有隙。

五月，帝稱疾不與政事。時人爲之謠曰：「何、鄧、丁，亂京城。」

九年春三月，黃門張當私出掖庭才人石英等十一人，與曹爽爲伎人。爽、晏謂帝疾篤，遂有無君之心，與當密謀，圖危社稷，期有日矣。帝亦潛爲之備，爽之徒屬亦頗疑帝。會河南尹李勝將莅荊州，來候帝。帝詐疾篤，使兩婢侍，持衣衣落，指口言渴，婢進粥，帝不持杯飲，粥皆流出霑胸。勝曰：「衆情謂明公舊風發動，何意尊體乃爾！」帝使聲氣纔屬，說「年老枕疾，死在旦夕。君當屈并州，并州近胡，善爲之備。恐不復相見，以子師、昭兄弟爲託」。勝曰：「當還忝本州，非并州。」帝乃錯亂其辭曰：「君方到并州。」勝復曰：「當忝荊州。」帝曰：「年老意荒，不解君言。今還爲本州，盛德壯烈，好建功勳！」勝退告爽曰：「司馬公尸居餘氣，形神已離，不足慮矣。」他日，又言曰：「太傅不可復濟，令人愴然。」故爽等不復設備。

嘉平元年春正月甲午，天子謁高平陵，爽兄弟皆從。是日，太白襲月。帝于是奏永寧太后廢爽兄弟。時景帝爲中護軍，將兵屯司馬門。帝列陣闕下，經爽門。爽帳下督嚴世上樓，引弩將射帝，孫謙止之曰：「事未可知。」三注三止，皆引其肘不得發。大司農桓範出赴爽，蔣濟言於帝曰：「智囊往矣。」帝曰：「爽與範內疏而智不及，駑馬戀短豆，〔一〇〕必不能用也。」於是假司徒高柔節，行大將軍事，領爽營，謂柔曰：「君爲周勃矣。」命太僕王觀行中領軍，攝羲營。帝親帥太尉蔣濟等勒兵出迎天子，屯于洛水浮橋，上奏曰：「先帝詔陛下、秦王及臣升於御牀，握臣臂曰『深以後事爲念』。今大將軍爽背棄顧命，敗亂國典，內則僭擬，外專威權。羣官要職，皆置所親；宿衞舊人，並見斥黜。根據槃互，縱恣日甚。又以黃門張當爲都監，專共交關，伺候神器。天下洶洶，人懷危懼。陛下便爲寄坐，豈得久安？此非先帝詔陛下及臣升御牀之本意也。臣雖朽邁，敢忘前言。昔趙高極意，秦是以亡；呂霍早斷，漢

祚永延。此乃陛下之殷鑒，臣授命之秋也。公卿羣臣皆以爽有無君之心，兄弟不宜典兵宿衞，奏皇太后，皇太后敕如奏施行。臣輒敕主者及黃門令罷爽、羲、訓吏兵，各以本官侯就第，若稽留車駕，以軍法從事。臣輒力疾將兵詣洛水浮橋，伺察非常。」爽不通奏，留車駕宿伊水南，伐樹爲鹿角，發屯兵數千人以守。桓範果勸爽奉天子幸許昌，移檄徵天下兵。爽不能用，而夜遣侍中許允、尚書陳泰詣帝，觀望風旨。帝數其過失，事止免官。泰還以報爽，勸之通奏。帝又遣爽所信殿中校尉尹大目諭爽，指洛水爲誓，爽意信之。桓範等援引古今，諫說萬端。終不能從，乃曰：「司馬公正當欲奪吾權耳。吾得以侯還第，不失爲富家翁。」範拊膺曰：「坐卿，滅吾族矣！」遂通帝奏。既而有司劾黃門張當，并發爽與何晏等反事，乃收爽兄弟及其黨與何晏、丁謐、鄧颺、畢軌、李勝、桓範等誅之。蔣濟曰：「曹眞之勳，不可以不祀。」帝不聽。

初，爽司馬魯芝、主簿楊綜斬關奔爽。及爽之將歸罪也，芝、綜泣諫曰：「公居伊周之任，挾天子，杖天威，孰敢不從？舍此而欲就東市，豈不痛哉！」有司奏收芝、綜科罪，帝赦之，曰：「以勸事君者。」

二月，天子以帝爲丞相，增封潁川之繁昌、鄢陵、新汲、父城，并前八縣，邑二萬戶，奏事不名。固讓丞相。

冬十二月，加九錫之禮，朝會不拜。固讓九錫。

二年春正月，天子命帝立廟于洛陽，置左右長史，增掾屬、舍人滿十人，歲舉掾屬任御史、秀才各一人，增官騎百人，鼓吹十四人，封子肜平樂亭侯，倫安樂亭侯。帝以久疾不任朝請，每有大事，天子親幸第以諮訪焉。

兗州刺史令狐愚、太尉王淩貳於帝，謀立楚王彪。

三年春正月，王淩詐言吳人塞涂水，請發兵以討之。帝潛知其計，不聽。夏四月，帝自帥中軍，汎舟沿流，九日而到甘城。淩計無所出，乃迎於武丘，〔一〕面縛水次，曰：「淩若有罪，公當折簡召淩，何苦自來邪！」帝曰：「以君非折簡之客故耳。」卽以淩歸于京師。道經賈逵廟，淩呼曰：「賈梁道！王淩是大魏之忠臣，惟爾有神知之。」至項，仰鴆而死。收其餘黨，皆夷三族，并殺彪。悉錄魏諸王公置于鄴，命有司監察，不得交關。天子遣侍中韋誕持節勞軍于五池。帝至自甘城，天子又使兼大鴻臚、太僕庾嶷持節，策命帝爲相國，封安平郡公，孫及兄子各一人爲列侯，前後食邑五萬戶，侯者十九人。固讓相國、郡公不受。

六月，帝寢疾，夢賈逵、王淩爲祟，甚惡之。秋八月戊寅，崩於京師，時年七十三。天子素服臨弔，喪葬威儀依漢霍光故事，追贈相國、郡公。弟孚表陳先志，辭郡公及轀輬車。九月庚申，葬于河陰，謚曰文，後改謚宣文。〔二〕先是，預作終制，於首陽山爲土藏，不墳不樹；作顧命三篇，斂以時服，不設明器，後終者不得合葬。一如遺命。晉國初建，追尊曰宣王。武帝受禪，上尊號曰宣皇帝，陵曰高原，廟稱高祖。

帝內忌而外寬，猜忌多權變。魏武察帝有雄豪志，聞有狼顧相，欲驗之。乃召使前行，令反顧，面正向後而身不動。又嘗夢三馬同食一槽，甚惡焉。因謂太子丕曰：「司馬懿非人臣也，必預汝家事。」太子素與帝善，每相全佑，故免。帝於是勤於吏職，夜以忘寢，至於芻牧之間，悉皆臨履，由是魏武意遂安。及平公孫文懿，大行殺戮。誅曹爽之際，支黨皆夷及三族，男女無少長，姑姊妹女子之適人者皆殺之，旣而竟遷魏鼎云。

明帝時，王導侍坐。帝問前世所以得天下，導乃陳帝創業之始，及文帝末高貴鄉公事。明帝以面覆牀曰：「若如公言，晉祚復安得長遠！」迹其猜忍，蓋有符於狼顧也。

制曰：夫天地之大，黎元爲本；邦國之貴，元首爲先。治亂無常，興亡有運。是故五帝之上，居萬乘以爲憂；三王已來，處其憂而爲樂。競智力，爭利害，大小相吞，強弱相襲。逮乎魏室，三方鼎峙，干戈不息，氛霧交飛。宣皇以天挺之姿，應期佐命，文以纘治，武以棱威。用人如在己，求賢若不及；情深阻而莫測，性寬綽而能容。和光同塵，與時舒卷，戢鱗潛翼，思屬風雲。飾忠于已詐之心，延安于將危之命。觀其雄略內斷，英猷外決，殄公孫於百日，擒孟達於盈旬，自以兵動若神，謀無再計矣。旣而擁衆西舉，與諸葛相持。抑其甲兵，本無鬭志，遺其巾幗，方發憤心。杖節當門，雄圖頓屈，請戰千里，詐欲示威。且秦蜀之人，勇懦非敵，夷險之路，勞逸不同，以此爭功，其利可見。而返閉軍固壘，莫敢爭鋒，生怯實而未前，死疑虛而猶遁，良將之道，失在斯乎！文帝之世，輔翼權重，許昌同蕭何之委，崇華甚霍光之寄。當謂竭誠盡節，伊傅可齊。及明帝將終，棟梁是屬，受遺二主，佐命三朝，旣承忍死之託，曾無殉生之報。天子在外，內起甲兵，陵土未乾，遽相誅戮，貞臣之體，寧若此乎！盡善之方，以斯爲惑。夫征討之策，豈東智而西愚？輔佐之心，何前忠而後亂？故晉明掩面，恥欺僞以成功；石勒肆言，笑姦回以定業。古人有云，「積善三年，知之者少，爲惡一日，聞于天下」，可不謂然乎！雖自隱過當年，而終見嗤後代。亦猶竊鍾掩耳，以衆人爲不聞；銳意盜金，謂市中爲莫覩。故知貪于近者則遺遠，溺于利者則傷名；若不損己以益人，則當禍人而福己。順理而舉易爲力，背時而動難爲功。況以未成之晉基，逼有餘之魏祚？雖復道格區宇，德被蒼生，而天未啓時，寶位猶阻，非可以智競，不可以力爭，雖則

慶流後昆，而身終於北面矣。

校勘記

〔一〕南陽太守同郡楊俊　「南陽」，各本皆作「南郡」。錢大昕廿二史考異以下簡稱考異：「魏志俊爲南陽太守，非南郡。」今據改。

〔二〕屯田在潁川者逼近南寇　張熷讀史舉正以下簡稱舉正：「『南寇』謂吳，潁川未爲逼近，資治通鑑以下簡稱通鑑六八作『漢川』，是也。」

〔三〕爲木栅以自固　何超晉書音義以下簡稱音義「木栅」作「水栅」。

〔四〕都督雍梁二州諸軍事　據三國志魏志以下僅稱魏志、蜀志或吳志。陳留王紀，梁州置於景元四年十二月，在此後三十餘年。司馬懿督二州係代曹眞，景初三年趙儼代懿，魏志曹眞傳、趙儼傳都作「雍涼」。疑當從魏志。

〔五〕食可幾米　太平御覽以下簡稱御覽三七八引魏明帝詔曹植云「食幾許米」，幾許卽幾何，爲漢魏常語，「幾」下疑當有「許」字。

〔六〕武都氐王苻雙强端帥其屬六千餘人來降　據蜀志張嶷傳、華陽國志七，武都氐王苻健降蜀，其弟率衆就魏。苻雙並非氐王，疑「王」字衍。

〔七〕正始元年　「正始」上各本皆有「魏」字。周家祿晉書校勘記以下簡稱周校：「『魏』字衍文，蓋前有『魏國旣建』、『魏文帝卽位』，黃初以下皆蒙上爲文。」今據删。

〔八〕又修諸陂於潁之南北萬餘頃　吳仕鑑晉書斠注以下簡稱斠注：食貨志作「大治諸陂于潁南潁北，穿渠三百餘里，溉田二萬頃」。紀文「萬餘頃」上似脫「溉田」二字。

〔九〕壽陽至於京師　「壽陽」，食貨志作「壽春」。按：東晉时始改壽春爲壽陽，此處當作「壽春」。晉書中壽春、壽陽雜出，類此以下不再校。

〔一〇〕駕馬戀短豆　武英殿本以下簡稱殿本及魏志曹爽傳注引干寶晉紀、資治通鑑七五「短豆」作「棧豆」，御覽八九五引干寶晉紀作「芻豆」。

〔一一〕武丘　魏志王淩傳、通鑑七五作「丘頭」。魏志文帝紀甘露三年「魏帝命改丘頭曰武丘」，高貴鄉公紀同。改名在後，此時當作「丘頭」。

〔一二〕謚曰文後改謚宣文　各本皆作「謚曰文貞，後改謚文宣」。考異：「按禮志，魏朝初謚宣帝爲文侯，景帝爲武侯。文王表不宜與二祖同，於是改謚宣文、忠武。然則初謚文，無『貞』字也。禮志及文帝紀並稱舞陽宣文侯，宋書禮志同。此云『文宣』，亦轉寫之誤。」今據改。

晉書卷二

帝紀第二

景帝

景皇帝諱師，字子元，宣帝長子也。雅有風彩，沈毅多大略。少流美譽，與夏侯玄、何晏齊名。晏常稱曰：「惟幾也能成天下之務，司馬子元是也。」魏景初中，拜散騎常侍，累遷中護軍。爲選用之法，舉不越功，吏無私焉。宣穆皇后崩，居喪以至孝聞。

宣帝之將誅曹爽，深謀祕策，獨與帝潛畫，文帝弗之知也，將發夕乃告之。既而使人覘之，帝寢如常，而文帝不能安席。晨會兵司馬門，鎭靜內外，置陣甚整。宣帝曰：「此子竟可也。」初，帝陰養死士三千，散在人閒，至是一朝而集，衆莫知所出也。事平，以功封長平鄉侯，食邑千戶，尋加衞將軍。及宣帝薨，議者咸云「伊尹旣卒，伊陟嗣事」，天子命帝以撫軍大將軍輔政。

魏嘉平四年春正月，遷大將軍，加侍中，持節、都督中外諸軍、錄尚書事。命百官舉賢才，明少長，卹窮獨，理廢滯。諸葛誕、毌丘儉、王昶、陳泰、胡遵都督四方，王基、州泰、鄧艾、石苞典州郡，盧毓、李豐掌選舉，傅嘏、虞松參計謀，鍾會、夏侯玄、王肅、陳本、孟康、趙酆、張緝預朝議，四海傾注，朝野肅然。或有請改易制度者，帝曰：「『不識不知，順帝之則』，詩人之美也。三祖典制，所宜遵奉；自非軍事，不得妄有改革。」

五年夏五月，吳太傅諸葛恪圍新城，朝議慮其分兵以寇淮泗，欲戍諸水口。帝曰：「諸葛恪新得政於吳，欲徼一時之利，幷兵合肥，以冀萬一，不暇復爲青徐患也。且水口非一，多戍則用兵衆，少戍則不足以禦寇。」恪果幷力合肥，卒如所度。帝於是使鎭東將軍毌丘儉、揚州刺史文欽等距之。儉、欽請戰，帝曰：「恪卷甲深入，投兵死地，其鋒未易當。且新城小而固，攻之未可拔。」遂命諸將高壘以弊之。相持數月，恪攻城力屈，死傷太半。帝乃敕欽督銳卒趣合楡，要其歸路，儉帥諸將以爲後繼。恪懼而遁，欽逆擊，大破之，斬首萬餘級。

正元元年春正月，天子與中書令李豐、后父光祿大夫張緝、黃門監蘇鑠、永寧署令樂敦、宂從僕射劉寶賢等謀以太常夏侯玄代帝輔政。〔一〕帝密知之，使舍人王羨以車迎豐。豐見迫，隨羨而至，帝數之。豐知禍及，因肆惡言。帝怒，遣勇士以刀鐶築殺之。逮捕玄、緝等，皆夷三族。

三月，乃諷天子廢皇后張氏，因下詔曰：「姦臣李豐等靖譖庸回，陰構凶慝。大將軍糾虔天刑，致之誅辟。周勃之克呂氏，霍光之擒上官，曷以過之。其增邑九千戶，并前四萬。」帝讓不受。

天子以玄、緝之誅，深不自安。而帝亦慮難作，潛謀廢立，乃密諷魏永寧太后。秋九月甲戌，太后下令曰：「皇帝春秋已長，不親萬機，耽淫內寵，沈嫚女德，日近倡優，縱其醜虐，迎六宮家人留止內房，毀人倫之敍，亂男女之節。又爲羣小所迫，將危社稷，不可承奉宗廟。」帝召羣臣會議，流涕曰：「太后令如是，諸君其如王室何？」咸曰：「伊尹放太甲以寧殷，霍光廢昌邑以安漢，權定社稷，以清四海。二代行之於古，明公當之於今，今日之事，惟命是從。」帝曰：「諸君見望者重，安敢避之？」乃與羣公卿士共奏太后曰：「臣聞天子者，所以濟育羣生，永安萬國。皇帝春秋已長，未親萬機，日使小優郭懷、袁信等裸袒淫戲。又於廣望觀下作遼東妖婦，道路行人莫不掩目。清商令令狐景諫帝，帝燒鐵炙之。〔二〕太后遭合陽君喪，帝嬉樂自若。清商丞龐熙諫帝，帝弗聽。太后還北宮，殺張美人，帝甚恚望。熙諫，帝怒，復以彈彈熙。每文書入，帝不省視。太后令帝在式乾殿講學，帝又不從。不可以承天序。臣請依漢霍光故事，收皇帝璽綬，以齊王歸藩。」奏可，於是有司以太牢策告宗廟，王就乘輿副車，羣臣從至西掖門。帝泣曰：「先臣受歷世殊遇，先帝臨崩，託以遺詔。臣復忝重任，不能獻可替否。羣公卿士，遠惟舊典，爲社稷深計，寧負聖躬，使宗廟血食。」於是使使者持節衞送，舍河內之重門，誅郭懷、袁信等。

是日，與羣臣議所立。帝曰：「方今宇宙未清，二虜爭衡，四海之主，惟在賢哲。彭城王據，太祖之子，以賢，則仁聖明允；以年，則皇室之長。天位至重，不得其才，不足以寧濟六合。」乃與羣公奏太后。太后以彭城王先帝諸父，於昭穆之序爲不次，則烈祖之世永無承嗣。東海定王，明帝之弟，欲立其子高貴鄉公髦。帝固爭不獲，乃從太后令，遣使迎高貴鄉公於元城而立之，改元曰正元。天子受璽惰，舉趾高，帝聞而憂之。及將大會，帝訓於天子曰：「夫聖王重始，正本敬初，古人所愼也。明當大會，萬衆瞻穆穆之容，公卿聽玉振之音。詩云：『示人不佻，是則是效。』易曰：『出其言善，則千里之外應之。』雖禮儀周備，猶宜加之以祗恪，以副四海顒顒式仰。」

癸巳，天子詔曰：「朕聞創業之君，必須股肱之臣，守文之主，亦賴匡佐之輔。是故文武以呂召彰受命之功，宣王倚山甫享中興之業。大將軍世載明德，應期作輔。遭天降險，帝室多難，齊王莅政，不迪率典。公履義執忠，以寧區夏，式是百辟，總齊庶事。內摧寇虐，外靜姦宄，日昃憂勤，劬勞夙夜。德聲光于上下，勳烈施於四方。深惟大議，首建明策，權定社稷，援立朕躬，宗廟獲安，億兆慶賴。伊摯之保乂殷邦，公旦之綏寧周室，蔑以尚焉。朕甚嘉之。夫德茂者位尊，庸大者祿厚，古今之通義也。其登位相國，增邑九千，并前四萬戶；進號大都督、假黃鉞，入朝不趨，奏事不名，劍履上殿；賜錢五百萬，帛五千匹，以彰元勳。」帝固辭相國。

又上書訓于天子曰：「荆山之璞雖美，不琢不成其寶；顏冉之才雖茂，不學不弘其量。仲尼有云：『予非生而知之者，好古敏以求之者也。』仰觀黃軒五代之主，莫不有所稟則，顓頊受學於綠圖，高辛問道於柏招。逮至周成，旦望作輔，故能離經辯志，安道樂業。夫然，故君道明於上，兆庶順於下。刑措之隆，實由於此。宜遵先王下問之義，使講誦之業屢聞於聽，典謨之言日陳於側也。」時天子頗修華飾，帝又諫曰：「履端初政，宜崇玄樸。」并敬納焉。

十一月，有白氣經天。

二年春正月，有彗星見於吳楚之分，西北竟天。鎮東大將軍毌丘儉、揚州刺史文欽舉兵作亂，矯太后令移檄郡國，爲壇盟于西門之外，各遣子四人質于吳以請救。二月，儉、欽帥衆六萬，渡淮而西。〔三〕帝會公卿謀征討計，朝議多謂可遣諸將擊之，王肅及尚書傅嘏、中書侍郎鍾會勸帝自行。戊午，帝統中軍步騎十餘萬以征之。〔四〕倍道兼行，召三方兵，大會于陳許之郊。

甲申，次于㶏橋，〔五〕儉將史招、李續相次來降。儉、欽移入項城，帝遣荆州刺史王基進據南頓以逼儉。帝深壁高壘，以待東軍之集。諸將請進軍攻其城，帝曰：「諸君得其一，未知其二。淮南將士本無反志。且儉、欽欲蹈縱横之迹，習儀秦之說，謂遠近必應。而事起之日，淮北不從，史招、李續前後瓦解。內乖外叛，自知必敗，困獸思鬬，速戰更合其志。雖云必克，傷人亦多。且儉等欺誑將士，詭變萬端，小與持久，詐情自露，此不戰而克之也。」乃遣諸葛誕督豫州諸軍自安風向壽春，征東將軍胡遵督青、徐諸軍出譙宋之間，絕其歸路。帝屯汝陽，遣兗州刺史鄧艾督太山諸軍進屯樂嘉，示弱以誘之。欽進軍將攻艾，帝潛軍銜枚，徑造樂嘉，與欽相遇。欽子鴦，年十八，勇冠三軍，謂欽曰：「及其未定，請登城鼓譟，擊之可破也。」既謀而行，三譟而欽不能應，鴦退，相與引而東。帝謂諸將曰：「欽走矣。」命發銳軍以追之。諸將皆曰：「欽舊將，鴦少而銳，引軍內入，未有失利，必不走也。」帝曰：

「一鼓作氣，再而衰，三而竭。鴦三鼓，欽不應，其勢已屈，不走何待？」欽將遁，鴦曰：「不先折其勢，不得去也。」乃與驍騎十餘摧鋒陷陣，所向皆披靡，遂引去。帝遣左長史司馬璉督驍騎八千翼而追之，[六]使將軍樂綝等督步兵繼其後。比至沙陽，頻陷欽陣，弩矢雨下，欽蒙楯而馳。大破其軍，衆皆投戈而降，欽父子與麾下走保項。儉聞欽敗，棄衆宵遁淮南。安風津都尉追儉，斬之，傳首京都。欽遂奔吳，淮南平。

初，帝目有瘤疾，使醫割之。鴦之來攻也，驚而目出。懼六軍之恐，蒙之以被，痛甚，齧被敗而左右莫知焉。閏月疾篤，使文帝總統諸軍。辛亥，崩于許昌，時年四十八。

二月，帝之喪至自許昌，天子素服臨弔，詔曰：「公有濟世寧國之勳，克定禍亂之功，重之以死王事，宜加殊禮。其令公卿議制。」有司議以爲忠安社稷，功濟宇內，宜依霍光故事，追加大司馬之號以冠大將軍，[七]增邑五萬戶，謚曰武公。文帝表讓曰：「臣亡父不敢受丞相相國九命之禮，亡兄不敢受相國之位，誠以太祖常所階歷也。今謚與二祖同，必所祗懼。昔蕭何、張良、霍光咸有匡佐之功，何謚文終，良謚文成，光謚宣成。必以文武爲謚，請依何等就加。」詔許之，謚曰忠武。晉國既建，追尊曰景王。武帝受禪，上尊號曰景皇帝，陵曰峻平，廟稱世宗。

文帝

文皇帝諱昭，字子上，景帝之母弟也。魏景初二年，封新城鄉侯。正始初，爲洛陽典農中郎將。值魏明奢侈之後，帝蠲除苛碎，不奪農時，百姓大悅。轉散騎常侍。

大將軍曹爽之伐蜀也，以帝爲征蜀將軍，副夏侯玄出駱谷，次于興勢。蜀將王林夜襲帝營，帝堅臥不動。林退，帝謂玄曰：「費禕以據險距守，進不獲戰，攻之不可，宜亟旋軍，以爲後圖。」爽等引旋，禕果馳兵趣三嶺，爭險乃得過。遂還，拜議郎。及誅曹爽，帥衆衞二宮，以功增邑千戶。

蜀將姜維之寇隴右也，征西將軍郭淮自長安距之。進帝位安西將軍、持節，屯關中，爲諸軍節度。淮攻維別將句安於麴，久而不決。帝乃進據長城，南趣駱谷以疑之。維懼，退保南鄭，安軍絕援，帥衆來降。轉安東將軍、持節，鎭許昌。

及大軍討王淩，帝督淮北諸軍事，帥師會于項。增邑三百戶，假金印紫綬。尋進號都督，統征東將軍胡遵、鎭東將軍諸葛誕伐吳，戰于東關。二軍敗績，坐失侯。

蜀將姜維又寇隴右，揚聲欲攻狄道。以帝行征西將軍，次長安。雍州刺史陳泰欲先賊據狄道，帝曰：「姜維攻羌，收其質任，聚穀作邸閣訖，而復轉行至此，正欲了塞外諸羌，爲後年之資耳。若實向狄道，安肯宣露，令外人知？今揚聲言出，此欲歸也。」維果燒營而去。會新平羌胡叛，帝擊破之，遂耀兵靈州，北虜震讋，叛者悉降。以功復封新城鄉侯。

高貴鄉公之立也，以參定策，進封高都侯，增封二千戶。毌丘儉、文欽之亂，大軍東征，帝兼中領軍，留鎭洛陽。及景帝疾篤，帝自京都省疾，拜衞將軍。景帝崩，天子命帝鎭許昌，尚書傅嘏帥六軍還京師。帝用嘏及鍾會策，自帥軍而還。至洛陽，進位大將軍，加侍中，都督中外諸軍、錄尚書事，輔政，劍履上殿。帝固辭不受。

甘露元年春正月，加大都督，奏事不名。夏六月，進封高都公，地方七百里，加之九錫，假斧鉞，進號大都督，劍履上殿。又固辭不受。秋八月庚申，加假黃鉞，增封三縣。

二年夏五月辛未，鎭東大將軍諸葛誕殺揚州刺史樂綝，以淮南作亂，遣子靚爲質於吳以請救。議者請速伐之，帝曰：「誕以毌丘儉輕疾傾覆，今必外連吳寇，此爲變大而遲。吾當與四方同力，以全勝制之。」乃表曰：「昔黥布叛逆，漢祖親征；隗囂違戾，光武西伐；烈祖明皇帝乘輿仍出：皆所以奮揚赫斯，震耀威武也。陛下宜暫臨戎，使將士得憑天威。今諸軍可五十萬，以衆擊寡，蔑不克矣。」

秋七月，奉天子及皇太后東征，徵兵青、徐、荆、豫，分取關中遊軍，皆會淮北。師次于項，假廷尉何楨節，[八]使淮南，宣慰將士，申明逆順，示以誅賞。甲戌，帝進軍丘頭。吳使文欽、唐咨、全端、全懌等三萬餘人來救誕，諸將逆擊，不能禦。將軍李廣臨敵不進，泰山太守常時稱疾不出，並斬之以徇。

八月，吳將朱異帥兵萬餘人，留輜重於都陸，輕兵至黎漿。監軍石苞、兗州刺史州泰禦之，異退。泰山太守胡烈以奇兵襲都陸，焚其糧運。苞、泰復進擊異，大破之。異之餘卒餒甚，食葛葉而遁，吳人殺異。帝曰：「異不得至壽春，非其罪也，而吳人殺之，適以謝壽春而堅誕意，使其猶望救耳。若其不爾，彼當突圍，決一旦之命。或謂大軍不能久，省食減口，冀有他變。料賊之情，不出此三者。今當多方以亂之，備其越逸，此勝計也。」因命合圍，分遣羸疾就穀淮北，廩軍士大豆，人三升。欽聞之，果喜。帝愈羸形以示之，多縱反間，揚言吳救方至。誕等益寬恣食，俄而城中乏糧。石苞、王基並請攻之，帝曰：「誕之逆謀，非一朝一夕也，聚糧完守，外結吳人，自謂足據淮南。欽既同惡相濟，必不便走。今若急攻之，損游軍之力。外寇卒至，表裏受敵，此危道也。今三叛相聚於孤城之中，天其或者將使同戮。吾當以長策縻之，但堅守三面。若賊陸道而來，軍糧必少，吾以游兵輕騎絕其轉輸，可不戰

中華書局

而破外賊。外賊破，欽等必成擒矣。」全懌母，孫權女也，得罪於吳，全端兄子禕及儀奉其母來奔。〔九〕儀兄靜時在壽春，用鍾會計，作禕、儀書以譎靜。靜兄弟五人帥其衆來降，城中大駭。

三年春正月壬寅，誕、欽等出攻長圍，諸軍逆擊，走之。初，誕、欽內不相協，及至窮蹙，轉相疑貳。會欽計事與誕忤，誕手刃殺欽。欽子鴦攻誕，不克，踰城降。以爲將軍，封侯，使鴦巡城而呼。帝見城上持弓者不發，謂諸將曰：「可攻矣！」

二月乙酉，攻而拔之，斬誕，夷三族。吳將唐咨、孫曼、孫彌、徐韶等帥其屬皆降，〔一〇〕表加爵位，廩其餒疾。或言吳兵必不爲用，請坑之。帝曰：「就令亡還，適見中國之弘耳。」於是徙之三河。

夏四月，歸于京師，魏帝命改丘頭曰武丘，以旌武功。

五月，天子以并州之太原上黨西河樂平新興雁門，司州之河東平陽八郡，地方七百里，封帝爲晉公，加九錫，進位相國，晉國置官司焉。九讓，乃止。於是增邑萬戶，食三縣，諸子之無爵者皆封列侯。

秋七月，奏錄先世名臣元功大勳之子孫，隨才敍用。

四年夏六月，分荊州置二都督，王基鎮新野，州泰鎮襄陽。使石苞都督揚州，陳騫都督豫州，鍾毓都督徐州，宋鈞監青州諸軍事。

景元元年夏四月，天子復命帝爵秩如前，又讓不受。天子既以帝三世宰輔，政非己出，情不能安，又慮廢辱，將臨軒召百僚而行放黜。

五月戊子夜，使冗從僕射李昭等發甲於陵雲臺，召侍中王沈、散騎常侍王業、尚書王經，出懷中黃素詔示之，戒嚴俟旦。沈、業馳告于帝，帝召護軍賈充等爲之備。〔一一〕天子知事泄，帥左右攻相府，稱有所討，敢有動者族誅。相府兵將止不敢戰，賈充叱諸將曰：「公畜養汝輩，正爲今日耳！」太子舍人成濟抽戈犯蹕，刺之，刃出於背，天子崩于車中。

帝召百僚謀其故，僕射陳泰不至。帝遣其舅荀顗輿致之，延於曲室，謂曰：「玄伯，天下其如我何？」泰曰：「惟腰斬賈充，微以謝天下。」帝曰：「卿更思其次。」泰曰：「但見其上，不見其次。」於是歸罪成濟而斬之。太后令曰：「昔漢昌邑王以罪廢爲庶人，此兒亦宜以庶人禮葬之，使外內咸知其所行也。」殺尚書王經，貳於我也。

戊申，〔一二〕帝奏曰：「故高貴鄉公帥從駕人兵，拔刃鳴鼓向臣所，臣懼兵刃相接，即敕將士不得有所傷害，違令者以軍法從事。騎督成倅弟太子舍人濟入兵陣，傷公至隕。臣聞人臣之節，有死無貳，事上之義，不敢逃難。前者變故卒至，禍同發機，誠欲委身守死，惟命所裁。然惟本謀，乃欲上危皇太后，傾覆宗廟。臣忝當元輔，義在安國，即駱驛申敕，不得迫近輿輦。而濟妄入陣間，以致大變，哀怛痛恨，五內摧裂。濟干國亂紀，罪不容誅，輒收濟家屬，付廷尉。」太后從之，夷濟三族。與公卿議，立燕王宇之子常道鄉公璜爲帝。

六月，改元。丙辰，天子進帝爲相國，封晉公，增十郡，加九錫如初，羣從子弟未侯者封亭侯，賜錢千萬，帛萬匹。固讓，乃止。

冬十一月，吳吉陽督蕭慎以書詣鎮東將軍石苞僞降，求迎。帝知其詐也，使苞外示迎之，而內爲之備。

二年秋八月甲寅，〔一三〕天子使太尉高柔授帝相國印綬，司空鄭沖致晉公茅土九錫，〔一四〕固辭。

三年夏四月，肅慎來獻楛矢、石砮、弓甲、貂皮等，天子命歸於大將軍府。

四年春二月丁丑，天子復命帝如前，又固讓。

三月，詔大將軍府增置司馬一人，從事中郎二人，舍人十人。

夏，帝將伐蜀，乃謀衆曰：「自定壽春已來，息役六年，治兵繕甲，以擬二虜。略計取吳，作戰船，通水道，當用千餘萬功，此十萬人百數十日事也。又南土下溼，必生疾疫。今宜先取蜀，三年之後，因巴蜀順流之勢，水陸並進，此滅虞定虢，吞韓并魏之勢也。計蜀戰士九萬，居守成都及備他郡不下四萬，然則餘衆不過五萬。今絆姜維於沓中，使不得東顧，直指駱谷，出其空虛之地，以襲漢中。彼若嬰城守險，兵勢必散，首尾離絕。舉大衆以屠城，散銳卒以略野，劍閣不暇守險，關頭不能自存。以劉禪之闇，而邊城外破，士女內震，其亡可知也。」征西將軍鄧艾以爲未有釁，屢陳異議。帝患之，使主簿師纂爲艾司馬以喻之，艾乃奉命。於是徵四方之兵十八萬，使鄧艾自狄道攻姜維於沓中，雍州刺史諸葛緒自祁山軍于武街，絕維歸路，鎮西將軍鍾會帥前將軍李輔、征蜀護軍胡烈等自駱谷襲漢中。

秋八月，軍發洛陽，大賚將士，陳師誓衆。將軍鄧敦謂蜀未可討，帝斬以徇。

九月，又使天水太守王頎攻維營，隴西太守牽弘邀其前，金城太守楊欣趣甘松。鍾會分爲二隊，入自斜谷，使李輔圍王含於樂城，又使部將易愷攻蔣斌於漢城。會直指陽安，護軍胡烈攻陷關城。姜維聞之，引還，王頎追敗維於彊川。維與張翼、廖化合軍守劍閣，鍾會攻之。

冬十月，天子以諸侯獻捷交至，乃申前命曰：

朕以寡德，獲承天序，嗣我祖宗之洪烈。遭家多難，不明於訓。曩者姦逆屢興，方寇內侮，大懼淪喪四海，以隳三祖之弘業。

惟公經德履哲，明允廣深，迪宣武文，世作保傅，以輔乂皇家。櫛風沐雨，周旋征伐，劬勞王室，二十有餘載。毗翼前人，仍斷大政，克厭不端，維安社稷。暨儉、欽之亂，公綏擾有衆，分命興師，統紀有方，用緝寧淮浦。其後巴蜀屢侵，西土不靖，公奇畫指授，制勝千里。是以段谷之戰，乘釁大捷，斬將搴旗，效首萬計。孫峻猾夏，致寇徐方，戎車首路，威靈先邁，黃鉞未啓，鯨鯢竄迹。孫壹搆隙，自相疑阻，幽鑒遠照，奇策洞微，遠人歸命，作藩南夏，爰授銳卒，畢力戎行。暨諸葛誕滔天作逆，稱兵揚楚，欽、咨逋罪，同惡相濟，帥其蜂賊，以入壽春，憑阻淮山，敢距王命。公躬擐甲冑，龔行天罰，玄謀廟算，遵養時晦。奇兵震擊，而朱異摧破；神變應機，而全琮稽服；取亂攻昧，而高墉不守。兼九伐之弘略，究五兵之正度。用能戰不窮武，而大敵殲潰；旗不再麾，而元憝授首。收勍吳之雋臣，係亡命之逋虜。交臂屈膝，委命下吏，俘馘十萬，積尸成京。雪宗廟之滯恥，拯兆庶之艱難。掃平區域，信威吳會，遂戢干戈，靖我疆土，天地

鬼神，罔不獲乂。乃者王室之難，變起蕭牆，賴公之靈，弘濟艱險。宗廟危而獲安，社稷墜而復寧。忠格皇天，功濟六合。是用疇咨古訓，稽諸典籍，命公崇位相國，加于羣后，啓土參墟，封以晉域。所以方軌齊魯，翰屏帝室。而公遠蹈謙遜，深履沖讓，固辭策命，至于八九。朕重違讓德，抑禮虧制，以彰公志，于今四載。上闕在昔建侯之典，下違兆庶具瞻之望。

惟公嚴虔王度，闡濟大猷，敦尚純樸，省繇節用，務穡勸分，九野康乂。耆叟荷崇養之德，鰥寡蒙矜卹之施，仁風興於中夏，流澤布於遐荒。是以東夷、西戎、南蠻、北狄，狂狡貪悍，世爲寇讐者，皆感義懷惠，款塞內附，或委命納貢，或求置官司。九服之外，絕域之氓，曠世所希至者，咸浮海來享，鼓舞王德，前後至者八百七十餘萬口。海隅幽裔，無思不服；雖西旅遠貢，越裳九譯，義無以踰。維翼朕躬，下匡萬國，思靖殊方，寧濟八極。以庸蜀未賓，蠻荊作猾，潛謀獨斷，整軍經武。簡練將帥，授以成策，始踐賊境，應時摧陷。狂狡奔北，首尾震潰，禽其戎帥，屠其城邑。巴漢震疊，江源雲徹，地平天成，誠在斯舉。公有濟六合之勳，加以茂德，實總百揆，允釐庶政。敦五品以崇仁，恢六典以敷訓。而靖恭夙夜，勞謙昧旦，雖尙父之左右文武，周公之勤勞王家，罔以加焉。

昔先王選建明德，光啓諸侯，體國經野，方制五等。所以藩翼王畿，垂祚百世也。故齊魯之封，於周爲弘，山川土田，邦畿七百，官司典策，制殊羣后。惠襄之難，桓文以翼戴之勞，猶受錫命之禮，咸用光疇大德，作範于後。惟公功邁於前烈，而賞闕於舊式，百辟於邑，人神同恨焉，豈可以公謙沖而久淹弘典哉？今以并州之太原上黨西河樂平新興雁門、司州之河東平陽弘農、雍州之馮翊凡十郡，南至於華，北至於陘，東至於壺口，西踰於河，提封之數，方七百里，皆晉之故壤，唐叔受之，世作盟主，實紀綱諸夏，用率舊職。爰胙茲土，封公爲晉公。命使持節、兼司徒、司隸校尉陔即授印綬策書，金獸符第一至第五，竹使符第一至第十。錫茲玄土，苴以白茅，建爾國家，以永藩魏室。

昔在周召，并以公侯，入作保傅。其在近代，酇侯蕭何，實以相國，光尹漢朝。隨時之制，禮亦宜之。今進公位爲相國，加綠綟綬。又加公九錫，其敬聽後命。以公思弘大猷，崇正典禮，儀刑作範，旁訓四方，是用錫公大輅、戎輅各一，玄牡二駟。公道和陰陽，敬授人時，嗇夫反本，農殖維豐，是用錫公袞冕之服，赤舄副焉。公光敷顯德，惠下以和，敬信思順，庶尹允諧，是用錫公軒懸之樂、六佾之舞。公鎮靖宇宙，翼播聲教，海外懷服，荒裔款附，殊方馳義，諸夏順軌，是用錫公朱戶以居。公簡賢料材，營求俊

逸，爰升多士，寘彼周行，是用錫公納陛以登。公嚴恭寅畏，底平四國，式遏寇虐，苛慝不作，是用錫公武賁之士三百人。公明慎用刑，簡恤大中，章厥天威，以糾不虔，是用錫公鈇鉞各一。公爰整六軍，典司征伐，犯命陵正，乃維誅殛，是用錫公彤弓一、彤矢百，旅弓十、旅矢千。公饗祀蒸蒸，孝思維則，篤誠之至，通于神明，是用錫公秬鬯一卣，珪瓚副焉。晉國置官司以下，率由舊式。

往欽哉！祗服朕命，弘敷訓典，光澤庶方，永終爾明德，丕顯余一人之休命。

公卿將校皆詣府喻旨，帝以禮辭讓。

司空鄭沖率羣官勸進曰：「伏見嘉命顯至，竊聞明公固讓，沖等眷眷，實有愚心。以爲聖王作制，百代同風，褒德賞功，有自來矣。昔伊尹，有莘氏之媵臣耳，一佐成湯，遂荷阿衡之號。周公藉已成之勢，據既安之業，光宅曲阜，奄有龜蒙。呂尙，磻溪之漁者也，一朝指麾，乃封營丘。自是以來，功薄而賞厚者，不可勝數，然賢哲之士，猶以爲美談。況自先相國以來，世有明德，翼輔魏室，以綏天下，朝無秕政，人無謗言。前者明公西征靈州，北臨沙漠，榆中以西，望風震服，羌戎來馳，迴首內向，東誅叛逆，全軍獨克。禽闔閭之將，虜輕銳之卒以萬萬計，威加南海，名懾三越，宇內康寧，苛慝不作。是以時俗畏懷，東夷獻舞。故聖上覽乃昔以來禮典舊章，開國光宅，顯茲太原。明公宜承奉聖旨，受茲介福，允當天人。

元功盛勳，光光如彼；國土嘉祚，巍巍如此。內外協同，靡愆靡違。由斯征伐，則可朝服濟江，掃除吳會，西塞江源，望祀岷山。迴戈弭節，以麾天下，遠無不服，邇無不肅。令大魏之德，光于唐虞；明公盛勳，超於桓文。然後臨滄海而謝文伯，登箕山而揖許由，豈不盛乎！至公至平，誰與爲鄰，何必勤勤小讓也哉。」帝乃受命。

十一月，鄧艾帥萬餘人自陰平踰絕險至江由，破蜀將諸葛瞻於緜竹，斬瞻，傳首。進軍雒縣，劉禪降。天子命晉公以相國總百揆，於是上節傳，去侍中、大都督、錄尚書之號焉。表鄧艾爲太尉，鍾會爲司徒。會潛謀叛逆，因密使譖艾。

咸熙元年春正月，檻車徵艾。乙丑，帝奉天子西征，次于長安。是時魏諸王侯悉在鄴城，命從事中郎山濤行軍司事，鎮於鄴，遣護軍賈充持節、督諸軍，據漢中。鍾會遂反於蜀，監軍衞瓘、右將軍胡烈攻會，斬之。

初，會之伐蜀也，西曹屬邵悌言於帝曰：「鍾會難信，不可令行。」帝笑曰：「取蜀如指掌，而衆人皆言不可，唯會與吾意同。滅蜀之後，中國將士，人自思歸，蜀之遺黎，猶懷震恐，縱有異志，無能爲也。」卒如所量。

丙辰，〔一五〕帝至自長安。

三月己卯，進帝爵爲王，增封并前二十郡。

夏五月癸未，天子追加舞陽宣文侯爲晉宣王，舞陽忠武侯爲晉景王。

秋七月，帝奏司空荀顗定禮儀，中護軍賈充正法律，尚書僕射裴秀議官制，太保鄭沖總而裁焉。始建五等爵。

冬十月丁亥，奏遣吳人相國參軍徐劭、散騎常侍水曹屬孫彧使吳，〔一六〕喻孫皓以平蜀之事，致馬錦等物，以示威懷。丙午，天子命中撫軍新昌鄉侯炎爲晉世子。

二年春二月甲辰，朐䏰縣獻靈龜，歸於相府。

夏四月，孫皓使紀陟來聘，且獻方物。

五月，天子命帝冕十有二旒，建天子旌旗，出警入蹕，乘金根車，駕六馬，備五時副車，置旄頭雲罕，樂舞八佾，設鍾虡宮縣，位在燕王上。進王妃爲王后，世子爲太子，王女王孫爵命之號皆如帝者之儀。諸禁網煩苛及法式不便於時者，帝皆奏除之。晉國置御史大夫、侍中、常侍、尚書、中領軍、衞將軍官。

秋八月辛卯，帝崩于露寢，時年五十五。

九月癸酉，葬崇陽陵，謚曰文王。武帝受禪，追尊號曰文皇帝，廟稱太祖。

史臣曰：世宗以叡略創基，太祖以雄才成務。事殷之跡空存，翦商之志彌遠，三分天下，功業在焉。及踰劍銷氛，浮淮靜亂，桐宮胥怨，或所不堪。若乃體以名臣，格之端揆，周公流連於此歲，魏武得意於茲日。軒懸之樂，大啓南陽，師摯之圖，〔一七〕於焉北面。壯矣哉，包舉天人者也！爲帝之主，不亦難乎。

贊曰：世宗繼文，邦權未分。三千之士，其從如雲。太祖無外，〔一八〕靈關靜氛。反雖討賊，終爲弒君。

校勘記

〔一〕劉寶賢　魏志夏侯玄傳、通鑑七六皆作「劉賢」。

〔二〕帝燒鐵灸之　殿本、金陵書局本以下簡稱局本「灸」作「炙」，今從商務印書館影印百衲本晉書以下簡稱宋本、毛晉汲古閣本以下簡稱毛本。按：後漢書光武紀「敢灸灼奴婢論如律」，作「灸」義長。

〔三〕二月儉欽帥衆六萬渡淮而西　魏志高貴鄉公紀稱，儉、欽起兵在二年正月十二日乙丑，魏志毌丘儉傳注引欽與郭淮書云：「小人以閏月十六日別進兵，就於樂嘉城討師。」高貴鄉公紀謂閏月己亥破欽於樂嘉，甲辰斬儉首。按：是年閏正月，己亥爲閏正月十六日，甲辰爲二十一日，儉、欽

起兵及事敗皆在二月以前。此繫於二月，恐誤。

〔四〕戊午帝統中軍步騎十餘萬以征之　按：「戊午」爲二月初六，時欽、儉已敗。沈家本三國志瑣言謂「戊午」爲「戊寅」之誤。欽、儉以正月十二日起兵，司馬師以正月二十五日戊寅出征，其說當是。此繫於「二月」下非，日干亦誤。

〔五〕甲申次于㶏橋　甲申爲閏正月初一。次於㶏橋與司馬師之死，皆閏月間事。下文「閏月」二字當冠在「甲申」上，通鑑七六可證。

〔六〕司馬璉　通鑑七六作「司馬班」。

〔七〕追加大司馬之號以冠大將軍　「冠」下原有「軍」字。李慈銘晉書札記以下簡稱李校：「『冠』字下『軍』字衍。」今據刪。

〔八〕何楨　本書何充傳及魏志齊王芳紀引魏書皆作「何禎」。參見卷七七校勘記，下卷不再出校。

〔九〕全端兄子禕　魏志鍾會傳、通鑑七七「禕」皆作「輝」。下同。

〔一〇〕徐韶　三國志無「徐韶」。魏志陳留王紀、吳志孫晧傳有「徐紹」，係「吳壽春降將」，通鑑七八同。本卷下文又作「劭」，「韶」、「紹」、「劭」當是一人。

〔一一〕護軍賈充　賈充官銜，本書武紀、充本傳，魏志高貴鄉公紀注引漢晉春秋、賈逵傳、鍾會傳並通鑑七八皆作「中護軍」。此疑脫「中」字，下同。

〔一三〕戊申　「戊申」，各本皆作「庚寅」。斠注：「魏志三少帝紀『庚寅』作『戊申』。庚寅則奏葬高貴鄉公，非此文，紀誤。」今據改。

〔一四〕八月甲寅　八月丙子朔，無甲寅。

〔一五〕司空鄭沖　據魏志高貴鄉公紀，甘露元年鄭沖已由司空改官司徒，此仍作司空，恐誤，下同。

〔一六〕丙辰　正月壬戌朔，無丙辰。通鑑七八作二月丙辰。

〔一七〕相國參軍徐劭散騎常侍水曹屬孫彧　「徐劭」異文已見前條。「孫彧」，本書孫楚傳作「孫郁」。又魏志陳留王紀以紹兼散騎常侍，彧兼給事黄門侍郎，官名亦不合。

〔一八〕師摯之圖　盧文弨羣書拾補（以下簡稱拾補）：「圖」疑「徒」。

〔一八〕太祖無外　「太」，各本作「世」。王鳴盛十七史商榷（以下簡稱商榷）：「晉武帝受禪，號師世宗，昭太祖，『世祖』當作『太祖』。」今據改。

晉書卷三

帝紀第三

武帝

武皇帝諱炎，字安世，文帝長子也。寬惠仁厚，沈深有度量。魏嘉平中，封北平亭侯，歷給事中、奉車都尉、中壘將軍，加散騎常侍，累遷中護軍、假節。迎常道鄉公於東武陽，遷中撫軍，進封新昌鄉侯。及晉國建，立爲世子，拜撫軍大將軍，開府、副貳相國。

初，文帝以景帝既宣帝之嫡，早世無後，以帝弟攸爲嗣，特加愛異，自謂攝居相位，百年之後，大業宜歸攸。每曰：「此景王之天下也，吾何與焉。」將議立世子，屬意於攸。何曾等固爭曰：「中撫軍聰明神武，有超世之才。髮委地，手過膝，此非人臣之相也。」由是遂定。咸熙二年五月，立爲晉王太子。

八月辛卯，文帝崩，太子嗣相國、晉王位。下令寬刑宥罪，撫衆息役，國内行服三日。

是月，長人見於襄武，長三丈，告縣人王始曰：「今當太平。」

九月戊午，以魏司徒何曾爲丞相，鎮南將軍王沈爲御史大夫，中護軍賈充爲衞將軍，議郎裴秀爲尚書令、光祿大夫，皆開府。

十一月，初置四護軍，以統城外諸軍。乙未，令諸郡中正以六條舉淹滯：一曰忠恪匪躬，二曰孝敬盡禮，三曰友于兄弟，四曰潔身勞謙，五曰信義可復，六曰學以爲己。是時晉德既洽，四海宅心。於是天子知曆數有在，乃使太保鄭沖奉策曰：「咨爾晉王：我皇祖有虞氏誕膺靈運，受終于陶唐，亦以命于有夏。惟三后陟配于天，而咸用光敷聖德。自茲厥後，天又輯大命于漢。火德既衰，乃眷命我高祖。方軌虞夏四代之明顯，我不敢知。惟王乃祖乃父，服膺明哲，輔亮我皇家，勳德光于四海。格爾上下神祇，罔不克順，地平天成，萬邦以乂。應受上帝之命，協皇極之中。肆予一人，祇承天序，以敬授爾位，曆數實在爾躬。允執其中，天祿永終。於戲！王其欽順天命。率循訓典，底綏四國，用保天休，無替我二皇之弘烈。」帝初以禮讓，魏朝公卿何曾、王沈等固請，乃從之。

泰始元年冬十二月丙寅，設壇于南郊，百僚在位及匈奴南單于四夷會者數萬人，柴燎告類于上帝曰：「皇帝臣炎敢用玄牡明告于皇皇后帝：魏帝稽協皇運，紹天明命以命炎。昔者唐堯，熙隆大道，禪位虞舜，舜又以禪禹，邁德垂訓，多歷年載。暨漢德既衰，太祖武皇帝撥亂濟時，扶翼劉氏，又用受命于漢。粤在魏室，仍世多故，幾於顛墜，實賴有晉匡拯之德，用獲保厥肆祀，弘濟于艱難，此則晉之有大造于魏也。誕惟四方，罔不祗順，廓清梁岷，包懷揚越，八紘同軌，祥瑞屢臻，天人協應，無思不服。肆予憲章三后，用集大命于茲。炎維德不嗣，辭不獲命。於是羣公卿士，百辟庶僚，黎獻陪隸，暨于百蠻君長，僉曰：『皇天鑒下，求人之瘼，既有成命，固非克讓所得距違。天序不可以無統，人神不可以曠主。』炎虔奉皇運，寅畏天威，敬簡元辰，升壇受禪，告類上帝，永答衆望。」禮畢，即洛陽宮幸太極前殿，詔曰：「昔朕皇祖宣王，聖哲欽明，誕應期運，熙帝之載，肇啓洪基。伯考景王，履道宣猷，緝熙諸夏。至于皇考文王，叡哲光遠，允協靈祇，應天順時，受茲明命。仁濟于宇宙，功格于上下。肆魏氏弘鑒于古訓，儀刑于唐虞，疇咨羣后，爰輯大命于朕身。予一人畏天之命，用不敢違。惟朕寡德，負荷洪烈，託于王公之上，以君臨四海，惴惴惟懼，罔知所濟。惟爾股肱爪牙之佐，文武不貳之臣，乃祖乃父，實左右我先王，光隆我大業。思與萬國，共享休祚。」於是大赦，改元。賜天下爵，人五級；鰥寡孤獨不能自存者穀，人五斛。復天下租賦及關市之稅一年，逋債宿負皆勿收。除舊嫌，解禁錮，亡官失爵者悉復之。

丁卯，遣太僕劉原告于太廟。封魏帝爲陳留王，邑萬戶，居於鄴宮；魏氏諸王皆爲縣

侯。追尊宣王爲宣皇帝，景王爲景皇帝，文王爲文皇帝，宣王妃張氏爲宣穆皇后。尊太妃王氏曰皇太后，宮曰崇化。封皇叔祖父孚爲安平王，皇叔父幹爲平原王，亮爲扶風王，伷爲東莞王，駿爲汝陰王，肜爲梁王，倫爲琅邪王，皇弟攸爲齊王，鑒爲樂安王，機爲燕王，〔一〕皇從伯父望爲義陽王，皇從叔父輔爲渤海王，晃爲下邳王，瓌爲太原王，珪爲高陽王，衡爲常山王，子文爲沛王，〔二〕泰爲隴西王，權爲彭城王，綏爲范陽王，遂爲濟南王，遜爲譙王，睦爲中山王，陵爲北海王，斌爲陳王，皇從父兄洪爲河間王，皇從父弟楙爲東平王。以驃騎將軍石苞爲大司馬，封樂陵公，車騎將軍陳騫爲高平公，衞將軍賈充爲車騎將軍、魯公，尚書令裴秀爲鉅鹿公，侍中荀勖爲濟北公，太保鄭沖爲太傅、壽光公，太尉王祥爲太保、睢陵公，丞相何曾爲太尉、朗陵公，御史大夫王沈爲驃騎將軍、博陵公，司空荀顗爲臨淮公，鎮北大將軍衞瓘爲菑陽公。其餘增封進爵各有差，文武普增位二等。改景初曆爲泰始曆，臘以酉，社以丑。

戊辰，下詔大弘儉約，出御府珠玉玩好之物，頒賜王公以下各有差。置中軍將軍，以統宿衞七軍。

己巳，詔陳留王載天子旌旗，備五時副車，行魏正朔，郊祀天地，禮樂制度皆如魏舊，上書不稱臣。賜山陽公劉康、安樂公劉禪子弟一人爲駙馬都尉。乙亥，以安平王孚爲太宰、

假黃鉞、大都督中外諸軍事。詔曰：「昔王淩謀廢齊王，而王竟不足以守位。鄧艾雖矜功失節，然束手受罪。今大赦其家，還使立後。興滅繼絕，約法省刑。除魏氏宗室禁錮。諸將吏遭三年喪者，遣寧終喪。百姓復其傜役。罷部曲將長吏以下質任。省郡國御調，禁樂府靡麗百戲之伎及雕文游畋之具。開直言之路，置諫官以掌之。」

是月，鳳皇六、青龍三、白龍二、麒麟各一見于郡國。

二年春正月丙戌，遣兼侍中侯史光等持節四方，循省風俗，除禳祝之不在祀典者。丁亥，有司請建七廟，帝重其役，不許。庚寅，罷雞鳴歌。辛丑，尊景皇帝夫人羊氏曰景皇后，宮曰弘訓。丙午，立皇后楊氏。

二月，除漢宗室禁錮。己未，常山王衡薨。詔曰：「五等之封，皆錄舊勳。本爲縣侯者傳封次子爲亭侯，鄉侯爲關內侯，〔三〕亭侯爲關中侯，皆食本戶十分之一。」丁丑，〔四〕郊祀宣皇帝以配天，宗祀文皇帝於明堂以配上帝。庚午，詔曰：「古者百官，官箴王闕。然保氏特以諫諍爲職，今之侍中、常侍實處此位。擇其能正色弼違匡救不逮者，以兼此選。」

三月戊戌，吳人來弔祭，有司奏爲答詔。帝曰：「昔漢文、光武懷撫尉他、公孫述，皆未正君臣之儀，所以羈縻未賓也。晧遣使之始，未知國慶，但以書答之。」

夏五月戊辰，詔曰：「陳留王操尚謙沖，每事輒表，非所以優崇之也。主者喻意，非大事皆使王官表上之。」壬子，〔五〕驃騎將軍博陵公王沈卒。

六月壬申，濟南王遂薨。

秋七月辛巳，營太廟，致荊山之木，采華山之石；鑄銅柱十二，塗以黃金，鏤以百物，綴以明珠。戊戌，譙王遜薨。丙午晦，日有蝕之。

八月丙辰，省右將軍官。

初，帝雖從漢魏之制，既葬除服，而深衣素冠，降席撤膳，哀敬如喪者。戊辰，有司奏改服進膳，不許，遂禮終而後復吉。及太后之喪，亦如之。九月乙未，散騎常侍皇甫陶、傅玄領諫官，上書諫諍，有司奏請寢之。詔曰：「凡關言人主，人臣所至難，而苦不能聽納，自古忠臣直士之所慷慨也。每陳事出付主者，多從深刻，乃云恩貸當由主上，是何言乎？其詳評議。」

戊戌，有司奏：「大晉繼三皇之蹤，蹈舜禹之跡，應天順時，受禪有魏，宜一用前代正朔服色，皆如虞遵唐故事。」奏可。

冬十月丙午朔，日有蝕之。丁未，詔曰：「昔舜葬蒼梧，農不易畝；禹葬成紀，市不改肆。上惟祖考淸簡之旨，所徙陵十里內居人，動爲煩擾，一切停之。」

十一月己卯，倭人來獻方物。并圜丘、方丘於南、北郊，二至之祀合於二郊。罷山陽公國督軍，除其禁制。己丑，追尊景帝夫人夏侯氏爲景懷皇后。辛卯，遷祖禰神主于太廟。

十二月，罷農官爲郡縣。

是歲，鳳皇六、青龍十、黃龍九、麒麟各一見于郡國。

三年春正月癸丑，白龍二見于弘農、澠池。

丁卯，[六]立皇子衷爲皇太子。詔曰：「朕以不德，託于四海之上，兢兢祗畏，懼無以康濟寓內，思與天下式明王度，正本清源，於置胤樹嫡，非所先務。又近世每建太子，寬宥施惠之事，間不獲已，順從王公卿士之議耳。方今世運垂平，將陳之以德義，示之以好惡，使百姓蠲多幸之慮，篤終始之行，曲惠小仁，故無取焉。咸使知聞。」

三月戊寅，初令二千石得終三年喪。丁未，[七]晝昬。罷武衞將軍官。以李憙爲太子太傅。太山石崩。

夏四月戊午，張掖太守焦勝上言，氐池縣大柳谷口有玄石一所，白畫成文，實大晉之休祥，圖之以獻。詔以制幣告于太廟，藏之天府。

秋八月，罷都護將軍，以其五署還光祿勳。

九月甲申，詔曰：「古者以德詔爵，以庸制祿，雖下士猶食上農，外足以奉公忘私，內足以養親施惠。今在位者祿不代耕，非所以崇化之本也。其議增吏俸。」賜王公以下帛各有差。以太尉何曾爲太保，義陽王望爲太尉，司空荀顗爲司徒。

冬十月，聽士卒遭父母喪者，非在疆場，皆得奔赴。

十二月，徙宗聖侯孔震爲奉聖亭侯。山陽公劉康來朝。禁星氣讖緯之學。

四年春正月辛未，以尚書令裴秀爲司空。

丙戌，律令成，封爵賜帛各有差。有星孛于軫。丁亥，帝耕於藉田。戊子，詔曰：「古設象刑而衆不犯，今雖參夷而姦不絕，何德刑相去之遠哉！先帝深愍黎元，哀矜庶獄，乃命羣后，考正典刑。朕守遺業，永惟保乂皇基，思與萬國以無爲爲政。方今陽春養物，東作始興，朕親率王公卿士耕藉田千畝。又律令既就，班之天下，將以簡法務本，惠育海內。宜寬有罪，使得自新，其大赦天下。長吏、郡丞、長史各賜馬一匹。」

二月庚子，增置山陽公國相、郎中令、陵令、雜工宰人、鼓吹車馬各有差。罷中軍將軍，置北軍中候官。甲寅，以東海劉儉有至行，拜爲郎。以中軍將軍羊祜爲尚書左僕射，東莞王伷爲尚書右僕射。

三月戊子，皇太后王氏崩。

夏四月戊戌，太保、睢陵公王祥薨。己亥，祔葬文明皇后王氏於崇陽陵。罷振威、揚威護軍官，置左右積弩將軍。

六月丙申朔，[八]詔曰：「郡國守相，三載一巡行屬縣，必以春，此古者所以述職宣風展義也。見長吏，觀風俗，協禮律，考度量，存問耆老，親見百年。錄囚徒，理冤枉，詳察政刑得失，知百姓所患苦。無有遠近，便若朕親臨之。敦喻五教，勸務農功，勉勵學者，思勤正典，無爲百家庸末，致遠必泥。士庶有好學篤道，孝弟忠信，清白異行者，舉而進之；有不孝敬於父母，不長悌於族黨，悖禮棄常，不率法令者，糾而罪之。田疇闢，生業修，禮教設，禁令行，則長吏之能也。人窮匱，農事荒，姦盜起，刑獄煩，下陵上替，禮義不興，斯長吏之否也。若長吏在官公廉，慮不及私，正色直節，不飾名譽者，及身行貪穢，諂黷求容，公節不立，而私門日富者，並謹察之。揚清激濁，舉善彈違，此朕所以垂拱總綱，責成於良二千石也。於戲戒哉！」

秋七月，太山石崩，衆星西流。戊午，[九]遣使者侯史光循行天下。己卯，謁崇陽陵。

九月，青、徐、兗、豫四州大水，伊洛溢，合於河，開倉以振之。詔曰：「雖詔有所欲，及奏得可而於事不便者，皆不可隱情。」

冬十月，吳將施績入江夏，萬郁寇襄陽。[一〇]遣太尉義陽王望屯龍陂。荆州刺史胡烈擊敗郁。吳將顧容寇鬱林，太守毛炅大破之，斬其交州刺史劉俊、將軍修則。

十一月，吳將丁奉等出芍陂，安東將軍汝陰王駿與義陽王望擊走之。己未，詔王公卿尹及郡國守相，舉賢良方正直言之士。

十二月，班五條詔書於郡國：一曰正身，二曰勤百姓，三曰撫孤寡，四曰敦本息末，五曰去人事。庚寅，帝臨聽訟觀，錄廷尉洛陽獄囚，親平決焉。扶南、林邑各遣使來獻。

五年春正月癸巳，申戒郡國計吏守相令長，務盡地利，禁游食商販。丙申，帝臨聽訟觀錄囚徒，多所原遣。青龍二見於滎陽。

二月，以雍州隴右五郡及涼州之金城、梁州之陰平置秦州。[一一]辛巳，白龍二見於趙國。青、徐、兗三州水，遣使振恤之。壬寅，以尚書左僕射羊祜都督荆州諸軍事，征東大將軍衞瓘都督青州諸軍事，東莞王伷鎮東大將軍、都督徐州諸軍事。丁亥，詔曰：「古者歲書羣吏之能否，三年而誅賞之。諸令史前後，但簡遣疏劣，而無有勸進，非黜陟之謂也。其條勤能有稱尤異者，歲以爲常。吾將議其功勞。」己未，[一二]詔蜀相諸葛亮孫京隨才署吏。

夏四月，地震。

五月辛卯朔，鳳皇見于趙國。曲赦交趾、九眞、日南五歲刑。

六月，鄴奚官督郭廙上疏陳五事以諫，言甚切直，擢爲屯留令。西平人麴路伐登聞鼓，言多祆謗，有司奏棄市。帝曰：「朕之過也。」捨而不問。罷鎭軍將軍，復置左右將軍官。

秋七月，延羣公，詢讜言。

九月，有星孛于紫宮。

冬十月丙子，以汲郡太守王宏有政績，賜穀千斛。

十一月，追封謚皇弟兆爲城陽哀王，以皇子景度嗣。

十二月，詔州郡舉勇猛秀異之才。

六年春正月丁亥朔，帝臨軒，不設樂。吳將丁奉入渦口，揚州刺史牽弘擊走之。

三月，赦五歲刑已下。

夏四月，白龍二見於東莞。

五月，立壽安亭侯承爲南宮王。

六月戊午，秦州刺史胡烈擊叛虜於萬斛堆，力戰，死之。詔遣尚書石鑒行安西將軍、都督秦州諸軍事，與奮威護軍田章討之。

秋七月丁酉，復隴右五郡遇寇害者租賦，不能自存者廩貸之。乙巳，城陽王景度薨。詔曰：「自泰始以來，大事皆撰錄，祕書寫副。後有其事，輒宜綴集以爲常。」丁未，以汝陰王駿爲鎭西大將軍、都督雍涼二州諸軍事。

九月，大宛獻汗血馬，焉耆來貢方物。

冬十一月，幸辟雍，行鄉飲酒之禮，賜太常博士、學生帛牛酒各有差。立皇子東爲汝南王。

十二月，吳夏口督、前將軍孫秀帥衆來奔，拜驃騎將軍、開府儀同三司，封會稽公。戊辰，復置鎭軍官。

七年春正月丙午，皇太子冠，賜王公以下帛各有差。匈奴帥劉猛叛出塞。

三月，孫晧帥衆趨壽陽，遣大司馬望屯淮北以距之。丙戌，〔二〕司空、鉅鹿公裴秀薨。癸巳，以中護軍王業爲尙書左僕射，高陽王珪爲尙書右僕射。孫秀部將何崇帥衆五千人來降。

夏四月，九眞太守董元爲吳將虞汜所攻，軍敗，死之。北地胡寇金城，涼州刺史牽弘討之。羣虜內叛，圍弘於青山，弘軍敗，死之。

五月，立皇子憲爲城陽王。雍、涼、秦三州饑，赦其境內殊死以下。

閏月，大雩，太官減膳。詔交趾三郡、南中諸郡，無出今年戶調。

六月，詔公卿以下舉將帥各一人。辛丑，大司馬義陽王望薨。大雨霖，伊、洛、河溢，流居人四千餘家，殺三百餘人，有詔振貸給棺。

秋七月癸酉，以車騎將軍賈充爲都督秦、涼二州諸軍事。吳將陶璜等圍交趾，太守楊稷與鬱林太守毛炅及日南等三郡降於吳。

八月丙戌，以征東大將軍衞瓘爲征北大將軍、都督幽州諸軍事。丙申，城陽王憲薨。分益州之南中四郡置寧州，曲赦四郡殊死已下。

冬十月丁丑，日有蝕之。

十一月丁巳，衞公姬署薨。

十二月，大雪。罷中領軍，幷北軍中候。以光祿大夫鄭袤爲司空。

八年春正月，監軍何楨討匈奴劉猛，累破之，左部帥李恪殺猛而降。癸亥，帝耕于藉田。

二月乙亥，禁彫文綺組非法之物。壬辰，太宰、安平王孚薨。詔內外羣官舉任邊郡者

各三人。帝與右將軍皇甫陶論事，陶與帝爭言，散騎常侍鄭徽表請罪之。帝曰：「讜言謇諤，所望於左右也。人主常以阿媚爲患，豈以爭臣爲損哉！徽越職妄奏，豈朕之意。」遂免徽官。

夏四月，置後將軍，以備四軍。六月，益州牙門張弘誣其刺史皇甫晏反，殺之，傳首京師。弘坐伏誅，夷三族。壬辰，大赦。丙申，詔復隴右四郡遇寇害者田租。

秋七月，以車騎將軍賈充爲司空。

九月，吳西陵督步闡來降，拜衞將軍、開府儀同三司，封宜都公。吳將陸抗攻闡，遣車騎將軍羊祜帥衆出江陵，荊州刺史楊肇迎闡於西陵，巴東監軍徐胤擊建平以救闡。

冬十月辛未朔，日有蝕之。

十二月，肇攻抗，不克而還。闡城陷，爲抗所禽。

九年春正月辛酉，司空、密陵侯鄭袤薨。

二月癸巳，司徒、樂陵公石苞薨。立安平亭侯隆爲安平王。

三月，立皇子祗爲東海王。

夏四月戊辰朔，日有蝕之。

五月，旱。以太保何曾領司徒。

六月乙未，東海王祗薨。

秋七月丁酉朔，日有蝕之。吳將魯淑圍弋陽，征虜將軍王渾擊敗之。罷五官左右中郎將、弘訓太僕、衞尉、大長秋等官。鮮卑寇廣寧，殺略五千人。詔聘公卿以下子女以備六宮，采擇未畢，權禁斷婚姻。

冬十月辛巳，制女年十七父母不嫁者，使長吏配之。

十一月丁酉，臨宣武觀大閱諸軍，甲辰乃罷。

十年春正月辛亥，帝耕于藉田。

閏月癸酉，太傅、壽光公鄭沖薨。己卯，高陽王珪薨。庚辰，太原王瓌薨。丁亥，詔曰：「嫡庶之別，所以辨上下，明貴賤。而近世以來，多皆內寵，登妃后之職，亂尊卑之序。自今以後，皆不得登用妾媵以爲嫡正。」

二月，分幽州五郡置平州。

三月癸亥，日有蝕之。

夏四月己未，太尉、臨淮公荀顗薨。

六月癸巳，臨聽訟觀錄囚徒，多所原遣。是夏，大蝗。

秋七月丙寅，皇后楊氏崩。壬午，吳平虜將軍孟泰、偏將軍王嗣等帥衆降。

八月，涼州虜寇金城諸郡，鎮西將軍、汝陰王駿討之，斬其帥乞文泥等。戊申，葬元皇后于峻陽陵。

九月癸亥，以大將軍陳騫爲太尉。攻拔吳枳里城，獲吳立信校尉莊祐。吳將孫遵、李承帥衆寇江夏，太守嵇喜擊破之。立河橋于富平津。

冬十一月，立城東七里澗石橋。庚午，帝臨宣武觀，大閱諸軍。

十二月，有星孛于軫。置藉田令。立太原王子緝爲高陽王。吳威北將軍嚴聰、揚威將軍嚴整、偏將軍朱買來降。

是歲，鑿陝南山，決河，東注洛，以通運漕。

咸寧元年春正月戊午朔，大赦，改元。

二月，以將士應已娶者多，家有五女者給復。辛酉，[一四]以故鄴令夏謖有清稱，賜穀百斛。以奉祿薄，賜公卿以下帛有差。叛虜樹機能送質請降。

夏五月，下邳、廣陵大風，拔木，壞廬舍。

六月，鮮卑力微遣子來獻。吳人寇江夏。西域戊己校尉馬循討叛鮮卑，破之，斬其渠帥。戊申，置太子詹事官。

秋七月甲申晦，日有蝕之。郡國螟。

八月壬寅，沛王子文薨。以故太傅鄭沖、太尉荀顗、司徒石苞、司空裴秀、驃騎將軍王沈、安平獻王孚等及太保何曾、司空賈充、太尉陳騫、中書監荀勖、平南將軍羊祜、齊王攸等皆列於銘饗。

九月甲子，青州螟，徐州大水。

冬十月乙酉，常山王殷薨。癸巳，彭城王權薨。

十一月癸亥，大閱於宣武觀，至于己巳。

十二月丁亥，追尊宣帝廟曰高祖，景帝曰世宗，文帝曰太祖。是月大疫，洛陽死者太半。

封裴頠爲鉅鹿公。

二年春正月，以疾疫廢朝。賜諸散吏至于士卒絲各有差。

二月丙戌，河間王洪薨。甲午，赦五歲刑以下。東夷八國歸化。幷州虜犯塞，監幷州諸軍事胡奮擊破之。

初，燉煌太守尹璩卒，州以燉煌令梁澄領太守事，議郎令狐豐廢澄，自領郡事。豐死，弟宏代之。至是，涼州刺史楊欣斬宏，傳首洛陽。

先是，帝不豫，及瘳，羣臣上壽。詔曰：「每念頃遇疫氣死亡，爲之愴然。豈以一身之休息，忘百姓之艱邪？諸上禮者皆絕之。」

夏五月，鎮西大將軍、汝陰王駿討北胡，斬其渠帥吐敦。立國子學。庚午，大雩。

六月癸丑，薦荔支于太廟。甲戌，[一五]有星孛于氐。自春旱，至于是月始雨。吳京下督孫楷帥衆來降，以爲車騎將軍，封丹楊侯。白龍二見于新興井中。

秋七月，有星孛于大角。吳臨平湖自漢末壅塞，至是自開。父老相傳云：「此湖塞，天下亂；此湖開，天下平。」癸丑，安平王隆薨。東夷十七國內附。河南、魏郡暴水，殺百餘人，詔給棺。鮮卑阿羅多等寇邊，西域戊己校尉馬循討之，斬首四千餘級，獲生九千餘人，於是來降。

八月庚辰，河東、平陽地震。己亥，以太保何曾爲太傅，太尉陳騫爲大司馬，司空賈充爲太尉，鎮軍大將軍齊王攸爲司空。有星孛于太微，九月又孛于翼。丁未，起太倉於城東，常平倉於東西市。[一六]

閏月，荊州五郡水，流四千餘家。

冬十月，以汝陰王駿爲征西大將軍，平南將軍羊祜爲征南大將軍。丁卯，立皇后楊氏，大赦，賜王公以下及于鰥寡各有差。

十一月，白龍二見于梁國。

十二月，徵處士安定皇甫謐爲太子中庶子，封后父鎮軍將軍楊駿爲臨晉侯。是月，以平州刺史傅詢、前廣平太守孟桓清白有聞，詢賜帛二百匹，桓百匹。

三年春正月丙子朔，日有蝕之。立皇子裕爲始平王，安平穆王隆弟敦爲安平王。詔曰：「宗室戚屬，國之枝葉，欲令奉率德義，爲天下式。然處富貴而能慎行者寡，召穆公糾合兄弟而賦唐棣之詩，此姬氏所以本枝百世也。今以衞將軍、扶風王亮爲宗師，所當施行，皆諮之於宗師也。」庚寅，始平王裕薨。有星孛於西方。使征北大將軍衞瓘討鮮卑力微。

三月，平虜護軍文淑討叛虜樹機能等，〔七〕並破之。有星孛于胃。乙未，帝將射雉，慮損麥苗而止。

夏五月戊子，吳將邵凱、夏祥帥衆七千餘人來降。〔八〕

六月，益、梁八郡水，殺三百餘人，沒邸閣別倉。

秋七月，以都督豫州諸軍事王渾爲都督揚州諸軍事。中山王睦以罪廢爲丹水侯。

八月癸亥，徙扶風王亮爲汝南王，東莞王伷爲琅邪王，汝陰王駿爲扶風王，琅邪王倫爲趙王，渤海王輔爲太原王，太原王顒爲河間王，北海王陵爲任城王，陳王斌爲西河王，汝南王柬爲南陽王，濟南王耽爲中山王，河間王威爲章武王。立皇子瑋爲始平王，允爲濮陽王，該爲新都王，遐爲清河王，鉅平侯羊祜爲南城侯。以汝南王亮爲鎮南大將軍。大風拔樹，暴寒且冰，〔九〕郡國五隕霜，傷穀。

九月戊子，以左將軍胡奮爲都督江北諸軍事。兗、豫、徐、青、荆、益、梁七州大水，傷秋稼，詔振給之。立齊王子蕤爲遼東王，贊爲廣漢王。

冬十一月丙戌，帝臨宣武觀大閱，至于壬辰。

十二月，吳將孫慎入江夏、汝南，略千餘家而去。

是歲，西北雜虜及鮮卑、匈奴、五溪蠻夷、東夷三國前後十餘輩，〔一〇〕各帥種人部落內附。

四年春正月庚午朔，日有蝕之。

三月甲申，尚書左僕射盧欽卒。辛酉，以尚書右僕射山濤爲尚書左僕射。〔一一〕東夷六國來獻。

夏四月，蚩尤旗見於東井。

六月丁未，陰平、廣武地震，甲子又震。涼州刺史楊欣與虜若羅拔能等戰于武威，敗績，死之。弘訓皇后羊氏崩。

秋七月己丑，祔葬景獻皇后羊氏于峻平陵。庚寅，高陽王緝薨。癸巳，范陽王綏薨。荆、揚郡國二十皆大水。

九月，以太傅何曾爲太宰。辛巳，以尚書令李胤爲司徒。

冬十月，以征北大將軍衞瓘爲尚書令。揚州刺史應綽伐吳皖城，斬首五千級，焚穀米百八十萬斛。

十一月辛巳，太醫司馬程據獻雉頭裘，帝以奇技異服典禮所禁，焚之於殿前。甲申，敕內外敢有犯者罪之。吳昭武將軍劉翻、厲武將軍祖始來降。辛卯，以尚書杜預都督荆州諸軍事。征南大將軍羊祜卒。

十二月乙未，西河王斌薨。丁未，太宰朗陵公何曾薨。

是歲，東夷九國內附。

五年春正月，虜帥樹機能攻陷涼州。乙丑，使討虜護軍武威太守馬隆擊之。

二月甲午，白麟見于平原。

三月，匈奴都督拔弈虛帥部落歸化。乙亥，以百姓饑饉，減御膳之半。有星孛于柳。

夏四月，又孛于女御。大赦，降除部曲督以下質任。丁亥，郡國八雨雹，〔一二〕傷秋稼，壞百姓廬舍。

秋七月，有星孛于紫宮。

九月甲午，麟見于河南。

冬十月戊寅，匈奴餘渠都督獨雍等帥部落歸化。汲郡人不準掘魏襄王冢，〔一三〕得竹簡小篆古書十餘萬言，藏于祕府。

十一月，大舉伐吳，遣鎮軍將軍、琅邪王伷出涂中，〔一四〕安東將軍王渾出江西，建威將軍王戎出武昌，平南將軍胡奮出夏口，鎮南大將軍杜預出江陵，龍驤將軍王濬、廣武將軍唐彬率巴蜀之卒浮江而下，東西凡二十餘萬。以太尉賈充爲大都督，行冠軍將軍楊濟爲副，總統衆軍。

十二月，馬隆擊叛虜樹機能，大破，斬之，涼州平。肅慎來獻楛矢石砮。

太康元年春正月己丑朔，五色氣冠日。癸丑，王渾克吳尋陽賴鄉諸城，獲吳武威將軍周興。

二月戊午，王濬、唐彬等克丹楊城。庚申，又克西陵，殺西陵都督、鎭軍將軍留憲、〔二五〕征南將軍成璩、西陵監鄭廣。壬戌，濬又克夷道樂鄉城，殺夷道監陸晏、水軍都督陸景。甲戌，杜預克江陵，斬吳江陵督伍延；〔二六〕平南將軍胡奮克江安。於是諸軍並進，樂鄉、荊門諸戍相次來降。乙亥，以濬爲都督益、梁二州諸軍事，復下詔曰：「濬、彬東下，掃除巴丘，與胡奮、王戎共平夏口、武昌，順流長騖，直造秣陵，與奮、戎審量其宜。杜預當鎭靜零、桂，懷輯衡陽。大兵既過，荊州南境固當傳檄而定，預當分萬人給濬，七千給彬。夏口既平，奮宜以七千人給濬。武昌既了，戎當以六千人增彬。太尉充移屯項，總督諸方。」濬進破夏口、武昌，遂泛舟東下，所至皆平。王渾、周浚與吳丞相張悌戰于版橋，大破之，斬悌及其將孫震、沈瑩，傳首洛陽。孫晧窮蹙請降，送璽綬於琅邪王伷。

三月壬寅，王濬以舟師至于建鄴之石頭，〔二七〕孫晧大懼，面縛輿櫬，降于軍門。濬杖節解縛焚櫬，送于京都。收其圖籍，克州四，郡四十三，縣三百一十三，戶五十二萬三千，吏三萬二千，兵二十三萬，男女口二百三十萬。其牧守已下皆因吳所置，除其苛政，示之簡易，吳人大悅。乙酉，〔二八〕大赦，改元，大酺五日，恤孤老困窮。

夏四月，河東、高平雨雹，傷秋稼。遣兼侍中張側、黃門侍郎朱震分使揚越，慰其初附。

白麟見于頓丘。三河、魏郡、弘農雨雹，傷宿麥。

五月辛亥，封孫晧爲歸命侯，拜其太子爲中郎，諸子爲郎中。吳之舊望，隨才擢敍。孫氏大將戰亡之家徙於壽陽，將吏渡江復十年，百姓及百工復二十年。

丙寅，〔二九〕帝臨軒大會，引晧升殿，羣臣咸稱萬歲。丁卯，薦酃淥酒于太廟。郡國六雹，傷秋稼。庚午，詔諸士卒年六十以上罷歸于家。庚辰，以王濬爲輔國大將軍、襄陽侯，杜預當陽侯，王戎安豐侯，唐彬上庸侯，賈充、琅邪王伷以下增封。於是論功行封，賜公卿以下帛各有差。

六月丁丑，初置翊軍校尉官。封丹水侯睦爲高陽王。甲申，東夷十國歸化。

秋七月，虜軒成泥寇西平、浩亹，殺督將以下三百餘人。東夷二十國朝獻。庚寅，以尚書魏舒爲尚書右僕射。

八月，車師前部遣子入侍。己未，封皇弟延祚爲樂平王。白龍三見于永昌。

九月，羣臣以天下一統，屢請封禪，帝謙讓弗許。

冬十月丁巳，除五女復。

十二月戊辰，廣漢王贊薨。

二年春二月，淮南、丹楊地震。

三月丙申，安平王敦薨。賜王公以下吳生口各有差。詔選孫晧妓妾五千人入宮。東夷五國朝獻。

夏六月，東夷五國內附。郡國十六雨雹，大風拔樹，壞百姓廬舍。江夏、泰山水，流居人三百餘家。

秋七月，上黨又暴風雨雹，傷秋稼。

八月，有星孛于張。

冬十月，鮮卑慕容廆寇昌黎。〔三〇〕

十一月壬寅，大司馬陳騫薨。有星孛于軒轅。鮮卑寇遼西，平州刺史鮮于嬰討破之。

三年春正月丁丑，罷秦州，并雍州。甲午，以尚書張華都督幽州諸軍事。

三月，安北將軍嚴詢敗鮮卑慕容廆於昌黎，殺傷數萬人。

夏四月庚午，太尉、魯公賈充薨。

閏月丙子，司徒、廣陸侯李胤薨。癸丑，白龍二見于濟南。

秋七月，〔三一〕罷平州、寧州刺史三年一入奏事。

九月，東夷二十九國歸化，獻其方物。吳故將莞恭、帛奉舉兵反，攻害建鄴令，遂圍揚州，徐州刺史嵇喜討平之。

冬十二月甲申，以司空齊王攸爲大司馬、督青州諸軍事，鎭東大將軍、琅邪王伷爲撫軍大將軍，〔三二〕汝南王亮爲太尉，光祿大夫山濤爲司徒，尚書令衞瓘爲司空。丙申，詔四方水旱甚者無出田租。

四年春正月甲申，〔三三〕以尚書右僕射魏舒爲尚書左僕射，下邳王晃爲尚書右僕射。戊午，司徒山濤薨。

二月己丑，立長樂亭侯寔爲北海王。

三月辛丑朔，〔三四〕日有蝕之。癸丑，大司馬齊王攸薨。

夏四月，任城王陵薨。

五月己亥，大將軍、琅邪王伷薨。徙遼東王蕤爲東萊王。

六月，增九卿禮秩。牂柯獠二千餘落內屬。

秋七月壬子，以尚書右僕射、下邳王晃爲都督青州諸軍事。丙寅，兗州大水，復其田租。

中華書局

八月，鄯善國遣子入侍，假其歸義侯。以隴西王泰爲尚書右僕射。

冬十一月戊午，新都王該薨。以尚書左僕射魏舒爲司徒。

十二月庚午，大閱于宣武觀。

是歲，河內及荆州、揚州大水。

五年春正月己亥，青龍二見于武庫井中。

二月丙寅，立南宮王子玷爲長樂王。[二五]壬辰，地震。

夏四月，任城、魯國池水赤如血。五月丙午，宣帝廟梁折。

六月，初置黃沙獄。

秋七月戊申，皇子恢薨。任城、梁國、中山雨雹，傷秋稼。減天下戶課三分之一。

九月，南安大風折木，郡國五大水，隕霜，傷秋稼。

冬十一月甲辰，太原王輔薨。

十二月庚午，大赦。林邑、大秦國各遣使來獻。

閏月，鎮南大將軍、當陽侯杜預卒。

六年春正月甲申朔，[二六]以比歲不登，免租貸宿負。戊辰，以征南大將軍王渾爲尚書左僕射，尚書褚䂮都督揚州諸軍事，楊濟都督荆州諸軍事。

三月，郡國六隕霜，傷桑麥。

夏四月，扶南等十國來獻，參離四千餘落內附。郡國四旱，十大水，壞百姓廬舍。

秋七月，巴西地震。

八月丙戌朔，日有蝕之。減百姓緜絹三分之一。白龍見于京兆。以鎮軍大將軍王濬爲撫軍大將軍。

九月丙子，山陽公劉康薨。

冬十月，南安山崩，水出。南陽郡獲兩足獸。龜茲、焉耆國遣子入侍。

十二月甲申，大閱于宣武觀，旬日而罷。庚子，撫軍大將軍、襄陽侯王濬卒。

七年春正月甲寅朔，日有蝕之。乙卯，詔曰：「比年災異屢發，日蝕三朝，地震山崩。邦之不臧，實在朕躬。公卿大臣各上封事，極言其故，勿有所諱。」

夏五月，郡國十三旱。鮮卑慕容廆寇遼東。

秋七月，朱提山崩，犍爲地震。

八月，東夷十一國內附。京兆地震。

九月戊寅，驃騎將軍、扶風王駿薨。郡國八大水。

冬十一月壬子，以隴西王泰都督關中諸軍事。

十二月，遣侍御史巡遭水諸郡。出後宮才人、妓女以下二百七十人歸于家。始制大臣聽終喪三年。己亥，河陰雨赤雪二頃。

是歲，扶南等二十一國、馬韓等十一國遣使來獻。

八年春正月戊申朔，日有蝕之。太廟殿陷。

三月乙丑，臨商觀震。

夏四月，齊國、天水隕霜，[二七]傷麥。

六月，魯國大風，拔樹木，壞百姓廬舍。郡國八大水。

秋七月，前殿地陷，深數丈，中有破船。

八月，東夷二國內附。

九月，改營太廟。

冬十月，南康平固縣吏李豐反，聚衆攻郡縣，自號將軍。

十一月，海安令蕭輔聚衆反。

十二月，吳興人蔣迪聚黨反，圍陽羨縣，州郡捕討，皆伏誅。南夷扶南、西域康居國各遣使來獻。

是歲，郡國五地震。

九年春正月壬申朔，日有蝕之。詔曰：「興化之本，由政平訟理也。二千石長吏不能勤恤人隱，而輕挾私故，興長刑獄，又多貪濁，煩撓百姓。其敕刺史二千石糾其穢濁，舉其公清，有司議其黜陟。令內外羣官舉清能，拔寒素。」江東四郡地震。

二月，尚書右僕射、陽夏侯胡奮卒，以尚書朱整爲尚書右僕射。

三月丁丑，皇后親桑于西郊，賜帛各有差。壬辰，初幷二社爲一。

夏四月，江南郡國八地震；隴西隕霜，傷宿麥。

五月，義陽王奇有罪，黜爲三縱亭侯。詔內外羣官舉守令之才。

六月庚子朔，日有蝕之。徙章武王威爲義陽王。郡國三十二大旱，傷麥。

秋八月壬子，星隕如雨。詔郡國五歲刑以下決遣，無留庶獄。

九月，東夷七國詣校尉內附。郡國二十四螟。

冬十二月癸卯，立河間平王洪子英爲章武王。[三八]戊申，青龍、黃龍各一見于魯國。

十年夏四月，以京兆太守劉霄、陽平太守梁柳有政績，各賜穀千斛。郡國八隕霜。太廟成。乙巳，遷神主于新廟，帝迎于道左，遂袷祭。大赦，文武增位一等，作廟者二等。丁未，尚書右僕射、廣興侯朱整卒。癸丑，崇賢殿災。

五月，鮮卑慕容廆來降，東夷十一國內附。

六月庚子，山陽公劉瑾薨。復置二社。

冬十月壬子，徙南宮王承爲武邑王。

十一月丙辰，守尚書令、左光祿大夫荀勖卒。帝疾瘳，賜王公以下帛有差。含章殿鞠室火。

甲申，以汝南王亮爲大司馬、大都督、假黃鉞。改封南陽王柬爲秦王，始平王瑋爲楚王，濮陽王允爲淮南王，並假節之國，各統方州軍事。立皇子乂爲長沙王，穎爲成都王，晏爲吳王，熾爲豫章王，演爲代王，皇孫遹爲廣陵王。立濮陽王子迪爲漢王，始平王子儀爲毗陵王，汝南王次子羕爲西陽公。徙扶風王暢爲順陽王，暢弟歆爲新野公，琅邪王覲弟澹爲東武公，繇爲東安公，漼爲廣陵公，卷爲東莞公。改諸王國相爲內史。

十二月庚寅，[三九]太廟梁折。

是歲，東夷絕遠三十餘國、西南夷二十餘國來獻。虜奚軻男女十萬口來降。[四〇]

太熙元年春正月辛酉朔，改元。己巳，以尚書左僕射王渾爲司徒，司空衞瓘爲太保。

二月辛丑，東夷七國朝貢。琅邪王覲薨。

三月甲子，以右光祿大夫石鑒爲司空。

夏四月辛丑，以侍中車騎將軍楊駿爲太尉、都督中外諸軍、錄尚書事。己酉，帝崩于含章殿，時年五十五，葬峻陽陵，廟號世祖。

帝宇量弘厚，造次必於仁恕；容納讜正，未嘗失色於人；明達善謀，能斷大事，故得撫寧萬國，綏靜四方。承魏氏奢侈刻弊之後，百姓思古之遺風，乃厲以恭儉，敦以寡慾。有司嘗奏御牛青絲紖斷，詔以青麻代之。臨朝寬裕，法度有恆。高陽許允既爲文帝所殺，允子奇爲太常丞。帝將有事於太廟，朝議以奇受害之門，不欲接近左右，請出爲長史。帝乃追述允夙望，稱奇之才，擢爲祠部郎，時論稱其夷曠。平吳之後，天下乂安，遂怠於政術，耽於遊宴，寵愛后黨，親貴當權，舊臣不得專任，彝章紊廢，請謁行矣。爰至末年，知惠帝弗克負荷，然恃皇孫聰睿，故無廢立之心。復慮非賈后所生，終致危敗，遂與腹心共圖後事。說者紛然，久而不定，竟用王佑之謀，遣太子母弟秦王柬都督關中，楚王瑋、淮南王允並鎮守要害，以强帝室。又恐楊氏之偪，復以佑爲北軍中候，以典禁兵。既而寢疾彌留，至於大漸，佐命元勳，皆已先沒，羣臣惶惑，計無所從。會帝小差，有詔以汝南王亮輔政，又欲令朝士之有名望年少者數人佐之，楊駿祕而不宣。帝復尋至迷亂，楊后輒爲詔以駿輔政，促亮進發。帝尋小間，問汝南王來未，意欲見之，有所付託。左右答言未至，帝遂困篤。中朝之亂，實始於斯矣。

制曰：武皇承基，誕膺天命，握圖御宇，敷化導民，以佚代勞，以治易亂。絕縑綸之貢，去雕琢之飾，制奢俗以變儉約，止澆風而反淳朴。雅好直言，留心采擢，劉毅、裴楷以質直見容，嵇紹、許奇雖仇讎不棄。仁以御物，寬而得衆，宏略大度，有帝王之量焉。於時民和俗靜，家給人足，聿修武用，思啓封疆。決神算於深衷，斷雄圖於議表。馬隆西伐，王濬南征，師不延時，獯虜削迹，兵無血刃，揚越爲墟。通上代之不通，服前王之未服。禎祥顯應，風教肅清，天人之功成矣，霸王之業大矣。雖登封之禮，讓而不爲，驕泰之心，因斯以起。見土地之廣，謂萬葉而無虞；覩天下之安，謂千年而永治。不知處廣以思狹，則廣可長廣；居治而忘危，則治無常治。加之建立非所，委寄失才，志欲就於升平，行先迎於禍亂。是猶

將適越者指沙漠以遵途，欲登山者涉舟航而覓路，所趣逾遠，所尙轉難，南北倍殊，高下相反，求其至也，不亦難乎！況以新集易動之基，而無久安難拔之慮，故賈充凶豎，懷姦志以擁權；楊駿豺狼，苞禍心以專輔。及乎宮車晚出，諒闇未周，藩翰變親以成疎，連兵競滅其本；棟梁回忠而起僞，擁衆各舉其威。曾未數年，綱紀大亂，海內版蕩，宗廟播遷。帝道王猷，反居文身之俗；神州赤縣，翻成被髮之鄉。棄所大以資人，掩其小而自託，爲天下笑，其故何哉？良由失慎於前，所以貽患於後。且知子者賢父，知臣者明君；子不肖則家亡，臣不忠則國亂；國亂不可以安也，家亡不可以全也。是以君子防其始，聖人閑其端。而世祖惑荀勖之姦謀，迷王渾之僞策，心屢移於衆口，事不定於己圖。元海當除而不除，卒令擾亂區夏；惠帝可廢而不廢，終使傾覆洪基。夫全一人者德之輕，拯天下者功之重，棄一子者忍之小，安社稷者孝之大；況乎資三世而成業，延二孽以喪之，所謂取輕德而捨重功，畏小忍而忘大孝。聖賢之道，豈若斯乎！雖則善始於初，而乖令終於末，所以殷勤史策，不能無慷慨焉。

校勘記

〔一〕機爲燕王　「機」，各本皆作「幾」。周校：「『機』誤『幾』。」按宣五王傳，淸惠亭侯京薨，以文帝子

機爲嗣，封燕王。薨，無子，齊王冏表以子幾嗣。然則幾蓋機之子也。」按：上文既言「皇弟」，則作「機」爲是，通鑑七九正作「機」，今據改。

〔二〕子文爲沛王　李校：「宗室傳言沛王景字子文。此舉其字者，蓋沛王名本或作『炳』及『昞』、『秉』之類，唐避世祖諱昞，於『丙』、『秉』等字皆改爲『景』。故紀稱其字，傳改爲『景』耳。」李說當是。

〔三〕鄉侯爲關內侯　「鄉侯」上原衍「爲」字，今删。參拾補。

〔四〕丁丑　二月己酉朔，丁丑爲二十九日，下文庚午爲二十二日，日序誤倒。

〔五〕夏五月戊辰至壬子　斠正：五月無戊辰、壬子日。

〔六〕春正月癸丑至丁卯　正月甲戌朔，無癸丑、丁卯。

〔七〕丁未　三月癸酉朔，無丁未。

〔八〕六月丙申朔　「丙申」，各本皆作「甲申」。按：六月應爲丙申朔，丁國鈞晉書校文以下簡稱校文亦言「當從通鑑目錄作丙申」，今改正。

〔九〕戊午　七月丙寅朔，無戊午。

〔一〇〕萬郁　斠注：「吳志三嗣主傳作『萬彧』。」按：通鑑七九同吳志。

〔一一〕梁州之陰平置秦州　「陰平」，各本皆作「陽平」。商榷：「陽平，地理志作陰平，宜從之。」今據改。

〔一二〕己未　二月所見干支有辛巳、壬寅、丁亥、己未。按：二月壬戌朔，辛巳爲二十日，丁亥爲二十六日；三月壬辰朔，壬寅爲十一日，己未爲二十八日。此處不見「三月」，且日序錯亂。

〔一三〕丙戌　「丙戌」上各本重出「三月」，今删。

〔一四〕辛酉　二月丁亥朔，無辛酉。參舉正。

〔一五〕六月癸丑至甲戌　六月庚辰朔，無癸丑、甲戌。

〔一六〕丁未起太倉於城東常平倉於東西市　九月戊申朔，無丁未。本書食貨志及御覽一九〇引晉陽秋，謂泰始四年七月起常平倉。

〔一七〕平虜護軍文淑　周校：「扶風王駿、東安王繇傳並作『文俶』。」按：魏志諸葛誕傳作「文鴦」，注引晉諸公贊又作「文俶」。裴松之云鴦一名俶。

〔一八〕吳將邵凱　斠注：「羊祜傳『凱』作『顗』。」按：通鑑八〇同祜傳。

〔一九〕大風拔樹暴寒且冰　拾補：「五行志云河間，此上疑脫二字。」按：宋書五行志五亦有「河間」。

〔二〇〕東夷三國前後十餘輩　「十」，從宋本，他本作「千」。

〔二一〕辛酉以尚書右僕射山濤爲尚書左僕射　三月庚午朔，無辛酉。按：藝文類聚以下簡稱類聚四八、御覽二一一引王隱晉書，謂濤遷左僕射在太康元年。又據御覽同卷、北堂書鈔以下簡稱書鈔五九引晉起居注，太康元年始復置左右僕射。濤本傳謂咸寧初「除尚書僕射，加侍中」，當是。

〔二二〕丁亥郡國八雨雹　據本書五行志下，此爲五、六月間事，疑紀脫月。

〔二三〕汲郡人不準掘魏襄王冢　衞恆傳、杜預春秋左氏經傳集解後序正義引王隱晉書束晳傳作太康元年，束晳傳、荀勖穆天子傳序作太康二年。雷學淇竹書紀年考證云：「竹書發于咸寧五年十月，帝紀之說，錄其實也。就官收以後上於帝京時言，故曰太康元年，束晳傳云二年，或命官校理之歲也。」又「魏襄王」，王隱晉書束晳傳作「魏安釐王」。

〔二四〕遣鎭軍將軍琅邪王伷出涂中　周校：「鎭軍將軍，當作鎭東大將軍，據泰始五年、太康三年及本傳文知之。」按：周說當是，吳志孫晧傳亦作「鎭東大將軍司馬伷」，此時鎭軍爲司馬攸，與伷無涉。

〔二五〕鎭軍將軍留憲　斠注：「王濬傳『鎭軍』作『鎭南』。」按：本書杜預傳、册府元龜以下簡稱册府三五〇「留憲」作「劉憲」。

〔二六〕斬吳江陵督伍延　「伍延」，各本皆作「王延」。按：本書杜預傳、吳志孫晧傳、册府一二一、通鑑八一皆作「伍延」，今據改。參周校及洪頤煊諸史考異。

〔二七〕三月壬寅至石頭　「壬寅」，各本皆作「壬申」。按：三月戊子朔，無壬申。校文云，王濬傳載濬入石頭後上書有「以十五日至秣陵」語，十五日爲壬寅，則「申」當爲「寅」字之誤。今據改。

〔二八〕乙酉　三月戊子朔，無乙酉。通鑑八一作「四月乙酉」，爲四月二十九日。

〔二九〕丙寅　五月丁亥朔，無丙寅。丙寅及此下丁卯、庚午、庚辰、丁丑、甲申，皆在六月內，下文「丁丑」前「六月」二字應在「丙寅」上。又庚辰爲六月二十五日，丁丑爲二十二日，日序亦倒。

〔三〇〕鮮卑慕容廆寇昌黎　「慕容廆」，通鑑八一作「涉歸」。通鑑考異：「按范亨燕書武宣紀。廆泰始五年生，年十五，父單于涉歸卒，太康四年也。此年入寇，當是涉歸。」

〔三一〕秋七月　「七月」，從宋本。明吳氏西爽堂本以下簡稱吳本同宋本，他本皆作「八月」。

〔三二〕鎭東大將軍琅邪王伷爲撫軍大將軍　周校：「『撫軍』衍文，據明年伷薨文及職官志、本傳知之。」

〔三三〕四年春正月甲申　正月辛丑朔，無甲申。二月辛未朔，甲申爲是月十四日。

〔三四〕三月辛丑朔　三月庚子朔，辛丑爲初二日。「朔」字疑衍，或「辛丑」爲「庚子」之誤。

〔三五〕南宮王子玷爲長樂王　安平獻王孚傳「玷」作「祐」，太平寰宇記六三亦作「祐」。

〔三六〕正月甲申朔　正月庚申朔，甲申爲二十五日，疑「甲」爲「庚」字之誤。下文「戊辰」爲初九日，如作「甲申」，日序不合。

〔三七〕齊國天水隕霜　「天水」，各本皆作「大水」。周校：五行志，四月齊國、天水二郡隕霜，『大水』爲『天水』之誤。按：宋書五行志四亦作「天水」，今據改。

〔三八〕立河間平王洪子英爲章武王　本書河間王洪傳稱，洪二子威、混，無名英者。威嗣洪，徙封章武。其後威出繼義陽王望，又立混爲嗣。傳云威出繼在太康九年，與英受封章武王正在同年。成紀咸和六年下有以「章武王混子珍爲章武王」之文，則此處「英」當爲「混」字之誤。

〔三九〕十二月庚寅　十二月辛卯朔，無庚寅。五行志上、宋書五行志一、通典五一引河南孫平子封事並作十一月。庚寅爲十一月二十九日。

〔四〇〕虜奚軻男女十萬口來降　「奚軻」上各本皆有「壬戌」二字。按：「是歲」下不應再出干支，「虜壬戌奚軻」，文義亦不可通。册府九七七、通鑑八二皆無「壬戌」，今據删。

晉書卷四

帝紀第四

惠帝

孝惠皇帝諱衷，字正度，武帝第二子也。泰始三年，立爲皇太子，時年九歲。

太熙元年四月己酉，武帝崩。是日，皇太子即皇帝位，大赦，改元爲永熙。尊皇后楊氏曰皇太后，立妃賈氏爲皇后。

夏五月辛未，葬武皇帝於峻陽陵。丙子，增天下位一等，預喪事者二等，復租調一年，二千石已上皆封關中侯。以太尉楊駿爲太傅，輔政。

秋八月壬午，立廣陵王遹爲皇太子，以中書監何劭爲太子太師，吏部尚書王戎爲太子太傅，衛將軍楊濟爲太子太保。遣南中郎將石崇、射聲校尉胡奕、長水校尉趙俊、揚烈將軍趙歡將屯兵四出。

冬十月辛酉，以司空石鑒爲太尉，前鎮西將軍、隴西王泰爲司空。

永平元年春正月乙酉朔，〔一〕臨朝，不設樂。詔曰：「朕夙遭不造，淹恤在疚。賴祖宗遺靈，宰輔忠賢，得以眇身託于羣后之上。昧於大道，不明于訓，戰戰兢兢，夕惕若厲。乃者哀迷之際，三事股肱，惟社稷之重，率遵翼室之典，猶欲長奉先皇之制，是以有永熙之號。然日月踰邁，已涉新年，開元易紀，禮之舊章。其改永熙二年爲永平元年。」又詔子弟及羣官並不得謁陵。丙午，皇太子冠，丁未，見于太廟。

二月甲寅，賜王公已下帛各有差。癸酉，鎮南將軍楚王瑋、鎮東將軍淮南王允來朝。戊寅，復置祕書監官。

三月辛卯，誅太傅楊駿，駿弟衛將軍珧、太子太保濟，中護軍張劭，散騎常侍段廣、楊邈，左將軍劉預，河南尹李斌，中書令蔣俊，東夷校尉文淑，尚書武茂，皆夷三族。壬辰，大赦，改元。賈后矯詔廢皇太后爲庶人，徙于金墉城，告于天地宗廟。誅太后母龐氏。壬寅，徵大司馬、汝南王亮爲太宰，與太保衛瓘輔政。以秦王柬爲大將軍，東平王楙爲撫軍大將軍，鎮南將軍、楚王瑋爲衛將軍，領北軍中候，下邳王晃爲尚書令，東安公繇爲尚書左僕射，進封東安王。督將侯者千八十一人。庚戌，免東安王繇及東平王楙，繇徙帶方。

夏四月癸亥，以征東將軍、梁王肜爲征西大將軍、都督關西諸軍事，太子少傅阮坦爲平東將軍、監青徐二州諸軍事。己巳，以太子太傅王戎爲尚書右僕射。

五月甲戌，〔三〕毗陵王軌薨。壬午，除天下戶調緜絹，賜孝悌、高年、鰥寡、力田者帛，人三匹。

六月，賈后矯詔使楚王瑋殺太宰、汝南王亮，太保、菑陽公衞瓘。乙丑，以瑋擅害亮、瓘，殺之。曲赦洛陽。以廣陵王師劉寔爲太子太保，司空、隴西王泰錄尚書事。

秋七月，分揚州、荆州十郡爲江州。

八月庚申，以趙王倫爲征東將軍、都督徐兗二州諸軍事；河間王顒爲北中郎將，鎮鄴；太子太師何劭爲都督豫州諸軍事，鎮許昌。徙長沙王乂爲常山王。己巳，進西陽公羕爵爲王。辛未，立隴西世子越爲東海王。

九月甲午，大將軍、秦王柬薨。辛丑，徵征西大將軍、梁王肜爲衞將軍、錄尚書事，以趙王倫爲征西大將軍、都督雍梁二州諸軍事。

冬十二月辛酉，京師地震。

是歲，東夷十七國、南夷二十四部並詣校尉內附。

二年春二月己酉，賈后弑皇太后于金墉城。

秋八月壬子，大赦。

九月乙酉，中山王耽薨。

冬十一月，大疫。

是歲，沛國雨雹，傷麥。

三年夏四月，滎陽雨雹。

六月，弘農郡雨雹，深三尺。

冬十月，太原王泓薨。〔三〕

四年春正月丁酉朔，侍中、太尉、安昌公石鑒薨。〔四〕

夏五月，蜀郡山移，淮南壽春洪水出，山崩地陷，壞城府及百姓廬舍。匈奴郝散反，攻上黨，殺長吏。

六月，壽春地大震，死者二十餘家。上庸郡山崩，殺二十餘人。

秋八月，郝散帥衆降，馮翊都尉殺之。上谷居庸、上庸並地陷裂，水泉涌出，人有死者。大饑。

九月丙辰，赦諸州之遭地災者。甲午，枉矢東北竟天。〔五〕

是歲，京師及郡國八地震。

五年夏四月，彗星見于西方，孛于奎，至軒轅。

六月，金城地震。東海雨雹，深五寸。

秋七月，下邳暴風，壞廬舍。

九月，雁門、新興、太原、上黨大風，傷禾稼。

冬十月，武庫火，焚累代之寶。

十二月丙戌，新作武庫，大調兵器。丹楊雨雹。有石生于京師宜年里。

是歲，荆、揚、兗、豫、青、徐等六州大水，詔遣御史巡行振貸。

六年春正月，大赦。司空、下邳王晃薨。以中書監張華爲司空，太尉、隴西王泰爲尚書令，衞將軍、梁王肜爲太子太保。丁丑，地震。

三月，東海隕霜，傷桑麥。彭城呂縣有流血，東西百餘步。

夏四月，大風。

五月，荆、揚二州大水。匈奴郝散弟度元帥馮翊、北地馬蘭羌、盧水胡反，攻北地，太守張損死之。馮翊太守歐陽建與度元戰，建敗績。徵征西大將軍、趙王倫爲車騎將軍，以太子太保、梁王肜爲征西大將軍、都督雍梁二州諸軍事，鎮關中。

秋八月，雍州刺史解系又爲度元所破。秦雍氐、羌悉叛，推氐帥齊萬年僭號稱帝，圍涇陽。

冬十月乙未，曲赦雍、涼二州。

十一月丙子，遣安西將軍夏侯駿、〔六〕建威將軍周處等討萬年，梁王肜屯好畤。關中饑，大疫。

七年春正月癸丑，周處及齊萬年戰於六陌，王師敗績，處死之。

夏五月，魯國雨雹。

秋七月，雍、梁州疫。大旱，隕霜，殺秋稼。關中饑，米斛萬錢。詔骨肉相賣者不禁。丁丑，司徒、京陵公王渾薨。

九月，以尚書右僕射王戎爲司徒，太子太師何劭爲尚書左僕射。

八年春正月丙辰，地震。詔發倉廩，振雍州饑人。

三月壬戌，大赦。

夏五月，郊禖石破爲二。

秋九月，荆、豫、揚、徐、冀等五州大水。雍州有年。

九年春正月，左積弩將軍孟觀伐氐，戰于中亭，大破之，獲齊萬年。徵征西大將軍、梁王肜錄尚書事。以北中郎將、河間王顒爲鎮西將軍，鎮關中；成都王穎爲鎮北大將軍，鎮鄴。

夏四月，鄴人張承基等妖言署置，聚黨數千。郡縣逮捕，皆伏誅。

六月戊戌，太尉、隴西王泰薨。[七]

秋八月，以尚書裴頠爲尚書僕射。

冬十一月甲子朔，日有蝕之。京師大風，發屋折木。

十二月壬戌，廢皇太子遹爲庶人，及其三子幽于金墉城，殺太子母謝氏。

永康元年春正月癸亥朔，大赦，改元。己卯，日有蝕之。丙子，皇孫虨卒。[八]

二月丁酉，大風，飛沙拔木。

三月，尉氏雨血，妖星見于南方。癸未，賈后矯詔害庶人遹于許昌。

夏四月辛卯，日有蝕之。癸巳，梁王肜、趙王倫矯詔廢賈后爲庶人，司空張華、尚書僕射裴頠皆遇害，侍中賈謐及黨與數十人皆伏誅。甲午，倫矯詔大赦，自爲相國、都督中外諸軍，如宣文輔魏故事，追復故皇太子位。丁酉，以梁王肜爲太宰，左光祿大夫何劭爲司徒，右光祿大夫劉寔爲司空，淮南王允爲驃騎將軍。己亥，趙王倫矯詔害賈庶人于金墉城。

五月己巳，立皇孫臧爲皇太孫，尚爲襄陽王。

六月壬寅，葬愍懷太子于顯平陵。撫軍將軍、清河王遐薨。癸卯，震崇陽陵標。

秋八月，淮南王允舉兵討趙王倫，不克，允及其二子秦王郁、漢王迪皆遇害。曲赦洛陽。

平東將軍、彭城王植薨。改封吳王晏爲賓徒縣王。以齊王冏爲平東將軍，鎮許昌。光祿大夫陳準爲太尉、錄尚書事。

九月，改司徒爲丞相，以梁王肜爲之。

冬十月，黄霧四塞。

十一月戊午，大風飛沙石，六日乃止。甲子，立皇后羊氏，大赦，大酺三日。

十二月，彗星見于東方。益州刺史趙廞與略陽流人李庠害成都內史耿勝、[九]犍爲太守李密、汶山太守霍固、[一〇]西夷校尉陳總，據成都反。

永寧元年春正月乙丑，趙王倫篡帝位。丙寅，遷帝于金墉城，號曰太上皇，改金墉曰永昌宮。廢皇太孫臧爲濮陽王。五星經天，縱橫無常。癸酉，倫害濮陽王臧。略陽流人李特殺趙廞，傳首京師。

三月，平東將軍、齊王冏起兵以討倫，[一一]傳檄州郡，屯于陽翟。征北大將軍、成都王穎，征西大將軍、河間王顒，常山王乂，豫州刺史李毅，[一二]兗州刺史王彥，南中郎將、新野公歆，皆舉兵應之，衆數十萬。倫遣其將閭和出伊闕，張泓、孫輔出堮坂以距冏，孫會、士猗、許超出黄橋以距穎。及穎將趙驤、石超戰于溴水，會等大敗，棄軍走。

閏月丙戌朔，日有蝕之。

夏四月，歲星晝見。冏將何勖、盧播擊張泓於陽翟，大破之，斬孫輔等。辛酉，左衞將軍王輿與尚書、淮陵王漼勒兵入宮，禽倫黨孫秀、孫會、許超、士猗、駱休等，皆斬之。逐倫歸第，卽日乘輿反正。羣臣頓首謝罪，帝曰：「非諸卿之過也。」癸亥，詔曰：「朕以不德，纂承皇統，遠不能光濟大業，靖綏四方，近不能開明刑威，式遏

姦宄，至使逆臣孫秀敢肆凶虐，竊間王室，遂奉趙王倫饕據天位。鎮東大將軍、齊王冏，征北大將軍、成都王穎，征西大將軍、河間王顒，並以明德茂親，忠規允著，首建大策，匡救國難。尚書漼共立大謀，左衞將軍王輿與羣公卿士，協同謀略，親勒本營，斬秀及其二子。前趙王倫爲秀所誤，與其子等已詣金墉迎朕幽宮，旋軫閶闔。豈在予一人獨饗其慶，宗廟社稷實有賴焉。」於是大赦，改元，孤寡賜穀五斛，大酺五日。誅趙王倫、義陽王威、九門侯質等及倫之黨與。

五月，立襄陽王尚爲皇太孫。

六月戊辰，大赦，增吏位二等。復封賓徒王晏爲吳王。庚午，東萊王蕤、左衞將軍王輿謀廢齊王冏，事泄，蕤廢爲庶人，輿伏誅，夷三族。甲戌，以齊王冏爲大司馬、都督中外諸軍事，成都王穎爲大將軍、錄尚書事，河間王顒爲太尉。罷丞相，復置司徒官。己卯，以梁王肜爲太宰，領司徒。封齊王冏功臣葛旟牟平公，路秀小黄公，[一三]衞毅平陰公，劉眞安鄉公，韓泰封丘公。

秋七月甲午，立吳王晏子國爲漢王，[一四]復封常山王乂爲長沙王。

八月，大赦。戊辰，原徙邊者。益州刺史羅尚討羌，破之。己巳，徙南平王祥爲宜都王。下邳王韡薨。[一五]以東平王楙爲平東將軍、[一六]都督徐州諸軍事。

九月，追東安王繇復其爵。丁丑，〔一七〕封楚王瑋子範爲襄陽王。

冬十月，流人李特反於蜀。

十二月，司空何劭薨。〔一八〕封齊王冏子冰爲樂安王，英爲濟陽王，超爲淮南王。

是歲，郡國十二旱，六蝗。

太安元年春正月庚子，安東將軍、譙王隨薨。

三月癸卯，赦司、冀、兗、豫四州。皇太孫尚薨。

夏四月，彗星晝見。

五月乙酉，侍中、太宰、領司徒、梁王肜薨。以右光祿大夫劉寔爲太傅。太尉、河間王顒遣將衙博擊李特於蜀，爲特所敗。特遂陷梓潼、巴西，害廣漢太守張微，自號大將軍。〔一九〕癸卯，以清河王遐子覃爲皇太子，賜孤寡帛，大酺五日。以齊王冏爲太師，東海王越爲司空。

秋七月，兗、豫、徐、冀等四州大水。

冬十月，地震。

十二月丁卯，河間王顒表齊王冏窺伺神器，有無君之心，與成都王穎、新野王歆、范陽

王虓同會洛陽，請廢冏還第。長沙王乂奉乘輿屯南止車門，攻冏，殺之，幽其諸子于金墉城，廢冏弟北海王寔。大赦，改元。以長沙王乂爲太尉、都督中外諸軍事。封東萊王蕤子炤爲齊王。〔二〇〕

二年春正月甲子朔，〔二一〕赦五歲刑。

三月，李特攻陷益州。荊州刺史宋岱擊特，斬之，〔二二〕傳首京師。

夏四月，特子雄復據益州。

五月，義陽蠻張昌舉兵反，以山都人丘沈爲主，改姓劉氏，僞號漢，建元神鳳，攻破郡縣，南陽太守劉彬、平南將軍羊伊、鎮南大將軍、新野王歆並遇害。

六月，遣荊州刺史劉弘等討張昌于方城，王師敗績。

秋七月，中書令卞粹、侍中馮蓀、河南尹李含等貳於長沙王乂，乂疑而害之。張昌陷江南諸郡，武陵太守賈隆、零陵太守孔紘、豫章太守閻濟、武昌太守劉根皆遇害。昌別帥石冰寇揚州，刺史陳徽與戰，大敗，諸郡盡沒。臨淮人封雲舉兵應之，自阜陵寇徐州。

八月，河間王顒、成都王穎舉兵討長沙王乂，帝以乂爲大都督，帥軍禦之。

庚申，劉弘及張昌戰於清水，斬之。

顒遣其將張方，穎遣其將陸機、牽秀、石超等來逼京師。乙丑，帝幸十三里橋，遣將軍皇甫商距方于宜陽。己巳，帝旋軍于宣武場。庚午，舍于石樓。天中裂，無雲而雷。

九月丁丑，帝次于河橋。壬午，皇甫商爲張方所敗。甲申，帝軍于芒山。丁亥，幸偃師。辛卯，舍于豆田。癸巳，尚書右僕射、興晉侯羊玄之卒。〔二三〕帝旋于城東。丙申，進軍緱氏，擊牽秀，走之。大赦。張方入京城，燒清明、開陽二門，死者萬計。石超逼乘輿于緱氏。

冬十月壬寅，帝旋于宮。石超焚緱氏，服御無遺。丁未，破牽秀、范陽王虓于東陽門外。戊申，破陸機于建春門，石超走，斬其大將賈崇等十六人，〔二四〕懸首銅駝街。張方退屯十三里橋。

十一月辛巳，星晝隕，聲如雷。王師攻方壘，不利。方決千金堨，水碓皆涸。乃發王公奴婢手舂給兵廩，一品已下不從征者，男子十三以上皆從役。又發奴助兵，號爲四部司馬。公私窮踧，米石萬錢。詔命所至，一城而已。

壬寅夜，〔二五〕赤氣竟天，隱隱有聲。丙辰，地震。癸亥，東海王越執長沙王乂，幽於金墉城，尋爲張方所害。甲子，大赦。〔二六〕丙寅，揚州秀才周玘、前南平內史王矩、前吳興內史顧祕起義軍以討石冰。〔二七〕冰退，自臨淮趣壽陽。征東將軍劉準遣廣陵度支陳敏擊冰。李雄自

郫城攻益州刺史羅尚，〔二八〕尚委城而遁，雄盡有成都之地。封鮮卑段勿塵爲遼西公。

永興元年春正月丙午，尚書令樂廣卒。〔二九〕成都王穎自鄴諷于帝，乃大赦，改元爲永安。帝逼于河間王顒，密詔雍州刺史劉沈、秦州刺史皇甫重以討之。沈舉兵攻長安，爲顒所敗。張方大掠洛中，還長安。於是軍中大餒，人相食。以成都王穎爲丞相。穎遣從事中郎成夔等以兵五萬屯十二城門，殿中宿所忌者，穎皆殺之，以三部兵代宿衞。

二月乙酉，廢皇后羊氏，幽于金墉城，黜皇太子覃復爲清河王。

三月，陳敏攻石冰，斬之，揚、徐二州平。河間王顒表請立成都王穎爲太弟。戊申，詔曰：「朕以不德，纂承鴻緒，于茲十有五載。禍亂滔天，姦逆仍起，至乃幽廢重宮，宗廟圮絕。成都王穎溫仁惠和，克平暴亂。其以穎爲皇太弟、都督中外諸軍事，丞相如故。」大赦，賜鰥寡高年帛三匹，大酺五日。丙辰，盜竊太廟服器。以太尉顒爲太宰，太傅劉寔爲太尉。

六月，新作三城門。

秋七月丙申朔，右衞將軍陳眕以詔召百僚入殿中，因勒兵討成都王穎。戊戌，大赦，復皇后羊氏及皇太子覃。己亥，司徒王戎、東海王越、高密王簡、〔三〇〕平昌公模、吳王晏、豫章

王熾、襄陽王範、右僕射荀藩等奉帝北征。至安陽，衆十餘萬，穎遣其將石超距戰。己未，六軍敗績于蕩陰，矢及乘輿，百官分散，侍中嵇紹死之。帝傷頰，中三矢，亡六璽。帝遂幸超軍，餧甚，超進水，左右奉秋桃。超遣弟熙奉帝之鄴，穎帥羣官迎謁道左。帝下輿涕泣，其夕幸于穎軍。穎府有九錫之儀，陳留王送貂蟬文衣鶡尾，明日，乃備法駕幸于鄴，唯豫章王熾、司徒王戎、僕射荀藩從。庚申，[三一]大赦，改元爲建武。

八月戊辰，穎殺東安王繇。張方復入洛陽，廢皇后羊氏及皇太子覃。匈奴左賢王劉元海反於離石，自號大單于。安北將軍王浚遣烏丸騎攻成都王穎于鄴，大敗之。穎與帝單車走洛陽，服御分散，倉卒上下無齎，侍中黃門被囊中齎私錢三千，詔貸用。所在買飯以供，宮人止食于道中客舍。宮人有持升餘粇米飯及燥蒜鹽豉以進帝，帝噉之，御中黃門布被。次獲嘉，市粗米飯，盛以瓦盆，帝噉兩盂。有老父獻蒸鷄，帝受之。至溫，將謁陵，帝喪履，納從者之履，下拜流涕，左右皆歔欷。及濟河，張方帥騎三千，以陽燧青蓋車奉迎。方拜謁，帝躬止之。辛巳，大赦，賞從者各有差。

冬十一月乙未，方請帝謁廟，因劫帝幸長安。方以所乘車入殿中，帝馳避後園竹中。方逼帝升車，左右中黃門鼓吹十二人步從，唯中書監盧志侍側。方以帝幸其壘，帝令方具車載宮人寶物，軍人因妻略後宮，分爭府藏。魏晉已來之積，掃地無遺矣。行次新安，寒

甚，帝墮馬傷足，尚書高光進面衣，帝嘉之。河間王顒帥官屬步騎三萬，迎于霸上。顒前拜謁，帝下車止之。以征西府爲宮。唯僕射荀藩、司隸劉暾、太常鄭球、河南尹周馥與其遺官在洛陽，爲留臺，承制行事，號爲東西臺焉。丙午，[三二]留臺大赦，改元復爲永安。辛丑，復皇后羊氏。李雄僭號成都王，劉元海僭號漢王。

十二月丁亥，詔曰：「天禍晉邦，冢嗣莫繼。成都王穎自在儲貳，政績虧損，四海失望，不可承重，其以王還第。豫章王熾先帝愛子，令問日新，四海注意，今以爲皇太弟，以隆我晉邦。以司空越爲太傅，與太宰顒夾輔朕躬。司徒王戎參錄朝政，光祿大夫王衍爲尚書左僕射。安南將軍虓、安北將軍浚、[三三]平北將軍騰各守本鎮。高密王簡爲鎮南將軍，領司隸校尉，權鎮洛陽；東中郎將模爲寧北將軍、都督冀州，鎮于鄴；鎮南大將軍劉弘領荆州，以鎮南土。周馥、繆胤各還本部，百官皆復職。齊王冏前應還第，長沙王乂輕陷重刑，封其子紹爲樂平縣王，[三四]以奉其嗣。自頃戎車屢征，勞費人力，供御之物皆減三分之二，戶調田租三分減一。蠲除苛政，愛人務本。清通之後，當還東京。」大赦，改元。以河間王顒都督中外諸軍事。

二年春正月甲午朔，帝在長安。

夏四月，詔封樂平王紹爲齊王。[三五]丙子，張方廢皇后羊氏。

六月甲子，侍中、司徒、安豐侯王戎薨。隴西太守韓稚攻秦州刺史張輔，殺之。李雄僭卽帝位，國號蜀。

秋七月甲午，尚書諸曹火，燒崇禮闥。東海王越嚴兵徐方，將西迎大駕。成都王穎部將公師藩等聚衆攻陷郡縣，害陽平太守李志、汲郡太守張延等，轉攻鄴，平昌公模遣將軍趙驤擊破之。

八月辛丑，[三六]大赦。驃騎將軍、范陽王虓逐冀州刺史李義。揚州刺史曹武殺丹楊太守朱建。李雄遣其將李驤寇漢安。車騎大將軍劉弘逐平南將軍、彭城王釋于宛。

九月庚寅朔，公師藩又害平原太守王景、清河太守馮熊。庚子，豫州刺史劉喬攻范陽王虓於許昌，敗之。壬子，以成都王穎爲鎮軍大將軍、都督河北諸軍事，鎮鄴。河間王顒遣將軍呂朗屯洛陽。

冬十月丙子，詔曰：「得豫州刺史劉喬檄，稱潁川太守劉輿迫脅驃騎將軍虓，距逆詔令，造構凶逆，擅劫郡縣，合聚兵衆，擅用苟晞爲兗州，斷截王命。鎮南大將軍、荆州刺史劉弘，平南將軍、彭城王釋等，其各勒所統，徑會許昌，與喬并力。今遣右將軍張方爲大都督，統精卒十萬，建武將軍呂朗、廣武將軍騫胝、建威將軍刁默等爲軍前鋒，共會許昌，除輿兄

弟。」丁丑，使前車騎將軍石超、北中郎將王闡討輿等。赤氣見于北方，東西竟天。有星孛于北斗。平昌公模遣將軍宋胄等屯河橋。

十一月，立節將軍周權詐被檄，自稱平西將軍，復皇后羊氏。洛陽令何喬攻權，殺之，復廢皇后。

十二月，呂朗等東屯滎陽，成都王穎進據洛陽，張方、劉弘等並桉兵不能禦。范陽王虓濟自官渡，拔滎陽，斬石超，襲許昌，破劉喬于蕭，喬奔南陽。右將軍陳敏舉兵反，自號楚公，矯稱被中詔，從沔漢奉迎天子，逐揚州刺史劉機、丹楊太守王曠，[三七]遣弟恢南略江州，刺史應邈奔弋陽。

光熙元年春正月戊子朔，日有蝕之。帝在長安。河間王顒聞劉喬破，大懼，遂殺張方，請和于東海王越，越不聽。宋胄等破穎將樓裒，[三八]進逼洛陽，穎奔長安。甲子，[三九]越遣其將祁弘、宋胄、司馬纂等迎帝。

三月，東萊𢭏令劉柏根反，自稱𢭏公，襲臨淄，高密王簡奔聊城。王浚遣將討柏根，斬之。

夏四月己巳，東海王越屯于溫。顒遣弘農太守彭隨、北地太守刁默距祁弘等于湖。

五月，枉矢西南流。范陽國地燃，可以爨。

壬辰，祁弘等與刁默戰，默大敗，顒、穎走南山，奔于宛。〔四〇〕弘等所部鮮卑大掠長安，殺二萬餘人。是日，日光四散，赤如血。甲午又如之。

己亥，弘等奉帝還洛陽，帝乘牛車，行宮藉草，公卿跋涉。戊申，驃騎、范陽王虓殺司隸校尉邢喬。己酉，盜取太廟金匱及策文各四。

六月丙辰朔，至自長安，升舊殿，哀感流涕。謁于太廟。復皇后羊氏。辛未，大赦，改元。

秋七月乙酉朔，日有蝕之。太廟吏賈苞盜太廟靈衣及劍，伏誅。

八月，以太傅、東海王越錄尚書，驃騎將軍、范陽王虓爲司空。

九月，頓丘太守馮嵩執成都王穎，送之于鄴。進東嬴公騰爵爲東燕王，平昌公模爲南陽王。

冬十月，司空、范陽王虓薨。虓長史劉輿害成都王穎。

十一月庚午，帝崩于顯陽殿，時年四十八，葬太陽陵。

帝之爲太子也，朝廷咸知不堪政事，武帝亦疑焉。嘗悉召東宮官屬，使以尚書事令太子決之，帝不能對。賈妃遣左右代對，多引古義。給事張泓曰：「太子不學，陛下所知。今

宜以事斷，不可引書。」妃從之。泓乃具草，令帝書之。武帝覽而大悅，太子遂安。及居大位，政出羣下，綱紀大壞，貨賂公行，勢位之家，以貴陵物，忠賢路絕，讒邪得志，更相薦舉，天下謂之互市焉。高平王沈作釋時論，南陽魯褒作錢神論，廬江杜嵩作任子春秋，〔四一〕皆疾時之作也。帝又嘗在華林園，聞蝦蟆聲，謂左右曰：「此鳴者爲官乎，私乎？」或對曰：「在官地爲官，在私地爲私。」及天下荒亂，百姓餓死，帝曰：「何不食肉糜？」其蒙蔽皆此類也。後因食麩中毒而崩，或云司馬越之鴆。

史臣曰：不才之子，則天稱大，權非帝出，政邇宵人。褒姒共叔帶並興，襄后與犬戎俱運。昔者，丹朱不肖，赧王逃責，相彼凶德，事關休咎，方乎土梗，以墜其情。溽暑之氣將闌，淫蠹之音罕記，乃彰嗤笑，用符顛隕。豈通才俊彥猶形于前代，增淫助虐獨擅于當今者歟？物號忠良，于茲拔本，人稱祆孽，自此疏源。長樂不祥，承華非命，生靈版蕩，社稷丘墟。古者敗國亡身，分鑣共軫，不有亂常，則多庸暗。豈明神喪其精魄，武皇不知其子也！

贊曰：惠皇居尊，臨朝聽言。厥體斯昧，其情則昏。高臺望子，長夜奚冤。金墉毀冕，蕩陰釋胄。及爾皆亡，滔天來遘。

校勘記

〔一〕永平元年　是年三月又改元「元康」，依例應作「元康元年」。此仍作「永平」，則三月改元後應出「元康」年號，使讀者明白自此以下至九年皆「元康之年」。紀文此處既用「永平」，下文又不出「元康」，似自此至九年皆屬「永平」矣。此爲史例之失。

〔二〕五月甲戌　五月癸未朔，此「甲戌」及下「壬午」均在四月，「五月」二字疑衍。

〔三〕太原王泓薨　本書太原成王輔傳「泓」作「弘」。且弘時已改中丘王。

〔四〕安昌公石鑒薨　通鑑考異：本傳封昌安縣侯。斠注：以石尠、石定二墓碣證之，「安昌」當作「昌安」。

〔五〕九月丙辰至東北竟天　九月甲午朔，甲午當在丙辰前。

〔六〕安西將軍夏侯駿　「駿」原作「俊」。周處傳、文選潘岳關中詩注引王隱晉書、魏志夏侯淵傳注引世語、通鑑八二叙此事此人並作「駿」，玆據改。

〔七〕隴西王泰薨　通鑑八三「隴西」作「高密」。通鑑考異：「本傳云：『泰爲尚書令，改封高密。』紀誤。」

〔八〕皇孫臧　愍懷太子傳「臧」作「彪」。

〔九〕略陽流人李庠害成都內史耿勝　「略陽」原作「洛陽」，依商榷校改。下永寧元年文及李特載記亦作「略陽」。「耿勝」，通鑑八三作「耿滕」。通鑑考異並云，李特載記及華陽國志均作「耿滕」。

〔一〇〕犍爲太守李密汶山太守霍固　通鑑考異：「按華陽國志，『犍爲太守李苾、汶山太守楊邠』，非密、固也。載記亦作『李苾』，蓋紀誤。」

〔一一〕平東將軍齊王冏　校文：據冏傳，時爲鎮東大將軍，故下癸亥詔文亦稱「鎮東」。

〔一二〕豫州刺史李毅　校文：考齊王冏傳，時豫州刺史爲何勖；成都王穎傳，毅則冀州刺史，「豫」當爲「冀」字之誤。按：通鑑八四「豫」正作「冀」。

〔一三〕路季小黃公　齊王冏傳、通鑑八四「路季」作「路秀」。

〔一四〕立吳王晏子國爲漢王　周校：據武十三王傳，「國」當作「固」。

〔一五〕下邳王韓薨　各本及音義皆作「韓」，宋本作「韓」。

〔一六〕以東平王楙爲平東將軍　「楙」原作「懋」。斠注：「懋」當從武紀及本傳、東海王越傳作「楙」。按：上文永平元年及音義、通鑑八四、通志一〇皆作「楙」，今據改。

〔一七〕丁丑　舉正：由上閏三月丙戌朔推之，丁丑當在八月。按：九月癸未朔，丁丑爲八月二十五日。

〔一八〕司空何劭薨　據紀及劭傳，上年四月劭還司徒；據通鑑八四，本年正月遷太宰。此作「司空」，

疑誤。

〔一九〕害廣漢太守張徵自號大將軍　華陽國志八、通鑑八四破德陽殺張徵皆繫於八月，在特稱大將軍之後。此並屬之五月，恐誤。又「張徵」李特載記作「張徵」。

〔二〇〕封東萊王蕤子炤爲齊王　「東萊王」原作「東萊侯」。周校：據本爵當作「東萊王」。按：周說是，今據上永寧元年文及通志一〇改。

〔二一〕正月甲子朔　正月乙亥朔，此誤。

〔二二〕三月李特攻陷益州荆州刺史宋岱擊特斬之　通鑑八五特攻陷益州在正月，斬特在二月。「宋岱」，羅尚傳、郭舒傳、孫旂傳、通鑑八五並作「宗岱」。

〔二三〕興晉侯羊玄之卒　校文：「侯」當從玄之傳作「公」。

〔二四〕賈崇　陸機傳作「賈棱」。

〔二五〕壬寅　是年十二月庚子朔，壬寅爲初三日。「壬寅」上當有「十二月」。下「丙辰」上，五行志下及宋書五行志五均有「十二月」可證。

〔二六〕甲子大赦　通鑑八五繫於永興元年。甲子爲正月二十六日。通鑑考異云：帝紀「太安二年十二月甲子大赦」，「永興元年正月大赦改元」疑是一事。

〔二七〕前南平內史王矩前吳興內史顧祕　周校：兩「內史」矩傳及周玘傳皆作「太守」。按：晉制，以郡

爲國，內史治民事，若郡太守。國除爲郡，復稱太守。然二名往往混淆，史家亦互稱之。此其一例，後不悉舉。

〔二八〕李雄自郫城攻益州刺史羅尚　華陽國志八、通鑑八五均謂此事在閏十二月，此脫書月。

〔二九〕正月丙午尚書令樂廣卒　世說言語注引晉陽秋云，成都王起兵，長沙王猜廣，遂以憂卒。廣傳亦謂死于穎、乂遘難時。通鑑考異引晉春秋謂穎太安二年七月起兵，八月樂廣自裁。二年八月壬寅朔，亦有丙午日。

〔三〇〕高密王簡　按：通鑑八五「簡」作「略」。通鑑考異云宗室傳高密孝王略字元簡，蓋「簡」即「略」也。按：劉暾傳亦作「略」，蓋以字行。

〔三一〕庚申　原作「庚辰」。七月丙申朔，無庚辰，今從宋本改。

〔三二〕丙午　斠正：「丙午」書「辛丑」前，誤。按：十一月乙未朔，丙午爲十二日，辛丑爲初七。

〔三三〕安北將軍浚　「浚」原作「濬」。周校：安北將軍時爲王浚。今據懷紀、成都王穎傳及本傳改。

〔三四〕封其子紹爲樂平縣王　考異：齊王冏傳，永興初，赦其三子超、冰、英還第，封超爲縣王，以繼冏祀。超與紹本一人，轉寫之訛，當以「超」爲正。

〔三五〕詔封樂平王紹爲齊王　「紹」當作「超」，見前校。

〔三六〕八月辛丑　斠正：辛丑當在七月。

〔三七〕王曠　陳敏傳作「王廣」。

〔三八〕樓裒　河間王顒傳、通鑑八六皆作「樓褒」。

〔三九〕甲子　斠正：正月戊子朔，不得有甲子日。

〔四〇〕顒穎走南山奔于宛　顒傳及通鑑八六皆云顒單馬入太白山，穎傳謂穎自華陰趣武關。穎、顒所走異道，此「穎」字疑衍。

〔四一〕杜嵩　杜夷傳作「杜崧」。

晉書卷五

帝紀第五

孝懷帝

孝懷皇帝諱熾，字豐度，武帝第二十五子也。太熙元年，封豫章郡王。屬惠帝之時，宗室構禍，帝沖素自守，門絕賓游，不交世事，專玩史籍，有譽于時。初拜散騎常侍，及趙王倫篡，見收。倫敗，爲射聲校尉。累遷車騎大將軍、都督青州諸軍事，未之鎭。

永興元年，改授鎭北大將軍、都督鄴城守諸軍事。十二月丁亥，立爲皇太弟。帝以淸河王覃本太子也，懼不敢當。典書令廬陵脩肅曰："二相經營王室，志寧社稷，儲貳之重，宜歸時望，親賢之舉，非大王而誰？淸河幼弱，未允衆心，是以既升東宮，復贊藩國。今乘輿播越，二宮久曠，常恐氐羌飮馬於涇川，螘衆控弦於霸水。宜及吉辰，時登儲副，上翼大駕，早寧東京，下允黔首喁喁之望。"帝曰："卿，吾之宋昌也。"乃從之。

光熙元年十一月庚午，孝惠帝崩。羊皇后以於太弟爲嫂，不得爲太后，催淸河王覃入，已至尙書閤，侍中華混等急召太弟。癸酉，卽皇帝位，大赦，尊皇后羊氏爲惠皇后，居弘訓宮，追尊所生太妃王氏爲皇太后，立妃梁氏爲皇后。

十二月壬午朔，日有食之。己亥，封彭城王植子融爲樂城縣王。南陽王模殺河間王顒于雍谷。辛丑，以中書監溫羨爲司徒，尙書左僕射王衍爲司空。己酉，葬孝惠皇帝于太陽陵。李雄別帥李離寇梁州。

永嘉元年春正月癸丑朔，[一]大赦，改元，除三族刑。以太傅、東海王越輔政，殺御史中丞諸葛玫。

二月辛巳，東萊人王彌起兵反，寇靑、徐二州，長廣太守宋羆、東牟太守龐伉並遇害。

三月己未朔，[二]平東將軍周馥斬送陳敏首。丁卯，改葬武悼楊皇后。庚午，立豫章王詮爲皇太子。[三]辛未，大赦。庚辰，東海王越出鎭許昌。以征東將軍、高密王簡爲征南大將軍、都督荆州諸軍事，鎭襄陽；改封安北將軍、東燕王騰爲新蔡王、都督司冀二州諸軍事，鎭鄴；以征南將軍、南陽王模爲征西大將軍、都督秦雍梁益四州諸軍事，鎭長安。幷州諸郡爲劉元海所陷，刺史劉琨獨保晉陽。

夏五月，馬牧帥汲桑聚衆反，敗魏郡太守馮嵩，遂陷鄴城，害新蔡王騰。燒鄴宮，火旬日不滅。又殺前幽州刺史石尟於樂陵，入掠平原，山陽公劉秋遇害。洛陽步廣里地陷，有二鵝出，色蒼者沖天，白者不能飛。建寧郡夷攻陷寧州，死者三千餘人。

秋七月己酉朔，東海王越進屯官渡，以討汲桑。己未，以平東將軍、琅邪王睿爲安東將軍、都督揚州江南諸軍事、假節，鎭建鄴。

八月己卯朔，撫軍將軍苟晞敗汲桑於鄴。甲辰，曲赦幽、幷、司、冀、兗、豫等六州。分荆州、江州八郡爲湘州。

九月戊申，苟晞又破汲桑，陷其九壘。辛亥，有大星如日，小者如斗，自西方流於東北，天盡赤，俄有聲如雷。始修千金堨於許昌以通運。

冬十一月戊申朔，日有蝕之。甲寅，以尙書右僕射和郁爲征北將軍，鎭鄴。

十二月戊寅，幷州人田蘭、薄盛等斬汲桑於樂陵。甲午，以前太傅劉寔爲太尉。庚子，以光祿大夫、延陵公高光爲尙書令。東海王越矯詔囚淸河王覃于金墉城。癸卯，越自爲丞相。以撫軍將軍苟晞爲征東大將軍。

二年春正月丙午朔，日有蝕之。丁未，大赦。

二月辛卯，淸河王覃爲東海王越所害。庚子，石勒寇常山，安北將軍王浚討破之。

三月，東海王越鎭鄄城。劉元海侵汲郡，略有頓丘、河內之地。王彌寇靑、徐、兗、豫四州。夏四月丁亥，入許昌，諸郡守將皆奔走。

五月甲子，彌遂寇洛陽，司徒王衍帥衆禦之，彌退走。

秋七月甲辰，劉元海寇平陽，太守宋抽奔京師，河東太守路述力戰，死之。

八月丁亥，東海王越自鄄城遷屯于濮陽。

九月，石勒寇趙郡，征北將軍和郁自鄴奔于衞國。

冬十月甲戌，劉元海僭帝號于平陽，仍稱漢。

十一月乙巳，尙書令高光卒。丁卯，以太子少傅荀藩爲尙書令。己酉，[四]石勒寇鄴，魏郡太守王粹戰敗，死之。

十二月辛未朔，大赦。立長沙王乂子碩爲長沙王，尟爲臨淮王。

三年春正月甲午，[五]彭城王釋薨。

三月戊申，征南大將軍、高密王簡薨。以尙書左僕射山簡爲征南將軍、都督荆湘交廣等四州諸軍事，司隸校尉劉暾爲尙書左僕射。丁巳，東海王越歸京師。乙丑，勒兵入宮，於帝側收近臣中書令繆播、帝舅王延等十餘人，並害之。丙寅，曲赦河南郡。丁卯，太尉劉寔請老，以司徒王衍爲太尉。東海王越領司徒。劉元海寇黎陽，遣車騎將軍王堪擊之，王師敗績于延津，死者三萬餘人。大旱，江、漢、河、洛皆竭，可涉。

夏四月，左積弩將軍朱誕叛奔於劉元海。石勒攻陷冀州郡縣百餘壁。

秋七月戊辰，當陽地裂三所，各廣三丈，長三百餘步。辛未，平陽人劉芒蕩自稱漢後，誑誘羌戎，僭帝號於馬蘭山。支胡五斗叟、郝索聚衆數千爲亂，屯新豐，與芒蕩合黨。劉元海遣子聰及王彌寇上黨，圍壺關。并州刺史劉琨使兵救之，爲聰所敗。淮南內史王曠、將軍施融、曹超及聰戰，又敗，超、融死之。上黨太守龐淳以郡降賊。〔六〕

九月丙寅，劉聰圍浚儀，遣平北將軍曹武討之。丁丑，王師敗績。東海王越入保京城。聰至西明門，越禦之，戰于宣陽門外，大破之。石勒寇常山，安北將軍王浚使鮮卑騎救之，大破勒於飛龍山。征西大將軍、南陽王模使其將淳于定破劉芒蕩、五斗叟，並斬之。使車騎將軍王堪、平北將軍曹武討劉聰，王師敗績，堪奔還京師。李雄別帥羅羨以梓潼歸順。〔七〕劉聰攻洛陽西明門，不克。宜都夷道山崩，荊、湘二州地震。〔八〕

冬十一月，石勒陷長樂，安北將軍王斌遇害，因屠黎陽。乞活帥李惲、薄盛等帥衆救京師，聰退走。惲等又破王彌于新汲。

十二月乙亥，〔九〕夜有白氣如帶，自地升天，南北各二丈。

四年春正月乙丑朔，大赦。

二月，石勒襲鄄城，兗州刺史袁孚戰敗，爲其部下所害。勒又襲白馬，車騎將軍王堪死之。李雄將文碩殺雄大將軍李國，以巴西歸順。戊午，吳興人錢璯反，自稱平西將軍。

三月，丞相倉曹屬周玘帥鄉人討璯，斬之。

夏四月，大水。〔一〇〕將軍祁弘破劉元海將劉靈曜于廣宗。〔一一〕李雄陷梓潼。兗州地震。

五月，石勒寇汲郡，執太守胡寵，遂南濟河，滎陽太守裴純奔建鄴。大風折木。地震。

幽、并、司、冀、秦、雍等六州大蝗，食草木、牛馬毛，皆盡。

六月，劉元海死，其子和嗣僞位，和弟聰弒和而自立。

秋七月，劉聰從弟曜及其將石勒圍懷，詔征虜將軍宋抽救之，爲曜所敗，抽死之。

九月，河內人樂仰執太守裴整叛，降于石勒。徐州監軍王隆自下邳棄軍奔于周馥。雍州人王如舉兵反于宛，殺害令長，自號大將軍、司雍二州牧，大掠漢沔，新平人龐寔、馮翊人嚴嶷、京兆人侯脫等各起兵應之。征南將軍山簡、荊州刺史王澄、南中郎將杜蕤並遣兵援京師，及如戰于宛，諸軍皆大敗，王澄獨以衆進至沶口，衆潰而歸。

冬十月辛卯，晝昏，至于庚子。大星西南墜，有聲。壬寅，石勒圍倉垣，陳留內史王讚擊敗之，勒走河北。壬子，以驃騎將軍王浚爲司空，平北將軍劉琨爲平北大將軍。京師饑。東海王越羽檄徵天下兵，帝謂使者曰：「爲我語諸征鎮，若今日，尚可救，後則無逮矣。」時莫有至者。石勒陷襄城，太守崔曠遇害，遂至宛。王浚遣鮮卑文鴦帥騎救之，勒退。浚又遣別將王申始討勒于汶石津，〔一二〕大破之。

十一月甲戌，東海王越帥衆出許昌，以行臺自隨。宮省無復守衞，荒饉日甚，殿內死人交橫，府寺營署並掘塹自守，盜賊公行，枹鼓之音不絕。越軍次項，自領豫州牧，以太尉王衍爲軍司。丁丑，流氐隗伯等襲宜都，〔一三〕太守嵇晞奔建鄴。鎮東將軍周馥表迎大駕遷都壽陽，越使裴碩討馥，〔一四〕爲馥所敗，走保東城，請救于琅邪王睿。襄陽大疫，死者三千餘人。加涼州刺史張軌安西將軍。〔一五〕

十二月，征東大將軍苟晞攻王彌別帥曹嶷，破之。乙酉，〔一六〕平陽人李洪帥流人入定陵作亂。

五年春正月，帝密詔苟晞討東海王越。壬申，晞爲曹嶷所破。乙未，〔一七〕越遣從事中郎將楊瑁、徐州刺史裴盾共擊晞。癸酉，勒入江夏，太守楊珉奔于武昌。〔一八〕乙亥，李雄攻陷涪

城，梓潼太守譙登遇害。湘州流人杜弢據長沙反。〔一九〕戊寅，安東將軍、琅邪王睿使將軍甘卓攻鎮東將軍周馥于壽春，馥衆潰。庚辰，太保、平原王幹薨。

二月，石勒寇汝南，汝南王祐奔建鄴。

三月戊午，詔下東海王越罪狀，告方鎮討之。以征東大將軍苟晞爲大將軍。丙子，東海王越薨。

四月戊子，石勒追東海王越喪，及于東郡，〔二〇〕將軍錢端戰死，軍潰，太尉王衍、吏部尚書劉望、廷尉諸葛銓、尚書鄭豫、武陵王澹等皆遇害，王公已下死者十餘萬人。東海世子毗及宗室四十八王尋又沒于石勒。賊王桑、冷道陷徐州，刺史裴盾遇害，桑遂濟淮，至于歷陽。

五月，益州流人汝班、梁州流人蹇撫作亂于湘州，虜刺史苟眺，〔二一〕南破零、桂諸郡，東掠武昌，安城太守郭察、〔二二〕邵陵太守鄭融、衡陽內史滕育並遇害。進司空王浚爲大司馬，征西大將軍、南陽王模爲太尉，太子太傅傅祇爲司徒，尚書令荀藩爲司空，安東將軍、琅邪王睿爲鎮東大將軍。

東海王越之出也，使河南尹潘滔居守。大將軍苟晞表還都倉垣，帝將從之，諸大臣畏滔，不敢奉詔，且宮中及黃門戀資財，不欲出。至是饑甚，人相食，百官流亡者十八九。帝

召羣臣會議，將行而警衞不備。帝撫手歎曰：「如何曾無車輿！」乃使司徒傅祗出詣河陰，修理舟楫，爲水行之備。朝士數十人導從。帝步出西掖門，至銅駝街，爲盜所掠，不得進而還。

六月癸未，〔二三〕劉曜、王彌、石勒同寇洛川，王師頻爲賊所敗，死者甚衆。庚寅，司空荀藩、光祿大夫荀組奔轘轅，太子左率溫畿夜開廣莫門奔小平津。丁酉，劉曜、王彌入京師。帝開華林園門，出河陰藕池，欲幸長安，爲曜等所追及。曜等遂焚燒宮廟，逼辱妃后，吳王晏、竟陵王楙、尚書左僕射和郁、〔二四〕右僕射曹馥、尚書閭丘沖、袁粲、王緄、河南尹劉默等皆遇害，百官士庶死者三萬餘人。帝蒙塵于平陽，劉聰以帝爲會稽公。荀藩移檄州鎮，以琅邪王爲盟主。豫章王端東奔苟晞，晞立爲皇太子，自領尚書令，具置官屬，保梁國之蒙縣。百姓饑儉，米斛萬餘價。

秋七月，大司馬王浚承制假立太子，置百官，署征鎮。石勒寇穀陽，沛王滋戰敗遇害。

八月，劉聰使子粲攻陷長安，太尉、征西將軍、南陽王模遇害，長安遺人四千餘家奔漢中。

九月癸亥，石勒襲陽夏，至於蒙縣，大將軍苟晞、豫章王端並沒于賊。

冬十月，勒寇豫州諸郡，至江而還。

十一月，猗盧寇太原，平北將軍劉琨不能制，徙五縣百姓於新興，以其地居之。

六年春正月，帝在平陽。劉聰寇太原。故鎮南府牙門將胡亢聚衆寇荆土，自號楚公。

二月壬子，日有蝕之。癸丑，鎮東大將軍、琅邪王睿上尚書，檄四方以討石勒。大司馬王浚移檄天下，稱被中詔承制，以荀藩爲太尉。汝陽王熙爲石勒所害。〔二五〕

夏四月丙寅，征南將軍山簡卒。

秋七月，歲星、熒惑、太白聚于牛斗。〔二六〕石勒寇冀州。劉粲寇晉陽，平北將軍劉琨遣部將郝詵帥衆禦粲，詵敗績，死之，太原太守高喬以晉陽降粲。

八月庚戌，劉琨奔于常山。己亥，〔二七〕陰平都尉董沖逐太守王鑒，以郡叛降于李雄。辛亥，劉琨乞師于猗盧，表盧爲代公。

九月己卯，猗盧使子利孫赴琨，不得進。辛巳，前雍州刺史賈疋討劉粲於三輔，走之，關中小定，乃與衞將軍梁芬、京兆太守梁綜共奉秦王鄴爲皇太子於長安。

冬十月，猗盧自將六萬騎次于盂城。

十一月甲午，劉粲遁走，劉琨收其遺衆，保于陽曲。

是歲大疫。

七年春正月，劉聰大會，使帝著青衣行酒。侍中庾珉號哭，聰惡之。丁未，帝遇弒，〔二八〕崩于平陽，時年三十。

帝初誕，有嘉禾生于豫章之南昌。先是望氣者云「豫章有天子氣」，其後竟以豫章王爲皇太弟。在東宮，恂恂謙損，接引朝士，講論書籍。及卽位，始遵舊制，臨太極殿，使尚書郎讀時令，又於東堂聽政。至於宴會，輒與羣官論衆務，考經籍。黄門侍郎傅宣歎曰：「今日復見武帝之世矣！」秘書監荀崧又常謂人曰：「懷帝天姿清劭，少著英猷，若遭承平，足爲守文佳主。而繼惠帝擾亂之後，東海專政，無幽厲之釁，而有流亡之禍。」

孝愍帝

孝愍皇帝諱鄴，字彥旗，武帝孫，吳孝王晏之子也。出繼後伯父秦獻王柬，襲封秦王。永嘉二年，拜散騎常侍、撫軍將軍。及洛陽傾覆，避難於滎陽密縣，與舅荀藩、荀組相遇，自密南趨許潁。豫州刺史閻鼎與前撫軍長史王毗、司徒長史劉疇、中書郎李昕及藩、組等同謀奉帝歸於長安，〔二九〕而疇等中塗復叛，鼎追殺之，藩、組僅而獲免。鼎遂挾帝乘牛車，自宛趣武關，頻遇山賊，士卒亡散，次于藍田。鼎告雍州刺史賈疋，疋遽遣州兵迎衞，達于長安，又使輔國將軍梁綜助守之。時有玉龜出霸水，神馬鳴城南焉。

六年九月辛巳，奉秦王爲皇太子，登壇告類，建宗廟社稷，大赦。加疋征西大將軍，以秦州刺史、南陽王保爲大司馬。賈疋討賊張連，遇害，衆推始平太守麴允領雍州刺史，爲盟主，承制選置。

建興元年夏四月丙午，奉懷帝崩問，舉哀成禮。壬申，卽皇帝位，大赦，改元。以衞將軍梁芬爲司徒，雍州刺史麴允爲使持節、領軍將軍、錄尚書事，京兆太守索綝爲尚書右僕射。石勒攻龍驤將軍李惲於上白，惲敗，死之。

五月壬辰，以鎮東大將軍、琅邪王睿爲侍中、左丞相、大都督陝東諸軍事，大司馬、南陽王保爲右丞相、大都督陝西諸軍事。又詔二王曰：「夫陽九百六之厄，雖在盛世，猶或遘之。朕以幼沖，纂承洪緒，庶憑祖宗之靈，羣公義士之力，蕩滅凶寇，拯拔幽宮，瞻望未達，肝心分裂。昔周邵分陝，姬氏以隆；平王東遷，晉鄭爲輔。今左右丞相茂德齊聖，國之昵屬，當恃二公，掃除鯨鯢，奉迎梓宮，克復中興。令幽、幷兩州勒卒三十萬，直造平陽。右丞相宜帥秦、涼、梁、雍武旅三十萬，徑詣長安。左丞相帥所領精兵二十萬，徑造洛陽。分遣前鋒，爲幽幷後駐。赴同大限，克成元勳。」又詔琅邪王曰：「朕以沖昧，纂承洪緒，未能梟夷凶逆，奉迎梓宮，枕戈煩冤，肝心抽裂。

前得魏浚表，知公帥先三軍，已據壽春，傳檄諸侯，協齊威勢，想今漸進，已達洛陽。涼州刺史張軌，乃心王室，連旗萬里，已到汧隴；梁州刺史張光，亦遣巴漢之卒，屯在駱谷：秦川驍勇，其會如林。間遣使適還，具知平陽定問，云幽并隆盛，餘胡衰破，然猶恃險，當須大舉。未知公今所到，是以息兵秣馬，未便進軍。今爲已至何許，當須來旨，便乘輿自出，會除中原也。公宜思弘謀猷，勖濟遠略，使山陵旋反，四海有賴。故遣殿中都尉劉蜀、〔三〇〕蘇馬等具宣朕意。公茂德昵屬，宣隆東夏，恢融六合，非公而誰！但洛都陵廟，不可空曠，公宜鎮撫，以綏山東。右丞相當入輔弼，追蹤周邵，以隆中興也。」

六月，石勒害兗州刺史田徽。是時，山東郡邑相繼陷于勒。

秋八月癸亥，劉蜀等達于揚州。改建鄴爲建康，改鄴爲臨漳。杜弢寇武昌，焚燒城邑。弢別將王眞襲沌陽，〔三一〕荆州刺史周顗奔于建康。

九月，司空荀藩薨于滎陽。劉聰寇河南，河南尹張髦死之。

冬十月，荆州刺史陶侃討杜弢黨杜曾於石城，爲曾所敗。己巳，大雨雹。庚午，大雪。

十一月，流人楊武攻陷梁州。

十二月，河東地震，雨肉。

二年春正月己巳朔，黑霧著人如墨，連夜，五日乃止。辛未，辰時日隕于地。又有三日相承，出於西方而東行。丁丑，大赦。楊武大略漢中，遂奔李雄。

二月壬寅，以司空王浚爲大司馬，衞將軍荀組爲司空，涼州刺史張軌爲太尉，封西平郡公，并州刺史劉琨爲大將軍。

三月癸酉，石勒陷幽州，殺侍中、大司馬、幽州牧、博陵公王浚，焚燒城邑，害萬餘人。杜弢別帥王眞襲荆州刺史陶侃於林鄣，侃奔灄中。

夏四月甲辰，地震。

五月壬辰，太尉、領護羌校尉、涼州刺史、西平公張軌薨。

六月，劉曜、趙冉寇新豐諸縣，〔三二〕安東將軍索綝討破之。

秋七月，曜、冉等又逼京都，領軍將軍麴允討破之，冉中流矢而死。

九月，北中郎將劉演克頓丘，〔三三〕斬石勒所署太守邵攀。丙戌，麟見襄平。單于代公猗盧遣使獻馬。蒲子馬生人。

三年春正月，盜殺晉昌太守趙珮。吳興人徐馥害太守袁琇。以侍中宋哲爲平東將軍，屯華陰。

二月丙子，進左丞相、琅邪王睿爲大都督、督中外諸軍事，〔三四〕右丞相、南陽王保爲相國，司空荀組爲太尉，大將軍劉琨爲司空。進封代公猗盧爲代王。荆州刺史陶侃破王眞於巴陵。杜弢別將杜弘、張彥與臨川內史謝摛戰于海昏，摛敗績，死之。

三月，豫章內史周訪擊杜弘，走之，斬張彥於陳。

夏四月，大赦。

五月，劉聰寇并州。

六月，盜發漢霸、杜二陵及薄太后陵，太后面如生，得金玉綵帛不可勝記。時以朝廷草創，服章多闕，敕收其餘，以實內府。丁卯，地震。〔三五〕辛巳，大赦。敕雍州掩骼埋胔，修復陵墓，有犯者誅及三族。

秋七月，石勒陷濮陽，害太守韓弘。劉聰寇上黨，劉琨遣將救之。

八月癸亥，戰于襄垣，王師敗績。荆州刺史陶侃攻杜弢，弢敗走，道死，湘州平。

九月，劉曜寇北地，命領軍將軍麴允討之。

冬十月，允進攻青白城。〔三六〕以豫州牧、征東將軍索綝爲尚書僕射、都督宮城諸軍事。劉聰陷馮翊，太守梁肅奔萬年。

十二月，涼州刺史張寔送皇帝行璽一紐。盜殺安定太守趙班。

四年春三月，代王猗盧薨，其衆歸于劉琨。

夏四月丁丑，劉曜寇上郡，太守籍韋率其衆奔于南鄭。涼州刺史張寔遣步騎五千來赴京都。石勒陷廩丘，北中郎將劉演出奔。

五月，平東太守雷炤害南廣太守孟桓，帥二郡三千餘家叛，降于李雄。

六月丁巳朔，日有蝕之。大蝗。

秋七月，劉曜攻北地，麴允帥步騎三萬救之。王師不戰而潰，北地太守麴昌奔于京師。曜進至涇陽，渭北諸城悉潰，建威將軍魯充、散騎常侍梁緯、少府皇甫陽等皆死之。

八月，劉曜逼京師，內外斷絕，鎭西將軍焦嵩、平東將軍宋哲、始平太守竺恢等同赴國難，〔三七〕麴允與公卿守長安小城以自固，散騎常侍華輯監京兆、馮翊、弘農、上洛四郡兵東屯霸上，鎭軍將軍胡崧帥城西諸郡兵屯遮馬橋，並不敢進。

冬十月，京師饑甚，米斗金二兩，人相食，死者太半。太倉有麴數十𪍿，麴允屑爲粥以供帝，至是復盡。帝泣謂允曰：「今窘厄如此，外無救援，死于社稷，是朕事也。然念將士暴離斯酷，今欲聞城未陷爲羞死之事，庶令黎元免屠爛之苦。行矣遣書，朕意決矣。」

十一月乙未，使侍中宋敞送牋于曜，〔三八〕帝乘羊車，肉袒銜璧，輿櫬出降。羣臣號泣攀車，執帝之手，帝亦悲不自勝。御史中丞吉朗自殺。曜焚榇受璧，使宋敞奉帝還宮。初，有童謠曰：「天子何在豆田中。」〔三九〕時王浚在幽州，以豆有藿，殺隱士霍原以應之。及帝如曜營，營實在城東豆田壁。辛丑，帝蒙塵于平陽，麴允及羣官並從。劉聰假帝光祿大夫、懷安侯。壬寅，聰臨殿，帝稽首于前，麴允伏地慟哭，因自殺。尚書梁允、〔四〇〕侍中梁濬、散騎常侍嚴敦、左丞臧振、〔四一〕黃門侍郎任播、張偉、杜曼及諸郡守並爲曜所害，華輯奔南山。石勒圍樂平，司空劉琨遣兵援之，爲勒所敗，樂平太守韓據出奔。〔四二〕司空長史李弘以并州叛，降于勒。

十二月乙卯朔，〔四三〕日有蝕之。己未，劉琨奔薊，依段匹磾。

五年春正月，帝在平陽。庚子，虹霓彌天，三日並照。平東將軍宋哲奔江左。李雄使其將李恭、羅寅寇巴東。

二月，劉聰使其將劉暢攻滎陽，太守李矩擊破之。〔四四〕

三月，琅邪王睿承制改元，稱晉王于建康。

夏五月丙子，日有蝕之。〔四五〕

秋七月，大旱，司、冀、青、雍等四州螽蝗。石勒亦競取百姓禾，時人謂之「胡蝗」。

八月，劉聰使趙固襲衞將軍華薈于定潁，〔四六〕遂害之。

冬十月丙子，日有蝕之。〔四七〕劉聰出獵，令帝行車騎將軍，戎服執戟爲導，百姓聚而觀之，故老或歔欷流涕，聰聞而惡之。聰後因大會，使帝行酒洗爵，反而更衣，又使帝執蓋，晉臣在坐者多失聲而泣，尚書郎辛賓抱帝慟哭，爲聰所害。

十二月戊戌，帝遇弒，崩于平陽，時年十八。帝之繼皇統也，屬永嘉之亂，天下崩離，長安城中戶不盈百，牆宇穨毀，蒿棘成林。朝廷無車馬章服，唯桑版署號而已。衆唯一旅，公私有車四乘，器械多闕，運饋不繼。巨猾滔天，帝京危急，諸侯無釋位之志，征鎮闕勤王之舉，故君臣窘迫，以至殺辱云。

史臣曰：昔炎暉杪暮，英雄多假于宗室，金德韜華，顛沛共推于懷愍。樊陽寂寥，〔四八〕兵車靡會，豈力不足而情有餘乎？喋喋遺萌，苟存其主，譬彼詩人，愛其棠樹。夫有非常之事，而無非常之功，詳觀發迹，用非天啓，是以輿棺齒劍，可得而言焉。于是五嶽三塗，並皆淪寇，龍州、牛首，故以立君。股肱非挑戰之秋，劉石有滔天之勢，獠飢中斷，嬰戈外絕，兩京淪狄，再駕徂戎。周王隕首於驪峰，衞公亡肝於淇上，思爲一郡，其可得乎！干寶有言曰：

昔高祖宣皇帝以雄才碩量，應時而仕，值魏太祖創基之初，籌畫軍國，嘉謀屢中，遂服輿軫，驅馳三世。性深阻有若城府，而能寬綽以容納；行任數以御物，而知人善采拔。故賢愚咸懷，大小畢力。爾乃取鄧艾于農瑣，引州泰于行役，委以文武，各善其事。故能西禽孟達，東舉公孫，內夷曹爽，外襲王淩。神略獨斷，征伐四克，維御羣后，大權在己。于是百姓與能，大象始構。

世宗承基，太祖繼業，玄豐亂內，欽誕寇外，潛謀雖密，而在機必兆；淮浦再擾，而許洛不震：咸黜異圖，用融前烈。然後推轂鍾鄧，長驅庸蜀，三關電埽，而劉禪入臣，天符人事，於是信矣。始當非常之禮，終受備物之錫。至于世祖，遂享皇極。仁以厚下，儉以足用，和而不弛，寬而能斷，故民詠維新，四海悅勸矣。聿修祖宗之志，思輯戰國之苦。腹心不同，公卿異議，而獨納羊祜之策，杖王杜之決，役不二時，江湘來同。掩唐虞之舊域，班正朔於八荒，天下書同文，車同軌，牛馬被野，餘糧委畝，故于時有「天下無窮人」之諺。雖太平未洽，亦足以明吏奉其法，民樂其生矣。

武皇既崩，山陵未乾，而楊駿被誅，母后廢黜。尋以二公、楚王之變，宗子無維城之助，師尹無具瞻之貴，至乃易天子以太上之號，而有免官之謠。民不見德，惟亂是聞，朝爲伊周，夕成桀蹠，善惡陷於成敗，毀譽脅於世利，內外混淆，庶官失才，名實反

錯，天綱解紐。國政迭移於亂人，禁兵外散於四方，方岳無鈞石之鎮，關門無結草之固。李辰、石冰傾之於荆楊，元海、王彌撓之於青冀，戎羯稱制，二帝失尊，何哉？樹立失權，託付非才，四維不張，而苟且之政多也。

夫作法於治，其弊猶亂；作法於亂，誰能救之！彼元海者，離石之將兵都尉；王彌者，青州之散吏也。蓋皆弓馬之士，驅走之人，非有吳先主、諸葛孔明之能也；新起之寇，烏合之衆，非吳蜀之敵也；脫耒爲兵，裂裳爲旗，非戰國之器也；自下逆上，非鄰國之勢也。然而擾天下如驅羣羊，舉二都如拾遺芥，將相王侯連頸以受戮，后嬪妃主虜辱於戎卒，豈不哀哉！天下，大器也；羣生，重畜也。愛惡相攻，利害相奪，其勢常也。若積水于防，燎火于原，未嘗暫靜也。器大者，不可以小道治；勢重者，不可以爭競擾。古先哲王知其然也，是以扞其大患，禦其大災。百姓皆知上德之生己，而不謂浚己以生也，是以感而應之，悅而歸之，如晨風之鬱北林，龍魚之趣藪澤也。然後設禮文以理之，斷刑罰以威之，謹好惡以示之，審禍福以喻之，求明察以官之，篤慈愛以固之。故衆知向方，皆樂其生而哀其死，悅其教而安其俗；君子勤禮，小人盡力，廉恥篤於家閭，邪辟消於胸懷。故其民有見危以授命，而不求生以害義，又況可奮臂大呼，聚之以干紀作亂乎！基廣則難傾，根深則難拔，理節則不亂，膠結則不遷，是以昔之有天下者之

所以長久也。夫豈無僻主，賴道德典刑以維持之也。

昔周之興也，后稷生於姜嫄，而天命昭顯，文武之功起於后稷。至於公劉，遭夏人之亂，〔四九〕去邰之豳，身服厥勞。至於太王，爲戎翟所逼，而不忍百姓之命，杖策而去之。故從之如歸市，一年成邑，二年成都，三年五倍其初。至于王季，能貊其德音；至于文王，而維新其命。由此觀之，周家世積忠厚，仁及草木，內隆九族，外尊事黃耇，以成其福祿者也。而其妃后躬行四教，尊敬師傅，服澣濯之衣，修煩辱之事，化天下以成婦道。是以漢濱之女，守潔白之志，中林之士，有純一之德，始於憂勤，終於逸樂。以三聖之知，伐獨夫之紂，猶正其名教，曰逆取順守。及周公遭變，陳后稷先公風化之所由，致王業之艱難者，則皆農夫女工衣食之事也。故自后稷之始基靖民，十五王而文始平之，十六王而武始居之，十八王而康克安之。故其積基樹本，經緯禮俗，節理人情，恤隱民事，如此之纏緜也。

今晉之興也，功烈於百王，事捷於三代。宣景遭多難之時，誅庶孽以便事，不及修公劉、太王之仁也。受遺輔政，屢遇廢置，故齊王不明，不獲思庸於亳；高貴沖人，不得復子明辟也。二祖逼禪代之期，不暇待參分八百之會也。是其創基立本，異於先代者也。加以朝寡純德之人，鄉乏不貳之老，風俗淫僻，恥尚失所，學者以老莊爲宗而黜六

經，談者以虛蕩爲辨而賤名檢，行身者以放濁爲通而狹節信，進仕者以苟得爲貴而鄙居正，當官者以望空爲高而笑勤恪。是以劉頌屢言治道，傅咸每糾邪正，皆謂之俗吏；其倚杖虛曠，依阿無心者皆名重海內。若夫文王日旰不暇食，仲山甫夙夜匪懈者，蓋共嗤黜以爲灰塵矣。由是毀譽亂于善惡之實，情慝奔于貨欲之塗。選者爲人擇官，官者爲身擇利，而執鈞當軸之士，身兼官以十數。大極其尊，小錄其要，而世族貴戚之子弟，陵邁超越，不拘資次。悠悠風塵，皆奔競之士，列官千百，無讓賢之舉。子眞著崇讓而莫之省，子雅制九班而不得用。其婦女，莊櫛織紝皆取成於婢僕，未嘗知女工絲枲之業，中饋酒食之事也。先時而婚，任情而動，故皆不恥淫泆之過，不拘妬忌之惡，父兄不之罪也，天下莫之非也。又況責之聞四教於古，修貞順於今，以輔佐君子者哉！禮法刑政於此大壞，如水斯積而決其隄防，如火斯畜而離其薪燎也。國之將亡，本必先顚，其此之謂乎！

故觀阮籍之行，而覺禮教崩弛之所由也。察庾純、賈充之爭，而見師尹之多僻；考平吳之功，而知將帥之不讓；思郭欽之謀，而寤戎狄有釁；覽傅玄、劉毅之言，而得百官之邪；核傅咸之奏、錢神之論，而覩寵賂之彰。民風國勢如此，雖以中庸之才，守文之主治之，辛有必見之於祭祀，季札必得之於聲樂，范燮必爲之請死，賈誼必爲之痛哭，

又況我惠帝以放蕩之德臨之哉！懷帝承亂得位，羈於强臣，愍帝奔播之後，徒廁其虛名，天下之政既去，非命世之雄才，不能取之矣！淳耀之烈未渝，故大命重集於中宗元皇帝。

贊曰：懷佩玉璽，愍居黃屋。鼇墜三山，鯨吞九服。獯入金商，穹居未央。圜顱盡仆，方趾咸僵。大夫反首，徙我平陽。主憂臣哭，于何不臧！

校勘記

〔一〕正月癸丑朔　正月壬子朔，非癸丑。

〔二〕三月己未朔　三月辛亥朔，己未乃月之初九日，疑此「朔」字爲衍文。

〔三〕立豫章王詮爲皇太子　清河康王傳「詮」作「銓」。

〔四〕己酉　己酉在丁卯前，此失日序。

〔五〕正月甲午　上月辛未朔，甲午爲上年十二月二十四日，是年正月不得有甲午。

〔六〕龐淳　劉琨傳作「龔醇」。

〔七〕羅羨　李雄載記、華陽國志八皆作「羅羕」，疑是。

〔八〕劉聰攻洛陽至地震　據通鑑八七，聰攻洛陽在十月，梓潼降亦在十月；又據五行志下、宋書五

行志五，山崩、地震並在十月。紀混十月事於九月，失之。

〔九〕十二月乙亥　十二月乙未朔，無乙亥。殿本天文志下作「十一月」。

〔一〇〕大水　據五行志上、宋書五行志四，「大水」上當有「江東」二字。

〔一一〕劉靈曜　通鑑八七作「劉靈」，無「曜」字。斠注據御覽三八六引趙書有劉靈，爲元海之將，因謂此「曜」字衍。按：石勒載記有劉零，卽此人，此「曜」字蓋衍文。

〔一二〕王申始　石勒載記作「王甲始」，下同。

〔一三〕流氐隗伯等襲宜都　「伯」下原有「苻」字。斠正據通鑑八五有「氐苻成隗伯」之文，謂此「苻」下少一「成」字。按：隗伯、苻成二人，此僅舉其一，今據宋本删「苻」字。

〔一四〕裴碩討馥　「裴碩」原作「裴頠」。周校：「裴頠」馥傳作「裴碩」。惠帝時頠已爲趙王倫所害，此時不得復存。按：周說是，茲據馥傳及通鑑八七改。

〔一五〕加涼州刺史張軌安西將軍　通鑑八七從軌傳「安西」作「鎭西」。通鑑考異云：惠帝永興二年已加軌安西將軍。

〔一六〕乙酉　斠正：「案通鑑長曆，是年八月辛卯朔，十二月不當有乙酉。」

〔一七〕乙未　「乙未」爲二月初八，下文「癸酉」爲正月十五，「乙亥」爲正月十七；「乙未」不當在「癸酉」、「乙亥」之前，失序。

〔一八〕錫珉　石勒載記作「錫岠」。

〔一九〕湘州流人杜弢據長沙反　杜弢傳敍此事與紀文不同，杜弢既非流人，入長沙又在五月。通鑑述此事本杜弢傳，當以傳爲確。

〔二〇〕及于東郡　斠正：東郡是時已省，越傳作「苦縣」。按：通鑑八七亦作「苦縣」。胡注云「苦縣屬陳郡」，疑此「東」字乃「陳」字之誤。

〔二一〕荀眺　杜弢傳、通鑑八七並作「荀眺」。

〔二二〕安城太守郭察　周校：地理志、杜弢傳「安城」俱作「安成」。

〔二三〕六月癸未　斠正：通鑑此日在五月。按：五月丁巳朔，癸未爲二十七日。下文「庚寅」，始入六月，六月丁亥朔，庚寅爲初四，「六月」二字當移于「庚寅」上。

〔二四〕和郁　傅祗傳謂洛陽陷後，和郁與傅宣徵義兵，荀晞傳、和郁傳均謂郁奔晞，則和郁此時未死，疑紀文有誤。

〔二五〕汝陽王熙　「汝陽」原作「汝陰」。周校：「汝陽」誤「汝陰」，武十三王傳别有汝陰王謨。按：熙傳云：「熙初封汝陽公，進爵爲王。永嘉末沒於石勒。」今據改。

〔二六〕歲星熒惑太白聚于牛斗　考異：據元紀及王廙傳，此脱「鎭星」。按：天文志中、宋書天文志二、御覽七引中興書並有「鎭星」。

〔二七〕己亥　上文有八月庚戌，據長曆，庚戌爲朔日，則此月不得有己亥。

〔二八〕丁未帝遇弑　校文：御覽一九〇（按當作一一九）引前趙錄作「二月丁未」，通鑑同。按：正月丁丑朔，丁未宜在二月。

〔二九〕李昕　斠正：「昕」，閻鼎傳作「晅」，王浚傳、通鑑八七作「絙」。

〔三〇〕殿中都尉　「尉」原作「督」，宋本及通鑑八八作「尉」。無論殿中都尉或殿中都督，職官志均未載，輿服志大駕鹵簿有殿中都尉，今從宋本。

〔三一〕王眞　陶侃傳、通鑑八八並作「王貢」。

〔三二〕趙冉　斠注：南陽王模、荀晞、索綝、麴允諸傳及劉聰載記俱作「趙染」。按：通鑑八九及御覽四五四引前趙錄亦作「趙染」，但劉琨傳又作「趙冉」。

〔三三〕劉演　原作「劉寅」。周校：卽劉琨傳及石勒載記之劉演。按：元紀勸進表有定襄侯劉演，亦卽此人。今據改。下四年「劉演」同。

〔三四〕進左丞相琅邪王睿爲大都督督中外諸軍事　據元紀、通鑑八九，「大都督」上當有「丞相」二字。此廢左右丞相，由左丞相而爲丞相，故言「進」。若無「丞相」二字，依史文例，只能言「加」。

〔三五〕地震　校文：五行志作「長安地震」，此脱「長安」二字。

〔三六〕青白城　麴允傳亦作「青白城」，斠注：當從劉聰載記作「黄白城」。

〔三七〕始平太守竺恢　周校：「始平」一作「新平」。麴允傳新平太守竺恢與始平太守楊像並列，一時不得有兩始平太守，宜作「新平」爲是。

〔三八〕宋敞　通鑑八九作「宗敞」。通鑑考異云從晉春秋。

〔三九〕天子何在豆田中　類聚八五、御覽八四一引王隱晉書作「天子在何許？近在豆田中」。紀文省約，不似童謠矣。

〔四〇〕尚書梁允　「梁允」上本有「辛賓」二字。杭世駿諸史然疑：「辛賓」二字衍。按：下文五年述尚書郎辛賓抱帝慟哭，足證辛賓死在後，因據删。

〔四一〕左丞臧振　「左丞」原作「左丞相」，此時左丞相已廢，且按所叙諸人次序，臧振非「左丞相」可知，「相」字衍文，因删。

〔四二〕韓據　「據」原作「璩」，據宋本及通鑑八九、通志一〇上改。

〔四三〕十二月乙卯朔　「乙卯」原作「甲申」，通鑑考異云：帝紀、天文志皆誤作「甲申朔」。宋志作「乙卯朔」，與長曆合。按：通鑑考異說是，今據通鑑八九改。

〔四四〕李矩　「矩」原作「距」，今據本傳、祖逖傳、郭默傳、劉聰載記及通鑑九〇改。

〔四五〕五月丙子日有蝕之　通鑑考異云：帝紀、天文志皆云「五月丙子日食」，按長曆是月壬午朔，無丙子。

〔四六〕襄衞將軍華薈于定穎　校文：「定穎」當作臨穎。按：據薈傳，薈時適避居其弟穎川太守華恒所，因而遇害。臨穎屬穎川，若定穎則屬汝南矣。以作「臨穎」爲是。

〔四七〕冬十月丙子日有蝕之　宋本作「十一月丙子」，天文志中同。通鑑九〇作「十一月己酉朔，日有蝕之」。通鑑考異謂長曆是月己酉朔。

〔四八〕樊陽寂寥　「樊陽」疑當作「陽樊」，句蓋謂時無勤王之師也。「陽樊」見左傳僖公二十五年。

〔四九〕至於公劉遭夏人之亂　文選晉紀總論「夏人」作「狄人」。

晉書卷六

帝紀第六

元帝

元皇帝諱睿，字景文，宣帝曾孫，琅邪恭王覲之子也。咸寧二年生於洛陽，有神光之異，一室盡明，所藉藁如始刈。及長，白豪生於日角之左，隆準龍顏，目有精曜，顧眄煒如也。年十五，嗣位琅邪王。幼有令問。及惠皇之際，王室多故，帝每恭儉退讓，以免於禍。沈敏有度量，不顯灼然之迹，故時人未之識焉。惟侍中嵇紹異之，謂人曰：「琅邪王毛骨非常，殆非人臣之相也。」

元康二年，拜員外散騎常侍。累遷左將軍，從討成都王穎。蕩陰之敗也，叔父東安王繇爲穎所害。帝懼禍及，將出奔。其夜月正明，而禁衞嚴警，帝無由得去，甚窘迫。有頃，雲霧晦冥，雷雨暴至，徼者皆弛，因得潛出。穎先令諸關無得出貴人，帝既至河陽，爲津吏

所止。從者宋典後來，以策鞭帝馬而笑曰：「舍長！官禁貴人，汝亦被拘邪！」吏乃聽過。至洛陽，迎太妃俱歸國。

東海王越之收兵下邳也，假帝輔國將軍。尋加平東將軍、監徐州諸軍事，鎭下邳。俄遷安東將軍、都督揚州諸軍事。越西迎大駕，留帝居守。永嘉初，用王導計，始鎭建鄴，以顧榮爲軍司馬，賀循爲參佐，王敦、王導、周顗、刁協並爲腹心股肱，賓禮名賢，存問風俗，江東歸心焉。屬太妃薨于國，自表奔喪，葬畢，還鎭，增封宣城郡二萬戶，加鎭東大將軍、開府儀同三司。受越命，討征東將軍周馥，走之。及懷帝蒙塵于平陽，司空荀藩等移檄天下，推帝爲盟主。江州刺史華軼不從，使豫章內史周廣、前江州刺史衞展討禽之。愍帝即位，加左丞相。歲餘，進位丞相、大都督中外諸軍事。遣諸將分定江東，斬叛者孫弼于宣城，平杜弢于湘州，承制赦荆揚。及西都不守，帝出師露次，躬擐甲冑，移檄四方，徵天下之兵，剋日進討。于時有玉册見於臨安，白玉麒麟神璽出於江寧，其文曰「長壽萬年」，日有重暈，皆以爲中興之象焉。

建武元年春二月辛巳，平東將軍宋哲至，宣愍帝詔曰：「遭運迍否，皇綱不振。朕以寡德，奉承洪緒，不能祈天永命，紹隆中興，至使凶胡敢帥犬羊，逼迫京輦。朕今幽塞窮城，憂慮萬端，恐一旦崩潰。卿指詣丞相，具宣朕意，使攝萬機，時據舊都，修復陵廟，以雪大恥。」

三月，帝素服出次，舉哀三日。西陽王羕及羣僚參佐、州征牧守等上尊號，帝不許。羕等以死固請，至於再三。帝慨然流涕曰：「孤，罪人也，惟有蹈節死義，以雪天下之恥，庶贖鈇鉞之誅。吾本琅邪王，諸賢見逼不已！」乃呼私奴命駕，將反國。羣臣乃不敢逼，請依魏晉故事爲晉王，許之。辛卯，卽王位，大赦，改元。其殺祖父母、父母，及劉聰、石勒，不從此令。諸參軍拜奉車都尉，掾屬駙馬都尉。辟掾屬百餘人，時人謂之「百六掾」。乃備百官，立宗廟社稷於建康。

丙辰，立世子紹爲晉王太子。〔一〕以撫軍大將軍、西陽王羕爲太保，征南大將軍、漢安侯王敦爲大將軍，右將軍王導都督中外諸軍事、驃騎將軍，左長史刁協爲尙書左僕射。封王子宣城公裒爲琅邪王。

六月丙寅，司空、幷州刺史、廣武侯劉琨，幽州刺史、左賢王、渤海公段匹磾，領護烏丸校尉、鎭北將軍劉翰，單于、廣甯公段辰，遼西公段眷，冀州刺史、祝阿子邵續，青州刺史、廣饒侯曹嶷，兗州刺史、定襄侯劉演，東夷校尉崔毖，鮮卑大都督慕容廆等一百八十人上書勸進，曰：

臣聞天生蒸民，樹之以君，所以對越天地，司牧黎元。聖帝明王監其若此，知天地

不可以乏饗，故屈其身以奉之；知蒸黎不可以無主，故不得已而臨之。社稷時難，則戚藩定其傾；郊廟或替，則宗哲纂其祀。是以弘振遐風，式固萬世，三五以降，靡不由之。伏惟高祖宣皇帝肇基景命，世祖武皇帝遂造區夏，三葉重光，四聖繼軌，惠澤侔於有虞，卜世過於周氏。自元康以來，艱難繁興，永嘉之際，氛厲彌昏，宸極失御，登遐醜裔，國家之危，有若綴旒。賴先后之德、宗廟之靈，皇帝嗣建，舊物克甄。誕授欽明，服膺聰哲，玉質幼彰，金聲夙振。冢宰攝其綱，百辟輔其政，四海想中興之美，羣生懷來蘇之望。不圖天不悔禍，大災荐臻，國未忘難，寇害尋興。逆胡劉曜，縱逸西都，敢肆犬羊，陵虐天邑。臣奉表使還，乃承西朝以去年十一月不守，主上幽劫，復沈虜庭，神器流離，更辱荒逆。臣每覽史籍，觀之前載，厄運之極，古今未有。苟在食土之毛，含血之類，莫不叩心絕氣，行號巷哭。況臣等荷寵三世，位廁鼎司，聞問震惶，精爽飛越，且驚且惋，五情無主，舉哀朔垂，上下泣血。

臣聞昏明迭用，否泰相濟，天命無改，曆數有歸。或多難以固邦國，或殷憂以啓聖明。是以齊有無知之禍，而小白爲五伯之長；晉有驪姬之難，而重耳以主諸侯之盟。社稷靡安，必將有以扶其危；黔首幾絕，必將有以繼其緒。伏惟陛下，玄德通于神明，聖姿合于兩儀，應命世之期，紹千載之運。符瑞之表，天人有徵；中興之兆，圖讖垂典。

自京畿隕喪，九服崩離，天下嚣然，無所歸懷，雖有夏之遭夷羿，宗姬之離犬戎，蔑以過之。陛下撫征江左，奄有舊吳，柔服以德，伐叛以刑，抗明威以攝不類，杖大順以號宇內。純化既敷，則率土宅心；義風既暢，則遐方企踵。百揆時敍于上，四門穆穆于下。昔少康之隆，夏訓以爲美談；宣王中興，周詩以爲休詠。況茂勳格于皇天，清暉光于四海，蒼生顒然，莫不欣戴，聲教所加，願爲臣妾者哉！且宣皇之胤，惟有陛下，億兆攸歸，曾無與二。天祚大晉，必將有主，主晉祀者，非陛下而誰！是以邇無異言，遠無異望，謳歌者無不吟諷徽猷，獄訟者無不思于聖德。天地之際既交，華夷之情允洽。一角之獸，連理之木，以爲休徵者，蓋有百數。冠帶之倫，要荒之衆，不謀同辭者，動以萬計。是以臣等敢考天地之心，因函夏之趣，昧死上尊號。願陛下存舜禹至公之情，狹由巢抗矯之節，以社稷爲務，不以小行爲先；以黔首爲憂，不以克讓爲事；上慰宗廟乃顧之懷，下釋普天傾首之勤。則所謂生繁華于枯荑，育豐肌于朽骨，神人獲安，無不幸甚。

臣聞尊位不可久虛，萬機不可久曠。虛之一日，則尊位以殆；曠之浹辰，則萬機以亂。方今踵百王之季，當陽九之會，狡寇窺窬，伺國瑕隙，黎元波蕩，無所繫心，安可廢而不恤哉？陛下雖欲逡巡，其若宗廟何？其若百姓何？昔者惠公虜秦，晉國震駭，呂

郤之謀，欲立子圉，外以絕敵人之志，內以固闔境之情。故曰「喪君有君，羣臣輯睦，好我者勸，惡我者懼」。前事之不忘，後代之元龜也。陛下明並日月，無幽不燭，深謀遠猷，出自胸懷。不勝犬馬憂國之情，遲覩人神開泰之路，是以陳其乃誠，布之執事。臣等忝于方任，久在遐外，不得陪列闕庭，與覩盛禮，踊躍之懷，南望罔極。

帝優令答之，語在琨傳。

石勒將石季龍圍譙城，平西將軍祖逖擊走之。己巳，帝傳檄天下曰：「逆賊石勒，肆虐河朔，逋誅歷載，游魂縱逸。復遣凶黨石季龍犬羊之衆，越河南渡，縱其鴆毒。平西將軍祖逖帥衆討擊，應時潰散。今遣車騎將軍、琅邪王裒等九軍，銳卒三萬，水陸四道，逕造賊場，受逖節度。有能梟季龍首者，賞絹三千匹，金五十斤，封縣侯，食邑二千戶。又賊黨能梟送季龍首，封賞亦同之。」

七月，散騎侍郎朱嵩、尚書郎顧球卒，帝痛之，將爲舉哀。有司奏，舊尚書郎不在舉哀之例。帝曰：「衰亂之弊，特相痛悼。」於是遂舉哀，哭之甚慟。丁未，梁王悝薨。以太尉荀組爲司徒。弛山澤之禁。

八月甲午，封梁王世子翹爲梁王。荊州刺史第五猗爲賊帥杜曾所推，遂與曾同反。

九月戊寅，王敦使武昌太守趙誘、襄陽太守朱軌、陵江將軍黃峻討猗，爲其將杜曾所敗，誘等皆死之。石勒害京兆太守華譚。梁州刺史周訪討杜曾，大破之。

十月丁未，琅邪王裒薨。

十一月甲子，封汝南王子弼爲新蔡王。丁卯，以司空劉琨爲太尉。置史官，立太學。

是歲，揚州大旱。

太興元年春正月戊申朔，臨朝，懸而不樂。

三月癸丑，愍帝崩問至，帝斬縗居廬。丙辰，百僚上尊號。令曰：「孤以不德，當厄運之極，臣節未立，匡救未舉，夙夜所以忘寢食也。今宗廟廢絕，億兆無係，羣官庶尹，咸勉之以大政，亦何敢辭，輒敬從所執。」是日，即皇帝位。詔曰：「昔我高祖宣皇帝誕應期運，廓開皇基。景、文皇帝奕世重光，緝熙諸夏。爰暨世祖，應天順時，受茲明命。功格天地，仁濟宇宙。昊天不融，降此鞠凶，懷帝短世，越去王都。天禍荐臻，大行皇帝崩殂，社稷無奉。肆羣后三司六事之人，疇咨庶尹，至于華戎，致輯大命于朕躬。予一人畏天之威，用弗敢違。遂登壇南嶽，〔三〕受終文祖，焚柴頒瑞，告類上帝。惟朕寡德，纘我洪緒，若涉大川，罔知攸濟。惟爾股肱爪牙之佐，文武熊羆之臣，用能弼寧晉室，輔余一人。思與萬國，共同休慶。」於是大赦，改元，文武增位二等。庚午，立王太子紹爲皇太子。

壬申，詔曰：「昔之爲政者，動人以行不以言，應天以實不以文，故我清靜而人自正。其次聽言觀行，明試以功。其有政績可述，刑獄得中，人無怨訟，久而日新，及當官軟弱，茹柔吐剛，行身穢濁，修飾時譽者，各以名聞。令在事之人，仰鑒前烈，同心勠力，深思所以寬衆息役，惠益百姓，無廢朕命。遠近禮贄，一切斷之。」

夏四月丁丑朔，日有食之。加大將軍王敦江州牧，進驃騎將軍王導開府儀同三司。戊寅，初禁招魂葬。乙酉，西平地震。

五月癸丑，使持節、侍中、都督、太尉、并州刺史、廣武侯劉琨爲段匹磾所害。

六月，旱，帝親雩。改丹楊內史爲丹楊尹。甲申，以尚書左僕射刁協爲尚書令，平南將軍、曲陵公荀崧爲尚書左僕射。庚寅，以滎陽太守李矩爲都督司州諸軍事、司州刺史。戊戌，封皇子晞爲武陵王。初置諫鼓謗木。

秋七月戊申，詔曰：「王室多故，姦凶肆暴，皇綱弛墜，顛覆大猷。朕以不德，統承洪緒，夙夜憂危，思改其弊。二千石令長當祗奉舊憲，正身明法，抑齊豪强，存恤孤獨，隱實戶口，勸課農桑。州牧刺史當互相檢察，不得顧私虧公。長吏有志在奉公而不見進用者，有貪惏穢濁而以財勢自安者，若有不舉，當受故縱蔽善之罪，有而不知，當受闇塞之責。各明慎奉行。」劉聰死，其子粲嗣僞位。

八月，冀、徐、青三州蝗。靳準弒劉粲，自號漢王。

冬十月癸未，加廣州刺史陶侃平南將軍。劉曜僭卽皇帝位于赤壁。

十一月乙卯，日夜出，高三丈，中有赤青珥。新蔡王弼薨。〔三〕加大將軍王敦荆州牧。庚申，詔曰：「朕以寡德，纂承洪緒，上不能調和陰陽，下不能濟育羣生，災異屢興，咎徵仍見。壬子、乙卯，雷震暴雨，蓋天災譴戒，所以彰朕之不德也。羣公卿士，其各上封事，具陳得失，無有所諱，將親覽焉。」新作聽訟觀。故歸命侯孫晧子璠謀反，伏誅。

十二月，劉聰故將王騰、馬忠等誅靳準，送傳國璽於劉曜。武昌地震。丁丑，封顯義亭侯煥爲琅邪王。〔四〕己卯，琅邪王煥薨。癸巳，詔曰：「漢高經大梁，美無忌之賢；齊師入魯，修柳下惠之墓。其吳之高德名賢或未旌錄者，具條列以聞。」江東三郡饑，遣使振給之。彭城內史周撫殺沛國內史周默以反。

二年春正月丁卯，崇陽陵毀，帝素服哭三日，使冠軍將軍梁堪、守太常馬龜等修復山陵。迎梓宮于平陽，不克而還。

二月，太山太守徐龕斬周撫，傳首京師。

夏四月，龍驤將軍陳川以浚儀叛，降于石勒。太山太守徐龕以郡叛，自號兗州刺史，寇

濟岱。秦州刺史陳安叛，降于劉曜。

五月癸丑，太陽陵毀，帝素服哭三日。徐揚及江西諸郡蝗。吳郡大饑。平北將軍祖逖及石勒將石季龍戰于浚儀，王師敗績。壬戌，詔曰：「天下凋弊，加以災荒，百姓困窮，國用並匱，吳郡饑人死者百數。天生蒸黎而樹之以君，選建明哲以左右之，當深思以救其弊。昔吳起爲楚悼王明法審令，捐不急之官，除廢公族疏遠，以附益將士，而國富兵强。況今日之弊，百姓凋困邪！且當去非急之務，非軍士所須者皆省之。」甲子，梁州刺史周訪及杜曾戰于武當，斬之，禽第五猗。

六月丙子，加周訪安南將軍。罷御府及諸郡丞，置博士員五人。己亥，加太常賀循開府儀同三司。

秋七月乙丑，太常賀循卒。

八月，肅愼獻楛矢石砮。徐龕寇東莞，遣太子左衞率羊鑒行征虜將軍，統徐州刺史蔡豹討之。

冬十月，平北將軍祖逖使督護陳超襲石勒將桃豹，超敗，沒於陣。

十一月戊寅，石勒僭卽王位，〔五〕國號趙。

十二月乙亥，大赦，詔百官各上封事，并省衆役。鮮卑慕容廆襲遼東，東夷校尉、平州刺史崔毖奔高句驪。

是歲，南陽王保稱晉王于祁山。三吳大饑。

三年春正月丁酉朔，晉王保爲劉曜所逼，遷于桑城。

二月辛未，石勒將石季龍寇厭次，平北將軍、冀州刺史邵續擊之，續敗，沒於陣。

三月，慕容廆奉送玉璽三紐。

閏月，以尙書周顗爲尙書僕射。

夏四月壬辰，枉矢流于翼軫。

五月丙寅，孝懷帝太子詮遇害于平陽，帝三日哭。庚寅，地震。是月，晉王保爲其將張春所害。劉曜使陳安攻春，滅之，安因叛曜。石勒將徐龕帥衆來降。

六月，大水。丁酉，盜殺西中郎將、護羌校尉、涼州刺史、西平公張寔，寔弟茂嗣，領平西將軍、涼州刺史。

秋七月丁亥，詔曰：「先公武王、先考恭王臨君琅邪四十餘年，惠澤加于百姓，遺愛結于人情。朕應天符，創基江表，兆庶宅心，繦負子來。琅邪國人在此者近有千戶，今立爲懷德縣，統丹楊郡。昔漢高祖以沛爲湯沐邑，光武亦復南頓，優復之科一依漢氏故事。」祖逖部

將衞策大破石勒別軍於汴水。加逖爲鎭西將軍。

八月戊午，尊敬王后虞氏爲敬皇后。辛酉，遷神主于太廟。辛未，〔六〕梁州刺史、安南將軍周訪卒。皇太子釋奠於太學。以湘州刺史甘卓爲安南將軍、梁州刺史。

九月，徐龕又叛，降于石勒。

冬十月丙辰，徐州刺史蔡豹以畏愞伏誅。王敦殺武陵內史向碩。

四年春二月，徐龕又帥衆來降。鮮卑末波奉送皇帝信璽。庚戌，告於太廟，乃受之。癸亥，日鬬。

三月，置周易、儀禮、公羊博士。癸酉，以平東將軍曹嶷爲安東將軍。

夏四月辛亥，帝親覽庶獄。石勒攻厭次，陷之。撫軍將軍、幽州刺史段匹磾沒于勒。

五月，旱。庚申，詔曰：「昔漢二祖及魏武皆免良人，武帝時，涼州覆敗，諸爲奴婢亦皆復籍，此纍代成規也。其免中州良人遭難爲揚州諸郡僮客者，以備征役。」

秋七月，大水。甲戌，以尙書戴若思爲征西將軍、都督司兗豫并冀雍六州諸軍事、司州刺史，鎭合肥；丹楊尹劉隗爲鎭北將軍、都督青徐幽平四州諸軍事、青州刺史，鎭淮陰。壬午，以驃騎將軍王導爲司空。

八月，常山崩。

九月壬寅，鎭西將軍、豫州刺史祖逖卒。

冬十月壬午，以逖弟侍中約爲平西將軍、豫州刺史。

十二月，以慕容廆爲持節、都督幽平二州東夷諸軍事、平州牧，封遼東郡公。

永昌元年春正月乙卯，大赦，改元。戊辰，大將軍王敦舉兵於武昌，以誅劉隗爲名，龍驤將軍沈充帥衆應之。

三月，徵征西將軍戴若思、鎭北將軍劉隗還衞京都。以司空王導爲前鋒大都督，以戴若思爲驃騎將軍，丹楊諸郡皆加軍號。加僕射周顗尚書左僕射，領軍王邃尚書右僕射。以太子右衞率周莚行冠軍將軍，〔七〕統兵三千討沈充。甲午，封皇子昱爲琅邪王。〔八〕劉隗軍於金城，右將軍周札守石頭，帝親被甲徇六師於郊外。遣平南將軍陶侃領江州，安南將軍甘卓領荆州，各帥所統以躡敦後。

四月，敦前鋒攻石頭，周札開城門應之，奮威將軍侯禮死之。敦據石頭，戴若思、劉隗帥衆攻之，王導、周顗、郭逸、虞潭等三道出戰，六軍敗績。尚書令刁協奔於江乘，爲賊所害。鎭北將軍劉隗奔于石勒。帝遣使謂敦曰：「公若不忘本朝，于此息兵，則天下尚可共安

也。如其不然，朕當歸于琅邪，以避賢路。」辛未，大赦。敦乃自爲丞相、都督中外諸軍、錄尚書事，封武昌郡公，邑萬戶。丙子，驃騎將軍、秣陵侯戴若思，尚書左僕射、護軍將軍、武城侯周顗爲敦所害。敦將沈充陷吳國，魏乂陷湘州，吳國內史張茂，〔九〕湘州刺史、譙王承並遇害。〔一〇〕

五月壬申，敦以太保、西陽王羕爲太宰，加司空王導尚書令。乙亥，鎭南大將軍甘卓爲襄陽太守周慮所害。蜀賊張龍寇巴東，建平太守柳純擊走之。石勒遣騎寇河南。

六月，旱。

秋七月，王敦自加兗州刺史郗鑒爲安北將軍。石勒將石季龍攻陷太山，執守將徐龕。兗州刺史郗鑒自鄒山退守合肥。

八月，敦以其兄含爲衞將軍，自領寧、益二州都督。琅邪太守孫默叛，降于石勒。

冬十月，大疫，死者十二三。己丑，都督荆梁二州諸軍事、平南將軍、荆州刺史、武陵侯王廙卒。辛卯，以下邳內史王邃爲征北將軍、都督青徐幽平四州諸軍事，鎭淮陰。新昌太守梁碩起兵反。京師大霧，黑氣蔽天，日月無光。石勒攻陷襄城、城父，遂圍譙，破祖約別軍，約退據壽春。

十一月，以司徒荀組爲太尉。己酉，〔一一〕太尉荀組薨。罷司徒，并丞相。

閏月己丑，帝崩于內殿，時年四十七，葬建平陵，廟號中宗。帝性簡儉沖素，容納直言，虛己待物。初鎭江東，頗以酒廢事，王導深以爲言，帝命酌，引觴覆之，於此遂絕。有司嘗奏太極殿廣室施絳帳，帝曰：「漢文集上書皁囊爲帷。」遂令冬施青布，夏施青練帷帳。將拜貴人，有司請市雀釵，帝以煩費不許。所幸鄭夫人衣無文綵。從母弟王廙爲母立屋過制，流涕止之。然晉室遘紛，皇輿播越，天命未改，人謀叶贊。元戎屢動，不出江畿，經略區區，僅全吳楚。終于下陵上辱，憂憤告謝。恭儉之德雖充，雄武之量不足。

始秦時望氣者云「五百年後金陵有天子氣」，故始皇東遊以厭之，改其地曰秣陵，塹北山以絕其勢。及孫權之稱號，自謂當之。孫盛以爲始皇逮于孫氏四百三十七載，考其曆數，猶爲未及，元帝之渡江也，乃五百二十六年，眞人之應在于此矣。咸寧初，風吹太社樹折，社中有青氣，占者以爲東莞有帝者之祥。由是徙封東莞王於琅邪，即武王也。及吳之亡，王濬實先至建鄴，而皓之降款，遠歸璽於琅邪。天意人事，又符中興之兆。太安之際，童謠云：「五馬浮渡江，一馬化爲龍。」及永嘉中，歲、鎭、熒惑、太白聚斗、牛之間，識者以爲吳越之地當興王者。是歲，王室淪覆，帝與西陽、汝南、南頓、彭城五王獲濟，而帝竟登大位焉。

初，玄石圖有「牛繼馬後」，故宣帝深忌牛氏，遂爲二榼，共一口，以貯酒焉，帝先飲佳

者，而以毒酒鴆其將牛金。而恭王妃夏侯氏竟通小吏牛氏而生元帝，亦有符云。

史臣曰：晉氏不虞，自中流外，五胡扛鼎，七廟隳尊，滔天方駕，則民懷其舊德者矣。昔光武以數郡加名，元皇以一州臨極，豈武宣餘化猶暢于琅邪，文景垂仁傳芳于南頓，所謂後乎天時，先諸人事者也。馳章獻號，高蓋成陰，星斗呈祥，金陵表慶。陶士行擁三州之旅，郢外以安，王茂弘爲分陝之計，江東可立。或高旌未拂，而遐心斯偃，迴首朝陽，仰希乾棟，帝猶六讓不居，七辭而不免也。布帳練帷，詳刑簡化，抑揚前軌，光啓中興。古者私家不蓄甲兵，大臣不爲威福，王之常制，以訓股肱。中宗失馭强臣，自亡齊斧，兩京胡羯，風埃相望。雖復六月之駕無聞，而鴻雁之歌方遠，享國無幾，哀哉！

明帝

明皇帝諱紹，字道畿，元皇帝長子也。幼而聰哲，爲元帝所寵異。年數歲，嘗坐置膝前，屬長安使來，因問帝曰：「汝謂日與長安孰遠？」對曰：「長安近。不聞人從日邊來，居然可知也。」元帝異之。明日，宴羣僚，又問之。對曰：「日近。」元帝失色，曰：「何乃異間者之言乎？」對曰：「舉目則見日，不見長安。」由是益奇之。

建興初，拜東中郎將，鎮廣陵。元帝爲晉王，立爲晉王太子。及帝卽尊號，立爲皇太子。性至孝，有文武才略，欽賢愛客，雅好文辭。當時名臣，自王導、庾亮、溫嶠、桓彝、阮放等，咸見親待。嘗論聖人眞假之意，導等不能屈。又習武藝，善撫將士。於時東朝濟濟，遠近屬心焉。

及王敦之亂，六軍敗績，帝欲帥將士決戰，升車將出，中庶子溫嶠固諫，抽劍斬鞅，乃止。敦素以帝神武明略，朝野之所欽信，欲誣以不孝而廢焉。大會百官而問溫嶠曰：「皇太子以何德稱？」聲色俱厲，必欲使有言。嶠對曰：「鉤深致遠，蓋非淺局所量。以禮觀之，可稱爲孝矣。」衆皆以爲信然，敦謀遂止。永昌元年閏月己丑，元帝崩。庚寅，太子卽皇帝位，大赦，尊所生荀氏爲建安郡君。〔二〕

太寧元年春正月癸巳，黃霧四塞，京師火。李雄使其將李驤、任回寇臺登，將軍司馬玖死之。越嶲太守李釗、漢嘉太守王載以郡叛，降于驤。

二月，葬元帝于建平陵，帝徒跣至于陵所。以特進華恒爲驃騎將軍、都督石頭水陸軍事。乙丑，黃霧四塞。丙寅，隕霜。壬申，又隕霜，殺穀。

三月戊寅朔，改元，臨軒，停饗宴之禮，懸而不樂。丙戌，隕霜，殺草。饒安、東光、安陵

三縣災，燒七千餘家，死者萬五千人。石勒攻陷下邳，徐州刺史卞敦退保盱眙。王敦獻皇帝信璽一紐。敦將謀篡逆，諷朝廷徵己，帝乃手詔徵之。

夏四月，敦下屯于湖，轉司空王導爲司徒，自領揚州牧。巴東監軍柳純爲敦所害。以尚書陳眕爲都督幽平二州諸軍事、幽州刺史。

五月，京師大水。〔三〕李驤等寇寧州，刺史王遜遣將姚岳距戰于堂狼，〔四〕大破之。梁碩攻陷交州，刺史王諒死之。

六月壬子，立皇后庾氏。平南將軍陶侃遣參軍高寶攻梁碩，斬之，傳首京師。進侃位征南大將軍、開府儀同三司。

秋七月丙子朔，震太極殿柱。是月，劉曜攻陳安於隴城，滅之。

八月，以安北將軍郗鑒爲尚書令。石勒將石季龍攻陷青州，刺史曹嶷遇害。

冬十一月，王敦以其兄征南大將軍含爲征東大將軍、都督揚州江西諸軍事。以軍國饑乏，調刺史以下米各有差。

二年春正月丁丑，帝臨朝，停饗宴之禮，懸而不樂。庚辰，赦五歲刑以下。術人李脫造妖書惑衆，斬于建康市。石勒將石季龍寇兗州，刺史劉遐自彭城退保泗口。

三月，劉曜將康平寇魏興，及南陽。

夏五月，王敦矯詔拜其子應爲武衞將軍，兄含爲驃騎大將軍。帝所親信常從督公乘雄、冉曾並爲敦所害。

六月，敦將舉兵內向，帝密知之，乃乘巴滇駿馬微行，至于湖，陰察敦營壘而出。有軍士疑帝非常人。又敦正晝寢，夢日環其城，驚起曰：「此必黃鬚鮮卑奴來也。」帝母荀氏，燕代人，帝狀類外氏，鬚黃，敦故謂帝云。於是使五騎物色追帝。帝亦馳去，馬有遺糞，輒以水灌之。見逆旅賣食嫗，以七寶鞭與之，曰：「後有騎來，可以此示也。」俄而追者至，問嫗。嫗曰：「去已遠矣。」因以鞭示之。五騎傳玩，稽留遂久。又見馬糞冷，以爲信遠而止不追。帝僅而獲免。

丁卯，加司徒王導大都督、假節，領揚州刺史，以丹楊尹溫嶠爲中壘將軍，與右將軍卞敦守石頭，以光祿勳應詹爲護軍將軍、假節、督朱雀橋南諸軍事，以尚書令郗鑒行衞將軍、都督從駕諸軍事，以中書監庾亮領左衞將軍，以尚書卞壼行中軍將軍。徵平北將軍、徐州刺史王邃，平西將軍、豫州刺史祖約，北中郎將、兗州刺史劉遐，奮武將軍、臨淮太守蘇峻，奮威將軍、廣陵太守陶瞻等還衞京師。帝次於中堂。

秋七月壬申朔，敦遣其兄含及錢鳳、周撫、鄧岳等水陸五萬，至于南岸。溫嶠移屯水

北，燒朱雀桁，以挫其鋒。帝躬率六軍，出次南皇堂。至癸酉夜，募壯士，遣將軍段秀、中軍司馬曹渾、左衞參軍陳嵩、鍾寅等甲卒千人渡水，掩其未畢。平旦，戰于越城，大破之，斬其前鋒將何康。王敦憤惋而死。前宗正虞潭起義師于會稽。沈充帥萬餘人來會含等，庚辰，築壘于陵口。丁亥，劉遐、蘇峻等帥精卒萬人以至，帝夜見，勞之，賜將士各有差。義興人周蹇殺敦所署太守劉芳，平西將軍祖約逐敦所署淮南太守任台于壽春。乙未，賊衆濟水，護軍將軍應詹帥建威將軍趙胤等距戰，不利。賊至宣陽門，北中郎將劉遐、蘇峻等自南塘橫擊，大破之。劉遐又破沈充于青溪。丙申，賊燒營宵遁。

丁酉，帝還宮，大赦，惟敦黨不原。於是分遣諸將追其黨與，悉平之。封司徒王導爲始興郡公，邑三千戶，賜絹九千匹；丹楊尹溫嶠建寧縣公，尚書卞壼建興縣公，中書監庾亮永昌縣公，北中郎將劉遐泉陵縣公，奮武將軍蘇峻邵陵縣公，邑各千八百戶，絹各五千四百匹；尚書令郗鑒高平縣侯，護軍將軍應詹觀陽縣侯，邑各千六百戶，絹各四千八百匹；建威將軍趙胤湘南縣侯，右將軍卞敦益陽縣侯，邑各千六百戶，絹各三千二百匹。其餘封賞各有差。

冬十月，以司徒王導爲太保、領司徒，太宰、西陽王羕領太尉，應詹爲平南將軍、都督江州諸軍事、江州刺史，劉遐爲監淮北諸軍事、徐州刺史，庾亮爲護軍將軍。詔王敦羣從一無

所問。是時，石勒將石生屯洛陽，豫州刺史祖約退保壽陽。

十二月壬子，帝謁建平陵，從大祥之禮。梁水太守爨亮、益州太守李湯以興古叛，降于李雄。沈充故將顧颺反於武康，攻燒城邑，州縣討斬之。

三年春二月戊辰，〔一五〕復三族刑，惟不及婦人。

三月，幽州刺史段末波卒，以弟牙嗣。戊辰，立皇子衍爲皇太子，大赦，增文武位二等，大酺三日，賜鰥寡孤獨帛，人二匹。癸巳，徵處士臨海任旭、會稽虞喜並爲博士。

夏四月，詔曰：「大事初定，其命惟新。其令太宰、司徒已下，詣都坐參議政道，諸所因革，務盡事中。」又詔曰：「湌直言，引亮正，想羣賢達吾此懷矣。予違汝弼，堯舜之相君臣也。吾雖虛闇，庶不距逆耳之談。稷契之任，君居之矣。望共勖之。」己亥，雨雹。石勒將石良寇兗州，刺史檀贇力戰，死之。〔一六〕將軍李矩等並衆潰而歸，石勒盡陷司、兗、豫三州之地。

五月，以征南大將軍陶侃爲征西大將軍、都督荆湘雍梁四州諸軍事、荆州刺史，王舒爲安南將軍、都督廣州諸軍事、廣州刺史。

六月，石勒將石季龍攻劉曜將劉岳于新安，陷之。以廣州刺史王舒爲都督湘州諸軍

事、湘州刺史，湘州刺史劉顗爲平越中郎將、都督廣州諸軍事、廣州刺史。大旱，自正月不雨，至于是月。

秋七月辛未，以尚書令郗鑒爲車騎將軍、都督青兗二州諸軍事、假節，鎮廣陵，領軍將軍卞壼爲尚書令。詔曰：「三恪二王，世代之所重；興滅繼絕，政道之所先。又宗室哲王有功勳于大晉受命之際者，佐命功臣，碩德名賢，三祖所與共維大業，咸開國胙土，誓同山河者，而並廢絕，禋祀不傳，甚用懷傷。主者其詳議諸應立後者以聞。」又詔曰：「郊祀天地，帝王之重事。自中興以來，惟南郊，未曾北郊，四時五郊之禮都不復設，五嶽、四瀆、名山、大川載在祀典應望秩者，悉廢而未舉。主者其依舊詳處。」

八月，詔曰：「昔周武克殷，封比干之墓；漢高過趙，錄樂毅之後，追顯既往，以勸將來也。吳時將相名賢之胄，有能纂修家訓，又忠孝仁義，靜己守眞，不聞于時者，州郡中正亟以名聞，勿有所遺。」

閏月，以尚書左僕射荀崧爲光祿大夫、錄尚書事，尚書鄧攸爲尚書左僕射。壬午，帝不悆，召太宰、西陽王羕，司徒王導，尚書令卞壼，車騎將軍郗鑒，護軍將軍庾亮，領軍將軍陸曄，丹楊尹溫嶠並受遺詔，輔太子。丁亥，詔曰：「自古有死，賢聖所同，壽夭窮達，歸于一概，亦何足特痛哉！朕枕疾已久，常慮忽然。仰惟祖宗洪基，不能克終堂構，大恥未雪，百

姓塗炭，所以有慨耳。不幸之日，斂以時服，一遵先度，務從簡約，勞衆崇飾，皆勿爲也。衍以幼弱，猥當大重，當賴忠賢，訓而成之。昔周公匡輔成王，霍氏擁育孝昭，義存前典，功冠二代，豈非宗臣之道乎？凡此公卿，時之望也。敬聽顧命，任託付之重，同心斷金，以謀王室。諸方嶽征鎮，刺史將守，皆朕扞城，推轂于外，雖事有內外，其致一也。故不有行者，誰扞牧圉？譬若脣齒，表裏相資。宜勠力一心，若合符契，思美焉之美，以緝事爲期。百辟卿士，其總己以聽于冢宰，保祐沖幼，弘濟艱難，永令祖宗之靈，寧于九天之上，則朕沒于地下，無恨黃泉。」

戊子，帝崩于東堂，年二十七，葬武平陵，廟號肅祖。帝聰明有機斷，尤精物理。于時兵凶歲饑，死疫過半，虛弊既甚，事極艱虞。屬王敦挾震主之威，將移神器。帝崎嶇遵養，以弱制強，潛謀獨斷，廓清大祲。改授荆、湘等四州，以分上流之勢，撥亂反正，強本弱枝。雖享國日淺，而規模弘遠矣。

史臣曰：維揚作寓，憑帶洪流，楚江恒戰，方城對敵，不得不推誠將相，以總戎麾。樓船萬計，兵倍王室，處其利而無心者，周公其人也。威權外假，嫌隙內興，彼有順流之師，此無強藩之援。商逢九亂，堯止八音，明皇負圖，屬在茲日。運龍韜於掌握，起天旆於江靡，燎

其餘燼，有若秋原。去縗絰而踐戎場，斬鯨鯢而拜園闕。鎮削威權，州分江漢，覆車不踐，貽厥孫謀。其後七十餘年，終罹敬道之害。或曰「興亡在運，非止上流」，豈創制不殊，而弘之者異也。

贊曰：傾天起害，猛獸呈災。琅邪之子，仁義歸來。龔行趙璧，命筆荆臺。雲瞻北晦，江望南開。晉陽禦敵，河西全壤。胡寇雖艱，靈心弗爽。三方馳騖，百蠻從響。寶命還昌，金輝載朗。明后岐嶷，軍書接要。莽首晨懸，董臍昏燎。厥德不回，餘風可劭。

校勘記

〔一〕丙辰立世子紹爲晉王太子　建康實錄五作「四月丙辰」。丙辰爲四月初四。此及下並四月間事，文未出「四月」，蓋貫即位事連書。

〔二〕遂登壇南嶽　御覽九八引「嶽」作「面」。

〔三〕新蔡王弼薨　「新蔡」原作「新野」。斠注：以上文建武元年本紀及成紀、本傳證之，此「新野」爲「新蔡」之誤。因據改。

〔四〕封顯義亭侯煥爲琅邪王　「煥」原作「渙」，據本傳改。

〔五〕十一月戊寅石勒僭即王位　十一月戊戌朔，無戊寅。御覽一二〇引後趙錄亦云在十一月，蓋

日于有誤字。通鑑九一亦同誤。

〔六〕辛未　八月癸巳朔，無辛未。

〔七〕周莚　斠注：周札傳作「周筵」。按：通鑑九三仍作「周莚」。

〔八〕甲午封皇子昱爲琅邪王　三月甲寅朔，無甲午。通鑑九二作「二月甲午」，疑是。

〔九〕張茂　五行志中作「張懋」。

〔一〇〕譙王承　「承」，世說仇隙注引晉陽秋、司馬氏譜並作「丞」，通鑑九一、九二、稽古錄一三並作「丞」。「丞」字見玉篇，與「抍」「拯」音義同。南宮王名承，不應同名，疑「丞」是。

〔一一〕己酉　十一月庚戌朔，無己酉。通鑑九二作「辛酉」。

〔一二〕尊所生荀氏爲建安郡君　本傳、御覽二〇二引晉中興書皆作「建安君」，無「郡」字。據本傳甍後始贈豫章郡君，不應初封即爲郡君。

〔一三〕京師大水　五行志上、宋書五行志四作「丹陽、宣城、吳興、壽春大水」。

〔一四〕姚岳　周校：王遜傳作「姚崇」，參卷八一校記。

〔一五〕二月戊辰　二月丁酉朔，無戊辰。御覽九八引作「戊戌」，建康實錄六作「戊午」，此二日均在二月。

〔一六〕石勒將石良寇兗州刺史檀贇力戰死之　周校：石勒載記「石良」作「石瞻」。按：通鑑九三從載記。「檀贇」，載記、通鑑九三均作「檀斌」。

晉書卷七

帝紀第七

成帝

成皇帝諱衍，字世根，明帝長子也。太寧三年三月戊辰，立爲皇太子。閏月戊子，明帝崩。己丑，太子卽皇帝位，大赦，增文武位二等，賜鰥寡孤老帛，人二匹，尊皇后庾氏爲皇太后。

秋九月癸卯，〔一〕皇太后臨朝稱制。司徒王導錄尙書事，與中書令庾亮參輔朝政。以撫軍將軍、南頓王宗爲驃騎將軍，領軍將軍、汝南王祐爲衞將軍。辛丑，葬明帝於武平陵。

冬十一月癸巳朔，日有蝕之。廣陵相曹渾有罪，下獄死。

咸和元年春二月丁亥，大赦，改元，大酺五日，賜鰥寡孤老米，人二斛，京師百里內復一年。

夏四月，石勒遣其將石生寇汝南，汝南人執內史祖濟以叛。甲子，尙書左僕射鄧攸卒。

五月，大水。

六月癸亥，使持節、散騎常侍、監淮北諸軍事、北中郎將、徐州刺史、泉陵公劉遐卒。癸酉，以車騎將軍郗鑒領徐州刺史，征虜將軍郭默爲北中郎將、假節、監淮北諸軍。劉遐部曲將李龍、史迭奉遐子肇代遐位以距默，臨淮太守劉矯擊破之，斬龍，傳首京師。

秋七月癸丑，使持節、都督江州諸軍事、江州刺史、平南將軍、觀陽伯應詹卒。〔二〕

八月，以給事中、前將軍、丹楊尹溫嶠爲平南將軍、假節、都督、江州刺史。

九月，旱。李雄將張龍寇涪陵，執太守謝俊。

冬十月，封魏武帝玄孫曹勱爲陳留王，〔三〕以紹魏。丙寅，衞將軍、汝南王祐薨。己巳，封皇弟岳爲吳王。車騎將軍、南頓王宗有罪，伏誅，貶其族爲馬氏。免太宰、西陽王羕，降爲弋陽縣王。庚辰，赦百里內五歲以下刑。是月，劉曜將黃秀、帛成寇酇，平北將軍魏該帥衆奔襄陽。

十一月壬子，大閱于南郊。改定王侯國秩，九分食一。石勒將石聰攻壽陽，不克，遂侵逡遒、阜陵，加司徒王導大司馬、假黃鉞、都督中外征討諸軍事以禦之。歷陽太守蘇峻遣其將韓晃討石聰，走之。

時大旱，自六月不雨，至於是月。

十二月，濟岷太守劉闓殺下邳內史夏侯嘉，叛降石勒。梁王翹薨。

二年春正月，寧州秀才龐遺起義兵，攻李雄將任回、[四]李謙等，雄遣其將羅恆、費黑救之。寧州刺史尹奉遣裨將姚岳、朱提太守楊術援遺，戰于臺登，岳等敗績，術死之。

三月，益州地震。

夏四月，旱。己未，豫章地震。

五月甲申朔，日有蝕之。丙戌，加豫州刺史祖約爲鎭西將軍。戊子，京師大水。

冬十月，劉曜使其子胤侵枹罕，遂略河南地。

十一月，豫州刺史祖約、歷陽太守蘇峻等反。

十二月辛亥，蘇峻使其將韓晃入姑孰，屠于湖。壬子，彭城王雄、章武王休叛，奔峻。庚申，京師戒嚴。假護軍將軍庾亮節爲征討都督，以右衞將軍趙胤爲冠軍將軍、歷陽太守，使與左將軍司馬流帥師距峻，戰于慈湖，流敗，死之。假驍騎將軍鍾雅節，帥舟軍，與趙胤爲前鋒，以距峻。丙寅，徙封琅邪王昱爲會稽王，吳王岳爲琅邪王。辛未，宣城內史桓彝及

峻戰于蕪湖，彝軍敗績。車騎將軍郗鑒遣廣陵相劉矩帥師赴京師。

三年春正月，平南將軍溫嶠帥師救京師，次於尋陽，遣督護王愆期、西陽太守鄧嶽、鄱陽太守紀睦爲前鋒。征西大將軍陶侃遣督護龔登受嶠節度。鍾雅、趙胤等次慈湖，王愆期、鄧嶽等次直瀆。丁未，峻濟自橫江，登牛渚。

二月庚戌，峻至于蔣山。假領軍將軍卞壼節，帥六軍，及峻戰于西陵，王師敗績。丙辰，峻攻青溪柵，因風縱火，王師又大敗。尚書令、領軍將軍卞壼，丹楊尹羊曼，黃門侍郎周導，廬江太守陶瞻並遇害，死者數千人。庾亮又敗于宣陽門內，遂攜其諸弟與郭默、趙胤奔尋陽。於是司徒王導、右光祿大夫陸曄、荀崧等衞帝于太極殿，太常孔愉守宗廟。賊乘勝麾戈接於帝座，突入太后後宮，左右侍人皆見掠奪。是時太官唯有燒餘米數石，以供御膳。百姓號泣，響震都邑。丁巳，峻矯詔大赦，又以祖約爲侍中、太尉、尚書令，自爲驃騎將軍、錄尚書事。吳郡太守庾冰奔于會稽。

三月丙子，皇太后庾氏崩。

夏四月，石勒攻宛，南陽太守王國叛，降於勒。壬申，葬明穆皇后于武平陵。

五月乙未，峻逼遷天子于石頭，帝哀泣升車，宮中慟哭。峻以倉屋爲宮，遣管商、張瑾、[五]弘徽寇晉陵，韓晃寇義興。吳興太守虞潭與庾冰、王舒等起義兵于三吳。丙午，征西大將軍陶侃、平南將軍溫嶠、護軍將軍庾亮、平北將軍魏該舟軍四萬，次于蔡洲。

六月，韓晃攻宣城，內史桓彝力戰，死之。壬辰，平北將軍、雍州刺史魏該卒于師。廬江太守毛寶攻賊合肥戍，拔之。

秋七月，祖約爲石勒將石聰所攻，衆潰，奔于歷陽。石勒將石季龍攻劉曜於蒲坂。

八月，曜及石季龍戰于高候，季龍敗績，曜遂圍石生于洛陽。

九月戊申，司徒王導奔于白石。庚午，陶侃使督護楊謙攻峻于石頭。溫嶠、庾亮陣于白石，竟陵太守李陽距賊南偏。峻輕騎出戰，墜馬，斬之，衆遂大潰。賊黨復立峻弟逸爲帥。前交州刺史張璉據始興反，進攻廣州，鎭南司馬曾勰等擊破之。

冬十月，李雄將張龍寇涪陵，太守趙弼沒于賊。

十二月乙未，石勒敗劉曜于洛陽，獲之。

是歲，石勒將石季龍攻氐帥蒲洪於隴山，降之。

四年春正月，帝在石頭，賊將匡術以苑城歸順，百官赴焉。侍中鍾雅、右衞將軍劉超謀奉帝出，爲賊所害。戊辰，冠軍將軍趙胤遣將甘苗討祖約于歷陽，敗之，約奔于石勒，其將

牽騰帥衆降。峻子碩攻臺城，又焚太極東堂、祕閣，皆盡。城中大飢，米斗萬錢。

二月，大雨霖。丙戌，諸軍攻石頭。李陽與蘇逸戰於柤浦，陽軍敗。建威長史滕含以銳卒擊之，逸等大敗。含奉帝御于溫嶠舟，羣臣頓首號泣請罪。弋陽王羕有罪，伏誅。丁亥，大赦。時兵火之後，宮闕灰燼，以建平園爲宮。甲午，蘇逸以萬餘人自延陵湖將入吳興。乙未，將軍王允之及逸戰於溧陽，獲之。壬寅，以湘州并荊州。劉曜太子毗與其大司馬劉胤帥百官奔于上邽，[六]關中大亂。

三月壬子，以征西大將軍陶侃爲太尉，封長沙郡公；車騎將軍郗鑒爲司空，封南昌縣公；平南將軍溫嶠爲驃騎將軍、開府儀同三司，封始安郡公。其餘封拜各有差。庚午，以右光祿大夫陸曄爲衞將軍、開府儀同三司。復封高密王紘爲彭城王。以護軍將軍庾亮爲平西將軍、都督揚州之宣城江西諸軍事、假節，領豫州刺史，鎭蕪湖。

夏四月乙未，驃騎將軍、始安公溫嶠卒。

秋七月，有星孛于西北。會稽、吳興、宣城、丹楊大水。詔復遭賊郡縣租稅三年。

八月，劉曜將劉胤等帥衆侵石生，次于雍。

九月，石勒將石季龍擊胤，斬之，進屠上邽，盡滅劉氏，坑其黨三千餘人。

冬十月，廬山崩。

十二月壬辰，右將軍郭默害平南將軍、江州刺史劉胤，太尉陶侃帥衆討默。

是歲，天裂西北。

五年春正月己亥，大赦。癸亥，詔除諸將任子。

二月，以尚書陸玩爲尚書左僕射，孔愉爲右僕射。

夏五月，旱，且飢疫。乙卯，太尉陶侃擒郭默于尋陽，斬之。石勒將劉徵寇南沙，都尉許儒遇害，進入海虞。

六月癸巳，初稅田，畝三升。

秋八月，石勒僭即皇帝位，〔七〕使其將郭敬寇襄陽。南中郎將周撫退歸武昌，中州流人悉降于勒。郭敬遂寇襄陽，〔八〕屯于樊城。

九月，造新宮，始繕苑城。

冬十月丁丑，幸司徒王導第，置酒大會。甲辰，徙樂成王欽爲河間王，封彭城王紘子俊爲高密王。〔九〕李雄將李壽寇巴東、建平，監軍毌丘奥、太守楊謙退歸宜都。〔一〇〕

十二月，張駿稱臣于石勒。

六年春正月癸巳，劉徵復寇婁縣，遂掠武進。乙未，進司空郗鑒都督吳國諸軍事。戊午，以運漕不繼，發王公已下千餘丁，各運米六斛。

二月己丑，〔一一〕以幽州刺史、大單于段遼爲驃騎將軍。

三月壬戌朔，日有蝕之。癸未，詔舉賢良直言之士。

夏四月，旱。

六月丙申，復故河間王顒爵位，封彭城王植子融爲樂成王，〔一二〕章武王混子珍爲章武王。

秋七月，李雄將李壽侵陰平，武都氐帥楊難敵降之。

八月庚子，以左僕射陸玩爲尚書令。

七年春正月辛未，大赦。

三月，西中郎將趙胤、司徒中郎匡術攻石勒馬頭塢，克之。勒將韓雍寇南沙及海虞。

夏四月，勒將郭敬陷襄陽。

五月，大水。

秋七月丙辰，詔諸養獸之屬，損費者多，一切除之。

太尉陶侃遣子平西參軍斌與南中郎將桓宣攻石勒將郭敬，破之，克樊城。竟陵太守李陽拔新野、襄陽，因而戍之。

冬十一月壬子朔，進太尉陶侃爲大將軍。詔舉賢良。

十二月庚戌，帝遷于新宮。

八年春正月辛亥朔，詔曰：「昔犬賊縱暴，宮室焚蕩，元惡雖翦，未暇營築。有司屢陳朝會逼狹，遂作斯宮，子來之勞，不日而成。既獲臨御，大饗羣后，九賓充庭，百官象物。知君子勤禮，小人盡力矣。思蠲密網，咸同斯惠，其赦五歲刑以下。」令諸郡舉力人能舉千五百斤以上者。

丙寅，李雄將李壽陷寧州，刺史尹奉及建寧太守霍彪並降之。癸酉，以張駿爲鎮西大將軍。丙子，石勒遣使致賂，詔焚之。

夏四月，詔封故新蔡王弼弟邈爲新蔡王。以束帛徵處士尋陽翟湯、會稽虞喜。

五月，有星隕于肥鄉。麒麟、騶虞見于遼東。乙未，〔一三〕車騎將軍、遼東公慕容廆卒，子皝嗣位。

六月甲辰，撫軍將軍王舒卒。

秋七月戊辰，石勒死，子弘嗣僞位，其將石聰以譙來降。

冬十月，石弘將石生起兵于關中，稱秦州刺史，遣使來降。石弘將石季龍攻石朗于洛陽，因進擊石生，俱滅之。

十二月，石生故部將郭權遣使請降。

九年春正月，隕石于涼州二。以郭權爲鎮西將軍、雍州刺史。〔一四〕

二月丁卯，加鎮西大將軍張駿爲大將軍。

三月丁酉，會稽地震。

夏四月，石弘將石季龍使石斌攻郭權于郿，陷之。

六月，李雄死，其兄子班嗣僞位。乙卯，太尉、長沙公陶侃薨。大旱，詔太官徹膳，省刑，恤孤寡，貶費節用。辛未，加平西將軍庾亮都督江、荆、豫、益、梁、雍六州諸軍事。

秋八月，大雩。自五月不雨，至于是月。

九月戊寅，散騎常侍、衞將軍、江陵公陸曄卒。

冬十月，李雄子期弒李班而自立，班弟玝與其將焦噲、羅凱等並來降。

十一月，石季龍弒石弘，自立爲天王。

中華書局

十二月丁卯，以東海王沖爲車騎將軍，琅邪王岳爲驃騎將軍。蘭陵人朱縱斬石季龍將郭祥，以彭城來降。

咸康元年春正月庚午朔，帝加元服，大赦，改元，增文武位一等，大酺三日，賜鰥寡孤獨不能自存者米，人五斛。

二月甲子，帝親釋奠。揚州諸郡饑，遣使振給。

三月乙酉，幸司徒府。

夏四月癸卯，石季龍寇歷陽，加司徒王導大司馬、假黃鉞、都督征討諸軍事，以禦之。癸丑，帝觀兵于廣莫門，〔一五〕分命諸將，遣將軍劉仕救歷陽，平西將軍趙胤屯慈湖，龍驤將軍路永戍牛渚，建武將軍王允之戍蕪湖。司空郗鑒使廣陵相陳光帥衆衞京師，賊退向襄陽。戊午，解嚴。石季龍將石遇寇中廬，南中郎將王國退保襄陽。

秋八月，長沙、武陵大水。束帛徵處士翟湯、郭翻。

冬十月乙未朔，日有蝕之。

是歲，大旱，會稽餘姚尤甚，米斗五百價，〔一六〕人相賣。

二年春正月辛巳，彗星見于奎。以吳國內史虞潭爲衞將軍。

二月，筭軍用稅米，空懸五十餘萬石，尚書謝褒已下免官。〔一七〕辛亥，立皇后杜氏，大赦，增文武位一等。庚申，高句驪遣使貢方物。

三月，旱，詔太官減膳，免所旱郡縣繇役。戊寅，大雩。

夏四月丁巳，皇后見于太廟。雨雹。

秋七月，揚州會稽饑，開倉振給。

冬十月，廣州刺史鄧嶽遣督護王隨擊夜郎，新昌太守陶協擊興古，並克之。

詔曰：「歷觀先代，莫不襃崇明祀，賓禮三恪。故杞宋啓土，光于周典；宗姬侯衞，垂美漢册。自頃喪亂，庶邦殄悴，周漢之後，絕而莫繼。其詳求衞公、山陽公近屬，有履行修明，可以繼承其祀者，依舊典施行。」

新作朱雀浮桁。

十一月，遣建威將軍司馬勳安集漢中，爲李期將李壽所敗。

三年春正月辛卯，立太學。

夏六月，旱。

冬十月丁卯，慕容皝自立爲燕王。

四年春二月，石季龍帥衆七萬，擊段遼于遼西，遼奔于平崗。

夏四月，李壽弑李期，僭卽僞位，國號漢。石季龍爲慕容皝所敗，癸丑，加皝征北大將軍。

五月乙未，以司徒王導爲太傅、都督中外諸軍事，司空郗鑒爲太尉，征西將軍庾亮爲司空。

六月，改司徒爲丞相，以太傅王導爲之。

秋八月丙午，分寧州置安州。

五年春正月辛丑，大赦。

三月乙丑，〔一八〕廣州刺史鄧嶽伐蜀，建寧人孟彥執李壽將霍彪以降。

夏四月辛未，征西將軍庾亮遣參軍趙松擊巴郡、江陽，獲石季龍將李閎、黃植等。〔一九〕

秋七月庚申，使持節、侍中、丞相、領揚州刺史、始興公王導薨。辛酉，以護軍將軍何充錄尚書事。

八月壬午，復改丞相爲司徒。辛酉，〔二〇〕太尉、南昌公郗鑒薨。

九月，石季龍將夔安、李農陷沔南，張貉陷邾城，〔二一〕因寇江夏、義陽，征虜將軍毛寶、西陽太守樊俊、〔二二〕義陽太守鄭進並死之。夔安等進圍石城，竟陵太守李陽距戰，破之，斬首五千餘級。安乃退，遂略漢東，擁七千餘家遷于幽冀。

冬十二月丙戌，以驃騎將軍、琅邪王岳爲司徒。李壽將李奕寇巴東，守將勞揚戰敗，死之。

六年春正月庚子，使持節、都督江豫益梁雍交廣七州諸軍事、司空、都亭侯庾亮薨。辛亥，以左光祿大夫陸玩爲司空。

二月，慕容皝及石季龍將石成戰于遼西，敗之，獻捷于京師。庚辰，有星孛于太微。

三月丁卯，大赦。以車騎將軍、東海王沖爲驃騎將軍。李壽陷丹川，守將孟彥、劉齊、李秋皆死之。

秋七月乙卯，初依中興故事，朔望聽政于東堂。

冬十月，林邑獻馴象。十一月癸卯，復琅邪，比漢豐沛。

七年春二月甲子朔，日有蝕之。〔三〕己卯，慕容皝遣使求假燕王章璽，許之。

三月戊戌，杜皇后崩。

夏四月丁卯，葬恭皇后于興平陵。實編戶，王公已下皆正土斷白籍。

秋八月辛酉，驃騎將軍、東海王沖薨。

九月，罷太僕官。

冬十二月癸酉，司空、興平伯陸玩薨。除樂府雜伎。罷安州。

八年春正月己未朔，日有蝕之。乙丑，大赦。

三月，初以武悼楊皇后配饗武帝廟。

夏六月庚寅，帝不悆，詔曰：「朕以眇年，獲嗣洪緒，託于王公之上，于茲十有八年。未能闡融政道，翦除逋祲，夙夜戰兢，匪遑寧處。今遘疾殆不興，是用震悼于厥心。千齡眇眇，未堪艱難。司徒、琅邪王岳，親則母弟，體則仁長，君人之風，允塞時望。肆爾王公卿士，其輔之！以祗奉祖宗明祀，協和內外，允執其中。嗚呼，敬之哉！無墜祖宗之顯命。」壬辰，引武陵王晞、會稽王昱、中書監庾冰、中書令何充、尚書令諸葛恢並受顧命。癸巳，帝崩于西堂，時年二十二，葬興平陵，廟號顯宗。

帝少而聰敏，有成人之量。南頓王宗之誅也，帝不之知，及蘇峻平，問庾亮曰：「常日白頭公何在？」亮對以謀反伏誅。帝泣謂亮曰：「舅言人作賊，便殺之，人言舅作賊，復若何？」亮懼，變色。庾懌嘗送酒於江州刺史王允之，允之與犬，犬斃，懼而表之。帝怒曰：「大舅已亂天下，小舅復欲爾邪？」懌聞，飲藥而死。然少爲舅氏所制，不親庶政。及長，頗留心萬機，務在簡約，常欲于後園作射堂，計用四十金，以勞費乃止。雄武之度，雖有愧於前王；恭儉之德，足追蹤于往烈矣。

康帝

康皇帝諱岳，字世同，成帝母弟也。咸和元年封吳王，二年徙封琅邪王，九年拜散騎常侍，加驃騎將軍，咸康五年遷侍中、司徒。

八年六月庚寅，成帝不悆，詔以琅邪王爲嗣。癸巳，成帝崩。甲午，即皇帝位，大赦。諸屯戍文武及二千石官長，不得輒離所局而來奔赴。己亥，封成帝子丕爲琅邪王，奕爲東海王。時帝諒陰不言，委政于庾冰、何充。秋七月丙辰，葬成皇帝于興平陵。帝親奉奠于西階，既發引，徒行至閶闔門，升素輿，至于陵所。己未，以中書令何充爲驃騎將軍。

八月辛丑，彭城王紘薨。以江州刺史王允之爲衛將軍。

九月，詔琅邪國及府吏進位各有差。

冬十月甲午，衛將軍王允之卒。

十二月，增文武位二等。壬子，立皇后褚氏。

建元元年春正月，改元，振恤鰥寡孤獨。

三月，以中書監庾冰爲車騎將軍。

夏四月，益州刺史周撫、西陽太守曹據伐李壽，敗其將李恆于江陽。〔四〕

五月，旱。

六月壬午，又以東帛徵處士尋陽翟湯、〔五〕會稽虞喜。

有司奏，成帝崩一周，請改素服，御進膳如舊。壬寅，詔曰：「禮之降殺，因時而寢興，誠無常矣。至於君親相準，名教之重，莫之改也。權制之作，蓋出近代，雖曰適事，實弊薄之始。先王崇之，後世猶怠，而況因循，又從輕降，義弗可矣。」

石季龍帥衆伐慕容皝，皝大敗之。

秋七月，石季龍將戴開帥衆來降。丁巳，詔曰：「慕容皝摧殄羯寇，乃云死沒八萬餘人，將是其天亡之始也。中原之事，宜加籌量。且戴開已帥部黨歸順，宜見慰勞。其遣使詣安

西、驃騎，諮謀諸軍事。」

以輔國將軍、琅邪內史桓溫爲前鋒小督、假節，帥衆入臨淮，安西將軍庾翼爲征討大都督，遷鎮襄陽。

庚申，晉陵、吳郡災。

八月，李壽死，子勢嗣僞位。石季龍使其將劉寧攻陷狄道。

冬十月辛巳，以車騎將軍庾冰都督荆江司雍益梁六州諸軍事、江州刺史，以驃騎將軍何充爲中書監、都督揚豫二州諸軍事、揚州刺史、錄尚書事，輔政。以琅邪內史桓溫都督青徐兗三州諸軍事、徐州刺史，褚裒爲衛將軍、領中書令。

十一月己巳，大赦。

十二月，石季龍侵張駿，駿使其將軍謝艾拒之，大戰于河西，季龍敗績。十二月，高句驪遣使朝獻。

二年春正月，張駿遣其將和驎、謝艾討南羌于闐和，大破之。

二月，慕容皝及鮮卑帥宇文歸戰于昌黎，歸衆大敗，奔于漠北。

四月，張駿將張瓘敗石季龍將王擢于三交城。

秋八月丙子，進安西將軍庾翼爲征西將軍。庚辰，持節、都督司雍梁三州諸軍事、梁州刺史、平北將軍、竟陵公桓宣卒。

丁巳，〔二六〕以衞將軍褚裒爲特進、都督徐兗二州諸軍事、兗州刺史，鎮金城。

九月，巴東太守楊謙擊李勢，勢將申陽，走之，獲其將樂高。丙申，立皇子聃爲皇太子。

戊戌，帝崩于式乾殿，時年二十三，葬崇平陵。

初，成帝有疾，中書令庾冰自以舅氏當朝，權侔人主，恐異世之後，戚屬將疏，乃言國有强敵，宜立長君，遂以帝爲嗣。制度年號，再興中朝，因改元曰建元。或謂冰曰：「郭璞讖云『立始之際丘山傾』，立者，建也；始者，元也；丘山，諱也。」冰瞿然，既而歎曰：「如有吉凶，豈改易所能救乎？」至是果驗云。

史臣曰：肆虐滔天，豈伊朝夕。若乃詳刑不怨，庶情猶仰，又可以見逆順之機焉。成帝因削弱之資，守江淮之地，政出渭陽，聲乖威服。凶徒既縱，神器阽危，京華無赦庚之資，宮室類咸陽之火。桀犬吠堯，封狐嗣亂，方諸后羿，曷若斯之甚也。反我皇駕，不有晉文之師，繫于苞桑，且賴陶公之力。古之侯服，不幸臣家，天子宣遊，則避宮北面，聞諸遺策，用爲恆範。顯宗于王導之門，斂衣前拜，豈魯公受玉之卑乎！帝亦克儉于躬，庶能激揚流弊者也。

贊曰：惟皇夙表，余舅爲毗。勤於致寇，拙於行師。火及君屋，兵纏帝帷。石頭之駕，海內含悲。康后天資，居哀禮縟。墜典方興，降齡奚促。

校勘記

〔一〕秋九月癸卯　斠正：「癸卯」誤書「辛丑」前。按：九月癸巳朔，癸卯爲十一日，辛丑爲初九。

〔二〕觀陽伯應詹卒　斠注：明紀及詹傳並作「觀陽縣侯」。按：明紀封賞諸人，應詹與郗鑒同，郗鑒爲縣侯，詹亦應爲縣侯。疑此誤。御覽二百引晉中興書作「觀寧侯」，雖誤「觀陽」爲「觀寧」，然作「侯」不作「伯」，亦可證。

〔三〕曹勛　宋本、類聚五一、册府一七三、御覽二〇一引晉中興書及通典七四「勛」並作「勵」。

〔四〕任回　「回」本作「佪」，明紀、李雄載記、王遜傳、華陽國志九皆作「回」，今改從一律。

〔五〕張瑾　周校：蘇峻傳、王舒傳俱作「張健」。按：郗鑒傳、通鑑九四亦作「張健」。

〔六〕劉曜太子毗　李校：劉曜、石勒載記「毗」並作「熙」，通鑑九四亦作「熙」。

〔七〕秋八月石勒僭即皇帝位　御覽一二〇引後趙錄勒稱帝在九月，通鑑九四亦在九月。

〔八〕郭敬遂寇襄陽　商榷：「寇」字當作「毀」。按：通鑑九四作「敬毀襄陽城」，宜從之。

〔九〕紘子俊　「俊」原作「浚」。高密文獻王、彭城穆王傳「浚」均作「俊」，通鑑九四亦作「俊」，今據改，以歸一律。

〔一〇〕楊謙　本作「陽謙」。康紀、李雄載記、通鑑九四均作「楊謙」，今改從一律。

〔一一〕二月己丑　二月壬辰朔，無己丑。

〔一二〕復故河間王至融爲樂成王　封融文已見光熙元年，此時融已死，不得再受封，「封」字下「彭城王植子融爲樂成王」十字蓋衍文。說詳周校。又「復故河間王顒爵位」八字應在上年九月「徙樂成王欽爲河間王」上，欽之徙封，卽復顒爵位，而爲融之嗣也，見河間王顒傳。

〔一三〕乙未　斠正：上文正月辛亥朔，本月無乙未。

〔一四〕以郭權爲鎮西將軍雍州刺史　周校：石勒載記作「秦州刺史」。斠注：宋書天文志云「郭權以秦州歸從」，自當以權爲秦州。

〔一五〕廣莫門　建康實錄七作「廣陽門」，注云，宮苑記晉時未有廣莫門，本史誤。

〔一六〕米斗五百價　周校：咸和四年大饑，米斗萬錢，今僅五百，不足爲貴，疑「斗」當作「升」。

〔一七〕算軍用稅米至免官　食貨志「軍用」作「度田」。

〔一八〕三月乙丑　三月丙子朔，無乙丑。

〔一九〕擊巴郡江陽獲石季龍將李閎黃植等　「黃植」本作「黃桓」。庾亮傳作「黃植」，通鑑九六亦作「黃植」，今改從一律。「李閎」，石勒載記作「李宏」，「石季龍將」。斠正：「巴郡江陽乃李氏地，非石氏所有」，通鑑九六作「執漢荆州刺史李閎、巴郡太守黃植」爲是。

〔二〇〕辛酉　斠正：上七月已書「辛酉」，此「辛酉」日誤。按：八月癸酉朔，無辛酉。

〔二一〕張駱　毛寶傳作「張駱渡」，石季龍載記作「張賀度」。

〔二二〕樊俊　庾亮傳、毛寶傳及通鑑九六並作「樊峻」。

〔二三〕二月甲子朔日有蝕之　「甲子」原作「甲午」。周校：「天文志作『甲子』，合之下三月戊戌，當爲甲子。」按：宋書五行志五、建康實錄七、通鑑九六俱作「甲子」，今據改。

〔二四〕李恆　庾翼傳作「李桓」。

〔二五〕尋陽翟湯　「尋陽」原作「南陽」，據成紀、隱逸傳、册府九八改。

〔二六〕丁巳　丁巳乃閏八月十四日，此脫「閏月」二字。通鑑九七有。

晉書卷八

帝紀第八

穆帝

穆皇帝諱聃，字彭子，康帝子也。建元二年九月丙申，立爲皇太子。戊戌，康帝崩。己亥，太子卽皇帝位，時年二歲。大赦，尊皇后爲皇太后。壬寅，皇太后臨朝攝政。

冬十月乙丑，葬康皇帝于崇平陵。

十一月庚辰，車騎將軍庾冰卒。

永和元年春正月甲戌朔，皇太后設白紗帷於太極殿，〔一〕抱帝臨軒。改元。甲申，進鎭軍將軍、武陵王晞爲鎭軍大將軍、開府儀同三司，以鎭軍將軍顧衆爲尙書右僕射。〔二〕

夏四月壬戌，詔會稽王昱錄尙書六條事。

五月戊寅，大雩。尙書令、金紫光祿大夫、建安伯諸葛恢卒。

六月癸亥，地震。

秋七月庚午，持節、都督江荆司梁雍益寧七州諸軍事、江州刺史、征西將軍、都亭侯庾翼卒。翼部將干瓚、〔三〕戴羲等殺冠軍將軍曹據，擧兵反，安西司馬朱燾討平之。

八月，豫州刺史路永叛奔於石季龍。庚辰，〔四〕以輔國將軍、徐州刺史桓溫爲安西將軍、持節、都督荆司雍益梁寧六州諸軍事，領護南蠻校尉、荆州刺史。石季龍將路永屯于壽春。

九月丙申，皇太后詔曰：「今百姓勞弊，其共思詳所以振卹之宜。及歲常調非軍國要急者，並宜停之。」

冬十二月，李勢將爨頠來奔。涼州牧張駿伐焉耆，降之。

二年春正月丙寅，大赦。己卯，使持節、侍中、都督揚州諸軍事、揚州刺史、驃騎將軍、錄尙書事、都鄉侯何充卒。

二月癸丑，以左光祿大夫蔡謨領司徒，錄尙書六條事、撫軍大將軍、會稽王昱及謨並輔政。

三月丙子，以前司徒左長史殷浩爲建武將軍、揚州刺史。

夏四月己酉朔，日有蝕之。

五月丙戌，涼州牧張駿卒，子重華嗣。

六月，石季龍將王擢襲武街，執張重華護軍胡宣。又使麻秋、孫伏都伐金城，太守張沖降之。重華將謝艾擊秋，敗之。

秋七月，以兗州刺史褚裒爲征北大將軍，開府儀同三司。

冬十月，地震。

十一月辛未，安西將軍桓溫帥征虜將軍周撫，輔國將軍、譙王無忌，建武將軍袁喬伐蜀，拜表輒行。

十二月，枉矢自東南流於西北，其長竟天。〔五〕

三年春三月乙卯，桓溫攻成都，克之。丁亥，李勢降，〔六〕益州平。林邑范文攻陷日南，害太守夏侯覽，以尸祭天。

夏四月，地震。蜀人鄧定、隗文擧兵反，桓溫又擊破之，使益州刺史周撫鎭彭模。丁巳，鄧定、隗文復入據成都，征虜將軍楊謙棄涪城，退保德陽。

五月戊申，進慕容皝爲安北將軍。石季龍又使其將石寧、麻秋等伐涼州，次於曲柳。

張重華使將軍牛旋禦之，退守枹罕。

六月辛酉，大赦。

秋七月，范文復陷日南，害督護劉雄。隗文立范賁爲帝。

八月戊午，張重華將謝艾進擊麻秋，大敗之。

九月，地震。

冬十月乙丑，假涼州刺史張重華大都督隴右關中諸軍事、護羌校尉、大將軍，武都氐王楊初爲征南將軍、雍州刺史、平羌校尉、仇池公，並假節。

十二月，振威護軍蕭敬文害征虜將軍楊謙，〔七〕攻涪城，陷之。遂取巴西，通于漢中。

四年夏四月，范文寇九德，〔八〕多所殺害。

五月，大水。

秋八月，進安西將軍桓溫爲征西大將軍、開府儀同三司，封臨賀郡公；西中郎將謝尙爲安西將軍。

九月丙申，慕容皝死，子儁嗣僞位。

冬十月己未，地震。石季龍使其將苻健寇竟陵。

十二月，豫章人黃韜自號孝神皇帝，聚衆數千，寇臨川，太守庾條討平之。

五年春正月辛巳朔，〔九〕大赦。庚寅，地震。石季龍僭卽皇帝位于鄴。

二月，征北大將軍褚裒使部將王龕北伐，獲石季龍將支重。

夏四月，益州刺史周撫、龍驤將軍朱燾擊范賁，〔一〇〕獲之，益州平。封周撫爲建城公。假慕容儁大將軍、幽平二州牧、大單于、燕王。征西大將軍桓溫遣督護滕畯討范文，爲文所敗。石季龍死，子世嗣僞位。

五月，石遵廢世而自立。

六月，桓溫屯安陸，遣諸將討河北。石遵揚州刺史王浹以壽陽來降。

秋七月，褚裒進次彭城，遣部將王龕、李邁及石遵將李農戰于代陂，〔一一〕王師敗績，王龕爲農所執，李邁死之。

八月，褚裒退屯廣陵，西中郎將陳逵焚壽春而遁。梁州刺史司馬勳攻石遵長城戍，仇池公楊初襲西城，皆破之。

冬十月，石遵將石遇攻宛，陷之，執南陽太守郭啓。司馬勳進次懸鉤，石季龍故將麻秋距之，勳退還梁州。

十一月丙辰，石鑒弒石遵而自立。

十二月己酉，使持節、都督徐兗二州諸軍事、徐州刺史、征北大將軍、開府儀同三司、都鄉侯褚裒卒。以建武將軍、吳國內史荀羨爲使持節、監徐兗二州諸軍事、北中郎將、徐州刺史。

六年春正月，帝臨朝，以褚裒喪故，懸而不樂。

閏月，冉閔弒石鑒，僭稱天王，國號魏。鑒弟祗僭帝號于襄國。丁丑，彗星見于亢。己丑，加中軍將軍殷浩督揚豫徐兗青五州諸軍事、假節。氐帥苻洪遣使來降，以爲氐王，封廣川郡公。假洪子健節，監河北諸軍事、右將軍，封襄國縣公。

三月，石季龍故將麻秋鴆殺苻洪于枋頭。

夏五月，大水。廬江太守袁眞攻合肥，克之。

六月，石祗遣其弟琨攻冉閔將王泰于邯鄲，琨師敗績。

秋八月，輔國將軍、譙王無忌薨。苻健帥衆入關。

冬十一月，冉閔圍襄國。

十二月，免司徒蔡謨爲庶人。

是歲，大疫。

七年春正月丁酉，〔一二〕日有蝕之。辛丑，鮮卑段龕以青州來降。苻健僭稱王，國號秦。

二月戊寅，以段龕爲鎮北將軍，封齊公。石祗大敗冉閔于襄國。

夏四月，梁州刺史司馬勳出步騎三萬，自漢中入秦川，與苻健戰于五丈原，王師敗績。加尚書令顧和開府儀同三司。劉顯弒石祗。

五月，祗兗州刺史劉啓自鄄城來奔。

秋七月，尚書令、左光祿大夫、開府儀同三司顧和卒。甲辰，濤水入石頭，溺死者數百人。

八月，冉閔豫州牧張遇以許昌來降，〔一三〕拜鎮西將軍。

九月，峻陽、太陽二陵崩。甲辰，帝素服臨于太極殿三日，遣兼太常趙拔修復山陵。

冬十月，雷雨，震電。

十一月，石祗將姚弋仲、冉閔將魏脫各遣使來降，〔一四〕以弋仲爲車騎將軍、大單于，封高陵郡公，弋仲子襄爲平北將軍、都督幷州諸軍事、幷州刺史、平鄉縣公，〔一五〕脫爲安北將軍、監冀州諸軍事、冀州刺史。

十二月辛未，征西大將軍桓溫帥衆北伐，次于武昌而止。時石季龍故將周成屯廩丘，高昌屯野王，樂立屯許昌，李歷屯衞國，皆相次來降。

八年春正月辛卯，日有蝕之。劉顯僭帝號于襄國，冉閔擊破，殺之。苻健僭帝號于長安。

二月，峻平、崇陽二陵崩。戊辰，帝臨三日，遣殿中都尉王惠如洛陽，以衞五陵。鎮西將軍張遇反于許昌，使其黨上官恩據洛陽。樂弘攻督護戴施於倉垣。

三月，使北中郎將荀羨鎮淮陰。苻健別帥侵順陽，太守薛珍擊破之。

夏四月，冉閔爲慕容儁所滅。儁僭帝號于中山，稱燕。安西將軍謝尚帥姚襄與張遇戰于許昌之誡橋，王師敗績。苻健使其弟雄襲遇，虜之。

秋七月，大雩。石季龍故將王擢遣使請降，拜征西將軍、秦州刺史。丁酉，以鎮軍大將軍、武陵王晞爲太宰，撫軍大將軍、會稽王昱爲司徒，征西大將軍桓溫爲太尉。

八月，平西將軍周撫討蕭敬文于涪城，斬之。冉閔子智以鄴降，督護戴施獲其傳國璽，送之，文曰「受天之命，皇帝壽昌」，百僚畢賀。

九月，冉智爲其將馬願所執，降于慕容恪。中軍將軍殷浩帥衆北伐，次泗口，遣河南太守戴施據石門，榮陽太守劉遂戍倉垣。

冬十月，秦州刺史王擢爲苻健所逼，奔于涼州。

九年春正月乙卯朔，大赦。張重華使王擢與苻健將苻雄戰，擢師敗績。丙寅，皇太后與帝同拜建平陵。

三月，旱。交州刺史阮敷討林邑范佛于日南，破其五十餘壘。

夏四月，以安西將軍謝尚爲尚書僕射。

五月，大疫。張重華復使王擢襲秦州，取之。仇池公楊初爲苻雄所敗。

秋七月丁酉，地震，[一六]有聲如雷。

八月，遣兼太尉、河間王欽修復五陵。

冬十月，中軍將軍殷浩進次山桑，使平北將軍姚襄爲前鋒。襄叛，反擊浩，浩棄輜重，退保譙城。丁未，涼州牧張重華卒，子耀靈嗣。是月，張祚弒耀靈而自稱涼州牧。

十一月，殷浩使部將劉啓、王彬之討姚襄，復爲襄所敗，襄遂進據芍陂。

十二月，加尚書僕射謝尚爲都督豫、揚、江西諸軍事，領豫州刺史，鎮歷陽。

十年春正月己酉朔，帝臨朝，以五陵未復，懸而不樂。涼州牧張祚僭帝位。冉閔降將周成舉兵反，自宛陵襲洛陽。[一七]辛酉，河南太守戴施奔鮪渚。丁卯，地震，有聲如雷。

二月己丑，太尉、征西將軍桓溫帥師伐關中。廢揚州刺史殷浩爲庶人，以前會稽內史王述爲揚州刺史。

夏四月己亥，溫及苻健子萇戰于藍田，大敗之。

五月，江西乞活郭敞等執陳留內史劉仕而叛，[一八]京師震駭，以吏部尚書周閔爲中軍將軍，屯于中堂，豫州刺史謝尚自歷陽還衞京師。

六月，苻健將苻雄悉衆及桓溫戰于白鹿原，王師敗績。

秋九月辛酉，桓溫糧盡，引還。

十一年春正月甲辰，侍中、汝南王統薨。平羌校尉、仇池公楊初爲其部將梁式所害，初子國嗣位，因拜鎮北將軍、秦州刺史。齊公段龕襲慕容儁將榮國於郎山，敗之。

夏四月壬申，隕霜。乙酉，地震。姚襄帥衆寇外黃，冠軍將軍高季大破之。

五月丁未，地又震。

六月，苻健死，其子生嗣僞位。

秋七月，宋混、張瓘弒張祚，而立耀靈弟玄靚爲大將軍、涼州牧，遣使來降。以吏部尚書周閔爲尚書左僕射，領軍將軍王彪之爲尚書右僕射。

冬十月，進豫州刺史謝尚督幷冀幽三州諸軍事、鎮西將軍，鎮馬頭。

十二月，慕容恪帥衆寇廣固。壬戌，上黨人馮鴦自稱太守，背苻生遣使來降。

十二年春正月丁卯，帝臨朝，以皇太后母喪，懸而不樂。鎮北將軍段龕及慕容恪戰于廣固，大敗之，恪退據安平。

二月辛丑，帝講孝經。

三月，姚襄入于許昌，以太尉桓溫爲征討大都督以討之。

秋八月己亥，桓溫及姚襄戰于伊水，大敗之。襄走平陽，徙其餘衆三千餘家於江漢之間，執周成而歸。使揚武將軍毛穆之、督護陳午、輔國將軍、河南太守戴施鎮洛陽。

冬十月癸巳朔，日有蝕之。慕容恪攻段龕於廣固，使北中郎將荀羡帥師次于琅邪以救之。

十一月，遣兼司空、散騎常侍車灌，龍驤將軍袁眞等持節如洛陽，修五陵。

十二月庚戌，以有事于五陵，告于太廟，帝及羣臣皆服緦，于太極殿臨三日。

是歲，仇池公楊國爲其從父俊所殺，俊自立。

升平元年春正月壬戌朔，帝加元服，告于太廟，始親萬機。大赦，改元，增文武位一等。皇太后居崇德宮。丁丑，隕石于槐里一。是月，鎮北將軍、齊公段龕爲慕容恪所陷，遇害。扶南竺旃檀獻馴象，[一九]詔曰：「昔先帝以殊方異獸或爲人患，禁之。今及其未至，可令還本土。」

三月，帝講孝經。壬申，親釋奠于中堂。

夏五月庚午，鎮西將軍謝尚卒。苻生將苻眉、[二〇]苻堅擊姚襄，戰於三原，斬之。

六月，苻堅殺苻生而自立。以軍司謝奕爲使持節、都督、安西將軍、豫州刺史。

秋七月，苻堅將張平以幷州降，遂以爲幷州刺史。

八月丁未，立皇后何氏，大赦，賜孝悌鰥寡米，人五斛，逋租宿債皆勿收，大酺三日。

冬十月，皇后見於太廟。

十一月，雷。

十二月，以太常王彪之爲尚書左僕射。

中華書局

二年春正月，司徒、會稽王昱稽首歸政，帝不許。

三月，慕容儁陷冀州諸郡，詔安西將軍謝奕、北中郎將荀羡北伐。三月，[二]佽飛督王饒獻鴆鳥，帝怒，鞭之二百，使殿中御史焚其鳥于四達之衢。

夏五月，大水。有星孛于天船。

六月，并州刺史張平爲苻堅所逼，帥衆三千奔于平陽，堅追敗之。慕容恪進據上黨，冠軍將軍馮鴦以衆叛歸慕容儁，儁盡陷河北之地。

秋八月，安西將軍謝奕卒。壬申，以吳興太守謝萬爲西中郎將、持節、監司豫冀并四州諸軍事、豫州刺史。以散騎常侍郗曇爲北中郎將、持節、都督徐兖青冀幽五州諸軍事、徐兖二州刺史，鎮下邳。

冬十月乙丑，陳留王曹勱薨。[三]

十一月庚子，雷。辛酉，地震。

十二月，北中郎將荀羡及慕容儁戰于山茌，王師敗績。

三年春三月甲辰，詔以比年出軍，糧運不繼，王公已下十三戶借一人一年助運。

秋七月，平北將軍高昌爲慕容儁所逼，自白馬奔于滎陽。

冬十月，慕容儁寇東阿，遣西中郎將謝萬次下蔡，北中郎將郗曇次高平以擊之，王師敗績。

十一月戊子，進揚州刺史王述爲衞將軍。

十二月，又以中軍將軍、琅邪王丕爲驃騎將軍，東海王奕爲車騎將軍。封武陵王晞子璉爲梁王。交州刺史溫放之帥兵討林邑參黎、耽潦，並降之。

四年春正月，仇池公楊俊卒，子世嗣。丙戌，慕容儁死，子暐嗣僞位。

二月，鳳皇將九雛見于豐城。

秋七月，以軍役繁興，省用徹膳。

八月辛丑朔，日有蝕之，既。

冬十月，天狗流于西南。

十一月，封太尉桓溫爲南郡公，溫弟沖爲豐城縣公，子濟爲臨賀郡公。鳳皇復見豐城，衆鳥隨之。

五年春正月戊戌，大赦，賜鰥寡孤獨不能自存者，人米五斛。北中郎將、都督徐兖青冀幽五州諸軍事、徐兖二州刺史郗曇卒。

二月，以鎮軍將軍范汪爲都督徐兖青冀幽五州諸軍事、安北將軍、徐兖二州刺史。平南將軍、廣州刺史、陽夏侯滕含卒。

夏四月，大水。太尉桓溫鎮宛，使其弟豁將兵取許昌。鳳皇見于沔北。

五月丁巳，帝崩于顯陽殿，時年十九。葬永平陵，廟號孝宗。

哀帝

哀皇帝諱丕，字千齡，成帝長子也。咸康八年，封爲琅邪王。永和元年拜散騎常侍，十二年加中軍將軍，升平三年除驃騎將軍。

五年五月丁巳，穆帝崩。皇太后令曰：「帝奄不救疾，胤嗣未建。琅邪王丕，中興正統，明德懋親。昔在咸康，屬當儲貳。以年在幼沖，未堪國難，故顯宗高讓。今義望情地，莫與爲比，其以王奉大統。」于是百官備法駕，迎于琅邪第。庚申，即皇帝位，大赦。壬戌，詔曰：「朕獲承明命，入纂大統。顧惟先王宗廟，蒸嘗無主，太妃喪庭，廓然靡寄，悲痛感摧，五內抽割。宗國之尊，情禮兼隆，胤嗣之重，義無與二。東海王奕，戚屬親近，宜奉本統，其以奕爲琅邪王。」

秋七月戊午，葬穆皇帝于永平陵。慕容恪攻陷野王，守將呂護退保滎陽。

八月己卯夜，天裂，廣數丈，有聲如雷。

九月戊申，立皇后王氏。穆帝皇后何氏稱永安宮。呂護叛奔于慕容暐。

冬十月，安北將軍范汪有罪，廢爲庶人。

十一月丙辰，詔曰：「顯宗成皇帝顧命，以時事多艱，弘高世之風，樹德博重，以隆社稷。而國故不已，康穆早世，胤祚不融。朕以寡德，復承先緒，感惟永慕，悲痛兼摧。夫昭穆之義，固宜本之天屬。繼體承基，古今常道。宜上嗣顯宗，以修本統。」

十二月，加涼州刺史張玄靚爲大都督隴右諸軍事、護羌校尉、西平公。

隆和元年春正月壬子，大赦，改元。甲寅，減田稅，畝收二升。是月，慕容暐將呂護、傅末波攻陷小壘，[四]以逼洛陽。

二月辛未，以輔國將軍、吳國內史庾希爲北中郎將、徐兖二州刺史，鎮下邳；前鋒監軍、龍驤將軍袁眞爲西中郎將、監護豫司并冀四州諸軍事、豫州刺史，鎮汝南，並假節。丙子，尊所生周氏爲皇太妃。

三月甲寅朔，[五]日有蝕之。

夏四月，旱。詔出輕繫，振困乏。丁丑，梁州地震，〔二五〕浩亹山崩。呂護復寇洛陽。乙酉，輔國將軍、河南太守戴施奔于宛。

五月丁巳，遣北中郎將庾希、竟陵太守鄧遐以舟師救洛陽。

秋七月，呂護等退守小平津。進琅邪王奕爲侍中、驃騎大將軍、開府。鄧遐進屯新城，庾希部將何謙及慕容暐將劉則戰于檀丘，破之。

八月，西中郎將袁眞進次汝南，運米五萬斛以饋洛陽。

冬十月，賜貧乏者米，人五斛。章武王珍薨。

十二月戊午朔，日有蝕之。詔曰：「戎旅路次，未得輕簡賦役。玄象失度，亢旱爲患。豈政事未洽，將有板築、渭濱之士邪！其搜揚隱滯，蠲除苛碎，詳議法令，咸從損要。」庾希自下邳退鎮山陽，袁眞自汝南退鎮壽陽。

興寧元年春二月己亥，〔二六〕大赦，改元。

三月壬寅，皇太妃薨于琅邪第。癸卯，帝奔喪，詔司徒、會稽王昱總內外衆務。

夏四月，慕容暐寇滎陽，太守劉遠奔魯陽。甲戌，揚州地震，湖瀆溢。

五月，加征西大將軍桓溫侍中、大司馬、都督中外諸軍事、錄尚書事、假黃鉞。復以西

中郎將袁眞都督司、冀、幷三州諸軍事，北中郎將庾希都督青州諸軍事。癸卯，慕容暐陷密城，滎陽太守劉遠奔于江陵。

秋七月，張天錫弑涼州刺史、西平公張玄靚，自稱大將軍、護羌校尉、涼州牧、西平公。丁酉，葬章皇太妃。

八月，有星孛于角亢，入天市。

九月壬戌，大司馬桓溫帥衆北伐。癸亥，以皇子生，大赦。

冬十月甲申，立陳留王世子恢爲王。

十一月，姚襄故將張駿殺江州督護趙毗，焚武昌，略府藏以叛，江州刺史桓沖討斬之。

是歲，慕容暐將慕容塵攻陳留太守袁披于長平，汝南太守朱斌承虛襲許昌，克之。

二年春二月庚寅，江陵地震。慕容暐將慕容評襲許昌，潁川太守李福死之。評遂侵汝南，太守朱斌遁于壽陽。又進圍陳郡，太守朱輔嬰城固守。桓溫遣江夏相劉岵擊退之。改左軍將軍爲遊擊將軍，罷右軍、前軍、後軍將軍五校三將官。癸卯，帝親耕藉田。

三月庚戌朔，大閱戶人，嚴法禁，稱爲庚戌制。辛未，帝不悆。帝雅好黃老，斷穀，餌長

生藥，服食過多，遂中毒，不識萬機，崇德太后復臨朝攝政。

夏四月甲申，慕容暐遣其將李洪侵許昌，王師敗績于懸瓠，朱斌奔于淮南，朱輔退保彭城。桓溫遣西中郎將袁眞、江夏相劉岵等鑿楊儀道以通運，溫帥舟師次于合肥，慕容塵復屯許昌。

五月，遷陳人于陸以避之。〔二七〕戊辰，以揚州刺史王述爲尚書令、衞將軍，以桓溫爲揚州牧、錄尚書事。壬申，遣使喩溫入相，溫不從。

秋七月丁卯，復徵溫入朝。

八月，溫至赭圻，遂城而居之。苻堅別帥侵河南，慕容暐寇洛陽。

九月，冠軍將軍陳祐留長史沈勁守洛陽，帥衆奔新城。

三年春正月庚申，皇后王氏崩。

二月，乙未，以右將軍桓豁監荆州揚州之義城雍州之京兆諸軍事、領南蠻校尉、荆州刺史，桓沖監江州荆州之江夏隨郡豫州之汝南西陽新蔡潁川六郡諸軍事、南中郎將、江州刺史，領南蠻校尉，並假節。

丙申，帝崩于西堂，時年二十五。葬安平陵。

海西公

廢帝諱奕，字延齡，哀帝之母弟也。咸康八年封爲東海王。永和八年拜散騎常侍，尋加鎭軍將軍；升平四年拜車騎將軍。五年，改封琅邪王。隆和初，轉侍中、驃騎大將軍、開府儀同三司。

興寧三年二月丙申，哀帝崩，無嗣。丁酉，皇太后詔曰：「帝遂不救厥疾，艱禍仍臻，遺緒泯然，哀慟切心。琅邪王奕，明德茂親，屬當儲嗣，宜奉祖宗，纂承大統。便速正大禮，以寧人神。」於是百官奉迎于琅邪第。是日，卽皇帝位，大赦。

三月壬申，葬哀皇帝于安平陵。癸酉，散騎常侍、河間王欽薨。丙子，〔二八〕慕容暐將慕容恪陷洛陽，寧朔將軍竺瑤奔于襄陽，冠軍長史、揚武將軍沈勁死之。

夏六月戊子，使持節、都督益寧二州諸軍事、鎭西將軍、益州刺史、建城公周撫卒。

秋七月，匈奴左賢王衞辰、右賢王曹穀帥衆二萬侵苻堅杏城。〔二九〕己酉，改封會稽王昱爲琅邪王。壬子，立皇后庾氏。封琅邪王昱子昌明爲會稽王。

冬十月，梁州刺史司馬勳反，自稱成都王。十一月，帥衆入劍閣，攻涪，西夷校尉毌丘暐棄城而遁。乙卯，圍益州刺史周楚于成都，桓溫遣江夏相朱序救之。

十二月戊戌，以會稽內史王彪之爲尙書僕射。

太和元年春二月己丑，以涼州刺史張天錫爲大將軍、都督隴右關中諸軍事、西平郡公。丙申，以宣城內史桓祕爲持節、監梁益二州征討諸軍事。

三月辛亥，新蔡王邈薨。荆州刺史桓豁遣督護桓羆攻南鄭，魏興人畢欽舉兵以應羆。

夏四月，旱。

五月戊寅，皇后庾氏崩。朱序攻司馬勳于成都，衆潰，執勳，斬之。

秋七月癸酉，葬孝皇后于敬平陵。

九月甲午，曲赦梁、益二州。

冬十月辛丑，苻堅將王猛、楊安攻南鄉，荆州刺史桓豁救之，師次新野而猛、安退。以會稽王昱爲丞相。

十二月，南陽人趙弘、趙憶等據宛城反，太守桓澹走保新野。[三〇]慕容暐將慕容厲陷魯郡、高平。

二年春正月，北中郎將庾希有罪，走入于海。

夏四月，慕容暐將慕容塵寇竟陵，太守羅崇擊破之。苻堅將王猛寇涼州，張天錫距之，猛師敗績。

五月，右將軍桓豁擊趙憶，走之，進獲慕容暐將趙槃，送于京師。

秋九月，以會稽內史郗愔爲都督徐兗青幽四州諸軍事、平北將軍、徐州刺史。

冬十月乙巳，彭城王玄薨。

三年春三月丁巳朔，日有蝕之。癸亥，大赦。

夏四月癸巳，雨雹，大風折木。

秋八月壬寅，尙書令、衞將軍、藍田侯王述卒。

四年夏四月庚戌，大司馬桓溫帥衆伐慕容暐。

秋七月辛卯，暐將慕容垂帥衆距溫，溫擊敗之。[三一]

九月戊寅，桓溫裨將鄧遐、朱序遇暐將傅末波于林渚，又大破之。戊子，溫至枋頭。丙申，以糧運不繼，焚舟而歸。辛丑，慕容垂追敗溫後軍于襄邑。

冬十月，大星西流，有聲如雷。己巳，溫收散卒，屯于山陽。豫州刺史袁眞以壽陽叛。

十一月辛丑，桓溫自山陽及會稽王昱會于涂中，將謀後舉。十二月，遂城廣陵而居之。

五年春正月己亥，袁眞子雙之、愛之害梁國內史朱憲、汝南內史朱斌。

二月癸酉，袁眞死，陳郡太守朱輔立眞子瑾嗣事，求救于慕容暐。

夏四月辛未，桓溫部將竺瑤破瑾于武丘。

秋七月癸酉朔，日有蝕之。

八月癸丑，桓溫擊袁瑾于壽陽，敗之。

九月，苻堅將王猛伐慕容暐，陷其上黨。廣漢妖賊李弘與益州妖賊李金根聚衆反，[三二]弘自稱聖王，衆萬餘人，梓潼太守周虓討平之。

冬十月，王猛大破慕容暐將慕容評于潞川。

十一月，猛克鄴，獲慕容暐，盡有其地。

六年春正月，苻堅遣將王鑒來援袁瑾，將軍桓伊逆擊，大破之。丁亥，桓溫克壽陽，斬袁瑾。

三月壬辰，監益寧二州諸軍事、冠軍將軍、益州刺史、建城公周楚卒。

夏四月戊午，大赦，賜窮獨米，人五斛。苻堅將苻雅伐仇池，仇池公楊纂降之。

六月，京都及丹楊、晉陵、吳郡、吳興、臨海並大水。

秋八月，以前寧州刺史周仲孫爲假節、監益梁二州諸軍事、益州刺史。

冬十月壬子，高密王俟薨。

十一月癸卯，桓溫自廣陵屯于白石。丁未，詣闕，因圖廢立，誣帝在藩夙有痿疾，嬖人相龍、[三三]計好、朱靈寶等參侍內寢，而二美人田氏、孟氏生三男，長欲封樹，時人惑之，溫因諷太后以伊霍之舉。己酉，集百官于朝堂，宣崇德太后令曰：「王室艱難，穆、哀短祚，國嗣不育，儲宮靡立。琅邪王奕親則母弟，故以入纂大位。不圖德之不建，乃至于斯。昏濁潰亂，動違禮度。有此三孽，莫知誰子。人倫道喪，醜聲遐布。既不可以奉守社稷，敬承宗廟，且昏孽並大，便欲建樹儲藩。誣罔祖宗，傾移皇基，是而可忍，孰不可懷！今廢奕爲東海王，以王還第，供衞之儀，皆如漢朝昌邑故事。但未亡人不幸，罹此百憂，感念存沒，心焉如割。社稷大計，義不獲已。臨紙悲塞，如何可言。」于是百官入太極前殿，卽日桓溫使散騎侍郎劉享收帝璽綬。帝著白帢單衣，步下西堂，乘犢車出神獸門。羣臣拜辭，莫不歔欷。侍御史、殿中監將兵百人衞送東海第。

初，桓溫有不臣之心，欲先立功河朔，以收時望。及枋頭之敗，威名頓挫，遂潛謀廢立，以長威權。然懼帝守道，恐招時議。以宮闈重閟，牀笫易誣，乃言帝爲閹，遂行廢辱。初，帝平生每以爲慮，嘗召術人扈謙筮之。卦成，答曰：「晉室有盤石之固，陛下有出宮之象。」竟如其言。

咸安二年正月，降封帝爲海西縣公。四月，徙居吳縣，敕吳國內史刁彝防衞，又遣御史顧允監察之。十一月，妖賊盧悚遣弟子殿中監許龍晨到其門，〔三四〕稱太后密詔，奉迎興復。帝初欲從之，納保母諫而止。龍曰：「大事將捷，焉用兒女子言乎？」帝曰：「我得罪於此，幸蒙寬宥，豈敢妄動哉！且太后有詔，便應官屬來，何獨使汝也？汝必爲亂。」因叱左右縛之，龍懼而走。帝知天命不可再，深慮橫禍，乃杜塞聰明，無思無慮，終日酣暢，耽於內寵，有子不育，庶保天年。時人憐之，爲作歌焉。朝廷以帝安于屈辱，不復爲虞。太元十一年十月甲申，薨于吳，時年四十五。

史臣曰：孝宗因繈抱之姿，用母氏之化，中外無事，十有餘年。以武安之才，啓之疆埸，以文王之風，被乎江漢，則孔子所謂吾無間然矣。哀皇寬惠，可以爲君，而鴻祀禳天，用塵其德。東海違許龍之駕，屈放命之臣，所謂柔弱勝剛强，得盡于天年者也。

贊曰：委裘稱化，大孝爲宗。遵彼聖善，成茲允恭。西旌玉壘，北旆金墉。遷殷舊僰，

莫不來從。哀后寬仁，惟靈既集。海西多故，時災見及。彼異阿衡，我非昌邑。

校勘記

〔一〕甲戌朔至太極殿 甲戌非朔日。御覽一二九引晉起居注云：「正月辛未朔，雨，不會。甲戌，皇太后登太極前殿。」據此，甲戌乃初四日。

〔二〕鎮軍將軍顧衆 斠注：本傳「鎮軍」作「領軍」。按：時司馬晞已爲鎮軍，則顧衆爲領軍，較合理。

〔三〕千瓚 「千」，各本作「干」或「于」，今據元和姓纂、通鑑九七及胡注改。

〔四〕庚辰 八月戊戌朔，無庚辰。庚辰爲九月十三日。

〔五〕其長覓天 「覓」，宋本作「半」，與建康實錄八合。

〔六〕三月乙卯至丁亥李勢降 三月己未朔，無乙卯，疑爲「丁卯」之誤。又載記李勢降文云「三月十七日李勢叩頭」，十七日爲乙亥，疑「丁亥」爲「乙亥」之誤。丁亥則三月二十九日。

〔七〕楊謙 周撫傳作「楊譴」。

〔八〕九德 斠注：林邑傳、通鑑作「九眞」。下同。

〔九〕正月辛巳朔 正月戊寅朔，辛巳爲月之初四日，「朔」字疑衍。

〔一〇〕朱燾 周撫傳作「朱壽」。

〔一一〕李農 褚裒傳作「李菟」。

〔一二〕正月丁酉 宋書五行志五「丁酉」下有「朔」字，是。

〔一三〕張遇 周校：冉閔載記作「冉遇」。

〔一四〕魏脫 冉閔載記、通鑑九九並作「魏統」。

〔一五〕平鄉縣公 姚襄載記及御覽一二三引後秦錄「平鄉」皆作「卽丘」。

〔一六〕秋七月丁酉地震 校文：五行志作「八月」，震者爲京都。按：宋書五行志五亦作「八月」。七月無丁酉，八月壬午朔，丁酉爲月之十六日。

〔一七〕自宛陵襲洛陽 宛陵屬宣城郡。通鑑九九作「自宛襲洛陽」，紀文「陵」字疑衍。

〔一八〕江西乞活郭敞等執陳留內史劉仕而叛 姚襄載記「郭敞」作「郭斁」。又姚襄載記及册府四四〇皆云劉仕爲堂邑內史，疑作堂邑者是。晉堂邑郡治所在江蘇六合境，離建康近，故「京師震駭」。

〔一九〕扶南竺旃檀 「竺」上原有「天」字。校文：扶南傳作「竺旃檀」，南史、梁書同，此誤衍「天」字。今據刪。

〔二〇〕苻眉 周校：苻生載記作「苻黃眉」。按：通鑑一〇〇與載記同。

〔二一〕三月 「三月」重出。是年三月置閏，此「三月」疑「閏月」之誤。

〔二二〕曹勳 參見卷七校記。

〔二三〕傅末波 周校：暐載記作「傅顏」。

〔二四〕三月甲寅朔 三月壬辰朔。若三月甲寅朔，下文四月不得有丁丑。

〔二五〕梁州地震 拾補：「梁」誤。下云浩亹，在涼州。按：盧說是。宋書五行志五、建康實錄八並作「涼州」。

〔二六〕二月己亥 二月丁巳朔，不得有己亥。

〔二七〕遷陳人于陸以避之 「于陸」，文義不明，疑本作「于安陸」，脫「安」字。安陸在陳郡南，故遷陳郡之民于安陸。

〔二八〕丙子 三月甲辰朔，無丙子。

〔二九〕曹轂 周校：苻堅載記「曹轂」作「曹穀」。按：通鑑一〇一亦作「曹穀」。

〔三〇〕桓濬 桓豁傳作「桓淡」。

〔三一〕秋七月至溫擊敗之 據桓溫傳及慕容暐載記，敗者乃慕容忠，「垂」疑爲「忠」字之誤。

〔三二〕李金根 周校：周楚傳作「李金銀」。

〔三三〕相龍 五行志中作「向龍」。

〔三四〕盧悚 五行志上、桓祕傳「悚」作「竦」。

晉書卷九

帝紀第九

簡文帝

簡文皇帝諱昱，字道萬，元帝之少子也。幼而岐嶷，爲元帝所愛。郭璞見而謂人曰：「興晉祚者，必此人也。」及長，清虛寡欲，尤善玄言。

永昌元年，元帝詔曰：「先公武王、先考恭王君臨琅邪，繼世相承，國嗣未立，蒸嘗靡主，朕常悼心。子昱仁明有智度，可以虔奉宗廟，以慰罔極之恩。其封昱爲琅邪王，食會稽、宣城如舊。」咸和元年，所生鄭夫人薨。帝時年七歲，號慕泣血，固請服重。成帝哀而許之，〔一〕故徙封會稽王，拜散騎常侍。九年，遷右將軍，加侍中。咸康六年，進撫軍將軍，領祕書監。

建元元年夏五月癸丑，康帝詔曰：「太常職奉天地，兼掌宗廟，其爲任也，可謂重矣。是以古今選建，未嘗不妙簡時望，兼之儒雅。會稽王叔履尚清虛，志道無倦，優游上列，諷議

朝肆。其領太常本官如故。」永和元年，崇德太后臨朝，進位撫軍大將軍、錄尚書六條事。二年，驃騎何充卒，〔二〕崇德太后詔帝專總萬機。八年，進位司徒，固讓不拜。穆帝始冠，帝稽首歸政，不許。廢帝卽位，以琅邪王絕嗣，復徙封琅邪，而封王子昌明爲會稽王。帝固讓，故雖封琅邪而不去會稽之號。太和元年，進位丞相、錄尚書事，入朝不趨，讚拜不名，劍履上殿，給羽葆鼓吹班劍六十人，又固讓。

及廢帝廢，皇太后詔曰：「丞相、錄尚書、會稽王體自中宗，明德劭令，英秀玄虛，神棲事外。以具瞻允塞，故阿衡三世。道化宣流，人望攸歸，爲日已久。宜從天人之心，以統皇極。主者明依舊典，以時施行。」於是大司馬桓溫率百官進太極前殿，具乘輿法駕，奉迎帝於會稽邸，於朝堂變服，著平巾幘單衣，東向拜受璽綬。

咸安元年冬十一月己酉，卽皇帝位。桓溫出次中堂，令兵屯衞。〔三〕乙卯，〔四〕溫奏廢太宰、武陵王晞及子綜。〔五〕詔魏郡太守毛安之帥所領宿衞殿內，改元爲咸安。庚戌，使兼太尉周頤告于太廟。辛亥，桓溫遣弟祕逼新蔡王晃詣西堂，自列與太宰、武陵王晞等謀反。帝對之流涕，溫皆收付廷尉。癸丑，殺東海王二子及其母。初，帝以沖虛簡貴，歷宰三世，溫素所敬憚。及初卽位，溫乃撰辭欲自陳述，帝引見，對之悲泣，溫懼不能言。至是，有司承其旨，奏誅武陵王晞，帝不許。溫固執至于再三，帝手詔報曰：「若晉祚靈長，公便宜奉行前詔。如其大運去矣，請避賢路。」溫覽之，流汗變色，不復敢言。乙卯，廢晞及其三子，徙于新安。丙辰，放新蔡王晃于衡陽。

戊午，詔曰：「王室多故，穆哀早世，皇胤夙遷，神器無主。東海王以母弟近屬，入纂大統，嗣位經年，昏闇亂常，人倫虧喪，大禍將及，則我祖宗之靈靡知所託。皇太后深懼皇基，時定大計。大司馬因順天人，協同神略，親帥羣后，恭承明命。雲霧既除，皇極載清，乃顧朕躬，仰承弘緒。雖伊尹之寧殷朝，博陸之安漢室，無以尚也。朕以寡德，猥居元首，實懼眇然，不克負荷，戰戰兢兢，罔知攸濟。思與兆庶更始，其大赦天下，大酺五日，增文武位二等，孝順忠貞鰥寡孤獨米人五斛。」己未，賜溫軍三萬人，人布一匹，米一斛。庚申，加大司馬桓溫爲丞相，不受。辛酉，溫旋自白石，因鎮姑孰。以冠軍將軍毛武生都督荆州之沔中、揚州之義城諸軍事。

十二月戊子，詔以京都有經年之儲，權停一年之運。庚寅，廢東海王奕爲海西公，食邑四千戶。辛卯，初薦酃淥酒於太廟。

二年春正月辛丑，百濟、林邑王各遣使貢方物。

二月，苻堅伐慕容桓於遼東，滅之。

三月丁酉，詔曰：「朕居阿衡三世，不能濟彼時雍，乃至海西失德，殆傾皇祚。賴祖宗靈祇之德，皇太后淑體應期，藩輔忠賢，百官勠力，用能蕩氛霧於昊蒼，耀晨輝於宇宙。遂以眇身，託于王公之上，思賴羣賢，以弼其闕。夫敦本息末，抑絕華競，使淸濁異流，能否殊貫，官無秕政，士無謗讟，不有懲勸，則德禮焉施？且强寇未殄，勞役未息，自非軍國戎祀之要，其華飾煩費之用皆省之。夫肥遁窮谷之賢，滑泥揚波之士，雖抗志玄霄，潛默幽岫，貪屈高尚之道，以隆協贊之美，孰與自足山水，棲遲丘壑，徇匹夫之潔，而忘兼濟之大邪？古人不借賢於曩代，朕所以虛想於今日。內外百官，各勤所司，使善無不達，惡無不聞，令詩人無素餐之刺，而吾獲虛心之求焉。」

癸丑，詔曰：「吾承祖宗洪基，而昧于政道，懼不能允釐天工，克隆先業，夕惕惟憂，若涉泉水。賴宰輔忠德，道濟伊望，羣后竭誠，協契斷金，內外盡匡翼之規，文武致匪躬之節，冀因斯道，終克弘濟。每念干戈未戢，公私疲悴，藩鎮有疆理之務，征戍懷東山之勤，或白首戎陣，忠勞未敘，或行役彌久，儋石靡儲，何嘗不昧旦晨興，夜分忘寢。雖未能撫而巡之，且欲達其此心。可遣大使詣大司馬，幷問方伯，逮于邊戍，宣詔大饗，求其所安。又籌量賜給，悉令周普。」

乙卯，詔曰：「往事故之後，百度未充，羣僚常俸，並皆寡約，蓋隨時之義也。然退食在朝，而祿不代耕，非經通之制。今資儲漸豐，可籌量增俸。」騶虞見豫章。

夏四月，徙海西公於吳縣西柴里。追貶庾后曰夫人。

六月，遣使拜百濟王餘句為鎮東將軍，領樂浪太守。戊子，前護軍將軍庾希舉兵反，自海陵入京口，晉陵太守卞眈奔于曲阿。〔六〕

秋七月壬辰，桓溫遣東海內史周少孫討希，擒之，斬于建康市。

己未，〔七〕立會稽王昌明為皇太子，皇子道子為琅邪王，領會稽內史。是日，帝崩于東堂，時年五十三。葬高平陵，廟號太宗。遺詔以桓溫輔政，依諸葛亮、王導故事。

帝少有風儀，善容止，留心典籍，不以居處為意，凝塵滿席，湛如也。嘗與桓溫及武陵王晞同載遊版橋，溫遽令鳴鼓吹角，車馳卒奔，欲觀其所為。晞大恐，求下車，而帝安然無懼色，溫由此憚服。溫既仗文武之任，屢建大功，加以廢立，威振內外。帝雖處尊位，拱默守道而已，常懼廢黜。先是，熒惑入太微，尋而海西廢。及帝登阼，熒惑又入太微，帝甚惡焉。時中書郎郗超在直，帝乃引入，謂曰：「命之修短，本所不計，故當無復前日事邪！」超曰：「大司馬臣溫方內固社稷，外恢經略，非常之事，臣以百口保之。」及超請急省其父，帝謂之曰：「致意尊公，家國之事，遂至於此！由吾不能以道匡衞，愧歎之深，言何能喻。」因詠庾

闡詩云「志士痛朝危，忠臣哀主辱」，遂泣下霑襟。帝雖神識恬暢，而無濟世大略，故謝安稱為惠帝之流，清談差勝耳。沙門支道林嘗言「會稽有遠體而無遠神」。謝靈運迹其行事，亦以為赧獻之輩云。

孝武帝

孝武皇帝諱曜，字昌明，簡文帝第三子也。興寧三年七月甲申，初封會稽王。

咸安二年秋七月己未，立為皇太子。是日，簡文帝崩，太子即皇帝位。詔曰：「朕以不造，奄丁閔凶，號天扣地，靡知所訴。藐然幼沖，眇若綴旒，深惟社稷之重，大懼不克負荷。仰憑祖宗之靈，積德之祀，先帝淳風玄化，遺詠在民。宰輔英賢，勳隆德盛。顧命之託，實賴匡訓。羣后率職，百僚勤政。冀孤弱之躬有寄，皇極之基不墜。先恩遺惠，播于四海，思弘餘潤，以康黎庶。其大赦天下，與民更始。」

九月甲寅，追尊皇妣會稽王妃曰順皇后。

冬十月丁卯，葬簡文皇帝于高平陵。

十一月甲午，妖賊盧悚晨入殿庭，〔八〕游擊將軍毛安之等討擒之。

是歲，三吳大旱，人多餓死，詔所在振給。苻堅陷仇池，執秦州刺史楊世。

寧康元年春正月己丑朔，改元。

二月，大司馬桓溫來朝。

三月癸丑，詔除丹楊竹格等四桁稅。

夏五月，旱。

秋七月己亥，使持節、侍中、都督中外諸軍事、丞相、錄尚書、大司馬、揚州牧、平北將軍、徐兗二州刺史、南郡公桓溫薨。庚戌，進右將軍桓豁為征西將軍。以江州刺史桓沖為中軍將軍、都督揚豫江三州諸軍事、揚州刺史，鎮姑孰。

八月壬子，〔九〕崇德太后臨朝攝政。

九月，苻堅將楊安寇成都。丙申，以尚書僕射王彪之為尚書令，吏部尚書謝安為尚書僕射，吳國內史刁彝為北中郎將、徐兗二州刺史，鎮廣陵。復置光祿勳、大司農、少府官。

冬十月，西平公張天錫貢方物。

十一月，苻堅將楊安陷梓潼及梁、益二州，刺史周仲孫帥騎五千南遁。

二年春正月癸未朔，大赦。追封諡故會稽世子郁為臨川獻王。己酉，北中郎將、徐兗

二州刺史刁彝卒。

二月癸丑，以丹楊尹王坦之為北中郎將、徐兗二州刺史。丁巳，有星孛于女虛。

三月丙戌，彗星見於氐。

夏四月壬戌，皇太后詔曰：「頃玄象或愆，上天表異，仰觀斯變，震懼于懷。夫因變致休，自古之道，朕敢不克意復心，以思厥中？又三吳奧壤，股肱望郡，而水旱併臻，百姓失業，夙夜惟憂，不能忘懷，宜時拯卹，救其彫困。三吳義興、晉陵及會稽遭水之縣尤甚者，全除一年租布，其次聽除半年，受振貸者即以賜之。」

五月，蜀人張育自號蜀王，帥衆圍成都，遣使稱藩。

秋七月，涼州地震，山崩。苻堅將鄧羌攻張育，滅之。

八月，以長秋將建，權停婚姻。

九月丁丑，有星孛于天市。

冬十一月己酉，天門蜑賊攻郡，太守王匪死之，征西將軍桓豁遣師討平之。長城人錢步射、錢弘等作亂，吳興太守朱序討平之。癸酉，鎮遠將軍桓石虔破苻堅將姚萇於墊江。

三年春正月辛亥，大赦。

夏五月丙午，北中郎將、徐兗二州刺史、藍田侯王坦之卒。甲寅，以中軍將軍、揚州刺史桓沖爲鎮北將軍、徐州刺史，鎮丹徒，尚書僕射謝安領揚州刺史。

秋八月癸巳，立皇后王氏，大赦，加文武位一等。

九月，帝講孝經。

冬十月癸酉朔，日有蝕之。

十二月甲申，〔一〇〕神獸門災。癸未，皇太后詔曰：「頃日蝕告變，水旱不適，雖克己思救，未盡其方。其賜百姓窮者米，人五斛。」癸巳，帝釋奠于中堂，祠孔子，以顏回配。

太元元年春正月壬寅朔，帝加元服，見于太廟。皇太后歸政。甲辰，大赦，改元。丙午，帝始臨朝。以征西將軍桓豁爲征西大將軍，領軍將軍郗愔爲鎮軍大將軍，中軍將軍桓沖爲車騎將軍，加尚書僕射謝安中書監、錄尚書事。甲子，謁建平等四陵。

夏五月癸丑，地震。甲寅，詔曰：「頃者上天垂監，譴告屢彰，朕有懼焉，震惕于心。思所以議獄緩死，赦過宥罪，庶因大變，與之更始。」於是大赦，增文武位各一等。

六月，封河間王欽子範之爲章武王。

秋七月，苻堅將苟萇陷涼州，虜刺史張天錫，盡有其地。乙巳，除度田收租之制，公王

以下口稅米三斛，蠲在役之身。

冬十月，移淮北流人於淮南。

十一月己巳朔，〔一一〕日有蝕之。詔太官徹膳。

十二月，苻堅使其將苻洛攻代，執代王涉翼犍。

二年春正月，繼絕世，紹功臣。

三月，以兗州刺史朱序爲南中郎將、梁州刺史、監沔中諸軍，鎮襄陽。

閏月壬午，地震。甲申，暴風，折木發屋。

夏四月己酉，雨雹。

五月丁丑，地震。

六月己巳，〔一二〕暴風，揚沙石。林邑貢方物。

秋七月乙卯，〔一三〕老人星見。

八月壬辰，車騎將軍桓沖來朝。丁未，以尚書僕射謝安爲司徒。丙辰，使持節、都督荊梁寧益交廣六州諸軍事、荊州刺史、征西大將軍桓豁卒。

冬十月辛丑，以車騎將軍桓沖都督荊江梁益寧交廣七州諸軍事、領護南蠻校尉、荊州

刺史，尚書王蘊爲徐州刺史、督江南晉陵諸軍，征西司馬謝玄爲兗州刺史、廣陵相、監江北諸軍。壬寅，散騎常侍、左光祿大夫、尚書令王彪之卒。

十二月庚寅，以尚書王劭爲尚書僕射。

三年春二月乙巳，作新宮，帝移居會稽王邸。

三月乙丑，雷雨，暴風，發屋折木。

夏五月庚午，陳留王曹恢薨。

六月，大水。

秋七月辛巳，帝入新宮。乙酉，老人星見南方。

四年春正月辛酉，大赦，郡縣遭水旱者減租稅。丙子，謁建平等七陵。

二月戊午，苻堅使其子丕攻陷襄陽，執南中郎將朱序。又陷順陽。

三月，大疫。壬戌，詔曰：「狡寇縱逸，藩守傾沒，疆埸之虞，事兼平日。其內外衆官，各悉心勠力，以康庶事。又年穀不登，百姓多匱。其詔御所供，事從儉約，九親供給，衆官廩俸，權可減半。凡諸役費，自非軍國事要，皆宜停省，以周時務。」癸未，使右將軍毛武生帥

師伐蜀。

夏四月，苻堅將韋鍾陷魏興，太守吉挹死之。

五月，苻堅將句難、〔一四〕彭超陷盱眙，高密內史毛璪之爲賊所執。

六月，大旱。戊子，征虜將軍謝玄及超、難戰于君川，大破之。

秋八月丁亥，以左將軍王蘊爲尚書僕射。乙未，暴風，揚沙石。

九月，盜殺建安太守傅湛。

冬十二月己酉朔，日有蝕之。〔一五〕

五年春正月乙巳，謁崇平陵。

夏四月，大旱。癸酉，大赦五歲刑以下。〔一六〕

五月，大水。以司徒謝安爲衞將軍、儀同三司。

六月甲寅，震含章殿四柱，并殺內侍二人。甲子，以比歲荒儉，大赦，自太元三年以前逋租宿債皆蠲除之，其鰥寡窮獨孤老不能自存者，人賜米五斛。丁卯，以驃騎將軍、琅邪王道子爲司徒。

秋九月癸未，皇后王氏崩。

冬十月，九眞太守李遜據交州反。

十一月乙酉，葬定皇后于隆平陵。

六年春正月，帝初奉佛法，立精舍於殿內，引諸沙門以居之。丁酉，以尚書謝石爲尚書僕射。初置督運御史官。

夏六月庚子朔，日有蝕之。揚、荆、江三州大水。己巳，改制度，減煩費，損吏士員七百人。

秋七月丙子，赦五歲刑已下。甲午，交阯太守杜瑗斬李遜，交州平。大饑。

冬十一月己亥，〔一七〕以鎮軍大將軍郗愔爲司空。會稽人檀元之反，自號安東將軍，鎮軍參軍謝藹之討平之。

十二月甲辰，苻堅遣其襄陽太守閻震寇竟陵，〔一八〕襄陽太守桓石虔討擒之。〔一九〕

七年春三月，林邑范熊遣使獻方物。〔二〇〕

秋八月癸卯，大赦。

九月，東夷五國遣使來貢方物。苻堅將都貴焚燒沔北田穀，略襄陽百姓而去。〔二一〕

冬十月丙子，雷。

八年春二月癸未，黃霧四塞。

三月，始興、南康、廬陵大水，平地五丈。丁巳，大赦。

夏五月，輔國將軍楊亮伐蜀，拔五城，擒苻堅將魏光。

秋七月，鷹揚將軍郭洽及苻堅將張崇戰于武當，〔二二〕大敗之。

八月，苻堅帥衆渡淮，遣征討都督謝石、冠軍將軍謝玄、輔國將軍謝琰、西中郎將桓伊等距之。

九月，詔司徒、琅邪王道子錄尚書六條事。

冬十月，苻堅弟融陷壽春。乙亥，諸將及苻堅戰于肥水，大破之，〔二三〕俘斬數萬計，獲堅輿輦及雲母車。

十一月庚申，〔二四〕詔衞將軍謝安勞旋師于金城。壬子，立陳留王世子靈誕爲陳留王。

十二月庚午，以寇難初平，大赦。以中軍將軍謝石爲尚書令。開酒禁。始增百姓稅米，口五石。前句町王翟遼背苻堅，〔二五〕舉兵於河南，慕容垂自鄴與遼合，遂攻堅子暉於洛陽。仇池公楊世奔還隴右，〔二六〕遣使稱藩。

九年春正月庚子，封武陵王孫寶爲臨川王。戊午，立新寧王晞子遵爲新寧王。〔二七〕辛亥，謁建平等四陵。龍驤將軍劉牢之克譙城。車騎將軍桓沖部將郭寶伐新城、魏興、上庸三郡，降之。

二月辛巳，使持節、都督荆江梁寧益交廣七州諸軍事、車騎將軍、荆州刺史桓沖卒。慕容垂自洛陽與翟遼攻苻堅子丕於鄴。

三月，以衞將軍謝安爲太保。苻堅北地長史慕容泓、平陽太守慕容沖並起兵背堅。

夏四月己卯，增置太學生百人。封張天錫爲西平公。使竟陵太守趙統伐襄陽，克之。苻堅將姚萇背堅，起兵於北地，自立爲王，國號秦。

六月癸丑朔，崇德皇太后褚氏崩。慕容泓爲其叔父沖所殺，沖自稱皇太弟。

秋七月戊戌，遣兼司空、高密王純之修謁洛陽五陵。己酉，葬康獻皇后于崇平陵。百濟遣使來貢方物。苻堅及慕容沖戰于鄭西，堅師敗績。

八月戊寅，司空郗愔薨。

九月辛卯，前鋒都督謝玄攻苻堅將兗州刺史張崇于鄄城，克之。甲午，加太保謝安大都督揚、江、荆、司、豫、徐、兗、靑、冀、幽、幷、梁、益、雍、涼十五州諸軍事。

冬十月辛亥朔，日有蝕之。丁巳，河間王曇之薨。乙丑，以玄象乖度，大赦。庚午，立前新蔡王晃弟崇爲新蔡王。苻堅青州刺史苻朗帥衆來降。

十二月，苻堅將呂光稱制于河右，自號酒泉公。慕容沖僭卽皇帝位于阿房。

十年春正月甲午，謁諸陵。

二月，立國學。蜀郡太守任權斬苻堅益州刺史李平，益州平。

三月，滎陽人鄭燮以郡來降。苻堅國亂，使使奉表請迎。龍驤將軍劉牢之及慕容垂戰于黎陽，王師敗績。

夏四月丙辰，劉牢之與沛郡太守周次及垂戰于五橋澤，〔二八〕王師又敗績。壬戌，太保謝安帥衆救苻堅。

五月，大水。苻堅留太子宏守長安，奔于五將山。

六月，宏來降，慕容沖入長安。

秋七月，苻丕自枋頭西走，龍驤將軍檀玄追之，爲丕所敗。旱，饑。丁巳，老人星見。

八月甲午，大赦。丁酉，使持節、侍中、中書監、大都督十五州諸軍事、衞將軍、太保謝安薨。庚子，以琅邪王道子爲都督中外諸軍事。是月，姚萇殺苻堅而僭卽皇帝位。

九月，呂光據姑臧，自稱涼州刺史。苻丕僭卽皇帝位于晉陽。

冬十月丁亥，論淮肥之功，追封謝安廬陵郡公，封謝石南康公，謝玄康樂公，謝琰望蔡公，桓伊永脩公，自餘封拜各有差。

是歲，乞伏國仁自稱大單于、秦河二州牧。

十一年春正月辛未，慕容垂僭卽皇帝位于中山。壬午，〔二九〕翟遼襲黎陽，執太守滕恬之。乙酉，〔三〇〕謁諸陵。慕容沖將許木末殺慕容沖於長安。

三月，大赦。太山太守張願以郡叛，降於翟遼。

夏四月，以百濟王世子餘暉爲使持節、都督、鎮東將軍、百濟王。代王拓拔珪始改稱魏。〔三一〕癸巳，以尚書僕射陸納爲尚書左僕射，譙王恬爲尚書右僕射。

六月己卯，地震。庚寅，以前輔國將軍楊亮爲西戎校尉、雍州刺史，鎮衛山陵。

秋八月庚午，封孔靖之爲奉聖亭侯，奉宣尼祀。丁亥，安平王邃之薨。翟遼寇譙，龍驤將軍朱序擊走之。

冬十月，慕容垂破苻丕於河東，〔三二〕丕走東垣，揚威將軍馮該擊斬之，傳首京都。甲申，海西公奕薨。

十一月，苻丕將苻登僭卽皇帝位於隴東。

十二年春正月乙巳，以豫州刺史朱序爲青、兗二州刺史，鎮淮陰。

丁未，大赦。壬子，暴風，發屋折木。

戊午，慕容垂寇河東，濟北太守溫詳奔彭城。翟遼遣子釗寇陳、潁，朱序擊走之。

夏四月戊辰，尊夫人李氏爲皇太妃。己丑，雨雹。高平人翟暢執太守徐含遠，以郡降于翟遼。

六月癸卯，〔三三〕束帛聘處士戴逵、龔玄之。

秋八月辛巳，立皇子德宗爲皇太子，大赦，增文武位二等，大酺五日，賜百官布帛各有差。

九月戊午，復新寧王遵爲武陵王，立梁王璉子龢爲梁王。

冬十一月，松滋太守王遐之討翟遼于洛口，敗之。

十三年夏四月戊午，以青兗二州刺史朱序爲持節、都督雍梁沔中九郡諸軍事、雍州刺史，譙王恬之爲鎮北將軍、〔三四〕青兗二州刺史。

夏六月，旱。乞伏國仁死，弟乾歸嗣僞位，僭號河南王。

秋九月，〔三五〕翟遼將翟發寇洛陽，河南太守郭給距破之。

冬十二月戊子，濤水入石頭，毀大桁，殺人。乙未，大風，晝晦，延賢堂災。丙申，螽斯則百堂、〔三六〕客館、驃騎庫皆災。己亥，加尚書令謝石衞將軍、開府儀同三司。庚子，尚書令、衞將軍、開府儀同三司謝石薨。

十四年春正月癸亥，詔淮南所獲俘虜付諸作部者一皆散遣，男女自相配匹，賜百日廩，其沒爲軍賞者悉贖出之，以襄陽、淮南饒沃地各立一縣以居之。彭城妖賊劉黎僭稱皇帝於皇丘，龍驤將軍劉牢之討平之。

二月，扶南獻方物。呂光僭號三河王。

夏四月甲辰，彭城王弘之薨。翟遼寇滎陽，執太守張卓。

六月壬寅，使持節、都督荆益寧三州諸軍事、荆州刺史桓石虔卒。

秋七月甲寅，宣陽門四柱災。

八月，姚萇襲破苻登，獲其僞后毛氏。丁亥，汝南王羲薨。〔三七〕

九月庚午，以尚書左僕射陸納爲尚書令。

冬十二月乙巳，雨，木冰。

十五年春正月乙亥，鎮北將軍、譙王恬之薨。龍驤將軍劉牢之及翟遼、張願戰于太山，王師敗績。〔三八〕征虜將軍朱序破慕容永於太行。

二月辛巳，以中書令王恭爲都督青兗幽并冀五州諸軍事、前將軍、青兗二州刺史。

三月己酉朔，地震。戊辰，大赦。

秋七月丁巳，有星孛于北河。

八月，永嘉人李耽舉兵反，太守劉懷之討平之。己丑，京師地震。有星孛于北斗，犯紫微。沔中諸郡及兗州大水。龍驤將軍朱序攻翟遼于滑臺，大敗之，張願來降。

九月丁未，以吳郡太守王珣爲尚書僕射。

冬十二月己未，地震。

十六年春正月庚申，〔三九〕改築太廟。

夏六月，慕容永寇河南，太守楊佺期擊破之。己未，章武王範之薨。

秋九月癸未，以尚書右僕射王珣爲尚書左僕射，以太子詹事謝琰爲尚書右僕射。新廟成。

冬十一月，姚萇敗苻登于安定。

十七年春正月己巳朔，大赦，除逋租宿債。

夏四月，齊國內史蔣喆殺樂安太守辟閭濬，據青州反，北平原太守辟閭渾討平之。

五月丁卯朔，日有蝕之。

六月癸卯，京師地震。甲寅，濤水入石頭，毀大桁。永嘉郡潮水湧起，近海四縣人多死者。乙卯，大風，折木。戊午，梁王龢薨。慕容垂襲翟釗于黎陽，敗之，釗奔于慕容永。

秋七月丁丑，太白晝見。

八月，新作東宮。

冬十月丁酉，太白晝見。辛亥，都督荆益寧三州諸軍事、荆州刺史王忱卒。

十一月癸酉，以黃門郎殷仲堪爲都督荆益梁三州諸軍事、荆州刺史。庚寅，徙封琅邪王道子爲會稽王，封皇子德文爲琅邪王。

十二月己未，地震。

是歲，自秋不雨，至于冬。

十八年春正月癸亥朔，地震。〔四〇〕

二月乙未，地又震。

三月，翟釗寇河南。

夏六月己亥，始興、南康、廬陵大水，深五丈。

秋七月，旱。

閏月，妖賊司馬徽聚黨於馬頭山，劉牢之遣部將討平之。

九月丙戌，龍驤將軍楊佺期擊氐帥楊佛嵩于潼谷，敗之。

冬十月，姚萇死，〔四一〕子興嗣僞位。

十九年夏六月壬子，〔四二〕追尊會稽王太妃鄭氏爲簡文宣太后。

秋七月，荆、徐二州大水，傷秋稼，遣使振卹之。

八月己巳，尊皇太妃李氏爲皇太后，宮曰崇訓。慕容垂擊慕容永於長子，斬之。

冬十月，慕容垂遣其子恶奴寇廩丘，東平太守韋簡及垂將尹國戰于平陸，簡死之。

是歲，苻登爲姚興所殺，登太子崇奔于湟中，僭稱皇帝。

二十年春二月，作宣太后廟。甲寅，散騎常侍、光祿大夫、開府儀同三司、尚書令陸納卒。

三月庚辰朔，日有蝕之。

夏六月，荆、徐二州大水。

十一月，魏王拓拔珪擊慕容垂子寶于黍谷，〔四三〕敗之。

二十一年春正月，造清暑殿。

三月，慕容垂攻平城，拔之。

夏四月，新作永安宮。丁亥，雨雹。〔四四〕慕容垂死，子寶嗣僞位。

五月甲子，以望蔡公謝琰爲尚書左僕射。大水。

六月，呂光僭卽天王位。

秋九月庚申，帝崩于清暑殿，時年三十五。葬隆平陵。

帝幼稱聰悟。簡文之崩也，時年十歲，至晡不臨，左右進諫，答曰：「哀至則哭，何常之有？」謝安嘗歎以爲精理不減先帝。既威權已出，雅有人主之量。既而溺于酒色，殆爲長夜

之飲。末年長星見，帝心甚惡之，於華林園舉酒祝之曰：「長星，勸汝一杯酒，自古何有萬歲天子邪！」太白連年晝見，地震水旱爲變者相屬。醒日既少，而傍無正人，竟不能改焉。時張貴人有寵，年幾三十，帝戲之曰：「汝以年當廢矣。」貴人潛怒，向夕，帝醉，遂暴崩。時道子昏惑，元顯專權，竟不推其罪人。

初，簡文帝見讖云：「晉祚盡昌明。」及帝之在孕也，李太后夢神人謂之曰：「汝生男，以『昌明』爲字。」及產，東方始明，因以爲名焉。簡文帝後悟，乃流涕。及爲清暑殿，有識者以爲「清暑」反爲「楚」聲，哀楚之徵也。俄而帝崩，晉祚自此傾矣。

史臣曰：前史稱「不有廢也，君何以興」，若乃天挺惟神，光膺嗣位，邁油雲而驤首，濟沈川而能躍。少康一旅之衆，所以闡帝圖，成湯七十之基，所以興王業，靜河海於旣泄，補穹圓於已紊，事異於斯，則弗由也。簡皇以虛白之姿，在屯如之會，政由桓氏，祭則寡人。太宗晏駕，寧康纂業，天誘其衷，姦臣自隕。于時西踰劍岫而跨靈山，北振長河而臨淸洛，荆吳戰旅，嘯吒成雲，名賢間出，舊德斯在：謝安可以鎭雅俗，彪之足以正紀綱，桓沖之夙夜王家，謝玄之善斷軍事。于時上天乃眷，强氏自泯。五尺童子，振袂臨江，思所以挂旆天山，封泥函谷；而條綱弗垂，威恩罕樹，道子荒乎朝政，國寶匱以小人，拜授之榮，初非天旨，鬻

刑之貨，自走權門，毒賦年滋，愁民歲廣。是以聞人、許榮馳書詣闕，烈宗知其抗直，而惡聞逆耳，肆一醉於崇朝，飛千觴於長夜。雖復「昌明」表夢，安聽神言？而金行穢弛，抑亦人事，語曰「大國之政未陵夷，小邦之亂已傾覆」也。屬苻堅百六之秋，棄肥水之衆，帝號爲「武」，不亦優哉！

贊曰：君若綴旒，道非交泰。簡皇凝寂，不貽伊害。孝武登朝，姦雄自消。燕之擊路，鄭叔分鑣。倡臨帝席，酒勸天妖。金風不競，人事先彫。

校勘記

〔一〕成帝哀而許之　「成帝」原作「元帝」。周校：咸和爲成帝年號，徙封會稽正咸和二年事，此誤作元帝。按：周說是，事見簡文宣鄭太后傳，今據改。

〔二〕驃騎何充卒　此下原有「康帝崩」三字。周校：「康帝崩」三字衍文。按：周說是，時康帝死已二年，不當出于此。御覽九九引晉中興書無，今據删。

〔三〕令兵屯衞　「令」，宋本作「分」。

〔四〕乙卯　乙卯當在癸丑下，此日次失序。

〔五〕武陵王晞及子總　周校：據晞傳「總」宜作「綜」。

〔六〕卞眈　「眈」原作「耽」。卞壼四子，眕、盱、瞻、眈，字皆從「目」，「耽」從「耳」誤，今據壼傳及通鑑一〇三改。

〔七〕己未　原作「乙未」。通鑑一〇三謂七月甲寅不豫，己未立昌明爲皇太子，是日卒。七月壬辰朔，甲寅二十三日，己未二十八日。紀作「乙未」，則卒在不豫之前，不可通。「乙」蓋「己」之形近誤，今據孝武紀及御覽九九引晉中興書改。

〔八〕盧悚　見卷八校記。

〔九〕八月壬子　斠正：本年正月己丑朔，下年正月癸未朔，此月無壬子，當是「壬午」之誤。

〔一〇〕甲申　斠正：甲申誤書癸未前。

〔一一〕十一月己巳朔　十一月應是丁酉朔。

〔一二〕六月己巳　六月癸巳朔，無己巳。

〔一三〕七月乙卯　七月癸亥朔，無乙卯。

〔一四〕句難　苻堅載記、通鑑一〇四均作「俱難」。

〔一五〕冬十二月己酉朔日有蝕之　十二月乙卯朔，天文志中作「閏月己酉朔」，是。

〔一六〕大赦五歲刑以下　拾補：「大」字衍。按：盧說是，下年七月云「赦五歲刑以下」，無「大」字，可證。

〔一七〕冬十一月己亥　十一月戊辰朔，無己亥。

〔一八〕襄陽太守閻震　苻堅載記、通鑑一〇四皆作「司馬閻振」。

〔一九〕襄陽太守桓石虔　校文：石虔傳時爲南平太守，非襄陽。苻堅載記亦作「南平太守」。此紀蓋涉上「襄陽太守」而誤。按：通鑑一〇四亦作「南平」。

〔二〇〕范熊　周校：據四夷傳當作「范佛」。

〔二一〕苻堅將都貴焚燒沔北田穀略襄陽百姓而去　通鑑一〇四據桓沖傳、苻堅載記作「桓沖使揚威將軍朱綽擊秦荆州刺史都貴于襄陽，焚踐沔北屯田，掠六百餘戶而還」，紀文恐誤。

〔二二〕郭洽　斠注：苻堅載記作「郭銓」。按：通鑑一〇五亦作「郭銓」。「郭銓」又見五行志中、毛璩傳、桓石民傳、桓玄傳。

〔二三〕乙亥至大破之　通鑑一〇五記肥水之捷在十一月，較合當時情事。

〔二四〕十一月庚申　十一月丙戌朔，無庚申。

〔二五〕翟遼　商榷：據苻堅載記，「翟遼」當是「翟斌」。按：通鑑一〇五亦作「翟斌」。

〔二六〕仇池公楊世奔還隴右　斠正：宋書氐胡傳此乃楊定，非世也，世已於太和五年卒矣。按：據魏書、北史、宋書氐胡傳及通鑑一〇六，事在太元十年，紀繫之八年，恐誤。

〔二七〕戊午立新寧王晞子遵爲新寧王　戊午爲二月初四，今越於「辛亥」上者，蓋因敍封王事連及之。

〔二八〕周次　周校：劉牢之傳「周次」作「田次之」。按：田次之亦見毛璩傳。

〔二九〕壬午　正月癸卯朔，無壬午。

〔三〇〕乙酉　正月無乙酉，二月癸酉朔，乙酉爲二月十三日。通鑑一〇六繫下文殺慕容冲於二月，是也。

〔三一〕拓拔珪　「珪」原作「圭」，今據魏書本紀及通鑑一〇六逕改，後不具校。

〔三二〕慕容垂破苻丕於河東　據苻丕載記、魏書慕容永傳及通鑑一〇六，破苻丕者乃慕容永，非慕容垂。

〔三三〕六月癸卯　六月乙丑朔，無癸卯。

〔三四〕譙王恬之　上文及本傳、宋書禮志一、通鑑一〇七俱無「之」字。下十五年「譙王恬之薨」不再注。

〔三五〕秋九月　各本作「秋七月」，今從宋本。

〔三六〕螽斯則百堂　原無「則」字。拾補：「百」上脫「則」字，五行志有。按「螽斯則百」語出後漢書皇后紀，有「則」者是，今據補。

〔三七〕汝南王羲薨　周校：八王傳「羲」作「義」。

〔三八〕劉牢之及翟遼張願戰于太山王師敗績　校文：牢之傳「翟遼」作「翟釗」，蓋遼之子也。「張願」作「張遇」。據傳文，牢之戰勝，與紀異。

〔三九〕正月庚申　正月甲戌朔，無庚申。

〔四〇〕正月癸亥朔地震　原作「癸卯朔」。五行志下及宋書五行志五皆作「癸亥」。是月癸亥朔，紀誤，今改。

〔四一〕冬十月姚萇死　御覽一二三引後秦錄、通鑑一〇八謂姚萇死於十二月庚子，此文「十」下疑脫「二」字。

〔四二〕夏六月壬子　六月甲寅朔，無壬子。禮志上記此事作「二月」，二月丙辰朔，亦無壬子。

〔四三〕黍谷　校文：載記及魏書均作「參合」。按：通鑑一〇八亦作「參合陂」。以作「參合」爲是。

〔四四〕丁亥雨雹　「丁亥」原作「丁卯」。四月甲戌朔，無丁卯。五行志下及宋書五行志四皆作「丁亥」，是，今據改。

晉書卷十

帝紀第十

安帝

安皇帝諱德宗，字德宗，孝武帝長子也。太元十二年八月辛巳，立爲皇太子。二十一年九月庚申，孝武帝崩。辛酉，太子卽皇帝位，大赦。癸亥，以司徒、會稽王道子爲太傅，攝政。冬十月甲申，葬孝武皇帝于隆平陵。大雪。

隆安元年春正月己亥朔，帝加元服，改元，增文武位一等。太傅、會稽王道子稽首歸政。以尚書左僕射王珣爲尚書令，領軍將軍王國寶爲尚書左僕射。二月，呂光將禿髮烏孤自稱大都督、大單于，國號南涼。擊光將竇苟于金昌，〔一〕大破之。甲寅，尊皇太后李氏爲太皇太后。戊午，〔二〕立皇后王氏。

三月，呂光子纂爲乞伏乾歸所敗。光建康太守段業自號涼州牧。慕容寶敗魏師于薊。夏四月甲戌，兗州刺史王恭、豫州刺史庾楷舉兵，以討尚書左僕射王國寶、建威將軍王緒爲名。甲申，殺國寶及緒以悅于恭，恭乃罷兵。戊子，大赦。五月，前司徒長史王廞以吳郡反，王恭討平之。慕容寶將慕容詳僭卽皇帝位于中山，寶奔黃龍。

秋八月，呂光爲其僕射楊軌、散騎常侍郭麐所攻，光子纂擊走之。九月，慕容寶將慕容麟斬慕容詳于中山，因僭卽皇帝位。冬十月，慕容麟爲魏師所敗。〔三〕

二年春三月，龍舟二災。夏五月，蘭汗弒慕容寶而自稱大將軍、昌黎王。秋七月，慕容寶子盛斬蘭汗，僭稱長樂王，攝天子位。兗州刺史王恭、豫州刺史庾楷、荆州刺史殷仲堪、廣州刺史桓玄、南蠻校尉楊佺期等舉兵反。八月，江州刺史王愉奔于臨川。〔四〕丙子，寧朔將軍鄧啓方及慕容德將慕容法戰于管城，〔五〕王師敗績。丙戌，慕容盛僭卽皇帝位於黃龍。桓玄大敗王師于白石。

九月辛卯，加太傅、會稽王道子黃鉞。遣征虜將軍會稽王世子元顯、前將軍王珣、右將軍謝琰討桓玄等。己亥，破庾楷于牛渚。丙午，會稽王道子屯中堂，元顯守石頭。己酉，前將軍王珣守北郊，右將軍謝琰備宣陽門。輔國將軍劉牢之次新亭，使子敬宣擊敗恭，恭奔曲阿長塘湖，湖尉收送京師，斬之。於是遣太常殷茂喻仲堪及玄，玄等走于尋陽。

冬十月，新野言騶虞見。丙子，大赦。壬午，仲堪等盟于尋陽，推桓玄爲盟主。

十一月，以琅邪王德文爲衞將軍、開府儀同三司，領軍將軍王雅爲尚書左僕射。

十二月己丑，魏王珪卽尊位，年號天興。京兆人韋華帥襄陽流人叛，〔六〕降于姚興。己酉，前新安太守杜炯反于京口，會稽王世子元顯討斬之。禿髮烏孤自稱武威王。

三年春正月辛酉，封宗室蘊爲淮陵王。

二月甲辰，河間王國鎮薨。林邑范胡達陷日南、〔七〕九眞，遂寇交阯，太守杜瑗討破之。段業自稱涼王。仇池公楊盛遣使稱藩，獻方物。

三月己卯，追尊所生陳夫人爲德皇太后。

夏四月乙未，加尚書令王珣衞將軍，以會稽王世子元顯爲揚州刺史。

六月戊子，以琅邪王德文爲司徒。慕容德陷青州，害龍驤將軍辟閭渾，遂僭卽皇帝位

于廣固。

秋八月，禿髮烏孤死，其弟利鹿孤嗣僞位。

冬十月，姚興陷洛陽，執河南太守辛恭靖。〔八〕

十一月甲寅，妖賊孫恩陷會稽，內史王凝之死之，吳國內史桓謙、臨海太守新蔡王崇、義興太守魏隱並委官而遁，〔九〕吳興太守謝邈、永嘉太守司馬逸皆遇害。〔一〇〕遣衞將軍謝琰、輔國將軍劉牢之逆擊，走之。

十二月，桓玄襲江陵，荆州刺史殷仲堪、南蠻校尉楊佺期並遇害。呂光立其太子紹爲天王，自號太上皇。是日，光死，呂纂弒紹而自立。

是歲，荆州大水，平地三丈。

四年春正月乙亥，大赦。

二月己丑，有星孛于奎婁，進至紫微。

三月，彗星見于太微。

夏四月，地震。孫恩寇浹口。

五月丙寅，散騎常侍、衞將軍、東亭侯王珣卒。己卯，會稽內史謝琰爲孫恩所敗，死之。孫恩轉寇臨海。

六月庚辰朔，日有蝕之。旱。輔國司馬劉裕破恩於南山。恩將盧循陷廣陵，〔一一〕死者三千餘人。以琅邪王師何澄爲尚書左僕射。

秋七月壬子，太皇太后李氏崩。丁卯，大赦。是月，姚興伐乞伏乾歸，降之。

八月丁亥，尚書右僕射王雅卒。壬寅，葬文太后于脩平陵。

九月癸丑，地震。

冬十一月，寧朔將軍高雅之及孫恩戰於餘姚，王師敗績。以揚州刺史元顯爲後將軍、開府儀同三司、都督揚豫徐兗青幽冀幷荆江司雍梁益交廣十六州諸軍事，前將軍劉牢之爲鎮北將軍，封元顯子彥璋爲東海王。

十二月戊寅，有星孛于天市。

是歲，河右諸郡奉涼武昭王李玄盛爲秦涼二州牧、涼公，年號庚子。

五年春二月丙子，孫恩復寇浹口。呂超弒呂纂，以其兄隆僭卽僞位。

三月甲寅，衆星西流，歷太微。

夏五月，孫恩寇滬瀆，吳國內史袁山松死之。〔一二〕沮渠蒙遜殺段業，自號大都督、北涼州牧。〔一三〕

六月甲戌，孫恩至丹徒。乙亥，內外戒嚴，百官入居于省。冠軍將軍高素、右衞將軍張崇之守石頭，輔國將軍劉襲柵斷淮口，丹楊尹司馬恢之戍南岸，冠軍將軍桓謙、輔國將軍司馬允之、游擊將軍毛邃備白石，左衞將軍王嘏、領軍將軍孔安國屯中皇堂。徵豫州刺史、譙王尚之衞京師。寧朔將軍高雅之擊孫恩于廣陵之郁洲，爲賊所執。

秋七月，段璣弒慕容盛，〔一四〕盛叔父熙盡誅段氏，因僭稱尊號。

九月，呂隆降于姚興。

冬十月，姚興帥師侵魏，大敗而旋。

是歲，饑，禁酒。

元興元年春正月庚午朔，大赦，改元。以後將軍元顯爲驃騎大將軍、征討大都督，鎮北將軍劉牢之爲元顯前鋒，前將軍、譙王尚之爲後部，以討桓玄。

二月丙午，帝戎服餞元顯于西池。丁巳，遣兼侍中、齊王柔之以騶虞幡宣告荆、江二州。丁卯，桓玄敗王師于姑孰，譙王尚之、齊王柔之並死之。以右將軍吳隱之爲都督交廣二州諸軍事、廣州刺史。

三月己巳，劉牢之叛降于桓玄。辛未，王師敗績于新亭，驃騎大將軍、會稽王世子元顯，東海王彥璋，冠軍將軍毛泰，游擊將軍毛遂並遇害。壬申，桓玄自爲侍中、丞相、錄尚書事，以桓謙爲尚書僕射，〔一五〕遷太傅、會稽王道子于安城。玄俄又自稱太尉、揚州牧，總百揆，以琅邪王德文爲太宰。

臨海太守辛景擊孫恩，〔一六〕斬之。是月，禿髮利鹿孤死，弟傉檀嗣僞位。

秋七月乙亥，新蔡王崇爲其奴所害。

八月庚子，尚書下舍災。

冬十月，冀州刺史劉軌叛奔于慕容德。

十二月庚申，會稽王道子爲桓玄所害。曲赦廣陵、彭城大逆以下。

二年春二月辛丑，建威將軍劉裕破徐道覆于東陽。乙卯，桓玄自稱大將軍。丁巳，冀州刺史孫無終爲桓玄所害。

夏四月癸巳朔，日有蝕之。

秋八月，玄又自號相國、楚王。

九月，南陽太守庾仄起義兵，爲玄所敗。

冬十一月壬午，玄遷帝于永安宮。癸未，移太廟神主于琅邪國。

十二月壬辰，玄篡位，以帝爲平固王。辛亥，帝蒙塵于尋陽。

三年春二月，帝在尋陽。庚寅夜，濤水入石頭，漂殺人戶。乙卯，建武將軍劉裕帥沛國劉毅、東海何無忌等舉義兵。丙辰，斬桓玄所署徐州刺史桓脩于京口，青州刺史桓弘于廣陵。丁巳，義師濟江。

三月戊午，劉裕斬玄將吳甫之于江乘，斬皇甫敷於羅落。己未，玄衆潰而逃。庚申，劉裕置留臺，具百官。壬戌，桓玄司徒王謐推劉裕行鎮軍將軍、徐州刺史、都督揚徐兗豫青冀幽并八州諸軍事、假節。劉裕以謐領揚州刺史、錄尚書事。辛酉，劉裕誅尚書左僕射王愉、愉子荆州刺史綏、〔一七〕司州刺史溫詳。辛未，桓玄逼帝西上。丙戌，密詔以幽逼於玄，萬機虛曠，令武陵王遵依舊典，承制總百官行事，加侍中，餘如故。并大赦謀反大逆已下，惟桓玄一祖之後不宥。

夏四月己丑，大將軍、武陵王遵稱制，總萬機。庚寅，帝至江陵。庚戌，輔國將軍何無忌、振武將軍劉道規及桓玄將庾稚、〔一八〕何澹之戰于湓口，大破之。玄復逼帝東下。

五月癸酉，冠軍將軍劉毅及桓玄戰于崢嶸洲，又破之。己卯，帝復幸江陵。辛巳，荆州別駕王康產、南郡太守王騰之奉帝居于南郡。壬午，督護馮遷斬桓玄於貊盤洲。〔一九〕乘輿反正于江陵。甲申，詔曰：「姦兇篡逆，自古有之。朕不能式遏杜漸，以致播越。賴鎮軍將軍裕英略奮發，忠勇絕世，冠軍將軍毅等誠心宿著，協同嘉謀。義聲既振，士庶效節，社稷載安，四海齊慶。其大赦，凡諸畏逼事屈逆命者，一無所問。」戊寅，〔二〇〕奉神主入于太廟。

閏月己丑，桓玄故將揚武將軍桓振陷江陵，劉毅、何無忌退守尋陽，帝復蒙塵于賊營。

六月，益州刺史毛璩討僞梁州刺史桓希，斬之。

秋七月戊申，永安皇后何氏崩。

八月癸酉，祔葬穆帝章皇后于永平陵。

九月，前給事中刁騁、祕書丞王邁之謀反，伏誅。

冬十月，盧循寇廣州，刺史吳隱之爲循所敗，執始興相阮腆之而還。〔二一〕慕容德死，兄子超嗣僞位。

義熙元年春正月，帝在江陵。南陽太守魯宗之起義兵，襲破襄陽。己丑，劉毅次于馬頭。桓振以帝屯于江津。辛卯，宗之破振將溫楷于柞溪，進次紀南，爲振所敗。振武將軍劉道規擊桓謙，走之。乘輿反正，帝與琅邪王幸道規舟。戊戌，詔曰：「朕以寡德，夙纂洪

緒。不能緝熙遐邇，式遏姦宄。逆臣桓玄乘釁肆亂，乃誣罔天人，篡據極位。朕躬播越，淪胥荒裔，宣皇之基，眇焉以墜。賴鎮軍將軍裕忠武英斷，誠冠終古。運謀機始，貞實協其契，抆淚誓衆，義士感其心。故霜戈一揮，巨猾奔迸，三率棱威，大憝授首。而孽振猖狂，嗣凶荆郢。幸天祚社稷，義旗載捷，狡徒沮潰，朕獲反正。斯實宗廟之靈，勤王之勳。豈朕一人，獨享伊祜，思與億兆，幸茲更始。其大赦，改元，唯玄振一祖及同黨不在原例。賜百官爵二級，〔二二〕鰥寡孤獨穀人五斛，大酺五日。」

二月丁巳，留臺備乘輿法駕，迎帝於江陵。弘農太守戴寧之、建威主簿徐惠子等謀反，伏誅。平西參軍譙縱害平西將軍、益州刺史毛璩，以蜀叛。

三月，桓振復襲江陵，荆州刺史司馬休之奔于襄陽。建威將軍劉懷肅討振，斬之。帝至自江陵。乙未，百官詣闕請罪。詔曰：「此非諸卿之過，其還率職。」戊戌，舉章皇后哀三日，臨于西堂。劉裕及何無忌等抗表遜位，不許。庚子，以琅邪王德文爲大司馬，武陵王遵爲太保，加鎮軍將軍劉裕爲侍中、車騎將軍、都督中外諸軍事。甲辰，詔曰：「自頃國難之後，人物彫殘，常所供奉，猶不改舊，豈所以視人如傷，禹湯歸過之誠哉！可籌量減省。」

夏四月，劉裕旋鎮京口。戊辰，餞于東堂。

五月癸未，禁絹扇及摴蒱。游擊將軍、章武王秀，益州刺史司馬軌之謀反，伏誅。桓玄

故將桓亮、苻宏、刁預寇湘州，守將擊走之。

秋八月甲子，封臨川王子脩之爲會稽王。

冬十一月，乞伏乾歸伐仇池，仇池公楊盛大破之。

是歲，涼武昭王玄盛遣使奉表稱藩。

二年春正月，益州刺史司馬榮期擊譙縱將譙子明于白帝，破之。

夏五月，封高密王子法蓮爲高陽王。

秋七月，梁州刺史楊孜敬有罪，伏誅。

冬十月，論匡復之功，封車騎將軍劉裕爲豫章郡公，撫軍將軍劉毅南平郡公，右將軍何無忌安成郡公，自餘封賞各有差。乙亥，以左將軍孔安國爲尙書左僕射。

十二月，盜殺零陵太守阮野。

三年春二月己酉，車騎將軍劉裕來朝。誅東陽太守殷仲文、南蠻校尉殷叔文、晉陵太守殷道叔、永嘉太守駱球。己丑，〔二三〕大赦，除酒禁。

夏五月，大水。

六月，姚興將赫連勃勃僭稱天王于朔方，國號夏。

秋七月戊戌朔，日有蝕之。汝南王遵之有罪，伏誅。

八月，遣冠軍將軍劉敬宣持節監征蜀諸軍事。

冬十一月，赫連勃勃大敗禿髮傉檀，傉檀奔于南山。

是歲，高雲、馮跋殺慕容熙，雲僭即帝位。

四年春正月甲辰，以琅邪王德文領司徒，車騎將軍劉裕爲揚州刺史、錄尙書事。庚申，侍中、太保、武陵王遵薨。

夏四月，散騎常侍、尙書左僕射孔安國卒。甲午，加吏部尙書孟昶尙書左僕射。

冬十一月癸丑，〔二四〕雷。梁州刺史楊思平有罪，棄市。辛卯，大風拔樹。是月，禿髮傉檀僭即涼王位。

十二月，陳留王曹靈誕薨。

五年春正月辛卯，大赦。庚戌，以撫軍將軍劉毅爲衞將軍、開府儀同三司，加輔國將軍何無忌鎭南將軍。戊戌，尋陽地震。

二月，慕容超將慕容興宗寇宿豫，陽平太守劉千載、南陽太守趙元並爲賊所執。〔二五〕

三月己亥，大雪，〔二六〕平地數尺。車騎將軍劉裕帥師伐慕容超。

夏六月丙寅，震于太廟。劉裕大破慕容超于臨朐。

秋七月，姚興將乞伏乾歸僭稱西秦王於苑川。

九月戊辰，離班弑高雲，雲將馮跋攻班，殺之。〔二七〕跋僭即王位，仍號燕。

冬十月，魏淸河王紹弑其主珪。

六年春二月丁亥，劉裕攻慕容超，克之，齊地悉平。是月，廣州刺史盧循反，寇江州。

三月，禿髮傉檀及沮渠蒙遜戰于窮泉，傉檀敗績。壬申，鎭南將軍、江州刺史何無忌及循戰于豫章，王師敗績，無忌死之。

夏四月，靑州刺史諸葛長民、兗州刺史劉藩、〔二八〕并州刺史劉道憐乃入衞京師。

五月丙子，大風，拔木。〔二九〕戊子，衞將軍劉毅及盧循戰于桑落洲，〔三〇〕王師敗績。尙書左僕射孟昶懼，自殺。己未，大赦。乙丑，循至淮口，內外戒嚴。大司馬、琅邪王德文都督宮城諸軍事，次中皇堂，太尉劉裕次石頭，梁王珍之屯南掖門，冠軍將軍劉敬宣屯北郊，輔國將軍孟懷玉屯南岸，建武將軍王仲德屯越城，廣武將軍劉懷默屯建陽門，淮口築柤浦、藥園、廷尉三壘以距之。丙寅，震太廟鴟尾。〔三一〕

秋七月庚申，盧循遁走。甲子，使輔國將軍王仲德、廣川太守劉鍾、河間內史蒯恩等帥衆追之。是月，盧循寇荆州，刺史劉道規、雍州刺史魯宗之等敗之。又破徐道覆于華容，賊復走尋陽。

八月，姚興將桓謙寇江陵，〔三二〕劉道規敗之。

冬十一月，蜀賊譙縱陷巴東，守將溫祚、時延祖死之。

十二月壬辰，劉裕破盧循于豫章。

七年春二月壬午，右將軍劉藩斬徐道覆于始興，傳首京師。

夏四月，盧循走交州，刺史杜慧度斬之。

秋七月丁卯，以荆州刺史劉道規爲征西大將軍、開府儀同三司。

冬十月，沮渠蒙遜伐涼，涼武昭王玄盛與戰，敗之。

八年春二月丙子，以吳興太守孔靖爲尙書右僕射。

三月甲寅，山陰地陷四尺，有聲如雷。

夏五月，乞伏公府弑乞伏乾歸，乾歸子熾盤誅公府，〔三三〕僭卽僞位。

六月，以平北將軍魯宗之爲鎮北將軍。

秋七月甲午，武陵王季度薨。庚子，〔三四〕征西大將軍劉道規卒。

八月，皇后王氏崩。辛亥，高密王純之薨。

九月癸酉，葬僖皇后于休平陵。己卯，太尉劉裕害右將軍兗州刺史劉藩、尚書左僕射謝混。庚辰，裕矯詔曰：「劉毅苞藏禍心，構逆南夏，藩、混助亂，志肆姦宄。賴寧輔玄鑒，撫機挫銳，凶黨卽戮，社稷乂安。夫好生之德，所因者本，肆眚覃仁，實資玄澤。況事興大憝，禍自元凶。其大赦天下，唯劉毅不在其例。普增文武位一等。孝順忠義，隱滯遺逸，必令聞達。」己丑，劉裕帥師討毅。裕參軍王鎮惡陷江陵城，毅自殺。

冬十一月，沮渠蒙遜僭號河西王。

十二月，以西陵太守朱齡石爲建威將軍、〔三五〕益州刺史，帥師伐蜀。分荆州十郡置湘州。

是歲，廬陵、南康地四震。

九年春三月丙寅，劉裕害前將軍諸葛長民及其弟輔國大將軍黎民、從弟寧朔將軍秀

之。戊寅，〔三六〕加劉裕鎮西將軍、豫州刺史。林邑范胡達寇九眞，〔三七〕交州刺史杜慧度斬之。

夏四月壬戌，罷臨沂、湖熟皇后脂澤田四十頃，以賜貧人，弛湖池之禁。封鎮北將軍魯宗之爲南陽郡公。

秋七月，朱齡石克成都，斬譙縱，益州平。

九月，封劉裕次子義眞爲桂陽公。

冬十二月，安平王球之薨。〔三八〕

是歲，高句麗、倭國及西南夷銅頭大師並獻方物。

十年春三月戊寅，地震。

夏六月，乞伏熾盤帥師伐禿髮傉檀，滅之。

秋七月，淮北大風，壞廬舍。

九月丁巳朔，日有蝕之。林邑遣使來獻方物。

是歲，城東府。

十一年春正月，荆州刺史司馬休之、雍州刺史魯宗之並舉兵貳於劉裕，裕帥師討之。

庚午，大赦。丁丑，以吏部尚書謝裕爲尚書左僕射。

二月丁未，姚興死，子泓嗣僞位。〔三九〕

三月辛巳，淮陵王蘊薨。壬午，劉裕及休之戰于江津，休之敗，奔襄陽。

夏四月乙卯，青、冀二州刺史劉敬宣爲其參軍司馬道賜所害。

五月甲申，彗星二見。甲午，休之、宗之出奔于姚泓。〔四〇〕論平蜀功，封劉裕子義隆彭城公，朱齡石豐城公。己酉，霍山崩，出銅鍾六枚。

秋七月丙戌，京師大水，壞太廟。辛亥晦，日有蝕之。

八月丁未，〔四一〕尚書左僕射謝裕卒，以尚書右僕射劉穆之爲尚書左僕射。

九月己亥，大赦。

十二年春正月，姚泓使其將魯軌寇襄陽，雍州刺史趙倫之擊走之。

二月，加劉裕中外大都督。

夏六月，赫連勃勃攻姚泓秦州，陷之。己酉，新除尚書令、都鄉亭侯劉柳卒。

秋八月，劉裕及琅邪王德文帥衆伐姚泓。丙午，大赦。

冬十月丙寅，姚泓將姚光以洛陽降。〔四二〕己丑，遣兼司空、高密王恢之修謁五陵。

十三年春正月甲戌朔，日有蝕之。

二月，涼武昭王李玄盛薨，世子士業嗣位爲涼州牧、涼公。

三月，龍驤將軍王鎮惡大破姚泓將姚紹于潼關。

夏，劉裕敗魏將鵝青于河曲，〔四三〕斬青裨將阿薄干。是月，涼公李士業大敗沮渠蒙遜于鮮支澗。〔四四〕

五月，〔四五〕劉裕克潼關。丁亥，會稽王脩之薨。

六月癸亥，林邑獻馴象、白鸚鵡。

秋七月，劉裕克長安，執姚泓，收其彝器，歸諸京師。南海賊徐道期陷廣州，始興相劉謙之討平之。

冬十一月辛未，左僕射、前將軍劉穆之卒。

十四年春正月辛巳，〔四六〕大赦。青州刺史沈田子害龍驤將軍王鎮惡于長安。

夏六月，劉裕爲相國，進封宋公。

冬十月，以涼公士業爲鎮西將軍，封酒泉公。

十一月，赫連勃勃大敗王師于靑泥北。雍州刺史朱齡石焚長安宮殿，奔于潼關。尋又大潰，齡石死之。

十二月戊寅，帝崩于東堂，時年三十七。葬休平陵。

帝不惠，自少及長，口不能言，雖寒暑之變，無以辯也。凡所動止，皆非己出。故桓玄之篡，因此獲全。初讖云「昌明之後有二帝」，劉裕將爲禪代，故密使王韶之縊帝而立恭帝，以應二帝云。

恭帝

恭帝諱德文，字德文，安帝母弟也。初封琅邪王，歷中軍將軍、散騎常侍、衞將軍、開府儀同三司，加侍中，領司徒、錄尚書六條事。元興初，遷車騎大將軍。桓玄執政，進位太宰，加衮冕之服，綠綟綬。玄篡位，以帝爲石陽縣公，與安帝俱居尋陽。及玄敗，隨至江陵。玄死，桓振奄至，躍馬奮戈，直至階下，瞋目謂安帝曰：「臣門戶何負國家，而屠滅若是？」帝乃下牀謂振曰：「此豈我兄弟意邪！」振乃下馬致拜。振平，復爲琅邪王。又領徐州刺史，尋拜大司馬，領司徒，加殊禮。

義熙五年，置左右長史、司馬、從事中郎四人，加羽葆鼓吹。

十二年，詔曰：「大司馬明德懋親，太尉道勳光大，並徽序彝倫，燮和二氣，髦俊引領，思佐鼎飪。而雅尚沖挹，四門弗闢，誠合大雅謙虛之道，實違急賢贊世之務。昔蒲輪載徵，異人並出，東平開府，奇士嚮臻，濟濟之盛，朕有欽焉。可敕二府，依舊辟召，必將明敭俊乂，嗣軌前賢矣。」於是始辟召掾屬。時太尉裕都督中外諸軍，詔曰：「大司馬地隆任重，親賢莫貳。雖府受節度，可身無致敬。」

劉裕之北征也，帝上疏，請帥所莅，啓行戎路，修敬山陵。朝廷從之，乃與裕俱發。及有司以卽戎不得奉辭陵廟，帝復上疏曰：「臣推轂閫外，將革寒暑，不獲展情埏墜，私心罔極。伏願天慈，特垂聽許，使臣微誠粗申，卽路無恨。」許之。及姚泓滅，歸于京都。

十四年十二月戊寅，安帝崩。劉裕矯稱遺詔曰：[四七]「唯我有晉，誕膺明命，業隆九有，光宅四海。朕以不德，屬當多難，幸賴宰輔，拯厥顚覆。仍恃保祐，克黜禍亂，遂晃旒辰極，混一六合。方憑阿衡，惟新洪業，而遘疾大漸，將遂弗興。仰惟祖宗靈命，親賢是荷。咨爾大司馬、琅邪王，體自先皇，明德光懋，屬惟儲貳，衆望攸集。其君臨晉邦，奉係宗祀，允執其中，燮和天下。闡揚末誥，無廢我高祖之景命。」是日，卽帝位，大赦。

元熙元年春正月壬辰朔，改元。以山陵未厝，不朝會。立皇后褚氏。甲午，徵劉裕還朝。戊戌，有星孛于太微西藩。庚申，葬安皇帝于休平陵。帝受朝，懸而不樂。以驃騎將軍劉道憐爲司空。

秋八月，劉裕移鎭壽陽。以劉懷愼爲前將軍、北徐州刺史，鎭彭城。

九月，劉裕自解揚州。

冬十月乙酉，裕以其子桂陽公義眞爲揚州刺史。

十一月丁亥朔，日有蝕之。

十二月辛卯，[四八]裕加殊禮。己卯，太史奏，黑龍四見于東方。

二年夏六月壬戌，劉裕至于京師。傅亮承裕密旨，諷帝禪位，草詔，請帝書之。帝欣然謂左右曰：「晉氏久已失之，今復何恨。」乃書赤紙爲詔。甲子，遂遜于琅邪第。劉裕以帝爲零陵王，居于秣陵，行晉正朔，車旗服色一如其舊，有其文而不備其禮。帝自是之後，深慮禍機，褚后常在帝側，飲食所資，皆出褚后，故宋人莫得伺其隙。宋永初二年九月丁丑，[四九]裕使后兄叔度請后，有間，兵人踰垣而入，弒帝于內房。時年三十六。諡恭皇帝，葬沖平陵。

帝幼時性頗忍急，及在藩國，曾令善射者射馬爲戲。旣而有人云：「馬者國姓，而自殺之，不祥之甚。」帝亦悟，甚悔之。其後復深信浮屠道，鑄貨千萬，造丈六金像，親於瓦官寺迎之，步從十許里。安帝旣不惠，帝每侍左右，消息溫涼寢食之節，以恭謹聞，時人稱焉。

始，元帝以丁丑歲稱晉王，置宗廟，使郭璞筮之，云「享二百年」。自丁丑至禪代之歲，年在庚申，爲一百四歲。然丁丑始係西晉，庚申終入宋年，所餘惟一百有二歲耳。璞蓋以百二之期促，故婉而倒之爲二百也。

史臣曰：安帝卽位之辰，鍾無妄之日，道子、元顯並傾朝政，主昏臣亂，未有如斯不亡者也。雖有手握戎麾，心存舊國，迴首無良，忽焉蕭散。於是桓玄乘釁，勢踰飆指，六師咸泯，隻馬徂遷。是以宋高非典午之臣，孫恩豈金行之寇。若乃世遇顚覆，則恭皇斯甚。於越之民，詎燻丹穴，會稽之侶，寧歎入臣。去皇屋而歸來，灑丹書而不恨。夫五運攸革，三微數盡，猶高秋彫候，理之自然。觀其搖落，人有爲之流漣者也。

贊曰：安承流湎，大盜斯張。恭乃寓命，他人是綱。猶存周赧，始立懷王。虛尊假號，異術同亡。

校勘記

〔一〕寶苟　原作「寶荀」。周校：光及禿髮載記作「寶苟」。斠注：御覽三三六引後涼錄亦作「寶苟」。按：通鑑一〇九亦作「寶苟」，「苟」「荀」形近易誤，今據改。

〔二〕甲寅至戊午　二月己巳朔，無甲寅、戊午日，此二日宜在三月。

〔三〕慕容麟爲魏師所敗　「敗」，殿本、局本作「殺」，誤。魏書太祖紀、通鑑一〇九並云麟敗奔鄴。據慕容德載記，麟後爲慕容德之尚書令，然後被殺，非死於此時。宋本改作「敗」，今從之。

〔四〕王愉　原作「王渝」。周校：「愉」誤「渝」。按：下元興三年及愉傳、王恭傳、會稽王道子傳、通鑑一一〇皆作「愉」，今據改。

〔五〕鄧啓方　原作「鄧啓」。周校：天文志及慕容載記皆作「鄧啓方」。按：郗恢傳、通鑑一一〇亦均作「鄧啓方」，今補成一律。

〔六〕韋華　原作「韋禮」。周校：姚興載記作「韋華」。校文：載記下文尚有衆司徒韋華、右僕射韋華，張忠傳及前秦載記苻堅時有黃門侍郎韋華，當即其人。按：韋華亦見宋書武紀中。今據改。

〔七〕范胡逵　原作「范逵」，無「胡」字。周校：據四夷傳當作「范胡逵」。斠注：宋書良吏傳亦有「胡」字。按：宋書天文志三、水經溫水注並有「范胡逵」。今據補「胡」字。

〔八〕辛恭靖　原作「辛恭靜」。周校：「恭靜」當照本傳作「恭靖」。按：通鑑一一一、通志一〇下亦作「恭靖」，今據改。

〔九〕魏隱　孫恩傳作「魏偶」。校文：謝琰傳作「魏鄢」。

〔一〇〕司馬逸　商榷：孫恩傳作「謝逸」。考異：南史孝義傳作「司馬逸之」。按：宋書張進之傳亦作「司馬逸之」。

〔一一〕恩將盧循陷廣陵　孫恩傳、通鑑一一二皆繫於下年，魏書司馬睿傳亦繫於下年攻滬瀆至郁洲之後，紀蓋錯前一年。

〔一二〕孫恩寇滬瀆吳國內史袁山松死之　原脫「滬瀆」二字。校文：以山松傳校之，「寇」下似脫「滬瀆」二字。按：丁說是。「孫恩寇滬瀆」亦見孫恩傳、宋書武帝紀上、通鑑一一二。今據補。

〔一三〕北涼州牧　周校：載記涼州牧無「北」字。按：北史北涼列傳、御覽一二四引北涼錄同載記。

〔一四〕段璣弒慕容盛　「段璣」，各本作「段興」，惟殿本作「段璣」。據慕容盛載記及御覽一二五引後燕錄、通鑑一一二均謂段璣與秦興、段泰共同殺盛，則作「段璣」者是，今從殿本。

〔一五〕以桓謙爲尚書僕射　據弘明集一二桓謙答玄論沙門敬事書署銜爲「中軍將軍、尚書令」，廣弘明集二五道宣簡宰輔敍佛教隆替狀亦稱「尚書令桓謙」，不作「僕射」。

〔一六〕辛景　諸史考異：世說德行注引晉書安帝紀作「辛昺」，今紀作「辛景」，是史臣避唐諱改。

〔一七〕荆州刺史裓　「裓」，各本作「綎」，惟殿本作「裓」。本傳及宋書南史宋武帝紀、天文志三均作「裓」，今從殿本。

〔一八〕恒玄將庾稚　周校：玄傳「庾稚」作「庾稚祖」。按：通鑑一一三亦作「庾稚祖」。

〔一九〕貊盤洲　恒玄傳作「枚回洲」，水經江水注、通鑑一一三、御覽六六引荆南記亦均作「枚回洲」。

〔二〇〕戊寅　戊寅後癸酉六日，而在上文己卯前，此日次失序。

〔二一〕阮腆之　阮裕傳作「阮腆」。

〔二二〕賜百官爵二級　「官」，宋本及通志一〇下均作「姓」，今從殿本、局本。

〔二三〕己丑　二月辛丑朔，無己丑，己丑爲閏二月十九日。上文誅殷仲文、駱球等，通鑑一一四並繫於閏月。

〔二四〕癸丑　是月辛卯朔，下「辛卯」應在癸丑前，繫日失序。

〔二五〕南陽太守趙元　慕容超載記及宋書武帝紀上「南陽」並作「濟南」。以地理考之，作「濟南」者是。

〔二六〕三月己亥大雪　「己亥」原作「乙亥」。三月己丑朔，無乙亥。五行志下及宋書五行志四作「己亥」，是，今據改。

〔二七〕九月戊辰至馮跋攻班殺之　九月丙戌朔，無戊辰。通鑑一一五繫此事於十月。「殺」，各本作「弒」，誤，今據殿本及建康實錄一〇改。

〔二八〕劉蕃　天文志下作「劉蕃」。

〔二九〕五月丙子大風拔木　丙子依日序當在下「己未」「乙丑」之下。五行志下、宋書五行志五皆云

「五月壬申大風，拔北郊樹」，「甲戌又風，發屋折木」，疑紀日干有誤。

〔三〇〕戊子至桑落洲　五月壬子朔，無戊子，通鑑一一五作「戊午」，以下文「己未」「乙丑」日序推之，作「戊午」者是。

〔三一〕丙寅震太廟鴟尾　上年書「夏六月丙寅震于太廟」，疑此爲一事之誤重，宋書五行志四在五年可證。

〔三二〕姚興將桓謙　校文：桓玄傳、宋武紀桓謙爲譙縱將。

〔三三〕熾盤　宜依熾磐載記作「熾磐」。下同。

〔三四〕庚子　七月己巳朔，無庚子。通鑑一一六作「閏月」，建康實錄一〇作「八月」，俱有庚子，未知孰是。

〔三五〕西陵太守朱齡石　周校：「西陵」譙縱傳作「西陽」。按：宋書朱齡石傳、建康實錄一〇及通鑑一一六俱作「西陽」。

〔三六〕戊寅　「戊寅」上原有「三月」二字，複出，刪。

〔三七〕范胡逵　「胡」，各本作「湖」，今從宋本，說詳本卷校記〔七〕。

〔三八〕安平王球之薨　上年云「武陵王季度薨」，球之爲季度子，作「安平王」誤，元四王傳並可證。

〔三九〕姚興死子泓嗣僞位　姚興實死于下年，紀誤提前一年，說詳通鑑考異。宋書及南史之武帝紀

亦可證。

〔四〇〕休之宗之出奔于姚泓　校文：載記二人出奔皆在姚興時，休之傳亦云。然今謂奔於姚泓，蓋紀誤以興死於是年二月，故休之等以五月出奔，遂屬於泓耳。實則興死在十二年，非是年。

〔四一〕八月丁未　八月壬子朔，無丁未。

〔四二〕姚光　斠注：姚泓載記「光」作「洸」。按：宋書武帝紀中、魏書姚萇傳、通鑑一一七並作「洸」。

〔四三〕鵝青　斠注：魏書司馬叡傳作「娥親」，廣韻七歌：「娥，又姓」，本紀作「鵝」誤。按：魏書太宗紀、劉裕傳、通鑑一一八亦作「娥清」。

〔四四〕鮮支澗　蒙遜載記、通鑑一一八作「解支澗」。

〔四五〕五月　「五月」上原有「夏」字，複出，删。

〔四六〕正月辛巳　正月丁酉朔，無辛巳。

〔四七〕遺詔　各本無「遺」字，據宋本及通志一〇下補。

〔四八〕十二月辛卯　十二月丁巳朔，無辛卯。

〔四九〕九月丁丑　九月丙午朔，無丁丑。

晉書

唐　房玄齡等撰

第一冊

卷一至卷一〇（紀）

中華書局

晉書卷十一

志第一

天文上 天體 儀象 天文經星 中宮 二十八舍〔一〕 二十八宿外星 天漢起沒 十二次度數 州郡躔次

昔在庖犧，觀象察法，以通神明之德，以類天地之情，可以藏往知來，開物成務。故易曰：「天垂象，見吉凶，聖人象之。」此則觀乎天文以示變者也。尚書曰：「天聰明自我人聰明。」此則觀乎人文以成化者也。是故政教兆於人理，祥變應乎天文，得失雖微，罔不昭著。然則三皇邁德，七曜順軌，日月無薄蝕之變，星辰靡錯亂之妖。黃帝創受河圖，始明休咎，故其星傳尚有存焉。降在高陽，乃命南正重司天，北正黎司地。爰洎帝嚳，亦式序三辰。唐虞則羲和繼軌，有夏則昆吾紹德。年代緜邈，文籍靡傳。至于殷之巫咸，周之史佚，格言遺記，于今不朽。其諸侯之史，則魯有梓愼，晉有卜偃，鄭有裨竈，宋有子韋，齊有甘德，楚

有唐昧，趙有尹皋，魏有石申夫，皆掌著天文，各論圖驗。其巫咸、甘、石之說，後代所宗。暴秦燔書，六經殘滅，天官星占，存而不毀。及漢景武之際，司馬談父子繼爲史官，著天官書，以明天人之道。其後中壘校尉劉向，廣洪範災條，作皇極論，以參往之行事。及班固敍漢史，馬續述天文，而蔡邕、譙周各有撰錄，司馬彪採之，以繼前志。今詳衆說，以著于篇。

天體

古言天者有三家，一曰蓋天，二曰宣夜，三曰渾天。漢靈帝時，蔡邕於朔方上書，言「宣夜之學，絕無師法。周髀術數具存，考驗天狀，多所違失。惟渾天近得其情，今史官候臺所用銅儀則其法也。立八尺員體而具天地之形，以正黃道，占察發斂，以行日月，以步五緯，精微深妙，百代不易之道也。官有其器而無本書，前志亦闕」。

蔡邕所謂周髀者，卽蓋天之說也。其本庖犧氏立周天曆度，其所傳則周公受於殷高，周人志之，故曰周髀。髀，股也；股者，表也。其言天似蓋笠，地法覆槃，天地各中高外下。北極之下爲天地之中，其地最高，而滂沲四隤，三光隱映，以爲晝夜。天中高於外衡冬至日之所在六萬里。北極下地高於外衡下地亦六萬里，外衡高於北極下地二萬里。天地隆高相從，日去地恆八萬里。日麗天而平轉，分冬夏之間日所行道爲七衡六間。每衡周徑里數，各依算術，用句股重差推晷影極游，以爲遠近之數，皆得於表股者也。故曰周髀。

又周髀家云：「天員如張蓋，地方如棊局。天旁轉如推磨而左行，日月右行，隨天左轉，故日月實東行，而天牽之以西沒。譬之於蟻行磨石之上，磨左旋而蟻右去，磨疾而蟻遲，故不得不隨磨以左迴焉。天形南高而北下，日出高，故見；日入下，故不見。天之居如倚蓋，故極在人北，是其證也。極在天之中，而今在人北，所以知天之形如倚蓋也。日朝出陽中，暮入陰中，陰氣暗冥，故沒不見也。夏時陽氣多，陰氣少，陽氣光明，與日同輝，故日出卽見，無蔽之者，故夏日長也。冬天陰氣多，陽氣少，陰氣暗冥，掩日之光，雖出猶隱不見，故冬日短也。」

宣夜之書亡，〔二〕惟漢祕書郎郗萌記先師相傳云：「天了無質，仰而瞻之，高遠無極，眼瞀精絕，故蒼蒼然也。譬之旁望遠道之黃山而皆青，俯察千仞之深谷而窈黑，夫青非眞色，而黑非有體也。日月衆星，自然浮生虛空之中，其行其止皆須氣焉。是以七曜或逝或住，或順或逆，伏見無常，進退不同，由乎無所根繫，故各異也。故辰極常居其所，而北斗不與衆星西沒也。攝提、塡星皆東行，日行一度，月行十三度，遲疾任情，其無所繫著可知矣。若綴附天體，不得爾也。」

成帝咸康中，會稽虞喜因宣夜之說作安天論，以爲「天高窮於無窮，地深測於不測。天

確乎在上，有常安之形；地魄焉在下，有居靜之體。當相覆冒，方則俱方，員則俱員，無方員不同之義也。其光曜布列，各自運行，猶江海之有潮汐，萬品之有行藏也」。葛洪聞而譏之曰：「苟辰宿不麗於天，天爲無用，便可言無，何必復云有之而不動乎？」由此而談，稚川可謂知言之選也。

虞喜族祖河間相聳又立穹天論云：「天形穹隆如雞子，幕其際，周接四海之表，浮于元氣之上。譬如覆奩以抑水，而不沒者，氣充其中故也。日繞辰極，沒西而還東，不出入地中。天之有極，猶蓋之有斗也。天北下於地三十度，極之傾在地卯酉之北亦三十度，人在卯酉之南十餘萬里，故斗極之下不爲地中，當對天地卯酉之位耳。日行黃道繞極。極北去黃道百一十五度，南去黃道六十七度，二至之所舍以爲長短也。」

吳太常姚信造昕天論云：「人爲靈蟲，形最似天。今人頤前侈臨胸，而項不能覆背。近取諸身，故知天之體南低入地，北則偏高。又冬至極低，而天運近南，故日去人遠，而斗去人近，北天氣至，故冰寒也。夏至極起，而天運近北，故斗去人遠，〔三〕日去人近，南天氣至，故蒸熱也。極之高時，〔四〕日行地中淺，故夜短；天去地高，故晝長也。極之低時，日行地中深，故夜長；天去地下，故晝短也。」〔五〕

自虞喜、虞聳、姚信皆好奇徇異之說，非極數談天者也。至於渾天理妙，學者多疑。漢

王仲任據蓋天之說，以駮渾儀云：「舊說天轉從地下過。今掘地一丈輒有水，天何得從水中行乎？甚不然也。日隨天而轉，非入地。夫人目所望，不過十里，天地合矣；實非合也，遠使然耳。今視日入，非入也，亦遠耳。當日入西方之時，其下之人亦將謂之爲中也。四方之人，各以其近者爲出，遠者爲入矣。何以明之？今試使一人把大炬火，夜行於平地，〔六〕去人十里，火光滅矣；非滅也，遠使然耳。今日西轉不復見，是火滅之類也。日月不員也，望視之所以員者，去人遠也。夫日，火之精也；月，水之精也。水火在地不員，在天何故員？」故丹楊葛洪釋之曰：

渾天儀注云：「天如鷄子，地如鷄中黃，孤居於天內，天大而地小。天表裏有水，天地各乘氣而立，載水而行。周天三百六十五度四分度之一，又中分之，則半覆地上，半繞地下，故二十八宿半見半隱，天轉如車轂之運也。」諸論天者雖多，然精於陰陽者少。〔七〕張平子、陸公紀之徒，咸以爲推步七曜之道，以度曆象昏明之證候，校以四八之氣，考以漏刻之分，占晷景之往來，求形驗於事情，莫密於渾象者也。

張平子既作銅渾天儀，於密室中以漏水轉之，令伺之者閉戶而唱之。其伺之者以告靈臺之觀天者曰：「璇璣所加，某星始見，某星已中，某星今沒」，皆如合符也。崔子玉爲其碑銘曰：「數術窮天地，制作侔造化，高才偉藝，與神合契。」蓋由於平子渾儀及地動儀之有驗故也。

若天果如渾者，則天之出入行於水中，爲的然矣。故黃帝書曰：「天在地外，水在天外」，水浮天而載地者也。又易曰：「時乘六龍。」夫陽爻稱龍，龍者居水之物，以喻天。天，陽物也，又出入水中，與龍相似，故以龍比也。聖人仰觀俯察，審其如此，故晉卦坤下離上，以證日出於地也。又明夷之卦離下坤上，以證日入於地也。需卦乾下坎上，此亦天入水中之象也。天爲金，金水相生之物也。天出入水中，當有何損，而謂爲不可乎？

故桓君山曰：「春分日出卯入酉，此乃人之卯酉。天之卯酉，常值斗極爲天中。今視之乃在北，不正在人上。而春秋分時，日出入乃在斗極之南。若如磨右轉，則北方道遠而南方道近，晝夜漏刻之數不應等也。」後奏事待報，坐西廊廡下，以寒故暴背。有頃，日光出去，不復暴背。君山乃告信蓋天者曰：「天若如推磨右轉而日西行者，其光景當照此廊下稍而東耳，不當拔出去。拔出去是應渾天法也。渾爲天之眞形，於是可知矣。」然則天出入水中，無復疑矣。

又今視諸星出於東者，初但去地小許耳。漸而西行，先經人上，後遂西轉而下焉，不旁旋也。其先在西之星，亦稍下而沒，無北轉者。日之出入亦然。若謂天磨右轉者，日之出入亦然，〔八〕衆星日月宜隨天而迴，初在於東，次經於南，次到於西，次及於北，而復還於東，不應橫過去也。今日出於東，冉冉轉上，及其入西，亦復漸漸稍下，都不繞邊北去。了了如此，王生必固謂爲不然者，疏矣。

今日徑千里，圍周三千里，中足以當小星之數十也。若日以轉遠之故，但當光曜不能復來照及人耳，宜猶望見其體，不應都失其所在也。日光既盛，其體又大於星多矣。今見極北之小星，而不見日之在北者，明其不北行也。若日以轉遠之故，不復可見，其比入之間，〔九〕應當稍小，而日方入之時乃更大，此非轉遠之徵也。王生以火炬喻日，吾亦將借子之矛以刺子之楯焉。把火之人去人轉遠，其光轉微，而日月自出至入，不漸小也。王生以火喻之，謬矣。

又日之入西方，視之稍稍去，初尙有半，如橫破鏡之狀，須臾淪沒矣。若如王生之言，日轉北去有半者，其北都沒之頃，宜先如豎破鏡之狀，不應如橫破鏡也。如此言之，日入北方，不亦孤孑乎？又月之光微，不及日遠矣。月盛之時，雖有重雲蔽之，不見月體，而夕猶朗然，是光猶從雲中而照外也。日若繞西及北者，其光故應如月在雲中之狀，不得夜便大暗也。又日入則星月出焉。明知天以日月分主晝夜，相代而照也。若日常出者，不應日亦入而星月亦出也。

又案河、洛之文，皆云水火者，陰陽之餘氣也。夫言餘氣，則不能生日月可知也，顧當言日精生火者可耳。〔一〇〕若水火是日月所生，則亦何得盡如日月之員乎？今火出於陽燧，陽燧員而火不員也；水出於方諸，方諸方而水不方也。又陽燧可以取火於日，而無取日於火之理，此則日精之生火明矣；方諸可以取水於月，而無取月於水之道，此則月精之生水了矣。王生又云遠故視之員。若審然者，月初生之時及既虧之後，何以視之不員乎？而日食或上或下，從側而起，或如鉤至盡。若遠視見員，不宜見其殘缺左右所起也。此則渾天之理，信而有徵矣。

儀象

虞書曰：「在璇璣玉衡，以齊七政。」考靈曜云：「分寸之晷，代天氣生，以制方員。方員以成，參以規矩。昏明主時，乃命中星觀玉儀之游。」鄭玄謂以玉爲渾儀也。春秋文曜鉤云：「唐堯卽位，羲和立渾儀。」此則儀象之設，其來遠矣。繇代相傳，史官禁密，學者不覩，故宣、蓋沸騰。

暨漢太初，落下閎、鮮于妄人、耿壽昌等造員儀以考曆度。後至和帝時，賈逵繫作，又加黃道。至順帝時，張衡又制渾象，具內外規、南北極、黃赤道，列二十四氣、二十八宿中外星官及日月五緯，以漏水轉之於殿上室內，星中出沒與天相應。因其關戾，又轉瑞輪蓂莢於階下，隨月虛盈，依曆開落。

其後陸績亦造渾象。至吳時，中常侍廬江王蕃善數術，傳劉洪乾象曆，依其法而制渾儀，立論考度曰：

前儒舊說，天地之體，狀如鳥卵，天包地外，猶殼之裹黃也；周旋無端，其形渾渾然，故曰渾天也。周天三百六十五度五百八十九分度之百四十五，半覆地上，半在地下。其二端謂之南極、北極。北極出地三十六度，南極入地三十六度，兩極相去一百八十二度半强。繞北極徑七十二度，常見不隱，謂之上規。繞南極七十二度，常隱不見，謂之下規。赤道帶天之紘，去兩極各九十一度少强。

黃道，日之所行也，半在赤道外，半在赤道內，與赤道東交於角五少弱，西交於奎十四少强。其出赤道外極遠者，去赤道二十四度，斗二十一度是也。其入赤道內極遠者，亦二十四度，井二十五度是也。

日南至在斗二十一度，去極百一十五度少强。是也日最南，〔二〕去極最遠，故景最長。黃道斗二十一度，出辰入申，故日亦出辰入申。日晝行地上百四十六度强，故日短；夜行地下二百一十九度少弱，故夜長。自南至之後，日去極稍近，故景稍短。日晝

行地上度稍多，故日稍長；夜行地下度稍少，故夜稍短。日所在度稍北，故日稍北，以至於夏至，日在井二十五度，去極六十七度少强。是日最北，去極最近，景最短。黃道井二十五度，出寅入戌，故日亦出寅入戌。日晝行地上二百一十九度少弱，故日長；夜行地下百四十六度强，故夜短。自夏至之後，日去極稍遠，故景稍長。日晝行地上度稍少，故日稍短；夜行地下度稍多，故夜稍長。日所在度稍南，故日出入稍南，以至於南至而復初焉。斗二十一，井二十五，南北相應四十八度。

春分日在奎十四少强，秋分日在角五少弱，此黃赤二道之交中也。去極俱九十一度少强，南北處斗二十一、井二十五之中，故景居二至長短之中。奎十四角五，出卯入酉，故日亦出卯入酉。日晝行地上，夜行地下，俱百八十二度半强，故日見之漏五十刻，不見之漏五十刻，謂之晝夜同。夫天之晝夜以日出沒爲分，人之晝夜以昏明爲限。日未出二刻半而明，日入二刻半而昏，故損夜五刻以益晝，是以春秋分漏晝五十五刻。

三光之行，不必有常，術家以算求之，各有同異，故諸家曆法參差不齊。洛書甄曜度、春秋考異郵皆云：「周天一百七萬一千里，一度爲二千九百三十二里七十一步二尺七寸四分四百八十七分分之三百六十二。」陸績云：「天東西南北徑三十五萬七千里。」此言周三徑一也。考之徑一不盈周三，率周百四十二而徑四十五，則天徑三十二萬九

千四百一里一百二十二步二尺二寸一分七十一分分之十。〔三〕

周禮：「日至之景尺有五寸，謂之地中。」鄭衆說：「土圭之長尺有五寸，以夏至之日立八尺之表，其景與土圭等，謂之地中，今潁川陽城地也。」鄭玄云：「凡日景於地，千里而差一寸，景尺有五寸者，南戴日下萬五千里也。」以此推之，日當去其下地八萬里矣。日邪射陽城，則天徑之半也。天體員如彈丸，地處天之半，而陽城爲中，則日春秋冬夏，昏明晝夜，去陽城皆等，無盈縮矣。故知從日邪射陽城，爲天徑之半也。

以句股法言之，旁萬五千里，句也；立八萬里，股也；從日邪射陽城，弦也。以句股求弦法入之，得八萬一千三百九十四里三十步五尺三寸六分，天徑之半而地上去天之數也。倍之，得十六萬二千七百八十八里六十一步四尺七寸二分，天徑之數也。以周率乘之，徑率約之，得五十一萬三千六百八十七里六十八步一尺八寸二分，周天之數也。減甄曜度、考異郵五十五萬七千三百一十二里有奇。一度凡千四百六里百二十四步六寸四分十萬七千五百六十五分分之萬九千四十九，減舊度千五百二十五里二百五十六步三尺三寸二十一萬五千一百三十分分之十六萬七百三十。

分黃赤二道，相與交錯，其間相去二十四度。以兩儀推之，二道俱三百六十五度有奇，是以知天體員如彈丸也。而陸績造渾象，其形如鳥卵，然則黃道應長於赤道矣。

績云「天東西南北徑三十五萬七千里」，然則績亦以天形正員也，而渾象爲鳥卵，則爲自相違背。

古舊渾象以二分爲一度，凡周七尺三寸半分。張衡更制，以四分爲一度，凡周一丈四尺六寸一分。蕃以古制局小，星辰稠概，衡器傷大，難可轉移，更制渾象，以三分爲一度，凡周天一丈九寸五分四分分之三也。

天文經星

洪範傳曰：「清而明者，天之體也。天忽變色，是謂易常。天裂，陽不足，是謂臣强。天裂見人，兵起國亡。天鳴有聲，至尊憂且驚。皆亂國之所生也。」

馬續云：「天文在圖籍昭昭可知者，經星常宿中外官凡一百一十八名，積數七百八十三，皆有州國官宮物類之象。」

張衡云：「文曜麗乎天，其動者有七，日月五星是也。日者，陽精之宗；月者，陰精之宗；五星，五行之精。衆星列布，體生於地，精成於天，列居錯峙，各有攸屬。在野象物，在朝象官，在人象事。其以神著，有五列焉，是爲三十五名。一居中央，謂之北斗。四布於方各七，爲二十八舍。日月運行，歷示吉凶，五緯躔次，用告禍福。中外之官，常明者百有二十

四，可名者三百二十，爲星二千五百，微星之數蓋萬有一千五百二十。庶物蠢蠢，咸得繫命。不然，何以總而理諸？」後武帝時，太史令陳卓總甘、石、巫咸三家所著星圖，大凡二百八十三官，一千四百六十四星，以爲定紀。今略其昭昭者，以備天官云。

中宮

北極五星，鉤陳六星，皆在紫宮中。北極，北辰最尊者也，其紐星，天之樞也。天運無窮，三光迭耀，而極星不移，故曰「居其所而衆星共之」。第一星主月，太子也。第二星主日，帝王也；亦太乙之坐，謂最赤明者也。第三星主五星，庶子也。中星不明，主不用事；右星不明，太子憂。鉤陳，後宮也，大帝之正妃也，大帝之常居也。北四星曰女御宮，八十一御妻之象也。鉤陳口中一星曰天皇大帝，其神曰耀魄寶，主御羣靈，執萬神圖。抱北極四星曰四輔，所以輔佐北極而出度授政也。大帝上九星曰華蓋，所以覆蔽大帝之坐也。蓋下九星曰杠，蓋之柄也。華蓋下五星曰五帝內坐，設敍順帝所居也。客星犯紫宮中坐，大臣犯主。華蓋杠旁六星曰六甲，可以分陰陽而配節候，〔一三〕故在帝旁，所以布政教而授農時也。極東一星曰柱下史，主記過；左右史，此之象也。柱史北一星曰女史，婦人之微者，主傳漏，故漢有侍史。傳舍九星在華蓋上，近河，賓客之館，主胡人入中國。客星守之，備姦

使，亦曰胡兵起。傳舍南河中五星曰造父，御官也，一曰司馬，或曰伯樂。星亡，馬大貴。其西河中九星如鉤狀，曰鉤星，直則地動。天一星在紫宮門右星南，天帝之神也，主戰鬭，知人吉凶者也。太一星在天一南，相近，亦天帝神也，主使十六神，知風雨水旱、兵革饑饉、疾疫災害所在之國也。

紫宮垣十五星，其西蕃七，東蕃八，在北斗北。一曰紫微，大帝之坐也，天子之常居也，主命主度也。一曰長垣，一曰天營，一曰旗星，爲蕃衞，備蕃臣也。宮闕兵起，旗星直，天子出，自將宮中兵。東垣下五星曰天柱，建政教，懸圖法。門內東南維五星曰尙書，主納言，夙夜諮謀，龍作納言，此之象也。尙書西二星曰陰德、陽德，主周急振無。宮門左星內二星曰大理，〔一四〕主平刑斷獄也。門外六星曰天牀，主寢舍，解息燕休。西南角外二星曰內廚，主六宮之內飲食，主后妃夫人與太子宴飲。東北維外六星曰天廚，主盛饌。

北斗七星在太微北，七政之樞機，陰陽之元本也。故運乎天中，而臨制四方，以建四時，而均五行也。魁四星爲琁璣，杓三星爲玉衡。又曰，斗爲人君之象，號令之主也。又爲帝車，取乎運動之義也。又魁第一星曰天樞，二曰琁，三曰璣，四曰權，五曰玉衡，六曰開陽，七曰搖光，一至四爲魁，五至七爲杓。樞爲天，琁爲地，璣爲人，權爲時，玉衡爲音，開陽爲律，搖光爲星。石氏云：「第一曰正星，主陽德，天子之象也。二曰法星，主陰刑，女主之

位也。三曰令星，主中禍。四曰伐星，主天理，伐無道。五曰殺星，主中央，助四旁，殺有罪。六曰危星，主天倉五穀。七曰部星，亦曰應星，主兵。」又云：「一主天，二主地，三主火，四主水，五主土，六主木，七主金。」又曰：「一主秦，二主楚，三主梁，四主吳，五主燕，六主趙，七主齊。」

魁中四星爲貴人之牢，曰天理也。輔星傅乎開陽，所以佐斗成功，丞相之象也。七政星明，其國昌；輔星明，則臣强。杓南三星及魁第一星西三星皆曰三公，主宣德化，調七政，和陰陽之官也。

文昌六星，在北斗魁前，天之六府也，主集計天道。一曰上將，大將軍建威武。二曰次將，尙書正左右。三曰貴相，太常理文緒。四曰司祿、司中，司隸賞功進。五曰司命、司怪，太史主滅咎。六曰司寇，大理佐理寶。所謂一者，起北斗魁前近內階者也。明潤，大小齊，天瑞臻。

文昌北六星曰內階，天皇之階也。相一星在北斗南。相者，總領百司而掌邦教，以佐帝王安邦國，集衆事也。其星明，吉。太陽守一星，在相西，大將大臣之象也，主戒不虞，設武備。西北四星曰勢。勢，腐刑人也。天牢六星，在北斗魁下，貴人之牢也。

太微，天子庭也，五帝之坐也，十二諸侯府也。其外蕃，九卿也。一曰太微爲衡。衡，

主平也。又爲天庭，理法平辭，監升授德，列宿受符，諸神考節，舒情稽疑也。南蕃中二星間曰端門。東曰左執法，廷尉之象也。西曰右執法，御史大夫之象也。執法，所以舉刺凶姦者也。左執法之東，左掖門也。右執法之西，右掖門也。東蕃四星，南第一星曰上相，〔一五〕其北，東太陽門也；第二星曰次相，其北，中華東門也；第三星曰次將，其北，東太陰門也；第四星曰上將：所謂四輔也。西蕃四星，南第一星曰上將，其北，西太陽門也；第二星曰次將，其北，中華西門也；第三星曰次相，其北，西太陰門也；第四星曰上相：亦曰四輔也。東西蕃有芒及動搖者，諸侯謀天子也。〔一六〕執法移，刑罰尤急。月、五星入太微，軌道，吉。其所犯中坐，成刑。

其西南角外三星曰明堂，天子布政之宮。明堂西三星曰靈臺，觀臺也，主觀雲物，察符瑞，候災變也。左執法東北一星曰謁者，主贊賓客也。謁者東北三星曰三公內坐，朝會之所居也。三公北三星曰九卿內坐，主治萬事。〔一七〕九卿西五星曰內五諸侯，內侍天子，不之國也。辟雍之禮得，則太微、諸侯明。

黃帝坐在太微中，含樞紐之神也。天子動得天度，止得地意，從容中道，則太微五帝坐明以光。黃帝坐不明，人主求賢士以輔法，不然則奪勢。四帝星俠黃帝坐，東方蒼帝，靈威仰之神也；南方赤帝，赤熛怒之神也；西方白帝，白招矩之神也；北方黑帝，叶光紀之神也。

五帝坐北一星曰太子，帝儲也。太子北一星曰從官，侍臣也。帝坐東北一星曰幸臣。屏四星在端門之內，近右執法。屏，所以壅蔽帝庭也。執法主刺舉，臣尊敬君上，則星光明潤澤。郎位十五星在帝坐東北，一曰依烏郎府也。周官之元士，漢官之光祿、中散、諫議、議郎、三署郎中，是其職也。郎，主守衛也。其星不具，后妃死，幸臣誅。星明大及客星入之，大臣爲亂。郎將在郎位北，主閱具，所以爲武備也。武賁一星，在太微西蕃北，下台南，靜室旄頭之騎官也。常陳七星，如畢狀，在帝坐北，天子宿衛武賁之士，以設强禦也。星搖動，天子自出，明則武兵用，微則兵弱。

三台六星，兩兩而居，起文昌，列抵太微。一曰天柱，三公之位也。在人曰三公，在天曰三台，主開德宣符也。西近文昌二星曰上台，爲司命，主壽。次二星曰中台，爲司中，主宗室。東二星曰下台，爲司祿，主兵，所以昭德塞違也。又曰三台爲天階，太一躡以上下。一曰泰階。上階，上星爲天子，下星爲女主；中階，上星爲諸侯三公，下星爲卿大夫；下階，上星爲士，下星爲庶人，所以和陰陽而理萬物也。君臣和集，如其常度，有變則占其人。

南四星曰內平，近職執法平罪之官也。中台之北一星曰太尊，貴戚也。

攝提六星，直斗杓之南，主建時節，伺禨祥。攝提爲楯，以夾擁帝座也，主九卿。明大，三公恣。客星入之，聖人受制。西三星曰周鼎，主流亡。大角在攝提間。大角者，天王座

也。又爲天棟，正經紀也。北三星曰帝席，主宴獻酬酢。北三星曰梗河，天矛也。一曰天鋒，主胡兵。又爲喪，故其變動應以兵喪也。星亡，其國有兵謀。其北一星曰招搖，一曰矛楯，其北一星曰玄戈，皆主胡兵，占與梗河略相類也。招搖與北斗杓間曰天庫。星去其所，則有庫開之祥也。招搖欲與棟星、梗河、北斗相應，則胡當來受命於中國。玄戈又主北夷，客星守之，胡大敗。天槍三星，在北斗杓東，一曰天鉞，天之武備也。故在紫宮之左，所以禦難也。女牀三星，在紀星北，後宮御也，主女事。天棓五星，在女牀北，天子先驅也，主分爭與刑罰，藏兵亦所以禦難也。槍、棓，皆以備非常也，一星不具，其國兵起。東七星曰扶筐，盛桑之器，主勸蠶也。七公七星，在招搖東，天之相也，三公之象也，主七政。貫索九星在其前，賤人之牢也。一曰連索，一曰連營，一曰天牢，主法律，禁暴强也。牢口一星爲門，欲其開也。九星皆明，天下獄煩；七星見，小赦；六星、五星，大赦。動則斧鑕用，中空則更元。漢志云十五星。天紀九星，在貫索東，九卿也，主萬事之紀，理怨訟也。明則天下多辭訟，亡則政理壞，國紀亂，散絕則地震山崩。織女三星，在天紀東端，天女也，主果蓏絲帛珍寶也。王者至孝，神祇咸喜，則織女星俱明，天下和平。大星怒角，布帛貴。東足四星曰漸臺，臨水之臺也，主晷漏律呂之事。西足五星曰輦道，王者嬉游之道也，漢輦道通南北宮，其象也。

左右角間二星曰平道之官。平道西一星曰進賢，主卿相舉逸才。亢。東咸、西咸各四星，在房心北，日月五星之道也。房之戶，所以防淫佚也。星明則吉，月、五星犯守之，有陰謀。鍵閉一星，在房東北，近鉤鈐，主關籥。

天市垣二十二星，在房心東北，主權衡，主聚衆。一曰天旗庭，主斬戮之事也。市中星衆潤澤，則歲實。熒惑守之，戮不忠之臣。彗星除之，爲徙市易都。客星入之，兵大起；出之，有貴喪。

帝坐一星，在天市中候星西，天庭也。光而潤則天子吉，威令行。候一星，在帝坐東北，主伺陰陽也。明大，輔臣强，四夷開；候細微，則國安；亡則主失位；移則不安。宦者四星，在帝坐西南，侍主刑餘之人也。星微，吉；非其常，宦者有憂。宗正二星，在帝坐東南，宗大夫也。彗星守之，若失色，宗正有事；客星守之，更號令也。宗人四星，在宗正東，主錄親疏享祀。族人有序，則如綺文而明正。動則天子親屬有變；客星守之，貴人死。宗星二，在候星東，宗室之象，帝輔血脉之臣也。客星守之，宗支不和。

天江四星，在尾北，主太陰。江星不具，天下津河關道不通。明若動搖，大水出，大兵起，參差則馬貴。熒惑守之，有立王。客星入之，河津絕。

天籥八星在南斗杓西，主關閉。建星六星在南斗北，亦曰天旗，天之都關也。爲謀事，

爲天鼓，爲天馬。南二星，天庫也。中央二星，市也，鈇鑕也。上二星，旗跗也。斗建之間，三光道也。星動則衆勞。月暈之，蛟龍見，牛馬疫。月、五星犯之，大臣相譖有謀，亦爲關梁不通，有大水。東南四星曰狗國，主鮮卑、烏丸、沃且。熒惑守之，外夷爲變。狗國北二星曰天雞，主候時。天弁九星，在建星北，市官之長也，以知市珍也。星欲明，吉。彗星犯守之，糴貴，囚徒起兵。

河鼓三星，旗九星，在牽牛北，天鼓也，主軍鼓，主鈇鉞。一曰三武，主天子三將軍，中央大星爲大將軍，左星爲左將軍，右星爲右將軍。左星，南星也，所以備關梁而距難也，設守阻險，知謀徵也。旗卽天鼓之旗，所以爲旌表也。左旗九星，在鼓左旁。鼓欲正直而明，色黃光澤，將吉；不正，爲兵憂也。星怒，馬貴。動則兵起，曲則將失計奪勢。旗星差戾，亂相陵。旗端四星南北列，曰天桴，鼓桴也。星不明，漏刻失時。前近河鼓，若桴鼓相直，皆爲桴鼓用。

離珠五星，在須女北，須女之藏府，女子之星也。天津九星，橫河中，一曰天漢，一曰天江，主四瀆津梁，所以度神通四方也。一星不備，津關道不通。

螣蛇二十二星，在營室北，天蛇也，主水蟲。王良五星，在奎北，居河中，天子奉車御官也。其四星曰天駟，旁一星曰王良，亦曰天馬。其星動，爲策馬，車騎滿野。亦曰梁，爲

天橋，主禦風雨水道，故或占車騎，或占津梁。客星守之，橋不通道。前一星曰策星，王良之御策也，主天子之僕，在王良旁。若移在馬後，〔一八〕是謂策馬，則車騎滿野。閣道六星，在王良前，飛道也。從紫宮至河，神所乘也，一曰，閣道星，天子游別宮之道也。傅路一星，在閣道南，旁別道也。東壁北十星曰天廐，主馬之官，若今驛亭也，主傳令置驛，逐漏馳鶩，謂其行急疾，與晷漏競馳也。

天將軍十二星，在婁北，主武兵。中央大星，天之大將也。南一星曰軍南門，主誰何出入。太陵八星在胃北，亦曰積京，主大喪也。積京中星衆，則諸侯有喪，民多疾，兵起。太陵中一星曰積尸，明則死人如山。北九星曰天船，一曰舟星，所以濟不通也。中一星曰積水，候水災。昴西二星曰天街，三光之道，主伺候關梁中外之境。卷舌六星，在昴北，主口語，以知佞讒也。曲，吉；直而動，天下有口舌之害。中一星曰天讒，主巫醫。

五車五星，三柱九星，在畢北。五車者，五帝車舍也，五帝坐也，主天子五兵，一曰主五穀豐秏。西北大星曰天庫，主太白，主秦。次東北星曰獄，主辰星，主燕趙。次東星曰天倉，主歲星，主魯衞。次東南星曰司空，主塡星，主楚。次西南星曰卿星，主熒惑，主魏。五星有變，皆以其所主占之。三柱一曰三泉。天子得靈臺之禮，則五車、三柱均明有常。其中五星曰天潢。天潢南三星曰咸池，魚囿也。月、五星入天潢，兵起，道不通，天下亂。

五車南六星曰諸王，察諸侯存亡。其西八星曰八穀，主候歲。八穀一星亡，一穀不登。天關一星，在五車南，亦曰天門，日月之所行也，主邊事，主關閉。芒角，有兵。五星守之，貴人多死。

東井鉞前四星曰司怪，主候天地日月星辰變異及鳥獸草木之妖，明主聞災，修德保福也。司怪西北九星曰坐旗，君臣設位之表也。坐旗西四星曰天高，臺榭之高，主遠望氣象。天高西一星曰天河，主察山林妖變。南河、北河各三星，夾東井。一曰天高，天之關門也，〔一九〕主關梁。南河曰南戍，一曰南宮，一曰陽門，一曰越門，一曰權星，主火。北河曰北戍，一曰北宮，一曰陰門，一曰胡門，一曰衡星，主水。兩河戍間，日月五星之常道也。河戍動搖，中國兵起。南河南三星曰闕丘，主宮門外象魏也。五諸侯五星，在東井北，主刺舉，戒不虞。又曰理陰陽，察得失。亦曰主帝心。一曰帝師，二曰帝友，三曰三公，四曰博士，五曰太史，此五者常爲帝定疑議。星明大潤澤，則天下大治；芒角，則禍在中。五諸侯南三星曰天樽，主盛饘粥以給貧餒。積水一星，在北河西北，水河也，所以供酒食之正也。積薪一星在積水東北，供庖廚之正也。水位四星，在積薪東，主水衡。客星若水火守犯之，百川流溢。

軒轅十七星，在七星北。軒轅，黃帝之神，黃龍之體也；后妃之主，士職也。一曰東陵，一曰權星，主雷雨之神。南大星，女主也。次北一星，夫人也，屏也，上將也。次北一星，妃也，次將也。其次諸星，皆次妃之屬也。女主南小星，女御也。左一星少民，后宗也。右一星大民，太后宗也。欲其色黃小而明也。軒轅右角南三星曰酒旗，酒官之旗也，主宴饗飲食。五星守酒旗，天下大酺，有酒肉財物，賜若爵宗室。酒旗南三星曰天相，丞相之象也。軒轅西四星曰爟，爟者，烽火之爟也，邊亭之警候。

爟北四星曰內平，平罪之官，明刑罰。少微四星在太微西，士大夫之位也。一名處士，亦天子副主，或曰博士官，一曰主衞掖門。南第一星處士，第二星議士，第三星博士，第四星大夫。明大而黃，則賢士舉也。月、五星犯守之，處士、女主憂，宰相易。南四星曰長垣，主界域及胡夷。熒惑入之，胡入中國；太白入之，九卿謀。

二十八舍

東方。角二星爲天關，其間天門也，其內天庭也。故黃道經其中，七曜之所行也。左角爲天田，爲理，主刑；其南爲太陽道。右角爲將，主兵；其北爲太陰道。蓋天之三門，猶房之四表。其星明大，王道太平，賢者在朝；動搖移徙，王者行。

亢四星，天子之內朝也，總攝天下奏事，聽訟理獄錄功者也。一曰疏廟，主疾疫。星明大，輔納忠，天下寧。

氐四星，王者之宿宮，后妃之府，休解之房。前二星，適也；後二星，妾也。後二星大，則臣奉度。

房四星，爲明堂，天子布政之宮也，亦四輔也。下第一星，上將也；次，次將也；次，次相也；上星，上相也。南二星君位，北二星夫人位。又爲四表，中間爲天衢，爲天關，黃道之所經也。南間曰陽環，其南曰太陽；北間曰陰間，其北曰太陰。七曜由乎天衢，則天下平和；由陽道則旱喪；由陰道則水兵。亦曰天駟，爲天馬，主車駕。南星曰左驂，次左服，次右服，次右驂。亦曰天廐，又主開閉，爲畜藏之所由也。房星明，則王者明；驂星大，則兵起；星離，民流。又北二小星曰鉤鈐，房之鈐鍵，天之管籥，主閉鍵天心也。明而近房，天下同心。房、鉤鈐間有星及疏坼，則地動河清。

心三星，天王正位也。中星曰明堂，天子位，爲大辰，主天下之賞罰。天下變動，心星見祥。星明大，天下同。前星爲太子，後星爲庶子。心星直，則王失勢。

尾九星，後宮之場，妃后之府。上第一星，后也；次三星，夫人；次星，嬪妾。第三星傍一星名曰神宮，解衣之內室。尾亦爲九子，星色欲均明，大小相承，則後宮有敍，多子孫。

箕四星，亦後宮妃后之府。亦曰天津，一曰天雞，主八風。凡日月宿在箕、東壁、翼、軫者風起。又主口舌，主客蠻夷胡貉；故蠻胡將動，先表箕焉。

北方。南斗六星，天廟也，丞相太宰之位，主褒賢進士，稟授爵祿。又主兵，一曰天機。南二星魁，天梁也。中央二星，天相也。北二星，天府庭也，亦爲壽命之期也。將有天子之事，占於斗。斗星盛明，王道平和，爵祿行。

牽牛六星，天之關梁，主犧牲事。其北二星，一曰即路，一曰聚火。又曰，上一星主道路，次二星主關梁，次三星主南越。搖動變色則占之。星明大，王道昌，關梁通。

須女四星，天少府也。須，賤妾之稱，婦職之卑者也，主布帛裁製嫁娶。

虛二星，冢宰之官也，主北方邑居廟堂祭祀祝禱事，又主死喪哭泣。

危三星，主天府天市架屋，餘同虛占。墳墓四星，屬危之下，主死喪哭泣，爲墳墓也。

營室二星，天子之宮也。一曰玄宮，一曰清廟，又爲軍糧之府及土功事。星明，國昌，小不明，祠祀鬼神不享。離宮六星，天子之別宮，主隱藏休息之所。

東壁二星，主文章，天下圖書之祕府也。星明，王者興，道術行，國多君子，星失色，大小不同，王者好武，經士不用，圖書隱，星動，則有土功。

西方。奎十六星，天之武庫也。一曰天豕，亦曰封豕。主以兵禁暴，又主溝瀆。西南大星，所謂天豕目，亦曰大將，欲其明。

婁三星，爲天獄，主苑牧犧牲，供給郊祀。

胃三星，天之廚藏，主倉廩，五穀府也，明則和平。

昴七星，天之耳目也，主西方，主獄事。又爲旄頭，胡星也。昴、畢間爲天街，天子出，旄頭罕畢以前驅，此其義也。黃道之所經也。昴明，則天下牢獄平。昴六星皆明，與大星等，大水。七星皆黃，兵大起。一星亡，爲兵喪。搖動，有大臣下獄，及有白衣之會。大而數盡動若跳躍者，胡兵大起。

畢八星，主邊兵，主弋獵。其大星曰天高，一曰邊將，主四夷之尉也。星明大，則遠夷來貢，天下安，失色，則邊兵亂。附耳一星，在畢下，主聽得失，伺愆邪，察不祥。星盛，則中國微，有盜賊，邊候驚，外國反，移動，佞讒行。月入畢，多雨。

觜觿三星，爲三軍之候，行軍之藏府，主葆旅，收斂萬物。明則軍儲盈，將得勢。

參十星，一曰參伐，一曰大辰，一曰天市，一曰鈇鉞，主斬刈。又爲天獄，主殺伐。又主權衡，所以平理也。又主邊城，爲九譯，故不欲其動也。參，白獸之體。其中三星橫列，三將也。東北曰左肩，主左將，西北曰右肩，主右將，東南曰左足，主後將軍，西南曰右足，主偏將軍。故黃帝占參應七將。中央三小星曰伐，天之都尉也，主胡、鮮卑、戎、狄之國，故不欲明。七將皆明大，天下兵精也。王道缺則芒角張。伐星明與參等，大臣皆謀，兵起。參星失色，軍散敗。參芒角動搖，邊候有急，兵起，有斬伐之事。參星移，客伐主。參左足入玉井中，兵大起，秦大水，若有喪，山石爲怪。參星差戾，王臣貳。

南方。東井八星，天之南門，黃道所經，天之亭候，主水衡事，法令所取平也。王者用法平，則井星明而端列。鉞一星，附井之前，主伺淫奢而斬之。故不欲其明，明與井齊，則用鉞於大臣。月宿井，有風雨。

輿鬼五星，天目也，主視，明察姦謀。東北星主積馬，東南星主積兵，西南星主積布帛，西北星主積金玉，隨變占之。中央星爲積尸，主死喪祠祀。一曰鈇鑕，主誅斬。鬼星明，大穀成，不明，百姓散。鑕欲其忽忽不明，明則兵起，大臣誅。

柳八星，天之廚宰也，主尚食，和滋味，又主雷雨。

七星七星，一名天都，主衣裳文繡，又主急兵盜賊。故星明王道昌，闇則賢良不處，天下空。

張六星，主珍寶、宗廟所用及衣服，又主天廚飲食賞賚之事。星明則王者行五禮，得天之中。

翼二十二星，天之樂府，主俳倡戲樂，〔一〇〕又主夷狄遠客、負海之賓。星明大，禮樂興，四夷賓。動則蠻夷使來，離徙則天子舉兵。

軫四星，主冢宰，輔臣也，主車騎，主載任。有軍出入，皆占於軫。又主風，主死喪。軫

星明，則車駕備，動則車駕用。轄星傅軫兩傍，主王侯，左轄爲王者同姓，右轄爲異姓。星明，兵大起。遠軫，凶。轄舉，南蠻侵。長沙一星，在軫之中，主壽命。明則主壽長，子孫昌。又曰，車無轄，國有憂，軫就聚，兵大起。

星官在二十八宿之外者

庫樓十星，六大星爲庫，南四星爲樓，在角南。一曰天庫，兵車之府也。旁十五星三三而聚者，柱也。中央四小星，衡也，主陳兵。東北二星曰陽門，主守隘塞也。南門二星，在庫樓南，天之外門也，主守兵。平星二星，在庫樓北，平天下之法獄事，廷尉之象也。天門二星，在平星北。

亢南七星曰折威，主斬殺。頓頑二星，在折威東南，主考囚情狀，察詐僞也。

騎官二十七星，在氐南，若天子武賁，主宿衞。東端一星騎陣將軍，騎將也。南三星車騎，車騎之將也。陣車三星，在騎官東北，革車也。

積卒十二星，在房心南，主爲衞也。他星守之，近臣誅。從官二星，在積卒西北。

龜五星，在尾南，主卜以占吉凶。傅說一星，在尾後。傅說主章祝，巫官也。魚一星，在尾後河中，主陰事，知雲雨之期也。

杵三星，在箕南，杵給庖舂。客星入杵臼，天下有急。糠星在箕舌前杵西北。

鼈十四星，在南斗南。鼈爲水蟲，歸太陰。有星守之，白衣會，主有水令。農丈人一星，在南斗西南，老農主穡也。狗二星，在南斗魁前，主吠守。

天田九星，在牛南。羅堰九星，在牽牛東，岠馬也，以壅蓄水潦，灌溉溝渠也。九坎九星，在牽牛南。坎，溝渠也，所以導達泉源，疏盈瀉溢，通溝洫也。九坎閒十星曰天池，一曰三池，一曰天海，主灌溉田疇事。

虛南二星曰哭，哭東二星曰泣，泣、哭皆近墳墓。泣南十三星曰天壘城，如貫索狀，主北夷丁零、匈奴。南二星曰蓋屋，治宮室之官也。其南四星曰虛梁，園陵寢廟之所也。

羽林四十五星，在營室南，一曰天軍，主軍騎，又主翼王也。壘壁陣十二星，在羽林北，羽林之垣壘也，主軍衞爲營壅也。五星有在天軍中者，皆爲兵起，熒惑、太白、辰星尤甚。北落師門一星，在羽林西南。北者，宿在北方也；落，天之藩落也；師，衆也；師門，猶軍門也。長安城北門曰北落門，以象此也。主非常以候兵。有星守之，虜入塞中，兵起。其西北有十星，曰天錢。北落西南一星曰天綱，主武帳。北落東南九星曰八魁，主張禽獸。

天倉六星，在婁南，倉穀所藏也。南四星曰天庾，積廚粟之所也。

天囷十三星，在胃南。囷，倉廩之屬也，主給御糧也。

天廩四星在昴南，一曰天廥，主蓄黍稷以供饗祀，春秋所謂御廩，此之象也。天苑十六星，在昴畢南，天子之苑囿，養獸之所也。苑南十三星曰天園，植果菜之所也。

畢附耳南八星曰天節，主使臣之所持者也。天節下九星曰九州殊口，曉方俗之官，通重譯者也。

參旗九星在參西，一曰天旗，一曰天弓，主司弓弩之張，候變禦難。玉井四星，在參左足下，主水漿以給廚。西南九星曰九游，天子之旗也。玉井東南四星曰軍井，行軍之井也。軍井未達，將不言渴，名取此也。軍市十三星在參東南，天軍貿易之市，使有無通也。野雞一星，主變怪，在軍市中。軍市西南二星曰丈人，丈人東二星曰子，子東二星曰孫。

東井西南四星曰水府，主水之官也。東井南垣之東四星曰四瀆，江、河、淮、濟之精也。狼一星，在東井東南。狼爲野將，主侵掠。色有常，不欲動也。北七星曰天狗，主守財。弧九星，在狼東南，天弓也，主備盜賊，常向於狼。弧矢動移不如常者，多盜賊，胡兵大起。狼弧張，害及胡，天下乖亂。又曰，天弓張，天下盡兵。弧南六星爲天社，昔共工氏之子句龍，能平水土，故祀以配社，其精爲星。老人一星，在弧南，一曰南極，常以秋分之旦見于丙，春分之夕而沒于丁。見則治平，主壽昌，常以秋分候之南郊。

柳南六星曰外廚。廚南一星曰天紀，主禽獸之齒。

稷五星，在七星南。稷，農正也，取乎百穀之長以爲號也。

張南十四星曰天廟，天子之祖廟也。客星守之，祠官有憂。

翼南五星曰東區，蠻夷星也。

軫南三十二星曰器府，樂器之府也。青丘七星，在軫東南，蠻夷之國號也。青丘西四星曰土司空，主界域，亦曰司徒。土司空北二星曰軍門，主營候彪尾威旗。

天漢起沒

天漢起東方，經尾箕之閒，謂之漢津。乃分爲二道，其南經傅說、魚、天籥、天弁、河鼓，其北經龜，貫箕下，次絡南斗魁、左旗，至天津下而合南道。乃西南行，又分夾匏瓜，絡人星、杵、造父、騰蛇、王良、傅路、閣道北端、太陵、天船、卷舌而南行，絡五車，經北河之南，入東井水位而東南行，絡南河、闕丘、天狗、天紀、天稷，在七星南而沒。

十二次度數

十二次。班固取三統曆十二次配十二野，其言最詳。又有費直說周易、蔡邕月令章句，所言頗有先後。魏太史令陳卓更言郡國所入宿度，〔一〕今附而次之。

自軫十二度至氐四度爲壽星，於辰在辰，鄭之分野，屬兗州。費直周易分野，壽星起軫七度。蔡邕月令章句，壽星起軫六度。

自氐五度至尾九度爲大火，於辰在卯，宋之分野，屬豫州。費直，起氐十一度。蔡邕，起亢八度。

自尾十度至南斗十一度爲析木，於辰在寅，燕之分野，屬幽州。費直，起尾九度。蔡邕，起尾四度。

自南斗十二度至須女七度爲星紀，於辰在丑，吳越之分野，屬揚州。費直，起斗十度。蔡邕，起斗六度。

自須女八度至危十五度爲玄枵，於辰在子，齊之分野，屬青州。費直，起女六度。蔡邕，起女二度。

自危十六度至奎四度爲諏訾，於辰在亥，衞之分野，屬并州。費直，起危十四度。蔡邕，起危十度。

自奎五度至胃六度爲降婁，於辰在戌，魯之分野，屬徐州。費直，起奎二度。蔡邕，起奎八度。

自胃七度至畢十一度爲大梁，於辰在酉，趙之分野，屬冀州。費直，起婁十度。蔡邕，起胃一度。

自畢十二度至東井十五度爲實沈，於辰在申，魏之分野，屬益州。費直，起畢九度。蔡邕，起畢六度。

自東井十六度至柳八度爲鶉首，於辰在未，秦之分野，屬雍州。費直，起井十二度。蔡邕，起井十度。

自柳九度至張十六度爲鶉火，於辰在午，周之分野，屬三河。費直，起柳五度。蔡邕，起柳三度。

自張十七度至軫十一度爲鶉尾，於辰在巳，楚之分野，屬荆州。費直，起張十三度。蔡邕，起張十二度。

州郡躔次

陳卓、范蠡、鬼谷先生、張良、諸葛亮、譙周、京房、張衡並云：

角、亢、氐，鄭，兗州：

東郡入角一度，　東平、任城、山陽入角六度，

泰山入角十二度，　濟北、陳留入亢五度，

濟陰入氐二度，　東平入氐七度。

房、心，宋，豫州：

潁川入房一度，　汝南入房二度，

沛郡入房四度，　梁國入房五度，

淮陽入心一度，　魯國入心三度，

楚國入房四度。

尾、箕，燕，幽州：

涼州入箕中十度，　上谷入尾一度，

漁陽入尾三度，　右北平入尾七度，

西河、上郡、北地、遼西東入尾十度，　涿郡入尾十六度，

渤海入箕一度，　樂浪入箕三度，

玄菟入箕六度，　廣陽入箕九度。

斗、牽牛、須女，吳、越，揚州：

九江入斗一度，　廬江入斗六度，

豫章入斗十度，　丹陽入斗十六度，

會稽入牛一度，　臨淮入牛四度，

廣陵入牛八度，　泗水入女一度，

六安入女六度。

虛、危，齊，青州：

齊國入虛六度，　北海入虛九度，

濟南入危一度，　樂安入危四度，

東萊入危九度，　平原入危十一度，

菑川入危十四度。

營室、東壁，衞，并州：

安定入營室一度，　天水入營室八度，

隴西入營室四度，　酒泉入營室十一度，

張掖入營室十二度，　武都入東壁一度，

金城入東壁四度，　武威入東壁六度，

敦煌入東壁八度。

奎、婁、胃，魯，徐州：

東海入奎一度，　琅邪入奎六度，

高密入婁一度，　城陽入婁九度，

膠東入胃一度。

昴、畢，趙，冀州：

魏郡入昴一度，　鉅鹿入昴三度，

常山入昴五度，　廣平入昴七度，

中山入昴一度，　清河入昴九度，

信都入畢三度，　趙郡入畢八度，

安平入畢四度，　河間入畢十度，

眞定入畢十三度。

觜、參，魏，益州：

廣漢入觜一度，　越嶲入觜三度，

蜀郡入參一度，　犍爲入參三度，

牂柯入參五度，　巴郡入參八度，

漢中入參九度，　益州入參七度。

東井、輿鬼，秦，雍州：

雲中入東井一度，　定襄入東井八度，

雁門入東井十六度，　代郡入東井二十八度，

太原入東井二十九度，　上黨入輿鬼二度。

柳、七星、張，周，三輔：

弘農入柳一度，　河南入七星三度，

河東入張一度，　河內入張九度。

翼、軫，楚，荊州：

南陽入翼六度，　南郡入翼十度，

江夏入翼十二度，　零陵入軫十一度，

桂陽入軫六度，　武陵入軫十度，

長沙入軫十六度。

校勘記

〔一〕天文經星中宮二十八舍　周校：「天文經星」「二十八舍」二子目中間宜補「中宮」二字。今據補。

〔二〕宣夜之書亡　「亡」原作「云」。斠注：此文本抱朴子，「云」爲「亡」之誤。按：今本抱朴子佚，此文見御覽二引，今據改。

〔三〕故斗去人遠　「故」原作「而」。御覽二引昕天論作「故」，與上文「故日去人遠」句法一律，今據改。

〔四〕極之高時　「高」原作「立」，御覽二引作「高」，與下文「低」爲對文，今據改。

〔五〕天去地下故晝短也　「故」上原有「淺」字，乃衍文，今據隋書天文志在本志校記中以後簡稱隋志上及御覽二引文改。

〔六〕夜行於平地　「夜」下各本有一「半」字，宋本無，與論衡說日合，隋志上亦無「半」字，今從之。

〔七〕然精於陰陽者少　各本原脫「少」字，今據隋志上補。

〔八〕若謂天磨右轉者日之出入亦然　隋志上無「日之出入亦然」六字，疑此六字涉上文衍。

〔九〕其比入之間　「比」原作「北」，今據隋志上改。

〔一〇〕顧當言日精生火者可耳　「日」下原有「陽」字。拾補：「陽」字衍。按：隋志上無「陽」字，下文「此日精之生火明矣」句亦無「陽」字，今據刪。

〔一一〕是也日最南　依文義，應作「是日日最南」。下文「是日最北」亦宜作「是日日最北」。

〔一二〕天徑三十二萬九千四百一里　考異：周天一百七萬一千里，以徑四十五周百四十二之率約之，當云三十三萬九千四百一里。

〔一三〕可以分陰陽而配節候　拾補：隋志「配作紀」。斠注：御覽六引天文錄亦作「紀」。

〔一四〕宮門左星內二星曰大理　考證：「左」下「星」疑衍。

〔一五〕南第一星曰上相　原無「星」字　隋志上亦無。但通鑑一六胡注引有「星」字，依下文「第二星」「第三星」「南第一星曰上將」諸例，當有「星」字，今據補。

〔一六〕諸侯謀天子也　原無「天子也」三字。拾補：「天子也」三字脫。按：隋志上有，今據補。

〔一七〕主治萬事　原無「主」字。拾補：「主」字脫。按：隋志上有，今據補。

〔一八〕若移在馬後　「在」下原有「王良前居」四字。拾補：四字衍。今據隋志上刪。

〔一九〕一日天高天之闕門也　「高」下原無「天」字。拾補：「高」下脫「天」字。今據隋志上補。

〔二〇〕天之樂府主俳倡戲樂　拾補：「府」下脫「主」字，「倡」下脫「戲樂」二字。按：隋志中有，今據補。

〔二一〕魏太史令陳卓　校文：上既言武帝時太史令陳卓，此不應更云「魏」，當爲「晉」之訛。

晉書卷十二

志第二

天文中 七曜 雜星氣 瑞星 妖星 客星 流星 雲氣 十煇 雜氣 史傳事驗 天變 日蝕 月變 月奄犯五緯 五星聚舍〔一〕

七曜

日爲太陽之精，主生養恩德，人君之象也。人君有瑕，必露其慝以告示焉。故日月行有道之國則光明，人君吉昌，百姓安寧。人君乘土而王，其政太平，則日五色無主。日變色，有軍，軍破；無軍，喪侯王。其君無德，其臣亂國，則日赤無光。日失色，所臨之國不昌。日晝昏，行人無影，到暮不止者，上刑急，下不聊生，不出一年有大水。日晝昏，烏鳥羣鳴，國失政。日中烏見，主不明，爲政亂，國有白衣會，將軍出，旌旗舉。日中有黑子、黑氣、黑雲，乍三乍五，臣廢其主。日蝕，陰侵陽，臣掩君之象，有亡國。

月爲太陰之精，以之配日，女主之象；以之比德，刑罰之義；列之朝廷，諸侯大臣之類。故君明，則月行依度；臣執權，則月行失道；大臣用事，兵刑失理，則月行乍南乍北；女主外戚擅權，則或進或退。月變色，將有殃。月晝明，姦邪並作，君臣爭明，女主失行，陰國兵强，中國饑，天下謀僭。數月重見，國以亂亡。

歲星曰東方春木，於人，五常，仁也；五事，貌也。仁虧貌失，逆春令，傷木氣，則罰見歲星。歲星盈縮，以其舍命國。其所居久，其國有德厚，五穀豐昌，不可伐。其對爲衝，歲乃有殃。歲星安靜中度，吉。盈縮失次，其國有憂，不可舉事用兵。又曰，人主之象也，色欲明，光色潤澤，德合同。又曰，進退如度，姦邪息；變色亂行，主無福。又主福，主大司農，主齊吳，主司天下諸侯人君之過，主歲五穀。赤而角，其國昌；赤黃而沈，其野大穰。

熒惑曰南方夏火，禮也，視也。禮虧視失，逆夏令，傷火氣，罰見熒惑。熒惑法使行無常，出則有兵，入則兵散。以舍命國，爲亂爲賊，爲疾爲喪，爲饑爲兵，所居國受殃。環繞鉤己，芒角動摇，變色，乍前乍後，乍左乍右，其爲殃愈甚。其南丈夫、北女子喪。周旋止息，乃爲死喪；寇亂其野，亡地。其失行而速，兵聚其下，順之戰勝。又曰，熒惑主大鴻臚，主死喪，主司空。又爲司馬，主楚吳越以南；又司天下羣臣之過，司驕奢亡亂妖孽，主歲成敗。

又曰，熒惑不動，兵不戰，有誅將。其出色赤怒，逆行成鉤己，戰凶，有圍軍；鉤己，有芒角如鋒刃，人主無出宮，下有伏兵；芒大則人衆怒。又爲理，外則理兵，內則理政，爲天子之理也。故曰，雖有明天子，必視熒惑所在。其入守犯太微、軒轅、營室、房、心，主命惡之。

填星曰中央季夏土，信也，思心也。仁義禮智，以信爲主，貌言視聽，以心爲正，故四星皆失，填乃爲之動。動而盈，侯王不寧。縮，有軍不復。所居之宿，國吉，得地及女子，有福，不可伐；去之，失地，若有女憂。居宿久，國福厚；易則薄。失次而上二三宿曰盈，有主命不成，不乃大水。失次而下曰縮，后慼，其歲不復，不乃天裂若地動。一曰，填爲黃帝之德，女主之象，主德厚安危存亡之機，司天下女主之過。又曰，天子之星也。天子失信，則填星大動。

太白曰西方秋金，義也，言也。義虧言失，逆秋令，傷金氣，罰見太白。太白進退以候兵，高埤遲速，靜躁見伏，用兵皆象之，吉。其出西方，失行，夷狄敗；出東方，失行，中國敗。未盡期日，過參天，病其對國。若經天，天下革，民更王，是謂亂紀，人衆流亡。晝見，與日爭明，强國弱，小國强，女主昌。又曰，太白主大臣，其號上公也，大司馬位謹候此。

辰星曰北方冬水，智也，聽也。智虧聽失，逆冬令，傷水氣，罰見辰星。辰星見，則主刑，主廷尉，主燕趙，又爲燕、趙、代以北；宰相之象。〔二〕亦爲殺伐之氣，戰鬬之象。又曰，軍

於野，辰星爲偏將之象，無軍爲刑事。和陰陽，應效不效，其時不和。出失其時，寒暑失其節，邦當大饑。當出不出，是謂擊卒，兵大起。在於房心間，地動。亦曰，辰星出入躁疾，常主夷狄。又曰，蠻夷之星也，亦主刑法之得失。色黃而小，地大動。光明與月相逮，其國大水。

凡五星有色，大小不同，各依其行而順時應節。色變有類，凡青皆比參左肩，赤比心大星，黃比參右肩，白比狼星，黑比奎大星。不失本色而應其四時者，吉；色害其行，凶。

凡五星所出所行所直之辰，其國爲得位。得位者，歲星以德，熒惑有禮，填星有福，太白兵强，辰星陰陽和。所行所直之辰，順其色而有角者勝，其色害者敗。居實，有德也；居虛，無德也。色勝位，行勝色，行得盡勝之。營室爲清廟，歲星廟也。心爲明堂，熒惑廟也。南斗爲文太室，填星廟也。亢爲疏廟，太白廟也。七星爲員宮，辰星廟也。五星行至其廟，謹候其命。

凡五星盈縮失位，其精降于地爲人。歲星降爲貴臣；熒惑降爲童兒，歌謠嬉戲；填星降爲老人婦女；太白降爲壯夫，處於林麓；辰星降爲婦人。吉凶之應，隨其象告。

凡五星，木與土合，爲內亂，饑；與水合，爲變謀而更事；與火合，爲饑，爲旱；與金合，爲白衣之會，合鬬，國有內亂，野有破軍，爲水。太白在南，歲星在北，名曰牝牡，年穀大熟。

太白在北，歲星在南，年或有或無。火與金合，爲爍，爲喪，不可舉事用兵。從軍，爲軍憂；離之，軍却。出太白陰，分宅；出其陽，偏將戰。與土合，爲憂，主孽卿。與水合，爲北軍，用兵舉事大敗。一曰，火與水合，爲焠，不可舉事用兵。土與水合，爲壅沮，不可舉事用兵，有覆軍下師。一曰，爲變謀更事，必爲旱。與金合，爲疾，爲白衣會，爲內兵，國亡地。與木合，國饑。水與金合，爲變謀，爲兵憂。入太白中而上出，破軍殺將，客勝；下出，客亡地。視旗所指，以命破軍。環繞太白，若與鬬，大戰，客勝。凡木、火、土、金與水鬬，皆爲戰。兵不在外，皆爲內亂。凡同舍爲合，相陵爲鬬。二星相近，其殃大；相遠，毋傷，七寸以內必之。

凡月蝕五星，其國皆亡。歲以饑，熒惑以亂，塡以殺，太白以强國戰，辰以女亂。

凡五星入月，歲，其野有逐相；太白，將僇。

凡五星所聚，其國王，天下從。歲以義從，熒惑以禮從，塡以重從，太白以兵從，辰以法從，各以其事致天下也。三星若合，是謂驚立絕行，其國外內有兵與喪，百姓饑乏，改立侯王。四星若合，是謂大陽，其國兵喪並起，君子憂，小人流。五星若合，是謂易行，有德承慶，改立王者，奄有四方，子孫蕃昌；亡德受殃，離其國家，滅其宗廟，百姓離去，被滿四方。五星皆大，其事亦大；皆小，事亦小。

凡五星色，皆圜，白爲喪，爲旱；赤中不平，爲兵；青爲憂，爲水；黑爲疾疫，爲多死；黃爲吉。皆角，赤，犯我城；黃，地之爭；白，哭泣聲；青，有兵憂；黑，有水。五星同色，天下偃兵，百姓安寧，歌舞以行，不見災疾，五穀蕃昌。

凡五星，歲，政緩則不行，急則過分，逆則占。熒惑，緩則不出，急則不入，違道則占。塡，緩則不還，急則過舍，逆則占。太白，緩則不出，急則不入，逆則占。辰，緩則不出，急則不入，非時則占。五星不失行，則年穀豐昌。

凡五星分天之中，積于東方，中國利；積于西方，外國用兵者利。辰星不出，太白爲客；其出，太白爲主。出而與太白不相從，及各出一方，爲格，野雖有軍，不戰。

凡五星見伏、留行、逆順、遲速應曆度者，爲得其行，政合于常；違曆錯度，而失路盈縮者，爲亂行。亂行則爲天矢彗孛，而有亡國革政，兵饑喪亂之禍云。

雜星氣

圖緯舊說，及漢末劉表爲荆州牧，命武陵太守劉叡集天文衆占，名荆州占。其雜星之體，有瑞星，有妖星，有客星，有流星，有瑞氣，有妖氣，有日月傍氣，皆略其名狀，舉其占驗，次之於此云。

瑞星

一曰景星，如半月，生於晦朔，助月爲明。或曰，星大而中空。或曰，有三星，在赤方氣，與青方氣相連，黃星在赤方氣中，亦名德星。

二曰周伯星，黃色，煌煌然，所見之國大昌。

三曰含譽，光耀似彗，喜則含譽射。

四曰格澤，如炎火，下大上兌，色黃白，起地而上。見則不種而穫，有土功，有大客。

妖星

一曰彗星，所謂掃星。本類星，末類彗，小者數寸，長或竟天。見則兵起，大水。主掃除，除舊布新。有五色，各依五行本精所主。史臣案，彗體無光，傅日而爲光，故夕見則東指，晨見則西指。在日南北，皆隨日光而指。頓挫其芒，或長或短，光芒所及則爲災。

二曰孛星，彗之屬也。偏指曰彗，芒氣四出曰孛。孛者，孛孛然非常，惡氣之所生也。內不有大亂，則外有大兵，天下合謀，闇蔽不明，有所傷害。晏子曰：「君若不改，孛星將出，彗星何懼乎！」由是言之，災甚於彗。

三曰天棓，一名覺星。本類星，末銳，長四丈。或出東北方西方，主奮爭。

四曰天槍。其出不過三月，必有破國亂君，伏死其辜。殃之不盡，當爲旱饑暴疾。

五曰天欃。石氏曰，雲如牛狀。甘氏，本類星，末銳。巫咸曰，彗星出西方，長可二三丈，主捕制。

六曰蚩尤旗，類彗而後曲，象旗。或曰，赤雲獨見。或曰，其色黃上白下。或曰，若植雚而長，名曰蚩尤之旗。或曰，如箕，可長二丈，末有星。主伐枉逆，主惑亂，所見之方下有兵，兵大起；不然，有喪。

七曰天衝，出如人，蒼衣赤頭，不動。見則臣謀主，武卒發，天子亡。

八曰國皇，大而赤，類南極老人星。或曰，去地一二丈，如炬火，主內寇內難。或曰，其下起兵，兵强。或曰，外內有兵喪。

九曰昭明，象如太白，光芒，不行。或曰，大而白，無角，〔三〕乍上乍下。一曰，赤彗分爲昭明，昭明滅光，以爲起霸起德之徵，所起國兵多變。一曰，大人凶，兵大起。

十曰司危，如太白，有目。或曰，出正西，西方之野星，去地可六丈，大而白。或曰，大而有毛，兩角。或曰，類太白，數動，察之而赤，爲乖爭之徵，主擊强兵。見則主失法，豪傑起，天子以不義失國，有聲之臣行主德。

十一曰天讒，彗出西北，狀如劍，長四五丈。或曰，如鉤，長四丈。或曰，狀白小，數動，主殺罰。出則其國內亂，其下相讒，爲飢兵，赤地千里，枯骨藉藉。

十二曰五殘，一名五鋒，出正東，東方之星。狀類辰，可去地六七丈。或曰，蒼彗散爲五殘，如辰星，出角。或曰，星表有氣如暈，有毛。或曰，大而赤，數動，察之而青。主乖亡，爲五分，毀敗之徵，亦爲備急兵。見則主誅，政在伯，野亂成，有急兵，有喪，不利衙。

十三曰六賊，見出正南，南方之星。去地可六丈，大而赤，動有光。或曰，形如彗。五殘、六賊出，禍合天下，逆侵闕樞，其下有兵，衝不利。

十四曰獄漢，一名咸漢，出正北，北方之野星，去地可六丈，大而赤，數動，察之中青。或曰，赤表，下有三彗從橫。主逐王，主刺王。出則陰精橫，兵起其下。又爲喪，動則諸侯驚。

十五曰旬始，出北斗旁，如雄雞。其怒，有青黑，象伏鼈。或曰，怒，雌也，主爭兵。又曰，黃彗分爲旬始，爲立主之題，主亂，主招橫。見則臣亂兵作，諸侯虐，期十年，聖人起伐，〔四〕犨猾橫恣。或曰，出則諸侯雄鳴。

十六曰天鋒，彗象矛鋒。天下從橫，則天鋒星見。

十七曰燭星，如太白。其出也不行，見則不久而滅。或曰，主星上有三彗上出，所出城邑亂，有大盜不成，又以五色占。

十八曰蓬星，大如二斗器，色白，一名王星。狀如夜火之光，多至四五，少一二。一曰，

蓬星在西南，長數丈，左右兌。出而易處。星見，不出三年，有亂臣戮死。又曰，所出大水大旱，五穀不收，人相食。

十九曰長庚，如一匹布著天。見則兵起。

二十曰四塡，星出四隅，去地六丈餘，或曰可四丈。或曰，星大而赤，去地二丈，常以夜半時出。見，十月而兵起，皆爲兵起其下。

二十一曰地維藏光，出四隅，去地二三丈，如月始出。見則下有亂，亂者亡，有德者昌。

河圖云：

歲星之精，流爲天棓、天槍、天猾、天衝、國皇、反登、〔五〕蒼彗。

熒惑散爲昭旦、蚩尤之旗、昭明、司危、天欃、赤彗。

塡星散爲五殘、獄漢、大賁、昭星、絀流、旬始、蚩尤、虹蜺、擊咎、黃彗。

太白散爲天杵、天柎、伏靈、大敗、司姦、天狗、天殘、卒起、白彗。

辰星散爲枉矢、破女、拂樞、滅寶、繞綎、驚理、大奮祀、黑彗。

五色之彗，各有長短，曲折應象。

漢京房著風角書有集星章，所載妖星皆見於月旁，互有五色方雲，以五寅日見，各有五星所生云：

天槍、天根、天荊、眞若、天榬、天樓、天垣，皆歲星所生也。見以甲寅，其星咸有兩青方在其旁。

天陰、晉若、官張、天惑、天崔、赤若、蚩尤，皆熒惑之所生也。出在丙寅日，有兩赤方在其旁。

天上、天伐、從星、天樞、天翟、天沸、荊彗，皆塡星所生也。出在戊寅日，有兩黃方在其旁。

若星、帚星、若彗、竹彗、牆星、榬星、白藿，皆太白之所生也。出在庚寅日，有兩白方在其旁。

天美、天欃、天杜、天麻、天林、天蒿、端下，皆辰星之所生也。出以壬寅日，有兩黑方在其旁。

已前三十五星，即五行氣所生，皆出於月左右方氣之中，各以其所生星將出不出日數期候之。當其未出之前而見，見則有水旱，兵喪，饑亂；所指亡國，失地，王死，破軍，殺將。

客星

張衡曰：「老子四星及周伯、王蓬絮、芮各一，錯乎五緯之間。其見無期，其行無度。」荊州占云：「老子星色淳白，然所見之國，爲饑爲凶，爲善爲惡，爲喜爲怒。周伯星黃色煌煌，所至之國大昌。蓬絮星色青而熒熒然，所至之國風雨不節，焦旱，物不生，五穀不登，多蝗蟲。」又云：「東南有三星出，名曰盜星，出則天下有大盜。西南有三大星出，名曰種陵，出則天下穀貴十倍。西北三大星出而白，名曰天狗，〔六〕出則人相食，大凶。東北有三大星出，名曰女帛，見則有大喪。」

流星

流星，天使也。自上而降曰流，自下而升曰飛。大者曰奔，奔亦流星也。星大者使大，星小者使小。聲隆隆者，怒之象也。行疾者期速，行遲者期遲。大而無光者，衆人之事；小而有光者，貴人之事；大而光者，其人貴且衆也。乍明乍滅者，賊成敗也。〔七〕前大後小者，恐憂也；前小後大者，喜事也。蛇行者，姦事也；往疾者，往而不反也。長者，其事長久也；短者，事疾也。奔星所墜，其下有兵。無風雲，有流星見，良久間乃入，爲大風，發屋折木。小流星百數四面行者，衆庶流移之象。

流星之類，有音如炬火下地，野雉鳴，天保也；所墜國安，有喜。若小流星色青赤，名曰地雁，其所墜者起兵。流星有光青赤，長二三丈，名曰天雁，軍中之精華也，其國起兵，將軍

當從星所之。流星暉然有光，光白，長竟天者，人主之星也；主相、將軍從星所之。

飛星大如缶若甕，後皎然白，前卑後高，此謂頓頑，其所從者多死亡。飛星大如缶若甕，後皎然白，星滅後，白者曲環如車輪，此謂解衡，其國人相斬爲爵祿。飛星大如缶若甕，其後皎然白，長數丈，星滅後，白者化爲雲流下，名曰大滑，所下有流血積骨。

枉矢，類流星，色蒼黑，蛇行，望之如有毛，目長數匹，著天，主反萌，主射愚。見則謀反之兵合射所誅，亦爲以亂伐亂。

天狗，狀如大奔星，色黃，有聲，其止地，類狗。所墜，望之如火光，炎炎衝天，其上銳，其下員，如數頃田處。或曰，星有毛，旁有短彗，下有狗形者。或曰，星出，其狀赤白有光，下即爲天狗。一曰，流星有光，見人面，墜無音，若有足者，名曰天狗。其色白，其中黃，黃如遺火狀。主候兵討賊。見則四方相射，千里破軍殺將。或曰，五將鬭，人相食，所往之鄉有流血。其君失地，兵大起，國易政，戒守禦。

營頭，有雲如壞山墮，所謂營頭之星。所墮，其下覆軍，流血千里。亦曰流星晝隕名營頭。

雲氣

瑞氣：一曰慶雲。若煙非煙，若雲非雲，郁郁紛紛，蕭索輪囷，是謂慶雲，亦曰景雲。此

喜氣也，太平之應。二曰歸邪。如星非星，如雲非雲。或曰，星有兩赤彗上向，有蓋，下連星。見，必有歸國者。三曰昌光，赤，如龍狀；聖人起，帝受終，則見。

妖氣：一曰虹蜺，日旁氣也，斗之亂精。主惑心，主內淫，主臣謀君，天子詘，后妃顓，妻不一。二曰牂雲，如狗，赤色，長尾；爲亂君，爲兵喪。

十煇

周禮，眡祲氏掌十煇之法，以觀妖祥，辨吉凶。一曰祲，謂陰陽五色之氣，浸淫相侵。或曰，抱珥背璚之屬，如虹而短是也。二曰象，謂雲氣成形，象如赤烏，夾日以飛之類是也。三曰鑴，日傍氣，刺日，形如童子所佩之鑴。四曰監，謂雲氣臨在日上也。五曰闇，謂日月蝕，或曰脫光也。六曰瞢，謂瞢瞢不光明也。七曰彌，謂白虹彌天而貫日也。八曰序，謂氣若山而在日上。或曰，冠珥背璚，重疊次序，在于日旁也。九曰隮，謂暈氣也。或曰，虹也，詩所謂「朝隮于西」者也。十曰想，謂氣五色有形想也，青饑，赤兵，白喪，黑憂，黃熟。或曰，想，思也，赤氣爲人狩之形，可思而知其吉凶也。

凡遊氣蔽天，日月失色，皆是風雨之候也。沈陰，日月俱無光，晝不見日，夜不見星，有雲障之，兩敵相當，陰相圖議也。日濛濛無光，士卒內亂。又曰，數日俱出，若鬭，天下兵起，大戰。日鬭，下有拔城。日戴者，形如直狀，其上微起，在日上爲戴。戴者，德也，國有喜也。一云，立日上爲戴。青赤氣抱在日上，小者爲冠，國有喜事。青赤氣小而交於日下爲纓，青赤氣小而員，一二在日下左右者爲紐。青赤氣如小半暈狀，在日上爲負，負者得地爲喜。又曰，青赤氣長而斜倚日旁爲戟。青赤氣員而小，在日左右爲珥，黃白者有喜。又曰，有軍，日有一珥爲喜。在日西，西軍戰勝。在日東，東軍戰勝。南北亦如之。無軍而珥，爲拜將。又日旁如半環，向日爲抱。青赤氣如月初生，背日者爲背。又曰，背氣青赤而曲，外向爲叛象，分爲反城。璚者如帶，璚在日四方。青赤氣長而立日旁爲直，日旁有一直，敵在一旁欲自立，從直所擊者勝。日旁有二直三抱，欲自立者不成，順抱擊者勝，殺將。氣形三角，在日四方爲提，青赤氣橫在日上下爲格。氣如半暈，在日下爲承。承者，臣承君也。又曰，日下有黃氣三重若抱，名曰承福，人主有吉喜，且得地。青白氣如履，在日下者爲履。日旁抱五重，戰順抱者勝。日一抱一背，爲破走。抱者，順氣也；背者，逆氣也。兩軍相當，順抱擊逆者勝，故曰破走。日抱且兩珥，一虹貫抱至日，〔八〕順虹擊者勝，殺將。日抱兩珥且璚，二虹貫抱至日，順虹擊者勝。日重抱，內有璚，順抱擊者勝。亦曰，軍內有欲反者。日重抱，左右二珥，有白虹貫抱，順抱擊勝，得二將。有三虹，得三將。日抱黃白潤澤，內赤外青，天子有喜，有和親來降者；軍不戰，敵降，軍罷。色青黃，將喜；赤，將兵爭；白，將有喪；黑，將死。日重抱且背，順抱擊者勝，得地，若有罷師。日重抱，抱內外有璚，兩珥，順抱

擊者勝，破軍，軍中不和，不相信。日旁有氣，員而周帀，內赤外青，名爲暈。日暈者，軍營之象。周環帀日，無厚薄，敵與軍勢齊等。若無軍在外，天子失御，民多叛。日暈有五色，有喜；不得五色者有憂。

凡占，兩軍相當，必謹審日月暈氣，知其所起，留止遠近，應與不應，疾遲，大小，厚薄，長短，抱背爲多少，有無，虛實，久亟，密疎，澤枯。相應等者勢等。近勝遠，疾勝遲，大勝小，厚勝薄，長勝短，抱勝背，多勝少，有勝無，實勝虛，久勝亟，密勝疎，澤勝枯。重背，大破；重抱爲和親；抱多，親者益多。背爲天下不和、分離相去，背於內者離於內，背於外者離於外也。

雜氣

天子氣，內赤外黃，四方所發之處當有王者。若天子欲有遊往處，其地亦先發此氣。或如城門隱隱在氣霧中，恒帶殺氣森森然。或如華蓋在氣霧中，或氣象青衣人無手，在日西，或如龍馬，或雜色鬱鬱衝天者，此皆帝王氣。

猛將之氣，如龍，如猛獸；或如火煙之狀；或白如粉沸；或如火光之狀，夜照人；或白而赤氣繞之，或如山林竹木，或紫黑如門上樓；或上黑下赤，狀似黑旌；或如張弩；或如埃塵，頭銳而卑，本大而高。此皆猛將之氣也。氣發漸漸如雲，變作山形，將有深謀。

凡軍勝之氣，如堤如坂，前後磨地。或如火光，將軍勇，士卒猛。或如山堤，山上若林木，將士驍勇。或如埃塵粉沸，其色黄白，或如人持斧向敵，或如蛇舉首向敵，或氣如覆舟，雲如牽牛，或有雲如鬬雞，赤白相隨，在氣中，或發黄氣，皆將士精勇。

凡氣上黄下白，名曰善氣，所臨之軍，敵欲求和退。

凡負氣，如馬肝色，或如死灰色，或類偃蓋，或類偃魚，或黑氣如壞山墜軍上者，名曰營頭之氣，或如羣羊羣猪，在氣中。此衰氣也。或如懸衣，如人相隨，或紛紛如轉蓬，或如揚灰，或雲如卷席，如匹布亂穰者，皆爲敗徵。氣如繫牛，如人臥，如雙蛇，如飛鳥，如決堤垣，如壞屋，如驚鹿相逐，如兩雞相向，此皆爲敗軍之氣。

凡降人氣，如人十十五五，皆叉手低頭，又云，如人叉手相向。或氣如黑山，以黄爲緣者，皆欲降伏之象也。

凡堅城之上，有黑雲如星，名曰軍精。或白氣如旌旗，或青雲黄雲臨城，皆有大喜慶。或氣青色如牛頭觸人，或城上氣如煙火，如雙蛇，如杵形向外，或有雲分爲兩彗狀者，皆不可攻。

凡屠城之氣，或赤如飛鳥，或赤氣如敗車，或有赤黑氣如貍皮斑，或城中氣聚如樓，出見於外，營上有雲如衆人頭，赤色，其城營皆可屠。氣如雄雉臨城，其下必有降者。

凡伏兵有黑氣，渾渾員長，赤氣在其中，或白氣粉沸，起如樓狀，或如幢節狀，在烏雲中，或如赤杵在烏雲中，或如烏人在赤雲中。

凡暴兵氣，白，如瓜蔓連結，部隊相逐，須臾罷而復出，或白氣如仙人，如仙人衣，千萬連結，部隊相逐，罷而復興，當有千里兵來。或氣如人持刀楯，雲如人，色赤，所臨城邑有卒兵至。或赤氣如人持節，兵來未息。雲如方虹。此皆有暴兵之象。

凡戰氣，青白如膏，如人無頭，如死人臥，如丹蛇，赤氣隨之，必大戰，殺將。四望無雲，見赤氣如狗入營，其下有流血。

凡連陰十日，晝不見日，夜不見月，亂風四起，欲雨而無雨，名曰蒙，臣有謀。霧氣若晝若夜，其色青黄，更相奄冒，乍合乍散，亦然。視四方常有大雲五色具者，其下賢人隱也。青雲潤澤蔽日，在西北，爲舉賢良。雲氣如亂穰，大風將至，視所從來。[九]雲甚潤而厚，大雨必暴至。四始之日，有黑雲氣如陣，厚大重者，多雨。氣若霧非霧，衣冠不濡，見則其城帶甲而趨。日出沒時有霧雲橫截之，白者喪，烏者驚，三日內雨者各解。有雲如蛟龍，所見處將軍失魄。有雲如鵠尾來蔭國上，三日亡。有雲赤黄色四塞，終日竟夜照地者，大臣縱恣。有雲如氣，昧而濁，賢人去，小人在位。

凡白虹者，百殃之本，衆亂所基。霧者，衆邪之氣，陰來冒陽。

凡白虹霧，姦臣謀君，擅權立威。晝霧夜明，臣志得中。

凡夜霧白虹見，臣有憂；晝霧白虹見，君有憂。虹頭尾至地，流血之象。

凡霧氣不順四時，逆相交錯，微風小雨，爲陰陽氣亂之象。積日不解，晝夜昏闇，天下欲分離。

凡天地四方昏濛若下塵，十日五日已上，或一月，或一時，雨不沾衣而有土，名曰霾。故曰，天地霾，君臣乖。

凡海旁蜃氣象樓臺，廣野氣成宮闕，北夷之氣如牛羊羣畜穹廬，南夷之氣類舟船幡旗。自華以南，氣下黑上赤。嵩高、三河之郊，氣正赤。恒山之北，氣青。勃碣海岱之間，氣皆正黑。江淮之間，氣皆白。東海氣如員簦。附漢河水，氣如引布。江漢氣勁如杼。濟水氣如黑㹠。渭水氣如狼白尾。淮南氣如白羊。少室氣如白兔青尾。恒山氣如黑牛青尾。東夷氣如樹，西夷氣如室屋。南夷氣如闍臺，或類舟船。

陣雲如立垣。杼軸雲類軸，摶，兩端兑。杓雲如繩，居前亘天，其半半天，其蛪者類闕旗故。鉤雲句曲。諸此雲見，以五色占。而澤摶密，其見動人，乃有兵必起，[一〇]合鬬其直。

雲氣如三匹帛，廣前兑後，大軍行氣也。

韓雲如布，趙雲如牛，楚雲如日，宋雲如車，魯雲如馬，衛雲如犬，周雲如車輪，秦雲如

行人，魏雲如鼠，鄭雲如絳衣，越雲如龍，蜀雲如囷。

車氣乍高乍下，往往而聚。騎氣卑而布。卒氣摶。前卑後高者，疾。前方而高後鋭而卑者，却。其氣平者其行徐。前高後卑者，不止而返。校騎之氣，正蒼黑，長數百丈。遊兵之氣如彗埽，一云長數百丈，無根本。喜氣上黄下赤，怒氣上下赤，憂氣上下黑。土功氣黄白。徙氣白。

凡候氣之法，氣初出時，若雲非雲，若霧非霧，髣髴若可見。初出森森然，在桑榆上，高五六尺者，是千五百里外。平視則千里，舉目望即五百里，仰瞻中天，即百里內。平望，桑榆間二千里，登高而望，下屬地者，三千里。敵在東，日出候之，在南，日中候之，在西，日入候之，在北，夜半候之。軍上氣，高勝下，厚勝薄，實勝虛，長勝短，澤勝枯。氣見以知大，占期內有大風雨，久陰，則災不成。

史傳事驗

天變

惠帝元康二年二月，天西北大裂。案劉向說「天裂，陽不足；地動，陰有餘。」是時人主昬瞀，妃后專制。

太安二年八月庚午，〔一一〕天中裂爲二，有聲如雷者三。君道虧而臣下專僭之象也。是日，〔一二〕長沙王奉帝出距成都、河間二王，後成都、河間、東海又迭專威命，是其應也。

穆帝升平五年八月己卯夜，天中裂，廣三四丈，有聲如雷，野雉皆鳴。是後哀帝荒疾，海西失德，皇太后臨朝，太宗總萬機，桓溫專權，威振內外，陰氣盛，陽氣微。

元帝太興二年八月戊戌，天鳴東南，有聲如風水相薄。京房易妖占曰：「天有聲，人主憂。」三年十月壬辰，天又鳴，甲午止。其後王敦入石頭，王師敗績。元帝屈辱，制於强臣，既而晏駕，大恥不雪。

安帝隆安五年閏月癸丑，天東南鳴。六年九月戊子，天東南又鳴。是後桓玄篡位，安帝播越，憂莫大焉。鳴每東南者，蓋中興江外，天隨之而鳴也。

義熙元年八月，天鳴，在東南。京房易傳曰：「萬姓勞，厥妖天鳴。」是時安帝雖反正，而兵革歲動，衆庶勤勞也。

日蝕

魏文帝黃初二年六月戊辰晦，日有蝕之。有司奏免太尉，詔曰：「災異之作，以譴元首，而歸過股肱，豈禹湯罪己之義乎！其令百官各虔厥職。後有天地眚，勿復劾三公。」三年正月丙寅朔，日有蝕之。十一月庚申晦，又日有蝕之。五年十一月戊申晦，日有蝕之。

明帝太和初，太史令許芝奏，日應蝕，與太尉於靈臺祈禳。帝曰：「蓋聞人主政有不德，則天懼之以災異，所以譴告，使得自修也。故日月薄蝕，明治道有不當者。朕即位以來，既不能光明先帝聖德，而施化有不合於皇神，故上天有以寤之。宜敕政自修，有以報於神明。天之於人，猶父之於子，未有父欲責其子，而可獻盛饌以求免也。今外欲遣上公與太史令俱禳祠之，於義未聞也。羣公卿士大夫，其各勉修厥職。有可以補朕不逮者，各封上之。」

太和五年十一月戊戌晦，日有蝕之。六年正月戊辰朔，日有蝕之。見吳曆。

青龍元年閏月庚寅朔，日有蝕之。

少帝正始元年七月戊申朔，日有蝕之。三年四月戊戌朔，日有蝕之。四年五月丁丑朔，〔一三〕日有蝕之。五年四月丙辰朔，日有蝕之。六年四月壬子朔，〔一四〕日有蝕之。十月戊申朔，又日有蝕之。八年二月庚午朔，日有蝕之。是時曹爽專政，丁謐、鄧颺等轉改法度。會有日蝕之變，詔羣臣問得失。蔣濟上疏曰：「昔大舜佐治，戒在比周。周公輔政，慎於其朋。齊侯問災，晏子對以布惠；魯君問異，臧孫答以緩役。塞變應天，乃實人事。」濟旨譬甚切，而君臣不悟，終至敗亡。九年正月乙未朔，日有蝕之。

嘉平元年二月己未朔，日有蝕之。

高貴鄉公甘露四年七月戊子朔，日有蝕之。五年正月乙酉朔，日有蝕之。京房易占曰：「日蝕乙酉，君弱臣强。司馬將兵，反征其王。」五月，有成濟之變。

元帝景元二年五月丁未朔，日有蝕之。三年十一月己亥朔，日有蝕之。

武帝泰始二年七月丙午晦，日有蝕之。十月丙午朔，日有蝕之。七年十月丁丑朔，日有蝕之。八年十月辛未朔，日有蝕之。九年四月戊辰朔，日有蝕之。又，七月丁酉朔，日有蝕之。十年正月乙未，三月癸亥，並日有蝕之。

咸寧元年七月甲申晦，日有蝕之。三年正月丙子朔，日有蝕之。四年正月庚午朔，日有蝕之。

太康四年三月辛丑朔，日有蝕之。七年正月甲寅朔，日有蝕之。八年正月戊申朔，日有蝕之。九年正月壬申朔，六月庚子朔，並日有蝕之。永熙元年四月庚申，帝崩。

惠帝元康九年十一月甲子朔，日有蝕之。十二月，廢皇太子遹爲庶人，尋殺之。

永康元年正月己卯，四月辛卯朔，並日有蝕之。〔一五〕

永寧元年閏月丙戌朔，日有蝕之。

光熙元年正月戊子朔，七月乙酉朔，並日有蝕之。十一月，惠帝崩。十二月壬午朔，又日有蝕之。

懷帝永嘉元年十一月戊申朔，日有蝕之。二年正月丙子朔，〔一六〕日有蝕之。六年二月壬子朔，日有蝕之。

愍帝建興四年六月丁巳朔，十二月甲申朔，〔一七〕並日有蝕之。五年五月丙子，十一月丙子，〔一八〕並日有蝕之。時帝蒙塵于平陽。

元帝太興元年四月丁丑朔，日有蝕之。

明帝太寧三年十一月癸巳朔，日有蝕之，在卯至斗。斗，吳分也。其後蘇峻作亂。

成帝咸和二年五月甲申朔，日有蝕之，在井。井，主酒食，女主象也。明年，皇太后以憂崩。六年三月壬戌朔，日有蝕之。是時帝已年長，每幸司徒第，猶出入見王導夫人曹氏如子弟之禮。以人君而敬人臣之妻，有虧君德之象也。九年十月乙未朔，日有蝕之。〔一九〕是時帝既冠，當親萬機，而委政大臣，著君道有虧也。

咸康元年十月乙未朔，日有蝕之。七年二月甲子朔，日有蝕之。三月，杜皇后崩。八年正月乙未朔，〔二〇〕日有蝕之。京都大雨，郡國以聞。是謂三朝，王者惡之。六月而帝崩。

穆帝永和二年四月己酉，〔二一〕七年正月丁酉，八年正月辛卯，並日有蝕之。十二年十月癸巳朔，日有蝕之，在尾。尾，燕分，北狄之象也。是時邊表姚襄、苻生互相吞噬，朝廷憂勞，征伐不止。

升平四年八月辛丑朔，日有蝕之，幾既在角。凡蝕，淺者禍淺，深者禍大。角爲天門，人主惡之。明年而帝崩。

哀帝隆和元年三月甲寅朔，[二二]十二月戊午朔，並日有蝕之。明年而帝有疾，不識萬機。

海西公太和三年三月丁巳朔，五年七月癸酉朔，並日有蝕之。皆海西被廢之應也。

孝武帝寧康三年十月癸酉朔，日有蝕之。

太元四年閏月己酉朔，日有蝕之。是時苻堅攻沒襄陽，執朱序。六年六月庚子朔，日有蝕之。九年十月辛亥朔，日有蝕之。十七年五月丁卯朔，日有蝕之。二十年三月庚辰朔，日有蝕之。明年帝崩。

安帝隆安四年六月庚辰朔，日有蝕之。是時元顯執政。

元興二年四月癸巳朔，日有蝕之。其冬桓玄簒位。

義熙三年七月戊戌朔，日有蝕之。十年九月丁巳朔，日有蝕之。十一年七月辛亥晦，日有蝕之。十三年正月甲戌朔，日有蝕之。明年，帝崩。

恭帝元熙元年十一月丁亥朔，日有蝕之。自義熙元年至是，日蝕皆從上始，皆爲革命之徵。

周禮眡祲氏掌十煇之法，以觀妖祥，辯吉凶，有祲、象、鑴、監、闇、瞢、彌、序、隮、想凡

十。後代名變，說者莫同。今錄其著應以次之云。

吳孫權赤烏十一年二月，白虹貫日，權發詔戒懼。

武帝泰始五年七月甲寅，日暈再重，白虹貫之。

太康元年正月己丑朔，五色氣冠日，自卯至酉。占曰：「君道失明，丑爲斗牛，主吳越。」是時孫晧淫暴，四月降。

惠帝元康元年十一月甲申，日暈，再重，青赤有光。九年正月，日中有若飛鷰者，數日乃消。王隱以爲愍懷廢死之徵。

永康元年正月癸亥朔，日暈，三重。十月乙未，日闇，黃霧四塞。占曰：「不及三年，下有拔城大戰。」十二月庚戌，日中有黑氣。京房易傳曰：「祭天不順茲謂逆，厥異日中有黑氣。」

永寧元年九月甲申，日中有黑子。京房易占：「黑者陰也，臣不掩君惡，令下見，百姓惡君，則有此變。」又曰：「臣有蔽主明者。」

太安元年十一月，日中有黑氣。

永興元年十一月，日中有黑氣分日。

光熙元年五月壬辰，癸巳，日光四散，赤如血流，照地皆赤。甲午又如之。占曰：「君道失明。」

懷帝永嘉元年十一月乙亥，黃黑氣掩日，所照皆黃。案河圖占曰「日薄也」。其說曰：「凡日蝕皆於朔晦，有不於晦朔者爲日薄。雖非日月同宿，時陰氣盛，掩日光也。」占類日蝕。二年正月戊申，白虹貫日。二月癸卯，白虹貫日，青黃暈，五重。占曰：「白虹貫日，近臣爲亂，不則諸侯有反者。暈五重，有國者受其祥，天下有兵，破亡其地。」明年，司馬越暴蔑人主。五年，劉聰破京都，帝蒙塵于寇庭。五年三月庚申，日散光，如血下流，所照皆赤。日中有若飛鷰者。

愍帝建興二年正月辛未辰時，[二三]日隕于地。又有三日相承，出於西方而東行。五年正月庚子，三日並照，虹蜺彌天。日有重暈，左右兩珥。占曰：「白虹，兵氣也。三四五六日俱出並爭，天下兵作，丁巳亦如其數。」[二四]又曰：「三日並出，不過三旬，諸侯爭爲帝。日重暈，天下有立王。暈而珥，天下有立侯。」故陳卓曰：「當有大慶，天下其三分乎！」三月而江東改元爲建武，劉聰、李雄亦跨曹劉疆宇，於是兵連累葉。

元帝太興元年十一月乙卯，日夜出，高三丈，中有赤青珥。四年二月癸亥，日闘。三月癸未，日中有黑子。[二五]辛亥，帝親錄訊囚徒。[二六]

永昌元年十月辛卯，日中有黑子。時帝寵幸劉隗，擅威福，虧傷君道，王敦因之舉兵，

逼京都，禍及忠賢。

明帝太寧元年正月己卯朔，日暈無光。癸巳，黃霧四塞。占曰：「君道失明，陰陽昏，臣有陰謀。」京房曰：「下專刑，茲謂分威，蒙微而日不明。」先是，王敦害尚書令刁協、僕射周顗、驃騎將軍戴若思等，是專刑之應。敦既陵上，卒伏其辜。十一月丙子，白虹貫日。史官不見，桂陽太守華包以聞。

成帝咸和九年七月，白虹貫日。

咸康元年七月，白虹貫日。二年七月，白虹貫日。自後庾氏專政，由后族而貴，蓋亦婦人擅國之義，故頻年白虹貫日。八年正月壬申，日中有黑子，丙子乃滅。夏，帝崩。

穆帝永和八年，張重華在涼州，日暴赤如火，中有三足烏，形見分明，五日乃止。十年十月庚辰，日中有黑子，大如雞卵。十一年三月戊申，日中有黑子，大如桃，二枚。時天子幼弱，久不親國政。

升平三年十月丙午，日中有黑子，大如雞卵。少時而帝崩。

海西公太和三年九月戊辰夜，二虹見東方。四年四月戊辰，日暈，厚密，白虹貫日中。十月乙未，日中有黑子。五年二月辛酉，日中有黑子，大如李。六年三月辛未，白虹貫日，日暈，五重。十一月，桓溫廢帝，卽簡文咸安元年也。

簡文咸安二年十一月丁丑，日中有黑子。

孝武寧康元年十一月己酉，日中有黑子，大如李。　二年三月庚寅，日中有黑子二枚，大如鴨卵。　十一月己巳，日中有黑子，大如雞卵。時帝已長，而康獻皇后以從嫂臨朝，實傷君道，故日有瑕也。

太元十三年二月庚子，日中有黑子二，大如李。　十四年六月辛卯，日中又有黑子，大如李。　二十年十一月辛卯，日中又有黑子。是時會稽王以母弟干政。

安帝隆安元年十二月壬辰，日暈，有背璚。是後不親萬機，會稽王世子元顯專行威罰。　四年十一月辛亥，日中有黑子。

元興元年二月甲子，日暈，白虹貫日中。　三月庚子，白虹貫日。未幾，桓玄克京都，王師敗績。明年，玄篡位。

義熙元年五月庚午，日有彩珥。　六年五月丙子，日暈，有璚。時有盧循逼京都，內外戒嚴。七月，循走。　七年七月，五虹見東方。占曰：「天子黜。」其後劉裕代晉。　十年，日在東井，有白虹十餘丈在南干日。災在秦分，秦亡之象。

恭帝元熙二年正月壬辰，白氣貫日，東西有直珥各一丈，白氣貫之交帀。

月變

魏文帝黃初四年十一月，月暈北斗。占曰：「有大喪，赦天下。」七年五月，帝崩，明帝卽位，大赦天下。

孝懷帝永嘉五年三月壬申丙夜，月蝕，既。丁夜又蝕，既。占曰：「月蝕盡，大人憂。」又曰：「其國貴人死。」

海西公太和四年閏月乙亥，月暈軫，復有白暈貫月北，暈斗柄三星。占曰：「王者惡之。」六年，桓溫廢帝。

安帝隆安五年三月甲子，月生齒。占曰：「月生齒，天子有賊臣，羣下自相殘。」桓玄篡逆之徵也。

義熙九年十二月辛卯朔，月猶見東方。是謂之仄匿，則侯王其肅。是時劉裕輔政，威刑自己，仄匿之應云。　十一年十一月乙未，月入輿鬼而暈。占曰：「主憂，財寶出。」一曰：「月暈，有赦。」

月奄犯五緯

凡月蝕五星，其國皆亡。五星入月，其野有逐相。

魏明帝太和五年十二月甲辰，月犯塡星。〔二七〕

青龍二年十月乙丑，月又犯塡星。占同上。　戊寅，月犯太白。占曰：「人君死，又爲兵。」景初元年七月，公孫文懿叛。二年正月，遣宣帝討之。三年正月，天子崩。　四年三月己巳，太白與月俱加景晝見，月犯太白。占同上。

景初元年十月丁未，月犯熒惑。占曰：「貴人死。」二年四月，司徒韓曁薨。

齊王嘉平元年正月甲午，太白襲月。宣帝奏永寧太后廢曹爽等。

惠帝太安二年十一月庚辰，〔二八〕歲星入月中。占曰：「國有逐相。」　十二月壬寅，太白犯月。占曰：「天下有兵。」　三年正月己卯，〔二九〕月犯太白，占同青龍元年。〔三〇〕七月，左衞將軍陳眕等率衆奉帝伐成都王，六軍敗績，兵逼乘輿。後二年，帝崩。

元帝太興二年十一月辛巳，月犯熒惑。占曰：「有亂臣。」　三年十二月己未，太白入月，在斗。郭璞曰：「月屬坎，陰府法象也。太白金行而來犯之，天意若曰，刑理失中，自毀其法。」　四年十二月丁亥，月犯歲星，在房。占曰：「其國兵饑，人流亡。」永昌元年三月，王敦作亂，率江荆之衆來攻，敗京都，殺將相。又，鎭北將軍劉隗出奔，百姓並去南畝，困於兵革。四月，又殺湘州刺史、譙王司馬承，鎭南將軍甘卓。

成帝咸康元年二月乙未，太白入月。　四月甲午，月犯太白。　四年四月己巳，七月乙巳，月俱奄太白。占曰：「人君死。又爲兵，人主惡之。」明年，石季龍之衆大寇沔南，於是內外戒嚴。　五年四月辛未，月犯歲星，在胃。占曰：「國饑，人流。」乙未，月犯歲星，在昴。

及冬，有沔南、邾城之敗，百姓流亡萬餘家。　六年二月乙未，太白入月。占曰：「人主死。」四月甲午，月犯太白。占曰：「人主惡之。」

穆帝永和八年十二月，月在東井，犯歲星。占曰：「秦饑，人流亡。」是時兵革連起。　十年十一月，月奄塡星，在輿鬼。占曰：「秦有兵。」時桓溫伐苻健，健堅壁長安，溫退。　十二年八月，桓溫破姚襄。

升平元年十一月壬午，月奄歲星，在房。占曰：「人饑。」一曰：「豫州有災。」　二年閏三月乙亥，月犯歲星，在房。占同上。三年，豫州刺史謝萬敗。　三年三月乙酉，月犯太白，在昴。占曰：「人君死。」一曰：「趙地有兵，胡不安。」四年正月，慕容儁卒。　五年正月乙丑辰時，月在危宿，奄太白。占曰：「天下靡散。」　三月丁未，月犯塡星，在軫。占曰：「爲大喪。」五月，穆帝崩。七月，慕容恪攻冀州刺史呂護於野王，拔之，護奔走。時桓溫以大衆次宛，聞護敗，乃退。

哀帝興寧元年十月丙戌，月奄太白，在須女。占曰：「天下靡散。」一曰：「災在揚州。」三年，洛陽沒。其後桓溫傾揚州資實北討，敗績，死亡太半。及征袁眞，淮南殘破。後慕容暐及苻堅互來侵境。　三年正月乙卯，月奄歲星，在參。占曰：「參，益州分也。」六月，鎭西將軍益州刺史周撫卒。十月，梁州刺史司馬勳入益州以叛，朱序率衆助刺史周楚討平之。

海西太和元年二月丙子，月奄熒惑，在參。占曰：「爲內亂，帝不終之徵。」一曰：「參，魏地。」五年，慕容暐爲苻堅所滅。

孝武太元十二年二月戊寅，熒惑入月。占曰：「有亂臣死，若有相戮者。」一曰：「女親爲政，天下亂。」是時琅邪王輔政，王妃從兄王國寶以姻昵受寵。又陳郡人袁悅昧私苟進，交遘主相，扇揚朋黨。十三年，〔三一〕帝殺悅於市。於是主相有隙，亂階興矣。　十三年十二月戊子，〔三二〕辰星入月，在危。占曰：「賊臣欲殺主，不出三年，必有內惡。」是後慕容垂、翟遼、姚萇、苻登、慕容永並阻兵爭强。　十四年十二月乙未，月犯歲星。占並同上。〔三三〕十五年，翟遼據司兗，衆軍累討弗克，慕容氏又跨略幷冀。七月，旱。八月，諸郡大水，〔三四〕兗州又蝗。　十八年正月乙酉，熒惑入月。占曰：「憂在宮中，非賊乃盜也。」一曰：「有亂臣，若有戮者。」二十一年九月，帝暴崩內殿，兆庶宣言，夫人張氏潛行大逆。又，王國寶邪狡，卒伏其辜。　十九年四月己巳，月奄歲星，在尾。占曰：「爲饑，燕國亡。」二十年，慕容垂遣息寶伐魏，反爲所破，死者數萬人。二十一年，垂死，國遂衰亡。

安帝隆安元年六月庚午，月奄太白，在太微端門外。占曰：「國受兵。」　乙酉，月奄歲星，在東壁。占曰：「爲饑，衞地有兵。」二年六月，郗恢遣鄧啓方等以萬人伐慕容寶於滑臺，啓方敗。三年九月，桓玄等並舉兵，於是內外戒嚴。　四年正月乙亥，月犯填星，在牽牛。

占曰：「吳越有兵喪，女主憂。」　六月乙未，月又犯填星，在牽牛。　十月乙未，月奄歲星，在北河。占曰：「爲饑，胡有兵。」其四年五月，孫恩破會稽，殺內史謝琰。後又破高雅之於餘姚，死者十七八。七月，太皇太后李氏崩。元興元年，孫恩寇臨海，人衆餓死，散亡殆盡。

元興元年四月辛丑，月奄辰星。七月，大饑，人相食。　二年十一月辛巳，月犯熒惑。占悉同上。二年十二月，桓玄篡位，放遷帝、后於尋陽，以永安何皇后爲零陵君。〔三五〕三年二月，劉裕盡誅桓氏。　三年二月甲辰，月奄歲星於左角。占曰：「天下兵起。」是年二月丙辰，〔三六〕劉裕起義兵，殺桓脩等。明年正月，衆軍攻桓振，卒滅諸桓。

義熙元年四月己卯，月犯填星，在東壁。占曰：「其地亡國。」一曰：「貴人死。」　七月己未，月奄填星，在東壁。〔三七〕占曰：「其國以伐亡。」一曰：「人流。」十月丁巳，月奄填星，在營室。占同上。十一月，荆州刺史魏詠之卒。二年二月，司馬國璠等攻沒弋陽。三年，司徒揚州刺史王謐薨。四年正月，太保、武陵王遵薨。三月，左僕射孔安國薨。二年十二月丙午，月奄太白，在危。占曰：「齊亡國。」一曰：「强國君死。」五年四月，劉裕大軍北討慕容超，卒滅之。　七年六月庚子，月犯歲星，在畢。占曰：「有邊兵，且饑。」八月乙未，月犯歲星，在參。占曰：「益州兵饑。」七月，朱齡石剋蜀，蜀人尋反，又討之。　八年正月庚戌，月犯歲星，在畢。占同上。九年七月，朱齡石滅蜀。　十二年五月甲申，月犯歲星，在左角。占曰：「爲饑。」　十四年四月壬申，月犯填星於張。占曰：「天下有大喪。」其明年，帝崩。〔三八〕

恭帝元熙元年七月，月犯歲星。占悉同上。〔三九〕　十二月丁巳，月犯太白于羽林。　二年六月，帝遜位，禪宋。

五星聚舍

魏明帝太和四年七月壬戌，〔四〇〕太白犯歲星。占曰「太白犯五星，有大兵」。五年三月，諸葛亮以大衆寇天水。時宣帝爲大將軍，距退之。

青龍二年二月己未，太白犯熒惑。占曰：「大兵起，有大戰。」是年四月，諸葛亮據渭南，吳亦起兵應之，魏東西奔命。

惠帝元康三年，填星、歲星、太白三星聚于畢昴。占曰：「爲兵喪。畢昴，趙地也。」後賈后陷殺太子，趙王廢后，又殺之，斬張華、裴頠，遂篡位，廢帝爲太上皇，天下從此遘亂連禍。

永寧二年十一月，熒惑、太白鬭于虛危。占曰「大兵起，破軍殺將。虛危，又齊分也」。十二月，熒惑襲太白于營室。占曰：「天下兵起，亡君之戒。」一曰：「易相。」初，齊王冏之京都，因留輔政，遂專傲無君。是月，成都、河間檄長沙王乂討之，冏、乂交戰，攻焚宮闕，冏兵敗，夷滅。又殺其兄上軍將軍寔以下二千餘人。　太安二年，成都又攻長沙，於是公私饑困，

百姓力屈。

太安三年正月，熒惑犯歲星。占曰：「有戰。」七月，左衞將軍陳眕奉帝伐成都，六軍敗績。

光熙元年九月，填星犯歲星。占曰：「填與歲合，爲內亂。」是時司馬越專權，終以無禮破滅，內亂之應也。　十二月癸未，太白犯填星。占曰：「爲內兵，有大戰。」是後河間王爲東海王越所殺。明年正月，東海王越殺諸葛玫等。五月，汲桑破馮嵩，殺東燕王。八月，苟晞大破汲桑。

懷帝永嘉六年七月，熒惑、歲星、太白聚牛、女之間，徘徊進退。案占曰「牛女，揚州分」，是後兩都傾覆，而元帝中興揚土。

建武元年五月癸未，太白、熒惑合於東井。占曰「金火合曰爍，爲喪」。是時愍帝蒙塵于平陽，七月崩于寇庭。

元帝太興二年七月甲午，歲星、熒惑會于東井。八月乙未，太白犯歲星，合在翼。占曰：「爲兵饑。」三年六月丙辰，太白與歲星合于房。占同上。永昌元年王敦攻京師，六軍敗績。王敦尋死。

成帝咸康三年十一月乙丑，太白犯歲星于營室。占曰：「爲兵饑。」四年二月，石季龍破

幽州，還萬餘家以南。五年，季龍衆五萬寇沔南，略七千餘家而去。又騎二萬圍陷邾城，殺略五千餘人。　四年十二月癸丑，太白犯塡星，在箕。占曰：「王者亡地。」七年，慕容皝自稱燕王。　七年三月，太白熒惑合于太微中，犯左執法。明年，顯宗崩。　八年十二月己酉，太白犯熒惑于胃。占曰：「大兵起。」其後庾翼大發兵，謀伐石季龍，專制上流。

康帝建元元年八月丁未，太白犯歲星，在軫。占曰：「有大兵。」是年石季龍將劉寧寇沒狄道。

穆帝永和四年五月，熒惑入婁，犯塡星。占曰：「兵大起，有喪，災在趙。」其年石季龍死，來年冉閔殺石遵及諸胡十萬餘人，其後褚裒北伐，喪衆而薨。　六年三月戊戌，熒惑犯歲星。占曰：「爲戰。」　七年三月戊子，歲星、熒惑合于奎。其年劉顯殺石祗及諸胡帥，中土大亂。　十二年七月丁卯，太白犯塡星，在柳。占曰：「周地有大兵。」其年八月，桓溫伐苻健，退，因破姚襄於伊水，定周地。

升平二年八月戊午，熒惑犯塡星，在張。占曰：「兵大起。」　三年八月庚午，太白犯塡星，在太微中。占曰：「王者惡之。」　五年十月丁卯，熒惑犯歲星，在營室。占曰：「大臣有匿謀。」一曰：「衞地有兵。」時桓溫擅權，謀移晉室。

海西公太和元年八月戊午，太白犯歲星，在太微中。　三年六月甲寅，太白奄熒惑，在

太微端門中。　六年，海西公廢。〔四二〕

簡文咸安二年正月己酉，歲星犯塡星，在須女。占曰：「爲內亂。」七月，帝崩，桓溫擅權，謀殺侍中王坦之等，內亂之應。

孝武寧康二年十一月癸酉，太白奄熒惑，在營室。占曰：「金火合爲爍，爲兵喪。」太元元年七月，苻堅伐涼州，破之，虜張天錫。

太元十一年十二月己丑，太白犯歲星。占曰：「爲兵饑。」是時河朔未平，兵連在外，冬大饑。　十七年九月丁丑，歲星、熒惑、塡星同在亢、氐。　十二月癸酉，塡星去，熒惑、歲星猶合。占曰：「三星合，是謂驚立絕行，內外有兵喪與饑，改立王公。」　十九年十月，太白、塡星、熒惑辰星合于氐。　十二月癸丑，太白犯歲星，在斗。占曰：「爲亂饑，爲內兵。斗，吳越分。」至隆安元年，王恭等舉兵，顯王國寶之罪，朝廷殺之。是後連歲水旱饑。

安帝隆安元年二月，歲星、熒惑皆入羽林。占曰：「中軍兵起。」四月，王恭等舉兵，內外戒嚴。

元興元年八月庚子，太白犯歲星，在上將東南。占曰：「楚兵饑。」一曰：「災在上將。」二年，桓玄簒位。　三年，劉裕盡誅桓氏。　二年十月丁丑，太白犯塡星，在婁。占同上。　三年二月壬辰，太白、熒惑合于羽林。　二年十二月，桓玄簒位，放遷帝、后。　三年二月，劉裕起義兵，桓玄逼帝東下。

義熙二年十二月丁未，熒惑、太白皆入羽林，又合于壁。三年正月，慕容超寇淮北、徐州，至下邳。八月，遣劉敬宣伐蜀。　三年二月癸亥，熒惑、塡星、太白、辰星聚于奎、婁，從塡星也，徐州分。是時，慕容超僭號于齊，兵連徐兗，連歲寇抄，至于淮泗，姚興、譙縱僭號秦蜀，盧循及魏南北交侵。其五年，劉裕北殄慕容超。　其六月辛卯，熒惑犯辰星，在翼。占曰：「天下兵起。」　八月己卯，太白奄熒惑。占曰：「有大兵。」其四年，姚略遣衆征赫連勃勃，大爲所破。　五年四月甲戌，熒惑犯辰星，在東井。占曰：「皆爲兵。」　十二月辛丑，太白犯歲星，在奎。占曰：「大兵起，魯有兵。」是年四月，劉裕討慕容超。六年二月，滅慕容超于魯地。　七年七月丁卯，歲星犯塡星，在參。占曰：「歲塡合，爲內亂。」一曰：「益州戰，不勝，亡地。」是時朱齡石伐蜀，後竟滅之。明年，誅謝混、劉毅。　八年七月甲申，〔四三〕太白犯塡星，在東井。占曰：「秦有大兵。」　九年二月丙午，熒惑、塡星皆犯東井。占曰：「秦有兵。」　三月壬辰，歲星、熒惑、塡星、太白聚于東井，從歲星也。東井，秦分。十三年，劉裕定關中，其後遂移晉祚。　十四年十月癸巳，熒惑入太微，犯西蕃上將，仍順行至左掖門內，留二十日乃逆行。至恭帝元熙元年三月五日，出西蕃上將西三尺許，又順還入太微。時塡星在太微，熒惑繞塡星成鉤己，其年四月丙戌，從端門出。占曰：「熒惑與塡星鉤己天

庭，天下更紀。」十二月，安帝母弟琅邪王踐阼，是曰恭帝。來年，禪于宋。

校勘記

〔一〕瑞星妖星天變至五星聚舍　諸子目原無，今依志文小題補。

〔二〕又爲燕趙代以北宰相之象　「北」原作「比」，以「又爲燕趙代」爲句，「以比宰相之象」爲句。隋志中作「北」，以「又爲燕趙代以北」爲句，「宰相之象」爲句。隋志義長，今從之。

〔三〕大而白無角　拾補：隋志中「無」作「有」。斠注：占經引作「有角」。

〔四〕聖人起伐　拾補：「伐」當作「代」。按：隋志中作「代」。

〔五〕反登　原作「及登」。拾補：「及」，隋志、通考皆作「反」。斠注：占經引河圖春秋緯亦作「反登」。今據改。

〔六〕名曰天狗　各本均無「曰」字，宋本有，今從之。

〔七〕賊成賊敗也　各本作「賊敗成也」，今從宋本。

〔八〕一虹貫抱至日　原重「抱」字。周校：據下「二虹貫抱至日」，此處下「抱」字衍。按：周說是，今據刪。

〔九〕視所從來　校文：隋志「來」下有「避之」二字。

〔一〇〕乃有兵必起　拾補「有」下脫「占」字，史記天官書有。

〔一一〕太安二年　「二」，各本均作「三」，殿本作「二」。太安無三年，今從殿本。

〔一二〕是日　御覽八七引「日」作「時」，疑是。蓋據惠帝紀，長沙王奉帝出拒二王在八月乙丑，非庚午。若作「是時」，則較切合。

〔一三〕五月丁丑朔　魏志齊王芳紀但云「五月朔」，無「丁丑」二字。時曆是月壬戌朔，非丁丑。

〔一四〕四月壬子朔　是月辛亥朔，非壬子。

〔一五〕正月己卯至日有蝕之　通鑑考異云，按長曆，己卯十七日，安得日蝕？

〔一六〕正月丙子朔　帝紀、宋書五行志五並作「丙午朔」，時曆是月丙午朔。

〔一七〕十二月甲申朔　宋書五行志五作「乙卯朔」。是月實乙卯朔。

〔一八〕五月丙子十一月丙子　此兩「丙子」均疑有誤。

〔一九〕九年十月乙未朔日有蝕之　拾補：此因下咸康元年十月乙未朔誤衍。

〔二〇〕正月乙未朔　帝紀作「己未朔」，時曆是己未朔。

〔二一〕二年四月己酉　帝紀「四月己酉」下有「朔」字。是月實是甲午朔。

〔二二〕三月甲寅朔　時曆是月壬辰朔。

〔二三〕辛未辰時　「辰」原作「庚」，拾補、周校均謂帝紀「庚」作「辰」，今從帝紀改。

〔二四〕丁巳亦如其數　「丁巳」二字當從宋書五行志五作「王立」。

〔二五〕二月癸亥日鬭三月癸未日中有黑子　宋書五行志五及通鑑九一並作「三月癸亥日中有黑子」，疑是。二月無癸亥，三月無癸未，疑此誤。

〔二六〕辛亥帝親錄訊囚徒　勞校：「辛亥」上脫「四月」二字。按：帝紀正云「四月辛亥帝親覽庶獄」。

〔二七〕十二月甲辰月犯填星　宋書天文志在本志校記中以後簡稱宋志一此下有「占曰女主當之」六字。據下文「月又犯填星占同上」，則此脫「占曰女主當之」六字。類此者後不具校。

〔二八〕太安二年　各本均作「太安元年」，唯宋本作「二年」，與宋志二合，與上下文干支亦盡符合，今從宋本。

〔二九〕三年正月己卯　「三年」，各本作「二年」，宋本作「三年」，與下文所述事年載合，今從宋本。唯正月己亥朔，無己卯，「己卯」疑「乙卯」之誤。

〔三〇〕占同青龍元年　據上文「青龍二年十月」云云，此應作「二年」。

〔三一〕十三年　各本作「十二年」，宋本作「十三年」，與宋志三合，今從宋本。

〔三二〕十三年十二月戊子　「十二月」，各本作「十一月」，宋本作「十二月」。十一月無戊子，十二月戊子爲三日，故從宋本。

〔三三〕十二月乙未至占並同上　宋志三「乙未」上並載「熒惑入羽林」，故云「占並同上」。此文只載一事，不當云「並」，疑衍文。

〔三四〕諸郡大水　據帝紀及五行志上，「諸郡」上當有「河中」二字。

〔三五〕以永安何皇后爲零陵君　「零陵君」，各本作「遷陵君」，殿本作「零陵君」，與何皇后傳合，今從之。

〔三六〕二月丙辰　「二」原作「三」，據帝紀改。丙辰爲二月干支。

〔三七〕在東壁　「在」字依宋志三補。

〔三八〕其明年帝崩　周校：「明」字衍文。

〔三九〕月犯歲星占悉同上　宋志三「歲星」下並載「己卯月犯太微太白晝見」，故云「占悉同上」。此文「悉」字無所指，疑爲衍文。

〔四〇〕七月壬戌　「七月」，各本作「十一月」，宋本作「七月」。十一月乙亥朔，無壬戌；七月丁未朔，壬戌爲十六日，故從宋本。

〔四一〕海西公廢　各本無「公」字，宋本有，今從宋本。

〔四二〕七月甲申　原作「十月甲申」。拾補：「十」字譌。今據宋志三改作「七」。

晉書卷十三

志第三

天文下

月五星犯列舍　經星變附見　妖星客星　星流隕　雲氣

月五星犯列舍經星變附見

魏文帝黄初四年三月癸卯，月犯心大星。占曰：「心爲天王位，王者惡之。」六月甲申，太白晝見。案劉向五紀論曰：「太白少陰，弱，不得專行，故以己未爲界，不得經天而行。經天則晝見，其占爲兵喪，爲不臣，爲更王；强國弱，小國强。」是時孫權受魏爵號，而稱兵距守。其十二月丙子，月犯心大星。占同上。五年十月乙卯，太白晝見。占同上。又歲星入太微逆行，積百四十九日乃出。占曰：「五星入太微，從右入三十日以上，人主有大憂。」一曰：「有赦至。」七年五月，帝崩，明帝卽位，大赦天下。六年五月壬戌，熒惑入太微，至壬申，與歲星相及，俱犯右執法，至癸酉乃出。占曰：「從右入三十日以上，人主有大

憂。」又曰：「月、五星犯左右執法，大臣有憂。」一曰：「執法者誅，金、火尤甚。」十一月，皇子東武陽王鑒薨。七年正月，驃騎將軍曹洪免爲庶人。四月，征南大將軍夏侯尚薨。五月，帝崩。蜀記稱明帝問黄權曰：「天下鼎立，何地爲正？」對曰：「當驗天文。往者熒惑守心而文帝崩，吳、蜀無事，此其徵也。」案三國史並無熒惑守心之文，疑是入太微。八月，吳遂圍江夏，寇襄陽，大將軍宣帝救襄陽，斬吳將張霸等，兵喪更王之應也。

明帝太和五年五月，熒惑犯房。占曰：「房四星，股肱臣將相位也，月、五星犯守之，將相有憂。」其七月，車騎將軍張郃追諸葛亮，爲亮所害。十二月，太尉華歆薨。其十一月乙酉，月犯軒轅大星。占曰：「女主憂。」六年三月乙亥，月又犯軒轅大星。十一月丙寅，太白晝見南斗，遂歷八十餘日，恒見。占曰：「吳有兵。」明年，孫權遣張彌等將兵萬人，錫授公孫文懿爲燕王，文懿斬彌等，虜其衆。青龍三年正月，太后郭氏崩。

青龍二年三月辛卯，〔一〕月犯輿鬼。輿鬼主斬殺。占曰：「人多病，國有憂。」又曰：「大臣憂。」是年夏及冬，大疫。四年五月，司徒董昭薨。其五月丁亥，太白晝見，積三十餘日。以晷度推之，非秦魏，則楚也。是時，諸葛亮據渭南，宣帝與相持；孫權寇合肥，又遣陸議、孫韶等入淮沔，天子親東征。蜀本秦地，則爲秦魏及楚兵悉起矣。其七月己巳，月犯楗閉。占曰：「有火災。」三年七月，崇華殿災。三年六月丁未，填星犯井鉞。戊戌，太白又犯之。占曰：「凡月、五星犯井鉞，悉爲兵災。」一曰：「斧鉞用，大臣誅。」七月己丑，填星犯東井距星。占曰：「填星入井，大人憂。」行近距，爲行陰。其占曰：「大水，五穀不成。」景初元年夏，大水，傷五穀。其年十月壬申，太白晝見，在尾，歷二百餘日，恒晝見。占曰：「尾爲燕，有兵。」十二月戊辰，月犯鉤鈐。占曰：「王者憂。」四年閏正月己巳，填星犯井鉞。三月癸卯，填星犯東井。己巳，太白與月加景晝見。五月壬寅，太白犯畢左股第一星。占曰：「畢爲邊兵，又主刑罰。」九月，涼州塞外胡阿畢師使侵犯諸國，西域校尉張就討之，斬首捕虜萬計。其年七月甲寅，太白犯軒轅大星。占曰：「女主憂。」景初元年，皇后毛氏崩。

景初元年二月乙酉，月犯房第二星。占曰：「將軍有憂。」其七月，司徒陳矯薨。二年四月，司徒韓暨薨。其七月辛卯，太白晝見，積二百八十餘日。時公孫文懿自立爲燕王，署置百官，發兵距守，宣帝討滅之。二年二月己丑，月犯心距星，又犯中央大星。五月乙亥，月又犯心距星及中央大星。案占曰：「王者惡之。犯前星，太子有憂。」三年正月，帝崩。太子立，卒見廢。其年十月甲午，月犯箕。占曰：「將軍死。」正始元年四月，車騎將軍黄權薨。其閏十一月癸丑，月犯心中央大星。

少帝正始元年四月戊午，月犯昴東頭第一星。十月庚寅，月又犯昴北斗四星。占

曰：「月犯昴，胡不安。」二年六月，鮮卑阿妙兒等寇西方，敦煌太守王延破之，斬二萬餘級。三年，又斬鮮卑大帥及千餘級。二年九月癸酉，月犯輿鬼西北星。三年二月丁未，又犯西南星。占曰：「有錢令。」一曰：「大臣憂。」三年三月，太尉滿寵薨。四年正月，帝加元服，賜羣臣錢各有差。四年十月、十一月，月再犯井鉞。是月，宣帝討諸葛恪，恪棄城走。五年二月，曹爽征蜀。五年十一月癸巳，填星犯亢距星。占曰：「諸侯有失國者。」七年七月丁丑，月犯左角。占曰：「天下有兵，左將軍死。」七月乙亥，熒惑犯畢距星。占曰：「有邊兵。」一曰：「刑罰用。」九年正月辛亥，月犯亢南星。占曰：「兵起。」一曰：「將軍死。」七月癸丑，填星犯楗閉。占曰：「王者不宜出宮下殿。」嘉平元年，天子謁陵，宣帝奏誅曹爽等。天子野宿，於是失勢。

嘉平元年六月壬戌，太白犯東井距星。占曰：「國失政，大臣爲亂。」四月辛巳，太白犯輿鬼。占曰：「大臣誅。」一曰：「兵起。」二年三月己未，太白又犯井距星。三年七月，王淩與楚王彪有謀，皆伏誅，人主遂卑。

吳孫權赤烏十三年夏五月，日北至，熒惑逆行，入南斗。秋七月，犯魁第三星而東。漢晉春秋云「逆行」。案占：「熒惑入南斗，三月吳王死。」一曰：「熒惑逆行，其地有死君。」太元二年，權薨，是其應也，故國志書於吳。是時，王淩謀立楚王彪，謂「斗中有星，當有暴貴

者」，以問知星人浩詳。詳疑有故，欲悅其意，不言吳有死喪，而言「淮南楚分，吳楚同占，當有王者興」，故淩計遂定。

嘉平二年十二月丙申，月犯輿鬼。　三年四月戊寅，月犯東井。　五月甲寅，月犯亢距星。占曰：「將軍死。」一曰：「為兵。」是月，王淩、楚王彪等誅。七月，皇后甄氏崩。　四年三月，吳將為寇，鎮東將軍諸葛誕破走之。　其年七月己巳，月犯輿鬼。　九月乙巳，又犯之。　十月癸未，熒惑犯亢南星。占曰：「臣有亂。」　四年十一月丁未，月又犯鬼積尸。　五年六月戊午，太白犯角。占曰：「羣臣有謀，不成。」　庚辰，月犯箕星。占曰：「將軍死。」　七月，月犯井鉞。　丙午，月又犯鬼西北星。占曰：「國有憂。」　十一月癸酉，月犯東井距星。占曰：「將軍死。」正元元年正月，鎮東將軍毌丘儉、揚州刺史文欽反，兵俱敗，誅死。二月，李豐及弟翼、后父張緝等謀亂，事泄，悉誅，皇后張氏廢。九月，帝廢為齊王。蜀將姜維攻隴西，車騎將軍郭淮討破之。

高貴鄉公正元二年二月戊午，熒惑犯東井北轅西頭第一星。　甘露元年七月乙卯，熒惑犯東井鉞星。　壬戌，月又犯鉞星。　八月辛亥，月犯箕。

吳廢孫亮太平元年九月壬辰，太白犯南斗，吳志所書也。占曰：「太白犯斗，國有兵，大臣有反者。」其明年，諸葛誕反。又明年，孫綝廢亮。吳魏並有兵事也。

甘露元年九月丁巳，月犯東井。　二年六月己酉，月犯心中央大星。　八月壬子，歲星犯井鉞。　九月庚寅，歲星逆行，乘井鉞。　十月丙寅，太白犯亢距星。占曰：「逆臣為亂，人君憂。」景元元年五月，有成濟之變及諸葛誕誅，皆其應也。　二年三月庚子，太白犯東井。占曰：「國失政，大臣為亂。」是夜，歲星又犯東井。占曰：「兵起。」至景元元年，高貴鄉公敗。　三年八月壬辰，歲星犯輿鬼鑕星。占曰：「斧鑕用，大臣誅。」　四年四月甲申，歲星又犯輿鬼東南星。占曰：「鬼東南星主兵，木入鬼，大臣誅。」景元元年，殺尚書王經。

元帝景元元年二月，月犯建星。案占：「月五星犯建星，大臣相譖。」是後鍾會、鄧艾破蜀，會譖艾。　二年四月，熒惑入太微，犯右執法。占曰：「人主有大憂。」一云：「大臣憂。」　四年十月，歲星守房。占曰：「將相憂。」一云：「有大赦。」明年，鄧艾、鍾會皆夷滅，赦蜀土。　五年，帝遜位。

武帝咸寧四年九月，太白當見不見。占曰：「是謂失舍，不有破軍，必有亡國。」是時羊祜表求伐吳，上許之。　五年十一月，兵出，太白始夕見西方。　太康元年三月，大破吳軍，孫皓面縛請罪，吳國遂亡。

太康八年三月，熒惑守心。占曰：「王者惡之。」太熙元年四月乙酉，帝崩。〔三〕

惠帝元康三年四月，熒惑守太微六十日。占曰：「諸侯三公謀其上，必有斬臣。」一曰：「天子亡國。」　是春太白守畢，至是百餘日。占曰：「有急令之憂。」一曰：「相死。」又為邊境不安。後賈后陷殺太子。　六年十月乙未，太白晝見。　九年六月，熒惑守心。占曰：「王者惡之。」　八月，熒惑入羽林。占曰：「禁兵大起。」其後，帝見廢為太上皇，俄而三王起兵討趙王倫，倫悉遣中軍兵相距累月。

永康元年三月，中台星坼，太白晝見。占曰：「台星失常，三公憂。太白晝見，為不臣。」是月，賈后殺太子，趙王倫尋廢殺后，斬司空張華。　其五月，熒惑入南斗。占曰：「宰相死，兵大起。斗，又吳分野。」是時，趙王倫為相，明年，篡位，三王興師誅之。太安二年，石冰破揚州。　其八月，熒惑入箕。占曰：「人主失位，兵起。」明年，趙王倫篡位，改元。　二年二月，太白出西方，逆行入東井。占曰：「國失政，大臣為亂。」是時，齊王冏起兵討趙王倫，倫滅，冏擁兵不朝，專權淫奢，明年，誅死。

永寧元年，自正月至于閏月，五星互經天，縱橫無常。星傳曰：「日陽，君道也；星陰，臣道也。日出則星亡，臣不得專也。晝而星見午上者為經天，其占『為不臣，為更王』。」今五星悉經天，天變所未有也。石氏說曰：「辰星晝見，其國不亡則大亂。」是後，台鼎方伯，互執大權，二帝流亡，遂至六夷更王，迭據華夏，亦載籍所未有也。　其四月，歲星晝見。　五月，太白晝見。占同前。　七月，歲星守虛危。占曰：「木守虛危，有兵憂。虛危，齊分。」一

曰：「守虛，饑；守危，徭役煩多，下屈竭。」辰星入太微，占曰「為內亂」，一曰「羣臣相殺」。太白守右掖門，占曰：「為兵，為亂，為賊。」　八月戊午，塡星犯左執法，又犯上相，占曰「上相憂」。熒惑守昴，占曰「趙魏有災」。辰星守輿鬼，占曰「秦有災」。　九月丁未，月犯左角。占曰：「人主憂。」一曰：「左衞將軍死，天下有兵。」　二年四月癸酉，歲星晝見。占曰：「為臣强。」初，齊王冏定京都，因留輔政，遂專傲無君。是月，成都、河間檄長沙王乂討之。冏、乂交戰，攻焚宮闕，冏兵敗，夷滅。又殺其兄上軍將軍寔以下二十餘人。太安二年，成都攻長沙，於是公私饑困，百姓力屈。

太安二年二月，太白入昴。占曰：「天下擾，兵大起。」　七月，熒惑入東井。占曰：「兵起，國亂。」　是秋，太白守太微上將。占曰：「上將以兵亡。」是年冬，成都、河間攻洛陽。八月，長沙王奉帝出距二王。三年正月，東海王越執長沙王乂，張方又殺之。　三年正月，熒惑入南斗，占同永康。　七月，左衞將軍陳眕率衆奉帝伐成都，六軍敗績，兵偪乘輿。　是時，天下盜賊羣起，張昌尤盛。

永興元年七月庚申，太白犯角、亢，經房、心，歷尾、箕。　九月，入南斗。占曰：「犯角，天下大戰；犯亢，有大兵，人君憂；入房心，為兵喪；犯尾箕，女主憂。」一曰：「天下大亂。入南斗，有兵喪。」一曰：「將軍為亂。其所犯守，又兗、豫、幽、冀、揚州之分野。」是年七月，有

蕩陰之役。九月，王浚殺幽州刺史和演，攻鄴，鄴潰，於是兗豫爲天下兵衝。陳敏又亂揚土。劉元海、石勒、李雄等並起微賤，跨有州郡。皇后羊氏數被幽廢。皆其應也。二年四月丙子，太白犯狼星。占曰：「大兵起。」九月，歲星守東井。占曰：「有兵，井又秦分野。」是年，苟晞破公師藩，張方破范陽王虓，關西諸將攻河間王顒，顒奔走，東海王迎殺之。

光熙元年四月，太白失行，自翼入尾、箕。占曰：「太白失行而北，是謂反生。不有破軍，必有屠城。」五月，汲桑攻鄴，魏郡太守馮嵩出戰，大敗，桑遂害東燕王騰，殺萬餘人，焚燒魏時宮室皆盡。其九月丁未，熒惑守心。占曰：「王者惡之。」己亥，塡星守房、心。占曰：「塡守房，多禍喪；守心，國內亂，天下赦。」是時，司馬越專權，終以無禮破滅，內亂之應也。十一月，帝崩，懷帝卽位，大赦天下。

懷帝永嘉元年十二月丁亥，星流震散。按劉向說，天官列宿，在位之象；其衆小星無名者，衆庶之類。此百官衆庶將流散之象也。是後天下大亂，百官萬姓，流移轉死矣。二年正月庚午，太白伏不見，二月庚子，始晨見東方，是謂當見不見，占同上條。其後破軍殺將，不可勝數，帝崩虜庭，中夏淪覆。三年正月庚子，熒惑犯紫微。占曰：「當有野死之王，又爲火燒宮。」是時太史令高堂沖奏，乘輿宜遷幸，不然必無洛陽。五年六月，劉曜、王彌入京都，焚燒宮廟，執帝歸平陽。三年，塡星久守南斗。占曰：「塡星所居久者，其國有

福。」是時，安東將軍、琅邪王始有揚土。其年十一月，地動，陳卓以爲是地動應也。五年十月，熒惑守心。六年六月丁卯，太白犯太微。占曰：「兵入天子庭，王者惡之。」七月，帝崩于寇庭，[三]天下行服大臨。

元帝太興元年七月，太白犯南斗。占曰：「吳越有兵，大人憂。」二年二月甲申，熒惑犯東井。占曰：「兵起，貴臣相戮。」八月己卯，太白犯軒轅大星。占曰：「後宮憂。」三年五月戊子，太白入太微，又犯上將星。占曰：「天子自將，上將誅。」九月，太白犯南斗。十月己亥，熒惑在東井，居五諸侯南，踟躕留積三十日。占曰：「熒惑守井二十日以上，大人憂。守五諸侯，諸侯有誅者。」永昌元年三月，王敦率江荆之衆來攻京都，六軍距戰，敗績，人主謝過而已。於是殺護軍將軍周顗、尚書令刁協、驃騎將軍戴若思。又，鎭北將軍劉隗出奔。四月，又殺湘州刺史譙王司馬承、鎭南將軍甘卓。閏十一月，帝崩。

明帝太寧三年正月，熒惑逆行，入太微。占曰：「爲兵喪，王者惡之。」閏八月，帝崩。後二年，蘇峻反，攻焚宮室，太后以憂偪崩，天子幽劫于石頭城，遠近兵亂，至四年乃息。

成帝咸和六年正月丙辰，月入南斗。占曰：「有兵。」是月，石勒殺略婁、武進二縣人。明年，石勒衆又抄略南沙、海虞。其十一月，熒惑守胃昴。占曰：「趙魏有兵。」八年七月，石勒死，石季龍自立。是時，雖二石僭號，而其强弱常占於昴，不關太微、紫宮也。八年三

月己巳，月入南斗。與六年占同。其年七月，石勒死，彭彪以譙，石生以長安，郭權以秦州並歸順。於是遣督護喬球率衆救彪，[四]彪敗，球退。又，石季龍、石斌攻滅生、權。其七月，熒惑入昴。占曰：「胡王死。」一曰：「趙地有兵。」是月，石勒死，石季龍多所攻沒。八月，月又犯昴。占曰：「胡不安。」九年三月己亥，熒惑入輿鬼，犯積尸。占曰：「兵在西北，有沒軍死將。」六月、八月，月又犯昴。是時，石弘雖襲勒位，而石季龍擅威横暴，十一月廢弘自立，遂幽殺之。

咸康元年二月己亥，太白犯昴。占曰：「兵起，歲中旱。」四月，石季龍略騎至歷陽，加司徒王導大司馬，治兵列戍衝要。是時，石季龍又圍襄陽。六月，旱。其年三月丙戌，[五]月入昴。占曰：「胡王死。」八月戊戌，熒惑入東井。占曰：「無兵，兵起；有兵，兵止。」十一月，月犯昴。二年正月辛亥，[六]月犯房南第二星。八月，月又犯昴。九月庚寅，太白犯南斗，因晝見。占曰：「斗爲宰相，又揚州分，金犯之，死喪之象。晝見，爲不臣，又爲兵喪。」其後，石季龍僭稱天王，發衆七萬，四年二月自隴西攻段遼于薊，又襲慕容皝於棘城，不克，皝擊破其將麻秋，幷虜段遼殺之。三年七月己酉，月犯房上星。八月，熒惑入輿鬼，犯積尸。甲戌，月犯東井距星。九月戊子，月犯建星。四年四月己巳，太白晝見，在柳。占曰：「爲兵，爲不臣。」明年，石季龍大寇沔南，於是內外戒嚴。其五月戊戌，

熒惑犯右執法。占曰：「大臣死，執政者憂。」九月，太白又犯右執法。案占：「五星災同，金火尤甚。」[七]十一月戊子，太白犯房上星。占曰：「上相憂。」五年四月乙未，月犯畢距星。占曰：「兵起。」七月己酉，月犯房上星。占曰：「將相憂。」是月庚申，丞相王導薨，庾冰代輔政。八月，太尉郗鑒薨。又有沔南邾城之敗，百姓流亡萬餘家。六年正月，征西大將軍庾亮薨。六年三月甲辰，熒惑犯太微上將星。占曰：「上將憂。」四月丁丑，熒惑犯右執法。占曰：「執政者憂。」六月乙亥，月犯牽牛中央星。占曰：「大將憂。」是時，尚書令何充爲執法，有譴，欲避其咎，明年求爲中書令。其四月丙午，太白犯畢距星。占曰：「兵革起。」一曰：「女主憂。」六月乙卯，太白犯軒轅大星。占曰：「女主憂。」七年三月，皇后杜氏崩。七年三月壬午，月犯房。四月己丑，太白入輿鬼。五月，太白晝見。八月辛丑，月犯輿鬼。八年六月，熒惑犯房上第二星。占曰：「次相憂。」八月壬寅，月犯畢。占曰：「下犯上，兵革起。」十月，月又掩畢大星。占同上。其建元二年，車騎將軍庾冰薨。庾翼大發兵，謀伐石季龍，專制上流，朝廷憚之。

康帝建元元年正月壬午，太白入昴。占曰：「趙地有兵。」又曰：「天下兵起。」四月乙酉，太白晝見。是年，石季龍殺其子邃，又遣將寇沒狄道，及屯薊東，謀慕容皝。二年，歲星犯天關。安西將軍庾翼與兄冰書曰：「歲星犯天關，占云『關梁當分』。比來江東無他故，

江道亦不艱難，而石季龍頻年再閉關，不通信使，此復是天公憒憒，無皁白之徵也。」其閏月乙酉，太白犯斗。占曰：「爲喪，天下受爵祿。」九月，帝崩，太子立，大赦，賜爵。

穆帝永和元年正月丁丑，月入畢。占曰：「兵大起。」戊寅，月犯天關。占曰：「有亂臣更天子之法。」五月辛巳，太白晝見，在東井。占曰：「爲臣强，秦有兵。」六月辛丑，月入太微，犯屏西南星。占曰：「輔臣有免罷者。」七月、八月，月皆犯畢。占同上。己未，月犯輿鬼。占曰：「大臣有誅。」九月庚戌，月又犯畢。是年初，庾翼在襄陽。七月，翼疾將終，輒以子爰之爲荆州刺史，代己任。爰之尋被廢。明年，桓溫又輒率衆伐蜀，執李勢，送至京都。蜀本秦地也。二年二月壬子，月犯房上星。四月丙戌，月又犯房上星。八月壬申，太白犯左執法。三年正月壬午，月犯南斗第五星。占曰：「將軍死，近臣去。」五月壬申，月犯南斗第四星，因入魁。占曰：「有兵。」一曰：「有大赦。」六月，月犯東井距星。占曰：「將軍死，國有憂。」戊戌，月犯五諸侯。占曰：「諸侯有誅。」九月庚寅，太白犯南斗第五星。占曰：「爲喪，爲兵。」四年七月丙申，太白犯左執法。甲寅，月犯房。丁巳，月入南斗，犯第二星。乙丑，太白犯左執法。占悉同上。十月甲辰，月犯亢。占曰：「兵起，將軍死。」十一月戊戌，月犯上將星。三年六月，大赦。是月，陳逵征壽春，敗而還。七月，氐蜀餘寇反，亂益土。九月，石季龍伐涼州。五年，征北大將軍褚裒卒。四

年四月，太白入昴。是時，戎晉相侵，趙地連兵尤甚。七月，太白犯軒轅。占曰：「在趙，及爲兵喪。」甲寅，月犯房。十月甲戌，月犯亢。占曰：「兵起，將軍死。」八月，石季龍太子宣殺弟韜，宣亦死。其十一月戊戌，月犯上將星。五年正月，石季龍僭號稱皇帝，尋死。〔八〕五年四月丁未，太白犯東井。占曰：「秦有兵。」九月戊戌，太白犯左角。占曰：「爲兵。」十月，月犯昴。占曰：「胡有憂，將軍死。」是年八月，褚裒北征兵敗。十月，關中二十餘壁舉兵內附。石遵攻沒南陽。十一月，冉閔殺石遵，又盡殺胡十餘萬人，於是趙魏大亂。十二月，褚裒薨。八年，劉顯、苻健、慕容儁並僭號。殷浩北伐，敗績，見廢。六年二月辛酉，月犯心大星。占曰：「大人憂，又豫州分野也。」丁丑，月犯房。占曰：「將相憂。」六月己丑，月犯昴。占同上。乙未，月犯五諸侯。占同上。七月壬寅，月始出西方，犯左角。占曰：「大將軍死。」一曰：「天下有兵。」丁未，月犯箕。占曰：「將軍死。」丙寅，熒惑犯鉞星。占曰：「大臣有誅。」八月辛卯，月犯左角。太白晝見，在南斗。月犯右執法。占並同上。是歲，司徒蔡謨免爲庶人。七年二月，太白犯昴。占同上。三月乙卯，熒惑入輿鬼，犯積尸。占曰：「貴人有憂。」五月乙未，熒惑犯軒轅大星。占曰：「女主憂。」太白入畢口，犯左股。占曰：「將相當之。」六月乙亥，月犯箕。占曰：「國有兵。」丙子，月犯斗。丁丑，熒惑入太微，犯右執法。八月庚午，太白犯軒轅。戊子，太白犯右執法。

占悉同上。七年，劉顯殺石祗及諸將帥，山東大亂，疾疫死亡。八年三月戊戌，月犯軒轅大星。癸丑，月入南斗，犯第二星。五月，月犯心星。六月癸酉，月犯房。七月壬子，歲星犯東井距星。占曰：「內亂兵起。」八月戊戌，熒惑入輿鬼。占曰：「忠臣戮死。」丙辰，太白入南斗，犯第四星。占曰：「將爲亂。」一曰：「丞相免。」九年二月乙巳，月入南斗，犯第三星。三月戊辰，月犯房。八月，歲星犯輿鬼東南星。占曰：「兵起。」是時，帝幼沖，母后稱制，將相有隙，兵革連起，慕容儁僭號稱燕王，攻伐不休。十年正月乙卯，月蝕昴星。占曰：「趙魏有兵。」癸酉，塡星奄鉞星。占曰：「斧鉞用。」二月甲申，月犯心大星。占曰：「王者惡之。」七月庚午，太白晝見。晷度推之，災在秦鄭。九月辛酉，太白犯左執法。是時，桓溫擅命，朝臣多見迫脅。四月，溫伐苻健，破其嶢柳軍。十二月，慕容恪攻齊。十一年三月辛亥，月奄軒轅。占同上。四月庚寅，月犯牛宿南星。占曰：「國有憂。」八月己未，太白犯天江。占曰：「河津不通。」十二年六月庚子，太白晝見，在東井。占如上。己未，月犯鉞星。八月癸酉，月奄建星。九月戊寅，熒惑入太微，犯西蕃上將星。十一月丁丑，熒惑犯太微東蕃上相星。十二年十一月，齊城陷，執段龕，殺三千餘人。永和三年，鮮卑侵略河、冀。升平元年，慕容儁遂據臨漳，盡有幽、幷、青、冀之地。緣河諸將奔散，河津隔絕。時權在方伯，九服交兵。

升平元年四月壬子，太白入輿鬼。丁亥，月奄井南轅西頭第二星。占曰：「秦地有兵。」一曰：「將死。」六月戊戌，太白晝見，在軫。占同上。軫是楚分野。壬子，月犯畢。占曰：「爲邊兵。」七月辛巳，熒惑犯天江。占曰：「河津不通。」十一月，歲星犯房。占曰：「豫州有災。」其年五月，苻堅殺苻生而立。十二月，慕容儁入屯鄴。二年八月，豫州刺史謝奕薨。

二年二月辛卯，〔九〕塡星犯軒轅大星。占曰：「人主惡之。」甲午，月犯東井。六月辛酉，月犯房。十月己未，太白犯哭星。占曰：「有大哭泣。」三年正月壬辰，熒惑犯楗閉星。案占曰：「人主憂。」三月乙酉，熒惑逆行犯鉤鈐。案占：「王者惡之。」六月，太白犯東井。七月乙酉，熒惑犯天江。丙戌，太白犯輿鬼。占悉同上。戊子，月犯牽牛中央大星。占曰：「牽牛，天將也。犯中央大星，將軍死。」八月丁未，太白犯軒轅大星。甲子，月犯畢大星。占曰：「爲邊兵。」一曰：「下犯上。」三年十月，諸葛攸舟軍入河，敗績。豫州刺史謝萬入潁，衆潰而歸，萬除名。十一月，司徒會稽王以郗曇、謝萬二鎮敗，求自貶三等。四年正月，慕容儁死，子暐代立。慕容恪殺其尚書令陽騖等。四年正月乙亥，月犯牽牛中央大星。六月辛亥，辰星犯軒轅。占曰：「女主憂。」己未，太白入太微右掖門，從端門出。占曰：「貴奪勢。」一曰：「有兵。」又曰：「出端門，臣不臣。」八月戊申，太白犯氐。占曰：「國有憂。」丙辰，熒惑犯太微西蕃上將星。九月壬午，太白入南斗口，犯

第四星。占曰：「爲喪，有赦，天下受爵祿。」十二月甲寅，熒惑犯房。丙寅，太白晝見。庚寅，月犯楗閉。占曰：「人君惡之。」五年正月乙巳，填星逆行，犯太微。五月壬寅，月犯太微。庚戌，月犯建星。占曰：「大臣相謀。」是時，殷浩敗績，卒致遷徙。其月辛亥，月犯牽牛宿。占曰：「國有憂。」六月癸亥，月犯氐東北星。占曰：「大將當之。」〔一〇〕五年正月，北中郎將郗曇薨。五月，帝崩，哀帝立，大赦，賜爵，褚后失勢。七月，慕容恪攻冀州刺史呂護於野王，護奔滎陽。是時，桓溫以大衆次宛，聞護敗，乃退。五年六月癸酉，月奄氐東北星。占曰：「大將軍當之。」九月乙酉，月奄畢。占曰：「有邊兵。」十月丁未，月犯畢大星。占曰：「下犯上。」又曰：「有邊兵。」八月，范汪廢。隆和元年，慕容暐遣將寇河陰。

哀帝興寧三年七月庚戌，月犯南斗。占曰：「女主憂。」歲星犯輿鬼。占曰：「人君憂。」十月，太白晝見，在亢。占曰：「亢爲朝廷，有兵喪，爲臣强。」明年五月，皇后庾氏崩。

海西太和二年正月，太白入昴。五年，慕容暐爲苻堅所滅，又據司、冀、幽、并四州。六年閏月，熒惑守太微端門。占曰：「天子亡國。」又曰：「諸侯三公謀其上。」一曰：「有斬臣。」辛卯，月犯心大星。占曰：「王者惡之。」十一月，桓溫廢帝，并奏誅武陵王，簡文不許，溫乃徙之新安，皆臣强之應也。

簡文咸安元年十二月辛卯，熒惑逆行入太微，二年三月猶不退。占曰：「國不安，有憂。」是時，帝有桓溫之逼。二年五月丁未，太白犯天關。占曰：「兵起。」歲星形色如太白。占曰：「進退如度，姦邪息；變色亂行，主無福。」歲星於仲夏當細小而不明，此其失常也。又爲臣强。」六月，太白晝見，在七星。乙酉，太白犯輿鬼。占曰：「國有憂。」七月，帝崩，桓溫以兵威擅權，將誅王坦之等，內外迫脅。又，庾希入京城，盧悚入宮，並誅滅之。

孝武寧康元年正月戊申，月奄心大星。案占曰：「災不在王者，則在豫州。」一曰：「主命惡之。」三月丙午，月奄南斗第五星。占曰：「大臣憂，有死亡。」一曰：「將軍死。」七月，桓溫薨。九月癸巳，熒惑入太微。是時，女主臨朝，政事多缺。二年閏月己未，月奄牽牛南星。占曰：「左將軍死。」十二月甲申，太白晝見，在氐。氐，兗州分野。三年五月丙午，北中郎將王坦之薨。三年六月辛卯，太白犯東井。占曰：「秦地有兵。」九月戊申，熒惑奄左執法。占曰：「執法者死。」太元元年，苻堅破涼州。二年十月，尚書令王彪之卒。

太元元年四月丙戌，熒惑犯南斗第三星。丙申，又奄第四星。占曰：「兵大起，中國饑。」一曰：「有赦。」八月癸酉，太白晝見，在氐。氐，兗州分野。九月，熒惑犯哭泣星，遂入羽林。占曰：「天子有哭泣事，中軍兵起。」十一月己未，月奄氐角。〔一一〕占曰：「天下有兵。」一曰：「國有憂。」二年二月，熒惑守羽林。占曰：「禁兵大起。」九月壬午，太白晝

見，在角。角，兗州分野。升平元年五月，大赦。三年八月，秦人寇樊、鄧、襄陽、彭城。四年二月，襄陽陷，朱序沒。四月，魏興陷，賊聚廣陵、三河，衆五六萬。於是諸軍外次衞要，丹楊尹屯衞京都。六月，兗州刺史謝玄討賊，大破之。是時，中外連兵，比年荒儉。四年十一月丁巳，太白犯哭星。占曰：「天子有哭泣事。」五年七月丙子，辰星犯軒轅。占曰：「女主當之。」九月癸未，皇后王氏崩。六年九月丙子，太白晝見。七年十一月，太白又晝見，在斗。占曰：「吳有兵喪。」八年四月甲子，太白又晝見，在參。占曰：「魏有兵喪。」是月，桓沖征沔漢，楊亮伐蜀，並拔城略地。八月，苻堅自將，號百萬，九月，攻沒壽陽。十月，劉牢之破苻堅將梁成，斬之，殺獲萬餘人。謝玄等又破苻堅於淝水，斬其弟融，堅大衆奔潰。九年六月，皇太后褚氏崩。八月，謝玄出屯彭城，經略中州矣。九年七月丙戌，太白晝見。十一月丁巳，又晝見。十年四月乙亥，又晝見于畢昴。占曰：「魏國有兵喪。」是時苻堅大衆奔潰，趙魏連兵相攻，堅爲姚萇所殺。十一年三月戊申，太白晝見，在東井。占曰：「秦有兵，臣强。」六月甲申，又晝見于輿鬼。占曰：「秦有兵。」時魏、姚萇、苻登連兵，相征不息。甲午，歲星晝見，在胃。占曰：「魯有兵，臣强。」十二年，慕容垂寇東阿，翟遼寇河上，姚萇假號安定，苻登自立隴上，呂光竊據涼土。十二年六月癸卯，太白晝見，在柳。十月庚午，太白晝見，在斗。十三年正月丙戌，又晝見。十二月，熒惑在角亢，

形色猛盛。占曰：「熒惑失其常，吏且棄其法，諸侯亂其政。」自是後，慕容垂、翟遼、姚萇、苻登、慕容永並阻兵爭强。十四年正月，彭城妖賊又稱號於皇丘，劉牢之破滅之。三月，張道破合鄉，〔一二〕圍泰山，向欽之擊走之。是年，翟遼又攻沒滎陽，侵略陳項。于時政事多弊，君道陵遲矣。十四年四月乙巳，太白晝見于柳。六月辛卯，又晝見于翼。九月丙寅，又晝見于軫。十二月，熒惑入羽林。占並同上。十五年，翟遼掠司兗，衆軍累討不克，慕容垂又跨略并、冀等州。七月，旱。八月，諸郡大水，兗州又蝗。十五年九月癸未，熒惑入太微。十月，太白入羽林。十六年四月癸卯朔，太白晝見。十一月癸巳，月奄心前星。占曰：「太子憂。」是時，太子常有篤疾。十七年七月丁丑，太白晝見。十月丁酉，又晝見。十八年六月，又晝見。十九年五月，又晝見于柳。六月辛酉，又晝見于輿鬼。九月，又見于軫。二十年六月，熒惑入天囷。占曰：「大饑。」七月丁亥，太白晝見在太微。占曰：「太白入太微，國有憂。晝見，爲兵喪。」十二月己巳，月犯楗閉及東西咸。占曰：「楗閉司心腹喉舌，東西咸主陰謀。」二十一年二月壬申，太白晝見。三月癸卯，太白連晝見，在羽林。占曰：「有强臣，有兵喪，中軍兵起。」三月，太白晝見于胃。占曰：「中軍兵起。」四月壬午，太白入天囷。占曰：「爲饑。」六月，歲星犯哭泣星。占曰：「有哭泣事。」是年九月，帝崩。隆安元年，王恭等舉兵脅朝廷，於是內外戒嚴，殺王國寶以

謝之。又連歲水旱，三方動，衆人饑。

安帝隆安元年正月癸亥，熒惑犯哭泣星。占曰：「有哭泣事。」四月丁丑，太白晝見，在東井。占曰：「秦有兵喪。」六月，姚興攻洛陽，郗恢遣兵救之。冬姚萇死，子略代立。魏王珪卽位於中山。其八月，熒惑守井鉞。占曰：「大臣有誅。」二年六月戊辰，攝提移度失常。歲星晝見，在胃，兗州分野。是年六月，郗恢遣鄧啓方等以萬人伐慕容寶於滑臺，〔一三〕敗而還。閏月，太白晝見，在羽林。丁丑，月犯東上相。三年五月辛酉，月又奄東上相。辛未，辰星犯軒轅大星。占悉同上。二年九月，庾楷等舉兵，表誅王愉等，於是內外戒嚴。三年六月，洛陽沒于寇。〔一四〕桓玄破荆、雍州，殺殷仲堪等。孫恩聚衆攻沒會稽，殺內史。四年六月辛酉，月犯哭泣星。五年正月，太白晝見。自去年十二月在斗晝見，至于是月乙卯。案占：「災在吳越。」七月癸亥，大角星散搖五色。占曰：「王者流散。」丁卯，月犯天關。占曰：「王者憂。」九月庚子，熒惑犯少微，又守之。占曰：「處士誅。」十月甲子，月犯東次相。其年七月，太皇太后李氏崩。十月，妖賊大破高雅之於餘姚，死者十七八。五年，孫恩攻侵郡縣，殺內史，至京口，進軍蒲洲，於是內外戒嚴。恩遣別將攻廣陵，殺三千餘人，退據郁洲，是時劉裕又追破之。九月，桓玄表至，逆旨陵上。十月，司馬元顯大治水軍，將以伐玄。元興元年正月，盧循自稱征虜將軍，領孫恩餘衆，略有永嘉、晉安之地。

二月，帝戎服遣西軍。三月，桓玄克京都，殺司馬元顯，放太傅會稽王道子。

元興元年三月戊子，太白犯五諸侯，因晝見。占曰：「諸侯有誅。」七月戊寅，熒惑在東井。熒惑犯輿鬼、積尸。占並同上。八月丙寅，太白奄右執法。九月癸未，太白犯進賢。占曰：「進賢者誅。」二年二月，歲星犯西上將。六月甲辰，月奄斗第四星。占曰：「大臣誅，不出三年。」八月癸丑，太白犯房北第二星。九月己丑，歲星犯進賢，熒惑犯西上將。十月甲戌，太白犯泣星。十一月丁酉，熒惑犯東上相。十二月乙巳，月奄軒轅第二星。占悉同上。元年冬，〔一五〕魏破姚興軍。二年十二月，桓玄簒位，放遷帝、后於尋陽，以永安何皇后爲零陵君。三年二月，劉裕盡誅桓氏。三年正月戊戌，熒惑逆行，犯太微西上相。占曰：「天子戰於野，上相死。」二月丙辰，熒惑逆行，在左執法西北。占曰：「執法者誅。」四月甲午，月奄軒轅第二星。五月壬申，月奄斗第二星，填星入羽林。占並同上。是年二月丙辰，劉裕殺桓脩等。三月己未，破走桓玄，遣軍西討。辛巳，誅左僕射王愉，桓玄劫天子如江陵。五月，玄下至崢嶸洲，義軍破滅之。桓振又攻沒江陵，幽劫天子。七月，永安何皇后崩。

義熙元年三月壬辰，月奄左執法。占同上。丁酉，月奄心前星。占曰：「豫州有災。」七月庚辰，太白晝見，在翼、軫。占曰：「爲臣强，荆州有兵

喪。」八月丁巳，月犯斗第一星。占曰：「天下有兵。」一曰：「大臣憂。」九月甲子，〔一六〕熒惑犯少微。占曰：「處士誅。」庚寅，熒惑犯右執法。癸卯，熒惑犯左執法。占並同上。十一月丙戌，太白犯鉤鈐。占曰：「喉舌憂。」十二月己卯，歲星犯天江。占曰：「有兵亂，河津不通。」十一月，荆州刺史魏詠之薨。二年二月，司馬國璠等攻沒弋陽。四月，姚興伐仇池公楊盛，擊走之。九月，益州刺史司馬榮期爲其參軍楊承祖所害。三年十二月，司徒揚州刺史王謐薨。四年正月，太保武陵王遵薨。三月，左僕射孔安國卒。自後政在劉裕，人主端拱而已。二年二月，太白犯南斗。占曰：「兵起。」己丑，月犯心後星。占曰：「豫州有災。」四月癸丑，月犯太微西上將。己未，月犯房南第二星。乙丑，歲星犯天江。占曰：「有兵亂，河津不通。」五月癸未，月犯左角。占曰：「左將軍死，天下有兵。」壬寅，熒惑犯氐。占曰：「氐爲宿宮，人主憂。」六月庚午，熒惑犯房北第二星。八月癸亥，熒惑犯南斗第五星。丁巳，犯建星。占曰：「爲兵。」九月壬午，熒惑犯哭星，又犯泣星。是年二月甲戌，司馬國璠等攻沒弋陽。又，慕容超侵略徐、兗，三年正月，又寇北徐州，至下邳。十二月，司徒王謐薨。四年正月，武陵王遵薨。五年，慕容超復寇淮北。四月，劉裕大軍討之，拔臨朐。又圍廣固，拔之。三年正月丙子，太白晝見，在奎。二月庚申，月奄心後星。占同上。五月癸未，月犯左角。己丑，太白晝見，在參。占曰：「益州有

兵喪，臣强。」八月己卯，太白犯左執法。辛卯，熒惑犯左執法。九月壬子，熒惑犯進賢星。是年八月，劉敬宣伐蜀，不克而旋。四年三月，左僕射孔安國卒。七月，司馬叔璠等攻沒鄒山，魯郡太守徐邕破走之。姚略遣衆征赫連勃勃，大爲所破。五年，劉裕討慕容超，滅之。四年正月庚子，熒惑犯天關。五月丁未，月奄斗第二星。壬子，填星犯天廩。占曰：「天下饑，倉粟少。」六月己丑，太白犯太微西上將。乙卯，〔一七〕又犯左執法。十月戊子，熒惑入羽林。占悉同上。五年，劉裕討慕容超，後南北軍旅運轉不息。五年二月甲子，月犯昴。占曰：「胡不安，天子破匈奴。」五月戊戌，歲星入羽林。九月壬寅，月犯昴。十月，熒惑犯氐。閏月丁酉，月犯昴。辛亥，熒惑犯鉤鈐。己巳，月奄心大星。占曰：「王者惡之。」是年四月，劉裕討慕容超。十月，魏王珪遇弒殂。六年五月，盧循逼郊甸，宮衞被甲。六年三月丁卯，月奄房南第二星。災在次相。〔一八〕己巳，又奄斗第五星。占曰：「斗主吳，吳地兵起。」太白犯五諸侯。占曰：「諸侯有誅。」五月甲子，月奄斗第五星。己亥，月奄昴第三星。占曰：「國有憂。」一曰：「有白衣之會。」六月己丑，月犯房南第二星。甲午，太白晝見。七月己亥，月犯輿鬼。占曰：「國有憂。」一曰：「秦有兵。」八月壬午，太白犯軒轅大星。甲申，月犯心前星。災在豫州。〔一九〕丙戌，月犯斗第五星。占同上。丁亥，月奄牛宿南星。占曰：「天下有大誅。」乙未，太白犯少微。丙午，太白在

少微而晝見。　九月甲寅，太白犯左執法。　丁丑，填星犯畢。占曰：「有邊兵。」是年三月，始興太守徐道覆反。四月，盧循寇湘中，沒巴陵，率衆逼京畿。是月，左僕射孟昶懼王威不振，仰藥自殺。七年十二月，劉蕃梟徐道覆首，〔三〇〕杜慧度斬盧循，並傳首京都。八年六月，劉道規卒，時爲豫州刺史。八月，皇后王氏崩。九月，兗州刺史劉蕃、尙書左僕射謝混伏誅。劉裕西討劉毅，斬首徇之。十二月，遣益州刺史朱齡石伐蜀。　七年四月辛丑，熒惑入輿鬼。占曰：「秦有兵。」一曰：「雍州有災。」　六月，太白晝見，在翼。　己亥，填星犯天關。占曰：「臣謀主。」　八月，太白犯房南第二星。　十一月丙子，〔三一〕太白犯哭星。其七月，朱齡石克蜀，蜀又反，討滅之。　八年七月癸亥，月奄房北第二星。　己未，月犯井鉞。　八月戊申，月犯泣星。　十月辛亥，月奄天關。占曰：「有兵。」　十一月丁丑，填星犯東井。占曰：「大人憂。」　十二月癸卯，填星犯井鉞。是年八月，皇后王氏崩。九月，誅劉蕃、謝混，〔三二〕討滅劉毅。十二月，朱齡石滅蜀。　九年二月，熒惑入輿鬼。占曰：「有兵喪。」太白犯南河。占曰：「兵起。」　五月壬辰，太白犯右執法，晝見。　七月庚午，月奄鉤鈐。占曰：「喉舌臣憂。」　九月庚午，歲星犯軒轅大星。　己丑，月犯左角。時劉裕擅命，兵革不休。十月，裕討司馬休之，〔三三〕王師不利，休之等奔長安。　十年正月丁卯，月犯畢。占曰：「將相有以家坐罪者。」　二月己酉，月犯房北星。　五月壬寅，月犯牽牛南星。　乙

丑，歲星犯軒轅大星。占悉同上。　六月丙申，月奄氐。占曰：「將死之，國有誅者。」　七月庚辰，月犯天關。占曰：「兵起。」熒惑犯井鉞。填星犯輿鬼，遂守之。占曰：「大人憂，宗廟改。」　八月丁酉，月奄牽牛南星。占同上。　九月，填星犯輿鬼。占曰：「人主憂。」　丁巳，太白入羽林。　十二月己酉，月犯西咸。占曰：「有陰謀。」十一年，林邑寇交州，距敗之。　十一年三月丁巳，月入畢。占曰：「天下兵起。」一曰：「有邊兵。」　己卯，熒惑入輿鬼。　閏月丙午，填星又入輿鬼。占曰：「爲旱，大疫，爲亂臣。」　五月癸卯，熒惑入太微。　甲辰，犯右執法。　六月己未，太白犯東井。占曰：「秦有兵。」　戊寅，犯輿鬼。占曰：「國有憂。」　七月辛丑，月犯畢。占同上。　八月壬子，月犯氐。占同上。　庚申，太白順行，從右掖門入太微。　丁卯，奄左執法。　十一月癸亥，月入畢。占同上。　乙未，月入輿鬼而暈。　十二年五月甲申，歲星留房心之間，宋之分野。始封劉裕爲宋公。　六月壬子，太白順行入太微右掖門。　己巳，月犯畢。占同上。　七月，月犯牛宿。　十月丙戌，月入畢。　十三年五月丙子，月犯軒轅。　丁亥，犯牽牛。　癸巳，熒惑犯右執法。　八月己酉，月犯牽牛。　丁卯，月犯太微。占曰：「人君憂。」　九月壬辰，熒惑犯軒轅。　十月戊申，月犯畢。占悉同上。月犯箕。占曰：「國有憂。」　甲寅，月犯畢。占同上。　乙卯，填星犯太微，留積七十餘日。占曰：「亡君之戒。」　壬戌，月犯太微。　十四年三月癸

巳，〔三四〕太白犯五諸侯。　五月庚子，月犯太微。　七月甲辰，熒惑犯輿鬼。占曰：「秦有兵，又爲旱，爲兵喪。」亦曰：「大人憂，宗廟改，亦爲亂臣。」時劉裕擅命，軍旅數興，饑旱相屬，其後卒移晉室。　丁巳，月犯東井。占曰：「軍將死。」　八月甲子，太白犯軒轅。　癸酉，填星入太微，犯右執法，因留太微中，積二百餘日乃去。占曰：「填星守太微，亡君之戒，有徙王。」　九月乙未，太白入太微，犯左執法。　丁巳，月入太微。占曰：「大人憂。」　十月甲申，月入太微。　癸巳，熒惑入太微，犯西蕃上將，仍順行，至左掖門內，留二十日，乃逆行。義熙十二年七月，劉裕伐姚泓。十三年八月，擒姚泓，司、兗、秦、雍悉平。十四年，劉裕還彭城，受宋公。十一月，左僕射前將軍劉穆之卒。明年，西虜寇長安，雍州刺史朱齡石諸軍陷沒，官軍捨而東。十二月，帝崩。

恭帝元熙元年正月丙午，三月壬寅，五月丙申，月皆犯太微，占悉同上。　乙卯，辰星犯軒轅。　六月庚辰，太白犯太微。　七月己卯，月犯太微，太白晝見。自義熙元年至是，太白經天者九，日蝕者四，皆從上始，革代更王，臣失君之象也。是夜，太白犯哭星。　十二月丁巳，月、太白俱入羽林。　二年二月庚午，〔三五〕填星犯太微。占悉同上。元年七月，劉裕受宋王。是年六月，帝遜位于宋。〔三六〕

妖星客星

魏文帝黃初三年九月甲辰，客星見太微左掖門內。占曰：「客星出太微，國有兵喪。」十月，帝南征孫權。是後，累有征役。　六年十月乙未，有星孛于少微，歷軒轅。占「爲兵喪，除舊布新之象」。時帝軍廣陵，辛丑，親御甲冑觀兵。明年五月，帝崩。

明帝太和六年十一月丙寅，有星孛于翼，近太微上將星。占曰：「爲兵喪。」甘氏曰：「孛彗所當之國，是受其殃。翼又楚分野，孫權封略也。」明年，權有遼東之敗。又明年，諸葛亮入秦川。孫權發兵，緣江淮屯要衝，權自圍新城以應亮，天子東征權。

青龍四年十月甲申，有星孛于大辰，長三尺。　乙酉，又孛于東方。　十一月己亥，彗星見，犯宦者天紀星。占曰：「大辰爲天王，天下有喪。」劉向五紀論曰：「春秋，星孛于東方，不言宿者，不加宿也。宦者在天市，爲中外有兵。天紀爲地震，孛彗主兵喪。」景初元年六月，地震。九月，吳將朱然圍江夏。皇后毛氏崩。二年正月，討公孫文懿。三年正月，明帝崩。

景初二年八月，彗星見張，長三尺，逆西行，四十一日滅。占同上。張，周分野。　十月癸巳，客星見危，逆行，在離宮北、騰蛇南。甲辰，犯宗星。己酉，滅。占曰：「客星所出有兵喪。虛危爲宗廟，又爲墳墓。客星近離宮，則宮中將有大喪，就先君於宗廟之象也。」三年正月，帝崩。

少帝正始元年十月乙酉，彗星見西方，在尾，長三丈，拂牽牛，犯太白。　十一月甲子，進犯羽林。占曰：「尾爲燕，又爲吳，牛亦吳越之分。太白爲上將，羽林中軍兵。爲吳越有喪，中軍兵動。」二年五月，吳遣三將寇邊。吳太子登卒。六月，宣帝討諸葛恪於皖。太尉滿寵薨。　六年八月戊午，彗星見七星，長二尺，色白，進至張，積二十三日滅。　七年十一月癸亥，又見軫，長一尺，積百五十六日滅。　九年三月，又見昴，長六尺，色青白，芒西南指。　七月，又見翼，長二尺，進至軫，積四十二日滅。案占曰：「七星張爲周分野，翼軫爲楚，昴爲趙魏。彗所以除舊布新，主兵喪也。」嘉平元年，宣帝誅曹爽兄弟及其黨與，皆夷三族，京師嚴兵。三年，誅楚王彪，又襲王淩於淮南。淮南，東楚也。魏諸王幽於鄴。

嘉平三年十一月癸亥，有星孛于營室，西行，積九十日滅。占曰：「有兵喪。室爲後宮，後宮且有亂。」　四年二月丁酉，彗星見西方，在胃，長五六丈，色白，芒南指，貫參，積二十日滅。　五年十一月，彗星又見軫，長五丈，在太微左執法西，東南指，積百九十日滅。案占：「胃，兗州之分野。參，主兵。太微，天子庭。執法，爲執政。孛彗爲兵喪，除舊布新之象。」正元元年二月，李豐、豐弟翼、后父張緝等謀亂，皆誅，皇后亦廢。九月，帝廢爲齊王。

高貴鄉公正元元年十一月，白氣出南斗側，廣數丈，長竟天。王肅曰：「蚩尤之旗也，東南其有亂乎！」　二年正月，有彗星見于吳楚分，西北竟天。鎮東大將軍毌丘儉等據淮南

叛，景帝討平之。案占：「蚩尤旗見，王者征伐四方。」自後又征淮南，西平巴蜀。是歲，吳主孫亮五鳳元年也。斗牛，吳越分。案占：「吳有兵喪，除舊布新之象也。」太平三年，孫綝盛兵圍宮，廢亮爲會稽王，故國志又書於吳也。淮南江東同揚州地，故于時變見吳、楚。楚之分則魏之淮南，多與吳同災。是以毌丘儉以孛爲己應，遂起兵而敗。後三年，即魏甘露二年，諸葛誕又反淮南，吳遣將救之。及城陷，誕衆與吳兵死沒各數萬人，猶前長星之應也。

甘露二年十一月，彗星見角，色白。占曰：「彗星見兩角間色白者，軍起不戰，邦有大喪。」景元元年，高貴鄉公爲成濟所害。　四年十月丁丑，客星見太微中，轉東南行，歷軫宿，積七日滅。占曰：「客星出太微，有兵喪。」景元元年，高貴鄉公被害。

元帝景元三年十一月壬寅，彗星見亢，色白，長五寸，〔三七〕轉北行，積四十五日滅。占曰：「爲兵喪。」一曰：「彗星見亢，天子失德。」四年，鍾會、鄧艾伐蜀，克之。二將反亂，皆誅。

咸熙二年五月，彗星見王良，長丈餘，色白，東南指，積十二日滅。占曰：「王良，天子御駟。彗星掃之，禪代之表，除舊布新之象也。白色爲喪。王良在東壁宿，又并州之分野。」八月，文帝崩。十二月，武帝受魏禪。

武帝泰始四年正月丙戌，彗星見軫，青白色，西北行，又轉東行。占曰：「爲兵喪，軫又楚分野。」三月，皇太后王氏崩。十月，吳寇江夏、襄陽。　五年九月，星孛于紫宮。占如上。紫宮，天子內宮。十年，武元楊皇后崩。　十年十二月，有星孛于軫。占曰：「天下兵起，軫又楚分野。」

咸寧二年六月甲戌，星孛于氐。占曰：「天子失德易政。氐，又兗州分。」　七月，星孛大角。大角爲帝坐。　八月，星孛太微，至翼、北斗、三台。占曰：「太微，天子庭，大人惡之。」一曰：「有改王。翼，又楚分野。北斗主殺罰，三台爲三公。」　三年正月，星孛于西方。三月，星孛于胃。胃，徐州分。　四月，星孛女御。女御爲後宮。　五月，又孛于東方。七月，星孛紫宮。占曰：「天下易主。」　四年四月，蚩尤旗見東井。後二年，傾三方伐吳，是其應也。　五年三月，星孛于柳。　四月，又孛于女御。　七月，孛于紫宮。占曰：「外臣陵主。柳，又三河分野。大角、太微、紫宮、女御並爲王者。」明年吳亡，是其應也。孛主兵喪。征吳之役，三河、徐、兗之兵悉出，交戰於吳楚之地，吳丞相都督以下梟戮十數，偏裨行陣之徒馘斬萬計，皆其徵也。

太康二年八月，有星孛于張。占曰：「爲兵喪。」　十一月，星孛于軒轅。占曰：「後宮當之。」　四年三月戊申，星孛于西南。是年，齊王攸、任城王陵、琅邪王伷、新都王該薨。　八年九月，星孛于南斗，長數十丈，十餘日滅。占曰：「斗主爵祿，國有大憂。」一曰：「孛于斗，

王者疾病，天下易政，大亂兵起。」

太熙元年四月，客星在紫宮。占曰：「爲兵喪。」太康末，武帝耽宴遊，多疾病。是月己酉，帝崩。永平元年，賈后誅楊駿及其黨與，皆夷三族，楊太后亦見弑。又誅汝南王亮、太保衞瓘、楚王瑋，王室兵喪之應也。

惠帝元康五年四月，有星孛于奎，至軒轅、太微，經三台、太陵。占曰：「奎爲魯，又爲庫兵，軒轅爲後宮，太微天子庭，三台爲三司，太陵有積尸死喪之事。」其後武庫火，西羌反。後五年，司空張華遇禍，賈后廢死，魯公賈謐誅。又明年，趙王倫篡位。於是三王興兵討倫，兵士戰死十餘萬人。

永康元年三月，妖星見南方。占曰：「妖星出，天下大兵將起。」是月賈后殺太子，趙王倫尋廢殺后，斬司空張華，又廢帝自立。於是三王並起，迭總天權。其十二月，彗星出牽牛之西，指天市。占曰：「牛者七政始，彗出之，改元易號之象也。天市一名天府，一名天子旗，帝坐在其中。」明年，趙王倫篡位，改元，尋爲大兵所滅。　二年四月，彗星見齊分。占曰：「齊有兵喪。」是時，齊王冏起兵討趙王倫。倫滅，冏擁兵不朝，專權淫奢。明年，誅死。

太安元年四月，彗星晝見。　二年三月，彗星見東方，指三台。占曰：「兵喪之象。三台爲三公。」三年正月，東海王越執太尉、長沙王乂，張方又殺之。

永興元年五月，客星守畢。占曰：「天子絕嗣。」一曰：「大臣有誅。」時諸王擁兵，其後惠帝失統，終無繼嗣。　二年八月，有星孛于昴畢。占曰：「爲兵喪。昴畢又趙魏分野。」十月丁丑，有星孛于北斗。占曰：「璇璣更授，天子出走。」又曰：「强國發兵，諸侯爭權。」是後，諸王交兵，皆有應。明年，惠帝崩。

成帝咸和四年七月，有星孛于西北，犯斗，二十三日滅。占曰：「爲兵亂。」十二月，郭默殺江州刺史劉胤，荆州刺史陶侃討默，斬之。時石勒又始僭號。

咸康二年正月辛巳，彗星夕見西方，在奎。占曰：「爲兵喪。奎，又爲邊兵。」三年正月，石季龍僭天王位。四年，石季龍伐慕容皝，不克。既退，皝追擊之，又破麻秋。時皝稱蕃，邊兵之應也。　六年二月庚辰，有星孛于太微。七年三月，杜皇后崩。

康帝建元元年十一月六日，彗星見亢，長七尺，白色。占曰：「亢爲朝廷，主兵喪。」二年，康帝崩。

穆帝永和五年十一月乙卯，彗星見于亢，芒西向，色白，長一丈。六年正月丁丑，彗星又見于亢。占曰：「爲兵喪、疾疫。」其五年八月，褚裒北征，兵敗。十一月，冉閔殺石遵，又盡殺胡十餘萬人，於是中土大亂。十二月，褚裒薨。是年，大疫。

升平二年五月丁亥，彗星出天船，在胃。占曰：「爲兵喪，除舊布新。出天船，外夷侵。」

一曰：「爲大水。」四年五月，天下大水。五年，穆帝崩。

哀帝興寧元年八月，有星孛于角亢，入天市。案占曰：「爲兵喪。」三年正月，皇后王氏崩。二月，帝崩。三月，慕容恪攻沒洛陽，沈勁等戰死。

海西太和四年二月，客星見紫宮西垣，至七月乃滅。占曰：「客星守紫宮，臣弒主。」六年，桓溫廢帝爲海西公。

孝武寧康二年正月丁巳，〔一〇〕有星孛于女虛，經氐、亢、角、軫、翼、張。至三月丙戌，彗星見於氐。　九月丁丑，有星孛于天市。占曰：「爲兵喪。」太元元年七月，苻堅破涼州，虜張天錫。

太元十一年三月，客星在南斗，至六月乃沒。占曰：「有兵，有赦。」是後司、雍、兗、冀常有兵役。十二年正月大赦，八月又大赦。　十五年七月壬申，有星孛于北河戍，經太微、三台、文昌，入北斗，色白，長十餘丈。八月戊戌，入紫宮乃滅。占曰：「北河戍一名胡門，胡有兵喪。掃太微，入紫微，王者當之。三台爲三公，文昌爲將相，將相三公有災。入北斗，諸侯戮。」一曰：「掃北斗，强國發兵，諸侯爭權，大人憂。」二十一年，帝崩。隆安元年，王恭、殷仲堪、桓玄等並發兵，表以誅王國寶爲名。朝廷順而殺之，并斬其從弟緒，司馬道子由是失勢，禍亂成矣。　十八年二月，客星在尾中，至九月乃滅。占曰：「燕有兵喪。」二十年，慕容垂息寶伐魏，爲所破，死者數萬人。二十一年，垂死，國遂衰亡。　二十年九月，有蓬星如粉絮，東南行，歷女虛，至哭星。占曰：「蓬星見，不出三年，必有亂臣戮死於市。」是時，王國寶交構朝廷。二十一年九月，帝崩。隆安元年，王恭等興兵，而朝廷殺王國寶、王緒。

安帝隆安四年二月己丑，有星孛于奎，長三丈，上至閣道、紫宮西蕃，入北斗魁，至三台，三月，遂經于太微帝坐端門。占曰：「彗星掃天子庭閣道，易主之象。」經三台入北斗，占同上條。　十二月戊寅，有星孛于貫索、天市、天津。占曰：「貴臣獄死，內外有兵喪。天津爲賊斷，王道天下不通。」案占：「災在吳越。」五年二月，有孫恩兵亂，攻侵郡國。於是內外戒嚴，營陣屯守，柵斷淮口。九月，桓玄表至，逆旨陵上。其後玄遂篡位，亂京都，大饑，人相食，百姓流亡，皆其應也。

元興元年十月，有客星色白如粉絮，在太微西，至十二月入太微。占曰：「兵入天子庭。」二年十二月，桓玄篡位，放遷帝、后於尋陽，以永安何皇后爲零陵君。三年二月，劉裕盡誅桓氏。

義熙十一年五月甲申，彗星二出天市，掃帝坐，在房心北。房心，宋之分野。案占：「得彗柄者興，除舊布新，宋興之象。」十四年五月庚子，有星孛于北斗魁中。七月癸亥，彗星出太微西，柄起上相星下，芒漸長至十餘丈，進掃北斗、紫微、中台。占曰：「彗出太微，社

稷亡，天下易王，入北斗、紫微，帝宮空。」十四年，劉裕還彭城，受宋公。十二月，帝崩。

恭帝元年正月戊戌，有星孛于太微西蕃。占曰：「革命之徵。」其年，宋有天下。

星流隕

蜀後主建興十三年，諸葛亮帥大衆伐魏，屯于渭南。有長星赤而芒角，自東北西南流，投亮營，三投再還，往大還小。占曰：「兩軍相當，有大流星來走軍上及墜軍中者，皆破敗之徵也。」九月，亮卒于軍，焚營而退，羣帥交怨，多相誅殘。

魏明帝景初二年，宣帝圍公孫文懿於襄平。八月丙寅夜，有大流星長數十丈，白色有芒鬣，從首山東北流，墜襄平城東南。占曰：「圍城而有流星來走城上及墜城中者破。」又曰：「星墜，當其下有戰場。」又曰：「凡星所墜，國易姓。」九月，文懿突圍走，至星墜所被斬，屠城，坑其衆。

元帝景元四年六月，有大流星二並如斗，見西方，分流南北，光照地，隆隆有聲。案占：「流星爲貴使，星大者使大。」是年，鍾、鄧克蜀，二星蓋二帥之象。二帥相背，又分流南北之應。　鍾會既叛，三軍憤怒，隆隆有聲，兵將怒之徵也。

武帝泰始四年七月，星隕如雨，皆西流。占曰：「星隕爲百姓叛。西流，吳人歸晉之象也。」二年，〔一一〕吳夏口督孫秀率部曲二千餘人來降。

太康九年八月壬子，星隕如雨。劉向傳云：「下去其上之象。」後三年，帝崩而惠帝立，天下自此亂矣。

惠帝元康四年九月甲午，枉矢東北行，竟天。六年六月丙午夜，有枉矢自斗魁東南行。案占曰：「以亂伐亂。北斗主執殺，出斗魁，居中執殺者，不直之象也。」是後，趙王殺張、裴，廢賈后，以理太子之冤，因自纂盜，以至屠滅，以亂伐亂之應也。一曰，氐帥齊萬年反之應也。

太安二年十一月辛巳，有星晝隕中天北下，光變白，有聲如雷。案占：「名曰營首。營首所在，下有大兵，流血。」明年，劉元海、石勒攻略幷州，多所殘滅。王浚起燕代，引鮮卑攻掠鄴中，百姓塗地。有聲如雷，怒之象也。

永興元年七月乙丑，星隕有聲。二年十月，星又隕有聲。占同上。是後，遂亡中夏。

光熙元年五月，枉矢西南流。是時，司馬越西破河間兵，奉迎大駕，尋收繆胤、何綏等，肆無君之心，天下惡之。及死而石勒焚其屍柩，是其應也。

懷帝永嘉元年九月辛卯，〔三〇〕有大星如日，自西南流于東北，小者如斗，相隨，天盡赤，聲如雷。占曰：「流星爲貴使，星大者使大。」是年五月，汲桑殺東燕王騰，遂據河北。十一月，始遣和郁爲征北將軍，鎮鄴西。〔三一〕田甄等大破汲桑，斬于樂陵。於是以甄爲汲郡太守，

弟蘭鉅鹿太守。小星相隨者，小將別帥之象也。司馬越忿魏郡以東平原以南皆黨於桑，以賞甄等，於是侵掠赤地。有聲如雷，忿怒之象也。四年十月庚子，大星西北墜，有聲。尋而帝蒙塵于平陽。

元帝太興三年四月壬辰，枉矢出虛、危，沒翼、軫。占曰：「枉矢所觸，天下之所伐。翼、軫，荆州之分野。」太寧二年，王敦殺譙王承及甘卓，而敦又梟夷，枉矢觸翼之應也。

永昌元年七月甲午，有流星大如甕，長百餘丈，青赤色，從西方來，尾分爲百餘岐，或散。時王敦之亂，百姓流亡之應也。

成帝咸康三年六月辛未，流星大如二斗魁，色青赤，光耀地，出奎中，沒婁北。案占：「爲饑，五穀不藏。」是月，大旱，饑。六年二月庚午朔，有流星大如斗，光耀地，出天市，西行入太微。占曰：「大人當之。」八年六月，成帝崩。

穆帝永和八年六月辛巳，日未入，有流星大如三斗魁，從辰巳上，東南行。晷度推之，在箕、斗之間，蓋燕分也。案占：「爲營首。營首之下，流血滂沱。」是時，慕容儁僭稱大燕，攻伐無已。十年四月癸未，流星大如斗，色赤黃，出織女，沒造父，有聲如雷。占曰：「燕齊有兵，百姓流亡。」其年十二月，慕容儁遂據臨漳，盡有幽、幷、青、冀之地。緣河諸將奔散，河津隔絕。慕容恪攻齊。

升平二年十一月，枉矢自東南流于西北，其長半天。四年十月庚戌，天狗見西南。占曰：「有大兵，流血。」

海西太和四年十月壬申，有大流星西下，有聲如雷。明年，遣使免袁眞爲庶人。桓溫征壽春，眞病死，息瑾代立，求救於苻堅。溫破苻堅軍。六年，壽春城陷。

孝武太元六年十月乙卯，有奔星東南經翼、軫，聲如雷。占曰：「楚地有兵，軍破，百姓流亡。」十二月，苻堅荆州刺史梁成、襄陽太守閻震率衆伐竟陵，桓石虔擊大破之，生擒震，斬首七千，獲生口萬人。聲如雷，將帥怒之象也。十三年閏月戊辰，天狗東北下，有聲。占曰：「有大戰，流血。」自是後，慕容垂、翟遼、姚萇、苻登、慕容永並阻兵爭强。十四年正月，彭城妖賊又稱僞號於皇丘，劉牢之破滅之。三月，張道破合鄉、太山，向欽之擊走之。

安帝隆安五年三月甲寅，流星赤色，衆多西行，經牽牛、虛、危、天津、閣道，貫太微、紫宮。占曰：「星庶人類，衆多西行，衆將西流之象。經天子庭，主弱臣强，諸侯兵不制。」其年五月，孫恩侵吳郡，殺內史。六月，至京口。於是內外戒嚴，營陣屯守，劉裕追破之。元興元年七月，大饑，人相食。浙江以東流亡十六七，吳郡、吳興戶口減半，又流奔而西者萬計。十月，桓玄遣將擊劉軌，破走之。軌奔青州。

雲氣

惠帝永興元年十二月壬寅夜，有赤氣亙天，砰隱有聲。二年十月丁丑，赤氣見北方，東西竟天。占曰：「並爲大兵。砰隱有聲，怒之象也。」是後，四海雲擾，九服交兵。

光熙元年十二月甲申，有白氣若虹，中天北下至地，夜見五日乃滅。占曰：「大兵起。」明年，王彌起青徐，汲桑亂河北，毒流天下。

懷帝永嘉三年十一月乙亥，〔三二〕有白氣如帶，出南北方各二，起地至天，貫參伐中。占曰：「天下大兵起。」四年三月，司馬越收繆胤等。又，三方雲擾，攻戰不休。五年三月，司馬越死於寗平城，石勒攻破其衆，死者十餘萬人。六月，京都焚滅，帝如虜庭。

愍帝建興元年十月己巳夜，有赤氣曜於西北。荆州刺史陶侃討杜弢之黨於石城，戰敗。

校勘記

〔一〕青龍二年　原作「三年」，宋志一作「二年」。據下文「是時諸葛亮據渭南」，則爲二年無疑。今據宋志一改。

〔二〕乙酉帝崩　是月庚寅朔，無乙酉。武、惠紀並作「己酉」。

〔三〕七月帝崩于寇庭　拾補：「七月」當作「七年」。

〔四〕喬球　斠校：宋志「喬球」作「高球」。

〔五〕三月丙戌　「三月」原作「二月」，宋志二作「三月」。二月己亥朔，無丙戌；三月己巳朔，丙戌十八日。今據宋志二改。

〔六〕正月辛亥　是月甲子朔，無辛亥。宋志二作「辛卯」，二十八日。

〔七〕金火尤甚　「火」，各本作「水」，宋本作「火」，今從宋本。

〔八〕四年七月丙申太白犯左執法至石季龍僭號稱皇帝尋死　周校：右數行舛亂重複，幾不可讀。此處「七月丙申」「甲寅」「丁巳」「乙丑」「十月甲辰」「十一月戊戌」六條宜刪併入「四年四月」文內，並校正其次第。

〔九〕二月辛卯　「二月」上原有「十」字。勞校：宋志無「十」字，下有六月，知宋志是也。按：十二月無辛卯，而二月辛卯爲初六，下甲午爲初九，日序亦合，因據刪。

〔一〇〕六月癸亥至當之　拾補：此十六字因下文而衍，但改「癸酉」爲「癸亥」耳。宋志無。按：六月丙寅朔，無癸亥，有癸酉，盧說是。

〔一一〕月奄氐角　宋志三「氐」作「左」，可從。

〔一二〕張道破合鄉　劉牢之傳「張道」作「張遇」，「合鄉」作「金鄉」。下同。

〔一三〕伐慕容寶於滑臺　勞校：「寶」當作「德」。

〔一四〕六月洛陽沒于寇　帝紀、宋志三「六月」作「十月」，是。

〔一五〕元年冬　各本「元年」上有「升平」二字，乃殿文，今據宋志四刪。

〔一六〕九月甲子　斠注：「甲子」，宋志作「戊子」。按：九月己卯朔，無甲子。戊子爲十日。

〔一七〕乙卯　勞校：六月癸亥朔，無乙卯，當從宋志作「己卯」。

〔一八〕災在次相　宋志三「災」上有「占曰」二字。商榷、拾補皆謂此脫「占曰」。

〔一九〕災在豫州　「災」上疑脫「占曰」二字。

〔二〇〕劉蕃　安紀作「劉藩」。

〔二一〕十一月丙子　勞校：十一月甲辰朔，無丙子，當依宋志作「丙午」。

〔二二〕九月誅劉蕃謝混　「月」原作「年」，今據安紀、宋志三改。

〔二三〕十月裕討司馬休之　「月」，宋本、毛本、殿本俱作「年」，局本以下文「十年正月」，改作「月」。實則劉裕討休之在十一年三月，休之奔姚泓在十一年五月，無論作「十年」或「十月」皆不合。

〔二四〕三月癸巳　三月丙申朔，無癸巳，當依宋志三作「癸丑」。

〔二五〕二月庚午　「二月」原作「三月」，今依宋志三改作「二月」。三月無庚午，二月庚午爲十五日。

〔二六〕是年六月帝遜位于宋　「是年」，宋志三作「二年」，當從之。

〔二七〕長五寸　斠注：「五寸」，宋志作「五丈」。

〔二八〕正月丁巳　「正月」當從孝武紀作「二月」。丁巳爲二月五日，正月無丁巳。

〔二九〕二年　斠注：上云泰始四年，此處「二年」上應有「後」字。

〔三〇〕九月辛卯　「辛卯」，懷紀作「辛亥」。九月戊申朔，無辛卯，有辛亥。

〔三一〕鎮鄴西　周校：「西」字衍文。懷紀無「西」字。

〔三二〕十一月乙亥　「十一月」，各本均作「十二月」，今從殿本作「十一月」。十二月乙未朔，無乙亥。乙亥爲十一月十一日。

晉書卷十四

志第四

地理上 總敍 司州 兗州 豫州 冀州 幽州 平州 并州 雍州 涼州 秦州 梁州 益州 寧州

昔者元胎無象，太素流形，對越在天，以爲元首，則記所謂冬居營窟，夏居橧巢，飲血茹毛，未有麻絲者也。及燧人鑽火，庖犧出震，風宗下武，炎胤昌基，晝野無聞，其歸一揆。黃帝則東海南江，登空躡岱，至於崑峯振轡，崆山訪道，〔一〕存諸汗竹，不可厚誣。高陽任地依神，帝嚳順天行義。東踰蟠木，西濟流沙，北至幽陵，南撫交阯，日月所經，舟車所至，莫匪王臣，不踰茲域。帝堯時，禹平水土，以爲九州。虞舜登庸，厥功彌劭，表提類而分區宇，判山河而考疆域，冀北創并部之名，燕齊起幽營之號，則書所謂肇十有二州，封十有二山者也。夏功在于唐堯，殷因無所損益。周武克商，自豐徂鎬。至成王時，改作禹貢，徐梁入於

青雍，冀野析於幽并。職方掌天下之土，以周厥利，保章辯九州之野，皆有分星。東南曰揚州，正南曰荊州，河南曰豫州，正東曰青州，河東曰兗州，正西曰雍州，東北曰幽州，河內曰冀州，正北曰并州。始皇初并天下，懲忿戰國，削罷列侯，分天下爲三十六郡。三川、河東、南陽、南郡、九江、鄣郡、會稽、潁川、碭郡、泗水、薛郡、東郡、琅邪、齊郡、上谷、漁陽、右北平、遼西、遼東、代郡、鉅鹿、邯鄲、上黨、太原、雲中、九原、雁門、上郡、隴西、北地、漢中、巴郡、蜀郡、黔中、長沙，凡三十五郡，與內史爲三十六郡也。於是興師踰江，平取百越，又置閩中、南海、桂林、象郡，凡四十郡，郡一守焉。其地則西臨洮而北沙漠，東縈西帶，皆臨大海。漢祖龍興，革秦之弊，分內史爲三部，更置郡國二十有三，桂陽、江夏、豫章、河內、魏郡、東海、楚國、平原、梁國、定襄、泰山、汝南、淮陽、千乘、東萊、燕國、清河、信都、常山、中山、渤海、廣漢、涿郡，合二十三也。三內史者，河上、渭南、中地也。地理志曰：高祖增二十六，武帝改河上、渭南、中地以爲京兆、馮翊、扶風，是爲三輔也。文增厥九，廣平、城陽、淄川、濟南、膠西、膠東、河間、廬江、衡山，武帝改衡山曰六安。景加其四。濟北、濟陰、山陽、北海也。宣改濟北曰東平。武帝開越攘胡，初置十七，南海、蒼梧、鬱林、合浦、交阯、九眞、日南、珠崖、儋耳九郡，平西南夷置牂柯、越嶲、沈黎、汶山、犍爲、益州六郡，西置武都郡，又分立零陵郡，合十七郡。拓土分疆，又增十四。弘農、臨淮、西河、朔方、酒泉、陳留、安定、天水、玄菟、樂浪、廣陵、敦煌、武威、張掖。昭帝少事，又增其一。金城也。至平帝元始二年，凡新置郡國七十有一，與秦四十，合一百一十有一。改雍曰涼，改梁曰益，又置徐州，復夏舊號，南置交阯，北有朔方，凡爲十三部。涼、益、荊、揚、青、豫、兗、徐、幽、并、冀十一州，交阯、朔方二刺史，合十三部。光武投戈之歲，在彤秏之辰，郡國蕭條，并省者八。城陽、淄川、高密、膠東、六安、眞定、泗水、廣陽。建武十一年，省州牧，復爲刺史，員十三人，各掌一州。明帝置一，永昌也。章帝置二，任城、吳郡。和順改作，其名有九。和置濟北、廣陽，順改淮陽爲陳，改楚爲彭城，濟東爲東平，臨淮爲下邳，千乘爲六安，信都爲安平，天水爲漢陽。省朔方刺史，合之於司隸，凡十三部，其與西漢不同者，司隸校尉部郡治河南，朔方隸於并部。而郡國百有八焉。省前漢八，分置五，改舊名七，因舊九十六，少前漢三也。桓靈頗增於前，復置六郡。桓，高陽、高涼、博陵；靈，南安、鄱陽、廬陵。魏武定霸，三方鼎立，生靈版蕩，關洛荒蕪，所置者十二，新興、樂平、西平、新平、略陽、陰平、帶方、譙、樂陵、章武、南鄉、襄陽。所省者七，上郡、朔方、五原、雲中、定襄、漁陽、廬江。而文帝置七，朝歌、陽平、弋陽、魏興、新城、義陽、〔二〕安豐。明及少帝增二，明，上庸也；少，平陽也。得漢郡者五十四焉。蜀先主於漢建安之間初置郡九，巴東、巴西、梓潼、江陽、汶山、漢嘉、朱提、宕渠、涪陵。後主增二，雲南、興古。得漢郡者十有一焉。吳主大皇帝初置郡五，臨賀、武昌、珠崖、新安、廬陵南部。少帝、景帝各四，少，臨川、臨海、衡陽、湘東。景，天門、建安、建平、合浦北部。歸命侯亦置十有二郡，始安、始興、邵陵、安成、新昌、武平、九德、吳興、東陽、桂林、滎陽、宜都。得漢郡者十有八焉。

晉武帝太康元年，既平孫氏，凡增置郡國二十有三，滎陽、上洛、頓丘、臨淮、東莞、襄城、汝陰、長廣、廣甯、昌黎、新野、隨郡、陰平、義陽、毗陵、宣城、南康、晉安、寧浦、始平、略陽、樂平、南平。省司隸置司州，別

立梁、秦、寧、平四州，仍吳之廣州，凡十九州，司、冀、兗、豫、荊、徐、揚、青、幽、平、并、雍、涼、秦、梁、益、寧、交、廣州。郡國一百七十三，仍吳所置二十五，仍蜀新置十一，仍魏所置二十一，仍漢舊九十三，置二十三。以爲冠帶之國，盡有殷周之土。若乃敦龐於天地之始，昭晰於犧農之世，用長黎元，未爭疆埸。而玉環楛矢，夷裘風駕，南翬表貺，東風入律，光乎上德，奚遠弗臻。然則星象麗天，山河紀地，端掖裁其弘敞，崤函判其都邑，仰觀俯察，萬物攸歸。是以洛汭咸陽，宛然秦漢，晉濱河西，同知堯禹，于茲新邑，宅是鎬京，五尺童子皆能口誦者，史官弗之書也。

昔庖犧氏生於成紀，而爲天子，都於陳。神農氏都陳，而別營于曲阜。黃帝生於壽丘，而都於涿鹿。少昊始自窮桑，而還都曲阜。顓頊始自窮桑，而徙邑商丘。高辛卽號，建都于亳。孫卿子曰：「不登高山，不知天之高；不臨深谿，不知地之厚也。」大哉坤象，萬物資生，載崑華而不墜，傾河海而寧泄。考卜惟王，乘飛駐軫，睨崤山而鐫勒，覽會城以爲玩。時逢稽浸，道接陵夷，平王東遷，星離豆剖，當塗馭寓，瓜分鼎立。世祖武皇帝接千祀之餘，當八堯之禪，先王桑梓，罄宇來歸，斯固可得而言者矣。惠皇不虞，中州盡棄，永嘉南度，綸行建鄴，九分天下而有二焉。

昔大禹觀於濁河而受綠字，寰瀛之內可得而言也。天有七星，地有七表；天有四維，地

有四瀆。八紘之外，名爲八極。地不足東南，天不足西北。八極之廣，東西二億三萬一千三百里，南北二億三萬一千三百里。自地至天，半八極之數，自下亦如之。昔黃帝令豎亥步自東極，至于西極，五億十萬九千八百八步。史臣案，凡周天積百七萬九百一十三里，徑三十五萬六千九百七十里。所謂南北爲經，東西爲緯。天有十二次，日月之所躔；地有十二辰，王侯之所國也。或因生得姓，因功命土，祁、酉、燕、齊，在乎茲域。

昔黃帝旁行天下，方制萬里，得百里之國萬區，則周易所謂「首出庶物，萬國咸寧」者也。昔在帝堯，叶和萬邦，制八家爲鄰，三鄰爲朋，三朋爲里，五里爲邑，十邑爲都，十都爲師，州十有二師焉。夏后氏東漸于海，西被于流沙，南浮于江，而朔南暨聲教，窮豎亥所步，莫不率俾，會羣臣於塗山，執玉帛者萬國。於是九州之內，作爲五服。天子之國，內五百里甸服，百里賦納總，二百里納銍，三百里納秸服，四百里粟，五百里米。甸服外五百里侯服，百里采，二百里任，三百里侯。侯服外五百里綏服，三百里揆文教，二百里奮武衞。綏服外五百里要服，三百里夷，二百里蔡。要服外五百里荒服，三百里蠻，二百里流。訖于四海，弼成五服，五服至于五千里。夏德中微，遇有窮之亂。少康中興，不失舊物。自孔甲之後，以至于桀，諸侯相兼，其能存者三千餘國，方於塗山，十損其七矣。成湯敗桀於焦，遷鼎於亳，伊摯、仲虺之徒，大明憲典。王者之制爵祿，公侯伯子男凡五等。天子之田方千里，公

侯田方百里，伯七十里，子男五十里。不能五十里者，不達於天子，附於諸侯，曰附庸。凡四海之內九州，州方千里。州建百里之國三十，七十里之國六十，五十里之國百有二十，凡二百一十國。名山大澤不以封，其餘以爲附庸間田。八州，州二百一十國。天子之縣內，百里之國九，七十里之國二十有一，五十里之國六十有三，凡九十三國。名山大澤不以班，其餘以祿士，以爲間田。凡九州，千七百七十三國。天子之元士，諸侯之附庸，不與。天子百里之內以供官，千里之內以爲御，千里之外設方伯。五國以爲屬，屬有長；十國以爲連，連有帥；三十國以爲卒，卒有正；二百一十國以爲州，州有伯。八州，八伯，五十六正，百六十八帥，三百三十六長。八伯各以其屬屬於天子之老二人，分天下爲左右，曰二伯。千里之內曰甸，千里之外曰采，曰流。天子使其大夫爲三監，監於方伯之國，國三人。天子之縣內，諸侯祿也；外，諸侯嗣也。武王歸豐，監於二代，設爵惟五，分土惟三。封同姓五十餘國，周公、康叔建於魯衞，各數百里。太公封於齊，表東海者也。凡一千八百國，布列於五千里內。而太昊、黃帝之後，唐虞侯伯猶存。大司徒以諸公之地封疆方五百里，其食者半；諸侯之地方四百里，其食者參之一；諸伯之地方三百里，其食者參之一；諸子之地方二百里，其食者四之一；諸男之地方百里，其食者四之一。不易之地家百畝，一易之地家二百畝，再易之地家三百畝。五家爲比，使之相保；五比爲閭，使之相受；四閭爲族，使之相葬；

五族爲黨，使之相救；五黨爲州，使之相賙；五州爲鄉，使之相賓。小司徒以五人爲伍，五伍爲兩，四兩爲卒，五卒爲旅，五旅爲師，五師爲軍。以起軍旅，以作田役，以比追胥，以令貢賦。乃經土地而井牧其田野，九夫爲井，四井爲邑，四邑爲丘，四丘爲甸，四甸爲縣，四縣爲都。遺人則十里有廬，廬有飲食。三十里有宿，宿有路室，路室有委。五十里有市，市有候，候有館，館有積。遂人則五家爲鄰，五鄰爲里，四里爲酇，五酇爲鄙，五鄙爲縣，五縣爲遂。大司馬以九畿之籍，施邦國之政。方千里曰國畿，其外方五百里曰侯畿，又其外方五百里曰甸畿，又其外方五百里曰男畿，又其外方五百里曰采畿，又其外方五百里曰衞畿，又其外方五百里曰蠻畿，又其外方五百里曰夷畿，又其外方五百里曰鎮畿，又其外方五百里曰蕃畿。畿，田限也。自王城以外，面五千里爲界，有分限者九也。于時治致太平，政稱刑措，民口千三百七十一萬四千九百二十三，蓋周之盛者也。其衰也，則禮樂征伐出自諸侯，强吞弱而衆暴寡。春秋之初，尚有千二百國；迄獲麟之末，二百四十二年，弑君三十六，亡國五十二，諸侯奔走不得保其社稷者不可勝數，而見於春秋經傳者百有七十國焉。百三十九知其所居，魯、邾、鄭、宋、紀、衞、西虢、莒、齊、陳、杞、蔡、邢、鄅、晉、薛、許、鄧、秦、曹、楚、隨、黃、梁、虞、鄖、小邾、徐、燕、鄀、麇、舒、庸、鄫、萊、吳、越、有窮、三苗、瓜州、有虞、東虢、共、宿、申、夷、向、南燕、滕、凡、戴、息、郜、芮、魏、淳于、穀、巴、州、蓼、羅、賴、牟、葛、譚、蕭、遂、滑、權、鄣、霍、耿、江、冀、弦、道、柏、微、鄅、厲、項、密、任、須句、顓臾、頓、管、雍、畢、豐、邘、應、蔣、茅、

胙、夔、介、焦、沈、六、巢、根牟、唐、黎、郇瑕、寒、有鬲、斟灌、斟尋、過、有過、戈、偪陽、邿、鑄、豕韋、唐杜、楊、豳、鄶、觀、扈、邳、胡、黎、大庭、駘、岐、邶、鍾吾、蒲姑、昆吾、房、密須、甲父、鄘、桐、亳、韓、趙。三十一國盡亡其處，祭、極、荀、賈、貳、軫、絞、於餘丘、陽、箕、英氏、毛、聃、莘、偪、封父、仍、有仍、崇、鄅、庸、姚、奄、商奄、褒姒、蓐、有緡、闕鞏、鄋、窮桑。蠻夷戎狄不在其間。五伯迭興，總其盟會。陵夷至于戰國，遂有七王，韓、魏、趙、燕、齊、秦、楚。又有宋、衞、中山，不斷如綫，如三晉簒奪，亦稱孤也。

司馬法廣陳三代，曰：古者六尺爲步，步百爲畝，畝百爲夫，夫三爲屋，屋三爲井。井方一里，是爲九夫，八家共之。一夫一婦受私田百畝，公田十畝，是爲八百八十畝，餘二十畝爲廬舍，出入相友，守望相助，疾病相救。民受田，上田夫百畝，中田夫二百畝，下田夫三百畝，歲受耕之，爰自其處。其家衆男爲餘夫，亦以口受田如此。士工商家受田，五口乃當農夫一口。有賦有稅，稅謂公田什一及工商衡虞之入也，賦供車馬甲兵士從之役。民年二十受田，六十歸田。種穀必雜五種，以備災旱。田中不得有樹，以妨五穀。環廬種桑柘，菜茹有畦，瓜瓠果蓏植於疆埸，雞豚狗豕無失其時。閭有序，鄉有庠，序以明教，庠以行禮。司馬之法，官設六軍之衆，因井田而制軍令。地方一里爲井，井十爲通，通十爲成，成方十里。成十爲終，終十爲同，同方百里。同十爲封，封十爲畿，畿方千里。故井四爲邑，邑四爲丘，丘十六井，有戎馬一匹，牛三頭。四丘爲甸，甸六十四井也，有戎馬四匹，兵車一乘，牛十二

頭，甲士三人，卒七十二人。是謂乘車之制。一同百里，提封萬井，除山川、坑岸、城池、邑居、園囿、街路三千六百井，定出賦六千四百井，戎馬四百匹，兵車百乘，此卿大夫采地之大者也，是謂百乘之家。一封三百六十六里，提封十萬井，定出賦六萬四千井，戎馬四千匹，兵車千乘，此謂諸侯之大者也，謂之千乘之國。天子畿內方千里，提封百萬井，定出賦六十四萬井，戎馬四萬匹，兵車萬乘，戎卒七十二萬人，故天子稱萬乘之主焉。

秦始皇既得志於天下，訪周之敗，以爲處士橫議，諸侯尋戈，四夷交侵，以弱見奪，於是劃去五等焉。漢興，創艾亡秦孤立而敗，於是割裂封疆，立爵二等，功臣侯者百有餘邑。于時民罹秦項，戶口彫弊，大侯不過萬家，小者五六百戶，而尊王子弟，大啓九國。古者有分土而無分民，若乃大者跨州連郡，小則十有餘城，以戶口爲差降，略封疆之遠近，所謂分民自漢始也。起雁門以東，盡遼陽，爲燕代。常山以南，太行左轉，渡河濟，漸于海，爲齊趙。穀泗以注，奄有龜蒙，爲梁楚。東帶江湖，薄會稽，爲荊吳。北界淮瀕，略廬衡，爲淮南。波漢之陽，亙九疑，爲長沙。諸侯比境，周帀三垂，外接胡越。天子自有三河、東郡、潁川、南陽，自江陵以西至巴蜀，北至雲中，西至隴西，與京師內史，凡十五郡。文帝采賈生之議分齊趙，景帝用朝錯之計削吳楚。武帝施主父之册，下推恩之令，使諸侯王得分戶邑以封子弟，不行黜陟，而藩國自析。自此以來，齊分爲七，趙分爲六，梁分爲五，淮南分爲三。皇子

始立者大國不過十餘城，長沙、燕、代雖有舊名，皆亡南北邊矣。自文景與民休息，至平帝元始二年，民戶千二百二十三萬三千六十二，口五千九百五十九萬四千九百七十八，其地東西九千三百二里，南北萬三千三百六十八里。大率十里一亭，亭有長。十亭一鄉，鄉有三老，有秩、嗇夫、游徼各一人。縣大率方百里，民稠則減，稀則曠，鄉、亭亦如之。皆秦制也。光武中興，不踰前制，東海王彊以去就有禮，故優以大封，兼食魯郡二十九縣，其餘稱爲寵錫者，兼一郡而已。至桓帝永壽三年，戶千六十七萬七千九百六十，口五千六百四十八萬六千八百五十六，〔三〕斯亦戶口之滋殖者也。獻帝建安元年拜曹操爲鎮東將軍，封費亭侯。魏文帝黃初三年，初制封王之庶子爲鄉公，嗣王之庶子爲亭侯，〔四〕公侯之庶子爲亭伯。劉備章武元年，亦以郡國封建諸王，或遙采嘉名，不由檢土地所出。其戶二十萬，男女口九十萬。孫權赤烏五年，亦取中州嘉號封建諸王。其戶五十二萬三千，男女口二百四十萬。晉文帝爲晉王，命裴秀等建立五等之制，惟安平郡公孚邑萬戶，制度如魏諸王。其餘縣公邑千八百戶，地方七十五里；大國侯邑千六百戶，地方七十里；次國侯邑千四百戶，地方六十五里；大國伯邑千二百戶，地方六十里；次國伯邑千戶，地方五十五里；大國子邑八百戶，地方五十里；次國子邑六百戶，地方四十五里；男邑四百戶，地方四十里。〔五〕武帝泰始元年，封諸王以郡爲國。邑二萬戶爲大國，置上中下三軍，兵五千人；邑萬戶爲次國，置上軍下

軍，兵三千人；五千戶爲小國，置一軍，兵千五百人。王不之國，官於京師。罷五等之制，公侯邑萬戶以上爲大國，五千戶以上爲次國，不滿五千戶爲小國。太康元年，平吳，大凡戶二百四十五萬九千八百四十，口一千六百一十六萬三千八百六十三。而江左諸國並三分食一，元帝渡江，太興元年，始制九分食一。

司州。案禹貢豫州之地。及漢武帝，初置司隸校尉，所部三輔、三河諸郡。其界西得雍州之京兆、馮翊、扶風三郡，北得冀州之河東、河內二郡，東得豫州之弘農、河南二郡，郡凡七。位望隆于牧伯，〔六〕銀印青綬。及光武都洛陽，司隸所部與前漢不異。魏氏受禪，卽都漢宮，司隸所部河南、河東、河內、弘農并冀州之平陽，合五郡，置司州。晉仍居魏都，乃以三輔還屬雍州，分河南立滎陽，分雍州之京兆立上洛，廢東郡立頓丘，遂定名司州，以司隸校尉統之。州統郡一十二，縣一百，戶四十七萬五千七百。〔七〕

河南郡漢置。統縣十二，戶一十一萬四千四百。

洛陽置尉。五部、三市。東西七里，南北九里。東有建春、東陽、清明三門，南有開陽、平昌、宣陽、建陽四門，西有廣陽、西明、閶闔三門，北有大夏、廣莫二門。司隸校尉、河南尹及百官列城內也。置尹。河南周東都王城郟鄏也。鞏周孝王封周桓公孫惠公於鞏，號東周，故戰國時有東、西周號。芒山、首陽共界也。河陰　新安函谷關所居。成皋有關，

鄭之武牢。緱氏有劉聚，周大夫劉子邑。有延壽城、仙人祠。陽城有鄂阪關。此邑是爲地中，夏至景尺五寸。有陽城山、箕山，許由墓在焉。新城有延壽關。故戎蠻子之國。陸渾故蠻子國，楚莊王伐陸渾是也。梁戰國時謂爲南梁，別少梁也。陽翟

滎陽郡泰始二年置。統縣八，戶三萬四千。

滎陽地名敖，秦置敖倉者。京鄭太叔段所居。密故周畿內。卷有博浪長沙，張良擊秦始皇處。〔八〕陽武　苑陵　中牟六國時，趙獻侯都。開封宋蓬池在東北，或曰蓬澤。

弘農郡漢置。統縣六，戶一萬四千。

弘農本函谷關。漢武帝遷於新安縣。湖故曰胡，漢武更名湖。陝故虢國，周分陝東西，二相主之。宜陽　黽池　華陰華山在縣南。

上洛郡泰始二年，分京兆南部置。〔九〕統縣三，戶萬七千。

上洛嶢關在縣西北。商秦相衞商鞅邑。盧氏熊耳山在東，伊水所出。

平陽郡故屬河東，魏分立。統縣十二，戶四萬二千。

平陽舊堯都。侯國。楊故楊侯國。端氏韓、魏、趙既爲諸侯，以端氏封晉君也。永安故霍伯國。霍山在東。蒲子　狐讘　襄陵公國相。絳邑晉武公自曲沃徙此。濩澤析城山在西南。臨汾公國相。北屈壺口山在東南。有南屈，故稱北。皮氏故耿國。

河東郡秦置。統縣九，戶四萬二千五百。

安邑舊舜都。 聞喜故曲沃。晉武公自晉陽徙此。 垣王屋山在東北，沇水所出。 汾陽公國相。〔一〇〕 大陽吳山在西。周武王封西周太伯後於此。 猗氏古猗頓城。 解有鹽池。 蒲坂有歷山，舜所耕也。有雷首山，夷齊居其陽，所謂首陽山。 河北

汲郡泰始二年置。統縣六，戶三萬七千。

汲有銅關。 朝歌紂所都。 共故國。北山，淇水所出。 林慮 獲嘉故汲新中鄉。漢武帝行過時，獲呂嘉首，因改名。 修武晉所啓南陽，秦改名修武。

河內郡漢置。統縣九，戶五萬二千。

野王太行山在西北。 州故晉邑。 懷 平皋邢侯自襄國徙此。 河陽 沁水 軹故周原邑。 山陽 溫故國也，蘇忿生封。

廣平郡魏置。統縣十五，戶三萬五千二百。

廣平 邯鄲秦置爲郡。 易陽 武安 涉 襄國故邢侯國都。 南和 任 曲梁 列人 肥鄉 臨水 廣年侯相。 斥漳 平恩

陽平郡魏置。統縣七，戶五萬一千。

元城漢元后生邑。 館陶 清泉〔一一〕 發干 東武陽 陽平 樂平

魏郡漢置。統縣八，戶四萬七百。

鄴魏武受封居此。 長樂 魏 斥丘 安陽 蕩陰 內黃黃池在西。 黎陽故黎侯國。

頓丘郡泰始二年置。統縣四，戶六千三百。

頓丘 繁陽 陰安 衞

永嘉之後，司州淪沒劉聰。聰以洛陽爲荆州，及石勒，復以爲司州。石季龍又分司州之河南、河東、弘農、滎陽，兗州之陳留、東燕爲洛州。元帝渡江，亦僑置司州於徐，非本所也。後以弘農人流寓尋陽者僑立爲弘農郡。又以河東人南寓者，於漢武陵郡孱陵縣界上明地僑立河東郡，統安邑、聞喜、永安、臨汾、弘農、譙、松滋、大戚八縣。〔一二〕並寄居焉。永和五年，桓溫入洛，復置河南郡，屬司州。

兗州。案禹貢濟河之地，舜置十二牧，則其一也。周禮：「河東曰兗州。」春秋元命包云：「五星流爲兗州。兗，端也，〔一三〕信也。」又云：「蓋取兗水以名焉。」漢武帝置十三州，以舊名爲兗州，自此不改。州統郡國八，縣五十六，戶八萬三千三百。

陳留國漢置。統縣十，戶三萬。魏武帝封。〔一四〕

小黃 浚儀有洪溝，漢高祖項羽欲分處。 封丘 酸棗烏巢地在東南。 濟陽 長垣故匡城，孔子所厄也。 雍丘故杞國。 尉氏 襄邑 外黃

濮陽國故屬東郡，晉初分東郡置。統縣四，戶二萬一千。

濮陽古昆吾國。師延爲紂作靡靡之樂，既而投此水。公國相。 廩丘公國相。有羊角城。 白馬有瓠子堤。 鄄城公國相。

濟陰郡〔一五〕漢置。統縣九，戶七千六百。

定陶漢高祖封彭越爲梁王，都此。 乘氏故侯國。 句陽 離狐 宛句〔一六〕 己氏 成武有楚丘亭。 單父故侯國。 城陽舜所漁，堯冢在西。

高平國故屬梁國，晉初分山陽置。統縣七，戶三千八百。

昌邑侯相。有甲父亭。 鉅野魯獲麟所。 方與 金鄉 湖陸〔一七〕 高平侯國。 南平陽侯國。有漆亭。

任城國漢置。統縣三，戶一千七百。

任城古任國。 亢父 樊

東平國漢置。統縣七，戶六千四百。

須昌 壽張有蚩尤祠。 范 無鹽 富城 東平陸 剛平

濟北國漢置。統縣五，戶三千五百。

盧扁鵲所生。縣西有石門。 臨邑 東阿 穀城有烏下聚。〔一八〕 蛇丘有下讙亭。

泰山郡漢置。統縣十一，戶九千三百。

奉高西南有明堂。 博有龜山。 嬴 南城〔一九〕 梁父侯國。有菟裘聚。 山茌茌山在東北。 新泰故曰平陽。 南武陽有顓臾城。 萊蕪有原山。 牟〔二〇〕故牟國。 鉅平有陽關亭。

惠帝之末，兗州闔境淪沒石勒。後石季龍改陳留郡爲建昌郡，屬洛州。是時遺黎南渡，元帝僑置兗州，寄居京口。明帝以郗鑒爲刺史，寄居廣陵，置濮陽、濟陰、高平、太山等郡。後改爲南兗州，或還江南，或居盱眙，或居山陽。後始割地爲境，常居廣陵，南與京口對岸。咸康四年，於北譙界立陳留郡。安帝分廣陵郡之建陵、臨江、如皋、寧海、蒲濤五縣置山陽郡，屬南兗州。

豫州。案禹貢爲荆河之地。周禮：「河南曰豫州。」豫者舒也，言稟中和之氣，性理安舒也。春秋元命包云：「鉤鈐星別爲豫州。」地界，西自華山，東至于淮，北自濟，南界荆山。秦兼天下，以爲三川、河東、南陽、潁川、碭、泗水、薛七郡。漢改三川爲河南郡，武帝置十三州，豫州舊名不改，以河南、河東二郡屬司隸，又以南陽屬荆州。先是，改泗水曰沛郡，改碭郡曰梁，改薛曰魯，分梁沛立汝南郡，分潁川立淮陽郡。後漢章帝改淮陽曰陳郡。魏武分沛立譙郡，魏文分汝南立弋陽郡。及武帝受命，又分潁川立襄城郡，分汝南立汝陰郡，合陳

郡于梁國。州統郡國十，縣八十五，戶十一萬六千七百九十六。

潁川郡秦置。統縣九，戶二萬八千三百。

許昌漢獻帝都許。魏禪，徙都洛陽，許宮室武庫存焉，改爲許昌。　長社　潁陰　臨潁公國相。　郾　邵陵公國相。　隱陵公國相。　新汲　長平

汝南郡漢置。統縣十五，戶二萬一千五百。

新息　南安陽　安成侯相。　愼陽　北宜春　朗陵　陽安故江國。有江亭。　上蔡　平輿故沈子國。有沈亭。　定潁　灈陽　南頓　汝陽　吳房故房子國。　西平故柏國。有龍泉，水可用淬刀劍。

襄城郡泰始二年置。統縣七，戶一萬八千。

襄城侯相。有西不羹城。　繁昌魏文受禪於此。　郟　定陵侯相。　父城侯相。　昆陽公國相。　舞陽宣帝始封此邑。

汝陰郡魏置郡，後廢，泰始二年復置。統縣八，戶八千五百。

汝陰故胡子國。　愼故楚邑。　原鹿　固始　鮦陽　新蔡　宋侯相。　褒信

梁國漢置。統縣十二，戶一萬三千。

睢陽春秋時宋都。　蒙　虞　下邑有碭山，山有文石。　寧陵故葛伯國。　穀熟　陳　項　長平〔二一〕　陽夏　武平　苦東有賴鄉祠，老子所生地。

沛國漢置。統縣九，戶五千九十六。

相　沛漢高祖所起處。　豐　竺邑〔二二〕　符離　杼秋　洨　虹　蕭

譙郡魏置。統縣七，戶一千。

譙　城父　酇　山桑　龍亢　蘄　銍

魯郡漢置。統縣七，戶三千五百。

魯曲阜之地，魯侯伯禽所居。　汶陽　卞鄒有嶧山。　蕃故小邾之國。〔二三〕　薛奚仲所封。　公丘

弋陽郡魏置。統縣七，戶一萬六千七百。

西陽故弦子國。　軑　蘄春　邾　西陵　期思　弋陽

安豐郡魏置。統縣五，戶一千二百。

安風　雩婁　安豐侯相。　蓼　松滋侯相。

惠帝分汝陰立新蔡，分梁國立陳郡，分汝南立南頓。永嘉之亂，豫州淪沒石氏。元帝渡江，以春穀縣僑立襄城郡及繁昌縣。成帝乃僑立豫州於江淮之間，居蕪湖。時淮南入北，乃分丹楊僑立淮南郡，居于湖。又以舊當塗縣流人渡江，僑立爲縣，幷淮南、廬江、安豐並屬豫州。寧康元年，移鎭姑孰。孝武改蘄春縣爲蘄陽縣，因新蔡縣人於漢九江王黥布舊城置南新蔡郡，屬南豫州。又於漢廬江郡之南部置晉熙郡。

冀州。案禹貢、周禮並爲河內之地，舜置十二牧，則其一也。春秋元命包云：「昴畢散爲冀州，分爲趙國。」其地有險有易，帝王所都，亂則冀安，弱則冀强，荒則冀豐。舜以冀州南北闊大，分衞以西爲幷州，燕以北爲幽州，周人因焉。及漢武置十三州，以其地依舊名爲冀州，歷後漢至晉不改。州統郡國十三，縣八十三，〔二四〕戶三十二萬六千。

趙國漢置。統縣九，戶四萬二千。

房子　元氏　平棘　高邑公國相。　中丘　柏人　平鄉　下曲陽故鼓子國。　鄗

鉅鹿國秦置。統縣二，戶一萬四十。

廮陶　鉅鹿

安平國漢置。統縣八，戶二萬一千。

信都　下博　武邑　武遂　觀津侯相。　扶柳　廣宗侯國。　經

平原國漢置。統縣九，戶三萬一千。

平原　高唐　茌平　博平　聊城　安德　西平昌　般　鬲

樂陵國漢置。統縣五，戶三萬三千。

厭次　陽信　漯沃　新樂　樂陵有都尉居。

勃海郡漢置。統縣十，戶四萬。

南皮　東光　浮陽　饒安　高城　重合　東安陵　蓨　廣川侯相。　阜城

章武國泰始元年置。統縣四，戶一萬三千。

東平舒　文安　章武　束州

河間國漢置。統縣六，戶二萬七千。

樂城侯相。　武垣　鄚侯相。　易城〔二五〕　中水　成平

高陽國泰始元年置。統縣四，戶七千。

博陸　高陽　北新城侯相。　蠡吾

博陵郡漢置。統縣四，戶一萬。

安平　饒陽　南深澤　安國

清河國漢置。統縣六，戶二萬二千。

清河　東武城　繹幕侯相。　貝丘　靈　鄃

中山國漢置。統縣八，戶三萬二千。

盧奴　魏昌　新市　安喜　蒲陰　望都　唐　北平

常山郡漢置。統縣八，戶二萬四千。

眞定　石邑　井陘　上曲陽恒山在縣西北，有坂號飛狐口。　蒲吾　南行唐　靈壽　九門侯相。

惠帝之後，冀州淪沒於石勒。勒以太興二年僭號於襄國，稱趙。後爲慕容儁所滅，慕容氏又爲苻堅所滅。孝武太元八年，堅敗，其地入慕容垂。垂僭號於中山，是爲後燕。後燕卒滅於魏。

幽州。案禹貢冀州之域，舜置十二牧，則其一也。周禮：「東北曰幽州。」春秋元命包云：「箕星散爲幽州，分爲燕國。」言北方太陰，故以幽冥爲號。武王定殷，封召公於燕，其後與六國俱稱王。及秦滅燕，以爲漁陽、上谷、右北平、遼西、遼東五郡。漢高祖分上谷置涿郡。武帝置十三州，幽州依舊名不改。其後開東邊，置玄菟、樂浪等郡，亦皆屬焉。元鳳元年，改燕曰廣陽郡。幽州所部凡九郡，至晉不改。幽州統郡國七，縣三十四，戶五萬九千二十。

范陽國漢置涿郡。魏文更名范陽郡。武帝置國，封宣帝弟子綏爲王。統縣八，戶一萬一千。

涿　良鄉　方城　長鄉　遒　故安　范陽　容城侯相。

燕國漢置，孝昭改爲廣陽郡。統縣十，戶二萬九千。

薊　安次侯相。　昌平　軍都有關。　廣陽　潞　安樂國相。蜀主劉禪封此縣公。　泉州侯相。　雍奴

狐奴

北平郡秦置。統縣四，戶五千。

徐無　土垠　俊靡　無終

上谷郡秦置，郡在谷之上頭，故因名焉。統縣二，戶四千七十。

沮陽　居庸

廣寧郡故屬上谷，太康中置郡，都尉居。統縣三，戶三千九百五十。

下洛　潘　涿鹿

代郡秦置。統縣四，戶三千四百。

代　廣昌　平舒　當城

遼西郡秦置。統縣三，戶二千八百。

陽樂　肥如　海陽

惠帝之後，幽州沒於石勒。及穆帝永和五年，慕容儁僭號於薊，是爲前燕。七年，儁移都於鄴。儁死，子暐爲苻堅所滅。堅敗，地復入慕容垂，是爲後燕。垂死，寶還于和龍。

平州。案禹貢冀州之域，於周爲幽州界，漢屬右北平郡。後漢末，公孫度自號平州牧。及其子康、康子文懿並擅據遼東，東夷九種皆服事焉。魏置東夷校尉，居襄平，而分遼東、昌黎、玄菟、帶方、樂浪五郡爲平州，後還合爲幽州。及文懿滅後，有護東夷校尉，居襄平。咸寧二年十月，分昌黎、遼東、玄菟、帶方、樂浪等郡國五置平州。統縣二十六，戶一萬八千一百。〔二六〕

昌黎郡漢屬遼東屬國都尉，魏置郡。統縣二，戶九百。

昌黎　賓徒

遼東國秦立爲郡。漢光武以遼東等屬青州，後還幽州。統縣八，戶五千四百。

襄平東夷校尉所居。　汶　居就　樂就　安市　西安平　新昌　力城

樂浪郡漢置。統縣六，戶三千七百。

朝鮮周封箕子地。　屯有　渾彌　遂城秦築長城之所起。　鏤方　駟望

玄菟郡漢置。統縣三，戶三千二百。

高句麗　望平　高顯

帶方郡公孫度置。統縣七，戶四千九百。

帶方　列口　南新　長岑　提奚　含資　海冥

平州初置，以慕容廆爲刺史，遂屬永嘉之亂，廆爲衆所推。及其孫僖移都于薊。其後

慕容垂子寶又遷于和龍，自幽州至於廬溥鎮以南地入於魏。慕容熙以幽州刺史鎮令支，青州刺史鎮新城，幷州刺史鎮凡城，營州刺史鎮宿軍，冀州刺史鎮肥如。高雲以幽、冀二州牧鎮肥如，幷州刺史鎮白狼。後爲馮跋所篡，跋僭號於和龍，是爲後燕，卒滅於魏。

幷州。案禹貢蓋冀州之域，舜置十二牧，則其一也。周禮：正北曰幷州，其鎮曰恒山。春秋元命包云：「營室流爲幷州，分爲衞國。」州不以衞水爲號，又不以恒山爲稱，而云幷者，蓋以其在兩谷之間也。漢武帝置十三州，幷州依舊名不改，統上黨、太原、雲中、上郡、雁門、代郡、定襄、五原、西河、朔方十郡，又別置朔方刺史。後漢建武十一年，省朔方入幷州。靈帝末，羌胡大擾，定襄、雲中、五原、朔方、上郡等五郡並流徙分散。建安十八年，省入冀州。二十年，始集塞下荒地立新興郡，後又分上黨立樂平郡。魏黃初元年，復置幷州，自陘嶺以北並棄之，至晉因而不改。幷州統郡國六，縣四十五，戶五萬九千三百。

太原國秦置。統縣十三，戶一萬四千。

晉陽侯相。　陽曲　榆次　于離　盂　狼孟　陽邑　大陵　祁　平陶　京陵　中都　鄔

上黨郡秦置。統縣十，戶一萬三千。

潞　屯留　壺關　長子　泫氏　高都　銅鞮　涅　襄垣　武鄉

西河國漢置。統縣四，戶六千三百。

離石　隰城　中陽　介休

樂平郡秦始中置。統縣五，戶四千三百。

沾　上艾　壽陽　轑陽　樂平

雁門郡秦置。統縣八，戶一萬二千七百。

廣武　崞　汪陶　平城　葰人　繁畤　原平　馬邑

新興郡魏置。統縣五，戶九千。

九原　定襄　雲中　廣牧　晉昌

惠帝改新興爲晉昌郡。及永興元年，劉元海僭號於平陽，稱漢，於是并州之地皆爲元海所有。元海乃以雍州刺史鎭平陽，幽州刺史鎭離石。及劉聰攻陷洛陽，置左右司隸，各領戶二十餘萬，萬戶置一內史，凡內史四十三人，單于左右輔各主六夷。又置殷、衞、東梁、西河陽、北兗五州，以懷安新附。劉曜徙都長安，其平陽以東地入石勒。勒平朔方，又置朔州。自惠懷之間，離石縣荒廢，勒於其處置永石郡，又別置武鄉郡。及苻堅、姚興、赫連勃勃，并州並徙置河東，又姚興以河東爲并、冀二州云。

雍州。案禹貢黑水、西河之地，舜置十二牧，則其一也。以其四山之地，故以雍名焉。亦謂西北之位，陽所不及，陰氣雍閼也。〔二七〕周禮：「西曰雍州。」蓋并禹梁州之地。周自武王克殷，都於酆鎬，雍州爲王畿。及平王東遷洛邑，以岐酆之地賜秦襄公，則爲秦地，累世都之，至始皇遂平六國。秦滅，漢又都之。及武帝置十三州，其地以西偏爲涼州，其餘並屬司隸，不統於州。後漢光武都洛陽，關中復置雍州。後罷，復置司隸校尉，統三輔如舊。獻帝時又置雍州，自三輔距西域皆屬焉。魏文帝卽位，分河西爲涼州，分隴右爲秦州，改京兆尹爲太守，馮翊、扶風各除左右，仍以三輔屬司隸。晉初於長安置雍州，統郡國七，縣三十九，戶九萬九千五百。

京兆郡漢置。統縣九，戶四萬。

長安　杜陵　霸城　藍田　高陸　萬年故櫟陽縣。　新豐　陰般　鄭周宣王弟鄭桓公邑。

馮翊郡漢置，名左馮翊。統縣八，戶七千七百。

臨晉故大荔，秦獲之，更名。有河水祠，祠臨晉水，故名。　下邽秦武公伐邽戎，置有上邽，故加「下」。　重泉　頻陽秦厲公置，在頻水之陽。　粟邑　蓮芍　郃陽　夏陽故少梁，秦惠文王更名。梁山在西北。

扶風郡漢武帝以爲主爵都尉，太初中更名右扶風。統縣六，戶二萬三千。

池陽漢惠帝置。有巀嶭山。　鄠成國渠首受渭。　雍侯相。有五畤、太昊、黃帝以下祠三百三所。　汧吳山在西，古文以爲汧山。　陳倉　美陽岐山在西北，周太王所邑。

安定郡漢置。統縣七，戶五千五百。

臨涇　朝那　烏氏　都盧　鶉觚　陰密殷時密國。　西川

北地郡秦置。統縣二，戶二千六百。

泥陽　富平

始平郡秦始二年置。〔二八〕統縣五，戶一萬八千。

槐里秦曰廢丘，漢高帝更名。有黃山宮。　始平　武功太一山在東，古文以爲終南。　鄠古國，夏啓所伐。　蒯城

新平郡漢置。統縣二，戶二千七百。

漆漆水在西。　汾邑

惠帝卽位，改扶風國爲秦國。徙都。〔二九〕建興之後，雍州沒於劉聰。及劉曜徙都長安，改號曰趙，以秦、涼二州牧鎭上邽，朔州牧鎭高平，幽州刺史鎭北地，并州牧鎭蒲坂。石勒克長安，復置雍州。石氏旣敗，苻健僭據關中，又都長安，是爲前秦。於是乃於雍州置司隸校尉，以豫州刺史鎭許昌，秦州刺史鎭上邽，荊州刺史鎭豐陽，洛州刺史鎭宜陽，并州刺史鎭蒲坂。苻堅時，分司隸爲雍州，分京兆爲咸陽郡，洛州刺史鎭陝城。滅燕之後，分幽州置平州，鎭龍城，幽州刺史鎭薊城，河州刺史鎭枹罕，并州刺史鎭晉陽，豫州刺史鎭洛陽，兗州

刺史鎭倉垣，雍州刺史鎭蒲坂。於是移洛州居豐陽，以許昌置東豫州，以荊州刺史鎭襄陽，徐州刺史鎭彭城。旣而姚萇滅苻氏，是爲後秦。及萇子興克洛陽，以并、冀二州牧鎭蒲坂，豫州牧鎭洛陽，兗州刺史鎭倉垣，分司隸領北五郡，置雍州刺史鎭安定。及姚泓爲劉裕所滅，其地尋入赫連勃勃。勃勃僭號於統萬，是爲夏。置幽州牧於大城，又平劉義眞於長安，遣子璝鎭焉，號曰南臺。以朔州牧鎭三城，秦州刺史鎭杏城，雍州刺史鎭陰密，并州刺史鎭蒲坂，梁州牧鎭安定，北秦州刺史鎭武功，豫州牧鎭李閏，〔三〇〕荊州刺史鎭陝，其州郡之名並不可知也。然自元帝渡江，所置州亦皆遙領。初以魏該爲雍州刺史，鎭酇城，尋省，僑立始平郡，寄居武當城。有秦國流人至江南，改堂邑爲秦郡，僑立尉氏縣屬焉。康帝時，庾翼爲荊州刺史，遷鎭襄陽。其後秦雍流人多南出樊沔，孝武始於襄陽僑立雍州，仍立京兆、始平、扶風、河南、廣平、義成、北河南七郡，並屬襄陽。襄陽故屬荊州。

涼州。案禹貢雍州之西界，周衰，其地爲狄。秦興美陽甘泉宮，本匈奴鑄金人祭天之處。匈奴旣失甘泉，又使休屠、渾邪王等居涼州之地。二王後以地降漢，漢置張掖、酒泉、敦煌、武威郡。其後又置金城郡，謂之河西五郡。漢改周之雍州爲涼州，蓋以地處西方，常寒涼也。地勢西北邪出，在南山之間，南隔西羌，西通西域，于時號爲斷匈奴右臂。獻帝

時，涼州數有亂，河西五郡去州隔遠，於是乃別以爲雍州。末又依古典定九州，乃合關右以爲雍州。魏時復分以爲涼州，刺史領戊己校尉，護西域，如漢故事，至晉不改。統郡八，縣四十六，戶三萬七百。

金城郡漢置。統縣五，戶二千。

榆中　允街　金城　白土　浩亹

西平郡漢置。統縣四，戶四千。

西都　臨羌　長寧　安夷

武威郡漢置。統縣七，戶五千九百。

姑臧　宣威　揟次　倉松　顯美　驪靬　番和

張掖郡漢置。統縣三，戶三千七百。

永平　臨澤漢昭武縣，避文帝諱改也。〔三一〕　屋蘭漢因屋蘭名焉。

西郡漢置。統縣五，戶一千九百。

日勒　刪丹　仙提　萬歲　蘭池一云蘭絕池。

酒泉郡漢置。統縣九，戶四千四百。

福祿　會水　安彌　騂馬　樂涫　表氏　延壽　玉門　沙頭

敦煌郡漢置。統縣十二，戶六千三百。

昌蒲　敦煌　龍勒　陽關　效穀　廣至　宜禾　冥安〔三二〕　深泉〔三三〕　伊吾　新鄉　乾齊

西海郡故屬張掖，漢獻帝興平二年，武威太守張雅請置。統縣一，戶二千五百。

居延澤在東南，尚書所謂流沙也。

元康五年，惠帝分敦煌郡之宜禾、伊吾、冥安、深泉、廣至等五縣，分酒泉之沙頭縣，又別立會稽、新鄉，凡八縣爲晉昌郡。永寧中，張軌爲涼州刺史，鎮武威，上表請合秦雍流移人於姑臧西北，置武興郡，統武興、大城、烏支、襄武、晏然、新鄣、平狄、司監等縣。又分西平界置晉興郡，統晉興、枹罕、永固、臨津、臨鄣、廣昌、大夏、遂興、罕唐、左南等縣。是時中原淪沒，元帝徙居江左，軌乃控據河西，稱晉正朔，是爲前涼。及張寔，分金城之令居、枝陽二縣，又立永登縣，合三縣立廣武郡。張茂分武興、金城、西平、安故爲定州。張駿分武威、武興、西平、張掖、酒泉、建康、西海、西郡、湟河、晉興、廣武合十一郡爲涼州，〔三四〕興晉、金城、武始、南安、永晉、大夏、武成、漢中爲河州，敦煌、晉昌、高昌、西域都護、戊己校尉、玉門大護軍三郡三營爲沙州。〔三五〕張駿假涼州都督，攝三州。張祚又以敦煌郡爲商州。永興中，置漢陽縣以守牧地，張玄靚改爲祁連郡。張天錫又別置臨松郡。天錫降於苻氏，其地尋爲呂光所據。呂光都於姑臧後，以郭麐言讖，改昌松爲東張掖郡。及呂隆降於姚興，其地三分。武昭王爲西涼，建號於敦煌。禿髮烏孤爲南涼，建號於樂都。沮渠蒙遜爲北涼，建號於張掖。而分據河西五郡。

秦州。案禹貢本雍州之域，魏始分隴右置焉，刺史領護羌校尉，中閒暫廢。及泰始五年，又以雍州隴右五郡及涼州之金城、梁州之陰平，合七郡置秦州，鎮冀城。太康三年，罷秦州，并雍州。七年，復立，鎮上邽。統郡六，縣二十四，戶三萬二千一百。

隴西郡秦置。統縣四，戶三千。

襄武　首陽鳥鼠山在東。　臨洮　狄道

南安郡漢置。統縣三，戶四千三百。

獂道　新興　中陶

天水郡漢武置，孝明改爲漢陽，晉復爲天水。〔三六〕統縣六，戶八千五百。

上邽　冀秦州故居。　始昌　新陽　顯新漢顯親縣。　成紀

略陽郡本名廣魏，泰始中更名焉。統縣四，戶九千三百二十。

臨渭　平襄　略陽　清水

武都郡漢置。統縣五，戶三千。

下辯　河池　沮　武都　故道

陰平郡泰始中置。統縣二，戶三千。

陰平　平廣〔三七〕

惠帝分隴西之狄道、臨洮、河關，又立洮陽、遂平、武街、始興、第五、眞仇六縣，合九縣置狄道郡，屬秦州。張駿分屬涼州，又以狄道縣立武始郡。江左分梁爲秦，寄居梁州，又立氐池爲北秦州。

梁州。案禹貢華陽黑水之地，舜置十二牧，則其一也。梁者，言西方金剛之氣彊梁，故因名焉。周禮職方氏以梁幷雍。漢不立州名，以其地爲益州。及獻帝初平六年，〔三八〕以臨江縣屬永寧郡。建安六年，劉璋改永寧爲巴東郡，分巴郡墊江置巴西郡。劉備據蜀，又分廣漢之葭萌、涪城、梓潼、白水四縣，改葭萌曰漢壽，又立漢德縣，以爲梓潼郡，割巴郡之宕渠、宣漢、漢昌三縣置宕渠郡，尋省，以縣並屬巴西郡。泰始三年，分益州，立梁州於漢中，改漢壽爲晉壽，又分廣漢置新都郡。梁州統郡八，縣四十四，〔三九〕戶七萬六千三百。

漢中郡秦置。統縣八，戶一萬五千。

南鄭　蒲池　褒中　沔陽　成固　西鄉　黃金　興道

梓潼郡蜀置。統縣八，戶一萬二百。

梓潼　涪城　武連　黃安　漢德　晉壽　劍閣　白水

廣漢郡漢置。統縣三，戶五千一百。

廣漢　德陽　五城

新都郡泰始二年置。統縣四，戶二萬四千五百。

雒　什方　緜竹　新都

涪陵郡蜀置。統縣五，戶四千二百。

漢復　涪陵　漢平　漢葭　萬寧

巴郡秦置。統縣四，戶三千三百。

江州　墊江　臨江　枳

巴西郡蜀置。〔四〇〕統縣九，戶一萬二千。

閬中　西充國　蒼溪　岐愾　南充國　漢昌　宕渠　安漢　平州

巴東郡漢置。統縣三，戶六千五百。

魚復〔四一〕　朐䏰　南浦

太康六年九月，罷新都郡并廣漢郡。惠帝復分巴西置宕渠郡，統宕渠、漢昌、宣漢三

縣，并以新城、魏興、上庸合四郡以屬梁州。尋而梁州郡縣沒于李特，永嘉中又分屬楊茂搜，其晉人流寓於梁益者，仍於二州立南北二陰平郡。及桓溫平蜀之後，以巴漢流人立晉昌郡，領長樂、安晉、延壽、安樂、宣漢、寧都、新興、吉陽、東關、永安十縣，又置益昌、晉興二縣，屬巴西郡，於德陽界東南置遂寧郡，又於晉壽置劍閣縣，屬梁州。後孝武分梓潼北界立晉壽郡，統晉壽、白水、邵歡、興安四縣；梓潼郡徙居梓潼，罷劍閣縣；又別置南漢中郡，分巴西、梓潼爲金山郡。及安帝時，又立新巴、汶陽二郡，又有北新巴、華陽、南陰平、北陰平四郡，其後又立巴渠、懷安、宋熙、白水、上洛、北上洛、南宕渠、懷漢、新興、安康等十郡。

益州。案禹貢及舜十二牧俱爲梁州之域，周合梁於雍，則又爲雍州之地。春秋元命包云：「參伐流爲益州，益之爲言阨也。」言其所在之地險阨也，亦曰疆壤益大，故以名焉。始秦惠王滅蜀，置郡，以張若爲蜀守。及始皇置三十六郡，蜀郡之名不改。漢初有漢中、巴、蜀。高祖六年，分蜀置廣漢，凡爲四郡。武帝開西南夷，更置犍爲、牂柯、越嶲、益州四郡，凡八郡，遂置益州統焉，益州蓋始此也。及後漢，明帝以新附置永昌郡，安帝又以諸道置蜀、廣漢、犍爲三郡屬國都尉，及靈帝又以汶江、蠶陵、廣柔三縣立汶山郡。獻帝初平元年，劉璋分巴郡立永寧郡。〔四二〕建安六年，改永寧爲巴東，以巴郡爲巴西，又立涪陵郡。二十一年，劉備分巴郡立固陵郡。蜀章武元年，又改固陵爲巴東郡，巴西郡爲巴郡，又分廣漢立梓潼郡，分犍爲立江陽郡，以蜀郡屬國爲漢嘉郡，以犍爲屬國爲朱提郡。劉禪建興二年，改益州郡爲建寧郡，廣漢屬國爲陰平郡，分建寧永昌立雲南郡，分建寧牂柯立興古郡，分廣漢立東廣漢郡。魏景元中，蜀平，省東廣漢郡。及武帝泰始二年，分益州置梁州，以漢中屬焉。七年，又分益州置寧州。益州統郡八，縣四十四，戶十四萬九千二百。

蜀郡秦置。統縣六，戶五萬。

成都　廣都　繁　江原　臨邛　郫

犍爲郡漢置。統縣五，戶一萬。

武陽　南安　僰道　資中　牛鞞

汶山郡漢置。統縣八，戶一萬六千。

汶山　升遷　都安　廣陽　興樂　平康　蠶陵　廣柔

漢嘉郡蜀置。統縣四，戶一萬三千。

漢嘉　徙陽　嚴道　旄牛

江陽郡蜀置。統縣三，戶三千一百。

江陽　符　漢安

朱提郡蜀置。統縣五，戶二千六百。

朱提　南廣　漢陽　南秦　堂狼

越嶲郡漢置。統縣五，戶五萬三千四百。

會無　邛都　卑水　定莋　臺登

牂柯郡漢置。統縣八，戶一千二百。

萬壽　且蘭　談指〔四三〕　夜郎　毋斂〔四四〕　并渠　鄨　平夷

惠帝之後，李特僭號於蜀，稱漢，益州郡縣皆沒于特。李雄又分漢嘉、蜀二郡立沈黎、漢原二郡。是時益州郡縣雖沒李氏，江左並遙置之。桓溫滅蜀，其地復爲晉有，省漢原、沈黎而立南陰平、晉原、寧蜀、始寧四郡焉。咸安二年，益州復沒於苻氏。太元八年，復爲晉有。隆安二年，又立晉熙、遂寧、晉寧三郡云。

寧州。於漢魏爲益州之域。泰始七年，武帝以益州地廣，分益州之建寧、興古、雲南，交州之永昌，合四郡爲寧州，統縣四十五，戶八萬三千。

雲南郡蜀置。統縣九，戶九千二百。

雲平　雲南　梇棟　青蛉　姑復　邪龍　楪榆　遂久　永寧

興古郡蜀置。統縣十一，戶六千二百。

律高　句町　宛溫　漏臥　毋掇〔四五〕　賁古　滕休　鐔封〔四六〕　漢興　進乘　都篖

建寧郡蜀置。統縣十七，戶二萬九千。

味　昆澤　存駛　新定　談稾　毋單　同瀨　漏江　牧麻　穀昌　連然　秦臧　雙柏

俞元　修雲　泠丘　滇池

永昌郡漢置。統縣八，戶三萬八千。

不韋　永壽　比蘇　雍鄉　南涪　嶲唐　哀牢　博南

太康三年，武帝又廢寧州入益州，立南夷校尉以護之。太安二年，惠帝復置寧州，又分建寧以西七縣別立爲益州郡。永嘉二年，改益州郡曰晉寧，分牂柯立平夷、夜郎二郡。〔四七〕然是時其地再爲李特所有。其後李壽分寧州興古、永昌、雲南、朱提、越嶲、河陽六郡爲漢州。咸康四年，分牂柯、夜郎、朱提、越嶲四郡置安州。八年，又罷幷寧州，以越嶲還屬益州，省永昌郡焉。

校勘記

〔一〕崆山訪道　「崆」，宋本、局本等作「風」，殿本作「崆」，今從殿本。黃帝于崆峒山訪道，傳自莊子。

〔二〕義陽　據下「武帝增置」之文及「義陽郡」下之文，義陽郡又置于晉武帝太康時。

〔三〕永壽三年戶千六十七萬七千九百六十口五千六百四十八萬六千八百五十六　後漢書郡國志在本志校記中以後簡稱續漢志一注云：「永壽二年，戶千六百七萬九百六，口五千六萬六千八百五十六人。」

〔四〕嗣王之庶子爲亭侯　各本無「亭」字，殿本有。今從殿本，與魏志文帝紀合。

〔五〕男邑四百戶地方四十里　校文：上載侯伯子封地皆有大國次國之分，不應男國無區別。御覽一九九引魏志咸熙元年晉王奏建五等，男地方三十五里，邑四百戶；次國男地方二十五里，邑二百戶。則知男國本亦分大次，此志蓋有脫文。

〔六〕位望隆于牧伯　「隆」，各本作「降」，宋本作「隆」，今從宋本。

〔七〕縣一百戶四十七萬五千七百　下所列爲縣九十九，戶四十九萬二千四百。兩數不合，各州頗有此類情況，以後不具校。

〔八〕有博浪長沙張良擊秦始皇處　畢沅晉書地理志新補正以下簡稱畢校謂徧檢諸地志，皆云博浪沙在陽武。疑此十二字注本在「陽武」下，錯簡入卷縣耳。

〔九〕分京兆南部置　「部」，各本作「郡」，宋本作「部」，今從宋本。

〔一〇〕汾陽公國相　畢校及方愷新校晉書地理志以後簡稱方校均謂「汾陽」當作「汾陰」。按：「公國相」，各本作「公相國」，「相國」二字誤倒，宋本不誤，今從宋本。

〔一一〕清泉　考異：本「清淵」，避唐諱改。

〔一二〕大戚　考異：大戚卽廣戚，隋避煬帝諱改。

〔一三〕兗端也　「端」，各本作「瑞」，今從宋本作「端」。

〔一四〕魏武帝封　考異：袁廷檮曰，「武帝」當作「元帝」，卽常道鄉公也。晉受禪，封爲陳留王。

〔一五〕濟陰郡　原作「濟陽郡」。考異：漢無濟陽郡，蓋「濟陰」之誤。卞壼傳濟陰冤句人，宋書州郡志於城武、離狐二縣並云晉太康地志屬濟陰。按：左傳隱公七年杜注及郤詵傳並可證。今據改。

〔一六〕宛句　卞壼傳作「冤句」，漢書地理志在本志校記中以後簡稱漢志上、續漢志三、宋書州郡志在本志校記中以後簡稱宋志一、魏書地形志在本志校記中以後簡稱後魏志二、隋書地理志在本志校記中以後簡稱隋志中並作「冤句」。

〔一七〕湖陸　原作「陸湖」。舉正：當作「湖陸」，見左傳襄公十九年杜注。斠注：水經濟水、泗水注亦作「湖陸」。按：漢志上、續漢志三謂本曰湖陵，莽改湖陸。今據乙正。

〔一八〕烏下聚　馬與龍晉書地理志注後簡稱馬校：「烏」當作「嶲」。續漢志三作「嶲下聚」，劉昭注引左傳僖公二十六年杜注作「嶲下」。

〔一九〕南城　原作「南武城」。考異：景獻羊皇后、惠羊皇后、羊祜傳、宋書羊欣、羊元保傳並云泰山南城人，宋、齊、隋志皆稱南城，惟晉志多一「武」字，殆因下文有「南武陽」而衍一「武」字。按：錢說是，今據刪。

〔二〇〕牟　原作「東牟」。考異：「東」字衍。漢志上、續漢志三泰山郡有牟縣，卽春秋牟國，與東萊之東牟非一地。羊祜傳詔以泰山之南武陽、牟、南城、梁父、平陽爲南城郡，是晉時已名牟縣也。按：宋志一、左傳桓公十五年注「泰山牟縣」，均亦無「東」字，今據刪。

〔二一〕長平　馬校：縣已見前潁川郡，此誤複出。

〔二二〕竺邑　方校：武陔傳「沛國竹邑人」，此作「竺邑」，似誤。斠注：魏志明紀、胡質傳引虞預晉書、宋書州郡志、水經睢水注引李奇說皆作「竹邑」。竺邑卽竹邑，本漢縣，有竹邑侯張壽碑。按：漢志上、續漢志二、後漢書明八王傳、吳志薛綜傳、隋志下彭城郡符離下注並作「竹」。

〔二三〕蕃　各本作「番」，今從宋本作「蕃」，與漢志下、續漢志二合。

〔二四〕縣八十三　「三」，各本作「二」，今從殿本作「三」，與實領縣數合。

〔二五〕易城　漢志上、續漢志二、後魏志上及後漢書劉虞傳並無「城」字。

〔二六〕戶一萬八千一百 「八千」，各本作「六千」，今從殿本作「八千」，與統計戶數相符。

〔二七〕陰氣雍閼也 「陰」下原有「陽」字。斠注：類聚六、御覽一六四引太康地志均無「陽」字。按：無「陽」字是，今據刪。

〔二八〕始平郡泰始二年置 「二」，各本作「三」，今從宋本作「二」，與宋志三合。

〔二九〕徙都 疑此二字因涉下文「徙都長安」而誤衍。

〔三〇〕李閏 姚萇載記、魏書安定王燮傳皆作「李潤」。

〔三一〕避文帝諱改也 「文」，原誤作「景」，今改正。

〔三二〕冥安 「冥」原作「宜」。畢校：應作「冥安」，元和郡縣志以縣界冥水爲名。按：畢說是，今據改。下同。

〔三三〕深泉 考異：「淵泉」作「深泉」，避唐諱。

〔三四〕張駿分武威武興西平張掖酒泉建康西海西郡湟河晉興廣武合十一郡爲涼州 原缺「西海」，「廣武」誤作「須武」，今據後魏書張駿傳補改。

〔三五〕敦煌晉昌高昌西域都護戊己校尉玉門大護軍三郡三營爲沙州 原缺「高昌」，「戊己」誤作「張茂以」，今據後魏書張駿傳增改。

〔三六〕晉復爲天水 「晉」當作「魏」。魏時有天水郡，見三國志姜維傳及注、楊阜傳、曹眞傳、張既傳、

閻溫傳。

〔三七〕平廣 考異：宋志，「平武，蜀立，本曰廣武，晉武帝太康元年更名」。此志作「平廣」，誤。按：廣武見蜀志廖化傳，晉改平武，又見元和郡縣志。

〔三八〕及獻帝初平六年 趙一清水經注釋三三：全祖望謂初平只四年，無六年，當作元年。

〔三九〕縣四十四 各本作「縣三十三」，今從殿本作「縣四十四」，與統計實數合。

〔四〇〕蜀置 畢校：譙周巴記，建安六年劉璋分巴郡墊江以上爲巴西郡。據此，則巴西郡劉璋時分置。

〔四一〕魚復 各本作「魚腹」，今從宋本作「魚復」。漢志上、續漢志五、華陽國志一、後漢書張堪傳、蜀志先主傳並作「魚復」。

〔四二〕初平元年劉璋分巴郡立永寧郡 考異：劉焉以興平元年卒，子璋始爲益州牧，則初平元年璋尚未牧益州，「初平」當爲「興平」之譌。

〔四三〕談指 原作「指談」。斠注：兩漢志、華陽國志四並作「談指」。按：漢書昭帝紀、前漢紀十六亦作「談指」。今據乙正。

〔四四〕毋斂 原作「毋劍」。斠注：兩漢志、宋志、華陽國志四、水經溫水注皆作「毋斂」。按：「劍」乃誤字，今改。

〔四五〕毋掇 漢志上「掇」作「棳」，師古曰其字從木。水經溫水注亦作「毋棳」。

〔四六〕鐔封 「鐔」，各本作「鐔」。宋本及音義作「鐔」，今從宋本。與漢志上、續漢志五、宋志四、華陽國志四、水經溫水注合。

〔四七〕永嘉二年至夜郎二郡 王遜傳：「元帝加遜安南將軍，刺史如故。遜表請改分牂牁爲平夷郡，分建寧爲夜郎郡，改益州爲晉寧郡，事皆施行。」與此志不同。

晉書卷十五

志第五

地理下 青州 徐州 荆州 揚州 交州 廣州

青州。案禹貢爲海岱之地，舜置十二牧，則其一也。舜以青州越海，又分爲營州，則遼東本爲青州矣。周禮：「正東曰青州。」蓋取土居少陽，其色爲青，故以名也。春秋元命包云：「虛危流爲青州。」漢武帝置十三州，因舊名，歷後漢至晉不改。州統郡國六，縣三十七，戶五萬三千。

齊國秦置郡，漢以爲國。景帝以爲北海郡。〔一〕統縣五，戶一萬四千。

臨淄　西安有棘里亭。　東安平女水出東北。　廣饒　昌國樂毅所封。

濟南郡漢置。統縣五，戶五千。或云魏平蜀，徙其豪將家於濟河北，故改爲濟岷郡。而太康地理志無此郡名，未之詳。

平壽古國。寒浞封此。　下密有三石祠。　膠東侯國。　卽墨有天山祠。　祝阿

樂安國漢置。統縣八，戶一萬一千。

高苑　臨濟有蚩尤祠。　博昌有薄姑祠。　利益侯相。　蓼城侯國。　鄒　壽光古斟灌氏所封國。　東朝陽

城陽郡漢置，屬北海，自魏至晉，分北海而立焉。郡統縣十，戶一萬二千。

莒故莒子國。　姑幕古薄姑氏國。　諸　淳于故淳于公國。　東武　高密漢改爲郡。〔二〕　壯武　黔陬　平昌　昌安

東萊國漢置郡。統縣六，戶六千五百。

掖侯相。　當利侯國。　盧鄉　曲城　黃有萊山、松林萊君祠。　㡆侯國。有百支萊王祠。〔三〕

長廣郡咸寧三年置。統縣三，戶四千五百。

不其侯國。　長廣　挺

惠帝元康十年，〔四〕又置平昌郡。又分城陽之黔陬、壯武、淳于、昌安、高密、平昌、營陵、安丘、大、劇、臨朐十一縣爲高密國。〔五〕自永嘉喪亂，青州淪沒石氏。東萊人曹嶷爲刺史，造廣固城，後爲石季龍所滅。季龍末，遼西段龕自號齊王，據青州。慕容恪滅趙，克青州。苻氏平燕，盡有其地。及苻氏敗後，刺史苻朗以州降。朝廷置幽州，以別駕辟閭渾爲刺史，鎭廣固。隆安四年，爲慕容德所滅，遂都之，是爲南燕，復改爲青州。德以并州牧鎭陰平，幽州刺史鎭發干，徐州刺史鎭莒城，青州刺史鎭東萊，兗州刺史鎭梁父。慕容超移青州於東萊郡，後爲劉裕所滅，留長史羊穆之爲青州刺史，築東陽城而居之。自元帝渡江，於廣陵僑置青州。至是始置北青州，鎭東陽城，以僑立州爲南青州。而後省南青州，而北青州直曰青州。

徐州。案禹貢海岱及淮之地，舜十二牧，則其一也。於周入青州之域。春秋元命包云：「天氐流爲徐州。」蓋取舒緩之義，或云因徐丘以立名。秦兼天下，以置泗水、薛、琅邪三郡。楚漢之際，分置東陽郡。漢又分置東海郡，改泗水爲沛，改薛爲魯，分沛置楚國，以東陽屬吳國。景帝改吳爲江都，武帝分沛、東陽置臨淮郡，改江都爲廣陵。及置十三州，以其地爲徐州，統楚國及東海、琅邪、臨淮、廣陵四郡。宣帝改楚爲彭城郡，後漢改爲彭城國，以沛郡之廣戚縣來屬，改臨淮爲下邳國。及太康元年，復分下邳屬縣在淮南者置臨淮郡，分琅邪置東莞郡。州凡領郡國七，縣六十一，戶八萬一千二十一。

彭城國漢以爲郡。統縣七，戶四千一百二十一。

彭城故殷伯太彭國。　留張良所封。　廣戚　傅陽　武原　呂　梧

下邳國漢置爲臨淮郡。統縣七，戶七千五百。

下邳葛嶧山在西，古嶧陽也。韓信爲楚王，都之。　淩　良城侯相。　睢陵　夏丘　取慮　僮

東海郡漢置。統縣十二，戶一萬一千一百。

郯故郯子國。　祝其羽山在縣之西。　朐　襄賁　利城　贛榆　厚丘〔六〕　蘭陵　承　昌慮　合鄉　戚

琅邪國秦置郡。統縣九，戶二萬九千五百。

開陽侯相。　臨沂　陽都　繒　卽丘　華　費魯季氏邑。　東安　蒙陰山在西南。

東莞郡太康中置。統縣八，戶一萬。

東莞故魯鄆邑。　朱虛　營陵尙父呂望所封。　安丘故莒渠丘父封邑。　蓋　臨朐有海水祠。　劇　廣

廣陵郡漢置。統縣八，戶八千八百。

淮陰　射陽　輿　海陵〔七〕有江海會祠。　廣陵　鹽瀆　淮浦　江都有江水祠。

臨淮郡漢置，章帝以合下邳，太康元年復立。統縣十，戶一萬。

盱眙　東陽　高山　贅其　潘旌　高郵　淮陵　司吾　下相　徐

太康十年，以青州城陽郡之莒、姑幕、諸、東武四縣屬東莞。元康元年，分東海置蘭陵郡。七年，又分東莞置東安郡，分臨淮置淮陵郡，以堂邑置堂邑郡。永嘉之亂，臨淮、淮陵並淪沒石氏。元帝渡江之後，徐州所得惟半，乃僑置淮陽、陽平、濟陰、北濟陰四郡。又琅

邪國人隨帝過江者，遂置懷德縣及琅邪郡以統之。是時，幽、冀、青、幷、兗五州及徐州之淮北流人相帥過江淮，帝並僑立郡縣以司牧之。割吳郡之海虞北境，立郯、朐、利城、祝其、厚丘、西隰、襄賁七縣，寄居曲阿，以江乘置南東海、南琅邪、南東平、南蘭陵等郡，分武進立臨淮、淮陵、南彭城等郡，屬南徐州，又置頓丘郡屬北徐州。明帝又立南沛、南清河、南下邳、南東莞、南平昌、南濟陰、南濮陽、南太平、〔八〕南泰山、南濟陽、南魯等郡，以屬徐、兗二州，初或居江南，或居江北，或以兗州領州。郗鑒都督青兗二州諸軍事、兗州刺史，加領徐州刺史，鎮廣陵。蘇峻平後，自廣陵還鎮京口。又於漢故九江郡界置鍾離郡，屬南徐州，江北又僑立幽、冀、青、幷四州。穆帝時，移南東海七縣出居京口。義熙七年，始分淮北爲北徐州，淮南但爲徐州，統彭城、沛、下邳、蘭陵、東莞、東安、琅邪、淮陽、陽平、濟陰、北濟陰十一郡，以盱眙立盱眙郡，統考城、直瀆、陽城三縣，又分廣陵界置海陵、山陽二郡。後又以幽冀合徐州，青幷合兗州。〔九〕

荆州。案禹貢荆及衡陽之地，舜置十二牧，則其一也。周禮：「正南曰荆州。」春秋元命包云：「軫星散爲荆州。」荆，强也，言其氣躁强。亦曰警也，言南蠻數爲寇逆，其人有道後服，無道先强，常警備也。又云取名於荆山。六國時，其地爲楚。及秦，取楚鄢郢爲南郡，

又取巫中地爲黔中郡，以楚之漢北立南陽郡，滅楚之後，分黔中爲長沙郡。漢高祖分長沙爲桂陽郡，改黔中爲武陵郡，分南郡爲江夏郡。武帝又分長沙爲零陵郡。及置十三州，因舊名爲荆州，統南郡、南陽、零陵、桂陽、武陵、長沙、江夏七郡。後漢獻帝建安十三年，魏武盡得荆州之地，分南郡以北立襄陽郡，又分南陽西界立南鄉郡，分枝江以西立臨江郡。及敗於赤壁，南郡以南屬吳，吳後遂與蜀分荆州。於是南郡、零陵、武陵以西爲蜀，江夏、桂陽、長沙三郡爲吳，南陽、襄陽、南鄉三郡爲魏。而荆州之名，南北雙立。蜀分南郡，立宜都郡，劉備沒後，宜都、武陵、零陵、南郡四郡之地悉復屬吳。魏文帝以漢中遺黎立魏興、新城二郡，明帝分新城立上庸郡。孫權分江夏立武昌郡，又分蒼梧立臨賀郡，分長沙立衡陽、湘東二郡。孫休分武陵立天門郡，分宜都立建平郡。孫晧分零陵立始安郡，分桂陽立始興郡，又分零陵立邵陵郡，分長沙立安成郡。荆州統南郡、武昌、武陵、宜都、建平、天門、長沙、零陵、桂陽、衡陽、湘東、邵陵、臨賀、始興、始安十五郡，其南陽、江夏、襄陽、南鄉、魏興、新城、上庸七郡屬魏之荆州。及武帝平吳，分南郡爲南平郡，分南陽立義陽郡，改南鄉爲順陽郡，又以始興、始安、臨賀三郡屬廣州，以揚州之安成郡來屬。州統郡二十二，縣一百六十九，〔一〇〕戶三十五萬七千五百四十八。

江夏郡漢置。統縣七，戶二萬四千。

安陸橫尾山在東北，古之陪尾山。　雲杜故䢵子國。　曲陵　平春　鄳　竟陵章山在東北，古之內方山。　南新市

南郡漢置。統縣十一，〔一一〕戶五萬五千。

江陵故楚都。　編有雲夢官。　當陽　華容　鄀故鄀子國。　枝江故羅國。　旌陽　州陵楚襲人州侯所邑。　監利　松滋　石首

襄陽郡魏置。統縣八，戶二萬二千七百。

宜城故鄢也。　中廬　臨沮荆山在東北。　邔　襄陽侯相。　山都　鄧城　鄾

南陽國秦置郡。統縣十四，戶二萬四千四百。

宛　西鄂侯相。　雉　魯陽公國相。　犨　淯陽公國相。　博望公國相。　堵陽　葉侯相。有長城山，號曰方城。　舞陰公國相。　比陽公國相。　涅陽　冠軍　酈

順陽郡太康中置。統縣八，戶二萬一百。

酇　順陽　南鄉　丹水　武當侯相。　陰　筑陽　析

義陽郡太康中置。統縣十二，戶一萬九千。

新野侯相。　穰　鄧故鄧侯國。　蔡陽　隨故隨國。　安昌　棘陽　厥西　平氏桐柏山在南。〔一二〕　義陽　平林　朝陽

新城郡魏置。統縣四，戶一萬五千二百。

房陵　綏陽〔一三〕　昌魏　沶鄉

魏興郡魏置。統縣六，戶一萬二千。

晉興〔一四〕　安康　西城　錫　長利　洵陽

上庸郡魏置。統縣六，戶一萬一千四百四十八。

上庸侯相。　安富　北巫　武陵　上廉　微陽

建平郡吳、晉各有建平郡，太康元年合。統縣八，戶一萬三千二百。

巫　北井　秦昌　信陵　興山　建始　秭歸故楚子國。　沙渠

宜都郡吳置。統縣三，戶八千七百。

夷陵　夷道　佷山

南平郡吳置，以爲南郡，太康元年改曰南平。統縣四，戶七千。

作唐　孱陵　南安　江安

武陵郡漢置。統縣十，戶一萬四千。

臨沅　龍陽　漢壽　沅陵　黚陽　酉陽　鐔城　沅南　遷陵　舞陽

天門郡吳置。統縣五，戶三千一百。

零陽 漊中 充 臨澧 澧陽
長沙郡漢置。統縣十，戶三萬三千。
臨湘 攸 下雋 醴陵 劉陽 建寧 吳昌 羅 蒲沂 巴陵
衡陽郡吳置，故屬長沙。統縣九，戶二萬三千。
湘鄉 重安 湘南 湘西 烝陽 衡山 連道 新康 益陽
湘東郡吳置，故屬長沙。統縣七，戶一萬九千五百。
酃 茶陵 臨烝 利陽 陰山 新平 新寧
零陵郡漢置。〔一五〕統縣十一，戶二萬五千一百。
泉陵有香茅，云古貢之以縮酒。 祁陽 零陵 營浦 洮陽 永昌 觀陽 營道 春陵〔一六〕 泠道 應陽東界有鼻墟，云象所封。
邵陵郡吳置。統縣六，戶一萬二千。
邵陵 都梁 夫夷 建興 邵陽 高平
桂陽郡漢置。統縣六，戶一萬一千三百。
郴項羽封義帝之邑。 耒陽 便 臨武 晉寧 南平
武昌郡吳置。統縣七，戶一萬四千八百。

武昌故東鄂也。楚子熊渠封中子紅於此。 柴桑有湓口關。 陽新 沙羨有夏口，對沔口，有津。 沙陽 鄂有新興、馬頭鐵官。 官陵
安成郡吳置。統縣七，戶三千。
平都 宜春 新諭 永新 安復 萍鄉 廣興

惠帝分桂陽、武昌、安成三郡立江州，以新城、魏興、上庸三郡屬梁州，又分義陽立隨郡，分南陽立新野郡，分江夏立竟陵郡。懷帝又分長沙、衡陽、湘東、零陵、邵陵、桂陽及廣州之始安、始興、臨賀九郡置湘州。時蜀亂，又割南郡之華容、州陵、監利三縣別立豐都，合四縣置成都郡，為成都王穎國，居華容縣。愍帝建興中，併還南郡，亦併豐都於監利。元帝渡江，又僑立新興、南河東二郡。穆帝時，又分零陵立營陽郡，以義陽流人在南郡者立為義陽郡。又以廣州之臨賀、始興、始安三郡及江州之桂陽，益州之巴東，合五郡來屬，以長沙、衡陽、湘東、零陵、邵陵、營陽六郡屬湘州。桓溫又分南郡立武寧郡。〔一七〕安帝又僑立南義陽、東義陽、長寧三郡。義熙十三年，省湘州，長沙、衡陽、湘東、零陵、邵陵、營陽還入荊州。

揚州。案禹貢淮海之地，舜置十二牧，則其一也。周禮：「東南曰揚州。」春秋元命包云：「牽牛流為揚州，分為越國。」以為江南之氣躁勁，厥性輕揚。亦曰，州界多水，水波揚也。於古則荒服之國，戰國時其地為楚分。秦始皇并天下，以置鄣、會稽、九江三郡。項羽封英布為九江王，盡有其地。漢改九江曰淮南，即封布為淮南王。六年，分淮南置豫章郡。十一年，布誅，立皇子長為淮南王，封劉濞為吳王，二國盡得揚州之地。文帝十六年，分淮南立廬江、衡山二郡。景帝四年，封皇子非為江都王，并得鄣、會稽郡，而不得豫章。武帝改江都曰廣陵，封皇子胥為王而以屬徐州。元封二年，改鄣曰丹楊，改淮南復為九江。後漢順帝分會稽立吳郡，揚州統會稽、丹楊、吳、豫章、九江、廬江六郡，省六安并廬江郡。獻帝興平中，孫策分豫章立廬陵郡。孫權又分豫章立鄱陽郡，分丹楊立新都郡。孫亮又分豫章立臨川郡，分會稽立臨海郡。孫休又分會稽立建安郡。孫晧分會稽立東陽郡，分吳立吳興郡，分豫章、廬陵、長沙立安成郡，分廬陵立廬陵南部都尉。〔一八〕揚州統丹楊、吳、會稽、吳興、新都、東陽、臨海、建安、豫章、鄱陽、臨川、安成、廬陵南部十四郡。江西廬江、九江之地，自合肥之北至壽春悉屬魏。及晉平吳，以安成屬荊州，分丹楊之宣城、宛陵、陵陽、安吳、涇、廣德、寧國、懷安、石城、臨城、春穀十一縣立宣城郡，理宛陵，改新都曰新安郡，改廬陵南部為南康郡，分建安立晉安郡，又分丹楊立毗陵郡。揚州合統郡十八，縣一百七十三，戶三十一萬一千四百。
丹楊郡漢置。統縣十一，戶五萬一千五百。

建鄴本秣陵，孫氏改為建業。武帝平吳，以為秣陵。太康三年，分秣陵北為建鄴，改「業」為「鄴」。 江寧太康二年，分建鄴置。 丹楊丹楊山多赤柳，在西也。 于湖 蕪湖 永世 溧陽溧水所出。 江乘 句容有茅山。 湖熟 秣陵
宣城郡太康二年置。統縣十一，戶二萬三千五百。
宛陵侯相。彭澤聚在西南。 宣城 陵陽淮水出東北入江。仙人陵陽子明所居。 安吳 臨城 石城 涇 春穀孝武改春為陽。 廣德 寧國 懷安
淮南郡秦置九江郡。漢以為淮南國，漢武帝置為九江郡。武帝改為淮南郡。統縣十六，戶三萬三千四百。
壽春 成德 下蔡 義城 西曲陽 平阿有塗山。 歷陽 全椒 阜陵漢明帝時淪為麻湖。 鍾離故州來邑。 合肥 逡遒 陰陵 當塗古塗山國。 東城 烏江
廬江郡漢置。統縣十，戶四千二百。
陽泉 舒故國，有桐鄉。 灊天柱山在南，有祠。 皖 尋陽 居巢桀死於此。 臨湖 襄安 龍舒 六故六國。
毗陵郡吳分會稽無錫已西為屯田，置典農校尉。太康二年，省校尉為毗陵郡。統縣七，戶一萬二千。
丹徒故朱方。 曲阿故雲陽。 武進 延陵 毗陵 既陽 無錫有磿山、〔一九〕春申君祠。
吳郡漢置。統縣十一，戶二萬五千。

吳故國。具區在西。 嘉興 海鹽 鹽官 錢唐武林山，武林水所出。 富陽 桐廬 建德 壽昌

海虞 婁

吳興郡吳置。統縣十，戶二萬四千。

烏程 臨安 餘杭 武康故防風氏國。 東遷 於潛有潛水。 故鄣 安吉 原鄉 長城

會稽郡秦置。統縣十，戶三萬。

山陰會稽山在南，上有禹冢。 上虞有仇亭，舜避丹朱於此地。 餘姚有句餘山在南。 句章 鄞有鮚埼亭。 鄮

始寧 剡 永興 諸暨

東陽郡吳置。統縣九，戶一萬二千。

長山有赤松子廟。 永康 烏傷 吳寧 太末 信安 豐安 定陽 遂昌

新安郡吳置。統縣六，戶五千。

始新 遂安 黝〔二〇〕 歙 海寧 黎陽

臨海郡吳置。統縣八，戶一萬八千。

章安 臨海 始豐 永寧 寧海 松陽 安固 橫陽

建安郡故秦閩中郡，漢高帝五年以立閩越王。及武帝滅之，徙其人，名爲東冶，又更名東城。後漢改爲候官都尉，及吳置建安郡。統縣七，戶四千三百。

建安 吳興 東平 建陽 將樂 邵武 延平

晉安郡太康三年置。統縣八，戶四千三百。

原豐 新羅 宛平 同安 候官 羅江 晉安 溫麻

豫章郡漢置。統縣十六，戶三萬五千。

南昌 海昏 新淦 建城 望蔡 永修 建昌 吳平 豫章 彭澤 艾 康樂 豐城

新吳 宜豐 鍾陵

臨川郡吳置。統縣十，戶八千五百。

臨汝 西豐 南城 東興 南豐 永成 宜黃 安浦 西寧 新建

鄱陽郡吳置。統縣八，戶六千一百。

廣晉 鄱陽 樂安 餘汗 鄡陽 歷陵 葛陽 晉興

廬陵郡吳置。統縣十，戶一萬二千二百。

西昌 高昌 石陽 巴丘 南野 東昌 遂興 吉陽 興平 陽豐

南康郡太康三年置。統縣五，戶一千四百。

贛 雩都 平固 南康 揭陽〔二一〕

惠帝元康元年，有司奏，荊、揚二州疆土廣遠，統理尤難，於是割揚州之豫章、鄱陽、廬陵、臨川、南康、建安、晉安，荊州之武昌、桂陽、安成，合十郡，因江水之名而置江州。永興元年，分廬江之尋陽、武昌之柴桑二縣置尋陽郡，屬江州。分淮南之烏江、歷陽二縣置歷陽郡。又以周玘創義討石冰，割吳興之陽羨并長城縣之北鄉置義鄉、國山、臨津并陽羨四縣，又分丹楊之永世置平陵及永世，凡六縣，立義興郡，以表玘之功，並屬揚州。又以毗陵郡封東海王世子毗，避毗諱，改爲晉陵。懷帝永嘉元年，又以豫章之彭澤縣屬尋陽郡。愍帝立，避帝諱改建鄴爲建康。元帝渡江，建都揚州，改丹楊太守爲尹，江州又置新蔡郡。尋陽郡又置九江、上甲二縣，尋又省九江縣入尋陽。是時司、冀、雍、涼、青、并、兗、豫、幽、平諸州皆淪沒，江南所得但有揚、荊、湘、江、梁、益、交、廣，其徐州則有過半，豫州惟得譙城而已。明帝太寧元年，分臨海立永嘉郡，統永寧、安固、松陽、橫陽等四縣，而揚州統丹楊、吳郡、吳興、新安、東陽、臨海、永嘉、宣城、義興、晉陵十一郡。〔二二〕

自中原亂離，遺黎南渡，並僑置牧司在廣陵，丹徒南城，非舊土也。及胡寇南侵，淮南百姓皆渡江。成帝初，蘇峻、祖約爲亂於江淮，胡寇又大至，百姓南渡者轉多，乃於江南僑立淮南郡及諸縣，又於尋陽僑置松滋郡，遙隸揚州。咸康四年，僑置魏郡、廣川、高陽、堂邑等諸郡，并所統縣並寄居京邑，改陵陽爲廣陽。孝武寧康二年，又分永嘉郡之永寧縣置樂成縣。是時上黨百姓南渡，僑立上黨郡爲四縣，寄居蕪湖。尋又省上黨郡爲縣，又罷襄城

郡爲繁昌縣，並以屬淮南。安帝義熙八年，省尋陽縣入柴桑縣，柴桑仍爲郡，後又省上甲縣入彭澤縣。舊江州督荊州之竟陵郡，及何無忌爲刺史，表以竟陵去州遼遠，去江陵三百里，荊州所立綏安郡人戶入境，欲資此郡助江濱戍防，以竟陵郡還荊州。又司州之弘農、揚州之松滋二郡寄在尋陽，人戶雜居，並宜建督。安帝從之。後又省松滋郡爲松滋縣，弘農郡爲弘農縣，並屬尋陽郡。

交州。案禹貢揚州之域，是爲南越之土。秦始皇既略定揚越，以謫戍卒五十萬人守五嶺。自北徂南，入越之道，必由嶺嶠，時有五處，故曰五嶺。後使任囂、趙他攻越，略取陸梁地，遂定南越，以爲桂林、南海、象等三郡，非三十六郡之限，乃置南海尉以典之，所謂東南一尉也。漢初，以嶺南三郡及長沙、豫章封吳芮爲長沙王。十一年，以南武侯織爲南海王。陸賈使還，拜趙他爲南越王，割長沙之南三郡以封之。武帝元鼎六年，討平呂嘉，以其地爲南海、蒼梧、鬱林、合浦、日南、九眞、交阯七郡，蓋秦時三郡之地。元封中，又置儋耳、珠崖二郡，置交阯刺史以督之。昭帝始元五年，〔二三〕罷儋耳并珠崖。元帝初元三年，〔二四〕又罷珠崖郡。後漢馬援平定交部，始調立城郭置井邑。順帝永和九年，〔二五〕交阯太守周敞求立爲州，朝議不許，即拜敞爲交阯刺史。桓帝分立高興郡，靈帝改曰高涼。建安八年，張津爲刺

史，士燮爲交阯太守，共表立爲州，乃拜津爲交州牧。十五年，移居番禺，詔以邊州使持節，郡給鼓吹，以重城鎮，加以九錫六佾之舞。吳黄武五年，割南海、蒼梧、鬱林三郡立廣州，〔二六〕交阯、日南、九眞、合浦四郡爲交州。戴良爲刺史，値亂不得入，呂岱擊平之，復還并交部。赤烏五年，復置珠崖郡。永安七年，復以前三郡立廣州。及孫晧，又立新昌、武平、九德三郡。蜀以李恢爲建寧太守，遙領交州刺史。晉平蜀，以蜀建寧太守霍弋遙領交州，得以便宜選用長吏。平吳後，省珠崖入合浦。交州統郡七，縣五十三，戶二萬五千六百。

合浦郡漢置。統縣六，戶二千。

合浦　南平　蕩昌　徐聞　毒質　珠官

交阯郡漢置。統縣十四，戶一萬二千。

龍編　苟屚　望海　贏𨻻　西于　武寧　朱鳶　曲昜　交興　北帶　稽徐　安定　南定　海平

新昌郡吳置。統縣六，戶三千。

麊泠婦人徵側爲主處，馬援平之。　嘉寧　吳定　封山　臨西　西道

武平郡吳置。統縣七，戶五千。

武寧　武興　進山　根寧　安武　扶安　封溪

九眞郡漢置。統縣七，戶三千。

胥浦　移風　津梧　建初　常樂　扶樂　松原

九德郡吳置，周時越常氏地。統縣八，無戶。

九德　咸驩　南陵　陽遂　扶苓　曲胥　浦陽　都洨

日南郡秦置象郡，漢武帝改名焉。統縣五，戶六百。

象林自此南有四國，其人皆云漢人子孫。今有銅柱，亦是漢置此爲界。貢金供稅也。　盧容象郡所居。　朱吾　西卷　比景

廣州。案禹貢揚州之域，秦末趙他所據之地。及漢武帝，以其地爲交阯郡。至吳黄武五年，分交州之南海、蒼梧、鬱林、高梁四郡立爲廣州，俄復舊。永安六年，復分交州置廣州，分合浦立合浦北部，以都尉領之。孫晧分鬱林立桂林郡。及太康中，吳平，遂以荆州始安、始興、臨賀三郡來屬。合統郡十，縣六十八，戶四萬三千一百二十。

南海郡秦置。統縣六，戶九千五百。

番禺　四會　增城　博羅　龍川　平夷

臨賀郡吳置。統縣六，戶二千五百。

臨賀　謝沐　馮乘　封陽　興安　富川

始安郡吳置。統縣七，戶六千。

始安　始陽　平樂　荔浦　常安　熙平　永豐

始興郡吳置。統縣七，戶五千。

曲江　桂陽　始興　含洭　湞陽　中宿　陽山

蒼梧郡漢置。統縣十二，戶七千七百。

廣信　端溪　高要　建陵　新寧　猛陵　鄣平　農城　元谿　臨允　都羅　武城

鬱林郡秦置桂林郡，〔二七〕漢武帝更名。統縣九，戶六千。

布山　阿林〔二八〕　新邑　晉平　始建　鬱平　領方　武熙　安廣

桂林郡吳置。統縣八，戶二千。

潭中　武豐　粟平　羊平　龍剛　夾陽　武城　軍騰

高涼郡吳置。統縣三，戶二千。

安寧　高涼　思平

高興郡吳置。統縣五，戶一千二百。

廣化　海安　化平　黃陽〔二九〕　西平

寧浦郡吳置。統縣五，戶一千二百二十。

寧浦　連道〔三〇〕　吳安　昌平〔三一〕　平山

武帝後省高興郡。懷帝永嘉元年，又以臨賀、始興、始安三郡凡二十縣爲湘州。元帝分鬱林立晉興郡。成帝分南海立東官郡，以始興、臨賀二郡還屬荆州。穆帝分蒼梧立晉康、新寧、永平三郡。哀帝太和中置新安郡，安帝分東官立義安郡，恭帝分南海立新會郡。

校勘記

〔一〕景帝以爲北海郡　馬校：漢志有齊郡，有北海郡，續漢志有齊國，有北海國，未嘗併改也。志無北海郡，此處「景帝以爲北海郡」七字殊不連屬。今合觀下文「濟南郡」諸縣，知「青州」「齊國」之後原列「北海」「濟南」二郡，因脫去「北海郡」原文及其屬縣，惟存平壽、下密、膠東、卽墨四縣；又脫去「濟南郡」屬縣，惟存祝阿一縣。而此「景帝以爲北海郡」七字本「北海郡」下原文僅存未脫。後之校錄者不加詳察，漫以平壽等四縣竄入「濟南郡」下，以此七字竄入「齊國」下。按：馬說是。晉有北海郡，武紀、宗室傳、文六王傳、劉敏傳、石垣傳、王猛傳及左傳莊公元年杜注皆可證。

〔二〕高密漢改爲郡　「郡」，各本作「都」，今從宋本作「郡」。據漢志下，高密爲國。然後漢書張步傳

載張步以張壽爲高密太守，則漢末或新莽曾廢國爲郡。

〔三〕黃有萊山松林萊君祠㠉侯國有百支萊王祠　「萊君祠」、「百支萊王祠」之「萊」，各本作「來」，「㠉」，各本作「㤺」，今從殿本作「萊」、「㠉」，與漢志上合。

〔四〕惠帝元康十年　舉正：元康只九年。

〔五〕又分城陽之黔陬壯武淳于昌安高密平昌營陵安丘大劇臨朐十一縣爲高密國　考異：營陵以下五縣皆隸東莞，不隸城陽，恐有脫文。又東莞有廣縣，此云「大」者，疑避隋煬諱改。

〔六〕厚丘　各本作「原丘」，殿本作「厚丘」，今從殿本，與漢志上、續漢志三、水經沭水注、寰宇記二二合。下同。

〔七〕海陵　原作「海陽」。馬校：「陽」當作「陵」。左傳哀公十二年杜注有廣陵海陵縣，是當時作「海陵」。餘詳清一統志。按：馬說是，今據改。

〔八〕南太平　考異：晉無太平郡，當是「廣平」之誤。宋志謂永初郡國有廣平郡。十駕齋養新錄六：此沿襲隋諱改「廣」爲「大」，後人妄改爲「太」耳。

〔九〕青幷合兗州　「青」下原有「州」字。馬校：「青州」「州」字當衍。宋志南徐州下云「後又以幽、冀合徐，青、幷合兗」，卽此志所本。按：馬說是，今據刪。

〔一〇〕縣一百六十九　「九」，各本作「七」，今從殿本，與所領總數合。

〔一一〕統縣十一　「一」，各本作「二」，今從殿本作「一」，與所領縣數合。

〔一二〕厥西平氏　各本以「厥」爲一縣，「西平氏」爲一縣。殿本以「厥西」爲一縣，「平氏」爲一縣。今從殿本。宋志三引太康地志有「厥西」，漢志上、續漢志四、元和郡縣志有「平氏」，「平氏」又見後漢書法雄傳、劉玄傳、魏志宗室傳。

〔一三〕綏陽　各本作「綏陽」，今從殿本作「綏陽」，與宋志三、華陽國志二合。

〔一四〕晉興　方校：「晉興」當作「興晉」，見宋志三。按：羊玄之傳謂玄之封興晉侯，則晉時仍名「興晉」。

〔一五〕零陵郡漢置　「漢」，各本作「吳」，今從宋本作「漢」，與漢志上、續漢志四合。

〔一六〕舂陵　本作「舂陽」。斠注：宋志、水經湘水注皆作「舂陵」。按：南齊書州郡志下亦作「舂陵」。本書易雄傳載雄爲舂陵令，則晉仍名舂陵，「陽」乃誤字，今據改。

〔一七〕桓溫又分南郡立武寧郡　據桓玄傳及宋志三，立武寧郡乃桓玄。

〔一八〕分廬陵立廬陵南部都尉　「廬陵」，各本作「廬江」，殿本作「廬陵」，今從殿本，與元和郡縣志所述合。

〔一九〕磨山　斠注：漢志作「歷山」，「歷」「磨」形近致譌。按：當從漢志上作「歷」。今無錫之惠山與舜山皆亦名歷山。

〔三〇〕黝　漢志上作「黝」，顏師古注「字本作『黟』」。水經漸江水注、宋志一、南齊書州郡志上、吳志賀齊傳、輿地廣記二四字並作「黟」。王念孫漢書雜志謂當作「黟」，「黝」乃形近誤。

〔三一〕揭陽　各本作「揭楊」，殿本作「揭陽」，今從殿本，與宋志二、太平寰宇記一〇八合。

〔三二〕揚州統丹楊至晉陵十一郡　考異：自丹楊至晉陵止十郡，蓋脫會稽一郡。

〔三三〕昭帝始元五年　「始元」原誤倒作「元始」，今乙正。

〔三四〕元帝初元三年　「初元」原誤倒作「元初」，今乙正。

〔三五〕順帝永和九年　斠注：永和終於六年，疑「九」爲「六」之誤。

〔三六〕割南海蒼梧鬱林三郡立廣州　勞校：廣州篇云南海、蒼梧、鬱林、高梁四郡，此脫「高梁」二字，又誤「四」爲「三」。

〔三七〕秦置桂林郡　「桂林郡」原無「林」字，今據商榷說及漢志下補。

〔三八〕阿林　各本作「柯林」，宋本作「阿林」，今從宋本。斠注：兩漢志、宋志、水經浪水注、御覽八二〇引顧微廣州記均作「阿林」。

〔三九〕黃陽　宋志四：「莫陽令，晉太康地志有，屬高興。」元和郡縣補志八亦謂「晉分置莫陽縣」。馬校：寰宇記謂以莫陽江得名。疑「黃」爲「莫」之誤字。

〔四〇〕連道　宋志四：「興道令，晉武帝太康元年以合浦北部營之連道立。」馬校：晉縣當曰「興道」。

〔四一〕昌平　宋志四引太康地志寧浦本名昌平，武帝太康元年更名。上文既出寧浦，「昌平」疑重出。南齊書州郡志上、隋志下有寧浦，無昌平，亦可證。

中華書局

晉書卷十六

志第六

律曆上

易曰：「形而上者謂之道，形而下者謂之器。」夫神道廣大，妙本於陰陽；形器精微，義先於律呂。聖人觀四時之變，刻玉紀其盈虛，察五行之聲，鑄金均其清濁，所以遂八風而宣九德，和大樂而成政道。然金質從革，侈弇無方；竹體圓虛，修短利制。是以神瞽作律，用寫鍾聲，乃紀之以三，平之以六，成於十二，天之道也。又叶時日於晷度，效地氣於灰管，故陰陽和則景至，律氣應則灰飛。灰飛律通，吹而命之，則天地之中聲也。故可以範圍百度，化成萬品，則虞書所謂「叶時月正日，同律度量衡」者也。中聲節以成文，德音章而和備，則可以動天地，感鬼神，導性情，移風俗。叶言志於詠歌，鑒盛衰於治亂，故君子審聲以知音，審音以知樂，審樂以知政，蓋由茲道。太史公律書云：「王者制事立物，法度軌則，〔一〕一稟於六

律。六律爲萬事之本，其於兵械尤所重焉。故云望敵知吉凶，聞聲效勝負，百王不易之道也。」

及秦氏滅學，其道浸微。漢室初興，丞相張蒼首言音律，未能審備。孝武帝創置協律之官，司馬遷言律呂相生之次詳矣。及王莽之際，考論音律，劉歆條奏，大率有五：一曰備數，一、十、百、千、萬也；二曰和聲，宮、商、角、徵、羽也；三曰審度，分、寸、尺、丈、引也；四曰嘉量，龠、合、升、斗、斛也；五曰權衡，銖、兩、斤、鈞、石也。班固因而志之。蔡邕又記建武已後言律呂者，至司馬紹統採而續之。漢末天下大亂，樂工散亡，器法堙滅。魏武始獲杜夔，使定樂器聲調。夔依當時尺度，權備典章。及武帝受命，遵而不革。至泰始十年，光祿大夫荀勖奏造新度，更鑄律呂。元康中，勖子藩嗣其事，未及成功，屬永嘉之亂，中朝典章，咸沒於石勒。及元帝南遷，皇度草昧，禮容樂器，掃地皆盡，雖稍加採掇，而多所淪胥，終于恭、安，〔二〕竟不能備。今考古律相生之次，及魏武已後言音律度量者，以志于篇云。

傳云「十二律，黃帝之所作也。使伶倫自大夏之西，乃之崑崙之陰，取竹之嶰谷生，其竅厚均者，斷兩節間長三寸九分而吹之，以爲黃鍾之宮，曰含少。次制十二竹筩，寫鳳之鳴，雄鳴爲六，雌鳴亦六，以比黃鍾之宮，皆可以生之以定律呂。則律之始造，以竹爲管，取其自然圓虛也」。又云「黃帝作律，以玉爲管，長尺，六孔，爲十二月音。至舜時，西王母獻昭華之琯，以玉爲之」。及漢章帝時，零陵文學奚景於泠道舜祠下得白玉琯。又武帝太康元年，汲郡盜發六國時魏襄王冢，亦得玉律。則古者又以玉爲管矣。以玉者，取其體含廉潤也。而漢平帝時，王莽又以銅爲之。銅者，自名也，所以同天下，齊風俗也。爲物至精，不爲燥溼寒暑改節，介然有常，似士君子之行，故用焉。

周禮，太師掌六律、六呂，以合陰陽之聲。六律陽聲，黃鍾、太蔟、姑洗、蕤賓、夷則、無射也；六呂陰聲，大呂、應鍾、南呂、林鍾、仲呂、夾鍾也。又有太師則執同律以聽軍聲，而詔以吉凶。其典同掌六律六呂之和，〔三〕以辯天地四方陰陽之聲，以爲樂器，皆以十有二律而爲之數度，以十有二聲而爲之齊量焉。

及周景王將鑄無射，問律於泠州鳩，對曰：「夫六，中之色，故名之曰黃鍾，〔四〕所以宣養六氣九德也。由是第之。二曰太蔟，所以金奏贊陽出滯也。三曰姑洗，所以羞潔百物，考神納賓也。四曰蕤賓，所以安靜神人，獻酬交酢也。五曰夷則，所以詠歌九德，平人無貳也。六曰無射，所以宣布哲人之令德，示人軌儀也。爲之六間，以揚沈伏而黜散越也。元間大呂，助宣物也。二間夾鍾，出四隙之細也。三間中呂，宣中氣也。四間林鍾，和展百事，俾莫不任肅純恪也。五間南呂，贊陽秀也。六間應鍾，均利器用，俾應復也。」此皆所以律述時氣效節物也。

及秦始皇焚書蕩覆，典策缺亡，諸子瓓言時有遺記。呂不韋春秋言：黃鍾之宮，律之本也，下生林鍾，林鍾上生太蔟，太蔟下生南呂，南呂上生姑洗，姑洗下生應鍾，應鍾上生蕤賓，蕤賓下生大呂，大呂下生夷則，夷則上生夾鍾，夾鍾下生無射，無射上生中呂。三分所生，益其一分以上生；三分所生，去其一分以下生。後代之言音律者多宗此說。

及漢興，承秦之弊，張蒼首治律曆，頗未能詳。故孝武帝正樂，乃置協律之官，雖律呂清濁之體粗正，金石高下之音有準，然徒捃採遺存，以成一時之制，而數猶用五。

時淮南王安延致儒博，亦爲律呂。云黃鍾之律九寸而宮音調，因而九之，九九八十一，故黃鍾之數立焉，位在子。林鍾位在未，其數五十四。太蔟其數七十二，南呂之數四十八，姑洗之數六十四，應鍾之數四十二，蕤賓之數五十七，大呂之數七十六，夷則之數五十一，夾鍾之數六十八，無射之數四十五，中呂之數六十，極不生。以黃鍾爲宮，太蔟爲商，姑洗爲角，林鍾爲徵，南呂爲羽。宮生徵，徵生商，商生羽，羽生角，角生應鍾，不比正音，故爲和；〔五〕應鍾生蕤賓，不比正音，故爲繆。日冬至，音比林鍾浸以濁。日夏至，音比黃鍾浸以清。十二律應二十四時之變。甲子，中呂之徵也。丙子，夾鍾之羽也。戊子，黃鍾之宮也。庚子，無射之商也。壬子，夷則之角也。其爲音也，一律而生五音，十二律而爲六十音。因而六之，六六三十六，故三百六十音以當一歲之日。故律曆之數，天地之道也。

司馬遷八書言律呂，粗舉大經，著於前史。則以太極元氣函三爲一，而始動於子，十二律之生，必所起焉。於是參一於丑得三，因而九三之，舉本位合十辰，得一萬九千六百八十三，謂之成數，以爲黃鍾之法。又參之律於十二辰，得十七萬七千一百四十七，謂之該數，以爲黃鍾之實。實如法而一，得黃鍾之律長九寸，十一月冬至之氣應焉。蓋陰陽合德，氣鍾於子，而化生萬物，則物之生莫不函三。故十二律空徑三分，而上下相生，皆損益以三。其術則因黃鍾之長九寸，以下生者倍其實，三其法；以上生者，四其實，三其法。所以明陽下生陰，陰上生陽。

起子，爲黃鍾九寸，一。

丑，三分之二。

寅，九分之八。

卯，二十七分之十六。

辰，八十一分之六十四。

巳，二百四十三分之一百二十八。

午，七百二十九分之五百一十二。

未，二千一百八十七分之一千二十四。

申，六千五百六十一分之四千九十六。

酉，一萬九千六百八十三分之八千一百九十二。

戌，五萬九千四十九分之三萬二千七百六十八。

亥，十七萬七千一百四十七分之六萬五千五百三十六。

如是周十二辰，在六律爲陽，則當位自得而下生陰，在六呂爲陰，則得其所衡而上生於陽，推算之術無重上生之法也。所謂律取妻，呂生子，陰陽升降，律呂之大經也。而遷又言十二律之長，今依淮南九九之數，則蕤賓爲重上。又言五音相生，而以宮生角，角生商，商生徵，徵生羽，羽生宮。求其理用，罔見通途。

及元始中，王莽輔政，博徵通知鍾律者，考其音義，使羲和劉歆典領調奏。班固漢書採而志之，其序論雖博，而言十二律損益次第，自黃鍾長九寸，三分損一，下生林鍾，長六寸。三分益一，上生太蔟而左旋，八八爲位。〔六〕一上一下，終於無射，下生中呂。校其相生所得，與司馬遷正同。班固採以爲志。

元帝時，郎中京房知五音六十律之數，上使太子太傅玄成、諫議大夫章雜試問房於樂府，房對：「受學於故小黃令焦延壽。六十律相生之法：以上生下，皆三生二；以下生上，皆三生四。陽下生陰，陰上生陽，終於中呂，而十二律畢矣。中呂上生執始，執始下生去滅。上下相生，終於南事，而六十律畢矣。夫十二律之變至於六十，猶八卦之變至於六十四也。宓犧作易，紀陽氣之初以爲律法。建日冬至之聲，以黃鍾爲宮，太蔟爲商，姑洗爲角，林鍾爲徵，南呂爲羽，應鍾爲變宮，蕤賓爲變徵，此聲氣之元，五音之正也。故各統一日，其餘以次運行，當日者各自爲宮，而商角徵羽以類從焉。禮運曰『五聲、六律、十二管還相爲宮』，此之謂也。以六十律分朞之日，黃鍾自冬至始，及冬至而復，陰陽、寒燠、風雨之占生焉。於以檢攝羣音，考其高下，苟非革木之聲，則無不有所合。虞書曰『律和聲』，此之謂也。」

京房又曰：「竹聲不可以度調，故作準以定數。準之狀如瑟，而長丈，十三弦，隱間九尺，以應黃鍾之律九寸。中央一弦，下有畫分寸，以爲六十律清濁之節。」房言律詳於歆所奏，其術施行於史官，候部用之，文多不悉載。截管爲律，吹以考聲，列以效氣，道之本也。術家以其聲微而體難知，其分數不明，故作準以代之。準之聲明暢易達，分寸又粗，然弦以緩急清濁，非管無以正也。均其中弦，令與黃鍾相得，案畫以求諸律，則無不如數而應者矣。續漢志具載其六十律準度數，其相生之次與呂覽、淮南同。

漢章帝元和元年，待詔候鍾律殷肜上言：「官無曉六十律以準調音者。故待詔嚴崇具以準法教子男宣，〔七〕願召宣補學官，主調樂器。」詔曰：「崇子學審曉律，別其族，協其聲者，審試。不得依託父學，以聾爲聰。聲微妙，獨非莫知，獨是莫曉。以律錯吹，能知命十二律

不失一，乃爲能傳崇學耳。」試宣十二律，其二中，其四不中，其六不知何律，宣遂罷。自此律家莫能爲準。

靈帝熹平六年，東觀召典律者太子舍人張光等問準意，光等不知，歸閱舊藏，乃得其器。形制如房書，猶不能定其弦緩急。音，不可書以曉人，知之者欲教而無從，心達者體知而無師，故史官能辨清濁者遂絕。其可以相傳者，唯候氣而已。

漢末紛亂，亡失雅樂。魏武時，河南杜夔精識音韵，爲雅樂郎中，令鑄銅工柴玉鑄鍾，其聲均清濁多不如法，數毀改作，玉甚猒之，謂夔清濁任意，更相訴白於魏武王。魏武王取玉所鑄鍾雜錯更試，然後知夔爲精，於是罪玉。

泰始十年，中書監荀勖、中書令張華出御府銅竹律二十五具，部太樂郎劉秀等校試，其三具與杜夔及左延年律法同，其二十二具，視其銘題尺寸，是笛律也。問協律中郎將列和，辭：「昔魏明帝時，令和承受笛聲以作此律，欲使學者別居一坊，歌詠講習，依此律調。至於都合樂時，但識其尺寸之名，則絲竹歌詠，皆得均合。歌聲濁者用長笛長律，歌聲清者用短笛短律。凡絃歌調張清濁之制，不依笛尺寸名之，則不可知也。」

勖等奏：「昔先王之作樂也，以振風蕩俗，饗神祐賢，必協律呂之和，以節八音之中。是故郊祀朝宴，用之有制，歌奏分敍，清濁有宜。故曰『五聲、十二律還相爲宮』，此經傳記籍

可得而知者也。如和對辭，笛之長短無所象則，率意而作，不由曲度。考以正律，皆不相應，吹其聲均，多不諧合。又辭『先師傳笛，別其清濁，直以長短。工人裁制，舊不依律』。是爲作笛無法。而和寫笛造律，又令琴瑟歌詠，從之爲正，非所以稽古先哲，垂憲于後者也。謹條牒諸律，問和意狀如左。及依典制，用十二律造笛象十二枚，聲均調和，器用便利。講肄彈擊，必合律呂，況乎宴饗萬國，奏之廟堂者哉？雖伶夔曠遠，至音難精，猶宜儀形古昔，以求厥衷，合乎經禮，於制爲詳。若可施用，請更部笛工選竹造作，下太樂樂府施行。平議諸杜夔、左延年律可皆留，其御府笛正聲、下徵各一具，皆銘題作者姓名，其餘無所施用，還付御府毁。」奏可。

勖又問和：「作笛爲可依十二律作十二笛，令一孔依一律，然後乃以爲樂不？」和辭：「太樂東廂長笛正聲已長四尺二寸，今當復取其下徵之聲。於法，聲濁者笛當長，計其尺寸乃五尺有餘，和昔日作之，不可吹也。又，笛諸孔雖不校試，意謂不能得一孔輒應一律也。」案太樂四尺二寸笛正聲均應蕤賓，以十二律還相爲宮，推法下徵之孔當應律大呂。大呂笛長二尺六寸有奇，不得長五尺餘。輒令太樂郎劉秀、鄧昊等依律作大呂笛以示和，又吹七律，一孔一校，聲皆相應。然後令郝生鼓筝，宋同吹笛，以爲雜引、相和諸曲。和乃辭曰：「自和父祖漢世以來，笛家相傳，不知此法，而令調均與律相應，實非所及也。」郝生、魯基、种整、朱夏皆與和同。

又問和：「笛有六孔，及其體中之空爲七，和爲能盡名其宮商角徵不？孔調與不調，以何檢知？」和辭：「先師相傳，吹笛但以作曲，相語爲某曲當舉某指，初不知七孔盡應何聲也。若當作笛，其仰尙方笛工依案舊像訖，但吹取鳴者，初不復校其諸孔調與不調也。」案周禮調樂金石，有一定之聲，是故造鍾磬者先依律調之，然後施於廂懸。作樂之時，諸音皆受鍾磬之均，卽爲悉應律也。至於饗宴殿堂之上，無廂懸鍾磬，以笛有一定調，故諸絃歌皆從笛爲正，是爲笛猶鍾磬，宜必合於律呂。如和所對，直以意造，率短一寸，七孔聲均，不知其皆應何律，調與不調，無以檢正，唯取竹之鳴者，爲無法制。輒部郎劉秀、鄧昊、王豔、魏邵等與笛工參共作笛，工人造其形，律者定其聲，然後器象有制，音均和協。

又問和：「若不知律呂之義作樂，音均高下清濁之調，當以何名之？」和辭：「每合樂時，隨歌者聲之清濁，用笛有長短。假令聲濁者用三尺二笛，因名曰此三尺二調也；聲清者用二尺九笛，因名曰此二尺九調也。漢魏相傳，施行皆然。」案周禮奏六樂，乃奏黃鍾，歌大呂；乃奏太蔟，歌應鍾，皆以律呂之義，紀歌奏清濁。而和所稱以二尺、三尺爲名，雖漢魏用之，俗而不典。部郎劉秀、鄧昊等以律作笛，三尺二寸者應無射之律，若宜用長笛，執樂者曰請奏無射；二尺八寸四分四釐應黃鍾之律，若宜用短笛，執樂者曰請奏黃鍾。則歌奏之義，若合經禮，考之古典，於制爲雅。

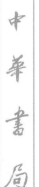

書曰：「予欲聞六律、五聲、八音，在治忽。」周禮、國語載六律六同，禮記又曰「五聲、十二律還相爲宮」。劉歆、班固撰律曆志亦紀十二律，惟京房始創六十律。至章帝時，其法已絕，蔡邕雖追紀其言，亦曰今無能爲者。依案古典及今音家所用，六十律者無施於樂。謹依典記，以五聲、十二律還相爲宮之法，制十二笛象，記注圖側，如別，省圖，不如視笛之孔，故復重作蕤賓伏孔笛。其制云：

黃鍾之笛，正聲應黃鍾，下徵應林鍾，長二尺八寸四分四釐有奇。正聲調法，以黃鍾爲宮，則姑洗爲角，翕笛之聲應姑洗，故以四角之長爲黃鍾之笛也。其宮聲正而不倍，故曰正聲。

正聲調法：黃鍾爲宮，第一孔也。應鍾爲變宮，第二孔也。南呂爲羽，第三孔也。林鍾爲徵，第四孔也。蕤賓爲變徵，第五附孔也。姑洗爲角，笛體中聲。太蔟爲商。笛後出孔也。商聲濁於角，當在角下，而角聲以在體中，故上其商孔，令在宮上，清於宮也。然則宮商正也，餘聲皆倍也；是故從宮以下，孔轉下轉濁也。此章記笛孔上下次第之名也。下章說律呂相生，笛之制也。正聲調法，黃鍾爲宮。作黃鍾之笛，將求宮孔，以姑洗及黃鍾律，從笛首下度之，盡二律之長而爲孔，則得宮聲也。宮生徵，黃鍾生林鍾也。以林鍾之律從宮孔下度之，盡律作孔，則得徵聲也。徵生商，林鍾生太蔟也。以太蔟律從徵孔上度之，盡律以爲孔，則得商聲也。商生羽，太蔟生南呂也。以南呂律從商孔下度之，盡律爲孔，則得羽聲也。羽生角，南呂生姑洗也。以姑洗律從羽孔

上行度之，盡律而爲孔，則得角聲也。然則出於商孔之上，吹笛者左手所不及也。從羽孔下行度之，盡律而爲孔，亦得角聲，出於商附孔之下，則吹者右手所不逮也，故不作角孔。推而下之，復倍其均，是以角聲在笛體中，古之制也。音家舊法，雖一倍再倍，但令均同，適足爲唱和之聲，無害於曲均故也。國語曰，匏竹利制，議宜，謂便於事用從宜者也。角生變宮，姑洗生應鍾也。上句所謂當爲角孔而出於商上者，墨點識之，以應鍾律。從此點下行度之，盡律爲孔，則得變宮之聲也。變宮生變徵，應鍾生蕤賓也。以蕤賓律從變宮下度之，盡律爲孔，則得變徵之聲。十二笛之制，各以其宮爲主，相生之法，或倍或半，其便事用，例皆一也。

下徵調法：林鍾爲宮，第四孔也。本正聲黃鍾之徵。徵清，當在宮上，用笛之宜，倍令濁下，故曰下徵。下徵更爲宮者，記所謂「五聲，十二律還相爲宮」也。然則正聲清，下徵爲濁也。南呂爲商，第三孔也。本正聲黃鍾之羽，今爲下徵之商也。應鍾爲角，第二孔也。本正聲黃鍾之變宮，今爲下徵之角也。黃鍾爲變徵，下徵之調，林鍾爲宮，大呂當爲變徵，而黃鍾笛本無大呂之聲，故假用黃鍾以爲變徵也。假用之法，當爲變徵之聲，則俱發黃鍾及太蔟、應鍾三孔。黃鍾應濁而太蔟清，大呂律在二律之間，俱發三孔而徵磑礦之，則得大呂變徵之聲矣。諸笛下徵調求變徵之法，皆如此也。太蔟爲徵，笛後出孔。本正聲之商，今爲下徵之徵也。姑洗爲羽，笛體中翕聲。本正聲之角，今爲下徵之羽。蕤賓爲變宮。附孔是也。本正聲之變徵也，今爲下徵之變宮也。然則正聲之調，孔轉下轉濁；下徵之調，孔轉上轉清也。

清角之調：以姑洗爲宮，卽是笛體中翕聲。於正聲爲角，於下徵爲羽。清角之調乃以爲宮，而哨吹令清，故

曰清角。惟得爲宛詩謠俗之曲，不合雅樂也。蕤賓爲商，正也。林鍾爲角，非正也。南呂爲變徵，非正也。應鍾爲徵，正也。黄鍾爲羽，非正也。太蔟爲變宮。非正也。清角之調，唯宮、商及徵與律相應，餘四聲非正者皆濁，一律哨吹令清，假而用之，其例一也。

凡笛體用角律，其長者八之，蕤賓、林鍾也。短者四之。其餘十笛，皆四角也。空中實容，長者十六。短笛竹宜受八律之黍也。若長短大小不合於此，或器用不便聲均法度之齊等也。然笛竹率上大下小，不能均齊，必不得已，取其聲均合。三宮，一曰正聲，二曰下徵，三曰清角也。二十一變也。宮有七聲，錯綜用之，故二十一變也。諸笛例皆一也。伏孔四，所以便事用也。〔八〕一曰正角，出於商上者也；二曰倍角，近笛下者也；三曰變宮，近於宮孔，倍令下者也；四曰變徵，遠於徵孔，倍令高者也。或倍或半，或四分一，取則於琴徽也。四者皆不作其孔，而取其度，以應進退上下之法，所以協聲均，便事用也。其本孔隱而不見，故曰伏孔也。

大呂之笛，正聲應大呂，下徵應夷則，長二尺六寸六分三氂有奇。

太蔟之笛，正聲應太蔟，下徵應南呂，長二尺五寸三分一氂有奇。〔九〕

夾鍾之笛，正聲應夾鍾，下徵應無射，長二尺四寸。

姑洗之笛，正聲應姑洗，下徵應應鍾，長二尺二寸三分三氂有奇。〔一〇〕

蕤賓之笛，正聲應蕤賓，下徵應大呂，長三尺九寸九分五氂有奇。變宮近宮孔，故倍半令下，便於用也。林鍾亦如之。

林鍾之笛，正聲應林鍾，下徵應太蔟，長三尺七寸九分七氂有奇。〔一一〕

夷則之笛，正聲應夷則，下徵應夾鍾，長三尺六寸。變宮之法，亦如蕤賓，體用四角，故四分益一也。

南呂之笛，正聲應南呂，下徵應姑洗，長三尺三寸七分有奇。〔一二〕

無射之笛，正聲應無射，下徵應中呂，長三尺二寸。

應鍾之笛，正聲應應鍾，下徵應蕤賓，長二尺九寸九分六氂有奇。〔一三〕

五音十二律

土音宮，數八十一，爲聲之始。屬土者，以其最濁，君之象也。季夏之氣和，則宮聲調。宮亂則荒，其君驕。黄鍾之宮，律最長也。

火音徵，三分宮去一以生，其數五十四。屬火者，以其徵清，事之象也。夏氣和，則徵聲調。徵亂則哀，其事勤也。

金音商，三分徵益一以生，其數七十二。屬金者，以其濁次宮，臣之象也。秋氣和，則商聲調。商亂則詖，其官壞也。

水音羽，三分商去一以生，其數四十八。屬水者，以爲最清，物之象也。冬氣和，則羽聲調。羽亂則危，其財匱也。

木音角，三分羽益一以生，其數六十四。屬木者，以其清濁中，人之象也。春氣和，則角聲調。角亂則憂，其人怨也。

凡聲尊卑，取象五行，數多者濁，數少者清，大不過宮，細不過羽。

十一月，律中黄鍾，律之始也，長九寸。仲冬氣至，則其律應，所以宣養六氣九德也。〔一四〕班固三分損一，下生林鍾。

十二月，律中大呂，司馬遷未下生之律，長四寸二百四十三分寸之五十二，倍之爲八寸二百四十三分寸之一百四。季冬氣至，則其律應，所以助宣物也。三分益一，上生夷則，京房三分損一，下生夷則。

正月，律中太蔟，未上生之律，長八寸。孟春氣至，則其律應，所以贊陽出滯也。三分損一，下生南呂。

二月，律中夾鍾，酉下生之律，長三寸二千一百八十七分寸之一千六百三十一，倍之爲七寸二千一百八十七分寸之一千七十五。仲春氣至，則其律應，所以出四隙之細也。三分益一，上生無射，京房三分損一，下生無射。

三月，律中姑洗，酉上生之律，長七寸九分寸之一。季春氣至，則其律應，所以修絜百物，考神納賓也。三分損一，下生應鍾。

四月，律中中呂，亥下生之律，長三寸萬九千六百八十三分寸之六千四百八十七，倍之爲六寸萬九千六百八十三分寸之萬二千九百七十四。孟夏氣至，則其律應，所以宣中氣也。

五月，律中蕤賓，亥上生之律，長六寸八十一分寸之二十六。仲夏氣至，則其律應，所以安靜人神，獻酬交酢也。三分損一，下生大呂，京房三分益一，上生大呂。

六月，律中林鍾，丑下生之律，長六寸。季夏氣至，則其律應，所以和展百物，俾莫不任肅純恪也。三分益一，上生太蔟。

七月，律中夷則，丑上生之律，長五寸七百二十九分寸之四百五十一。孟秋氣至，則其律應，所以詠歌九則，平百姓而無貸也。三分損一，下生夾鍾，京房三分益一，上生夾鍾。

八月，律中南呂，卯下生之律，長五寸三分寸之一。仲秋氣至，則其律應，所以贊陽秀也。三分益一，上生姑洗。

九月，律中無射，卯上生之律，長四寸六千五百六十一分寸之六千五百二十四。季秋氣至，則其律應，所以宣布哲人之令德，示人軌儀也。三分損一，下生中呂，京房三分益一，上生中呂。

十月，律中應鍾，巳下生之律，長四寸二十七分寸之二十。孟冬氣至，則其律應，所以均利器用，俾應復也。三分益一，上生蕤賓。

淮南、京房、鄭玄諸儒言律曆，皆上下相生，至蕤賓又重上生大呂，長八寸二百四十三分寸之百四；夷則上生夾鍾，長七寸千一百八十七分寸之千七十五；無射上生中呂，長六寸萬九千六百八十三分寸之萬二千九百七十四。此三品於司馬遷、班固所生之寸數及分皆倍焉，餘則並同。斯則泠州鳩所謂六閒之道，揚沈伏，黜散越，假之爲用者也。變通相半，隨事之宜，贊助之法也。凡音聲之體，務在和均，益則加倍，損則減半，其於本音恆爲無爽。然則言一上一下者，相生之道；言重上生者，吹候之用也。於蕤賓重上生者，適會爲用之數，故言律者因焉，非相生之正也。

楊子雲曰：「聲生於日，謂甲己爲角，乙庚爲商，丙辛爲徵，丁壬爲羽，戊癸爲宮也。律生於辰，謂子爲黃鍾，丑爲大呂之屬也。聲以情質，質，正也。各以其行本情爲正也。律以和聲，當以律管鍾均和其清濁之聲。聲律相協而八音生。協，和也。」宮、商、角、徵、羽，謂之五聲。金、石、匏、革、絲、竹、土、木，謂之八音。聲和音諧，是謂五樂。

夫陰陽和則景至，律氣應則灰除。是故天子常以冬夏至日御前殿，合八能之士，陳八音，聽樂均，度晷景，候鍾律，權土炭，〔一五〕效陰陽。冬至陽氣應則灰除，是故樂均清，景長極，黃鍾通，土炭輕而衡仰。夏至陰氣應則樂均濁，景短極，蕤賓通，土炭重而衡低。進退

於先後五日之中，八能各以候狀聞，太史令封上。效則和，否則占。

候氣之法，爲室三重，戶閉，塗釁周密，布緹縵。室中以木爲案，每律各一，內庳外高，從其方位，加律其上，以葭莩灰抑其內端，案歷而候之。氣至者灰去；其爲氣所動者，其灰散；人及風所動者，其灰聚。殿中候用玉律十二，惟二至乃候。靈臺用竹律。楊泉記云：「取弘農宜陽縣金門山竹爲管，河內葭莩爲灰。」或云以律著室中，隨十二辰埋之，上與地平，以竹莩灰實律中，以羅縠覆律呂，氣至吹灰動縠。小動爲和；大動，君弱臣强；不動，君嚴暴之應也。

審度

起度之正，漢志言之詳矣。武帝泰始九年，中書監荀勖校太樂，八音不和，始知後漢至魏，尺長於古四分有餘。勖乃部著作郎劉恭依周禮制尺，所謂古尺也。依古尺更鑄銅律呂，以調聲韻。以尺量古器，與本銘尺寸無差。又，汲郡盜發六國時魏襄王冢，得古周時玉律及鍾、磬，與新律聲韻闇同。于時郡國或得漢時故鍾，吹律命之皆應。勖銘其尺曰：「晉泰始十年，中書考古器，揆校今尺，長四分半。所校古法有七品：一曰姑洗玉律，二曰小呂玉律，三曰西京銅望臬，四曰金錯望臬，五曰銅斛，六曰古錢，七曰建武銅尺。姑洗微强，西京望臬微弱，其餘與此尺同。」銘八十二字。〔一六〕此尺者勖新尺也，今尺者杜夔尺也。

荀勖造新鍾律，與古器諧韻，時人稱其精密。惟散騎侍郎陳留阮咸譏其聲高，聲高則悲，非興國之音，亡國之音。亡國之音哀以思，其人困。今聲不合雅，懼非德正至和之音，必古今尺有長短所致也。會咸病卒，武帝以勖律與周漢器合，故施用之。後始平掘地得古銅尺，歲久欲腐，不知所出何代，果長勖尺四分，時人服咸之妙，而莫能厝意焉。

史臣案：勖於千載之外，推百代之法，度數既宜，聲韻又契，可謂切密，信而有徵也。而時人寡識，據無聞之一尺，忽周漢之兩器，雷同臧否，何其謬哉！世說稱「有田父於野地中得周時玉尺，便是天下正尺，荀勖試以校己所治金石絲竹，皆短校一米」。又，漢章帝時，零陵文學史奚景於泠道舜祠下得玉律，度以爲尺，相傳謂之漢官尺。以校荀勖尺，勖尺短四分；漢官、始平兩尺，長短度同。又，杜夔所用調律尺，比勖新尺，得一尺四分七氂。魏景元四年，劉徽注九章云：王莽時劉歆斛尺弱於今尺四分五氂，比魏尺其斛深九寸五分五氂；即荀勖所謂今尺長四分半是也。元帝後，江東所用尺，比荀勖尺一尺六分二氂。趙劉曜光初四年鑄渾儀，八年鑄土圭，其尺比荀勖尺一尺五分。荀勖新尺惟以調音律，至於人間未甚流布，故江左及劉曜儀表，並與魏尺略相依準。

嘉量

周禮：「栗氏爲量，鬴深尺，內方尺而圓其外，其實一鬴。其臀一寸，其實一豆。其耳三寸，其實一升。重一鈞，其聲中黃鍾。〔一七〕概而不稅。其銘曰：『時文思索，允臻其極。嘉量既成，以觀四國。永啓厥後，茲器維則。』」春秋左氏傳曰：「齊舊四量，豆、區、鬴、鍾。四升曰豆，各自其四，以登於鬴。」四豆爲區，區斗六升也。四區爲鬴，六斗四升也。鬴十則鍾，六十四斗也。鄭玄以爲鬴方尺，積千寸，比九章粟米法少二升八十一分升之二十二。〔一八〕以算術考之，古斛之積凡一千五百六十二寸半，方尺而圓其外，減傍一氂八豪，其徑一尺四寸一分四豪七秒二忽有奇，而深尺，卽古斛之制也。

九章商功法程粟一斛，積二千七百寸；米一斛，積一千六百二十七寸；〔一九〕菽荅麻麥一斛，積二千四百三十寸。此據精粗爲率，使價齊，而不等其器之積寸也。以米斛爲正，則同于漢志。魏陳留王景元四年，劉徽注九章商功曰：「當今大司農斛，圓徑一尺三寸五分五氂，深一尺，積一千四百四十一寸十分寸之三。王莽銅斛，於今尺爲深九寸五分五氂，徑一尺三寸六分八氂七豪，以徽術計之，於今斛爲容九斗七升四合有奇。」魏斛大而尺長，王莽斛小而尺短也。

衡權

衡權者，衡，平也，權，重也。衡所以任權而均物，平輕重也。古有黍、絫、錘、錙、鐶、鈞、鋝、溢之目，〔二〇〕歷代參差。漢志言衡權名理甚備，自後變更，其詳未聞。元康中，裴頠以爲醫方人命之急，而稱兩不與古同，爲害特重，宜因此改治權衡，不見省。趙石勒十八年七月，造建德殿，得圓石，狀如水碓，銘曰：「律權石，重四鈞，同律度量衡。有辛氏造。」續咸議，是王莽時物。

校勘記

〔一〕王者制事立物法度軌則　今本史記作「王者制事立法，物度軌則」，「法物」二字互倒。

〔二〕終于恭安　以順序言，「恭安」宜作「安恭」。

〔三〕其典同掌六律六呂之和　「同」，各本誤作「司」，今從殿本，與周禮春官原文合。

〔四〕故名之曰黃鍾　「曰」上各本誤衍「一」字，今據國語周語原文刪。

〔五〕不比正音故爲和　丘瓊蓀晉書律志校釋：「不比」當作「比於」。淮南子原文如此。

〔六〕八八爲位　漢書律曆志在本志校記中以後簡稱漢志上原文「位」作「伍」。

〔七〕待詔嚴崇　「崇」，各本作「嵩」，今從殿本作「崇」，與後漢書律曆志在本志校記中以後簡稱續漢志上合。

〔八〕所以便事用也　各本「事用」作「用事」，今從宋本，與宋書律曆志在本志校記中以後簡稱宋志序合。

〔九〕太蔟之笛至長二尺五寸三分一氂有奇　張文虎舒藝室隨筆六：謂當作「二尺五寸二分八氂有奇」。

〔一〇〕姑洗之笛至長二尺二寸三分三氂有奇　張文虎謂當作「二尺二寸四分七氂有奇」。又淩廷堪笛律匡謬謂姑洗笛之下，蕤賓笛之上，宋晉兩志俱闕中呂笛之制。依荀勖法當補「中呂之笛，正聲應中呂，下徵應黃鍾，長二尺一寸三分二氂有奇」。惟淩氏笛長尾數作「二氂」，誤，當依張文虎作「三氂」。

〔一一〕林鍾之笛至長三尺七寸九分七氂有奇　近人錢寶琮宋書律志校勘記謂「七氂」當作「二氂」。

〔一二〕南呂之笛至長三尺三寸七分有奇　錢寶琮謂「七分」下當有「一氂」二字。

〔一三〕應鍾之笛至長二尺九寸九分六氂有奇　「二尺」，各本作「三尺」，今從殿本。

〔一四〕所以宣養六氣九德也　「養」，原作「揚」，此引國語周語，國語原文作「養」，本志上文亦作「養」，因據改。

〔一五〕權土炭　「炭」原誤作「灰」，今從漢志上、續漢志（中華校點本）上、宋志序改。下「土炭」同。說詳王先謙漢書補注。

〔一六〕其餘與此尺同銘八十二字　各本無「餘」字，局本有，今從局本。銘實八十字。

〔一七〕其聲中黃鍾　周禮考工記「黃鍾」下有「之宮」二字。賈疏云：「而云『之宮』者，中其宮聲，不中商、角之聲。」

〔一八〕比九章粟米法少二升八十一分升之二十二　「二升」原誤作「二斗」。此本周禮考工記注，隋書律曆志上亦引之，兩者皆作「二升」，今據改。

〔一九〕積一千六百二十七寸　九章算術五作「二十寸」，無「七」字。

〔二〇〕古有黍絫錘錙鐶鈞鋝溢之目　「鋝」原誤作「鏘」，舒藝室隨筆六：「鏘」當作「鋝」。按：張說是，今據改。

二十四史

晉書卷十七

志第七

律曆中

昔者聖人擬宸極以運璿璣，揆天行而序景曜，分辰野，辨躔曆，敬農時，興物利，皆以繫順兩儀，紀綱萬物者也。然則觀象設卦，扐閏成爻，曆數之原，存乎此也。逮乎炎帝，分八節以始農功，軒轅紀三綱而闡書契，乃使羲和占日，常儀占月，臾區占星氣，〔一〕伶倫造律呂，大撓造甲子，隸首作算數。容成綜斯六術，考定氣象，建五行，察發斂，起消息，正閏餘，述而著焉，謂之調曆。洎于少昊則鳳鳥司曆，顓頊則南正司天，陶唐則分命羲和，虞舜則因循堯法。及夏殷承運，周氏應期，正朔既殊，創法斯異。傳曰：「火出，於夏爲三月，於商爲四月，於周爲五月。」是故天子置日官，諸侯有日御，以和萬國，以協三辰。至乎寒暑晦明之徵，陰陽生殺之數，啓閉升降之紀，消息盈虛之節，皆應躔次而無淫流，故能該浹生靈，堪輿

天地。周德既衰，史官失職，疇人分散，禨祥不理。秦幷天下，頗推五勝，自以獲水德之瑞，用十月爲正。漢氏初興，多所未暇，百有餘載，襲秦正朔。爰及武帝，始詔司馬遷等議造漢曆，乃行夏正。其後劉歆更造三統，以說左傳，辯而非實，班固惑之，采以爲志。逮光武中興，太僕朱浮數言曆有乖謬，于時天下初定，未能詳考。至永平之末，改行四分，七十餘年，儀式乃備。及光和中，乃命劉洪、蔡邕共修律曆，其後司馬彪因之，以繼班史。今采魏文黃初已後言曆數行事者，以續司馬彪云。

漢靈帝時，會稽東部尉劉洪，考史官自古迄今曆注，原其進退之行，察其出入之驗，視其往來，度其終始，始悟四分於天疏闊，皆斗分太多故也。更以五百八十九爲紀法，百四十五爲斗分，作乾象法，冬至日日在斗二十二度，〔二〕以術追日、月、五星之行，推而上則合於古，引而下則應於今。其爲之也，依易立數，遁行相號，潛處相求，名爲乾象曆。又創制日行遲速，〔三〕兼考月行，陰陽交錯於黃道表裏，日行黃道，於赤道宿度復有進退。方於前法，轉爲精密矣。獻帝建安元年，鄭玄受其法，以爲窮幽極微，又加注釋焉。

魏文帝黃初中，太史令高堂隆復詳議曆數，更有改革。太史丞韓翊以爲乾象減斗分太過，後當先天，造黃初曆，以四千八百八十三爲紀法，千二百五爲斗分。

其後尚書令陳羣奏，以爲：「曆數難明，前代通儒多共紛爭。黃初之元以四分曆久遠疏闊，大魏受命，宜改曆明時，韓翊首建，猶恐不審，故以乾象互相參校。其所校日月行度，弦望朔晦，歷三年，更相是非，無時而決。案三公議皆綜盡典理，殊塗同歸，欲使效之璿璣，各盡其法，一年之間，得失足定。」奏可。

太史令許芝云：「劉洪月行術用以來且四十餘年，以復覺失一辰有奇。」

孫欽議：「史遷造太初，其後劉歆以爲疏，復爲三統。章和中，改爲四分，以儀天度，考合符應，時有差跌，日蝕覺過半日。至熹平中，〔四〕劉洪改爲乾象，推天七曜之符，與天地合其敍。」

董巴議云：「聖人迹太陽於晷景，效太陰於弦望，明五星於見伏，正是非於晦朔。弦望伏見者，曆數之綱紀，檢驗之明者也。」

徐岳議：「劉洪以曆後天，潛精內思二十餘載，參校漢家太初、三統、四分曆術，課弦望於兩儀郭間。而月行九歲一終，謂之九道；九章，百七十一歲，九道小終；九九八十一章，五百六十七分而九終，進退牛前四度五分。學者務追合四分，但減一道六十三分，分不下通，是以疏闊，皆由斗分多故也。課弦望當以昏明度月所在，則知加時先後之意，不宜用兩儀郭間。洪加太初元十二紀，減十斗下分，元起己丑，又爲月行遲疾交會及黃道去極度、五星術，理實粹密，信可長行。今韓翊所造，皆用洪法，小益斗下分，所錯無幾。翊所增減，致亦

留思，然十術新立，猶未就悉，至於日蝕，有不盡效。效曆之要，要在日蝕。熹平之際，時洪爲郎，欲改四分，先上驗日蝕：日蝕在晏，加時在辰，蝕從下上，三分侵二。事御之後如洪言，海內識眞，莫不聞見，劉歆以來，未有洪比。夫以黃初二年六月二十九日戊辰加時未日蝕，乾象術加時申半強，於消息就加未，黃初以爲加辛強，乾象後天一辰半強爲近，黃初二辰半爲遠，消息與天近。三年正月丙寅朔加時申北日蝕，黃初加酉弱，乾象加午少，消息加未，黃初後天半辰近，乾象先天二辰少弱，於消息先天一辰強，爲遠天。三年十一月二十九日庚申〔五〕加時西南維日蝕，乾象加未初，消息加申，黃初加未強，乾象先天一辰遠，黃初先天半辰近，消息乾象近中天。二年七月十五日癸未，日加壬月加丙蝕，乾象月加申，消息加未，黃初月加子強，入甲申日，乾象後天二辰，消息後一辰爲近，黃初後天六辰遠。三年十一月十五日乙巳，日加丑月加未蝕，乾象月加巳半，於消息加午，黃初以丙午月加酉強，乾象先天二辰近，黃初後天二辰強爲遠，於消息於乾象先一辰。凡課日月蝕五事，乾象四遠，黃初一近。」

翊於課難徐岳：「乾象消息但可減，不可加。加之無可說，不可用。」岳云：本術自有消息，受師法，以消息爲奇，辭不能改，故列之正法消息。翊術自疏。

木以三年五月二十四日丁亥晨見，黃初五月十七日庚辰見，先七日；乾象五月十五日戊寅見，先

中華書局

九日。

土以二年十一月二十六日壬辰見；乾象十一月二十一日丁亥見，〔六〕先五日；黃初十一月十八日甲申見，先八日。

土以三年十月十一日壬申伏；乾象同，壬申伏；黃初已下十月七日戊辰伏，先四日。

土以三年十一月二十二日壬子見；乾象十一月十五日乙巳見，先七日；黃初十一月十二日壬寅見，先十日。

金以三年閏六月十五日丁丑晨伏；乾象六月二十五日戊午伏，先十九日；黃初六月二十二日乙卯伏，先二十三日。

金以三年九月十一日壬寅見；乾象以八月十八日庚辰見，先二十三日；黃初八月十五日丁丑見，先二十五日。

水以二年十一月十七日癸未晨見；乾象十一月十三日己卯見，先四日；黃初十一月十二日戊寅見，先五日。

水以二年十二月十三日己酉晨伏；乾象十二月十五日辛亥伏，後二日；黃初十二月十四日庚戌伏，後一日。

水以三年五月十八日辛巳夕見；乾象亦以五月十八日見，黃初五月十七日庚辰見，先一日。

水以三年六月十三日丙午伏；乾象六月二十日癸丑伏，後七日；黃初六月十九日壬子伏，後六日。

水以三年閏六月二十五日丁亥晨見；乾象以閏月九日辛未見，先十六日；黃初閏月八日庚午見，先十七日。

水以三年七月七日己亥伏；乾象七月十一日癸卯伏，後四日；黃初以七月十日壬寅伏，後三日。

水以三年十一月日於晷度十四日甲辰伏；乾象以十一月九日己亥伏，先五日；黃初十一月八日戊戌伏，〔七〕先六日。

水以三年十二月二十八日戊子夕見；二曆同以十二月壬申見，俱先十六日。

凡四星見伏十五，乾象七近二中，黃初五近一中。

郎中李恩議：「以太史天度與相覆校，二年七月、三年十一月望與天度日皆差異，月蝕加時乃後天六時半，非從三度之謂，定爲後天過半日也。」

董巴議曰：「昔伏羲始造八卦，作三畫，以象二十四氣。黃帝因之，初作調曆。歷代十一，更年五千，凡有七曆。顓頊以今之孟春正月爲元，其時正月朔旦立春，五星會于天廟，營室也，冰凍始泮，蟄蟲始發，雞始三號，天曰作時，地曰作昌，人曰作樂，鳥獸萬物莫不應和，故顓頊聖人爲曆宗也。湯作殷曆，弗復以正月朔旦立春爲節也，更以十一月朔旦冬至爲元首，下至周魯及漢，皆從其節，據正四時。夏爲得天，以承堯舜，從顓頊故也。禮記大戴曰『虞夏之曆，建正於孟春』，此之謂也。」

楊偉請：「六十日中疏密可知，不待十年。若不從法，是校方員棄規矩，考輕重背權衡，課長短廢尺寸，論是非違分理。若不先定校曆之本法，而懸聽棄法之末爭，則孟軻所謂『方寸之基，可使高於岑樓』者也。今韓翊據劉洪術者，知貴其術，珍其法。而棄其論，背其術，廢其言，違其事，是非必使洪奇妙之式不傳來世。〔八〕若知而違之，是挾故而背師也；〔九〕若不知而據之，是爲挾不知而罔知也。」校議未定，會帝崩而寢。

至明帝景初元年，尚書郎楊偉造景初曆。表上，帝遂改正朔，施行偉曆，以建丑之月爲正，改其年三月爲孟夏，其孟、仲、季月雖與夏正不同，至於郊祀蒐狩，班宣時令，皆以建寅爲正。三年正月帝崩，復用夏正。

其劉氏在蜀，仍漢四分曆。吳中書令闞澤受劉洪乾象法於東萊徐岳，又加解注。中常侍王蕃以洪術精妙，用推渾天之理，以制儀象及論，故孫氏用乾象曆，至吳亡。

武帝踐阼，泰始元年，因魏之景初曆，改名泰始曆。楊偉推五星尤疏闊，故元帝渡江左以後，更以乾象五星法代偉曆。自黃初已後，改作曆術，皆斟酌乾象所減斗分、朔餘、月行陰陽遲疾，以求折衷。洪術爲後代推步之師表，故先列之云。

乾象曆

上元己丑以來，至建安十一年丙戌，歲積七千三百七十八年。

乾法，千一百七十八。

會通，七千一百七十一。

紀法，五百八十九。

周天，二十一萬五千一百三十。

通法，四萬三千二十六。

通數，三十一。

日法，千四百五十七。

歲中，十二。

餘數，三千九十。

章歲，十九。

沒法，百三。

章閏，七。

會數，四十七。

會歲，八百九十三。

章月，二百三十五。

會率，千八百八十二。

朔望合數，九百四十一。

會月，萬一千四十五。

紀月，七千二百八十五。

元月，一萬四千五百七十。

月周，七千八百七十四。

小周，二百五十四。

推入紀

置上元盡所求年，以乾法除之，不滿乾法，以紀法除之，餘不滿紀法者，入內紀甲子年也。滿法去之，入外紀甲午年也。

推朔

置入紀年，外所求，以章月乘之，章歲而一，所得爲定積月，不盡爲閏餘。閏餘十二以上，歲有閏。以通法乘定積月，爲假積日，滿日法爲定積日，不盡爲小餘。以六旬去積日，

爲大餘，命以所入紀，算外，所求年天正十一月朔日也。

求次月，加大餘二十九，小餘七百七十三，小餘滿日法從大餘。小餘六百八十四已上，其月大。

推冬至

置入紀年，外所求，以餘數乘之，滿紀法爲大餘，不盡爲小餘。以六旬去之，〔一〇〕命以紀，算外，天正冬至日也。

求二十四氣

置冬至小餘，〔一一〕加大餘十五，小餘五百一十五，滿二千三百五十六從大餘，命如法。

推閏月

以閏餘減章歲，餘以歲中乘之，滿章閏爲一月。不盡，半法已上亦一，有進退，以無中月。〔一二〕

推弦望

加大餘七，小餘五百五十七半，小餘如日法從大餘，餘命如前，得上弦。又加得望，又加得下弦，又加得後月朔。其弦望定小餘四百一以下，以百刻乘之，滿日法得一刻，不盡什之，求分，以課所近節氣夜漏未盡，以算上爲日。

推沒

置入紀年，外所求，以餘數乘之，滿紀法爲積沒，有餘加盡積爲一。以會通乘之，滿沒法爲大餘，不盡爲小餘。大餘命以紀，算外，冬至後沒日。

求次沒，加大餘六十九，小餘六十四，滿其法從大餘，無分爲滅。

推日度

以紀法乘積日，滿周天去之，餘以紀法除之，所得爲度。命度以牛前五度起，宿次除之，不滿宿，卽天正朔夜半日所在。

求次日，加一度。經斗除分，分少，損一度爲紀法，加焉。

推月度

以月周乘積日，滿周天去之，餘滿紀法爲度，不盡爲分，命如上，則天正朔夜半月所在度。

求次月，小月加度二十二，分二百五十八。大月又加一日，度十三，分二百一十七，滿法得一度。其冬下旬，月在張、心署之。〔一三〕

推合朔度

以章歲乘朔小餘，滿會數爲大分，不盡，小分。以大分從朔夜半日分，滿紀法從度，命

如前，天正合朔日月所共會也。

求次月，加度二十九，大分三百一十二，小分二十五。〔一四〕小分滿會數從大分，大分滿紀法後度，〔一五〕經斗除大分。

求弦望日所在度，加合朔度七，分二百二十五，小分十七半，大小分及度命如前，則上弦日所在度。又加得望、下弦、後月合。

求弦望月所在度，加合朔度九十八，大分四百八，小分四十一，大小分及度命如前合朔，則上弦月所在。又加得望、下弦、後月合。

求日月昏明度，日以紀法，月以月周，乘所近節氣夜漏，二百而一爲明分。日以減紀法，月以減月周，餘爲昏分。各以加夜半，如法爲度。

推月蝕

置上元年，外所求，以會歲去之，其餘年以會率乘之，如會歲爲積蝕，有餘加積一。會月乘之，如會率爲積月，不盡爲月餘。以章閏乘餘年，滿章歲爲積閏，以減積月，餘以歲中去之，不盡，數起天正。

求次蝕，加五月，月餘千六百三十五，滿會率得一月，月以望。

推卦用事日

因冬至大餘，倍其小餘，坎用事日也。加小餘千七十五，滿乾法從大餘，中孚用事日也。

求次卦，各加大餘六，小餘百三。其四正各因其中日，而倍其小餘。

推五行用事

置冬至大小餘，[16]加大餘二十七，小餘九百二十七，滿二千三百五十六從大餘，得土用事日也。加大餘十八，小餘六百一十八，得立春木用事日。加大餘七十三，小餘百一十六，復得土。又加土如得其火。金、水放此。

推加時

以十二乘小餘，滿其法得一辰，數從子起，算外，朔、弦、望以定小餘。

推漏刻

以百乘小餘，滿其法得一刻，不盡什之，求分，課所近節氣，起夜分盡，夜上水未盡，以所近言之。

推有進退，進加退減所得也。進退有差，起二分度後，率四度轉增少，少每半者，三而轉之，差滿三止，歷五度而減如初。

月行三道術

月行遲疾，周進有恆。會數從天地凡數，乘餘率自乘，如會數而一，為過周分。以從周天，月周除之，曆日數也。遲疾有衰，其變者勢也。以衰減加月行率，為日轉度分。衰左右相加，為損益率。益轉相益，損轉相損，盈縮積也。半小周乘通法，如通數而一，以曆周減焉，為朔行分也。

日轉度分	列衰	損益率	盈縮積	月行分
一日十四度十分	一退減	益二十二	盈初	二百七十六
二日十四度九分	二退減	益二十一	盈二十二	二百七十五
三日十四度七分	三退減	益十九	盈四十三	二百七十三
四日十四度四分	四退減	益十六	盈六十二	二百七十
五日十四度	四退減	益十二	盈七十八	二百六十六
六日十三度十五分	四退減	益八	盈九十	二百六十二
七日十三度十一分	四退減	益四	盈九十八	二百五十八
八日十三度七分	四退減[17]	損	盈百二	二百五十四
九日十三度三分	四退加	損四	盈百二	二百五十
十日十二度十八分	三退加	損八	盈九十八	二百四十六
十一日十二度十五分	四退加	損十一	盈九十	二百四十三
十二日十二度十一分	三退加	損十五	盈七十九	二百三十九
十三日十二度八分	二退加	損十八	盈六十四	二百三十六
十四日十二度六分	一退加	損二十	盈四十六	二百三十四
十五日十二度五分	一進減	損二十一	盈二十六	二百三十三
十六日十二度六分	二進減	損二十損不足反減五為益，盈有五謂益而損縮初一十，故不足。[18]	盈五縮初	二百三十四
十七日十二度八分	三進減	益十八	縮十五	二百三十六
十八日十二度十一分	四進減	益十五	縮三十三	二百三十九
十九日十二度十五分	三進減	益十一	縮四十八	二百四十三
二十日十二度十八分	四進減	益八	縮五十九	二百四十六
二十一日十三度三分	四進減	益四	縮六十七	二百五十
二十二日十三度七分	四進加	損	縮七十一	二百五十四
二十三日十三度十一分	四進加	損四	縮七十一	二百五十八
二十四日十三度十五分	四進加	損八	縮六十七	二百六十二
二十五日十四度	四進加	損十二	縮五十九	二百六十六
二十六日十四度四分	三進加	損十六	縮四十七	二百七十
二十七日十四度七分	三曆初進加三大周日[19]	損十九	縮三十一	二百七十三
周日十四度九分	少進加	損二十一	縮十二	二百七十五

周日分，三千三百三。

周虛，二千六百六十六。

周日法，五千九百六十九。

通周，十八萬五千三十九。

曆周，十六萬四千四百六十六。

少大法，一千一百一。

朔行大分，萬一千八百一。

小分，二十五。

周半，一百二十七。

中華書局

推合朔入曆

以上元積月乘朔行大小分，小分滿通數三十一從大分，大分滿曆周去之，餘滿周法得一日，不盡爲日餘。日餘命算外，所求合朔入曆也。

求次月，加一日，日餘五千八百三十二，小分二十五。

求弦望，各加七日，日餘二千二百八十三，小分二十九半，分各如法成日，日滿二十七日去之。餘如周分。不足除，減一日，加周虛。

求弦望定大小餘

置所入曆盈縮積，以通周乘之爲實。令通數乘日餘分，以乘損益率，以損益實，爲加時盈縮也。章歲減月行分，乘周半爲差法，以除之，所得盈減縮加大小餘，如日法盈不足，朔加時在前後日。弦望進退大餘，爲定小餘。

求朔弦望加時定度

以章歲乘加時盈縮，差法除之，所得滿會數爲盈縮大小分，以盈減縮加本日月所在，盈不足，以紀法進退度，爲日月所在定度分。

推月行夜半入曆

以周半乘朔小餘，如通數而一，以減入曆日餘。餘不足，加周法而減焉，却一日。却得

周日加其分，即得夜半入曆。

求次日，轉一日，因日餘到二十七日，日餘滿周日分去之，不直周日也。其不滿直之，加周虛於餘，餘皆次日入曆日餘也。

求月夜半定度

以夜半入曆日餘，乘損益率，如周法得一，不盡爲餘，以損益盈縮積，餘無所損，破全爲法損之，爲夜半盈縮也。滿章歲爲度，不盡爲分。通數乘分及餘，餘如周法從分，分滿紀法從度，以盈加縮減本夜半度及餘，爲定度。

求變衰法

以入曆日餘乘列衰，如周法得一，不盡爲餘，即各知其日變衰也。

求次曆

以周虛乘列衰，如周法爲常數，曆竟，輒以加變衰，滿列衰去之，轉爲次曆變衰也。

求次日夜半定度

以變衰進加退減曆日轉分，分盈不足，章歲出入度也。通數乘分及餘，而日轉加夜定度，〔二〇〕爲次日也。竟曆不直周日，減餘千三十八，乃以通數乘之，直周日者加餘八百三十七，又以少大分八百九十九，加次曆變衰，轉求如前。

求次日夜半盈縮

以變衰減加損益率，爲變損益率，而以轉損益夜半盈縮。曆竟損不足，反減爲入次曆，減加餘如上數。

求昏明月度

以曆月行分乘所近節氣夜漏，二百而一爲明分。以減月行分爲昏分。分如章歲爲度，以通數乘分，以加夜半定度，爲昏明定度。餘分半法以上成，〔二一〕不滿廢之。

求月行遲疾

月經四表，出入三道，交錯分天，以月率除之，〔二二〕爲曆之日。周天乘朔望合，如會月而一，朔合分也。通數乘合數，餘如會數而一，退分也。以從月周，爲日進分。會數而一，〔二三〕爲差率也。

陰陽曆	衰	損益率	兼數
一日	一減	益十七	初
二日限餘千二百九十，微分四百五十七。此爲前限	一減	益十六	十七
三日	三減	益十五	三十三
四日	四減	益十二	四十八
五日	四減	益八	六十
六日	三減	益四	六十八
七日	三減減不足，反損爲加，謂益有一，當減三，爲不足。	益一	七十二
八日	四加	損二過極損之，謂月行半周，度已過極，則當損之。	七十三
九日	四加	損六	七十一
十日	三加	損十	六十五
十一日	二加	損十三	五十五
十二日	一加	損十五	四十二
十三日限餘三千九百一十二，微分一千七百五十二。此爲後限	一加曆初大，分日。	損十六	二十七
分日五千二百而三	少加少者	損十六大	十一

少大法，四百七十三。
曆周，十萬七千五百六十五。
差率，萬一千九百八十六。
朔合分，萬八千三百二十八。
微分，九百一十四。微分法，二千二百九。
推朔入陰陽曆
以會月去上元積月，餘以朔合分及微分各乘之，[二四]微分滿其法從合分，合分滿周天去之，其餘不滿曆周者，爲入陽曆；滿去之，餘爲入陰曆。餘皆如月周得一日，算外，所求月合朔入曆，不盡爲日餘。
求次月
加二日，日餘二千五百八十，微分九百一十四，如法成日，滿十三去之，除餘如分日。陰陽曆竟互入端，入曆在前限餘前，後限餘後者月行中道也。
求朔望定數
各置入遲疾曆盈縮大小分，會數乘小分爲微分，盈減縮加陰陽日餘，日餘盈不足，進退

日而定。以定日餘乘損益率，如月周得一，以損益兼數，爲加時定數。
推夜半入曆
以差率乘朔小餘，如微分法得一，以減入曆日餘，不足，加月周而減之，却一日。却得分日加其分，以會數約微分爲小分，即朔日夜半入曆。
求次日，加一日，日餘三十一，小分三十一，小分如會數從餘，餘滿月周去之，又加一日，曆竟下，日餘滿分日去之，爲入曆初也。不滿分日者直之，加餘二千七百二，小分三十一，爲入次曆。
求夜半定日
以通數乘入遲疾曆夜半盈縮及餘，餘滿周半爲小分，以盈加縮減入陰陽日餘，日餘盈不足，以月周進退日而定也。以定日餘乘損益率，如月周得一，以損益兼數，爲夜半定數也。
求昏明數
以損益率乘所近節氣夜漏，二百而一爲明，以減損益率爲昏，而以損益夜半數爲昏明定數。
求月去極度
置加時若昏明定數，以十二除之爲度，其餘三而一爲少，不盡一爲强，二少弱也，所得爲月去黃道度也。其陽曆以加日所在黃道曆去極度，陰曆以減之，則月去極度。强正弱負，强弱相并，同名相從，異名相消。其相減也，同名相消，異名相從，無對互之，二强進少而弱。
上元己丑以來，至建安十一年丙戌，歲積七千三百七十八。
己丑　戊寅　丁卯　丙辰　乙巳　甲午　癸未
壬申　辛酉　庚戌　己亥　戊子　丁丑　丙寅
推五星
五行：木，歲星；火，熒惑；土，填星；金，太白；水，辰星。各以終日與天度相約，爲周率、日率。章歲乘周，爲月法。章月乘日，爲月分。分如法，爲月數。通數乘月法，日度法也。斗分乘周率，爲斗分。日度法用紀法乘周率，故此同以分乘之。
五星朔大餘、小餘。以通法各乘月數，日法各除之，爲大餘，不盡爲小餘。以六十去大餘。
五星入月日、日餘。各以通法乘月餘，以合月法乘朔小餘，并之，會數約之，所得各以日度法除之，則皆是。
五星度數、度餘。減多爲度餘分，以周天乘之，以日度法約之，所得爲度，不盡爲度餘，過周天去之及斗分。
紀月，七千二百八十五。

章閏，七。
章月，二百三十五。
歲中，十二。
通法，四萬三千二十六。
日法，千四百五十七。
會數，四十七。
周天，二十一萬五千一百三十。
斗分，一百四十五。
木：周率，六千七百二十二。
日率，七千三百四十一。
合月數，十三。
月餘，六萬四千八百一。
合月法，十二萬七千七百一十八。
日度法，三百九十五萬九千二百五十八。
朔大餘，二十三。

朔小餘，一千三百七。
入月日，十五。
日餘，三百四十八萬四千六百四十六。
朔虛分，一百五十。
斗分，九十七萬四千六百九十。
度數，三十三。
度餘，二百五十萬九千九百五十六。

火：

周率，三千四百七。
日率，七千二百七十一。
合月數，二十六。
月餘，二萬五千六百二十七。
合月法，六萬四千七百三十三。
日度法，二百萬六千七百二十三。
朔大餘，四十七。
朔小餘，一千一百五十七。

入月日，十二。
日餘，九十七萬三千一十三。
朔虛分，三百。
斗分，四十九萬四千一十五。
度數，四十八。
度餘，一百九十九萬一千七百六。

土：

周率，三千五百二十九。
日率，三千六百五十三。
合月數，十二。
月餘，五萬三千八百四十三。
合月法，六萬七千五十一。
日度法，二百七萬八千五百八十一。
朔大餘，五十四。
朔小餘，五百三十四。
入月日，二十四。

日餘，十六萬六千二百七十二。
朔虛分，九百二十三。
斗分，五十一萬一千七百五。
度數，十二。
度餘，一百七十三萬三千一百四十八。

金：

周率，九千二十二。
日率，七千二百一十三。
合月數，九。
月餘，十五萬二千二百九十三。
合月法，十七萬一千四百一十八。
日度法，五百三十一萬三千九百五十八。
朔大餘，二十五。
朔小餘，一千一百二十九。
入月日，二十七。
日餘，五萬六千九百五十四。

朔虛分，三百二十八。
斗分，一百三十萬八千一百九十。
度數，二百九十二。
度餘，五萬六千九百五十四。

水：

周率，一萬一千五百六十一。
日率，一千八百三十四。
合月數，一。
月餘，二十一萬一千三百三十一。
合月法，二十一萬九千六百五十九。
日度法，六百八十萬九千四百二十九。
朔大餘，二十九。
朔小餘，七百七十三。
入月日，二十八。
日餘，六百四十一萬九百六十七。
朔虛分，六百八十四。

斗分，一百六十七萬六千三百四十五。

度數，五十七。

度餘，六百四十一萬九百六十七。

推五星

置上元盡所求年，以周率乘之，滿日率得一，名積合，不盡爲合餘。以周率除之，得一，星合往年。二，合前往年。無所得，合其年。合餘減周率爲度分。金、水積合，奇爲晨，耦爲夕。

推星合月

以月數、月餘各乘積合，滿合月法從月，不盡爲月餘。以紀月去積月，餘爲入紀月。副以章閏乘之，滿章月得一閏，以減入紀月，餘以歲中去之，命以天正算外，合月也。其在閏交際，以朔御之。

推入月日

以通法乘月餘，合月法乘朔小餘，并以會數約之，所得滿日度法得一，則星合入月日也。不滿爲日餘，命以朔算外。

推星合度

以周天乘度分，滿日度法得一度，不盡爲餘，命度以牛前五起。

右求星合。

求後合月

以月數加月數，以月餘加月餘，滿合月法得一月，不滿歲中，卽合其年，滿去之，有閏計焉，餘爲後年；再滿，在後二年。金、水加晨得夕，加夕得晨。

求後合朔日

以朔大小餘，加合月大小餘，上成月者，又加大餘二十九，小餘七百七十三，小餘滿日法從大餘，命如前。

求後入月日術

以入月日、日餘，加合入月日及餘，餘滿日度法得一日，其前合朔小餘滿其虛分者，減一日。後小餘滿七百七十三以上者，去二十九日，不滿，去三十日，其餘則後合，入月日也。

求後度

以度加度，度餘加度餘，滿日度法得一度。

木：伏三十二日、三百四十八萬四千六百四十六分。

見三百六十六日。

伏行五度二百五十萬九千九百五十六分。

見行四十度。除逆退十二度，定行二十八度。

火：伏百四十三日九十七萬三千一十三分。

見六百三十六日。

伏行一百一十度四十七萬八千九百九十八分。

見行三百二十度。除逆十七度，定行三百三度。

土：伏三十三日十六萬六千二百七十二分。

見三百四十五日。

伏行三度一百七十三萬三千一百四十八分。

見行十五度。除逆六度，定行九度。

金：晨伏東方八十二日十一萬三千九百八分。

見西方。二百四十六日。除逆六度，定行二百四十六度。

晨伏行百度十一萬三千九百八分。

見東方。日度如西。伏十日，退八度。

水：晨伏三十三日六百一萬二千五百五分。

見西方。三十二日。除逆一度，定行三十二度。

伏行六十五度六百一萬二千五百五分。

見東方。日度如西。伏十八日，退十四度。

五星曆步術

以法伏日度及餘，加星合日度餘，餘滿日度法得一，從全命之如前，得星見日及度也。以星行分母乘見度，餘如日度法得一，分不盡半法以上亦得一；而日加所行分，分滿其母得一度，逆順母不同，以當行之母乘故分，如故母而一，當行分也。留者承前，逆則減之，伏不盡度，〔二五〕經斗除分，以行母爲率，分有損益，前後相御。凡言如盈約滿，皆求實之除也；去及除之，取盡之除也。〔二六〕

木：晨與日合，伏順，〔二七〕十六日百七十四萬二千三百二十三分，行星二度三百二十三萬四千六百七分，而晨見東方，在日後。順，疾，日行五十八分之十一，五十八日行十一度。更順，遲，日行九分，五十八日行九度。留，不行二十五日而旋。逆，日行七分之一，八十四日退十二度。復留，二十五日而順，日行五十八分之九，五十八日行九度。順，疾，日行十一分，五十八日行十一度，在日前，夕伏西方。十六日百七十四萬二千三百二十三分，行星二度三百二十三萬四千六百七分，而與日合。凡一終，三百九十八日三百四十八萬四千六百四十六分，行星四十三度二百五十萬九千九百五十六分。〔二八〕

火：晨與日合，伏，順，七十一日百四十八萬九千八百六十八分，行星五十五度百二十四萬二千八百六十分半，而晨見東方，在日後。順，日行二十三分之十四，百八十四日行一百一十二度。更順，遲，日行二十三分之十二，九十二日行四十八度。留，不行十一日。旋，逆，日行六十二分之十七，六十二日退十七度。復留，十一日而順，日行十二分，九十二日行四十八度。復順，疾，日行十四分，百八十四日行百一十二度，在日前，夕伏西方。七十一日百四十八萬九千八百六十八分，行星五十五度百二十四萬二千八百六十分半，而與日合。凡一終，七百七十九日九十七萬三千一十三分，行星四百一十四度四十七萬八千九百九十八分。

土：晨與日合，伏，順，十六日百一十二萬二千四百二十六分半，行星一度百九十九萬五千八百六十四分半，〔二九〕而晨見東方，在日後。順，日行三十五分之三，八十七日半行七度半。留，不行三十四日。旋，逆，日行十七分之一，百二日退六度。復三十四日而順，〔三〇〕日行三分，八十七日行七度半，〔三一〕在日前，夕伏西方。十六日百一十二萬二千四百二十六分半，行星一度百九十萬五千八百六十四分半，而與日合也。凡一終，三百七十八日十六

萬六千二百七十二分，行星十二度百七十三萬三千一百四十八分。

金：晨與日合，伏，逆，五日退四度，而晨見東方，在日後。逆，日行五分度之三，十日退六度。留，不行八日。旋，順，遲，日行四十六分之三十三，四十六日行三十三度而順。疾，日行一度九十一分之十五，九十一日行一百六度。更順，益疾，日行一度九十一分之二十二，九十一日行百一十三度，在日後，晨伏東方。順，四十一日五萬六千九百五十四分行星五十度五萬六千九百五十四分，而與日合。一合，二百九十二日五萬六千九百五十四分，行星亦如之。

金：夕與日合，伏，順，四十一日五萬六千九百五十四分行星五十度五萬九千九百五十四分，而夕見西方，在日前。順，疾，日行一度九十一分之二十二，九十一日行百一十三度。更順，減疾，日行一度十五分，九十一日行百六度而順。遲，日行四十六分之三十三，四十六日行三十三度。留，不行八日。旋，逆，日行五分之三，十日退六度，在日前，夕伏西方，逆，疾，五日退四度，而與日合。凡再合一終，五百八十四日十一萬三千九百八分，行星亦如之。

水：晨與日合，伏，逆，九日退七度，而晨見東方，在日後。更逆，疾，一日退一度。留，不行二日。旋，順，遲，日行九分之八，九日行八度而順。疾，日行一度四分之一，二十日行二十五度，在日後。晨伏東方，順，十六日六百四十一萬九百六十七分行星三十二度六百四十一萬九百六十七分，而與日合。一合，五十七日六百四十一萬九百六十七分，行星亦如之。

水：夕與日合，伏，順，十六日六百四十一萬九百六十七分行星三十二度六百四十一萬九百六十七分，而夕見西方，在日前。順，疾，日行一度四分之一，二十日行二十五度而順。遲，日行九分之八，九日行八度。留，不行二日。旋，逆，一日退一度，在日前，夕伏西方。逆，遲，九日退七度，與日合。凡再合一終，一百一十五日六百一萬二千五百五分，行星亦如之。

校勘記

〔一〕輿區占星氣　「臾區」，各本誤作「車區」，惟殿本作「臾區」，今從殿本。

〔二〕冬至日日在斗二十二度　按：自東漢改行四分，測定冬至日在赤道斗二十一度，沿用至唐未改。劉洪乾象曆亦用之。此志「二十二度」當爲「二十一度」之誤。

〔三〕又創制日行遲速　按：劉洪始創月行遲疾，故下有求月行遲疾術，宋志上亦謂洪「定月行遲疾」。此「日行」當爲「月行」之誤。

〔四〕至熹平中　原脫「熹」字，今補。

〔五〕三年十一月二十九日庚申　天文志與魏志文帝紀皆謂「黃初三年十一月庚申晦，日有蝕之」。依黃初曆推算，是月大，庚申爲三十日。

〔六〕土以二年十一月二十六日壬辰見乾象十一月二十一日丁亥見　「二十六日」，各本「六」作「五」，「二十一日」，各本「一」作「八」，誤。唯殿本不誤，今從之。

〔七〕黃初十一月八日戊戌伏　各本無「一」字，「十一月」作「十月」，今從殿本作「十一月」，與推算合。

〔八〕是非必使洪奇妙之式不傳來世　周校：「非」衍文。

〔九〕是挾故而背師也　「是」，各本作「於」，今從殿本作「是」。

〔一〇〕滿紀法爲大餘不盡爲小餘以六旬去之　按：以六旬去者爲大餘，依上文推朔術例，「以六旬去之」當作「以六旬去大餘」。

〔一一〕置冬至小餘　考異云，當云「置冬至大餘，四其小餘」，今本脫「大餘四其」四字。

〔一二〕不盡半法已上亦一有進退以無中月　似當作「不盡，半法已上亦得一，有進退，以無中月爲正」。疑「亦」下脫「得」字，「月」下脫「爲正」二字。

〔一三〕月在張心署之　「月」原作「夕」，續漢志下作「月」。考異謂隋書刑法志陳制，晦、朔、八節、六齊、月在張心日，並不得行刑。然則當以作「月」爲是。今據改。

〔一四〕小分二十五　此五字，各本所無，惟局本有。疑局本係據李銳乾象術注補以後簡稱李注。而李原文「二十五」作「二十三」。

〔一五〕大分滿紀法後度　據李注，「後度」當作「從度」。

〔一六〕置冬至大小餘　據李注，「大」下當補「餘四其」三字，作「置冬至大餘，四其小餘」。

〔一七〕四退減　李注謂當作「四退加」。

〔一八〕損不足至故不足　李注謂文有舛誤，以意求之，當云「損不足反減五爲益，謂盈有五而損二十，故不足」。

〔一九〕三曆初進加三大周日　李注謂此文傳寫錯誤，依算數推之，當云「二進加，曆初大，周日」。

〔二〇〕而日轉加夜定度　李注，「夜」下當補「半」字。

〔二一〕餘分半法以上成　李注，「成」下當有「一」字。

〔二二〕以月率除之　李注，「月率」當是「月周」之誤。

〔二三〕會數而一　李注，當作「會數乘之，通數而一」。

〔二四〕餘以朔合分及微分各乘之　「及」，各本作「定」，宋本作「及」，合於文義，今從之。

〔二五〕伏不盡度　李注，「盡」當作「書」。

〔二六〕凡言至除也　李注謂此四語不類正文，鄭玄、闞澤並注乾象術，今兩家注已遺亡，疑此爲舊注

瞻文。

〔二七〕伏順　原作「順伏」，李注、周校皆謂當作「伏順」，術例固先言見伏，後言順逆，今據以乙正。

〔二八〕行星四十三度　李注謂當作「三十三度」。

〔二九〕行星一度百九十九萬　李注謂當作「百九十萬」。

〔三〇〕復三十四日而順　李注謂「復」下當補「留」字。

〔三一〕八十七日行七度半　李注謂「日」下當有「半」字。

晉書卷十八

志第八

律曆下

魏尚書郎楊偉表曰：「臣覽載籍，斷考曆數，時以紀農，月以紀事，其所由來，遐而尚矣。乃自少昊，則玄鳥司分；顓頊、帝嚳，則重黎司天；唐帝、虞舜，則羲和掌日。三代因之，則世有日官。日官司曆，則頒之諸侯，諸侯受之，則頒于境內。夏后之世，羲和湎淫，廢時亂日，則書載胤征。由此觀之，審農時而重人事，歷代然之也。逮至周室既衰，戰國橫騖，告朔之羊，廢而不紹，登臺之禮，滅而不遵，閏分乖次而不識，孟陬失紀而莫悟，大火猶西流，而怪蟄蟲之不藏也。是時也，天子不協時，司曆不書日，諸侯不受職，日御不分朔，人事不恤，廢棄農時。仲尼之撥亂於春秋，託褒貶糾正，司曆失閏，則譏而書之，登臺頒朔，則謂之有禮。自此以降，暨于秦漢，乃復以孟冬爲歲首，閏爲後九月，中節乖錯，時月紕繆，加時後天，蝕

不在朔，累載相襲，久而不革也。至武帝元封七年，始乃悟其繆焉，於是改正朔，更曆數，使大才通人，更造太初曆，校中朔所差，以正閏分，課中星得度，以考疏密。以建寅之月爲正朔，以黃鍾之月爲曆初。其曆斗分太多，後遂疏闊。至元和二年，復用四分曆，施而行之，至于今日，考察日蝕，率常在晦，是則斗分太多，故先密後疏而不可用也。是以臣前以制典餘日，推考天路，稽之前典，驗之以蝕朔，詳而精之，更建密曆，則不先不後，古今中天。以昔在唐帝，協日正時，允釐百工，咸熙庶績也。欲使當今國之典禮，凡百制度，皆韜合往古，郁然備足，乃改正朔，更曆數，以大呂之月爲歲首，以建子之月爲曆初。臣以爲昔在帝代，則法曰顓頊，曩自軒轅，則曆曰黃帝，暨至漢之孝武，革正朔，更曆數，改元曰太初，因名太初曆。今改元爲景初，宜曰景初曆。臣之所建景初曆，法數則約要，施用則近密，治之則省功，學之則易知。雖復使研桑心算，隸首運籌，重黎司晷，羲和察景，以考天路，步驗日月，究極精微，盡術數之極者，皆未能並臣如此之妙也。是以累代曆數，皆疏而不密，自黃帝以來，常改革不已。」〔一〕

壬辰元以來，至景初元年丁巳歲，積四千四十六，算上。

此元以天正建子黃鍾之月爲曆初，元首之歲，夜半甲子朔旦冬至。

元法，萬一千五十八。
紀法，千八百四十三。
紀月，二萬二千七百九十五。
章歲，十九。
章月，二百三十五。
章閏，七。
通數，十三萬四千六百三十。
日法，四千五百五十九。
餘數，九千六百七十。
周天，六十七萬三千一百五十。
紀歲中，〔二〕十二。
氣法，十二。
沒分，六萬七千三百一十五。
沒法，九百六十七。
月周，二萬四千六百三十八。

通法，四十七。
會通，七十九萬百一十。
朔望合數，六萬七千三百一十五。
入交限數，七十二萬二千七百九十五。
通周，十二萬五千六百二十一。
周日日餘，二千五百二十八。
周虛，二千三十一。
斗分，四百五十五。

甲子紀第一

紀首合朔，月在日道裏。
交會差率四十一萬二千九百一十九。
遲疾差率，十萬三千九百四十七。

甲戌紀第二

紀首合朔，月在日道裏。
交會差率，五十一萬六千五百二十九。
遲疾差率，七萬三千七百六十七。

甲申紀第三

紀首合朔，月在日道裏。
交會差率，六十二萬一百三十九。
遲疾差率，四萬三千五百八十七。

甲午紀第四

紀首合朔，月在日道裏。
交會差率，七十二萬三千七百四十九。〔三〕
遲疾差率，一萬三千四百七。

甲辰紀第五

紀首合朔，月在日道裏。〔四〕
交會差率，三萬七千二百四十九。
遲疾差率，十萬八千八百四十八。

甲寅紀第六

紀首合朔，月在日道裏。〔五〕

交會差率，十四萬八百五十九。
遲疾差率，七萬八千六百六十八。

交會紀差十萬三千六百一十。求其數之所生者，置一紀積月，以通數乘之，會通去之，所去之餘，紀差之數也。以之轉加前紀，則得後紀。〔六〕加之未滿會通者，則紀首之歲天正合朔月在日道裏；滿去之，則月在日道表。加表，滿在裏；加裏，滿在表。

遲疾紀差三萬一百八十。求其數之所生者，置一紀積月，以通數乘之，通周去之，餘以減通周，所減之餘，紀差之數也。以之轉減前紀，則得後紀。〔七〕不足減者，加通周。

求次元紀差率，轉減前元甲寅紀差率，餘則次元甲子紀差率也。求次紀，如上法也。

推朔積月術曰：置壬辰元以來，盡所求年，外所求，以紀法除之，所得算外，所入紀第也，餘則入紀年數也。以章月乘之，如章歲而一，爲積月，不盡爲閏餘。閏餘十二以上，其年有閏。閏月以無中氣爲正。

推朔術曰：以通數乘積月，爲朔積分。如日法而一，爲積日，不盡爲小餘。以六十去積日，餘爲大餘。大餘命以紀，算外，所求年天正十一月朔日也。

求次月，加大餘二十九，小餘二千四百一十九，小餘滿日法從大餘，命如前，次月朔日也。小餘二千一百四十以上，其月大也。

推弦望，加朔大餘七，小餘千七百四十四，小分一，小分滿二從小餘，小餘滿日法從大餘，大餘滿六十去之，餘命以紀，算外，上弦日也。又加，得望、下弦、後月朔。其月蝕望者，定小餘如在中節者定小餘如所近中節間限數、限數以下者，算上爲日。[八]望在中節前後各四日以還者，視限數；望在中節前後各五日以上者，視間限。

推二十四氣術曰：置所入紀年，外所求，以餘數乘之，滿紀法爲大餘，不盡爲小餘。大餘滿六十去之，餘命以紀，算外，天正十一月冬至日也。

求次氣，加大餘十五，小餘四百二，小分十一，小分滿氣法從小餘，小餘滿紀法從大餘，命如前，次氣日也。

推閏月術曰：以閏餘減章歲，餘以歲中乘之，滿章閏得一月；餘滿半法以上，亦得一月。數從天正十一月起，算外，閏月也。閏有進退，以無中氣御之。

大雪十一月節	限數千二百四十二	間限千二百四十八
冬至十一月中	限數千二百五十四	間限千二百四十五
小寒十二月節	限數千二百三十五	間限千二百二十四
大寒十二月中	限數千二百一十三	間限千一百九十二
立春正月節	限數千一百七十二	間限千一百四十七

雨水正月中	限數千一百二十二[九]	間限千九十三
驚蟄二月節	限數千六十五	間限千三十六[一〇]
春分二月中	限數千八	間限九百七十九
清明三月節	限數九百五十一	間限九百二十五
穀雨三月中	限數九百	間限八百七十九
立夏四月節	限數八百五十七	間限八百四十
小滿四月中	限數八百二十三	間限八百一十二[一一]
芒種五月節	限數八百	間限七百九十九
夏至五月中	限數七百九十八	間限八百一[一二]
小暑六月節	限數八百五	間限八百一十五
大暑六月中	限數八百二十五	間限八百四十二
立秋七月節	限數八百五十九	間限八百八十三
處暑七月中	限數九百七	間限九百三十五
白露八月節	限數九百六十二	間限九百九十二
秋分八月中	限數千二十一	間限千五十一

寒露九月節	限數千八十	間限千一百七
霜降九月中	限數千一百三十三	間限千一百五十七
立冬十月節	限數千一百八十一	間限千一百九十八
小雪十月中	限數千二百一十五	間限千二百二十九

推沒滅術曰：因冬至積日有小餘者，加積一，以沒分乘之，以沒法除之，所得爲大餘，不盡爲小餘。大餘滿六十去之，餘命以紀，算外，即去年冬至後沒日也。

求次沒，加大餘六十九，小餘五百九十二，小餘滿沒法得一，從大餘，命如前。小餘盡，爲滅也。

推五行用事日：立春、立夏、立秋、立冬者，即木、火、金、水始用事日也。各減其大餘十八，小餘四百八十三，小分六，餘命以紀，[一三]算外，各四立之前，土用事日也。大餘不足減者，加六十；小餘不足減者，減大餘一，加紀法；小分不足減者，減小餘一，加氣法。

推卦用事日：因冬至大餘，六其小餘，即坎卦用事日也。加小餘萬九十一，滿元法從大餘，即中孚用事日也。

求次卦，各加大餘六，小餘九百六十七。其四正各因其中日，六其小餘。

推日度術曰：以紀法乘朔積日，滿周天去之，餘以紀法除之，所得爲度，不盡爲分。命

度從牛前五起，宿次除之，不滿宿，則天正十一月朔夜半日所在度及分也。

求次日，日加一度，分不加，經斗除斗分，分少，退一度。[一四]

推月度術曰：以月周乘朔積日，滿周天去之，餘以紀法除之，所得爲度，不盡爲分，命如上法，則天正十一月朔夜半月所在度及分也。

求次月，小月加度二十二，分八百六；大月又加一日，度十三，分六百七十九；分滿紀法得一度，則次月朔夜半月所在度及分也。其冬下旬，月在張、心署之。[一五]

推合朔度術曰：以章歲乘朔小餘，滿通法爲大分，不盡爲小分。以大分從朔夜半日度分，[一六]分滿紀法從度，命如前，則天正十一月合朔日月所共合度也。

求次月，加度二十九，大分九百七十七，小分四十二；小分滿通法從大分，大分滿紀法從度，經斗除其分，則次月合朔日月所共合度也。

推弦望日所在度：加合朔度七，大分七百五，小分十，微分一，微分滿二從小分，小分滿通法從大分，大分滿紀法從度，命如前，則上弦日所在度也。又加，得望、下弦、後月合也。

推弦望月所在度：加合朔度九十八，大分千二百七十九，小分三十四，數滿命如前，[一七]即上弦月所在度也。又加，得望、下弦、後月合也。

推日月昏明度術曰：日以紀法，月以月周，乘所近節氣夜漏，二百而一，爲明分。日以

中華書局

減紀法，月以減月周，餘爲昏分。各以分加夜半，如法爲度。

推合朔交會月蝕術曰：置所入紀朔積分，以所入紀下交會差率之數加之，以會通去之，餘則所求年天正十一月合朔去交度分也。以通數加之，滿會通去之，餘則次月合朔去交度分也。以朔望合數各加其月合朔去交度分，滿會通去之，餘則各其月望去交度分也。朔望去交分，如朔望合數以下，入交限數以上者，朔則交會，望則月蝕。

推合朔交會月蝕月在日道表裏術曰：置所入紀朔積分，以所入紀下交會差率之數加之，〔一八〕倍會通去之，餘不滿會通者，紀首表，天正合朔月在表；紀首裏，天正合朔月在裏。滿會通去之，表滿在裏，裏滿在表。

求次月，以通數加之，滿會通去之，加裏滿在表，加表滿在裏。先交會後月蝕者，朔在表則望在表，朔在裏則望在裏。先月蝕後交會者，看蝕月朔在裏則望在表，朔在表則望在裏。交會月蝕如朔望合數以下，則前交後會；如入交限數以上，則前會後交。其前交後會近於限數者，則豫伺之；〔一九〕前會後交近於限數者，則後伺之。〔二〇〕

求去交度術曰：其前交後會者，今去交度分如日法而一，所得則却去交度分也。其前會後交者，以去交度分減會通，餘如日法而一，所得則前去交度也。餘皆度分也。去交度十五以上，雖交不蝕也，十以下是蝕，十以上，虧蝕微少，光晷相及而已。虧之多少，以十五爲法。

求日蝕虧起角術曰：其月在外道，先交後會者，虧蝕西南角起；〔二一〕先會後交者，虧蝕東南角起。其月在內道，先交後會者，虧蝕西北角起；先會後交者，虧蝕東北角起。虧蝕分多少，如上以十五爲法。會交中者，蝕盡。月蝕在日之衝，虧角與上反也。

月行遲疾度	損益率	盈縮積分	月行分
一日十四度十四分	益二十六	盈初	二百八十
二日十四度十一分	益二十三	盈積分一十一萬八千五百三十四	二百七十七
三日十四度八分	益二十	盈積分二十二萬三千三百九十一	二百七十四
四日十四度五分	益十七	盈積分三十一萬四千五百七十一	二百七十一
五日十四度一分	益十三	盈積分三十九萬二千七十四	二百六十七
六日十三度十四分	益七	盈積分四十五萬一千三百四十一	二百六十一
七日十三度七分	損	盈積分四十八萬三千二百五十四	二百五十四
八日十三度一分	損六	盈積分四十八萬三千二百五十四	二百四十八
九日十二度十六分	損十	盈積分四十五萬五千九百	二百四十四
十日十二度十三分	損十三	盈積分四十一萬三百一十	二百四十一

十一日十二度十一分	損十五	盈積分三十五萬一千四十三	二百三十九
十二日十二度八分	損十八	盈積分二十六萬二千六百五十八	二百三十六
十三日十二度五分	損二十一	盈積分二十萬五百九十六	二百三十三
十四日十二度三分	損二十三	盈積分十萬四千八百五十七	二百三十一
十五日十二度五分	益二十一	縮初	二百三十三
十六日十二度七分	益十九	縮積分九萬五千七百三十九	二百三十五
十七日十二度九分	益十七	縮積分十八萬二千三百六十	二百三十七
十八日十二度十二分	益十四	縮積分二十五萬九千八百六十三	二百四十
十九日十二度十五分	益十一	縮積分三十二萬三千六百八十九	二百四十三
二十日十二度十八分	益八	縮積分三十七萬三千八百三十八	二百四十六
二十一日十三度三分	益四	縮積分四十一萬三百一十	二百五十
二十二日十三度七分	損	縮積分四十二萬八千五百四十六	二百五十四
二十三日十三度十二分	損五	縮積分四十二萬八千五百四十六	二百五十九
二十四日十三度十八分	損十一	縮積分四十萬五千七百五十一	二百六十五
二十五日十四度五分	損十七	縮積分三十五萬五千六百二	二百七十一

二十六日十四度十一分	損二十三	縮積分二十七萬八千九十九	二百七十七
二十七日十四度十二分〔二二〕	損二十四	縮積分十七萬三千二百四十二〔二三〕	二百七十八
周日十四度十三分有小分六百二十六	損二十五有小分六百二十六	縮積分六萬三千八百二十六〔二四〕	二百七十九有小分六百二十六

推合朔交會月蝕入遲疾曆術曰：置所入紀朔積分，以所入紀下遲疾差率之數加之，以通周去之，餘滿日法得一日，不盡爲日餘，命日算外，則所求年天正十一月合朔入曆日也。

求次月，加一日，日餘四千四百五十。〔二五〕求望，加十四日，日餘三千四百八十九。日餘滿日法成日，日滿二十七去之。又除餘如周日餘，日餘不足除者，減一日，加周虛。

推合朔交會月蝕定大小餘：〔二六〕以入曆日餘乘所入曆損益率，以損益盈縮積分，爲定積分。以章歲減所入曆月行分，餘以除之，所得以盈減縮加本小餘。〔二七〕加之滿日法者，交會加時在後日；減之不足者，交會加時在前日。月蝕者，隨定大小餘爲日加時。入曆在周日者，以周日日餘乘縮積分，爲定積分。以損率乘入曆日餘，又以周日日餘乘之，以周日日度小分幷之，以損定積分，餘爲後定積分。以章歲減周日月行分，餘以周日日餘乘之，以周日度小分幷之，以除後定積分，所得以加本小餘，如上法。

推加時：以十二乘定小餘，滿日法得一辰，數從子起，算外，則朔望加時所在辰也。有餘不盡者四之，如日法而一爲少，二爲半，三爲太。又有餘者三之，如日法而一爲强，半法以上排成之，不滿半法廢棄之。〔二八〕以强幷少爲少强，幷半爲半强，幷太爲太强。得二强者爲少弱，以之幷少爲半弱，以之幷半爲太弱，以之幷太爲一辰弱。以所在辰命之，則各得其少、太、半及强、弱也。其月蝕望在中節前後四日以還者，〔二九〕視限數；在中節前後五日以上者，視間限。定小餘如間限、限數以下者，以算上爲日。

北方九十八度分四百五十五

斗二十六分四百五十五　牛八　女十二　虛十　危十七　室十六　壁九

奎十六　婁十二　胃十四　昴十一　畢十六　觜二　參九

西方八十度

井三十三　鬼四　柳十五　星七　張十八　翼十八　軫十七

南方百十二度

角十二　亢九　氐十五　房五　心五　尾十八　箕十一

東方七十五度

中節	日行所在度	日行黃道去極度	日中晷影	晝漏刻	夜漏刻	昏中星	明中星
冬至十一月中	斗二十一少〔三○〕	百一十五度	丈三尺	四十五	五十五〔三一〕	奎六弱	亢二少强
小寒十二月節	女二少	百一十三强	丈二尺三寸	四十五八分	五十四二分	婁六半强〔三二〕	氐七强
大寒十二月中	虛五半弱〔三三〕	百一十太弱〔三四〕	丈一尺	四十六八分	五十三二分	胃十一太强〔三五〕	心半
立春正月節	危十太弱	百六少弱	九尺六寸	四十八六分	五十一四分	畢五少弱	尾七半弱
雨水正月中	室八太强〔三六〕	百一强	七尺九寸五分	五十八分	四十九二分	參六半弱	箕半〔三七〕
驚蟄二月節	壁八强	九十五强	六尺五寸〔三八〕	五十三三分	四十六七分	井十七少弱	斗初少
春分二月中	奎十四少强	八十九少强	五尺二寸五分	五十五八分	四十四二分	鬼四	斗十一弱
清明三月節	胃一半	八十三少弱	四尺一寸五分	五十八三分	四十一七分	星四太	斗二十一半
穀雨三月中	昴二太	七十七太强	三尺二寸	六十五分	三十九五分	張七	牛六半〔三九〕
立夏四月節	畢六太〔四○〕	七十三少弱	二尺五寸二分	六十二四分	三十七六分	翼十七太	女十少弱
小滿四月中	參四少弱	六十九太	尺九寸八分	六十三九分	三十六一分	角太弱	危太弱
芒種五月節	井十半弱〔四一〕	六十七少弱	尺六寸八分	六十四九分	三十五一分	亢五太	危十四强
夏至五月中	井二十五半强〔四二〕	六十七强	尺五寸	六十五	三十五	氐十三少弱	室十二强
小暑六月節	柳三太强	六十七太强	尺七寸	六十四七分	三十五三分	尾一太强	奎二太强
大暑六月中	星四强	七十	二尺	六十三八分	三十六二分	尾十五半强〔四三〕	婁三太
立秋七月節	張十二少	七十三半强	二尺五寸五分	六十二三分	三十七七分	箕九太强	胃九太弱〔四四〕
處暑七月中	翼九半	七十八半强	三尺三寸三分	六十二分	三十九八分	斗十少	畢三太
白露八月節	軫六太	八十四少强	四尺三寸五分	五十七八分	四十二二分	斗二十一强	參五少强
秋分八月中	角五弱	九十半强	五尺五寸〔四五〕	五十五二分	四十四八分	牛五少	井十六少强
寒露九月節	亢八半弱〔四六〕	九十六太强	六尺八寸五分	五十二六分	四十七四分	女七太	鬼三少强
霜降九月中	氐十四少强	百二少强	八尺四寸	五十三分	四十九七分	虛六太	星三太
立冬十月節	尾四半强	百七少强	丈〔四七〕	四十八二分	五十一八分	危八强	張十五太强
小雪十月中	箕一太强	百一十一弱	丈一尺四寸	四十六七分	五十三三分	室三半弱〔四八〕	翼十五太
大雪十一月節	斗六	百一十三太强	丈二尺五寸六分	四十五五分	五十四五分	壁半强	軫十五少强〔四九〕

右中節二十四氣，如術求之，得冬至十一月中也。加之得次月節，加節得其月中。中星以日所在爲正，〔五○〕置所求年二十四氣小餘，四之，如法得一爲少；不盡少，三之，如法爲强；所得以減其節氣昏明中星各定。〔五一〕

推五星術

五星者，木曰歲星，火曰熒惑星，土曰塡星，金曰太白星，水曰辰星。凡五星之行，有遲有疾，有留有逆。曩自開闢，清濁始分，則日月五星聚于星紀。發自星紀，並而行天，遲疾留逆，互相逮及。星與日會，同宿共度，則謂之合。從合至合之日，則謂之終。各以一終之日與一歲之日通分相約，終而率之，歲數歲則謂之合終歲數，歲終則謂之合終合數。〔五二〕二率既定，則法數生焉。以章歲乘合數，爲合月法。以紀法乘合數，爲日度法。以章月乘歲數，爲合月分，如合月法爲合月數，合月之餘爲月餘。以通數乘合月數，如日法而一，爲大餘。以六十去大餘，餘爲星合朔大餘。大餘之餘爲朔小餘。以通數乘月餘，以合月法乘朔小餘，并之，以日法乘合月法除之，所得星合入月日數也。餘以通法約之，爲入月日餘。〔五三〕以朔小餘減日法，餘爲朔虛分。以曆斗分乘合數，爲星度斗分。木、火、土各以合數減歲數，餘以周天乘之，如日度法而一，所得則行星度數也，餘則度餘。金、水以周天乘歲數，如日度法而一，所得則行星度數也，餘則度餘也。

木：合終歲數，一千二百五十五。
合終合數，一千一百四十九。
合月法，二萬一千八百三十一。〔五四〕
日度法，二百一十一萬七千六百七。
合月數，一十三。
月餘，一萬一千一百二十二。

朔大餘，二十三。
朔小餘，四千九十三。
入月日，一十五。
月餘，一百九十九萬五千六百六十四。
朔虛分，四百六十六。
斗分，五十二萬二千七百九十五。
行星度，三十三。
度餘，一百四十七萬二千八百六十九。

火：合終歲數，五千一百五。
合終合數，二千三百八十八。
合月法，四萬五千三百七十二。
日度法，四百四十萬一千八百八十四。
合月數，二十六。
月餘，二萬三。
朔大餘，四十七。
朔小餘，三千六百二十七。
入月日，一十三。
日餘，三百五十八萬五千二百三十。
朔虛分，九百三十二。
斗分，一百八萬六千五百四十。
行星度，五十。
度餘，一百四十一萬二千一百五十。

土：合終歲數，三千九百四十三。
合終合數，三千八百九。
合月法，七萬二千三百七十一。
日度法，七百一萬九千九百八十七。
合月數，一十二。
月餘，五萬八千一百五十三。
朔大餘，五十四。
朔小餘，一千六百七十四。

入月日，二十四。
日餘，六十七萬五千三百六十四。
朔虛分，二千八百八十五。
斗分，一百七十三萬三千九十五。
行星度，一十二。
度餘，五百九十六萬二千二百五十六。

金：合終歲數，一千九百七。
合終合數，二千三百八十五。
合月法，四萬五千三百一十五。
日度法，四百三十九萬五千五百五十五。
合月數，九。
月餘，四萬三百一十。
朔大餘，二十五。
朔小餘，三千五百三十五。
入月日，二十七。〔五五〕

日餘，十九萬四千九百九十。

朔虛分，一千二十四。

斗分，一百八萬五千一百七十五。〔五六〕

行星度，二百九十二。

度餘，十九萬四千九百九十。

水：合終歲數，一千八百七十。

合終合數，一萬一千七百八十九。

合月法，二十二萬三千九百九十一。

日度法，二千一百七十二萬七千一百二十七。

合月數，一。

月餘，二十一萬五千四百五十九。

朔大餘，二十九。

朔小餘，二千四百一十九。

入月日，二十八。

日餘，二千三十四萬四千二百六十一。

朔虛分，二千一百四十。

斗分，五百三十六萬三千九百九十五。

行星度，五十七。

度餘，二千三十四萬四千三百六十一。

推五星術曰：置壬辰元以來盡所求年，以合終合數乘之，滿合終歲數得一，名積合，不盡名爲合餘。以合終合數減合餘，得一者星合往年，得二者合前往年，無所得，合其年。餘以減合終合數，爲度分。金、水積合，偶爲晨，奇爲夕。

推五星合月：以月數、月餘各乘積合，餘滿合月法從月，爲積月，不盡爲月餘。以紀月除積月，所得算外，所入紀也，餘爲入紀月。副以章閏乘之，〔五七〕滿章月得一爲閏，以減入紀月，餘以歲中去之，餘爲入歲月，命以天正起，算外，星合月也。其在閏交際，以朔御之。

推合月朔：以通數乘入紀月，滿日法得一，爲積日，不盡爲小餘。以六十去積日，餘爲大餘，命以所入紀，算外，星合朔日也。

推入月日：以通數乘月餘，合月法乘朔小餘，并之，通法約之，所得滿日度法得一，則星合入月日也，不滿爲日餘。命日以朔，算外，入月日也。

推星合度：以周天乘度分，滿日度法得一爲度，不盡爲餘。命以牛前五度起，算外，星所合度也。

求後合月：以月數加入歲月，以餘加月餘，餘滿合月法得一月。月不滿歲中，即在其年；滿去之，有閏計焉，餘爲後年；再滿，在後二年。金、水加晨得夕，加夕得晨也。

求後合朔：以朔大、小餘數加合朔月大、小餘，其月餘上成月者，又加大餘二十九，小餘二千四百一十九，小餘滿日法從大餘，命如前法。

求後入月日：〔五八〕以入月日、日餘加入月日及餘，餘滿日度法得一。其前合朔小餘滿其虛分者，去一日；後小餘滿二千四百一十九以上，去二十九日；不滿，去三十日，其餘則後合入月日，命以朔。求後合度，以度數及分，〔五九〕如前合宿次命之。

木：晨與日合，伏，順，十六日九十九萬七千八百三十二分行星二度百七十九萬五千二百三十八分，而晨見東方，在日後。順，疾，日行五十七分之十一，五十七日行十一度。順，遲，日行九分，五十七日行九度而留。不行二十七日而旋。逆，日行七分之一，八十四日退十二度而復留。二十七日復遲，日行九分，五十七日行九度而復順。疾，日行十一分，五十七日行十一度，在日前，夕伏西方。順，十六日九十九萬七千八百三十二分行星二度百七十九萬五千二百三十八分，而與日合。凡一終，三百九十八日百九十九萬五千六百六十四分，行星三十三度百四十七萬二千八百六十九分。

火：晨與日合，伏，七十二日百七十九萬二千六百一十五分行星五十六度百二十四萬九千三百四十五分，而晨見東方，在日後。順，日行二十三分之十四，百八十四日行百一十二度。更順，遲，日行十二分，九十二日行四十八度而留。不行十一日而旋。逆，日行六十二分之十七，六十二日退十七度而復留。十一日復順，遲，日行十二分，九十二日行四十八度而復疾。日行十四分，百八十四日行百一十二度，在日前，夕伏西方。順，七十二日百七十九萬二千六百一十五分行星五十六度百二十四萬九千三百四十五分，而與日合。凡一終，七百八十日三百五十八萬五千二百三十分，行星四百一十五度二百四十九萬八千六百九十分。

土：晨與日合，伏，十九日三百八十四萬七千六百七十五分半行星二度六百四十九萬一千一百二十一分半，而晨見東方，在日後。順，行百七十二分之十三，〔六〇〕八十六日行六度半而留。不行三十二日半而旋。逆，日行十七分之一，〔六一〕百二日退六度而復留。〔六二〕不行三十二日半復順，日行十三分，八十六日行六度半，在日前，夕伏西方。順，十九日三百八十四萬七千六百七十五分半行星二度六百四十九萬一千一百二十一分半，而與日合。凡一終，三百七十八日六十七萬五千三百六十四分，行星十二度五百九十六萬二千二百五十六分。

金：晨與日合　伏，六日退四度，而晨見東方，在日後而逆。遲，日行五分之三，十日退六度。留，不行七日而旋。順，遲，日行四十五分之三十三，四十五日行三十三度而順。益疾，日行一度九十一分之十四，九十一日行百一十二度，在日後，而晨伏東方。順，四十二日十九萬四千九百九十分行星五十二度十九萬四千九百九十分，[六五]而與日合。一合，二百九十二日十九萬四千九百九十分，[六四]行星如之。

金：夕與日合，伏，順，四十二日十九萬四千九百九十分行星五十二度十九萬四千九百九十分，而夕見西方，在日前。順，疾，日行一度九十一分之二十一，九十一日行百一十二度而更順。[六五]遲，日行一度十四分，九十一日行百五度而順。[六六]益遲，日行四十五分之三十三，四十五日行三十三度而留。不行七日而旋。[六七]逆，日行五分之三，十日退六度，在日前，夕伏西方。逆，六日退四度，而與日合。凡再合一終，五百八十四日三十八萬九千九百八十分，[六八]行星如之。

水：晨與日合，伏，十一日退七度，而晨見東方，在日後。逆，疾，一日退一度而留。不行一日而旋。順，遲，日行八分之七，八日行七度而順。疾，日行一度十八分之四，十八日行二十二度，在日後，晨伏東方。順，十八日二千三十四萬四千二百六十一分行星三十六度二千三十四萬四千二百六十一分，而與日合。凡一合，五十七日二千三十四萬四千二百六十一分，行星如之。

水：夕與日合，伏，十八日二千三十四萬四千二百六十一分行星三十六度二千三十四萬四千二百六十一分，而夕見西方，在日前。順，疾，日行一度十八分之四，十八日行二十二度而更順。遲，日行八分之七，八日行七度而留。[六九]不行一日而旋。逆，一日退一度，在日前，夕伏西方。逆，十一日退七度，而與日合。凡再合一終，百一十五日千八百九十六萬一千三百九十五分，行星如之。

五星曆步術

以法伏日度餘加星合日度餘，餘滿日度法得一從全，命之如前，得星見日及度餘也。以星行分母乘見度分，如日度法得一，分不盡，半法以上亦得一，而日加所行分，分滿其母得一度。逆順母不同，以當行之母乘故分，如故母而一，當行分也。留者承前，逆則減之，伏不盡度，除斗分，[七〇]以行母爲率。分有損益，前後相御。

武帝侍中平原劉智，以斗曆改憲，推四分法，三百年而減一日，以百五十爲度法，三十七爲斗分。推甲子爲上元，至泰始十年，歲在甲午，九萬七千四百一十一歲，上元天正甲子朔夜半冬至，日月五星始于星紀，得元首之端。飾以浮說，名爲正曆。

當陽侯杜預著春秋長曆，說云：

日行一度，月行十三度十九分之七有奇，日官當會集此之遲疾，以考成晦朔，以設閏月。閏月無中氣，而北斗邪指兩辰之間，所以異於他月。積此以相通，四時八節無違，乃得成歲，其微密至矣。得其精微，以合天道，則事敍而不愆。故傳曰：「閏以正時，時以作事。」然陰陽之運，隨動而差，差而不已，遂與曆錯。故仲尼、丘明每於朔閏發文，蓋矯正得失，因以宣明曆數也。

劉子駿造三正曆以修春秋，[七一]日蝕有甲乙者三十四，而三正曆惟得一蝕，比諸家既最疏。又六千餘歲輒益一日，凡歲當累日爲次，而故益之，此不可行之甚者。

自古已來，諸論春秋者多違謬，或造家術，或用黃帝已來諸曆，以推經傳朔日，皆不諧合。日蝕於朔，此乃天驗，經傳又書其朔蝕，可謂得天，而劉賈諸儒說，皆以爲月二日或三日，公違聖人明文，其弊在於守一元，不與天消息也。

余感春秋之事，嘗著曆論，極言曆之通理。其大指曰：天行不息，日月星辰各運其舍，皆動物也。物動則不一，雖行度有大量可得而限，累日爲月，累月爲歲，以新故相涉，不得不有毫末之差，此自然之理也。故春秋日有頻月而蝕者，有曠年不蝕者，理不得一，而算守恒數，故曆無不有先後也。始失於毫毛，而尚未可覺，積而成多，以失弦望晦朔，則不得不改憲以從之。書所謂「欽若昊天，曆象日月星辰」，易所謂「治曆明時」，言當順天以求合，非爲合以驗天者也。推此論之，春秋二百餘年，其治曆變通多矣。雖數術絕滅，遠尋經傳微旨，大量可知，時之違謬，則經傳有驗。學者固當曲循經傳月日、日蝕，以考晦朔，以推時驗；而皆不然，各據其學，以推春秋，此無異於度已之跡，而欲削他人之足也。

余爲曆論之後，至咸寧中，善算者李修、卜顯，[七二]依論體爲術，名乾度曆，表上朝廷。其術合日行四分數而微增月行，用三百歲改憲之意，二元相推，七十餘歲，承以强弱，强弱之差蓋少，而適足以遠通盈縮。時尚書及史官，以乾度與泰始曆參校古今記注，乾度曆殊勝泰始曆，上勝官曆四十五事。今其術具存。又幷考古今十曆以驗春秋，知三統之最疏也。

春秋大凡七百七十九日，三百九十三經，三百八十六傳。其三十七日蝕，三無甲乙。

黃帝曆得四百六十六日，一蝕。

顓頊曆得五百九日，八蝕。

夏曆得五百三十六日，十四蝕。

眞夏曆得四百六十六日，一蝕。

殷曆得五百三日，十三蝕。

周曆得五百六日，十三蝕。

眞周曆得四百八十五日，一蝕。

魯曆得五百二十九日，十三蝕。

三統曆得四百八十四日，一蝕。

乾象曆得四百九十五日，七蝕。

泰始曆得五百一十日，十九蝕。

乾度曆得五百三十八日，十九蝕。

今長曆得七百四十六日，三十三蝕。失三十三日，經傳誤，四日蝕，〔五〕三無甲乙。

漢末，宋仲子集七曆以考春秋，案其夏、周二曆術數，皆與藝文志所記不同，故更名爲眞夏、眞周曆也。

穆帝永和八年，著作郎瑯邪王朔之造通曆，以甲子爲上元，積九萬七千年，四千八百八

十三爲紀法，千二百五爲斗分，〔六〕因其上元爲開闢之始。

後秦姚興時，當孝武太元九年，歲在甲申，天水姜岌造三紀甲子元曆，其略曰：「治曆之道，必審日月之行，然後可以上考天時，下察地化。一失其本，則四時變移。故仲尼之作春秋，日以繼月，月以繼時，時以繼年，年以首事，明天時者人事之本，是以王者重之。自皇羲以降，暨于漢魏，各自制曆，以求厥中。考其疏密，惟交會薄蝕可以驗之。然書契所記，惟春秋著日蝕之變，自隱公訖于哀公，凡二百四十二年之間，日蝕三十有六，考其晦朔，不知用何曆也。班固以爲春秋因魯曆，魯曆不正，故置閏失其序。魯以閏餘一之歲爲蔀首，檢春秋置閏不與此蔀相符也。命曆序曰：孔子爲治春秋之故，退修殷之故曆，使其數可傳於後。如是，春秋宜用殷曆正之。今考其交會，不與殷曆相應，以殷曆考春秋，月朔多不及其日，又以檢經，率多一日，傳率少一日。但公羊經傳異朔，於理可從，而經有蝕朔之驗，傳爲失之也。服虔解傳用太極上元，太極上元迺三統曆劉歆所造元也，何緣施於春秋？於春秋而用漢曆，於義無乃遠乎？傳之違失多矣，不惟斯事而已。襄公二十七年冬十有一月乙亥朔，日有蝕之。傳曰：『辰在申，司曆過，再失閏也。』考其去交分，交會應在此月，而不爲再失閏也。案歆曆於春秋日蝕一朔，其餘多在二日，因附五行傳，著朓與側匿之說云：春秋時諸侯多失其政，故月行恒遲。歆不以曆失天，而爲之差說。日之蝕朔，此乃天驗也，而歆反以己曆非此，冤天而負時曆也。杜預又以爲周衰世亂，學者莫得其眞，今之所傳七曆，皆未必是時王之術也。今誠以七家之曆，以考古今交會，信無其驗也，皆由斗分疏之所致也。殷曆以四分一爲斗分，三統以一千五百三十九分之三百八十五爲斗分，乾象以五百八十九分之一百四十五爲斗分，今景初以一千八百四十三分之四百五十五爲斗分，疏密不同，法數各異。殷曆斗分粗，故不施於今。乾象斗分細，故不得通於古。景初斗分雖在粗細之中，而日之所在乃差四度，日月虧已，〔七〕皆不及其次，假使日在東井而蝕，以月驗之，迺在參六度，差違乃爾，安可以考天時人事乎？今治新曆，以二千四百五十一分之六百五爲斗分，日在斗十七度，天正之首，上可以考合於春秋，下可以取驗於今世。以之考春秋三十六蝕，正朔者二十有五，蝕二日者二，蝕晦者二，誤者五，凡三十三蝕，〔八〕其餘蝕經無日諱之名，無以考其得失。圖緯皆云『三百歲斗曆改憲』。以今新曆施於春秋之世，日蝕多在朔。春秋之世，下至於今，凡一千餘歲，交會弦望故進退於三蝕之間，此法迺可永載用之，豈三百歲斗曆改憲者乎？」

甲子上元以來，至魯隱公元年己未歲，凡八萬二千七百三十六，至晉孝武太元九年甲申歲，凡八萬三千八百四十一，算上。

歲中，十二。

會數，四十七。日月八百九十三歲，凡四十七會，分盡。

氣中，十二。

甲子紀　交差，九千一百五十七。

甲申紀　交差，六千三百三十七。

甲辰紀　交差，三千五百一十七。〔七九〕

周半，一百二十七。

朔望合數，九百四十一。

會歲，八百九十三。

會月，萬一千四十五。

小分，二千一百九十六。〔八〇〕

章數，一百二十九。〔八一〕

小分，二千一百八十三。

周閏大分，七萬六千二百六十九。

曆周，四十四萬七千六百一十。半周天。

會分，三萬八千一百三十四。〔八二〕

差分，一萬一千九百八十六。〔八三〕

會率，一千八百八十二。

小分法，二千二百九。

入交限，一萬一百四。

小周，二百五十四。

甲子紀　差率，四萬九千一百七十八。

甲申紀　差率，五萬八千二百三十一。〔八四〕

甲辰紀　差率，六萬七千二百八十四。

通周，十六萬七千六十三。

周日日餘，三千三百六十二。

周虛，二千七百一。

五星約法，據出見以爲正，不繫於元本。然則算步究於元初，約法施於今用，曲求其趣，則各有宜，故作者兩設其法也。岌以月蝕檢日宿度所在，爲曆術者宗焉。又著渾天論，以步日於黃道，駁前儒之失，并得其中矣。

校勘記

〔一〕是以累代曆數至常改革不已　此二十一字移在上文「故先密後疏而不可用也」後，文義較順。恐係錯簡。

〔二〕紀歲中　占經一〇五無「紀」字。古曆法無「紀歲中」之名，「紀」字當刪。

〔三〕七百四十九　「四」原作「三」，宋志上作「四」，與推算合，今據改。

〔四〕紀首合朔月在日道裏　依曆理「裏」當作「表」。

〔五〕紀首合朔月在日道裏　依曆理「裏」當作「表」。

〔六〕則得後紀　「紀」字原無，今依宋志上補。

〔七〕則得後紀　「紀」字原無，今依宋志上補。

〔八〕定小餘如在中節者定小餘如所近中節間限數限數以下者算上爲日　此段有衍文。宋志上作「定小餘如所近中節間限，限數以下者，算上爲日」，則有脫誤。按文義，應作「定小餘如在所近中節間限，限數以下者，算上爲日」。

〔九〕限數千一百二十二　限數依下法求之：以一百除日法四千五百五十九，乘以中節夜漏刻之半。依法求得雨水之限數爲千一百二十二。原「十」上脫「二」字，今補。

〔一〇〕間限千三十六　間限係該中節之限數與後中節限數之平均數。依法求得驚蟄之間限爲千三十六。原作「千二十五」，誤，今改正。

〔一一〕間限八百一十二　「二」原作「三」，今改。

〔一二〕間限八百一　各本原無「一」字，今從宋本。

〔一三〕餘命以紀　原無「餘」字，據宋志上補。

〔一四〕分少退一度　「少」下原有「進」字，據宋志上刪。

〔一五〕月在張心署之　「月」原作「夕」，據續漢志下改。

〔一六〕以大分從朔夜半日度分　「度分」原作「夜」，今據宋志上並參酌文義改。

〔一七〕數滿命如前　「數滿」，各本誤倒作「滿數」，宋本不誤，今從之，與宋志上合。

〔一八〕以所入紀下交會差率之數加之　「以」下原衍「前」字，據宋志上刪。

〔一九〕則豫伺之　校文：宋志「之」下有「前月」二字。

〔二〇〕則後伺之　校文：宋志「之」下有「後月」二字。

〔二一〕虧蝕西南角起　各本「蝕」下有「而」字，據宋志上刪。

〔二二〕十二分　原作「十一分」。以月平行度十三度七分加損率二十四分，分滿十九進，得本日月行十四度十二分。因據改。

〔二三〕縮積分十七萬三千二百四十二　「二」字各本無，宋志上有，與推算合，因據補。
〔二四〕縮積分六萬三千八百二十六　「三千」原作「二千」，「二十六」原作「二十四」，據宋志上改。
〔二五〕加一日日餘四千四百五十　「一日」下原無「日」字，據局本、宋志上補。
〔二六〕推合朔交會月蝕定大小餘　「蝕」原誤作「餘」，據宋志上改。
〔二七〕所得以盈減縮加本小餘　「本」原作「大」，據宋志上改。
〔二八〕不滿半法廢棄之　「半」，各本無，據宋志上補。
〔二九〕其月蝕望在中節前後四日以還者　「月」下原有「餘」字，「還」下有「日以上」三字，今據宋志上刪。
〔三〇〕斗二十一少　「一」字原無，據宋志上補。
〔三一〕五十五　原作「四十五」，據宋志上改。
〔三二〕婁六半强　「六」原誤作「五」。景初曆二十四氣各數係沿用四分曆數字，其日行所在度、昏、明中星尾數則略有出入，此係兩曆斗分微有差異所致。本表數字均據李銳四分術注所述方法加以校算。凡差異較大或另有所根據者，加以改正。如僅尾數有出入，則於校記指出正確之數，不加改正。
〔三三〕虛五半弱　原無「五」字，「弱」作「强」。原數誤，今改正。
〔三四〕百一十太弱　「一十」原作「一十一」，「弱」原作「强」，據宋志上改。

〔三五〕胃十一太强　當作「胃十一半强」。
〔三六〕室八太强　「强」原作「弱」，據宋志上改。
〔三七〕箕半　宋志上作「半弱」，據核算，當作「半强」。
〔三八〕六尺五寸　原「五寸」下有「五分」二字。據續漢志下、宋志上刪「五分」二字。
〔三九〕牛六半　「牛」原作「斗」，據宋志上改。
〔四〇〕畢六太　當作「畢七」。
〔四一〕井十半弱　「十」原作「少」，據宋志上改。
〔四二〕井二十五半强　「强」原作「弱」，據宋志上改。
〔四三〕尾十五半强　「半强」當作「半弱」。
〔四四〕胃九太弱　「弱」原作「强」，據宋志上改。
〔四五〕五尺五寸　「五寸」下原有「二分」二字，據續漢志下刪。
〔四六〕亢八半弱　「半弱」當作「少弱」。
〔四七〕丈　原作「丈八寸三分」。李銳四分曆注：祖冲之稱四分志立冬中景長一丈，立春中景九尺六寸。相加半之，得九尺八寸，與冲之術立春、立冬景正合。按：景初曆晷影承襲四分曆術，續漢志四分曆晷影原誤作一丈四寸二分，景初曆則誤作一丈八寸三分，今據李說刪「八寸三分」四字。

〔四八〕室三半弱　「半弱」當作「太强」。
〔四九〕軫十五少强　「少强」當作「少」。
〔五〇〕中星以日所在爲正　「中」字原脫，據宋志上補。
〔五一〕所得以減其節氣昏明中星各定　「定」下疑脫「數」字。
〔五二〕歲數歲則謂之合終歲數歲終則謂之合終合數　依文義，當作「歲則謂之合終歲數，終則謂之合終合數」。
〔五三〕爲入月日餘　「入月」二字原脫，據宋本、宋志上補。
〔五四〕合月法二萬一千八百三十一　「合月」下原有「度」字，「三十一」原作「四十一」，據宋志上刪改。
〔五五〕入月日二十七　「七」原作「五」，據宋志上改。
〔五六〕斗分一百八萬五千一百七十五　「一百」原作「二百」，據宋志上改。
〔五七〕副以章閏乘之　「副」字疑衍。
〔五八〕求後入月日　「後」下當有「合」字。
〔五九〕求後合度以度數及分　原無「度以」二字，據宋志上補。
〔六〇〕順行百七十二分之十三　「順」下當有「日」字。
〔六一〕日行十七分之一　「十」字原無，據宋志上補。

〔六二〕百二日退六度　「日」下原有「半而」二字，據宋志上刪。
〔六三〕十九萬四千九百九十分　各本無「九百」二字，殿本有，今從之，與宋志上合。
〔六四〕二百九十二日十九萬四千九百九十分　「二日」原作「三日」，又無「九百」，據宋志上改補。
〔六五〕九十一日　「九」原作「六」，據宋志上改。
〔六六〕行百五度而順　勞校：「五」上疑脫「百」字。按：宋志上有「百」字，今據補。
〔六七〕不行七日而旋　原無「而」字，據宋志上補。
〔六八〕九百八十分　原作「八百八十分」，據宋志上改。
〔六九〕八日行七度而留　「八」上原有「十」字，據宋志上刪。
〔七〇〕伏不盡度除斗分　「盡」當作「書」。「除斗分」依文義，當作「經斗除斗分」。
〔七一〕劉子駿造三正曆　「三正曆」當作「三統曆」。下同。
〔七二〕卜顯　斠注：長曆「卜顯」作「夏顯」，續漢志注引同。
〔七三〕四日蝕　此係指長曆較之春秋失四日蝕，當作夾注，而各本誤刻爲大字。今改爲小字注文。
〔七四〕千二百五爲斗分　「二百」，各本原作「三百」。王朔之襲黃初曆，以四千八百八十三爲紀法，千二百五爲斗分。「三百」當作「二百」，今據正。
〔七五〕日月虧已　周校：「虧已」當作「虧損」。

中華書局

〔七六〕凡三十三蝕　孫人龍晉書考證：正朔者二十五，二日者二，晦者二，誤者五，共三十四蝕。此云「三十三蝕」，必有誤字。

〔七七〕元法七千三百五十三　「五十三」原無「三」字。三紀法，得元法七千三百五十三，「三」字應有，今補。

〔七八〕沒法六百四十三　「四」原作「三」。以二十除氣分萬二千八百六十，得沒法六百四十三。今改正。

〔七九〕甲申紀交差六千三百三十七甲辰紀交差三千五百一十七　原作「甲申紀交差六千三百四十七」，「甲辰紀交差三千一百一十七」，「四」作「三」，「五」作「一」。按：交差之紀差爲二千八百二十，以之減甲子紀交差九千一百五十七，得甲申紀交差六千三百三十七。又減，得甲辰紀交差三千五百一十七。今改正。

〔八〇〕小分二千一百九十六　原作「日分法二千五百」。此係會分餘數，以朔望合數乘曆數，得四億二千一百二十萬一千十，如會月而一，得會分三萬八千一百三十四，餘萬一千四十五分之萬九百八十。餘數各以五約之，得二千二百九分之二千一百九十六。前者爲小分法，後者當爲小分。原「小分」誤爲「日分法」，數字譌脫更甚，今正。

〔八一〕章數一百二十九　「九」原作「七」。以章歲十九除紀法二千四百五十一，得章數一百二十九。

「九」誤「七」，今改正。

〔八二〕會分三萬八千一百三十四　原「三十」譌作「四十」，今改正。

〔八三〕差分一萬一千九百八十六　此上原有「月周三萬二千七百六十六」一行，以其復出，故刪。

〔八四〕甲申紀差率五萬八千二百三十一　「三十一」原作「四十」。差率之紀差爲九千五十三，以之加甲子紀差率，得甲申紀差率五萬八千二百三十一。原「三十一」誤作「四十」，今改正。

晉書

唐　房玄齡等撰

第三冊

卷一九至卷三〇（志）

中華書局

晉書卷十九

志第九

禮上

夫人含天地陰陽之靈，有哀樂喜怒之情。迺聖垂範，以爲民極，節其驕淫，以防其暴亂；崇高天地，虔敬鬼神，列尊卑之序，成夫婦之義，然後爲國爲家，可得而治也。傳曰：「一日克己復禮，天下歸仁。」若迺太一初分，燧人鑽火，志有暢於恭儉，情不由乎玉帛，而酌玄流於春澗之右，焚封豕於秋林之外，亦無得而闕焉。軒頊依神，唐虞稽古，逮乎隆周，其文大備。或垂百官之範，置不刊之法；或禮經三百，威儀三千，皆所以弘宣天意，雕刻人理。叔代澆訛，王風陵謝，事睽光國，禮亦愆家。趙簡子問太叔以揖讓周旋之禮，對曰：「蓋所謂儀而非禮也。」天經地義之道，自茲尤缺。哀公十一年，孔子自衞反魯，迹三代之典，垂百王之訓，時無明后，道噎不行。

若夫情尚分流，隄防之仁是棄；澆訛異術，洙泗之風斯泯。是以漢文罷再朞之喪，中興爲一郊之祭，隨時之義，不其然歟！而西京元鼎之辰，中興永平之日，疏璧流而延冠帶，啓儒門而引諸生，兩京之盛，於斯爲美。及山魚登俎，澤豕睽經，禮樂恆委，浮華相尚，而郊禋之制，綱紀或存。魏氏光宅，憲章斯美。王肅、高堂隆之徒，博通前載，三千條之禮，十七篇之學，各以舊文增損當世，豈所謂致君於堯舜之道焉。世屬雕牆，時逢秕政，周因之典，務多違俗，而遺編殘册猶有可觀者也。景初元年，營洛陽南委粟山以爲圓丘，祀之日以始祖帝舜配，房俎生魚，陶樽玄酒，非搢紳爲之綱紀，其孰能與於此者哉！

宣景戎旅，未遑伊制。太康平吳，九州共一，禮經咸至，樂器同歸，於是齊魯諸生各攜緗素。武皇帝亦初平寇亂，意先儀範。其吉禮也，則三茅不翦，日觀停瑄；其凶禮也，則深衣布冠，降席徹膳。明乎一謙三益之義，而教化行焉。元皇中興，事多權道，遺文舊典，不斷如髮。是以常侍戴邈詣闕上疏云：「方今天地更始，萬物權輿，蕩近世之流弊，創千齡之英範。是故雙劍之節崇，而飛白之俗成；挾琴之容飾，而赴曲之和作。」其所以興起禮文，勸帝身先之也。穆哀之後，王猷漸替，桓溫居揆，政由己出，而有司或曜斯文，增暉執事，主威長謝，臣道專行。記曰：「苟無其位，不可以作禮樂」，豈斯之謂歟！

晉始則有荀顗、鄭沖裁成國典，江左則有荀崧、刁協損益朝儀。周官五禮，吉凶軍賓嘉，而吉禮之大，莫過祭祀，故洪範八政，三曰祀。祀者，所以昭孝事祖，通于神明者也。漢興，承秦滅學之後，制度多未能復古。歷東、西京四百餘年，故往往改變。魏氏承漢末大亂，舊章殄滅，命侍中王粲、尚書衞覬草創朝儀。及晉國建，文帝又命荀顗因魏代前事，撰爲新禮，參考今古，更其節文，羊祜、任愷、庾峻、應貞並共刊定，成百六十五篇，奏之。太康初，尚書僕射朱整奏付尚書郎摯虞討論之。虞表所宜損增曰：

臣典校故太尉顗所撰五禮，臣以爲夫革命以垂統，帝王之美事也，隆禮以率教，邦國之大務也，是以臣前表禮事稽留，求速訖施行。又以喪服最多疑闕，宜見補定。又以今禮篇卷煩重，宜隨類通合。事久不出，懼見寢嘿。

蓋冠婚祭會諸吉禮，其制少變；至于喪服，世之要用，而特易失旨。故子張疑高宗諒陰三年，子思不聽其子服出母，子游謂異父昆弟大功，而子夏謂之齊衰，及孔子沒而門人疑於所服。此等皆明達習禮，仰讀周典，俯師仲尼，漸漬聖訓，講肄積年，及遇喪事，猶尚若此，明喪禮易惑，不可不詳也。況自此已來，篇章焚散，去聖彌遠，喪制詭謬，固其宜矣。是以喪服一卷，卷不盈握，而爭說紛然。三年之喪，鄭云二十七月，王云二十五月。改葬之服，鄭云服緦三月，王云葬訖而除。繼母出嫁，鄭云皆服，王云從乎繼寄育乃爲之服。無服之殤，鄭云子生一月哭之一日，王云以哭之日易服之月。如

此者甚衆。喪服本文省略，必待注解事義迺彰；其傳說差詳，世稱子夏所作。鄭王祖經宗傳，而各有異同，天下並疑，莫知所定。而顗直書古經文而已，盡除子夏傳及先儒注說，其事不可得行。及其行事，故當還頒異說，一彼一此，非所以定制也。臣以爲今宜參采禮記，略取傳說，補其未備，一其殊義。可依準王景侯所撰喪服變除，使類統明正，以斷疑爭，然後制無二門，咸同所由。

又此禮當班於天下，不宜繁多。顗爲百六十五篇，篇爲一卷，合十五餘萬言，臣猶謂卷多文煩，類皆重出。案尚書堯典祀山川之禮，惟於東嶽備稱牲幣之數，陳所用之儀，其餘則但曰「如初」。周禮祀天地五帝享先王，其事同者皆曰「亦如之」，文約而義舉。今禮儀事同而名異者，輒別爲篇，卷煩而不典。皆宜省文通事，隨類合之，事有不同，乃列其異。如此，所減三分之一。

虞討論新禮訖，以元康元年上之。所陳惟明堂五帝、二社六宗及吉凶王公制度，凡十五篇。有詔可其議。後虞與傅咸纘續其事，竟未成功。中原覆沒，虞之決疑注，是其遺事也。逮于江左，僕射刁協、太常荀崧補緝舊文，光祿大夫蔡謨又踵修其事云。

魏明帝太和元年正月丁未，郊祀武帝以配天，宗祀文帝於明堂以配上帝。於是時，二

漢郊禋之制具存，魏所損益可知。四年八月，天子東巡，過繁昌，使執金吾臧霸行太尉事，以特牛祠受禪壇。景初元年十月乙卯，始營洛陽南委粟山爲圜丘。詔曰：「昔漢氏之初，承秦滅學之後，採摭殘缺，以備郊祀。自甘泉后土，雍宮五畤，神祇兆位，多不經見，並以興廢無常，一彼一此，四百餘年，廢無禘禮，古代之所更立者，遂有闕焉。曹氏世系，出自有虞氏。今祀圜丘以始祖帝舜配，號圜丘曰皇皇帝天。方丘所祭曰皇皇后地，以舜妃伊氏配。天郊所祭曰皇天之神，以太祖武皇帝配。地郊所祭曰皇地之祇，以武宣皇后配。宗祀皇考高祖文皇帝於明堂，以配上帝。」十二月壬子冬至，始祀皇皇帝天于圜丘，以始祖有虞帝舜配。自正始以後，終魏世不復郊祀。

魏元帝咸熙二年十二月甲子，使持節侍中太保鄭沖、兼太尉司隸校尉李憙奉皇帝璽綬策書，〔一〕禪位于晉。丙寅，武皇帝設壇場于南郊，柴燎告類于上帝，是時尚未有祖配。泰始二年正月，詔曰：「有司前奏郊祀權用魏禮，朕不慮改作之難，令便爲永制，衆議紛互，遂不時定，不得以時供饗神祇，配以祖考。日夕難企，貶食忘安，其便郊祀。」時羣臣又議，五帝卽天也，〔二〕王氣時異，故殊其號，雖名有五，其實一神。明堂南郊，宜除五帝之坐，五郊改五精之號，皆同稱昊天上帝，各設一坐而已。地郊又除先后配祀。帝悉從之。二月丁丑，郊祀宣皇帝以配天，宗祀文皇帝於明堂以配上帝。是年十一月，有司又議奏，古者丘郊

不異，宜并圜丘方丘於南北郊，更修立壇兆，其二至之祀合於二郊。帝又從之，一如宣帝所用王肅議也。是月庚寅冬至，帝親祠圜丘於南郊。自是後，圜丘方澤不別立。

太康三年正月，帝親郊祀，皇太子、皇子悉侍祠。十年十月，又詔曰：「孝經『郊祀后稷以配天，宗祀文王於明堂以配上帝』。而周官云『祀天旅上帝』，又曰『祀地旅四望』。望非地，則明堂上帝不得爲天也。往者衆議除明堂五帝位，考之禮文不正。且詩序曰『文武之功，起於后稷』，故推以配天焉。宣帝以神武創業，既已配天，復以先帝配天，於義亦所不安。其復明堂及南郊五帝位。」愍帝都長安，未及立郊廟而敗。

元帝渡江，太興二年始議立郊祀儀。尚書令刁協、國子祭酒杜夷議，宜須旋都洛邑乃修之。司徒荀組據漢獻帝都許卽便立郊，自宜於此修奉。驃騎王導、僕射荀崧、太常華恒、中書侍郎庾亮皆同組議，事遂施行，立南郊於巳地。其制度皆太常賀循所定，多依漢及晉初之儀。三月辛卯，〔三〕帝親郊祀，饗配之禮一依武帝始郊故事。是時尚未立北壇，地祇衆神共在天郊。

明帝太寧三年七月，始詔立北郊，未及建而帝崩。及成帝咸和八年正月，追述前旨，於覆舟山南立之。天郊則五帝之佐、〔四〕日月、五星、二十八宿、文昌、北斗、三台、司命、軒轅、后土、太一、天一、太微、句陳、北極、雨師、雷電、司空、風伯、老人，凡六十二神也。地郊則五嶽、四望、四海、四瀆、五湖、五帝之佐、沂山、嶽山、白山、霍山、醫無閭山、蔣山、松江、會稽山、錢唐江、先農，凡四十四神也。江南諸小山，蓋江左所立，猶如漢西京關中小水皆有祭秩也。是月辛未，祀北郊，始以宣穆張皇后配，此魏氏故事，非晉舊也。

康帝建元元年正月，將北郊，有疑議。太常顧和表：「泰始中，合二至之禮於二郊。北郊之月，古無明文，或以夏至，或同用陽復。漢光武正月辛未，始建北郊，此則與南郊同月。及中興草創，百度從簡，合七郊於一丘，憲章未備，權用斯禮，蓋時宜也。至咸和中，議別立北郊，同用正月。魏承後漢，正月祭天以地配。時高堂隆等以爲禮祭天不以地配，而稱周禮三王之郊一用夏正。」於是從和議。是月辛未南郊，辛巳北郊，帝皆親奉。

安帝元興三年，劉裕討桓玄，走之。己卯，告義功于南郊。是年，帝蒙塵江陵未反。其明年應郊，朝議以爲宜依周禮，宗伯攝職，三公行事。尚書左丞王納之獨曰：「既殯郊祀，自是天子當陽，有君存焉，稟命而行，何所辯也。郊之與否，〔五〕豈如今日之比乎！」議者又云：「今宜郊，故是承制所得令三公行事。」又「郊天極尊，〔六〕惟一而已，故非天子不祀也。庶人以上，莫不蒸嘗，嫡子居外，介子執事，未有不親受命而可祭天者」。納之又曰：「武皇受禪，用二月郊，元帝中興，以三月郊。今郊時未過，日望輿駕，無爲欲速，而使皇輿旋反，更不得親奉也。」〔七〕於是從納之議。

郊廟牲幣璧玉之色，雖有成文，秦世多以騮駒，漢則但云犢，未辨其色。江左南北郊同用玄牲，明堂廟社同以赤牲。

禮有事告祖禰宜社之文，未有告郊之典也。漢儀，天子之喪，使太尉告謚于南郊，他無聞焉。魏文帝黃初四年七月，帝將東巡，以大軍當出，使太常以一特牛告祠南郊。及文帝崩，太尉鍾繇告謚南郊，皆是有事於郊也。江左則廢。

禮，春分朝日於東，秋分夕月於西。漢武帝郊泰畤，平旦出竹宮，東向揖日，其夕西向揖月。卽用郊日，又不在東西郊也。後遂旦夕常拜。故魏文帝詔曰：「漢氏不拜日於東郊，而旦夕常於殿下東西拜日月，煩褻似家人之事，非事天交神之道也。」黃初二年正月乙亥，朝日于東門之外，又違禮二分之義。魏明帝太和元年二月丁亥，朝日于東郊，八月己丑，夕月于西郊，始得古禮。及武帝太康二年，有司奏，春分依舊車駕朝日，寒溫未適，可不親出。詔曰：「禮儀宜有常，若如所奏，與故太尉所撰不同，復爲無定制也。間者方難未平，故每從所奏，今戎事弭息，惟此爲大。」案此詔，帝復爲親朝日也。此後廢。

禮，「郊祀后稷以配天，宗祀文王於明堂以配上帝」。魏文帝卽位，用漢明堂而未有配。

明帝太和元年，始宗祀文帝於明堂，齊王亦行其禮。

晉初以文帝配，後復以宣帝，尋復還以文帝配，其餘無所變革。是則郊與明堂，同配異配，參差不同矣。摯虞議以爲：「漢魏故事，明堂祀五帝之神。新禮，五帝卽上帝，卽天帝也。明堂除五帝之位，惟祭上帝。案仲尼稱『郊祀后稷以配天，宗祀文王於明堂以配上帝』。周禮，祀天旅上帝，祀地旅四望。望非地，則上帝非天，斷可識矣。郊丘之祀，掃地而祭，牲用繭栗，器用陶匏，事反其始，故配以遠祖。明堂之祭，備物以薦，玉牲並陳，籩豆成列，禮同人鬼，故配以近考。郊堂兆位，居然異體，牲牢品物，質文殊趣。且祖考同配，非謂尊嚴之美，三日再祀，非謂不黷之義，其非一神，亦足明矣。昔在上古，生爲明王，沒則配五行，故太昊配木，神農配火，少昊配金，顓頊配水，黃帝配土。此五帝者，配天之神，同兆之於四郊，報之於明堂。祀天，大裘而冕，祀五帝亦如之。或以爲五精之帝，佐天育物者也。前代相因，莫之或廢，晉初始從異議。庚午詔書，明堂及南郊除五帝之位，惟祀天神，新禮奉而用之。前太醫令韓楊上書，〔八〕宜如舊祀五帝。太康十年，詔已施用。宜定新禮，明堂及郊祀五帝如舊儀。」詔從之。江左以後，未遑修建。

漢儀，太史每歲上其年曆，先立春、立夏、大暑、立秋、立冬常讀五時令，皇帝所服，各隨

五時之色。帝升御坐，尚書令以下就席位，尚書三公郎以令置案上，奉以入，就席伏讀訖，賜酒一巵。魏氏常行其禮。魏明帝景初元年，通事白曰：「前後但見讀春夏秋冬四時令，至於服黃之時，獨闕不讀，今不解其故。」散騎常侍領太史令高堂隆以爲「黃於五行，中央土也，王四季各十八日。土生於火，故于火用事之末服黃，〔九〕三季則否。其令則隨四時，不以五行爲令也，〔一〇〕是以服黃無令」。斯則魏氏不讀大暑令也。

及晉受命，亦有其制。傅咸云：「立秋一日，白路光於紫庭，白旂陳於玉階。」然則其日旂路皆白也。成帝咸和五年六月丁未，有司奏讀秋令。兼侍中散騎常侍荀奕、兼黃門侍郎散騎侍郎曹宇駁曰：「尚書三公曹奏讀秋令，儀注舊典未備。臣等參議光祿大夫臣華恒議，武皇帝以秋夏盛暑，常闕不讀令，在春冬不廢也。夫先王所以順時讀令者，蓋後天而奉天時，正服尊嚴之所重。今服章多闕，加比熱隆赫，臣等謂可如恒議，依故事闕如不讀。」詔可。六年三月，有司奏「今月十六日立夏。今正服漸備，四時讀令，是祗述天和隆殺之道，謂今故宜讀夏令」。奏可。

禮孟春之月，「乃擇元辰，天子親載耒耜，措之于參保介之御間，帥三公九卿諸侯大夫躬耕帝藉」。至秦滅學，其禮久廢。漢文帝之後，始行斯典。魏之三祖，亦皆親耕藉田。

及武帝泰始四年，有司奏始耕祠先農，可令有司行事。詔曰：「夫國之大事，在祀與農。是以古之聖王，躬耕帝藉，以供郊廟之粢盛，且以訓化天下。近世以來，耕藉止於數步之中，空有慕古之名，曾無供祀訓農之實，而有百官車徒之費。今修千畝之制，當與羣公卿士躬稼穡之艱難，以率先天下。主者詳具其制，下河南，處田地於東郊之南，洛水之北。若無官田，隨宜便換，而不得侵人也。」於是乘輿御木輅以耕，以太牢祀先農。自惠帝之後，其事便廢。

江左元帝將修耕藉，尚書符問「藉田至尊應躬祠先農不」？賀循答：「漢儀無正有至尊應躬祭之文，〔一一〕然則周禮王者祭四望則毳冕，祭社稷五祀則絺冕，以此不爲無親祭之義也。宜立兩儀注。」賀循等所上儀注又未詳允，事竟不行。後哀帝復欲行其典，亦不能遂。

漢儀，縣邑常以乙未日祠先農，乃耕於乙地，以丙戌日祠風伯於戌地，以己丑日祠雨師於丑地，牲用羊豕。立春之日，皆青幡幘迎春於東郊外野中。迎春至自野中出，則迎拜之而還，弗祭。三時不迎。

魏氏雖天子耕藉，藩鎮闕諸侯百畝之禮。及武帝末，有司奏：「古諸侯耕藉田百畝，躬執耒以奉社稷宗廟，以勸率農功。今諸王臨國，宜依修耕藉之義。」然竟未施行。

周禮，王后帥內外命婦蠶於北郊。漢儀，皇后親桑東郊苑中，蠶室祭蠶神，曰苑窳婦人、寓氏公主，祠用少牢。魏文帝黃初七年正月，命中宮蠶於北郊，依周典也。

及武帝太康六年，散騎常侍華嶠奏：「先王之制，天子諸侯親耕藉田千畝，后夫人躬蠶桑。今陛下以聖明至仁，修先王之緒，皇后體資生之德，合配乾之義，而坤道未光，蠶禮尚缺。以爲宜依古式，備斯盛典。」詔曰：「昔天子親藉，以供粢盛，后夫人躬蠶，以備祭服，所以聿遵孝敬，明教示訓也。今藉田有制，而蠶禮不修，由中間務多，未暇崇備。今天下無事，宜修禮以示四海。其詳依古典，及近代故事，以參今宜，明年施行。」於是蠶於西郊，蓋與藉田對其方也。乃使侍中成粲草定其儀。先蠶壇高一丈，方二丈，爲四出陛，陛廣五尺，在皇后採桑壇東南帷宮外門之外，而東南去帷宮十丈，在蠶室西南，桑林在其東。取列侯妻六人爲蠶母。蠶將生，擇吉日，皇后著十二笄步搖，依漢魏故事，衣青衣，乘油畫雲母安車，駕六騩馬。女尚書著貂蟬佩璽陪乘，載筐鉤。公主、三夫人、九嬪、世婦、諸太妃、太夫人及縣鄉君、郡公侯特進夫人、外世婦、命婦皆步搖，衣青，各載筐鉤從蠶。先桑二日，蠶宮生蠶著薄上。桑日，皇后未到，太祝令質明以一太牢告祠，謁者一人監祠。祠畢撤饌，班餘胙於從桑及奉祠者。皇后至西郊升壇，公主以下陪列壇東。皇后東面躬桑，採三條，諸妃公主各採五條，縣鄉君以下各採九條，悉以桑授蠶母，還蠶室。事訖，皇后還便坐，公主以

下乃就位，設饗宴，賜絹各有差。

前漢但置官社而無官稷，王莽置官稷，後復省。故漢至魏但太社有稷，而官社無稷，故常二社一稷也。

晉初仍魏，無所增損。至太康九年，改建宗廟，而社稷壇與廟俱徙。乃詔曰：「社實一神，其弁二社之祀。」於是車騎司馬傅咸表曰：

祭法王社太社，各有其義。天子尊事郊廟，故冕而躬耕。躬耕也者，所以重孝享之粢盛。親耕故自報，自爲立社者，爲藉田而報者也。國以人爲本，人以穀爲命，故又爲百姓立社而祈報焉。事異報殊，此社之所以有二也。

王景侯之論王社，亦謂春祈藉田，秋而報之也。其論太社，則曰王者布下圻內，爲百姓立之，謂之太社，不自立之於京都也。景侯此論據祭法。祭法：「大夫以下成羣立社，曰置社。」景侯解曰，「今之里社是也」。景侯解祭法，則以置社爲人間之社矣。而別論復以太社爲人間之社，未曉此旨也。太社，天子爲百姓而祀，故稱天子社。郊特牲曰：「天子太社，必受霜露風雨。」以羣姓之衆，王者通爲立社，故稱太社也。若夫置社，其數不一，蓋以里所爲名，左氏傳盟于淸丘之社是也。衆庶之社，既已不稱太矣，

若復不立之京都，當安所立乎！

祭法又曰，王爲羣姓立七祀，王自爲立七祀。言自爲者，自爲而祀也；爲羣姓者，爲羣姓而祀也。太社與七祀其文正等。說者窮此，因云墳籍但有五祀，無七祀也。案祭，五祀國之大祀，七者小祀。周禮所云祭凡小祀，則墨冕之屬也。景侯解大厲曰，「如周杜伯，鬼有所歸，乃不爲厲」。今云無二社者稱景侯，祭法不謂無二，則曰「口傳無其文也」。夫以景侯之明，擬議而後爲解，而欲以口論除明文，如此非但二社當見思惟，景侯之後解亦未易除也。

前被敕，尙書召誥乃社于新邑，惟一太牢，不二社之明義也。案郊特牲曰社稷太牢，必援一牢之文以明社之無二，則稷無牲矣。說者曰，舉社則稷可知。苟可舉社以明稷，何獨不舉一以明二？國之大事，在祀與戎。若有二而除之，不若過而存之。況存之有義，而除之無據乎？

周禮封人掌設社壝，無稷字。今帝社無稷，蓋出於此。然國主社稷，故經傳動稱社稷。周禮王祭社稷則絺冕，此王社有稷之文也。封人所掌社壝之無稷字，〔三〕說者以爲略文，從可知也。謂宜仍舊立二社，而加立帝社之稷。

時成粲議稱景侯論太社不立京都，欲破鄭氏學。咸重表以爲：「如粲之論，景侯之解文以此壞。大雅云『乃立冢土』，毛公解曰，『冢土，大社也』。景侯解詩，卽用此說。禹貢『惟土五色』，景侯解曰，『王者取五色土爲太社，封四方諸侯，各割其方色土者覆四方也』。如此，太社復爲立京都也。不知此論何從而出，而與解乖，上違經記明文，下壞景侯之解。臣雖頑蔽，少長學門，不能默已，謹復續上。」劉寔與咸議同。詔曰：「社實一神，而相襲二位，衆議不同，何必改作！其便仍舊，一如魏制。」

其後摯虞奏，以爲：「臣案祭法『王爲羣姓立社曰太社，王自爲立社曰王社』。周禮大司徒『設其社稷之壝』，又曰『以血祭祭社稷』，則太社也。又曰『封人掌設王之社壝』，又有軍旅宜乎社，則王社也。太社爲羣姓祈報，祈報有時，主不可廢。故凡被社釁鼓，主奉以從是也。此皆二社之明文，前代之所尊。以尙書召誥社于新邑三牲各文，詩稱『乃立冢土』，無兩社之文，故廢帝社，惟立太社。詩書所稱，各指一事，又皆在公旦制作之前，未可以易周禮之明典，祭法之正義。前改建廟社，營一社之處，朝議斐然，執古匡今。世祖武皇帝躬發明詔，定二社之義，以爲永制。宜定新禮，從二社。」詔從之。

至元帝建武元年，又依洛京立二社一稷。其太社之祝曰：「地德普施，惠存無疆。乃建太社，保祐萬邦。悠悠四海，咸賴嘉祥。」其帝社之祝曰：「坤德厚載，邦畿是保。乃建帝社，以神地道。明祀惟辰，景福來造。」

漢儀，每月旦，太史上其月曆，有司侍郎尙書見讀其令，奉行其正。朔前後二日，牽牛酒至社下以祭日。〔一三〕日有變，割羊以祠社，用救日變。執事者長冠，衣絳領袖緣中衣、絳袴袜以行禮，〔一四〕如故事。自晉受命，日月將交會，太史乃上合朔，尙書先事三日，宣攝內外戒嚴。摯虞決疑曰：「凡救日蝕者，著赤幘，以助陽也。日將蝕，天子素服避正殿，內外嚴警。太史登靈臺，伺候日變，便伐鼓於門。聞鼓音，侍臣皆著赤幘，帶劍入侍。三臺令史以上皆各持劍，立其戶前。衞尉卿驅馳繞宮，伺察守備，周而復始。亦伐鼓於社，用周禮也。又以赤絲爲繩以繫社，祝史陳辭以責之。社，勾龍之神，天子之上公，故陳辭以責之。日復常，乃罷。」

漢建安中，將正會，而太史上言，正旦當日蝕。朝士疑會否，共諮尙書令荀彧。時廣平計吏劉邵在坐，曰：「梓愼、裨竈，古之良史，猶占水火，錯失天時。禮，諸侯旅見天子，入門不得終禮者四，日蝕在一。然則聖人垂制，不爲變異豫廢朝禮者，或災消異伏，或推術謬誤也。」或及衆人咸善而從之，遂朝會如舊，日亦不蝕，邵由此顯名。

至武帝咸寧三年、四年，並以正旦合朔却元會，改魏故事也。元帝太興元年四月，合朔，中書侍郎孔愉奏曰：「春秋，日有蝕之，天子伐鼓于社，攻諸陰也；諸侯伐鼓于朝，臣自攻

也。案尚書符，若日有變，便擊鼓于諸門，有違舊典。」詔曰：「所陳有正義，輒勅外改之。」

至康帝建元元年，太史上元日合朔，後復疑應却會與否。庾冰輔政，寫劉邵議以示八坐。于時有謂邵爲不得禮意，荀彧從之，是勝人之一失。故蔡謨遂著議非之，曰：「邵論災消異伏，又以梓愼、裨竈猶有錯失，太史上言，亦不必審，其理誠然也。而云聖人垂制，不爲變異豫廢朝禮，此則謬矣。災祥之發，所以譴告人君，王者之所重誡，故素服廢樂，退避正寢，百官降物，用幣伐鼓，躬親而救之。夫敬誡之事，與其疑而廢之，寧愼而行之。故孔子、老聃助葬於巷黨，以喪不見星而行，故日蝕而止柩，曰安知其不見星也。而邵廢之，是棄聖賢之成規也。魯桓公壬申有災，而以乙亥嘗祭，春秋譏之。災事既過，猶追懼未已，故廢宗廟之祭，況聞天眚將至，行慶樂之會，於禮乖矣。禮記所云諸侯入門不得終禮者，謂日官不豫言，諸侯既入，見蝕乃知耳，非先聞當蝕而朝會不廢也。引此，可謂失其義旨。劉邵所執者禮記也，夫子、老聃巷黨之事，亦禮記所言，復違而反之，進退無據。然荀令所善，漢朝所從，遂使此言至今見稱，莫知其謬矣。後來君子將擬以爲式，故正之云爾。」於是冰從衆議，遂以却會。

至永和中，殷浩輔政，又欲從劉邵議不却會。王彪之據咸寧、建元故事，又曰：「禮云諸侯旅見天子，不得終禮而廢者四，自謂卒暴有之，非爲先存其事，而僥倖史官推術繆錯，故

不豫廢朝禮也。」於是又從彪之議。

尚書「禋于六宗」，諸儒互說，往往不同。王莽以易六子，遂立六宗祠。魏明帝時疑其事，以問王肅，亦以爲易六子，故不廢。及晉受命，司馬彪等表六宗之祀不應特立新禮，於是遂罷其祀。其後摯虞奏之，又以爲：「案舜受終，『類于上帝，禋于六宗，望于山川』，則六宗非上帝之神，又非山川之靈也。周禮肆師職曰：『用牲于社宗。』黨正職曰：『春秋祭禜亦如之。』肆師之宗，與社並列，則班與社同也。黨正之禜，文不繫社，則神與社異也。周之命祀，莫重郊社，宗同於社，則貴神明矣。又，月令孟冬祈于天宗，則周禮祭禜，月令天宗，六宗之神也。漢光武卽位高邑，依虞書禋于六宗。安帝元初中，立祀乾位，禮同太社。魏氏因之，至景初二年，大議其神，朝士紛紜，各有所執。惟散騎常侍劉邵以爲萬物負陰而抱陽，沖氣以爲和。六宗者，太極沖和之氣，爲六氣之宗者也。虞書謂之六宗，周書謂之天宗。是時考論異同，而從其議。漢魏相仍，著爲貴祀。凡崇祀百神，放而不至，有其興之，則莫敢廢之。宜定新禮，祀六宗如舊。」詔從之。

禮，王爲羣姓立七祀，曰司命、中霤、國門、國行、大厲、戶、竈。仲春玄鳥至之日，以太牢祀高禖。毛詩絲衣篇，高子曰靈星之尸。漢興，高帝亦立靈星祠。及武帝，以李少君故，始祠竈。及生戾太子，始立高禖。漢儀云，國家亦有五祀，有司行事，其禮頗輕於社稷，則亦存其典矣。又云，常以仲春之月，立高禖祠于城南，祀以特牲。又，是月也，祠老人星于國都南郊老人星廟。立夏祭竈，季秋祠心星于城南壇心星廟。元康時，洛陽猶有高禖壇，百姓祠其旁，或謂之落星。是後諸祀無聞。江左以來，不立七祀，靈星則配饗南郊，不復特置焉。

左氏傳「龍見而雩」，經典尙矣。漢儀，自立春至立夏，盡立秋，郡國尙旱，郡縣各掃除社稷。其旱也，公卿官長以次行雩禮求雨，閉諸陽，衣阜，興土龍，立土人，舞僮二佾，七日一變，如故事。武帝咸寧二年，春久旱。四月丁巳，詔曰「諸旱處廣加祈請」。五月庚午，始祈雨于社稷山川。六月戊子，獲澍雨。此雩之舊典也。太康三年四月，十年二月，又如之。其雨多則禜祭，赤幘朱衣，閉諸陰，朱索縈社，伐朱鼓焉。

周禮，王者祭昊天上帝、日月星辰、司中司命、風伯雨師、社稷、五土、〔三〕五嶽、山林川澤、四方百物，兆四類四望，亦如之。魏文帝黃初二年六月庚子，初禮五嶽四瀆，咸秩羣祀，

瘞沈珪璧。六年七月，帝以舟軍入淮。九月壬戌，遣使者沈璧于淮。魏明帝太和四年八月，帝東巡，遣使者以特牛祠中嶽。魏元帝咸熙元年，行幸長安，使使者以璧幣禮祠華山。

及穆帝升平中，何琦論修五嶽祠曰：「唐虞之制，天子五載一巡狩，順時之方，柴燎五嶽，望于山川，徧于羣神，故曰，因名山升中于天，所以昭告神祇，饗報功德。是以災厲不作，而風雨寒暑以時。降及三代，年數雖殊，而其禮不易，五嶽視三公，四瀆視諸侯，著在經記，所謂『有其舉之，莫敢廢也』。及秦漢都西京，涇、渭、長水，雖不在祀典，以近咸陽故，盡得比大川之祠，而正立之祀可以闕哉！自永嘉之亂，神州傾覆，茲事替矣。惟灊之天柱，在王略之內也，舊臺選百戶吏卒，以奉其職。中興之際，未有官守，廬江郡常遣大吏兼假四時禱賽，春釋寒而冬請冰。咸和迄今，又復墮替。計今非典之祠，可謂非一。考其正名，則淫昏之鬼；推其糜費，則百姓之蠹。而山川大神更爲簡缺，禮俗穨紊，人神雜擾，公私奔蹙，漸以繁滋。良由頃國家多難，日不暇給，草建廢滯，事有未遑。今元憝已殲，宜修舊典。嶽瀆之域，風教所被，來蘇之衆，咸蒙德澤。而神明禋祀，未之或甄，巡狩柴燎，其廢尙矣。崇明前典，將俟皇輿北旋，稽古憲章，大釐制度。俎豆牲牢，祝嘏文辭，舊章靡記，可令禮官作式，歸諸誠簡，以達明德馨香，如斯而已。其諸妖孽，可粗依法令，先去其甚，俾邪正不黷。」時不見省。

昔武王入殷，未及下車而封先代之後，蓋追思其德也。孔子以大聖而終於陪臣，未有封爵。至漢元帝，孔霸以帝師賜爵，號褒成君，奉孔子後。魏文帝黃初二年正月，詔以議郎孔羨爲宗聖侯，邑百戶，奉孔子祀，令魯郡修舊廟，置百戶吏卒以守衞之。及武帝泰始三年十一月，改封宗聖侯孔震爲奉聖亭侯。又詔太學及魯國，四時備三牲以祀孔子。明帝太寧三年，詔給奉聖亭侯孔亭四時祠孔子祭直，如泰始故事。

禮，始立學必先釋奠于先聖先師，及行事必用幣。漢世雖立學，斯禮無聞。魏齊王正始二年二月，帝講論語通，五年五月，講尚書通，七年十二月，講禮記通，並使太常釋奠，以太牢祠孔子於辟雍，以顏回配。武帝泰始七年，皇太子講孝經通。咸寧三年，講詩通，太康三年，講禮記通。惠帝元康三年，皇太子講論語通。元帝太興二年，皇太子講論語通。太子並親釋奠，以太牢祠孔子，以顏回配。成帝咸康元年，帝講詩通。穆帝升平元年三月，帝講孝經通。孝武寧康三年七月，帝講孝經通。並釋奠如故事，穆帝、孝武並權以中堂爲太學。

故事，祀皋陶於廷尉寺，新禮移祀於律署，以同祭先聖於太學也。故事，祀以社日，新禮改以孟秋之月，以應秋政。摯虞以爲：「案虞書，皋陶作士師，惟明克允，國重其功，人思其當，是以獄官禮其神，繫者致其祭，功在斷獄之成，不在律令之始也。太學之設，〔一六〕義重太常，故祭于太學，是崇聖而從重也。律署之置，卑於廷尉，移祀於署，是去重而就輕也。律非正署，廢興無常，宜如舊祀於廷尉。又，祭用仲春，義取重生，改用孟秋，以應刑殺，理未足以相易。宜定新禮，皆如舊。」制：「可。」

歲旦常設葦茭桃梗，磔雞於宮及百寺之門，以禳惡氣。案漢儀則仲夏設之，有桃印，無磔雞。及魏明帝大修禳禮，故何晏禳祭議雞特牲供禳釁之事。磔雞宜起於魏，桃印本漢制，所以輔卯金，又宜魏所除也。但未詳改仲夏在歲旦之所起耳。魏明帝青龍元年，詔郡國，山川不在祀典者勿祠。

武帝泰始元年十二月，詔曰：「昔聖帝明王修五嶽四瀆，名山川澤，各有定制，所以報陰陽之功故也。然以道莅天下者，其鬼不神，其神不傷人，故祝史薦而無媿辭，是以其人敬慎幽冥而淫祀不作。末世信道不篤，僭禮瀆神，縱欲祈請，曾不敬而遠之，徒偷以求幸，祆妄相煽，舍正爲邪，故魏朝疾之。其案舊禮具爲之制，使功著於人者必有其報，而祆淫之鬼不亂其間。」二年正月，有司奏春分祠厲殃及禳祠，詔曰：「不在祀典，除之。」

王制，天子七廟，諸侯以下各有等差，禮文詳矣。漢獻帝建安十八年五月，以河北十郡封魏武帝爲魏公。是年七月，始建宗廟于鄴，自以諸侯禮立五廟也。後雖進爵爲王，無所改易。延康元年，文帝繼王位，七月，追尊皇祖爲大王，丁夫人曰大王后。黃初元年十一月受禪，又追尊大王曰大皇帝，皇考武王曰武皇帝。二年六月，以洛京宗廟未成，乃祠武帝於建始殿，親執饋奠，如家人禮。案禮將營宮室，宗廟爲先，庶人無廟，故祭於寢，帝者行之，非禮甚矣。

明帝太和三年六月，又追尊高祖大長秋曰高皇，夫人吳氏曰高皇后，並在鄴廟。廟所祠，則文帝之高祖處士、曾祖高皇、祖大皇帝共一廟，考太祖武皇帝特一廟，百世不毁，然則所祠止於親廟四室也。其年十一月，洛京廟成，則以親盡遷處士主置園邑，使行太傅太常韓暨、行太常宗正曹恪持節迎高皇以下神主，共一廟，猶爲四室而已。至景初元年六月，羣公有司始更奏定七廟之制，曰：「大魏三聖相承，以成帝業。武皇帝肇建洪基，撥亂夷險，爲魏太祖。文皇帝繼天革命，應期受禪，爲魏高祖。上集成大命，清定華夏，興制禮樂，宜爲魏烈祖。於太祖廟北爲二祧，其左爲文帝廟，號曰高祖昭祧，其右擬明帝，號曰烈祖穆祧。

三祖之廟，萬世不毁。其餘四廟，親盡迭遷，一如周后稷、文武廟祧之禮。」

文帝甄后賜死，故不列廟。明帝卽位，有司奏請追謚曰文昭皇后，使司空王朗持節奉策告祠于陵。三公又奏曰：「自古周人歸祖后稷，又特立廟以祀姜嫄。今文昭皇后之於後嗣，聖德至化，豈有量哉！夫以皇家世妃之尊，神靈遷化，而無寢廟以承享祀，非以報顯德，昭孝敬也。稽之古制，宜依周禮，別立寢廟。」奏可。太和元年二月，立廟于鄴。四月，洛邑初營宗廟，掘地得玉璽，方一寸九分，其文曰「天子羨思慈親」。明帝爲之改容，以太牢告廟。至景初元年十二月己未，有司又奏文昭皇后立廟京師，永傳享祀，樂舞與祖廟同，廢鄴廟。

魏元帝咸熙元年，進文帝爵爲王，追命舞陽宣文侯爲宣王，忠武侯爲景王。是年八月，文帝崩，謚曰文王。

武帝泰始元年十二月丙寅，受禪。丁卯，追尊皇祖宣王爲宣皇帝，伯考景王爲景皇帝，考文王爲文皇帝，宣王妃張氏爲宣穆皇后，景王夫人羊氏爲景皇后。二年正月，有司奏置七廟。帝重其役，詔宜權立一廟。於是羣臣議奏：「上古清廟一宮，尊遠神祇。逮至周室，制爲七廟，以辯宗祧。聖旨深弘，遠跡上世，敦崇唐虞，舍七廟之繁華，遵一宮之遠旨。昔舜承堯禪，受終文祖，遂陟帝位，蓋三十載，月正元日，又格于文祖，遂陟帝位，〔一七〕此則虞氏不改唐廟，因仍舊宮。可依有虞氏故事，卽用魏廟。」奏可。於是追祭征西將軍、豫章府君、潁川府君、京兆府君，與宣皇帝、景皇帝、文皇帝爲三昭三穆。是時宣皇未升，太祖虛位，所以祠六世，與景帝爲七廟，其禮則據王肅說也。七月，又詔曰：「主者前奏，就魏舊廟，誠亦有準。然於祗奉神明，情猶未安，宜更營造。」於是改創宗廟。十一月，追尊景帝夫人夏侯氏爲景懷皇后。任茂議以爲夏侯初嬪之時，未有王業。帝不從。太康元年，靈壽公主修麗祔于太廟，周漢未有其準。魏明帝則別立平原主廟，晉又異魏也。六年，〔一八〕因廟陷，當改修創，羣臣又議奏曰：「古者七廟異所，自宜如禮。」詔又曰：「古雖七廟，自近代以來皆一廟七室，於禮無廢，於情爲敍，亦隨時之宜也。其便仍舊。」至十年，乃更改築於宣陽門內，窮極壯麗，然坎位之制猶如初爾。廟成，帝用摯虞議，率百官遷神主于新廟，自征西以下，車服導從皆如帝者之儀。及武帝崩則遷征西，及惠帝崩又遷豫章。而惠帝世愍懷太子、太子二子哀太孫臧、沖太孫尚並祔廟，元帝世，懷帝殤太子又祔廟，號爲陰室四殤。懷帝初，又策謚武帝楊后曰武悼皇后，改葬峻陽陵側，別祠弘訓宮，不列於廟。

元帝既卽尊位，上繼武帝，於元爲禰，如漢光武上繼元帝故事也。是時，西京神主，堙滅虜庭，江左建廟，皆更新造。尋以登懷帝之主，又遷潁川，位雖七室，其實五世，蓋從刁協以兄弟爲世數故也。于時百度草創，舊禮未備，毀主權居別室。至太興三年正月乙卯，詔

曰：「吾雖上繼世祖，然於懷、愍皇帝皆北面稱臣。今祠太廟，不親執觴酌，而令有司行事，於情禮不安。可依禮更處。」太常恒議：〔一九〕「今聖上繼武皇帝，宜準漢世祖故事，不親執觴爵。」又曰：「今上承繼武帝，而廟之昭穆，四世而已，前太常賀循、博士傅純，並以爲惠、懷及愍，宜別立廟。然臣愚謂廟室當以容主爲限，無拘常數。殷世有二祖三宗，若拘七室，則當祭禰而已。推此論之，宜還復豫章、潁川，全祠七廟之禮。」驃騎長史溫嶠議：「凡言兄弟不相入廟，既非禮文，且光武奮劍振起，不策名於孝平，務神其事，以應九世之讖，又古不共廟，故別立焉。今上以策名而言，殊於光武之事，躬奉烝嘗，於經既正，於情又安矣。太常恆欲還二府君，以全七世，嶠謂是宜。」驃騎將軍王導從嶠議。嶠又曰：「其非子者，可直言皇帝敢告某皇帝，又若以一帝爲一世，則不祭禰，反不及庶人。」帝從嶠議，悉施用之。於是乃更定制，還復豫章、潁川于昭穆之位，以同惠帝嗣武故事，而惠、懷、愍三帝自從春秋尊尊之義，在廟不替也。

及元帝崩，則豫章復遷。然元帝神位猶在愍帝之下，故有坎室者十也。至明帝崩，而潁川又遷，猶十室也。于時續廣太廟，故三遷主並還西儲，名之曰祧，以準遠廟。成帝咸康七年五月，始作武悼皇后神主，祔于廟，配饗世祖。成帝崩而康帝承統，以兄弟一世，故不遷京兆，始十一室也。

至康帝崩，穆帝立，永和二年七月，有司奏：「十月殷祭，京兆府君當還祧室。昔征西、豫章、潁川三府君毀主，中興之初權居天府，在廟門之西。咸康中，太常馮懷表續奉還於西儲夾室，謂之爲祧，疑亦非禮。今京兆遷入，是爲四世遠祖，長在太祖之上。昔周室太祖世遠，故遷有所歸。今晉廟宣皇爲主，而四祖居之，是屈祖就孫也；殷祫在上，是代太祖也。」領司徒蔡謨議：「四府君宜改築別室，若未展者，當入就太廟之室。人莫敢卑其祖，文武不先不窋。殷祭之日，征西東面，處宣皇之上。其後遷廟之主，藏於征西之祧，祭薦不絕。」護軍將軍馮懷議：「禮，無廟者爲壇以祭，可立別室藏之，至殷禘則祭于壇也。」輔國將軍譙王司馬無忌等議：「諸儒謂太王、王季遷主，藏於文武之祧。如此，府君遷主宜在宣帝廟中。然今無寢室，宜變通而改築。又殷祫太廟，征西東面。」尚書郎孫綽與無忌議同，曰：「太祖雖位始九五，而道以從暢，替人爵之尊，篤天倫之道，所以成教本而光百代也。」尚書郎徐禪議：「禮『去祧爲壇，去壇爲墠』，歲祫則祭之。今四祖遷主，可藏之石室，有禱則祭於壇墠。」又遣禪至會稽，訪處士虞喜。喜答曰：「漢世韋玄成等以毀主瘞於園，魏朝議者云應埋兩階之間。且神主本在太廟，若今別室而祭，則不如永藏。又四君無追號之禮，益明應毀而無祭。」是時簡文爲撫軍，與尚書郎劉邵等奏：「四祖同居西祧，藏主石室，禘祫乃祭，如先朝舊儀。」時陳留范宣兄子問此禮，宣答曰：「舜廟所祭，皆是庶人，其後世遠而毀，不居舜上，不

序昭穆。今四君號猶依本，非以功德致祀也。若依虞主之瘞，則猶藏子孫之所；若依夏主之埋，則又非本廟之階。宜思其變，則築一室，親未盡則禘祫處宣帝之上，親盡則無緣下就子孫之列。」其後太常劉遐等同蔡謨議。博士張憑議：「或疑陳於太祖者，皆其後之毀主，憑案古義無別前後之文也。禹不先鯀，則遷主居太祖之上，亦何疑也。」於是京兆遷入西儲，同謂之祧，如前三祖遷主之禮，故正室猶十一也。穆帝崩而哀帝、海西並爲兄弟，無所登除。咸安之初，簡文皇帝上繼元皇，世秩登進，於是潁川、京兆二主復還昭穆之位。至簡文崩，潁川又遷。

孝武帝太元十二年五月壬戌，詔曰：「昔建太廟，每事從儉，太祖虛位，明堂未建。郊祀國之大事，而稽古之制闕然，便可詳議。」祠部郎中徐邈議：「圓丘郊祀，經典無二，宣皇帝嘗辯斯義，而檢以聖典。爰及中興，備加研極，以定南北二郊，誠非異學所可輕改也。謂仍舊爲安。武皇帝建廟六世，祖三昭三穆。宣皇帝創基之主，實惟太祖，親則王考。四廟在上，未及遷世，故權虛東向之位也。兄弟相及，義非二世。故當今廟祀，世數未足，而欲太祖正位，則違事七之義矣。又禮曰庶子王亦禘祖立廟，蓋謂支胤援立，則親近必復。京兆府君於今六世，宜復立此室，則宣皇未在六世之上，須前世既遷，乃太祖位定耳。京兆遷毀，宜藏主於石室，雖禘祫猶弗及。何者？傳稱毀主升合乎太祖，升者自下之名，不謂可降尊就

卑也。太子太孫，陰室四主，儲嗣之重，升祔皇祖，所配之廟，世遠應遷，然後從食之孫，與之俱毀。明堂方圓之制，綱領已舉，不宜闕配帝之祀。且王者以天下爲家，未必一邦，故周平、光武無廢於二京也。明堂所配之神，積疑莫辯。案易『殷薦上帝，以配祖考』，祖考同配，則上帝亦爲天，而嚴父之義顯。周禮旅上帝者，有故告天，與郊祀常禮同用四圭，故並言之。若上帝是五帝，經文何不言祀天旅五帝，祀地旅四望乎？」侍中車胤議同。又曰：「明堂之制，既其難詳，且樂主於和，禮主於敬，故質文不同，音器亦殊。既茅茨廣夏，不一其度，何必守其形範，而不弘本從俗乎？九服咸寧，河朔無塵，然後明堂辟雍可崇而修之。」時朝議多同，於是奉行，一無所改。十六年，始改作太廟殿，正室十四間，東西儲各一間，合十六間，棟高八丈四尺。備法駕遷神主于行廟，征西至京兆四主及太子太孫各用其位之儀服。四主不從帝者之儀，是與太康異也。諸主既入廟，設脯醢之奠。及新廟成，神主還室，又設脯醢之奠。十九年二月，追尊簡文母會稽太妃鄭氏爲簡文皇帝宣太后，立廟太廟道西。及孝武崩，京兆又遷，如穆帝之世四祧故事。

義熙九年四月，將殷祠，詔博議遷毀之禮。大司馬琅邪王德文議：「泰始之初，虛太祖之位，而緣情流遠，上及征西，故世盡則宜毀，而宣帝正太祖之位。又漢光武移十一帝主於洛邑，則毀主不設，理可推矣。宜築別室，以居四府君之主，永藏而弗祀也。」大司農徐廣

議：「四府君嘗處廟堂之首，歆率土之祭，若埋之幽壤，於情理未必咸盡。謂可遷藏西儲，以爲遠祧，而禘饗永絕也。」太尉諮議參軍袁豹議：「仍舊無革，殷祠猶及四府君，情理爲允。」時劉裕作輔，意與大司馬議同，須後殷祠行事改制。會安帝崩，未及禘而天祿終焉。

武帝咸寧五年十一月己酉，弘訓羊太后崩，宗廟廢一時之祀，天地明堂去樂，且不上胙。穆帝升平五年十月己卯，殷祀，以帝崩後不作樂。孝武太元十一年九月，皇女亡，及應烝祠，中書侍郎范甯奏：「案喪服傳有死宮中者三月不舉祭，不別長幼之與貴賤也。皇女雖在嬰孩，臣竊以爲疑。」於是尙書奏使三公行事。

武帝泰始七年四月，帝將親祠，車駕夕牲，而儀注還不拜。詔問其故，博士奏歷代相承如此。帝曰：「非致敬宗廟之禮也。」於是實拜而還，遂以爲制，夕牲必躬臨拜，而江左以來復止。

魏故事，天子爲次殿於廟殿之北東，天子入自北門。新禮，設次殿於南門中門外之右，天子入自南門。摯虞以爲：「次殿所以爲解息之處，凡適尊以不顯爲恭，以由隱爲順，而設之於上位，入自南門，非謙厭之義。宜定新禮，皆如舊說。」從之。

禮，大事則告祖禰，小事則特告禰，秦漢久廢。魏文帝黃初四年七月，將東巡，以大軍當出，使太常以特牛告南郊。及文帝崩，又使太尉告諡策於南郊。自是迄晉相承，告郊之後仍以告廟，至江左其禮廢。至成帝咸和三年，蘇峻覆亂京都，溫嶠等立行廟於白石，復行其典。告先君及后曰：「逆臣蘇峻，傾覆社稷，毀棄三正，汚辱海內。臣侃、臣嶠、臣亮等手刃戎首，龔行天罰。惟中宗元皇帝、肅祖明皇帝、明穆皇后之靈，降鑒有罪，剿絕其命，翦此羣凶，以安宗廟。臣等雖隕首摧軀，猶生之年。」

魏明帝太和三年，詔曰：「禮，王后無嗣，擇建支子，以繼大宗，則當纂正統而奉公義，何得復顧私親哉！漢宣繼昭帝後，加悼考以皇號。哀帝以外藩援立，而董宏等稱引亡秦，惑誤朝議，遂尊恭皇，立廟京師。又寵藩妾，使比長信，僭差無禮，人神弗佑。非罪師丹忠正之諫，用致丁傅焚如之禍。自是之後，相踵行之。其令公卿有司，深以前世爲戒。後嗣萬一有由諸侯入奉大統，則當明爲人後之義。敢爲佞邪導諛君上，妄建非正之號，謂考爲皇，稱妣爲后，則股肱大臣誅之無赦。其書之金策，藏之宗廟。」是後高貴、常道援立，皆不外

尊。及愍帝建興四年，司徒梁芬議追尊之禮，帝既不從，而左僕射索綝等亦稱引魏制，以爲不可，故追贈吳王爲太保而已。元帝太興二年，有司言琅邪恭王宜稱皇考。賀循議云：「禮典之義，子不敢以己爵加其父號。」帝又從之。

校勘記

〔一〕李憙　「憙」原誤作「喜」，今據本傳及宋書禮志在本志校記中以後簡稱宋志三改。

〔二〕五帝即天也　「天也」，各本作「天地」，局本作「天也」，今從局本。

〔三〕三月辛卯　三月壬寅朔，無辛卯。御覽五二七引晉起居注，元帝中興，以二月郊。二月壬申朔，辛卯爲二十日。疑志文「三月」爲「二月」之誤。下文王納之曰「以三月郊」，疑亦當從御覽作「亦以二月郊」。

〔四〕天郊則五帝之佐　通典四二「五帝之佐」作「五帝及佐」，疑是。有五帝，又有其佐，則與下「凡六十二神」之數合。下文地郊「五帝之佐」，疑亦當從拾補說作「五人帝、五人帝之佐」。

〔五〕郊之與否　「郊」，各本作「齊」，殿本作「郊」，今從殿本。

〔六〕又郊天極尊　「又」下爲王納之之言，「又」當作「納之又曰」，始不致與「議者」之言相混。

〔七〕無爲欲速至不得親奉也　宋志三「而」下有「無據」二字，全文爲「無爲欲速而無據，使皇輿旋反

更不得親奉也」，文義較具。

〔八〕前太醫令韓楊上書　斠注：隋志天文類有太史令韓楊天文要集四十卷，初學記二〇引之。當即其人。此「太醫令」恐爲「太史令」之誤。

〔九〕故于火用事之末服黃　各本脫「于火」二字，宋本不脫，與宋志二合，今從宋本。

〔一〇〕不以五行爲令也　高堂隆「其令則隨四時」之說，蓋本于春秋繁露五行之義、白虎通五行「土不名一時」之說，謂不以土行爲令也。通典七〇于此「五」作「土」，當是。

〔一一〕漢儀無正有至尊應躬祭之文　拾補：「正有」二字衍。按：通典四六無，應删。

〔一二〕封人所掌社壝之無稷字　原脫「社」字，今據周禮地官、通典四五及上文補。

〔一三〕牽牛酒至社下以祭日　「牛」，後漢書禮儀志（在本志校記中以後簡稱續漢志）上作「羊」。探下文，宜作「羊」。

〔一四〕絳袴袜　各本作「絳緣」，局本作「絳袴袜」，蓋據續漢志上改，今從之。

〔一五〕五土　周禮大宗伯作「五祀」。

〔一六〕太學之設　通典五三「設」作「祀」。

〔一七〕遂陟帝位　拾補：此四字複上，乃衍文。

〔一八〕六年　斠注：按武紀，此「六年」當爲「八年」之誤。通典五一引河南人孫平子封事亦作「八年」。

〔一九〕太常恒議　拾補：「恒」上脫「華」字。按：宋志三有「華」字。

晉書卷二十

志第十

禮中

五禮之別，二曰凶。自天子至于庶人，身體髮膚，受之父母，其理既均，其情亦等，生則養，死則哀，故曰三年之喪，天下之達禮者也。〔一〕漢禮，天子崩，自不豫至於登遐及葬，喪紀之制，與夫三代變易。魏晉以來，大體同漢。然自漢文革喪禮之制，後代遵之，無復三年之禮。及魏武臨終，遺令「天下尚未安定，未得遵古。百官當臨殿中者，十五舉音，葬畢便除。其將兵屯戍者，不得離部」。魏武以正月庚子崩，辛丑卽殯，是月丁卯葬，是爲不踰月也。及宣帝、景帝之崩，並從權制。文帝之崩，國內服三日。武帝亦遵漢魏之典，既葬除喪，然猶深衣素冠，降席撤膳。太宰司馬孚、太傅鄭沖、太保王祥、太尉何曾、司徒領中領軍司馬望、司空荀顗、車騎將軍賈充、尚書令裴秀、尚書僕射武陔、都護大將軍郭建、侍中郭

綏、中書監荀勖、中軍將軍羊祜等奏曰：「臣聞禮典軌度，豐殺隨時，虞夏商周，咸不相襲，蓋有由也。大晉紹承漢魏，有革有因，期於足以興化而已，故未得皆返太素，同規上古也。陛下既以俯遵漢魏降喪之典，以濟時務，而躬蹈大孝，情過乎哀，素冠深衣，降席撤膳，雖武丁行之於殷世，曾閔履之於布衣，未足以踰。方今荆蠻未夷，庶政未乂，萬機事殷，動勞神慮，豈遑全遂聖旨，以從至情。臣等以爲陛下宜割情以康時濟俗，輒敕御府易服，內者改坐，太官復膳，諸所施行，皆如舊制。」詔曰：「每感念幽冥，而不得終苴絰於草土，以存此痛，況當食稻衣錦，誠詭然激切其心，非所以相解也。吾本諸生家，傳禮來久，何心一旦便易此情於所天！相從已多，可試省孔子答宰我之言，無事紛紜也。言及悲剝，柰何！柰何！」孚等重奏：「伏讀聖詔，感以悲懷，輒思仲尼所以抑宰我之問，聖思所以不能已已，甚深甚篤。然今者干戈未戢，武事未偃，萬機至重，天下至衆。陛下以萬乘之尊，履布衣之禮，服粗席藁，水飲疏食，殷憂內盈，毀悴外表。而躬勤萬機，坐而待旦，降心接下，仄不遑食，所以勞力者如斯之甚。是以臣等悚息不寧，誠懼神氣用損，以疚大事。輒敕有司，改坐復常，率由舊典。惟陛下察納愚款，以慰皇太后之心。」又詔曰：「重覽奏議，益以悲剝，不能自勝，柰何！柰何！三年之喪，自古達禮，誠聖人稱情立衷，明恕而行也。神靈日遠，無所訴告，雖薄於情，食旨服美，所不堪也。不宜反覆，重傷其心，言用斷絕，柰何！柰何！」帝遂以此禮終三年。

後居太后之喪亦如之。

泰始二年八月，詔曰：「此上旬，先帝棄天下日也，便以周年。吾煢煢，當復何時一得敍人子之情邪！思慕煩毒，欲詣陵瞻侍，以盡哀憒。主者具行備。」太宰安平王孚、尙書令裴秀、尙書僕射武陔等奏：「陛下至孝烝烝，哀思罔極。衰麻雖除，哀毀疏食，有損神和。今雖秋節，尙有餘暑，謁見山陵，悲感摧傷，羣下竊用竦息，以爲宜降抑聖情，以慰萬國。」詔曰：「孤煢忽爾，日月已周，痛慕摧感，永無逮及。欲瞻奉山陵，以敍哀憒，體氣自佳耳。又已涼，便當行，不得如所奏也。主者便具行備。」又詔曰：「漢文不使天下盡哀，亦帝王至謙之志。當見山陵，何心而無服，其以衰絰行。」孚等重奏曰：「臣聞上古喪期無數，後世乃有年月之漸。漢文帝隨時之義，制爲短喪，傳之于後。陛下以社稷宗廟之重，萬方億兆之故，既從權制，釋除衰麻，羣臣百姓吉服，今者謁陵，以敍哀慕，若加衰絰，進退無當。不敢奉詔。」詔曰：「亦知不在此麻布耳。然人子情思，爲欲令哀喪之物在身，蓋近情也。羣臣自當案舊制。」孚等又奏曰：「臣聞聖人制作，必從時宜。故五帝殊樂，三王異禮，此古今所以不同，質文所以迭用也。陛下隨時之宜，既降心克己，俯就權制，既除衰麻，而行心喪之禮，今復制服，義無所依。若君服而臣不服，亦未之敢安也。參議宜如前奏。」詔曰：「患情不能跂及耳，衣服何在。諸君勤勤之至，豈苟相違。」

泰始四年，皇太后崩。有司奏：「前代故事，倚廬中施白縑帳、蓐、素牀，以布巾裹塊草，軺輦、版輿、細犢車皆施縑裏。」詔不聽，但令以布衣車而已，其餘居喪之制，不改禮文。有司又奏：「大行皇太后當以四月二十五日安厝。故事，虞著衰服，既虞而除。其內外官僚皆就朝晡臨位，御除服訖，各還所次除衰服。」詔曰：「夫三年之喪，天下之達禮也。受終身之愛，而無數年之報，柰何葬而便卽吉，情所不忍也。」有司又奏：「世有險易，道有洿隆，所遇之時異，誠有由然，非忽禮也。方今戎馬未散，王事至殷，更須聽斷，以熙庶績。昔周康王始登翌室，猶戴冕臨朝。降于漢魏，既葬除釋，諒闇之禮，自遠代而廢矣。惟陛下割高宗之制，從當時之宜。」詔曰：「夫三年之喪，所以盡情致禮，葬已便除，所不堪也。當敍吾哀懷，言用斷絕，柰何！柰何！」有司又固請。詔曰：「不能篤孝，勿以毀傷爲憂也。誠知衣服末事耳，然今思存草土，率當以吉物奪之，迺所以重傷至心，非見念也。每代禮典質文皆不同耳，何爲限以近制，使達喪闕然乎！」羣臣又固請，帝流涕久之迺許。文明皇后崩及武元楊后崩，天下將吏發哀三日止。

穆帝崩，哀帝立。帝於穆帝爲從父昆弟，穆帝舅褚歆有表，中書答表朝廷無其儀，詔下議。尙書僕射江彪等四人並云，閔僖兄弟也，而爲父子，則哀帝應爲帝嗣。衞軍王述等二十五人云：「成帝不私親愛，越授天倫，康帝受命顯宗。社稷之重，已移所授，纂承之序，宜

繼康皇。」尙書謝奉等六人云：「繼體之正，宜本天屬，考之人情，宜繼顯宗也。」詔從述等議，上繼顯宗。

寧康二年七月，簡文帝崩再周而遇閏。博士謝攸、孔粲議：「魯襄二十八年十二月乙未，楚子卒，實閏月而言十二月者，附正於前月也。喪事先遠，則應用博士吳商之言，以閏月祥。」尙書僕射謝安、中領軍王劭、散騎常侍鄭襲、右衞將軍殷康、驍騎將軍袁宏、散騎侍郎殷茂、中書郎車胤、左丞劉遵、吏部郎劉耽意皆同。康曰：「過七月而未及八月，豈可謂之踰朞。必所不了，則當從其重者。」宏曰：「假値閏十二月而不取者，此則歲未終，固不可得矣。漢書以閏爲後九月，明其同體也。」襲曰：「中宗、肅祖皆以閏月崩，祥除之變皆用閏之後月。先朝尙用閏之後月，今閏附七月，取之何疑，亦合遠日申情之言。又閏是後七而非八也，豈踰月之嫌乎！」尙書令王彪之、侍中王混、中丞譙王恬、右丞戴謐等議異，彪之曰：「吳商中才小官，非名賢碩儒、公輔重臣，爲時所準則者。又取閏無證據，直擧遠日之義，越祥忌，限外取，不合卜遠之理。又丞相桓公嘗論云，禮二十五月大祥。何緣越朞取閏，乃二十六月乎？」於是啓曰：「或以閏附七月，宜用閏月除者。或以閏名雖附七月，而實以三旬別爲一月，故應以七月除者。臣等與中軍將軍沖參詳，一代大禮，宜準經典。三年之喪，十三月而練，二十五月而畢，禮之明文也。陽秋之義，閏在年內，則略而不數。明閏在年外，則

不應取之以越朞忌之重，禮制祥除必正朞月故也。」己酉晦，帝除縞卽吉。徐廣論曰：「凡辨義詳理，無顯據明文可以折中奪易，則非疑如何。禮疑從重，喪易寧戚，順情通物，固有成言矣。彪之不能徵援正義，有以相屈，但以名位格人，君子虛受，心無適莫，豈其然哉！執政從而行之，其殆過矣。」

魏武以正月崩，魏文以其年七月設妓樂百戲，是則魏不以喪廢樂也。武帝以來，國有大喪，輒廢樂終三年。惠帝太安元年，太子喪未除，及元會亦廢樂。穆帝永和中，爲中原山陵未修復，頻年元會廢樂。是時太后臨朝，后父褚裒薨，元會又廢樂也。孝武太元六年，爲皇后王氏喪，亦廢樂。孝武崩，太傅錄尙書會稽王道子議：「山陵之後，通婚嫁不得作樂，以一朞爲斷。」

漢儀，太皇太后、皇太后崩，長樂太僕、少府大長秋典喪事，三公奉制度，他皆如禮。魏晉亦同天子之儀。

泰始十年，武元楊皇后崩，及將遷于峻陽陵，依舊制，既葬，帝及羣臣除喪卽吉。先是，尙書祠部奏從博士張靖議，皇太子亦從制俱釋服。博士陳逵議，以爲「今制所依，蓋漢帝權

制，興於有事，非禮之正。皇太子無有國事，自宜終服」。有詔更詳議。尚書杜預以爲：「古者天子諸侯三年之喪始同齊斬，既葬除喪服，諒闇以居，心喪終制，不與士庶同禮。漢氏承秦，率天下爲天子修服三年。漢文帝見其下不可久行，而不知古制，更以意制祥禫，除喪卽吉。魏氏直以訖葬爲節，嗣君皆不復諒闇終制。學者非之久矣，然竟不推究經傳，考其行事，專謂王者三年之喪，當以衰麻終二十五月。嗣君苟若此，則天子羣臣皆不得除喪。雖志在居篤，更逼而不行。至今世主皆從漢文輕典，由處制者非制也。今皇太子與尊同體，宜復古典，卒哭除衰麻，以諒闇終制。於義既不應不除，又無取於漢文，乃所以篤喪禮也。」於是尚書僕射盧欽、尚書魏舒問杜預證據所依。預云：「傳稱三年之喪自天子達，此謂天子絕朞，唯有三年喪也。非謂居喪衰服三年，與士庶同也。故后、世子之喪，而叔嚮稱有三年之喪二也。周公不言高宗服喪三年，而云諒闇三年，此釋服心喪之文也。叔嚮不譏景王除喪，而譏其燕樂已早，明既葬應除，而違諒闇之節也。春秋，晉侯享諸侯，子產相鄭伯，時簡公未葬，請免喪以聽命，君子謂之得禮。宰咺來歸惠公仲子之賵，傳曰『弔生不及哀』。此皆既葬除服諒闇之證，先儒舊說，往往亦見，學者未之思耳。喪服，諸侯爲天子亦斬衰，豈可謂終服三年邪！上考七代，未知王者君臣上下衰麻三年者誰；下推將來，恐百世之主其理一也。非必不能，乃事勢不得，故知聖人不虛設不行之制。仲尼曰『禮所損益雖百世可

知』，此之謂也。」於是欽、舒從之，遂命預造議，奏曰：

侍中尚書令司空魯公臣賈充、侍中尚書僕射奉車都尉大梁侯臣盧欽、尚書新沓伯臣山濤、尚書奉車都尉平春侯臣胡威、尚書劇陽子臣魏舒、尚書堂陽子臣石鑒、尚書豐樂亭侯臣杜預稽首言：禮官參議博士張靖等議，以爲「孝文權制三十六日之服，以日易月，道有污隆，禮不得全，皇太子亦宜割情除服」。博士陳逵等議，以爲「三年之喪，人子所以自盡，故聖人制禮，自上達下。是以今制，將吏諸遭父母喪，皆假寧二十五月。敦崇孝道，所以風化天下。皇太子至孝著于內，而衰服除于外，非禮所謂稱情者也。宜其不除。」

臣欽、臣舒、臣預謹案靖、逵等議，各見所學之一端，未曉帝者居喪古今之通禮也。自上及下，尊卑貴賤，物有其宜。故禮有以多爲貴者，有以少爲貴者，有以高爲貴者，有以下爲貴者，唯其稱也。不然，則本末不經，行之不遠。天子之與羣臣，雖哀樂之情若一，而所居之宜實異，故禮不得同。易曰「上古之世喪期無數」，虞書稱「三載四海遏密八音」，其後無文。至周公旦，乃稱「殷之高宗諒闇三年不言」。其傳曰「諒，信也；闇，默也」。下逮五百餘歲，而子張疑之，以問仲尼。仲尼答云：「何必高宗，古之人皆然，君薨，百官總己以聽於冢宰三年。」周景王有后、世子之喪，既葬除喪而樂。晉叔嚮譏之曰：「三年之喪，雖貴遂服，禮也。王雖弗遂，宴樂已早，亦非禮也。」此皆天子喪事見於古文者也。稱高宗不云服喪三年，而云諒闇三年，此釋服心喪之文也。譏景王不譏其除喪，而譏其宴樂已早，明既葬應除，而違諒闇之節也。堯崩，舜諒闇三年，故稱遏密八音。由此言之，天子居喪，齊斬之制，菲杖絰帶，當遂其服。既葬而除，諒闇以終之，三年無改父之道，故百官總己聽於冢宰。喪服已除，故稱不言之美，明不復寢苫枕塊，以荒大政也。禮記：「三年之喪，自天子達。」又云：「父母之喪，無貴賤一也。」又云：「端衰喪車皆無等。」此通謂天子居喪，衣服之節同於凡人，心喪之禮終於三年，亦無服喪三年之文。然繼體之君，猶多荒寧。自從廢諒闇之制，至令高宗擅名於往代，子張致疑於當時，此乃賢聖所以爲譏，非譏天子不以服終喪也。

秦燔書籍，率意而行，亢上抑下。漢祖草創，因而不革。乃至率天下皆終重服，且夕哀臨，經罹寒暑，禁塞嫁娶飲酒食肉，制不稱情。是以孝文遺詔，斂畢便葬，葬畢制紅禫之除。雖不合高宗諒闇之義，近於古典，故傳之後嗣。于時預修陵廟，故斂葬得在浹辰之內，因以定制。近至明帝，存無陵寢，五旬乃葬，安在三十六日。此當時經學疏略，不師前聖之病也。魏氏革命，以既葬爲節，合於古典，然不垂心諒闇，同譏前代。自泰始開元，陛下追尊諒闇之禮，愼終居篤，允臻古制，超絕於殷宗，天下歌德，誠非躊

等所能原本也。

天子諸侯之禮，當以具矣。諸侯惡其害己而削其籍，今其存者唯士喪一篇，戴聖之記雜錯其間，亦難以取正。天子之位至尊，萬機之政至大，羣臣之衆至廣，不同之於凡人。故大行既葬，祔祭于廟，則因疏而除之。已不除則羣臣莫敢除，故屈已以除之。而諒闇以終制，天下之人皆曰我王之仁也。屈已以從宜，皆曰我王之孝也。既除而心喪，我王猶若此之篤也。凡等臣子，亦焉得不自勉以崇禮。此乃聖制移風易俗之本，高宗所以致雍熙，豈惟衰裳而已哉！

若如難者，更以權制自居，疑於屈伸厭降，欲以職事爲斷，則父在爲母朞，父卒三年，此以至親屈於至尊之義也。出母之喪，以至親爲屬，而長子不得有制，體尊之義，升降皆從，不敢獨也。禮：諸子之職，掌國子之倅。國有事則帥國子而致之太子，唯所用之。傳曰：「君行則守，有守則從，從曰撫軍，守曰監國」，不無事矣。喪服母爲長子，妻爲夫，妾爲主，皆三年。內宮之主，可謂無事？揆度漢制，孝文之喪，紅禫既畢，孝景卽吉於未央，薄后、竇后必不得齊斬於別宮，此可知也。況皇太子配貳至尊，與國爲體，固宜遠遵古禮，近同時制，屈除以寬諸下，協一代之成典。

君子之於禮，有直而行，曲而殺；有經而等，有順而去之，存諸內而已。禮云非玉

帛之謂，喪云唯衰麻之謂乎？此既臣等所謂經制大義，且卽實近言，亦有不安。今皇太子至孝蒸蒸，發於自然，號咷之慕，匍匐殯宮，大行既窆，往而不反，必想像平故，徬徨寢殿。若不變從諒闇，則東宮臣僕，義不釋服。此爲永福官屬，當獨衰麻從事，出入殿省，亦難以繼。今將吏雖蒙同二十五月之寧，至於大臣，亦奪其制。昔翟方進自以身爲漢相，居喪三十六日，不敢踰國典，而況於皇太子？臣等以爲皇太子宜如前奏，除服諒闇制。〔二〕

于是太子遂以厭降之議，從國制除衰麻，諒闇終制。

于時外內卒聞預異議，多怪之。或者乃謂其違禮以合時。時預亦不自解說，退使博士段暢博採典籍，爲之證據，令大義著明，足以垂示將來。暢承預旨，遂撰集書傳舊文，條諸實事成言，以爲定證，以弘指趣。其傳記有與今議同者，亦具列之，博舉二隅，明其會歸，以證斯事。文多不載。

武帝楊悼皇后既母養懷帝，后遇難時，懷帝尙幼，及卽位，中詔述后恩愛。及后祖載，羣官議帝應爲追制服，或以庶母慈己，依禮制小功五月，或以謂慈母服如母服齊衰者，〔三〕衆議不同。閭丘沖議云：「楊后母養聖上，蓋以曲情。今以恩禮追崇，不配世祖廟。王者無慈養之服，謂宜祖載之日，可三朝素服發哀而已。」於是從之。

康帝建元元年正月晦，成恭杜皇后周忌，有司奏，至尊朞年應改服。詔曰：「君親，名敎之重也，權制出於近代耳。」於是素服如舊，固非漢魏之典也。

興寧元年，哀帝章皇太妃薨，帝欲服重。江虨啓：「先王制禮，應在緦服。」詔欲降朞，虨又啓：「厭屈私情，所以上嚴祖考。」於是制緦麻三月。

孝武寧康中，崇德太后褚氏崩。后於帝爲從嫂，或疑其服。博士徐藻議，以爲：「資父事君而敬同。又，禮，其夫屬父道者，其妻皆母道也。則夫屬君道，妻亦后道矣。服后宜以資母之義。魯譏逆祀，以明尊尊。今上躬奉康、穆、哀皇及靖后之祀，致敬同於所天。豈可敬之以君道，而服廢於本親。謂應服齊衰朞。」於是帝制朞服。

隆安四年，孝武太皇太后李氏崩，疑所服。尙書左僕射何澄、右僕射王雅、尙書車胤、孔安國、祠部郎徐廣議：「太皇太后名位允正，體同皇極，理制備盡，情禮彌申。陽秋之義，母以子貴，既稱夫人，禮服從正。故成風顯夫人之號，文公服三年之喪。〔四〕子於父之所生，體尊義重。且禮，祖不厭孫，固宜遂服無屈，而緣情立制。若嫌明文不存，則疑斯從重，謂應同於爲祖母後齊衰朞。〔五〕永安皇后無服，但一舉哀，百官亦一朞。」詔可。

孝武帝太元十五年，淑媛陳氏卒，皇太子所生也。有司參詳母以子貴，贈淑媛爲夫人，置家令典喪事。太子前衞率徐邈議：「喪服傳稱與尊者爲體，則不服其私親。又，君父所不服，子亦不敢服。故王公妾子服其所生母練冠麻衣，既葬而除，非五服之常，則謂之無服。」從之。

太元二十一年，孝武帝崩，孝武太后制三年之服。

惠帝太安元年三月，皇太孫尙薨。有司奏，御服齊衰朞。詔下通議。散騎常侍謝衡以爲：「諸侯之太子，誓與未誓，尊卑體殊。喪服云爲嫡子長殤，謂未誓也，已誓則不殤也。」中書令卞粹曰：「太子始生，故已尊重，不待命誓。若衡議已誓不殤，則無服之子當斬衰三年；未誓而殤，則雖十九當大功九月。誓與未誓，其爲升降也微；斬衰與大功，其爲輕重也遠。而今注云『諸侯不降嫡殤重』。〔六〕嫌於無服，以大功爲重嫡之服，則雖誓，無復有三年之理明矣。男能衞社稷，女能奉婦道，以可成之年而有已成之事，故可無殤，非孩齔之謂也。爲殤後者尊之如父，猶無所加而止殤服，況以天子之尊，而爲無服之殤行成人之制邪！凡諸宜重之殤，皆士大夫不加服，而令至尊獨居其重，未之前聞也。」博士蔡克同粹。祕書監摯虞云：「太子初生，舉以成人之禮，則殤理除矣。太孫亦體君傳重，由位成而服，全非以年也。天子無服殤之義，絕朞故也。」於是從之。

魏氏故事，國有大喪，羣臣凶服，以帛爲綬囊，以布爲劍衣。新禮，以傳稱「去喪無所不佩」，明在喪則無佩也，更制齊斬之喪不佩劍綬。摯虞以爲「周禮武賁氏，士大夫之職也，皆以兵守王宮，國有喪故，則衰葛執戈楯守門，葬則從車而哭。又，成王崩，太保命諸大夫以干戈內外警設。明喪故之際，蓋重宿衞之防。去喪無所不佩，謂服飾之事，不謂防禦之用。宜定新禮布衣劍如舊，其餘如新制。」詔從之。

漢魏故事，將葬，設吉凶鹵簿，皆以鼓吹。新禮以禮無吉駕導從之文，臣子不宜釋其衰麻以服玄黃，除吉駕鹵簿。又，凶事無樂，遏密八音，除凶服之鼓吹。摯虞以爲：「葬有祥車曠左，則今之容車也。既葬，日中反虞，逆神而還。春秋傳，鄭大夫公孫蠆卒，天子追賜大路，使以行。士喪禮，葬有槀車乘車，以載生之服。此皆不唯載柩，兼有吉駕之明文也。既設吉駕，則宜有導從，以象平生之容，明不致死之義。臣子衰麻不得爲身而釋，以爲君父則無不可。顧命之篇足以明之。宜定新禮設吉服導從如舊，其凶服鼓吹宜除。」詔從之。

漢魏故事，大喪及大臣之喪，執紼者輓歌。新禮以爲輓歌出於漢武帝役人之勞歌，聲哀切，遂以爲送終之禮。雖音曲摧愴，非經典所制，違禮設銜枚之義。方在號慕，不宜以歌爲名，除不輓歌。〔七〕摯虞以爲：「輓歌因倡和而爲摧愴之聲，銜枚所以全哀，此亦以感衆。

雖非經典所載，是歷代故事。詩稱『君子作歌，惟以告哀』，以歌爲名，亦無所嫌。宜定新禮如舊。」詔從之。

咸寧二年，安平穆王薨，無嗣，以母弟敦上繼獻王後，移太常問應何服。博士張靖答，宜依魯僖服閔三年例。尚書符詰靖：「穆王不臣敦，敦不繼穆，與閔僖不同。」孫毓、宋昌議，以穆王不之國，敦不仕諸侯，不應三年。以義處之，敦宜服本服，一朞而除，主穆王喪祭三年畢，乃吉祭獻王。毓云：「禮，君之子孫所以臣諸兄者，以臨國故也。禮又與諸侯爲兄弟服斬者，謂鄰國之臣於鄰國之君，有猶君之義故也。今穆王既不之國，不臣兄弟，敦不仕諸侯，無鄰臣之義，異於閔僖，如符旨也。但喪無主，敦既奉詔紹國，受重主喪，典其祭祀。『大功者主人之喪，有三年者則必爲之再祭』。鄭氏注云：『謂死者之從父昆弟來爲喪主也。有三年者，謂妻若子幼少也』。『再祭，謂大小祥也』。穆妃及國臣於禮皆當三年，此爲有三年者，敦當爲之主大小兩祥祭也。且哀樂不相雜，吉凶不相干。凶服在宮，哭泣未絕。敦遽主穆王之喪，而國制未除，則不得以已本親服除而吉祭獻王也。」

咸寧四年，陳留國上，燕公是王之父，王出奉明帝祀，今於王爲從父，有司奏應服朞，不以親疏尊卑爲降。詔曰：「王奉魏氏，所承者重，不得服其私親。」穆帝時，東海國言，哀王薨

踰年，嗣王乃來繼，不復追服，羣臣皆已反吉，國妃亦宜同除。詔曰：「朝廷所以從權制者，以王事奪之，非爲變禮也。婦人傳重義大，若從權制，義將安託！」於是國妃終三年之禮。孫盛以爲：「廢三年之禮，開偷薄之源，漢魏失之大者也。今若以大夫宜奪以王事，〔八〕婦人可終本服，是吉凶之儀雜陳於宮寢，縗素之制乖異於內外，無乃情禮俱違，哀樂失所乎！」

太元十七年，太常車胤上言：「謹案喪服禮經『庶子爲母緦麻三月』。〔九〕傳曰『何以緦麻？以尊者爲體，不敢服其私親也』。此經傳之明文，聖賢之格言。而自頃開國公侯，至于卿士，庶子爲後，各肆私情，服其庶母，同之於嫡。此末俗之弊，溺情傷教，縱而不革，則流遁忘返矣。且夫尊尊親親，雖禮之大本，然厭親於尊，由來尚矣。禮記曰『爲父後，出母無服也者，不祭故也』。又，禮，天子父母之喪，未葬，越紼而祭天地社稷。斯皆崇嚴至敬，不敢以私廢尊也。今身承祖宗之重，而以庶母之私，廢烝嘗之事。五廟闕祀，由一妾之終，求之情禮，失莫大焉。舉世皆然，莫之裁貶。就心不同，而事不敢異。故正禮遂穨，而習非成俗。此國風所以思古，小雅所以悲歎。當今九服漸寧，王化惟新，誠宜崇明禮訓，以一風俗。請臺省考修經典，式明王度。」不答。

十八年，胤又上言：「去年上，自頃開國公侯，至于卿士，庶子爲後者，服其庶母，同之於嫡，違禮犯制，宜加裁抑。事上經年，未被告報，未審朝議以何爲疑。若以所陳或謬，則經有文；若以古今不同，則晉有成典。升平四年，故太宰武陵王所生母喪，表求齊衰三年，詔聽依昔樂安王故事，制大功九月。興寧三年，故梁王逢又所生母喪，亦求三年。庚子詔書依太宰故事，同服大功。若謹案周禮，則緦麻三月；若奉晉制，則大功九月。古禮今制，並無居廬三年之文，而頃年已來，各申私情，更相擬襲，漸以成俗。縱而不禁，則聖典滅矣。夫尊尊親親，立人之本，王化所由，二端而已。故先王設教，務弘其極，尊郊社之敬，制越紼之禮，嚴宗廟之祀，厭庶子之服，所以經緯人文，化成天下。夫屈家事於王道，厭私恩於祖宗，豈非上行乎下，父行乎子！若尊尊之心有時而替，宜厭之情觸事而申，祖宗之敬微，而君臣之禮虧矣。嚴恪微於祖宗，致敬虧於事上，而欲俗安化隆，不亦難乎！區區所惜，實在於斯。職之所司，不敢不言。請臺參詳。」尚書奏：「案如辭輒下主者詳尋。依禮，庶子與尊者爲體，不敢服其私親，此尊祖敬宗之義。自頃陵遲，斯禮遂廢。封國之君廢五廟之重，士庶匹夫闕烝嘗之禮，習成穨俗，宜被革正。輒內外參詳，謂宜聽胤所上，可依樂安王大功爲正。請爲告書如左，班下內外，以定永制，普令依承，事可奉行。」詔可。

禮，王爲三公六卿錫衰，爲大夫士疑衰，首服弁絰。天子諸侯皆爲貴臣貴妾服三月。

漢爲大臣制服無聞焉。漢明帝時，東海恭王薨，帝出幸津門亭發哀。

及武帝咸寧二年十一月，詔「諸王公大臣薨，應三朝發哀者，踰月舉樂，其一朝發哀者，三日不舉樂也」。

元帝姨廣昌鄉君喪，未葬，中丞熊遠表云：「案禮『君於卿大夫，比葬不食肉，比卒哭不舉樂』，惻隱之心未忍行吉事故也。被尚書符，冬至後二日小會。臣以爲廣昌鄉君喪殯日，聖恩垂悼。禮，大夫死，廢一時之祭。祭猶可廢，而況餘事。冬至唯可羣下奉賀而已，未便小會。」詔以遠表示賀循，又曰：「咸寧二年武皇帝故事云『王公大臣薨，三朝發哀，踰月舉樂，其一朝發哀，三日不舉樂』，此舊事明文。」賀循答曰：「案禮雜記『君於卿大夫之喪，比葬不食肉，比卒哭不舉樂』。古者君臣義重，雖以至尊之義，降而無服，三月之內，猶錫衰以居，不接吉事。故春秋晉大夫智悼子未葬，平公作樂，爲屠蒯所譏。如遠所啓，合於古義。咸寧詔書雖不會經典，然隨時立宜，以爲定制，誠非羣下所得稱論。」

升平元年，帝姑廬陵公主未葬，符問太常，冬至小會應作樂不。博士胡訥議云：「君於卿大夫，比卒哭不舉樂。公主有骨肉之親，宜闕樂。」太常王彪之云：「案武帝詔，三朝舉哀，三旬乃舉樂；其一朝舉哀者，三日則舉樂。泰始十年春，長樂長公主薨，太康七年秋，扶風王駿薨，〔一〇〕武帝並舉哀三日而已。中興已後，更參論不改此制。今小會宜作樂。」二議竟

不知所取。

喪服記，公爲所寓，〔二〕齊衰三月。新禮以今無此事，除此一章。摯虞以爲：「周禮作於刑厝之時，而著荒政十二。禮備制待物，不以時衰而除盛典，世隆而闕衰教也。曩者王司徒失守播越，自稱寄公。是時天下又多此比，皆禮之所及。宜定新禮自如舊經。」詔從之。

漢魏故事無五等諸侯之制，公卿朝士服喪，親疏各如其親。新禮王公五等諸侯成國置卿者，及朝廷公孤之爵，皆傍親絕朞，而傍親爲之服斬衰，卿校位從大夫者皆絕緦。摯虞以爲：「古者諸侯君臨其國，臣諸父兄，今之諸侯未同于古。未同于古，則其尊未全，不宜便從絕朞之制，而令傍親服斬衰之重也。諸侯既然，則公孤之爵亦宜如舊。昔魏武帝建安中已曾表上，漢朝依古爲制，事與古異，皆不施行，施行者著在魏科。大晉采以著令，宜定新禮皆如舊。」詔從之。

喪服無弟子爲師服之制，新禮弟子爲師齊衰三月。摯虞以爲：「自古無師服之制，故仲尼之喪，門人疑於所服。子貢曰：『昔夫子之喪顏回，若喪子而無服，請喪夫子若喪父而無

服。』遂心喪三年。此則懷三年之哀，而無齊衰之制也。羣居則絰，出則否，所謂弔服加麻也。先聖爲禮，必易從而可傳。師徒義誠重，而服制不著，歷代相襲，不以爲缺。且尋師者以彌高爲得，故屢遷而不嫌；脩業者以日新爲益，故舍舊而不疑。仲尼稱『三人行，必有我師焉』。子貢云：『夫何常師之有』。淺學之師，暫學之師，不可皆爲之服。義有輕重，服有廢興，則臧否由之而起，是非因之而爭，愛惡相攻，悔吝生焉。宜定新禮無服如舊。」詔從之。

古者天子諸侯葬禮粗備，漢世又多變革。魏晉以下世有改變，大體同漢之制。而魏武以禮送終之制，襲稱之數，繁而無益，俗又過之，豫自制送終衣服四篋，題識其上，春秋冬夏，日有不諱，隨時以斂，金珥珠玉銅鐵之物，一不得送。文帝遵奉，無所增加。及受禪，刻金璽，追加尊號，不敢開埏，乃爲石室，藏璽埏首，以示陵中無金銀諸物也。漢禮明器甚多，自是皆省矣。魏文帝黃初三年，又自作終制曰：「禮，國君卽位爲椑，存不忘亡也。壽陵因山爲體，無封樹，無立寢殿，造園邑，通神道。夫葬者藏也，欲人之不得見也。禮不墓祭，欲存亡不黷也。皇后及貴人以下不隨王之國者，有終沒，皆葬澗西，前又已表其處矣。」此詔藏之宗廟，副在尚書、祕書、三府。明帝亦遵奉之。明帝性雖崇奢，然未遽營陵墓之制也。

宣帝豫自於首陽山爲土藏，不墳不樹，作顧命終制，斂以時服，不設明器。景、文皆謹奉成命，無所加焉。景帝崩，喪事制度又依宣帝故事。武帝泰始四年，文明王皇后崩，將合葬，開崇陽陵，使太尉司馬望奉祭，進皇帝密璽綬於便房神坐。〔三〕魏氏金璽，此又儉矣。江左初，元、明崇儉，且百度草創，山陵奉終，省約備矣。成帝咸康七年，皇后杜氏崩。詔外官五日一入臨，內官旦一入而已，過葬虞祭禮畢止。有司奏，大行皇后陵所作凶門柏歷，號顯陽端門。詔曰：「門如所處。凶門柏歷，大爲煩費，停之。」案蔡謨說，以二瓦器盛始死之祭，繫於木，裹以葦席，置庭中，近南，名爲重，今之凶門是其象也。禮，既虞而作主，今未葬，未有主，故以重當之。禮稱爲主道，此其義也。范堅又曰：「凶門非禮，禮有懸重，形似凶門。後人出之門外以表喪，俗遂行之。薄帳，卽古弔幕之類也。」是時，又詔曰：「重壤之下，豈宜崇飾無用，陵中唯潔掃而已。」有司又奏，依舊選公卿以下六品子弟六十人爲挽郎，詔又停之。孝武帝太元四年九月，皇后王氏崩。詔曰：「終事唯從儉速。」又詔：「遠近不得遣山陵使。」有司奏選挽郎二十四人，詔停之。

古無墓祭之禮。漢承秦，皆有園寢。正月上丁，祠南郊禮畢，次北郊、明堂、高廟、世祖廟，謂之五供。

魏武葬高陵，有司依漢立陵上祭殿。至文帝黃初三年，乃詔曰：「先帝躬履節儉，遺詔省約。子以述父爲孝，臣以繫事爲忠。古不墓祭，皆設於廟。高陵上殿皆毀壞，車馬還厩，衣服藏府，以從先帝儉德之志。」文帝自作終制，又曰「壽陵無立寢殿，造園邑」，自後園邑寢殿遂絕。齊王在位九年，始一謁高平陵而曹爽誅，其後遂廢，終於魏世。

及宣帝，遺詔「子弟羣官皆不得謁陵」。於是景、文遵旨。至武帝，猶再謁崇陽陵，一謁峻平陵，然遂不敢謁高原陵，至惠帝復止也。

逮于江左，元帝崩後，諸公始有謁陵辭告之事。蓋由眷同友執，率情而舉，非洛京之舊也。成帝時，中宮亦年年拜陵，議者以爲非禮，於是遂止，以爲永制。至穆帝時，褚太后臨朝，又拜陵，帝幼故也。至孝武崩，驃騎將軍司馬道子曰：「今雖權制釋服，至於朔望諸節，自應展情陵所，以一周爲斷。」於是至陵，變服單衣，煩黷無準，非禮意也。及安帝元興元年，尚書左僕射桓謙奏：「百僚拜陵，起於中興，非晉舊典，積習生常，遂爲近法。尋武皇帝詔，乃不使人主諸王拜陵，豈唯百僚！謂宜遵奉。」於是施行。及義熙初，又復江左之舊。

太康七年，大鴻臚鄭默母喪，既葬，當依舊攝職，固陳不起，於是始制大臣得終喪三年。然元康中，陳準、傅咸之徒，猶以權奪，不得終禮，自茲已往，以爲成比也。

太康元年，東平王楙上言，相王昌父毖，本居長沙，有妻息，漢末使入中國，值吳叛，仕魏爲黃門郎，與前妻息死生隔絕，更娶昌母。今江表一統，昌聞前母久喪，言疾求平議。

守博士謝衡議曰：「雖有二妻，蓋有故而然，不爲害於道，議宜更相爲服。」守博士許猛以爲「地絕，又無前母之制，正以在前非沒則絕故也。前母雖在，猶不應服。」段暢、秦秀、騶沖從猛。散騎常侍劉智安議：〔一三〕「禮爲常事制，不爲非常設也。亡父母不知其死生者，不著於禮。平生不相見，去其加隆，以朞爲斷。」都令史虞溥議曰：「臣以爲禮不二嫡，所以重正，非徒如前議者防妬忌而已。故曰『一與之齊，終身不改』，未有遭變而二嫡。苟不二，則昌父更娶之辰，是前妻義絕之日也。使昌父尙存，二妻俱在，必不使二嫡專堂，兩婦執祭，同爲之齊也。」秦秀議：「二妻之子，父命令相慈養，而便有三年之恩，便同所生。昌父何義不命二嫡依此禮乎！父之執友有如子之禮，況事兄之母乎！」許猛又議：「夫少婦稚，則不可許以改娶更適矣。今妻在許以更聘，夫存而妻得改醮者，非絕而何。」侍中領博士張惲議：「昔舜不告而娶，婚禮蓋闕，故堯典以釐降二女爲文，不殊嫡媵。傳記以妃夫人稱之，明不立正后也。夫以聖人之弘，帝者嫡子，猶權事而變，以定典禮。黃昌之告新妻使避正室，時論許之。推姬氏之讓，執黃卿之決，宜使各自服其母。」黃門侍郎崔諒、荀悝、中書監荀勖、

領中書令和嶠、侍郎夏侯湛皆如溥議。侍郎山雄、兼侍郎著作陳壽以爲：「溥駁一與之齊，非大夫也，〔一四〕禮無二嫡，不可以並耳。若昌父及二母於今各存者，則前母不廢，已有明徵也。設令昌父將前母之子來入中國尙在者，當從出母之服。苟昌父無棄前妻之命，昌兄有服母之理，則昌無疑於不服。」賊曹屬卞粹議：「昌父當莫審之時而娶後妻，則前妻同之於死而義不絕。若生相及而後妻不去，則妾列於前志矣。死而會乎，則同祔於葬，無並嫡之實。必欲使子孫於沒世之後，追計二母隔絕之時，以爲並嫡，則背違死父，追出亡母。議者以爲禮無前母之服者，可謂以文害意。愚以爲母之不親，而服三年非一，無異於前母也。」倉曹屬衞恒議：「或云，嫡不可二，前妻宜絕。此爲奪舊與新，違母從子，禮律所不許，人情所未安也。或云，絕與死同，無嫌二嫡，據其相及，欲令有服。此爲論嫡則死，議服則生，還自相伐，理又不通。愚以爲地絕死絕，誠無異也，宜一如前母，不復追服。」主薄劉卞議：「毖在南爲邦族，於北爲羈旅，以此名分言之，前妻爲元妃，後婦爲繼室。何至王路既通，更當逐其今妻，〔一五〕廢其嫡子！不書姜氏，絕不爲親，以其犯至惡也。趙姬雖貴，必推叔隗，原同雖寵，必嫡宣孟。若違禮苟讓，何則春秋所當善也！論者謂地絕，其情終已不得往來。今地既通，何爲故當追而絕之邪！黃昌見美，斯又近世之明比。」司空齊王攸議：「禮記『生不及祖父母、諸父昆弟，而父稅喪，己則否』，諸儒皆以爲父以他故子生異域，不及此親存時歸見

之，父雖追服，子不從稅，不責非時之恩也。但不相見，尙不服其先終，而況前母非親所生，義不踰祖，莫往莫來，恩絕殊隔，而令追服，殆非稱情立文之謂也。以爲昌不宜追服。」司徒李胤議：「毖爲黃門侍郎，江南已叛。石厚與焉，大義滅親，況於毖之義，可得以爲妻乎！」大司馬騫不議。太尉充、撫軍大將軍汝南王亮皆從主者。溥又駁粹曰：「喪從寧戚，謂喪事尙哀耳，不使服非其親也。夫死者終也，終事已故無絕道。分居兩存，則離否由人。夫婦以判合爲義，今土隔人殊，則配合理絕。彼已更娶代己，安得自同於死婦哉！伯夷讓孤竹，不可以爲後王法也。且既已爲嫡後服，復云爲妾，生則或貶或離，死則同祔於葬，妻專一以事夫，夫懷貳以接己，開僞薄之風，傷貞信之教，於以純化篤俗，不亦難乎！今昌二母雖土地殊隔，據同時並存，何得爲前母後母乎！設使昌母先亡，以嫡合葬，而前母不絕，遠聞喪問，當復相爲制何服邪！夫制不應禮，動而愈失。夫孝子不納親於不義，貞婦不昧進而苟容。今同前嫡於死婦，使後妻居正而或廢，於二子之心，曾無恧乎！而云誣父棄母，恐此文致之言，難以定臧否也。禮，違諸侯適天子，不服舊君，然則昌父絕前君矣，更納後室，廢舊妻矣，又何取於宜誅宜撫乎！且婦人之有惡疾，乃慈夫之所愍也，而在七出，誠以人理應絕故也。今夫婦殊域，與無妻同，方之惡疾，理無以異。據己更娶，有絕前之證，而云應服，於義何居！」

尙書八座以爲「設令有人於此，父爲敦煌太守，而子後任於洛，若父娶妻，非徒不見，乃可不知，及其死亡，不得不服。但鞠養己者情哀，而不相見名制，〔一六〕雖戚念之心殊，而爲之服一也。又，兩后匹嫡，自謂違禮，不謂非常之事而以常禮處之也。昔子思哭出母於廟，其門人曰『庶氏之女死，何爲哭於孔氏之廟！』子思懼，改哭於他室。若昌不制服，不得不告其父祖，掘其前母之尸，徙之他地。若其不徙，昌爲罪人。何則？異族之女不得祔于先姑，藏其墓次故也。且夫婦人牽夫，猶有所奪，趙姬之舉，禮得權通，故先史詳之，不譏其事耳。今昌之二母，各已終亡，尙無並主輕重之事也。昌之前母，宜依叔隗爲比。若亡在昌未生之前者，則昌不應復服。生及母存，自應如禮以名服三年。輒正定爲文，章下太常報楙奉行」。

制曰：「凡事有非常，當依準舊典，爲之立斷。今議此事，稱引趙姬、叔隗者粗是也。然後狄與晉和，故姬氏得迎叔隗而下之。吳寇隔塞，毖與前妻，終始永絕。必義無兩嫡，則趙衰可以專制隗氏。昌爲人子，豈得擅替其母。且毖二妻並以絕亡，其子猶後母之子耳，昌故不應制服也。」

太興初，著作郎干寶論之曰：「禮有經有變有權，王毖之事，有爲爲之也。有不可責以始終之義，不可求以循常之文，何羣議之紛錯！同產者無嫡側之別，而先生爲兄；諸侯同爵

無等級之差，而先封爲長。今二妻之入，無貴賤之禮，則宜以先後爲秩，順序義也。今生而同室者寡，死而同廟者衆，及其神位，固有上下也。故春秋賢趙姬遭禮之變而得禮情也。且夫吉凶哀樂，動乎情者也，五禮之制，所以敍情而卽事也。今二母者，本他人也，以名來親，而恩否於時，敬不及生，愛不及喪，夫何追服之道哉！張惲、劉卞，得其先後之節，齊王、衞恒，通于服絕之制，可以斷矣。朝廷於此，宜導之以趙姬，齊之以詔命，使先妻恢含容之德，後妻崇卑讓之道，室人達長少之序，百姓見變禮之中。若此，可以居生，又況於死乎！古之王者，有以師友之禮待其臣，而臣不敢自尊。今令先妻以一體接後，而後妻不敢抗，及其子孫交相爲服，禮之善物也。然則王昌兄弟相得之日，蓋宜祫祭二母，等其禮饋，序其先後，配以左右，兄弟肅雍，交酬奏獻，上以恕先父之志，中以高二母之德，下以齊兄弟之好，使義風弘于王教，慈讓洽乎急難，不亦得禮之本乎！」

是時，沛國劉仲武先娶毌丘氏，生子正舒、正則二人。毌丘儉反敗，仲武出其妻，娶王氏，生陶，仲武爲毌丘氏別舍而不告絕。及毌丘氏卒，正舒求祔葬焉，而陶不許。舒不釋服，訟于上下，泣血露骨，縗裳綴絡，數十年弗得從，以至死亡。

時吳國朱某娶妻陳氏，生子東伯。入晉，晉賜妻某氏，生子綏伯。太康之中，某已亡，綏伯將母以歸邦族，兄弟交愛敬之道，二母篤先後之序，雍雍人無間焉。及其終也，二子交

相爲服，君子以爲賢。

安豐太守程諒先已有妻，後又娶，遂立二嫡。前妻亡，後妻子勳疑所服。中書令張華造甲乙之問曰：「甲娶乙爲妻，後又娶丙，匿不說有乙，居家如二嫡，無有貴賤之差。乙亡，丙之子當何服？本實並列，嫡庶不殊，雖二嫡非正，此失在先人，人子何得專制析其親也。若爲庶母服，又不成爲庶。進退不知所從。」太傅鄭沖議曰：「甲失禮於家，二嫡並在，誠非人子所得正。則乙丙之子並當三年，禮疑從重。」車騎賈充、侍中少傅任愷議略與鄭同。太尉荀顗議曰：「春秋並后匹嫡，古之明典也。今不可以犯禮並立二妻，不別尊卑而遂其失也。故當斷之以禮，先至爲嫡，後至爲庶。丙子宜以嫡母服乙，乙子宜以庶母事丙。昔屈建去芰，古人以爲違禮而得禮。丙子非爲抑其親，斯自奉禮先後貴賤順敍之義也。」中書監荀勖議曰：「昔鄉里鄭子羣娶陳司空從妹，後隔呂布之亂，不復相知存亡，更娶鄉里蔡氏女。徐州平定，陳氏得還，遂二妃並存。蔡氏之子字元讎，爲陳氏服嫡母之服，事陳公以從舅之禮。族兄宗伯曾責元讎，謂抑其親，鄉里先達以元讎爲合宜。不審此事粗相似否。」

建武元年，以溫嶠爲散騎侍郎，嶠以母亡值寇，不臨殯葬，欲營改葬，固讓不拜。元帝詔曰：「溫嶠不拜，以未得改卜葬送，朝議又頗有異同。爲審由此邪？天下有闕塞，行禮制物者當使理可經通。古人之制三年，非情之所盡，蓋存亡有斷，不以死傷生耳。要經而服金革之役者，豈營官邪？隨王事之緩急也。今桀逆未梟，平陽道斷，奉迎諸軍猶未得徑進，嶠特一身，於何濟其私艱，而以理閡自疑，不服王命邪！其令三司八座、門下三省、外內羣臣，詳共通議如嶠比，吾將親裁其中。」於是太宰、西陽王羕，司徒臨潁公組，驃騎將軍、卽丘子導，侍中紀瞻，尚書周顗，散騎常侍荀邃等議，以「昔伍員挾弓去楚，爲吳行人以謀楚，誠志在報讎，不苟滅身也。溫嶠遭難，昔在河朔，日尋干戈，志刷讎惡，萬里投身，歸赴朝廷，將欲因時竭力，憑賴王威，以展其情，此乃嶠之志也。無緣道路未通，師旅未進，而更中辭王事，留志家巷也。以爲誠宜如明詔。」於是有司奏曰：「案如衆議，去建武元年九月下辛未令書，依禮文，父喪未葬，〔一七〕唯喪主不除。以他故未葬，人子之情，不可居殯而除，故期於畢葬，無遠近之斷也。若亡遇賊難，喪靈無處，求索理絕，固應三年而除，不得故從未葬之例也。若骨肉殲於寇害，死亡漫於中原，而繼以遺賊未滅，亡者無收殯之實，存者又闕於奔赴之禮，而人子之情，哀痛無斷，輒依未葬之義，久而不除，若遂其情，則人居無限之喪，非有禮無時不得之義也。諸如此，皆依東關故事，限行三年之禮畢而除也。唯二親生離，吉凶未分，服喪則凶事未據，從吉則疑於不存，心憂居素，出自人情，有如此者，非官制之所裁。今嶠以未得改卜奔赴，累設疾辭。案辛未之制，已有成斷，皆不得復遂其私情，不服王

命，以虧法憲。參議可如前詔嶠受拜，重告以中丞司徒，諸如嶠比者，依東關故事辛未令書之制。」嶠不得已，乃拜。

是時中原喪亂，室家離析，朝廷議二親陷沒寇難，應制服不。太常賀循曰：「二親生離，吉凶未分，服喪則凶事未據，從吉則疑於不存，心憂居素，允當人情。」元帝令以循議爲然。太興二年，司徒荀組云：「二親陷沒寇難，萬無一冀者，宜使依王法，隨例行喪。」庾蔚之云：「二親爲戎狄所破，存亡未可知者，宜盡尋求之理。尋求之理絕，三年之外，便宜婚宦，胤嗣不可絕，王政不可廢故也。猶宜以哀素自居，不豫吉慶之事，待中壽而服之也。若境內賊亂清平，肆眚之後，尋覓無蹤跡者，便宜制服。」

咸康二年，零陵李繁姊先適南平郡陳詵爲妻，產四子而遭賊。姊投身於賊，請活姑命，賊略將姊去。詵更娶嚴氏，生三子。繁後得姊消息，往迎還詵，詵籍注領二妻。及李亡，詵疑制服，〔一八〕以事言征西大將軍庾亮府平議，時議亦往往異同。司馬王愆期議曰：「案禮不二嫡，故惠公元妃孟子，孟子卒，繼室以聲子。諸侯猶爾，況庶人乎！士喪禮曰，繼母本實繼室，故稱繼母，事之如嫡，故曰如母也。詵不能遠慮避難，以亡其妻，非犯七出見絕於詵。始不見絕，終又見迎，養姑於堂，子爲首嫡，列名黃籍，則詵之妻也。爲詵也妻，則爲暉也

母，暉之制服無所疑矣。禮爲繼母服而不爲前母服者，如李比類，曠世所希。前母旣終，乃有繼母，後子不及前母，故無制服之文。然礿祠蒸嘗，未有不以前母爲母者，亡猶母之，況其存乎！詵有老母，不可以莫之養，妻無歸期，納妾可也。李雖沒賊，尚有生冀，詵尋求之理不盡，而便娶妻，誠詵之短也。然隴畝之夫，不達禮義，考之傳記不勝。〔一九〕施孝叔之妻失身於郤犨而不棄者，以非其罪也。詵有兩妻，非故犯法。李鄙野人，而能臨危請活姑命，險不忘順，可謂孝婦矣。議者欲令在沒略之中，必全苦操，有隕無二，是望凡人皆爲宋伯姬也。詵雖不應娶妻，要以嚴爲妻，妻則繼室，本非嫡也。雖云非嫡，義在始終，寧可以詵不應二妻而已涉二庭乎！若能下之，則趙姬之義。若云不能，官當有制。先嫡後繼，有自來矣。衆議貶譏太峻，故略序異懷。」亮從愆期議定。

五經通義以爲有德則謚善，無德則謚惡，故雖君臣可同。魏朝初謚宣帝爲文侯，景王爲武侯，文王表不宜與二祖同，於是改謚宣文、忠武。至文王受晉王之號，魏帝又追命宣文爲宣王，忠武爲景王。太康八年十月，太常上謚故太常平陵男郭奕爲景侯。有司奏云：「晉受命以來，祖宗號謚羣下未有同者，故郭奕爲景，與景皇同，不可聽，宜謚曰穆。」王濟、羊璞等並云：「夫無窮之祚，名謚不一，若皆相避，於制難全。如悉不避，復非推崇事尊之禮。宜

依諱名之義，但及七廟祖宗而已，不及遷毀之廟。」成粲、武茂、劉訥並云：「同謚非嫌。號謚者，國之大典，所以厲時作教，經天人之遠旨也。固雖君父，義有所不隆，及在臣子，或以行顯。故能使上下邁德，罔有怠荒。臣願聖世同符堯舜，行周同謚之禮，舍漢魏近制相避之議。」又引周公父子同謚曰文。武帝詔曰：「非言君臣不可同，正以奕謚景不相當耳，宜謚曰簡。」及太元四年，侍中王欣之表君臣不嫌同謚，尚書奏以欣之言爲然。詔可。

驃騎將軍溫嶠前妻李氏，在嶠微時便卒。又娶王氏、何氏，並在嶠前死。及嶠薨，朝廷以問陳舒：「三人並得爲夫人不？」舒云：「禮記『其妻爲夫人而卒，〔二〇〕而後其夫不爲大夫，而祔於其妻，則不易牲。妻卒，而後夫爲大夫，而祔於其妻，則以大夫牲』。然則夫榮於朝，妻貴於室，雖先夫沒，榮辱常隨於夫也。禮記曰『妻祔於祖姑，祖姑有三人，則祔其親者』。如禮，則三人皆爲夫人也。自秦漢已來，廢一娶九女之制，近世無復繼室之禮，先妻卒則更娶。苟生加禮，則亡不應貶。」庾蔚之云：「賤時之妻不得並爲夫人，若有追贈之命則不論耳。」嶠傳，贈王、何二人夫人印綬，不及李氏。

永和十一年，彭城國爲李太妃求謚。博士曹耽之議：「夫婦行不必同，不得以夫謚謚婦。春秋婦人有謚甚多，經無譏文，知禮得謚也。」胡訥云：「禮，婦人生以夫爵，死以夫謚。春秋夫人有謚，不復依禮耳。安平獻王李妃、琅邪武王諸葛妃、太傅東海王裴妃並無謚，今宜率舊典。」王彪之云：「婦人有謚，禮壞故耳。聲子爲謚，服虔諸儒以爲非。杜預亦云『禮，婦人無謚』。春秋無譏之文，所謂不待貶絕自明者也。近世惟后乃有謚耳。」

太尉荀顗上謚法云：「若賜謚而道遠不及葬者，皆封策下屬，遣所承長吏奉策即家賜謚。」

太元十三年，召孔安國爲侍中。安國表以黃門郎王愉名犯私諱，不得連署，求解。有司議云：「名終諱之，有心所同，聞名心瞿，亦明前誥。而禮復云『君所無私諱，大夫之所有公諱』，無私諱。又云『詩書不諱，臨文不諱』。豈非公義奪私情，王制屈家禮哉！尚書安衆男臣先表中兵曹郎王祐名犯父諱，求解職，明詔爰發，聽許換曹，蓋是恩出制外耳。而頃者互相瞻式，源流旣啓，莫知其極。夫皇朝禮大，百僚備職，編官列署，動相經涉。若以私諱，人遂其心，則移官易職，遷流莫已，旣違典法，有虧政體。請一斷之。」從之。

校勘記

〔一〕天下之達禮者也　拾補：「者」字衍。按：禮記檀弓及下文並無「者」字。

〔二〕除服諒闇制　周校：「制」上脫「終」字。按：通典八三有「終」字。下文「諒闇終制」亦可證。

〔三〕慈母服如母　李校：「服」字衍。此用喪服文。

〔四〕文公　各本作「昭公」，局本改作「文公」，與后妃傳及通考一二一合，今從局本。

〔五〕爲祖母後齊衰朞　考異：后妃傳作「齊衰三年」。斠注：宋書徐廣傳亦作「三年」。按：據喪服小記，作「三年」是。

〔六〕諸侯不降嫡殤重　儀禮喪服鄭注作「不降適殤者，重適也」。此「重」字下當有「適也」二字。

〔七〕除不輓歌　「不」字疑衍。

〔八〕今若以大夫宜奪以王事　李校：「大夫」當作「丈夫」。

〔九〕庶子爲母緦麻三月　喪服原文「庶子」下有「爲父後者」四字。下文所言亦指庶子之爲父後者。

〔一〇〕扶風王駿薨　「駿」原作「亮」。考異：本紀是年九月扶風王駿薨，非亮也。今據改。

〔一一〕公爲所寓　喪服經傳「寄公爲所寓」，此脫「寄」字。

〔一二〕密璽　「密」當作「蜜」，山濤傳云「贈司徒蜜印」，陶侃傳云「追贈大司馬，假蜜章」，蓋以蠟爲之，故曰「蜜」。

〔一三〕劉智安　斠注：劉智爲劉寔弟，誤衍「安」字，否則「安」上有脫文，或別有一人。按：劉寔傳作「劉智」。

〔一四〕非大夫也　拾補：「大」疑誤。

〔一五〕更當逐其今妻　李校：「今」當作「前」。

〔一六〕而不相見名制　拾補：「見」下當有「者」字。

〔一七〕父喪未葬　此用喪服小記，「父」當作「久」。

〔一八〕誂疑制服　拾補：通典四八「制」作「鞸」，蓋誂子也，與下文「爲鞸也毋」相應。

〔一九〕考之傳記不勝　拾補：「不勝」二字衍。

〔二〇〕其妻爲夫人而卒　此出禮記喪服小記，「夫人」當作「大夫」。

晉書卷二十一

志第十一

禮下

五禮之別，三曰賓，蓋朝宗、覲遇、會同之制是也。自周以下，其禮彌繁。自秦滅學之後，舊典殘缺。漢興，始使叔孫通制禮，參用先代之儀，然亦往往改異焉。漢儀有正會禮，正旦，夜漏未盡七刻，鍾鳴受賀，公侯以下執贄夾庭，二千石以上升殿稱萬歲，然後作樂宴饗。魏武帝都鄴，正會文昌殿，用漢儀，又設百華燈。晉氏受命，武帝更定元會儀，咸寧注是也。傅玄元會賦曰：「考夏后之遺訓，綜殷周之典藝，採秦漢之舊儀，定元正之嘉會。」此則兼採衆代可知矣。

咸寧注：「先正一日，有司各宿設。夜漏未盡十刻，羣臣集到，庭燎起火。上賀，起，謁報，又賀皇后。還，從雲龍東中華門入，詣東閤下，便坐。漏未盡七刻，百官及受贄郎官以

下至計吏皆入立其次，其陛衞者如臨軒儀。漏未盡五刻，謁者、僕射、大鴻臚各各奏羣臣就位定。漏盡，侍中奏外辦。皇帝出，鐘鼓作，百官皆拜伏。太常導皇帝升御坐，鐘鼓止，百官起。大鴻臚跪奏『請朝賀』。掌禮郎讚『皇帝延王登』。大鴻臚跪讚『藩王臣某等奉白璧各一，再拜賀』。太常報『王悉登』。謁者引上殿，當御坐。皇帝興，王再拜。皇帝坐，復再拜。跪置璧御坐前，復再拜。成禮訖，謁者引下殿，還故位。掌禮郎讚『皇帝延太尉等』。於是公、特進、匈奴南單于、金紫將軍當大鴻臚西，中二千石、二千石、千石、六百石當大行令西，皆北面伏。鴻臚跪讚『太尉、中二千石等奉璧、皮、帛、羔、雁、雉，再拜賀』。太常讚『皇帝延公等登』。掌禮引公至金紫將軍上殿。〔一〕皇帝興，皆再拜。皇帝坐，又再拜。跪置璧皮帛御坐前，復再拜。成禮訖，謁者引下殿，還故位。公置璧成禮時，〔二〕大行令並讚殿下，中二千石以下同。成禮訖，以贄授贄郎，郎以璧帛付謁者，羔、雁、雉付太官。太樂令跪請奏雅樂，樂以次作。乘黃令乃出車，皇帝罷入，百官皆坐。晝漏上水六刻，諸蠻夷胡客以次入，皆再拜訖，坐。御入後三刻又出，鐘鼓作。謁者、僕射跪奏『請羣臣上』。謁者引王公二千石上殿，千石、六百石停本位。謁者引王詣樽酌壽酒，跪授侍中。侍中跪置御坐前，王還。王自酌置位前，謁者跪奏『藩王臣某等奉觴，再拜上千萬歲壽』。四廂樂作，百官再拜。已飲，又再拜。謁者引王等還本位。陛下者傳就席，羣臣皆跪諾。侍中、中書令、尙書令各於殿上

上壽酒。登歌樂升，太官又行御酒。[三]御酒升階，太官令跪授侍郎，侍郎跪進御坐前。乃行百官酒。太樂令跪奏『奏登歌』，三終乃降。太官令跪請具御飯，到階，羣臣皆起。太官令持羹跪授司徒，持飯跪授大司農，尙食持案並授持節，持節跪進御坐前。[四]羣臣就席。太樂令跪奏『奏食舉樂』。太官行百官飯案遍。食畢，太樂令跪奏『請進樂』。樂以次作。鼓吹令又前跪奏『請以次進衆伎』。乃召諸郡計吏前，受敕戒於階下。宴樂畢，謁者一人跪奏『請罷退』。鐘鼓作，羣臣北面再拜，出。」然則夜漏未盡七刻謂之晨賀，晝漏上三刻更出，百官奉壽酒，謂之晝會。別置女樂三十人於黃帳外，奏房中之歌。

江左多虞，不復晨賀。夜漏未盡十刻，開宣陽門，至平旦始開殿門，晝漏上五刻，皇帝乃出受賀。皇太子出會者，則在三恪下王公上。正旦元會，設白獸樽於殿庭，樽蓋上施白獸，若有能獻直言者，則發此樽飲酒。案禮，白獸樽乃杜舉之遺式也，爲白獸蓋，是後代所爲，示忌憚也。[五]

魏制，藩王不得朝覲。魏明帝時，有朝者皆由特恩，不得以爲常。及泰始中，有司奏：「諸侯之國，其王公以下入朝者，四方各爲二番，三歲而周，周則更始。若臨時有故，却在明年。明年來朝之後，更滿三歲乃復朝，不得違本數。[六]朝禮皆親執璧，如舊朝之制。不朝

之歲，各遣卿奉聘。」奏可。江左王侯不之國，其有受任居外，則同方伯刺史二千石之禮，亦無朝聘之制，故此禮遂廢。

漢以高帝十月定秦，且爲歲首。至武帝，雖改用夏正，然每月朔朝，至於十月朔，猶常饗會。其儀，夜漏未盡七刻，受賀及贄，公侯璧，中二千石、二千石羔，千石、六百石雁，四百石以下雉。三公奉璧上殿御坐前，北面。太常讚曰『皇帝爲君興』。三公伏。皇帝坐，乃前進璧。百官皆賀，二千石以上上殿稱萬歲，舉觴。御食，司徒奉羹，大司農奉飯，奏食舉之樂。百官受賜，宴饗，大作樂，如元正之儀。魏晉則冬至日受方國及百僚稱賀，因小會。其儀亞於獻歲之旦。

古者帝王莫不巡狩。魏文帝值天下三分，方隅多事，皇輿亟動，役無寧歲，蓋應時之務，非舊章也。明帝凡三東巡狩，所過存問高年，恤疾苦，或賜穀帛，有古巡幸之風焉。齊王正始元年，巡洛陽縣，賜高年力田各有差。

及武帝泰始四年，詔刺史二千石長吏曰：「古之王者，以歲時巡狩方岳，其次則二伯述職，不然則行人順省。[七]故雖幽遐側微，心無壅隔，下情上通，上指遠諭，至于鰥寡，罔不得所，用垂風遺烈，休聲猶存。朕在位累載，如臨深川，夙興夕惕，明發不寐，坐而待旦，思四方水旱災眚，爲之怛然。勤躬約己，欲令事事當宜。常恐衆吏用情，誠心未著，萬機兼猥，慮有不周，政刑失謬，而弗獲備覽。百姓有過，在予一人。惟歲之不易，未遑卜征巡省之事，下之未乂，其何以恤之。今使使持節侍中副給事黃門侍郎銜命四出，周行天下，親見刺史二千石長吏，申諭朕心，訪求得失損益諸宜，觀省政教，問人間患苦。周典有之曰：『其萬姓之利害爲一書，其禮俗政事刑禁之逆順爲一書，其暴亂作慝犯令爲一書，其札喪凶荒厄貧爲一書，其康樂和親安平爲一書，每國辨異之，以返命于王。』舊章前訓，令率由之。還具條奏，俾朕昭然鑒于幽遠，若親行焉。大夫君子，其各悉乃心，敬乃事，嘉謀令圖，苦言至戒，與使者盡之，無所隱諱。方將虛心以俟，其勉哉勗之，稱朕意焉。」

新禮，巡狩方嶽，柴望告設壝宮如禮。諸侯之覲者，賓及執贄皆如朝儀，而不建旗。摯虞以爲：「覲禮，諸侯覲天子，各建其旗。旗章所以殊爵命，示等威。詩稱『君子至止，言觀其旂』。宜定新禮，建旗如舊禮。」詔可其議。然終晉代，其禮不行。

封禪之說，經典無聞。禮有因天事天，因地事地，因名山升中于天，而鳳皇降，龜龍格。天子所以巡狩，至于方嶽，燔柴祭天，以告其成功，事似而非也。讖緯諸說皆云，王者封泰

山，禪梁甫，易姓紀號。秦漢行其典，前史各陳其制矣。

魏明帝黃初中，[八]護軍蔣濟奏曰：「夫帝王大禮，巡狩爲先；昭祖揚禰，封禪爲首。是以自古革命受符，未有不蹈梁父，登泰山，刊無竟之名，紀天人之際者也。故司馬相如謂有文以來，七十二君，或順所繇於前，謹遺教於後。太史公曰，主上有聖明而不宣布，有司之過也。然則元功懿德，不刊梁山之石，無以顯帝王之功，示兆庶不朽之觀也。語曰『當君而歎堯舜之美，譬猶人子對厥所生而譽他人之父』。今大魏承百王之弊亂，拯流遁之艱厄，接千載之衰緒，繼百代之廢業。始自武文，至于聖躬，所以參成天地之道，綱維人神之化。上天報應，嘉瑞顯祥，以比往古，無所取喩。至於歷世迄今，未發大禮。雖志在掃盡殘盜，蕩滌餘穢，未遑斯事。若爾，三苗屈强於江海，大舜當廢東巡之儀；徐夷跳梁於淮泗，周成當止岱嶽之禮。且去歲破吳虜於江漢，今茲屠蜀賊於隴右，其震蕩內潰，在不復淹，無累於封禪之事也。此儀久廢，非倉卒所定。宜下公卿，廣撰其禮，卜年考時，昭告上帝，以副天下之望。臣待罪軍旅，不勝大願，冒死以聞。」詔曰：「聞蔣濟斯言，使吾汗出流足。自開闢以來，封禪者七十餘君耳。故太史公曰，雖有受命之君，而功有不洽，是以中間曠遠者千有餘年，近者數百載，其儀闕不可得記。吾何德之修，敢庶茲乎！濟豈謂世無管仲，以吾有桓公登泰山之志乎！吾不欺天也。濟之所言，華則華矣，非助我者也。公卿侍中尙書常侍省

之而已，勿復有所議，亦不須答詔也。」天子雖距濟議，而實使高堂隆草封禪之儀，以天下未一，不欲便行大禮。會隆卒，不復行之。

及武帝平吳，混一區宇，太康元年九月庚寅，尚書令衞瓘、尚書左僕射山濤、右僕射魏舒、尚書劉寔、司空張華等奏曰：「臣聞肇自生靈，則有后辟，年載之數，莫之能紀。立德濟世，揮揚仁風，以登封泰山者七十有四家，其謚號可知者十有四焉。沈淪寂寞，曾無遺聲者，不可勝記。大晉之德，始自重黎，實佐顓頊，至于夏商，世序天地。其在于周，不失其緒。金德將升，世濟明聖，外平蜀漢，海內歸心，武功之盛，實由文德。至于陛下，受命踐阼，弘建大業，羣生仰流。惟獨江湖沅湘之表，凶桀負固，歷代不賓。神謀獨斷，命將出討，兵威暫加，數旬蕩定。羇其鯨鯢，赦其罪逆，雲覆雨施，八方來同，聲教所被，達于四極。雖黃軒之征，大禹遠略，周之奕世，何以尚今！若夫玄石素文，底號前載，象以數表，言以事告，雖古河圖洛書之徵，不是過也。宜宣大典，禮中嶽，封泰山，禪梁父，發德號，明至尊，享天休，篤黎庶，勒千載之表，播流後之聲，俾百世之下，莫不興起。斯帝王之盛業，天人之至望也。」詔曰：「今逋寇雖殄，外則障塞有警，內則百姓未寧，此盛德之事，所未議也。」

瓘等又奏曰：「今東漸于海，西被流沙，大漠之陰，日南北戶，莫不通屬，芒芒禹跡，今實過之。天人之道已周，巍巍之功已著，宜修禮地祇，登封泰山，致誠上帝，以答人神之願也。

乞如前奏。」詔曰：「今陰陽未和，刑政未當，百姓未得其所，豈可以勒功告成邪！」詔不許。

瓘等又奏曰：「臣聞處帝王之位者，必有曆運之期，天命之應；濟兆庶之功者，必有盛德之容，告成之典。無不可誣，有不敢讓，自古道也。而明詔謙沖，屢辭其禮，雖盛德攸在，推而未居。夫三公職典天地，實掌人物，國之大事，取議於此。故漢氏封禪，非是官也，不在其事。臣等前奏，蓋陳祖考之功，天命又應，陛下之德，合同四海，迹古考今，宜修此禮。至於克定歲月，須五府上議，然後奏聞。」詔曰：「雖蕩清江表，皆臨事者之勞，何足以告成。方望羣后思隆大化，以寧區夏，百姓獲乂，與之休息。斯朕日夜之望，無所復下諸府矣。」

瓘等又奏：「臣聞唐虞三代濟世弘功之君，莫不仰承天休，俯協人志，登介丘，履梁父，未有辭焉者，蓋不可讓也。今陛下勳高百王，德無與二，茂績宏規，巍巍之業，固非臣等所能究論。而聖旨勞謙，屢自抑損，時至弗應，推美不居，闕皇代之上儀，塞靈祇之款望，使大晉之典謨，不同風於三五。臣等誠不敢奉詔，請如前奏施行。」詔曰：「方當共思弘道，以康庶績。且俟他年，無所復紛紜也。」

王公有司又奏：「自古聖明，光宅四海，封禪名山，著於史籍，作者七十四君矣。舜禹之有天下也，巡狩四嶽，躬行其道。易著觀俗省方，禮有升中于天，詩頌陟其高山，皆載在方策。文王爲西伯以服事殷，周公以魯藩列于諸侯，或享于岐山，或有事泰山，徒以聖德，猶

得爲其事。自是以來，功薄而僭其義者，不可勝數，號謚不泯，以至于今。況高祖宣皇帝肇開王業，海外有截；世宗景皇帝濟以大功，輯寧區夏；太祖文皇帝受命造晉，盪定蜀漢；陛下應期龍興，混一六合，澤被羣生，威震無外。昔漢氏失統，吳蜀鼎峙，兵興以來，近將百年，地險俗殊，人望絕塞。今不羈之寇，二代而平，非聰明神武，先天弗違，孰能巍巍其有成功若茲者歟！臣等幸以千載得遭運會，親服大化，目覩太平，至公至美，誰與爲讓。宜祖述先朝，憲章古昔，勒功岱嶽，登封告成，弘禮樂之制，正三雍之典，揚名萬世，以顯祖宗。是以不勝大願，敢昧死以聞。請告太常，具禮儀。」上復詔曰：「所議誠列代之盛事也，然方今未可以爾。」便報絕之。

哀帝即位，欲尊崇章皇太妃。桓溫議宜稱太夫人。尚書僕射江彪議曰：「虞舜體仁孝之性，盡事親之禮，貴爲天王，富有四海，而瞽叟無立錐之地，一級之爵。蒸蒸之心，昊天罔極，寧當忍父卑賤，不以徽號顯之，豈不以子無爵父之道，理窮義屈，靡所厝情者哉！春秋經曰『紀季姜歸于京師』，傳曰『父母之於子，雖爲天王后，猶曰吾季姜』，言子尊不加父母也。或以爲子尊不加父母，則武王何以追王太王、王季、文王乎？周之三王，德配天地，王迹之興，自此始也。是以武王仰尋前緒，遂奉天命，追崇祖考，明不以子尊加父母也。案禮

『幼不誄長，賤不誄貴』，幼賤猶不得表彰長貴，況敢錫之以榮命邪！漢祖感家令之言而尊太公，荀悅以爲孝莫大于嚴父，而以子貴加之父母，家令之言過矣。爰逮孝章，不上賈貴人以尊號，而厚其金寶幣帛，非子道之不至也，蓋聖典不可踰也。當春秋時，庶子承國，其母得爲夫人。不審直子命母邪，故當告於宗祧以先君之命命之邪？竊見詔書，當臨軒拜授貴人爲皇太妃。今稱皇帝策命命貴人，斯則子爵母也。貴人北面拜受，斯則母臣子也。天尊地卑，名位定矣，母貴子賤，人倫序矣。雖欲加崇貴人，而實卑之；雖顯明國典，而實廢之。且人主舉動，史必書之。如當載之方策，以示後世，無乃不順乎！竊謂應告顯宗之廟，稱貴人仁淑之至，宜加殊禮，以酬鞠育之惠。奉先靈之命，事不在己。妃后雖是配君之名，然自后以下有夫人九嬪，無稱妃焉。桓公謂宜進號太夫人，非不允也。如以夫人爲少，可言皇太夫人。皇，君也，君太夫人於名禮順矣。」帝特下詔拜皇太妃。三月丙辰，使兼太保王恬授璽綬儀服，一如太后。又詔曰：「朝臣不爲太妃敬，爲合禮不？」太常江逌議：「位號不極，不應盡敬。」

孝武追崇會稽鄭太妃爲簡文太后，詔問「當開墓不」。王珣答：「據三祖追贈及中宗敬后，並不開墓位，更爲塋域制度耳。」

褚太后臨朝時，議褚裒進見之典。蔡謨、王彪之並以：「虞舜、漢高祖猶執子道，況后

乎！王者父無拜禮。」尚書八座議以爲：「純子則王道缺，純臣則孝道虧。謂公庭如臣，私覲則嚴父爲允。」

漢魏故事，皇太子稱臣。新禮以太子既以子爲名，而又稱臣，臣子兼稱，於義不通，除太子稱臣之制。摯虞以爲：「孝經『資於事父以事君』，義兼臣子，則不嫌稱臣，宜定新禮皇太子稱臣如舊。」詔從之。

太寧三年三月戊辰，明帝立皇子衍爲皇太子。癸巳，詔曰：「禮無生而貴者，故帝元子方之於士。而漢魏以來，尊崇儲貳，使官屬稱臣，朝臣咸拜，此甚無謂。吾昔在東宮，未及啓革。今衍幼沖之年，便臣先達，將令日習所見，謂之自然，此豈可以教之邪！主者其下公卿內外通議，使必允禮中。」尚書令卞壼議以爲：「周禮王后太子不會，明禮同於君，皆所以重儲貳，異正嫡。苟奉之如君，不得不拜矣。太子若存謙沖，故宜答拜。臣以爲皇太子之立，郊告天地，正位儲宮，豈得同之皇子揖讓而已。謂宜稽則漢魏，闔朝同拜。」從之。

太元中，尚書符問王公已下見皇太子儀及所衣服。侍中領國子博士車胤議：「朝臣宜朱衣構幘，拜敬，太子答拜。案經傳不見其文，故太傅羊祜箴慶太子，稱叩頭死罪，此則拜之證也。又太寧三年詔議其典，尚書卞壼謂宜稽則漢魏，〔九〕闔朝同拜。其朱衣冠冕，惟施

之天朝，宜構幘而已。」朝議多同。

太元十二年，議二王後與太子先後。博士庾弘之及尚書參議，並以爲：「陳留，國之上賓。皇太子雖國之儲貳，猶在臣位，陳留王坐應在太子上。」陳留王勱表稱疾病積年，求放罷，詔禮官博士議之。博士曹耽云：「勱爲祭主而無執祭之期，宜與穆子、孟縶事同。」王彪之云：「二王之後，不宜輕致廢立。記傳未見有已爲君而疾病退罷者，當知古無此禮。孟縶、穆子是方應爲君，非陳留之比。」

咸康四年，成帝臨軒，遣使拜太傅、太尉、司空。儀注，太樂宿縣於殿庭。門下奏，非祭祀宴饗，則無設樂之制。太常蔡謨議曰：「凡敬其事則備其禮，禮備則制有樂。樂者，所以敬事而明義，非爲耳目之娛，故冠亦用之，不惟宴饗。宴饗之有樂，亦所以敬賓也。故郤至使楚，楚子饗之，郤至辭曰：『不忘先君之好，貺之以大禮，重之以備樂。』尋斯辭也，則宴樂之意可知矣。公侯大臣，人君所重，故御坐爲起，在輿爲下，言稱伯舅。傳曰『國卿，君之貳也』，是以命使之日，御親臨軒，百僚陪列，此即敬事之意也。古者，天王饗下國之使，及命將帥，遣使臣，皆有樂。故詩序曰：『皇皇者華，君遣使臣也。』又曰：『采薇以遣之，出車以勞還，杕杜以勤歸。』皆作樂而歌之。今命大使，拜輔相，比於下國之臣，輕重殊矣。輕誠

有之，重亦宜然。故謂臨軒遣使，宜有金石之樂。」議奏從焉。

漢魏故事，王公羣妾見於夫人，夫人不答拜。新禮以爲禮無不答，更制妃公侯夫人答妾拜。摯虞以爲：「禮，妾事女君如婦之事姑，妾服女君朞，女君不報，則敬與婦同而又加賤也。名位不同，本無酬報。禮無不答，義不謂此。先聖殊嫡庶之別，以絕陵替之漸。峻明其防，猶有僭違。宜定新禮，自如其舊。」詔可其議。

五禮之別，其四曰軍，所以和外寧內，保大定功者也。但兵者凶事，故因蒐狩而習之。漢儀，立秋之日，自郊禮畢，始揚威武，斬牲於東門，以薦陵廟。其儀，乘輿御戎路，白馬朱鬣，躬執弩射牲，牲以鹿麛。太宰令、謁者各一人載以獲車，馳送陵廟。還宮，遣使者齎束帛以賜武官。武官肄兵，習戰陣之儀。斬牲之禮，名曰貙劉。兵官皆肄孫吳兵法六十四陣。既還，公卿已下陳雒陽前街，乘輿到，公卿已下拜，天子下車，公卿親識顏色，然後還宮。古語曰在車下車，則惟此時施行。漢世率以爲常。至獻帝建安二十一年，魏國有司奏：「古四時講武，皆於農隙。漢西京承秦制，三時不講，惟十月都試。今金革未偃，士衆素習，可無四時講武。但以立秋擇吉日大朝車騎，號曰閱兵，〔一〇〕上合禮名，下承漢制。」奏可。

是冬，閱兵，魏王親執金鼓以令進退。延康元年，魏文帝爲魏王。是年六月立秋，閱兵于東郊，公卿相儀，王御華蓋，親令金鼓之節。魏明帝太和元年十月，又閱兵。武帝泰始四年九月，咸寧元年，太康四年、六年冬，皆自臨宣武觀，大閱衆軍，然不自令進退也。自惠帝以後，其禮遂廢。元帝太興四年，詔左右衞及諸營教習，依大習儀作雁羽仗。成帝咸和中，詔內外諸軍戲兵於南郊之場，故其地因名鬬場。自後藩鎮桓、庾諸方伯往往閱習，然朝廷無事焉。

漢魏故事，遣將出征，符節郎授節鉞於朝堂。其後荀顗等所定新禮，遣將，御臨軒，尚書受節鉞，依古兵書跪而推轂之義也。

五禮之別，其五曰嘉，宴饗冠婚之道於是乎備。周末崩離，賓射宴饗之則罕復能行，冠婚飲食之法又多遷變。

周禮雖有服冕之數，而無天子冠文。又儀禮云，公侯之有冠禮，夏之末造也。王、鄭皆以爲夏末上下相亂，篡弒由生，故作公侯冠禮，則明無天子冠禮之審也。大夫又無冠禮，古者五十而後爵，何大夫冠禮之有。周人年五十而有賢才，則試以大夫之事，猶行士禮也。故筮日筮賓，冠於阼以著代，醮於客位，三加彌尊，皆士禮耳。

然漢代以來，天子諸侯頗採其儀。正月甲子若丙子爲吉日，可加元服，儀從冠禮是也。漢順帝冠，又兼用曹褒新禮，乘輿初加緇布進賢，次爵弁、武弁，次通天，皆於高廟，以禮謁見世祖廟。王公已下，初加進賢而已。案此文，始冠緇布，從古制也，冠於宗廟是也。

魏天子冠一加。其說曰，士禮三加，加有成也。至於天子諸侯無加數之文者，將以踐阼臨下，尊極德備，豈得與士同也。魏氏太子再加，皇子王公世子乃三加。孫毓以爲一加再加，皆非也。

禮醮辭曰：「令月吉日，以歲之正，以月之令。」案魯襄公冠以冬，漢惠帝冠以三月，明無定月。而後漢以來，帝加元服咸以正月。及咸寧二年秋閏九月，遣使冠汝南王柬，此則非必歲首。

禮冠於廟，然武、惠冠太子，太子皆即廟見，斯亦擬在廟之儀也。穆帝、孝武將冠，皆先以幣告廟，訖又廟見也。

惠帝之爲太子，將冠，武帝臨軒，使兼司徒高陽王珪加冠，兼光祿大夫屯騎校尉華廙贊冠。

江左諸帝將冠，金石宿設，百僚陪位。又豫於殿上鋪大牀，御府令奉冕、幘、簪導、袞服以授侍中常侍，太尉加幘，太保加冕。將加冕，太尉跪讀祝文曰：「令月吉日，始加元服。皇

帝穆穆，思弘袞職。欽若昊天，六合是式。率遵祖考，永永無極。眉壽惟祺，介茲景福。」加冕訖，侍中繫玄紞，侍中脫帝絳紗服，加袞服冕冠。事畢，太保率羣臣奉觴上壽，王公以下三稱萬歲乃退。案儀注，一加幘冕而已。

泰始十年，南宮王承年十五，依舊應冠。有司議奏：「禮，十五成童，國君十五而生子，以明可冠之宜。又漢魏遣使冠諸王，非古典。」於是制諸王十五而冠，不復加使命。

王彪之云，禮、傳冠皆在廟。案成帝既加元服，車駕出拜于太廟，以告成也。蓋亦猶擬在廟之儀。

魏齊王正始四年，立皇后甄氏，其儀不存。

武帝咸寧二年，臨軒，遣太尉賈充策立皇后楊氏，納悼后也。因大赦，賜王公以下各有差，百僚上禮。

太康八年，有司奏：「婚禮納徵，大婚用玄纁束帛，加珪，馬二駟。王侯玄纁束帛，加璧，乘馬。大夫用玄纁束帛，加羊。古者以皮馬爲庭實，天子加以穀珪，諸侯加大璋，可依周禮改璧用璋，其羊雁酒米玄纁如故。諸侯婚禮，加納采、告期、親迎各帛五匹，及納徵馬四匹，皆令夫家自備。惟璋，官爲具致之。」尚書朱整議：「案魏氏故事，王娶妃、公主嫁之禮，天子

諸侯以皮馬爲庭實，天子加以穀珪，諸侯加以大璋。漢高后制聘，后黃金二百斤，馬十二匹。夫人金五十斤，馬四匹。魏氏王娶妃、公主嫁之禮，用絹百九十匹。晉興，故事用絹三百匹。」詔曰：「公主嫁由夫氏，不宜皆爲備物，賜錢使足而已。惟給璋，餘如故事。」

成帝咸康二年，臨軒，遣使持節、兼太保、領軍將軍諸葛恢，兼太尉、護軍將軍孔愉，六禮備物，拜皇后杜氏。即日入宮，帝御太極殿，羣臣畢賀。賀，非禮也。王者婚禮，禮無其制。春秋「祭公逆王后于紀」，穀梁、左氏傳說與公羊又不同。而自漢魏遺事，並皆闕略。武、惠納后，江左又無復儀注。故成帝將納杜后，太常華恒始與博士參定其儀。據杜預左氏傳說，主婚是供其婚禮之幣而已。又，周靈王求婚於齊，齊侯問於晏桓子，桓子對曰：「夫婦所生若如人，姑姊妹則稱先守某公之遺女若如人。」此則天子之命自得下達，臣下之答徑自上通。先儒以爲丘明詳錄其事，蓋爲王者婚娶之禮也。故成帝臨軒，遣使稱制拜后，然其儀注又不具存。

康帝建元元年，納皇后褚氏，而儀注陛者不設旄頭。殿中御史奏：「今迎皇后，依成恭皇后入宮御物，而儀注至尊袞冕升殿，旄頭不設，求量處。又案，昔迎恭皇后，惟作青龍旂，其餘皆即御物。今當臨軒遣使，而立五牛旗，旄頭畢罕並出即用，故致今闕。」詔曰：「所以正法服、升太極者，以敬其始，故備其禮也。今云何更闕所重而徹法物邪！又恭后神主入

廟，先帝詔后禮宜降，不宜建五牛旗，而今猶復設之邪！既不設五牛旗，則旄頭畢罕之物易具也。」又詔曰：「舊制既難準，且於今而備，亦非宜。府庫之儲，惟當以供軍國之費耳。法服儀飾粗令舉，其餘兼副雜器停之。」

穆帝升平元年，將納皇后何氏。太常王彪之大引經傳及諸故事以定其禮，深非公羊婚禮不稱主人之義。又曰：「王者之於四海，無不臣妾，雖復父兄之親，師友之賢，皆純臣也。夫崇三綱之始，以定乾坤之儀，安有天父之尊，而稱臣下之命以納伉儷。安有臣下之卑，而稱天父之名以行大禮。遠尋古禮，無王者此制；近求史籍，無王者此比。於情不安，於義不通。案咸寧二年，納悼皇后時，弘訓太后母臨天下，而無命戚屬之臣爲武皇父兄主婚之文。又考大晉已行之事，咸寧故事不稱父兄師友，則咸康華恒所上禮合於舊。臣愚謂今納后儀制，宜一依咸康故事。」於是從之。華恒所定之禮，〔二〕依漢舊及晉已行之制，故彪之多從咸康，由此也。惟以娶婦之家三日不舉樂，而咸康羣臣賀，爲失禮。故但依咸寧上禮，不復賀。其告廟六禮版文等儀，皆彪之所定也。其納采版文璽書曰：「皇帝咨前太尉參軍何琦。渾元資始，肇經人倫，爰及夫婦，以奉天地宗廟社稷。謀于公卿，咸以宜率由舊典。今使使持節太常彪之、宗正綜以禮納采。」主人曰：「皇帝嘉命，訪婚陋族，備數采擇。臣從祖弟故散騎侍郎準之遺女，未閑教訓，衣履若如人。欽承舊章，肅奉典制。前太尉參軍、都鄉侯糞土

臣何琦稽首頓首，再拜承詔。」次問名版文曰：「皇帝曰：咨某官某姓。兩儀配合，承天統物，正位乎內，必俟令族，重申舊典。今使使持節、太常某，宗正某，以禮問名。」主人曰：「皇帝嘉命，使者某到，重宣中詔，問臣名族。臣族女父母所生，先臣故光祿大夫、雩婁侯禎之遺玄孫，〔一二〕先臣故豫州刺史、關中侯惲之曾孫，先臣故安豐太守、關中侯叡之孫，先臣故散騎侍郎準之遺女。外出自先臣故尚書左丞孔胄之外曾孫，先臣故侍中、關內侯夷之外孫女，年十七。欽承舊章，肅奉典制。」次納吉版文曰：「皇帝曰：咨某官某姓。人謀龜從，僉曰貞吉，敬從典禮。今使使持節、太常某，宗正某以禮納吉。」主人曰：「皇帝嘉命，使者某重宣中詔，太卜元吉。臣陋族卑鄙，憂懼不堪。欽承舊章，肅奉典制。」次納徵版文曰：「皇帝曰：咨某官某姓之女，有母儀之德，窈窕之姿，如山如河，宜奉宗廟，永承天祚。以玄纁皮帛，馬羊錢璧，以章典禮。今使使持節、司徒某，太常某，以禮納徵。」主人曰：「皇帝嘉命，降婚卑陋，崇以上公，寵以典禮，備物典策。欽承舊章，肅奉典制。」次請期版文曰：「皇帝曰：咨某官某姓。謀于公卿，泰筮元龜，罔有不臧，率遵典禮。今使使持節、太常某，宗正某，以禮請期。」主人曰：「皇帝嘉命，使者某重宣中詔，吉日惟某可迎。臣欽承舊章，肅奉典制。」次親迎版文曰：「皇帝曰：咨某官某姓。歲吉月令，吉日惟某，率禮以迎。今使使持節、太保某，太尉某，以禮迎。」主人曰：「皇帝嘉命，使者某重宣中詔，令月吉辰，備禮以迎。上公宗卿兼至，副介近臣百兩。臣螻蟻之族，猥承大禮，憂懼戰悸。欽承舊章，肅奉典制。」某稽首承詔，皆如初答。

孝武納王皇后，其禮亦如之。其納采、問名、納吉、請期、親迎，皆用白雁、白羊各一頭，酒米各十二斛。惟納徵羊一頭，玄纁用帛三匹，絳二匹，絹二百匹，獸皮二枚，錢二百萬，玉璧一枚，馬六匹，酒米各十二斛。鄭玄所謂五雁六禮也。其珪馬之制，備物之數，校太康所奏又有不同云。

古者婚冠皆有醮，鄭氏醮文三首具存。

升平八年，〔一三〕臺符問「迎皇后大駕應作鼓吹不」。博士胡訥議：「臨軒儀注闕，無施安鼓吹處所，又無舉麾鳴鐘之條。」太常王彪之以爲：「婚禮不樂。鼓吹亦樂之總名。儀注所以無者，依婚禮。今宜備設而不作。」時用此議。

永和二年納后，〔一四〕議賀不。王述云：「婚是嘉禮。春秋傳曰：『娶者大吉，非常吉。』又傳曰：『鄭子罕如晉，賀夫人。』鄰國猶相賀，況臣下邪！如此，便應賀，但不在三日內耳。今因廟見成禮而賀，亦是一節也。」王彪之議云：「婚禮不樂不賀，禮之明文。傳稱子罕如晉賀夫人，既無經文，又傳不云禮也。禮，取婦三日不舉樂，明三日之後自當樂。至於不賀，無三日之斷，恐三日之後故無應賀之禮。」又云：「禮記所以言賀取妻者，是因就酒食而有慶語

也。愚謂無直相賀之體，〔一五〕而有禮貺共慶會之義，今世所共行。」于時竟不賀。

穆帝納后欲用九月，九月是忌月。范汪問王彪之，答云：「禮無忌月，不敢以所不見，便謂無之。」博士曹耽、荀訥等並謂無忌月之文，不應有妨。王洽曰：「若有忌月，當復有忌歲。」

太元十二年，臺符問「皇太子既拜廟，朝臣奉賀，應上禮與不？」國子博士車胤云：「百辟卿士，咸預盛禮，展敬拜伏，不須復上禮。惟方伯牧守，不覲大禮，自非酒牢貢羞，無以表其乃誠，故宜有上禮。猶如元正大慶，方伯莫不上禮，朝臣奉璧而已。」太學博士庾弘之議：「案咸寧三年始平、濮陽諸王新拜，有司奏依故事，聽京城近臣諸王公主應朝賀者復上禮。今皇太子國之儲副，既已崇建，普天同慶。謂應上禮奉賀。」徐邈同。又引一有元良，慶在於此。封諸王及新宮上禮，既有前事，亦皆已瞻仰致敬，而又奉觴上壽，應亦無疑也。

江左以來，太子婚，納徵禮用玉璧一，獸皮二，未詳何所準況。或者獸取其威猛有班彩，玉以象德而有溫潤。尋珪璋亦玉之美者，豹皮采蔚以譬君子。王肅納徵辭云：「玄纁束帛，儷皮雁羊。」前漢聘后，黃金二百斤，馬十二匹，亦無用羊之旨。鄭氏婚物贊曰「羊者祥也」，然則婚之有羊，自漢末始也。王者六禮，尚未用焉。是故太康中有司奏：「太子婚，納徵用玄纁束帛，加羊馬二駟。」

武帝泰始十年，將聘拜三夫人、九嬪。有司奏：「禮，皇后聘以穀珪，無妾媵禮贄之制。」詔曰：「拜授可依魏氏故事。」於是臨軒，使使持節兼太常拜三夫人，兼御史中丞拜九嬪。

漢魏之禮云，公主居第，尚公主者來第成婚。司空王朗以爲不可，其後乃革。太元中，公主納徵以獸豹皮各一具禮，豈謂婚禮不辨王公之序，故取獸豹以尊革其事乎！〔一六〕

禮有三王養老膠庠之文，饗射飲酒之制，周末淪廢。漢明帝永平二年三月，帝始率羣臣躬養三老五更于辟雍，行大射之禮。郡國縣道行鄉飲酒于學校，皆祠先聖先師周公孔子，牲以太牢。〔一七〕孟冬亦如之。及魏高貴鄉公甘露二年，天子親帥羣司行養老之禮。於是王祥爲三老，鄭小同爲五更。其儀注不存，然漢禮猶在。武帝泰始六年十二月，帝臨辟雍，行鄉飲酒之禮。詔曰：「禮儀之廢久矣，乃今復講肄舊典。」賜太常絹百匹，丞、博士及學生牛酒。咸寧三年，惠帝元康九年，復行其禮。

魏正始中，齊王每講經遍，輒使太常釋奠先聖先師於辟雍，弗躬親。及惠帝明帝之爲太子，及愍懷太子講經竟，並親釋奠於太學，太子進爵於先師，中庶子進爵於顏回。成、穆、孝武三帝，亦皆親釋奠。孝武時，以太學在水南懸遠，有司議依升平元年，於中堂權立行太

中華書局

學。于時無復國子生，有司奏：「應須復二學生百二十人。太學生取見人六十，國子生權銓大臣子孫六十人，事訖罷。」奏可。釋奠禮畢，會百官六品以上。

漢儀，季春上巳，官及百姓皆禊於東流水上，洗濯祓除去宿垢。而自魏以後，但用三日，不以上巳也。晉中朝公卿以下至于庶人，皆禊洛水之側。趙王倫篡位，三日會天泉池，誅張林。懷帝亦會天泉池，賦詩。陸機云：「天泉池南石溝引御溝水，池西積石爲禊堂。」本水流杯飲酒，亦不言曲水。元帝又詔罷三日弄具。海西於鍾山立流杯曲水，延百僚，皆其事也。九月九日，馬射。或說云「秋，金之節，講武習射，象立秋之禮也」。

校勘記

〔一〕掌禮引公至金紫將軍上殿　拾補：「禮」下脫「郎」字。「上殿」下脫「當御坐」三字。按：宋志一、通典七〇皆有「當御坐」三字。

〔二〕公置璧成禮時　宋志一、通典七〇「公」上有「王」字，拾補以爲當據補。

〔三〕太官又行御酒　宋志一「太官」下有「令」字，據下文，此亦當作「太官令」。

〔四〕並授持節持節跪進御坐前　宋志一、通典七〇兩「持節」並作「侍郎」。拾補以爲「持節」乃

譌字。

〔五〕示忌憚也　「忌憚」上當有「無」字或「不」字。宋志一作「無所忌憚也」，御覽二九引臧榮緒晉書作「示不忌憚也」，皆可證。

〔六〕不得違本數　斠注：通典七四作「不得依恒數」。按：宋志一作「不得從本數」。「恒數」「本數」皆指「二番三歲而周」之數。今既有故推遲，故不得依原定朝覲之歲來也。此作「違」，意義相反，疑當改作「從」或「依」。

〔七〕行人順省　拾補：「順」疑「頫」，見周禮。按：周禮大行人「三歲徧頫，五歲徧省」，「頫省」本此。「頫」「頫」同。盧說是。

〔八〕魏明帝黃初中　黃初爲文帝年號，非明帝。盧弼三國志集解據高堂隆傳謂「黃初」當作「太和」。

〔九〕尙書卞壼　「尙書」當同上文作「尙書令」。

〔一〇〕號曰閱兵　「閱」本作「治」，此唐人避李治諱改。下「閱兵」同。魏志武帝紀皆作「治兵」。

〔一一〕華恒所定之禮　「之」，宋志一及通典五八皆作「六」。

〔一二〕零婁侯禎　武紀、文紀、魏志管寧傳注引文士傳「禎」並作「楨」。楨字元幹，當作「楨」。

〔一三〕升平八年　諸史考異：穆帝立皇后何氏在升平元年八月。升平止五年，無八年。

〔一四〕永和二年納后　諸史考異：永和二年，穆帝四歲，無納后之文。

〔一五〕無直相賀之體　斠注：通典五八「體」作「禮」。

〔一六〕故取獸豹以尊革其事乎　周校：「革」當在「獸豹」下，文乃順。

〔一七〕牲以太牢　拾補：續漢志「太牢」作「犬」，劉昭引儀禮鄭注云「狗取擇人」，「太牢」誤。

晉書卷二十二

志第十二

樂上

夫性靈之表，不知所以發於詠歌；感動之端，不知所以關於手足。生於心者謂之道，成於形者謂之用。譬諸天地，其猶影響，百獸率舞，而況於人乎！美其和平而哀其喪亂，以茲援律，乃播其聲焉。

農瑟羲琴，倕鍾和磬，達靈成性，象物昭功，由此言之，其來自遠。殷氏不綱，遺風餘韗，淫奏既興，雅章奔散，英莖之制，蓋已微矣。孔子曰：「人能弘道，非道弘人。」周始二南，風兼六代。昔黃帝作雲門，堯作咸池，舜作大韶，禹作大夏，殷作大濩，周作大武，所謂因前王之禮，設俯仰之容，和順積中，英華發外。書稱命夔典樂，教胄子，則周官所謂奏大呂，歌黃鍾。天貺來下，人祇動色，抑揚周監，以弘雅音。及褒艷興災，平王逢亂，禮廢親疏，樂沈

河海。是以延陵季子聞歌小雅曰：「其周德之衰乎！猶有先王之遺風焉。」而列壤稱孤，各興吟詠。魏文侯聆古樂而恐臥，晉平公聽新聲而忘食，先王之道，漸以陵夷。八方殊風，九州異則。秦氏幷吞，遂專刑憲，至於絃歌詩頌，干戚旄羽，投諸煙火，掃地無遺。

漢祖提劍寰中，削平天下，文匪躬於德化，武有心於制作。太后擯儒家之道，大臣排賈氏之言，搢紳先生所以長歎，而子政、仲舒猶不能已也。炎漢中興，明皇帝即位，表圭景而陳清廟，樹槐陰而疏璧流；祀光武於明堂，以配上帝；召桓榮於太學，袒而割牲；濟濟焉，皇皇焉，有足觀者。自斯厥後，禮樂彌殷。永平三年，官之司樂，改名大予，式揚典禮，旁求圖讖，道鄰雅頌，事邇中和。其有五方之樂者，則所謂「大樂九變，天神可得而禮」也。其有宗廟之樂者，則所謂「肅雍和鳴，先祖是聽」者也。其有社稷之樂者，則所謂「琴瑟擊鼓，以迓田祖」者也。其有辟雍之樂者，則所謂「移風易俗，莫善於樂」者也。其有黃門之樂者，則所謂「宴樂羣臣，蹲蹲舞我」者也。其有短簫之樂者，則所謂「王師大捷，令軍中凱歌」者也。

魏武挾天子而令諸侯，思一戎而匡九服，時逢吞滅，憲章咸盪。及削平劉表，始獲杜夔，揚鞶總干，式遵前記。三祖紛綸，咸工篇什，聲歌雖有損益，愛翫在乎雕章。是以王粲等各造新詩，抽其藻思，吟詠神靈，贊揚來饗。

武皇帝採漢魏之遺範，覽景文之垂則，鼎鼐唯新，前音不改。泰始九年，光祿大夫荀勖

始作古尺，以調聲韻，仍以張華等所制高文，陳諸下管。永嘉之亂，伶官旣滅，曲臺宣榭，咸變滂萊。雖復象舞歌工，自胡歸晉，至於孤竹之管，雲和之瑟，空桑之琴，泗濱之磬，其能備者，百不一焉。夫人受天地之靈，蘊菁華之氣，剛柔遞用，哀樂分情。經春陽而自喜，遇秋彫而不悅。遊乎金石之端，出乎管絃之外，因物遷逝，乘流不反。是以楚王升輕軒於彭蠡，漢順聽鳴鳥於樊衢。聖人功成作樂，化平裁曲，乃揚節奏，以暢中和，飾其歡欣，止於哀思者也。

凡樂之道，五聲、八音、六律、十二管，爲之綱紀云。

五聲：宮爲君，宮之爲言中也。中和之道，無往而不理焉。商爲臣，商之爲言强也，謂金性之堅强也。角爲民，角之爲言觸也，謂象諸陽氣觸物而生也。徵爲事，徵之爲言止也，言物盛則止也。羽爲物，羽之爲言舒也，言陽氣將復，萬物孳育而舒生也。古人有言曰：「禮樂不可斯須去身。」化上遷善，有如不及。是以聞其宮聲，使人溫良而寬大；聞其商聲，使人方廉而好義；聞其角聲，使人惻隱而仁愛；聞其徵聲，使人樂養而好施；聞其羽聲，使人恭儉而好禮。

八音，八方之風也。乾之音石，其風不周。坎之音革，其風廣莫。艮之音匏，其風融。

震之音竹，其風明庶。巽之音木，其風清明。離之音絲，其風景。坤之音土，其風涼。兌之音金，其風閶闔。

陽六爲律，謂黃鍾、太蔟、姑洗、蕤賓、夷則、無射；陰六爲呂，謂大呂、應鍾、南呂、林鍾、仲呂、夾鍾：凡有十二，以配十二辰焉。律之爲言法也，言陽氣施生各有法也；呂之爲言助也，所以助成陽功也。

正月之辰謂之寅，寅者津也，謂生物之津塗也。二月之辰名爲卯，卯者茂也，言陽氣生而孳茂也。三月之辰名爲辰，辰者震也，謂時物盡震動而長也。四月之辰謂爲巳，巳者起也，物至此時畢盡而起也。五月之辰謂爲午，午者長也，大也，言物皆長大也。六月之辰謂之未，未者味也，言時萬物向成，有滋味也。七月之辰謂爲申，申者身也，言時萬物身體皆成就也。八月之辰謂爲酉，酉者緧也，謂時物皆緧縮也。九月之辰謂爲戌，戌者滅也，謂時物皆衰滅也。十月之辰謂爲亥，亥者劾也，言時陰氣劾殺萬物也。十一月之辰謂爲子，子者孳也，謂陽氣至此更孳生也。十二月之辰謂爲丑，丑者紐也，言終始之際，以紐結爲名也。

十一月之管謂之黃鍾，黃者，陰陽之中色也。天有六氣，地有五才，而天地數畢焉。或曰，冬至德氣爲土，土色黃，故曰黃鍾。正月之管謂爲太蔟，蔟者蔟也，謂萬物隨於陽氣太

蔟而生也。三月之管名爲姑洗，姑洗者：姑，枯也；洗，濯也，謂物生新潔，洗除其枯，改柯易葉也。五月之管名爲蕤賓，蕤蕤，垂下貌也；賓，敬也，謂時陽氣下降，陰氣始起，相賓敬也。七月之管名爲夷則，夷，平也；則，法也，謂萬物將成，平均皆有法則也。九月之管名爲無射，射者出也，言時陽氣上升，萬物收藏無復出也。十二月之管名爲大呂，呂者助也，謂陽氣方之，陰氣助也。十月之管名爲應鍾，應者和也，謂歲功皆成，應和陽功，收而聚之也。八月之管名爲南呂，南者任也，[一]謂時物皆秀，有懷任之象也。六月之管名爲林鍾，林者茂也，謂時物茂盛於野也。四月之管名爲仲呂者，呂，助也，謂陽氣盛長，陰助成功也。二月之管名爲夾鍾者，夾，佐也，謂時物尚未盡出，陰德佐陽而出物也。

漢自東京大亂，絕無金石之樂，樂章亡缺，不可復知。及魏武平荆州，獲漢雅樂郎河南杜夔，能識舊法，以爲軍謀祭酒，使創定雅樂。時又有散騎侍郎鄧靜、尹商善訓雅樂，[二]歌師尹胡能歌宗廟郊祀之曲，舞師馮肅、服養曉知先代諸舞，夔悉總領之。遠詳經籍，近採故事，考會古樂，始設軒懸鍾磬。而黃初中柴玉、左延年之徒，復以新聲被寵，改其聲韻。

及武帝受命之初，百度草創。泰始二年，詔郊祀明堂禮樂權用魏儀，遵周室肇稱殷禮之義，但改樂章而已，使傅玄爲之詞云。

祀天地五郊夕牲歌

天命有晉，穆穆明明。我其夙夜，祇事上靈。常于時假，迄用其成。於薦玄牡，進夕其牲。崇德作樂，神祇是聽。

祀天地五郊迎送神歌

宣文蒸哉，日靖四方。永言保之，夙夜匪康。光天之命，上帝是皇。嘉樂殷薦，靈祚景祥。神祇降假，享福無疆。

饗天地五郊歌

天祚有晉，其命惟新。受終于魏，奄有黎民。燕及皇天，懷和百神。丕顯遺烈，之德之純。享其玄牡，式用肇禋。神祇來格，福祿是臻。時邁其猶，昊天子之。祐享有晉，肇庶戴之。畏天之威，敬授人時。丕顯丕承，於猶繹思。皇極斯建，庶績咸熙。庶幾夙夜，惟晉之祺。宣文惟后，克配彼天。撫寧四海，保有康年。於乎緝熙，肆用靖民。爰立典制，爰修禮紀。作民之極，莫匪資始。克昌厥後，永言保之。

天地郊明堂夕牲歌

皇矣有晉，時邁其德。受終于天，光濟萬國。萬國既光，神定厥祥。虔于郊祀，祇事上皇。祇事上皇，百福是臻。巍巍祖考，克配彼天。嘉牲匪歆，德馨惟饗。受天之祐，神化四方。

天地郊明堂降神歌

於赫大晉，應天景祥。二帝邁德，宣此重光。我皇受命，奄有萬方。郊祀配享，禮樂孔章。神祇嘉享，祖考是皇。克昌厥後，保祚無疆。

天郊饗神歌

整泰壇，禮皇神。精氣感，百靈賓。蘊朱火，燎芳薪。紫煙遊，冠青雲。神之體，靡象形。曠無方，幽以清。神之來，光景昭。聽無聞，視無兆。神之至，舉歆歆。靈爽協，動余心。神之坐，同歡娛。澤雲翔，化風舒。嘉樂奏，文中聲。八音諧，神是聽。咸絜齊，並芬芳。亨牷牲，享玉觴。神悅饗，歆禋祀。祐大晉，降繁祉。作京邑，廣四海。保天年，窮地紀。

地郊饗神歌

整泰折，[三]竢皇祇。衆神感，羣靈儀。陰祀設，吉禮施。夜將極，時未移。祇之體，無形象。潛泰幽，洞忽荒。祇之出，薆若有。靈無遠，天下母。祇之來，遺光景。昭若存，終冥冥。祇之至，舉欣欣。舞象德，歌成文。祇既坐，同歡豫。澤雨施，化雲布。樂八變，聲教敷。物咸亨，祇是娛。齊既絜，侍者肅。玉觴進，咸穆穆。饗嘉豢，歆德馨。祚有晉，暨羣生。溢九壤，格天庭。保萬壽，延億齡。

明堂饗神歌

經始明堂，享祀匪懈。於皇烈考，光配上帝。赫赫上帝，既高既崇。聖考是配，明德顯融。率土敬職，萬方來祭。常于時假，保祚永世。

祠廟夕牲歌

我夕我牲，猗歟敬止。嘉豢孔時，供茲享祀。神鑒厥誠，博碩斯歆。祖考降饗，以虞孝孫之心。

祠廟迎送神歌

嗚呼悠哉，日監在茲。以時享祀，神明降之。神明斯降，既祐饗之。祚我無疆，受天之祜。赫赫太上，巍巍聖祖。明明烈考，丕承繼序。

祠征西將軍登歌

經始宗廟，神明戾止。申錫無疆，祇承享祀。假哉皇祖，綏予孫子。燕及後昆，錫茲繁祉。

祠豫章府君登歌

嘉樂肆筵，薦祀在堂。皇皇宗廟，乃祖乃皇。濟濟辟公，相予蒸嘗。享祀不忒，降福穰穰。

祠潁川府君登歌

於邈先后，實司于天。顯矣皇祖，帝祉肇臻。本枝克昌，資始開元。惠我無疆，享祚永年。

祠京兆府君登歌

於惟曾皇，顯顯令德。高明清亮，匪競柔克，保乂命祜，基命惟則。篤生聖祖，光濟四國。

祠宣皇帝登歌

於鑠皇祖，聖德欽明。勤施四方，夙夜敬止。載敷文教，載揚武烈。匡定社稷，龔行天罰。經始大業，造創帝基。畏天之命，于時保之。

祠景皇帝登歌

執競景皇，克明克哲。旁作穆穆，惟祗惟畏。纂宣之緒，耆定厥功。登此雋乂，糾彼羣凶。業業在位，帝既勤止。惟天之命，於穆不已。

祠文皇帝登歌

於皇時晉，允文文皇。聰明叡智，聖敬神武。萬機莫綜，皇斯清之。蛇豕放命，〔四〕皇

斯平之。柔遠能邇，簡授英賢。創業垂統，勳格皇天。

祠廟饗神歌二篇

曰晉是常，享祀時序。宗廟致敬，禮樂具舉。惟其來祭，普天率土。犧樽既奠，清酤既載。亦有和羹，薦羞斯備。蒸蒸永慕，感時興思。登歌奏舞，神樂其和。祖考來格，祐我邦家。溥天之下，罔不休嘉。

肅肅在位，濟濟臣工。四海來格，禮儀有容。鍾鼓振，管絃理，舞開元，歌永始，神胥樂兮！肅肅在位，臣工濟濟。小大咸敬，上下有禮。理管絃，振鼓鍾，舞象德，歌詠功，神胥樂兮！肅肅在位，有來雍雍。穆穆天子，相維辟公。禮有儀，樂有則，舞象功，歌詠德，神胥樂兮！

杜夔傳舊雅樂四曲，一曰鹿鳴，二曰騶虞，三曰伐檀，四曰文王，皆古聲辭。及太和中，左延年改夔騶虞、伐檀、文王三曲，更自作聲節，其名雖存，而聲實異。唯因夔鹿鳴，全不改易。每正旦大會，太尉奉璧，羣后行禮，東廂雅樂常作者是也。〔五〕後又改三篇之行禮詩。第一曰於赫篇，詠武帝，聲節與古鹿鳴同。第二曰巍巍篇，詠文帝，用延年所改騶虞聲。第三曰洋洋篇，詠明帝，用延年所改文王聲。第四曰復用鹿鳴。鹿鳴之聲重用，而除古伐檀。及晉初，食舉亦用鹿鳴。至泰始五年，尚書奏，使太僕傅玄、中書監荀勖、黃門侍郎張華各造正旦行禮及王公上壽酒、食舉樂歌詩。荀勖云：「魏氏行禮、食舉，再取周詩鹿鳴以爲樂章。又鹿鳴以宴嘉賓，無取於朝，考之舊聞，未知所應。」勖乃除鹿鳴舊歌，更作行禮詩四篇，先陳三朝朝宗之義。又爲正旦大會、王公上壽歌詩并食舉樂歌詩，合十三篇。又以魏氏歌詩或二言，或三言，或四言，或五言，與古詩不類，以問司律中郎將陳頎。頎曰：「被之金石，未必皆當。」故勖造晉歌，皆爲四言，唯王公上壽酒一篇爲三言五言焉。張華以爲「魏上壽、食舉詩及漢氏所施用，其文句長短不齊，未皆合古。蓋以依詠弦節，本有因循，而識樂知音，足以制聲度曲，法用率非凡近之所能改。二代三京，襲而不變，雖詩章辭異，興廢隨時，至其韻逗留曲折，〔六〕皆繫於舊，有由然也。是以一皆因就，不敢有所改易。」此則華、勖所明異旨也。時詔又使中書侍郎成公綏亦作焉，今並採列之云。

四廂樂歌

正旦大會行禮歌　成公綏

穆穆天子，光臨萬國。多士盈朝，莫匪俊德。流化罔極，王猷允塞。嘉會置酒，嘉賓充庭。羽旄曜宸極，鐘鼓振泰清。百辟朝三朝，或或明儀形。〔七〕濟濟鏘鏘，金聲玉振。禮樂具，宴嘉賓。眉壽祚聖皇，〔八〕景福惟日新。羣后戾止，有來雍雍。獻酬納贄，崇

此禮容。豐羞萬俎，旨酒千鍾。嘉樂盡宴樂，福祿咸攸同。

樂哉！天下安寧。道化行，風俗清。簫韶作，詠九成。年豐穰，世泰平。至治哉，樂無窮。元首聰明，股肱忠。樹豐澤，揚清風。

嘉瑞出，靈應彰。麒麟見，鳳皇翔。醴泉湧，流中唐。嘉禾生，穗盈箱。降繁祉，祚聖皇。承天位，統萬國。受命應期，授聖德，四世重光。宣開洪業，景克昌，文欽明，德彌彰。肇啓晉邦，流祚無疆。

泰始建元，鳳皇龍興。龍興伊何，享祚萬乘。奄有八荒，化育黎蒸。圖書既煥，金石有徵。德光大，道熙隆。被四表，格皇穹。奕奕萬嗣，明明顯融，高朗令終。保茲永祚，與天比崇。

聖皇君四海，順人應天期。三葉合重光，泰始開洪基。明曜參日月，功化侔四時。宇宙清且泰，黎庶咸雍熙，善哉雍熙！

惟天降命，翼仁祐聖。於穆三皇，載德彌盛。總齊琁璣，光統七政。百揆時序，化若神聖。

四海同風，興至仁。濟民育物，擬陶均。擬陶均，垂惠潤。皇皇羣賢，峨峨英雋。德化宣，芬芳播來胤。播來胤，垂後昆。清廟何穆穆，皇極闢四門。皇極闢四門，萬機無不綜。

亹亹翼翼，樂不及荒，饑不遑食。大禮既行，樂無極。

登崑崙，上層城。乘飛龍，升泰清。冠日月，佩五星。揚虹蜺，建篲旌。披慶雲，蔭繁榮。覽八極，遊天庭。

順天地，和陰陽。序四時，曜三光。張帝網，正皇綱。播仁風，流惠康。邁洪化，振靈威。懷萬方，納九夷。朝閶闔，宴紫微。

建五旗，羅鍾虡。列四懸，奏韶武。鏗金石，揚旌羽。縱八佾，巴渝舞。詠雅頌，和律呂。于胥樂，樂聖主。

化蕩蕩，淸風泄。總英雄，御俊傑。開宇宙，掃四裔。光緝熙，美聖哲。超百代，揚休烈。流景祚，顯萬世。

皇皇顯祖，翼世佐時。寧濟六合，受命應期。神武鷹揚，大化咸熙。廓開皇衢，用成帝基。

光光景皇，無競惟烈。匡時拯俗，休功蓋世。宇宙既康，九域有截。天命降監，啓祚明哲。

穆穆烈考，克明克儁。實天生德，誕應靈運。肇建帝業，開國有晉。載德奕世，垂慶洪胤。

明明聖帝，龍飛在天。與靈合契，通德幽玄。仰化青雲，俯育重川。受靈之祜，於萬斯年。

正旦大會王公上壽酒歌 荀勖

踐元辰，延顯融。獻羽觴，祈令終。我皇壽而隆，我皇茂而嵩。本枝奮百世，休祚鍾聖躬。

食舉樂東西廂歌 荀勖

煌煌七曜，重明交暢。我有嘉賓，是應是貺。邦政既圖，接以大饗。人之好我，式遵德讓。

賓之初筵，藹藹濟濟。既朝乃宴，以洽百禮。頒以位敍，或庭或陛。登儐台叟，亦有兄弟。胥子陪寮，憲茲度楷。觀頤養正，降福孔偕。

昔我三后，大業是維。今我聖皇，焜燿前暉。奕世重規，明照九畿。思輯用光，時罔有違。陟禹之跡，莫不來威。天被顯祿，福履是綏。

赫矣太祖，克廣明德。廓開宇宙，正世立則。變化不經，民無瑕慝。創業垂統，兆我晉國。

烈文伯考，時維帝景。夷險平亂，威而不猛。御衡不迷，皇塗煥景。七德咸宣，其寧惟永。

猗歟盛歟！先皇聖文。則天作孚，大哉爲君。愼徽五典，帝載是勤。文武發揮，茂建嘉勳。修己濟治，民用寧殷。懷遠燭幽，玄敎氤氳。善世不伐，服事三分。德博化隆，道昌無垠。

隆化洋洋，帝命溥將。登我晉道，越惟聖王。龍飛革運，臨燾八荒。叡喆欽明，配蹤虞唐。封建厥福，駿發其祥。三朝習吉，終然允臧。其臧維何，總彼萬方。元侯列辟，四嶽藩王。時見世享，率茲有常。旅揖在庭，嘉客在堂。宋衞既臻，陳留山陽。有賓有使，觀國之光。貢賢納計，獻璧奉璋。保祐命之，申錫無疆。

振鷺于飛，鴻漸其翼。京邑穆穆，四方是式。無競維人，王綱允敕。君子來朝，言觀其極。

廙廙大君，民之攸暨。信理天工，惠康不匱。將遠不仁，訓以醇粹。幽明有倫，俊乂在位。九族既睦，庶邦順比。開元布憲，四海鱗萃。協時正統，殊塗同致。厚德載物，靈心隆貴。敷奏讜言，納以無諱。樹之典象，誨之義類。上敎如風，下應如卉。一人有慶，羣萌以遂。我后宴喜，令問不墜。

既宴既喜，翕是萬邦。禮儀卒度，物有其容。晳晳庭燎，喤喤鼓鐘。笙磬詠德，萬舞象功。八音克諧，俗易化從。其和如樂，庶品時邕。

時邕斌斌，六合同塵。往我祖宣，威靜殊鄰。首定荊楚，遂平燕秦。亹亹文皇，邁德流仁。爰造草昧，應乾順民。靈瑞告符，休徵響震。天地弗違，以和神人。既禽庸蜀，吳會是賓。肅愼率職，楛矢來陳。韓濊進樂，宮徵清鈞。西旅獻獒，扶南效珍。蠻裔重譯，玄齒文身。我皇撫之，景命惟新。

愔愔嘉會，有聞無聲。清酤既奠，籩豆既升。禮充樂備，簫韶九成。愷樂飲酒，酣而不盈。率土歡豫，邦國以寧。王猷允塞，萬載無傾。

冬至初歲小會歌 張華

日月不留，四氣回周。節慶代序，萬國同休。庶尹羣后，[九]奉壽升朝。我有壽禮，式宴百僚。繁肴綺錯，旨酒泉渟。笙鏞和奏，磬管流聲。上隆其愛，下盡其心。宣其壅滯，訓之德音。乃宜乃訓，配享交泰。永載仁風，長撫無外。

宴會歌 張華

亹亹我皇，配天垂光。留精日昃，經覽無方。聽朝有暇，延命衆臣。冠蓋雲集，罇俎星陳。肴蒸多品，八珍代變。羽爵無算，究樂極宴。歌者流聲，舞者投袂。動容有節，絲竹並設。宣揚四體，繁手趣摯。歡足發和，酣不忘禮。好樂無荒，翼翼濟濟。

命將出征歌 張華

重華隆帝道，戎蠻或不賓。徐夷興有周，鬼方亦違殷。今在盛明世，寇虐動四垠。豺狼染牙爪，群生號穹旻。元帥統方夏，出車撫涼秦。衆貞必以律，臧否實在人。威信加殊類，疏狄思自親。單醪豈有味，挾纊感至仁。武功尚止戈，七德美安民。遠跡由斯舉，永世無風塵。

勞還師歌 張華

獫狁背天德，構亂擾邦畿。戎車震朔野，群帥贊皇威。將士齊心旅，感義忘其私。積勢如鞹弩，赴節如發機。囂聲動山谷，金光曜素暉。揮戈陵勁敵，武步蹈橫屍。鯨鯢皆授首，北土永清夷。昔往冒隆暑，今來白雪霏。征夫信勤瘁，自古詠采薇。收榮於舍爵，燕喜在凱歸。

中宮所歌 張華

先王統大業，玄化漸八維。儀刑孚萬邦，內訓隆壺闈。皇英垂帝典，大雅詠三妃。執德宣隆教，正位理厥機。含章體柔順，帥禮蹈謙祗。螽斯弘慈惠，樛木逮幽微。徽音穆清風，高義邈不追。遺榮參日月，百世仰餘暉。

宗親會歌 張華

族燕明禮順，啜食序親親。骨肉散不殊，昆弟豈他人。本枝篤同慶，棠棣著先民。於皇聖明后，天覆弘且仁。降禮崇親戚，旁施協族姻。式宴盡酣娛，飲御備羞珍。和樂既宣洽，上下同歡欣。德教加四海，敦睦被無垠。

泰始九年，光祿大夫荀勖以杜夔所制律呂，校太樂、總章、鼓吹八音，與律呂乖錯，乃制古尺，作新律呂，以調聲韻。事具律曆志。律成，遂班下太常，使太樂、總章、鼓吹、清商施用。勖遂典知樂事，啓朝士解音律者共掌之。使郭夏、宋識等造正德、大豫二舞，其樂章亦張華之所作云。

正德舞歌 張華

曰皇上天，玄鑒惟光。神器周回，五德代章。祚命于晉，世有哲王。弘濟區夏，陶甄萬方。大明垂曜，旁燭無疆。蚩蚩庶類，風德永康。皇道惟清，禮樂斯經。金石在懸，萬舞在庭。象容表慶，協律被聲。軼武超濩，取節六英。同進退讓，化漸無形。大和宣洽，通於幽冥。

大豫舞歌 張華

惟天之命，符運有歸。赫赫大晉，三后重暉。繼明紹世，光撫九圍。我皇紹期，遂在璇璣。群生屬命，奄有庶邦。愼徽五典，玄教遐通。萬方同軌，率土咸雍。爰制大豫，宣德舞功。醇化既穆，王道協隆。仁及草木，惠加昆蟲。億兆夷人，悅仰皇風。丕顯大業，永世彌崇。

荀勖又作新律笛十二枚，以調律呂，正雅樂，正會殿庭作之。自謂宮商克諧，然論者猶謂勖暗解。時阮咸妙達八音，論者謂之神解。咸常心譏勖新律聲高，以爲高近哀思，不合中和。每公會樂作，勖意咸謂之不調，以爲異己，乃出咸爲始平相。後有田父耕於野，得周時玉尺，勖以校己所治鐘鼓金石絲竹，皆短校一米，於此伏咸之妙，復徵咸歸。勖既以新律造二舞，次更修正鐘磬，〔一〇〕會勖薨，未竟其業。元康三年，詔其子藩修定金石，以施郊廟。尋値喪亂，莫有記之者。

漢高祖自蜀漢將定三秦，閬中范因率賨人以從帝，〔一一〕爲前鋒。及定秦中，封因爲閬中侯，復賨人七姓。其俗喜舞，高祖樂其猛銳，數觀其舞，後使樂人習之。閬中有渝水，因其所居，故名曰巴渝舞。舞曲有矛渝本歌曲、安弩渝本歌曲、〔一二〕安臺本歌曲、行辭本歌曲，總四篇。其辭既古，莫能曉其句度。魏初，乃使軍謀祭酒王粲改創其詞。粲問巴渝帥李管、

种玉歌曲意，試使歌，聽之，以考校歌曲，而爲之改爲矛渝新福歌曲、弩渝新福歌曲、安臺新福歌曲、行辭新福歌曲，行辭以述魏德。黃初三年，又改巴渝舞曰昭武舞。至景初元年，尙書奏，考覽三代禮樂遺曲，據功象德，奏作武始、咸熙、章斌三舞，皆執羽籥。及晉又改昭武舞曰宣武舞，羽籥舞曰宣文舞。咸寧元年，詔定祖宗之號，而廟樂乃停宣武、宣文二舞，而同用荀勖所使郭夏、〔一三〕宋識等所造正德、大豫二舞云。

校勘記

〔一〕南者任也 「南者」，各本誤作「南呂」，宋本不誤，今從之。

〔二〕善訓雅樂 魏志杜夔傳作「善詠雅樂」，隋書樂志下亦作「詠」，「詠」字義長。

〔三〕整泰折 「折」，各本誤作「斤」，宋本不誤，樂府詩集一亦作「折」，今從宋本。「泰折」見禮記祭法。

〔四〕蛇豕放命 「蛇豕」，宋書樂志（在本志校記中以後簡稱宋志）二作「虎兕」，蓋晉代原文。唐人諱虎，因改爲「蛇豕」。

〔五〕東廂雅樂常作者是也 宋志一、樂府詩集一三「常」作「郎」。「雅樂郎」見魏志杜夔傳。

〔六〕至其韵逗留曲折　李校：「留」字衍。按：宋志一無。
〔七〕彧彧明儀形　「彧彧」，各本作「式式」，殿本作「彧彧」，今從殿本，與宋志二、樂府詩集一三合。
〔八〕眉壽祚聖皇　「祚」，各本作「作」，殿本作「祚」，今從殿本，與宋志二、樂府詩集一三合。
〔九〕庶尹羣后　「尹」，各本作「允」，今從宋本作「尹」，與樂府詩集一三合。
〔一〇〕次更修正鐘磬　宋志一、通典一四一及御覽五六六「磬」並作「聲」。
〔一一〕范因　斠注：蜀典「因」作「目」。按：文選蜀都賦注引風俗通亦作「目」。
〔一二〕安弩渝本歌曲　「安」字疑衍。樂府詩集五三、通典一四五、陳暘樂書引並無「安」字。
〔一三〕郭夏　「郭夏」原作「郭瓊」。上文既有「郭夏宋識」，而宋志一、魏書樂志、通典一四一、通志四九亦皆作「郭夏」，因據改。

晉書卷二十三

志第十三

樂下

永嘉之亂，海內分崩，伶官樂器，皆沒於劉、石。江左初立宗廟，尚書下太常祭祀所用樂名。太常賀循答云：「魏氏增損漢樂，以爲一代之禮，未審大晉樂名所以爲異。遭離喪亂，舊典不存。然此諸樂皆和之以鍾律，文之以五聲，詠之於歌辭，陳之於舞列。宮懸在庭，琴瑟在堂，八音迭奏，雅樂並作，登歌下管，各有常詠，周人之舊也。自漢氏以來，依倣此禮，自造新詩而已。舊京荒廢，今既散亡，音韻曲折，又無識者，則於今難以意言。」于時以無雅樂器及伶人，省太樂并鼓吹令。是後頗得登歌，食舉之樂，猶有未備。太寧末，明帝又訪阮孚等增益之。〔一〕咸和中，成帝乃復置太樂官，鳩集遺逸，而尚未有金石也。庾亮爲荆州，與謝尚修復雅樂，未具而亮薨。庾翼、桓溫專事軍旅，樂器在庫，遂至朽壞焉。及慕

容儁平冉閔，兵戈之際，而鄴下樂人亦頗有來者。永和十一年，謝尚鎮壽陽，於是採拾樂人，以備太樂，并制石磬，雅樂始頗具。而王猛平鄴，慕容氏所得樂聲又入關右。太元中，破苻堅，又獲其樂工楊蜀等，閑習舊樂，於是四廂金石始備焉。乃使曹毗、王珣等增造宗廟歌詩，然郊祀遂不設樂。今列其詞於後云。

歌宣帝　曹毗

於赫高祖，德協靈符。應運撥亂，釐整天衢。勳格宇宙，化動八區。肅以典刑，陶以玄珠。神石吐瑞，靈芝自敷。肇基天命，道均唐虞。

歌景帝　曹毗

景皇承運，纂隆洪緒。皇羅重抗，〔二〕天暉再舉。蠢矣二寇，擾我揚楚。乃整元戎，以膏齊斧。亹亹神算，赫赫王旅。鯨鯢既平，功冠帝宇。

歌文帝　曹毗

太祖齊聖，王猷誕融。仁敎四塞，天基累崇。皇室多難，嚴清紫宮。威厲秋霜，惠過春風。平蜀夷楚，以文以戎。奄有參墟，聲流無窮。

歌武帝　曹毗

於穆武皇，允龔欽明。應期登禪，龍飛紫庭。百揆時序，聽斷以情。殊域既賓，僞吳亦

平。晨流甘露，宵映朗星。〔三〕野有擊壤，路垂頌聲。

歌元帝 曹毗

運屯百六，天羅解貫。元皇勃興，網籠江漢。仰齊七政，俯平禍亂。化若風行，澤猶雨散。淪光更曜，金輝復煥。德冠千載，蔚有餘粲。

歌明帝 曹毗

明明肅祖，闡弘帝祚。英風夙發，清暉載路。姦逆縱忒，罔式皇度。躬振朱旗，遂豁天步。宏猷允塞，高羅雲布。品物咸寧，洪基永固。

歌成帝 曹毗

於休顯宗，道澤玄播。式宣德音，暢物以和。邁德蹈仁，匪禮不過。敷以純風，濯以清波。連理映阜，鳴鳳棲柯。同規放勛，義蓋山河。

歌康帝 曹毗

康皇穆穆，仰嗣洪德。爲而不宰，雅音四塞。閑邪以誠，鎮物以默。威靜區宇，道宣邦國。

歌穆帝〔四〕 曹毗

孝宗夙哲，休音允臧。〔五〕如彼晨離，燿景扶桑。垂訓華幄，流潤八荒。幽贊玄妙，爰該

典章。西平僭蜀，北靜舊疆。高猷遠暢，朝有遺芳。

歌哀帝 曹毗

於穆哀皇，聖心虛遠。雅好玄古，大庭是踐。道尚無爲，治存易簡。化若風行，時猶草偃。〔六〕雖曰登遐，徽音彌闡。愔愔雲韶，盡美盡善。

歌簡文帝 王珣

皇矣簡文，於昭于天。靈明若神，周淡如川。〔七〕沖應其來，實與其還。亹亹心化，日用不言。易而有親，簡而可傳。觀流彌遠，求本逾玄。

歌孝武帝 王珣

天監有晉，欽哉烈宗。同規文考，玄默允恭。威而不猛，約而能通。神鉦一震，九域來同。道積淮海，雅頌自東。氣陶醇露，化協時雍。

四時祠祀 曹毗

肅肅清廟，巍巍聖功。萬國來賓，禮儀有容。鐘鼓振，金石熙。宣兆祚，武開基。神斯樂兮！理管絃，有來斯和。說功德，吐清歌。神斯樂兮！洋洋玄化，潤被九壤。民無不悅，道無不往。禮有儀，樂有式。詠九功，永無極。神斯樂兮！

漢時有短簫鐃歌之樂，其曲有朱鷺、思悲翁、艾如張、上之回、雍離、戰城南、巫山高、上陵、將進酒、君馬黃、芳樹、〔八〕有所思、雉子班、聖人出、上邪、臨高臺、遠如期、石留、務成、玄雲、黃爵行、釣竿等曲，列於鼓吹，多序戰陣之事。

及魏受命，改其十二曲，使繆襲爲詞，述以功德代漢。改朱鷺爲楚之平，言魏也。改思悲翁爲戰滎陽，言曹公也。改艾如張爲獲呂布，言曹公東圍臨淮，擒呂布也。改上之回爲克官渡，言曹公與袁紹戰，破之於官渡也。改雍離爲舊邦，言曹公勝袁紹於官渡，還譙收藏死亡士卒也。改戰城南爲定武功，言曹公初破鄴，武功之定始乎此也。改巫山高爲屠柳城，言曹公越北塞，歷白檀，破三郡烏桓於柳城也。改上陵爲平南荆，言曹公平荆州也。改將進酒爲平關中，言曹公征馬超，定關中也。改有所思爲應帝期，言文帝以聖德受命，應運期也。改芳樹爲邕熙，言魏氏臨其國，君臣邕穆，庶績咸熙也。改上邪爲太和，言明帝繼體承統，太和改元，德澤流布也。其餘並同舊名。

是時吳亦使韋昭制十二曲名，以述功德受命。改朱鷺爲炎精缺，言漢室衰，孫堅奮迅猛志，念在匡救，王迹始乎此也。改思悲翁爲漢之季，言堅悼漢之微，痛董卓之亂，興兵奮擊，功蓋海內也。改艾如張爲攄武師，言權卒父之業而征伐也。改上之回爲烏林，言魏武既破荆州，順流東下，欲來爭鋒，權命將周瑜逆擊之於烏林而破走也。改雍離爲秋風，言權

悅以使人，人忘其死也。改戰城南爲克皖城，言魏武志圖幷兼，而權親征，破之於皖也。改巫山高爲關背德，言蜀將關羽背棄吳德，權引師浮江而擒之也。改上陵曲爲通荆州，〔九〕言權與蜀交好齊盟，中有關羽自失之愆，終復初好也。改將進酒爲章洪德，言權章其大德，而遠方來附也。改有所思爲順曆數，言權順籙圖之符，而建大號也。改芳樹爲承天命，言其時主聖德踐位，道化至盛也。改上邪曲爲玄化，言其時主修文武，則天而行，仁澤流洽，天下喜樂也。其餘亦用舊名不改。

及武帝受禪，乃令傅玄製爲二十二篇，亦述以功德代魏。改朱鷺爲靈之祥，言宣帝之佐魏，猶虞舜之事堯，既有石瑞之徵，又能用武以誅孟達之逆命也。改思悲翁爲宣受命，言宣帝禦諸葛亮，養威重，運神兵，亮震怖而死也。改艾如張爲征遼東，言宣帝陵大海之表，討滅公孫氏而梟其首也。改上之回爲宣輔政，言宣帝聖道深遠，撥亂反正，網羅文武之才，以定二儀之序也。改雍離爲時運多難，言宣帝致討吳方，有征無戰也。改戰城南爲景龍飛，言景帝克明威教，賞順夷逆，隆無疆，崇洪基也。改巫山高爲平玉衡，言景帝一萬國之殊風，齊四海之乖心，禮賢養士，而纂洪業也。改上陵爲文皇統百揆，言文帝始統百揆，用人有序，以敷太平之化也。改將進酒爲因時運，言因時運變，聖謀潛施，解長蛇之交，離羣桀之黨，以武濟文，以邁其德也。改有所思爲惟庸蜀，言文帝既平萬乘之蜀，封建萬國，復

五等之爵也。改芳樹爲天序，言聖皇應曆受禪，弘濟大化，用人各盡其才也。改上邪爲大晉承運期，言聖皇應籙受圖，化象神明也。改君馬黄爲金靈運，言聖皇踐阼，致敬宗廟，而孝道行於天下也。改雉子班爲於穆我皇，言聖皇受禪，德合神明也。改聖人出爲仲春振旅，言大晉申文武之教，畋獵以時也。改臨高臺爲夏苗田，言大晉畋狩順時，爲苗除害也。改遠如期爲仲秋獮田，言大晉雖有文德，不廢武事，順時以殺伐也。改石留爲順天道，言仲冬大閱，用武修文，大晉之德配天也。改務成爲唐堯，言聖皇陟帝位，德化光四表也。玄雲依舊名，言聖皇用人，各盡其材也。改黄爵行爲伯益，言赤烏銜書，有周以興，今聖皇受命，神雀來也。釣竿依舊名，言聖皇德配堯舜，又有呂望之佐，濟大功，致太平也。其辭並列之於後云。

靈之祥

靈之祥，石瑞章。旌金德，出西方。天降命，授宣皇。應期運，時龍驤。繼大舜，佐陶唐。讚武文，〔一〇〕建帝綱。孟氏叛，據南疆。追有扈，亂五常。吳寇叛，蜀虜强。交誓盟，連遐荒。宣赫怒，奮鷹揚。震乾威，曜電光。陵九天，陷石城。梟逆命，拯有生。萬國安，四海寧。

宣受命

宣受命，應天機。風雲時動，神龍飛。禦葛亮，鎮雍梁。邊境安，夷夏康。務節事，勤定傾。攬英雄，保持盈。深穆穆，赫明明。沖而泰，天之經。養威重，運神兵。亮乃震斃，天下安寧。

征遼東

征遼東，敵失據。威靈邁日域，公孫既授首，羣逆破膽，咸震怖。朔北響應，海表景附。武功赫赫，德雲布。

宣輔政

宣皇輔政，聖烈深。撥亂反正，順天心。網羅文武才，愼厥所生。所生賢，遺教施。安上治民，化風移。肇創帝基，洪業垂。於鑠明明，時赫戲。功濟萬世，定二儀。定二儀，雲行雨施，海外風馳。

時運多難

時運多難，道教痛。天地變化，有盈虛。蠢爾吳蠻，武視江湖。〔一一〕我皇赫斯，致天誅。有征無戰，弭其圖。天威横被，廓東隅。

景龍飛

景龍飛，御天威。聰鑒玄察，動與神明協機。從之者顯，逆之者滅夷。文教敷，武功巍。普被四海，萬邦望風，莫不來綏。聖德潛斷，先天弗違。〔一二〕弗違祥，享世永長。猛以致寬，道化光。赫明明，祚隆無疆。帝績惟期，有命既集，崇此洪基。

平玉衡

平玉衡，糾姦回。萬國殊風，四海乖。禮賢養士，羈御英雄，思心齊。纂戎洪業，崇皇階。品物咸亨，聖敬日躋。聰鑒盡下情，明明綜天機。

文皇統百揆

文皇統百揆，繼天理萬方。武將鎮四隅，英佐盈朝堂。謀言協秋蘭，清風發其芳。洪澤所漸潤，礫石爲珪璋。大道侔五帝，盛德踰三王。咸光大，上參天與地，至化無內外。無內外，六合並康乂。並康乂，遘茲嘉會。在昔羲與農，大晉德斯邁。鎮征及諸州，爲蕃衞。功濟四海，洪烈流萬世。

因時運

因時運，聖策施。長蛇交解，羣桀離。勢窮奔吳，獸騎厲。惟武進，審大計。時邁其德，清一世。

惟庸蜀

惟庸蜀，僭號天一隅。劉備逆帝命，禪亮承其餘。擁衆數十萬，闚隙乘我虛。驛騎進

羽檄，天下不遑居。姜維屢寇邊，隴上爲荒蕪。文皇愍斯民，歷世受罪辜。外謨蕃屏臣，內謨衆士夫。爪牙應指受，腹心獻良圖。良圖協成文，大興百萬軍。雷鼓震地起，猛勢陵浮雲。逋虜畏天誅，面縛造壘門。萬里同風教，逆命稱妾臣。光建五等，紀綱天人。

天序

天序，應曆受禪，承靈祜。御羣龍，勒螭武。弘濟大化，英雋作輔。明明統萬機，赫赫鎮四方。咎繇稷契之疇，協蘭芳。禮王臣，覆兆民。化之如天與地，誰敢愛其身？

大晉承運期

大晉承運期，德隆聖皇。時清晏，白日垂光。應籙圖，陟帝位，繼天正玉衡。化行象神明，至哉道隆虞與唐，元首敷洪化，百僚股肱並忠良。時太康，隆隆赫赫，福祚盈無疆。

金靈運

金靈運，天符發。聖徵見，參日月。惟我皇，體神聖。受魏禪，應天命。皇之興，靈有徵。登大麓，御萬乘。皇之輔，若闞武。爪牙奮，莫之禦。皇之佐，讚清化。百事理，萬邦賀。神祇應，嘉瑞章。恭享禮，薦先皇。樂時奏，磬管鏘。鼓殷殷，鐘鍠鍠。奠樽俎，實玉觴。神歆饗，咸悅康。宴孫子，祐無疆。大孝烝烝，德教被萬方。

於穆我皇

於穆我皇，盛德聖且明。受禪君世，光濟羣生。普天率土，莫不來庭。顒顒六合內，望風仰泰清。萬國雍雍，興頌聲。大化洽，地平而天成。七政齊，玉衡惟平。峨峨佐命，濟濟羣英。夙夜乾乾，萬機是經。雖治興，匪荒寧。謙道光，沖不盈。天地合德，日月同榮。赫赫煌煌，曜幽冥。三光克從，於顯天，垂景星。龍鳳臻，甘露宵零。肅神祇，祗上靈。萬物欣戴，自天效其成。

仲春振旅

仲春振旅，大致人，武教於時日新。師執提，工執鼓。坐作從，〔一三〕節有序。盛矣允文允武！蒐田表禡，申法誓。遂圍禁，獻社祭。允以時，明國制。文武並用，禮之經。列車如戰，大教明，古今誰能去兵？大晉繼天，濟羣生。

夏苗田

夏苗田，運將徂。軍國異容，文武殊。乃命羣吏，撰車徒，辯其號名，贊契書。王軍啓八門，行同上帝居。時路建大麾，雲旗翳紫虛。百官象其事，疾則疾，徐則徐。回衡旋軫，罷陣弊車。獻禽享祀，蒸蒸配有虞。惟大晉，德參兩儀，化雲敷。

仲秋獮田

仲秋獮田，金德常綱。涼風清且厲，凝露結爲霜。白藏司辰，倉隼時鷹揚。鷹揚猶尙

父，順天以殺伐，春秋時序。雷霆震威曜，進退由鉦鼓。致禽祀祊，羽毛之用充軍府。赫赫大晉德，芬烈陵三五。敷化以文，雖安不廢武。光宅四海，永享天之祜。

順天道

順天道，握神契，三時示，講武事。冬大閱，鳴鐲振鼓鐸，旌旗象虹霓。文制其中，武不窮武。動軍誓衆，禮成而義舉。三驅以崇仁，進止不失其序。兵卒練，將如闞武。惟闞武，氣陵青雲。解圍三面，殺不殄羣。偃旌麾，班六軍。獻享蒸，修典文。嘉大晉，德配天。祿報功，爵俟賢。饗燕樂，受茲百祿，壽萬年。

唐堯

唐堯諮務成，謙謙德所興。積漸終光大，履霜致堅冰。神明道自然，河海猶可凝。舜禹統百揆，元凱以次升。禪讓應大曆，睿聖世相承。我皇陟帝位，平衡正準繩。德化飛四表，祥氣見其徵。興王坐俟旦，亡主恬自矜。致遠由近始，覆簣成山陵。披圖案先籍，有其證靈液。

玄雲

玄雲起丘山，祥氣萬里會。龍飛何蜿蜿，鳳翔何翽翽。昔在唐虞朝，時見青雲際。今親遊萬國，流光溢天外。鶴鳴在後園，清音隨風邁。成湯隆顯命，伊摯來如飛。周文獵渭濱，遂載呂望歸。符合如影響，〔一四〕先天天不違。輟耕綜地綱，解褐衿天維。元功配二王，芬馨世所稀。我皇敍羣才，洪烈何巍巍。桓桓征四表，濟濟理萬機。神化感無方，髦才盈帝畿。丕顯惟昧旦，日新孔所諮。茂哉明聖德，日月同光輝。

伯益

伯益佐舜禹，職掌山與川。德侔十六相，思心入無間。智理周萬物，下知衆鳥言。黃雀應清化，翔習何翩翩。和鳴棲庭樹，徘徊雲日間。夏桀爲無道，密網施山河。〔一五〕酷祝振纖網，當柰黃雀何。殷湯崇天德，去其三面羅。逍遙羣飛來，鳴聲乃復和。朱雀作南宿，鳳皇統羽羣。赤烏銜書至，天命瑞周文。神雀今來遊，爲我受命君。嘉祥致天和，膏澤隆青雲。〔一六〕蘭風發芳氣，蓋世同其芬。

釣竿

釣竿何冉冉，甘餌芳且鮮。臨川運思心，微綸沈九泉。太公寶此術，乃在靈祕篇。機變隨物移，精妙貫未然。遊魚驚著釣，潛龍飛戾天。戾天安所至？撫翼翔太清。太清一何異，兩儀出渾成。玉衡正三辰，造化賦羣形。退願輔聖君，與神合其靈。我君弘遠略，天人不足幷。天人初幷時，昧昧何芒芒。日月有徵兆，文象興二皇。蚩尤亂生靈，黃帝用兵征萬方。逮夏禹而德衰，三代不及虞與唐。我皇盛德配堯舜，受禪即阼享天祥。率土蒙祐，

靡不肅，庶事康。庶事康，穆穆明明。荷百祿，保無極，永太平。

鞞舞，未詳所起，然漢代已施於燕享矣。傅毅、張衡所賦，皆其事也。舊曲有五篇，一、關東有賢女，二、章和二年中，三、樂久長，四、四方皇，五、殿前生桂樹，其辭並亡。曹植鞞舞詩序云：「故漢靈帝西園鼓吹有李堅者，能鞞舞，遭世荒亂，堅播越關西，隨將軍段煨。先帝聞其舊伎，下書召堅。堅年踰七十，中間廢而不爲，又古曲甚多謬誤，異代之文，未必相襲，故依前曲作新歌五篇。」及泰始中，又製其辭焉。其舞故常二八，桓玄將僭位，尙書殿中郎袁明子啓增滿八佾。泰始中歌辭今列之後云。

鞞舞歌詩五篇

洪業篇 當魏曲明明魏皇帝，古曲關東有賢女。〔一七〕

宣文創洪業，盛德在泰始。聖皇應靈符，受命君四海。萬國何所樂？上有明天子。唐堯禪帝位，虞舜惟恭己。恭己正南面，道化與時移。大赦盪萌漸，文教被黃支。象天則地，體無爲。聰明配日月，神聖參兩儀。雖有三凶類，靜言無所施。象天則地，體無爲。稷契並佐命，伊呂升王臣。蘭芷登朝肆，下無失宿人。聲發響自應，表立景來附。哮闞順羈制，潛龍升天路。備物立成器，變通極其數。百事以時敍，萬機有常度。訓之以克讓，納之以

忠恕。羣下仰清風，海外同歡慕。象天則地，化雲布。昔日貴彫飾，今尙儉與素。昔日多纖介，今去情與故。象天則地，化雲布。濟濟大朝士，夙夜綜萬機。萬機無廢理，明明降訓諮。臣譬列星景，君配朝日暉。事業並通濟，功烈何巍巍。五帝繼三皇，三皇世所歸。聖德應期運，天地不能違。仰之彌已高，猶天不可階。將復御龍氏，鳳皇在庭棲。

天命篇 當魏曲太和有聖帝，古曲章和二年中。

聖祖受天命，應期輔魏皇。入則綜萬機，出則征四方。朝廷無遺理，方表寧且康。道隆舜臣堯，積德踰太王。孟度阻窮險，造亂天一隅。神兵出不意，奉命致天誅。赦善罰有罪，元惡宗爲虛。威風震勁蜀，武烈懾强吳。諸葛不知命，肆逆亂天常。擁徒十餘萬，數來寇邊疆。我皇邁神武，執鉞鎭雍涼。亮乃畏天威，未戰先仆僵。盈虛自然運，時變故多艱。東征陵海表，萬里克朝鮮。〔一八〕受遺齊七政，曹爽又滔天。羣凶受誅殛，百祿咸來臻。黃華應福始，王淩爲禍先。

景皇篇 當魏曲魏曆長，古曲樂久長。

景皇帝，聰明命世生，盛德參天地。帝王道大，創基既已難，繼世亦未易。外則夏侯玄，內則張與李，三凶構逆，亂帝紀。順天行誅，窮其姦宄。邊將禦其漸，潛謀不得起。罪人咸伏辜，威風振萬里。平衡綜萬機，萬機無不理。召陵桓不君，〔一九〕內外何紛紛。衆小便成羣，蒙昧恣心，治亂不分。叡聖獨斷，濟武常以文。順天惟廢立，掃霓披浮雲。雲霓既已闢，清和未幾間，羽檄首尾至，變起東南藩。儉欽爲長蛇，外則憑吳蠻。萬國紛騷擾，戚戚天下懼不安。神武御六軍，我皇執鉞征。儉欽起壽春，前鋒據項城。出其不意，並縱奇兵。奇兵誠難御，廟勝實難支。兩軍不期遇，敵退計無施。豹騎惟武進，大戰沙陽陂。欽乃亡魂走，奔虜若雲披。天因赦有罪，〔二〇〕東土效鯨鯢。

大晉篇 當魏曲天生蒸民，古曲四方皇。

赫赫大晉，於穆文王。蕩蕩巍巍，道邁陶唐。世稱三皇五帝，及今重其光。九德克明，文既顯，武又彰。思弘六合，〔二一〕兼濟萬方。內舉元凱，朝政以綱。外簡武臣，時惟鷹揚。靡順不懷，逆命斯亡。仁配春日，威踰秋霜。濟濟多士，同茲蘭芳。唐虞至治，四凶滔天。致討儉欽，罔不肅虔。化感海內，海外來賓。獻其聲樂，並稱妾臣。西蜀猾夏，僭號方域。命將致討，委國稽服。吳人放命，馮海阻江。飛書告喻，響應來同。先王建萬國，九服爲藩衞。亡秦壞諸侯，序祚不二世。歷代不能復，忽踰五百歲。我皇邁聖德，應期創典制。分土五等，藩國正封界。莘莘文武佐，千秋遘嘉會。洪澤溢區內，仁風翔海外。

明君篇 當魏曲爲君既不易，古曲殿前生桂樹。

明君御四海，聽鑒盡物情。顧望有譴罰，竭忠身必榮。蘭芷出荒野，萬里升紫庭。茨

草穢堂階，掃截不得生。能否莫相蒙，百官正其名。恭己慎有爲，有爲無不成。闇君不自信，羣下執異端。正直羅浸潤，姦臣奪其權。雖欲盡忠誠，結舌不敢言。結舌亦何憚，盡忠爲身患。清流豈不潔，飛塵濁其源。岐路令人迷，未遠勝不還。忠臣立君朝，正色不顧身。邪正不並存，譬若胡與秦。胡秦有合時，邪正各異津。忠臣遇明君，乾乾惟日新。羣目統在綱，衆星共北辰。設令遭闇主，斥退爲凡人。雖薄供時用，白茅猶爲珍。冰霜晝夜結，蘭桂摧爲薪。邪臣多端變，用心何委曲。便辟順情指，動隨君所欲。偸安樂目前，不問清與濁。積僞罔時主，養交以持祿。言行恒相違，難饜甚谿谷。昧死則乾沒，覺露則滅族。

拂舞，出自江左。舊云吳舞，檢其歌，非吳辭也。亦陳於殿庭。楊泓序云：「自到江南見白符舞，或言白鳧鳩舞，云有此來數十年矣。察其辭旨，乃是吳人患孫皓虐政，思屬晉也。」今列之於後云。

拂舞歌詩五篇

白鳩篇

翩翩白鳩，再飛再鳴。懷我君德，來集君庭。白雀呈瑞，素羽明鮮。翔庭舞翼，以應仁乾。皎皎鳴鳩，或丹或黃。樂我君惠，振羽來翔。東壁餘光，魚在江湖。惠而不費，敬我微軀。策我良駟，習我驅馳。與君周旋，樂道忘饑。我心虛靜，我志霑濡。彈琴鼓瑟，聊以自

娛。陵雲登臺，浮遊太清。攀龍附鳳，自望身輕。

濟濟篇

暢暢飛舞氣流芳，〔二二〕追念三五大綺黃。去失有，時可行，去來時同此未央。時冉冉，近桑榆，但當飲酒爲歡娛。衰老逝，有何期，〔二三〕多憂耿耿內懷思。深池曠，魚獨希，願得黃浦衆所依。恩感人，世無比，悲歌且舞無極已。

獨祿篇

獨獨祿祿，〔二四〕水深泥濁。泥濁尙可，水深殺我。雍雍雙雁，遊戲田畔。我欲射雁，念子孤散。翩翩浮萍，得風搖輕。我心何合，與之同幷。空牀低幃，誰知無人。夜衣錦繡，誰別僞眞。刀鳴削中，倚牀無施。父冤不報，欲活何爲。猛獸斑斑，遊戲山間。獸欲齧人，不避豪賢。

碣石篇

東臨碣石，以觀滄海。水何淡淡，山島竦峙。樹木叢生，百草豐茂。秋風蕭瑟，洪波涌起。日月之行，若出其中。星漢燦爛，若出其裏。幸甚至哉，歌以詠志。觀滄海

孟冬十月，北風徘徊。天氣肅清，繁霜霏霏。鵾鷄晨鳴，雁過南飛。鷙鳥潛藏，熊羆窟棲。鎒鎛停置，農收積場。逆旅整設，以通賈商。幸甚至哉，歌以詠志。冬十月

鄉土不同，河朔隆寒。流澌浮漂，舟船行難。錐不入地，豐籟深奧。水竭不流，冰堅可蹈。士隱者貧，勇俠輕非。心常歎怨，戚戚多悲。幸甚至哉，歌以詠志。土不同

神龜雖壽，猶有竟時。騰蛇乘霧，終爲土灰。驥老伏櫪，〔二五〕志在千里。烈士暮年，壯心不已。盈縮之期，不但在天。養怡之福，可得永年。幸甚至哉，歌以詠志。龜雖壽

淮南王篇

淮南王，自言尊，百尺高樓與天連。後園鑿井銀作牀，金瓶素綆汲寒漿。汲寒漿，飲少年，少年窈窕何能賢。揚聲悲歌音絕天。我欲渡河河無梁，願作雙黃鵠，還故鄉。還故鄉，入故里，徘徊故鄉，苦身不已。〔二六〕繁舞奇歌無不泰，徘徊桑梓遊天外。

鼓角橫吹曲。鼓，案周禮「以鼖鼓鼓軍事」。角，說者云，蚩尤氏帥魑魅與黃帝戰於涿鹿，帝乃始命吹角爲龍鳴以禦之。〔二七〕其後魏武北征烏丸，越沙漠而軍士思歸，於是減爲中鳴，而尤更悲矣。

胡角者，本以應胡笳之聲，後漸用之橫吹，有雙角，即胡樂也。張博望入西域，傳其法於西京，惟得摩訶兜勒一曲。李延年因胡曲更造新聲二十八解，乘輿以爲武樂。後漢以給邊將，〔二八〕和帝時，萬人將軍得用之。〔二九〕魏晉以來，二十八解不復具存，用者有黃鵠、隴

頭、〔三〇〕出關、入關、出塞、入塞、折楊柳、黃覃子、赤之楊、〔三一〕望行人十曲。

案魏晉之世，有孫氏善弘舊曲，〔三二〕宋識善擊節唱和，陳左善清歌，列和善吹笛，郝索善彈箏，〔三三〕朱生善琵琶，尤發新聲。故傅玄著書曰：「人若欽所聞而忽所見，不亦惑乎！設此六人生於上世，越今古而無儷，何但夔牙同契哉！」案此說，則自茲以後，皆孫朱等之遺則也。

相和，漢舊歌也，絲竹更相和，執節者歌。本一部，魏明帝分爲二，更遞夜宿。本十七曲，朱生、宋識、列和等復合之爲十三曲。

但歌，四曲，出自漢世。〔三四〕無絃節，作伎最先唱，一人唱，三人和。魏武帝尤好之。時有宋容華者，清徹好聲，善唱此曲，當時之特妙。自晉以來不復傳，遂絕。

凡樂章古辭，今之存者，並漢世街陌謠謳，江南可採蓮、烏生十五子、白頭吟之屬也。吳歌雜曲並出江南，東晉以來，稍有增廣。

子夜歌者，女子名子夜，造此聲。孝武太元中，琅邪王軻之家有鬼歌子夜，則子夜是此時以前人也。〔三五〕

鳳將雛歌者，舊曲也。應璩百一詩云「言是鳳將雛」，然則其來久矣。前溪歌者，車騎將軍沈充所制。〔三六〕

阿子及懽聞歌者，穆帝升平初，歌畢輒呼「阿子，汝聞不？」語在五行志。後人衍其聲，以爲此二曲。

團扇歌者，中書令王珉與嫂婢有情，愛好甚篤，嫂捶撻婢過苦，婢素善歌，而珉好捉白團扇，故制此歌。

懊憹歌者，隆安初俗間訛謠之曲，語在五行志。

長史變者，司徒左長史王廞臨敗所制。

凡此諸曲，始皆徒歌，既而被之管絃。又有因絲竹金石，造歌以被之，魏世三調歌辭之類是也。

杯柈舞，案太康中天下爲晉世寧舞，務手以接杯柈反覆之。〔三七〕此則漢世惟有柈舞，而晉加之以杯，反覆之也。

公莫舞，今之巾舞也。相傳云項莊劍舞，項伯以袖隔之，使不得害漢高祖，且語項莊云「公莫」！古人相呼曰公，言公莫害漢王也。今之用巾蓋像項伯衣袖之遺式。然案琴操有公莫渡河曲，然則其聲所從來已久，俗云項伯，非也。

白紵舞，案舞辭有巾袍之言。紵本吳地所出，宜是吳舞也。晉俳歌又云：「皎皎白緒，

節節爲雙。」吳音呼緒爲紵，疑白紵即白緒也。

鐸舞歌一篇，幡舞歌一篇，鼓舞伎六曲，並陳於元會。

後漢正旦，天子臨德陽殿受朝賀，舍利從西方來，戲於殿前，激水化成比目魚，跳躍嗽水，作霧翳日。畢，又化成龍，長八九丈，出水遊戲，炫燿日光。以兩大絲繩繫兩柱頭，相去數丈，兩倡女對舞，行於繩上，相逢切肩而不傾。魏晉訖江左，猶有夏育扛鼎、巨象行乳、神龜抃舞、背負靈嶽、桂樹白雪、畫地成川之樂。

成帝咸康七年，尚書蔡謨奏：「八年正會儀注，惟作鼓吹鐘鼓，其餘伎樂盡不作。」侍中張澄、給事黃門侍郎陳逵駁，以爲「王者觀時設教，至於吉凶殊斷，不易之道也。今四方觀禮，陵有僨弔之位，庭奏宮懸之樂，二禮兼用，哀樂不分，體國經制，莫大於此」。詔曰：「今既以天下體大，禮從權宜，三正之饗，宜盡用吉禮也。至娛耳目之樂，所不忍聞，故闕之耳。事之大者，不過上壽酒，稱萬歲，已許其大，不足復闕鐘鼓鼓吹也。」

澄、逵又啓：「今大禮雖降，事吉於朝。然僨弔顯於園陵，則未滅有哀；禮服定於典文，義無盡吉。是以咸寧之會，有徹樂之典，實先朝稽古憲章，垂式萬世者也。」詔曰：「若元日大饗，萬國朝宗，庭廢鐘鼓之奏，遂闕起居之節，朝無磬制之音，賓無蹈履之度，其於事義，

不亦闕乎！惟可量輕重，以制事中。」

散騎侍郎顧臻表曰：「臣聞聖王制樂，讚揚政道，養以仁義，防其淫佚，上享宗廟，下訓黎元，體五行之正音，協八風以陶物。宮聲正方而好義，角聲堅齊而率禮，絃歌鐘鼓金石之作備矣。故通神至化，有率舞之感，移風易俗，致和樂之極。末世之伎，設禮外之觀，逆行連倒，頭足入筥之屬，〔二八〕皮膚外剝，肝心內摧，敦彼行葦，猶謂勿踐，矧伊生靈，而不惻愴。加四海朝覲，言觀帝庭，耳聆雅頌之聲，目覩威儀之序，足以蹋天，頭以履地，反天地之至順，傷彝倫之大方。今夷狄對岸，外禦爲急，兵食七升，忘身赴難，過泰之戲，日廩五斗。方掃神州，經略中甸，若此之事，不可示遠。宜下太常，纂備雅樂，簫韶九成，惟新於盛運，功德頌聲，永著于來葉，此乃所以『燕及皇天，克昌厥後』者也。諸伎而傷人者，皆宜除之。流簡儉之德，邁康哉之詠，清風既行，下應如草，此之謂也。愚管之誠，惟垂採察！」於是除高絙、紫鹿、跂行、鼈食及齊王捲衣、笮兒等樂，又減其廩。其後復高絙、紫鹿焉。

校勘記

〔一〕明帝又訪阮孚等增益之　「訪」，宋志一作「詔」。

〔二〕皇羅重抗　「羅」，宋志二、樂府詩集八作「維」。

〔三〕宵映朗星　「映」，各本作「應」，今從宋本，與宋志二、樂府詩集八合。

〔四〕歌穆帝　「歌哀帝」之前，應有「歌穆帝」一首，宋、明各本均缺，殿本有，今從之。

〔五〕休音允臧　「允」，殿本作「久」，今據宋志二、樂府詩集八改。

〔六〕時猶草偃　「時」，宋志二、樂府詩集八均作「民」，此乃曹毗本文。晉志則唐人避諱改。

〔七〕周淡如川　「川」，宋志二、樂府詩集八均作「淵」，乃王珣本文。晉志作「川」，則唐人避諱改。

〔八〕上陵至芳樹　諸曲次序，各本「上陵」在「君馬黃」下，今從宋本在「巫山高」下，與宋志四、樂府詩集一六及所引古今樂錄、御覽五六七、通志四九、通考一四一合。「芳樹」各本在「聖人出」下，今亦從宋本在「君馬黃」下，與宋志四、樂府詩集一六及所引古今樂錄、御覽五六七合。

〔九〕通荆州　宋志四、樂府詩集一八及所引古今樂錄皆作「通荆門」，與歌詞首句合。

〔一〇〕讚武文　原作「文武」，宋志四、樂府詩集一九作「武文」，指魏武帝、魏文帝，今據乙轉。

〔一一〕武視江湖　宋志四、樂府詩集一九「武」作「虎」，是原文。作「武」者乃唐人避諱改。下天序「勦螭武」同。歌詞中「虎」改「獸」，改「武」，改「藏」者不一而足。其他「淵」字、「世」字、「民」字、「治」字被改者亦多，不一一出校。

〔一二〕普被四海至先天弗違　各本無此五語，殿本有，今從之。宋志四、樂府詩集一九均有。

〔一三〕坐作從　「從」，各本作「起」，今從宋本，與宋志四、樂府詩集一九合。

〔一四〕周文獵渭濱至影響　此三句宋、明本皆無，殿本依宋志四、樂府詩集一九補，今從之。

〔一五〕山河　「山河」當依宋志四作「山阿」。

〔一六〕膏澤隆青雲　「隆」當依宋志四、樂府詩集一九作「降」。

〔一七〕關東有賢女　「關東」，各本作「關中」。上文既作「關東」，此不應異。宋志四、樂府詩集五三引古今樂錄均作「關東」，今據改。

〔一八〕萬里克朝鮮　原作「萬里梟賊淵」。唐人諱「淵」而竄改，宋志四、樂府詩集五三可證。

〔一九〕召陵桓不君　「桓」，各本作「恒」，今據宋志四改。

〔二〇〕天因赦有罪　宋志四、樂府詩集五三「天因」作「天恩」。

〔二一〕思弘六合　宋志四、樂府詩集五三「思」作「恩」。

〔二二〕暢暢飛舞　宋志四、南齊書樂志、樂府詩集五四俱作「暢飛暢舞」。

〔二三〕有何期　各本作「何有期」，今從宋本，與宋志四、樂府詩集五四合。

〔二四〕獨獨祿祿　宋志四、南齊書樂志作「獨祿獨祿」當從之。李校云：古人凡重句者，于每字下作「𠄞」，後人遂誤讀也。

〔二五〕驥老伏櫪　樂府詩集五四「驥老」作「老驥」。

〔二六〕徘徊故鄉苦身不已　宋志四無「苦」字，疑是。此七字句，與下文「徘徊桑梓遊天外」同。

〔二七〕帝乃始命吹角　「始命」原作「命始」，樂府詩集二一引本志作「始命」，是，今乙正。

〔二八〕後漢以給邊將　原無「將」字。斠注：後漢書班超傳注引古今樂錄「邊」下有「將」字。按：樂府詩集二一引本志、通典一四一、通志四九皆有。今據補。

〔二九〕萬人將軍得用之　原無「用」字，樂府詩集二一、古今注引皆有「用」字，今據補。

〔三〇〕隴頭　各本作「壟頭」，今從殿本，與古今注、御覽五六七、通典一四一、通志四九、樂府詩集二一合。

〔三一〕赤之楊　疑當從御覽五六七作「赤枝楊」。

〔三二〕善弘舊曲　李校：「弘」當作「引」。按：册府八五六作「哥」。

〔三三〕郝索　斠注：通典一四五「索」作「素」。按：御覽五七六引傅子亦作「素」。

〔三四〕出自漢世　原無「出」字，據宋志三補。

〔三五〕則子夜是此時以前人也　原無「以前」二字，據宋志一補。按文義及事實（子夜歌自漢有）「以前」二字不可少。

〔三六〕沈充　宋志一、御覽五七三引古今樂錄作「沈玩」，舊唐書音樂志二又作「沈琉」。

〔三七〕務手以接杯柈　「接」，各本作「按」，今從宋本作「接」，與五行志上「手接杯盤而反復之」合。

〔三八〕頭足入筥之屬　「筥」，各本作「筥」，殿本從宋志一作「筥」，今從殿本。

晉書卷二十四

志第十四

職官

書曰：「唐虞稽古，建官惟百。」所以獎導民萌，裁成庶政。易曰：「天垂象，聖人則之。」執法在南宮之右，上相處端門之外，而鳥龍居位，雲火垂名，前史詳之，其以尚矣。黄帝置三公之秩，以親黎元，少昊配九扈之名，以爲農正，命重黎於天地，詔融冥於水火，則可得而言焉。伊尹曰：「三公調陰陽，九卿通寒暑，大夫知人事，列士去其私。」而成湯居亳，初置二相，以伊尹、仲虺爲之，凡厥樞會，仰承君命。總及周武下車，成康垂則，六卿分職，二公弘化，咸樹司存，各題標準，苟非其道，人弗虛榮。貽厥孫謀，其固本也如此。及秦變周官，漢遵嬴舊，或隨時適用，或因務遷革，霸王之典，義在於斯，既獲厥安，所謂得其時制者也。四征興於漢代，四安起於魏初，四鎮通於柔遠，四平止於喪亂，其渡遼、淩江，輕車、强弩，式揚

遐外，用表攻伐，興而復毀，厥號彌繁。及當塗得志，克平諸夏，初有軍師祭酒，參掌戎律。建安十三年，罷漢台司，更置丞相，而以曹公居之，用兼端揆。孫吳、劉蜀，多依漢制，雖復臨時命氏，而無忝舊章。世祖武皇帝卽位之初，以安平王孚爲太宰，鄭沖爲太傅，王祥爲太保，司馬望爲太尉，何曾爲司徒，荀顗爲司空，石苞爲大司馬，陳騫爲大將軍，世所謂八公同辰，攀雲附翼者也。若乃成乎棟宇，非一枝之勢；處乎經綸，稱萬夫之敵。或牽羊以叶於夢，或垂釣以申其道，或空桑以獻其術，或操版以啓其心。臥龍飛鴻，方金擬璧，秦奚、鄭產，楚材晉用，斯亦曩時之良具，其又昭彰者焉。宣王既誅曹爽，政由己出，網羅英俊，以備天官。及蘭卿受羈，貴公顯戮，雖復策名魏氏，而乃心皇晉。及文王纂業，初啓晉臺，始置二衞，有前驅養由之弩，及設三部，有熊渠佽飛之衆。是以武帝龍飛，乘茲奮翼，猶武王以周之十亂而理殷民者也。是以泰始盡於太康，喬柯茂葉，來居斯位；自太興訖于建元，南金北銑，用處茲秩。雖未擬乎夔拊龍言，天工人代，亦庶幾乎任官惟賢，蒞事惟能者也。

丞相、相國，並秦官也。晉受魏禪，並不置，自惠帝之後，省置無恒。爲之者，趙王倫、梁王肜、成都王穎、南陽王保、王敦、王導之徒，皆非復尋常人臣之職。

太宰、太傅、太保，周之三公官也。魏初唯置太傅，以鍾繇爲之，末年又置太保，以鄭沖

爲之。晉初以景帝諱故，又採周官官名，置太宰以代太師之任，秩增三司，與太傅太保皆爲上公，論道經邦，燮理陰陽，無其人則闕。以安平獻王孚居之。自渡江以後，其名不替，而居之者甚寡。

太尉、司徒、司空，並古官也。自漢歷魏，置以爲三公。及晉受命，迄江左，其官相承不替。

大司馬，古官也。漢制以冠大將軍、驃騎、車騎之上，以代太尉之職，故恒與太尉迭置，不並列。及魏有太尉，而大司馬、大將軍各自爲官，位在三司上。晉受魏禪，因其制，以安平王孚爲太宰，鄭沖爲太傅，王祥爲太保，義陽王望爲太尉，何曾爲司徒，荀顗爲司空，石苞爲大司馬，陳騫爲大將軍，凡八公同時並置，唯無丞相焉。自義陽王望爲大司馬之後，定令如舊，在三司上。

大將軍，古官也。漢武帝置，冠以大司馬名，爲崇重之職。及漢東京，大將軍不常置，爲之者皆擅朝權。至景帝爲大將軍，亦受非常之任。後以叔父孚爲太尉，奏改大將軍在太尉下。及晉受命，猶依其制，位次三司下，後復舊，在三司上。太康元年，琅邪王伷遷大將軍，復制在三司下，伷薨後如舊。

開府儀同三司，漢官也。殤帝延平元年，鄧騭爲車騎將軍，儀同三司；儀同之名，始自

此也。及魏黄權以車騎將軍開府儀同三司；開府之名，起於此也。

驃騎、車騎、衞將軍、伏波、撫軍、都護、鎮軍、中軍、四征、四鎮、龍驤、典軍、上軍、輔國等大將軍，左右光祿、光祿三大夫，開府者皆爲位從公。

太宰、太傅、太保、司徒、司空、左右光祿大夫、光祿大夫，開府位從公者爲文官公，冠進賢三梁，黑介幘。

大司馬、大將軍、太尉、驃騎、車騎、衞將軍、諸大將軍，開府位從公者爲武官公，皆著武冠，平上黑幘。

文武官公，皆假金章紫綬，著五時服。其相國、丞相，皆衮冕，綠盭綬，所以殊於常公也。

諸公及開府位從公者，品秩第一，食奉日五斛。太康二年，又給絹，春百匹，秋絹二百匹，緜二百斤。元康元年，給菜田十頃，田騶十人，〔一〕立夏後不及田者，食奉一年。置長史一人，秩一千石；西東閤祭酒、西東曹掾、戶倉賊曹令史屬各一人；御屬閤下令史、西東曹倉戶賊曹令史、門令史、記室省事令史、閤下記室書令史、西東曹學事各一人。給武賁二十人，持班劍。給朝車駕駟、安車黑耳駕三各一乘，祭酒掾屬白蓋小車七乘，軺車施耳後戶、皁輪犢車各一乘。自祭酒已下，令史已上，皆皁零辟朝服。太尉雖不加兵者，吏屬皆絳服。

司徒加置左右長史各一人，秩千石；主簿、左西曹掾屬各一人，西曹稱右西曹，其左西曹令史已下人數如舊令。司空加置導橋掾一人。

諸公及開府位從公加兵者，增置司馬一人，秩千石；從事中郎二人，秩比千石；主簿、記室督各一人；舍人四人；兵、鎧、士曹，營軍、刺姦、帳下都督，外都督，令史各一人。主簿已下，令史已上，皆絳服。司馬給吏卒如長史，從事中郎給侍二人，主簿、記室督各給侍一人。其餘臨時增崇者，則褒加各因其時爲節文，不爲定制。

諸公及開府位從公爲持節都督，增參軍爲六人，長史、司馬、從事中郎、主簿、記室督、祭酒、掾屬、舍人如常加兵公制。

特進，漢官也。二漢及魏晉以加官從本官車服，無吏卒。太僕羊琇遜位，拜特進，加散騎常侍，無餘官，故給吏卒車服。其餘加特進者，唯食其祿賜，位其班位而已，不別給特進吏卒車服，後定令。特進品秩第二，位次諸公，在開府驃騎上，冠進賢兩梁，黑介幘，五時朝服，佩水蒼玉，無章綬，食奉日四斛。太康二年，始賜春服絹五十匹，秋絹百五十匹，緜一百五十斤。元康元年，給菜田八頃，田騶八人，立夏後不及田者，食奉一年。置主簿、功曹史、門亭長、門下書佐各一人，給安車黑耳駕御一人，軺車施耳後戶一乘。

左右光祿大夫，假金章紫綬。光祿大夫加金章紫綬者，品秩第二，祿賜、班位、冠幘、車

服、佩玉，置吏卒羽林及卒，諸所賜給皆與特進同。其以爲加官者，唯假章綬、祿賜班位而已，不別給車服吏卒也。又卒贈此位，本已有卿官者，不復重給吏卒，其餘皆給。

光祿大夫假銀章青綬者，品秩第三，位在金紫將軍下，諸卿上。漢時所置無定員，多以爲拜假賵贈之使，及監護喪事。魏氏已來，轉復優重，不復以爲使命之官。其諸公告老者，皆家拜此位；及在朝顯職，復用加之。及晉受命，仍舊不改，復以爲優崇之制。而諸公遜位，不復加之，或更拜上公，或以本封食公祿。其諸卿尹中朝大官年老致仕者，及內外之職加此者，前後甚衆。由是或因得開府，或進加金章紫綬，又復以爲禮贈之位。泰始中，唯太子詹事楊珧加給事中光祿大夫。加兵之制，諸所供給依三品將軍。其餘自如舊制，終武、惠、孝懷三世。

光祿大夫與卿同秩中二千石，著進賢兩梁冠，黑介幘，五時朝服，佩水蒼玉，食奉日三斛。太康二年，始給春賜絹五十匹，秋絹百匹，緜百斤。惠帝元康元年，始給菜田六頃，田騶六人，置主簿、功曹史、門亭長、門下書佐各一人。

驃騎已下及諸大將軍不開府非持節都督者，品秩第二，其祿與特進同。置長史、司馬各一人，秩千石；主簿，功曹史，門下督，錄事，兵鎧士賊曹，營軍、刺姦、帳下都督，功曹書佐門吏，門下書吏各一人。其假節爲都督者，所置與四征、鎮加大將軍不開府爲都督者同。

四征、鎮、安、平加大將軍不開府、持節都督者，品秩第二，置參佐吏卒、幕府兵騎如常都督制，唯朝會祿賜從二品將軍之例。然則持節、都督無定員，前漢遣使始有持節。光武建武初，征伐四方，始權時置督軍御史，事竟罷。建安中，魏武爲相，始遣大將軍督之。二十一年，征孫權還，夏侯惇督二十六軍是也。魏文帝黃初三年，始置都督諸州軍事，或領刺史。又上軍大將軍曹真都督中外諸軍事、假黃鉞，則總統內外諸軍矣。魏明帝太和四年秋，宣帝征蜀，加號大都督。高貴鄉公正元二年，文帝都督中外諸軍，尋加大都督。及晉受禪，都督諸軍爲上，監諸軍次之，督諸軍爲下；使持節爲上，持節次之，假節爲下。使持節得殺二千石以下；持節殺無官位人，若軍事，得與使持節同；假節唯軍事得殺犯軍令者。江左以來，都督中外尤重，唯王導等權重者乃居之。

三品將軍秩中二千石者，著武冠，平上黑幘，五時朝服，佩水蒼玉，食奉、春秋賜緜絹、菜田、田騶如光祿大夫諸卿制。置長史、司馬各一人，秩千石；主簿，功曹，門下都督，錄事，兵鎧士賊曹，營軍、刺姦吏、帳下都督，〔二〕功曹書佐門吏，門下書吏各一人。

錄尚書，案漢武時，左右曹諸吏分平尚書奏事，知樞要者始領尚書事。張安世以車騎將軍，霍光以大將軍，王鳳以大司馬，師丹以左將軍並領尚書事。後漢章帝以太傅趙憙、太

尉牟融並錄尚書事。尚書有錄名，蓋自憙、融始，亦西京領尚書之任，猶唐虞大麓之職也。和帝時，太尉鄧彪爲太傅，錄尚書事，位上公，在三公上，漢制遂以爲常，每少帝立則置太傅錄尚書事，猶古冢宰總己之義，薨輒罷之。自魏晉以後，亦公卿權重者爲之。

尚書令，秩千石，假銅印墨綬，冠進賢兩梁冠，納言幘，五時朝服，佩水蒼玉，食奉月五十斛。受拜則策命之，以在端右故也。太康二年，始給賜絹，春三十匹，秋七十匹，緜七十斤。元康元年，始給菜田六頃，田騶六人，立夏後不及田者，食奉一年。始賈充爲尚書令，以目疾表置省事吏四人，省事蓋自此始。

僕射，服秩印綬與令同。案漢本置一人，至漢獻帝建安四年，以執金吾榮郃爲尚書左僕射，〔三〕僕射分置左右，蓋自此始。經魏至晉，迄於江左，省置無恒，置二，則爲左右僕射，或不兩置，但曰尚書僕射。令闕，則左爲省主；若左右並闕，則置尚書僕射以主左事。

列曹尚書，案尚書本漢承秦置，及武帝遊宴後庭，始用宦者主中書，以司馬遷爲之，中間遂罷其官，以爲中書之職。至成帝建始四年，罷中書宦者，又置尚書五人，一人爲僕射，而四人分爲四曹，通掌圖書祕記章奏之事，各有其任。其一曰常侍曹，主丞相御史公卿事。其二曰二千石曹，主刺史郡國事。其三曰民曹，主吏民上書事。其四曰主客曹，主外國夷狄事。後成帝又置三公曹，主斷獄，是爲五曹。後漢光武以三公曹主歲盡考課諸州郡事，

改常侍曹爲吏部曹，主選舉祠祀事，民曹主繕修功作鹽池園苑事，客曹主護駕羌胡朝賀事，二千石曹主辭訟事，中都官曹主水火盜賊事，合爲六曹。并令僕二人，謂之八座。尚書雖有曹名，不以爲號。靈帝以侍中梁鵠爲選部尚書，於此始見曹名。及魏改選部爲吏部，主選部事，又有左民、客曹、五兵、度支，凡五曹尚書、二僕射、一令爲八座。及晉置吏部、三公、客曹、駕部、屯田、度支六曹，而無五兵。咸寧二年，省駕部尚書。四年，省一僕射，又置駕部尚書。太康中，有吏部、殿中及五兵、田曹、度支、左民爲六曹尚書，又無駕部、三公、客曹。惠帝世又有右民尚書，止於六曹，不知此時省何曹也。及渡江，有吏部、祠部、五兵、左民、度支五尚書。祠部尚書常與右僕射通職，不恒置，以右僕射攝之，若右僕射闕，則以祠部尚書攝知右事。

左右丞，自漢武帝建始四年置尚書，而便置丞四人。及光武始減其二，唯置左右丞，左右丞蓋自此始也。自此至晉不改。晉左丞主臺內禁令，宗廟祠祀，朝儀禮制，選用署吏，急假；〔四〕右丞掌臺內庫藏廬舍，凡諸器用之物，及廩振人租布，〔五〕刑獄兵器，督錄遠道文書章表奏事。八座郎初拜，皆沿漢舊制，並集都座交禮，遷職又解交焉。

尚書郎，西漢舊置四人，以分掌尚書。其一人主匈奴單于營部，一人主羌夷吏民，一人主戶口墾田，一人主財帛委輸。及光武分尚書爲六曹之後，合置三十四人，秩四百石，并左

右丞爲三十六人。郎主作文書起草，更直五日於建禮門內。尚書郎初從三署詣臺試守尚書郎，中歲滿稱尚書郎，三年稱侍郎，選有吏能者爲之。至魏，尚書郎有殿中、吏部、駕部、金部、虞曹、比部、南主客、祠部、度支、庫部、農部、水部、儀曹、三公、倉部、民曹、二千石、中兵、外兵、都兵、別兵、考功、定課，凡二十三郎。青龍二年，尚書陳矯奏置都官、騎兵，合凡二十五郎。每一郎缺，白試諸孝廉能結文案者五人，謹封奏其姓名以補之。及晉受命，武帝罷農部、定課，置直事、殿中、祠部、儀曹、吏部、三公、比部、金部、倉部、度支、都官、二千石、左民、右民、虞曹、屯田、起部、水部、左右主客、駕部、車部、庫部、左右中兵、左右外兵、別兵、都兵、騎兵、左右士、北主客、南主客，爲三十四曹郎。後又置運曹，凡三十五曹，置郎二十三人，更相統攝。及江左，無直事、右民、屯田、車部、別兵、都兵、騎兵、左右士、運曹十曹郎。康穆以後，又無虞曹、二千石二郎，但有殿中、祠部、吏部、儀曹、三公、比部、金部、倉部、度支、都官、左民、起部、水部、主客、駕部、庫部、中兵、外兵十八曹郎。後又省主客、起部、水部，餘十五曹云。

侍中，案黃帝時風后爲侍中，於周爲常伯之任，秦取古名置侍中，漢因之。秦漢俱無定員，以功高者一人爲僕射。魏晉以來置四人，別加官者則非數。掌儐贊威儀，大駕出則次直侍中護駕，正直侍中負璽陪乘，不帶劍，餘皆騎從。御登殿，與散騎常侍對扶，〔六〕侍中居左，常侍居右。備切問近對，拾遺補闕。及江左哀帝興寧四年，〔七〕桓溫奏省二人，後復舊。

給事黃門侍郎，秦官也。漢已後並因之，與侍中俱管門下衆事，無員。及晉，置員四人。

散騎常侍，本秦官也。秦置散騎，又置中常侍，散騎騎從乘輿車後，中常侍得入禁中，皆無員，亦以爲加官。漢東京初，省散騎，而中常侍用宦者。魏文帝黃初初，置散騎，合之於中常侍，〔八〕同掌規諫，不典事，貂璫插右，騎而散從，至晉不改。及元康中，惠帝始以宦者董猛爲中常侍，後遂止，常爲顯職。

給事中，秦官也。所加或大夫、博士、議郎，掌顧問應對，位次中常侍。漢因之。及漢東京省，魏世復置，至晉不改。在散騎常侍下，給事黃門侍郎上，無員。

通直散騎常侍，案魏末散騎常侍又有在員外者。泰始十年，武帝使二人與散騎常侍通員直，故謂之通直散騎常侍。江左置四人。

員外散騎常侍，魏末置，無員。

散騎侍郎四人，魏初與散騎常侍同置。自魏至晉，散騎常侍、侍郎與侍中、黃門侍郎共平尚書奏事，江左乃罷。

通直散騎侍郎四人。初，武帝置員外散騎侍郎，及太興元年，元帝使二人與散騎侍郎通員直，故謂之通直散騎侍郎，後增爲四人。

員外散騎侍郎，武帝置，無員。

奉朝請，本不爲官，無員。漢東京罷三公、外戚、宗室、諸侯多奉朝請。奉朝請者，奉朝會請召而已。武帝亦以宗室、外戚爲奉車、駙馬、騎三都尉而奉朝請焉。元帝爲晉王，以參軍爲奉車都尉，掾屬爲駙馬都尉，行參軍舍人爲騎都尉，皆奉朝請。後罷奉車、騎二都尉，唯留駙馬都尉奉朝請。諸尚公主者劉惔、桓溫皆爲之。

中書監及令，案漢武帝遊宴後庭，始使宦者典事尚書，謂之中書謁者，置令、僕射。成帝改中書謁者令曰中謁者令，罷僕射。漢東京省中謁者令，而有中宮謁者令，非其職也。魏武帝爲魏王，置祕書令，典尚書奏事。文帝黃初初改爲中書，置監、令，以祕書左丞劉放爲中書監，右丞孫資爲中書令；監、令蓋自此始也。及晉因之，並置員一人。

中書侍郎，魏黃初初，中書既置監、令，又置通事郎，次黃門郎。黃門郎已署，事過通事乃署名。已署，奏以入，爲帝省讀，書可。及晉，改曰中書侍郎，員四人。中書侍郎蓋此始也。及江左初，改中書侍郎曰通事郎，尋復爲中書侍郎。

中書舍人，案晉初初置舍人、通事各一人，〔九〕江左合舍人通事謂之通事舍人，掌呈奏案章。〔一〇〕後省，而以中書侍郎一人直西省，又掌詔命。

祕書監，案漢桓帝延熹二年置祕書監，〔一一〕後省。魏武爲魏王，置祕書令、丞。及文帝黄初初，置中書令，典尚書奏事，而祕書改令爲監。後以何禎爲祕書丞，而祕書先自有丞，乃以禎爲祕書右丞。及晉受命，武帝以祕書幷中書省，其祕書著作之局不廢。惠帝永平中，復置祕書監，其屬官有丞，有郎，幷統著作省。

著作郎，周左史之任也。漢東京圖籍在東觀，故使名儒著作東觀，有其名，尚未有官。魏明帝太和中，詔置著作郎，於此始有其官，隸中書省。及晉受命，武帝以繆徵爲中書著作郎。元康二年，詔曰：「著作舊屬中書，而祕書既典文籍，今改中書著作爲祕書著作。」於是改隸祕書省。後別自置省而猶隸祕書。著作郎一人，謂之大著作郎，專掌史任，又置佐著作郎八人。著作郎始到職，必撰名臣傳一人。

太常、光祿勳、衞尉、太僕、廷尉、大鴻臚、宗正、大司農、少府、將作大匠、太后三卿、大長秋，皆爲列卿，各置丞、功曹、主簿、五官等員。

太常，有博士、協律校尉員，又統太學諸博士、祭酒及太史、太廟、太樂、鼓吹、陵等令，

太史又別置靈臺丞。

太常博士，魏官也。魏文帝初置，晉因之。掌引導乘輿。王公已下應追謚者，則博士議定之。

協律校尉，漢協律都尉之職也，魏杜夔爲之。及晉，改爲協律校尉。

晉初承魏制，置博士十九人。及咸寧四年，武帝初立國子學，定置國子祭酒、博士各一人，助教十五人，以教生徒。博士皆取履行清淳，通明典義者，若散騎常侍、中書侍郎、太子中庶子以上，乃得召試。及江左初，減爲九人。元帝末，增儀禮、春秋公羊博士各一人，合爲十一人。後又增爲十六人，不復分掌五經，而謂之太學博士也。孝武太元十年，損國子助教員爲十人。

光祿勳，統武賁中郎將、羽林郎將、冗從僕射、羽林左監、五官左右中郎將、東園匠、太官、御府、守宮、黄門、掖庭、清商、華林園、暴室等令。哀帝興寧二年，省光祿勳，幷司徒。孝武寧康元年復置。

衞尉，統武庫、公車、衞士、諸治等令，左右都候，南北東西督治掾。〔一二〕及渡江，省衞尉。

太僕，統典農、典虞都尉，典虞丞，左右中典牧都尉，車府典牧，乘黄廐、驊騮廐、龍馬廐等令。典牧又別置羊牧丞。太僕，自元帝渡江之後或省或置。太僕省，故驊騮爲門下之職。

廷尉，主刑法獄訟，屬官有正、監、評，幷有律博士員。

大鴻臚，統大行、典客、園池、華林園、鉤盾等令，又有青宮列丞、鄴玄武苑丞。及江左，有事則權置，無事則省。

宗正，統皇族宗人圖諜，又統太醫令史，又有司牧掾員。及渡江，哀帝省幷太常，太醫以給門下省。

大司農，統太倉、籍田、導官三令，襄國都水長，東西南北部護漕掾。及渡江，哀帝省幷都水，孝武復置。

少府，統材官校尉、中左右三尚方、中黄左右藏、左校、甄官、平準、奚官等令，左校坊、鄴中黄左右藏、油官等丞。及渡江，哀帝省幷丹楊尹，孝武復置。自渡江唯置一尚方，又省御府。

將作大匠，有事則置，無事則罷。

太后三卿，衞尉、少府、太僕，漢置，皆隨太后宮爲官號，在同名卿上，無太后則闕。魏改漢制，在九卿下。及晉復舊，在同號卿上。

大長秋，皇后卿也，有后則置，無后則省。

御史中丞，本秦官也。秦時，御史大夫有二丞，其一御史丞，其一爲中丞。中丞外督部刺史，內領侍御史，受公卿奏事，舉劾案章。漢因之，及成帝綏和元年，更名御史大夫爲大司空，置長史，而中丞官職如故。哀帝建平二年，復爲御史大夫。元壽二年，又爲大司空，而中丞出外爲御史臺主。歷漢東京至晉因其制，以中丞爲臺主。

治書侍御史，案漢宣帝幸宣室，齋居而決事，令侍御史二人治書侍側，後因別置，謂之治書侍御史，蓋其始也。及魏，又置治書執法，掌奏劾，而治書侍御史掌律令，二官俱置。及晉，唯置治書侍御史，員四人。泰始四年，又置黄沙獄治書侍御史一人，秩與中丞同，掌詔獄及廷尉不當者皆治之。後幷河南，遂省黄沙治書侍御史。及太康中，又省治書侍御史二員。

侍御史，案二漢所掌凡有五曹：一曰令曹，掌律令；二曰印曹，掌刻印；三曰供曹，掌齋祠；四曰尉馬曹，掌廐馬；五曰乘曹，掌護駕。魏置八人。及晉，置員九人，品同治書，而有十三曹：吏曹、課第曹、直事曹、印曹、中都督曹、外都督曹、媒曹、符節曹、水曹、中壘曹、營軍曹、法曹、算曹。及江左初，省課第曹，置庫曹，掌廐牧牛馬市租，後分曹，置外左庫、內左庫云。

殿中侍御史，案魏蘭臺遣二御史居殿中，伺察非法，卽其始也。及晉，置四人，江左置二人。又案魏晉官品令又有禁防御史第七品，孝武太元中有檢校御史吴琨，[一三]則此二職亦蘭臺之職也。

符節御史，秦符璽令之職也。漢因之，位次御史中丞。至魏，別爲一臺，位次御史中丞，掌授節、銅武符、竹使符。及泰始九年，武帝省并蘭臺，置符節御史掌其事焉。

司隸校尉，案漢武初置十三州，刺史各一人，又置司隸校尉，察三輔、三河、弘農七郡，歷漢東京及魏晉，其官不替。屬官有功曹、都官從事、諸曹從事、部郡從事、主簿、錄事、門下書佐、省事、記室書佐、諸曹書佐守從事、武猛從事等員，凡吏一百人，卒三十二人。及渡江，乃罷司隸校尉官，其職乃揚州刺史也。

謁者僕射，秦官也，自漢至魏因之。魏置僕射，掌大拜授及百官班次，統謁者十人。及武帝省僕射，以謁者并蘭臺。江左復置僕射，後又省。

都水使者，漢水衡之職也。漢又有都水長丞，主陂池灌溉，保守河渠，屬太常。漢東京省都水，置河隄謁者，魏因之。[一四]及武帝省水衡，[一五]置都水使者一人，以河隄謁者爲都水官屬。及江左，省河隄謁者，置謁者六人。

中領軍將軍，魏官也。漢建安四年，魏武丞相府自置，及拔漢中，以曹休爲中領軍。文帝踐阼，始置領軍將軍，以曹休爲之，主五校、中壘、武衞等三營。武帝初省，使中軍將軍羊祜統二衞、前、後、左、右、驍衞等營，卽領軍之任也。懷帝永嘉中，改中軍曰中領軍。永昌元年，改曰北軍中候，尋復爲領軍。成帝世，復爲中候，尋復爲領軍。

護軍將軍，案本秦護軍都尉官也。漢因之，高祖以陳平爲護軍中尉，武帝復以爲護軍都尉，屬大司馬。魏武爲相，以韓浩爲護軍，史渙爲領軍，[一六]非漢官也。建安十二年，改護軍爲中護軍，領軍爲中領軍，置長史、司馬。魏初，因置護軍將軍，主武官選，隸領軍，晉世則不隸也。元帝永昌元年，省護軍，并領軍。明帝太寧二年，復置領、護，各領營兵。江左以來，領軍不復別領營，總統二衞、驍騎、材官諸營，護軍猶別有營也。資重者爲領軍、護軍，資輕者爲中領軍、中護軍。屬官有長史、司馬、功曹、主簿、五官，受命出征則置參軍。

左右衞將軍，案文帝初置中衞及衞，[一七]武帝受命，分爲左右衞，以羊琇爲左，趙序爲右。並置長史、司馬、功曹、主簿員，江左罷長史。

驍騎將軍、遊擊將軍，並漢雜號將軍也。魏置爲中軍。及晉，以領、護、左右衞、驍騎、遊擊爲六軍。

左右前後軍將軍，案魏明帝時有左軍，則左軍魏官也，至晉不改。武帝初又置前軍、右軍，泰始八年又置後軍，是爲四軍。

屯騎、步兵、越騎、長水、射聲等校尉，是爲五校，並漢官也。魏晉逮于江左，猶領營兵，並置司馬、功曹、主簿。後省左軍、右軍、前軍、後軍爲鎮衞軍，其左右營校尉自如舊，皆中領軍統之。

二衞始制前驅、由基、强弩爲三部司馬，各置督史。左衞，熊渠武賁；右衞，佽飛武賁。二衞各五部督。其命中武賁、驍騎、遊擊各領之。又置武賁、羽林、上騎、異力四部，并命中爲五督。其衞、鎮四軍如五校，各置千人。更制殿中將軍，中郎、校尉、司馬比驍騎。[一八]持椎斧武賁，分屬二衞。尉中武賁、[一九]持鈒冗從、羽林司馬，常從人數各有差。武帝甚重兵官，故軍校多選朝廷清望之士居之。先是，陳勰爲文帝所待，特有才用，明解軍令。帝爲晉王，委任使典兵事。及蜀破後，令勰受諸葛亮圍陣用兵倚伏之法，又甲乙校標幟之制，勰悉闇練之，遂以勰爲殿中典兵中郎將，遷將軍。久之，武帝每出入，勰持白獸幡在乘輿左右，鹵簿陳列齊肅。太康末，武帝嘗出射雉，勰時已爲都水使者，散從。車駕逼暗乃還，漏已盡，當合函，停乘輿，良久不得合，乃詔勰合之。勰舉白獸幡指麾，須臾之間而函成。皆謝勰閑解，甚爲武帝所任。

太子太傅、少傅，皆古官也。泰始三年，武帝始建官，[二〇]各置一人，尚未置詹事，官事無大小，[二一]皆由二傅，並有功曹、主簿、五官。太傅中二千石，少傅二千石。其訓導者，太傅在前，少傅在後。皇太子先拜，諸傅然後答之。武帝後以儲副體尊，遂命諸公居之；以本位重，故或行或領。時侍中任愷，武帝所親敬，復使領之，蓋一時之制也。咸寧元年，以給事黃門侍郎楊珧爲詹事，掌宮事，二傅不復領官屬。及楊珧爲衞將軍，領少傅，省詹事，遂崇廣傅訓，命太尉賈充領太保，司空齊王攸領太傅，所置吏屬復如舊。二傅進賢兩梁冠，黑介幘，五時朝服，佩水蒼玉，食奉日三斛。太康二年，始給春賜絹五十匹，秋絹百匹，緜百斤。其後太尉汝南王亮、車騎將軍楊駿、司空衞瓘、石鑒皆領傅保，猶不置詹事，以終武帝之世。惠帝元康元年，復置詹事，二傅給菜田六頃，田騶六人，立夏後不及田者，食奉一年。置丞一人，秩千石；主簿、五官掾、功曹史、主記門下史、錄事、戶曹法曹倉曹賊曹功曹書佐、門下亭長、門下書佐、省事各一人，給赤耳安車一乘。及愍懷建官，[二三]乃置六傅，三太、三少，以景帝諱師，故改太師爲太保，[二二]通省尚書事，詹事文書關由六傅。然自元康之後，諸傅或二或三，或四或六，及永康中復不置詹事也。自太安已來置詹事，終孝懷之世。渡江之後，有太傅少傅，不立師保。

中庶子四人，職如侍中。

中舍人四人，咸寧四年置，以舍人才學美者爲之，與中庶子共掌文翰，職如黃門侍郎，在中庶子下，洗馬上。

食官令一人，職如太官令。

庶子四人，職比散騎常侍、中書監令。

舍人十六人，職比散騎、中書等侍郎。

洗馬八人，職如謁者祕書，掌圖籍。釋奠講經則掌其事，出則直者前驅，導威儀。

率更令，主宮殿門戶及賞罰事，職如光祿勳、衞尉。

家令，主刑獄、穀貨、飲食，職比司農、少府。漢東京主食官令，食官令及晉自爲官，不復屬家令。

僕，主車馬、親族，職如太僕、宗正。

左右衞率，案武帝建東宮，〔三四〕置衞率，初曰中衞率。泰始五年，分爲左右，各領一軍。惠帝時，愍懷太子在東宮，又加前後二率。及江左，省前後二率，孝武太元中又置。

王置師、友、文學各一人，景帝諱，故改師爲傅。友者因文王、仲尼四友之名號。改太守爲內史，省相及僕。有郎中令、中尉、大農爲三卿。大國置左右常侍各一人，省郎中，置

侍郎二人，典書、典祠、典衞、學官令、典書丞各一人，治書四人，中尉司馬、世子庶子、陵廟牧長各一人，謁者四人，中大夫六人，舍人十人，典府各一人。

咸寧三年，衞將軍楊珧與中書監荀勖以齊王攸有時望，懼惠帝有後難，因追故司空裴秀立五等封建之旨，從容共陳時宜於武帝，以爲「古者建侯，所以藩衞王室。今吳寇未殄，方岳任大，而諸王爲帥，都督封國，既各不臣其統內，於事重非宜。又異姓諸將居邊，宜參以親戚，而諸王公皆在京都，非扞城之義，萬世之固」。帝初未之察，於是下詔議其制。有司奏，從諸王公更制戶邑，皆中尉領兵。其平原、汝南、琅邪、扶風、齊爲大國，梁、趙、樂安、燕、安平、義陽爲次國，其餘爲小國，皆制所近縣益滿萬戶。又爲郡公制度如小國王，亦中尉領兵。郡侯如不滿五千戶王，置一軍一千一百人，亦中尉領之。于時，唯特增魯公國戶邑，追進封故司空博陵公王沈爲郡公，鉅平侯羊祜爲南城郡侯。又南宮王承、隨王萬各於泰始中封爲縣王，〔三五〕邑千戶，至是改正縣王增邑爲三千戶，制度如郡侯，亦置一軍。自此非皇子不得爲王，而諸王之支庶，皆皇家之近屬至親，亦各以土推恩受封。其大國次國始封王之支子爲公，承封王之支子爲侯，繼承封王之支子爲伯。小國五千戶已上，始封王之支子爲子，不滿五千戶始封王之支子及始封公侯之支子皆爲男，非此皆不得封。其公之制度如五千戶國，侯之制度如不滿五千戶國，亦置一軍千人，中尉領之，伯子男以下各有差而不置軍。大國始封之孫罷下軍，曾孫又罷上軍，次國始封子孫亦罷下軍，其餘皆以一軍爲常。大國中軍二千人，上下軍各千五百人，次國上軍二千人，下軍千人。其未之國者，大國置守土百人，次國八十人，小國六十人，郡侯縣公亦如小國制度。既行，所增徙各如本奏遣就國，而諸公皆戀京師，涕泣而去。及吳平後，齊王攸遂之國。

中朝制，典書令在常侍下，侍郎上。及渡江，則侍郎次常侍，而典書令居三軍下。公國則無中尉、常侍、三軍，侯國又無大農、侍郎，伯子男唯典書以下，又無學官、令史職，皆以次損焉。公侯以下置官屬，隨國大小無定制，其餘官司各有差。名山大澤不以封，鹽鐵金銀銅錫，始平之竹園，別都宮室園囿，皆不爲屬國。其仕在天朝者，與之國同，皆自選其文武官。諸入作卿士而其世子年已壯者，皆遣莅國。其王公已下，茅社符璽，車旗命服，一如泰始初故事。

州置刺史，別駕、治中從事、諸曹從事等員。所領中郡以上及江陽、朱提郡，郡各置部從事一人，小郡亦置一人。又有主簿，門亭長、錄事、記室書佐、諸曹佐、守從事、武猛從事等。凡吏四十一人，卒二十人。諸州邊遠，或有山險，濱近寇賊羌夷者，又置弓馬從事五十餘人。徐州又置淮海，涼州置河津，諸州置都水從事各一人。涼、益州置吏八十五人，卒二

十人。荆州又置監佃督一人。

郡皆置太守，河南郡京師所在，則曰尹。諸王國以內史掌太守之任，又置主簿、主記室，門下賊曹、議生、門下史、記室史、錄事史、書佐、循行、幹、小史、五官掾、功曹史、功曹書佐、循行小史、五官掾等員。郡國戶不滿五千者，置職吏五十人，散吏十三人；五千戶以上，則職吏六十三人，散吏二十一人；萬戶以上，職吏六十九人，散吏三十九人。郡國皆置文學掾一人。

縣大者置令，小者置長。有主簿、錄事史、主記室史、門下書佐、幹、游徼、議生、循行功曹史、小史、廷掾、功曹史、小史書佐幹、戶曹掾史幹、法曹門幹、金倉賊曹掾史、兵曹史、吏曹史、獄小史、獄門亭長、都亭長、賊捕掾等員。戶不滿三百以下，職吏十八人，散吏四人；三百以上，職吏二十八人，散吏六人；五百以上，職吏四十人，散吏八人；千以上，職吏五十三人，散吏十二人；千五百以上，職吏六十八人，散吏一十八人；三千以上，職吏八十八人，散吏二十六人。

郡國及縣，農月皆隨所領戶多少爲差，散吏爲勸農。又縣五百以上皆置鄉，三千以上置二鄉，五千以上置三鄉，萬以上置四鄉，鄉置嗇夫一人。鄉戶不滿千以下，置治書史一人；千以上置史、佐各一人，正一人；五千五百以上，置史一人，佐二人。縣率百戶置里吏一

人，其土廣人稀，聽隨宜置里吏，限不得減五十戶。戶千以上，置校官掾一人。

縣皆置方略吏四人。洛陽縣置六部尉。江左以後，建康亦置六部尉，餘大縣置二人，次縣、小縣各一人。鄴、長安置吏如三千戶以上之制。

四中郎將，並後漢置，歷魏及晉，並有其職，江左彌重。

護羌、夷、蠻等校尉，案武帝置南蠻校尉於襄陽，西戎校尉於長安，南夷校尉於寧州。元康中，護羌校尉爲涼州刺史，西戎校尉爲雍州刺史，南蠻校尉爲荊州刺史。及江左初，省南蠻校尉，尋又置於江陵，改南夷校尉曰鎮蠻校尉。及安帝時，於襄陽置寧蠻校尉。

護匈奴、羌、戎、蠻、夷、越中郎將，案武帝置四中郎將，或領刺史，或持節爲之。武帝又置平越中郎將，居廣州，主護南越。

校勘記

〔一〕田騶十人 原無「田」字。周校：當作「田騶十人」。按：下文屢言「田騶」，今據補。

〔二〕營軍刺姦吏帳下都督 「營軍」、「刺姦」、「帳下」爲三督，「吏」字疑衍。

〔三〕以執金吾滎郃爲尚書左僕射 考異：宋書百官志「以滎郃爲尚書左僕射，衞臻爲右僕射」，此志

脫一句。按：通典二二、通志五三、通考五一、職官分紀八均有「衞臻爲右僕射」句。又「滎郃」，後漢書百官志注作「滎邵」。

〔四〕急假 御覽二一三引晉書百官表志注、職官分紀八引本志並作「給假」。

〔五〕人租布 斠注：御覽二一三引晉書百官表志注作「民戶租布」。按：書鈔六八、職官分紀八引亦皆有「戶」字。

〔六〕對扶 初學記一一、御覽二一九引齊職儀作「對挾」，相對夾輔之意。

〔七〕興寧四年 興寧只三年，必有誤字。

〔八〕合之於中常侍 原無「常侍」二字。宋書百官志下、通典二一、通考五〇及晉灼漢百官表注、通鑑六九胡注「中」下並有「常侍」二字，今據補。

〔九〕各一人 各本作「各十人」，局本據宋書百官志下及通鑑九〇胡注改「十」爲「一」，今從之。

〔一〇〕掌呈奏案章 各本均作「掌呈奏案」，無「章」字，文義不具。今據宋書百官志下、通典二一及職官分紀七引補「章」字。

〔一一〕延熹二年 各本作「三年」，宋本作「二年」，後漢書桓紀、通典二六均作「二年」，今從宋本。

〔一二〕督治掾 「治」，各本作「冶」，今從殿本作「治」。職官分紀一九引亦作「治」。

〔一三〕吳琨 斠注：通典作「吳混之」。按：通志五四、通考五三、職官分紀一四引徐邈晉紀皆作「吳混之」。

〔一四〕漢東京省都水置河隄謁者魏因之 通典三六魏官品，第四品有都水使者，第七品有都水參軍，第八品有都水使者令史，是魏有都水也。

〔一五〕及武帝省水衡 斠注：通典職官一〇引元康百官名云，陳愼、戴熊俱以都水使者領水衡都尉，是志文誤也。按：册府六二〇明言晉武帝時有左右前後中五水衡，是武帝時有水衡也。

〔一六〕史渙 原作「史奐」。魏志武帝紀、張楊傳、夏侯惇傳、通志五五、御覽二四〇引魏略「奐」皆作「渙」，今據改。

〔一七〕置中衞及衞 各本「及」下無「衞」字，宋本有。通典二八云：「初有衞將軍，魏末晉文王又置中衞將軍。」司馬望傳於武帝卽位前拜衞將軍，魏志龐德傳，龐會爲中衞將軍，足證文帝時有中衞及衞兩將軍。故從宋本。

〔一八〕比驍騎 「比」原作「此」。李校：「此」當作「比」。今據改。

〔一九〕尉中武賁 食貨志有殿中武賁，疑卽此，此「尉」字恐爲「殿」字之形近誤。

〔二〇〕武帝始建官 通典三〇、通志五五、通考六〇、職官分紀二七引「官」作「宮」。「宮」指「東宮」。

〔二一〕官事無大小 「官」疑「宮」字之誤。書鈔六五引晉起居注引卽作「宮」。下文云「掌宮事」亦可證。

〔二二〕愍懷建官 「官」亦當作「宮」。初學記一〇引晉公卿禮秩、職官分紀二七引本志「官」俱作「宮」。

〔二三〕故改太師爲太保 李校：既置三太三少，若改「師」爲「保」，則有兩太保、兩少保。通典一二作「太帥」，蓋避諱缺筆。按：唐六典二六亦云，「避景帝諱改爲『帥』」。

〔二四〕武帝建東宮 「武帝」原作「惠帝」，與下文「惠帝時」云云相矛盾。今據通典三〇、通志五五、通考六〇改「惠帝」爲「武帝」。

〔二五〕隨王萬 斠注：本傳「萬」作「邁」。

晉書卷二十五

志第十五

輿服

史臣曰：昔者乘雲效駕，卷領垂衣，則黃帝皁衣纁裳，放勳彤車白馬，叶三微之序，舍寅丑之建，玄戈玉刃，作會相暉。若乃參旗分景，帝車舍曜，又所以營衞南宮，增華北極。月令季夏之月，「命婦官染綵」，䞓丹班次，各有品章矣。高旗有日月之象，式視有威儀之選，衣兼韝珮，衡載鳴和，是以閑邪屏棄，不可入也。若乃正名百物，補緝四維，疏懷山之水，靜傾天之害，功尤彰者飾彌煥，德愈盛者服彌尊，莫不質良，用成其美。書曰：「明試以功，車服以庸。」禮記曰：「鸞車，有虞氏之路也。鉤車，夏后氏之路也。大路，殷路也。乘路，周路也。」而黻火山龍，以通其意。前史以爲聖人見鳥獸容貌，草木英華，始創衣冠，而玄黃殊采；見秋蓬孤轉，杓觿旁建，乃作輿輪，而方圓異則。遇物成象，觸類興端，周因於殷，其來

已舊。成王之會，壇垂陰羽，五方之盛，有八十物者焉。宗馬鳥旌，奚往不格，殷公、曹叔，此焉低首。周禮，巾車氏建大赤以朝，大白以戎。雅制弘多，式遵遺範，賓入異憲，師行殊則，是以有嚴有翼，用光其武，鉤膺鞗革，乃暢其文。六服之冕，五時之路，王之常制，各有等差。逮禮業彫訛，人情馳爽，諸侯征伐，憲度淪亡，一紫亂於齊飾，長纓混於鄒翫。孔子曰：「君子其學也博，其服也鄉。」若乃豪傑不經，庶人干典，彯鷸冠於鄭伯之門，躡珠履於春申之第。及秦皇并國，攬其餘軌，豐貂東至，獬豸南來，又有玄旗皁旒之制，旄頭罕車之飾，寫九王之廷於咸陽北坂，車輿之綵，各樹其文，所謂秦人大備，而陳戰國之後車者也。及凝脂布網，經書咸燼，削滅三代，以金根爲帝軫，除棄六冕，以袀玄爲祭服。高祖入關，既因秦制。世宗挺英雄之略，總文景之資，揚霓拂翳，皮軒記鼓，橫汾河而祠后土，登甘泉而祭昊天，奉常獻儀，謂之大駕，車千乘而騎萬匹。至於成帝，〔一〕以幸姬趙飛燕置屬車間豹尾中，又楊雄所謂鸋天狼之威弧，張曜日之靈旗，騈羅列布，霧集雲合者也。於後王氏擅朝，武車常輒，赤眉之亂，文物無遺。建武十三年，吳漢平蜀，始送葆車輿輦，充庭之飾，漸以周備。明帝採周官、禮記，更服袞章，天子冠通天而佩玉璽。魏明以黼黻之美，有疑於僭，於是隨章儐略，而損者半焉。高堂隆奏曰：「改正朔、殊徽號者，帝王所以神明其政，變民耳目也。」帝從其議，改青龍五年爲景初元年，服色尚黃，從地正也。世祖武皇帝接天人之眖，開

典午之基，受終之禮，皆如唐虞故事。晉氏金行，而服色尚赤，豈有司失其傳歟！

玉、金、象、革、木等路，是爲五路，並天子之法車，皆朱班漆輪，畫爲檳文。三十輻，法月之數；重轂貳轄。以赤油，廣八寸，長三尺，注地，繫兩軸頭，謂之飛軨。金薄繆龍之爲輿倚較，較重，爲文獸伏軾，龍首銜軛，左右吉陽筩，鸞雀立衡，檳文畫轅及轓。青蓋，黃爲裏，謂之黃屋。金華施橑末，〔二〕橑二十八以象宿。兩箱之後，皆玳瑁爲鵾翅，加以金銀雕飾，故世人亦謂之金鵾車。斜注旂旗於車之左，又加棨戟於車之右，皆橐而施之。棨戟韜以黻繡，上爲亞字，繫大蛙蟆幡。軛長丈餘。於戟之杪，以犛牛尾，大如斗，置左騑馬軛上，是爲左纛。輈皆曲向上，取禮緯「山車垂句」之義，言不揉而能自曲。

玉、金、象三路，各以其物飾車，因以爲名。革者漆革，木者漆木。其制，玉路最尊，建太常，十有二旒，九仞委地，畫日月升龍，以祀天。金路建大旂，九旒，以會萬國之賓，亦以賜上公及王子母弟。象路建大赤，通赤無畫，所以視朝，亦以賜諸侯。革路建大白，以即戎兵事，亦以賜四鎮諸侯。木路建大麾，以田獵，其麾色黑，亦以賜藩國。玉路駕六黑馬，餘四路皆駕四馬，馬並以黃金爲文髦，插以翟尾。象鑣而鏤鍚，〔三〕鍚在馬面，所謂當顱者也。金錽而方釳，金錽謂以金錽爲文。釳以鐵爲之，〔四〕其大三寸，中央兩頭高，如山形，貫中以翟尾而結著之也。繁纓赤罽

易茸，金就十有二。繁纓，馬飾纓，〔五〕在馬膺前，如索帬。五路皆有鍚鸞之飾，和鈴之響，鉤膺玉瓌，鉤膺，卽繁纓也。瓌，馬帶玦名也。龍輈華轙輈，車轅也，頭爲龍象。轙，謂車衡上環受鸞者也。朱幩。幩，飾也，人君以朱纏鑣扇汗，以爲飾也。法駕行則五路各有所主，不俱出；臨軒大會則陳乘輿車輦旌鼓於其殿庭。

車，坐乘者謂之安車，倚乘者謂之立車，亦謂之高車。案周禮，惟王后有安車也，王亦無之。自漢以來制乘輿，乃有之。有青立車、青安車、赤立車、赤安車、黃立車、黃安車、白立車、白安車、黑立車、黑安車，合十乘，名爲五時車，俗謂之五帝車。天子所御則駕六，其餘並駕四。建旂十二，各如車色。立車則正豎其旂，安車則邪注。駕馬，馬亦各隨五時之色，白馬則朱其鬣尾。左右騑驂，金錽鏤鍚，黃屋左纛，如金根之制，行則從後。五牛旗，平吳後所造，以五牛建旗，車設五牛，青赤在左，黃在中，白黑在右。豎旗於牛背，行則使人輿之。牛之爲義，蓋取其負重致遠而安穩也。旗常纏不舒，所謂德車結旌也。天子親戎則舒，謂武車綏旌也。

金根車，駕四馬，不建旗幟，其上如畫輪車，下猶金根之飾。

耕根車，駕四馬，建赤旗，十有二旒，天子親耕所乘者也。一名芝車，一名三蓋車。置耒耜於軾上。魏景初元年，改正朔，易服色，色尚黃，牲用白，戎事乘黑首白馬，建大赤之旂，朝會則建大白，行殷之時也。泰始二年，有司奏：「宜如有虞遵唐故事，皆用前代正朔服

色，其金根、耕根車，並以建赤旗。」帝從之。

輦，案自漢以來爲人君之乘，魏晉御小出即乘之。

戎車，駕四馬，天子親戎所乘者也。載金鼓、羽旗、幢翳，置弩於軾上，其建矛麾悉斜注。

獵車，駕四馬，天子校獵所乘也。重輞漫輪，繆龍繞之。一名闟戟車，一名蹋猪車。魏文帝改名蹋獸車。記云「國君不乘奇車」，奇車亦獵車也。古天子獵則乘木輅，後人代以獵車也。

遊車，九乘，駕四，先驅之乘是也。

雲罕車，駕四。

皮軒車，駕四，以獸皮爲軒。

鸞旗車，駕四，先輅所載也。鸞旗者，謂析羽旄而編之，列繫幢傍也。

建華車，駕四，凡二乘，行則分居左右。

輕車，駕二，古之戰車也。〔六〕前後二十乘，分居左右。輿輪洞朱，不巾不蓋，建矛戟麾幢，置弩箙於軾上。大駕法駕出，射聲校尉、司馬、吏士、戰士載，以次屬車。

司南車，一名指南車，駕四馬，其下制如樓，三級；四角金龍銜羽葆；刻木爲仙人，衣羽衣，立車上，車雖回運而手常南指。大駕出行，爲先啓之乘。

記里鼓車，駕四，形制如司南，其中有木人執槌向鼓，行一里則打一槌。

羊車，一名輦車，其上如軺，伏兔箱，漆畫輪軛。武帝時，護軍羊琇輒乘羊車，司隸劉毅糾劾其罪。

畫輪車，駕牛，以綵漆畫輪轂，故名曰畫輪車。上起四夾杖，左右開四望，綠油幢，朱絲絡，青交路，其上形制事事如輦，其下猶如犢車耳。古之貴者不乘牛車，漢武帝推恩之末，諸侯寡弱，貧者至乘牛車，其後稍見貴之。自靈獻以來，天子至士遂以爲常乘，至尊出朝堂舉哀乘之。

屬車，一曰副車，一曰貳車，一曰左車。漢因秦制，大駕屬車八十一乘，行則中央左右分爲行。

法駕屬車三十六乘。最後車懸豹尾，豹尾以前比之省中。屬車皆皁蓋朱裏云。

御衣車、御書車、御軺車、御藥車，皆駕牛。

陽遂四望繐窗皁輪小形車，駕牛。

象車，漢鹵簿最在前。武帝太康中平吳後，南越獻馴象，詔作大車駕之，以載黃門鼓吹數十人，使越人騎之。元正大會，駕象入庭。

中朝大駕鹵簿

先象車，鼓吹一部，十三人，中道。　次靜室令，駕一，中道。　式道候二人，駕一，分左右也。　次洛陽尉二人，騎，分左右。　次洛陽亭長九人，赤車，駕一，分三道，各吹正二人引。　次洛陽令，皁車，駕一，中道。　次河南中部掾，中道。　河橋掾在左，功曹史在右，並駕一。　次河南尹，駕駟，戟吏六人。　次河南主簿，駕一，中道。　次河南主記，駕一，中道。　次司隸部河南從事，中道。　都部從事居左，別駕從事居右，並駕一。　次司隸校尉，駕三，戟吏八人。　次司隸主簿，駕一，中道。　次司隸主記，駕一，中道。　次廷尉明法掾，中道。　五官掾居左，功曹史居右，並駕一。　次廷尉卿，駕駟，戟吏六人。　次廷尉主簿、主記，並駕一，在左。　太僕引從如廷尉，在中。　宗正引從如廷尉，在右。　次太常，駕駟，中道，戟吏六人。　太常外部掾居左，五官掾、功曹史居右，並駕一。　次光祿引從，中道。　太常主簿、主記居左，衞尉引從居右，並駕一。　次太尉外督令史，駕一，中道。　次西東賊倉戶等曹屬，並駕一，引從。　次太尉，駕駟，中道。　太尉主簿、舍人各一人，祭酒二人，並駕一，在左。　次司徒引從，駕駟，中道。　次司空引從，駕駟，中道。　三公騎令史戟各八人，鼓吹各一部，七人。　次中護軍，中道，駕駟。　鹵簿左右各二行，戟楯在外，弓矢在內，鼓吹一部，七人。　次步兵校尉在左，長水校尉在右，並駕一。　各鹵簿左右二行，戟楯

在外，刀楯在內，鼓吹各一部，七人。　次射聲校尉在左，翊軍校尉在右，並駕一。　各鹵簿左右各二行，戟楯在外，刀楯在內，鼓吹各一部，七人。　次驍騎將軍在左，游擊將軍在右，並駕一。　皆鹵簿左右引各二行，戟楯在外，刀楯在內，鼓吹各一部，七人。　騎隊，五在左，五在右，隊各五十匹，命中督二人分領左右。　各有戟吏二人，麾幢獨揭，鼓在隊前。　次左將軍在左，前將軍在右，並駕一。　皆鹵簿左右各二行，戟楯在外，刀楯在內，鼓吹各一部，七人。　次黃門麾騎，中道。　次黃門前部鼓吹，左右各一部，十三人，駕駟。　八校尉佐仗，左右各四行，外大戟楯，次九尺楯，次弓矢，次弩，並熊渠、佽飛督領之。　次司南車，駕駟，中道。　護駕御史，騎，夾左右。　次謁者僕射，駕駟，中道。　次御史中丞，駕一，中道。　次武賁中郎將，騎，中道。　次九遊車，中道，武剛車夾左右，並駕駟。　次雲罕車，駕駟，中道。　次闟戟車，駕駟，中道，長戟邪偃向後。　次皮軒車，駕駟，中道。　次鸞旗車，中道，建華車分左右，並駕駟。　次護駕尚書郎三人，都官郎中道，駕部在左，中兵在右，並騎。　又有護駕尚書一人，騎，督攝前後無常。　次相風，中道。　次司馬督，在前，中道。左右各司馬史三人引仗，左右各六行，外大戟楯二行，次九尺楯，次刀楯，次弓矢，次弩。　次五時車，左右有遮列騎。　次典兵中郎，中道，督攝前卻無常。　左殿中御史，右殿中監，並騎。　次高蓋，中道，左罼，右罕。　次御史，中道，左右節郎各四人。　次華蓋，中道。

次殿中司馬，中道。殿中都尉在左，殿中校尉在右，左右各四行，細楯一行在弩內，又殿中司馬一行，殿中都尉一行，殿中校尉一行。次掘鼓，中道。次金根車，駕六馬，中道。太僕卿御，大將軍參乘。〔七〕左右又各增三行，爲九行。司馬史九人，引大戟楯二行，九尺楯一行，刀楯一行，由基一行，細弩一行，跡禽一行，椎斧一行，力人刀楯一行。連細楯，殿中司馬，殿中都尉，殿中校尉，爲左右各十二行。金根車建青旂十二，左將軍騎在左，右將軍騎在右，〔八〕殿中將軍持鑿腦斧夾車，車後衣書主職步從，六行，合左右三十二行。次曲華蓋，中道。侍中、散騎常侍、黃門侍郎並騎，分左右。次黃鉞車，駕一，在左，御麾騎在右。次相風，中道。次中書監騎左，祕書監騎右。次殿中御史騎左，殿中監騎右。次五牛旗，赤青在左，黃在中，白黑在右。次大輦，中道。太官令丞在左，太醫令丞在右。

次金根車，駕駟，不建旗。次青立車，次青安車，次赤立車，次赤安車，次黃立車，次黃安車，次白立車，次白安車，次黑立車，次黑安車，合十乘，並駕駟。建旗十二，如車色。立車正豎旗，安車邪拖之。次蹋猪車，駕駟，中道，無旗。次耕根車，駕駟，中道，赤旗十二，熊渠督左，佽飛督右。次御軺車，次御四望車，次御衣車，次御書車，次御藥車，並駕牛，中道。次尚書令在左，尚書僕射在右，又尚書郎六人，分次左右，並駕。又治書侍御史二人，分左右，又侍御史二人，分次左右，又蘭臺令史分次左右，並騎。次豹尾車，駕

一。自豹尾車後而鹵簿盡矣。但以神弩二十張夾道，至後部鼓吹，其五張神弩置一將，左右各二將。次輕車二十乘，左右分駕。次流蘇馬六十匹。次金鉞車，駕三，中道。左右護駕尚書郎并令史，並騎，各一人。次金鉦車，駕三，中道。左右護駕侍御史并令史等，並騎，各一人。次黃門後部鼓吹，左右各十三人。次戟鼓車，駕牛，二乘，分左右。

次左大鴻臚外部掾，右五官掾、功曹史，並駕。次大鴻臚，駕駟，鉞吏六人。次大司農引從，中道，左大鴻臚主簿、主記，右少府引從。次三卿，並騎，吏四人，鈴下二人，執馬鞭辟車六人，執方扇羽林十人，〔九〕朱衣。次領軍將軍，中道。鹵簿左右各二行，九尺楯在外，弓矢在內，鼓吹如護軍。次後軍將軍在左，〔一〇〕右將軍在右，各鹵簿鼓吹如左軍、前軍。

次越騎校尉在左，屯騎校尉在右，各鹵簿鼓吹如步兵、射聲。次領護驍騎、游軍校尉，〔一一〕皆騎，吏四人，乘馬夾道，都督兵曹各一人，乘馬在中。騎將軍四人，騎校、鞉角、金鼓、鈴下、信幡、軍校並駕一。功曹吏、主簿並騎從。幟扇幢麾各一騎，鼓吹一部，七騎。次領護軍，加大車斧，五官掾騎從。次騎十隊，隊各五十匹。將一人，持幢一人，鞉一人，並騎在前，督戰伯長各一人，並騎在後，羽林騎督、幽州突騎督分領之。郎簿十隊，隊各五十人。絳袍將一人，騎，鞉各一人，在前，督戰伯長各一人，步，在後。騎皆持矟。次大戟一隊，九尺楯一隊，刀楯一隊，弓一隊，弩一隊，隊各五十人。黑袴褶將一人，騎校、鞉角各

一人，步，在前，督戰伯長各一人，步，在後。金顏督將并領之。

皇太子安車，駕三，左右騑。朱班輪，倚獸較，伏鹿軾。九旒，畫降龍。青蓋，金華蚤二十八枚。黑櫎文畫轓，文輈，黃金塗五采。〔一二〕亦謂之鸞路。非法駕則乘畫輪車，上開四望，綠油幢，朱絲繩絡，兩箱裏飾以金錦，黃金塗五采。其副車三乘，形制如所乘，但不畫輪耳。

王青蓋車，皇孫綠蓋車，並駕三，左右騑。

雲母車，以雲母飾犢車。臣下不得乘，以賜王公耳。

皁輪車，駕四牛，形制猶如犢車，但皁漆輪轂，上加青油幢，朱絲繩絡。諸王三公有勳德者特加之。位至公或四望、三望、夾望車。

油幢車，駕牛，形制如皁輪，但不漆轂耳。王公大臣有勳德者特給之。

通幰車，駕牛，猶如今犢車制，但舉其幰通覆車上也。諸王三公並乘之。

諸公給朝車駕四、安車黑耳駕三各一乘，皁輪犢車各一乘。自祭酒掾屬以下及令史，皆皁零，辟朝服。其武官公又別給大車。

特進及車騎將軍驃騎將軍以下諸大將軍不開府非持節都督者，給安車黑耳駕二，軺車施耳後戶一乘。

三公、九卿、中二千石、二千石、河南尹、謁者僕射，郊廟明堂法出，皆大車立乘，駕駟。前後導從大車駕二，右騑。他出乘安車。其去位致仕告老，賜安車駟馬。

郡縣公侯，安車駕二，右騑。皆朱班輪，倚鹿較，伏熊軾，黑轓，〔一三〕皁繒蓋。

公旗旂八旒，侯七旒，卿五旒，皆畫降龍。

中二千石、二千石，皆皁蓋，朱兩轓，銅五采，駕二。中二千石以上，右騑。千石、六百石，朱左轓。車轓長六尺，下屈廣八寸，上業廣尺二寸，九文，十二初，〔一四〕後謙一寸，若月初生，示不敢自滿也。

王公之世子攝命理國者，安車，駕三，旗旂七旒，其封侯之世子五旒。

太康四年，制：「依漢故事，給九卿朝車駕四及安車各一乘。」八年，詔：「諸尚書軍校加侍中常侍者，皆給傳事乘軺車，給劍，得入殿省中，與侍臣升降相隨。」

大使車，立乘，駕四，赤帷裳，騶騎導從。舊公卿二千石郊廟上陵從駕，乘大使車，他出乘安車也。

小使車，不立乘，駕四，輕車之流也。蘭輿皆朱，赤轂，赤屏泥，白蓋，赤帷裳，從騶騎四十人。又別有小使車，赤轂皁蓋，追捕考案有所執取者之所乘也。凡諸使車皆朱班輪，赤衡軛。

追鋒車，去小平蓋，加通幰，如軺車，駕二。追鋒之名，蓋取其迅速也，施於戎陣之間，

是爲傳乘。

軺車，古之時軍車也。一馬曰軺車，二馬曰軺傳。漢世貴輜軿而賤軺車，魏晉重軺車而賤輜軿。三品將軍以上、尙書令軺車黑耳有後戶，僕射但有後戶無耳，並皁輪。尙書及四品將軍則無後戶，漆轂輪。其中書監令如僕射、侍中、黃門、散騎，初拜及謁陵廟，亦得乘之。

皇太后、皇后法駕，乘重翟羽蓋金根車，駕青輅，〔一五〕青帷裳，雲𣞤畫轅，黃金塗五采，蓋爪施金華，駕三，左右騑。其廟見小駕，則乘紫罽軿車，雲𣞤畫輈，黃金塗五采，駕三。非法駕則皇太后乘輦，皇后乘畫輪車。皇后先蠶，乘油畫雲母安車，駕六騩馬，騩，淺黑色。油畫兩轅安車，駕五騩馬，爲副。又，金薄石山軿、紫絳罽軿車，皆駕三騩馬，爲副。女施頭十二人，持棨戟二人，共載安車，儷駕。女尙輦十二人，乘輜車，儷駕。女長御八人，乘安車，儷駕。三夫人油軿車，駕兩馬，左騑。其貴人駕節畫輈。三夫人助蠶，乘青交路，安車，駕三，皆以紫絳罽軿車。九嬪世婦乘軿車，駕三。

長公主赤罽軿車，駕兩馬。公主、王太妃、王妃，皆油軿車，駕兩馬，右騑。公主油畫安車，駕三，青交路，以紫絳罽軿車駕三爲副，王太妃、三夫人亦如之。公主助蠶，乘油畫安車，駕三。公主有先置者，乘青交路安車，駕三。

諸王妃、公太夫人、夫人、縣鄉君、諸郡公侯特進夫人助蠶，乘皁交路安車，駕三。

諸侯監國世子之世婦、侍中常侍尙書中書監令卿校世婦、命婦助蠶，乘皁交路安車，儷駕。

郡縣公侯、中二千石、二千石夫人會朝及蠶，各乘其夫之安車，皆右騑，皁交路，皁帷裳。自非公會則不得乘軺車，止乘漆布輜軿，銅五采而已。

王妃、特進夫人、封郡君，安車，駕三，皁交路。封縣鄉君油軿車，駕兩馬，右騑。

自過江之後，舊章多缺。元帝踐極，始造大路、戎路各一，皆卽古金根之制也，無復充庭之儀。至於郊祀大事，則權飾餘車以周用。六師親征則用戎路，去其蓋而乘之，屬車但五乘而已。加綠油幢，朱絲路，飾靑交路，黃金塗五采，其輪轂猶素，兩箱無金錦之飾。其一車又是軺車。舊儀，天子所乘駕六，是時無復六馬之乘，五路皆駕四而已，同用黑，是爲玄牡。無復五時車，有事則權以馬車代之，建旗其上。其後但以五色木牛象五時車，豎旗於牛背，行則使人輿之。牛之義，蓋取其負重致遠安而穩也。旗常纏而不舒旆，所謂德車結旌者也。惟天子親戎，五旗舒旆，所謂武車綏旌者也。指南車，過江亡失，及義熙五年，劉裕屠廣固，始復獲焉，乃使工人張綱補緝周用。〔一六〕十三年，裕定關中，又獲司南、記里諸車，制度始備。其輦，過江亦亡制度，太元中謝安率意造焉，及破苻堅於淮上，獲京都舊輦，

形制無差，大小如一，時人服其精記。義熙五年，劉裕執慕容超，獲金鉦輦、豹尾，舊式猶存。元帝太興三年，皇太子釋奠。制曰：「今草創，未有高車，可乘安車也。」太元中，東宮建，乘路有青赤旂，致疑。徐邈議，太子既不備五路，赤旂宜省。漢制，太子鸞路皆以安車爲名。自晉過江，禮儀疏舛，王公以下，車服卑雜，惟有東宮禮秩崇異，上次辰極，下納侯王。而安帝爲皇太子乘石山安車，制如金路，義不經見，事無所出。

中宮初建及祀先蠶，皆用法駕，太僕妻御，大將軍妻參乘，侍中妻陪乘，丹楊尹建康令及公卿之妻奉引，各乘其夫車服，多以宮人權領其職。

周禮，弁師掌六冕，司服掌六服。自后王之制爰及庶人，〔一七〕各有等差。及秦變古制，郊祭之服皆以袀玄，舊法掃地盡矣。漢承秦弊，西京二百餘年猶未能有所制立。及中興後，明帝乃始採周官、禮記、尙書及諸儒記說，還備袞冕之服。天子車乘冠服從歐陽氏說，公卿以下從大小夏侯氏說，始制天子、三公、九卿、特進之服，侍祠天地明堂，〔一八〕皆冠旒冕，兼五冕之制，一服而已。天子備十二章，三公諸侯用山龍九章，九卿以下用華蟲七章，皆具五采。魏明帝以公卿袞衣黼黻之飾，疑於至尊，多所減損，始制天子服刺繡文，公卿服織成文。及晉受命，遵而無改。天子郊祀天地明堂宗廟，元會臨軒，黑介幘，〔一九〕通天冠，平冕。

冕，皁表，朱綠裏，廣七寸，長二尺二寸，〔二〇〕加於通天冠上，前圓後方，垂白玉珠，十有二旒，以朱組爲纓，無緌。佩白玉，垂珠黃大旒，綬黃赤縹紺四采。衣皁上，絳下，前三幅，後四幅，衣畫而裳繡，爲日、月、星辰、山、龍、華蟲、藻、火、粉米、黼、黻之象，凡十二章。素帶廣四寸，朱裏，以朱綠裨飾其側。中衣以絳緣其領袖。赤皮爲韍，絳袴襪，赤舄。未加元服者，空頂介幘。其釋奠先聖，則皁紗袍，絳緣中衣，絳袴襪，黑舄。其臨軒，亦袞冕也。其朝服，通天冠高九寸，金博山顏，黑介幘，絳紗袍，皁緣中衣。其拜陵，黑介幘，單衣。其雜服，有青赤黃白緗黑色，介幘，五色紗袍，五梁進賢冠，遠遊冠，平上幘武冠。其素服，白帢單衣。後漢以來，天子之冕，前後旒用眞白玉珠。魏明帝好婦人之飾，改以珊瑚珠。晉初仍舊不改。及過江，服章多闕，而冕飾以翡翠珊瑚雜珠。侍中顧和奏：「舊禮，冕十二旒，用白玉珠。今美玉難得，不能備，可用白璇珠。」從之。

通天冠，本秦制。高九寸，正豎，頂少斜却，乃直下，鐵爲卷梁，前有展筩，冠前加金博山述，乘輿所常服也。

平冕，王公、卿助祭於郊廟服之。王公八旒，卿七旒。以組爲纓，色如其綬。王公衣山龍以下九章，卿衣華蟲以下七章。

遠遊冠，傅玄云秦冠也。似通天而前無山述，有展筩橫于冠前。皇太子及王者後、帝

之兄弟、帝之子封郡王者服之。諸王加官者自服其官之冠服，惟太子及王者後常冠焉。太子則以翠羽爲緌，綴以白珠，其餘但青絲而已。

緇布冠，蔡邕云卽委貌冠也。太古冠布，齊則緇之。緇布冠，始冠之冠也。其制有四形，一似武冠，又一似進賢，其一上方，其下如幘顏；其一剌上而方下。行鄉射禮則公卿委貌冠，以皂絹爲之。形如覆杯，與皮弁同制，長七寸，高四寸。衣黑而裳素，其中衣以皁緣領袖。其執事之人皮弁，以鹿皮爲之。

進賢冠，古緇布遺象也，斯蓋文儒者之服。前高七寸，後高三寸，長八寸，有五梁、三梁、二梁、一梁。人主元服，始加緇布，則冠五梁進賢。三公及封郡公、縣公、郡侯、縣侯、鄉亭侯，則冠三梁。卿、大夫、八座尚書，關中內侯、二千石及千石以上，則冠兩梁。中書郎、祕書丞郎、著作郎、尚書丞郎、太子洗馬舍人、六百石以下至于令史、門郎、小史，並冠一梁。漢建初中，太官令冠兩梁，親省御膳爲重也。博士兩梁，崇儒也。宗室劉氏亦得兩梁冠，示加服也。

武冠，一名武弁，一名大冠，一名繁冠，一名建冠，一名籠冠，卽古之惠文冠。或曰趙惠文王所造，因以爲名。亦云，惠者蟪也，其冠文輕細如蟬翼，故名惠文。或云，齊人見千歲涸澤之神，名曰慶忌，冠大冠，乘小車，好疾馳，因象其冠而服焉。漢幸臣閎孺爲侍中，皆服大

冠。天子元服亦先加大冠，左右侍臣及諸將軍武官通服之。侍中、常侍則加金璫，附蟬爲飾，插以貂毛，黃金爲竿，侍中插左，常侍插右。胡廣曰：「昔趙武靈王爲胡服，以金貂飾首。秦滅趙，以其君冠賜侍臣。」應劭漢官云：「說者以爲金取剛强，百鍊不耗。蟬居高飲清，口在掖下。貂內勁悍而外柔縟。」又以蟬取清高飲露而不食，貂則紫蔚柔潤而毛采不彰灼，金則貴其寶瑩，於義亦有所取。或以爲北土多寒，胡人常以貂皮溫額，後世效此，遂以附冠。漢貂用赤黑色，王莽用黃貂，各附服色所尚也。

高山冠，一名側注，高九寸，鐵爲卷梁，制似通天。頂直豎，不斜却，無山述展筩。高山者，詩云「高山仰止」，取其矜莊賓遠者也。中外官、謁者、謁者僕射所服。〔二一〕胡廣曰：「高山，齊王冠也。傳曰『桓公好高冠大帶』。秦滅齊，以其君冠賜謁者近臣。」應劭曰：「高山，今法冠也，秦行人使官亦服之。」而漢官儀云「乘輿冠高山之冠，飛翮之纓」，然則天子亦有時服焉。傅子曰：「魏明帝以其制似通天、遠游，故改令卑下。」

法冠，一名柱後，或謂之獬豸冠。高五寸，以縰爲展筩。鐵爲柱卷，取其不曲撓也。侍御史、廷尉正監平，凡執法官皆服之。或謂獬豸神羊，能觸邪佞。異物志云：「北荒之中，有獸名獬豸，一角，性別曲直。見人鬬，觸不直者。聞人爭，咋不正者。楚王嘗獲此獸，因象其形以制衣冠。」胡廣曰：「春秋左氏傳晉侯觀于軍府，見鍾儀，曰『南冠而縶者誰也』？南冠

卽楚冠。秦滅楚，以其冠服賜執法臣也。」

長冠，一名齊冠。高七寸，廣三寸，漆纚爲之，制如版，以竹爲裏。漢高祖微時，以竹皮爲此冠，其世因謂劉氏冠。後除竹用漆纚。司馬彪曰：「長冠蓋楚制。人間或謂之鵲尾冠，非也。救日蝕則服長冠，而祠宗廟諸祀冠之。此高祖所造，後世以爲祭服，尊敬之至也。」

建華冠，以鐵爲柱卷，貫大銅珠九枚，古用雜木珠，原憲所冠華冠是也。又春秋左氏傳鄭子臧好聚鷸冠，謂建華是也。祀天地、五郊、明堂，舞人服之。漢育命舞樂人所服。

方山冠，其制似進賢。鄧展曰：「方山冠，以五采縠爲之。」漢大予、八佾、五行樂人所服，冠衣各如其行方之色而舞焉。

巧士冠，前高七寸，要後相通，直豎。此冠不常用，漢氏惟郊天，黃門從官四人冠之；在鹵簿中，夾乘輿車前，以備宦者四星。或云，掃除從官所服。

却非冠，高五寸，制似長冠。宮殿門吏僕射冠之。負赤幡，青翅燕尾，諸僕射幡皆如之。

却敵冠，前高四寸，通長四寸，後高三寸，制似進賢。凡當殿門衞士服之。

樊噲冠，廣九寸，高七寸，前後出各四寸，制似平冕。昔楚漢會於鴻門，項籍圖危高祖，樊噲常持鐵楯，聞急，乃裂裳苞楯，戴以爲冠，排入羽營，因數羽罪，漢王乘間得出。後人壯

其意，乃制冠象焉。凡殿門司馬衞士服之。

術氏冠，前圓，吳制，差池四重。趙武靈王好服之。或曰，楚莊王復譽冠是也。

鶡冠，加雙鶡尾，豎插兩邊。鶡，鳥名也，形類鷂而微黑，性果勇，其鬬到死乃止。上黨貢之，趙武靈王以表顯壯士。至秦漢，猶施之武人。

皮弁，以鹿皮淺毛黃白色者爲之。禮「王皮弁，會五采玉璂，象邸玉笄」，謂之合皮爲弁。〔二二〕其縫中名曰會，以采玉朱爲璂。璂，結也。天子五采，諸侯三采。邸，冠下抵也，象骨爲之，晉帝也。天子則縫有十二，公九，侯伯七，子男五，孤四，卿大夫三。

韋弁，制似皮弁，頂上尖，韎草染之，色如淺絳。

爵弁，一名廣冕。高八寸，長尺二寸，〔二三〕如爵形，前小後大。增其上似爵頭色。有收持笄，所謂夏收殷冔者也。祠天地、五郊、明堂，雲翹舞樂人服之。〔二四〕

幘者，古賤人不冠者之服也。漢元帝額有壯髮，始引幘服之。王莽頂禿，又加其屋也。漢注曰，冠進賢者宜長耳，今介幘也。冠惠文者宜短耳，今平上幘也。始時各隨所宜，遂因冠爲別。介幘服文吏，平上幘服武官也。童子幘無屋者，示未成人也。又有納言幘，幘後收又一重，方三寸。又有赤幘，騎吏、武吏、乘輿鼓吹所服。救日蝕，文武官皆免冠著幘，對朝服，示武威也。

漢儀，立秋日貙，服緗幘。及江左，哀帝從博士曹弘之等議，立秋御讀令，改用素白帢。

案漢末王公名士多委王服，以幅巾爲雅，是以袁紹、崔鈞之徒，雖爲將帥，皆著縑巾。魏武以天下凶荒，資財乏匱，擬古皮弁，裁縑帛以爲帢，合乎簡易隨時之義，以色別其貴賤，本施軍飾，非爲國容也。徐爰曰：「俗說帢本未有岐，荀文若巾之行，觸樹枝成岐，謂之爲善，因而弗改。」今通以爲慶弔服。

巾，以葛爲之，形如帢而橫著之，古尊卑共服也。故漢末妖賊以黃爲巾，世謂黃巾賊。

帽名猶冠也，義取於蒙覆其首，其本纚也。古者冠無幘，冠下有纚，以繒爲之。後世施幘於冠，因或裁纚爲帽。自乘輿宴居，下至庶人無爵者皆服之。成帝咸和九年，制聽尚書八座丞郎、門下三省侍官乘車，〔二五〕白帢低幃，出入掖門。又，二宮直官著烏紗帢。然則往往士人宴居皆著帢矣。而江左時野人已著帽，人士亦往往而然，但其頂圓耳，後乃高其屋云。

漢制，自天子至於百官，無不佩劍，其後惟朝帶劍。晉世始代之以木，貴者猶用玉首，賤者亦用蜯、金銀、玳瑁爲雕飾。

乘輿六璽，秦制也。曰「皇帝行璽」、「皇帝之璽」、「皇帝信璽」、「天子行璽」、「天子之璽」、「天子信璽」，漢遵秦不改。又有秦始皇藍田玉璽，螭獸紐，在六璽之外，文曰「受天之命，皇帝壽昌」。漢高祖佩之，後世名曰傳國璽，與斬白蛇劍俱爲乘輿所寶。斬白蛇劍至惠帝時武庫火燒之，遂亡。及懷帝沒胡，傳國璽沒於劉聰，後又沒於石勒。及石季龍死，胡亂，穆帝世乃還江南。

革帶，古之鞶帶也，謂之鞶革，文武衆官牧守丞令下及騶寺皆服之。其有囊綬，〔二六〕則以綴於革帶，其戎服則以皮絡帶代之。八坐尚書荷紫，〔二七〕以生紫爲袷囊，綴之服外，加於左肩。昔周公負成王，制此服衣，至今以爲朝服。或云漢世用盛奏事，負之以行，未詳也。

車前五百者，卿行旅從，五百人爲一旅。漢氏一統，故去其人，留其名也。

袴褶之制，未詳所起，近世凡車駕親戎、中外戒嚴服之。服無定色，冠黑帽，綴紫摽，摽以繒爲之，長四寸，廣一寸，腰有絡帶以代鞶。中官紫摽，外官絳摽。又有纂嚴戎服而不綴摽，行留文武悉同。其畋獵巡幸，則惟從官戎服帶鞶革，文官不下纓，武官脫冠。

漢制，一歲五郊，天子與執事者所服各如方色，百官不執事者服常服絳衣以從。魏祕書監秦靜曰：「漢氏承秦，改六冕之制，但玄冠絳衣而已。」魏已來名爲五時朝服，又有四時朝服，又有朝服。自皇太子以下隨官受給。百官雖服五時朝服，據今止給四時朝服，闕秋服。三年一易。

諸假印綬而官不給鞶囊者，得自具作，其但假印不假綬者，不得佩綬。鞶，古制也。漢世著鞶囊者，側在腰間，或謂之傍囊，或謂之綬囊，然則以紫囊盛綬也。或盛或散，各有其時。

笏，古者貴賤皆執笏，其有事則搢之於腰帶，所謂搢紳之士者，搢笏而垂紳帶也。紳垂長三尺。笏者，有事則書之，故常簪筆，今之白筆是其遺象。三臺五省二品文官簪之，王、公、侯、伯、子、男、卿尹及武官不簪，加內侍位者乃簪之。手版卽古笏矣。尚書令、僕射、尚書手版頭復有白筆，以紫皮裹之，名曰笏。

皇太子金璽龜鈕，朱黃綬，四采：赤、黃、縹、紺。給五時朝服、遠遊冠，介幘、翠緌。佩瑜玉，垂組。朱衣絳紗褠，皁緣白紗，其中衣白曲領。帶劍，火珠素首。革帶，玉鉤燮獸頭鞶囊。其大小會、祠宗廟、朔望、五日還朝皆朝服，常還上宮則朱服，預上宮正會則於殿下脫劍舄。又有三梁進賢冠。其侍祀則平冕九旒，衮衣九章，白紗絳緣中單，絳繒韠，采畫織成衮帶，金辟邪首，紫綠二色帶，采畫廣領、曲領各一，赤舄絳襪。若講，則著介幘單衣；釋奠，則遠遊冠，玄朝服，絳緣中單，絳袴襪，玄舄。若未加元服，則中舍人執冕從，介幘單衣玄服。〔二八〕

諸王金璽龜鈕，纁朱綬，四采：朱、黃、縹、紺。五時朝服，遠遊冠介幘，亦有三梁進賢冠。朱衣絳紗褠皁緣，中衣表素。革帶，黑舄，佩山玄玉，垂組，大帶。若加餘官，則服其加官之服也。

皇后謁廟，其服皁上皁下，親蠶則青上縹下，皆深衣制，隱領，袖緣以絛。首飾則假髻，步搖，俗謂之珠松是也，簪珥。步搖以黃金爲山題，貫白珠爲支相繆。八爵九華，熊、獸、〔二九〕赤羆、天鹿、辟邪、南山豐大特六獸，諸爵獸皆以翡翠爲毛羽，金題白珠璫，繞以翡翠爲華。元康六年，詔曰：「魏以來皇后蠶服皆以文繡，非古義也。今宜純服青，以爲永制。」

貴人、夫人、貴嬪，是爲三夫人，皆金章紫綬，章文曰貴人、夫人、貴嬪之章。佩于寘玉。淑妃、淑媛、淑儀、修華、修容、修儀、婕妤、容華、充華，是爲九嬪，銀印青綬，佩采瓄玉。貴人、貴嬪、夫人助蠶，服純縹爲上與下，〔三〇〕皆深衣制。太平髻，七鏌蔽髻，黑玳瑁，又加簪珥。九嬪及公主、夫人五鏌，世婦三鏌。助蠶之義，自古而然矣。

皇太子妃金璽龜鈕，纁朱綬，佩瑜玉。

諸王太妃、妃、諸長公主、公主、封君金印紫綬，佩山玄玉。長公主、公主見會，太平髻，七鏌蔽髻。其長公主得有步搖，皆有簪珥，衣服同制。自公主、封君以上皆帶綬，以綵組爲緄帶，各如其綬色，金辟邪首爲帶玦。

郡公侯縣公侯太夫人、夫人銀印青綬，佩水蒼玉，其特加乃金紫。公特進侯卿校世婦、中二千石二千石夫人紺繒幗，黃金龍首銜白珠，魚須擿長一尺爲簪珥。〔三一〕入廟佐祭者皁絹上下，助蠶者縹絹上下，皆深衣制緣。

自二千石夫人以上至皇后，皆以蠶衣爲朝服。

校勘記

〔一〕至於成帝　各本無此四字，殿本有。趙飛燕爲成帝后，故從殿本。

〔二〕金華施橑末　「末」原作「朱」。李校：「朱」當作「末」。後漢書輿服志（在本志校記中以後簡稱續漢志）上注及宋書禮志五作「末」。按：通典六四注亦作「末」。今據改。

〔三〕象鑣而鏤鍚　「鑣」原作「鹿」。校文：「鹿」爲「鑣」字之譌文，續漢志上可證。按：通典六四亦作「鑣」。今據改。

〔四〕鈲以鐵爲之　「鈲」，各本誤作「旇」，今從殿本作「鈲」。

〔五〕繁纓馬飾纓　「繁纓」，各本倒作「纓繁」，今從殿本作「繁纓」，通考一一六亦作「繁纓」。

〔六〕古之戰車也　「戰」原作「獸」，今據續漢志上、宋書禮志五改。

〔七〕太僕卿御大將軍參乘　「御」字原脫。續漢志上云：「乘輿大駕，公卿奉行，太僕御，大將軍參乘。」通鑑一三六胡注引此文亦作「太僕卿御」，今據補。

〔八〕左將軍騎在左右將軍騎在右　姚鼐惜抱軒筆記謂當云左軍將軍、右軍將軍。此脫兩「軍」字，

與前引從之左將軍右將軍無別矣。

〔九〕羽林　各本作「羽林郎」，宋本無「郎」字，今從宋本。通典六六、通志四八、通考一一六、通鑑一三六胡注引皆無「郎」字。

〔一〇〕次後軍將軍在左　「後軍將軍」當作「後將軍」，前、後、左、右四將軍本漢官，魏晉因之，又別有前軍、後軍、左軍、右軍四將軍，則宿衞之職。前者金印，後者銀印，見宋書禮志五，不相混同也。

〔一一〕游軍校尉　周校：「游擊」誤「游軍」。

〔一二〕黄金塗五采　商榷：「采」當作「末」。下文重句同。

〔一三〕黑轓　李校：「轓」當作「幡」，續漢志作「幡」。

〔一四〕九丈十二初　續漢志上作「九文，十二初」。

〔一五〕駕青輅　通典六五、通志四八作「加青絡」。

〔一六〕乃使工人張綱補緝周用　「乃」，各本作「及」，今從殿本作「乃」，與通考一一六合。

〔一七〕自后王之制爰及庶人　「自」，各本作「非」，今從殿本作「自」。

〔一八〕始制天子三公九卿特進之服侍祠天地明堂　續漢志下云「天子、三公、九卿、特進侯、侍祠侯祀天地明堂」，據此，此當作「始制天子、三公、九卿、特進、侍祠祀天地明堂之服」。通典六一、通志四七亦可證。

〔一九〕黑介幘　各本無「黑」字，今從宋本，與宋書禮志五、通典五七、通志四七合。

〔二〇〕長二尺二寸　蔡邕獨斷、續漢志下、宋書禮志五、通典五七、通志四七皆作「尺二寸」，古冕無長二尺以上者，「二」字疑衍。

〔二一〕謁者謁者僕射所服　續漢志下不重「謁者」二字。

〔二二〕謂之合皮爲弁　各本無「皮」字，宋本有，今從宋本。

〔二三〕長尺二寸　原無「尺」字。商榷：「長」下脫「尺」字。按：獨斷、續漢志下皆有「尺」字，今據補。

〔二四〕雲翹舞　原無「雲」字。李校：「翹」上脫「雲」字，應據續漢志增。按：通典五七及御覽六八六引董巴輿服志皆作「雲翹舞」。雲翹舞又見續漢書祭祀志中。今據補。

〔二五〕門下三省侍官乘車　李校：宋書禮志五「侍官」作「侍郎」。

〔二六〕囊綬　周校：「綬」當在「囊」上。按：下文及宋書禮志五云「或謂之綬囊」，御覽六九一引謝承與步騭書「虎頭綬囊」，均可證。

〔二七〕荷紫　李校：「荷紫」當作「紫荷」。按：「紫荷」見宋書禮志五、南齊書輿服志。

〔二八〕介幘單衣玄服　宋本無「幘單衣玄服」五字，局本作「介一中元玄」，今從殿本。

〔二九〕獸　當從續漢志下作「虎」，此唐人避諱改。

〔三〇〕服純縹爲上與下　「與」，各本作「輿」，今從殿本作「與」。

〔三一〕魚須擿長一尺爲簪珥　原「爲」下重一「簪」字。續漢志下及通典六二述漢制、魏制、陳制皆以魚須擿長一尺爲簪珥，俱不重「簪」字，茲據删。

晉書卷二十六

志第十六

食貨

昔者先王量地以制邑，度地以居民，因三才以節其務，敬四序以成其業，觀其謠俗而正其紀綱。勖農桑之本，通魚鹽之利，登良山而採符玉，泛瀛海而罩珠璣。日中爲市，總天下之隸，先諸布帛，繼以貨泉，貿遷有無，各得其所。周禮，正月始和，乃布教于象魏。若乃一夫之士，十畝之宅，三日之徭，九均之賦，施陽禮以興其讓，命春社以勸其耕。天之所貴者人也，明之所求者學也，治經入官，則君子之道焉。詩曰：「三之日于耜，四之日舉趾。」是以農官澤虞，各有攸次，父兄之習，不勖而成，十五從務，始勝衣服，鄉無遊手，邑不廢時，所謂厥初生民，各從其事者也。是以太公通市井之貨，以致齊國之强，鴟夷善廢斂之居，以盛中陶之業。昔在金天，勤於民事，命春扈以耕稼，召夏扈以耘鋤，秋扈所以收斂，冬扈於焉蓋

藏。書曰：「曆象日月星辰，敬授民時。」傳曰：「禹稷躬稼而有天下。」若乃九土既敷，四民承範，東吳有齒角之饒，西蜀有丹沙之富，兗豫漆絲之廥，燕齊怪石之府，秦邠旄羽，迥帶琅玕，荆郢桂林，旁通竹箭，江干橘柚，河外舟車，遼西旃罽之鄉，葱右蒲梢之駿，殖物怪錯，于何不有。若乃上法星象，下料無外，因天地之利，而總山海之饒，百畝之田，十一而稅，九年躬稼，而有三年之蓄，可以長孺齒，可以養耆年。因乎人民，用之邦國，宮室有度，旗章有序，朝聘自其儀，宴饗由其制，家殷國阜，遠至邇安。救水旱之災，卹寰瀛之弊，然後王之常膳，乃間笙鏞。商周之興，用此道也。辛紂暴虐，翫其經費，金鏤傾宮，廣延百里，玉飾鹿臺，崇高千仞，宮中九市，各有女司。厚賦以實鹿臺之錢，大斂以增鉅橋之粟，多發妖冶以充傾宮之麗，廣收珍玩以備沙丘之遊。懸肉成林，積醪爲沼，使男女裸體相逐於其間，伏詣酒池中牛飲者三千餘人，宮中以錦綺爲席，綾紈爲薦。及周王誅紂，肅拜殷墟，乃盡振鹿財，並頒橋粟，上天降休，殷人大喜。王赧云季，徙都西周，九鼎淪沒，二南堙盡，貸於百姓，無以償之，乃上層臺以避其責，周人謂王所居爲逃責臺者也。昔周姬公制以六典，職方陳其九貢，頒財內府，永爲不刊。及刑政陵夷，菁茅罕至，魯侯初踐畝之稅，秦君收太半之入，前王之範，靡有孑遺。史臣曰：班固爲殖貨志，〔一〕自三代至王莽之誅，網羅前載，其文詳悉。光武寬仁，龔行天討，王莽之後，赤眉新敗，雖復三暉乃眷，而九服蕭條，及得隴望蜀，

黎民安堵，自此始行五銖之錢，田租三十稅一，民有產子者復以三年之算。顯宗卽位，天下安寧，民無橫徭，歲比登稔。永平五年作常滿倉，〔二〕立粟市於城東，粟斛直錢二十。草樹殷阜，牛羊彌望，作貢尤輕，府廩還積，姦回不用，禮義專行。于時東方既明，百官詣闕，戚里侯家，自相馳騖，車如流水，馬若飛龍，照映軒廡，光華前載。傳曰「三統之元，有陰陽之九焉」，蓋天地之恆數也。安帝永初三年，天下水旱，人民相食。帝以鴻陂之地假與貧民。以用度不足，三公又奏請令吏民入錢穀得爲關內侯云。桓帝永興元年，郡國少半遭蝗，河泛數千里，流人十餘萬戶，所在廩給。逮建寧永和之初，〔三〕西羌反叛，二十餘年兵連師老，軍旅之費三百二十餘億，府帑空虛，延及內郡。沖質短祚，桓靈不軌。中平二年，南宮災，延及北闕。於是復收天下田畝十錢，用營宮宇。帝出自侯門，居貧卽位，常曰：「桓帝不能作家，曾無私蓄。」故於西園造萬金堂，以爲私藏。復寄小黃門私錢，家至巨億。於是懸鴻都之牓，開賣官之路，公卿以降，悉有等差。廷尉崔烈入錢五百萬以買司徒，刺史二千石遷除，皆責助治宮室錢，大郡至二千萬錢，不畢者或至自殺。獻帝作五銖錢，而有四道連於邊緣。有識者尤之曰：「豈京師破壞，此錢四出也。」

及董卓尋戈，火焚宮室，乃劫鑾駕，西幸長安，悉壞五銖錢，更鑄小錢，盡收長安及洛陽銅人飛廉之屬，以充鼓鑄。又錢無輪郭，文章不便。時人以爲秦始皇見長人於臨洮，乃鑄

銅人。卓，臨洮人也，興毀不同，凶訛相類。及卓誅死，李傕、郭汜自相攻伐，於長安城中以爲戰地。是時穀一斛五十萬，豆麥二十萬，人相食啖，白骨盈積，殘骸餘肉，臭穢道路。帝使侍御史侯汶出太倉米豆，爲饑民作糜，經日頒布而死者愈多。帝於是始疑有司盜其糧廩，乃親於御前自加臨給，饑者人皆泣曰：「今始得耳！」帝東歸也，李傕、郭汜等追敗乘輿於曹陽，夜潛渡河，六宮皆步。初出營欄，后手持縑數匹，董承使符節令孫徽以刃脅奪之，殺旁侍者，血濺后服。既至安邑，御衣穿敗，唯以野棗園菜以爲糇糧。自此長安城中盡空，並皆四散，二三年間，關中無復行人。建安元年，車駕至洛陽，宮闈蕩滌，百官披荆棘而居焉。州郡各擁强兵，而委輸不至，尚書郎官自出採稆，或不能自反，死於墟巷。

魏武之初，九州雲擾，攻城掠地，保此懷民，軍旅之資，權時調給。于時袁紹軍人皆資椹棗，袁術戰士取給嬴蒲。〔四〕魏武于是乃募良民屯田許下，又於州郡列置田官，歲有數千萬斛，以充兵戎之用。及初平袁氏，以定鄴都，令收田租畝粟四升，戶絹二匹而綿二斤，餘皆不得擅興，藏强賦弱。文帝黃初二年，以穀貴，始罷五銖錢。于時天下未弁，戎車歲動，孔子曰，「加之以師旅，因之以饑饉」，此言兵凶之謀而沴氣應之也。于時三方之人，志相吞滅，戰勝攻取，耕夫釋耒，江淮之鄉，尤缺儲峙。吳上大將軍陸遜抗疏請令諸將各廣其田。權報曰：「甚善。今孤父子親自受田，車中八牛，以爲四耦。雖未及古人，亦欲與衆均其勞

也。」有吳之務農重穀，始於此焉。魏明帝不恭，淫於宮籞，百僚編於手役，天下失其躬稼。此後關東遇水，民亡產業，而興師遼陽，坐甲江甸，皆以國乏經用，胡可勝言。

世祖武皇帝太康元年，既平孫晧，納百萬而罄三吳之資，接千年而總西蜀之用，韜干戈於府庫，破舟船於江壑，河濱海岸，三丘八藪，耒耨之所不至者，人皆受焉。農祥晨正，平秩東作，荷鍤贏糧，有同雲布。若夫因天而資五緯，因地而興五材，世屬升平，物流倉府，宮闈增飾，服翫相輝，於是王君夫、武子、石崇等更相誇尚，輿服鼎俎之盛，連衡帝室，布金埒之泉，粉珊瑚之樹。物盛則衰，固其宜也。永寧之初，洛中尚有錦帛四百萬，珠寶金銀百餘斛。惠后北征，蕩陰反駕，寒桃在御，隻雞以給，其布衾兩幅，囊錢三千，以爲車駕之資焉。懷帝爲劉曜所圍，王師累敗，府帑既竭，百官飢甚，比屋不見火煙，飢人自相啖食。愍皇西宅，餒饉弘多，斗米二金，死者太半。劉曜陳兵，內外斷絕，十麩之麴，屑而供帝，君臣相顧，莫不揮涕。元后渡江，軍事草創，蠻陬賧布，不有恆準，中府所儲，數四千匹。于時石勒勇銳，挻亂淮南，〔五〕帝懼其侵逼，甚患之，乃詔方鎮云，有斬石勒首者，賞布千匹云。

漢自董卓之亂，百姓流離，穀石至五十餘萬，人多相食。魏武既破黃巾，欲經略四方，而苦軍食不足，羽林監潁川棗祗建置屯田議。魏武乃令曰：「夫定國之術在於强兵足食，秦

人以急農兼天下，孝武以屯田定西域，此先世之良式也。」於是以任峻爲典農中郎將，募百姓屯田許下，得穀百萬斛。郡國列置田官，數年之中，所在積粟，倉廩皆滿。祗死，魏武後追思其功，封爵其子。建安初，關中百姓流入荊州者十餘萬家，及聞本土安寧，皆企望思歸，而無以自業。於是衞覬議爲「鹽者國之大寶，自喪亂以來放散，今宜如舊置使者監賣，以其直益市犂牛，百姓歸者以供給之。勸耕積粟，以豐殖關中，遠者聞之，必多競還。」於是魏武遣謁者僕射監鹽官，移司隸校尉居弘農。流人果還，關中豐實。既而又以沛國劉馥爲揚州刺史，鎮合肥，廣屯田，修芍陂、茹陂、七門、吳塘諸堨，以溉稻田，公私有蓄，歷代爲利。賈逵之爲豫州，南與吳接，修守戰之具，堨汝水，造新陂，又通運渠二百餘里，〔六〕所謂賈侯渠者也。當黃初中，四方郡守墾田又加，以故國用不匱。時濟北顏斐爲京兆太守，京兆自馬超之亂，百姓不專農殖，乃無車牛。斐又課百姓，令閑月取車材，轉相教匠。其無牛者令養豬，投貴賣以買牛。始者皆以爲煩，一二年中編戶皆有車牛，於田役省贍，京兆遂以豐沃。鄭渾爲沛郡太守，郡居下溼，水澇爲患，百姓飢乏。渾於蕭、相二縣興陂堨，開稻田，郡人皆不以爲便。渾以爲終有經久之利，遂躬率百姓興功，一冬皆成。比年大收，頃畝歲增，租入倍常，郡中賴其利，刻石頌之，號曰鄭陂。魏明帝世徐邈爲涼州，土地少雨，常苦乏穀。邈上修武威、酒泉鹽池，以收虜穀。又廣開水田，募貧民佃之，家家豐足，倉庫盈溢。及度支

州界軍用之餘，以市金錦犬馬，〔七〕通供中國之費。西域人入貢，財貨流通，皆邈之功也。其後皇甫隆爲敦煌太守，敦煌俗不作耬犂，及不知用水，人牛功力既費，而收穀更少。隆到，乃教作耬犂，又教使灌溉。歲終率計，所省庸力過半，得穀加五，西方以豐。

嘉平四年，〔八〕關中饑，宣帝表徙冀州農夫五千人佃上邽，興京兆、天水、南安鹽池，以益軍實。青龍元年，開成國渠自陳倉至槐里；築臨晉陂，引汧洛溉舄鹵之地三千餘頃，國以充實焉。正始四年，宣帝又督諸軍伐吳將諸葛恪，焚其積聚，恪棄城遁走。帝因欲廣田積穀，爲兼并之計，乃使鄧艾行陳、項以東，至壽春地。艾以爲田良水少，不足以盡地利，宜開河渠，可以大積軍糧，又通運漕之道。乃著濟河論以喻其指。又以爲昔破黃巾，因爲屯田，積穀許都，以制四方。今三隅已定，事在淮南。每大軍征舉，運兵過半，功費巨億，以爲大役。陳、蔡之間，土下田良，可省許昌左右諸稻田，并水東下。令淮北二萬人、淮南三萬人分休，且佃且守。水豐，常收三倍於西，計除衆費，歲完五百萬斛以爲軍資。六七年間，可積三千萬餘斛於淮土，此則十萬之衆五年食也。以此乘敵，無不克矣。宣帝善之，皆如艾計施行。遂北臨淮水，自鍾離而南橫石以西，盡沘水四百餘里，五里置一營，營六十人，且佃且守。兼修廣淮陽、百尺二渠，上引河流，下通淮潁，大治諸陂於潁南、潁北，穿渠三百餘里，溉田二萬頃，淮南、淮北皆相連接。自壽春到京師，農官兵田，雞犬之聲，阡陌相屬。每東南有事，

大軍出征，汎舟而下，達于江淮，資食有儲，而無水害，艾所建也。

及晉受命，武帝欲平一江表。時穀賤而布帛貴，帝欲立平糴法，用布帛市穀，以爲糧儲。議者謂軍資尚少，不宜以貴易賤。泰始二年，帝乃下詔曰：「夫百姓年豐則用奢，凶荒則窮匱，是相報之理也。故古人權量國用，取贏散滯，有輕重平糴之法。理財鈞施，惠而不費，政之善者也。然此事廢久，天下希習其宜。加以官蓄未廣，言者異同，財貨未能達通其制。更令國寶散於穰歲而上不收，貧弱困於荒年而國無備。豪人富商，挾輕資，蘊重積，以管其利。故農夫苦其業，而末作不可禁也。今者省傜務本，并力墾殖，欲令農功益登，耕者益勸，而猶或騰踊，至於農人並傷。今宜通糴，以充儉乏。〔九〕主者平議，具爲條制。」然事竟未行。是時江南未平，朝廷厲精於稼穡。四年正月丁亥，帝親耕藉田。庚寅，詔曰：「使四海之內，棄末反本，競農務功，能奉宣朕志，令百姓勸事樂業者，其唯郡縣長吏乎！先之勞之，在於不倦。每念其經營職事，亦爲勤矣。其以中左典牧種草馬，賜縣令長相及郡國丞各一匹。」是歲，乃立常平倉，豐則糴，儉則糶，以利百姓。五年正月癸巳，敕戒郡國計吏、諸郡國守相令長，務盡地利，禁游食商販。其休假者令與父兄同其勤勞，豪勢不得侵役寡弱，私相置名。十月，詔以「司隸校尉石鑒所上汲郡太守王宏勤恤百姓，導化有方，督勸開荒五千餘頃，遇年普饑而郡界獨無匱乏，可謂能以勸教，時同功異者矣。其賜穀千斛，布告天下」。八

年，司徒石苞奏：「州郡農桑未有殿最之制，宜增掾屬令史，有所循行。」帝從之。事見石苞傳。苞既明於勸課，百姓安之。十年，光祿勳夏侯和上修新渠、富壽、遊陂三渠，凡溉田千五百頃。

咸寧元年十二月，詔曰：「出戰入耕，雖自古之常，然事力未息，未嘗不以戰士爲念也。今以鄴奚官奴婢著新城，代田兵種稻，奴婢各五十人爲一屯，屯置司馬，使皆如屯田法。」三年，又詔曰：「今年霖雨過差，又有蟲災。潁川、襄城自春以來，略不下種，深以爲慮。主者何以爲百姓計，促處當之。」杜預上疏曰：

臣輒思惟，今者水災東南特劇，非但五稼不收，居業并損，下田所在停汙，高地皆多磽塉，此即百姓困窮方在來年。雖詔書切告長吏二千石爲之設計，而不廓開大制，定其趣舍之宜，恐徒文具，所益蓋薄。當今秋夏蔬食之時，而百姓已有不贍，前至冬春，野無青草，則必指仰官穀，以爲生命。此乃一方之大事，不可不豫爲思慮者也。

臣愚謂既以水爲困，當恃魚菜螺蜯，而洪波汎濫，貧弱者終不能得。今者宜大壞兗、豫州東界諸陂，隨其所歸而宣導之。交令饑者盡得水產之饒，百姓不出境界之內，旦暮野食，此目下日給之益也。水去之後，填淤之田，畝收數鍾。至春大種五穀，五穀必豐，此又明年益也。

臣前啓，典牧種牛不供耕駕，至於老不穿鼻者，無益於用，而徒有吏士穀草之費，歲送任駕者甚少，尚復不調習，宜大出賣，以易穀及爲賞直。

詔曰：「孳育之物，不宜減散。」事遂停寢。問主者，今典虞右典牧種產牛，大小相通，有四萬五千餘頭。苟不益世用，頭數雖多，其費日廣。古者匹馬匹牛，居則以耕，出則以戰，非如猪羊類也。今徒養宜用之牛，終爲無用之費，甚失事宜。東南以水田爲業，人無牛犢。今既壞陂，可分種牛三萬五千頭，以付二州將吏士庶，使及春耕。穀登之後，頭責三百斛。[一〇]是爲化無用之費，得運水次成穀七百萬斛，此又數年後之益也。加以百姓降丘宅土，將來公私之饒乃不可計。其所留好種萬頭，可即令右典牧都尉官屬養之。人多畜少，可並佃牧地，明其考課。此又三魏近甸，歲當復入數十萬斛穀，牛又皆當調習，動可駕用，皆今日之可全者也。

預又言：

諸欲修水田者，皆以火耕水耨爲便。非不爾也，然此事施於新田草萊，與百姓居相絕離者耳。往者東南草創人稀，故得火田之利。自頃戶口日增，而陂堨歲決，良田變生蒲葦，人居沮澤之際，水陸失宜，放牧絕種，樹木立枯，皆陂之害也。陂多則土薄水淺，潦不下潤。故每有水雨，輒復橫流，延及陸田。言者不思其故，因云此土不可陸種。臣計漢之戶口，以驗今之陂處，皆陸業也。其或有舊陂舊堨，則堅完修固，非今所謂當爲人害者也。臣前見尚書胡威啓宜壞陂，其言懇至。臣中者又見宋侯相應遵上便宜，求壞泗陂，徙運道。時下都督度支共處當，各據所見，不從遵言。臣案遵上事，運道東詣壽春，有舊渠，可不由泗陂。泗陂在遵地界壞地凡萬三千餘頃，傷敗成業。遵縣領應佃二千六百口，可謂至少，而猶患地狹，不足肆力，此皆水之爲害也。當所共恤，而都督度支方復執異，非所見之難，直以不同害理也。人心所見既不同，利害之情又有異。軍家之與郡縣，士大夫之與百姓，其意莫有同者，此皆偏其利以忘其害者也。此理之所以未盡，而事之所以多患也。

臣又案，豫州界二度支所領佃者，州郡大軍雜士，凡用水田七千五百餘頃耳，計三年之儲，不過二萬餘頃。以常理言之，無爲多積無用之水，況於今者水潦瓫溢，大爲災害。臣以爲與其失當，寧瀉之不滀。宜發明詔，敕刺史二千石，其漢氏舊陂舊堨及山谷私家小陂，皆當修繕以積水。其諸魏氏以來所造立，及諸因雨決溢蒲葦馬腸陂之類，皆決瀝之。長吏二千石躬親勸功，諸食力之人並一時附功令，比及水凍，得粗枯涸，其所修功實之人皆以俾之。其舊陂堨溝渠當有所補塞者，皆尋求微跡，一如漢時故事，豫爲部分列上，須冬東南休兵交代，各留一月以佐之。夫川瀆有常流，地形有定

體，漢氏居人衆多，猶以無患，今因其所患而宣寫之，跡古事以明近，大理顯然，可坐論而得。臣不勝愚意，竊謂最是今日之實益也。

朝廷從之。

及平吳之後，有司又奏：「詔書『王公以國爲家，京城不宜復有田宅。今未暇作諸國邸，當使城中有往來處，近郊有芻藁之田』。今可限之，國王公侯，京城得有一宅之處。近郊田，大國田十五頃，次國十頃，小國七頃。城內無宅城外有者，皆聽留之。」

又制戶調之式：丁男之戶，歲輸絹三匹，緜三斤，女及次丁男爲戶者半輸。其諸邊郡或三分之二，遠者三分之一。夷人輸賨布，戶一匹，遠者或一丈。男子一人占田七十畝，女子三十畝。其外丁男課田五十畝，丁女二十畝，次丁男半之，女則不課。男女年十六已上至六十爲正丁，十五已下至十三、六十一已上至六十五爲次丁，十二已下六十六已上爲老小，不事。遠夷不課田者輸義米，戶三斛，遠者五斗，極遠者輸算錢，人二十八文。其官品第一至于第九，各以貴賤占田，品第一者占五十頃，第二品四十五頃，第三品四十頃，第四品三十五頃，第五品三十頃，第六品二十五頃，第七品二十頃，第八品十五頃，第九品十頃。而又各以品之高卑蔭其親屬，多者及九族，少者三世。宗室、國賓、先賢之後及士人子孫亦如之。而又得蔭人以爲衣食客及佃客，品第六已上得衣食客三人，第七第八品二人，第九品

及舉輦、跡禽、前驅、由基、强弩、司馬、羽林郎、殿中冗從武賁、殿中武賁、持椎斧武騎武賁、持鈒冗從武賁、命中武賁武騎一人。其應有佃客者，官品第一第二者佃客無過五十戶，第三品十戶，第四品七戶，第五品五戶，第六品三戶，第七品二戶，第八品第九品一戶。

是時天下無事，賦稅平均，人咸安其業而樂其事。及惠帝之後，政教陵夷，至於永嘉，喪亂彌甚。雍州以東，人多飢乏，更相鬻賣，奔迸流移，不可勝數。幽、并、司、冀、秦、雍六州大蝗，草木及牛馬毛皆盡。又大疾疫，兼以饑饉，百姓又爲寇賊所殺，流尸滿河，白骨蔽野。劉曜之逼，朝廷議欲遷都倉垣，人多相食，饑疫總至，百官流亡者十八九。

元帝爲晉王，課督農功，詔二千石長吏以入穀多少爲殿最。其非宿衞要任，皆宜赴農，使軍各自佃作，卽以爲廩。太興元年，詔曰：「徐、揚二州土宜三麥，可督令熯地，投秋下種，至夏而熟，繼新故之交，於以周濟，所益甚大。昔漢遣輕車使者氾勝之督三輔種麥，而關中遂穰。勿令後晚。」其後頻年麥雖有旱蝗，而爲益猶多。二年，三吳大饑，死者以百數，吳郡太守鄧攸輒開倉廩賑之。元帝時使黃門侍郎虞斐、桓彝開倉廩振給，[一一]并省衆役。百官各上封事，後軍將軍應詹表曰：「夫一人不耕，天下必有受其饑者。而軍興以來，征戰運漕，朝廷宗廟，百官用度，既已殷廣，下及工商流寓僮僕不親農桑而遊食者，以十萬計。不思開立美利，而望國足人給，豈不難哉！古人言曰，飢寒並至，堯舜不能使野無寇盜；貧富并兼，

雖皋陶不能使强不陵弱。故有國有家者，何嘗不務農重穀。近魏武皇帝用棗祗、韓浩之議，廣建屯田，又於征伐之中，分帶甲之士，隨宜開墾，故下不甚勞，而大功克舉也。間者流人奔東吳，東吳今儉，皆已還反。江西良田，曠廢未久，[一二]火耕水耨，爲功差易。宜簡流人，興復農官，功勞報賞，皆如魏氏故事，一年中與百姓，二年分稅，三年計賦稅以使之，公私兼濟，則倉盈庾億，可計日而待也。」又曰：「昔高祖使蕭何鎮關中，光武令寇恂守河內，魏武委鍾繇以西事，故能使八表夷蕩，區內輯寧。今中州蕭條，未蒙疆理，此兆庶所以企望。壽春一方之會，去此不遠，宜選都督有文武經略者，遠以振河洛之形勢，近以爲徐豫之藩鎮，綏集流散，使人有攸依，專委農功，令事有所局。趙充國農於金城，以平西零；諸葛亮耕於渭濱，規抗上國。今諸軍自不對敵，皆宜齊課。」

咸和五年，成帝始度百姓田，取十分之一，率畝稅米三升。六年，以海賊寇抄，運漕不繼，發王公以下餘丁，各運米六斛。是後頻年水災旱蝗，田收不至。咸康初，算度田稅米，空懸五十餘萬斛，尚書褚裒以下免官。[一三]穆帝之世，頻有大軍，糧運不繼，制王公以下十三戶共借一人，助度支運。升平初，荀羡爲北府都督，鎮下邳，起田于東陽之石鼈，公私利之。哀帝卽位，乃減田租，畝收二升。孝武太元二年，除度田收租之制，王公以下口稅三斛，唯蠲在役之身。八年，又增稅米，口五石。至於末年，天下無事，時和年豐，百姓樂業，穀帛殷

阜，幾乎家給人足矣。

漢錢舊用五銖，自王莽改革，百姓皆不便之。及公孫述僭號於蜀，童謠曰：「黃牛白腹，五銖當復。」好事者竊言，王莽稱黃，述欲繼之，故稱白帝。五銖漢貨，言漢當復併天下也。至光武中興，除莽貨泉。建武十六年，馬援又上書曰：「富國之本，在於食貨，宜如舊鑄五銖錢。」帝從之。於是復鑄五銖錢，天下以爲便。及章帝時，穀帛價貴，縣官經用不足，朝廷憂之。尚書張林言：「今非但穀貴也，百物皆貴，此錢賤故爾。宜令天下悉以布帛爲租，市買皆用之，封錢勿出，如此則錢少物皆賤矣。又，鹽者食之急也，縣官可自賣鹽，武帝時施行之，名曰均輸。」於是事下尚書通議，尚書朱暉議曰：「王制，天子不言有無，諸侯不言多少，食祿者不與百姓爭利。均輸之法，與賈販無異。以布帛爲租，則吏多姦。官自賣鹽，與下爭利，非明王所宜行。」帝本以林言爲是，得暉議，因發怒，遂用林言，少時復止。

桓帝時有上書言：「人以貨輕錢薄，故致貧困，宜改鑄大錢。」事下四府羣僚及太學能言之士，孝廉劉陶上議曰：[一四]

臣伏讀鑄錢之詔，平輕重之議，訪覃幽微，不遺窮賤，是以藿食之人，謬延逮及。蓋以當今之憂，不在於貨，在乎人飢。是以先王觀象育物，敬授民時，使男不逋

畝，女不下機，故君臣之道行，王路之教通。由是言之，食者乃有國之所寶，百姓之至貴也。竊以比年已來，良苗盡於蝗螟之口，杼柚空於公私之求。所急朝夕之食，所患靡盬之事，豈謂錢之厚薄，銖兩之輕重哉！就使當今沙礫化爲南金，瓦石變爲和玉，使百姓渴無所飲，飢無所食，雖皇羲之純德，唐虞之文明，猶不能以保蕭牆之內也。蓋百姓可百年無貨，不可以一朝有飢，故食爲至急也。

議者不達農殖之本，多言鑄冶之便，或欲因緣行詐，以賈國利。國利將盡，取者爭競，造鑄之端，於是乎生。蓋萬人鑄之，一人奪之，猶不能給，況今一人鑄之則萬人奪之乎！雖以陰陽爲炭，萬物爲銅，役不食之民，使不飢之士，猶不能足無厭之求也。

夫欲民財殷阜，要在止役禁奪，[一五]則百姓不勞而足。陛下聖德，愍海內之憂戚，傷天下之艱難，欲鑄錢齊貨，以救其弊，此猶養魚沸鼎之中，棲鳥烈火之上。木水，本魚鳥之所生也，用之不時，必至焦爛。願陛下寬鍥薄之禁，後冶鑄之議也。

帝竟不鑄錢。

及獻帝初平中，董卓乃更鑄小錢，由是貨輕而物貴，穀一斛至錢數百萬。至魏武爲相，於是罷之，還用五銖。是時不鑄錢既久，貨本不多，又更無增益，故穀賤無已。及黃初二年，魏文帝罷五銖錢，使百姓以穀帛爲市。至明帝世，錢廢穀用既久，人間巧僞漸多，競溼穀以

要利，作薄絹以爲市，雖處以嚴刑而不能禁也。司馬芝等舉朝大議，以爲用錢非徒豐國，亦所以省刑。今若更鑄五銖錢，則國豐刑省，於事爲便。魏明帝乃更立五銖錢，至晉用之，不聞有所改創。孫權嘉禾五年，〔一六〕鑄大錢一當五百。赤烏元年，又鑄當千錢。故呂蒙定荆州，孫權賜錢一億。錢既太貴，但有空名，人間患之。權聞百姓不以爲便，省息之，鑄爲器物，官勿復出也。私家有者，並以輸藏，平卑其直，勿有所枉。

晉自中原喪亂，元帝過江，用孫氏舊錢，輕重雜行，大者謂之比輪，中者謂之四文。吳興沈充又鑄小錢，謂之沈郎錢。錢既不多，由是稍貴。孝武太元三年，詔曰：「錢，國之重寶，小人貪利，銷壞無已，監司當以爲意。廣州夷人寶貴銅鼓，而州境素不出銅，聞官私賈人皆於此下貪比輪錢斤兩差重，以入廣州，貨與夷人，鑄敗作鼓。其重爲禁制，得者科罪。」安帝元興中，桓玄輔政，立議欲廢錢用穀帛。孔琳之議曰：

洪範八政，貨爲食次，豈不以交易所資，爲用之至要者乎！若使百姓用力於爲錢，則是妨爲生之業，禁之可也。今農自務穀，工自務器，各肆其業，何嘗致勤於錢。故聖王制無用之貨，以通有用之財，既無毀敗之費，又省難運之苦，此錢所以嗣功龜貝，歷代不廢者也。穀帛爲寶，本充衣食，分以爲貨，則致損甚多。又勞毀於商販之手，耗棄於割截之用，此之爲弊，著自於曩。故鍾繇曰，巧僞之人，競溼穀以要利，制薄絹以充

資。魏世制以嚴刑，弗能禁也。是以司馬芝以爲用錢非徒豐國，亦所以省刑。錢之不用，由於兵亂積久，自致於廢，有由而然，漢末是也。今既用而廢之，則百姓頓亡其利。今括囊天下之穀，以周天下之食，或倉廩充溢，或糧靡并儲，〔一七〕以相資通，則貧者仰富。致富之道，實假於錢，一朝斷之，便爲棄物。是有錢無糧之人，皆坐而飢困，以此斷之，又立弊也。

且據今用錢之處，不以爲貧，用穀之處，不以爲富。又人習來久，革之必惑。語曰，利不百，不易業，況又錢便于穀邪！魏明帝時錢廢，穀用既久，不以便於人，乃舉朝大議。精才達政之士莫不以宜復用錢，下無異情，朝無異論。彼尚舍穀帛而用錢，足以明穀帛之弊著於已誠也。

世或謂魏氏不用錢久，積累巨萬，故欲行之，利公富國，斯殆不然。晉文後舅犯之謀，而先成季之信，以爲雖有一時之勳，不如萬世之益。于時名賢在列，君子盈朝，大謀天下之利害，將定經國之要術。若穀實便錢，義不昧當時之近利，而廢永用之通業，斷可知矣。斯實由困而思革，改而更張耳。近孝武之末，天下無事，時和年豐，百姓樂業，穀帛殷阜，幾乎家給人足，驗之實事，錢又不妨人也。

頃兵革屢興，荒饉荐及，飢寒未振，實此之由。公既援而拯之，大革視聽，弘敦本之教，明廣農之科，敬授人時，各從其業，游蕩知反，務末自休，同以南畝競力，野無遺壤矣。於此以往，將升平必至，何衣食之足卹！愚謂救弊之術，無取於廢錢。

朝議多同琳之，故玄議不行。

校勘記

〔一〕殖貨志　斠注：當作「食貨志」。

〔二〕常滿倉　通典一二、通志六二作「常平倉」。

〔三〕迨建寧永和之初　「迨」，各本作「乏」，屬上爲句。殿本作「迨」，屬下爲句。今從殿本。

〔四〕嬴蒲　魏志武帝紀注引魏書「袁術在江淮，取給蒲嬴」，卽此。「蒲嬴」又見夏小正及吳語，疑此誤倒。

〔五〕梃亂淮南　「淮」，各本作「江」，今從宋本作「淮」。

〔六〕二百餘里　「二」，各本作「三」，今從宋本作「二」，與魏志賈逵傳、水經渠水注合。

〔七〕及度支至以市金錦犬馬　斠注：魏志徐邈傳「及」作「乃」，「錦」作「帛」。

〔八〕嘉平四年　嘉平四年，司馬懿已死。五行志上云，太和四年八月大霖雨，歲以凶饑。此「嘉平」乃「太和」之誤。

〔九〕以充儉乏　「乏」，各本作「法」，今從殿本。

〔一〇〕頭責三百斛　斠注：「三百斛」當作「二百斛」。以一頭得穀二百斛計之，三萬五千頭正得穀七百萬斛。

〔一一〕元帝時至開倉廩振給　「元帝」本作「武帝」。校文：騤、彝均非武帝時人，此乃「元帝」之譌，鄧攸傳可證。按：丁說是，今據改。

〔一二〕曠廢未久　「未」原作「來」，於上下文義難通。通典二、通考七及御覽三三三引均作「未」，今據改。

〔一三〕尚書褚裒以下免官　成紀咸康二年「褚裒」作「謝褒」。據褚裒傳，康帝卽位始拜尚書，似作「謝褒」是。

〔一四〕桓帝時至孝廉劉陶上議曰　「桓帝」原作「和帝」。後漢書劉陶傳及後漢紀均謂劉陶上疏在桓帝時。「和」乃「桓」之誤，今據改。

〔一五〕止役禁奪　原作「止役役禁奪」。李校：衍一「役」字。今據後漢書劉陶傳刪。

〔一六〕孫權嘉禾五年　「嘉禾」原作「嘉平」，孫權無此年號，今據吳志孫權傳改。

〔一七〕或糧靡并儲　「并儲」費解，通典八作「斗儲」。或謂「并」爲「缾」之壞字，此用詩蓼莪「缾之罄矣」義。

晉書卷二十七

志第十七

五行上

夫帝王者，配德天地，叶契陰陽，發號施令，動關幽顯，休咎之徵，隨感而作，故書曰：「惠迪吉，從逆凶，惟影響。」昔伏羲氏繼天而王，受河圖，則而畫之，八卦是也。禹治洪水，賜洛書，法而陳之，洪範是也。聖人行其道，寶其眞，自天祐之，吉無不利。三五已降，各有司存。爰及殷之箕子，在父師之位，典斯大範。周既克殷，以箕子歸，武王虛己而問焉。箕子對以禹所得雒書，授之以垂訓。然則河圖、雒書相爲經緯，八卦、九章更爲表裏。殷道絕，文王演周易；周道弊，孔子述春秋。奉乾坤之陰陽，效洪範之休咎，天人之道粲然著矣。

漢興，承秦滅學之後，文帝時，虙生創紀大傳，其言五行庶徵備矣。後景武之際，董仲舒治公羊春秋，始推陰陽，爲儒者之宗。宣元之間，劉向治穀梁春秋，數其禍福，傳以洪

範，與仲舒多所不同。至向子歆治左氏傳，其言春秋及五行，又甚乖異。班固據大傳，采仲舒、劉向、劉歆著五行志，而傳載眭孟、夏侯勝、京房、谷永、李尋之徒所陳行事，訖于王莽，博通祥變，以傳春秋。〔一〕

綜而爲言，凡有三術。其一曰，君治以道，臣輔克忠，萬物咸遂其性，則和氣應，休徵效，國以安。二曰，君違其道，小人在位，衆庶失常，則乖氣應，咎徵效，國以亡。三曰，人君大臣見災異，退而自省，責躬修德，共禦補過，則消禍而福至。此其大略也。輒舉斯例，錯綜時變，婉而成章，有足觀者。及司馬彪纂光武之後以究漢事，災眚之說不越前規。今採黃初以降言祥異者，著于此篇。

經曰：「五行：一曰水，二曰火，三曰木，四曰金，五曰土。水曰潤下，火曰炎上，木曰曲直，金曰從革，土爰稼穡。」

傳曰：「田獵不宿，飲食不享，出入不節，奪農時及有姦謀，則木不曲直。」

說曰：木，東方也。於易，地上之木爲觀。於王事，威儀容貌亦可觀者也。故行步有佩玉之度，登車有和鸞之節，三驅之制，〔二〕飲食有享獻之禮；出入有名，使人以時，務在勸農桑，謀在安百姓，如此，則木得其性矣。若乃田獵馳騁，不反宮室；飲食沈湎，不顧法度；妄興傜役，以奪農時；作爲姦詐，以傷人財，則木失其性矣。蓋工匠之爲輪矢者多傷敗，及木爲變怪，是爲不曲直。

魏文帝黃初六年正月，雨，木冰。案劉歆說，上陽施不下通，下陰施不上達，故雨，而木爲之冰，雰氣寒，木不曲直也。劉向曰，冰者陰之盛，木者少陽，貴臣卿大夫象也。此人將有害，則陰氣脅木，木先寒，故得雨而冰也。是年六月，利成郡兵蔡方等殺太守徐質，據郡反。太守，古之諸侯，貴臣有害之應也。一說以木冰爲木介，介者甲兵之象。是歲，既討蔡方，又八月天子自將以舟師征吳，戍卒十餘萬，連旌數百里，臨江觀兵，又屬常雨也。

元帝太興三年二月辛未，雨，木冰。後二年，周顗等遇害，是陽施不下通也。

穆帝永和八年正月乙巳，雨，木冰。是年殷浩北伐，明年軍敗，十年廢黜。又曰，荀羨、殷浩北伐，桓溫入關之象也。

孝武帝太元十四年十二月乙巳，雨，木冰。明年二月王恭爲北藩，八月庾楷爲西藩，九月王國寶爲中書令，尋加領軍將軍，十七年殷仲堪爲荆州，雖邪正異規，而終同夷滅，是其應也。

吳孫亮建興二年，諸葛恪征淮南，後所坐聽事棟中折。恪妄興徵役，奪農時，作邪謀，傷國財力，故木失其性致毁折也。及旋師而誅滅，於周易又爲「棟撓之凶」也。

武帝太康五年五月，宣帝廟地陷，梁折。八年正月，太廟殿又陷，改作廟，築基及泉。其年九月，遂更營新廟，遠致名材，雜以銅柱，陳勰爲匠，作者六萬人。至十年四月乃成，十一月庚寅梁又折。天戒若曰，地陷者分離之象，梁折者木不曲直也。明年帝崩，而王室遂亂。

惠帝太安二年，成都王穎使陸機率衆向京都，擊長沙王乂，及軍始引而牙竿折，俄而戰敗，機被誅，穎遂奔潰，卒賜死。此姦謀之罰，木不曲直也。

元帝太興四年，王敦在武昌，鈴下儀仗生華如蓮華，五六日而萎落。此木失其性。干寶以爲狂華生枯木，又在鈴閣之間，言威儀之富，榮華之盛，皆如狂華之發，不可久也。其後王敦終以逆命加戮其尸。一說亦華孽也，於周易爲「枯楊生華」。

桓玄始篡，龍旂竿折。時玄田獵無度，飲食奢恣，土木妨農，又多姦謀，故木失其性。天戒若曰，旂所以掛三辰，章著明也，旂竿之折，高明去矣。玄果敗。

傳曰：「棄法律，逐功臣，殺太子，以妾爲妻，則火不炎上。」

說曰：火，南方，揚光煇爲明者也。其於王者，南面嚮明而治。書云：「知人則哲，能官人。」故堯舜舉羣賢而命之朝，遠四佞而放諸壄。孔子曰：「浸潤之譖，膚受之愬，不行焉，可

謂明矣。」賢佞分別，官人有序，帥由舊章，敬重功勳，殊別嫡庶，如此則火得其性矣。若乃信道不篤，或燿虛僞，讒夫昌，邪勝正，則火失其性矣。自上而降，及濫炎妄起，焚宗廟，燒宮館，雖興師衆，不能救也，是爲火不炎上。

魏明帝太和五年五月，清商殿災。初，帝爲平原王，納河南虞氏爲妃。及卽位，不以爲后，更立典虞車工卒毛嘉女爲后。后本仄微，非所宜升，以妾爲妻之罰也。

青龍元年六月，洛陽宮鞠室災。二年四月，崇華殿災，延於南閣，繕復之。至三年七月，此殿又災。帝問高堂隆：「此何咎也？於禮寧有祈禳之義乎？」對曰：「夫災變之發，皆所以明敎誡也，惟率禮修德可以勝之。易傳曰：『上不儉，下不節，孽火燒其室。』又曰：『君高其臺，天火爲災。』此人君苟飾宮室，不知百姓空竭，故天應之以旱，火從高殿起也。案舊占曰：『災火之發，皆以臺榭宮室爲誡。』今宜罷散作役，務從節約，清掃所災之處，不敢於此有所營造，萐莆嘉禾必生此地，以報陛下虔恭之德。」帝不從。遂復崇華殿，改曰九龍。以郡國前後言龍見者九，故以爲名。多棄法度，疲衆逞欲，以妾爲妻之應也。

吳孫亮建興元年十二月，武昌端門災，改作，端門又災。內殿門者，號令所出；殿者，聽政之所。是時諸葛恪執政，而矜慢放肆，孫峻總禁旅，而險害終著。武昌，孫氏尊號所始。天戒若曰，宜除其貴要之首者，恪果喪衆殄人，峻授政於綝，綝廢亮也。或曰，孫權毀徹武昌以增太初宮，諸葛恪有遷都意，更起門殿，事非時宜，故見災也。京房易傳曰：「君不思道，厥妖火燒宮。」

太平元年二月朔，建鄴火，人之火也。〔三〕是秋，孫綝始執政，矯以亮詔殺呂據、滕胤。明年，又輒殺朱異。棄法律逐功臣之罰也。

孫休永安五年二月，城西門北樓災。六年十月，石頭小城火，燒西南百八十丈。是時嬖人張布專擅國勢，多行無禮，而韋昭、盛沖終斥不用，兼遣察戰等爲內史，驚擾州郡，致使交阯反亂，是其咎也。

孫晧建衡二年三月，大火，燒萬餘家，死者七百人。案春秋齊大災，〔四〕劉向以爲桓公好內，聽女口，妻妾數更之罰也。時晧制令詭暴，蕩棄法度，勞臣名士，誅斥甚衆，後宮萬餘，女謁數行，其中隆寵佩皇后璽紱者又多矣，故有大火。

武帝太康八年三月乙丑，震災西閣楚王所止坊及臨商觀窗。十年四月癸丑，崇賢殿災。十一月庚辰，〔五〕含章鞠室、脩成堂前廡、景坊東屋、暉章殿南閣火。時有上書曰：「漢王氏五侯，兄弟迭任，今楊氏三公，並在大位，故天變屢見，竊爲陛下憂之。」由是楊珧求退。是時帝納馮紞之間，廢張華之功，聽楊駿之讒，離衞瓘之寵，此逐功臣之罰也。明年，宮車晏駕。其後楚王承竊發之旨，戮害二公，身亦不免。震災其坊，又天意乎。

惠帝元康五年閏月庚寅，武庫火。張華疑有亂，先命固守，然後救火。是以累代異寶，王莽頭，孔子屐，漢高祖斷白蛇劍及二百萬人器械，一時蕩盡。是後愍懷太子見殺之罰也。天戒若曰，夫設險擊柝，所以固其國，儲積戎器，所以戒不虞。今冢嗣將傾，社稷將泯，禁兵無所復施，皇旅又將誰衞。帝后不悟，終喪四海，是其應也。張華、閻纂皆曰，〔六〕「武庫火而氐羌反，太子見廢，則四海可知」。

八年十一月，高原陵火。是時賈后凶恣，賈謐擅朝，惡積罪稔，宜見誅絕。天戒若曰，臣妾之不可者，雖親貴莫比，猶宜忍而誅之，如吾燔高原陵也。帝旣眊弱，而張華又不納裴頠、劉卞之謀，故后遂與謐殺太子也。干寶以爲「高原陵火，太子廢之應。漢武帝世，高園便殿火，董仲舒對與此占同」。

永康元年，帝納皇后羊氏，后將入宮，衣中忽有火，衆咸怪之。永興元年，成都王遂廢后，處之金墉城。是後還立，立而復廢者四。又詔賜死，荀藩表全之。雖來還在位，然憂逼折辱，終古未聞。此孽火之應也。

永興二年七月甲午，尚書諸曹火起，延崇禮闥及閣道。夫百揆王化之本，王者棄法律之應也。後清河王覃入嗣，不終於位，又殺太子之罰也。

孝懷帝永嘉四年十一月，襄陽火，燒死者三千餘人。是時王如自號大將軍、司雍二州牧，衆四五萬，攻略郡縣。此下陵上，陽失其節之應也。

元帝太興中，王敦鎭武昌，武昌災，火起，興衆救之，救於此而發於彼，東西南北數十處俱應，數日不絕。舊說所謂「濫炎妄起，雖興師衆不能救之」之謂也。干寶以爲「此臣而君行，亢陽失節，是爲王敦陵上，有無君之心，故災也」。

永昌二年正月癸巳，京都大火。三月，饒安、東光、安陵三縣火，燒七千餘家，死者萬五千人。

明帝太寧元年正月，京都火。是時王敦威侮朝廷，多行無禮，內外臣下咸懷怨毒，極陰生陽也。

成帝咸和二年五月，京師火。

康帝建元元年七月庚申，吳郡災。

穆帝永和五年六月，震災石季龍太武殿及兩廟端門。震災月餘乃滅，金石皆盡。其後季龍死，大亂，遂滅亡。〔七〕

海西公太和中，郗愔爲會稽太守。六月大旱災，火燒數千家，延及山陰倉米數百萬斛，炎煙蔽天，不可撲滅。此亦桓溫強盛，將廢海西，極陰生陽之應也。

孝武帝寧康元年三月，京師風火大起。是時桓溫入朝，志在陵上，少主踐位，人懷憂恐，此與太寧火事同。

太元十年正月，國子學生因風放火，焚房百餘間。是後考課不厲，賞黜無章。蓋有育才之名，而無收賢之實，此不哲之罰先兆也。

十三年十二月乙未，延賢堂災。是月丙申，螽斯則百堂及客館、驃騎府庫皆災。于時朝多弊政，衰陵日兆，不哲之罰，皆有象類，主相不悟，終至亂亡。會稽王道子寵幸尼及姏母，各樹用其親戚，乃至出入宮掖，禮見人主。天戒若曰，登延賢堂及客館者多非其人，故災之也。又，孝武帝更不立皇后，寵幸微賤張夫人，夫人驕妬，皇子不繁，乖「螽斯則百」之道，故災其殿焉。道子復賞賜不節，故府庫被災，斯亦其罰也。

安帝隆安二年三月，龍舟二乘災，是水沴火也。其後桓玄篡位，帝乃播越。天戒若曰，王者流遷，不復御龍舟，故災之耳。

元興元年八月庚子，尚書下舍曹火。時桓玄遙錄尚書，故天火，示不復居也。

三年，盧循攻略廣州，刺史吳隱之閉城固守。其十月壬戌夜，火起。時百姓避寇盈滿城內，隱之懼有應賊者，但務嚴兵，不先救火。由是府舍焚蕩，燒死者萬餘人，因遂散潰，悉爲賊擒。

義熙四年七月丁酉，尚書殿中吏部曹火。九年，京都大火，燒數千家。十一年，京

都所在大行火災，吳界尤甚。火防甚峻，猶自不絕。王弘時爲吳郡，晝在聽事，見天上有一赤物下，狀如信幡，遙集路南人家屋上，火卽大發。弘知天爲之災，故不罪火主。此帝室衰微之應也。

傳曰：「修宮室，飾臺榭，內淫亂，犯親戚，侮父兄，則稼穡不成。」

說曰：土，中央，生萬物者也。其於王者，爲內事，宮室、夫婦、親屬，亦相生者也。古者天子諸侯，宮廟大小高卑有制，后夫人媵妾多少有度，九族親疏長幼有序。孔子曰：「禮，與其奢也，寧儉。」故禹卑宮室，文王刑于寡妻，此聖人之所以昭教化也。如此，則土得其性矣。若乃奢淫驕慢，則土失其性。亡水旱之災而草木百穀不熟，是爲稼穡不成。

吳孫皓時，常歲無水旱，苗稼豐美而實不成，百姓以飢，闔境皆然，連歲不已。吳人以爲傷露，非也。案劉向春秋說曰「水旱當書，不書水旱而曰大無麥禾者，土氣不養，稼穡不成」，此其義也。皓初遷都武昌，尋還建鄴，又起新館，綴飾珠玉，壯麗過甚，破壞諸營，增廣苑囿，犯暑妨農，官私疲怠。月令，季夏不可以興土功，皓皆冒之。此修宮室飾臺榭之罰也。

元帝太興二年，吳郡、吳興、東陽無麥禾，大饑。

成帝咸和五年，無麥禾，天下大饑。

穆帝永和十年，三麥不登。十二年，大無麥。

孝武太元六年，無麥禾，天下大饑。

安帝元興元年，無麥禾，天下大饑。

傳曰：「好戰攻，輕百姓，飾城郭，侵邊境，則金不從革。」

說曰：金，西方，萬物既成，殺氣之始也。故立秋而鷹隼擊，秋分而微霜降。其於王事，出軍行師，把旄杖鉞，誓士衆，抗威武，所以征叛逆，止暴亂也。詩云：「有虔執鉞，如火烈烈。」又曰：「載戢干戈，載櫜弓矢。」動靜應宜，說以犯難，人忘其死，金得其性矣。若乃貪慾恣睢，務立威勝，不重人命，則金失其性。蓋工冶鑄金鐵，冰滯涸堅，不成者衆，乃爲變怪，是爲金不從革。

魏時張掖石瑞，雖是晉之符命，而於魏爲妖。好攻戰，輕百姓，飾城郭，侵邊境，魏氏三祖皆有其事。石圖發於非常之文，此不從革之異也。晉定大業，多斃曹氏，石瑞文「大討曹」之應也。案劉歆以春秋石言于晉，爲金石同類也，是爲金不從革，失其性也。劉向以爲石白色爲主，屬白祥。

魏明帝青龍中，盛修宮室，西取長安金狄，承露槃折，聲聞數十里，金狄泣，於是因留霸城。此金失其性而爲異也。

吳時，歷陽縣有巖穿，似印，咸云「石印封發，天下太平」。孫皓天璽元年，印發。又，陽羨山有石穴，長十餘丈。皓初修武昌宮，有遷都之意。是時武昌爲離宮。班固云「離宮與城郭同占」，飾城郭之謂也。其寶鼎三年後，皓出東關，遣丁奉至合肥，建衡三年皓又大舉出華里，侵邊境之謂也。故令金失其性，卒面縛而吳亡。

惠帝元康三年閏二月，殿前六鍾皆出涕，五刻止。前年賈后殺楊太后於金墉城，而賈后爲惡不止，故鍾出涕，猶傷之也。

永興元年，成都伐長沙，每夜戈戟鋒有火光如懸燭。此輕人命，好攻戰，金失其性而爲光變也。天戒若曰，兵猶火也，不戢將自焚。成都不悟，終以敗亡。

懷帝永嘉元年，項縣有魏豫州刺史賈逵石碑，生金可採，此金不從革而爲變也。五月，汲桑作亂，羣寇飆起。清河王覃爲世子時，所佩金鈴忽生起如粟者，康王母疑不祥，毁棄之。及後爲惠帝太子，不終于位，卒爲司馬越所殺。

愍帝建興五年，石言于平陽。是時帝蒙塵亦在平陽，故有非言之物而言，妖之大者。俄而帝爲逆胡所弑。

元帝永昌元年，甘卓將襲王敦，既而中止。及還，家多變怪，照鏡不見其頭。此金失其性而爲妖也。尋爲敦所襲，遂夷滅。

石季龍時，鄴城鳳陽門上金鳳皇二頭飛入漳河。

海西太和中，會稽山陰縣起倉，鑿地得兩大船，滿中錢，錢皆輪文大形。時日向暮，鑿者馳以告官，官夜遣防守甚嚴。至明旦，失錢所在，惟有船存。視其狀，悉有錢處。

安帝義熙初，東陽太守殷仲文照鏡不見其頭，尋亦誅翦，占與甘卓同也。

傳曰：「簡宗廟，不禱祠，廢祭祀，逆天時，則水不潤下。」

說曰：水，北方，終藏萬物者也。其於人道，命終而形藏，精神放越。聖人爲之宗廟，以收魂氣，春秋祭祀，以終孝道。王者卽位，必郊祀天地，禱祈神祇，望秩山川，懷柔百神，亡不宗事。愼其齋戒，致其嚴敬，是故鬼神歆饗，多獲福助。此聖王所以順事陰氣，和神人也。及至發號施令，亦奉天時。十二月咸得其氣，則陰陽調而終始成。如此，則水得其性矣。若迺不敬鬼神，政令逆時，水失其性。霧水暴出，百川逆溢，壞鄉邑，溺人民，及淫雨傷稼穡，是爲水不潤下。

京房易傳曰：「顓事者加，[八]誅罰絕理，厥災水。其水也，雨，殺人，以隕霜，大風天黃。饑而不損，茲謂泰，厥大水，水殺人。避遏有德，茲謂狂，厥水，水流殺人也。已水則地生蟲。歸獄不解，茲謂追非，厥水寒，殺人。追誅不解，茲謂不理，厥水五穀不收。大敗不解，茲謂皆陰，厥水流入國邑，隕霜殺穀。」董仲舒曰：「交兵結讐，伏尸流血，百姓愁怨，陰氣盛，故大水也。」

魏文帝黃初四年六月，大雨霖，伊洛溢，至津陽城門，漂數千家，殺人。初，帝卽位，自鄴遷洛，營造宮室，而不起宗廟。太祖神主猶在鄴，嘗於建始殿饗祭如家人禮，終黃初不復還鄴。又郊社神祇，未有定位。此簡宗廟廢祭祀之罰也。

吳孫權赤烏八年夏，茶陵縣鴻水溢出，漂二百餘家。十三年秋，丹楊、故鄣等縣又鴻水溢出。案權稱帝三十年，竟不於建鄴創七廟。惟父堅一廟遠在長沙，而郊祀禮闕。嘉禾初，羣臣奏宜郊祀，又不許。末年雖一南郊，而北郊遂無聞焉。吳楚之望亦不見秩，反祀羅陽妖神，以求福助。天戒若曰，權簡宗廟，不禱祠，廢祭祀，故示此罰，欲其感悟也。

太元元年，又有大風涌水之異。是冬，權南郊，宜是鑒咎徵乎！還而寢疾，明年四月薨。一曰，權時信納譖訴，雖陸遜勳重，子和儲貳，猶不得其終，與漢安帝聽讒免楊震、廢太子同事也。且赤烏中無年不用兵，百姓愁怨。八年秋，將軍馬茂等又圖逆。

魏明帝景初元年九月，淫雨，冀、兗、徐、豫四州水出，沒溺殺人，漂失財產。帝自初卽位，便淫奢極慾，多占幼女，或奪士妻，崇飾宮室，妨害農戰，觸情恣慾，至是彌甚，號令逆時，飢不損役。此水不潤下之應也。

吳孫亮五鳳元年夏，大水。亮卽位四年，乃立權廟。又終吳世不上祖宗之號，不修嚴父之禮，昭穆之數有闕。亮及休、晧又並廢二郊，不秩羣神。此簡宗廟不祭祀之罰也。又，是時孫峻專政，陰勝陽之應乎！

孫休永安四年五月，大雨，水泉涌溢。昔歲作浦里塘，功費無數，而田不可成，士卒死叛，或自賊殺，百姓愁怨，陰氣盛也。休又專任張布，退盛沖等，吳人賊之應也。

五年八月壬午，大雨震電，水泉湧溢。

武帝泰始四年九月，青、徐、兗、豫四州大水。[九]七年六月，大雨霖，河、洛、伊、沁皆溢，殺二百餘人。自帝卽尊位，不加三后祖宗之號。泰始二年又除明堂南郊五帝座，同稱昊天上帝，一位而已。又省先后配地之祀。此簡宗廟廢祭祀之罰也。

咸寧元年九月，徐州大水。二年七月癸亥，河南、魏郡暴水，殺百餘人。閏月，荊州郡國五大水，流四千餘家。去年采擇良家子女，露面入殿，帝親簡閱，務在姿色，不訪德行，有蔽匿者以不敬論，搢紳愁怨，天下非之，陰盛之應也。

三年六月，益、梁二州郡國八暴水，殺三百餘人。七月，荊州大水。九月，始平郡大水。

十月，青、徐、兗、豫、荊、益、梁七州又大水。是時賈充等用事專恣，而正人疏外者多，陰氣盛也。

四年七月，司、冀、兗、豫、荊、揚郡國二十大水，傷秋稼，壞屋室，有死者。太康二年六月，泰山、江夏大水，泰山流三百家，殺六十餘人，江夏亦殺人。時平吳後，王濬爲元功而詆劾妄加，荀、賈爲無謀而並蒙重賞，收吳姬五千，納之後宮，此其應也。

四年七月，兗州大水。十二月，河南及荊、揚六州大水。五年九月，郡國四大水，又隕霜。是月，南安等五郡大水。六年四月，郡國十大水，壞廬舍。七年九月，郡國八大水。八年六月，郡國八大水。

惠帝元康二年，有水災。五年五月，潁川、淮南大水。六月，城陽、東莞大水，殺人，荊、揚、徐、兗、豫五州又水。是時帝卽位已五載，猶未郊祀，其蒸嘗亦多不親行事。此簡宗廟廢祭祀之罰。

六年五月，荊、揚二州大水。是時賈后亂朝，寵樹賈、郭，女主專政，陰氣盛之應也。

八年五月，金墉城井溢。漢志，成帝時有此妖，後王莽僭逆。今有此妖，趙王倫篡位，倫廢帝於此城，井溢所在，其天意也。九月，荊、揚、徐、冀、豫五州大水。是時賈后暴戾滋甚，韓謐驕猜彌扇，卒害太子，旋以禍滅。九年四月，宮中井水沸溢。

永寧元年七月，南陽、東海大水。是時齊王冏專政，陰盛之應也。

太安元年七月，兗、豫、徐、冀四州水。時將相力政，無尊主心，陰盛故也。

孝懷帝永嘉四年四月，江東大水。時王導等潛懷翼戴之計，陰氣盛也。

元帝太興三年六月，大水。是時王敦內懷不臣，傲很陵上，此陰氣盛也。四年七月，又大水。

永昌二年五月，荆州及丹楊、宣城、吳興、壽春大水。

明帝太寧元年五月，丹楊、宣城、吳興、壽春大水。〔一〇〕是時王敦威權震主，陰氣盛故也。

成帝咸和元年五月，大水。是時嗣主幼沖，母后稱制，庾亮以元舅決事禁中，陰勝陽故也。

二年五月戊子，京都大水。是冬，以蘇峻稱兵，都邑塗地。

四年七月，丹楊、宣城、吳興、會稽大水。是冬，郭默作亂，荆豫共討之，半歲乃定，兵役之應也。

七年五月，大水。是時帝未親機務，政在大臣，陰勝陽也。

咸康元年八月，長沙、武陵大水。

穆帝永和四年五月，大水。五年五月，大水。六年五月，又大水。時幼主沖弱，母

后臨朝，又將相大臣各執權政，與咸和初同事也。

是七年七月甲辰夜，濤水入石頭，死者數百人。是時殷浩以私忿廢蔡謨，遐邇非之。又幼主在上而殷桓交惡，選徒聚甲，各崇私權，陰勝陽之應也。一說，濤水入石頭，以爲兵占。是後殷浩、桓溫、謝尚、荀羨連年征伐，百姓愁怨也。

升平二年五月，大水。五年四月，又大水。是時桓溫權制朝廷，專征伐，陰勝陽也。

海西太和六年六月，京師大水，平地數尺，浸及太廟。朱雀大航纜斷，三艘流入大江。丹楊、晉陵、吳郡、吳興、臨海五郡又大水，稻稼蕩沒，黎庶饑饉。初，四年桓溫北伐敗績，十喪其九，五年又征淮南，踰歲乃克，百姓愁怨之應也。

簡文帝咸安元年十二月壬午，濤水入石頭。明年，妖賊盧竦率其屬數百人入殿，〔一一〕略取武庫三庫甲仗，遊擊將軍毛安之討滅之，兵興陰盛之應也。

孝武帝太元三年六月，大水。是時帝幼弱，政在將相。五年五月，大水。六年六月，揚、荆、江三州大水。八年三月，始興、南康、廬陵大水，平地五丈。十年五月，大水。自八年破苻堅後，有事中州，役無寧歲，愁怨之應也。

十三年十二月，濤水入石頭，毀大航，殺人。明年，慕容氏寇擾司兗，鎮戍西北，疲於奔命，愁怨之應也。

十五年七月，沔中諸郡及兗州大水。是時緣河紛爭，征戍勤瘁之應也。

十七年六月甲寅，濤水入石頭，毀大航，漂船舫，有死者。京口西浦亦濤入殺人。永嘉郡潮水湧起，近海四縣人多死。後四年帝崩，而王恭再攻京師，京師亦發衆以禦之，兵役頻興，百姓愁怨之應也。

十八年六月己亥，始興、南康、廬陵大水，深五丈。十九年七月，荆徐大水，傷秋稼。

二十年六月，荆徐又大水。二十一年五月癸卯，大水。是時政事多弊，兆庶非之。

安帝隆安三年五月，荆州大水，平地三丈。去年殷仲堪舉兵向京師，是年春又殺郗恢，陰盛作威之應也。仲堪尋亦敗亡。

五年五月，大水。是時會稽王世子元顯作威陵上，又桓玄擅西夏，孫恩亂東國，陰勝陽之應也。

元興二年十二月，桓玄簒位。其明年二月庚寅夜，濤水入石頭。商旅方舟萬計，漂敗流斷，骸胔相望。江左雖頻有濤變，未有若斯之甚。三月，義軍克京都，玄敗走，遂夷滅之。

三年二月己丑朔夜，濤水入石頭，漂沒殺人，大航流敗。

義熙元年十二月己未，濤水入石頭。二年十二月己未夜，濤水入石頭。明年，駱球父環潛結桓胤、殷仲文等謀作亂，劉稚亦謀反，凡所誅滅數十家。

三年五月丙午，大水。四年十二月戊寅，濤水入石頭。明年，王旅北討。

六年五月丁巳，大水。乙丑，盧循至蔡洲。〔一二〕

八年六月，大水。九年五月辛巳，大水。十年五月丁丑，大水。戊寅，西明門地穿，涌水出，毀門扇及限，亦水沴土也。七月乙丑，淮北風災，大水殺人。十一年七月丙戌，大水，淹漬太廟，百官赴救。明年，王旅北討關河。

經曰：「庶用五事：一曰貌，二曰言，三曰視，四曰聽，五曰思。貌曰恭，言曰從，視曰明，聽曰聰，思曰睿。恭作肅，從作乂，明作哲，聰作謀，睿作聖。休徵：曰肅，時雨若；乂，時暘若；哲，時燠若；謀，時寒若；聖，時風若。咎徵：曰狂，恒雨若；僭，恒暘若；豫，恒燠若；急，恒寒若；霿，〔一三〕恒風若。」

傳曰：「貌之不恭，是謂不肅，厥咎狂，厥罰恒雨，厥極惡。時則有服妖，時則有龜孽，時則有雞禍，時則有下體生上之痾，時則有青眚青祥。惟金沴木。」

說曰：凡草木之類謂之妖。妖猶夭胎，言尚微也。蟲豸之類謂之孽。孽則芽孽矣。及六畜，謂之禍，言其著也。及人，謂之痾。痾，病貌也，言濡深也。甚則有異物生，謂之眚；自外來，謂之祥。祥，猶禎也。氣相傷，謂之沴。沴猶臨莅，不和意也。每一事云「時則」以

絕之，言非必俱至，或有或亡，或在前或在後。孝武時，夏侯始昌通五經，善推五行傳，以傳族子夏侯勝，下及許商，皆以教所賢弟子。其傳與劉向同，惟劉歆傳獨異。貌之不恭，是謂不肅。肅，敬也。內曰恭，外曰敬。人君行己，體貌不恭，怠慢驕蹇，則不能敬萬事，失則狂易，故其咎狂也。上慢下暴，則陰氣勝，故其罰常雨也。水傷百穀，衣食不足，則姦宄並作，故其極惡也。一曰，人多被刑，或形貌醜惡，亦是也。風俗狂慢，變節易度，則爲剽輕奇怪之服，故有服妖。水類動，故有龜孽。於易，巽爲雞。雞有冠，距，文武之貌。而不爲威，貌氣毀，故有雞禍。一曰，水歲多雞死及爲怪，亦是也。上失威儀，則有强臣害君上者，故有下體生於上之痾。木色青，故有青眚青祥。凡貌傷者病木氣，木氣病則金沴之，衝氣相通也。於易，震在東方，爲春爲木；兌在西方，爲秋爲金；離在南方，爲夏爲火；坎在北方，爲冬爲水。春與秋日夜分，寒暑平，是以金木之氣易以相變，故貌傷則致秋陰常雨，言傷則致春陽常旱也。至於冬夏，日夜相反，寒暑殊絕，水火之氣不得相并，故視傷常燠、聽傷常寒者，其氣然也。逆之，其極曰惡；順之，其福曰攸好德。劉歆貌傳曰有鱗蟲之孽，〔一四〕羊禍，鼻痾。說以爲於天文東方辰爲龍星，故爲鱗蟲。於易，兌爲羊，木爲金所病，故致羊禍，與常雨同應。此說非是。春與秋氣陰陽相敵，木病金盛，故能相并，惟此一事耳。禍與妖痾祥眚同類，不得獨異。

魏尚書鄧颺行步弛縱，筋不束體，坐起傾倚，若無手足，此貌之不恭也。管輅謂之鬼躁。鬼躁者，凶終之徵，後卒誅也。

惠帝元康中，貴游子弟相與爲散髮倮身之飲，對弄婢妾，逆之者傷好，非之者負譏，希世之士恥不與焉。蓋貌之不恭，胡狄侵中國之萌也。其後遂有二胡之亂，此又失在狂也。

元康中，賈謐親貴，數入二宮，與儲君遊戲，無降下心。又嘗因弈棊爭道，成都王穎厲色曰：「皇太子國之儲貳，賈謐何敢無禮！」謐猶不悛，故及於禍，貌不恭之罰也。

齊王冏既誅趙王倫，因留輔政，坐拜百官，符敕臺府，淫醟專驕，不一朝覲，此狂恣不肅之咎也。天下莫不高其功而慮其亡也，冏終弗改，遂致夷滅。

司馬道子於府園內列肆，使姬人酤鬻，身自貿易。干寶以爲貴者失位，降在阜隸之象也。俄而道子見廢，以庶人終，此貌不恭之應也。

安帝義熙七年，將拜授劉毅世子。毅以王命之重，當設饗宴，親請吏佐臨視。至拜日，國僚不重白，默拜於廄中。王人將反命，毅方知之，大以爲恨，免郎中令劉敬叔官。天戒若曰，此惰略嘉禮不肅之妖也。其後毅遂被殺焉。

庶徵恒雨，劉歆以爲春秋大雨，劉向以爲大水。

魏明帝太和元年秋，數大雨，多暴卒，雷電非常，至殺鳥雀。案楊阜上疏，此恒雨之罰也。時天子居喪不哀，出入弋獵無度，奢侈繁興，奪農時，故水失其性而恒雨爲罰。

太和四年八月，大雨霖三十餘日，伊、洛、河、漢皆溢，歲以凶饑。

吳孫亮太平二年二月甲寅，大雨，震電。乙卯，雪，大寒。案劉歆說，此時當雨而不當大，大雨，恒雨之罰也。於始震電之明日而雪，大寒，又常寒之罰也。劉向以爲既已雷電，則雪不當復降，皆失時之異也。天戒若曰，爲君失時，賊臣將起。先震電而後雪者，陰見間隙，起而勝陽，逆弑之禍將成也。亮不悟，尋見廢。此與春秋魯隱同。

武帝泰始六年六月，大雨霖。甲辰，河、洛、伊、沁水同時並溢，流四千九百餘家，殺二百餘人，沒秋稼千三百六十餘頃。

太康五年七月，任城、梁國暴雨，害豆麥。九月，南安郡霖雨暴雪，樹木摧折，害秋稼。是秋，魏郡西平郡九縣、淮南、平原霖雨暴水，霜傷秋稼。

惠帝永寧元年十月，義陽、南陽、東海霖雨，淹害秋麥。

元帝太興三年，春雨至于夏。是時王敦執權，不恭之罰也。

永昌元年，春雨四十餘日，晝夜雷電震五十餘日。是時王敦興兵，王師敗績之應也。

成帝咸和四年，春雨五十餘日，恒雷電。是時雖斬蘇峻，其餘黨猶據守石頭，至其滅後，淫雨乃霽。

咸康元年八月乙丑，荊州之長沙攸、醴陵、武陵之龍陽，三縣雨水，浮漂屋室，殺人，損秋稼。是時帝幼，權在於下。

服妖

魏武帝以天下凶荒，資財乏匱，始擬古皮弁，裁縑帛爲白帢，以易舊服。傅玄曰：「白乃軍容，非國容也。」干寶以爲「縞素，凶喪之象也」。名之爲帢，毀辱之言也，蓋革代之後，劫殺之妖也。

魏明帝著繡帽，披縹紈半袖，常以見直臣楊阜，諫曰：〔一五〕「此禮何法服邪！」帝默然。近服妖也。夫縹，非禮之色。褻服尚不以紅紫，況接臣下乎？人主親御非法之章，所謂自作孽不可禳也。帝既不享永年，身沒而祿去王室，後嗣不終，遂亡天下。

景初元年，發銅鑄爲巨人二，號曰翁仲，置之司馬門外。案古長人見，爲國亡。長狄見臨洮，爲秦亡之禍。始皇不悟，反以爲嘉祥，鑄銅人以象之。魏法亡國之器，而於義竟無取焉。蓋服妖也。

尚書何晏好服婦人之服，傅玄曰：「此妖服也。夫衣裳之制，所以定上下殊內外也。大雅云『玄袞赤舄，鉤膺鏤鍚』，歌其文也。小雅云『有嚴有翼，共武之服』，詠其武也。若內外不殊，王制失敍，服妖既作，身隨之亡。末嬉冠男子之冠，桀亡天下；何晏服婦人之服，亦亡其家，其咎均也。」

吳婦人修容者，急束其髮而劘角過于耳，蓋其俗自操束太急，而廉隅失中之謂也。故吳之風俗，相驅以急，言論彈射，以刻薄相尚。居三年之喪者，往往有致毀以死。諸葛患之，著正交論，〔一六〕雖不可以經訓整亂，蓋亦救時之作也。

孫休後，衣服之制上長下短，又積領五六而裳居一二。干寶曰：「上饒奢，下儉逼，上有餘下不足之妖也。」至孫晧，果奢暴恣情於上，而百姓彫困於下，卒以亡國，是其應也。

武帝泰始初，衣服上儉下豐，著衣者皆厭褄，此君衰弱，臣放縱，下掩上之象也。至元康末，婦人出兩襠，加乎交領之上，此內出外也。爲車乘者苟貴輕細，又數變易其形，皆以白篾爲純，蓋古喪車之遺象也。夫乘者，君子之器。蓋君子立心無恒，事不崇實也。干寶以爲晉之禍徵也。及惠帝踐阼，權制在於寵臣，下掩上之應也。至永嘉末，六宮才人流冗沒於戎狄，內出外之應也。及天下撓亂，宰輔方伯多負其任，又數改易不崇實之應也。

泰始之後，中國相尚用胡牀貊槃，及爲羌煮貊炙，貴人富室，必畜其器，吉享嘉會，皆以爲先。太康中，又以氊爲絈頭及絡帶袴口。百姓相戲曰，中國必爲胡所破。夫氊毳產於胡，而天下以爲絈頭、帶身、袴口，胡既三制之矣，能無敗乎！至元康中，氐羌互反，永嘉

後，劉、石遂篡中都，自後四夷迭據華土，是服妖之應也。

初作屐者，婦人頭圓，男子頭方。圓者順之義，所以別男女也。至太康初，婦人屐乃頭方，與男無別。此賈后專妒之徵也。

太康中，天下爲晉世寧之舞，手接杯盤而反覆之，歌曰「晉世寧，舞杯盤」。識者曰：「夫樂生人心，所以觀事也。今接杯盤於手上而反覆之，至危之事也。杯盤者，酒食之器，而名曰晉世寧，言晉世之士苟偷於酒食之間，而知不及遠，晉世之寧猶杯盤之在手也。」

惠帝元康中，婦人之飾有五兵佩，又以金銀瑇瑁之屬，爲斧鉞戈戟，以當笄。干寶以爲「男女之別，國之大節，故服物異等，贄幣不同。今婦人而以兵器爲飾，此婦人妖之甚者。於是遂有賈后之事」。終亡天下。是時婦人結髮者既成，以繒急束其環，名曰擷子紒。始自中宮，天下化之。其後賈后廢害太子之應也。

元康中，天下始相倣爲烏杖以柱掖，其後稍施其鐓，住則植之。夫木，東方之行，金之臣也。杖者扶體之器，烏其頭者，尤便用也。必旁柱掖者，旁救之象也。施其金，柱則植之，言木因於金，能孤立也。及懷愍之世，王室多故，而此中都喪敗，元帝以藩臣樹德東方，維持天下，柱掖之應也。至社稷無主，海內歸之，遂承天命，建都江外，獨立之應也。

元康、太安之間，江淮之域有敗屩自聚于道，多者至四五十量，人或散投坑谷，明日視

之復如故。或云，見狸銜聚之。干寶以爲「夫屩者，人之賤服，處于勞辱，黔庶之象也。敗者，疲弊之象；道者，四方往來，所以交通王命也。今敗屩聚于道者，象黔庶罷病，將相聚爲亂，以絕王命也」。太安中，發壬午兵，百姓怨叛。江夏張昌唱亂，荊楚從之如流。於是兵革歲起，服妖也。

初，魏造白帢，橫縫其前以別後，名之曰顏帢，傳行之。至永嘉之間，稍去其縫，名無顏帢，而婦人束髮，其緩彌甚，紒之堅不能自立，髮被于額，目出而已。無顏者，愧之言也。覆額者，慚之貌也。其緩彌甚者，言天下亡禮與義，放縱情性，及其終極，至于大恥也。永嘉之後，二帝不反，天下愧焉。

孝懷帝永嘉中，士大夫競服生箋單衣。識者指之曰：「此則古者繐衰，諸侯所以服天子也。〔一七〕今無故服之，殆有應乎！」其後遂有胡賊之亂，帝遇害焉。

元帝太興中，兵士以絳囊縛紒。識者曰：「紒者在首，爲乾，君道也。囊者坤，臣道也。今以朱囊縛紒，臣道上侵君之象也。」於是王敦陵上焉。

舊爲羽扇柄者，刻木象其骨形，列羽用十，取全數也。自中興初，王敦南征，始改爲長柄，下出可捉，而減其羽用八。識者尤之曰：「夫羽扇，翼之名也。創爲長柄者，將執其柄以制羽翼也。改十爲八者，將未備奪已備也。此殆敦之擅權以制朝廷之柄，又將以無德之材

欲竊非據也。」是時，爲衣者又上短，帶纔至于掖，著帽者又以帶縛項。下逼上，上無地也。爲袴者直幅爲口，無殺，下大之象。尋而王敦謀逆，再攻京師。

海西嗣位，忘設豹尾。天戒若曰，夫豹尾，儀服之主，大人所以豹變也。而海西豹變之日，非所宜忘而忘之。非主社稷之人，故忘其豹尾，示不終也。尋而被廢焉。

孝武太元中，人不復著帩頭。天戒若曰，頭者元首，帩者助元首爲儀飾者也。今忽廢之，若人君獨立無輔佐，以至危亡也。至安帝，桓玄乃篡位焉。

舊爲屐者，齒皆達楄上，名曰露卯。太元中忽不徹，名曰陰卯。識者以爲卯，謀也，必有陰謀之事。至烈宗末，驃騎參軍袁悅之始攬搆內外，隆安中遂謀詐相傾，以致大亂。

太元中，公主婦女必緩鬢傾髻，以爲盛飾。用髮既多，不可恒戴，乃先於木及籠上裝之，名曰假髻，或名假頭。至於貧家，不能自辦，自號無頭，就人借頭。遂布天下，亦服妖也。無幾時，孝武晏駕而天下騷動，刑戮無數，多喪其元。至於大殮，皆刻木及蠟或縛菰草爲頭，是假頭之應云。

桓玄篡立，殿上施絳帳，鏤黃金爲顏，四角金龍銜五色羽葆流蘇。羣下相謂曰：「頗類輀車。」尋而玄敗，此服之妖也。

晉末皆冠小而衣裳博大，風流相放，輿臺成俗。識者曰：「上小而下大，此禪代之象

也。」尋而宋受終焉。

雞禍

魏明帝景初二年，廷尉府中雌雞化爲雄，不鳴不將。干寶曰：「是歲宣帝平遼東，百姓始有與能之義，此其象也。然晉三后並以人臣終，不鳴不將，又天意也。」

惠帝元康六年，陳國有雞生雄雞無翅，既大，墜坑而死。王隱以爲：「雄者，胤嗣子之象。坑者，母象。今雞生無翅，墜坑而死，此子無羽翼，爲母所陷害乎？」於後賈后誣殺愍懷，此其應也。

太安中，周玘家雌雞逃承霤中，六七日而下，奮翼鳴將，獨毛羽不變。其後有陳敏之事。敏雖控制江表，終無紀綱文章，殆其象也。卒爲玘所滅。雞禍見玘家，又天意也。京房易傳曰：「牝雞雄鳴，主不榮。」

元帝太興中，王敦鎮武昌，有雌雞化爲雄。天戒若曰，雌化爲雄，臣陵其上。其後王敦再攻京師。

孝武太元十三年四月，廣陵高平閻嵩家雌雞生無右翅，彭城人劉象之家雞有三足。京房易傳曰：「君用婦人言，則雞生妖。」是時，主相並用尼媼之言，寵賜過厚，故妖象見焉。

安帝隆安元年八月，琅邪王道子家青雌雞化爲赤雄雞，不鳴不將。桓玄將篡，不能成業之象。

四年，荆州有雞生角，角尋墮落。是時桓玄始擅西夏，狂慢不肅，故有雞禍。天戒若曰，角，兵象，尋墮落者，暫起不終之妖也。後皆應也。

元興二年，衡陽有雌雞化爲雄，八十日而冠萎。天戒若曰，衡陽，桓玄楚國之邦略也。及桓玄篡位，果八十日而敗，此其應也。

青祥

武帝咸寧元年八月丁酉，大風折大社樹，有青氣出焉，此青祥也。占曰：「東莞當有帝者。」明年，元帝生。是時，帝大父武王封東莞，由是徙封琅邪。孫盛以爲中興之表。晉室之亂，武帝子孫無孑遺，社樹折之應，又常風之罰。

惠帝元康中，洛陽南山有虻作聲，曰「韓尸尸」。識者曰：「韓氏將尸也，言尸尸者，盡死意也。」其後韓謐誅而韓族殲焉，此青祥也。

金沴木

魏文帝黃初七年正月，幸許昌。許昌城南門無故自崩，帝心惡之，遂不入，還洛陽。此金沴木，木動之也。五月，宮車晏駕。京房易傳曰：「上下咸悖，厥妖也城門壞。」

元帝太興二年六月，吳郡米廡無故自壞。天戒若曰，夫米廡，貨糴之屋，無故自壞，此五穀踴貴，所以無糴賣也。是歲遂大饑，死者千數焉。

明帝太寧元年，周莚自歸王敦，〔一〕既立其宅宇，所起五間六梁，一時躍出墜地，餘桁猶亙柱頭。此金沴木也。明年五月，錢鳳謀亂，遂族滅莚，而湖熟尋亦爲墟矣。

安帝元興元年正月丙子，會稽王世子元顯將討桓玄，建牙竿于揚州南門，其東者難立，良久乃正。近沴妖也。而元顯尋爲玄所擒。

三年五月，樂賢堂壞。時帝嚚眊，無樂賢之心，故此堂是沴。

義熙九年五月，國子聖堂壞。天戒若曰，聖堂，禮樂之本，無故自壞，業祚將墜之象。未及十年而禪位焉。

校勘記

〔一〕以傅春秋　「傅」，各本作「傳」，局本據漢書五行志在本志校記中以後簡稱漢志上改作「傅」，今從之。

〔二〕三驅之制　斠注：漢志上作「田狩有三驅之制」，此似脫「田狩有」三字。

〔三〕人之火也　宋書五行志在本志校記中以後簡稱宋志三作「人火之也」，用左傳宣公十六年文。疑此「之火」二字互倒。

〔四〕春秋齊大災　「大」原作「火」，蓋字之誤，今據春秋莊公二十年經文及漢志上改。

〔五〕十一月庚辰　原無「一」字，今據武紀補。蓋十月無庚辰，庚辰爲十一月十九。

〔六〕閻纂　見卷四八校記。

〔七〕其後季龍死大亂遂滅亡　周校：季龍死在震災之前，「其後」當作「其年」。按：宋志三作「是年四月石虎死矣，其後胡遂滅亡」。

〔八〕顓事者加　漢志上作「顓事有知」。

〔九〕青徐兗豫四州大水　「青」下原衍「州」字，今據宋志四刪。

〔一〇〕永昌二年至明帝太寧元年五月丹楊宣城吳興壽春大水　校文：永昌止一年，此「永昌二年」云云，卽太寧元年事，誤分爲二。

〔一一〕盧竦　海西公紀、孝武紀、毛安之傳及通鑑一〇三並作「盧悚」。

〔一二〕蔡洲　「洲」原誤作「州」，今據盧循傳改。

〔一三〕霿　「霿」，各本誤作「霧」，今從宋本及音義作「霿」。

〔一四〕劉歆貌傳曰　原無「貌」字。漢志中之上作「劉歆貌傳曰」，今補「貌」字。

〔一五〕常以見直臣楊阜諫曰　宋志一重「阜」字，作「阜諫曰」。

〔一六〕諸葛患之著正交論　商榷：諸葛不知何人，其下必脫一字，當是「恪」字。觀吳志恪本傳與陸遜書，其意正如此。

〔一七〕諸侯所以服天子也　儀禮喪服繐衰章云，「諸侯之大夫爲天子」，此「諸侯」下似脫「之大夫」三字。

〔一八〕周蓫　「蓫」，各本作「籧」，今從宋本。見卷五十八校記。

晉書卷二十八

志第十八

五行中

傳曰：「言之不從，是謂不乂，厥咎僭，厥罰恒陽，厥極憂。時則有詩妖，時則有介蟲之孽，時則有犬禍，時則有口舌之痾，時則有白眚白祥。惟木沴金。」言之不從，從，順也。是謂不乂，乂，治也。孔子曰：「君子居其室，出其言不善，則千里之外違之，況其邇者乎！」詩曰：「如蜩如螗，如沸如羹。」言上號令不順人心，虛譁憒亂，則不能治海內。失在過差，故其咎僭差也。刑罰妄加，羣陰不附，則陽氣勝，故其罰常陽也。旱傷百穀，則有寇難，上下俱憂，故其極憂也。君炕陽而暴虐，臣畏刑而箝口，則怨謗之氣發於歌謠，故有詩妖。介蟲孽者，謂小蟲有甲飛揚之類，陽氣所生也，於春秋爲螽，今謂之蝗，皆其類也。於易，兌爲口，犬以吠守而不可信，言氣毀，故有犬禍。一曰，旱歲犬多狂死及爲怪，亦是也。及人，則多病

口喉欬嗽者，故有口舌痾。金色白，故有白眚白祥。凡言傷者，病金氣；金氣病，則木沴之。其極憂者，順之，其福曰康寧。〔一〕劉歆言傳曰時則有毛蟲之孽。說以爲於天文西方參爲獸星，故爲毛蟲。

魏齊王嘉平初，東郡有訛言，云白馬河出妖馬，夜過官牧邊鳴呼，衆馬皆應，明日見其跡，大如斛，行數里，還入河。楚王彪本封白馬，兗州刺史令狐愚以彪有智勇，及聞此言，遂與王淩謀共立之。事泄，淩、愚被誅，彪賜死。此言不從之罰也。詩云：「人之訛言，寧莫之懲。」

蜀劉禪嗣位，譙周曰：「先主諱備，其訓具也，後主諱禪，其訓授也。若言劉已具矣，當授與人，甚於晉穆侯、漢靈帝命子之祥也。」蜀果亡，此言之不從也。劉備卒，劉禪即位，未葬，亦未踰月，而改元爲建興，此言之不從也。禮，國君即位踰年而後改元者，緣臣子之心不忍一年而有二君。今可謂亟而不知禮義矣。後遂降焉。

魏明帝太和中，姜維歸蜀，失其母。魏人使其母手書呼維令反，并送當歸以譬之。維報書曰：「良田百頃，不計一畝，但見遠志，無有當歸。」維卒不免。

景初元年，有司奏，帝爲烈祖，與太祖、高祖並爲不毀之廟，從之。案宗廟之制，祖宗之號，皆身沒名成乃正其禮。故雖功赫天壤，德邁前王，未有豫定之典。此蓋言之不從失之

甚者也。後二年而宮車晏駕，於是統微政逸。

吳孫休時，烏程人有得困病，及差，能以響言者，言於此而聞於彼。自其所聽之，不覺其聲之大也。自遠聽之，如人對言，不覺聲之自遠來也。聲之所往，隨其所向，遠者所過十數里。其鄰人有責息於外，歷年不還，乃假之使爲責讓，懼以禍福。負物者以爲鬼神，即傎倒畀之，其人亦不自知所以然也。言不從之咎也。

魏時起安世殿，武帝後居之。安世，武帝字也。武帝每延羣臣，多說平生常事，未嘗及經國遠圖。此言之不從也。何曾謂子遵曰：「國家無貽厥之謀，及身而已，後嗣其殆乎！此子孫之憂也。」自永熙後王室漸亂，永嘉中天下大壞，及何綏以非辜被殺，皆如曾言。

趙王倫廢惠帝於金墉城，改號金墉城爲永安宮。帝尋復位而倫誅。

惠帝永興元年，詔廢太子覃還爲清河王，立成都王穎爲皇太弟，猶加侍中、大都督，領丞相，備九錫，封二十郡，如魏王故事。案周禮傳國以胤不以勳，故雖公旦之聖不易成王之嗣，所以遠絕覬覦，永一宗祧。後代遵履，改之則亂。今擬非其實，僭差已甚。且既爲國嗣，則不應復開封土，兼領庶職。此言之不從，進退乖爽，故帝既播越，穎亦不終，是其咎僭也。後猶不悟，又立懷帝爲皇太弟。懷終流弑，不永厥祚，又其應也。語曰，「變古易常，不亂則亡」，此之謂乎。

元帝永昌二年，大將軍王敦下據姑孰。百姓訛言行蟲病，食人大孔，數日入腹，入腹則死，療之有方，當得白犬膽以爲藥。自淮泗遂及京都，數日之間，百姓驚擾，人人皆自云已得蟲病。又云，始在外時，當燒鐵以灼之。於是翕然，被燒灼者十七八矣。而白犬暴貴，至相請奪，其價十倍。或有自云能行燒鐵灼者，賃灼百姓，日得五六萬，憊而後已。四五日漸靜。說曰：「夫裸蟲人類，而人爲之主。今云蟲食人，言本同臭類而相殘賊也。自下而上，明其逆也。必入腹者，言害由中不由外也。犬有守衞之性，白者金色，而膽，用武之主也。帝王之運，王霸會于戌。[三]戌主用兵，金者晉行，火燒鐵以療疾者，言必去其類而來火與金合德，共除蟲害也。」案中興之際，大將軍本以腹心受伊呂之任，而元帝末年，遂攻京邑，明帝諒闇，又有異謀，是以下逆上，腹心內爛也。及錢鳳、沈充等逆兵四合，而爲王師所挫，踰月而不能濟水，[三]北中郎劉遐及淮陵內史蘇峻率淮泗之衆以救朝廷，[四]故其謠言首作於淮泗也。朝廷卒以弱制強，罪人授首，是用白犬膽可救之效也。

海西公時，庾晞四五年中喜爲挽歌，自搖大鈴爲唱，使左右齊和。又讌會輒令倡妓作新安人歌舞離別之辭，其聲悲切。[五]時人怪之，後亦果敗。

太元中，小兒以兩鐵相打於土中，名曰鬬族。後王國寶、王孝伯一姓之中自相攻擊。

桓玄初改年爲大亨，遐邇讙言曰「二月了」，故義謀以仲春發也。玄篡立，又改年爲建始，以與趙王倫同，又易爲永始，永始復是王莽受封之年也。始徙司馬道子于安成。安帝遜位，出永安宮，封爲平固王，琅邪王德文爲石陽公，並使住尋陽城。識者皆以爲言不從之妖僭也。

武帝初，何曾薄太官御膳，自取私食，子劭又過之，而王愷又過劭。王愷、羊琇之儔，盛致聲色，窮珍極麗。至元康中，夸恣成俗，轉相高尚，石崇之侈，遂兼王、何，而儷人主矣。崇既誅死，天下尋亦淪喪。僭踰之咎也。

庶徵恒陽，劉向以爲春秋大旱也。其夏旱，雩，禮謂之大雩。不傷二穀謂之不雨。京房易傳曰：「欲德不用茲謂張，厥災荒，旱也。其旱陰雲不雨，變而赤，因四際。師出過時茲謂廣，其旱不生。上下皆蔽茲謂隔，其旱天赤三月，時有雹殺飛禽。上緣求妃茲謂僭，其旱三月大溫亡雲。君高臺府茲謂犯陰侵陽，其旱萬物根死，數有火災。庶位踰節茲爲僭，其旱澤物枯，爲火所傷。」

魏明帝太和二年五月，大旱。元年以來崇廣宮府之應也。又，是春宣帝南擒孟達，置二郡，張郃西破諸葛亮，斃馬謖。亢陽自大，又其應也。

太和五年三月，自去冬十月至此月不雨。辛巳，大雩。

齊王正始元年二月，自去冬十二月至此月不雨。去歲正月，明帝崩。二月，曹爽白嗣主，轉宣帝爲太傅，外示尊崇，內實欲令事先由己。是時宣帝功蓋魏朝，欲德不用之應也。

高貴鄉公甘露三年正月，自去秋至此月旱。是時文帝圍諸葛誕，衆出過時之應也。初，壽春秋夏常雨淹城，而此旱踰年，城陷，乃大雨。咸以誕爲天亡。

吳孫亮五鳳二年，大旱，百姓饑。是歲征役煩興，軍士怨叛。此亢陽自大，勞役失衆之罰也。其役彌歲，故旱亦竟年。

孫晧寶鼎元年，春夏旱。時孫晧遷都武昌，勞役動衆之應也。

武帝泰始七年五月閏月旱，大雩。八年五月，旱。是時帝納荀勖邪說，留賈充不復西鎭，而任愷漸疎，上下皆蔽之應也。及李憙、[六]魯芝、李胤等並在散職，近厥德不用之謂也。

九年，自正月旱，至于六月，祈宗廟社稷山川。癸未，雨。十年四月，旱。去年秋冬，採擇卿校諸葛沖等女。是春，五十餘人入殿簡選。又取小將吏女數十人，母子號哭於宮中，聲聞于外，行人悲酸。是殆積陰生陽，上緣求妃之應也。

咸寧二年五月旱，大雩。至六月，乃澍雨。

太康二年旱，自去冬旱至此春。三年四月旱，乙酉詔司空齊王攸與尚書、廷尉、河南尹錄訊繫囚，事從蠲宥。

五年六月，旱。此年正月天陰，解而復合。劉毅上疏曰：「必有阿黨之臣姦以事君者，當誅而不赦也。」帝不答。是時荀勖、馮紞僭作威福，亂朝尤甚。

六年三月，青、梁、幽、冀郡國旱。六月，濟陰、武陵旱，傷麥。七年夏，郡國十三大旱。八年四月，冀州旱。九年夏，郡國三十三旱，扶風、始平、京兆、安定旱，傷麥。十年二月，旱。

太熙元年二月，旱。自太康已後，雖正人滿朝，不被親仗，而賈充、荀勖、楊駿、馮紞等迭居要重，所以無年不旱者，欲德不用，上下皆蔽，庶位踰節之罰也。

惠帝元康七年七月，秦、雍二州大旱，疾疫，關中饑，米斛萬錢。因此氐羌反叛，雍州刺史解系敗績。而饑疫荐臻，戎晉並困，朝廷不能振，詔聽相賣鬻。其九月，郡國五旱。

永寧元年，自夏及秋，青、徐、幽、并四州旱。十二月，又郡國十二旱。是年春，三王討趙王倫，六旬之中數十戰，死者十餘萬人。

懷帝永嘉三年五月，大旱，襄平縣梁水淡池竭，河、洛、江、漢皆可涉。是年三月，司馬越歸京都，遣兵入宮，收中書令繆播等九人殺之，皆僭踰之罰也。又四方諸侯多懷無君之心，劉元海、石勒、王彌、李雄之徒賊害百姓，流血成泥，又其應也。五年，自去冬旱至此春。

去歲十一月，司馬越以行臺自隨，斥黜宮衞，無君臣之節。

元帝建武元年六月，〔七〕揚州旱。去年十二月，淳于伯冤死，其年即旱，而太興元年六月又旱。干寶曰「殺淳于伯之後旱三年」是也。刑罰妄加，羣陰不附，則陽氣勝之罰也。

元帝太興四年五月，旱。是時王敦陵僭已著。

永昌元年夏，大旱。是年三月，王敦有石頭之變，二宮陵辱，大臣誅死，僭踰無上，故旱尤甚也。其閏十一月，京都大旱，川谷並竭。

明帝太寧三年，自春不雨，至于六月。

成帝咸和元年，夏秋旱。是時庾太后臨朝稱制，言不從而僭踰之罰也。

二年夏，旱。五年五月，大旱。六年四月，大旱。八年秋七月，旱。九年，自四月不雨，至于八月。

咸康元年六月，旱。是時成帝沖弱，未親萬機，內外之政，決之將相。此僭踰之罰，連歲旱也。至四年，王導固讓太傅，復子明辟。是後不旱，殆其應也。時天下普旱，會稽、餘姚特甚，米斗直五百，人有相鬻者。二年三月，旱。三年六月，旱。時王導以天下新定，務在遵養，不任刑罰，遂盜賊公行，頻五年亢旱，亦舒緩之應也。

康帝建元元年五月，旱。

穆帝永和元年五月，旱。是時帝在襁褓，褚太后臨朝，如明穆太后故事。五年七月不雨，至于十月。六年夏，旱。八年夏，旱。九年春，旱。

升平三年冬，大旱。四年冬，大旱。

哀帝隆和元年夏，旱。是時桓溫強恣，權制朝廷，僭踰之罰也。

海西公太和元年夏，旱。四年冬，旱。涼州春旱至夏。

簡文帝咸安二年十月，大旱，饑。自永和至是，嗣主幼沖，桓溫陵僭，用兵征伐，百姓怨苦。

孝武帝寧康元年三月，旱。是時桓溫入覲高平陵，闔朝致拜，踰僭之應也。三年冬，旱。

太元四年夏，大旱。八年六月，旱。十年七月，旱，饑。初，八年破苻堅，九年諸將略地，有事徐豫，楊亮、趙統攻討巴沔。是年正月，謝安又出鎮廣陵，使子琰進次彭城，頻有軍役。

十三年六月，旱。去歲北府遣戍胡陸，荆州經略河南。是年夏，郭銓置戍野王，又遣軍破黃淮。

十五年七月，旱。十七年，秋旱至冬。是時烈宗仁恕，信任會稽王道子，政事舒緩。

又茹千秋為驃騎諮議，竊弄主相威福。又比丘尼乳母親黨及婢僕之子階緣近習，臨部領衆。又所在多上春竟囚，不以其辜，建康獄吏，枉暴既甚。此又僭踰不從冤濫之罰。

安帝隆安二年冬，旱，寒甚。四年五月，旱。五年，夏秋大旱。十二月，不雨。時孫恩作亂，桓玄疑貳，迫殺殷仲堪，而朝廷即授以荆州之任，司馬元顯又諷百僚悉使敬己，內外騷動，兵革煩興。此皆陵僭憂愁之應也。

元興元年七月，大饑。九月、十月不雨，泉水涸。二年六月，不雨。冬，又旱。時桓玄奢僭，十二月遂篡位。三年八月，不雨。

義熙四年冬，不雨。六年九月，不雨。八年十月，不雨。九年，秋冬不雨。十年九月，旱。十二月又旱，井瀆多竭。是時軍役煩興。

詩妖

魏明帝太和中，京師歌兜鈴曹子，其唱曰「其奈汝曹何」，此詩妖也。其後曹爽見誅，曹氏遂廢。

景初初，童謠曰：「阿公阿公駕馬車，不意阿公東渡河，阿公來還當奈何！」及宣帝遼東歸，至白屋，當還鎮長安。會帝疾篤，急召之，乃乘追鋒車東渡河，終如童謠之言。

齊王嘉平中，有謠曰：「白馬素羈西南馳，其誰乘者朱虎騎。」朱虎者，楚王小字也。〔八〕王淩、令狐愚聞此謠，謀立彪。事發，淩等伏誅，彪賜死。

吳孫亮初，童謠曰：「吁汝恪，何若若，蘆葦單衣篾鉤絡，於何相求常子閣。」「常子閣」者，反語石子堈也。鉤絡，鉤帶也。及諸葛恪死，果以葦席裹身，篾束其要，投之石子堈。後聽恪故吏收斂，求之此堈云。

孫亮初，公安有白鼉鳴。童謠曰：「白鼉鳴，龜背平。南郡城中可長生，守死不去義無成。」「南郡城中可長生」者，有急易以逃也。明年，諸葛恪敗，弟融鎮公安，亦見襲，融刮金印龜服之而死。鼉有鱗介，甲兵之象。又曰，白祥也。

孫休永安二年，〔九〕將守質子羣聚嬉戲，有異小兒忽來言曰：「三公鋤，司馬如。」又曰：「我非人，熒惑星也。」言畢上昇，仰視若曳一匹練，有頃沒。干寶曰：「後四年而蜀亡，六年而魏廢，二十一年而吳平。」於是九服歸晉。魏與吳蜀並戰國，「三公鋤，司馬如」之謂也。

孫晧遣使者祭石印山下妖祠，使者因以丹書巖曰：「楚九州渚，吳九州都。揚州士，作天子。四世治，太平矣。」〔一〇〕晧聞之，意益張，曰：「從大皇帝至朕四世，太平之主非朕復誰！」恣虐踰甚，尋以降亡，近詩妖也。

孫晧天紀中，童謠曰：「阿童復阿童，銜刀游渡江。不畏岸上獸，但畏水中龍。」武帝聞

之，加王濬龍驤將軍。及征吳，江西衆軍無過者，而王濬先定秣陵。

武帝太康三年平吳後，江南童謠曰：「局縮肉，數橫目，中國當敗吳當復。」又曰：「宮門柱，且當朽，吳當復，在三十年後。」又曰：「雞鳴不拊翼，吳復不用力。」于時吳人皆謂在孫氏子孫，故竊發爲亂者相繼。案「橫目」者四字，自吳亡至元帝興幾四十年，元帝興於江東，皆如童謠之言焉。元帝懊而少斷，「局縮肉」，有所斥也。

太康末，京洛爲折楊柳之歌，其曲始有兵革苦辛之辭，終以擒獲斬截之事。是時三楊貴盛而被族滅，太后廢黜，幽死中宮，「折楊柳」之應也。

惠帝永熙中，河內溫縣有人如狂，造書曰：「光光文長，大戟爲牆。毒藥雖行，戟還自傷。」又曰：「兩火沒地，哀哉秋蘭。歸形街郵，終爲人歎。」及楊駿居內府，以戟爲衞，死時又爲戟所害傷。楊后被廢，賈后絕其膳八日而崩，葬街郵亭北，百姓哀之也。兩火，武帝諱，蘭，楊后字也。其時又有童謠曰：「二月末，三月初，荆筆楊板行詔書，宮中大馬幾作驢。」此時楊駿專權，楚王用事，故言「荆筆楊板」。二人不誅，則君臣禮悖，故云「幾作驢」也。

元康中，京洛童謠曰：「南風起，吹白沙，遙望魯國何嵯峨，千歲髑髏生齒牙。」又曰：「城東馬子莫嚨哅，比至來年纏女鬟。」南風，賈后字也。白，晉行也。沙門，太子小名也。魯，賈謐國也。言賈后將與謐爲亂，以危太子，而趙王因釁咀嚼豪賢，以成篡奪，不得其死之應也。

元康中，天下商農通著大鄣日。時童謠曰：「屠蘇鄣日覆兩耳，當見瞎兒作天子。」及趙王倫篡位，其目實眇焉。

趙王倫既篡，洛中童謠曰：「獸從北來鼻頭汗，龍從南來登城看，水從西來河灌灌。」數月而齊王、成都、河間義兵同會誅倫。案成都西藩而在鄴，故曰「獸從北來」。齊東藩而在許，故曰「龍從南來」。河間水源而在關中，故曰「水從西來」。齊留輔政，居于宮西，又有無君之心，故言「登城看」也。

太安中，童謠曰：「五馬游渡江，一馬化爲龍。」後中原大亂，宗藩多絕，唯琅邪、汝南、西陽、南頓、彭城同至江東，而元帝嗣統矣。

司馬越還洛，有童謠曰：「洛中大鼠長尺二，若不早去大狗至。」及苟晞將破汲桑，又謠曰：「元超兄弟大落度，上桑打椹爲苟作。」由是越惡晞，奪其兗州，隙難遂搆焉。

愍帝初，有童謠曰：「天子何在豆田中。」〔一一〕至建興四年，帝降劉曜，在城東豆田壁中。

建興中，江南謠歌曰：「訇如白坑破，合集持作甒。揚州破換敗，吳興覆瓿甊。」案白者，晉行。坑器有口屬甕，瓦甕質剛，亦金之類也。「訇如白坑破」者，言二都傾覆，王室大壞也。「合集持作甒」者，元帝鳩集遺餘，以主社稷，未能克復中原，但偏王江南，故其喻也。及石頭之事，六軍大潰，兵人抄掠京邑，爰及二宮。其後三年，錢鳳復攻京邑，阻水而守，相

持月餘日，焚燒城邑，井堙木刊矣。鳳等敗退，沈充將其黨還吳興，官軍踵之，蹈藉郡縣，充父子授首，黨與誅者以百數。所謂「揚州破換敗，吳興覆瓿甊」，瓿甊瓦器，又小於甒也。

明帝太寧初，童謠曰：「惻惻力力，放馬山側。大馬死，小馬餓。高山崩，石自破。」及明帝崩，成帝幼，爲蘇峻所逼，遷於石頭，御膳不足，此「大馬死，小馬餓」也。高山，峻也，又言峻尋死。石，峻弟蘇石也。峻死後，石據石頭，尋爲諸公所破，復是崩山石破之應也。

成帝之末，又有童謠曰：「礚礚何隆隆，駕車入梓宮。」少日而宮車晏駕。

咸康二年十二月，河北謠云：「麥入土，殺石武。」〔一二〕後如謠言。

庾亮初鎮武昌，出至石頭，百姓於岸上歌曰：「庾公上武昌，翩翩如飛鳥。庾公還揚州，白馬牽旒旐。」又曰：「庾公初上時，翩翩如飛鳥。庾公還揚州，白馬牽流蘇。」後連徵不入，及薨於鎮，以喪還都葬，皆如謠言。

穆帝升平中，童兒輩忽歌於道曰阿子聞，曲終輒云「阿子汝聞不」？無幾而帝崩，太后哭之曰：「阿子汝聞不？」

升平末，俗間忽作廉歌，有扈謙者聞之曰：「廉者，臨也。歌云『白門廉，宮庭廉』，內外悉臨，國家其大諱乎！」少時而穆帝晏駕。

哀帝隆和初，童謠曰：「升平不滿斗，隆和那得久！桓公入石頭，陛下徒跣走。」朝廷聞

而惡之，改年曰興寧。人復歌曰：「雖復改興寧，亦復無聊生。」哀帝尋崩。升平五年而穆帝崩，「不滿斗」，升平不至十年也。〔一三〕

海西公太和中，百姓歌曰：「青青御路楊，白馬紫遊韁。汝非皇太子，那得甘露漿？」識者曰：「白者，金行。馬者，國族。紫爲奪正之色，明以紫間朱也。」海西公尋廢，其三子並非海西公之子，縊以馬韁。死之明日，南方獻甘露焉。

太和末，童謠曰：「犁牛耕御路，白門種小麥。」及海西公被廢，百姓耕其門以種小麥，遂如謠言。

海西公初生皇子，百姓歌云：「鳳皇生一雛，天下莫不喜。本言是馬駒，今定成龍子。」其歌甚美，其旨甚微。海西公不男，使左右向龍與內侍接，生子，以爲己子。

桓石民爲荆州，鎭上明，百姓忽歌曰「黃曇子」。曲中又曰：〔一四〕「黃曇英，揚州大佛來上明。」頃之而桓石民死，王忱爲荆州。黃曇子乃是王忱字也。忱小字佛大，是「大佛來上明」也。

孝武帝太元末，京口謠曰：〔一五〕「黃雌雞，莫作雄父啼。一旦去毛衣，衣被拉颯栖。」尋而王恭起兵誅王國寶，旋爲劉牢之所敗，故言「拉颯栖」也。

會稽王道子於東府造土山，名曰靈秀山。無幾而孫恩作亂，再踐會稽。會稽，道子所封，靈秀，孫恩之字也。

庾楷鎭歷陽，百姓歌曰：「重羅黎，重羅黎，使君南上無還時。」後楷南奔桓玄，爲玄所誅。

殷仲堪在荆州，童謠曰：「芒籠目，繩縛腹。殷當敗，桓當復。」未幾而仲堪敗，桓玄遂有荆州。

王恭鎭京口，舉兵誅王國寶。百姓謠云：「昔年食白飯，今年食麥𪎊。天公誅謫汝，敎汝捻嚨喉。嚨喉喝復喝，京口敗復敗。」識者曰：「昔年食白飯，言得志也。今年食麥𪎊，𪎊粗穢，其精已去，明將敗也。天公將加譴謫而誅之也。捻嚨喉，氣不通，死之祥也。敗復敗，丁寧之辭也。」恭尋死，京都又大行欬疾，而喉並喝焉。

王恭在京口，百姓間忽云：「黃頭小兒欲作賊，阿公在城，下指縛得。」又云：「黃頭小人欲作亂，賴得金刀作藩扞。」黃字上恭字頭也，小人恭字下也，尋如謠言者焉。

安帝隆安中，百姓忽作懊憹之歌，其曲曰：「草生可攬結，女兒可攬擷。」尋而桓玄篡位，義旗以三月二日掃定京都，誅之。玄之宮女及逆黨之家子女妓妾悉爲軍賞，東及甌越，北流淮泗，皆人有所獲。故言時則草可結，事則女可擷也。

桓玄既篡，童謠曰：「草生及馬腹，烏啄桓玄目。」及玄敗，走至江陵，時正五月中，誅如其期焉。

安帝義熙初，童謠曰：「官家養蘆化成荻，蘆生不止自成積。」其時官養盧龍，〔一六〕寵以金紫，奉以名州，養之極也。而龍不能懷我好音，舉兵內伐，遂成讐敵也。「蘆生不止自成積」，及盧龍之敗，斬伐其黨，猶如草木以成積也。

盧龍據廣州，人爲之謠曰：「蘆生漫漫竟天半。」後擁上流數州之地，內逼京輦，應「天半」之言。

義熙二年，小兒相逢於道，輒舉其兩手曰「盧健健」，次曰「鬬歎鬬歎」，末曰「翁年老翁年老」。當時莫知所謂。其後盧龍內逼，舟艦蓋川，「健健」之謂也。既至查浦，屢剋期欲與官鬬，「鬬歎」之應也。「翁年老」，羣公有期頤之慶，知妖逆之徒自然消殄也。其時復有謠言曰：「盧橙橙，逐水流，東風忽如起，那得入石頭！」盧龍果敗，不得入石頭也。

昔溫嶠令郭景純卜己與庾亮吉凶，景純云：「元吉。」嶠語亮曰：「景純每筮是，不敢盡言。吾等與國家同安危，而曰『元吉』，是事有成也。」於是協同討滅王敦。

苻堅初，童謠云：「阿堅連牽三十年，後若欲敗時，當在江湖邊。」及堅在位凡三十年，敗於淝水，是其應也。又謠語云：「河水清復清，苻堅死新城。」及堅爲姚萇所殺，死於新城。復謠歌云：「魚羊田升當滅秦。」識者以爲「魚羊，鮮也；田升，卑也，堅自號秦，言滅之者鮮卑也。」其羣臣諫堅，令盡誅鮮卑，堅不從。及淮南敗還，初爲慕容沖所攻，又爲姚萇所殺，身死國滅。

毛蟲之孽

武帝太康六年，南陽獻兩足猛獸，此毛蟲之孽也。識者爲其文曰：「武形有虧，金獸失儀，聖主應天，斯異何爲！」言兆亂也。京房易傳曰：「足少者，下不勝任也。」干寶以爲：「獸者陰精，居于陽，金獸也。南陽，火名也。金精入火而失其形，王室亂之妖也。」六，水數，言水數既極，火慝得作，而金受其敗也。至元康九年，始殺太子，距此十四年。二七十四，火始終相乘之數也。自帝受命，至愍懷之廢，凡三十五年焉。

太康七年十一月丙辰，四角獸見于河間，河間王顒獲以獻。天戒若曰，角，兵象也，四者，四方之象，當有兵亂起于四方。後河間王遂連四方之兵，作爲亂階，殆其應也。

懷帝永嘉五年，蝘鼠出延陵。郭景純筮之曰：「此郡東之縣，當有妖人欲稱制者，亦尋自死矣。」其後吳興徐馥作亂，殺太守袁琇，馥亦時滅，是其應也。

成帝咸和六年正月丁巳，會州郡秀孝於樂賢堂，有麏見於前，獲之。孫盛以爲吉祥。夫秀孝，〔一七〕天下之彥士；樂賢堂，所以樂養賢也。自喪亂以後，風敎陵夷，秀孝策試，乏四科之實。釁興於前，或斯故乎？

哀帝隆和元年十月甲申，有麞入東海第。百姓讙言曰「麞入東海第」，識者怪之。及海西廢為東海王，乃入其第。

孝武太元十三年四月癸巳，祠廟畢，有兔行廟堂上。天戒若曰，兔，野物也，而集宗廟之堂，不祥莫之甚焉。

犬禍

公孫文懿家有犬，冠幘絳衣上屋，此犬禍也。屋上，亢陽高危之地。天戒若曰，亢陽無上，偷自尊高，狗而冠者也。及文懿自立為燕王，果為魏所滅。京房易傳曰：「君不正，臣欲篡，厥妖狗出朝門。」

魏侍中應璩在直廬，欻見一白狗出門，問衆人，無見者。踰年卒，近犬禍也。

吳諸葛恪征淮南歸，將朝會，犬銜引其衣。恪曰：「犬不欲我行乎？」還坐。有頃復起，犬又銜衣，乃令逐犬，遂升車，入而被害。

武帝太康九年，幽州有犬，鼻行地三百餘步。天戒若曰，是時帝不思和嶠之言，卒立惠帝，以致衰亂，是言不從之罰也。

惠帝元康中，吳郡婁縣人家聞地中有犬子聲，掘之，得雌雄各一。還置窟中，覆以磨石，經宿失所在。天戒若曰，帝既衰弱，藩王相譖，故有犬禍。

永興元年，丹楊內史朱逵家犬生三子，皆無頭。後逵為揚州刺史曹武所殺。

孝懷帝永嘉五年，吳郡嘉興張林家狗人言云：「天下人餓死。」於是果有二胡之亂，天下饑荒焉。

愍帝建興元年，狗與猪交。案漢書，景帝時有此，以為悖亂之氣，亦犬豕禍也。犬，兵革之占也。豕，北方匈奴之象。逆言失聽，異類相交，必生害也。俄而帝沒于胡，是其應也。

元帝太興中，吳郡太守張懋聞齋內牀下犬聲，〔一八〕求而不得。既而地自坼，見有二犬子，取而養之，皆死。尋而懋為沈充所害。京房易傳曰：「讒臣在側，則犬生妖。」

太興四年，廬江灊縣何旭家忽聞地中有犬子聲，掘之得一母犬，青鶩色，狀甚羸瘦，走入草中，不知所在。視其處有二犬子，一雄一雌，哺而養之，雌死雄活。及長為犬，善噬獸。其後旭里中為蠻所沒。

安帝隆安初，吳郡治下狗恒夜吠，聚高橋上，人家狗有限而吠聲甚衆。或有夜覘視之云：「一狗假有兩三頭，皆前向亂吠。」無幾，孫恩亂於吳會焉。是時輔國將軍孫無終家于既陽，地中聞犬子聲，尋而地坼，有二犬子，皆白色，一雄一雌，取而養之，皆死。後無終為桓玄所誅滅。案尸子曰：「地中有犬，名曰地狼。」夏鼎志曰：「掘地得犬，名曰賈。」此蓋自然之物，不應出而出，為犬禍也。

桓玄將拜楚王，已設拜席，羣官陪位。玄未及出，有狗來便其席，莫不驚怪。玄性猜暴，竟無言者，逐狗改席而已。天戒若曰，桓玄無德而叨竊大位，故犬便其席，示其妄據之甚也。八十日玄敗亡焉。〔一九〕

白眚白祥

魏明帝青龍三年正月乙亥，隕石于壽光。案左氏傳「隕石，星也」，劉歆說曰：「庶衆惟星隕于宋者，象宋襄公將得諸侯而不終也。」秦始皇時有隕石，班固以為：「石，陰類也。又白祥，臣將危君。」是後宣帝得政云。

武帝太康五年五月丁巳，隕石于溫及河陽各二。六年正月，隕石于溫，三。

成帝咸和八年五月，星隕于肥鄉，一。九年正月，隕石于涼州，二。

吳孫亮五鳳二年五月，陽羨縣離里山大石自立。案京房易傳曰「庶士為天子之祥也」，其說曰：「石立於山同姓，平地異姓。」干寶以為「孫晧承廢故之家得位，其應也」。或曰孫休見立之祥也。

武帝太康十年，洛陽宮西宜秋里石生地中，始高三尺，如香鑪形，後如偃人，槃薄不可掘。案劉向說，此白眚也。明年宮車晏駕，王室始騷，卒以亂亡。京房易傳曰：「石立如人，庶士為天下雄。」此近之矣。

惠帝元康五年十二月，有石生于宜年里。永康元年，襄陽郡上言，得鳴石，撞之，聲聞七八里。太安元年，丹楊湖熟縣夏架湖有大石，浮二百步而登岸，民驚噪相告曰「石來」。干寶曰：「尋有石冰入建鄴。」

車騎大將軍、東嬴王騰自并州遷鎮鄴，行次真定。時久積雪，而當門前方數丈獨消釋，騰怪而掘之，得玉馬，高尺許，口齒缺。騰以馬者國姓，上送之，以為瑞。然馬無齒則不得食，妖祥之兆，衰亡之徵。案占，此白祥也。是後騰為汲桑所殺，而天下遂亂。

武帝泰始八年五月，蜀地雨白毛，此白祥也。時益州刺史皇甫晏伐汶山胡，從事何旅固諫，不從，牙門張弘等因衆之怨，誣晏謀逆，害之。京房易傳曰：「前樂後憂，厥妖天雨羽。」又曰：「邪人進，賢人逃，天雨毛。」其易妖曰：「天雨毛羽，貴人出走。」三占皆應。

惠帝永寧元年，齊王冏舉義軍。軍中有小兒，出於襄城繁昌縣，年八歲，髮體悉白，頗能卜，於洪範，白祥也。

成帝咸康初，地生毛，近白祥也。孫盛以爲人勞之異也。是後石季龍滅而中原向化，將相皆甘心焉。於是方鎮屢革，邊戍仍遷，皆擁帶部曲，動有萬數。其間征伐徵賦，役無寧歲，天下勞擾，百姓疲怨。

咸康三年六月，地生毛。

孝武太元二年五月，京都地生毛，至四年而氐賊次襄國，圍彭城，向廣陵，征戍仍出，兵連年不解。

太元十四年四月，京都地生毛。是時苻堅滅後，經略多事，人勞之應也。十七年四月，地生毛。

安帝隆安四年四月乙未，地生毛，或白或黑。元興三年五月，江陵地生毛。是後江陵見襲，交戰者數矣。

義熙三年三月，地生白毛。十年三月，[二〇]地生毛。明年，王旅西討司馬休之。又明年，北掃關洛。

木沴金

魏齊王正始末，河南尹李勝治聽事，有小材激墮，檛受符吏石彪頭，[二一]斷之，此木沴金也。勝後旬日而敗。

惠帝元康八年五月，郊禖壇石中破爲二，此木沴金也。郊禖壇者，求子之神位，無故自毁，太子將危之象也。明年，愍懷廢死。

孝武帝太元十年四月，謝安出鎮廣陵，始發石頭，金鼓無故自破。此木沴金之異也，天意也。天戒若曰，安徒揚經略之聲，終無其實，鉦鼓不用之象也。月餘，以疾還而薨。

傳曰：「視之不明，是謂不哲，厥咎舒，厥罰恆燠，厥極疾。時則有草妖，時則有蠃蟲之孽，時則有羊禍，時則有目痾，時則有赤眚赤祥。惟水沴火。」視之不明，是謂不哲。哲，知也。詩云：「爾德不明，以亡陪亡卿。不明爾德，以亡背亡側。」言上不明，暗昧蔽惑，則不能知善惡，親近習，長同類，亡功者受賞，有罪者不殺，百官廢亂，失在舒緩，故其咎舒也。盛夏日長，暑以養物，政弛緩，故其罰常燠也。燠則冬溫，春夏不和，傷病疾人，其極疾也。誅不行則霜不殺草，繇臣下則殺不以時，故有草妖。凡妖，貌則以服，言則以詩，聽則以聲。視不以色者，五色，物之大分也，在於眚祥，故聖人以爲草妖，失物柄之明者也。溫燠生蟲，故有蠃蟲之孽，謂螟螣之類當死不死，當生而不生，或多於故而爲災也。劉歆以爲屬思心不容。於易，剛而苞柔爲離，離爲火，爲目。羊上角下蹄，剛而苞柔，羊大目而不精明，視氣

毁，故有羊禍。一曰，暑歲羊多疫死，及爲怪，亦是也。及人，則多病目者，故有目痾。火色赤，故有赤眚赤祥。[二二]凡視傷者，病火氣；火氣傷，則水沴之。其極疾者順之，其福曰壽。劉歆視傳曰有羽蟲之孽，雞禍。說以爲於天文南方朱張爲鳥星，故爲羽蟲。禍亦從羽，故爲雞。雞於易自在巽，說非是。

庶徵之恆燠，劉向以爲春秋無冰也。小燠不書，無冰然後書，舉其大者也。京房易傳曰：「祿不遂行茲謂欺，厥咎燠。其燠，雨雲四至而溫。臣安祿樂逸茲謂亂，燠而生蟲。知罪不誅茲謂舒，其燠，夏則暑殺人，冬則物華實。重過不誅茲謂亡徵，其咎當寒而燠盡六日也。」

吳孫亮建興元年九月，桃李華。孫權世政煩賦重，人彫於役。是時諸葛恪始輔政，息校官，原逋責，除關梁，崇寬厚，此舒緩之應也。一說桃李寒華爲草妖，或屬華孽。

魏少帝景元三年十月，[二三]桃李華。時少帝深樹恩德，事崇優緩，此其應也。

惠帝元康二年二月，巴西郡界草皆生華，結子如麥，可食。時帝初即位，楚王瑋矯詔誅汝南王亮及太保衞瓘，帝不能察。今非時草結實，此恆燠寬舒之罰。

穆帝永和九年十二月，桃李華。是時簡文輔政，事多弛略，舒緩之應也。

草妖

漢獻帝建安二十五年春正月，魏武帝在洛陽起建始殿，伐濯龍樹而血出，[二四]又掘徙梨，根傷亦血出。帝惡之，遂寢疾，是月崩。蓋草妖，又赤祥，是歲魏文帝黃初元年也。

吳孫亮五鳳元年六月，交阯稗草化爲稻。昔三苗將亡，五穀變種，此草妖也。其後亮廢。

蜀劉禪景耀五年，宮中大樹無故自折。譙周憂之，無所與言，乃書柱曰：「衆而大，其之會。具而授，若何復。」言曹者衆也，魏者大也，衆而大，天下其當會也。具而授，如何復有立者乎？蜀果亡，如周言，此草妖也。

吳孫晧天璽元年，吳郡臨平湖自漢末穢塞，是時一夕忽開除無草。長老相傳：此湖塞，天下亂，此湖開，天下平。吳尋亡而九服爲一。

天紀三年八月，建鄴有鬼目菜於工黃狗家生，[二五]依緣棗樹，長丈餘，莖廣四寸，厚二分。又有蕒菜生工吳平家，高四尺，如枇杷形，上圓，徑一尺八寸，莖廣五寸，兩邊生葉，綠色。東觀案圖，名鬼目作芝草，蕒菜作平慮，遂以狗爲侍芝郎，平爲平慮郎，皆銀印青綬。干寶曰：明年平吳，王濬止船正得平渚，姓名顯然，指事之徵也。黃狗者，吳以土運承漢，故初有黃龍之瑞。及其季年，而有鬼目之妖託黃狗之家。黃稱不改，而貴賤大殊，天道精

微之應也。

惠帝元康二年春，巴西郡界竹生花，紫色，結實如麥，外皮青，中赤白，味甘。

元康九年六月庚子，有桑生東宮西廂，日長尺餘，甲辰枯死。此與殷太戊同妖，太子不能悟，故至廢戮也。班固稱「野木生朝而暴長，小人將暴居大臣之位，危國亡家之象，朝將爲墟也」。是後孫秀、張林用事，遂至大亂。

永康元年四月，立皇孫臧爲皇太孫。五月甲子，就東宮，桑又生於西廂。明年，趙王倫篡位，鴆殺臧，此與愍懷同妖也。是月，壯武國有桑化爲柏，而張華遇害。壯武，華之封邑也。

孝懷帝永嘉二年冬，項縣桑樹有聲如解材，人謂之桑樹哭。案劉向說，「桑者喪也」，又爲哭聲，不祥之甚。是時京師虛弱，胡寇交侵，東海王越無衞國之心，四年冬季而南出，[二六]五年春薨于此城。石勒邀其衆，圍而射之，王公以下至衆庶，死者十餘萬人。又剖越棺，焚其屍。是敗也，中原無所請命，洛京亦尋覆沒，桑哭之應也。

六年五月，無錫縣有四株茱萸樹，相樛而生，狀若連理。先是，郭景純筮延陵蝘鼠，遇臨之益，曰：「後當復有妖樹生，若瑞而非，辛螫之木也。儻有此，東西數百里必有作逆者。」及此木生，其後徐馥果作亂，亦草妖也。郭又以爲「木不曲直」。其七月，豫章郡有樟樹久

枯，是月忽更榮茂，與漢昌邑枯社復生同占。是懷愍淪陷之徵，元帝中興之應也。

明帝太寧元年九月，會稽剡縣木生如人面。是後王敦稱兵作逆，禍敗無成。昔漢哀成之世並有此妖，而人貌備具，故其禍亦大。今此但如人面而已，故其變也輕矣。

成帝咸和六年五月癸亥，曲阿有柳樹枯倒六載，是日忽復起生，至九年五月甲戌，吳縣吳雄家有死榆樹，是日因風雨起生，與漢上林斷柳起生同象。初，康帝爲吳王，于時雖改封琅邪，而猶食吳郡爲邑，是帝越正體饗國之象也。曲阿先亦吳地，象見吳邑雄之舍，又天意乎！

哀帝興寧三年五月癸卯，廬陵西昌縣修明家有僵栗樹，是日忽復起生。時孝武年始四歲，俄而哀帝崩，海西即位，未幾而廢，簡文越自藩王，入纂大業，登阼享國，又不踰二年，而孝武嗣統。帝諱昌明，識者竊謂西昌修明之祥，帝諱實應焉。是亦與漢宣帝同象也。

海西太和元年，[二七]涼州楊樹生松。天戒若曰，松者不改柯易葉，楊者柔脆之木，今松生於楊，豈非永久之業將集危亡之地邪？是時張天錫稱雄於涼州，尋而降苻堅。

孝武太元十四年六月，建寧郡銅樂縣枯樹斷折，忽然自立相屬。京房易傳曰：「棄正作淫，厥妖木斷自屬。妃后有專，木仆反立。」是時正道多僻，其後張夫人專寵，及帝崩，兆庶歸咎張氏焉。

安帝元興三年，荊、江二州界竹生實，如麥。

義熙二年九月，揚武將軍營士陳蓋家有苦蕒菜，莖高四尺六寸，廣三尺二寸，厚三寸，亦草妖也。此殆與吳終同象。識者以爲苦蕒者，買勤苦也。自後歲歲征討，百姓勞苦，是買苦也。十餘年中，姚泓滅，兵始戢，是苦蕒之應也。

義熙中，宮城上及御道左右皆生蒺藜，亦草妖也。蒺藜有刺，不可踐而行。生宮牆及馳道，天戒若曰，人君不聽政，雖有宮室馳道，若空廢也，故生蒺藜。

羽蟲之孼

魏文帝黃初四年五月，有鵜鶘鳥集靈芝池。案劉向說，此羽蟲之孼，又青祥也。詔曰：「此詩人所謂汙澤者也。曹詩『刺共公遠君子近小人』，今豈有賢智之士處于下位，否則斯鳥何爲而至哉！其博舉天下儁德茂才獨行君子，以答曹人之刺。」於是楊彪、管寧之徒咸見薦舉，此所謂覩妖知懼者也。然猶不能優容亮直而多溺偏私矣。京房易傳曰「辟退有德，厥妖水鳥集于國中」。

黃初元年，未央宮中又有燕生鷹，口爪俱赤，此與商紂、宋隱同象。

景初元年，又有燕生巨鷇於衞國李蓋家，形若鷹，吻似燕，此羽蟲之孼，又赤眚也。高

堂隆曰：「此魏室之大異，宜防鷹揚之臣於蕭牆之內。」其後宣帝起誅曹爽，遂有魏室。

漢獻帝建安二十三年，禿鶖鳥集鄴宮文昌殿後池。明年，魏武王薨。魏文帝黃初三年，又集雒陽芳林園池。七年，又集。其夏，文帝崩。景初末，又集芳林園池。已前再至，輒有大喪，帝惡之。其年，明帝崩。

蜀劉禪建興九年十月，江陽至江州有鳥從江南飛渡江北，不能達，墮水死者以千數。是時諸葛亮連年動衆，志吞中夏，而終死渭南，所圖不遂。又諸將分爭，頗喪徒旅，鳥北飛不能達墮水死者，皆有其象也。亮竟不能過渭，又其應乎！此與漢時楚國烏鬬墮泗水粗類矣。

景初元年，陵霄闕始構，[二八]有鵲巢其上。鵲體白黑雜色，此羽蟲之孼，又白黑祥也。帝以問高堂隆，對曰：「詩云『惟鵲有巢，惟鳩居之』，今興起宮室而鵲來巢，此宮室未成身不得居之象也。天戒若曰，宮室未成，將有他姓制御之，不可不深慮。」於是帝改顏動色。

吳孫權赤烏十二年四月，有兩烏銜鵲墮東館，權使領丞相朱據燎鵲以祭。案劉歆說，此羽蟲之孼，又黑祥也。視不明、聽不聰之罰也。是時權意溢德衰，信讒好殺，二子將危，將相俱殆，覩妖不悟，加之以燎，昧道之甚者也。明年，太子和廢，魯王霸賜死，朱據左遷，陸議憂卒，是其應也。東館，典教之府；鵲墮東館，又天意乎？

吳孫權太元二年正月，封前太子和爲南陽王，遣之長沙，有鵲巢其帆檣。和故宮僚聞之，皆憂慘，以爲檣末傾危，非久安之象。是後果不得其死。

孫亮建興二年十一月，有大鳥五見于春申，吳人以爲鳳皇。明年，改元爲五鳳。漢桓帝時有五色大鳥，司馬彪云：「政道衰缺，無以致鳳，乃羽蟲孽耳。」孫亮未有德政，孫峻驕暴方甚，此與桓帝同事也。案瑞應圖，大鳥似鳳而爲孽者非一，宜皆是也。

孫晧建衡三年，西苑言鳳皇集，以之改元，義同於亮。

武帝泰始四年八月，有翟雉飛上閶闔門。天戒若曰，閶闔門非雉所止，猶殷宗雉登鼎耳之戒也。

惠帝永康元年，趙王倫既篡，京師得異鳥，莫能名。倫使人持出，周旋城邑市以問人。積日，宮西有小兒見之，逆自言曰：「服留鳥翳。」持者即還白倫，倫使更求，又見之，乃將入宮，密籠鳥，幷閉小兒戶中，明日視之，悉不見。此羽蟲之孽。時趙王倫有目瘤之疾，言服留者，謂倫留將服其罪也。尋而倫誅。

趙王倫篡位，有鶉入太極殿，雉集東堂。天戒若曰，太極東堂皆朝享聽政之所，而鶉雉同日集之者，趙王倫不當居此位也。詩云：「鶉之彊彊，鵲之奔奔，人之無良，我以爲君。」其此之謂乎！尋而倫滅。

孝懷帝永嘉元年二月，洛陽東北步廣里地陷，有蒼白二色鵝出，蒼者飛翔沖天，白者止焉。此羽蟲之孽，又黑白祥也。陳留董養曰：「步廣，周之狄泉，盟會地也。白者，金色，國之行也。蒼爲胡象，其可盡言乎？」是後，劉元海、石勒相繼亂華。

明帝太寧三年八月庚戌，有大鳥二，蒼黑色，翼廣一丈四尺，其一集司徒府，射而殺之，其一集市北家人舍，亦獲焉。此羽蟲之孽，又黑祥也。及閏月戊子而帝崩，後遂有蘇峻、祖約之亂。

成帝咸和二年正月，有五鷗鳥集殿庭，此又白祥也。是時庾亮苟違衆謀，將召蘇峻，有言不從之咎，故白祥先見也。三年二月，峻果作亂，宮掖焚毁，化爲汙萊，此其應也。

咸康八年七月，有白鷺集殿屋。是時康帝始即位，不永之祥也。後涉再期而帝崩。案劉向曰：「野鳥入處，宮室將空。」此其應也。

海西初以興寧三年二月即位，有野雉集于相風。此羽蟲之孽也。尋爲桓溫所廢也。

孝武帝太元十六年六月，鵲巢太極東頭鴟尾，又巢國子學堂西頭。十八年東宮始成，十九年正月鵲又巢其西門。此殆與魏景初同占。學堂，風教之所聚；西頭，又金行之祥。及帝崩後，安皇嗣位，桓玄遂篡，風教乃穨，金行不競之象也。

安帝義熙三年，龍驤將軍朱猗戍壽陽。婢炊飯，忽有羣烏集竈，競來啄噉，婢驅逐不

去。有獵狗咋殺兩烏，餘烏因共啄殺狗，又噉其肉，唯餘骨存。此亦羽蟲之孽，又黑祥也。明年六月，猗死，此其應也。

羊禍

成帝咸和二年五月，司徒王導廏羊生無後足，此羊禍也。京房易傳曰：「足少者，下不勝任也。」明年，蘇峻破京都，導與帝俱幽石頭，僅乃得免，是其應也。

赤眚赤祥

公孫文懿時，襄平北市生肉，長圍各數尺，有頭目口喙，無手足而動搖，此赤祥也。占曰：「有形不成，有體不聲，其國滅亡。」文懿尋爲魏所誅。

吳戍將鄧喜殺豬祠神，治畢懸之，忽見一人頭往食肉，喜引弓射中之，咋咋作聲，繞屋三日，近赤祥也。後人白喜謀北叛，闔門被誅。京房易傳曰：「山見葆，江于邑，邑有兵，狀如人頭，赤色。」

武帝太康五年四月壬子，魯國池水變赤如血。七年十月，河陰有赤雪二頃。此赤祥也。是後四載而帝崩，王室遂亂。

惠帝元康五年三月，呂縣有流血，東西百餘步，此赤祥也。至元康末，窮凶極亂，僵尸流血之應也。干寶以爲「後八載而封雲亂徐州，殺傷數萬人」，是其應也。

永康元年三月，尉氏雨血。夫政刑舒緩，則有常燠赤祥之妖。此歲正月，送愍懷太子幽于許宮。天戒若曰，不宜縱恣姦人，將使太子冤死。惠帝愚眊不寤，是月愍懷遂斃。於是王室成釁，禍流天下。淖齒殺齊湣王日，天雨血霑衣，天以告也，此之謂乎？京房易傳曰：「歸獄不解，茲謂追非，厥咎天雨血；茲謂不親，下有惡心，不出三年，無其宗。」又曰：「佞人祿，功臣戮，天雨血也。」

愍帝建興元年十二月，河東地震，雨肉。四年十二月丙寅，丞相府斬督運令史淳于伯，血逆流上柱二丈三尺，此赤祥也。是時，後將軍褚裒鎮廣陵，[三]丞相揚聲北伐，伯以督運稽留及役使臧罪，依軍法戮之。其息訴稱：「督運事訖，無所稽乏，受賕役使，罪不及死。兵家之勢，先聲後實，實是屯戍，非爲征軍。自四年已來，運漕稽停，皆不以軍興法論。」僚佐莫之理。及有變，司直彈劾衆官，元帝不問，遂頻旱三年。干寶以爲冤氣之應也。郭景純曰：「血者水類，同屬于坎。坎爲法象，水平潤下，不宜逆流。此政有咎失之徵也。」

劉聰僞建元元年正月，平陽地震，其崇明觀陷爲池，水赤如血，赤氣至天，有赤龍奮迅而去。流星起于牽牛，入紫微，龍形委蛇，其光照地，落于平陽北十里。視之則肉，臭聞于

平陽，長三十步，廣二十七步。肉旁常有哭聲，晝夜不止。數日，聰后劉氏產一蛇一獸，各害人而走。尋之不得，頃之見於隕肉之旁。是時，劉聰納劉殷三女，並爲其后。天戒若曰，聰既自稱劉姓，三后又俱劉氏，逆骨肉之綱，亂人倫之則。隕肉諸妖，其眚亦大。俄而劉氏死，哭聲自絕。

校勘記

〔一〕其福曰康寧　原無「曰」字，今據漢志中之上補。

〔二〕王霸會于戌　李校：「王霸」當作「五霸」，宋志不誤。

〔三〕踰月而不能濟水　斠注：宋志無「水」字。

〔四〕北中郎劉遐及淮陵內史蘇峻　校文：「郎」下脫「將」字，「淮陵」當作「臨淮」，二人本傳及帝紀可證。斠注：宋志有「將」字。

〔五〕庾晞至其聲悲切　此是司馬晞事，見世說黜免注引司馬晞傳。

〔六〕李憙　「憙」，各本誤作「熹」，今從宋本，與本傳合。

〔七〕元帝建武元年　「元帝」原誤作「愍帝」，而「建武」爲元帝年號，今據搜神記改。

〔八〕楚王小字也　校文：「王」下宋志有「彪」字。

〔九〕永安二年　「二年」，各本作「三年」，今從宋本。册府八九四、吳志孫晧傳引搜神記、宋志二俱作「二年」。

〔一〇〕揚州士至太平矣　「士」，各本誤作「土」，今從宋本，與吳志孫晧傳、宋志二合。「矣」，吳志作「始」。

〔一一〕天子何在豆田中　類聚八五、御覽八四一引王隱晉書作「天子在何許？近在豆田中」。

〔一二〕石武　「武」，宋志二作「虎」。「石虎」爲原名，宋志爲河北謠原文，唐人避諱改「虎」爲「武」。

〔一三〕不滿斗升平不至十年也　册府八九四此下有「無聊生，謂哀帝尋晏駕也。後桓溫入朝廢海西公」十九字。「不滿斗」，釋上隆和初一謠；「無聊生」，釋改年後一謠。本志及宋志二疑有脫文。

〔一四〕曲中　校文：「中」當從宋志作「終」。

〔一五〕京口謠曰　各本無「曰」字，今從宋本，與册府八九四合。

〔一六〕盧龍　御覽卷一〇〇〇引中興書作「盧循」。循小字元龍，盧龍蓋「盧元龍」之省。

〔一七〕孫盛至夫秀孝　李校：宋志作「孫盛曰：夫秀孝」云云，無「以爲吉祥」四字。玩下文義，盛固不以爲吉祥也。疑此處「以爲吉祥」四字本在「孫盛」上，而「盛」下脫一「曰」字。

〔一八〕張懋　元紀、宋志二作「張茂」，但占經一一九引中興書亦作「張懋」。

〔一九〕八十日玄敗亡焉　據安紀，桓玄以元興二年八月稱楚王，三年三月己未潰敗。相距約百八十日，疑此「八十日」上脫「百」字。

〔二〇〕十年三月　「十年」原作「十三年」。校文：帝紀，劉裕討休之在十一年春，志既云「明年王旅西討」，則當從宋志作「十年」乃合。按：御覽八八〇引正作「十年」，今據删「三」字。

〔二一〕檛受符吏石彪頭　各本無「吏」字，今從殿本。「石彪頭」，宋志二作「石虎項」。

〔二二〕故有赤眚赤祥　李校：「赤祥」上脫「赤眚」二字。今依漢志中之下增。下文有「赤眚赤祥」一目，尤可證。

〔二三〕魏少帝景元三年　「少帝」原作「文帝」。校文：景元爲陳留王年號。今據宋志三改「文」爲「少」，下同。

〔二四〕濯龍　校文二：「龍」下脫「祠」字。

〔二五〕於工黃狗家生　各本「於」作「生」，今從宋本。

〔二六〕四年冬季而南出　斠注：「季」當從宋志作「委」。

〔二七〕太和元年　「元」，各本誤作「九」，太和無九年，今從宋本。

〔二八〕陵霄闕　搜神記作「淩霄閣」。

〔二九〕是時後將軍褚裒鎭廣陵　據褚裒傳推算，裒此時年僅十歲，不能領軍出鎭，此「褚」字恐是譌字。以元四王傳及建武元年帝紀考之，疑本琅邪王裒事。

晉書卷二十九

志第十九

五行下

傳曰：「聽之不聰，是謂不謀，厥咎急，厥罰恒寒，厥極貧。時則有鼓妖，時則有魚孽，時則有豕禍，時則有耳痾，時則有黑眚黑祥。惟火沴水。」聽之不聰，是謂不謀，言上偏聽不聰，下情隔塞，則謀慮利害，失在嚴急，故其咎急也。盛冬日短，寒以殺物，政促迫，故其罰常寒也。寒則不生百穀，上下俱貧，故其極貧也。君嚴猛而閉下，臣戰慄而塞耳，則妄聞之氣發於音聲，故有鼓妖。寒氣動，故有魚孽。而龜能爲孽，龜能陸處，非極陰也，魚去水而死，極陰之孽也。於易，坎爲水，爲豕，豕大耳而不聰察，聽氣毀，故有豕禍也。一曰，寒歲豕多死及爲怪，亦是也。及人，則多病耳者，故有耳痾。水色黑，故有黑眚黑祥。凡聽傷者，病水氣，水氣病，則火沴之。其極貧者，順之，其福曰富。劉歆聽傳曰有介蟲之孽也。

庶徵之恒寒，劉歆以爲大雨雪，及未當雨雪而雨雪，及大雨雹，隕霜殺菽草，皆恒寒之罰也。京房易傳曰：「有德遭險茲謂逆命，厥異寒。誅罰過深，當燠而寒，盡六日，亦爲雹。害正不誅茲謂養賊，寒七十二日，殺飛禽。道人始去茲謂傷，其寒，物無霜而死，涌水而出。戰不量敵茲謂辱命，其寒，雖雨物不茂。聞善不予，厥咎聾。」

吳孫權嘉禾三年九月朔，隕霜傷穀。案劉向說，「誅罰不由君出，在臣下之象也」。是時，校事呂壹專作威福，與漢元帝時石顯用事隕霜同應。班固書九月二日，陳壽言朔，皆明未可以傷穀也。壹後亦伏誅。京房易傳曰：「興兵妄誅茲謂亡法，厥災霜，夏殺五穀，冬殺麥。誅不原情茲謂不仁，其霜，夏先大雷風，冬先雨，乃隕霜，有芒角。賢聖遭害，其霜附木不下地。佞人依刑茲謂私賊，其霜在草根土隙間。不教而誅茲謂虐，其霜反在草下。」

四年七月，雨雹，又隕霜。案劉向說，「雹者，陰脅陽也」。是時，呂壹作威用事，詆毀重臣，排陷無辜。自太子登以下咸患毒之，而壹反獲封侯寵異，與春秋時公子遂專任雨雹同應也。漢安帝信讒，多殺無辜，亦雨雹。董仲舒曰：「凡雹皆爲有所脅，行專一之政故也。」

赤烏四年正月，大雪，平地深三尺，鳥獸死者太半。是年夏，全琮等四將軍攻略淮南、襄陽，戰死者千餘人。其後，權以讒邪數責讓陸議，議憤恚致卒，與漢景武大雪同事。

十一年四月，雨雹。是時，權聽讒，將危太子。其後，朱據、屈晃以迕意黜辱，陳正、陳

象以忠諫族誅，而太子終廢。此有德遭險，誅罰過深之應也。

武帝泰始六年冬，大雪。七年十二月，又大雪。明年，有步闡、楊肇之敗，死傷甚衆，不聰之罰也。

九年四月辛未，隕霜。是時，賈充親黨比周用事，與魯定公、漢元帝時隕霜同應也。

咸寧三年八月，平原、安平、上黨、泰山四郡霜，害三豆。是月，河間暴風寒冰，郡國五隕霜傷穀。是後大舉征吳，馬隆又帥精勇討涼州。五年五月丁亥，鉅鹿、魏郡雨雹，傷禾麥。辛卯，雁門雨雹，傷秋稼。六月庚戌，汲郡、廣平、陳留、滎陽雨雹。丙辰，又雨雹，隕霜，傷秋麥千三百餘頃，壞屋百二十餘間。癸亥，安定雨雹。七月丙申，魏郡又雨雹。閏月壬子，新興又雨雹。八月庚子，河南、河東、弘農又雨雹，兼傷秋稼三豆。

太康元年三月，河東、高平霜雹，傷桑麥。四月，河南、河內、河東、魏郡、弘農雨雹，傷麥豆。是月庚午，畿內縣二及東平、范陽雨雹。癸酉，畿內縣五又雨雹。五月，東平、平陽、上黨、雁門、濟南雨雹，傷禾麥三豆。是時王濬有大功，而權戚互加陷抑，帝從容不斷，陰脅陽之應也。

二年二月辛酉，隕霜于濟南、琅邪，傷麥。壬申，琅邪雨雹，傷麥。三月甲午，河東隕霜，害桑。五月丙戌，城陽、章武、琅邪傷麥。庚寅，河東、樂安、東平、濟陰、弘農、濮陽、齊

國、頓丘、魏郡、河內、汲郡、上黨雨雹，傷禾稼。六月，郡國十七雨雹。七月，上黨雨雹。

三年十二月，大雪。

五年七月乙卯，中山、東平雨雹，傷秋稼。甲辰，中山雨雹。九月，南安大雪，折木。

六年二月，東海隕霜，傷桑麥。三月戊辰，齊郡臨淄、長廣不其等四縣，樂安梁鄒等八縣，琅邪臨沂等八縣，河間易城等六縣，高陽北新城等四縣隕霜，〔一〕傷桑麥。六月，滎陽、汲郡、鴈門雨雹。

八年四月，齊國、天水二郡隕霜。十二月，大雪。九年正月，京都大風雨雹，發屋拔木。四月，隴西隕霜。十年四月，郡國八隕霜。

惠帝元康二年八月，沛及蕩陰雨雹。三年四月，滎陽雨雹。六月，弘農湖、〔二〕華陰又雨雹，深三尺。是時，賈后凶淫專恣，與春秋魯桓夫人同事，陰氣盛也。

五年六月，東海雨雹，深五寸。十二月，丹楊建鄴雨雹。是月，丹楊建鄴大雪。六年三月，東海隕雪，殺桑麥。七年五月，魯國雨雹。七月，秦、雍二州隕霜，殺稼也。

九年三月旬有八日，河南、滎陽、潁川隕霜，傷禾。五月，雨雹。是時，賈后凶躁滋甚，及冬，遂廢愍懷。

永寧元年七月，襄城、河南雨雹。十月，襄城、河南、高平、平陽又風雹，折木傷稼。

光熙元年閏八月甲申朔，霰雪。劉向曰：「盛陽雨水，傷熱，陰氣脅之，則轉而爲雹。盛陰雨雪，凝滯，陽氣薄之，則散而爲霰。今雪非其時，此聽不聰之應。」是年，帝崩。

孝懷帝永嘉元年十二月冬，雪，平地三尺。七年十月庚午，大雪。

元帝太興二年三月丁未，成都風雹，殺人。三年三月，海鹽雨雹。是時，王敦陵上。

永昌二年十二月，幽、冀、并三州大雨。

明帝太寧元年十二月，幽、冀、并三州大雪。〔三〕二年四月庚子，京都雨雹，燕雀死。三年三月丁丑，雨雪。癸巳，隕霜。四月，大雨雹。是年，帝崩，尋有蘇峻之亂。

成帝咸和六年三月癸未，雨雹。是時，帝幼弱，政在大臣。九年八月，成都大雪。是歲，李雄死。

咸康二年正月丁巳，皇后見于太廟，其夕雨雹。

康帝建元元年八月，大雪。是時，政在將相，陰氣盛也。劉向曰：「凡雨陰也，雪又雨之陰也。出非其時，迫近象也。」

穆帝永和二年八月，冀方大雪，人馬多凍死。五年六月，臨漳暴風震電，雨雹，大如升。十年五月，涼州雪。明年八月，張祚枹罕護軍張瓘率宋混等攻滅祚，更立張耀靈弟玄靚。京房易傳曰：「夏雪，戒臣爲亂。」此其亂之應也。

十一年四月壬申朔，霜。十二月戊午，雷。己未，雪。是時帝幼，母后稱制，政在大臣，陰盛故也。

升平二年正月，大雪。

海西太和三年四月，雨雹，折木。〔四〕

孝武太元二年四月己酉，雨雹。十二月，大雪。是時帝幼，政在將相，陰之盛也。十二年四月己丑，雨雹。二十年五月癸卯，上虞雨雹。二十一年四月丁亥，雨雹。是時，張夫人專寵，及帝暴崩，兆庶尤之。十二月，雨雪二十三日。是時嗣主幼沖，冢宰專政。

安帝隆安二年三月乙卯，雨雹。是秋，王恭、殷仲堪稱兵內侮，終皆誅之也。

元興二年十二月，酷寒過甚。是時，桓玄纂位，政事煩苛。識者以爲朝政失在舒緩，玄則反之以酷。案劉向曰：「周衰無寒歲，秦滅無燠年。」此之謂也。三年正月甲申，霰雪又雷。雷霰同時，皆失節之應也。四月丙午，江陵雨雹。是時，安帝蒙塵。

義熙元年四月壬申，雨雹。是時，四方未一，鉦鼓日戒。五年三月己亥，雪，深數尺。五月癸巳，溧陽雨雹。九月己丑，廣陵雨雹。明年，盧循至蔡洲。六年正月丙寅，雪又雷。五月壬申，雨雹。八年四月辛未朔，雨雹。六月癸亥，雨雹，大風發屋。是秋，誅劉蕃等。〔五〕十年四月辛卯，雨雹。

雷震

魏明帝景初中，洛陽城東橋、城西洛水浮橋桓楹同日三處俱時震。〔六〕尋又震西城上候風木飛鳥。〔七〕時勞役大起，帝尋晏駕。

吳孫權赤烏八年夏，震宮門柱，又擊南津大橋桓楹。

孫亮建興元年十二月朔，大風震電。是月，又雷雨。義同前說，亮終廢。

武帝太康六年十二月甲申朔，淮南郡震電。七年十二月己亥，毗陵雷電，南沙司鹽都尉戴亮以聞。十年十二月癸卯，廬江、建安雷電大雨。

惠帝永康元年六月癸卯，震崇陽陵標西南五百步，標破爲七十片。是時，賈后陷害鼎輔，寵樹私戚，與漢桓帝時震憲陵寢同事也。后終誅滅。

永興二年十月丁丑，雷震。

懷帝永嘉四年十月，震電。

愍帝建興元年十一月戊午，會稽大雨震電。己巳夜，赤氣曜於西北。是夕，大雨震電。庚午，大雪。案劉向說，「雷以二月出，八月入」。今此月震電者，陽不閉藏也。既發泄而明日便大雪，皆失節之異也。是時，劉載僭號平陽，〔八〕李雄稱制於蜀，九州幅裂，西京孤微，爲君失時之象也。赤氣，赤祥也。

元帝太興元年十一月乙卯，暴雨雷電。

永昌二年七月丙子朔，〔九〕雷震太極殿柱。十二月，會稽、吳郡雷震電。

成帝咸和元年十月己巳，會稽郡大雨震電。三年六月辛卯，〔一〇〕臨海大雷，破郡府內小屋柱十枚，殺人。九月二日壬午立冬，會稽雷電。四年十一月，吳郡、會稽又震電。

穆帝永和七年十月壬午，雷雨震電。升平元年十一月庚戌，雷。乙丑，又雷。五年十月庚午，雷發東南方。

孝武帝太元五年六月甲寅，雷震含章殿四柱，并殺內侍二人。十年十二月，雷聲在南方。十四年七月甲寅，雷震，燒宣陽門西柱。

安帝隆安二年九月壬辰，雷雨。

元興三年，永安皇后至自巴陵，將設儀導入宮，天雷震，人馬各一俱殪焉。

義熙四年十一月辛卯朔，西北方疾風發。癸丑，雷。五年六月丙寅，〔二〕雷震太廟，破東鴟尾，徹柱，又震太子西池合堂。是時，帝不親蒸嘗，故天震之，明簡宗廟也。西池是明帝爲太子時所造次，故號太子池。及安帝多病，患無嗣，故天震之，明無後也。六年正月丙寅，雷，又雪。十二月壬辰，大雷。九年十一月甲戌，雷。乙亥，又雷。

鼓妖

惠帝元康九年三月，有聲若牛，出許昌城。十二月，廢愍懷太子，幽于許宮。明年，賈后遣黃門孫慮殺太子，擊以藥杵，聲聞于外，是其應也。

蘇峻在歷陽外營，將軍鼓自鳴，如人弄鼓者。峻手自破之，曰：「我鄉土時有此，則城空矣。」俄而作亂夷滅，此聽不聰之罰也。

石季龍末，洛陽城西北九里，石牛在青石趺上，忽鳴，聲聞四十里。季龍遣人打落兩耳及尾，鐵釘釘四脚。尋而季龍死。

孝武太元十五年三月己酉朔，東北方有聲如雷。案劉向說，以爲「雷當託於雲，猶君託於臣。無雲而雷，此君不恤於下，下人將叛之象也」。及帝崩而天下漸亂，孫恩、桓玄交陵京邑。

吳興長城夏架山有石鼓，長丈餘，面逕三尺所，下有盤石爲足，鳴則聲如金鼓，三吳有兵。至安帝隆安中大鳴，後有孫恩之亂。

魚孽

魏齊王嘉平四年五月，有二魚集于武庫屋上，此魚孽也。王肅曰：「魚生於水，而亢於屋，介鱗之物，失其所也。邊將其殆有弃甲之變乎！」後果有東關之敗。干寶又以爲高貴鄉公兵禍之應。二說皆與班固旨同。

武帝太康中，有鯉魚二見武庫屋上。干寶以爲：「武庫兵府，魚有鱗甲，亦兵類也。魚既極陰，屋上太陽，魚見屋上，象至陰以兵革之禍干太陽也。至惠帝初，誅楊駿，廢太后，矢交館閣。元康末，賈后謗殺太子，尋亦誅廢。十年之間，母后之難再興，是其應也，自是禍亂搆矣。」京房易傳曰：「魚去水，飛入道路，兵且作。」

蝗蟲

春秋，螽。劉歆從介蟲之孽，與魚同占。

魏文帝黃初三年七月，冀州大蝗，人飢。案蔡邕說，「蝗者，在上貪苛之所致也」。是時，孫權歸順，帝因其有西陵之役，舉大衆襲之，權遂背叛也。

武帝泰始十年六月，蝗。是時，荀、賈任政，疾害公直。

惠帝永寧元年，郡國六蝗。

懷帝永嘉四年五月，大蝗，自幽、并、司、冀至于秦雍，草木牛馬毛鬣皆盡。是時，天下兵亂，漁獵黔黎，存亡所繼，惟司馬越、苟晞而已。競爲暴刻，經略無章，故有此孽。

愍帝建興四年六月，大蝗。去歲劉曜頻攻北地、馮翊，麴允等悉衆御之，卒爲劉曜所破，西京遂潰。

元帝太興元年六月，蘭陵合鄉蝗，害禾稼。乙未，東莞蝗蟲縱廣三百里，害苗稼。七月，東海、彭城、下邳、臨淮四郡蝗蟲害禾豆。八月，冀、青、徐三州蝗，食生草盡，至于二年。是時，中州淪喪，暴亂滋甚也。

二年五月，淮陵、臨淮、淮南、安豐、廬江等五郡蝗蟲食秋麥。是月癸丑，徐州及揚州江西諸郡蝗，吳郡百姓多餓死。是年，王敦并領荆州，苛暴之釁自此興矣。

孝武帝太元十五年八月，兗州蝗。是時，慕容氏逼河南，征戍不已，故有斯孽。十六年五月，飛蝗從南來，集堂邑縣界，害苗稼。是年春，發江州兵營甲士二千人，家口六七千，配護軍及東宮，後尋散亡殆盡。又邊將連有征役，故有斯孽。

豕禍

吳孫晧寶鼎元年，野豕入右大司馬丁奉營，此豕禍也。後奉見遣攻穀陽，無功而反。晧怒，斬其導軍。及舉大衆北出，奉及萬彧等相謂曰：「若至華里，不得不各自還也。」此謀泄，奉時雖已死，晧追討穀陽事，殺其子溫，家屬皆遠徙，豕禍之應也。襲遂曰，「山野之獸，來入宮室，宮室將空」，又其象也。

懷帝永嘉中，壽春城內有豕生兩頭而不活，周馥取而觀之。時識者云：「豕，北方畜，胡狄象。兩頭者，無上也。生而死，不遂也。天戒若曰，勿生專利之謀，將自致傾覆也。」周馥不寤，遂欲迎天子令諸侯，俄爲元帝所敗，是其應也。石勒亦尋渡淮，百姓死者十有其九。

元帝建武元年，有豕生八足，此聽不聰之罰，又所任邪也。是後有劉隗之變。

成帝咸和六年六月，錢唐人家豭豕產兩子，而皆人面，如胡人狀，其身猶豕。京房易妖曰：「豕生人頭豕身者，危且亂。今此豭豕而產，異之甚者也。」

孝武帝太元十年四月，京都有豚一頭二脊八足。十三年，京都人家豕產子，一頭二身八足，並與建武同妖也。是後，宰相沈酗，不恤朝政，近習用事，漸亂國綱，至於大壞也。

黑眚黑祥

孝懷帝永嘉五年十二月，黑氣四塞，近黑祥也。帝尋淪陷，王室丘墟，是其應也。

愍帝建興二年正月己巳朔，黑霧著人如墨，連夜，五日乃止，此近黑祥也。其四年，帝降劉曜。

元帝永昌元年十月，京師大霧，黑氣蔽天，日月無光。十一月，帝崩。

火沴水

武帝太康五年六月，任城、魯國池水皆赤如血。案劉向說，近火沴水，聽之不聰之罰也。京房易傳曰：「君淫於色，賢人潛，國家危，厥異水流赤。」

穆帝升平三年二月，涼州城東池中有火。四年四月，姑臧澤水中又有火。此火沴水之妖也。明年，張天錫殺中護軍張邕。邕，執政之人也。

安帝元興二年十月，錢唐臨平湖水赤，桓玄諷吳郡使言開除以爲己瑞，俄而桓玄敗。

傳曰：「思心之不容，是謂不聖，厥咎霿，厥罰恒風，厥極凶短折。時則有脂夜之妖，時則有華孽，時則有牛禍，時則有心腹之痾，時則有黃眚黃祥，時則有金木水火沴土。」思心不

容，是謂不聖。思心者，心思慮也。容，寬也。孔子曰：「居上不寬，吾何以觀之哉！」言上不寬大包容，臣下則不能居聖位。貌言視聽，以心爲主，四者皆失，則區霿無識，故其咎霿也。雨旱寒燠，亦以風爲本，四氣皆亂，故其罰恒風也。恒風傷物，故其極凶短折也。傷人曰凶，禽獸曰短，草木曰折。一曰，凶，夭也；兄喪弟曰短，父喪子曰折。在人，腹中肥而包裹心者，脂也。心區霿則冥晦，故有脂夜之妖。一曰，有脂物而夜爲妖，若脂夜污人衣，淫之象也。一曰，夜妖者，雲風並起而杳冥，故與常風同象也。溫而風則生螟螣，有裸蟲之孽。劉向以爲：「於易，巽爲風，爲木。卦在三月四月，繼陽而治，主木之華實。風氣盛至，秋冬木復華，故有華孽。」一曰，地氣盛則秋冬復華。一曰，華者色也，土爲內事，謂女孽也。於易，坤爲土，爲牛。牛大心而不能思慮，心氣毀，故有牛禍。一曰，牛多死及爲怪，亦是也。及人，則多病心腹者，故有心腹之痾。土色黃，故有黃眚黃祥。凡思心傷者，病土氣；土氣病，則金木水火沴之，故曰時則有金木水火沴土。不言「惟」而獨曰「時則有」者，非一衝氣所沴，明其異大也。其極凶短折者，順之，其福曰考終命。劉歆思心傳曰：「時有蠃蟲之孽，謂螟螣之屬也。」

庶徵恒風

魏齊王正始九年十一月，大風數十日，發屋折樹。十二月戊午晦尤甚，動太極東閤。

嘉平元年正月壬辰朔，西北大風，發屋折樹木，昏塵蔽天。案管輅說，此爲時刑大臣，執政之憂也。是時，曹爽區霿自專，驕僭過度，天戒數見，終不改革，此思心不睿，恒風之罰也。後踰旬而爽等誅滅。京房易傳曰：「衆逆同志，至德乃潛，厥異風。其風也，行不解，物不長，雨小而傷。政悖德隱茲謂亂，厥風先風不雨，大風暴起，發屋折木。守義不進茲謂耗，厥風與雲俱起，折五穀莖。臣易上政茲謂不順，厥風大猋發屋。賦斂不理茲謂禍，厥風絕經紀，止卽溫，溫卽蟲。侯專封茲謂不統，厥風疾而樹不搖，穀不成。辟不思道利茲謂無澤，厥風不搖木，旱無雲，傷禾。公常於利茲謂亂，厥風微而溫，生蟲蝗，害五穀。棄政作淫茲謂惑，厥風溫，螟蟲起，害有益人之物。諸侯不朝茲謂畔，厥風無恒，地變赤，雨殺人。」

吳孫權太元元年八月朔，大風，江海涌溢，平地水深八尺，拔高陵樹二千株，石碑蹉動，吳城兩門飛落。〔二〕案華覈對，役繁賦重，區霿不容之罰也。明年，權薨。

孫亮建興元年十二月丙申，大風震電。是歲，魏遣大衆三道來攻，諸葛恪破其東興軍，二軍亦退。明年，恪又攻新城，喪衆太半，還，伏誅。

孫休永安元年十一月甲午，風四轉五復，蒙霧連日。是時，孫綝一門五侯，權傾吳主，

風霧之災，與漢五侯、丁、傅同應也。十二月丁卯夜，有大風，發木揚沙。明日，綝誅。

武帝泰始五年五月辛卯朔，廣平大風，折木。

咸寧元年五月，下邳、廣陵大風，壞千餘家，折樹木。其月甲申，廣陵、司吾、下邳大風，折木。〔三〕　三年八月，河間大風，折木。

太康二年五月，濟南暴風，折木，傷麥。六月，高平大風，折木，發壞邸閣四十餘區。七月，上黨又大風，傷秋稼。　八年六月，郡國八大風。　九年正月，京都風雹，發屋拔樹。後二年，宮車晏駕。

惠帝元康四年六月，大風雨，拔木。　五年四月庚寅夜，暴風，城東渠波浪殺人。七月，下邳大風，壞廬舍。九月，雁門、新興、太原、上黨災風傷稼。明年，氐羌反叛，大兵西討。

九年六月，飄風吹賈謐朝服飛數百丈。明年，謐誅。十一月甲子朔，京都連大風，發屋折木。十二月，愍懷太子廢，幽于許昌。

永康元年二月，大風拔木。三月，愍懷被害。己卯，喪柩發許昌還洛。是日，又大風雷電，幃蓋飛裂。四月，張華第舍飆風起，折木飛繒，折軸六七。是月，華遇害。十一月戊午朔，大風從西北來，折木飛沙石，六日止。明年正月，趙王倫篡位。

永寧元年八月，郡國三大風。

永興元年正月乙丑，西北大風。趙王倫建始元年正月癸酉，趙王倫祠太廟，災風暴起，塵四合。其年四月，倫伏辜。

元帝永昌元年七月丙寅，大風拔木，屋瓦皆飛。八月，暴風壞屋，拔御道柳樹百餘株。其風縱横無常，若風自八方來者。是時，王敦專權，害尚書令刁協、僕射周顗等，故風縱横若非一處也。此臣易上政，諸侯不朝之罰也。十一月，宮車晏駕。

成帝咸康四年三月壬辰，成都大風，發屋折木。四月，李壽襲殺李期，自立。

康帝建元元年七月庚申，〔一四〕晉陵、吳郡災，風。

穆帝升平元年八月丁未，策立皇后何氏。是日，疾風。後桓玄篡位，乃降后爲零陵縣君，不睿之罰也。　五年正月戊戌朔，〔一五〕疾風。

海西公太和六年二月，大風迅急，是年被廢。

孝武帝寧康元年三月，京都大風，火大起。是時，桓溫入朝，志在陵上，帝又幼少，人懷憂恐，斯不睿之徵也。　三年三月戊申朔，暴風迅起，從丑上來，須臾逆轉，從子上來，飛沙揚礫。

太元二年二月乙丑朔，暴風折木。閏三月甲子朔，暴風疾雨俱至，發屋折木。　三年六月，長安大風，拔苻堅宮中樹。其後，堅再南伐，遂有淝水之敗，身戮國亡。　四年八月乙

未，暴風揚沙石。

十二年正月壬子夜，〔一六〕暴風。七月甲辰，大風折木。　十三年十二月乙未，〔一七〕大風，晝晦。其後帝崩而諸侯違命，權奪於元顯，禍成於桓玄，是其應也。　十七年六月乙卯，〔一八〕大風折木。

安帝元興二年二月甲辰夜，〔一九〕大風雨，大航門屋瓦飛落。明年，桓玄篡位，由此門入。

三年正月，桓玄出遊大航南，飄風飛其輲輗蓋，經三月而玄敗歸江陵。五月，江陵又大風折木。是月，桓玄敗於峥嶸洲，身亦屠裂。十一月丁酉，〔二〇〕大風，江陵多死者。

義熙四年十一月辛卯朔，西北疾風起。　五年閏十月丁亥，〔二一〕大風發屋。明年，盧循至蔡洲。　六年五月壬申，大風拔北郊樹，樹幾百年也。并吹琅邪、揚州二射堂倒壞。是日，盧循大艦漂沒。甲戌，又風，發屋折木。是冬，王師南討。

九年正月，大風，白馬寺浮圖剎柱折壞。　十年四月己丑朔，大風拔木。六月辛亥，大風拔木。七月，淮北大風，壞廬舍。明年，西討司馬休之應。

夜妖

魏高貴鄉公正元二年正月戊戌，景帝討毌丘儉，大風晦暝，行者皆頓伏，近夜妖也。劉向曰：「正晝而暝，陰爲陽，臣制君也。」

元帝景元三年十月，京都大震，晝晦，此夜妖也。班固曰：「夜妖者，雲風並起而杳冥，故與常風同象也。」劉向春秋說云：「天戒若曰，勿使大夫世官，將令專事。暝晦，公室卑矣。」魏見此妖，晉有天下之應也。

懷帝永嘉四年十月辛卯，〔二二〕晝昏，至于庚子，此夜妖也。後年，劉曜寇洛川，王師頻爲賊所敗，帝蒙塵于平陽。

孝武帝太元十三年十二月乙未，大風晦暝。其後帝崩，而諸侯違命，干戈內侮，權奪於元顯，禍成於桓玄。

蠃蟲之孽

京房易傳曰：「臣安祿位茲謂貪，厥災蟲食根。德無常茲謂煩，蟲食葉。不絀無德，蟲食本。與東作爭茲謂不時，蟲食莖。蔽惡生孽，蟲食心。」

武帝咸寧元年七月，郡國螟。九月，青州又螟。是月，郡國有青蟲食其禾稼。　四年，司、冀、兗、豫、荆、揚郡國二十螟。

太康四年，會稽彭蜞及蟹皆化爲鼠，甚衆，復大食稻爲災。　九年八月，郡國二十四螟。

九月，蟲又傷秋稼。是時，帝聽讒諛，寵任賈充、楊駿，故有蟲蝗之災，不絀無德之罰。

惠帝元康三年九月，帶方等六縣螟，食禾葉盡。

永寧元年七月，梁、益、涼三州螟。是時，齊王冏執政，貪苛之應也。十月，〔二三〕南安、巴西、江陽、太原、新興、北海青蟲食禾葉，甚者十傷五六。十二月，郡國六螟。

牛禍

武帝太康九年，幽州塞北有死牛頭語，近牛禍也。是時，帝多疾病，深以後事爲念，而託付不以至公，思瞀亂之應也。案師曠曰：「怨讟動於人，則有非言之物而言。」又其義也。

京房易傳曰：「殺無罪，牛生妖。」

惠帝太安中，江夏張騁所乘牛言曰：「天下亂，乘我何之！」騁懼而還，犬又言曰：「歸何早也？」尋後牛又人立而行。騁使善卜者卦之，謂曰：「天下將有兵亂，爲禍非止一家。」其年，張昌反，先略江夏，騁爲將帥，於是五州殘亂，騁亦族滅。京房易傳曰：「牛能言，如其言占吉凶。」易萌氣樞曰：「人君不好士，走馬被文繡，犬狼食人食，則有六畜談言。」時天子諸侯不以惠下爲務，又其應也。

元帝建武元年七月，晉陵陳門才牛生犢，〔二四〕一體兩頭。案京房易傳言：「牛生子二首

一身，天下將分之象也。」是時，愍帝蒙塵於平陽，尋爲逆胡所殺。元帝即位江東，天下分爲二，是其應也。

太興元年，武昌太守王諒牛生子，兩頭八足，兩尾共一腹，三年後死。又有牛一足三尾，皆生而死。案司馬彪說，「兩頭者，政在私門，上下無別之象也。」京房易傳曰：「足多者，所任邪也；足少者，不勝任也。」其後王敦等亂政，此其祥也。

四年十二月，郊牛死。案劉向說春秋郊牛死曰：「宣公區霿昏亂，故天不饗其祀。」今元帝中興之業，實王導之謀也。劉隗探會上意，以得親幸，導見疏外，此區霿不睿之禍。

成帝咸和二年五月，護軍牛生犢，兩頭六足。是冬，蘇峻作亂。七年，九德人袁榮家牛產犢，兩頭八足，二尾共身。

桓玄之國，在荆州詣刺史殷仲堪，行至鶴穴，逢一老公驅青牛，形色瓌異，桓玄即以所乘牛易取。乘至零陵涇溪，駿駛非常，息駕飲牛，牛逕入江水不出。玄遣人覘守，經日無所見。於後玄敗被誅。

黃眚黃祥

蜀劉備章武二年，東伐。二月，自秭歸進屯夷道。六月，秭歸有黃氣見，長十餘里，廣

數十丈。後踰旬，備爲陸議所破，近黃祥也。

魏齊王正始中，中山王周南爲襄邑長。有鼠從穴出，語曰：「王周南，爾以某日死。」周南不應，鼠還穴。後至期，更冠幘皁衣出，語曰：「周南，汝日中當死。」又不應，鼠復入穴。斯須更出，語如向。日適欲中，鼠入須臾復出，出復入，轉更數，語如前。日適中，鼠曰：「周南，汝不應，我復何道！」言絕，顛蹶而死，即失衣冠。取視，俱如常鼠。案班固說，此黃祥也。是時，曹爽專政，競爲比周，故鼠作變也。

惠帝元康四年十二月，大霧。帝時昏眊，政非己出，故有區霿之妖。

元帝太興四年八月，黃霧四塞，埃氛蔽天。

永昌元年十月，京師大霧，黑氣貫天，日無光。

明帝太寧元年正月癸巳，黃霧四塞。二月，又黃霧四塞。是時王敦擅權，謀逆愈甚。

穆帝永和七年三月，涼州大風拔木，黃霧下塵。是時，張重華納譖，出謝艾爲酒泉太守，而所任非其人，至九年死，嗣子見殺，是其應也。京房易傳曰：「聞善不予茲謂不知，厥異黃，厥咎聾，厥災不嗣。黃者，有黃濁氣四塞天下。蔽賢絕道，故災至絕世也。」

孝武太元八年二月癸未，黃霧四塞。是時，道子專政，親近佞人，朝綱方替。

安帝元興元年十月丙申朔，黃霧昏濁不雨。是時桓玄謀逆之應。

義熙五年十一月，大霧。十年十一月，又大霧。是時，帝室衰微，臣下權盛，兵及土地，略非君有，此其應也。

地震

劉向曰：「地震，金木水火沴土者也。」伯陽甫曰：「天地之氣，不過其序；若過其序，人之亂也。陽伏而不能出，陰迫而不能升，於是有地震。」

吳孫權黃武四年，江東地連震。是時，權受魏爵命爲大將軍、吳王，改元專制，不修臣跡。京房易傳曰：「臣事雖正，專必震。其震，於水則波，於木則搖，於屋則瓦落。大經在辟而易臣茲謂陰動，厥震搖政宮。大經搖政茲謂不陰，厥震搖山，出涌水。嗣子無德專祿茲謂不順，厥震動丘陵，涌水出。」劉向並云：[三五]「臣下强盛，將動而爲害之應也。」

魏明帝青龍二年十一月，京都地震，從東來，隱隱有聲，搖屋瓦。

景初元年六月戊申，京都地震。是秋，吳將朱然圍江夏，荆州刺史胡質擊退之。又，公孫文懿叛，自立爲燕王，改年，置百官。明年，討平之。

吳孫權嘉禾六年五月，江東地震。

赤烏二年正月，地再震。是時，呂壹專事，步隲上疏曰：「伏聞校事吹毛求瑕，趣欲陷

人，成其威福，無罪無辜，橫受重刑，雖有大臣，不見信任，如此，天地焉得無變！故地連震動，臣下專政之應也。冀所以警悟人主，可不深思其意哉！」壹後卒敗。

魏齊王正始二年十一月，南安郡地震。三年七月甲申，南安郡地震。十二月，魏郡地震。

六年二月丁卯，南安郡地震。是時，曹爽專政，遷太后于永寧宮，太后與帝相泣而別。連年地震，是其應也。

吳孫權赤烏十一年二月，江東地仍震。是時，權聽讒，尋黜朱據，廢太子。

蜀劉禪炎興元年，蜀地震。是時宦人黃皓專權。案司馬彪說，「閹官無陽施，猶婦人也」。皓見任之應，與漢和帝時同事也。是冬，蜀亡。

武帝泰始五年四月辛酉，地震。是年冬，新平氐羌叛。明年，孫晧遣大衆入渦口。

七年六月丙申，地震。

咸寧二年八月庚辰，河南、河東、平陽地震。四年六月丁未，陰平廣武地震，甲子又震。

太康二年二月庚申，淮南、丹楊地震。五年正月朔壬辰，[三六]京師地震。六年七月己丑，地震。[三七]七年七月，南安、犍爲地震。八月，京兆地震。八年五月壬子，建安地震。七月，陰平地震。八月，丹楊地震。九年正月，會稽、丹楊、吳興地震。四月辛酉，長

沙、南海等郡國八地震。七月至于八月，地又四震，其三有聲如雷。九月，臨賀地震，十二月又震。十年十二月己亥，丹楊地震。

太熙元年正月，地又震。武帝世，始於賈充，終於楊駿，阿黨昧利，苟竊朝權。至於末年，所任轉弊，故頻年地震，過其序也，終喪天下。

惠帝元康元年十二月辛酉，京都地震。此夏，賈后使楚王瑋殺汝南王亮及太保衞瓘，此陰道盛，陽道微故也。

四年二月，上谷、上庸、遼東地震。五月，蜀郡山移；淮南壽春洪水出，山崩地陷，壞城府。八月，上谷地震，水出，殺百餘人。十月，京都地震。十一月，滎陽、襄城、汝陰、梁國、南陽地皆震。十二月，京都又震。是時，賈后亂朝，終至禍敗之應也。漢鄧太后攝政時，郡國地震。李固以爲：「地，陰也，法當安靜。今乃越陰之職，專陽之政，故應以震。」此同事也。京房易傳曰：「小人剝廬，厥妖山崩，茲謂陰乘陽，弱勝強。」又曰：「陰背陽則地裂，父子分離，夷羌叛去。」

五年五月丁丑，地震。六月，金城地震。六年正月丁丑，地震。八年正月丙辰，地震。

太安元年十月，[28]地震。時齊王冏專政之應。二年十二月丙辰，地震。是時，長沙王乂專政之應也。

孝懷帝永嘉三年十月，荆、湘二州地震。[29]時司馬越專政。四年四月，兗州地震。五月，石勒寇汲郡，執太守胡寵，遂南濟河，[30]是其應也。

愍帝建興二年四月甲辰，地震。三年六月丁卯，長安又地震。是時主幼，權傾於下，四方雲擾，兵亂不息之應也。

元帝太興元年四月，西平地震，湧水出。十二月，廬陵、豫章、武昌、西陵地震，湧水出，山崩。干寶以爲王敦陵上之應也。

二年五月己丑，祁山地震，山崩，殺人。是時，相國南陽王保在祁山，稱晉王不終之象也。

三年五月庚寅，[31]丹楊、吳郡、晉陵又地震。

成帝咸和二年二月，江陵地震。三月，益州地震。四月己未，豫章地震。[32]是年，蘇峻作亂。九年三月丁酉，會稽地震。

穆帝永和元年六月癸亥，地震。是時，嗣主幼沖，母后稱制，政在臣下，所以連年地震。二年十月，[33]地震。三年正月丙辰，地震。九月，地又震。四年十月己未，地震。五年正月庚寅，地震。是時，石季龍僭卽皇帝位，亦過其序也。

九年八月丁酉，京都地震，有聲如雷。十年正月丁卯，地震，聲如雷，雞雉皆鳴呴。十一年四月乙酉，地震。五月丁未，地震。

升平二年十一月辛酉，地震。五年八月，涼州地震。

哀帝隆和元年四月甲戌，地震。是時，政在將相，人主南面而已。

興寧元年四月甲戌，揚州地震，湖瀆溢。二年二月庚寅，[34]江陵地震。是時，桓溫專政。

海西公太和元年二月，涼州地震，水涌。是海西將廢之應也。

簡文帝咸安二年十月辛未，安成地震。[35]是年帝崩。

孝武帝寧康元年十月辛未，地震。二年二月丁巳，地震。七月甲午，涼州地又震，山崩。是時，嗣主幼沖，權在將相，陰盛之應也。

太元二年閏三月壬午，地震。五月丁丑，地震。十一年六月己卯，地震。是後緣河諸將連歲兵役，人勞之應也。十五年三月己酉朔夜，地震。八月，京都地震。十二月己未，地震。十七年六月癸卯，地震。十二月己未，地又震。是時，羣小弄權，天下側目。十八年正月癸亥朔，地震。二月乙未夜，地震。

安帝隆安四年四月乙未，地震。九月癸丑，地震。是時，幼主沖昧，政在臣下。

義熙四年正月壬子夜，地震有聲。十月癸亥，地震。五年正月戊戌夜，尋陽地震，有

聲如雷。明年，盧循下。八年，自正月至四月，南康、廬陵地四震。明年，王旅西討荆益。十年三月戊寅，地震。

山崩地陷裂

吳孫權赤烏十三年八月，丹楊、句容及故鄣、寧國諸山崩，鴻水溢。案劉向說：「山，陽，君也。水，陰，百姓也。天戒若曰，君道崩壞，百姓將失其所與。」春秋梁山崩，漢齊、楚衆山發水，同事也。夫三代命祀，祭不越望，吉凶禍福，不是過也。吳雖稱帝，其實列國，災發丹楊，其天意矣。劉歆以爲：「國主山川，山崩川竭，亡之徵也。」後二年而權薨，又二十六年而吳亡。

魏元帝咸熙二年二月，太行山崩，此魏亡之徵也。其冬，晉有天下。

武帝泰始三年三月戊午，大石山崩。四年七月，泰山崩墜三里。京房易傳曰：「自上下者爲崩，厥應泰山之石顚而下，聖王受命人君虜。」及帝晏駕，而祿去王室，惠皇懦弱，懷、愍二帝俱辱虜庭，淪胥於北，元帝中興於南，此其應也。

太康五年五月丙午，[36]宣帝廟地陷。六年十月，南安新興山崩，涌水出。七年二月，朱提之大瀘山崩，震壞郡舍，陰平之仇池崖隕。八年七月，大雨，殿前地陷，方五尺，

深數丈，中有破船。

惠帝元康四年，蜀郡山崩，殺人。五月壬子，壽春山崩，洪水出，城壞，地陷方三十丈，殺人。六月，壽春大雷，山崩地坼，人家陷死，上庸亦如之。八月，居庸地裂，廣三十六丈，長八十四丈，水出，大饑。上庸四處山崩，地墜廣三十丈，長百三十丈，水出殺人。皆賈后亂朝之應也。

太安元年四月，西墉崩。

懷帝永嘉元年三月，洛陽東北步廣里地陷。二年八月乙亥，鄄城城無故自壞七十餘丈，司馬越惡之，遷于濮陽，此見沴之異也。越卒以陵上受禍。三年七月戊辰，當陽地裂三所，廣三丈，長三百餘步。京房易傳曰：「地坼裂者，臣下分離，不肯相從也。」其後司馬越苟晞交惡，四方牧伯莫不離散，王室遂亡。

三年十月，宜都夷道山崩。四年四月，湘東酃黑石山崩。

元帝太興元年二月，廬陵、豫章、武昌、西陽地震山崩。二年五月，祁山地震，山崩，殺人。三年，南平郡山崩，出雄黃數千斤。時王敦陵傲，帝優容之，示含養禍萌也。四年八月，常山崩，水出，滹沲盈溢，大木傾拔。

成帝咸和四年十月，柴桑廬山西北崖崩。十二月，劉胤爲郭默所殺。

穆帝永和七年九月，峻平、崇陽二陵崩。十二年十一月，遣散騎常侍車灌修峻平陵，開埏道，崩壓，殺數十人。

升平五年二月，南掖門馬足陷地，得鍾一，有文四字。

哀帝隆和元年四月丁丑，浩亹山崩，張天錫亡徵也。

安帝義熙八年三月壬寅，山陰地陷，方四丈，有聲如雷。十年五月戊寅，西明門地穿，涌水出，毀門扇及限，此水沴土也。十一年五月，霍山崩，出銅鍾六枚。十三年七月，漢中成固縣水涯有聲若雷，既而岸崩，出銅鍾十有二枚。

惠帝元康九年六月夜，暴雷雨，賈謐齋屋柱陷入地，壓謐牀帳，此木沴土，土失其性，不能載也。明年，謐誅焉。

光熙元年五月，范陽國地燃，可以爨，此火沴土也。是時，禮樂征伐自諸侯出。

傳曰：「皇之不極，是謂不建，厥咎眊，厥罰恒陰，厥極弱。時則有射妖，時則有龍蛇之孽，時則有馬禍，時則有下人伐上之痾，時則有日月亂行，星辰逆行。」皇之不極，是謂不建。皇，君；極，中；建，立也。人君貌言視聽思心五事皆失，不得其中，不能立萬事，失在眊悖，故其咎眊也。王者自下承天理物。雲起於山，而彌於天；天氣亂，故其罰恒陰。一曰，上失中，則下强盛而蔽君明也。易曰：「亢龍有悔，貴而亡位，高而亡民，賢人在下位而亡輔。」如此，則君有南面之尊，而亡一人之助，故其極弱也。盛陽動進輕疾。禮，春而大射，以順陽氣。上微弱則下奮驚動，故有射妖。易曰：「雲從龍。」又曰：「龍蛇之蟄，以存身也。」陰氣動，〔三七〕故有龍蛇之孽。於易，乾爲君，爲馬。任用而强力，君氣毀，故有馬禍。一曰，馬多死及爲怪，亦是也。君亂且弱，人之所叛，天之所去，不有明王之誅，則有篡殺之禍，故有下人伐上之痾。凡君道傷者，病天氣。不言五行沴天，而曰「日月亂行，〔三八〕星辰逆行」者，爲若下不敢沴天，猶春秋曰「王師敗績于貿戎」，不言敗之者，以自敗爲文，尊尊之意也。劉歆皇極傳曰有下體生於上之痾。說以爲下人伐上，天誅已成，不得復爲痾云。

恒陰

吳孫亮太平三年，自八月沈陰不雨，四十餘日。是時，將誅孫綝，謀泄。九月戊午，綝以兵圍宮，廢亮爲會稽王，此恒陰之罰也。

吳孫晧寶鼎元年十二月，太史奏久陰不雨，將有陰謀。孫晧驚懼。時陸凱等謀因其謁廟廢之。及出，留平領兵前驅，凱先語平，平不許，是以不果。晧既肆虐，羣下多懷異圖，終至降亡。

射妖

蜀車騎將軍鄧芝征涪陵，見玄猨緣山，手射中之。猨拔其箭，卷木葉塞其創。芝曰：「嘻！吾違物之性，其將死矣！」俄而卒，此射妖也。一曰，猨母抱子，芝射中之，子爲拔箭，取木葉塞創。芝歎息，投弩水中，自知當死。

恭帝爲琅邪王，好奇戲，嘗閉一馬於門內，令人射之，欲觀幾箭死。左右有諫者曰：「馬，國姓也。今射之，不祥。」於是乃止，而馬已被十許箭矣。此蓋射妖也。俄而禪位於宋焉。

龍蛇之孽

魏明帝青龍元年正月甲申，青龍見郟之摩陂井中。凡瑞興非時，則爲妖孽，況困于井，非嘉祥矣。魏以改年，非也。干寶曰：「自明帝，終魏世，青龍、黃龍見者，皆其主興廢之應也。魏土運，青木色，而不勝于金。黃得位，青失位之象也。青龍多見者，君德國運內相克伐也。故高貴鄉公卒敗于兵。」案劉向說，龍貴象而困井中，諸侯將有幽執之禍也。魏世，龍莫不在井，此居上者逼制之應。高貴鄉公著潛龍詩，卽此旨也。

高貴鄉公正元元年十月戊戌，[三九]黃龍見于鄴井中。甘露元年正月辛丑，青龍見軹縣井中。六月乙丑，青龍見元城縣界井中。　二年二月，青龍見溫縣井中。　三年，黃龍、青龍俱見頓丘、冠軍、陽夏縣界井中。　四年正月，黃龍二見寧陵縣界井中。

元帝景元元年十二月甲申，黃龍見華陰縣井中。[四〇]　三年二月，龍見軹縣井中。

吳孫晧天册中，龍乳於長沙人家，啖雞雛。京房易妖曰：「龍乳人家，王者爲庶人。」其後晧降晉。

武帝咸寧二年六月丙午，白龍二見于九原井中。

太康五年正月癸卯，二龍見武庫井中。帝觀之，有喜色。百僚將賀，劉毅獨表曰：「昔龍漦夏庭，禍發周室。龍見鄭門，子產不賀。」帝答曰：「朕德政未修，未有以應受嘉祥。」遂不賀也。孫盛曰：[四一]「龍，水物也，何與於人！子產言之當矣。但非其所處，實爲妖災。夫龍以飛翔顯見爲瑞，今則潛伏幽處，非休祥也。」漢惠帝二年，兩龍見蘭陵井中，本志以爲其後趙王幽死之象。武庫者，帝王威御之器所寶藏也，屋宇邃密，非龍所處。是後七年，藩王相害，二十八年，果有二胡僭竊神器，二逆皆字曰龍，此之表異，爲有證矣。

愍帝建興二年十一月，枹罕羌妓產一龍子，色似錦文，常就母乳，遙見神光，少得就視。

此亦皇之不建，於是帝竟淪沒。

呂纂末，龍出東廂井中，到其殿前蟠臥，比旦失之。俄又有黑龍升其宮門。纂咸以爲美瑞。或曰：「龍者陰類，出入有時，今而屢見，必有下人謀上之變。」後纂果爲呂超所殺。

武帝咸寧中，司徒府有二大蛇，長十許丈，居聽事平橑上而人不知，但數年怪府中數失小兒及豬犬之屬。後有一蛇夜出，被刃傷不能去，乃覺之，發徒攻擊，移時乃死。夫司徒，五教之府，此皇極不建，故蛇孽見之。漢靈帝時，蛇見御座，楊賜云爲帝溺於色之應也。魏代宮人猥多，晉又過之，燕遊是湎，此其孽也。詩云「惟虺惟蛇，女子之祥」也。

惠帝元康五年三月癸巳，臨淄有大蛇，長十餘丈，負二小蛇入城北門，逕從市入漢城陽景王祠中，不見。天戒若曰，昔漢景王有定傾之功，而不厲節忠慎，以至失職奪功之辱。今齊王冏不寤，雖建興復之功，而驕陵取禍，此其徵也。

明帝太寧初，武昌有大蛇，常居故神祠空樹中，每出頭從人受食。京房易妖曰：「蛇見於邑，不出三年有大兵，國有大憂。」尋有王敦之逆。

馬禍

武帝太熙元年，遼東有馬生角，在兩耳下，長三寸。案劉向說曰，「此兵象也」。及帝晏駕之後，王室毒於兵禍，是其應也。京房易傳曰：「臣易上，政不順，厥妖馬生角，茲謂賢士不足。」又曰：「天子親伐，馬生角。」呂氏春秋曰：「人君失道，馬有生角。」及惠帝踐阼，昏愚失道，又親征伐成都，是其應也。

惠帝元康八年十二月，皇太子將釋奠，太傅趙王倫驂乘，至南城門，馬止，力士推之不能動。倫入軺車，乃進。此馬禍也。天戒若曰，倫不知義方，終爲亂逆，非傅導行禮之人也。

九年十一月戊寅，忽有牡騮馬驚奔至廷尉訊堂，悲鳴而死。天戒若曰，愍懷冤死之象也。見廷尉訊堂，其天意乎！

懷帝永嘉六年二月，神馬鳴南城門。

愍帝建興二年九月，蒲子縣馬生人。京房易傳曰：「上亡天子，諸侯相伐，厥妖馬生人。」是時，帝室衰微，不絕如綫，胡狄交侵，兵戈日逼，尋而帝亦淪陷，故此妖見也。

元帝太興二年，丹楊郡吏濮陽演馬生駒，兩頭，自項前別，生而死。司馬彪說曰：「此政在私門，二頭之象也。」其後王敦陵上。

成帝咸康八年五月甲戌，有馬色赤如血，自宣陽門直走入于殿前，盤旋走出，尋逐莫知所在。己卯，[四二]帝不豫。六月，崩。此馬禍，又赤祥也。是年，張重華在涼州，將誅其西河

相張祥，廄馬數十匹，同時悉無後尾也。

安帝隆安四年十月，梁州有馬生角，刺史郭銓送示桓玄。案劉向說曰，馬不當生角，猶玄不當舉兵向上也。玄不寤，以至夷滅。

石季龍在鄴，有一馬尾有燒狀，入其中陽門，出顯陽門，東宮皆不得入，走向東北，俄爾不見。術者佛圖澄歎曰：「災其及矣！」踰年季龍死，其國遂滅。

人痾

魏文帝黃初初，清河宋士宗母化爲鼈，入水。

明帝太和三年，曹休部曲丘奚農女死復生。時又有開周世冢，得殉葬女子，數日而有氣，數月而能言，郭太后愛養之。又，太原人發冢破棺，棺中有一生婦人，問其本事，不知也，視其墓木，可三十歲。案京房易傳曰：「至陰爲陽，下人爲上。」宣帝起之象也。漢平帝、獻帝並有此異，占以爲王莽、曹操之徵。

孫休永安四年，安吳民陳焦死七日復生，穿冢出。干寶曰：「此與漢宣帝同事，烏程侯晧承廢故之家，得位之祥也。」

孫晧寶鼎元年，丹楊宣騫母年八十，因浴化爲黿，兄弟閉戶衞之。掘堂上作大坎，實水

其中，黿入坎遊戲，一二日恒延頸外望。伺戶小開，便輪轉自躍，入于遠潭，遂不復還。與漢靈帝時黃氏母同事，吳亡之象也。

魏元帝咸熙二年八月，襄武縣言有大人見，長三丈餘，跡長三尺二寸，髮白，著黃巾黃單衣，柱杖呼王始語曰：「今當太平。」晉尋代魏。

武帝泰始五年，元城人年七十生角。殆趙王倫篡亂之象也。

咸寧二年十二月，琅邪人顏畿病死，棺斂已久，家人咸夢畿謂己曰：「我當復生，可急開棺。」遂出之，漸能飲食屈伸視瞻，不能行語，二年復死。京房易傳曰：「至陰爲陽，下人爲上，厥妖人死復生。」其後劉元海、石勒僭逆，遂亡晉室，下爲上之應也。

惠帝元康中，安豐有女子周世寧，年八歲，漸化爲男，至十七八而氣性成。京房易傳曰：「女子化爲丈夫，茲謂陰昌，賤人爲王。」此亦劉元海、石勒蕩覆天下之妖也。

永寧初，齊王冏唱義兵，誅除亂逆，乘輿反正。忽有婦人詣大司馬門求寄產，門者詰之，婦曰：「我截臍便去耳。」是時，齊王冏匡復王室，天下歸功，識者爲其惡之，後果斬戮。

永寧元年十二月甲子，有白頭公入齊王冏大司馬府，大呼曰：「有大兵起，不出甲子旬。」冏殺之。明年十二月戊辰，冏敗，卽甲子旬也。

太安元年四月癸酉，有人自雲龍門入殿前，北面再拜曰：「我當作中書監。」卽收斬之。

干寶以爲「禁庭尊祕之處，今賤人徑入而門衞不覺者，宮室將虛而下人踰上之妖也」。是後帝北遷鄴，又還長安，宮闕遂空焉。

元康中，梁國女子許嫁，已受禮娉，尋而其夫戍長安，經年不歸，女家更以適人。女不樂行，其父母逼强，不得已而去，尋得病亡。後其夫還，問其女所在，其家具說之。其夫逕至女墓，不勝哀情，便發冢開棺，女遂活，因與俱歸。後壻聞知，詣官爭之，所在不能決。祕書郎王導議曰：「此是非常事，不得以常理斷之，宜還前夫。」朝廷從其議。

惠帝世，杜錫家葬而婢誤不得出，後十年開冢祔葬而婢尚生。始如瞑，有頃漸覺，問之，自謂再宿耳。初，婢之埋年十五六，及開冢更生，猶十五六也，嫁之有子。

光熙元年，會稽謝眞生子，頭大而有髮，兩蹠反向上，有男女兩體，生便作丈夫聲，經一日死。此皇之不極，下人伐上之痾，於是諸王有僭亂之象也。

惠帝之世，京洛有人兼男女體，亦能兩用人道，而性尤淫，此亂氣所生。自咸寧、太康之後，男寵大興，甚於女色，士大夫莫不尙之，天下相倣效，或至夫婦離絕，多生怨曠，故男女之氣亂而妖形作也。

懷帝永嘉元年，吳郡吳縣萬詳婢生子，〔四三〕鳥頭，兩足馬蹄，一手，無毛，尾黃色，大如枕。此亦人妖，亂之象也。

五年五月，枹罕令嚴根妓產一龍，一女，一鵝。京房易傳曰：「人生他物，非人所見者，皆爲天下大兵。」是時，帝承惠皇之後，四海沸騰，尋而陷於平陽，爲逆胡所害，此其徵也。

愍帝建興四年，新蔡縣吏任僑妻產二女，腹與心相合，自胸以上、臍以下各分，此蓋天下未一之妖也。時內史呂會上言：「案瑞應圖，異根同體謂之連理，異畝同穎謂之嘉禾。〔四四〕草木之異猶以爲瑞，今二人同心，易稱『二人同心，其利斷金』，蓋四海同心之瑞也。」時皆哂之。俄而四海分崩，帝亦淪沒。

元帝太興初，有女子其陰在腹，當臍下，自中國來至江東，其性淫而不產。又有女子陰在首，渡在揚州，性亦淫。京房易妖曰：「人生子，陰在首，天下大亂；在腹，天下有事；在背，天下無後。」于時王敦據上流，將欲爲亂，是其徵。

三年十二月，尙書騶謝平妻生女，墮地濞濞有聲，須臾便死。鼻目皆在頂上，面處如項，口有齒，都連爲一，胸如鼈，手足爪如鳥爪，皆下勾。此亦人生他物，非人所見者。後二年，有石頭之敗。

明帝太寧二年七月，丹楊江寧侯紀妻死，經三日復生。

成帝咸康五年四月，下邳民王和僑居暨陽，息女可年二十，自云上天來還，得徵瑞印綬，當母天下。晉陵太守以爲妖，收付獄。至十一月，有人持柘杖絳衣詣止車門，口列爲聖人使求見天子。門候受辭，辭稱姓呂名賜，〔四五〕其言王和女可右足下有七星，星皆有毛，長七寸，天今命可爲天下母。奏聞，卽伏誅，幷下晉陵誅可。

康帝建元二年十月，衞將軍營督過望所領兵陳濆女臺有文在其足，〔四六〕曰「天下之母」，灸之愈明。京都諠譁，有司收繫以聞。俄自建康縣獄亡去。明年，帝崩，獻后臨朝，此其祥也。

孝武帝寧康初，南郡州陵女唐氏漸化爲丈夫。

安帝義熙七年，無錫人趙未年八歲，〔四七〕一旦暴長八尺，髭鬚蔚然，三日而死。

義熙中，東陽人莫氏生女不養，〔四八〕埋之數日，於土中啼，取養遂活。

義熙末，豫章吳平人有二陽道，〔四九〕重累生。

恭帝元熙元年，建安人陽道無頭，正平，本下作女人形體。

校勘記

〔一〕北新城　原作「北陽新城」，今據地理志上及宋志四刪「陽」字。

〔二〕湖　原作「湖城」。周校：「城」衍文。按：地理志上及宋志四並無「城」字，今據刪。

〔三〕永昌二年十二月幽冀幷三州大雨明帝太寧元年十二月幽冀幷三州大雪　校文：此本一事，誤復爲二。永昌僅一年，所云「二年」，卽太寧元年。上條「大雨」乃「大雪」之譌。

〔四〕折木　海西公紀作「大風折木」。

〔五〕劉蕃　斠注：安紀「蕃」作「藩」。

〔六〕同日三處俱時震　宋志四無「時」字，此「時」字疑衍。

〔七〕候風木飛鳥　李校：宋志「鳥」作「烏」，是也，此卽相風烏。

〔八〕劉載　劉聰一名載，見載記，因此殿本改作「劉聰」。

〔九〕丙子　各本作「庚子」，今從宋本，與宋志四合。

〔一〇〕三年六月辛卯　「三年」原作「二年」，今據宋志四改作「三年」，蓋二年六月無辛卯，三年六月辛卯則爲十四日。

〔一一〕五年六月丙寅　原無「五年」二字。周校：「六月」上脫去「五年」二字。按：宋志四有「五年」二字，安紀亦繫此事於五年，因據補。

〔一二〕吳城兩門飛落　吳志孫權傳「兩門」作「南門」。御覽八七六引本志「飛落」上有「瓦」字。

〔一三〕其月甲申廣陵司吾下邳大風折木　與上條同，疑一事複出。

〔一四〕七月庚申　「庚申」原作「庚寅」，七月無庚寅，據康紀改。

〔一五〕正月戊戌朔　「戊戌」原作「戊午」，正月戊戌朔，宋志五不誤，今據改。

〔一六〕正月壬子夜　原作「壬午夜」。正月無「壬午」，據孝武紀改。

〔一七〕十二月乙未　「乙未」原作「己未」，十二月無「己未」，據孝武紀改。

〔一八〕六月乙卯　「乙卯」原作「乙未」，據孝武紀改。

〔一九〕甲辰夜　原無「甲辰」二字，據宋志五補。

〔二〇〕十一月丁酉　「十一月」，各本作「十二月」，宋本作「十一月」，與宋志五同，干支亦合，今從宋本。

〔二一〕閏十月　各本作「閏十一月」，誤，今據宋志五删「一」字。

〔二二〕十月辛卯　「十月」原作「十一月」，干支不合，今據懷紀删「一」字。

〔二三〕十月　各本「十月」上有「永寧元年」四字，周校：四字衍文。按：吳本無此四字，今從之。

〔二四〕晉陵陳門才牛生犢　「陳門才」不知何義，亦不知是否人名。搜神記七作「晉陵東門有牛生犢」，疑此「陳」爲「東」、「才」爲「有」之誤。宋志五「陳門才」則作「曲阿門」。

〔二五〕劉向　斠注：宋志「劉向」上有「董仲舒」三字，本志誤脫。

〔二六〕正月朔壬辰　周校：「正月朔壬辰」，文理不明，武紀在二月壬辰。

〔二七〕七月己丑地震　據帝紀，此巴西震。七月無己丑，疑「己丑」乃「巴西」二字之形譌。

〔二八〕十月　原作「十二月」。今據帝紀及宋志五删「二」字。

〔二九〕荆湘二州地震　「湘」原作「襄」，今據懷紀及宋志五改。

〔三〇〕南濟河　「河」原作「沔」，今據懷紀及石勒載記改。濟沔不合地理。

〔三一〕五月庚寅　「五月」原作「四月」，四月無庚寅，今依元紀改作「五月」。

〔三二〕豫章地震　「豫章」原作「豫州」，今依成紀及宋志五改。

〔三三〕二年十月　「十月」原作「十二月」，今依穆紀及宋志五删「二」字。

〔三四〕二月庚寅　「二月」原作「三月」，三月無庚寅，今據哀紀及宋志五改作「二月」。

〔三五〕簡文帝咸安二年十月辛未安成地震　校文：此與下文孝武帝寧康元年十月辛未地震，疑一事而歧爲二，故月日俱同。志於兩帝死亡新立之際，所記事實，動多複出，此其一也。

〔三六〕五月丙午　原脫「五月」二字，今據帝紀補。

〔三七〕陰氣動　「陰」下原有「陽」字，衍文，今據漢志下之上删。

〔三八〕而曰日月亂行　各本無「曰」字，殿本有，今從之。

〔三九〕正元元年十月戊戌　魏志高貴鄉公紀繫於冬十月下，此脫「十月」二字，今據補。

〔四〇〕元帝景元元年至華陰縣井中　此陳留王事，陳留王謚元皇帝。「華陰」原作「華容」，華容屬吳，誤，今據魏志陳留王紀改。

〔四一〕孫盛　孫盛此時（太康五年）猶未生，「盛」爲「楚」之誤，孫楚傳正載此事。

〔四二〕己卯　六月丙戌朔，無己卯，成紀作「庚寅」。

〔四三〕萬詳　斠注：宋志「詳」作「祥」。

〔四四〕異畝同穎　斠注：宋志「異畝」作「異苗」。

〔四五〕名賜　斠注：「賜」宋志作「錫」。

〔四六〕臺　宋志五「臺」作「壹」。

〔四七〕趙未　斠注：宋志「未」作「朱」。

〔四八〕莫氏　宋志五作「黄氏」。

〔四九〕豫章吳平人　殿本作「吳豫章人」，似當作「豫章人吳平」。

晉書卷三十

志第二十

刑法

傳曰：「齊之以禮，有恥且格。」刑之不可犯，不若禮之不可踰，則昊歲比於犧年，宜有降矣。若夫穹圓肇判，宵貌攸分，流形播其喜怒，稟氣彰其善惡，則有自然之理焉。念室後刑，衢樽先惠，將以屏除災害，引導休和，取譬琴瑟，不忘銜策，擬陽秋之成化，若堯舜之爲心也。郊原布肅，軒皇有轡野之師；雷電揚威，高辛有觸山之務。陳乎兵甲而肆諸市朝，具嚴天刑，以懲亂首，論其本意，蓋有不得已而用之者焉。是以丹浦興仁，羽山咸服。而世屬僥倖，事闕攸蠹，政失禮微，獄成刑起，則孔子曰：「聽訟吾猶人也，必也使無訟乎！」及周氏龔行，却收鋒刃，祖述生成，憲章堯禹，政有膏露，威兼禮樂，或觀辭以明其趣，或傾耳以照其微，或彰善以激其情，或除惡以崇其本。至夫取威定霸，一匡九合，寓言成康，不由凝網，

此所謂酌其遺美，而愛民治國者焉。若乃化蔑彝倫，道睽明愼，則夏癸之虐劉百姓，商辛之毒痛四海，衞鞅之無所自容，韓非之不勝其虐，與夫甘棠流詠，未或同歸。秦文初造參夷，始皇加之抽脅，囹圄如市，悲哀盈路。漢王以三章之法以弔之，文帝以刑厝之道以臨之，于時百姓欣然，將逢交泰。而犴逐情遷，科隨意往，獻瓊杯於闕下，徙靑衣於蜀路，覆醢裁刑，傾宗致獄。況乃數囚於京兆之夜，五日於長安之市，北闕相引，中都繼及者，亦往往而有焉。而將亡之國，典刑咸棄，刊章以急其憲，適意以寬其網，桓靈之季，不其然歟！魏明帝時，宮室盛興，而期會迫急，有稽限者，帝親召問，言猶在口，身首已分。王肅抗疏曰：「陛下之所行刑，皆宜死之人也。然衆庶不知，將爲倉卒，願陛下下之於吏而暴其罪。均其死也，不汙宮掖，不爲搢紳驚惋，不爲遠近所疑。人命至重，難生易殺，氣絕而不續者也，是以聖王重之。孟軻云：『殺一不辜而取天下者，仁者不爲也。』」世祖武皇帝接三統之微，酌千年之範，乃命有司，大明刑憲。于時詔書頒新法於天下，海內同軌，人甚安之。條綱雖設，稱爲簡惠，仰昭天眷，下濟民心，道有法而無敗，德俟刑而久立。及晉圖南徙，百有二年，仰止前規，挹其流潤，江左無外，蠻陬來格。孝武時，會稽王道子傾弄朝權，其所樹之黨，貨官私獄，烈祖惛迷，〔一〕不聞司敗，晉之綱紀大亂焉。

傳曰「三皇設言而民不違，五帝畫象而民知禁」，則書所謂「象以典刑，流宥五刑，鞭作官刑，扑作敎刑」者也。然則犯黥者皁其巾，犯劓者丹其服，犯臏者墨其體，犯宮者雜其屨，大辟之罪，殊刑之極，布其衣裾而無領緣，投之於市，與衆棄之。舜命皋陶曰：「五刑有服，五服三就，五流有宅，五宅三居。」方乎前載，事既參倍。夏后氏之王天下也，則五刑之屬三千。殷因於夏，有所損益。周人以三典刑邦國，以五聽察民情，左嘉右肺，事均鎔造，而五刑之屬猶有二千五百焉。乃置三刺、三宥、三赦之法：一刺曰訊羣臣，再刺曰訊羣吏，三刺曰訊萬民；一宥曰不識，再宥曰過失，三宥曰遺忘；一赦曰幼弱，再赦曰老旄，三赦曰蠢愚。司馬法：或起甲兵以征不義，廢貢職則討，不朝會則誅，亂嫡庶則縶，變禮刑則放。

傳曰：「殷周之質，不勝其文。」及昭后徂征，穆王斯耄，爰制刑辟，以詰四方，姦宄弘多，亂離斯永，則所謂「夏有亂政而作禹刑，商有亂政而作湯刑，周有亂政而作九刑」者也。古者大刑用甲兵，中刑用刀鋸，薄刑用鞭扑。自茲厥後，狙詐彌繁。武皇帝並以爲往憲猶疑，不可經國，乃命車騎將軍、守尙書令、魯公徵求英俊，刊律定篇云爾。

漢自王莽篡位之後，舊章不存。光武中興，留心庶獄，常臨朝聽訟，躬決疑事。是時承離亂之後，法網弛縱，罪名既輕，無以懲肅。梁統乃上疏曰：

臣竊見元帝初元五年，輕殊刑三十四事，〔二〕哀帝建平元年盡四年，輕殊死者刑八十一事，其四十二事，手殺人皆減死罪一等，著爲常法。自是以後，人輕犯法，吏易殺人，吏民俱失，至於不羈。

臣愚以爲刑罰不苟務輕，務其中也。君人之道，仁義爲主，仁者愛人，義者理務。愛人故當爲除害，理務亦當爲去亂。是以五帝有流殛放殺之誅，三王有大辟刻肌之刑，所以爲除殘去亂也。故孔子稱「仁者必有勇」，又曰「理財正辭，禁人爲非曰義」。高帝受命，制約令，定法律，傳之後世，可常施行。文帝寬惠溫克，遭世康平，因時施恩，省去肉刑，除相坐之法，他皆率由舊章，天下幾致升平。武帝值中國隆盛，財力有餘，出兵命將，征伐遠方，軍役數興，百姓罷弊，豪桀犯禁，姦吏弄法，故設遁匿之科，〔三〕著知縱之律。宣帝聰明正直，履道握要，以御海內，臣下奉憲，不失繩墨。元帝法律，少所改更，天下稱安。孝成、孝哀，承平繼體，卽位日淺，聽斷尙寡。丞相王嘉等猥以數年之間，虧除先帝舊約，穿令斷律，凡百餘事，或不便於政，或不厭人心。臣謹表取其尤妨政事、害善良者，傳奏如左。

伏惟陛下苞五常，履九德，推時撥亂，博施濟時，而反因循季世末節，衰微軌迹，誠非所以還初反本，據元更始也。願陛下宣詔有司，悉舉初元、建平之所穿鑿，考其輕

重，察其化俗，足以知政教所處，擇其善者而從之，其不善者而改之，定不易之典，施之無窮，天下幸甚。

事下三公、廷尉議，以爲隆刑峻法，非明王急務，不可開許。統復上言曰：「有司猥以臣所上不可施行。今臣所言，非曰嚴刑。竊謂高帝以後，至於宣帝，其所施行，考合經傳，比方今事，非隆刑峻法。不勝至願，願得召見，若對尚書近臣，口陳其意。」帝令尚書問狀，統又對，極言政刑宜改。議竟不從。及明帝卽位，常臨聽訟觀錄洛陽諸獄。帝性旣明察，能得下姦，故尚書奏決罰近於苛碎。

至章帝時，尚書陳寵上疏曰：「先王之政，賞不僭，刑不濫，與其不得已，寧僭不濫。故唐堯著典曰『流宥五刑，眚災肆赦』。帝舜命皐陶以『五宅三居，惟明克允』。文王重易六爻，而列叢棘之聽；周公作立政，戒成王勿誤乎庶獄。陛下卽位，率由此義，而有司執事，未悉奉承。斷獄者急於榜格酷烈之痛，執憲者繁於詐欺放濫之文，違本離實，箠楚爲姦，或因公行私，以逞威福。夫爲政也，猶張琴瑟，大弦急者小弦絕，故子貢非臧孫之猛法，而美鄭僑之仁政。方今聖德充塞，假於上下，宜因此時，隆先聖之務，蕩滌煩苛，輕薄箠楚，以濟羣生，廣至德也。」帝納寵言，決罪行刑，務於寬厚。其後遂詔有司，禁絕鉆鑽諸酷痛舊制，解訞惡之禁，除文致之請，[四]讞五十餘事，定著于令。是後獄法和平。

永元六年，寵又代郭躬爲廷尉，復校律令，刑法溢於甫刑者，奏除之，曰：「臣聞禮經三百，威儀三千，故甫刑大辟二百，五刑之屬三千。禮之所去，刑之所取，失禮卽入刑，相爲表裏者也。今律令，犯罪應死刑者六百一十，耐罪千六百九十八，贖罪以下二千六百八十一，溢於甫刑千九百八十九，其四百一十大辟，千五百耐罪，[五]七十九贖罪。春秋保乾圖曰：『王者三百年一蠲法。』漢興以來，三百二年，憲令稍增，科條無限。又律有三家，說各駁異。刑法繁多，宜令三公、廷尉集平律令，應經合義可施行者，大辟二百，耐罪、贖罪二千八百，合爲三千，與禮相應。其餘千九百八十九事，悉可詳除。使百姓改易視聽，以成大化，致刑措之美，傳之無窮。」未及施行，會寵抵罪，遂寢。寵子忠。忠後復爲尚書，略依寵意，奏上三十三條，[六]爲決事比，以省請讞之弊。又上除蠶室刑，解贓吏三世禁錮，狂易殺人得減重論，母子兄弟相代死聽赦所代者，事皆施行。雖時有蠲革，而舊律繁蕪，未經纂集。

獻帝建安元年，應劭又刪定律令，以爲漢議，[七]表奏之曰：「夫國之大事，莫尚載籍也。載籍也者，決嫌疑，明是非，賞刑之宜，允執厥中，俾後之人永有鑒焉。故膠東相董仲舒老病致仕，[八]朝廷每有政議，數遣廷尉張湯親至陋巷，問其得失，於是作春秋折獄二百三十二事，動以經對，言之詳矣。逆臣董卓，蕩覆王室，典憲焚燎，靡有孑遺，開闢以來，莫或茲酷。今大駕東邁，巡省許都，拔出險難，其命惟新。臣竊不自揆，輒撰具律本章句、尚書舊事、廷尉板令、決事比例、司徒都目、五曹詔書及春秋折獄，凡二百五十篇，蠲去復重，爲之節文。又集議駁三十篇，以類相從，凡八十二事。其見漢書二十五，漢記四，皆刪敍潤色，以全本體。其二十六，博採古今瓌瑋之士，德義可觀。其二十七，臣所創造。左氏云：『雖有姬姜，不棄憔悴；雖有絲麻，不棄菅蒯。』蓋所以代匱也。是用敢露頑才，廁於明哲之末，雖未足綱紀國體，宣洽時雍，庶幾觀察，增闡聖德。惟因萬機之餘暇，遊意省覽。」獻帝善之，於是舊事存焉。

是時天下將亂，百姓有土崩之勢，刑罰不足以懲惡，於是名儒大才故遼東太守崔寔、[九]大司農鄭玄、大鴻臚陳紀之徒，咸以爲宜復行肉刑。漢朝旣不議其事，故無所用矣。及魏武帝匡輔漢室，尚書令荀彧博訪百官，復欲申之，而少府孔融議以爲：「古者敦厖，善否區別，吏端刑清政簡，一無過失，百姓有罪，皆自取之。末世陵遲，風化壞亂，政撓其俗，法害其教。故曰『上失其道，人散久矣』。而欲繩之以古刑，投之以殘棄，非所謂與時消息也。紂斮朝涉之脛，天下謂爲無道。夫九牧之地，千八百君，若各刖一人，是天下常有千八百紂也，求世休和，弗可得已。且被刑之人，慮不念生，志在思死，類多趣惡，莫復歸正。夙沙亂齊，伊戾禍宋，趙高、英布，爲世大患。不能止人遂爲非也。雖忠如鬻拳，信如卞和，智如孫臏，冤如巷伯，才如史遷，達如子政，[一〇]一罹刀鋸，沒世不齒。是太甲之思庸，穆公之霸秦，

陳湯之都賴，魏尚之臨邊，無所復施也。漢開改惡之路，凡爲此也。故明德之君，遠度深惟，棄短就長，不苟革其政者也。」朝廷善之，卒不改焉。

及魏國建，陳紀子羣時爲御史中丞，魏武帝下令又欲復之，使羣申其父論。羣深陳其便。時鍾繇爲相國，亦贊成之，而奉常王脩不同其議。魏武帝亦難以藩國改漢朝之制，遂寢不行。於是乃定甲子科，犯釱左右趾者易以木械，是時乏鐵，故易以木焉。又嫌漢律太重，故令依律論者聽得科半，使從半減也。

魏文帝受禪，又議肉刑。詳議未定，會有軍事，復寢。時有大女劉朱，撾子婦酷暴，前後三婦自殺，論朱減死輸作尚方，因是下怨毒殺人減死之令。魏明帝改士庶罰金之令，男聽以罰金，婦人加笞還從鞭督之例，以其形體裸露故也。

是時承用秦漢舊律，其文起自魏文侯師李悝。悝撰次諸國法，著法經。以爲王者之政，莫急於盜賊，故其律始於盜賊。盜賊須劾捕，故著網捕二篇。[一一]其輕狡、越城、博戲、借假不廉、淫侈、踰制以爲雜律一篇，又以具律具其加減。是故所著六篇而已，然皆罪名之制也。商君受之以相秦。漢承秦制，蕭何定律，除參夷連坐之罪，增部主見知之條，益事律興、廄、戶三篇，合爲九篇。叔孫通益律所不及，傍章十八篇，張湯越宮律二十七篇，趙禹朝律六篇，合六十篇。又漢時決事，集爲令甲以下三百餘篇，及司徒鮑公撰嫁娶辭訟決爲法

比都目，凡九百六卷。世有增損，率皆集類爲篇，結事爲章。一章之中或事過數十，事類雖同，輕重乖異。而通條連句，上下相蒙，雖大體異篇，實相採入。盜律有賊傷之例，賊律有盜章之文，興律有上獄之法，廐律有逮捕之事，若此之比，錯糅無常。後人生意，各爲章句。叔孫宣、郭令卿、馬融、鄭玄諸儒章句十有餘家，家數十萬言。凡斷罪所當由用者，合二萬六千二百七十二條，七百七十三萬二千二百餘言，言數益繁，覽者益難。天子於是下詔，但用鄭氏章句，不得雜用餘家。

衞覬又奏曰：「刑法者，國家之所貴重，而私議之所輕賤；獄吏者，百姓之所縣命，而選用者之所卑下。王政之弊，未必不由此也。請置律博士，轉相教授。」事遂施行。然而律文煩廣，事比衆多，離本依末，決獄之吏如廷尉獄吏范洪受囚絹二丈，附輕法論之，獄吏劉象受屬偏考囚張茂物故，附重法論之。洪、象雖皆弃市，而輕枉者相繼。是時太傅鍾繇又上疏求復肉刑，詔下其奏，司徒王朗議又不同。時議者百餘人，與朗同者多。帝以吳蜀未平，又寢。

其後，天子又下詔改定刑制，命司空陳羣、散騎常侍劉邵、給事黃門侍郎韓遜、議郎庾嶷、中郎黃休、荀詵等刪約舊科，傍采漢律，定爲魏法，制新律十八篇，州郡令四十五篇，尚書官令、軍中令，合百八十餘篇。其序略曰：

舊律所難知者，由於六篇篇少故也。篇少則文荒，文荒則事寡，事寡則罪漏。是以後人稍增，更與本體相離。今制新律，宜都總事類，多其篇條。

舊律因秦法經，就增三篇，而具律不移，因在第六。罪條例既不在始，又不在終，非篇章之義。故集罪例以爲刑名，冠於律首。

盜律有劫略、恐猲、和賣買人，科有持質，皆非盜事，故分以爲劫略律。賊律有欺謾、詐僞、踰封、矯制，囚律有詐僞生死，令丙有詐自復免，事類衆多，故分爲詐律。賊律有賊伐樹木、殺傷人畜產及諸亡印，金布律有毀傷亡失縣官財物，故分爲毀亡律。囚律有告劾、傳覆，廐律有告反逮受，[二三]科有登聞道辭，故分爲告劾律。囚律有繫囚、鞫獄、斷獄之法，興律有上獄之事，科有考事報讞，宜別爲篇，故分爲繫訊、斷獄律。盜律有受所監受財枉法，雜律有假借不廉，令乙有呵人受錢，科有使者驗賂，其事相類，故分爲請賕律。盜律有勃辱强賊，興律有擅興徭役，具律有出賣呈，科有擅作修舍事，故分爲興擅律。興律有乏徭稽留，賊律有儲峙不辦，廐律有乏軍之興，及舊典有奉詔不謹、不承用詔書，漢氏施行有小愆之反不如令，[二四]輒劾以不承用詔書乏軍要斬，又減以丁酉詔書，丁酉詔書，漢文所下，不宜復以爲法，故別爲之留律。秦世舊有廐置、乘傳、副車、食廚，漢初承秦不改，後以費廣稍省，故後漢但設騎置而無車馬，而律猶著其文，則爲虛設，故除廐律，取其可用合科者，以爲郵驛令。其告反逮驗，別入告劾律。上言變事，以爲變事令，以驚事告急，與興律烽燧及科令者，[二五]以爲驚事律。盜律有還贓畀主，金布律有罰贖入責以呈黃金爲價，[二六]科有平庸坐贓事，以爲償贓律。律之初制，無免坐之文，張湯、趙禹始作監臨部主、見知故縱之例。其見知而故不舉劾，各與同罪，失不舉劾，各以贖論，其不見不知，不坐也，是以文約而例通。科之爲制，每條有違科，不覺不知，從坐之免，不復分別，而免坐繁多，宜總爲免例，以省科文，故更制定其由例，以爲免坐律。諸律令中有其教制，本條無從坐之文者，皆從此取法也。凡所定增十三篇，就故五篇，合十八篇，於正律九篇爲增，於旁章科令爲省矣。

改漢舊律不行於魏者皆除之，更依古義制爲五刑。其死刑有三，髡刑有四，完刑、作刑各三，贖刑十一，罰金六，雜抵罪七，凡三十七名，以爲律首。又改賊律，但以言語及犯宗廟園陵，謂之大逆無道，要斬，家屬從坐，不及祖父母、孫。至於謀反大逆，臨時捕之，或汙瀦，或梟菹，夷其三族，不在律令，所以嚴絕惡跡也。賊鬬殺人，以劾而亡，許依古義，聽子弟得追殺之。會赦及過誤相殺，不得報讎，所以止殺害也。正殺繼母，與親母同，防繼假之隙也。除異子之科，使父子無異財也。毆兄姊加至五歲刑，以明教化也。囚徒誣告人反，罪及親屬，異於善人，所以累之使省刑息誣也。改投書棄市

之科，所以輕刑也。正篡囚棄市之罪，斷凶强爲義之蹤也。二歲刑以上，除以家人乞鞫之制，省所煩獄也。改諸郡不得自擇伏日，所以齊風俗也。

斯皆魏世所改，其大略如是。其後正始之間，天下無事，於是征西將軍夏侯玄、河南尹李勝、中領軍曹羲、尚書丁謐又追議肉刑，卒不能決。其文甚多，不載。

及景帝輔政，是時魏法，犯大逆者誅及已出之女。毌丘儉之誅，其子甸妻荀氏應坐死，其族兄顗與景帝姻，通表魏帝，以匄其命。詔聽離婚。荀氏所生女芝，爲潁川太守劉子元妻，亦坐死，以懷妊繫獄。荀氏辭詣司隸校尉何曾乞恩，求沒爲官婢，以贖芝命。曾哀之，使主簿程咸上議曰：「夫司寇作典，建三等之制；甫侯修刑，通輕重之法。叔世多變，秦立重辟，漢又修之。大魏承秦漢之弊，未及革制，所以追戮已出之女，誠欲殄醜類之族也。然則法貴得中，刑慎過制。臣以爲女人有三從之義，無自專之道，出適他族，還喪父母，降其服紀，所以明外成之節，異在室之恩。而父母有罪，追刑已出之女，夫黨見誅，又有隨姓之戮。一人之身，內外受辟。今女既嫁，則爲異姓之妻；如或產育，則爲他族之母，此爲元惡之所忽。戮無辜之所重，於防則不足懲姦亂之源，於情則傷孝子之心。男不得罪於他族，而女獨嬰戮於二門，非所以哀矜女弱，蠲明法制之本分也。臣以爲在室之女，從父母之誅；既醮之婦，從夫家之罰。宜改舊科，以爲永制。」於是有詔改定律令。

文帝爲晉王，患前代律令本注煩雜，陳羣、劉邵雖經改革，而科網本密，又叔孫、郭、馬、杜諸儒章句，但取鄭氏，又爲偏黨，未可承用。於是令賈充定法律，令與太傅鄭沖、司徒荀顗、中書監荀勖、中軍將軍羊祜、中護軍王業、廷尉杜友、守河南尹杜預、散騎侍郎裴楷、潁川太守周雄、〔一六〕齊相郭頎、騎都尉成公綏、尚書郎柳軌及吏部令史榮邵等十四人典其事，就漢九章增十一篇，仍其族類，正其體號，改舊律爲刑名、法例，辨囚律爲告劾、繫訊、斷獄，分盜律爲請賕、詐僞、水火、毀亡，因事類爲衞宮、違制，撰周官爲諸侯律，合二十篇，〔一七〕六百二十條，〔一八〕二萬七千六百五十七言。蠲其苛穢，存其清約，事從中典，歸於益時。其餘未宜除者，若軍事、田農、酤酒，未得皆從人心，權設其法，太平當除，故不入律，悉以爲令。施行制度，以此設教，違令有罪則入律。其常事品式章程，各還其府，爲故事。減梟斬族誅從坐之條，除謀反適養母出女嫁皆不復還坐父母棄市，省禁固相告之條，去捕亡、亡沒爲官奴婢之制。輕過誤老少女人當罰金杖罰者，皆令半之。重姦伯叔母之令，棄市。淫寡女，三歲刑。崇嫁娶之要，一以下娉爲正，不理私約。峻禮教之防，準五服以制罪也。凡律令合二千九百二十六條，十二萬六千三百言，六十卷，故事三十卷。泰始三年，事畢，表上。武帝詔曰：「昔蕭何以定律令受封，叔孫通制儀爲奉常，賜金五百斤，弟子百人皆爲郎。〔一九〕夫立功立事，古今之所重，宜加祿賞，其詳考差敍。輒如詔簡異弟子百人，隨才品用，賞帛

萬餘匹。」武帝親自臨講，使裴楷執讀。四年正月，大赦天下，乃班新律。

其後，明法掾張裴又注律，〔二〇〕表上之，其要曰：

律始於刑名者，所以定罪制也；終於諸侯者，所以畢其政也。王政布於上，諸侯奉於下，禮樂撫於中，故有三才之義焉，其相須而成，若一體焉。

刑名所以經略罪法之輕重，正加減之等差，明發衆篇之多義，補其章條之不足，較舉上下綱領。其犯盜賊、詐僞、請賕者，則求罪於此，作役、水火、畜養、守備之細事，皆求之作本名。告訊爲之心舌，捕繫爲之手足，斷獄爲之定罪，名例齊其制。〔二一〕自始及終，往而不窮，變動無常，周流四極，上下無方，不離于法律之中也。

其知而犯之謂之故，意以爲然謂之失，違忠欺上謂之謾，背信藏巧謂之詐，虧禮廢節謂之不敬，兩訟相趣謂之鬭，兩和相害謂之戲，無變斬擊謂之賊，不意誤犯謂之過失，逆節絕理謂之不道，陵上僭貴謂之惡逆，將害未發謂之戕，唱首先言謂之造意，二人對議謂之謀，制衆建計謂之率，不和謂之强，攻惡謂之略，三人謂之羣，取非其物謂之盜，貨財之利謂之贓：凡二十者，律義之較名也。

夫律者，當慎其變，審其理。若不承用詔書，無故失之刑，當從贖。謀反之同伍，實不知情，當從刑。此故失之變也。卑與尊鬭，皆爲賊。鬭之加兵刃水火中，不得爲戲，戲之重也。向人室廬道徑射，不得爲過，失之禁也。都城人衆中走馬殺人，當爲賊，賊之似也。過失似賊，戲似鬭，鬭而殺傷傍人，又似誤，盜傷縛守似强盜，呵人取財似受賕，囚辭所連似告劾，諸勿聽理似故縱，持質似恐猲。如此之比，皆爲無常之格也。

五刑不簡，正于五罰，五罰不服，正于五過，意善功惡，以金贖之。故律制，生罪不過十四等，死刑不過三，徒加不過六，囚加不過五，累作不過十一歲，累笞不過千二百，刑等不過一歲，金等不過四兩。月贖不計日，日作不拘月，歲數不疑閏。不以加至死，并死不復加。不可累者，故有并數；不可并數，乃累其加。以加論者，但得其加；與加同者，連得其本。不在次者，不以通論。以人得罪與人同，以法得罪與法同。侵生害死，不可齊其防；親疏公私，不可常其敎。禮樂崇於上，故降其刑；刑法閑於下，故全其法。是故尊卑敍，仁義明，九族親，王道平也。

律有事狀相似而罪名相涉者，若加威勢下手取財爲强盜，不自知亡爲縛守，將中有惡言爲恐猲，不以罪名呵爲呵人，以罪名呵爲受賕，劫召其財爲持質。此六者，〔二二〕以威勢得財而名殊者也。即不求自與爲受求，所監求而後取爲盜贓，〔二三〕輸入呵受爲留難，斂人財物積藏於官爲擅賦，加歐擊之爲戮辱。諸如此類，皆爲以威勢得財而罪相似者也。

夫刑者，司理之官；理者，求情之機；情者，心神之使。心感則情動於中，而形於言，暢於四支，發於事業。是故姦人心愧而面赤，內怖而色奪。論罪者務本其心，審其情，精其事，近取諸身，遠取諸物，然後乃可以正刑。仰手似乞，俯手似奪，捧手似謝，擬手似訴，拱臂似自首，攘臂似格鬭，矜莊似威，怡悅似福，喜怒憂歡，貌在聲色。姦眞猛弱，〔二四〕候在視息。出口有言當爲告，下手有禁當爲賊，喜子殺怒子當爲戲，怒子殺喜子當爲賊。諸如此類，自非至精不能極其理也。

律之名例，非正文而分明也。若八十，非殺傷人，他皆勿論，即誣告謀反者反坐。十歲，不得告言人；即奴婢捍主，主得謁殺之。賊燔人廬舍積聚，盜贓五匹以上，〔二五〕棄市；即燔官府積聚盜，亦當與同。歐人敎令者與同罪，即令人歐其父母，不可與行者同得重也。若得遺物强取强乞之類，無還贓法隨例畀之文。法律中諸不敬，違儀失式，及犯罪爲公爲私，贓入身不入身，皆隨事輕重取法，以例求其名也。

夫理者，精玄之妙，不可以一方行也；律者，幽理之奧，不可以一體守也。或計過以配罪，或化略以循常，〔二六〕或隨事以盡情，或趣舍以從時，或推重以立防，或引輕而就下。公私廢避之宜，除削重輕之變，皆所以臨時觀釁，使用法執詮者幽於未制之中，〔二七〕采其根牙之微，致之於機格之上，稱輕重於豪銖，考輩類於參伍，然後乃可以理

直刑正。

夫奉聖典者若操刀執繩，刀妄加則傷物，繩妄彈則侵直。梟首者惡之長，斬刑者罪之大，棄市者死之下，髡作者刑之威，贖罰者誤之誡。王者立此五刑，所以實君子而逼小人，故爲敕愼之經，皆擬周易有變通之體焉。欲令提綱而大道淸，舉略而王法齊，其旨遠，其辭文，其言曲而中，其事肆而隱。通天下之志唯忠也，斷天下之疑唯文也，切天下之情唯遠也，彌天下之務唯大也，變無常體唯理也，非天下之賢聖，孰能與於斯！

夫形而上者謂之道，形而下者謂之器，化而財之謂之格。〔二八〕刑殺者是冬震曜之象，髡罪者似秋彫落之變，贖失者是春陽悔吝之疵也。五刑成章，輒相依準，法律之義焉。

是時侍中盧珽、中書侍郎張華又表：「抄新律諸死罪條目，懸之亭傳，以示兆庶。」有詔從之。及劉頌爲廷尉，頻表宜復肉刑，不見省，又上言曰：

臣昔上行肉刑，從來積年，遂寢不論。臣竊以爲議者拘孝文之小仁，而輕違聖王之典刑，未詳之甚，莫過於此。

今死刑重，故非命者衆；生刑輕，故罪不禁姦。所以然者，肉刑不用之所致也。今

爲徒者，類性元惡不軌之族也，去家懸遠，作役山谷，飢寒切身，志不聊生，雖有廉士介者，〔二九〕苟慮不首死，則皆爲盜賊，豈況本性姦凶無賴之徒乎！又令徒富者輸財，解日歸家，乃無役之人也。貧者起爲姦盜，又不制之虜也。不刑，則罪無所禁；不制，則羣惡橫肆。爲法若此，近不盡善也。是以徒亡日屬，賊盜日煩，亡之數者至有十數，得輒加刑，日益一歲，此爲終身之徒也。自顧反善無期，而災困逼身，其志亡思盜，勢不得息，事使之然也。

古者用刑以止刑，今反於此。諸重犯亡者，髮過三寸輒重髡之，此以刑生刑；加作一歲，此以徒生徒也。亡者積多，繫囚猥畜。議者曰囚不可不赦，復從而赦之，此爲刑不制罪，法不勝姦。下知法之不勝，相聚而謀爲不軌，月異而歲不同。故自頃年以來，姦惡陵暴，所在充斥。議者不深思此故，而曰肉刑於名忤聽，忤聽孰與賊盜不禁？

聖王之制肉刑，遠有深理，其事可得而言，非徒懲其畏剝割之痛而不爲也，乃去其爲惡之具，使夫姦人無用復肆其志，止姦絕本，理之盡也。亡者刖足，無所用復亡。盜者截手，無所用復盜。淫者割其勢，理亦如之。除惡塞源，莫善於此，非徒然也。此等已刑之後，便各歸家，父母妻子，共相養恤，不流離於塗路。有今之困，創愈可役，上準古制，隨宜業作，雖已刑殘，不爲虛棄，〔三〇〕而所患都塞，又生育繁阜之道自若也。

今宜取死刑之限輕，及三犯逃亡淫盜，悉以肉刑代之。其三歲刑以下，已自杖罰遣，又宜制其罰數，使有常限，不得減此。其有宜重者，又任之官長。應四五歲刑者，皆髡笞，笞至一百，稍行，使各有差，悉不復居作。然後刑不復生刑，徒不復生徒，而殘體爲戮，終身作誡。人見其痛，畏而不犯，必數倍於今。且爲惡者隨發被刑，去其爲惡之具，此爲諸已刑者皆良士也，豈與全其爲姦之手足，而蹴居必死之窮地同哉！而猶曰肉刑不可用，臣竊以爲不識務之甚也。

臣昔常侍左右，數聞明詔，謂肉刑宜用，事便於政。願陛下信獨見之斷，使夫能者得奉聖慮，行之於今。比塡溝壑，冀見太平。周禮三赦三宥，施於老幼悼耄，黔黎不屬逮者，此非爲惡之所出，故刑法逆舍而宥之。至於自非此族，犯罪則必刑而無赦，此政之理也。暨至後世，以時嶮多難，因赦解結，權以行之，又不以寬罪人也。至今恒以罪積獄繁，赦以散之，是以赦愈數而獄愈塞，如此不已，將至不勝。原其所由，肉刑不用之故也。今行肉刑，非徒不積，〔三一〕且爲惡無具則姦息。去此二端，獄不得繁，故無取於數赦，於政體勝矣。

疏上，又不見省。

至惠帝之世，政出羣下，每有疑獄，各立私情，刑法不定，獄訟繁滋。尙書裴頠表陳之曰：

夫天下之事多塗，非一司之所管；中才之情易擾，賴恒制而後定。先王知其所以然也，是以辨方分職，爲之準局。準局旣立，各掌其務，刑賞相稱，輕重無二，故下聽有常，羣吏安業也。舊宮掖陵廟有水火毀傷之變，然後尙書乃躬自奔赴，其非此也，皆止於郎令史而已。刑罰所加，各有常刑。

去元康四年，大風之後，廟闕屋瓦有數枚傾落，免太常荀寓。于時以嚴詔所譴，莫敢據正。然內外之意，僉謂事輕責重，有違于常。會五年二月有大風，主者懲懼前事。臣新拜尙書始三日，本曹尙書有疾，權令兼出，按行蘭臺。主者乃瞻望阿棟之閒，求索瓦之不正者，得棟上瓦小邪十五處。或是始瓦時邪，蓋不足言，風起倉卒，臺官更往，太常按行，不及得周，文書未至之頃，便競相禁止。臣以權兼暫出，出還便罷，不復得窮其事。而本曹據執，却問無已。臣時具加解遣，而主者畏咎，不從臣言，禁止太常，復興刑獄。

昔漢氏有盜廟玉環者，文帝欲族誅，釋之但處以死刑，曰：「若侵長陵一抔土，何以復加？」文帝從之。大晉垂制，深惟經遠，山陵不封，園邑不飾，墓而不墳，同乎山壤，是以丘阪存其陳草，使齊乎中原矣。雖陵兆尊嚴，唯毀發然後族之，此古典也。若登踐

犯損，失盡敬之道，事止刑罪可也。

去八年，奴聽教加誣周龍燒草，廷尉遂奏族龍，一門八口并命。會龍獄翻，然後得免。考之情理，準之前訓，所處實重。今年八月，陵上荆一枝圍七寸二分者被斫，司徒太常，奔走道路，雖知事小，而案劾難測，搔擾驅馳，各競免負，于今太常禁止未解。近日太祝署失火，燒屋三間半。署在廟北，隔道在重牆之內，又即已滅，頻爲詔旨所問。主者以詔旨使問頻繁，便責尚書不即案行，輒禁止，尚書免，皆在法外。

刑書之文有限，而舛違之故無方，故有臨時議處之制，誠不能皆得循常也。至於此等，皆爲過當，每相逼迫，不復以理，上替聖朝畫一之德，下損崇禮大臣之望。臣愚以爲犯陵上草木，不應乃用同產異刑之制。〔三二〕按行奏劾，應有定準，相承務重，體例遂虧。或因餘事，得容淺深。

頌雖有此表，曲議猶不止。時劉頌爲三公尚書，又上疏曰：

自近世以來，法漸多門，令甚不一。臣今備掌刑斷，職思其憂，謹具啓聞。

臣竊伏惟陛下爲政，每盡善，故事求曲當，則例不得直；盡善，故法不得全。何則？夫法者，〔三三〕固以盡理爲法，而上求盡善，則諸下牽文就意，以赴主之所許，是以法不得全。刑書徵文，徵文必有乖於情聽之斷，而上安於曲當，故執平者因文可引，則生

二端。是法多門，令不一，則吏不知所守，下不知所避。姦僞者因法之多門，以售其情，所欲淺深，苟斷不一，則居上者難以檢下，於是事同議異，獄犴不平，有傷於法。

古人有言：「人主詳，其政荒；人主期，其事理。」詳匪他，盡善則法傷，故其政荒也。期者輕重之當，雖不厭情，苟入於文，則循而行之，故其事理也。夫善用法者，忍違情不厭聽之斷，輕重雖不允人心，經於凡覽，若不可行，法乃得直。又君臣之分，各有所司。法欲必奉，故令主者守文；理有窮塞，故使大臣釋滯；事有時宜，故人主權斷。主者守文，若釋之執犯蹕之平也；大臣釋滯，若公孫弘斷郭解之獄也；人主權斷，若漢祖戮丁公之爲也。天下萬事，自非斯格重爲，故不近似此類，不得出以意妄議，其餘皆以律令從事。然後法信於下，人聽不惑，吏不容姦，可以言政。人主軌斯格以責羣下，大臣小吏各守其局，則法一矣。

古人有言：「善爲政者，看人設教。」看人設教，制法之謂也。又曰「隨時之宜」，當務之謂也。然則看人隨時，在大量也，而制其法。法軌既定則行之，行之信如四時，執之堅如金石，羣吏豈得在成制之內，復稱隨時之宜，傍引看人設教，以亂政典哉！何則？始制之初，固已看人而隨時矣。今若設法未盡當，則宜改之。若謂已善，不得盡以爲制，而使奉用之司公得出入以差輕重也。夫人君所與天下共者，法也。已令四海，不可以不信以爲教，方求天下之不慢，不可繩以不信之法。且先識有言，人至愚而不可欺也。不謂平時背法意斷，不勝百姓願也。

上古議事以制，不爲刑辟。夏殷及周，書法象魏。三代之君齊聖，然咸棄曲當之妙鑒，而任徵文之直準，非聖有殊，所遇異也。今論時敦朴，〔三四〕不及中古，而執平者欲適情之所安，自託於議事以制。臣竊以爲聽言則美，論理則違。然天下至大，事務衆雜，時有不得悉循文如令。故臣謂宜立格爲限，使主者守文，死生以之，不敢錯思於成制之外，以差輕重，則法恒全。事無正據，名例不及，大臣論當，以釋不滯，則事無閡。至如非常之斷，出法賞罰，若漢祖戮楚臣之私己，封趙氏之無功，唯人主專之，非奉職之臣所得擬議。然後情求傍請之跡絕，似是而非之奏塞，此蓋齊法之大準也。主者小吏，處事無常。何則？無情則法徒克，有情則撓法。積克似無私，然乃所以得其私，又恒所岨以衞其身。斷當恒克，世謂盡公，時一曲法，迺所不疑。故人君不善倚深似公之斷，而責守文如令之奏，然後得爲有檢，此又平法之一端也。

夫出法權制，指施一事，厭情合聽，可適耳目，誠有臨時當意之快，勝於徵文不允人心也。然起爲經制，終年施用，恒得一而失十。故小有所得者，必大有所失；近有所漏者，必遠有所苞。故諳事識體者，善權輕重，不以小害大，不以近妨遠。忍曲當之近

適，以全簡直之大準。不牽於凡聽之所安，必守徵文以正例。每臨其事，恒御此心以決斷，此又法之大概也。

又律法斷罪，皆當以法律令正文，若無正文，依附名例斷之，其正文名例所不及，皆勿論。法吏以上，所執不同，得爲異議。如律之文，守法之官，唯當奉用律令。至於法律之內，所見不同，迺得爲異議也。今限法曹郎令史，意有不同爲駮，唯得論釋法律，以正所斷，不得援求諸外，論隨時之宜，以明法官守局之分。

詔下其事，侍中、太宰、汝南王亮奏以爲：〔三五〕「夫禮以訓世，而法以整俗，理化之本，事實由之。若斷不斷，常輕重隨意，則王憲不一，人無所錯矣。故觀人設教，在上之舉；守文直法，臣吏之節也。臣以去太康八年，隨事異議。周懸象魏之書，漢詠畫一之法，誠以法與時共，義不可二。今法素定，而法爲議，則有所開長，以爲宜如頌所啓，爲永久之制。」於是門下屬三公曰：「昔先王議事以制，自中古以來，執法斷事，既以立法，誠不宜復求法外小善也。若常以善奪法，則人逐善而不忌法，其害甚於無法也。案啓事，欲令法令斷一，事無二門，郎令史已下，應復出法駮案，隨事以聞也。」

及于江左，元帝爲丞相時，朝廷草創，議斷不循法律，人立異議，高下無狀。主簿熊遠奏曰：「禮以崇善，法以閑非，故禮有常典，法有常防，人知惡而無邪心。是以周建象魏之

制，漢創畫一之法，故能闡弘大道，以至刑厝。律令之作，由來尚矣。經賢智，歷夷險，隨時斟酌，最爲周備。自軍興以來，法度陵替，至於處事不用律令，競作屬命，人立異議，曲適物情，虧傷大例。府立節度，復不奉用，臨事改制，朝作夕改，至於主者不敢任法，每輒關諮，委之大官，非爲政之體。若本曹處事不合法令，監司當以法彈違，不得動用開塞，以壞成事。按法蓋粗術，非妙道也，矯割物情，以成法耳。若每隨物情，輒改法制，此爲以情壞法。法之不一，是謂多門，開人事之路，廣私請之端，非先王立法之本意也。凡爲駁議者，若違律令節度，當合經傳及前比故事，不得任情以破成法。愚謂宜令錄事更立條制，諸立議者皆當引律令經傳，不得直以情言，無所依準，以虧舊典也。若開塞隨宜，權道制物，此是人君之所得行，非臣子所宜專用。主者唯當徵文據法，以事爲斷耳。」

是時帝以權宜從事，尚未能從。而河東衞展爲晉王大理，考擿故事有不合情者，又上書曰：「今施行詔書，有考子正父死刑，或鞭父母問子所在。近主者所稱庚寅詔書，舉家逃亡家長斬。若長是逃亡之主，斬之雖重猶可。設子孫犯事，將考祖父逃亡，逃亡是子孫，而父祖嬰其酷。傷順破教，如此者衆。相隱之道離，則君臣之義廢；君臣之義廢，則犯上之姦生矣。秦網密文峻，漢興，掃除煩苛，風移俗易，幾於刑厝。大人革命，不得不蕩其穢匿，通其圮滯。今詔書宜除者多，有便於當今，著爲正條，則法差簡易。」元帝令曰：「禮樂不興，則

刑罰不中，是以明罰敕法，先王所慎。自元康已來，事故荐臻，法禁滋漫。大理所上，宜朝堂會議，蠲除詔書不可用者，此孤所虛心者也。」

及帝即位，展爲廷尉，又上言：「古者肉刑，事經前聖，漢文除之，增加大辟。今人戶彫荒，百不遺一，而刑法峻重，非句踐養胎之義也。愚謂宜復古施行，以隆太平之化。」詔內外通議。於是驃騎將軍王導、太常賀循、侍中紀瞻、中書郎庾亮、大將軍諮議參軍梅陶、散騎郎張嶷等議，以：「肉刑之典，由來尚矣。肇自古先，以及三代，聖哲明王所未曾改也。豈是漢文常主所能易者乎！時蕭曹已沒，絳灌之徒不能正其義。逮班固深論其事，以爲外有輕刑之名，內實殺人。又死刑太重，生刑太輕，生刑縱於上，死刑怨於下，輕重失當，故刑政不中也。且原先王之造刑也，非以過怒也，非以殘人也，所以救姦，所以當罪。今盜者竊人之財，淫者好人之色，亡者避叛之役，皆無殺害也，則加之以刑。刑之則止，而加之斬戮，戮過其罪，死不可生，縱虐於此，歲以巨計。此迺仁人君子所不忍聞，而況行之於政乎！若乃惑其名而不練其實，惡其生而趣其死，此畏水投舟，避坎蹈井，愚夫之不若，何取於政哉！今大晉中興，遵復古典，率由舊章，起千載之滯義，拯百殘之遺黎，使皇典廢而復存，黔首死而更生，至義暢于三代之際，遺風播乎百世之後，生肉枯骨，惠侔造化，豈不休哉！惑者乃曰，死猶不懲，而況於刑？然人者冥也，其至愚矣，雖加斬戮，忽爲灰土，死事日往，生欲日

存，未以爲改。若刑諸市朝，朝夕鑒戒，刑者詠爲惡之永痛，惡者覩殘刖之長廢，故足懼也。然後知先王之輕刑以御物，顯誡以懲愚，其理遠矣。」

尚書令刁協、尚書薛兼等議，以爲：「聖上悼殘荒之遺黎，傷犯死之繁衆，欲行刖以代死刑，使犯死之徒得存性命，則率土蒙更生之澤，兆庶必懷恩以反化也。今中興祚隆，大命惟新，誠宜設寬法以育人。然懼羣小愚蔽，習翫所見而忽異聞，或未能咸服。愚謂行刑之時，先明申法令，樂刑者刖，甘死者殺，則心必服矣。古典刑不上大夫，今士人有犯者，謂宜如舊，不在刑例，則進退爲允。」

尚書周顗、郎曹彥、中書郎桓彝等議，以爲：「復肉刑以代死，誠是聖王之至德，哀矜之弘私。然竊以爲刑罰輕重，隨時而作。時人少罪而易威，則從輕而寬之；時人多罪而難威，則宜化刑而濟之。〔二六〕肉刑平世所應立，非救弊之宜也。方今聖化草創，人有餘姦，習惡之徒，爲非未已，截頭絞頸，尚不能禁，而乃更斷足劓鼻，輕其刑罰，使欲爲惡者輕犯寬刑，蹈刑而殘其身，畏重之常人，反爲犯輕而致囚，此則何異斷刖常人以爲恩仁邪！受刑者轉廣，而爲非者日多，踊貴屨賤，有鼻者醜也。徒有輕刑之名，而實開長惡之源。不如以殺止殺，重以全輕，權小停之。須聖化漸著，兆庶易威之日，徐施行也。」

議奏，元帝猶欲從展所上，大將軍王敦以爲：「百姓習俗日久，忽復肉刑，必駭遠近。且逆寇未殄，不宜有慘酷之聲，以聞天下。」於是乃止。

咸康之世，庾冰好爲糾察，近於繁細，後益矯違，復存寬縱，疏密自由，律令無用矣。

至安帝元興末，桓玄輔政，又議欲復肉刑斬左右趾之法，以輕死刑，命百官議。蔡廓上議曰：「建邦立法，弘教穆化，必隨時置制，德刑兼施。長貞一以閑其邪，教禁以檢其慢，灑湛露以流潤，厲嚴霜以肅威，雖復質文迭用，而斯道莫革。肉刑之設，肇自哲王。蓋由曩世風淳，人多惇謹，圖像既陳，則機心直戢，刑人在塗，則不逞改操，故能勝殘去殺，化隆無爲。季末澆僞，設網彌密，利巧之懷日滋，恥畏之情轉寡。終身劇役，不足止其姦，況乎黥劓，豈能反於善。徒有酸慘之聲，而無濟俗之益。至於棄市之條，實非不赦之罪，事非手殺，考律同歸，輕重均科，〔二七〕減降路塞，鍾陳以之抗言，元皇所爲留愍。今英輔翼贊，道邈伊周，誠宜明慎用刑，愛人弘育，申哀矜以革濫，移大辟於支體，全性命之至重，恢繁息於將來。」而孔琳之議不同，用王朗、夏侯玄之旨。時論多與琳之同，故遂不行。

校勘記

〔一〕烈祖　孝武帝廟號「烈宗」，「祖」字誤。

〔二〕輕殊刑三十四事　「殊」下疑脱「死」字。後漢書梁統傳及注引東觀漢記、通典一六三、通志六〇、通考一六三並有「死」字。

〔三〕遁匿之科　梁統傳及注、通典一六三、通考一六三「遁匿」俱作「首匿」。

〔四〕除文致之請　原無「之」字，據後漢書陳寵傳增。

〔五〕千五百耐罪　各本「五百」下有「七」字，殿本删之，與陳寵傳合，亦與大數合，今從殿本。

〔六〕三十三條　陳寵傳、通考一六四俱作「二十三條」。

〔七〕漢議　後漢書應劭傳及通考一六四作「漢儀」。

〔八〕膠東相董仲舒　各本及後漢書應劭傳原文俱作「膠東相」，但考之史漢本傳及春秋繁露對膠西王，「膠東」應作「膠西」，足見應劭執筆時已誤「西」爲「東」。唐修晉書沿襲其誤。

〔九〕崔寔　「寔」，各本作「實」，今從宋本。

〔一〇〕逵如子政　「政」，各本作「正」，今從殿本作「政」。劉向字子政。後漢書孔融傳載此文即作「政」。

〔一一〕故著網捕二篇　唐六典注「李悝法經六篇，一曰囚法，四曰捕法」。御覽六三八引唐書作「故著囚捕二篇」。此「網」字疑「囚」之誤。

〔一二〕告反逮受　斠注：沈家本律目考曰：「逮」，玉海引作「訊」。

〔一三〕有小愆之反不如令　斠注：律目考曰：「之反」，通典作「乏及」，通考「之」亦作「乏」。

〔一四〕及科令者　律目考：「令」疑「合」之誤。

〔一五〕爲僨　律目考：通典「僨」作「償」。

〔一六〕周雄　「雄」，各本作「權」，今從宋本作「雄」，與賈充傳、通典一六三、册府六一〇合。

〔一七〕合二十篇　上云「就漢九章增十一篇」，又加諸侯律一篇，當爲二十一篇。隋書刑法志杜預律本二十一卷，新唐書藝文志二，賈充、杜預刑法律本二十一卷，亦可證。

〔一八〕六百二十條　通典一六三、通志六〇、通考一六四俱作「六百三十條」。

〔一九〕皆爲郎　「郎」下原有「中」字，今據賈充傳、史漢叔孫通傳及御覽六三七删。

〔二〇〕張裴　斠注：「裴」誤。按：南齊書孔稚珪傳、隋書經籍志二、新唐書藝文志二、書鈔四五、御覽六三八、六四二皆作「斐」。

〔二一〕名例齊其制　通典一六四、通考一六四「制」上有「法」字。

〔二二〕此六者　「六」原作「八」。斠注：通典一六四引作「六者」，上文强盜、縛守、恐猲、呵人、受賕、持質，凡六。按：吴説是，今據通典及通考一六四改。

〔二三〕爲盜贓　「贓」原作「賊」，通典一六四、通考一六四作「贓」，今據改。

〔二四〕姦眞　通典一六四、通考一六四「眞」作「貞」。

〔二五〕盜贓五匹以上　「盜」下原有「賊」字。通典一六四及通考一六四無「賊」字，今據删。

〔二六〕或化略以循常　「以」原作「不」。通典一六四、通考一六四作「化俗以循常」，册府六一〇「不」亦作「以」，今據改。

〔二七〕使用法執詮者　「使」，各本作「者」，屬上讀；今從殿本作「使」，屬下讀。

〔二八〕化而財之謂之格　通典一六四及通考一六四作「推而行之謂之通，舉而措之謂之格」二句。

〔二九〕雖有廉士介者　「雖」，各本作「又」，今從殿本，與通典一六八合。

〔三〇〕虛棄　斠注：類聚五四引劉頌上書作「虐棄」。

〔三一〕非徒不積　「非」，各本作「之」，今從殿本，與通典一六八合。

〔三二〕同產異刑　「異」，各本作「畢」，今從殿本，與通典一六八合。

〔三三〕夫法者　「夫」，各本誤作「失」，今從殿本及通典一六六。

〔三四〕敦朴　「朴」原作「弊」，今據通典一六六引改。

〔三五〕汝南王亮奏　通鑑考異云：刑法志叙頌奏纘頌表之下，而云「侍中太宰汝南王亮」。按：頌表引元康八年事，時亮死已久，蓋志誤也。

〔三六〕化刑　斠注：當從通典一六八作「死刑」。

〔三七〕輕重均科　「均」原作「約」，今據通典一六八、通考一六四改。

二十四史

晉書

唐房玄齡等撰

第四冊
卷三一至卷四五（傳）

中華書局

晉書卷三十一

列傳第一

后妃上

夫乾坤定位，男女流形，伉儷之義同歸，貴賤之名異等。若乃作配皇極，齊體紫宸，象玉牀之連後星，喻金波之合羲璧。爰自夐古，是謂元妃；降及中年，乃稱王后。四人並列，光于帝嚳之宮；二妃同降，著彼有虞之典。夏商以上，六宮之制，其詳靡得而聞焉。姬劉以降，五翟之規，其事可略而言矣。周禮，天子立一后、三夫人、九嬪、二十七世婦、八十一御妻，以聽王者內政。故婚義曰：「天子之與后，如日之與月，陰之與陽。」由斯而談，其所從來遠矣。故能母儀天寓，助宣王化，德均載物，比大坤維，宗廟歆其薦羞，穹壤俟其交泰。是以哲王垂憲，尤重造舟之禮；詩人立言，先獎葛覃之訓。後燭流景，所以裁其宴私；房樂希聲，是用節其容止。履端正本，抑斯之謂歟！若乃娉納有方，防閑有禮，肅尊儀而修四德，

體柔範而弘六義，陰教洽于宮闈，淑譽騰於區域。則玄雲入戶，上帝錫母萌之符；黃神降徵，坤靈贊壽丘之道，終能鼎祚惟永，胤嗣克昌。至若儷極虧閑，憑天作孽，倒裳衣于衽席，感朓側於弦望。則龍漦結釁，宗周鞠爲黍苗；燕尾挺災，隆漢墜其枌社矣。自曹劉內主，位以色登，甄衞之家，榮非德舉。淫荒挺性，蔑西郊之禮容；婉孌含辭，作南國之奇態。詖謁由斯外入，穢德於是內宣。椒掖播晨牝之風，蘭殿絕河雎之響。永言彤史，大練之範逾微；緬視青蒲，脫珥之猷替矣。晉承其末，與世汙隆，宣皇創基，功弘而道屈；穆后一善，勳侔於十亂。洎乎世祖，〔一〕始親選良家，既而帝掩紈扇，躬行請託。后採長白，實彰妒忌之情；賈納短青，竟踐覆亡之轍。得失遺跡，煥在綈緗，興滅所由，義同畫一。故列其本事，以爲后妃傳云。

宣穆張皇后

宣穆張皇后諱春華，河內平皋人也。父汪，魏粟邑令；母河內山氏，司徒濤之從祖姑也。后少有德行，智識過人，生景帝、文帝、平原王榦、南陽公主。

宣帝初辭魏武之命，託以風痹，嘗暴書，遇暴雨，不覺自起收之。家惟有一婢見之，后乃恐事泄致禍，遂手殺之以滅口，而親自執爨。帝由是重之。其後柏夫人有寵，后罕得進

見。帝嘗臥疾，后往省病。帝曰：「老物可憎，何煩出也！」后慚恚不食，將自殺，諸子亦不食。帝驚而致謝，后乃止。帝退而謂人曰：「老物不足惜，慮困我好兒耳！」

魏正始八年崩，時年五十九，葬洛陽高原陵，追贈廣平縣君。咸熙元年，追號宣穆妃。及武帝受禪，追尊爲皇后。

景懷夏侯皇后

景懷夏侯皇后諱徽，字媛容，沛國譙人也。父尚，魏征南大將軍；母曹氏，魏德陽鄉主。

后雅有識度，帝每有所爲，必豫籌畫。魏明帝世，宣帝居上將之重，諸子並有雄才大略。后知帝非魏之純臣，而后既魏氏之甥，帝深忌之。青龍二年，遂以鴆崩，時年二十四，葬峻平陵。武帝登阼，初未追崇，弘訓太后每以爲言，泰始二年始加號謚。后無男，生五女。

景獻羊皇后

景獻羊皇后諱徽瑜，泰山南城人。父衜，上黨太守；后母陳留蔡氏，漢左中郎將邕之女也。

后聰敏有才行。景懷皇后崩，景帝更娶鎮北將軍濮陽吳質女，見黜，復納后，無子。武

帝受禪，居弘訓宮，號弘訓太后。泰始九年，追贈蔡氏濟陽縣君，謚曰穆。咸寧四年，太后崩，時年六十五，祔葬峻平陵。

文明王皇后

文明王皇后諱元姬，東海郯人也。父肅，魏中領軍、蘭陵侯。

后年八歲，誦詩論，尤善喪服，苟有文義，目所一見，必貫於心。年九歲，遇母疾，扶侍不捨左右，衣不解帶者久之。每先意候指，動中所適，由是父母令攝家事，每盡其理。祖朗甚愛異之，曰：「興吾家者，必此女也，惜不爲男矣！」年十二，朗薨，后哀戚哭泣，發于自然，其父益加敬異。

既笄，歸于文帝，生武帝及遼東悼王定國、齊獻王攸、城陽哀王兆、廣漢殤王廣德、京兆公主。后事舅姑盡婦道，謙沖接下，嬪御有序。及居父喪，身不勝衣，言與淚俱。時鍾會以才能見任，后每言于帝曰：「會見利忘義，好爲事端，寵過必亂，不可大任。」會後果反。

武帝受禪，尊爲皇太后，宮曰崇化。初置宮卿，重選其職，以太常諸葛緒爲衛尉，太僕劉原爲太僕，宗正曹楷爲少府。后雖處尊位，不忘素業，躬執紡績，器服無文，御浣濯之衣，食不參味。而敦睦九族，垂心萬物，言必典禮，浸潤不行。

帝以后母羊氏未崇謚號，泰始三年下詔曰：「昔漢文追崇靈文之號，武、宣有平原、博平之封，咸所以奉尊尊之敬，廣親親之恩也。故衛將軍、蘭陵景侯夫人羊氏，含章體順，仁德醇備，內承世胄，出嬪大國，三從之行，率禮無違。仍遭不造，頻喪統嗣，撫育衆胤，克成家道。母儀之教，光于邦族，誕啓聖明，祚流萬國。而早世殂隕，不遇休寵。皇太后孝思蒸蒸，永慕罔極。朕感存遺訓，追遠傷懷。其封夫人爲縣君，依德紀謚，主者詳如舊典。」於是使使持節、謁者何融追謚爲平陽靖君。

四年，后崩，時年五十二，合葬崇陽陵。將遷祔，帝手疏后德行，命史官爲哀策曰：

明明先后，興我晉道。暉章淑問，以翼皇考。邁德宣猷，大業有造。貽慶孤曚，堂構是保。庶資復顧，永享難老。奄然登遐，棄我何早！沈哀罔訴，如何穹昊。嗚呼哀哉！

厥初生民，樹之惠康。帝遷明德，顧予先皇。天立厥配，我皇是光。作邦作對，德音無疆。愍予不弔，天篤降殃。日沒明夷，中年隕喪。煢煢在疚，永懷摧傷。尋惟景行，於穆不已。海岱降靈，世荷繁祉。永錫祚胤，篤生文母。誕膺純和，淑愼容止。質直不渝，體茲孝友。詩書是悅，禮籍是紀。三從無違，中饋允理。追惟先后，勞謙是尚。爰初在室，竭力致養。嬪于大邦，皇基是相。謚靜隆化，帝業以創。內敍嬪御，外

協時望。履信居順，德行洽暢。密勿無荒，劬勞克讓。崇儉抑華，沖素是放。雖享崇高，歡嘉未饗。胡寧棄之，我將曷仰？咨余不造，大罰薦臻。皇考背世，始踰三年。仰奉慈親，冀無後艱。凶災仍集，何辜於天。嗚呼哀哉！

靈輀夙駕，設祖中闈。輼輬動軫，既往不追。哀哀皇妣，永潛靈暉。進攀梓宮，顧援素旂。屏營窮痛，誰告誰依？訴情贈策，以舒傷悲。尚或有聞，顧予孤遺。嗚呼哀哉！

其後帝追慕不已，復下詔曰：「外曾祖母故司徒王朗夫人楊氏，舅氏尊屬，鄭、劉二從母，先后至愛。每惟聖善，敦睦遺旨，渭陽之感，永懷靡及。其封楊夫人及從母爲鄉君，邑各五百戶。」太康七年，追贈繼祖母夏侯氏爲滎陽鄉君。

武元楊皇后

武元楊皇后諱艷，字瓊芝，弘農華陰人也。父文宗，〔三〕見外戚傳；母天水趙氏，早卒。后依舅家，舅妻仁愛，親乳養后，遣他人乳其子。及長，又隨後母段氏，依其家。

后少聰慧，善書，姿質美麗，閑於女工。有善相者嘗相后，當極貴，文帝聞而爲世子聘焉。甚被寵遇，生毗陵悼王軌、惠帝、秦獻王柬，平陽、新豐、陽平公主。武帝即位，立爲皇后。有司奏依漢故事，皇后、太子各食湯沐邑四十縣，而帝以非古典，不許。后追懷舅氏之

恩，顯官趙俊，納俊兄虞女粲於後宮爲夫人。

帝以皇太子不堪奉大統，密以語后。后曰：「立嫡以長不以賢，豈可動乎？」初，賈充妻郭氏使賂后，求以女爲太子妃。及議太子婚，帝欲娶衞瓘女。然后盛稱賈后有淑德，又密使太子太傅荀顗進言，上乃聽之。泰始中，帝博選良家以充後宮，先下書禁天下嫁娶，使宦者乘使車，給騶騎，馳傳州郡，召充選者使后揀擇。后性妒，惟取潔白長大，其端正美麗者並不見留。時卞藩女有美色，帝掩扇謂后曰：「卞氏女佳。」后曰：「藩三世后族，其女不可枉以卑位。」帝乃止。司徒李胤、鎮軍大將軍胡奮、廷尉諸葛沖、太僕臧權、侍中馮蓀、秘書郎左思及世族子女並充三夫人九嬪之列。司、冀、兗、豫四州二千石將吏家，補良人以下。名家盛族子女，多敗衣瘁貌以避之。

及后有疾，見帝素幸胡夫人，恐後立之，慮太子不安。臨終，枕帝膝曰：「叔父駿女男胤有德色，願陛下以備六宮。」因悲泣，帝流涕許之。泰始十年，崩於明光殿，絕于帝膝，時年三十七。詔曰：「皇后逮事先后，常冀能終始永奉宗廟，一旦殂隕，痛悼傷懷。每自以夙喪二親，於家門之情特隆。又有心欲改葬父祖，以頃者務崇儉約，初不有言，近垂困，說此意，情亦愍之。其使領前軍將軍駿等自克改葬之宜，至時，主者供給葬事。賜諡母趙氏爲縣君，以繼母段氏爲鄉君。傳不云乎，『愼終追遠，民德歸厚』。且使亡者有知，尚或嘉之。」

于是有司卜吉，窀穸有期，乃命史臣作哀策敍懷。其詞曰：

天地配序，成化兩儀。王假有家，道在伉儷。姜嫄佐嚳，二妃興嬀。仰希古昔，冀亦同規。今胡不然，景命夙虧。嗚呼哀哉！

我應圖籙，統臨萬方。正位于內，實在嬪嬙。天作之合，駿發之祥。河嶽降靈，啓祚華陽。奕世豐衍，朱紱斯煌。纘女惟行，受命溥將。來翼家邦，憲度是常。緝熙陰敎，德聲顯揚。昔我先妣，暉曜休光。后承前訓，奉述遺芳。宜嗣徽音，繼序無荒。如何不弔，背世隕喪。望齊無主，長去烝嘗。追懷永悼，率土摧傷。嗚呼哀哉！

陵兆既窆，將遷幽都。宵陳夙駕，元妃其徂。宮闈遏密，階庭空虛。設祖布綍，告駕啓塗。服翬褕狄，寄象容車。金路晻藹，裳帳不舒。千乘動軫，六驥躊躇。銘旌樹表，翣柳雲敷。祁祁同軌，岌岌烝徒。孰不云懷，哀感萬夫。寧神虞卜，安體玄廬。土房陶簋，齊制遂初。依行紀諡，聲被八區。雖背明光，亦歸皇姑。沒而不朽，世德作謨。嗚呼哀哉！

乃葬于峻陽陵。

武悼楊皇后 左貴嬪 胡貴嬪 諸葛夫人

武悼楊皇后諱芷，字季蘭，小字男胤，元后從妹。父駿，別有傳。以咸寧二年立爲皇后。婉嫕有婦德，美暎椒房，甚有寵。生渤海殤王，早薨，遂無子。太康九年，后率內外夫人命婦躬桑于西郊，賜帛各有差。

太子妃賈氏妒忌，帝將廢之。后言於帝曰：「賈公閭有勳社稷，猶當數世宥之。賈妃親是其女，正復妒忌之間，不足以一眚掩其大德。」后又數誡厲妃，妃不知后之助己，因以致恨，謂后構之於帝，忿怨彌深。及帝崩，尊爲皇太后。賈后凶悖，忌后父駿執權，遂誣駿爲亂，使楚王瑋與東安王繇稱詔誅駿。內外隔塞，后題帛爲書，射之城外，曰「救太傅者有賞」，賈后因宣言太后同逆。

駿既死，詔使後軍將軍荀悝送后于永寧宮。特全后母高都君龐氏之命，聽就后居止。賈后諷羣公有司奏曰：「皇太后陰漸姦謀，圖危社稷，飛箭繫書，要募將士，同惡相濟，自絕于天。魯侯絕文姜，春秋所許，蓋以奉順祖宗，任至公於天下。陛下雖懷無已之情，臣下不敢奉詔。可宣敕王公于朝堂會議。」詔曰：「此大事，更詳之。」有司又奏：「駿藉外戚之資，居冢宰之任，陛下既居諒闇，委以重權，至乃陰圖凶逆，布樹私黨。皇太后內爲脣齒，協同逆謀，禍釁既彰，背捍詔命，阻兵負衆，血刃宮省，而復流書募衆，以奬凶黨，上背祖宗之靈，下絕億兆之望。昔文姜與亂，春秋所貶，呂宗叛戾，高后降配，宜廢皇太后爲峻陽庶人。」中書

監張華等以爲「太后非得罪于先帝者也，今黨惡所親，〔三〕爲不母子聖世。宜依孝成趙皇后故事，曰武帝皇后，處之離宮，以全貴終之恩」。尚書令、下邳王晃等議曰：「皇太后與駿潛謀，欲危社稷，不可復奉承宗廟，配合先帝。宜貶尊號，廢詣金墉城。」于是有司奏：「請從晃等議，廢太后爲庶人。遣使者以太牢告于郊廟，以奉承祖宗之命，稱萬國之望。至於諸所供奉，可順聖恩，務從豐厚。」詔不許。有司又固請，乃可之。又奏：「楊駿造亂，家屬應誅，詔原其妻龐命，以慰太后之心。今太后廢爲庶人，請以龐付廷尉行刑。」詔曰：「聽龐與庶人相隨。」有司希賈后旨，固請，乃從之。龐臨刑，太后抱持號叫，截髮稽顙，上表詣賈后稱妾，請全母命，不見省。初，太后尚有侍御十餘人，賈后奪之，絕膳而崩，時年三十四，在位十五年。賈后又信妖巫，謂太后必訴冤先帝，乃覆而殯之，施諸厭劾符書藥物。

永嘉元年，追復尊號，別立廟，神主不配武帝。至成帝咸康七年，下詔使內外詳議。衞將軍虞潭議曰：「世祖武皇帝光有四海，元皇后應乾作配。元后既崩，悼后繼作，至楊駿肆逆，禍延天母。孝懷皇帝追復號諡，豈不以鯀殛禹興，義在不替者乎！又太寧二年，臣忝宗正，帝譜泯棄，罔所循按。時博諮舊齒，以定昭穆，與故驃騎將軍華恒、尚書荀崧、侍中荀邃因舊譜參論撰次，尊號之重，一無改替。今聖上孝思，祗肅禋祀，詢及羣司，將以恢定大禮。臣輒思詳，伏見惠皇帝起居注、羣臣議奏，列駿作逆謀，危社稷，引魯之文姜，漢之呂后。臣

竊以文姜雖莊公之母，實爲父讐；呂后寵樹私戚，幾危劉氏，按此二事異于今日。昔漢章帝竇后殺和帝之母，和帝即位盡誅諸竇。當時議者欲貶竇后，及后之亡，欲不以禮葬。和帝以奉事十年，義不可違，臣子之道，務從豐厚，仁明之稱，表于往代。又見故尚書僕射裴頠議悼后故事，稱繼母雖出，追服無改。是以孝懷皇帝尊崇號謚，還葬峻陵。此則母子道全，而廢事蕩革也。于時祭于弘訓之宮，未入太廟。蓋是事之未盡，非義典也。若以悼后復位爲宜，則應配食世祖；若以復之爲非，則譜謚宜闕，未有位號居正，而偏祠別室者也。若以孝懷皇帝私隆母子之道，特爲立廟者，此苟崇私情，有虧國典，則國譜帝諱，皆宜除棄，匪徒不得同祀于世祖之廟也。」會稽王昱、中書監庾冰、中書令何充、尚書令諸葛恢、尚書謝廣、光祿勳留擢、丹楊尹殷融、護軍將軍馮懷、散騎常侍鄧逸等咸從潭議，由是太后配食武帝。

左貴嬪名芬。兄思，別有傳。

芬少好學，善綴文，名亞于思，武帝聞而納之。泰始八年，拜修儀。受詔作愁思之文，因爲離思賦曰：

生蓬戶之側陋兮，不閑習於文符。不見圖畫之妙像兮，不聞先哲之典謨。旣愚陋而寡識兮，謬忝厠于紫廬。非草苗之所處兮，恒怵惕以憂懼。懷思慕之忉怛兮，兼始

終之萬慮。嗟隱憂之沈積兮，獨鬱結而靡訴。意慘憒而無聊兮，思纏綿以增慕。夜耿耿而不寐兮，魂憧憧而至曙。風騷騷而四起兮，霜皚皚而依庭。日晻曖而無光兮，氣懰慄以洌清。懷愁戚之多感兮，患涕淚之自零。

昔伯瑜之婉孌兮，每綵衣以娛親。悼今日之乖隔兮，奄與家爲參辰。豈相去之云遠兮，曾不盈乎數尋。何宮禁之清切兮，欲瞻覩而莫因。仰行雲以歔欷兮，涕流射而沾巾。惟屈原之哀感兮，嗟悲傷于離別。彼城闕之作詩兮，亦以日而喻月。況骨肉之相於兮，永緬邈而兩絕。長含哀而抱戚兮，仰蒼天而泣血。

亂曰：骨肉至親，化爲他人，永長辭兮。慘愴愁悲，夢想魂歸，見所思兮。驚寤號咷，心不自聊，泣漣洏兮。援筆舒情，涕淚增零，訴斯詩兮。

後爲貴嬪，姿陋無寵，以才德見禮。體羸多患，常居薄室，帝每遊華林，輒回輦過之。言及文義，辭對清華，左右侍聽，莫不稱美。

及元楊皇后崩，芬獻誄曰：

惟泰始十年秋七月丙寅，晉元皇后楊氏崩，嗚呼哀哉！昔有莘適殷，姜姒歸周，宜德中闈，徽音永流。樊衞二姬，匡齊翼楚；馬鄧兩妃，亦毗漢主。峨峨元后，光嬪晉宇。伉儷聖皇，比蹤往古。遭命不永，背陽即陰。六宮號咷，四海慟心。嗟余鄙妾，銜恩特深。追慕三良，甘心自沈。何用存思？不忘德音。何用紀述？託辭翰林。乃作誄曰：

赫赫元后，出自有楊。奕世朱輪，燿彼華陽。惟嶽降神，顯茲禎祥。篤生英媛，休有烈光。含靈握文，異于庶姜。和暢春日，操厲秋霜。疾彼攸遂，敦此義方。率由四教，匪怠匪荒。行周六親，徽音顯揚。顯揚伊何？京室是臧。乃娉乃納，聿嬪聖皇。正位閨闥，惟德是將。鳴珮有節，發言有章。仰觀列圖，俯覽篇籍。顧問女史，咨詢竹帛。思媚皇姑，虔恭朝夕。允釐中饋，執事有恪。

于禮斯勞，于敬斯勤。雖曰齊聖，邁德日新。日新伊何，克廣弘仁。終溫且惠，帝妹是親。經緯六宮，罔不彌綸。羣妾惟仰，譬彼北辰。亦旣青陽，鳴鳩告時。躬執桑曲，率導媵姬。修成蠶蔟，分繭理絲。女工是察，祭服是治。祗奉宗廟，永言孝思。于彼六行，靡不蹈之。皇英佐舜，塗山翼禹。惟衞惟樊，二霸是輔。明明我后，異世同矩。亦能有亂，〔四〕謀及天府。內敷陰教，外毗陽化。綢繆庶正，密勿夙夜。恩從風翔，澤隨雨播。中外禔福，遐邇詠歌。

天祚貞吉，克昌克繁。則百斯慶，育聖育賢。教踰妊姒，訓邁姜嫄。堂堂太子，惟國之元。濟濟南陽，爲屏爲藩。本支菴藹，四海蔭焉。徽斯皇妣，孰茲克臻。曰乾蓋

聽，曰聖允誠。積善之堂，五福所幷。宜享高年，匪隕匪傾。如彭之齒，如聃之齡。云胡不造，于茲禍殃。〔五〕寢疾彌留，寤寐不康。巫咸騁術，和鵲奏方。祈禱無應，嘗藥無良。形神將離，載昏載荒。奄忽崩殂，湮精滅光。哀哀太子，南陽繁昌。攀援不寐，擗踊摧傷。嗚呼哀哉！闔宮號咷，宇內震驚。奔者塡衢，赴者塞庭。哀慟雷駭，流淚雨零。歔欷不已，若喪所生。

惟帝與后，契闊在昔。比翼白屋，雙飛紫閣。悼后傷后，早即窀穸。言斯旣及，涕泗隕落。追惟我后，實聰實哲。通于性命，達于儉節。送終之禮，比素上世。襚無珍寶，唅無明月。潛輝梓宮，永背昭晰。臣妾哀號，同此斷絕。庭宇遏密，幽室增陰。空設幃帳，虛置衣衾。人亦有言，神道難尋。悠悠精爽，豈浮豈沈。豐奠日陳，冀魂之臨。孰云元后，不聞其音。

乃議景行，景行已溢。〔六〕乃考龜筮，龜筮襲吉。爰定宅兆，克成玄室。魂之往矣，于以令日。仲秋之晨，啓明始出。星陳夙駕，靈輿結駟。其輿伊何？金根玉箱。其駟伊何？二駱雙黃。習習容車，朱服丹章。隱隱轜軒，弁絰繐裳。華轂曜野，素蓋被原。方相仡仡，旌旐翩翩。輓童引歌，白驥鳴轅。觀者夾塗，士女涕漣。千乘萬騎，迄彼峻山。峻山峨峨，曾阜重阿。弘高顯敞，據洛背河。左瞻皇姑，右睇帝家。推存揆亡，明

神所嘉。諸姑姊妹，娣姒滕御。追送塵軌，號咷衢路。王侯卿士，雲會星布。羣官庶僚，縞蓋無數。咨嗟通夜，東方云曙。百祇奉迎，我后安厝。中外俱臨，同哀並慕。涕如連雲，淚如湛露。扃闥既闔，窈窈冥冥。有夜無晝，曷用其明。不封不樹，山坂同形。

昔后之崩，大火西流。寒往暑過，今亦孟秋。自我銜卹，倏忽一周。衣服將變，痛心若抽。逼彼禮制，惟以增憂。去此素衣，結戀靈丘。有始有終，天地之經。自非三光，誰能不零。存播令德，沒圖丹青。先哲之志，以此爲榮。溫溫元后，實宜慈焉。撫育羣生，恩惠滋焉。遺愛不已，永見思焉。懸名日月，垂萬春焉。嗚呼庶妾，感四時焉。言思言慕，涕漣洏焉。

咸寧二年，納悼后，芬于座受詔作頌，其辭曰：

峨峨華嶽，峻極泰清。巨靈導流，河瀆是經。惟瀆之神，惟嶽之靈。鍾于楊族，載育盛明。穆穆我后，應期挺生。含聽履喆，岐嶷夙成。如蘭之茂，如玉之榮。越在幼沖，休有令名。飛聲八極，翕習紫庭。超妊邈姒，比德皇英。京室是嘉，備禮致娉。令月吉辰，百僚奉迎。周生歸韓，詩人是詠。我后戾止，車服暉暎。登位太微，明德日盛。羣黎欣戴，函夏同慶。

翼翼聖皇，叡喆孔純。愍茲狂戾，闓惠播仁。蠲釁滌穢，與時惟新。沛然洪赦，恩詔遐震。后之踐阼，囹圄虛陳。萬國齊歡，六合同欣。坤神抃舞，天人載悅。興瑞降祥，表精日月。和氣烟熅，三光朗烈。既獲嘉時，尋播甘雪。玄雲晻藹，靈液霏霏。既儲既積，待陽而晞。曣晛沾濡，柔潤中畿。長享豐年，福祿永綏。

及帝女萬年公主薨，帝痛悼不已，詔芬爲誄，其文甚麗。帝重芬詞藻，每有方物異寶，必詔爲賦頌，以是屢獲恩賜焉。答兄思詩、書及雜賦頌數十篇，並行于世。

胡貴嬪名芳。父奮，別有傳。泰始九年，帝多簡良家子女以充內職，自擇其美者以絳紗繫臂。而芳既入選，下殿號泣。左右止之曰：「陛下聞聲。」芳曰：「死且不畏，何畏陛下！」帝遣洛陽令司馬肇策拜芳爲貴嬪。帝每有顧問，不飾言辭，率爾而答，進退方雅。時帝多內寵，平吳之後復納孫晧宮人數千，自此掖庭殆將萬人。而並寵者甚衆，帝莫知所適，常乘羊車，恣其所之，至便宴寢。宮人乃取竹葉插戶，以鹽汁灑地，而引帝車。然芳最蒙愛幸，殆有專房之寵焉，侍御服飾亞于皇后。帝嘗與之摴蒱，爭矢，遂傷上指。帝怒曰：「此固將種也！」芳對曰：「北伐公孫，西距諸葛，非將種而何？」帝甚有慚色。芳生武安公主。

諸葛夫人名婉，琅邪陽都人也。父沖，字茂長，廷尉卿。婉以泰始九年春入宮，帝臨軒，使使持節、洛陽令司馬肇拜爲夫人。

兄銓，字德林，散騎常侍。銓弟玫，字仁林，侍中、御史中丞。玫婦弟周穆，清河王覃之舅也。永嘉初，穆與玫勸東海王越廢懷帝，立覃，越不許。重言之，越怒，遂斬玫及穆。臨刑，玫謂穆曰：「我語卿何道？」穆曰：「今日復何所說。」時人方知謀出於穆，非玫之意。

惠賈皇后

惠賈皇后諱南風，平陽人也，小名旹。父充，別有傳。初，武帝欲爲太子取衞瓘女，元后納賈郭親黨之說，欲婚賈氏。帝曰：「衞公女有五可，賈公女有五不可。衞家種賢而多子，美而長白；賈家種妒而少子，醜而短黑。」元后固請，荀顗、荀勖並稱充女之賢，乃定婚。始欲聘后妹午，午年十二，小太子一歲，短小未勝衣。更娶南風，時年十五，大太子二歲。泰始八年二月辛卯，〔七〕册拜太子妃。妒忌多權詐，太子畏而惑之，嬪御罕有進幸者。

帝常疑太子不慧，且朝臣和嶠等多以爲言，故欲試之。盡召東宮大小官屬，爲設宴會，而密封疑事，使太子決之，停信待反。妃大懼，倩外人作答。答者多引古義。給使張泓曰：

「太子不學，而答詔引義，必責作草主，更益譴負。不如直以意對。」妃大喜，語泓：「便爲我好答，富貴與汝共之。」泓素有小才，具草，令太子自寫。帝省之，甚悅。先示太子少傅衞瓘，瓘大踧踖，衆人乃知瓘先有毀言，殿上皆稱萬歲。充密遣語妃云：「衞瓘老奴，幾破汝家。」

妃性酷虐，嘗手殺數人。或以戟擲孕妾，子隨刃墮地。帝聞之，大怒，已修金墉城，將廢之。充華趙粲從容言曰：「賈妃年少，妒是婦人之情耳，長自當差。願陛下察之。」其後楊珧亦爲之言曰：「陛下忘賈公閭耶？」荀勖深救之，故得不廢。惠帝卽位，立爲皇后，生河東、臨海、始平公主、哀獻皇女。

后暴戾日甚。侍中賈模，后之族兄，右衞郭彰，后之從舅，並以才望居位，與楚王瑋、東安公繇分掌朝政。后母廣城君養孫賈謐干預國事，權侔人主。繇密欲廢后，賈氏憚之。及太宰亮、衞瓘等表繇徙帶方，奪楚王中候，后知瑋怨之，乃使帝作密詔令瑋誅瓘、亮，以報宿憾。模知后凶暴，恐禍及己，乃與裴頠、王衍謀廢之，衍悔而謀寢。

后遂荒淫放恣，與太醫令程據等亂彰內外。洛南有盜尉部小吏，端麗美容止，既給廝役，忽有非常衣服，衆咸疑其竊盜，尉嫌而辯之。賈后疏親欲求盜物，往聽對辭。小吏云：「先行逢一老嫗，說家有疾病，師卜云宜得城南少年厭之，欲暫相煩，必有重報。於是隨去，上車下帷，內簏箱中，行可十餘里，過六七門限，開簏箱，忽見樓闕好屋。問此是何處，云是天上，卽以香湯見浴，好衣美食將入。見一婦人，年可三十五六，短形青黑色，眉後有疵。見留數夕，共寢歡宴，臨出贈此衆物。」聽者聞其形狀，知是賈后，慚笑而去，尉亦解意。時他人入者多死，惟此小吏，以后愛之，得全而出。及河東公主有疾，師巫以爲宜施寬令，乃稱詔大赦天下。

初，后詐有身，內稾物爲產具，遂取妹夫韓壽子慰祖養之，託諒闇所生，故弗顯。遂謀廢太子，以所養代立。時洛中謠曰：「南風烈烈吹黃沙，遙望魯國鬱嵯峨，前至三月滅汝家。」后母廣城君以后無子，甚敬重愍懷，每勸厲后，使加慈愛。賈謐恃貴驕縱，不能推崇太子，廣城君恒切責之。及廣城君病篤，占術謂不宜封廣城，乃改封宜城。后出侍疾十餘日，太子常往宜城第，將醫出入，恂恂盡禮。宜城臨終執后手，令盡意于太子，言甚切至。又曰：「趙粲及午必亂汝事，我死後，勿復聽入，深憶吾言。」后不能遵之，遂專制天下，威服內外。更與粲、午專爲姦謀，誣害太子，衆惡彰著。初，誅楊駿及汝南王亮、太保衞瓘、楚王瑋等，皆臨機專斷，宦人董猛參預其事。猛，武帝時爲寺人監，侍東宮，得親信于后，預誅楊駿，封武安侯，猛三兄皆爲亭侯，天下咸怨。

及太子廢黜，趙王倫、孫秀等因衆怨謀欲廢后。〔八〕后數遣宮婢微服於人間視聽，其謀

頗泄。后甚懼，遂害太子，以絕衆望。趙王倫乃率兵入宮，使翊軍校尉齊王冏入殿廢后。后與冏母有隙，故倫使之。后驚曰：「卿何爲來！」冏曰：「有詔收后。」后曰：「詔當從我出，何詔也？」后至上閤，遙呼帝曰：「陛下有婦，使人廢之，亦行自廢。」又問冏曰：「起事者誰？」冏曰：「梁、趙。」后曰：「繫狗當繫頸，今反繫其尾，何得不然！」至宮西，見謐尸，再舉聲而哭遽止。倫乃矯詔遣尚書劉弘等持節齎金屑酒賜后死。后在位十一年。趙粲、賈午、韓壽、董猛等皆伏誅。

臨海公主先封清河，洛陽之亂，爲人所略，傳賣吳興錢溫。溫以送女，女遇主甚酷。元帝鎮建鄴，主詣縣自言。元帝誅溫及女，改封臨海，宗正曹統尚之。

惠羊皇后　謝夫人

惠羊皇后諱獻容，泰山南城人。祖瑾，父玄之，並見外戚傳。賈后既廢，孫秀議立后。后外祖孫旂與秀合族，又諸子自結於秀，故以太安元年立爲皇后。〔九〕將入宮，衣中有火。成都王穎伐長沙王乂，以討玄之爲名。乂敗，穎奏廢后爲庶人，處金墉城。陳眕等唱伐成都王，大赦，復后位。張方入洛，又廢后。方逼遷大駕幸長安，留臺復后位。永興初，張方又廢后。河間王顒矯詔，以后屢爲姦人所立，遣尚書田淑敕留臺賜后死。詔書累至，司隸校尉劉暾與尚書僕射荀藩、河南尹周馥馳上奏曰：「奉被手詔，伏讀惶悸。臣按古今書籍，亡國破家，毀喪宗祊，皆由犯衆違人之所致也。陛下遷幸，舊京廓然，衆庶悠悠，罔所依倚。家有跂踵之心，人想鑾輿之聲，思望大德，釋兵歸農。而兵纏不解，處處互起，豈非善者不至，人情猜隔故耶！今上官巳犯闕稱兵，焚燒宮省，百姓諠駭，宜鎮之以靜。而大使卒至，赫然執藥，當詣金墉，內外震動，謂非聖意。羊庶人門戶殘破，廢放空宮，門禁峻密，若絕天地，無緣得與姦人搆亂。衆無智愚，皆謂不然，刑書猥至，罪不值辜，人心一憤，易致興動。夫殺一人而天下喜悅者，宗廟社稷之福也。今殺一枯窮之人而令天下傷慘，臣懼凶豎乘間，妄生變故。臣忝司京輦，觀察衆心，實以深憂，宜當含忍。不勝所見，謹密啓聞。願陛下更深與太宰參詳，勿令遠近疑惑，取謗天下。」顒見表大怒，乃遣陳顏、呂朗東收暾。暾奔青州，后遂得免。帝還洛，迎后復位。後洛陽令何喬又廢后。及張方首至，其日復后位。

會帝崩，后慮太弟立爲嫂叔，不得稱太后，催前太子清河王覃入，將立之，不果。懷帝卽位，尊后爲惠帝皇后，居弘訓宮。洛陽敗，沒于劉曜。曜僭位，以爲皇后。因問曰：「吾何如司馬家兒？」后曰：「胡可並言？陛下開基之聖主，彼亡國之暗夫，有一婦一子及身三耳，不能庇之。貴爲帝王，而妻子辱于凡庶之手。遣妾爾時實不思生，何圖復有今日。妾生於高門，常謂世間男子皆然。自奉巾櫛以來，始知天下有丈夫耳。」曜甚愛寵之，生曜二子而

死，僞諡獻文皇后。

謝夫人名玖。家本貧賤，父以屠羊爲業。玖淸惠貞正而有淑姿，選入後庭爲才人。惠帝在東宮，將納妃。武帝慮太子尚幼，未知帷房之事，乃遣往東宮侍寢，由是得幸有身。賈后妒忌之，玖求還西宮，遂生愍懷太子，年三四歲，惠帝不知也。入朝，見愍懷與諸皇子共戲，執其手，武帝曰：「是汝兒也。」及立爲太子，拜玖爲淑媛。賈后不聽太子與玖相見，處之一室。及愍懷遇酷，玖亦被害焉。永康初，詔改葬太子，因贈玖夫人印綬，葬顯平陵。

懷王皇太后

懷王皇太后諱媛姬，不知所出。初入武帝宮，拜中才人，早卒。懷帝卽位，追尊曰皇太后。

元夏侯太妃

元夏侯太妃名光姬，沛國譙人也。祖威，兗州刺史。父莊，字仲容，淮南太守、清明亭侯。

妃生自華宗，幼而明慧。琅邪武王爲世子覲納焉，生元帝。及恭王薨，元帝嗣立，稱王太妃。永嘉元年，薨于江左，葬琅邪國。初有讖云「銅馬入海建鄴期」，太妃小字銅環，而元帝中興於江左焉。

校勘記

〔一〕洎乎世祖　「世祖」原作「太祖」。太祖，文帝廟號。選良家掩扇乃世祖武帝事，今依武元楊皇后傳改。

〔二〕父文宗　校文：御覽一三八引云后父炳，此作「文宗」者，疑以字行。湯球王隱晉書輯本注云，唐諱「炳」，故所修書作「文宗」。

〔三〕今黨惡所親　斠注：華傳作「黨其所親」。按：通鑑八二用張華傳文，是也。

〔四〕亦能有亂　南監本「亂」作「辭」。

〔五〕于茲禍殃　類聚一五「于」作「丁」，義長。

〔六〕景行已溢　「溢」疑「謚」之誤。

〔七〕二月辛卯　二月己亥朔，無辛卯。

〔八〕因衆怨謀欲廢后　「怨」，宋本作「怒」，今從殿本、局本。此「怨」字承上文「天下咸怨」。

〔九〕太安元年立爲皇后　舉正：太安初孫秀已誅，安得議立后乎？惠紀在永康元年十一月爲是。斠注：五行志、御覽一三八引臧榮緒晉書亦云永康元年立爲皇后。

晉書卷三十二

列傳第二

后妃下

元敬虞皇后　荀豫章君

元敬虞皇后諱孟母，濟陽外黃人也。父豫，見外戚傳。帝爲琅邪王，納后爲妃，無子。永嘉六年薨，時年三十五。

帝爲晉王，追尊爲王后。有司奏王后應別立廟。令曰：「今宗廟未成，不宜更興作，便修飾陵上屋以爲廟。」太興三年，册曰：「皇帝咨前琅邪王妃虞氏：朕祇順昊天成命，用陟帝位。悼妃夙徂，徽音潛翳，御于家邦，靡所儀刑，陰教有虧，用傷于懷。追號制謚，先王之典。今遣使持節兼太尉萬勝奉册贈皇后璽綬，祀以太牢。魂而有靈，嘉茲寵榮。」乃祔於太廟，葬建平陵。

太寧中，明帝追懷母養之恩，贈豫妻王氏爲邵陽縣君，從母散騎常侍新野王𡊮妻爲平陽鄉君。

豫章君荀氏，元帝宮人也。初有寵，生明帝及琅邪王裒，由是爲虞后所忌。自以位卑，每懷怨望，爲帝所譴，漸見疏薄。及明帝卽位，封建安君，別立第宅。太寧元年，帝迎還臺內，供奉隆厚。及成帝立，尊重同于太后。咸康元年薨。詔曰：「朕少遭憫凶，慈訓無稟，撫育之勤，建安君之仁也。一旦薨殂，實思報復，永惟平昔，感痛哀摧。其贈豫章郡君，別立廟于京都。」

明穆庾皇后

明穆庾皇后諱文君，潁川鄢陵人也。父琛，見外戚傳。后性仁慈，美姿儀。元帝聞之，聘爲太子妃，以德行見重。

明帝卽位，立爲皇后。册曰：「妃庾氏昔承明命，作嬪東宮，虔恭中饋，思媚軌則。履信思順，以成肅雝之道；正位閨房，以著協德之美。朕夙罹不造，煢煢在疚。羣公卿士，稽之往代，僉以崇嫡明統，載在典謨，宜建長秋，以奉宗廟。是以追述先志，不替舊命，使使持節秉太尉授皇后璽綬。夫坤德尚柔，婦道承姑，崇粢盛之禮，敦螽斯之義。是以利在永貞，克隆堂基，母儀天下，潛暢陰教。鑒于六列，考之篇籍，禍福無門，盛衰由人，雖休勿休。其敬之哉，可不慎歟！」

及成帝卽位，尊后曰皇太后。羣臣奏：天子幼沖，宜依漢和熹皇后故事。辭讓數四，不得已而臨朝攝萬機。后兄中書令亮管詔命，公卿奏事稱皇太后陛下。咸和元年，有司奏請追贈后父及夫人毌丘氏，后陳讓不許，三請不從。

及蘇峻作逆，京都傾覆，后見逼辱，遂以憂崩，時年三十二。后卽位凡六年。其後帝孝思罔極，贈琛驃騎大將軍、儀同三司，毌丘氏安陵縣君，〔二〕從母荀氏永寧縣君，何氏建安縣君。亮表陳先志，讓而不受。

成恭杜皇后　周太妃

成恭杜皇后諱陵陽，〔三〕京兆人，鎭南將軍預之曾孫也。父乂，見外戚傳。成帝以后奕世名德，咸康二年備禮拜爲皇后，卽日入宮。帝御太極前殿，羣臣畢賀，晝漏盡，懸籥，百官乃罷。后少有姿色，然長猶無齒，有來求婚者輒中止。及帝納采之日，一夜齒盡生。改宜城陵陽縣爲廣陽縣。七年三月，后崩，年二十一。外官五日一臨，內官旦一入，葬訖止。后

在位六年，無子。

先是，三吳女子相與簪白花，望之如素柰，傳言天公織女死，爲之著服，至是而后崩。帝下詔曰：「吉凶典儀，誠宜備設，然豐約之度，亦當隨時，況重壤之下，而崇飾無用邪！今山陵之事，一從節儉，陵中唯潔掃而已，不得施塗車芻靈。」有司奏造凶門柏歷及調挽郎，皆不許。又禁遠近遣使。明年元會，有司奏廢樂。詔廢管絃，奏金石如故。

孝武帝立，寧康二年，以后母裴氏爲廣德縣君。裴氏名穆，長水校尉綽孫，太傅主簿遐女，太尉王夷甫外孫。中表之美，高於當世。遐隨東海王越遇害，無子。唯穆渡江，遂享榮慶，立第南掖門外，世所謂杜姥宅云。

章太妃周氏以選入成帝宮，有寵，生哀帝及海西公。始拜爲貴人。哀帝卽位，詔有司議貴人位號，太尉桓溫議宜稱夫人，尚書僕射江虨議應曰太夫人。詔崇爲皇太妃，儀服與太后同。又詔「朝臣不爲太妃敬，合禮典不」。太常江逌議「位號不極，不應盡敬」。興寧元年薨。帝欲服重，江虨啓應緦麻三月。詔欲降爲朞年，虨又啓「厭屈私情，所以上嚴祖考」，帝從之。

康獻褚皇后

康獻褚皇后諱蒜子，河南陽翟人也。父裒，見外戚傳。后聰明有器識，少以名家入爲琅邪王妃。及康帝卽位，立爲皇后，封母謝氏爲尋陽鄉君。

及穆帝卽位，尊后曰皇太后。時帝幼沖，未親國政。領司徒蔡謨等上奏曰：「嗣皇誕哲岐嶷，繼承天統，率土宅心，兆庶蒙賴。陛下體茲坤道，訓隆文母。昔塗山光夏，簡狄熙殷，實由宣哲，以隆休祚。伏惟陛下德侔二嬀，淑美關雎，臨朝攝政，以寧天下。今社稷危急，兆庶懸命，臣等章惶，一日萬機，事運之期，天祿所鍾，非復沖虛高讓之日。漢和熹、順烈，並亦臨朝，近明穆故事，以爲先制。臣等不勝悲怖，謹伏地上請。乞陛下上順祖宗，下念臣吏，推公弘道，以協天人，則萬邦承慶，羣黎更生。」太后詔曰：「帝幼沖，當賴羣公卿士將順匡救，以酬先帝禮賢之意，且是舊德世濟之美，則莫重之命不墜，祖宗之基有奉，是其所以欲正位于內而已。所奏懇到，形于翰墨，執省未究，以悲以懼。先后允恭謙抑，思順坤道，所以不距羣情，固爲國計。豈敢執守沖闇，以違先旨。輒敬從所奏。」於是臨朝稱制。有司奏，謝夫人既封，荀、卞二夫人亦應追贈，皆后之前母也。太后不許。太常殷融議依鄭玄義，衞將軍裒在宮庭則盡臣敬，太后歸寧之日自如家人之禮。太后詔曰：「典禮誠所未詳，如所奏，是情所不能安也，更詳之。」征西將軍翼、南中郎尚議謂「父尊盡於一家，君敬重於天下，鄭玄義合情禮之中」。太后從之。自後朝臣皆敬裒焉。

帝既冠，太后詔曰：「昔遭不造，帝在幼沖，皇緒之微，眇若贅旒。百辟卿士率遵前朝，勸喻攝政。以社稷之重，先代成義，僶俛敬從，弗遑固守。仰憑七廟之靈，俯仗羣后之力，帝加元服，禮成德備，當陽親覽，臨御萬國。今歸事反政，一依舊典。」于是居崇德宮，手詔羣公曰：「昔以皇帝幼沖，從羣后之議，既以闇弱，又頻丁極艱，銜恤歷祀，沈憂在疚。司徒親尊德重，訓救其弊，王室之不壞，實公是憑。帝既備茲冠禮，而四海未一，五胡叛逆，豺狼當路，費役日興，百姓困苦。願諸君子思量遠算，勠力一心，輔翼幼主，匡救不逮。未亡人永歸別宮，以終餘齒。仰惟家國，故以一言託懷。」

及哀帝、海西公之世，太后復臨朝稱制。〔三〕桓溫之廢海西公也，太后方在佛屋燒香，內侍啓云「外有急奏」，太后乃出。尚倚戶前視奏數行，乃曰「我本自疑此」，至半便止，索筆答奏云：「未亡人罹此百憂，感念存沒，心焉如割。」溫始呈詔草，慮太后意異，悚動流汗，見于顏色。及詔出，溫大喜。

簡文帝卽位，尊后爲崇德太后。及帝崩，孝武帝幼沖，桓溫又薨。羣臣啓曰：「王室多故，禍艱仍臻，國憂始周，復喪元輔，天下惘然，若無攸濟。主上雖聖資奇茂，固天誕縱。而春秋尚富，如在諒闇，蒸蒸之思，未遑庶事。伏惟陛下德應坤厚，宣慈聖善，遭家多艱，臨朝親覽。光大之美，化洽在昔，謳歌流詠，播溢無外。雖有莘熙殷，妊姒隆周，未足以喻。是以

五謀克從，人鬼同心，仰望來蘇，懸心日月。夫隨時之義，周易所尙，寧固社稷，大人之任。伏願陛下撫綜萬機，釐和政道，以慰祖宗，以安兆庶。不勝憂國喁喁至誠。」太后詔曰：「王室不幸，仍有艱屯。覽省啓事，感增悲歎。內外諸君，並以主上春秋沖富，加蒸蒸之慕，未能親覽，號令宜有所由。苟可安社稷，利天下，亦豈有所執，輒敬從所啓。但闇昧之闕，望盡弼諧之道。」於是太后復臨朝。帝既冠，乃詔曰：「皇帝婚冠禮備，遐邇宅心，宜當陽親覽，緝熙惟始。今歸政事，率由舊典。」於是復稱崇德太后。

太元九年，崩于顯陽殿，年六十一，在位凡四十年。太后於帝爲從嫂，朝議疑其服。太學博士徐藻議曰：「資父事君而敬同。又禮云『其夫屬父道者，妻皆母道也』，則夫屬君道，妻亦后道矣。服后以齊，母之義也。魯譏逆祀，以明尊卑。[四]今上躬奉康、穆、哀皇及靖后之祀，致敬同于所天，豈可敬之以君道，而服廢於本親。謂應齊衰朞。」從之。

穆章何皇后

穆章何皇后諱法倪，廬江灊人也。父準，見外戚傳。以名家膺選。升平元年八月，下璽書曰：「皇帝咨前太尉參軍何琦：混元資始，肇經人倫，爰及夫婦，以奉天地宗廟社稷。謀于公卿，咸以宜率由舊典。今使使持節太常彪之、宗正綜，以禮納采。」琦答曰：「前太尉參

軍、都鄉侯糞土臣何琦稽首頓首再拜。皇帝嘉命，訪婚陋族，備數採擇。臣從祖弟故散騎侍郎準之遺女，未閑教訓，衣履若如人。欽承舊章，肅奉典制。」又使兼太保、武陵王晞，兼太尉、中領軍洽，持節奉册立爲皇后。

后無子。哀帝卽位，稱穆皇后，居永安宮。桓玄纂位，移后入司徒府。路經太廟，后停輿慟哭，哀感路人。玄聞而怒曰：「天下禪代常理，何預何氏女子事耶！」乃降后爲零陵縣君。與安帝俱西，至巴陵。及劉裕建義，殷仲文奉后還京都，下令曰：「戎車屢警，黎元阻饑。而饍御豐靡，豈與百姓同其儉約。減損供給，勿令游過。」后時以遠還，欲奉拜陵廟。有司以寇難未平，奏停。元興三年崩，[五]年六十六，在位凡四十八年。

哀靖王皇后

哀靖王皇后諱穆之，太原晉陽人也。司徒左長史濛之女也。后初爲琅邪王妃。哀帝卽位，立爲皇后，追贈母爰氏爲安國鄉君。后在位三年，無子。興寧二年崩。

廢帝孝庾皇后

廢帝孝庾皇后諱道憐，潁川鄢陵人也。父冰，自有傳。初爲東海王妃。及帝卽位，立

爲皇后。太和六年崩，[六]葬于敬平陵。帝廢爲海西公，追貶后曰海西公夫人。太元十一年，海西公薨于吳，[七]又以后合葬于吳陵。

簡文宣鄭太后

簡文宣鄭太后諱阿春，河南滎陽人也。世爲冠族。祖合，臨濟令。父愷，字祖元，安豐太守。

后少孤，無兄弟，唯姊妹四人，后最長。先適渤海田氏，生一男而寡，依于舅濮陽吳氏。元帝爲丞相，敬后先崩，將納吳氏女爲夫人。后及吳氏女並游後園，或見之，言於帝曰：「鄭氏女雖簽，賢於吳氏遠矣。」建武元年，納爲琅邪王夫人，甚有寵。后雖貴幸，而恒有憂色。帝問其故，對曰：「妾有妹，中者已適長沙王褒，餘二妹未有所適，恐姊爲人妾，無復求者。」帝因從容謂劉隗曰：「鄭氏二妹，卿可爲求佳對，使不失舊。」隗舉其從子傭娶第三者，以小者適漢中李氏，皆得舊門。帝召王褒爲尙書郎，以悅后意。后生琅邪悼王、簡文帝、尋陽公主。帝稱尊號，后雖爲夫人，詔太子及東海、武陵王皆母事之。帝崩，后稱建平國夫人。

咸和元年薨，簡文帝時爲琅邪王，制服重。有司以王出繼，宜降所生，國臣不能匡正，奏免國相諸葛頤。王上疏曰：「亡母生臨臣國，沒留國第，臣雖出後，亦無所厭，則私情得

敍。昔敬后崩，孝王已出繼，亦還服重。此則明比，臣所憲章也。」明穆皇后不奪其志，乃徙琅邪王爲會稽王，追號后曰會稽太妃。及簡文帝卽位，未及追尊。臨崩，封皇子道子爲琅邪王，領會稽國，奉太妃祀。

太元十九年，孝武帝下詔曰：「會稽太妃文母之德，徽音有融，誕載聖明，光延于晉。先帝追尊聖善，朝議不一，道以疑屈。朕述遵先志，常惕于心。今仰奉遺旨，依陽秋二漢孝懷皇帝故事，上太妃尊號曰簡文太后。」[八]于是立廟于太廟路西，陵曰嘉平。時羣臣希旨，多謂鄭太后應配食于元帝者。帝以問太子前率徐邈，邈曰：「臣案陽秋之義，母以子貴。魯隱尊桓母，別考仲子之宮而不配食于惠廟。又平素之時，不伉儷于先帝，至于子孫，豈可爲祖考立配？其崇尊盡禮，由於臣子，故得稱太后，陵廟備典。若乃祔葬配食，則義所不可。」從之。

簡文順王皇后

簡文順王皇后諱簡姬，太原晉陽人也。父遐，見外戚傳。后以冠族，初爲會稽王妃，生子道生，爲世子。永和四年，母子並失帝意，俱被幽廢，后遂以憂薨。咸安二年，孝武帝卽位，追尊曰順皇后，合葬高平陵，追贈后父遐特進、光祿大夫，加散騎常侍。

孝武文李太后

孝武文李太后諱陵容，本出微賤。始簡文帝爲會稽王，有三子，俱夭。自道生廢黜，獻王早世，其後諸姬絕孕將十年。帝令卜者扈謙筮之，曰：「後房中有一女，當育二貴男，其一終盛晉室。」時徐貴人生新安公主，以德美見寵。帝常冀之有娠，而彌年無子。會有道士許邁者，朝臣時望多稱其得道。帝從容問焉，答曰：「邁是好山水人，本無道術，斯事豈所能判！但殿下德厚慶深，宜隆奕世之緒，當從扈謙之言，以存廣接之道。」帝然之，更加採納。又數年無子，乃令善相者召諸愛妾而示之，皆云非其人，又悉以諸婢媵示焉。時后爲宮人，在織坊中，形長而色黑，宮人皆謂之崐崘。既至，相者驚云：「此其人也。」帝以大計，召之侍寢。后數夢兩龍枕膝，日月入懷，意以爲吉祥，向儕類說之，帝聞而異焉，遂生孝武帝及會稽文孝王、鄱陽長公主。

及孝武帝初卽位，尊爲淑妃。太元三年，進爲貴人。九年，又進爲夫人。十二年，加爲皇太妃，儀服一同太后。十九年，會稽王道子啓：「母以子貴，慶厚禮崇。伏惟皇太妃純德光大，休祐攸鍾，啓嘉祚於聖明，嗣徽音于上列。雖幽顯同謀，而稱謂未盡，非所以仰述聖心，允答天人。宜崇正名號，詳案舊典。」八月辛巳，帝臨軒，遣兼太保劉耽尊爲皇太后，稱崇訓

宮。安帝卽位，尊爲太皇太后。

隆安四年，崩于含章殿。朝議疑其服制，左僕射何澄、右僕射王雅、尙書車胤、孔安國、〔九〕祠部郎徐廣等議曰：「太皇太后名位允正，體同皇極，理制備盡，情禮兼申。陽秋之義，母以子貴，既稱夫人，禮服從正。故成風顯夫人之號，文公服三年之喪。子于父母之所生，體尊義重。且禮祖不厭孫，固宜追服無屈，而緣情立制。若嫌明文不存，則疑斯從重，謂應同于爲祖母後齊衰三年。」從之。皇后及百官皆服齊衰朞，永安皇后一舉哀。於是設廬於西堂，凶儀施于神獸門，葬修平陵，神主祔于宣太后廟。

孝武定王皇后

孝武定王皇后諱法慧，哀靖皇后之姪也。父蘊，見外戚傳。

初，帝將納后，訪于公卿。于時蘊子恭以弱冠見僕射謝安，安深敬重之。既而謂人曰：「昔毛嘉恥于魏朝，楊駿幾傾晉室。若帝納后，有父者，唯膺望如王蘊乃可。」既而訪蘊女，容德淑令，乃舉以應選。寧康三年，中軍將軍桓沖等奏曰：「臣聞天地之道，蓋相須而化成；帝后之德，必相協而政隆。然後品物流形，彝倫攸敍，靈根長固，本枝百世。天人同致，莫不由此。是以塗山作儷，而夏族以熙；妊姒配周，而姬祚以昌。今長秋將建，宜時簡擇。伏聞試守晉陵太守王蘊女，天性柔順，四業允備。且盛德之冑，美善先積。臣等參議，可以配德乾元，恭承宗廟，徽音六宮，母儀天下。」於是帝始納焉。封蘊妻劉氏爲樂平鄉君。

后性嗜酒驕妒，帝深患之。乃召蘊於東堂，具說后過狀，令加訓誡。蘊免冠謝焉。后於是少自改飾。太元五年崩，年二十一，葬隆平陵。

安德陳太后

安德陳太后諱歸女，松滋潯陽人也。父廣，以倡進，仕至平昌太守。后以美色能歌彈，入宮爲淑媛，生安、恭二帝。太元十五年薨，贈夫人。追崇曰皇太后，神主祔于宣太后廟，陵曰熙平。

安僖王皇后

安僖王皇后諱神愛，琅邪臨沂人也。父獻之，見別傳；母新安愍公主。后以太元二十一年納爲太子妃。及安帝卽位，立爲皇后。無子。義熙八年崩于徽音殿，時年二十九，葬休平陵。

恭思褚皇后

恭思褚皇后諱靈媛，河南陽翟人，義興太守爽之女也。后初爲琅邪王妃。元熙元年，立爲皇后，生海鹽、富陽公主。及帝禪位于宋，降爲零陵王妃。宋元嘉十三年崩，時年五十三，祔葬沖平陵。

史臣曰：方祇體安，儷乾儀而合德；圓舒循晷，配羲曜以齊明。故知陽爍陰凝，萬物假其陶鑄；火炎水潤，六氣由其調理。取譬賢淑，作伉文思，靈根式固，實資於此。宣穆閑禮，偶德潛鱗，翊天造之艱虞，嗣塗山之逸響，寶運歸其後胤，蓋有母儀之助焉。武元楊氏預聞朝政，明不逮遠，愛溺私情，深杜衞瓘之言，不曉張泓之詐，運其陰沴，韜映乾明，晉道中微，基于是矣。惠皇稟質，天縱其嚚，識暗鳴蛙，智昏文蛤。南風肆狡，扇禍稽天。初踐椒宮，逞梟心于長樂；方觀梓樹，殞鴆羽於離明。褒后滅周，方之蓋小；妺妃傾夏，曾何足喻。中原陷於鳴鏑，其兆彰於此焉。昔者高宗諒闇，總百官於元老，成王沖眇，託萬機於上公。太后御扆，諒知非古。而明穆、康獻，仍世臨朝，時屬委裘，躬行負扆。各免華陽之釁，竟躡和熹之蹤，保陵遲以克終，所幸實爲多矣。

贊曰：二妃光舜，三母翼周。末升夷癸，褒進亡幽。家邦興滅，職此之由。穆后沈斷，忘情執爨。故劍辭恩，池蒲起歎。崇化繁祉，肇基商亂。二楊繼寵，福極災生。南風熾虐，國喪身傾。獻容幸亂，居辱疑榮。援筆廢主，持尺威帝。契闊終罹，殷憂以斃。芬實窈窕，芳菲婉嫕。呂姜嬖嬴，黃姬化芉。石文遠著，金行潛徙。婦德傾城，迷朱奪紫。

校勘記

〔一〕安陵縣君　斠注：御覽二〇二引中興書「安陵」作「安陽」。按：晉無安陵縣，而有東安陵縣，疑此當作「安陽縣君」。

〔二〕諱陵陽　考異：宋書州郡志杜皇后諱陵，此衍「陽」字。咸康四年以後諱改宣城之陵陽縣爲廣陽，可證后名無「陽」字。

〔三〕及哀帝海西公之世太后復臨朝稱制　李校：哀帝紀惟興寧二年帝以服藥致疾，崇德太后復臨朝攝政，至海西公紀不言有臨朝事，「世」字當是「際」字之誤。

〔四〕以明尊卑　禮志中、宋志二、通典八〇、通考一二一「尊卑」皆作「尊尊」，乃用穀梁傳文公二年「君子不以親親害尊尊」之義。徐藻、徐邈父子治穀梁，此作「尊尊」爲是。

〔五〕元興三年崩　「元興」原作「永興」。商榷：「永興」當作「元興」，自穆帝升平元年至安帝元興三

年，正四十八年。按：安紀、建康實錄一〇皆在元興三年，今據改。

〔六〕太和六年崩　「六年」疑當作「元年」。海西公紀、天文志下及宋書禮志三、御覽一五一引晉中興書皆云其死在太和元年。

〔七〕太元十一年海西公薨　「十一年」原作「九年」。海西公紀、孝武紀、建康實錄九、六朝事迹類編俱作「太元十一年」，今據改。

〔八〕簡文太后　斠注：當從孝武紀作「簡文宣太后」。按：册府二九亦有「宣」字。

〔九〕孔安國　據孔安國傳，安國時爲領軍，「孔安國」上疑脫「領軍」二字。

晉書卷三十三

列傳第三

王祥　弟覽

王祥字休徵，琅邪臨沂人，漢諫議大夫吉之後也。祖仁，青州刺史。父融，公府辟不就。祥性至孝。早喪親，繼母朱氏不慈，數譖之，由是失愛於父。每使掃除牛下，祥愈恭謹。父母有疾，衣不解帶，湯藥必親嘗。母常欲生魚，時天寒冰凍，祥解衣將剖冰求之，冰忽自解，雙鯉躍出，持之而歸。母又思黃雀炙，復有黃雀數十飛入其幙，復以供母。鄉里驚歎，以爲孝感所致焉。有丹柰結實，母命守之，每風雨，祥輒抱樹而泣。其篤孝純至如此。

漢末遭亂，扶母攜弟覽避地廬江，隱居三十餘年，〔一〕不應州郡之命。母終，居喪毀瘁，杖而後起。徐州刺史呂虔檄爲別駕，祥年垂耳順，固辭不受。覽勸之，爲具車牛，祥乃應召，虔委以州事。于時寇盜充斥，祥率勵兵士，頻討破之。州界清靜，政化大行。時人歌之

曰：「海沂之康，實賴王祥。邦國不空，別駕之功。」舉秀才，除溫令，累遷大司農。高貴鄉公卽位，與定策功，封關內侯，拜光祿勳，轉司隸校尉。從討毌丘儉，增邑四百戶，遷太常，封萬歲亭侯。天子幸太學，命祥爲三老。祥南面几杖，以師道自居。天子北面乞言，祥陳明王聖帝君臣政化之要以訓之，聞者莫不砥礪。

及高貴鄉公之弒也，朝臣舉哀，祥號哭曰「老臣無狀」，涕淚交流，衆有愧色。頃之，拜司空，轉太尉，加侍中。五等建，封睢陵侯，邑一千六百戶。

及武帝爲晉王，〔二〕祥與荀顗往謁。顗謂祥曰：「相王尊重，何侯既已盡敬，今便當拜也。」祥曰：「相國誠爲尊貴，然是魏之宰相。吾等魏之三公，公王相去，一階而已，班例大同，〔三〕安有天子三司而輒拜人者！損魏朝之望，虧晉王之德，君子愛人以禮，吾不爲也。」及入，顗遂拜，而祥獨長揖。帝曰：「今日方知君見顧之重矣！」

武帝踐阼，拜太保，進爵爲公，加置七官之職。帝新受命，虛己以求讜言。祥與何曾、鄭沖等耆艾篤老，希復朝見，帝遣侍中任愷諮問得失，及政化所先。祥以年老疲耄，累乞遜位，帝不許。御史中丞侯史光以祥久疾，闕朝會禮，請免祥官。詔曰：「太保元老高行，朕所毗倚以隆政道者也。前後遜讓，不從所執，此非有司所得議也。」遂寢光奏。祥固乞骸骨，詔聽以睢陵公就第，位同保傅，在三司之右，祿賜如前。詔曰：「古之致仕，不事王侯。今雖

中華書局

以國公留居京邑，不宜復苦以朝請。其賜几杖，不朝，大事皆諮訪之。賜安車駟馬，第一區，錢百萬，絹五百匹，牀帳簟褥，以舍人六人爲睢陵公舍人，置官騎二十人。以公子騎都尉肇爲給事中，使常優游定省。又以太保高潔清素，家無宅宇，其權留本府，須所賜第成乃出。」

及疾篤，著遺令訓子孫曰：「夫生之有死，自然之理。吾年八十有五，啓手何恨。不有遺言，使爾無述。吾生值季末，登庸歷試，無毗佐之勳，沒無以報。氣絕但洗手足，不須沐浴，勿纏尸，皆澣故衣，隨時所服。所賜山玄玉佩、衞氏玉玦、綬笥皆勿以斂。西芒上土自堅貞，勿用甓石，勿起墳隴。穿深二丈，椁取容棺。勿作前堂、布几筵、置書箱鏡奩之具，棺前但可施牀榻而已。糒脯各一盤，玄酒一杯，爲朝夕奠。家人大小不須送喪，大小祥乃設特牲。無違余命！高柴泣血三年，夫子謂之愚。閔子除喪出見，援琴切切而哀，仲尼謂之孝。故哭泣之哀，日月降殺，飲食之宜，自有制度。夫言行可覆，信之至也；推美引過，德之至也；揚名顯親，孝之至也；兄弟怡怡，宗族欣欣，悌之至也；臨財莫過乎讓：此五者，立身之本。顏子所以爲命，未之思也，夫何遠之有！」其子皆奉而行之。

泰始五年薨，[四]詔賜東園祕器，朝服一具，衣一襲，錢三十萬，布帛百匹。時文明皇太后崩始踰月。其後詔曰：「爲睢陵公發哀，事乃至今。雖每爲之感傷，要未得特敍哀情。今便哭之。」明年，策謚曰元。

祥之薨，奔赴者非朝廷之賢，則親親故吏而已，[五]門無雜弔之賓。族孫戎歎曰：「太保可謂清達矣！」又稱：「祥在正始，不在能言之流。及與之言，理致清遠，將非以德掩其言乎！」祥有五子：肇、夏、馥、烈、芬。

肇孽庶，夏早卒，馥嗣爵。咸寧初，以祥家甚貧儉，賜絹三百匹，拜馥上洛太守，卒謚曰孝。子根嗣，散騎郎。肇仕至始平太守。肇子俊，守太子舍人，封永世侯。俊子遐，鬱林太守。烈、芬並幼知名，爲祥所愛。二子亦同時而亡。將死，烈欲還葬舊土，芬欲留葬京邑。祥流涕曰：「不忘故鄉，仁也；不戀本土，達也。惟仁與達，吾二子有焉。」

覽字玄通。母朱，遇祥無道。覽年數歲，見祥被楚撻，輒涕泣抱持。至于成童，每諫其母，其母少止凶虐。朱屢以非理使祥，覽輒與祥俱。又虐使祥妻，覽妻亦趨而共之。朱患之，乃止。祥喪父之後，漸有時譽。朱深疾之，密使酖祥。覽知之，徑起取酒。祥疑其有毒，爭而不與。朱遽奪反之。自後朱賜祥饌，覽輒先嘗。朱懼覽致斃，遂止。

覽孝友恭恪，名亞於祥。及祥仕進，覽亦應本郡之召，稍遷司徒西曹掾、清河太守。五等建，封卽丘子，邑六百戶。泰始末，除弘訓少府。職省，轉太中大夫，祿賜與卿同。咸寧初，詔曰：「覽少篤至行，服仁履義，貞素之操，長而彌固。其以覽爲宗正卿。」頃之，以疾上疏乞骸骨。詔聽之，以太中大夫歸老，賜錢二十萬，牀帳薦褥，遣殿中醫療疾給藥。後轉光祿大夫，門施行馬。

咸寧四年卒，時年七十三，謚曰貞。有六子：裁、基、會、正、彥、琛。裁字士初，撫軍長史。基字士先，治書御史。會字士和，侍御史。正字士則，尙書郎。彥字士治，中護軍。琛字士瑋，國子祭酒。

初，呂虔有佩刀，工相之，以爲必登三公，可服此刀。虔謂祥曰：「苟非其人，刀或爲害。卿有公輔之量，故以相與。」祥固辭，强之乃受。祥臨薨，以刀授覽，曰：「汝後必興，足稱此刀。」覽後奕世多賢才，興於江左矣。裁子導，別有傳。

鄭沖

鄭沖字文和，滎陽開封人也。起自寒微，卓爾立操，淸恬寡欲，耽玩經史，遂博究儒術及百家之言。有姿望，動必循禮，任眞自守，不要鄉曲之譽，由是州郡久不加禮。

及魏文帝爲太子，搜揚側陋，命沖爲文學，累遷尙書郎，出補陳留太守。沖以儒雅爲德，莅職無幹局之譽，簞食縕袍，不營資產，世以此重之。大將軍曹爽引爲從事中郎，轉散騎常侍、光祿勳。嘉平三年，拜司空。及高貴鄉公講尙書，沖執經親授，與侍中鄭小同俱被賞賜。俄轉司徒。常道鄉公卽位，拜太保，位在三司之上，封壽光侯。沖雖位階台輔，而不預世事。時文帝輔政，平蜀之後，命賈充、羊祜等分定禮儀、律令，皆先諮於沖，然後施行。

及魏帝告禪，使沖奉策。武帝踐阼，拜太傅，進爵爲公。頃之，司隸李憙、[六]中丞侯史光奏沖及何曾、荀顗等各以疾病，俱應免官。帝不許。沖遂不視事，表乞骸骨。優詔不許，遣使申喻。沖固辭，上貂蟬印綬，詔又不許。泰始六年，詔曰：「昔漢祖以知人善任，克平宇宙，推述勳勞，歸美三俊。遂與功臣剖符作誓，藏之宗廟，副在有司，所以明德庸勳，藩翼王室者也。昔我祖考，遭世多難，攬授英儁，與之斷金，遂濟時務，克定大業。太傅壽光公鄭沖、太保朗陵公何曾、太尉臨淮公荀顗各尙德依仁，明允篤誠，翼亮先皇，光濟帝業。故司空博陵元公王沈、衞將軍鉅平侯羊祜才兼文武，忠肅居正，朕甚嘉之。書不云乎：『天秩有禮，五服五章哉！』其爲壽光、朗陵、臨淮、博陵、鉅平國置郎中令，假夫人、世子印綬，食本秩三分之一，皆如郡公侯比。」

九年，沖又抗表致仕。詔曰：「太傅韞德深粹，履行高潔，恬遠清虛，確然絕世。艾服王事，六十餘載，忠肅在公，慮不及私。遂應衆舉，歷登三事。仍荷保傅之重，綢繆論道之任，光輔奕世，亮茲天工，迪宣謀猷，弘濟大烈，可謂朝之儁老，衆所具瞻者也。朕昧于政道，庶事未康，挹仰耆訓，導揚厥蒙，庶賴顯德，緝熙有成。而公屢以年高疾篤，致仕告退。惟從公志，則朕孰與諮謀？譬彼涉川，罔知攸濟。是用未許，迄于累載。而高讓彌篤，至意難違，覽其盛指，俾朕憮然。夫功成弗有，上德所隆，成人之美，君子與焉。豈必遂朕憑賴之心，以枉大雅進止之度哉！今聽其所執，以壽光公就第，位同保傅，在三司之右。公宜頤精養神，保衞太和，以究遐福。其賜几杖，不朝。古之哲王，欽祗國老，憲行乞言，以彌縫其闕。若朝有大政，皆就諮之。又賜安車駟馬，第一區，錢百萬，絹五百匹，牀帳簟褥，置舍人六人，官騎二十人。以世子徽爲散騎常侍，使常優游定省。祿賜所供，策命儀制，一如舊典而有加焉。」

明年薨。帝於朝堂發哀，追贈太傅，賜祕器，朝服，衣一襲，錢三十萬，布百匹。謚曰成。咸寧初，有司奏，沖與安平王孚等十二人皆存銘太常，配食于廟。

初，沖與孫邕、曹羲、荀顗、何晏共集論語諸家訓注之善者，記其姓名，因從其義，有不安者輒改易之，名曰論語集解。成，奏之魏朝，于今傳焉。

沖無子，以從子徽爲嗣，位至平原內史。徽卒，子簡嗣。

何曾 子劭　遵

何曾字穎考，陳國陽夏人也。父夔，魏太僕、陽武亭侯。曾少襲爵，好學博聞，與同郡袁侃齊名。魏明帝初爲平原侯，〔七〕曾爲文學。及卽位，累遷散騎侍郎、汲郡典農中郎將、給事黃門侍郎。上疏曰：「臣聞爲國者以清靜爲基，而百姓以良吏爲本。今海內虛耗，事役衆多，誠宜恤養黎元，悅以使人。郡守之權雖輕，猶專任千里，比之於古，則列國之君也。上當奉宣朝恩，以致惠和，下當興利而除其害。得其人則可安，非其人則爲患。故漢宣稱曰『百姓所以安其田里，而無歎息愁恨之心者，政平訟理也。與我共此者，其惟良二千石乎！』此誠可謂知政之本也。方今國家大舉，新有發調，軍師遠征，上下劬勞。夫百姓可與樂成，難與慮始。愚惑之人，能厭目前之小勤，而忘爲亂之大禍者，是以郡守益不可不得其人。才雖難備，猶宜粗有威恩，爲百姓所信憚者。臣聞諸郡守，有年老或疾病，皆委政丞掾，不恤庶事。或體性疏怠，不以政理爲意。在官積年，惠澤不加於人。然於考課之限，罪亦不至詘免。故得經延歲月，而無斥罷之期。臣愚以爲可密詔主者，使隱核參訪郡守，其有老病不隱親人物，及宰牧少恩，好修人事，煩擾百姓者，皆可徵還，爲更選代。」頃之，遷散騎常侍。

及宣帝將伐遼東，曾上疏魏帝曰：「臣聞先王制法，必全於慎。故建官受任，則置副佐，陳師命將，則立監貳，宣命遣使，則設介副，臨敵交刃，又參御右，蓋以盡思謀之功，防安危之變也。是以在險當難，則權足相濟，隕缺不豫，則才足相代。其爲國防，至深至遠。及至漢氏，亦循舊章，韓信伐趙，張耳爲貳，馬援討越，劉隆副軍。前世之迹，著在篇志。今太尉奉辭誅罪，精甲銳鋒，步騎數萬，道路迴阻，且四千里。雖假天威，有征無戰，寇或潛遁，消引日月。命無常期，人非金石，遠慮詳備，誠宜有副。今北軍諸將及太尉所督，皆爲僚屬，名位不殊，素無定分統御之尊，卒有變急，不相鎭攝。存不忘亡，聖達所戒。臣愚以爲宜選大臣名將威重宿著者，成其禮秩，〔八〕遣詣北軍，進同謀略，退爲副佐。雖有萬一不虞之變，軍主有儲，則無患矣。」帝不從。出補河內太守，在任有威嚴之稱。徵拜侍中，母憂去官。

嘉平中，爲司隸校尉。撫軍校事尹模憑寵作威，〔九〕姦利盈積，朝野畏憚，莫敢言者。曾奏劾之，朝廷稱焉。時曹爽專權，宣帝稱疾，曾亦謝病。爽誅，乃起視事。魏帝之廢也，曾預其謀焉。

時步兵校尉阮籍負才放誕，居喪無禮。曾面質籍於文帝座曰：「卿縱情背禮，敗俗之人，今忠賢執政，綜核名實，若卿之曹，不可長也。」因言於帝曰：「公方以孝治天下，而聽阮籍以重哀飲酒食肉於公座。宜擯四裔，無令汚染華夏。」帝曰：「此子羸病若此，君不能爲吾

忍邪！」曾重引據，辭理甚切。帝雖不從，時人敬憚之。

毋丘儉誅，子甸、妻荀應坐死。其族兄顗、族父虞並景帝姻通，共表魏帝以匄其命。詔聽離婚。荀所生女芝爲潁川太守劉子元妻，亦坐死，以懷妊繫獄。荀辭詣曾乞恩曰：「芝繫在廷尉，顧影知命，計日備法。乞沒爲官婢，以贖芝命。」曾哀之，騰辭上議。朝廷僉以爲當，遂改法。語在刑法志。

曾在司隸積年，遷尙書。正元年中爲鎭北將軍、〔一○〕都督河北諸軍事、假節。將之鎭，文帝使武帝、齊王攸辭送數十里。曾盛爲賓主，備太牢之饌。侍從吏騶，莫不醉飽。帝既出，又過其子劭。曾先敕劭曰：「客必過汝，汝當豫嚴。」劭不冠帶，停帝良久，曾深以譴劭。曾見崇重如此。還征北將軍，進封潁昌鄉侯。咸熙初，拜司徒，改封朗陵侯。文帝爲晉王，曾與高柔、鄭沖俱爲三公，將入見，曾獨致拜盡敬，二人猶揖而已。

武帝襲王位，以曾爲晉丞相，加侍中。與裴秀、王沈等勸進。踐阼，拜太尉，進爵爲公，食邑千八百戶。泰始初，詔曰：「蓋謨明弼諧，王躬是保，所以宣崇大訓，克咸四海也。侍中、太尉何曾，立德高峻，執心忠亮，博物洽聞，明識弘達，翼佐先皇，勳庸顯著。朕纂洪業，首相王室。迪惟前人，施于朕躬。實佐命興化，光贊政道。夫三司之任，雖左右王事，若乃予違汝弼，匡奬不逮，則存乎保傅。故將明袞職，未如用乂厥辟之重。其以曾爲太保，侍中

如故。」久之，以本官領司徒。曾固讓，不許。遣散騎常侍諭旨，乃視事。進位太傅。

曾以老年，屢乞遜位。詔曰：「太傅明朗高亮，執心弘毅，可謂舊德老成，國之宗臣者也。而高尚其事，屢辭祿位。朕以寡德，憑賴保佑，省覽章表，實用憮然。雖欲成人之美，豈得遂其雅志，而忘翼佐之益哉！又司徒所掌務煩，不可久勞耆艾。其進太宰，侍中如故。〔二〕朝會劍履乘輿上殿，如漢相國蕭何、田千秋、魏太傅鍾繇故事。賜錢百萬，絹五百匹及八尺牀帳簟褥自副。置長史掾屬祭酒及員吏，一依舊制。所給親兵官騎如前。主者依次按禮典，務使優備。」後每召見，敕以常所飲食服物自隨，令二子侍從。

咸寧四年薨，時年八十。帝於朝堂素服舉哀，賜東園祕器，朝服一具，衣一襲，錢三十萬，布百匹。將葬，下禮官議謚。博士秦秀謚爲「繆醜」，帝不從，策謚曰孝。太康末，子劭自表改謚爲元。

曾性至孝，閨門整肅，自少及長，無聲樂嬖幸之好。年老之後，與妻相見，皆正衣冠，相待如賓。己南向，妻北面，再拜上酒，酬酢既畢便出。一歲如此者不過再三焉。初，司隸校尉傅玄著論稱曾及荀顗曰：「以文王之道事其親者，其潁昌何侯乎，其荀侯乎！古稱曾、閔，今日荀、何。內盡其心以事其親，外崇禮讓以接天下。孝子，百世之宗；仁人，天下之命。有能行孝之道，君子之儀表也。詩云：『高山仰止，景行行止。』令德不遵二夫子之景行者，非樂

中正之道也。」又曰：「荀、何，君子之宗也。」又曰：「潁昌侯之事親，其盡孝子之道乎！存盡其和，事盡其敬，亡盡其哀，予於潁昌侯見之矣。」又曰：「見其親之黨，如見其親，六十而孺慕，予於潁昌侯見之矣。」

然性奢豪，務在華侈。帷帳車服，窮極綺麗，廚膳滋味，過於王者。每燕見，不食太官所設，帝輒命取其食。蒸餅上不坼作十字不食。食日萬錢，猶曰無下箸處。人以小紙爲書者，敕記室勿報。劉毅等數劾奏曾侈忲無度，帝以其重臣，一無所問。

都官從事劉享嘗奏曾華侈，以銅鉤𢇁紖車，瑩牛蹄角。後曾辟享爲掾，或勸勿應。享謂至公之體，不以私憾，遂應辟。曾常因小事加享杖罰。其外寬內忌，亦此類也。時司空賈充權擬人主，曾卑充而附之。及充與庾純因酒相競，曾議黨充而抑純，以此爲正直所非。二子：遵、劭。劭嗣。

劭字敬祖，少與武帝同年，有總角之好。帝爲王太子，以劭爲中庶子。及卽位，轉散騎常侍，甚見親待。劭雅有姿望，遠客朝見，必以劭侍直。每諸方貢獻，帝輒賜之，而觀其占謝焉。咸寧初，有司奏劭及兄遵等受故鬲令袁毅貨，雖經赦宥，宜皆禁止。事下廷尉。詔曰：「太保與毅有累世之交，遵等所取差薄，一皆置之。」遷侍中尚書。

惠帝卽位，初建東宮，太子年幼，欲令親萬機，故盛選六傅，以劭爲太子太師，通省尚書事。後轉特進，累遷尚書左僕射。

劭博學，善屬文，陳說近代事，若指諸掌。永康初，遷司徒。趙王倫篡位，以劭爲太宰。及三王交爭，劭以軒冕而游其間，無怨之者。而驕奢簡貴，亦有父風。衣裘服翫，新故巨積。食必盡四方珍異，一日之供以錢二萬爲限。時論以爲太官御膳，無以加之。然優游自足，不貪權勢。嘗語鄉人王詮曰：「僕雖名位過幸，少無可書之事，惟與夏侯長容諫授博士，可傳史册耳。」所撰荀粲、王弼傳及諸奏議文章並行於世。永寧元年薨，贈司徒，謚曰康。子岐嗣。

劭初亡，袁粲弔岐，岐辭以疾。粲獨哭而出曰：「今年決下婢子品。」王詮謂之曰：「知死弔死，何必見生！岐前多罪，爾時不下，何公新亡，便下岐品，人謂中正畏强易弱。」〔三〕粲乃止。

遵字思祖，劭庶兄也。少有幹能。起家散騎黃門郎、散騎常侍、侍中，累轉大鴻臚。性亦奢忲，役使御府工匠作禁物，又鬻行器，爲司隸劉毅所奏，免官。太康初，起爲魏郡太守，遷太僕卿，又免官，卒於家。四子，嵩、綏、機、羨。

嵩字泰基，寬弘愛士，博觀墳籍，尤善史漢。少歷淸官，領著作郎。

綏字伯蔚，位至侍中尚書。自以繼世名貴，奢侈過度，性既輕物，翰札簡傲。城陽王尼見綏書疏，謂人曰：「伯蔚居亂而矜豪乃爾，豈其免乎！」劉輿、潘滔譖之於東海王越，越遂誅綏。初，曾侍武帝宴，退而告遵等曰：「國家應天受禪，創業垂統。吾每宴見，未嘗聞經國遠圖，惟說平生常事，非貽厥孫謀之兆也。及身而已，後嗣其殆乎！此子孫之憂也。汝等猶可獲沒。」指諸孫曰：「此等必遇亂亡也。」及綏死，嵩哭之曰：「我祖其大聖乎！」

機爲鄒平令。性亦矜傲，責鄉里謝鯤等拜。或戒之曰：「禮敬年爵，以德爲主。令鯤拜勢，懼傷風俗。」機不以爲慚。

羨爲離狐令。既驕且吝，陵駕人物，鄉閭疾之如讎。永嘉之末，何氏滅亡無遺焉。

石苞 子崇 歐陽建 孫鑠

石苞字仲容，渤海南皮人也。雅曠有智局，容儀偉麗，不修小節。故時人爲之語曰：「石仲容，姣無雙。」縣召爲吏，給農司馬。會謁者陽翟郭玄信奉使，求人爲御，司馬以苞及鄧艾給之。行十餘里，玄信謂二人曰：「子後並當至卿相。」苞曰：「御隸也，何卿相乎？」既而又被使到鄴，事久不決，乃販鐵於鄴市。市長沛國趙元儒名知人，見苞，異之，因與結交。

歎苞遠量，當至公輔，由是知名。見吏部郎許允，求爲小縣。允謂苞曰：「卿是我輩人，當相引在朝廷，何欲小縣乎？」苞還歎息，不意允之知己乃如此也。

稍遷景帝中護軍司馬。宣帝聞苞好色薄行，以讓景帝。帝答曰：「苞雖細行不足，而有經國才略。夫貞廉之士，未必能經濟世務。是以齊桓忘管仲之奢僭，而錄其匡合之大謀；漢高捨陳平之污行，而取其六奇之妙算。苞雖未可以上儔二子，亦今日之選也。」意乃釋。徙鄴典農中郎將。時魏世王侯多居鄴下，尚書丁謐貴傾一時，並較時利。苞奏列其事，由是益見稱。歷東萊、琅邪太守，所在皆有威惠。遷徐州刺史。

文帝之敗於東關也，苞獨全軍而退。帝指所持節謂苞曰：「恨不以此授卿，以究大事。」乃遷苞爲奮武將軍、假節、監青州諸軍事。及諸葛誕舉兵淮南，苞統青州諸軍，督兗州刺史州泰、徐州刺史胡質，簡銳卒爲游軍，以備外寇。吳遣大將朱異、丁奉等來迎，誕等留輜重於都陸，輕兵渡黎水。苞等逆擊，大破之。泰山太守胡烈以奇兵詭道襲都陸，盡焚其委輸，異等收餘衆而退。壽春平，拜苞鎮東將軍，封東光侯、假節。頃之，代王基都督揚州諸軍事。苞因入朝。當還，辭高貴鄉公，留語盡日。既出，白文帝曰：「非常主也。」數日而有成濟之事。後進位征東大將軍，俄遷驃騎將軍。

文帝崩，賈充、荀勖議葬禮未定。苞時奔喪，慟哭曰：「基業如此，而以人臣終乎！」葬禮

乃定。後每與陳騫諷魏帝以曆數已終，天命有在。及禪位，苞有力焉。武帝踐阼，遷大司馬，進封樂陵郡公，加侍中，羽葆鼓吹。

自諸葛誕破滅，苞便鎮撫淮南，士馬强盛，邊境多務，苞既勤庶事，又以威德服物。淮北監軍王琛輕苞素微，又聞童謠曰：「宮中大馬幾作驢，大石壓之不得舒。」因是密表苞與吳人交通。先時望氣者云「東南有大兵起」。及琛表至，武帝甚疑之。會荆州刺史胡烈表吳人欲大出爲寇，苞亦聞吳師將入，乃築壘遏水以自固。帝聞之，謂羊祜曰：「吳人每來，常東西相應，無緣偏爾，豈石苞果有不順乎？」祜深明之，而帝猶疑焉。會苞子喬爲尚書郎，上召之，經日不至。帝謂爲必叛，欲討苞而隱其事。遂下詔以苞不料賊勢，築壘遏水，勞擾百姓，策免其官。遣太尉義陽王望率大軍徵之，以備非常。又敕鎮東將軍、〔一三〕琅邪王伷自下邳會壽春。苞用掾孫鑠計，放兵步出，住都亭待罪。帝聞之，意解。及苞詣闕，以公還第。苞自恥受任無效而無怨色。

時鄴奚官督郭廙上書理苞。帝詔曰：「前大司馬苞忠允清亮，才經世務，幹用之績，所歷可紀。宜掌教典，以讚時政。其以苞爲司徒。」有司奏：「苞前有折撓，不堪其任。以公還第，已爲弘厚，不宜擢用。」詔曰：「吳人輕脆，終無能爲。故疆場之事，但欲完固守備，使不得越逸而已。以苞計畫不同，慮敵過甚，故徵還更授。昔鄧禹撓於關中，而終輔漢室，豈以

一眚而掩大德哉！」於是就位。

苞奏：「州郡農桑未有賞罰之制，宜遣掾屬循行，皆當均其土宜，舉其殿最，然後黜陟焉。」詔曰：「農殖者，爲政之本，有國之大務也。雖欲安時興化，不先富而教之，其道無由。而至今四海多事，軍國用廣，加承征伐之後，屢有水旱之事，倉庫不充，百姓無積。古者稼穡樹蓺，司徒掌之。今雖登論道，然經國立政，惟時所急，故陶唐之世，稷官爲重。今司徒位當其任，乃心王事，有毀家紓國，乾乾匪躬之志。其使司徒督察州郡播殖，將委事任成，垂拱仰辦。若宜有所循行者，其增置掾屬十人，聽取王官更練事業者。」苞在位稱爲忠勤，帝每委任焉。

泰始八年薨。帝發哀於朝堂，賜祕器，朝服一具，衣一襲，錢三十萬，布百匹。及葬，給節、幢、麾、曲蓋、追鋒車、鼓吹、介士、大車，皆如魏司空陳泰故事，車駕臨送於東掖門外。策謚曰武。咸寧初，詔苞等並爲王功，列於銘饗。

苞豫爲終制曰：「延陵薄葬，孔子以爲達禮；華元厚葬，春秋以爲不臣，古之明義也。自今死亡者，皆斂以時服，不得兼重。又不得飯唅，爲愚俗所爲。又不得設牀帳明器也。定窆之後，復土滿坎，一不得起墳種樹。昔王孫裸葬矯時，其子奉命，君子不譏，況於合禮典者耶？」諸子皆奉遵遺令，又斷親戚故吏設祭。有六子：越、喬、統、浚、儁、崇。以統爲嗣。

統字弘緒，歷位射聲校尉、大鴻臚。子順，爲尚書郎。

越字弘倫，早卒。

喬字弘祖，歷尚書郎、散騎侍郎。帝既召喬不得，深疑苞反。及苞至，有慚色，謂之曰「卿子幾破卿門」。苞遂廢之，終身不聽仕。又以有穢行，徙頓丘，與弟崇同被害。二子超、熙亡走得免。成都王穎之起義也，以超爲折衝將軍，討孫秀，以功封侯。又爲振武將軍，征荆州賊李辰。穎與長沙王乂相攻，超常爲前鋒，遷中護軍。陳眕等挾惠帝北伐，超走還鄴。穎使超距帝於蕩陰，王師敗績，超逼帝幸鄴宮。會王浚攻穎於鄴，穎以超爲右將軍以距浚，大敗而歸。從駕之洛陽，西還長安。河間王顒以超領北中郎將，使與穎共距東海王越。超於滎陽募兵，右將軍王闡與典兵中郎趙則並受超節度，爲豫州刺史劉喬繼援。范陽王虓逆擊斬超，而熙得走免。永嘉中，爲太傅越參軍。

浚字景倫，清儉有鑒識，敬愛人物。位至黃門侍郎，爲當世名士，早卒。

儁字彥倫，少有名譽，議者稱爲令器。官至陽平太守，早卒。

崇字季倫，生於青州，故小名齊奴。少敏惠，勇而有謀。苞臨終，分財物與諸子，獨不及崇。其母以爲言，苞曰：「此兒雖小，後自能得。」年二十餘，爲修武令，有能名。入爲散騎

郎，遷城陽太守。伐吳有功，封安陽鄉侯。在郡雖有職務，好學不倦，以疾自解。頃之，拜黃門郎。

兄統忤扶風王駿，有司承旨奏統，將加重罰，既而見原。以崇不詣闕謝恩，有司欲復加統罪。崇自表曰：「臣兄統以先父之恩，早被優遇，出入清顯，歷位盡勤。伏度聖心，有以垂察。近爲扶風王駿橫所誣謗，司隸中丞等飛筆重奏，劾案深文，累塵天聽。臣兄弟跼蹐，憂心如悸。駿戚屬尊重，權要赫奕。內外有司，望風承旨。苟有所惡，易於投卵。自統枉劾以來，臣兄弟不敢一言稍自申理。戢舌鉗口，惟須刑書。古人稱『榮華於順旨，枯槁於逆違』，誠哉斯言，於今信矣。是以雖董司直繩，不能不深其文，抱枉含謗，不得不輸其理。幸賴陛下天聽四達，靈鑒昭遠，存先父勳德之重，察臣等勉勵之志。中詔申料，罪譴澄雪。臣等刻肌碎首，未足上報。臣即以今月十四日，與兄統、浚等詣公車門拜表謝恩。伏度奏御之日，暫經天聽。此月二十日，忽被蘭臺禁止符，以統蒙宥，恩出非常，臣晏然私門，曾不陳謝，復見彈奏，訕辱理盡。臣始聞此，惶懼狼狽，靜而思之，固無怪也。苟尊勢所驅，何所不至，望奉法之直繩，不可得也。臣以凡才，累荷顯重，不能負載析薪，以答萬分。一月之中，奏劾頻加，曲之與直，非臣所計。所愧不能承奉戚屬，自陷於此。不媚於竈，實愧王孫。隨巢子稱『明君之德，察情爲上，察事次之』。所懷具經聖聽，伏待罪黜，無所多言。」由是事解。

累遷散騎常侍、侍中。

武帝以崇功臣子，有幹局，深器重之。元康初，楊駿輔政，大開封賞，多樹黨援。崇與散騎郎蜀郡何攀共立議，奏於惠帝曰：「陛下聖德光被，皇靈啓祚，正位東宮，二十餘年，道化宣流，萬國歸心。今承洪基，此乃天授。至於班賞行爵，優於泰始革命之初。不安一也。吳會僭逆，幾於百年，邊境被其荼毒，朝廷爲之旰食。先帝決獨斷之聽，奮神武之略，蕩滅逋寇，易於摧枯。然謀臣猛將，猶有致思竭力之效。〔一四〕而今恩澤之封，優於滅吳之功。不安二也。上天眷祐，實在大晉，卜世之數，未知其紀。今之開制，當垂于後。若尊卑無差，有爵必進，數世之後，莫非公侯。不安三也。臣等敢冒陳聞。竊謂泰始之初，及平吳論功，制度名牒，皆悉具存。縱不能遠遵古典，尚當依準舊事。」書奏，弗納。出爲南中郎將、荊州刺史，領南蠻校尉，加鷹揚將軍。崇在南中，得鴆鳥雛，以與後軍將軍王愷。時制，鴆鳥不得過江，爲司隸校尉傅祗所糾，詔原之，燒鴆於都街。

崇穎悟有才氣，而任俠無行檢。在荊州，劫遠使商客，致富不貲。徵爲大司農，以徵書未至擅去官免。頃之，拜太僕，出爲征虜將軍，假節、監徐州諸軍事，鎮下邳。崇有別館在河陽之金谷，一名梓澤，送者傾都，帳飲於此焉。至鎮，與徐州刺史高誕爭酒相侮，爲軍司所奏，免官。復拜衞尉，與潘岳諂事賈謐。謐與之親善，號曰「二十四友」。廣城君每出，崇降車路左，望塵而拜，其卑佞如此。

財產豐積，室宇宏麗。後房百數，皆曳紈繡，珥金翠。絲竹盡當時之選，庖膳窮水陸之珍。與貴戚王愷、羊琇之徒以奢靡相尚。愷以粭澳釜，崇以蠟代薪。愷作紫絲布步障四十里，崇作錦步障五十里以敵之。崇塗屋以椒，愷用赤石脂。崇、愷爭豪如此。武帝每助愷，嘗以珊瑚樹賜之，高二尺許，枝柯扶疏，世所罕比。愷以示崇，崇便以鐵如意擊之，應手而碎。愷既惋惜，又以爲嫉己之寶，聲色方厲。崇曰：「不足多恨，今還卿。」乃命左右悉取珊瑚樹，有高三四尺者六七株，條榦絕俗，光彩曜日，如愷比者甚衆。愷怳然自失矣。

崇爲客作豆粥，咄嗟便辦。每冬，得韭蓱韲。嘗與愷出游，爭入洛城，崇牛迅若飛禽，愷絕不能及。愷每以此三事爲恨，乃密貨崇帳下問其所以。答云：「豆至難煮，豫作熟末，客來，但作白粥以投之耳。韭蓱韲是擣韭根雜以麥苗耳。牛奔不遲，〔一五〕良由馭者逐不及反制之，可聽蹁轅則駛矣。」〔一六〕於是悉從之，遂爭長焉。崇後知之，因殺所告者。

嘗與王敦入太學，見顏回、原憲之象，顧而歎曰：「若與之同升孔堂，去人何必有間。」敦曰：「不知餘人云何，子貢去卿差近。」崇正色曰：「士當身名俱泰，〔一七〕何至甕牖哉！」其立意類此。

劉輿兄弟少時爲王愷所嫉，愷召之宿，因欲坑之。崇素與輿等善，聞當有變，夜馳詣愷，

問二劉所在，愷迫卒不得隱。崇徑進於後齋索出，〔一八〕同車而去。語曰：「年少何以輕就人宿！」輿深德之。

及賈謐誅，崇以黨與免官。時趙王倫專權，崇甥歐陽建與倫有隙。崇有妓曰綠珠，美而豔，善吹笛。孫秀使人求之。崇時在金谷別館，方登涼臺，臨清流，婦人侍側。使者以告。崇盡出其婢妾數十人以示之，皆蘊蘭麝，被羅縠，曰：「在所擇。」使者曰：「君侯服御麗則麗矣，然本受命指索綠珠，不識孰是？」崇勃然曰：「綠珠吾所愛，不可得也。」使者曰：「君侯博古通今，察遠照邇，願加三思。」崇曰：「不然。」使者出而又反，崇竟不許。秀怒，乃勸倫誅崇、建。崇、建亦潛知其計，乃與黃門郎潘岳陰勸淮南王允、齊王冏以圖倫、秀。秀覺之，遂矯詔收崇及潘岳、歐陽建等。崇正宴於樓上，介士到門。崇謂綠珠曰：「我今爲爾得罪。」綠珠泣曰：「當效死於官前。」因自投于樓下而死。崇曰：「吾不過流徙交、廣耳。」及車載詣東市，崇乃歎曰：「奴輩利吾家財。」收者答曰：「知財致害，何不早散之？」崇不能答。崇母兄妻子無少長皆被害，死者十五人。崇時年五十二。

初，崇家稻米飯在地，經宿皆化爲螺，時人以爲族滅之應。有司簿閱崇水碓三十餘區，蒼頭八百餘人，〔一九〕他珍寶貨賄田宅稱是。

及惠帝復阼，詔以卿禮葬之。封崇從孫演爲樂陵公。

苞曾孫樸字玄眞，〔二〇〕爲人謹厚，無他材藝，沒於胡。石勒以與樸同姓，俱出河北，引樸爲宗室，特加優寵，位至司徒。

歐陽建字堅石，世爲冀方右族。雅有理思，才藻美贍，擅名北州。時人爲之語曰：「渤海赫赫，歐陽堅石。」辟公府，歷山陽令、尚書郎、馮翊太守，甚得時譽。及遇禍，莫不悼惜之。年三十餘。臨命作詩，文甚哀楚。

孫鑠字巨鄴，河內懷人也。少樂爲縣吏，〔二一〕太守吳奮轉以爲主簿。鑠自微賤登綱紀，時僚大姓猶不與鑠同坐。〔二二〕奮大怒，遂薦鑠爲司隸都官從事。司隸校尉劉訥甚知賞之。于時奮又薦鑠於大司馬石苞，苞辟爲掾。鑠將應命，行達許昌，會臺已密遣輕軍襲苞。于時汝陰王鎮許，鑠過謁之。王先識鑠，以鄉里之情私告鑠曰：「無與禍。」鑠既出，卽馳詣壽春，爲苞畫計，苞賴而獲免。遷尚書郎，在職駮議十有餘事，爲當時所稱。

史臣曰：若夫經爲帝師，鄭沖於焉無愧；孝爲德本，王祥所以當仁；何曾善其親而及其親之黨者也。夏禹恭儉，殷因損益。牲牢服用，各有品章，諸侯不恒牛，命士不恒豕。禦而

驕奢，其關乎治政。乘時立制，莫不由之。石崇學乃多聞，情乖寡悔，超四豪而取富，喩五侯而競爽。春畦蘼蘼，列於凝沍之晨；錦障逶迤，亘以山川之外。撞鐘舞女，流宕忘歸，至於金谷含悲，吹樓將墜，所謂高蟬處乎輕陰，不知螳蜋襲其後也。

贊曰：鄭沖含素，王祥遲暮。百行斯融，雙飛天路。何石殊操，芳餁標奇。帝風流靡，崇心載馳。矜奢不極，寇害成貲。邦分身墜，樂往哀隨。

校勘記

〔一〕隱居三十餘年　考異：祥以泰始五年薨，年八十五，上溯漢建安九年，祥始二十歲，卽使避地更在其前，距爲徐州別駕之日祇二十餘年耳。此「三十」當爲「二十」之誤。

〔二〕武帝爲晉王　桂馥札樸三：「武帝」爲「文帝」之誤，何曾傳不誤。斠注：世說簡傲注引漢晉春秋作「文王」。按：桂說是。魏志呂虔傳注引王隱晉書，御覽五四三引晉陽秋皆可證。

〔三〕班例大同　斠注：魏志三少帝紀注引漢晉春秋「例」作「列」。按：白帖七〇、御覽一九八引晉書並作「列」。

〔四〕泰始五年薨　勞校：三國志呂虔傳注引王隱晉書云泰始四年薨，與本紀合。下云「時文明皇后崩始踰月」，考后崩亦在四年，則云「五年」者誤。

〔五〕則親親故吏而已　册府三一〇「親親」作「親舊」，記纂淵海五八作「親戚」。

〔六〕李憙　「憙」原作「熹」，依宋本及本傳改。

〔七〕魏明帝初爲平原侯　舉正：「侯」當爲「王」，魏志可據。

〔八〕成其禮秩　魏志明帝紀注引魏名臣奏載曾表「成」作「盛」。

〔九〕憑寵作威　「作」，各本作「沐」。宋本、殿本及書鈔六一、御覽五九四、册府五一四皆作「作」，今從之。

〔一〇〕正元年中　「年」字疑衍，通志一二一上無。

〔一一〕侍中如故　「侍中」下原有「公」字。斠注：丁丙善本書室藏書志曰，宋刊大字本晉書不衍「公」字。按：殿本亦無「公」字，今據删。

〔一二〕人謂中正畏強易弱　「中正」，各本作「忠正」。王懋竑讀書記疑七云：「忠正」當作「中正」，袁粲時爲共州中正。按：王說是。今依殿本、御覽五六一引王隱晉書、册府八八五改。

〔一三〕鎭東將軍　各本作「征東將軍」，唯宋本作「鎭東將軍」。勞校：伷自撫軍出爲鎭東大將軍，未嘗爲征東。按：勞說可取，通志一二一上、御覽二七四亦作「鎭東」，今從宋本。

〔一四〕猶有致思竭力之效　「思」，各本作「恩」，今從宋本。

〔一五〕牛奔不遲　吳本作「牛本不遲」，與世說汰侈合。

〔一六〕良由馭者逐不及反制之可聽蹁轅則駛矣　句頗費解，疑有脫、衍及誤字。册府九四六「蹁」作「偏」，「駛」作「駚」。世說汰侈作「將車人不及制之爾，急時聽偏轅則駛矣」。

〔一七〕士當身名俱泰　「身名」，各本作「聲名」，惟宋本作「身名」，通志一二一上、世說汰侈亦並作「身名」，作「身名」義長。

〔一八〕崇徑進於後齋索出　「進」，各本作「造」，宋本作「進」，通志一二一上、册府八七一亦作「進」。又「索」，宋本及通志、册府並作「牽」。作「進」作「索」義長。

〔一九〕蒼頭　原作「倉頭」，據通志一二一上、御覽五〇〇引改。

〔二〇〕苞曾孫樸　劉羣傳、石季龍載記「樸」作「璞」。

〔二一〕少樂爲縣吏　周校：「樂」疑當作「錄」。

〔二二〕時僚大姓猶不與鑠同坐　各本無「猶」字，宋本有，通志一二一上、册府七九一亦並有。

晉書卷三十四

列傳第四

羊祜

羊祜字叔子，泰山南城人也。世吏二千石，至祜九世，並以清德聞。祖續，仕漢南陽太守。父衜，上黨太守。祜，蔡邕外孫，景獻皇后同產弟。

祜年十二喪父，孝思過禮，事叔父耽甚謹。嘗遊汶水之濱，遇父老謂之曰：「孺子有好相，年未六十，必建大功於天下。」既而去，莫知所在。及長，博學能屬文，身長七尺三寸，美鬚眉，善談論。郡將夏侯威異之，以兄霸之子妻之。舉上計吏，州四辟從事、秀才，五府交命，皆不就。太原郭奕見之曰：「此今日之顏子也。」與王沈俱被曹爽辟。沈勸就徵，祜曰：「委質事人，復何容易。」及爽敗，沈以故吏免，因謂祜曰：「常識卿前語。」祜曰：「此非始慮所及。」其先識不伐如此。

夏侯霸之降蜀也，姻親多告絕，祜獨安其室，恩禮有加焉。尋遭母憂，長兄發又卒，毀慕寢頓十餘年，以道素自居，恂恂若儒者。

文帝爲大將軍，辟祜，未就，公車徵拜中書侍郎，俄遷給事中、黃門郎。時高貴鄉公好屬文，在位者多獻詩賦，汝南和逌以忤意見斥，祜在其間，不得而親疏，有識尚焉。陳留王立，賜爵關中侯，邑百戶。以少帝不願爲侍臣，求出補吏，徙祕書監。及五等建，封鉅平子，邑六百戶。鍾會有寵而忌，祜亦憚之。及會誅，拜相國從事中郎，與荀勖共掌機密。遷中領軍，悉統宿衞，入直殿中，執兵之要，事兼內外。

武帝受禪，以佐命之勳，進號中軍將軍，加散騎常侍，改封郡公，邑三千戶。固讓封不受，乃進本爵爲侯，置郎中令，備九官之職，加夫人印綬。泰始初，詔曰：「夫總齊機衡，允釐六職，朝政之本也。祜執德清劭，忠亮純茂，經緯文武，謇謇正直，雖處腹心之任，而不總樞機之重，非垂拱無爲委任責成之意也。其以祜爲尚書右僕射、〔一〕衞將軍，給本營兵。」時王佑、賈充、裴秀皆前朝名望，祜每讓，不處其右。

帝將有滅吳之志，以祜爲都督荆州諸軍事、假節，散騎常侍、衞將軍如故。祜率營兵出鎮南夏，開設庠序，綏懷遠近，甚得江漢之心。與吳人開布大信，降者欲去皆聽之。時長吏喪官，後人惡之，多毀壞舊府，祜以死生有命，非由居室，書下征鎮，普加禁斷。吳石城守去襄陽七百餘里，每爲邊害，祜患之，竟以詭計令吳罷守。於是戍邏減半，分以墾田八百餘頃，大獲其利。祜之始至也，軍無百日之糧，及至季年，有十年之積。詔罷江北都督，置南中郎將，以所統諸軍在漢東江夏者皆以益祜。在軍常輕裘緩帶，身不被甲，鈴閤之下，侍衞者不過十數人，而頗以畋漁廢政。嘗欲夜出，軍司徐胤執棨當營門曰：「將軍都督萬里，安可輕脫！將軍之安危，亦國家之安危也。胤今日若死，此門乃開耳。」祜改容謝之，此後稀出矣。

後加車騎將軍，開府如三司之儀。祜上表固讓曰：「臣伏聞恩詔，拔臣使同台司。臣自出身以來，適十數年，受任外內，每極顯重之任。常以智力不可頓進，恩寵不可久謬，夙夜戰悚，以榮爲憂。臣聞古人之言，德未爲人所服而受高爵，則使才臣不進；功未爲人所歸而荷厚祿，則使勞臣不勸。今臣身託外戚，事連運會，誡在過寵，不患見遺。而猥降發中之詔，加非次之榮。臣有何功可以堪之，何心可以安之。身辱高位，傾覆尋至，願守先人弊廬，豈可得哉！違命誠忤天威，曲從卽復若此。蓋聞古人申於見知，大臣之節，不可則止。臣雖小人，敢緣所蒙，念存斯義。今天下自服化以來，方漸八年，雖側席求賢，不遺幽賤，然臣不能推有德，達有功，使聖聽知勝臣者多，未達者不少。假令有遺德於版築之下，有隱才於屠釣之間，而朝議用臣不以爲非，臣處之不以爲愧，所失豈不大哉！臣忝竊雖久，未若今

日兼文武之極寵，等宰輔之高位也。且臣雖所見者狹，據今光祿大夫李憙執節高亮，在公正色；光祿大夫魯芝潔身寡欲，和而不同；光祿大夫李胤清亮簡素，立身在朝，皆服事華髮，以禮終始。雖歷位外內之寵，不異寒賤之家，而猶未蒙此選，臣更越之，何以塞天下之望，少益日月！是以誓心守節，無苟進之志。今道路行通，〔二〕方隅多事，乞留前恩，使臣得速還屯。不爾留連，必於外虞有闕。匹夫之志，有不可奪。」不聽。

及還鎮，吳西陵督步闡舉城來降。吳將陸抗攻之甚急，詔祜迎闡。祜率兵五萬出江陵，遣荆州刺史楊肇攻抗，不克，闡竟爲抗所擒。有司奏：「祜所統八萬餘人，賊衆不過三萬。祜頓兵江陵，使賊備得設。乃遣楊肇偏軍入險，兵少糧懸，軍人挫衄。背違詔命，無大臣節。可免官，以侯就第。」竟坐貶爲平南將軍，而免楊肇爲庶人。

祜以孟獻營武牢而鄭人懼，晏弱城東陽而萊子服，乃進據險要，開建五城，收膏腴之地，奪吳人之資，石城以西，盡爲晉有。自是前後降者不絕，乃增修德信，以懷柔初附，慨然有吞幷之心。每與吳人交兵，剋日方戰，不爲掩襲之計。將帥有欲進譎詐之策者，輒飲以醇酒，使不得言。人有略吳二兒爲俘者，祜遣送還其家。後吳將夏詳、邵顗等來降，〔三〕二兒之父亦率其屬與俱。吳將陳尚、潘景來寇，祜追斬之，美其死節而厚加殯斂。景、尚子弟迎喪，祜以禮遣還。吳將鄧香掠夏口，祜募生縛香，既至，宥之。香感其恩甚，率部曲而降。

祜出軍行吳境，刈穀爲糧，皆計所侵，送絹償之。每會衆江沔遊獵，常止晉地。若禽獸先爲吳人所傷而爲晉兵所得者，皆封還之。於是吳人翕然悅服，稱爲羊公，不之名也。

祜與陸抗相對，使命交通，抗稱祜之德量，雖樂毅、諸葛孔明不能過也。抗嘗病，祜饋之藥，抗服之無疑心。人多諫抗，抗曰：「羊祜豈酖人者！」時談以爲華元、子反復見於今日。抗每告其戍曰：「彼專爲德，我專爲暴，是不戰而自服也。各保分界而已，無求細利。」孫皓聞二境交和，以詰抗。抗曰：「一邑一鄉，不可以無信義，況大國乎！臣不如此，正是彰其德，於祜無傷也。」

祜貞愨無私，疾惡邪佞，荀勖、馮紞之徒甚忌之。從甥王衍嘗詣祜陳事，辭甚俊辯。祜不然之，衍拂衣而起。祜顧謂賓客曰：「王夷甫方以盛名處大位，然敗俗傷化，必此人也。」步闡之役，祜以軍法將斬王戎，故戎、衍並憾之，每言論多毀祜。時人爲之語曰：「二王當國，羊公無德。」

咸寧初，除征南大將軍、開府儀同三司，得專辟召。初，祜以伐吳必藉上流之勢。又時吳有童謠曰：「阿童復阿童，銜刀浮渡江。不畏岸上獸，但畏水中龍。」祜聞之曰：「此必水軍有功，但當思應其名者耳。」會益州刺史王濬徵爲大司農，祜知其可任，濬又小字阿童，因表留濬監益州諸軍事，加龍驤將軍，密令修舟檝，爲順流之計。

祜繕甲訓卒，廣爲戎備。至是上疏曰：「先帝順天應時，西平巴蜀，南和吳會，海內得以休息，兆庶有樂安之心。而吳復背信，使邊事更興。夫期運雖天所授，而功業必由人而成，不一大舉掃滅，則衆役無時得安。亦所以隆先帝之勳，成無爲之化也。故堯有丹水之伐，舜有三苗之征，咸以寧靜宇宙，戢兵和衆者也。蜀平之時，天下皆謂吳當并亡，自此來十三年，是謂一周，平定之期復在今日矣。議者常言吳楚有道後服，無禮先强，此乃謂侯之時耳。當今一統，不得與古同諭。夫適道之論，皆未應權，是故謀之雖多，而決之欲獨。凡以險阻得存者，謂所敵者同，力足自固。苟其輕重不齊，强弱異勢，則智士不能謀，而險阻不可保也。蜀之爲國，非不險也，高山尋雲霓，深谷肆無景，束馬懸車，然後得濟，皆言一夫荷戟，千人莫當。及進兵之日，曾無藩籬之限，斬將搴旗，伏尸數萬，乘勝席卷，徑至成都，漢中諸城，皆鳥棲而不敢出。非皆無戰心，誠力不足相抗。至劉禪降服，諸營堡者索然俱散。今江淮之難，不過劍閣；山川之險，不過岷漢；孫皓之暴，侈於劉禪；吳人之困，甚於巴蜀。而大晉兵衆，多於前世；資儲器械，盛於往時。今不於此平吳，而更阻兵相守，征夫苦役，日尋干戈，經歷盛衰，不可長久，宜當時定，以一四海。今若引梁益之兵水陸俱下，荆楚之衆進臨江陵，平南、豫州，直指夏口，徐、揚、靑、兗並向秣陵，鼓旆以疑之，多方以誤之，以一隅之吳，當天下之衆，勢分形散，所備皆急。巴漢奇兵出其空虛，一處傾壞，則上下震蕩。吳緣江爲國，無有內外，東西數千里，以藩籬自持，所敵者大，無有寧息。孫皓恣情任意，與下多忌，名臣重將不復自信，是以孫秀之徒皆畏逼而至。將疑於朝，士困於野，無有保世之計，一定之心。平常之日，猶懷去就，兵臨之際，必有應者，終不能齊力致死，已可知也。其俗急速，不能持久，弓弩戟楯不如中國，唯有水戰是其所便。一入其境，則長江非復所固，還保城池，則去長入短。而官軍懸進，人有致節之志，吳人戰於其內，有憑城之心。〔四〕如此，軍不踰時，克可必矣。」帝深納之。

會秦涼屢敗，祜復表曰：「吳平則胡自定，但當速濟大功耳。」而議者多不同，祜歎曰：「天下不如意，恒十居七八，故有當斷不斷。天與不取，豈非更事者恨於後時哉！」

其後，詔以泰山之南武陽、牟、南城、梁父、平陽五縣爲南城郡，封祜爲南城侯，置相，與郡公同。祜讓曰：「昔張良請受留萬戶，漢祖不奪其志。臣受鉅平於先帝，敢辱重爵，以速官謗！」固執不拜，帝許之。祜每被登進，常守沖退，至心素著，故特見申於分列之外。是以名德遠播，朝野具瞻，搢紳僉議，當居台輔。帝方有兼并之志，仗祜以東南之任，故寢之。祜歷職二朝，任典樞要，政事損益，皆諮訪焉，勢利之求，無所關與。其嘉謀讜議，皆焚其草，故世莫聞。凡所進達，人皆不知所由。或謂祜愼密太過者，祜曰：「是何言歟！夫入則造膝，出則詭辭，君臣不密之誡，吾惟懼其不及。不能舉賢取異，豈得不愧知人之難哉！且拜

爵公朝，謝恩私門，吾所不取。」

祜女夫嘗勸祜「有所營置，令有歸藏者，可不美乎」？祜默然不應，退告諸子曰：「此可謂知其一不知其二。人臣樹私則背公，是大惑也。汝宜識吾此意。」嘗與從弟琇書曰：「既定邊事，當角巾東路，歸故里，爲容棺之墟。以白士而居重位，何能不以盛滿受責乎！疏廣是吾師也。」

祜樂山水，每風景，必造峴山，置酒言詠，終日不倦。嘗慨然歎息，顧謂從事中郎鄒湛等曰：「自有宇宙，便有此山。由來賢達勝士，登此遠望，如我與卿者多矣！皆湮滅無聞，使人悲傷。如百歲後有知，魂魄猶應登此也。」湛曰：「公德冠四海，道嗣前哲，令聞令望，必與此山俱傳。至若湛輩，乃當如公言耳。」

祜當討吳賊有功，將進爵土，乞以賜舅子蔡襲。詔封襲關內侯，邑三百戶。

會吳人寇弋陽、江夏，略戶口，詔遣侍臣移書詰祜不追討之意，并欲移州復舊之宜。祜曰：「江夏去襄陽八百里，比知賊問，賊去亦已經日矣。步軍方往，安能救之哉！勞師以免責，恐非事宜也。昔魏武帝置都督，類皆與州相近，以兵勢好合惡離。疆場之間，一彼一此，愼守而已，古之善教也。若輒徙州，賊出無常，亦未知州之所宜據也。」使者不能詰。

祜寢疾，求入朝。既至洛陽，會景獻宮車在殯，哀慟至篤。中詔申諭，扶疾引見，命乘

輦入殿，無下拜，甚見優禮。及侍坐，面陳伐吳之計。帝以其病，不宜常入，遣中書令張華問其籌策。祜曰：「今主上有禪代之美，而功德未著。吳人虐政已甚，可不戰而克。混一六合，以興文教，則主齊堯舜，臣同稷契，爲百代之盛軌。如舍之，若孫晧不幸而沒，吳人更立令主，雖百萬之衆，長江未可而越也，將爲後患乎！」華深贊成其計。祜謂華曰：「成吾志者，子也。」帝欲使祜臥護諸將，祜曰：「取吳不必須臣自行，但既平之後，當勞聖慮耳。功名之際，臣所不敢居。若事了，當有所付授，願審擇其人。」

疾漸篤，乃舉杜預自代。尋卒，時年五十八。帝素服哭之，甚哀。是日大寒，帝涕淚霑鬚鬢，皆爲冰焉。南州人征市日聞祜喪，莫不號慟，罷市，巷哭者聲相接。吳守邊將士亦爲之泣。其仁德所感如此。賜以東園祕器，朝服一襲，錢三十萬，布百匹。詔曰：「征南大將軍南城侯祜，蹈德沖素，思心清遠。始在內職，值登大命，乃心篤誠，左右王事，入綜機密，出統方岳。當終顯烈，永輔朕躬，而奄忽殂隕，悼之傷懷。其追贈侍中、太傅，持節如故。」

祜立身清儉，被服率素，祿俸所資，皆以贍給九族，賞賜軍士，家無餘財。遺令不得以南城侯印入柩。從弟琇等述祜素志，求葬於先人墓次。帝不許，賜去城十里外近陵葬地一頃，諡曰成。祜喪既引，帝於大司馬門南臨送。祜甥齊王攸表祜妻不以侯斂之意，帝乃詔曰：「祜固讓歷年，志不可奪。身沒讓存，遺操益厲，此夷叔所以稱賢，季子所以全節也。今

聽復本封，以彰高美。」

初，文帝崩，祜謂傅玄曰：「三年之喪，雖貴遂服，自天子達；而漢文除之，毀禮傷義，常以歎息。今主上天縱至孝，有曾閔之性，雖奪其服，實行喪禮。喪禮實行，除服何爲邪！若因此革漢魏之薄，而興先王之法，以敦風俗，垂美百代，不亦善乎！」玄曰：「漢文以末世淺薄，不能行國君之喪，故因而除之。除之數百年，一旦復古，難行也。」祜曰：「不能使天下如禮，且使主上遂服，不猶善乎！」玄曰：「主上不除而天下除，此爲但有父子，無復君臣，三綱之道虧矣。」祜乃止。

祜所著文章及爲老子傳並行於世。襄陽百姓於峴山祜平生游憩之所建碑立廟，歲時饗祭焉。望其碑者莫不流涕，杜預因名爲墮淚碑。荊州人爲祜諱名，屋室皆以門爲稱，改戶曹爲辭曹焉。

祜開府累年，謙讓不辟士，始有所命，會卒，不得除署。故參佐劉儈、趙寅、劉彌、孫勃等牋詣預曰：「昔以謬選，忝備官屬，各得與前征南大將軍祜參同庶事。祜執德沖虛，操尙清遠，德高而體卑，位優而行恭。前膺顯命，來撫南夏，既有三司之儀，復加大將軍之號。雖居其位，不行其制。至今海內渴佇，羣俊望風。涉其門者，貪夫反廉，懦夫立志，雖夷惠之操，無以尙也。自鎮此境，政化被乎江漢，潛謀遠計，闢國開疆，諸所規摹，皆有軌量。志存

公家，以死勤事，始辟四掾，未至而隕。夫舉賢報國，台輔之遠任也；搜揚側陋，亦台輔之宿心也；中道而廢，亦台輔之私恨也。履謙積稔，晚節不遂，此遠近所以爲之感痛者也。昔召伯所憩，愛流甘棠；宣子所游，封殖其樹。夫思其人，尙及其樹，況生存所辟之士，便當隨例放棄者乎！乞蒙列上，得依已至掾屬。」預表曰：「祜雖開府而不備僚屬，引謙之至，宜見顯明。及扶疾辟士，未到而沒。家無胤嗣，官無命士，此方之望，隱憂載懷。夫篤終追遠，人德歸厚，漢祖不惜四千戶之封，以慰趙子弟心。請議之。」詔不許。

祜卒二歲而吳平，羣臣上壽，帝執爵流涕曰：「此羊太傅之功也。」因以克定之功，策告祜廟，仍依蕭何故事，封其夫人。策曰：「皇帝使謁者杜宏告故侍中、太傅鉅平成侯祜：昔吳爲不恭，負險稱號，郊境不闢，多歷年所。祜受任南夏，思靜其難，外揚王化，內經廟略，著德推誠，江漢歸心，舉有成資，謀有全策。昊天不弔，所志不卒，朕用悼恨于厥心。乃班命羣帥，致天之討，兵不踰時，一征而滅，疇昔之規，若合符契。夫賞不失勞，國有彝典，宜增啓土宇，以崇前命，而重違公高讓之素。今封夫人夏侯氏萬歲鄉君，食邑五千戶，又賜帛萬匹，穀萬斛。」

祜年五歲，時令乳母取所弄金環。乳母曰：「汝先無此物。」祜卽詣鄰人李氏東垣桑樹中探得之。主人驚曰：「此吾亡兒所失物也，云何持去！」乳母具言之，李氏悲惋。時人異

之，謂李氏子則祜之前身也。又有善相墓者，言祜祖墓所有帝王氣，若鑿之則無後，祜遂鑿之。相者見曰「猶出折臂三公」，而祜竟墮馬折臂，位至公而無子。

帝以祜兄子暨爲嗣，暨以父沒不得爲人後。帝又令暨弟伊爲祜後，又不奉詔。帝怒，並收免之。太康二年，以伊弟篇爲鉅平侯，奉祜嗣。篇歷官清慎，有私牛於官舍產犢，及遷而留之。位至散騎常侍，早卒。

孝武太元中，封祜兄玄孫之子法興爲鉅平侯，邑五千戶。以桓玄黨誅，國除。尙書祠部郎荀伯子上表訟之曰：「臣聞咎繇亡嗣，臧文以爲深歎；伯氏奪邑，管仲所以稱仁。功高可百世不泯，濫賞無得崇朝。故太傅、鉅平侯羊祜明德通賢，國之宗主，勳參佐命，功成平吳，而後嗣闕然，烝嘗莫寄。漢以蕭何元功，故絕世輒繼，愚謂鉅平封宜同酇國。故太尉廣陵公準黨翼賊倫，禍加淮南，因逆爲利，竊饗大邦。值西朝政刑失裁，中興因而不奪。今王道維新，豈可不大判臧否，謂廣陵國宜在削除。故太保衞瓘本爵菑陽縣公，既被橫害，乃進茅土，始贈蘭陵，又轉江夏。中朝名臣，多非理終，瓘功德無殊，而獨受偏賞，謂宜罷其郡封，復邑菑陽，則與奪有倫，善惡分矣。」竟寢不報。

祜前母，孔融女，生兄發，官至都督淮北護軍。初，發與祜同母兄承俱得病，祜母度不能兩存，乃專心養發，故得濟，而承竟死。

發長子倫，高陽相。倫弟暨，陽平太守。暨弟伊，初爲車騎賈充掾，後歷平南將軍、都督江北諸軍事，鎮宛，爲張昌所殺，追贈鎮南將軍。祐伯父祕，官至京兆太守。子祉，魏郡太守。祕孫亮，字長玄，有才能，多計數。與之交者，必僞盡款誠，人皆謂得其心，而殊非其實也。初爲太傅楊駿參軍，時京兆多盜竊。駿欲更重其法，盜百錢加大辟，請官屬會議。亮曰：「昔楚江乙母失布，以爲盜由令尹。公若無欲，盜宜自止，何重法爲？」駿慚而止。累轉大鴻臚。時惠帝在長安，亮與關東連謀，內不自安，奔于并州，爲劉元海所害。亮弟陶，爲徐州刺史。

杜預 子錫

杜預字元凱，京兆杜陵人也。祖畿，魏尚書僕射。父恕，幽州刺史。預博學多通，明於興廢之道，常言：「德不可以企及，立功立言可庶幾也。」初，其父與宣帝不相能，遂以幽死，故預久不得調。

文帝嗣立，預尚帝妹高陸公主，起家拜尚書郎，襲祖爵豐樂亭侯。在職四年，轉參相府軍事。鍾會伐蜀，以預爲鎮西長史。及會反，僚佐並遇害，唯預以智獲免，增邑千一百五十戶。

與車騎將軍賈充等定律令，既成，預爲之注解，乃奏之曰：「法者，蓋繩墨之斷例，非窮理盡性之書也。故文約而例直，聽省而禁簡。例直易見，禁簡難犯。易見則人知所避，難犯則幾於刑厝。刑之本在於簡直，故必審名分。審名分者，必忍小理。古之刑書，銘之鍾鼎，鑄之金石，所以遠塞異端，使無淫巧也。今所注皆網羅法意，格之以名分。使用之者執名例以審趣舍，伸繩墨之直，去析薪之理也。」詔班于天下。

泰始中，守河南尹。預以京師王化之始，自近及遠，凡所施論，務崇大體。受詔爲黜陟之課，其略曰：「臣聞上古之政，因循自然，虛己委誠，而信順之道應，神感心通，而天下之理得。逮至淳樸漸散，彰美顯惡，設官分職，以頒爵祿，弘宣六典，以詳考察。然猶倚明哲之輔，建忠貞之司，使名不得越功而獨美，功不得後名而獨隱，皆疇咨博詢，敷納以言。及至末世，不能紀遠而求於密微，疑諸心而信耳目，疑耳目而信簡書。簡書愈繁，官方愈僞，法令滋章，巧飾彌多。昔漢之刺史，亦歲終奏事，不制算課，而清濁粗舉。魏氏考課，即京房之遺意，其文可謂至密。然由於累細以違其體，故歷代不能通也。豈若申唐堯之舊，去密就簡，則簡而易從也。夫宣盡物理，神而明之，存乎其人。去人而任法，則以傷理。今科舉優劣，莫若委任達官，各考所統。在官一年以後，每歲言優者一人爲上第，劣者一人爲下第，因計偕以名聞。如此六載，主者總集採案，其六歲處優舉者超用之，六歲處劣舉者奏免

之，其優多劣少者敍用之，劣多優少者左遷之。今考課之品，所對不鈞，誠有難易。若以難取優，以易而否，主者固當準量輕重，微加降殺，不足復曲以法盡也。己丑詔書以考課難成，聽通薦例。薦例之理，即亦取於風聲。六年頓薦，黜陟無漸，又非古者三考之意也。今每歲一考，則積優以成陟，累劣以取黜。以士君子之心相處，未有官故六年六黜清能，六進否劣者也。監司將亦隨而彈之。若令上下公相容過，此爲清議大穨，亦無取於黜陟也。」

司隸校尉石鑒以宿憾奏預，免職。時虜寇隴右，以預爲安西軍司，給兵三百人，騎百匹。到長安，更除秦州刺史，領東羌校尉、輕車將軍、假節。屬虜兵強盛，石鑒時爲安西將軍，使預出兵擊之。預以虜乘勝馬肥，而官軍懸乏，宜并力大運，須春進討，陳五不可、四不須。鑒大怒，復奏預擅飾城門官舍，稽乏軍興，遣御史檻車徵詣廷尉。以預尚主，在八議，以侯贖論。其後隴右之事卒如預策。

是時朝廷皆以預明於籌略，會匈奴帥劉猛舉兵反，自并州西及河東、平陽，詔預以散侯定計省闥，俄拜度支尚書。預乃奏立藉田，建安邊，論處軍國之要。又作人排新器，興常平倉，定穀價，較鹽運，制課調，內以利國外以救邊者五十餘條，皆納焉。石鑒自軍還，論功不實，爲預所糾，遂相讎恨，言論諠譁，並坐免官，以侯兼本職。數年，復拜度支尚書。

元皇后梓宮將遷於峻陽陵。舊制，既葬，帝及羣臣即吉。尚書奏，皇太子亦宜釋服。預

議「皇太子宜復古典，以諒闇終制」，從之。

預以時曆差舛，不應晷度，奏上二元乾度曆，行於世。預又以孟津渡險，有覆沒之患，請建河橋于富平津。議者以爲殷周所都，歷聖賢而不作者，必不可立故也。預曰：「『造舟爲梁』，則河橋之謂也。」及橋成，帝從百僚臨會，舉觴屬預曰：「非君，此橋不立也。」對曰：「非陛下之明，臣亦不得施其微巧。」周廟欹器，至漢東京猶在御坐。漢末喪亂，不復存，形制遂絕。預創意造成，奏上之，帝甚嘉歎焉。咸寧四年秋，大霖雨，蝗蟲起。預上疏多陳農要，事在食貨志。預在內七年，損益萬機，不可勝數，朝野稱美，號曰「杜武庫」，言其無所不有也。

時帝密有滅吳之計，而朝議多違，唯預、羊祜、張華與帝意合。祜病，舉預自代，因以本官假節行平東將軍，領征南軍司。及祜卒，拜鎮南大將軍、都督荊州諸軍事，給追鋒車、第二駙馬。預既至鎮，繕甲兵，耀威武，乃簡精銳，襲吳西陵督張政，大破之，以功增封三百六十五戶。政，吳之名將也，據要害之地，恥以無備取敗，不以所喪之實告于孫晧。預欲間吳邊將，乃表還其所獲之衆於晧。晧果召政，遣武昌監劉憲代之。〔五〕故大軍臨至，使其將帥移易，以成傾蕩之勢。

預處分既定，乃啓請伐吳之期。帝報待明年方欲大舉，預表陳至計曰：「自閏月以來，

賊但敕嚴，下無兵上。以理勢推之，賊之窮計，力不兩完，必先護上流，勤保夏口以東，以延視息，無緣多兵西上，空其國都。而陛下過聽，便用委棄大計，縱敵患生。此誠國之遠圖，使舉而有敗，勿舉可也。事爲之制，務從完牢。若或有成，則開太平之基，不成，不過費損日月之間，何惜而不一試之！若當須後年，天時人事不得如常，臣恐其更難也。陛下宿議，分命臣等隨界分進，其所禁持，東西同符，萬安之舉，未有傾敗之慮。臣心實了，不敢以曖昧之見自取後累。惟陛下察之。」預旬月之中又上表曰：「羊祜與朝臣多不同，不先博畫而密與陛下共施此計，故益令多異。凡事當以利害相較，今此舉十有八九利，其一二止於無功耳。其言破敗之形亦不可得，直是計不出己，功不在身，各恥其前言，故守之也。自頃朝廷事無大小，異意鋒起，雖人心不同，亦由恃恩不慮後難，故輕相同異也。昔漢宣帝議趙充國所上，事效之後，詰責諸議者，皆叩頭而謝，以塞異端也。自秋已來，討賊之形頗露。若今中止，孫晧怖而生計，或徙都武昌，更完修江南諸城，遠其居人，城不可攻，野無所掠，積大船於夏口，則明年之計或無所及。」時帝與中書令張華圍棊，而預表適至。華推枰斂手曰：「陛下聖明神武，朝野清晏，國富兵強，號令如一。吳主荒淫驕虐，誅殺賢能，當今討之，可不勞而定。」帝乃許之。

預以太康元年正月，陳兵于江陵，遣參軍樊顯、尹林、鄧圭、襄陽太守周奇等率衆循江

西上，授以節度，旬日之間，累克城邑，皆如預策焉。又遣牙門管定、周旨、伍巢等率奇兵八百，泛舟夜渡，以襲樂鄉，多張旗幟，起火巴山，出於要害之地，以奪賊心。吳都督孫歆震恐，與伍延書曰：「北來諸軍，乃飛渡江也。」吳之男女降者萬餘口，旨、巢等伏兵樂鄉城外。歆遣軍出距王濬，大敗而還。旨等發伏兵，隨歆軍而入，歆不覺，直至帳下，虜歆而還。故軍中爲之謠曰：「以計代戰一當萬。」於是進逼江陵。吳督將伍延僞請降而列兵登陴，預攻克之。既平上流，於是沅湘以南，至于交廣，吳之州郡皆望風歸命，奉送印綬，預仗節稱詔而綏撫之。凡所斬及生獲吳都督、監軍十四，牙門、郡守百二十餘人。又因兵威，徙將士屯戍之家以實江北，南郡故地各樹之長吏，荆土肅然，吳人赴者如歸矣。

王濬先列上得孫歆頭，預後生送歆，洛中以爲大笑。時衆軍會議，或曰：「百年之寇，未可盡克。今向暑，水潦方降，疾疫將起，宜俟來冬，更爲大舉。」預曰：「昔樂毅藉濟西一戰以并強齊，今兵威已振，譬如破竹，數節之後，皆迎刃而解，無復著手處也。」遂指授羣帥，徑造秣陵。所過城邑，莫不束手。議者乃以書謝之。

孫晧既平，振旅凱入，以功進爵當陽縣侯，增邑并前九千六百戶，封子耽爲亭侯，千戶，賜絹八千匹。

初，攻江陵，吳人知預病癭，憚其智計，以瓠繫狗頸示之。每大樹似癭，輒斫使白，題曰「杜預頸」。及城平，盡捕殺之。

預既還鎮，累陳家世吏職，武非其功，請退。不許。

預以天下雖安，忘戰必危，勤於講武，修立泮宮，江漢懷德，化被萬里。攻破山夷，錯置屯營，分據要害之地，以固維持之勢。又修邵信臣遺跡，激用滍淯諸水以浸原田萬餘頃，分疆刊石，使有定分，公私同利。衆庶賴之，號曰「杜父」。舊水道唯沔漢達江陵千數百里，北無通路。又巴丘湖，沅湘之會，表裏山川，實爲險固，荆蠻之所恃也。預乃開楊口，起夏水達巴陵千餘里，內瀉長江之險，外通零桂之漕。南土歌之曰：「後世無叛由杜翁，孰識智名與勇功。」

預公家之事，知無不爲。凡所興造，必考度始終，鮮有敗事。或譏其意碎者，預曰：「禹稷之功，期於濟世，所庶幾也。」

預好爲後世名，常言「高岸爲谷，深谷爲陵」，刻石爲二碑，紀其勳績，一沈萬山之下，一立峴山之上，曰：「焉知此後不爲陵谷乎！」

預身不跨馬，射不穿札，而每任大事，輒居將率之列。結交接物，恭而有禮，問無所隱，誨人不倦，敏於事而慎於言。既立功之後，從容無事，乃耽思經籍，爲春秋左氏經傳集解。又參攷衆家譜第，謂之釋例。又作盟會圖、春秋長曆，備成一家之學，比老乃成。又撰女記

讚。當時論者謂預文義質直，世人未之重，唯祕書監摯虞賞之，曰：「左丘明本爲春秋作傳，而左傳遂自孤行。釋例本爲傳設，而所發明何但左傳，故亦孤行。」時王濟解相馬，又甚愛之，而和嶠頗聚斂，預常稱「濟有馬癖，嶠有錢癖」。武帝聞之，謂預曰：「卿有何癖？」對曰：「臣有左傳癖。」

預在鎮，數餉遺洛中貴要。或問其故，預曰：「吾但恐爲害，不求益也。」

預初在荆州，因宴集，醉臥齋中。外人聞嘔吐聲，竊窺於戶，止見一大蛇垂頭而吐。聞者異之。其後徵爲司隸校尉，加位特進，行次鄧縣而卒，時年六十三。帝甚嗟悼，追贈征南大將軍、開府儀同三司，謚曰成。預先爲遺令曰：「古不合葬，明於終始之理，同於無有也。中古聖人改而合之，蓋以別合無在，更緣生以示教也。自此以來，大人君子或合或否，未能知生，安能知死，故各以己意所欲也。吾往爲臺郎，嘗以公事使過密縣之邢山。山上有冢，問耕父，云是鄭大夫祭仲，或云子產之冢也，遂率從者祭而觀焉。其造冢居山之頂，四望周達，連山體南北之正而邪東北，向新鄭城，意不忘本也。其隧道唯塞其後而空其前，不填之，示藏無珍寶，不取於重深也。山多美石不用，必集洧水自然之石以爲冢藏，貴不勞工巧，而此石不入世用也。君子尚其有情，小人無利可動，歷千載無毁，儉之致也。吾去春入朝，因郭氏喪亡，緣陪陵舊義，自表營洛陽城東首陽之南爲將來兆域。而所得地中有小山，

上無舊冢。其高顯雖未足比邢山，然東奉二陵，西瞻宮闕，南觀伊洛，北望夷叔，曠然遠覽，情之所安也。故遂表樹開道，爲一定之制。至時皆用洛水圓石，開隧道南向，儀制取法於鄭大夫，欲以儉自完耳。棺器小斂之事，皆當稱此。」子孫一以遵之。子錫嗣。

錫字世嘏。少有盛名，起家長沙王乂文學，累遷太子中舍人。性亮直忠烈，屢諫愍懷太子，言辭懇切，太子患之。後置針著錫常所坐處氈中，刺之流血。他日，太子問錫：「向著何事？」錫對：「醉不知。」太子詰之曰：「君喜責人，何自作過也。」後轉衞將軍長史。趙王倫篡位，以爲治書御史。孫秀求交於錫，而錫拒之，秀雖銜之，憚其名高，不敢害也。惠帝反政，〔六〕遷吏部郎、城陽太守，不拜，仍遷尚書左丞。年四十八卒，贈散騎常侍。子乂嗣，在外戚傳。

史臣曰：泰始之際，人祇呈貺，羊公起平吳之策，其見天地之心焉。昔齊有黔夫，燕人祭北門之鬼；趙有李牧，秦王罷東幷之勢。桑枝不競，瓜潤空慚。垂大信於南服，傾吳人於漢渚，江衢如砥，襁袂同歸。而在乎成功弗居，幅巾窮巷，落落焉其有風飇者也。杜預不有生知，用之則習，振長策而攻取，兼儒風而轉戰。孔門稱四，則仰止其三；春秋有五，而獨擅

其一，不其優歟！夫三年之喪，云無貴賤。輕纖奪於在位，可以興嗟，既葬釋於儲君，何其斯酷。徇以苟合，不求其正，以當代之元良，爲諸侯之庶子，檀弓習於變禮者也，杜預其有焉。

贊曰：漢池西險，吳江左迴。羊公恩信，百萬歸來。昔之誓旅，懷經罕素。元凱文場，稱爲武庫。

校勘記

〔一〕祜爲尚書右僕射　校文：時東莞王伷爲右僕射，祜乃左僕射也。帝紀及伷傳可證。斠注：書鈔五九、御覽九引干寶晉紀亦作「左」。

〔二〕今道路行通　文選讓開府表「行」作「未」，義長。

〔三〕夏詳邵顗　武紀作「邵凱、夏祥」，通鑑八〇、册府四一七「詳」亦作「祥」。

〔四〕吳人戰於其內有憑城之心　通鑑八〇作「吳人內顧，各有離散之心」，作「有離散之心」義長。

〔五〕劉憲　勞校：武紀作「留憲」。按：王濬傳、通鑑八一亦並作「留憲」。

〔六〕惠帝反政　通志一二一上「政」作「正」。裴頠傳亦有此句，作「正」。

晉書卷三十五

列傳第五

陳騫 子輿

陳騫，臨淮東陽人也。父矯，魏司徒。矯本廣陵劉氏，爲外祖陳氏所養，因而改焉。騫沈厚有智謀。初，矯爲尚書令，侍中劉曄見幸於魏明帝，譖矯專權。矯憂懼，以問騫。騫曰：「主上明聖，大人大臣，今若不合意，不過不作公耳。」後帝意果釋。騫尚少，爲夏侯玄所侮，意色自若，玄以此異之。

起家尚書郎，遷中山、安平太守，並著稱績。徵爲相國司馬、長史、御史中丞，遷尚書，封安國亭侯。蜀賊寇隴右，以尚書持節行征蜀將軍，破賊而還。會諸葛誕之亂，復以尚書行安東將軍。壽春平，拜使持節、都督淮北諸軍事、安東將軍，進爵廣陵侯。轉都督豫州諸軍事、豫州刺史，持節、將軍如故。又轉都督江南諸軍事，徙都督荆州諸軍事、征南大將軍，

封郯侯。

武帝受禪，以佐命之勳，進車騎將軍，封高平郡公，遷侍中、大將軍，出爲都督揚州諸軍事，餘如故，假黃鉞。攻拔吳枳里城，破涂中屯戍，賜騫兄子惲爵關中侯。

咸寧初，遷太尉，轉大司馬。騫因入朝，言於帝曰：「胡烈、牽弘皆勇而無謀，强於自用，非綏邊之材，將爲國恥。願陛下詳之。」時弘爲揚州刺史，不承順騫命。帝以爲不協相構，於是徵弘，既至，尋復以爲涼州刺史。騫竊歎息，以爲必敗。二人後果失羌戎之和，皆被寇喪沒，征討連歲，僅而得定，帝乃悔之。

騫少有度量，含垢匿瑕，所在有績。與賈充、石苞、裴秀等俱爲心膂，而騫智度過之，充等亦自以爲不及也。

累處方任，爲士庶所懷。既位極人臣，年踰致仕，思欲退身。咸寧三年，求入朝，因乞骸骨。賜衮冕之服，詔曰：「騫元勳舊德，統乂東夏，方弘遠績，以一吳會，而所苦未除，每表懇切。重勞以方事，今聽留京城，以前太尉府爲大司馬府，增置祭酒二人，帳下司馬、官騎、大車、〔一〕鼓吹皆如前，親兵百人，廚田十頃，廚園五十畝，廚士十人，器物經用皆留給焉。又給乘輿輦，出入殿中加鼓吹，如漢蕭何故事。」騫累稱疾辭位，詔曰：「騫履德論道，朕所諮詢。方賴謀猷，以弘庶績，宜時視事。可遣散騎常侍諭意。」騫輒歸第，詔又遣侍中敦諭還

府。遂固請，許之，位同保傅，在三司之上，賜以几杖，不朝，安車駟馬，以高平公還第。帝以其勳舊耆老，禮之甚重。又以騫有疾，聽乘輿上殿。

騫素無謇諤之風，然與帝語傲；及見皇太子加敬，時人以爲諂。弟稚與其子輿忿爭，遂說騫子女穢行，騫表徙弟，以此獲譏於世。

元康二年薨，年八十一。加以衮斂，贈太傅，謚曰武。及葬，帝於大司馬門臨喪，望柩流涕，禮依大司馬石苞故事。子輿嗣爵。

輿字顯初，拜散騎侍郎、洛陽令，遷黃門侍郎，歷將校左軍、大司農、侍中。坐與叔父不睦，出爲河內太守。輿雖無檢正，而有力致。尋卒，子植字弘先嗣，官至散騎常侍。卒，子粹嗣，永嘉中遇害，孝武帝以騫玄孫襲爵。卒，弟子浩之嗣。宋受禪，國除。

裴秀 子頠 秀從弟楷 楷子憲

裴秀字季彥，河東聞喜人也。祖茂，漢尚書令。父潛，魏尚書令。秀少好學，有風操，八歲能屬文。叔父徽有盛名，賓客甚衆。秀年十餘歲，[二]有詣徽者，出則過秀。然秀母賤，嫡母宣氏不之禮，嘗使進饌於客，見者皆爲之起。秀母曰：「微賤如此，當應爲小兒故

也。」宣氏知之，後遂止。時人爲之語曰：「後進領袖有裴秀。」

渡遼將軍毌丘儉嘗薦秀於大將軍曹爽，曰：「生而岐嶷，長蹈自然；玄靜守眞，性入道奧；博學强記，無文不該；孝友著於鄉黨，高聲聞於遠近。誠宜弼佐謨明，助和鼎味，毗贊大府，光昭盛化。非徒子奇、甘羅之儔，兼包顏、冉、游、夏之美。」爽乃辟爲掾，襲父爵清陽亭侯，遷黃門侍郎。爽誅，以故吏免。頃之，爲廷尉正，歷文帝安東及衞將軍司馬，軍國之政，多見信納。遷散騎常侍。

帝之討諸葛誕也，秀與尚書僕射陳泰、黃門侍郎鍾會以行臺從，豫參謀略。及誕平，轉尚書，進封魯陽鄉侯，增邑千戶。常道鄉公立，以豫議定策，進爵縣侯，增邑七百戶，遷尚書僕射。魏咸熙初，釐革憲司。時荀顗定禮儀，賈充正法律，而秀改官制焉。秀議五等之爵，自騎督已上六百餘人皆封。於是秀封濟川侯，地方六十里，邑千四百戶，以高苑縣濟川墟爲侯國。

初，文帝未定嗣，而屬意舞陽侯攸。武帝懼不得立，問秀曰：「人有相否？」因以奇表示之。秀後言於文帝曰：「中撫軍人望既茂，天表如此，固非人臣之相也。」由是世子乃定。武帝既卽王位，拜尚書令、右光祿大夫，與御史大夫王沈、衞將軍賈充俱開府，加給事中。及帝受禪，加左光祿大夫，封鉅鹿郡公，邑三千戶。

時安遠護軍郝詡與故人書云：「與尚書令裴秀相知，望其爲益。」有司奏免秀官，詔曰：「不能使人之不加諸我，此古人所難。交關人事，詡之罪耳，豈尚書令能防乎！其勿有問。」司隸校尉李憙復上言，騎都尉劉尚爲尚書令裴秀占官稻田，求禁止秀。詔又以秀幹翼朝政，有勳績於王室，不可以小疵掩大德，使推正尚罪而解秀禁止焉。

久之，詔曰：「夫三司之任，以翼宣皇極，弼成王事者也。故經國論道，賴之明喆，苟非其人，官不虛備。尚書令、左光祿大夫裴秀，雅量弘博，思心通遠，先帝登庸，贊事前朝。朕受明命，光佐大業，勳德茂著，配蹤元凱。宜正位居體，以康庶績。其以秀爲司空。」

秀儒學洽聞，且留心政事，當禪代之際，總納言之要，其所裁當，禮無違者。又以職在地官，以禹貢山川地名，從來久遠，多有變易。後世說者或强牽引，漸以闇昧。於是甄擿舊文，疑者則闕，古有名而今無者，皆隨事注列，作禹貢地域圖十八篇，奏之，藏於祕府。其序曰：

圖書之設，由來尚矣。自古立象垂制，而賴其用。三代置其官，國史掌厥職。暨漢屠咸陽，丞相蕭何盡收秦之圖籍。今祕書既無古之地圖，又無蕭何所得，惟有漢氏輿地及括地諸雜圖。各不設分率，又不考正準望，亦不備載名山大川。雖有粗形，皆不精審，不可依據。或荒外迂誕之言，不合事實，於義無取。

大晉龍興，混一六合，以清宇宙，始於庸蜀，采入其岨。文皇帝乃命有司，撰訪吳蜀地圖。蜀土既定，六軍所經，地域遠近，山川險易，征路迂直，校驗圖記，罔或有差。今上考禹貢山海川流，原隰陂澤，古之九州，及今之十六州，郡國縣邑，疆界鄉陬，及古國盟會舊名，水陸徑路，爲地圖十八篇。

制圖之體有六焉。一曰分率，所以辨廣輪之度也。二曰準望，所以正彼此之體也。三曰道里，所以定所由之數也。四曰高下，五曰方邪，六曰迂直，此三者各因地而制宜，所以校夷險之異也。有圖象而無分率，則無以審遠近之差；有分率而無準望，雖得之於一隅，必失之於他方；有準望而無道里，則施於山海絕隔之地，不能以相通；有道里而無高下、方邪、迂直之校，則徑路之數必與遠近之實相違，失準望之正矣，故以此六者參而考之。然遠近之實定於分率，彼此之實定於道里，[三]度數之實定於高下、方邪、迂直之算。故雖有峻山鉅海之隔，絕域殊方之迥，登降詭曲之因，皆可得舉而定者。準望之法既正，則曲直遠近無所隱其形也。

秀創制朝儀，廣陳刑政，朝廷多遵用之，以爲故事。在位四載，爲當世名公。服寒食散，當飲熱酒而飲冷酒，泰始七年薨，時年四十八。詔曰：「司空經德履哲，體蹈儒雅，佐命翼世，勳業弘茂。方將宣獻敷制，爲世宗範，不幸薨殂，朕甚痛之。其賜祕器、朝服一具、衣

一襲、錢三十萬、布百匹。謚曰元。」

初，秀以尚書三十六曹統事準例不明，宜使諸卿任職，未及奏而薨。其友人料其書記，得表草言平吳之事，其詞曰：「孫晧酷虐，不及聖明御世兼弱攻昧，使遺子孫，將遂不能臣；時有否泰，非萬安之勢也。臣昔雖已屢言，未有成旨。今既疾篤不起，謹重尸啓。願陛下時共施用。」乃封以上聞。詔報曰：「司空薨，痛悼不能去心。又得表草，雖在危困，不忘王室，盡忠憂國。省益傷切，輒當與諸賢共論也。」

咸寧初，與石苞等並爲王公，配享廟庭。有二子：濬、頠。濬嗣位，至散騎常侍，早卒。濬庶子憬不惠，別封高陽亭侯，以濬少弟頠嗣。

頠字逸民。弘雅有遠識，博學稽古，自少知名。御史中丞周弼見而嘆曰：「頠若武庫，五兵縱橫，一時之傑也。」賈充即頠從母夫也，表「秀有佐命之勳，不幸嫡長喪亡，遺孤稚弱。頠才德英茂，足以興隆國嗣」。詔頠襲爵，頠固讓，不許。太康二年，徵爲太子中庶子，遷散騎常侍。惠帝即位，轉國子祭酒，兼右軍將軍。

初，頠兄子憬爲白衣，頠論述世勳，賜爵高陽亭侯。楊駿將誅也，駿黨左軍將軍劉豫陳兵在門，遇頠，問太傅所在。頠紿之曰：「向於西掖門遇公乘素車，從二人西出矣。」豫曰：

「吾何之？」頠曰：「宜至廷尉。」豫從頠言，遂委而去。尋而詔頠代豫領左軍將軍，屯萬春門。及駿誅，以功當封武昌侯，頠請以封憬，帝竟封頠次子該。頠苦陳憬本承嫡，宜襲鉅鹿，先帝恩旨，辭不獲命。武昌之封，己之所蒙，特請以封憬。該時尚主，故帝不聽。累遷侍中。

時天下暫寧，頠奏修國學，刻石寫經。皇太子既講，釋奠祀孔子，飮饗射侯，甚有儀序。又令荀藩終父勖之志，鑄鐘鑿磬，以備郊廟朝享禮樂。頠通博多聞，兼明醫術。荀勖之修律度也，檢得古尺，短世所用四分有餘。頠上言：「宜改諸度量。若未能悉革，可先改太醫權衡。此若差違，遂失神農、岐伯之正。藥物輕重，分兩乖互，所可傷夭，爲害尤深。古壽考而今短折者，未必不由此也。」卒不能用。樂廣嘗與頠清言，欲以理服之，而頠辭論豐博，廣笑而不言。時人謂頠爲言談之林藪。

頠以賈后不悅太子，抗表請增崇太子所生謝淑妃位號，仍啓增置後衞率吏，給三千兵，於是東宮宿衞萬人。遷尚書，侍中如故，加光祿大夫。每授一職，未嘗不殷勤固讓，表疏十餘上，博引古今成敗以爲言，覽之者莫不寒心。

頠深慮賈后亂政，與司空張華、侍中賈模議廢之而立謝淑妃。華、模皆曰：「帝自無廢黜之意，若吾等專行之，上心不以爲是。且諸王方剛，朋黨異議，恐禍如發機，身死國危，無益社稷。」頠曰：「誠如公慮。但昏虐之人，無所忌憚，亂可立待，將如之何？」華曰：「卿二人

猶且見信，然勸爲左右陳禍福之戒，冀無大悖。幸天下尚安，庶可優游卒歲。」此謀遂寢。頠旦夕勸說從母廣城君，令戒喻賈后親待太子而已。或說頠曰：「幸與中宮內外可得盡言。言若不行，則可辭病屏退。若二者不立，雖有十表，難乎免矣。」頠慨然久之，而竟不能行。

遷尚書左僕射，侍中如故。頠雖后之親屬，然雅望素隆，四海不謂之以親戚進也，惟恐其不居位。俄復使頠專任門下事，固讓，不聽。頠上言：「賈模適亡，復以臣代，崇外戚之望，彰偏私之舉。后族何常有能自保，皆知重親無脫者也。然漢二十四帝惟孝文、光武、明帝不重外戚，皆保其宗，豈將獨賢，實以安理故也。昔穆叔不拜越禮之饗，臣亦不敢聞殊常之詔。」又表云：「咎繇謨虞，伊尹相商，呂望翊周，蕭張佐漢，咸播功化，光格四極。暨于繼體，咎單、傅說，祖己、樊仲，亦隆中興。或明揚側陋，或起自庶族，豈非尚德之舉，以臻斯美哉！歷觀近世，不能慕遠，溺於近情，多任后親，以致不靜。昔疏廣戒太子以舅氏爲官屬，前世以爲知禮。況朝廷何取於外戚，正復才均，尚當先其疏者，以明至公。漢世不用馮野王，即其事也。」表上，皆優詔敦譬。

時以陳準子匡、韓蔚子嵩並侍東宮，頠諫曰：「東宮之建，以儲皇極。其所與游接，必簡英俊，宜用成德。匡、嵩幼弱，未識人理立身之節。東宮實體夙成之表，而今有童子侍從之聲，未是光闡遐風之弘理也。」愍懷太子之廢也，頠與張華苦爭不從，語在華傳。

頠深患時俗放蕩，不尊儒術，何晏、阮籍素有高名於世，口談浮虛，不遵禮法，尸祿耽寵，仕不事事；至王衍之徒，聲譽太盛，位高勢重，不以物務自嬰，遂相放效，風教陵遲，乃著崇有之論以釋其蔽曰：

夫總混羣本，宗極之道也。方以族異，庶類之品也。形象著分，有生之體也。化感錯綜，理迹之原也。夫品而爲族，則所稟者偏，偏無自足，故憑乎外資。是以生而可尋，所謂理也。理之所體，所謂有也。有之所須，所謂資也。資有攸合，所謂宜也。擇乎厥宜，所謂情也。識智既授，雖出處異業，默語殊塗，所以寶生存宜，其情一也。衆理並而無害，故貴賤形焉。失得由乎所接，故吉凶兆焉。是以賢人君子，知欲不可絕，而交物有會。觀乎往復，稽中定務。惟夫用天之道，分地之利，躬其力任，勞而後饗。居以仁順，守以恭儉，率以忠信，行以敬讓，志無盈求，事無過用，乃可濟乎！故大建厥極，綏理羣生，訓物垂範，於是乎在，斯則聖人爲政之由也。

若乃淫抗陵肆，則危害萌矣。故欲衍則速患，情佚則怨博，擅恣則興攻，專利則延寇，可謂以厚生而失生者也。悠悠之徒，駭乎若茲之釁，而尋艱爭所緣。察夫偏質有弊，而覩簡損之善，遂闡貴無之議，而建賤有之論。賤有則必外形，外形則必遺制，遺制則必忽防，忽防則必忘禮。禮制弗存，則無以爲政矣。衆之從上，猶水之居器也。故

兆庶之情，信於所習；習則心服其業，業服則謂之理然。是以君人必慎所教，班其政刑一切之務，分宅百姓，各授四職，能令稟命之者不肅而安，忽然忘異，莫有遷志。況於據在三之尊，懷所隆之情，敦以爲訓者哉！斯乃昏明所階，不可不審。

夫盈欲可損而未可絕有也，過用可節而未可謂無貴也。蓋有講言之具者，深列有形之故，〔四〕盛稱空無之美。形器之故有徵，空無之義難檢，辯巧之文可悅，似象之言足惑，衆聽眩焉，溺其成說。雖頗有異此心者，辭不獲濟，屈於所狎，因謂虛無之理，誠不可蓋。唱而有和，多往弗反，遂薄綜世之務，賤功烈之用，高浮游之業，埤經實之賢。人情所殉，篤夫名利。於是文者衍其辭，訥者讚其旨，染其衆也。是以立言藉於虛無，謂之玄妙；處官不親所司，謂之雅遠；奉身散其廉操，謂之曠達。故砥礪之風，彌以陵遲。放者因斯，或悖吉凶之禮，而忽容止之表，瀆棄長幼之序，混漫貴賤之級。其甚者至於裸裎，言笑忘宜，以不惜爲弘，士行又虧矣。

老子既著五千之文，表摭穢雜之弊，甄舉靜一之義，有以令人釋然自夷，合於易之損、謙、艮、節之旨。而靜一守本，無虛無之謂也；損艮之屬，蓋君子之一道，非易之所以爲體守本無也。〔五〕觀老子之書雖博有所經，而云「有生於無」，以虛爲主，偏立一家之辭，豈有以而然哉！人之既生，以保生爲全，全之所階，以順感爲務。若味近以虧

業，則沈溺之釁興；懷末以忘本，則天理之眞滅。〔六〕故動之所交，存亡之會也。夫有非有，〔七〕於無非無；於無非無，於有非有。是以申縱播之累，而著貴無之文。將以絕所非之盈謬，存大善之中節，收流遁於既過，反澄正于胸懷。宜其以無爲辭，而旨在全有，故其辭曰「以爲文不足」。若斯，則是所寄之塗，一方之言也。若謂至理信以無爲宗，〔八〕則偏而害當矣。先賢達識，以非所滯，示之深論。惟班固著難，未足折其情。孫卿、楊雄大體抑之，猶偏有所許。而虛無之言，日以廣衍，衆家扇起，各列其說。〔九〕上及造化，下被萬事，莫不貴無，所存僉同。情以衆固，乃號凡有之理皆義之埤者，薄而鄙焉。辯論人倫及經明之業，遂易門肆。頠用矍然，申其所懷，而攻者盈集。或以爲一時口言。有客幸過，咸見命著文，擿列虛無不允之徵。若未能每事釋正，則無家之義弗可奪也。頠退而思之，雖君子宅情，無求於顯，及其立言，在乎達旨而已。然去聖久遠，異同紛糾，苟少有仿佛，可以崇濟先典，扶明大業，有益於時，則惟患言之不能，焉得靜默，及未舉一隅，略示所存而已哉！

夫至無者無以能生，故始生者自生也。自生而必體有，則有遺而生虧矣。生以有爲已分，則虛無是有之所謂遺者也。〔一〇〕故養既化之有，非無用之所能全也；理既有之衆，非無爲之所能循也。心非事也，而制事必由於心，然不可以制事以非事，謂心爲無

也。匠非器也，而制器必須於匠，然不可以制器以非器，謂匠非有也。是以欲收重泉之鱗，〔一一〕非偃息之所能獲也；隕高墉之禽，非靜拱之所能捷也；審投弦餌之用，非無知之所能覽也。由此而觀，濟有者皆有也，虛無奚益於已有之羣生哉！

王衍之徒攻難交至，並莫能屈。又著辯才論，古今精義皆辨釋焉，未成而遇禍。

初，趙王倫諂事賈后，頠甚惡之。倫數求官，頠與張華復固執不許，由是深爲倫所怨。倫又潛懷篡逆，欲先除朝望，因廢賈后之際遂誅之，時年三十四。二子嵩、該，倫亦欲害之。梁王肜、東海王越稱頠父秀有勳王室，配食太廟，不宜滅其後嗣，故得不死，徙帶方。惠帝反正，追復頠本官，改葬以卿禮，謚曰成。以嵩嗣爵，爲中書黃門侍郎。該出後從伯凱，爲散騎常侍。並爲乞活賊陳午所害。

楷字叔則。父徽，魏冀州刺史。楷明悟有識量，弱冠知名，尤精老易，少與王戎齊名。鍾會薦之於文帝，辟相國掾，遷尚書郎。賈充改定律令，以楷爲定科郎。事畢，詔楷於御前執讀，平議當否。楷善宣吐，左右屬目，聽者忘倦。武帝爲撫軍，妙選僚采，以楷爲參軍事。吏部郎缺，文帝問其人於鍾會。會曰：「裴楷清通，王戎簡要，皆其選也。」於是以楷爲吏部郎。

楷風神高邁，容儀俊爽，博涉羣書，特精理義，時人謂之「玉人」，又稱「見裴叔則如近玉山，映照人也」。轉中書郎，出入宮省，見者肅然改容。武帝初登阼，探策以卜世數多少，而得一，帝不悅。羣臣失色，莫有言者。楷正容儀，和其聲氣，從容進曰：「臣聞天得一以淸，地得一以寧，王侯得一以爲天下貞。」武帝大悅，羣臣皆稱萬歲。俄拜散騎侍郎，累遷散騎常侍、河內太守，入爲屯騎校尉、右軍將軍，轉侍中。

石崇以功臣子有才氣，與楷志趣各異，不與之交。長水校尉孫季舒嘗與崇酣燕，〔一二〕慢傲過度，崇欲表免之。楷聞之，謂崇曰：「足下飲人狂藥，責人正禮，不亦乖乎！」崇乃止。

楷性寬厚，與物無忤。不持儉素，每遊榮貴，輒取其珍玩。雖車馬器服，宿昔之間，便以施諸窮乏。嘗營別宅，其從兄衍見而悅之，即以宅與衍。梁、趙二王，國之近屬，貴重當時，楷歲請二國租錢百萬，以散親族。人或譏之，楷曰：「損有餘以補不足，天之道也。」安於毀譽，其行己任率，皆此類也。

與山濤、和嶠並以盛德居位，帝嘗問曰：「朕應天順時，海內更始，天下風聲，何得何失？」楷對曰：「陛下受命，四海承風，所以未比德於堯舜者，但以賈充之徒尚在朝耳。方宜引天下賢人，與弘正道，不宜示人以私。」時任愷、庾純亦以充爲言，帝乃出充爲關中都督。充納女於太子，乃止。平吳之後，帝方修太平之化，每延公卿，與論政道。楷陳三五之風，

次敍漢魏盛衰之迹。帝稱善，坐者歎服焉。

楷子瓚娶楊駿女，然楷素輕駿，與之不平。駿既執政，乃轉爲衞尉，遷太子少師，優游無事，默如也。及駿誅，楷以婚親收付廷尉，將加法。是日事起倉卒，誅戮縱横，衆人爲之震恐。楷容色不變，舉動自若，索紙筆與親故書。賴侍中傅祗救護得免，猶坐去官。太保衞瓘、太宰亮稱楷貞正不阿附，宜蒙爵土，乃封臨海侯，食邑二千戶。代楚王瑋爲北軍中候，加散騎常侍。瑋怨瓘、亮斥己任楷，楷聞之，不敢拜，轉爲尚書。

楷長子輿先娶亮女，女適衞瓘子，楷慮內難未已，求出外鎮，除安南將軍、假節、都督荆州諸軍事，垂當發而瑋果矯詔誅亮、瓘。瑋以楷前奪己中候，又與亮、瓘婚親，密遣討楷。楷素知瑋有望於己，聞有變，單車入城，匿于妻父王渾家，與亮小子一夜八徙，故得免難。瑋既伏誅，以楷爲中書令，加侍中，與張華、王戎並管機要。

楷有渴利疾，不樂處勢。王渾爲楷請曰：「楷受先帝拔擢之恩，復蒙陛下寵遇，誠竭節之秋也。然楷性不競於物，昔爲常侍，求出爲河內太守；後爲侍中，復求出爲河南尹；與楊駿不平，求爲衞尉；及轉東宮，班在時類之下，安於淡退，有識有以見其心也。楷今委頓，臣深憂之。光祿勳缺，以爲可用。今張華在中書，王戎在尚書，足舉其契，無爲復令楷入。名臣不多，當見將養，不違其志，要其遠濟之益。」不聽，就加光祿大夫、開府儀同三司。及疾

篤，詔遣黃門郎王衍省疾，楷回眸矚之曰：「竟未相識。」衍深嘆其神儁。

楷有知人之鑒，初在河南，樂廣僑居郡界，未知名，楷見而奇之，致之於宰府。嘗目夏侯玄云「肅肅如入宗廟中，但見禮樂器」，鍾會「如觀武庫森森，但見矛戟在前」，傅嘏「汪翔靡所不見」，山濤「若登山臨下，幽然深遠」。

初，楷家炊黍在甑，或變如拳，或作血，或作蕪菁子。其年而卒，時年五十五，謚曰元。有五子：輿、瓚、憲、禮、遜。

輿字祖明。少襲父爵，官至散騎侍郎，卒謚曰簡。

瓚字國寶，中書郎，風神高邁，見者皆敬之。特爲王綏所重，每從其遊。綏父戎謂之曰：「國寶初不來，汝數往，何也？」對曰：「國寶雖不知綏，綏自知國寶。」楊駿之誅，爲亂兵所害。

憲字景思。少而穎悟，好交輕俠。及弱冠，更折節嚴重，修尚儒學，足不踰閾者數年。陳郡謝鯤、潁川庾敳皆儁朗士也，見而奇之，相謂曰：「裴憲鯁亮宏達，通機識命，不知其何如父，至於深弘保素，不以世物嬰心者，其殆過之。」

初，侍講東宮，歷黃門吏部郎、侍中。東海王越以爲豫州刺史、北中郎將、假節。王浚

承制，以憲爲尚書。永嘉末，王浚爲石勒所破，棗嵩等莫不謝罪軍門，貢賂交錯，惟憲及荀綽恬然私室。勒素聞其名，召而謂之曰：「王浚虐暴幽州，人鬼同疾。孤恭行乾憲，拯茲黎元，羇舊咸歡，慶謝交路。二君齊惡傲威，誠信岨絕，防風之戮，將誰歸乎？」憲神色侃然，泣而對曰：「臣等世荷晉榮，恩遇隆重。王浚凶粗醜正，尙晉之遺藩。雖欣聖化，義岨誠心。且武王伐紂，表商容之閭，未聞商容在倒戈之例也。明公既不欲以道化厲物，必於刑忍爲治者，〔二〕防風之戮，臣之分也。請就辟有司。」不拜而出。勒深嘉之，待以賓禮。勒乃簿王浚官寮親屬，皆貲至巨萬，惟憲與荀綽家有書百餘袠，鹽米各十數斛而已。勒聞之，謂其長史張賓曰：「名不虛也。吾不喜得幽州，喜獲二子。」署從事中郎，出爲長樂太守。及勒僭號，未遑制度，與王波爲之撰朝儀，於是憲章文物，擬於王者。勒大悅，署太中大夫，遷司徒。

及季龍之世，彌加禮重。憲有二子：挹、瑴，並以文才知名。瑴仕季龍爲太子中庶子、散騎常侍。挹、瑴俱豪俠耽酒，好臧否人物。與河間邢魚有隙，魚竊乘瑴馬奔段遼，爲人所獲，魚誣瑴使己以季龍當襲鮮卑，告之爲備。時季龍適謀伐遼，而與魚辭正會。季龍悉誅挹、瑴，憲亦坐免。未幾，復以爲右光祿大夫、司徒、太傅，封安定郡公。

憲歷官無幹績之稱，然在朝玄默，未嘗以物務經懷。但以德重名高，動見尊禮。竟卒於石氏，以族人峙子邈爲嗣。

楷長兄黎，次兄康，並知名。康子盾，少歷顯位。永嘉中，爲徐州刺史，委任長史司馬奧。奧勸盾刑殺立威，大發良人爲兵，有不奉法者罪便至死。在任三年，百姓嗟怨。東海王越，盾妹夫也。越既薨，騎督滿衡便引所發良人東還。尋而劉元海遣將王桑、趙固向彭城，前鋒數騎至下邳，文武不堪苛政，悉皆散走。盾、奧奔淮陰，妻子爲賊人所得。奧又誘盾降趙固。固妻盾女，有寵，盾向女涕泣，固遂殺之。

盾弟邵，字道期。元帝爲安東將軍，以邵爲長史，王導爲司馬，二人相與爲深交。徵爲太子中庶子，復轉散騎常侍，使持節、都督揚州江西淮北諸軍事、東中郎將，隨越出項，而卒於軍中。及王導爲司空，既拜，嘆曰：「裴道期、劉王喬在，吾不得獨登此位。」導子仲豫與康同字，導思舊好，乃改爲敬豫焉。

楷弟綽，字季舒，器宇宏曠，官至黃門侍郎、長水校尉。綽子遐，善言玄理，音辭清暢，泠然若琴瑟。嘗與河南郭象談論，一坐嗟服。又嘗在平東將軍周馥坐，與人圍棊。馥司馬行酒，遐未卽飲，司馬醉怒，因曳遐墮地。遐徐起還坐，顏色不變，復棊如故。其性虛和如此。東海王越引爲主簿，後爲越子毗所害。

初，裴、王二族盛於魏晉之世，時人以爲八裴方八王：徽比王祥，楷比王衍，康比王綏，綽比王澄，瓚比王敦，遐比王導，頠比王戎，邈比王玄云。

史臣曰：周稱多士，漢曰得人，取類星象，頡頏符契。時乏名流，多以幹翮相許，自家光國，豈陳騫之謂歟！秀則聲蓋朋僚，稱爲領袖。楷則機神幼發，目以清通。俱爲晉代名臣，良有以也。

贊曰：世旣順才，才膺世至。高平沈敏，蘊茲名器。鉅鹿自然，亦云經笥。媧皇鍊石，晉圖開祕。頠有清規，承家來娟。

校勘記

〔一〕大車　各本皆誤作「大軍」，今從宋本。通志一二一上亦作「大車」。

〔二〕秀年十餘歲　各本作「十歲」，無「餘」字，今從宋本。世說賞譽注引虞預晉書、御覽四六五及職官分紀三三引王隱晉書、通志一二一上、册府七七四皆有「餘」字。

〔三〕然遠近之實至定於道里　斠注：類聚六引「然」下有「後」字，「彼此之實」下有「定於準望，徑路之實」八字，當據補。按：初學記五引同類聚。

〔四〕深列有形之故　通鑑八二引「故」作「累」，此處作「累」義長，蓋因下文「形器之故」而誤。

〔五〕非易之所以爲體守本無也　李校：「守本無」三字涉上文衍。

〔六〕則天理之眞滅　「滅」，殿本、局本作「減」，今從宋本。

〔七〕夫有非有　「夫」下疑脫「於」字。

〔八〕若謂至理信以無爲宗　「宗」，各本作「寇」，今從殿本，文義較明。

〔九〕各列其說　「列」，各本作「到」，今從殿本。

〔一〇〕生以有爲已分則虛無是有之所謂遺者也　通鑑八二引作「夫萬物之有者，雖生於無，然生以有爲已分，則無是有之所遺者也」。

〔一一〕是以欲收重泉之鱗　「泉」應作「淵」，蓋唐臣修史時避李淵諱改爲「泉」。

〔一二〕長水校尉孫季舒　「孫」字衍文，季舒爲裴楷弟裴綽，見下傳。餘詳斠注。

〔一三〕必於刑忍爲治者　「治」，各本作「始」，今從殿本。

晉書卷三十六

列傳第六

衞瓘 子恒　孫璪　玠

衞瓘字伯玉，河東安邑人也。高祖暠，漢明帝時，以儒學自代郡徵，至河東安邑卒，因賜所亡地而葬之，子孫遂家焉。父覬，魏尚書。瓘年十歲喪父，至孝過人。性貞靜有名理，以明識清允稱。襲父爵閿鄉侯。弱冠爲魏尚書郎。時魏法嚴苛，母陳氏憂之，瓘自請得徙爲通事郎，轉中書郎。時權臣專政，瓘優游其間，無所親疏，甚爲傅嘏所重，謂之甯武子。在位十年，以任職稱，累遷散騎常侍。陳留王卽位，拜侍中，持節慰勞河北。以定議功，增邑戶。數歲轉廷尉卿。瓘明法理，每至聽訟，小大以情。

鄧艾、鍾會之伐蜀也，瓘以本官持節監艾、會軍事，行鎭西軍司，給兵千人。蜀旣平，艾輒承制封拜。會陰懷異志，因艾專擅，密與瓘俱奏其狀。詔使檻車徵之，會遣瓘先收艾。

會以瓘兵少，欲令艾殺瓘，因加艾罪。瓘知欲危己，然不可得而距，乃夜至成都，檄艾所統諸將，稱詔收艾，其餘一無所問。若來赴官軍，爵賞如先；敢有不出，誅及三族。比至雞鳴，悉來赴瓘，唯艾帳內在焉。平旦開門，瓘乘使者車，徑入至成都殿前。艾臥未起，父子俱被執。艾諸將圖欲劫艾，整仗趣瓘營。瓘輕出迎之，僞作表草，將申明艾事，諸將信之而止。

俄而會至，乃悉請諸將胡烈等，因執之，囚益州解舍，遂發兵反。於是士卒思歸，內外騷動，人情憂懼。會留瓘謀議，乃書版云「欲殺胡烈等」，舉以示瓘，瓘不許，因相疑貳。瓘如廁，見胡烈故給使，使宣語三軍，言會反。會逼瓘定議，經宿不眠，各橫刀膝上。在外諸軍已潛欲攻會，瓘旣不出，未敢先發。會使瓘慰勞諸軍。瓘心欲去，且堅其意，曰：「卿三軍主，宜自行。」會曰：「卿監司，且先行，吾當後出。」瓘便下殿。會悔遣之，使呼瓘。瓘辭眩疾動，詐仆地。比出閤，數十信追之。瓘至外解，服鹽湯，大吐。瓘素羸，便似困篤。會遣所親人及醫視之，皆言不起，會由是無所憚。及暮，門閉，瓘作檄宣告諸軍。諸軍並已唱義，陵旦共攻會。會率左右距戰，諸將擊敗之，唯帳下數百人隨會繞殿而走，盡殺之。瓘於是部分諸將，羣情肅然。

鄧艾本營將士復追破檻車出艾，還向成都。瓘自以與會共陷艾，懼爲變，又欲專誅會之功，乃遣護軍田續至緜竹，夜襲艾於三造亭，斬艾及其子忠。初，艾之入江由也，以續不進，將斬之，既而赦焉。及瓘遣續，謂之曰：「可以報江由之辱矣。」

事平，朝議封瓘。瓘以克蜀之功，羣帥之力，二將跋扈，自取滅亡，雖運智謀，而無搴旗之效，固讓不受。除使持節、都督關中諸軍事、鎮西將軍，尋遷都督徐州諸軍事、鎮東將軍，增封菑陽侯，以餘爵封弟實開陽亭侯。

泰始初，轉征東將軍，進爵爲公，都督青州諸軍事、青州刺史，加征東大將軍、青州牧。所在皆有政績。除征北大將軍、都督幽州諸軍事、幽州刺史、護烏桓校尉。至鎮，表立平州，後兼督之。于時幽并東有務桓，西有力微，並爲邊害。瓘離間二虜，遂致嫌隙，於是務桓降而力微以憂死。朝廷嘉其功，賜一子亭侯。瓘乞以封弟，未受命而卒，子密受封爲亭侯。瓘六男無爵，悉讓二弟，遠近稱之。累求入朝，既至，武帝善遇之，俄使旋鎮。

咸寧初，徵拜尚書令，加侍中。性嚴整，以法御下，視尚書若參佐，尚書郎若掾屬。瓘學問深博，明習文藝，與尚書郎敦煌索靖俱善草書，時人號爲「一臺二妙」。漢末張芝亦善草書，論者謂瓘得伯英筋，靖得伯英肉。

太康初，遷司空，侍中、令如故。爲政清簡，甚得朝野聲譽。武帝敕瓘第四子宣尚繁昌公主。瓘自以諸生之胄，婚對微素，抗表固辭，不許。又領太子少傅，加千兵百騎鼓吹之府。以日蝕，瓘與太尉汝南王亮、司徒魏舒俱遜位，帝不聽。

瓘以魏立九品，是權時之制，非經通之道，宜復古鄉舉里選。與太尉亮等上疏曰：「昔聖王崇賢，舉善而教，用使朝廷德讓，野無邪行。誠以閭伍之政，足以相檢，詢事考言，必得其善，人知名不可虛求，故還修其身。是以崇賢而俗益穆，黜惡而行彌篤。斯則鄉舉里選者，先王之令典也。自茲以降，此法陵遲。魏氏承顛覆之運，起喪亂之後，人士流移，考詳無地，故立九品之制，粗且爲一時選用之本耳。其始造也，鄉邑清議，不拘爵位，褒貶所加，足爲勸勵，猶有鄉論餘風。中間漸染，遂計資定品，使天下觀望，唯以居位爲貴，人棄德而忽道業，爭多少於錐刀之末，傷損風俗，其弊不細。今九域同規，大化方始，臣等以爲宜皆蕩除末法，一擬古制，以土斷，定自公卿以下，皆以所居爲正，無復縣客遠屬異土者。如此，則同鄉鄰伍，皆爲邑里，郡縣之宰，即以居長，盡除中正九品之制，使舉善進才，各由鄉論。然則下敬其上，人安其教，俗與政俱清，化與法並濟。人知善否之教，不在交遊，即華競自息，各求於己矣。今除九品，則宜準古制，使朝臣共相舉任，於出才之路既博，且可以厲進賢之公心，覈在位之明闇，誠令典也。」武帝善之，而卒不能改。

惠帝之爲太子也，朝臣咸謂純質，不能親政事。瓘每欲陳啓廢之，而未敢發。後會宴陵雲臺，瓘託醉，因跪帝牀前曰：「臣欲有所啓。」帝曰：「公所言何耶？」瓘欲言而止者三，因以手撫牀曰：「此座可惜！」帝意乃悟，因謬曰：「公眞大醉耶？」瓘於此不復有言。賈后由是怨瓘。

宣尚公主，數有酒色之過。楊駿素與瓘不平，駿復欲自專權重，宣若離婚，瓘必遜位，於是遂與黃門等毀之，諷帝奪宣公主。瓘慚懼，告老遜位。乃下詔曰：「司空瓘年未致仕，而遜讓歷年，欲及神志未衰，以果本情，至眞之風，實感吾心。今聽其所執，進位太保，以公就第。給親兵百人，置長史、司馬、從事中郎掾屬；及大車、官騎、麾蓋、鼓吹諸威儀，一如舊典。給廚田十頃、園五十畝、錢百萬、絹五百匹；牀帳簟褥，主者務令優備，以稱吾崇賢之意焉。」有司又奏收宣付廷尉，免瓘位，詔不許。帝後知黃門虛構，欲還復主，而宣疾亡。

惠帝即位，復瓘千兵。及楊駿誅，以瓘錄尚書事，加綠綟綬，劍履上殿，入朝不趨，給騎司馬，與汝南王亮共輔朝政。亮奏遣諸王還藩，與朝臣廷議，無敢應者，唯瓘贊其事，楚王瑋由是憾焉。賈后素怨瓘，且忌其方直，不得騁己淫虐；又聞瓘與瑋有隙，遂謗瓘與亮欲爲伊霍之事，啓帝作手詔，使瑋免瓘等官。黃門齎詔授瑋，瑋性輕險，欲騁私怨，夜使清河王遐收瓘。左右疑遐矯詔，咸諫曰：「禮律刑名，台輔大臣，未有此比，且請距之。須自表得報，就戮未晚也。」瓘不從，遂與子恒、嶽、裔及孫等九人同被害，時年七十二。恒二子璪、玠，時在醫家得免。

初，杜預聞瓘殺鄧艾，言於衆曰：「伯玉其不免乎！身爲名士，位居總帥，既無德音，又

不御下以正，是小人而乘君子之器，當何以堪其責乎？」瓘聞之，不俟駕而謝。終如預言。

初，瓘家人炊飯，墮地盡化爲螺，歲餘而及禍。太保主簿劉繇等冒難收瓘而葬之。

初，瓘爲司空，時帳下督榮晦有罪，瓘斥遣之。及難作，隨兵討瓘，故子孫皆及于禍。

楚王瑋之伏誅也，瓘女與國臣書曰：「先公名諡未顯，無異凡人，每怪一國蔑然無言。春秋之失，其咎安在？悲憤感慨，故以示意。」於是繇等執黃旛，撾登聞鼓，上言曰：「初，矯詔者至，公承詔當免，即便奉送章綬，雖有兵仗，不施一刃，重敕出第，單車從命。如矯詔之文唯免公官，右軍以下即承詐僞，違其本文，輒戮宰輔，不復表上，橫收公子孫輒皆行刑，賊害大臣父子九人。伏見詔書『爲楚王所誑誤，非本同謀者皆弛遣』。如書之旨，謂里舍人被驅逼齎白杖者耳。律，受敎殺人，不得免死。況乎手害功臣，賊殺忠良，雖云非謀，理所不赦。今元惡雖誅，殺賊猶存。臣懼有司未詳事實，或有縱漏，不加精盡，使公父子讐賊不滅，冤魂永恨，訴於穹蒼，酷痛之臣，悲於明世。臣等身被創痍，殯斂始訖。謹條瓘前在司空時，帳下給使榮晦無情被黜，知瓘家人數、小孫名字。〔一〕晦後轉給右軍，其夜晦在門外揚聲大呼，宣詔免公還第。及門開，晦前到中門，復讀所齎僞詔，手取公章綬貂蟬，催公出第。晦按次錄瓘家口及其子孫，皆兵仗將送，著東亭道北圍守，一時之間，便皆斬斫。害公子孫，實由於晦。及將人劫盜府庫，皆晦所爲。考晦一人，衆姦皆出。乞驗盡情僞，加以族

誅。」詔從之。

朝廷以瓘舉門無辜受禍，乃追瓘伐蜀勳，封蘭陵郡公，增邑三千戶，諡曰成，贈假黃鉞。

恒字巨山，少辟司空齊王府，轉太子舍人、尚書郎、祕書丞、太子庶子、黃門郎。恒善草隸書，爲四體書勢曰：

昔在黃帝，創制造物。有沮誦、倉頡者，始作書契，以代結繩，蓋覩鳥跡以興思也。因而遂滋，則謂之字，有六義焉。一曰指事，上、下是也。二曰象形，日、月是也。三曰形聲，江、河是也。四曰會意，武、信是也。五曰轉注，老、考是也。六曰假借，令、長是也。夫指事者，在上爲上，在下爲下。象形者，日滿月虧，效其形也。形聲者，以類爲形，配以聲也。會意者，止戈爲武，人言爲信也。轉注者，以老壽考也。〔二〕假借者，數言同字，其聲雖異，文意一也。自黃帝至三代，其文不改。及秦用篆書，焚燒先典，而古文絕矣。漢武時，魯恭王壞孔子宅，得尚書、春秋、論語、孝經。時人以不復知有古文，謂之科斗書。漢世祕藏，希得見之。魏初傳古文者，出於邯鄲淳。恒祖敬侯寫淳尚書，後以示淳，而淳不別。至正始中，立三字石經，轉失淳法，因科斗之名，遂效其形。太康元年，汲縣人盜發魏襄王冢，得策書十餘萬言。案敬侯所書，猶有髣髴。古

書亦有數種，其一卷論楚事者最爲工妙。恒竊悅之，故竭愚思，以贊其美，愧不足廁前賢之作，冀以存古人之象焉。古無別名，謂之字勢云。

「黃帝之史，沮誦、倉頡，眺彼鳥跡，始作書契。紀綱萬事，垂法立制，帝典用宣，質文著世。爰暨暴秦，滔天作戾，大道既泯，古文亦滅。魏文好古，世傳丘墳，歷代莫發，眞僞靡分。大晉開元，弘道敷訓，天垂其象，地耀其文。其文乃耀，粲矣其章，因聲會意，類物有方：日處君而盈其度，月執臣而虧其旁；雲委蛇而上布，星離離以舒光；禾卉苯䔿以垂穎，山嶽峨嵯而連岡；蟲跂跂其若動，鳥似飛而未揚。觀其錯筆綴墨，用心精專；勢和體均，發止無間。或守正循檢，矩折規旋；或方員靡則，因事制權。其曲如弓，其直如弦。矯然特出，若龍騰于川；森爾下積，若雨墜于天。或引筆奮力，若鴻雁高飛，邈邈翩翩；或縱肆阿那，若流蘇懸羽，靡靡緜緜。是故遠而望之，若翔風厲水，清波漪漣；就而察之，有若自然。信黃唐之遺跡，爲六藝之範先。籀篆蓋其子孫，隸草乃其曾玄。覩物象以致思，非言辭之可宣。」

昔周宣王時，史籀始著大篆十五篇，或與古同，或與古異，世謂之籀書者也。及平王東遷，諸侯力政，家殊國異，而文字乖形。秦始皇帝初兼天下，丞相李斯乃奏益之，罷不合秦文者，斯作倉頡篇，中車府令趙高作爰歷篇，太史令胡毋敬作博學篇，皆取

史籀大篆，或頗省改，所謂小篆者。或曰，下土人程邈爲衙獄吏，得罪始皇，幽繫雲陽十年，從獄中作大篆，少者增益，多者損減，方者使員，員者使方，奏之始皇。始皇善之，出以爲御史，使定書。或曰，邈所定乃隸字也。自秦壞古文，有八體，一曰大篆，二曰小篆，三曰刻符，四曰蟲書，五曰摹印，六曰署書，七曰殳書，八曰隸書。王莽時，使司空甄豐校文字部，改定古文，復有六書。一曰古文，孔氏壁中書也。二曰奇字，卽古文而異者也。三曰篆書，秦篆書也。四曰佐書，卽隸書也。五曰繆篆，所以摹印也。六曰鳥書，所以書幡信也。及許慎撰說文，用篆書爲正，以爲體例，最可得而論也。秦時李斯號爲二篆，〔三〕諸山及銅人銘皆斯書也。漢建初中，扶風曹喜少異於斯，而亦稱善。邯鄲淳師焉，略究其妙，韋誕師淳而不及也。太和中，誕爲武都太守，以能書，留補侍中，魏氏寶器銘題皆誕書也。漢末又有蔡邕，采斯喜之法，爲古今雜形，然精密閑理不如淳也。

邕作篆勢曰：「鳥遺跡，皇頡循。聖作則，制斯文。體有六，篆爲眞。形要妙，巧入神。或龜文鍼列，櫛比龍鱗；紓體放尾，長短複身；〔四〕頹若黍稷之垂穎，蘊若蟲蛇之棼縕；揚波振撆，鷹跱鳥震；延頸脅翼，勢似陵雲。或輕筆內投，微本濃末，若絕若連；似水露緣絲，〔五〕凝垂下端；從者如懸，衡者如編；杳杪邪趣，不方不員；若行若飛，跂跂翾

翾。遠而望之，象鴻鵠羣游，駱驛遷延；迫而視之，端際不可得見，指撝不可勝原。研桑不能數其詰屈，離婁不能覩其郤間，般倕揖讓而辭巧，籀誦拱手而韜翰。處篇籍之首目，粲斌斌其可觀。摛華艷於紈素，爲學藝之範先。喜文德之弘懿，慍作者之莫刊。思字體之頫仰，舉大略而論旃。」

秦旣用篆，奏事繁多，篆字難成，卽令隸人佐書，曰隸字。漢因行之，獨符、印璽、幡信、題署用篆。隸書者，篆之捷也。上谷王次仲始作楷法。至靈帝好書，時多能者，而師宜官爲最，大則一字徑丈，小則方寸千言，甚矜其能。或時不持錢詣酒家飲，因書其壁，顧觀者以酬酒，〔六〕討錢足而滅之。每書輒削而焚其柎。梁鵠乃益爲版而飲之酒，候其醉而竊其柎。鵠卒以書至選部尚書。宜官後爲袁術將，今鉅鹿宋子有耿球碑，是術所立，其書甚工，云是宜官也。梁鵠奔劉表，魏武帝破荆州，募求鵠。鵠之爲選部也，魏武欲爲洛陽令，而以爲北部尉，故懼而自縛詣門，署軍假司馬，在祕書以勤書自效，是以今者多有鵠手跡。魏武帝懸著帳中，及以釘壁玩之，以爲勝宜官。今宮殿題署多是鵠篆。〔七〕鵠宜爲大字，邯鄲淳宜爲小字。鵠謂淳得次仲法，然鵠之用筆盡其勢矣。鵠弟子毛弘教於祕書，今八分皆弘法也。漢末有左子邑，小與淳鵠不同，然亦有名。

魏初有鍾胡二家爲行書法，俱學之於劉德升，而鍾氏小異，然亦各有巧，今大行於世云。作隸勢曰：「鳥跡之變，乃惟佐隸。蠲彼繁文，崇此簡易。厥用既弘，體象有度。煥若星陳，鬱若雲布。其大徑尋，細不容髮。隨事從宜，靡有常制。或穹隆恢廓，或櫛比鍼列，或砥平繩直，或蜿蜒膠戾，或長邪角趣，或規旋矩折。修短相副，異體同勢。奮筆輕舉，離而不絕。纖波濃點，錯落其間。若鍾簴設張，庭燎飛煙。嶄巖嵯峨，高下屬連。似崇臺重宇，增雲冠山。遠而望之，若飛龍在天；近而察之，心亂目眩。奇姿譎詭，不可勝原。研桑所不能計，宰賜所不能言。何草篆之足算，而斯文之未宣。豈體大之難覩，將祕奧之不傳？聊俯仰而詳觀，舉大較而論旃。」

漢興而有草書，不知作者姓名。至章帝時，齊相杜度號善作篇。後有崔瑗、崔寔，亦皆稱工。杜氏殺字甚安，而書體微瘦。崔氏甚得筆勢，而結字小疏。弘農張伯英者，因而轉精甚巧。凡家之衣帛，必書而後練之。臨池學書，池水盡黑。下筆必爲楷則，號忽忽不暇草書。寸紙不見遺，至今世尤寶其書，韋仲將謂之草聖。伯英弟文舒者，次伯英。又有姜孟穎、梁孔達、田彥和及韋仲將之徒，皆伯英弟子，有名於世，然殊不及文舒也。羅叔景、趙元嗣者，與伯英並時，見稱於西州，而矜巧自與，衆頗惑之。故英自稱「上比崔杜不足，下方羅趙有餘」。河間張超亦有名，然雖與崔氏同州，不如伯

英之得其法也。

崔瑗作草書勢曰：「書契之興，始自頡皇。寫彼鳥跡，以定文章。爰暨末葉，典籍彌繁。時之多僻，政之多權。官事荒蕪，剿其墨翰。惟作佐隸，舊字是刪。草書之法，蓋又簡略。應時諭指，用於卒迫。兼功并用，愛日省力。純儉之變，豈必古式。觀其法象，俯仰有儀。方不中矩，員不副規；抑左揚右，望之若崎。竦企鳥跱，志在飛移；狡獸暴駭，將奔未馳。或黝黠點黯，狀似連珠，絕而不離；畜怒怫鬱，放逸生奇。或凌邃惴慄，若據槁臨危；旁點邪附，似蜩螗揭枝。絕筆收勢，餘綖糾結，若杜伯揵毒緣巇，騰蛇赴穴，頭沒尾垂。是故遠而望之，摧焉若沮岑崩崖；就而察之，一畫不可移。機微要妙，臨時從宜。略舉大較，髣髴若斯。」

及瓘爲楚王瑋所構，恒聞變，以何劭，嫂之父也，從牆孔中詣之，以問消息。劭知而不告。恒還經廚下，收人正食，因而遇害。後贈長水校尉，謚蘭陵貞世子。二子：璪、玠。

璪字仲寶，襲瓘爵。後東海王越以蘭陵益其國，改封江夏郡公，邑八千五百戶。懷帝即位，爲散騎侍郎。永嘉五年，沒於劉聰。元帝以瓘玄孫崇嗣。

玠字叔寶。年五歲，風神秀異。祖父瓘曰：「此兒有異於衆，顧吾年老，不見其成長耳！」總角乘羊車入市，見者皆以爲玉人，觀之者傾都。驃騎將軍王濟，玠之舅也，儁爽有風姿，每見玠，輒歎曰：「珠玉在側，覺我形穢。」又嘗語人曰：「與玠同遊，冏若明珠之在側，朗然照人。」及長，好言玄理。其後多病體羸，母恒禁其語。遇有勝日，親友時請一言，無不咨嗟，以爲入微。琅邪王澄有高名，少所推服，每聞玠言，輒歎息絕倒。故時人爲之語曰：「衞玠談道，平子絕倒。」澄及王玄、王濟並有盛名，皆出玠下，世云「王家三子，不如衞家一兒」。玠妻父樂廣，有海內重名，議者以爲「婦公冰清，女壻玉潤」。

辟命屢至，皆不就。久之，爲太傅西閤祭酒，拜太子洗馬。璪爲散騎侍郎，內侍懷帝。玠以天下大亂，欲移家南行。母曰：「我不能舍仲寶去也。」玠啓諭深至，爲門戶大計，母涕泣從之。臨別，玠謂兄曰：「在三之義，人之所重。今可謂致身之日，兄其勉之。」乃扶輿母轉至江夏。

玠妻先亡。征南將軍山簡見之，甚相欽重。簡曰：「昔戴叔鸞嫁女，唯賢是與，不問貴賤，況衞氏權貴門戶令望之人乎！」於是以女妻焉。遂進豫章。是時大將軍王敦鎮豫章，長史謝鯤先雅重玠，相見欣然，言論彌日。敦謂鯤曰：「昔王輔嗣吐金聲於中朝，此子復玉振於江表，微言之緒，絕而復續。不意永嘉之末，復聞正始之音，何平叔若在，當復絕倒。」玠

嘗以人有不及，可以情恕；非意相干，可以理遣，故終身不見喜慍之容。

以王敦豪爽不羣，而好居物上，恐非國之忠臣，求向建鄴。京師人士聞其姿容，觀者如堵。玠勞疾遂甚，永嘉六年卒，時年二十七，時人謂玠被看殺。葬於南昌。謝鯤哭之慟，人問曰：「子有何恤而致斯哀？」答曰：「棟梁折矣，不覺哀耳。」咸和中，改塋於江寧。丞相王導教曰：「衞洗馬明當改葬。此君風流名士，海內所瞻，可修薄祭，以敦舊好。」後劉惔、謝尚共論中朝人士，或問：「杜乂可方衞洗馬不？」尚曰：「安得相比，其間可容數人。」惔又云：「杜乂膚清，叔寶神清。」其爲有識者所重若此。于時中興名士，唯王承及玠爲當時第一云。

恒族弟展字道舒，歷尚書郎、南陽太守。永嘉中，爲江州刺史，累遷晉王大理。詔有考子證父，或鞭父母問子所在，展以爲恐傷正教，並奏除之。中興建，爲廷尉，上疏宜復肉刑，語在刑法志。卒，贈光祿大夫。

張華 子禕 韙 劉卞

張華字茂先，范陽方城人也。父平，魏漁陽郡守。華少孤貧，自牧羊，同郡盧欽見而器之。鄉人劉放亦奇其才，以女妻焉。華學業優博，辭藻溫麗，朗贍多通，圖緯方伎之書莫不詳覽。少自修謹，造次必以禮度。勇於赴義，篤於周急。器識弘曠，時人罕能測之。

初未知名，著鷦鷯賦以自寄。其詞曰：

何造化之多端，播羣形於萬類。惟鷦鷯之微禽，亦攝生而受氣，育翩翾之陋體，無玄黃以自貴；毛無施於器用，肉不登乎俎味。鷹鸇過猶戢翼，尚何懼於罿罻！翳薈蒙籠，是焉游集。飛不飄揚，翔不翕集。其居易容，其求易給；巢林不過一枝，每食不過數粒。栖無所滯，游無所盤；匪陋荆棘，匪榮茝蘭。動翼而逸，投足而安。委命順理，與物無患。伊茲禽之無知，而處身之似智。不懷寶以買害，不飾表以招累。靜守性而不矜，動因循而簡易。任自然以爲資，無誘慕於世僞。

鵰鶡介其觜距，鵠鷺軼於雲際，鵾雞竄於幽險，孔翠生乎遐裔，彼晨鳧與歸雁，又矯翼而增逝，咸美羽而豐肌，故無罪而皆斃；徒銜蘆以避繳，終爲戮於此世。蒼鷹鷙而受紲，鸚鵡慧而入籠，屈猛志以服養，塊幽縶於九重；變音聲以順旨，思摧翮而爲庸。戀鍾岱之林野，慕隴坻之高松。雖蒙幸於今日，未若疇昔之從容。海鳥爰居，避風而至；條支巨爵，踰嶺自致；提挈萬里，飄颻逼畏。夫惟體大妨物，而形瓌足偉也。

陰陽陶烝，萬品一區。巨細舛錯，種繁類殊。鷦冥巢於蚊睫，大鵬彌乎天隅，將以上方不足而下比有餘。普天壤而遐觀，吾又安知大小之所如。

陳留阮籍見之，歎曰：「王佐之才也！」由是聲名始著。

郡守鮮于嗣薦華爲太常博士。盧欽言之於文帝，轉河南尹丞，未拜，除佐著作郎。頃之，遷長史，兼中書郎。朝議表奏，多見施用，遂卽眞。晉受禪，拜黃門侍郎，封關內侯。

華强記默識，四海之內，若指諸掌。武帝嘗問漢宮室制度及建章千門萬戶，華應對如流，聽者忘倦，畫地成圖，左右屬目。帝甚異之，時人比之子產。數歲，拜中書令，後加散騎常侍。遭母憂，哀毀過禮，中詔勉勵，逼令攝事。

初，帝潛與羊祜謀伐吳，而羣臣多以爲不可，唯華贊成其計。其後，祜疾篤，帝遣華詣祜，問以伐吳之計，語在祜傳。及將大舉，以華爲度支尚書，乃量計運漕，決定廟算。衆軍既進，而未有克獲，賈充等奏誅華以謝天下。帝曰：「此是吾意，華但與吾同耳。」時大臣皆以爲未可輕進，華獨堅執，以爲必克。及吳滅，詔曰：「尚書、關內侯張華，前與故太傅羊祜共創大計，遂典掌軍事，部分諸方，算定權略，運籌決勝，有謀謨之勳。其進封爲廣武縣侯，增邑萬戶，封子一人爲亭侯，千五百戶，賜絹萬匹。」

華名重一世，衆所推服，晉史及儀禮憲章並屬於華，多所損益，當時詔誥皆所草定，聲譽益盛，有台輔之望焉。而荀勖自以大族，恃帝恩深，憎疾之，每伺間隙，欲出華外鎭。會帝問華：「誰可託寄後事者？」對曰：「明德至親，莫如齊王攸。」既非上意所在，微爲忤旨，間言遂行。乃出華爲持節、都督幽州諸軍事、領護烏桓校尉、安北將軍。撫納新舊，戎夏懷之。東夷馬韓、新彌諸國依山帶海，去州四千餘里，歷世未附者二十餘國，並遣使朝獻。於是遠夷賓服，四境無虞，頻歲豐稔，士馬强盛。

朝議欲徵華入相，又欲進號儀同。初，華毀徵士馮恢於帝，紞卽恢之弟也，深有寵於帝。紞嘗侍帝，從容論魏晉事，因曰：「臣竊謂鍾會之釁，頗由太祖。」帝變色曰：「卿何言邪！」紞免冠謝曰：「臣愚冗瞽言，罪應萬死。然臣微意，猶有可申。」帝曰：「何以言之？」紞曰：「臣以爲善御者必識六轡盈縮之勢，善政者必審官方控帶之宜，故仲由以兼人被抑，冉求以退弱被進，漢高八王以寵過夷滅，光武諸將由抑損克終。非上有仁暴之殊，下有愚智之異，蓋抑揚與奪使之然耳。鍾會才見有限，而太祖誇獎太過，嘉其謀猷，盛其名器，居以重勢，委以大兵，故使會自謂算無遺策，功在不賞，輈張跋扈，遂搆凶逆耳。向令太祖錄其小能，節以大禮，抑之以權勢，納之以軌則，則亂心無由而生，亂事無由而成矣。」帝曰：「然。」紞稽首曰：「陛下既已然微臣之言，宜思堅冰之漸，無使如會之徒復致覆喪。」帝曰：「當今豈有如會者乎？」紞曰：「東方朔有言『談何容易』，易曰『臣不密則失身』。」帝乃屏左右曰：「卿極言之。」紞曰：「陛下謀謨之臣，著大功於天下，海內莫不聞知，據方鎭總戎馬之任者，皆在陛下聖慮矣。」帝默然。頃之，徵華爲太常。以太廟屋棟折，免官。遂終帝之世，以列侯朝見。

惠帝卽位，以華爲太子少傅，與王戎、裴楷、和嶠俱以德望爲楊駿所忌，皆不與朝政。及駿誅後，將廢皇太后，會羣臣於朝堂，議者皆承望風旨，以爲「春秋絕文姜，今太后自絕於宗廟，亦宜廢黜」。惟華議以爲「夫婦之道，父不能得之於子，子不能得之於父，皇太后非得罪於先帝者也。今黨其所親，爲不母於聖世，宜依漢廢趙太后爲孝成后故事，貶太后之號，還稱武皇后，居異宮，以全貴終之恩」。不從，遂廢太后爲庶人。

楚王瑋受密詔殺太宰汝南王亮、太保衞瓘等，內外兵擾，朝廷大恐，計無所出。華白帝以「瑋矯詔擅害二公，將士倉卒，謂是國家意，故從之耳。今可遣騶虞幡使外軍解嚴，理必風靡」。上從之，瑋兵果敗。及瑋誅，華以首謀有功，拜右光祿大夫、開府儀同三司、侍中、中書監，金章紫綬。固辭開府。

賈謐與后共謀，以華庶族，儒雅有籌略，進無逼上之嫌，退爲衆望所依，欲倚以朝綱，訪以政事。疑而未決，以問裴頠，頠素重華，深贊其事。華遂盡忠匡輔，彌縫補闕，雖當闇主虐后之朝，而海內晏然，華之功也。華懼后族之盛，作女史箴以爲諷。賈后雖凶妒，而知敬重華。久之，論前後忠勳，進封壯武郡公。華十餘讓，中詔敦譬，乃受。數年，代下邳王晃爲司空，領著作。

及賈后謀廢太子，左衞率劉卞甚爲太子所信遇，每會宴，卞必預焉。屢見賈謐驕傲，太子恨之，形于言色，謐亦不能平。卞以賈后謀問華，華曰：「不聞。」卞曰：「卞以寒悴，自須昌小吏受公成拔，以至今日。士感知己，是以盡言，而公更有疑於卞邪！」華曰：「假令有此，君欲如何？」卞曰：「東宮俊乂如林，四率精兵萬人。公居阿衡之任，若得公命，皇太子因朝入錄尚書事，廢賈后於金墉城，兩黃門力耳。」華曰：「今天子當陽，太子，人子也，吾又不受阿衡之命，忽相與行此，是無其君父，而以不孝示天下也。雖能有成，猶不免罪，況權戚滿朝，威柄不一，而可以安乎！」及帝會羣臣於式乾殿，出太子手書，徧示羣臣，莫敢有言者。惟華諫曰：「此國之大禍。自漢武以來，每廢黜正嫡，恒至喪亂。且國家有天下日淺，願陛下詳之。」尚書左僕射裴頠以爲宜先檢校傳書者，又請比校太子手書，不然，恐有詐妄。賈后乃內出太子素啓事十餘紙，衆人比視，亦無敢言非者。議至日西不決，后知華等意堅，因表乞免爲庶人，帝乃可其奏。

初，趙王倫爲鎮西將軍，撓亂關中，氐羌反叛，乃以梁王肜代之。或說華曰：「趙王貪昧，信用孫秀，所在爲亂，而秀變詐，姦人之雄。今可遣梁王斬秀，刈趙之半，以謝關右，不亦可乎！」華從之，肜許諾。秀友人辛冉從西來，言於肜曰：「氐羌自反，非秀之爲。」故得免死。倫既還，諂事賈后，因求錄尚書事，後又求尚書令。華與裴頠皆固執不可，由是致怨，倫、秀疾華如讎。武庫火，華懼因此變作，列兵固守，然後救之，故累代之寶及漢高斬蛇劍、

王莽頭、孔子屐等盡焚焉。時華見劍穿屋而飛，莫知所向。

初，華所封壯武郡有桑化爲柏，識者以爲不祥。又華第舍及監省數有妖怪。少子韙以中台星坼，勸華遜位。華不從，曰：「天道玄遠，惟修德以應之耳。不如靜以待之，以俟天命。」及倫、秀將廢賈后，秀使司馬雅夜告華曰：「今社稷將危，趙王欲與公共匡朝廷，爲霸者之事。」華知秀等必成篡奪，乃距之。雅怒曰：「刃將加頸，而吐言如此！」不顧而出。華方晝臥，忽夢見屋壞，覺而惡之。是夜難作，詐稱詔召華，遂與裴頠俱被收。華將死，謂張林曰：「卿欲害忠臣耶？」林稱詔詰之曰：「卿爲宰相，任天下事，太子之廢，不能死節，何也？」華曰：「式乾之議，臣諫事具存，非不諫也。」林曰：「諫若不從，何不去位？」華不能答。須臾，使者至曰：「詔斬公。」華曰：「臣先帝老臣，中心如丹。臣不愛死，懼王室之難，禍不可測也。」遂害之於前殿馬道南，夷三族，朝野莫不悲痛之。時年六十九。

華性好人物，誘進不倦，至于窮賤候門之士有一介之善者，便咨嗟稱詠，爲之延譽。雅愛書籍，身死之日，家無餘財，惟有文史溢于机篋。嘗徙居，載書三十乘。祕書監摯虞撰定官書，皆資華之本以取正焉。天下奇祕，世所希有者，悉在華所。由是博物洽聞，世無與比。

惠帝中，人有得鳥毛長三丈，〔六〕以示華。華見，慘然曰：「此謂海鳧毛也，出則天下亂

矣。」陸機嘗餉華鮓，于時賓客滿座，華發器，便曰：「此龍肉也。」衆未之信，華曰：「試以苦酒濯之，必有異。」既而五色光起。機還問鮓主，果云：「園中茅積下得一白魚，質狀殊常，以作鮓，過美，故以相獻。」武庫封閉甚密，其中忽有雉雊。華曰：「此必蛇化爲雉也。」開視，雉側果有蛇蛻焉。吳郡臨平岸崩，出一石鼓，槌之無聲。帝以問華，華曰：「可取蜀中桐材，刻爲魚形，扣之則鳴矣。」於是如其言，果聲聞數里。

初，吳之未滅也，斗牛之間常有紫氣，道術者皆以吳方强盛，未可圖也，惟華以爲不然。及吳平之後，紫氣愈明。華聞豫章人雷煥妙達緯象，乃要煥宿，屏人曰：「可共尋天文，知將來吉凶。」因登樓仰觀。煥曰：「僕察之久矣，惟斗牛之間頗有異氣。」華曰：「是何祥也？」煥曰：「寶劍之精，上徹於天耳。」華曰：「君言得之。吾少時有相者言，吾年出六十，位登三事，當得寶劍佩之。斯言豈效與！」因問曰：「在何郡？」煥曰：「在豫章豐城。」華曰：「欲屈君爲宰，密共尋之，可乎？」煥許之。華大喜，卽補煥爲豐城令。煥到縣，掘獄屋基，入地四丈餘，得一石函，光氣非常，中有雙劍，並刻題，一曰龍泉，一曰太阿。其夕，斗牛間氣不復見焉。煥以南昌西山北巖下土以拭劍，光芒艷發。大盆盛水，置劍其上，視之者精芒炫目。遣使送一劍并土與華，留一自佩。或謂煥曰：「得兩送一，張公豈可欺乎？」煥曰：「本朝將亂，張公當受其禍。此劍當繫徐君墓樹耳。靈異之物，終當化去，不永爲人服也。」華得劍，寶愛

之，常置坐側。華以南昌土不如華陰赤土，報煥書曰：「詳觀劍文，乃干將也，莫邪何復不至？雖然，天生神物，終當合耳。」因以華陰土一斤致煥。煥更以拭劍，倍益精明。華誅，失劍所在。煥卒，子華爲州從事，持劍行經延平津，劍忽於腰間躍出墮水。使人沒水取之，不見劍，但見兩龍各長數丈，蟠縈有文章，沒者懼而反。須臾光彩照水，波浪驚沸，於是失劍。華歎曰：「先君化去之言，張公終合之論，此其驗乎！」華之博物多此類，不可詳載焉。

後倫、秀伏誅，齊王冏輔政，摯虞致箋於冏曰：「間於張華沒後入中書省，得華先帝時答詔本草。先帝問華可以輔政持重付以後事者，華答：『明德至親，莫如先王，宜留以爲社稷之鎮。』其忠良之謀，款誠之言，信於幽冥，沒而後彰，與苟且隨時者不可同世而論也。議者有責華以愍懷太子之事不抗節廷爭。當此之時，諫者必得違命之死。先聖之教，死而無益者，不以責人。故晏嬰，齊之正卿，不死崔杼之難；季札，吳之宗臣，不爭逆順之理。理盡而無所施者，固聖教之所不責也。」冏於是奏曰：「臣聞興微繼絕，聖王之高政；貶惡嘉善，春秋之美義。是以武王封比干之墓，表商容之閭，誠幽明之故有以相通也。孫秀逆亂，滅佐命之國，誅骨鯁之臣，以斵喪王室；肆其虐戾，功臣之後，多見泯滅。張華、裴頠各以見憚取誅於時，解系、解結同以羔羊並被其害，歐陽建等無罪而死，百姓憐之。今陛下更日月之光，布維新之命，然此等諸族未蒙恩理。昔欒郤降在皁隸，而春秋傳其違；幽王絕功臣之後，棄

賢者子孫，而詩人以爲刺。臣備忝在職，〔九〕思納愚誠。若合聖意，可令羣官通議。」議者各有所執，而多稱其冤。壯武國臣竺道又詣長沙王，求復華爵位，依違者久之。

太安二年，詔曰：「夫愛惡相攻，佞邪醜正，自古而有。故司空、壯武公華竭其忠貞，思翼朝政，謀謨之勳，每事賴之。前以華弼濟之功，宜同封建，而華固讓至于八九，深陳大制不可得爾，終有顛敗危辱之慮，辭義懇誠，足勸遠近。華之至心，誓於神明。華以伐吳之勳，受爵於先帝。後封既非國體，又不宜以小功踰前大賞。華之見害，俱以姦逆圖亂，濫被枉賊。其復華侍中、中書監、司空、公、廣武侯及所沒財物與印綬符策，遣使弔祭之。」

初，陸機兄弟志氣高爽，自以吳之名家，初入洛，不推中國人士，見華一面如舊，欽華德範，如師資之禮焉。華誅後，作誄，又爲詠德賦以悼之。

華著博物志十篇，及文章並行于世。二子：禕，韙。

禕字彥仲，好學，謙敬有父風，歷位散騎常侍。韙儒博，曉天文，散騎侍郎。同時遇害。禕子輿，字公安，襲華爵。避難過江，辟丞相掾、太子舍人。

劉卞字叔龍，東平須昌人也。本兵家子，質直少言。少爲縣小吏，功曹夜醉如廁，使卞執燭，不從，功曹銜之，以他事補亭子。有祖秀才者，於亭中與刺史箋，久不成，卞教之數言，卓犖有大致。秀才謂縣令曰：「卞，公府掾之精者，卿云何以爲亭子？」令即召爲門下史，百事疏簡，不能周密。令問卞：「能學不？」答曰：「願之。」即使就學。無幾，卞兄爲太子長兵，既死，兵例須代，功曹請以卞代兄役。令曰：「祖秀才有言。」遂不聽。卞後從令至洛，得入太學，試經爲臺四品吏。訪問令寫黃紙一鹿車，卞曰：「劉卞非爲人寫黃紙者也。」訪問知怒，言於中正，退爲尚書令史。或謂卞曰：「君才簡略，堪大不堪小，不如作守舍人。」卞從其言。

後爲吏部令史，遷齊王攸司空主簿，轉太常丞、司徒左西曹掾、尚書郎，所歷皆稱職。累遷散騎侍郎，除幷州刺史。入爲左衞率，知賈后廢太子之謀，甚憂之。以計干張華而不見用，益以不平。賈后親黨微服聽察外間，頗聞卞言，乃遷卞爲輕車將軍、雍州刺史。卞知言泄，恐爲賈后所誅，乃飲藥卒。初，卞之幷州，昔同時爲須昌小吏者十餘人祖餞之，其一人輕卞，卞遣扶出之，人以此少之。

史臣曰：夫忠爲令德，學乃國華，譬衆星之有禮義，人倫之有冠冕也。衞瓘撫武帝之牀，張華距趙倫之命，進諫則伯玉居多，臨危則茂先爲美。遵乎險轍，理有可言：昏亂方凝，則事暌其趣，松筠無改，則死勝於生，固以赴蹈爲期，而不辭乎傾覆者也。俱陷淫網，同嗟承劍，邦家殄瘁，不亦傷哉！

贊曰：賢人委質，道映陵寒。尸祿觀敗，吾生未安。衞以賈滅，張由趙殘。忠於亂世，自古爲難。

校勘記

〔一〕小孫名字　册府九一九「小」作「子」。按下文，作「子」是。

〔二〕以老壽考也　李校：「壽」字誤，疑當作「受」。按：記纂淵海八二引「壽」作「爲」。

〔三〕二篆　魏志劉劭傳注引文章叙錄及水經河水注引俱作「工篆」，「二」蓋「工」之形近誤。

〔四〕長短複身　蔡中郎集及類聚七四作「長翅短身」，初學記二一引作「長短副身」。

〔五〕似水露緣絲　李校：「緣」當作「綠」。按：蔡中郎集、初學記二一引「緣」正作「綠」。

〔六〕顧觀者以酬酒　「顧」，各本作「屨」，今從殿本。册府八六一、記纂淵海八二引亦均作「顧」。

〔七〕多是鵠篆　「篆」，各本作「象」，今從殿本。上云「題署用篆」，作「篆」近是。

〔八〕人有得鳥毛長三丈　各本無「長」字，今從宋本。

〔九〕臣備忝在職　「在職」宜從解系傳作「右職」。右職，高職也，見漢書循吏文翁傳。

晉書卷三十七

列傳第七

宗室

安平獻王孚 子邕 邕弟義陽成王望 望子河間平王洪 洪子威 洪弟隨穆王整 整弟竟陵王楙 望弟太原成王輔 輔弟翼 翼弟下邳獻王晃 晃弟太原烈王瓌 瓌弟高陽元王珪 珪弟常山孝王衡 衡弟沛順王景

安平獻王孚字叔達，宣帝次弟也。初，孚長兄朗字伯達，宣帝字仲達，孚弟馗字季達，恂字顯達，進字惠達，通字雅達，敏字幼達，俱知名，故時號爲「八達」焉。孚溫厚廉讓，博涉經史。漢末喪亂，與兄弟處危亡之中，簞食瓢飲，而披閱不倦。性通恕，以貞白自立，未嘗有怨於人。陳留殷武有名於海內，嘗罹罪譴，孚往省之，遂與同處分食，談者稱焉。魏陳思王植有俊才，清選官屬，以孚爲文學掾。植負才陵物，孚每切諫，初不合意，後

乃謝之。遷太子中庶子。魏武帝崩，太子號哭過甚，孚諫曰：「大行晏駕，天下恃殿下爲命。當上爲宗廟，下爲萬國，奈何效匹夫之孝乎！」太子良久乃止，曰：「卿言是也。」時羣臣初聞帝崩，相聚號哭，無復行列。孚厲聲於朝曰：「今大行晏駕，天下震動，當早拜嗣君，以鎭海內，而但哭邪！」孚與尚書和洽罷羣臣，備禁衞，具喪事，奉太子以卽位，是爲文帝。

時當選侍中、常侍等官，太子左右舊人頗諷諭主者，便欲就用，不調餘人。孚曰：「雖有堯舜，必有稷契。今嗣君新立，當進用海內英賢，猶患不得，如何欲因際會自相薦舉邪！官失其任，得者亦不足貴。」遂更他選。轉孚爲中書郎、給事常侍，宿省內，除黃門侍郎，加騎都尉。

時孫權稱藩，請送任子，當遣前將軍于禁還，久而不至。天子以問孚，孚曰：「先王設九服之制，誠以要荒難以德懷，不以諸夏禮責也。陛下承緒，遠人率貢。權雖未送任子，于禁不至，猶宜以寬待之。畜養士馬，以觀其變。不可以嫌疑責讓，恐傷懷遠之義。自孫策至權，奕世相繼，惟强與弱，不在一禁。禁之未至，當有他故耳。」後禁至，果以疾遲留，而任子竟不至。大軍臨江，責其違言，吳遂絕不貢獻。後出爲河內典農，賜爵關內侯，轉清河太守。

初，魏文帝置度支尚書，專掌軍國支計，朝議以征討未息，動須節量。及明帝嗣位，欲用孚，問左右曰：「有兄風不？」答云：「似兄。」天子曰：「吾得司馬懿二人，復何憂哉！」轉爲度支尚書。孚以爲擒敵制勝，宜有備預。每諸葛亮入寇關中，邊兵不能制敵，中軍奔赴，輒不及事機，宜預選步騎二萬，以爲二部，爲討賊之備。又以關中連遭賊寇，穀帛不足，遣冀州農丁五千屯於上邽，秋冬習戰陣，春夏修田桑。由是關中軍國有餘，待賊有備矣。後除尚書右僕射，進爵昌平亭侯，遷尚書令。及大將軍曹爽擅權，李勝、何晏、鄧颺等亂政，孚不視庶事，但正身遠害而已。及宣帝誅爽，孚與景帝屯司馬門，以功進爵長社縣侯，加侍中。

時吳將諸葛恪圍新城，以孚進督諸軍二十萬防禦之。孚次壽春，遣毌丘儉、文欽等進討。諸將欲速擊之，孚曰：「夫攻者，借人之力以爲功，且當詐巧，不可力爭也。」故稽留月餘乃進軍，吳師望風而退。

魏明悼后崩，議書銘旌，或欲去姓而書魏，或欲兩書。孚以爲：「經典正義，皆不應書。凡帝王皆因本國之名以爲天下之號，而與往代相別耳，非爲擇美名以自光也。天稱皇天，則帝稱皇帝；地稱后土，則后稱皇后。此乃所以同天地之大號，流無二之尊名，不待稱國號以自表，不俟稱氏族以自彰。是以春秋隱公三年經曰『三月庚戌天王崩』，尊而稱天，不曰周王者，所以殊乎列國之君也。『八月庚辰宋公和卒』，書國稱名，所以異乎天王也。襄公十五年經曰『劉夏逆王后于齊』，不云逆周王后姜氏者，所以異乎列國之夫人也。至乎列

國，則曰『夫人姜氏至自齊』，又曰『紀伯姬卒』，書國稱姓，此所以異乎天王后也。由此考之，尊稱皇帝，赫赫無二，何待於魏乎？尊稱皇后，彰以謚號，何待於姓乎？議者欲書魏者，此以爲天皇之尊，同於往古列國之君也。或欲書姓者，此以爲天皇之后，同於往古之夫人也。乖經典之大義，異乎聖人之明制，非所以垂訓將來，爲萬世不易之式者也。」遂從孚議。

遷司空。代王淩爲太尉。及蜀將姜維寇隴右，雍州刺史王經戰敗，遣孚西鎭關中，統諸軍事。征西將軍陳泰與安西將軍鄧艾進擊維，維退。孚還京師，轉太傅。

及高貴鄉公遭害，百官莫敢奔赴，孚枕尸於股，哭之慟，曰：「殺陛下者臣之罪。」奏推主者。會太后令以庶人禮葬，孚與羣公上表，乞以王禮葬，從之。孚性至愼。宣帝執政，常自退損。後逢廢立之際，未嘗預謀。景文二帝以孚屬尊，不敢逼。後進封長樂公。

及武帝受禪，陳留王就金墉城，孚拜辭，執王手，流涕歔欷，不能自勝。曰：「臣死之日，固大魏之純臣也。」詔曰：「太傅勳德弘茂，朕所瞻仰，以光導弘訓，鎭靜宇內，願奉以不臣之禮。其封爲安平王，邑四萬戶。進拜太宰、持節、都督中外諸軍事。」有司奏，諸王未之國者，所置官屬，權未有備。帝以孚明德屬尊，當宣化樹教，爲羣后作則，遂備置官屬焉。又以孚內有親戚，外有交游，惠下之費，而經用不豐，奉絹二千匹。及元會，詔孚乘輿車上殿，帝於阼階迎拜。既坐，帝親奉觴上壽，如家人禮。帝每拜，孚跪而止之。又給以雲母輦、青

蓋車。

孚雖見尊寵，不以爲榮，常有憂色。臨終，遺令曰：「有魏貞士河内温縣司馬孚，字叔達，不伊不周，不夷不惠，立身行道，終始若一。當以素棺單椁，斂以時服。」泰始八年薨，時年九十三。帝於太極東堂舉哀三日。詔曰：「王勳德超世，尊寵無二，期頤在位，朕之所倚。庶永百齡，諮仰訓導，奄忽殂隕，哀慕感切。其以東園温明祕器、朝服一具、衣一襲、緋練百匹、絹布各五百匹、錢百萬、穀千斛以供喪事。諸所施行，皆依漢東平獻王蒼故事。」其家遵孚遺旨，所給器物，一不施用。帝再臨喪，親拜盡哀。及葬，又幸都亭，望柩而拜，哀動左右。給鑾輅輕車，介士武賁百人，吉凶導從二千餘人，前後鼓吹，配饗太廟。九子：邕、望、輔、翼、晃、瓌、珪、衡、景。

邕字子魁。初爲世子，拜步兵校尉、侍中。先孚卒，追贈輔國將軍，謚曰貞。邕子崇爲世孫，又早夭。泰始九年，立崇弟平陽亭侯隆爲安平王。立四年，咸寧二年薨，謚曰穆。無子，國絶。

義陽成王望字子初，出繼伯父朗，寬厚有父風。仕郡上計吏，舉孝廉，辟司徒掾，歷平陽太守、洛陽典農中郎將。從宣帝討王淩，以功封永安亭侯。遷護軍將軍，改封安樂鄉侯，加散騎常侍。時魏高貴鄉公好才愛士，望與裴秀、王沈、鍾會並見親待，數侍宴筵。公性急，秀等居内職，急有召便至。以望外官，特給追鋒車一乘，武賁五人。時景文相繼輔政，未嘗朝覲，權歸晉室。望雖見寵待，每不自安，由是求出，爲征西將軍、持節、都督雍涼二州諸軍事。在任八年，威化明肅。先是蜀將姜維屢寇關中，及望至，廣設方略，維不得爲寇，關中賴之。進封順陽侯。徵拜衞將軍，領中領軍，典禁兵。尋加驃騎將軍、開府。頃之，代何曾爲司徒。

武帝受禪，封義陽王，邑萬戶，給兵二千人。泰始三年，詔曰：「夫尚賢庸勳，尊宗茂親，所以體國經化，式是百辟也。且台司之重，存乎天官，故周建六職，政典爲首。司徒、中領軍，以明德近屬，世濟其美，祖考創業，翼佐大命，出典方任，入贊朝政，文德既著，武功宜暢。逮朕嗣位，弼道惟明，宜登上司，兼統軍戎，内輔帝室，外隆威重。其進位太尉，中領軍如故。置太尉軍司一人，參軍事六人，騎司馬五人。又增置官騎十人，并前三十，假羽葆鼓吹。」

吳將施績寇江夏，邊境騷動。以望統中軍步騎二萬，出屯龍陂，爲二方重鎮，假節，加大都督諸軍事。會荆州刺史胡烈距績，破之，望乃班師。俄而吳將丁奉寇芍陂，望又率諸

軍以赴之，未至而奉退。拜大司馬。孫皓率衆向壽春，詔望統中軍二萬，騎三千，據淮北。皓退，軍罷。泰始七年薨，時年六十七，賻贈有加。望性儉吝而好聚斂，身亡之後，金帛盈溢，以此獲譏。四子：弈、洪、整、楙。

弈至黄門郎，先望卒。整亦早亡。以弈子奇襲爵。奇亦好畜聚，不知紀極，遣三部使到交廣商貨，爲有司所奏，太康九年，詔貶爲三縱亭侯。更以章武王威爲望嗣。後威誅，復立奇爲棘陽王以嗣望。

河間平王洪字孔業，出繼叔父昌武亭侯遺。仕魏，歷位典農中郎將、原武太守，封襄賁男。武帝受禪，封河間王。立十二年，咸寧二年薨。二子：威、混。威嗣，徙封章武。其後威既繼義陽王望，更立混爲洪嗣。混歷位散騎常侍，薨。

及洛陽陷，混諸子皆沒于胡。而小子滔初嗣新蔡王確，亦與其兄俱沒。後得南還，與新蔡太妃不協。太興二年上疏，以兄弟並沒在遼東，章武國絶，宜還所生。太妃訟之，事下太常。太常賀循議：「章武、新蔡俱承一國不絶之統，義不得替其本宗而先後傍親。按滔既已被命爲人後矣，必須無復兄弟，本國永絶，然後得還所生。今兄弟在遠，不得言無，道里雖阻，復非絶域。且鮮卑恭命，信使不絶。自宜詔下遼東，依劉羣、盧諶等例，發遣令還，繼

嗣本封。謂滔今未得便委離所後也。」元帝詔曰：「滔雖出養，自有所生母。新蔡太妃相待甚薄，滔執意如此。如其不聽，終當紛紜，更爲不可。今便順其所執，還襲章武。」

滔歷位散騎常侍，薨，子休嗣。休與彭城王雄俱奔蘇峻。峻平，休已戰死。弟珍年八歲，以小弗坐。咸和六年襲爵，位至大宗正。薨，無嗣。河間王欽以子範之繼，位至游擊將軍。[一]薨，子秀嗣。義熙元年，爲桂陽太守。秀妻桓振之妹，振作逆，秀不自安，謀反，伏誅，國除。

威字景曜，初嗣洪。咸寧三年，徙封章武。太康九年，嗣義陽王望。威凶暴無操行，諂附趙王倫。元康末，爲散騎常侍。倫將篡，使威與黄門郎駱休逼帝奪璽綬，倫以威爲中書令。倫敗，惠帝反正，曰：「阿皮捩吾指，奪吾璽綬，不可不殺。」阿皮，威小字也。於是誅威。

隨穆王整，兄弈卒，以整爲世子。歷南中郎將，封清泉侯，先父望薨，追贈冠軍將軍。武帝以義陽國一縣追封爲隨縣王。子邁嗣。[二]太康九年，以義陽之平林益邁爲隨郡王。

竟陵王楙字孔偉，初封樂陵亭侯，起家參相國軍事。武帝受禪，封東平王，邑三千九十

七戶。入爲散騎常侍、尚書。

楙善諂諛，曲事楊駿。及駿誅，依法當死，東安公繇與楙善，故得不坐。尋遷大鴻臚，加侍中。繇欲擅朝政，與汝南王亮不平。亮託以繇討駿顧望，免繇、楙等官，遣楙就國。楙遂殖財貨，奢僭踰制。趙王倫篡位，召還。及義兵起，倫以楙爲衞將軍、都督諸軍事。倫敗，楙免官。齊王冏輔政，繇復爲僕射，舉楙爲平東將軍、都督徐州諸軍事，鎮下邳。成都王穎輔政，進楙爲衞將軍。

會惠帝北征，即以楙爲車騎將軍，都督如故，使率衆赴鄴。蕩陰之役，東海王越奔于下邳，楙不納，越乃還國。帝既西幸，越總兵謀迎大駕，楙甚懼。長史王修說曰：「東海宗室重望，今將興義，公宜舉徐州以授之，此克讓之美也。」楙從之，乃自承制都督兗州刺史、車騎將軍，表于天子。時帝在長安，遣使者劉虔即拜焉。

楙慮兗州刺史苟晞不避己，乃給虔兵，使稱詔誅晞。晞時已避位，楙在州徵求不已，郡縣不堪命。范陽王虓遣晞還兗州，徙楙都督青州諸軍事。楙不受命，背山東諸侯，與豫州刺史劉喬相結。虓遣將田徽擊楙，破之，楙走還國。帝還洛陽，楙乃詣闕。

及懷帝踐阼，改封竟陵王，拜光祿大夫。越出牧豫州，留世子毗及其黨何倫訪察宮省。楙白帝討越，乃合衆襲倫，不克。帝委罪於楙，楙奔竄獲免。越薨，乃出。及洛陽傾覆，爲

亂兵所害。

太原成王輔，魏末爲野王太守。武帝受禪，封渤海王，邑五千三百七十九戶，泰始二年之國。後爲衞尉，出爲東中郎將，轉南中郎將。咸寧三年，徙爲太原王，監并州諸軍事。太康四年入朝，五年薨，追贈鎮北將軍。永平元年，更贈衞將軍、開府儀同三司。子弘立，〔三〕元康中爲散騎常侍，後徙封中丘王。三年薨，子鑠立。

翼字子世，少歷顯位，官至武賁中郎將。武帝未受禪而卒，以兄邕之支子承爲嗣，封南宮縣王。薨，子祐嗣立，承遂無後。〔四〕

下邳獻王晃字子明，魏封武始亭侯，〔五〕拜黃門侍郎，改封西安男，出爲東莞太守。武帝受禪，封下邳王，邑五千一百七十六戶，泰始二年就國。

晃孝友貞廉，謙虛下士，甚得宗室之稱。後爲長水校尉、南中郎將。九年，詔曰：「南中郎將、下邳王晃清亮中正，體行明潔，才周政理，有文武策識。其以晃爲使持節、都督寧益二州諸軍事、安西將軍，領益州刺史。」晃以疾不行，更拜尚書，遷右僕射。久之，出爲鎮東將軍、都督青徐二州諸軍事。惠帝即位，入爲車騎將軍，加散騎常侍。將誅楊駿，以晃領護軍，屯東掖門。尋守尚書令。遷司空，加侍中，令如故。元康六年薨，〔六〕追贈太傅。

二子：裒、綽。裒早卒，綽有篤疾，別封良城縣王，以太原王輔第三子韡〔七〕爲嗣。官至侍中、尚書，早薨，子韶立。

太原烈王瓌字子泉，魏長樂亭侯，改封貴壽鄉侯。歷振威將軍、祕書監，封固始子。武帝受禪，封太原王，邑五千四百九十六戶，泰始二年就國。四年入朝，賜袞冕之服，遷東中郎將。十年薨，詔曰：「瓌乃心忠篤，智器雅亮。歷位文武，有榦事之績。出臨封土，夷夏懷附，鎮守許都，思謀可紀。不幸早薨，朕甚悼之。今安厝在近，其追贈前將軍。」子顒立，徙封河間王，別有傳。

高陽元王珪字子璋，少有才望，魏高陽鄉侯。歷河南令，進封湞陽子，拜給事黃門侍郎。武帝受禪，封高陽王，邑五千五百七十戶。歷北中郎將、督鄴城守諸軍事。泰始六年入朝，以父孚年高，乞留供養。拜尚書，遷右僕射。十年薨，詔遣兼大鴻臚持節監護喪事，贈車騎將軍、儀同三司。

珪有美譽於世，而帝甚悼惜之。無子，詔以太原王輔子緝襲爵。緝立五年，咸寧四年薨，謚曰哀。無子，太康二年詔以太原王瓌世子顒子諡爲緝後，封眞定縣侯。

常山孝王衡字子平，魏封德陽鄉侯。進封汝陽子，爲駙馬都尉。武帝受禪，封常山王，邑三千七百九十戶。二年薨，無子，以安平世子邕第四子敦爲嗣。〔八〕

沛順王景字子文，魏樂安亭侯。歷諫議大夫。武帝受禪，封沛王，邑三千四百戶。立十一年，咸寧元年薨，子韜立。

彭城穆王權 曾孫紘 紘子俊

彭城穆王權字子輿，宣帝弟魏魯相東武城侯馗之子也。初襲封，拜冗從僕射。武帝受禪，封彭城王，邑二千九百戶。出爲北中郎將、都督鄴城守諸軍事。泰始中入朝，賜袞冕之服。咸寧元年薨，子元王植立。歷位後將軍，尋拜國子祭酒、太僕卿、侍中、尚書。出爲安東將軍、都督揚州諸軍事，代淮南王允鎮壽春，未發。或云植助允攻趙王倫，遂以憂薨。贈車騎將軍，增封萬五千戶。子康王釋立，官至南中郎將、持節、平南將軍，分魯國蕃、薛二縣

以益其國，凡二萬三千戶。薨，子雄立，坐奔蘇峻伏誅，更以釋子紘嗣。

紘字偉德，初封堂邑縣公。〔九〕建興末，元帝承制，以紘繼高密王據。及帝卽位，拜散騎侍郎，遷翊軍校尉、前將軍。雄之誅也，紘入繼本宗。拜國子祭酒，加散騎常侍，尋遷大宗正、祕書監。有風疾，性理不恒。或欲上疏陳事，歷示公卿。又杜門讓還章印貂蟬，著杜門賦以顯其志。由是更拜光祿大夫，領大宗師，常侍如故。後疾甚，馳騁無度，或攻劫軍寺，或扞傷官屬，醜言悖詈，誹謗上下。又乘車突入端門，至太極殿前。於是御史中丞車灌奏劾，請免紘官，下其國嚴加防錄。成帝詔曰：「王以明德茂親，居宗師之重，宜敷道養德，靜一其操。而頃游行煩數，冒履風塵。宜令官屬已下，各以職奉衞，不得令王復有此勞。內外職司，各愼其局。王可解常侍、光祿、宗師，先所給車牛可錄取，賜米布牀帳以養疾。」咸康八年薨，贈散騎常侍、金紫光祿大夫。二子：玄、俊。

玄嗣立。會庚戌制不得藏戶，玄匿五戶，桓溫表玄犯禁，收付廷尉。既而宥之，位至中書侍郎。薨，子弘之立，位至散騎常侍。薨，子邵之立。〔一〇〕薨，子崇之立。薨，子緝之立。宋受禪，國除。

恭王俊字道度，出嗣高密王略，官至散騎常侍。薨，子敬王純之立，歷臨川內史、司農少府卿、太宰右長史。薨，子恢之立。義熙末，以給事中兼太尉，修謁洛陽園陵。宋受禪，國除。

高密文獻王泰 子孝王略　略兄新蔡武哀王騰　騰子莊王確　略弟南陽王模　模子保

高密文獻王泰字子舒，彭城穆王權之弟，魏陽亭侯，補陽翟令，遷扶風太守。武帝受禪，封隴西王，邑三千二百戶，拜游擊將軍。出爲兗州刺史，加鷹揚將軍。還使持節、都督寧益二州諸軍事、安西將軍，領益州刺史，稱疾不行。轉安北將軍，代兄權督鄴城守事。遷安西將軍、都督關中事。〔一一〕太康初，入爲散騎常侍、前將軍，領鄴城門校尉，以疾去官。後代下邳王晃爲尚書左僕射。出爲鎭西將軍，領護西戎校尉、假節，代扶風王駿都督關中軍事，以疾還京師。永熙初，代石鑒爲司空，尋領太子太保。及楊駿誅，泰領駿營，加侍中，給步兵二千五百人，騎五百匹。泰固辭，乃給千兵百騎。

楚王瑋之被收，泰嚴兵將救之，祭酒丁綏諫曰：「公爲宰相，不可輕動。且夜中倉卒，宜遣人參審定問。」泰從之。瑋既誅，乃以泰錄尚書事，遷太尉，守尚書令，改封高密王，邑萬

戶。元康九年薨，追贈太傅。

泰性廉靜，不近聲色。雖爲宰輔，食大國之租，服飾肴膳如布衣寒士。任眞簡率，每朝會，不識者不知其王公也。事親恭謹，居喪哀戚，謙虛下物，爲宗室儀表。當時諸王，惟泰及下邳王晃以節制見稱。雖並不能振施，其餘莫得比焉。泰四子：越、騰、略、模。越自有傳。騰出後叔父，弟略立。

孝王略字元簡，孝敬慈順，小心下士，少有父風。元康初，愍懷太子在東宮，選大臣子弟有名稱者以爲賓友，略與華恒等並侍左右。歷散騎黃門侍郎、散騎常侍、祕書監，出爲安南將軍、持節、都督沔南諸軍事，遷安北將軍、都督青州諸軍事。略逼青州刺史程牧，牧避之，略自領州。永興初，惤令劉根起兵東萊，〔一二〕誑惑百姓，衆以萬數，攻略於臨淄，略不能距，走保聊城。懷帝卽位，遷使持節、都督荊州諸軍事、征南大將軍、開府儀同三司。〔一三〕京兆流人王逌與叟人郝洛聚衆數千，屯于冠軍。略遣參軍崔曠率將軍皮初、張洛等討逌，爲逌所誘，戰敗。略更遣左司馬曹攄統曠等進逼逌。將大戰，曠在後密自退走，攄軍無繼，戰敗，死之。略乃赦曠罪，復遣部將韓松又督曠攻逌，逌降。尋進開府，加散騎常侍。永嘉三年薨，追贈侍中、太尉。子據立。薨，無子，以彭城康王子紘爲嗣。其後紘歸本宗，立紘子俊以奉其祀。

新蔡武哀王騰字元邁，少拜冗從僕射，封東嬴公，歷南陽、魏郡太守，所在稱職。徵爲宗正，遷太常，轉持節、寧北將軍、都督幷州諸軍事、幷州刺史。惠帝討成都王穎，六軍敗績。騰與安北將軍王浚共殺穎所署幽州刺史和演，率衆討穎。穎遣北中郎將王斌距戰，浚率鮮卑騎擊斌，騰爲後係，大破之。穎懼，挾帝歸洛陽，進騰位安北將軍。永嘉初，遷車騎將軍、都督鄴城守諸軍事，鎭鄴。又以迎駕之勳，改封新蔡王。

初，騰發幷州，次于眞定。值大雪，平地數尺，營門前方數丈雪融不積，騰怪而掘之，得玉馬，高尺許，表獻之。其後公師藩與平陽人汲桑等爲羣盜，起於清河鄃縣，衆千餘人，寇頓丘。以葬成都王穎爲辭，〔一四〕載穎主而行，與張泓故將李豐等將攻鄴。騰曰：「孤在幷州七年，胡圍城不能克。汲桑小賊，何足憂也。」及豐等至，騰不能守，率輕騎而走，爲豐所害。四子：虞、矯、紹、確。虞有勇力，騰之被害，虞逐豐，豐投水而死。是日，虞及矯、紹幷鉅鹿太守崔曼、車騎長史羊恒、〔一五〕從事中郎蔡克等又爲豐餘黨所害，〔一六〕及諸名家流移依鄴者，死亡並盡。初，鄴中雖府庫虛竭，而騰資用甚饒。性儉嗇，無所振惠，臨急，乃賜將士米可數升，帛各丈尺，是以人不爲用，遂致於禍。及苟晞救鄴，桑還平陽。于時盛夏，尸爛壞不

可復識，騰及三子骸骨不獲。庶子確立。

莊王確字嗣安，歷東中郎將、都督豫州諸軍事，鎮許昌。永嘉末，爲石勒所害。無子，初以章武王混子滔奉其祀，其後復以汝南威王祐子弼爲確後。太興元年薨，無子，又以弼弟邈嗣確，位至侍中。薨，子晃立，拜散騎侍郎。桓溫廢武陵王，免晃爲庶人，徙衡陽。孝武帝立晃弟崇繼邈後，爲奴所害，子惠立。宋受禪，國除。

南陽王模字元表，少好學，與元帝及范陽王虓俱有稱於宗室。初封平昌公。惠帝末，拜冗從僕射，累遷太子庶子、員外散騎常侍。成都王穎奔長安，東海王越以模爲北中郎將，鎮鄴。永興初，成都王穎故帳下督公師藩、樓權、郝昌等攻鄴，模左右謀應之。廣平太守丁邵率衆救模，〔一七〕范陽王虓又遣兗州刺史苟晞援之，藩等散走。遷鎮東大將軍，鎮許昌。進爵南陽王。永嘉初，轉征西大將軍、開府、都督秦雍梁益諸軍事，代河間王顒鎮關中。模感丁邵之德，敕國人爲邵生立碑。

時關中饑荒，百姓相噉，加以疾癘，盜賊公行。模力不能制，乃鑄銅人鍾鼎爲釜器以易穀，議者非之。東海王越表徵模爲司空，遣中書監傅祗代之。模謀臣淳于定說模曰：「關中

天府之國，霸王之地。今以不能綏撫而還，既於聲望有虧。又公兄弟唱起大事，而並在朝廷，若自強則有專權之罪，弱則受制於人，非公之利也。」模納其言，不就徵。表遣世子保爲西中郎將、東羌校尉，鎮上邽，秦州刺史裴苞距之。模使帳下都尉陳安率衆攻苞，苞奔安定。太守賈疋以郡迎苞，模遣軍司謝班伐疋，疋退奔盧水。其年，進位太尉、大都督。洛京傾覆，模使牙門趙染戍蒲坂，〔一八〕染求馮翊太守不得，怒，率衆降于劉聰。聰使其子粲及染攻長安，模使淳于定距之，爲染所敗。士衆離叛，倉庫虛竭，軍祭酒韋輔曰：「事急矣，早降可以免。」模從之，遂降于染。染箕踞攘袂數模之罪，送詣粲。粲殺之，以模妃劉氏賜胡張本爲妻。子保立。

保字景度，少有文義，好述作。初拜南陽國世子。模遇害，保在上邽。其後賈疋死，裴苞又爲張軌所殺，保全有秦州之地，自號大司馬，承制置百官。隴右氐羌並從之，涼州刺史張寔遣使貢獻。及愍帝即位，以保爲右丞相，加侍中、都督陝西諸軍事。尋進位相國。

模之敗也，都尉陳安歸於保，保命統精勇千餘人以討羌，寵遇甚厚。保將張春等疾之，譖安有異志，請除之，保不許。春等輒伏刺客以刺安，安被創，馳還隴城，遣使詣保，貢獻不絕。

愍帝之蒙塵也，保自稱晉王。時上邽大饑，士衆窘困，張春奉保之南安。陳安自號秦州刺史，稱藩於劉曜。春復奉保奔桑城，將投于張寔。寔使兵迎保，實禦之也。是歲，保病薨，時年二十七。保體質豐偉，嘗自稱重八百斤。喜睡，痿疾，不能御婦人。無子，張春立宗室司馬瞻奉保後。陳安舉兵攻春，春走，瞻降于安，安送詣劉曜，曜殺之。安迎保喪，以天子禮葬于上邽，謚曰元。

范陽康王綏 子虓

范陽康王綏字子都，彭城王權季弟也。初爲諫議大夫。泰始元年受封，在位十五年。咸寧五年薨，子虓立焉。

虓字武會，少好學馳譽，研考經記，清辯能言論。以宗室選拜散騎常侍，累遷尚書。出爲安南將軍、都督豫州諸軍事、持節，鎮許昌，進位征南將軍。

河間王顒表立成都王穎爲太弟，爲王浚所破，挾天子還洛陽。虓與東平王楙、鎮東將軍周馥等上言曰：「自愍懷被害，皇儲不建，委重前相，輒失臣節。是以前年太宰與臣，永惟社稷之貳，不可久空，所以共啓成都王穎，以爲國副。受重之後，而弗克負荷。『小人勿用』，

而以爲腹心。骨肉宜敦，而猜佻荐至。險詖宜遠，而讒說殄行。此皆臣等不聰不明，失所宗賴。遂令陛下謬於降授，雖戮臣等，不足以謝天下。今大駕還宮，文武空曠，制度荒破，靡有孑遺。臣等雖劣，足匡王室。而道路之言，謂張方與臣等不同。既惜所在興異，又以太宰惇德允元，著於具瞻，每當義節，輒爲社稷宗盟之先。張方受其指教，爲國效節。昔年之舉，有死無貳。此即太宰之良將，陛下之忠臣。但以受性強毅，不達變通，遂守前志，已致紛紜。然退思惟，既是其不易之節，且慮事翻之後，爲天下所罪，故不即西還耳。原其本事，實無深責。臣聞先代明主，未嘗不全護功臣，令福流子孫。自中間以來，陛下功臣初無全者，非獨人才皆劣，其於取禍，實由朝廷策之失宜，不相容恕。以一旦之咎，喪其積年之勳，既違周禮議功之典，且使天下之人莫敢復爲陛下致節者。臣等此言，豈獨爲一張方，實爲社稷遠計，欲令功臣長守富貴。臣愚以爲宜委太宰以關右之任，一方事重，及自州郡已下，選舉授任，一皆仰成。若朝之大事，廢興損益，每輒疇諮。此則二伯述職，周召分陝之義，陛下復行於今時。遣方還郡，令羣后申志，時定王室。所加方官，請悉如舊。此則忠臣義士有勸，功臣必全矣。司徒戎，異姓之賢，司空越，公族之望，並忠國愛主，小心翼翼，宜幹機事，委以朝政。安北將軍王浚佐命之胤，率身履道，忠亮清正，遠近所推。如今日之大舉，實有定社稷之勳，此是臣等所以嘆息歸高也。浚宜特崇重之，以副羣望，遂撫幽朔，長

爲北藩。臣等竭力扞城，藩屏皇家，陛下垂拱，而四海自正。則四祖之業，必隆於今，日月之暉，昧而復曜。乞垂三思，察臣所言。又可以臣表西示太宰。」

又表曰：「成都王失道，爲姦邪所誤，論王之身，不宜深責。且先帝遺體，陛下羣弟，自元康以來，罪戮相尋，實海內所爲匈匈，而臣等所以痛心。今廢成都，更封一邑，宜其必許。若廢黜尋有禍害，既傷陛下矜慈之恩，又令遠近恒謂公族無復骨肉之情，此實臣等內省悲慚，無顏於四海也。乞陛下察臣忠款。」於是虓先率衆自許屯於滎陽。

會惠帝西遷，虓與從兄平昌公模、長史馮嵩等刑白馬咶血而盟，推東海王越爲盟主，虓都督河北諸軍事、驃騎將軍、持節，領豫州刺史。劉喬不受越等節度，乘虛破許。虓自拔渡河，王浚表虓領冀州刺史，資以兵馬。虓入冀州發兵，又南濟河，破喬等。河間王顒聞喬敗，斬張方，傳首於越。越與虓西迎帝，而顒出奔。於是奉天子還都，拜虓爲司徒。永興三年暴疾薨，時年三十七。無子，養模子黎爲嗣。黎隨模就國，於長安遇害。

濟南惠王遂 曾孫勳

濟南惠王遂字子伯，宣帝弟魏鴻臚丞恂之子也。仕魏關內侯，進封平昌亭侯，歷典軍郎將。景元二年，轉封武城鄉侯，督鄴城守諸軍事、北中郎將。五等建，封祝阿伯，累遷冠

軍將軍。武帝受禪，封濟南王。泰始二年薨。二子：耽、緝。耽嗣立，咸寧三年徙爲中山王。是年薨，無子，緝繼。成都王穎以緝爲建威將軍，與石熙等率衆距王浚，沒於陣，薨。無子，國除。

後遂之曾孫勳字偉長，年十餘歲，愍帝末，長安陷，劉曜將令狐泥養爲子。及壯，便弓馬，能左右射。咸和六年，自關右還，自列云「是大長秋恂之玄孫，冠軍將軍濟南惠王遂之曾孫，略陽太守瓘之子」，遂拜謁者僕射，以勇聞。

庾翼之鎮襄陽，以梁州刺史援桓宣卒，〔一九〕請勳代之。初屯西城，退守武當。時石季龍死，中國亂，雍州諸豪帥馳告勳。勳率衆出駱谷，壁于懸鉤，去長安二百里，遣部將劉煥攻長安，又拔賀城。於是關中皆殺季龍太守令長以應勳。勳兵少，未能自固，復還梁州。永和中，張琚據隴東，遣使招勳，勳復入長安。初，京兆人杜洪以豪族陵琚，琚以勇俠侮洪，洪知勳憚琚兵強，因說勳曰：「不殺張琚，關中非國家有也。」勳乃僞請琚，於坐殺之。琚弟走池陽，合衆攻勳，頻戰不利，請和，歸梁州。後桓溫伐關中，命勳出子午道，而爲苻雄所敗，退屯于女媧堡。

俄遷征虜將軍，監關中軍事，領西戎校尉，賜爵通吉亭侯。爲政暴酷，至於治中別駕及州之豪右，言語忤意，即於坐梟斬之，或引弓自射。西土患其凶虐。在州常懷據蜀，有僭僞之意。桓溫聞之，務相綏懷，以其子康爲漢中太守。勳逆謀已成，憚益州刺史周撫，未發。及撫卒，遂擁衆入劍閣。梁州別駕雍端、西戎司馬隗粹並切諫，勳皆誅之，自號梁益二州牧、成都王。桓溫遣朱序討勳，勳兵潰，爲序所獲，及息龍子、長史梁憚、司馬金壹等送于溫，並斬之，傳首京師。

譙剛王遜 子閔王承〔二〇〕 承子烈王無忌 無忌子敬王恬 恬子忠王尚之 尚之弟恢之 休之 允之 韓延之 恬弟愔

譙剛王遜字子悌，宣帝弟魏中郎進之子也。仕魏關內侯，改封城陽亭侯，參鎮東軍事，拜輕車將軍、羽林左監。五等建，徙封涇陽男。武帝受禪，封譙王，邑四千四百戶。泰始二年薨。二子：隨、承。定王隨立。薨，子邃立，沒于石勒，元帝以承嗣遜。

閔王承字敬才，少篤厚有志行。拜奉車都尉、奉朝請，稍遷廣威將軍、安夷護軍，鎮安定。從惠帝還洛陽，拜游擊將軍。永嘉中，天下漸亂，間行依征南將軍山簡，會簡卒，進至武昌。元帝初鎮揚州，承歸建康，補軍諮祭酒。愍帝徵爲龍驤將軍，不行。元帝爲晉王，承制更封承爲譙王。太興初，拜屯騎校尉，加輔國將軍，領左軍將軍。

承居官儉約，家無別室。尋加散騎常侍，輔國、左軍如故。王敦有無君之心，表疏輕慢。帝夜召承，以敦表示之，曰：「王敦頃年位任足矣，而所求不已，言至於此，將若之何？」承曰：「陛下不早裁之，難將作矣。」帝欲樹藩屏，會敦表以宣城內史沈充爲湘州，帝謂承曰：「湘州南楚險固，在上流之要，控三州之會，是用武之國也。今以叔父居之，何如？」承曰：「臣幸託末屬，身當宿衞，未有驅馳之勞，頻受過厚之遇，夙夜自厲，思報天德。君之所命，惟力是視，敢有辭焉！然湘州蜀寇之餘，人物彫盡，若上憑天威，得之所莅，比及三年，請從戎役。若未及此，雖復灰身，亦無益也。」於是詔曰：「夫王者體天理物，非羣才不足濟其務。外建賢哲，以樹風聲，內睦親親，以廣藩屏。是以太公封齊，伯禽居魯，此先王之令典，古今之通義也。我晉開基，列國相望，乃授琅邪武王，鎮統東夏；汝南文成，總一淮許；扶風、梁王，迭據關右；爰暨東嬴，作司并州。今公族雖寡，不逮曩時，豈得替舊章乎！散騎常侍、左將軍、譙王承貞素款亮，志存忠恪，便蕃左右，恭肅彌著。今以承監湘州諸軍事、南中郎將、湘州刺史。」

初，劉隗以王敦威權太盛，終不可制，勸帝出諸心腹，以鎮方隅。故先以承爲湘州，續用隗及戴若思等，並爲州牧。承行達武昌，釋戎備見王敦。敦與之宴，欲觀其意，謂承曰：「大王雅素佳士，恐非將帥才也。」承曰：「公未見知耳，鉛刀豈不能一割乎！」承以敦欲測其

情，故發此言。敦果謂錢鳳曰：「彼不知懼而學壯語，此之不武，何能爲也。」聽承之鎮。時湘土荒殘，公私困弊，承躬自儉約，乘葦茭車，而傾心綏撫，甚有能名。敦恐其爲己患，詐稱北伐，悉召承境內船乘。承知其姦計，分半與之。

敦尋構難，遣參軍桓羆說承，以劉隗專寵，今便討擊，請承以爲軍司，以軍期上道。承歎曰：「吾其死矣！地荒人鮮，勢孤援絕。赴君難，忠也；死王事，義也。惟忠與義，夫復何求！」便欲唱義，而衆心疑惑。承曰：「吾受國恩，義無有貳。」府長史虞悝慷慨有志節，謂承曰：「王敦居分陝之任，而一旦作逆，天地所不容，人神所痛疾。大王宗室藩屏，寧可從其僞邪！便宜電奮，存亡以之。」於是與悝及弟前丞相掾望、建昌太守長沙王循、衡陽太守淮陵劉翼等共盟誓，囚桓羆，馳檄湘州，指期至巴陵。零陵太守尹奉首同義謀，出軍營陽。於是一州之內，皆同義舉。乃使虞望討諸不服，斬湘東太守鄭澹。澹，敦姊夫也。

敦遣南蠻校尉魏乂、將軍李恒、田嵩等甲卒二萬以攻承。承且戰且守，待救於尹奉、虞望，而城池不固，人情震恐。或勸承南投陶侃，又云可退據零桂。承曰：「吾舉義衆，志在死節，寧偷生苟免，爲奔敗之將乎！事之不濟，其令百姓知吾心耳。」

初，安南將軍甘卓與承書，勸使固守，當以兵出沔口，斷敦歸路，則湘圍自解。承答書曰：「季思足下：勞於王事。天綱暫圮，中原丘墟。四海義士，方謀克復，中興江左，草創始

爾，豈圖惡逆萌自寵臣。吾以闇短，託宗皇屬。仰豫密命，作鎮南夏，親奉中詔，成規在心。伯仁諸賢，扼腕歧路，至止尚淺，凡百茫然。豺狼易驚，遂肆醜毒，聞知駭踊，神氣衝越。子來之義，人思自百，不命而至，衆過數千。誠足以決一旦之機，攄山海之憤矣。然迫於倉卒，舟檝未備，魏乂、李恒，尋見圍逼，是故事與意違，志力未展。猥辱來使，深同大趣；嘉謀英算，發自深衷。執讀周復，欣無以量。足下若能卷甲電赴，猶或有濟；若其狐疑，求我枯魚之肆矣。兵聞拙速，未覩工遲。季思足下，勉之勉之！書不盡意，絕筆而已。」

卓軍次䐗口，聞王師敗績，停師不進。乂等攻戰日逼，敦又送所得臺中人書疏，令乂射以示承。城內知朝廷不守，莫不悵惋。劉翼戰死，相持百餘日，城遂沒。乂檻送承荊州，刺史王廙承敦旨於道中害之，時年五十九。敦平，詔贈車騎將軍。子無忌立。

烈王無忌字公壽，承之難，以年小獲免。咸和中，拜散騎侍郎，累遷屯騎校尉、中書、黃門侍郎。江州刺史褚裒當之鎮，無忌及丹楊尹桓景等餞於版橋。時王廙子丹楊丞耆之在坐，無忌志欲復讎，拔刀將手刃之，裒、景命左右救捍獲免。御史中丞車灌奏無忌欲專殺人，付廷尉科罪。成帝詔曰：「王敦作亂，閔王遇禍，尋事原情，今王何責。然公私憲制，亦已有斷，王當以體國爲大，豈可尋繹由來，以亂朝憲。主者其申明法令，自今已往，有犯必

誅。」於是聽以贖論。

建元初遷散騎常侍，轉御史中丞，出爲輔國將軍、長沙相，又領江夏相，尋轉南郡、河東二郡太守，將軍如故。隨桓溫伐蜀，以勳賜少子愔爵廣晉伯，進號前將軍。永和六年薨，贈衞將軍。二子：恬、愔。恬立。

敬王恬字元愉，少拜散騎侍郎，累遷散騎常侍、黃門郎、御史中丞。值海西廢，簡文帝登阼，未解嚴，大司馬桓溫屯中堂，吹警角，恬奏劾溫大不敬，請科罪。溫視奏歎曰：「此兒乃敢彈我，眞可畏也。」

恬忠正有幹局，在朝憚之。遷右衞將軍、司雍秦梁四州大中正，拜尚書，轉侍中，領左衞將軍，補吳國內史，又領太子詹事。恬既宗室勳望，有才用，孝武帝時深杖之，以爲都督兗、青、冀、幽并揚州之晉陵、徐州之南北郡軍事，領鎮北將軍、兗青二州刺史、假節。太元十五年薨，追贈車騎將軍。四子：尚之、恢之、允之、休之。尚之立。

忠王尚之字伯道，初拜祕書郎，遷散騎侍郎。恬鎮京口，尚之爲振威將軍、廣陵相，父憂去職。服闋，爲驃騎諮議參軍。宗室之內，世有人物。王國寶之誅也，散騎常侍劉鎮之、

彭城內史劉涓子、徐州別駕徐放並以同黨被收，將加大辟。尚之言於會稽王道子曰：「刑獄不可廣，宜釋鎮之等。」道子以尚之昆季並居列職，每事仗焉，乃從之。

兗州刺史王恭忌其盛也，與豫州刺史庾楷並稱兵，以討尚之爲名，南連荊州刺史殷仲堪、南郡公桓玄等。道子命前將軍王珣、右將軍謝琰討恭，尚之距楷。允之與楷子鴻戰於當利，鴻敗走，斬楷將段方，楷單馬奔于桓玄。道子以尚之爲建威將軍、豫州刺史、假節，一依楷故事，尋進號前將軍；允之爲吳國內史；恢之驃騎司馬、丹楊尹；休之襄城太守。各擁兵馬，勢傾朝廷。後將軍元顯執政，亦倚以爲援。

元顯寵倖張法順，每宴會，坐起無別。尚之入朝，正色謂元顯曰：「張法順驅走小人，有何才異，而暴被拔擢。當今聖世，不宜如此。」元顯默然。尚之又曰：「宗室雖多，匡諫者少，王者尚納芻蕘之言，況下官與使君骨肉不遠，蒙眷累世，何可坐視得失而不盡言。」因叱法順令下。舉坐失色，尚之言笑自若，元顯深銜之。後符下西府，令出勇力二千人。尚之不與，曰：「西藩濱接荒餘，寇虜無常，兵止數千，不足戍衞，無復可分徹者。」元顯尤怒。會欲伐桓玄，故無他。

及元顯稱詔西伐，命尚之爲前鋒，尚之子文仲爲寧遠將軍、宣城內史。桓玄至姑熟，遣馮該等攻歷陽，斷洞浦，焚尚之舟艦。尚之率步卒九千陣於浦上，先遣武都太守楊秋屯橫

江。秋奔于玄軍，尙之衆潰，逃于涂中十餘日。譙國人韓連、丁元等以告玄，玄害之於建康市。玄上疏以閔王不宜絕嗣，乃更封尙之從弟康之爲譙縣王。安帝反正，追贈尙之衞將軍，以休之長子文思爲尙之嗣，襲封譙郡王。

文思性凶暴，每違軌度，多殺弗辜。好田獵，燒人墳墓，數爲有司所糾，遂與羣小謀逆。劉裕聞之，誅其黨與，送文思付父休之，令自訓厲。後與休之同怨望稱兵，爲裕所敗而死，國除。

恢之字季明，歷官驃騎司馬、丹楊尹。尙之爲桓玄所害，徙恢之等於廣州，而於道中害之。安帝反正，追贈撫軍將軍。

休之字季預。少仕清塗，以平王恭、庾楷功，拜龍驤將軍、襄城太守，鎭歷陽。桓玄攻歷陽，休之嬰城固守。及尙之戰敗，休之以五百人出城力戰，不捷，乃還城，攜子姪奔于慕容超。聞義軍起，復還京師。大將軍武陵王令曰：「前龍驤將軍休之，才榦貞審，功業既成。歷陽之戰，事在機捷。及至勢乖力屈，奉身出奔，猶鳩集義徒，崎嶇險阻。既應親賢之舉，宜委分陝之重。可監荆益梁寧秦雍六州軍事、領護南蠻校尉、荆州刺史、假節。」到鎭無幾，

桓振復襲江陵，休之戰敗，出奔襄陽。寧朔將軍張暢之、高平相劉懷肅自沔攻振，走之。休之還鎭，御史中丞王楨之奏休之失戍，免官。朝廷以豫州刺史魏詠之代之，徵休之還京師，拜後將軍、會稽內史。御史中丞阮歆之奏休之與尙書虞嘯父犯禁嬉戲，降號征虜將軍，尋復爲後將軍。

及盧循作逆，加督浙江東五郡軍事，坐公事免。劉毅誅，復以休之都督荆雍梁秦寧益六州軍事、平西將軍、荆州刺史、假節。以子文思爲亂，上疏謝曰：「文思不能聿修，自貽罪戾，憂懼震惶，惋愧交集。臣御家無方，威訓不振，致使子姪愆法，仰負聖朝。悚赧兼懷，胡顏自處，請解所任，歸罪闕庭。」不許。

後以文思事怨望，遂結雍州刺史魯宗之，將共誅執政。時休之次子文寶及兄子文祖並在都，收付廷尉賜死。劉裕親自征之，密使遺休之治中韓延之書曰：「文思事意，遠近所知。去秋遣康之送還司馬君者，推至公之極也。而了無愧心，久絕表疏，此是天地所不容。吾受命西征，止其父子而已。彼土僑舊，爲之驅逼，一無所問。往年郗僧施、謝劭、任集之等交構積歲，專爲劉毅規謀，所以至此。今卿諸人一時逼迫，本無纖釁。吾虛懷期物，自有由來，今在近路，是諸賢濟身之日。若大軍相臨，交鋒接刃，蘭艾雜揉，或恐不分。故白此意，并可示同懷諸人。」

延之報曰：「聞親率戎馬，遠履西畿，闔境士庶，莫不惶駭。何者？莫知師出之名故也。辱來疏，始委以譙王前事，良增歎息。司馬平西體國忠貞，款懷待物。以君有匡復之勳，家國蒙賴，推德委誠，每事詢仰。譙王往以微事見劾，猶自遜位，況以大過，而當默然也！但康之前言，有所不盡，故重使胡道，申白所懷。道未及反，已表奏廢之，所不盡者命耳。推寄相與，正當如此，有何不可，便及兵戈。自義旗以來，方伯誰敢不先相諮疇，而徑表天子，可謂欲加之罪，其無辭乎！劉裕足下，海內之人，誰不見足下此心。而復欲誑國士，『天地所不容』，在彼不在此矣。來言『虛懷期物，自有由來』；今伐人之君，啗人以利，眞可謂『虛懷期物，自有由來』矣！劉藩死於閶闔之門，諸葛斃於左右之手。甘言詫方伯，〔三〕襲之以輕兵，遂使席上靡款懷之士，閫外無自信諸侯。以是爲得算，良可恥也。吾誠鄙劣，嘗聞道於君子。以平西之至德，寧可無授命之臣乎！假令天長喪亂，九流渾濁，當與臧洪游於地下耳。」裕得書歎息，以示諸佐曰：「事人當應如此！」

宗之聞裕向荆州，自襄陽就休之共屯江陵。使文思及宗之子軌以兵距裕，戰于江津。休之大敗，遂與宗之俱奔于姚興。裕平姚泓，休之將奔于魏，未至，道死。

允之字季度，出後叔父恬，襲爵廣晉伯，歷位輔國將軍、吳國宣城譙梁內史。王恭、庾

楷、桓玄等內伐也，會稽王道子命允之兄弟距楷，破之。元興初，與兄恢之同徙廣州，於道被害。義軍起，追贈太常卿。從弟康之以子文惠襲爵。宋受禪，國除。

韓延之字顯宗，南陽赭陽人，魏司徒暨之後也。少以分義稱。安帝時爲建威將軍、荆州治中，轉平西府錄事參軍。以劉裕父名翹字顯宗，延之遂字顯宗，名兒爲翹，以示不臣劉氏。與休之俱奔姚興。劉裕入關，又奔于魏。

恬字敬王，初封廣晉伯。早卒，無子，兄恬以子允之嗣。

高陽王睦

高陽王睦字子友，譙王遜之弟也。魏安平亭侯，歷侍御史。武帝受禪，封中山王，邑五千二百戶。睦自表乞依六蓼祀皋陶，鄫杞祀相立廟。事下太常，依禮典平議。博士祭酒劉憙等議：「禮記王制，諸侯五廟，二昭二穆，與太祖而五。是則立始祖之廟，謂嫡統承重，一人得立耳。假令支弟並爲諸侯，始封之君不得立廟也。今睦非爲正統，若立祖廟，中山不得並也。後世中山乃得爲睦立廟，爲後世子孫之始祖耳。」詔曰：「禮文不明，此制度大

事，宜令詳審，可下禮官博議，乃處當之。」

咸寧三年，睦遣使募徙國內八縣受逋逃、私占及變易姓名、詐冒復除者七百餘戶，冀州刺史杜友奏睦招誘逋亡，不宜君國。有司奏，事在赦前，應原。詔曰：「中山王所行何乃至此，覽奏甚用憮然。廣樹親戚，將以上輔王室，下惠百姓也。豈徒榮崇其身，而使民踰典憲乎！此事當大論得失，正臧否所在耳。苟不宜君國，何論於赦令之間耶。其貶睦爲縣侯。」乃封丹水縣侯。

及吳平，太康初詔復爵。有司奏封江陽王，帝曰：「睦退靜思愆，改修其德，今有爵土，不但以赦。江陽險遠，其以高陽郡封之。」乃封爲高陽王。元康元年，爲宗正。薨於位，世子蔚早卒，孫毅立。拜散騎侍郎，永嘉中沒于石勒。隆安元年，詔以譙敬王恬次子恢之子文深繼毅後。立五年，薨，無嗣，復以高密王純之子法蓮繼之。宋受禪，國除。

任城景王陵 弟順 斌

任城景王陵字子山，宣帝弟魏司隸從事安城亭侯通之子也。初拜議郎。泰始元年，封北海王，邑四千七百戶。三年，轉封任城王，之國。咸寧五年薨，子濟立。拜散騎侍郎、給事中、散騎常侍、輔國將軍。隨東海王越在項，爲石勒所害，二子俱沒。有二弟：順、斌。

順字子思，初封習陽亭侯。及武帝受禪，順歎曰：「事乖唐虞，而假爲禪名！」遂悲泣。由是廢黜，徙武威姑臧縣。雖受罪流放，守意不移而卒。

西河繆王斌字子政，魏中郎。武帝受禪，封陳王，邑千七百一十戶。三年，改封西河。咸寧四年薨，子隱立。薨，子喜立。〔一三〕

史臣曰：泰始之初，天下少事，革魏餘弊，遵周舊典，並建宗室，以爲藩翰。諸父同虞虢之尊，兄弟受魯衞之祉，以爲歷紀長久，本支百世。安平風度宏邈，器宇高雅，內弘道義，外闡忠貞。洎高貴薨殂，則枕尸流慟；陳留就國，則拜辭隕涕。語曰「疾風彰勁草」，獻王其有焉。故能位班上列，享年眉壽，清徽至範，爲晉宗英，子孫遵業，世篤其慶。高密風監清遠，簡素寡欲，孝以承親，忠以奉上，方諸枝庶，實謂國楨。新蔡、南陽，俱莅方嶽。值王室多難，中原蕪梗，表義甄節，效績艱危。于時醜類實繁，凶威日逞，勢懸衆寡，相繼淪亡，悲夫！譙閔沈雄壯勇，作鎭南服。屬姦回肆亂，稱兵內侮。懷忠憤發，建義湘州，荆沔響應，羣才致力。雖元勳不立，而誠節克彰，垂裕後昆，奕世貞烈，豈不休哉！勳託末屬，稟性凶

暴。仍荷朝寄，推轂梁岷，遂棄親背主，負恩放命。憑庸蜀之饒，苞藏不逞，恃江山之固，姦謀日深。是以搢紳切齒，攄積憤之志；義士思奮，厲忘身之節。天道禍淫，應時蕩定。昔汲黯猶在，淮南寢謀，周撫若存，凶渠未發，以邪忌正，異代同規。詩云「自貽伊戚」，其勳之謂矣。習陽憑慶枝葉，守約懷逸，棲情塵外，希蹤物表，顧匹夫之獨善，貴遂節之弘規，言出身播，猶爲幸也。

贊曰：安平立節，雅性貞亮。高密含和，宗室之望。新蔡遇禍，忠全元喪。譙閔徇義，〔一三〕力屈志揚。勳自貽戚，名隕身亡。順不恤忌，流播遐方。

校勘記

〔一〕位至游擊將軍　各本作「位至游擊大將軍」。考異：職官志有游擊將軍，無「大」字。按：錢說是。宋本無「大」字，今從之。通志八〇、冊府二八三亦並無「大」字。

〔二〕子邁嗣　職官志「邁」作「萬」。

〔三〕子弘立　勞校：惠紀「弘」作「泓」。

〔四〕子祐嗣立承遂無後　武紀「祐」作「玷」。又疑「立」爲「出」字之誤。考禮志，安平穆王隆無子，以敦爲嗣。敦又無子，以祐嗣敦，故曰「嗣出」。承祇一子，既出繼，故曰「承遂無後」。

〔五〕魏封武始亭侯　各本作「魏武封始亭侯」，「武封」兩字誤倒，今從殿本。蓋晃卒於元康六年，上距魏武卒計七十六年，其生未必能及魏武之世。「武始亭侯」又見魏志張既傳，「始亭侯」無徵。

〔六〕元康六年薨　「元康」原作「咸寧」。周校：「元康」誤「咸寧」。按：惠紀晃以元康六年卒，今據改。

〔七〕第三子韡　各本及音義作「韡」，宋本作「韓」。

〔八〕以安平世子邕第四子敦爲嗣　周校：「敦」當爲「殷」。殷、敦皆邕子。按：周校是。武紀，咸寧元年十月常山王殷薨，若敦，則咸寧三年立爲安平王。

〔九〕初封堂邑縣公　各本作「唐邑縣公」，誤。今從宋本。地理志有堂邑，無唐邑。通志八〇亦作「堂邑」。

〔一〇〕子邵之立　各本無「之」字，今從宋本。通志八〇、冊府二八三亦並作「邵之」。

〔一一〕都督關中事　當作「都督關中軍事」。又疑此事爲下文「代扶風王駿都督關中軍事」之重書。

〔一二〕軄令劉根　「軄」原作「㦛」，今據漢書地理志上改，見卷十五校記。「劉根」，惠紀、王彌傳並作「劉柏根」。

〔一三〕開府儀同三司　下文云「逌降，尋進開府」，則此時不得先開府，六字蓋衍文。惠紀無，亦可證。

〔一四〕以葬成都王穎爲辭　上文寇頓丘乃公師藩光熙元年事；以葬成都王穎爲辭起兵，乃汲桑永嘉元年事，此時公師藩已死，「以葬」上似當有「桑」字。

〔二五〕羊恒 「恒」，各本作「桓」，今從宋本。

〔二六〕蔡克 「克」，各本作「充」，但禮志中、陸雲傳、蔡謨傳皆作「克」。今從宋本。

〔二七〕丁邵 宋本「邵」作「劭」，良吏傳、石勒載記、通鑑八六又作「紹」。

〔二八〕趙染 愍紀及劉琨傳並作「趙冉」。見卷五校記。

〔二九〕以梁州刺史援桓宣卒 周校：「援」衍文。

〔三〇〕承 見卷六校記，下同。

〔三一〕甘言詑方伯 「詑」下原有「語」字，據宋書及南史宋武紀、通鑑一一七、册府七二五删。

〔三二〕子眘立 斠注：石勒載記「眘」作「喜」。按：通鑑八七亦作「喜」。

〔三三〕譙閔徇義 「閔」，各本作「門」，今從宋本。

晉書卷三十八

列傳第八

宣五王

宣帝九男，穆張皇后生景帝、文帝、平原王榦，伏夫人生汝南文成王亮、琅邪武王伷、清惠亭侯京、扶風武王駿，張夫人生梁王肜，柏夫人生趙王倫。亮及倫別有傳。〔一〕

平原王榦

平原王榦字子良。少以公子魏時封安陽亭侯，稍遷撫軍中郎將，進爵平陽鄉侯。五等建，改封定陶伯。武帝踐阼，封平原王，邑萬一千三百戶，給鼓吹、駙馬二匹，加侍中之服。咸寧初，遣諸王之國，榦有篤疾，性理不恒，而頗清虛靜退，簡於情欲，故特詔留之。太康末，拜光祿大夫，加侍中，特假金章紫綬，班次三司。惠帝即位，進左光祿大夫，侍中如故，

劍履上殿，入朝不趨。

榦雖王大國，不事其務，有所調補，必以才能。雖有爵祿，若不在己，秩奉布帛，皆露積腐爛。陰雨則出犢車而內露車，或問其故，對曰：「露者宜內也。」朝士造之，雖通姓名，必令立車馬於門外，或終夕不見。時有得覲，與人物酬接，亦恂恂恭遜，初無闕失。前後愛妾死，既斂，輒不釘棺，置後空室中，數日一發視，或行淫穢，須其尸壞乃葬之。

趙王倫輔政，以榦爲衞將軍。惠帝反正，復爲侍中，加太保。齊王冏之平趙王倫也，宗室朝士皆以牛酒勞冏，榦獨懷百錢，見冏出之，曰：「趙王逆亂，汝能義舉，是汝之功，今以百錢賀汝。雖然，大勢難居，不可不慎。」冏既輔政，榦詣之，冏出迎拜。榦入，踞其牀，不命冏坐，語之曰：「汝勿效白女兒。」其意指倫也。及冏誅，榦哭之慟，謂左右曰：「宗室日衰，唯此兒最可，而復害之，從今殆矣！」

東海王越興義，至洛陽，往視榦，榦閉門不通。越駐車良久，榦乃使人謝遣，而自於門閒闚之。當時莫能測其意，或謂之有疾，或以爲晦迹焉。永嘉五年薨，時年八十。會劉聰寇洛，不遑贈諡。有二子，世子廣早卒，次子永以太熙中封安德縣公，散騎常侍，皆爲善士。遇難，合門堙滅。

琅邪王伷 子覲 澹 繇 漼

琅邪武王伷字子將，正始初封南安亭侯。早有才望，起家爲寧朔將軍，監守鄴城，有綏懷之稱。累遷散騎常侍，進封東武鄉侯，拜右將軍、監兗州諸軍事、兗州刺史。五等初建，封南皮伯。轉征虜將軍、假節。武帝踐阼，封東莞郡王，邑萬六百戶。始置二卿，[二] 特詔諸王自選令長。伷表讓，不許。入爲尚書右僕射、撫軍將軍，出爲鎮東大將軍、假節、徐州諸軍事，[三] 代衞瓘鎮下邳。伷鎮御有方，得將士死力，吳人憚之。加開府儀同三司，改封琅邪王，以東莞益其國。

平吳之役，率衆數萬出涂中，孫晧奉箋送璽綬，詣伷請降。詔曰：「琅邪王伷督率所統，連據涂中，使賊不得相救。又使琅邪相劉弘等進軍逼江，賊震懼，遣使奉僞璽綬。又使長史王恆率諸軍渡江，破賊邊守，獲督蔡機，斬首降附五六萬計，諸葛靚、孫奕等皆歸命請死。功勳茂著，其封子二人爲亭侯，各三千戶，賜絹六千匹。」頃之，并督青州諸軍事，加侍中之服。進拜大將軍、開府儀同三司。

伷既戚屬尊重，加有平吳之功，克己恭儉，無矜滿之色，僚吏盡力，百姓懷化。疾篤，賜牀帳、衣服、錢帛、秔粱等物，遣侍中問焉。太康四年薨，時年五十七。臨終表求葬母太妃

陵次，并乞分國封四子，帝許之。子恭王覲立。又封次子澹爲武陵王，繇爲東安王，漼爲淮陵王。

覲字思祖，拜宂從僕射。太熙元年薨，時年三十五。子睿立，是爲元帝。中興初，以皇子裒爲琅邪王，奉恭王祀。裒早薨，更以皇子煥爲琅邪王。[四] 其日薨，復以皇子昱爲琅邪王。咸和之初，旣徙封會稽，成帝又以康帝爲琅邪王。康帝卽位，封成帝長子哀帝爲琅邪王。哀帝卽位，以廢帝爲琅邪王。廢帝卽位，以會稽王攝行琅邪國祀。簡文帝登阼，琅邪王無嗣。及帝臨崩，封少子道子爲琅邪王。道子後爲會稽王，更以恭帝爲琅邪王。帝旣卽位，琅邪國除。

武陵莊王澹字思弘。初爲宂從僕射，後封東武公，邑五千二百戶。轉前將軍、中護軍。性忌害，無孝友之行。弟東安王繇有令名，爲父母所愛，澹惡之如讎，遂譖繇於汝南王亮，亮素與繇有隙，奏廢徙之。趙王倫作亂，以澹爲領軍將軍。澹素與河內郭俶、俶弟侃親善。酒酣，俶等言張華之冤，澹性酗酒，因並殺之，送首于倫，其酗虐如此。澹妻郭氏，賈后內妹也。初恃勢，無禮於澹母。齊王冏輔政，澹母諸葛太妃表澹不孝，乞還繇，由是澹與妻子徙遼東。其子禧年五歲，不肯隨去，曰：「要當爲父求還，無爲俱徙。」陳訴歷年，太妃薨，繇被害，然後得還。拜光祿大夫、尚書、太子太傅，改封武陵王。永嘉末爲石勒所害，子哀王喆立。喆字景林，拜散騎常侍，亦爲勒所害。無子，其後元帝立皇子晞爲武陵王，以奉澹祀焉。

東安王繇字思玄。初拜東安公，歷散騎黃門侍郎，遷散騎常侍。美鬚髯，性剛毅，有威望，博學多才，事親孝，居喪盡禮。誅楊駿之際，繇屯雲龍門，兼統諸軍，以功拜右衞將軍，領射聲校尉，進封郡王，邑二萬戶，加侍中，兼典軍大將軍，領右衞如故。遷尚書右僕射，加散騎常侍。是日誅賞三百餘人，皆自繇出。東夷校尉文俶父欽爲繇外祖諸葛誕所殺，[五] 繇慮俶爲舅家之患，是日亦以非罪誅俶。

繇兄澹屢構繇於汝南王亮，亮不納。至是以繇專行誅賞，澹因隙譖之，亮惑其說，遂免繇官，以公就第，坐有悖言，廢徙帶方。永康初，[六] 徵繇，復封，拜宗正卿，遷尚書，轉左僕射。惠帝之討成都王穎，時繇遭母喪在鄴，勸穎解兵而降。及王師敗績，穎怨繇，乃害之。後立琅邪王覲子長樂亭侯渾爲東安王，以奉繇祀。尋薨，國除。

淮陵元王漼字思沖。初封廣陵公，食邑二千九百戶。歷左將軍、散騎常侍。趙王倫之篡也，三王起義，漼與左衞將軍王輿攻殺孫秀，因而廢倫。以功進封淮陵王，入爲尚書，加侍中，轉宗正、光祿大夫。薨，子貞王融立。薨，無子，安帝時立武陵威王孫蘊爲淮陵王，以奉元王之祀，位至散騎常侍。薨，無子，以臨川王寶子安之爲嗣。宋受禪，國除。

清惠亭侯京

清惠亭侯京字子佐，魏末以公子賜爵。年二十四薨，追贈射聲校尉，以文帝子機字太玄爲嗣。泰始元年，封燕王，邑六千六百六十三戶。機之國，咸寧初徵爲步兵校尉，以漁陽郡益其國，加侍中之服。拜青州都督、鎮東將軍、假節，以北平、上谷、廣寧郡一萬三百三十七戶增燕國爲二萬戶。[七] 薨，無子，齊王冏表以子幾嗣。[八] 後冏敗，國除。

扶風王駿 子暢 歆

扶風武王駿字子臧。幼聰惠，年五六歲能書疏，諷誦經籍，見者奇之。及長，清貞守道，宗室之中最爲儁望。魏景初中，封平陽亭侯。齊王芳立，駿年八歲，爲散騎常侍侍講焉。尋遷步兵、屯騎校尉，常侍如故。進爵鄉侯，出爲平南將軍、假節、都督淮北諸軍事，改

封平壽侯，轉安東將軍。咸熙初，徙封東牟侯，轉安東大將軍，鎮許昌。

武帝踐阼，進封汝陰王，邑萬戶，都督豫州諸軍事。吳將丁奉寇芍陂，駿督諸軍距退之。遷使持節、都督揚州諸軍事，代石苞鎮壽春。尋復都督豫州，還鎮許昌。還鎮西大將軍、使持節、都督雍涼等州諸軍事，代汝南王亮鎮關中，加衮冕侍中之服。

駿善撫御，有威恩，勸督農桑，與士卒分役，己及僚佐并將帥兵士等人限田十畝，具以表聞。詔遣普下州縣，使各務農事。

咸寧初，羌虜樹機能等叛，遣衆討之，斬三千餘級。進位征西大將軍，開府辟召，儀同三司，持節、都督如故。又詔駿遣七千人代涼州守兵。樹機能、侯彈勃等欲先劫佃兵，駿命平虜護軍文俶督涼、秦、雍諸軍各進屯以威之。機能乃遣所領二十部及彈勃面縛軍門，各遣入質子。安定、北地、金城諸胡吉軻羅、侯金多及北虜熱冏等二十萬口又來降。其年入朝，徙封扶風王，以氐戶在國界者增封，給羽葆、鼓吹。太康初，進拜驃騎將軍，開府、持節、都督如故。

駿有孝行，母伏太妃隨兄亮在官，駿常涕泣思慕，若聞有疾，輒憂懼不食，或時委官定省。少好學，能著論，與荀顗論仁孝先後，文有可稱。及齊王攸出鎮，駿表諫懇切，以帝不從，遂發病薨。追贈大司馬，加侍中、假黃鉞。西土聞其薨也，泣者盈路，百姓為之樹碑，長老見碑無不下拜，其遺愛如此。有子十人，暢、歆最知名。

暢字玄舒。改封順陽王，拜給事中、屯騎校尉、游擊將軍。永嘉末，劉聰入洛，不知所終。

新野莊王歆字弘舒。武王薨後，兄暢推恩請分國封歆。太康中，詔封新野縣公，邑千八百戶，儀比縣王。歆雖少貴，而謹身履道。母臧太妃薨，居喪過禮，以孝聞。拜散騎常侍。

趙王倫篡位，以為南中郎將。齊王冏舉義兵，移檄天下，歆未知所從。嬖人王綏曰：「趙親而强，齊疏而弱，公宜從趙。」參軍孫洵大言於衆曰：〔九〕「趙王凶逆，天下當共討之，大義滅親，古之明典。」歆從之。乃使洵詣冏，冏迎執其手曰：「使我得成大節者，新野公也。」冏入洛，歆躬貫甲冑，率所領導冏。以勳進封新野郡王，邑二萬戶。還使持節、都督荊州諸軍事、鎮南大將軍、開府儀同三司。

歆將之鎮，與冏同乘謁陵，因說冏曰：「成都至親，同建大勳，今宜留之與輔政。若不爾，當奪其兵權。」冏不從。俄而冏敗，歆懼，自結於成都王穎。

歆為政嚴刻，蠻夷並怨。及張昌作亂於江夏，歆表請討之。時長沙王乂執政，與成都王穎有隙，疑歆與穎連謀，不聽歆出兵，昌衆日盛。時孫洵為從事中郎，謂歆曰：「古人有言，一日縱敵，數世之患。公荷藩屏之任，居推轂之重，拜表輒行，有何不可！而使姦凶滋蔓，禍釁不測，豈維翰王室，鎮靜方夏之謂乎！」歆將出軍，王綏又曰：「昌等小賊，偏裨自足制之，不煩違帝命，親矢石也！」乃止。昌至樊城，歆出距之，衆潰，為昌所害。追贈驃騎將軍。無子，以兄子劭為後，永嘉末沒於石勒。

梁王肜

梁孝王肜字子徽。清修恭慎，無他才能，以公子封平樂亭侯。及五等建，改封開平子。

武帝踐阼，封梁王，邑五千三百五十八戶。及之國，遷北中郎將，督鄴城守事。

時諸王自選官屬，肜以汝陰上計吏張蕃為中大夫。蕃素無行，本名雄，妻劉氏解音樂，為曹爽教伎。蕃又往來何晏所，而恣為姦淫。晏誅，徙河間，乃變名自結於肜。為有司所奏，詔削一縣。咸寧中，復以陳國、汝南南頓增封為次國。太康中，代孔洵監豫州軍事，〔一〇〕加平東將軍，鎮許昌。頃之，又以本官代下邳王晃監青徐州軍事，進號安東將軍。

元康初，轉征西將軍，代秦王柬都督關中軍事，領護西戎校尉。加侍中，進督梁州。尋徵為衞將軍、錄尚書事，行太子太保，給千兵百騎。久之，復為征西大將軍，代趙王倫鎮關中，都督涼、雍諸軍事，置左右長史、司馬。又領西戎校尉，屯好畤，督建威將軍周處、振威

將軍盧播等伐氐賊齊萬年於六陌。肜與處有隙，促令進軍而絕其後，播又不救之，故處見害。朝廷尤之。尋徵拜大將軍、尚書令、領軍將軍、錄尚書事。〔一一〕

肜嘗大會，謂參軍王銓曰：「我從兄為尚書令，不能啖大臠。大臠故難。」銓曰：「公在此獨嚼，尚難矣。」肜曰：「長史大臠為誰？」曰：「盧播是也。」肜曰：「是家吏，隱之耳。」銓曰：「天下咸是家吏，便恐王法不可復行。」肜又曰：「我在長安，作何等不善！」因指單衣補𧞤以為清。銓答曰：「朝野望公舉薦賢才，使不仁者遠。而位居公輔，以衣補𧞤，以此為清，無足稱也。」肜有慚色。

永康初，共趙王倫廢賈后，詔以肜為太宰、守尚書令，增封二萬戶。趙王倫輔政，有星變，占曰「不利上相」。孫秀懼倫受災，乃省司徒為丞相，以授肜，猥加崇進，欲以應之。或曰：「肜無權，不益也。」肜固讓不受。及倫篡位，以肜為阿衡，給武賁百人，軒懸之樂十人。倫滅，詔以肜為太宰，領司徒，又代高密王泰為宗師。

永康二年薨，〔一二〕喪葬依汝南文成王亮故事。博士陳留蔡克議謚曰：「肜位為宰相，責深任重，屬尊親近，且為宗師，朝所仰望，下所具瞻。而臨大節，無不可奪之志；當危事，不能舍生取義；愍懷之廢，不聞一言之諫；淮南之難，不能因勢輔義；趙王倫篡逆，不能引身去朝。宋有蕩氏之亂，華元自以不能居官，曰『君臣之訓，我所司也。公室卑而不正，吾罪大

矣』！夫以區區之宋，猶有不素餐之臣，而況帝王之朝，而有苟容之相，此而不貶，法將何施！謹案謚法『不勤成名曰靈』，肜見義不爲，不可謂勤，宜謚曰靈。」梁國常侍孫霖及肜親黨稱枉，臺乃下符曰：「賈氏專權，趙王倫篡逆，皆力制朝野，肜勢不得去，而責其不能引身去朝，義何所據？」克重議曰：「肜爲宗臣，而國亂不能匡，主顚不能扶，非所以爲相。故春秋譏華元樂舉，謂之不臣。且賈氏之酷烈，不甚於呂后，而王陵猶得杜門；趙王倫之無道，不甚於殷紂，而微子猶得去之。近者太尉陳準，異姓之人，加弟徽有射鉤之隙，[一三]亦得託疾辭位，不涉僞朝。何至於肜親倫之兄，而獨不得去乎？趙盾入諫不從，出亡不遠，猶不免於責，況肜不能去位，北面事僞主乎？宜如前議，加其貶責，以廣爲臣之節，明事君之道。」於是朝廷從克議。肜故吏復追訴不已，故改焉。

無子，以武陵王澹子禧爲後，是爲懷王。拜征虜將軍，與澹俱沒於石勒。元帝時，以西陽王羕子悝爲肜嗣，早薨，是爲殤王。至是懷王子翹自石氏歸國得立，是爲聲王，官至散騎常侍。薨，無子，詔以武陵威王子𨔵爲翹嗣，歷永安太僕，與父晞俱廢徙新安。薨，太元中復國，子龢立。薨，子珍之立。桓玄篡位，國臣孔璞奉珍之奔于壽陽，義熙初乃歸，累遷左衞將軍、太常卿。劉裕伐姚泓，請爲諮議參軍，爲裕所害，國除。

文六王

文帝九男，文明王皇后生武帝、齊獻王攸、城陽哀王兆、遼東悼惠王定國、廣漢殤王廣德，其樂安平王鑒、燕王機、皇子永祚、樂平王延祚不知母氏。燕王機繼清惠亭侯，別有傳。永祚早亡，無傳。

齊王攸 子蕤 贊 寔

齊獻王攸字大猷。少而岐嶷。及長，清和平允，親賢好施，愛經籍，能屬文，善尺牘，爲世所楷。才望出武帝之右，宣帝每器之。景帝無子，命攸爲嗣。從征王淩，封長樂亭侯。及景帝崩，攸年十歲，哀動左右，大見稱歎。襲封舞陽侯。[一四]奉景獻羊后於別第，事后以孝聞。復歷散騎常侍、步兵校尉，時年十八，綏撫營部，甚有威惠。五等建，改封安昌侯，遷衞將軍。

居文帝喪，哀毀過禮，杖而後起。左右以稻米乾飯雜理中丸進之，攸泣而不受。太后自往勉喻曰：「若萬一加以他疾，將復如何！宜遠慮深計，不可專守一志。」常遣人逼進飲食，司馬嵇喜又諫曰：「毀不滅性，聖人之教。且大王地即密親，任惟元輔。匹夫猶惜其命，以爲祖宗，況荷天下之大業，輔帝室之重任，而可盡無極之哀，與顏閔爭孝！不可令賢人笑，愚人幸也。」喜躬自進食，攸不得已，爲之强飯。喜退，攸謂左右曰：「嵇司馬將令我不忘居喪之節，得存區區之身耳。」

武帝踐阼，封齊王。時朝廷草創，而攸總統軍事，撫寧內外，莫不景附焉。詔議藩王令自選國內長吏，攸奏議曰：「昔聖王封建萬國，以親諸侯，軌跡相承，莫之能改。誠以君不世居，則人心偷幸；人無常主，則風俗僞薄。是以先帝深覽經遠之統，思復先哲之軌，分土畫疆，建爵五等，或以進德，或以酬功。伏惟陛下應期創業，樹建親戚，聽使藩國自除長吏。而今草創，制度初立，雖庸蜀順軌，吳猶未賓，宜俟清泰，乃議復古之制。」書比三上，輒報不許。其後國相上長吏缺，典書令請求差選。攸下令曰：「忝受恩禮，不稱惟憂。至於官人敍才，皆朝廷之事，非國所宜裁也。其令自上請之。」時王家人衣食皆出御府，攸表租秩足以自供，求絕之。前後十餘上，帝又不許。攸雖未之國，文武官屬，下至士卒，分租賦以給之，疾病死喪賜與之。而時有水旱，國內百姓則加振貸，須豐年乃責，十減其二，國內賴之。

遷驃騎將軍，開府辟召，禮同三司。降身虛己，待物以信。常歎公府不案吏，然以董御戎政，復有威克之宜，乃下教曰：「夫先王馭世，明罰敕法，鞭扑作教，以正逋慢。且唐虞之朝，猶須督責。前欲撰次其事，使粗有常。懼煩簡之宜，未審其要，故令劉、程二君詳定。

然思惟之，鄭鑄刑書，叔向不韙；范宣議制，仲尼譏之。令皆如舊，無所增損。其常節度所不及者，隨事處決。諸吏各竭乃心，思同在公古人之節。如有所闕，以賴股肱匡救之規，庶以免負。」於是內外祗肅。時驃騎當罷營兵，兵士數千人戀攸恩德，不肯去，遮京兆主言之，帝乃還攸兵。

攸每朝政大議，悉心陳之。詔以比年饑饉，議所節省。攸奏議曰：「臣聞先王之教，莫不先正其本。務農重本，國之大綱。當今方隅清穆，武夫釋甲，廣分休假，以就農業。然守相不能勤心恤公，以盡地利。昔漢宣歎曰：『與朕理天下者，惟良二千石乎！』勤加賞罰，黜陟幽明，于時翕然，用多名守。計今地有餘羨，而不農者衆，加附業之人復有虛假，通天下謀之，[一五]則飢者必不少矣。今宜嚴敕州郡，檢諸虛詐害農之事，督實南畝，上下同奉所務。則天下之穀可復古政，豈患於暫一水旱，便憂飢餒哉！考績黜陟，畢使嚴明，畏威懷惠，莫不自厲。又都邑之內，游食滋多，巧伎末業，服飾奢麗，富人兼美，猶有魏之遺弊，染化日淺，靡財害穀，動復萬計。宜申明舊法，必禁絕之。使去奢即儉，不奪農時，畢力稼穡，以實倉廩。則榮辱禮節，由之而生，興化反本，於茲爲盛。」

轉鎮軍大將軍，加侍中，羽葆、鼓吹，行太子少傅。數年，授太子太傅，獻箴於太子曰：「伊昔上皇，建國立君，仰觀天文，俯察地理，創業恢道，以安人承祀，祚延統重，故援立太子。尊以弘道，固以貳己，儲德既立，邦有所恃。夫親仁者功成，邇佞者國傾，故保相之材，必擇賢明。昔在周成，旦奭作傅，外以明德自輔，內以親親立固，德以義濟，親則自然。嬴廢公族，其崩如山；劉建子弟，漢祚永傳。楚以無極作亂，宋以伊戾興難。張禹佞給，卒危強漢。輔弼不忠，禍及乃躬；匪徒乃躬，乃喪乃邦。無曰父子不間，昔有江充；無曰至親匪貳，或容潘崇。諛言亂眞，譖潤離親，驪姬之讒，晉侯疑申。固親以道，勿固以恩；修身以敬，勿託以尊。自損者有餘，自益者彌昏。庶事不可以不恤，大本不可以不敦。見亡戒危，覩安思存。冢子司義，敢告在闇。」世以爲工。

咸寧二年，代賈充爲司空，侍中、太傅如故。初，攸特爲文帝所寵愛，每見攸，輒撫牀呼其小字曰「此桃符座也」，幾爲太子者數矣。及帝寢疾，慮攸不安，爲武帝敍漢淮南王、魏陳思故事而泣。臨崩，執攸手以授帝。先是太后有疾，既瘳，帝與攸奉觴上壽，攸以太后前疾危篤，因歔欷流涕，帝有愧焉。攸嘗侍帝疾，恒有憂戚之容，時人以此稱歎之。及太后臨崩，亦流涕謂帝曰：「桃符性急，而汝爲兄不慈，我若遂不起，恐必不能相容。以是屬汝，勿忘我言。」

及帝晚年，諸子並弱，而太子不令，朝臣內外，皆屬意於攸。中書監荀勖、侍中馮紞皆諂諛自進，攸素疾之。勖等以朝望在攸，恐其爲嗣，禍必及己，乃從容言於帝曰：「陛下萬歲

之後，太子不得立也。」帝曰：「何故？」勖曰：「百僚內外皆歸心於齊王，太子焉得立乎！陛下試詔齊王之國，必舉朝以爲不可，則臣言有徵矣。」紞又言曰：「陛下遣諸侯之國，成五等之制者，宜先從親始。親莫若齊王。」

帝既信勖言，又納紞說，太康三年乃下詔曰：「古者九命作伯，或入毗朝政，或出御方嶽。周之呂望，五侯九伯，實得征之。侍中、司空、齊王攸，明德清暢，忠允篤誠。以母弟之親，受台輔之任，佐命立勳，劬勞王室，宜登顯位，以稱具瞻。其以爲大司馬、都督青州諸軍事，侍中如故，假節，將本營千人，親騎帳下司馬大車皆如舊，增鼓吹一部，官騎滿二十人，置騎司馬五人。餘主者詳案舊制施行。」攸不悅，主簿丁頤曰：「昔太公封齊，猶表東海；桓公九合，以長五伯。況殿下誕德欽明，恢弼大藩，穆然東軫，莫不得所。何必絳闕，乃弘帝載！」攸曰：「吾無匡時之用，卿言何多。」

明年，策攸曰：「於戲！惟命不于常，天既遷有魏之祚。我有晉既受順天明命，光建羣后，越造王國于東土，錫茲青社，用藩翼我邦家。茂哉無怠，以永保宗廟。」又詔下太常，議崇錫之物，以濟南郡益齊國。又以攸子寔爲北海王。於是備物典策，設軒懸之樂、六佾之舞，黃鉞朝車乘輿之副從焉。

攸知勖、紞構己，憤怨發疾，乞守先后陵，不許。帝遣御醫診視，諸醫希旨，皆言無疾。

疾轉篤，猶催上道。攸自強入辭，素持容儀，疾雖困，尚自整厲，舉止如常，帝益疑無疾。辭出信宿，歐血而薨，時年三十六。帝哭之慟，馮紞侍側曰：「齊王名過其實，而天下歸之。今自薨隕，社稷之福也，陛下何哀之過！」帝收淚而止。詔喪禮依安平王孚故事，廟設軒懸之樂，配饗太廟。子冏立，別有傳。

攸以禮自拘，鮮有過事。就人借書，必手刊其謬，然後反之。加以至性過人，有觸其諱者，輒泫然流涕。雖武帝亦敬憚之，每引之同處，必擇言而後發。三子：蕤、贊、寔。〔一六〕

蕤字景回，出繼遼東王定國。太康初，徙封東萊王。元康中，歷步兵、屯騎校尉。蕤性強暴，使酒，數陵侮弟冏，冏以兄故容之。冏起義兵，趙王倫收蕤及弟北海王寔繫廷尉，當誅。倫太子中庶子祖納上疏諫曰：「罪不相及，惡止其身，此先哲之弘謨，百王之達制也。是故鯀既殛死，禹乃嗣興；二叔誅放，而邢衞無責。逮乎戰國，及至秦漢，明恕之道寖，猜嫌之情用，乃立質任以御衆，設從罪以發姦。其所由來，蓋三代之弊法耳。蕤、寔，獻王之子，明德之胤，宜蒙特宥，以全穆親之典。」會孫秀死，蕤等悉得免。冏擁衆入洛，蕤於路迎之。冏不即見，須符付前頓。蕤恚曰：「吾坐爾殆死，曾無友于之情！」

及冏輔政，詔以蕤爲散騎常侍，加大將軍，〔一七〕領後軍、侍中、特進，增邑滿二萬戶。又

從冏求開府，冏曰：「武帝子吳、豫章尚未開府，宜且須後。」蕤以是益怨，密表冏專權，與左衞將軍王輿謀共廢冏。事覺，免爲庶人。尋詔曰：「大司馬以經識明斷，高謀遠略，猥率同盟，安復社稷。自書契所載，周召之美未足比勳，故授公上宰。東萊王蕤潛懷忌妬，包藏禍心，與王輿密謀，圖欲譖害。收輿之日，蕤與青衣共載，微服奔走，經宿乃還。姦凶赫然，妖惑外內。又前表冏所言深重，雖管蔡失道，牙慶亂宗，不復過也。春秋之典，大義滅親，其徙蕤上庸。」後封微陽侯。永寧初，上庸內史陳鍾承冏旨害蕤。冏死，詔誅鍾，復蕤封，改葬以王禮。

贊字景期，繼廣漢殤王廣德後。年六歲，太康元年薨，諡沖王。

寔字景深，初爲長樂亭侯。攸以贊薨，又以寔繼廣漢殤王後，改封北海王。永寧初爲平東將軍、假節，加散騎常侍，代齊王冏鎮許昌。尋進安南將軍、都督豫州軍事，增邑滿二萬戶。未發，留爲侍中、上軍將軍，給千兵百騎。

城陽王兆

城陽哀王兆字千秋，年十歲而夭。武帝踐阼，詔曰：「亡弟千秋少聰慧，有夙成之質。不幸早亡，先帝先后特所哀愍。先后欲紹立其後，而竟未遂，每追遺意，情懷感傷。其以皇子景度爲千秋後，雖非典禮，亦近世之所行，且以述先后本旨也。」於是追加兆封謚。景度以泰始六年薨，復以第五子憲繼哀王後。薨，復以第六子祗爲東海王，繼哀王後。薨，咸寧初又封第十三子遐爲清河王，以繼兆後。

遼東王定國

遼東悼惠王定國，年三歲薨。咸寧初追加封謚，齊王攸以長子蕤爲嗣。蕤薨，子遵嗣。

廣漢王廣德

廣漢殤王廣德，年二歲薨。咸寧初追加封謚，齊王攸以第五子贊紹封。薨，攸更以第二子寔嗣廣德。

樂安王鑒

樂安平王鑒字大明，初封臨泗亭侯。武帝踐阼，封樂安王。帝爲鑒及燕王機高選師

友，下詔曰：「樂安王鑒、燕王機並以長大，宜得輔導師友，取明經儒學，有行義節儉，使足嚴憚。昔韓起與田蘇遊而好善，宜必得其人。」

泰始中，拜越騎校尉。咸寧初，以齊之梁鄒益封，因之國，服侍中之服。元康初，徵爲散騎常侍、上軍大將軍，領射聲校尉。尋還使持節、都督豫州軍事、安南將軍，代清河王遐鎮許昌，以疾不行。七年薨，子殤王籍立。薨，無子，齊王冏以子冰紹鑒後。以濟陰萬一千二百一十九戶改爲廣陽國，立冰爲廣陽王。冏敗，廢。

樂平王延祚

樂平王延祚字大思，少有篤疾，不任封爵。太康初，詔曰：「弟祚早孤無識，情所哀愍。幼得篤疾，日冀其差，今遂廢痼，無復後望，意甚傷之。其封爲樂平王，使有名號，以慰吾心。」尋薨，無子。

史臣曰：平原性理不恒，世莫之測。及其處亂離之際，屬交爭之秋，而能遠害全身，享兹介福，其愚不可及已！琅邪武功既暢，飾之以溫恭，扶風文教克宣，加之以孝行，抑宗室之可稱者也。齊王以兩獻之親，弘二南之化，道光雅俗，望重台衡，百辟具瞻，萬方屬意。既而地疑致逼，文雅見疵，紞勖陳蔓草之邪謀，武皇深翼子之滯愛。遂乃褫龍章於衮職，徙侯服於下藩，未及戒塗，終於憤恚，惜哉！若使天假之年而除其害，奉緩衣之命，膺負圖之託，光輔嗣君，允釐邦政，求諸冥兆，或廢興之有期，徵之人事，庶勝殘之可及，何八王之敢力爭，五胡之能競逐哉！詩云「人之云亡，邦國殄瘁」，攸實有之；「讒人罔極，交亂四國」，其荀馮之謂也。

贊曰：文宣孫子，或賢或鄙。扶風遺愛，琅邪克己。澹諂凶魁，肜參釁始。榦雖靜退，性乖恒理。彼美齊獻，卓爾不羣。自家刑國，緯武經文。木摧於秀，蘭燒以薰。

校勘記

〔一〕亮及倫別有傳　亮上原衍「汝南王亮」四字，今從吳本。

〔二〕始置二卿　「卿」原誤作「鄉」，據通典三一、通志五六改。

〔三〕假節徐州諸軍事　周校：「假節」下脫「都督」。

〔四〕哀早薨更以皇子煥爲琅邪王　册府二八三作「哀早薨，子哀王安國立，未踰年薨，更以皇子煥爲琅邪王」。哀傳亦云「子哀王安國立，未踰年薨」。哀卒于建武元年十月，煥立于太興元年十二月，中間一年當是哀王安國嗣立之時，紀傳並漏書。

〔五〕文俶　見卷三校記。

〔六〕永康初　校文：繇復封據惠紀在永寧元年九月，此「康」字疑「寧」字之誤。

〔七〕以北平上谷廣寧郡一萬三百三十七戶增燕國爲二萬戶　原封六千六百六十三戶，當增一萬三千三百三十七戶，始合二萬戶之數，「一萬」下疑脫「三千」二字。

〔八〕齊王冏表以子幾嗣　勞校：據冏傳，冏三子，淮南王超、樂安王冰、濟陽王英，無「幾」名。且「幾」既爲「機」嗣，則不當亦名「幾」，疑傳誤。

〔九〕孫洵　通鑑八四作「孫詢」。

〔一〇〕孔洵　王濟傳、庾純傳、魏志倉慈傳注引孔氏譜、册府四五八、御覽二一九並作「孔恂」。

〔一一〕徵拜大將軍尚書令領軍將軍錄尚書事　姚鼐惜抱軒筆記：既爲大將軍，卽不爲領軍，既爲尚書令，亦不爲錄矣。按：通鑑八三作「徵梁王肜爲大將軍、錄尚書事」，此「尚書令領軍將軍」七字疑衍。

〔一二〕永康二年薨　諸史考異：惠紀，太安元年五月肜薨，是年十二月改元，五月尚是永寧二年。斠注：永康無二年，當是永寧之譌。

〔一三〕加弟徽有射鉤之隙　「徽」，各本作「徵」，今從宋本。通志八〇亦作「徽」。勞校：卽淮南王允傳中之太子左衞率陳徽。

〔四〕襲封舞陽侯　「舞陽」原作「武陽」，並誤。司馬懿于魏明帝卽位之初受封舞陽侯，見宣紀。此「襲封」，卽襲此封爵。賈充傳、裴秀傳皆稱「舞陽侯攸」，亦可證。今依改。

〔五〕通天下謀之　「謀之」，各本作「之謀」，今依殿本。

〔六〕三子蕤贊寔　據下廣德傳謂贊爲第五子，寔爲第二子。

〔七〕加大將軍　大將軍例應開府，而下文云求開府不得，疑「大將軍」上脫軍號。

晉書卷三十九

列傳第九

王沈 子浚

王沈字處道，太原晉陽人也。祖柔，漢匈奴中郎將。父機，魏東郡太守。沈少孤，養於從叔司空昶，〔一〕事昶如父，奉繼母寡嫂以孝義稱。好書，善屬文。大將軍曹爽辟爲掾，累遷中書門下侍郎。及爽誅，以故吏免。後起爲治書侍御史，轉祕書監。正元中，遷散騎常侍、侍中，典著作。與荀顗、阮籍共撰魏書，多爲時諱，未若陳壽之實錄也。

時魏高貴鄉公好學有文才，引沈及裴秀數於東堂講讌屬文，號沈爲文籍先生，秀爲儒林丈人。及高貴鄉公將攻文帝，召沈及王業告之，沈、業馳白帝，以功封安平侯，邑二千戶。沈既不忠於主，甚爲衆論所非。

尋遷尚書，出監豫州諸軍事、奮武將軍、豫州刺史。至鎮，乃下敎曰：「自古賢聖，樂聞

誹謗之言，聽輿人之論，芻蕘有可錄之事，負薪有廊廟之語故也。自至鎮日，未聞逆耳之言，豈未明虛心，故令言者有疑。其宜下屬城及士庶，若能舉遺逸於林藪，黜姦佞於州國，陳長吏之可否，說百姓之所患，興利除害，損益昭然者，給穀五百斛。若達一至之言，說刺史得失，朝政寬猛，令剛柔得適者，給穀千斛。謂余不信，明如皎日。」

主簿陳廞、褚䂮曰：「奉省敎旨，伏用感歎。勞謙日昃，思聞苦言。愚謂上之所好，下無不應。而近未有極諫之辭，遠無傳言之箴者，誠得失之事將未有也。今使敎命班下，示以賞勸，將恐拘介之士，或憚賞而不言；貪賕之人，將慕利而妄舉。苟不合宜，賞不虛行，則遠聽者未知當否之所在，徒見言之不用，謂設有而不行。愚以告下之事，可小須後。」

沈又敎曰：「夫德薄而位厚，功輕而祿重，貪夫之所徇，高士之所不處也。若陳至言於刺史，興益於本州，達幽隱之賢，去祝鮀之佞，立德於上，受分於下，斯乃君子之操，何不言之有！直言至理，忠也。惠加一州，仁也。功成辭賞，廉也。兼斯而行，仁智之事，何故懷其道而迷其國哉！」褚䂮復白曰：「堯、舜、周公所以能致忠諫者，以其款誠之心著也。冰炭不言，而冷熱之質自明者，以其有實也。若好忠直，如冰炭之自然，則諤諤之臣，將濟濟而盈庭；逆耳之言，不求而自至。若德不足以配唐虞，明不足以並周公，實不可以同冰炭，雖懸重賞，忠諫之言未可致也。昔魏絳由和戎之功，蒙女樂之賜，管仲有興齊之勳，而加上卿

之禮，功勳明著，然後賞勸隨之。未聞張重賞以待諫臣，懸穀帛以求盡言也。」沈無以奪之，遂從韶議。

沈探尋善政，案賈逵以來法制禁令，諸所施行，擇善者而從之。又教曰：「後生不聞先王之教，而望政道日興，不可得也。文武並用，長久之道也。俗化陵遲，不可不革。革俗之要，實在敦學。昔原伯魯不悅學，閔馬父知其必亡。將吏子弟，優閑家門，若不教之，必致游戲，傷毀風俗矣。」於是九郡之士，咸悅道教，移風易俗。

遷征虜將軍、持節、都督江北諸軍事。五等初建，封博陵侯，班在次國。平蜀之役，吳人大出，聲爲救蜀，振蕩邊境。沈鎭御有方，寇聞而退。轉鎭南將軍。武帝卽王位，拜御史大夫，守尚書令，加給事中。沈以才望，顯名當世，是以創業之事，羊祜、荀勖、裴秀、賈充等，皆與沈諮謀焉。

及帝受禪，以佐命之勳，轉驃騎將軍、錄尚書事，加散騎常侍，統城外諸軍事。封博陵郡公，固讓不受，乃進爵爲縣公，邑千八百戶。帝方欲委以萬機，泰始二年，薨。帝素服舉哀，賜祕器朝服一具、衣一襲、錢三十萬、布百匹、葬田一頃，謚曰元。明年，帝追思沈勳，詔曰：「夫表揚往行，所以崇賢垂訓，愼終紀遠，厚德興教也。故散騎常侍、驃騎將軍、博陵元公沈蹈禮居正，執心清粹，經綸墳典，才識通洽。入歷常伯納言之位，出幹監牧方嶽之任，內

著謀猷，外宣威略。建國設官，首登公輔，兼統中朝，出納大命，實有翼亮佐世之勳。其贈沈司空公，以寵靈旣往，使沒而不朽。又前以翼贊之勳，當受郡公之封，而固辭懇至，嘉其讓德，不奪其志。可以郡公官屬送葬。沈素清儉，不營產業。其使所領兵作屋五十間。」子浚嗣。後沈夫人荀氏卒，將合葬，沈棺櫬已毀，更賜東園祕器。咸寧中，復追封沈爲郡公。

浚字彭祖。母趙氏婦，良家女也，貧賤，出入沈家，遂生浚，沈初不齒之。年十五，沈薨，無子，親戚共立浚爲嗣，拜駙馬都尉。太康初，與諸王侯俱就國。三年來朝，除員外散騎侍郎。元康初，轉員外常侍，遷越騎校尉、右軍將軍。出補河內太守，以郡公不得爲二千石，轉東中郎將，鎭許昌。

及愍懷太子幽于許昌，浚承賈后旨，與黃門孫慮共害太子。遷寧北將軍、青州刺史。尋徙寧朔將軍、持節、都督幽州諸軍事。于時朝廷昏亂，盜賊蠭起，浚爲自安之計，結好夷狄，以女妻鮮卑務勿塵，又以一女妻蘇恕延。

及趙王倫篡位，三王起義兵，浚擁衆挾兩端，遏絕檄書，使其境內士庶不得赴義，成都王穎欲討之而未暇也。倫誅，進號安北將軍。及河間王顒、成都王穎興兵內向，害長沙王乂，而浚有不平之心。穎表請幽州刺史石堪爲右司馬，以右司馬和演代堪，密使演殺浚，并

其衆。演與烏丸單于審登謀之，於是與浚期游薊城南清泉水上。薊城內西行有二道，演、浚各從一道。演與浚欲合鹵簿，因而圖之。值天暴雨，兵器霑溼，不果而還。單于由是與其種人謀曰：「演圖殺浚，事垂克而天卒雨，使不得果，是天助浚也。違天不祥，我不可久與演同。」乃以謀告浚。浚密嚴兵，與單于圍演。演持白幡詣浚降，遂斬之，自領幽州。大營器械，召務勿塵，率胡晉合二萬人，進軍討穎。以主簿祁弘爲前鋒，遇穎將石超於平棘，擊敗之。浚乘勝遂克鄴城，士衆暴掠，死者甚多。鮮卑大略婦女，浚命敢有挾藏者斬，於是沈於易水者八千人。黔庶荼毒，自此始也。

浚還薊，聲實益盛。東海王越將迎大駕，浚遣祁弘率烏丸突騎爲先驅。惠帝旋洛陽，轉浚驃騎大將軍、都督東夷河北諸軍事，領幽州刺史，以燕國增博陵之封。懷帝卽位，以浚爲司空，領烏丸校尉，務勿塵爲大單于。浚又表封務勿塵遼西郡公，其別部大飄滑及其弟渴末別部大屠甕等皆爲親晉王。

永嘉中，石勒寇冀州，浚遣鮮卑文鴦討勒，勒走南陽。明年，勒復寇冀州，刺史王斌爲勒所害，浚又領冀州。詔進浚爲大司馬，加侍中、大都督、督幽冀諸軍事。使者未及發，會洛京傾覆，浚大樹威令，專征伐，遣督護王昌、中山太守阮豹等，率諸軍及務勿塵世子疾陸眷，并弟文鴦、從弟末柸，攻石勒於襄國。勒率衆來距，昌逆擊敗之。末柸逐北入其壘門，

爲勒所獲。勒質末柸，遣間使求和，疾陸眷遂以鎧馬二百五十匹、金銀各一簏贖末柸，結盟而退。

其後浚布告天下，稱受中詔承制，乃以司空荀藩爲太尉，光祿大夫荀組爲司隸，大司農華薈爲太常，中書令李絙爲河南尹。[三]又遣祁弘討勒，及於廣宗。時大霧，弘引軍就道，卒與勒遇，爲勒所殺。由是劉琨與浚爭冀州。琨使宗人劉希還中山合衆，代郡、上谷、廣甯三郡人皆歸于琨。浚患之，遂輟討勒之師，而與琨相距。浚遣燕相胡矩督護諸軍，與疾陸眷并力攻破希。驅略三郡士女出塞，琨不復能爭。

浚還，欲討勒，使棗嵩督諸軍屯易水，召疾陸眷，將與之俱攻襄國。浚爲政苛暴，將吏又貪殘，並廣占山澤，引水灌田，潰陷冢墓，調發殷煩，下不堪命，多叛入鮮卑。從事韓咸切諫，浚怒，殺之。疾陸眷自以前後違命，恐浚誅之。勒亦遣使厚賂，疾陸眷等由是不應召。浚怒，以重幣誘單于猗盧子右賢王日律孫，令攻疾陸眷，反爲所破。

時劉琨大爲劉聰所迫，諸避亂游士多歸于浚。浚日以强盛，乃設壇告類，建立皇太子，備置衆官。浚自領尚書令，以棗嵩、裴憲並爲尚書，使其子居王宮，持節，領護匈奴中郎將，以妻舅崔毖爲東夷校尉。又使嵩監司冀并兗諸軍事、行安北將軍，以田徽爲兗州，李惲爲青州。惲爲石勒所殺，以薄盛代之。

浚以父字處道，爲「當塗高」應王者之讖，謀將僭號。胡矩諫浚，盛陳其不可。浚忿之，出矩爲魏郡守。前渤海太守劉亮、從子北海太守搏、[三]司空掾高柔並切諫，浚怒，誅之。浚素不平長史燕國王悌，遂因他事殺之。時童謠曰：「十囊五囊入棗郎。」棗嵩，浚之子壻也。浚聞，責嵩而不能罪之也。又謠曰：「幽州城門似藏戶，中有伏尸王彭祖。」有狐踞府門，翟雉入聽事。時燕國霍原，北州名賢，浚以僭位事示之，原不答，浚遂害之。由是士人憤怨，內外無親。以矜豪日甚，不親爲政，所任多苛刻；加亢旱災蝗，士卒衰弱。

浚之承制也，參佐皆內敍，唯司馬游統外出。統怨，密與石勒通謀。勒乃詐降於浚，許奉浚爲主。時百姓內叛，疾陸眷等侵逼。浚喜勒之附己，勒遂爲卑辭以事之，獻遺珍寶，使驛相繼。浚以勒爲誠，不復設備。勒乃遣使剋日上尊號於浚，浚許之。

勒屯兵易水，督護孫緯疑其詐，馳白浚，而引軍逆勒。浚不聽，使勒直前。衆議皆曰：「胡貪而無信，必有詐，請距之。」浚怒，欲斬諸言者，衆遂不敢復諫。盛張設以待勒。勒至城，便縱兵大掠。浚左右復請討之，不許。及勒登聽事，浚乃走出堂皇，勒衆執以見勒。勒遂與浚妻並坐，立浚于前。浚罵曰：「胡奴調汝公，何凶逆如此！」勒數浚不忠於晉，并責以百姓餒乏，積粟五十萬斛而不振給。遂遣五百騎先送浚于襄國，收浚麾下精兵萬人，盡殺之。停二日而還，孫緯遮擊之，勒僅而得免。勒至襄國，斬浚，而浚竟不爲之屈，大罵而死。無子。

太元二年，詔興滅繼絕，封沈從孫道素爲博陵公。卒，子崇之嗣。義熙十一年，改封東莞郡公。宋受禪，國除。

荀顗

荀顗字景倩，潁川人，魏太尉彧之第六子也。幼爲姊壻陳羣所賞。性至孝，總角知名，博學洽聞，理思周密。魏時以父勳除中郎。宣帝輔政，見顗奇之，曰「荀令君之子也」。擢拜散騎侍郎，累遷侍中。爲魏少帝執經，拜騎都尉，賜爵關內侯。難鍾會易無互體，又與扶風王駿論仁孝孰先，見稱於世。

時曹爽專權，何晏等欲害太常傅嘏，顗營救得免。及高貴鄉公立，顗言於景帝曰：「今上踐阼，權道非常，宜速遣使宣德四方，且察外志。」毌丘儉、文欽果不服，舉兵反。顗預討儉等有功，進爵萬歲亭侯，邑四百戶。文帝輔政，遷尚書。帝征諸葛誕，留顗鎮守。顗甥陳泰卒，顗代泰爲僕射，領吏部，四辭而後就職。顗承泰後，加之淑慎，綜核名實，風俗澄正。咸熙中，遷司空，進爵鄉侯。

顗年踰耳順，孝養蒸蒸，以母憂去職，毀幾滅性，海內稱之。文帝奏，宜依漢太傅胡廣喪母故事，給司空吉凶導從。及蜀平，興復五等，命顗定禮儀。顗上請羊祜、任愷、庾峻、應貞、孔顥共删改舊文，撰定晉禮。

咸熙初，封臨淮侯。武帝踐阼，進爵爲公，食邑一千八百戶。又詔曰：「昔禹命九官，契敷五教，所以弘崇王化，示人軌儀也。朕承洪業，昧于大道，思訓五品，以康四海。侍中、司空顗，明允篤誠，思心通遠，翼亮先皇，遂輔朕躬，實有佐命弼導之勳。宜掌教典，以隆時雍。其以顗爲司徒。」尋加侍中，遷太尉、都督城外牙門諸軍事，置司馬親兵百人。頃之，又詔曰：「侍中、太尉顗，溫恭忠允，至行純備，博古洽聞，耆艾不殆。其以公行太子太傅，侍中、太尉如故。」

時以正德、大豫雅頌未合，[四]命顗定樂。事未終，以泰始十年薨。帝爲舉哀，皇太子臨喪，二宮賻贈，禮秩有加。詔曰：「侍中、太尉、行太子太傅、臨淮公顗，清純體道，忠允立朝，歷司外內，茂績旣崇，訓傅東宮，徽猷弘著，可謂行歸于周，有始有卒者矣。不幸薨殂，朕甚痛之。其賜溫明祕器、朝服一具、衣一襲。謚曰康。」又詔曰：「太尉不恤私門，居無館宇，素絲之志，沒而彌顯。其賜家錢二百萬，使立宅舍。」咸寧初，詔論次功臣，將配饗宗廟。所司奏顗等十二人銘功太常，配饗清廟。

顗明三禮，知朝廷大儀，而無質直之操，唯阿意苟合於荀勖、賈充之間。初，皇太子將納妃，顗上言賈充女姿德淑茂，可以參選，以此獲譏於世。

顗無子，以從孫徽嗣。中興初，以顗兄玄孫序爲顗後，封臨淮公。序卒，又絕，孝武帝又封序子恒繼顗後。恒卒，子龍符嗣。宋受禪，國除。

荀勖　子藩　藩子邃　闓　藩弟組　組子奕

荀勖字公曾，潁川潁陰人，漢司空爽曾孫也。祖棐，射聲校尉。父肹，早亡。勖依于舅氏。岐嶷夙成，年十餘歲能屬文。從外祖魏太傅鍾繇曰：「此兒當及其曾祖。」旣長，遂博學，達於從政。仕魏，辟大將軍曹爽掾，遷中書通事郎。爽誅，門生故吏無敢往者，勖獨臨赴，衆乃從之。爲安陽令，轉驃騎從事中郎。勖有遺愛，安陽生爲立祠。遷廷尉正，參文帝大將軍軍事，賜爵關內侯，轉從事中郎，領記室。

高貴鄉公欲爲變時，大將軍掾孫佑等守閶闔門。帝弟安陽侯榦聞難欲入，佑謂榦曰：「未有入者，可從東掖門。」及榦至，帝遲之，榦以狀白，帝欲族誅佑。勖諫曰：「孫佑不納安陽，誠宜深責。然事有逆順，用刑不可以喜怒爲輕重。今成倅刑止其身，佑乃族誅，恐義士私議。」乃免佑爲庶人。

時官騎路遺求爲刺客入蜀，勖言於帝曰：「明公以至公宰天下，宜杖正義以伐違貳。而名以刺客除賊，非所謂刑于四海，以德服遠也。」帝稱善。

及鍾會謀反，審問未至，而外人先告之。帝待會素厚，未之信也。勖曰：「會雖受恩，然其性未可許以見得思義，不可不速爲之備。」帝卽出鎭長安，主簿郭奕、參軍王深以勖是會從甥，少長舅氏，勸帝斥出之。帝不納，而使勖陪乘，待之如初。先是，勖啓「伐蜀，宜以衞瓘爲監軍」。及蜀中亂，賴瓘以濟。會平，還洛，與裴秀、羊祜共管機密。

時將發使聘吳，並遣當時文士作書與孫晧，帝用勖所作。晧旣報命和親，帝謂勖曰：「君前作書，使吳思順，勝十萬之衆也。」帝卽晉王位，以勖爲侍中，封安陽子，邑千戶。武帝受禪，改封濟北郡公。勖以羊祜讓，乃固辭爲侯。拜中書監，加侍中，領著作，與賈充共定律令。

充將鎭關右也，勖謂馮紞曰：「賈公遠放，吾等失勢。太子婚尚未定，若使充女得爲妃，則不留而自停矣。」勖與紞伺帝間並稱「充女才色絕世，若納東宮，必能輔佐君子，有關雎后妃之德。」遂成婚。當時甚爲正直者所疾，而獲佞媚之譏焉。久之，進位光祿大夫。

旣掌樂事，又修律呂，並行於世。初，勖於路逢趙賈人牛鐸，識其聲。及掌樂，音韵未調，乃曰：「得趙之牛鐸則諧矣。」遂下郡國，悉送牛鐸，果得諧者。又嘗在帝坐進飯，謂在坐人曰：「此是勞薪所炊。」咸未之信。帝遣問膳夫，乃云：「實用故車脚。」舉世伏其明識。

俄領祕書監，與中書令張華依劉向別錄，整理記籍。又立書博士，置弟子教習，以鍾、胡爲法。

咸寧初，與石苞等並爲佐命功臣，列於銘饗。及王濬表請伐吳，勖與賈充固諫不可，帝不從，而吳果滅。以專典詔命，論功封子一人爲亭侯，邑一千戶，賜絹千匹。又封孫顯爲潁陽亭侯。

及得汲郡冢中古文竹書，詔勖撰次之，以爲中經，列在祕書。

時議遣王公之國，帝以問勖，勖對曰：「諸王公已爲都督，而使之國，則廢方任。又分割郡縣，人心戀本，必用嗷嗷。國皆置軍，官兵還當給國，而闕邊守。」帝重使勖思之，勖又陳曰：「如詔準古方伯選才，使軍國各隨方面爲都督，誠如明旨。至於割正封疆，使親疏不同，誠爲佳矣。然分裂舊土，猶懼多所摇動，必使人心恖擾，思惟竊宜如前。若於事不得不時有所轉封，而不至分割土域，有所損奪者，可隨宜節度。其五等體國經遠，實不成制度。然但虛名，其於實事，略與舊郡縣鄉亭無異。若造次改奪，恐不能不以爲恨。今方了其大者，以爲五等可須後裁度。凡事雖有久而益善者，若臨時或有不解，亦不可忽。」帝以勖言爲允，多從其意。

時又議省州郡縣半吏以赴農功，勖議以爲：「省吏不如省官，省官不如省事，省事不如

清心。昔蕭曹相漢，載其清靜，致畫一之歌，此清心之本也。漢文垂拱，幾致刑措，此省事也。光武并合吏員，縣官國邑裁置十一，此省官也。魏太和中，遣王人四出，減天下吏員，正始中亦并合郡縣，此省吏也。今必欲求之於本，則宜以省事爲先。凡居位者，使務思蕭曹之心，以翼佐大化。篤義行，崇敦睦，使昧寵忘本者不得容，而僞行自息，浮華者懼矣。重敬讓，尚止足，令賤不妨貴，少不陵長，遠不間親，新不間舊，小不加大，淫不破義，則上下相安，遠近相信矣。位不可以進趣得，譽不可以朋黨求，則是非不妄而明，官人不惑於聽矣。去奇技，抑異說，好變舊以徼非常之利者必加其誅，則官業有常，人心不遷矣。事留則政稽，政稽則功廢。處位者而孜孜不怠，奉職司者而夙夜不懈，則雖在挈瓶而守不假器矣。使信若金石，小失不害大政，忍忿悁以容之。簡文案，略細苛，令之所施，必使人易視聽。願之如陽春，畏之如雷震。勿使微文煩撓，爲百吏所黷，二三之命，爲百姓所饜，則吏竭其誠，下悅上命矣。設官分職，委事責成。君子心競而不力爭，量能受任，思不出位，則官無異業，政典不奸矣。凡此皆愚心謂省事之本也。苟無此愆，雖不省吏，天下必謂之省矣。若欲省官，私謂九寺可并於尚書，蘭臺宜省付三府。然施行歷代，世之所習，是以久抱愚懷而不敢言。至於省事，實以爲善。若直作大例，皆減其半，恐文武衆官郡國職業，及事之興廢，不得皆同。凡發號施令，典而當則安，儻有駁者，或致壅否。凡職所臨履，先精其得失。

使忠信之官，明察之長，各裁其中，先條上言之。然後混齊大體，詳宜所省，則令下必行，不可搖動。如其不爾，恐適惑人聽。比前行所省，皆須臾輒復，或激而滋繁，亦不可不重。」勖論議損益多此類。

太康中詔曰：「勖明哲聰達，經識天序，有佐命之功，兼博洽之才。久典內任，著勳弘茂，詢事考言，謀猷允誠。宜登大位，毗贊朝政。今以勖爲光祿大夫、儀同三司，開府辟召，守中書監、侍中、侯如故。」時太尉賈充、司徒李胤並薨，太子太傅又缺。勖表陳：「三公保傅，宜得其人。若使楊珧參輔東宮，必當仰稱聖意。尚書令衞瓘、吏部尚書山濤皆可爲司徒。若以瓘新爲令未出者，濤卽其人。」帝並從之。

明年秋，諸州郡大水，兗土尤甚。勖陳宜立都水使者。其後門下啓通事令史伊羨、趙咸爲舍人，對掌文法。詔以問勖，勖曰：「今天下幸賴陛下聖德，六合爲一，望道化隆洽，垂之將來。而門下上稱程咸、張惲，下稱此等，欲以文法爲政，皆愚臣所未達者。昔張釋之諫漢文，謂獸圈嗇夫不宜見用；邴吉住車，明調和陰陽之本。此二人豈不知小吏之惠，誠重惜大化也。昔魏武帝使中軍司荀攸典刑獄，明帝時猶以付內常侍。以臣所聞，明帝時唯有通事劉泰等官，不過與殿中同號耳。又頃言論者皆云省官減事，而求益吏者相尋矣。多云尚書郎太令史不親文書，乃委付書令史及榦，誠吏多則相倚也。增置文法之職，適恐更耗擾

臺閣，臣竊謂不可。」

時帝素知太子闇弱，恐後亂國，遣勖及和嶠往觀之。勖還盛稱太子之德，而嶠云太子如初。於是天下貴嶠而賤勖。帝將廢賈妃，勖與馮紞等諫請，故得不廢。時議以勖傾國害時，孫資、劉放之匹。然性慎密，每有詔令大事，雖已宣布，然終不言，不欲使人知己豫聞也。族弟良曾勸勖曰：「公大失物情，有所進益者自可語之，則懷恩多矣。」其壻武統亦說勖「宜有所營置，令有歸戴者」。勖並默然不應，退而語諸子曰：「人臣不密則失身，樹私則背公，是大戒也。汝等亦當宦達人間，宜識吾此意。」久之，以勖守尚書令。

勖久在中書，專管機事。及失之，甚罔罔悵恨。或有賀之者，勖曰：「奪我鳳皇池，諸君賀我邪！」及在尚書，課試令史以下，覈其才能，有闇於文法，不能決疑處事者，卽時遣出。帝嘗謂曰：「魏武帝言『荀文若之進善，不進不止；荀公達之退惡，不退不休』。二令君之美，亦望於君也。」居職月餘，以母憂上還印綬，帝不許。遣常侍周恢喻旨，勖乃奉詔視職。

勖久管機密，有才思，探得人主微旨，不犯顏迕爭，故得始終全其寵祿。太康十年卒，詔贈司徒，賜東園祕器、朝服一具、錢五十萬、布百匹。遣兼御史持節護喪，謚曰成。勖有十子，其達者輯、藩、組。

輯嗣，官至衞尉。卒，謚曰簡。子畯嗣。卒，謚曰烈。無適子，以弟息識爲嗣。輯子綽。

綽字彥舒，博學有才能，撰晉後書十五篇，〔五〕傳於世。永嘉末，爲司空從事中郎，沒於石勒，爲勒參軍。

藩字大堅。元康中，爲黃門侍郎，受詔成父所治鍾磬。以從駕討齊王冏勳，封西華縣公。累遷尚書令。永嘉末，轉司空，未拜而洛陽陷沒，藩出奔密。王浚承制，奉藩爲留臺太尉。及愍帝爲太子，委藩督攝遠近。建興元年薨於開封，年六十九，因葬亡所。謚曰成，追贈太保。藩二子：邃、闓。

邃字道玄，解音樂，善談論。弱冠辟趙王倫相國掾，遷太子洗馬。長沙王乂以爲參軍。乂敗，成都王爲皇太弟，精選僚屬，以邃爲中舍人。鄴城不守，隨藩在密。元帝召爲丞相從事中郎，以道險不就。愍帝就加左將軍、陳留相。父憂去職，服闋，襲封。愍帝欲納邃女，先徵爲散騎常侍。邃懼西都危逼，故不應命，而東渡江，元帝以爲軍諮祭酒。太興初，拜侍中。邃與刁協婚親，時協執權，欲以邃爲吏部尚書，邃深距之。尋而王敦討協，協黨與並及於難，唯邃以疏協獲免。敦表爲廷尉，以疾不拜。遷太常，轉尚書。蘇峻作亂，邃與王導、荀崧並侍天子於石頭。峻平後卒，贈金紫光祿大夫，謚曰靖。子汪嗣。

闓字道明，亦有名稱，京都爲之語曰：「洛中英英荀道明。」大司馬、齊王冏辟爲掾。冏敗，暴尸已三日，莫敢收葬。闓與冏故吏李述、嵇含等露板請葬，朝議聽之，論者稱焉。爲太傅主簿、中書郎。與邃俱渡江，拜丞相軍諮祭酒。中興建，遷右軍將軍，轉少府。明帝嘗從容問王廙曰：「二荀兄弟孰賢？」廙答以闓才明過邃。帝以語庾亮，亮曰：「邃眞粹之地，亦闓所不及。」由是議者莫能定其兄弟優劣。歷御史中丞、侍中、尚書，封射陽公。太寧二年卒，追贈衞尉，謚曰定。子達嗣。

組字大章。弱冠，太尉王衍見而稱之曰：「夷雅有才識。」初爲司徒左西屬，補太子舍人。司徒王渾請爲從事中郎，轉左長史，歷太子中庶子、滎陽太守。趙王倫爲相國，欲收大名，選海內德望之士，以江夏李重及組爲左右長史，東平王堪、沛國劉謨爲左右司馬。倫簒，以組爲侍中。及長沙王乂敗，惠帝遣組及散騎常侍閭丘沖詣成都王穎，慰勞其軍。帝西幸長安，以組爲河南尹。遷尚書，轉衞尉，賜爵成陽縣男，加散騎常侍、中書監。轉司隸校尉，加特進、光祿大夫，常侍如故。于時天下已亂，組兄弟貴盛，懼不容於世，雖居大官，並諷議而已。

永嘉末，復以組爲侍中，領太子太保。未拜，會劉曜、王彌逼洛陽，組與藩俱出奔。懷帝蒙塵，司空王浚以組爲司隸校尉。組與藩移檄天下，以琅邪王爲盟主。愍帝稱皇太子，組卽太子之舅，又領司隸校尉，行豫州刺史事，與藩並保滎陽之開封。建興初，詔藩行留臺事。俄而藩薨，帝更以組爲司空，領尚書左僕射，又兼司隸，復行留臺事，州征郡守皆承制行焉。進封臨潁縣公，加太夫人、世子印綬。明年，進位太尉，領豫州牧、假節。

元帝承制，以組都督司州諸軍，加散騎常侍，餘如故。頃之，又除尚書令，表讓不拜。及西都不守，組乃遣使移檄天下共勸進。帝欲以組爲司徒，以問太常賀循。循曰：「組舊望淸重，忠勤顯著，遷訓五品，實允衆望。」於是拜組爲司徒。

組逼於石勒，不能自立。太興初，自許昌率其屬數百人渡江，給千兵百騎，組先所領仍皆統攝。頃之，詔組與太保、西陽王羕並錄尚書事，各加班劍六十人。永昌初，遷太尉，領太子太保。未拜，薨，年六十五。謚曰元。子奕嗣。

奕字玄欣。少拜太子舍人、駙馬都尉，侍講東宮。出爲鎭東參軍，行揚武將軍、新汲令。愍帝爲皇太子，召爲中舍人，尋拜散騎侍郎，皆不就。隨父渡江。元帝踐阼，拜中庶子，遷給事黃門郎。父憂去職，服闋，補散騎常侍、侍中。

時將繕宮城，尚書符下陳留王，使出城夫。奕駁曰：「昔虞賓在位，書稱其美；詩詠有客，載在雅頌。今陳留王位在三公之上，坐在太子之右，故答表曰書，賜物曰與。此古今之所崇，體國之高義也。謂宜除夫役。」時尚書張闓、僕射孔愉難奕，以爲：「昔宋不城周，陽秋所譏。特蠲非體，宜應減夫。」奕重駁，以爲：「陽秋之末，文武之道將墜于地，新有子朝之亂，于時諸侯逋替，莫肯率職。宋之于周，實有列國之權。且同已勤王而主之者晉，客而辭役，責之可也。今之陳留，無列國之勢，此之作否，何益有無！臣以爲宜除，於國職爲全。」詔從之。

時又通議元會日帝應敬司徒王導不。博士郭熙、杜援等以爲禮無拜臣之文，謂宜除敬。侍中馮懷議曰：「天子修禮，莫盛於辟雍。當爾之日，猶拜三老，況今先帝師傅。謂宜盡敬。」事下門下，奕議曰：「三朝之首，宜明君臣之體，則不應敬。若他日小會，自可盡禮。又至尊與公書手詔則曰『頓首言』，中書爲詔則云『敬問』，散騎優册則曰『制命』。今詔文尚異，況大會之與小會，理豈得同！」詔從之。

咸和七年卒，追贈太僕，謚曰定。

馮紞

馮紞字少冑，安平人也。祖浮，魏司隸校尉。父員，汲郡太守。紞少博涉經史，識悟機辯。歷仕爲魏郡太守，轉步兵校尉，徙越騎。得幸於武帝，稍遷左衞將軍。承顏悅色，寵愛日隆，賈充、荀勖並與之親善。充女之爲皇太子妃也，紞有力焉。及妃之將廢，紞、勖乾沒救請，故得不廢。伐吳之役，紞領汝南太守，以郡兵隨王濬入秣陵。遷御史中丞，轉侍中。

帝病篤得愈，紞與勖見朝野之望，屬在齊王攸。攸素薄勖。勖以太子愚劣，恐攸得立，有害於己，乃使紞言於帝曰：「陛下前者疾若不差，太子其廢矣。齊王爲百姓所歸，公卿所仰，雖欲高讓，其得免乎！宜遣還藩，以安社稷。」帝納之。及攸薨，朝野悲恨。初，帝友于之情甚篤，既納紞、勖邪說，遂爲身後之慮，以固儲位。既聞攸殞，哀慟特深。紞侍立，因言曰：「齊王名過於實，今得自終，此乃大晉之福。陛下何乃過哀！」帝收淚而止。

初謀伐吳，紞與賈充、荀勖同共苦諫不可。吳平，紞內懷慚懼，疾張華如讎。及華外鎮，威德大著，朝論當徵爲尚書令。紞從容侍帝，論晉魏故事，因諷帝，言華不可授以重任，帝默然而止。事具華傳。

太康七年，紞疾，詔以紞爲散騎常侍，賜錢二十萬、牀帳一具。尋卒。二子：播、熊。播，大長秋。熊字文羆，中書郎。紞兄恢，自有傳。〔六〕

史臣曰：夫立身之道，曰仁與義。動靜既形，悔吝斯及。有莘之媵，殊北門之情；渭濱之叟，匪西山之節。湯武有以濟其功，夏殷不能譏其志。王沈才經文武，早尸人爵，在魏參席上之珍，居晉爲幄中之士，桐宮之謀遽泄，武闈之禍遂臻。是知田光之口，豈燕丹之可絕；豫讓之形，非智氏之能變。動靜之際，有據蒺藜，仁義之方，求之彌遠矣。彭祖謁由捧雉，孕本貿絲，因家乏主，遂登顯秩。擁北州之士馬，偶東京之糜沸，自可感召諸侯，宣力王室。而乘間伺隙，潛圖不軌，放肆獯虜，遷播乘輿。遂使漳滏蕭然，黎元塗地。縱貪夫於藏戶，戮高士於燕垂，阻越石之內難，邀世龍之外府。惡稔毒痡，坐致焚燎，假手仇敵，方申凶獷，慶封之戮，慢駡何補哉！公曾，慈明之孫；景倩，文若之子，踐隆堂而高視，齊逸軌而長鶩。孝敬足以承親，周愼足以事主，刊姬公之舊典，採蕭相之遺法。然而援朱均以貳極，煽褒閻而偶震。雖廢興有在，隆替靡常，稽之人事，乃二荀之力也。至於斗粟興謠，踰里成詠，勖之階禍，又已甚焉。馮紞外騁戚施，內窮狙詐，斃攸安賈，交勖讎張，心滔楚費，過踰晉伍。爰絲獻壽，空取慰於仁心，紞之陳說，幸收哀於迷慮，投畀之罰無聞，青蠅之詩不作矣。

贊曰：處道文林，胡貳爾心？彭祖凶孽，自貽伊慼。臨淮翼翼，孝形于色。安陽英英，匪懈其職。傾齊附魯，是爲螫賊。紞之不臧，交亂罔極。

校勘記

〔一〕司空昶 「司空」，各本作「司徒」，今從宋本。魏志王昶傳、通志一二一下亦並作「司空」。

〔二〕中書令李絙 斠注：閻鼎傳作「李晅」。按：愍紀作「中書郎李昕」。

〔三〕北海太守搏 通鑑八八「搏」作「摶」。

〔四〕時以正德大豫雅頌未合 「大豫」原作「大序」。周校：「大序」當作「大豫」，「豫」一省作「予」，由此誤。按：周說是，今據改。

〔五〕晉後書十五篇 斠注：隋志、舊唐志並作晉後略記，新唐志作晉後略，均五卷。宋志作晉略九卷。

〔六〕兄恢自有傳 勞校：今本晉書無恢傳。

晉書卷四十

列傳第十

賈充 孫謐 充弟混 族子模 郭彰

賈充字公閭，平陽襄陵人也。父逵，魏豫州刺史、陽里亭侯。逵晚始生充，言後當有充閭之慶，故以爲名字焉。

充少孤，居喪以孝聞。襲父爵爲侯。拜尚書郎，典定科令，兼度支考課。辯章節度，事皆施用。累遷黃門侍郎、汲郡典農中郎將。參大將軍軍事，從景帝討毌丘儉、文欽於樂嘉。帝疾篤，還許昌，留充監諸軍事，以勞增邑三百五十戶。

後爲文帝大將軍司馬，轉右長史。帝新執朝權，恐方鎮有異議，使充詣諸葛誕，圖欲伐吳，陰察其變。充既論說時事，因謂誕曰：「天下皆願禪代，君以爲如何？」誕厲聲曰：「卿非賈豫州子乎，世受魏恩，豈可欲以社稷輸人乎！若洛中有難，吾當死之。」充默然。及還，白

帝曰：「誕再在揚州，威名夙著，能得人死力。觀其規略，爲反必也。今徵之，反速而事小；不徵，事遲而禍大。」帝乃徵誕爲司空，而誕果叛。復從征誕，充進計曰：「楚兵輕而銳，若深溝高壘以逼賊城，可不戰而克也。」帝從之。城陷，帝登壘以勞充。帝先歸洛陽，使充統後事。進爵宣陽鄉侯，增邑千戶。遷廷尉，充雅長法理，有平反之稱。

轉中護軍，高貴鄉公之攻相府也，充率衆距戰於南闕。軍將敗，騎督成倅弟太子舍人濟謂充曰：「今日之事如何？」充曰：「公等養汝，〔一〕正擬今日，復何疑！」濟於是抽戈犯蹕。及常道鄉公即位，進封安陽鄉侯，增邑千二百戶，統城外諸軍，加散騎常侍。

鍾會謀反於蜀，帝假充節，以本官都督關中、隴右諸軍事，西據漢中，未至而會死。時軍國多事，朝廷機密，皆與籌之。帝甚信重充，與裴秀、王沈、羊祜、荀勖同受腹心之任。帝又命充定法律。假金章，賜甲第一區。五等初建，封臨沂侯，爲晉元勳，深見寵異，祿賜常優於羣官。

充有刀筆才，能觀察上旨。初，文帝以景帝恢贊王業，方傳位於舞陽侯攸。充稱武帝寬仁，且又居長，有人君之德，宜奉社稷。及文帝寢疾，武帝請問後事。文帝曰：「知汝者賈公閭也。」帝襲王位，拜充晉國衞將軍、儀同三司、給事中，改封臨潁侯。及受禪，充以建明大命，轉車騎將軍、散騎常侍、尚書僕射，更封魯郡公，母柳氏爲魯國太夫人。

充所定新律既班于天下，百姓便之。詔曰：「漢氏以來，法令嚴峻。故自元成之世，及建安、嘉平之間，咸欲辯章舊典，删革刑書。述作體大，歷年無成。先帝愍元元之命陷於密網，親發德音，釐正名實。車騎將軍賈充，奬明聖意，諮詢善道。太傅鄭沖，又與司空荀顗、中書監荀勖、中軍將軍羊祜、中護軍王業，及廷尉杜友、守河南尹杜預、散騎侍郎裴楷、潁川太守周雄、齊相郭頎、騎都尉成公綏荀煇、〔二〕尚書郎柳軌等，典正其事。朕每鑒其用心，常慨然嘉之。今法律既成，始班天下，刑寬禁簡，足以克當先旨。昔蕭何以定律受封，叔孫通以制儀爲奉常，賜金五百斤，弟子皆爲郎。夫立功立事，古之所重。自太傅、車騎以下，皆加祿賞，其詳依故典。」於是賜充子弟一人關內侯，絹五百匹。固讓，不許。

後代裴秀爲尚書令，常侍、車騎將軍如故。尋改常侍爲侍中，賜絹七百匹。以母憂去職，詔遣黃門侍郎慰問。又以東南有事，遣典軍將軍楊囂宣諭，使六旬還內。

充爲政，務農節用，幷官省職，帝善之。又以文武異容，求罷所領兵。及羊祜等出鎮，充復上表欲立勳邊境，帝並不許。從容任職，褒貶在己，頗好進士，每有所薦達，必終始經緯之，是以士多歸焉。帝舅王恂嘗毀充，而充更進恂。或有背充以要權貴者，充皆陽以素意待之。而充無公方之操，不能正身率下，專以諂媚取容。

侍中任愷、中書令庾純等剛直守正，咸共疾之。又以充女爲齊王妃，懼後益盛。及氐

羌反叛，時帝深以爲慮，愷因進說，請充鎮關中。乃下詔曰：「秦涼二境，比年屢敗，胡虜縱暴，百姓荼毒。遂使異類扇動，害及中州。雖復吳蜀之寇，未嘗至此。誠由所任不足以內撫夷夏，外鎮醜逆，輕用其衆而不能盡其力。非得腹心之重，推轂委成，大臣其弊，恐爲患未已。每慮斯難，忘寢與食。侍中、守尚書令、車騎將軍賈充，雅量弘高，達見明遠，武有折衝之威，文懷經國之慮，信結人心，名震域外。使權統方任，綏靜西夏，則吾無西顧之念，而遠近獲安矣。其以充爲使持節、都督秦涼二州諸軍事，侍中、車騎將軍如故，假羽葆、鼓吹，給第一駙馬。」朝之賢良欲進忠規獻替者，皆幸充此舉，望隆惟新之化。

充既外出，自以爲失職，深銜任愷，計無所從。將之鎮，百僚餞于夕陽亭，荀勖私焉。充以憂告，勖曰：「公，國之宰輔，而爲一夫所制，不亦鄙乎！然是行也，辭之實難。獨有結婚太子，不頓駕而自留矣。」充曰：「然。孰可寄懷？」對曰：「勖請言之。」俄而侍宴，論太子婚姻事，勖因言充女才質令淑，宜配儲宮。而楊皇后及荀顗亦並稱之。帝納其言。會京師大雪，平地二尺，軍不得發。既而皇儲當婚，遂不西行。詔充居本職。先是羊祜密啓留充，及是，帝以語充。充謝祜曰：「始知君長者。」

時吳將孫秀降，拜爲驃騎大將軍。帝以充舊臣，欲改班，使車騎居驃騎之右。充固讓，見聽。尋遷司空，侍中、尚書令、領兵如故。

會帝寢疾，充及齊王攸、荀勖參醫藥。及疾愈，賜絹各五百匹。初，帝疾篤，朝廷屬意於攸。河南尹夏侯和謂充曰：「卿二女壻，親疏等耳，立人當立德。」充不答。及是，帝聞之，徙和光祿勳，乃奪充兵權，而位遇無替。尋轉太尉、行太子太保、錄尚書事。咸寧三年，日蝕於三朝，充請遜位，不許。更以沛國之公丘益其封，寵倖愈甚，朝臣咸側目焉。

河南尹王恂上言：「弘訓太后入廟，合食於景皇帝，齊王攸不得行其子禮。」充議以爲：「禮，諸侯不得祖天子，公子不得禰先君，皆謂奉統承祀，非謂不得復其父祖也。攸身宜服三年喪事，自如臣制。」有司奏：「若如充議，服子服，行臣制，未有前比。宜如恂表，攸喪服從諸侯之例。」帝從充議。

伐吳之役，詔充爲使持節、假黃鉞、大都督，總統六師，給羽葆、鼓吹、緹幢、兵萬人、騎二千，置左右長史、司馬、從事中郎，增參軍、騎司馬各十人，帳下司馬二十人，大車、官騎各三十人。充慮大功不捷，表陳「西有昆夷之患，北有幽并之戍，天下勞擾，年穀不登，興軍致討，懼非其時。又臣老邁，非所克堪」。詔曰：「君不行，吾便自出。」充不得已，乃受節鉞，將中軍，爲諸軍節度，以冠軍將軍楊濟爲副，南屯襄陽。吳江陵諸守皆降，充乃徙屯項。

王濬之克武昌也，充遣使表曰：「吳未可悉定，方夏，江淮下溼，疾疫必起，宜召諸軍，以爲後圖。雖腰斬張華，不足以謝天下。」華豫平吳之策，故充以爲言。中書監荀勖奏，宜如

充表。帝不從。杜預聞充有奏，馳表固爭，言平在旦夕。使及至轘轅，而孫晧已降。吳平，軍罷。帝遣侍中程咸犒勞，賜充帛八千匹，增邑八千戶；分封從孫暢新城亭侯，蓋安陽亭侯，弟陽里亭侯混、從孫關內侯衆增戶邑。充本無南伐之謀，固諫不見用。及師出而吳平，大慚懼，議欲請罪。帝聞充當詣闕，豫幸東堂以待之。罷節鉞、僚佐，仍假鼓吹、麾幢。充與羣臣上告成之禮，請有司具其事。帝謙讓不許。

及疾篤，上印綬遜位。帝遣侍臣諭旨問疾，殿中太醫致湯藥，賜牀帳錢帛，自皇太子宗室躬省起居。太康三年四月薨，時年六十六。帝爲之慟，使使持節、太常奉策追贈太宰，加袞冕之服、綠綟綬、御劍，賜東園祕器、朝服一具、衣一襲，大鴻臚護喪事，假節鉞、前後部羽葆、鼓吹、緹麾，大路、鑾路、轀輬車、帳下司馬大車，椎斧文衣武賁、輕車介士。葬禮依霍光及安平獻王故事，給塋田一頃。與石苞等爲王功配饗廟庭，謚曰武。追贈充子黎民爲魯殤公。

充婦廣城君郭槐，性妬忌。初，黎民年三歲，乳母抱之當閤。黎民見充入，喜笑，充就而拊之。槐望見，謂充私乳母，卽鞭殺之。黎民戀念，發病而死。後又生男，過朞，復爲乳母所抱，充以手摩其頭。郭疑乳母，又殺之，兒亦思慕而死。充遂無胤嗣。

及薨，槐輒以外孫韓謐爲黎民子，奉充後。郎中令韓咸、中尉曹軫諫槐曰：「禮，大宗無後，以小宗支子後之，無異姓爲後之文。無令先公懷腆后土，良史書過，豈不痛心。」槐不從。咸等上書求改立嗣，事寢不報。槐遂表陳是充遺意。帝乃詔曰：「太宰、魯公充，崇德立勳，勤勞佐命，背世殂隕，每用悼心。又胤子早終，世嗣未立。古者列國無嗣，取始封支庶，以紹其統，而近代更除其國。至於周之公旦，漢之蕭何，或豫建元子，或封爵元妃，蓋尊顯勳庸，不同常例。太宰素取外孫韓謐爲世子黎民後。吾退而斷之，外孫骨肉至近，推恩計情，合於人心。其以謐爲魯公世孫，以嗣其國。自非功如太宰，始封無後如太宰，所取必以己自出不如太宰，〔三〕皆不得以爲比。」

及下禮官議充謚，博士秦秀議謚曰荒，帝不納。博士段暢希旨，建議謚曰武，帝乃從之。自充薨至葬，賻賜二千萬。惠帝卽位，賈后擅權，加充廟備六佾之樂，母郭爲宜城君。及郭氏亡，謚曰宣，特加殊禮。時人譏之，而莫敢言者。

初，充前妻李氏淑美有才行，生二女褒、裕，褒一名荃，裕一名濬。父豐誅，李氏坐流徙。後娶城陽太守郭配女，卽廣城君也。武帝踐阼，李以大赦得還，帝特詔充置左右夫人，充母亦敕充迎李氏。郭槐怒，攘袂數充曰「刊定律令，爲佐命之功，我有其分。李那得與我並！」充乃答詔，託以謙沖，不敢當兩夫人盛禮，實畏槐也。而荃爲齊王攸妃，欲令充遣郭

而還其母。時沛國劉含母，及帝舅羽林監王虔前妻，皆毌丘儉孫女。此例既多，質之禮官，俱不能決。雖不遣後妻，多異居私通。充自以宰相爲海內準則，乃爲李築室於永年里而不往來。荃、濬每號泣請充，充竟不往。會充當鎭關右，公卿供帳祖道，荃、濬懼充遂去，乃排幔出於坐中，叩頭流血，向充及羣僚陳母應還之意。衆以荃王妃，皆驚起而散。充甚愧愕，遣黃門將宮人扶去。既而郭槐女爲皇太子妃，帝乃下詔斷如李比皆不得還，後荃恚憤而薨。

初，槐欲省李氏，充曰：「彼有才氣，卿往不如不往。」及女爲妃，槐乃盛威儀而去。既入戶，李氏出迎，槐不覺腳屈，因遂再拜。自是充每出行，槐輒使人尋之，恐其過李也。初，充母柳見古今重節義，竟不知充與成濟事，以濟不忠，數追罵之。侍者聞之，無不竊笑。及將亡，充問所欲言，柳曰：「我教汝迎李新婦尚不肯，安問他事！」遂無言。及充薨後，李氏二女乃欲令其母祔葬，〔四〕賈后弗之許也。及后廢，李氏乃得合葬。李氏作女訓行於世。

謐字長深。〔五〕母賈午，充少女也。父韓壽，字德真，南陽堵陽人，魏司徒暨曾孫。美姿貌，善容止，賈充辟爲司空掾。充每讌賓僚，其女輒於青璅中窺之，見壽而悅焉。問其左右識此人不，有一婢說壽姓字，云是故主人。女大感想，發於寤寐。婢後往壽家，具說女意，

中華書局

并言其女光麗豔逸，端美絕倫。壽聞而心動，便令爲通殷勤。婢以白女，女遂潛脩音好，厚相贈結，呼壽夕入。壽勁捷過人，踰垣而至，家中莫知，惟充覺其女悅暢異於常日。時西域有貢奇香，一著人則經月不歇，帝甚貴之，惟以賜充及大司馬陳騫。其女密盜以遺壽，充僚屬與壽燕處，聞其芬馥，稱之於充。自是充意知女與壽通，而其門閤嚴峻，不知所由得入。乃夜中陽驚，託言有盜，因使循牆以觀其變。左右白曰：「無餘異，惟東北角如狐狸行處。」充乃考問女之左右，具以狀對。充祕之，遂以女妻壽。壽官至散騎常侍、河南尹。元康初卒，贈驃騎將軍。

謐好學，有才思。既爲充嗣，繼佐命之後，又賈后專恣，謐權過人主，至乃鏁繫黃門侍郎，其爲威福如此。負其驕寵，奢侈踰度，室宇崇僭，器服珍麗，歌僮舞女，選極一時。開閤延賓，海內輻湊，貴游豪戚及浮競之徒，莫不盡禮事之。或著文章稱美謐，以方賈誼。渤海石崇歐陽建、滎陽潘岳、吳國陸機陸雲、蘭陵繆徵、〔六〕京兆杜斌摯虞、琅邪諸葛詮、〔七〕弘農王粹、襄城杜育、南陽鄒捷、齊國左思、清河崔基、沛國劉瓌、汝南和郁周恢、安平牽秀、〔八〕潁川陳眕、太原郭彰、高陽許猛、彭城劉訥、中山劉輿劉琨皆傅會於謐，號曰二十四友，其餘不得預焉。

歷位散騎常侍、後軍將軍。廣城君薨，去職。喪未終，起爲祕書監，掌國史。先是，朝

廷議立晉書限斷，中書監荀勖謂宜以魏正始起年，著作郎王瓚欲引嘉平已下朝臣盡入晉史，于時依違未有所決。惠帝立，更使議之。謐上議，請從泰始爲斷。於是事下三府，司徒王戎、司空張華、領軍將軍王衍、侍中樂廣、黃門侍郎嵇紹、國子博士謝衡皆從謐議。騎都尉濟北侯荀畯、侍中荀藩、黃門侍郎華混以爲宜用正始開元。博士荀熙、刁協謂宜嘉平起年。謐重執奏戎、華之議，事遂施行。

尋轉侍中，領祕書監如故。謐時從帝幸宣武觀校獵，諷尚書於會中召謐受拜，誡左右勿使人知，於是衆疑其有異志矣。謐既親貴，數入二宮，共愍懷太子遊處，無屈降心。常與太子弈棊爭道，成都王穎在坐，正色曰：「皇太子，國之儲君，賈謐何得無禮！」謐懼，言之於后，遂出穎爲平北將軍，鎮鄴。

及爲常侍，侍講東宮，太子意有不悅，謐患之。而其家數有妖異，飄風吹其朝服飛上數百丈，墜於中丞臺，又蛇出其被中，夜暴雷震其室，柱陷入地，壓毀牀帳，謐益恐。及遷侍中，專掌禁內，遂與后成謀，誣陷太子。及趙王倫廢后，以詔召謐於殿前，將戮之。走入西鍾下，呼曰：「阿后救我！」乃就斬之。韓壽少弟蔚有器望，及壽兄鞏令保、弟散騎侍郎預、吳王友鑒、謐母賈午皆伏誅。

初，充伐吳時，嘗屯項城，軍中忽失充所在。充帳下都督周勤時晝寢，夢見百餘人錄充，引入一逕。勤驚覺，聞失充，乃出尋索，忽覩所夢之道，遂往求之。果見充行至一府舍，侍衞甚盛。府公南面坐，聲色甚厲，謂充曰：「將亂吾家事，必爾與荀勖，既惑吾子，又亂吾孫。間使任愷黜汝而不去，又使庾純詈汝而不改。今吳寇當平，汝方表斬張華。汝之闇戇，皆此類也。若不悛慎，當旦夕加罪。」充因叩頭流血。公曰：「汝所以延日月而名器如此者，是衞府之勳耳。終當使係嗣死於鍾虡之間，大子斃於金酒之中，小子困於枯木之下。荀勖亦宜同，然其先德小濃，故在汝後，數世之外，國嗣亦替。」言畢，命去。充忽然得還營，顏色憔悴，性理昏喪，經日乃復。及是，謐死於鍾下，賈后服金酒而死，賈午考竟用大杖，終皆如所言。

趙王倫之敗，朝廷追述充勳，議立其後。欲以充從孫散騎侍郎衆爲嗣，衆陽狂自免。以子禿後充，封魯公，又病死。永興中，立充從曾孫湛爲魯公，奉充後，遭亂死，國除。泰始中，人爲充等謠曰：「賈、裴、王，亂紀綱。王、裴、賈，濟天下。」言亡魏而成晉也。

充弟混字宮奇，篤厚自守，無殊才能。太康中，爲宗正卿。歷鎮軍將軍，領城門校尉，加侍中，封永平侯。卒，贈中軍大將軍、儀同三司。

充從子彝、遵並有鑒裁，俱爲黃門郎。遵弟模最知名。

模字思範，少有志尚。頗覽載籍，而沈深有智算，確然難奪。深爲充所信愛，每事籌之焉。充年衰疾劇，恒憂己謚傳，模曰：「是非久自見，不可掩也。」

起家爲邵陵令，遂歷事二宮尚書吏部郎，以公事免，起爲車騎司馬。豫誅楊駿，封平陽鄉侯，邑千戶。及楚王瑋矯詔害汝南王亮、太保衞瓘，詔使模將中騶二百人救之。

是時賈后既豫朝政，欲委信親黨，拜模散騎常侍，二日擢爲侍中。模乃盡心匡弼，推張華、裴頠同心輔政。數年之中，朝野寧靜，模之力也。乃加授光祿大夫。然模潛執權勢，外形欲遠之，每有啓奏賈后事，入輒取急，或託疾以避之。至於素有嫌忿，多所中陷，朝廷甚憚之。加貪冒聚斂，富擬王公。但賈后性甚强暴，模每盡言爲陳禍福，后不能從，反謂模毀己。於是委任之情日衰，而讒間之徒遂進。模不得志，憂憤成疾。卒，追贈車騎將軍、開府儀同三司，謚曰成。子遊字彥將嗣，歷官太子侍講、員外散騎侍郎。

郭彰字叔武，太原人，賈后從舅也。與賈充素相親遇，充妻待彰若同生。歷散騎常侍、尚書、衞將軍，封冠軍縣侯。及賈后專朝，彰豫參權勢，物情歸附，賓客盈門。世人稱爲「賈郭」，謂謐及彰也。卒，謚曰烈。

楊駿 弟珧 濟

楊駿字文長，弘農華陰人也。少以王官爲高陸令、驍騎、鎭軍二府司馬。後以后父超居重位，自鎭軍將軍遷車騎將軍，封臨晉侯。識者議之曰：「夫封建諸侯，所以藩屏王室也。后妃，所以供粢盛，弘內教也。后父始封而以臨晉爲侯，兆於亂矣。」尚書褚䂮、郭奕並表駿小器，不可以任社稷之重。武帝不從。帝自太康以後，天下無事，不復留心萬機，惟耽酒色，始寵后黨，請謁公行。而駿及珧、濟勢傾天下，時人有「三楊」之號。

及帝疾篤，未有顧命，佐命功臣，皆已沒矣，朝臣惶惑，計無所從。而駿盡斥羣公，親侍左右，因輒改易公卿，樹其心腹。會帝小間，見所用者非，乃正色謂駿曰：「何得便爾！」乃詔中書，以汝南王亮與駿夾輔王室。駿恐失權寵，從中書借詔觀之，得便藏匿。中書監華廙恐懼，自往索之，終不肯與。信宿之間，上疾遂篤，后乃奏帝以駿輔政，帝頷之。便召中書監華廙、令何劭，口宣帝旨使作遺詔，曰：「昔伊望作佐，勳垂不朽；周霍拜命，名冠往代。侍中、車騎將軍、行太子太保、領前將軍楊駿，經德履喆，鑒識明遠，毗翼二宮，忠肅茂著，宜正位上台，擬跡阿衡。其以駿爲太尉、太子太傅、假節、都督中外諸軍事，侍中、錄尚書、領前將軍如故。置參軍六人、步兵三千人、騎千人，移止前衞將軍珧故府。若止宿殿中宜有翼

衞，其差左右衞三部司馬各二十人、殿中都尉司馬十人給駿，令得持兵仗出入。」詔成，后對廙、劭以呈帝，帝親視而無言。自是二日而崩，駿遂當寄託之重，居太極殿。梓宮將殯，六宮出辭，而駿不下殿，以武賁百人自衞。不恭之迹，自此而始。

惠帝卽位，進駿爲太傅、大都督、假黃鉞，錄朝政，百官總己。慮左右間己，乃以其甥段廣、張劭爲近侍之職。凡有詔命，帝省訖，入呈太后，然後乃出。駿知賈后情性難制，甚畏憚之。又多樹親黨，皆領禁兵。於是公室怨望，天下憤然矣。駿弟珧、濟並有儁才，數相諫止，駿不能用，因廢於家。駿闇於古義，動違舊典。武帝崩未踰年而改元，議者咸以爲違春秋踰年書卽位之義。朝廷惜於前失，令史官沒之，故明年正月復改年焉。

駿自知素無美望，懼不能輯和遠近，乃依魏明帝卽位故事，遂大開封賞，欲以悅衆。爲政嚴碎，愎諫自用，不允衆心。馮翊太守孫楚素與駿厚，說之曰：「公以外戚，居伊霍之重，握大權，輔弱主，當仰思古人至公至誠謙順之道。於周則周召爲宰，在漢則朱虛、東牟，未有庶姓專朝，而克終慶祚者也。今宗室親重，藩王方壯，而公不與共參萬機，內懷猜忌，外樹私昵，禍至無日矣。」駿不能從。弘訓少府蒯欽，駿之姑子，少而相昵，直亮不回，屢以正言犯駿，珧、濟爲之寒心。欽曰：「楊文長雖闇，猶知人之無罪不可妄殺，必當疏我。我得疏外，可以不與俱死。不然，傾宗覆族，其能久乎！」

殿中中郎孟觀、李肇，素不爲駿所禮，陰搆駿將圖社稷。賈后欲預政事，而憚駿未得逞其所欲，又不肯以婦道事皇太后。黃門董猛，始自帝之爲太子卽爲寺人監，在東宮給事於賈后。后密通消息於猛，謀廢太后。猛乃與肇、觀潛相結託。賈后又令肇報大司馬、汝南王亮，使連兵討駿。亮曰：「駿之凶暴，死亡無日，不足憂也。」肇報楚王瑋，瑋然之，於是求入朝。駿素憚瑋，先欲召入，防其爲變，因遂聽之。

及瑋至，觀、肇乃啓帝，夜作詔，中外戒嚴，遣使奉詔廢駿，以侯就第。東安公繇率殿中四百人隨其後以討駿。段廣跪而言於帝曰：「楊駿受恩先帝，竭心輔政。且孤公無子，豈有反理？願陛下審之。」帝不答。

時駿居曹爽故府，在武庫南，聞內有變，召衆官議之。太傅主簿朱振說駿曰：「今內有變，其趣可知，必是閹豎爲賈后設謀，不利於公。宜燒雲龍門以示威，索造事者首，開萬春門，引東宮及外營兵，公自擁翼皇太子，入宮取姦人。殿內震懼，必斬送之，可以免難。」駿素怯懦，不決，乃曰：「魏明帝造此大功，奈何燒之！」侍中傅祗夜白駿，請與武茂俱入雲龍門觀察事勢。祗因謂羣僚「宮中不宜空」，便起揖，於是皆走。

尋而殿中兵出，燒駿府，又令弩士於閣上臨駿府而射之，駿兵皆不得出。駿逃于馬廐，以戟殺之。觀等受賈后密旨，誅駿親黨，皆夷三族，死者數千人。又令李肇焚駿家私書，賈

后不欲令武帝顧命手詔聞于四海也。〔九〕駿既誅，莫敢收者，惟太傅舍人巴西閻纂殯斂之。

初，駿徵高士孫登，遺以布被。登截被於門，大呼曰：「斫斫刺刺。」旬日託疾詐死，及是，其言果驗。永熙中，溫縣有人如狂，造書曰：「光光文長，大戟爲牆。毒藥雖行，戟還自傷。」及駿居內府，以戟爲衞焉。

永寧初，詔曰：「舅氏失道，宗族隕墜，渭陽之思，孔懷感傷。其以蓩亭侯楊超爲奉朝請、騎都尉，以慰蓼莪之思焉。」

珧字文琚，歷位尚書令、衞將軍。素有名稱，得幸於武帝，時望在駿前。以兄貴盛，知權寵不可居，自乞遜位，前後懇至，終不獲許。初，聘后，珧表曰：「歷觀古今，一族二后，未嘗以全，而受覆宗之禍。乞以表事藏之宗廟，若如臣之言，得以免禍。」從之。右軍督趙休上書陳：「王莽五公，兄弟相代。今楊氏三公，並在大位，而天變屢見，臣竊爲陛下憂之。」由此珧益懼，固求遜位，聽之，賜錢百萬、絹五千匹。

珧初以退讓稱，晚乃合朋黨，搆出齊王攸。中護軍羊琇與北軍中候成粲謀欲因見珧而手刃之。珧知而辭疾不出，諷有司奏琇，轉爲太僕。自是舉朝莫敢枝梧，而素論盡矣。珧臨刑稱寃，云：「事在石函，可問張華。」當時皆謂宜爲申理，合依鍾毓事例。〔一〇〕而賈氏族黨

待諸楊如讎，促行刑者遂斬之，時人莫不嗟歎焉。

濟字文通，歷位鎮南、征北將軍，遷太子太傅。濟有才藝，嘗從武帝校獵北芒下，與侍中王濟俱著布袴褶，騎馬執角弓在輦前。猛獸突出，帝命王濟射之，應弦而倒。須臾復一出，濟受詔又射殺之，六軍大叫稱快。帝重兵官，多授貴戚清望，濟以武藝號爲稱職。與兄珧深慮盛滿，乃與諸甥李斌等共切諫。駿斥出王佑爲河東太守，建立皇儲，皆濟謀也。

初，駿忌大司馬汝南王亮，催使之藩。濟與斌數諫止之，駿遂疏濟。濟謂傅咸曰：「若家兄徵大司馬入，退身避之，門戶可得免耳。不爾，行當赤族。」咸曰：「但徵還，共崇至公，便立太平，無爲避也。夫人臣不可有專，豈獨外戚！今宗室疏，因外戚之親以得安，外戚危，倚宗室之重以爲援，所謂脣齒相依，計之善者。」濟益懼而問石崇曰：「人心云何？」崇曰：「賢兄執政，疏外宗室，宜與四海共之。」濟曰：「見兄，可及此。」崇見駿，及焉，駿不納。

後與諸兄俱見害。難發之夕，東宮召濟。濟謂裴楷曰：「吾將何之？」楷曰：「子爲保傅，當至東宮。」濟好施，久典兵馬，所從四百餘人皆秦中壯士，射則命中，皆欲救濟。濟已入宮，莫不歎恨。

史臣曰：賈充以諂諛陋質，刀筆常材，幸屬昌辰，濫叨非據。抽戈犯順，曾無猜憚之心，杖鉞推亡，遽有知難之請，非惟魏朝之悖逆，抑亦晉室之罪人者歟！然猶身極寵光，任兼文武，存荷台衡之寄，沒有從享之榮，可謂無德而祿，殃將及矣。逮乎貽厥，乃乞丐之徒，嗣惡稔之餘基，縱姦邪之凶德。煽茲哲婦，索彼惟家，雖及誅夷，曷云塞責。昔當塗闕翦，公閭實肆其勞，典午分崩，南風亦盡其力，可謂「君以此始，必以此終」，信乎其然矣。楊駿階緣寵幸，遂荷棟梁之任，敬之猶恐弗逮，驕奢淫泆，庸可免乎？括母以明智全身，會昆以先言獲宥，文琚識同曩烈，而罰異昔人，悲夫！

贊曰：公閭便佞，心乖雅正。邀遇時來，遂階榮命。乞丐承緒，凶家亂政。瑣瑣文長，遂居棟梁。據非其位，乃底滅亡。珧雖先覺，亦罹禍殃。

校勘記

〔一〕公等養汝　當作「公養汝等」。魏志高貴鄉公紀注引漢晉春秋作「畜養汝等」、干寶晉紀作「公畜養汝等」，並可證。

〔二〕荀煇　刑法志載定新律者十四人，無荀煇；御覽六三七引、册府六一〇亦無此人。魏志荀彧傳注引荀氏家傳煇曾與充定音律。

〔三〕所取必以己自出不如太宰　「不」字疑衍。「所取必以己自出」者，謂立謐出自充意，卽上文「太宰素取外孫韓謐爲世子黎民後」也。秦秀傳正無「不」字可證。

〔四〕李氏二女　各本「氏」誤作「郭」，今從殿本。

〔五〕長深　斠注：書鈔五七、文選答賈長淵詩注引王隱晉書均作「長淵」，唐諱「淵」改「深」。

〔六〕繆徵　斠注：張軌傳有祕書監繆世徵，唐諱「世」，故但稱「繆徵」。

〔七〕諸葛詮　懷紀、諸葛夫人傳「詮」並作「銓」。

〔八〕牽秀　原作「索秀」，據牽秀傳、通鑑八二、册府九四五改。

〔九〕閻纂　本傳「纂」作「纘」，見卷四八校記。

〔一〇〕合依鍾毓事例　「毓」，各本作「繇」，今依宋本。本書音義、通志一二一下、通鑑八二均作「毓」。鍾毓事見魏志本傳。

晉書卷四十一

列傳第十一

魏舒

魏舒字陽元，任城樊人也。少孤，爲外家甯氏所養。甯氏起宅，相宅者云：「當出貴甥。」外祖母以魏氏甥小而慧，意謂應之。舒曰：「當爲外氏成此宅相。」久乃別居。身長八尺二寸，姿望秀偉，飲酒石餘，而遲鈍質朴，不爲鄉親所重。從叔父吏部郎衡，有名當世，亦不之知，使守水碓，每歎曰：「舒堪數百戶長，我願畢矣！」舒亦不以介意。不修常人之節，不爲皎厲之事，每欲容才長物，終不顯人之短。性好騎射，著韋衣，入山澤，以漁獵爲事。唯太原王乂謂舒曰：「卿終當爲台輔，然今未能令妻子免飢寒，吾當助卿營之。」常振其匱乏，舒受而不辭。

舒嘗詣野王，主人妻夜產，俄而聞車馬之聲，相問曰：「男也，女也？」曰：「男，書之，十五

以兵死。」復問：「寢者爲誰？」曰：「魏公舒。」後十五載，詣主人，問所生兒何在，曰：「因條桑爲斧傷而死。」舒自知當爲公矣。

年四十餘，郡上計掾察孝廉。宗黨以舒無學業，勸令不就，可以爲高耳。舒曰：「若試而不中，其負在我，安可虛竊不就之高以爲己榮乎！」於是自課，百日習一經，因而對策升第。除澠池長，遷浚儀令，入爲尚書郎。時欲沙汰郎官，非其才者罷之。舒曰：「吾即其人也。」襆被而出。同僚素無清論者咸有愧色，談者稱之。

累遷後將軍鍾毓長史，毓每與參佐射，舒常爲畫籌而已。後遇朋人不足，以舒滿數。毓初不知其善射。舒容範閑雅，發無不中，舉坐愕然，莫有敵者。毓歎而謝曰：「吾之不足以盡卿才，有如此射矣，豈一事哉！」

轉相國參軍，封劇陽子。府朝碎務，未嘗見是非，至於廢興大事，衆人莫能斷者，舒徐爲籌之，多出衆議之表。文帝深器重之，每朝會坐罷，目送之曰：「魏舒堂堂，人之領袖也。」遷宜陽、滎陽二郡太守，甚有聲稱。徵拜散騎常侍。出爲冀州刺史，在州三年，以簡惠稱。入爲侍中。武帝以舒清素，特賜絹百匹。遷尚書，以公事當免官，詔以贖論。舒三娶妻皆亡，是歲自表乞假還本郡葬妻，詔賜葬地一頃，錢五十萬。

太康初，拜右僕射。舒與衞瓘、山濤、張華等以六合混一，宜用古典封禪東嶽，前後累陳其事，帝謙讓不許。以舒爲左僕射，領吏部。舒上言：「今選六宮，聘以玉帛，而舊使御府丞奉聘，宣成嘉禮，贄重使輕。以爲拜三夫人宜使卿，九嬪使五官中郎將，美人、良人使謁者，於典制爲弘。」有詔詳之，衆議異同，遂寢。加右光祿大夫、儀同三司。及山濤薨，以舒領司徒，有頃即眞。舒有威重德望，祿賜散之九族，家無餘財。陳留周震累爲諸府所辟，辟書既下，公輒喪亡，僉號震爲殺公掾，莫有辟者。舒乃命之，而竟無患，識者以此稱其達命。

以年老，每稱疾遜位。中復暫起，署兗州中正，尋又稱疾。尚書左丞郤詵與舒書曰：「公久疾小差，視事是也，唯上所念。何意起訖還臥，曲身迴法，甚失具瞻之望。公少立巍巍，一旦棄之，可不惜哉！」舒稱疾如初。

後以災異遜位，帝不聽。後因正旦朝罷還第，表送章綬。帝手詔敦勉，而舒執意彌固，乃下詔曰：「司徒、劇陽子舒，體道弘粹，思量經遠，忠肅居正，在公盡規。入管銓衡，官人允敍，出贊袞職，敷弘五教。惠訓播流，德聲茂著，可謂朝之俊乂者也。而屢執沖讓，辭旨懇誠，申覽反覆，省用憮然。蓋成人之美，先典所與，難違至情。今聽其所執，以劇陽子就第，位同三司，祿賜如前。几杖不朝，賜錢百萬，牀帳簟褥自副。以舍人四人爲劇陽子舍人，置官騎十人。使光祿勳奉策，主者詳案典禮，令皆如舊制。」於是賜安車駟馬，門施行馬。舒

爲事必先行而後言，遜位之際，莫有知者。時論以爲晉興以來，三公能辭榮善終者，未之有也。司空衞瓘與舒書曰：「每與足下共論此事，日日未果，可謂瞻之在前，忽焉在後矣。」太熙元年薨，時年八十二。帝甚傷悼，賵賻優厚，謚曰康。

子混字延廣，清惠有才行，爲太子舍人。年二十七，先舒卒，朝野咸爲舒悲惜。舒每哀慟，退而歎曰：「吾不及莊生遠矣，豈以無益自損乎！」於是終服不復哭。詔曰：「舒惟一子，薄命短折。舒告老之年，處窮獨之苦，每念怛然，爲之嗟悼。思所以散愁養氣，可更增滋味品物。仍給賜陽燧四望繐窻戶皁輪車牛一乘，庶出入觀望，或足散憂也。」以庶孫融嗣。又早卒，從孫晃嗣。

李憙

李憙字季和，上黨銅鞮人也。父佺，漢大鴻臚。憙少有高行，博學研精，與北海管寧以賢良徵，不行。累辟三府，不就。宣帝復辟憙爲太傅屬，固辭疾，郡縣扶輿上道。時憙母疾篤，乃竊踰泫氏城而徒還，遂遭母喪，論者嘉其志節。後爲幷州別駕，時驍騎將軍秦朗過幷州，州將畢軌敬焉，令乘車至閤。憙固諫以爲不可，軌不得已從之。

景帝輔政，命憙爲大將軍從事中郎，憙到，引見，謂憙曰：「昔先公辟君而君不應，今孤

命君而君至，何也？」對曰：「先君以禮見待，憙得以禮進退。明公以法見繩，憙畏法而至。」帝甚重之。轉司馬，尋拜右長史。從討毌丘儉還，遷御史中丞。當官正色，不憚强禦，百僚震肅焉。薦樂安孫璞，亦以道德顯，時人稱爲知人。尋遷大司馬，〔一〕以公事免。

司馬伷爲寧北將軍，鎭鄴，以憙爲軍司。頃之，除涼州刺史，加揚威將軍、假節，領護羌校尉，綏御華夷，甚有聲績。羌虜犯塞，憙因其隙會，不及啓聞，輒以便宜出軍深入，遂大克獲，以功重免譴，時人比之漢朝馮、甘焉。於是請還，許之。居家月餘，拜冀州刺史，累遷司隸校尉。

及魏帝告禪于晉，憙以本官行司徒事，副太尉鄭沖奉策。泰始初，封祁侯。憙上言：「故立進令劉友、〔二〕前尚書山濤、中山王睦、故尚書僕射武陔各占官三更稻田，請免濤、睦等官。陔已亡，請貶謚。」詔曰：「法者，天下取正，不避親貴，然後行耳，吾豈將枉縱其間哉！然案此事皆是友所作，侵剝百姓，以繆惑朝士。姦吏乃敢作此，其考竟友以懲邪佞。濤等不貳其過者，皆勿有所問。易稱『王臣蹇蹇，匪躬之故』。今憙亢志在公，當官而行，可謂『邦之司直』者矣。光武有云『貴戚且斂手以避二鮑』，豈其然乎！其申敕羣僚，各慎所司，寬宥之恩，不可數遇也。」憙爲二代司隸，朝野稱之。以公事免。

其年，皇太子立，以憙爲太子太傅。自魏明帝以後，久曠東宮，制度廢闕，官司不具，詹

事、左右率、庶子、中舍人諸官並未置，唯置衞率令典兵，二傅幷攝衆事。憙在位累年，訓道盡規。

遷尚書僕射，拜特進、光祿大夫，以年老遜位。詔曰：「光祿大夫、特進李憙，杖德居義，當升台司，毗亮朕躬，而以年尊致仕。雖優游無爲，可以頤神，而虛心之望，能不憮然！其因光祿之號，改假金紫，置官騎十人，賜錢五十萬，祿賜班禮，一如三司，門施行馬。」

初，憙爲僕射時，涼州虜寇邊，憙唱義遣軍討之。朝士謂出兵不易，虜未足爲患，竟不從之。後虜果大縱逸，涼州覆沒，朝廷深悔焉。以憙清素貧儉，賜絹百匹。及齊王攸出鎭，憙上疏諫爭，辭甚懇切。

憙自歷仕，雖淸非異衆，而家無儲積，親舊故人乃至分衣共食，未嘗私以王官。及卒，追贈太保，謚曰成。子贊嗣。

少子儉字仲約，歷左積弩將軍、屯騎校尉。儉子弘字世彥，少有淸節，永嘉末，歷給事黃門侍郎、散騎常侍。

劉寔 弟智

劉寔字子眞，平原高唐人也。漢濟北惠王壽之後也，父廣，斥丘令。寔少貧苦，賣牛衣以自給。然好學，手約繩，口誦書，博通古今。淸身潔己，行無瑕玷。郡察孝廉，州舉秀才，皆不行。以計吏入洛，調爲河南尹丞，遷尚書郎、廷尉正。後歷吏部郎，參文帝相國軍事，封循陽子。

鍾會、鄧艾之伐蜀也，有客問寔曰：「二將其平蜀乎？」寔曰：「破蜀必矣，而皆不還。」客問其故，笑而不答，竟如其言。寔之先見，皆此類也。

以世多進趣，廉遜道闕，乃著崇讓論以矯之。其辭曰：

古之聖王之化天下，所以貴讓者，欲以出賢才，息爭競也。夫人情莫不欲己之賢也，故勸令讓賢以自明賢也，豈假讓不賢哉！故讓道興，賢能之人不求而自出矣，至公之舉自立矣，百官之副亦豫具矣。一官缺，擇衆官所讓最多者而用之，審之道也。〔三〕在朝之士相讓於上，草廬之人咸皆化之，推賢讓能之風從此生矣。爲一國所讓，則一國士也；天下所共推，則天下士也。推讓之風行，則賢與不肖灼然殊矣。此道之行，在上者無所用其心，因成淸議，隨之而已。故曰，蕩蕩乎堯之爲君，莫之能名。言天下自安矣，不見堯所以化之，故不能名也。又曰，舜禹之有天下而不與焉，無爲而化者其舜也歟。賢人相讓於朝，大才之人恒在大官，小人不爭於野，天下無事矣。以賢才化無事，至道興矣。已仰其成，復何與焉！故可以歌南風之詩，彈五弦之琴也。成此功者

非有他，崇讓之所致耳。孔子曰，能以禮讓爲國，則不難也。

在朝之人不務相讓久矣，天下化之。自魏代以來，登進辟命之士，及在職之吏，臨見受敍，雖自辭不能，終莫肯讓有勝己者。夫推讓之風息，爭競之心生。孔子曰，上興讓則下不爭，明讓不興下必爭也。推讓之道興，則賢能之人日見推舉；爭競之心生，則賢能之人日見謗毀。夫爭者之欲自先，甚惡能者之先，不能無毀也。故孔墨不能免世之謗己，況不及孔墨者乎！議者僉然言，〔四〕世少高名之才，朝廷不有大才之人可以爲大官者。山澤人小官吏亦復云，朝廷之士雖有大官名德，皆不及往時人也。余以爲此二言皆失之矣。〔五〕非時獨乏賢也，時不貴讓。一人有先衆之譽，毀必隨之，名不得成使之然也。雖令稷契復存，亦不復能全其名矣。能否混雜，優劣不分，士無素定之價，官職有缺，主選之吏不知所用，但案官次而舉之。同才之人先用者，非勢家之子，則必爲有勢者之所念也。非能獨賢，因其先用之資，而復遷之無已。遷之無已，不勝其任之病發矣。觀在官之人，政績無聞，自非勢家之子，率多因資次而進也。

向令天下貴讓，士必由於見讓而後名成，名成而官乃得用之。諸名行不立之人，在官無政績之稱，讓之者必矣，官無因得而用之也。所以見用不息者，由讓道廢，因資用人之有失久矣。故自漢魏以來，時開大舉，令衆官各舉所知，唯才所任，不限階次，

如此者甚數矣。其所舉必有當者，不聞時有擢用，不知何誰最賢故也。所舉必有不當，而罪不加，不知何誰最不肖也。所以不可得知，由當時之人莫肯相推，賢愚之名不別，令其如此。舉者知在上者察不能審，故敢漫舉而進之。或舉所賢，因及所念，一頓而至，人數猥多，各言所舉者賢，加之高狀，相似如一，難得而分矣。參錯相亂，真僞同貫，更復由此而甚。雖舉者不能盡忠之罪，亦由上開聽察之路濫，令其爾也。昔齊王好聽竽聲，必令三百人合吹而後聽之，廩以數人之俸。南郭先生不知吹竽者也，以三百人合吹可以容其不知，因請爲王吹竽，虛食數人之俸。嗣王覺而改之，難彰先王之過。乃下令曰：「吾之好聞竽聲有甚於先王，欲一一列而聽之。」先生於此逃矣。推賢之風不立，濫舉之法不改，則南郭先生之徒盈於朝矣。才高守道之士日退，馳走有勢之門日多矣。雖國有典刑，弗能禁矣。

夫讓道不興之弊，非徒賢人在下位，不得時進也，國之良臣荷重任者，亦將以漸受罪退矣。何以知其然也？孔子以爲顏氏之子不貳過耳，明非聖人皆有過。寵貴之地欲之者多矣，惡賢能者塞其路，其過而毀之者亦多矣。夫謗毀之生，非徒空設，必因人之微過而甚之者也。毀謗之言數聞，在上者雖欲弗納，不能不杖所聞，因事之來而微察之也，無以，其驗至矣。〔六〕得其驗，安得不理其罪。若知而縱之，王之威日衰，令之

不行自此始矣。知而皆理之，受罪退者稍多，大臣有不自固之心。夫賢才不進，貴臣日疏，此有國者之深憂也。詩曰：「受祿不讓，至于已斯亡。」不讓之人憂亡不暇，而望其益國朝，不亦難乎！

竊以爲改此俗甚易耳。何以知之？夫一時在官之人，雖雜有凡猥之才，其中賢明者亦多矣，豈可謂皆不知讓賢爲貴邪！直以其時皆不讓，習以成俗，故遂不爲耳。人臣初除，皆通表上聞，名之謝章，所由來尚矣。原謝章之本意，欲進賢能以謝國恩也。昔舜以禹爲司空，禹拜稽首，讓于稷契及咎繇。使益爲虞官，讓于朱虎、熊、羆。使伯夷典三禮，讓于夔、龍。唐虞之時，衆官初除，莫不皆讓也。謝章之義，蓋取於此。書記之者，欲以永世作則。季世所用，不賢不能讓賢，虛謝見用之恩而已。相承不變，習俗之失也。

夫叙用之官得通章表者，其讓賢推能乃通，其不能有所讓徒費簡紙者，皆絕不通。人臣初除，各思推賢能而讓之矣，讓之文付主者掌之。三司有缺，擇三司所讓最多者而用之。此爲一公缺，三公已豫選之矣。且主選之吏，不必任公而選三公，不如令三公自共選一公爲詳也。四征缺，擇四征所讓最多者而用之，此爲一征缺，四征已豫選之矣，必詳於停缺而令主者選四征也。尚書缺，擇尚書所讓最多者而用之，此爲八尚

書共選一尚書，詳於臨缺令主者選八尚書也。郡守缺，擇衆郡所讓最多者而用之，詳於任主者令選百郡守也。

夫以衆官百郡之讓，與主者共相比，不可同歲而論也。雖復令三府參舉官，本不委以舉選之任，各不能以根其心也。其所用心者裁之不二三，但令主者案官次而舉之，不用精也。賢愚皆讓，百姓耳目盡爲國耳目。夫人情爭則欲毀己所不知，〔七〕讓則競推於勝己。故世爭則毀譽交錯，優劣不分，難得而讓也。時讓則賢智顯出，能否之美歷歷相次，不可得而亂也。當此時也，能退身修己者，讓之者多矣。雖欲守貧賤，不可得也。馳騖進趣而欲人見讓，猶卻行而求前也。夫如此，愚智咸知進身求通，非修之於己則無由矣。游外求者，於此相隨而歸矣。浮聲虛論，不禁而自息矣。人人無所用其心，任衆人之議，而天下自化矣。不言之化行，巍巍之美於此著矣。讓可以致此，豈可不務之哉！

春秋傳曰：「范宣子之讓，其下皆讓。欒黶雖汰，弗敢違也。晉國以平，數世賴之。」上世之化也，君子尚能而讓其下，小人力農以事其上，上下有禮，讒慝遠黜，由不爭也。及其亂也，國家之弊，恒必由之。篤論了了如此。在朝君子典選大官，能不以人廢言，舉而行之，各以讓賢舉能爲先務，則羣才猥出，能否殊別，蓋世之功，莫大

於此。

泰始初，進爵爲伯，累遷少府。咸寧中爲太常，轉尚書。杜預之伐吳也，寔以本官行鎮南軍司。

初，寔妻盧氏生子躋而卒，華氏將以女妻之。寔弟智諫曰：「華家類貪，必破門戶。」辭之不得，竟婚華氏而生子夏。寔竟坐夏受賂，免官。頃之爲大司農，又以夏罪免。

寔每還州里，鄉人載酒肉以候之。寔難逆其意，輒共啖而返其餘。或謂寔曰：「君行高一世，而諸子不能遵。何不旦夕切磋，使知過而自改邪！」寔曰：「吾之所行，是所聞見，不相祖習，豈復教誨之所得乎！」世以寔言爲當。

後起爲國子祭酒、散騎常侍。愍懷太子初封廣陵王，高選師友，以寔爲師。元康初，進爵爲侯，累遷太子太保，加侍中、特進、右光祿大夫、開府儀同三司，領冀州都督。九年，策拜司空，遷太保，轉太傅。

太安初，寔以老病遜位，賜安車駟馬、錢百萬，以侯就第。及長沙成都之相攻也，寔爲軍人所掠，潛歸鄉里。

惠帝崩，寔赴山陵。懷帝即位，復授太尉。寔自陳年老，固辭，不許。左丞劉坦上言曰：「夫堂高級遠，主尊相貴。是以古之哲王莫不師其元臣，崇養老之教，訓示四海，使少長

有禮。七十致仕，亦所以優異舊德，厲廉高之風。太尉寔體清素之操，執不渝之潔，懸車告老，二十餘年，浩然之志，老而彌篤。可謂國之碩老，邦之宗模。臣聞老者不以筋力爲禮，寔年踰九十，命在日制，遂自扶輿，冒險而至，展哀山陵，致敬闕庭，大臣之節備矣。聖詔殷勤，必使寔正位上台，光飪鼎實，斷章敦喻，經涉二年。而寔頻上露板，辭旨懇誠。臣以爲古之養老，以不事爲優，不以吏之爲重，謂宜聽寔所守。」

三年，詔曰：「昔虞任五臣，致垂拱之化，漢相蕭何，興寧一之譽，故能光隆於當時，垂裕于百代。朕紹天明命，臨御萬邦，所以崇顯政道者，亦賴之於元臣庶尹，畢力股肱，以副至望。而君年耆告老，確然難違。今聽君以侯就第，位居三司之上，秩祿準舊，賜几杖不朝及宅一區。國之大政，將就諮于君，副朕意焉。」歲餘薨，時年九十一，謚曰元。

寔少貧窶，杖策徒行，每所憩止，不累主人，薪水之事，皆自營給。及位望通顯，每崇儉素，不尚華麗。嘗詣石崇家，如廁，見有絳紋帳，裀褥甚麗，兩婢持香囊。寔便退，笑謂崇曰：「誤入卿內。」崇曰：「是廁耳。」寔曰：「貧士未嘗得此。」乃更如他廁。雖處榮寵，居無第宅，所得俸祿，贍卹親故。雖禮教陵遲，而行己以正。喪妻爲廬杖之制，終喪不御內。輕薄者笑之，寔不以介意。自少及老，篤學不倦，雖居職務，卷弗離手。尤精三傳，辨正公羊，以爲衞輒不應辭以王父命，祭仲失爲臣之節，舉此二端以明臣子之體，遂行於世。又撰春秋

條例二十卷。

有二子，躋、夏。躋字景雲，官至散騎常侍。夏以貪汙棄放於世。

弟智字子房，貞素有兄風。少貧窶，每負薪自給，讀誦不輟，竟以儒行稱。歷中書黃門吏部郎，出爲潁川太守。平原管輅嘗謂人曰：「吾與劉潁川兄弟語，使人神思清發，昏不假寐。自此之外，殆白日欲寢矣。」入爲秘書監，領南陽王師，加散騎常侍，遷侍中、尚書、太常。著喪服釋疑論，多所辨明。太康末卒，謚曰成。

高光

高光字宣茂，陳留圉城人，魏太尉柔之子也。光少習家業，明練刑理。初以太子舍人累遷尚書郎，出爲幽州刺史、潁州太守。是時武帝置黃沙獄，以典詔囚。以光歷世明法，用爲黃沙御史，秩與中丞同。遷廷尉。

元康中，拜尚書，典三公曹。時趙王倫篡逆，光於其際，守道全貞。〔八〕及倫賜死，齊王冏輔政，復以光爲廷尉，遷尚書，加奉車都尉。後從駕討成都王穎有勳，封延陵縣公，邑千八百戶。于時朝廷咸推光明於用法，故頻典理官。惠帝爲張方所逼，幸長安，朝臣奔散，莫有從者，光獨侍帝而西。遷尚書左僕射，加散騎常侍。

光兄誕爲上官巳等所用，歷徐、雍二州刺史。誕性任放無倫次，而決烈過人，與光異操。常謂光小節，恒輕侮之，光事誕愈謹。

帝既還洛陽，時太弟新立，重選傅訓，以光爲少傅，加光祿大夫，常侍如故。及懷帝即位，加光祿大夫金章紫綬，與傅祗並見推崇。尋爲尚書令，本官如故。以疾卒，贈司空、侍中。屬京洛傾覆，竟未加謚。

子韜字子遠，放佚無檢。光爲廷尉時，韜受貨賕，有司奏案之，而光不知。時人雖非光不能防閑其子，以其用心有素，不以爲累。初，光詣長安留臺，以韜兼右衞將軍。韜與殿省小人交通，及光卒，仍於喪中往來不絕。時東海王越輔政，不朝覲。韜知人心有望，密與太傅參軍姜贖、京兆杜概等謀討越，事泄伏誅。

史臣曰：下士競而文，中庸靜而質，不若進不足而退有餘也。魏舒、劉寔發慮精華，結綬登槐，覽止成務。季和切問近對，當官正色。詩云「貪人敗類」，豈劉夏之謂歟！

贊曰：舒言不矜，寔對千乘。子眞、宣茂，雅志難陵。進忠能舉，退讓攸興。皎皎瑚器，來光玉繩。

校勘記

〔一〕尋遷大司馬　勞校：「司馬」下當有脫文。按：大司馬，三公，不得以御史中丞轉，蓋爲大司馬掾屬。勞謂下有脫文，卽此意。

〔二〕故立進令　「故」，各本誤作「攻」，今依宋本。通鑑七九亦作「故」。

〔三〕審之道也　類聚二一、御覽四二四引「審」下有「才」字。

〔四〕議者僉然言　羣書治要二九及通典一六引無「然」字。

〔五〕余以爲此二言皆失之矣　「言」，各本作「者」，今從宋本。羣書治要二九、通典一六引「者」並作「言」。

〔六〕因事之來至其驗至矣　通典一六作「因事之來而微察之，察之無已，其驗至矣」。

〔七〕夫人情爭則欲毀己所不知　通鑑八二「知」作「如」。

〔八〕守道全貞　「全貞」，各本倒作「貞全」，今依殿本。

晉書卷四十二

列傳第十二

王渾 子濟

王渾字玄沖，太原晉陽人也。父昶，魏司空。渾沈雅有器量。襲父爵京陵侯，辟大將軍曹爽掾。爽誅，隨例免。起爲懷令，參文帝安東軍事，累遷散騎黃門侍郎、散騎常侍。咸熙中爲越騎校尉。

武帝受禪，加揚烈將軍，遷徐州刺史。時年荒歲饑，渾開倉振贍，百姓賴之。泰始初，增封邑千八百戶。久之，遷東中郎將，監淮北諸軍事，鎭許昌。數陳損益，多見納用。

轉征虜將軍、監豫州諸軍事、假節，領豫州刺史。渾與吳接境，宣布威信，前後降附甚多。吳將薛瑩、魯淑衆號十萬，淑向弋陽，瑩向新息。時州兵並放休息，衆裁一旅，浮淮潛濟，出其不意，瑩等不虞晉師之至。渾擊破之，以功封次子尚爲關內侯。

遷安東將軍、都督揚州諸軍事，鎭壽春。吳人大佃皖城，圖爲邊害。渾遣揚州刺史應綽督淮南諸軍攻破之，并破諸別屯，焚其積穀百八十餘萬斛、稻苗四千餘頃、船六百餘艘。渾遂陳兵東疆，視其地形險易，歷觀敵城，察攻取之勢。

及大舉伐吳，渾率師出橫江，遣參軍陳愼、都尉張喬攻尋陽瀨鄉，又擊吳牙門將孔忠，皆破之，獲吳將周興等五人。又遣殄吳護軍李純據高望城，討吳將俞恭，破之，多所斬獲。吳厲武將軍陳代、平虜將軍朱明懼而來降。吳丞相張悌、大將軍孫震等率衆數萬指城陽，渾遣司馬孫疇、揚州刺史周浚擊破之，臨陣斬二將，及首虜七千八百級，吳人大震。

孫晧司徒何植、建威將軍孫晏送印節詣渾降。既而王濬破石頭，降孫晧，威名益振。明日，渾始濟江，登建鄴宮，釃酒高會。自以先據江上，破晧中軍，案甲不進，致在王濬之後。意甚愧恨，有不平之色，頻奏濬罪狀，時人譏之。帝下詔曰：「使持節、都督揚州諸軍事、安東將軍、京陵侯王渾，督率所統，遂逼秣陵，令賊孫晧救死自衞，不得分兵上赴，以成西軍之功。又摧大敵，獲張悌，使晧塗窮勢盡，面縛乞降。遂平定秣陵，功勳茂著。其增封八千戶，進爵爲公，封子澄爲亭侯、弟湛爲關內侯，賜絹八千匹。」

轉征東大將軍，復鎭壽陽。渾不尙刑名，處斷明允。時吳人新附，頗懷畏懼。渾撫循羇旅，虛懷綏納，座無空席，門不停賓。於是江東之士莫不悅附。

徵拜尙書左僕射，加散騎常侍。會朝臣立議齊王攸當之藩，渾上書諫曰：「伏承聖詔，憲章古典，進齊王攸爲上公，崇其禮儀，遣攸之國。昔周氏建國，大封諸姬，以藩帝室，永世作憲。至於公旦，武王之弟，左右王事，輔濟大業，不使歸藩。明至親義著，不可遠朝故也。是故周公得以聖德光弼幼主，忠誠著於金縢，光述文武仁聖之德。攸於大晉，姬旦之親也。宜贊皇朝，與聞政事，實爲陛下腹心不貳之臣。且攸爲人，修潔義信，加以懿親，志存忠貞。今陛下出攸之國，假以都督虛號，而無典戎幹方之實，去離天朝，不預王政。傷母弟至親之體，虧友于款篤之義，懼非陛下追述先帝、文明太后待攸之宿意也。若以攸望重，於事宜出者，今以汝南王亮代攸。亮，宣皇帝子，文皇帝弟，伷、駿各處方任，有內外之資，論以後慮，亦不爲輕。攸今之國，適足長異同之論，以損仁慈之美耳。而令天下窺陛下有不崇親親之情，臣竊爲陛下不取也。若以妃后外親，任以朝政，則有王氏傾漢之權，呂產專朝之禍。若以同姓至親，則有吳楚七國逆亂之殃。歷觀古今，苟事輕重，所在無不爲害也。不可事事曲設疑防，慮方來之患者也，唯當任正道而求忠良。若以智計猜物，雖親見疑，至於疏遠者亦何能自保乎！人懷危懼，非爲安之理，此最有國有家者之深忌也。愚以爲太子太保缺，宜留攸居之，與太尉汝南王亮、衞將軍楊珧共爲保傅，幹理朝事。三人齊位，足相持正，進有輔納廣義之益，退無偏重相傾之勢。令陛下有篤親親之恩，使攸蒙仁覆之惠。臣同國休

戚，義在盡言，心之所見，不能默已。私慕魯女存國之志，敢陳愚見，觸犯天威。欲陛下每盡善，冀萬分之助。臣而不言，誰當言者。」帝不納。

太熙初，遷司徒。惠帝卽位，加侍中，又京陵置士官，如睢陵比。及誅楊駿，崇重舊臣，乃加渾兵。渾以司徒文官，主史不持兵，持兵乃吏屬絳衣。自以偶因時寵，權得持兵，非是舊典，皆令皁服。論者美其謙而識體。

楚王瑋將害汝南王亮等也，公孫宏說瑋曰：「昔宣帝廢曹爽，引太尉蔣濟參乘，以增威重。大王今舉非常事，宜得宿望，鎭厭衆心。司徒王渾宿有威名，爲三軍所信服，可請同乘，使物情有憑也。」瑋從之。渾辭疾歸第，以家兵千餘人閉門距瑋。瑋不敢逼。俄而瑋以矯詔伏誅，渾乃率兵赴官。帝嘗訪渾元會問郡國計吏方俗之宜，渾奏曰：「陛下欽明聖哲，光于遠近，明詔沖虛，詢及芻蕘，斯乃周文疇咨之求，仲尼不恥下問也。舊三朝元會前計吏詣軒下，侍中讀詔，計吏跪受。臣以詔文相承已久，無他新聲，非陛下留心方國之意也。可令中書指宣明詔，問方土異同，賢才秀異，風俗好尙，農桑本務，刑獄得無寃濫，守長得無侵虐。其勤心政化興利除害者，授以紙筆，盡意陳聞。以明聖指垂心四遠，不復因循常辭。且察其荅對文義，以觀計吏人才之實。又先帝時，正會後東堂見征鎭長史司馬、諸王國卿、諸州別駕。今若不能別見，可前詣軒下，使侍中宣問，以審察方國，於事爲便。」帝然之。又詔

渾錄尚書事。

渾所歷之職，前後著稱，及居台輔，聲望日減。元康七年薨，時年七十五，謚曰元。長子尚早亡，次子濟嗣。〔一〕

濟字武子。少有逸才，風姿英爽，氣蓋一時。好弓馬，勇力絕人，善易及莊老，文詞俊茂，伎藝過人，有名當世，與姊夫和嶠及裴楷齊名。尚常山公主。年二十，起家拜中書郎，〔二〕以母憂去官。起爲驍騎將軍，累遷侍中，與侍中孔恂、王恂、楊濟同列，爲一時秀彥。武帝嘗會公卿藩牧於式乾殿，顧濟、恂而謂諸公曰：「朕左右可謂恂恂濟濟矣！」每侍見，未嘗不諮論人物及萬機得失。濟善於清言，修飾辭令，諷議將順，朝臣莫能尚焉，帝益親貴之。仕進雖速，論者不以主壻之故，咸謂才能致之。然外雖弘雅，而內多忌刻，好以言傷物，儕類以此少之。以其父之故，每排王濬，時議譏焉。

齊王攸當之藩，濟既陳請，又累使公主與甄德妻長廣公主俱入，稽顙泣請帝留攸。帝怒謂侍中王戎曰：「兄弟至親，今出齊王，自是朕家事。而甄德、王濟連遣婦來生哭人！」以忤旨，左遷國子祭酒，常侍如故。

數年，入爲侍中。時渾爲僕射，主者處事或不當，濟性峻厲，明法繩之。素與從兄佑不

平，佑黨頗謂濟不能顧其父，由是長同異之言。出爲河南尹，未拜，坐鞭王官吏免官，而王佑始見委任。而濟遂被斥外，於是乃移第北芒山下。

性豪侈，麗服玉食。時洛京地甚貴，濟買地爲馬埒，編錢滿之，時人謂爲「金溝」。〔三〕王愷以帝舅奢豪，有牛名「八百里駮」，常瑩其蹄角。濟請以錢千萬與牛對射而賭之。愷亦自恃其能，令濟先射。一發破的，因據胡牀，叱左右速探牛心來，須臾而至，一割便去。和嶠性至儉，家有好李，帝求之，不過數十。濟候其上直，率少年詣園，共啖畢，伐樹而去。帝嘗幸其宅，供饌甚豐，悉貯琉璃器中。蒸肫甚美，帝問其故，答曰：「以人乳蒸之。」帝色甚不平，食未畢而去。

濟善解馬性，嘗乘一馬，著連乾鄣泥，前有水，終不肯渡。濟云：「此必是惜鄣泥。」使人解去，便渡。故杜預謂濟有馬癖。

帝嘗謂和嶠曰：「我將罵濟而後官爵之，何如？」嶠曰：「濟俊爽，恐不可屈。」帝因召濟，切讓之，既而曰：「知愧不？」濟答曰：「尺布斗粟之謠，常爲陛下恥之。他人能令親疏，臣不能使親親，以此愧陛下耳。」帝默然。

帝嘗與濟弈棊，而孫晧在側，謂晧曰：「何以好剝人面皮？」晧曰：「見無禮於君者則剝之。」濟時伸腳局下，而晧譏焉。

尋使白衣領太僕。年四十六，先渾卒，追贈驃騎將軍。及其將葬，時賢無不畢至。孫楚雅敬濟，而後來，哭之甚悲，賓客莫不垂涕。哭畢，向靈牀曰：「卿常好我作驢鳴，我爲卿作之。」體似聲眞，賓客皆笑。楚顧曰：「諸君不死，而令王濟死乎！」

初，濟尚主，主兩目失明，而妬忌尤甚，然終無子，有庶子二人。卓字文宣，嗣渾爵，拜給事中。次聿，字茂宣，襲公主封敏陽侯。濟二弟，澄字道深，汶字茂深，皆辯慧有才藻，並歷清顯。

王濬

王濬字士治，弘農湖人也。家世二千石。濬博涉墳典，美姿貌，不修名行，不爲鄉曲所稱。晚乃變節，疏通亮達，恢廓有大志。嘗起宅，開門前路廣數十步。人或謂之何太過，濬曰：「吾欲使容長戟幡旗。」衆咸笑之，濬曰：「陳勝有言，燕雀安知鴻鵠之志。」

州郡辟河東從事。守令有不廉潔者，皆望風自引而去。刺史燕國徐邈有女才淑，擇夫未嫁。邈乃大會佐吏，令女於內觀之。女指濬告母，邈遂妻之。後參征南軍事，羊祜深知待之。祜兄子暨白祜：「濬爲人志太，奢侈不節，不可專任，宜有以裁之。」祜曰：「濬有大才，將欲濟其所欲，必可用也。」轉車騎從事中郎，識者謂祜可謂能舉善焉。

除巴郡太守。郡邊吳境，兵士苦役，生男多不養。濬乃嚴其科條，寬其傜課，其產育者皆與休復，所全活者數千人。轉廣漢太守，垂惠布政，百姓賴之。濬夜夢懸三刀於臥屋梁上，須臾又益一刀，濬驚覺，意甚惡之。主簿李毅再拜賀曰：「三刀爲州字，又益一者，明府其臨益州乎？」及賊張弘殺益州刺史皇甫晏，果遷濬爲益州刺史。濬設方略，悉誅弘等，以勳封關內侯。懷輯殊俗，待以威信，蠻夷徼外，多來歸降。徵拜右衞將軍，除大司農。車騎將軍羊祜雅知濬有奇略，乃密表留濬，於是重拜益州刺史。

武帝謀伐吳，詔濬修舟艦。濬乃作大船連舫，方百二十步，受二千餘人。以木爲城，起樓櫓，開四出門，其上皆得馳馬來往。又畫鷁首怪獸於船首，以懼江神。舟楫之盛，自古未有。濬造船於蜀，其木柹蔽江而下。吳建平太守吾彥取流柹以呈孫晧曰：〔四〕「晉必有攻吳之計，宜增建平兵。建平不下，終不敢渡。」晧不從。尋以謠言拜濬爲龍驤將軍、監梁益諸軍事。語在羊祜傳。

時朝議咸諫伐吳，濬乃上疏曰：「臣數參訪吳楚同異，孫晧荒淫凶逆，荊揚賢愚無不嗟怨。且觀時運，宜速征伐。若今不伐，天變難預。令晧卒死，更立賢主，文武各得其所，則強敵也。臣作船七年，日有朽敗，又臣年已七十，死亡無日。三者一乖，則難圖也，誠願陛下無失事機。」帝深納焉。賈充、荀勖陳諫以爲不可，唯張華固勸。又杜預表請，帝乃發詔，

分命諸方節度。濬於是統兵。先在巴郡之所全育者，皆堪傜役供軍，其父母戒之曰：「王府君生爾，爾必勉之，無愛死也！」

太康元年正月，濬發自成都，率巴東監軍、廣武將軍唐彬攻吳丹楊，克之，擒其丹楊監盛紀。吳人於江險磧要害之處，並以鐵鎖橫截之，又作鐵錐長丈餘，暗置江中，以逆距船。先是，羊祜獲吳間諜，具知情狀。濬乃作大筏數十，亦方百餘步，縛草爲人，被甲持杖，令善水者以筏先行，筏遇鐵錐，錐輒著筏去。又作火炬，長十餘丈，大數十圍，灌以麻油，在船前，遇鎖，然炬燒之，須臾，融液斷絕，於是船無所礙。二月庚申，克吳西陵，獲其鎮南將軍留憲、征南將軍成據、〔五〕宜都太守虞忠。壬戌，克荊門、夷道二城，獲監軍陸晏。乙丑，克樂鄉，獲水軍督陸景。平西將軍施洪等來降。乙亥，詔進濬爲平東將軍、假節、都督益梁諸軍事。

濬自發蜀，兵不血刃，攻無堅城，夏口、武昌，無相支抗。於是順流鼓棹，徑造三山。皓遣游擊將軍張象率舟軍萬人禦濬，象軍望旗而降。皓聞濬軍旌旗器甲，屬天滿江，威勢甚盛，莫不破膽。用光祿勳薛瑩、中書令胡沖計，送降文於濬曰：「吳郡孫皓叩頭死罪。昔漢室失御，九州幅裂，先人因時略有江南，遂阻山河，與魏乖隔。大晉龍興，德覆四海，闇劣偸安，未喻天命。至于今者，猥煩六軍，衡蓋露次，遠臨江渚。舉國震惶，假息漏刻，敢緣天

朝，舍弘光大。謹遣私署太常張夔等奉所佩璽綬，委質請命。」壬寅，濬入于石頭。皓乃備亡國之禮，素車白馬，肉袒面縛，銜璧牽羊，大夫衰服，士輿櫬，率其僞太子瑾、瑾弟魯王虔等二十一人，造于壘門。濬躬解其縛，受璧焚櫬，送于京師。收其圖籍，封其府庫，軍無私焉。帝遣使者犒濬軍。

初，詔書使濬下建平，受杜預節度，至秣陵，受王渾節度。預至江陵，謂諸將帥曰：「若濬得下建平，則順流長驅，威名已著，不宜令受制於我。若不能克，則無緣得施節度。」濬至西陵，預與之書曰：「足下既摧其西藩，便當徑取秣陵，討累世之逋寇，釋吳人於塗炭。自江入淮，逾于泗汴，泝河而上，振旅還都，亦曠世一事也。」濬大悅，表呈預書。

及濬將至秣陵，王渾遣信要令暫過論事，濬舉帆直指，報曰：「風利，不得泊也。」王渾久破皓中軍，斬張悌等，頓兵不敢進。而濬乘勝納降，渾恥而且忿，乃表濬違詔不受節度，誣罪狀之。有司遂按濬檻車徵，帝弗許，詔讓濬曰：「伐國事重，宜令有一。前詔使將軍受安東將軍渾節度，渾思謀深重，案甲以待將軍。云何徑前，不從渾命，違制昧利，甚失大義。將軍功勳，簡在朕心，當率由詔書，崇成王法，而於事終恃功肆意，朕將何以令天下？」濬上書自理曰：

臣前被庚戌詔書曰：「軍人乘勝，猛氣益壯，便當順流長騖，直造秣陵。」臣被詔之

日，卽便東下。又前被詔書云「太尉賈充總統諸方，自鎮東大將軍伷及渾、濬、彬等皆受充節度」，無令臣別受渾節度之文。

臣自達巴丘，所向風靡，知孫皓窮蹙，勢無所至。十四日至牛渚，去秣陵二百里，宿設部分，爲攻取節度。前至三山，見渾軍在北岸，遣書與臣，可暫來過，共有所議，亦不語臣當受節度之意。臣水軍風發，乘勢造賊城，加宿設部分行有次第，無緣得於長流之中迴船過渾，令首尾斷絕。須臾之間，皓遣使歸命。臣卽報渾書，并寫皓牋，具以示渾，使速來，當於石頭相待。軍以日中至秣陵，暮乃被渾所下當受節度之符，欲令臣明十六日悉將所領，還圍石頭，備皓越逸。又索蜀兵及鎮南諸軍人名定見。臣以爲皓已來首都亭，無緣共合空圍。又兵人定見，不可倉卒，皆非當今之急，不可承用。中詔謂臣忽棄明制，專擅自由。伏讀嚴詔，驚怖悚慄，不知軀命當所投厝。豈惟老臣獨懷戰灼，三軍上下咸盡喪氣。臣受國恩，任重事大，常恐託付不效，孤負聖朝。故投身死地，轉戰萬里，被蒙寬恕之恩，得從臨履之宜。是以憑賴威靈，幸而能濟，皆是陛下神策廟算。臣承指授，效鷹犬之用耳，有何勳勞而恃功肆意，寧敢昧利而違聖詔。

臣以十五日至秣陵，而詔書以十六日起洛陽，其間懸闊，不相赴接，則臣之罪責宜蒙察恕。假令孫皓猶有螳蜋舉斧之勢，而臣輕軍單入，有所虧喪，罪之可也。臣所統

八萬餘人，乘勝席卷。皓以衆叛親離，無復羽翼，匹夫獨立，不能庇其妻子，雀鼠貪生，苟乞一活耳。而江北諸軍不知其虛實，不早縛取，自爲小誤。臣至便得，更見怨恚，並云守賊百日，而令他人得之，言語噂𠴲，不可聽聞。

案春秋之義，大夫出疆，由有專輒。臣雖愚蠢，以爲事君之道，唯當竭節盡忠，奮不顧身，量力受任，臨事制宜，苟利社稷，死生以之。若其顧護嫌疑，以避咎責，此是人臣不忠之利，實非明主社稷之福也。臣不自料，忘其鄙劣，披布丹心，輸寫肝腦，欲竭股肱之力，加之以忠貞，庶必掃除兇逆，清一宇宙，願令聖世與唐虞比隆。陛下粗察臣之愚款，而識其欲自效之誠，是以授臣以方牧之任，委臣以征討之事。雖燕主之信樂毅，漢祖之任蕭何，無以加焉。受恩深重，死且不報，而以頑疏，舉錯失宜。陛下弘恩，財加切讓，惶怖怔營，無地自厝，願陛下明臣赤心而已。

渾又騰周浚書，云濬軍得吳寶物。濬復表曰：

被壬戌詔書，下安東將軍所上揚州刺史周浚書，謂臣諸軍得孫皓寶物，又謂牙門將李高放火燒皓僞宮。輒公文上尚書，具列本末。又聞渾案陷上臣。臣受性愚忠，行事舉動，信心而前，期於不負神明而已。秣陵之事，皆如前所表，而惡直醜正，實繁有徒，欲構南箕，成此貝錦，公於聖世，反白爲黑。

中華書局

夫佞邪害國，自古而然。故無極破楚，宰嚭滅吳，及至石顯，傾亂漢朝，皆載在典籍，爲世所戒。昔樂毅伐齊，下城七十，而卒被讒間，脫身出奔。樂羊既反，謗書盈篋。況臣頑疏，能免讒慝之口！然所望全其首領者，實賴陛下聖哲欽明，使浸潤之譖不得行焉。然臣孤根獨立，朝無黨援，久棄遐外，人道斷絕，而結恨强宗，取怨豪族。以累卵之身，處雷霆之衝；繭栗之質，當豺狼之路，其見吞噬，豈抗脣齒！

夫犯上干主，其罪可救，乖忤貴臣，則禍在不測。故朱雲折檻，嬰逆鱗之怒，慶忌救之，成帝不問。望之、周堪違忤石顯，雖闔朝嗟歎，而死不旋踵。此臣之所大怖也。今渾之支黨姻族內外，皆根據磐互，並處世位。聞遣人在洛中，專共交構，盜言孔甘，疑惑觀聽。夫曾參之不殺人，亦以明矣，然三人傳之，其母投杼。今臣之信行，未若曾參之著；而讒構沸騰，非徒三夫之對，外內扇助，爲二五之應。夫猛獸當塗，麒麟恐懼，況臣脆弱，敢不悚慄！

僞吳君臣，今皆生在，便可驗問，以明虛實。前僞中郎將孔攄說，去二月武昌失守，水軍行至。晧案行石頭還，左右人皆跳刀大呼云：「要當爲陛下一死戰決之。」晧意大喜，謂必能然，便盡出金寶，以賜與之。小人無狀，得便持走，晧懼，乃圖降首。降使適去，左右劫奪財物，略取妻妾，放火燒宮。晧逃身竄首，恐不脫死，臣至，遣參軍主者

救斷其火耳。周浚以十六日前入晧宮，臣時遣記室吏往視書籍，浚使收縛。若有遺寶，則浚前得，不應移蹤後人，欲求苟免也。

臣前在三山得浚書云：「晧散寶貨以賜將士，府庫略虛。」而今復言「金銀篋笥，動有萬計」，疑臣軍得之。言語反覆，無復本末。臣復與軍司張牧、汝南相馮紞等共入觀晧宮，乃無席可坐。後日又與牧等共視晧舟船，渾又先臣一日上其船。船上之物，皆渾所知見。臣之案行，皆出其後，若有寶貨，渾應得之。

又臣將軍素嚴，兵人不得妄離部陣間。在秣陵諸軍，凡二十萬衆。臣軍先至，爲土地之主。百姓之心，皆歸仰臣，臣切敕所領，秋毫不犯。諸有市易，皆有伍任證左，明從券契，有違犯者，凡斬十三人，皆吳人所知也。餘軍縱橫，詐稱臣軍，而臣軍類皆蜀人，幸以此自別耳。豈獨浚之將士皆是夷齊，而臣諸軍悉聚盜跖耶！時有八百餘人，緣石頭城劫取布帛。臣牙門將軍馬潛卽收得二十餘人，并疏其督將姓名，移以付浚，使得自科結，而寂無反報，疑皆縱遣，絕其端緒也。

又聞吳人言，前張悌戰時，所殺財有二千人，而渾、浚露布言以萬計。以吳剛子爲主簿，而遣剛至洛，欲令剛增斬級之數。可具問孫晧及其諸臣，則知其定審。若信如所聞，浚等虛詐，尙欺陛下，豈惜於臣！云臣屯聚蜀人，不時送晧，欲有反狀。又恐動吳人，言臣皆當誅殺，取其妻子，冀其作亂，得騁私忿。謀反大逆，尙以見加，其餘謗嗜，故其宜耳。

渾案臣「瓶罄小器，蒙國厚恩，頻繁擢敍，遂過其任」。渾此言最信，內省慚懼。今年平吳，誠爲大慶，於臣之身，更受咎累。既無孟側策馬之好，而令濟濟之朝有讒邪之人，虧穆穆之風，損皇代之美。由臣頑疏，使致於此，拜表流汗，言不識次。

濬至京都，有司奏，濬表既不列前後所被七詔月日，又赦後違詔不受渾節度，大不敬，付廷尉科罪。詔曰：「濬前受詔徑造秣陵，後乃下受渾節度。詔書稽留，所下不至，便令與不受詔同責，未爲經通。濬不卽表上被渾宣詔，此可責也。濬有征伐之勞，不足以一眚掩之。」有司又奏，濬赦後燒賊船百三十五艘，輒敕付廷尉禁推。詔曰「勿推」。拜濬輔國大將軍，領步兵校尉。舊校唯五，置此營自濬始也。有司又奏，輔國依比，未爲達官，不置司馬，不給官騎。詔依征鎭給五百大車，增兵五百人爲輔國營，給親騎百人、官騎十人，置司馬。封爲襄陽縣侯，邑萬戶。封子彝楊鄉亭侯，邑千五百戶，賜絹萬匹，又賜衣一襲、錢三十萬及食物。

濬自以功大，而爲渾父子及豪强所抑，屢爲有司所奏，每進見，陳其攻伐之勞，及見枉之狀，或不勝忿憤，徑出不辭。帝每容恕之。益州護軍范通，濬之外親也，謂濬曰：「卿功則

美矣，然恨所以居美者，未盡善也。」濬曰：「何謂也？」通曰：「卿旋旆之日，角巾私第，口不言平吳之事。若有問者，輒曰：『聖主之德，羣帥之力，老夫何力之有焉！』〔六〕如斯，顏老之不伐，龔遂之雅對，將何以過之。藺生所以屈廉頗，王渾能無愧乎！」濬曰：「吾始懼鄧艾之事，畏禍及，不得無言，亦不能遣諸胸中，是吾褊也。」

時人咸以濬功重報輕，博士秦秀、太子洗馬孟康、前溫令李密等並表訟濬之屈。帝乃遷濬鎭軍大將軍，加散騎常侍，領後軍將軍。王渾詣濬，濬嚴設備衞，然後見之，其相猜防如此。

濬平吳之後，以勳高位重，不復素業自居，乃玉食錦服，縱奢侈以自逸。其有辟引，多是蜀人，示不遺故舊也。後又轉濬撫軍大將軍、開府儀同三司，加特進，散騎常侍、後軍將軍如故。太康六年卒，時年八十，謚曰武。葬柏谷山，大營塋域，葬垣周四十五里，面別開一門，松柏茂盛。子矩嗣。

矩弟暢，散騎郎。暢子粹，太康十年，武帝詔粹尙潁川公主，仕至魏郡太守。

濬有二孫，過江不見齒錄。安西將軍桓溫鎭江陵，表言之曰：「臣聞崇德賞功，爲政之所先；興滅繼絕，百王之所務。故德參時雍，則奕世承祀；功烈一代，則永錫祚胤。案故撫軍王濬歷職內外，任兼文武，料敵制勝，明勇獨斷，義存社稷之利，不顧專輒之罪。荷戈長

鶩，席卷萬里，僭號之吳，面縛象魏。今皇澤被於九州，玄風洽於區外。襄陽之封，廢而莫續，恩寵之號，墜於近嗣。遐邇酸懷，臣竊悼之。濬今有二孫，年出六十，室如懸磬，餬口江濱，四節蒸嘗，菜羹不給。昔漢高定業，求樂毅之嗣；世祖旌賢，建葛亮之胤。夫效忠異代，立功異國，尚通天下之善，使不泯棄。況濬建元勳於當年，著嘉慶於身後，靈基託根於南垂，皇祚中興於江左，舊物克彰，神器重耀，豈不由伊人之功力也哉！誠宜加恩，少垂矜憫，追錄舊勳，纂錫茅土。則聖朝之恩，宣暢於上，忠臣之志，不墜于地矣。」卒不見省。

唐彬

唐彬字儒宗，魯國鄒人也。父臺，太山太守。彬有經國大度，而不拘行檢。少便弓馬，好游獵，身長八尺，走及奔鹿，强力兼人。晚乃敦悅經史，尤明易經，隨師受業，還家教授，恒數百人。初爲郡門下掾，轉主簿。刺史王沈集諸參佐，盛論距吳之策，以問九郡吏。彬與譙郡主簿張惲俱陳吳有可兼之勢，沈善其對。又使彬難言吳未可伐者，而辭理皆屈。還遷功曹，舉孝廉，州辟主簿，累遷別駕。

彬忠肅公亮，盡規匡救，不顯諫以自彰。又奉使詣相府計事，于時僚佐皆當世英彥，見彬莫不欽悅，稱之於文帝，薦爲掾屬。帝以問其參軍孔顥，顥忌其能，良久不答。陳騫在

坐，斂板而稱曰：「彬之爲人，勝騫甚遠。」帝笑曰：「但能如卿，固未易得，何論於勝。」因辟彬爲鎧曹屬。帝問曰：「卿何以致辟？」對曰：「修業陋巷，觀古人之遺迹，言滿天下無口過，行滿天下無怨惡。」帝顧四坐曰：「名不虛行。」他日，謂孔顥曰：「近見唐彬，卿受蔽賢之責矣。」

初，鄧艾之誅也，文帝以艾久在隴右，素得士心，一旦夷滅，恐邊情搔動，使彬密察之。彬還，白帝曰：「鄧艾忌克詭狹，矜能負才，順從者謂爲見事，直言者謂之觸迕。雖長史司馬，參佐牙門，答對失指，輒見罵辱。處身無禮，大失人心。又好施行事役，數勞衆力。隴右甚患苦之，喜聞其禍，不肯爲用。今諸軍已至，足以鎮壓內外，願無以爲慮。」

俄除尚書水部郎。泰始初，賜爵關內侯。出補鄴令，彬道德齊禮，朞月化成。遷弋陽太守，明設禁防，百姓安之。以母喪去官。益州東接吳寇，監軍位缺，朝議用武陵太守楊宗及彬。武帝以問散騎常侍文立，立曰：「宗、彬俱不可失。然彬多財欲，而宗好酒，惟陛下裁之。」帝曰：「財欲可足，酒者難改。」遂用彬。尋又詔彬監巴東諸軍事，加廣武將軍。上征吳之策，甚合帝意。

後與王濬共伐吳，彬屯據衝要，爲衆軍前驅。每設疑兵，應機制勝。陷西陵、樂鄉，多所擒獲。自巴陵、沔口以東，諸賊所聚，莫不震懼，倒戈肉袒。彬知賊寇已殄，孫晧將降，未至建鄴二百里，稱疾遲留，以示不競。果有先到者爭物，後到者爭功，于時有識莫不高彬此舉。吳平，詔曰：「廣武將軍唐彬受任方隅，東禦吳寇，南臨蠻越，撫寧疆場，有綏禦之績。又每慷慨，志在立功。頃者征討，扶疾奉命，首啓戎行，獻俘授馘，勳效顯著。其以彬爲右將軍、都督巴東諸軍事。」徵拜翊軍校尉，改封上庸縣侯，食邑六千戶，賜絹六千匹。朝有疑議，每參預焉。

北虜侵掠北平，以彬爲使持節、監幽州諸軍事、領護烏丸校尉、右將軍。彬既至鎮，訓卒利兵，廣農重稼，震威耀武，宣喩國命，示以恩信。於是鮮卑二部大莫廆、擿何等並遣侍子入貢。兼修學校，誨誘無倦，仁惠廣被。遂開拓舊境，卻地千里。復秦長城塞，自溫城洎于碣石，緜亙山谷且三千里，分軍屯守，烽堠相望。由是邊境獲安，無犬吠之警，自漢魏征鎮莫之比焉。鮮卑諸種畏懼，遂殺大莫廆。彬欲討之，恐列上俟報，虜必逃散，乃發幽冀車牛。參軍許祇密奏之，詔遣御史檻車徵彬付廷尉，以事直見釋。百姓追慕彬功德，生爲立碑作頌。

彬初受學於東海閻德，門徒甚多，〔七〕獨目彬有廊廟才。及彬官成，而德已卒，乃爲之立碑。

元康初，拜使持節、前將軍、領西戎校尉、雍州刺史。下教曰：「此州名都，士人林藪。處士皇甫申叔、嚴舒龍、姜茂時、梁子遠等，並志節清妙，履行高潔。踐境望風，虛心饑渴，思

加延致，待以不臣之典。幅巾相見，論道而已，豈以吏職，屈染高規。郡國備禮發遣，以副於邑之望。」於是四人皆到，彬敬而待之。元康四年卒官，時年六十，謚曰襄，賜絹二百匹，錢二十萬。長子嗣，〔八〕官至廣陵太守。少子岐，征虜司馬。

史臣曰：孫氏負江山之阻隔，恃牛斗之妖氛，奄有水鄉，抗衡上國。二王屬當戎旅，受律遄征，渾既獻捷橫江，濬亦克清建鄴。于時討吳之役，將帥雖多，定吳之功，此焉爲最。向使弘范父之不伐，慕陽夏之推功，上稟廟堂，下憑將士。豈非懋勳懋德，善始善終者歟！此而不存，彼焉是務。或矜功負氣，或恃勢驕陵，競構南箕，成茲貝錦。遂乃喧黷宸扆，斁亂彝倫，既爲戒於功臣，亦致譏于清論，豈不惜哉！王濟遂驕父之褊心，乖爭子之明義，儁材雖多，亦奚以爲也。唐彬畏避交爭，屬疾遲留，退讓之風，賢於渾濬遠矣。傳云「不拘行檢」，安得長者之行哉！

贊曰：二王總戎，淮海攸同。渾既害善，濬亦矜功。武子豪桀，夙參朝列。逞慾牛心，紆情馬埒。儒宗知退，避名全節。

校勘記

〔一〕次子濟嗣　據濟傳，濟先渾卒，濟庶子卓嗣渾爵，此云「濟嗣」，未當。

〔二〕起家拜中書郎　「拜」字疑衍，御覽二三八引晉書百官名臣、册府四五八並無。

〔三〕金溝　世說汰侈注、太平寰宇記三、御覽四九三引皆作「金埒」，食貨志云「布金埒之泉」，亦卽指此。上文云「爲馬埒」，則此作「埒」義長。

〔四〕吾彥　原誤作「吳彥」，據吾彥傳及吳志孫晧傳注引干寶晉紀改。

〔五〕獲其鎭南將軍留憲征南將軍成據　武紀「成據」作「成璩」，「獲」作「殺」，通鑑八一亦云「殺吳都督留憲等」。

〔六〕老夫何力之有焉　「夫」，各本誤作「父」，今從宋本。通鑑八一、通志一二二均作「夫」。

〔七〕彬初受學於東海閻德門徒甚多　御覽四四三引「門徒」上重「德」字，文義較明確。

〔八〕長子嗣　周校：長子某脫名。

晉書卷四十三

列傳第十三

山濤　子簡　簡子遐

山濤字巨源，河內懷人也。父曜，宛句令。〔一〕濤早孤，居貧，少有器量，介然不羣。性好莊老，每隱身自晦。與嵇康、呂安善，後遇阮籍，便爲竹林之交，著忘言之契。康後坐事，臨誅，謂子紹曰：「巨源在，汝不孤矣。」

濤年四十，始爲郡主簿、功曹、上計掾。舉孝廉，州辟部河南從事。與石鑒共宿，濤夜起蹴鑒曰：「今爲何等時而眠邪！知太傅臥何意？」鑒曰：「宰相三不朝，與尺一令歸第，卿何慮也！」濤曰：「咄！石生無事馬蹄閒邪！」投傳而去。未二年，果有曹爽之事，遂隱身不交世務。

與宣穆后有中表親，是以見景帝。帝曰：「呂望欲仕邪？」命司隸舉秀才，除郎中。轉驃

騎將軍王昶從事中郎。久之，拜趙國相，遷尚書吏部郎。文帝與濤書曰：「足下在事清明，雅操邁時。念多所乏，今致錢二十萬、穀二百斛。」魏帝嘗賜景帝春服，帝以賜濤。又以母老，並賜藜杖一枚。

晚與尚書和逌交，又與鍾會、裴秀並申款昵。以二人居勢爭權，濤平心處中，各得其所，而俱無恨焉。遷大將軍從事中郎。鍾會作亂於蜀，而文帝將西征。時魏氏諸王公並在鄴，帝謂濤曰：「西偏吾自了之，後事深以委卿。」以本官行軍司馬，給親兵五百人，鎭鄴。

咸熙初，封新沓子。轉相國左長史，典統別營。時帝以濤鄉閭宿望，命太子拜之。帝以齊王攸繼景帝後，素又重攸，嘗問裴秀曰：「大將軍開建未遂，吾但承奉後事耳。故立攸，將歸功於兄，何如？」秀以爲不可，又以問濤。濤對曰：「廢長立少，違禮不祥。國之安危，恒必由之。」太子位於是乃定。太子親拜謝濤。及武帝受禪，以濤守大鴻臚，護送陳留王詣鄴。泰始初，加奉車都尉，進爵新沓伯。

及羊祜執政，時人欲危裴秀，濤正色保持之。由是失權臣意，出爲冀州刺史，加寧遠將軍。冀州俗薄，無相推轂。濤甄拔隱屈，搜訪賢才，旌命三十餘人，皆顯名當時。人懷慕尚，風俗頗革。轉北中郎將，督鄴城守事。入爲侍中，遷尚書。以母老辭職，詔曰：「君雖乃心在於色養，然職有上下，旦夕不廢醫藥，且當割情，以隆在公。」濤心求退，表疏數十上，久

乃見聽。除議郎，帝以濤清儉無以供養，特給日契，加賜牀帳茵褥。禮秩崇重，時莫爲比。

後除太常卿，以疾不就。會遭母喪，歸鄉里。濤年踰耳順，居喪過禮，負土成墳，手植松柏。詔曰：「吾所共致化者，官人之職是也。方今風俗陵遲，人心進動，宜崇明好惡，鎮以退讓。〔二〕山太常雖尚居諒闇，情在難奪，方今務殷，何得遂其志邪！其以濤爲吏部尚書。」濤辭以喪病，章表懇切。會元皇后崩，遂扶輿還洛。逼迫詔命，自力就職。前後選舉，周徧內外，而並得其才。

咸寧初，轉太子少傅，加散騎常侍；除尚書僕射，加侍中，領吏部。固辭以老疾，上表陳情。章表數十上，久不攝職，爲左丞白褒所奏。〔三〕帝曰：「濤以病自聞，但不聽之耳。使濤坐執銓衡則可，何必上下邪！不得有所問。」濤不自安，表謝曰：「古之王道，正直而已。陛下不可以一老臣爲加曲私，臣亦何心屢陳日月。乞如所表，以章典刑。」帝再手詔曰：「白褒奏君甚妄，所以不即推，直不喜凶赫耳。君之明度，豈當介意邪！便當攝職，令斷章表也。」濤志必欲退，因發從弟婦喪，〔四〕輒還外舍。詔曰：「山僕射近日暫出，遂以微苦未還，豈吾側席之意。其遣丞掾奉詔諭旨，若體力故未平康者，便以輿車輿還寺舍。」濤辭不獲已，乃起視事。

濤再居選職十有餘年，每一官缺，輒啓擬數人，詔旨有所向，然後顯奏，隨帝意所欲爲

先。故帝之所用，或非舉首，衆情不察，以濤輕重任意。或譖之於帝，故帝手詔戒濤曰：「夫用人惟才，不遺疏遠單賤，天下便化矣。」而濤行之自若，一年之後衆情乃寢。濤所奏甄拔人物，各爲題目，時稱山公啓事。

濤中立於朝，晚值后黨專權，不欲任楊氏，多有諷諫，帝雖悟而不能改。後以年衰疾篤，上疏告退曰：「臣年垂八十，救命旦夕，若有毫末之益，豈遺力於聖時。迫以老耄，不復任事。今四海休息，天下思化，從而靜之，百姓自正。但當崇風尚教以敦之耳，陛下亦復何事。臣耳目聾瞑，不能自勵。君臣父子，其間無文，是以直陳愚情，乞聽所請。」乃免冠徒跣，上還印綬。詔曰：「天下事廣，加吳土初平，凡百草創，當共盡意化之。君不深識往心而以小疾求退，豈所望於君邪！朕猶側席，未得垂拱；君亦何得高尚其事乎！當崇至公，勿復爲虛飾之煩。」

濤苦表請退，詔又不許。尚書令衞瓘奏：「濤以微苦，久不視職。手詔頻煩，猶未順旨。參議以爲無專節之尚，違在公之義。〔五〕若實沈篤，亦不宜居位。可免濤官。」中詔瓘曰：「濤以德素爲朝之望，而常深退讓，至于懇切。故比有詔，欲必奪其志，以匡輔不逮。主者既不思明詔旨，而反深加詆案，虧崇賢之風，以重吾不德，何以示遠近邪！」濤不得已，又起視事。

太康初，遷右僕射，加光祿大夫，侍中、掌選如故。濤以老疾固辭，手詔曰：「君以道德

爲世模表，況自先帝識君遠意。吾將倚君以穆風俗，何乃欲舍遠朝政，獨高其志耶！吾之至懷故不足以喻乎，何來言至懇切也。且當以時自力，深副至望。君不降志，朕不安席。」濤又上表固讓，不許。

吳平之後，帝詔天下罷軍役，示海內大安，州郡悉去兵，大郡置武吏百人，小郡五十人。帝嘗講武于宣武場，濤時有疾，詔乘步輦從。因與盧欽論用兵之本，以爲不宜去州郡武備，其論甚精。于時咸以濤不學孫吳，而闇與之合。帝稱之曰：「天下名言也。」而不能用。及永寧之後，屢有變難，寇賊猋起，郡國皆以無備不能制，天下遂以大亂，如濤言焉。

後拜司徒，濤復固讓。詔曰：「君年耆德茂，朝之碩老，是以授君台輔之位。而遠崇克讓，至于反覆，良用於邑。君當終始朝政，翼輔朕躬。」濤又表曰：「臣事天朝三十餘年，卒無毫釐以崇大化。陛下私臣無已，猥授三司。臣聞德薄位高，力少任重，上有折足之凶，下有廟門之咎。願陛下垂累世之恩，乞臣骸骨。」詔曰：「君翼贊朝政，保乂皇家，匡佐之勳，朕所倚賴。司徒之職，實掌邦教，故用敬授，以答羣望。豈宜沖讓以自抑損邪！」已勑斷章表，使者乃臥加章綬。濤曰：「垂沒之人，豈可汙官府乎！」輿疾歸家。以太康四年薨，時年七十九。詔賜東園祕器、朝服一具、衣一襲、錢五十萬、布百匹，以供喪事，策贈司徒，蜜印紫綬，侍中貂蟬，新沓伯蜜印青朱綬，祭以太牢，謚曰康。將葬，賜錢四十萬、布百匹。左長史范

晷等上言：「濤舊第屋十間，子孫不相容。」帝爲之立室。

初，濤布衣家貧，謂妻韓氏曰：「忍饑寒，我後當作三公，但不知卿堪公夫人不耳！」及居榮貴，貞慎儉約，雖爵同千乘，而無嬪媵。祿賜俸秩，散之親故。

初，陳郡袁毅嘗爲鬲令，貪濁而賂遺公卿，以求虛譽，亦遺濤絲百斤，濤不欲異於時，受而藏於閣上。後毅事露，檻車送廷尉，凡所受賂，皆見推檢。濤乃取絲付吏，積年塵埃，印封如初。

濤飲酒至八斗方醉，帝欲試之，乃以酒八斗飲濤，而密益其酒，濤極本量而止。有五子：該、淳、允、謨、簡。

該字伯倫，嗣父爵，仕至幷州刺史、太子左率，贈長水校尉。該子瑋字彥祖，翊軍校尉。次子世回，吏部郎、散騎常侍。淳字子玄，不仕。允字叔真，奉車都尉，並少尪病，形甚短小，而聰敏過人。武帝聞而欲見之，濤不敢辭，以問於允。允自以尪陋，不肯行。濤以爲勝己，乃表曰：「臣二子尪病，宜絕人事，不敢受詔。」謨字季長，明惠有才智，官至司空掾。

簡字季倫。性溫雅，有父風，年二十餘，濤不之知也。簡歎曰：「吾年幾三十，而不爲家公所知！」後與譙國嵇紹、沛郡劉謨、弘農楊準齊名。〔六〕初爲太子舍人，累遷太子庶子、黃門

郎，出爲青州刺史。徵拜侍中，頃之，轉尚書。歷鎮軍將軍、荆州刺史，領南蠻校尉，不行，復拜尚書。光熙初，轉吏部尚書。永嘉初，出爲雍州刺史、鎮西將軍。徵爲尚書左僕射，領吏部。

簡欲令朝臣各舉所知，以廣得才之路。上疏曰：「臣以爲自古興替，實在官人；苟得其才，則無物不理。書言『知人則哲，惟帝難之』。唐虞之盛，元愷登庸，周室之隆，濟濟多士。秦漢已來，風雅漸喪。至於後漢，女君臨朝，尊官大位，出於阿保，斯亂之始也。是以郭泰、許劭之倫，明清議於草野；陳蕃、李固之徒，守忠節於朝廷。然後君臣名節，古今遺典，可得而言。自初平之元，訖於建安之末，三十年中，萬姓流散，死亡略盡，斯亂之極也。世祖武皇帝應天順人，受禪于魏，泰始之初，躬親萬機，佐命之臣，咸皆率職。時黄門侍郎王恂、庾純始於太極東堂聽政，評尚書奏事，多論刑獄，不論選舉。臣以爲不先所難，而辨其所易。陛下初臨萬國，人思盡誠，每於聽政之日，命公卿大臣先議選舉，各言所見後進儁才、鄉邑尤異，才堪任用者，皆以名奏，主者隨缺先敍。是爵人於朝，與衆共之之義也。」朝廷從之。

永嘉三年，出爲征南將軍、都督荆湘交廣四州諸軍事、假節，鎮襄陽。于時四方寇亂，天下分崩，王威不振，朝野危懼。簡優游卒歲，唯酒是耽。諸習氏，荆土豪族，有佳園池，簡每出嬉遊，多之池上，置酒輒醉，名之曰高陽池。時有童兒歌曰：「山公出何許，往至高陽

池。日夕倒載歸，茗艼無所知。時時能騎馬，倒著白接䍦。舉鞭向葛彊：〔七〕『何如并州兒？』」彊家在并州，簡愛將也。

尋加督寧、益軍事。時劉聰入寇，京師危逼。簡遣督護王萬率師赴難，次于涅陽，爲宛城賊王如所破，遂嬰城自守。及洛陽陷沒，簡又爲賊嚴嶷所逼，乃遷于夏口。招納流亡，江漢歸附。時華軼以江州作難，或勸簡討之。簡曰：「與彥夏舊友，爲之惆悵。簡豈利人之機，以爲功伐乎！」其篤厚如此。時樂府伶人避難，多奔沔漢，讌會之日，僚佐或勸奏之。簡曰：「社稷傾覆，不能匡救，有晉之罪人也，何作樂之有！」因流涕慷慨，坐者咸愧焉。

年六十卒，追贈征南大將軍、儀同三司。子遐。

遐字彥林，爲餘姚令。時江左初基，法禁寬弛，豪族多挾藏戶口，以爲私附。遐繩以峻法，到縣八旬，出口萬餘。縣人虞喜以藏戶當棄市，遐欲繩喜。諸豪强莫不切齒於遐，言於執事，以喜有高節，不宜屈辱。又以遐輒造縣舍，遂陷其罪。遐與會稽內史何充牋：「乞留百日，窮翦逋逃，退而就罪，無恨也。」充申理，不能得。竟坐免官。

後爲東陽太守，爲政嚴猛。康帝詔曰：「東陽頃來竟囚，每多入重。豈郡多罪人，將捶楚所求，莫能自固邪！」遐處之自若，郡境肅然。卒于官。

史臣曰：若夫居官以潔其務，欲以啓天下之方，事親以終其身，將以勸天下之俗，非山公之具美，其孰能與於此者哉！自東京喪亂，吏曹湮滅，西園有三公之錢，蒲陶有一州之任，貪饕方駕，寺署斯滿。時移三代，世歷九王，拜謝私庭，此焉成俗。若乃餘風稍殄，理或可言。委以銓綜，則羣情自抑；通乎魚水，則專用生疑。將矯前失，歸諸後正，惠紹臣名，恩馳天口，世稱山公啓事者，豈斯之謂歟！若盧子家之前代，何足算也。

王戎　從弟衍　衍弟澄　郭舒

王戎字濬沖，琅邪臨沂人也。祖雄，幽州刺史。父渾，涼州刺史、貞陵亭侯。戎幼而穎悟，神彩秀徹。視日不眩，裴楷見而目之曰：「戎眼爛爛，如巖下電。」年六七歲，於宣武場觀戲，猛獸在檻中虓吼震地，衆皆奔走，戎獨立不動，神色自若。魏明帝於閣上見而奇之。又嘗與羣兒嬉於道側，見李樹多實，等輩競趣之，戎獨不往。或問其故，戎曰：「樹在道邊而多子，必苦李也。」取之信然。

阮籍與渾爲友。戎年十五，隨渾在郎舍。戎少籍二十歲，而籍與之交。籍每適渾，俄頃輒去，過視戎，良久然後出。謂渾曰：「濬沖清賞，非卿倫也。共卿言，不如共阿戎談。」及

渾卒於涼州，故吏賻贈數百萬，戎辭而不受，由是顯名。爲人短小，任率不修威儀，善發談端，賞其要會。朝賢嘗上巳禊洛，或問王濟曰：「昨游有何言談？」濟曰：「張華善說史漢；裴頠論前言往行，袞袞可聽；王戎談子房、季札之間，超然玄著。」其爲識鑒者所賞如此。

戎嘗與阮籍飲，時兗州刺史劉昶字公榮在坐，籍以酒少，酌不及昶，昶無恨色。戎異之，他日問籍曰：「彼何如人也？」答曰：「勝公榮，不可不與飲；若減公榮，則不敢不共飲；惟公榮可不與飲。」戎每與籍爲竹林之游，戎嘗後至。籍曰：「俗物已復來敗人意。」戎笑曰：「卿輩意亦復易敗耳！」

鍾會伐蜀，過與戎別，問計將安出。戎曰：「道家有言，『爲而不恃』，非成功難，保之難也。」及會敗，議者以爲知言。

襲父爵，辟相國掾，歷吏部黄門郎、散騎常侍、河東太守、荆州刺史，坐遣吏修園宅，應免官，詔以贖論。遷豫州刺史，加建威將軍，受詔伐吳。戎遣參軍羅尚、劉喬領前鋒，進攻武昌，吳將楊雍、孫述、江夏太守劉朗各率衆詣戎降。戎督大軍臨江，吳牙門將孟泰以蘄春、邾二縣降。吳平，進爵安豐縣侯，增邑六千戶，賜絹六千匹。

戎渡江，綏慰新附，宣揚威惠。吳光祿勳石偉方直，不容晧朝，稱疾歸家。戎嘉其清節，表薦之。詔拜偉爲議郎，以二千石祿終其身。荆土悅服。徵爲侍中。南郡太守劉肇賂

戎筒中細布五十端，〔八〕爲司隸所糾，以知而未納，故得不坐，然議者尤之。帝謂朝臣曰：「戎之爲行，豈懷私苟得，正當不欲爲異耳！」帝雖以是言釋之，然爲清慎者所鄙，由是損名。

戎在職雖無殊能，而庶績修理。後遷光祿勳、吏部尚書，以母憂去職。性至孝，不拘禮制，飲酒食肉，或觀弈棊，而容貌毀悴，杖然後起。裴頠往弔之，謂人曰：「若使一慟能傷人，濬沖不免滅性之譏也。」時和嶠亦居父喪，以禮法自持，量米而食，哀毀不踰於戎。帝謂劉毅曰：「和嶠毀頓過禮，使人憂之。」毅曰：「嶠雖寢苦食粥，乃生孝耳。至於王戎，所謂死孝，陛下當先憂之。」戎先有吐疾，居喪增甚。帝遣醫療之，幷賜藥物，又斷賓客。

楊駿執政，拜太子太傅。駿誅之後，東安公繇專斷刑賞，威震外內。戎誡繇曰：「大事之後，宜深遠之。」繇不從，果得罪。轉中書令，加光祿大夫，給恩信五十人。遷尚書左僕射，領吏部。

戎始爲甲午制，凡選舉皆先治百姓，然後授用。司隸傅咸奏戎，曰：「書稱『三載考績，三考黜陟幽明』。今內外羣官，居職未朞而戎奏還，既未定其優劣，且送故迎新，相望道路，巧詐由生，傷農害政。戎不仰依堯舜典謨，而驅動浮華，虧敗風俗，非徒無益，乃有大損。宜免戎官，以敦風俗。」戎與賈、郭通親，竟得不坐。尋轉司徒。以王政將圮，苟媚取容，屬愍懷太子之廢，竟無一言匡諫。

裴頠，戎之壻也，頠誅，戎坐免官。齊王冏起義，孫秀錄戎於城內，趙王倫子欲取戎爲軍司。博士王繇曰：「濬沖譎詐多端，安肯爲少年用？」乃止。惠帝反宮，以戎爲尚書令。既而河間王顒遣使就說成都王穎，將誅齊王冏。檄書至，冏謂戎曰：「孫秀作逆，天子幽逼。孤糾合義兵，掃除元惡，臣子之節，信著神明。二王聽讒，造構大難，當賴忠謀，以和不協。卿其善爲我籌之。」戎曰：「公首舉義衆，匡定大業，開闢以來，未始有也。然論功報賞，不及有勞，朝野失望，人懷貳志。今二王帶甲百萬，其鋒不可當，若以王就第，不失故爵。委權崇讓，此求安之計也。」冏謀臣葛旟怒曰：「漢魏以來，王公就第，寧有得保妻子乎！議者可斬。」於是百官震悚，戎僞藥發墮廁，得不及禍。

戎以晉室方亂，慕蘧伯玉之爲人，與時舒卷，無蹇諤之節。自經典選，未嘗進寒素，退虛名，但與時浮沈，戶調門選而已。尋拜司徒，雖位總鼎司，而委事僚寀。間乘小馬，從便門而出游，見者不知其三公也。故吏多至大官，道路相遇輒避之。性好興利，廣收八方園田水碓，周徧天下。積實聚錢，不知紀極，每自執牙籌，晝夜算計，恒若不足。而又儉嗇，不自奉養，天下人謂之膏肓之疾。女適裴頠，貸錢數萬，久而未還。女後歸寧，戎色不悅，女遽還直，然後乃歡。從子將婚，戎遺其一單衣，婚訖而更責取。家有好李，常出貨之，恐人得種，恒鑽其核。以此獲譏於世。

其後從帝北伐，王師敗績於蕩陰，戎復詣鄴，隨帝還洛陽。車駕之西遷也，戎出奔于郟。在危難之間，親接鋒刃，談笑自若，未嘗有懼容。時召親賓，歡娛永日。永興二年，薨于郟縣，時年七十二，謚曰元。

戎有人倫鑒識，嘗目山濤如璞玉渾金，人皆欽其寶，莫知名其器；王衍神姿高徹，如瑤林瓊樹，自然是風塵表物。謂裴頠拙於用長，荀勖工於用短，陳道寧纆纆如束長竿。族弟敦有高名，戎惡之。敦每候戎，輒託疾不見。敦後果爲逆亂。其鑒賞先見如此。嘗經黃公酒壚下過，顧謂後車客曰：「吾昔與嵇叔夜、阮嗣宗酣暢於此，竹林之游亦預其末。自嵇、阮云亡，吾便爲時之所羈紲。今日視之雖近，邈若山河！」初，孫秀爲琅邪郡吏，求品於鄉議。戎從弟衍將不許，戎勸品之。及秀得志，朝士有宿怨者皆被誅，而戎、衍獲濟焉。

子萬，有美名。少而大肥，戎令食穅而肥愈甚。年十九卒。有庶子興，戎所不齒。以從弟陽平太守愔子爲嗣。

衍字夷甫，神情明秀，風姿詳雅。總角嘗造山濤，濤嗟歎良久，既去，目而送之曰：「何物老嫗，生寧馨兒！然誤天下蒼生者，未必非此人也。」父乂，爲平北將軍，常有公事，使行人列上，不時報。衍年十四，時在京師，造僕射羊祜，申陳事狀，辭甚清辯。祜名德貴重，而

衍幼年無屈下之色，衆咸異之。楊駿欲以女妻焉，衍恥之，遂陽狂自免。武帝聞其名，問戎曰：「夷甫當世誰比？」戎曰：「未見其比，當從古人中求之。」

泰始八年，詔舉奇才可以安邊者，衍初好論從橫之術，故尚書盧欽舉爲遼東太守。不就，於是口不論世事，唯雅詠玄虛而已。嘗因宴集，爲族人所怒，舉樏擲其面。衍初無言，引王導共載而去。然心不能平，在車中攬鏡自照，謂導曰：「爾看吾目光乃在牛背上矣。」父卒於北平，送故甚厚，爲親識之所借貸，因以捨之。數年之間，家資罄盡，出就洛城西田園而居焉。後爲太子舍人，還尚書郎。出補元城令，終日清談，而縣務亦理。入爲中庶子、黃門侍郎。

魏正始中，何晏、王弼等祖述老莊，立論以爲：「天地萬物皆以無爲本。〔九〕無也者，開物成務，無往不存者也。陰陽恃以化生，萬物恃以成形，賢者恃以成德，不肖恃以免身。故無之爲用，無爵而貴矣。」衍甚重之。惟裴頠以爲非，著論以譏之，而衍處之自若。衍既有盛才美貌，明悟若神，常自比子貢。兼聲名藉甚，傾動當世。妙善玄言，唯談老莊爲事。每捉玉柄麈尾，與手同色。義理有所不安，隨卽改更，世號「口中雌黃」。朝野翕然，謂之「一世龍門」矣。累居顯職，後進之士，莫不景慕放效。選舉登朝，皆以爲稱首。矜高浮誕，遂成風俗焉。衍嘗喪幼子，山簡弔之。衍悲不自勝，簡曰：「孩抱中物，何至於此！」衍曰：「聖人

忘情，最下不及於情。然則情之所鍾，正在我輩。」簡服其言，更爲之慟。

衍妻郭氏，賈后之親，藉中宮之勢，剛愎貪戾，聚斂無厭，好干預人事，衍患之而不能禁。時有鄉人幽州刺史李陽，京師大俠也，郭氏素憚之。衍謂郭曰：「非但我言卿不可，李陽亦謂不可。」郭氏爲之小損。衍疾郭之貪鄙，故口未嘗言錢。郭欲試之，令婢以錢繞牀，使不得行。衍晨起見錢，謂婢曰：「舉阿堵物却！」其措意如此。

後歷北軍中候、中領軍、尚書令。女爲愍懷太子妃，太子爲賈后所誣，衍懼禍，自表離婚。賈后既廢，有司奏衍，曰：「衍與司徒梁王肜書，寫呈皇太子手與妃及衍書，陳見誣之狀。肜等伏讀，辭旨懇惻。衍備位大臣，應以義責也。太子被誣得罪，衍不能守死善道，即求離婚。得太子手書，隱蔽不出。志在苟免，無忠蹇之操。宜加顯責，以厲臣節。可禁錮終身。」從之。

衍素輕趙王倫之爲人。及倫篡位，衍陽狂斫婢以自免。及倫誅，拜河南尹，轉尚書，又爲中書令。時齊王冏有匡復之功，而專權自恣，公卿皆爲之拜，衍獨長揖焉。以病去官。成都王穎以衍爲中軍師，累遷尚書僕射，領吏部，後拜尚書令、司空、司徒。衍雖居宰輔之重，不以經國爲念，而思自全之計。說東海王越曰：「中國已亂，當賴方伯，宜得文武兼資以任之。」乃以弟澄爲荊州，族弟敦爲青州。因謂澄、敦曰：「荊州有江漢之固，青州有負海之

險，卿二人在外，而吾留此，足以爲三窟矣。」識者鄙之。

及石勒、王彌寇京師，以衍都督征討諸軍事、持節、假黃鉞以距之。衍使前將軍曹武、左衞將軍王景等擊賊，〔一〇〕退之，獲其輜重。遷太尉，尚書令如故。封武陵侯，辭封不受。時洛陽危逼，多欲遷都以避其難，而衍獨賣車牛以安衆心。

越之討苟晞也，衍以太尉爲太傅軍司。及越薨，衆共推爲元帥。衍以賊寇鋒起，懼不敢當。辭曰：「吾少無宦情，隨牒推移，遂至於此。今日之事，安可以非才處之。」俄而舉軍爲石勒所破，勒呼王公，與之相見，問衍以晉故。衍爲陳禍敗之由，云計不在己。勒甚悅之，與語移日。衍自說少不豫事，欲求自免，因勸勒稱尊號。勒怒曰：「君名蓋四海，身居重任，少壯登朝，至於白首，何得言不豫世事邪！破壞天下，正是君罪。」使左右扶出。謂其黨孔萇曰：「吾行天下多矣，未嘗見如此人，當可活不？」萇曰：「彼晉之三公，必不爲我盡力，又何足貴乎！」勒曰：「要不可加以鋒刃也。」使人夜排牆填殺之。衍將死，顧而言曰：「嗚呼！吾曹雖不如古人，向若不祖尚浮虛，戮力以匡天下，猶可不至今日。」時年五十六。

衍儁秀有令望，希心玄遠，未嘗語利。王敦過江，常稱之曰：「夷甫處衆中，如珠玉在瓦石間。」顧愷之作畫贊，亦稱衍巖巖清峙，壁立千仞。其爲人所尚如此。

子玄，字眉子，少慕簡曠，亦有儁才，與衞玠齊名。荀藩用爲陳留太守，屯尉氏。玄素名家，有豪氣，荒弊之時，人情不附，將赴祖逖，爲盜所害焉。

澄字平子。生而警悟，雖未能言，見人舉動，便識其意。衍妻郭性貪鄙，欲令婢路上擔糞。澄年十四，諫郭以爲不可。郭大怒，謂澄曰：「昔夫人臨終，以小郎屬新婦，不以新婦屬小郎。」因捉其衣裾，將杖之。澄爭得脫，踰窗而走。

衍有重名於世，時人許以人倫之鑒。尤重澄及王敦、庾敳，嘗爲天下人士目曰：「阿平第一，子嵩第二，處仲第三。」澄嘗謂衍曰：「兄形似道，而神鋒太儁。」衍曰：「誠不如卿落落穆穆然也。」澄由是顯名。有經澄所題目者，衍不復有言，輒云「已經平子矣」。

少歷顯位，累遷成都王穎從事中郎。穎嬖豎孟玖譖殺陸機兄弟，天下切齒。澄發玖私姦，勸穎殺玖，穎乃誅之，士庶莫不稱善。及穎敗，東海王越請爲司空長史。以迎大駕勳，封南鄉侯。遷建威將軍、雍州刺史，不之職。時王敦、謝鯤、庾敳、阮脩皆爲衍所親善，號爲四友，而亦與澄狎，又有光逸、胡毋輔之等亦豫焉。酣讌縱誕，窮歡極娛。

惠帝末，衍白越以澄爲荊州刺史、持節、都督，領南蠻校尉，敦爲青州。衍因問以方略，敦曰：「當臨事制變，不可豫論。」澄辭義鋒出，算略無方，一坐嗟服。澄將之鎮，送者傾朝。澄見樹上鵲巢，便脫衣上樹，探鷇而弄之，神氣蕭然，傍若無人。劉琨謂澄曰：「卿形雖散

朗，而內實動俠，〔一一〕以此處世，難得其死。」澄默然不答。

澄既至鎮，日夜縱酒，不親庶事，雖寇戎急務，亦不以在懷。擢順陽人郭舒於寒悴之中，以爲別駕，委以州府。時京師危逼，澄率衆軍，將赴國難，而飄風折其節柱。會王如寇襄陽，澄前鋒至宜城，遣使詣山簡，爲如黨嚴嶷所獲。嶷僞使人從襄陽來而問之曰：「襄陽拔未？」答云：「昨旦破城，已獲山簡。」乃陰緩澄使，令得亡去。澄聞襄陽陷，以爲信然，散衆而還。既而恥之，託糧運不贍，委罪長史蔣俊而斬之，竟不能進。巴蜀流人散在荊湘者，與土人忿爭，遂殺縣令，屯聚樂鄉。澄使成都內史王機討之。賊請降，澄僞許之，既而襲之於寵洲，以其妻子爲賞，沈八千餘人於江中。於是益梁流人四五萬家一時俱反，推杜弢爲主，南破零桂，東掠武昌，敗王機于巴陵。澄亦無憂懼之意，但與機日夜縱酒，投壺博戲，數十局俱起。殺富人李才，取其家資以賜郭舒。南平太守應詹驟諫，不納。於是上下離心，內外怨叛。澄望實雖損，猶傲然自得。後出軍擊杜弢，次于作塘。山簡參軍王沖叛于豫州，自稱荊州刺史。澄懼，使杜蕤守江陵。澄還于孱陵，尋奔沓中。郭舒諫曰：「使君臨州，雖無異政，未失衆心。今西收華容向義之兵，足以擒此小醜，奈何自棄。」澄不能從。

初，澄命武陵諸郡同討杜弢，天門太守扈瓌次于益陽。武陵內史武察爲其郡夷所害，瓌以孤軍引還。澄怒，以杜曾代瓌。夷袁遂，瓌故吏也，託爲瓌報仇，遂舉兵逐曾，自稱平

晉將軍。澄使司馬毌丘邈討之，爲遂所敗。會元帝徵澄爲軍諮祭酒，於是赴召。時王敦爲江州，鎭豫章，澄過詣敦。澄夙有盛名，出於敦右，士庶莫不傾慕之。兼勇力絕人，素爲敦所憚，澄猶以舊意侮敦。敦益忿怒，請澄入宿，陰欲殺之。而澄左右有二十人，持鐵馬鞭爲衞，澄手嘗捉玉枕以自防，故敦未之得發。後敦賜澄左右酒，皆醉，借玉枕觀之。因下牀而謂澄曰：「何與杜弢通信？」澄曰：「事自可驗。」敦欲入內，澄手引敦衣，至于絕帶。乃登于梁，因罵敦曰：「行事如此，殃將及焉。」敦令力士路戎搤殺之，時年四十四，載尸還其家。劉琨聞澄之死，歎曰：「澄自取之。」及敦平，澄故吏佐著作郎桓稚上表理澄，請加贈謚。詔復澄本官，謚曰憲。長子詹，早卒。次子徽，右軍司馬。

郭舒字稚行。幼請其母從師，歲餘便歸，粗識大義。鄉人少府范晷、宗人武陵太守郭景，咸稱舒當爲後來之秀，終成國器。始爲領軍校尉，坐擅放司馬彪，繫廷尉，世多義之。刺史夏侯含辟爲西曹，轉主簿。含坐事，舒自繫理含，事得釋。刺史宗岱命爲治中，〔三〕喪母去職。劉弘牧荊州，引爲治中。弘卒，舒率將士推弘子璠爲主，討逆賊郭勱，滅之，保全一州。

王澄聞其名，引爲別駕。澄終日酣飲，不以衆務在意，舒常切諫之。及天下大亂，又勸

澄修德養威，保完州境。澄以爲亂自京都起，非復一州所能匡禦，雖不能從，然重其忠亮。荊土士人宗廞嘗因酒忤澄，澄怒，叱左右棒廞。舒厲色謂左右曰：「使君過醉，汝輩何敢妄動！」澄恚曰：「別駕狂邪，誑言我醉！」因遣掐其鼻，灸其眉頭，舒跪而受之。澄意少釋，而廞遂得免。

澄之奔敗也，以舒領南郡。澄又欲將舒東下，舒曰：「舒爲萬里紀綱，不能匡正，令使君奔亡，不忍渡江。」乃留屯沌口，採稆湖澤以自給。鄉人盜食舒牛，事覺，來謝。舒曰：「卿飢，所以食牛耳，餘肉可共啖之。」世以此服其弘量。

舒少與杜曾厚，曾嘗召之，不往，曾銜之。至是，澄又轉舒爲順陽太守，曾密遣兵襲舒，遁逃得免。

王敦召爲參軍，轉從事中郎。襄陽都督周訪卒，敦遣舒監襄陽軍。甘卓至，乃還。朝廷徵舒爲右丞，敦留不遣。敦謀爲逆，舒諫不從，使守武昌。荊州別駕宗澹忌舒才能，數譖之於王廙。廙疑舒與甘卓同謀，密以白敦，敦不受。高官督護繆坦嘗請武昌城西地爲營，太守樂凱言於敦曰：「百姓久買此地，種菜自贍，不宜奪之。」敦大怒曰：「王處仲不來江湖，當有武昌地不，而人云是我地邪！」凱懼，不敢言。舒曰：「公聽舒一言。」敦曰：「平子以卿病狂，故掐鼻灸眉頭，舊疾復發邪！」舒曰：「古之狂也直，周昌、汲黯、朱雲不狂也。昔堯立誹謗之木，舜置敢諫之鼓，然後事無枉縱。公爲勝堯舜邪？乃逆折舒，使不得言，何與古人相遠！」敦曰：「卿欲何言？」舒曰：「繆坦可謂小人，疑誤視聽，奪人私地，以强陵弱。晏子稱：君曰其可，臣獻其否，以成其可。是以舒等不敢不言。」敦卽使還地，衆咸壯之。敦重舒公亮，給賜轉豐，數詣其家。表爲梁州刺史。病卒。

樂廣

樂廣字彥輔，南陽淯陽人也。父方，參魏征西將軍夏侯玄軍事。廣時年八歲，玄常見廣在路，因呼與語，還謂方曰：「向見廣神姿朗徹，當爲名士。卿家雖貧，可令專學，必能興卿門戶也。」方早卒。廣孤貧，僑居山陽，寒素爲業，人無知者。性沖約，有遠識，寡嗜慾，與物無競。尤善談論，每以約言析理，以厭人之心，其所不知，默如也。

裴楷嘗引廣共談，自夕申旦，雅相欽挹，歎曰：「我所不如也。」王戎爲荊州刺史，聞廣爲夏侯玄所賞，乃舉爲秀才。楷又薦廣於賈充，遂辟太尉掾，轉太子舍人。尙書令衞瓘，朝之耆舊，逮與魏正始中諸名士談論，見廣而奇之，曰：「自昔諸賢既沒，常恐微言將絕，而今乃復聞斯言於君矣。」命諸子造焉，曰：「此人之水鏡，見之瑩然，若披雲霧而覩青天也。」王衍自言：「與人語甚簡至，及見廣，便覺己之煩。」其爲識者所歎美如此。

出補元城令，遷中書侍郎，轉太子中庶子，累遷侍中、河南尹。廣善清言而不長於筆，將讓尹，請潘岳爲表。岳曰：「當得君意。」廣乃作二百句語，述己之志。岳因取次比，便成名筆。時人咸云：「若廣不假岳之筆，岳不取廣之旨，無以成斯美也。」

嘗有親客，久闊不復來，廣問其故，答曰：「前在坐，蒙賜酒，方欲飲，見杯中有蛇，意甚惡之，既飲而疾。」于時河南聽事壁上有角，漆畫作蛇，廣意杯中蛇卽角影也。復置酒於前處，謂客曰：「酒中復有所見不？」答曰：「所見如初。」廣乃告其所以，客豁然意解，沈痾頓愈。

衞玠總角時，嘗問廣夢，廣云是想。玠曰：「神形所不接而夢，豈是想邪！」廣曰：「因也。」玠思之經月不得，遂以成疾。廣聞故，命駕爲剖析之，玠病卽愈。廣歎曰：「此賢胸中當必無膏肓之疾！」

廣所在爲政，無當時功譽，然每去職，遺愛爲人所思。凡所論人，必先稱其所長，則所短不言而自見矣。人有過，先盡弘恕，然後善惡自彰矣。廣與王衍俱宅心事外，名重於時。故天下言風流者，謂王、樂爲稱首焉。

少與弘農楊準相善。準之二子曰喬曰髦，皆知名於世。準使先詣裴頠，頠性弘方，愛喬有高韻。謂準曰：「喬當及卿，髦少減也。」又使詣廣，廣性清淳，愛髦有神檢。謂準曰：「喬自及卿，然髦亦淸出。」準笑曰：「我二兒之優劣，乃裴、樂之優劣也。」論者以爲喬雖有高

韵，而神檢不足，樂爲得之矣。

是時王澄、胡毋輔之等，皆亦任放爲達，或至裸體者。廣聞而笑曰：「名教內自有樂地，何必乃爾！」其居才愛物，動有理中，皆此類也。值世道多虞，朝章紊亂，清己中立，任誠保素而已。時人莫有見其際焉。

先是河南官舍多妖怪，前尹多不敢處正寢，廣居之不疑。嘗外戶自閉，左右皆驚，廣獨自若。顧見牆有孔，使人掘牆，得狸而殺之，其怪亦絕。

愍懷太子之廢也，詔故臣不得辭送，衆官不勝憤歎，皆冒禁拜辭。司隸校尉滿奮敕河南中部收縛拜者送獄，廣即便解遣。衆人代廣危懼。孫琰說賈謐曰：「前以太子罪惡，有斯廢黜，其臣不懼嚴詔，冒罪而送。今若繫之，是彰太子之善，不如釋去。」謐然其言，廣故得不坐。

遷吏部尚書左僕射，後東安王繇當爲僕射，轉廣爲右僕射，領吏部，代王戎爲尚書令。始戎薦廣，而終踐其位，時人美之。

成都王穎，廣之壻也，及與長沙王乂遘難，而廣既處朝望，羣小讒謗之。乂以問廣，廣神色不變，徐答曰：「廣豈以五男易一女。」乂猶以爲疑，廣竟以憂卒。荀藩聞廣之不免也，爲之流涕。三子：凱、肇、謨。

凱字弘緒，大司馬齊王掾，參驃騎軍事。肇字弘茂，太傅東海王掾。洛陽陷，兄弟相攜南渡江。謨字弘範，征虜將軍、吳郡內史。

史臣曰：漢相清靜，見機於曠務；周史清虛，不嫌於尸祿。豈台揆之任，有異於常班者歟！濬沖善發談端，夷甫仰希方外，登槐庭之顯列，顧漆園而高視。彼既憑虛，朝章已亂。戎則取容於世，旁委貨財；衍則自保其身，寧論宗稷？及三方搆亂，六戎藉手，犬羊之侶，鋒鏑如雲。夷甫區區焉，佞彼兇渠，以求容貸，頹牆之隕，猶有禮也。平子肆情傲物，對鏡難堪，終失厥生，自貽伊敗。且夫衣服表容，珪璋範德，聲移宮羽，彩照山華，布武有章，立言成訓。澄之箕踞，不已甚矣。若乃解袓登枝，〔一三〕裸形捫鵲，以此爲達，謂之高致，輕薄是效，風流詎及。道睽將聖，事乖跰指，操情獨往，自夭其生者焉。昔晏嬰哭莊公之尸，樂令解愍懷之客，豈聞伯夷之風歟，慨夫能立志者也。

贊曰：晉家求士，乃構仙臺，陵雲切漢，山叟知材。濬沖居鼎，談優務劣。夷甫兩顧，退求三穴。神亂當年，忠乖曩列。平子陵侮，多於用拙。樂令披雲，高天澄澈。

校勘記

〔一〕宛句　斠注：世說政事注引虞預晉書作「冤句」。見卷一四校記。

〔二〕鎮以退讓　斠注：書鈔六〇引王隱晉書「鎮」字上有「豈宜」二字。按：依上下文意，應有「豈宜」二字。

〔三〕白褒　「褒」原作「哀」。斠注：書鈔四五、六〇引王隱晉書有左丞白褒奏濤違詔，隋書經籍志二有白褒魯國先賢傳二卷，「哀」當作「褒」。按：劉頌傳亦作「褒」，今據改。下同。

〔四〕因發從弟婦喪　李校：爾時嫂叔尙無服，況從弟婦何得發喪？疑「婦」字衍。

〔五〕違在公之義　各本皆作「至公」，惟宋本作「在公」，通志一二二亦作「在公」。蓋用詩「夙夜在公」之義長。

〔六〕楊準　「準」原作「淮」。斠注：魏志陳思王傳注引世語、荀綽冀州記，王粲傳注引晉諸公贊及樂廣傳「楊淮」皆作「楊準」。疑「淮」爲「準」之譌。按：楊佺期傳亦作「楊準」，今改成一律。

〔七〕舉鞭向葛疆　「向」，世說任誕、御覽一六八、五七〇引俱作「問」。「疆」，宋本及世說、通志一二二、御覽一六八、四六五、五七〇引俱作「强」，下同。

〔八〕筒中細布　宋本、局本誤作「筒巾」。筒中，布名，見後漢書王符傳注引揚雄蜀都賦。今據殿本、御覽二一九引、册府四八二改。

〔九〕皆以無爲本　原作「皆以無爲爲本」。王懋竑讀書記疑七：文多一「爲」字。按：王說是。通鑑八二引正少一「爲」字，今據删。

〔一〇〕王景　通鑑八九「景」作「秉」，此蓋唐避諱改。

〔一一〕內實動俠　勞校：世說識險及注引鄧粲晉紀「動俠」作「勁狹」。按：册府八五五「俠」亦作「狹」。

〔一二〕宗岱　惠紀、李特載記作「宋岱」。參看卷四校記。

〔一三〕解袓登枝　「袓」，各本作「祖」，宋本及音義皆作「袓」，音義並引左傳「衷其袓服」爲釋。今從宋本。

晉書卷四十四

列傳第十四

鄭袤 子默 默子球

鄭袤字林叔，滎陽開封人也。高祖衆，漢大司農。父泰，揚州刺史，有高名。袤少孤，早有識鑒。荀攸見之曰：「鄭公業為不亡矣。」隨叔父渾避難江東。時華歆為豫章太守，渾往依之，歆素與泰善，撫養袤如己子。年十七，乃還鄉里。性清正。時濟陰魏諷為相國掾，名重當世，袤同郡任覽與結交。袤以諷姦雄，終必為禍，勸覽遠之。及諷敗，論者稱焉。

魏武帝初封諸子為侯，精選賓友，袤與徐幹俱為臨淄侯文學，轉司隸功曹從事。司空王朗辟為掾，袤舉高陽許允、扶風魯芝、東萊王基，朗皆命之，後咸至大位，有重名。袤遷尚書郎。出為黎陽令，吏民悅服。太守班下屬城，特見甄異，為諸縣之最。遷尚書右丞。轉濟陰太守，下車旌表孝悌，敬禮賢能，興立庠序，開誘後進。調補大將軍從事中郎，拜散騎

常侍。會廣平太守缺，宣帝謂袤曰：「賢叔大匠垂稱於陽平、魏郡，百姓蒙惠化。且盧子家、王子雍繼踵此郡，使世不乏賢，故復相屈。」袤在廣平，以德化為先，善作條教，郡中愛之。徵拜侍中，百姓戀慕，涕泣路隅。遷少府。高貴鄉公即位，袤與河南尹王肅備法駕奉迎于元城，封廣昌亭侯。徙光祿勳，領宗正。

毌丘儉作亂，景帝自出征之，百官祖送于城東，袤疾病不任會。帝謂中領軍王肅曰：「唯不見鄭光祿為恨。」肅以語袤，袤自輿追帝，及於近道。帝笑曰：「故知侯生必來也。」遂與袤共載，曰：「計將何先？」袤曰：「昔與儉俱為臺郎，特所知悉。其人好謀而不達事情，自昔建勳幽州，志望無限。文欽勇而無算。今大軍出其不意，江淮之卒銳而不能固，深溝高壘以挫其氣，此亞夫之長也。」帝稱善。轉太常。高貴鄉公議立明堂辟雍，精選博士，袤舉劉毅、劉寔、程咸、庾峻，後並至公輔大位。及常道鄉公立，與議定策，進封安城鄉侯，邑千戶。景元初，疾病失明，屢乞骸骨，不許。拜光祿大夫。五等初建，封密陵伯。

武帝踐阼，進爵為侯。雖寢疾十餘年，而時賢並相推薦。泰始中，詔曰：「光祿密陵侯袤，履行純正，守道沖粹，退有清和之風，進有素絲之節，宜登三階之曜，補袞職之闕。今以袤為司空。」天子臨軒，遣五官中郎將國坦就第拜授。袤前後辭讓，遣息稱上送印綬，至于十數。謂坦曰：「魏以徐景山為司空，吾時為侍中，受詔譬旨。徐公語吾曰：『三公當上應天

心，苟非其人，實傷和氣，不敢以垂死之年，累辱朝廷也。』終於不就。遵大雅君子之迹，可不務乎！」固辭，久之見許，以侯就第，拜儀同三司，置舍人官騎，賜牀帳簟褥，錢五十萬。

九年薨，時年八十五。帝於東堂發哀，賜祕器、朝服一具、衣一襲、錢三十萬、絹布各百匹，以供喪事。諡曰元。有子六人，長子默嗣，次質、舒、詡、稱、予，位並列卿。

默字思元。起家祕書郎，考覈舊文，刪省浮穢。中書令虞松謂曰：「而今而後，朱紫別矣。」轉尚書考功郎，專典伐蜀事，封關內侯，遷司徒左長史。武帝受禪，與太原郭奕俱為中庶子。朝廷以太子官屬宜稱陪臣，默上言：「皇太子體皇極之尊，無私於天下。宮臣皆受命天朝，不得同之藩國。」事遂施行。〔一〕出為東郡太守，值歲荒人饑，默輒開倉振給，乃舍都亭，自表待罪。朝廷嘉默憂國，詔書褒歎，比之汲黯。班告天下，若郡縣有此比者，皆聽出給。入為散騎常侍。

初，帝以貴公子當品，鄉里莫敢與為輩，求之州內，于是十二郡中正僉共舉默。文帝與袤書曰：「小兒得廁賢子之流，愧有竊賢之累。」及武帝出祀南郊，詔使默驂乘，因謂默曰：「卿知何以得驂乘乎？昔州里舉卿相輩，常愧有累清談。」遂問政事，對曰：「勸穡務農，為國之基。選人得才，濟世之道。居官久職，政事之宜。明慎黜陟，勸戒之由。崇尚儒素，化導

之本。如此而已矣。」帝善之。

後以父喪去官，尋起為廷尉。是時鬲令袁毅坐交通貨賂，大興刑獄。在朝多見引逮，唯默兄弟以潔慎不染其流。遷太常。時僕射山濤欲舉一親親為博士，謂默曰：「卿似尹翁歸，令吾不敢復言。」默為人敦重，柔而能整，皆此類也。

及齊王攸當之國，下禮官議崇錫典制。博士祭酒曹志等並立異議，默容過其事，坐免。尋拜大鴻臚。遭母喪，舊制，既葬還職，默自陳懇至，久而見許。遂改法定令，聽大臣終喪，自默始也。服闋，為大司農，轉光祿勳。

太康元年卒，時年六十八，諡曰成。尚書令衞瓘奏：「默才行名望，宜居論道，五升九卿，位未稱德，宜贈三司。」而后父楊駿先欲以女妻默子豫，默曰：「吾每讀雋不疑傳，常想其人。畏遠權貴，奕世所守。」遂辭之。駿深為恨。至此，駿議不同，遂不施行。默寬沖博愛，謙虛溫謹，不以才地矜物，事上以禮，遇下以和，雖僮豎廝養不加聲色，而猶有嫌怨，故士君子以為居世之難。子球。

球字子瑜。少辟宰府，入侍二宮。成都王為大將軍，起義討趙王倫，球自頓丘太守為右長史，以功封平壽公。累遷侍中、尚書、散騎常侍、中護軍、尚書右僕射，領吏部。永嘉二

年卒，追贈金紫光祿大夫，謚曰元。球弟豫，永嘉末爲尚書

李胤

李胤字宣伯，遼東襄平人也。祖敏，漢河內太守，去官還鄉里，遼東太守公孫度欲强用之，敏乘輕舟浮滄海，莫知所終。胤父信追求積年，浮海出塞，竟無所見，欲行喪制服，則疑父尚存，情若居喪而不聘娶。後有鄰居故人與其父同年者亡，因行喪制服。燕國徐邈與之同州里，以不孝莫大於無後，勸使娶妻。既生胤，遂絕房室，恒如居喪禮，不堪其憂，數年而卒。胤既幼孤，母又改行，有識之後，降食哀戚，亦以喪禮自居。又以祖不知存亡，設木主以事之。由是以孝聞。容貌質素，頹然若不足者，而知度沈邃，言必有則。

初仕郡上計掾，州辟部從事、治中，舉孝廉，參鎮北軍事。遷樂平侯相，政尚清簡。入爲尚書郎，遷中護軍司馬、吏部郎，銓綜廉平。賜爵關中侯，出補安豐太守。文帝引爲大將軍從事中郎，遷御史中丞，恭恪直繩，百官憚之。伐蜀之役，爲西中郎將、督關中諸軍事。後爲河南尹，封廣陸伯。

泰始初，拜尚書，進爵爲侯。胤奏以爲：「古者三公坐而論道，內參六官之事，外與六卿之教，或處三槐，兼聽獄訟，稽疑之典，謀及卿士。陛下聖德欽明，垂心萬機，猥發明詔，儀

刑古式，雖唐虞疇諮，周文翼翼，無以加也。自今以往，國有大政，可親延羣公，詢納讜言。其軍國所疑，延詣省中，使侍中、尚書諮論所宜。若有疾疢，不任覲會，臨時遣侍臣訊訪。」詔從之。遷吏部尚書僕射，尋轉太子少傅。詔以胤忠允高亮，有匪躬之節，使領司隸校尉。胤屢自表讓，忝傅儲宮，不宜兼監司之官。武帝以二職並須忠賢，故每不許。

咸寧初，皇太子出居東宮，帝以司隸事任峻重，而少傅有旦夕輔導之務，胤素羸，不宜久勞之，轉拜侍中，加特進。俄遷尚書令，侍中、特進如故。胤雖歷職內外，而家至貧儉，兒病無以市藥。帝聞之，賜錢十萬。其後帝以司徒舊丞相之職，詔以胤爲司徒。在位五年，簡亮持重，稱爲任職。以吳會初平，大臣多有勳勞，宜有登進，乃上疏遜位。帝不聽，遣侍中宣旨，優詔敦諭，絕其章表。胤不得已，起視事。

太康三年薨，詔遣御史持節監喪致祠，謚曰成。皇太子命舍人王贊誄之，文義甚美。帝後思胤清節，詔曰：「故司徒李胤，太常彭灌，並履忠清儉，身沒，家無餘積，賜胤家錢二百萬、穀千斛，灌家半之。」三子，固、眞長、修。固字萬基，散騎郎，先胤卒，固子志嗣爵。志字彥道，歷位散騎侍郎、建威將軍、陽平太守。眞長位至太僕卿。修黃門侍郎、太弟中庶子。

盧欽 子浮　弟珽　珽子志　志子諶

盧欽字子若，范陽涿人也。祖植，漢侍中。父毓，魏司空。世以儒業顯。欽清澹有遠識，篤志經史，舉孝廉，不行，魏大將軍曹爽辟爲掾。爽弟嘗有所屬請，欽白爽子弟不宜干犯法度，爽深納之，而罰其弟。除尚書郎。爽誅，免官。後爲侍御史，襲父爵大利亭侯，累遷琅邪太守。宣帝爲太傅，辟從事中郎，出爲陽平太守，遷淮北都督、伏波將軍，甚有稱績。徵拜散騎常侍、大司農，遷吏部尚書，進封大梁侯。

武帝受禪，以爲都督沔北諸軍事、平南將軍、假節，給追鋒軺臥車各一乘、第二駙馬二乘、騎具刀器、御府人馬鎧等，及錢三十萬。欽在鎮寬猛得中，疆埸無虞。入爲尚書僕射，加侍中、奉車都尉，領吏部。以清貧，特賜絹百匹。欽舉必以材，稱爲廉平。

咸寧四年卒，詔曰：「欽履道清正，執德貞素。文武之稱，著于方夏。入躋機衡，惟允庶事。肆勤內外，有匪躬之節。不幸薨沒，朕甚悼之。其贈衞將軍、開府儀同三司，賜祕器、朝服一具、衣一襲、布五十匹、錢三十萬。」謚曰元。又以欽忠清高潔，不營產業，身沒之後，家無所庇，特賜錢五十萬，爲立第舍。復下詔曰：「故司空王基、衞將軍盧欽、領典軍將軍楊囂，並素清貧，身沒之後，居無私積。頃者饑饉，聞其家大匱，其各賜穀三百斛。」欽歷宰州郡，不尚功名，唯以平理爲務。祿俸散之親故，不營貲產。動循禮典，妻亡，制廬杖，終喪居外。所著詩賦論難數十篇，名曰小道。子浮嗣。

浮字子雲，起家太子舍人。病疽截手，遂廢。然朝廷器重之，以爲國子博士、祭酒、祕書監，皆不就。

欽弟珽字子笏，衞尉卿。珽子志。

志字子道，初辟公府掾、尚書郎，出爲鄴令。成都王穎之鎮鄴也，愛其才量，委以心膂，遂爲謀主。齊王冏起義，遣使告穎。穎召志計事，志曰：「趙王無道，肆行篡逆，四海人神，莫不憤怒。今殿下總率三軍，應期電發，子來之衆，不召自至。掃夷凶逆，必有征無戰。然兵事至重，聖人所愼。宜旌賢任才，以收時望。」穎深然之，改選上佐，高辟掾屬，以志爲諮議參軍，仍補左長史，專掌文翰。穎前鋒都督趙驤爲倫所敗，士衆震駭，議者多欲還保朝歌。志曰：「今我軍失利，敵新得勝，必有輕易陵轢之情，若頓兵不進，三軍畏衄，懼不可用。且戰何能無勝負，宜更選精兵，星行倍道，出賊不意，此用兵之奇也。」穎從之。及倫敗，志勸穎曰：「齊王衆號百萬，與張泓等相持不能決，大王逕得濟河，此之大勳，莫之與比，而齊王今當與大王共輔朝政。志聞兩雄不俱處，功名不並立，今宜因太妃微疾，求還定省，推崇

齊王，徐結四海之心，此計之上也。」穎納之，遂以母疾還蕃，委重於冏。由是穎獲四海之譽，天下歸心。朝廷封志爲武强侯，加散騎常侍。

及河間王顒納李含之說，欲内除二王，樹穎儲副，遣報穎，穎將應之，志正諫，不從。及冏滅，穎遂執朝權，遂懷觖望之心。以長沙王乂在内，不得恣其所欲，密欲去乂。時荆州有張昌之亂，穎表求親征，朝廷許之。會昌等平，乃迴兵以討乂。志諫曰：「公前有復皇祚之大勳，及事平，歸功於齊，辭九錫之賞，不當朝政之權，振陽翟饑人，葬黄橋白骨，皆盛德之事，四海之人莫不荷賴矣。逆寇縱肆，猾擾荆楚，今公掃清羣難，南土以寧，振旅而旋，頓軍關外，文服入朝，此霸王者之事也。」穎不納。

及乂死，穎表志爲中書監，留鄴，參署相府事。乘輿敗於蕩陰，穎遣志督兵迎帝。及王浚攻鄴，志勸穎奉天子還洛陽。時甲士尚萬五千人，志夜部分，至曉，衆皆成列，而程太妃戀鄴不欲去，穎未能決。俄而衆潰，唯志與子謐、兄子綝、殿中武賁千人而已，志復勸穎早發。時有道士姓黄，號曰聖人，太妃信之。及使呼入，道士求兩杯酒，飲訖，抛杯而去，於是志計始決。而人馬復散，志於營陣間尋索，得數乘鹿車，司馬督韓玄收集黄門，得百餘人。志入，帝問志曰：「何故散敗至此？」志曰：「賊去鄴尚八十里，而人士一朝駭散，太弟今欲奉陛下還洛陽。」帝曰：「甚佳。」於是御犢車便發。屯騎校尉郝昌先領兵八千守洛陽，帝召之，

至汲郡而昌至，兵仗甚盛。志喜於復振，啓天子宜下赦書，與百姓同其休慶。既達洛陽，志啓以滿奮爲司隸校尉。奔散者多還，百官粗備，帝悅，賜志絹二百匹、緜百斤、衣一襲、鶴綾袍一領。

初，河間王顒聞王浚起兵，遣右將軍張方救鄴。方聞成都軍敗，頓兵洛陽，不敢進，縱兵虜掠，密欲遷都長安，將焚宗廟宮室，以絕人心。志說方曰：「昔董卓無道，焚燒洛陽，怨毒之聲，百年猶存，何爲襲之！」乃止。方遂逼天子幸其壘。帝垂泣就輿，唯志侍側，曰：「陛下今日之事，當一從右將軍。臣駑怯，無所云補，唯知盡微誠，不離左右而已。」停方壘三日便西，志復從至長安。穎被黜，志亦免官。

及東海王越奉迎大駕，顒啓帝復穎還鄴，以志爲魏郡太守，加左將軍，隨穎北鎮。行達洛陽，而平昌公模遣前鋒督護馮嵩距穎。穎還長安，未至而聞顒斬張方，求和於越。穎住華陰，志進長安，詣闕陳謝，即還就穎于武關。奔南陽，復爲劉陶所驅，迴詣河北。及穎薨，官屬奔散，唯志親自殯送，時人嘉之。越命志爲軍諮祭酒，遷衞尉。永嘉末，轉尚書。洛陽沒，志將妻子北投并州刺史劉琨。至陽邑，爲劉粲所虜，與次子謐、詵等俱遇害于平陽。長子諶。

諶字子諒，清敏有理思，好老莊，善屬文。選尚武帝女滎陽公主，拜駙馬都尉，未成禮而公主卒。後州舉秀才，辟太尉掾。洛陽沒，隨志北依劉琨，與志俱爲劉粲所虜。粲據晉陽，留諶爲參軍。琨收散卒，引猗盧騎還攻粲。粲敗走，諶得赴琨，先父母兄弟在平陽者，悉爲劉聰所害。琨爲司空，以諶爲主簿，轉從事中郎。琨妻即諶之從母，既加親愛，又重其才地。

建興末，隨琨投段匹磾。匹磾自領幽州，取諶爲別駕。匹磾既害琨，尋亦敗喪。時南路阻絕，段末波在遼西，諶往投之。元帝之初，末波通使于江左，諶因其使抗表理琨，文旨甚切，於是即加弔祭。累徵諶爲散騎中書侍郎，而爲末波所留，遂不得南渡。末波死，弟遼代立，諶流離世故且二十載。石季龍破遼西，復爲季龍所得，以爲中書侍郎、國子祭酒、侍中、中書監。屬冉閔誅石氏，諶隨閔軍，于襄國遇害，時年六十七，是歲永和六年也。

諶名家子，早有聲譽，才高行潔，爲一時所推。值中原喪亂，與清河崔悅、潁川荀綽、河東裴憲、北地傅暢並淪陷非所，雖俱顯于石氏，恒以爲辱。諶每謂諸子曰：「吾身沒之後，但稱晉司空從事中郎爾。」撰祭法，注莊子，及文集，皆行於世。

悅字道儒，魏司空林曾孫，劉琨妻之姪也。與諶俱爲琨司空從事中郎，後爲末波佐史。沒石氏，亦居大官。其綽、憲、暢並別有傳。

華表　子廙　廙子恒　廙弟嶠

華表字偉容，平原高唐人也。父歆，清德高行，爲魏太尉。表年二十，拜散騎黄門郎，累遷侍中。正元初，石苞來朝，盛稱高貴鄉公，以爲魏武更生。時聞者流汗沾背，表懼禍作，頻稱疾歸下舍，故免于大難。後遷尚書。五等建，封觀陽伯。坐供給喪事不整，免。

泰始中，拜太子少傅，轉光祿勳，遷太常卿。數歲，以老病乞骸骨。詔曰：「表清貞履素，有老成之美，久幹王事，靜恭匪懈。而以疾固辭，章表懇至。今聽如所上，以爲太中大夫，賜錢二十萬，牀帳褥席祿賜與卿同，門施行馬。」

表以苦節垂名，司徒李胤、司隸王宏等並歎美表清澹退靜，以爲不可得貴賤而親疏也。咸寧元年八月卒，時年七十二，謚曰康，詔賜朝服。有六子：廙，岑，嶠，鑒，澹，簡。

廙字長駿，弘敏有才義。妻父盧毓典選，難舉姻親，故廙年三十五不得調，晚爲中書通事郎。泰始初，遷冗從僕射。少爲武帝所禮，歷黄門侍郎、散騎常侍、前軍將軍、侍中、南中郎將、都督河北諸軍事。父疾篤輒還，仍遭喪舊例，葬訖復任，廙固辭，迕旨。

初，表有賜客在鬲，使廙因縣令袁毅錄名，三客各代以奴。及毅以貨賕致罪，獄辭迷

謬，不復顯以奴代客，直言送三奴與廙，而毅亦盧氏壻也。又中書監荀勖先爲中子求廙女，廙不許，爲恨，因密啓帝，以袁毅貨賕者多，不可盡罪，宜責最所親者一人，因指廙當之。又緣廙有違忤之咎，遂于喪服中免廙官，削爵土。大鴻臚何遵奏廙免爲庶人，不應襲封，請以表世孫混嗣表。有司奏曰：「廙所坐除名削爵，一時之制。廙爲世子，著在名簿，不聽襲嗣，此爲刑罰再加。諸侯犯法，八議平處者，褒功重爵也。嫡統非犯終身棄罪，廢之爲重，依律應聽襲封。」詔曰：「諸侯薨，子踰年即位，此古制也。應即位而廢之，爵命皆去矣，何爲罪罰再加？且吾之責廙，以肅貪穢，本不論常法也。諸賢不能將明此意，乃更詭易禮律，不顧憲度，君命廢之，而羣下復之，此爲上下正相反也。」於是有司奏免議者官，詔皆以贖論。混以世孫當受封，逃避，斷髮陽狂，病瘖不能語，故得不拜，世咸稱之。

廙棲遲家巷垂十載，教誨子孫，講誦經典。集經書要事，名曰善文，行于世。與陳勰共造猪闌於宅側，帝嘗出視之，問其故，左右以實對，帝心憐之。帝後又登陵雲臺，望見廙苜蓿園，阡陌甚整，依然感舊。

太康初大赦，乃得襲封。久之，拜城門校尉，遷左衞將軍。數年，以爲中書監。惠帝即位，加侍中、光祿大夫、尚書令，進爵爲公。廙應楊駿召，不時還，有司奏免官。尋還太子少傅，加散騎常侍，動遵禮典，得傅導之義。後年衰病篤，詔遣太醫療病，進位光祿大夫、開府

儀同三司。時河南尹韓壽因託賈后求以女配廙孫陶，廙距而不許，后深以爲恨，故遂不登台司。年七十五卒，謚曰元。三子：混、薈、恒。

混字敬倫，嗣父爵，淸貞簡正，歷位侍中、尚書，卒官。子陶嗣，補鞏令，沒於石勒。

薈字敬叔，爲河南尹。與荀藩、荀組俱避賊，至臨潁，父子並遇害。

恒字敬則，博學以清素爲稱。尚武帝女滎陽長公主，拜駙馬都尉。元康初，東宮建，恒以選爲太子賓友，賜爵關內侯，食邑百戶。辟司徒王渾倉曹掾，屬除散騎侍郎，累遷散騎常侍、北軍中候，俄拜領軍，加散騎常侍。

愍帝即位，以恒爲尚書，進爵苑陵縣公。頃之，劉聰逼長安，詔出恒爲鎮軍將軍，領潁川太守，以爲外援。恒興合義軍，得二千人，未及西赴，而關中陷沒。時羣賊方盛，所在州郡相繼奔敗，恒亦欲棄郡東渡，而從兄軼爲元帝所誅，以此爲疑。先書與驃騎將軍王導，導言於帝。帝曰：「兄弟罪不相及，況羣從乎！」即召恒，補光祿勳。恒到，未及拜，更以爲衞將軍，加散騎常侍、本州大中正。

尋拜太常，議立郊祀。尚書刁協、國子祭酒杜彝議，〔二〕須還洛乃修郊祀。恒議，漢獻帝居許，即便郊柴，宜於此修立。司徒荀組、驃騎將軍王導同恒議，遂定郊祀。尋以疾求解，詔曰：「太常職主宗廟，烝嘗敬重，而華恒所疾，不堪親奉職事。夫子稱『吾不與祭，如不祭』，況宗伯之任職所司邪！今轉恒爲廷尉。」頃之，加特進。

太寧初，遷驃騎將軍，加散騎常侍，督石頭水陸諸軍事。王敦表轉恒爲護軍，疾病不拜。授金紫光祿大夫，又領太子太保。成帝即位，加散騎常侍，領國子祭酒。咸和初，以愍帝時賜爵進封一皆削除，恒更以討王敦功封苑陵縣侯，復領太常。蘇峻之亂，恒侍帝左右，從至石頭，備履艱危，困悴踰年。

初，恒爲州大中正，鄉人任讓輕薄無行，爲恒所黜。及讓在峻軍中，任勢多所殺害，見恒輒恭敬，不肆其虐。鍾雅、劉超之死，亦將及恒，讓盡心救衞，故得免。

及帝加元服，又將納后。寇難之後，典籍靡遺，婚冠之禮，無所依據。恒推尋舊典，撰定禮儀，并郊廟辟雍朝廷軌則，事並施用。遷左光祿大夫、開府，常侍如故，固讓未拜。會卒，時年六十九，册贈侍中、左光祿大夫、開府，謚曰敬。

恒清恪儉素，雖居顯列，常布衣蔬食，年老彌篤。死之日，家無餘財，唯有書數百卷，時人以此貴之。子俊嗣，爲尚書郎。俊子仰之，大長秋。

嶠字叔駿，才學深博，少有令聞。文帝爲大將軍，辟爲掾屬，補尚書郎，轉車騎從事中

郎。泰始初，賜爵關內侯。遷太子中庶子，出爲安平太守。辭親老不行，更拜散騎常侍，典中書著作，領國子博士，遷侍中。

太康末，武帝頗親宴樂，又多疾病。屬小瘳，嶠與侍臣表賀，因微諫曰：「伏惟聖體漸就平和，上下同慶，不覺抃舞。臣等愚戇，竊有微懷，以爲收功於所忽，事乃無悔；慮福於垂成，祚乃日新。唯願陛下深垂聖明，遠思所忽之悔，以成日新之福。沖靜和氣，嗇養精神，頤身於清簡之宇，留心於虛曠之域。無厭世俗常戒，以忽羣下之言，則豐慶日延，天下幸甚！」帝手詔報曰：「輒自消息，無所爲慮。」元康初，封宜昌亭侯。誅楊駿，改封樂鄉侯，遷尚書。

後以嶠博聞多識，屬書典實，有良史之志，轉祕書監，加散騎常侍，班同中書。寺爲內臺，中書、散騎、著作及治禮音律，〔三〕天文數術，南省文章，門下撰集，皆典統之。初，嶠以漢紀煩穢，慨然有改作之意。會爲臺郎，典官制事，由是得徧觀祕籍，遂就其緒。起于光武，終于孝獻，一百九十五年，爲帝紀十二卷、皇后紀二卷、十典十卷、傳七十卷及三譜、序傳、目錄，凡九十七卷。嶠以皇后配天作合，前史作外戚傳以繼末編，非其義也，故易爲皇后紀，以次帝紀。又改志爲典，以有堯典故也。而改名漢後書奏之，詔朝臣會議。時中書監荀勖、令和嶠、太常張華、侍中王濟咸以嶠文質事核，有遷固之規，實錄之風，藏之祕府。後太尉汝南王亮、司空衞瓘爲東宮傅，列上通講，事遂施行。嶠所著論議難駁詩賦之屬數十

萬言，其所奏官制、太子宜還宮及安邊、雩祭、明堂辟雍、浚導河渠，巡禹之舊跡置都水官，修蠶宮之禮置長秋，事多施行。元康三年卒，追贈少府，謚曰簡。

嶠性嗜酒，率常沈醉。所撰書十典未成而終，祕書監何劭奏嶠中子徹為佐著作郎，使踵成之，未竟而卒。後監繆徵〔四〕又奏嶠少子暢為佐著作郎，克成十典，并草魏晉紀傳，與著作郎張載等俱在史官。永嘉喪亂，經籍遺沒，嶠書存者三十餘卷。〔五〕

嶠有三子：頤、徹、暢。頤嗣，官至長樂內史。暢有才思，所著文章數萬言。遭寇亂，避難荊州，為賊所害，時年四十。

石鑒

石鑒字林伯，樂陵厭次人也。出自寒素，雅志公亮。仕魏，歷尚書郎、侍御史、尚書左丞、御史中丞，多所糾正，朝廷憚之，出為并州刺史、假節、護匈奴中郎將。

武帝受禪，封堂陽子。入為司隸校尉，轉尚書。時秦涼為虜所敗，遣鑒都督隴右諸軍事，坐論功虛偽免官。後為鎮南將軍、豫州刺史，坐討吳賊虛張首級。詔曰：「昔雲中守魏尚以斬首不實受刑，武牙將軍田順以詐增虜獲自殺，誣罔敗法，古今所疾。鑒備大臣，吾所取信。往者西事，公欺朝廷，以敗為得，竟不推究。中間黜免未久，尋復授用，冀能補過，而

乃與下同詐。所謂大臣，義得爾乎！有司奏是也，顧未忍耳。今遣歸田里，終身不得復用，勿削爵土也。」久之，拜光祿勳，復為司隸校尉，稍加特進，遷右光祿大夫、開府，領司徒。前代三公冊拜，皆設小會，所以崇宰輔之制也。自魏末已後，廢不復行。至鑒，有詔令會，遂以為常。太康末，拜司空，領太子太傅。

武帝崩，鑒與中護軍張劭監統山陵。時大司馬、汝南王亮為太傅楊駿所疑，不敢臨喪，出營城外。時有告亮欲舉兵討駿，駿大懼，白太后令帝為手詔，詔鑒及張劭使率陵兵討亮。劭，駿甥也，便率所領催鑒速發，鑒以為不然，保持之，遣人密覘視亮，已別道還許昌，於是駿止，論者稱之。山陵訖，封昌安縣侯。〔六〕

元康初，為太尉。年八十餘，克壯慷慨，自遇若少年，時人美之。尋薨，謚曰元。子陋，字處賤，襲封，歷屯騎校尉。

溫羨

溫羨字長卿，太原祁人，漢護羌校尉序之後也。祖恢，魏揚州刺史。父恭，濟南太守。兄弟六人並知名於世，號曰「六龍」。羨少以朗寤見稱，齊王攸辟為掾，遷尚書郎。惠帝即位，拜豫州刺史，入為散騎常侍，累遷尚書。及齊王冏輔政，以羨攸之故吏，意特親之，轉吏部尚書。

先是，張華被誅，冏建議欲復其官爵。論者或以為非，羨駁之曰：「自天子已下，爭臣各有差，不得歸罪於一人也。故晏子曰：『為己死亡，非其親昵，誰能任之？』里克之殺二庶，陳乞之立陽生，漢朝之誅諸呂，皆積年之後乃得立事。未有事主見存，而得行其志於數月之內者也。式乾之會，張華獨諫。上宰不和，不能承風贊善，望其指麾從命，不亦難乎！況今皇后譖害其子，內難不預，禮非所在。且后體齊於帝，尊同皇極，罪在枉子，事不為逆，義非所討。今以華不能廢枉子之后，與趙盾不討殺君之賊同，而貶責之，於義不經通也。」華竟得追復爵位。

其後以從駕討成都王穎有勳，封大陵縣公，邑千八百戶。出為冀州刺史，加後將軍。范陽王虓敗於許昌也，自牧冀州，羨乃避之。惠帝之幸長安，以羨為中書令，不就。及帝還洛陽，徵為中書監，加散騎常侍。未拜，會帝崩，懷帝即位，遷左光祿大夫、開府，領司徒，論者僉謂為速。在位未幾，病卒，贈司徒，謚曰元。有三子：祗、允、裕。

祗字敬齊，太傅西曹掾。允字敬咸，太子舍人。裕字敬嗣，尚武安長公主，官至左光祿大夫。

史臣曰：晉氏中朝，承累世之資，建兼并之業，衣冠斯盛，英彥如林。此數公者，或以雅望處台槐，或以高名居保傅，自非一時之秀，亦曷能至于斯。惜其參緘於論道之辰，獨善於兼濟之日，良圖靦議，無足多談。然退己進賢，林叔弘推讓之美；自家刑國，宣伯協恭孝之規。子若之儒素為基，偉容之苦節流譽，慶垂來葉，不亦宜哉！石鑒以公亮升，溫羨以明寤顯，屬于危亂，不隕其名。歲寒見松柏之後彫，斯人之謂矣。

贊曰：讓矣密陵，孝哉廣陸。欽既博雅，表亦貞肅。鑒績克宣，溫聲載穆。同鏘玉振，爭芬蘭郁。

校勘記

〔一〕事遂施行　御覽二四五引「施行」上有「不」字，疑是。

〔二〕杜彝　斠注：儒林傳作「杜夷」。按：夷字行齊，「夷」「齊」義諧，丁潭傳、通典八二、九四亦作「夷」，疑是。

〔三〕治禮音律　「音」疑當作「考」字。

〔四〕繆徵　「徵」原作「徵」。斠注：御覽二三四引王隱晉書作「繆徵」，徵見賈謐傳。按：職官志、魏志劉劭傳注引文章志並作「徵」。隋書經籍志四有秘書監繆徵集，「徵」字誤，今據改。張軌傳

有秘書監繆世徵，世徵疑卽繆徵之字。

〔五〕三十餘卷　「三」，各本作「五」，惟宋本及通志一二二作「三」，商榷謂作「三十餘卷」者是。

〔六〕封昌安縣侯　以石尠、石定墓碣證之，「縣侯」當爲「公」字。參卷四校記。

晉書卷四十五

列傳第十五

劉毅 子暾　程衛

劉毅字仲雄，東萊掖人。漢城陽景王章之後。父喈，丞相屬。毅幼有孝行，少厲清節，然好臧否人物，王公貴人望風憚之。僑居平陽，太守杜恕請爲功曹，沙汰郡吏百餘人，三魏稱焉。爲之語曰：「但聞劉功曹，不聞杜府君。」

魏末，本郡察孝廉，辟司隸都官從事，京邑肅然。毅將彈河南尹，司隸不許，曰：「攫獸之犬，鼷鼠蹈其背。」毅曰：「既能攫獸，又能殺鼠，何損於犬！」投傳而去。同郡王基薦毅於公府，曰：「毅方正亮直，介然不羣，言不苟合，行不苟容。往日僑仕平陽，爲郡股肱，正色立朝，舉綱引墨，朱紫有分，鄭衞不雜，孝弟著於邦族，忠貞效於三魏。昔孫陽取騏驥於吳阪，秦穆拔百里於商旅。毅未遇知己，無所自呈。前已口白，謹復申請。」太常鄭袤舉博士，

文帝辟爲相國掾，辭疾，積年不就。時人謂毅忠於魏氏，而帝怒其顧望，將加重辟。毅懼，應命，轉主簿。

武帝受禪，爲尚書郎、駙馬都尉，遷散騎常侍、國子祭酒。帝以毅忠蹇正直，使掌諫官。轉城門校尉，遷太僕，拜尚書，坐事免官。咸寧初，復爲散騎常侍、博士祭酒。轉司隸校尉，糺正豪右，京師肅然。司部守令望風投印綬者甚衆，時人以毅方之諸葛豐、蓋寬饒。皇太子朝，鼓吹將入東掖門，毅以爲不敬，止之於門外，奏劾保傅以下。詔赦之，然後得入。

帝嘗南郊，禮畢，喟然問毅曰：「卿以朕方漢何帝也？」對曰：「可方桓靈。」帝曰：「吾雖德不及古人，猶克己爲政。又平吳會，混一天下。方之桓靈，其已甚乎！」對曰：「桓靈賣官，錢入官庫；陛下賣官，錢入私門。以此言之，殆不如也。」帝大笑曰：「桓靈之世，不聞此言。今有直臣，故不同也。」散騎常侍鄒湛進曰：「世談以陛下比漢文帝，人心猶不多同。昔馮唐答文帝，云不能用頗牧而文帝怒，今劉毅言犯順而陛下歡。然以此相校，聖德乃過之矣。」帝曰：「我平天下而不封禪，焚雉頭裘，行布衣禮，卿初無言。今於小事，何見褒之甚？」湛曰：「臣聞猛獸在田，荷戈而出，凡人能之。蜂蠆作於懷袖，勇夫爲之驚駭，出於意外故也。夫君臣有自然之尊卑，言語有自然之逆順。向劉毅始言，臣等莫不變色。陛下發不世之詔，出思慮之表，臣之喜慶，不亦宜乎！」

在職六年，遷尚書左僕射。時龍見武庫井中，帝親觀之，有喜色。百官將賀，毅獨表曰：「昔龍降鄭時門之外，子產不賀。龍降夏庭，沫流不禁，卜藏其漦，至周幽王，禍釁乃發。易稱『潛龍勿用，陽在下也』。證據舊典，無賀龍之禮。」詔報曰：「正德未修，誠未有以膺受嘉祥。省來示，以爲瞿然。賀慶之事，宜詳依典義，動靜數示。」尚書郎劉漢等議，以爲：「龍體既蒼，雜以素文，意者大晉之行，戢武興文之應也。而毅乃引衰世妖異，以疑今之吉祥。又以龍在井爲潛，皆失其意。潛之爲言，隱而不見。今龍彩質明煥，示人以物，非潛之謂也。毅應推處。」詔不聽。後陰氣解而復合，毅上言：「必有阿黨之臣，姦以事君者，當誅而不誅故也。」

毅以魏立九品，權時之制，未見得人，而有八損，乃上疏曰：

臣聞：立政者，以官才爲本，官才有三難，而興替之所由也。人物難知，一也；愛憎難防，二也；情僞難明，三也。今立中正，定九品，高下任意，榮辱在手。操人主之威福，奪天朝之權勢。愛憎決於心，情僞由於己。公無考校之負，私無告訐之忌。用心百態，求者萬端。廉讓之風滅，苟且之俗成。天下訩訩，但爭品位，不聞推讓，竊爲聖朝恥之。

夫名狀以當才爲清，品輩以得實爲平，安危之要，不可不明。清平者，政化之美也；枉濫者，亂敗之惡也，不可不察。然人才異能，備體者寡。器有大小，達有早晚。前鄙後修，宜受日新之報；抱正違時，宜有質直之稱；度遠闕小，宜得殊俗之狀；任直不飾，宜得清實之譽；行寡才優，宜獲器任之用。是以三仁殊塗而同歸，四子異行而均義。陳平、韓信笑侮於邑里，而收功於帝王；屈原、伍胥不容於人主，而顯名於竹帛，是篤論之所明也。

今之中正，不精才實，務依黨利；不均稱尺，務隨愛憎。所欲與者，獲虛以成譽；所欲下者，吹毛以求疵。高下逐強弱，是非由愛憎。隨世興衰，不顧才實，衰則削下，興則扶上，一人之身，旬日異狀。或以貨賂自通，或以計協登進，附託者必達，守道者困悴。無報於身，必見割奪；有私於己，必得其欲。是以上品無寒門，下品無勢族。暨時有之，皆曲有故。慢主罔時，實爲亂源。損政之道一也。

置州都者，取州里清議，咸所歸服，將以鎮異同，一言議。不謂一人之身，了一州之才，一人不審便坐之。若然，自仲尼以上，至于庖犧，莫不有失，則皆不堪，何獨責于中人者哉！若殊不修，自可更選。今重其任而輕其人，所立品格，還訪刁攸。攸非州里之所歸，非職分之所置。今訪之，歸正於所不服，決事於所不職，以長讒構之源，以生乖爭之兆，似非立都之本旨，理俗之深防也。主者既善刁攸，攸之所下而復選以二千石，已有數人。劉良上攸之所下，石公罪攸之所行，駁違之論橫於州里，嫌讎之隙結於大臣。夫桑妾之訟，禍及吳楚；鬭雞之變，難興魯邦。況乃人倫交爭而部黨興，刑獄滋生而禍根結。損政之道二也。

本立格之體，將謂人倫有序，若貫魚成次也。爲九品者，取下者爲格，謂才德有優劣，倫輩有首尾。今之中正，務自遠者，則抑割一國，使無上人；穢劣下比，則拔舉非次，并容其身。公以爲格，坐成其私。君子無大小之怨，官政無繩姦之防。使得上欺明主，下亂人倫。乃使優劣易地，首尾倒錯。推貴異之器，使在凡品之下；負戴不肖，越在成人之首。損政之道三也。

陛下踐阼，開天地之德，弘不諱之詔，納忠直之言，以覽天下之情，太平之基，不世之法也。然賞罰，自王公以至於庶人，無不加法。置中正，委以一國之重，無賞罰之防。人心多故，清平者寡，故怨訟者衆。聽之則告訐無已，禁絕則侵枉無極，與其理訟之煩，猶愈侵枉之害。今禁訟訴，則杜一國之口，培一人之勢，使得縱橫，無所顧憚。諸受枉者抱怨積直，獨不蒙天地無私之德，而長壅蔽于邪人之銓。使上明不下照，下情不上聞。損政之道四也。

昔在前聖之世，欲敦風俗，鎮靜百姓，隆鄉黨之義，崇六親之行，禮教庠序以相率，賢不肖於是見矣。然鄉老書其善以獻天子，司馬論其能以官於職，有司考績以明黜陟。故天下之人退而修本，州黨有德義，朝廷有公正，浮華邪佞無所容厝。今一國之士多者千數，或流徙異邦，或取給殊方，面猶不識，況盡其才力！而中正知與不知，其當品狀，采譽於臺府，納毁於流言。任己則有不識之蔽，聽受則有彼此之偏。所知者以愛憎奪其平，所不知者以人事亂其度；既無鄉老紀行之譽，又非朝廷考績之課；遂使進官之人，棄近求遠，背本逐末。位以求成，不由行立，品不校功，黨譽虛妄。損政五也。

凡所以立品設狀者，求人才以理物也，非虛飾名譽，相爲好醜。雖孝悌之行，不施朝廷，故門外之事，以義斷恩。既以在官，職有大小，事有劇易，各有功報，此人才之實效，功分之所得也。今則反之，於限當報，雖職之高，還附卑品，無績於官，而獲高敍，是爲抑功實而隆虛名也。上奪天朝考績之分，下長浮華朋黨之士。損政六也。

凡官不同事，人不同能，得其能則成，失其能則敗。今品不狀才能之所宜，而以九等爲例。以品取人，或非才能之所長；以狀取人，則爲本品之所限。若狀得其實，猶品狀相妨，繫縈選舉，使不得精於才宜。況今九品，所疏則削其長，所親則飾其短。徒結白論，以爲虛譽，則品不料能，百揆何以得理，萬機何以得修？損政七也。

前九品詔書，善惡必書，以爲褒貶，當時天下，少有所忌。今之九品，所下不彰其罪，所上不列其善，廢褒貶之義，任愛憎之斷，清濁同流，以植其私。故反違前品，大其形勢，以驅動衆人，使必歸己。進者無功以表勸，退者無惡以成懲。懲勸不明，則風俗汚濁，天下人焉得不解德行而銳人事？損政八也。

由此論之，選中正而非其人，授權勢而無賞罰，或缺中正而無禁檢，故邪黨得肆，枉濫縱橫。雖職名中正，實爲姦府；事名九品，而有八損。或恨結於親親，猜生於骨肉，當身困于敵讎，子孫離其殃咎。斯乃歷世之患，非徒當今之害也。是以時主觀時立法，防姦消亂，靡有常制，故周因於殷，有所損益。至于中正九品，上聖古賢皆所不爲，豈蔽於此事而有不周哉，將以政化之宜無取於此也。自魏立以來，未見其得人之功，而生讎薄之累。毀風敗俗，無益於化，古今之失，莫大於此。愚臣以爲宜罷中正，除九品，棄魏氏之弊法，立一代之美制。

疏奏，優詔答之。後司空衞瓘等亦共表宜省九品，復古鄉議里選。帝竟不施行。

毅夙夜在公，坐而待旦，言議切直，無所曲撓，爲朝野之所式瞻。嘗散齋而疾，其妻省之，毅便奏加妻罪而請解齋。妻子有過，立加杖捶，其公正如此。然以峭直，故不至公輔。帝以毅清貧，賜錢三十萬，日給米肉。年七十，告老。久之，見許，以光祿大夫歸第，門施行

馬，復賜錢百萬。

後司徒舉毅爲青州大中正，尚書以毅懸車致仕，不宜勞以碎務。陳留相樂安孫尹表曰：「禮，凡卑者執勞，尊者居逸，是順敍之宜也。司徒魏舒、司隸校尉嚴詢與毅年齒相近，往者同爲散騎常侍，後分授外內之職，資塗所經，出處一致。今詢管四十萬戶州，兼董司百僚，總攝機要，舒所統殷廣，兼執九品，銓十六州論議，主者不以爲劇。毅但以知一州，便謂不宜累以碎事，於毅太優，詢、舒太劣。若以前聽致仕，不宜復與遷授位者，故光祿大夫鄭袤爲司空是也。夫知人則哲，惟帝難之。尚可復委以宰輔之任，不可諮以人倫之論，臣竊所未安。昔鄭武公年過八十，入爲周司徒，雖過懸車之年，必有可用。毅前爲司隸，直法不撓，當朝之臣，多所按劾。諺曰：『受堯之誅，不能稱堯。』直臣無黨，古今所悉。是以汲黯死於淮陽，董仲舒裁爲諸侯之相。而毅獨遭聖明，不離輦轂，當世之士咸以爲榮。毅雖身偏有風疾，而志氣聰明，一州品第，不足勞其思慮。毅疾惡之心小過，主者必疑其論議傷物，故高其優禮，令去事實，此爲机閣毅，使絕人倫之路也。臣州茂德惟毅，越毅不用，則清談倒錯矣。」

於是青州自二品已上光祿勳石鑒等共奏曰：「謹按陳留相孫尹表及與臣等書如左。臣州履境海岱，而參風齊魯，故人俗務本，而世敦德讓，今雖不充於舊，而遺訓猶存，是以人倫

歸行，士識所守也。前被司徒符，當參舉州大中正。僉以光祿大夫毅，純孝至素，著在鄉閭。忠允亮直，竭於事上，仕不爲榮，惟期盡節。正身率道，崇公忘私，行高義明，出處同揆。故能令義士宗其風景，州閭歸其清流。雖年耆偏疾，而神明克壯，實臣州人士所思準繫者矣。誠以毅之明格，能不言而信，風之所動，清濁必偃，以稱一州咸同之望故也。竊以爲禮賢尚德，教之大典，王制奪與，動爲開塞，而士之所歸，人倫爲大。臣等虛劣，雖言廢於前，今承尹書，敢不列啓。按尹所執，非惟惜名議於毅之身，亦通陳朝宜奪與大準。以爲尹言當否，應蒙評議。」

由是毅遂爲州都，銓正人流，清濁區別，其所彈貶，自親貴者始。太康六年卒，武帝撫机驚曰：「失吾名臣，不得生作三公！」即贈儀同三司，使者監護喪事。羽林左監北海王宮上疏曰：「中詔以毅忠允匪躬，贈班台司，斯誠聖朝考績以毅著勳之美事也。臣謹按，謚者行之迹，而號者功之表。今毅功德並立，而有號無謚，於義不體。臣竊以春秋之事求之，謚法主於行而不繫爵。〔一〕然漢魏相承，爵非列侯，則皆沒而高行，不加之謚，至使三事之賢臣，不如野戰之將。銘跡所殊，臣願聖世舉春秋之遠制，改列爵之舊限，使夫功行之實不相掩替，則莫不率賴。若以革舊毀制，非所倉卒，則毅之忠益，雖不攻城略地，論德進爵，亦應在例。臣敢惟行甫請周之義，謹牒毅功行如右。」帝出其表使八坐議之，多同宮議。奏寢不

報。二子：暾、總。

暾字長升，正直有父風。太康初爲博士，會議齊王攸之國，加崇典禮，暾與諸博士坐議迕旨。武帝大怒，收暾等付廷尉。會赦得出，免官。初，暾父毅疾馮紞姦佞，欲奏其罪，未果而卒。至是，紞位宦日隆，暾慨然曰：「使先人在，不令紞得無患。」

後爲酸棗令，轉侍御史。會司徒王渾主簿劉輿獄辭連暾，將收付廷尉。渾不欲使府有過，欲距劾自舉之。與暾更相曲直，渾怒，便遜位還第。暾乃奏渾曰：「謹按司徒王渾，蒙國厚恩，備位鼎司，不能上佐天子，調和陰陽，下遂萬物之宜，使卿大夫各得其所。敢因劉輿拒扞詔使，私欲大府興長獄訟。昔陳平不答漢文之問，邴吉不問死人之變，誠得宰相之體也。既興刑獄，怨讟而退，舉動輕速，無大臣之節。請免渾官。右長史、楊丘亭侯劉肇，便辟善柔，苟於阿順。請大鴻臚削爵土。」諸聞暾此奏者，皆歎美之。

其後武庫火，尚書郭彰率百人自衞而不救火，暾正色詰之。彰怒曰：「我能截君角也。」暾勃然謂彰曰：「君何敢恃寵作威作福，天子法冠而欲截角乎！」求紙筆奏之，彰伏不敢言，衆人解釋，乃止。彰久貴豪侈，每出輒從百餘人。自此之後，務從簡素。

暾遷太原內史，趙王倫篡位，假征虜將軍，不受，與三王共舉義。惠帝復阼，暾爲左丞，

正色立朝，三臺清肅。尋兼御史中丞，奏免尚書僕射、東安公繇及王粹、董艾等十餘人。朝廷嘉之，遂卽眞。遷中庶子、左衞將軍、司隸校尉，奏免武陵王澹及何綏、劉坦、溫畿、李晅等。長沙王乂討齊王冏，暾豫謀，封朱虛縣公，千八百戶。乂死，坐免。頃之，復爲司隸。

及惠帝之幸長安也，留暾守洛陽。河間王顒遣使鴆羊皇后，暾乃與留臺僕射荀藩、河南尹周馥等上表，理后無罪。語在后傳。顒見表，大怒，遣陳顏、呂朗率騎五千收暾，暾東奔高密王略。會劉根作逆，[三]略以暾爲大都督，加鎮軍將軍討根。暾戰失利，還洛。至酸棗，値東海王越奉迎大駕。及帝還洛，羊后反宮。后遣使謝暾曰：「賴劉司隸忠誠之志，得有今日。」以舊勳復封爵，加光祿大夫。

暾妻前卒，先陪陵葬。子更生初婚，家法，婦當拜墓，攜賓客親屬數十乘，載酒食而行。先是，洛陽令王棱爲越所信，而輕暾，暾每欲繩之，棱以爲怨。時劉聰、王彌屯河北，京邑危懼。棱告越，云暾與彌鄉親而欲投之。越嚴騎將追暾，右長史傅宣明暾不然。暾聞之，未至墓而反，以正義責越，越甚慚。

及劉曜寇京師，以暾爲撫軍將軍、假節、都督城守諸軍事。曜退，遷尚書僕射。越憚暾久居監司，又爲衆情所歸，乃以爲右光祿大夫，領太子少傅，加散騎常侍。外示崇進，實奪其權。懷帝又詔暾領衞尉，加特進。後復以暾爲司隸，加侍中。暾五爲司隸，允協物情故也。

王彌入洛，百官殲焉。彌以暾鄉里宿望，故免於難。暾因說彌曰：「今英雄競起，九州幅裂，有不世之功者，宇內不容。將軍自興兵已來，何攻不克，何戰不勝，而復與劉曜不協，宜思文種之禍，以范蠡爲師。且將軍可無帝王之意，東王本州，以觀時勢，上可以混一天下，下可以成鼎峙之事，豈失孫劉乎！蒯通有言，將軍宜圖之。」彌以爲然，使暾于青州，與曹嶷謀，且徵之。暾至東阿，爲石勒游騎所獲，見彌與嶷書而大怒，乃殺之。暾有二子：佑、白。

佑爲太傅屬，白太子舍人。白果烈有才用，東海王越忌之，竊遣上軍何倫率百餘人入暾第，爲劫取財物，殺白而去。

總字弘紀，好學直亮，後叔父彪，位至北軍中候。

程衞字長玄，廣平曲周人也。少立操行，强正方嚴。劉毅聞其名，辟爲都官從事。毅奏中護軍羊琇犯憲應死。武帝與琇有舊，乃遣齊王攸喻毅，毅許之。衞正色以爲不可，徑自馳車入護軍營，收琇屬吏，考問陰私，先奏琇所犯狼藉，然後言於毅。由是名振遐邇，百官厲行。遂辟公府掾，遷尚書郎、侍御史，在職皆以事幹顯。補洛陽令，歷安定、頓丘太守，所涖著績。卒于官。

和嶠

和嶠字長輿，汝南西平人也。祖洽，魏尚書令。父逌，魏吏部尚書。嶠少有風格，慕舅夏侯玄之爲人，厚自崇重。有盛名于世，朝野許其能整風俗，理人倫。襲父爵上蔡伯，起家太子舍人。累遷潁川太守，爲政清簡，甚得百姓歡心。太傅從事中郎庾顗見而歎曰：「嶠森森如千丈松，雖磥砢多節目，施之大廈，有棟梁之用。」賈充亦重之，稱於武帝，入爲給事黃門侍郎，遷中書令，帝深器遇之。舊監令共車入朝，時荀勗爲監，嶠鄙勗爲人，以意氣加之，每同乘，高抗專車而坐。乃使監令異車，自嶠始也。

吳平，以參謀議功，賜弟郁爵汝南亭侯。嶠轉侍中，愈被親禮，與任愷、張華相善。嶠見太子不令，因侍坐曰：「皇太子有淳古之風，而季世多僞，恐不了陛下家事。」帝默然不答。後與荀顗、荀勗同侍，帝曰：「太子近入朝，差長進，卿可俱詣之，粗及世事。」既奉詔而還，顗、勗並稱太子明識弘雅，誠如明詔。嶠曰：「聖質如初耳！」帝不悅而起。嶠退居，恒懷慨歎，知不見用，猶不能已。在御坐言及社稷，未嘗不以儲君爲憂。帝知其言忠，每不酬和。後與嶠語，不及來事。或以告賈妃，妃銜之。太康末，爲尚書，以母憂去職。

及惠帝卽位，拜太子少傅，加散騎常侍、光祿大夫。太子朝西宮，嶠從入。賈后使帝問嶠曰：「卿昔謂我不了家事，今日定云何？」嶠曰：「臣昔事先帝，曾有斯言。言之不效，國之福也。臣敢逃其罪乎！」元康二年卒，贈金紫光祿大夫，加金章紫綬，本位如前。永平初，策謚曰簡。[三]嶠家產豐富，擬于王者，然性至吝，以是獲譏於世，杜預以爲嶠有錢癖。以弟郁子濟嗣，位至中書郎。

郁字仲輿，才望不及嶠，而以清幹稱，歷尚書左右僕射、中書令、尚書令。洛陽傾沒，奔于苟晞，疾卒。

武陔

武陔字元夏，沛國竹邑人也。父周，魏衞尉。陔沈敏有器量，早獲時譽，與二弟韶叔夏、茂季夏並總角知名，雖諸父兄弟及鄉閭宿望，莫能覺其優劣。同郡劉公榮有知人之鑒，常造周，周見其三子焉。公榮曰：「皆國士也。元夏最優，有輔佐之才，陳力就列，可爲亞公。叔夏、季夏不減常伯、納言也。」

陔少好人倫，與潁川陳泰友善。魏明帝世，累遷下邳太守。景帝爲大將軍，引爲從事中郎，累遷司隸校尉，轉太僕卿。初封亭侯，五等建，改封薛縣侯。文帝甚親重之，數與詮論時人。嘗問陳泰孰若其父羣，陔各稱其所長，以爲羣、泰略無優劣，帝然之。

泰始初，拜尚書，掌吏部，遷左僕射、左光祿大夫、開府儀同三司。陔以宿齒舊臣，名位隆重，自以無佐命之功，又在魏已爲大臣，不得已而居位，深懷遜讓，終始全潔，當世以爲美談。卒于位，諡曰定。子輔嗣。

韶歷吏部郎、太子右衞率、散騎常侍。

茂以德素稱，名亞于陔，爲上洛太守、散騎常侍、侍中、尚書。潁川荀愷年少于茂，卽武帝姑子，自負貴戚，欲與茂交，距而不答，由是致怨。及楊駿誅，愷時爲僕射，以茂駿之姨弟，陷爲逆黨，遂見害。茂清正方直，聞於朝野，一旦枉酷，天下傷焉。侍中傅祗上表申明之，後追贈光祿勳。

任愷

任愷字元褒，樂安博昌人也。父昊，魏太常。愷少有識量，尚魏明帝女，累遷中書侍郎、員外散騎常侍。晉國建，爲侍中，封昌國縣侯。

愷有經國之幹，萬機大小多管綜之。性忠正，以社稷爲己任，帝器而昵之，政事多諮焉。泰始初，鄭沖、王祥、何曾、荀顗、裴秀等各以老疾歸第。帝優寵大臣，不欲勞以筋力，數遣愷諭旨於諸公，諮以當世大政，參議得失。愷惡賈充之爲人也，不欲令久執朝政，每裁

抑焉。充病之，不知所爲。後承間言愷忠貞局正，宜在東宮，使護太子。帝從之，以爲太子少傅，而侍中如故，充計畫不行。會秦雍寇擾，天子以爲憂。愷因曰：「秦涼覆敗，關右騷動，此誠國家之所深慮。宜速鎭撫，使人心有庇。自非威望重臣有計略者，無以康西土也。」帝曰：「誰可任者？」愷曰：「賈充其人也。」中書令庾純亦言之，於是詔充西鎭長安。充用荀勖計得留。

充既爲帝所遇，欲專名勢，而庾純、張華、溫顒、向秀、和嶠之徒皆與愷善，楊珧、王恂、華廙等充所親敬，于是朋黨紛然。帝知之，召充、愷宴于式乾殿，而謂充等曰：「朝廷宜一，大臣當和。」充、愷各拜謝而罷。既而充、愷等以帝已知之而不責，結怨愈深，外相崇重，內甚不平。或爲充謀曰：「愷總門下樞要，得與上親接，宜啓令典選，便得漸疏，此一都令史事耳。且九流難精，間隙易乘。」充因稱愷才能，宜在官人之職。帝不之疑，謂充舉得其才。卽日以愷爲吏部尚書，加奉車都尉。

愷既在尚書，選舉公平，盡心所職，然侍觀轉希。充與荀勖、馮紞承間浸潤，謂愷豪侈，用御食器。充遣尚書右僕射、高陽王珪奏愷，遂免官。有司收太官宰人檢覈，是愷妻齊長公主得賜魏時御器也。愷既免而毀謗益至，帝漸薄之。然山濤明愷爲人通敏有智局，舉爲河南尹。坐賊發不獲，又免官。復遷光祿勳。

愷素有識鑒，加以在公勤恪，甚得朝野稱譽。而賈充朋黨又諷有司奏愷與立進令劉友交關。事下尚書，愷對不伏。尚書杜友、廷尉劉良並忠公士也，知愷爲充所抑，欲申理之，故遲留而未斷，以是愷及友、良皆免官。愷既失職，乃縱酒耽樂，極滋味以自奉養。初，何劭以公子奢侈，每食必盡四方珍饌，愷乃踰之，一食萬錢，猶云無可下筯處。愷時因朝請，帝或慰諭之，愷初無復言，惟泣而已。後起爲太僕，轉太常。

初，魏舒雖歷位郡守，而未被任遇，愷爲侍中，薦舒爲散騎常侍。至是舒爲右光祿、開府，領司徒，帝臨軒使愷拜授。舒雖以弘量寬簡爲稱，時以愷有佐世器局，而舒登三公，愷止守散卿，莫不爲之憤歎也。愷不得志，竟以憂卒，時年六十一，諡曰元，子罕嗣。

罕字子倫，幼有門風，才望不及愷，以淑行致稱，爲清平佳士。歷黃門侍郎、散騎常侍、兗州刺史、大鴻臚。

崔洪

崔洪字良伯，博陵安平人也。高祖寔，著名漢代。父讚，〔四〕魏吏部尚書、左僕射，以雅量見稱。洪少以清厲顯名，骨鯁不同於物，人之有過，輒面折之，而退無後言。武帝世，爲御史治書。時長樂馮恢父爲弘農太守，愛少子淑，欲以爵傳之。恢父終，服

闋，乃還鄉里，結草爲廬，陽瘖不能言，淑得襲爵。恢始仕爲博士祭酒，散騎常侍翟嬰薦恢高行邁俗，侔繼古烈。洪奏恢不敦儒素，令學生番直左右，雖有讓侯微善，不得稱無倫輩，嬰爲浮華之目。遂免嬰官，朝廷憚之。尋爲尚書左丞，時人爲之語曰：「叢生棘刺，來自博陵。在南爲鷂，在北爲鷹。」

選吏部尚書，舉用甄明，門無私謁。薦雍州刺史郤詵代己爲左丞。詵後糾洪，洪謂人曰：「我舉郤丞而還奏我，是挽弩自射也。」詵聞曰：「昔趙宣子任韓厥爲司馬，以軍法戮宣子之僕。宣子謂諸大夫曰：『可賀我矣，我選厥也任其事。』崔侯爲國舉才，我以才見舉，惟官是視，各明至公，何故私言乃至此！」〔五〕洪聞其言而重之。

洪口不言貨財，手不執珠玉。汝南王亮常讌公卿，以瑠璃鍾行酒。酒及洪，洪不執。亮問其故，對曰「慮有執玉不趨之義故爾」。然實乖其常性，故爲詭說。楊駿誅，洪與都水使者王佑親，坐見黜。後爲大司農，卒于官。子廓，散騎侍郎，亦以正直稱。

郭奕

郭奕字大業，太原陽曲人也。少有重名，山濤稱其高簡有雅量。初爲野王令，羊祜常過之，奕歎曰：「羊叔子何必減郭大業！」少選復往，又歎曰：「羊叔子去人遠矣。」遂送祜出界

數百里，坐此免官。咸熙末，爲文帝相國主簿。時鍾會反於蜀，荀勖卽會之從甥，少長會家，勖爲文帝掾，奕啓出之。帝雖不用，然知其雅正。

武帝踐阼，初建東宮，以奕及鄭默並爲中庶子。遷右衞率、驍騎將軍，封平陵男。咸寧初，遷雍州刺史、鷹揚將軍，尋假赤幢曲蓋、鼓吹。奕有寡姊，隨奕之官，姊下僮僕多有姦犯，而爲人所糾。奕省按畢，曰：「大丈夫豈當以老姊求名？」遂遣而不問。時亭長李含有俊才，而門寒爲豪族所排，奕用爲別駕，含後果有名位，時以奕爲知人。

太康中，徵爲尚書。奕有重名，當世朝臣皆出其下。時帝委任楊駿，奕表駿小器，不可任以社稷。帝不聽，駿後果誅。及奕疾病，詔賜錢二十萬，日給酒米。太康八年卒，太常上諡爲景。有司議以貴賤不同號，諡與景皇同，不可，請諡曰穆。詔曰：「諡所以旌德表行，按諡法一德不懈爲簡。奕忠毅清直，立德不渝。」於是遂賜諡曰簡。

侯史光

侯史光字孝明，東萊掖人也。幼有才悟，受學於同縣劉夏。舉孝廉，州辟別駕。咸熙初，爲洛陽典農中郎將，封關中侯。

泰始初，拜散騎常侍，尋兼侍中。與皇甫陶、荀廙持節循省風俗，及還，奏事稱旨，轉城

門校尉，進爵臨海侯。其年詔曰：「光忠亮篤素，有居正執義之心，歷職內外，恪勤在公，其以光爲御史中丞。雖屈其列校之位，亦所以伸其司直之才。」光在職寬而不縱。太保王祥久疾廢朝，光奏請免之，詔優祥而寢光奏。

後遷少府，卒官，詔賜朝服一具、衣一襲、錢三十萬、布百匹。及葬，又詔曰：「光厲志守約，有清忠之節。家極貧儉，其賜錢五十萬。」光儒學博古，歷官著績，文筆奏議皆有條理。長子玄嗣，官至玄菟太守。卒，子施嗣，〔六〕東莞太守。

何攀

何攀字惠興，蜀郡郫人也。仕州爲主簿。屬刺史皇甫晏爲牙門張弘所害，誣以大逆。時攀適丁母喪，遂詣梁州拜表，證晏不反，故晏冤理得申。王濬爲益州，辟爲別駕。濬謀伐吳，遣攀奉表詣臺，口陳事機，詔再引見，乃令張華與攀籌量進討之宜。濬兼遣攀過羊祜，面陳伐吳之策。攀善于將命，帝善之，詔攀參濬軍事。及孫晧降於濬，而王渾恚於後機，欲攻濬，攀勸濬送晧與渾，由是事解。以攀爲濬輔國司馬，封關內侯。

轉滎陽令，上便宜十事，甚得名稱。除廷尉平，時廷尉卿諸葛沖以攀蜀士，輕之，及共斷疑獄，沖始歎服。遷宣城太守，不行，轉散騎侍郎。楊駿執政，多樹親屬，大開封賞，欲以恩澤自衞。攀以爲非，乃與石崇共立議奏之。語在崇傳。帝不納。以豫誅駿功，封西城侯，邑萬戶，賜絹萬匹，弟逢平鄉侯，兄子逵關中侯。攀固讓所封戶及絹之半，餘所受者分給中外宗親，略不入己。遷翊軍校尉，頃之，出爲東羌校尉。徵爲揚州刺史，在任三年，遷大司農。轉兗州刺史，加鷹揚將軍，固讓不就。太常成粲、左將軍卞粹勸攀涖職，中詔又加切厲，攀竟稱疾不起。

及趙王倫篡位，遣使召攀，更稱疾篤。倫怒，將誅之，攀不得已，扶疾赴召。卒于洛陽，時年五十八。攀居心平允，涖官整肅，愛樂人物，敦儒貴才。爲梁、益二州中正，引致遺滯。巴西陳壽、閻乂、犍爲費立皆西州名士，並被鄉閭所謗，清議十餘年。攀申明曲直，咸免冤濫。攀雖居顯職，家甚貧素，無妾媵伎樂，惟以周窮濟乏爲事。子璋嗣，亦有父風。

史臣曰：幽厲不君，上德猶懷進善；共驩在位，大聖之所不堪。況乎志士仁人，寧求苟合！懷其寵秩，所以繫其存亡者也。雖復自口銷金，〔七〕投光撫劍，馳書北闕，敗車猶踐，而諫主不易，議臣實難。劉毅一遇寬容，任和兩遭膺受，詳觀餘烈，亦各其心焉。若夫武陔懷魏臣之志，崔洪愛郤詵之道，長升勸王彌之尊，何攀從趙倫之命，君子之人，觀乎臨事者也。

贊曰：仲雄初令，忠謇揚庭。身方諸葛，帝擬桓靈。大業非暢，元褒諂賈。和氏倏暢，

堪施大廈。崔門不謁，聲飛朝野。侯史、武陔，輔佐之才。何攀平允，冤濫多迴。

校勘記

〔一〕而不繫爵　「繫」，各本作「繼」，今從殿本。通典一〇四、職官分紀二引亦俱作「繫」。

〔二〕劉根　惠紀作「劉柏根」。

〔三〕永平初策諡曰簡　斠注：上文云元康二年卒，永平紀元在元康之前，不應先策諡而後卒也，此有誤文。按：殿本改「永平」爲「永康」。永康距元康凡九載，不應死後九年而後策諡。「永平初」三字疑駁文。

〔四〕父讚　斠注：魏志三少帝紀注引魏氏春秋有尚書崔贊，夏侯玄傳及注引冀州記亦作「贊」，當卽其人。

〔五〕何故私言乃至此　初學記一一引王隱晉書、御覽二一三引晉書百官表志注「私」作「其」。

〔六〕子施嗣　蔡豹傳有「東莞太守侯史旄」，當卽此人。「施」「旄」二字形近，當有一誤。

〔七〕雖復自口銷金　「自」疑「百」字之誤。

二十四史

晉書

唐 房玄齡等撰

第五冊

卷四六至卷五九（傳）

中華書局

晉書卷四十六

列傳第十六

劉頌

劉頌字子雅，廣陵人，漢廣陵厲王胥之後也。世爲名族。同郡有雷、蔣、穀、魯四姓，皆出其下，時人爲之語曰：「雷、蔣、穀、魯，劉最爲祖。」父觀，平陽太守。頌少能辨物理，爲時人所稱。察孝廉，舉秀才，皆不就。文帝辟爲相府掾，奉使于蜀。時蜀新平，人饑土荒，頌表求振貸，不待報而行，由是除名。

武帝踐阼，拜尚書三公郎，典科律，申寃訟。累遷中書侍郎。咸寧中，詔頌與散騎郎白褒巡撫荊揚，以奉使稱旨，轉黄門郎。遷議郎，守廷尉。時尚書令史扈寅非罪下獄，詔使考竟，頌執據無罪，寅遂得免，時人以頌比張釋之。在職六年，號爲詳平。會滅吳，諸將爭功，遣頌校其事，以王渾爲上功，王濬爲中功。帝以頌持法失理，左遷京兆太守，不行，轉任河

內。臨發，上便宜，多所納用。郡界多公主水碓，遏塞流水，轉爲浸害，頌表罷之，百姓獲其便利。尋以母憂去職。服闋，除淮南相。在官嚴整，甚有政績。舊修芍陂，年用數萬人，豪强兼幷，孤貧失業，頌使大小勠力，計功受分，百姓歌其平惠。

頌在郡上疏曰：

臣昔忝河內，臨辭受詔：「卿所言悉要事，宜大小數以聞。恒苦多事，或不能悉有報，勿以爲疑。」臣受詔之日，喜懼交集，益思自竭，用忘其鄙，願以螢燭，增暉重光。到郡草具所陳如左，未及書上，會臣嬰丁天罰，寢頓累年，今謹封上前事。臣雖才不經國，言淺多違，猶願陛下垂省，使臣微誠得經聖鑒，不總棄於常案。如有足採，冀補萬一。

伏見詔書，開啓土宇，以支百世，封建戚屬，咸出之藩，夫豈不懷，公理然也。樹國全制，始成于今，超秦、漢、魏氏之局節，紹五帝三代之絕跡。功被無外，光流後裔，巍巍盛美，三五之君殆有慚德。何則？彼因自然而就之，異乎絕跡之後更創之。雖然，封幼稚皇子于吳蜀，臣之愚慮，謂未盡善。夫吳越剽輕，庸蜀險絕，此故變釁之所出，易生風塵之地。且自吳平以來，東南六州將士更守江表，此時之至患也。又內兵外守，吳人有不自信之心，宜得壯主以鎮撫之，使內外各安其舊。又孫氏爲國，文武衆

職，數擬天朝，一旦堙替，同于編戶。不識所蒙更生之恩，而災困逼身，自謂失地，用懷不靖。今得長王以臨其國，隨才授任，文武並敍，士卒百役不出其鄉，求富貴者取之于國內。內兵得散，新邦乂安，兩獲其所，於事爲宜。宜取同姓諸王年二十以上人才高者，分王吳蜀。以其去近就遠，割裂土宇，令倍於舊。以徙封故地，用王幼稚，須皇子長乃遣君之，於是無晚也。急所須地，交得長主，此事宜也。臣所陳封建，今大義已舉，然餘衆事，儻有足採，以參成制，故皆幷列本事。

臣聞：不憚危悔之患，而願獻所見者，盡忠之臣也；垂聽逆耳，甘納苦言者，濟世之君也。臣以期運，幸遇無諱之朝。雖嘗抗疏陳辭，汎論政體，猶未悉所見，指言得失，徒荷恩寵，不異凡流。臣竊自愧，不盡忠規，無以上報，謹列所見如左。臣誠未自許所言必當，然要以不隱所懷爲上報之節。若萬一足採，則微臣更生之年；如皆瞽妄，則國之福也。願陛下缺半日之間，垂省臣言。

伏惟陛下雖應天順人，龍飛踐阼，爲創基之主，然所遇之時，實是叔世。何則？漢末陵遲，閹豎用事，小人專朝，君子在野，政荒衆散，遂以亂亡。魏武帝以經略之才，撥煩理亂，兼肅文教，積數十年，至于延康之初，然後吏清下順，法始大行。逮至文明二帝，奢淫驕縱，傾殆之主也。然內盛臺榭聲色之娛，外當三方英豪嚴敵，事成克舉，少

有愆違，其故何也？實賴前緒，以濟勳業。然法物政刑，固已漸積矣。自嘉平之初，晉祚始基，逮于咸熙之末，其間累年。雖鈇鉞屢斷，翦除凶醜，然其存者咸蒙遭時之恩，不軌于法。泰始之初，陛下踐阼，其所服乘皆先代功臣之胤，非其子孫，則其曾玄。古人有言，膏粱之性難正，故曰時遇叔世。當此之秋，天地之位始定，四海洗心整綱之會也。然陛下猶以用才因宜，法寬有由，積之在素，異于漢魏之先；三祖崛起，易朝之爲，未可一旦直繩御下，誠時宜也。然至所以爲政，矯世衆務，自宜漸出公塗，法正威斷，日遷就肅。譬由行舟，雖不橫截迅流，然俄向所趣，漸靡而往，終得其濟。積微稍著，以至于今，可以言政。而自泰始以來，將三十年，政功美績，未稱聖旨，凡諸事業，不茂既往。以陛下明聖，猶未及叔世之弊，〔二〕以成始初之隆，傳之後世，不無慮乎！意者，臣言豈不少概聖心夫！

顧惟萬載之事，理在二端。天下大器，一安難傾，一傾難正。故慮經後世者，必精目下之政，政安遺業，使數世賴之。若乃兼建諸侯而樹藩屏，深根固蔕，則祚延無窮，可以比跡三代。如或當身之政，遺風餘烈不及後嗣，雖樹親戚，而成國之制不建，使夫後世獨任智力以安大業。若未盡其理，雖經異時，憂責猶追在陛下，將如之何！願陛下善當今之政，樹不拔之勢，則天下無遺憂矣。

夫聖明不世及，後嗣不必賢，此天理之常也。故善爲天下者，任勢而不任人。任勢者，諸侯是也；任人者，郡縣是也。郡縣之察，小政理而大勢危；諸侯爲邦，近多違而遠慮固。聖王推終始之弊，權輕重之理，包彼小違以據大安，然後足以藩固內外，維鎮九服。夫武王聖主也，成王賢嗣也，然武王不恃成王之賢而廣封建者，慮經無窮也。且善言今者，必有驗之於古。唐虞以前，書文殘缺，其事難詳。至於三代，則並建明德，及興王之顯親，列爵五等，開國承家，以藩屏帝室，延祚久長，近者五六百歲，遠者僅將千載。逮至秦氏，罷侯置守，子弟不分尺土，孤立無輔，二世而亡。漢承周秦之後，雜而用之，前後二代各二百餘年。揆其封建不用，雖强弱不適，制度舛錯，不盡事中，然跡其衰亡，恒在同姓失職，諸侯微時，不在强盛。昔呂氏作亂，幸賴齊代之援，以寧社稷。七國叛逆，梁王捍之，卒弭其難。自是之後，威權削奪，諸侯止食租奉，甚者至乘牛車。是以王莽得擅本朝，遂其姦謀，傾蕩天下，毒流生靈。光武紹起，雖封樹子弟，而不建成國之制，祚亦不延。魏氏承之，圈閉親戚，幽囚子弟，是以神器速傾，天命移在陛下。長短之應，禍福之徵，可見於此。又魏氏雖正位居體，南面稱帝，然三方未賓，正朔有所不加，實有戰國相持之勢。大晉之興，宣帝定燕，太祖平蜀，陛下滅吳，可謂功格天地，土廣三王，舟車所至，人跡所及，皆爲臣妾，四海大同，始于今日。宜承大

勳之籍，及陛下聖明之時，開啓土宇，使同姓必王，建久安於萬載，垂長世於無窮。

臣又聞國有任臣則安，有重臣則亂。而王制，人君立子以適不以長，立適以長不以賢，此事情之不可易者也。而賢明至少，不肖至衆，此固天理之常也。物類相求，感應而至，又自然也。是以闇君在位，則重臣盈朝；明后臨政，則任臣列職。夫任臣之與重臣，俱執國統而立斷者也。然成敗相反，邪正相背，其故何也？重臣假所資以樹私，任臣因所籍以盡公。盡公者，政之本也；樹私者，亂之源也。推斯言之，則泰日少，亂日多，政教漸穨，欲國之無危，不可得也。又非徒唯然而已。借令愚劣之嗣，蒙先哲之遺緒，得中賢之佐，而樹國本根不深，無幹輔之固，則所謂任臣者化而爲重臣矣。何則？國有可傾之勢，則執權者見疑，衆疑難以自信，而甘受死亡者非人情故也。若乃建基既厚，藩屏强禦，雖置幼君赤子而天下不懼，曩之所謂重臣者，今悉反忠而爲任臣矣。何則？理無危勢，懷不自猜，忠誠得著，不惕于邪故也。聖王知賢哲之不世及，故立相持之勢以御其臣。是以五等既列，臣無忠慢，同於竭節，以徇其上。羣后既建，繼體賢鄙，亦均一契，等於無慮。且樹國苟固，則所任之臣，得賢益理，次委中智，亦足以安。何則？勢固易持故也。

然則建邦苟盡其理，則無向不可。是以周室自成康以下，逮至宣王，宣王之後，到

于赧王，其間歷載，朝無名臣，而宗廟不隕者，諸侯維持之也。故曰，爲社稷計，莫若建國。夫邪正逆順者，人心之所繫服也。今之建置，宜審量事勢，使諸侯率義而動，同忿俱奮，令其力足以維帶京邑。若包藏禍心，惕于邪而起，孤立無黨，所蒙之籍不足獨以有爲。然齊此甚難，陛下宜與達古今善識事勢之士深共籌之。建侯之理，使君樂其國，臣榮其朝，各流福祚，傳之無窮；上下一心，愛國如家，視百姓如子，然後能保荷天祿，兼翼王室。今諸王裂土，皆兼於古之諸侯，而君賤其爵，臣恥其位，莫有安志，其故何也？法同郡縣，無成國之制故也。今之建置，宜使率由舊章，一如古典。然人心繫常，不累十年，好惡未改，情願未移。臣之愚慮，以爲宜早創大制，遲回衆望，猶在十年之外，然後能令君臣各安其位，榮其所蒙，上下相持，用成藩輔。如今之爲，適足以虧天府之藏，徒棄穀帛之資，無補鎮國衞上之勢也。

古者封建既定，各有其國，後雖王之子孫，無復尺土，此今事之必不行者也。若推親疏，轉有所廢，以有所樹，則是郡縣之職，非建國之制。今宜豫開此地，令十世之內，使親者得轉處近。十世之遠，近郊地盡，然後親疏相維，不得復如十世之內。然猶樹親有所，遲天下都滿，已彌數百千年矣。今方始封而親疏倒施，甚非所宜。宜更大量天下土田方里之數，都更裂土分人，以王同姓，使親疏遠近不錯其宜，然後可以永安。

古者封國，大者不過土方百里，然後人數殷衆，境內必盈其力，足以備充制度。今雖一國周環近將千里，然力實寡，不足以奉國典。所遇不同，故當因時制宜，以盡事適今。宜令諸王國容少而軍容多，然於古典所應有者悉立其制，然非急所須，漸而備之，不得頓設也。須車甲器械既具，羣臣乃服綵章；倉廩已實，乃營宮室；百姓已足，乃備官司；境內充實，乃作禮樂。唯宗廟社稷，則先建之。至於境內之政，官人用才，自非內史、國相命於天子，其餘衆職及死生之斷、穀帛資實、慶賞刑威、非封爵者，悉得專之。今臣所舉二端，蓋事之大較；其所不載，應在二端之屬者，以此爲率。今諸國本一郡之政耳，若備舊典，則官司以數，事所不須，而以虛制損實力。至于慶賞刑斷，所以衞下之權，〔三〕不重則無以威衆人而衞上。故臣之愚慮，欲令諸侯權具，國容少而軍容多，然亦終於必備今事爲宜。

周之建侯，長享其國，與王者並，遠者僅將千載，近者猶數百年；漢之諸王，傳祚暨至曾玄。人性不甚相遠，古今一揆，而短長甚違，其故何邪？立意本殊而制不同故也。周之封建，使國重於君，公侯之身輕於社稷，故無道之君不免誅放。敦興滅繼絕之義，故國祚不泯。不免誅放，則羣后思懼；胤嗣必繼，是無亡國也。諸侯思懼，然後軌道，下無亡國，天子乘之，理勢自安，此周室所以長在也。漢之樹置君國，輕重不殊，故諸王失度，陷于罪戮，國隨以亡。不崇興滅繼絕之序，故下無固國。下無固國，天子居上，勢孤無輔，故姦臣擅朝，易傾大業。今宜反漢之弊，修周舊跡。國君雖或失道，陷于誅絕，又無子應除，苟有始封支胤，不問遠近，必紹其祚。若無遺類，則虛建之，須皇子生，以繼其統，然後建國無滅。又班固稱「諸侯失國亦猶網密」，今又宜都寬其檢。且建侯之理，本經盛衰，大制都定，班之羣后，著誓丹青，書之玉版，藏之金匱，置諸宗廟，副在有司。寡弱小國猶不可危，豈況萬乘之主！承難傾之邦而加其上，則自然永久居重固之安，可謂根深華嶽而四維之也。臣之愚，願陛下置天下于自安之地，寄大業于固成之勢，則可以無遺憂矣。

今閻閭少名士，官司無高能，其故何也？清議不肅，人不立德，行在取容，故無名士。下不專局，又無考課，吏不竭節，故無高能。無高能，則有疾世事；少名士，則後進無準，故臣思立吏課而肅清議。夫欲富貴而惡貧賤，人理然也。聖王大諳物情，知不可去，故直同公私之利，而詭其求道，使夫欲富者必先由貧，欲貴者必先安賤。安賤則不矜，不矜然後廉恥厲；守貧者必節欲，節欲然後操全。以此處務，乃得盡公。盡公者，富貴之徒也；爲無私者終得其私，故公私之利同也。今欲富者不由貧自得富，欲貴者不安賤自得貴，公私之塗既乖，而人情不能無私，私利不可以公得，則恒背公而橫務。是以風節日穨，公理漸替，人士富貴，非軌道之所得。以此爲政，小大難期。〔三〕然教穨來既久，難反一朝。又世放都靡，營欲比肩，羣士渾然，庸行相似，不可頓肅，甚殊黜陟也。且教不求盡善，善在抑尤，同侈之中，猶有甚泰。使夫昧適情之樂者，捐其顯榮之貴，俄在不鮮之地；約己潔素者，蒙儉德之報，列于清官之上。二業分流，令各有蒙。然俗放都奢，不可頓肅，故臣私慮，願先從事於漸也。

天下至大，萬事至衆，人君至少，同于天日，故非垂聽所得周覽。是以聖王之化，執要而已，委務于下而不以事自嬰也。分職既定，無所與焉，非憚日昃之勤，而牽於逸豫之虞，誠以政體宜然，事勢致之也。何則？夫造創謀始，逆闇是非，以別能否，甚難察也。既以施行，因其成敗，以分功罪，甚易識也。易識在考終，難察在造始，故人君恒居其易則安，人臣不處其難則亂。今陛下每精事始而略于考終，故羣吏慮事懷成敗之懼輕，飾文采以避目下之譴重，此政功所以未善也。今人主能恒居易執要以御其下，然後人臣功罪形于成敗之徵，無逃其誅賞。故罪不可蔽，功不可誣。功不可誣，則能者勸；罪不可蔽，則違慢日肅，此爲國之大略也。臣竊惟陛下聖心，意在盡善，懼政有違，故精事始，以求無失。又以衆官勝任者少，故不委務，寧居日昃也。臣之愚慮，竊以爲今欲盡善，故宜考終。何則？精始難校故也。又羣官多不勝任，亦宜委務，使能者得以成功，不能者得以著敗。敗著可得而廢，功成可得遂任，然後賢能常居位以善事，闒劣不得以尸祿害政。如此不已，則勝任者漸多，經年少久，卽羣司徧得其人矣。此校才考實，政之至務也。今人主不委事仰成，而與諸下共造事始，則功罪難分。下不專事，居官不久，故能否不別。何以驗之？今世士人決不悉良能也，又決不悉疲軟也。然今欲舉一忠賢，不知所賞；求一負敗，不知所罰。及其免退，自以犯法耳，非不能也。登進者自以累資及人間之譽耳，非功實也。若謂不然，則當今之政未稱聖旨，此其徵也。陛下御今法爲政將三十年，而功未日新，其咎安在？古人有言：「琴瑟不調，甚者必改而更張。」凡臣所言，誠政體之常，然古今異宜，所遇不同。陛下縱未得盡仰成之理，都委務於下，至如今事應奏御者，蠲除不急，使要事得精可三分之二。

古者六卿分職，冢宰爲師。秦漢已來，九列執事，丞相都總。今尚書制斷，諸卿奉成，於古制爲重，事所不須，然今未能省幷。可出衆事付外寺，使得專之，尚書爲其都統，若丞相之爲。惟立法創制，死生之斷，除名流徙，退免大事，及連度支之事，臺乃奏處。其餘外官皆專斷之，歲終臺閣課功校簿而已。此爲九卿造創事始，斷而行之，尚書書主，賞罰繩之，其勢必愈考成司非而已。於今親掌者動受成於上，上之所失，不得復以罪下，歲終事功不建，不知所責也。夫監司以法舉罪，獄官案劾盡實，法吏據辭守

文，大較雖同，然至於施用，監司與夫法獄體宜小異。獄官唯實，法吏唯文，監司則欲舉大而略小。何則？夫細過微闕，謬妄之失，此人情之所必有，而悉糾以法，則朝野無全人，〔四〕此所謂欲理而反亂者也。

故善爲政者綱舉而網疏，綱舉則所羅者廣，網疏則小必漏，〔五〕所羅者廣則爲政不苛，〔六〕此爲政之要也。而自近世以來，爲監司者，類大綱不振而微過必舉。微過不足以害政，舉之則微而益亂；大綱不振，則豪强橫肆，豪强橫肆，則百姓失職矣，此錯所急而倒所務之由也。今宜令有司反所常之政，使天下可善化。及此非難也，人主不善碎密之案，必責犯强舉尤之奏，當以盡公，則害政之姦自然禽矣。夫大姦犯政而亂兆庶之罪者，類出富强，而豪富者其力足憚，其貨足欲，是以官長顧勢而頓筆。下吏縱姦，懼所司之不舉，則謹密網以羅微罪。使奏劾相接，狀似盡公，而撓法不亮固已在其中矣。非徒無益於政體，清議乃由此而益傷。古人有言曰：「君子之過，如日之蝕焉。」又曰：「過而能改。」又曰：「不貳過。」凡此數者，皆是賢人君子不能無過之言也。苟不至於害政，則皆天網之所漏；所犯在甚泰，然後王誅所必加，此舉罪淺深之大例者也。

故君子得全美以善事，不善者必夷戮以警衆，此爲政誅赦之準式也。何則？所謂賢人君子，苟不能無過，小疵不可以廢其身，而輒繩以法，則愧於明時。何則？雖有所

犯，輕重甚殊，於士君子之心受責不同而名不異者，故不軌之徒得引名自方，以惑衆聽，因名可亂，假力取直，故清議益傷也。凡舉過彈違，將以肅風論而整世教，今舉小過，清議益穢。是以聖人深識人情而達政體，故其稱曰：「不以一眚掩大德。」又曰：「赦小過，舉賢才。」又曰：「無求備於一人。」故冕而前旒，充纊塞耳，意在善惡之報必取其尤，然後簡而不漏，大罪必誅，法禁易全也。何則？害法在犯尤，而謹搜微過，何異放兕豹于公路，而禁鼠盜于隅隙。古人有言，「鈇鉞不用而刀鋸日弊，不可以爲政」，此言大事緩而小事急也。時政所失，少有此類，陛下宜反而求之，乃得所務也。

夫權制不可以經常，政乖不可以守安，此言攻守之術異也。百姓雖愚，望不虛生，必因時而發。有因而發，則望不可奪；事變異前，則時不可違。明聖達政，應赴之速，不及下車，故能動合事機，大得人情。昔魏武帝分離天下，使人役居戶，各在一方，旣事勢所須，且意有曲爲，權假一時，以赴所務，非正典也。然逡巡至今，積年未改，百姓雖身丁其困，而私怨不生，誠以三方未悉蕩幷，知時未可以求安息故也。是以甘役如歸，視險若夷。至于平吳之日，天下懷靜，而東南二方，六州郡兵，將士武吏，戍守江表，或給京城運漕，父南子北，室家分離，咸更不寧。又不習水土，運役勤瘁，並有死亡之患，勢不可久。此宜大見處分，以副人望。魏氏錯役，亦應改舊。此二者各盡其理，

然黔首感恩懷德，謳吟樂生必十倍於今也。自董卓作亂以至今，近出百年，四海勤瘁，丁難極矣。六合渾幷，始於今日，兆庶思寧，非虛望也。然古今異宜，所遇不同，誠亦未可以希遵在昔，放息馬牛；然使受百役者不出其國，兵備待事其鄉，實在可爲。縱復不得悉然爲之，苟盡其理，可靜三分之二，吏役可不出千里之內。但如斯而已，天下所蒙已不訾矣。

政務多端，世事之未盡理者，難徧以疏舉，振領總綱，要在三條。凡政欲靜，靜在息役，息役在無爲。倉廩欲實，實在利農，利農在平糴。爲政欲著信，著信在簡賢，簡賢在官久。官久非難也，連其班級，自非才宜，不得傍轉以終其課，則事善矣。平糴已有成制，其未備者可就周足，則穀積矣。無爲匪他，却功作之勤，抑似益而損之利。如斯而已，則天下靜矣。此三者旣舉，雖未足以厚化，然可以爲安有餘矣。夫王者之利，在生天地自然之財，農是也。所立爲指於此，事誠有功益。苟或妨農，皆務所息，此悉似益而損之謂也。然今天下自有事所必須，不得止已，或用功甚少而所濟至重。目下爲之，雖少有廢，而計終已大益。農官有十百之利，及有妨害，在始似如未急，終作大患，宜逆加功，以塞其漸。如河汴將合，沈萊苟善，則役不可息。諸如此類，亦不得已。然事患緩急，權計輕重，自非近如此類，準以爲率，乃可興爲，其餘皆務在靜息。

然能善算輕重，權審其宜，知可興可廢，甚難了也，自非上智遠才，不幹此任。夫創業之美，勳在垂統，使夫後世蒙賴以安。其爲安也，雖昏猶明，雖愚若智。濟世功者，實在善化之爲，要在靜國。至夫修飾官署，凡諸作役務爲恒傷過泰，不患不舉，此將來所不須於陛下而自能者也。至於仰蒙前緒，所憑日月者，實在遺風繫人心，餘烈匡幼弱，而今勤所不須，以傷所憑。鈞此二者，何務孰急，陛下少垂恩迴慮，詳擇所安，則大理盡矣。

世之私議，竊比陛下於孝文。臣以爲聖德隆殺，將在乎後，不在當今。何則？陛下龍飛鳳翔，應期踐阼，有創業之勳矣。掃滅强吳，奄征南海，又有之矣。以天子之貴，而躬行布衣之所難，孝儉之德，冠于百王，又有之矣。履宜無細，動成軌度，又有之矣。若善當身之政，建藩屏之固，使晉代久長，後世仰瞻遺跡，校功考事，實與湯武比隆，何孝文足云！臣之此言，非臣下襃上虛美常辭，其事實然。若所以資爲安之理，或未盡善，則恐良史書勳，不得遠盡弘美，甚可惜也。然不可使夫知政之士得參聖慮，經年少久，終必有成。願陛下少察臣言。

又論肉刑，見刑法志。詔答曰：「得表陳封國之制，宜如古典，任刑齊法，宜復肉刑，及六州將士之役，居職之宜，諸所陳聞，具知卿之乃心爲國也。〔七〕動靜數以聞。」

元康初，從淮南王允入朝。會誅楊駿，頌屯衞殿中，其夜，詔以頌爲三公尚書。又上疏論律令事，爲時論所美。久之，轉吏部尚書，建九班之制，欲令百官居職希遷，考課能否，明其賞罰。賈郭專朝，仕者欲速，竟不施行。

及趙王倫之害張華也，頌哭之甚慟。聞華子得逃，喜曰：「茂先，卿尚有種也！」倫黨張林聞之，大怒，憚頌持正而不能害也。孫秀等推崇倫功，宜加九錫，百僚莫敢異議。頌獨曰：「昔漢之錫魏，魏之錫晉，皆一時之用，非可通行。今宗廟乂安，雖嬖后被退，勢臣受誅，周勃誅諸呂而尊孝文，霍光廢昌邑而奉孝宣，並無九錫之命。違舊典而習權變，非先王之制。九錫之議，請無所施。」張林積忿不已，以頌爲張華之黨，將害之。孫秀曰：「誅張、裴已傷時望，不可復誅頌。」林乃止。於是以頌爲光祿大夫，門施行馬。尋病卒，使使者弔祭，賜錢二十萬、朝服一具，謚曰貞。中書侍郎劉沈議，頌當時少輩，應贈開府。孫秀素恨之，不聽。頌無子，養弟和子雍早卒，更以雍弟詡子隔爲適孫，襲封。〔八〕永康元年，詔以頌誅賈謐督攝衆事有功，追封梁鄒縣侯，〔九〕食邑千五百戶。

頌弟彪字仲雅，參安東軍事。伐吳，獲張悌，累官積弩將軍。及武庫火，彪建計斷屋，得出諸寶器。歷荊州刺史。次弟仲字世混，歷黃門郎、滎陽太守，未之官，卒。

初，頌嫁女臨淮陳矯，矯本劉氏子，與頌近親，出養於姑，改姓陳氏。中正劉友譏之，頌曰：「舜後姚虞、陳田本同根系，而世皆爲婚，禮律不禁。今與此同義，爲婚可也。」友方欲列上，爲陳騫所止，故得不劾。頌問明法掾陳默、蔡畿曰：「鄉里誰最屈？」二人俱云：「劉友屈。」頌作色呵之，畿曰：「友以私議冒犯明府爲非，然鄉里公論稱屈。」友辟公府掾、尚書郎、黃沙御史。

李重

李重字茂曾，江夏鍾武人也。父景，〔一〇〕秦州刺史、都亭定侯。重少好學，有文辭，早孤，與羣弟居，以友愛著稱。弱冠爲本國中正，遜讓不行。後爲始平王文學，上疏陳九品曰：「先王議制，以時因革，因革之理，唯變所適。九品始於喪亂，軍中之政，誠非經國不刊之法也。且其檢防轉碎，徵刑失實，〔一一〕故朝野之論，僉謂驅動風俗，爲弊已甚。而至於議改，又以爲疑。臣以革法創制，當先盡開塞利害之理，舉而錯之，使體例大通而無否滯亦未易故也。古者諸侯之治，分土有常，國有定主，人無異望，卿大夫世祿，仕無出位之思，臣無越境之交，上下體固，人德歸厚。秦反斯道，罷侯置守，風俗淺薄，自此來矣。漢革其弊，斟酌周秦，並建侯守，亦使分土有定，而牧司必各舉賢，貢士任之鄉議，事合聖典，比蹤三代。方今聖德之隆，光被四表，兆庶顒顒，欣覩太平。然承魏氏彫弊之跡，人物播越，仕無

常朝，人無定處，郎吏蓄於軍府，豪右聚於都邑，事體駁錯，與古不同。謂九品既除，宜先開移徙，聽相幷就。且明貢舉之法，不濫於境外，則冠帶之倫將不分而自均，卽土斷之實行矣。又建樹官司，功在簡久。階級少，則人心定；久其事，則政化成而能否著，此三代所以直道而行也。以爲選例九等，當今之要，所宜施用也。聖王知天下之難，常從事於其易，故寄隱括於閭伍，則邑屋皆爲有司。若任非所由，事非所覈，則雖竭聖智，猶不足以贍其事。由此而觀，誠令二者既行，卽人思反本，修之於鄉，華競自息，而禮讓日隆矣。」

遷太子舍人，轉尚書郎。時太中大夫恬和表陳便宜，稱漢孔光、魏徐幹等議，使王公已下制奴婢限數，及禁百姓賣田宅。中書啓可，屬主者爲條制。重奏曰：「先王之制，士農工商有分，不遷其業，所以利用厚生，各肆其力也。周官以土均之法，經其土地井田之制，而辨其五物九等貢賦之序，然後公私制定，率土均齊。自秦立阡陌，建郡縣，而斯制已沒。降及漢魏，因循舊跡，王法所峻者，唯服物車器有貴賤之差，令不僭擬以亂尊卑耳。至于奴婢私產，則實皆未嘗曲爲之立限也。八年己巳詔書申明律令，諸士卒百工以上，所服乘皆不得違制。若一縣一歲之中，有違犯者三家，洛陽縣十家已上，官長免。如詔書之旨，法制已嚴。今如和所陳而稱光、幹之議，此皆衰世踰侈，當時之患。然盛漢之初不議其制，光等作而不行，非漏而不及，能而不用也。蓋以諸侯之軌既滅，而井田之制未復，則王者之法不得

制人之私也。人之田宅既無定限，則奴婢不宜偏制其數，懼徒爲之法，實碎而難檢。方今聖明垂制，每尚簡易，法禁已具，和表無施。」

又司隸校尉石鑒奏，鬱林太守介登役使所監，求召還；尚書荀愷以爲遠郡非人情所樂，奏登貶秩居官。重駁曰：「臣聞立法無制，所以齊衆檢邪，非必曲尋事情，而理無所遺也。故所滯者寡，而所濟者衆。今如登郡比者多，若聽其貶秩居官，動爲準例，懼庸才負遠，必有黷貨之累，非所以肅清王化，輯寧殊域也。臣愚以爲宜聽鑒所上，先召登還，且使體例有常，不爲遠近異制。」詔從之。

太熙初，遷廷尉平。駁廷尉奏邯鄲醉等，文多不載。再遷中書郎，每大事及疑議，輒參以經典處決，多皆施行。遷尚書吏部郎，務抑華競，不通私謁，特留心隱逸，由是羣才畢舉，拔用北海西郭湯、琅邪劉珩、燕國霍原、馮翊吉謀等爲祕書郎及諸王文學，故海內莫不歸心。時燕國中正劉沈舉霍原爲寒素，司徒府不從，沈又抗詣中書奏原，而中書復下司徒參論。司徒左長史荀組以爲：「寒素者，當謂門寒身素，無世祚之資。原爲列侯，顯佩金紫，先爲人間流通之事，晚乃務學，少長異業，年踰始立，草野之譽未洽，德禮無聞，不應寒素之目。」重奏曰：「案如癸酉詔書，廉讓宜崇，浮競宜黜。其有履謙寒素靖恭求己者，應有以先之。如詔書之旨，以二品繫資，或失廉退之士，故開寒素以明尚德之舉。司徒總御人倫，實

掌邦教，當務峻準評，以一風流。然古之厲行高尚之士，或棲身巖穴，或隱跡丘園，或克己復禮，或耄期稱道，出處默語，唯義所在。未可以少長異操，疑其所守之美，而遠同終始之責，非所謂擬人必於其倫之義也。誠當考之於邦黨之倫，審之於任舉之主。沈爲中正，親執銓衡。陳原隱居求志，篤古好學，學不爲利，行不要名，絕跡窮山，韞韣道藝，外無希世之容，內全遁逸之節，行成名立，搢紳慕之，委質受業者千里而應，有孫孟之風，嚴鄭之操。始舉原，先諮侍中、領中書監華，前州大中正、後將軍嬰，河南尹軼。去三年，諸州還朝，幽州刺史許猛特以原名聞，擬之西河，求加徵聘。如沈所列，州黨之議既舉，又刺史班詔表薦，如此而猶謂草野之譽未洽，德禮無聞，舍所徵檢之實，而無明理正辭，以奪沈所執。且應二品，非所求備。但原定志窮山，修述儒道，義在可嘉。若遂抑替，將負幽邦之望，傷敦德之教。如詔書所求之旨，應爲二品。」詔從之。

重與李毅同爲吏部郎，時王戎爲尚書，重以清尚見稱，毅淹通有智識，雖二人操異，然俱處要職，戎以識會待之，各得其所。毅字茂彥，[12]舊史闕其行事。于時內官重，外官輕，兼階級繁多，重議之，見百官志。又上疏曰：「凡山林避寵之士，雖違世背時，出處殊軌，而先王許之者，嘉其服膺高義也。昔先帝患風流之弊，而思反純朴，乃諮詢朝衆，搜求隱逸。咸寧二年，始以太子中庶子徵安定皇甫謐，四年又以博士徵南安朱沖，[13]太康元年，復以太子庶子徵沖，雖皆以病疾不至，而朝野悅服。陛下遠邁先帝禮賢之旨，臣訪沖州邑，言其雖年近耋耄，而志氣克壯，耽道窮藪，老而彌新，操尚貞純，所居成化，誠山棲耆德，足以表世篤俗者也。臣以爲宜垂聖恩，及其未沒，顯加優命。」時朝廷政亂，竟不能從。出爲行討虜護軍、平陽太守，崇德化，修學校，表篤行，拔賢能，清簡無欲，正身率下，在職三年，彈黜四縣。弟嶷亡，表去官。

永康初，趙王倫用爲相國左司馬，以憂逼成疾而卒，時年四十八。家貧，宅宇狹小，無殯斂之地，詔於典客署營喪。追贈散騎常侍，謚曰成。子式，有美名，官至侍中，咸和初卒。

史臣曰：子雅束髮登朝，竭誠奉國，廣陳封建，深中機宜，詳辨刑名，該覈政體。雖文慚華婉，而理歸切要。遊目西京，望賈誼而非遠；眷言東國，顧郎顗而有餘。逮元康之間，賊臣專命，舉朝戰慄，苟避菹醢，頌以此時，忠鯁不撓，哭張公之非罪，拒趙王之妄錫，雖古遺直，何以尚茲。至於緣其私議，不平劉友，異夫憎而知善，舉不避讎者歟！李重言因革之理，駁田產之制，詞愜事當，蓋亹亹可觀。及銳志銓衡，留心隱逸，濬沖期之識會，豈虛也哉！

贊曰：劉頌剛直，義形於詞。自下摩上，彼實有之。李重清雅，志迺無私。推賢拔滯，

嘉言在茲。懋哉兩哲，邦家之基。

校勘記

〔一〕猶未及叔世之弊　通鑑八二「及」作「反」，論上下文義，作「反」者是，「及」蓋形近誤。

〔二〕所以衞下之權　周校：「御」誤「衞」。

〔三〕小大難期　「小大」，各本作「小在」，不可解，今從殿本。

〔四〕則朝野無全人　「全人」，各本作「立人」，今從殿本。羣書治要三〇亦作「全人」。

〔五〕網疏則小必漏　「小必漏」，羣書治要三〇作「小罪必漏」，有「罪」字義長。

〔六〕所羅者廣則爲政不苛　羣書治要三〇作「所羅者廣，則大罪不縱，則甚泰必刑；微過必漏政不苛」，今本恐有脫誤。

〔七〕具知卿之乃心爲國也　各本作「具之知卿乃心爲國也」，今從殿本。

〔八〕更以雍弟詡子隅爲適孫襲封　劉頌前無所封，則「襲封」者，「襲」下文所追封之「梁鄒縣侯」。傳文先敍「襲封」，後敍「追封」，失之疏略。

〔九〕永康元年至梁鄒縣侯　誅張華、裴頠及劉頌之死並在永康元年，追封劉頌當在趙王倫被殺以後，「永康」疑爲「永寧」之誤。

〔一〇〕父景　魏志李通傳注引王隱晉書「景」作「秉」，則其人本名「秉」。此作「景」，蓋唐人避嫌名（唐高祖之父名昞）改。

〔一一〕徵刑失實　斠注：「刑」當從通典一四作「形」。

〔一二〕茂彥　各本作「茂修」，今依宋本、殿本。文選哭范僕射詩注引晉諸公讚亦作「茂彥」。

〔一三〕南安朱沖　「南安」原誤倒作「安南」，據朱沖傳、閻纘傳及通志一二三乙正。

晉書卷四十七

列傳第十七

傅玄　子咸　咸從父弟祗

傅玄字休奕，北地泥陽人也。祖燮，漢漢陽太守。父幹，魏扶風太守。玄少孤貧，博學善屬文，解鍾律。性剛勁亮直，不能容人之短。郡上計吏，再舉孝廉，太尉辟，皆不就。州舉秀才，除郎中，與東海繆施俱以時譽選入著作，撰集魏書。後參安東、衞軍軍事，轉溫令，再遷弘農太守，領典農校尉。所居稱職，數上書陳便宜，多所匡正。五等建，封鶉觚男。武帝爲晉王，以玄爲散騎常侍。及受禪，進爵爲子，加駙馬都尉。

帝初卽位，廣納直言，開不諱之路，玄及散騎常侍皇甫陶共掌諫職。玄上疏曰：「臣聞先王之臨天下也，明其大教，長其義節；道化隆於上，清議行於下，上下相奉，人懷義心。亡秦蕩滅先王之制，以法術相御，而義心亡矣。近者魏武好法術，而天下貴刑名；魏文慕通

達，〔一〕而天下賤守節。其後綱維不攝，而虛無放誕之論盈於朝野，使天下無復清議，而亡秦之病復發於今。陛下聖德，龍興受禪，弘堯舜之化，開正直之路，體夏禹之至儉，綜殷周之典文，臣詠歎而已，將又奚言！惟未舉清遠有禮之臣，以敦風節；未退虛鄙，以懲不恪，臣是以猶敢有言。」詔報曰：「舉清遠有禮之臣者，此尤今之要也。」乃使玄草詔進之。玄復上疏曰：

臣聞舜舉五臣，無爲而化，用人得其要也。天下羣司猥多，不可不審得其人也。不得其人，一日則損不貲，況積日乎！典謨曰「無曠庶官」，言職之不可久廢也。諸有疾病滿百日不差，宜令去職，優其禮秩而寵存之，旣差而後更用。臣不廢職於朝，國無曠官之累，此王政之急也。

臣聞先王分士農工商以經國制事，各一其業而殊其務。自士已上子弟，爲之立太學以教之，選明師以訓之，各隨其才優劣而授用之。農以豐其食，工以足其器，商賈以通其貨。故雖天下之大，兆庶之衆，無有一人游手。分數之法，周備如此。漢魏不定其分，百官子弟不修經藝而務交遊，未知莅事而坐享天祿；農工之業多廢，或逐淫利而離其事；徒繫名於太學，然不聞先王之風。今聖明之政資始，而漢魏之失未改，散官衆而學校未設，游手多而親農者少，工器不盡其宜。臣以爲亟定其制，通計天下若干人

爲士，足以副在官之吏；若干人爲農，三年足有一年之儲；若干人爲工，足其器用；若干人爲商賈，足以通貨而已。尊儒尚學，貴農賤商，此皆事業之要務也。

前皇甫陶上事，欲令賜拜散官皆課使親耕，天下享足食之利。禹稷躬稼，祚流後世，是以明堂、月令著帝藉之制。伊尹古之名臣，耕於有莘；晏嬰齊之大夫，避莊公之難，亦耕於海濱。昔者聖帝明王，賢佐俊士，皆嘗從事於農矣。王人賜官，宂散無事者，不督使學，則當使耕，無緣放之使坐食百姓也。今文武之官既衆，而拜賜不在職者又多，加以服役爲兵，不得耕稼，當農者之半，南面食祿者參倍於前。使宂散之官農，而收其租稅，家得其實，而天下之穀可以無乏矣。夫家足食，爲子則孝，爲父則慈，爲兄則友，爲弟則悌。天下足食，則仁義之敎可不令而行也。爲政之要，計人而置官，分人而授事，士農工商之分不可斯須廢也。若未能精其防制，計天下文武之官足爲副貳者使學，其餘皆歸之於農。若百工商賈有長者，亦皆歸之於農。務農若此，何有不贍乎！虞書曰：「三載考績，三考黜陟幽明。」是爲九年之後乃有遷敍也。故居官久，則念立慎終之化；居不見久，則競爲一切之政。六年之限，日月淺近，不周黜陟。陶之所上，義合古制。

夫儒學者，王敎之首也。尊其道，貴其業，重其選，猶恐化之不崇；忽而不以爲急，

臣懼日有陵遲而不覺也。仲尼有言：「人能弘道，非道弘人。」然則尊其道者，非惟尊其書而已，尊其人之謂也。貴其業者，不妄敎非其人也。重其選者，不妄用非其人也。若此，而學校之綱舉矣。

書奏，帝下詔曰：「二常侍懇懇於所論，可謂乃心欲佐益時事者也。而主者率以常制裁之，豈得不使發憤耶！二常侍所論，或舉其大較而未備其條目，亦可便令作之，然後主者八坐廣共研精。凡關言於人主，人臣之所至難。而人主若不能虛心聽納，自古忠臣直士之所慷慨，至使杜口結舌。每念於此，未嘗不歎息也。故前詔敢有直言，勿有所距，庶幾得以發懞補過，獲保高位。苟言有偏善，情在忠益，雖文辭有謬誤，言語有失得，皆當曠然恕之。古人猶不拒誹謗，況皆善意在可採錄乎！近者孔晁、綦毋龢皆案以輕慢之罪，所以皆原，欲使四海知區區之朝無諱言之忌也。」俄遷侍中。

初，玄進皇甫陶，及入而抵，玄以事與陶爭，言諠譁，爲有司所奏，二人竟坐免官。

泰始四年，以爲御史中丞。時頗有水旱之災，玄復上疏曰：

臣聞聖帝明王受命，天時未必無災，是以堯有九年之水，湯有七年之旱，惟能濟之以人事耳。故洪水滔天而免沈溺，野無生草而不困匱。伏惟陛下聖德欽明，時小水旱，人未大饑，下祇畏之詔，求極意之言，同禹湯之罪己，侔周文之夕惕。臣伏歡喜，上

便宜五事：

其一曰，耕夫務多種而耕暵不熟，徒喪功力而無收。又舊兵持官牛者，官得六分，士得四分；自持私牛者，與官中分，施行來久，衆心安之。今一朝減持官牛者，官得八分，士得二分；持私牛及無牛者，官得七分，士得三分，人失其所，必不歡樂。臣愚以爲宜佃兵持官牛者與四分，持私牛與官中分，則天下兵作歡然悅樂，愛惜成穀，無有損棄之憂。

其二曰，以二千石雖奉務農之詔，猶不勤心以盡地利。昔漢氏以墾田不實，徵殺二千石以十數。臣愚以爲宜申漢氏舊典，以警戒天下郡縣，皆以死刑督之。

其三曰，以魏初未留意於水事，先帝統百揆，分河堤爲四部，并本凡五謁者，以水功至大，與農事並興，非一人所周故也。今謁者一人之力，行天下諸水，無時得徧。伏見河堤謁者車誼不知水勢，轉爲他職，更選知水者代之。可分爲五部，使各精其方宜。

其四曰，古以步百爲畝，今以二百四十步爲一畝，所覺過倍。近魏初課田，不務多其頃畝，但務修其功力，故白田收至十餘斛，水田收數十斛。自頃以來，日增田頃畝之課，而田兵益甚，功不能修理，至畝數斛已還，或不足以償種。非與曩時異天地，橫

遇災害也，其病正在於務多頃畝而功不修耳。竊見河堤謁者石恢甚精練水事及田事，知其利害，乞中書召恢，委曲問其得失，必有所補益。

其五曰，臣以爲胡夷獸心，不與華同，鮮卑最甚。本鄧艾苟欲取一時之利，不慮後患，使鮮卑數萬散居人間，此必爲害之勢也。秦州刺史胡烈素有恩信於西方，今烈往，諸胡雖已無惡，必且消弭，然獸心難保，不必其可久安也。若後有動釁，烈計能制之。惟恐胡虜適困於討擊，便能東入安定，西赴武威，外名爲降，可動復動。此二郡非烈所制，則惡胡東西有窟穴浮游之地，故復爲患，無以禁之也。宜更置一郡於高平川，因安定西州都尉募樂徙民，重其復除以充之，以通北道，漸以實邊。詳議此二郡及新置郡，皆使并屬秦州，令烈得專御邊之宜。

詔曰：「得所陳便宜，言農事得失及水官興廢，又安邊御胡政事寬猛之宜，申省周備，一二具之，此誠爲國大本，當今急務也。如所論皆善，深知乃心，廣思諸宜，動靜以聞也。」

五年，遷太僕。時比年不登，羌胡擾邊，詔公卿會議。玄應對所問，陳事切直，雖不盡施行，而常見優容。轉司隸校尉。

獻皇后崩於弘訓宮，設喪位。舊制，司隸於端門外坐，在諸卿上，絕席。其入殿，按本品秩在諸卿下，以次坐，不絕席。而謁者以弘訓宮爲殿內，制玄位在卿下。玄恚怒，厲聲色

而責謁者。謁者妄稱尚書所處，玄對百僚而罵尚書以下。御史中丞庾純奏玄不敬，玄又自表不以實，坐免官。然玄天性峻急，不能有所容；每有奏劾，或値日暮，捧白簡，整簪帶，竦踊不寐，坐而待旦。於是貴游懾伏，臺閣生風。尋卒於家，時年六十二，謚曰剛。

玄少時避難於河內，專心誦學，後雖顯貴，而著述不廢。撰論經國九流及三史故事，評斷得失，各爲區例，名爲傅子，爲內、外、中篇，凡有四部、六錄，合百四十首，數十萬言，幷文集百餘卷行於世。玄初作內篇成，子咸以示司空王沈。沈與玄書曰：「省足下所著書，言富理濟，經綸政體，存重儒教，足以塞楊墨之流遁，齊孫孟於往代。每開卷，未嘗不歎息也。『不見賈生，自以過之，乃今不及』，信矣！」

其後追封淸泉侯。子咸嗣。

咸字長虞，剛簡有大節。風格峻整，識性明悟，疾惡如仇，推賢樂善，常慕季文子、仲山甫之志。好屬文論，雖綺麗不足，而言成規鑒。潁川庾純常歎曰：「長虞之文近乎詩人之作矣！」

咸寧初，襲父爵，拜太子洗馬，〔二〕累遷尚書右丞。出爲冀州刺史，繼母杜氏不肯隨咸之官，自表解職。三旬之間，遷司徒左長史。時帝留心政事，詔訪朝臣政之損益。咸上言

曰：「陛下處至尊之位，而修布衣之事，親覽萬機，勞心日昃。在昔帝王，躬自菲薄，以利天下，未有踰陛下也。然泰始開元以暨于今，十有五年矣。而軍國未豐，百姓不贍，一歲不登便有菜色者，誠由官衆事殷，復除猥濫，蠶食者多而親農者少也。臣以頑疏，謬忝近職，每見聖詔以百姓饑饉爲慮，無能云補，伏用慚恧，敢不自竭，以對天問。舊都督有四，今幷監軍，乃盈於十。夏禹敷土，分爲九州，今之刺史，幾向一倍。戶口比漢十分之一，而置郡縣更多。空校牙門，無益宿衞，而虛立軍府，動有百數。五等諸侯，復坐置官屬。諸所寵給，皆生於百姓。一夫不農，有受其飢，今之不農，不可勝計。縱使五稼普收，僅足相接；暫有災患，便不繼贍。以爲當今之急，先幷官省事，靜事息役，上下用心，惟農是務也。」

咸在位多所執正。豫州大中正夏侯駿上言，〔三〕魯國小中正、司空司馬孔毓，四移病所，不能接賓，求以尚書郎曹馥代毓，旬日復上毓爲中正。司徒三却，駿故據正。咸以駿與奪惟意，乃奏免駿大中正。司徒魏舒，駿之姻屬，屢却不署，咸據正甚苦。舒終不從，咸遂獨上。舒奏咸激訕不直，詔轉咸爲車騎司馬。

咸以世俗奢侈，又上書曰：「臣以爲穀帛難生，而用之不節，無緣不匱。故先王之化天下，食肉衣帛，皆有其制。竊謂奢侈之費，甚於天災。古者堯有茅茨，今之百姓競豐其屋。古者臣無玉食，今之賈豎皆厭粱肉。古者后妃乃有殊飾，今之婢妾被服綾羅。古者大夫乃

不徒行，今之賤隸乘輕驅肥。古者人稠地狹而有儲蓄，由於節也；今者土廣人稀而患不足，由於奢也。欲時之儉，當詰其奢；奢不見詰，轉相高尚。昔毛玠爲吏部尚書，時無敢好衣美食者。魏武帝歎曰：『孤之法不如毛尚書。』令使諸部用心，〔四〕各如毛玠，風俗之移，在不難矣。」又議移縣獄於郡及二社應立，朝廷從之。遷尚書左丞。

惠帝卽位，楊駿輔政。咸言於駿曰：「事與世變，禮隨時宜，諒闇之不行尚矣。由世道彌薄，權不可假，故雖斬焉在疚，而躬覽萬機也。逮至漢文，以天下體大，服重難久，遂制既葬而除。世祖武皇帝雖大孝烝烝，亦從時釋服，制心喪三年，至於萬機之事，則有不遑。今聖上欲委政於公，諒闇自居，此雖謙讓之心，而天下未以爲善。天下未以爲善者，以億兆顒顒，戴仰宸極，聽於冢宰，懼天光有蔽。人心既已若此，而明公處之固未爲易也。竊謂山陵之事既畢，明公當思隆替之宜。周公聖人，猶不免謗。以此推之，周公之任既未易而處，況聖上春秋非成王之年乎！得意忘言，言豈在多。」時司隸荀愷從兄喪，自表赴哀，詔聽之而未下，愷乃造駿。咸因奏曰：「死喪之戚，兄弟孔懷。同堂亡隕，方在信宿，聖恩矜憫，聽使臨喪。詔未下而便以行造，急諂媚之敬，無友于之情。宜加顯貶，以隆風教。」帝以駿管朝政，有詔不問，駿甚憚之。咸復與駿箋諷切之，駿意稍折，漸以不平。由是欲出爲京兆、弘農太守，駿甥李斌說駿，不宜斥出正人，乃止。

駿弟濟素與咸善，與咸書曰：「江海之流混混，故能成其深廣也。天下大器，非可稍了，而相觀每事欲了。生子癡，了官事，官事未易了也。了事正作癡，復爲快耳！左丞總司天臺，維正八坐，此未易居。以君盡性而處未易居之任，益不易也。想慮破頭，故具有白。」咸答曰：「衞公云，酒色之殺人，此甚於作直。坐酒色死，人不爲悔。逆畏以直致禍，此由心不直正，欲以苟且爲明哲耳！自古以直致禍者，當自矯枉過直，或不忠允，欲以亢厲爲聲，故致忿耳。安有悾悾爲忠益，而當見疾乎！」居無何，駿誅。咸轉爲太子中庶子，遷御史中丞。

時太宰、汝南王亮輔政，咸致書曰：「咸以爲太甲、成王年在蒙幼，故有伊周之事。聖人且猶不免疑，況臣既不聖，王非孺子，而可以行伊周之事乎！上在諒闇，聽於冢宰，而楊駿無狀，便作伊周，自爲居天下之安，所以至死。其罪既不可勝，亦是殿下所見。駿之見討，發自天聰，孟觀、李肇與知密旨耳。至於論功，當歸美於上。觀等已數千戶縣侯，聖上以駿死莫不欣悅，故論功寧厚，以敍其歡心。此羣下所宜以實裁量，而遂扇動，東安封王，孟李郡公，餘侯伯子男，既妄有加，復又三等超遷。此之熏赫，震動天地，自古以來，封賞未有若此者也。無功而厚賞，莫不樂國有禍，禍起當復有大功也。人而樂禍，其可極乎！作此者，皆由東安公。謂殿下至止，當有以正之。正之以道，衆亦何所怒乎！衆之所怒，在於不平耳。而今皆更倍論，莫不失望。咸之愚冗，不惟失望而已，竊以爲憂。又討駿之時，殿下在

外，實所不綜。今欲委重，故令殿下論功。論功之事，實未易可處，莫若坐觀得失，有居正之事宜也。」

咸復以亮輔政專權，又諫曰：「楊駿有震主之威，委任親戚，此天下所以諠譁。今之處重，宜反此失。謂宜靜默頤神，有大得失，乃維持之；自非大事，一皆抑遣。比四造詣，及經過尊門，冠蓋車馬，填塞街衢，此之翕習，既宜弭息。又夏侯長容奉使爲先帝請命，祈禱無感，先帝崩背，宜自咎責，而自求請命之勞，而公以爲少府。私竊之論，云長容則公之姻，故至於此。一犬吠形，羣犬吠聲，懼於羣吠，遂至叵聽也。咸之爲人，不能面從而有後言。嘗觸楊駿，幾爲身禍，況於殿下，而當有惜！往從駕，殿下見語：『卿不識韓非逆鱗之言耶，而欲摩天子逆鱗！』自知所陳，誠頟頟觸猛獸之鬚耳。所以敢言，庶殿下當識其不勝區區。前摩天子逆鱗，欲以盡忠；今觸猛獸之鬚，非欲爲惡，必將以此見恕。」〔五〕亮不納。長容者，夏侯駿也。

會丙寅，詔羣僚舉郡縣之職以補內官。咸復上書曰：「臣咸以爲夫興化之要，在於官人。才非一流，職有不同。譬諸林木，洪纖枉直，各有攸施。故明揚逮于仄陋，疇咨無拘內外。內外之任，出處隨宜，中間選用，惟內是隆，外舉既穨，復多節目，競內薄外，遂成風俗。此弊誠宜亟革之，當內外通塞無所偏耳。既使通塞無偏，若選用不平，有以深責，責之苟

深，無憂不平也。且膠柱不可以調瑟，況乎官人而可以限乎！伏思所限者，以防選用不能出人。不能出人，當隨事而制，無須限法。法之有限，其於致遠，無乃泥乎！或謂不制其法，以何爲貴？臣聞刑懲小人，義責君子，君子之責，在心不在限也。正始中，任何晏以選舉，內外之衆職各得其才，粲然之美於斯可觀。如此，非徒御之以限，法之所致，乃委任之由也。委任之懼，甚於限法。是法之失，非己之尤，尤不在己，責之無懼，所謂『齊之以刑，人免而無恥』者也。苟委任之，一則慮罪之及，二則懼致怨謗。已快則朝野稱詠，不善則衆惡見歸，此之戰戰，孰與倚限法以苟免乎！」

咸再爲本郡中正，遭繼母憂去官。頃之，起以議郎，長兼司隸校尉。咸前後固辭，不聽，敕使者就拜，咸復送還印綬。公車不通，催使攝職。咸以身無兄弟，喪祭無主，重自陳乞，乃使於官舍設靈坐。咸又上表曰：「臣既駑弱，不勝重任。加在哀疚，假息日闋，陛下過意，授非所堪。披露丹款，歸窮上聞，謬詔既往，終然無改。臣雖不能滅身以全禮教，義無靦然，虛忝隆寵。前受嚴詔，視事之日，私心自誓，隕越爲報。以貨賂流行，所宜深絕，切敕都官，以此爲先。而經彌日月，未有所得。斯由陛下有以獎厲，慮於愚戇，將必死繫，故自掩檢以避其鋒耳。在職有日，既無赫然之舉，又不應弦垂翅，人誰復憚？故光祿大夫劉毅爲司隸，聲震內外，遠近清肅。非徒毅有王臣匪躬之節，亦由所奏見從，威風得伸也。」詔曰：「但當思必應繩中理，威風日伸，何獨劉毅！」

時朝廷寬弛，豪右放恣，交私請託，朝野溷淆。咸奏免河南尹澹、左將軍倩、廷尉高光、兼河南尹何攀等，京都肅然，貴戚懾伏。咸以「聖人久於其道，天下化成。是以唐虞三載考績，九年黜陟。其在周禮，三年大比。孔子亦云，『三年有成』。而中間以來，長吏到官，未幾便遷，百姓困於無定，吏卒疲於送迎」。時僕射王戎兼吏部，咸奏：「戎備位台輔，兼掌選舉，不能謐靜風俗，以凝庶績，至令人心傾動，開張浮競。中郎李重、李義不相匡正。〔六〕請免戎等官。」詔曰：「政道之本，誠宜久於其職，咸奏是也。戎職在論道，吾所崇委，其解禁止。」御史中丞解結以咸劾戎爲違典制，越局侵官，干非其分，奏免咸官。詔亦不許。

咸上事以爲「按令，御史中丞督司百僚。皇太子以下，其在行馬內，有違法憲者皆彈糾之。雖在行馬外，而監司不糾，亦得奏之。如令之文，行馬之內有違法憲，謂禁防之事耳。宮內禁防，外司不得而行，故專施中丞。今道路橋梁不修，鬭訟屠沽不絕，如此之比，中丞推責州坐，即今所謂行馬內語施於禁防。既云中丞督司百僚矣，何復說行馬之內乎！既云百僚，而不得復說行馬之內者，內外衆官謂之百僚，則通內外矣。司隸所以不復說行馬內外者，禁防之事已於中丞說之故也。中丞、司隸俱糾皇太子以下，則共對司內外矣，不爲中丞專司內百僚，司隸專司外百僚。自有中丞、司隸以來，更互奏內外衆官，惟所糾得無內外

之限也。而結一旦橫挫臣，臣前所以不羅縷者，冀因結奏得從私願也。今既所願不從，而敕云但爲過耳，非所不及也，以此見原。臣忝司直之任，宜當正己率人，若其有過，不敢受原，是以申陳其愚。司隸與中丞俱共糾皇太子以下，則從皇太子以下無所不糾也。得糾皇太子而不得糾尚書，臣之闇塞既所未譬。皇太子爲在行馬之內邪，皇太子在行馬之內而得糾之，尚書在行馬之內而不得糾，無有此理。此理灼然，而結以此挫臣。臣可無恨耳，其於觀聽，無乃有怪邪！臣識石公前在殿上脫衣，爲司隸荀愷所奏，先帝不以爲非，于時莫謂侵官；今臣裁糾尚書，而當有罪乎？」咸累自上稱引故事，條理灼然，朝廷無以易之。

吳郡顧榮常與親故書曰：「傅長虞爲司隸，勁直忠果，劾按驚人。雖非周才，偏亮可貴也。」元康四年卒官，時年五十六。詔贈司隸校尉，朝服一具、衣一襲、錢二十萬，謚曰貞。有三子：敷、晞、纂。長子敷嗣。

敷字穎根，清靜有道，素解屬文。除太子舍人，轉尚書郎、太傅參軍，皆不起。永嘉之亂，避地會稽，元帝引爲鎮東從事中郎。素有羸疾，頻見敦喻，辭不獲免，輿病到職。數月卒，時年四十六。晞亦有才思，爲上虞令，甚有政績，卒於司徒西曹屬。

祗字子莊。父嘏，魏太常。祗性至孝，早知名，以才識明練稱。武帝始建東宮，起家太

子舍人，累遷散騎黃門郎，賜爵關內侯，食邑三百戶。母憂去職。及葬母，詔給太常五等吉凶導從。其後諸卿夫人葬給導從，自此始也。服終，爲滎陽太守。自魏黃初大水之後，河濟汎溢，鄧艾嘗著濟河論，開石門而通之，至是復浸壞。祗乃造沈萊堰，至今兗豫無水患，百姓爲立碑頌焉。尋表兼廷尉，遷常侍、左軍將軍。

及帝崩，梓宮在殯，而太傅楊駿輔政，欲悅衆心，議普進封爵。祗與駿書曰：「未有帝王始崩，臣下論功者也。」駿不從。入爲侍中。時將誅駿，而駿不之知。祗侍駿坐，而雲龍門閉，內外不通。祗請與尚書武茂聽國家消息，揖而下階。茂猶坐，祗顧曰：「君非天子臣邪！今內外隔絕，不知國家所在，何得安坐！」茂乃驚起。駿既伏誅，裴楷息瓚，駿之壻也，爲亂兵所害。尚書左僕射荀愷與楷不平，因奏楷是駿親，收付廷尉。祗證楷無罪，有詔赦之。時又收駿官屬，祗復啓曰：「昔魯芝爲曹爽司馬，斬關出赴爽，宣帝義之，尚遷青州刺史。駿之僚佐不可加罰。」詔又赦之。祗多所維正皆如此。

除河南尹，未拜，遷司隸校尉。以討楊駿勳，當封郡公八千戶，固讓，減半，降封靈川縣公，〔七〕千八百戶，餘二千二百戶封少子暢爲武鄉亭侯。又以本封賜兄子雋爲東明亭侯。楚王瑋之矯詔也，祗以聞奏稽留，免官。期年，遷光祿勳，復以公事免。氐人齊萬年舉兵反，以祗爲行安西軍司，加常侍，率安西將軍夏侯駿討平之。遷衞尉，以風疾遜位，就拜

常侍，食卿祿秩，賜錢及牀帳等。尋加光祿大夫，門施行馬。

及趙王倫輔政，以爲中書監，常侍如故，以鎮衆心。祗辭之以疾，倫遣御史輿祗就職。王戎、陳準等相與言曰：「傅公在事，吾屬無憂矣。」其爲物所倚信如此。〔八〕

倫篡，又爲右光祿、開府，加侍中。惠帝還宮，祗以經受僞職請退，不許。初，倫之篡也，孫秀與義陽王威等十餘人預撰儀式禪文。及倫敗，齊王冏收侍中劉逵、常侍騶捷杜育、黃門郎陸機、右丞周導王尊等付廷尉。以禪文出中書，復議處祗罪，會赦得原。後以禪文草本非祗所撰，於是詔復光祿大夫。子宣，尚弘農公主。

尋遷太子少傅，上章遜位還第。及成都王穎爲太傅，復以祗爲少傅，加侍中。懷帝卽位，遷光祿大夫、侍中，未拜，加右僕射、中書監。時太傅東海王越輔政，祗既居端右，每宣君臣謙光之道，由此上下雍穆。祗明達國體，朝廷制度多所經綜。歷左光祿、開府，行太子太傅，侍中如故。疾篤遜位，不許。遷司徒，以足疾，詔版輿上殿，不拜。

大將軍苟晞表請遷都，使祗出詣河陰，修理舟楫，爲水行之備。及洛陽陷沒，遂共建行臺，推祗爲盟主，以司徒、持節、大都督諸軍事傳檄四方。遣子宣將公主與尚書令和郁赴告方伯徵義兵，祗自屯盟津小城，宣弟暢行河陰令，以待宣。祗以暴疾薨，時年六十九。祗自以義誠不終，力疾手筆敕厲其二子宣、暢，辭旨深切，覽者莫不感激慷慨。祗著文章駁論十餘萬言。

宣字世弘。年六歲喪繼母，哭泣如成人，中表異之。及長，好學，趙王倫以爲相國掾、尚書郎、太子中舍人，遷司徒西曹掾。去職，累遷爲祕書丞、驃騎從事中郎。惠帝至自長安，以宣爲左丞，不就，遷黃門郎。懷帝卽位，轉吏部郎，又爲御史中丞。卒年四十九，無子，以暢子沖爲嗣。

暢字世道。年五歲，父友見而戲之，解暢衣，取其金環與侍者，暢不之惜，以此賞之。年未弱冠，甚有重名。以選入侍講東宮，爲祕書丞。尋沒於石勒，勒以爲大將軍右司馬。諳識朝儀，恒居機密，勒甚重之。作晉諸公敍讚二十二卷，又爲公卿故事九卷。咸和五年卒。子詠，過江爲交州刺史、太子右率。

史臣曰：武帝覽觀四方，平章百姓，永言啓沃，任切爭臣。傅玄體强直之姿，懷匪躬之操，抗辭正色，補闕弼違，諤諤當朝，不忝其職者矣。及乎位居三獨，彈擊是司，遂能使臺閣生風，貴戚斂手。雖前代鮑葛，何以加之！然而惟此褊心，乏弘雅之度，驟聞競爽，爲物議所譏，惜哉！古人取戒於韋弦，良有以也。長虞風格凝峻，弗墜家聲。及其納諫汝南，獻書臨晉，居諒直之地，有先見之明矣。傅祗名父之子，早樹風猷，崎嶇危亂之朝，匡救君臣之

際，卒能保全祿位，可謂有道存焉。

贊曰：鶉觚貞諒，實惟朝望。志厲强直，性乖夷曠。長虞剛簡，無虧風尚。子莊才識，爰膺衮職。忠績未申，泉途遽逼。

校勘記

〔一〕慕通達　「通達」原作「通遠」，今從殿本。通鑑七九亦作「通達」。

〔二〕咸寧初襲父爵拜太子洗馬　據類聚一〇〇、御覽一一引傅咸自敍，其爲太子洗馬在泰始九年，此列襲爵後，不確。

〔三〕夏侯駿　「駿」，各本作「俊」，今從殿本。下同。參卷四校記。

〔四〕令使諸部用心　御覽二一四引傅咸集表「令」作「今」，宜從之。

〔五〕必將以此見恕　「恕」，各本作「怒」，今從南監本及吳本。通志一二三引亦作「恕」。

〔六〕李義　勞校：「義」當作「毅」。按：李重傳可證。

〔七〕靈川縣公　諸史考異：據宋書傅弘之傳「靈川」當作「靈州」。按：據後漢書傅燮傳，靈州爲傅祗祖籍。

〔八〕其爲物所倚信如此　册府四五八「物」上有「人」字。

晉書卷四十八

列傳第十八

向雄

向雄字茂伯，河內山陽人也。父韶，彭城太守。雄初仕郡爲主簿，事太守王經。及經之死也，雄哭之盡哀，市人咸爲之悲。後太守劉毅嘗以非罪笞雄，[一]及吳奮代毅爲太守，又以少譴繫雄於獄。司隸鍾會於獄中辟雄爲都官從事，會死無人殯斂，雄迎喪而葬之。文帝召雄而責之曰：「往者王經之死，卿哭王經於東市，我不問也。今鍾會躬爲叛逆，又輒收葬，若復相容，其如王法何！」雄曰：「昔者先王掩骼埋胔，仁流朽骨，當時豈先卜其功罪而後葬之哉！今王誅既加，於法已備。雄感義收葬，教亦無闕。法立於上，教弘於下，何必使雄違生背死以立於時！殿下讎枯骨而捐之中野，爲將來仁賢之資，不亦惜乎！」帝甚悅，與談宴而遣之。

累遷黃門侍郎。時吳奮、劉毅俱爲侍中，同在門下，雄初不交言。武帝聞之，敕雄令復君臣之好。雄不得已，乃詣毅，再拜曰：「向被詔命，君臣義絕，如何？」於是卽去。帝聞而大怒，問雄曰：「我令卿復君臣之好，何以故絕？」雄曰：「古之君子進人以禮，退人以禮；今之進人若加諸膝，退人若墜諸川。劉河內於臣不爲戎首，亦已幸甚，安復爲君臣之好！」帝從之。泰始中，累遷秦州刺史，假赤幢、曲蓋、鼓吹，賜錢二十萬。咸寧初，入爲御史中丞，遷侍中，又出爲征虜將軍。太康初，爲河南尹，賜爵關內侯。齊王攸將歸藩，雄諫曰：「陛下子弟雖多，然有名望者少。齊王臥在京邑，所益實深，不可不思。」帝不納。雄固諫忤旨，起而徑出，遂以憤卒。

弟匡，惠帝世爲護軍將軍。

段灼

段灼字休然，敦煌人也。世爲西土著姓，果直有才辯。少仕州郡，稍遷鄧艾鎮西司馬，從艾破蜀有功，封關內侯，累遷議郎。武帝卽位，灼上疏追理艾曰：

故征西將軍鄧艾，心懷至忠，而荷反逆之名，平定巴蜀，而受三族之誅，臣竊悼之。惜哉，言艾之反也！以艾性剛急，矜功伐善，而不能恊同朋類，輕犯雅俗，失君子之心，故莫肯理之。臣敢昧死言艾所以不反之狀。

艾本屯田掌犢人，宣皇帝拔之於農吏之中，顯之於宰府之職。處內外之官，據文武之任，所在輒有名績，固足以明宣皇帝之知人矣。會值洮西之役，官兵失利，刺史王經困於圍城之中。當爾之時，二州危懼，隴右懍懍，幾非國家之有也。先帝以爲深憂重慮，思惟可以安邊殺敵莫賢於艾，故授之以兵馬，解狄道之圍。圍解，留屯上邽。承官軍大敗之後，士卒破膽，將吏無氣，倉庫空虛，器械殫盡。艾欲積穀强兵，以待有事。是歲少雨，又爲區種之法，手執耒耜，率先將士，所統萬數，而身不離僕虜之勞，親執士卒之役。故落門、段谷之戰，能以少擊多，摧破强賊，斬首萬計。遂委艾以廟勝成圖，指授長策。艾受命忘身，龍驤麟振，前無堅敵。蜀地阻險，山高谷深，而艾步乘不滿二萬，束馬懸車，自投死地，勇氣陵雲，將士乘勢，故能使劉禪震怖，君臣面縛。軍不踰時，而巴蜀蕩定，此又固足以彰先帝之善任矣。[二]

艾功名已成，亦當書之竹帛，傳祚萬世。七十老公，復何所求哉！艾以禪初降，遠郡未附，矯令承制，權安社稷。雖違常科，有合古義，原心定罪，事可詳論。故鎮西將軍鍾會，有吞天下之心，恐艾威名，知必不同，因其疑似，構成其事。艾被詔書，卽遣强兵，束身就縛，不敢顧望。誠自知奉見先帝，必無當死之理也。會受誅之後，艾參佐官

屬、部曲將吏，愚戇相聚，自共追艾，破壞檻車，解其囚執。艾在困地，是以狼狽失據。臨死夫反非小事，若懷惡心，卽當謀及豪傑，然後乃能興動大衆，不聞艾有腹心一人。臨死口無惡言，獨受腹背之誅，豈不哀哉！故見之者垂涕，聞之者歎息。此賈誼所以慷慨於漢文，天下之事可爲痛哭者，良有以也。

陛下龍興，闡弘大度，受誅之家，不拘敍用，聽艾立後，祭祀不絕。昔秦人憐白起之無罪，吳人傷子胥之冤酷，皆爲之立祠。天下之人爲艾悼心痛恨，亦由是也。謂可聽艾門生故吏收艾尸柩，歸葬舊墓，還其田宅，以平蜀之功，繼封其後，使艾闔棺定謚，死無所恨。赦冤魂於黃泉，收信義於後世，則天下徇名之士，思立功之臣，必投湯火，樂爲陛下死矣！

帝省表，甚嘉其意。

灼後復陳時宜曰：

臣聞天時不如地利，地利不如人和。三里之城，五里之郭，圜圍而攻之，有不克者，此天時不如地利。城非不高，池非不深，穀非不多，兵非不利，委而去之，此地利不如人和。然古之王者，非不先推恩德，結固人心。人心苟和，雖三里之城，五里之郭，不可攻也。人心不和，雖金城湯池，不能守也。臣推此以廣其義，舜彈五絃之琴，詠南

風之詩，而天下自理，由堯人可比屋而封也。曩者多難，姦雄屢起，擾亂衆心，刀鋸相乘，流死之孤，哀聲未絕。故臣以爲陛下當深思遠念，杜漸防萌，彈琴詠詩，垂拱而已。其要莫若推恩以協和黎庶，故推恩足以保四海，不推恩不足以保妻子。是故唐堯以親睦九族爲先，周文以刑于寡妻爲急，明王聖主莫不先親後疏，自近及遠。臣以爲太宰、司徒、衞將軍三王宜留洛中鎮守，其餘諸王自州征足任者，年十五以上悉遣之國。爲選中郎傅相，才兼文武，以輔佐之。聽於其國繕修兵馬，廣布恩信。必撫下猶子，愛國如家，君臣分定，百世不遷，連城開地，爲晉、魯、衞。所謂盤石之宗，天下服其强矣。雖云割地，譬猶囊漏貯中，亦一家之有耳。若慮後世强大，自可豫爲制度，使得推恩以分子弟。如此則枝分葉布，稍自削小，漸使轉至萬國，亦後世之利，非所患也。

昔在漢世，諸呂自疑，內有朱虛、東牟之親，外有諸侯九國之强，故不敢動搖。於今之宜，諸侯强大，是爲太山之固。非我族類，其心必異。而魏法禁錮諸王，親戚隔絕，不祥莫大焉。間者無故又瓜分天下，立五等諸侯。上不象賢，下不議功，而是非雜糅，例受茅土。似權時之宜，非經久之制，將遂不改，此亦煩擾之人，漸亂之階也。夫國之興也，由於九族親睦，黎庶協和；其衰也，在於骨肉疏絕，百姓離心。故夏邦不安，伊尹歸殷；殷邦不和，呂氏入周。殷監在於夏后，去事之誡，誡來事之鑒也。

又陳曰：

昔伐蜀，募取涼州兵馬、羌胡健兒，許以重報，五千餘人，隨艾討賊，功皆第一。而乙亥詔書，州郡將督，不與中外軍同，雖在上功，無應封者。唯金城太守楊欣所領兵，以逼江由之勢，得封者三十人。自金城以西，非在欣部，無一人封者。苟在中軍之例，雖下功必侯；如在州郡，〔三〕雖功高不封，〔四〕非所謂近不重施，遠不遺恩之謂也。

臣聞魚懸由於甘餌，勇夫死於重報。故荆軻慕燕丹之義，專諸感闔閭之愛，匕首振於秦庭，吳刀耀於魚腹，視死如歸，豈不有由也哉！夫功名重賞，士之所競，不平致怨，由來久矣。詩云：「尸鳩在桑，其子七兮。淑人君子，其儀一兮。」臣以爲此等宜蒙爵封。

灼前後陳事，輒見省覽。然身微宦孤，不見進序，乃取長假還鄉里。臨去，遣息上表曰：

臣受恩三世，剖符守境，試用無績，沈伏數年，犬馬之力，無所復堪。陛下弘廣納之聽，採狂夫之言，原臣侵官之罪，不問干忤之愆，天地恩厚，於臣足矣。臣聞忠臣之於其君，猶孝子之於其親：進則有欣然之慶，非貪官也；退則有戚然之憂，非懷祿也。其意在於不忘光君榮親，情所不能已已者也。臣伏自悼，私懷至恨：生長荒裔，而久在外任，自還抱疾，未嘗覲見，陛下竟不知臣何人，此臣之恨一也。遭運會之世，值有事之時，而不能垂功名於竹帛，此臣之恨二也。逮事聖明之君，而尫悴羸劣，陳力又不能，當歸死於地下，此臣之恨三也。哀二親早亡隕，兄弟並凋喪，孝敬無復施於家門，此臣之恨四也。夏之日忽以過，冬之夜尋復來，人生百歲，尚以爲不足，而臣中年嬰災，此臣之恨五也。慚日月之所養，愧昊蒼而無報，此臣之所以懷五恨而歎息，臨歸路而自悼者也。

語有之曰：「華言虛也，至言實也，苦言藥也，甘言疾也。」臣欲言天下太平，而靈龜神狐未見，仙芝蓂莆未生，麒麟未游乎靈禽之囿，鳳皇未儀於太極之庭，此臣之所以不敢華言而爲佞者也。昔漢高祖初定天下，于時戍卒婁敬上書諫曰：「陛下取天下不與成周同，而欲比隆成周，臣竊以爲不侔。」於是漢祖感悟，深納其言，賜姓爲劉氏。又顧謂陸賈曰：「爲我著秦所以亡，而吾所以得之者。」賈乃作新語之書，述敍前世成敗，以爲勸戒。又田肯建一言之計，非親子弟莫可使王齊者，而受千金之賜。故世稱漢祖之寬明博納，所以能成帝業也。

今之言世者，皆曰堯舜復興，天下已太平矣。臣獨以爲未，亦竊有所勸焉。且百王垂制，聖賢吐言，來事之明鑒也。孟子曰：「堯不能以天下與舜，則舜之有天下也，天

與之也。昔舜爲相，堯崩，三年之喪畢，舜避堯之子於南河，天下諸侯朝覲者、獄訟者，不之堯之子而之舜。舜曰天也，乃之中國，踐天子位焉。若居堯之宮，逼堯之子，非天所與者也。」曩昔西有不臣之蜀，東有僭號之吳，三主鼎足，並稱天子。魏文帝率萬乘之衆，受禪於靡陂，而自以德同唐虞，以爲漢獻卽是古之堯，自謂卽是今之舜，乃謂孟軻、孫卿不通禪代之變，遂作禪代之文，刻石垂戒，班示天下，傳之後世，亦安能使將來君子皆曉然心服其義乎！然魏文徒希慕堯舜之名，推新集之魏，欲以同於唐虞之盛，忽骨肉之恩，忘藩屏之固，竟不能使四海賓服，混一皇化，而于時羣臣莫有諫者，不其過矣哉！孫卿曰：「堯舜禪讓，是不然矣。天下者，至重也，非至强莫之能任；至大也，非至辯莫之能分；至衆也，非至明莫之能見。此三至者，非聖人莫之能盡。」由此言之，孫卿、孟軻亦各有所不取焉。陛下受禪，從東府入西宮，兵刃耀天，旌旗翳日。雖應天順人，同符唐虞，然法度損益，則亦不異於昔魏文矣，故宜資三至以强制之。而今諸王有立國之名，而無襟帶之實。又蜀地有自然之險，是歷世姦雄之所闚闟，逋逃之所聚也，而無親戚子弟之守，此豈深思遠慮，杜漸防萌者乎！

昔漢文帝據已成之業，六合同風，天下一家。而賈誼上疏陳當時之勢，猶以爲譬如抱火厝於積薪之下，而寢其上，火未及然，因謂之安。此言誠存不忘亡，安不忘亂者

也。然臣之惓惓，亦竊願陛下居安思危，無曰高高在上，常念臨深之義，不忘履冰之戒。盡除魏世之弊法，綏以新政之大化，使萬邦欣欣，喜戴洪惠，蜫蟲草木，咸蒙恩澤。朝廷詠康哉之歌，山藪無伐檀之人，此固天下所覗望者也。陛下自初踐阼，發無諱之詔，置箴諫之官，赫然寵異謇謇之臣，以明好直言之信，恐陳事者知直言之不用，皆杜口結舌，祥瑞亦曷由來哉！

臣無陸生之才，不在顧問之地，蓋聞主聖臣直，義在於有犯無隱。臣不惟疏遠，未信而言，敢歷論前代隆名之君及亡敗之主廢興所由，又博陳舉賢之路，廣開養老之制，崇必信之道，又張設議者之難，凡五事以聞。臣之所言，皆直陳古今已行故事，非新聲異端也。辭義實淺，不足採納。然臣私心，誠謂有可發起覺悟遺忘。願陛下察臣愚忠，愍臣狂直，無使天下以言者爲戒。疾痛增篤，退念桑梓之詩，惟狐死之義，輒取長休，歸近墳墓。顧瞻宮闕，繫情皇極，不勝丹款，遺息顈表言。

其一曰：臣聞善有章也，著在經典；惡有罰也，戒在刑書。上自遠古，下洎秦漢，其明王霸主及亡國闇君，故可得而稱；至于忠蹇賢相及佞諂姦臣，亦可得而言。故朝有謇謇盡規之臣，無不昌也；任用阿諛唯唯之士，無不亡也。是有國者皆欲求忠以自輔，舉賢以自佐；而亡國破家者相繼，皆由任失其人。所謂賢者不賢，忠者不忠也。臣謹

言前任賢所由興，任不肖所以亡者。堯之末年，四凶在朝而不去，八元在家而不舉，然致天平地寧，四門穆穆，其功固在重華之爲相。夏癸放於鳴條，商辛梟於牧野，此俱萬乘之主，而國滅身擒，由不能屬任賢相，用婦人之言，荒淫無道，肆志沈宴，作靡靡之樂，長夜之飲，於是登糟丘，臨酒池，觀牛飲，望肉林，龍逢忠而被害，比干諫而剖心，天下之所以歸惡者也。太甲暴虐，顛覆湯之典制，於是伊尹放之桐宮，而能改悔反善，三年而後歸于亳。旣已放而復還，殷道微而復興，諸侯咸服，號稱太宗，實賴阿衡之盡忠也。周室旣衰，諸侯並爭，天王微弱，政遂陵遲。齊桓公，淫亂之主耳；然所以能九合一匡之功，有尊周之名，誠管夷吾之力。及其死也，蟲流出門，豈非任豎貂之過乎！且一桓公之身，得管仲，其功如彼；用豎貂，其亂如此。夫榮辱存亡，實在所任，可不審哉！秦本伯翳之後，微微小邑，至秦仲始大，有車馬禮樂侍御之好焉。自穆公至於始皇，皆能留心待賢，遠求異士，招由余於西戎，致五羖於宛市，取丕豹於晉鄉，迎蹇叔於宗里。〔五〕由是四方雄俊繼踵而至，故能世爲强國，吞滅諸侯，奄有天下，兼稱皇帝，由謀臣之助也。道化未淳，崩于沙丘。胡亥乘虐，用詐自恢，不能弘濟統緒，克成堂構，而乃殘賊仁義，毒流黔首。故陳勝、吳廣，奮臂大呼，而天下響應。於是趙高逆亂，閻樂承指，二世窮迫，自戮望夷。子嬰雖立，去帝爲王，孤危無輔，四旬而亡。此由邪臣擅命，指鹿爲馬，所以速秦之禍也。秦失其鹿，豪傑競逐，項羽旣得而失之，其咎在烹韓生，而范增之謀不用。假令羽旣距項伯之邪說，斬沛公于鴻門，都咸陽以號令諸侯，則天下無敵矣。而羽距韓生之忠諫，背范增之深計，自謂霸王之業已定，都彭城，還故鄉，爲晝被文繡，此蓋世俗兒女之情耳，而羽榮之。是故五載爲漢所擒，至此尚不知覺悟，乃曰「天亡我，非戰之罪」，甚痛矣哉！且夫士之歸仁，〔六〕猶水之歸下，禽之走曠野，故曰「爲川驅魚者獺也，爲藪驅雀者鸇也，爲湯武驅人者桀紂也」。漢高祖起於布衣，提三尺之刃而取天下，用六國之資，無唐虞之禪，豈徒賴良平之奇謀，盡英雄之智力而已乎，亦由項氏爲驅人也。子孫承基二百餘年，逮成帝委政舅家，使權勢外移。安昌侯張禹者，漢之三公，成帝保傅也，帝親幸其家，拜禹牀下，深問天災人事。禹當惟大臣之節，爲社稷深慮，忠言嘉謀，陳其災患，則王氏不得專權寵，王莽無緣乘勢位，遂託雲龍而登天衢，令漢祚中絕也。禹佞諂不忠，挾懷私計，徒低仰於五侯之間，苟取容媚而已。是以朱雲抗節求尚方斬馬劍，欲以斬禹，以戒其餘，可謂忠矣。而成帝尚復不寤，乃以爲居下訕上，廷辱保傅，罪死無赦，詔御史將雲下，欲急烹之。雲攀殿折檻，幸賴左將軍辛慶忌叩頭流血，以死爭之。若不然，則雲已摧碎矣。後雖釋檻不修，欲以彰明直臣，誠足以爲後世之戒，何益於漢室所由亡也哉！然世之論者以爲亂臣賊子無道之甚

者莫過於莽，此亦猶紂之不善不如是之甚也。傳稱莽始起外戚，折節力行，以要名譽，宗族稱孝，朋友歸仁。及其輔政成哀之際，勤勞國家，動見稱述。然于時人士詣闕上書薦莽者不可稱紀，內外羣臣莫不歸莽功德。遭遇漢室中微，國嗣三絕，而太后壽考，爲之宗主，故莽得遂策命孺子而奪其位也。昔湯武之興，亦逆取而順守之耳。向莽深惟殷周取守之術，崇道德，務仁義，履信實，去華僞，施惠天下，十有八年，恩足以感百姓，義足以結英雄，人懷其德，豪傑並用，如此，宗廟社稷宜未滅也，光武雖復賢才，大業詎可冀哉！莽卽位之後，自謂得天人之助，以爲功廣三王，德茂唐虞，乃自驕矜，奮其威詐，班宣符讖，震暴殘酷，窮凶極惡，人怨神怒，冬雷電以驚其耳目，夏地動以惕其心腹。而莽猶不知覺悟，方復重行不順時之令，竟連伍之刑，佞媚者親幸，忠諫者誅夷。由是天下忿憤，內外俱發，四海分崩，城池不守，身死於匹夫之手，爲天下笑，豈不異哉！其所由然者，非取之過，而守之非道也。莽旣屠肌，六合雲擾，劉聖公已立而不辨，盆子承之而覆敗，公孫述又稱帝於蜀漢。如此數子，固非所謂應天順人者，徒爲光武之驅除者耳。夫天下者，蓋亦天下之天下，非一人之天下也。「殷商之旅，其會如林，矢于牧野，維予侯興。」又曰：「侯服于周，天命靡常。」由此言之，主非常人也，有德則天下歸之，無德則天下叛之。故古之明王，其勞心遠慮，常如臨川無津涯。於是法

天地，象四時，隆恩德，敬大臣，近忠直，遠佞人。仁孝著乎宮牆，弘化洽乎兆庶；爲平直如砥矢，信義感人神。雖有椒房外戚之寵，不受其委曲之言；雖有近習愛幸之豎，不聽其姑息之辭。四門穆穆，闢而不闔，待諫者而無忌。恒戰戰慄慄，不忘戒懼，所以欲永終天祿，恐爲將來賢聖之驅除也。且臣聞之，懼危者，常安者也；憂亡者，恒存者也。使夫有國之君能安不忘危，則本枝百世，長保榮祚，名位與天地無窮，亦何慮乎爲來者之驅除哉！傳有之曰：「狂夫之言，明主察焉。」

其二曰：士之立業，行非一概。吳起貪官，母死不歸，殺妻求將，不孝之甚。然在魏，使秦人不敢東向；在楚，則三晉不敢南謀。曾參、閔騫，誠孝子也，不能宿夕離其親，豈肯出身致死，涉危險之地哉！今大晉應期運之所授，齊聖美於有虞，而吳人不臣，稱帝私附，此亦國之羞也。陛下誠欲致熊羆之士，不二心之臣，使奮威淮浦、震服蠻荆者，故宜疇咨博采，廣開貢士之路，蒐巖穴，舉賢才，徵命考試，匪俊莫用。今臺閣選舉，塗塞耳目，九品訪人，唯問中正。故據上品者，非公侯之子孫，則當塗之昆弟也。二者苟然，則蓽門蓬戶之俊，安得不有陸沈者哉！

其三曰：昔田子方養老馬，而窮士知所歸，況居天下之廣居，立天下之正位，行天下之大道乎！昔明王聖主，無不養老。老人衆多，未必皆賢，不可悉養。故父事三老，

所以明孝；宗事五更，所以明敬。孟子曰：「吾老以及人之老，吾幼以及人之幼。」今天下雖定，而華山之陽無放馬之羣，桃林之下未有休息之牛，故以吳人尚未臣服故也。夫饑者易爲食，渴者易爲飲，天下元元瞻望新政。願陛下思子方之仁，念犬馬之勞，思帷蓋之報，發仁惠之詔，廣開養老之制。

其四曰：法令賞罰，莫大乎信。古人有言：「人而無信，不知其可。」況有養人以惠，使人以義，而可以不信行之哉！臣前爲西郡太守，被州所下己未詔書：「羌胡道遠，其但募取樂行，不樂勿强。」臣被詔書，輒宣恩廣募，示以賞信，所得人名卽條言征西。其晉人自可差簡丁强，如法調取；至於羌胡，非恩意告諭，則無欲度金城、河西者也。自往每興軍渡河，未曾有變，故刺史郭綏勸帥有方，深加獎厲，要許重報。是以所募感恩利賞，遂立績效，功在第一。今州郡督將，並已受封，羌胡健兒，或王或侯，不蒙論敍也。晉文猶不貪原而失信，齊桓不惜地而背盟，況聖主乎！

其五曰：昔周漢之興，樹親建德，周因五等之爵，漢有河山之誓。及其衰也，神器奪於重臣，國祚移於他人。故滅周者秦，非姬姓也；代漢者魏，非劉氏也。於今國家大計，使異姓無裂土專封之邑，同姓並據有連城之地，縱復令諸王後世子孫還自相并，蓋亦楚人失繁弱於雲夢，尚未爲亡其弓也。其於神器不移他族，則始祖不遷之廟，萬年億兆不改其名矣。大晉諸王二十餘人，而公侯伯子男五百餘國，欲言其國皆小乎，則漢祖之起，俱無尺土之地，況有國者哉！將謂大晉世世賢聖，而諸侯之胤常不肖邪，則放勛欽明而有丹朱，瞽瞍頑凶而有虞舜。天下有事無不由兵，而無故多樹兵本，廣開亂原，臣故曰五等不便也。臣以爲可如前表，諸王宜大其國，增益其兵，悉遣守藩，使形勢足以相接，則陛下可高枕而臥耳。臣以爲諸侯伯子男名號皆宜改易之，使封爵之制，祿奉禮秩，並同天下諸侯之例。

臣聞與覆車同軌者未嘗安也，與死人同病者未嘗生也，與亡國同法者未嘗存也。況夫巍巍大晉，方將登太山，禪梁父，刻石書勳，垂示無窮。宜遠鑒往代興廢，深爲嚴防，使著事奮筆，必有紀焉。昔伊尹恥其君不爲堯舜，此臣所以私懷慷慨，自忘輕賤者也。

灼書奏，帝覽而異焉，擢爲明威將軍、魏興太守。卒于官。

閻纘

閻纘字續伯，〔七〕巴西安漢人也。祖圃，爲張魯功曹，勸魯降魏，封平樂鄉侯。父璞，嗣爵，仕吳至牂柯太守。〔八〕纘僑居河南新安，少游英豪，多所交結，博覽墳典，該通物理。父

卒，繼母不慈，纘恭事彌謹。而母疾之愈甚，乃誣纘盜父時金寶，訟于有司。遂被清議十餘年，纘無怨色，孝謹不怠。母後意解，更移中正，乃得復品。

爲太傅楊駿舍人，轉安復令。駿之誅也，纘棄官歸，要駿故主簿潘岳、掾崔基等共葬之。基、岳畏罪，推纘爲主。墓成，當葬，駿從弟模告武陵王澹，〔九〕將表殺造意者。衆咸懼，填冢而逃，纘獨以家財成墓，葬駿而去。國子祭酒鄒湛以纘才堪佐著作，〔一〇〕薦於祕書監華嶠。嶠曰：「此職閑廩重，貴勢多爭之，不暇求其才。」遂不能用。河間王顒引爲西戎校尉司馬，有功，封平樂鄉侯。

愍懷太子之廢也，纘輿棺詣闕，上書理太子之冤曰：

伏見敕文及牓下前太子遹手疏，以爲驚愕。自古以來，臣子悖逆，未有如此之甚也。幸賴天慈，全其首領。臣伏念遹生於聖父而至此者，由於長養深宮，沈淪富貴，受饒先帝，父母驕之。每見選師傅下至羣吏，率取膏粱擊鍾鼎食之家，希有寒門儒素如衞綰、周文、石奮、疏廣，洗馬、舍人亦無汲黯、鄭莊之比，遂使不見事父事君之道。臣案古典，太子居以士禮，與國人齒，以此明先王欲令知先賤然後乃貴。自頃東宮亦微太盛，所以致敗也。非但東宮，歷觀諸王師友文學，皆豪族力能得者，率非龔遂、王陽，能以道訓。友無亮直三益之節，官以文學爲名，實不讀書，但共鮮衣好馬，縱酒高會，

嬉遊博弈，豈有切磋，能相長益！臣常恐公族遲陵，以此歎息。今遹可以爲戒，恐其被斥，棄逐遠郊，始當悔過，無所復及。

昔戾太子無狀，稱兵距命，而壺關三老上書，有田千秋之言，猶曰：「子弄父兵，罪應笞耳！」漢武感悟之，築思子之臺。今遹無狀，言語悖逆，受罪之日，不敢失道，猶爲輕於戾太子，尚可禁持，重選保傅。如司空張華，道德深遠，乃心忠誠，以爲之師。光祿大夫劉寔，寒苦自立，終始不衰，年同呂望，經籍不廢，以爲之保。尚書僕射裴頠，明允恭肅，體道居正，以爲之友。置游談文學，皆選寒門孤宦以學行自立者，及取服勤更事、涉履艱難、事君事親、名行素聞者，使與共處。使嚴御史監護其家，絕貴戚子弟、輕薄賓客。如此，左右前後，莫非正人。師傅文學，可令十日一講，使共論議於前。敕使但道古今孝子慈親，忠臣事君，及思愆改過之義，皆聞善道，庶幾可全。

昔太甲有罪，放之三年，思庸克復，爲殷明王。又魏文帝懼於見廢，夙夜自祗，竟能自全。及至明帝，因母得罪，廢爲平原侯，爲置家臣庶子，師友文學，皆取正人，共相匡矯。兢兢慎罰，事父以孝，父沒，事母以謹，聞于天下，于今稱之。漢高皇帝數置酒於庭，欲廢太子，後四皓爲師，子房爲傅，竟復成就。前事不忘，後事之戒。孟軻有云，「孤臣孼子，其操心也危，慮患也深」，故多善功。李斯云：「慈母多敗子，嚴家無格虜。」

由陛下驕遹，使至於此，庶其受罪以來，足自思改。方今天下多虞，四夷未寧，將伺國隙。儲副大事，不宜空虛。宜爲大計，小復停留。先加嚴誨，依平原侯故事，若不悛改，棄之未晚也。

臣素寒門，無力仕宦，不經東宮，情不私遹。念昔楚國處女諫其王曰「有龍無尾」，言年四十，未有太子。臣嘗備近職，雖未得自結天日，情同闇寺，悾悾之誠，皆爲國計。臣老母見臣爲表，乃爲臣卜卦，云「書御卽死」。妻子守臣，涕泣見止。臣獨以爲頻見拔擢，嘗爲近職，此恩難忘，何以報德？唯當陳誠，以死獻忠。輒具棺絮，伏須刑誅。

書御不省。

及張華遇害，賈謐被誅，朝野震悚，纘獨撫華尸慟哭曰：「早語君遜位而不肯，今果不免，命也夫！」過叱賈謐尸曰：「小兒亂國之由，誅其晚矣！」

皇太孫立，纘復上疏曰：

臣前上書訟太子之枉，不見省覽。昔壺關三老陳衞太子之冤，而漢武築思子之臺。高廟令田千秋上書，不敢正言，託以鬼神之教，而孝武大感，月中三遷，位至丞相，乘車入殿，號曰車氏。恨臣精誠微薄，不能有感，竟使太子流離，沒命許昌。向令陛下卽納臣言，不致此禍。天贊聖意，三公獻謀，庶人賜死，罪人斯得，太子以明，臣恨其晚，無所復及。詔書慈悼，迎喪反葬，復其禮秩，誠副衆望，不意呂霍之變復生於今日！伏見詔書建立太孫，斯誠陛下上順先典以安社稷，中慰慈悼冤魂之痛，下令萬國心有所繫。追惟庶人，所爲無狀，幾傾宗廟，賴相國、太宰至忠憤發，潛謀俱斷，奉贊聖意，以成神武。雖周誅二叔，漢掃諸呂，未足以喻。臣願陛下因此大更釐改，以爲永制。禮置太子，居以士禮，與國人齒，爲置官屬，皆如朋友，不爲純臣。既使上厭至望，以崇孝道，又令不相嚴憚，易相規正。

昔漢武既信姦讒，危害太子，復用望氣之言，欲盡誅詔獄中囚。邴吉以皇孫在焉，閉門距命，後遂擁護皇孫，督罰乳母，卒至成人，立爲孝宣皇帝。苟志於忠，無往不可。歷觀古人雖不避死，亦由世教寬以成節。吉雖距詔書，事在於忠，故宥而不責。自晉興已來，用法太嚴，遲速之間，輒加誅斬。一身伏法，猶可强爲，今世之誅，動輒滅門。昔呂后臨朝，肆意無道。周昌相趙，三召其王而昌不遣，先徵昌入，乃後召王。此由漢制本寬，得使爲快。假令如今，呂后必謂昌已反，夷其三族，則誰敢復爲殺身成義者哉！此法宜改，可使經遠。又漢初廢趙王張敖，其臣貫高謀弑高祖，高祖不誅，以明臣道。田叔、孟舒十人爲奴，髡鉗隨王，隱親侍養，故令平安。向使晉法得容爲義，東宮之臣得如周昌，固護太子得如邴吉，距詔不坐，伏死諫爭，則聖意必變，太子以安。如田

叔、孟舒侍從不罪者，則隱親左右，姦凶毒藥無緣得設，太子不夭也。

臣每責東宮臣故無侍從者，後聞頗有於道路望車拜辭，而有司收付洛陽獄，奏科其罪。然臣故莫從，良有以也。又本置三率，盛其兵馬，所以宿衞防虞。而使者卒至，莫有警嚴覆請審者，此由恐畏滅族。今皇孫沖幼，去事多故。若有不虞，强臣專制，姦邪矯詐，雖有相國保訓東宮，擁佑之恩同於邴吉，適可使玉體安全，宜開來防，可著于令：自今已後，諸有廢興倉卒，羣臣皆得輒嚴，須錄詣殿前，面受口詔，然後爲信，得同周昌不遣王節，下聽臣子隱親，得如田叔、孟舒，不加罪責，則永固儲副，以後安嗣之遠慮也。來事難知，往事可改。臣前每見詹事裴權用心懇惻，舍人秦戢數上疏啓諫；而爰倩贈以九列，權有忠意，獨不蒙賞。謂宜依倩爲比，以寵其魂。推尋表疏，如秦戢輩及司隸所奏，諸敢拜辭於道路者，明詔稱揚，使微異於衆，以勸爲善，以獎將來也。

纘又陳：

今相國雖已保傅東宮，保其安危。至於旦夕訓誨，輔導出入，動靜劬勞，宜選寒苦之士，忠貞清正，老而不衰，如城門校尉梁柳、白衣南安朱沖比者，以爲師傅。其侍臣以下文武將吏，且勿復取盛戚豪門子弟，若吳太妃家室及賈、郭之黨。如此之輩，生而富溢，無念修己，率多輕薄浮華，相驅放縱，皆非所補益於吾少主者也。皆可擇寒門篤行、

學問素士、更履險易、節義足稱者，以備羣臣，可輕其禮儀，使與古同，於相切磋爲益。

昔魏文帝之在東宮，徐幹、劉楨爲友，文學相接之道並如氣類。吳太子登，顧譚爲友，諸葛恪爲賓，臥同牀帳，行則參乘，交如布衣，相呼以字，此則近代之明比也。天子之子不患不富貴，不患人不敬畏，患於驕盈，不聞其過，不知稼穡之艱難耳。至於甚者，乃不知名六畜，可不勉哉！昔周公親撻伯禽，曹參笞窋二百，聖考慈父皆不傷恩。今不忍小相維持，令至闕失頓相罪責，不亦誤哉！

在禮，太子朝夕視膳，昏定晨省，跪問安否，於情得盡。五日一朝，於敬既簡，於恩亦疏，易致構間。故曰「一朝不朝，其間容刀」。五日之制，起漢高祖，身爲天子，父爲庶人，萬機事多，故闕私敬耳。今主上臨朝，太子無事，專主孝養，宜改此俗。文王世子篇曰：「王季一飯亦一飯，再飯亦再飯。」〔一一〕安有逸豫五日一覲哉！

纘又陳：

今迎太子神柩，孤魂獨行，太孫幼沖，不可涉道。謂可遣妃奉迎遠路，令其父衍隨行衞護。皇太子初見誣陷，臣家門無祐，三世假親，具嘗辛苦，以家觀國，固知太子有變。臣故求副監國，欲依邴吉故事，距違來使，供養擁護，身親飲食醫藥，冀足救危。主者以臣名資輕淺，不肯見與。世人見笑，謂爲此職進退難居，有必死憂。臣獨以爲苟

全儲君，賈氏所誅，甘心所願。今監國御史直副皆當三族，侍衞無狀，實自宜然。臣謂其小人，不足具責。故孔子曰：「可以託六尺之孤，臨大節而不可奪。」是以聖王慎選。故河南尹向雄，昔能犯難葬故將鍾會，文帝嘉之，始拔顯用，至於先帝，以爲右率。如聞之事，若得向雄之比，則豈可觸哉！此二使者，但爲愚怯，亦非與謀，但可誅身，自全三族。如郭俶、郭斌，則於刑爲當。

又東宮亦宜妙選忠直亮正，如向雄比。陛下千秋萬歲之後，太孫幼沖，選置兵衞，宜得柱石之士如周昌者。世俗淺薄，士無廉節，賈謐小兒，恃寵恣睢，而淺中弱植之徒，更相翕習，故世號魯公二十四友。又謐前見臣表理太子，曰：「閻兒作此爲健，然觀其意，欲與諸司馬家同。」皆爲臣寒心。伏見詔書，稱明滿奮、樂廣。侍郎賈胤，與謐親理，而亦疏遠，往免父喪之後，停家五年，雖爲小屈，有識貴之。潘岳、繆徵等皆謐父黨，〔一二〕共相沈浮，人士羞之，聞其晏然，莫不爲怪。今詔書暴揚其罪，並皆遣出，百姓咸云清當，臣獨謂非。但岳徵二十四人，宜皆齊黜，以肅風教。

朝廷善其忠烈，擢爲漢中太守。趙王倫死，既葬，纘以車轢其冢。時張華兄子景後徙漢中，纘又表宜還。

纘不護細行，而慷慨好大節。卒於官，時年五十九。纘五子，皆開朗有才力。

長子亨爲遼西太守，屬王浚自用其人，亨不得之官。依青州刺史苟晞，刑政苛虐，亨數切諫，爲晞所害。

史臣曰：愍懷之廢也，天下稱其冤。然皆懼亂政之參夷，慴淫嬖之凶忍，遂使謀臣懷忠而結舌，義士蓄憤而吞聲。閻續伯官既微於侍郎，位不登於執戟，輕生重義，視死如歸，伏奏而待嚴誅，輿棺以趨鼎鑊，察言觀行，豈非忠直壯乎！顧視晉朝公卿，曾不得與其徒隸齒也。茂伯篤終，哭王經以全節。休然追遠，理鄧艾以成名。故得義感明時，仁流枯骨。雖朱勃追論新息，欒布奏事彭王，弗之尚也。

贊曰：咸義收會，篤終理艾。道既相侔，名亦俱泰。續伯區區，輿櫬陳蓍。偪茲淫嬖，弗遂良圖。啜其泣矣，何嗟及乎！

校勘記

〔一〕劉毅嘗以非罪咎雄　勞校：「劉毅」當從世說方正作「劉準」。按：勞說是。劉毅傳不言其曾爲侍中與河內太守，劉準則曾爲侍中與河內太守（見世說方正注引晉諸公贊）。下同。

〔二〕此又固足以彰先帝之善任矣　「又」，各本作「艾」，今從局本。

〔三〕如在州郡　各本無「在」字，今從殿本。

〔四〕雖功高不封　各本「雖」下衍「下」字，今從殿本。

〔五〕迎蹇叔於宗里　「宗」當爲「宋」字之誤。自「招由余於西戎」四語，都用李斯諫逐客書。史記李斯傳此句作「迎蹇叔於宋」。

〔六〕士之歸仁　此用孟子離婁上文。孟子「士」作「民」，此蓋唐人諱二名改。

〔七〕閻纘　「纘」，楊駿傳、五行志上作「纂」。

〔八〕仕吳至牂柯太守　勞校：牂柯郡未嘗屬吳，「吳」字疑衍。斠注：唐書宰相世系表但云牂柯太守璞，無「吳」字。

〔九〕駿從弟模告武陵王澹　舉正與梁玉繩瞥記謂，楊駿被誅，親黨夷三族，不得再有從弟。史稱賈模參與誅楊駿之謀，則「模」乃賈后族兄賈模也。又司馬澹時爲東武公，未封王。

〔一〇〕堪佐著作　各本原脫「作」字。校文：通典二六引纂集作「可佐著作」，此奪一字。按：冊府八二八「著」下亦有「作」字，今據補。

〔一一〕王季一飯亦一飯再飯亦再飯　禮記文王世子作「文王一飯亦一飯，文王再飯亦再飯」。

〔一二〕繆徵　原誤作「繆徽」，參卷四四校記。

晉書卷四十九

列傳第十九

阮籍 兄子咸 咸子瞻 瞻弟孚 從子脩 族弟放 放弟裕

阮籍字嗣宗，陳留尉氏人也。父瑀，魏丞相掾，知名於世。籍容貌瓌傑，志氣宏放，傲然獨得，任性不羈，而喜怒不形於色。或閉戶視書，累月不出；或登臨山水，經日忘歸。博覽羣籍，尤好莊老。嗜酒能嘯，善彈琴。當其得意，忽忘形骸。時人多謂之癡，惟族兄文業每歎服之，以爲勝己，由是咸共稱異。

籍嘗隨叔父至東郡，兗州刺史王昶請與相見，終日不開一言，自以不能測。太尉蔣濟聞其有儁才而辟之，籍詣都亭奏記曰：「伏惟明公以含一之德，據上台之位，英豪翹首，俊賢抗足。開府之日，人人自以爲掾屬；辟書始下，而下走爲首。昔子夏在於西河之上，而文侯擁篲；鄒子處於黍谷之陰，而昭王陪乘。夫布衣韋帶之士，孤居特立，王公大人所以禮下之

者，爲道存也。今籍無鄒卜之道，而有其陋，猥見採擇，無以稱當。方將耕於東皐之陽，輸黍稷之餘稅。負薪疲病，足力不强，補吏之召，非所克堪。乞迴謬恩，以光清舉。」初，濟恐籍不至，得記欣然。遣卒迎之，而籍已去，濟大怒。於是鄉親共喻之，乃就吏。後謝病歸。復爲尚書郎，少時，又以病免。及曹爽輔政，召爲參軍。籍因以疾辭，屏於田里。歲餘而爽誅，時人服其遠識。宣帝爲太傅，命籍爲從事中郎。及帝崩，復爲景帝大司馬從事中郎。高貴鄉公卽位，封關內侯，徙散騎常侍。

籍本有濟世志，屬魏晉之際，天下多故，名士少有全者，籍由是不與世事，遂酣飲爲常。文帝初欲爲武帝求婚於籍，籍醉六十日，不得言而止。鍾會數以時事問之，欲因其可否而致之罪，皆以酣醉獲免。及文帝輔政，籍嘗從容言於帝曰：「籍平生曾游東平，樂其風土。」帝大悅，卽拜東平相。籍乘驢到郡，壞府舍屏鄣，使內外相望，法令清簡，旬日而還。帝引爲大將軍從事中郎。有司言有子殺母者，籍曰：「嘻！殺父乃可，至殺母乎！」坐者怪其失言。帝曰：「殺父，天下之極惡，而以爲可乎？」籍曰：「禽獸知母而不知父，殺父，禽獸之類也。殺母，禽獸之不若。」衆乃悅服。

籍聞步兵廚營人善釀，有貯酒三百斛，乃求爲步兵校尉。遺落世事，雖去佐職，恒游府內，朝宴必與焉。會帝讓九錫，公卿將勸進，使籍爲其辭。籍沈醉忘作，臨詣府，使取之，見籍方據案醉眠。使者以告，籍便書案，使寫之，無所改竄。辭甚清壯，爲時所重。

籍雖不拘禮教，然發言玄遠，口不臧否人物。性至孝，母終，正與人圍棊，對者求止，籍留與決賭。既而飲酒二斗，舉聲一號，吐血數升。及將葬，食一蒸肫，飲二斗酒，然後臨訣，直言窮矣，舉聲一號，因又吐血數升。毁瘠骨立，殆致滅性。裴楷往弔之，籍散髮箕踞，醉而直視，楷弔唁畢便去。或問楷：「凡弔者，主哭，客乃爲禮。籍既不哭，君何爲哭？」楷曰：「阮籍既方外之士，故不崇禮典。我俗中之士，故以軌儀自居。」時人歎爲兩得。籍又能爲青白眼，見禮俗之士，以白眼對之。及嵇喜來弔，籍作白眼，喜不懌而退。喜弟康聞之，乃齎酒挾琴造焉，籍大悅，乃見青眼。由是禮法之士疾之若讎，而帝每保護之。

籍嫂嘗歸寧，籍相見與別。或譏之，籍曰：「禮豈爲我設邪！」鄰家少婦有美色，當壚沽酒。籍嘗詣飲，醉，便臥其側。籍既不自嫌，其夫察之，亦不疑也。兵家女有才色，未嫁而死。籍不識其父兄，徑往哭之，盡哀而還。其外坦蕩而內淳至，皆此類也。時率意獨駕，不由徑路，車迹所窮，輒慟哭而反。嘗登廣武，觀楚漢戰處，歎曰：「時無英雄，使豎子成名！」登武牢山，望京邑而歎，於是賦豪傑詩。景元四年冬卒，時年五十四。

籍能屬文，初不留思。作詠懷詩八十餘篇，爲世所重。著達莊論，敍無爲之貴。文多不錄。

籍嘗於蘇門山遇孫登，與商略終古及栖神導氣之術，登皆不應，籍因長嘯而退。至半嶺，聞有聲若鸞鳳之音，響乎巖谷，乃登之嘯也。遂歸著大人先生傳，其略曰：「世人所謂君子，惟法是修，惟禮是克。手執圭璧，足履繩墨。行欲爲目前檢，言欲爲無窮則。少稱鄉黨，長聞鄰國。上欲圖三公，下不失九州牧。獨不見羣蝨之處褌中，逃乎深縫，匿乎壞絮，自以爲吉宅也。行不敢離縫際，動不敢出褌襠，自以爲得繩墨也。然炎丘火流，焦邑滅都，羣蝨處於褌中而不能出也。君子之處域內，何異夫蝨之處褌中乎！」此亦籍之胸懷本趣也。

子渾，字長成，有父風。少慕通達，不飾小節。籍謂曰：「仲容已豫吾此流，汝不得復爾！」太康中，爲太子庶子。

咸字仲容。父熙，武都太守。咸任達不拘，與叔父籍爲竹林之游，當世禮法者譏其所爲。咸與籍居道南，諸阮居道北，北阮富而南阮貧。七月七日，北阮盛曬衣服，皆錦綺粲目。咸以竿挂大布犢鼻於庭，人或怪之，答曰：「未能免俗，聊復爾耳！」

歷仕散騎侍郎。山濤舉咸典選，曰：「阮咸貞素寡欲，深識清濁，萬物不能移。若在官人之職，必絕於時。」武帝以咸耽酒浮虛，遂不用。太原郭奕高爽有識量，知名於時，少所推先，見咸心醉，不覺歎焉。而居母喪，縱情越禮。素幸姑之婢，姑當歸于夫家，初云留婢，既

而自從去。時方有客，咸聞之，遽借客馬追婢，既及，與婢累騎而還，論者甚非之。

咸妙解音律，善彈琵琶。雖處世不交人事，惟共親知絃歌酣宴而已。與從子脩特相善，每以得意爲歡。諸阮皆飲酒，咸至，宗人間共集，不復用杯觴斟酌，以大盆盛酒，圓坐相向，大酌更飲。時有羣豕來飲其酒，咸直接去其上，[2]便共飲之。羣從昆弟莫不以放達爲行，籍弗之許。荀勖每與咸論音律，自以爲遠不及也，疾之，出補始平太守。以壽終。二子：瞻、孚。

瞻字千里。性清虛寡欲，自得於懷。讀書不甚研求，而默識其要，遇理而辯，辭不足而旨有餘。善彈琴，人聞其能，多往求聽，不問貴賤長幼，皆爲彈之。神氣沖和，而不知向人所在。內兄潘岳每令鼓琴，終日達夜，無忤色。由是識者歎其恬澹，不可榮辱矣。舉止灼然。[3]見司徒王戎，戎問曰：「聖人貴名教，老莊明自然，其旨同異？」瞻曰：「將無同。」戎咨嗟良久，即命辟之。時人謂之「三語掾」。太尉王衍亦雅重之。瞻嘗羣行，冒熱渴甚，逆旅有井，衆人競趨之，瞻獨逡巡在後，須飲者畢乃進，其夷退無競如此。

東海王越鎮許昌，以瞻爲記室參軍，與王承、謝鯤、鄧攸俱在越府。越與瞻等書曰：「禮，年八歲出就外傅，明始可以加師訓之則；十年曰幼學，明可漸先王之教也。然學之所

入淺，體之所安深。是以閑習禮容，不如式瞻儀度；諷誦遺言，不若親承音旨。小兒毗既無令淑之質，不聞道德之風，望諸君時以閑豫，周旋誨接。」

永嘉中，爲太子舍人。瞻素執無鬼論，物莫能難，每自謂此理足可以辯正幽明。忽有一客通名詣瞻，寒溫畢，聊談名理。客甚有才辯，瞻與之言，良久及鬼神之事，反覆甚苦。客遂屈，乃作色曰：「鬼神，古今聖賢所共傳，君何得獨言無！即僕便是鬼。」於是變爲異形，須臾消滅。瞻默然，意色大惡。後歲餘，病卒於倉垣，時年三十。

孚字遙集。其母，即胡婢也。孚之初生，其姑取王延壽魯靈光殿賦曰「胡人遙集於上楹」而以字焉。初辟太傅府，遷騎兵屬。避亂渡江，元帝以爲安東參軍。蓬髮飲酒，不以王務嬰心。時帝既用申韓以救世，而孚之徒未能棄也。雖然，不以事任處之。轉丞相從事中郎。終日酣縱，恒爲有司所按，帝每優容之。

琅邪王裒爲車騎將軍，鎮廣陵，高選綱佐，以孚爲長史。帝謂曰：「卿既統軍府，郊壘多事，宜節飲也。」孚答曰：「陛下不以臣不才，委之以戎旅之重。臣僶勉從事，不敢有言者，竊以今王莅鎮，威風赫然，皇澤遐被，賊寇斂迹，氛祲既澄，日月自朗，臣亦何可爝火不息？正應端拱嘯詠，以樂當年耳。」遷黃門侍郎、散騎常侍。嘗以金貂換酒，復爲所司彈劾，帝宥

之。轉太子中庶子、左衞率，領屯騎校尉。

明帝即位，遷侍中。從平王敦，賜爵南安縣侯。轉吏部尚書，領東海王師，稱疾不拜。詔就家用之，尚書令郗鑒以爲非禮。帝曰：「就用之誠不快，不爾便廢才。」及帝疾大漸，溫嶠入受顧命，過孚，要與同行。升車，乃告之曰：「主上遂大漸，江左危弱，實資羣賢，共康世務。卿時望所歸，今欲屈卿同受顧託。」孚不答，固求下車，嶠不許。垂至臺門，告嶠內迫，求暫下，便徒步還家。

初，祖約性好財，孚性好屐，同是累而未判其得失。有詣約，見正料財物，客至，屏當不盡，餘兩小簏，以著背後，傾身障之，意未能平。或有詣阮，正見自蠟屐，因自歎曰：「未知一生當著幾量屐！」神色甚閑暢。於是勝負始分。

咸和初，拜丹楊尹。時太后臨朝，政出舅族。孚謂所親曰：「今江東雖累世，而年數實淺。主幼時艱，運終百六，而庾亮年少，德信未孚，以吾觀之，將兆亂矣。」會廣州刺史劉顗卒，遂苦求出。王導等以孚疏放，非京尹才，乃除都督交廣寧三州軍事、鎮南將軍、領平越中郎將、廣州刺史、假節。未至鎮，卒，年四十九。尋而蘇峻作逆，識者以爲知幾。無子，從孫廣嗣。

脩字宣子。好易、老，善清言。嘗有論鬼神有無者，皆以人死者有鬼，脩獨以爲無，曰：「今見鬼者云著生時衣服，若人死有鬼，衣服有鬼邪？」論者服焉。後遂伐社樹，或止之，脩曰：「若社而爲樹，伐樹則社移；樹而爲社，伐樹則社亡矣。」

性簡任，不修人事。絕不喜見俗人，遇便舍去。意有所思，率爾褰裳，不避晨夕，至或無言，但欣然相對。常步行，以百錢挂杖頭，至酒店，便獨酣暢。雖當世富貴而不肯顧，家無儋石之儲，宴如也。與兄弟同志，常自得於林皐之間。

王衍當時談宗，自以論易略盡，然有所未了，研之終莫悟，每云「不知比沒當見能通之者不」。衍族子敦謂衍曰：「阮宣子可與言。」衍曰：「吾亦聞之，但未知其亹亹之處定何如耳！」及與脩談，言寡而旨暢，衍乃歎服焉。

梁國張偉志趣不常，自隱於屠釣，脩愛其才美，而知其不眞。偉後爲黃門郎、陳留內史，果以世事受累。

脩居貧，年四十餘未有室，王敦等斂錢爲婚，皆名士也，時慕之者求入錢而不得。

脩所著述甚寡，嘗作大鵬贊曰：「蒼蒼大鵬，誕自北溟。假精靈鱗，神化以生。如雲之翼，如山之形。海運水擊，扶搖上征。翕然層舉，背負太清。志存天地，不屑唐庭。鷽鳩仰笑，尺鷃所輕。超世高逝，莫知其情。」

王敦時爲鴻臚卿，謂脩曰：「卿常無食，鴻臚丞差有祿，能作不？」脩曰：「亦復可爾耳！」
遂爲之。轉太傅行參軍、太子洗馬。避亂南行，至西陽期思縣，爲賊所害，時年四十二。
放字思度。祖略，齊郡太守。父顗，淮南內史。放少與孚並知名。中興，除太學博士、
太子中舍人、庶子。時雖戎車屢駕，而放侍太子，常說老莊，不及軍國。明帝甚友愛之。轉
黃門侍郎，遷吏部郎，在銓管之任，甚有稱績。
時成帝幼沖，庾氏執政，放求爲交州，乃除監交州軍事、揚威將軍、交州刺史。行達寧
浦，逢陶侃將高寶平梁碩自交州還，放設饌請寶，伏兵殺之。寶衆擊放，敗走，保簡陽城，得
免。到州少時，暴發渴，見寶爲祟，遂卒，朝廷甚悼惜之，年四十四。追贈廷尉。
放素知名，而性清約，不營產業，爲吏部郎，不免饑寒。王導、庾亮以其名士，常供給衣
食。子晞之，南頓太守。
裕字思曠。宏達不及放，〔三〕而以德業知名。弱冠辟太宰掾。大將軍王敦命爲主簿，
甚被知遇。裕以敦有不臣之心，乃終日酣觴，以酒廢職。敦謂裕非當世實才，徒有虛譽而
已，出爲溧陽令，復以公事免官。由是得違敦難，論者以此貴之。

咸和初，除尚書郎。時事故之後，公私弛廢，裕遂去職還家，居會稽剡縣。司徒王導引
爲從事中郎，固辭不就。朝廷將欲徵之，裕知不得已，乃求爲王舒撫軍長史。舒薨，除吏部
郎，不就。卽家拜臨海太守，少時去職。司空郗鑒請爲長史，詔徵祕書監，皆以疾辭。復除
東陽太守。尋徵侍中，不就。還剡山，有肥遁之志。有以問王羲之，羲之曰：「此公近不驚
寵辱，雖古之沈冥，何以過此！」人云，〔四〕裕骨氣不及逸少，簡秀不如眞長，韶潤不如仲祖，
思致不如殷浩，而兼有諸人之美。成帝崩，裕赴山陵，事畢便還。諸人相與追之，裕亦審時
流必當逐已，而疾去，至方山不相及。劉惔歎曰：「我入東，正當泊安石渚下耳，不敢復近思
曠傍。」
裕雖不博學，論難甚精。嘗問謝萬云：「未見四本論，君試爲言之。」萬敍說既畢，裕以
傅嘏爲長，於是構辭數百言，精義入微，聞者皆嗟味之。裕嘗以人不須廣學，正應以禮讓爲
先，故終日靜默，無所修綜，而物自宗焉。在剡曾有好車，借無不給。有人葬母，意欲借而
不敢言。後裕聞之，乃歎曰：「吾有車而使人不敢借，何以車爲！」遂命焚之。
在東山久之，復徵散騎常侍，領國子祭酒。俄而復以爲金紫光祿大夫，領琅邪王師。
經年敦逼，並無所就。御史中丞周閔奏裕及謝安違詔累載，並應有罪，禁錮終身，詔書貰
之。或問裕曰：「子屢辭徵聘，而宰二郡，何邪？」裕曰：「雖屢辭王命，非敢爲高也。吾少無
宦情，兼拙於人間，既不能躬耕自活，必有所資，故曲躬二郡。豈以騁能，私計故耳。」年六
十二卒。〔五〕三子：傭、寧、普。
傭，早卒。寧，鄱陽太守。普，驃騎諮議參軍。傭子歆之，中領軍。寧子腆，〔六〕祕書監。
腆弟萬齡及歆之子彌之，元熙中並列顯位。

嵇康

嵇康字叔夜，譙國銍人也。其先姓奚，會稽上虞人，以避怨，徙焉。銍有嵇山，家于其
側，因而命氏。兄喜，有當世才，歷太僕、宗正。
康早孤，有奇才，遠邁不羣。身長七尺八寸，美詞氣，有風儀，而土木形骸，不自藻飾，
人以爲龍章鳳姿，天質自然。恬靜寡欲，含垢匿瑕，寬簡有大量。學不師受，博覽無不該
通，長好老莊。與魏宗室婚，拜中散大夫。常修養性服食之事，彈琴詠詩，自足於懷。以
爲神仙稟之自然，非積學所得，至於導養得理，則安期、彭祖之倫可及，乃著養生論。又以
爲君子無私，其論曰：「夫稱君子者，心不措乎是非，而行不違乎道者也。何以言之？夫氣
靜神虛者，心不存於矜尚；體亮心達者，情不繫於所欲。矜尚不存乎心，故能越名教而任自
然；情不繫於所欲，故能審貴賤而通物情。物情順通，故大道無違；越名任心，故是非無措

也。是故言君子則以無措爲主，以通物爲美；言小人則以匿情爲非，以違道爲闕。何者？
匿情矜吝，小人之至惡；虛心無措，君子之篤行也。是以大道言『及吾無身，吾又何患』。無
以生爲貴者，是賢於貴生也。由斯而言，夫至人之用心，固不存有措矣。故曰，『君子行道，
忘其爲身』，斯言是矣。君子之行賢也，不察於有度而後行也；任心無邪，不議於善而後正
也；顯情無措，不論於是而後爲也。是故傲然忘賢，而賢與度會；忽然任心，而心與善遇；儻
然無措，而事與是俱也。」其略如此。蓋其胸懷所寄，以高契難期，每思郢質。所與神交者
惟陳留阮籍、河內山濤，豫其流者河內向秀、沛國劉伶、籍兄子咸、琅邪王戎，遂爲竹林之
游，世所謂「竹林七賢」也。戎自言與康居山陽二十年，未嘗見其喜愠之色。
康嘗採藥游山澤，會其得意，忽焉忘反。時有樵蘇者遇之，咸謂爲神。至汲郡山中見
孫登，康遂從之遊。登沈默自守，無所言說。康臨去，登曰：「君性烈而才儁，其能免乎！」康
又遇王烈，共入山，烈嘗得石髓如飴，卽自服半，餘半與康，皆凝而爲石。又於石室中見一
卷素書，遽呼康往取，輒不復見。烈乃歎曰：「叔夜志趣非常而輒不遇，命也！」其神心所感，
每遇幽逸如此。
山濤將去選官，舉康自代。康乃與濤書告絕，曰：
聞足下欲以吾自代，雖事不行，知足下故不知之也。恐足下羞庖人之獨割，引尸

祝以自助，故爲足下陳其可否。

　　老子、莊周，吾之師也，親居賤職；柳下惠、東方朔，達人也，安乎卑位。吾豈敢短之哉！又仲尼兼愛，不羞執鞭；子文無欲卿相，而三爲令尹，是乃君子思濟物之意也。所謂達能兼善而不渝，窮則自得而無悶。以此觀之，故知堯舜之居世，許由之巖棲，子房之佐漢，接輿之行歌，其揆一也。仰瞻數君，可謂能遂其志者也。故君子百行，殊塗同致，循性而動，各附所安。故有「處朝廷而不出，入山林而不反」之論。且延陵高子臧之風，長卿慕相如之節，意氣所託，〔七〕亦不可奪也。

　　吾每讀尚子平、臺孝威傳，慨然慕之，想其爲人。加少孤露，母兄驕恣，不涉經學，又讀老莊，重增其放，故使榮進之心日頽，任逸之情轉篤。阮嗣宗口不論人過，吾每師之，而未能及。至性過人，與物無傷，惟飲酒過差耳，至爲禮法之士所繩，疾之如仇讎，幸賴大將軍保持之耳。吾以不如嗣宗之資，而有慢弛之闕；又不識物情，闇於機宜；無萬石之慎，而有好盡之累；久與事接，疵釁日興，雖欲無患，其可得乎！

　　又聞道士遺言，餌朮黃精，令人久壽，意甚信之。游山澤，觀魚鳥，心甚樂之。一行作吏，此事便廢，安能舍其所樂，而從其所懼哉！

　　夫人之相知，貴識其天性，因而濟之。禹不逼伯成子高，全其長也；仲尼不假蓋於

子夏，護其短也。近諸葛孔明不迫元直以入蜀，華子魚不強幼安以卿相，此可謂能相終始，眞相知者也。自卜已審，若道盡塗殫則已耳，足下無事冤之令轉於溝壑也。

　　吾新失母兄之歡，意常悽切。女年十三，男年八歲，未及成人，況復多疾，顧此悢悢，如何可言。今但欲守陋巷，教養子孫，時時與親舊敍離闊，陳說平生，濁酒一杯，彈琴一曲，志意畢矣，豈可見黃門而稱貞哉！若趣欲共登王塗，期於相致，時爲歡益，一旦迫之，必發狂疾。自非重讎，不至此也。既以解足下，并以爲別。

此書既行，知其不可羈屈也。

　　性絕巧而好鍛。宅中有一柳樹甚茂，乃激水圜之，每夏月，居其下以鍛。東平呂安服康高致，每一相思，輒千里命駕，康友而善之。後安爲兄所枉訴，以事繫獄，辭相證引，遂復收康。康性愼言行，一旦縲紲，乃作幽憤詩，曰：

　　嗟余薄祜，少遭不造，哀煢靡識，越在襁緥。母兄鞠育，有慈無威，恃愛肆姐，不訓不師。爰及冠帶，憑寵自放，抗心希古，任其所尙。託好莊老，賤物貴身，志在守樸，養素全眞。

　　曰予不敏，好善闇人，子玉之敗，屢增惟塵。大人含弘，藏垢懷恥。人之多僻，政不由己。惟此褊心，顯明臧否；感悟思愆，怛若創痏。欲寡其過，謗議沸騰，性不傷物，頻致怨憎。昔慚柳惠，今愧孫登，內負宿心，外恧良朋。仰慕嚴鄭，樂道閑居，與世無營，神氣晏如。

　　咨予不淑，嬰累多虞。匪降自天，實由頑疏，理弊患結，卒致囹圄。對答鄙訊，縶此幽阻，實恥訟免，時不我與。雖曰義直，神辱志沮，澡身滄浪，曷云能補。雍雍鳴鴈，厲翼北游，順時而動，得意忘憂。嗟我憤歎，曾莫能儔。事與願違，遘茲淹留，窮達有命，亦又何求？

　　古人有言，善莫近名。奉時恭默，咎悔不生。萬石周愼，安親保榮。世務紛紜，祇攪余情，安樂必誡，乃終利貞。煌煌靈芝，一年三秀，予獨何爲，有志不就。懲難思復，心焉內疚，庶勗將來，無馨無臭。採薇山阿，散髮巖岫，永嘯長吟，頤神養壽。

　　初，康居貧，嘗與向秀共鍛於大樹之下，以自贍給。潁川鍾會，貴公子也，精練有才辯，故往造焉。康不爲之禮，而鍛不輟。良久會去，康謂曰：「何所聞而來？何所見而去？」會曰：「聞所聞而來，見所見而去。」會以此憾之。及是，言於文帝曰：「嵇康，臥龍也，不可起。公無憂天下，顧以康爲慮耳。」因譖「康欲助毌丘儉，賴山濤不聽。昔齊戮華士，魯誅少正卯，誠以害時亂教，故聖賢去之。康、安等言論放蕩，非毀典謨，帝王者所不宜容。宜因釁除之，以淳風俗」。帝既昵聽信會，遂并害之。

　　康將刑東市，太學生三千人請以爲師，弗許。康顧視日影，索琴彈之，曰：「昔袁孝尼嘗從吾學廣陵散，吾每靳固之，廣陵散於今絕矣！」時年四十。海內之士，莫不痛之。帝尋悟而恨焉。初，康嘗游于洛西，暮宿華陽亭，引琴而彈。夜分，忽有客詣之，稱是古人，與康共談音律，辭致清辯，因索琴彈之，而爲廣陵散，聲調絕倫，遂以授康，仍誓不傳人，亦不言其姓字。

　　康善談理，又能屬文，其高情遠趣，率然玄遠。撰上古以來高士爲之傳贊，欲友其人於千載也。又作太師箴，亦足以明帝王之道焉。復作聲無哀樂論，甚有條理。子紹，別有傳。

向秀

　　向秀字子期，河內懷人也。清悟有遠識，少爲山濤所知，雅好老莊之學。莊周著內外數十篇，歷世才士雖有觀者，莫適論其旨統也，秀乃爲之隱解，發明奇趣，振起玄風，讀之者超然心悟，莫不自足一時也。惠帝之世，郭象又述而廣之，儒墨之迹見鄙，道家之言遂盛焉。始，秀欲注，嵇康曰：「此書詎復須注，正是妨人作樂耳。」及成，示康曰：「殊復勝不？」又與康論養生，辭難往復，蓋欲發康高致也。

　　康善鍛，秀爲之佐，相對欣然，傍若無人。又共呂安灌園於山陽。康既被誅，秀應本郡

計入洛。文帝問曰：「聞有箕山之志，何以在此？」秀曰：「以爲巢許狷介之士，未達堯心，豈足多慕。」帝甚悅。秀乃自此役，作思舊賦云：

余與嵇康、呂安居止接近，其人並有不羈之才。嵇意遠而疏，呂心曠而放，其後並以事見法。嵇博綜伎藝，於絲竹特妙，臨當就命，顧視日影，索琴而彈之。逝將西邁，經其舊廬。于時日薄虞泉，寒冰淒然。鄰人有吹笛者，發聲寥亮。追想曩昔游宴之好，感音而歎，故作賦曰：

將命適於遠京兮，遂旋反以北徂。濟黃河以汎舟兮，經山陽之舊居。瞻曠野之蕭條兮，息余駕乎城隅。踐二子之遺迹兮，歷窮巷之空廬。歎黍離之愍周兮，悲麥秀於殷墟。惟追昔以懷今兮，心徘徊以躊躇。棟宇在而弗毁兮，形神逝其焉如。昔李斯之受罪兮，歎黃犬而長吟。悼嵇生之永辭兮，顧日影而彈琴。託運遇於領會兮，寄餘命於寸陰。聽鳴笛之慷慨兮，妙聲絕而復尋。佇駕言其將邁兮，故援翰以寫心。

後爲散騎侍郎，轉黃門侍郎、散騎常侍，在朝不任職，容迹而已。卒於位。二子：純、悌。

劉伶

劉伶字伯倫，沛國人也。身長六尺，容貌甚陋。放情肆志，常以細宇宙齊萬物爲心。

澹默少言，不妄交游，與阮籍、嵇康相遇，欣然神解，攜手入林。初不以家產有無介意。常乘鹿車，攜一壺酒，使人荷鍤而隨之，謂曰：「死便埋我。」其遺形骸如此。嘗渴甚，求酒於其妻。妻捐酒毁器，涕泣諫曰：「君酒太過，非攝生之道，必宜斷之。」伶曰：「善！吾不能自禁，惟當祝鬼神自誓耳。便可具酒肉。」妻從之。伶跪祝曰：「天生劉伶，以酒爲名。一飲一斛，五斗解醒。婦兒之言，〔八〕慎不可聽。」仍引酒御肉，隗然復醉。嘗醉與俗人相忤，其人攘袂奮拳而往。伶徐曰：「雞肋不足以安尊拳。」其人笑而止。

伶雖陶兀昏放，而機應不差。未嘗厝意文翰，惟著酒德頌一篇。其辭曰：「有大人先生，以天地爲一朝，萬期爲須臾，日月爲扃牖，八荒爲庭衢。行無轍迹，居無室廬，幕天席地，縱意所如。止則操卮執觚，動則挈榼提壺，惟酒是務，焉知其餘。有貴介公子、搢紳處士，聞吾風聲，議其所以，乃奮袂攘襟，怒目切齒，陳說禮法，是非蜂起。先生於是方捧甖承槽，銜杯漱醪，奮髯箕踞，枕麴藉糟，無思無慮，其樂陶陶。兀然而醉，怳爾而醒。靜聽不聞雷霆之聲，熟視不睹泰山之形。不覺寒暑之切肌，利欲之感情。俯觀萬物，擾擾焉若江海之載浮萍。二豪侍側焉，如蜾蠃之與螟蛉。」

嘗爲建威參軍。泰始初對策，盛言無爲之化。時輩皆以高第得調，伶獨以無用罷。竟以壽終。

謝鯤

謝鯤字幼輿，陳國陽夏人也。祖纘，典農中郎將。父衡，以儒素顯，仕至國子祭酒。鯤少知名，通簡有高識，不修威儀，好老易，能歌善鼓琴，王衍、嵇紹並奇之。

永興中，〔九〕長沙王乂入輔政，時有疾鯤者，言其將出奔。乂欲鞭之，鯤解衣就罰，曾無忤容。既舍之，又無喜色。太傅東海王越聞其名，辟爲掾，任達不拘，尋坐家僮取官稾除名。于時名士王玄、阮脩之徒，並以鯤初登宰府，便至黜辱，爲之歎恨。鯤聞之，方清歌鼓琴，不以屑意，莫不服其遠暢，而恬於榮辱。鄰家高氏女有美色，鯤嘗挑之，女投梭，折其兩齒。時人爲之語曰：「任達不已，幼輿折齒。」鯤聞之，慠然長嘯曰：「猶不廢我嘯歌。」

越尋更辟之，轉參軍事。鯤以時方多故，乃謝病去職，避地于豫章。嘗行經空亭中夜宿，此亭舊每殺人。將曉，有黃衣人呼鯤字令開戶，鯤憺然無懼色，便於窗中度手牽之，胛斷，視之，鹿也，尋血獲焉。爾後此亭無復妖怪。

左將軍王敦引爲長史，以討杜弢功封咸亭侯。母憂去職，服闋，遷敦大將軍長史。時王澄在敦坐，見鯤談話無勌，惟歎謝長史可與言，都不眄敦，其爲人所慕如此。鯤不徇功名，無砥礪行，居身於可否之間，雖自處若穢，而動不累高。敦有不臣之迹，顯於朝野。鯤

知不可以道匡弼，乃優游寄遇，不屑政事，從容諷議，卒歲而已。每與畢卓、王尼、阮放、羊曼、桓彝、阮孚等縱酒，敦以其名高，雅相賓禮。

嘗使至都，明帝在東宮見之，甚相親重。問曰：「論者以君方庾亮，自謂何如？」答曰：「端委廟堂，使百僚準則，鯤不如亮。一丘一壑，自謂過之。」溫嶠嘗謂鯤子尚曰：「尊大君豈惟識量淹遠，至於神鑒沈深，雖諸葛瑾之喻孫權不過也。」

及敦將爲逆，謂鯤曰：「劉隗姦邪，將危社稷。吾欲除君側之惡，匡主濟時，何如？」對曰：「隗誠始禍，然城狐社鼠也。」敦怒曰：「君庸才，豈達大理。」出鯤爲豫章太守，又留不遣，藉其才望，逼與俱下。

敦至石頭，歎曰：「吾不復得爲盛德事矣。」鯤曰：「何爲其然？但使自今以往，日忘日去耳。」初，敦謂鯤曰：「吾當以周伯仁爲尚書令，戴若思爲僕射。」及至都，復曰：「近來人情何如？」鯤對曰：「明公之舉，雖欲大存社稷，然悠悠之言，實未達高義。周顗、戴若思，南北人士之望，明公舉而用之，羣情帖然矣。」是日，敦遣兵收周、戴，而鯤弗知，敦怒曰：「君粗疏邪！二子不相當，吾已收之矣。」鯤與顗素相親重，聞之愕然，若喪諸己。參軍王嶠以敦誅顗，諫之甚切，敦大怒，命斬嶠，時人士畏懼，莫敢言者。鯤曰：「明公舉大事，不戮一人。嶠以獻替忤旨，便以釁鼓，不亦過乎！」敦乃止。

敦既誅害忠賢，而稱疾不朝，將還武昌。鯤喻敦曰：「公大存社稷，建不世之勳，然天下之心實有未達。若能朝天子，使君臣釋然，萬物之心於是乃服。杖衆望以順羣情，盡沖退以奉主上，如斯則勳侔一匡，名垂千載矣。」敦曰：「君能保無變乎？」對曰：「鯤近日入覲，主上側席，遲得見公，宮省穆然，必無虞矣。公若入朝，鯤請侍從。」敦勃然曰：「正復殺君等數百人，亦復何損於時！」竟不朝而去。

是時朝望被害，皆爲其憂。而鯤推理安常，時進正言。敦既不能用，內亦不悅。軍還，使之郡，涖政清肅，百姓愛之。尋卒官，時年四十三。敦死後，追贈太常，謚曰康。子尚嗣，別有傳。

胡毋輔之 子謙之

胡毋輔之字彥國，泰山奉高人也。高祖班，漢執金吾。父原，練習兵馬，山濤稱其才堪邊任，舉爲太尉長史，終河南令。輔之少擅高名，有知人之鑒。性嗜酒，任縱不拘小節。與王澄、王敦、庾敳俱爲太尉王衍所昵，號曰四友。澄嘗與人書曰：「彥國吐佳言如鋸木屑，霏霏不絕，誠爲後進領袖也。」

辟別駕、太尉掾，並不就。以家貧，求試守繁昌令，始節酒自厲，甚有能名。遷尚書郎。

豫討齊王冏，賜爵陰平男。累轉司徒左長史。復求外出，爲建武將軍、樂安太守。與郡人光逸晝夜酣飲，不視郡事。成都王穎爲太弟，召爲中庶子，遂與謝鯤、王澄、阮脩、王尼、畢卓俱爲放達。

嘗過河南門下飲，河南騶王子博箕坐其傍，輔之叱使取火。子博曰：「我卒也，惟不乏吾事則已，安復爲人使！」輔之因就與語，歎曰：「吾不及也！」薦之河南尹樂廣，廣召見，甚悅之，擢爲功曹。其甄拔人物若此。

東海王越聞輔之名，引爲從事中郎，復補振威將軍、陳留太守。王彌經其郡，輔之不能討，坐免官。尋除寧遠將軍、揚州刺史，不之職，越復以爲右司馬、本州大中正。越薨，避亂渡江，元帝以爲安東將軍諮議祭酒，遷揚武將軍、湘州刺史、假節。到州未幾卒，時年四十九。子謙之。

謙之字子光。才學不及父，而傲縱過之。至酣醉，常呼其父字，輔之亦不以介意，談者以爲狂。輔之正酣飲，謙之闚而厲聲曰：「彥國年老，不得爲爾！將令我尻背東壁。」輔之歡笑，呼入與共飲。其所爲如此。年未三十卒。

畢卓

畢卓字茂世，新蔡鮦陽人也。父諶，中書郎。卓少希放達，爲胡毋輔之所知。太興末，爲吏部郎，常飲酒廢職。比舍郎釀熟，卓因醉夜至其甕間盜飲之，爲掌酒者所縛，明旦視之，乃畢吏部也，遽釋其縛。卓遂引主人宴於甕側，致醉而去。

卓嘗謂人曰：「得酒滿數百斛船，四時甘味置兩頭，右手持酒杯，左手持蟹螯，拍浮酒船中，便足了一生矣。」及過江，爲溫嶠平南長史，卒官。

王尼

王尼字孝孫，城陽人也，或云河內人。本兵家子，寓居洛陽，卓犖不羈。初爲護軍府軍士，胡毋輔之與琅邪王澄、北地傅暢、中山劉輿、潁川荀邃、河東裴遐迭屬河南功曹甄述及洛陽令曹攄請解之。攄等以制旨所及，不敢。輔之等齎羊酒詣護軍門，門吏疏名呈護軍，護軍歎曰：「諸名士持羊酒來，將有以也。」尼時以給府養馬，輔之等入，遂坐馬廄下，與尼炙羊飲酒，醉飽而去，竟不見護軍。護軍大驚，卽與尼長假，因免爲兵。

東嬴公騰辟爲車騎府舍人，不就。時尚書何綏奢侈過度，尼謂人曰：「綏居亂世，矜豪

乃爾，將死不久。」人曰：「伯蔚聞言，必相危害。」尼曰：「伯蔚比聞我語，已死矣。」未幾，綏果爲東海王越所殺。初入洛，尼詣越不拜。越問其故，尼曰：「公無宰相之能，是以不拜。」因數之，言甚切。又云：「公負尼物。」越大驚曰：「寧有是也？」尼曰：「昔楚人亡布，謂令尹盜之。今尼屋舍資財，悉爲公軍人所略，尼今飢凍，是亦明公之負也。」越大笑，卽賜絹五十匹。諸貴人聞，競往餉之。

洛陽陷，避亂江夏。時王澄爲荆州刺史，遇之甚厚。尼早喪婦，止有一子。無居宅，惟畜露車，有牛一頭，每行，輒使子御之，暮則共宿車上。常歎曰：「滄海橫流，處處不安也。」俄而澄卒，荆土饑荒，尼不得食，乃殺牛壞車，煮肉噉之。既盡，父子俱餓死。

羊曼 弟聃

羊曼字祖延，太傅祜兄孫也。父暨，陽平太守。曼少知名，本州禮命，太傅辟，皆不就。避難渡江，元帝以爲鎮東參軍，轉丞相主簿，委以機密。歷黃門侍郎、尚書吏部郎、晉陵太守，以公事免。曼任達穨縱，好飲酒。溫嶠、庾亮、阮放、桓彝同志友善，並爲中興名士。時州里稱陳留阮放爲宏伯，高平郗鑒爲方伯，〔一〇〕泰山胡毋輔之爲達伯，濟陰卞壼爲裁伯，陳留蔡謨爲朗伯，阮孚爲誕伯，高平劉綏爲委伯，〔一一〕而曼爲黠伯，凡八人，號兗州八伯，蓋擬

古之八儁也。

王敦既與朝廷乖貳，羈錄朝士，曼爲右長史。曼知敦不臣，終日酣醉，諷議而已。敦以其士望，厚加禮遇，不委以事，故得不涉其難。敦敗，代阮孚爲丹楊尹。時朝士過江初拜官，相飾供饌。曼拜丹楊，客來早者得佳設，日宴則漸罄，不復及精，隨客早晚而不問貴賤。有羊固拜臨海太守，竟日皆美，雖晚至者猶獲盛饌。論者以固之豐腆，乃不如曼之眞率。

蘇峻作亂，加前將軍，率文武守雲龍門。王師不振，或勸曼避峻。曼曰：「朝廷破敗，吾安所求生？」勒衆不動，爲峻所害，年五十五。峻平，追贈太常。子賁嗣，少知名，尙明帝女南郡悼公主，除祕書郎，早卒。弟聃。

聃字彭祖。少不經學，時論皆鄙其凡庸。先是，兗州有八伯之號，其後更有四伯。大鴻臚陳留江泉以能食爲穀伯，豫章太守史疇以大肥爲笨伯，〔三〕散騎郎高平張嶷以狡妄爲猾伯，而聃以狼戾爲瑣伯，蓋擬古之四凶。

聃初辟元帝丞相府，累遷廬陵太守。剛克粗暴，恃國戚，縱恣尤甚，睚眦之嫌輒加刑戮。疑郡人簡良等爲賊，殺二百餘人，誅及嬰孩，所髡鎖復百餘。庾亮執之，歸于京都。有司奏聃罪當死，以景獻皇后是其祖姑，應八議。成帝詔曰：「此事古今所無，何八議之有！

猶未忍肆之市朝，其賜命獄所。」兄子賁尙公主，自表求解婚。詔曰：「罪不相及，古今之令典也。聃雖極法，於賁何有！其特不聽離婚。」琅邪太妃山氏，聃之甥也，入殿叩頭請命。王導又啓：「聃罪不容恕，宜極重法。山太妃憂慼成疾，陛下罔極之恩，宜蒙生全之宥。」於是詔下曰：「太妃惟此一舅，發言摧咽，乃至吐血，情慮深重。朕往丁荼毒，受太妃撫育之恩，同於慈親。若不堪難忍之痛，以致頓弊，朕亦何顏以寄。今便原聃生命，以慰太妃渭陽之恩。」於是除名。頃之，遇疾，恒見簡良等爲祟，旬日而死。

光逸

光逸字孟祖，樂安人也。初爲博昌小吏，縣令使逸送客，冒寒舉體凍溼，還遇令不在，逸解衣炙之，入令被中臥。令還，大怒，將加嚴罰。逸曰：「家貧衣單，沾溼無可代。若不暫溫，勢必凍死，柰何惜一被而殺一人乎！君子仁愛，必不爾也，故寢而不疑。」令奇而釋之。

後爲門亭長，迎新令至京師。胡毋輔之與荀邃共詣令家，望見逸，謂邃曰：「彼似奇才。」便呼上車，與談良久，果俊器。令怪客不入，吏白與光逸語。令大怒，除逸名，斥遣之。後舉孝廉，爲州從事，棄官投輔之。輔之時爲太傅越從事中郎，薦逸於越，越以門寒而不召。越後因閑宴，責輔之無所舉薦。輔之曰：「前舉光逸，公以非世家不召，非不舉也。」

越卽辟焉。書到郡縣，皆以爲誤，審知是逸，乃備禮遣之。

尋以世難，避亂渡江，復依輔之。初至，屬輔之與謝鯤、阮放、畢卓、羊曼、桓彝、阮孚散髮裸裎，閉室酣飮已累日。逸將排戶入，守者不聽，逸便於戶外脫衣露頭於狗竇中窺之而大叫。輔之驚曰：「他人決不能爾，必我孟祖也。」遽呼入，遂與飮，不捨晝夜。時人謂之八達。

元帝以逸補軍諮祭酒。中興建，爲給事中，卒官。

史臣曰：夫學非常道，則物靡不通；理有忘言，則在情斯遣。其進也，撫俗同塵，不居名利；其退也，餐和履順，以保天眞。若乃一其本原，體無爲之用，分其華葉，開寓言之道，是以伯陽垂範，鳴謙置式，欲崇諸己，先下於人，猶大樂無聲，而鶬鶊斯應者也。莊生放達其旨，而馳辯無窮，棄彼榮華，則俯輕爵位，懷其道術，則顧蔑王公，舐痔兼車，鳴鳶吞腐。以茲自口，於焉翫物，殊異虛舟，有同攘臂。嵇、阮竹林之會，劉、畢芳樽之友，馳騁莊門，排登李室。若夫儀天布憲，百官從軌，經禮之外，棄而不存。是以帝堯縱許由於埃壒之表，光武舍子陵於潺湲之瀨，松蘿低舉，用以優賢，巖水澄華，茲焉賜隱，臣行厥志，主有嘉名。至於嵇康遺巨源之書，阮氏創先生之傳，軍諮散髮，吏部盜樽，豈以世疾名流，茲焉自垢？臨

鍛竈而不迴，登廣武而長歎，則嵇琴絕響，阮氣徒存。通其旁徑，必彫風俗，召以效官，居然尸素。軌躅之外，或有可觀者焉。咸能符契情靈，各敦終始，愴神交於晚笛，或相思而動駕。史臣是以捨其遺事，附于篇云。

贊曰：老篇爰植，孔教提衡。各存其趣，道貴無名。相彼非禮，遵乎達生。秋水揚波，春雲斂映。旨酒厥德，憑虛其性。不翫斯風，誰虧王政？

校勘記

〔一〕直接去其上　册府八五五作「直接其上」，疑是。

〔二〕舉止灼然　勞校：孫志祖曰「止」字疑衍。「灼然」者，晉世選舉之名，于九品中正爲第二品，見溫嶠傳、鄧攸傳。

〔三〕宏達不及放　「達」，各本作「遠」，今從局本。通志一二三亦作「達」。

〔四〕人云　本作「又云」，今依册府八二七、通志一二三改。

〔五〕年六十二卒　「二」，南監本作「三」，局本作「一」，今從宋本、吳本、殿本。

〔六〕寧子腆　「腆」，安紀作「腆之」。

〔七〕意氣所託　「託」，各本作「先」，今從局本。

〔八〕婦兒之言　類聚七二引語林、御覽四八〇引竹林七賢論「婦兒」皆作「婦人」。

〔九〕永興中　勞校：「永興」當作「太安」。

〔一〇〕方伯　册府八八二引「方」作「放」。

〔一一〕委伯　斠注：御覽四〇七引晉中興書「委伯」作「秀伯」。册府八八二亦作「秀伯」。

〔一二〕史疇　斠注：御覽三七八引晉中興書「史疇」上有「陳留」二字。江泉、張嶷皆有郡名，此疑脫。

晉書卷五十

列傳第二十

曹志

曹志字允恭，譙國譙人，魏陳思王植之孽子也。少好學，以才行稱，夷簡有大度，兼善騎射。植曰：「此保家主也。」立以爲嗣。後改封濟北王。

武帝爲撫軍將軍，迎陳留王于鄴，志夜謁見，帝與語，自暮達旦，甚奇之。及帝受禪，降爲鄄城縣公。詔曰：「昔在前世，雖曆運迭興，至於先代苗裔，傳祚不替，或列藩九服，式序王官。選衆命賢，惟德是與，蓋至公之道也。魏氏諸王公養德藏器，壅滯曠久，前雖有詔，當須簡授，而自頃衆職少缺，未得式叙。前濟北王曹志履德清純，才高行潔，好古博物，爲魏宗英，朕甚嘉之。其以志爲樂平太守。」志在郡上書，以爲宜尊儒重道，請爲博士置吏卒。還章武、趙郡太守。雖累郡職，不以政事爲意，晝則遊獵，夜誦詩書，以聲色自娛，當時見者

未能審其量也。

咸寧初，詔曰：「鄄城公曹志，篤行履素，達學通識，宜在儒林，以弘胄子之教。其以志爲散騎常侍、國子博士。」帝嘗閱六代論，問志曰：「是卿先王所作邪？」志對曰：「先王有手所作目錄，請歸尋按。」還奏曰：「按錄無此。」帝曰：「誰作？」志曰：「以臣所聞，是臣族父冏所作。以先王文高名著，欲令書傳于後，是以假託。」帝曰：「古來亦多有是。」顧謂公卿曰：「父子證明，足以爲審。自今已後，可無復疑。」

後遷祭酒。齊王攸將之國，下太常議崇錫文物。時博士秦秀等以爲齊王宜內匡朝政，不可之藩。志又常恨其父不得志於魏，因愴然歎曰：「安有如此之才，如此之親，不得樹本助化，而遠出海隅？晉朝之隆，其殆乎哉！」乃奏議曰：「伏聞大司馬齊王當出藩東夏，備物盡禮，同之二伯。今陛下爲聖君，稷契爲賢臣，內有魯衞之親，外有齊晉之輔，坐而守安，此萬世之基也。古之夾輔王室，同姓則周公其人也，異姓則太公其人也，皆身在內，五世反葬。後雖有五霸代興，桓文譎主，下有請隧之僭，上有九錫之禮，終於譎而不正，驗於尾大不掉，豈與召公之歌棠棣，周詩之詠鶺鴒同日論哉！今聖朝創業之始，始之不諒，後事難工。幹植不强，枝葉不茂；骨鯁不存，皮膚不充。自羲皇以來，豈是一姓之獨有！欲結其心者，當有磐石之固。夫欲享萬世之利者，當與天下議之。故天之聰明，自我人之聰明。秦

魏欲獨擅其威，而財得沒其身，周漢能分其利，而親疏爲之用。此自聖主之深慮，日月之所照。事雖淺，當深謀之，言雖輕，當重思之。志備位儒官，若言不及禮，是志竊竊。知忠不言，議所不敢。〔一〕志以爲當如博士等議。」議成當上，見其從弟高邑公嘉。嘉曰：「兄議甚切，百年之後必書晉史，目下將見責邪。」帝覽議，大怒曰：「曹志尚不明吾心，況四海乎！」以議者不指答所問，橫造異論，策免太常鄭默。於是有司奏收志等結罪，詔惟免志官，以公還第，其餘皆付廷尉。

頃之，志復爲散騎常侍。遭母憂，居喪過禮，因此篤病，喜怒失常。九年卒，太常奏以惡謚。崔褒歎曰：「魏顛不從亂，以病爲亂故也。今謚曹志而謚其病，豈謂其病不爲亂乎！」於是謚爲定。

庾峻 子珉 敳

庾峻字山甫，潁川鄢陵人也。祖乘，才學洽聞，漢司徒辟，有道徵，皆不就。伯父嶷，中正簡素，仕魏爲太僕。父道，〔二〕廉退貞固，養志不仕。牛馬有踶齧者，恐傷人，不貨於市。及諸子貴，賜拜太中大夫。

峻少好學，有才思。嘗游京師，聞魏散騎常侍蘇林老疾在家，往候之。林嘗就乘學，見

峻流涕，良久曰：「尊祖高才而性退讓，慈和汎愛，清靜寡欲，不營當世，惟修德行而已。鄢陵舊五六萬戶，聞今裁有數百。君二父孩抱經亂，獨至今日，尊伯爲當世令器，君兄弟復俊茂，此尊祖積德之所由也。」

歷郡功曹，舉計掾，州辟從事。太常鄭袤見峻，大奇之，舉爲博士。時重莊老而輕經史，峻懼雅道陵遲，乃潛心儒典。屬高貴鄉公幸太學，問尚書義於峻，峻援引師說，發明經旨，申暢疑滯，對答詳悉。遷祕書丞。長安有大獄，久不決，拜峻侍御史，往斷之，朝野稱允。武帝踐阼，賜爵關中侯，遷司空長史，轉祕書監、御史中丞，拜侍中，加諫議大夫。常侍帝講詩，中庶子何劭論風雅正變之義，峻起難往反，四坐莫能屈之。

是時風俗趣競，禮讓陵遲，峻上疏曰：

臣聞黎庶之性，人衆而賢寡，設官分職，則官寡而賢衆。爲賢衆而多官，則妨化，以無官而棄賢，則廢道。是故聖王之御世也，因人之性，或出或處，故有朝廷之士，又有山林之士。朝廷之士，佐主成化，猶人之有股肱心膂，共爲一體也。山林之士，被褐懷玉，太上棲於丘園，高節出於衆庶。其次輕爵服，遠恥辱以全志。〔三〕最下就列位，惟無功而能知止。彼其清劭足以抑貪汙，退讓足以息鄙事。故在朝之士聞其風而悅之，將受爵者皆恥躬之不逮。斯山林之士，避寵之臣所以爲美也，先王嘉之。節雖離世，而德合於主，行雖詭朝，而功同於政。故大者有玉帛之命，其次有几杖之禮，以厚德載物，出處有地。既廊廟多賢才，而野人亦不失爲君子，此先王之弘也。

秦塞斯路，利出一官。雖有處士之名，〔四〕而無爵列於朝者，商君謂之六蝎，韓非謂之五蠹。時不知德，惟爵是聞。故閭閻以公乘侮其鄉人，郎中以上爵傲其父兄。漢祖反之，大暢斯否。任蕭曹以天下，重四晧於南山。以張良之勳，而班在叔孫之後；蓋公之賤，而曹相諮之以政。帝王貴德於上，俗亦反本於下。故田叔等十人，漢廷臣無能出其右者，而未嘗干祿於時。以釋之之貴，結王生之襪於朝，而其名愈重。自非主臣尚德兼愛，孰能通天下之志，如此其大者乎！

夫不革百王之弊，徒務救世之政，文士競智而務入，武夫恃力而爭先。官高矣，而意未滿，功報矣，其求不已。又國無隨才任官之制，俗無難進易退之恥。位一高，雖無功而不見下，已負敗而後見用。故因前而升，則處士之路塞矣。又仕者黜陟無章，是以普天之下，先競而後讓，舉世之士，有進而無退。大人溺於動俗，執政撓於羣言，衡石爲之失平，清濁安可復分？昔者先王患向之所以取天下者，今之爲弊，是故功成必改其物，業定必易其敎。雖以爵祿使下，臣無貪陵之行；雖以甲兵定功，主無窮武之悔也。

臣愚以爲古者大夫七十懸車，今自非元功國老，三司上才，可聽七十致仕，則士無懷祿之嫌矣。其父母八十，可聽終養，則孝莫大於事親矣。吏歷試無績，依古終身不仕，則官無秕政矣。能小而不能大，可降還涖小，則使人以器矣。人主進人以禮，退人以禮，人臣亦量能受爵矣。其有孝如王陽，臨九折而去官，潔如貢禹，冠一免而不著，及知止如王孫，知足如疎廣，雖去列位而居東野，與人父言，依於慈，與人子言，依於孝。此其出言合於國檢，危行彰於本朝。去勢如脫屣，路人爲之隕涕，辭寵如金石，庸夫爲之興行。是故先王許之，而聖人貴之。

夫人之性陵上，猶水之趣下也，益而不已必決，升而不已必困。始於匹夫行義不敦，終於皇輿爲之敗績，固不可不愼也。下人并心進趣，上宜以退讓去其甚者。退讓不可以刑罰使，莫若聽朝士時時從志，山林往往間出。無使入者不能復出，往者不能復反。然後出處交泰，提衡而立，時靡有爭，天下可得而化矣。

又疾世浮華，不修名實，著論以非之，文繁不載。

九年卒，詔賜朝服一具，衣一襲，錢三十萬。臨終，敕子珉朝卒夕殯，幅巾布衣，葬勿擇日。珉奉遵遺命，斂以時服。二子：珉、敳。

珉字子琚。性淳和好學，行己忠恕。少歷散騎常侍、本國中正、侍中，封長岑男。懷帝之沒劉元海也，〔五〕珉從在平陽。元海大會，因使帝行酒，珉不勝悲憤，再拜上酒，因大號哭，賊惡之。會有告珉及王儁等謀應劉琨者，元海因圖弑逆，珉等並遇害。初，洛陽之未陷也，珉爲侍中，直于省內，謂同僚許遐曰：「世路如此，禍難將及，吾當死乎此屋耳。」及是，竟不免焉。太元末，追謚曰貞。

敳字子嵩。長不滿七尺，而腰帶十圍，雅有遠韻。爲陳留相，未嘗以事嬰心，從容酣暢，寄通而已。處衆人中，居然獨立。嘗讀老莊，曰：「正與人意闇同。」太尉王衍雅重之。敳見王室多難，終知嬰禍，乃著意賦以豁情，猶賈誼之服鳥也。其詞曰：「至理歸於渾一兮，榮辱固亦同貫。存亡既已均齊兮，正盡死復何歎。物咸定於無初兮，俟時至而後驗。若四節之素代兮，豈當今之得遠？且安有壽之與夭兮，或者情橫多戀。宗統竟初不別兮，大德亡其情願。蠢動皆神之爲兮，癡聖惟質所建。眞人都遣穢累兮，性茫蕩而無岸。縱軀於遼廓之庭兮，委體乎寂寥之館。天地短於朝生兮，億代促於始旦。顧瞻宇宙微細兮，眇若豪鋒之半。飄飖玄曠之域兮，深漠暢而靡玩。兀與自然并體兮，融液忽而四散。」從子亮見賦，問曰：「若有意也，非賦所盡；若無意也，復何所賦？」答曰：「在有無之間耳！」

遷吏部郎。是時天下多故，機變屢起，敳常靜默無爲。參東海王越太傅軍事，轉軍諮祭酒。時越府多儁異，敳在其中，常自袖手。豫州牧長史河南郭象善老莊，時人以爲王弼之亞。敳甚知之，每曰：「郭子玄何必減庾子嵩。」象後爲太傅主簿，任事專勢。敳謂象曰：「卿自是當世大才，我疇昔之意都已盡矣。」

敳有重名，爲搢紳所推，而聚斂積實，談者譏之。都官從事溫嶠奏之，敳更器嶠，目嶠森森如千丈松，雖磊砢多節，施之大廈，有棟梁之用。時劉輿見任於越，人士多爲所構，惟敳縱心事外，無迹可閒。後以其性儉家富，說越令就換錢千萬，冀其有吝，因此可乘。越於衆坐中問於敳，而敳乃頹然已醉，幘墮机上，以頭就穿取，徐答云：「下官家有二千萬，隨公所取矣。」輿於是乃服。越甚悅，因曰：「不可以小人之慮度君子之心。」王衍不與敳交，敳卿之不置。衍曰：「君不得爲耳。」敳曰：「卿自君我，我自卿卿。我自用我家法，卿自用卿家法。」衍甚奇之。

石勒之亂，與衍俱被害，時年五十。

郭象

郭象字子玄，少有才理，好老莊，能清言。太尉王衍每云：「聽象語，如懸河瀉水，注而不竭。」州郡辟召，不就。常閑居，以文論自娛。後辟司徒掾，稍至黃門侍郎。東海王越引爲太傅主簿，甚見親委，遂任職當權，熏灼內外，由是素論去之。永嘉末病卒，著碑論十二篇。

先是注莊子者數十家，莫能究其旨統。向秀於舊注外而爲解義，妙演奇致，大暢玄風，惟秋水、至樂二篇未竟而秀卒。秀子幼，其義零落，然頗有別本遷流。象爲人行薄，以秀義不傳於世，遂竊以爲己注，乃自注秋水、至樂二篇，又易馬蹄一篇，其餘衆篇或點定文句而已。其後秀義別本出，故今有向、郭二莊，其義一也。

庾純 子旉

庾純字謀甫。博學有才義，爲世儒宗。郡補主簿，仍參征南府，累遷黃門侍郎，封關內侯，歷中書令、河南尹。

初，純以賈充姦佞，與任愷共舉充西鎮關中，充由是不平。充嘗宴朝士，而純後至，充謂曰：「君行常居人前，今何以在後？」純曰：「旦有小市井事不了，〔六〕是以來後。」世言純之先嘗有伍伯者，充之先有市魁者，充、純以此相譏焉。充自以位隆望重，意殊不平。及純行酒，充不時飲。純曰：「長者爲壽，何敢爾乎！」充曰：「父老不歸供養，將何言也！」純因發怒

曰：「賈充！天下兇兇，由爾一人。」充曰：「充輔佐二世，蕩平巴蜀，有何罪而天下爲之兇兇？」純曰：「高貴鄉公何在？」衆坐因罷。充左右欲執純，中護軍羊琇、侍中王濟佑之，因得出。充慚怒，上表解職。純懼，上河南尹、關內侯印綬，上表自劾曰：「司空公賈充請諸卿校并及臣。臣不自量，飲酒過多。醉亂行酒，重酌於公，公不肯飲，言語往來，公遂訶臣父老不歸供養，卿爲無天地。臣不服罪自引，而更忿怒，厲聲名公，臨時諠譊，遂至荒越。禮，『八十月制』，誠以衰老之年，變難無常也。臣不惟生育之恩，求養老父，而懷祿貪榮，烏鳥之不若。充爲三公，論道興化，以教義責臣，是也。而以枉錯直，居下犯上，醉酒迷荒，昏亂儀度。臣得以凡才，擢授顯任。易戒濡首，論誨酒困，而臣聞義不服，過言盈庭，黷慢台司，違犯憲度，不可以訓。請臺免臣官，廷尉結罪，大鴻臚削爵土。敕身不謹，伏須罪誅。」御史中丞孔恂劾純，請免官。詔曰：「先王崇尊卑之禮，明貴賤之序，著溫克之德，記沈酗之禍，所以光宣道化，示人軌儀也。昔廣漢陵慢宰相，獲犯上之刑；灌夫託醉肆忿，致誅斃之罪。純以凡才，備位卿尹，不惟謙敬之節，不忌覆車之戒，陵上無禮，悖言自口，宜加顯黜，以肅朝倫。」遂免純官。

又以純父老不求供養，使據禮典正其臧否。太傅何曾、太尉荀顗、驃騎將軍齊王攸議曰：「凡斷正臧否，宜先稽之禮、律。八十者，一子不從政；九十者，其家不從政。新令亦如

之。按純父年八十一，兄弟六人，三人在家，不廢侍養。純不求供養，其於禮、律未有違也。司空公以純備位卿尹，望其有加於人。而純荒醉，肆其忿怒。臣以爲純不遠布孝至之行，[七]而近習常人之失，[八]應在譏貶。」司徒石苞議：「純榮官忘親，惡聞格言，不忠不孝，宜除名削爵土。」司徒西曹掾劉斌議以爲：「敦敍風俗，以人倫爲先；人倫之教，以忠孝爲主。忠故不忘其君，孝故不忘其親。若孝必專心於色養，則明君不得而臣；忠必不顧其親，則父母不得而子也。是以爲臣者，必以義斷其恩；爲子也，必以情割其義。在朝則從君之命，在家則隨父之制。然後君父兩濟，忠孝各序。純兄峻以父老求歸，峻若得歸，純無不歸之勢；峻不得歸，純無得歸之理。純雖自聞，同不見聽。近遼東太守孫和、廣漢太守鄧良皆有老母，良無兄弟，授之遠郡，辛苦自歸，皆不見聽。且純近爲京尹，父在界內，時得自啓定省，獨於禮法外處其貶黜，斌愚以爲非理也。禮，年八十，一子不從政。純有二弟在家，不爲違禮。又令，年九十，乃聽悉歸。今純父實未九十，不爲犯令。罵辱宰相，宜加放斥，以明國典。聖恩愷悌，示加貶退，臣愚無所清議。」河南功曹史龐札等表曰：

臣郡前尹關內侯純，醉酒失常，戊申詔書既免尹官，以父篤老不求供養，下五府依禮典正其臧否。臣謹按三王養老之制，八十，一子不從政；九十，其家不從政，斯誠使人無闕孝養之道，爲臣不違在公之節也。先王制禮垂訓，莫尚於周。當其時也，姬公

留周，伯禽之魯，孝子不匱，典禮無愆。今公府議，七十時制，八十月制，欲以駁奪從政之限，削除爵土。是爲公旦立法，還自越之，魯侯爲子，即爲罰首也。石奮朞頤，四子列郡。近太宰獻王諸子，亦在藩外。古今同符，忠孝並濟。

臣聞悔吝之疵，君子有之。尹性少飲多，遂至沈醉。尹醒聞知，悼恨前失，執謙引罪，深自奏劾，求入重法。今公府不原所由，而謂傲很，是爲重罪過醉之言，而沒迷復之義也。臣聞父子天性，愛由自然，君臣之交，出自義合，而求忠臣必於孝子。是以先王立禮，敬同於父，原始要終，齊於所生，如此猶患人臣罕能致身。今公府議云，禮律雖有常限，至於疾病歸養，不奪其志。如此則爲禮禁正直，而陷人以詐，[九]違越王制，開其殆原。尹少履清苦，事親色養，歷職內外，公廉無私，此陛下之所以屢發明詔，而尹之所以仍見擢授也。尹行己也恭，率下也敬，先衆後己，實是宿心。一旦由醉，責以暴慢。按奏狀不忠不孝，羣公建議削除爵土，此愚臣所以自悲自悼，拊心泣血也。

按今父母年過八十，[一〇]聽令其子不給限外職，誠以得有歸來之緣。今尹居在郡內，前每表屢蒙定省。尹昆弟六人，三人在家，孝養不廢。兄侍中峻，家之嫡長，往比自表，求歸供養，詔喻不聽。國體法同，兄弟無異，而虛責尹不求供養如斯，臣懼長假飾之名，而損忠誠之實也。夫禮者，所以經國家，定社稷也。故陶唐之隆，順考古典，周成之美，率由舊章。伏惟陛下聖德欽明，敦禮崇教，疇諮四嶽，以詳典制。尹以犯違受黜，而所由者醉。公以敦義見責，而所因者忿。積忿以立義，由醉以得罪，禮律不復爲斷，文致欲以成法。是以愚臣敢冒死亡之誅，而恥不伸於盛明之世。惟蒙哀察。

帝復下詔曰：「自中世以來，多爲貴重順意，賤者生情，故令釋之、定國得揚名於前世。今議責庾純，不惟溫克，醉酒沈湎，此責人以齊聖也。疑賈公亦醉，若其不醉，終不於百客之中責以不去官供養也。大晉依聖人典禮，制臣子出處之宜，若有八十，皆當歸養，亦不獨純也。古人云：『由醉之言，俾出童羖。』明不責醉，恐失度也。所以免純者，當爲將來之醉戒耳。齊王、劉掾議當矣。」復以純爲國子祭酒，加散騎常侍。後將軍荀眅於朝會中奏純以前坐不孝免黜，不宜升進。侍中甄德進曰：「孝以顯親爲大，祿養爲榮。詔赦純前愆，擢爲近侍，兼掌教官，此純召不俟駕之日。而後將軍眅敢以私議貶奪公論，抗言矯情，誣罔朝廷，宜加貶黜。」眅坐免官。

初，眅與純俱爲大將軍所辟，眅整麗車服，純率素而已，眅以爲愧恨。至是，毀純。既免黜，純更以此愧之，亟往慰勉之，時人稱純通恕。

遷侍中，以父憂去官。起爲御史中丞，轉尚書。除魏郡太守，不之官，拜少府。年六十四卒。子旉。

旉字允臧。少有清節，歷位博士。齊王攸之就國也，下禮官議崇錫之物。旉與博士太叔廣、劉暾、繆蔚、郭頤、秦秀、傅珍等上表諫曰：

書稱帝堯「克明俊德，以親九族」。武王光有天下，兄弟之國十有六人，同姓之國四十人，元勳睦親，顯以殊禮，而魯、衞、齊、晉大啓土宇，並受分器。所謂惟善所在，親疏一也。大晉龍興，隆唐周之遠跡，王室親屬，佐命功臣，咸受爵土，而四海乂安。今吳會已平，詔大司馬齊王出統方嶽，當遂撫其國家，將準古典，以垂永制。

昔周之選建明德以左右王室也，則周公爲太宰，康叔爲司寇，聃季爲司空。及召、芮、畢、毛諸國，皆入居公卿大夫之位，明股肱之任重，守地之位輕也，未聞古典以三事之重出之國者。漢氏諸侯王位尊勢重，在丞相三公上。其入讚朝政者，乃有兼官，其出之國，亦不復假台司虛名爲隆寵也。

昔申無宇曰「五大不在邊」，先儒以爲貴寵公子公孫，累世正卿也。又曰「五細不在庭」，先儒以爲賤妨貴，少陵長，遠間親，新間舊，小加大也。不在庭，不在朝廷爲政也。又曰：「親不在外，羈不在內。今棄疾在外，鄭丹在內，君其少戒之。」叔向有言：「公室將卑，其枝葉先落。」公族，公室之本，而去之，諺所謂芘焉而縱尋斧柯者也。

今使齊王賢邪，則不宜以母弟之親尊，居魯衞之常職；不賢邪，不宜大啓土宇，表建東海也。古禮，三公無職，坐而論道，不聞以方任嬰之。惟周室大壞，宣王中興，四夷交侵，救急朝夕，然後命召穆公征淮夷。故其詩曰「徐方不回，王曰旋歸」，宰相不得久在外也。今天下已定，六合爲家，將數延三事，與論太平之基，而更出之，去王城二千里，違舊章矣。

旉草議，先以呈父純，純不禁。太常鄭默、博士祭酒曹志並過其事。武帝以博士不答所問，答所不問，大怒，事下有司。尚書朱整、褚䂮等奏：「旉等侵官離局，迷罔朝廷，崇飾惡言，假託無諱，請收旉等八人付廷尉科罪。」旉父純詣廷尉自首：「旉以議草見示，愚淺聽之。」詔免純罪。

廷尉劉頌又奏旉等大不敬，棄市論，求平議。尚書又奏請報聽廷尉行刑。尚書夏侯駿謂朱整曰：「國家乃欲誅諫臣！官立八座，正爲此時，卿可共駁正之。」整不從，駿怒起，曰：「非所望也！」乃獨爲駁議。左僕射魏舒、右僕射下邳王晃等從駿議。奏留中七日，乃詔曰：「旉等備爲儒官，不念奉憲制，不指答所問，敢肆其誣罔之言，以干亂視聽。而旉是議主，應爲戮首。但旉及家人並自首，大信不可奪。秦秀、傅珍前者虛妄，幸而得免，復不以爲懼，當加罪戮，以彰凶慝。猶復不忍，皆丏其死命。秀、珍、旉等並除名。」

後數歲，復起爲散騎侍郎。終于國子祭酒。

秦秀

秦秀字玄良，新興雲中人也。父朗，魏驍騎將軍。秀少敦學行，以忠直知名。咸寧中，爲博士。

何曾卒，下禮官議謚。秀議曰：

故太宰何曾，雖階世族之胤，而少以高亮嚴肅，顯登王朝。事親有色養之名，在官奏科尹模，此二者實得臣子事上之概。然資性驕奢，不循軌則。詩云：「節彼南山，惟石巖巖，赫赫師尹，人具爾瞻。」言其德行高峻，動必以禮耳。丘明有言：「儉，德之恭；侈，惡之大也。」大晉受命，勞謙隱約，曾受寵二代，顯赫累世。暨乎耳順之年，身兼三公之位，食大國之租，荷保傅之貴，執司徒之均。二子皆金貂卿校，列于帝側。方之古人，責深負重，雖舉門盡死，猶不稱位。而乃驕奢過度，名被九域，行不履道，而享位非常。以古義言之，非惟失輔相之宜，違斷金之利也。穢皇代之美，壞人倫之教，生天下之醜，示後生之傲，莫大於此。自近世以來，宰臣輔相，未有受垢辱之聲，被有司之劾，父子塵累而蒙恩貸若曾者也。

周公弔二季之陵遲，哀大教之不行，於是作謚以紀其終。曾參奉之，啓手歸全，易簀而沒，蓋明慎終，死而後已。齊之史氏，亂世陪臣耳，猶書君賊，累死不懲。況於皇代守典之官，敢畏强盛，而不盡禮。管子有言：「禮義廉恥，是謂四維，四維不張，國乃滅亡。」宰相大臣，人之表儀，若生極其情，死又無貶，是則帝室無正刑也。王公貴人，復何畏哉！所謂四維，復何寄乎！謹按謚法：「名與實爽曰繆，怙亂肆行曰醜。」曾之行己，皆與此同，宜謚繆醜公。

時雖不同秀議，而聞者懼焉。

秀性忌讒佞，疾之如讎，素輕鄙賈充，及伐吳之役，聞其爲大都督，謂所親者曰：「充文案小才，乃居伐國大任，吾將哭以送師。」或止秀曰：「昔蹇叔知秦軍必敗，故哭送其子耳。今吳君無道，國有自亡之形，羣率踐境，將不戰而潰。子之哭也，既爲不智，乃不赦之罪。」於是乃止。及孫晧降于王濬，充未之知，方以吳未可平，抗表請班師。充表與告捷同至，朝野以充位居人上，智出人下，僉以秀爲知言。

及充薨，秀議曰：「充舍宗族弗授，而以異姓爲後，悖禮溺情，以亂大倫。昔鄫養外孫莒公子爲後，春秋書『莒人滅鄫』。聖人豈不知外孫親邪！但以義推之，則無父子耳。又案詔書『自非功如太宰，始封無後如太宰，〔二〕所取必己自出如太宰，不得以爲比』。然則以外孫

爲後，自非元功顯德，不之得也。天子之禮，蓋可然乎？絕父祖之血食，開朝廷之禍門。謚法『昏亂紀度曰荒』，請謚荒公。」不從。

王濬有平吳之勳，而爲王渾所譖毁。帝雖不從，無明賞罰，以濬爲輔國大將軍，天下咸爲之怨。秀乃上言曰：「自大晉啓祚，輔國之號，率以舊恩。此爲王濬無功之時，受九列之顯位，立功之後更得寵人之辱號也。四海視之，孰不失望！蜀小吳大，平蜀之後，二將皆就加三事，今濬還而降等，天下安得不惑乎！吳之未亡也，雖以三祖之神武，猶躬受其屈。以孫晧之虛名，足以驚動諸夏，每一小出，雖聖心知其垂亡，然中國輒懷惶怖。當爾時，有能借天子百萬之衆，平而有之，與國家結兄弟之交，臣恐朝野實皆甘之耳。今濬舉蜀漢之卒，數旬而平吳，雖舉吳人之財寶以與之，本非己分有焉，而遽與計校乎？」〔三〕

後與劉暾等同議齊王攸事，忤旨，除名。尋復起爲博士。秀性婞直，與物多忤。爲博士前後垂二十年，卒於官。

史臣曰：齊獻王以明德茂親，經邦論道，允釐庶績，式敍彝倫。武帝納姦諂之邪謀，懷始終之遠慮，遂乃君茲青土，作牧東藩。遠邇驚嗟，朝野失望。曹志等服膺教義，方軌儒門，蹇蹇匪躬，悽悽體國。故能抗言鳳闕，忤犯龍鱗，身雖暫屈，道亦弘矣！庾氏世載清德，

見稱於世，汝潁之多奇士，斯焉取斯。謐甫素疾佞邪，而發因醉飽，投鼠忌器，豈易由言。竊人之財，猶謂之盜，子玄假譽攘善，將非盜乎！

贊曰：魏氏維城，濟北知名。潁川多士，峻亦飛英。長岑徇義，祭酒遺榮。謐甫三爵，酗譽斯作。象既攘善，秀惟癉惡。專獻嘉謀，幾趣鼎鑊。

校勘記

〔一〕議所不敢　周校：「義」誤「議」。

〔二〕父道　斠注：魏志管寧傳注、張璠傳注兩引庾氏譜以及元和姓纂、鄧名世姓氏辨證「道」皆作「遁」，此作「道」，乃「遁」之誤。

〔三〕全志　「全志」，各本作「全名」，今從局本。

〔四〕雖有處士之名　「雖」，各本作「唯」，今從局本。

〔五〕懷帝之沒劉元海也　勞校：「劉元海」當作「劉聰」。

〔六〕且有小市井事不了　「且」，各本作「且」，今從局本。

〔七〕不遠布孝至之行　通志一二三「孝至」作「至孝」，與下句「常人」對文。

〔八〕而近習常人之失　「習」，各本作「惜」，今從宋本。

〔九〕而陷人以詐　「人」，各本作「入」，今從殿本。册府六一四亦作「人」。

〔一〇〕按今父母年過八十　通志一二三及册府六一四「今」作「令」。

〔一一〕始封無後　各本脫「無」字，今從殿本。賈充傳亦有「無」字。

〔一二〕而遽與訐校乎　「遽」，各本作「據」，局本作「遽」，今從之。

晉書卷五十一

列傳第二十一

皇甫謐 子方回

皇甫謐字士安，幼名靜，安定朝那人，漢太尉嵩之曾孫也。出後叔父，徙居新安。年二十，不好學，游蕩無度，或以爲癡。嘗得瓜果，輒進所後叔母任氏。任氏曰：「孝經云：『三牲之養，猶爲不孝。』汝今年餘二十，目不存教，心不入道，無以慰我。」因歎曰：「昔孟母三徙以成仁，曾父烹豕以存教，豈我居不卜鄰，教有所闕，何爾魯鈍之甚也！修身篤學，自汝得之，於我何有！」因對之流涕。謐乃感激，就鄉人席坦受書，勤力不怠。居貧，躬自稼穡，帶經而農，遂博綜典籍百家之言。沈靜寡欲，始有高尚之志，以著述爲務，自號玄晏先生。著禮樂、聖眞之論。後得風痹疾，猶手不輟卷。

或勸謐修名廣交，謐以爲「非聖人孰能兼存出處，居田里之中亦可以樂堯舜之道，何必

崇接世利，事官鞅掌，然後爲名乎」。作玄守論以答之，曰：

或謂謐曰：「富貴人之所欲，貧賤人之所惡，何故委形待於窮而不變乎？且道之所貴者，理世也；人之所美者，及時也。先生年邁齒變，饑寒不贍，轉死溝壑，其誰知乎？」

謐曰：「人之所至惜者，命也；道之所必全者，形也；性形所不可犯者，疾病也。若擾全道以損性命，安得去貧賤存所欲哉？吾聞食人之祿者懷人之憂，形強猶不堪，況吾之弱疾乎！且貧者士之常，賤者道之實，處常得實，沒齒不憂，孰與富貴擾神耗精者乎！又生爲人所不知，死爲人所不惜，至矣！喑聾之徒，天下之有道者也。夫一人死而天下號者，以爲損也；一人生而四海笑者，以爲益也。然則號笑非益死損生也。是以至道不損，至德不益。何哉？體足也。如迴天下之念以追損生之禍，運四海之心以廣非益之病，豈道德之至乎！夫唯無損，則至堅矣；夫唯無益，則至厚矣。堅故終不損，厚故終不薄。苟能體堅厚之實，居不薄之眞，立乎損益之外，游乎形骸之表，則我道全矣。」

遂不仕。耽翫典籍，忘寢與食，時人謂之「書淫」。或有箴其過篤，將損耗精神。謐曰：「朝聞道，夕死可矣，況命之修短分定懸天乎！」

叔父有子既冠，謐年四十喪所生後母，遂還本宗。

城陽太守梁柳，謐從姑子也，當之官，人勸謐餞之。謐曰：「柳爲布衣時過吾，吾送迎不出門，食不過鹽菜，貧者不以酒肉爲禮。今作郡而送之，是貴城陽太守而賤梁柳，豈中古人之道，是非吾心所安也。」

時魏郡召上計掾，舉孝廉；景元初，相國辟，皆不行。其後鄉親勸令應命，謐爲釋勸論以通志焉。其辭曰：

相國晉王辟余等三十七人，及泰始登禪，同命之士莫不畢至，皆拜騎都尉，或賜爵關內侯，進奉朝請，禮如侍臣。唯余疾困，不及國寵。宗人父兄及我僚類，咸以爲天下大慶，萬姓賴之，雖未成禮，不宜安寢，縱其疾篤，猶當致身。余唯古今明王之制，事無巨細，斷之以情，實力不堪，豈慢也哉！乃伏枕而歎曰：「夫進者，身之榮也；退者，命之實也。設余不疾，執高箕山，尚當容之，況余實篤！故堯舜之世，士或收迹林澤，或過門不敢入。咎繇之徒兩遂其願者，遇時也。故朝貴致功之臣，野美全志之士。彼獨何人哉！今聖帝龍興，配名前哲，仁道不遠，斯亦然乎！客或以常言見逼，或以逆世爲慮。余謂上有寬明之主，下必有聽意之人，〔一〕天網恢恢，至否一也，何尤於出處哉！」遂究賓主之論，以解難者，名曰釋勸。

客曰：「蓋聞天以懸象致明，地以含通吐靈。故黃鍾次序，律呂分形。是以春華發

蕚，夏繁其實，秋風逐暑，冬冰乃結。人道以之，應機乃發。三材連利，明若符契。故士或同升於唐朝，或先覺於有莘，或通夢以感主，或釋釣於渭濱，或叩角以干齊，或解褐以相秦，或冒謗以安鄭，或乘駟以救屯，或班荆以求友，或借術於黃神。故能電飛景拔，超次邁倫，騰高聲以奮遠，抗宇宙之清音。由此觀之，進德貴乎及時，何故屈此而不伸？今子以英茂之才，游精於六藝之府，散意於衆妙之門者有年矣。既遭皇禪之朝，又投祿利之際，委聖明之主，偶知己之會，時清道眞，可以沖邁，此眞吾生濯髮雲漢、鴻漸之秋也。韜光逐藪，含章未曜，龍潛九泉，硜焉執高，棄通道之遠由，守介人之局操，無乃乖於道之趣乎？

且吾聞招搖昏迴則天位正，五教班敍則人理定。如今王命切至，委慮有司，上招迕主之累，下致駭衆之疑。達者貴同，何必獨異？羣賢可從，何必守意？方今同命並臻，饑不待餐，振藻皇塗，咸秩天官。子獨栖遲衡門，放形世表，遜遁丘園，不眄華好，惠不加人，行不合道，身嬰大疢，性命難保。若其羲和促轡，大火西穨，臨川恨晚，將復何階！夫貴陰賤璧，聖所約也；顚倒衣裳，明所箴也。子其鑒先哲之洪範，副聖朝之虛心，沖靈翼於雲路，浴天池以濯鱗，排閶闔，步玉岑，登紫闥，侍北辰，翻然景曜，雜沓英塵。輔唐虞之主，化堯舜之人，宣刑錯之政，配殷周之臣，銘功景鍾，參敍彝倫，存則鼎

食，亡爲貴臣，不亦茂哉！而忽金白之輝曜，忘青紫之班瞵，辭容服之光粲，抱弊褐之終年，無乃勤乎！」

主人笑而應之曰：「吁！若賓可謂習外觀之暉暉，未覩幽人之髣髴也；見俗人之不容，未喻聖皇之兼愛也；循方圓於規矩，未知大形之無外也。故曰，天玄而清，地靜而寧，含羅萬類，旁薄羣生，寄身聖世，託道之靈。若夫春以陽散，冬以陰凝，泰液含光，元氣混蒸，衆品仰化，誕制殊徵。故進者享天祿，處者安丘陵。是以寒暑相推，四宿代中，陰陽不治，運化無窮，自然分定，兩克厥中。二物俱靈，是謂大同；彼此無怨，是謂至通。

若乃衰周之末，貴詐賤誠，牽於權力，以利要榮。故蘇子出而六主合，張儀入而橫勢成，廉頗存而趙重，樂毅去而燕輕，公叔沒而魏敗，孫臏刖而齊寧，蠡種親而越霸，屈子疏而楚傾。是以君無常籍，臣無定名，損義放誠，一虛一盈。故馮以彈劍感主，女有反賜之說，項奮拔山之力，蒯陳鼎足之勢，東郭劫於田榮，顏闔恥於見逼。斯皆棄禮喪眞，苟榮朝夕之急者也，豈道化之本與！

若乃聖帝之創化也，參德乎二皇，〔二〕齊風乎虞夏，欲溫溫而和暢，不欲察察而明切也；欲混混若玄流，不欲蕩蕩而名發也；欲索索而條解，不欲契契而繩結也；欲芒芒

而無垠際，不欲區區而分別也；欲闇然而日章，〔三〕不欲示白若冰雪也；欲醇醇而任德，不欲瑣瑣而執法也。是以見機者以動成，好遁者無所迫。故曰，一明一昧，得道之概；一弛一張，合禮之方；一浮一沈，兼得其眞。故上有勞謙之愛，下有不名之臣；朝有聘賢之禮，野有遁竄之人。是以支伯以幽疾距唐，李老寄迹於西鄰，顏氏安陋以成名，原思娛道於至貧，榮期以三樂感尼父，黔婁定謚於布衾，干木偃息以存魏，荆萊志邁於江岑，君平因蓍以道著，四皓潛德於洛濱，鄭眞躬耕以致譽，幼安發令乎今人。皆持難奪之節，執不迴之意，遭拔俗之主，全彼人之志。故有獨定之計者，不借謀於衆人；守不動之安者，不假慮於羣賓。故能棄外親之華，通內道之眞，去顯顯之明路，入昧昧之埃塵，宛轉萬情之形表，排託虛寂以寄身，居無事之宅，交釋利之人。輕若鴻毛，重若泥沈，損之不得，測之愈深。眞吾徒之師表，余迫疾而不能及者也。子議吾失宿而駭衆，吾亦怪子較論而不折中也。

夫才不周用，衆所斥也；寢疾彌年，朝所棄也。是以胥克之廢，丘明列焉；伯牛有疾，孔子斯歎。若黃帝創制於九經，岐伯剖腹以蠲腸，扁鵲造虢而尸起，文摯徇命於齊王，醫和顯術於秦晉，倉公發祕於漢皇，華佗存精於獨識，仲景垂妙於定方。徒恨生不逢乎若人，故乞命訴乎明王。求絕編於天錄，亮我躬之辛苦，冀微誠之降霜，故俟罪而

窮處。

其後武帝頻下詔敦逼不已，謐上疏自稱草莽臣曰：「臣以尪弊，迷於道趣，因疾抽簪，散髮林皋，人綱不閑，鳥獸爲羣。陛下披榛採蘭，幷收蒿艾。是以皐陶振褐，不仁者遠。臣惟頑蒙，備食晉粟，猶識唐人擊壤之樂，宜赴京城，稱壽闕外。而小人無良，致災速禍，久嬰篤疾，軀半不仁，右脚偏小，十有九載。又服寒食藥，違錯節度，辛苦荼毒，于今七年。隆冬裸袒食冰，當暑煩悶，加以咳逆，或若溫瘧，或類傷寒，浮氣流腫，四肢酸重。於今困劣，救命呼噏，父兄見出，妻息長訣。仰迫天威，扶輿就道，所苦加焉，〔四〕不任進路，委身待罪，伏枕歎息。臣聞韶衞不並奏，雅鄭不兼御，故郤子入周，禍延王叔；虞丘稱賢，樊姬掩口。君子小人，禮不同器，況臣穢䴸，糅之彫胡？庸夫錦衣，不稱其服也。竊聞同命之士，咸以畢到，唯臣疾疢，抱釁牀蓐，雖貪明時，懼斃命路隅。設臣不疾，已遭堯舜之世，執志箕山，猶當容之。臣聞上有明聖之主，下有輪實之臣；上有在寬之政，下有委情之人。唯陛下留神垂恕，更旌瓌俊，索隱於傅巖，收釣於渭濱，無令泥滓久濁清流。」謐辭切言至，遂見聽許。

歲餘，又舉賢良方正，並不起。自表就帝借書，帝送一車書與之。謐雖羸疾，而披閱不怠。初服寒食散，而性與之忤，每委頓不倫，嘗悲恚，叩刃欲自殺，叔母諫之而止。

濟陰太守蜀人文立，表以命士有贄爲煩，請絕其禮幣，詔從之。謐聞而歎曰：「亡國之

大夫不可與圖存，而以革歷代之制，其可乎！夫『束帛戔戔』，易之明義，玄纁之贄，自古之舊也。故孔子稱夙夜强學以待問，席上之珍以待聘。士於是乎三揖乃進，明致之難也；一讓而退，明去之易也。若殷湯之於伊尹，文王之於太公，或身卽莘野，或就載以歸，唯恐禮之不重，豈吝其煩費哉！且一禮不備，貞女恥之，況命士乎！孔子曰：『賜也，爾愛其羊，我愛其禮。』棄之如何？政之失賢，於此乎在矣。」

咸寧初，又詔曰：「男子皇甫謐沈靜履素，守學好古，與流俗異趣，其以謐爲太子中庶子。」謐固辭篤疾。帝初雖不奪其志，尋復發詔徵爲議郎，又召補著作郎。司隸校尉劉毅請爲功曹，並不應。著論爲葬送之制，名曰篤終，曰：

玄晏先生以爲存亡天地之定制，人理之必至也。故禮六十而制壽，至于九十，各有等差，防終以素，豈流俗之多忌者哉！吾年雖未制壽，然嬰疢彌紀，仍遭喪難，神氣損劣，困頓數矣。常懼夭隕不期，慮終無素，是以略陳至懷。

夫人之所貪者，生也；所惡者，死也。雖貪，不得越期；雖惡，不可逃遁。人之死也，精歇形散，魂無不之，故氣屬于天；寄命終盡，窮體反眞，故尸藏于地。是以神不存體，則與氣升降；尸不久寄，與地合形。形神不隔，天地之性也；尸與土并，反眞之理也。今生不能保七尺之軀，死何故隔一棺之土？然則衣衾所以穢尸，棺槨所以隔眞，

故桓司馬石椁不如速朽；季孫璵璠比之暴骸；文公厚葬，春秋以爲華元不臣；楊王孫親土，漢書以爲賢於秦始皇。如令魂必有知，則人鬼異制，黃泉之親，死多於生，必將備其器物，用待亡者。今若以存況終，非卽靈之意也。如其無知，則空奪生用，損之無益，而啓姦心，是招露形之禍，增亡者之毒也。

夫葬者，藏也；藏也者，欲人之不得見也。而大爲棺椁，備贈存物，無異於埋金路隅而書表於上也。雖甚愚之人，必將笑之。豐財厚葬以啓姦心，或剖破棺椁，或牽曳形骸，或剝臂捋金環，或捫腸求珠玉。焚如之形，〔五〕不痛於是？自古及今，未有不死之人，又無不發之墓也。故張釋之曰：「使其中有欲，雖固南山猶有隙；使其中無欲，雖無石椁，又何戚焉！」斯言達矣，吾之師也。夫贈終加厚，非厚死也，生者自爲也。遂生意於無益，棄死者之所屬，知者所不行也。易稱「古之葬者，衣之以薪，葬之中野，不封不樹」。是以死得歸眞，亡不損生。

故吾欲朝死夕葬，夕死朝葬，不設棺椁，不加纏斂，不修沐浴，不造新服，殯含之物，一皆絕之。吾本欲露形入阬，以身親土，或恐人情染俗來久，頓革理難，今故粗爲之制。奢不石椁，儉不露形。氣絕之後，便卽時服，幅巾故衣，以籧篨裹尸，麻約二頭，置尸牀上。擇不毛之地，穿阬深十尺，長一丈五尺，廣六尺，阬訖，舉牀就阬，去牀下

尸。平生之物，皆無自隨，唯齎孝經一卷，示不忘孝道。籧篨之外，便以親土。土與地平，還其故草，使生其上，無種樹木、削除，使生迹無處，自求不知。不見可欲，則姦不生心，終始無怵惕，千載不慮患。形骸與后土同體，魂爽與元氣合靈，眞篤愛之至也。若亡有前後，不得移祔。祔葬自周公來，非古制也。舜葬蒼梧，二妃不從，以爲一定，何必周禮。無問師工，無信卜筮，無拘俗言，無張神坐，無十五日朝夕上食。禮不墓祭，但月朔於家設席以祭，百日而止。臨必昏明，不得以夜。制服常居，不得墓次。夫古不崇墓，智也。今之封樹，愚也。若不從此，是戮尸地下，死而重傷。魂而有靈，則冤悲沒世，長爲恨鬼。王孫之子，可以爲誡。死誓難違，幸無改焉！

而竟不仕。太康三年卒，時年六十八。子童靈、方回等遵其遺命。

謐所著詩賦誄頌論難甚多，又撰帝王世紀、年曆、高士、逸士、列女等傳、玄晏春秋，並重於世。門人摯虞、張軌、牛綜、席純，皆爲晉名臣。

方回少遵父操，兼有文才。永嘉初，博士徵，不起。避亂荆州，閉戶閑居，未嘗入城府。蠶而後衣，耕而後食，先人後己，尊賢愛物，南土人士咸崇敬之。刺史陶侃禮之甚厚。侃每造之，著素士服，望門輒下而進。王敦遣從弟廙代侃，遷侃爲廣州。侃將詣敦，方回諫曰：

「吾聞敵國滅，功臣亡。足下新破杜弢，功莫與二，欲無危，其可得乎！」侃不從而行。敦果欲殺侃，賴周訪獲免。廙既至荆州，大失物情，百姓叛廙迎杜弢。廙大行誅戮以立威，以方回爲侃所敬，責其不來詣己，乃收而斬之。荆土華夷，莫不流涕。

摯虞

摯虞字仲洽，京兆長安人也。父模，魏太僕卿。虞少事皇甫謐，才學通博，著述不倦。郡檄主簿。

虞嘗以死生有命，富貴在天。天之所祐者義也，〔六〕人之所助者信也；履信思順，所以延福；違此而行，所以速禍。然道長世短，禍福舛錯，怵迫之徒，不知所守，蕩而積憤，或迷或放。故借之以身，假之以事，先陳處世不遇之難，遂棄彝倫，輕舉遠游，以極常人罔惑之情，而後引之以正，反之以義，推神明之應於視聽之表，崇否泰之運於智力之外，以明天任命之不可違，故作思游賦。其辭曰：

有軒轅之遐胄兮，氏仲任之洪裔。敷華穎於末葉兮，晞靈根於上世。準乾坤以斡度兮，儀陰陽以定制。匪時運其焉行兮，乘太虛而搖曳。戴朗月之高冠兮，綴太白之明璜。製文霓以爲衣兮，襲采雲以爲裳。要華電之煜爚兮，珮玉衡之琳琅。明景日以

鑒形兮，信煥曜而重光。

至美詭好於凡觀兮，修稀合而靡呈。燕石緹襲以華國兮，和璞遙棄於南荆。夏像韜塵于市北兮，瓶罍抗方於兩楹。鸞皇耿介而偏棲兮，蘭桂背時而獨榮。闕寒暑以練眞兮，豈改容而爽情。

慼昆吾之易越兮，懷暉光之速暮。羨一稔而三春兮，尙含英以容豫。悼曜靈之靡暇兮，限天晷之有度。聆鳴蜩之號節兮，恐隕葉於凝露。希前軌而增騖兮，眷後塵而旋顧。往者倏忽而不逮兮，來者冥昧而未著。二儀泊焉其無央兮，四節環轉而靡窮。星鳥逝而時反兮，夕景潛而且融。景三后之在天兮，〔七〕歎聖哲之永終。諒道修而命微兮，孰舍盈而戢沖。握隋珠與蕙若兮，時莫悅而未遑。彼未遑其何恤兮，懼獨美之有傷。蹇委深而投奧兮，庶芬藻之不彰。芳處幽而彌馨兮，寶在夜而愈光。逼區內之迫脅兮，思攄翼乎八荒。望雲階之崇壯兮，願輕舉而高翔。

造庖犧以問象兮，辨吉繇於姬文。將遠游於太初兮，鑒形魄之未分。四靈儼而爲衞兮，六氣紛以成羣。驂白獸於商風兮，御蒼龍於景雲。簡厮徒於靈囿兮，從馮夷而問津。召陵陽於游谿兮，旌王子於柏人。前祝融以掌燧兮，殿玄冥以掩塵。形彯彯而遂遐兮，氣亹亹而愈新。挹玉膏於萊嵎兮，掇紫英於瀛濱。揖太昊以假憩兮，聽賦政於三春。洪範翕而復張兮，百卉隕而更震。睇玉女之紛影兮，執懿筐於扶木。覽玄象之韡曅兮，仍騰躍乎陽谷。吸朝霞以療飢兮，降廪泉而濯足。將縱轡以逍遙兮，恨東極之路促。詔纖阿而右迴兮，覿朱明之赫戲。莅羣神於夏庭兮，迴蒼梧而結知。纚鷁明以承旍兮，驅天馬而高馳。譏羲和於丹丘兮，誚倒景之亂儀。尋凱風而南暨兮，謝太陽於炎離。戚溽暑之陶鬱兮，余安能乎留斯！聞碧雞之長晨兮，吾將往乎西游。奧浮鷁於弱水兮，泊舳艫兮中流。苟精粹之攸存兮，誠沈羽以汎舟。軼望舒以陵厲兮，羌神漂而氣浮。訊碩老於金室兮，采舊聞於前修。譏淪陰於危山兮，問王母於椒丘。觀玄烏之參趾兮，會根壹之神籌。擾毚兔於月窟兮，詰姮娥於蓐收。爰攬轡而旋驅兮，訪北叟之倚伏。乘增冰而遂濟兮，凌固陰之所滀。探龜蛇於幽穴兮，瞰罔養之潛育。哂倏忽之躁狂兮，喪中黃於耳目。偭燭龍而游衍兮，窮大明於北陸。

攀招搖而上躋兮，忽蹈廓而凌虛。登閶闔而遺眷兮，頫玄黃於地輿。召黔雷以先導兮，覲天帝於清都。覲渾儀以寓目兮，拊造化之大鑪。爰辨惑於上皇兮，稽吉凶之元符。唐則天而民咨兮，癸亂常而感虞。孔揮涕於西狩兮，臧考祥於婁句。跖肆暴而保乂兮，顏履仁而夙徂。何否泰之靡所兮，眩榮辱之不圖？運可期兮不可思，道可知兮不可爲。求之者勞兮欲之者惑，信天任命兮理乃自得。

且也四位爲匠，乾巛爲均。散而爲物，結而爲人。陽降陰升，一替一興。流而爲川，滯而爲陵。禍不可攘，福不可徼。其否兮有豫，其泰兮有數。成形兮未察，靈像兮已固。承明訓以發蒙兮，審性命之靡求。將澄神而守一兮，奚飂飂而遐游！

斐陳辭以告退兮，主悖惘而永歎。惟升降之不仍兮，詠別易而會難。顧大饗以致好兮，盍息駕於一餐。會司儀於有始兮，延嘉賓於九乾。陳鈞天之廣樂兮，展萬舞之至歡。枉矢鑠其在手兮，狼弧翾其斯彎。睨翟犬於帝側兮，殪熊羆於靈軒。

爾乃清道夙蹕，載輪修祖。班命授號，轙軔整旅。兆司鬱以屆路兮，萬靈森而陳庭。豐隆軒其警衆兮，鉤陳帥以厲兵。堪輿竦而進時兮，文昌肅以司行。抗蚩尤之修旃兮，建雄虹之采旌。乘雲車電鞭之扶輿委移兮，駕應龍青虬之容裔陸離。俯游光逸景倏爍徽霍兮，仰流旍垂旄猋攸襳纚。前湛湛而攝進兮，後儦儦而方馳。且啓行於重陽兮，奄稅駕乎少儀。跨列缺兮闖乾巛，揮玉關兮出天門。涉漢津兮望崐崘，經赤霄兮臨玄根。覩品物兮終復魂，形已消兮氣猶存。眺懸舟之離離兮，懷舊都之藹藹。仍繁榮而督引兮，將遄降而速邁。華雲依霏而翼衡兮，日月炫晃而映蓋。蹈煙熅兮辭天衢，心闓昜兮識故居。路遂遒兮情欣欣，奄忽歸兮反常閭。修中和兮崇彝倫，大道繇兮味琴書。樂自然兮識窮達，澹無思兮心恒娛。

舉賢良，與夏侯湛等十七人策爲下第，拜中郎。武帝詔曰：「省諸賢良答策，雖所言殊塗，皆明於王義，有益政道。欲詳覽其對，究觀賢士大夫用心。」因詔諸賢良方正直言，會東堂策問，曰：「頃日食正陽，水旱爲災，將何所修，以變大眚？及法令有不宜於今，爲公私所患苦者，皆何事？凡平世在於得才，得才者亦借耳目以聽察。若有文武器能有益於時務而未見申敍者，各舉其人。及有負俗謗議，宜先洗濯者，亦各言之。」虞對曰：「臣聞古之聖明，原始以要終，體本以正末。故憂法度之不當，而不憂人物之失所；憂人物之失所，而不憂災害之流行。誠以法得於此，則物理於彼；人和於下，則災消於上。其有日月之眚，水旱之災，則反聽內視，求其所由，遠觀諸物，近驗諸身。耳目聽察，豈或有蔽其聰明者乎？動心出令，豈或有傾其常正者乎？大官大職，豈或有授非其人者乎？賞罰黜陟，豈或有不得其所者乎？河濱山巖，豈或有懷道鈞築而未感於夢兆者乎？方外遐裔，豈或有命世傑出而未蒙膏澤者乎？推此類也，以求其故，詢事考言，以盡其實，則天人之情可得而見，咎徵之至可得而救也。若推之於物則無忤，求之於身則無尤，萬物理順，內外咸宜，祝史正辭，言不負誠，而日月錯行，夭癘不戒，此則陰陽之事，非吉凶所在也。期運度數，自然之分，固非人事所能供御，其亦振廩散滯，貶食省用而已矣。是故誠遇期運，則雖陶唐、殷湯有所不變，苟非期運，則宋衞之君，諸侯之相，猶能有感。唯陛下審其所由，以盡其理，則天下幸甚。

臣生長華門，不逮異物，雖有賢才，所未接識，不敢瞽言妄舉，無以疇答聖問。」擢爲太子舍人，除聞喜令。

時天子留心政道，又吳寇新平，天下乂安，上太康頌以美晉德。其辭曰：

於休上古，人之資始。四隩咸宅，萬國同軌。有漢不競，喪亂靡紀。畿服外叛，侯衞內圮。天難既降，時惟鞠凶。龍戰獸爭，分裂遐邦。備僭岷蜀，度逆海東。權乃緣間，割據三江。明明上帝，臨下有赫。乃宣皇威，致天之辟。奮武遼隧，罪人斯獲。撫定朝鮮，奄征韓貊。文既應期，席卷梁益。元憝委命，九夷重譯。邛、冉、哀牢，是焉底績。

我皇之登，二國既平。靡適不懷，以育羣生。吳乃負固，放命南冥。聲教未暨，弗及王靈。皇震其威，赫如雷霆。截彼江沔，荆舒以清。邈矣聖皇，參乾兩離。陶化以正，取亂以奇。燿武六旬，輿徒不疲。飲至數實，干施無虧。洋洋四海，率禮和樂。穆穆宮廟，歌雍詠鑠。光天之下，莫匪帝略。窮髮反景，承正受朔。龍馬騤騤，風于華陽。弓矢櫜服，干戈戢藏。嚴嚴南金，業業餘皇。雄劍班朝，造舟爲梁。聖明有造，實代天工。天地不違，黎元時邕。三務斯協，用底厥庸。既遠其迹，將明其蹤。喬山惟嶽，望帝之封。猗歟聖帝，胡不封哉！

以母憂解職。久之，召補尚書郎。

將作大匠陳勰掘地得古尺，尚書奏：「今尺長於古尺，宜以古爲正。」潘岳以爲習用已久，不宜復改。虞駁曰：「昔聖人有以見天下之賾而擬其形容，象物制器，以存時用。故參天兩地，以正算數之紀；依律計分，以定長短之度。其作之也有則，故用之也有徵。考步兩儀，則天地無所隱其情；準正三辰，則懸象無所容其謬；施之金石，則音韻和諧；措之規矩，則器用合宜。一本不差而萬物皆正，及其差也，事皆反是。今尺長於古尺幾於半寸，樂府用之，律呂不合；史官用之，曆象失占；醫署用之，孔穴乖錯。此三者，度量之所由生，得失之所取徵，皆絓閡而不得通，故宜改今而從古也。唐虞之制，同律度量衡；仲尼之訓，謹權審度。今兩尺並用，不可謂之同；知失而行，不可謂之謹。不同不謹，是謂謬法，非所以軌物垂則，示人之極。凡物有多而易改，亦有少而難變，亦有改而致煩，有變而之簡。度量是人所常用，而長短非人所戀惜，是多而易改者也。正失於得，反邪於正，一時之變，永世無二，是變而之簡者也。憲章成式，不失舊物，季末苟合之制，異端雜亂之用，當以時釐改，貞夫一者也。臣以爲宜如所奏。」又表論封禪，見禮志。

虞以漢末喪亂，譜傳多亡失，雖其子孫不能言其先祖，撰族姓昭穆十卷，上疏進之，以爲足以備物致用，廣多聞之益。以定品違法，爲司徒所劾，詔原之。

時太廟初建，詔普增位一等。後以主者承詔失旨，改除之。虞上表曰：「臣聞昔之聖明，不愛千乘之國而惜桐葉之信，所以重至尊之命而達於萬國之誠也。前乙巳赦書，遠稱先帝遺惠餘澤，普增位一等，以酬四海欣戴之心。驛書班下，被于遠近，莫不鳥騰魚躍，喜蒙德澤。今一旦更以主者思文不審，收既往之詔，奪已澍之施，臣之愚心竊以爲不可。」詔從之。

元康中，遷吳王友。時荀顗撰新禮，使虞討論得失而後施行。元皇后崩，杜預奏：「諒闇之制，乃自上古，是以高宗無服喪之文，而唯文稱不言。漢文限三十六日。魏氏以降，既虞爲節。皇太子與國爲體，理宜釋服，卒哭便除。」虞答預書曰：「唐稱遏密，殷云諒闇，各舉事以爲名，非既葬有殊降。周室以來，謂之喪服。喪服者，以服表喪。今帝者一日萬機，太子監撫之重，以宜奪禮，葬訖除服，變制通理，垂典將來，何必附之於古，使老儒致爭哉！」皇太孫尚薨，有司奏「御服齊衰朞」。詔令博士議。虞曰：「太子生，舉以成人之禮，則殤理除矣。太孫亦體君傳重，由位成而服全，非以年也。」從之。虞又議玉輅、兩社事，見輿服志。

後歷祕書監、衞尉卿，從惠帝幸長安。及東軍來迎，百官奔散，遂流離鄠杜之間，轉入南山中，糧絕飢甚，拾橡實而食之。後得還洛，歷光祿勳、太常卿。時懷帝親郊。自元康以來，不親郊祀，禮儀弛廢。虞考正舊典，法物粲然。及洛京荒亂，盜竊縱橫，人饑相食。虞素清貧，遂以餒卒。

虞撰文章志四卷，注解三輔決錄，又撰古文章，類聚區分爲三十卷，名曰流別集，各爲之論，辭理愜當，爲世所重。

虞善觀玄象，嘗謂友人曰：「今天下方亂，避難之國，其唯涼土乎！」性愛士人，有表薦者，恒爲其辭。東平太叔廣樞機清辯，廣談，虞不能對；虞筆，廣不能答，更相嗤笑，紛然於世云。

束皙

束皙字廣微，陽平元城人，漢太子太傅疏廣之後也。王莽末，廣曾孫孟達避難，自東海徙居沙鹿山南，因去疏之足，〔八〕遂改姓焉。祖混，隴西太守。父龕，馮翊太守，並有名譽。皙博學多聞，與兄璆俱知名。少遊國學，或問博士曹志曰：「當今好學者誰乎？」志曰：「陽平束廣微好學不倦，人莫及也。」還鄉里，察孝廉，舉茂才，皆不就。璆娶石鑒從女，棄之，鑒以爲憾，諷州郡公府不得辟，故皙等久不得調。

太康中，郡界大旱，皙爲邑人請雨，三日而雨注，衆謂皙誠感，爲作歌曰：「束先生，通神明，請天三日甘雨零。我黍以育，我稷以生。何以疇之？報束長生。」皙與衛恒厚善，聞恒

遇禍，自本郡赴喪。

嘗爲勸農及餅諸賦，〔九〕文頗鄙俗，時人薄之。而性沈退，不慕榮利，作玄居釋以擬客難，其辭曰：

束皙閑居，門人並侍。方下帷深譚，隱几而咍，含毫散藻，考撰同異，在側者進而問之曰：「蓋聞道尚變通，達者無窮。世亂則救其紛，時泰則扶其隆。振天維以贊百務，熙帝載而鼓皇風。生則率土樂其存，死則宇內哀其終。是以君子屈己伸道，不恥干時。上國有不索何獲之言，周易著躍以求進之辭。莘老負金鉉以陳烹割之說，甯客當康衢而咏白水之詩。今先生耽道修藝，嶷然山峙，潛朗通微，洽覽深識，夜兼忘寐之勤，晝騁鑽玄之思，曠年累稔，不墮其志。鱗翼成而愈伏，術業優而不試。乃欲闔櫝辭價，泥蟠深處，永戢琳琅之耀，匿首窮魚之渚，當唐年而慕長沮，邦有道而反甯武。識彼迷此，愚竊不取。

若乃士以援登，進必待求，附勢之黨橫擢，則林藪之彥不抽，丹墀步紈袴之童，東野遺白顛之叟。盍亦因子都而事博陸，憑鷁首以涉洪流，蹈翠雲以駭逸龍，振光耀以驚沈鱗。徒屈蟠於埳井，眄天路而不游，學既積而身困，夫何爲乎祕丘。

且歲不我與，時若奔駟，有來無反，難得易失。先生不知盱豫之識悔遲，而忘夫朋盍之義務疾，亦豈能登海湄而抑東流之水，臨虞泉而招西歸之日？徒以曲畏爲梏，儒學自桎，囚大道於環堵，苦形骸於蓬室。豈若託身權戚，憑勢假力，擇棲芳林，飛不待翼，夕宿七娥之房，朝享五鼎之食，匡三正則太階平，贊五教而玉繩直。孰若茹藿餐蔬，終身自匿哉！」

束子曰：「居！吾將導爾以君子之道，諭爾以出處之事。爾其明受余訊，謹聽余志。

昔元一既啓，兩儀肇立，離光夜隱，望舒晝戢，羽族翔林，蠍蚓赴溼，物從性之所安，士樂志之所執，或背豐榮以巖棲，或排蘭闥而求入，在野者龍逸，在朝者鳳集。雖其軌迹不同，而道無貴賤，必安其業，交不相羨，稷契奮庸以宣道，巢由洗耳以避禪，同垂不朽之稱，俱入賢者之流。參名比譽，誰劣誰優？何必貪與二八爲羣，而恥爲七人之疇乎！且道睽而通，士不同趣，吾竊綴處者之末行，未敢聞子之高喻，將忽蒲輪而不眄，夫何權戚之云附哉！

昔周漢中衰，時難自託，福兆既開，患端亦作，朝遊巍峩之宮，夕墜崢嶸之壑，晝笑夜歎，晨華暮落，忠不足以衞己，禍不可以預度，是士諱登朝而競赴林薄。〔一〇〕或毀名自汙，或不食其祿，比從政於匣笥之龜，譬官者於郊廟之犢，公孫泣涕而辭相，楊雄抗論

於赤族。

今大晉熙隆，六合寧靜，蜂蠆止毒，熊羆輟猛，五刑勿用，八紘備整，主無驕肆之怒，臣無氂纓之請，上下相安，率禮從道。朝養觸邪之獸，庭有指佞之草，禍戮可以忠逃，寵祿可以順保。

且夫進無險懼，而惟寂之務者，率其性也。兩可俱是，而舍彼趣此者，從其志也。蓋無爲可以解天下之紛，澹泊可以救國家之急，當位者事有所窮，陳策者言有不入，翟璜不能迴西鄰之寇，平勃不能正如意之立，干木卧而秦師退，四皓起而戚姬泣。夫如是何舍何執，何去何就？謂山岑之林爲芳，谷底之莽爲臭。守分任性，唯天所授，鳥不假甲於龜，魚不借足於獸，何必笑孤竹之貧而羨齊景之富！恥布衣以肆志，寧文裘而拖繡。且能約其躬，則儋石之稸以豐；苟肆其欲，則海陵之積不足；存道德者，則匹夫之身可榮；忘大倫者，則萬乘之主猶辱。將研六籍以訓世，守寂泊以鎭俗，偶鄭老於海隅，匹嚴叟於僻蜀。且世以太虛爲輿，玄鑪爲肆，神游莫競之林，心存無營之室，榮利不擾其覺，殷憂不干其寐，捐夸者之所貪，收躁務之所棄，薙聖籍之荒蕪，總羣言之一至。〔一一〕全素履於丘園，背纓緌而長逸，請子課吾業於千載，無聽吾言於今日也。」

張華見而奇之。石鑒卒，王戎乃辟璆。華召皙爲掾，又爲司空、下邳王晃所辟。華爲司空，

復以爲賊曹屬。

時欲廣農，皙上議曰：

伏見詔書，以倉廩不實，關右饑窮，欲大興田農，以蕃嘉穀，此誠有虞戒大禹盡力之謂。然農穰可致，所由者三：一曰天時不愆，二曰地利無失，三曰人力咸用。若必春無霡霂之潤，秋繁滂沲之患，水旱失中，雩禳有請。雖使羲和平秩，后稷親農，理疆甽於原隰，勤藨蓘於中田，猶不足以致倉庾盈億之積也。然地利可以計生，人力可以課致，詔書之旨，亦將欲盡此理乎？

今天下千城，人多游食，廢業占空，無田課之實。較計九州，數過萬計。可申嚴此防，令監司精察，一人失課，負及郡縣，此人力之可致也。

又州司十郡，土狹人繁，三魏尤甚，而猪羊馬牧，布其境內，宜悉破廢，以供無業。業少之人，雖頗割徙，在者猶多，田諸菀牧，不樂曠野，貪在人間。故謂北土不宜畜牧，此誠不然。案古今之語，以爲馬之所生，實在冀北，大賈羘羊，取之淸渤，放豕之歌，起於鉅鹿，是其效也。可悉徙諸牧，以充其地，使馬牛猪羊齕草於空虛之田，游食之人受業於賦給之賜，此地利之可致者也。昔騑駜在坰，史克所以頌魯僖；却馬務田，老氏所以稱有道，豈利之所以會哉？又如汲郡之吳澤，良田數千頃，泞水停洿，人不墾植。聞

其國人，皆謂通泄之功不足爲難，舄鹵成原，其利甚重。而豪强大族，惜其魚捕之饒，構說官長，終於不破。此亦谷口之謠，載在史篇。謂宜復下郡縣，以詳當今之計。荆、揚、兗、豫，汙泥之土，渠塢之宜，必多此類，最是不待天時而豐年可獲者也。以其雲雨生於畚臿，多稌生於決泄，不必望朝隮而黃潦臻，禜山川而霖雨息。是故兩周爭東西之流，史起惜漳渠之浸，明地利之重也。宜詔四州刺史，使謹按以聞。

又昔魏氏徙三郡人在陽平頓丘界，今者繁盛，合五六千家。二郡田地逼狹，謂可徙還西州，以充邊土，賜其十年之復，以慰重遷之情。一舉兩得，外實內寬，增廣窮人之業，以闢西郊之田，此又農事之大益也。

轉佐著作郎，撰晉書帝紀、十志，遷轉博士，著作如故。

初，太康二年，汲郡人不準盜發魏襄王墓，〔二〕或言安釐王冢，得竹書數十車。其紀年十三篇，記夏以來至周幽王爲犬戎所滅，以事接之，三家分，〔三〕仍述魏事至安釐王之二十年。蓋魏國之史書，大略與春秋皆多相應。其中經傳大異，則云夏年多殷；益干啓位，啓殺之；太甲殺伊尹；文丁殺季歷；自周受命，至穆王百年，非穆王壽百歲也；幽王既亡，〔四〕有共伯和者攝行天子事，非二相共和也。其易經二篇，與周易上下經同。易繇陰陽卦二篇，與周易略同，繇辭則異。卦下易經一篇，似說卦而異。公孫段二篇，公孫段與邵陟論易。國語三篇，言楚晉事。名三篇，似禮記，又似爾雅、論語。師春一篇，書左傳諸卜筮，「師春」似是造書者姓名也。瑣語十一篇，諸國卜夢妖怪相書也。梁丘藏一篇，先敍魏之世數，次言丘藏金玉事。繳書二篇，論弋射法。生封一篇，帝王所封。大曆二篇，鄒子談天類也。穆天子傳五篇，言周穆王游行四海，見帝臺、西王母。圖詩一篇，畫贊之屬也。又雜書十九篇：周食田法，周書，論楚事，周穆王美人盛姬死事。大凡七十五篇，七篇簡書折壞，不識名題。冢中又得銅劍一枚，長二尺五寸。漆書皆科斗字。初發冢者燒策照取寶物，及官收之，多燼簡斷札，文既殘缺，不復詮次。武帝以其書付祕書校綴次第，尋考指歸，而以今文寫之。皙在著作，得觀竹書，隨疑分釋，皆有義證。遷尚書郎。

武帝嘗問摯虞三日曲水之義，虞對曰：「漢章帝時，平原徐肇以三月初生三女，至三日俱亡，邨人以爲怪，乃招攜之水濱洗祓，遂因水以汎觴，其義起此。」帝曰：「必如所談，便非好事。」皙進曰：「虞小生，不足以知，臣請言之。昔周公成洛邑，因流水以汎酒，故逸詩云『羽觴隨波』。又秦昭王以三日置酒河曲，見金人奉水心之劍，曰：『令君制有西夏。』乃霸諸侯，因此立爲曲水。二漢相緣，皆爲盛集。」帝大悅，賜皙金五十斤。

時有人於嵩高山下得竹簡一枚，上兩行科斗書，傳以相示，莫有知者。司空張華以問皙，皙曰：「此漢明帝顯節陵中策文也。」檢驗果然，時人伏其博識。

趙王倫爲相國，請爲記室。皙辭疾罷歸，教授門徒。年四十卒，元城市里爲之廢業，門生故人立碑墓側。

皙才學博通，所著三魏人士傳，七代通記，晉書紀、志，遇亂亡失。其五經通論、發蒙記、補亡詩、文集數十篇，行于世云。

王接

王接字祖游，河東猗氏人，漢京兆尹遵十世孫也。父蔚，世修儒史之學。魏中領軍曹羲作至公論，蔚善之，而著至機論，辭義甚美。官至夏陽侯相。

接幼喪父，哀毀過禮，鄉親皆歎曰：「王氏有子哉！」渤海劉原爲河東太守，好奇，以旌才爲務。同郡馮收試經爲郎，七十餘，薦接於原曰：「夫騂駵不總轡，則非造父之肆；明月不流光，則非隨侯之掌。伏惟明府苞黃中之德，耀重離之明，求賢與能，小無遺錯，是以鄙老思獻所知。竊見處士王接，岐嶷儁異，十三而孤，居喪盡禮，學過目而知，義觸類而長，斯玉鉉之妙味，經世之徽猷也。不患玄黎之不啓，竊樂春英之及時。」原卽禮命，接不受。原乃呼見曰：「君欲慕肥遁之高邪？」對曰：「接薄祜，少孤而無兄弟，母老疾篤，故無心爲吏。」及母終，柴毀骨立，居墓次積年。備覽衆書，多出異義。性簡率，不修俗操，鄉里大族多不能善

之，唯裴頠雅知焉。平陽太守柳澹、散騎侍郎裴遐、尚書僕射鄧攸皆與接友善。後爲郡主簿，迎太守溫宇，宇奇之，轉功曹史。州辟部平陽從事。時泰山羊亮爲平陽太守，薦之於司隸校尉王堪，出補都官從事。

永寧初，舉秀才。友人滎陽潘滔遺接書曰：「摯虞、卞玄仁並謂足下應和鼎味，可無以應秀才行。」接報書曰：「今世道交喪，將遂剝亂，而識智之士鉗口韜筆，禍敗日深，如火之燎原，其可救乎？非榮斯行，欲極陳所見，冀有覺悟耳。」是歲，三王義舉，惠帝復阼，以國有大慶，天下秀孝一皆不試，接以爲恨。除中郎，補征虜將軍司馬。

蕩陰之役，侍中嵇紹爲亂兵所害，接議曰：「夫謀人之軍，軍敗則死之；謀人之國，國危則亡之，古之道也。蕩陰之役，百官奔北，唯嵇紹守職以遇不道，可謂臣矣，又可稱痛矣。今山東方欲大舉，宜明高節，以號令天下。依春秋褒三累之義，加紹致命之賞，則遐邇向風，莫敢不肅矣。」朝廷從之。

河間王顒欲遷駕長安，與關東乖異，以接成都王佐，難之，表轉臨汾公相國。及東海王越率諸侯討顒，尚書令王堪統行臺，上請接補尚書殿中郎，未至而卒，年三十九。

接學雖博通，特精禮傳。常謂左氏辭義贍富，自是一家書，不主爲經發。公羊附經立傳，經所不書，傳不妄起，於文爲儉，通經爲長。任城何休訓釋甚詳，而黜周王魯，大體乖

硋，且志通公羊而往往還爲公羊疾病。接乃更注公羊春秋，多有新義。時祕書丞衞恒考正汲冢書，未訖而遭難。佐著作郎束晳述而成之，事多證異義。時東萊太守陳留王庭堅難之，亦有證據。晳又釋難，而庭堅已亡。散騎侍郎潘滔謂接曰：「卿才學理議，足解二子之紛，可試論之。」接遂詳其得失。摯虞、謝衡皆博物多聞，咸以爲允當。又撰列女後傳七十二人，雜論議、詩賦、碑頌、駁難十餘萬言，喪亂盡失。

長子愆期，流寓江南，緣父本意，更注公羊，又集列女後傳云。

史臣曰：皇甫謐素履幽貞，閑居養疾，留情筆削，敦悅丘墳，軒冕未足爲榮，貧賤不以爲恥，確乎不拔，斯固有晉之高人者歟！洎乎篤終立論，薄葬昭儉，既戒奢於季氏，亦無取於王孫，可謂達存亡之機矣。摯虞、束晳等並詳覽載籍，多識舊章，奏議可觀，文詞雅贍，可謂博聞之士也。或攝官延閣，裁成言事之書；或莅政秩宗，參定禋郊之禮。虞既厄於從理，晳乃年位不充，天之報施，何其爽也！王接才調秀出，見賞知音，惜其夭枉，未申驥足，嗟夫！

贊曰：士安好逸，栖心蓬蓽。屬意文雅，忘懷榮秩。遺制可稱，養生乖術。摯虞博聞，廣微絕羣。財成禮度，刊緝遺文。魏篇式序，漢冊斯分。祖游後出，亦播清芬。

校勘記

〔一〕下必有聽意之人　各本無「下」字，今從吳本。

〔二〕二皇　殿本作「三皇」。「二皇」謂伏羲神農，亦可通。

〔三〕欲闇然而日章　「日」，各本作「內」，今從宋本。中庸云：「君子之道，闇然而日章」，謚語蓋本此。

〔四〕所苦加焉　册府七七八「焉」作「篤」。

〔五〕焚如之形　通志一二四上、册府九〇七「形」作「刑」。

〔六〕天之所祐者義也　通志一二四上「義」作「順」。據下「履信思順」句，作「順」蓋是。

〔七〕景三后之在天兮　「景」，各本作「旻」，今從殿本。

〔八〕因去疎之足　說文，「疏」從「疋」得聲，元和姓纂引晉書「足」作「疋」，可從。「疎」又「疏」之異體，當時俗書「疎」字作「踈」，故生「去足」之說。

〔九〕及餅諸賦　斠注：書鈔一四四引束晳湯餅賦凡十條，疑此處脫「湯」字。

〔一〇〕是士諱登朝　「是」，册府七七〇作「是以」，按文義，當從之。

〔一一〕總羣言之一至　册府七七〇「至」作「致」，疑是。

〔一二〕太康二年至盜發魏襄王墓　見卷三校記。

〔一三〕三家分　何焯批云，「分」下當有「晉」字，殆當日諱而去之。

〔一四〕幽王既亡　李校：「幽王」當作「厲王」。

晉書卷五十二

列傳第二十二

郤詵

郤詵字廣基，濟陰單父人也。父晞，尚書左丞。詵博學多才，瓌偉倜儻，不拘細行，州郡禮命並不應。

泰始中，詔天下舉賢良直言之士，太守文立舉詵應選。詔曰：「蓋太上以德撫時，易簡無文。至于三代，禮樂大備，制度彌繁。文質之變，其理何由？虞夏之際，聖明係踵，而損益不同。周道既衰，仲尼猶曰從周。因革之宜，又何殊也？聖王既沒，遺制猶存，霸者迭興而翼輔之，王道之缺，其無補乎？何陵遲之不反也？豈霸德之淺歟？期運不可致歟？且夷吾之智，而功止於霸，何哉？夫昔人之爲政，革亂亡之弊，建不刊之統，移風易俗，刑措不用，豈非化之盛歟？何修而嚮茲？朕獲承祖宗之休烈，

于茲七載，而人未服訓，政道罔述。以古況今，何不相逮之遠也？雖明之弗及，猶思與羣賢慮之，將何以辨所聞之疑昧，獲至論於讜言乎？加自頃戎狄內侵，災害屢作，邊甿流離，征夫苦役，豈政刑之謬，將有司非其任歟？各悉乃心，究而論之。上明古制，下切當今。朕之失德，所宜振補。其正議無隱，將敬聽之。」

詵對曰：

伏惟陛下以聖德君臨，猶垂意於博採，故招賢正之士，而臣等薄陋，不足以降大問也。是以竊有自疑之心，雖致身於闕庭，亦僶俛矣。伏讀聖策，乃知下問之旨篤焉。

臣聞上古推賢讓位，教同德一，故易簡而人化；三代世及，季末相承，故文繁而後整。虞夏之相因，而損益不同，非帝王之道異，救弊之路殊也。周當二代之流，承彫僞之極，盡禮樂之致，窮制度之理，其文詳備，仲尼因時宜而曰從周，非殊論也。臣聞聖王之化先禮樂，五霸之興勤政刑。禮樂之化深，政刑之用淺。勤之則可以小安，墮之則遂陵遲。所由之路本近，故所補之功不倖也。而齊桓失之葵丘，夷吾綸于小器，功止于霸，不亦宜乎！

策曰：「建不刊之統，移風易俗，使天下洽和，何修而嚮茲？」臣以爲莫大於擇人而官之也。今之典刑，匪無一統，宰牧之才，優劣異績，或以之興，或以之替，此蓋人能弘政，非政弘人也。舍人務政，雖勤何益？臣竊觀乎古今，而考其美惡：古人相與求賢，今人相與求爵。古之官人，君責之於上，臣舉之於下，得其人有賞，失其人有罰，安得不求賢乎！今之官者，父兄營之，親戚助之，有人事則通，無人事則塞，安得不求爵乎！賢苟求達，達在修道，窮在失義，故靜以待之也。爵苟可求，得在進取，失在後時，故動以要之也。動則爭競，爭競則朋黨，朋黨則誣誷，誣誷則臧否失實，眞僞相冒，主聽用惑，姦之所會也。靜則貞固，貞固則正直，正直則信讓，信讓則推賢，推賢不伐，相下無黷，主聽用察，德之所趣也。故能使之靜，雖日高枕而人自正；不能禁動，雖復夙夜，俗不一也。且人無愚智，咸慕名宦，莫不飾正於外，藏邪於內，故邪正之人難得而知也。任得其正，則衆正益至；若得其邪，則衆邪亦集。物繁其類，誰能止之！故亡國失世者，未嘗不爲衆邪所積也。方其初作，必始於微，微而不絕，其終乃著。天地不能頓爲寒暑，人主亦不能頓爲隆替，故寒暑漸於春秋，隆替起於得失。當今之世，宦者無關梁，邪門啓矣；朝廷不責賢，正路塞矣。得失之源，何以甚此！所謂責賢，使之相舉也；所謂關梁，使之相保也。賢不舉則有咎，保不信則有罰。故古者諸侯必貢士，不貢者削，貢而不適亦削。夫士者，難知也；不適者，薄過也。不得不責，强其所不知也；罰其所不適，深其薄過，非恕也。且天子於諸侯，有不純臣之義，斯責之矣。施行之道，

寧縱不濫之矣。今皆反是，何也？夫賢者天地之紀，品物之宗，其急之也，故寧濫以得之，無縱以失之也。今則不然，世之悠悠者，各自取辨耳。故其材行並不可必，於公則政事紛亂，於私則汙穢狼籍。自頃長吏特多此累，有亡命而被購懸者矣，有縛束而絞戮者矣。貪鄙竊位，不知誰升之者？獸兕出檻，不知誰可咎者？漏網吞舟，何以過此！人之於利，如蹈水火焉。前人雖敗，後人復起，如彼此無已，誰止之者？風流日競，誰憂之者？雖今聖思勞於夙夜，所使爲政，恒得此屬，欲聖世化美俗平，亦俟河之清耳。若欲善之，宜創舉賢之典，峻關梁之防。其制既立，則人慎其舉而不苟，則賢者可知。知賢而試，則官得其人矣。官得其人，則事得其序；事得其序，則物得其宜；物得其宜，則生生豐植，人用資給，和樂興焉。是故寡過而遠刑，知恥以近禮，此所以建不刊之統，移風易俗，刑措不用也。

策曰：「自頃夷狄內侵，災眚屢降，將所任非其人乎？何由而至此？」臣聞蠻夷猾夏，則皋陶作士，此欲善其末，則先其本也。夫任賢則政惠，使能則刑恕。政惠則下仰其施，刑恕則人懷其勇。施以殖其財，勇以結其心。故人居則資贍而知方，動則親上而志勇。苟思其利而除其害，以生道利之者，雖死不貳；以逸道勞之者，雖勤不怨。故其命可授，其力可竭，以戰則克，以攻則拔。是以善者慕德而安服，惡者畏懼而削迹。

止戈而武，義實在文，唯任賢然後無患耳。若夫水旱之災，自然理也。故古者三十年耕必有十年之儲，堯湯遭之而人不困，有備故也。自頃風雨雖頗不時，考之萬國，或境土相接，而豐約不同，或頃畝相連，而成敗異流，固非天之必害於人，人實不能均其勞苦。失之於人，而求之於天，則有司惰職而不勸，百姓殆業而咎時，非所以定人志，致豐年也。宜勤人事而已。

臣誠愚鄙不足以奉對聖朝，猶進之於廷者，將使取諸其懷而獻之乎，臣懼不足也。若收不知言以致知言，臣則可矣，是以辭鄙不隱也。

以對策上第，拜議郎。母憂去職。

詵母病，苦無車，及亡，不欲車載柩，家貧無以市馬，乃於所住堂北壁外假葬，開戶，朝夕拜哭。養雞種蒜，竭其方術。喪過三年，得馬八匹，輿柩至冢，負土成墳。未畢，召為征東參軍。徙尚書郎，轉車騎從事中郎。

吏部尚書崔洪薦詵為左丞。及在職，嘗以事劾洪，洪怨詵，詵以公正距之，語在洪傳。洪聞而慚服。

累遷雍州刺史。武帝於東堂會送，問詵曰：「卿自以為何如？」詵對曰：「臣舉賢良對策，為天下第一，猶桂林之一枝，崑山之片玉。」帝笑。侍中奏免詵官，帝曰：「吾與之戲耳，不足

怪也。」詵在任威嚴明斷，甚得四方聲譽。卒於官。子延登為州別駕。

阮种

阮种字德猷，陳留尉氏人，漢侍中胥卿八世孫也。弱冠有殊操，為嵇康所重。康著養生論，所稱阮生，即种也。察孝廉，為公府掾。

是時西虜內侵，災眚屢見，百姓饑饉，詔三公、卿尹、常伯、牧守各舉賢良方正直言之士。於是太保何曾舉种賢良。

策曰：「在昔哲王，承天之序，光宅宇宙，咸用規矩乾坤，惠康品類，休風流衍，彌于千載。朕應踐洪運統位，七載於今矣。惟德弗嗣，不明于政，宵興惕厲，未燭厥猷。子大夫韞櫝道術，儼然而進，朕甚嘉焉。其各悉乃心，以闡喻朕志，深陳王道之本，勿有所隱，朕虛心以覽焉。」种對曰：「夫天地設位，聖人成能，王道至深，所以行化至遠。故能開物成務，而功業不匱，近無不聽，遠無不服，德逮羣生，澤被區宇，聲施無窮，而典垂百代。故經曰：『聖人久於其道，而天下化成。』宜師蹤往代，襲迹三五，矯世更俗，以從人望。令率士遷義，下知所適，播醇美之化，杜邪枉之路，斯誠羣黎之所欣想盛德而幸望休風也。」

又問政刑不宣，禮樂不立。對曰：「政刑之宣，故由乎禮樂之用。昔之明王，唯此之務，所以防遏暴慢，感動心術，制節生靈，而陶化萬姓也。〔一〕禮以體德，樂以詠功，樂本於和，而禮師於敬矣。」

又問戎蠻猾夏。對曰：「戎蠻猾夏，侵敗王略，雖古盛世，猶有此虞。故詩稱『玁狁孔熾』，書歎『蠻夷帥服』。自魏氏以來，夷虜內附，鮮有桀悍侵漁之患。由是邊守遂怠，鄣塞不設。而今醜虜內居，與百姓雜處，邊吏擾習，人又忘戰。受方任者，又非其材，或以狙詐，侵侮邊夷；或干賞啗利，妄加討戮。夫以微羈而御悍馬，又乃操以煩策，其不制者，固其理也。是以羣醜蕩駭，緣間而動。雖三州覆敗，牧守不反，此非胡虜之甚勁，蓋用之者過也。臣聞王者之伐，有征無戰，懷遠以德，不聞以兵。夫兵凶器，而戰危事也。兵興則傷農，衆集則費積，農傷則人匱，積費則國虛。昔漢武之世，承文帝之業，資海內之富，役其材臣，以甘心匈奴，競戰勝之功，貪攻取之利，良將勁卒，屈於沙漠，勝敗相若，克不過當，夭百姓之命，填餓狼之口。及其以衆制寡，令匈奴遠迹，收功祁連，飲馬瀚海，天下之耗，已過太半矣。夫虛中國以事夷狄，誠非計之得者也。是以盜賊蜂起，山東不振。暨宣元之時，趙充國征西零，馮奉世征南羌，皆兵不血刃，摧抑強暴，擒其首惡，此則折衝厭難，勝敗相辨，中世之明效也。」

又問咎徵作見。對曰：「陰陽否泰，六沴之災，則人主修政以禦之，思患而防之，建皇極之首，詳庶徵之用。詩曰『敬之敬之，天惟顯思』，天聰明自我人聰明，是以人主祗承天命，日

慎一日也。故能應受多福而永世克祚，此先王之所以退災消眚也。」

又問經化之務。對曰：「夫王道之本，經國之務，必先之以禮義，而致人於廉恥。禮義立，則君子軌道而讓於善，廉恥立，則小人謹行而不淫於制度。賞以勸其能，威以懲其廢。此先王所以保乂定功，化洽黎元，而勳業長世也。故上有克讓之風，則下有不爭之俗，朝有矜節之士，則野無貪冒之人。夫廉恥之於政，猶樹藝之有豐壤，良歲之有膏澤，其生物必油然茂矣。若廉恥不存，而惟刑是御，則風俗彫弊，人失其性，錐刀之末，皆有爭心，雖峻刑嚴辟，猶不勝矣。其於政也，如農者之殖磽野，旱年之望豐穡，必不幾矣。此三代所以享德長久，風醇俗美，皆數百年保天之祿。而秦二世而弊者，蓋其所由之塗殊也。」

又問：「將使武成七德，文濟九功，何路而臻于茲？凡厥庶事，曷後曷先？」對曰：「夫文武經德，所以成功丕業，咸熙庶績者，莫先於選建明哲，授方任能。令才當其官而功稱其職，則萬機咸理，庶僚不曠。書曰『天工人其代之』。然則繼天理物，寧國安家，非賢無以成也。夫賢才之畜於國，由良工之須利器，巧匠之待繩墨也。器用利，則斲削易而材不病，繩墨設，則曲直正而衆形得矣。是以人主必勤求賢，而佚以任之也。賢臣之於主，進則忠國愛人，退則砥節潔志，營職不干私義，出心必由公塗，明度量以呈其能，審經制以效其功。此昔之聖王所以恭己南面而化於陶鈞之上者，以其所任之賢與所賢之信也。方今海內之

士皆傾望休光，希心紫極，唯明主之所趣舍。若開四聰之聽，廣疇咨之求，抽羣英，延俊乂，考工授職，呈能制官，朝無素餐之士，如此化流罔極，樹功不朽矣。」

時种與郤詵及東平王康俱居上第，卽除尚書郎。然毁譽之徒，或言對者因緣假託，帝乃更延羣士，庭以問之。詔曰：「前者對策，各指答所問，未盡子大夫所欲言，故復延見，其具陳所懷。又比年連有水旱災眚，雖戰戰兢兢，未能究天人之理，當何修以應其變？人遇水旱饑饉者，何以救之？中間多事，未得寧靜，思以省息煩務，令百姓不失其所。若人有所患苦者，有宜損益，使公私兩濟者，委曲陳之。又政在得人，而知之至難，唯有因人視聽耳。若有文武隱逸之士，各舉所知，雖幽賤負俗，勿有所限。故虛心思聞事實，勿務華辭，莫有所諱也。」

种對曰：「伏惟陛下以聖哲玄覽，降卹黎蒸，將濟元元，同之三代，旁求俊乂，以輔至化，此誠堯舜之用心也。臣猥以頑魯之質，應淸明之舉，前者對策，不足以疇塞聖詔，所陳不究，臣誠蒙昧，所以爲罪。臣聞天生蒸庶，樹君以司牧之，人君道洽，則彝倫攸序，五福來備。若政有愆失，刑理頗僻，則庶徵不應，而淫亢爲災。此則天人之理，而興廢之由也。昔之聖王，政道備而制先具，軌人以務，致之於本，是以雖有水旱之眚，而無饑饉之患也。自頃陰陽隔幷，水旱爲災，亦猶期運之致。不然，則亦有司之不帥，不能宣承聖德，以贊揚大

化，故和氣未降而人事未敍也。方今百姓凋弊，公私無儲，誠在於休役靜人，勸嗇務分，此其救也。人之所患，由於役煩網密而信道未孚也。役煩則百姓失業，網密則下背其誠，信道未孚則人無固志。此則損益之至務，安危之大端也。傳曰：『始與善，善進，則不善蔑由至。』孔子曰：『視其所以，觀其所由，人焉廋哉！』若夫文武隱逸之士，幽賤負俗之才，故非愚臣之所能識。謹竭愚以對。」

策奏，帝親覽焉，又擢爲第一。轉中書郎。進止有方，正己率下，朝廷咸憚其威容。每爲駮議，事皆施用，遂爲楷則。

遷平原相。時襄邑衞京自南陽太守遷于河內，與种俱拜，帝望而歎曰：「二千石皆若此，朕何憂乎！」种爲政簡惠，百姓稱之，卒于郡。

華譚 袁甫

華譚字令思，廣陵人也。祖融，吳左將軍、錄尚書事。父諝，吳黃門郎。譚葺歲而孤，母年十八，便守節鞠養，勤勞備至。及長，好學不倦，爽慧有口辯，爲鄰里所重。揚州刺史周浚引爲從事史，愛其才器，待以賓友之禮。

太康中，刺史嵇紹舉譚秀才，將行，別駕陳總餞之，因問曰：「思賢之主以求才爲務，進取之士以功名爲先，何仲舒不仕武帝之朝，賈誼失分漢文之時？此吳晉之滯論，可辨此理而後別。」譚曰：「夫聖人在上，物無不理，百揆之職，非賢不居。故山林無匿景，衡門不棲遲。至承統之王，或是中才，或復凡人，居聖人之器，處兆庶之上，是以其教日穨，風俗漸弊。又中才之君，所資者偏，物以類感，必於其黨，黨言雖非，彼以爲是。以所授有顏冉之賢，所用有廊廟之器，居官者日冀元凱之功，在上者日庶堯舜之義，彼豈知其政漸毁哉！朝雖有求賢之名，而無知才之實。言雖當，彼以爲誣；策雖奇，彼以爲妄。誣則毁己之言入，妄則不忠之責生。豈故爲哉？淺明不見深理，近才不覩遠體也。是以言不用，計不施，恐死亡之不暇，何論功名之立哉！故上官昵而屈原放，宰嚭寵而伍員戮，豈不哀哉！若仲舒抑於孝武，賈誼失於漢文，蓋復是其輕者耳。故白起有云：『非得賢之難，用之難。非用之難，信之難。』得賢而不能用，用而不能信，功業豈可得而成哉！」

譚至洛陽，武帝親策之曰：「今四海一統，萬里同風，天下有道，莫斯之盛。然北有未羈之虜，西有醜施之氐，故謀夫未得高枕，邊人未獲晏然，將何以長弭斯患，混淸六合？」對曰：「臣聞聖人之臨天下也，祖乾綱以流化，順谷風以興仁，兼三才以御物，開四聰以招賢。故勞謙日昃，務在擇才，宣明巖穴，垂光隱滯。俊乂龍躍，帝道以光；淸德鳳翔，王化克舉。是以皋陶見舉，不仁者遠；陸賈重漢，遠夷折節。今聖朝德音發於帷幄，淸風翔乎無外，戎旗

南指，江漢席卷；干戈西征，羌蠻慕化，誠闢四門之秋，興禮教之日也。故髦俊聞聲而響赴，殊才望險而雲集。虛高館以俟賢，設重爵以待士，急善過於饑渴，用人疾於影響，杜佞諂之門，廢鄭聲之樂，混淸六合，實由乎此。雖西北有未羈之寇，殊漠有不朝之虜，征之則勞師，得之則無益，故班固云：『有其地不可耕而食，得其人不可臣而畜，來則懲而禦之，去則備而守之。』蓋安邊之術也。」

又策曰：「吳蜀恃險，今旣蕩平。蜀人服化，無攜貳之心；而吳人趑雎，屢作妖寇。豈蜀人敦樸，易可化誘；吳人輕鋭，難安易動乎？今將欲綏靜新附，何以爲先？」對曰：「臣聞漢末分崩，英雄鼎峙，蜀棲岷隴，吳據江表。至大晉龍興，應期受命，文皇運籌，安樂順軌；聖上潛謀，歸命向化。蜀染化日久，風教遂成；吳始初附，未改其化，非爲蜀人敦慤而吳人易動也。然殊俗遠境，風土不同，吳阻長江，舊俗輕悍。所安之計，當先籌其人士，使雲翔閶闔，進其賢才，待以異禮；明選牧伯，致以威風；輕其賦斂，將順咸悅，可以永保無窮，長爲人臣者也。」

又策曰：「聖人稱如有王者，必世而後仁。今天成地平，大化無外，雖匈奴未羈，羌氐驕黠，將修文德以綏之，舞干戚以來之，故兵戈載戢，武夫寢息。如此，已可消鋒刃爲佃器，罷尚方武庫之用未邪？」對曰：「夫唐堯歷載，頌聲乃作；文武相承，禮樂大同。淸一八紘，綏盪

無外，萬國順軌，海內斐然。雖復被髮之鄉，徒跣之國，皆習章甫而入朝，要衣裳以磬折。夫大舜之德，猶有三苗之征；以周之盛，獫狁爲寇。雖有文德，又須武備。備預不虞，古之善教；安不忘危，聖人常誡。無爲罷武庫之常職，鑠鋒刃爲佃器。自可倒戢干戈，苞以獸皮，將帥之士，使爲諸侯，於散樂休風，未爲不泰也。」

又策曰：「夫法令之設，所以隨時制也。時險則峻法以取平，時泰則寬網以將化。今天下太平，四方無事，百姓承德，將就無爲而乂。〔三〕至於律令，應有所損益不？」對曰：「臣聞五帝殊禮，三王異教，故或禪讓以光政，或干戈以攻取。至於興禮樂以和人，流清風以寧俗，其歸一也。今誠風教大同，四海無虞，人皆感化，去邪從正。夫以堯舜之盛，而猶設象刑；殷周之隆，而甫侯制律。律令之存，何妨於政。若乃大道四達，禮樂交通，凡人修行，黎庶勵節，刑罰懸而不用，律令存而無施，適足以隆太平之雅化，飛仁風乎無外矣。」

又策曰：「昔帝舜以二八成功，文王以多士興周。夫制化在於得人，而賢才難得。今大統始同，宜搜才實。州郡有貢薦之舉，猶未獲出羣卓越之倫。將時無其人？有而致之未得其理也？」對曰：「臣聞興化立法，非賢無以光其道；平世理亂，非才無以宣其業。上自皇羲，下及帝王，莫不張皇綱以羅遠，飛仁風以被物。故得賢則教興，失人則政廢。今四海一統，萬里同風，州郡貢秀孝，臺府簡良才，以八紘之廣，兆庶之衆，豈當無卓越儁逸之才乎！譬

猶南海不少明月之寶，大宛不乏千里之駒也。異哲難見，遠數難覩，故堯舜太平之化，二八由舜而甫顯；殷湯革王之命，伊尹負鼎而方用。當今聖朝禮亡國之士，接遐裔之人，或貂蟬於帷幄，或剖符於千里，巡狩必有呂公之遇，宵夢必有巖穴之感。賢儁之出，可企踵而待也。」

時九州秀孝策無逮譚者。譚素以才學爲東土所推。同郡劉頌時爲廷尉，見之歎息曰：「不悟鄉里乃有如此才也！」博士王濟於衆中嘲之曰：「五府初開，羣公辟命，採英奇於仄陋，拔賢儁於巖穴。君吳楚之人，亡國之餘，有何秀異而應斯舉？」譚答曰：「秀異固產於方外，不出於中域也。是以明珠文貝，生於江鬱之濱；夜光之璞，出乎荊藍之下。故以人求之，文王生於東夷，大禹生於西羌。子弗聞乎？昔武王克商，遷殷頑民於洛邑，諸君得非其苗裔乎？」濟又曰：「夫危而不持，顛而不扶，至於君臣失位，國亡無主，凡在冠帶，將何所取哉！」答曰：「吁！存亡有運，興衰有期，天之所廢，人不能支。徐偃修仁義而失國，仲尼逐魯而逼齊，段干偃息而成名，諒否泰有時，曷人力之所能哉！」濟甚禮之。

尋除郎中，遷太子舍人、本國中正。以母憂去職。服闋，爲鄄城令，過濮水，作莊子贊以示功曹。而廷掾張延爲作答教，其文甚美。譚異而薦之，遂見升擢。及譚爲廬江，延已爲淮陵太守。又舉寒族周訪爲孝廉，訪果立功名，時以譚爲知人。以父墓毀去官。尋除尚書郎。

永寧初，出爲郟令。于時兵亂之後，境內饑饉，譚傾心撫卹。司徒王戎聞而善之，出穀三百斛以助之。譚甚有政績，再遷廬江內史，加綏遠將軍。時石冰之黨陸珪等屯據諸縣，譚遣司馬褚敦討平之。又遣別軍擊冰都督孟徐，獲其驍率。以功封都亭侯，食邑千戶，賜絹千匹。

陳敏之亂，吳士多爲其所逼。顧榮先受敏官，而潛謀圖之。譚不悟榮旨，露檄遠近，極言其非，由此爲榮所怨。又在郡政嚴，而與上司多忤。揚州刺史劉陶素與譚不善，因法收譚，下壽陽獄。鎮東將軍周馥與譚素相親善，理而出之。及甘卓討馥，百姓奔散，馥謂譚已去，遣人覘之，而更移近馥。馥歎曰：「吾嘗謂華令思是臧子源之疇，今果效矣。」甘卓嘗爲東海王越所捕，下令敢有匿者誅之，卓投譚而免。及此役也，卓遣人求之曰：「華侯安在？吾甘揚威使也。」譚答不知，遺絹二匹以遣之。使反，告卓。卓曰：「此華侯也。」復求之，譚已亡矣。後爲紀瞻所薦，而爲顧榮所止遏，遂數年不得調。

建興初，元帝命爲鎮東軍諮祭酒。譚博學多通，在府無事，乃著書三十卷，名曰辨道，上牋進之，帝親自覽焉。轉丞相軍諮祭酒，領郡大中正。譚薦干寶、范珧於朝，乃上牋求退曰：「譚聞霸主遠聽，以求才爲務，僚屬量身，以審己爲分。故疏廣告老，漢宣不違其志；干

木偃息，文侯就式其廬。譚無古人之賢，竊有懷遠之慕。自登清顯，出入二載，執筆無贊事之功，拾遺無補闕之績，過在納言，闇於舉善，狂寇未賓，復乏謀策。年向七十，志力日衰，素餐無勞，實宜辭退。謹奉還所假左丞相軍諮祭酒版。」不聽。

建武初，授祕書監，固讓不拜。太興初，拜前軍，以疾復轉祕書監。自負宿名，恒怏怏不得志。時晉陵朱鳳、吳郡吳震並學行清修，老而未調，譚皆薦爲著作佐郎。

或問譚曰：「諺言人之相去，如九牛毛，寧有此理乎？」譚對曰：「昔許由、巢父讓天子之貴，市道小人爭半錢之利，此之相去，何啻九牛毛也！」聞者稱善。

戴若思弟邈，則譚女壻也。譚平生時常抑若思而進邈，若思每銜之。殆用事，恒毀譚於帝，由是宦塗不至。譚每懷觖望，嘗從容言於帝曰：「臣已老矣，將待死祕閣。汲黯之言，復存於今。」帝不懌。久之，加散騎常侍，屢以疾辭。及王敦作逆，譚疾甚，不能入省，坐免。卒於家。贈光祿大夫，金章紫綬，加散騎常侍，謚曰胡。二子：化、茂。

化字長風，爲征虜司馬，討汲桑，戰沒。茂嗣爵。

淮南袁甫字公胄，亦好學，與譚齊名，以詞辯稱。嘗詣中領軍何勖，自言能爲劇縣。勖曰：「唯欲宰縣，不爲臺閣職，何也？」甫曰：「人各有能有不能。譬繪中之好莫過錦，錦不可

以爲幍，穀中之美莫過稻，稻不可以爲齏。是以聖王使人，必先以器，苟非周材，何能悉長！黃霸馳名於州郡，而息譽於京邑。廷尉之材，不爲三公，自昔然也。」勖善之，除淞滋令。

轉淮南國大農、郎中令。石珩問甫曰：「卿名能辯，豈知壽陽已西何以恒旱？壽陽已東何以恒水？」甫曰：「壽陽已東皆是吳人，夫亡國之音哀以思，鼎足强邦，一朝失職，憤歎甚積，積憂成陰，陰積成雨，雨久成水，故其域恒澇也。壽陽已西皆是中國，新平强吳，美寶皆入，志盈心滿，用長歡娛。公羊有言，魯僖甚悅，故致旱京師。若能抑强扶弱，先疏後親，則天下和平，災害不生矣。」觀者歎其敏捷。年八十餘，卒於家。

史臣曰：夫緝政釐俗，拔羣才以成務；振景觀光，俟明主而宣績。武皇之世，天下乂安，朝廷屬意於求賢，藴軸有懷於干祿。郤詵等並韞價州里，褎然應召，對揚天問，高步雲衢，求之前哲，亦足稱矣。令思行己徇義，志篤周甘，仁者必勇，抑斯之謂！雖才行夙章，而待終祕閣，積薪之恨，豈獨古人乎！

贊曰：郤阮洽聞，含章體政。華生毓德，褫巾應命。鳥路曾飛，龍津派泳。素業可久，高芬斯盛。

校勘記

〔一〕而陶化萬姓也　「姓」，各本作「性」，今從宋本。

〔二〕將就無爲而乂　「乂」，各本作「又」，今從殿本。

晉書卷五十三

列傳第二十三

愍懷太子 子彪　臧　尚

愍懷太子遹字熙祖，惠帝長子，母曰謝才人。幼而聰慧，武帝愛之，恒在左右。嘗與諸皇子共戲殿上，惠帝來朝，執諸皇子手，次至太子，帝曰：「是汝兒也。」惠帝乃止。宮中嘗夜失火，武帝登樓望之。太子時年五歲，牽帝裾入闇中。帝問其故，太子曰：「暮夜倉卒，宜備非常，不宜令照見人君也。」由是奇之。嘗從帝觀豕牢，言於帝曰：「豕甚肥，何不殺以享士，而使久費五穀？」帝嘉其意，卽使烹之。因撫其背，謂廷尉傅祗曰：「此兒當興我家。」嘗對羣臣稱太子似宣帝，於是令譽流於天下。

時望氣者言廣陵有天子氣，故封爲廣陵王，邑五萬戶。以劉寔爲師，孟珩爲友，楊準、馮蓀爲文學。惠帝卽位，立爲皇太子。盛選德望以爲師傅，以何劭爲太師，王戎爲太傅，楊

濟爲太保，裴楷爲少師，張華爲少傅，和嶠爲少保。元康元年，出就東宮，又詔曰：「遹尚幼蒙，今出東宮，惟當賴師傅羣賢之訓。其游處左右，宜得正人使共周旋，能相長益者。」於是使太保衞瓘息庭、司空泰息略、太子太傅楊濟息毖、太子少師裴楷息憲、太子少傅張華息禕、尚書令華廙息恒與太子游處，以相輔導焉。

及長，不好學，惟與左右嬉戲，不能尊敬保傅。賈后素忌太子有令譽，因此密敕黃門閹宦媚諛於太子曰：「殿下誠可及壯時極意所欲，何爲恒自拘束？」每見喜怒之際，輒歎曰：「殿下不知用威刑，天下豈得畏服！」太子所幸蔣美人生男，又言宜隆其賞賜，多爲皇孫造玩弄之器，太子從之。於是慢弛益彰，或廢朝侍，恒在後園游戲。愛埤車小馬，令左右馳騎，斷其鞅勒，使墮地爲樂。或有犯忤者，手自捶擊之。性拘小忌，不許繕壁修牆，正瓦動屋。而於宮中爲市，使人屠酤，手揣斤兩，輕重不差。其母本屠家女也，故太子好之。又令西園賣葵菜、藍子、雞、麪之屬，而收其利。東宮舊制，月請錢五十萬，備於衆用，太子恒探取二月，以供嬖寵。洗馬江統陳五事以諫之，太子不納，語在統傳中。舍人杜錫以太子非賈后所生，而后性兇暴，深以爲憂，每盡忠規勸太子修德進善，遠於讒謗。太子怒，使人以針著錫常所坐氈中而刺之。

太子性剛，知賈謐恃后之貴，不能假借之。謐至東宮，或捨之而於後庭游戲。詹事裴

權諫曰：「賈謐甚有寵於中宮，而有不順之色，若一旦交構，大事去矣。宜深自謙屈，以防其變，廣延賢士，用自輔翼。」太子不能從。初，賈后母郭槐欲以韓壽女爲太子妃，太子亦欲婚韓氏以自固。而壽妻賈午及后皆不聽，而爲太子聘王衍小女惠風。太子聞衍長女美，而賈后爲謐聘之，心不能平，頗以爲言。謐嘗與太子圍棊，爭道，成都王穎見而訶謐，謐意愈不平，因此譖太子於后曰：「太子廣買田業，多畜私財以結小人者，爲賈氏故也。密聞其言云：『皇后萬歲後，吾當魚肉之。』非但如是也，若宮車晏駕，彼居大位，依楊氏故事，誅臣等而廢后於金墉，如反手耳。不如早爲之所，更立慈順者以自防衞。」后納其言，又宣揚太子之短，布諸遠近。于時朝野咸知賈后有害太子意。中護軍趙俊請太子廢后，〔二〕太子不聽。

九年六月，有桑生于宮西廂，日長尺餘，數日而枯。十二月，賈后將廢太子，詐稱上不和，呼太子入朝。既至，后不見，置于別室，遣婢陳舞賜以酒棗，逼飲醉之。使黃門侍郎潘岳作書草，若禱神之文，有如太子素意，因醉而書之，令小婢承福以紙筆及書草使太子書之。文曰：「陛下宜自了；不自了，吾當入了之。中宮又宜速自了；不了，吾當手了之。幷謝妃共要尅期而兩發，勿疑猶豫，致後患。茹毛飲血於三辰之下，皇天許當掃除患害，立道文爲王，蔣爲內主。願成，當三牲祠北君，大赦天下。要疏如律令。」太子醉迷不覺，遂依而寫之，其字半不成。既而補成之，后以呈帝。帝幸式乾殿，召公卿入，使黃門令董猛以太子書

及青紙詔曰：「遹書如此，今賜死。」徧示諸公王，莫有言者，惟張華、裴頠證明太子。賈后使董猛矯以長廣公主辭白帝曰：「事宜速決，而羣臣各有不同，若有不從詔，宜以軍法從事。」議至日西不決。后懼事變，乃表免太子爲庶人，詔許之。於是使尚書和郁持節，解結爲副，及大將軍梁王肜、鎮東將軍淮南王允、前將軍東武公澹、趙王倫、太保何劭詣東宮，廢太子爲庶人。是日太子游玄圃，聞有使者至，改服出崇賢門，再拜受詔，步出承華門，乘粗犢車。澹以兵仗送太子妃王氏、三皇孫于金墉城，考竟謝淑妃及太子保林蔣俊。明年正月，賈后又使黃門自首，欲與太子爲逆。詔以黃門首辭班示公卿。又遣澹以千兵防送太子，更幽于許昌宮之別坊，令治書御史劉振持節守之。先是，有童謠曰：「東宮馬子莫聾空，前至臘月纏汝髮。」又曰：「南風起兮吹白沙，遙望魯國鬱嵯峨，千歲髑髏生齒牙。」南風，后名；沙門，太子小字也。

初，太子之廢也，妃父王衍表請離婚。太子至許，遺妃書曰：「鄙雖頑愚，心念爲善，欲盡忠孝之節，無有惡逆之心。雖非中宮所生，奉事有如親母。自爲太子以來，敕見禁檢，不得見母。自宜城君亡，不見存恤，恒在空室中坐。去年十二月，道文疾病困篤，父子之情，實相憐愍。于時表國家乞加徽號，不見聽許。疾病既篤，爲之求請恩福，無有惡心。自道文病，中宮三遣左右來視，云：『天教呼汝。』到二十八日暮，有短函來，題言東宮發，疏云：『言天教欲見汝。』卽便作表求入。二十九日早入見國家，須臾遣至中宮。中宮左右陳舞見語：『中宮旦來吐不快。』使住空屋中坐。須臾中宮遣陳舞見語：『聞汝表陛下爲道文乞王，不得王是成國耳。』中宮遙呼陳舞：『昨天教與太子酒棗。』便持三升酒、大盤棗來見與，使飲酒噉棗盡。鄙素不飮酒，卽便遣舞啓說不堪三升之意。中宮遙呼曰：『汝常陛下前持酒可喜，何以不飲？天與汝酒，當使道文差也。』便答中宮：『陛下會同一日見賜，故不敢辭，通日不飲三升酒也。且實未食，恐不堪。又未見殿下，飲此或至顚倒。』陳舞復傳語云：『不孝那！天與汝酒飲，不肯飲，中有惡物邪？』遂可飲二升，餘有一升，求持還東宮飲盡。逼迫不得已，更飲一升。飲已，體中荒迷，不復自覺。須臾有一小婢持封箱來，云：『詔使寫此文書。』鄙便驚起，視之，有一白紙，一青紙。催促云：『陛下停待。』又小婢承福持筆研墨黃紙來，使寫。急疾不容復視，實不覺紙上語輕重。父母至親，實不相疑，事理如此，實爲見誣，想衆人見明也。」

太子既廢非其罪，衆情憤怨。右衞督司馬雅，宗室之疏屬也，與常從督許超並有寵於太子，二人深傷之，說趙王倫謀臣孫秀曰：「國無適嗣，社稷將危，大臣之禍必起。而公奉事中宮，與賈后親密，太子之廢，皆云豫知，一旦事起，禍必及矣。何不先謀之！」秀言於趙王倫，倫深納焉。計既定，而秀說倫曰：「太子爲人剛猛，若得志之日，必肆其情性矣。明公素

事賈后，街談巷議，皆以公爲賈氏之黨。今雖欲建大功於太子，太子雖將含忍宿忿，必不能加賞於公，當謂公逼百姓之望，翻覆以免罪耳。若有瑕釁，猶不免誅。不若遷延却期，賈后必害太子，然後廢賈后，爲太子報讎，猶足以爲功，乃可以得志。」倫然之。秀因使反間，言殿中人欲廢賈后，迎太子。賈后聞之憂怖，乃使太醫令程據合巴豆杏子丸。三月，矯詔使黃門孫慮齎至許昌以害太子。初，太子恐見酖，恒自煮食於前。慮以告劉振，振乃徙太子於小坊中，絕不與食，宮中猶於牆壁上過食與太子。慮乃逼太子以藥，太子不肯服，因如廁，慮以藥杵椎殺之，太子大呼，聲聞于外。時年二十三。將以庶人禮葬之，賈后表曰：「遹不幸喪亡，傷其迷悖，又早短折，悲痛之懷，不能自已。妾私心冀其刻肌刻骨，更思孝道，規爲稽顙，正其名號。此志不遂，重以酸恨。遹雖罪在莫大，猶王者子孫，便以匹庶送終，情實憐愍，特乞天恩，賜以王禮。妾誠闇淺不識禮義，不勝至情，冒昧陳聞。」詔以廣陵王禮葬之。

及賈庶人死，乃誅劉振、孫慮、程據等，册復太子曰：「皇帝使使持節、兼司空、衞尉伊策故皇太子之靈曰：嗚呼！維爾少資岐嶷之質，荷先帝殊異之寵，大啓土宇，奄有淮陵。朕奉遵遺旨，越建爾儲副，以光顯我祖宗。祇爾德行，以從保傅，事親孝敬，禮無違者。而朕昧于凶構，致爾于非命之禍，俾申生、孝己復見于今。賴宰相賢明，人神憤怨，用啓朕心，討厥

有罪，咸伏其辜。何補於荼毒冤魂酷痛哉？是用切怛悼恨，震動於五內。今追復皇太子喪禮，反葬京畿，祠以太牢。魂而有靈，尚獲爾心。」帝爲太子服長子斬衰，羣臣齊衰，使尚書和郁率東宮官屬具吉凶之制，迎太子喪於許昌。

喪之發也，大風雷電，幃蓋飛裂。又爲哀策曰：「皇帝臨軒，使洗馬劉務告于皇太子之殯曰：咨爾遹！幼稟英挺，芬馨誕茂。既表髫齔，高明逸秀。昔爾聖祖，嘉爾淑美。顯詔仍崇，名振同軌。是用建爾儲副，永統皇基。如何凶戾潛構，禍害如茲！哀感和氣，痛貫四時。嗚呼哀哉！爾之降廢，實我不明。牝亂沈裁，釁結禍成。爾之逝矣，誰百其形？昔之申生，含枉莫訟。今爾之負，抱冤于東。悠悠有識，孰不哀慟！壺關干主，千秋悟己。異世同規，古今一理。皇孫啓建，隆祚爾子。雖悴前終，庶榮後始。窀穸既營，將寧爾神。華髦電逝，戎車雷震。芒芒羽蓋，翼翼縉紳。同悲等痛，孰不酸辛！庶光來葉，永世不泯。」謚曰愍懷。六月己卯，〔二〕葬于顯平陵。帝感閻纘之言，立思子臺，故臣江統、陸機並作誄頌焉。

太子三子：虨、臧、尚，並與父同幽金墉。

虨字道文，永康元年正月，薨。四月，追封南陽王。

臧字敬文。永康元年四月，封臨淮王。己巳，詔曰：「咎徵數發，姦回作變，遹既逼廢，非命而沒。今立臧爲皇太孫。〔三〕還妃王氏以母之，稱太孫太妃。太子官屬卽轉爲太孫官屬。趙王倫行太孫太傅。」五月，倫與太孫俱之東宮，太孫自西掖門出，車服侍從皆愍懷之舊也。到銅駝街，宮人哭，侍從者皆哽咽，路人抆淚焉。桑復生于西廂，太孫廢，乃枯。永寧元年正月，趙王倫篡位，廢爲濮陽王，與帝俱遷金墉，尋被害。太安初，追謚曰哀。

尚字敬仁。永康元年四月，封爲襄陽王。永寧元年八月，立爲皇太孫。太安元年三月癸卯，薨，帝服齊衰朞，謚曰沖太孫。

史臣曰：愍懷挺岐嶷之姿，表夙成之質。武皇鍾愛，既深詒厥之謀；天下歸心，頗有后來之望。及于繼明宸極，守器春坊，四教不勤，三朝或闕，豹姿未變，鳳德已衰，信惑姦邪，疏斥正士，好屠酤之賤役，耽苑囿之佚遊，可謂靡不有初，鮮克有終者也。既而中宮凶忍，久懷危害之心，外戚諂諛，競進讒邪之說；坎牲之謀已搆，猘犬之譖遂行；一人乏探隱之聰，百辟無爭臣之節。遂使冤逾楚建，酷甚戾園。雖復禮備哀榮，情深憫慟，亦何補於荼毒者哉！

贊曰：愍懷聰穎，諒惟天挺。皇祖鍾心，庶僚引領。震宮肇建，儲德不恢。掇蜂搆隙，歸胙生災。既罹凶忍，徒望歸來。

校勘記

〔一〕中護軍趙俊　「趙俊」趙王倫傳作「趙浚」。

〔二〕六月己卯　勞校：「己卯」當從本紀作「壬寅」。六月庚寅朔，無己卯。

〔三〕永康元年四月封臨淮王己巳詔曰至今立臧爲皇太孫　勞校：本紀立臧爲皇太孫在五月。按：四月辛卯朔，無己巳。五月有己巳。

晉書卷五十四

列傳第二十四

陸機 孫拯

陸機字士衡，吳郡人也。祖遜，吳丞相。父抗，吳大司馬。機身長七尺，其聲如鐘。少有異才，文章冠世，伏膺儒術，非禮不動。抗卒，領父兵爲牙門將。年二十而吳滅，退居舊里，閉門勤學，積有十年。以孫氏在吳，而祖父世爲將相，有大勳於江表，深慨孫晧舉而棄之，乃論權所以得，晧所以亡，又欲述其祖父功業，遂作辯亡論二篇。其上篇曰：

昔漢氏失御，姦臣竊命，禍基京畿，毒徧宇內，皇綱弛頓，王室遂卑。於是羣雄蜂駭，〔一〕義兵四合。吳武烈皇帝慷慨下國，電發荆南，權略紛紜，忠勇伯世，威稜則夷羿震盪，兵交則醜虜授馘，遂掃清宗祊，蒸禋皇祖。于時雲興之將帶州，猋起之師跨邑，哮闞之羣風驅，熊羆之族霧合。雖兵以義動，同盟勠力，然皆苞藏禍心，阻兵怙亂，或

師無謀律，喪威稔寇。忠規武節，未有如此其著者也。

武烈既沒，長沙桓王逸才命世，弱冠秀發，招攬遺老，與之述業。神兵東驅，奮寡犯衆，攻無堅城之將，戰無交鋒之虜。誅叛柔服，而江外底定；飭法修師，則威德翕赩。賓禮名賢，而張公爲之雄；交御豪俊，而周瑜爲之傑。彼二君子皆弘敏而多奇，雅達而聰哲，故同方者以類附，等契者以氣集，江東蓋多士矣。將北伐諸華，誅鉏干紀，旋皇輿於夷庚，反帝坐於紫闥，挾天子以令諸侯，清天步而歸舊物。戎車既次，羣凶側目，大業未就，中世而殞。

用集我大皇帝，以奇蹤襲逸軌，叡心因令圖，從政咨於故實，播憲稽乎遺風；而加之以篤敬，申之以節儉，疇諮俊茂，好謀善斷，束帛旅於丘園，旌命交乎塗巷。故豪彥尋聲而響臻，志士晞光而景騖，異人輻輳，猛士如林。於是張公爲師傅；周瑜、陸公、魯肅、呂蒙之儔，入爲腹心，出爲股肱；甘寧、凌統、程普、賀齊、朱桓、朱然之徒奮其威，韓當、潘璋、黃蓋、蔣欽、周泰之屬宣其力；風雅則諸葛瑾、張承、步騭以名聲光國，政事則顧雍、潘濬、呂範、呂岱以器任幹職，奇偉則虞翻、陸績、張惇以風義舉政，〔二〕奉使則趙咨、沈珩以敏達延譽，術數則吳範、趙達以禨祥協德；董襲、陳武殺身以衞主，駱統、劉基强諫以補過。謀無遺計，舉不失策。故遂割據山川，跨制荆吳，而與天下爭衡矣。魏氏嘗藉戰勝之威，率百萬之師，浮鄧塞之舟，下漢陰之衆，羽楫萬計，龍躍順流，銳師千旅，武步原隰，謨臣盈室，武將連衡，喟然有吞江滸之志，壹宇宙之氣。而周瑜驅我偏師，黜之赤壁，喪旗亂轍，僅而獲免，收跡遠遁。漢王亦憑帝王之號，帥巴漢之人，乘危騁變，結壘千里，志報關羽之敗，圖收湘西之地。而我陸公亦挫之西陵，覆師敗績，困而後濟，絕命永安。續以濡須之寇，臨川摧銳；蓬蘢之戰，孑輪不反。由是二邦之將，喪氣挫鋒，勢衄財匱，而吳莞然坐乘其弊，故魏人請好，漢氏乞盟，遂躋天號，鼎跱而立。西界庸益之郊，北裂淮漢之涘，東苞百越之地，南括羣蠻之表。於是講八代之禮，蒐三王之樂，告類上帝，拱揖羣后。武臣毅卒，循江而守；長棘勁鎩，望猋而奮。庶尹盡規於上，黎元展業於下，化協殊裔，風衍遐圻。乃俾一介行人，撫巡外域，巨象逸駿，擾於外閑，明珠瑋寶，耀於內府，珍瑰重迹而至，奇玩應響而赴；輶軒騁於南荒，衝輣息於朔野；黎庶免干戈之患，戎馬無晨服之虞，而帝業固矣。

大皇既沒，幼主莅朝，姦回肆虐。景皇聿興，虔修遺憲，政無大闕，守文之良主也。降及歸命之初，典刑未滅，故老猶存。大司馬陸公以文武熙朝，左丞相陸凱以謇諤盡規，而施績、范慎以威重顯，丁奉、鍾離斐以武毅稱，孟宗、丁固之徒爲公卿，樓玄、賀邵之屬掌機事，元首雖病，股肱猶良。爰逮末葉，羣公既喪，然後黔首有瓦解之患，皇家

有土崩之釁，曆命應化而微，王師躡運而發，卒散于陣，衆奔于邑，城池無藩籬之固，山川無溝阜之勢，非有工輸雲梯之械，智伯灌激之害，楚子築室之圍，燕人濟西之隊，軍未浹辰而社稷夷矣。雖忠臣孤憤，烈士死節，將奚救哉！

夫曹劉之將非一世所選，向時之師無曩日之衆，戰守之道抑有前符，險阻之利俄然未改，而成敗貿理，古今詭趣，何哉？彼此之化殊，授任之才異也。

其下篇曰：

昔三方之王也，魏人據中夏，漢氏有岷益，吳制荆揚而奄有交廣。曹氏雖功濟諸華，虐亦深矣，其人怨。劉翁因險以飾智，功已薄矣，其俗陋。夫吳，桓王基之以武，太祖成之以德，聰明叡達，懿度弘遠矣。其求賢如弗及，卹人如稚子，接士盡盛德之容，親仁罄丹府之愛。拔呂蒙於戎行，試潘濬於係虜。推誠信士，不恤人之我欺；量能授器，不患權之我偪。執鞭鞠躬，以重陸公之威；悉委武衞，以濟周瑜之師。卑宮菲食，豐功臣之賞；披懷虛己，納謨士之算。故魯肅一面而自託，士燮蒙險而效命。高張公之德，而省游田之娛；賢諸葛之言，而割情欲之歡；感陸公之規，而除刑法之煩；奇劉基之議，而作三爵之誓；屏氣跼蹐，以伺子明之疾；分滋損甘，以育凌統之孤；登壇慷愾，歸魯子之功；削投怨言，信子瑜之節。是以忠臣競盡其謨，志士咸得肆力，洪規遠略，

固不厭夫區區者也。故百官苟合，庶務未遑。初都建鄴，羣臣請備禮秩，天子辭而弗許，曰：「天下其謂朕何！」宮室輿服，蓋慊如也。爰及中葉，天人之分既定，故百度之缺粗修，雖釀化懿綱，未齒乎上代，抑其體國經邦之具，亦足以爲政矣。地方幾萬里，帶甲將百萬，其野沃，其兵練，其器利，其財豐；東負滄海，西阻險塞，長江制其區宇，峻山帶其封域，國家之利未見有弘於茲者也。借使守之以道，御之以術，敦率遺典，勤人謹政，[三]修定策，守常險，則可以長世永年，未有危亡之患也。

或曰：「吳蜀脣齒之國也，夫蜀滅吳亡，理則然矣。」夫蜀，蓋藩援之與國，而非吳人之存亡也。其郊境之接，重山積險，陸無長轂之徑；川阨流迅，水有驚波之艱。雖有銳師百萬，啓行不過千夫；軸艫千里，前驅不過百艦。故劉氏之伐，陸公喻之長蛇，其勢然也。昔蜀之初亡，朝臣異謀，或欲積石以險其流，或欲機械以禦其變。天子總羣議以諮之大司馬陸公，公以四瀆天地之所以節宣其氣，固無可遏之理，而機械則彼我所共，彼若棄長技以就所屈，卽荆楚而爭舟檝之用，是天贊我也，將謹守峽口以待擒耳。逮步闡之亂，憑寶城以延强寇，資重幣以誘羣蠻。于時大邦之衆，雲翔電發，懸旍江介，築壘遵渚，衿帶要害，以止吳人之西，巴漢舟師，沿江東下。陸公偏師三萬，北據東坑，深溝高壘，按甲養威。反虜踠迹待戮，而不敢北窺生路，强寇敗績宵遁，喪師太半。分

命銳師五千，西禦水軍，東西同捷，獻俘萬計。信哉賢人之謀，豈欺我哉！自是烽燧罕驚，封域寡虞。陸公沒而潛謀兆，吳釁深而六師駭。夫太康之役，衆未盛乎曩日之師；廣州之亂，禍有愈乎向時之難，而邦家顚覆，宗廟爲墟。嗚呼！「人之云亡，邦國殄瘁」，不其然歟！

易曰「湯武革命順乎天」，或曰「亂不極則治不形」，[四]言帝王之因天時也。古人有言曰「天時不如地利」，易曰「王侯設險以守其國」，言爲國之恃險也。又曰「地利不如人和」，「在德不在險」，言守險之在人也。吳之興也，參而由焉，孫卿所謂合其參者也。及其亡也，恃險而已，又孫卿所謂舍其參者也。夫四州之萌非無衆也，大江以南非乏俊也，山川之險易守也，勁利之器易用也，先政之策易修也，功不興而禍遘何哉？所以用之者失也。故先王達經國之長規，審存亡之至數，謙己以安百姓，敦惠以致人和，寬沖以誘俊乂之謀，慈和以結士庶之愛。是以其安也，則黎元與之同慶；及其危也，則兆庶與之同患。安與衆同慶，則其危不可得也；危與下同患，則其難不足卹也。夫然，故能保其社稷而固其土宇，麥秀無悲殷之思，黍離無愍周之感也。

至太康末，與弟雲俱入洛，造太常張華。華素重其名，如舊相識，曰：「伐吳之役，利獲二俊。」又嘗詣侍中王濟，濟指羊酪謂機曰：「卿吳中何以敵此？」答云：「千里蓴羹，未下鹽

豉。」時人稱爲名對。張華薦之諸公。後太傅楊駿辟爲祭酒。會駿誅，累遷太子洗馬、著作郎。[五]范陽盧志於衆中問機曰：「陸遜、陸抗於君近遠？」機曰：「如君於盧毓、盧珽。」志默然。既起，雲謂機曰：「殊邦遐遠，容不相悉，何至於此！」機曰：「我父祖名播四海，寧不知邪！」議者以此定二陸之優劣。

吳王晏出鎭淮南，以機爲郎中令，遷尚書中兵郎，轉殿中郎。趙王倫輔政，引爲相國參軍。豫誅賈謐功，賜爵關中侯。倫將篡位，以爲中書郎。倫之誅也，齊王冏以機職在中書，九錫文及禪詔疑機與焉，遂收機等九人付廷尉。賴成都王穎、吳王晏並救理之，得減死徙邊，遇赦而止。

初機有駿犬，名曰黃耳，甚愛之。既而羈寓京師，久無家問，笑語犬曰：「我家絕無書信，汝能齎書取消息不？」犬搖尾作聲。機乃爲書以竹筩盛之而繫其頸，犬尋路南走，遂至其家，得報還洛。其後因以爲常。時中國多難，顧榮、戴若思等咸勸機還吳，機負其才望，而志匡世難，故不從。

冏既矜功自伐，受爵不讓，機惡之，作豪士賦以刺焉。其序曰：

夫立德之基有常，而建功之路不一。何則？修心以爲量者存乎我，因物以成務者係乎彼。存乎我者，隆殺止乎其域；係乎彼者，豐約惟所遭遇。落葉俟微飈以隕，而風

之力蓋寡；孟嘗遭雍門以泣，而琴之感以末。何哉？欲隕之葉無所假烈風，將墜之泣不足煩哀響也。是故苟時啓於天，理盡於人，庸夫可以濟聖賢之功，斗筲可以定烈士之業。故曰「才不半古，功已倍之」，蓋得之於時世也。歷觀今古，徼一時之功而居伊周之位者有矣。

夫我之自我，智士猶嬰其累；物之相物，昆蟲皆有此情。夫以自我之量而挾非常之勳，神器暉其顧眄，萬物隨其俯仰，心玩居常之安，耳飽從諛之說，豈識乎功在身外，任出才表者哉！且好榮惡辱，有生之所大期；忌盈害上，鬼神猶且不免；人主操其常柄，天下服其大節，故曰天可讎乎。而時有袨服荷戟，立乎廟門之下，援旗誓衆，奮於阡陌之上；況乎世主制命，自下裁物者乎！廣樹恩不足以敵怨，勤興利不足以補害，故曰代大匠斲者必傷其手。且夫政由甯氏，忠臣所以慷慨；祭則寡人，人主所不久堪。是以君奭怏怏，不悅公旦之舉；高平師師，側目博陸之勢。而成王不遺嫌吝於懷，宣帝若負芒刺於背，非其然者歟？

嗟乎！光于四表，德莫富焉；王曰叔父，親莫昵焉；登帝天位，功莫厚焉；守節沒齒，忠莫至焉。而傾側顚沛，僅而自全，則伊生抱明允以嬰戮，文子懷忠敬而齒劍，固其所也。因斯以言，夫以篤聖穆親，如彼之懿，大德至忠，如此之盛，尚不能取信於人

主之懷，止謗於衆多之口，過此以往，惡覩其可！安危之理，斷可識矣。又況乎饕大名以冒道家之忌，運短才而易聖哲所難者哉！身危由於勢過，而不知去勢以求安；禍積起於寵盛，而不知辭寵以招福。見百姓之謀己，則申宮警守，以崇不畜之威；懼萬方之不服，則嚴刑峻制，以賈傷心之怨。然後威窮乎震主，而怨行乎上下，衆心日陊，危機將發，而方偃仰瞪眄，[六]謂足以夸世，笑古人之未工，忘己事之已拙，知曩勳之可矜，闇成敗之有會。是以事窮運盡，必有顛仆；風起塵合，而禍至常酷也。聖人忌功名之過己，惡寵祿之踰量，蓋爲此也。

夫惡欲之大端，賢愚所共有，而遊子殉高位於生前，志士思垂名於身後，受生之分，惟此而已。夫蓋世之業，名莫盛焉；率意無違，欲莫順焉。借使伊人頗覽天道，知盡不可益，盈難久持，超然自引，高揖而退，則巍巍之盛，仰邈前賢，洋洋之風，俯觀來籍，而大欲不止於身，至樂無愆乎舊，節彌效而德彌廣，身逾逸而名逾劭。此之不爲，而彼之必昧，然後河海之跡堙爲窮流，一匱之釁積成山嶽，名編凶頑之條，身厭荼毒之痛，豈不謬哉！故聊爲賦焉，庶使百世少有悟云。

冏不之悟，而竟以敗。

機又以聖王經國，義在封建，因採其遠指，著五等論曰：

夫體國經野，先王所慎，創制垂基，思隆後葉。然而經略不同，長世異術。五等之制，始於黃唐，郡縣之治，創於秦漢，得失成敗，備在典謨，是以其詳可得而言。

夫王者知帝業至重，天下至廣。廣不可以偏制，重不可以獨任；任重必於借力，制廣終乎因人。故設官分職，所以輕其任也；並建伍長，所以弘其制也。於是乎立其封疆之典，裁其親疏之宜，使萬國相維，以成盤石之固；宗庶雜居，而定維城之業。又有以見綏世之長御，識人情之大方，知其爲人不如厚己，利物不如圖身；安上在於悅下，爲己存乎利人。故易曰「悅以使人，人忘其勞」，孫卿曰「不利而利之，不如利而後利之利也」。是以分天下以厚樂，則己得與之同憂；饗天下以豐利，而己得與之共害。利博而恩篤，樂遠則憂深，故諸侯享食土之實，萬國受傳世之祚。夫然，則南面之君各務其政，九服之內知有定主，上之子愛於是乎生，下之禮信於是乎結，[七]世平足以敦風，道衰足以禦暴。故強毅之國不能擅一時之勢，雄俊之人無所寄霸王之志。然後國安由萬邦之思化，主尊賴羣后之圖身，譬猶衆目營方，則天網自昶；四體辭難，而心膂獲乂。蓋三代所以直道，四王所以垂業也。

夫盛衰隆弊，理所固有，教之廢興，繫乎其人，原法期於必諒，[八]明道有時而闇。故世及之制弊於强禦，厚下之典漏於末折，侵弱之釁遘自三季，陵夷之禍終乎七雄。

昔成湯親照夏后之鑒，公旦目涉商人之戒，文質相濟，損益有物。然五等之禮，不革于時，封畛之制，有隆爾者，[九]豈玩二王之禍而闇經世之算乎？固知百世非可懸御，善制不能無弊，而侵弱之辱愈於殄祀，土崩之困痛於陵夷也。是以經始獲其多福，慮終取其少禍，非謂侯伯無可亂之符，郡縣非興化之具。故國憂賴其釋位，主弱憑於翼戴。及承微積弊，王室遂卑，猶保名位，祚垂後嗣，皇統幽而不輟，神器否而必存者，豈非事勢使之然歟！

降及亡秦，棄道任術，懲周之失，自矜其得。尋斧始於所庇，制國昧於弱下，國慶獨饗其利，主憂莫與共害。雖速亡趨亂，不必一道，顛沛之釁，實由孤立。是蓋思五等之小怨，亡萬國之大德，知陵夷之可患，闇土崩之爲痛也。周之不競，有自來矣。國乏令主，十有餘世。然片言勤王，諸侯必應，一朝振矜，遠國先叛，故强晉收其請隧之圖，暴楚頓其觀鼎之志，豈劉項之能闚關，勝廣之敢號澤哉！借使秦人因循其制，雖則無道，有與共亡，覆滅之禍，豈在曩日！

漢矯秦枉，大啓王侯，境土踰溢，不遵舊典，故賈生憂其危，鼂錯痛其亂。是以諸侯阻其國家之富，憑其士庶之力，勢足者反疾，土狹者逆遲，六臣犯其弱綱，七子衝其漏網，皇祖夷於黔徒，西京病於東帝。是蓋過正之災，而非建侯之累也。然呂氏之難，

朝士外顧，宋昌策漢，必稱諸侯。逮至中葉，忌其失節，割削宗子，有名無實，天下曠然，復襲亡秦之軌矣。是以五侯作威，不忌萬國；新都襲漢，易於拾遺也。光武中興，纂隆皇統，而由遵覆車之遺轍，養喪家之宿疾，僅及數世，姦宄充斥。卒有强臣專朝，則天下風靡，一夫從衡，而城池自夷，豈不危哉！

在周之衰，難興王室，放命者七臣，干位者三子，嗣王委其九鼎，凶族據其天邑，鉦鼙震於閫宇，鋒鏑流於絳闕，然禍止畿甸，害不覃及，天下晏然，以安待危。是以宣王興於共和，襄惠振於晉鄭。豈若二漢階闥暫擾，而四海已沸，孽臣朝入，九服夕亂哉！

遠惟王莽篡逆之事，近覽董卓擅權之際，億兆悼心，愚智同痛。然周以之存，漢以之亡，夫何故哉？豈世乏曩時之臣，士無匡合之志歟？蓋遠績屈於時異，雄心挫於卑勢耳。故烈士扼腕，終委寇讎之手；中人變節，以助虐國之桀。雖復時有鳩合同志以謀王室，然上非奧主，下皆市人，師旅無先定之班，君臣無相保之志，是以義兵雲合，無救劫殺之禍，衆望未改，而已見大漢之滅矣。

或以「諸侯世位，不必常全，昏主暴君，有時比迹，故五等所以多亂。今之牧守，皆官方庸能，雖或失之，其得固多，故郡縣易以爲政」。夫德之休明，黜陟日用，長率連屬，咸述其職，而淫昏之君無所容過，何則其不治哉！故先代有以興矣。苟或衰陵，百

度自悖，鬻官之吏以貨準財，則貪殘之萌皆羣后也，安在其不亂哉！故後王有以之廢矣。且要而言之，五等之君，爲己思政；郡縣之長，爲吏圖物。何以徵之？蓋企及進取，仕子之常志；修己安人，良士所希及。夫進取之情銳，而安人之譽遲，是故侵百姓以利己者，在位所不憚；損實事以養名者，官長所夙慕也。君無卒歲之圖，臣挾一時之志。五等則不然。知國爲己土，衆皆我民；民安，己受其利；國傷，家嬰其病。故前人欲以垂後，後嗣思其堂構，爲上無苟且之心，羣下知膠固之義。使其並賢居政，則功有厚薄；兩愚處亂，則過有深淺。然則八代之制，幾可以一理貫；秦漢之典，殆可以一言蔽也。

時成都王穎推功不居，勞謙下士。機既感全濟之恩，又見朝廷屢有變難，謂穎必能康隆晉室，遂委身焉。穎以機參大將軍軍事，表爲平原內史。太安初，穎與河間王顒起兵討長沙王乂，假機後將軍、河北大都督，督北中郎將王粹、冠軍牽秀等諸軍二十餘萬人。機以三世爲將，道家所忌，又羇旅入宦，頓居羣士之右，而王粹、牽秀等皆有怨心，固辭都督。穎不許。機鄉人孫惠亦勸機讓都督於粹，機曰：「將謂吾爲首鼠避賊，〔一〇〕適所以速禍也。」遂行。穎謂機曰：「若功成事定，當爵爲郡公，位以台司，將軍勉之矣！」機曰：「昔齊桓任夷吾以建九合之功，燕惠疑樂毅以失垂成之業，今日之事，在公不在機也。」穎左長史盧志心害

機寵，言於穎曰：「陸機自比管樂，擬君闇主，自古命將遣師，未有臣陵其君而可以濟事者也。」穎默然。機始臨戎，而牙旗折，意甚惡之。列軍自朝歌至於河橋，鼓聲聞數百里，漢魏以來，出師之盛未嘗有也。長沙王乂奉天子與機戰於鹿苑，機軍大敗，赴七里澗而死者如積焉，水爲之不流，將軍賈棱皆死之。〔一一〕

初，宦人孟玖弟超並爲穎所嬖寵。超領萬人爲小都督，未戰，縱兵大掠。機錄其主者。超將鐵騎百餘人，直入機麾下奪之，顧謂機曰：「貉奴能作督不！」機司馬孫拯勸機殺之，機不能用。超宣言於衆曰：「陸機將反。」又還書與玖，言機持兩端，軍不速決。及戰，超不受機節度，輕兵獨進而沒。玖疑機殺之，遂譖機於穎，言其有異志。將軍王闡、郝昌、公師藩等皆玖所用，與牽秀等共證之。穎大怒，使秀密收機。其夕，機夢黑幰繞車，手決不開，天明而秀兵至。機釋戎服，著白帢，與秀相見，神色自若，謂秀曰：「自吳朝傾覆，吾兄弟宗族蒙國重恩，入侍帷幄，出剖符竹。成都命吾以重任，辭不獲已。今日受誅，豈非命也！」因與穎牋，詞甚悽惻。既而歎曰：「華亭鶴唳，豈可復聞乎！」遂遇害於軍中，時年四十三。二子蔚、夏亦同被害。機既死非其罪，士卒痛之，莫不流涕。是日昏霧晝合，大風折木，平地尺雪，議者以爲陸氏之寃。

機天才秀逸，辭藻宏麗，張華嘗謂之曰：「人之爲文，常恨才少，而子更患其多。」弟雲嘗

與書曰：「君苗見兄文，輒欲燒其筆硯。」後葛洪著書，稱「機文猶玄圃之積玉，無非夜光焉，五河之吐流，泉源如一焉。其弘麗妍贍，英銳漂逸，亦一代之絕乎！」其爲人所推服如此。然好游權門，與賈謐親善，以進趣獲譏。所著文章凡三百餘篇，並行於世。

孫拯者，字顯世，吳都富春人也。能屬文，仕吳爲黃門郎。孫晧世，侍臣多得罪，惟拯與顧榮以智全。吳平後，爲涿令，有稱績。

機既爲孟玖等所誣，收拯考掠，兩踝骨見，終不變辭。門生費慈、宰意二人詣獄明拯，拯譬遣之曰：「吾義不可誣枉知故，卿何宜復爾？」二人曰：「僕亦安得負君！」拯遂死獄中，而慈、意亦死。

陸雲 弟耽　從父兄喜

雲字士龍，六歲能屬文，性清正，有才理。少與兄機齊名，雖文章不及機，而持論過之，號曰「二陸」。幼時吳尚書廣陵閔鴻見而奇之，曰：「此兒若非龍駒，當是鳳雛。」後舉雲賢良，時年十六。

吳平，入洛。機初詣張華，華問雲何在。機曰：「雲有笑疾，未敢自見。」俄而雲至。華

爲人多姿制，又好帛繩纏鬚。雲見而大笑，不能自已。先是，嘗著縗絰上船，於水中顧見其影，因大笑落水，人救獲免。雲與荀隱素未相識，嘗會華坐，華曰：「今日相遇，可勿爲常談。」雲因抗手曰：「雲間陸士龍。」隱曰：「日下荀鳴鶴。」鳴鶴，隱字也。雲又曰：「既開青雲覩白雉，何不張爾弓，挾爾矢？」隱曰：「本謂是雲龍騤騤，乃是山鹿野麋。獸微弩強，是以發遲。」華撫手大笑。刺史周浚召爲從事，謂人曰：「陸士龍當今之顏子也。」

俄以公府掾爲太子舍人，出補浚儀令。縣居都會之要，名爲難理。雲到官肅然，下不能欺，市無二價。人有見殺者，主名不立，雲錄其妻，而無所問。十許日遣出，密令人隨後，謂曰：「其去不出十里，當有男子候之與語，便縛來。」既而果然。問之具服，云：「與此妻通，共殺其夫，聞妻得出，欲與語，憚近縣，故遠相要候。」於是一縣稱其神明。郡守害其能，屢譴責之，雲乃去官。百姓追思之，圖畫形象，配食縣社。

尋拜吳王晏郎中令。晏於西園大營第室，雲上書曰：「臣竊見世祖武皇帝臨朝拱默，訓世以儉，卽位二十有六載，宮室臺榭無所新營，屢發明詔，厚戒豐奢。國家纂承，務在遵奉，而世俗陵遲，家競盈溢，漸漬波蕩，遂已成風。雖嚴詔屢宣，而侈俗滋廣。每覩詔書，衆庶歎息。淸河王昔起墓宅時，手詔追述先帝節儉之教，懇切之旨，形于四海。淸河王毀壞成宅以奉詔命，海內聽望，咸用欣然。臣愚以先帝遺教日以陵替，今與國家協崇大化、追闡前

中華書局

蹤者，實在殿下。先敦素朴而後可以訓正四方，凡在崇麗，一宜節之以制，然後上厭帝心，下允時望。臣以凡才，特蒙拔擢，亦思竭忠效節以報所受之施，是以不慮犯迕，敢陳所懷。如愚臣言有可采，乞垂三省。」

時晏信任部將，使覆察諸官錢帛，雲又陳曰：「伏見令書，以部曲將李咸、馮南、司馬吳定，給使徐泰等覆校諸官市買錢帛簿。臣愚以聖德龍興，光有大國，選衆官材，庶工肆業。中尉該、大農誕皆清廉淑慎，恪居所司，其下衆官，悉州閭一介，疏闇之咎，雖可日聞，至於處義用情，庶無大戾。今咸、南軍旅小人，定、泰士卒廝賤，非有清慎素著，忠公足稱。大臣所關，猶謂未詳，咸等督察，然後得信，既非開國勿用之義，又傷殿下推誠曠蕩之量。雖使咸等能盡節益國，而功利百倍，至於光輔國美，猶未若開懷信士之無失。況所益不過姑息之利，而使小人用事，大道陵替，此臣所以慷慨也。臣備位大臣，職在獻可，苟有管見，敢不盡規。愚以宜發明令，罷此等覆察，衆事一付治書，則大信臨下，人思盡節矣。」

雲愛才好士，多所貢達。移書太常府薦同郡張贍曰：「蓋聞在昔聖王，承天御世，殷薦明德，思和人神，莫不崇典謨以教思，興禮學以陶遠。是以帝堯昭煥而道協人天，西伯質文而周隆二代。大晉建皇，崇配天地，區夏既混，禮樂將庸。君侯應曆運之會，贊天人之期，博延俊茂，熙隆載典。伏見衞將軍舍人同郡張贍，茂德清粹，器思深通。初慕聖門，棲心重

仞，啓塗及階，遂升梱奧。抽靈匱於祕宮，披金縢於玄夏，思樂百氏，博採其珍，辭邁翰林，言敷其藻。探微集逸，思心洞神，論道屬書，篇章光覿。含奇宰府，婆娑公門。棲靜隱寶，淪虛藏器，褧裳襲錦，緇衣被玉。曾泉改路，懸車將邁，考盤下位，歲聿屢遷。搢紳之士，具懷慨恨。方今太清闢宇，四門啓籥，玄綱括地，天網廣羅，慶雲興以招龍，和風起而儀鳳，誠巖穴耀穎之秋，河津託乘之日也。而贍沈淪下位，羣望悼心。若得端委太學，錯綜先典，垂纓玉階，論道紫宮，誠帝室之瑰寶，清廟之偉器。廣樂九奏，必登昊天之庭；韶夏六變，必饗上帝之祀矣。」

入爲尚書郎、侍御史、太子中舍人、中書侍郎。成都王穎表爲清河內史。穎將討齊王冏，以雲爲前鋒都督。會冏誅，轉大將軍右司馬。穎晚節政衰，雲屢以正言忤旨。孟玖欲用其父爲邯鄲令，左長史盧志等並阿意從之，而雲固執不許，曰：「此縣皆公府掾資，豈有黃門父居之邪！」玖深忿怨。張昌爲亂，穎上雲爲使持節、大都督、前鋒將軍以討昌。會伐長沙王，乃止。

機之敗也，并收雲。穎官屬江統、蔡克、棗嵩等上疏曰：「統等聞人主聖明，臣下盡規，苟有所懷，不敢不獻。昨聞教以陸機後失軍期，師徒敗績，以法加刑，莫不謂當。誠足以肅齊三軍，威示遠近，所謂一人受戮，天下知誡者也。且聞重教，以機圖爲反逆，應加族誅，未

知本末者，莫不疑惑。夫爵人於朝，與衆共之；刑人於市，與衆棄之。惟刑之恤，古人所慎。今明公興舉義兵，以除國難，四海同心，雲合響應，罪人之命，懸於漏刻，泰平之期，不旦則夕矣。機兄弟並蒙拔擢，俱受重任，不當背罔極之恩，而向垂亡之寇；去泰山之安，而赴累卵之危也。直以機計慮淺近，不能董攝羣帥，致果殺敵，進退之間，事有疑似，故令聖鑒未察其實耳。刑誅事大，言機有反逆之徵，宜令王粹、牽秀檢校其事。令事驗顯然，暴之萬姓，然後加雲等之誅，未足爲晚。今此舉措，實爲太重，得則足令天下情服，失則必使四方心離，不可不令審諦，不可不令詳慎。統等區區，非爲陸雲請一身之命，實慮此舉有得失之機，敢竭愚戇，以備誹謗。」穎不納。統等重請，穎遲迴者三日。盧志又曰：「昔趙王殺中護軍趙浚，赦其子驤，驤詣明公而擊趙，即前事也。」蔡克入至穎前，叩頭流血，曰：「雲爲孟玖所怨，遠近莫不聞。今果見殺，罪無彰驗，將令羣心疑惑，竊爲明公惜之。」僚屬隨克入者數十人，流涕固請，穎惻然有宥雲色。孟玖扶穎入，催令殺雲。時年四十二。有二女，無男。門生故吏迎喪葬清河，修墓立碑，四時祠祭。所著文章三百四十九篇，又撰新書十篇，並行於世。

初，雲嘗行，逗宿故人家，夜暗迷路，莫知所從。忽望草中有火光，於是趣之。至一家，便寄宿，見一年少，美風姿，共談老子，辭致深遠。向曉辭去，行十許里，至故人家，云此數

十里中無人居，雲意始悟。卻尋昨宿處，乃王弼冢。雲本無玄學，自此談老殊進。

雲弟耽爲平東祭酒，亦有清譽，與雲同遇害。大將軍參軍孫惠與淮南內史朱誕書曰：「不意三陸相攜闇朝，一旦湮滅，道業淪喪，痛酷之深，荼毒難言。國喪儁望，悲豈一人！」其爲州里所痛悼如此。後東海王越討穎，移檄天下，亦以機、雲兄弟枉害罪狀穎云。

喜字恭仲。父瑁，吳吏部尚書。喜仕吳，累遷吏部尚書。少有聲名，好學有才思。嘗爲自敘，其略曰：「劉向省新語而作新序，桓譚詠新序而作新論。余不自量，感子雲之法言而作言道，覩賈子之美才而作訪論，觀子政洪範而作古今曆，覽蔣子通萬機而作審機，讀幽通、思玄、四愁而作娛賓、九思，眞所謂忍愧者也。」其書近百篇。

吳平，又作西州清論傳於世，借稱諸葛孔明以行其書也。有較論格品篇曰：「或問予，薛瑩最是國士之第一者乎？」答曰：「以理推之，在乎四五之間。」問者愕然請問。答曰：「夫孫皓無道，肆其暴虐，若龍蛇其身，沈默其體，潛而勿用，趣不可測，此第一人也。避尊居卑，祿代耕養，玄靜守約，沖退澹然，此第二人也。侃然體國思治，心不辭貴，以方見憚，執政不懼，此第三人也。斟酌時宜，在亂猶顯，意不忘忠，時獻微益，此第四人也。溫恭修慎，不爲諂首，無所云補，從容保寵，此第五人也。過此已往，不足復數。故第二已上，多淪沒

而遠悔吝，第三已下，有聲位而近咎累。是以深識君子，晦其明而履柔順也。』問者曰：『始聞高論，終年啓痛矣。』」

太康中，下詔曰：「僞尚書陸喜等十五人，南士歸稱，並以貞潔不容皓朝，或忠而獲罪，或退身修志，放在草野。主者可皆隨本位就下拜除，敕所在以禮發遣，須到隨才授用。」乃以喜爲散騎常侍，尋卒。子育，爲尚書郎、弋陽太守。

制曰：古人云：「雖楚有才，晉實用之。」觀夫陸機、陸雲，實荆衡之杞梓，挺珪璋於秀實，馳英華於早年，風鑒澄爽，神情俊邁。文藻宏麗，獨步當時；言論慷慨，冠乎終古。高詞迥映，如朗月之懸光；疊意迴舒，若重巖之積秀。千條析理，則電坼霜開；一緒連文，則珠流璧合。其詞深而雅，其義博而顯，故足遠超枚馬，高躡王劉，百代文宗，一人而已。然其祖考重光，羽楫吳運，文武奕葉，將相連華。而機以廊廟蘊才，瑚璉標器，宜其承俊乂之慶，奉佐時之業，申能展用，保譽流功。屬吳祚傾基，金陵畢氣，君移國滅，家喪臣遷。矯翮南辭，翻棲火樹，飛鱗北逝，卒委湯池。遂使穴碎雙龍，巢傾兩鳳。激浪之心未騁，遽骨修鱗；陵雲之意將騰，先灰勁翮。望其翔躍，焉可得哉！夫賢之立身，以功名爲本；士之居世，以富貴爲先。然則榮利人之所貪，禍辱人之所惡，故居安保名，則君子處焉；冒危履貴，則哲士去

焉。是知蘭植中塗，必無經時之翠；桂生幽壑，終保彌年之丹。非蘭惡而桂親，豈塗害而壑利？而生滅有殊者，隱顯之勢異也。故曰，衒美非所，罕有常安；韜奇擇居，故能全性。觀機、雲之行己也，智不逮言矣。覩其文章之誡，何知易而行難？自以智足安時，才堪佐命，庶保名位，無忝前基。不知世屬未通，運鍾方否，進不能闢昏匡亂，退不能屏跡全身，而奮力危邦，竭心庸主，忠抱實而不諒，謗緣虛而見疑，生在己而難長，死因人而易促。上蔡之犬，不誡於前；華亭之鶴，方悔於後。卒令覆宗絕祀，良可悲夫！然則三世爲將，釁鍾來葉；誅降不祥，殃及後昆。是知西陵結其凶端，河橋收其禍末，其天意也，豈人事乎！

校勘記

〔一〕蠭雄蜂駭 「蜂」，各本作「鋒」，今從殿本。吳志孫晧傳注、文選、類聚一一亦均作「蜂」。

〔二〕奇偉則虞翻陸績張惇 斠注：吳志三嗣主傳注、文選「張惇」上均有「張溫」。

〔三〕勸人讌政 「勸人」，文選作「勸民」。「人」字乃唐人避諱改。下文「理盡於人」、「悅以使人」、「人忘其勞」等處同，不具校。

〔四〕或曰 李校：「或曰」，文選作「玄曰」，注引太玄經。

〔五〕累遷太子洗馬著作郎 據陸機自作文，官著作郎在下文「轉殿中郎」之後，時爲元康八年。

〔六〕而方偃仰瞪眄 「瞪眄」，各本作「瞪盱」，今從宋本。文選、通志一二四並作「瞪眄」。「瞪眄」出于王延壽魯殿靈光賦。

〔七〕下之禮信於是乎結 斠注：文選「禮」作「體」，注引禮記「體信以達順」，是當從文選作「體」。按：本集亦作「體」。

〔八〕原法期於必諒 斠注：文選「原」作「愿」，「諒」作「涼」，注謂愿，愨也，涼，薄也。此「原」字爲「愿」字之譌，「諒」字爲「涼」字之譌。

〔九〕有隆爾者 文選作「有隆焉爾者」，多一「焉」字，論文法句法皆當有「焉」字。

〔一〇〕將謂吾爲首鼠避賊 「謂」，各本作「爲」，今從殿本。通鑑八五亦作「謂」。

〔一一〕將軍賈棱皆死之 惠紀、通鑑八五皆作「斬其大將賈崇等十六人」。

晉書卷五十五

列傳第二十五

夏侯湛 弟淳 淳子承

夏侯湛字孝若，譙國譙人也。祖威，魏兗州刺史。父莊，淮南太守。湛幼有盛才，文章宏富，善構新詞，而美容觀，與潘岳友善，每行止同輿接茵，京都謂之「連璧」。少爲太尉掾。泰始中，舉賢良，對策中第，拜郎中，累年不調，乃作抵疑以自廣。其辭曰：

當路子有疑夏侯湛者而謂之曰：「吾聞有其才而不遇者，時也；有其時而不遇者，命也。吾子童幼而岐立，弱冠而著德，少而流聲，長而垂名。拔萃始立，而登宰相之朝；揮翼初儀，而受卿尹之舉。盪典籍之華，談先王之言。入閶闔，躡丹墀，染彤管，吐洪煇，干當世之務，觸人主之威，有效矣。而官不過散郎，舉不過賢良。鳳棲五朞，龍

蟠六年，英耀禿落，羽儀摧殘。而獨雍容藝文，蕩駘儒林，志不輟著述之業，口不釋雅頌之音，徒費情而耗力，勞神而苦心，此術亦以薄矣。而終莫之辯，宜吾子之陸沈也。且以言乎才，則吾子優矣。以言乎時，則子之所與二三公者，義則骨肉之固，交則明道之觀也。富於德，貴於官，其所發明，雖叩牛操築之客，傭賃拘關之隸，負俗懷譏之士，猶將登爲大夫，顯爲卿尹。於何有寶咳唾之音，愛錙銖之力？向若垂一鱗，迴一翼，令吾子攀其飛騰之勢，挂其羽翼之末，猶奮迅於雲霄之際，騰驤於四極之外。今乃金口玉音，漠然沈默。使吾子栖遲窮巷，守此困極，心有窮志，貌有饑色。吝江河之流，不以濯舟船之畔；惜東壁之光，不以寓貧婦之目。抑非二三公之蔽賢也，實吾子之拙惑也。」

夏侯子曰：「噫！湛也幸，有過，人必知之矣。吾子所以褒飾之太矣。斟酌之喻，非小醜之所堪也。然過承古人之誨，抑因子大夫之忝在弊室也，敢布其腹心，豈能隱几以覽其概乎！」

客曰：「敢祇以聽。」

夏侯子曰：「吾聞先大夫孔聖之言：『德之不修，學之不講，聞義不能徙，不善不能改，是吾憂也。』四德具而名位不至者，非吾任也。是以君子求諸己，小人求諸人。僕也承門戶之業，受過庭之訓，是以得接冠帶之末，充乎士大夫之列，頗闚六經之文，覽百家之學。弱年而入公朝，蒙蔽而當顯舉，進不能拔羣出萃，却不能抗排當世，志則乍顯乍昧，文則乍幽乍蔚。知之者則謂之欲逍遙以養生，不知之者則謂之欲遑遑以求達，此皆未是僕之所寘也。

僕又聞，世有道，則士無所執其節；黜陟明，則下不在量其力。是以當舉而不辭，入朝而酬問。僕，東野之鄙人，頑直之陋生也。不識當世之便，不達朝廷之情，不能倚靡容悅，出入崎傾，逐巧點妍，嘔喁辯佞。隨羣班之次，伏簡墨之後。當此之時，若失水之魚，喪家之狗，行不勝衣，言不出口，安能干當世之務，觸人主之威，適足以露狂簡而增塵垢。縱使心有至言，言有偏直，此委巷之誠，非朝廷之欲也。

今天子以茂德臨天下，以八方六合爲四境，海內無虞，萬國玄靜，九夷之從王化，猶洪聲之收清響；黎苗之樂函夏，若遊形之招惠景。鄉曲之徒，一介之士，曾諷急就、習甲子者，皆奮筆揚文，議制論道。出草苗，起林藪，御青瑣，入金墉者，無日不有。充三臺之寺，盈中書之閣。有司不能竟其文，當年不能編其籍，此執政之所厭聞也。若乃羣公百辟，卿士常伯，被朱佩紫，耀金帶白，坐而論道者，又充路盈寢，黃幄玉階之內，飽其尺牘矣。若僕之言，皆糞土之說，消磨灰爛，垢辱招穢，適可充衞士之爨，盈掃除之器。譬猶投盈寸之膠，而欲使江海易色；燒一羽之毛，而欲令大鑪增勢。若燎原之

煙，彌天之雲，噓之不益其熱，噏之不減其氣。今子見僕入朝暫對，便欲坐望高位，吐言數百，謂陵嶒一世，何吾子之失評也！僕固脂車以須放，秣馬以待却，反耕於枳落，歸志乎渦瀨，從容乎農夫，優游乎卒歲矣。

古者天子晝土以封羣后，羣后受國以臨其邦，懸大賞以樂其成，列九伐以討其違，興衰相形，安危相傾。故在位者以求賢爲務，受任者以進才爲急。今也則九州爲一家，萬國爲百郡，政有常道，法有恒訓，因循而禮樂自定，揖讓而天下大順。夫道學之貴游，閭邑之搢紳，皆高門之子，世臣之胤，弘風長譽，推成而進，悠悠者皆天下之彥也。諷詁訓，傳詩書，講儒墨，說玄虛，僕皆不如也。二三公之簡僕於凡庸之肆，顯僕於細猥之中，則爲功也重矣；時而清談，則爲親也周矣。且古之君子，不知士，則不明不安。是以居逸而思危，對食而肴乾。今也則否。居位者以善身爲靜，以寡交爲慎，以弱斷爲重，以怯言爲信。不知士者無公誹，不得士者不私愧。彼在位者皆稷、契、咎、益、伊、呂、周、召之倫，叔豹、仲熊之儔，稽古則踰黃唐，經緯則越虞夏，蔑昆吾之功，嗤桓文之勳，抵掇管仲，蹉蹈晏嬰。其遠則欲升鼎湖，近則欲超太平。方將保重嗇神，獨善其身，玄白沖虛，仡爾養真。雖力挾太山，將不舉一羽；揚波萬里，將不濯一鱗。咳唾成珠玉，揮袂出風雲。豈肯蹴蹐鄙事，取才進人，此又吾子之失言也。子獨

不聞夫神人乎！噏風飲露，不食五穀。登太清，遊山嶽，靡芝草，弄白玉。不因而獨備，無假而自足。不與人路同嗜欲，不與世務齊榮辱。故能入無窮之門，享不死之年。以此言之，何待進賢！」

客曰：「聖人有言曰：『邦有道，貧且賤焉，恥也。』今子值有道之世，當太平之會，不攘袂奮氣，發謀出奇。使鳴鶴受和，好爵見縻。抑乃沈身郎署，約志勤卑，不亦羸哉！且伊尹之干成湯，甯戚之迕桓公，或投己鼎俎，或庸身飯牛，明廢興之機，歌白水之流，德入殷王，義感齊侯。故伊尹起庖廚而登阿衡，甯戚出車下而階大夫。外無微介，內無請謁，矯身擢手，徑躡名位。吾子亦何不慕賢以自厲，希古以慷慨乎！」

夏侯子曰：「嗚呼！是何言歟！富與貴是人之所欲，非僕之所惡也。夫干將之劍，陸斷狗馬，水截蛟龍，而鉛刀不能入泥。騏驥騂騮之乘，一日而致千里，而駑蹇不能邁畝。百鍊之鑑，別鬚眉之數，而壁土不見泰山。鴻鵠一舉，橫四海之區，出青雲之外，而尺鷃不陵桑榆。此利鈍之覺，優劣之決也。夫欲進其身者，不過千萬乘，而僕以上朝堂，答世問，不過顯所知。僕以竭心思，盡才學，意無雅正可準，論無片言可採，是以頓於鄙劣而莫之能起也。以此言之，僕何爲其不自衒哉！子不嫌僕德之不劭，而疑其位之不到，是猶反鏡而索照，登木而下釣，僕未以此爲不肖也。

若乃伊尹負鼎以干湯，呂尙隱遊以徼文，傅說操築以寤主，甯戚擊角以要君，此非僕所能也。莊周駘蕩以放言，君平賣卜以自賢，接輿陽狂以蔽身，梅福棄家以求仙，此又非僕之所安也。若乃季札抗節於延陵，楊雄覃思於太玄，伯玉和柔於人懷，柳惠三絀於士官，僕雖不敏，竊頗仿佛其清塵。」

後選補太子舍人，轉尙書郎，出爲野王令。以卹隱爲急，而緩於公調。政清務閑，優游多暇，乃作昆弟誥。其辭曰：

惟正月才生魄，湛若曰：「咨爾弟淳、琬、瑫、謨、總、瞻：〔一〕古人有言，『孝乎惟孝，友于兄弟。』『死喪之戚，兄弟孔懷。』又曰，『周之有至德也，莫如兄弟。』於戲！古之載于訓籍，傳于詩書者，厥乃不思，不可不行。爾其專乃心，一乃聽，砥礪乃性，以聽我之格言。」淳等拜手稽首。

湛若曰：「嗚呼！惟我皇乃祖滕公，肇釐厥德厥功，以左右漢祖，弘濟于嗣君，用垂祚于後。世世增敷前軌，濟其好行美德。明允相繼，冠冕胥及。以逮于皇曾祖愍侯，寅亮魏祖，用康乂厥世，遂啓土宇，以大綜厥勳于家。我皇祖穆侯，崇厥基以允釐顯志，用恢闡我令業。維我后府君侯，祗服哲命，欽明文思，以熙柔我家道，丕隆我先緒。欽若稽古訓，用敷訓典籍，乃綜其微言。嗚呼！自三墳、五典、八索、九丘，圖緯六藝，及百家衆流，罔不探賾索隱，鉤深致遠。洪範九疇，彝倫攸敍。乃命世立言，越用繼尼父之大業，斯文在茲。且九齡而我王母薛妃登遐，我后孝思罔極，惟以奉于穆侯之繼室蔡姬，以致其子道。蔡姬登遐，隘于穆侯之命，厥禮乃不得成，用不祔于祖姑。惟乃用騁其永慕，厥乃以疾辭位，用遜于厥家，布衣席稾，以終于三載。厥乃古訓無文，我后丕孝其心，用假于厥制，以穆于世父使君侯。惟伯后聰明叡智，奕世載德，用慈友于我后。我惟烝烝是虔，罔不克承厥誨，用增茂我敦篤，以播休美于一世，厥乃可不遵。惟我用夙夜匪懈，日鑽其道，而仰之彌高，鑽之彌堅，我用欲罷不敢。豈唯予躬是懼，實令跡是奉。厥乃晝分而食，夜分而寢。豈唯令跡是畏，實爾猶是儀。嗚呼，予其敬哉！俞！予聞之，周之有至德，有婦人焉。我母氏羊姬，宣慈愷悌，明粹篤誠，以撫訓羣子。厥乃我齔齒，則受厥教于書學，不遑惟寧。敦詩書禮樂，孳孳弗倦。我有識惟與汝服厥誨，惟仁義惟孝友是尙，憂深思遠，祗以防于微。翳義形於色，厚愛平恕，以濟其寬裕。用緝和我七子，訓諧我五妹。惟我兄弟姊妹束脩慎行，用不辱于冠帶，實母氏是憑。予其爲政蕞爾，惟母氏仁之不行是戚，予其望色思寬。獄之不情，教之不泰是訓，予其納戒思詳。嗚呼！惟母氏信著于不言，行感于神明。若夫恭事于蔡姬，敦穆于九族，乃高于古之人。古之人厥乃千里承師，矧我惟父惟母世德之餘烈，服膺之弗可及，

景仰之弗可階。汝其念哉！俾羣弟天祚于我家，俾爾咸休明是履。淳英哉文明柔順，琬乃沈毅篤固，惟瑫厥清粹平理，謨茂哉儁哲寅亮，總其弘肅簡雅，瞻乃純鏗惠和。惟我蒙蔽，極否于義訓。嗟爾六弟，汝其滋義洗心，以補予之尤。予乃亦不敢忘汝之闕。嗚呼！小子瞻，汝其見予之長於仁，未見予之長於義也。」

瞻曰：「俞！以如何？」湛若曰：「我之肇于總角，以逮于弱冠，暨于今之二毛，受學于先載，納誨于嚴父慈母。予其敬忌于厥身，而匡予之纖介，翼予之小疵，使予有過未曾不知，予知之適改，惟沖子是賴。予親于心，愛于中，敬于貌。厥乃口無擇言，柔惠且直，廉而不劌，肅而不厲，厥其成予哉。用集我父母之訓，庶明厲翼，邇可遠在茲。」瞻拜手稽首曰：「俞！」湛曰：「都！在修身，在愛人。」瞻曰：「吁！惟聖其難之。」湛曰：「都！厥不行惟難，厥行惟易。」

淳曰：「俞！明而昧，崇而卑，沖而恆，顯而賢，同而疑，厲而柔，和而矜。」湛曰：「俞！乃言厥有道。」淳曰：「俞！祗服訓。」湛曰：「來！琬，汝亦昌言。」琬曰：「俞！身不及于人，不敢墮于勤，厥故維新。」湛曰：「俞！瑫亦昌言。」瑫曰：「俞！滋敬于己，不滋敬于己，惟敬乃恃，無忘有恥。」湛曰：「俞！謨亦昌言。」謨曰：「俞！無忘於不可不虞。形貌以心，訪心於虞。」湛曰：「俞！總亦昌言。」總曰：「俞！若憂厥憂以休。」湛曰：

「俞！瞻亦昌言。」瞻曰：「俞！復外惟內，取諸內，不忘諸外。」湛曰：「俞！休哉！」淳等拜手稽首，湛亦拜手稽首。乃歌曰：「明德復哉，家道休哉，世祚悠哉，百祿周哉！」又作歌曰：「訊德恭哉，訓翼從哉，內外康哉！」皆拜曰：「欽哉！」

居邑累年，朝野多歎其屈。除中書侍郎，出補南陽相。遷太子僕，未就命，而武帝崩。惠帝卽位，以爲散騎常侍。元康初，卒，年四十九。著論三十餘篇，別爲一家之言。

初，湛作周詩成，以示潘岳。岳曰：「此文非徒溫雅，乃別見孝弟之性。」岳因此遂作家風詩。

湛族爲盛門，性頗豪侈，侯服玉食，窮滋極珍。及將沒，遺命小棺薄斂，不修封樹。論者謂湛雖生不砥礪名節，死則儉約令終，是深達存亡之理。

淳字孝沖。亦有文藻，與湛俱知名。官至弋陽太守。遭中原傾覆，子姪多沒胡寇，唯息承渡江。

承字文子。參安東軍事，稍遷南平太守。太興末，王敦舉兵內向，承與梁州刺史甘卓、巴東監軍柳純、宜都太守譚該等，並露檄遠近，列敦罪狀。會甘卓懷疑不進，王師敗績，敦

悉誅滅異己者，收承，欲殺之，承外兄王廙苦請得免。尋爲散騎常侍。

潘岳 從子尼

潘岳字安仁，滎陽中牟人也。祖瑾，安平太守。父芘，琅邪內史。岳少以才穎見稱，鄉邑號爲奇童，謂終賈之儔也。早辟司空太尉府，舉秀才。泰始中，武帝躬耕藉田，岳作賦以美其事，曰：

伊晉之四年正月丁未，〔三〕皇帝親率羣后藉于千畝之甸，禮也。於是乃使甸師淸畿，野廬掃路，封人壝宮，掌舍設柡。靑壇蔚其嶽立兮，翠幕黕以雲布。結崇基之靈趾兮，啓四塗之廣阼。沃野墳腴，膏壤平砥。淸洛濁渠，引流激水。遐阡繩直，邇陌如矢。葱犗服于縹軛兮，紺轅綴於黛耜。儼儲駕於廛左兮，俟萬乘之躬履。百僚先置，位以職分，自上下下，具惟命臣。襲春服之萋萋兮，接游車之轔轔。微風生於輕幰兮，纖埃起乎朱輪。森奉璋以階列兮，望皇軒而肅震。若湛露之晞朝陽兮，衆星之拱北辰也。

於是前驅魚麗，屬車鱗萃，閶闔洞啓，參塗方駟，常伯陪乘，太僕執轡。后妃獻穜稑之種，司農撰播殖之器，挈壺掌升降之節，宮正設門閭之蹕。天子乃御玉輦，蔭華蓋，衝牙錚鎗，綃紈綷縩。金根照耀以炯晃兮，龍驥騰驤而沛艾。表朱玄於離坎兮，飛靑縞於震兌。中黃曄以發輝兮，方綵紛其繁會。五路鳴鑾，九旗揚旆，瓊鈒入藥，雲罕晻藹。簫管嘲哳以啾嘈兮，鼓鞞硡磕以砰礚，筍簴嶷以軒翥兮，洪鍾越乎區外。震震塡塡，塵霧連天，以幸乎藉田。蟬冕熲以灼灼兮，碧色肅其千千。似夜光之剖荆璞兮，若茂松之依山巓也。

於是我皇乃降靈壇，撫御耦，游場染屨，洪縻在手。三推而舍，庶人終畝。貴賤以班，或五或九。于斯時也，居靡都鄙，人無華裔，長幼雜遝以交集，士女頒斌而咸戾。被褐振裾，垂髫總髻，躡踵側肩，掎裳連襼。黃塵爲之四合兮，陽光爲之潛翳。動容發音而觀者，莫不抃舞乎康衢，謳吟乎聖世。情欣樂乎昏作兮，慮盡力乎樹藝。靡誰督而常勤兮，莫之課而自厲。躬先勞而悅使兮，豈嚴刑而猛制哉！

有邑老田父，或進而稱曰：「蓋損益隨時，理有常然。高以下爲基，人以食爲天。正其末者端其本，善其後者愼其先。夫九土之宜弗任，四業之務不壹，野有菜蔬之色，朝乏代耕之秩。無儲蓄以虞災，徒望歲以自必。三代之衰，皆此物也。今聖上昧旦丕顯，夕惕若慄，圖匱於豐，防儉於逸，欽哉欽哉，惟穀之恤。展三時之弘務，致倉廩於盈溢，固堯湯之用心，而存救之要術也。」若乃廟祧有事，祝宗諏日，簠簋普淖，則此之自實，縮鬯蕭茅，又於是乎出。黍稷馨香，旨酒嘉粟。宜其時和年登，而神降之吉也。古

人有言曰：「聖人之德，無以加於孝乎！」夫孝者，天之性、人之所由靈也。昔者明王以孝治天下，其或繼之者，尟哉希矣！逮我皇晉，實光斯道，儀刑孚于萬國，愛敬盡於祖考。故躬稼以供粢盛，所以致孝也；勸穡以足百姓，所以固本也。能本而孝，盛德大業至矣哉！此一役也，二美顯焉，不亦遠乎，不亦重乎！敢作頌曰：

「思樂甸畿，薄採其芳。大君戾止，言藉其農。其農三推，萬國以祗。耨我公田，遂及我私。我簠斯盛，我簋斯齊。我倉如陵，我庾如坻。念茲在茲，永言孝思。人力普存，祝史正辭。神祇攸歆，逸豫無期。一人有慶，兆民賴之。」

岳才名冠世，爲衆所疾，遂棲遲十年。出爲河陽令，負其才而鬱鬱不得志。時尙書僕射山濤、領吏部王濟裴楷等並爲帝所親遇，岳內非之，乃題閣道爲謠曰：「閣道東，有大牛。王濟鞅，裴楷鞧，和嶠刺促不得休。」

轉懷令。時以逆旅逐末廢農，姦淫亡命，多所依湊，敗亂法度，敕當除之。十里一官櫛，使老小貧戶守之，又差吏掌主，依客舍收錢。岳議曰：

「謹案：逆旅，久矣其所由來也。行者賴以頓止，居者薄收其直，交易貿遷，各得其所。官無役賦，因人成利，惠加百姓而公無末費。語曰：『許由辭帝堯之命，而舍於逆旅。』外傳曰：『晉陽處父過甯，舍於逆旅。』魏武皇帝亦以爲宜，其詩曰：『逆旅整設，以

通商賈。』然則自堯到今，未有不得客舍之法。唯商鞅尤之，固非聖世之所言也。方今四海會同，九服納貢，八方翼翼，公私滿路。近畿輻輳，客舍亦稠。冬有溫廬，夏有涼蔭，芻秣成行，器用取給。疲牛必投，乘涼近進，發槁寫鞍，皆有所憩。

又諸劫盜皆起於迥絕，止乎人衆。十里蕭條，則姦軌生心；連陌接館，則寇情震懾。且聞聲有救，已發有追，不救有罪，不追有戮，禁暴捕亡，恒有司存。凡此皆客舍之益，而官榷之所乏也。又行者貪路，告糴炊爨，皆以昏晨。盛夏晝熱，又兼星夜，既限早閉，不及榷門。或避晚關，迸逐路隅，祗是慢藏誨盜之原。苟以客舍多敗法教，官守棘榷，獨復何人？彼河橋孟津，解券輸錢，高第督察，數入校出，品郎兩岸相檢，猶懼或失之。故懸以祿利，許以功報。今賤吏疲人，獨專榷稅，管開閉之權，藉不校之勢，此道路之蠹，姦利所殖也。率歷代之舊俗，獲行留之歡心，使客舍灑掃，以待征旅擇家而息，豈非衆庶顒顒之望。」請曹列上，朝廷從之。

岳頻宰二邑，勤於政績。調補尚書度支郎，遷廷尉評，以公事免。楊駿輔政，高選吏佐，引岳為太傅主簿。駿誅，除名。初，譙人公孫宏少孤貧，客田於河陽，善鼓琴，頗能屬文。岳之為河陽令，愛其才藝，待之甚厚。至是，宏為楚王瑋長史，專殺生之政。時駿綱紀

皆當從坐，同署主簿朱振已就戮。岳其夕取急在外，宏言之瑋，謂之假吏，故得免。未幾，選為長安令，作西征賦，述所經人物山水，文清旨詣，辭多不錄。徵補博士，未召，以母疾輒去官免。尋為著作郎，轉散騎侍郎，遷給事黃門侍郎。

岳性輕躁，趨世利，與石崇等諂事賈謐，每候其出，與崇輒望塵而拜。構愍懷之文，岳之辭也。謐二十四友，岳為其首。謐晉書限斷，亦岳之辭也。其母數誚之曰：「爾當知足，而乾沒不已乎？」而岳終不能改。

既仕宦不達，乃作閑居賦曰：

岳讀汲黯傳至司馬安四至九卿，而良史書之，題以巧宦之目，未曾不慨然廢書而歎也。曰：嗟乎！巧誠有之，拙亦宜然。顧常以為士之生也，非至聖無軌微妙玄通者，則必立功立事，效當年之用。是以資忠履信以進德，修辭立誠以居業。僕少竊鄉曲之譽，忝司空太尉之命，所奉之主，即太宰魯武公其人也。舉秀才為郎。逮事世祖武皇帝，為河陽、懷令，尚書郎，廷尉評。今天子諒闇之際，領太傅主簿。府主誅，除名為民。俄而復官，除長安令。遷博士，未召拜，親疾，輒去官免。自弱冠涉于知命之年，八徙官而一進階，再免，一除名，一不拜職，遷者三而已矣。雖通塞有遇，抑亦拙之效也。昔通人和長輿之論余也，固曰「拙于用多」。稱多者，吾豈敢；言拙，則信而有徵。方今俊

乂在官，百工惟時，拙者可以絕意乎寵榮之事矣。太夫人在堂，有羸老之疾，尚何能違膝下色養，而屑屑從斗筲之役？於是覽止足之分，庶浮雲之志，築室種樹，逍遙自得。池沼足以漁釣，舂稅足以代耕。灌園鬻蔬，供朝夕之膳；牧羊酤酪，俟伏臘之費。孝乎惟孝，友于兄弟，此亦拙者之為政也。乃作閑居賦以歌事遂情焉。其辭曰：

遨墳素之長圃，步先哲之高衢。雖吾顏之云厚，猶內愧於甯蘧。有道余不仕，無道吾不愚。何巧智之不足，而拙艱之有餘也！於是退而閑居，于洛之涘。身齊逸民，名綴下士。背京泝伊，面郊後市。浮梁黝以逕度，靈臺傑其高峙。闚天文之祕奧，覩人事之終始。其西則有元戎禁營，玄幕綠徽，谿子巨黍，異絭同歸，礮石雷駭，激矢蝱飛，以先啓行，耀我皇威。其東則有明堂辟雍，清穆敞閑，環林縈映，圓海回泉，聿追孝以嚴父，宗文考以配天，祗聖敬以明順，養更老以崇年。若乃背冬涉春，陰謝陽施，天子有事于柴燎，以郊祖而展義，張鈞天之廣樂，備千乘之萬騎，服棖棖以齊玄，管啾啾而並吹，煌煌乎，隱隱乎，茲禮容之壯觀，而王制之巨麗也。兩學齊列，雙宇如一，右延國冑，左納良逸。祁祁生徒，濟濟儒術，或升之堂，或入之室。教無常師，道在則是。故髦士投紱，名王懷璽，訓若風行，應猶草靡。此里仁所以為美，孟母所以三徙也。

爰定我居，築室穿池，長楊映沼，芳枳樹檞，遊鱗瀺灂，菡萏敷披，竹木蓊藹，靈果

參差。張公大谷之棃，梁侯烏椑之柿，周文弱枝之棗，房陵朱仲之李，靡不畢植。三桃表樱胡之別，二柰耀丹白之色，石榴蒲桃之珍，磊落蔓延乎其側。梅杏郁棣之屬，繁榮藻麗之飾，華實照爛，言所不能極也。菜則蔥韭蒜芋，青筍紫薑，堇薺甘旨，蓼荾芬芳，蘘荷依陰，時藿向陽，綠葵含露，白薤負霜。

於是凜秋暑退，熙春寒往，微雨新晴，六合清朗。太夫人乃御版輿，升輕軒，遠覽王畿，近周家園。體以行和，藥以勞宣，常膳載加，舊痾有痊。於是席長筵，列孫子，柳垂蔭，車結軌，陸摘紫房，水掛頳鯉，或宴于林，或禊于汜。昆弟斑白，兒童稚齒，稱萬壽以獻觴，咸一懼而一喜。壽觴舉，慈顏和，浮杯樂飲，絲竹駢羅，頓足起舞，抗音高歌，人生安樂，孰知其他。退求己而自省，信用薄而才劣。奉周任之格言，敢陳力而就列。幾陋身之不保，而奚擬乎明哲，仰衆妙而絕思，終優游以養拙。

初，芘為琅邪內史，孫秀為小史給岳，而狡黠自喜。岳惡其為人，數撻辱之，秀常銜忿。及趙王倫輔政，秀為中書令。岳於省內謂秀曰：「孫令猶憶疇昔周旋不？」答曰：「中心藏之，何日忘之。」岳於是自知不免。俄而秀遂誣岳及石崇、歐陽建謀奉淮南王允、齊王冏為亂，誅之，夷三族。岳將詣市，與母別曰：「負阿母！」初被收，俱不相知，石崇已送在市，岳後至，崇謂之曰：「安仁，卿亦復爾邪！」岳曰：「可謂白首同所歸。」岳金谷詩云：「投分寄石友，白首

同所歸。」乃成其讖。岳母及兄侍御史釋、弟燕令豹、司徒掾據、據弟詵，兄弟之子，已出之女，無長幼一時被害，唯釋子伯武逃難得免。而豹女與其母相抱號呼不可解，會詔原之。

岳美姿儀，辭藻絕麗，尤善爲哀誄之文。少時常挾彈出洛陽道，婦人遇之者，皆連手縈繞，投之以果，遂滿車而歸。時張載甚醜，每行，小兒以瓦石擲之，委頓而反。岳從子尼。

尼字正叔。祖勖，漢東海相。父滿，平原內史。並以學行稱。尼少有清才，與岳俱以文章見知。性靜退不競，唯以勤學著述爲事。著安身論以明所守，其辭曰：

蓋崇德莫大乎安身，安身莫尚乎存正，存正莫重乎無私，無私莫深乎寡欲。是以君子安其身而後動，易其心而後語，定其交而後求，篤其志而後行。然則動者，吉凶之端也；語者，榮辱之主也；求者，利病之幾也；行者，安危之決也。故君子不妄動也，動必適其道；不徒語也，語必經於理；不苟求也，求必造於義；不虛行也，行必由於正。夫然，用能免或繫之凶，享自天之祐。故身不安則殆，言不從則悖，交不審則惑，行不篤則危。四者行乎中，則憂患接乎外矣。憂患之接，必生於自私，而興於有欲。自私者不能成其私，有欲者不能濟其欲，理之至也。欲苟不濟，能無爭乎？私苟不從，能無伐乎？人人自私，家家有欲，衆欲並爭，羣私交伐。爭，則亂之萌也；伐，則怨之府也。怨

亂既構，危害及之，得不懼乎？

然棄本要末之徒，知進忘退之士，莫不飾才銳智，抽鋒擢穎，傾側乎勢利之交，馳騁乎當塗之務。朝有彈冠之朋，野有結綬之友，黨與熾於前，榮名扇其後。握權，則赴者鱗集；失寵，則散者瓦解；求利，則託刎頸之歡；爭路，則搆刻骨之隙。於是浮僞波騰，曲辯雲沸，寒暑殊聲，朝夕異價，駑蹇希奔放之跡，鉛刀競一割之用。至於愛惡相攻，與奪交戰，誹謗噂喈，毀譽縱橫，君子務能，小人伐技，風頹於上，俗弊於下。禍結而恨爭也不强，患至而悔伐之未辯，大者傾國喪家，次則覆身滅祀。其故何邪？豈不始於私欲而終於爭伐哉！

君子則不然。知自私之害公也，然後外其身；知有欲之傷德也，故遠絕榮利；知爭競之遘災也，故犯而不校；知好伐之招怨也，故有功而不德。安身而不爲私，故身正而私全；慎言而不適欲，故言濟而欲從；定交而不求益，故交立而益厚；謹行而不求名，故行成而名美。止則立乎無私之域，行則由乎不爭之塗，必將通天下之理，而濟萬物之性。天下猶我，故與天下同其欲；己猶萬物，故與萬物同其利。

夫能保其安者，非謂崇生生之厚而耽逸豫之樂也，不忘危而已。有期進者，非謂窮貴寵之榮而藉名位之重也，不忘退而已。存其治者，非謂嚴刑政之威而明司察之禁

也，不忘亂而已。故寢蓬室，隱陋巷，披短褐，茹藜藿，環堵而居，易衣而出，苟存乎道，非不安也。雖坐華殿，載文軒，服黼繡，御方丈，重門而處，成列而行，不得與之齊榮。用天時，分地利，甘布衣，安藪澤，沾體塗足，耕而後食，苟崇乎德，非不進也。雖居高位，饗重祿，執權衡，握機祕，功蓋當時，勢侔人主，不得與之比逸。遺意慮，沒才智，忘肝膽，棄形器，貌若無能，志若不及，苟正乎心，非不治也。雖繁計策，廣術藝，審刑名，峻法制，文辯流離，論議絕世，不得與之爭功。故安也者，安乎道者也。進也者，進乎德者也。治也者，治乎心者也。未有安身而不能保國家，進德而不能處富貴，治心而不能治萬物者也。

然思危所以求安，慮退所以能進，懼亂所以保治，戒亡所以獲存也。若乃弱志虛心，曠神遠致，徙倚乎不拔之根，浮遊乎無垠之外，不自貴於物而物宗焉，不自重於人而人敬焉。可親而不可慢也，可尊而不可遠也。親之如不足，天下莫之能狎也；舉之如易勝，而當世莫之能困也。達則濟其道而不榮也，窮則善其身而不悶也，用則立於上而非爭也，舍則藏於下而非讓也。夫榮之所不能動者，則辱之所不能加也；利之所不能勸者，則害之所不能嬰也；譽之所不能益者，則毀之所不能損也。

今之學者誠能釋自私之心，塞有欲之求，杜交爭之原，去矜伐之態，動則行乎至通

之路，靜則入乎大順之門，泰則翔乎寥廓之宇，否則淪乎渾冥之泉，邪氣不能干其度，外物不能擾其神，哀樂不能盪其守，死生不能易其眞，而以造化爲工匠，天地爲陶鈞，名位爲糟粕，勢利爲埃塵，治其內而不飾其外，求諸己而不假諸人，忠肅以奉上，愛敬以事親，可以御一體，可以牧萬民，可以處富貴，可以安賤貧，經盛衰而不改，則庶幾乎能安身矣。

初應州辟，後以父老，辭位致養。太康中，舉秀才，爲太常博士。歷高陸令、淮南王允鎮東參軍。元康初，拜太子舍人，上釋奠頌。其辭曰：

元康元年冬十二月，上以皇太子富於春秋，而人道之始莫先於孝悌，初命講孝經于崇正殿。實應天縱生知之量，微言奧義，發自聖問，業終而體達。三年春閏月，將有事於上庠，釋奠于先師，禮也。越二十四日丙申，侍祠者既齊，輿駕次于太學。太傅在前，少傅在後，恂恂乎弘保訓之道；宮臣畢從，三率備衞，濟濟乎肅翼贊之敬。乃掃壇爲殿，懸幕爲宮。夫子位于西序，顏回侍于北墉。宗伯掌禮，司儀辯位。二學儒官，搢紳先生之徒，垂纓佩玉，規行矩步者，皆端委而陪於堂下，以待執事之命。設樽篚於兩楹之間，陳罍洗於阼階之左。几筵既布，鍾懸既列，我后乃躬拜俯之勤，資在三之義。謙光之美彌劭，闕里之教克崇，穆穆焉，邕邕焉，眞先王之徽典，不刊之美業，允不可替

已。於是牲饋之事既終，享獻之禮已畢，釋玄衣，御春服，弛齋禁，反故式。天子乃命內外羣司，百辟卿士，蕃王三事，至于學徒國子，咸來觀禮，我后皆延而與之燕。金石簫管之音，八佾六代之舞，鏗鏘閨閤，般辟俛仰，可以澂神滌欲，移風易俗者，罔不畢奏。抑淫哇，屏鄭衞，遠佞邪，釋巧辯。是日也，人無愚智，路無遠邇，離鄉越國，扶老攜幼，不期而俱萃。皆延頸以視，傾耳以聽，希道慕業，洗心革志，想洙泗之風，歌來蘇之惠。然後知居室之善，著應乎千里之外；不言之化，洋溢于九有之內。於熙乎若典，固皇代之壯觀，萬載之一會也。尼昔忝禮官，嘗聞俎豆。今厠末列，親覩盛美，瀸漬徽猷，沐浴芳潤，不知手舞口詠，竊作頌一篇。[三]義近辭陋，不足測盛德之形容，光聖明之遐度。其辭曰：

三元迭運，五德代微。黃精既亢，素靈乃暉。有皇承天，造我晉畿。祚以大寶，登以龍飛。宣基誕命，景熙遐緒，三分自文，受終惟武。席卷要蠻，蕩定荒阻；道濟羣生，化流率土。後帝承哉，丕隆曾構。奄有萬方，光宅宇宙。

篤生上嗣，繼期挺秀。聖敬日躋，濬哲閎茂。留精儒術，敦閱古訓。[四]遵道讓齒，降心下問。鋪以金聲，光以玉潤。如日之升，如乾之運。乃延台保，乃命學臣。聖容穆穆，侍講誾誾。抽演微言，啓發道眞。探幽窮賾，溫故知新。講業既終，精義既研。

崇聖重師，卜日告奠。陳其三牢，引其四縣。既戒既式，乃盥乃薦。

恂恂孔聖，百王攸希。亹亹顏生，好學無違。曰皇儲后，體神合幾。兆吉先見，知來洞微。濟濟二宮，藹藹庶僚。俊乂鱗萃，髦士盈朝。如彼和肆，莫匪瓊瑤；如彼儀鳳，樂我雲韶。瓊瑤誰剖？四門洞開；雲韶奚樂？神人允諧。蟬冕耀庭，細珮振階。德以謙光，仁以恩懷。我酒惟清，我肴惟馨。舞以六代，歌以九成。

莘莘胄子，祁祁學生。洗心自百，觀國之榮。學猶蒔苗，化若偃草。博我以文，弘我以道。萬邦蟬蛻，矧乃俊造。鑽蚌瑩珠，剖石擿藻。絲匪玄黃，水罔方圓。引之斯流，染之斯鮮。若金受範，若埴在甄。上好如雲，下效如川。

昔在周興，王化之始。曰文曰武，時惟世子。今我皇儲，齊聖通理。緝熙重光，於穆不已。於穆伊何？思文哲后。媚茲一人，實副元首。孝洽家邦，光照九有。純嘏自晉，永世昌阜。微微下臣，過充近侍。猥躡風雲，攀龍是廁。身澡芳流，目玩盛事。竭誠作頌，祇詠聖志。

出爲宛令，在任寬而不縱，恤隱勤政，厲公平而遺人事。入補尚書郎，俄轉著作郎。爲乘輿箴，其辭曰：

易稱「有天地然後有人倫，有父子然後有君臣」。傳曰：「大者天地，其次君臣。」然君臣父子之道，天地人倫之本，未有以先之者也。故天生蒸人而樹之君，使司牧之，將以導羣生之性，而理萬物之情。豈以寵一人之身，極無量之欲，如斯而已哉！夫古之爲君者，無欲而至公，故有茅茨土階之儉；而後之爲君，有欲而自利，故有瑤臺瓊室之侈。無欲者，天下共推之；有欲者，天下共爭之。推之之極，雖禪代猶脫屣；爭之之極，雖劫殺而不避。故曰「天下非一人之天下，乃天下之天下」，安可求而得，辭而已者乎！

夫修諸己而化諸人，出乎邇而見乎遠者，言行之謂也。故人主所患，莫甚於不知其過；而所美，莫美於好聞其過。若有君於此，而曰予必無過，唯其言而莫之違，斯孔子所謂其庶幾乎一言而喪國者也。蓋君子之過，如日月之蝕：過也，人皆見之；更也，人皆仰之。雖以堯、舜、湯、武之盛，必有誹謗之木，敢諫之鼓，盤杅之銘，無諱之史，所以閑其邪僻而納諸正道，其自維持如此之備。故箴規之興，將以救過補闕，然猶依違諷喻，使言之者無罪，聞之者足以自誡。先儒既援古義，舉內外之殊，而高祖亦序六官，論成敗之要，義正辭約，又盡善矣。自虞人箴以至于百官，非唯規其所司，誠欲人主斟酌其得失焉。春秋傳曰「命百官箴王闕」，則亦天子之事也。

尼以爲王者膺受命之期，當神器之運，總萬機而撫四海，簡羣才而審所授，孜孜於

得人，汲汲於聞過，雖廷爭面折，猶將祈請而求焉。至於箴規，諫之順者，曷爲獨闕之哉？是以不量其學陋思淺，因負擔之餘，嘗試撰而述之。[五]不敢斥至尊之號，故以「乘輿」目篇。蓋帝王之事至大，而古今之變至衆，文繁而義詭，意局而辭野，將欲希企前賢，髣髴崇軌，譬猶丘垤之望華岱，恒星之繫日月也，其不逮明矣。頌曰：[六]

元元遂初，芒芒太始。清濁同流，玄黃錯跱。上下弗形，尊卑靡紀。赫胥悠哉，大庭尚矣。皇極啓建，兩儀既分。彝倫永序，萬邦已紛。國事明王，家奉嚴君。各有攸尊，德用不勤。羲農已降，暨于夏殷。或禪或傳，乃質乃文。

太上無名，下知有之。仁義不存，而人歸孝慈。無爲無執，何欲何思。忠信之薄，禮刑實滋。既譽既畏，以侮以欺。作誓作盟，而人始叛疑。煌煌四海，藹藹萬乘，匪誓焉憑？左輔右弼，前疑後丞。一日萬機，業業兢兢。夫出其言善，則千里是應；而莫余違，亦喪邦有徵。樞機之動，式以廢興。殷監不遠，若之何勿懲！[七]

且厚味腊毒，豐屋生災。辛作琁室，而夏興瑤臺。糟丘酒池，象箸玉杯。厥肴伊何？龍肝豹胎。惟此哲婦，職爲亂階。殷用喪師，夏亦不恢。是以帝堯在位，茅茨不翦。周文日昃，昧旦丕顯。夫德輶如毛，而或舉之者鮮。故澆有慚德，武未盡善。下世道衰，末俗化淺。耽樂逸游，荒淫沈湎。不式古訓，而好是佞辯；不遵王路，而覆車

是踐。成敗之效，載在先典。匪唯陵夷，厥世用殄。故曰樹君如之何？將人是司牧。視之猶傷，而知其寒燠。故能撫之斯柔，而敦之斯睦；無遠不懷，靡思不服。夫豈厭縱一人，而玩其耳目；內迷聲色，外荒馳逐；不修政事，而終於顛覆？

昔唐氏授舜，舜亦命禹。受終納祖，丕承天序。放桀惟湯，克殷伊武。故禪代非一姓，社稷無常主。四嶽三塗，九州之阻。彭蠡、洞庭，殷商之旅。虞夏之隆，非由尺土。而紂之百克，卒於絕緒。故王者無親，唯在擇人。傾蓋惟舊，白首乃新。望由釣夫，伊起有莘。負鼎鼓刀，而謀合聖神。夫豈借官左右，而取介近臣。蓋有國有家者，莫云我聰，或此面從；莫謂我智，聽受未易。甘言美疾，匙不爲累。由夷逃寵，遠於脫屣。柰何人主，位極則侈？

知人則哲，惟帝所難。唐朝既泰，四族作姦。周室既隆，而管蔡不虔。匪我二聖，孰弭斯患？若九德咸受，儁乂在官，君非臣莫治，臣非君莫安。故書美康哉，而易貴金蘭。有皇司國，敢告納言。

及趙王倫纂位，孫秀專政，忠良之士皆罹禍酷。尼遂疾篤，取假拜掃墳墓。聞齊王冏起義，乃赴許昌。冏引爲參軍，與謀時務，兼管書記。事平，封安昌公。歷黃門侍郎、散騎常侍、侍中、祕書監。永興末，爲中書令。時三王戰爭，皇家多故，尼職居顯要，從容而已。雖

憂虞不及，而備嘗艱難。永嘉中，遷太常卿。洛陽將沒，攜家屬東出成皋，欲還鄉里。道遇賊，不得前，病卒於塢壁，年六十餘。

張載　弟協　協弟亢

張載字孟陽，安平人也。父收，蜀郡太守。載性閑雅，博學有文章。太康初，至蜀省父，道經劍閣。載以蜀人恃險好亂，因著銘以作誡曰：

巖巖梁山，積石峨峨。遠屬荆衡，近綴岷嶓。南通邛僰，北達褒斜。狹過彭碣，高踰嵩華。

惟蜀之門，作固作鎮。是曰劍閣，壁立千仞。窮地之險，極路之峻。世濁則逆，道清斯順。閉由往漢，開自有晉。

秦得百二，幷吞諸侯。齊得十二，田生獻籌。矧茲狹隘，土之外區。一人荷戟，萬夫趑趄。形勝之地，非親勿居。

昔在武侯，中流而喜。河山之固，見屈吳起。洞庭孟門，二國不祀。興實由德，險亦難恃。自古及今，天命不易。憑阻作昏，匙不敗績。公孫既沒，劉氏銜璧。覆車之軌，無或重跡。勒銘山阿，敢告梁益。

益州刺史張敏見而奇之，乃表上其文，武帝遣使鐫之於劍閣山焉。

載又爲榷論曰：

夫賢人君子將立天下之功，成天下之名，非遇其時，曷由致之哉！故嘗試論之：殷湯無鳴條之事，則伊尹，有莘之匹夫也；周武無牧野之陣，則呂牙，渭濱之釣翁也。若茲之類，不可勝紀。蓋聲發響應，形動影從，時平則才伏，世亂則奇用，豈不信歟！設使秦莽修三王之法，時致隆平，則漢祖，泗上之健吏；光武，舂陵之俠客耳，況乎附麗者哉！故當其有事也，則足非千里，不入於輿；刃非斬鴻，不韜於鞘。是以駑蹇望風而退，頑鈍未試而廢。及其無事也，則牛驥共牢，利鈍齊列，而無長塗犀革以決之，此離朱與瞽者同眼之說也。處守平之世，而欲建殊常之勳，居太平之際，而吐違俗之謀，此猶卻步而登山，鬻章甫於越也。漢文帝見李廣而歎曰：「惜子不遇，當高帝時，萬戶侯豈足道哉！」故智無所運其籌，勇無所奮其氣，則勇怯一也；才無所騁其能，辯無所展其說，則頑慧均也。是以吳榜越船，不能無水而浮；青虯赤螭，不能無雲而飛。故和璧之在荆山，隨珠之潛重川，非遇其人，焉有連城之價，照車之名乎！青骹繁霜，縶於籠中，何以效其撮東郭於韝下也？白猨玄豹，藏於檻檻，何以知其接垂條於千仞也？孱夫與烏獲訟力，非龍文赤鼎，無以明之；蓋聶政與荆卿爭勇，〔八〕非强秦之威，孰能辨之？故

餓夫庸隸，〔九〕抱關屠釣之倫，一旦而都卿相之位，建金石之號者，或有懷顏孟之術，抱伊管之略，沒世而不齒者，此言有事之世易爲功，無爲之時難爲名也。若斯湮滅而不稱，曾不足以多說。

況夫庸庸之徒，少有不得意者，則自以爲枉伏。莫不飾小辯、立小善以偶時，結朋黨、聚虛譽以驅俗。進之無補於時，退之無損於化。而世主相與雷同齊口，吹而煦之，豈不哀哉！今士循常習故，規行矩步，積階級，累閥閱，碌碌然以取世資。若夫魁梧儁傑，卓躒俶儻之徒，直將伏死嶔岑之下，安能與步驟共爭道里乎！至如軒冕黻班之士，苟不能匡化輔政，佐時益世，而徒俯仰取容，要榮求利，厚自封之資，豐私家之積，此沐猴而冠耳，尙焉足道哉！

載又爲濛汜賦，司隸校尉傅玄見而嗟歎，以車迎之，言談盡日，爲之延譽，遂知名。起家佐著作郎，出補肥鄉令。復爲著作郎，轉太子中舍人，遷樂安相、弘農太守。長沙王乂請爲記室督。拜中書侍郎，復領著作。載見世方亂，無復進仕意，遂稱疾篤告歸，卒於家。

協字景陽，少有儁才，與載齊名。辟公府掾，轉祕書郎，補華陰令、征北大將軍從事中郎，遷中書侍郎。轉河間內史，在郡清簡寡欲。

于時天下已亂，所在寇盜，協遂棄絕人事，屏居草澤，守道不競，以屬詠自娛。擬諸文士作七命。其辭曰：

沖漠公子，含華隱曜，嘉遯龍蟠，超世高蹈，遊心於浩然，玩志乎衆妙，絕景乎大荒之遐阻，吞響乎幽山之窮奧。於是徇華大夫聞而造焉。乃整雲輅，驂飛黃，越奔沙，輾流霜，陵扶搖之風，躡堅冰之津，旌拂霄崿，軌出蒼垠，天清泠而無霞，野曠朗而無塵，臨重岫而攬轡，顧石室而迴輪。遂適沖漠公子之所居。其居也，崢嶸幽藹，蕭瑟虛玄，溟海渾濩涌其後，嶰谷㟔嶆張其前，尋竹竦莖蔭其壑，百籟羣鳴籠其山，衝飆發而回日，飛礫起而灑天。於是登絕巘，遡長風，陳辨惑之辭，命公子於巖中。曰：「蓋聞聖人不卷道而背時，智士不遺身而匿跡，生必耀華名於玉牒，沒則勒鴻伐於金冊。今公子違世陸沈，避地獨竄，有生之歡滅，資父之義廢。愁洽百年，苦溢千載，何異促鱗之遊汀濘，短羽之栖翳薈！今將榮子以天人之大寶，悅子以縱性之至娛，窮地而遊，中天而居，傾四海之歡，殫九州之腴，鑽屈轂之瓠，〔一〇〕解疏屬之拘，子欲之乎？」公子曰：「大夫不遺，來萃荒外，雖在不敏，敬聽嘉話。」

大夫曰：「寒山之桐，出自太冥，含黃鐘以吐幹，據蒼岑而孤生。既乃瓊巘層崚，金岸崥崹，右當風谷，左臨雲谿，上無陵虛之巢，下無跖實之蹊，搖刖峻挺，茗邈嶕嶢，晞

三春之溢露，遡九秋之鳴飆，零雪寫其根，〔一一〕霜封其條，木既繁而後綠，草未素而先彫。於是構雲梯，陟崢嶸，藹蕤賓之陽柯，剖大呂之陰莖。營匠斲其樸，伶倫均其聲。器舉樂奏，促調高張，音朗號鐘，韻清繞梁。追逸響於八風，採奇律於歸昌，啓中黃之妙宮，發蓐收之變商。若乃龍火西頹，暄氣初收，飛霜迎節，高風送秋，羈旅懷土之徒，流宕百罹之儔，撫促柱則酸鼻，揮危弦則涕流。若乃追清哇，赴嚴節，奏淥水，吐白雪，激楚迴，流風結，悲蓂莢之朝落，悼望舒之夕缺。熒嫠爲之擗摽，孀老爲之嗚咽，王子拂纓而傾耳，六馬噓天而仰秣。此蓋音曲之至妙，子豈能從我而聽之乎？」公子曰：「余病未能也。」

大夫曰：「蘭宮祕宇，雕堂綺櫳，雲屏爛旰，瓊壁青蔥，應門八襲，璇臺九重，表以百常之闕，圜以萬雉之墉。爾乃嶢榭迎風，秀出中天，翠觀岑青，彤閣霞連，長翼臨雲，飛陛陵山，望玉繩而結極，承倒景而開軒。頳素煥爛，枌栱嵯峨。陰虬負檐，陽馬承阿。錯以瑤英，鏤以金華，方疏含秀，圓井吐葩。重殿疊起，交綺對幌。幽堂晝密，明室夜朗。焦冥飛而風生，尺蠖動而成響。若乃目厭常玩，體倦帷幄，攜公子而雙遊，時娛觀於林麓。登翠阜，臨丹谷，華草錦繁，飛采星燭，陽葉春青，陰條秋綠，華實代新，承意恣觀。仰折神䕩，俯採朝蘭，揔惠風於衡薄，眷椒塗於瑤壇。爾乃浮三翼，戲中沚，潛

鰓駭，鷩翰起，沈絲結，飛矰理，挂歸翮於赤霄之表，出華鱗於紫潭之裏。然後縱櫂隨風，弭楫乘波，吹孤竹，撫雲和，川客唱淮南之曲，榜人奏採菱之歌。歌曰：『乘鷁舟兮爲水嬉，臨芳洲兮拔靈芝。』樂以忘戚，遊以卒時，窮夜爲日，畢歲爲期。此蓋宴居之浩麗，子豈能從我而處之乎？」公子曰：「余病未能也。」

大夫曰：「若乃白商素節，月既授衣，天凝地閉，風厲霜飛，柔條夕勁，密葉晨稀，將因氣以效殺，臨金郊而講師。爾乃列輕武，整戎剛，建雲髦，啓雄芒。駕紅陽之飛燕，驂唐公之驌驦，屯羽隊於外林，縱輕翼於中荒。爾乃張脩罠，布飛羅，〔一二〕陵黃岑，挂青巒，晝長壑以爲限，帶流谿以爲關。既乃內無疏蹊，外無漏跡，叩鉦散校，舉麾贊獲，彀金機，馳鳴鏑，鶉剛豪，落勁翮，連騎競騖，駢武齊轍，翕忽揮霍，雲迴風烈，聲動響飛，形移影發，舉戈林聳，揮鋒電滅，仰傾雲巢，俯殫地穴。乃有圓文之豣，斑題之貐，鼓鬣風生，怒目電瞛，口齩霜刃，足撥飛鋒，飄林蹶石，扣跋幽叢。於是飛黃奮銳，賁育逞伎。䝟封狶，擯馮豕，拉虥虪，挫解⿰豸也，鉤爪摧，踞牙擺。瀾漫狼藉，傾榛倒壑，隕嵴挂山，僵踣掩澤，藪爲毛林，隰爲丹薄。於是徹圍頓綱，卷旆收鳶，虞人數獸，林衡計鮮；論最犒勤，息馬韜弦；肴駟連鑣，酒駕方軒，千鍾電釂，萬燧星繁，陵阜沾流膏，谿谷厭芳煙。歡極樂殫，迴節而旋。此亦畋遊之壯觀，子豈能從我而爲之乎？」公子曰：「余病

未能也。」

大夫曰：「楚之陽劍，歐冶所營，邪谿之鋌，赤山之精，銷踰羊頭，鍱越鍛成。乃鍊乃鑠，萬辟千灌。豐隆奮椎，飛廉扇炭，神器化成，陽文陰漫。既乃流綺星連，浮采豔發，光如散電，質如耀雪，霜鍔水凝，冰刃露潔，形冠豪曹，名珍巨闕，指鄭則三軍白首，麾晉則千里流血。〔一三〕豈徒水截蛟鴻，陸灑奔駟，斷浮翮以爲工，絕重甲而稱利云爾而已哉！若其靈寶，則舒辟無方，奇鋒異模，形震薛燭，光駭風胡，價兼三鄉，聲貴二都，或馳名傾秦，或夜飛去吳。是以功冠萬載，威曜無窮，揮之者無前，擁之者身雄，可以從服九國，橫制八戎，爪牙景附，函夏承風。此蓋希世之神兵，子豈能從我而服之乎？」公子曰：「余病未能也。」

大夫曰：「天驥之駿，逸態超越，稟氣靈川，受精皎月，眸矚黑照，玄采紺發，沫如揮紅，汗如振血，秦青不能識其衆尺，方堙不能覩其若滅。爾乃巾雲軒，踐朝霧，赴春衢，整秋御，虯踊螭騰，麟超龍翥，望山載奔，視林載赴。氣盛怒發，星飛電駭，志陵九州，勢越四海。影不及形，塵不暇起，浮箭未移，再踐千里。爾乃踰天根，越地隔，過汗漫之所不遊，躡章亥之所未跡，陽烏爲之頓羽，夸父爲之投策。斯蓋天下之儁乘，子豈能從我而御之乎？」公子曰：「余病未能也。」

大夫曰：「大梁之黍，瓊山之禾，唐稷播其根，農帝嘗其華。爾乃六禽殊珍，四膳異肴，窮海之錯，極陸之毛，伊公爨鼎，庖丁揮刀。味重九沸，和兼勺藥，晨鳧露鵠，霜鵽黃雀，圓案星亂，方丈華錯。封熊之蹯，翰音之蹠，燕髀猩脣，髦殘象白，靈川之龜，萊黃之鮐，丹穴之鷚，玄豹之胎，燀以秋橙，酤以春梅，接以商王之箸，承以帝辛之杯。范公之鱗，出自九谿，赬尾丹腮，紫翼青鬐。爾乃命支離，飛霜鍔，紅肌綺散，素膚雪落，婁子之豪不能廁其細，秋蟬之翼不足擬其薄。繁肴既闋，亦有嘉羞。商山之果，漢皐之棱，析龍眼之房，剖椰子之殼。芳旨萬選，承意代奏。乃有荆南烏程、豫北竹葉，浮蟻星沸，飛華萍接，玄石嘗其味，儀氏進其法，傾罍一朝，可以流湎千日，單醪投川，可使三軍告捷。斯人神之所歆羨，觀聽之所煒曄也，子豈能强起而御之乎？」公子曰：「耽爽口之饌，甘腊毒之味，服腐腸之藥，御亡國之器，雖子大夫之所榮，顧亦吾人之所畏，余病未能也。」

大夫曰：「蓋有晉之融皇風也，金華啓徵，大人有作，繼明代照，配天光宅。其基德也，隆於姬公之處岐；其垂仁也，富乎有殷之在亳。南箕之風不能暢其化，離畢之雲無以豐其澤。皇道昭煥，帝載緝熙。導氣以樂，宣德以詩，敎淸乎雲官之世，政穆乎鳥紀之時。王猷四塞，函夏謐靜，丹冥投鋒，青徼釋警，卻馬於糞車之轅，銘德於昆吾之鼎。

羣萌反素，時文載郁，耕父推畔，漁豎讓陸，樵夫恥危冠之飾，輿臺笑短後之服。六合時雍，巍巍蕩蕩，玄髫巷歌，黃髮擊壤，解羲皇之繩，錯陶唐之象。若乃華裔之夷，流荒之貊，語不傳於輶軒，地未被乎正朔，莫不駿奔稽顙，委質重譯。于時昆蚑感惠，無思不擾。苑戲九尾之禽，囿棲三足之烏，鳴鳳在林，夥於黃帝之園；有龍游川，盈於孔甲之沼。萬物烟熅，天地交泰，義懷靡內，化感無外，林無被褐，山無韋帶。皆象刻於百工，兆發乎靈蔡，搢紳濟濟，軒冕藹藹，功與造化爭流，德與二儀比大。」言未終，公子蹶然而興曰：「鄙夫固陋，守茲狂狷。蓋理有毀之，而爭寶之訟解；言有怒之，而齊王之疾痊。向子誘我以聾耳之樂，栖我以蔀家之屋，田遊馳蕩，利刃駿足，既老氏之攸戒，非吾人之所欲，故靡得而應子。至聞皇風載韙，時聖道醇，舉實爲秋，摛藻爲春，下有可封之人，上有大哉之君，余雖不敏，請從後塵。」

世以爲工。

永嘉初，復徵爲黃門侍郎，託疾不就，終於家。

亢字季陽。才藻不逮二昆，亦有屬綴，又解音樂伎術。時人謂載協亢、陸機雲曰「二陸」「三張」。中興初過江，拜散騎侍郎。祕書監荀崧舉亢領佐著作郎，出補烏程令，入爲散騎常侍，復領佐著作。〔一四〕述曆贊一篇，見律曆志。

史臣曰：孝若掞蔚春華，時標麗藻。覩其抵疑詮理，本窮通於自天；作誥敷文，流英聲於孝悌，旨深致遠，殊有大雅之風烈焉。安仁思緒雲騫，詞鋒景煥，前史儔於賈誼，先達方之士衡。賈論政範，源王化之幽賾；潘著哀詞，貫人靈之情性。機文喻海，韞蓬山而育蕪；岳藻如江，濯美錦而增絢。混三家以通校，爲二賢之亞匹矣。然其挾彈盈果，拜塵趨貴，蔑棄倚門之訓，乾沒不逞之間，斯才也而有斯行也，天之所賦，何其駁歟！正叔含咀藝文，履危居正，安其身而後動，契其心而後言，著論究人道之綱，裁箴懸乘輿之鑒，可謂玉質而金相者矣。孟陽鏤石之文，見奇於張敏；濛汜之詠，取重於傅玄，爲名流之所挹，亦當代之文宗矣。景陽摛光王府，棣萼相輝。洎乎二陸入洛，三張減價。考覈遺文，非徒語也。

贊曰：湛稱弄翰，縟彩雕煥。才高位卑，往哲攸歎。岳實含章，藻思抑揚。趨權冒勢，終亦罹殃。尼標雅性，夙闡詞令。載協飛芳，棣華增映。

校勘記

〔一〕沓爾弟　各本作「沓爾昆弟」，多一「昆」字，今從宋本。下文所敍六人，皆其弟。冊府八一六亦

無「昆」字。

〔二〕正月丁未　孫志祖文選考異：據月令疏，耕用亥日，明此「丁未」誤。按：武紀云，「丁亥，帝耕于藉田。」且是月己巳朔，有丁亥，無丁未。則「丁未」實「丁亥」之誤。李善文選注亦云「丁未誤」。

〔三〕竊作頌一篇　「竊」，各本作「切」，今從殿本。

〔四〕敦閱古訓　斠注：初學記一四「敦閱」作「敦悅」。案：孔融上書薦謝該：「清白異行，敦悅道訓。」

〔五〕嘗試撰而述之　「嘗」，各本作「當」，今從殿本。

〔六〕頌曰　周校：當作「箴曰」。

〔七〕若之何勿懲　「懲」，各本作「徵」，今從殿本。

〔八〕蓋聶政與荆卿爭勇　蓋聶與荆軻爭勇，事見史記刺客列傳，「政」字衍文。

〔九〕故餓夫庸隸　周校：「故」下脫「有」字。

〔一〇〕屈轂　局本原校：「轂」一作「轂」。案：屈轂，本於韓非子外儲說左上，亦作「轂」。文選、後漢書孔融傳及注亦均作「轂」。

〔一一〕零雪寫其根　「零」，各本作「雰」，今從宋本。文選、類聚五七、通志一二四上均作「零」。

〔一二〕布飛羅　周校：文選作「飛纚」，於韻較協。

〔一三〕靡晉則千里流血　「靡」，各本作「摩」，今從宋本。此用越絕書。文選及類聚五七、御覽三四四

引均作「廳」。

〔四〕入爲散騎常侍復領佐著作　李校：散騎常侍不當領佐著作，此「佐」字衍。

晉書卷五十六

列傳第二十六

江統 子彪 惇

江統字應元，陳留圉人也。祖蕤，以義行稱，爲譙郡太守，封亢父男。父祚，南安太守。統靜默有遠志，時人爲之語曰：「嶷然稀言江應元。」與鄉人蔡克俱知名。襲父爵，除山陰令。

時關隴屢爲氐羌所擾，孟觀西討，自擒氐帥齊萬年。統深惟四夷亂華，宜杜其萌，乃作徙戎論。其辭曰：

夫夷蠻戎狄，謂之四夷，〔一〕九服之制，地在要荒。春秋之義，內諸夏而外夷狄。以其言語不通，贄幣不同，法俗詭異，種類乖殊；或居絕域之外，山河之表，崎嶇川谷阻險之地，與中國壤斷土隔，不相侵涉，賦役不及，正朔不加，故曰「天子有道，守在四夷」。

禹平九土，而西戎卽敍。其性氣貪婪，凶悍不仁，四夷之中，戎狄爲甚。弱則畏服，強則侵叛。雖有賢聖之世，大德之君，咸未能以通化率導，而以恩德柔懷也。當其強也，以殷之高宗而憊於鬼方，有周文王而患昆夷、獫狁，高祖困於白登，孝文軍於霸上。及其弱也，周公來九譯之貢，中宗納單于之朝，以元成之微，而猶四夷賓服。此其已然之效也。故匈奴求守邊塞，而侯應陳其不可，單于屈膝未央，望之議以不臣。是以有道之君牧夷狄也，惟以待之有備，禦之有常，雖稽顙執贄，而邊城不弛固守，爲寇賊強暴，〔二〕而兵甲不加遠征，期令境內獲安，疆場不侵而已。

及至周室失統，諸侯專征，以大兼小，轉相殘滅，封疆不固，而利害異心。戎狄乘間，得入中國。或招誘安撫，以爲己用。故申繒之禍，顛覆宗周，襄公要秦，遽興姜戎。當春秋時，義渠、大荔居秦晉之域，陸渾、陰戎處伊洛之間，鄋瞞之屬害及濟東，侵入齊宋，陵虐邢衞，南夷與北狄交侵，中國不絕若綫。齊桓攘之，存亡繼絕，北伐山戎，以開燕路。故仲尼稱管仲之力，嘉左衽之功。〔三〕逮至春秋之末，戰國方盛，楚吞蠻氏，晉翦陸渾，趙武胡服，開榆中之地，秦雄咸陽，滅義渠之等。始皇之并天下也，南兼百越，北走匈奴，五嶺長城，戎卒億計。雖師役煩殷，寇賊橫暴，然一世之功，戎虜奔卻，當時中國無復四夷也。

漢興而都長安，關中之郡號曰三輔，禹貢雍州，宗周豐、鎬之舊也。及至王莽之敗，赤眉因之，西都荒毀，百姓流亡。建武中，以馬援領隴西太守，討叛羌，徙其餘種於關中，居馮翊、河東空地，而與華人雜處。數歲之後，族類蕃息，既恃其肥强，且苦漢人侵之。永初之元，騎都尉王弘使西域，發調羌氐，以爲行衞。於是羣羌奔駭，互相扇動，二州之戎，一時俱發，覆沒將守，屠破城邑。鄧隲之征，棄甲委兵，輿尸喪師，前後相繼，諸戎遂熾，至於南入蜀漢，東掠趙魏，唐突軹關，侵及河內。及遣北軍中候朱寵將五營士於孟津距羌，十年之中，夷夏俱斃，〔四〕任尚、馬賢僅乃克之。此所以爲害深重、累年不定者，雖由御者之無方，將非其才，亦豈不以寇發心腹，害起肘腋，疢篤難療，瘡大遲愈之故哉！自此之後，餘燼不盡，小有際會，輒復侵叛。馬賢忸忲，終于覆敗；段熲臨衝，自西徂東。雍州之戎，常爲國患，中世之寇，惟此爲大。漢末之亂，關中殘滅。魏興之初，與蜀分隔，疆埸之戎，一彼一此。魏武皇帝令將軍夏侯妙才討叛氐阿貴、千萬等，後因拔棄漢中，遂徙武都之種於秦川，欲以弱寇强國，扞禦蜀虜。此蓋權宜之計，一時之勢，非所以爲萬世之利也。今者當之，已受其弊矣。

夫關中土沃物豐，厥田上上，加以涇渭之流溉其舄鹵，鄭國、白渠灌浸相通，黍稷之饒，畝號一鍾，百姓謠詠其殷實，帝王之都每以爲居，未聞戎狄宜在此土也。非我族

類，其心必異，戎狄志態，不與華同。而因其衰弊，遷之畿服，士庶翫習，侮其輕弱，使其怨恨之氣毒於骨髓。至於蕃育衆盛，則坐生其心。以貪悍之性，挾憤怒之情，候隙乘便，輒爲橫逆。而居封域之內，無障塞之隔，掩不備之人，收散野之積，故能爲禍滋擾，暴害不測。此必然之勢，已驗之事也。當今之宜，宜及兵威方盛，衆事未罷，徙馮翊、北地、新平、安定界內諸羌，著先零、罕幵、析支之地；徙扶風、始平、京兆之氐，出還隴右，著陰平、武都之界。廪其道路之糧，令足自致，各附本種，反其舊土，使屬國、撫夷就安集之。戎晉不雜，並得其所，上合往古即敘之義，下爲盛世永久之規。縱有猾夏之心，風塵之警，則絕遠中國，隔閡山河，雖爲寇暴，所害不廣。是以充國、子明能以數萬之衆制羣羌之命，有征無戰，全軍獨克，雖有謀謨深計，廟勝遠圖，豈不以華夷異處，戎夏區別，要塞易守之故，得成其功也哉！

難者曰：方今關中之禍，暴兵二載，征戍之勞，老師十萬，水旱之害，荐饑累荒，疫癘之災，札瘥夭昏。凶逆既戮，悔惡初附，且款且畏，咸懷危懼，百姓愁苦，異人同慮，望寧息之有期，若枯旱之思雨露，誠宜鎮之以安豫。而子方欲作役起徒，興功造事，使疲悴之衆，徙自猜之寇，以無穀之人，遷乏食之虜，恐勢盡力屈，緒業不卒，羌戎離散，心不可一，前害未及弭，而後變復橫出矣。

答曰：羌戎狡猾，擅相號署，攻城野戰，傷害牧守，連兵聚衆，載離寒暑矣。而今異類瓦解，同種土崩，老幼繫虜，丁壯降散，禽離獸迸，不能相一。子以此等爲尚挾餘資，悔惡反善，懷我德惠而來柔附乎？將勢窮道盡，智力俱困，懼我兵誅以至於此乎？曰，無有餘力，勢窮道盡故也。然則我能制其短長之命，而令其進退由己矣。夫樂其業者不易事，安其居者無遷志。方其自疑危懼，畏怖促遽，故可制以兵威，使之左右無違也。迨其死亡散流，離逷未鳩，與關中之人，戶皆爲讎，故可遐遷遠處，令其心不懷土也。夫聖賢之謀事也，爲之於未有，理之於未亂，道不著而平，德不顯而成。其次則能轉禍爲福，因敗爲功，值困必濟，遇否能通。今子遭弊事之終而不圖更制之始，愛易轍之勤而得覆車之軌，何哉？且關中之人百餘萬口，率其少多，戎狄居半，處之與遷，必須口實。若有窮乏糝粒不繼者，故當傾關中之穀以全其生生之計，必無擠於溝壑而不爲侵掠之害也。今我遷之，傳食而至，附其種族，自使相贍，而秦地之人得其半穀，此爲濟行者以廪糧，遺居者以積倉，寬關中之逼，去盜賊之原，除旦夕之損，建終年之益。若憚暫舉之小勞，而忘永逸之弘策；惜日月之煩苦，而遺累世之寇敵，非所謂能開物成務，創業垂統，崇基拓跡，謀及子孫者也。

并州之胡，本實匈奴桀惡之寇也。漢宣之世，凍餒殘破，國內五裂，後合爲二，呼

韓邪遂衰弱孤危，不能自存，依阻塞下，委質柔服。建武中，南單于復來降附，遂令入塞，居於漠南，數世之後，亦輒叛戾，故何熙、梁慬戎車屢征。中平中，以黃巾賊起，發調其兵，部衆不從，而殺羌渠。由是於彌扶羅求助於漢，以討其賊。仍值世喪亂，遂乘釁而作，鹵掠趙魏，寇至河南。建安中，又使右賢王去卑誘質呼廚泉，聽其部落散居六郡。咸熙之際，以一部太强，分爲三率。泰始之初，又增爲四。於是劉猛內叛，連結外虜。近者郝散之變，發於穀遠。今五部之衆，戶至數萬，人口之盛，過於西戎。然其天性驍勇，弓馬便利，倍於氐羌。若有不虞風塵之慮，則并州之域可爲寒心。滎陽句驪本居遼東塞外，正始中，幽州刺史毌丘儉伐其叛者，徙其餘種。始徙之時，戶落百數，子孫孳息，今以千計，數世之後，必至殷熾。今百姓失職，猶或亡叛，犬馬肥充，則有噬齧，況於夷狄，能不爲變！但顧其微弱，勢力不陳耳。

夫爲邦者，患不在貧而在不均，憂不在寡而在不安。以四海之廣，士庶之富，豈須夷虜在內，然後取足哉！此等皆可申諭發遣，還其本域，慰彼羈旅懷土之思，釋我華夏纖介之憂。惠此中國，以綏四方，德施永世，於計爲長。

帝不能用。未及十年，而夷狄亂華，時服其深識。

遷中郎。選司以統叔父春爲宜春令，統因上疏曰：「故事，父祖與官職同名，皆得改選，

而未有身與官職同名，不在改選之例。臣以爲父祖改選者，蓋爲臣子開地，不爲父祖之身也。而身名所加，亦施於臣子。佐吏係屬，朝夕從事，官位之號，發言所稱，若指實而語，則違經禮諱尊之義，若詭辭避迴，則爲廢官擅犯憲制。今以四海之廣，職位之衆，名號繁多，士人殷富，至使有受寵皇朝，出身宰牧，而令佐吏不得表其官稱，子孫不得言其位號，所以上嚴君父，下爲臣子，體例不通。若易私名以避官職，則違春秋不奪人親之義。臣以爲身名與官職同者，宜與觸父祖名爲比，體例既全，於義爲弘。」朝廷從之。

轉太子洗馬。在東宮累年，甚被親禮。太子頗闕朝覲，又奢費過度，多諸禁忌，統上書諫曰：

臣聞古之爲臣者，進思盡忠，退思補過，獻可替否，拾遺補闕。是以人主得以舉無失行，言無口過，德音發聞，揚名後世。臣等不逮，無能云補，思竭愚誠，謹陳五事如左，惟蒙一省再省，少垂察納。

其一曰，六行之義，以孝爲首，虞舜之德，以孝爲稱，故太子以朝夕視君膳爲職，左右就養無方。文王之爲世子，可謂篤於事親者也，故能擅三代之美，爲百王之宗。自頃聖體屢有疾患，數闕朝侍，遠近觀聽者不能深知其故，以致疑惑。伏願殿下雖有微苦，可堪扶輿，則宜自力。易曰：「君子終日乾乾。」蓋自勉強不息之謂也。

其二曰，古之人君雖有聰明之姿，叡喆之質，必須輔弼之助，相導之功，故虞舜以五臣興，周文以四友隆。及成王之爲太子也，則周召爲保傅，史佚昭文章，故能聞道早備，登崇大業，刑措不用，流聲洋溢。伏惟殿下天授逸才，聰鑒特達，臣謂猶宜時發聖令，宣揚德音，諮詢保傅，訪逮侍臣，覲見賓客，得令接盡，壅否之情沛然交泰，殿下之美煥然光明。如此，則高朗之風，扇於前人；弘範令軌，永爲後式。

其三曰，古之聖王莫不以儉爲德，故堯稱采椽茅茨，禹稱卑宮惡服，漢文身衣弋綈，足履革舄，以身先物，政致太平，存爲明王，沒見宗祀。及諸侯修之者，魯僖以躬儉節用，聲列雅頌；蚡冒以篳路藍縷，用張楚國。大夫修之者，文子相魯，妾不衣帛；晏嬰相齊，鹿裘不補，亦能匡君濟俗，興國隆家。庶人修之者，顏回以簞食瓢飲，揚其仁聲；原憲以蓬戶繩樞，邁其清德。此皆聖主明君賢臣智士之所履行也。故能懸名日月，永世不朽，蓋儉之福也。及到末世，以奢失之者，帝王則有瑤臺瓊室，玉杯象箸，肴膳之珍則熊蹯豹胎，酒池肉林。諸侯爲之者，至於丹楹刻桷，饟徵百牢。大夫有瓊弁玉纓，庶人有擊鍾鼎食。亦罔不亡國喪宗，破家失身，醜名彰聞，以爲後戒。竊聞後園鏤飾金銀，刻磨犀象，畫室之巧，課試日精。臣等以爲今四海之廣，萬物之富，以今方古，不足爲侈也。然上之所好，下必從之，是故居上者必慎其所好也。昔漢光武皇帝時，有

獻千里馬及寶劍者，馬以駕鼓車，劍以賜騎士。世祖武皇帝有上雉頭裘者，即詔有司焚之都街。高世之主，不尙尤物，故能正天下之俗，刑四方之風。臣等以爲畫室之功，可且減省，後園雜作，一皆罷遣，肅然清靜，優游道德，則日新之美光于四海矣。

其四曰，以天下而供一人，以百里而供諸侯，故王侯食籍而衣稅，公卿大夫受爵而資祿，莫有不贍者也。是以士農工商四業不雜。交易而退，以通有無者，庶人之業也。周禮三市，旦則百族，晝則商賈，夕則販夫販婦。買賤賣貴，販鬻菜果，收十百之盈，以救旦夕之命，故爲庶人之貧賤者也。樊遲匹夫，請學爲圃，仲尼不答；魯大夫臧文仲使妾織蒲，又譏其不仁；公儀子相魯，則拔其園葵，言食祿者不與貧賤之人爭利也。秦漢以來，風俗轉薄，公侯之尊，莫不殖園圃之田，而收市井之利，漸冉相放，莫以爲恥，乘以古道，誠可愧也。今西園賣葵菜、藍子、雞、麫之屬，虧敗國體，貶損令問。

其五曰，竊見禁土，令不得繕修牆壁，動正屋瓦。臣以爲此既違典彝舊義，且以拘攣小忌而廢弘廓大道，宜可蠲除，於事爲宜。

朝廷善之。

及太子廢，徙許昌，賈后諷有司不聽宮臣追送。統與宮臣冒禁至伊水，拜辭道左，悲泣流漣。都官從事悉收統等付河南、洛陽獄。付郡者，河南尹樂廣悉散遣之，繫洛陽者猶未

釋。都官從事孫琰說賈謐曰：「所以廢徙太子，以爲惡故耳。東宮故臣冒罪拜辭，涕泣路次，不顧重辟，乃更彰太子之德，不如釋之。」謐語洛陽令曹攄，由是皆免。及太子薨，改葬，統作誄敍哀，爲世所重。

後爲博士、尙書郎，參大司馬、齊王冏軍事。冏驕荒將敗，統切諫，文多不載。遷廷尉正，每州郡疑獄，斷處從輕。成都王穎請爲記室，多所箴諫。申論陸雲兄弟，辭甚切至。以母憂去職。服闋，爲司徒左長史。東海王越爲兗州牧，以統爲別駕，委以州事，與統書曰：「昔王子師爲豫州，未下車，辟荀慈明；下車，辟孔文舉。貴州人士有堪應此者不？」統舉高平郗鑒爲賢良，陳留阮脩爲直言，濟北程收爲方正，時以爲知人。尋遷黃門侍郎、散騎常侍，領國子博士。永嘉四年，避難奔于成皋，病卒。凡所造賦頌表奏皆傳於後。二子：虨、惇。

虨字思玄，本州辟舉秀才，平南將軍溫嶠以爲參軍。復爲州別駕，辟司空郗鑒掾，除長山令。鑒又請爲司馬，轉黃門郎。車騎將軍庾冰鎭江州，請爲長史。冰薨，庾翼以爲諮議參軍，俄而復補長史。翼薨，大將干瓚作難，[三]虨討平之。除尙書吏部郎，仍遷御史中丞、侍中、吏部尙書。永和中，代桓景爲護軍將軍。出補會稽內史，加右軍將軍。代王彪之爲

尙書僕射。哀帝卽位，疑周貴人名號所宜，彪議見禮志。帝欲於殿庭立鴻祀，又欲躬自藉田，彪並以爲禮廢日久，儀注不存，中興以來所不行，謂宜停之。爲僕射積年，簡文帝爲相，每訪政事，彪多所補益。轉護軍將軍，領國子祭酒，卒官。

子歆，歷琅邪內史、驃騎諮議。歆子恒，元熙中爲西中郎長史。恒弟爽，尙書。

惇字思悛，孝友淳粹，高節邁俗。性好學，儒玄並綜。每以爲君子立行，應依禮而動，雖隱顯殊途，未有不傍禮敎者也。若乃放達不羈，以肆縱爲貴者，非但動違禮法，亦道之所棄也。乃著通道崇檢論，世咸稱之。蘇峻之亂，避地東陽山，太尉郗鑒檄爲兗州治中，又辟太尉掾，康帝爲司徒，亦辟焉，征西將軍庾亮請爲儒林參軍，徵拜博士、著作郎，皆不就。邑里宗其道，有事必諮而後行。東陽太守阮裕、長山令王濛，皆一時名士，並與惇游處，深相欽重。養志二十餘年，永和九年卒，時年四十九，友朋相與刊石立頌，以表德美云。

孫楚 孫統 綽[六]

孫楚字子荆，太原中都人也。祖資，魏驃騎將軍。父宏，南陽太守。楚才藻卓絕，爽邁不羣，多所陵傲，缺鄉曲之譽。年四十餘，始參鎭東軍事。

文帝遣符劭、孫郁使吳，[七]將軍石苞令楚作書遺孫晧曰：

蓋見機而作，周易所貴，小不事大，春秋所誅。此乃吉凶之萌兆，榮辱所由生也。是故許鄭以銜璧全國，曹譚以無禮取滅。載籍旣記其成敗，古今又著其愚智，不復廣引譬類，崇飾浮辭。苟以夸大爲名，更喪忠告之實。今粗論事要，以相覺悟。

昔炎精幽昧，曆數將終，桓靈失德，災釁並興，豺狼抗爪牙之毒，生靈罹塗炭之難。由是九州絕貫，王綱解紐，四海蕭條，非復漢有。太祖承運，神武應期，征討暴亂，克寧區夏；協建靈符，天命旣集，遂廓弘基，奄有魏域。土則神州中嶽，器則九鼎猶存，世載淑美，重光相襲，故知四隩之攸同，帝者之壯觀也。昔公孫氏承藉父兄，世居東裔，擁帶燕胡，憑陵險遠，講武游盤，不供職貢，內傲帝命，外通南國，乘桴滄海，交酬貨賄，葛越布于朔土，貂馬延于吳會，自以控弦十萬，奔走之力，信能右折燕齊，左震扶桑，輮轢沙漠，南面稱王。宣王薄伐，猛銳長驅，師次遼陽，而城池不守，枹鼓暫鳴，而元凶折首。於是遠近疆埸，列郡大荒，收離聚散，大安其居，衆庶悅服，殊俗款附。自兹以降，九野淸泰，東夷獻其樂器，肅愼貢其楛矢，曠世不羈，應化而至，巍巍蕩蕩，想所具聞也。

吳之先祖，起自荆楚，遭時擾攘，潛播江表。劉備震懼，亦逃巴岷。遂因山陵積石之固，三江五湖浩汗無涯，假氣遊魂，迄兹四紀。兩邦合從，東西唱和，互相扇動，距捍中國。自謂三分鼎足之勢，可與泰山共相終始也。相國晉王輔相帝室，文武桓桓，志厲秋霜，廟勝之算，應變無窮，獨見之鑒，與衆絕慮。主上欽明，委以萬機，長轡遠御，妙略潛授，偏師同心，上下用力，陵威奮伐，深入其阻，并敵一向，奪其膽氣。小戰江由，則成都自潰，曜兵劍閣，則姜維面縛。開地六千，領郡三十。兵不踰時，梁益肅清，使竊號之雄，稽顙絳闕，球琳重錦，充於府庫。夫韓并魏徙，虢滅虞亡，此皆前鑒，後事之表。又南中呂興，深覩天命，蟬蛻內附，願爲臣妾。外失輔車脣齒之援，內有羽毛零落之漸，而徘徊危國，冀延日月，此由魏武侯卻指山河，自以爲強，殊不知物有興亡，則所美非其地也。

方今百僚濟濟，儁乂盈朝，武臣猛將，折衝萬里，國富兵強，六軍精練，思復翰飛，飲馬南海。自頃國家整修器械，興造舟楫，簡習水戰，樓船萬艘，千里相望，刳木已來，舟車之用未有如今之殷盛者也。驍勇百萬，畜力待時。役不再舉，今日之師也。然主相眷眷未便電發者，猶以爲愛人治國，道家所尚，崇城遂卑，文王退舍，故先開大信，喩以存亡，殷勤之指，往使所究也。若能審勢安危，自求多福，蹶然改容，祗承往錫，追慕南越，嬰齊入侍，北面稱臣，伏聽告策，則世祚江表，永爲魏藩，豐功顯報，隆於今日矣。

若猶侮慢，未順王命，然後謀力雲合，指麾從風，雍梁二州，順流而東，靑徐戰士，列江而西，荆揚兗豫，爭驅八衝，征東甲卒，武步秣陵，爾乃王輿整駕，六戎徐征，羽校燭日，旌旗星流，龍游曜路，歌吹盈耳，士卒奔邁，其會如林，煙塵俱起，震天駭地，渴賞之士，鋒鏑爭先，忽然一旦，身首橫分，宗祀淪覆，取戒萬世，引領南望，良助寒心！夫療膏肓之疾者，必進苦口之藥；決狐疑之慮者，亦告逆耳之言。如其猶豫，迷而不反，恐俞附見其已死，扁鵲知其無功矣。勉思良圖，惟所去就。

劭等至吳，不敢爲通。

楚後遷佐著作郎，復參石苞驃騎軍事。楚旣負其材氣，頗侮易於苞，初至，長揖曰：「天子命我參卿軍事。」因此而嫌隙遂構。苞奏楚與吳人孫世山共訕毀時政，楚亦抗表自理，紛紜經年，事未判，又與鄉人郭奕忿爭。武帝雖不顯明其罪，然以少賤受責，遂湮廢積年。初，參軍不敬府主，楚旣輕苞，遂制施敬，自楚始也。

征西將軍、扶風王駿與楚舊好，起爲參軍。轉梁令，遷衞將軍司馬。時龍見武庫井中，羣臣將上賀，楚上言曰：「頃聞武庫井中有二龍，羣臣或有謂之禎祥而稱賀者，或有謂之非祥無所賀者，可謂楚旣失之，而齊亦未爲得也。夫龍或俯鱗潛于重泉，或仰攀雲漢游乎蒼昊，而今蟠于坎井，同於蛙蝦者，豈獨管庫之士或有隱伏，厮役之賢沒於行伍？故龍見光景，有所感悟。願陛下赦小過，舉賢才，垂夢於傅巖，望想於渭濱，修學官，起淹滯，申命公卿，舉獨行君子可惇風厲俗者，又舉亮拔秀異之才可以撥煩理難矯世抗言者，無繫世族，必先逸賤。夫戰勝攻取之勢，并兼混一之威，五伯之事，韓白之功耳；至於制禮作樂，闡揚道化，甫是士人出筋力之秋也。伏願陛下擇狂夫之言。」

惠帝初，爲馮翊太守。元康三年卒。〔八〕

初，楚與同郡王濟友善，濟爲本州大中正，訪問銓邑人品狀，至楚，濟曰：「此人非卿所能目，吾自爲之。」乃狀楚曰：「天才英博，亮拔不羣。」楚少時欲隱居，謂濟曰：「當欲枕石漱流。」誤云「漱石枕流」。濟曰：「流非可枕，石非可漱。」楚曰：「所以枕流，欲洗其耳；所以漱石，欲厲其齒。」楚少所推服，惟雅敬濟。初，楚除婦服，作詩以示濟，濟曰：「未知文生於情，情生於文，覽之悽然，增伉儷之重。」

三子：衆、洵、纂。衆及洵俱未仕而早終。〔九〕惟纂子統、綽並知名。

統字承公。幼與綽及從弟盛過江。誕任不羈，而善屬文，時人以爲有楚風。征北將軍褚裒聞其名，命爲參軍，辭不就，家于會稽。性好山水，乃求爲鄞令，轉在吳寧。居職不留心碎務，縱意游肆，名山勝川，靡不窮究。後爲餘姚令，卒。

子騰嗣，以博學著稱，位至廷尉。騰弟登，少善名理，注老子，行于世，仕至尚書郎，早終。

綽字興公。博學善屬文，少與高陽許詢俱有高尚之志。居于會稽，游放山水，十有餘年，乃作遂初賦以致其意。嘗鄙山濤，而謂人曰：「山濤吾所不解，吏非吏，隱非隱，若以元禮門爲龍津，則當點額暴鱗矣。」所居齋前種一株松，恒自守護，鄰人謂之曰：「樹子非不楚楚可憐，但恐永無棟梁日耳。」綽答曰：「楓柳雖復合抱，亦何所施邪！」綽與詢一時名流，或愛詢高邁，則鄙於綽，或愛綽才藻，而無取於詢。沙門支遁試問綽：「君何如許？」答曰：「高情遠致，弟子早已伏膺；然一詠一吟，許將北面矣。」絕重張衡、左思之賦，每云：「三都、二京，五經之鼓吹也。」嘗作天台山賦，辭致甚工，初成，以示友人范榮期，云：「卿試擲地，當作金石聲也。」榮期曰：「恐此金石非中宮商。」然每至佳句，輒云：「應是我輩語。」除著作佐郎，襲爵長樂侯。

綽性通率，好譏調。嘗與習鑿齒共行，綽在前，顧謂鑿齒曰：「沙之汰之，瓦石在後。」鑿齒曰：「簸之颺之，穅秕在前。」

征西將軍庾亮請爲參軍，補章安令，徵拜太學博士，遷尚書郎。揚州刺史殷浩以爲建威長史。會稽內史王羲之引爲右軍長史。轉永嘉太守，遷散騎常侍，領著作郎。

時大司馬桓溫欲經緯中國，以河南粗平，將移都洛陽。朝廷畏溫，不敢爲異，而北土蕭條，人情疑懼，雖並知不可，莫敢先諫。綽乃上疏曰：

伏見征西大將軍臣溫表「便當躬率三軍，討除二寇，蕩滌河渭，清灑舊京。然後神旂電舒，朝服濟江，反皇居於中土，正玉衡於天極」。斯超世之弘圖，千載之盛事。然臣之所懷，竊有未安，以爲帝王之興，莫不藉地利人和以建功業，貴能以義平暴，因而撫之。懷愍不建，淪胥秦京，遂令胡戎交侵，神州絕綱，土崩之釁，誠由道喪。然中夏蕩蕩，一時橫流，百郡千城曾無完郛者，何哉？亦以地不可守，投奔有所故也。天祚未革，中宗龍飛，非惟信順協於天人而已，實賴萬里長江畫而守之耳。易稱「王公設險以守其國」，險之時義大矣哉！斯已然之明效也。今作勝談，自當任道而遺險；校實量分，不得不保小以固存。自喪亂已來六十餘年，蒼生殄滅，百不遺一，河洛丘虛，函夏蕭條，井堙木刊，阡陌夷滅，生理茫茫，永無依歸。播流江表，已經數世，存者長子老孫，亡者丘隴成行。雖北風之思感其素心，目前之哀實爲交切。若遷都旋軫之日，中興五陵，卽復緬成遐域。泰山之安既難以理保，烝烝之思豈不纏於聖心哉！

溫今此舉，誠欲大覽始終，爲國遠圖。向無山陵之急，亦未首決大謀，獨任天下之

至難也。今發憤忘食，忠慨亮到，凡在有心，孰不致感！而百姓震駭，同懷危懼者，豈不以反舊之樂賒，而趣死之憂促哉！何者？植根於江外數十年矣，一朝拔之，頓驅踧於空荒之地，提挈萬里，踰險浮深，離墳墓，棄生業，富者無三年之糧，貧者無一飡之飯，田宅不可復售，舟車無從而得，捨安樂之國，適習亂之鄉，出必安之地，就累卵之危，將頓仆道塗，飄溺江川，僅有達者。夫國以人爲本，疾寇所以爲人，衆喪而寇除，亦安所取哉？此仁者所宜哀矜，國家所宜深慮也。自古今帝王之都，豈有常所，時隆則宅中而圖大，勢屈則遵養以待會。使德不可勝，家有三年之積，然後始可謀太平之事耳。今天時人事，有未至者矣，一朝欲一宇宙，無乃頓而難舉乎？

臣之愚計，以爲且可更遣一將有威名資實者，先鎮洛陽，於陵所築二壘以奉衞山陵，掃平梁許，清一河南，運漕之路旣通，然後盡力於開墾，廣田積穀，漸爲徙者之資。如此，賊見亡徵，勢必遠竄。如其迷逆不化，復欲送死者，南北諸軍風馳電赴，若身手之救痛痒，率然之應首尾，山陵旣固，中夏小康。陛下且端委紫極，增修德政，躬行漢文簡樸之至，去小惠，節游費，審官人，練甲兵，以養士滅寇爲先。十年行之，無使隳廢，則貧者殖其財，怯者充其勇，人知天德，赴死如歸，以此致政，猶運諸掌握。何故捨百勝之長理，舉天下而一擲哉！陛下春秋方富，溫克壯其猷，君臣相與，弘養德業，括

二十四史

囊元吉，豈不快乎！

今溫唱高議，聖朝互同，臣以輕微，獨獻管見。出言之難，實在今日，而臣區區必聞天聽者，竊以無諱之朝，〔一〇〕狂瞽進說，芻蕘之謀，聖賢所察，所以不勝至憂，觸冒干陳。若陛下垂神，溫少留思，豈非屈於一人而允億兆之願哉！如以干忤罪大，欲加顯戮，使丹誠上達，退受刑誅，雖沒泉壤，尸且不朽。

桓溫見綽表，不悅，曰：「致意興公，何不尋君遂初賦，知人家國事邪！」尋轉廷尉卿，領著作。綽少以文才垂稱，于時文士，綽爲其冠。溫、王、郗、庾諸公之薨，必須綽爲碑文，然後刊石焉。年五十八，卒。

子嗣，有綽風，文章相亞，位至中軍參軍，早亡。

史臣曰：江統風檢操行，良有可稱，陳留多士，斯爲其冠。徙戎之論，實乃經國遠圖。然運距中衰，陵替有漸，假其言見用，恐速禍招怨，無救於將顛也。逮愍懷廢徙，冒禁拜辭，所謂命輕鴻毛，義貴熊掌。彪位隆端右，竭誠獻替。惇遺忽榮利，聿修天爵。雖出處異塗，俱難兄弟矣。孫楚體英絢之姿，超然出類，見知武子，誠無媿色。覽其貽皓之書，諒曩代之佳筆也。而負才誕傲，蔑苞忿奕，違遜讓之道，肆陵憤之氣，丁年沈廢，諒自取矣。統綽棣華

秀發，名顯中興，可謂無忝爾祖。統竟淪跡下邑，窮覿勝地，會其心焉。綽獻直論辭，都不慴元子，有匪躬之節，豈徒文雅而已哉！

贊曰：應元蹈義，子荆越俗。江寡悔尤，孫貽擯辱。彪統昆弟，江左馳聲。彬彬藻思，綽冠羣英。

校勘記

〔一〕夫夷蠻戎狄謂之四夷　「四夷」，各本作「四海」，今從吳本。册府九九〇亦作「四夷」。

〔二〕爲寇賊強暴　「爲」，册府九九〇作「雖」，疑是。

〔三〕嘉左衽之功　「嘉」，各本作「加」，今從吳本。册府九九〇、通典一八九、通志一二四下均作「嘉」。

〔四〕夷夏俱斃　「斃」，通鑑八三作「斃」，羣書治要三〇、通典一八九、通志一二四下作「弊」。「斃」「弊」同，疑「斃」爲誤字。

〔五〕干瓚　見卷八校記。

〔六〕孫統綽　原目作「子衆洵纂纂子統綽」。按：正文楚三子無傳，唯楚孫統、綽有傳，今改正。

〔七〕文帝遣符劭孫郁使吳　斠注：文帝紀、吳志三嗣主傳、文選爲石仲容與孫晧書注引臧榮緒晉書，「符」並作「徐」。文紀、魏志陳留王紀「郁」並作「彧」。參卷二校記。

〔八〕元康三年卒　「元康」，各本作「太康」，今從宋本。

〔九〕三子至洵俱未仕而早終　孫洵，孫盛傳及魏志劉放傳注引晉陽秋俱云爲潁川太守，非未仕。

〔一〇〕竊以無諱之朝　「竊」，各本作「切」，今從宋本。通志一二四下亦作「竊」。

晉書卷五十七

列傳第二十七

羅憲 兄子尚

羅憲字令則，襄陽人也。父蒙，蜀廣漢太守。憲年十三，能屬文，早知名。師事譙周，周門人稱爲子貢。性方亮嚴整，待士無倦，輕財好施，不營產業。仕蜀爲太子舍人、宣信校尉。再使於吳，吳人稱焉。

時黃皓預政，衆多附之，憲獨介然。皓恚之，左遷巴東太守。時大將軍閻宇都督巴東，拜憲領軍，爲宇副貳。魏之伐蜀，召宇西還，憲守永安城。及成都敗，城中擾動，邊江長吏皆棄城走，憲斬亂者一人，百姓乃安。知劉禪降，乃率所統臨于都亭三日。吳聞蜀敗，遣將軍盛憲西上，〔一〕外託救援，內欲襲憲。憲曰：「本朝傾覆，吳爲脣齒，不恤我難，而邀其利，吾寧當爲降虜乎！」乃歸順。於是繕甲完聚，厲以節義，士皆用命。及鍾會、鄧艾死，百城無

主，吳又使步協西征，憲大破其軍。孫休怒，又遣陸抗助協。憲距守經年，救援不至，城中疾疫太半。或勸南出牂柯，北奔上庸，可以保全。憲曰：「夫爲人主，百姓所仰，既不能存，急而棄之，君子不爲也。畢命於此矣。」會荊州刺史胡烈等救之，抗退。加陵江將軍、監巴東軍事、使持節，領武陵太守。

泰始初入朝，詔曰：「憲忠烈果毅，有才策器幹，可給鼓吹。」又賜山玄玉佩劍。泰始六年卒，贈使持節、安南將軍、武陵太守，追封西鄂侯，諡曰烈。

初，憲侍讌華林園，詔問蜀大臣子弟，後問先輩宜時敍用者，憲薦蜀人常忌、杜軫等，皆西國之良器，武帝並召而任之。

子襲，歷給事中、陵江將軍，統其父部曲，至廣漢太守。兄子尚。

尚字敬之，一名仲。父式，牂柯太守。尚少孤，依叔父憲。善屬文。荊州刺史王戎以尚及劉喬爲參軍，並委任之。太康末，爲梁州刺史。

及趙廞反于蜀，尚表曰：「廞非雄才，必無所成，計日聽其敗耳。」乃假尚節爲平西將軍、益州刺史、西戎校尉。性貪，少斷，蜀人言曰：「尚之所愛，非邪則佞；尚之所憎，非忠則正。富擬魯衞，家成市里；貪如豺狼，無復極已。」又曰：「蜀賊尚可，羅尚殺我。平西將軍，反更爲禍。」

時李特亦起於蜀，攻蜀，殺趙廞。又攻尚於成都，尚退保江陽。初，尚乞師方嶽，荊州刺史宗岱率建平太守孫阜救之，〔二〕次于江州。岱、阜兵盛，諸爲寇所逼者，人有奮志。尚乃使兵曹從事任銳僞降，〔三〕因出密宣告于外，剋日俱擊，遂大破之，斬李特，傳首洛陽。特子雄僭號，都于郫城。尚遣將軍隗伯攻之，不克。俄而尚卒，雄遂據有蜀土。

滕脩

滕脩字顯先，南陽西鄂人也。仕吳爲將帥，封西鄂侯。孫晧時，代熊睦爲廣州刺史，甚有威惠。徵爲執金吾。廣州部曲督郭馬等爲亂，晧以脩宿有威惠，爲嶺表所伏，以爲使持節、都督廣州軍事、鎮南將軍、廣州牧以討之。未克而王師伐吳，脩率衆赴難。至巴丘而晧已降，乃縞素流涕而還，與廣州刺史閭豐、蒼梧太守王毅各送印綬，詔以脩爲安南將軍，廣州牧、持節、都督如故，封武當侯，加鼓吹，委以南方事。脩在南積年，爲邊夷所附。

太康九年卒，請葬京師，帝嘉其意，賜墓田一頃，諡曰聲。脩之子並上表曰：「亡父脩羇紲吳壤，爲所驅馳；幸逢開通，沐浴至化，得從俘虜握戎馬之要；未覲聖顏，委南藩之重，實

由勳勞少聞天聽故也。年衰疾篤，屢乞骸骨，未蒙垂哀，奄至薨隕。臣承遺意，輿櫬還都，瞻望雲闕，實懷痛裂。竊聞博士諡脩曰聲，直彰流播，不稱行績，不勝愚情，冒昧聞訴。」帝乃賜諡曰忠。

並子含，初爲庾冰輕車長史，討蘇峻有功，封夏陽縣開國侯，邑千六百戶，授平南將軍、廣州刺史。在任積年，甚有威惠，卒諡曰戴。含弟子遯，交州刺史。

脩曾孫恬之，龍驤將軍、魏郡太守，戍黎陽，爲翟遼所執，死之。

馬隆

馬隆字孝興，東平平陸人。少而智勇，好立名節。魏兗州刺史令狐愚坐事伏誅，舉州無敢收者。隆以武吏託稱愚客，以私財殯葬，服喪三年，列植松柏，禮畢乃還，一州以爲美談。署武猛從事。

泰始中，將興伐吳之役，下詔曰：「吳會未平，宜得猛士以濟武功。雖舊有薦舉之法，未足以盡殊才。其普告州郡，有壯勇秀異才力傑出者，皆以名聞，將簡其尤異，擢而用之。苟有其人，勿限所取。」兗州舉隆才堪良將。稍遷司馬督。

初，涼州刺史楊欣失羌戎之和，隆陳其必敗。俄而欣爲虜所沒，河西斷絕，帝每有西顧

之憂，臨朝而歎曰：「誰能爲我討此虜通涼州者乎？」朝臣莫對。隆進曰：「陛下若能任臣，臣能平之。」帝曰：「必能滅賊，何爲不任，顧卿方略何如耳。」隆曰：「陛下若能任臣，當聽臣自任。」帝曰：「云何？」隆曰：「臣請募勇士三千人，無問所從來，率之鼓行而西，稟陛下威德，醜虜何足滅哉！」帝許之，乃以隆爲武威太守。公卿僉曰：「六軍既衆，州郡兵多，但當用之，不宜橫設賞募以亂常典。隆小將妄說，不可從也。」帝弗納。隆募限腰引弩三十六鈞、弓四鈞，立標簡試。自旦至中，得三千五百人，隆曰：「足矣。」因請自至武庫選杖。武庫令與隆忿爭，御史中丞奏劾隆，隆曰：「臣當亡命戰場，以報所受，武庫令乃以魏時朽杖見給，不可復用，非陛下使臣滅賊意也。」帝從之，又給其三年軍資。隆於是西渡溫水。虜樹機能等以衆萬計，或乘險以遏隆前，或設伏以截隆後。隆依八陣圖作偏箱車，地廣則鹿角車營，路狹則爲木屋施於車上，且戰且前，弓矢所及，應弦而倒。奇謀間發，出敵不意。或夾道累磁石，賊負鐵鎧，行不得前，隆卒悉被犀甲，無所留礙，賊咸以爲神。轉戰千里，殺傷以千數。自隆之西，音問斷絕，朝廷憂之，或謂已沒。後隆使夜到，帝撫掌歡笑。詰朝，召羣臣謂曰：「若從諸卿言，是無秦涼也。」乃詔曰：「隆以偏師寡衆，奮不顧難，冒險能濟，其假節、宣威將軍，加赤幢、曲蓋、鼓吹。」隆到武威，虜大人猝跋韓、且萬能等率萬餘落歸降，前後誅殺及降附者以萬計。又率善戎沒骨能等與樹機能大戰，斬之，涼州遂平。朝議將加隆將士勳賞，

有司奏隆將士皆先加顯爵，不應更授。衞將軍楊珧駁曰：「前精募將士，少加爵命者，此適所以爲誘引。今隆全軍獨克，西土獲安，不得便以前授塞此後功，宜皆聽許，以明要信。」乃從珧議，賜爵加秩各有差。

太康初，朝廷以西平荒毀，宜時興復，以隆爲平虜護軍、西平太守，將所領精兵，又給牙門一軍，屯據西平。時南虜成奚每爲邊患，隆至，帥軍討之。虜據險距守，隆令軍士皆負農器，將若田者。虜以隆無征討意，御衆稍怠。隆因其無備，進兵擊破之。畢隆之政，不敢爲寇。

太熙初，封奉高縣侯，加授東羌校尉。積十餘年，威信震於隴右。時略陽太守馮翊嚴舒與楊駿通親，密圖代隆，毀隆年老謬耄，不宜服戎，於是徵隆，以舒代鎮。氐羌聚結，百姓驚懼。朝廷恐關隴復擾，乃免舒，遣隆復職，竟卒于官。

子咸嗣，亦驍勇。成都王穎攻長沙王乂，以咸爲鷹揚將軍，率兵屯河橋中渚，爲乂將王瑚所敗，沒於陣。

胡奮

胡奮字玄威，安定臨涇人也，魏車騎將軍陰密侯遵之子也。奮性開朗，有籌略，少好武

事。宣帝之伐遼東也，以白衣侍從左右，甚見接待。還爲校尉，稍遷徐州刺史，封夏陽子。匈奴中部帥劉猛叛，使驍騎路蕃討之，以奮爲監軍、假節，頓軍陘北，爲蕃後繼。擊猛，破之，猛帳下將李恪斬猛而降。以功累遷征南將軍、假節、都督荊州諸軍事，遷護軍，加散騎常侍。奮家世將門，晚乃好學，有刀筆之用，所在有聲績，居邊特有威惠。

泰始末，武帝怠政事而耽於色，大採擇公卿女以充六宮，奮女選入爲貴人。奮唯有一子，爲南陽王友，早亡。及聞女爲貴人，哭曰：「老奴不死，唯有二兒，男入九地之下，女上九天之上。」奮既舊臣，兼有椒房之助，甚見寵待。遷左僕射，加鎮軍大將軍、開府儀同三司。時楊駿以后父驕傲自得，奮謂駿曰：「卿恃女更益豪邪？歷觀前代，與天家婚，未有不滅門者，但早晚事耳。觀卿舉措，適所以速禍。」駿曰：「卿女不在天家乎？」奮曰：「我女與卿女作婢耳，何能損益！」時人皆爲之懼。駿雖銜之，而不能害。後卒於官，贈車騎將軍，謚曰壯。

奮兄弟六人，兄廣，弟烈，並知名。

廣字宣祖，位至散騎常侍、少府。廣子喜，字林甫，亦以開濟爲稱，仕至涼州刺史、建武將軍、假節、護羌校尉。

烈字武玄，爲將伐蜀。鍾會之反也，烈與諸將皆被閉。烈子世元，時年十八，爲士卒先，攻殺會，名馳遠近。烈爲秦州刺史，及涼州叛，烈屯於萬斛堆，爲虜所圍，無援，遇害。

陶璜

陶璜字世英，丹楊秣陵人也。父基，吳交州刺史。璜仕吳歷顯位。

孫晧時，交阯太守孫諝貪暴，爲百姓所患。會察戰鄧荀至，[四]擅調孔雀三千頭，遣送秣陵，既苦遠役，咸思爲亂。郡吏呂興殺諝及荀，以郡內附。武帝拜興安南將軍、交阯太守。尋爲其功曹李統所殺，帝更以建寧爨谷爲交阯太守。谷又死，更遣巴西馬融代之。融病卒，南中監軍霍弋又遣犍爲楊稷代融，與將軍毛炅，九眞太守董元，牙門孟幹、孟通、李松、王業、[五]爨能等，自蜀出交阯，破吳軍於古城，斬大都督脩則、交州刺史劉俊。吳遣虞汜爲監軍，薛珝爲威南將軍、大都督，璜爲蒼梧太守，距稷，戰于分水。璜敗，退保合浦，亡其二將。珝怒，謂璜曰：「若自表討賊，而喪二帥，其責安在？」璜曰：「下官不得行意，諸軍不相順，故致敗耳。」珝怒，欲引軍還。璜夜以數百兵襲董元，獲其寶物，船載而歸，珝乃謝之，以璜領交州，爲前部督。璜從海道出於不意，徑至交阯，元距之。諸將將戰，璜疑斷牆內有伏兵，列長戟於其後。兵纔接，元僞退，璜追之，伏兵果出，長戟逆之，大破元等。以前所得寶船上錦物數千匹遺扶嚴賊帥梁奇，奇將萬餘人助璜。元有勇將解系同在城內，璜誘其弟象，使爲書與系，又使象乘璜軺車，鼓吹導從而行。元等曰：「象尚若此，系必有去志。」乃就

殺之。翊、璜遂陷交阯。吳因用璜爲交州刺史。

璜有謀策，周窮好施，能得人心。滕脩數討南賊，不能制，璜曰：「南岸仰吾鹽鐵，斷勿與市，皆壞爲田器。如此二年，可一戰而滅也。」脩從之，果破賊。

初，霍弋之遣稷、炅等，與之誓曰：「若賊圍城未百日而降者，家屬誅；若過百日救兵不至，吾受其罪。」稷等守未百日，糧盡，乞降，璜不許，給其糧使守。諸將並諫，璜曰：「霍弋已死，不能救稷等必矣，可須其日滿，然後受降，使彼得無罪，我受有義，內訓百姓，外懷鄰國，不亦可乎！」稷等期訖糧盡，救兵不至，乃納之。脩則既爲毛炅所殺，則子允隨璜南征，城既降，允求復讐，璜不許。炅密謀襲璜，事覺，收炅，呵曰：「晉賊！」炅厲聲曰：「吳狗！何等爲賊？」允剖其腹，曰：「復能作賊不？」炅猶罵曰：「吾志殺汝孫晧，汝父何死狗也！」璜既擒稷等，並送之。稷至合浦，發病死。孟幹、爨能、李松等至建鄴，晧將殺之。或勸晧，幹等忠於所事，宜宥之以勸邊將，晧從其言，將徙之臨海。幹等志欲北歸，慮東徙轉遠，以吳人愛蜀側竹弩，言能作之，晧留付作部。後幹逃至京都，松、能爲晧所殺。幹陳伐吳之計，帝乃厚加賞賜，以爲日南太守。先是，以楊稷爲交州刺史，毛炅爲交阯太守，印綬未至而敗，卽贈稷交州，炅及松能子並關內侯。

九眞郡功曹李祚保郡內附，璜遣將攻之，不克。祚舅黎晃隨軍，勸祚令降。祚答曰：

「舅自吳將，祚自晉臣，唯力是視耳。」踰時乃拔。晧以璜爲使持節、都督交州諸軍事、前將軍、交州牧。武平、九德、新昌土地阻險，夷獠勁悍，歷世不賓，璜征討，開置三郡，及九眞屬國三十餘縣。徵璜爲武昌都督，以合浦太守脩允代之。交土人請留璜以千數，於是遣還。

晧既降晉，手書遣璜息融敕璜歸順。璜流涕數日，遣使送印綬詣洛陽。帝詔復其本職，封宛陵侯，改爲冠軍將軍。

吳既平，普減州郡兵，璜上言曰：「交土荒裔，斗絕一方，或重譯而言，連帶山海。又南郡去州海行千有餘里，〔六〕外距林邑纔七百里。夷帥范熊世爲逋寇，自稱爲王，數攻百姓。且連接扶南，種類猥多，朋黨相倚，負險不賓。往隸吳時，數作寇逆，攻破郡縣，殺害長吏。臣以尫駑，昔爲故國所採，偏戍在南，十有餘年。雖前後征討，翦其魁桀，深山僻穴，尙有逋竄。又臣所統之卒本七千餘人，南土溫溼，多有氣毒，加累年征討，死亡減耗，其見在者二千四百二十人。今四海混同，無思不服，當卷甲消刃，禮樂是務。而此州之人，識義者寡，厭其安樂，好爲禍亂。又廣州南岸，周旋六千餘里，不賓屬者乃五萬餘戶，及桂林不羈之輩，復當萬戶。至於服從官役，纔五千餘家。二州脣齒，唯兵是鎭。又寧州興古接據上流，去交阯郡千六百里，水陸並通，互相維衞。州兵未宜約損，以示單虛。夫風塵之變，出於非常。臣亡國之餘，議不足採，聖恩廣厚，猥垂飾擢，蠲其罪釁，改授方任，去辱卽寵，拭目更

視，誓念投命，以報所受，臨履所見，謹冒瞽陳。」又以「合浦郡土地磽确，無有田農，百姓唯以采珠爲業，商賈去來，以珠貿米。而吳時珠禁甚嚴，慮百姓私散好珠，禁絕來去，人以饑困。又所調猥多，限每不充。今請上珠三分輸二，次者輸一，粗者蠲除。自十月訖二月，非採上珠之時，聽商旅往來如舊」。並從之。

在南三十年，威恩著于殊俗。及卒，舉州號哭，如喪慈親。朝廷乃以員外散騎常侍吾彥代璜。彥卒，又以員外散騎常侍顧祕代彥。祕卒，州人逼祕子參領州事。參尋卒，參弟壽求領州，州人不聽，固求之，遂領州。壽乃殺長史胡肇等，又將殺帳下督梁碩，碩走得免，起兵討壽，禽之，付壽母，令鴆殺之。碩乃迎璜子蒼梧太守威領刺史，在職甚得百姓心，三年卒。威弟淑，子綏，後並爲交州。自基至綏四世，爲交州者五人。

璜弟濬，吳鎭南大將軍、荊州牧。濬弟抗，太子中庶子。濬子湮，字恭之；湮弟猷，字恭豫，並有名。湮至臨海太守、黃門侍郎。猷宣城內史，王導右軍長史。湮子馥，于湖令，爲韓晃所殺，追贈廬江太守。抗子回，自有傳。

吾彥

吾彥字士則，吳郡吳人也。出自寒微，有文武才幹。身長八尺，手格猛獸，旅力絕羣。

仕吳爲通江吏。時將軍薛珝杖節南征，軍容甚盛，彥觀之，慨然而歎。有善相者劉札謂之曰：「以君之相，後當至此，不足慕也。」

初爲小將，給吳大司馬陸抗。抗奇其勇略，將拔用之，患衆情不允，乃會諸將，密使人陽狂拔刀跳躍而來，坐上諸將皆懼而走，唯彥不動，舉几禦之，衆服其勇，乃擢用焉。

稍遷建平太守。時王濬將伐吳，造船於蜀，彥覺之，請增兵爲備，晧不從，彥乃輒爲鐵鎖，橫斷江路。及師臨境，緣江諸城皆望風降附，或見攻而拔，唯彥堅守，大衆攻之不能克，乃退舍禮之。

吳亡，彥始歸降，武帝以爲金城太守。帝嘗從容問薛瑩曰：「孫晧所以亡國者何也？」瑩對曰：「歸命侯臣晧之君吳，昵近小人，刑罰妄加，大臣大將無所親信，人人憂恐，各不自安，敗亡之釁，由此而作矣。」其後帝又問彥，對曰：「吳主英俊，宰輔賢明。」帝笑曰：「君明臣賢，何爲亡國？」彥曰：「天祿永終，曆數有屬，所以爲陛下擒。此蓋天時，豈人事也！」張華時在坐，謂彥曰：「君爲吳將，積有歲年，蔑爾無聞，竊所惑矣。」彥厲聲曰：「陛下知我，而卿不聞乎？」帝甚嘉之。

轉在敦煌，威恩甚著。遷雁門太守。時順陽王暢驕縱，前後內史皆誣之以罪。及彥爲順陽內史，彥淸身率下，威刑嚴肅，衆皆畏懼。暢不能誣，乃更薦之，冀其去職。遷員外散

騎常侍。帝嘗問彥：「陸喜、陸抗二人誰多也？」彥對曰：「道德名望，抗不及喜；立功立事，喜不及抗。」

會交州刺史陶璜卒，以彥爲南中都督、交州刺史。重餉陸機兄弟，機將受之，雲曰：「彥本微賤，爲先公所拔，而答詔不善，安可受之！」機乃止。因此每毀之。長沙孝廉尹虞謂機等曰：「自古由賤而興者，乃有帝王，何但公卿。若何元幹、侯孝明、唐儒宗、張義允等，並起自寒微，皆內侍外鎮，人無譏者。卿以士則答詔小有不善，毀之無已，吾恐南人皆將去卿，卿便獨坐也。」於是機等意始解，毀言漸息矣。

初，陶璜之死也，九眞戍兵作亂，逐其太守，九眞賊帥趙祉圍郡城，彥悉討平之。在鎮二十餘年，威恩宣著，南州寧靖。自表求代，徵爲大長秋。卒於官。

張光

張光字景武，江夏鍾武人也。身長八尺，明眉目，美音聲。少爲郡吏，家世有部曲，以牙門將伐吳有功，遷江夏西部都尉，轉北地都尉。

初，趙王倫爲關中都督，氐羌反叛，太守張損戰沒，郡縣吏士少有全者。光以百餘人戍馬蘭山北，賊圍之百餘日。光撫厲將士，屢出奇兵擊賊，破之。光以兵少路遠，自分敗沒。

會梁王肜遣司馬索靖將兵迎光，舉軍悲泣，遂還長安。肜表光「處絕圍之地，有耿恭之忠，宜加甄賞，以明奬勸」。於是擢授新平太守，加鼓吹。

屬雍州刺史劉沈被密詔討河間王顒，光起兵助沈。沈時委任秦州刺史皇甫重，重自以關西大族，心每輕光，謀多不用。及二州軍潰，爲顒所擒，顒謂光曰：「前起兵欲作何策？」光正色答曰：「但劉雍州不用鄙計，故令大王得有今日也。」顒壯之，引與歡宴彌日，表爲右衞司馬。

陳敏作亂，除光順陽太守，加陵江將軍，率步騎五千詣荊州討之。刺史劉弘雅敬重光，稱爲南楚之秀。時江夏太守陶侃與敏大將錢端相距於長岐，將戰，襄陽太守皮初爲步軍，使光設伏以待之，武陵太守苗光爲水軍，藏舟艦於沔水。皮初等與賊交戰，光發伏兵應之，水陸同奮，賊衆大敗。弘表光有殊勳，遷材官將軍、梁州刺史。

先是，秦州人鄧定等二千餘家，饑餓流入漢中，保于成固，〔七〕漸爲抄盜。梁州刺史張殷遣巴西太守張燕討之。定窘急，僞乞降于燕，幷餽燕金銀，燕喜，爲之緩師。定密結李雄，雄遣衆救定，燕退，定遂進逼漢中。太守杜正沖東奔魏興，〔八〕殷亦棄官而遁。光不得赴州，止於魏興，乃結諸郡守共謀進取。燕唱言曰：「漢中荒敗，迫近大賊，克復之事，當俟英雄。」正沖曰：「張燕受賊金銀，不時進討，阻兵緩寇，致喪漢中，實燕之罪也。」光於是發怒，呵燕令出，斬之以徇。綏撫荒殘，百姓悅服。光於是卻鎮漢中。

時逆賊王如餘黨李運、楊武等，自襄陽將三千餘家入漢中，光遣參軍晉邈率衆於黃金距之。邈受運重賂，勸光納運。光從邈言，使居成固。既而邈以運多珍貨，又欲奪之，復言於光曰：「運之徒屬不事佃農，但營器杖，意在難測，可掩而取之。」光又信焉。遣邈衆討運，不克。光乞師於氐王楊茂搜，茂搜遣子難敵助之。難敵求貨於光，光不與。楊武乃厚賂難敵，謂之曰：「流人寶物悉在光處，今伐我，不如伐光。」難敵大喜，聲言助光，內與運同，光弗之知也，遣息援率衆助邈。運與難敵夾攻邈等，援爲流矢所中死，賊遂大盛。光嬰城固守，自夏迄冬，憤激成疾。佐吏及百姓咸勸光退據魏興，光按劍曰：「吾受國厚恩，不能翦除寇賊，今得自死，便如登仙，何得退還也！」聲絕而卒，時年五十五。百姓悲泣，遠近傷惜之。有二子：炅、邁。

炅少辟太宰掾。邁多才略，有父風。州人推邁權領州事，與賊戰沒。別駕范曠及督護王喬奉光妻息，率其遺衆，還據魏興。其後義陽太守任愔爲梁州，光妻子歸本郡。南平太守應詹白都督王敦，稱「光在梁州能興微繼絕，威振巴漢。值中原傾覆，征鎮失守，外無救助，內闕資儲，以寡敵衆，經年抗禦，厲節不撓，宜應追論顯贈，以慰存亡」。敦不能從。

趙誘

趙誘字元孫，淮南人也。世以將顯。州辟主簿。

值刺史郗隆被齊王冏檄，使起兵討趙王倫，隆欲承檄舉義，而諸子姪並在洛陽；欲坐觀成敗，恐爲冏所討，進退有疑，會羣吏計議。誘說隆曰：「趙王篡逆，海內所病。今義兵飈起，其敗必矣。今爲明使君計，莫若自將精兵，徑赴許昌，上策也。不然，且可留後，遣猛將將兵會盟，亦中策也。若遣小軍隨形助勝，下策耳。」隆曰：「我受二帝恩，無所偏助，正欲保州而已。」誘與治中留寶、主簿張褒等諫隆：「若無所助，變難將生，州亦不可保也。」隆猶豫不決，遂爲其下所害。

誘還家，杜門不出。左將軍王敦以爲參軍，加廣武將軍，與甘卓、周訪共討華軼，破之。又擊杜弢於西湘。太興初，復與卓攻弢，滅之。累功賜爵平阿縣侯，代陶侃爲武昌太守。時杜曾迎第五猗於荊州作亂，敦遣誘與襄陽太守朱軌共距之。猗既愍帝所遣，加有時望，爲荊楚所歸。誘等苦戰皆沒，敦甚悼惜之，表贈征虜將軍、秦州刺史，謚曰敬。

子龔，與誘俱死。元帝爲晉王，下令贈新昌太守。龔弟胤，字伯舒。王敦使周訪擊杜曾，胤請從行。訪憚曾之强，欲先以胤餌曾，使其衆疲而後擊之。胤多梟首級。王導引爲從事中郎。南頓王宗反，胤殺宗，於是王導、庾亮並倚杖之。轉冠軍將軍，遷西豫州刺史，〔九〕卒於官。

史臣曰：忠爲令德，貞曰事君，徇國家而竭身，歷夷險而一節。羅憲、滕脩，濯纓入仕，指巴東而受脤，出嶺嶠而揚麾。屬鼎命淪胥，本朝失守，屈巴丘而流涕，集都亭而大臨。古之忠烈，罕輩于茲！孝興之智勇，玄威之武藝，滅醜虜於河西，制凶酋於陘北，審楊欣之必敗，識楊駿之速禍。陶璜、吾彥，逸足齊驅，毛炅屈其深謀，陸抗奇其茂略。薪槱之任，清規自遠；鞞鼓之臣，厥聲彌劭。景武，南楚秀士；元孫，累葉將門，赴死喻於登仙，效誠陳於上策，竟而俱斃，貞則斯存。

贊曰：憲居玉壘，才博流譽。脩赴石門，惠政攸著。孝興、玄威，操履無違。愚墳畢禮，楊門致譏。璜謀超絕，彥材雄傑。濬師襲蠆，觀兵歎蘗。惟趙與張，神略多方。作尉北地，立功西湘。

校勘記

〔一〕盛憲　校文：吳志孫休傳作「盛曼」。

〔二〕宗岱　惠紀、李特載記作「宋岱」。

〔三〕任鋭　考異：李特載記作「任明」，蜀錄作「任叡」，當以「叡」爲本名。按：通鑑八五亦作「任叡」。

〔四〕鄧荀　魏志陳留王紀作「鄧句」。

〔五〕王業　通鑑七八作「王素」。

〔六〕又南郡去州海行千有餘里　李校：「南」上當脫「日」字。

〔七〕成固　原作「城固」，據下文及地理志上、通鑑八六改。

〔八〕杜正沖　通鑑八六作「杜孟治」。

〔九〕遷西豫州刺史　勞校：「西」字衍。

晉書卷五十八

列傳第二十八

周處　子玘　玘子勰　玘弟札　札兄子莚

周處字子隱，義興陽羨人也。父魴，吳鄱陽太守。處少孤，未弱冠，膂力絕人，好馳騁田獵，不脩細行，縱情肆慾，州曲患之。處自知爲人所惡，乃慨然有改勵之志，謂父老曰：「今時和歲豐，何苦而不樂耶？」父老歎曰：「三害未除，何樂之有！」處曰：「何謂也？」答曰：「南山白額猛獸，長橋下蛟，并子爲三矣。」處曰：「若此爲患，吾能除之。」父老曰：「子若除之，則一郡之大慶，非徒去害而已。」處乃入山射殺猛獸，因投水搏蛟，蛟或沈或浮，行數十里，而處與之俱，經三日三夜，人謂死，〔一〕皆相慶賀。處果殺蛟而反，聞鄉里相慶，始知人患己之甚，乃入吳尋二陸。時機不在，見雲，具以情告，曰：「欲自修而年已蹉跎，恐將無及。」雲曰：「古人貴朝聞夕改，君前塗尚可，且患志之不立，何憂名之不彰！」處遂勵志好學，

有文思，志存義烈，言必忠信克己。朞年，州府交辟。仕吳爲東觀左丞。孫晧末，爲無難督。

及吳平，王渾登建鄴宮釃酒，既酣，謂吳人曰：「諸君亡國之餘，得無戚乎？」處對曰：「漢末分崩，三國鼎立，魏滅於前，吳亡於後，亡國之感，豈惟一人！」渾有慚色。

入洛，稍遷新平太守，撫和戎狄，叛羌歸附，雍土美之。轉廣漢太守。郡多滯訟，有經三十年而不決者，處詳其枉直，一朝決遣。以母老罷歸。尋除楚內史，未之官，徵拜散騎常侍。處曰：「古人辭大不辭小。」乃先之楚。而郡既經喪亂，新舊雜居，風俗未一，處敦以教義，又檢尸骸無主及白骨在野收葬之，然始就徵，〔二〕遠近稱歎。

及居近侍，多所規諷。遷御史中丞，凡所糾劾，不避寵戚。梁王肜違法，處深文案之。及氐人齊萬年反，朝臣惡處強直，皆曰：「處，吳之名將子也，忠烈果毅。」乃使隸夏侯駿西征。伏波將軍孫秀知其將死，謂之曰：「卿有老母，可以此辭也。」處曰：「忠孝之道，安得兩全！既辭親事君，父母復安得而子乎？今日是我死所也。」萬年聞之，曰：「周府君昔臨新平，我知其爲人，才兼文武，若專斷而來，不可當也。如受制於人，此成擒耳。」既而梁王肜爲征西大將軍、都督關中諸軍事。處知肜不平，必當陷己，自以人臣盡節，不宜辭憚，乃悲慨即路，志不生還。中書令陳準知肜將逞宿憾，乃言於朝曰：「駿及梁王皆是貴戚，非將率之

才，進不求名，退不畏咎。周處吳人，忠勇果勁，有怨無援，將必喪身。宜詔孟觀以精兵萬人，爲處前鋒，必能殄寇。不然，肜當使處先驅，其敗必也。」朝廷不從。時賊屯梁山，有衆七萬，而駿逼處以五千兵擊之。處曰：「軍無後繼，必至覆敗，雖在亡身，爲國取恥。」肜復命處進討，乃與振威將軍盧播、雍州刺史解系攻萬年於六陌。將戰，處軍人未食，肜促令速進，而絕其後繼。處知必敗，賦詩曰：「去去世事已，策馬觀西戎。藜藿甘粱黍，期之克令終。」言畢而戰，自旦及暮，斬首萬計。弦絕矢盡，播、系不救。左右勸退，處按劍曰：「此是吾效節授命之日，何退之爲！且古者良將受命，鑿凶門以出，〔三〕蓋有進無退也。今諸軍負信，勢必不振。我爲大臣，以身徇國，不亦可乎！」遂力戰而沒。追贈平西將軍，賜錢百萬，葬地一頃，京城地五十畝爲第，又賜王家近田五頃。詔曰：「處母年老，加以遠人，朕每愍念，給其醫藥酒米，賜以終年。」

處著默語三十篇及風土記，并撰集吳書。時潘岳奉詔作關中詩曰：「周徇師令，身膏齊斧。人之云亡，貞節克舉。」又西戎校尉閻纘亦上詩云：「周全其節，令問不已。身雖云沒，書名良史。」及元帝爲晉王，將加處策謚，太常賀循議曰：「處履德清方，才量高出；歷守四郡，安人立政；入司百僚，貞節不撓；在戎致身，見危授命：此皆忠賢之茂實，烈士之遠節。案謚法執德不回曰孝。」遂以謚焉。有三子：玘、靖、札。靖早卒，玘、札並知名。

玘字宣佩。强毅沈斷有父風，而文學不及。閉門潔己，不妄交遊，士友咸望風敬憚焉，故名重一方。弱冠，州郡命，不就。〔四〕刺史初到，召爲別駕從事，虛己備禮，方始應命。累薦名宰府，舉秀才，除議郎。

太安初，妖賊張昌、丘沈等聚衆於江夏，百姓從之如歸。惠帝使監軍華宏討之，敗于障山。昌等浸盛，殺平南將軍羊伊，鎮南大將軍、新野王歆等，所在覆沒。昌別率封雲攻徐州，石冰攻揚州，刺史陳徽出奔，冰遂略有揚土。玘密欲討冰，潛結前南平內史王矩，共推吳興太守顧祕都督揚州九郡軍事，及江東人士同起義兵，斬冰所置吳興太守區山及諸長史。冰遣其將羌毒領數萬人距玘，玘臨陣斬毒。時右將軍陳敏自廣陵率衆助玘，斬冰別率趙驤於蕪湖，因與玘俱前攻冰於建康。冰北走投封雲，雲司馬張統斬雲、冰以降，徐揚並平。玘不言功賞，散衆還家。

陳敏反于揚州，以玘爲安豐太守，加四品將軍。玘稱疾不行，密遣使告鎮東將軍劉準，令發兵臨江，己爲內應，翦髮爲信。準在壽春，遣督護衡彥率衆而東。時敏弟昶爲廣武將軍、歷陽內史，以吳興錢廣爲司馬。玘密諷廣殺昶。玘與顧榮、甘卓等以兵攻敏，敏衆奔潰，單馬北走，獲之於江乘界，斬之於建康，夷三族。東海王越聞其名，召爲參軍。詔補尚書郎、散騎郎，並不行。元帝初鎮江左，以玘爲倉曹屬。

初，吳興人錢璯亦起義兵討陳敏，越命爲建武將軍，使率其屬會于京都。璯至廣陵，聞劉聰逼洛陽，畏愞不敢進。帝促以軍期，璯乃謀反。時王敦遷尚書，當應徵與璯俱西。璯陰欲殺敦，藉以舉事。敦聞之，奔告帝。璯遂殺度支校尉陳豐，焚燒邸閣，自號平西大將軍、八州都督，劫孫晧子充，立爲吳王，既而殺之。來寇玘縣。帝遣將軍郭逸、都尉宋典等討之，並以兵少未敢前。玘復率合鄉里義衆，與逸等俱進，討璯，斬之，傳首于建康。

玘三定江南，開復王略，帝嘉其勳，以玘行建威將軍、吳興太守，封烏程縣侯。吳興寇亂之後，百姓饑饉，盜賊公行。玘甚有威惠，百姓敬愛之。朞年之間，境內寧謐。帝以玘頻興義兵，勳誠並茂，乃以陽羨及長城之西鄉、丹楊之永世別爲義興郡，以彰其功焉。

玘宗族强盛，人情所歸，帝疑憚之。于時中州人士佐佑王業，而玘自以爲不得調，內懷怨望，復爲刁協輕之，恥恚愈甚。時鎮東將軍祭酒東萊王恢亦爲周顗所侮，乃與玘陰謀誅諸執政，推玘及戴若思與諸南士共奉帝以經緯世事。先是，流人帥夏鐵等寓于淮泗，恢陰書與鐵，令起兵，己當與玘以三吳應之。建興初，鐵已聚衆數百人，臨淮太守蔡豹斬鐵以聞。恢聞鐵死，懼罪，奔于玘，玘殺之，埋于豕牢。帝聞而祕之，召玘爲鎮東司馬，未到，復改授建武將軍、南郡太守。玘既南行，至蕪湖，又下令曰：「玘奕世忠烈，義誠顯著，孤所欽

喜。今以爲軍諮祭酒，將軍如故，進爵爲公，祿秩僚屬一同開國之例。」玘忿於迴易，又知其謀泄，遂憂憤發背而卒，時年五十六。將卒，謂子勰曰：「殺我者諸傖子，能復之，乃吾子也。」吳人謂中州人曰「傖」，故云耳。贈輔國將軍，謚曰忠烈。子勰嗣。

勰字彥和。常緘父言。時中國亡官失守之士避亂來者，多居顯位，駕御吳人，吳人頗怨。勰因之欲起兵，潛結吳興郡功曹徐馥。馥家有部曲，勰使馥矯稱叔父札命以合衆，豪俠樂亂者翕然附之，以討王導、刁協爲名。孫晧族人弼亦起兵於廣德以應之。馥殺吳興太守袁琇，有衆數千，將奉札爲主。時札以疾歸家，聞而大驚，乃告亂於義興太守孔侃。勰知札不同，不敢發兵。馥黨懼，攻馥，殺之。孫弼衆亦潰，宣城太守陶猷滅之。元帝以周氏奕世豪望，吳人所宗，故不窮治，撫之如舊。勰爲札所責，失志歸家，淫侈縱恣，每謂人曰：「人生幾時，但當快意耳。」終於臨淮太守。

勰弟彝，少知名，元帝辟爲丞相掾，早亡。

札字宣季。性矜險好利，外方內荏，少以豪右自處，州郡辟命皆不就。察孝廉，除郎中、大司馬齊王冏參軍。出補句容令，遷吳國上軍將軍。辟東海王越參軍，不就。以討錢璯

功，賜爵漳浦亭侯。元帝爲丞相，表札爲寧遠將軍、歷陽內史，不之職，轉從事中郎。徐馥平，以札爲奮武將軍、吳興內史，錄前後功，改封東遷縣侯，進號征虜將軍、監揚州江北軍事、東中郎將，鎮涂中，未之職，轉右將軍、都督石頭水陸軍事。札腳疾，不堪拜，固讓經年，有司彈奏，不得已乃視職。加散騎常侍。

王敦舉兵攻石頭，札開門應敦，故王師敗績。敦轉札爲光祿勳，尋補尚書。頃之，遷右將軍、會稽內史。時札兄靖子懋晉陵太守、清流亭侯，懋弟莚征虜將軍、〔五〕吳興內史，莚弟贊大將軍從事中郎、武康縣侯，贊弟縉太子文學、都鄉侯，次兄子勰臨淮太守、烏程公。札一門五侯，並居列位，吳士貴盛，莫與爲比，王敦深忌之。後莚喪母，送者千數，敦益憚焉。及敦疾，錢鳳以周氏宗強，與沈充權勢相侔，欲自託於充，謀滅周氏，使充得專威揚土，乃說敦曰：「夫有國者患於強逼，自古釁難恒必由之。今江東之豪莫強周、沈，公萬世之後，二族必不靜矣。周強而多俊才，宜先爲之所，後嗣可安，國家可保耳。」敦納之。時有道士李脫者，妖術惑衆，自言八百歲，故號李八百。自中州至建鄴，以鬼道療病，又署人官位，時人多信事之。弟子李弘養徒灊山，云應讖當王。故敦使廬江太守李恒告札及其諸兄子與脫謀圖不軌。時莚爲敦諮議參軍，卽營中殺莚及脫、弘，又遣參軍賀鸞就沈充盡掩殺札兄弟子，既而進軍會稽，襲札。札先不知，卒聞兵至，率麾下數百人出距之，兵散見殺。札性貪財好

色，惟以業產爲務。兵至之日，庫中有精杖，外白以配兵，札猶惜不與，以弊者給之，其鄙吝如此，故士卒莫爲之用。

及敦死，札、莚故吏並詣闕訟周氏之冤，宜加贈謚。事下八坐，尚書卞壼議以「札石頭之役開門延寇，遂使賊敦恣亂，札之責也。追贈意所未安。懋、莚兄弟宜復本位。」司徒王導議以「札在石頭，忠存社稷，義在亡身。至於往年之事，自臣等有識以上，與札情豈有異！此言實貫於聖鑒。論者見姦逆既彰，便欲徵往年已有不臣之漸。卽復使爾，要當時衆所未悟。既悟其姦萌，札與臣等便以身許國，死而後已，札亦尋取梟夷。朝廷檄命既下，大事既定，便正以爲逆黨。邪正失所，進退無據，誠國體所宜深惜。臣謂宜與周顗、戴若思等同例。」尚書令郗鑒議曰：「夫褒貶臧否，宜令體明例通。今周、戴以死節復位，周札以開門同例，事異賞均，意所疑惑。如司徒議，謂往年之事自有識以上皆與札不異，此爲邪正坦然有在。昔宋文失禮，華樂荷不臣之罰；齊靈嬖孽，高厚有從昏之戮。以古況今，譙王、周、戴宜受若此之責，何加贈復位之有乎！今據已顯復，則札宜貶責明矣。」導重議曰：「省令君議，必札之開門與譙王、周、戴異。今札開門，直出風言，竟實事邪？便以風言定褒貶，意莫若原情考徵也。論者謂札知隗、協亂政，信敦匡救，苟匡救信，姦佞除，卽所謂流四凶族以隆人主巍巍之功耳。如此，札所以忠於社稷也。後敦悖謬出所不圖，札亦闔門不同，以此

滅族，是其死於爲義也。夫信敦當時之匡救，不圖將來之大逆，惡隗、協之亂政，不失爲臣之貞節者，于時朝士豈惟周札邪！若盡謂不忠，懼有誣乎譙王、周、戴。各以死衞國，斯亦人臣之節也。但所見有同異，然期之於必忠，故宜申明耳。卽如令君議，宋華、齊高其在隗、協矣。昔子糾之難，召忽死之，管仲不死。若以死爲賢，則管仲當貶；若以不死爲賢，則召忽死爲失。先典何以兩通之？明爲忠之情同也。死雖是忠之一目，亦不必爲忠皆當死也。漢祖遺約，非劉氏不王，非功臣不侯，違命天下共誅之。後呂后王諸呂，周勃從之，王陵廷爭，可不謂忠乎？周勃誅呂尊文，安漢社稷，忠莫尚焉，則王陵又何足言，而前史兩爲美談。固知死與不死，爭與不爭，苟原情盡意，不可定於一概也。且札闔棺定謚，違逆黨順，受戮凶邪，不負忠義明矣。」鑒又駁不同，而朝廷竟從導議，追贈札衞尉，遣使者祠以少牢。

札長子澹，太宰府掾。次子稚，察孝廉，不行。

莚卓犖有才幹，拜征虜將軍、吳興太守，遷黃門侍郎。徐馥之役，莚族兄續亦聚衆應之。元帝議欲討之，王導以爲「兵少則不足制寇，多遣則根本空虛。黃門侍郎周莚忠烈至到，爲一郡所敬。意謂直遣莚，足能殺續」。於是詔以力士百人給莚，使輕騎還陽羨。莚卽

日取道，晝夜兼行。既至郡，將入，遇續於門，莚謂續曰：「宜與君共詣孔府君，有所論。」續不肯入，莚逼牽與俱。坐定，莚謂太守孔侃曰：「府君何以置賊在坐？」續衣裏帶小刀，便操刃逼莚，莚叱郡傳教吳曾：「何不舉手！」曾有膂力，便以刀環築續，殺之。莚因欲誅勰，札拒不許，委罪於從兄邵，誅之。莚不歸家省母，遂長驅而去，母狼狽追之。其忠公如此。

遷太子右衞率。及王敦作難，加冠軍將軍、都督會稽吳興義興晉陵東陽軍事，率水軍三千人討沈充，未發而王師敗績。莚聞札開城納敦，憤咤慷慨形于辭色。尋遇害。敦平後，與札同被復官。

初，莚於姑孰立屋五間，而六梁一時躍出墮地，衡獨立柱頭零節之上，甚危，雖以人功不能然也。後竟覆族。

莚弟縉，少無行檢，嘗在建康烏衣道中逢孔氏婢，時與同僚二人共載，便令左右捉婢上車，其強暴若此。

周訪 子撫　撫子楚　楚子瓊　瓊子虓　撫弟光　光子仲孫

周訪字士達，本汝南安城人也。漢末避地江南，至訪四世。吳平，因家廬江尋陽焉。祖纂，吳威遠將軍。父敏，左中郎將。訪少沈毅，謙而能讓，果於斷割，周窮振乏，家無餘財。

爲縣功曹，時陶侃爲散吏，訪薦爲主簿，相與結友，以女妻侃子瞻。訪察孝廉，除郎中、上甲令，皆不之官。鄉人盜訪牛於冢間殺之，訪得之，密埋其肉，不使人知。

及元帝渡江，命參鎮東軍事。時有與訪同姓名者，罪當死，吏誤收訪，訪奮擊收者，數十人皆散走，而自歸於帝，帝不之罪。尋以爲揚烈將軍，領兵一千二百，屯尋陽鄂陵，與甘卓、趙誘討華軼。所統厲武將軍丁乾與軼所統武昌太守馮逸交通，訪收斬之。逸來攻訪，訪率衆擊破之。逸遁保柴桑，訪乘勝進討。軼遣其黨王約、傅札等萬餘人助逸，大戰於湓口，約等又敗。訪與甘卓等會於彭澤，與軼水軍將朱矩等戰，又敗之。軼將周廣燒城以應訪，軼衆潰，訪執軼，斬之，遂平江州。

帝以訪爲振武將軍、尋陽太守，加鼓吹、曲蓋。復命訪與諸軍共征杜弢。弢作桔槔打官軍船艦，訪作長岐棖以距之，桔槔不得爲害。而賊從青草湖密抄官軍，又遣其將張彥陷豫章，焚燒城邑。王敦時鎮湓口，遣督護繆蕤、李恒受訪節度，共擊彥。蕤於豫章石頭，與彥交戰，彥軍退走，訪率帳下將李午等追彥，破之，臨陣斬彥。時訪爲流矢所中，折前兩齒，形色不變。及暮，訪與賊隔水，賊衆數倍，自知力不能敵，乃密遣人如樵採者而出，於是結陣鳴鼓而來，大呼曰：「左軍至！」士卒皆稱萬歲。至夜，令軍中多布火而食，賊謂官軍益至，未曉而退。訪謂諸將曰：「賊必引退，然終知我無救軍，當還掩人，宜促渡水北。」既渡，斷橋訖，而賊果至，隔水不得進，於是遂歸湘州。訪復以舟師造湘城，軍達富口，而弢遣杜弘出海昏。時湓口騷動，訪步上柴桑，偷渡，與賊戰，斬首數百。賊退保廬陵，訪追擊敗之，賊嬰城自守。尋而軍糧爲賊所掠，退住巴丘。糧廩既至，復圍弘於廬陵。弘大擲寶物於城外，軍人競拾之，弘因陣亂突圍而出。訪率軍追之，獲鞍馬鎧杖不可勝數。弘入南康，太守將率兵逆擊，又破之，奔于臨賀。帝又進訪龍驤將軍。王敦表爲豫章太守。加征討都督，賜爵尋陽縣侯。

時梁州刺史張光卒，愍帝以侍中第五猗爲征南大將軍，監荆、梁、益、寧四州，出自武關。賊率杜曾、摯瞻、胡混等並迎猗，奉之，聚兵數萬，破陶侃於石城，攻平南將軍荀崧於宛，不克，引兵向江陵。王敦以從弟廙爲荆州刺史，令督護征虜將軍趙誘、襄陽太守朱軌、陵江將軍黃峻等討曾，而大敗於女觀湖，誘、軌並遇害。曾遂逐廙，徑造沔口，大爲寇害，威震江沔。元帝命訪擊之。訪有衆八千，進至沌陽。曾等銳氣甚盛，訪曰：「先人有奪人之心，軍之善謀也。」使將軍李恒督左甄，許朝督右甄，訪自領中軍，高張旗幟。曾果畏訪，先攻左右甄。曾勇冠三軍，訪甚惡之，自於陣後射雉以安衆心。令其衆曰：「一甄敗，鳴三鼓；兩甄敗，鳴六鼓。」趙胤領其父餘兵屬左甄，力戰，敗而復合。胤馳馬告訪，訪怒，叱令更進。胤號哭還戰，自旦至申，兩甄皆敗。訪聞鼓音，選精銳八百人，自行酒飲之，敕不得妄動，聞鼓音乃進。賊未至三十步，訪親鳴鼓，將士皆騰躍奔赴，曾遂大潰，殺千餘人。訪夜追之，諸將請待明日，訪曰：「曾驍勇能戰，向之敗也，彼勞我逸，是以克之。宜及其衰乘之，可滅。」鼓行而進，遂定漢沔。曾等走固武當。訪以功遷南中郎將、督梁州諸軍、梁州刺史，屯襄陽。訪謂其僚佐曰：「昔城濮之役，晉文以得臣不死而有憂色，今不斬曾，禍難未已。」於是出其不意，又擊破之，曾遁走。訪部將蘇溫收曾詣軍，并獲第五猗、胡混、摯瞻等，送於王敦。又白敦，說猗逼於曾，不宜殺。敦不從而斬之。進位安南將軍、持節、都督、刺史如故。

初，王敦懼杜曾之難，謂訪曰：「擒曾，當相論爲荆州刺史。」及是而敦不用。至王廙去職，詔以訪爲荆州。敦以訪名將，勳業隆重，有疑色。其從事中郎郭舒說敦曰：「鄙州雖遇寇難荒弊，實爲用武之國，若以假人，將有尾大之患，公宜自領，訪爲梁州足矣。」敦從之。訪大怒。敦手書譬釋，并遺玉環玉椀以申厚意。訪投椀于地曰：「吾豈賈豎，可以寶悅乎！」陰欲圖之。既在襄陽，務農訓卒，勤于採納，守宰有缺輒補，然後言上。敦患之，而憚其强，不敢有異。訪威風既著，遠近悅服，智勇過人，爲中興名將。性謙虛，未嘗論功伐。或問訪曰：「人有小善，鮮不自稱。卿功勳如此，初無一言何也？」訪曰：「朝廷威靈，將士用命，訪何功之有！」士以此重之。訪練兵簡卒，欲宣力中原，與李矩、郭默相結，慨然有平河洛之志。善於撫納，士衆皆爲致死。聞敦有不臣之心，訪恒切齒。敦雖懷逆謀，故終訪之世未敢爲非。

初，訪少時遇善相者廬江陳訓，謂訪與陶侃曰：「二君皆位至方嶽，功名略同，但陶得上壽，周當下壽，優劣更由年耳。」訪小侃一歲，太興三年卒，時年六十一。帝哭之甚慟，詔贈征西將軍，謚曰壯，立碑於本郡。二子：撫、光。

撫字道和。强毅有父風，而將御不及。元帝辟爲丞相掾，父喪去官。服闋，襲爵，除鷹揚將軍、武昌太守。王敦命爲從事中郎，與鄧嶽俱爲敦爪牙。甘卓遇害，敦以撫爲沔北諸軍事、[六]南中郎將，鎮沔中。及敦作逆，撫領二千人從之。敦敗，撫與嶽俱亡走。撫弟光將資遺其兄，而陰欲取嶽。撫怒曰：「我與伯山同亡，何不先斬我！」會嶽至，撫出門遙謂之曰：「何不速去！今骨肉尚欲相危，況他人乎！」嶽迴船而走，撫遂共入西陽蠻中，蠻酋向蠶納之。初，嶽爲西陽，欲伐諸蠻，及是諸蠻皆怨，將殺之。蠶不聽，曰：「鄧府君窮來歸我，我何忍殺之！」由是俱得免。明年，詔原敦黨，嶽、撫詣闕請罪，有詔禁錮之。

咸和初，司徒王導以撫爲從事中郎，出爲寧遠將軍、江夏相。蘇峻作逆，率所領從溫嶠討之。峻平，遷監沔北軍事、南中郎將，鎮襄陽。石勒將郭敬率騎攻撫，撫不能守，率所領奔于武昌，坐免官。尋遷振威將軍、豫章太守，後代毌丘奧監巴東諸軍事、益州刺史、假節，將軍如故。尋進征虜將軍，加督寧州諸軍事。

永和初，桓溫征蜀，進撫督梁州之漢中巴西梓潼陰平四郡軍事，鎮彭模。撫擊破蜀餘寇隗文、鄧定等，斬僞尚書僕射王誓、平南將軍王潤，以功遷平西將軍。隗文、鄧定等復反，立范賢子賁爲帝。初，賢爲李雄國師，以左道惑百姓，人多事之，賁遂有衆一萬。撫與龍驤將軍朱燾擊破斬之，〔七〕以功進爵建城縣公。

征西督護蕭敬文作亂，殺征虜將軍楊謹，〔八〕據涪城，自號益州牧。桓溫使督護鄧遐助撫討之，不能拔，引退。溫又令梁州刺史司馬勳等會撫伐之。敬文固守，自二月至于八月，乃出降，撫斬之，傳首京師。

升平中，進鎮西將軍。在州三十餘年，興寧三年卒，贈征西將軍，謚曰襄。子楚嗣。

楚字元孫。起家參征西軍事，從父入蜀，拜鷹揚將軍、犍爲太守。父卒，以楚監梁益二州、假節，襲爵建城公。世在梁益，甚得物情。時梁州刺史司馬勳作逆，楚與朱序討平之，進冠軍將軍。太和中，蜀盜李金銀、〔九〕廣漢妖賊李弘並聚衆爲寇，僞稱李勢子，當以聖道王，年號鳳皇。又隴西人李高詐稱李雄子，破涪城。梁州刺史楊亮失守，楚遣其子討平之。是歲，楚卒，謚曰定。子瓊嗣。

瓊勁烈有將略，歷數郡，代楊亮爲梁州刺史、建武將軍，領西戎校尉。初，氐人竇衛求降，朝廷以爲東羌校尉。後衛反，欲入漢中，安定人皇甫釗、京兆人周勳等謀納衛，瓊密知之，收釗、勳等斬之。尋卒。子虓嗣。

虓字孟威。少有節操。州召爲祭酒，後歷位至西夷校尉，領梓潼太守。

寧康初，苻堅將楊安寇梓潼，虓固守涪城，遣步騎數千，送母妻從漢水將抵江陵，爲堅將朱肜邀而獲之，虓遂降于安。堅欲以爲尚書郎，虓曰：「蒙國厚恩，以至今日。但老母見獲，失節於此。母子獲全，秦之惠也。雖公侯之貴，不以爲榮，況郎任乎！」堅乃止。自是每入見堅，輒箕踞而坐，呼之爲氐賊。堅不悅。屬元會，威儀甚整，堅因謂虓曰：「晉家元會何如此？」虓攘袂厲聲曰：「戎狄集聚，譬猶犬羊相羣，何敢比天子！」及呂光征西域，堅出餞之，戎士二十萬，旌旗數百里，又問虓曰：「朕衆力何如？」虓曰：「戎狄已來，未之有也。」堅黨以虓不遜，屢請除之。堅待之彌厚。虓乃密書與桓沖，說賊姦計。太元三年，虓潛至漢中，堅追得之。後又與堅兄子苞謀襲堅，〔一〇〕事泄，堅引虓問其狀，虓曰：「昔漸離、豫讓，燕、智之微臣，猶漆身吞炭，不忘忠節。況虓世荷晉恩，豈敢忘也。生爲晉臣，死爲晉鬼，復何問乎！」堅曰：「今殺之，適成其名矣。」遂撻之，徙于太原。後堅復陷順陽、魏興，獲二守，皆執節不撓，堅歎曰：「周孟威不屈於前，丁彥遠潔己於後，吉祖沖不食而死，皆忠臣也。」

虓竟以病卒於太原。其子興迎致其喪，冠軍將軍謝玄親臨哭之，因上疏曰：「臣聞旌善表功，崇義明節，所以振揚聲教，垂美來葉。故西夷校尉、梓潼太守周虓，執心忠烈，厲節寇庭，遂嬰禍荒裔，痛實泉壤。臣每悲其志，以爲蘇武之賢，不復過也。前宣告并州，訪求虓喪，并索其家。負荷數千，始得來至。卽以資送，還其舊隴。伏願聖朝追其志心，〔一一〕表其殊節，使負霜之志不墜於地，則榮慰存亡，惠被幽顯矣。」孝武帝詔曰：「虓厲志貞亮，無愧古烈。未及拔身，奄隕厥命。甄表義節，國之典也。贈龍驤將軍、益州刺史，賻錢二十萬，布百匹。」又贍賜其家。

光少有父風，年十一，見王敦，敦謂曰：「貴郡未有將，誰可用者？」光曰：「明公不恥下問，竊謂無復見勝。」敦笑以爲寧遠將軍、尋陽太守。及敦舉兵，光率千餘人赴之。既至，敦已死，光未之知，求見敦。王應祕不言，以疾告。光退曰：「今我遠來而不得見王公，公其死乎？」遽見其兄撫曰：「王公已死，兄何爲與錢鳳作賊？」衆並愕然。其夕，衆散，錢鳳走出，至闔廬洲，光捕鳳，詣闕贖罪，故得不廢。蘇峻作逆，隨溫嶠力戰有功。峻平，賜爵曲江男，

卒官。

子仲孫，興寧初督寧州軍事、振武將軍、寧州刺史。在州貪暴，人不堪命。桓溫以梁益多寇，周氏世有威稱，復除仲孫監益、豫、梁州之三郡。寧康初，楊安寇蜀，仲孫失守，免官。後徵爲光祿勳，卒。

初，陶侃微時，丁艱，將葬，家中忽失牛而不知所在。遇一老父，謂曰：「前崗見一牛眠山汙中，其地若葬，位極人臣矣。」又指一山云：「此亦其次，當世出二千石。」言訖不見。侃尋牛得之，因葬其處，以所指別山與訪。訪父死，葬焉，果爲刺史，著稱寧益，自訪以下，三世爲益州四十一年，如其所言云。

史臣曰：夫仁義豈有常，蹈之卽君子，背之卽小人。周子隱以跅弛之材，負不羈之行，比凶蛟猛獸，縱毒鄉閭，終能克己厲精，朝聞夕改，輕生重義，徇國亡軀，可謂志節之士也。宣佩奮茲忠勇，屢殄妖氛，威略冠於本朝，庸績書於王府。既而結憾朝宰，潛構異圖，忿不思難，斯爲隘矣。終於憤恚，豈不惜哉！札莛等負儁逸之材，以雄豪自許，始見疑於朝廷，終獲戾於權右，强弗如弱，信有徵矣。而札受委扞城，乃開門揖盜，去順效逆，彼實有之。後雖假手凶徒，可謂罪人斯得。朝廷議加榮贈，不其僭乎！有晉之刑政陵夷，用此道也。

周訪器兼文武，任在折衝，戡定湘羅，克清江漢，謀孫翼子，杖節擁旄，西蜀仰其威風，中興推爲名將，功成名立，不亦美乎！孟威陷迹虜廷，抗辭僞主，雖圖史所載，何以加焉！

贊曰：平西果勁，始邪末正。勇足除殘，忠能致命。宣佩懋功，三定江東。札雖啓敵，莚實懷忠。尋陽緯武，擁旄持斧。日子曰孫，重規疊矩。孟威抗烈，心存舊主。

校勘記

〔一〕人謂死　御覽四三五、册府八九七「謂」下有「已」字。

〔二〕然始就徵　通志一二四下「始」作「後」。

〔三〕鑿凶門以出　原無「鑿」字。李校：「凶門」上當脫一「鑿」字。斠注：類聚二〇、御覽四一七引周處別傳「凶」上有「鑿」字。按：御覽三一二引晉書正有「鑿」字。語出淮南子兵略，當有「鑿」字，今據補。

〔四〕州郡命不就　通志一二四下「命」上有「辟」字。

〔五〕懋弟莚　「莚」，各本作「筵」，今從宋本。通鑑九二、九三、通志三四下亦作「莚」。下同。

〔六〕以撫爲沔北諸軍事　通鑑九二「爲」作「督」。

〔七〕朱燾　原作「朱壽」，穆帝紀及庾翼、毛穆之、朱序等傳、通鑑九八、建康實錄八均作「朱燾」，今據改。

〔八〕楊謹　勞校：本紀作「楊謙」。按：通鑑九七亦作「楊謙」。

〔九〕李金銀　周校：廢帝紀作「李金根」。

〔一〇〕堅兄子苞　勞校：載記「苞」作「陽」。

〔一一〕追其志心　李校：「志心」疑是「忠心」之誤。按：册府一三七正作「忠心」。

晉書卷五十九

列傳第二十九

自古帝王之臨天下也，皆欲廣樹藩屏，崇固維城。唐虞以前，憲章蓋闕，夏殷以後，遺迹可知。然而玉帛會于塗山，雖云萬國，至於分疆胙土，猶或未詳。洎乎周室，粲焉可觀，封建親賢，並爲列國。當其興也，周召贊其升平；及其衰也，桓文輔其危亂。故得卜世之祚克昌，卜年之基惟永。逮王赧卽世，天祿已終，虛位無主，三十餘載。爰及暴秦，幷吞天下，戒衰周之削弱，忽帝業之遠圖，謂王室之陵遲，由諸侯之强大。於是罷侯置守，獨尊諸己，至乎子弟，並爲匹夫，惟欲肆虐陵威，莫顧謀孫翼子。枝葉微弱，宗祏孤危，內無社稷之臣，外闕藩維之助。陳項一呼，海內沸騰，隕身於望夷，繫頸於軹道。事不師古，二世而滅。漢祖勃興，爰革斯弊。於是分王子弟，列建功臣，錫之山川，誓以帶礪。然而矯枉過直，懲羹吹虀，土地封疆，踰越往古。始則韓彭葅醢，次乃吳楚稱亂。然雖克滅權偪，猶足維翰王畿。洎成哀之後，戚藩陵替，君臣乘茲間隙，〔一〕竊位偷安。光武雄略緯天，慷慨下國，遂能除

兇靜亂，復禹配天，休祉盛於兩京，鼎祚隆於四百，宗支繼絕之力，可得而言。魏武忘經國之宏規，行忌刻之小數，功臣無立錐之地，子弟君不使之人，徒分茅社，實傳虛爵，本根無所庇蔭，遂乃三葉而亡。

有晉思改覆車，復隆盤石，或出擁旄節，莅嶽牧之榮；入踐台階，居端揆之重。然而付託失所，授任乖方，政令不恒，賞罰斯濫。或有材而不任，或無罪而見誅，朝爲伊周，夕爲莽卓。機權失於上，禍亂作於下。楚趙諸王，相仍構釁，徒興晉陽之甲，竟匪勤王之師。始則爲身擇利，利未加而害及；初迺無心憂國，國非憂而奚拯！遂使昭陽興廢，有甚弈棊；乘輿幽縶，更同羑里。胡羯陵侮，宗廟丘墟，良可悲也。

夫爲國之有藩屏，猶濟川之有舟楫，安危成敗，義實相資。舟楫且完，波濤不足稱其險；藩屏式固，禍亂何以成其階！向使八王之中，一藩繄賴，如梁王之禦大敵，若朱虛之除大憝，則外寇焉敢憑陵，內難奚由竊發！縱令天子暗劣，鼎臣奢放，雖或顛沛，未至土崩。何以言之？琅邪譬彼諸王，權輕衆寡，度長絜大，不可同年。遂能匹馬濟江，奄有吳會，存重宗社，〔二〕百有餘年。雖曰天時，抑亦人事。豈如趙倫、齊冏之輩，河間、東海之徒，家國俱亡，身名並滅。善惡之數，此非其效歟！西晉之政亂朝危，雖由時主，然而煽其風，速其禍者，咎在八王，故序而論之，總爲其傳云耳。

汝南王亮 子粹 矩 羕 宗 熙 矩子祐

汝南文成王亮字子翼，宣帝第四子也。少清警有才用，仕魏爲散騎侍郎、萬歲亭侯，拜東中郎將，進封廣陽鄉侯。討諸葛誕於壽春，失利，免官。頃之，拜左將軍，加散騎常侍、假節，出監豫州諸軍事。五等建，改封祁陽伯，轉鎮西將軍。武帝踐阼，封扶風郡王，邑萬戶，置騎司馬，增參軍掾屬，持節、都督關中雍涼諸軍事。會秦州刺史胡烈爲羌虜所害，亮遣將軍劉旂、騎督敬琰赴救，不進，坐是貶爲平西將軍。旂當斬，亮與軍司曹冏上言，節度之咎由亮而出，乞丐旂死。詔曰：「高平困急，計城中及旂足以相拔，就不能徑至，尙當深進。今奔突有投，而坐視覆敗，故加旂大戮。今若罪不在旂，當有所在。」有司又奏免亮官，削爵土。詔惟免官。頃之，拜撫軍將軍。是歲，吳將步闡來降，假亮節都督諸軍事以納之。尋加侍中之服。

咸寧初，以扶風池陽四千一百戶爲太妃伏氏湯沐邑，置家令丞僕，後改食南郡枝江。太妃嘗有小疾，祓於洛水，亮兄弟三人侍從，並持節鼓吹，震耀洛濱。武帝登陵雲臺望見，曰：「伏妃可謂富貴矣。」其年進號衞將軍，加侍中。時宗室殷盛，無相統攝，乃以亮爲宗師，本官如故，使訓導觀察，有不遵禮法，小者正以義方，大者隨事聞奏。

三年，徙封汝南，出爲鎮南大將軍、都督豫州諸軍事、開府、假節，之國，給追鋒車、皁輪犢車，錢五十萬。頃之，徵亮爲侍中、撫軍大將軍，領後軍將軍，統冠軍、步兵、射聲、長水等營，給兵五百人，騎百匹。遷太尉、錄尙書事、領太子太傅，侍中如故。

及武帝寢疾，爲楊駿所排，乃以亮爲侍中、大司馬、假黃鉞、大都督、督豫州諸軍事，出鎮許昌，加軒懸之樂，六佾之舞。封子羕爲西陽公。未發，帝大漸，詔留亮委以後事。楊駿聞之，從中書監華廙索詔視，遂不還。帝崩，亮懼駿疑己，辭疾不入，於大司馬門外敍哀而已，表求過葬。駿欲討亮，亮知之，問計於廷尉何勖。勖曰：「今朝廷皆歸心於公，公何不討人而懼爲人所討！」或說亮率所領入廢駿，亮不能用，夜馳赴許昌，故得免。及駿誅，詔曰：「大司馬、汝南王亮體道沖粹，通識政理，宣翼之績顯於本朝，二南之風流于方夏，將憑遠猷，以康王化。其以亮爲太宰、錄尙書事，入朝不趨，劍履上殿，增掾屬十人，給千兵百騎，與太保衞瓘對掌朝政。」亮論賞誅楊駿之功過差，欲以苟悅衆心，由是失望。

楚王瑋有勳而好立威，亮憚之，欲奪其兵權。瑋甚憾，乃承賈后旨，誣亮與瓘有廢立之謀，矯詔遣其長史公孫宏與積弩將軍李肇夜以兵圍之。帳下督李龍白外有變，請距之，亮不聽。俄然楚兵登牆而呼，亮驚曰：「吾無二心，何至於是！若有詔書，其可見乎？」宏等不許，促兵攻之。長史劉準謂亮曰：「觀此必是姦謀，府中俊乂如林，猶可盡力距戰。」又弗聽，

遂爲肇所執，而歎曰：「我之忠心可破示天下也，如何無道，枉殺不辜！」是時大熱，兵人坐亮于車下，時人憐之，爲之交扇。將及日中，無敢害者。瑋出令曰：「能斬亮者，賞布千匹。」遂爲亂兵所害，投于北門之壁，鬢髮耳鼻皆悉毀焉。及瑋誅，追復亮爵位，給東園溫明祕器，朝服一襲，錢三百萬，布絹三百匹，喪葬之禮如安平獻王孚故事，廟設軒懸之樂。有五子：粹、矩、羕、宗、熙。

粹字茂弘。早卒。

矩字延明。拜世子，爲屯騎校尉，與父亮同被害。追贈典軍將軍，諡懷王。子祐立，是爲威王。

祐字永猷。永安中，從惠帝北征。帝遷長安，祐反國。及帝還洛，以征南兵八百人給之，特置四部牙門。永興初，率衆依東海王越，討劉喬有功，拜揚武將軍，以江夏雲杜益封，并前二萬五千戶。越征汲桑，表留祐領兵三千守許昌，加鼓吹、麾旗。越還，祐歸國。永嘉末，以寇賊充斥，遂南渡江，元帝命爲軍諮祭酒。建武初，爲鎮軍將軍。太興末，領左軍將軍。太寧中，進號衞將軍，加散騎常侍。咸和元年，薨，贈侍中、特進。

子恭王統立，以南頓王宗謀反，被廢。其後成帝哀亮一門殄絕，詔統復封，累遷祕書監、侍中。薨，追贈光祿勳。子義立，[三]官至散騎常侍。薨，子遵之立。義熙初，梁州刺史劉稚謀反，推遵之爲主，事泄，伏誅。弟楷之子蓮扶立。宋受禪，國除。

羕字延年。太康末，封西陽縣公，拜散騎常侍。亮之被害也，羕時年八歲，鎮南將軍裴楷與之親姻，竊之以逃，一夜八遷，故得免。及瑋誅，進爵爲王，歷步兵校尉、左軍驍騎將軍。元康初，進封郡王。永興初，拜侍中。以長沙王乂黨，廢爲庶人。惠帝還洛，復羕封，爲撫軍將軍，又以汝南期思、西陵益其國。永嘉初，拜鎮軍將軍，加散騎常侍，領後軍將軍，復以鄳、蘄春益之，并前三萬五千戶。隨東海王越東出鄄城，遂南渡江。

元帝承制，更拜撫軍大將軍、開府，給千兵百騎。詔與南頓王宗統流人以實中州，江西荒梗，復還。及元帝踐阼，進位侍中、太保。以羕屬尊，元會特爲設牀。太興初，錄尙書事，尋領大宗師，加羽葆、斧鉞，班劍六十人，進位太宰。及王敦平，領太尉。明帝卽位，以羕宗室元老，特爲之拜。羕放縱兵士劫鈔，所司奏免羕官，詔不問。及帝寢疾，羕與王導同受顧命輔成帝。時帝幼沖，詔羕依安平獻王孚故事，設牀帳於殿上，帝親迎拜。咸和初，坐弟南頓王宗免官，降爲弋陽縣王。及蘇峻作亂，羕詣峻稱述其勳，峻大悅，矯詔復羕爵位。峻

平，賜死。世子播、播弟充及息崧並伏誅，國除。咸康初，復其屬籍，以羕孫珉爲奉車都尉、奉朝請。

宗字延祚。元康中，封南頓縣侯，尋進爵爲公。討劉喬有功，進封王，增邑五千，幷前萬戶，爲征虜將軍。與兄羕俱過江。元帝承制，拜散騎常侍。愍帝之在西都，以宗爲平東將軍。元帝卽位，拜撫軍將軍，領左將軍。明帝踐阼，加長水校尉，轉左衞將軍。與虞胤俱爲帝所昵，委以禁旅。

宗與王導、庾亮志趣不同，連結輕俠，以爲腹心，導、亮並以爲言。帝以宗戚屬，每容之。及帝疾篤，宗、胤密謀爲亂，亮排闥入，升御牀，流涕言之，帝始悟。轉爲驃騎將軍。胤爲大宗正。宗遂怨望形於辭色。咸和初，御史中丞鍾雅劾宗謀反，庾亮使右衞將軍趙胤收之。宗以兵距戰，爲胤所殺，貶其族爲馬氏，徙妻子于晉安，既而原之。三子綽、超、演，廢爲庶人。咸康中，復其屬籍。綽爲奉車都尉、奉朝請。

熙初封汝陽公，討劉喬有功，進爵爲王。永嘉末，沒於石勒。

楚王瑋

楚隱王瑋字彥度，武帝第五子也。初封始平王，歷屯騎校尉。太康末，徙封於楚，出之國，都督荊州諸軍事、平南將軍，轉鎭南將軍。武帝崩，入爲衞將軍，領北軍中候，加侍中、行太子少傅。

楊駿之誅也，瑋屯司馬門。瑋少年果銳，多立威刑，朝廷忌之。汝南王亮、太保衞瓘以瑋性很戾，不可大任，建議使與諸王之國，瑋甚忿之。長史公孫宏、舍人岐盛並薄於行，爲瑋所昵。瓘等惡其爲人，慮致禍亂，將收盛。盛知之，遂與宏謀，因積弩將軍李肇矯稱瑋命，譖亮、瓘於賈后。而后不之察，使惠帝爲詔曰：「太宰、太保欲爲伊霍之事，王宜宣詔，令淮南、長沙、成都王屯宮諸門，廢二公。」夜使黃門齎以授瑋。瑋欲覆奏，黃門曰：「事恐漏泄，非密詔本意也。」瑋乃止。遂勒本軍，復矯詔召三十六軍，手令告諸軍曰：「天禍晉室，凶亂相仍。間者楊駿之難，實賴諸君克平禍亂。而二公潛圖不軌，欲廢陛下以絕武帝之祀。今輒奉詔，免二公官。吾今受詔都督中外諸軍。諸在直衞者皆嚴加警備，其在外營，便相率領，徑詣行府。助順討逆，天所福也。懸賞開封，以待忠效。皇天后土，實聞此言。」又矯詔使亮、瓘上太宰太保印綬、侍中貂蟬，之國，官屬皆罷遣之。又矯詔赦亮、瓘官屬曰「二公潛謀，欲危社稷，今免還第。官屬以下，一無所問。若不奉詔，便軍法從事。能率所領先出降者，封侯受賞。朕不食言」。遂收亮、瓘，殺之。

岐盛說瑋，可因兵勢誅賈模、郭彰，匡正王室，以安天下。瑋猶豫未決。會天明，帝用張華計，遣殿中將軍王宮齎騶虞幡麾衆曰：「楚王矯詔。」衆皆釋杖而走。瑋左右無復一人，窘迫不知所爲，惟一奴年十四，駕牛車將赴秦王柬。帝遣謁者詔瑋還營，執之於武賁署，遂下廷尉。詔以瑋矯制害二公父子，又欲誅滅朝臣，謀圖不軌，遂斬之，時年二十一。其日大風，雷雨霹靂。詔曰：「周公決二叔之誅，漢武斷昭平之獄，所不得已者。廷尉奏瑋已伏法，情用悲痛，吾當發哀。」瑋臨死，出其懷中青紙詔，流涕以示監刑尚書劉頌曰：「受詔而行，謂爲社稷，今更爲罪。託體先帝，受枉如此，幸見申列。」頌亦歔欷不能仰視。公孫宏、岐盛並夷三族。

瑋性開濟好施，能得衆心，及此莫不隕淚，百姓爲之立祠。賈后先惡瓘、亮，又忌瑋，故以計相次誅之。永寧元年，追贈驃騎將軍，封其子範爲襄陽王，拜散騎常侍，後爲石勒所害。

趙王倫

趙王倫字子彝，宣帝第九子也，母曰柏夫人。魏嘉平初，封安樂亭侯。五等建，改封東安子，拜諫議大夫。

武帝受禪，封琅邪郡王。坐使散騎將劉緝買工所將盜御裘，廷尉杜友正緝棄市，倫當與緝同罪。有司奏倫爵重屬親，不可坐。諫議大夫劉毅駁曰：「王法賞罰，不阿貴賤，然後可以齊禮制而明典刑也。倫知裘非常，蔽不語吏，與緝同罪，當以親貴議減，不得闕而不論。宜自於一時法中，如友所正。」帝是毅駁，然以倫親親故，下詔赦之。及之國，行東中郎將、宣威將軍。咸寧中，改封於趙，遷平北將軍、督鄴城守事，進安北將軍。元康初，遷征西將軍、開府儀同三司，鎭關中。倫刑賞失中，氐羌反叛，徵還京師。尋拜車騎將軍、太子太傅。深交賈、郭，諂事中宮，大爲賈后所親信。求錄尚書，張華、裴頠固執不可。又求尚書令，華、頠復不許。

愍懷太子廢，使倫領右軍將軍。時左衞司馬督司馬雅及常從督許超，並嘗給事東宮，二人傷太子無罪，與殿中中郎士猗等謀廢賈后，復太子，以華、頠不可移，難與圖權，倫執兵之要，性貪冒，可假以濟事，乃說倫嬖人孫秀曰：「中宮凶妬無道，與賈謐等共廢太子。今國無嫡嗣，社稷將危，大臣將起大事。而公名奉事中宮，與賈、郭親善，太子之廢，皆云豫知，一朝事起，禍必相及。何不先謀之乎？」秀許諾，言於倫，倫納焉。遂告通事令史張林及省事張衡、殿中侍御史殷渾、右衞司馬督路始，使爲內應。事將起，而秀知太子聰明，若還東宮，將與賢人圖政，量己必不得志，乃更說倫曰：「太子爲人剛猛，不可私請。明公素事賈后，時議皆以公爲賈氏之黨。今雖欲建大功於太子，太子含宿怒，必不加賞於明公矣。當謂逼百姓之望，翻覆以免罪耳。此乃所以速禍也。今且緩其事，賈后必害太子，然後廢后，爲太子報讎，亦足以立功，豈徒免禍而已。」倫從之。秀乃微泄其謀，使謐黨頗聞之。倫、秀因勸謐等早害太子，以絕衆望。

太子既遇害，倫、秀之謀益甚，而超、雅懼後難，欲悔其謀，乃辭疾。秀復告右衞佽飛督閭和，和從之，期四月三日丙夜一籌，以鼓聲爲應。至期，乃矯詔敕三部司馬曰：「中宮與賈謐等殺吾太子，今使車騎入廢中宮。汝等皆當從命，賜爵關中侯。不從，誅三族。」於是衆皆從之。倫又矯詔開門夜入，陳兵道南，遣翊軍校尉、齊王冏將三部司馬百人，排閤而入。華林令駱休爲內應，迎帝幸東堂。遂廢賈后爲庶人，幽之于建始殿。收吳太妃、趙粲及韓壽妻賈午等，付暴室考竟。詔尚書以廢后事，仍收捕賈謐等，召中書監、侍中、黃門侍郎、八坐，皆夜入殿，執張華、裴頠、解結、杜斌等，於殿前殺之。尚書始疑詔有詐，郎師景露版奏請手詔。倫等以爲沮衆，斬之以徇。明日，倫坐端門，屯兵北向，遣尚書和郁持節送賈庶人于金墉。誅趙粲叔父中護軍趙浚及散騎侍郎韓豫等，內外羣官多所黜免。倫尋矯詔自爲使持節、大都督、督中外諸軍事、相國，侍中、王如故，一依宣文輔魏故事，置左右長史、司

馬，從事中郎四人，參軍十人，掾屬二十人，兵萬人。以其世子散騎常侍荂領冗從僕射；子馥前將軍，封濟陽王；虔黃門郎，封汝陰王；詡散騎侍郎，封霸城侯。孫秀等封皆大郡，並據兵權，文武官封侯者數千人，百官總己聽於倫。

倫素庸下，無智策，復受制於秀，秀之威權振於朝廷，天下皆事秀而無求於倫。秀起自琅邪小史，累官於趙國，以諂媚自達。既執機衡，遂恣其姦謀，多殺忠良，以逞私欲。司隸從事游顥與殷渾有隙，渾誘顥奴晉興，僞告顥有異志。秀不詳察，即收顥及襄陽中正李邁，殺之，厚待晉興，以爲己部曲督。前衞尉石崇、黃門郎潘岳皆與秀有嫌，並見誅。於是京邑君子不樂其生矣。

淮南王允、齊王冏以倫、秀驕僭，內懷不平。秀等亦深忌焉，乃出冏鎮許，奪允護軍。允發憤，起兵討倫。允既敗滅，倫加九錫，增封五萬戶。倫僞爲飾讓，詔遣百官詣府敦勸，侍中宣詔，然後受之。加荂撫軍將軍、領軍將軍，馥鎮軍將軍、領護軍將軍，虔中軍將軍、領右衞將軍，詡爲侍中。又以孫秀爲侍中、輔國將軍、相國司馬，右率如故。張林等並居顯要。增相府兵爲二萬人，與宿衞同，又隱匿兵士，衆過三萬。起東宮三門四角華檐，斷宮東西道爲外徼。或謂秀曰：「散騎常侍楊準、黃門侍郎劉逵欲奉梁王肜以誅倫。」會有星變，乃徙肜爲丞相，居司徒府，轉準、逵爲外官。

倫無學，不知書；秀亦以狡黠小才，貪淫昧利。所共立事者，皆邪佞之徒，惟競榮利，無深謀遠略。荂淺薄鄙陋，馥、虔闇很强戾，詡愚嚚輕訬，而各乖異，互相憎毀。秀子會，年二十，爲射聲校尉，尚帝女河東公主。公主母喪未朞，便納聘禮。會形貌短陋，奴僕之下者，初與富室兒於城西販馬，百姓忽聞其尚主，莫不駭愕。

倫、秀並惑巫鬼，聽妖邪之說。秀使牙門趙奉詐爲宣帝神語，命倫早入西宮。又言宣帝於北芒爲趙王佐助，於是別立宣帝廟於芒山。謂逆謀可成。以太子詹事裴劭、左軍將軍卞粹等二十人爲從事中郎，掾屬又二十人。秀等部分諸軍，分布腹心，使散騎常侍、義陽王威兼侍中，出納詔命，矯作禪讓之詔，使使持節、尚書令滿奮，僕射崔隨爲副，奉皇帝璽綬以禪位于倫。倫僞讓不受。於是宗室諸王、羣公卿士咸假稱符瑞天文以勸進，倫乃許之。左衞王輿與前軍司馬雅等率甲士入殿，譬喻三部司馬，示以威賞，皆莫敢違。其夜，使張林等屯守諸門。義陽王威及駱休等逼奪天子璽綬。夜漏未盡，內外百官以乘輿法駕迎倫。惠帝乘雲母車，鹵簿數百人，自華林西門出居金墉城。尚書和郁，兼侍中、散騎常侍、琅邪王睿，中書侍郎陸機從，到城下而反。使張衡衞帝，實幽之也。

倫從兵五千人，入自端門，登太極殿，滿奮、崔隨、樂廣進璽綬於倫，乃僭卽帝位，大赦，改元建始。是歲，賢良方正、直言、秀才、孝廉、良將皆不試；計吏及四方使命之在京邑者，太

學生年十六以上及在學二十年，皆署吏；郡縣二千石令長赦日在職者，皆封侯；郡綱紀並爲孝廉，縣綱紀爲廉吏。以世子荂爲太子，馥爲侍中、大司農、領護軍、京兆王，虔爲侍中、大將軍領軍、廣平王，詡爲侍中、撫軍將軍、霸城王，孫秀爲侍中、中書監、驃騎將軍、儀同三司，張林等諸黨皆登卿將，並列大封。其餘同謀者咸超階越次，不可勝紀，至於奴卒厮役亦加以爵位。每朝會，貂蟬盈坐，時人爲之諺曰：「貂不足，狗尾續。」而以苟且之惠取悅人情，府庫之儲不充於賜，金銀冶鑄不給於印，故有白版之侯，君子恥服其章，百姓亦知其不終矣。

倫親祠太廟，還，遇大風，飄折麾蓋。孫秀既立非常之事，倫敬重焉。秀住文帝爲相國時所居內府，事無巨細，必諮而後行。倫之詔令，秀輒改革，有所與奪，自書青紙爲詔，或朝行夕改者數四，百官轉易如流矣。時有雉入殿中，自太極東階上殿，驅之，更飛西鍾下，有頃，飛去。又倫於殿上得異鳥，問皆不知名，累日向夕，宮西有素衣小兒言是服劉鳥。倫使錄小兒并鳥閉置牢室，明旦開視，戶如故，並失人鳥所在。倫目上有瘤，時以爲妖焉。

時齊王冏、河間王顒、成都王穎並擁强兵，各據一方。秀知冏等必有異圖，乃選親黨及倫故吏爲三王參佐及郡守。

秀本與張林有隙，雖外相推崇，內實忌之。及林爲衞將軍，深怨不得開府，潛與荂牋，

具說秀專權，動違衆心，而功臣皆小人，撓亂朝廷，可一時誅之。荂以書白倫，倫以示秀。秀勸倫誅林，倫從之。於是倫請宗室會於華林園，召林、秀及王輿入，因收林，殺之，誅三族。

及三王起兵討倫檄至，倫、秀始大懼，遣其中堅孫輔爲上軍將軍，積弩李嚴爲折衝將軍，率兵七千自延壽關出，征虜張泓、左軍蔡璜、前軍閭和等率九千人自堮坂關出，鎮軍司馬雅、揚威莫原等率八千人自成皋關出。召東平王楙爲使持節、衞將軍，都督諸軍以距義師。使楊珍晝夜詣宣帝別廟祈請，輒言宣帝謝陛下，某日當破賊。拜道士胡沃爲太平將軍，以招福祐。秀家日爲淫祀，作厭勝之文，使巫祝選擇戰日。又令近親於嵩山著羽衣，詐稱仙人王喬，作神仙書，述倫祚長久以惑衆。秀欲遣馥、虔領兵助諸軍戰，馥、虔不肯。虔素親愛劉輿，秀乃使輿說虔，虔然後率衆八千爲三軍繼援。而泓、雅等連戰雖勝，義軍散而輒合，雅等不得前。許超等與成都王穎軍戰于黃橋，殺傷萬餘人。泓徑造陽翟，又於城南破齊王冏輜重，殺數千人，遂據城保邸閣。而冏軍已在潁陰，去陽翟四十里。冏分軍渡潁，攻泓等不利。泓乘勝至于潁上，夜臨潁而陣。冏縱輕兵擊之，諸軍不動，而孫輔、徐建軍夜亂，徑歸洛自首。輔、建之走也，不知諸軍督尚存，乃云：「齊王兵盛，不可當，泓等已沒。」倫大震，祕之，而召虔及超還。會泓敗冏露布至，倫大喜，乃復遣超，而虔還已至庾倉。超還

濟河，將士疑阻，銳氣內挫。泓等悉其諸軍濟潁，進攻冏營，冏出兵擊其別率孫髦、司馬譚、孫輔，皆破之，士卒散歸洛陽，泓等收衆還營。秀等知三方日急，詐傳破冏營，執得冏，以誑惑其衆，令百官皆賀，而士猗、伏胤、孫會皆杖節各不相從。倫復授太子詹事劉琨節，督河北將軍，率步騎千人催諸軍戰。會等與義軍戰于激水，〔四〕大敗，退保河上，劉琨燒斷河橋。

自義兵之起，百官將士咸欲誅倫、秀以謝天下。秀知衆怒難犯，不敢出省。及聞河北軍悉敗，憂懣不知所爲。義陽王威勸秀至尚書省與八坐議征戰之備，秀從之。使京城四品以下子弟年十五以上，皆詣司隸，從倫出戰。內外諸軍悉欲劫殺秀，威懼，自崇禮闥走還下舍。許超、士猗、孫會等軍既並還，乃與秀謀，或欲收餘卒出戰，或欲焚燒宮室，誅殺不附己者，挾倫南就孫旂、孟觀等，或欲乘船東走入海，計未決。王輿反之，率營兵七百餘人自南掖門入，敕宮中兵各守衞諸門，三部司馬爲應於內。輿自往攻秀，秀閉中書南門。輿放兵登牆燒屋，秀及超、猗遽走出，左衞將軍趙泉斬秀等以徇。收孫奇於右衞營，〔五〕付廷尉誅之。執前將軍謝惔、黃門令駱休、司馬督王潛，皆於殿中斬之。三部司馬兵於宣化闥中斬孫弼以徇。時司馬馥在秀坐，輿使將士囚之于散騎省，以大戟守省閤。八坐皆入殿中，坐東除樹下。王輿屯雲龍門，使倫爲詔曰：「吾爲孫秀等所誤，以怒三王。今已誅秀，其迎太上復位，吾歸老于農畝。」傳詔以騶虞幡敕將士解兵。文武官皆奔走，莫敢有居者。黃門將

倫自華林東門出，及荂皆還汶陽里第。於是以甲士數千迎天子于金墉，百姓咸稱萬歲。帝自端門入，升殿，御廣室，送倫及荂等付金墉城。

初，秀懼西軍至，復召虔還。是日宿九曲，詔遣使者免虔官，虔懼，棄軍將數十人歸于汶陽里。

梁王肜表倫父子凶逆，宜伏誅。百官會議于朝堂，皆如肜表。遣尚書袁敞持節賜倫死，飲以金屑苦酒。倫慚，以巾覆面，曰：「孫秀誤我！孫秀誤我！」於是收荂、馥、虔、詡付廷尉獄，考竟。馥臨死謂虔曰：「坐爾破家也！」百官是倫所用者，皆斥免之，臺省府衞僅有存者。自兵興六十餘日，戰所殺害僅十萬人。

凡與倫爲逆豫謀大事者：張林爲秀所殺；許超、士猗、孫弼、謝惔、殷渾與秀爲王輿所誅；張衡、閭和、孫髦、高越自陽翟還，伏胤戰敗還洛陽，皆斬于東市；蔡璜自陽翟降齊王冏，還洛自殺；王輿以功免誅，後與東萊王蕤謀殺冏，又伏法。

齊王冏 鄭方

齊武閔王冏字景治，獻王攸之子也。少稱仁惠，好振施，有父風。初，攸有疾，武帝不信，遣太醫診候，皆言無病。及攸薨，帝往臨喪，冏號踊訴父病爲醫所誣，詔卽誅醫。由是

見稱，遂得爲嗣。

元康中，拜散騎常侍，領左軍將軍、翊軍校尉。趙王倫密與相結，廢賈后，以功轉游擊將軍。冏以位不滿意，有恨色。孫秀微覺之，且憚其在內，出爲平東將軍、假節，鎮許昌。倫篡，遷鎮東大將軍、開府儀同三司，欲以寵安之。

冏因衆心怨望，潛與離狐王盛、潁川王處穆謀起兵誅倫。倫遣腹心張烏覘之，烏反，曰：「齊無異志。」冏既有成謀未發，恐事泄，乃與軍司管襲殺處穆，送首於倫，以安其意。謀定，乃收襲殺之。遂與豫州刺史何勖、龍驤將軍董艾等起軍，遣使告成都、河間、常山、新野四王，移檄天下征鎮、州郡縣國，咸使聞知。揚州刺史郗隆承檄，猶豫未決，參軍王邃斬之，送首于冏。冏屯軍陽翟，倫遣其將閭和、張泓、孫輔出堮坂，與冏交戰。冏軍失利，堅壘自守。會成都軍破倫衆於黃橋，冏乃出軍攻和等，大破之。及王輿廢倫，惠帝反正，冏誅討賊黨既畢，率衆入洛，頓軍通章署，甲士數十萬，旌旗器械之盛，震於京都。天子就拜大司馬，加九錫之命，備物典策，如宣、景、文、武輔魏故事。

冏於是輔政，居攸故宮，置掾屬四十人。大築第館，北取五穀市，南開諸署，毀壞廬舍以百數，使大匠營制，與西宮等。鑿千秋門牆以通西閣，後房施鍾懸，前庭舞八佾，沈于酒色，不入朝見。坐拜百官，符敕三臺，選舉不均，惟寵親昵。以車騎將軍何勖領中領軍。封

葛旟爲牟平公，路秀小黄公，[六]衞毅陰平公，[七]劉眞安鄉公，韓泰封丘公，號曰「五公」，委以心膂。殿中御史桓豹奏事，不先經冏府，卽考竟之。於是朝廷側目，海內失望矣。南陽處士鄭方露版極諫，主簿王豹屢有箴規，冏並不能用，遂奏豹殺之。有白頭公入大司馬府大呼，言有兵起，不出甲子旬。卽收殺之。

冏驕恣日甚，終無悛志。前賊曹屬孫惠復上諫曰：

惠聞天下五難，四不可，而明公皆以居之矣。捐宗廟之主，忽千乘之重，躬貫甲冑，犯冒鋒刃，此一難也。奮三百之卒，決全勝之策，集四方之衆，致英豪之士，此二難也。舍殿堂之尊，居單幕之陋，安囂塵之慘，同將士之勞，此三難也。驅烏合之衆，當凶强之敵，任神武之略，無疑阻之懼，此四難也。檄六合之內，著盟信之誓，升幽宮之帝，復皇祚之業，此五難也。大名不可久荷，大功不可久任，大權不可久執，大威不可久居。未有行其五難而不以爲難，遺其不可而謂之爲可。惠竊所不安也。

自永熙以來，十有一載，[八]人不見德，惟戮是聞。公族構篡奪之禍，骨肉遭梟夷之刑，羣王被囚檻之困，妃主有離絕之哀。歷觀前代，國家之禍，至親之亂，未有今日之甚者也。良史書過，後嗣何觀！天下所以不去於晉，符命長存於世者，主無嚴虐之暴，朝無酷烈之政，武帝餘恩，獻王遺愛，聖慈惠和，尙經人心。[九]四海所係，實在

於茲。

今明公建不世之義，而未爲不世之讓，天下惑之，思求所悟。長沙、成都，魯衞之密，國之親親，與明公計功受賞，尙不自先。今公宜放桓文之勳，邁臧札之風，芻狗萬物，不仁其化，崇親推近，功遂身退，委萬機於二王，命方嶽於羣后，燿義讓之旗，鳴思歸之鑾，宅大齊之墟，振泱泱之風，垂拱青徐之域，高枕營丘之藩。金石不足以銘高，八音不足以贊美，姬文不得專聖於前，太伯不得獨賢於後。今明公忘亢極之悔，忽窮高之凶，棄五嶽之安，居累卵之危，外以權勢受疑，內以百揆損神。雖處高臺之上，逍遙重仞之墉，及其危亡之憂，過於潁翟之慮。羣下竦戰，莫之敢言。

惠以衰亡之餘，遭陽九之運，甘矢石之禍，赴大王之義，脫褐冠冑，從戎于許。契闊戰陣，功無可記，當隨風塵，待罪初服。屈原放斥，心存南郢，樂毅適趙，志戀北燕。況惠受恩，偏蒙識養，雖復暫違，情隆二臣，是以披露血誠，冒昧干迕。言入身戮，義讓功舉，退就鈇鑕，此惠之死賢於生也。

冏不納，亦不加罪。

翊軍校尉李含奔于長安，詐云受密詔，使河間王顒誅冏，因導以利謀。顒從之，上表曰：

王室多故，禍難罔已。大司馬冏雖唱義有興復皇位之功，而定都邑，克寧社稷，實成都王之勳力也。而冏不能固守臣節，實協異望。在許昌營有東西掖門，官置治書侍御史，長史、司馬直立左右，如侍臣之儀。京城大清，篡逆誅夷，而率百萬之衆來繞洛城。阻兵經年，不一朝覲，百官拜伏，晏然南面。壞樂官市署，用自增廣。輒取武庫祕杖，嚴列不解。故東萊王蕤知其逆節，表陳事狀，而見誣陷，加罪黜徙。以樹私黨，僭立官屬。幸妻嬖妾，名號比之中宮。沈湎酒色，不恤羣黎。董艾放縱，無所畏忌，中丞按奏，而取退免。張偉惚恫，擁停詔可，葛旟小豎，維持國命。操弄王爵，貨賂公行。羣姦聚黨，擅斷殺生。密署腹心，實爲貨謀。斥罪忠良，伺闚神器。

臣受重任，蕃衞方嶽，見冏所行，實懷激憤。卽日翊軍校尉李含乘驛密至，宣騰詔旨。臣伏讀感切，五情若灼。春秋之義，君親無將。冏擁强兵，樹置私黨，權官要職，莫非腹心。雖復重責之誅，恐不義服。今輒勒兵，精卒十萬，與州征並協忠義，共會洛陽。驃騎將軍長沙王乂，同奮忠誠，廢冏還第。有不順命，軍法從事。成都王穎明德茂親，功高勳重，往歲去就，允合衆望，宜爲宰輔，代冏阿衡之任。

顒表既至，冏大懼，會百僚曰：「昔孫秀作逆，篡逼帝王，社稷傾覆，莫能禦難。孤糾合義衆，掃除元惡，臣子之節，信著神明。二王今日聽信讒言，造構大難，當賴忠謀以和不協

耳。」司徒王戎、司空東海王越說冏委權崇讓。冏從事中郎葛旟怒曰：「趙庶人聽任孫秀，移天易日，當時喋喋，莫敢先唱。公蒙犯矢石，躬貫甲冑，攻圍陷陣，得濟今日。計功行封，事殷未徧。三臺納言不恤王事，賞報稽緩，責不在府。讒言僭逆，當共誅討，虛承僞書，令公就第。漢魏以來，王侯就第寧有得保妻子者乎！議者可斬。」於是百官震悚，無不失色。

長沙王乂徑入宮，發兵攻冏府。冏遣董艾陳兵宮西。乂又遣宋洪等放火燒諸觀閣及千秋、神武門。冏令黃門令王湖悉盜騶虞幡，唱云：「長沙王矯詔。」乂又稱：「大司馬謀反，助者誅五族。」是夕，城內大戰，飛矢雨集，火光屬天。帝幸上東門，矢集御前。羣臣救火，死者相枕。明日，冏敗，乂擒冏至殿前，帝惻然，欲活之。乂叱左右促牽出，冏猶再顧，遂斬於閶闔門外，徇首六軍。諸黨屬皆夷三族。幽其子淮陵王超、樂安王冰、濟陽王英于金墉。暴冏尸於西明亭，三日而莫敢收斂。冏故掾屬荀闓等表乞殯葬，許之。

初，冏之盛也，有一婦人詣大司馬府求寄產。吏詰之，婦人曰：「我截齊便去耳。」識者聞而惡之。時又謠曰：「著布袙腹，爲齊持服。」俄而冏誅。

永興初，詔以冏輕陷重刑，前勳不宜堙沒，乃赦其三子超、冰、英還第，封超爲縣王，以繼冏祀，歷員外散騎常侍。光熙初，追册冏曰：「咨故大司馬、齊王冏：王昔以宗藩穆胤紹世，緒于東國，作翰許京，允鎭靜我王室。誕率義徒，同盟觸澤，克成元勳，大濟潁東。朕用

應嘉茂績，謂篤爾勞，俾式先典，以疇茲顯懿。廓士殊分，跨兼吳楚，崇禮備物，寵侔蕭霍，庶憑翼戴之重，永隆邦家之望。而恭德不建，取侮二方，有司過舉，致王于戮。古人有言曰：『用其法，猶思其人。』況王功濟朕身，勳存社稷，追惟既往，有悼於厥心哉！今復王本封，命嗣子還紹厥緒，禮秩典度，一如舊制。使使持節、大鴻臚卽墓賜策，祠以太牢。魂而有靈，祗服朕命，肆寧爾心，嘉茲寵榮。」子超嗣爵。

永嘉中，懷帝下詔，重述冏唱義元勳，還贈大司馬，加侍中、假節，追謚。及洛陽傾覆，超兄弟皆沒于劉聰，冏遂無後。

太元中，詔以故南頓王宗子柔之襲封齊王，[一〇]紹攸、冏之祀，歷散騎常侍。元興初，會稽王道子將討桓玄，詔柔之兼侍中，以騶虞幡宣告江、荆二州，至姑孰，爲玄前鋒所害。贈光祿勳。子建之立。宋受禪，國除。

鄭方者，字子回。慷慨有志節，博涉史傳，卓犖不常，鄉閭有識者歎其奇，而未能薦達。及冏輔政專恣，方發憤步詣洛陽，自稱荆楚逸民，獻書於冏曰：「方聞聖明輔世，夙夜祗懼，泰而不驕，所以長守貴也。今大王安不慮危，耽于酒色，燕樂過度，其失一也。大王檢命，當使天下穆如清風，宗室骨肉永無纖介，今則不然，其失二也。四夷交侵，邊境不靜，大

王自以功業興隆，不以爲念，其失三也。大王興義，羣庶競赴，天下雖寧，人勞窮苦，不聞大王振救之令，其失四也。又與義兵歃血而盟，事定之後，賞不踰時，自清泰已來，論功未分，此則食言，其失五也。大王建非常之功，居宰相之任，謗聲盈塗，人懷忿怨，方以狂愚，冒死陳誠。」冏含忍答之云：「孤不能致五闕，若無子，則不聞其過矣。」未幾而敗焉。

長沙王乂

長沙厲王乂字士度，武帝第六子也。太康十年受封，拜員外散騎常侍。及武帝崩，乂時年十五，孺慕過禮。會楚王瑋奔喪，諸王皆近路迎之，乂獨至陵所，號慟以俟瑋。拜步兵校尉。及瑋之誅二公也，乂守東掖門。會騶虞幡出，乂投弓流涕曰：「楚王被詔，是以從之，安知其非！」瑋既誅，乂以同母，貶爲常山王，之國。

乂身長七尺五寸，開朗果斷，才力絕人，虛心下士，甚有名譽。三王之舉義也，乂率國兵應之，過趙國，房子令距守，乂殺之，進軍爲成都後係。常山內史程恢將貳於乂，乂到鄴，斬恢及其五子。至洛，拜撫軍大將軍，領左軍將軍。頃之，遷驃騎將軍、開府，復本國。

乂見齊王冏漸專權，嘗與成都王穎俱拜陵，因謂穎曰：「天下者，先帝之業也，王宜維之。」時聞其言者皆憚之。及河間王顒將誅冏，傳檄以乂爲內主。冏遣其將董艾襲乂，乂將左右百餘人，手斫車幰，露乘馳赴宮，閉諸門，奉天子與冏相攻，起火燒冏府。連戰三日，冏敗，斬之，幷誅諸黨與二千餘人。

顒本以乂弱冏强，冀乂爲冏所擒，然後以乂爲辭，宣告四方共討之，因廢帝立成都王，己爲宰相，專制天下。既而乂殺冏，其計不果，乃潛使侍中馮蓀、河南尹李含、中書令卞粹等襲乂。乂並誅之。顒遂與穎同伐京都。穎遣刺客圖乂，時長沙國左常侍王矩侍直，見客色動，遂殺之。詔以乂爲大都督以距顒。連戰自八月至十月，朝議以乂、穎兄弟，可以辭說而釋，乃使中書令王衍行太尉，光祿勳石陋行司徒，使說穎，令與乂分陝而居，穎不從。乂因致書於穎曰：「先帝應乾撫運，統攝四海，勤身苦己，克成帝業，六合清泰，慶流子孫。孫秀作逆，反易天常，卿興義衆，還復帝位。齊王恃功，肆行非法，上無宰相之心，下無忠臣之行，遂其讒惡，離逖骨肉，主上怨傷，尋已蕩除。吾之與卿，友于十人，同產皇室，受封外都，各不能闡敷王教，經濟遠略。今卿復與太尉共起大衆，阻兵百萬，重圍宮城。羣臣同忿，聊卽命將，示宣國威，未擬摧殄。自投溝澗，蕩平山谷，死者日萬，酷痛無罪。豈國恩之不慈，則用刑之有常。卿所遣陸機不樂受卿節鉞，將其所領，私通國家。想來逆者，當前行一尺，卻行一丈。卿宜還鎮，以寧四海，令宗族無羞，子孫之福也。如其不然，念骨肉分裂之痛，故復遺書。」

穎復書曰：「文景受圖，武皇乘運，庶幾堯舜，共康政道，恩隆洪業，本枝百世。豈期骨肉豫禍，后族專權，楊賈縱毒，齊趙內篡。幸以誅夷，而未靜息。每憂王室，心悸肝爛。羊玄之、皇甫商等恃寵作禍，能不興慨！於是征西羽檄，四海雲應。本謂仁兄同其所懷，便當內擒商等，收級遠送。如何迷惑，自爲戎首！上矯君詔，下離愛弟，推移輦轂，妄動兵威，還任豺狼，棄戮親善。行惡求福，如何自勉！前遣陸機董督節鉞，雖黃橋之退，而溫南收勝，一彼一此，未足增慶也。今武士百萬，良將銳猛，要當與兄整頓海內。若能從太尉之命，斬商等首，投戈退讓，自求多福，穎亦自歸鄴都，與兄同之。奉覽來告，緬然慷慨。愼哉大兄，深思進退也！」

乂前後破穎軍，斬獲六七萬人。戰久糧乏，城中大饑，雖曰疲弊，將士同心，皆願效死。而乂奉上之禮未有虧失，張方以爲未可克，欲還長安。而東海王越慮事不濟，潛與殿中將收乂送金墉城。乂表曰：「陛下篤睦，委臣朝事。臣小心忠孝，神祇所鑒。諸王承謬，率來見責，朝臣無正，各慮私困，收臣別省，送臣幽宮。臣不惜軀命，但念大晉衰微，枝黨欲盡，陛下孤危。若臣死國寧，亦家之利。但恐快凶人之志，無益於陛下耳。」

殿中左右恨乂功垂成而敗，謀劫出之，更以距穎。越懼難作，欲遂誅乂。黃門郎潘滔勸越密告張方，方遣部將郅輔勒兵三千，就金墉收乂，至營，炙而殺之。乂冤痛之聲達於左

右，三軍莫不爲之垂涕。時年二十八。

乂將殯於城東，官屬莫敢往，故掾劉佑獨送之，步持喪車，悲號斷絕，哀感路人。張方以其義士，不之問也。初，乂執權之始，洛下謠曰：「草木萌牙殺長沙。」乂以正月二十五日廢，二十七日死，如謠言焉。永嘉中，懷帝以乂子碩嗣，拜散騎常侍，後沒于劉聰。

成都王穎

成都王穎字章度，武帝第十六子也。太康末受封，邑十萬戶。後拜越騎校尉，加散騎常侍、車騎將軍。

賈謐嘗與皇太子博，爭道。穎在坐，厲聲呵謐曰：「皇太子，國之儲君，賈謐何得無禮！」謐懼，由此出穎爲平北將軍，鎮鄴。轉鎮北大將軍。

趙王倫之篡也，進征北大將軍，加開府儀同三司。及齊王冏舉義，穎發兵應冏，以鄴令盧志爲左長史，頓丘太守鄭琰爲右長史，〔一一〕黃門郎程牧爲左司馬，陽平太守和演爲右司馬。使兗州刺史王彥，冀州刺史李毅，督護趙驤、石超等爲前鋒。羽檄所及，莫不響應。至朝歌，衆二十餘萬。趙驤至黃橋，爲倫將士猗、許超所敗，死者八千餘人，士衆震駭。穎欲退保朝歌，用盧志、王彥策，又使趙驤率衆八萬，與王彥俱進。倫復遣孫會、劉琨等率三萬人，

與猗、超合兵距驤等，精甲耀日，鐵騎前驅。猗既戰勝，有輕驤之心。未及溫十餘里，復大戰，猗等奔潰。穎遂過河，乘勝長驅。左將軍王輿殺孫秀，〔一二〕幽趙王倫，迎天子反正。及穎入京都，誅倫。使趙驤、石超等助齊王冏攻張泓於陽翟，泓等遂降。冏始率衆入洛，自以首建大謀，遂擅威權。穎營于太學，及入朝，天子親勞焉。穎拜謝曰：「此大司馬臣冏之勳，臣無豫焉。」見訖，卽辭出，不復還營，便謁太廟，出自東陽城門，遂歸鄴。遣信與冏別，冏大驚，馳出送穎，至七里澗及之。穎住車言別，流涕，不及時事，惟以太妃疾苦形於顏色，百姓觀者莫不傾心。

至鄴，詔遣兼太尉王粹加九錫殊禮，進位大將軍、都督中外諸軍事、假節、加黃鉞、錄尚書事，入朝不趨，劍履上殿。穎拜受徽號，讓殊禮九錫。表論興義功臣盧志、和演、董洪、王彥、趙驤等五人，皆封開國公侯。又表稱：「大司馬前在陽翟，與强賊相持既久，百姓創痍，饑餓凍餒，宜急振救。乞差發郡縣車，一時運河北邸閣米十五萬斛，以振陽翟饑人。」盧志言於穎曰：「黃橋戰亡者有八千餘人，既經夏暑，露骨中野，可爲傷惻。昔周王葬枯骨，故詩云『行有死人，尚或墐之』。況此等致死王事乎！」穎乃造棺八千餘枚，以成都國秩爲衣服，斂祭，葬於黃橋北，樹枳籬爲之塋域。又立都祭堂，刊石立碑，紀其赴義之功，使亡者之家四時祭祀有所。仍表其門閭，加常戰亡二等。又命河內溫縣埋藏趙倫戰死士卒萬四千餘人。〔一三〕穎形美而神昏，不知書，然器性敦厚，委事於志，故得成其美焉。

及齊王冏驕侈無禮，於是衆望歸之。詔遣侍中馮蓀、中書令卞粹喻穎入輔政，幷使受九錫。穎猶讓不拜。尋加太子太保。穎嬖人孟玖不欲還洛，又程太妃愛戀鄴都，以此議久不決。留義募將士既久，咸怨曠思歸，或有輒去者，乃題鄴城門云：「大事解散蠶欲遽。請且歸，赴時務。昔以義來，今以義去。若復有急更相語。」穎知不可留，因遣之，百姓乃安。及冏敗，穎懸執朝政，事無巨細，皆就鄴諮之。後張昌擾亂荆土，穎拜表南征，所在響赴。既恃功驕奢，百度弛廢，甚於冏時。

穎方恣其欲，而憚長沙王乂在內，遂與河間王顒表請誅后父羊玄之、左將軍皇甫商等，檄乂使就第。乃與顒將張方伐京都，以平原內史陸機爲前鋒都督、前將軍、假節。穎次朝歌，每夜矛戟有光若火，其壘井中皆有龍象。進軍屯河南，阻清水爲壘，造浮橋以通河北，以大木函盛石，沈之以繫橋，名曰石鼈。陸機戰敗，死者甚衆，機又爲孟玖所譖，穎收機斬之，夷其三族，語在機傳。於是進攻京城。時常山人王輿合衆萬餘，欲襲穎。會乂被執，其黨斬輿降。穎既入京師，復旋鎮于鄴，增封二十郡，拜丞相。河間王顒表穎宜爲儲副，遂廢太子覃，立穎爲皇太弟，丞相如故，制度一依魏武故事，乘輿服御皆遷于鄴。表罷宿衞兵屬相府，更以王官宿衞。僭侈日甚，有無君之心，委任孟玖等，大失衆望。

永興初，左衞將軍陳眕，殿中中郎逯苞、成輔及長沙故將上官巳等，奉大駕討穎，馳檄四方，赴者雲集。軍次安陽，衆十餘萬，鄴中震懼。穎欲走，其掾步熊有道術，曰：「勿動！南軍必敗。」穎會其衆問計，東安王繇乃曰：「天子親征，宜罷甲，縞素出迎請罪。」司馬王混、參軍崔曠勸穎距戰，穎從之，乃遣奮武將軍石超率衆五萬，次于蕩陰。眕二弟匡、規自鄴赴王師，云：「鄴中皆已離散。」由是不甚設備。超衆奄至，王師敗績，矢及乘輿，侍中嵇紹死於帝側，左右皆奔散，乃棄天子於藁中。超遂奉帝幸鄴。穎改元建武，害東安王繇，署置百官，殺生自己，立郊於鄴南。

安北將軍王浚、〔一四〕寧北將軍東嬴公騰殺穎所置幽州刺史和演，穎徵浚，浚屯冀州不進，與騰及烏丸羯朱襲穎。〔一五〕候騎至鄴，穎遣幽州刺史王斌及石超、李毅等距浚，爲羯朱等所敗。鄴中大震，百僚奔走，士卒分散。穎懼，將帳下數十騎，擁天子，與中書監盧志單車而走，五日至洛。羯朱追至朝歌，不及而還。河間王顒遣張方率甲卒二萬救穎，至洛，方乃挾帝，擁穎及豫章王幷高光、盧志等歸于長安。顒廢穎歸藩，以豫章王爲皇太弟。

穎既廢，河北思之，鄴中故將公師藩、汲桑等起兵以迎穎，衆情翕然。顒復拜穎鎮軍大將軍、都督河北諸軍事，給兵千人，鎮鄴。穎至洛，而東海王越率衆迎大駕，所在鋒起。穎以北方盛强，懼不可進，自洛陽奔關中。值大駕還洛，穎自華陰趨武關，出新野。帝詔鎮南

將軍劉弘、南中郎將劉陶收捕穎，於是棄母妻，單車與二子廬江王普、中都王廓渡河赴朝歌，收合故將士數百人，欲就公師藩。頓丘太守馮嵩執穎及普、廓送鄴，范陽王虓幽之，而無他意。屬虓暴薨，虓長史劉輿見穎爲鄴都所服，慮爲後患，祕不發喪，僞令人爲臺使，稱詔夜賜穎死。穎謂守者田徽曰：「范陽王亡乎？」徽曰：「不知。」穎曰：「卿年幾？」徽曰：「五十。」穎曰：「知天命不？」徽曰：「不知。」穎曰：「我死之後，天下安乎不安乎？我自放逐，於今三年，身體手足不見洗沐，取數斗湯來！」其二子號泣，穎敕人將去。乃散髮東首臥，命徽縊之，時年二十八。二子亦死。鄴中哀之。

穎之敗也，官屬並奔散，惟盧志隨從不怠，論者稱之。其後汲桑害東嬴公騰，稱爲穎報讎，遂出穎棺，載之於軍中，每事啓靈，以行軍令。桑敗，棄棺於故井中。穎故臣收之，改葬於洛陽，懷帝加以縣王禮。

穎死後數年，開封間有傳穎子年十餘歲，流離百姓家，東海王越遣人殺之。永嘉中，立東萊王蕤子遵爲穎嗣，封華容縣王。後沒於賊，國除。

河間王顒

河間王顒字文載，安平獻王孚孫，太原烈王瓌之子也。初襲父爵，咸寧二年就國。三

年，改封河間。少有清名，輕財愛士。與諸王俱來朝，武帝歎顒可以爲諸國儀表。元康初，爲北中郎將，監鄴城。九年，代梁王肜爲平西將軍，鎮關中。石函之制，非親親不得都督關中，顒於諸王爲疎，特以賢舉。

及趙王倫篡位，齊王冏謀討之。前安西參軍夏侯奭自稱侍御史，在始平合衆，得數千人，以應冏，遣信要顒。顒遣主簿房陽、河間國人張方討擒奭，及其黨十數人，於長安市腰斬之。及冏檄至，顒執冏使，送之於倫。倫徵兵於顒，顒遣方率關右健將赴之。方至華陰，顒聞二王兵盛，乃加長史李含龍驤將軍，領督護席薳等追方軍迴，以應二王。義兵至潼關，而倫、秀已誅，天子反正，含、方各率衆還。及冏論功，雖怒顒初不同，而終能濟義，進位侍中、太尉，加三賜之禮。

後含爲翊軍校尉，與冏參軍皇甫商、司馬趙驤等有憾，遂奔顒，詭稱受密詔伐冏，因說利害。顒納之，便發兵，遣使邀成都王穎。以含爲都督，率諸軍屯陰盤，前鋒次于新安，去洛百二十里。檄長沙王乂討冏。及冏敗，顒以含爲河南尹，使與馮蓀、卞粹等潛圖害乂。商知含前矯妄及與顒陰謀，具以告乂。乂乃誅含等。顒聞含死，即起兵以討商爲名，使張方爲都督，領精卒七萬向洛。方攻商，商距戰而潰，方遂進攻西明門。乂率中軍左右衞擊之，方衆大敗，死者五千餘人。方初於駭水橋西爲營，於是築壘數重，外引廪穀，以足軍資。乂復從天子出攻方，戰輒不利。及乂死，方還長安。詔以顒爲太宰、大都督、雍州牧。顒廢皇太子覃，立成都王穎爲太弟，改年，大赦。

左衞將軍陳眕奉天子伐穎，顒又遣方率兵二萬救鄴。天子已幸鄴，方屯兵洛陽。及王浚等伐穎，穎挾天子歸洛陽。方將兵入殿中，逼帝幸其壘，掠府庫，將焚宮廟以絕衆心。盧志諫，乃止。方又逼天子幸長安。顒乃選置百官，改秦州爲定州。及東海王越起兵徐州，西迎大駕，關中大懼，方謂顒曰：「方所領猶有十餘萬衆，奉送大駕還洛宮，使成都王反鄴，公自留鎮關中，方北討博陵。如此，天下可小安，無復舉手者。」顒慮事大難濟，不許。乃假劉喬節，進位鎮東大將軍，遣成都王穎總統樓褒、〔二六〕王闡等諸軍，據河橋以距越。王浚遣督護劉根，將三百騎至河上。闡出戰，爲根所殺。穎頓軍張方故壘，范陽王虓遣鮮卑騎與平昌、博陵衆襲河橋，樓褒西走，追騎至新安，道路死者不可勝數。

初，越以張方劫遷車駕，天下怨憤，唱義與山東諸侯剋期奉迎，先遣說顒，令送帝還都，與顒分陝而居。顒欲從之，而方不同。及東軍大捷，成都等敗，顒乃令方親信將郅輔夜斬方，送首以示東軍。尋變計，更遣刁默守潼關，乃咎輔殺方，又斬輔。顒先遣將呂朗等據滎陽，范陽王虓司馬劉琨以方首示朗，於是朗降。時東軍既盛，破刁默以入關，顒懼，又遣馬瞻、郭偉於霸水禦之，瞻等戰敗散走。顒乘單馬，逃于太白山。東軍入長安，大駕旋，以太

弟太保梁柳爲鎮西將軍，守關中。馬瞻等出詣柳，因共殺柳於城內。瞻等與始平太守梁邁合從，迎顒於南山。顒初不肯入府，長安令蘇衆、記室督朱永勸顒表稱柳病卒，輒知方事。弘農太守裴廙、秦國內史賈龕、安定太守賈疋等起義討顒，斬馬瞻、梁邁等。東海王越遣督護麋晃率國兵伐顒。至鄭，顒將牽秀距晃，晃斬秀，并其二子。義軍據有關中，顒保城而已。

永嘉初，詔書以顒爲司徒，乃就徵。南陽王模遣將梁臣於新安雍谷車上扼殺之，并其三子。詔以彭城元王植子融爲顒嗣，改封樂成縣王。薨，無子。建興中，元帝又以彭城康王釋子欽爲融嗣。

東海王越

東海孝獻王越字元超，高密王泰之次子也。〔二七〕少有令名，謙虛持布衣之操，爲中外所宗。初以世子爲騎都尉，與駙馬都尉楊邈及琅邪王伷子繇俱侍講東宮，拜散騎侍郎，歷左衞將軍，加侍中。討楊駿有功，封五千戶侯。遷散騎常侍、輔國將軍、尚書右僕射，領游擊將軍。復爲侍中，加奉車都尉，給溫信五十人，〔二八〕別封東海王，食六縣。永康初，爲中書令，徙侍中，遷司空，領中書監。

成都王穎攻長沙王乂，乂固守洛陽，殿中諸將及三部司馬疲於戰守，密與左衞將軍朱默夜收乂別省，逼越爲主，啓惠帝免乂官。事定，越稱疾遜位。帝不許，加守尚書令。太安初，〔一九〕帝北征鄴，以越爲大都督。六軍敗，越奔下邳，徐州都督、東平王楙不納，越徑還東海。成都王穎以越兄弟宗室之美，下寬令招之，越不應命。帝西幸，以越爲太傅，與太宰顒夾輔朝政，讓不受。東海中尉劉洽勸越發兵以備穎，越以洽爲左司馬，尚書曹馥爲軍司。既起兵，楙懼，乃以州與越。越以司空領徐州都督，以楙領兗州刺史。越三弟並據方任征伐，輒選刺史守相，朝士多赴越。而河間王顒挾天子，發詔罷越等，皆令就國。越唱義奉迎大駕，還復舊都，率甲卒三萬，西次蕭縣。豫州刺史劉喬不受越命，遣子祐距之，〔二〇〕越軍敗。范陽王虓遣督護田徽以突騎八百迎越，遇祐於譙，祐衆潰，越進屯陽武。山東兵盛，關中大懼，顒斬送張方首求和，尋變計距越。越率諸侯及鮮卑許扶歷、駒次宿歸等步騎迎惠帝反洛陽。詔越以太傅錄尚書，以下邳、濟陽二郡增封。

及懷帝卽位，委政於越。吏部郎周穆，清河王覃舅，越之姑子也，與其妹夫諸葛玫共說越曰：「主上之爲太弟，張方意也。清河王本太子，爲羣凶所廢。先帝暴崩，多疑東宮。公盍思伊霍之舉，以寧社稷乎？」言未卒，越曰：「此豈宜言邪！」遂叱左右斬之。以玫、穆世家，罪止其身，因此表除三族之法。帝始親萬機，留心庶事，越不悅，求出藩，帝不許。越遂出

鎭許昌。

永嘉初，自許昌率苟晞及冀州刺史丁劭討汲桑，〔二一〕破之。越還于許，長史潘滔說之曰：「兗州天下樞要，公宜自牧。」乃轉苟晞爲青州刺史，由是與晞有隙。

尋詔越爲丞相，領兗州牧，督兗、豫、司、冀、幽、幷六州。越辭丞相不受，自許遷于鄄城。越恐清河王覃終爲儲副，矯詔收付金墉城，尋害之。

王彌入許，越遣左司馬王斌率甲士五千人入衞京都。鄄城自壞，越惡之，移屯濮陽，又遷于滎陽。召田甄等六率，〔二二〕甄不受命，越遣監軍劉望討甄。初，東嬴公騰之鎭鄴也，攜幷州將田甄、甄弟蘭、任祉、祁濟、李惲、薄盛等部衆萬餘人至鄴，遣就穀冀州，號爲乞活。及騰敗，甄等邀破汲桑於赤橋，越以甄爲汲郡，蘭爲鉅鹿太守。甄求魏郡，越不許，甄怒，故召不至。望旣渡河，甄退。李惲、薄盛斬田蘭，率其衆降，甄、祉、濟棄軍奔上黨。

越自滎陽還洛陽，以太學爲府。疑朝臣貳己，乃誣帝舅王延等爲亂，遣王景率甲士三千人入宮收延等，〔二三〕付廷尉殺之。越解兗州牧，領司徒。越旣與苟晞構怨，又以頃興事多由殿省，乃奏宿衞有侯爵者皆罷之。時殿中武官並封侯，由是出者略盡，皆泣涕而去。乃以東海國上軍將軍何倫爲右衞將軍，王景爲左衞將軍，領國兵數百人宿衞。

越自誅王延等，大失衆望，而多有猜嫌。散騎侍郎高韜有憂國之言，越誣以訕謗時政

害之，而不自安。乃戎服入見，請討石勒，且鎭集兗豫以援京師。帝曰：「今逆虜侵逼郊畿，王室蠢蠢，莫有固心。朝廷社稷，倚賴於公，豈可遠出以孤根本！」對曰：「臣今率衆邀賊，勢必滅之。賊滅則不逞消殄，已東諸州職貢流通。此所以宣暢國威，藩屛之宜也。若端坐京輦以失機會，則釁弊日滋，所憂逾重。」遂行。留妃裴氏、世子、鎭軍將軍毗，及龍驤將軍李惲幷何倫等守衞京都。表以行臺隨軍，率甲士四萬東屯于項，王公卿士隨從者甚衆。詔加九錫。越乃羽檄四方曰：「皇綱失御，社稷多難，孤以弱才，備當大任。自頃胡寇內逼，偏裨失利，帝鄉便爲戎州，冠帶奄成殊域，朝廷上下，以爲憂懼。皆由諸侯蹉跎，遂及此難。投袂忘履，討之已晚。人情奉本，莫不義奮。當須合會之衆，以俟戰守之備。宗廟主上，相賴匡救。檄至之日，便望風奮發，忠臣戰士效誠之秋也。」所徵皆不至。而苟晞又表討越，語在晞傳。

越專擅威權，圖爲霸業，朝賢素望，選爲佐吏，名將勁卒，充于己府，不臣之迹，四海所知。而公私罄乏，所在寇亂，州郡攜貳，上下崩離，禍結釁深，遂憂懼成疾。永嘉五年，薨于項。祕不發喪。以襄陽王範爲大將軍，統其衆。還葬東海。石勒追及於苦縣甯平城，將軍錢端出兵距勒，戰死，軍潰。勒命焚越柩曰：「此人亂天下，吾爲天下報之，故燒其骨以告天地。」於是數十萬衆，勒以騎圍而射之，相踐如山。王公士庶死者十餘萬。王彌弟璋焚其餘

衆，幷食之。天下歸罪於越。帝發詔貶越爲縣王。

何倫、李惲聞越之死，祕不發喪，奉妃裴氏及毗出自京邑，從者傾城，所經暴掠。至洧倉，又爲勒所敗，毗及宗室三十六王俱沒于賊。李惲殺妻子奔廣宗，何倫走下邳。裴妃爲人所略，賣於吳氏，太興中，得渡江，欲招魂葬越。元帝詔有司詳議，博士傅純曰：「聖人制禮，以事緣情，設冢椁以藏形，而事之以凶；立廟祧以安神，而奉之以吉。送形而往，迎精而還。此墓廟之大分，形神之異制也。至於室廟寢廟祊祭非一處，所以廣求神之道，而獨不祭於墓，明非神之所處也。今亂形神之別，錯廟墓之宜，違禮制義，莫大於此。」於是下詔不許。裴妃不奉詔，遂葬越於廣陵。太興末，墓毀，改葬丹徒。

初，元帝鎭建鄴，裴妃之意也，帝深德之，數幸其第，以第三子沖奉越後。薨，無子，成帝以少子奕繼之。哀帝徙奕爲琅邪王，而東海無嗣。隆安初，安帝更以會稽忠王次子彥璋爲東海王，繼沖爲曾孫。爲桓玄所害，國除。

史臣曰：昔高辛撫運，釁起參商；宗周嗣曆，禍纏管蔡。詳觀曩册，遐聽前古，亂臣賊子，昭鑒在焉。有晉鬱興，載崇藩翰，分茅錫瑞，道光恒典；儀台飾袞，禮備彝章。汝南以純和之姿，失於無斷；楚隱習果銳之性，遂成凶很。或位居朝右，或職參近禁，俱爲女子所詐，

相次受誅，雖曰自貽，良可哀也！倫實庸瑣，見欺孫秀，潛構異圖，煽成姦慝。乃使元良遘怨酷，上宰陷誅夷，乾耀以之暫傾，皇綱於焉中圮。遂裂冠毁冕，幸百六之會；綰璽揚纛，窺九五之尊。夫神器焉可偸安，鴻名豈容妄假！而欲託茲淫祀，享彼天年，凶闇之極，未之有也。冏名父之子，唱義勤王，摧僞業於既成，拯皇輿於已墜，策勳考績，良足可稱。然而臨禍忘憂，逞心縱欲，曾不知樂不可極，盈難久持，笑古人之未工，忘己事之已拙。向若採王豹之奇策，納孫惠之嘉謀，高謝袞章，永表東海，雖古之伊霍，何以加焉！長沙材力絕人，忠概邁俗，投弓掖門，落落標壯夫之氣；馳車魏闕，懍懍懷烈士之風。雖復陽九數屯，在三之情無奪。撫其遺節，終始可觀。穎既入總大權，出居重鎮，中臺藉以成務，東夏資其宅心，乃協契河間，共圖進取。而顒任李含之狙詐，杖張方之陵虐，遂使武閔喪元，長沙授首，逞其無君之志，矜其不義之强。鑾駕北巡，異乎有征無戰；乘輿西幸，非由望秩觀風。若火燎原，猶可撲滅，矧茲安忍，能無及乎！東海糾合同盟，創爲義舉，匡復之功未立，陵暴之釁已彰，罄彼車徒，固求出鎮。既而帝京寡弱，狡寇憑陵，遂令神器劫遷，宗社顛覆，數十萬衆並垂餌於豺狼，三十六王咸隕身於鋒刃。禍難之極，振古未聞。雖及焚如，猶爲幸也。自惠皇失政，難起蕭牆，骨肉相殘，黎元塗炭，胡塵驚而天地閉，戎兵接而宮廟隳，支屬肇其禍端，戎羯乘其間隙，悲夫！詩所謂「誰生厲階，至今爲梗」，其八王之謂矣。

贊曰：亮總朝政，瑋懷職競。讒巧乘間，艷妻過聽。構怨連禍，遞遭非命。倫實下愚，敢竊龍圖，亂常奸位，遄及嚴誅。偉哉武閔！首創宏謨。德之不建，良可悲夫！長沙奉國，始終靡慝；功虧一簣，奄罹殘賊。章度勤王，效立名揚；合從關右，犯順爭强，事窮勢蹙，俱爲亂亡。元超作輔，出征入撫，敗國喪師，無君震主。焚如之變，抑惟自取。

校勘記

〔一〕君臣乘茲間隙　商榷：「君臣」當作「巨君」，王莽字。

〔二〕存重宗社　李校：「存重」當是「重存」二字誤倒。

〔三〕子義立　斠校：孝武紀「義」作「羲」。

〔四〕激水　周校：惠紀作「溴水」。按：通鑑八四亦作「溴水」。溴水見爾雅釋地郭注、左傳襄公十六年及杜注、水經溫水注。斠正云：紀作「溴水」爲是。

〔五〕孫奇　校文：「奇」是「會」之譌，卽孫秀子也。

〔六〕路秀小黃公　惠紀「路秀」作「路季」。通鑑八四從冏傳作「路秀」。

〔七〕衞毅陰平公　斠正：紀「陰平」作「平陰」。平陰屬河南郡，當是。

〔八〕十有一載　「一」字疑誤，實經十三年。

〔九〕尙經人心　册府七二三「經」作「結」。

〔一〇〕南頓王宗子柔之　斠校：頓傳云「三子綽、超、演」，無柔之名。南史孝義司馬嵩傳云，「高祖柔之以南頓王孫紹齊王攸後」，則「子」字當是「孫」字之誤。

〔一一〕鄭琰　鄭袤傳作「鄭球」。

〔一二〕左將軍王輿　斠校：「左」下脫「衞」字。按：惠紀及淮陵元王漼、齊獻王攸傳皆有「衞」字。

〔一三〕趙倫戰死士卒　通鑑八四及通志八〇「趙」下並有「王」字。

〔一四〕安北將軍王浚　「安北」原作「平北」，今據王浚傳、惠紀、懷紀、劉淵載記改。

〔一五〕羯朱　斠校：水經濁漳水注作「渴末」。按：王浚傳亦作「渴末」。

〔一六〕樓褒　周校：惠紀「褒」作「裒」。

〔一七〕高密王泰之次子也　李校：高密王泰傳言泰四子越、騰、略、模，是越爲長子。按：李說是。越字元超，下文又謂越「初以世子爲騎都尉」，則越爲長子，就本傳亦可證。

〔一八〕給溫信五十人　李校：「溫信」當作「恩信」，王戎傳「給恩信五十人」，正與此同。

〔一九〕太安初　周校：宜作「永安」，卽永興元年。

〔二〇〕遣子祐距之　越子未聞有名祐者。據本卷汝南王傳，汝南威王名祐，「永興初，率衆依東海王越，討劉喬有功」云云。「子」字疑誤。

〔二一〕丁劭　斠校：「劭」當作「紹」。按：良吏傳、石勒載記、通鑑八六並作「紹」。南陽王模傳則作「邵」。

〔二二〕田甄　石勒載記「甄」作「禋」。

〔二三〕王景　見卷四三校記。

晉書

唐 房玄齡等撰

第 六 册

卷六〇至卷七四（傳）

中華書局

晉書卷六十

列傳第三十

解系 弟結 結弟育

解系字少連，濟南著人也。父脩，魏琅邪太守、梁州刺史，考績爲天下第一。武帝受禪，封梁鄒侯。

系及二弟結、育並清身潔己，甚得聲譽。時荀勖門宗强盛，朝野畏憚之。勖諸子謂系等曰：「我與卿爲友，應向我公拜。」勖又曰：「我與尊先使君親厚。」系曰：「不奉先君遺教。公若與先君厚，往日哀頓，當垂書問。親厚之誨，非所敢承。」勖父子大慚，當世壯之。後辟公府掾，歷中書黃門侍郎、散騎常侍、豫州刺史，遷尚書，出爲雍州刺史、揚烈將軍、西戎校尉、假節。

會氐羌叛，與征西將軍趙王倫討之。倫信用佞人孫秀，與系爭軍事，更相表奏。朝廷

知系守正不撓，而召倫還。系表殺秀以謝氐羌，不從。倫、秀譖之，系坐免官，以白衣還第，闔門自守。及張華、裴頠之被誅也，倫、秀以宿憾收系兄弟。梁王肜救系等，倫怒曰：「我於水中見蟹且惡之，況此人兄弟輕我邪！此而可忍，孰不可忍！」肜苦爭之不得，遂害之，并戮其妻子。

後齊王冏起義時，以裴、解爲冤首。倫、秀既誅，冏乃奏曰：「臣聞興微繼絕，聖主之高政；貶惡嘉善，春秋之美談。是以武王封比干之墓，表商容之閭，誠幽明之故有以相通也。孫秀逆亂，滅佐命之國，誅骨鯁之臣，以斲喪王室，肆其虐戾，功臣之後，多見泯滅。至如張華、裴頠，各以見憚取誅於時，系、結同以羔羊被害，歐陽建等無罪而死，百姓憐之。陛下更日月之光照，布惟新之明命，然此等未蒙恩理。昔欒郤降在皁隸，而春秋傳其人，幽王絕功臣之後，棄賢者子孫，而詩人以爲刺。臣備忝右職，思竭股肱，獻納愚誠。若合聖意，可羣官通議。」八坐議以「系等清公正直，爲姦邪所疾，無罪橫戮，冤痛已甚。如大司馬所啓，彰明枉直，顯宜當否，使冤魂無愧無恨，爲恩大矣。」永寧二年，追贈光祿大夫，改葬，加弔祭焉。

結字叔連，少與系齊名。辟公府掾，累遷黃門侍郎，歷散騎常侍、豫州刺史、魏郡太守、

御史中丞。

時孫秀亂關中，結在都，坐議秀罪應誅，秀由是致憾。及系被害，結亦同戮。女適裴氏，明日當嫁，而禍起，裴氏欲認活之，女曰：「家既若此，我何活爲！」亦坐死。朝廷遂議革舊制，女不從坐，由結女始也。後贈結光祿大夫，改葬，加弔祭。

結弟育，字稚連，名亞二兄。歷公府掾、太子洗馬、尚書郎、衞軍長史、弘農太守，與二兄俱被害，妻子徙邊。

孫旂

孫旂字伯旗，樂安人也。父歷，魏晉際爲幽州刺史、右將軍。旂潔靜，少自修立。察孝廉，累遷黃門侍郎，出爲荆州刺史，名位與二解相亞。永熙中，徵拜太子詹事，轉衞尉，坐武庫火，免官。歲餘，出爲兗州刺史，遷平南將軍、假節。

旂子弼及弟子髦、輔、琰四人，並有吏材，稱於當世，遂與孫秀合族。及趙王倫起事，夜從秀開神武門下觀閱器械。兄弟旬月相次爲公府掾、尚書郎。弼又爲中堅將軍，領尚書左丞，轉爲上將軍，領射聲校尉。髦爲武衞將軍，領太子詹事。琰爲武威將軍，領太子左率。

皆賜爵開國郡侯。推崇旂爲車騎將軍、開府。

初，旂以弼等受署僞朝，遣小息回責讓弼等，以過差之事，必爲家禍。弼等終不從，旂制之不可，但慟哭而已。及齊王冏起義，四子皆伏誅。襄陽太守宗岱承冏檄斬旂，〔一〕夷三族。

弟尹，字文旗，歷陳留、陽平太守，早卒。

孟觀

孟觀字叔時，渤海東光人也。少好讀書，解天文。惠帝即位，稍遷殿中中郎。賈后悖婦姑之禮，陰欲誅楊駿而廢太后，因駿專權，數言之於帝，又使人諷觀。會楚王瑋將討駿，觀受賈后旨宣詔，頗加誣其事。及駿誅，以觀爲黃門侍郎，特給親信四十人。遷積弩將軍，封上谷郡公。

氐帥齊萬年反於關中，衆數十萬，諸將覆敗相繼。中書令陳準、監張華，以趙、梁諸王在關中，雍容貴戚，進不貪功，退不懼罪，士卒雖衆，不爲之用，周處喪敗，職此之由，上下離心，難以勝敵。以觀沈毅，有文武材用，乃啓觀討之。觀所領宿衞兵，皆趫捷勇悍，幷統關中士卒，身當矢石，大戰十數，皆破之，生擒萬年，威慴氐羌。轉東羌校尉，徵拜右將軍。

趙王倫簒位，以觀所在著績，署爲安南將軍、監河北諸軍事、〔二〕假節，屯宛。觀子平爲淮南王允前鋒將軍，討倫，戰死。孫秀以觀杖兵在外，假言平爲允兵所害，贈積弩將軍以安觀。義軍既起，多勸觀應齊王冏，觀以紫宮帝坐無他變，謂倫應之，遂不從衆議而爲倫守。及帝反正，永饒冶令空桐機斬觀首，〔三〕傳于洛陽，遂夷三族。

牽秀

牽秀字成叔，武邑觀津人也。祖招，魏雁門太守。秀博辯有文才，性豪俠，弱冠得美名，爲太保衞瓘、尚書崔洪所知。太康中，調補新安令，累遷司空從事中郎。與帝舅王愷素相輕侮，愷諷司隸荀愷奏秀夜在道中載高平國守士田興妻。秀即表訴被誣，論愷穢行，文辭亢厲，以譏抵外戚。于時朝臣雖多證明其行，而秀盛名美譽由是而損，遂坐免官。後司空張華請爲長史。

秀任氣，好爲將帥。張昌作亂，長沙王乂遣秀討昌，秀出關，因奔成都王穎。穎伐乂，以秀爲冠軍將軍，與陸機、王粹等共爲河橋之役。機戰敗，秀證成其罪，又諂事黃門孟玖，故見親於穎。惠帝西幸長安，以秀爲尚書。秀少在京輦，見司隸劉毅奏事而扼腕慷慨，自謂居司直之任，當能激濁揚清，處鼓鞞之間，必建將帥之勳。及在常伯納言，亦未曾有規獻

弼違之奇也。

河間王顒甚親任之。關東諸軍奉迎大駕，以秀爲平北將軍，鎮馮翊。秀與顒將馬瞻等將輔顒以守關中，顒密遣使就東海王越求迎，越遣將麋晃等迎顒。〔四〕時秀擁衆在馮翊，晃不敢進。顒長史楊騰前不應越軍，懼越討之，欲取秀以自效，與馮翊大姓諸嚴詐稱顒命，使秀罷兵，秀信之，騰遂殺秀於萬年。

繆播 從弟胤

繆播字宣則，蘭陵人也。父悅，光祿大夫。播才思清辯，有意義。高密王泰爲司空，以播爲祭酒，累遷太弟中庶子。

惠帝幸長安，河間王顒欲挾天子令諸侯。東海王越將起兵奉迎天子，以播父時故吏，委以心膂。播從弟右衞率胤，顒前妃之弟也。越遣播、胤詣長安說顒，令奉帝還洛，約與顒分陝爲伯。播、胤素爲顒所敬信，既相見，虛懷從之。顒將張方自以罪重，懼爲誅首，謂顒曰：「今據形勝之地，國富兵强，奉天子以號令，誰敢不服！」顒惑方所謀，猶豫不決。方惡播、胤爲越游說，陰欲殺之。播等亦慮方爲難，不敢復言。時越兵鋒甚盛，顒深憂之，播、胤乃復說顒，急斬方以謝，可不勞而安。顒從之，於是斬方以謝山東諸侯。顒後悔之，又以兵

距越，屢爲越所敗。帝反舊都，播亦從太弟還洛，契闊艱難，深相親狎。及帝崩，太弟卽帝位，是爲懷帝，以播爲給事黃門侍郎。俄轉侍中，徙中書令，任遇日隆，專管詔命。時越威權自己，帝力不能討，心甚惡之。以播、胤等有公輔之量，又盡忠於國，故委以心膂。越懼爲已害，因入朝，以兵入宮，執播等於帝側。帝歎曰：「姦臣賊子無世無之，不自我先，不自我後，哀哉！」起執播等手，涕泗歔欷不能自禁。越遂害之。朝野憤惋，咸曰：「善人，國之紀也，而加虐焉，其能終乎！」及越薨，帝贈播衞尉，祠以少牢。

胤字休祖，安平獻王外孫也，與播名譽略齊。初爲尚書郎，後遷太弟左衞率，轉魏郡太守。及王浚軍逼鄴，石超等大敗，胤奔東海王越於徐州，越使胤與播俱入關，而所說得行，大駕東還。越以胤爲冠軍將軍、南陽太守。胤從藍田出武關，之南陽，前守衞展距胤不受，胤乃還洛。懷帝卽位，拜胤左衞將軍，轉散騎常侍、太僕卿。旣而與播及帝舅王延、尚書何綏、太史令高堂沖並參機密，爲東海王越所害。

皇甫重

皇甫重字倫叔，安定朝那人也。性沈果，有才用，爲司空張華所知，稍遷新平太守。元

康中，華版爲秦州刺史。

齊王冏輔政，以重弟商爲參軍。冏誅，長沙王乂又以爲參軍。時河間王顒鎮關中，其將李含先與商、重有隙，每銜之，及此，說顒曰：「商爲乂所任，重終不爲人用，宜急除之，以去一方之患。可表遷重爲內職，因其經長安，乃執之。」重知其謀，乃露檄上尚書，以顒信任李含，將欲爲亂，召集隴上士衆，以討含爲名。乂以兵革累興，今始寧息，表請遣使詔重罷兵，徵含爲河南尹。含既就徵，重不奉詔，顒遣金城太守游楷、隴西太守韓稚等四郡兵攻之。

頃之，成都王穎與顒起兵共攻乂，以討后父尚書僕射羊玄之及商爲名。乂以商爲左將軍、河東太守，領萬餘人於關門距張方，爲方所破，顒軍遂進。乂既屢敗，乃使商間行齎帝手詔，使游楷盡罷兵，令重進軍討顒。商行過長安，至新平，遇其從甥，從甥素憎商，以告顒，顒捕得商，殺之。

乂既敗，重猶堅守，閉塞外門，城內莫知，而四郡兵築土山攻城，重輒以連弩射之。所在爲地窟以防外攻，權變百端，外軍不得近城，將士爲之死戰。顒知不可拔，乃上表求遣御史宣詔喻之令降。重知非朝廷本意，不奉詔。獲御史騶人問曰：「我弟將兵來，欲至未？」騶云：「已爲河間王所害。」重失色，立殺騶。於是城內知無外救，遂共殺重。

先是，重被圍急，遣養子昌請救於東海王越，越以顒新廢成都王穎，與山東連和，不肯出兵。昌乃與故殿中人楊篇詐稱越命，迎羊后於金墉城入宮，以后令發兵討張方，奉迎大駕。事起倉卒，百官初皆從之，俄而又共誅昌。

張輔

張輔字世偉，南陽西鄂人，漢河間相衡之後也。少有幹局，與從母兄劉喬齊名。

初補藍田令，不爲豪強所屈。時強弩將軍龐宗，西州大姓，護軍趙浚，宗婦族也，故僮僕放縱，爲百姓所患。輔繩之，殺其二奴，又奪宗田二百餘頃以給貧戶，一縣稱之。轉山陽令，太尉陳準家僮亦暴橫，輔復擊殺之。累遷尚書郎，封宜昌亭侯。

轉御史中丞。時積弩將軍孟觀與明威將軍郝彥不協，而觀因軍事害彥，又賈謐、潘岳、石崇等共相引重，及義陽王威有詐冒事，輔並糾劾之。梁州刺史楊欣有姊喪，未經旬，車騎長史韓預強聘其女爲妻。輔爲中正，貶預以清風俗，論者稱之。及孫秀執權，威構輔於秀，秀惑之，將繩輔以法。輔與秀牋曰：「輔徒知希慕古人，當官而行，不復自知小爲身計。今義陽王誠弘恕，不以介意。然輔母年七十六，常見憂慮，恐輔將以怨疾獲罪。願明公留神省察輔前後行事，是國之愚臣而已。」秀雖凶狡，知輔雅正，爲威所誣，乃止。

後遷馮翊太守。是時長沙王乂以河間王顒專制關中，有不臣之跡，言於惠帝，密詔雍州刺史劉沈、秦州刺史皇甫重使討顒。於是沈等與顒戰於長安，輔遂將兵救顒，沈等敗績。顒德之，乃以輔代重爲秦州刺史。當赴顒之難，金城太守游楷亦皆有功，轉梁州刺史，不之官。楷聞輔之還，不時迎輔，陰圖之。又殺天水太守封尚，欲揚威西土。召隴西太守韓稚會議，未決。稚子朴有武幹，斬異議者，卽收兵伐輔。輔與稚戰於遮多谷口，輔軍敗績，爲天水故帳下督富整所殺。

初，輔嘗著論云：「管仲不若鮑叔，鮑叔知所奉，知所投。管仲奉主而不能濟，所奔又非濟事之國，三歸反坫，皆鮑不爲。」又論班固、司馬遷云：「遷之著述，辭約而事舉，敍三千年事唯五十萬言；班固敍二百年事乃八十萬言，煩省不同，不如遷一也。良史述事，善足以獎勸，惡足以監誡，人道之常。中流小事，亦無取焉，而班皆書之，不如二也。毁貶晁錯，傷忠臣之道，不如三也。遷旣造創，固又因循，難易益不同矣。又遷爲蘇秦、張儀、范雎、蔡澤作傳，逞辭流離，亦足以明其大才。故述辯士則辭藻華靡，敍實錄則隱核名檢，此所以遷稱良史也。」又論魏武帝不及劉備，樂毅減於諸葛亮，詞多不載。

李含

李含字世容，隴西狄道人也。僑居始平。少有才幹，兩郡並舉孝廉。安定皇甫商州里年少，少恃豪族，以含門寒微，欲與結交，含距而不納，商恨焉，遂諷州以短檄召含爲門亭長。會州刺史郭奕素聞其賢，下車擢含爲別駕，遂處羣僚之右。尋舉秀才，薦之公府，自太保掾轉秦國郎中令。司徒選含領始平中正。秦王柬薨，含依臺儀，葬訖除喪。尙書趙浚有內寵，疾含不事己，遂奏含不應除喪。本州大中正傅祗以名義貶含。中丞傅咸上表理含曰：

臣州秦國郎中令始平李含，忠公清正，才經世務，實有史魚秉直之風。雖以此不能協和流俗，然其名行峻厲，不可得掩，二郡並舉孝廉異行。尙書郭奕臨州，含寒門少年，而奕超爲別駕。太保衞瓘辟含爲掾，每語臣曰：「李世容當爲晉匪躬之臣。」秦王之薨，悲慟感人，百僚會喪，皆所目見。而今以含俯就王制，謂之背戚居榮，奪其中正。天王之朝，既葬不除，藩國之喪，既葬而除。藩國欲同不除，乃當責引尊準卑，非所宜言耳。今天朝告于上，欲令藩國服于下，此爲藩國之義隆，而天朝之禮薄也。又云諸王公皆終喪，禮寧盡乃敍，明以喪制宜隆，務在敦重也。夫寧盡乃敍，明以哀其病耳。異於天朝，制使終喪，未見斯文。國制既葬而除，既除而祔。爰自漢魏迄于聖晉，文皇升遐，武帝崩殂，世祖過哀，陛下毀頓，銜疚諒闇，以終三年，率土臣妾豈

無攀慕遂服之心，實以國制不可而踰，故於既葬不敢不除。天王之喪，釋除於上，藩國之臣，獨遂于下，此不可安。復以秦王無後，含應爲喪主，而王喪既除而祔，則應吉祭。因曰王未有廟，主不應除服。秦王始封，無所連祔，靈主所居，卽便爲廟。不問國制云何，而以無廟爲貶。以含今日之所行，移博士使案禮文，必也放勳之殂，遏密三載，世祖之崩，數旬卽吉，引古繩今，闔世有貶，何但李含不應除服。今也無貶，王制故也。聖上諒闇，哀聲不輟，股肱近侍，猶宜心喪，不宜便行婚娶歡樂之事，而莫云者，豈不以大制不可而曲邪？且前以含有王喪，上爲差代。尙書敕王葬日在近，葬訖，含應攝職，不聽差代。葬訖，含猶躊躇，司徒屢罰訪問，踧含攝職，而隨擊之，此爲臺敕府符陷含於惡。若謂臺府爲傷教義，則當據正，不正符敕，唯含是貶，含之困躓尙足惜乎！國制不可偏耳。

又含自以隴西人，雖戶屬始平，非所綜悉。自初見使爲中正，反覆言辭，說非始平國人，不宜爲中正。後爲郎中令，又自以選官引臺府爲比，以讓常山太守蘇韶，辭意懇切，形于文墨。含之固讓，乃在王未薨之前，葬後躊躇，窮於對罰而攝職耳。臣從弟祗爲州都，〔三〕意在欲隆風教，議含已過，不良之人遂相扇動，冀挾名義，法外致案，足有所邀，中正龐騰便割含品。臣雖無祁大夫之德，見含爲騰所侮，謹表以聞，乞朝廷以時

博議，無令騰得妄弄刀尺。

帝不從，含遂被貶，退割爲五品。歸長安，歲餘，光祿差含爲壽城邸閣督。司徒王戎表含曾爲大臣，雖見割削，不應降爲此職。詔停。後爲始平令。

及趙王倫篡位，或謂孫秀曰：「李含有文武大才，無以資人。」秀以爲東武陽令。河間王顒表請含爲征西司馬，甚見信任。頃之，轉爲長史。顒誅夏侯奭，送齊王冏使與趙王倫，遣張方率衆赴倫，皆含謀也。後顒聞三王兵盛，〔六〕乃加含龍驤將軍，統席薳等鐵騎，迴遣張方軍以應義師。天子反正，含至潼關而還。

初，梁州刺史皇甫商爲趙王倫所任，倫敗，去職詣顒，顒慰撫之甚厚。含諫顒曰：「商，倫之信臣，懼罪至此，不宜數與相見。」商知而恨之。及商當還都，顒置酒餞行，商因與含忿爭，顒和釋之。後含被徵爲翊軍校尉。時商參齊王冏軍事，而夏侯奭兄在冏府，稱奭立義，被西藩枉害。含心不自安。冏右司馬趙驤又與含有隙，冏將閱武，含懼驤因兵討之，乃單馬出奔于顒，矯稱受密詔。顒卽夜見之，乃說顒曰：「成都王至親，有大功，還藩，甚得衆心。齊王越親而專執威權，朝廷側目。今檄長沙王令討齊，使先聞於齊，齊必誅長沙，因傳檄以加齊罪，則冏可擒也。既去齊，立成都，除逼建親，以安社稷，大勳也。」顒從之，遂表請討冏，拜含爲都督，統張方等率諸軍以向洛陽。含屯陰盤，而長沙王乂誅冏，含等旋師。

初，含之本謀欲并去乂、冏，使權歸於顒，含因得肆其宿志。既長沙勝齊，顒、穎猶各守藩，志望未允。顒表含爲河南尹。時商復被乂任遇，商兄重時爲秦州刺史，含疾商滋甚，復與重構隙。顒自含奔還之後，委以心膂，復慮重襲己，乃使兵圍之，更相表罪。侍中馮蓀黨顒，請召重還。商說乂曰：「河間之奏，皆李含所交構也。若不早圖，禍將至矣。且河間前舉，由含之謀。」乂乃殺含。

張方

張方，河間人也。世貧賤，以材勇得幸於河間王顒，累遷兼振武將軍。永寧中，顒表討齊王冏，遣方領兵二萬爲前鋒。及冏被長沙王乂所殺，顒及成都王穎復表討乂，遣方率衆自函谷入屯河南。惠帝遣左將軍皇甫商距之，方以潛軍破商之衆，遂入城。乂奉帝討方于城內，方軍望見乘輿，於是小退，方止之不得，衆遂大敗，殺傷滿于衢巷。方退壁于十三里橋，人情挫衄，無復固志，多勸方夜遁。方曰：「兵之利鈍是常，貴因敗以爲成耳。我更前作壘，出其不意，此用兵之奇也。」乃夜潛進逼洛城七里。乂既新捷，不以爲意，忽聞方壘成，乃出戰，敗績。東海王越等執乂，送于金墉城。方使郅輔取乂還營，炙殺之。於是大掠洛中官私奴婢萬餘人，而西還長安。顒加方右將軍、馮翊太守。

蕩陰之役，顒又遣方鎮洛陽，上官巳、苗願等距之，大敗而退。清河王覃夜襲巳、願，巳、願出奔，方乃入洛陽。覃於廣陽門迎方而拜，方馳下車扶止之。於是復廢皇后羊氏。及帝自鄴還洛，方遣息羆以三千騎奉迎。將渡河橋，方又以所乘陽燧車、青蓋，素升三百人爲小鹵簿，〔七〕迎帝至芒山下。方自帥萬餘騎奉雲母輿及旌旗之飾，衞帝而進。初，方見帝將拜，帝下車自止之。

方在洛既久，兵士暴掠，發哀獻皇女墓。軍人喧喧，無復留意，議欲西遷，尚匿其跡，欲須天子出，因劫移都。乃請帝謁廟，帝不許。方遂悉引兵入殿迎帝，帝見兵至，避之於竹林中，軍人引帝出，方於馬上稽首曰：「胡賊縱逸，宿衞單少，陛下今日幸臣壘，臣當捍禦寇難，致死無二。」於是軍人便亂入宮閣，爭割流蘇武帳而爲馬帴。方奉帝至弘農，顒遣司馬周弼報方，欲廢太弟，方以爲不可。

帝至長安，以方爲中領軍、錄尚書事，領京兆太守。時豫州刺史劉喬檄稱潁川太守劉輿迫脅范陽王虓距逆詔命，及東海王越等起兵於山東，乃遣方率步騎十萬往討之。方屯兵霸上，而劉喬爲虓等所破。顒聞喬敗，大懼，將罷兵，恐方不從，遲疑未決。

初，方從山東來，甚微賤，長安富人郅輔厚相供給。及貴，以輔爲帳下督，甚昵之。顒參軍畢垣，河間冠族，爲方所侮，忿而說顒曰：「張方久屯霸上，聞山東賊盛，盤桓不進，宜防

其未萌。其親信郅輔具知其謀矣。」而繆播等先亦構之，顒因使召輔，垣迎說輔曰：「張方欲反，人謂卿知之。王若問卿，何辭以對？」輔驚曰：「實不聞方反，爲之若何？」垣曰：「王若問卿，但言爾爾。不然，必不免禍。」輔既入，顒問之曰：「張方反，卿知之乎？」輔曰：「爾。」顒曰：「遣卿取之可乎？」又曰：「爾。」顒於是使輔送書於方，因令殺之。輔既昵於方，持刀而入，守閤者不疑，因火下發函，便斬方頭。顒以輔爲安定太守。初，繆播等議斬方，送首與越，冀東軍可罷。及聞方死，更爭入關，顒頗恨之，又使人殺輔。

史臣曰：晉氏之禍難荐臻，實始藩翰。解系等以干時之用，處危亂之辰，並託迹府朝，參謀王室。或抗忠盡節，或飾詐懷姦。雖邪正殊途，而咸至誅戮，豈非時艱政紊，利深禍速者乎！古人所以危邦不入，亂邦不居，戒懼於此也。

閻鼎

閻鼎字台臣，天水人也。初爲太傅東海王越參軍，轉卷令，行豫州刺史事，屯許昌。遭母喪，乃於密縣間鳩聚西州流人數千，欲還鄉里。值京師失守，秦王出奔密中，司空荀藩、藩弟司隸校尉組，及中領軍華恒、河南尹華薈，在密縣建立行臺，以密近賊，南趣許潁。司徒

左長史劉疇在密爲塢主，中書令李暅、〔八〕太傅參軍騶捷劉蔚、鎮軍長史周顗、司馬李述皆來赴疇。僉以鼎有才用，且手握強兵，勸藩假鼎冠軍將軍、豫州刺史，蔚等爲參佐。

鼎少有大志，因西土人思歸，欲立功鄉里，乃與撫軍長史王毗、司馬傅遜懷翼戴秦王之計，謂疇、捷等曰：「山東非霸王處，不如關中。」河陽令傅暢遺鼎書，勸奉秦王過洛陽，謁拜山陵，徑據長安，綏合夷晉，興起義衆，克復宗廟，雪社稷之恥。鼎得書，便欲詣洛，流人謂北道近河，懼有抄截，欲南自武關向長安。疇等皆山東人，咸不願西入，荀藩及疇、捷等並逃散。鼎追藩不及，暅等見殺，唯顗、述走得免。遂奉秦王行，止上洛，爲山賊所襲，殺百餘人，率餘衆西至藍田。時劉聰向長安，爲雍州刺史賈疋所逐，走還平陽。疋遣人奉迎秦王，遂至長安，而與大司馬南陽王保、衞將軍梁芬、京兆尹梁綜等並同心推戴，立王爲皇太子，登壇告天，立社稷宗廟，以鼎爲太子詹事，總攝百揆。

梁綜與鼎爭權，鼎殺綜，以王毗爲京兆尹。鼎首建大謀，立功天下。始平太守麴允、撫夷護軍索綝並害其功，且欲專權，馮翊太守梁緯、北地太守梁肅，並綜母弟，綝之姻也，謀欲除鼎，乃證其有無君之心，專戮大臣，請討之，遂攻鼎。鼎出奔雍，爲氐竇首所殺，傳首長安。

索靖 子綝

索靖字幼安，敦煌人也。累世官族，父湛，北地太守。靖少有逸羣之量，與鄉人氾衷、張甝、索紾、索永俱詣太學，馳名海內，號稱「敦煌五龍」。四人並早亡，唯靖該博經史，兼通內緯。州辟別駕，郡舉賢良方正，對策高第。傅玄、張華與靖一面，皆厚與之相結。

拜駙馬都尉，出爲西域戊己校尉長史。太子僕同郡張勃特表，以靖才藝絕人，宜在臺閣，不宜遠出邊塞。武帝納之，擢爲尚書郎。與襄陽羅尚、河南潘岳、吳郡顧榮同官，咸器服焉。

靖與尚書令衞瓘俱以善草書知名，帝愛之。瓘筆勝靖，然有楷法，遠不能及靖。

靖在臺積年，除雁門太守，遷魯相，又拜酒泉太守。惠帝卽位，賜爵關內侯。

靖有先識遠量，知天下將亂，指洛陽宮門銅駝，歎曰：「會見汝在荊棘中耳！」元康中，西戎反叛，拜靖大將軍梁王肜左司馬，加蕩寇將軍，屯兵粟邑，擊賊，敗之。還始平內史。及趙王倫篡位，靖應三王義舉，以左衞將軍討孫秀有功，加散騎常侍，遷後將軍。太安末，河間王顒舉兵向洛陽，拜靖使持節、監洛城諸軍事、遊擊將軍，領雍、秦、涼義兵，與賊戰，大破之，靖亦被傷而卒，追贈太常，時年六十五。後又贈司空，進封安樂亭侯，

謚曰莊。

靖著五行三統正驗論，辯理陰陽氣運。又撰索子、晉詩各二十卷。又作草書狀，其辭曰：

聖皇御世，隨時之宜。倉頡既生，書契是爲。科斗鳥篆，類物象形。叡哲變通，意巧茲生。損之隸草，以崇簡易。百官畢修，事業並麗。蓋草書之爲狀也，婉若銀鉤，漂若驚鸞。舒翼未發，若舉復安，蟲蛇虯蟉，或往或還。類阿那以羸形，歘奮亹而桓桓。及其逸遊盼嚮，乍正乍邪。騏驥暴怒逼其轡，海水窊隆揚其波。芝草蒲陶還相繼，棠棣融融載其華。玄熊對踞于山嶽，飛燕相追而差池。舉而察之，又似乎和風吹林，偃草扇樹。枝條順氣，轉相比附，窈嬈廉苦，隨體散布。紛擾擾以猗靡，中持疑而猶豫。玄螭狡獸嬉其間，騰猨飛鼬相奔趣。凌魚奮尾，蛟龍反據。投空自竄，張設牙距。或若登高望其類，或若既往而中顧，或若儼儼而不羣，或若自檢於常度。

於是多才之英，篤藝之彥，役心精微，耽此文憲。守道兼權，觸類生變。離析八體，靡形不判。去繁存微，大象未亂。上理開元，下周謹案。騁辭放手，雨行冰散。高音翰厲，溢越流漫。忽班班而成章，信奇妙之煥爛。體磥落而壯麗，姿光潤以粲粲。命杜度運其指，使伯英迴其腕。著絕勢於紈素，垂百世之殊觀。

先時，靖行見姑臧城南石地，曰：「此後當起宮殿。」至張駿，於其地立南城，起宗廟，建宮殿焉。

靖有五子：鯁、綣、璆、聿、綝，皆舉秀才。聿，安昌鄉侯，卒。少子綝最知名。

綝字巨秀，少有逸羣之量，靖每曰：「綝廊廟之才，非簡札之用，州郡吏不足汙吾兒也。」舉秀才，除郎中。嘗報兄讎，手殺三十七人，時人壯之。俄轉太宰參軍，除好畤令，入爲黃門侍郎，出參征西軍事，轉長安令，在官有稱。

及成都王穎劫遷惠帝幸鄴，穎爲王浚所破，帝遂播越。河間王顒使張方及綝東迎乘輿，以功拜鷹揚將軍，轉南陽王模從事中郎。劉聰侵掠關東，以綝爲奮威將軍以禦之，斬聰將呂逸，又破聰黨劉豐，遷新平太守。聰將蘇鐵、劉五斗等劫掠三輔，除綝安西將軍、馮翊太守。綝有威恩，華夷嚮服，賊不敢犯。

及懷帝蒙塵，長安又陷，模被害，綝泣曰：「與其俱死，寧爲伍子胥。」乃赴安定，與雍州刺史賈疋、扶風太守梁綜、安夷護軍麴允等糾合義衆，頻破賊黨，修復舊館，遷定宗廟。進救新平，小大百戰，綝手擒賊帥李羌，與閻鼎立秦王爲皇太子，及卽尊位，是爲愍帝。綝遷侍中、太僕，以首迎大駕，升壇授璽之功，封弋居伯。又遷前將軍、尙書右僕射、領吏部、京兆尹，加平東將軍，進號征東。尋又詔曰：「朕昔遇厄運，遭家不造，播越宛楚，爰失舊京。幸宗廟寵靈，百辟宣力，得從藩衞，託乎羣公之上。社稷之不隕，實公是賴，宜贊百揆，傅弼朕躬。其授衞將軍，領太尉，位特進，軍國之事悉以委之。」

及劉曜侵逼王城，以綝爲都督征東大將軍，持節討之。破曜呼日逐王呼延莫，以功封上洛郡公，食邑萬戶，拜夫人荀氏爲新豐君，子石元爲世子，賜子弟二人鄉亭侯。劉曜入關芟麥苗，綝又擊破之。自長安伐劉聰，聰將趙染杖其累捷，〔九〕有自矜之色，帥精騎數百與綝戰，大敗之，染單馬而走。轉驃騎大將軍、尙書左僕射、錄尙書，承制行事。

劉曜復率衆入馮翊，帝累徵兵於南陽王保，保左右議曰：「蝮蛇在手，壯士解其腕。且斷隴道，以觀其變。」從事中郎裴詵曰：「蛇已螫頭，頭可截不？」保以胡崧行前鋒都督，須諸軍集，乃當發。麴允欲挾天子趣保，綝以保必逞私欲，乃止。自長安以西，不復奉朝廷。百官饑乏，採稆自存。〔一〇〕時三秦人尹桓、解武等數千家，盜發漢霸、杜二陵，多獲珍寶。帝問綝曰：「漢陵中物何乃多邪？」綝對曰：「漢天子卽位一年而爲陵，天下貢賦三分之，一供宗廟，一供賓客，一充山陵。漢武帝饗年久長，比崩而茂陵不復容物，其樹皆已可拱。赤眉取陵中物不能減半，于今猶有朽帛委積，珠玉未盡。此二陵是儉者耳，亦百世之誡也。」

後劉曜又率衆圍京城，綝與麴允固守長安小城。胡崧承檄奔命，破曜于靈臺。崧慮國

家威舉，則麴、索功盛，乃案兵渭北，遂還槐里。城中饑窘，人相食，死亡逃奔不可制，唯涼州義衆千人守死不移。帝使侍中宋敞送牋降于曜。〔一一〕綝潛留敞，使其子說曜曰：「今城中食猶足支一歲，未易可克也。若許綝以車騎、儀同、萬戶郡公者，請以城降。」曜斬而送之曰：「帝王之師，以義行也。孤將軍十五年，未嘗以譎詭敗人，必窮兵極勢，然後取之。今索綝所說如是，天下之惡一也，輒相爲戮之。若審兵食未盡者，便可勉强固守。如其糧竭兵微，亦宜早悟天命。孤恐霜威一震，玉石俱摧。」及帝出降，綝隨帝至平陽，劉聰以其不忠於本朝，戮之於東市。

賈疋

賈疋字彥度，武威人，魏太尉詡之曾孫也。少有志略，器望甚偉，見之者莫不悅附，特爲武夫之所瞻仰，願爲致命。初辟公府，遂歷顯職，遷安定太守。雍州刺史丁綽，貪橫失百姓心，乃譖疋于南陽王模，模以軍司謝班伐之。〔一二〕疋奔瀘水，〔一三〕與胡彭蕩仲及氐竇首結爲兄弟，聚衆攻班。綽奔武都，疋復入安定，殺班。愍帝以疋爲驃騎將軍、〔一四〕雍州刺史，封酒泉公。

時諸郡百姓饑饉，白骨蔽野，百無一存。疋帥戎晉二萬餘人，將伐長安，西平太守竺恢

亦固守。〔一五〕劉粲聞之，使劉曜、劉雅及趙染距疋，先攻恢，不克，疋邀擊，大敗之，曜中流矢，退走。疋追之，至于甘泉。旋自渭橋襲蕩仲，殺之。遂迎秦王，奉爲皇太子。後蕩仲子夫護帥羣胡攻之，〔一六〕疋敗走，夜墮于澗，爲夫護所害。疋勇略有志節，以匡復晉室爲己任，不幸顚墜，時人咸痛惜之。

史臣曰：自永嘉蕩覆，宇內橫流，億兆靡依，人神乏主。于時武皇之胤，惟有建興，衆望攸歸，曾無與二。閻鼎等忠存社稷，志在經綸，乃契闊艱難，扶持幼孺，遂得纂堯承緒，祀夏配天，校績論功，有足稱矣。然而抗滔天之巨寇，接彫弊之餘基，威略未申，尋至傾覆。昔宗周遭犬戎而東徙，有晉逢獷狄而西遷，彼既靈慶悠長，此則禍難遄及，豈愍皇地非奥主，將綝允材謝輔臣，何修短之殊途，而成敗之異數者也？

贊曰：懷惠不競，戚藩力爭。狙詐參謀，憑凶亂政。爲惡不已，並罹非命。解繆忠肅，無聞餘慶。愍皇纂戎，實賴羣公。鼎圖禍始，綝遂凶終。

校勘記

〔一〕宗岱　惠紀、李特載記作「宋岱」。

〔二〕監河北諸軍事　勞校：「河北」當作「沔北」。按：通鑑八四作「沔北」。

〔三〕永饒冶　「冶」，各本作「治」，今從殿本。通鑑八四亦作「冶」。據顧祖禹讀史方輿紀要五一，永饒冶在今河南南陽市南。

〔四〕越遣將糜晃等迎顒　河間王顒傳「迎」作「伐」，通鑑八六作「擊」，以下文所敍觀之，顒傳、通鑑是。此「迎」字疑涉上文「求迎」而誤。

〔五〕臣從弟祇爲州都　各本「州都」下有「督」字，李校：「州都」下「督」字衍，晉人稱本州大中正爲州都。按：宋本正無「督」字，今從之。

〔六〕後顒聞三王兵盛　周校：三王者，齊、成都、河間也。河間所聞當云二王，顒傳作「二王」。

〔七〕素升　周校：「升」未詳，疑「弁」字之誤。

〔八〕中書令李晅　愍紀作「中書郎李昕」，王浚傳及通鑑八七又作「李緄」。

〔九〕趙染　愍紀、劉琨傳作「趙冉」。

〔一〇〕採稆自存　「稆」原作「梠」，據通鑑八九、通志一二五改。

〔一一〕宋敞　通鑑八九作「宗敞」。

〔一二〕模以軍司謝班伐之　「伐」，各本作「代」，今從殿本。模伐疋，見南陽王模傳。

〔一三〕瀘水　南陽王模傳作「盧水」。

〔一四〕愍帝以疋爲驃騎將軍　周校：「愍帝」當作「懷帝」。本傳疋後破劉曜，迎秦王，奉爲皇太子，秦王後立爲愍帝，此時不得先有愍帝。

〔一五〕西平太守　周校：「新平」誤「西平」，據麴允傳、劉聰載記。

〔一六〕夫護　通鑑八八及八七胡注「夫護」皆作「天護」。

晉書卷六十一

列傳第三十一

周浚 子嵩　謨　從父弟馥

周浚字開林，汝南安成人也。父裴，〔一〕少府卿。浚性果烈，以才理見知，有人倫鑒識。鄉人史曜素微賤，衆所未知，浚獨引之爲友，遂以妹妻之，曜竟有名於世。

浚初不應州郡之辟，後仕魏爲尚書郎。累遷御史中丞，拜折衝將軍、揚州刺史，封射陽侯。隨王渾伐吳，攻破江西屯戍，與孫晧中軍大戰，斬僞丞相張悌等首級數千，俘馘萬計，進軍屯于橫江。

時聞龍驤將軍王濬既破上方，別駕何惲說浚曰：「張悌率精銳之卒，悉吳國之衆，殄滅於此，吳之朝野莫不震懾。今王龍驤既破武昌，兵威甚盛，順流而下，所向輒克，土崩之勢見矣。竊謂宜速渡江，直指建鄴，大軍卒至，奪其膽氣，可不戰而擒。」浚善其謀，便使白渾。

渾曰：「渾闇於事機，而欲愼己免咎，必不我從。」浚固使白之，渾果曰：「受詔但令江北抗衡吳軍，不使輕進。貴州雖武，豈能獨平江東！今者違命，勝不足多；若其不勝，爲罪已重。且詔令龍驤受我節度，但當具君舟楫，一時俱濟耳。」惲曰：「龍驤克萬里之寇，以既濟之功來受節度，未之聞也。且握兵之要，可則奪之，所謂受命不受辭也。今渡江必全克獲，將有何慮？若疑於不濟，不可謂智；知而不行，不可謂忠，實鄙州上下所以恨恨也。」渾執不聽。居無何而濬至，渾召之不來，乃直指三山，〔二〕孫晧遂降於濬。渾深恨之，而欲與濬爭功。惲牋與浚曰：「書貴克讓，易大謙光，斯古文所詠，道家所崇。前破張悌，吳人失氣，龍驤因之，陷其區宇。論其前後，我實緩師，動則爲傷，事則不及。而今方競其功。彼既不吞聲，將虧雍穆之弘，興矜爭之鄙，斯愚情之所不取也。」浚得牋，卽諫止渾，渾不能納，遂相表奏。

浚既濟江，與渾共行吳城壘，綏撫新附，以功進封成武侯，食邑六千戶，賜絹六千匹。明年，移鎭秣陵。時吳初平，屢有逃亡者，頻討平之。賓禮故老，搜求俊乂，甚有威德，吳人悅服。

初，吳之未平也，浚在弋陽，南北爲互市，而諸將多相襲奪以爲功。吳將蔡敏守于沔中，其兄玤爲將在秣陵，與敏書曰：「古者兵交，使在其間，軍國固當舉信義以相高。而聞疆埸之上，往往有襲奪互市，甚不可行，弟愼無爲小利而忘大備也。」候者得玤書以呈浚，浚曰：「君子也。」及渡江，求玤，得之，問其本，曰：「汝南人也。」浚戲之曰：「吾固疑吳無君子，而卿果吾鄉人。」

遷侍中。武帝問浚：「卿宗後生，稱誰爲可？」答曰：「臣叔父子恢，稱重臣宗；從父子馥，稱清臣宗。」帝並召用。浚轉少府，以本官領將作大匠。改營宗廟訖，增邑五百戶。後代王渾爲使持節、都督揚州諸軍事、安東將軍，卒于位。三子：顗、嵩、謨。顗嗣爵，〔三〕別有傳云。

嵩字仲智，狷直果俠，每以才氣陵物。元帝作相，引爲參軍。及帝爲晉王，又拜奉朝請。嵩上疏曰：「臣聞取天下者，常以無事。及其有事，不足以取天下。故古之王者，必應天順時，義全而後取，讓成而後得，是以享世長久，重光萬載也。今議者以殿下化流江漢，澤被六州，功濟蒼生，欲推崇尊號。臣謂今梓宮未反，舊京未淸，義夫泣血，士女震動，宜深明周公之道，先雪社稷大恥，盡忠言嘉謀之助，以時濟弘仁之功，崇謙謙之美，推後己之誠，然後揖讓以謝天下，誰敢不應，誰敢不從！」由是忤旨，出爲新安太守。

嵩怏怏不悅，臨發，與散騎郎張嶷在侍中戴邈坐，褒貶朝士，又詆毁邈，邈密表之。帝召嵩入，面責之曰：「卿矜豪傲慢，敢輕忽朝廷，由吾不德故耳。」嵩跪謝曰：「昔唐虞至聖，四

凶在朝。陛下雖聖明御世，亦安能無碌碌之臣乎！」帝怒，收付廷尉。廷尉華恒以嵩大不敬棄市論，嶷以扇和減罪除名。時顗方貴重，帝隱忍。久之，補廬陵太守，不之職，更拜御史中丞。

是時帝以王敦勢盛，漸疏忌王導等。嵩上疏曰：

臣聞明君思隆其道，故賢智之士樂在其朝；忠臣將明其節，故量時而後仕。樂在其朝，故無過任之譏；將明其節，故無過寵之謗。是以君臣並隆，功格天地。近代以來，德廢道衰，君懷術以御臣，臣挾利以事君，君臣交利而禍亂相尋，故得失之迹難可詳言。臣請較而明之。

夫傅說之相高宗，申召之輔宣王，管仲之佐齊桓，衰范之翼晉文，或宗師其道，垂拱受成，委以權重，終致匡主，未有憂其逼己，還爲國蠹者也。始田氏擅齊，〔四〕王莽篡漢，皆藉封土之强，假累世之寵，因闇弱之主，資母后之權，樹比周之黨，階絕滅之勢，然後乃能行其私謀，以成篡奪之禍耳。豈遇立功之主，爲天人所相，而能運其姦計，以濟其不軌者哉！光武以王族奮於閭閻，因時之望，收攬英奇，遂續漢業，以美中興之功。及天下既定，頗廢黜功臣者，何哉？武力之士不達國體，以立一時之功，不可久假以權勢，其興廢之事，亦可見矣。近者三國鼎峙，並以雄略之才，命世之能，皆委賴俊

哲，終成功業，貽之後嗣，未有愆失遺方來之恨者也。

今王導、王廙等，方之前賢，猶有所後。至於忠素竭誠，義以輔上，共隆洪基，翼成大業，亦昔之亮也。雖陛下乘奕世之德，有天人之會，割據江東，奄有南極，龍飛海嵎，興復舊物，此亦羣才之明，豈獨陛下之力也。今王業雖建，羯寇未梟，天下蕩蕩，不賓者衆，公私匱竭，倉庾未充，梓宮沈淪，妃后不反，正委賢任能推轂之日也。功業垂就，晉祚方隆，而一旦聽孤臣之言，惑疑似之說，乃更以危爲安，以疏易親，放逐舊德，以佞伍賢，遠虧既往之明，顧傷伊管之交，傾巍巍之望，喪如山之功，將令賢智杜心，義士喪志，近招當時之患，遠遺來世之笑。夫安危在號令，存亡在寄任，以古推今，豈可不寒心而哀歎哉！

臣兄弟受遇，無彼此之嫌，而臣干犯時諱，觸忤龍鱗者何？誠念社稷之憂，欲報之於陛下也。古之明王，思聞其過，悟逆旅之言，〔五〕以明成敗之由，故採納愚言，以考虛實，上爲宗廟無窮之計，下收億兆元元之命。臣不勝憂憤，竭愚以聞。

疏奏，帝感悟，故導等獲全。

王敦既害顗而使人弔嵩，嵩曰：「亡兄天下人，爲天下人所殺，復何所弔！」敦甚銜之，懼失人情，故未加害，用爲從事中郎。嵩，王應嫂父也，以顗橫遇禍，意恒憤憤，嘗衆中云：「應

不宜統兵。」敦密使妖人李脫誣嵩及周莚潛相署置，遂害之。嵩精於事佛，臨刑猶於市誦經云。

謨以顗故，頻居顯職。王敦死後，詔贈戴若思、譙王承等，而未及顗。時謨爲後軍將軍，上疏曰：

臣亡兄顗，昔蒙先帝顧眄之施，特垂表啓，以參戎佐，顯居上列，遂管朝政，並與羣后共隆中興，仍典選曹，重蒙寵授，忝位師傅，得與陛下揖讓抗禮，恩結特隆。加以鄙族結婚帝室，義深任重，庶竭股肱，以報所受。凶逆所忌，惡直醜正。身陷極禍，忠不忘君，守死善道，有隕無二。顗之云亡，誰不痛心，況臣同生，能不哀結！

王敦無君，由來實久，元惡之甚，古今無二。幸賴陛下聖聰神武，故能摧破凶强，撥亂反正，以寧區宇。前軍事之際，聖恩不遺，取顗息閔，得充近侍。臣時面啓，欲令閔還襲臣亡父侯爵。時卞壼、庾亮並侍御坐，壼云：「事了當論顯贈。」時未淹久，言猶在耳。至於譙王承、甘卓，已蒙清復，王澄久遠，猶在論議。況顗忠以衞主，身死王事，雖嵇紹之不違難，何以過之！至今不聞復封加贈褒顯之言。不知顗有餘責，獨負殊恩，爲朝廷急於時務，不暇論及？此臣所以痛心疾首，重用哀歎者也。不勝辛酸，冒陳愚

款。

疏奏，不報。謨復重表，然後追贈顗官。

謨歷少府、丹楊尹、侍中、中護軍，封西平侯。卒贈金紫光祿大夫，諡曰貞。

馥字祖宣，浚從父弟也。父蕤，安平太守。馥少與友人成公簡齊名，俱起家爲諸王文學，累遷司徒左西屬。〔六〕司徒王渾表「馥理識清正，兼有才幹，主定九品，檢括精詳。臣委任責成，褒貶允當，請補尚書郎」。許之。稍遷司徒左長史、吏部郎，選舉精密，論望益美。轉御史中丞、侍中，拜徐州刺史，加冠軍將軍、假節。徵爲廷尉。

惠帝幸鄴，成都王穎以馥守河南尹。陳昣、上官巳等奉清河王覃爲太子，加馥衞將軍、錄尚書，馥辭不受。覃令馥與上官巳合軍，馥以巳小人縱暴，終爲國賊，乃共司隸滿奮等謀共除之，謀泄，爲巳所襲，奮被害，馥走得免。及巳爲張方所敗，召馥還攝河南尹。暨東海王越迎大駕，以馥爲中領軍，未就，遷司隸校尉，加散騎常侍、假節，都督諸軍事於澠池。帝還宮，出爲平東將軍、都督揚州諸軍事，代劉準爲鎮東將軍，與周玘等討陳敏，滅之，以功封永寧伯。

馥自經世故，每欲維正朝廷，忠情懇至。以東海王越不盡臣節，每言論厲然，越深憚

之。馥覩羣賊孔熾，洛陽孤危，乃建策迎天子遷都壽春。永嘉四年，與長史吳思、司馬殷識上書曰：「不圖厄運遂至於此！戎狄交侵，畿甸危逼。臣輒與祖納、裴憲、華譚、孫惠等三十人伏思大計，僉以殷人有屢遷之事，周王有岐山之徙，方今王都罄乏，不可久居，河朔蕭條，崤函險澀，宛都屢敗，江漢多虞，於今平夷，東南爲愈。淮揚之地，北阻塗山，南抗靈嶽，名川四帶，有重險之固。是以楚人東遷，遂宅壽春，徐、邳、東海，亦足戍禦。且運漕四通，無患空乏。雖聖上神聰，元輔賢明，居儉守約，用保宗廟，未若相土遷宅，以享永祚。臣謹選精卒三萬，奉迎皇駕。輒檄前北中郎將裴憲行使持節、監豫州諸軍事、東中郎將，風馳即路。荆、湘、江、揚各先運四年米租十五萬斛，布絹各十四萬匹，以供大駕。令王浚、苟晞共平河朔，臣等勠力以啓南路。遷都弭寇，其計並得。皇輿來巡，臣宜轉據江州，以恢王略。知無不爲，古人所務，敢竭忠誠，庶報萬分。朝遂夕隕，猶生之願。」

越與苟晞不協，馥不先白於越，而直上書，越大怒。先是，越召馥及淮南太守裴碩，馥不肯行，而令碩率兵先進。碩貳於馥，乃舉兵稱馥擅命，已奉越密旨圖馥，遂襲之，爲馥所敗。碩退保東城，求救於元帝。帝遣揚威將軍甘卓、建威將軍郭逸攻馥于壽春。安豐太守孫惠帥衆應之，使謝摛爲檄。摛，馥之故將也。馥見檄，流涕曰：「必謝摛之辭。」摛聞之，遂毁草。旬日而馥衆潰，奔于項，爲新蔡王確所拘，憂憤發病卒。

初，華譚之失廬江也，往壽春依馥，及馥軍敗，歸于元帝。帝問曰：「周祖宣何至於反？」譚對曰：「周馥雖死，天下尚有直言之士。馥見寇賊滋蔓，王威不振，故欲移都以紓國難。方伯不同，遂致其伐。曾不踰時，而京都淪沒。若使從馥之謀，或可後亡也。原情求實，何得爲反！」帝曰：「馥位爲征鎮，握兵方隅，召而不入，危而不持，亦天下之罪人也。」譚曰：「然。馥振纓中朝，素有俊彥之稱；出據方嶽，實有偏任之重，而高略不舉，往往失和，危而不持，當與天下共受其責。然謂之反，不亦誣乎！」帝意始解。

馥有二子：密、矯。密字泰玄，性虛簡，時人稱爲清士，位至尚書郎。矯字正玄，亦有才幹。

成公簡

成公簡字宗舒，東郡人也。家世二千石。性朴素，不求榮利，潛心味道，罔有干其志者。默識過人。張茂先每言：「簡清靜比楊子雲，默識擬張安世。」後爲中書郎。時馥已爲司隸校尉，遷鎮東將軍。簡自以才高而在馥之下，謂馥曰：「楊雄爲郎，三世不徙，而王莽、董賢位列三司，古今一揆耳。」馥甚慚之。官至太子中庶子、散騎常侍。永嘉末，奔荀晞，與晞同沒。

荀晞

荀晞字道將，河內山陽人也。少爲司隸部從事，校尉石鑒深器之。東海王越爲侍中，引爲通事令史，累遷陽平太守。齊王冏輔政，晞參冏軍事，拜尚書右丞，轉左丞，廉察諸曹，八坐以下皆側目憚之。及冏誅，晞亦坐免。長沙王乂爲驃騎將軍，以晞爲從事中郎。惠帝征成都王穎，以爲北軍中候。及帝還洛陽，晞奔范陽王虓，虓承制用晞行兗州刺史。

汲桑之破鄴也，東海王越出次官渡以討之，命晞爲前鋒。桑素憚之，於城外爲柵以自守。晞將至，頓軍休士，先遣單騎示以禍福。桑衆大震，棄柵宵遁，嬰城固守。晞陷其九壘，遂定鄴而還。西討呂朗等，滅之。後高密王泰討青州賊劉根，破汲桑故將公師藩，〔七〕敗石勒於河北，威名甚盛，時人擬之韓白。進位撫軍將軍、假節、都督青兗諸軍事，封東平郡侯，邑萬戶。

晞練於官事，文簿盈積，斷決如流，人不敢欺。其從母依之，奉養甚厚。從母子求爲將，晞距之曰：「吾不以王法貸人，將無後悔邪？」固欲之，晞乃以爲督護。後犯法，晞杖節斬之，從母叩頭請救，不聽。既而素服哭之，流涕曰：「殺卿者兗州刺史，哭弟者荀道將。」其杖法如此。

晞見朝政日亂，懼禍及己，而多所交結，每得珍物，即貽都下親貴。兗州去洛五百里，恐不鮮美，募得千里牛，每遣信，旦發暮還。

初，東海王越以晞復其讎恥，甚德之，引升堂，結爲兄弟。越司馬潘滔等說曰：「兗州要衝，魏武以之輔相漢室。荀晞有大志，非純臣，久令處之，則患生心腹矣。若遷于青州，厚其名號，晞必悅。公自牧兗州，經緯諸夏，藩衞本朝，此所謂謀之於未有，爲之於未亂也。」越以爲然，乃遷晞征東大將軍、開府儀同三司，加侍中、假節、都督青州諸軍事，領青州刺史，進爲郡公。晞乃多置參佐，轉易守令，以嚴刻立功，日加斬戮，流血成川，人不堪命，號曰「屠伯」。

頓丘太守魏植爲流人所逼，衆五六萬，大掠兗州。晞出屯無鹽，以弟純領青州，刑殺更甚於晞，百姓號「小荀酷於大荀」。晞尋破植。

時潘滔及尚書劉望等共誣陷晞，晞怒，表求滔等首，又請越從事中郎劉洽爲軍司，越皆不許。晞於是昌言曰：「司馬元超爲宰相不平，使天下淆亂，荀道將豈可以不義使之？韓信不忍衣食之惠，死於婦人之手。今將誅國賊，尊王室，桓文豈遠哉！」乃移告諸州，稱己功伐，陳越罪狀。

時懷帝惡越專權，乃詔晞曰：「朕以不德，戎車屢興，上懼宗廟之累，下愍兆庶之困，當

賴方嶽，爲國藩翰。公威震赫然，梟斬藩、桑，走降喬、朗，魏植之徒復以誅除，豈非高識明斷，朕用委成。加王彌、石勒爲社稷之憂，故有詔委統六州。而公謙分小節，〔八〕稽違大命，非所謂與國同憂也。今復遣詔，便施檄六州，協同大舉，翦除國難，稱朕意焉。」晞復移諸征鎮州郡曰：「天步艱險，禍難殷流，劉元海造逆於汾陰，石世龍階亂於三魏，荐食畿甸，覆喪鄴都，結壘近郊，仍震兗豫，害三刺史，殺二都督，郡守官長，堙沒數十，百姓流離，肝腦塗地。晞以虛薄，負荷國重，是以弭節海隅，援枹曹衞。猥被中詔，委以關東，督統諸軍，欽承詔命。剋今月二日，當西經濟黎陽，即日得滎陽太守丁嶷白事，李惲、陳午等救懷諸軍與羯大戰，皆見破散。懷城已陷，河內太守裴整爲賊所執。宿衞闕乏，天子蒙難，宗廟之危，甚於累卵。承問之日，憂歎累息。晞以爲先王選建明德，庸以服章，所以藩固王室，無俾城壞。是以舟檝不固，齊桓責楚；襄王逼狄，晉文致討。夫翼獎皇家，宣力本朝，雖陷湯火，大義所甘。加諸方牧，俱受榮寵，義同畢力，以報國恩。晞雖不武，首啓戎行，秣馬裹糧，以俟方鎮。凡我同盟，宜同赴救。顯立名節，在此行矣。」

會王彌遣曹嶷破琅邪，北攻齊地。荀純城守，嶷衆轉盛，連營數十里。晞還，登城望之，有懼色，與賊連戰，輒破之。後簡精銳，與賊大戰，會大風揚塵，晞遂敗績，棄城夜走。嶷追至東山，部衆皆降嶷。晞單騎奔高平，收邸閣，募得數千人。

帝又密詔晞討越，晞復上表曰：「殿中校尉李初至，奉被手詔，肝心若裂。東海王越得以宗臣遂執朝政，委任邪佞，寵樹姦黨，至使前長史潘滔、從事中郎畢邈、主簿郭象等操弄天權，刑賞由己。尚書何綏、中書令繆播、太僕繆胤、黃門侍郎應紹，皆是聖詔親所抽拔，而滔等妄構，陷以重戮。帶甲臨宮，誅討后弟，翦除宿衞，私樹國人。崇奬魏植，招誘逋亡，覆喪州郡。王塗圮隔，方貢乖絕，宗廟闕蒸嘗之饗，聖上有約食之匱。鎮東將軍周馥、豫州刺史馮嵩、前北中郎將裴憲，並以天朝空曠，權臣專制，事難之興，慮在旦夕，各率士馬，奉迎皇輿，思隆王室，以盡臣禮。而滔、邈等劫越出關，矯立行臺，逼徙公卿，擅爲詔令，縱兵寇抄，茹食居人，交尸塞路，暴骨盈野。遂令方鎮失職，城邑蕭條，淮豫之萌，陷離塗炭。臣雖憤懣，守局東嵎，自奉明詔，三軍奮厲，卷甲長驅，次于倉垣。即日承司空、博陵公浚書，稱殿中中郎劉權齎詔，敕浚與臣共克大舉。輒遣前鋒征虜將軍王讚徑至項城，使越稽首歸政，斬送滔等。伏願陛下寬宥宗臣，聽越還國。其餘逼迫，宜蒙曠蕩。輒寫詔宣示征鎮，顯明義舉。遣揚烈將軍閻弘步騎五千，鎮衞宗廟。」

五年，帝復詔晞曰：「太傅信用姦佞，阻兵專權，內不遵奉皇憲，外不協比方州，遂令戎狄充斥，所在犯暴。留軍何倫抄掠宮寺，劫剝公主，殺害賢士，悖亂天下，不可忍聞。雖惟親親，宜明九伐。詔至之日，其宣告天下，率齊大舉，桓文之績，一以委公。其思盡諸宜，善

建弘略。道澀，故練寫副，手筆示意。」晞表曰：「奉被手詔，委臣征討，喻以桓文，紙練兼備，伏讀跪歎，五情惶怛。自頃宰臣專制，委杖佞邪，內擅朝威，外殘兆庶，矯詔專征，遂圖不軌，縱兵寇掠，陵踐宮寺。前司隸校尉劉暾、御史中丞溫畿、右將軍杜育，並見攻劫。廣平、武安公主，先帝遺體，咸被逼辱。逆節虐亂，莫此之甚。輒祇奉前詔，部分諸軍，遣王讚率陳午等將兵詣項，龔行天罰。」

初，越疑晞與帝有謀，使遊騎於成皋間，獲晞使，果得詔令及朝廷書，遂大構疑隙。越出牧豫州以討晞，復下檄說晞罪惡，遣從事中郎楊瑁爲兗州，與徐州刺史裴盾共討晞。晞使騎收河南尹潘滔，滔夜遁，及執尚書劉曾、侍中程延，斬之。會越薨，盾敗，詔晞爲大將軍、大都督、督青徐兗豫荊揚六州諸軍事，增邑二萬戶，加黃鉞，先官如故。

晞以京邑荒饉日甚，寇難交至，表請遷都，遣從事中郎劉會領船數十艘，宿衞五百人，獻穀千斛以迎帝。朝臣多有異同。俄而京師陷，晞與王讚屯倉垣。豫章王端及和郁等東奔晞，晞率羣官尊端爲皇太子，置行臺。端承制以晞領太子太傅、都督中外諸軍、錄尚書，自倉垣徙屯蒙城，讚屯陽夏。

晞出於孤微，位至上將，志頗盈滿，奴婢將千人，侍妾數十，終日累夜不出戶庭，刑政苛虐，縱情肆欲。遼西閻亨以書固諫，晞怒，殺之。晞從事中郎明預有疾居家，聞之，乃轝病諫晞曰：「皇晉遭百六之數，當危難之機，明公親稟廟算，將爲國家除暴。閻亨美士，奈何無罪一旦殺之！」晞怒曰：「我自殺閻亨，何關人事，而轝病來罵我！」左右爲之戰慄，預曰：「以明公以禮見進，預欲以禮自盡。今明公怒預，其若遠近怒明公何！昔堯舜之在上也，以和理而興；桀紂之在上也，以惡逆而滅。天子且猶如此，況人臣乎！願明公且置其怒而思預之言。」晞有慚色。由是衆心稍離，莫爲致用，加以疾疫饑饉，其將溫畿、傅宣皆叛之。石勒攻陽夏，滅王讚，馳襲蒙城，執晞，署爲司馬，月餘乃殺之。晞無子，弟純亦遇害。

華軼

華軼字彥夏，平原人，魏太尉歆之曾孫也。祖表，太中大夫。父澹，河南尹。軼少有才氣，聞於當世，汎愛博納，衆論美之。初爲博士，累遷散騎常侍。東海王越牧兗州，引爲留府長史。永嘉中，歷振威將軍、江州刺史。雖逢喪亂，每崇典禮，置儒林祭酒以弘道訓，乃下教曰：「今大義穨替，禮典無宗，朝廷滯議，莫能攸正，常以慨然，宜特立此官，以弘其事。軍諮祭酒杜夷，棲情玄遠，確然絕俗，才學精博，道行優備，其以爲儒林祭酒。」俄被越檄使助討諸賊，軼遣前江夏太守陶侃爲揚武將軍，率兵三千屯夏口，以爲聲援。軼在州甚有威惠，州之豪士接以友道，得江表之歡心，流亡之士赴之如歸。

時天子孤危，四方瓦解，軼有匡天下之志，每遣貢獻入洛，不失臣節。謂使者曰：「若洛都道斷，可輸之琅邪王，以明吾之爲司馬氏也。」軼自以受洛京所遣，而爲壽春所督，時洛京尚存，不能祗承元帝教命，郡縣多諫之，軼不納，曰：「吾欲見詔書耳。」時帝遣揚烈將軍周訪率衆屯彭澤以備軼，訪過姑孰，著作郎干寶見而問之，訪曰：「大府受分，令屯彭澤，彭澤，江州西門也。華彥夏有憂天下之誠，而不欲碌碌受人控御，頃來紛紜，粗有嫌隙。今又無故以兵守其門，將成其釁。吾當屯尋陽故縣，既在江西，可以扞禦北方，又無嫌於相逼也。」尋洛都不守，司空荀藩移檄，而以帝爲盟主。既而帝承制改易長吏，軼又不從命，於是遣左將軍王敦都督甘卓、周訪、宋典、趙誘等討之。軼遣別駕陳雄屯彭澤以距敦，自爲舟軍以爲外援。武昌太守馮逸次于湓口，訪擊逸，破之。前江州刺史衞展不爲軼所禮，心常怏怏。至是，與豫章太守周廣爲內應，潛軍襲軼，軼衆潰，奔于安城，追斬之，及其五子，傳首建鄴。

初，廣陵高悝寓居江州，軼辟爲西曹掾，尋而軼敗，悝藏匿軼二子及妻，崎嶇經年。既而遇赦，悝攜之出首，帝嘉而宥之。

劉喬 孫耽 耽子柳

劉喬字仲彥，南陽人也。其先漢宗室，封安衆侯，傳襲歷三代。祖廙，魏侍中。父阜，

陳留相。喬少爲祕書郎，建威將軍王戎引爲參軍。伐吳之役，戎使喬與參軍羅尚濟江，破武昌，還授滎陽令，遷太子洗馬。以誅楊駿功，賜爵關中侯，拜尚書右丞。豫誅賈謐，封安衆男，累遷散騎常侍。

齊王冏爲大司馬，初，嵇紹爲冏所重，每下階迎之。喬言於冏曰：「裴、張之誅，朝臣畏憚孫秀，故不敢不受財物。嵇紹今何所逼忌，故畜裴家車牛、張家奴婢邪？樂彥輔來，公未嘗下牀，何獨加敬於紹？」冏乃止。紹謂喬曰：「大司馬何故不復迎客？」喬曰：「似有正人言，以卿不足迎者。」紹曰：「正人爲誰？」喬曰：「其則不遠。」紹默然。

頃之，遷御史中丞。冏腹心董艾勢傾朝廷，百僚莫敢忤旨。喬二旬之中，奏劾艾罪釁者六。艾諷尚書右丞苟晞免喬官，復爲屯騎校尉。張昌之亂，喬出爲威遠將軍、豫州刺史，與荆州刺史劉弘共討昌，進左將軍。

惠帝西幸長安，喬與諸州郡舉兵迎大駕。東海王越承制轉喬安北將軍、冀州刺史，以范陽王虓領豫州刺史。喬以虓非天子命，不受代，發兵距之。潁川太守劉輿昵於虓，喬上尚書列輿罪惡。河間王顒得喬所上，乃宣詔使鎮南將軍劉弘、征東大將軍劉準、平南將軍彭城王釋與喬并力攻虓於許昌。〔九〕與弟琨率衆救虓，未至而虓敗，虓乃與琨俱奔河北。未幾，琨率突騎五千濟河攻喬，喬劫琨父蕃，以檻車載之，據考城以距虓，衆不敵而潰。

喬復收散卒，屯于平氏。河間王顒進喬鎮東將軍、假節，以其長子祐爲東郡太守，又遣劉弘、劉準、彭城王釋等率兵援喬。弘與喬牋曰：「適承范陽欲代明使君。明使君受命本朝，列居方伯，當官而行，同奬王室，橫見遷代，誠爲不允。然古人有言，牽牛以蹊人之田，信有罪矣，而奪之牛，罰亦重矣。明使君不忍亮直狷介之忿，甘爲戎首，竊以爲過。何者？至人之道，用行舍藏。跨下之辱，猶宜俯就，況於換代之嫌，纖介之釁哉！范陽國屬，使君庶姓，周之宗盟，疏不間親，曲直既均，責有所在。廉藺區區戰國之將，猶能升降以利社稷，況命世之士哉！今天下紛紜，主上播越，正是忠臣義士同心勠力之時。弘實闇劣，過蒙國恩，願與使君共戴盟主，雁行下風，掃除凶寇，救蒼生之倒懸，反北辰於太極。此功未立，不宜乖離。備蒙顧遇，情隆於常，披露丹誠，不敢不盡。春秋之時，諸侯相伐，復爲和親者多矣。願明使君迴既往之恨，追不二之蹤，解連環之結，修如初之好。范陽亦將悔前之失，思崇後信矣。」

東海王越將討喬，弘又與越書曰：「適聞以吾州將擅舉兵逐范陽，當討之，誠明同異、懲禍亂之宜。然吾竊謂不可。何者？今北辰遷居，元首移幸，羣后抗義以謀王室，吾州將荷國重恩，列位方伯，亦伐鼓即戎，勠力致命之秋也。而范陽代之，吾州將不從，由代之不允，但矯枉過正，更以爲罪耳。昔齊桓赦射鉤之讎而相管仲，晉文忘斬袪之怨而親勃鞮，方之

於今，當何有哉！且君子躬自厚而薄責於人，今姦臣弄權，朝廷困逼，此四海之所危懼，宜釋私嫌，共存公義，含垢匿瑕，忍所難忍，以大逆爲先，奉迎爲急，不可思小怨忘大德也。苟崇忠恕，共明分局，連旗推鋒，各致臣節，吾州將必輸寫肝膽，以報所蒙，實不足計一朝之謬，發赫然之怒，使韓盧東郭相困而爲豺狼之擒也。吾雖庶姓，負乘過分，實願足下率齊內外，以康王室，竊恥同儕自爲蠹害。貪獻所懷，惟足下圖之。」又上表曰：「范陽王虓欲代豫州刺史喬，喬舉兵逐虓，司空、東海王越以喬不從命討之。臣以爲喬忝受殊恩，顯居州司，自欲立功於時，以徇國難，無他罪闕，而范陽代之，代之爲非。然喬亦不得以虓之非，專威輒討，誠應顯戮以懲不恪。然自頃兵戈紛亂，猜禍鋒生，恐疑隙構於羣王，災難延于宗子，權柄隆於朝廷，逆順效於成敗，今夕爲忠，明旦爲逆，翩其反而，互爲戎首，載籍以來，骨肉之禍未有如今者也。臣竊悲之，痛心疾首。今邊陲無備豫之儲，中華有杼軸之困，而股肱之臣不惟國體，職競尋常，自相楚剝，爲害轉深，積毀銷骨。萬一四夷乘虛爲變，此亦猛獸交鬬，自效於卞莊者矣。臣以爲宜速發明詔，詔越等令兩釋猜嫌，各保分局。自今以後，其有不被詔書擅興兵馬者，天下共伐之。詩云：『誰能執熱，逝不以濯？』若誠濯之，必無灼爛之患，永有泰山之固矣。」

時河間王顒方距關東，倚喬爲助，不納其言。東海王越移檄天下，帥甲士三萬，將入關

迎大駕，軍次于蕭，喬懼，遣子祐距越於蕭縣之靈壁。劉琨分兵向許昌，許昌人納之。琨自滎陽率兵迎越，遇祐，衆潰見殺。〔一〇〕喬衆遂散，與五百騎奔平氏。

帝還洛陽，大赦，越復表喬爲太傅軍諮祭酒。越薨，復以喬爲都督豫州諸軍事、鎮東將軍、豫州刺史。卒於官，時年六十三。愍帝末，追贈司空。子挺，潁川太守。挺子耽。

耽字敬道。少有行檢，以義尚流稱，爲宗族所推。博學，明習詩、禮、三史。歷度支尚書，加散騎常侍。在職公平廉慎，所莅著績。桓玄，耽女壻也。及玄輔政，以耽爲尚書令，加侍中，不拜，改授特進、金紫光祿大夫。尋卒，追贈左光祿大夫、開府。耽子柳。

柳字叔惠，亦有名譽。少登清官，歷尚書左右僕射。時右丞傅迪好廣讀書而不解其義，柳唯讀老子而已，迪每輕之。柳云：「卿讀書雖多，而無所解，可謂書簏矣。」時人重其言。出爲徐、兗、江三州刺史。卒，贈右光祿大夫、開府儀同三司。喬弟乂，始安太守。乂子成，丹楊尹。

史臣曰：周浚人倫鑒悟，周馥理識精詳，華軼動顧禮經，劉喬志存諒直，用能歷官內外，

咸著勳庸。而祖宣獻策還都，乖忤於東海，彥夏係心宸極，獲罪於琅邪，乃被以惡名，加其顯戮，豈不哀哉！向若違左衽於伊川，建右社於淮服，據方城之險，藉全楚之資，簡練吳越之兵，漕引淮海之粟，縱未能祈天永命，猶足以紓難緩亡。嗟乎！「不用其良，覆俾我悖」，其此之謂也。苟晞擢自庸微，位居上將，釋位之功未立，貪暴之釁已彰，假手世龍，以至屠戮，斯所謂「殺人多矣，能無及此乎」！

贊曰：閒林才理，爰登貴仕，績著折衝，化行江汜。軼既尊主，馥亦勤王，背時獲戾，違天不祥。喬爲戎首，未識行藏。道將鞠旅，威名克舉，貪虐有聞，忠勤未取。

校勘記

〔一〕父裴　勞校：「裴」當作「斐」。斐著汝南先賢傳五卷，見隋書經籍志。

〔二〕三山　原作「三江山」。勞校：「江」字衍。按：勞說是，今據王濬傳刪。

〔三〕顗嗣爵　「顗」，各本誤作「覬」，今從宋本。事亦見顗傳。

〔四〕始田氏擅齊　册府五二八「始」作「如」。

〔五〕悟逆旅之言　册府五二八「逆旅」作「逆耳」。

〔六〕累遷司徒左西屬　御覽二〇九引作「還司徒左西掾」。

〔七〕後高密王泰至破汲桑故將公師藩　讀書記疑：「後高密王泰」五字疑誤。泰卒於元康九年，不與苟晞同時。校文：「後」下疑奪「從」字。周校：當作「破汲桑及成都王穎故將公師藩」。

〔八〕讓分小節　册府四一五「分」作「介」。

〔九〕彭城王釋　「釋」，各本作「繹」。通鑑考異云，喬傳「釋」作「繹」，帝紀、宗室傳皆作「釋」，蓋喬傳誤。今據改。下同。

〔一〇〕遇祐衆潰見殺　周校：當重「祐」字，作「遇祐，祐衆潰見殺」，與下「喬衆遂散」句乃合。

晉書卷六十二

列傳第三十二

劉琨　子羣　琨兄輿　輿子演

劉琨字越石，中山魏昌人，漢中山靖王勝之後也。〔一〕祖邁，有經國之才，爲相國參軍、散騎常侍。父蕃，清高沖儉，位至光祿大夫。琨少得儁朗之目，與范陽祖納俱以雄豪著名。年二十六，爲司隸從事。時征虜將軍石崇河南金谷澗中有別廬，冠絕時輩，引致賓客，日以賦詩。琨預其間，文詠頗爲當時所許。祕書監賈謐參管朝政，京師人士無不傾心。〔二〕石崇、歐陽建、陸機、陸雲之徒，並以文才降節事謐，琨兄弟亦在其間，號曰「二十四友」。太尉高密王泰辟爲掾，頻遷著作郎、太學博士、尚書郎。

趙王倫執政，以琨爲記室督，轉從事中郎。倫子荂，即琨姊壻也，故琨父子兄弟並爲倫所委任。及篡，荂爲皇太子，琨爲荂詹事。三王之討倫也，以琨爲冠軍、假節，與孫秀子會

率宿衞兵三萬距成都王穎，戰于黃橋，〔三〕琨大敗而還，焚河橋以自固。及齊王冏輔政，以其父兄皆有當世之望，故特宥之，拜兄輿爲中書郎，琨爲尚書左丞，轉司徒左長史。冏敗，范陽王虓鎮許昌，引爲司馬。

及惠帝幸長安，東海王越謀迎大駕，以琨父蕃爲淮北護軍、豫州刺史。劉喬攻范陽王虓於許昌也，琨與汝南太守杜育等率兵救之，未至而虓敗，琨與虓俱奔河北，琨之父母遂爲劉喬所執。琨乃說冀州刺史溫羨，使讓位于虓。及虓領冀州，遣琨詣幽州，乞師於王浚，得突騎八百人，與虓濟河，共破東平王楙於廩丘，南走劉喬，始得其父母。又斬石超，降呂朗，因統諸軍奉迎大駕於長安。以勳封廣武侯，邑二千戶。

永嘉元年，〔四〕爲幷州刺史，加振威將軍，領匈奴中郎將。琨在路上表曰：「臣以頑蔽，志望有限，因緣際會，遂忝過任。九月末得發，道嶮山峻，胡寇塞路，輒以少擊衆，冒險而進，頓伏艱危，辛苦備嘗，即日達壺口關。臣自涉州疆，目覩困乏，流移四散，十不存二，攜老扶弱，不絕於路。及其在者，鬻賣妻子，生相捐棄，死亡委危，〔五〕白骨橫野，哀呼之聲，感傷和氣。羣胡數萬，周帀四山，動足遇掠，開目覩寇。唯有壺關，可得告糴。而此二道，九州之險，數人當路，則百夫不敢進，公私往反，沒喪者多。嬰守窮城，不得薪采，耕牛既盡，又乏田器。以臣愚短，當此至難，憂如循環，不遑寢食。臣伏思此州雖云邊朔，實邇皇畿，南

通河內，東連司冀，北捍殊俗，西禦強虜，是勁弓良馬勇士精銳之所出也。當須委輸，乃全其命。今上尚書，請此州穀五百萬斛，絹五百萬匹，緜五百萬斤。願陛下時出臣表，速見聽處。」朝廷許之。

時東嬴公騰自晉陽鎮鄴，并土饑荒，百姓隨騰南下，餘戶不滿二萬，寇賊縱橫，道路斷塞。琨募得千餘人，轉鬬至晉陽。府寺焚毀，僵尸蔽地，其有存者，飢羸無復人色，荊棘成林，豺狼滿道。琨翦除荊棘，收葬枯骸，造府朝，建市獄。寇盜互來掩襲，恒以城門為戰場，百姓負楯以耕，屬鞬而耨。琨撫循勞徠，甚得物情。劉元海時在離石，相去三百許里。琨密遣離間其部雜虜，降者萬餘落。元海甚懼，遂城蒲子而居之。在官未朞，流人稍復，雞犬之音復相接矣。琨父蕃自洛赴之，人士奔迸者多歸於琨。琨善於懷撫，而短於控御，一日之中，雖歸者數千，去者亦以相繼。然素奢豪，嗜聲色，雖暫自矯勵，而輒復縱逸。

河南徐潤者，以音律自通，遊于貴勢，琨甚愛之，署為晉陽令。潤恃寵驕恣，干預琨政。奮威護軍令狐盛性亢直，數以此為諫，并勸琨除潤，琨不納。初，單于猗㐌以救東嬴公騰之功，琨表其弟猗盧為代郡公，與劉希合衆於中山。王浚以琨侵己之地，數來擊琨，琨不能抗，由是聲實稍損。徐潤又譖令狐盛於琨曰：「盛將勸公稱帝矣。」琨不之察，便殺之。琨母曰：「汝不能弘經略，駕豪傑，專欲除勝己以自安，當何以得濟！如是，禍必及我。」不從。盛

子泥奔于劉聰，具言虛實。聰大喜，以泥為鄉導。屬上黨太守襲醇降于聰，〔六〕鴈門烏丸復反，琨親率精兵出禦之。聰遣子粲及令狐泥乘虛襲晉陽，太原太守高喬以郡降聰，琨父母並遇害。琨引猗盧并力攻粲，大敗之，死者十五六。琨乘勝追之，更不能克。猗盧以為聰未可滅，遺琨牛羊車馬而去，留其將箕澹、〔七〕段繁等戍晉陽。琨志在復讎，而屈於力弱，泣血尸立，撫慰傷痍，移居陽邑城，〔八〕以招集亡散。

愍帝即位，拜大將軍、都督并州諸軍事，加散騎常侍、假節。琨上疏謝曰：

陛下略臣大愆，錄臣小善，猥蒙天恩，光授殊寵，顯以蟬冕之榮，崇以上將之位。伏省詔書，五情飛越。

臣聞晉文以郤縠為元帥而定霸功，高祖以韓信為大將而成王業，咸有敦詩閱禮之德，戎昭果毅之威，故能振豐功於荊南，拓洪基於河北。況臣凡陋，擬蹤前哲，俯懼折鼎，慮在覆餗。昔曹沫三北，而收功於柯盟；馮異垂翅，而奮翼於澠池，皆能因敗為成，以功補過。陛下宥過之恩已隆，而臣自新之善不立。臣雖不逮，預聞前訓，恭讓之節，臣猶庶幾。所以冒承寵命者，實欲沒身報國，輒死自效，要以致命寇場，盡其臣節。至於寵榮之施，非言辭所謝。又謁者史蘭、殿中中郎王春等繼至，奉詔，臣俯尋聖旨，伏紙飲淚。

臣聞夷險流行，古今代有，靈厭皇德，曾未悔禍。蟻狄縱毒於神州，夷裔肆虐於上國，七廟闕禋祀之饗，百官喪彝倫之序，梓宮淪辱，山陵未兆，率土永慕，思同考妣。陛下龍姿日茂，叡質彌光，升區宇於既穨，崇社稷於已替，四海之內，肇有上下，九服之萌，復覩典制。伏惟陛下蒙塵于外，越在秦郊，蒸嘗之敬在心，桑梓之思未克。臣備位歷年，才質駑下，丘山之釁已彰，豪釐之效未著。頃以時宜，權假位號，竟無殪戎之績，而有負乘之累，當肆刑書，以明黜陟。是以臣前表上聞，敢緣愚款，乞奉先朝之班，苟存偏師之職，赦其三敗之愆，收其一功之用，得騁志虜場，快意大逆，雖身膏野草，無恨黃壚。〔九〕陛下偏恩過隆，曲蒙擢拔，遂授上將，位兼常伯，征討之務，得從事宜。拜命驚惶，五情戰悸，懼於隕越，以為朝羞。昔申胥不徇伯舉，而成公壻之勳；伍員不從城父，而濟入郢之庸。臣雖頑凶，無覬古人，其於被堅執銳，致身寇讎，所謂天地之施，羣生莫謝不勝。受恩至深，謹拜表陳聞。

及麴允敗，劉曜斬趙冉，〔一〇〕琨又表曰：

逆胡劉聰，敢率犬羊，馮陵輦轂，人神發憤，遐邇奮怒。伏省詔書，相國、南陽王保，太尉、涼州刺史軌，糾合二州，同恤王室，冠軍將軍允、護軍將軍綝，總齊六軍，勠力國難，王旅大捷，俘馘千計，旌旗首於晉路，金鼓振於河曲，崤函無虔劉之警，汧隴有安

業之慶，斯誠宗廟社稷陛下神武之所致。含氣之類，莫不引領，況臣之心，能無踊躍。

臣前表當與鮮卑猗盧剋今年三月都會平陽，會匈羯石勒以三月三日徑掩薊城，大司馬、博陵公浚受其偽和，為勒所虜，勒勢轉盛，欲來襲臣。城塢駭懼，志在自守。又猗盧國內欲生姦謀，幸盧警慮，尋皆誅滅。遂使南北顧慮，用愆成舉，臣所以泣血宵吟，扼腕長歎者也。勒據襄國，與臣隔山，寇騎朝發，夕及臣城，同惡相求，其徒實繁。自東北八州，勒滅其七，先朝所授，存者唯臣。是以勒朝夕謀慮，以圖臣為計，闚伺間隙，寇抄相尋，戎士不得解甲，百姓不得在野。天網雖張，靈澤未及，唯臣孑然與寇為伍。自守則稽聰之誅，進討則勒襲其後，進退唯谷，首尾狼狽。徒懷憤踊，力不從願，慚怖征營，痛心疾首，形留所在，神馳寇庭。秋穀既登，胡馬已肥，前鋒諸軍並有至者，臣當首啓戎行，身先士卒。臣與二虜，勢不並立，聰、勒不梟，臣無歸志。庶憑陛下威靈，使微意獲展，然後隕首謝國，沒而無恨。

三年，帝遣兼大鴻臚趙廉持節拜琨為司空、都督并冀幽三州諸軍事。琨上表讓司空，受都督，剋期與猗盧討劉聰。尋猗盧父子相圖，盧及兄子根皆病死，〔一一〕部落四散。琨子遵先質於盧，衆皆附之。及是，遵與箕澹等帥盧衆三萬人，馬牛羊十萬，悉來歸琨，琨由是復振，率數百騎自平城撫納之。屬石勒攻樂平，太守韓據請救於琨，而琨自以士衆新合，欲因

其鋭以威勸。箕澹諫曰：「此雖晉人，久在荒裔，未習恩信，難以法御。今內收鮮卑之餘穀，外抄殘胡之牛羊，且閉關守險，務農息士，既服化感義，然後用之，則功可立也。」琨不從，悉發其衆，命澹領步騎二萬爲前驅，琨自爲後繼。勸先據險要，設伏以擊澹，大敗之，一軍皆沒，并土震駭。尋又炎旱，琨窮蹙不能復守。幽州刺史鮮卑段匹磾數遣信要琨，欲與同奬王室。琨由是率衆赴之，從飛狐入薊。匹磾見之，甚相崇重，與琨結婚，約爲兄弟。

是時西都不守，元帝稱制江左，琨乃令長史溫嶠勸進，於是河朔征鎮夷夏一百八十人連名上表，語在元紀。令報曰：「豺狼肆毒，荐覆社稷，億兆顒顒，延首罔繫。是以居于王位，以答天下，庶以克復聖主，掃蕩讎恥，豈可猥當隆極，此孤之至誠著於遐邇者也。公受奕世之寵，極人臣之位，忠允義誠，精感天地。實賴遠謀，共濟艱難。南北迥邈，同契一致，萬里之外，心存咫尺。公其撫寧華戎，致罰醜類。動靜以聞。」

建武元年，琨與匹磾期討石勒，匹磾推琨爲大都督，喢血載書，檄諸方守，俱集襄國。琨、匹磾進屯固安，以俟衆軍。匹磾從弟末波納勒厚賂，獨不進，乃沮其計。琨、匹磾以勢弱而退。是歲，元帝轉琨爲侍中、太尉，其餘如故，并贈名刀。琨答曰：「謹當躬自執佩，馘截二虜。」

匹磾奔其兄喪，琨遣世子羣送之，而末波率衆要擊匹磾而敗走之，羣爲末波所得。末

波厚禮之，許以琨爲幽州刺史，共結盟而襲匹磾，密遣使齎羣書請琨爲內應，而爲匹磾邏騎所得。時琨別屯故征北府小城，不之知也。因來見匹磾，匹磾以羣書示琨曰：「意亦不疑公，是以白公耳。」琨曰：「與公同盟，志奬王室，仰憑威力，庶雪國家之恥。若兒書密達，亦終不以一子之故負公忘義也。」匹磾雅重琨，初無害琨志，將聽還屯。其中弟叔軍好學有智謀，爲匹磾所信，謂匹磾曰：「吾胡夷耳，所以能服晉人者，畏吾衆也。今我骨肉構禍，是其良圖之日，若有奉琨以起，吾族盡矣。」匹磾遂留琨。琨之庶長子遵懼誅，與琨左長史楊橋、并州治中如綏閉門自守。匹磾諭之不得，因縱兵攻之。琨將龍季猛迫於乏食，遂斬橋、綏而降。

初，琨之去晉陽也，慮及危亡而大恥不雪，亦知夷狄難以義伏，冀輸寫至誠，僥倖萬一。每見將佐，發言慷慨，悲其道窮，欲率部曲死於賊壘。斯謀未果，竟爲匹磾所拘。自知必死，神色怡如也。爲五言詩贈其別駕盧諶曰：

握中有懸璧，本是荆山球。惟彼太公望，昔是渭濱叟。鄧生何感激，千里來相求。白登幸曲逆，鴻門賴留侯。重耳憑五賢，小白相射鉤。能隆二伯主，安問黨與讎！中夜撫枕歎，想與數子遊。吾衰久矣夫，何其不夢周？誰云聖達節，知命故無憂。宣尼悲獲麟，西狩泣孔丘。功業未及建，夕陽忽西流。時哉不我與，去矣如雲浮。朱實隕勁風，繁英落素秋。狹路傾華蓋，駭駟摧雙輈。何意百鍊剛，化爲繞指柔。

琨詩託意非常，攄暢幽憤，遠想張陳，感鴻門、白登之事，用以激諶。諶素無奇略，以常詞酬和，殊乖琨心，重以詩贈之，乃謂琨曰：「前篇帝王大志，非人臣所言矣。」

然琨既忠於晉室，素有重望，被拘經月，遠近憤歎。匹磾所署代郡太守辟閭嵩，與琨所署雁門太守王據、後將軍韓據連謀，密作攻具，欲以襲匹磾。而韓據女爲匹磾兒妾，聞其謀而告之匹磾，於是執王據、辟閭嵩及其徒黨悉誅之。會王敦密使匹磾殺琨，匹磾又懼衆反己，遂稱有詔收琨。初，琨聞敦使至，謂其子曰：「處仲使來而不我告，是殺我也。死生有命，但恨讎恥不雪，無以下見二親耳。」因歔欷不能自勝。匹磾遂縊之，時年四十八。子姪四人俱被害。〔一二〕朝廷以匹磾尙强，當爲國討石勒，不舉琨哀。

三年，琨故從事中郎盧諶、崔悅等上表理琨曰：

臣聞經國之體，在於崇明典刑；立政之務，在於固愼關塞。況方岳之臣，殺生之柄，而可不正其枉直，以杜其姦邪哉！

竊見故司空、廣武侯琨，在惠帝擾攘之際，值羣后鼎沸之難，勠力皇家，義誠彌厲，躬統華夷，親受矢石，石超授首，呂朗面縛，社稷克寧，鑾輿反駕，奉迎之勳，琨實爲隆，此琨效忠之一驗也。其後并州刺史、東嬴公騰以晉川荒匱，移鎭臨漳，太原、西河盡徙

三魏。琨受任并州，屬承其弊，到官之日，遺戶無幾，當易危之勢，處難濟之土，鳩集傷痍，撫和戎狄，數年之間，公私漸振。會京都失守，羣逆縱逸，邊萌頓仆，苟懷宴安，咸以爲并州之地四塞爲固，且可閉關守險，畜資養徒，抗辭厲聲，忠亮奮發，以爲天子沈辱而不隕身死節，情非所安，遂乃跋履山川，東西征討。屠各乘虛，晉陽沮潰，琨父母罹屠戮之殃，門族受殲夷之禍。向使琨從州人之心，爲自守之計，則聖朝未必加誅，而族黨可以不喪。及猗盧敗亂，晉人歸奔，琨於平城納其初附。將軍箕澹又以爲此雖晉人，久在荒裔，難以法整，不可便用。琨又讓之，義形於色。假從澹議，偸於苟存，則晏然於并土，必不亡身於燕薊也。琨自以備位方嶽，綱維不舉，無緣虛荷大任，坐居三司，是以陛下登阼，便引愆告遜，前後章表，具陳誠款。尋令從事中郎臣續澹以章綬節傳奉還本朝，與匹磾使滎邵期一時俱發。又匹磾以琨王室大臣，懼奪己威重，忌琨之形，漸彰於外。琨知其如此，慮不可久，欲遣妻息大小盡詣京城，以其門室一委陛下。有征舉之會，則身充一卒；若匹磾縱凶慝，則妻息可免。具令臣澹密宣此旨，求詔敕路次，令相迎衞。會王成從平陽逃來，說南陽王保稱號隴右，士衆甚盛，當移關中。匹磾聞此，私懷顧望，留停滎邵，欲遣前兼鴻臚邊邈奉使詣保，懼澹獨南，言其此事，遂不許引路。丹誠赤心，卒不上達。匹磾兄眷喪亡，嗣子幼弱，欲因奔喪奪取其國。又自以

欺國陵家，懷邪樂禍，恐父母宗黨不容其罪，是以卷甲櫜弓，陰圖作亂，欲害其從叔驎、從弟末波等，以取其國。匹磾親信密告驎、波，驎、波乃遣人距之，匹磾僅以身免。百姓謂匹磾已沒，皆憑向琨。若琨于時有害匹磾之情，則居然可擒，不復勞於人力。自此之後，上下並離，匹磾遂欲盡勸胡晉，徙居上谷。琨深不然之，勸移厭次，南憑朝廷。匹磾不能納，反禍害父息四人，從兄二息同時幷命。琨未遇害，知匹磾必有禍心，語臣等云：「受國厚恩，不能克報，雖才略不及，亦由遇此厄運。人誰不死，死生命也。唯恨下不能效節於一方，上不得歸誠於陛下。」辭旨慷慨，動於左右。匹磾既害琨，橫加誣謗，言琨欲闚神器，謀圖不軌。琨免述囂頑凶之思，又無信布懼誅之情，踦嶇亂亡之際，夾肩異類之間，而有如此之心哉！雖臧獲之愚，厮養之智，猶不爲之，況在國士之列，忠節先著者乎！

匹磾之害琨，稱陛下密詔。琨信有罪，陛下加誅，自當肆諸市朝，與衆棄之，不令殊俗之豎戮台輔之臣，亦已明矣。然則擅詔有罪，雖小必誅；矯制有功，雖大不論，正以興替之根咸在於此，開塞之由不可不閉故也。而匹磾無所顧忌，怙亂專殺，虛假王命，虐害鼎臣，辱諸夏之望，敗王室之法，是可忍也，孰不可忍！若聖朝猶加隱忍，未明大體，則不逞之人襲匹磾之跡，殺生自由，好惡任意，陛下將何以誅之哉！折衝厭難，

唯存戰勝之將；除暴討亂，必須知略之臣。故古語云「山有猛獸，藜藿爲之不採」，非虛言矣。自河以北，幽幷以南，醜類有所顧憚者，唯琨而已。琨受害之後，羣凶欣欣，莫不得意，鼓行中州，曾無纖介，此又華夷小大所以長歎者也。

伏惟陛下叡聖之隆，中興之緒，方將平章典刑，以經序萬國。而琨受害非所，冤痛已甚，未聞朝廷有以甄論。昔壺關三老訟衞太子之罪，谷永、劉向辨陳湯之功，下足以明功罪之分，上足以悟聖主之懷。臣等祖考以來，世受殊遇，入侍翠幄，出簪彤管，弗克負荷，播越遐荒，與琨周旋，接事終始，是以仰慕三臣在昔之義，謹陳本末，冒以上聞，仰希聖朝曲賜哀察。

太子中庶子溫嶠又上疏理之，帝乃下詔曰：「故太尉、廣武侯劉琨忠亮開濟，乃誠王家，不幸遭難，志節不遂，朕甚悼之。往以戎事，未加弔祭。其下幽州，便依舊弔祭。」贈侍中、太尉，謚曰愍。

琨少負志氣，有縱横之才，善交勝己，而頗浮誇。與范陽祖逖爲友，聞逖被用，與親故書曰：「吾枕戈待旦，志梟逆虜，常恐祖生先吾著鞭。」其意氣相期如此。在晉陽，嘗爲胡騎所圍數重，城中窘迫無計，琨乃乘月登樓清嘯，賊聞之，皆悽然長歎。中夜奏胡笳，賊又流涕歔欷，有懷土之切。向曉復吹之，賊並棄圍而走。子羣嗣。

羣字公度，少拜廣武侯世子。隨父在晉陽，遭逢寇亂，數領偏軍征討。性淸慎，有裁斷，得士類歡心。及琨爲匹磾所害，琨從事中郎盧諶等率餘衆奉羣依末波。溫嶠前後表稱：「姨弟劉羣，內弟崔悅、盧諶等，皆在末波中，翹首南望。愚謂此等並有文思，於人之中少可愍惜。如蒙錄召，繼絕興亡，則陛下更生之恩，望古無二。」咸康二年，成帝詔徵羣等，爲末波兄弟愛其才，託以道險不遣。

石季龍滅遼西，羣及諶、悅同沒胡中，季龍皆優禮之，以羣爲中書令。至冉閔敗後，羣遇害。時勒及季龍得公卿人士多殺之，其見擢用，終至大官者，唯有河東裴憲，渤海石璞，〔一三〕滎陽鄭系，潁川荀綽，北地傅暢及羣、悅、諶等十餘人而已。

輿字慶孫。儁朗有才局，與琨並尚書郭奕之甥，名著當時。京都爲之語曰：「洛中奕奕，慶孫、越石。」辟宰府尚書郎。兄弟素侮孫秀，及趙王倫輔政，孫秀執權，並免其官。妹適倫世子荂，荂與秀不協，復以輿爲散騎侍郎。齊王冏輔政，以輿爲中書侍郎。

東海王越、范陽王虓之舉兵也，以輿爲潁川太守。及河間王顒檄劉喬討虓於許昌，矯詔曰：「潁川太守劉輿迫脅范陽王虓，距逆詔命，多樹私黨，擅劫郡縣，合聚兵衆。輿兄弟昔

因趙王婚親，擅弄權勢，凶狡無道，久應誅夷，以遇赦令，得全首領。小人不忌，爲惡日滋，輒用苟晞爲兗州，斷截王命。鎭南大將軍弘，平南將軍、彭城王釋，〔一四〕征東大將軍準，各勒所領，徑會許昌，與喬幷力。今遣右將軍張方爲大都督，督建威將軍呂朗、陽平太守刁默，率步騎十萬，同會許昌，以除輿兄弟。敢有舉兵距違王命，誅及五族。能殺輿兄弟送首者，封三千戶縣侯，賜絹五千匹。」

虓之敗，輿與之俱奔河北。虓既鎭鄴，以輿爲征虜將軍、魏郡太守。

虓薨，東海王越將召之，或曰：「輿猶膩也，近則汚人。」及至，越疑而御之。輿密視天下兵簿及倉庫、牛馬、器械、水陸之形，皆默識之。是時軍國多事，每會議，自潘滔以下，莫知所對。輿既見越，應機辯畫，越傾膝酬接，即以爲左長史。越既總錄，以輿爲上佐，賓客滿筵，文案盈机，遠近書記日有數千，終日不倦，或以夜繼之，皆人人歡暢，莫不悅附。命議如流，酬對款備，時人服其能，比之陳遵。時稱越府有三才：潘滔大才，劉輿長才，裴邈淸才。越誅繆播、王延等，皆輿謀也。延愛妾荆氏有音伎，延尚未殯，輿便娉之。未及迎，又爲太傅從事中郎王儁所爭奪。御史中丞傅宣劾奏，越不問輿，而免儁官。輿乃說越，遣琨鎭幷州，爲越北面之重。洛陽未敗，病指疽卒，時年四十七。追贈驃騎將軍。先有功封定襄侯，謚曰貞。子演嗣。

演字始仁。初辟太尉掾，除尚書郎，以父憂去職。服闋，襲爵，太傅、東海王越引爲主簿。遷太子中庶子，出爲陽平太守。自洛奔琨，琨以爲輔國將軍、魏郡太守。琨將討石勒，以演領勇士千人，行北中郎將、兗州刺史，鎮廩丘。演斬王桑，走趙固，得衆七千人。爲石勒所攻，演距戰，勒退。元帝拜爲都督、後將軍，假節。後爲石季龍所圍，求救於邵續、段龕，龕騎救之，季龍走，隨龕屯厭次，被害。

弟胤爲琨引兵，路逢烏桓賊，戰沒。胤弟挹初爲太傅、東海王越掾，與琨俱被害。挹弟啓，啓弟述，與琨子羣俱在末波中，後並入石季龍。啓爲季龍尚書僕射，後歸國，穆帝拜爲前將軍，加給事中。永和九年，隨中軍將軍殷浩北伐，爲姚襄所敗，啓戰沒。述爲季龍侍中，隨啓歸國，拜驍騎將軍。

祖逖 兄納

祖逖字士稚，范陽遒人也。世吏二千石，爲北州舊姓。父武，晉王掾、上谷太守。逖少孤，兄弟六人。兄該、納等並開爽有才幹。逖性豁蕩，不修儀檢，年十四五猶未知書，諸兄每憂之。然輕財好俠，慷慨有節尚，每至田舍，輒稱兄意散穀帛以賙貧乏，鄉黨宗族以

是重之。後乃博覽書記，該涉古今，往來京師，見者謂逖有贊世才具。僑居陽平。年二十四，陽平辟察孝廉，司隸再辟舉秀才，皆不行。與司空劉琨俱爲司州主簿，情好綢繆，共被同寢。中夜聞荒雞鳴，蹴琨覺曰：「此非惡聲也。」因起舞。逖、琨並有英氣，每語世事，或中宵起坐，相謂曰：「若四海鼎沸，豪傑並起，吾與足下當相避于中原耳。」

辟齊王冏大司馬掾、長沙王乂驃騎祭酒，轉主簿，累遷太子中舍人、豫章王從事中郎。從惠帝北伐，王師敗績於蕩陰，遂退還洛。大駕西幸長安，關東諸侯范陽王虓、高密王略、平昌公模等競召之，皆不就。東海王越以逖爲典兵參軍、濟陰太守，母喪不之官。

及京師大亂，逖率親黨數百家避地淮泗，以所乘車馬載同行老疾，躬自徒步，藥物衣糧與衆共之，又多權略，是以少長咸宗之，推逖爲行主。達泗口，元帝逆用爲徐州刺史，尋徵軍諮祭酒，居丹徒之京口。

逖以社稷傾覆，常懷振復之志。賓客義徒皆暴桀勇士，逖遇之如子弟。時揚土大饑，此輩多爲盜竊，攻剽富室，逖撫慰問之曰：「比復南塘一出不？」或爲吏所繩，逖輒擁護救解之。談者以此少逖，然自若也。時帝方拓定江南，未遑北伐，逖進說曰：「晉室之亂，非上無道而下怨叛也。由藩王爭權，自相誅滅，遂使戎狄乘隙，毒流中原。今遺黎既被殘酷，人有奮擊之志。大王誠能發威命將，使若逖等爲之統主，則郡國豪傑必因風向赴，沈溺之士欣於來蘇，庶幾國恥可雪，願大王圖之。」帝乃以逖爲奮威將軍、豫州刺史，給千人廩，布三千匹，不給鎧仗，使自招募。仍將本流徙部曲百餘家渡江，中流擊楫而誓曰：「祖逖不能清中原而復濟者，有如大江！」辭色壯烈，衆皆慨歎。屯于江陰，〔一五〕起冶鑄兵器，得二千餘人而後進。

初，北中郎將劉演距于石勒也，流人塢主張平、樊雅等在譙，演署平爲豫州刺史，雅爲譙郡太守。又有董瞻、于武、謝浮等十餘部，衆各數百，皆統屬平。逖誘浮使取平，浮譎平與會，遂斬以獻逖。帝嘉逖勳，使運糧給之，而道遠不至，軍中大饑。進據太丘。樊雅遣衆夜襲逖，遂入壘，拔戟大呼，直趣逖幕，軍士大亂。逖命左右距之，督護董昭與賊戰，走之。逖率衆追討，而張平餘衆助雅攻逖。蓬陂塢主陳川，自號寧朔將軍、陳留太守。逖遣使求救於川，川遣將李頭率衆援之，逖遂克譙城。

初，樊雅之據譙也，逖以力弱，求助於南中郎將王含，含遣桓宣領兵助逖。逖既克譙，宣等乃去。石季龍聞而引衆圍譙，含又遣宣救逖，季龍聞宣至而退。宣遂留，助逖討諸屯塢未附者。

李頭之討樊雅也，力戰有勳。逖時獲雅駿馬，頭甚欲之而不敢言，逖知其意，遂與之。頭感逖恩遇，每歎曰：「若得此人爲主，吾死無恨。」川聞而怒，遂殺頭。頭親黨馮寵率其屬四

百人歸于逖，川益怒，遣將魏碩掠豫州諸郡，大獲子女車馬。逖遣將軍衞策邀擊於谷水，盡獲所掠者，皆令歸本，軍無私焉。川大懼，遂以衆附石勒。逖率衆伐川，石季龍領兵五萬救川，逖設奇以擊之，季龍大敗，收兵掠豫州，徙陳川還襄國，留桃豹等守川故城，住西臺。逖遣將韓潛等鎮東臺。同一大城，賊從南門出入放牧，逖軍開東門，相守四旬。逖以布囊盛土如米狀，使千餘人運上臺，又令數人擔米，僞爲疲極而息于道，賊果逐之，皆棄擔而走。賊既獲米，謂逖士衆豐飽，而胡戍饑久，益懼，無復膽氣。石勒將劉夜堂以驢千頭運糧以饋桃豹，逖遣韓潛、馮鐵等追擊於汴水，盡獲之。豹宵遁，退據東燕城，逖使潛進屯封丘以逼之。馮鐵據二臺，逖鎮雍丘，數遣軍要截石勒，勒屯戍漸蹙。候騎常獲濮陽人，逖厚待遣歸，咸感逖恩德，率鄉里五百家降逖。勒又遣精騎萬人距逖，復爲逖所破，勒鎮戍歸附者甚多。時趙固、上官巳、李矩、〔一六〕郭默等各以詐力相攻擊，逖遣使和解之，示以禍福，遂受逖節度。逖愛人下士，雖疏交賤隸，皆恩禮遇之，由是黃河以南盡爲晉土。河上堡固先有任子在胡者，皆聽兩屬，時遣游軍僞抄之，明其未附。諸塢主感戴，胡中有異謀，輒密以聞。前後克獲，亦由此也。其有微功，賞不踰日。躬自儉約，勸督農桑，克己務施，不畜資產，子弟耕耘，負擔樵薪，又收葬枯骨，爲之祭醊，百姓感悅。嘗置酒大會，耆老中坐流涕曰：「吾等老矣！更得父母，死將何恨！」乃歌曰：「幸哉遺黎免俘虜，三辰既朗遇慈父。玄酒忘勞甘瓠

脯，何以詠恩歌且舞。」其得人心如此。故劉琨與親故書，盛贊逖威德。詔進逖爲鎮西將軍。

石勒不敢窺兵河南，使成皋縣修逖母墓，因與逖書，求通使交市。逖不報書，而聽互市，收利十倍，於是公私豐贍，士馬日滋。方當推鋒越河，掃清冀朔，會朝廷將遣戴若思爲都督，逖以若思是吳人，雖有才望，無弘致遠識，且已翦荊棘，收河南地，而若思雍容，一旦來統之，意甚怏怏。且聞王敦與劉隗等構隙，慮有內難，大功不遂。感激發病，乃致妻孥汝南大木山下。時中原士庶咸謂逖當進據武牢，而反置家險阨，或諫之，不納。逖雖內懷憂憤，而圖進取不輟，營繕武牢城，城北臨黃河，西接成皋，四望甚遠。逖恐南無堅壘，必爲賊所襲，乃使從子汝南太守濟率汝陽太守張敞、新蔡內史周閎率衆築壘。未成，而逖病甚。先是，華譚、庾闡問術人戴洋，洋曰：「祖豫州九月當死。」初有妖星見於豫州之分，歷陽陳訓又謂人曰：「今年西北大將當死。」逖亦見星，曰：「爲我矣！方平河北，而天欲殺我，此乃不祐國也。」俄卒於雍丘，時年五十六。豫州士女若喪考妣，譙梁百姓爲之立祠。册贈車騎將軍。王敦久懷逆亂，畏逖不敢發，至是始得肆意焉。尋以逖弟約代領其衆。約別有傳。逖兄納。

納字士言，最有操行，能清言，文義可觀。性至孝，少孤貧，常自炊爨以養母。平北將軍王敦聞之，〔二七〕遺其二婢，辟爲從事中郎。有戲之曰：「奴價倍婢。」納曰：「百里奚何必輕於五羖皮邪！」轉尚書三公郎，累遷太子中庶子。歷官多所駁正，有補於時。齊王冏建義，趙王倫收冏弟北海王寔及前黃門郎弘農董祚弟艾，與冏俱起，皆將害之，納上疏救焉，並見宥。

後爲中護軍、太子詹事，封晉昌公。以洛下將亂，乃避地東南。元帝作相，引爲軍諮祭酒。納好弈棊，王隱謂之曰：「禹惜寸陰，不聞數棊。」對曰：「我亦忘憂耳。」隱曰：「蓋聞古人遭逢，則以功達其道，若其不遇，則以言達其道。古必有之，今亦宜然。當晉未有書，而天下大亂，舊事蕩滅，君少長五都，遊宦四方，華裔成敗，皆當聞見，何不記述而有裁成？應仲遠作風俗通，崔子眞作政論，蔡伯喈作勸學篇，史游作急就章，猶皆行於世，便成沒而不朽。僕雖無才，非志不立，故疾沒世而無聞焉，所以自强不息也。況國史明乎得失之跡，俱取散愁，此可兼濟，何必圍棊然後忘憂也！」納喟然歎曰：「非不悅子之道，力不足耳。」乃言之於帝曰：「自古小國猶有史官，況於大府，安可不置。」因舉隱，稱「清純亮直，學思沈敏，五經羣史多所綜悉，且好學不倦，從善如流。若使修著一代之典，褒貶與奪，誠一時之儁也。」帝以問記室參軍鍾雅，雅曰：「納所舉雖有史才，而今未能立也。」事遂停。然史官之立，自納始也。

初，弟約與逖同母，偏相親愛，納與約異母，頗有不平，乃密以啓帝，稱「約懷陵上之性，抑而使之可也。今顯侍左右，假其權勢，將爲亂階」。人謂納與約異母，忌其寵貴，乃露其表以示約，約憎納如讎，朝廷因此棄納。納既閑居，但清談、披閱文史而已。及約爲逆，朝野歎納有鑒裁焉。溫嶠以納州里父黨，敬而拜之。嶠既爲時用，盛言納有名理，除光祿大夫。

納嘗問梅陶曰：「君鄉里立月旦評，何如？」陶曰：「善褒惡貶，則佳法也。」納曰：「未益。」時王隱在坐，因曰：「尚書稱『三載考績，三考黜陟幽明』，何得一月便行褒貶！」陶曰：「此官法也。月旦，私法也。」隱曰：「易稱『積善之家必有餘慶，積不善之家必有餘殃』，稱家者豈不是官？必須積久，善惡乃著，公私何異！古人有言，貞良而亡，先人之殃；酷烈而存，先人之勳。累世乃著，豈但一月！若必月旦，則顏回食埃，不免貪汙；盜蹠引少，則爲清廉。朝種暮穫，善惡未定矣。」時梅陶及鍾雅數說餘事，納輒困之，因曰：「君汝潁之士，利如錐；我幽冀之士，鈍如槌。持我鈍槌，捶君利錐，皆當摧矣。」陶、雅並稱「有神錐，不可得槌」。納曰：「假有神錐，必有神槌。」雅無以對。卒於家。

史臣曰：劉琨弱齡，本無異操，飛纓賈謐之館，借箸馬倫之幕，當于是日，實佻巧之徒

歟！祖逖散穀周貧，聞雞暗舞，思中原之燎火，幸天步之多艱，原其素懷，抑爲貪亂者矣。及金行中毁，乾維失統，三后流亡，遞縈居彘之禍，六戎橫噬，交肆長蛇之毒，於是素絲改色，跅弛易情，各運奇才，並騰英氣，遇時屯而感激，因世亂以驅馳，陳力危邦，犯疾風而表勁，勵其貞操，契寒松而立節，咸能自致三鉉，成名一時。古人有言曰：「世亂識忠良。」蓋斯之謂矣。天不祚晉，方啓戎心，越石區區，獨禦鯨鯢之銳，推心異類，竟終幽圄，痛哉！士稚叶迹中興，克復九州之半，而災星告釁，笠轂徒招，惜矣！

贊曰：越石才雄，臨危效忠。枕戈長息，投袂徼功。踦蹈汾晉，契闊獯戎。見欺段氏，于嗟道窮！祖生烈烈，夙懷奇節。扣楫中流，誓清凶孽。鄰醜景附，遺萌載悅。天妖是徵，國恥奚雪！

校勘記

〔一〕中山靖王 「靖」，各本皆作「靜」，惟局本作「靖」，蓋據史記五宗世家改，今從之。

〔二〕京師人士 「士」，各本作「事」，今從殿本。

〔三〕戰于黃橋 成都王穎傳謂此戰于溫，惠紀謂戰于湨水，此云「黃橋」，似誤。

〔四〕永嘉元年 通鑑八六載于光熙元年，以懷紀永嘉元年四月琨保晉陽及下文琨表「九月末得發」

推之，琨受任當在永嘉元年之前，通鑑較確。

〔五〕死亡委危　宋本、毛本、殿本及御覽三二〇引、册府四二九「危」作「厄」。然「委危」「委厄」，詞皆晦澀。

〔六〕襲醇　勞校：懷紀作「龐淳」。按：通鑑考異引劉琨答太傅府書作「龐惇」。

〔七〕箕澹　斠注：劉聰、石勒載記、魏書衞操傳、敦煌石室本晉紀均作「姬澹」。

〔八〕陽邑城　周校：懷紀、劉聰載記「陽邑」皆作「陽曲」。按：通鑑八八、八九亦皆作「陽曲」。陽曲在晉陽（今太原市）北四十五里，今曰陽曲鎭；陽邑卽今太谷東之陽邑鎭。

〔九〕黄壚　册府三七〇引「壚」作「壚」。黄壚出淮南子覽冥。

〔一〇〕趙冉　斠注：魏允傳、劉聰載記均作「趙染」。

〔一一〕盧及兄子根皆病死　猗盧爲其子六脩所殺，不得云「病死」。根卽魏書、北史魏本紀之普根。通鑑八八、八九亦作「普根」。

〔一二〕子姪四人俱被害　據下盧諶、崔悅表云「禍害父息四人，從兄二息同時並命」，敦煌石室本晉紀亦云「害琨父息四人，兄息、從兄息二人」，則此傳「四人」當作「六人」。

〔一三〕石璞　斠注：石崇傳「璞」作「樸」。

〔一四〕彭城王釋　見卷六十一校記。

〔一五〕屯于江陰　逖既北渡，不得再屯江陰。建康實錄五、通志一二五及御覽三〇七、册府四一三皆作「淮陰」，疑是。

〔一六〕李矩　「矩」，各本誤作「距」，今從宋本。

〔一七〕平北將軍王敦　考異：敦未嘗爲平北將軍，世說德行注以爲王乂。王衍傳，乂爲平北將軍。

晉書卷六十三

列傳第三十三

邵續

邵續字嗣祖，魏郡安陽人也。父乘，散騎侍郎。續朴素有志烈，博覽經史，善談理義，妙解天文。初爲成都王穎參軍，穎將討長沙王乂，續諫曰：「續聞兄弟如左右手，今明公當天下之敵，而欲去一手乎？續竊惑之。」穎不納。後爲苟晞參軍，除沁水令。

時天下漸亂，續去縣還家，糾合亡命，得數百人。王浚假續綏集將軍、樂陵太守，屯厭次，以續子乂爲督護。續綏懷流散，多歸附之。石勒既破浚，遣乂還招續，續以孤危無援，權附於勒，勒亦以乂爲督護。既而段匹磾在薊，遣書要續俱歸元帝，〔一〕續從之。其下諫曰：「今棄勒歸匹磾，任子危矣。」續垂泣曰：「我出身爲國，豈得顧子而爲叛臣哉！」遂絕於勒，勒乃害乂。續懼勒攻，先求救於匹磾，匹磾遣弟文鴦救續。文鴦未至，勒已率八千騎圍

續。勒素畏鮮卑，及聞文鴦至，乃棄攻具東走。續與文鴦追勒至安陵，不及，虜勒所署官，并驅三千餘家，又遣騎入散勒北邊，〔二〕掠常山，亦二千家而還。

匹磾既殺劉琨，夷晉多怨叛，遂率其徒依續。勒南和令趙領等率廣川、渤海千餘家背勒歸續。而帝以續爲平原樂安太守、右將軍、冀州刺史，進平北將軍、假節，封祝阿子。續遣兄子武邑內史存與文鴦率匹磾衆就食平原，爲石季龍所破。續先與曹嶷亟相侵掠，嶷因存等敗，乃破續屯田，又抄其戶口。續首尾相救，疲於奔命。太興初，續遣存及文鴦屯濟南黃巾固，因以逼嶷，嶷懼，求和。俄而匹磾率衆攻段末杯，石勒知續孤危，遣季龍乘虛圍續。續季龍騎至城下，掠其居人，續率衆出救，季龍伏騎斷其後，遂爲季龍所得，使續降其城。續呼其兄子竺等曰：「吾志雪國難，以報所受，不幸至此。汝等努力自勉，便奉匹磾爲主，勿有二心。」

時帝既聞續沒，下詔曰：「邵續忠烈在公，義誠慷慨，綏集荒餘，憂國亡身。功勳未遂，不幸陷沒，朕用悼恨于懷。所統任重，宜時有代。其部曲文武，已共推其息緝爲營主。續之忠誠，著于公私，今立其子，足以安衆，一以續本位卽授緝，使總率所統，效節國難，雪其家仇。」

季龍遣使送續於勒，勒使使徐光讓之曰：〔三〕「國家應符撥亂，八表宅心，遺晉怖威，遠

竄揚越。而續蟻封海阿，跋扈王命，以夷狄不足爲君邪？何無上之甚也！國有常刑，於分甘乎？」續對曰：「晉末饑亂，奔控無所，保合鄉宗，庶全老幼。屬大王龍飛之始，委命納質，精誠無感，不蒙慈恕。言歸遺晉，仍荷寵授，誓盡忠節，實無二心。且受彼厚榮，而復二三其趣者，恐亦不容於明朝矣。周文生于東夷，大禹出於西羌，帝王之興，蓋惟天命所屬，德之所招，當何常邪！伏惟大王聖武自天，道隆虞夏，凡在含生，孰不延首神化，恥隔皇風，而況囚乎！使囚去眞卽僞，不得早叩天門者，大王負囚，囚不負大王也。釁鼓之刑，囚之恒分，但恨天實爲之，謂之何哉！」勒曰：「其言慨至，孤愧之多矣。夫忠于其君者，乃吾所求也。」命張賓延之于館，厚撫之，尋以爲從事中郎。令自後諸克敵擒俊，皆送之，不得輒害，冀獲如續之流。

初，季龍之攻續也，朝廷有王敦之逼，不遑救恤。續既爲勒所執，身灌園鬻菜，以供衣食。勒屢遣察之，歎曰：「此眞高人矣。不如是，安足貴乎！」嘉其清苦，數賜穀帛。每臨朝嗟歎，以勵羣官。

續被獲之後，存及竺、緝等與匹磾嬰城距寇，而帝又假存揚武將軍、武邑太守。勒屢遣季龍攻之，戰守疲苦，不能自立。久之，匹磾及其弟文鴦與竺、緝等悉見獲，惟存得潰圍南奔，在道爲賊所殺。續竟亦遇害。

李矩

李矩字世迴，平陽人也。童齔時，與羣兒聚戲，便爲其率，計畫指授，有成人之量。及長，爲吏，送故縣令於長安，征西將軍梁王肜以爲牙門。伐氐齊萬年有殊功，封東明亭侯。還爲本郡督護。太守宋胄欲以所親吳畿代之，矩謝病去。畿恐矩復還，陰使人刺矩，會有人救之，故得免。屬劉元海攻平陽，百姓奔走，矩素爲鄉人所愛，乃推爲塢主，東屯滎陽，後移新鄭。

矩勇毅多權略，志在立功，東海王越以爲汝陰太守。永嘉初，使矩與汝南太守袁孚率衆修洛陽千金堨，以利運漕。及洛陽不守，太尉荀藩奔陽城，衞將軍華薈奔成皋。時大饑，賊帥侯都等每略人而食之，藩、薈部曲多爲所啖。矩討都等滅之，乃營護藩、薈，各爲立屋宇，輸穀以給之。及藩承制，建行臺，假矩滎陽太守。矩招懷離散，遠近多附之。

石勒親率大衆襲矩，矩遣老弱入山，令所在散牛馬，因設伏以待之。賊爭取牛馬，伏發，齊呼，聲動山谷，遂大破之，斬獲甚衆，勒乃退。藩表元帝，加矩冠軍將軍，軺車幢蓋，進封陽武縣侯，領河東、平陽太守。時饑饉相仍，又多疫癘，矩垂心撫恤，百姓賴焉。會長安羣盜東下，所在多虜掠，矩遣部將擊破之，盡得賊所略婦女千餘人。諸將以非矩所部，欲遂留之。矩曰：「俱是國家臣妾，焉有彼此！」乃一時遣之。

時劉琨所假河內太守郭默爲劉元海所逼，〔四〕乞歸於矩，矩將使其甥郭誦迎致之，而不敢進。會劉琨遣參軍張肇，率鮮卑范勝等五百餘騎往長安，屬默被圍，道路不通，將還依邵續。行至矩營，矩謂肇曰：「默是劉公所授，公家之事，知無不爲。」屠各舊畏鮮卑，遂邀肇爲聲援，肇許之。賊望見鮮卑，不戰而走。誦潛遣輕舟濟河，使勇士夜襲懷城，掩賊留營，又大破之。默遂率其屬歸于矩。後劉聰遣從弟暢步騎三萬討矩，屯于韓王故壘，相去七里，遣使招矩。時暢卒至，矩未暇爲備，遣使奉牛酒詐降于暢，潛匿精勇，見其老弱。暢不以爲虞，大饗渠帥，人皆醉飽。矩謀夜襲之，兵士以賊衆，皆有懼色。矩令郭誦禱鄭子產祠曰：「君昔相鄭，惡鳥不鳴。凶胡臭羯，何得過庭！」使巫揚言：「東里有教，當遣神兵相助。」將士聞之，皆踴躍爭進。乃使誦及督護楊璋等選勇敢千人，夜掩暢營，獲鎧馬甚多，斬首數千級，暢僅以身免。

先是，郭默聞矩被攻，遣弟芝率衆援之。既而聞破暢，芝復馳來赴矩。矩乃與芝馬五百匹，分軍爲三道，夜追賊，復大獲而旋。

先是，聰使其將趙固鎭洛陽，長史周振與固不協，密陳固罪。矩之破暢也，帳中得聰書，敕暢平矩訖，過洛陽，收固斬之，便以振代固。矩送以示固，固卽斬振父子，遂率騎一千

來降，矩還令守洛。後數月，聰遣其太子粲率劉雅生等步騎十萬屯孟津北岸，〔五〕分遣雅生攻趙固於洛。固奔陽城山，遣弟告急，矩遣郭誦屯洛口以救之。誦使將張皮簡精卒千人夜渡河。粲候者告有兵至，粲恃其衆，不以爲虞。既而誦等奄至，十道俱攻，粲衆驚擾，一時奔潰，殺傷太半，因據其營，獲其器械軍資不可勝數。及旦，粲見皮等人少，更與雅生悉餘衆攻之，苦戰二十餘日不能下。矩進救之，使壯士三千泛舟迎皮。賊臨河列陣，作長鉤以鉤船，連戰數日不得渡。矩夜遣部將格增潛濟入皮壘，與皮選精騎千餘，而殺所獲牛馬，焚燒器械，夜突圍而出，奔武牢。聰追之，不及而退。聰因憤恚，發病而死。帝嘉其功，除矩都督河南三郡軍事、安西將軍、滎陽太守，封脩武縣侯。

及劉粲嗣位，昏虐日甚，其將靳準乃起兵殺粲，并其宗族，發聰冢，斬其尸，遣使歸矩，稱「劉元海屠各小醜，因大晉事故之際，作亂幽并，矯稱天命，至令二帝幽沒虜庭。輒率衆扶侍梓宮，因請上聞」。矩馳表于帝，帝遣太常韓胤等奉迎梓宮，未至而準已爲石勒、劉曜所沒。矩以衆少不足立功，每慷慨憤歎。及帝踐阼，以爲都督司州諸軍事、司州刺史，改封平陽縣侯，將軍如故。時弘農太守尹安、振威將軍宋始等四軍並屯洛陽，各相疑阻，莫有固志。矩、默各遣千騎至洛以鎭之。安等乃同謀告石勒，勒遣石生率騎五千至洛陽，矩、默軍皆退還。俄而四將復背勒，遣使乞迎，默又遣步卒五百人入洛。石生以四將相謀，不能自

安，乃虜宋始一軍，渡河而南。百姓相率歸矩，於是洛中遂空。〔六〕矩乃表郭誦爲揚武將軍、陽翟令，阻水築壘，且耕且守，爲滅賊之計。屬趙固死，石生遣騎襲誦，誦多計略，賊至，輒設伏破之，虜掠無所得。生怒，又自率四千餘騎暴掠諸縣，因攻誦壘，接戰須臾，退軍塄坂。誦率勁勇五百追及生於磐脂故亭，又大破之。矩以誦功多，表加赤幢曲蓋，封吉陽亭侯。

郭默欲侵祖約，矩禁之不可，遂爲約所破。石勒遣其養子恩襲默，默懼後患未已，將降於劉曜，遣參軍鄭雄詣矩謀之，矩距而不許。後勒遣其將石良率精兵五千襲矩，矩逆擊不利。郭誦弟元復爲賊所執，賊遣元以書說矩曰：「去年東平曹嶷，西賓猗盧，矩如牛角，何不歸命？」矩以示誦，誦曰：「昔王陵母在賊，猶不改意，弟當何論！」勒復遣誦塵尾馬鞭，以示殷勤，誦不答。勒將石生屯洛陽，大掠河南，矩、默大饑，默因復說矩降曜。矩既爲石良所破，遂從默計，遣使於曜。曜遣從弟岳軍于河陰，欲與矩謀攻石生。勒遣將圍岳，岳閉門不敢出。默後爲石恩所敗，〔七〕自密南奔建康。矩聞之大怒，遣其將郭誦等齎書與默，又敕誦曰：「汝識脣亡之談不？迎接郭默，皆由於卿，臨難逃走，其必留之。」誦追及襄城，默自知負矩，棄妻子而遁。誦擁其餘衆而歸，矩待其妻子如初。劉岳以外援不至，降于石季龍。〔八〕

矩所統將士有陰欲歸勒者，矩知之而不能討，乃率衆南走，將歸朝廷，衆皆道亡，惟郭誦及參軍郭方，功曹張景，主簿苟遠，將軍騫韜、江霸、梁志、司馬尚、季弘、李瓌、段秀等百

餘人棄家送矩。至於魯陽縣，矩墜馬卒，葬襄陽之峴山。

段匹磾

段匹磾，東部鮮卑人也。種類勁健，世爲大人。父務勿塵，遣軍助東海王越征討有功，王浚表爲親晉王，封遼西公，嫁女與務勿塵，以結鄰援。懷帝即位，以務勿塵爲大單于，匹磾爲左賢王，率衆助國征討，假撫軍大將軍。務勿塵死，弟涉復辰以務勿塵子疾陸眷襲號。

劉曜逼洛陽，王浚遣督護王昌等率疾陸眷及弟文鴦、從弟末杯攻石勒於襄國。勒敗還壘，末杯追入壘門，爲勒所獲。勒質末杯，遣使求和於疾陸眷。疾陸眷將許之，文鴦諫曰：「受命討勒，寧以末杯一人，故縱成擒之寇？既失浚意，且有後憂，必不可許。」疾陸眷不聽，以鎧馬二百五十匹、金銀各一簏贖末杯。勒歸之，又厚以金寶綵絹報疾陸眷。疾陸眷令文鴦與石季龍同盟，約爲兄弟，遂引騎還。昌等不能獨守，亦還。

建武初，匹磾推劉琨爲大都督，結盟討勒，并檄涉復辰、疾陸眷、末杯等三面俱集襄國，琨、匹磾進屯固安，以候衆軍。勒懼，遣間使厚賂末杯。然末杯既思報其舊恩，且因匹磾在外，欲襲奪其國，乃間匹磾於涉復辰、疾陸眷曰：「以父兄而從子弟邪？雖一旦有功，匹磾獨收之矣。」涉復辰等以爲然，引軍而還。匹磾亦止。會疾陸眷病死，匹磾自薊奔喪，至於右北平。末杯宣言匹磾將篡，出軍擊敗之。末杯遂害涉復辰及其子弟黨與二百餘人，自立爲單于。

及王浚敗，匹磾領幽州刺史，劉琨自并州依之，復與匹磾結盟，俱討石勒。匹磾復爲末杯所敗，士衆離散，懼琨圖己，遂害之，於是晉人離散矣。匹磾不能自固，北依邵續，末杯又攻敗之。匹磾被瘡，謂續曰：「吾夷狄慕義，以至破家，君若不忘舊要，與吾進討，君之惠也。」續曰：「賴公威德，續得效節。今公有難，豈敢不俱！」遂并力追末杯，斬獲略盡。又令文鴦北討末杯弟於薊城，及還，去城八十里，聞續已沒，衆懼而散，復爲石季龍所遮，文鴦以其親兵數百人力戰破之，始得入城。季龍復抄城下，文鴦登城臨見，欲出擊之，匹磾不許。文鴦曰：「我以勇聞，故百姓杖我。見人被略而不救，非丈夫也。令衆失望，誰復爲我致死乎！」遂將壯士數十騎出戰，殺胡甚多。遇馬乏，伏不能起。季龍呼曰：「大兄與我俱是戎狄，久望共同。天不違願，今日相見，何故復戰？請釋杖。」文鴦罵曰：「汝爲寇虐，久應合死。吾兄不用吾計，故令汝得至此。吾寧死，不爲汝擒。」遂下馬苦戰，槊折，執刀力戰不已。季龍軍四面解馬羅披自鄣，前捉文鴦。文鴦戰自辰至申，力極而後被執。城內大懼。

匹磾欲單騎歸朝，續弟樂安內史洎勒兵不許。洎復欲執臺使王英送於季龍，匹磾正色責之曰：「卿不能遵兄之志，逼吾不得歸朝，亦以甚矣，復欲執天子使者，我雖胡夷，所未聞

也。」因謂英曰：「匹磾世受重恩，不忘忠孝。今日事逼，欲歸罪朝廷，而見逼迫，忠款不遂。若得假息，未死之日，心不忘本。」遂渡黃河南。匹磾著朝服，持節，賓從出見季龍曰：「我受國恩，志在滅汝。不幸吾國自亂，以至於此。既不能死，又不能爲汝敬也。」勒及季龍素與匹磾結爲兄弟，季龍起而拜之。匹磾到襄國，又不爲勒禮，常著朝服，持晉節。經年，國中謀推匹磾爲主，事露，被害。文鴦亦遇鴆而死，惟末波存焉。及死，弟牙立。牙死，其後從祖就陸眷之孫遼立。

自務勿塵已後，值晉喪亂，自稱位號，據有遼西之地，而臣御晉人。其地西盡幽州，東界遼水。然所統胡晉可三萬餘家，控弦可四五萬騎，而與石季龍遞相侵掠，連兵不息，竟爲季龍所破，徙其遺黎數萬家於司雍之地。其子蘭復聚兵，與季龍爲患久之。及石氏之亡，末波之子勤鳩集胡羯得萬餘人，保枉人山，自稱趙王，附于慕容儁。俄爲冉閔所敗，徙于繹幕，僭即尊號。儁遣慕容恪擊之，勤懼而降。

魏浚 族子該

魏浚，東郡東阿人也，寓居關中。初爲雍州小吏，河間王顒敗亂之際，〔九〕以爲武威將軍。後爲度支校尉，有幹用。永嘉末，與流人數百家東保河陰之硤石。時京邑荒儉，浚劫

掠得穀麥，獻之懷帝，帝以爲揚威將軍、平陽太守，度支如故。以亂不之官。

及洛陽陷，屯于洛北石梁塢，撫養遺衆，漸修軍器。其附賊者，皆先解喻，說大晉運數靈長，行已建立，歸之者甚衆。其有恃遠不從命者，遣將討之，服從而已，不加侵暴。於是遠近感悅，襁負至者漸衆。〔一〇〕

劉琨承制，假浚河南尹。時太尉荀藩建行臺在密縣，浚詣藩諮謀軍事，藩甚悅，要李矩同會。矩將夜赴之，矩官屬以浚不可信，不宜夜往。矩曰：「忠臣同心，將何疑乎！」及會，客主盡歡，浚因與矩相結而去。

劉曜忌浚得衆，率衆軍圍之。劉演、郭默遣軍來救，曜分兵逆于河北，乃伏兵深隱處，以邀演、默軍，大破之，盡虜演等騎。浚夜遁走，爲曜所得，遂死之。追贈平西將軍。族子該領其衆。

該一名亥，本僑居京兆陰磐。〔一一〕河間王顒之伐趙王倫，以該爲將兵都尉。及劉曜攻洛陽，隨浚赴難，先領兵守金墉城，故得無他。曜引去，餘衆依之。

時杜預子尹爲弘農太守，屯宜陽界一泉塢，數爲諸賊所抄掠。尹要該共距之，該遣其將馬瞻將三百人赴尹。瞻知其無備，夜襲尹殺之，迎該據塢。塢人震懼，並服從之。乃與

李矩、郭默相結以距賊。荀藩即以該爲武威將軍，統城西雍涼人，使討劉曜。元帝承制，加冠軍將軍、河東太守，督護河東、河南、平陽三郡。

曜嘗攻李矩，該破之。及矩將迎郭默，該遣軍助之，又與河南尹任愔相連結。後漸饑弊，曜寇日至，欲率衆南徙，衆不從，該遂單騎走至南陽。帝又以爲前鋒都督、平北將軍、雍州刺史。馬瞻率該餘衆降曜。曜徵發旣苦，瞻又驕虐，部曲遣使呼該，該密往赴之，其衆殺瞻而納該。該還於新野，率衆助周訪討平杜曾，詔以該爲順陽太守。

王敦之反也，梁州刺史甘卓不從，欲觀該去就，試以敦旨動之。該曰：「我本去賊，惟忠於國。今王公舉兵向天子，非吾所宜與也。」遂距而不應。及蘇峻反，率衆救臺，軍次石頭，受陶侃節度。峻未平，該病篤還屯，卒於道，葬于武陵。從子雄統其衆。

郭默

郭默，河內懷人。少微賤，以壯勇事太守裴整，爲督將。永嘉之亂，默率遺衆自爲塢主，以漁舟抄東歸行旅，積年遂致巨富，流人依附者漸衆。撫循將士，甚得其歡心。

默婦兄同郡陸嘉取官米數石餉妹，默以爲違制，將殺嘉，嘉懼，奔石勒。默乃自射殺婦，以明無私。遣使謁劉琨，琨加默河內太守。劉元海遣從子曜討默，曜列三屯圍之，欲使餓死。默送妻子爲質，并請糴焉。糴畢，設守。曜怒，沈默妻子于河而攻之。默遣弟芝求救于劉琨，琨知默狡猾，留之而緩其救。默更遣人告急。會芝出城浴馬，使强與俱歸。默乃遣芝質於石勒，勒以默多詐，封默書與劉曜。默使人伺得勒書，便突圍投李矩。後與矩并力距劉、石，事見矩傳。

太興初，除潁川太守。默與石悤戰敗，矩轉蹙弱，默深憂懼，解印授其參軍殷嶠，謂之曰：「李使君遇吾甚厚，今遂棄去，無顏謝之，三日可白吾去也。」乃奔陽翟。矩聞之，大怒，遣其將郭誦追默，至襄城，及之。默棄家人，單馬馳去。默至京都，明帝授征虜將軍。劉遐卒，以默爲北中郎將、監淮北軍事、假節。遐故部曲李龍等謀反，詔默與右衛將軍趙胤討平之。

朝廷將徵蘇峻，懼其爲亂，召默拜後將軍，領屯騎校尉。初戰有功，及六軍敗績，南奔。郗鑒議於曲阿北大業里作壘，以分賊勢，使默守之。峻遣韓晃等攻默甚急，壘中頗乏水，默懼，分人馬出外，乃潛從南門遁出，留人堅守。會峻死，圍解，徵爲右軍將軍。

默樂爲邊將，不願宿衞，及赴召，謂平南將軍劉胤曰：「我能禦胡而不見用。右軍主禁兵，若疆埸有虞，被使出征，方始配給，將卒無素，恩信不著，以此臨敵，少有不敗矣。時當爲官擇才，若人臣自擇官，安得不亂乎！」胤曰：「所論事雖然，非小人所及也。」當發，求資於

胤。時胤被詔免官，不卽歸罪，方自申理，而驕侈更甚，遠近怪之。

初，默之被徵距蘇峻也，下次尋陽，見胤，胤參佐張滿等輕默，倮露視之，默常切齒。至是，胤臘日餉默酒一器，肫一頭，默對信投之水中，忿憤益甚。又僑人蓋肫先略取祖煥所殺孔煒女爲妻，煒家求之，張滿等使還其家，肫不與，因與胤、滿有隙。至是，肫謂默曰：「劉江州不受免，密有異圖，與長史司馬張滿、荀楷等日夜計謀，反逆已形，惟忌郭侯一人，云當先除郭侯而後起事。禍將至矣，宜深備之。」默旣懷恨，便率其徒候旦門開襲胤。胤將吏欲距默，默呴之曰：「我被詔有所討，動者誅及三族。」遂入至內寢。胤尙與妾臥，默牽下斬之。出取胤僚佐張滿、荀楷等，誣以大逆。傳胤首于京師，詐作詔書，宣視內外。掠胤女及諸妾，并金寶還船。初云下都，俄而還，停胤故府，招桓宣、王愆期。愆期懼逼，勸默爲平南、江州，默從之。愆期因逃廬山，桓宣固守不應。

司徒王導懼不可制，乃大赦天下，梟胤首于大航，以默爲西中郎將、豫州刺史。〔一二〕武昌太守鄧嶽馳白太尉陶侃，〔一三〕侃聞之，投袂起曰：「此必詐也。」卽日率衆討默，上疏陳默罪惡。導聞之，乃收胤首，詔庾亮助侃討默。默欲南據豫章，而侃已至城下，築土山以臨之。諸軍大集，圍之數重。侃惜默驍勇，欲活之，遣郭誦見默，默許降，而默將張丑、宋侯等恐爲侃所殺，〔一四〕故致進退，不時得出。攻之轉急，宋侯遂縛默求降，卽斬于軍門，同黨死者四

十人，傳首京師。

史臣曰：邵、李、魏、郭等諸將，契闊喪亂之辰，驅馳戎馬之際，威懷足以容衆，勇略足以制人，乃保據危城，折衝千里，招集義勇，抗禦仇讎，雖艱阻備嘗，皆乃心王室。而矩能以少擊衆，戰勝獲多，遂使玄明憤恚，世龍挫衄。惜其寡弱，功虧一簣。方之數子，其最優乎！默既拔迹危亡，參陪朝伍，忿因眦睚，禍及誅夷，非夫狂悖，豈宜至此！段匹磾本自遐方，而係心朝廷，始則盡忠國難，終乃抗節虜廷，自蘇子卿以來，一人而已。越石之見誅段氏，實以威名，匹磾之取戮世龍，亦由衆望：禍福之應，何其速哉！詩云：「無言不酬，無德不報」，此之謂也。

贊曰：邵李諸將，實惟忠壯。蒙犯艱危，驅馳亭鄣。力小任重，功虧身喪。匹磾勁烈，隕身全節。默實凶殘，自貽罪戾。

校勘記

〔一〕遣書要續　周校：「遣」誤「遺」。按：通志一二五作「遺」。

〔二〕又遣騎入散勒北邊　通志一二五「入散」作「入抄」。

〔三〕勒使使徐光讓之　通志一二五不重「使」字。

〔四〕郭默爲劉元海所逼　斠正：此時劉元海已死，當云劉曜。按：通鑑八九正作「曜」。

〔五〕劉雅生　劉聰、劉粲、劉曜載記皆作「劉雅」，無「生」字。

〔六〕乃虜宋始一軍渡河而南至洛中遂空　通鑑九一敍此事云：「石生虜宋始一軍，北渡河。於是河南之民皆相帥歸矩，洛陽遂空。」較明確。

〔七〕石悤　石勒載記「悤」作「聰」。下同。

〔八〕劉岳以外援不至降于石季龍　石勒、石季龍載記及通鑑九三俱謂劉岳爲石季龍所擒，非降。疑是。

〔九〕敗亂之際　「際」，各本作「後」，今從宋本。通志一二五亦作「際」。

〔一〇〕襁負至者漸衆　「漸」，各本作「甚」，今從宋本。通志一二五亦作「漸」。

〔一一〕陰磐　周校：地理志作「陰般」。

〔一二〕豫州刺史　斠正：「豫」當爲「江」，時庾亮爲豫州刺史。按：陶侃傳及通鑑九四並作「江州」。

〔一三〕武昌太守鄧嶽　斠正：桓宣傳嶽乃西陽太守，武昌則劉詡。按：通鑑九四、建康實錄七同宣傳。

〔一四〕宋侯　勞校：陶侃傳作「宗侯」。

晉書卷六十四

列傳第三十四

武十三王

武帝二十六男：楊元后生毗陵悼王軌、惠帝、秦獻王柬。審美人生城陽懷王景、楚隱王瑋、長沙厲王乂。徐才人生城陽殤王憲。匱才人生東海沖王祗。趙才人生始平哀王裕。趙美人生代哀王演。李夫人生淮南忠壯王允、吳孝王晏。嚴保林生新都懷王該。陳美人生清河康王遐。諸姬生汝陰哀王謨。程才人生成都王穎。王才人生孝懷帝。楊悼后生渤海殤王恢。餘八子不顯母氏，並早夭，又無封國及追謚，今並略之。其瑋、乂、穎自有傳。

毗陵悼王軌字正則，初拜騎都尉，年二歲而夭。太康十年，追加封謚，以楚王瑋子儀嗣。〔一〕

秦獻王柬字弘度，沈敏有識量。泰始六年，封汝南王。咸寧初，徙封南陽王，拜左將軍、領右軍將軍、散騎常侍。武帝嘗幸宣武場，以三十六軍兵簿令柬料校之，柬一省便擿脫謬，帝異之，於諸子中尤見寵愛。以左將軍居齊獻王故府，甚貴寵，爲天下所屬目。性仁訥，無機辯之譽。太康十年，徙封於秦，邑八萬戶。于時諸王封中土者皆五萬戶，以柬與太子同產，故特加之。轉鎮西將軍、西戎校尉、假節，與楚、淮南王俱之國。及惠帝卽位，來朝，拜驃騎將軍、開府儀同三司，加侍中、錄尚書事，進位大將軍。時楊駿伏誅，柬既痛舅氏覆滅，甚有憂危之慮，屢述武帝旨，請還藩，而汝南王亮留柬輔政。及亮與楚王瑋被誅，時人謂柬有先識。

元康元年薨，時年三十，朝野痛惜之。葬禮如齊獻文王攸故事，〔二〕廟設軒懸之樂。無子，以淮南王允子郁爲嗣，與允俱被害。永寧二年，追謚曰悼。又以吳王晏子鄭嗣。懷帝崩，鄭入纂帝位，〔三〕國絕。

城陽懷王景字景度，出繼叔父城陽哀王兆後。泰始五年受封，六年薨。

東海沖王祗字敬度，泰始九年五月受封。殤王薨，復以祗繼兆，其年薨，時年三歲。

始平哀王裕字濬度，咸寧三年受封，其年薨，年七歲。無子，以淮南王允子迪爲嗣。太康十年，改封漢王，爲趙王倫所害。

淮南忠壯王允字欽度，咸寧三年，封濮陽王，拜越騎校尉。太康十年，徙封淮南，仍之國，都督揚江二州諸軍事、鎮東大將軍、假節。元康九年入朝。

初，愍懷之廢，議者將立允爲太弟。會趙王倫廢賈后，詔遂以允爲驃騎將軍、開府儀同三司、侍中，都督如故，領中護軍。允性沈毅，宿衞將士皆敬服之。

倫既有篡逆志，允陰知之，稱疾不朝，密養死士，潛謀誅倫。倫甚憚之，轉爲太尉，外示優崇，實奪其兵也。允稱疾不拜。倫遣御史逼允，收官屬以下，劾以大逆。允恚，視詔，乃孫秀手書也。大怒，便收御史，將斬之，御史走而獲免，斬其令史二人。厲色謂左右曰：「趙王欲破我家！」遂率國兵及帳下七百人直出，大呼曰：「趙王反，我將攻之，佐淮南王者左袒。」於是歸之者甚衆。允將赴宮，尚書左丞王輿閉東掖門，允不得入，遂圍相府。允所將兵，皆淮南奇才劍客也。與戰，頻敗之，倫兵死者千餘人。太子左率陳徽勒東宮兵鼓譟於

內以應，允結陳於承華門前，弓弩齊發，射倫，飛矢雨下。主書司馬眭祕以身蔽倫，〔四〕箭中其背而死。倫官屬皆隱樹而立，每樹輒中數百箭，自辰至未。徽兄淮時爲中書令，〔五〕遣麾騶虞幡以解鬭。倫子虔爲侍中，在門下省，密要壯士，約以富貴。於是遣司馬督護伏胤領騎四百從宮中出，舉空版，詐言有詔助淮南王允。允不之覺，開陳納之，下車受詔，爲胤所害，時年二十九。初，倫兵敗，皆相傳曰：「已擒倫矣。」百姓大悅。既而聞允死，莫不歎息。允三子皆被害，坐允夷滅者數千人。

及倫誅，齊王冏上表理允曰：「故淮南王允忠孝篤誠，憂國忘身，討亂奮發，幾於克捷。遭天凶運，奄至隕沒，逆黨遘惡，并害三子，冤魂酷毒，莫不悲酸。洎興義兵，淮南國人自相率領，衆過萬人，人懷慷愾，愍國統滅絕，發言流涕。臣輒以息超繼允後，以慰存亡。」有詔改葬，賜以殊禮，追贈司徒。冏敗，超被幽金墉城。後更以吳王晏子祥爲嗣，拜散騎常侍。洛京傾覆，爲劉聰所害。

代哀王演字宏度，太康十年受封。少有廢疾，不之國，演常止于宮中。薨，無子，以成都王穎子廓爲嗣，改封中都王，後與穎俱死。

新都王該字玄度，咸寧三年受封，太康四年薨，時年十二。無子，國除。

清河康王遐字深度，美容儀，有精彩，武帝愛之。既受封，出繼叔父城陽哀王兆。太康十年，增封渤海郡，歷右將軍、散騎常侍、前將軍。元康初，進撫軍將軍，加侍中。遐長而懦弱，無所是非。性好內，不能接士大夫。及楚王瑋之舉兵也，使遐收衞瓘，而瓘故吏榮晦遂盡殺瓘子孫，遐不能禁，爲世所尤。永康元年薨，時年二十八。四子：覃、籥、銓、端。〔六〕覃嗣立。

及沖太孫薨，齊王冏表曰：「東宮曠然，冢嗣莫繼。天下大業，帝王神器，必建儲副，以固洪基。今者後宮未有孕育，不可庶幸將來而虛天緒，非祖宗之遺志，社稷之長計也。禮，兄弟之子猶子，故漢成無嗣，繼由定陶，孝和之絕，安以紹興。此先王之令典，往代之成式也。清河王覃神姿岐嶷，慧智早成，康王正妃周氏所生，先帝衆孫之中，於今爲嫡。昔薄姬賢明，文則承位。覃外祖恢世載名德，覃宜奉宗廟之重，統無窮之祚，以寧四海顒顒之望。覃兄弟雖並出紹，可簡令淑還爲國胤，不替其嗣。輒諮大將軍穎及羣公卿士，咸同大願。請具禮儀，擇日迎拜。」遂立覃爲皇太子。既而河間王顒脅遷大駕，表成都王穎爲皇太弟，廢覃復爲清河王。初，覃爲清河世子，所佩金鈴欻生隱起如麻粟，祖母陳太妃以爲不祥，毀而

賣之。占者以金是晉行大興之祥，覃爲皇胤，是其瑞也。毀而賣之，象覃見廢不終之驗也。永嘉初，前北軍中候任城呂雍、度支校尉陳顏等謀立覃爲太子，事覺，幽於金墉城。未幾，被害，時年十四，葬以庶人禮。

籥初封新蔡王，覃薨，還封清河王。

銓初封上庸王，懷帝卽位，更封豫章王。二年，立爲皇太子。洛京傾覆，沒于劉聰。

端初封廣川王，銓之爲皇太子也，轉封豫章，禮秩如皇子，拜散騎常侍、平南將軍、都督江州諸軍事、假節。當之國，會洛陽陷沒，端東奔苟晞於蒙。晞立爲皇太子，七十日，爲石勒所沒。

汝陰哀王謨字令度，太康七年薨，時年十一。無後，國除。

吳敬王晏字平度，〔七〕太康十年受封，食丹楊、吳興并吳三郡，歷射聲校尉、後軍將軍。與兄淮南王允共攻趙王倫，允敗，收晏付廷尉，欲殺之。傅祗於朝堂正色而爭，於是羣官並諫，倫乃貶爲賓徒縣王。後徙封代王。倫誅，詔復晏本封，拜上軍大將軍、開府，加侍中。長沙王乂、成都王穎之相攻也，乂以晏爲前鋒都督，數交戰。永嘉中，爲太尉、大將軍。

晏爲人恭愿，才不及中人，於武帝諸子中最劣。又少有風疾，視瞻不端，後轉增劇，不堪朝覲。及洛京傾覆，晏亦遇害，時年三十一。愍帝即位，追贈太保。五子，長子不顯名，與晏同沒。餘四子：祥、鄴、固、衍。〔八〕祥嗣淮南王允。鄴即愍帝。固初封漢王，改封濟南。衍初封新都王，改封濟陰，爲散騎常侍。皆沒于賊。

勃海殤王恢字思度，太康五年薨，時年二歲，追加封謚。

元四王

元帝六男：宮人荀氏生明帝及琅邪孝王裒。石婕妤生東海哀王沖。王才人生武陵威王晞。鄭夫人生琅邪悼王煥及簡文帝。

琅邪孝王裒字道成，母荀氏，以微賤入宮，元帝命虞妃養之。裒初繼叔父長樂亭侯渾，後徙封宣城郡公，拜後將軍。及帝爲晉王，有司奏立太子，帝以裒有成人之量，過於明帝，從容謂王導曰：「立子以德不以年。」導曰：「世子、宣城俱有朗儁之目，固當以年。」於是太子位遂定。更封裒琅邪，嗣恭王後，改食會稽、宣城邑五萬二千戶，拜散騎常侍、使持節、都督

靑徐兗三州諸軍事、車騎將軍，徵還京師。建武元年薨，年十八，贈車騎大將軍，加侍中。及妃山氏薨，祔葬，穆帝更贈裒太保。子哀王安國立，未踰年薨。

東海哀王沖字道讓。元帝以東海王越世子毗沒于石勒，不知存亡，乃以沖繼毗後，稱東海世子，以毗陵郡增本封邑萬戶，又改食下邳、蘭陵，以越妃裴氏爲太妃，拜長水校尉。高選僚佐，以沛國劉耽爲司馬，潁川庾懌爲功曹，吳郡顧和爲主簿。永昌初，遷中軍將軍，加散騎常侍。及東海太妃薨，因發毗喪。沖即王位，以滎陽益東海國，轉車騎將軍，徙驃騎將軍。咸康七年薨，年三十一，贈侍中、驃騎大將軍、儀同三司，無子。成帝臨崩，詔曰：「哀王無嗣，國統將絕，朕所哀怛。其以小晚生奕繼哀王爲東海王。」以道遠，罷滎陽，更以臨川郡益東海。及哀帝以琅邪王即尊位，徙奕爲琅邪王，東海國闕無嗣。奕後入纂大業，桓溫廢之，復爲東海王，既而貶爲海西公，東海國又闕嗣。隆安三年，安帝詔以會稽忠王次子彥璋爲東海王，〔九〕繼哀王爲曾孫，改食吳興郡。爲桓玄所害，國除。

武陵威王晞字道叔，出繼武陵王喆後，太興元年受封。咸和初，拜散騎常侍。後以湘

東增武陵國，除左將軍，遷鎮軍將軍，加散騎常侍。康帝即位，加侍中、特進。建元初，領祕書監。穆帝即位，轉鎮軍大將軍，遷太宰。太和初，加羽葆鼓吹，入朝不趨，贊拜不名，劍履上殿。固讓。

晞無學術而有武幹，爲桓溫所忌。及簡文帝即位，溫乃表晞曰：「晞體自皇極，故寵靈光世，不能率由王度，修己愼行，而聚納輕剽，苞藏亡命。又息綜矜忍，〔一〇〕虐加于人。袁眞叛逆，事相連染。頃自猜懼，將成亂階。請免晞官，以王歸藩，免其世子綜官，解子𨍰散騎常侍。」𨍰以梁王隨晞，晞既見黜，送馬八十五匹、三百人杖以歸溫。溫又逼新蔡王晃使自誣與晞、綜及著作郎殷涓、太宰長史庾倩、〔一一〕掾曹秀、舍人劉彊等謀逆，遂收付廷尉，請誅之。簡文帝不許，溫於是奏徙新安郡，家屬悉從之，而族誅殷涓等，廢晃徙衡陽郡。

太元六年，晞卒于新安，時年六十六。孝武帝三日臨于西堂，詔曰：「感惟摧慟，便奉迎靈柩，幷改移妃應氏及故世子梁王諸喪，家屬悉還。」復下詔曰：「故前武陵王體自皇極，克己思愆。仰惟先朝仁宥之旨，豈可情禮靡寄！其追封新寧郡王，邑千戶。」晞三子：綜、𨍰、遵。以遵嗣。追贈綜給事中，𨍰散騎郎。十二年，追復晞武陵國，綜、𨍰各復先官，𨍰還繼梁國。

梁王𨍰字賢明，出繼梁王翹，官至永安太僕，與父晞俱廢。薨，子龢嗣。太元中復國。薨，子珍之嗣。桓玄篡位，國人孔樸奉珍之奔于壽陽。〔一二〕桓玄敗，珍之歸朝廷。大將軍武陵王令曰：「梁王珍之理悟貞立，蒙險違難，撫義懷順，載奔闕庭。値壽陽擾亂，在危克固，且可通直散騎郎。」累遷游擊將軍、左衞、太常。劉裕伐姚泓，請爲諮議參軍。裕將弱王室，誣其罪害之。

忠敬王遵字茂遠。初襲封新寧，時年十二，受拜流涕，哀感左右。右將軍桓伊嘗詣遵，遵曰：「門何爲通桓氏？」左右曰：「伊與桓溫疏宗，相見無嫌。」遵曰：「我聞人姓木邊，便欲殺之，況諸桓乎！」由是少稱聰慧。

及晞追復封武陵王，以遵嗣，歷位散騎常侍、祕書監、太常、中領軍。桓玄用事，拜金紫光祿大夫。玄篡，貶爲彭澤侯，遣之國。行次石頭，夜濤水入淮，船破，未得發。會義旗興，復還國第。朝廷稱受密詔，使遵總攝萬機，加侍中、大將軍，移入東宮，內外畢敬。遷轉百官，稱制書；又教稱令書。安帝反正，更拜太保，加班劍二十人。義熙四年薨，時年三十五，詔賜東園溫明祕器，朝服一具，衣一襲，錢百萬，布千匹，策贈太傅，葬加殊禮。子定王季度立，拜散騎侍郎。薨，子球之立。宋興，國除。

琅邪悼王煥字耀祖。母有寵，元帝特所鍾愛。初繼帝弟長樂亭侯渾，後封顯義亭侯。尙書令刁協奏：「昔魏臨淄侯以邢顒爲家丞，劉楨爲庶子。今侯幼弱，宜選明德。」帝令曰：「臨淄萬戶封，又植少有美才，能同遊田蘇者。今晩生矇弱，何論於此！聞封此兒，不以寵稚子也。亡弟當應繼嗣，不獲已耳。家丞、庶子，足以攝祠祭而已，豈宜屈賢才以受無用乎！」及煥疾篤，帝爲之徹膳，乃下詔封爲琅邪王，嗣恭王後。俄而薨，年二歲。

帝悼念無已，將葬，以煥既封列國，加以成人之禮，詔立凶門柏歷，備吉凶儀服，營起陵園，功役甚衆。琅邪國右常侍會稽孫霄上疏諫曰：

臣聞法度典制，先王所重，吉凶之禮，事貴不過。是以世豐不使奢放，凶荒必務約殺。朝聘嘉會，足以展庠序之儀；殯葬送終，務以稱哀榮之情。上無奢泰之謬，下無匱竭之困。故華元厚葬，君子謂之不臣；嬴博至儉，仲尼稱其合禮。明傷財害時，古人之所譏；節省簡約，聖賢之所嘉也。語曰，上之化下，如風靡草。京邑翼翼，四方所則，明教化法制，不可不愼也。陛下龍飛踐阼，興微濟弊，聖懷勞謙，務從簡儉，憲章舊制，猶欲節省，禮典所無，而反尙飾，此臣愚情竊所不安也。棺槨輿服旒翣之屬，禮典舊制，不可廢闕。凶門柏歷，禮典所無，天晴可不用，遇雨則無益，此至宜節省者也。若

琅邪一國一時所用，不爲大費，臣在機近，義所不言。今天臺所居，王公百僚聚在都輦，凡有喪事，皆當供給材木百數、竹薄千計，凶門兩表，衣以細竹及材，價直旣貴，又非表凶哀之宜，如此過飾，宜從粗簡。

又案禮記，國君之葬，棺槨之間容柷，大夫容壺，士容甒。以壺甒爲差，則柷財大於壺明矣，槨周於棺，槨不甚大也。語曰，葬者藏也，藏欲其深而固也。槨大則難爲堅固，無益於送終，而有損於財力。凶荒殺禮，經國常典，旣減殺而猶過舊，此爲國之所厚惜也。又禮，將葬，遷柩于廟祖而行，及墓卽窆，葬之日卽反哭而虞。如此，則柩不宿於墓上也。聖人非不哀親之在土而無情於丘墓，蓋以墓非安神之所，故修虞於殯宮。始則營草宮於山陵，遷神柩於墓側，又非典也。非禮之事，不可以訓萬國。

臣至愚至賤，忽求革前之非，可謂狂瞽不知忌諱。然今天下至弊，自古所希，宗廟社稷，遠託江表半州之地，凋殘以甚。加之荒旱，百姓困瘁，非但不足，死亡是懼。此乃陛下至仁之所矜愍，可憂之至重也。正是匡矯末俗，改張易調之時，而猶當竭已罷之人，營無益之事，殫已困之財，修無用之費，此固臣之所不敢安也。今琅邪之於天下，國之最大，若割損非禮之事，務遵古典，上以彰聖朝簡易之至化，下以表萬世無窮之規則，此芻蕘之言有補萬一，塵露之微有增山海。

表寢不報。

永昌元年，立煥母弟昱爲琅邪王，卽簡文帝也。咸和二年，徙封會稽，以康帝爲琅邪王。康帝卽位，哀帝爲琅邪王。哀帝卽位，廢帝爲琅邪王。廢帝卽位，又以簡文帝攝行琅邪王國祀。簡文登阼，國遂無嗣。帝臨崩，封少子道子爲琅邪王。太元十七年，道子爲會稽王，更以恭帝爲琅邪王。恭帝卽位，於是琅邪國除。

簡文三子

簡文帝七子：王皇后生會稽思世子道生、皇子俞生。胡淑儀生臨川獻王郁、皇子朱生。王淑儀生皇子天流。李夫人生孝武帝、會稽文孝王道子。俞生、朱生、天流並早夭，今並略之。

會稽思世子道生字延長。帝爲會稽王，立道生爲世子，拜散騎侍郎、給事中。性疏躁，不修行業，多失禮度，竟以幽廢而卒，時年二十四，無後。及孝武帝卽位，嘗晝日見道生及臨川獻王郁，郁曰：「大郎饑乏辛苦。」言竟不見。帝傷感，因以西陽王羕玄孫珣之爲後。珣之歷吳興太守。劉裕之伐關中，以爲諮議參軍。時帝道方謝，珣之爲宗室之美，與梁王珍之俱被害。

臨川獻王郁字深仁，幼而敏慧。道生初以無禮失旨，郁數勸以敬愼之道。道生不納，郁爲之流涕，簡文帝深器異之。年十七而薨。久之，追謚獻世子。寧康初，贈左將軍，加散騎常侍，追封郡王，以武陵威王曾孫寶爲嗣，[三]追尊其母胡淑儀爲臨川太妃。

寶字弘文，歷祕書監、太常、左將軍、散騎常侍、護軍將軍。宋興，以爲金紫光祿大夫，降爲西豐侯，食邑千戶。

會稽文孝王道子字道子。出後琅邪孝王，少以淸澹爲謝安所稱。年十歲，封琅邪王，食邑一萬七千六百五十一戶，攝會稽國五萬九千一百四十戶。太元初，拜散騎常侍、中軍將軍，進驃騎將軍。後公卿奏：「道子親賢莫二，宜正位司徒。」固讓不拜。使錄尙書六條事，尋加開府，領司徒。及謝安薨，詔曰：「新喪哲輔，華戎未一，自非明賢懋德，莫能綏御內外。司徒、琅邪王道子體道自然，神識穎遠，實當旦奭之重，宜總二南之任，可領揚州刺史、錄尙書、假節、都督中外諸軍事。衛府文武，一以配驃騎府。」讓不受。數年，領徐州刺史、太子太傅。公卿又奏：「宜進位丞相、揚州牧、假黃鉞，羽葆鼓吹。」並讓不受。

　　于時孝武帝不親萬機，但與道子酣歌爲務，姏姆尼僧，尤爲親暱，並竊弄其權。凡所幸接，皆出自小豎。郡守長吏，多爲道子所樹立。既爲揚州總錄，勢傾天下，由是朝野奔湊。中書令王國寶性卑佞，特爲道子所寵昵。官以賄遷，政刑謬亂。又崇信浮屠之學，用度奢侈，下不堪命。太元以後，爲長夜之宴，蓬首昏目，政事多闕。桓玄嘗候道子，正遇其醉，賓客滿坐，道子張目謂人曰：「桓溫晚塗欲作賊，云何？」玄伏地流汗不得起。長史謝重舉板答曰：「故宣武公黜昏登聖，功超伊霍，紛紜之議，宜裁之聽覽。」道子頷曰：「儂知儂知。」因舉酒屬玄，玄乃得起。由是玄益不自安，切齒於道子。

　　于時朝政既紊，左衞領營將軍會稽許榮上疏曰：「今臺府局吏、直衞武官及僕隸婢兒取母之姓者，本臧獲之徒，無鄉邑品第，皆得命議，用爲郡守縣令，並帶職在內，委事於小吏手中；僧尼乳母，競進親黨，又受貨賂，輒臨官領衆。無衞霍之才，而比方古人，爲患一也。臣聞佛者清遠玄虛之神，以五誡爲教，絕酒不淫。而今之奉者，穢慢阿尼，酒色是耽，其違二矣。夫致人于死，未必手刃害之。若政教不均，暴濫無罪，必夭天命，其違三矣。盜者未必躬竊人財，江乙母失布，罪由令尹。今禁令不明，劫盜公行，其違四矣。在上化下，必信爲本。昔年下書，敕使盡規，而衆議兼集，無所採用，其違五矣。尼僧成羣，依傍法服。五誡粗法，尚不能遵，況精妙乎！而流惑之徒，競加敬事，又侵漁百姓，取財爲惠，亦未合布施之

道也。」又陳「太子宜出臨東宮，克奬德業」。疏奏，並不省。中書郎范甯亦深陳得失，帝由是漸不平於道子，然外每優崇之。國寶卽甯之甥，以諂事道子，甯奏請黜之。國寶懼，使陳郡袁悅之因尼妙音致書與太子母陳淑媛，〔一四〕說國寶忠謹，宜見親信。帝因發怒，斬悅之。國寶甚懼，復譖甯於帝。帝不獲已，流涕出甯爲豫章太守。道子由是專恣。

　　嬖人趙牙出自優倡，茹千秋本錢塘捕賊吏，因賂諂進，道子以牙爲魏郡太守，千秋驃騎諮議參軍。牙爲道子開東第，築山穿池，列樹竹木，功用鉅萬。道子使宮人爲酒肆，沽賣於水側，與親昵乘船就之飲宴，以爲笑樂。帝嘗幸其宅，謂道子曰：「府內有山，因得遊矚，甚善也。然修飾太過，非示天下以儉。」道子無以對，唯唯而已，左右侍臣莫敢有言。帝還宮，道子謂牙曰：「上若知山是板築所作，爾必死矣。」牙曰：「公在，牙何敢死！」營造彌甚。千秋賣官販爵，聚資貨累億。

　　又道子既爲皇太妃所愛，親遇同家人之禮，遂恃寵乘酒，時失禮敬。帝益不能平，然以太妃之故，加崇禮秩。博平令吳興聞人奭上疏曰：「驃騎諮議參軍茹千秋協輔宰相，起自微賤，竊弄威權，衒賣天官。其子壽齡爲樂安令，贓私狼藉，畏法奔逃，竟無罪罰，傲然還縣。又尼姏屬類，傾動亂時。穀賤人饑，流殣不絕，由百姓單貧，役調深刻。又振武將軍庾恒鳴角京邑，主簿戴良夫苦諫被囚，殆至沒命。而恒以醉酒見怒，良夫以執忠廢棄。又權寵之臣，各開小府，施置吏佐，無益於官，有損於國。」疏奏，帝益不平，而逼於太妃，無所廢黜，乃出王恭爲兗州，殷仲堪爲荆州，王珣爲僕射，王雅爲太子少傅，以張王室，而潛制道子也。道子復委任王緒，由是朋黨競扇，友愛道盡。太妃每和解之，而道子不能改。

　　中書郎徐邈以國之至親，唯道子而已，宜在敦穆，從容言於帝曰：「昔漢文明主，猶悔淮南；世祖聰達，負愧齊王。兄弟之際，實宜深慎。」帝納之，復委任道子如初。

　　時有人爲雲中詩以指斥朝廷曰：「相王沈醉，輕出教命。捕賊千秋，干豫朝政。王愷守常，國寶馳競。荆州大度，散誕難名；盛德之流，法護、王甯；仲堪、仙民，特有言詠；東山安道，執操高抗，何不徵之，以爲朝匠？」荆州，謂王忱也；法護，卽王珣；甯，卽王恭；仙民，卽徐邈字；安道，戴逵字也。

　　及恭帝爲琅邪王，道子受封會稽國，并宣城爲五萬九千戶。安帝踐阼，有司奏：「道子宜進位太傅、揚州牧、中書監，假黃鉞，備殊禮。」固辭不拜，又解徐州。詔內外衆事，動靜諮之。帝既冠，道子稽首歸政，王國寶始總國權，勢傾朝廷。王恭乃舉兵討之。道子懼，收國寶付廷尉，并其從弟琅邪內史緒悉斬之，以謝於恭，恭卽罷兵。道子乞解中外都督、錄尚書以謝方岳，詔不許。

　　道子世子元顯，時年十六，爲侍中，心惡恭，請道子討之。乃拜元顯爲征虜將軍，其先

衞府及徐州文武悉配之。屬道子妃薨，帝下詔曰：「會稽王妃尊賢莫二，朕義同所親。今葬加殊禮，一依琅邪穆太妃故事。元顯夙令光懋，乃心所寄，誠孝性蒸蒸，至痛難奪。然不以家事辭王事，陽秋之明義；不以私限違公制，中代之變禮。故閔子腰絰，山王逼屈。良以至感由中，軌容著外，〔一五〕有禮無時，賢哲斯順。須妃葬畢，可居職如故。」

　　于時王恭威振內外，道子甚懼，復引譙王尚之以爲腹心。尚之說道子曰：「藩伯强盛，宰相權輕，宜密樹置，以自藩衞。」道子深以爲然，乃以其司馬王愉爲江州刺史以備恭，與尚之等日夜謀議，以伺四方之隙。王恭知之，復舉兵，以討尚之爲名。荆州刺史殷仲堪、豫州刺史庾楷、廣州刺史桓玄並應之。道子使人說楷曰：「本情相與，可謂斷金。往年帳中之飲，結帶之言，寧可忘邪！卿今棄舊交，結新援，忘王恭疇昔陵侮之恥乎，若乃欲委體而臣之。若恭得志，以卿爲反覆之人，必不相信，何富貴可保，禍敗亦旋及矣！」楷怒曰：「王恭昔赴山陵，相王憂懼無計，我知事急，卽勒兵而至。去年之事，亦俟命而奮。我事相王，無相負者。既不能距恭，反殺國寶。自爾已來，誰復敢攘袂於君之事乎！庾楷實不能以百口助人屠滅，當與天下同舉，誅鉏姦臣，何憂府不開，爵不至乎！」時楷已應恭檄，正徵士馬。信反，朝廷憂懼，於是內外戒嚴。元顯攘袂慷慨謂道子曰：「去年不討王恭，致有今役。今若復從其欲，則太宰之禍至矣。」道子日飲醇酒，而委事於元顯。元顯雖年少，而聰明多

涉，志氣果銳，以安危爲己任。尙之爲之羽翼。時相傳會者，皆謂元顯有明帝神武之風。於是以爲征討都督、假節，統前將軍王珣、〔一六〕左將軍謝琰及將軍桓之才、毛泰、高素等伐恭，〔一七〕滅之。

既而楊佺期、桓玄、殷仲堪等復至石頭，元顯於竹里馳還京師，遣丹楊尹王愷、鄱陽太守桓放之、新蔡內史何嗣、潁川太守溫詳、新安太守孫泰等，發京邑士庶數萬人，據石頭以距之。道子將出頓中堂，忽有驚馬蹂藉軍中，因而擾亂，赴江而死者甚衆。仲堪既知王恭敗死，狼狽西走，與桓玄屯于尋陽。朝廷嚴兵相距，內外騷然。詔元顯甲杖百人入殿，尋加散騎常侍、中書令，又領中領軍，持節、都督如故。

會道子有疾，加以昏醉，元顯知朝望去之，謀奪其權，諷天子解道子揚州、司徒，而道子不之覺。元顯自以少年頓居權重，慮有譏議，於是以琅邪王領司徒，元顯自爲揚州刺史。既而道子酒醒，方知去職，於是大怒，而無如之何。廬江太守會稽張法順以刀筆之才，爲元顯謀主，交結朋援，多樹親黨，自桓謙以下，諸貴遊皆斂衽請交。元顯性苛刻，生殺自己，法順屢諫，不納。又發東土諸郡免奴爲客者，號曰「樂屬」，移置京師，以充兵役，東土囂然，人不堪命，天下苦之矣。既而孫恩乘釁作亂，加道子黃鉞，元顯爲中軍以討之。又加元顯錄尙書事。然道子更爲長夜之飲，政無大小，一委元顯。時謂道子爲東錄，元顯爲西錄。西府車

騎塡湊，東第門下可設雀羅矣。元顯無良師友，正言弗聞，諂譽日至，或以爲一時英傑，或謂爲風流名士，由是自謂無敵天下，故驕侈日增。帝又以元顯有翼亮之功，加其所生母劉氏爲會稽王夫人，金章紫綬。會洛陽覆沒，道子以山陵幽辱，上疏送章綬，請歸藩，不許。及太皇太后崩，詔道子乘輿入殿。元顯因諷禮官下議，稱己德隆望重，既錄百揆，內外羣僚皆應盡敬。於是公卿皆拜。于時軍旅荐興，國用虛竭，自司徒已下，日廩七升，而元顯聚斂不已，富過帝室。及謝琰爲孫恩所害，元顯求領徐州刺史，加侍中、後將軍、開府儀同三司、都督十六州諸軍事，封其子彥璋爲東海王。尋以星變，元顯解錄，復加尙書令。

會孫恩至京口，元顯柵斷石頭，率兵距戰，頻不利。道子無他謀略，唯日禱蔣侯廟爲厭勝之術。既而孫恩遁于北海，桓玄復據上流，致牋於道子曰：「賊造近郊，以風不得進，以雨不致火，食盡故去耳，非力屈也。昔國寶卒後，王恭不乘此威入統朝政，足見其心非侮於明公也，而謂之非忠。今之貴要腹心，有時流淸望者誰乎？豈可云無佳勝，直是不能信之耳。用理之人，然後可以信義相期；求利之徒，豈有所惜而更委信邪？爾來一朝一夕，遂成今日之禍矣。阿衡之重，言何容易，求福則立至，干忤或致禍。在朝君子，豈不有懷，但懼害及身耳。玄忝任在遠，是以披寫事實。」元顯覽而大懼。張法順謂之曰：「桓玄承籍門資，素有豪氣，既并殷、楊，專有荆楚。然桓氏世在西藩，人或爲用，而第下之所控引，止三吳耳。孫

恩爲亂，東土塗地，編戶饑饉，公私不贍，玄必乘此縱其姦凶，竊用憂之。」元顯曰：「爲之柰何？」法順曰：「玄始據荆州，人情未輯，方就綏撫，未遑他計。及其如此，發兵誅之，使劉牢之爲前鋒，而第下以大軍繼進，桓玄之首必懸於麾下矣。」元顯以爲然，遣法順至京口，謀於牢之，而牢之有疑色。法順還，說元顯曰：「觀牢之顏色，必貳於我，未若召入殺之。不爾，敗人大事。」元顯不從。

道子尋拜侍中、太傅，置左右長史、司馬、從事中郎四人，崇異之儀，備盡盛典。其驃騎將軍僚佐文武，即配太傅府。加元顯侍中、驃騎大將軍、開府、征討大都督、十八州諸軍事、〔一八〕儀同三司，加黃鉞，班劍二十人，以伐桓玄，竟以牢之爲前鋒。法順又言於元顯曰：「自舉大事，未有威斷，桓謙兄弟每爲上流耳目，斬之，以孤荆楚之望。且事之濟不，繼在前軍，而牢之反覆，萬一有變，則禍敗立至。可令牢之殺謙兄弟，以示不貳。若不受命，當逆爲其所。」元顯曰：「非牢之無以當桓玄。且始事而誅大將，人情必動，二三不可。」于時揚土饑虛，運漕不繼，玄斷江路，商旅遂絕。於是公私匱乏，士卒唯給粰橡。

大軍將發，玄從兄驃騎長史石生馳使告玄。玄進次尋陽，傳檄京師，罪狀元顯。俄而玄至西陽，帝戎服餞元顯于西池，始登舟而玄至新亭。元顯棄船退屯國子學堂。明日，列陣于宣陽門外，元顯佐吏多散走。或言玄已至大桁，劉牢之遂降于玄。元顯迴入宣陽門，

牢之參軍張暢之率衆逐之，衆潰。元顯奔入相府，唯張法順隨之。問計於道子，道子對之泣。玄遣太傅從事中郎毛泰收元顯送于新亭，縛於舫前而數之。元顯答曰：「爲王誕、張法順所誤。」於是送付廷尉，并其六子皆害之。玄又奏：「道子酣縱不孝，當棄市。」詔徙安成郡，使御史杜竹林防衞，竟承玄旨酖殺之，時年三十九。帝三日哭於西堂。

及玄敗，大將軍、武陵王遵承旨下令曰：「故太傅公阿衡二世，契闊皇家，親賢之重，地無與二。驃騎大將軍內總朝維，外宣威略，志蕩世難，以寧國祚。天未靜亂，禍酷備鍾，悲動區宇，痛貫人鬼，感惟永往，心情崩隕。今皇祚反正，幽顯式敍，宜崇明國體，以述舊典。便可追崇太傅爲丞相，加殊禮，一依安平獻王故事。追贈驃騎爲太尉，加羽葆鼓吹。丞相墳塋翳然，飄薄非所，須南道淸通，便奉迎神柩。太尉宜便遷改。可下太史詳吉日，定宅兆。」於是遣通直常侍司馬珣之迎道子柩于安成。時寇賊未平，喪不時達。義熙元年，合葬於王妃陵。追謚元顯曰忠。以臨川王寶子脩之爲道子嗣，尊妃王氏爲太妃。義熙中，有稱元顯子秀熙避難蠻中而至者，太妃請以爲嗣，於是脩之歸于別第。劉裕意其詐而案驗之，果散騎郎滕羨奴勺藥也，竟坐棄市。太妃不悟，哭之甚慟。脩之復爲嗣。薨，謚悼王，無子，國除。

史臣曰：泰始之受終也，乃憲章往昔，稽古前王，廣誓山河，大開藩屏，文昭武穆，方駕於魯、衞、應、韓，磐石犬牙，連衡於吳、楚、齊、代。然而作法於亂，付託非才，何曾歎經國之無謀，郭欽識危亡之有兆。及宮車晏駕，墳土未乾，國難荐臻，朝章弛廢。重以八王繼亂，九服沸騰，戎羯交馳，乘輿幽逼，瑤枝瓊蕚，隨鋒鏑而消亡；朱芾綠車，與波塵而殄瘁。遂使茫茫禹跡，咸窟穴於豺狼；惵惵周餘，竟沈淪於塗炭。嗚呼！運極數窮，一至于此！詳觀載籍，未或前聞。道子地則親賢，任惟元輔，耽荒麴糵，信惑讒諛。遂使尼媼竊朝權，姦邪制國命，始則彝倫攸斁，終則宗社淪亡。元顯以童丱之年，受棟梁之寄，專制朝廷，陵蔑君親，奮庸瑣之常材，抗姦凶之巨寇，喪師殄國，不亦宜乎！斯則元顯爲安帝之孫强，道子實晉朝之宰嚭者也。列代之崇建維城，用藩王室；有晉之分封子弟，實樹亂階。詩云：「懷德惟寧，宗子維城。無俾城壞，無獨斯畏。」城既壞矣，畏也宜哉！典午之喪亂弘多，實此之由矣。

贊曰，帝子分封，嬰此鞠凶。札瘥繼及，禍難仍鍾。秦獻聰悟，清河內顧。淮南忠勇，宣城識度。道子昏凶，遂傾國祚。

校勘記

〔一〕以楚王瑋子義嗣　武紀「義」作「儀」。義，與扶風王義同名，武紀作「儀」，蓋是。

〔二〕葬禮如齊獻文王攸故事　周校：「文」衍文。

〔三〕郡入纂帝位　「纂」，各本作「篡」，今從殿本。

〔四〕眭祕　斠注：王應麟姓氏急就篇注曰晉眭秘，是宋本作「眭」，不作「畦」。按：通鑑八三、姓觿「畦」並作「眭」。

〔五〕徽兄淮　勞校：「淮」當作「凖」，卽廣陵公陳凖也。

〔六〕單籥銓端　考異：懷紀，「立豫章王詮爲皇太子」，卽銓。按：元紀、王彌傳均作「詮」。

〔七〕吳敬王晏　勞校：上文「李夫人生吳孝王晏」，愍紀亦作「孝王」，傳云「敬王」，疑誤。

〔八〕祥鄴固衍　勞校：惠紀「固」作「國」。

〔九〕彥璋爲東海王　何無忌傳、魏書司馬叡傳「璋」並作「章」。

〔一〇〕息綜　簡文紀「綜」作「總」。世說黜免注引司馬晞傳作「琮」。

〔一一〕太宰長史庾倩　「倩」，各本均作「蒨」。周校：「蒨」當作「倩」，照庾冰傳。按：世說雅量、賢媛注引中興書、賞譽注引徐廣晉紀、世說人名譜、通鑑一〇三並作「倩」，「蒨」誤，今據改。

〔一二〕國人孔樸　梁王肜傳「國人」作「國臣」，「孔樸」作「孔璞」，世說豪爽注引中興書亦作「孔璞」。

〔一三〕以武陵威王曾孫寶爲嗣　周校：孝武紀作「武陵王孫寶」。簡文、武陵兄弟，不當以武陵曾孫嗣簡文子。按：周校是。疑「曾」字衍文。

〔一四〕妙音　王國寶傳作「支妙音」。

〔一五〕軌容著外　「著」，各本作「者」，今從殿本。册府八六二亦作「著」。

〔一六〕前將軍王珣　「珣」，各本作「恂」，今從宋本。安紀、珣傳、王恭傳與宋本同。

〔一七〕桓之才　張森楷云：桓伊傳有弟不才，討孫恩有功，疑卽此人。「之」疑「不」之譌。按：桓不才亦見朱序傳及通鑑一一一。

〔一八〕十八州諸軍事　「十」上當有「督」字。

晉書卷六十五

列傳第三十五

王導 子悅 恬 洽 協 劭 薈 洽子珣 珉 劭子謐

王導字茂弘，光祿大夫覽之孫也。父裁，鎮軍司馬。導少有風鑒，識量清遠。年十四，陳留高士張公見而奇之，謂其從兄敦曰：「此兒容貌志氣，將相之器也。」初襲祖爵卽丘子。司空劉寔尋引爲東閤祭酒，遷祕書郎、太子舍人、尚書郎，並不行。後參東海王越軍事。

時元帝爲琅邪王，與導素相親善。導知天下已亂，遂傾心推奉，潛有興復之志。帝亦雅相器重，契同友執。帝之在洛陽也，導每勸令之國。會帝出鎮下邳，請導爲安東司馬，軍謀密策，知無不爲。及徙鎮建康，吳人不附，居月餘，士庶莫有至者，導患之。會敦來朝，導謂之曰：「琅邪王仁德雖厚，而名論猶輕。兄威風已振，宜有以匡濟者。」會三月上巳，帝親觀禊，乘肩轝，具威儀，敦、導及諸名勝皆騎從。吳人紀瞻、顧榮，皆江南之望，竊覘之，見其

如此，咸驚懼，乃相率拜於道左。導因進計曰：「古之王者，莫不賓禮故老，存問風俗，虛己傾心，以招俊乂。況天下喪亂，九州分裂，大業草創，急於得人者乎！顧榮、賀循，此土之望，未若引之以結人心。二子既至，則無不來矣。」帝乃使導躬造循、榮，二人皆應命而至，由是吳會風靡，百姓歸心焉。自此之後，漸相崇奉，君臣之禮始定。

俄而洛京傾覆，中州士女避亂江左者十六七，導勸帝收其賢人君子，與之圖事。時荆揚晏安，戶口殷實，導爲政務在清靜，每勸帝克己勵節，匡主寧邦。於是尤見委杖，情好日隆，朝野傾心，號爲「仲父」。帝嘗從容謂導曰：「卿，吾之蕭何也。」對曰：「昔秦爲無道，百姓厭亂，巨猾陵暴，人懷漢德，革命反正，易以爲功。自魏氏以來，迄于太康之際，公卿世族，豪侈相高，政教陵遲，不遵法度，羣公卿士，皆饜於安息，遂使姦人乘釁，有虧至道。然否終斯泰，天道之常。大王方立命世之勳，一匡九合，管仲、樂毅，於是乎在，豈區區國臣所可擬議！願深弘神慮，廣擇良能。顧榮、賀循、紀瞻、周玘，皆南土之秀，願盡優禮，則天下安矣。」帝納焉。

永嘉末，遷丹楊太守，加輔國將軍。導上牋曰：「昔魏武，達政之主也；荀文若，功臣之最也，封不過亭侯。倉舒，愛子之寵，贈不過別部司馬。以此格萬物，得不局跡乎！今者臨郡，不問賢愚豪賤，皆加重號，輒有鼓蓋，動見相準。時有不得者，或爲恥辱。天官混雜，朝望穨毀。導忝荷重任，不能崇浚山海，而開導亂源，饕竊名位，取紊彝典，謹送鼓蓋加崇之物，請從導始。庶令雅俗區別，羣望無惑。」帝下令曰：「導德重勳高，孤所深倚，誠宜表彰殊禮。而更約己沖心，進思盡誠，以身率衆，宜順其雅志，式允開塞之機。」拜寧遠將軍，尋加振威將軍。愍帝卽位，徵吏部郎，不拜。

晉國既建，以導爲丞相軍諮祭酒。桓彝初過江，見朝廷微弱，謂周顗曰：「我以中州多故，來此欲求全活，而寡弱如此，將何以濟！」憂懼不樂。往見導，極談世事，還，謂顗曰：「向見管夷吾，無復憂矣。」過江人士，每至暇日，相要出新亭飲宴。周顗中坐而歎曰：「風景不殊，舉目有江河之異。」皆相視流涕。惟導愀然變色曰：「當共勠力王室，克復神州，何至作楚囚相對泣邪！」衆收淚而謝之。俄拜右將軍、揚州刺史、監江南諸軍事，遷驃騎將軍，加散騎常侍、都督中外諸軍、領中書監、錄尚書事、假節，刺史如故。導以敦統六州，固辭中外都督。後坐事除節。

于時軍旅不息，學校未修，導上書曰：

夫風化之本在於正人倫，人倫之正存乎設庠序。庠序設，五教明，德禮洽通，彝倫攸敍，而有恥且格，父子兄弟夫婦長幼之序順，而君臣之義固矣。易所謂「正家而天下定」者也。故聖王蒙以養正，少而教之，使化霑肌骨，習以成性，遷善遠罪而不自知，行

成德立，然後裁之以位。雖王之世子，猶與國子齒，使知道而後貴。其取才用士，咸先本之於學。故周禮，卿大夫獻賢能之書于王，〔一〕王拜而受之，所以尊道而貴士也。人知士之貴由道存，則退而修其身以及家，正其家以及鄉，學於鄉以登朝，反本復始，各求諸己，敦樸之業著，浮僞之競息，教使然也。故以之事君則忠，用之莅下則仁。孟軻所謂「未有仁而遺其親，義而後其君者也」。

自頃皇綱失統，頌聲不興，于今將二紀矣。傳曰「三年不爲禮，禮必壞；三年不爲樂，樂必崩」，而況如此之久乎！先進忘揖讓之容，後生惟金鼓是聞，干戈日尋，俎豆不設，先王之道彌遠，華僞之俗遂滋，非所以端本靖末之謂也。殿下以命世之資，屬陽九之運，禮樂征伐，翼成中興。誠宜經綸稽古，建明學業，以訓後生，漸之教義，使文武之道墜而復興，俎豆之儀幽而更彰。方今戎虜扇熾，國恥未雪，忠臣義夫所以扼腕拊心。苟禮儀膠固，淳風漸著，則化之所感者深而德之所被者大。使帝典闕而復補，皇綱弛而更張，獸心革面，饕餮檢情，揖讓而服四夷，緩帶而天下從。得乎其道，豈難也哉！故有虞舞干戚而化三苗，魯僖作泮宮而服淮夷。桓文之霸，皆先教而後戰。今若聿遵前典，興復道教，擇朝之子弟並入于學，選明博修禮之士而爲之師，化成俗定，莫尚於斯。

帝甚納之。

及帝登尊號，百官陪列，命導升御牀共坐。導固辭，至于三四，曰：「若太陽下同萬物，蒼生何由仰照！」帝乃止。進驃騎大將軍、儀同三司。以討華軼功，封武岡侯。進位侍中、司空、假節、錄尚書，領中書監。會太山太守徐龕反，帝訪可以鎮撫河南者，導舉太子左衞率羊鑒。既而鑒敗，抵罪。導上疏曰：「徐龕叛戾，久稽天誅，臣創議征討，調舉羊鑒。鑒闇懦覆師，有司極法。聖恩降天地之施，全其首領。然臣受重任，總錄機衡，使三軍挫衄，臣之責也。乞自貶黜，以穆朝倫。」詔不許。尋代賀循領太子太傅。時中興草創，未置史官，導始啓立，於是典籍頗具。時孝懷太子爲胡所害，始奉諱，有司奏天子三朝舉哀，羣臣一哭而已。導以爲皇太子副貳宸極，普天有情，宜同三朝之哀。從之。及劉隗用事，導漸見疏遠，任眞推分，澹如也。有識咸稱導善處興廢焉。

王敦之反也，劉隗勸帝悉誅王氏，論者爲之危心。導率羣從昆弟子姪二十餘人，每旦詣臺待罪。帝以導忠節有素，特還朝服，召見之。導稽首謝曰：「逆臣賊子，何世無之，豈意今者近出臣族！」帝跣而執之曰：「茂弘，方託百里之命於卿，是何言邪！」乃詔曰：「導以大義滅親，可以吾爲安東時節假之。」及敦得志，加導守尚書令。初，西都覆沒，海內思主，羣臣及四方並勸進於帝。時王氏强盛，有專天下之心，敦憚帝賢明，欲更議所立，導固爭乃止。

及此役也，敦謂導曰：「不從吾言，幾致覆族。」導猶執正議，敦無以能奪。

自漢魏已來，賜謚多由封爵，雖位通德重，先無爵者，例不加謚。導乃上疏，稱「武官有爵必謚，卿校常伯無爵不謚，甚失制度之本意也」。從之。自後公卿無爵而謚，導所議也。

初，帝愛琅邪王裒，將有奪嫡之議，以問導。導曰：「夫立子以長，且紹又賢，不宜改革。」帝猶疑之。導日夕陳諫，故太子卒定。

及明帝即位，導受遺詔輔政，解揚州，遷司徒，一依陳羣輔魏故事。王敦又舉兵內向。時敦始寢疾，導便率子弟發哀，衆聞，謂敦死，咸有奮志。及帝伐敦，假導節，都督諸軍，領揚州刺史。敦平，進封始興郡公，邑三千戶，賜絹九千匹，進位太保，司徒如故，劍履上殿，入朝不趨，讚拜不名。固讓。帝崩，導復與庾亮等同受遺詔，共輔幼主，是爲成帝。加羽葆鼓吹，班劍二十人。及石勒侵阜陵，詔加導大司馬、假黃鉞，出討之。軍次江寧，帝親餞于郊。俄而賊退，解大司馬。

庾亮將徵蘇峻，訪之於導。導曰：「峻猜險，必不奉詔。且山藪藏疾，宜包容之。」固爭不從。亮遂召峻。既而難作，六軍敗績，導入宮侍帝。峻以導德望，不敢加害，猶以本官居己之右。峻又逼乘輿幸石頭，導爭之不得。峻日來帝前肆醜言，導深懼有不測之禍。時路永、匡術、賈寧並說峻，令殺導，盡誅大臣，更樹腹心。峻敬導，不納，故永等貳於峻。導使參軍袁耽潛諷誘永等，謀奉帝出奔義軍。而峻衞御甚嚴，事遂不果。導乃攜二子隨永奔于白石。

及賊平，宗廟宮室並爲灰燼，溫嶠議遷都豫章，三吳之豪請都會稽，二論紛紜，未有所適。導曰：「建康，古之金陵，舊爲帝里，又孫仲謀、劉玄德俱言王者之宅。古之帝王不必以豐儉移都，苟弘衞文大帛之冠，則無往不可。若不績其麻，則樂土爲虛矣。且北寇游魂，伺我之隙，一旦示弱，竄於蠻越，求之望實，懼非良計。今特宜鎮之以靜，羣情自安。」由是嶠等謀並不行。

導善於因事，雖無日用之益，而歲計有餘。時帑藏空竭，庫中惟有練數千端，鬻之不售，而國用不給。導患之，乃與朝賢俱制練布單衣，於是士人翕然競服之，練遂踊貴。乃令主者出賣，端至一金。其爲時所慕如此。

六年冬，蒸，詔歸胙於導，曰：「無下拜。」導辭疾不敢當。初，帝幼沖，見導，每拜。又嘗與導書手詔，則云「惶恐言」，中書作詔，則曰「敬問」，於是以爲定制。自後元正，導入，帝猶爲之興焉。

時大旱，導上疏遜位。詔曰：「夫聖王御世，動合至道，運無不周，故能人倫攸敍，萬物獲宜。朕荷祖宗之重，託於王公之上，不能仰陶玄風，俯洽宇宙，亢陽踰時，兆庶胥怨，邦之

不臧，惟予一人。公體道明哲，弘猶深遠，勳格四海，翼亮三世，國典之不墜，實仲山甫補之。而猥崇謙光，引咎克讓，元首之愆，寄責宰輔，祗增其闕。博綜萬機，不可一日有曠。公宜遺履謙之近節，遵經國之遠略。門下速遣侍中以下敦喻。」導固讓。詔累逼之，然後視事。

導簡素寡欲，倉無儲穀，衣不重帛。帝知之，給布萬匹，以供私費。導有羸疾，不堪朝會，帝幸其府，縱酒作樂，後令輿車入殿，其見敬如此。

石季龍掠騎至歷陽，導請出討之。加大司馬、假黃鉞、中外諸軍事，[三]置左右長史、司馬，給布萬匹。俄而賊退，解大司馬，復轉中外大都督，進位太傅，又拜丞相，依漢制罷司徒官以并之。冊曰：「朕夙罹不造，肆陟帝位，未堪多難，禍亂荐興。公文貫九功，武經七德，外緝四海，內齊八政，天地以平，人神以和，業同伊尹，道隆姬旦。仰思唐虞，登庸雋乂，申命羣官，允釐庶績。朕思憑高謨，弘濟遠猷，維稽古建爾于上公，永爲晉輔。往踐厥職，敬敷道訓，以亮天工。不亦休哉！公其戒之！」

是歲，妻曹氏卒，贈金章紫綬。初，曹氏性妬，導甚憚之，乃密營別館，以處衆妾。曹氏知，將往焉。導恐妾被辱，遽令命駕，猶恐遲之，以所執麈尾柄驅牛而進。司徒蔡謨聞之，戲導曰：「朝廷欲加公九錫。」導弗之覺，但謙退而已。謨曰：「不聞餘物，惟有短轅犢車，長

柄麈尾。」導大怒，謂人曰：「吾往與羣賢共游洛中，何曾聞有蔡克兒也。」

于時庾亮以望重地逼，出鎮於外。南蠻校尉陶稱閒說亮當舉兵內向，或勸導密爲之防。導曰：「吾與元規休戚是同，悠悠之談，宜絕智者之口。則如君言，元規若來，吾便角巾還第，復何懼哉！」又與稱書，以爲庾公帝之元舅，宜善事之。於是讒間遂息。時亮雖居外鎮，而執朝廷之權，既據上流，擁彊兵，趣向者多歸之。導內不能平，常遇西風塵起，舉扇自蔽，徐曰：「元規塵汙人。」

自漢魏以來，羣臣不拜山陵。導以元帝睠同布衣，匪惟君臣而已，每一崇進，皆就拜，不勝哀戚。由是詔百官拜陵，自導始也。

咸康五年薨，〔三〕時年六十四。帝舉哀於朝堂三日，遣大鴻臚持節監護喪事，賵襚之禮，一依漢博陸侯及安平獻王故事。及葬，給九游轀輬車、黃屋左纛、前後羽葆鼓吹、武賁班劍百人，中興名臣莫與爲比。冊曰：「蓋高位以酬明德，厚爵以答懋勳；至乎闔棺標跡，莫尚號謚，風流百代，於是乎在。惟公邁達沖虛，玄鑒劭邈；夷淡以約其心，體仁以流其惠；棲遲務外，則名雋中夏；應期濯纓，則潛算獨運。昔我中宗、肅祖之基中興也，下帷委誠而策定江左，拱己宅心而庶績咸熙。故能威之所振，寇虐改心；化之所鼓，檮杌易質；調陰陽之和，通彝倫之紀，遂隴承風，丹穴景附。隆高世之功，復宣武之績，舊物不失，公協其猷。若

乃荷負顧命，保朕沖人，遭遇艱圮，夷險委順；拯其淪墜而濟之以道，扶其顛傾而弘之以仁，經緯三朝而蘊道彌曠。方賴高謨，以穆四海，昊天不弔，奄忽薨殂，朕用震慟于心。雖有殷之殞保衡，有周之喪二南，曷諭茲懷！今遣使持節、謁者僕射任瞻錫謚曰文獻，祠以太牢。魂而有靈，嘉茲榮寵！」

二弟：穎、敞，少與導俱知名，時人以穎方溫太眞，以敞比鄧伯道，並早卒。導六子：悅、恬、洽、協、劭、薈。

悅字長豫，弱冠有高名，事親色養，導甚愛之。導嘗共悅弈棊，爭道，導笑曰：「相與有瓜葛，那得爲爾邪！」導性儉節，帳下甘果爛敗，令棄之，云：「勿使大郎知。」

悅少侍講東宮，歷吳王友、中書侍郎，先導卒，謚貞世子。先是，導夢人以百萬錢買悅，潛爲祈禱者備矣。尋掘地，得錢百萬，意甚惡之，一皆藏閉。及悅疾篤，導憂念特至，不食積日。忽見一人形狀甚偉，被甲持刀，導問：「君是何人？」曰：「僕是蔣侯也。公兒不佳，欲爲請命，故來耳。公勿復憂。」因求食，遂噉數升。食畢，勃然謂導曰：「中書患，非可救者。」言訖不見，悅亦殞絕。悅與導語，恒以慎密爲端。導還臺，及行，悅未嘗不送至車後，又恒爲母曹氏襞斂箱篋中物。悅亡後，導還臺，自悅常所送處哭至臺門。其母長封作篋，不忍復開。

悅無子，以弟恬子琨爲嗣，襲導爵丹楊尹，卒，贈太常。子嘏嗣，尚鄱陽公主，歷中領軍、尚書。卒，子恢嗣，義熙末，爲游擊將軍。

恬字敬豫。少好武，不爲公門所重。導見悅輒喜，見恬便有怒色。州辟別駕，不行，襲爵即丘子。

性傲誕，不拘禮法。謝萬嘗造恬，既坐，少頃，恬便入內。萬以爲必厚待己，殊有喜色。恬久之乃沐頭散髮而出，據胡牀於庭中曬髮，神氣傲邁，竟無賓主之禮。萬悵然而歸。晚節更好士，多技藝，善弈棊，爲中興第一。

遷中書郎。帝欲以爲中書令，導固讓，從之。除後將軍、魏郡太守，加給事中，領兵鎮石頭。導薨，去官。俄起爲後將軍，復鎮石頭。轉吳國、會稽內史，加散騎常侍。卒，贈中軍將軍，謚曰憲。

洽字敬和，導諸子中最知名，與荀羡俱有美稱。弱冠，歷散騎、中書郎、中軍長史、司徒左長史、建武將軍、吳郡內史。徵拜領軍，〔四〕尋加中書令，固讓，表疏十上。穆帝詔曰：「敬

和清裁貴令，昔爲中書郎，吾時尚小，數呼見，意甚親之。今所以用爲令，既機任須才，且欲時時相見，共講文章，待以友臣之義。而累表固讓，甚違本懷。其催洽令拜。」苦讓，遂不受。升平二年卒於官，年三十六。二子：珣、珉。

珣字元琳。弱冠與陳郡謝玄爲桓溫掾，俱爲溫所敬重，嘗謂之曰：「謝掾年四十，必擁旄杖節。王掾當作黑頭公。皆未易才也。」珣轉主簿。時溫經略中夏，竟無寧歲，軍中機務並委珣焉。文武數萬人，悉識其面。從討袁眞，封東亭侯，轉大司馬參軍、琅邪王友、中軍長史、給事黃門侍郎。

珣兄弟皆謝氏壻，以猜嫌致隙。太傅安既與珣絕婚，又離珉妻，由是二族遂成仇釁。時希安旨，乃出珣爲豫章太守，不之官。除散騎常侍，不拜。遷祕書監。安卒後，遷侍中，孝武深杖之。轉輔國將軍、吳國內史，在郡爲士庶所悅。徵爲尚書右僕射，領吏部，轉左僕射，加征虜將軍，復領太子詹事。

時帝雅好典籍，珣與殷仲堪、徐邈、王恭、郗恢等並以才學文章見昵於帝。及王國寶自媚於會稽王道子，而與珣等不協，帝慮晏駕後怨隙必生，故出恭、恢爲方伯，而委珣端右。珣夢人以大筆如椽與之，既覺，語人云：「此當有大手筆事。」俄而帝崩，哀冊謚議，皆珣

所草。

隆安初，國寶用事，謀黜舊臣，遷珣尚書令。王恭赴山陵，欲殺國寶，珣止之曰：「國寶雖終爲禍亂，要罪逆未彰，今便先事而發，必大失朝野之望。況擁强兵，竊發於京輦，誰謂非逆！國寶若遂不改，惡布天下，然後順時望除之，亦無憂不濟也。」恭迺止。既而謂珣曰：「比來視君，一似胡廣。」珣曰：「王陵廷爭，陳平愼默，但問歲終何如耳。」恭尋起兵，國寶將殺珣等，僅而得免，語在國寶傳。二年，恭復舉兵，假珣節，進衞將軍、都督琅邪水陸軍事。事平，上所假節，加散騎常侍。

四年，以疾解職。歲餘，卒，時年五十二。追贈車騎將軍、開府，謚曰獻穆。桓玄與會稽王道子書曰：「珣神情朗悟，經史明徹，風流之美，公私所寄。雖逼嫌謗，才用不盡；然君子在朝，弘益自多。時事艱難，忽爾喪失，歎懼之深，豈但風流相悼而已！其崎嶇九折，風霜備經，雖賴明公神鑒，亦識會居之故也。卒以壽終，殆無所哀。但情發去來，置之未易耳。」玄輔政，改贈司徒。

初，珣既與謝安有隙，在東聞安薨，便出京師，詣族弟獻之，曰：「吾欲哭謝公。」獻之驚曰：「所望於法護。」於是直前哭之甚慟。法護，珣小字也。珣五子：弘、虞、柳、〔五〕孺、曇首，宋世並有高名。

珉字季琰。少有才藝，善行書，名出珣右。時人爲之語曰：「法護非不佳，僧彌難爲兄。」僧彌，珉小字也。時有外國沙門，名提婆，妙解法理，爲珣兄弟講毗曇經。珉時尚幼，講未半，便云已解，卽於別室與沙門法綱等數人自講。法綱歎曰：「大義皆是，但小未精耳。」辟州主簿，舉秀才，不行。後歷著作、散騎郎、國子博士、黃門侍郎、侍中，代王獻之爲長兼中書令。二人素齊名，世謂獻之爲「大令」，珉爲「小令」。太元十三年卒，時年三十八，追贈太常。二子：朗、練。義熙中，並歷侍中。

協字敬祖，元帝撫軍參軍，〔六〕襲爵武岡侯，早卒，無子，以弟劭子謐爲嗣。

謐字稚遠。少有美譽，與譙國桓胤、太原王綏齊名。拜祕書郎，襲父爵，遷祕書丞，歷中軍長史、黃門郎、侍中。及桓玄舉兵，詔謐銜命詣玄，玄深敬昵焉。拜建威將軍、吳國內史，未至郡，玄以爲中書令、領軍將軍、吏部尚書，遷中書監，加散騎常侍，領司徒。及玄將篡，以謐兼太保，奉璽册詣玄。玄篡，封武昌縣開國公，加班劍二十人。

初，劉裕爲布衣，衆未之識也，惟謐獨奇貴之，嘗謂裕曰：「卿當爲一代英雄。」及裕破桓玄，謐以本官加侍中，領揚州刺史、錄尚書事。謐既受寵桓氏，常不自安。護軍將軍劉毅嘗問謐曰：「璽綬何在？」謐益懼。會王綏以桓氏甥自疑，謀反，父子兄弟皆伏誅。謐從弟諶，少驍果輕俠，欲誘謐還吳，起兵爲亂，乃說謐曰：「王綏無罪，而義旗誅之，是除時望也。兄少立名譽，加位地如此，欲不危，得乎！」謐懼而出奔。劉裕牋詣大將軍、武陵王遵，遣人追躡。謐既還，委任如先，加謐班劍二十人。義熙三年卒，時年四十八。追贈侍中、司徒，謚曰文恭。三子：瓘、球、琇。入宋，皆至大官。

劭字敬倫，歷東陽太守、吏部郎、司徒左長史、丹陽尹。劭美姿容，有風操，雖家人近習，未嘗見其墮替之容。桓溫甚器之。遷吏部尚書、尚書僕射，領中領軍，出爲建威將軍、吳國內史。卒，贈車騎將軍，謚曰簡。三子：穆、默、恢。穆，臨海太守。默，吳國內史，加二千石。恢，右衞將軍。穆三子：簡、智、超。默二子：鑒、惠。義熙中，並歷顯職。

薈字敬文。恬虛守靖，不競榮利，少歷清官，除吏部郎、侍中、建威將軍、吳國內史。時年饑粟貴，人多餓死，薈以私米作饘粥，以飴餓者，所濟活甚衆。徵補中領軍，不拜。徙尚書，領中護軍，復爲征虜將軍、吳國內史。頃之，桓沖表請薈爲江州刺史，固辭不拜。轉督

浙江東五郡、左將軍、會稽內史，進號鎭軍將軍，加散騎常侍。卒於官，贈衞將軍。

子廞，歷太子中庶子、司徒左長史。以母喪，居于吳。王恭舉兵，假廞建武將軍、吳國內史，令起軍，助爲聲援。廞卽墨絰合衆，誅殺異己，仍遣前吳國內史虞嘯父等入吳興、義興聚兵，輕俠赴者萬計。廞自謂義兵一動，勢必未寧，可乘間而取富貴。而曾不旬日，國寶賜死，恭罷兵，符廞去職。廞大怒，迴衆討恭。恭遣司馬劉牢之距戰于曲阿，廞衆潰奔走，遂不知所在。長子泰爲恭所殺，少子華以不知廞存亡，憂毁布衣蔬食。後從兄謐言其死所，華始發喪，入仕。

初，導渡淮，使郭璞筮之，卦成，璞曰：「吉，無不利。淮水絕，王氏滅。」其後子孫繁衍，竟如璞言。

史臣曰：飛龍御天，故資雲雨之勢；帝王興運，必俟股肱之力。軒轅，聖人也，杖師臣而授圖；商湯，哲后也，託負鼎而成業。自斯已降，罔不由之。原夫典午發蹤，本于陵寡，金行撫運，無德在時。九土未宅其心，四夷已承其弊。既而中原蕩覆，江左嗣興，兆著玄石之圖，乖少康之祀夏；時無思晉之士，異文叔之興劉；輔佐中宗，艱哉甚矣！茂弘策名枝屏，叶情交好，負其才智，恃彼江湖，思建克復之功，用成翌宣之道。於是王敦內侮，憑天邑而狼

顧，蘇峻連兵，指宸居而隼擊。實賴元宰，固懷匪石之心；潛運忠謨，竟翦吞沙之寇。乃誠貫日，主垂餌以終全；貞志陵霜，國綴旒而不滅。觀其開設學校，存乎沸鼎之中，爰立章程，在乎櫛風之際；雖則世道多故，而規模弘遠矣。比夫蕭曹弼漢，六合爲家；奭望匡周，萬方同軌，功未半古，不足爲儔。至若夷吾體仁，能相小國；孔明踐義，善翊新邦，撫事論情，抑斯之類也。提挈三世，終始一心，稱爲「仲父」，蓋其宜矣。恬珣踵德，副呂虔之贈刀；謐乃隤聲，慚劉毅之徵璽。語曰：「深山大澤，有龍有蛇。」實斯之謂也。

贊曰：虋嘯猋馳，龍升雲映。武岡矯矯，匡時緝政。懿績克宣，忠規靡競。契叶三主，榮逾九命。貽刀表祥，筮水流慶。赫矣門族，重光斯盛。

校勘記

〔一〕卿大夫獻賢能之書于王　周校：「鄉」誤「卿」。按：此用周禮地官文，周說是。

〔二〕中外諸軍事　據成紀、通鑑九五，「中外諸軍事」上當脫「都督」二字。

〔三〕咸康五年薨　「咸康」原作「咸和」。勞校：「咸和」當作「咸康」。按：勞說是，今據成紀、通鑑九六、建康實錄七改。

〔四〕徵拜領軍　世說賞譽注引中興書作「中領軍」。洽以吳郡太守轉，資淺，似有「中」字是。

〔五〕柳　斠注：宋書王弘傳「柳」作「抑」。

〔六〕元帝撫軍參軍　姚鼐惜抱軒筆記：協安能上接元帝，蓋簡文爲撫軍將軍，協爲其參軍耳。勞校：元帝未嘗爲撫軍，疑是簡文之誤。

晉書卷六十六

列傳第三十六

劉弘

劉弘字和季，沛國相人也。祖馥，魏揚州刺史。父靖，鎮北將軍。弘有幹略政事之才，少家洛陽，與武帝同居永安里，又同年，共研席。以舊恩起家太子門大夫，累遷率更令，轉太宰長史。張華甚重之。由是爲寧朔將軍、假節、監幽州諸軍事，領烏丸校尉，甚有威惠，寇盜屏迹，爲幽朔所稱。以勳德兼茂，封宣城公。

太安中，張昌作亂，轉使持節、南蠻校尉、荆州刺史，率前將軍趙驤等討昌，自方城至宛、新野，所向皆平。及新野王歆之敗也，以弘代爲鎮南將軍、都督荆州諸軍事，餘官如故。弘遣南蠻長史陶侃爲大都護，參軍蒯恒爲義軍督護，〔一〕牙門將皮初爲都戰帥，進據襄陽。張昌幷軍圍宛，敗趙驤軍，弘退屯梁。侃、初等累戰破昌，前後斬首數萬級。及到官，昌懼

而逃，其衆悉降，荆土平。

初，弘之退也，范陽王虓遣長水校尉張奕領荆州。弘至，奕不受代，舉兵距弘。弘遣軍討奕，斬之，表曰：「臣以凡才，謬荷國恩，作司方州，奉辭伐罪，不能奮揚雷霆，折衝萬里，軍退於宛，分受顯戮。猥蒙含宥，被遣之職，即進達所鎮。而范陽王虓先遣前長水校尉張奕領荆州，臣至，不受節度，擅舉兵距臣。今張昌姦黨初平，昌未梟擒，益梁流人蕭條猥集，無賴之徒易相扇動，飆風駭蕩，則滄海橫波，苟患失之，無所不至。比須表上，慮失事機，輒遣軍討奕，即梟其首。奕雖貪亂，欲爲荼毒，由臣劣弱，不勝其任，令奕肆心，以勞資斧，敢引覆餗之刑，甘受專輒之罪。」詔曰：「將軍文武兼資，前委方夏，宛城不守，咎由趙驤。將軍所遣諸軍，克滅羣寇，張奕貪禍，距逆詔命。將軍致討，傳首闕庭，雖有不請之嫌，古人有專之之義。其恢宏奧略，鎮綏南海，以副推轂之望焉。」張昌竄于下雋山，〔二〕弘遣軍討昌，斬之，悉降其衆。

時荆部守宰多闕，弘請補選，帝從之。弘迺敍功銓德，隨才補授，甚爲論者所稱。乃表曰：「被中詔，敕臣隨資品選，補諸缺吏。夫慶賞刑威，非臣所專，且知人則哲，聖帝所難，非臣闇蔽所能斟酌。然萬事有機，豪氂宜慎，謹奉詔書，差所應用。蓋崇化莫若貴德，則所以濟屯，故太上立德，其次立功也。頃者多難，淳朴彌凋，臣輒以徵士伍朝補零陵太守，庶以

懲波蕩之弊，養退讓之操。臣以不武，前退於宛，長史陶侃、參軍蒯恒、牙門皮初，勠力致討，蕩滅姦凶，侃恒各以始終軍事，初爲都戰帥，忠勇冠軍，漢沔清肅，實初等之勳也。司馬法『賞不踰時』，欲人知爲善之速福也。若不超報，〔三〕無以勸徇功之士，慰熊羆之志。臣以初補襄陽太守，侃爲府行司馬，使典論功事，恒爲山都令。詔惟令臣以散補空缺，然泝鄉令虞潭忠誠烈正，首唱義舉，舉善以教，不能者勸，臣輒特轉潭補醴陵令。南郡廉吏仇勃，母老疾困，賊至守衞不移，以致拷掠，幾至隕命。尙書令史郭貞，張昌以爲尙書郎，欲訪以朝議，遁逃不出，昌質其妻子，避之彌遠。勃孝篤著於臨危，貞忠厲於强暴，雖各四品，皆可以訓奬臣子，長益風教。臣輒以勃爲歸鄉令，貞爲信陵令。皆功行相參，循名校實，條列行狀，公文具上。」朝廷以初雖有功，襄陽又是名郡，名器宜愼，不可授初，乃以前東平太守夏侯陟爲襄陽太守，餘並從之。陟，弘之壻也。弘下敎曰：「夫統天下者，宜與天下一心；化一國者，宜與一國爲任。若必姻親然後可用，則荆州十郡，安得十女壻然後爲政哉！」乃表「陟姻親，舊制不得相監。皮初之勳宜見酬報」。詔聽之。

弘於是勸課農桑，寬刑省賦，歲用有年，百姓愛悅。弘嘗夜起，聞城上持更者歎聲甚苦，遂呼省之。兵年過六十，羸疾無襦。弘愍之，乃謫罰主者，遂給韋袍複帽，轉以相付。舊制，峴方二山澤中不聽百姓捕魚，弘下敎曰：「禮，名山大澤不封，與共其利。今公私幷

兼，百姓無復厝手地，當何謂邪！速改此法。」又「酒室中云齊中酒、聽事酒、猥酒，同用麴米，而優劣三品。投醪當與三軍同其薄厚，自今不得分別」。時益州刺史羅尙爲李特所敗，〔四〕遣使告急，請糧。弘移書贍給，而州府綱紀以運道懸遠，文武匱乏，欲以零陵一運米五千斛與尙。弘曰：「諸君未之思耳。天下一家，彼此無異，吾今給之，則無西顧之憂矣。」遂以零陵米三萬斛給之。尙賴以自固。于時流人在荆州十餘萬戶，羈旅貧乏，多爲盜賊。弘乃給其田種糧食，擢其賢才，隨資敍用。時總章太樂伶人，避亂多至荆州，或勸可作樂者。弘曰：「昔劉景升以禮壞樂崩，命杜夔爲天子合樂，樂成，欲庭作之。夔曰：『爲天子合樂而庭作之，恐非將軍本意。』吾常爲之歎息。今主上蒙塵，吾未能展效臣節，雖有家伎，猶不宜聽，況御樂哉！」乃下郡縣，使安慰之，須朝廷旋返，送還本署。論平張昌功，應封次子一人縣侯，弘上疏固讓，許之。進拜侍中、鎭南大將軍、開府儀同三司。

惠帝幸長安，河間王顒挾天子，詔弘爲劉喬繼援。弘以張方殘暴，知顒必敗，遣使受東海王越節度。時天下大亂，弘專督江漢，威行南服。前廣漢太守辛冉說弘以從横之事，〔五〕弘大怒，斬之。河間王顒使張光爲順陽太守，南陽太守衞展說弘曰：「彭城王前東奔，有不善之言。張光，太宰腹心，宜斬光以明向背。」弘曰：「宰輔得失，豈張光之罪！危人自安，君子弗爲也。」展深恨之。

陳敏寇揚州，引兵欲西上。弘乃解南蠻，以授前北軍中候蔣超，統江夏太守陶侃、武陵太守苗光，以大衆屯于夏口。又遣治中何松領建平、宜都、襄陽三郡兵，屯巴東，爲羅尙後繼。又加南平太守應詹寧遠將軍，督三郡水軍，繼蔣超。侃與敏同郡，又同歲舉吏，或有間侃者，弘不疑之。乃以侃爲前鋒督護，委以討敏之任。侃遣子及兄子爲質，弘遣之曰：「賢叔征行，君祖母年高，便可歸也。匹夫之交尙不負心，何況大丈夫乎！」陳敏竟不敢闚境。永興三年，詔進號車騎將軍，開府及餘官如故。

弘每有興廢，手書守相，丁寧款密，所以人皆感悅，爭赴之，咸曰：「得劉公一紙書，賢於十部從事。」及東海王越奉迎大駕，弘遣參軍劉盤爲督護，率諸軍會之。盤旣旋，弘自以老疾，將解州及校尉，適分授所部，未及表上，卒于襄陽。士女嗟痛，若喪所親矣。

初，成都王潁南奔，欲之本國，弘距之。及弘卒，弘司馬郭勱欲推潁爲主，弘子璠追遵弘志，於是墨絰率府兵討勱，戰於濁水，斬之，襄沔肅清。初，東海王越疑弘與劉喬貳于己，雖下節度，心未能安。及弘距潁，璠又斬勱，朝廷嘉之。越手書與璠贊美之，表贈弘新城郡公，謚曰元。

以高密王略代鎭，寇盜不禁，詔起璠爲順陽內史，江漢之間翕然歸心。及略薨，山簡代之。簡至，知璠得衆心，恐百姓逼以爲主，表陳之，由是徵璠爲越騎校尉。璠亦深慮逼迫，

被書，便輕至洛陽，然後遣迎家累。僑人侯脫、路難等相率衞送至都，然後辭去。南夏遂亂。父老追思弘，雖甘棠之詠召伯，無以過也。

陶侃 子洪 瞻 夏 琦 旗 斌 稱 範 岱 兄子臻 臻弟輿

陶侃字士行，本鄱陽人也。吳平，徙家廬江之尋陽。父丹，吳揚武將軍。侃早孤貧，爲縣吏。鄱陽孝廉范逵嘗過侃，時倉卒無以待賓，其母乃截髮得雙髲，以易酒肴，樂飲極歡，雖僕從亦過所望。及逵去，侃追送百餘里。逵曰：「卿欲仕郡乎？」侃曰：「欲之，困於無津耳！」逵過廬江太守張夔，稱美之。夔召爲督郵，領樅陽令。有能名，遷主簿。會州部從事之郡，欲有所按，侃閉門部勒諸吏，謂從事曰：「若鄙郡有違，自當明憲直繩，不宜相逼。若不以禮，吾能禦之。」從事卽退。夔妻有疾，將迎醫於數百里。時正寒雪，諸綱紀皆難之，侃獨曰：「資於事父以事君。小君，猶母也，安有父母之疾而不盡心乎！」乃請行。衆咸服其義。長沙太守萬嗣過廬江，見侃，虛心敬悅，曰：「君終當有大名。」命其子與之結友而去。

夔察侃爲孝廉，至洛陽，數詣張華。華初以遠人，不甚接遇。侃每往，神無忤色。華後與語，異之。除郎中。伏波將軍孫秀以亡國支庶，府望不顯，中華人士恥爲掾屬，以侃寒宦，召爲舍人。時豫章國郎中令楊晫，侃州里也，爲鄉論所歸。侃詣之，晫曰：「易稱『貞固

足以幹事』，陶士行是也。」與同乘見中書郎顧榮，榮甚奇之。吏部郎溫雅謂晫曰：「奈何與小人共載？」晫曰：「此人非凡器也。」尚書樂廣欲會荆揚士人，武庫令黃慶進侃於廣。人或非之，慶曰：「此子終當遠到，復何疑也！」慶後爲吏部令史，舉侃補武岡令。與太守呂岳有嫌，棄官歸，爲郡小中正。

會劉弘爲荆州刺史，將之官，辟侃爲南蠻長史，遣先向襄陽討賊張昌，破之。弘既至，謂侃曰：「吾昔爲羊公參軍，謂吾其後當居身處。今相觀察，必繼老夫矣。」後以軍功封東鄉侯，邑千戶。

陳敏之亂，弘以侃爲江夏太守，加鷹揚將軍。侃備威儀，迎母官舍，鄉里榮之。敏遣其弟恢來寇武昌，侃出兵禦之。隨郡內史扈瓌間侃於弘曰：[六]「侃與敏有鄉里之舊，居大郡，統强兵，脫有異志，則荆州無東門矣。」弘曰：「侃之忠能，吾得之已久，豈有是乎！」侃潛聞之，遽遣子洪及兄子臻詣弘以自固。弘引爲參軍，資而遣之。又加侃爲督護，使與諸軍并力距恢。侃乃以運船爲戰艦，或言不可，侃曰：「用官物討官賊，但須列上有本末耳。」於是擊恢，所向必破。侃戎政齊肅，凡有虜獲，皆分士卒，身無私焉。後以母憂去職。嘗有二客來弔，不哭而退，化爲雙鶴，沖天而去，時人異之。

服闋，參東海王越軍事。江州刺史華軼表侃爲揚武將軍，使屯夏口，又以臻爲參軍。

軼與元帝素不平，臻懼難作，託疾而歸，白侃曰：「華彥夏有憂天下之志，而才不足，且與琅邪不平，難將作矣。」侃怒，遣臻還軼。臻遂東歸於帝。帝見之，大悅，命臻爲參軍，加侃奮威將軍，假赤幢曲蓋軺車、鼓吹。侃乃與華軼告絕。

頃之，遷龍驤將軍、武昌太守。時天下饑荒，山夷多斷江劫掠。侃令諸將詐作商船以誘之。劫果至，生獲數人，是西陽王羕之左右。侃卽遣兵逼羕，令出向賊，侃整陣於釣臺爲後繼。羕縛送帳下二十人，侃斬之。自是水陸肅清，流亡者歸之盈路，侃竭資振給焉。又立夷市於郡東，大收其利。而帝使侃擊杜弢，令振威將軍周訪、廣武將軍趙誘受侃節度。侃令二將爲前鋒，兄子輿爲左甄，擊賊，破之。時周顗爲荆州刺史，先鎮潯水城，賊掠其良口。侃使部將朱伺救之，賊退保泠口。侃謂諸將曰：「此賊必更步向武昌，吾宜還城，晝夜三日行可至。卿等誰能忍饑鬭邪？」部將吳寄曰：「要欲十日忍饑，晝當擊賊，夜分捕魚，足以相濟。」侃曰：「卿健將也。」賊果增兵來攻，侃使朱伺等逆擊，大破之，獲其輜重，殺傷甚衆。遣參軍王貢告捷于王敦，敦曰：「若無陶侯，便失荆州矣。伯仁方入境，便爲賊所破，不知那得刺史？」貢對曰：「鄙州方有事難，非陶龍驤莫可。」敦然之，卽表拜侃爲使持節、寧遠將軍、南蠻校尉、荆州刺史，領西陽、江夏、武昌，鎮于沌口，又移入沔江。遣朱伺等討江夏賊，殺之。賊王沖自稱荆州刺史，據江陵。王貢還，至竟陵，矯侃命，以杜曾爲前鋒大督護，

進軍斬沖，悉降其衆。侃召曾不到，貢又恐矯命獲罪，遂與曾舉兵反，擊侃督護鄭攀於沌陽，破之，又敗朱伺於沔口。侃欲退入涓中，部將張奕將貳於侃，詭說曰：「賊至而動，衆必不可。」侃惑之而不進。無何，賊至，果爲所敗。賊鉤侃所乘艦，侃窘急，走入小船。朱伺力戰，僅而獲免。張奕竟奔于賊。侃坐免官。王敦表以侃白衣領職。

侃復率周訪等進軍入湘，使都尉楊舉爲先驅，擊杜弢，大破之，屯兵于城西。侃之佐史辭詣王敦曰：「州將陶使君孤根特立，從微至著，忠允之功，所在有效。出佐南夏，輔翼劉征南，前遇張昌，後屬陳敏，侃以偏旅，獨當大寇，無征不克，羣醜破滅。近者王如亂北，杜弢跨南，二征奔走，一州星馳，其餘郡縣，所在土崩。侃招攜以禮，懷遠以德，子來之衆，前後累至。奉承指授，獨守危阨，人往不動，人離不散。往年董督，徑造湘城，志陵雲霄，神機獨斷。徒以軍少糧懸，不果獻捷。然杜弢慴懼，來還夏口，未經信宿，建平流人迎賊俱叛。侃卽迴軍遡流，芟夷醜類，至使西門不鍵，華圻無虞者，侃之功也。明將軍愍此荆楚，救命塗炭，使侃統領窮殘之餘，寒者衣之，饑者食之，比屋相慶，有若挾纊。江濱孤危，地非重險，非可單軍獨能保固，故移就高作，以避其衝。賊輕易先至，大衆在後，侃距戰經日，殺其名帥。賊尋犬羊相結，并力來攻，侃以忠臣之節，義無退顧，被堅執銳，身當戎行，將士奮擊，莫不用命。當時死者不可勝數。賊衆參伍，更息更戰。侃以孤軍一隊，力不獨禦，量宜取

全，以俟後舉。而主者責侃，重加黜削。侃性謙沖，功成身退，今奉還所受，唯恐稽遲。然某等區區，實恐理失於內，事敗於外，豪釐之差，將致千里，使荆蠻乖離，西嵎不守，脣亡齒寒，侵逼無限也。」敦於是奏復侃官。

弢將王貢精卒三千，[七]出武陵江，誘五谿夷，以舟師斷官運，徑向武昌。侃使鄭攀及伏波將軍陶延夜趣巴陵，潛師掩其不備，大破之，斬千餘級，降萬餘口。貢遁還湘城。賊中離阻，杜弢遂疑張奕而殺之，衆情益懼，降者滋多。王貢復挑戰，侃遙謂之曰：「杜弢爲益州吏，盜用庫錢，父死不奔喪。卿本佳人，何爲隨之也？天下寧有白頭賊乎！」貢初橫腳馬上，侃言訖，貢斂容下腳，辭色甚順。侃知其可動，復令諭之，截髮爲信，貢遂來降。而弢敗走。侃進克長沙，獲其將毛寶、高寶、梁堪而還。

王敦深忌侃功。將還江陵，欲詣敦別，皇甫方回及朱伺等諫，以爲不可。侃不從。敦果留侃不遣，左轉廣州刺史、平越中郎將，以王廙爲荆州。侃之佐吏將士詣敦請留侃。敦怒，不許。侃將鄭攀、蘇溫、馬儁等不欲南行，[八]遂西迎杜曾以距廙。敦意攀承侃風旨，被甲持矛，將殺侃，出而復迴者數四。侃正色曰：「使君之雄斷，當裁天下，何此不決乎！」因起如廁。諮議參軍梅陶、長史陳頒言於敦曰：「周訪與侃親姻，如左右手，安有斷人左手而右手不應者乎！」敦意遂解，於是設盛饌以餞之。侃便夜發。敦引其子瞻爲參軍。侃既達豫

章，見周訪，流涕曰：「非卿外援，我殆不免！」侃因進至始興。

先是，廣州人背刺史郭訥，迎長沙人王機爲刺史。機復遣使詣王敦，乞爲交州。敦從之，而機未發。會杜弘據臨賀，因機乞降，勸弘取廣州，〔九〕弘遂與溫邵及交州秀才劉沈俱謀反。或勸侃且住始興，觀察形勢。侃不聽，直至廣州。弘遣使僞降。侃知其詐，先於封口起發石車。俄而弘率輕兵而至，知侃有備，乃退。侃追擊破之，執劉沈於小桂。又遣部將許高討機，斬之，傳首京都。諸將皆請乘勝擊溫邵，侃笑曰：「吾威名已著，何事遣兵，但一函紙自足耳。」於是下書諭之。邵懼而走，追獲於始興。以功封柴桑侯，食邑四千戶。

侃在州無事，輒朝運百甓於齋外，暮運於齋內。人問其故，答曰：「吾方致力中原，過爾優逸，恐不堪事。」其勵志勤力，皆此類也。

太興初，進號平南將軍，尋加都督交州軍事。及王敦舉兵反，詔侃以本官領江州刺史，尋轉都督、湘州刺史。敦得志，上侃復本職，加散騎常侍。時交州刺史王諒爲賊梁碩所陷，侃遣將高寶進擊平之。以侃領交州刺史。錄前後功，封次子夏爲都亭侯，進號征南大將軍、開府儀同三司。及王敦平，遷都督荊、雍、益、梁州諸軍事，領護南蠻校尉、征西大將軍、荊州刺史，餘如故。楚郢士女莫不相慶。

侃性聰敏，勤於吏職，恭而近禮，愛好人倫。終日斂膝危坐，閫外多事，千緒萬端，罔有

遺漏。遠近書疏，莫不手答，筆翰如流，未嘗壅滯。引接疏遠，門無停客。常語人曰：「大禹聖者，乃惜寸陰，至於衆人，當惜分陰，豈可逸遊荒醉，生無益於時，死無聞於後，是自棄也。」諸參佐或以談戲廢事者，乃命取其酒器、蒱博之具，悉投之于江，吏將則加鞭扑，曰：「樗蒱者，牧豬奴戲耳！老莊浮華，非先王之法言，不可行也。君子當正其衣冠，攝其威儀，何有亂頭養望自謂宏達邪！」有奉饋者，皆問其所由。若力作所致，雖微必喜，慰賜參倍；若非理得之，則切厲訶辱，還其所饋。嘗出遊，見人持一把未熟稻，侃問：「用此何爲？」人云：「行道所見，聊取之耳。」侃大怒曰：「汝既不田，而戲賊人稻！」執而鞭之。是以百姓勤於農殖，家給人足。時造船，木屑及竹頭悉令舉掌之，咸不解所以。後正會，積雪始晴，聽事前餘雪猶溼，於是以屑布地。及桓溫伐蜀，又以侃所貯竹頭作丁裝船。其綜理微密，皆此類也。

暨蘇峻作逆，京都不守，侃子瞻爲賊所害，平南將軍溫嶠要侃同赴朝廷。初，明帝崩，侃不在顧命之列，深以爲恨，答嶠曰：「吾疆場外將，不敢越局。」嶠固請之，因推爲盟主。侃乃遣督護龔登率衆赴嶠，而又追迴。嶠以峻殺其子，重遣書以激怒之。侃妻龔氏亦固勸自行。於是便戎服登舟，星言兼邁，瞻喪至不臨。五月，與溫嶠、庾亮等俱會石頭。諸軍卽欲決戰，侃以賊盛，不可爭鋒，當以歲月智計擒之。累戰無功，諸將請於查浦築壘。監軍部將李根建議，請立白石壘。侃不從，曰：「若壘不成，卿當坐之。」根曰：「查浦地下，又在水南，唯白石峻極險固，〔一〇〕可容數千人，賊來攻不便，滅賊之術也。」侃笑曰：「卿良將也。」乃從根謀，夜修曉訖。賊見壘大驚。賊攻大業壘，侃將救之，長史殷羨曰：「若遣救大業，步戰不如峻，則大事去矣。但當急攻石頭，峻必救之，而大業自解。」侃又從羨言。峻果棄大業而救石頭。諸軍與峻戰陳陵東，〔一一〕侃督護竟陵太守李陽部將彭世斬峻於陣，賊衆大潰。峻弟逸復聚衆。侃與諸軍斬逸於石頭。

初，庾亮少有高名，以明穆皇后之兄受顧命之重，蘇峻之禍，職亮是由。及石頭平，懼侃致討，亮用溫嶠謀，詣侃拜謝。侃遽止之，曰：「庾元規乃拜陶士行邪！」王導入石頭城，令取故節，侃笑曰：「蘇武節似不如是！」導有慚色，使人屏之。

侃旋江陵，尋以爲侍中、太尉，加羽葆鼓吹，改封長沙郡公，邑三千戶，賜絹八千匹，加都督交、廣、寧七州軍事。以江陵偏遠，移鎮巴陵。遣諮議參軍張誕討五谿夷，降之。

屬後將軍郭默矯詔襲殺平南將軍劉胤，輒領江州。侃聞之曰：「此必詐也。」遣將軍宋夏、陳脩率兵據湓口，侃以大軍繼進。默遣使送妓婢絹百匹，寫中詔呈侃。參佐多諫曰：「默不被詔，豈敢爲此事。若進軍，宜待詔報。」侃厲色曰：「國家年小，不出胸懷。且劉胤爲朝廷所禮，雖方任非才，何緣猥加極刑！郭默虓勇，所在暴掠，以大難新除，威網寬簡，欲因

隙會騁其從橫耳。」發使上表討默。與王導書曰：「郭默殺方州，卽用爲方州；害宰相，便爲宰相乎？」導答曰：「默居上流之勢，加有船艦成資，故苞含隱忍，使其有地。一月潛嚴，足下軍到，是以得風發相赴，豈非遵養時晦以定大事者邪！」侃省書笑曰：「是乃遵養時賊也。」侃旣至，默將宗侯縛默父子五人及默將張丑詣侃降，〔一二〕侃斬默等。默在中原，數與石勒等戰，賊畏其勇，聞侃討之，兵不血刃而擒也，益畏侃。蘇峻將馮鐵殺侃子奔于石勒，勒以爲戍將。侃告勒以故，勒召而殺之。詔侃都督江州，領刺史，增置左右長史、司馬，從事中郎四人，掾屬十二人。侃旋于巴陵，因移鎮武昌。

侃命張夔子隱爲參軍，范逵子珧爲湘東太守，辟劉弘曾孫安爲掾屬，表論梅陶，凡微時所荷，一餐咸報。

遣子斌與南中郎將桓宣西伐樊城，走石勒將郭敬。使兄子臻、竟陵太守李陽等共破新野，遂平襄陽。拜大將軍，劍履上殿，入朝不趨，讚拜不名。上表固讓，曰：「臣非貪榮於疇昔，而虛讓於今日。事有合於時宜，臣豈敢與陛下有違，理有益於聖世，臣豈與朝廷作異。臣常欲除諸浮長之事，遣諸虛假之用，非獨臣身而已。若臣杖國威靈，梟雄斬勦，則又何以加！」

咸和七年六月疾篤，〔一三〕又上表遜位曰：

臣少長孤寒，始願有限。過蒙聖朝歷世殊恩、陛下睿鑒，寵靈彌泰。有始必終，自古而然。臣年垂八十，位極人臣，啓手啓足，當復何恨！但以陛下春秋尚富，餘寇不誅，山陵未反，所以憤慨兼懷，不能已已。臣雖不知命，年時已邁，國恩殊特，賜封長沙，隕越之日，當歸骨國土。臣父母舊葬，今在尋陽，緣存處亡，無心分違，已勒國臣修遷改之事，剋以來秋，奉迎窀穸，葬事訖，乃告老下藩。不圖所患，遂爾綿篤，伏枕感結，情不自勝。臣間者猶爲犬馬之齒尚可小延，欲爲陛下西平李雄，北吞石季龍，是以遣毌丘奧於巴東，授桓宣於襄陽。良圖未敘，於此長乖！此方之任，內外之要，願陛下速選臣代使，必得良才，奉宣王猷，遵成臣志，則臣死之日猶生之年。

陛下雖聖姿天縱，英奇日新，方事之殷，當賴羣儁。司徒導鑒識經遠，光輔三世；司空鑒簡素貞正，內外惟允；平西將軍亮雅量詳明，器用周時，卽陛下之周召也。獻替疇諮，敷融政道，地平天成，四海幸賴。謹遣左長史殷羨奉送所假節麾、幢曲蓋、侍中貂蟬、太尉章、荊江州刺史印傳棨戟。仰戀天恩，悲酸感結。

以後事付右司馬王愆期，加督護，統領文武。

侃輿車出臨津就船，明日，薨于樊谿，時年七十六。成帝下詔曰：「故使持節、侍中、太尉、都督荊江雍梁交廣益寧八州諸軍事、荊江二州刺史、長沙郡公經德蘊哲，謀猷弘遠。作

藩于外，八州肅清；勤王于內，皇家以寧。乃者桓文之勳，伯舅是憑。方賴大猷，俾屏予一人。前進位大司馬，禮秩策命，未及加崇。昊天不弔，奄忽薨殂，朕用震悼于厥心。今遣兼鴻臚追贈大司馬，假蜜章，祠以太牢。魂而有靈，嘉茲寵榮。」又策謚曰桓，祠以太牢。侃遺令葬國南二十里，〔一四〕故吏刊石立碑畫像於武昌西。

侃在軍四十一載，雄毅有權，明悟善決斷。自南陵迄于白帝數千里中，路不拾遺。蘇峻之役，庾亮輕進失利。亮司馬殷融詣侃謝曰：「將軍爲此，非融等所裁。」將軍王章至，曰：「章自爲之，將軍不知也。」侃曰：「昔殷融爲君子，王章爲小人；今王章爲君子，殷融爲小人。」侃性纖密好問，頗類趙廣漢。嘗課諸營種柳，都尉夏施盜官柳植之於己門。侃後見，駐車問曰：「此是武昌西門前柳，何因盜來此種？」施惶怖謝罪。時武昌號爲多士，殷浩、庾翼等皆爲佐吏。侃每飲酒有定限，常歡有餘而限已竭，浩等勸更少進，侃悽懷良久曰：「年少曾有酒失，亡親見約，故不敢踰。」議者以武昌北岸有邾城，宜分兵鎮之。侃每不答，而言者不已，侃迺渡水獵，引將佐語之曰：「我所以設險而禦寇，正以長江耳。邾城隔在江北，內無所倚，外接羣夷。夷中利深，晉人貪利，夷不堪命，必引寇虜，迺致禍之由，非禦寇也。且吳時此城乃三萬兵守，今縱有兵守之，亦無益於江南。若羯虜有可乘之會，此又非所資也。」後庾亮戍之，果大敗。季年懷止足之分，不與朝權。未亡一年，欲遜位歸國，佐吏等苦留之。及疾篤，將歸長沙，軍資器仗牛馬舟船皆有定簿，封印倉庫，自加管鑰，以付王愆期，然後登舟，朝野以爲美談。將出府門，顧謂愆期曰：「老子婆娑，正坐諸君輩。」尚書梅陶與親人曹識書曰：「陶公機神明鑒似魏武，忠順勤勞似孔明，陸抗諸人不能及也。」謝安每言「陶公雖用法，而恒得法外意」。其爲世所重如此。然媵妾數十，家僮千餘，珍奇寶貨富於天府。或云「侃少時漁於雷澤，網得一織梭，以挂于壁。有頃雷雨，自化爲龍而去」。又夢生八翼，飛而上天，見天門九重，已登其八，唯一門不得入。閽者以杖擊之，因墜地，折其左翼。及寤，左腋猶痛。又嘗如廁，見一人朱衣介幘，斂板曰：「以君長者，故來相報。君後當爲公，位至八州都督。」有善相者師圭謂侃曰：「君左手中指有豎理，當爲公。若徹於上，貴不可言。」侃以針決之見血，灑壁而爲「公」字，以紙裛手，「公」字愈明。及都督八州，據上流，握强兵，潛有窺窬之志，每思折翼之祥，自抑而止。

侃有子十七人，唯洪、瞻、夏、琦、旗、斌、稱、範、岱見舊史，餘者並不顯。

洪辟丞相掾，早卒。

瞻字道真，少有才器，歷廣陵相，廬江、建昌二郡太守，遷散騎常侍、都亭侯。爲蘇峻所害，追贈大鴻臚，謚愍悼世子。以夏爲世子。及送侃喪還長沙，夏與斌及稱各擁兵數千以

相圖。既而解散，斌先往長沙，悉取國中器仗財物。夏至，殺斌。庾亮上疏曰：「斌雖醜惡，罪在難忍，然王憲有制，骨肉至親，親運刀鋸以刑同體，傷父母之恩，無惻隱之心，應加放黜，以懲暴虐。」亮表未至都，而夏病卒。詔復以瞻息弘襲侃爵，仕至光祿勳。卒，子綽之嗣。綽之卒，子延壽嗣。宋受禪，降爲吳昌侯，五百戶。

琦司空掾。

旗歷位散騎常侍、郴縣開國伯。咸和末，爲散騎侍郎。性甚凶暴。卒，子定嗣。卒，子襲之嗣。卒，子謙之嗣。宋受禪，國除。

斌尚書郎。

稱東中郎將、南平太守、南蠻校尉、假節。性虓勇不倫，與諸弟不協。後加建威將軍。咸康五年，庾亮以稱爲監江夏隨義陽三郡軍事、南中郎將、江夏相，以本所領二千人自隨。到夏口，輕將二百人下見亮。〔一五〕亮大會吏佐，責稱前後罪惡，稱拜謝，因罷出。亮使人於閤外收之，棄市。亮上疏曰：「案稱，大司馬侃之孽子，父亡不居喪位，荒耽于酒，昧利偷榮，擅攝五郡，自謂監軍，輒召王官，聚之軍府。故車騎將軍劉弘曾孫安寓居江夏，及將楊恭、趙韶，並以言色有忤，稱放聲當殺，安、恭懼，自赴水而死，韶於獄自盡。將軍郭開從稱往長沙赴喪，稱疑開附其兄弟，乃反縛懸頭於帆檣，仰而彈之，鼓棹渡江二十餘里，觀者數千，莫不

震駭。又多藏匿府兵，收坐應死。臣猶未忍直上，且免其司馬。稱肆縱醜言，無所顧忌，要結諸將，欲阻兵構難。諸將惶懼，莫敢酬答，由是姦謀未即發露。臣以侃勳勞王室，是以依違容掩，故表爲南中郎將，與臣相近，思欲有以匡救之。而稱豺狼愈甚，發言激切，不忠不孝，莫此之甚。苟利社稷，義有專斷，輒收稱伏法。」

範最知名，太元初，爲光祿勳。

岱散騎侍郎。

臻字彥遐，有勇略智謀，賜爵當陽亭侯。咸和中，爲南郡太守、領南蠻校尉、假節。卒官，追贈平南將軍，謚曰肅。

臻弟輿，果烈善戰，以功累遷武威將軍。初，賊張奕本中州人，元康中被差西征，遇天下亂，遂留蜀。至是，率三百餘家欲就杜弢，爲侃所獲。諸將請殺其丁壯，取其妻息，輿曰：「此本官兵，數經戰陣，可赦之以爲用。」侃赦之，以配輿。及侃與杜弢戰敗，賊以桔槔打沒官軍船艦，軍中失色。輿率輕舸出其上流以擊之，所向輒克。賊又率衆將焚侃輜重，輿又擊破之。自是每戰輒克，賊望見輿軍，相謂曰：「避陶武威。」無敢當者。後與杜弢戰，輿被

重創，卒。侃哭之慟，曰：「喪吾家寶！」三軍皆爲之垂泣。詔贈長沙太守。

史臣曰：古者明王之建國也，下料疆宇，列爲九州，輔相玄功，咨于四岳。所以仰希齊政，俯寄宣風。備連率之儀，威騰閫外；總頒條之務，禮縟區中。委稱其才，甘棠以之流詠；據非其德，鼲鼢以是興嗟。中朝叔世，要荒多阻，分符建節，並紊天綱。和季以同里之情，申盧綰之契，居方牧之地，振吳起之風。自幽徂荆，亟斂豺狼之迹；舉賢登善，竊掇孔翠之毛。由是吏民畢力，華夷順命，一州淸晏，恬波於沸海之中；百城安堵，靜祲於稽天之際。猶獨稱善政，何其寡歟！易云「貞固足以幹事」，於征南見之矣。〔一六〕士行望非世族，俗異諸華，拔萃陬落之間，比肩髦儁之列，超居外相，宏總上流。布澤懷邊，則嚴城靜柝；釋位匡主，則淪鼎再寧。元規以戚里之崇，挹其膺而下拜；茂弘以保衡之貴，服其言而動色。望隆分陝，理則宜然。至於時屬雲屯，富逾天府，潛有包藏之志，顧思折翼之祥，悖矣！夫子曰「人無求備」，斯言之信，於是有徵。

贊曰：和季承恩，建旗南服。威靜荆塞，化揚江澳。勠力天朝，匪忘忠肅。長沙勤王，擁旆戎場。任隆三事，功宜一匡。緊賴之重，匪伊舟航。

校勘記

〔一〕蒯恒　張昌傳作「蒯桓」。下同。

〔二〕下儁山　「儁」原作「儁」，今據地理志下改。

〔三〕若不超報　册府六七一「超報」作「超拔」。

〔四〕時益州刺史羅尚爲李特所敗　舉正：此時特已死，尚爲雄所敗耳。

〔五〕前廣漢太守辛冉　「辛冉」原作「羊冉」。斠注：魏志劉馥傳注引晉陽秋作「辛冉」。按：辛冉事詳華陽國志八。通鑑八六亦作「辛冉」。辛冉又見張華傳。「辛」「羊」形近易誤，今據改。

〔六〕扈瓌　斠注：元和姓纂作「扈懷」。按：通鑑八六亦作「扈懷」。

〔七〕弢將王貢　周校：細檢愍紀及杜弢傳，此皆王眞事，非王貢也。「貢」「眞」形近相亂。斠注：御覽一三七、三七二引王隱晉書亦作「王眞」。按：御覽七六八引王隱晉書同作「王眞」。周說是。

〔八〕馬儁　「儁」，王廙傳作「俊」，通鑑八九、九一作「儁」。

〔九〕勸弘取廣州　勞校：「廣州」，機傳作「交州」，是也。

〔一〇〕峻極險固　「險」，各本作「顯」，今從吳本。册府四二一亦作「險」。

〔一一〕陳陵東　蘇峻傳、通鑑九四作「白木陂」。通鑑胡注云「白木陂在東陵東」，則東陵東即白木陂。卞壼傳謂「峻至東陵口」，桓玄傳云「何澹之屯東陵」。疑此「陳陵」爲「東陵」之誤。

〔一二〕宗侯　周校：郭默傳兩見皆作「宋侯」。

〔一三〕咸和七年六月疾篤　「七年」，成紀、通鑑九五作「九年」。

〔一四〕葬國南二十里　「二」，各本作「一」。局本注云「元作二」。宋本作「二」，通志一二六亦作「二」。元和郡縣圖志云，陶侃墓在長沙縣南二十三里。今從宋本。

〔一五〕輕將二百人下見亮　册府四〇一「輕」作「徑」。

〔一六〕於征南見之矣　周校：「征南」當作「鎮南」。

晉書卷六十七

列傳第三十七

溫嶠

溫嶠字太眞，司徒羨弟之子也。父憺，河東太守。嶠性聰敏，有識量，博學能屬文，少以孝悌稱於邦族。風儀秀整，美於談論，見者皆愛悅之。年十七，州郡辟召，皆不就。司隸命爲都官從事。散騎常侍庾敳有重名，而頗聚斂，嶠舉奏之，京都振肅。後舉秀才、灼然。司徒辟東閤祭酒，補上黨潞令。

平北大將軍劉琨妻，嶠之從母也。琨深禮之，請爲參軍。琨遷大將軍，嶠爲從事中郎、上黨太守，加建威將軍、督護前鋒軍事。將兵討石勒，屢有戰功。琨遷司空，以嶠爲右司馬。于時幷土荒殘，寇盜羣起，石勒、劉聰跨帶疆埸，嶠爲之謀主，琨所憑恃焉。

屬二都傾覆，社稷絕祀，元帝初鎭江左，琨誠繫王室，謂嶠曰："昔班彪識劉氏之復興，

馬援知漢光之可輔。今晉祚雖衰，天命未改，吾欲立功河朔，使卿延譽江南，子其行乎？"對曰："嶠雖無管張之才，而明公有桓文之志，欲建匡合之功，豈敢辭命。"乃以爲左長史，檄告華夷，奉表勸進。嶠既至，引見，具陳琨忠誠，志在效節，因說社稷無主，天人係望，辭旨慷慨。舉朝屬目，帝器而嘉焉。王導、周顗、謝鯤、〔一〕庾亮、桓彝等並與親善。于時江左草創，綱維未舉，嶠殊以爲憂。及見王導共談，歡然曰："江左自有管夷吾，吾復何慮！"屢求反命，不許。會琨爲段匹磾所害，嶠表琨忠誠，雖勳業不遂，然家破身亡，宜在褒崇，以慰海內之望。帝然之。

除散騎侍郎。初，嶠欲將命，其母崔氏固止之，嶠絕裾而去。其後母亡，嶠阻亂不獲歸葬，由是固讓不拜，苦請北歸。詔三司、八坐議其事，皆曰："昔伍員志復私讎，先假諸侯之力，東奔闔閭，位爲上將，然後鞭荆王之尸。若嶠以母未葬沒在胡虜者，乃應竭其智謀，仰憑皇靈，使逆寇冰消，反哀墓次，豈可稍以乖嫌廢其遠圖哉！"嶠不得已，乃受命。

後歷驃騎王導長史，遷太子中庶子。及在東宮，深見寵遇，太子與爲布衣之交。數陳規諷，又獻侍臣箴，甚有弘益。時太子起西池樓觀，頗爲勞費，嶠上疏以爲朝廷草創，巨寇未滅，宜應儉以率下，務農重兵，太子納焉。王敦舉兵內向，六軍敗績，太子將自出戰，嶠執鞚諫曰："臣聞善戰者不怒，善勝者不武，如何萬乘儲副而以身輕天下！"太子乃止。

明帝卽位，拜侍中，機密大謀皆所參綜，詔命文翰亦悉豫焉。俄轉中書令。嶠有棟梁之任，帝親而倚之，甚爲王敦所忌，因請爲左司馬。敦阻兵不朝，多行陵縱，嶠諫敦曰："昔周公之相成王，勞謙吐握，豈好勤而惡逸哉！誠由處大任者不可不爾。而公自還輦轂，入輔朝政，闕拜覲之禮，簡人臣之儀，不達聖心者莫不於邑。昔帝舜服事唐堯，伯禹竭身虞庭，文王雖盛，臣節不愆。故有庇人之大德，必有事君之小心，俾芳烈奮乎百世，休風流乎萬祀。至聖遺軌，所不宜忽。願思舜、禹、文王服事之勤，惟公旦吐握之事，則天下幸甚。"敦不納。嶠知其終不悟，於是謬爲設敬，綜其府事，干說密謀，以附其欲。深結錢鳳，爲之聲譽，每曰："錢世儀精神滿腹。"嶠素有知人之稱，鳳聞而悅之，深結好於嶠。會丹楊尹缺，嶠說敦曰："京尹輦轂喉舌，宜得文武兼能，公宜自選其才。若朝廷用人，或不盡理。"敦然之，問嶠誰可作者。嶠曰："愚謂錢鳳可用。"鳳亦推嶠，嶠僞辭之。敦不從，表補丹楊尹。嶠猶懼錢鳳爲之姦謀，因敦餞別，嶠起行酒，至鳳前，鳳未及飲，嶠因僞醉，以手版擊鳳幘墜，作色曰："錢鳳何人，溫太眞行酒而敢不飲！"敦以爲醉，兩釋之。臨去言別，涕泗橫流，出閤復入，如是再三，然後卽路。及發後，鳳入說敦曰："嶠於朝廷甚密，而與庾亮深交，未必可信。"敦曰："太眞昨醉，小加聲色，豈得以此便相讒貳。"由是鳳謀不行，而嶠得還都，乃具奏敦之逆謀，請先爲之備。

及敦構逆，加嶠中壘將軍、持節、都督東安北部諸軍事。敦與王導書曰："太眞別來幾日，作如此事！"表誅姦臣，以嶠爲首。募生得嶠者，當自拔其舌。及王含、錢鳳奄至都下，嶠燒朱雀桁以挫其鋒，帝怒之，嶠曰："今宿衞寡弱，徵兵未至，若賊豕突，危及社稷，陛下何惜一橋。"賊果不得渡。嶠自率衆與賊夾水戰，擊王含，敗之，復督劉遐追錢鳳於江寧。事平，封建寧縣開國公，賜絹五千四百匹，進號前將軍。

時制王敦綱紀除名，參佐禁固，嶠上疏曰："王敦剛愎不仁，忍行殺戮，親任小人，疏遠君子，朝廷所不能抑，骨肉所不能間。處其朝者恒懼危亡，故人士結舌，道路以目，誠賢人君子道窮數盡，遵養時晦之辰也。且敦爲大逆之日，拘錄人士，自免無路，原其私心，豈遑晏處，如陸玩、羊曼、劉胤、蔡謨、郭璞常與臣言，備知之矣。必其凶悖，自可罪人斯得；如其枉入姦黨，宜施之以寬。加以玩等之誠，聞於聖聽，當受同賊之責，實負其心。陛下仁聖含弘，思求允中，臣階緣博納，干非其事，誠在愛才，不忘忠益。"帝從之。

是時天下凋弊，國用不足，詔公卿以下詣都坐論時政之所先，嶠因奏軍國要務。其一曰："祖約退舍壽陽，有將來之難。今二方守禦，爲功尚易。淮泗都督，宜竭力以資之。選名重之士，配征兵五千人，又擇一偏將，將二千兵，以益壽陽，可以保固徐豫，援助司土。"其二曰："一夫不耕，必有受其饑者。今不耕之夫，動有萬計。春廢勸課之制，冬峻出租之令，

下未見施，惟賦是聞。賦不可以已，當思令百姓有以殷實。司徒置田曹掾，州一人，勸課農桑，察吏能否，今宜依舊置之。必得清恪奉公，足以宣示惠化者，則所益實弘矣。」其三曰：「諸外州郡將兵者及都督府非臨敵之軍，且田且守。又先朝使五校出田，今四軍五校有兵者，及護軍所統外軍，可分遣二軍出，并屯要處。緣江上下，皆有良田，開荒須一年之後即易。且軍人累重者在外，有樵採蔬食之人，於事爲便。」其四曰：「建官以理世，不以私人也。如此則官寡而材精。周制六卿莅事，春秋之時，入作卿輔，出將三軍。後代建官漸多，誠由事有煩簡耳。然今江南六州之土，尙又荒殘，方之平日，數十分之一耳。三省軍校無兵者，九府寺署可有并相領者，可有省半者，粗計閑劇，隨事減之。荒殘之縣，或同在一城，可并合之。如此選既可精，祿俸可優，令足代耕，然後可責以淸公耳。」其五曰：「古者親耕藉田以供粢盛，舊置藉田、廩犧之官。今臨時市求，既上黷至敬，下費生靈，非所以虔奉宗廟蒸嘗之旨。宜如舊制，立此二官。」其六曰：「使命愈遠，益宜得才，宣揚王化，延譽四方。人情不樂，遂取卑品之人，虧辱國命，生長患害。故宜重其選，不可減二千石見居二品者。」其七曰：「罪不相及，古之制也。近者大逆，誠由凶戾。凶戾之甚，一時權用。今遂施行，非聖朝之令典，宜如先朝除三族之制。」議奏，多納之。

帝疾篤，嶠與王導、郗鑒、庾亮、陸曄、卞壼等同受顧命。時歷陽太守蘇峻藏匿亡命，朝廷疑之。征西將軍陶侃有威名於荊楚，又以西夏爲虞，故使嶠爲上流形援。咸和初，代應詹爲江州刺史、持節、都督、平南將軍，鎭武昌，甚有惠政，甄異行能，親祭徐孺子之墓。又陳「豫章十郡之要，宜以刺史居之。尋陽濱江，都督應鎭其地。今以州帖府，進退不便。且古鎭將多不領州，皆以文武形勢不同故也。宜選單車刺史別撫豫章，專理黎庶」。詔不許。在鎭見王敦畫像，曰：「敦大逆，宜加斲棺之戮，受崔杼之刑。古人闔棺而定謚，春秋大居正，崇王父之命，未有受戮於天子而圖形於羣下。」命削去之。

嶠聞蘇峻之徵也，慮必有變，求還朝以備不虞，不聽。未幾而蘇峻果反。嶠屯尋陽，遣督護王愆期、西陽太守鄧嶽、鄱陽內史紀瞻等率舟師赴難。〔三〕及京師傾覆，嶠聞之號慟。人有候之者，悲哭相對。俄而庾亮來奔，宣太后詔，進嶠驃騎將軍、開府儀同三司。嶠曰：「今日之急，殄寇爲先，未效勳庸而逆受榮寵，非所聞也，何以示天下乎！」固辭不受。時亮雖奔敗，嶠每推崇之，分兵給亮。遣王愆期等要陶侃同赴國難，侃恨不受顧命，不許。嶠初從之，後用其部將毛寶說，復固請侃行，語在寶傳。初，嶠與庾亮相推爲盟主，嶠從弟充言於嶠曰：「征西位重兵强，宜共推之。」嶠於是遣王愆期奉侃爲盟主。侃許之，遣督護龔登率兵詣嶠。嶠於是列上尙書，陳峻罪狀，有衆七千，灑泣登舟，移告四方征鎭曰：

賊臣祖約、蘇峻同惡相濟，用生邪心。天奪其魄，死期將至。譴負天地，自絕人倫。寇不可縱，宜增軍討撲，輒屯次湓口。即日護軍庾亮至，宣太后詔，寇逼宮城，王旅撓敗，出告藩臣，謀寧社稷。後將軍郭默、冠軍將軍趙胤、奮武將軍龔保與嶠督護王愆期、西陽太守鄧嶽、鄱陽內史紀瞻，率其所領，相尋而至。逆賊肆凶，陵蹈宗廟，火延宮掖，矢流太極，二御幽逼，宰相困迫，殘虐朝士，劫辱子女。承問悲惶，精魂飛散。嶠闇弱不武，不能徇難，哀恨自咎，五情摧隕，慚負先帝託寄之重，義在畢力，死而後已。今躬率所統，爲士卒先，催進諸軍，一時電擊。西陽太守鄧嶽、尋陽太守褚誕等連旗相繼，宣城內史桓彝已勒所屬屯濱江之要，江夏相周撫乃心求征，軍已向路。

昔包胥楚國之微臣，重趼致誠，義感諸侯。藺相如趙邦之陪隸，恥君之辱，按劍秦庭。皇漢之季，董卓作亂，劫遷獻帝，虐害忠良，關東州郡相率同盟。廣陵功曹臧洪，郡之小吏耳，登壇喢血，涕淚橫流，慷慨之節，實厲羣后。況今居台鼎，據方州，列名邦，受國恩者哉！不期而會，不謀而同，不亦宜乎！

二賊合衆，不盈五千，且外畏胡寇，城內饑乏，後將軍郭默即於戰陣俘殺賊千人。賊今雖殘破都邑，其宿衞兵人即時出散，不爲賊用。且祖約情性褊阨，忌克不仁，蘇峻小子，惟利是視，殘酷驕猜，權相假合。江表興義，以抗其前，强胡外寇，以躡其後，運漕隔絕，資食空懸，內乏外孤，勢何得久！

羣公征鎭，職在禦侮。征西陶公，國之耆德，忠肅義正，勳庸弘著。諸方鎭州郡咸齊斷金，同稟規略，以雪國恥，苟利社稷，死生以之。嶠雖怯劣，忝據一方，賴忠賢之規，文武之助，君子竭誠，小人盡力，高操之士被褐而從戎，負薪之徒匍匐而赴命，率其私僕，致其私杖，人士之誠，竹帛不能載也。豈嶠無德而致之哉？士稟義風，人感皇澤。且護軍庾公，帝之元舅，德望隆重，率郭後軍、趙、龔三將，與嶠勠力，得有資憑，且悲且慶，若朝廷之不泯也。其各明率所統，無後事機。賞募之信，明如日月。有能斬約峻者，封五等侯，賞布萬匹。夫忠爲令德，爲仁由己，萬里一契，義不在言也。

時陶侃雖許自下而未發，復追其督護龔登。嶠重與侃書曰：

僕謂軍有進而無退，宜增而不可減。近已移檄遠近，言於盟府，剋後月半大舉，南康、建安、晉安三郡軍並在路次，同赴此會，惟須仁公所統至，便齊進耳。仁公今召軍還，疑惑遠近，成敗之由，將在於此。

僕才輕任重，實憑仁公篤愛，遠稟成規。至於首啓戎行，不敢有辭，僕與仁公當如常山之蛇，首尾相衞，又脣齒之喻也。恐惑者不達高旨，將謂仁公緩於討賊，此聲難追。僕與仁公並受方嶽之任，安危休慼，理既同之。且自頃之顧，綢繆往來，情深義重，著於人士之口，一旦有急，亦望仁公悉衆見救，況社稷之難！

惟僕偏當一州，州之文武莫不翹企。假令此州不守，約峻樹置官長於此，荆楚西逼强胡，東接逆賊，因之以饑饉，將來之危乃當甚於此州之今日也。以大義言之，則社稷顛覆，主辱臣死。公進當爲大晉之忠臣，參桓文之義，開國承家，銘之天府；退當以慈父雪愛子之痛。

約峻凶逆無道，囚制人士，裸其五形。近日來者，不可忍見。骨肉生離，痛感天地，人心齊一，咸皆切齒。今之進討，若以石投卵耳！今出軍既緩，復召兵還，人心乖離，是爲敗於幾成也。顧深察所陳，以副三軍之望。

峻時殺侃子瞻，由是侃激勵，遂率所統與嶠、亮同赴京師，戎卒六萬，旌旗七百餘里，鉦鼓之聲震於百里，直指石頭，次于蔡洲。侃屯查浦，嶠屯沙門浦。時祖約據歷陽，與峻爲首尾，見嶠等軍盛，謂其黨曰：「吾本知嶠能爲四公子之事，今果然矣。」

峻聞嶠將至，逼大駕幸石頭。時峻軍多馬，南軍杖舟楫，不敢輕與交鋒。用將軍李根計，據白石築壘以自固，使庾亮守之。賊步騎萬餘來攻，不下而退，追斬二百餘級。嶠又於四望磯築壘以逼賊，曰：「賊必爭之，設伏以逸待勞，是制賊之一奇也。」是時義軍屢戰失利，嶠軍食盡，陶侃怒曰：「使君前云不憂無將士，惟得老僕爲主耳。今數戰皆北，良將安在？荆州接胡蜀二虜，倉廩當備不虞，若復無食，僕便欲西歸，更思良算。但今歲計，殄賊不爲

晚也。」嶠曰：「不然。自古成監，師克在和。光武之濟昆陽，曹公之拔官渡，以寡敵衆，杖義故也。峻、約小豎，爲海內所患，今日之舉，決在一戰。峻勇而無謀，藉驕勝之勢，自謂無前，今挑之戰，可一鼓而擒也。奈何捨垂立之功，設進退之計！且天子幽逼，社稷危殆，四海臣子，肝腦塗地，嶠等與公並受國恩，是致命之日。事若克濟，則臣主同祚；如其不捷，身雖灰滅，不足以謝責於先帝。今之事勢，義無旋踵，騎猛獸，安可中下哉！公若違衆獨反，人心必沮。沮衆敗事，義旗將迴指於公矣。」侃無以對，遂留不去。

嶠於是創建行廟，廣設壇場，告皇天后土祖宗之靈，親讀祝文，聲氣激揚，流涕覆面，三軍莫能仰視。其日侃督水軍向石頭，亮、嶠等率精勇一萬從白石以挑戰。時峻勞其將士，因醉，突陣馬躓，爲侃將所斬。峻弟逸及子碩嬰城自固。嶠乃立行臺，布告天下，凡故吏二千石、臺郎御史以下，皆令赴臺。於是至者雲集。司徒王導因奏嶠、侃錄尚書，遣間使宣旨，並讓不受。賊將匡術以臺城來降，爲逸所擊，求救於嶠。江州別駕羅洞曰：「今水暴長，救之不便，不如攻榻杭。榻杭軍若敗，術圍自解。」嶠從之，遂破賊石頭軍。奮威長史滕含抱天子奔于嶠船。時陶侃雖爲盟主，而處分規略一出於嶠，及賊滅，拜驃騎將軍、開府儀同三司，加散騎常侍，封始安郡公，邑三千戶。

初，峻黨路永、匡術、賈寧中塗悉以衆歸順，王導將褒顯之，嶠曰：「術輩首亂，罪莫大

焉。晚雖改悟，未足以補前失。全其首領，爲幸已過，何可復寵授哉！」導無以奪。

朝議將留輔政，嶠以導先帝所任，固辭還藩。復以京邑荒殘，資用不給，嶠借資蓄，具器用，而後旋于武昌。至牛渚磯，水深不可測，世云其下多怪物，嶠遂燬犀角而照之。須臾，見水族覆火，奇形異狀，或乘馬車著赤衣者。嶠其夜夢人謂己曰：「與君幽明道別，何意相照也？」意甚惡之。嶠先有齒疾，至是拔之，因中風，至鎮未旬而卒，時年四十二。江州士庶聞之，莫不相顧而泣。帝下册書曰：「朕以眇身，纂承洪緒，不能光闡大道，化洽時雍，至乃狂狡滔天，社稷危逼。惟公明鑒特達，識心經遠，懼皇綱之不維，忿凶寇之縱暴，唱率羣后，五州響應，首啓戎行，元惡授馘。王室危而復安，三光幽而復明，功格宇宙，勳著八表。方賴大猷以拯區夏，天不慭遺，早世薨殂，朕用痛悼于厥心。夫褒德銘勳，先王之明典，今追贈公侍中、大將軍、持節、都督、刺史，公如故，賜錢百萬，布千匹，謚曰忠武，祠以太牢。」

初葬于豫章，後朝廷追嶠勳德，將爲造大墓於元明二帝陵之北，陶侃上表曰：「故大將軍嶠忠誠著于聖世，勳義感于人神，非臣筆墨所能稱陳。臨卒之際，與臣書別，臣藏之篋笥，時時省視，每一思述，未嘗不中夜撫膺，臨飯酸噎。『人之云亡』，嶠實當之。謹寫嶠書上呈，伏惟陛下既垂御省，傷其情旨，死不忘忠，身沒黃泉，追恨國恥，將臣勠力，救濟艱難，使亡而有知，抱恨結草，豈樂今日勞費之事。願陛下慈恩，停其移葬，使嶠棺柩無風波之

危，魂靈安於后土。」詔從之。其後嶠後妻何氏卒，子放之便載喪還都。詔葬建平陵北，并贈嶠前妻王氏及何氏始安夫人印綬。

放之嗣爵，少歷清官，累至給事黃門侍郎。以貧，求爲交州，朝廷許之。王述與會稽王牋曰：「放之溫嶠之子，宜見優異，而投之嶺外，竊用愕然。願遠存周禮，近參人情，則望實惟允。」時竟不納。放之既至南海，甚有威惠。將征林邑，交阯太守杜寶、別駕阮朗並不從，放之以其沮衆，誅之，勒兵而進，遂破林邑而還。卒于官。

弟式之，新建縣侯，位至散騎常侍。

郗鑒 子愔　愔子超　愔弟曇　曇子恢　鑒叔父隆

郗鑒字道徽，高平金鄉人，漢御史大夫慮之玄孫也。少孤貧，博覽經籍，躬耕隴畝，吟詠不倦。以儒雅著名，不應州命。趙王倫辟爲掾，知倫有不臣之迹，稱疾去職。及倫篡，其黨皆至大官，而鑒閉門自守，不染逆節。惠帝反正，參司空軍事，累遷太子中舍人、中書侍郎。東海王越辟爲主簿，舉賢良，不行。征東大將軍苟晞檄爲從事中郎。晞與越方以力爭，鑒不應其召。從兄旭，晞之別駕，恐禍及己，勸之赴召，鑒終不迴，晞亦不之逼也。及京師不守，寇難鋒起，鑒遂陷於陳午賊中。邑人張寔先求交於鑒，鑒不許。至是，寔於午營來

省鑒疾，既而卿鑒。鑒謂寔曰：「相與邦壤，義不及通，何可怙亂至此邪！」寔大慚而退。午以鑒有名於世，將逼爲主，鑒逃而獲免。午尋潰散，鑒得歸鄉里。于時所在饑荒，州中之士素有感其恩義者，相與資贍。鑒復分所得，以賉宗族及鄉曲孤老，賴而全濟者甚多，咸相謂曰：「今天子播越，中原無伯，當歸依仁德，可以後亡。」遂共推鑒爲主，舉千餘家俱避難於魯之嶧山。

元帝初鎮江左，承制假鑒龍驤將軍、兗州刺史，鎮鄒山。時荀藩用李述，劉琨用兄子演，並爲兗州，各屯一郡，以力相傾，闔州編戶，莫知所適。又徐龕、石勒左右交侵，日尋干戈，外無救援，百姓饑饉，或掘野鼠蟄燕而食之，終無叛者。三年間，衆至數萬。帝就加輔國將軍、都督兗州諸軍事。

永昌初，徵拜領軍將軍，既至，轉尚書，以疾不拜。時明帝初即位，王敦專制，內外危逼，謀杖鑒爲外援，由是拜安西將軍、兗州刺史、都督揚州江西諸軍、假節，鎮合肥。敦忌之，表爲尚書令，徵還。道經姑孰，與敦相見，敦謂曰：「樂彥輔短才耳。後生流宕，言違名檢，考之以實，豈勝滿武秋邪？」鑒曰：「擬人必于其倫。彥輔道韻平淡，體識沖粹，處傾危之朝，不可得而親疏。及愍懷太子之廢，可謂柔而有正。武秋失節之士，何可同日而言！」敦曰：「愍懷廢徙之際，交有危機之急，人何能以死守之乎！以此相方，其不減明矣。」鑒曰：

「丈夫既潔身北面，義同在三，豈可偷生屈節，靦顏天壤邪！苟道數終極，固當存亡以之耳。」敦素懷無君之心，聞鑒言，大忿之，遂不復相見，拘留不遣。敦之黨與譖毀日至，鑒舉止自若，初無懼心。敦謂錢鳳曰：「郗道徽儒雅之士，名位既重，何得害之！」乃放還臺。鑒遂與帝謀滅敦。

既而錢鳳攻逼京都，假鑒節，加衞將軍、都督從駕諸軍事。鑒以無益事實，固辭不受軍號。時議者以王含、錢鳳衆力百倍，苑城小而不固，宜及軍勢未成，大駕自出距戰。鑒曰：「羣逆縱逸，其勢不可當，可以算屈，難以力競。且含等號令不一，抄盜相尋，百姓懲往年之暴，皆人自爲守。乘逆順之勢，何往不克！且賊無經略遠圖，惟恃豕突一戰，曠日持久，必啓義士之心，令謀猷得展。今以此弱力敵彼强寇，決勝負於一朝，定成敗於呼吸，雖有申胥之徒，義存投袂，何補於既往哉！」帝從之。鑒以尚書令領諸屯營。

及鳳等平，溫嶠上議，請宥敦佐吏，鑒以爲先王崇君臣之教，故貴伏死之節；昏亡之主，故開待放之門。王敦佐吏雖多逼迫，然居逆亂之朝，無出關之操，準之前訓，宜加義責。又奏錢鳳母年八十，宜蒙全宥。乃從之。封高平侯，賜絹四千八百匹。帝以其有器望，萬機動靜輒問之，乃詔鑒特草上表疏，以從簡易。王導議欲贈周札官，鑒以爲不合，語在札傳。導不從。鑒於是駮之曰：「敦之逆謀，履霜日久，緣札開門，令王師不振。若敦前者之舉，義

同桓文，則先帝可爲幽厲邪？」朝臣雖無以難，而不能從。俄而遷車騎將軍、都督徐兗青三州軍事、兗州刺史、假節，鎮廣陵。尋而帝崩，鑒與王導、卞壼、溫嶠、庾亮、陸曄等並受遺詔，輔少主，進位車騎大將軍、開府儀同三司，加散騎常侍。

咸和初，領徐州刺史。及祖約、蘇峻反，鑒聞難，便欲率所領東赴。詔以北寇不許。於是遣司馬劉矩領三千人宿衞京都。尋而王師敗績，矩遂退還。中書令庾亮宣太后口詔，進鑒爲司空。鑒去賊密邇，城孤糧絕，人情業業，莫有固志，奉詔流涕，設壇場，刑白馬，大誓三軍曰：「賊臣祖約、蘇峻不恭天命，不畏王誅，凶戾肆逆，干國之紀，陵汨五常，侮弄神器，遂制脅幽主，拔本塞原，殘害忠良，禍虐黎庶，使天地神祇靡所依歸。是以率土怨酷，兆庶泣血，咸願奉辭罰罪，以除元惡。昔戎狄泯周，齊桓糾盟；董卓陵漢，羣后致討。義存君親，古今一也。今主上幽危，百姓倒懸，忠臣正士志存報國。凡我同盟，既盟之後，勠力一心，以救社稷。若二寇不梟，義無偸安。有渝此盟，明神殛之！」鑒登壇慷慨，三軍爭爲用命。乃遣將軍夏侯長等閒行，謂平南將軍溫嶠曰：「今賊謀欲挾天子東入會稽，宜先立營壘，屯據要害，既防其越逸，又斷賊糧運，然後靜鎮京口，清壁以待賊。賊攻城不拔，野無所掠，東道既斷，糧運自絕，不過百日，必自潰矣。」嶠深以爲然。

及陶侃爲盟主，進鑒都督揚州八郡軍事。時撫軍將軍王舒、輔軍將軍虞潭皆受鑒節

度，〔三〕率衆渡江，與侃會于茄子浦。鑒築白石壘而據之。會舒、潭戰不利，鑒與後將軍郭默還丹徒，立大業、曲阿、庱亭三壘以距賊。而賊將張健來攻大業，城中乏水，郭默窘迫，遂突圍而出，三軍失色。參軍曹納以爲大業京口之扞，一旦不守，賊方軌而前，勸鑒退還廣陵以俟後舉。鑒乃大會僚佐，責納曰：「吾蒙先帝厚顧，荷託付之重，正復捐軀九泉不足以報。今强寇在郊，衆心危迫，君腹心之佐，而生長異端，當何以率先義衆，鎮一三軍邪！」將斬之，久而乃釋。會峻死，大業圍解。及蘇逸等走吳興，鑒遣參軍李閎追斬之，降男女萬餘口。拜司空，加侍中，解八郡都督，更封南昌縣公，以先爵封其子曇。

時賊帥劉徵聚衆數千，浮海抄東南諸縣。鑒遂城京口，加都督揚州之晉陵吳郡諸軍事，率衆討平之。進位太尉。

後以寢疾，上疏遜位曰：「臣疾彌留，遂至沈篤，自忖氣力，差理難冀。有生有死，自然之分。但忝位過才，曾無以報，上慚先帝，下愧日月。伏枕哀歎，抱恨黃泉。臣今虛乏，救命朝夕，輒以府事付長史劉遐，乞骸骨歸丘園。惟願陛下崇山海之量，弘濟大猷，任賢使能，事從簡易，使康哉之歌復興於今，則臣雖死，猶生之日耳。臣所統錯雜，率多北人，或逼遷徙，或是新附，百姓懷土，皆有歸本之心。臣宣國恩，示以好惡，處與田宅，漸得少安。聞臣疾篤，衆情駭動，若當北渡，必啓寇心。太常臣謨，平簡貞正，素望所歸，謂可以爲都督、

徐州刺史。臣亡兄息晉陵內史邁，謙愛養士，甚爲流亡所宗，又是臣門戶子弟，堪任兗州刺史。公家之事，知無不爲，是以敢希祁奚之舉。」疏奏，以蔡謨爲鑒軍司。鑒尋薨，時年七十一。帝朝晡哭于朝堂，遣御史持節護喪事，贈一依溫嶠故事。册曰：「惟公道德沖邃，體識弘遠，忠亮雅正，行爲世表，歷位內外，勳庸彌著。乃者約峻狂狡，毒流朝廷，社稷之危，賴公以寧。功侔古烈，勳邁桓文。方倚大猷，藩翼時難，昊天不弔，奄忽薨殂，朕用震悼于厥心。夫爵以顯德，謚以表行，所以崇明軌迹，丕揚徽劭。今贈太宰，謚曰文成，祠以太牢。魂而有靈，嘉茲寵榮。」

初，鑒值永嘉喪亂，在鄉里甚窮餒，鄉人以鑒名德，傳共飴之。時兄子邁、外甥周翼並小，常攜之就食。鄉人曰：「各自饑困，以君賢，欲共相濟耳，恐不能兼有所存。」鑒於是獨往，食訖，以飯著兩頰邊，還吐與二兒，後並得存，同過江。邁位至護軍，翼爲剡縣令。鑒之薨也，翼追撫育之恩，解職而歸，席苦心喪三年。二子：愔、曇。

愔字方回。少不交競，弱冠，除散騎侍郎，不拜。性至孝，居父母憂，殆將滅性。服闋，襲爵南昌公，徵拜中書侍郎。驃騎何充輔政，征北將軍褚裒鎮京口，皆以愔爲長史。再遷黃門侍郎。時吳郡守闕，欲以愔爲太守。愔自以資望少，不宜超莅大郡，朝議嘉之。轉爲

臨海太守。會弟曇卒，益無處世意，在郡優游，頗稱簡默，與姊夫王羲之、高士許詢並有邁世之風，[四]俱棲心絕穀，修黃老之術。後以疾去職，乃築宅章安，有終焉之志。十許年間，人事頓絕。

簡文帝輔政，與尚書僕射江彪等薦愔，以爲執德存正，識懷沈敏，而辭職遺榮，有不拔之操，成務須才，豈得遂其獨善，宜見徵引，以參政術。於是徵爲光祿大夫，加散騎常侍。既到，更除太常，固讓不拜。深抱沖退，樂補遠郡，從之，出爲輔國將軍、會稽內史。大司馬桓溫以愔與徐兗有故義，乃遷愔都督徐兗青幽揚州之晉陵諸軍事、領徐兗二州刺史、假節。雖居藩鎮，非其好也。

俄屬桓溫北伐，愔請督所部出河上，用其子超計，以己非將帥才，不堪軍旅，又固辭解職，勸溫并領己所統。轉冠軍將軍、會稽內史。

及帝踐阼，就加鎮軍、都督浙江東五郡軍事。久之，以年老乞骸骨，因居會稽。徵拜司空，詔書優美，敦獎殷勤，固辭不起。太元九年卒，時年七十二。追贈侍中、司空，謚曰文穆。三子：超、融、沖。超最知名。

超字景興，一字嘉賓。少卓犖不羈，有曠世之度，交游士林，每存勝拔，善談論，義理精微。愔事天師道，而超奉佛。愔又好聚斂，積錢數千萬，嘗開庫，任超所取。超性好施，一日中散與親故都盡。其任心獨詣，皆此類也。

桓溫辟爲征西大將軍掾。溫遷大司馬，又轉爲參軍。溫英氣高邁，罕有所推，與超言，常謂不能測，遂傾意禮待。超亦深自結納。時王珣爲溫主簿，亦爲溫所重。府中語曰：「髯參軍，短主簿，能令公喜，能令公怒。」超髯，珣短故也。尋除散騎侍郎。時愔在北府，徐州人多勁悍，溫恒云「京口酒可飲，兵可用」，深不欲愔居之。而愔暗於事機，遣牋詣溫，欲共獎王室，修復園陵。超取視，寸寸毀裂，乃更作牋，自陳老病，甚不堪人間，乞閑地自養。溫得牋大喜，即轉愔爲會稽太守。溫懷不軌，欲立霸王之基，超爲之謀。謝安與王坦之嘗詣溫論事，溫令超帳中臥聽之，風動帳開，安笑曰：「郗生可謂入幕之賓矣。」

太和中，溫將伐慕容氏於臨漳，超諫以道遠，汴水又淺，運道不通。溫不從，遂引軍自濟入河，超又進策於溫曰：「清水入河，無通運理。若寇不戰，運道又難，因資無所，實爲深慮也。今盛夏，悉力徑造鄴城，彼伏公威略，必望陣而走，退還幽朔矣。若能決戰，呼吸可定。設欲城鄴，難爲功力。百姓布野，盡爲官有。易水以南，必交臂請命。但恐此計輕決，公必務其持重耳。若此計不從，便當頓兵河濟，控引糧運，令資儲充備，足及來夏，雖如賒遲，終亦濟克。若舍此二策而連軍西進，進不速決，退必愆乏。賊因此勢，日月相引，僶俛

秋冬，船道澀滯，且北土早寒，三軍裘褐者少，恐不可以涉冬。此大限閡，非惟無食而已。」溫不從，果有枋頭之敗，溫深慚之。尋而有壽陽之捷，問超曰：「此足以雪枋頭之恥乎？」超曰：「未厭有識之情也。」既而超就溫宿，中夜謂溫曰：「明公都有慮不？」溫曰：「卿欲有所言邪？」超曰：「明公既居重任，天下之責將歸於公矣。若不能行廢立大事、爲伊霍之舉者，不足鎮壓四海，震服宇內，豈可不深思哉！」溫既素有此計，深納其言，遂定廢立，超始謀也。

遷中書侍郎。謝安嘗與王文度共詣超，日旰未得前，文度便欲去，安曰：「不能爲性命忍俄頃邪！」其權重當時如此。轉司徒左長史，母喪去職。常謂其父名公之子，位遇應在謝安右，而安入掌機權，愔優游而已，恒懷憤憤，發言慷慨，由是與謝氏不穆。安亦深恨之。服闋，除散騎常侍，不起。以爲臨海太守，加宣威將軍，不拜。年四十二，先愔卒。

初，超雖實黨桓氏，以愔忠於王室，不令知之。將亡，出一箱書，付門生曰：「本欲焚之，恐公年尊，必以傷愍爲弊。我亡後，若大損眠食，可呈此箱。不爾，便燒之。」愔後果哀悼成疾，門生依旨呈之，則悉與溫往反密計。愔於是大怒曰：「小子死恨晚矣！」更不復哭。凡超所交友，皆一時秀美，雖寒門後進，亦拔而友之。及死之日，貴賤操筆而爲誄者四十餘人，其爲衆所宗貴如此。王獻之兄弟，自超未亡，見愔，常躡履問訊，甚修舅甥之禮。及超死，見愔慢怠，屐而候之，命席便遷延辭避。愔每慨然曰：「使嘉賓不死，鼠子敢爾邪！」性好聞

人棲遁，有能辭榮拂衣者，超爲之起屋宇，作器服，畜僕豎，費百金而不吝。又沙門支遁以清談著名于時，風流勝貴，莫不崇敬，以爲造微之功，足參諸正始。而遁常重超，以爲一時之儁，甚相知賞。超無子，從弟儉之以子僧施嗣。

僧施字惠脫，襲爵南昌公。弱冠，與王綏、桓胤齊名，累居清顯，領宣城內史，入補丹楊尹。劉毅鎭江陵，請爲南蠻校尉、假節。與毅俱誅，國除。

曇字重熙，少賜爵東安縣開國伯。司徒王導辟祕書郎。朝論以曇名臣之子，每逼以憲制，年三十，始拜通直散騎侍郎，遷中書侍郎。簡文帝爲撫軍，引爲司馬。尋除尙書吏部郎，拜御史中丞。時北中郎荀羨有疾，朝廷以曇爲羨軍司，加散騎常侍。頃之，羨徵還，仍除北中郎將、都督徐兗靑幽揚州之晉陵諸軍事、領徐兗二州刺史、假節，鎭下邳。後與賊帥傅末波等戰失利，降號建威將軍。尋卒，年四十二。追贈北中郎，謚曰簡。子恢嗣。

恢字道胤，少襲父爵，散騎侍郎，累遷給事黃門侍郎，領太子右衞率。恢身長八尺，美鬚髯，孝武帝深器之，以爲有藩伯之望。會朱序自表去職，擢恢爲梁秦雍司荆揚幷等州諸軍事、建威將軍、雍州刺史、假節，鎭襄陽。恢甚得關隴之和，降附者動有千計。

初，姚萇將竇衝來降，拜東羌校尉。衝後舉兵反，入漢川，襲梁州。時關中有巴蜀之衆，皆背萇，據弘農以結苻登。而登署衝爲左丞相，徙屯華陰。河南太守楊佺期遣上黨太守荀靜戍皇天塢以距之。衝數來攻，恢遣將軍趙睦守金墉城，而佺期率衆次湖城，討衝，走之。

尋而慕容垂圍慕容永於潞川，永窮蹙，遣其子弘求救於恢，幷獻玉璽一紐。恢獻璽於臺，又陳「垂若幷永，其勢難測。今於國計，謂宜救永。永垂並存，自爲仇讎，連雞不棲，無能爲患。然後乘機雙斃，則河北可平」。孝武帝以爲然，詔王恭、庾楷救之，未及發而永沒。

楊佺期以疾去職。

恢以隨郡太守夏侯宗之爲河南太守，戍洛陽。姚萇遣其子略攻湖城及上洛，又使其將楊佛嵩圍洛陽。恢遣建武將軍辛恭靖救洛陽，〔五〕梁州刺史王正胤率衆出子午谷，以爲聲援。略懼而退。恢以功進征虜將軍，又領秦州刺史，加督隴上軍。

時魏氏强盛，山陵危逼，恢遣江夏相鄧啓方等以萬人距之，與魏主拓跋珪戰於滎陽，大敗而還。

及王恭討王國寶，桓玄、殷仲堪皆舉兵應恭，恢與朝廷掎角玄等。襄陽太守夏侯宗之、府司馬郭毗並以爲不可，恢皆殺之。既而玄等退守尋陽。以恢爲尙書，將家還都，至楊口，仲堪陰使人於道殺之，及其四子，託以羣蠻所殺。喪還京師，贈鎭軍將軍。子循嗣。

隆字弘始，蹇亮有匪躬之節。初爲尙書郎，轉左丞，在朝爲百僚所憚，坐漏洩事免。頃之，爲吏部郎，復免。補東郡太守。

隆少爲趙王倫所善，及倫專擅，召爲散騎常侍。倫之篡也，以爲揚州刺史。僚屬有犯，輒依臺閣峻制繩之，遠近咸怨。尋加寧東將軍，未拜，而齊王冏檄至，中州人在軍者皆欲赴義，隆以兄子鑒爲趙王掾，諸子悉在京洛，故猶豫未決。主簿趙誘、前秀才虞潭白隆曰：「當今上計，明使君自將精兵徑赴齊王；中計，明使君可留督攝，速遣猛將率精兵疾赴；下計，示遣兵將助，而稱背倫。」隆素敬別駕顧彥，密與謀之。彥曰：「趙誘下計，乃上策也。」西曹留承聞彥言，〔六〕請見，曰：「不審明使君當今何施？」隆曰：「我俱受二帝恩，無所偏助，惟欲守州而已。」承曰：「天下者，世祖皇帝之天下也。太上承代已積十年，今上取四海不平，齊王應天順時，成敗之事可見。使君若顧二帝，自可不行，宜急下檄文，速遣精兵猛將。若其疑惑，此州豈可得保也！」隆無所言，而停檄六日。時寧遠將軍陳留王邃領東海都尉，鎭石頭，隆軍人西赴邃甚衆。隆遣從事於牛渚禁之，不得止。將士憤怒，夜扶邃爲主而攻之，隆父子皆死，顧彥亦被害，誣隆聚合遠近，圖爲不軌。隆之死也，時議莫不痛惜焉。

史臣曰：忠臣本乎孝子，奉上資乎愛親，自家刑國，於斯極矣。太眞性履純深，譽流邦族，始則承顏候色，老萊弗之加也；既而辭親蹈義，申胥何以尙焉！封狐萬里，投軀而弗顧；猰窳千羣，探穴而忘死。竟能宣力王室，揚名本朝，負荷受遺，繼之全節。言念主辱，義聲動於天地；祗赴國屯，信誓明於日月。枕戈雨泣，若雪分天之仇；皇輿旋軫，卒復夷庚之蹋。微夫人之誠懇，大盜幾移國乎！道徽儒雅，柔而有正，協德始安，頡均連璧。方回踵武，奕世登台。露冕爲飾，援高人以同志，抑惟大隱者歟！愛子云亡，省遺文而輟泣，殊有大義之風矣。

贊曰：太眞懷貞，勤宣乃誠。謀敦翦峻，奮節摛名。道徽忠勁，高芬遠映。愔克負荷，超慚雅正。

校勘記

〔一〕謝鯤　「鯤」原作「琨」，據鯤傳及通志一二六改。

〔二〕鄱陽內史紀瞻　勞校：成紀、鄧嶽傳「紀瞻」作「紀睦」。紀瞻卒於明帝時，距咸和三年已四年矣，且瞻亦未嘗爲鄱陽內史。

〔三〕輔軍將軍虞潭　潭傳及通志一二六「輔軍」作「輔國」。

〔四〕許詢 「詢」原作「恂」。本書各傳皆作「詢」，世說言語注引續晉陽秋、賞譽注引許氏譜皆作「詢」，今據改。

〔五〕辛恭靖 「恭靖」原作「恭靜」，今依恭靖傳及通鑑一一一改。

〔六〕西曹留承 校文：趙誘傳作「治中留寶」。

晉書卷六十八

列傳第三十八

顧榮

顧榮字彥先，吳國吳人也，為南土著姓。祖雍，吳丞相。父穆，宜都太守。榮機神朗悟，弱冠仕吳，為黃門侍郎、太子輔義都尉。吳平，與陸機兄弟同入洛，時人號為「三俊」。例拜為郎中，歷尚書郎、太子中舍人、廷尉正。恒縱酒酣暢，謂友人張翰曰：「惟酒可以忘憂，但無如作病何耳。」

會趙王倫誅淮南王允，收允僚屬付廷尉，皆欲誅之，榮平心處當，多所全宥。及倫篡位，倫子虔為大將軍，以榮為長史。初，榮與同僚宴飲，見執炙者貌狀不凡，有欲炙之色，榮割炙啗之。坐者問其故，榮曰：「豈有終日執之而不知其味！」及倫敗，榮被執，將誅，而執炙者為督率，遂救之，得免。

齊王冏召為大司馬主簿。冏擅權驕恣，榮懼及禍，終日昏酣，不綜府事，以情告友人長樂馮熊。熊謂冏長史葛旟曰：「以顧榮為主簿，所以甄拔才望，委以事機，不復計南北親疏，欲平海內之心也。今府大事殷，非酒客之政。」旟曰：「榮江南望士，且居職日淺，不宜輕代易之。」熊曰：「可轉為中書侍郎，榮不失清顯，而府更收實才。」旟然之，白冏，以為中書侍郎。在職不復飲酒。人或問之曰：「何前醉而後醒邪？」榮懼罪，乃復更飲。與州里楊彥明書曰：「吾為齊王主簿，恒慮禍及，見刀與繩，每欲自殺，但人不知耳。」及冏誅，榮以討葛旟功，封嘉興伯，轉太子中庶子。

長沙王乂為驃騎，復以榮為長史。乂敗，轉成都王穎丞相從事中郎。惠帝幸臨漳，以榮兼侍中，遣行園陵。會張方據洛，不得進，避之陳留。及帝西遷長安，徵為散騎常侍，以世亂不應，遂還吳。東海王越聚兵於徐州，以榮為軍諮祭酒。

屬廣陵相陳敏反，南渡江，逐揚州刺史劉機、丹楊內史王曠，〔一〕阻兵據州，分置子弟為列郡，收禮豪桀，有孫氏鼎峙之計。假榮右將軍、丹楊內史。榮數踐危亡之際，恒以恭遜自勉。會敏欲誅諸士人，榮說之曰：「中國喪亂，胡夷內侮，觀太傅今日不能復振華夏，百姓無復遺種。江南雖有石冰之寇，人物尚全。榮常憂無竇氏、孫、劉之策，〔二〕有以存之耳。今將軍懷神武之略，有孫吳之能，功勳效於已著，勇略冠於當世，帶甲數萬，舳艫山積，上方雖有數州，亦可傳檄而定也。若能委信君子，各得盡懷，散蔕芥之恨，塞讒諂之口，則大事可圖也。」敏納其言，悉引諸豪族委任之。敏仍遣甘卓出橫江，堅甲利器，盡以委之。榮私於卓曰：「若江東之事可濟，當共成之。然卿觀事勢當有濟理不？敏既常才，本無大略，政令反覆，計無所定，然其子弟各已驕矜，其敗必矣。而吾等安然受其官祿，事敗之日，使江西諸軍函首送洛，題曰逆賊顧榮、甘卓之首，豈惟一身顛覆，辱及萬世，可不圖之！」卓從之。明年，周玘與榮及甘卓、紀瞻潛謀起兵攻敏。榮廢橋斂舟於南岸，敏率萬餘人出，不獲濟，榮麾以羽扇，其衆潰散。事平，還吳。永嘉初，徵拜侍中，行至彭城，見禍難方作，遂輕舟而還，語在紀瞻傳。

元帝鎮江東，以榮爲軍司，加散騎常侍，凡所謀畫，皆以諮焉。榮既南州望士，躬處右職，朝野甚推敬之。時帝所幸鄭貴嬪有疾，以祈禱頗廢萬機，榮上牋諫曰：「昔文王父子兄弟乃有三聖，可謂窮理者也。而文王日昃不暇食，周公一沐三握髮，何哉？誠以一日萬機，不可不理，一言蹉跌，患必及之故也。當今衰季之末，屬亂離之運，而天子流播，豺狼塞路，公宜露營野次，星言夙駕，伏軾怒蛙以募勇士，懸膽於庭以表辛苦。貴嬪未安，藥石實急；禱祀之事，誠復可修；豈有便塞參佐白事，斷賓客問訊？今强賊臨境，流言滿國，人心萬端，去就紛紜。顧沖虛納下，廣延儁彥，思畫今日之要，塞鬼道淫祀，弘九合之勤，雪天下之恥，

則羣生有賴，開泰有期矣。」

時南土之士未盡才用，榮又言：「陸士光貞正清貴，金玉其質；甘季思忠款盡誠，膽幹殊快；殷慶元質略有明規，文武可施用；榮族兄公讓明亮守節，困不易操；會稽楊彥明、謝行言皆服膺儒教，足爲公望；賀生沈潛，青雲之士；陶恭兄弟才幹雖少，實事極佳。凡此諸人，皆南金也。」書奏，皆納之。

六年，卒官。帝臨喪盡哀，欲表贈榮，依齊王功臣格。吳郡內史殷祐牋曰：

「昔賊臣陳敏憑寵藉權，滔天作亂，兄弟姻婭盤固州郡，威逼士庶以爲臣僕，于時賢愚計無所出。故散騎常侍、安東軍司、嘉興伯顧榮經德體道，謀猷弘遠，忠貞之節，在困彌厲。崎嶇艱險之中，逼迫姦逆之下，每惟社稷，發憤慷慨。密結腹心，同謀致討。信著羣士，名冠東夏，德聲所振，莫不響應，荷戈駿奔，其會如林。榮躬當矢石，爲衆率先，忠義奮發，忘家爲國，歷年逋寇，一朝土崩，兵不血刃，蕩平六州，勳茂上代，義彰天下。

伏聞論功依故大司馬齊王格，不在帷幕密謀參議之例，下附州征野戰之比，不得進爵拓土，賜拜子弟，遐邇同歎，江表失望。齊王親則近屬，位爲方嶽，杖節握兵，都督近畿，外有五國之援，內有宗室之助，稱兵彌時，役連天下，元功雖建，所喪亦多。榮衆

無一旅，任非藩翰，孤絕江外，王命不通，臨危獨斷，以身徇國，官無一金之費，人無終朝之勞。元惡既殄，高尚成功，封閉倉廩，以俟大軍，故國安物阜，以義成俗，今日匡霸事舉，未必不由此而隆也。方之於齊，强弱不同，優劣亦異。至於齊府參佐，扶義助强，非創謀之主，皆錫珪受瑞，或公或侯。榮首建密謀，爲方面盟主，功高元帥，賞卑下佐，上虧經國紀功之班，下孤忠義授命之士。

夫考績幽明，王教所崇，況若榮者，濟難寧國，應天先事，歷觀古今，未有立功若彼，酬報如此者也。」

由是贈榮侍中、驃騎將軍、開府儀同三司，謚曰元。及帝爲晉王，追封爲公，開國，食邑。榮素好琴，及卒，家人常置琴於靈座。吳郡張翰哭之慟，既而上牀鼓琴數曲，撫琴而歎曰：「顧彥先復能賞此不？」因又慟哭，不弔喪主而去。子毗嗣，官至散騎侍郎。

紀瞻

紀瞻字思遠，丹楊秣陵人也。祖亮，吳尚書令。父陟，光祿大夫。瞻少以方直知名。吳平，徙家歷陽郡。察孝廉，不行。後舉秀才，尚書郎陸機策之曰：「昔三代明王，啓建洪業，文質殊制，而令名一致。然夏

人尚忠，忠之弊也朴，救朴莫若敬。殷人革而修焉，敬之弊也鬼，救鬼莫若文。周人矯而變焉，文之弊也薄，救薄則又反之於忠。然則王道之反覆其無一定邪，亦所祖之不同而功業各異也？自無聖王，人散久矣。三代之損益，百姓之變遷，其故可得而聞邪？今將反古以救其弊，明風以蕩其穢，三代之制將何所從？太古之化有何異道？」瞻對曰：「瞻聞有國有家者，皆欲邁化隆政，以康庶績，垂歌億載，永傳于後。然而俗變事弊，得不隨時，雖經聖哲，無以易也。故忠弊質野，敬失多儀。周鑒二王之弊，崇文以辯等差，而流遁者歸薄而無款誠，款誠之薄，則又反之於忠。三代相循，如水濟火，所謂隨時之義，救弊之術也。羲皇簡朴，無爲而化；後聖因承，所務或異。非賢聖之不同，世變使之然耳。今大晉闡元，聖功日隮，承天順時，九有一貫，荒服之君，莫不來同。然而大道既往，人變由久，謂當今之政宜去文存朴，以反其本，則兆庶漸化，太和可致也。」

又問：「在昔哲王象事備物，明堂所以崇上帝，清廟所以寧祖考，辟雍所以班禮敎，太學所以講藝文，此蓋有國之盛典，爲邦之大司。亡秦廢學，制度荒闕。諸儒之論，損益異物。漢氏遺作，居爲異事，而蔡邕月令謂之一物。將何所從？」對曰：「周制明堂，所以宗其祖以配上帝，敬恭明祀，永光孝道也。其大數有六。古者聖帝明王南面而聽政，其六則以明堂爲主。又其正中，皆云太廟，以順天時，施行法令，宗祀養老，訓學講肄，朝諸侯而選造士，

中華書局

備禮辯物，一教化之由也。故取其宗祀之類，則曰清廟；取其正室之貌，則曰太廟；取其室，則曰太室；取其堂，則曰明堂；取其四門之學，則曰太學；取其周水圜如璧，則曰璧雍。異名同事，其實一也。是以蔡邕謂之一物。」

又問：「庶明亮采，故時雍穆唐；有命既集，而多士隆周。故書稱明良之歌，易貴金蘭之美。此長世所以廢興，有邦所以崇替。夫成功之君勤於求才，立名之士急於招世，理無世不對，而事千載恒背。古之興王何道而如彼？後之衰世何闕而如此？」對曰：「興隆之政務在得賢，清平之化急於拔才，故二八登庸，則百揆序；有亂十人，而天下泰。武丁擢傅巖之徒，周文攜渭濱之士，居之上司，委之國政，故能龍奮天衢，垂勳百代。先王身下白屋，搜揚仄陋，使山無扶蘇之才，野無伐檀之詠。是以化厚物感，神祇來應，翔鳳飄颻，甘露豐墜，醴泉吐液，朱草自生，萬物滋茂，日月重光，和氣四塞，大道以成；序君臣之義，敦父子之親，明夫婦之道，別長幼之宜，自九州，被八荒，海外移心，重譯入貢，頌聲穆穆，南面垂拱也。今貢賢之塗已闓，而教學之務未廣，是以進競之志恒銳，而務學之心不修。若闢四門以延造士，宣五教以明令德，考績殿最，審其優劣，厝之百僚，置之羣司，使調物度宜，節宣國典，必協濟康哉，符契往代，明良來應，金蘭復存也。」

又問：「昔唐虞垂五刑之教，周公明四罪之制，故世歎清問而時歌緝熙。姦宄既殷，法

物滋有。叔世崇三辟之文，暴秦加族誅之律，淫刑淪胥，虐濫已甚。漢魏遵承，因而弗革。亦由險泰不同，而救世異術，不得已而用之故也。寬克之中，將何立而可？族誅之法足為永制與不？」對曰：「二儀分則兆庶生，兆庶生則利害作。利害之作，有由而然也。太古之時，化道德之教，賤勇力而貴仁義。仁義貴則強不陵弱，衆不暴寡。三皇結繩而天下泰，非惟象刑緝熙而已也。且太古知法，所以遠獄。及其末，不失有罪，是以獄用彌繁，而人彌暴，法令滋章，盜賊多有。書曰『惟敬五刑，以成三德』。叔世道衰，既興三辟，而文公之弊，又加族誅，淫刑淪胥，感傷和氣，化染後代，不能變改。故漢祖指麾而六合響應，魏承漢末，因而未革，將以俗變由久，權時之宜也。今四海一統，人思反本，漸尚簡樸，則貪夫不競；尊賢黜否，則不仁者遠。爾則斟參夷之刑，除族誅之律，品物各順其生，緝熙異世而偕也。」

又問曰：「夫五行迭代，陰陽相須，二儀所以陶育，四時所以化生。易稱『在天成象，在地成形』。形象之作，相須之道也。若陰陽不調，則大數不得不否；一氣偏廢，則萬物不得獨成。此應同之至驗，不偏之明證也。今有溫泉而無寒火，其故何也？思聞辯之，以釋不同之理。」對曰：「蓋聞陰陽升降，山澤通氣，初九純卦，潛龍勿用，泉源所託，其溫宜也。若夫水潤下，火炎上，剛柔燥溼，自然之性，故陽動而外，陰靜而內。內性柔弱，以含容為質；外動剛直，以外接為用。是以金水之明內鑒，火日之光外輝，剛施柔受，陽勝陰伏。水之受溫，含容之性也。」

又問曰：「夫窮神知化，才之盡稱；備物致用，功之極目。以之為政，則黃羲之規可踵，以之革亂，則玄古之風可紹。然而唐虞密皇人之闊網，夏殷繁帝者之約法，機心起而日進，淳德往而莫返。豈太樸一離，理不可振，將聖人之道稍有降殺邪？」對曰：「政因時以興，機隨物而動，故聖王究窮通之源，審始終之理，適時之宜，期於濟世。皇代質朴，禍難不作，結繩為信，人知所守。大道既離，智惠擾物，夷險不同，否泰異數，故唐虞密皇人之網，夏殷繁帝者之法，皆廢興有由，輕重以節，此窮神之道，知化之術，隨時之宜，非有降殺也。」

永康初，州又舉寒素，大司馬辟東閤祭酒。其年，除鄮陵公國相，不之官。明年，左降松滋侯相。太安中，棄官歸家，與顧榮等共誅陳敏，語在榮傳。

召拜尚書郎，與榮同赴洛，在塗共論易太極。榮曰：「太極者，蓋謂混沌之時曚昧未分，日月含其輝，八卦隱其神，天地混其體，聖人藏其身。然後廓然既變，清濁乃陳，二儀著象，陰陽交泰，萬物始萌，六合闓拓。老子云『有物混成，先天地生』，誠易之太極也。而王氏云『太極天地』，愚謂未當。夫兩儀之謂，以體為稱，則是天地；以氣為名，則名陰陽。今若謂太極為天地，則是天地自生，無生天地者也。老子又云『天地所以能長且久者，以其不自生，故能長久』，『一生二，二生三，三生萬物』，以資始沖氣以為和。原元氣之本，求天地之

根，恐宜以此為準也。」瞻曰：「昔庖犧畫八卦，陰陽之理盡矣。文王、仲尼係其遺業，三聖相承，共同一致，稱易準天，無復其餘也。夫天清地平，兩儀交泰，四時推移，日月輝其間，自然之數，雖經諸聖，孰知其始。吾子云『曚昧未分』，豈其然乎！聖人，人也，安得混沌之初能藏其身於未分之內！老氏先天之言，此蓋虛誕之說，非易者之意也。亦謂吾子神通體解，所不應疑。意者直謂太極極盡之稱，言其理極，無復外形；外形既極，而生兩儀。王氏指向可謂近之。古人舉至極以為驗，謂二儀生於此，非復謂有父母。若必有父母，非天地其孰在？」榮遂止。至徐州，聞亂日甚，將不行。會刺史裴盾得東海王越書，若榮等顧望，以軍禮發遣，乃與榮及陸玩等各解船棄車牛，一日一夜行三百里，得還揚州。

元帝為安東將軍，引為軍諮祭酒，轉鎮東長史。帝親幸瞻宅，與之同乘而歸。以討周馥、華軼功，封都鄉侯。石勒入寇，加揚威將軍、都督京口以南至蕪湖諸軍事，以距勒。勒退，除會稽內史。時有詐作大將軍府符收諸暨令，令已受拘，瞻覺其詐，便破檻出之，訊問使者，果伏詐妄。尋遷丞相軍諮祭酒。論討陳敏功，封臨湘縣侯。西臺除侍中，不就。

及長安不守，與王導俱入勸進。帝不許。瞻曰：「陛下性與天道，猶復役機神於史籍，觀古人之成敗，今世事舉目可知，不為難見。二帝失御，宗廟虛廢，神器去晉，于今二載，梓宮未殯，人神失御。陛下膺籙受圖，特天所授。使六合革面，遐荒來庭，宗廟既建，神主復

安，億兆向風，殊俗畢至，若列宿之綰北極，百川之歸巨海，而猶欲守匹夫之謙，非所以闡七廟，隆中興也。但國賊宜誅，當以此屈己謝天下耳。而欲逆天時，違人事，失地利，三者一去，雖復傾匡於將來，豈得救祖宗之危急哉！適時之宜萬端，其可綱維大業者，惟理與當。晉祚屯否，理盡於今。促之則得，可以隆中興之祚；縱之則失，所以資姦寇之權：此所謂理也。陛下身當厄運，纂承帝緒，顧望宗室，誰復與讓！當承大位，此所謂當也。四祖廓開宇宙，大業如此。今五都燔爇，宗廟無主，劉載竊弄神器於西北，陛下方欲高讓於東南，此所謂揖讓而救火也。臣等區區，尚所不許，況大人與天地合德，日月並明，而可以失機後時哉！」帝猶不許，使殿中將軍韓績徹去御坐。瞻叱績曰：「帝坐上應星宿，敢有動者斬！」帝為之改容。

及帝踐位，拜侍中，轉尚書，上疏諫諍，多所匡益，帝甚嘉其忠烈。會久疾，不堪朝請，上疏曰：

臣疾疢不痊，曠廢轉久，比陳誠款，未見哀察。重以尸素，抱罪枕席，憂責之重，不知垂沒之餘當所投厝。臣聞易失者時，不再者年，故古之志士義人負鼎趣走，商歌於市，誠欲及時效其忠規，名傳不朽也。然失之者億萬，得之者一兩耳。常人之情，貪求榮利。臣以凡庸，邂逅遭遇，勞無負鼎，口不商歌，橫逢大運，頻煩饕竊。雖思慕古

人自效之志，竟無豪釐報塞之效，而犬馬齒衰，衆疾廢頓，僵臥救命，百有餘日，叩棺曳衾，日頓一日。如復天假之年，蒙陛下行葦之惠，適可薄存性命，枕息陋巷，亦無由復廁八坐，升降臺閣也。臣目冥齒墮，胸腹冰冷，創既不差，足復偏跛，為病受困，既以荼毒。七十之年，禮典所遺，衰老之徵，皎然露見。臣雖欲勤自藏護，隱伏何地！

臣之職掌，戶口租稅，國之所重。方今六合波盪，人未安居，始被大化，百度草創，發卒轉運，皆須人力。以臣平強，兼以晨夜，尚不及事，今俟命漏刻，而當久停機職，使王事有廢。若朝廷以之廣恩，則憂責日重；以之序官，則官廢事弊；須臣差，則臣日月衰退。今以天慈，使官曠事滯，臣受偏私之宥，於大望亦有虧損。今萬國革面，賢俊比跡，而當虛停好爵，不以縻賢，以臣穢病之餘，妨官固職，誠非古今黜進之急。惟陛下割不已之仁，賜以斂帷，隕仆之日，得以藉尸；時銓俊乂，使官修事舉，臣免罪戮，死生厚幸！

因以疾免。尋除尚書右僕射，屢辭不聽，遂稱病篤，還第，不許。

時郗鑒據鄒山，屢為石勒等所侵逼。瞻以鑒有將相之材，恐朝廷棄而不恤，上疏請徵之，曰：「臣聞皇代之興，必有爪牙之佐，扞城之用，帝王之利器也。故虞舜舉十六相而南面垂拱。伏見前輔國將軍郗鑒，少立高操，體清望峻，文武之略，時之良幹。昔與戴若思同辟，推放荒地，所在孤特，衆無一旅，救援不至。然能綏集殘餘，據險歷載，遂使凶寇不敢南侵。但士衆單寡，無以立功，既統名州，又為常伯。若使鑒從容臺閣，出內王命，必能盡抗直之規，補袞職之闕。自先朝以來，諸所授用，已有成比。戴若思以尚書為六州都督、征西將軍，復加常侍，劉隗鎮北，陳眕鎮東。以鑒年時，則與若思同；以資，則俱八坐。況鑒雅望清重，一代名器。聖朝以至公臨天下，惟平是與，是以臣寢頓陋巷，思盡聞見，惟開聖懷，垂問臣導，冀有豪釐萬分之一。」

明帝嘗獨引瞻於廣室，慨然憂天下，曰：「社稷之臣，欲無復十人，如何？」[三]因屈指曰：「君便其一。」瞻辭讓。帝曰：「方欲與君善語，復云何崇謙讓邪！」瞻才兼文武，朝廷稱其忠亮雅正。俄轉領軍將軍，當時服其嚴毅。雖恒疾病，六軍敬憚之。瞻以久病，請去官，不聽，復加散騎常侍。及王敦之逆，帝使謂瞻曰：「卿雖病，但為朕臥護六軍，所益多矣。」乃賜布千匹。瞻不以歸家，分賞將士。賊平，復自表還家，帝不許，固辭不起。詔曰：「瞻忠亮雅正，識局經濟，屢以年耆病久，遂巡告誡。朕深明此操，重違高志，今聽所執，其以為驃騎將軍，常侍如故。服物制度，一按舊典。」遣使就拜，止家為府。尋卒，時年七十二。册贈本官、開府儀同三司，謚曰穆，遣御史持節監護喪事。論討王含功，追封華容子，降先爵二等，封次子一人亭侯。

瞻性靜默，少交遊，好讀書，或手自抄寫，凡所著述，詩賦牋表數十篇。兼解音樂，殆盡其妙。厚自奉養，立宅於烏衣巷，館宇崇麗，園池竹木，有足賞翫焉。愼行愛士，老而彌篤。尚書閔鴻、太常薛兼、廣川太守河南褚沈、給事中宣城章遼、歷陽太守沛國武嘏，並與瞻素疏，咸藉其高義，臨終託後於瞻。瞻悉營護其家，為起居宅，同於骨肉焉。少與陸機兄弟親善，及機被誅，贍卹其家周至，及嫁機女，資送同於所生。長子景早卒。景子友嗣，官至廷尉。景弟鑒，太子庶子、大將軍從事中郎，先瞻卒。

賀循 楊方

賀循字彥先，會稽山陰人也。其先慶普，漢世傳禮，世所謂慶氏學。族高祖純，博學有重名，漢安帝時為侍中，避安帝父諱，改為賀氏。曾祖齊，仕吳為名將。祖景，滅賊校尉。父邵，中書令，為孫晧所殺，徙家屬邊郡。

循少嬰家難，流放海隅，吳平，乃還本郡。操尚高厲，童齔不羣，言行進止，必以禮讓。國相丁乂請為五官掾。刺史嵇喜舉秀才，除陽羨令，以寬惠為本，不求課最。後為武康令，俗多厚葬，及有拘忌迴避歲月，停喪不葬者，循皆禁焉。政教大行，鄰城宗之。然無援於朝，久不進序。著作郎陸機上疏薦循曰：「伏見武康令賀循德量邃茂，才鑒清遠，服膺道素，

風操凝峻，歷試二城，刑政肅穆。前蒸陽令郭訥風度簡曠，器識朗拔，通濟敏悟，才足幹事。循守下縣，編名凡悴；訥歸家巷，棲遲有年。皆出自新邦，朝無知己，居在遐外，志不自營，年時倏忽，而邈無階緒，實州黨愚智所爲恨恨。臣等伏思臺郎所以使州州有人，非徒以均分顯路，惠及外州而已。誠以庶士殊風，四方異俗，壅隔之害，遠國益甚。至于荆、揚二州，戶各數十萬，今揚州無郎，而荆州江南乃無一人爲京城職者，誠非聖朝待四方之本心。至於才望資品，循可尚書郎，訥可太子洗馬、舍人。此乃衆望所積，非但企及清塗，苟充方選也。謹條資品，乞蒙簡察。」久之，召補太子舍人。

趙王倫篡位，轉侍御史，辭疾去職。後除南中郎長史，不就。會逆賊李辰起兵江夏，征鎮不能討，皆望塵奔走。辰別帥石冰略有揚州，逐會稽相張景，以前寧遠護軍程超代之，以其長史宰與領山陰令。前南平內史王矩、吳興內史顧祕、前秀才周玘等唱義，傳檄州郡以討之，循亦合衆應之。冰大將抗寵有衆數千，屯郡講堂。循移檄於寵，爲陳逆順，寵遂遁走，超、與皆降，一郡悉平。循迎景還郡，即謝遣兵士，杜門不出，論功報賞，一無豫焉。

及陳敏之亂，詐稱詔書，以循爲丹楊內史。循辭以腳疾，手不制筆，又服寒食散，露髮袒身，示不可用，敏竟不敢逼。是時州內豪傑皆見維縶，或有老疾，就加秩命，惟循與吳郡朱誕不豫其事。及敏破，征東將軍周馥上循領會稽相，尋除吳國內史，公車徵賢良，皆不就。

元帝爲安東將軍，復上循爲吳國內史，與循言及吳時事，因問曰：「孫晧嘗燒鋸截一賀頭，是誰邪？」循未及言，帝悟曰：「是賀邵也。」循流涕曰：「先父遭遇無道，循創巨痛深，無以上答。」帝甚愧之，三日不出。東海王越命爲參軍，徵拜博士，並不起。

及帝遷鎮東大將軍，以軍司顧榮卒，引循代之。循稱疾篤，牋疏十餘上。帝遺之書曰：

夫百行不同，故出處道殊，因性而用，各任其眞耳。當宇宙清泰，彝倫攸序，隨運所遇，動默在己。或有遐棲高蹈，輕舉絕俗，逍遙養和，恬神自足，斯蓋道隆人逸，勢使其然。若乃時運屯弊，主危國急，義士救時，驅馳拯世，燭之武乘縋以入秦，園綺彈冠而匡漢，豈非大雅君子卷舒合道乎！

虛薄寡德，忝備近親，謬荷寵位，受任方鎮，餐服玄風，景羨高矩，常願棄結駟之軒軌，策柴篳而造門，徒有其懷，而無從賢之實者何？良以寇逆殷擾，諸夏分崩，皇居失御，黎元荼毒，是以日夜憂懷，慷慨發憤，志在竭節耳。

前者顧公臨朝，深賴高算。元凱既登，巢許獲逸。至於今日，所謂道之云亡，邦國殄悴，羣望顒顒，實在君侯。苟義之所在，豈得讓勞居逸！想達者亦一以貫之也。庶稟徽猷，以弘遠規。今上尚書，屈德爲軍司，謹遣參軍沈禎銜命奉授，望必屈臨，以副

傾遲。

循猶不起。

及帝承制，復以爲軍諮祭酒。循稱疾，敦逼不得已，乃轝疾至。帝親幸其舟，因諮以政道。循羸疾不堪拜謁，乃就加朝服，賜第一區，車馬牀帳衣褥等物。循辭讓，一無所受。

廷尉張闓住在小市，將奪左右近宅以廣其居，乃私作都門，早閉晏開，人多患之，訟於州府，皆不見省。會循出，至破岡，連名詣循質之。循曰：「見張廷尉，當爲言及之。」闓聞而遽毀其門，詣循致謝。其爲世所敬服如此。

時江東草創，盜賊多有，帝思所以防之，以問於循。循答曰：「江道萬里，通涉五州，朝貢商旅之所來往也。今議者欲出宣城以鎮江渚，或欲使諸縣領兵。愚謂令長威弱，而兼才難備，發憚役之人，而御之不肅，恐未必爲用。以循所聞，江中劇地惟有闔廬一處，地勢險奧，亡逃所聚。特宜以重兵備戍，隨勢討除，絕其根蔕。沿江諸縣各有分界，分界之內，官長所任，自可度土分力，多置亭候，恒使徼行，峻其綱目，嚴其刑賞，使越常科，勤則有殊榮之報，墮則有一身之罪，謂於大理不得不肅。所給人以時番休，役不至困，代易有期。案漢制十里一亭，亦以防禁切密故也。當今縱不能爾，[四]要宜籌量，使力足相周。若寇劫强多，不能獨制者，可指其蹤跡，言所在都督尋當致討。今不明部分，使所在百姓與軍家雜其

徼備，兩情俱墮，莫適任負，故所以徒有備名而不能爲益者也。」帝從之。

及愍帝即位，徵爲宗正。元帝在鎮，又表爲侍中，道險不行。以討華軼功，將封鄉侯，循自以臥疾私門，固讓不受。建武初，爲中書令，加散騎常侍，又以老疾固辭。帝下令曰：「孤以寡德，忝當大位，若涉巨川，罔知所憑。循言行以禮，乃時之望，俗之表也。實賴其謀猷，以康萬機。疾患有素，猶望臥相規輔，而固守撝謙，自陳懇至，此賢履信思順，苟以讓爲高者也。今從其所執。」於是改拜太常，常侍如故。循以九卿舊不加官，今又疾患，不宜兼處此職，惟拜太常而已。

時宗廟始建，舊儀多闕，或以惠懷二帝應各爲世，則潁川世數過七，宜在迭毀。事下太常。循議以爲：

禮，兄弟不相爲後，不得以承代爲世。殷之盤庚不序陽甲，漢之光武不繼成帝，別立廟寢，使臣下祭之，此前代之明典，而承繼之著義也。惠帝無後，懷帝承統，弟不後兄，則懷帝自上繼世祖，不繼惠帝，當同殷之陽甲，漢之成帝。議者以聖德沖遠，未便改舊。諸如此禮，通所未論。是以惠帝尚在太廟，而懷帝復入，數則盈八。盈八之理，由惠帝不出，非上祖宜還也。下世既升，上世乃遷，遷毀對代，不得相通，未有下升一世而上毀二世者也。惠懷二帝俱繼世祖，兄弟旁親，同爲一世，而上毀二爲一世。今

以惠帝之崩已毁豫章，懷帝之入復毁潁川，如此則一世再遷，祖位橫折，求之古義，未見此例。惠帝宜出，尚未輕論，況可輕毁一祖而無義例乎？潁川既無可毁之理，則見神之數居然自八，此盡有由而然，非謂數之常也。既有八神，則不得不於七室之外權安一位也。至尊於惠懷俱是兄弟，自上後世祖，不繼二帝，則二帝之神行應別出，不爲廟中恒有八室也。又武帝初成太廟時，正神止七，而楊元后之神亦權立一室。永熙元年，告世祖謚於太廟八室，此是苟有八神，不拘於七之舊例也。

又議者以景帝俱已在廟，則惠懷一例。景帝盛德元功，王基之本，義著祖宗，百世不毁，故所以特在本廟，且亦世代尚近，數得相容，安神而已，無逼上祖，如王氏昭穆既滿，終應別廟也。以今方之，既輕重義異，又七廟七世之親；昭穆，父子位也。若當兄弟旁滿，輒毁上祖，則祖位空懸，世數不足，何取於三昭三穆與太祖之廟然後成七哉！今七廟之義，出於王氏。從禰以上至於高祖，親廟四世，高祖以上復有五世六世無服之祖，故爲三昭三穆并太祖而七也。故世祖郊定廟禮，京兆、潁川曾、高之親，豫章五世，征西六世，以應此義。今至尊繼統，亦宜有五六世之祖，豫章六世，潁川五世，俱不應毁。今既云豫章先毁，又當重毁潁川，此爲廟中之親惟從高祖已下，無復高祖以上二世之祖，於王氏之義，三昭三穆廢闕其二，甚非宗廟之本所據承，又違世祖祭征

西、豫章之意，於一王定禮所闕不少。

時尚書僕射刁協與循異議，循答義深備，辭多不載，竟從循議焉。朝廷疑滯皆諮之於循，循輒依經禮而對，爲當世儒宗。

其後帝以循清貧，下令曰：「循冰清玉潔，行爲俗表，位處上卿，而居身服物蓋周形而已，屋室財庇風雨。孤近造其廬，以爲慨然。其賜六尺牀薦席褥并錢二十萬，以表至德，暢孤意焉。」循又讓，不許，不得已留之，初不服用。及帝踐位，有司奏琅邪恭王宜稱皇考，循又議曰：「案禮，子不敢以己爵加父。」帝納之。俄以循行太子太傅，太常如故。

循自以枕疾廢頓，臣節不修，上隆降尊之義，下替交叙之敬，懼非垂典之數也，累表固讓。帝以循體德率物，有不言之益，敦厲備至，期於不許，命皇太子親往拜焉。循有羸疾，而恭於接對，詔斷賓客，其崇遇如此。疾漸篤，表乞骸骨，上還印綬，改授左光祿大夫、開府儀同三司。帝臨軒，遣使持節，加印綬。循雖口不能言，指麾左右，推去章服。車駕親幸，執手流涕。太子親臨者三焉，往還皆拜，儒者以爲榮。太興二年卒，時年六十。帝素服舉哀，哭之甚慟。贈司空，謚曰穆。將葬，帝又出臨其柩，哭之盡哀，遣兼侍御史持節監護。皇太子追送近塗，望船流涕。

循少玩篇籍，善屬文，博覽衆書，尤精禮傳。雅有知人之鑒，拔同郡楊方於卑陋，卒成名於世。子隰，康帝時官至臨海太守。

楊方字公回。少好學，有異才。初爲郡鈴下威儀，公事之暇，輒讀五經，鄉邑未之知。內史諸葛恢見而奇之，待以門人之禮，由是始得周旋貴人間。時虞喜兄弟以儒學立名，雅愛方，爲之延譽。恢嘗遣方爲文，薦郡功曹主簿。虞預稱美之，送以示循。循報書曰：「此子開拔有志，意只言異於凡猥耳，不圖偉才如此。其文甚有奇分，若出其胸臆，乃是一國所推，豈但牧豎中逸羣邪！聞處舊黨之中，好有謙沖之行，此亦立身之一隅。然世衰道喪，人物凋弊，每聞一介之徒有向道之志，冀之願之。如方者乃荒萊之特苗，鹵田之善秀，姿質已良，但沾染未足耳；移植豐壤，必成嘉穀。足下才爲世英，位爲朝右，道隆化立，然後爲貴。昔許子將拔樊仲昭於賈豎，郭林宗成魏德公於畎畝。足下志隆此業，二賢之功不爲難及也。」循遂稱方於京師。司徒王導辟爲掾，轉東安太守，遷司徒參軍事。

方在都邑，搢紳之士咸厚遇之，自以地寒，不願久留京華，求補遠郡，欲閑居著述。導從之，上補高粱太守。在郡積年，著五經鉤沈，更撰吳越春秋，并雜文筆，皆行於世。以年老，棄郡歸。導將進之臺閣，固辭還鄉里，終于家。

薛兼

薛兼字令長，丹楊人也。祖綜，仕吳爲尚書僕射。父瑩，有名吳朝。吳平，爲散騎常侍。兼清素有器宇，少與同郡紀瞻、廣陵閔鴻、吳郡顧榮、會稽賀循齊名，號爲「五儁」。初入洛，司空張華見而奇之，曰：「皆南金也。」察河南孝廉，辟公府，除比陽相，莅任有能名。歷太子洗馬、散騎常侍、懷令。司空、東海王越引爲參軍，轉祭酒，賜爵安陽亭侯。元帝爲安東將軍，以爲軍諮祭酒，稍遷丞相長史。甚勤王事，以上佐祿優，每自約損，取周而已。進爵安陽鄉侯，拜丹楊太守。中興建，轉尹，加秩中二千石，遷尚書，領太子少傅。自綜至兼，三世傳東宮，談者美之。

永昌初，王敦表兼爲太常。明帝卽位，加散騎常侍。帝以東宮時師傅，猶宜盡敬，乃下詔曰：「朕以不德，夙遭閔凶。猥以眇身，託于王公之上。哀煢在疚，靡所諮仰，憂懷惴惴，如臨于谷。孔子有云：『故雖天子，必有尊也。』朕將祗奉先師之禮，以諮有德。太宰西陽王秩尊望重，在貴思降。丞相武昌公、司空卽丘子體道高邈，勳德兼備，先帝執友，朕之師傅。太常安陽鄉侯訓保朕躬，忠肅篤誠。夫崇親尊賢，先帝所重，朕見四君及書疏儀體，一如東宮故事。」是歲，卒。詔曰：「太常、安陽鄉侯兼履德沖素，盡忠恪己。方賴德訓，弘濟政道，

不幸殂殞，痛于厥心！今遣持節侍御史贈左光祿大夫、開府儀同三司。魂而有靈，嘉茲榮寵。」及葬，屬王敦作逆，朝廷多故，不得議謚，直遣使者祭以太牢。子顒，先龕卒，無後。

史臣曰：元帝樹基淮海，百度權輿，夢想羣材，共康庶績。顧、紀、賀、薛等並南金東箭，世胄高門，委質霸朝，豫聞邦政；典憲資其刊輯，帷幄佇其謀猷；望重搢紳，任惟元凱，官成名立，光國榮家。非惟感會所鍾，抑亦材能斯至。而循位登保傅，朝望特隆，遂使鑾蹕降臨，承明下拜。雖西漢之恩崇張禹，東都之禮重桓榮，弗是過也。

贊曰：彥先通識，思遠方直。薛既清貞，賀惟學植。逢時遇主，摶風矯翼。

校勘記

〔一〕王曠　陳敏傳作「王廣」。

〔二〕榮常憂無竇氏孫劉之策　通鑑八六作「榮常憂無孫劉之主」，較合上下文意。

〔三〕欲無復十人如何　册府一四八作「殆無復十人如何」。

〔四〕當今縱不能爾　「爾」，各本作「耳」，今從殿本。

晉書卷六十九

列傳第三十九

劉隗 孫波

劉隗字大連，彭城人，楚元王交之後也。父砥，東光令。隗少有文翰，起家祕書郎，稍遷冠軍將軍、彭城內史。避亂渡江，元帝以爲從事中郎。

隗雅習文史，善求人主意，帝深器遇之。遷丞相司直，委以刑憲。時建康尉收護軍士，而爲府將篡取之，隗奏免護軍將軍戴若思官。世子文學王籍之居叔母喪而婚，隗奏之，帝下令曰：「詩稱『殺禮多婚，以會男女之無夫家』，正今日之謂也，可一解禁止。自今以後，宜爲其防。」東閤祭酒顏含在叔父喪嫁女，隗又奏之。廬江太守梁龕明日當除婦服，今日請客奏伎，丞相長史周顗等三十餘人同會，隗奏曰：「夫嫡妻長子皆杖居廬，故周景王有三年之喪，既除而宴，春秋猶譏，況龕匹夫，暮宴朝祥，慢服之愆，宜肅喪紀之禮。請免龕官，削侯

爵。顗等知龕有喪，吉會非禮，宜各奪俸一月，以肅其違。」從之。丞相行參軍宋挺，本揚州刺史劉陶門人，陶亡後，挺娶陶愛妾以爲小妻。建興中，挺又割盜官布六百餘匹，正刑棄市，遇赦免。既而奮武將軍阮抗請爲長史。隗劾奏曰：「挺蔑其死主而專其室，悖在三之義，傷人倫之序，當投之四裔以禦魑魅。請除挺名，禁錮終身。而奮武將軍、太山太守阮抗請爲長史。抗緯文經武，剖符東藩，當庸勳忠良，昵近仁賢，而褒求贓污，舉頑用嚚。請免抗官，下獄理罪。」奏可，而挺病死。隗又奏：「符旨：挺已喪亡，不復追貶。愚蠢意闇，未達斯義。昔鄭人斲子家之棺，漢明追討史遷，經傳褒貶，皆追書先世數百年間，非徒區區欲釐當時，亦將作法垂於來世，當朝亡夕沒便無善惡也。請曹如前追除挺名爲民，錄妾還本，顯證惡人，班下遠近。」從之。南中郎將王含以族強顯貴，驕傲自恣，一請參佐及守長二十許人，多取非其才。隗劾奏文致甚苦，事雖被寢，王氏深忌疾之。而隗之彈奏不畏強禦，皆此類也。

建興中，丞相府斬督運令史淳于伯而血逆流，隗又奏曰：「古之爲獄必察五聽，三槐九棘以求民情。雖明庶政，不敢折獄。死者不得復生，刑者不可復續，是以明王哀矜用刑。曹參去齊，以市獄爲寄。自頃蒸荒，殺戮無度，罪同斷異，刑罰失宜。謹按行督運令史淳于伯刑血著柱，遂逆上終極柱末二丈三尺，旋復下流四尺五寸。百姓諠譁，士女縱觀，咸曰其

寃。伯息忠訴辭稱枉，云伯督運訖去二月，事畢代還，無有稽乏。受賕使役，罪不及死。軍是戍軍，非爲征軍，以乏軍興論，於理爲枉。四年之中，供給運漕，凡諸徵發租調百役，皆有稽停，而不以軍興論，至於伯也，何獨明之？捶楚之下，無求不得，囚人畏痛，飾辭應之。理曹，國之典刑，而使忠等稱寃明時。謹按從事中郎周莚、法曹參軍劉胤、屬李匡幸荷殊寵，並登列曹，當思敦奉政道，詳法愼殺，使兆庶無枉，人不稱訴。而令伯枉同周青，寃魂哭於幽都，訴靈恨於黃泉，嗟嘆甚於杞梁，血妖過於崩城，故有隕霜之人，夜哭之鬼。伯有晝見，彭生爲豕，刑殺失中，妖眚並見，以古況今，其揆一也。皆由莚等不勝其任，請皆免官。」於是右將軍王導等上疏引咎，請解職。帝曰：「政刑失中，皆吾闇塞所由。尋示愧懼，思聞忠告，以補其闕。而引過求退，豈所望也！」由是導等一無所問。

晉國既建，拜御史中丞。周嵩嫁女，門生斷道解廬，斫傷二人，建康左尉赴變，又被斫。隗劾嵩兄顗曰：「顗幸荷殊寵，列位上僚，當崇明憲典，協和上下，刑于左右，以御于家邦。而乃縱肆小人，羣爲兇害，公于廣都之中白日刃尉，遠近詾嚇，百姓諠譁，虧損風望，漸不可長。既無大臣檢御之節，不可對揚休命。宜加貶黜，以肅其違。」顗坐免官。

太興初，長兼侍中，賜爵都鄉侯，尋代薛兼爲丹楊尹，與尚書令刁協並爲元帝所寵，欲排抑豪强。諸刻碎之政，皆云隗、協所建。隗雖在外，萬機祕密皆豫聞之。拜鎭北將軍、都

督青徐幽平四州軍事、假節，加散騎常侍，率萬人鎭泗口。

初，隗以王敦威權太盛，終不可制，勸帝出腹心以鎭方隅，故以譙王承爲湘州，續用隗及戴若思爲都督。敦甚惡之，與隗書曰：「頃承聖上顧眄足下，今大賊未滅，中原鼎沸，欲與足下周生之徒勠力王室，共靜海內。若其泰也，則帝祚於是乎隆；若其否也，則天下永無望矣。」隗答曰：「魚相忘於江湖，人相忘於道術。竭股肱之力，效之以忠貞，吾之志也。」敦得書甚怒。及敦作亂，以討隗爲名，詔徵隗還京師，百官迎之於道，隗岸幘大言，意氣自若。及入見，與刁協奏請誅王氏，不從，有懼色，率衆屯金城。及敦克石頭，隗攻之不拔，入宮告辭，帝雪涕與之別。隗至淮陰，爲劉遐所襲，攜妻子及親信二百餘人奔于石勒，勒以爲從事中郎、太子太傅。卒年六十一。子綏，初舉秀才，除駙馬都尉、奉朝請。隨隗奔勒，卒。孫波嗣。

波字道則。初爲石季龍冠軍將軍王洽參軍，及季龍死，洽與波俱降。穆帝以波爲襄城太守，累遷桓沖中軍諮議參軍。大司馬桓溫西征袁眞，[一]朝廷空虛，以波爲建威將軍、淮南內史，領五千人鎭石頭。壽陽平，除尚書左丞，不拜，轉冠軍將軍、南郡相。時苻堅弟融圍雍州刺史朱序於襄陽，[二]波率衆八千救之，以敵强不敢進，序竟陷沒。波以畏懦免官。

後復以波爲冠軍將軍，累遷散騎常侍。

苻堅敗，朝廷欲鎭靖北方，出波督淮北諸軍、冀州刺史，以疾未行。上疏曰：

臣聞天地以弘濟爲仁，君道以惠下爲德，是以禹湯有身勤之績，唐虞有在予之誥，用能惠被蒼生，勳流後葉。宣帝開拓洪圖，始基成命；爰及文武，曆數在躬，而猶虛心側席，卑己崇物。然後知積累之功重，勤王之業艱，先君之德弘，貽厥之賜厚。惠皇不懷，委政內任，遂使神器幽淪，三光翳曜；園陵懷九泉之慼，宮廟集胡馬之跡；所謂肉食失之於朝，黎庶暴骸於外也。賴元皇帝神武應期，祚隆淮海，振乾綱於已墜，紐絕維而更張。陛下承宣帝開始之宏基，受元帝克終之成烈，保大定功，戢兵靜亂。故使負鱗橫海之鯨，僭位滔天之寇，望雲旗而奔潰，覩太陽而霧散，巍巍蕩蕩，人無名焉。而頃年已來，天文違錯，妖怪屢生。會稽先帝本封，而地動經年。昔周之文武有魚烏之瑞，君臣猶懷震悚，況今災變衆集，曾莫之疑。公旦有勿休之誡，賈誼有積薪之喻。臣鑒先徵，竊惟今事，是以敢肆狂瞽，直言無諱。

往者先帝以玄風御世，責成羣后，坐運天綱，隨化委順，故忘日計之功，收歲成之用。今禮樂征伐自天子出，相王賢儁，協和百揆，六合承風，天下響振，而鈞臺之詠弗聞，景亳之命未布。將羣臣之不稱，陛下用之不盡乎？

凡聖王之化，莫不敦崇忠信，存正棄邪。傷化毁俗者，雖親雖貴，必疏而遠之；清公貞修者，雖微雖賤，必親而近之。今則不然。此風既替，利競滋甚，朋黨比周，毁譽交興，鑽求苟進，人希分外。見賢而居其上，受祿每過其量，希旨承意者以爲奉公，共相讚白者以爲忠節。舉世見之，誰敢正言。陛下不明必行之法以絕穿鑿之源者，恐脫因疲倦以誤視聽。且苻堅滅亡，於今五年，舊京殘毁，山陵無衞，百姓塗炭，未蒙拯接。伏願遠觀漢魏衰滅之由，近覽西朝傾覆之際，超然易慮，爲於未有，則靈根永固，社稷無虞。臣豈誣一朝之人皆無忠節，但任非其才，求之不至耳。

今政煩役殷，所在凋弊，倉廩空虛，國用傾竭，下民侵削，流亡相屬。略計戶口，但咸安已來，十分去三。百姓懷浮游之歎，下泉興周京之思。昔漢宣有云：「與我共治天下者，其惟良二千石乎！」是以臨下有方者就加璽贈，法苛政亂者恤刑不赦，事簡於上，人悅於下。今則不然。告時乞職者以家弊爲辭，振窮恤滯者以公爵爲施。古者爲百姓立君，使之司牧；今者以百姓恤君，使之蠶食，至乃貪汙者謂之清勤，愼法者謂之怯劣。何反古道一至於此！

陛下雖躬自節儉，哀矜於上，而羣僚肆欲，縱心於下，六司垂翼，三事拱默，故有識者覩人事以歎息，觀妖眚而大懼。昔宋景退熒惑之災，殷宗消鼎雉之異。伏願陛下仰

觀大禹過門之志，俯察商辛沈湎之失，遠思國風恭公之刺，深惟定姜小臣之喻。暫迴聖恩，大詢羣后，延納衆賢，訪以得失；令百僚率職，人言損益。察其所由，觀其所以，審識羣才，助鼎和味。克念作聖，以荅天休。則四海宅心，天下幸甚。

臣亡祖先臣隗，昔荷殊寵，匪躬之操，猶存舊史，有志無時，懷恨黃泉。及臣凡劣，復蒙罔極之眷，恩隆累世，實非糜身傾宗所能上報。前作此表，未及得通。暴嬰篤疾，恐命在奄忽，貪及視息，望達愚情。氣力惙然，不能自宣。

疏奏而卒。追贈前將軍。子淡嗣。元熙初，爲廬江太守。

隗伯父訥，字令言，有人倫鑒識。初入洛，見諸名士而歎曰：「王夷甫太鮮明，樂彥輔我所敬，張茂先我所不解，周弘武巧於用短，杜方叔拙於用長。」終於司隸校尉。

子疇，字王喬，少有美譽，善談名理。曾避亂塢壁，賈胡百數欲害之，疇無懼色，援笳而吹之，爲出塞、入塞之聲，以動其游客之思。於是羣胡皆垂泣而去之。永嘉中，位至司徒左長史，尋爲閻鼎所殺。司空蔡謨每歎曰：「若使劉王喬得南渡，司徒公之美選也。」又王導初拜司徒，謂人曰：「劉王喬若過江，我不獨拜公也。」其爲名流之所推服如此。

疇兄子劭，有才幹，辟琅邪王丞相掾。咸康世，歷御史中丞、侍中、尚書、豫章太守，秩中二千石。

劭族子黃老，太元中，爲尚書郎，有義學，注慎子、老子，並傳於世。

刁協 子彝　彝子逵

刁協字玄亮，渤海饒安人也。祖恭，魏齊郡太守。父攸，武帝時御史中丞。協少好經籍，博聞强記，釋褐濮陽王文學，累轉太常博士、本郡大中正。成都王穎請爲平北司馬，後歷趙王倫相國參軍，長沙王乂驃騎司馬。及東嬴公騰鎮臨漳，以協爲長史，轉潁川太守。永嘉初，爲河南尹，未拜，避難渡江。元帝以爲鎮東軍諮祭酒，轉長史。愍帝卽位，徵爲御史中丞，例不行。元帝爲丞相，以協爲左長史。中興建，拜尚書左僕射。于時朝廷草創，憲章未立，朝臣無習舊儀者。協久在中朝，諳練舊事，凡所制度，皆稟於協焉，深爲當時所稱許。太興初，遷尚書令，在職數年，加金紫光祿大夫，令如故。

協性剛悍，與物多忤，每崇上抑下，故爲王氏所疾。又使酒放肆，侵毀公卿，見者莫不側目。然悉力盡心，志在匡救，帝甚信任之。以奴爲兵，取將吏客使轉運，皆協所建也，衆庶怨望之。

及王敦構逆，上疏罪協，帝使協出督六軍。既而王師敗績，協與劉隗俱侍帝於太極東除，帝執協、隗手，流涕嗚咽，勸令避禍。協曰：「臣當守死，不敢有貳。」帝曰：「今事逼矣，安可不行！」乃令給協、隗人馬，使自爲計。協年老，不堪騎乘，素無恩紀，募從者，皆委之行。至江乘，爲人所殺，送首於敦，敦聽刁氏收葬之。帝痛協不免，密捕送協首者而誅之。

敦平後，周顗、戴若思等皆被顯贈，惟協以出奔不在其例。咸康中，協子彝上疏訟之。在位者多以明帝之世褒貶已定，非所得更議，且協不能抗節隕身，乃出奔遇害，不可復其官爵也。丹楊尹殷融議曰：「王敦惡逆，罪不容誅，則協之善亦不容賞。若以忠非良圖，謀事失算，以此爲責者，蓋在於譏議之間耳。卽凶殘之誅以爲國刑，將何以沮勸乎！當敦專逼之時，慶賞威刑專自己出，是以元帝慮深崇本，以協爲比，事由國計，蓋不爲私。昔孔寧、儀行父從君於昏，楚復其位者，君之黨故也。況協之比君，在於義順。且中興四佐，位爲朝首。于時事窮計屈，奉命違寇，非爲逃刑。謂宜顯贈，以明忠義。」時庾冰輔政，疑不能決。左光祿大夫蔡謨與冰書曰：

夫爵人者，宜顯其功；罰人者，宜彰其罪，此古今之所慎也。凡小之人猶尚如此，刁令中興上佐，有死難之名，天下不聞其罪，而見其貶，致令刁氏稱寃，此乃爲王敦復讎也。內沮忠臣之節，論者惑之。若實有大罪，宜顯其事，令天下知之，明聖朝不貶死難之臣。春秋之義，以功補過。過輕功重者，得以加封；功輕過重者，不免誅絕；功足贖罪者無黜。雖先有邪佞之罪，而臨難之日黨於其君者，不絕之也。孔寧、儀行父親

與靈公淫亂於朝，君殺國滅，由此二臣，而楚尚納之。傳稱有禮不絕其位者，君之黨也。若刁令有罪，重于孔儀，絕之可也。若無此罪，宜見追論。

或謂明帝之世已見寢廢，今不宜復改，吾又以爲不然。夫大道宰世，殊塗一致。萬機之事，或異或同，同不相善，異不相譏。故堯抑元凱而舜舉之，堯不爲失，舜不爲非，何必前世所廢便不宜改乎？漢蕭何之後坐法失侯，文帝不封而景帝封之，後復失侯，武昭二帝不封而宣帝封之。近去元年，車駕釋奠，拜孔子之坐，此亦元明二帝所不行也。又刁令但是明帝所不贈耳，非誅之也。王平子、第五猗皆元帝所誅，而今日所贈，豈以改前爲嫌乎！凡處事者，當上合古義，下準今例，然後談者不惑，受罪者無怨耳。案周僕射、戴征西本非王敦唱檄所讎也，事定後乃見害耳；周莚、郭璞等並亦非爲主禦難也，自平居見殺耳，皆見褒贈。刁令事義豈輕於此乎？自頃員外散騎尚得追贈，況刁令位亞三司。若先自壽終，不失員外散騎之例也。就不蒙贈，不失以本官殯葬也。此爲一人之身，壽終則蒙贈，死難則見絕，豈所以明事君之道，厲爲臣之節乎！宜顯評其事，以解天下疑惑之論。

又聞談者亦多謂宜贈。凡事不允當，而得衆助者，若以善柔得衆，而刁令粗剛多怨；若以貴也，刁氏今賤；若以富也，刁氏今貧。人士何故反助寒門而此言之？足下宜

察此意。

冰然之。事奏，成帝詔曰：「協情在忠主，而失爲臣之道，故令王敦得託名公義，而實肆私忌，遂令社稷受屈，元皇銜恥，致禍之原，豈不有由！若極明國典，則曩刑非重。今正當以協之勤有可書，敦之逆命不可長，故議其事耳。今可復協本位，加之册祭，以明有忠於君者纖介必顯，雖於貶裁未盡，然或足有勸矣。」於是追贈本官，祭以太牢。

彝字大倫。少遭家難。王敦誅後，彝斬讎人黨，以首祭父墓，詣廷尉請罪，朝廷特宥之，由是知名。歷尚書吏部郎、吳國內史，累遷北中郎將、徐兗二州刺史、假節，鎮廣陵，卒於官。

子逵，字伯道；逵弟暢，字仲遠；次子弘，字叔仁，並歷顯職。隆安中，逵爲廣州刺史，領平越中郎將、假節；暢爲始興相；弘爲冀州刺史。兄弟子姪並不拘名行，以貨殖爲務，有田萬頃，奴婢數千人，餘資稱是。

桓玄篡位，以逵爲西中郎將、豫州刺史，鎮歷陽；暢右衞將軍；弘撫軍桓脩司馬。劉裕起義，斬桓脩，時暢、弘謀起兵襲裕，裕遣劉毅討之，暢伏誅；弘亡，不知所在。逵在歷陽執劉

裕參軍諸葛長民，檻車送于桓玄，至當利而玄敗，送人共破檻出長民，遂趣歷陽。逵棄城而走，爲下人所執，斬於石頭。子姪無少長皆死，惟小弟騁被宥，爲給事中，尋謀反伏誅，刁氏遂滅。刁氏素殷富，奴客縱橫，固吝山澤，爲京口之蠹。裕散其資蓄，令百姓稱力而取之，彌日不盡。時天下饑弊，編戶賴之以濟焉。

戴若思 弟邈

戴若思，廣陵人也，名犯高祖廟諱。祖烈，吳左將軍。父昌，會稽太守。若思有風儀，性閑爽，少好遊俠，不拘操行。遇陸機赴洛，船裝甚盛，遂與其徒掠之。若思登岸，據胡牀，指麾同旅，皆得其宜。機察見之，知非常人，在舫屋上遙謂之曰：「卿才器如此，乃復作劫邪！」若思感悟，因流涕，投劍就之。機與言，深加賞異，遂與定交焉。

若思後舉孝廉，入洛，機薦之於趙王倫曰：「蓋聞繁弱登御，然後高墉之功顯；孤竹在肆，然後降神之曲成。是以高世之主必假遠邇之器，蘊匱之才思託太音之和。伏見處士廣陵戴若思，年三十，清沖履道，德量允塞；思理足以研幽，才鑒足以辯物；安窮樂志，無風塵之慕，砥節立行，有井渫之潔；誠東南之遺寶，宰朝之奇璞也。若得託迹康衢，則能結軌驥騄；曜質廊廟，必能垂光璵璠矣。惟明公垂神採察，不使忠允之言以人而廢。」倫乃辟之，除

沁水令，不就，遂往武陵省父。時同郡人潘京素有理鑒，名知人，其父遣若思就京與語，既而稱若思有公輔之才。累轉東海王越軍諮祭酒，出補豫章太守，加振威將軍，領義軍都督。以討賊有功，賜爵秣陵侯，遷治書侍御史、驃騎司馬，拜散騎侍郎。

元帝召爲鎮東右司馬。將征杜弢，加若思前將軍，未發而弢滅。帝爲晉王，以爲尚書。中興建，爲中護軍，轉護軍將軍、尚書僕射，皆辭不拜。出爲征西將軍、都督兗豫幽冀雍幷六州諸軍事、假節，加散騎常侍。發投刺王官千人爲軍吏，調揚州百姓家奴萬人爲兵配之，以散騎常侍王遐爲軍司，鎮壽陽，〔三〕與劉隗同出。帝親幸其營，勞勉將士，臨發祖餞，置酒賦詩。

若思至合肥，而王敦舉兵，詔追若思還鎮京都，進驃騎將軍，與右衞將軍郭逸夾道築壘於大桁之北。尋而石頭失守，若思與諸軍攻石頭，王師敗績。若思率麾下百餘人赴宮受詔，與公卿百官於石頭見敦。敦問若思曰：「前日之戰有餘力乎？」若思不謝而答曰：「豈敢有餘，但力不足耳。」又曰：「吾此舉動，天下以爲如何？」若思曰：「見形者謂之逆，體誠者謂之忠。」敦笑曰：「卿可謂能言。」敦參軍呂猗昔爲臺郎，有刀筆才，性尤姦諂，若思爲尚書，惡其爲人，猗亦深憾焉。至是，乃說敦曰：「周顗、戴若思皆有高名，足以惑衆，近者之言曾無愧色。公若不除，恐有再舉之患，爲將來之憂耳。」敦以爲然，又素忌之，俄而遣鄧嶽、繆坦

收若思而害之。若思素有重望，四海之士莫不痛惜焉。賊平，册贈右光祿大夫、儀同三司，謚曰簡。

邈字望之。少好學，尤精史漢，〔四〕才不逮若思，儒博過之。弱冠舉秀才，尋遷太子洗馬，出補西陽內史。永嘉中，元帝版行邵陵內史、丞相軍諮祭酒，出爲征南軍司。于時凡百草創，學校未立，邈上疏曰：

臣聞天道之所大，莫大於陰陽；帝王之至務，莫重於禮學。是以古之建國，有明堂辟雍之制，鄉有庠序黌校之儀，皆所以抽導幽滯，啓廣才思。蓋以六四有困蒙之吝，君子大養正之功也。昔仲尼列國之大夫耳，興禮修學於洙泗之間，四方髦俊斐然向風，身達者七十餘人。自茲以來，千載絕塵。豈天下小於魯衞，賢哲乏於曩時？勵與不勵故也。

自頃國遭無妄之禍，社稷有綴旒之危，寇羯飲馬於長江，兇狡鴟張於萬里，遂使神州蕭條，鞠爲茂草，四海之內，人跡不交。霸主有旰食之憂，黎元懷荼毒之苦，戎首交拜于中原，何遽籩豆之事哉！然三年不爲禮，禮必壞；三年不爲樂，樂必崩，況曠載累紀如此之久邪！今末進後生目不覩揖讓升降之儀，耳不聞鐘鼓管絃之音，文章散滅，

圖讖無遺，此蓋聖達之所深悼，有識之所嗟歎也。夫平世尚文，遭亂尚武，文武遞用，長久之道，譬之天地昏明之迭，自古以來未有不由之者也。

今或以天下未一，非興禮學之時，此言似之而不其然。夫儒道深奧，不可倉卒而成。古之俊乂必三年而通一經，比天下平泰然後修之，則功成事定，誰與制禮作樂者哉？又貴遊之子未必有斬將搴旗之才，亦未有從軍征戍之役，不及盛年講肄道義，使明珠加磨瑩之功，荆璞發採琢之榮，不亦良可惜乎！

臣愚以世喪道久，人情玩於所習；純風日去，華競日彰，猶火之消膏而莫之覺也。今天地告始，萬物權輿，聖朝以神武之德，值革命之運，蕩近世之流弊，繼千載之絕軌，篤道崇儒，創立大業。明主唱之於上，宰輔督之於下。夫上之所好，下必有過之者焉，是故雙劍之節崇，而飛白之俗成；挾琴之容飾，而赴曲之和作；君子之德風，小人之德草，實在感之而已。臣以闇淺，不能遠識格言；奉誦明令，慷慨下風，謂宜以三時之隙漸就修建。

疏奏，納焉，於是始修禮學。

代劉隗爲丹楊尹。王敦作逆，加左將軍。及敦得志，而若思遇害，邈坐免官。敦誅後，拜尚書僕射。卒官，贈衞將軍，謚曰穆。子謐嗣，歷義興太守、大司農。

周顗 子閎

周顗字伯仁，安東將軍浚之子也。少有重名，神彩秀徹，雖時輩親狎，莫能媟也。司徒掾同郡賁嵩有清操，見顗，歎曰：「汝潁固多奇士！自頃雅道陵遲，今復見周伯仁，將振起舊風，清我邦族矣。」廣陵戴若思東南之美，舉秀才，入洛，素聞顗名，往候之，終坐而出，不敢顯其才辯。顗從弟穆亦有美譽，欲陵折顗，顗陶然弗與之校，於是人士益宗附之。州郡辟命皆不就。弱冠，襲父爵武城侯，拜祕書郎，累遷尚書吏部郎。東海王越子毗爲鎮軍將軍，以顗爲長史。

元帝初鎮江左，請爲軍諮祭酒，出爲寧遠將軍、荆州刺史、領護南蠻校尉、假節。始到州，而建平流人傅密等叛迎蜀賊杜弢，顗狼狽失據。陶侃遣將吳寄以兵救之，故顗得免，因奔王敦於豫章。敦留之。軍司戴邈曰：「顗雖退敗，未有莅衆之咎，德望素重，宜還復之。」敦不從。帝召爲揚威將軍、兗州刺史。顗還建康，帝留顗不遣，復以爲軍諮祭酒，尋轉右長史。中興建，補吏部尚書。頃之，以醉酒爲有司所糾，白衣領職。復坐門生斫傷人，免官。

太興初，更拜太子少傅，尚書如故。顗上疏讓曰：「臣退自循省，學不通一經，智不效一官，止足良難，未能守分，遂忝顯任，名位過量。不悟天鑒忘臣頑弊，乃欲使臣內管銓衡，外忝傅訓，質輕蟬翼，事重千鈞，此之不可，不待識而明矣。若臣受負乘之責，必貽聖朝惟塵之恥，俯仰愧懼，不知所圖。」詔曰：「紹幼沖便居儲副之貴，當賴軌匠以袪蒙蔽。望之儼然，斯不言之益，何學之習邪，所謂與田蘇遊忘其鄙心者。便當副往意，不宜沖讓。」轉尚書左僕射，領吏部如故。

庾亮嘗謂顗曰：「諸人咸以君方樂廣。」顗曰：「何乃刻畫無鹽，唐突西施也。」帝讌羣公于西堂，酒酣，從容曰：「今日名臣共集，何如堯舜時邪？」顗因醉厲聲曰：「今雖同人主，何得復比聖世！」帝大怒而起，手詔付廷尉，將加戮，累日方赦之。及出，諸公就省，顗曰：「近日之罪固知不至于死。」尋代戴若思爲護軍將軍。尚書紀瞻置酒請顗及王導等，顗荒醉失儀，復爲有司所奏。詔曰：「顗參副朝右，職掌銓衡，當敬慎德音，式是百辟。屢以酒過，爲有司所繩。吾亮其極歡之情，然亦是濡首之誡也。顗必能克己復禮者，今不加黜責。」

初，顗以雅望獲海內盛名，後頗以酒失，爲僕射，略無醒日，時人號爲「三日僕射」。庾亮曰：「周侯末年，所謂鳳德之衰也。」顗在中朝時，能飲酒一石，及過江，雖日醉，每稱無對。偶有舊對從北來，顗遇之欣然，乃出酒二石共飲，各大醉。及顗醒，使視客，已腐脅而死。

顗性寬裕而友愛過人，弟嵩嘗因酒瞋目謂顗曰：「君才不及弟，何乃橫得重名！」以所燃蠟燭投之。顗神色無忤，徐曰：「阿奴火攻，固出下策耳。」王導甚重之，嘗枕顗膝而指其腹

曰：「此中何所有也？」答曰：「此中空洞無物，然足容卿輩數百人。」導亦不以爲忤。又於導坐傲然嘯詠，導云：「卿欲希嵇、阮邪？」顗曰：「何敢近捨明公，遠希嵇、阮。」

及王敦構逆，溫嶠謂顗曰：「大將軍此舉似有所在，當無濫邪？」顗曰：「君少年未更事。人主自非堯舜，何能無失，人臣豈可得舉兵以脅主！共相推戴，未能數年，一旦如此，豈云非亂乎！處仲剛愎強忍，狼抗無上，其意寧有限邪！」既而王師敗績，顗奉詔詣敦，敦曰：「伯仁，卿負我！」顗曰：「公戎車犯順，下官親率六軍，不能其事，使王旅奔敗，以此負公。」敦憚其辭正，不知所答。帝召顗於廣室，謂之曰：「近日大事，二宮無恙，諸人平安，大將軍故副所望邪？」顗曰：「二宮自如明詔，於臣等故未可知。」護軍長史郝嘏等勸顗避敦，顗曰：「吾備位大臣，朝廷喪敗，寧可復草間求活，外投胡越邪！」俄而與戴若思俱被收，路經太廟，顗大言曰：「天地先帝之靈：賊臣王敦傾覆社稷，枉殺忠臣，陵虐天下，神祇有靈，當速殺敦，無令縱毒，以傾王室。」語未終，收人以戟傷其口，血流至踵，顏色不變，容止自若，觀者皆爲流涕。遂於石頭南門外石上害之，時年五十四。

顗之死也，敦坐有一參軍摴蒱，馬於博頭被殺，因謂敦曰：「周家奕世令望，而位不至公，及伯仁將登而墜，有似下官此馬。」敦曰：「伯仁總角於東宮相遇，一面披襟，便許之三事，何圖不幸自貽王法。」敦素憚顗，每見顗輒面熱，雖復冬月，扇面手不得休。敦使繆坦籍

顗家，收得素簏數枚，盛故絮而已，酒五甕，米數石，在位者服其清約。敦卒後，追贈左光祿大夫、儀同三司，謚曰康，祀以少牢。

初，敦之舉兵也，劉隗勸帝盡除諸王，司空導率羣從詣闕請罪，值顗將入，導呼顗謂曰：「伯仁，以百口累卿！」顗直入不顧。既見帝，言導忠誠，申救甚至，帝納其言。顗喜飲酒，致醉而出。導猶在門，又呼顗。顗不與言，顧左右曰：「今年殺諸賊奴，取金印如斗大繫肘。」既出，又上表明導，言甚切至。導不知救己，而甚銜之。敦既得志，問導曰：「周顗、戴若思南北之望，當登三司，無所疑也。」導不答。又曰：「若不三司，便應令僕邪？」又不答。敦曰：「若不爾，正當誅爾。」導又無言。導後料檢中書故事，見顗表救己，殷勤款至。導執表流涕，悲不自勝，告其諸子曰：「吾雖不殺伯仁，伯仁由我而死。幽冥之中，負此良友！」顗三子：閔、恬、頤。

閔字子騫，方直有父風。歷衡陽、建安、臨川太守，侍中，中領軍，吏部尚書，尚書左僕射，加中軍將軍，轉護軍，領祕書監。卒，追贈金紫光祿大夫，謚曰烈。無子，以弟頤長子琳爲嗣。琳仕至東陽太守。恬、頤並歷卿守。琳少子文，驃騎諮議參軍。

史臣曰：夫太剛則折，至察無徒，以之爲政，則害于而國；用之行己，則凶于乃家。誠以器乖容衆，非先王之道也。大連司憲，陰候主情，當約法之秋，獻鍘棺之議。玄亮剛愎，與物多違，雖有崇上之心，專行刻下之化，同薄相濟，並運天機。是使賢宰見疏，致物情於解體；權臣發怒，借其名以誓師。既而謀人之國，國危而苟免，見昵於主，主辱而圖生。自取流亡，非不幸也。若思閑爽，照理研幽。伯仁凝正，處腴能約。咸以高才雅道，參豫疇咨。及京室淪胥，抗言無撓，甘赴鼎而全操，蓋事君而盡節者歟！顗招時論，尤其酒德，禮經曰「瑕不掩瑜」，未足韜其美也。

贊曰：劉刁亮直，志奉興王。姦回醜正，終致奔亡。周戴英爽，忠謨允塞。道屬屯蒙，禍罹兇慝。

校勘記

〔一〕桓溫西征袁眞　據海西公紀及桓溫傳，桓溫所征伐者乃袁眞之子袁瑾。此時袁眞已死。

〔二〕時苻堅弟融圍雍州刺史朱序於襄陽　校文：據堅載記及朱序傳，圍襄陽乃苻丕，非融。周校：「梁州」誤「雍州」。

〔三〕出爲征西將軍都督兖豫幽冀雍并六州諸軍事至鎭壽陽　勞校：元紀云「司兖豫并冀雍六州諸軍事、司州刺史，鎭合肥」，當是時劉隗督幽州，疑是傳誤。按：下文云「若思至合肥」者是。通鑑九一亦可證。

〔四〕尤精史漢　「史漢」，各本作「漢史」，今從宋本。通志一二六亦作「史漢」。

晉書卷七十

列傳第四十

應詹

應詹字思遠，汝南南頓人，魏侍中璩之孫也。詹幼孤，爲祖母所養。年十餘歲，祖母又終，居喪毀頓，杖而後起，遂以孝聞。家富於財，年又稚弱，乃請族人共居，委以資產，情若至親，世以此異焉。弱冠知名，性質素弘雅，物雖犯而弗之校，以學藝文章稱。司徒何劭見之曰：「君子哉若人！」

初辟公府，爲太子舍人。趙王倫以爲征東長史。倫誅，坐免。成都王穎辟爲掾。時驃騎從事中郎諸葛玫委長沙王乂奔鄴，盛稱乂之非。玫浮躁有才辯，臨漳人士無不詣之。詹與玫有舊，歎曰：「諸葛仁林何與樂毅之相詭乎！」卒不見之。玫聞甚愧。鎮南大將軍劉弘，詹之祖舅也，請爲長史，謂之曰：「君器識弘深，後當代老子於荆南矣。」仍委以軍政。弘著

績漢南，詹之力也。遷南平太守。

王澄爲荆州，假詹督南平、天門、武陵三郡軍事。及洛陽傾覆，詹攘袂流涕，勸澄赴援。澄使詹爲檄，詹下筆便成，辭義壯烈，見者慷慨，然竟不能從也。天門、武陵谿蠻並反，詹討降之。時政令不一，諸蠻怨望，並謀背叛。詹召蠻酋，破銅券與盟，由是懷詹，數郡無虞。其後天下大亂，詹境獨全。百姓歌之曰：「亂離既普，殆爲灰朽。僥倖之運，賴茲應后。歲寒不凋，孤境獨守。拯我塗炭，惠隆丘阜。潤同江海，恩猶父母。」鎮南將軍山簡復假詹督五郡軍事。會蜀賊杜疇作亂，來攻詹郡，力戰摧之。尋與陶侃破杜弢於長沙，賊中金寶溢目，詹一無所取，唯收圖書，莫不歎之。元帝假詹建武將軍，王敦又上詹監巴東五郡軍事，賜爵潁陽鄉侯。陳人王沖擁衆荆州，素服詹名，迎爲刺史。詹以沖等無賴，棄還南平，沖亦不怨。其得人情如此。遷益州刺史，領巴東監軍。詹之出郡也，士庶攀車號泣，若戀所生。

俄拜後軍將軍。詹上疏陳便宜，曰：「先王設官，使君有常尊，臣有定卑，上無苟且之志，下無覬覦之心。下至亡秦，罷侯置守，本替末陵，綱紀廢絕。漢興，雖未能興復舊典，猶雜建侯守，故能享年享世，殆參古迹。今大荒之後，制度改創，宜因斯會，釐正憲則，先舉盛德元功以爲封首，則聖世之化比隆唐虞矣。」又曰：「性相近，習相遠，訓導之風，宜慎所好。魏正始之間，蔚爲文林。元康以來，賤經尚道，以玄虛宏放爲夷達，以儒術清儉爲鄙俗。永

嘉之弊，未必不由此也。今雖有儒官，教養未備，非所以長育人材，納之軌物也。宜修辟雍，崇明教義，先令國子受訓，然後皇儲親臨釋奠，則普天尙德，率土知方矣。」元帝雅重其才，深納之。

頃之，出補吳國內史，以公事免。鎮北將軍劉隗出鎮，以詹爲軍司。加散騎常侍，累遷光祿勳。詹以王敦專制自樹，故優游諷詠，無所標明。及敦作逆，明帝問詹計將安出。詹厲然慷慨曰：「陛下宜奮赫斯之威，臣等當得負戈前驅，庶憑宗廟之靈，有征無戰。如其不然，王室必危。」帝以詹爲都督前鋒軍事、護軍將軍、假節、都督朱雀橋南。賊從竹格渡江，詹與建威將軍趙胤等擊敗之，斬賊率杜發，梟首數千級。賊平，封觀陽縣侯，食邑一千六百戶，賜絹五千匹。上疏讓曰：「臣聞開國承家，光啓土宇，唯令德元功乃宜封錫。臣雖忝當一隊，策無微略，勞不汗馬。猥以疏賤，倫亞親密，暫廁被練，列勤司勳。乞迴謬恩，聽其所守。」不許。

遷使持節、都督江州諸軍事、平南將軍、江州刺史。詹將行，上疏曰：

夫欲用天下之智力者，莫若使天下信之也。商鞅移木，豈禮也哉？有由而然。自經荒弊，綱紀頹陵，清直之風既澆，糟秕之俗猶在，誠宜濯以滄浪之流，漉以吞舟之網，則幽顯明別，於變時雍矣。

弘濟茲務，在乎官人。今南北雜錯，屬託者無保負之累，而輕舉所知，此博采所以未精，職理所以多闕。今凡有所用，宜隨其能否而與舉主同乎褒貶，則人有慎舉之恭，官無廢職之客。昔冀缺有功，胥臣蒙先茅之賞；子玉敗軍，子文受蒍賈之責。古既有之，今亦宜然。漢朝使刺史行部，乘傳奏事，猶恐不足以辨彰幽明，弘宣政道，故復有繡衣直指。今之艱弊，過於往昔，宜分遣黃、散若中書郎等循行天下，觀採得失，舉善彈違，斷截苟且，則人不敢爲非矣。漢宣帝時，二千石有居職修明者，則入爲公卿；其不稱職免官者，皆還爲平人。懲勸必行，故歷世長久。中間以來，遷不足競，免不足懼。或有進而失意，退而得分。莅官雖美，當以素論降替，在職實劣，直以舊望登敍。校游談爲多少，不以實事爲先後。以此責成，臣未見其兆也。今宜峻左降舊制，可二千石免官，三年乃得敍用，長史六年，戶口折半，道里倍之。此法必明，使天下知官難得而易失，必人慎其職，朝無惰官矣。都督可課佃二十頃，州十頃，郡五頃，縣三頃。皆取文武吏醫卜，不得撓亂百姓。三臺九府，中外諸軍，有可減損，皆令附農。市息末伎，道無游人，不過一熟，豐穰可必。然後重居職之俸，使祿足以代耕。

頃大事之後，遐邇皆想宏略，而寂然未副，宜早振綱領，肅起羣望。

時王敦新平，人情未安，詹撫而懷之，莫不得其歡心，百姓賴之。

疾篤，與陶侃書曰：「每憶密計，自沔入湘，頡頏繾綣，齊好斷金。子南我東，忽然一紀，其間事故，何所不有。足下建功嶠南，旋鎮舊楚。吾承乏幸會，來忝此州，圖與足下進共竭節本朝，報恩幼主，退以申尋平生，纏綿舊好。豈悟時不我與，長卽幽冥，永言莫從，能不慨恨！今神州未夷，四方多難，足下年德並隆，功名俱盛，宜務建洪範，雖休勿休，至公至平，至謙至順，卽自天祐之，吉無不利。人之將死，其言也善，足下察吾此誠。」以咸和六年卒，〔一〕時年五十三。册贈鎭南大將軍、儀同三司，謚曰烈，祠以太牢。子玄嗣，位至散騎侍郎。玄弟誕，有器幹，歷六郡太守、龍驤將軍，追贈冀州刺史。

初，京兆韋泓喪亂之際，親屬遇饑疫並盡，客遊洛陽，素聞詹名，遂依託之。詹與分甘共苦，情若弟兄。遂隨從積年，爲營伉儷，置居宅，并薦之於元帝曰：「自遭喪亂，人士易操，至乃任運固窮，耿介守節者尠矣。伏見議郎韋泓，年三十八，字元量，執心清沖，才識備濟，躬耕隴畝，不煩人役，靜默居常，不豫政事。昔年流移，來在詹境，經寇喪資，一身特立，短褐不掩形，菜蔬不充朝，而抗志彌厲，不遊非類。顏回稱不改其樂，泓有其分。明公輔亮皇室，恢維宇宙，四門開闢，英彥鬼藻，收春華於京輦，採秋實於巖藪。而泓抱璞荆山，未剖和璧。若蒙銓召，付以列曹，必能協隆鼎味，緝熙庶績者也。」帝卽辟之。自後位至少府卿。既受詹生成之惠，詹卒，遂製朋友之服，哭止宿草，追趙氏祀程嬰、杵臼之義，祭詹終身。

甘卓 鄧騫

甘卓字季思，丹楊人，秦丞相茂之後也。曾祖寧，爲吳將。祖述，仕吳爲尙書。父昌，太子太傅。吳平，卓退居自守。郡命主簿、功曹，察孝廉，州舉秀才，爲吳王常侍。討石冰，以功賜爵都亭侯。東海王越引爲參軍，出補離狐令。卓見天下大亂，棄官東歸，前至歷陽，與陳敏相遇。敏甚悅，共圖縱横之計，遂爲其子景娶卓女，共相結託。會周玘唱義，密使錢廣攻敏弟昶，敏遣卓討廣，頓朱雀橋南。會廣殺昶，玘告丹楊太守顧榮共邀說卓。卓素敬服榮，且以昶死懷懼，良久乃從之。遂詐疾迎女，斷橋，收船南岸，共滅敏，傳首于京都。元帝初渡江，授卓前鋒都督、揚威將軍、歷陽內史。其後討周馥，征杜弢，屢經苦戰，多所擒獲。以前後功，進爵南鄉侯，拜豫章太守。尋遷湘州刺史，將軍如故。復進爵于湖侯。

中興初，以邊寇未靜，學校陵遲，特聽不試孝廉，而秀才猶依舊策試。卓上疏以爲：「答問損益，當須博通古今，明達政體，必求諸墳索，乃堪其舉。臣所忝州往遭寇亂，學校久替，人士流播，不得比之餘州。策試之由，當藉學功，謂宜同孝廉例，申與期限。」疏奏，朝議不許。卓於是精加隱括，備禮舉桂陽谷儉爲秀才。儉辭不獲命，州厚禮遣之。諸州秀才聞當考試，皆憚不行，惟儉一人到臺，遂不復策試。儉恥其州少士，乃表求試，以高第除中郎。儉少有志行，寒苦自立，博涉經史。于時南土凋荒，經籍道息，儉不能遠求師友，唯在家研精。雖所得實深，未有名譽，又恥衒耀取達，遂歸，終身不仕，卒于家。

卓尋遷安南將軍、梁州刺史、假節、督沔北諸軍，鎭襄陽。卓外柔內剛，爲政簡惠，善於綏撫，估稅悉除，市無二價。州境所有魚池，先恒責稅，卓不收其利，皆給貧民，西土稱爲惠政。

王敦稱兵，遣使告卓。卓乃僞許，而心不同之。及敦升舟，而卓不赴，使參軍孫雙詣武昌諫止敦。敦聞雙言，大驚曰：「甘侯前與吾語云何，而更有異！正當慮吾危朝廷邪？吾今下唯除姦凶耳。卿還言之，事濟當以甘侯作公。」雙還報卓，卓不能決。或說卓且僞許敦，待敦至都而討之。卓曰：「昔陳敏之亂，吾亦先從後圖，而論者謂懼逼而謀之。雖吾情本不爾，而事實有似，心恒愧之。今若復爾，誰能明我！」時湘州刺史譙王承遣主簿鄧騫說卓曰：「劉大連雖乘權寵，非有害於天下也。大將軍以其私憾稱兵象魏，雖託討亂之名，實失天下之望，此忠臣義士匡救之時也。昔魯連匹夫，猶懷蹈海之志，況受任方伯，位同體國者乎！今若因天人之心，唱桓文之舉，杖大順以掃逆節，擁義兵以勤王室，斯千載之運，不可失也。」卓笑曰：「桓文之事，豈吾所能。至於盡力國難，乃其心也。當共詳思之。」參軍李梁說卓曰：「昔隗囂亂隴右，竇融保河西以歸光武，今日之事，有似於此。將軍有重名於天下，但

當推亡固存，坐而待之。使大將軍勝，方當崇將軍以方面之重；如其不勝，朝廷必以將軍代之。何憂不富貴，而釋此廟勝，決存亡於一戰邪！」騫謂梁曰：「光武創業，中國未平，故隗囂斷隴右，竇融兼河西，各據一方，鼎足之勢，故得文服天子，從容顧望。及海內已定，君臣正位，終於隴右傾覆，河西入朝。何則？向之文服，義所不容也。今將軍之於本朝，非竇融之喻也。襄陽之於大府，非河西之固也。且人臣之義，安忍國難而不陳力，何以北面於天子邪！使大將軍平劉隗，還武昌，增石城之守，絕荆湘之粟，將軍安歸乎？勢在人手，而曰我處廟勝，未之聞也。」卓尙持疑未決，騫又謂卓曰：「今既不義舉，又不承大將軍檄，此必至之禍，愚智所見也。且議者之所難，以彼强我弱，是不量虛實者也。今大將軍兵不過萬餘，其留者不能五千，而將軍見衆既倍之矣。將軍威名天下所聞也，此府精銳，戰勝之兵也。擁强衆，藉威名，杖節而行，豈王含所能御哉！遡流之衆，勢不自救，將軍之舉武昌，若摧枯拉朽，何所顧慮乎！武昌既定，據其軍實，鎭撫二州，施惠士卒，使還者如歸，此呂蒙所以克敵也。如是，大將軍可不戰而自潰。今釋必勝之策，安坐以待危亡，不可言知計矣。願將軍熟慮之。」

時敦以卓不至，慮在後爲變，遣參軍樂道融苦要卓俱下。道融本欲背敦，因說卓襲之，語在融傳。卓既素不欲從敦，得道融說，遂決曰：「吾本意也。」乃與巴東監軍柳純、南平太

守夏侯承、宜都太守譚該等十餘人，俱露檄遠近，陳敦肆逆，率所統致討。遣參軍司馬讚、孫雙奉表詣臺，參軍羅英至廣州，與陶侃剋期，參軍鄧騫、虞沖至長沙，令譙王承堅守。征西將軍戴若思在江西，先得卓書，表上之，臺內皆稱萬歲。武昌大驚，傳卓軍至，人皆奔散。詔書遷卓爲鎮南大將軍、侍中、都督荊梁二州諸軍事、荊州牧，梁州刺史如故，陶侃得卓信，卽遣參軍高寶率兵下。

卓雖懷義正，而性不果毅，且年老多疑，計慮猶豫，軍次豬口，累旬不前。敦大懼，遣卓兄子行參軍卬求和，謝卓曰：「君此自是臣節，不相責也。吾家計急，不得不爾。想便旋軍襄陽，當更結好。」時王師敗績，敦求臺騶虞幡駐卓。卓聞周顗、戴若思遇害，流涕謂卬曰：「吾之所憂，正謂今日。每得朝廷人書，常以胡寇爲先，不悟忽有蕭牆之禍。且使聖上元吉，太子無恙，吾臨敦上流，亦未敢便危社稷。吾適徑據武昌，敦勢逼，必劫天子以絕四海之望。不如還襄陽，更思後圖。」卽命旋軍。都尉秦康說卓曰：「今分兵取敦不難，但斷彭澤，上下不得相赴，自然離散，可一戰擒也。將軍既有忠節，中道而廢，更爲敗軍將，恐將軍之下亦各便求西還，不可得守也。」卓不能從。樂道融亦日夜勸卓速下。卓性先寬和，忽便强塞，徑還襄陽，意氣騷擾，舉動失常，自照鏡不見其頭，視庭樹而頭在樹上，心甚惡之。其家金櫃鳴，聲似槌鏡，清而悲。巫云：「金櫃將離，是以悲鳴。」主簿何無忌及家人皆勸令自

警。卓轉更很愎，聞諫輒怒。方散兵使大佃，而不爲備。功曹榮建固諫，不納。襄陽太守周慮等密承敦意，知卓無備，詐言湖中多魚，勸卓遣左右皆捕魚，乃襲害卓于寢，傳首于敦。四子散騎郎蕃等皆被害。太寧中，追贈驃騎將軍，謚曰敬。

鄧騫字長眞，長沙人。少有志氣，爲鄉鄰所重。常推誠行己，能以正直全於多難之時。刺史譙王承命爲主簿，便說甘卓。卓留爲參軍，欲與同行，以母老辭卓而反。承爲魏乂所敗，以虞悝兄弟爲承黨，乂盡誅之，而求騫甚急。鄉人皆爲之懼，騫笑曰：「欲用我耳。彼新得州，多殺忠良，是其求賢之時，豈以行人爲罪！」乃往詣乂。乂喜曰：「君所謂古之解揚也。」以爲別駕。

騫有節操忠信，兼識量弘遠，善與人交，久而益敬。太尉庾亮稱之，以爲長者。歷武陵、始興太守，遷大司農，卒於官。

卞壼 從父兄敦

卞壼字望之，濟陰冤句人也。祖統，琅邪內史。父粹，以清辯鑒察稱。兄弟六人並登宰府，世稱「卞氏六龍，玄仁無雙」。玄仁，粹字也。弟裒，嘗忤其郡將。郡將怒訐其門內之

私，粹遂以不訓見譏議，陵遲積年。惠帝初，爲尚書郎。楊駿執政，人多附會，而粹正直不阿。及駿誅，超拜右丞，封成陽子，稍遷至右軍將軍。張華之誅，粹以華壻免官。齊王冏輔政，爲侍中、中書令，進爵爲公。及長沙王乂專權，粹立朝正色，乂忌而害之。初，粹如廁，見物若兩眼，俄而難作。

壼弱冠有名譽，司兗二州、齊王冏辟，皆不就。遇家禍，還鄉里。永嘉中，除著作郎，襲父爵。征東將軍周馥請爲從事中郎，不就。遭本州傾覆，東依妻兄徐州刺史裴盾。盾以壼行廣陵相。

元帝鎮建鄴，召爲從事中郎，委以選舉，甚見親杖。出爲明帝東中郎長史。遭繼母憂，既葬，起復舊職，累辭不就。元帝遣中使敦逼，壼箋自陳曰：

壼天性狷狹，不能和俗，退以情事，欲畢志家門。亡父往爲中書令，時壼蒙大例，望門見辟，信其所執，得不祗就。門戶遇禍，迸竄易名，得存視息，私志有素。加嬰極難，流寄蘭陵，爲荀晞所召，恐見逼迫，依下邳裴盾，又見假授，思暫之郡，規得託身。尋蒙見召，爲從事中郎，豈曰貪榮，直欲自致，規暫恭命，行當乞退。屬華軼之難，不敢自陳。軼既梟懸，壼亦嬰病，具自歸聞，未蒙恕遣。世子北征，選寵顯望，復以無施，忝充元佐。榮則榮矣，實非素懷。顧以命重人輕，不敢辭憚。聞西臺召壼爲尚書郎，實

欲因此以避賢路，未及陳誠，奄丁窮罰。

壼年九歲，爲先母弟表所見孤背。十二，蒙亡母張所見覆育。壼以陋賤，不能榮親，家產屢空，養道多闕，存無歡娛，終不備禮，拊心永恨，五內抽割。於公無效如彼，私情艱苦如此，實無情顏昧冒榮進。若廢壼一人，江北便有傾危之慮，壼居事之日功績以隆者，誠不得私其身。今東中郎岐嶷自然，神明日茂，軍司馬、諸參佐並以明德宜力王事，壼之去留，曾無損益。賀循、謝端、顧景、丁琛、傅晞等皆荷恩命，高枕家門。壼委質二府，漸冉五載，考效則不能已彰，論心則頻累恭順，柰何哀孤之日不見愍恕哉！

帝以其辭苦，不奪其志。服闋，爲世子師。壼前後居師佐之任，盡匡輔之節，一府貴而憚焉。中興建，補太子中庶子，轉散騎常侍，侍講東宮。遷太子詹事，以公事免。尋復職，轉御史中丞。忠於事上，權貴屏跡。

時淮南小中正王式繼母，前夫終，更適式父。式父終，喪服訖，議還前夫家。前夫家亦有繼子，奉養至終，遂合葬於前夫。式自云：「父臨終，母求去，父許諾。」於是制出母齊衰朞。壼奏曰：「就如式父臨終許諾，必也正名，依禮爲無所據。若夫有命，須顯七出之責，當

存時棄之，無緣以絕義之妻留家制服。若式父臨困謬亂，使去留自由者，此必爲相要以非禮，則存亡無所得從，式宜正之以禮。魏顆父命不從其亂，陳乾昔欲以二婢子殉，其子以非禮不從，春秋、禮記善之。並以妾媵，猶正以禮，況其母乎！式母於夫，生事奉終，非爲既絕之妻。夫亡制服，不爲無義之婦。自云守節，非爲更嫁。離絕之斷，在夫沒之後。夫之既沒，是其從子之日，而式以爲出母，此母以子出也。致使存無所容居，沒無所託也。寄命於他人之門，埋尸於無名之冢。若式父亡後，母尋沒於式家，必不以爲出母明矣。許諸之命一耳，以爲母于同居之時，至沒前子之門而不以爲母，此爲制離絕於二居，裁出否於意斷。離絕之斷，非式而誰！假使二門之子皆此母之生，母戀前子，求去求絕，非禮於後家，還反又非禮於前門，去不可去，還不可還，則爲無寄之人也。式必內盡匡諫，外極防閑，不絕明矣。何至守不移於至親，略情禮於假繼乎！繼母如母，聖人之教。式爲國士，閨門之內犯禮違義，開闢未有，於父則無追亡之善，於母則無孝敬之道，存則去留自由，亡則合葬路人，可謂生事不以禮，死葬不以禮者也。虧損世教，不可以居人倫詮正之任。案侍中、司徒、臨潁公組敷宣五教，實在任人，而含容違禮，曾不貶黜；揚州大中正、侍中、平望亭侯曄，〔二〕淮南大中正、散騎侍郎弘，顯執邦論，朝野取信，曾不能率禮正違，崇孝敬之教，並爲不勝其任。請以見事免組、曄、弘官，大鴻臚削爵土，廷尉結罪。」疏奏，詔特原組等，式付鄉邑清

議，廢棄終身。壼遷吏部尚書。王含之難，加中軍將軍。含滅，以功封建興縣公，尋遷領軍將軍。

明帝不豫，領尚書令，與王導等俱受顧命輔幼主。復拜右將軍，加給事中、尚書令。帝崩，成帝卽位，羣臣進璽，司徒王導以疾不至。壼正色於朝曰：「王公豈社稷之臣邪！大行在殯，嗣皇未立，寧是人臣辭疾之時！」導聞之，乃輿疾而至。皇太后臨朝，壼與庾亮對直省中，共參機要。時召南陽樂謨爲郡中正，潁川庾怡爲廷尉評。謨、怡各稱父命不就。壼奏曰：「人無非父而生，職無非事而立。有父必有命，居職必有悔。有家各私其子，此爲王者無人，職不軌物，官不立政。如此則先聖之言廢，五教之訓塞，君臣之道散，上下之化替矣。樂廣以平夷稱，庾珉以忠篤顯，受寵聖世，身非己有，況及後嗣而可專哉！所居之職若順夫羣心，則戰戍者之父母皆當以命子，不以處也。若順謨父之意，則人皆不爲郡中正，人倫廢矣。順怡父之意，人皆不爲獄官，則刑辟息矣。凡如是者，其可聽歟？若不可聽，何以許謨、怡之得稱父命乎！此爲謨以名父子可以虧法，怡是親戚可以自專。以此二塗服人示世，臣所未悟也。宜一切班下，不得以私廢公。絕其表疏，以爲永制。」朝議以爲然。謨、怡不得已，各居所職。是時王導稱疾不朝，而私送車騎將軍郗鑒，壼奏以導虧法從私，無大臣之節。御史中丞鍾雅阿撓王典，不加準繩，並請免官。雖事寢不行，舉朝震肅。壼斷裁切

直，不畏强禦，皆此類也。

壼榦實當官，以褒貶爲己任，勤於吏事，欲軌正督世，不肯苟同時好。然性不弘裕，才不副意，故爲諸名士所少，而無卓爾優譽。明帝深器之，於諸大臣而最任職。阮孚每謂之曰：「卿恒無閑泰，常如含瓦石，不亦勞乎？」壼曰：「諸君以道德恢弘，風流相尚，執鄙吝者，非壼而誰！」時貴游子弟多慕王澄、謝鯤爲達，壼厲色於朝曰：「悖禮傷教，罪莫斯甚！中朝傾覆，實由於此。」欲奏推之。王導、庾亮不從，乃止，然而聞者莫不折節。時王導以勳德輔政，成帝每幸其宅，嘗拜導婦曹氏。侍中孔坦密表不宜拜。〔三〕導聞之曰：「王茂弘駑痾耳，若卞望之之巖巖，刁玄亮之察察，戴若思之峰岠，當敢爾邪！」壼廉潔儉素，居甚貧約。息當婚，詔特賜錢五十萬，固辭不受。後患面創，累乞解職。

拜光祿大夫，加散騎常侍。時庾亮將徵蘇峻，言於朝曰：「峻狼子野心，終必爲亂。今日徵之，縱不順命，爲禍猶淺。若復經年，爲惡滋蔓，不可復制。此是朝錯勸漢景帝早削七國事也。」當時議者無以易之。壼固爭，謂亮曰：「峻擁强兵，多藏無賴，且逼近京邑，路不終朝，一旦有變，易爲蹉跌。宜深思遠慮，恐未可倉卒。」亮不納。壼知必敗，與平南將軍溫嶠書曰：「元規召峻意定，懷此於邑。溫生足下，柰此事何！吾今所慮，是國之大事。且峻已出狂意，而召之更速，必縱其羣惡以向朝廷。朝廷威力誠桓桓，交須接鋒履刃，尚不知便可

卽擒不？王公亦同此情。吾與之爭甚懇切，不能如之何。本出足下爲外藩任，而今恨出足下在外。若卿在內俱諫，必當相從。今內外戒嚴，四方有備，峻凶狂必無所至耳，恐不能使無傷，如何？」壼司馬任台勸壼宜畜良馬，以備不虞。壼笑曰：「以順逆論之，理無不濟。若萬一不然，豈須馬哉！」峻果稱兵。壼復爲尚書令、右將軍、領右衞將軍，餘官如故。

峻至東陵口，詔以壼都督大桁東諸軍事、假節，復加領軍將軍、給事中。壼率郭默、趙胤等與峻大戰於西陵，爲峻所破。壼與鍾雅皆退還，死傷者以千數。壼、雅並還節，詣闕謝罪。峻進攻青溪，壼與諸軍距擊，不能禁。賊放火燒宮寺，六軍敗績。壼時發背創，猶未合，力疾而戰，率厲散衆及左右吏數百人，攻賊麾下，苦戰，遂死之，時年四十八。二子眕、盱見父沒，相隨赴賊，同時見害。

峻平，朝議贈壼左光祿大夫，加散騎常侍。尚書郎弘訥議以爲「死事之臣古今所重，卞令忠貞之節，當書于竹帛。今之追贈，實未副衆望，謂宜加鼎司之號，以旌忠烈之勳」。司徒王導見議，進贈驃騎將軍，加侍中。訥重議曰：「夫事親莫大於孝，事君莫尚於忠。唯孝也，故能盡敬竭誠；唯忠也，故能見危授命。此在三之大節，臣子之極行也。案壼委質三朝，盡規翼亮，遭世險難，存亡以之。受顧託之重，居端右之任，擁衞至尊，則有保傅之恩；正色在朝，則有匪躬之節。賊峻造逆，戮力致討，身當矢旝，再對賊鋒，父子并命，可謂破家爲國，

守死勤事。昔許男疾終，猶蒙二等之贈，況壼伏節國難者乎！夫賞疑從重，況在不疑！謂可上準許穆，下同嵇紹，則允合典謨，克厭衆望。」於是改贈壼侍中、驃騎將軍、開府儀同三司，謚曰忠貞，祠以太牢。贈世子眕散騎侍郎，眕弟盱奉車都尉。眕母裴氏撫二子尸哭曰：「父爲忠臣，汝爲孝子，夫何恨乎！」徵士翟湯聞之歎曰：「父死於君，子死於父，忠孝之道，萃于一門。」眕子誕嗣。

咸康六年，成帝追思壼，下詔曰：「壼立朝忠恪，喪身凶寇，所封懸遠，租秩薄少，妻息不贍，以爲慨然！可給實口廩。」其後盜發壼墓，尸僵，鬢髮蒼白，面如生，兩手悉拳，爪甲穿達手背。安帝詔給錢十萬，以修塋兆。

壼第三子瞻，位至廣州刺史。瞻弟眈，尚書郎。

敦字仲仁。父俊，清眞有檢識，以名理著稱。其鄉人郤詵恃才陵傲俊兄弟，俊等亦以門盛輕詵，相視如讎。詵以楊駿故吏被繫，俊時爲尚書郎，案其獄，詵懼不免，俊平心斷決正之，詵卒以免，而猶不悛。後爲左丞，復奏陷卞氏。俊歷位汝南相、廷尉卿。

敦弱冠仕州郡，辟司空府，稍遷太子舍人、尚書郎，朝士多稱之。東海王越聞，召以爲主簿。王彌逼洛，敦及胡毋輔之勸越擊王彌，而王衍、潘滔共執不聽，敦庭爭苦至，衆咸壯

之。出補汝南內史。元帝之爲鎭東，請爲軍諮祭酒，不就。征南將軍山簡以爲司馬。尋而王如、杜曾相繼爲亂，簡乃使敦監沔北七郡軍事、振威將軍、領江夏相，戍夏口。敦攻討沔中皆平。既而杜弢寇湘中，加敦征討大都督。伐弢有功，賜爵安陵亭侯。鎭東大將軍王敦請爲軍司。

中興建，拜太子左衞率。時石勒侵逼淮泗，帝備求良將可以式遏邊境者，公卿舉敦，除征虜將軍、徐州刺史，鎭泗口。及勒寇彭城，敦自度力不能支，與征北將軍王邃退保盱眙，賊勢遂張，淮北諸郡多爲所陷，竟以畏懦貶秩三等，爲鷹揚將軍。徵拜大司農。王敦表爲征虜將軍、都督石頭軍事。明帝之討王敦也，以爲鎭南將軍、假節。事平，更拜尚書，以功封益陽侯。徙光祿勳，出爲都督安南將軍、湘州刺史、假節。尋進征南將軍，固辭不拜。

蘇峻反，溫嶠、庾亮移檄征鎭同赴京師。敦擁兵不下，又不給軍糧，唯遣督護荀璲領數百人隨大軍而已。時朝野莫不怪歎，獨陶侃亦切齒忿之。[四]峻平，侃奏敦阻軍顧望，不赴國難，無大臣之節，請檻車收付廷尉。丞相王導以喪亂之後宜加寬宥，轉安南將軍、廣州刺史。病不之職。徵爲光祿大夫，領少府。敦既不討蘇峻，常懷愧恥，名論自此虧矣。尋以憂卒，追贈本官，加散騎常侍，謚曰敬。子滔嗣。

劉超

劉超字世瑜，琅邪臨沂人，漢城陽景王章之後也。章七世孫封臨沂縣慈鄉侯，子孫因家焉。父和，爲琅邪國上軍將軍。超少有志尚，爲縣小吏，稍遷琅邪國記室掾。以忠謹清愼爲元帝所拔，恒親侍左右，遂從渡江，轉安東府舍人，專掌文檄。相府建，又爲舍人。于時天下擾亂，伐叛討貳，超自以職在近密，而書跡與帝手筆相類，乃絕不與人交書。時出休沐，閉門不通賓客，由是漸得親密。以左右勤勞，賜爵原鄉亭侯，食邑七百戶，轉行參軍。

中興建，爲中書舍人，拜騎都尉、奉朝請。時臺閣初建，庶績未康，超職典文翰，而畏愼靜密，彌見親待。加以處身清苦，衣不重帛，家無儋石之儲。每帝所賜，皆固辭曰：「凡陋小臣，橫竊賞賜，無德而祿，殃咎足懼。」帝嘉之，不奪其志。尋出補句容令，推誠於物，爲百姓所懷。常年賦稅，主者常自四出結評百姓家貲。至超，但作大函，邨別付之，使各自書家產，投函中訖，送還縣。百姓依實投上，課輸所入，有踰常年。入爲中書通事郎。以父憂去官。既葬，屬王敦稱兵，詔超復職，又領安東上將軍。尋六軍敗散，唯超案兵直衞，帝感之，遣歸終喪禮。及錢鳳構禍，超招合義士，從明帝征鳳。事平，以功封零陵伯。超家貧，妻子不贍，帝手詔褒之，賜以魚米，超辭不受。超後須純色牛，市不可得，啓買官外廄牛，詔便以

賜之。出爲義興太守。未幾，徵拜中書侍郎。拜受往還，朝廷莫有知者。會帝崩，穆后臨朝，遷射聲校尉。時軍校無兵，義興人多義隨超，因統其衆以宿衞，號爲「君子營」。咸和初，遭母憂去官，衰服不離身，朝夕號泣，朔望輒步至墓所，哀感路人。

及蘇峻謀逆，超代趙胤爲左衞將軍。時京邑大亂，朝士多遣家人入東避難。義興故吏欲迎超家，而超不聽，盡以妻孥入處宮內。及王師敗績，王導以超爲右衞將軍，親侍成帝。屬太后崩，軍衞禮章損闕，超躬率將士奉營山陵。峻遷車駕石頭，時天大雨，道路沈陷，超與侍中鍾雅步侍左右，賊給馬不肯騎，而悲哀慷慨。峻聞之，甚不平，然未敢加害，而以其所親信許方等補司馬督、殿中監，外託宿衞，內實防禦超等。時饑饉米貴，峻等問遺，一無所受，繾綣朝夕，臣節愈恭。帝時年八歲，雖幽厄之中，超猶啓授孝經、論語。溫嶠等至，峻猜忌朝士，而超爲帝所親遇，疑之尤甚。後王導出奔，超與懷德令匡術、建康令管旆等密謀，將欲奉帝而出。未及期，事泄，峻使任讓將兵入收超及鍾雅。[五]帝抱持悲泣曰：「還我侍中、右衞！」任讓不奉詔，因害之。及峻平，任讓與陶侃有舊，侃欲特不誅之，乃請於帝。帝曰：「讓是殺我侍中、右衞者，不可宥。」由是遂誅讓。及超將改葬，帝痛念之不已，詔還高顯近地葬之，使出入得瞻望其墓。追贈衞尉，謚曰忠。

超天性謙愼，歷事三帝，恒在機密，並蒙親遇，而不敢因寵驕諂，故士人皆安而敬之。

子訥嗣，謹飭有石慶之風，歷中書侍郎、下邳內史。訥子淳，亦清慎，爲散騎郎。

鍾雅

鍾雅字彥冑，潁川長社人也。父曄，公府掾，早終。雅少孤，好學有才志，舉四行，除汝陽令，入爲佐著作郎。母憂去官，服闋復職。東海王越請爲參軍，遷尚書郎。

避亂東渡，元帝以爲丞相記室參軍，遷臨淮內史、振威將軍。頃之，徵拜散騎侍郎，轉尚書右丞。時有事於太廟，雅奏曰：「陛下繼承世數，於京兆府君爲玄孫，而今祝文稱曾孫，恐此因循之失，宜見改正。又禮，祖之昆弟，從祖父也。景皇帝自以功德爲世宗，不以伯祖而登廟，亦宜除伯祖之文。」詔曰：「禮，事宗廟，自曾孫已下皆稱曾孫，此非因循之失也。義取於重孫，可歷世共其名，無所改也。稱伯祖不安，如所奏。」轉北軍中候。大將軍王敦請爲從事中郎，補宣城內史。錢鳳作逆，加廣武將軍，率衆屯青弋。時廣德縣人周玘爲鳳起兵攻雅，雅退據涇縣，收合士庶，討玘，斬之。鳳平，徵拜尚書左丞。

明帝崩，還御史中丞。時國喪未朞，而尚書梅陶私奏女妓，雅劾奏曰：「臣聞放勛之殂，八音遏密，雖在凡庶，猶能三載。自茲以來，歷代所同。肅祖明皇帝崩背萬國，當朞來月。聖主縞素，泣血臨朝，百僚慘愴，動無歡容。陶無大臣忠慕之節，家庭侈靡，聲妓紛葩，絲竹

之音，流聞衢路，宜加放黜，以整王憲。請下司徒，論正清議。」穆后臨朝，特原不問。雅直法繩違，百僚皆憚之。

北中郎將劉遐卒，遐部曲作亂，詔郭默討之，以雅監征討軍事、假節。事平，拜驍騎將軍。

蘇峻之難，詔雅爲前鋒監軍、假節，領精勇千人以距峻。雅以兵少，不敢擊，退還。拜侍中。尋王師敗績，雅與劉超並侍衞天子。或謂雅曰：「見可而進，知難而退，古之道也。君性亮直，必不容於寇讎，何不隨時之宜而坐待其斃。」雅曰：「國亂不能匡，君危不能濟，各遜遁以求免，吾懼董狐執簡而至矣。」庾亮臨去，顧謂雅曰：「後事深以相委。」雅曰：「棟折榱崩，誰之責也？」亮曰：「今日之事，不容復言，卿當期剋復之效耳。」雅曰：「想足下不愧荀林父耳。」及峻逼遷車駕幸石頭，雅、超流涕步從。明年，並爲賊所害。賊平，追贈光祿勳。其後以家貧，詔賜布帛百匹。子誕，位至中軍參軍，早卒。

史臣曰：應詹行業聿修，文史足用，入居列位，則嘉謀屢陳；出撫藩條，則惠政斯洽。甘卓伐暴寧亂，庸績克宣，作鎮扞城，威略具舉。及兇渠犯順，志在勤王。既而人撓其謀，天奪其鑒，疑留不斷，自取誅夷。卞壼束帶立朝，以匡正爲己任；褰裳衞主，蹈忠義以成名。遂使臣死於君，子死於父，惟忠與孝，萃其一門。古稱社稷之臣，忠貞之謂矣。劉超勤肅奉上，鍾雅正直當官。屬亘猾滔天，幼君危逼，乃崎嶇寇難，契闊艱虞，匪石爲心，寒松比操，貞軌皆沒，亮迹雙升。雖高赫在難彌恭，荀息繼之以死，方之二子，曾何足云！

贊曰：卓臨南服，詹莅西州。〔六〕政刑克舉，威惠兼修。應嗟運促，甘斃疑留。望之徇義，處死爲易。惟子惟臣，名節斯寄。鍾劉入仕，忠貞攸履。竭其股肱，繼之以死。

校勘記

〔一〕以咸和六年卒　成紀、通鑑九三俱云其卒在元年，「六」疑「元」字之形近誤。

〔二〕平望亭侯曄　「曄」原作「瞱」。周校：此陸曄也，宜照本傳作「曄」。按：通典九四亦作「陸曄」，今據改。下同。

〔三〕孔坦　原作「孔恒」，今據孔坦傳改。

〔四〕獨陶侃亦切齒忿之　校文：「獨」字衍文。按：通志一二六無「獨」字。

〔五〕峻使任讓將兵入收超及鍾雅　舉正：時峻已死，當云蘇逸。按：通鑑九四作「逸」。

〔六〕卓臨南服詹莅西州　周校：應詹爲江州刺史，在南；甘卓爲梁州刺史，在西。又本傳詹前卓後。「卓」「詹」二字宜互易上下。

晉書卷七十一

列傳第四十一

孫惠

孫惠字德施，吳國富陽人，吳豫章太守賁曾孫也。父祖並仕吳。惠口訥，好學有才識，州辟不就，寓居蕭沛之間。永寧初，赴齊王冏義，討趙王倫，以功封晉興縣侯，辟大司馬戶曹掾，轉東曹屬。冏驕矜僭侈，天下失望。惠獻言於冏，諷以五難、四不可，勸令歸藩，辭甚切至。冏不納。惠懼罪，辭疾去。頃之，冏果敗。成都王穎薦惠爲大將軍參軍、領奮威將軍、白沙督。是時，穎將征長沙王乂，以陸機爲前鋒都督。惠與機同鄉里，憂其致禍，勸機讓都督於王粹。及機兄弟被戮，惠甚傷恨之。時惠又擅殺穎牙門將梁儁，懼罪，因改姓名以遁。

後東海王越舉兵下邳，惠乃詭稱南嶽逸士秦祕之，以書干越曰：

天禍晉國，遘茲厄運。歷觀危亡，其萌有漸，枝葉先零，根株乃斃。伏惟明公資叡哲之才，〔一〕應神武之略，承衰亂之餘，當傾險之運，側身昏讒之俗，跼蹐凶諂之間。執夷正立，則取疾姦佞；抱忠懷直，則見害賊臣。餔糟非聖性所堪，苟免非英雄之節，是以感激於世，發憤忘身。抗辭金門，則謇諤之言顯；扶翼皇家，則匡主之功著。事雖未集，大命有在。夫以漢祖之賢，猶有彭城之恥；〔二〕魏武之能，亦有濮陽之失。孟明三退，終於致果；句踐喪衆，期於擒吳。今明公名著天下，聲振九域，公族歸美，萬國宗賢。加以四王齊聖，仁明篤友，急難之感，同奬王室，股肱爪牙，足相維持。皇穹無親，惟德是輔；惡盈福謙，鬼神所讚。以明公達存亡之符，察成敗之變，審所履之運，思天人之功，武視東夏之藩，龍躍海嵎之野。西諮河間，南結征鎮，東命勁吳銳卒之富，北有幽并率義之旅，宣喻青徐，啓示羣王，旁收雄俊，廣延秀傑，糾合攜貳，明其賞信。仰惟天子蒙塵鄴宮，外矯詔命，擅誅無辜，豺狼篡噬，其事無遠。夫心火傾移，喪亂可必，太白橫流，兵家攸杖，歲鎮所去，天厭其德。玄象著明，讁譴彰見。違天不祥，奉時必克。明公思安危人神之應，慮禍敗前後之徵，弘勞謙日昃之德，躬吐握求賢之義，傾府竭庫以振貧乏，將有濟世之才，渭濱之士，含奇謨於朱脣，握神策於玉掌，逍遙川嶽之上，以俟眞人之求。目想不世之佐，耳聽非常之輔，舉而任之，則元勳建矣。

祕之不天，值此衰運，竊慕墨翟、申包之誠，跋涉荆棘，重繭而至，櫛風沐雨，來承禍難。思以管穴毗佐大猷，道險時吝，未敢自顯。伏在川泥，繫情宸極，謹先白牋，以啓天慮。若猶沈吟際會，徘徊二端，徼倖在險，請從恕宥之例。

明公今旋軫臣子之邦，宛轉名義之國，指麾則五嶽可傾，呼噏則江湖可竭。況履順討逆，執正伐邪，是烏獲摧冰，賁育拉朽，猛獸吞狐，泰山壓卵，因風燎原，未足方也。今時至運集，天與神助，復不能鵲起於慶命之會，拔劍於時哉之機，恐流濫之禍不在一人。自先帝公王，海內名士，近者死亡，皆如蟲獸，尸元曳於糞壤，形骸捐於溝澗，非其口無忠貞之辭，心無義正之節，皆希目下之小生而惑終焉之大死。凡人知友，猶有刎頸之報，朝廷之內，而無死命之臣。非獨祕之所恥，惜乎晉世之無人久矣。今天下喁喁，四海注目。社稷危而復安，宗廟替而復紹，惟明公兄弟能弘濟皇猷。國之存亡，在斯舉矣。

祕之以不才之姿，而值危亂之運，竭其狗馬之節，加之忠貞之心，左屬平亂之韃，右握滅逆之矢，控馬鵠立，計日俟命。時難獲而易失，機速變而成禍，介如石焉，實無終日，自求多福，惟君裁之！

越省書，榜道以求之，惠乃出見。越即以爲記室參軍，專職文疏，豫參謀議。除散騎

郎、太子中庶子，復請補司空從事中郎。越誅周穆等，夜召參軍王廙造表，廙戰懼，壞數紙不成。時惠不在，越歎曰：「孫中郎在，表久就矣。」越遷太傅，以惠爲軍諮祭酒，數諮訪得失。每造書檄，越或驛馬催之，應命立成，皆有文采。除祕書監，不拜。轉彭城內史、廣陵相，遷廣武將軍、安豐內史。以迎大駕之功，封臨湘縣公。

元帝遣甘卓討周馥於壽陽，惠乃率衆應卓，馥敗走。廬江何銳爲安豐太守，惠權留郡境。銳以他事收惠下人推之，惠既非南朝所授，常慮讒間，因此大懼，遂攻殺銳，奔入蠻中。尋病卒，時年四十七。喪還鄉里，朝廷明其本心，追加弔賻。

熊遠

熊遠字孝文，豫章南昌人也。祖翹，嘗爲石崇蒼頭，而性廉直，有士風。黃門郎潘岳見而稱異，勸崇免之，乃還鄉里。遠有志尚，縣召爲功曹，不起，强與衣幘，扶之使謁。十餘日薦於郡，由是辟爲文學掾。遠曰：「辭大不辭小也。」固請留縣。太守察遠孝廉。屬太守討氐羌，遠遂不行，送至隴右而還。後太守會稽夏靜辟爲功曹。及靜去職，遠送至會稽以歸。州辟主簿、別駕，舉秀才，除監軍華軼司馬、領武昌太守、寧遠護軍。

元帝作相，引爲主簿。時傳北陵被發，帝將舉哀，遠上疏曰：「園陵既不親行，承傳言之

者未可爲定。且園陵非一，而直言侵犯，遠近弔問，答之宜當有主。謂應更遣使攝河南尹案行，得審問，然後可發哀。卽宜命將至洛，修復園陵，討除逆類。昔宋殺無畏，莊王奮袂而起，衣冠相追於道，軍成宋城之下。況此酷辱之大恥，臣子奔馳之日！夫修園陵，至孝也；討逆叛，至順也；救社稷，至義也；卹遺黎，至仁也。若修此四道，則天下響應，無思不服矣。昔項羽殺義帝以爲罪，漢祖哭之以爲義，劉項存亡，在此一舉。羣賊豺狼，弱於往日；惡逆之甚，重於丘山。大晉受命，未改於上；兆庶謳吟，思德於下。今順天下之心，命貔貅之士，鳴檄前驅，大軍後至，威風赫然，聲振朔野，則上副西土義士之情，下允海內延頸之望矣。」屬有杜弢之難，不能從。

時江東草創，農桑弛廢，遠建議曰：「立春之日，天子祈穀于上帝，乃擇元辰，載耒耜，帥三公、九卿、諸侯、大夫，躬耕帝藉，以勸農功。詩云：『弗躬弗親，庶人不信。』自喪亂以來，農桑不修，遊食者多，皆由去本逐末故也。」時議美之。

建興初，正旦將作樂，遠諫曰：「謹案尚書，堯崩，四海遏密八音。禮云，凶年，天子徹樂減膳。孝懷皇帝梓宮未反，豺狼當塗，人神同忿。公明德茂親，社稷是賴。今杜弢蟻聚湘川，比歲征行，百姓疲弊，故使義衆奉迎未舉。履端元日，正始之初，貢士鱗萃，南北雲集，有識之士於是觀禮。公與國同體，憂容未歇。昔齊桓貫澤之會，有憂中國之心，不召而至

者數國。及葵丘自矜，叛者九國。人心所歸，惟道與義。將紹皇綱於既往，恢霸業於來今，表道德之軌，闡忠孝之儀，明仁義之統，弘禮樂之本，使四方之士退懷嘉則。今榮耳目之觀，崇戲弄之好，懼違雲、韶、雅、頌之美，非納軌物，有塵大教。謂宜設饌以賜羣下而已。」元帝納之。

轉丞相參軍。是時琅邪國侍郎王鑒勸帝親征杜弢，遠又上疏曰：「皇綱失統，中夏多故，聖主肇祚，遠奉西都。梓宮外次，未反園陵，逆寇遊魂，國賊未夷。明公憂勞，乃心王室，伏讀聖教，人懷慷慨。杜弢小豎，寇抄湘川，比年征討，經載不夷。昔高宗伐鬼方，三年乃克，用兵之難，非獨在今。伏以古今之霸王遭時艱難，亦有親征以隆大勳，亦有遣將以平小寇。今公親征，文武將吏、度支籌量、舟輿器械所出若足用者，然後可征。愚謂宜如前遣五千人，徑與水軍進征，旣可得速，必不後時。昔齊用穰苴，燕晉退軍；秦用王翦，克平南荆。必使督護得才，卽賊不足慮也。」會弢已平，轉從事中郎，累遷太子中庶子、尚書左丞、散騎常侍。帝每嘆其忠公，謂曰：「卿在朝正色，不茹柔吐剛，忠亮至到，[三]可謂王臣也。吾所欣賴，卿其勉之！」

及中興建，帝欲賜諸吏投刺勸進者加位一等，百姓投刺者賜司徒吏，凡二十餘萬。遠以爲「秦漢因赦賜爵，非長制也。今案投刺者不獨近者情重，遠者情輕，可依漢法例，賜天下爵，於恩爲普，無偏頗之失。可以息檢覈之煩，塞巧僞之端」。帝不從。

轉御史中丞。時尚書刁協用事，衆皆憚之。尚書郎盧綝將入直，遇協于大司馬門外。協醉，使綝避之，綝不迴。協令威儀牽捽綝墮馬，至協車前而後釋。遠奏免協官。

時冬雷電，且大雨，帝下書責躬引過，遠復上疏曰：

被庚午詔書，以雷電震，暴雨非時，深自克責。雖禹湯罪己，未足以喻。臣闇於天道，竊以人事論之。陛下節儉敦朴，愷悌流惠，而王化未興者，皆羣公卿士不能夙夜在公，以益大化，素餐負乘，秕穢明時之責也。

今逆賊猾夏，暴虐滋甚，二帝幽殯，梓宮未反，四海延頸，莫不東望。而未能遣軍北討，讎賊未報，此一失也。昔齊侯既敗，七年不飲酒食肉，況此恥尤大。臣子之責，宜在枕戈爲王前驅。若此志未果者，當上下克儉，恤人養士，徹樂減膳，惟修戎事。陛下憂勞於上，而羣官未同戚容於下，每有會同，務在調戲酒食而已，此二失也。選官用人，不料實德，惟在白望，不求才幹，鄉舉道廢，請託交行。有德而無力者退，修望而有助者進，稱職以違俗見譏，虛資以從容見貴。是故公正道虧，私塗日開，强弱相陵，冤枉不理。今當官者以理事爲俗吏，奉法爲苛刻，盡禮爲諂諛，從容爲高妙，放蕩爲達士，驕蹇爲簡雅，此三失也。

世所謂三失者，公法加其身，私議貶其非，轉見排退，陸沈泥滓。時所謂三善者，王法所不加，清論美其賢，漸相登進，仕不輟官，攀龍附鳳，翺翔雲霄。遂使世人削方爲圓，撓直爲曲，豈待顧道德之清塗，踐仁義之區域乎！是以萬機未整，風俗偽薄，皆此之由。不明其黜陟，以審能否，此則俗未可得而變也。

今朝廷羣司以從順爲善，相違見貶，不復論才之曲直，言之得失也。時有言者，或不見用，是以朝少辯爭之臣，士有祿仕之志焉。郭翼上書，武帝擢爲屯留令，又置諫官，所以容受直言，誘進將來，故人得自盡，言無隱諱。任官然後爵之，位定然後祿之。敷奏以言，明試以功，車服以庸。舜猶歷試諸難，而今先祿不試，甚違古義，亂之所由也。求才急於疏賤，用刑先於親貴，然後令行禁止，野無遺滯。堯取舜於仄陋，舜拔賢於巖穴，姬公不曲繩於天倫，叔向不虧法於孔懷。今朝廷法吏多出於寒賤，是以章書日奏而不足以懲物，官人選才而不足以濟事。宜招賢良於屠釣，聘耿介於丘園。若此道不改，雖并官省職，無救弊亂也。能哲而惠，何憂乎驩兜，何遷乎有苗，何畏乎巧言令色孔壬！此官得其人之益也。

累遷侍中，出補會稽內史。時王敦作逆，沈充舉兵應之，加遠將軍，距而不受，不輸軍資於充，保境安衆爲務。敦至石頭，諷朝廷徵遠，乃拜太常卿，加散騎常侍。敦深憚其正而

有謀，引爲長史，數月病卒。

遠弟縉，名亞於遠，爲王敦主簿，終於鄱陽太守。縉子鳴鵠，位至武昌太守。

王鑒

王鑒字茂高，堂邑人也。父濬，御史中丞。鑒少以文筆著稱，初爲元帝琅邪國侍郎。時杜弢作逆，江湘流弊，王敦不能制，朝廷深以爲憂。鑒上疏勸帝征之，曰：

天禍晉室，四海顛覆，喪亂之極，開闢未有。明公遭曆運之厄，當陽九之會，聖躬負伊周之重，朝廷延匡合之望。方將振長轡而御八荒，掃河漢而清天塗。所藉之資，江南之地，蓋九州之隅角，垂盡之餘人耳。而百越鴟視於五嶺，蠻蜀狼顧於湘漢，江州蕭條，白骨塗地，豫章一郡，十殘其八。繼以荒年，公私虛匱，倉庫無旬月之儲，三軍有絕乏之色。賦斂搜奪，周而復始，卒散人流，相望於道。殘弱之源日深，全勝之勢未舉。鑒懼雲旗反旆，元戎凱入，未在旦夕也。昔齊旅未朞而申侯懼其老，況暴甲三年，介冑生蟣蝨，而可不深慮者哉！江揚本六郡之地，一州封域耳。若兵不時戢，人不堪命，三江受敵，彭蠡振搖，是賊踰我垣牆之內，闚我室家之好。黷武之衆易動，驚弓之鳥難安，鑒之所甚懼也。去年已來，累喪偏將，軍師屢失，送死之寇，兵厭奔命，賊量

我力矣。雖繼遣偏裨，懼未足成功也。愚謂尊駕宜親幸江州，然後方召之臣，其力可得而宣；熊羆之士，其銳可得而奮。進左軍於武昌，爲陶侃之重；建名將於安成，連甘卓之壘。南望交廣，西撫蠻夷。要害之地，勒勁卒以保之；深溝堅壁，按精甲而守之。六軍既贍，戰士思奮，爾乃乘隙騁奇，擾其窟穴，顯示大信，開以生塗，杜弢之頸固已鎖於麾下矣。

議者將以大舉役重，人不可擾。鑒謂暫擾以制敵，愈於放敵而常擾也。夫四體者，人之所甚愛，苟宜伐病，則削肌刮骨矣。然守不可虛，鑒謂王導可委以蕭何之任。或以小賊方斃，不足動千乘之重。鑒見王彌之初，亦小寇也，官軍不重其威，狡逆得肆其變，卒令溫懷不守，三河傾覆，致有今日之弊，此已然之明驗也。蔓草猶不可長，況狼兕之寇乎！當五霸之世，將非不良，士非不勇，征伐之役，君必親之，故齊桓免冑於邵陵，晉文擐甲於城濮。昔漢高、光武二帝，征無遠近，敵無大小，必手振金鼓，身當矢石，櫛風沐雨，壺漿不贍，馳騖四方，匪遑寧處，然後皇基克構，元勳以融。今大弊之極，劇於曩代，崇替之命，繫我而已。欲使鑾旂無野次之役，聖躬遠風塵之勞，而大功坐就，鑒未見其易也。魏武既定中國，親征柳城，揚旆盧龍之嶺，頓轡重塞之表，非有當時烽燧之虞，蓋一日縱敵，終己之患，雖戎輅蒙嶮，不以爲勞，況急於此者乎！劉玄

德躬登漢山，而夏侯之鋒摧；吳僞祖親泝長江，而關羽之首懸；袁紹猶豫後機，挫衄三分之勢；劉表臥守其衆，卒亡全楚之地。歷觀古今撥亂之主，雖聖賢，未有高拱閑居不勞而濟者也。前鑒不遠，可謂著龜。

議者或以當今暑夏，非出軍之時。鑒謂今宜嚴戒，須秋而動。高風啓塗，龍舟電舉，曾不十日，可到豫章。豫章去賊尚有千里之限，但臨之以威靈，則百勝之理濟矣。既掃清湘野，滌蕩楚郢，然後班爵序功，酬將士之勞；卷甲韜旗，廣農桑之務，播愷悌之惠，除煩苛之賦。比及數年，國富兵強，龍驤虎步，以威天下，何思而不服，何往而不濟，桓文之功不難懋也。今惜一舉之勞，而緩垂死之寇，誠國家之大恥，臣子之深憂也。

鑒以凡瑣，謬蒙獎育，思竭愚忠以補萬一。芻蕘之言，聖王不棄，戍卒之謀，先后採之。乞留神鑒，思其所陳。

疏奏，帝深納之，卽命中外戒嚴，將自征弢。會弢已平，故止。中興建，拜駙馬都尉、奉朝請，出補永興令。大將軍王敦請爲記室參軍，未就而卒，時年四十一。文集傳于世。

鑒弟濤及弟子戫，並有才筆。濤字茂略，歷著作郎、無錫令。戫字庭堅，亦爲著作。並早卒。

陳頵

陳頵字延思，陳國苦人也。少好學，有文義。父訢立宅起門，頵曰：「當使容馬車。」訢笑而從之。仕爲郡督郵，檢獲隱匿者三千人，爲一州尤最。太守劉亭拔爲主簿，州辟部從事，乘馬車還家，宗黨榮之。

劾案沛王韜獄，未竟，會解結代楊準爲刺史，韜因河間王顒屬結。結至大會，問主簿史鳳曰：「沛王貴藩，州據何法而擅拘邪？」時頵在坐，對曰：「甲午詔書，刺史銜命，國之外臺，其非所部而在境者，刺史幷糾。事徵文墨，前後列上，七被詔書。如州所劾，無有違謬。」結曰：「衆人之言不可妄聽，宜依法窮竟。」又問僚佐曰：「河北白壤膏粱，何故少人士，每以三品爲中正？」答曰：「詩稱『維嶽降神，生甫及申』。夫英偉大賢多出於山澤，河北土平氣均，蓬蒿裁高三尺，不足成林故也。」結曰：「張彥眞以爲汝潁巧辯，恐不及靑徐儒雅也。」頵曰：「彥眞與元禮不協，故設過言。老子、莊周生陳梁，伏羲、傅說、師曠、大項出陽夏，漢魏二祖起於沛譙，準之衆州，莫之與比。」結甚異之，曰：「豫州人士常半天下，此言非虛。」會結還尚書，結恨不得盡其才用。

元康中，舉孝廉，而州將留之。顒薦同縣焦保曰：「保出自寒素，稟質清沖，若得參嘉命，必能光贊大猷，允清朝望，使黃憲之徒不乏於豫土，令顒庶免臧文之責。」州乃辟保。

齊王冏起義，州遣顒將兵赴之，拜駙馬都尉。遭賊避難于江西。歷陽內史朱彥引爲參軍。鎮東從事中郎袁琇薦顒於元帝，還鎮東行參軍事，典法兵二曹。顒與王導書曰：「中華所以傾弊，四海所以土崩者，正以取才失所，先白望而後實事，浮競驅馳，互相貢薦，言重者先顯，言輕者後敍，遂相波扇，乃至陵遲。加有莊老之俗傾惑朝廷，養望者爲弘雅，政事者爲俗人，王職不恤，法物墜喪。夫欲制遠，先由近始，故出其言善，千里應之。今宜改張，明賞信罰，拔卓茂於密縣，顯朱邑於桐鄉，然後大業可舉，中興可冀耳。」

建興初制，版補錄事參軍。參佐掾屬多設解故以避事任。顒議：「諸僚屬乘昔西臺養望餘弊，小心恭肅，更以爲俗，偃蹇倨慢，以爲優雅。至今朝士縱誕，臨事遊行，漸弊不革，以至傾國。故百尋之屋突直而燎焚，千里之隄蟻垤而穿敗，古人防小以全大，慎微以杜萌。自今臨使稱疾，須催乃行者，皆免官。」

初，趙王倫篡位，三王起義，制己亥格，其後論功雖小，亦皆依用。顒意謂不宜以爲常式，駁之曰：「聖王懸爵賞功，制罰糾違，斯道苟明，人赴水火。且名器之實，不可妄假，非才謂之致寇，寵厚戒在斯亡。昔孫秀口唱篡逆，手弄天機，惠皇失御，九服無戴。三王建

議，〔四〕席卷四海，合起義之衆，結天下之心，故設己亥義格以權濟難。此自一切之法，非常倫之格也。其起義以來，依格雜猥，遭人爲侯，或加兵伍，或出阜僕，金紫佩士卒之身，符策委庸隸之門，使天官降辱，王爵黷賤，非所以正皇綱重名器之謂也。請自今以後宜停之。」

顒以孤寒，數有奏議，朝士多惡之，出除譙郡太守。

太興初，以疾徵。久之，白衣兼尚書，因陳時務，以爲「昔江外初平，中州荒亂，故貢舉不試。宜漸循舊，搜揚隱逸，試以經策。又馬隆、孟觀雖出貧賤，勳濟甚大，以所不習，而統戎事，鮮能以濟。宜開舉武略任將率者，言問核試，盡其所能，然後隨才授任。舉十得一，猶勝不舉，況或十得二三。日磾降虜，七世內侍；由余戎狄，入爲秦相。豈藉華宗之族，見齒於奔競之流乎！宜引幽滯之雋，抑華校實，則天清地平，人神感應」。

後拜天門太守，殊俗安之。選腹心之吏爲荊州參軍，若有調發，動靜馳白，故恒得宿辦。陶侃征還，顒先至巴陵上禮。侃以爲能，表爲梁州刺史。綏懷荒弊，甚有威惠。梁州大姓互相嫉妬，說顒年老耳聾。侃召顒還，以西陽太守蔣巽代之。年六十九卒。

高崧

高崧字茂琰，廣陵人也。父悝，少孤，事母以孝聞。年十三，值歲饑，悝菜蔬不饜，每致甘肥於母。撫幼弟以友愛稱。寓居江州，刺史華軼辟爲西曹書佐。及軼敗，悝藏匿軼子經年，會赦乃出。元帝嘉而有之，以爲參軍，遂歷顯位，至丹楊尹、光祿大夫，封建昌伯。

崧少好學，善史書。總角時，司空何充稱其明惠。充爲揚州，引崧爲主簿，益相欽重。轉驃騎主簿，舉州秀才，除太學博士，父艱去職。初，悝以納妾致訟被黜，及終，崧乃自繫廷尉訟冤，遂停喪五年不葬，表疏數十上。帝哀之，乃下詔曰：「悝備位大臣，違憲被黜，事已久判。其子崧求直無已，今特聽傳侯爵。」由是見稱。拜中書郎、黃門侍郎。

簡文帝輔政，引爲撫軍司馬。時桓溫擅威，率衆北伐，軍次武昌，簡文患之。崧曰：「宜致書喻以禍福，自當反旆。如其不爾，〔五〕便六軍整駕，逆順於茲判矣。若有異計，請先釁鼓。」便於坐爲簡文書草曰：「寇難宜平，時會宜接，此實爲國遠圖，經略大算。能弘斯會，非足下而誰！但以此興師動衆，要當以資實爲本。運轉之艱，古人之所難，不可易之於始而不熟慮，頃所以深用惟疑，〔六〕在乎此耳。然異常之舉，衆之所駭，遊聲噂嗒，想足下亦少聞之。苟患失之，無所不至。或能望風振擾，一時崩散。如其不然者，則望實並喪，社稷之事去矣。皆由吾闇弱，德信不著，不能鎮靜羣庶，保固維城，所以內愧於心，外慚良友。吾與足下雖職有內外，安社稷，保家國，其致一也。天下安危，繫之明德。先存寧國，而後圖其外，使王基克隆，大義弘著，所望於足下。區區誠懷，豈可復顧嫌而不盡哉！」溫得書，還鎮。

崧累遷侍中。是時謝萬爲豫州都督，疲於親賓相送，方臥在室。崧徑造之，謂曰：「卿今疆理西藩，何以爲政？」萬粗陳其意。崧便爲敍刑政之要數百言。萬遂起坐，呼崧小字曰：「阿酃！故有才具邪！」哀帝雅好服食，崧諫以爲「非萬乘所宜。陛下此事，實日月之一食也」。後以公事免，卒於家。子耆，官至散騎常侍。

史臣曰：昔張良抽說項氏，巧謀於沛公；孫惠沮計齊王，耀奇於東海，終而誓甘之旅炎運載昌，稱狩之師金行不競。豈遭時之會斯蹇，將謀國之道未通？迷於委質之貞，闇於所修之慮，本既顚矣，何以能終！熊遠、王鑒有毗濟之道，比之大廈，其榱桷之佐乎！崧之詆溫，顒之距結，挫其勞役之策，申其汝潁之論，採郭嘉之風旨，挹朱育之餘波，故桓溫輟許攸之謀，解結欽王朗之跡。緝之時典，用此道歟！

贊曰：臨湘游藝，才識英發。詭名違顯，陳書干越。孝文忠謇，嘉言斯踐。茂高器鑒，彫章尤善。侯爵崧傳，高門顒顯。

校勘記

〔一〕資叡哲之才　「資」，各本皆作「沓」，唯宋本作「資」，今從宋本。

〔二〕猶有彭城之恥　册府九〇〇「彭城」作「平城」，當從之。

〔三〕忠亮至到　斠注：初學記一二引王隱晉書「至到」作「至勁」。按：御覽二二六引晉書亦作「至勁」。

〔四〕三王建議　通志一二七及册府七一七「議」作「義」，與上「三王起義」句合。

〔五〕如其不爾　「爾」，各本作「耳」，今從殿本。

〔六〕頃所以深用惟疑　「頃」，各本作「須」，今從宋本。册府七二〇亦作「頃」。

晉書卷七十二

列傳第四十二

郭璞

郭璞字景純，河東聞喜人也。父瑗，尚書都令史。時尚書杜預有所增損，瑗多駁正之，以公方著稱。終於建平太守。璞好經術，博學有高才，而訥於言論，詞賦爲中興之冠。好古文奇字，妙於陰陽算曆。有郭公者，客居河東，精於卜筮，璞從之受業。公以青囊中書九卷與之，由是遂洞五行、天文、卜筮之術，攘災轉禍，通致無方，雖京房、管輅不能過也。璞門人趙載嘗竊青囊書，未及讀，而爲火所焚。

惠懷之際，河東先擾。璞筮之，投策而嘆曰：「嗟乎！黔黎將湮於異類，桑梓其翦爲龍荒乎！」於是潛結姻昵及交遊數十家，欲避地東南。抵將軍趙固，會固所乘良馬死，固惜之，不接賓客。璞至，門吏不爲通。璞曰：「吾能活馬。」吏驚入白固。固趨出，曰：「君能活吾馬

乎？」璞曰：「得健夫二三十人，皆持長竿，東行三十里，有丘林社廟者，便以竿打拍，當得一物，宜急持歸。得此，馬活矣。」固如其言，果得一物似猴，持歸。此物見死馬，〔一〕便噓吸其鼻。頃之馬起，奮迅嘶鳴，食如常，不復見向物。固奇之，厚加資給。

行至廬江，太守胡孟康被丞相召爲軍諮祭酒。時江淮清宴，孟康安之，無心南渡。璞爲占曰「敗」。康不之信。璞將促裝去之，愛主人婢，無由而得，乃取小豆三斗，繞主人宅散之。主人晨見赤衣人數千圍其家，就視則滅，甚惡之，請璞爲卦。璞曰：「君家不宜畜此婢，可於東南二十里賣之，愼勿爭價，則此妖可除也。」主人從之。璞陰令人賤買此婢。復爲符投於井中，數千赤衣人皆反縛，一一自投於井，主人大悅。璞攜婢去。後數旬而廬江陷。

璞既過江，宣城太守殷祐引爲參軍。時有物大如水牛，灰色卑腳，腳類象，胸前尾上皆白，大力而遲鈍，來到城下，衆咸異焉。祐使人伏而取之，令璞作卦，遇遯之蠱，其卦曰：「艮體連乾，其物壯巨。山潛之畜，匪兕匪武。〔二〕身與鬼并，精見二午。法當爲禽，兩靈不許。遂被一創，還其本墅。按卦名之，是爲驢鼠。」卜適了，伏者以戟刺之，深尺餘，遂去不復見。郡綱紀上祠，請殺之。巫云：「廟神不悅，曰：『此是䢵亭驢山君鼠，使詣荆山，暫來過我，不須觸之。』」其精妙如此。祐遷石頭督護，璞復隨之。時有䶄鼠出延陵，璞占之曰：「此郡東當有妖人欲稱制者，尋亦自死矣。後當有妖樹生，然若瑞而非瑞，辛螫之木也。儻有此者，

東南數百里必有作逆者，期明年矣。」無錫縣欻有茱萸四株交枝而生，若連理者，其年盜殺吳興太守袁琇。或以問璞，璞曰：「卯爻發而沴金，此木不曲直而成災也。」

王導深重之，引參己軍事。嘗令作卦，璞言：「公有震厄，可命駕西出數十里，得一柏樹，截斷如身長，置常寢處，災當可消矣。」導從其言。數日果震，柏樹粉碎。

時元帝初鎭建鄴，導令璞筮之，遇咸之井，璞曰：「東北郡縣有『武』名者，當出鐸，以著受命之符。西南郡縣有『陽』名者，井當沸。」其後晉陵武進縣人於田中得銅鐸五枚，歷陽縣中井沸，經日乃止。及帝爲晉王，又使璞筮，遇豫之睽，璞曰：「會稽當出鍾，以告成功，上有勒銘，應在人家井泥中得之。繇辭所謂『先王以作樂崇德，殷薦之上帝』者也。」及帝卽位，太興初，會稽剡縣人果於井中得一鍾，長七寸二分，口徑四寸半，上有古文奇書十八字，云「會稽嶽命」，餘字時人莫識之。璞曰：「蓋王者之作，必有靈符，塞天人之心，與神物合契，然後可以言受命矣。觀五鐸啓號於晉陵，棧鍾告成於會稽，瑞不失類，出皆以方，豈不偉哉！若夫鐸發其響，鍾徵其象，器以數臻，事以實應，天人之際不可不察。」帝甚重之。

璞著江賦，其辭甚偉，爲世所稱。後復作南郊賦，帝見而嘉之，以爲著作佐郎。于時陰陽錯繆，而刑獄繁興，璞上疏曰：

臣聞春秋之義，貴元愼始，故分至啓閉以觀雲物，所以顯天人之統，存休咎之徵。

臣不揆淺見，輒依歲首粗有所占，卦得解之旣濟。案爻論思，方涉春木王龍德之時，而爲廢水之氣來見乘，加升陽未布，隆陰仍積，坎爲法象，刑獄所麗，變坎加離，厥象不燭。以義推之，皆爲刑獄殷繁，理有壅濫。〔三〕又去年十二月二十九日，太白蝕月。月者屬坎，羣陰之府，所以照察幽情，以佐太陽者也。太白，金行之星，而來犯之，天意若曰刑理失中，自壞其所以爲法者也。臣術學庸近，不練內事，卦理所及，敢不盡言。又去秋以來，沈雨跨年，雖爲金家涉火之祥，然亦是刑獄充溢，怨歎之氣所致。往建興四年十二月中，行丞相令史淳于伯刑於市，而血逆流長摽。伯者小人，雖罪在未允，何足感動靈變，致若斯之怪邪！明皇天所以保祐金家，子愛陛下，屢見災異，殷勤無已。陛下宜側身思懼，以應靈譴。皇極之謫，事不虛降。不然，恐將來必有愆陽苦雨之災，崩震薄蝕之變，狂狡蠢戾之妖，以益陛下旰食之勞也。

臣謹尋按舊經，尚書有五事供禦之術，京房易傳有消復之救，所以緣咎而致慶，因異而邁政。故木不生庭，太戊無以隆；雉不鳴鼎，武丁不爲宗。夫寅畏者所以饗福，怠傲者所以招患，此自然之符應，不可不察也。案解卦繇云：「君子以赦過宥罪。」旣濟云：「思患而豫防之。」臣愚以爲宜發哀矜之詔，引在予之責，蕩除瑕釁，贊陽布惠，使幽斃之人應蒼生以悅育，否滯之氣隨谷風而紓散。此亦寄時事以制用，藉開塞而曲成者也。

臣竊觀陛下貞明仁恕，體之自然，天假其祚，奄有區夏，啓重光於已昧，廓四祖之遐武，祥靈表瑞，人鬼獻謀，應天順時，殆不尙此。然陛下卽位以來，中興之化未闡，雖躬綜萬機，勞逾日昃，玄澤未加於羣生，聲教未被乎宇宙，臣主未寧于上，黔細未輯于下，鴻鴈之詠不興，康哉之歌不作者，〔四〕何也？杖道之情未著，而任刑之風先彰，經國之略未震，而軌物之迹屢遷。夫法令不一則人情惑，職次數改則覬覦生，官方不審則秕政作，懲勸不明則善惡渾，此有國者之所愼也。臣竊爲陛下惜之。夫以區區之曹參，猶能遵蓋公之一言，倚清靖以鎭俗，寄市獄以容非，德音不忘，流詠于今。漢之中宗，聰悟獨斷，可謂令主，然厲意刑名，用虧純德。老子以禮爲忠信之薄，況刑又是禮之糟粕者乎！夫無爲而爲之，不宰以宰之，固陛下之所體者也。恥其君不爲堯舜者，亦豈惟古人！是以敢肆狂瞽，不隱其懷。若臣言可採，或所以爲塵露之益；若不足採，所以廣聽納之門。願陛下少留神鑒，賜察臣言。

疏奏，優詔報之。

其後日有黑氣，璞復上疏曰：

臣以頑昧，近者冒陳所見，陛下不遺狂言，事蒙御省。伏讀聖詔，歡懼交戰。臣前

云升陽未布，隆陰仍積，坎爲法象，刑獄所麗，變坎加離，厥象不燭，疑將來必有薄蝕之變也。此月四日，日出山六七丈，精光潛昧，而色都赤，中有異物大如雞子，又有青黑之氣共相薄擊，良久方解。案時在歲首純陽之月，日在癸亥全陰之位，而有此異，殆元首供禦之義不顯，消復之理不著之所致也。計去微臣所陳，未及一月，而便有此變，益明皇天留情陛下懇懇之至也。

往年歲末，太白蝕月，今在歲始，日有咎謫。曾未數旬，大眚再見。日月告釁，見懼詩人，無曰天高，其鑒不遠。故宋景言善，熒惑退次；光武寧亂，呼沲結冰。此明天人之懸符，有若形影之相應。應之以德，則休祥臻；酬之以怠，則咎徵作。陛下宜恭承靈譴，敬天之怒，施沛然之恩，諧玄同之化，上所以允塞天意，下所以弭息羣謗。

臣聞人之多幸，國之不幸。赦不宜數，實如聖旨。臣愚以爲子產之鑄刑書，非政事之善，然不得不作者，須以救弊故也。今之宜赦，理亦如之。隨時之宜，亦聖人所善者。此國家大信之要，誠非微臣所得干豫。今聖朝明哲，思弘謀猷，方闢四門以亮采，訪輿誦於羣心，況臣蒙珥筆朝末，而可不竭誠盡規哉！

頃之，遷尙書郎。數言便宜，多所匡益。明帝之在東宮，與溫嶠、庾亮並有布衣之好，璞亦以才學見重，埒於嶠、亮，論者美之。然性輕易，不修威儀，嗜酒好色，時或過度。著作

郎干寶常誡之曰：「此非適性之道也。」璞曰：「吾所受有本限，用之恒恐不得盡，卿乃憂酒色之爲患乎！」

璞既好卜筮，縉紳多笑之。又自以才高位卑，乃著客傲，其辭曰：

客傲郭生曰：「玉以兼城爲寶，士以知名爲賢。明月不妄映，蘭葩豈虛鮮。今足下既以拔文秀於叢薈，蔭弱根於慶雲，陵扶搖而竦翮，揮清瀾以濯鱗，而響不徹於一皐，價不登乎千金。傲岸榮悴之際，頡頏龍魚之間，進不爲諧隱，退不爲放言，無沈冥之韻，而希風乎嚴先，徒費思於鑽味，摹洞林乎連山，尙何名乎！夫攀驪龍之髯，撫翠禽之毛，〔四〕而不得絕霞肆、跨天津者，未之前聞也。」

郭生粲然而笑曰：「鷦鵝不可與論雲翼，井蛙難與量海鼇。雖然，將祛子之惑，訊以未悟，其可乎？

乃者地維中絕，乾光墜采，皇運暫迴，廓祚淮海。龍德時乘，羣才雲駭，藹若鄧林之會逸翰，爛若溟海之納奔濤，不煩咨嗟之訪，不假蒲帛之招，羈九有之奇駿，咸總之于一朝，豈惟豐沛之英，南陽之豪！昆吾挺鋒，驌驦軒髦，杞梓競敷，蘭茝爭翹，嚶聲冠於伐木，援類繁乎拔茅。是以水無浪士，巖無幽人，刈蘭不暇，爨桂不給，安事錯薪乎！

且夫窟泉之潛不思雲翬，熙冰之采不羨旭晞，混光耀於埃藹者，亦曷顧滄浪之

深，秋陽之映乎！登降紛於九五，淪湧懸乎龍津。蚓蛾以不才陸槁，蟒蛇以騰驁暴鱗。連城之寶，藏於褐裏；三秀雖艷，糜于麗采。香惡乎芬？賈惡乎在？是以不塵不冥，不驪不騂，支離其神，蕭悴其形。形廢則神王，跡粗而名生。體全者爲犧，至獨者不孤，傲俗者不得以自得，默覺者不足以涉無。故不恢心而形遺，不外累而智喪，無巖穴而冥寂，無江湖而放浪。玄悟不以應機，洞鑒不以昭曠。不物物我我，不是是非非。忘意非我意，意得非我懷。寄羣籟乎無象，域萬殊于一歸。不壽殤子，不夭彭涓，不壯秋豪，不小太山。蚊淚與天地齊流，蜉蝣與大椿齒年。然一闔一開，兩儀之跡，一沖一溢，懸象之節，渙沍期於寒暑，凋蔚要乎春秋。青陽之翠秀，龍豹之委穎，駿狼之長暉，玄陸之短景。故皐壤爲悲欣之府，胡蝶爲物化之器矣。

夫欣黎黃之音者，不顰蟪蛄之吟；豁雲臺之觀者，必悶帶索之歡。縱蹈而詠採薺，擁璧而歎抱關。戰機心以外物，不能得意於一弦。悟往復於嗟歎，安可與言樂天者乎！若乃莊周偃蹇於漆園，老萊婆娑於林窟，嚴平澄漠於塵肆，梅眞隱淪乎市卒，梁生吟嘯而矯跡，焦先混沌而槁杌，〔六〕阮公昏酣而賣傲，翟叟遁形以倏忽。吾不能幾韵於數賢，故寂然玩此員策與智骨。」

永昌元年，皇孫生，璞上疏曰：

有道之君未嘗不以危自持，亂世之主未嘗不以安自居。故存而不忘亡者，三代之所以興也；亡而自以爲存者，三季之所以廢也。是以古之令主開納忠讜，以弼其違；摽顯切直，用攻其失。至乃聞一善則拜，見規誡則懼。何者？蓋不私其身，處天下以至公也。臣竊惟陛下符運至著，勳業至大，而中興之祚不隆、聖敬之風未躋者，殆由法令太明，刑教太峻。故水至清則無魚，政至察則衆乖，此自然之勢也。

臣去春啓事，以囹圄充斥，陰陽不和，推之卦理，宜因郊祀作赦，以蕩滌瑕穢。不然，將來必有愆陽苦雨之災，崩震薄蝕之變，狂狡蠢戾之妖。其後月餘，日果薄鬬。去秋以來，諸郡並有暴雨，水皆洪潦，歲用無年。適聞吳興復欲有構妄者，咎徵漸成，臣甚惡之。頃者以來，役賦轉重，獄犴日結，百姓困擾，甘亂者多，小人愚嶮，共相扇惑。雖勢無所至，然不可不虞。案洪範傳，君道虧則日蝕，人憤怨則水涌溢，陰氣積則下代上。此微理潛應已著實於事者也。假令臣遂不幸謬中，必貽陛下側席之憂。

今皇孫載育，天固靈基，黔首顒顒，實望惠潤。又歲涉午位，金家所忌。宜於此時崇恩布澤，則火氣潛消，災譴不生矣。陛下上承天意，下順物情，可因皇孫之慶大赦天下。然後明罰敕法，以肅理官，克厭天心，慰塞人事，兆庶幸甚，禎祥必臻矣。

臣今所陳，暫而省之，或未允聖旨；久而尋之，終亮臣誠。若所啓上合，願陛下勿

以臣身廢臣之言。臣言無隱，而陛下納之，適所以顯君明臣直之義耳。

疏奏，納焉，卽大赦改年。

時暨陽人任谷因耕息於樹下，忽有一人著羽衣就淫之，既而不知所在，谷遂有娠。積月將產，羽衣人復來，以刀穿其陰下，出一蛇子便去。谷遂成宦者。後詣闕上書，自云有道術。帝留谷于宮中。璞復上疏曰：「任谷所爲妖異，無有因由。陛下玄鑒廣覽，欲知其情狀，引之禁內，供給安處。臣聞爲國以禮正，不聞以奇邪。所聽惟人，故神降之吉。陛下簡默居正，動遵典刑。案周禮，奇服怪人不入宮，況谷妖詭怪人之甚者，而登講肆之堂，密邇殿省之側，塵點日月，穢亂天聽，臣之私情竊所以不取也。陛下若以谷信爲神靈所憑者，則應敬而遠之。夫神，聰明正直，接以人事。若以谷爲妖蠱詐妄者，則當投畀裔土，不宜令褻近紫闈。若以谷或是神祇告譴，爲國作眚者，則當克己修禮以弭其妖，不宜令谷安然自容，肆其邪變也。臣愚以爲陰陽陶烝，變化萬端，亦是狐貍魍魎憑假作慝。願陛下採臣愚懷，特遣谷出。臣以人乏，忝荷史任，敢忘直筆，惟義是規。」其後元帝崩，谷因亡走。

璞以母憂去職，卜葬地於暨陽，去水百步許。人以近水爲言，璞曰：「當卽爲陸矣。」其後沙漲，去墓數十里皆爲桑田。未朞，王敦起璞爲記室參軍。是時潁川陳述爲大將軍掾，有美名，爲敦所重，未幾而沒。璞哭之哀甚，呼曰：「嗣祖，嗣祖，焉知非福！」未幾而敦作難。

時明帝卽位踰年，未改號，而熒惑守房。璞時休歸，帝乃遣使齎手詔問璞。會暨陽縣復上言曰赤烏見。璞乃上疏請改年肆赦，文多不載。璞嘗爲人葬，帝微服往觀之，因問主人何以葬龍角，此法當滅族。主人曰：「郭璞云此葬龍耳，不出三年當致天子也。」帝曰：「出天子邪？」答曰：「能致天子問耳。」帝甚異之。璞素與桓彝友善，彝每造之，或值璞在婦間，便入。璞曰：「卿來，他處自可徑前，但不可廁上相尋耳。必客主有殃。」彝後因醉詣璞，正逢在廁，掩而觀之，見璞裸身被髮，銜刀設醊。璞見彝，撫心大驚曰：「吾每屬卿勿來，反更如是！非但禍吾，卿亦不免矣。天實爲之，將以誰咎！」璞終嬰王敦之禍，彝亦死蘇峻之難。

王敦之謀逆也，溫嶠、庾亮使璞筮之，璞對不決。嶠、亮復令占己之吉凶，璞曰：「大吉。」嶠等退，相謂曰：「璞對不了，是不敢有言，或天奪敦魄。今吾等與國家共舉大事，而璞云大吉，是爲舉事必有成也。」於是勸帝討敦。初，璞每言「殺我者山宗」，至是果有姓崇者構璞於敦。敦將舉兵，又使璞筮。璞曰：「無成。」敦固疑璞之勸嶠、亮，又聞卦凶，乃問璞曰：「卿更筮吾壽幾何？」答曰：「思向卦，明公起事，必禍不久。若住武昌，壽不可測。」敦大怒曰：「卿壽幾何？」曰：「命盡今日日中。」敦怒，收璞，詣南岡斬之。璞臨出，謂行刑者欲何之。曰：「南岡頭。」璞曰：「必在雙柏樹下。」既至，果然。復云：「此樹應有大鵲巢。」衆索之不得。璞更令尋覓，果於枝間得一大鵲巢，密葉蔽之。初，璞中興初行經越城，間遇一人，

呼其姓名，因以袴褶遺之。其人辭不受，璞曰：「但取，後自當知。」其人遂受而去。至是，果此人行刑。時年四十九。及王敦平，追贈弘農太守。

初，庾翼幼時嘗令璞筮公家及身，卦成，曰：「建元之末丘山傾，長順之初子凋零。」及康帝卽位，將改元爲建元，或謂庾冰曰：「子忘郭生之言邪？丘山上名，此號不宜用。」冰撫心歎恨。及帝崩，何充改元爲永和，庾翼歎曰：「天道精微，乃當如是。長順者，永和也，吾庸得免乎！」其年翼卒。冰又令筮其後嗣，卦成，曰：「卿諸子並當貴盛，然有白龍者，凶徵至矣。若墓碑生金，庾氏之大忌也。」後冰子蘊爲廣州刺史，妾房內忽有一新生白狗子，莫知所由來，其妾祕愛之，不令蘊知。狗轉長大，蘊入，見狗眉眼分明，又身至長而弱，異於常狗，蘊甚怪之。將出，共視在衆人前，忽失所在。蘊慨然曰：「殆白龍乎！庾氏禍至矣。」又墓碑生金。俄而爲桓溫所滅，終如其言。璞之占驗，皆如此類也。

璞撰前後筮驗六十餘事，名爲洞林。又抄京、費諸家要最，更撰新林十篇、卜韵一篇。注釋爾雅，別爲音義、圖譜。又注三蒼、方言、穆天子傳、山海經及楚辭、子虛、上林賦數十萬言，皆傳於世。所作詩賦誄頌亦數萬言。子驁，官至臨賀太守。

葛洪

葛洪字稚川，丹楊句容人也。祖系，吳大鴻臚。父悌，吳平後入晉，爲邵陵太守。洪少好學，家貧，躬自伐薪以貿紙筆，夜輒寫書誦習，遂以儒學知名。性寡欲，無所愛翫，不知棊局幾道，摴蒲齒名。爲人木訥，不好榮利，閉門却掃，未嘗交游。於餘杭山見何幼道、郭文舉，目擊而已，各無所言。時或尋書問義，不遠數千里崎嶇冒涉，期於必得，遂究覽典籍，尤好神仙導養之法。從祖玄，吳時學道得仙，號曰葛仙公，以其鍊丹祕術授弟子鄭隱。洪就隱學，悉得其法焉。後師事南海太守上黨鮑玄。〔七〕玄亦內學，逆占將來，見洪深重之，以女妻洪。洪傳玄業，兼綜練醫術，凡所著撰，皆精覈是非，而才章富贍。

太安中，石冰作亂，吳興太守顧祕爲義軍都督，與周玘等起兵討之，祕檄洪爲將兵都尉，攻冰別率，破之，遷伏波將軍。冰平，洪不論功賞，徑至洛陽，欲搜求異書以廣其學。

洪見天下已亂，欲避地南土，乃參廣州刺史嵇含軍事。及含遇害，遂停南土多年，征鎮檄命一無所就。後還鄉里，禮辟皆不赴。元帝爲丞相，辟爲掾。以平賊功，賜爵關內侯。咸和初，司徒導召補州主簿，轉司徒掾，遷諮議參軍。干寶深相親友，薦洪才堪國史，選爲散騎常侍，領大著作，洪固辭不就。以年老，欲鍊丹以祈遐壽，聞交阯出丹，求爲句屚令。帝以洪資高，不許。洪曰：「非欲爲榮，以有丹耳。」帝從之。洪遂將子姪俱行。至廣州，刺史鄧嶽留不聽去，洪乃止羅浮山煉丹。嶽表補東官太守，又辭不就。嶽乃以洪兄子望爲記室

參軍。在山積年，優游閑養，著述不輟。其自序曰：

洪體乏進趣之才，偶好無爲之業。假令奮翅則能陵厲玄霄，騁足則能追風躡景，猶欲戢勁翮於鷦鷯之羣，藏逸迹於跛驢之伍，豈況大塊禀我以尋常之短羽，造化假我以至駑之蹇足？自卜者審，不能者止，又豈敢力蒼蠅而慕沖天之舉，策跛鼈而追飛兎之軌；飾嫫母之篤陋，〔八〕求媒陽之美談；推沙礫之賤質，索千金於和肆哉！夫僬僥之步而企及夸父之蹤，近才所以躓礙也；要離之羸而强赴扛鼎之勢，秦人所以斷筋也。是以望絕於榮華之途，而志安乎窮圮之域；藜藿有八珍之甘，蓬蓽有藻梲之樂也。故權貴之家，雖咫尺弗從也；知道之士，雖艱遠必造也。考覽奇書，既不少矣，率多隱語，難可卒解，自非至精不能尋究，自非篤勤不能悉見也。

道士弘博洽聞者寡，而意斷妄說者衆。至於時有好事者，欲有所修爲，倉卒不知所從，而意之所疑又無足諮。今爲此書，粗舉長生之理。其至妙者不得宣之於翰墨，蓋粗言較略以示一隅，冀悱憤之徒省之可以思過半矣。豈謂闇塞必能窮微暢遠乎，聊論其所先覺者耳。世儒徒知服膺周孔，莫信神仙之書，不但大而笑之，又將謗毀眞正。故予所著子言黃白之事，名曰內篇，其餘駁難通釋，名曰外篇，大凡內外一百一十六篇。雖不足藏諸名山，且欲緘之金匱，以示識者。

自號抱朴子，因以名書。其餘所著碑誄詩賦百卷，移檄章表三十卷，神仙、良吏、隱逸、集異等傳各十卷，又抄五經、史、漢、百家之言、方技雜事三百一十卷，金匱藥方一百卷，肘後要急方四卷。

洪博聞深洽，江左絕倫。著述篇章富於班馬，又精辯玄賾，析理入微。後忽與嶽疏云：「當遠行尋師，剋期便發。」嶽得疏，狼狽往別。而洪坐至日中，兀然若睡而卒，嶽至，遂不及見。時年八十一。視其顏色如生，體亦柔軟，舉尸入棺，甚輕，如空衣，世以爲尸解得仙云。

史臣曰：景純篤志綈緗，洽聞强記，在異書而畢綜，瞻往滯而咸釋；情源秀逸，思業高奇；襲文雅於西朝，振辭鋒於南夏，爲中興才學之宗矣。夫語怪徵神，伎成則賤，前修貽訓，鄙乎茲道。景純之探策定數，考往知來，邁京管於前圖，軼梓竈於遐篆。而宦微於世，禮薄於時，區區然寄客傲以申懷，斯亦伎成之累也。若乃大塊流形，玄天賦命，吉凶修短，定乎自然。雖稽象或通，而厭勝難恃，稟之有在，必也無差，自可居常待終，頹心委運，何至銜刀被髮，遑遑於幽穢之間哉！晚抗忠言，無救王敦之逆；初慚智免，竟斃「山宗」之謀。仲尼所謂攻乎異端，斯害也已，悲夫！稚川束髮從師，老而忘倦。紬奇册府，總百代之遺編；紀化仙都，窮九丹之祕術。謝浮榮而捐雜藝，賤尺寶而貴分陰，游德棲眞，超然事外。全生之

道，其最優乎！

贊曰：景純通秀，夙振宏材。沈研鳥册，洞曉龜枚。匪寧國釁，坐致身災。稚川優洽，貧而樂道。載範斯文，永傳洪藻。

校勘記

〔一〕此物見死馬　「死馬」，各本作「馬死」，今從宋本。通志一二七、册府八七六及搜神記皆作「死馬」。

〔二〕匪兕匪武　「武」本作「虎」，蓋唐人避諱改。

〔三〕理有壅濫　「理」下各本衍「者」字，今從宋本。册府五二八亦無「者」字。

〔四〕康哉之歌　「康哉」，各本作「康衢」，今從宋本。通志一二七及册府五二八均作「康哉」，用書「庶事康哉」之義。康衢謠固見列子，然晚出，似以「康哉」爲確。

〔五〕撫翠禽之毛　各本「毛」下衍一「者」字，今依殿本删。

〔六〕焦先混沌而槁杌　「焦先」，各本誤作「焦光」，今從宋本。

〔七〕南海太守上黨鮑玄　鮑靚傳云，靚字太玄，爲南海太守。則此「玄」字上脫「太」字，或雙名單稱。

〔八〕飾嫫母之篤陋　魯藩刻本抱朴子「篤陋」作「陋醜」。

晉書卷七十三

列傳第四十三

庾亮 子彬 羲 龢 弟懌 冰 條 翼

庾亮字元規，明穆皇后之兄也。父琛，在外戚傳。亮美姿容，善談論，性好莊老，風格峻整，動由禮節，閨門之內不肅而成，時人或以爲夏侯太初、陳長文之倫也。年十六，東海王越辟爲掾，不就，隨父在會稽，嶷然自守。時人皆憚其方儼，莫敢造之。

元帝爲鎭東時，聞其名，辟西曹掾。及引見，風情都雅，過於所望，甚器重之。由是聘亮妹爲皇太子妃，亮固讓，不許。轉丞相參軍。預討華軼功，封都亭侯，轉參丞相軍事，掌書記。中興初，拜中書郎，領著作，侍講東宮。其所論釋，多見稱述。與溫嶠俱爲太子布衣之好。時帝方任刑法，以韓子賜皇太子，亮諫以申韓刻薄傷化，不足留聖心，太子甚納焉。累遷給事中、黃門侍郎、散騎常侍。時王敦在蕪湖，帝使亮詣敦籌事。敦與亮談論，不覺改

席而前，退而歎曰：「庾元規賢於裴頠遠矣！」因表爲中領軍。

明帝即位，以爲中書監，亮上書讓曰：

臣凡庸固陋，少無殊操，昔以中州多故，舊邦喪亂，隨侍先臣遠庇有道，爰容逃難，求食而已。不悟徼時之福，遭遇嘉運。先帝龍興，垂異常之顧，既眷同國士，又申以婚姻，遂階親寵，累忝非服。弱冠濯纓，沐浴芳風，頻煩省闥，出總六軍，十餘年間，位超先達。無勞受遇，無與臣比。小人祿薄，福過災生，止足之分，臣所宜守。而偸榮昧進，日爾一日，謗讟旣集，上塵聖朝。始欲自聞，而先帝登遐，區區微誠，竟未上達。

陛下踐阼，聖政惟新，宰輔賢明，庶僚咸允，康哉之歌實存于至公。而國恩不已，復以臣領中書。臣領中書，則示天下以私矣。何者？臣於陛下，后之兄也。姻婭之嫌，與骨肉中表不同。雖太上至公，聖德無私，然世之喪道，有自來矣。悠悠六合，皆私其姻，人皆有私，則天下無公矣。是以前後二漢，咸以抑后黨安，進婚族危。向使西京七族、東京六姓皆非姻族，各以平進，縱不悉全，決不盡敗。今之盡敗，更由姻昵。

臣歷觀庶姓在世，無黨於朝，無援於時，植根之本輕也薄也。苟無大瑕，猶或見容。至於外戚，憑託天地，連勢四時，根援扶疏，重矣大矣。而或居權寵，四海側目，事有不允，罪不容誅。身旣招殃，國爲之弊。其故何邪？由姻媾之私羣情之所不能免，

中華書局

是以疏附則信，姻進則疑。疑積於百姓之心，則禍成於重闈之內矣。此皆往代成鑒，可爲寒心者也。夫萬物之所不通，聖賢因而不奪。冒親以求一寸之用，未若防嫌以明至公。今以臣之才，〔一〕兼如此之嫌，而使內處心膂，外總兵權，以此求治，未之聞也；以此招禍，可立待也。雖陛下二相明其愚款，朝士百僚頗識其情，天下之人安可門到戶說使皆坦然邪！

夫富貴榮寵，臣所不能忘也；刑罰貧賤，臣所不能甘也。今恭命則愈，違命則苦，臣雖不達，何事背時違上，自貽患責邪？實仰覽殷鑒，量己知弊，身不足惜，爲國取悔，是以悾悾屢陳丹款。而微誠淺薄，未垂察諒，憂惶屏營不知所措。願陛下垂天地之鑒，察臣之愚，則臣雖死之日，猶生之年矣。

疏奏，帝納其言而止。

王敦既有異志，內深忌亮，而外崇重之。亮憂懼，以疾去官。復代王導爲中書監。及敦舉兵，加亮左衞將軍，與諸將距錢鳳。及沈充之走吳興也，又假亮節、都督東征諸軍事，追充。事平，以功封永昌縣開國公，賜絹五千四百匹，固讓不受。轉護軍將軍。

及帝疾篤，不欲見人，羣臣無得進者。撫軍將軍、南頓王宗，右衞將軍虞胤等，素被親愛，與西陽王羕將有異謀。亮直入臥內見帝，流涕不自勝。既而正色陳羕與宗等謀廢大

臣，規共輔政，社稷安否，將在今日，辭旨切至。帝深感悟，引亮升御座，遂與司徒王導受遺詔輔幼主。加亮給事中，徙中書令。太后臨朝，政事一決於亮。

先是，王導輔政，以寬和得衆，亮任法裁物，頗以此失人心。又先帝遺詔褒進大臣，而陶侃、祖約不在其例，〔二〕侃、約疑亮刪除遺詔，並流怨言。亮懼亂，於是出溫嶠爲江州以廣聲援，修石頭以備之。會南頓王宗復謀廢執政，亮殺宗而廢宗兄羕。宗，帝室近屬，羕，國族元老，又先帝保傅，天下咸以亮翦削宗室。

琅邪人卞咸，宗之黨也，與宗俱誅。咸兄闡亡奔蘇峻，亮符峻送闡，而峻保匿之。峻又多納亡命，專用威刑，亮知峻必爲禍亂，徵爲大司農。舉朝謂之不可，平南將軍溫嶠亦累書止之，皆不納。峻遂與祖約俱舉兵反。溫嶠聞峻不受詔，便欲下衞京都，三吳又欲起義兵，亮並不聽，而報嶠書曰：「吾憂西陲過於歷陽，足下無過雷池一步也。」既而峻將韓晃寇宣城，亮遣距之，不能制，峻乘勝至于京都。詔假亮節、都督征討諸軍事，戰于建陽門外。〔三〕軍未及陣，士衆棄甲而走。亮乘小船西奔，亂兵相剝掠，亮左右射賊，誤中柂工，應弦而倒，船上咸失色欲散。亮不動容，徐曰：「此手何可使著賊！」衆心乃安。

亮攜其三弟懌、條、翼南奔溫嶠，嶠素欽重亮，雖在奔敗，猶欲推爲都統。亮固辭，乃與嶠推陶侃爲盟主。侃至尋陽，既有憾於亮，議者咸謂侃欲誅執政以謝天下。亮甚懼，及見侃，引咎自責，風止可觀。侃不覺釋然，乃謂亮曰：「君侯修石頭以擬老子，今日反見求耶！」便談宴終日。亮噉薤，因留白。侃問曰：「安用此爲？」亮云：「故可以種。」侃於是尤相稱歎云：「非惟風流，兼有爲政之實。」

既至石頭，亮遣督護王彰討峻黨張曜，反爲所敗。亮送節傳以謝侃，侃答曰：「古人三敗，君侯始二。當今事急，不宜數耳。」又曰：「朝政多門，用生國禍。喪亂之來，豈獨由峻也！」亮時以二千人守白石壘，峻步兵萬餘，四面來攻，衆皆震懼。亮激厲將士，並殊死戰，峻軍乃退，追斬數百級。

峻平，帝幸溫嶠舟，亮得進見，稽顙鯁噎，詔羣臣與亮俱升御坐。亮明日又泥首謝罪，乞骸骨，欲闔門投竄山海。帝遣尚書、侍中手詔慰喻：「此社稷之難，非舅之責也。」亮上疏曰：

臣凡鄙小人，才不經世，階緣戚屬，累忝非服，叨竊彌重，謗議彌興。皇家多難，未敢告退，遂隨牒展轉，便煩顯任。先帝不豫，臣參侍醫藥，登遐顧命，又豫聞後事，豈云德授，蓋以親也。臣知其不可，而不敢逃命，實以田夫之交猶有寄託，況君臣之義，道貫自然，哀悲眷戀，不敢違距。且先帝謬顧，情同布衣，既今恩重命輕，遂感遇忘身。加以陛下初在諒闇，先后親覽萬機，宣通外內，臣當其地，是以激節驅馳，不敢依違。

雖知無補，志以死報。而才下位高，知進忘退，乘寵驕盈，漸不自覺。進不能撫寧外內，退不能推賢宗長，遂使四海側心，謗議沸騰。

祖約、蘇峻不堪其憤，縱肆兇逆，事由臣發。社稷傾覆，宗廟虛廢，先后以憂逼登遐，陛下旰食踰年，四海哀惶，肝腦塗地，臣之招也，臣之罪也。朝廷寸斬之，屠戮之，不足以謝祖宗七廟之靈；臣灰身滅族，不足以塞四海之責。臣負國家，其罪莫大，實天所不覆，地所不載。陛下矜而不誅，有司縱而不戮。自古及今，豈有不忠不孝如臣之甚！不能伏劍北闕，偸存視息，雖生之日，亦猶死之年，朝廷復何理齒臣於人次，臣亦何顏自次於人理！

臣欲自投草澤，思愆之心也，而明詔謂之獨善其身。聖旨不垂矜察，所以重其罪也。願陛下覽先朝謬授之失，雖垂寬宥，全其首領，猶宜棄之，任其自存自沒，則天下粗知勸戒之綱矣。

疏奏，詔曰：

省告懇惻，執以感歎，誠是仁舅處物宗之責，理亦盡矣。若大義既不開塞，舅所執理勝，何必區區其相易奪！

賊峻姦逆，書契所未有也。是天地所不容，人神所不宥。今年不反，明年當反，愚

〔四〕樊峻　成紀「峻」作「俊」。

〔五〕李閎　石季龍載記作「李宏」。

〔六〕據石城　原作「據石頭城」。商榷：下文亮上疏言「臣宜移鎮襄陽之石城下」，時亮欲北伐，石城在襄陽，故足爲諸軍聲援。按：王說是。蔡謨傳、通鑑九六、建康實錄七並作「石城」，今據刪「頭」字。

〔七〕表除重役六十餘事　宋本及通志一二七「重」作「衆」。

〔八〕贈侍中衞將軍　各本脫「中」字，今據殿本補。

〔九〕吳國內史　局本、殿本等「吳國」作「吳興」，今從宋本。通志一二七、册府三三〇、三五〇、通鑑九四並作「吳國」。

〔一〇〕妄爲尙書符　「尙書符」，局本、殿本等作「中書符」，今從宋本。通鑑九七、通志一二七、册府三二〇亦均作「尙書符」。

〔一一〕太和中　周校：「太和中」當作「隆和初」。

〔一二〕都督征討軍事　通鑑九七、御覽七四四引「軍事」上有「諸」字。

〔一三〕義成太守　「義成」，各本作「義城」，今從殿本。義成立郡見桓宣傳。

〔一四〕李桓　勞校、康紀作「李恒」。

〔一五〕部將干瓚　「干瓚」，各本誤作「于瓚」，今從宋本。

〔一六〕桀　「桀」，各本誤作「傑」，據漢書昭紀、上官皇后傳等改。

晉書卷七十四

列傳第四十四

桓彝

子雲　雲弟豁　豁子石虔　虔子振　虔弟石秀　石民　石生　石綏　石康　豁弟祕　祕弟沖　沖子嗣　嗣子胤　嗣弟謙　謙弟脩　徐寧

桓彝字茂倫，譙國龍亢人，漢五更榮之九世孫也。父顥，官至郎中。彝少孤貧，雖簞瓢，處之晏如。性通朗，早獲盛名。有人倫識鑒，拔才取士，或出於無聞，或得之孩抱，時人方之許、郭。少與庾亮深交，雅爲周顗所重。顗嘗歎曰：「茂倫嶔崎歷落，固可笑人也。」起家州主簿。赴齊王冏義，拜騎都尉。元帝爲安東將軍，版行逡遒令。尋辟丞相中兵屬，累遷中書郎、尙書吏部郎，名顯朝廷。

於時王敦擅權，嫌忌士望，彝以疾去職。嘗過輿縣，縣宰徐寧字安期，通朗博涉，彝遇之，欣然停留累日，結交而別。先是，庾亮每屬彝覓一佳吏部，及至都，謂亮曰：「爲卿得一

吏部矣。」亮問所在，彝曰：「人所應有而不必有，人所應無而不必無。徐寧眞海岱清士。」因爲敍之，卽遷吏部郎，竟歷顯職。

明帝將伐王敦，拜彝散騎常侍，引參密謀。及敦平，以功封萬寧縣男。丹楊尹溫嶠上言：「宣城阻帶山川，頻經變亂，宜得望實居之，竊謂桓彝可充其選。」帝手詔曰：「適得太眞表如此。今大事新定，朝廷須才，不有君子，其能國乎！方今外務差輕，欲停此事。」彝上疏深自撝挹，內外之任並非所堪，但以墳柏在此郡，欲暫結名義，遂補彝宣城內史。在郡有惠政，爲百姓所懷。

蘇峻之亂也，彝糾合義衆，欲赴朝廷。其長史裨惠以郡兵寡弱，山人易擾，可案甲以須後舉。彝厲色曰：「夫見無禮於其君者，若鷹鸇之逐鳥雀。今社稷危逼，義無晏安。」乃遣將軍朱綽討賊別帥於蕪湖，破之。彝尋出石硊。會朝廷遣將軍司馬流先據慈湖，爲賊所破，遂長驅逕進。彝以郡無堅城，遂退據廣德。尋王師敗績，彝聞而慷慨流涕，進屯涇縣。時州郡多遣使降峻，裨惠又勸彝僞與通和，以紓交至之禍。彝曰：「吾受國厚恩，義在致死，焉能忍垢蒙辱與醜逆通問！如其不濟，此則命也。」遣將軍俞縱守蘭石。峻遣將韓晃攻之。縱將敗，左右勸縱退軍。縱曰：「吾受桓侯厚恩，本以死報。吾之不可負桓侯，猶桓侯之不負國也。」遂力戰而死。晃因進軍攻彝。彝固守經年，勢孤力屈。賊曰：「彝若降者，當待以優

禮。」將士多勸彝僞降，更思後舉。彝不從，辭氣壯烈，志節不撓。城陷，爲晃所害，年五十三。時賊尚未平，諸子並流迸，宣城人紀世和率義故葬之。賊平，追贈廷尉，諡曰簡。咸安中，改贈太常。

初，彝與郭璞善，嘗令璞筮。卦成，璞以手壞之。彝問其故。曰：「卦與吾同。丈夫當此非命，如何！」竟如其言。有五子：溫、雲、豁、祕、沖。溫別有傳。

雲字雲子。初爲驃騎何充參軍、尚書郎，不拜。襲爵萬寧男，歷位建武將軍、義成太守。〔一〕遭母憂去職。葬畢，起爲江州刺史，稱疾，廬於墓次。詔書敦逼，固辭不行，服闋，然後莅職。加都督司豫二州軍事、領鎮蠻護軍、西陽太守、假節。雲招集衆力，志在足兵，多所枉濫，衆皆嗟怨。時溫執權，有司不敢彈劾。升平四年卒，贈平南將軍，諡曰貞。子序嗣，官至宣城內史。

豁字朗子。初辟司徒府、祕書郎，皆不就。簡文帝召爲撫軍從事中郎，除吏部郎，以疾辭。遷黃門郎，未拜。時謝萬敗於梁濮，許昌、潁川諸城相次陷沒，西藩騷動。溫命豁督沔中七郡軍事、建威將軍、新野義成二郡太守，擊慕容屈塵，〔二〕破之，進號右將軍。溫既內

鎮，以豁監荊揚雍州軍事、領護南蠻校尉、荊州刺史、假節，將軍如故。時梁州刺史司馬勳以梁益叛，豁使其參軍桓羆討之。而南陽督護趙弘、趙憶等逐太守桓淡，〔三〕據宛城以叛，豁與竟陵太守羅崇討破之。又攻僞南中郎將趙盤於宛，盤退走，豁追至魯陽，獲之，送於京師，置戍而旋。又監寧益軍事。溫薨，遷征西將軍，進督交廣幷前五州軍事。

苻堅寇蜀，豁遣江夏相竺瑤距之。〔四〕廣漢太守趙長等戰死，瑤引軍退。頃之，堅又寇涼州，弟沖遣輔國將軍朱序與豁子江州刺史石秀泝流就路，稟節度。豁遣督護桓羆與序等游軍沔漢，爲涼州聲援。俄而張天錫陷沒，詔遣中書郎王尋之詣豁，諮謀邊事。豁表以梁州刺史毛憲祖監沔北軍事，兗州刺史朱序爲南中郎將、監沔中軍事，鎮襄陽，以固北鄙。

太元初，遷征西大將軍、開府。豁上疏固讓曰：「臣聞三台麗天，辰極以之增耀；論道作弼，王猷以之時邕。必將仰參神契，對揚成務，弘易簡以翼化，暢玄風於宗極。故宜明揚仄陋，登庸賢儁，使版築有沖天之舉，渭濱無垂竿之逸。用乃功濟蒼生，道光千載。是以德非時望，成典所不虛授；功微賞厚，賢達不以擬心。臣實凡人，量無遠致，階藉門寵，遂叨非據。進不能闡揚皇風，贊明其政道；退不能宣力所莅，混一華戎。尸素積載，庸績莫紀。是以敢冒成命，歸陳丹款。伏願陛下迴神玄覽，追收謬眷，則具瞻革望，臣知所免。」竟不許。及苻堅陷仇池，豁以新野太守吉挹行魏興太守、督護梁州五郡軍事，戍梁州。堅陷涪城，梁

州刺史楊亮、益州刺史周仲孫並委戍奔潰。豁以威略不振，所在覆敗，又上疏陳謝，固辭，不拜開府。尋卒，時年五十八。贈司空，本官如故，諡曰敬。賻錢五十萬，布五百匹，使者持節監護喪事。豁時譽雖不及沖，而甚有器度。但遇強寇，故功業不建。

初，豁聞苻堅國中有謠云：「誰謂爾堅石打碎。」有子二十人，皆以「石」爲名以應之。唯石虔、石秀、石民、石生、石綏、石康知名。

石虔小字鎮惡。有才幹，趫捷絕倫。從父在荊州，於獵圍中見猛獸被數箭而伏，諸督將素知其勇，戲令拔箭。石虔因急往，拔得一箭，猛獸跳，石虔亦跳，高於獸身，猛獸伏，復拔一箭以歸。從溫入關。沖爲苻健所圍，垂沒，石虔躍馬赴之，拔沖於數萬衆之中而還，莫敢抗者。三軍歎息，威震敵人。時有患瘧疾者，謂曰「桓石虔來」以怖之，病者多愈，其見畏如此。

初，袁眞以壽陽叛，石虔以寧遠將軍、南頓太守帥諸將攻之，克其南城。又擊苻堅將王鑒於石橋，獲馬五百匹。除竟陵太守，以父憂去職。尋而苻堅又寇淮南，詔曰：「石虔文武器幹，御戎有方。古人絕哭，金革弗避，況在餘哀，豈得辭事！可授奮威將軍、南平太守。」尋進冠軍將軍。苻堅荊州刺史梁成、〔五〕襄陽太守閻震率衆入寇竟陵，〔六〕石虔與弟石民距

之。賊阻激水，屯管城。石虔設計夜渡水，既濟，賊始覺，力戰破之，進克管城，擒震，斬首七千級，俘獲萬人，馬數百匹，牛羊千頭，具裝鎧三百領。成以輕騎走保襄陽。石虔復領河東太守，進據樊城，逐堅兗州刺史張崇，納降二千家而還。沖卒，石虔以冠軍將軍監豫州揚州五郡軍事、豫州刺史。尋以母憂去職。服闋，復本位。久之，命移鎮馬頭，石虔求停歷陽，許之。

太元十三年卒，追贈右將軍。追論平閻震功，進爵作塘侯。〔七〕第五子誕嗣。誕長兄洪，襄城太守。洪弟振。

振字道全。少果銳，而無行。玄爲荊州，以振爲揚武將軍、淮南太守。轉江夏相，以兇橫見黜。

及玄之敗也，桓謙匿於沮中，振逃於華容之涌中。玄先令將軍王稚徽戍巴陵，稚徽遣人報振云：「桓歆已克京邑，〔八〕馮稚等復平尋陽，劉毅諸軍並敗於中路。」振大喜。時安帝在江陵，振乃聚黨數十人襲江陵。比至城，有衆二百。謙亦聚衆而出，遂陷江陵，迎帝於行宮。振聞桓昇死，大怒，將肆逆於帝，謙苦禁之，乃止。遂命羣臣，辭以楚祚不終，百姓之心復歸於晉，更奉進璽綬，以琅邪王領徐州刺史，振爲都督八州、鎮西將軍、荊州刺史。帝侍

御左右，皆振之腹心。既而歎曰：「公昔早不用我，遂致此敗。若使公在，我爲前鋒，天下不足定。今獨作此，安歸乎！」遂肆意酒色，暴虐無道，多所殘害。

振營於江津。南陽太守魯宗之自襄陽破振將溫楷於柞溪，進屯紀南。振聞楷敗，留其將馮該守營，自率衆與宗之大戰。振勇冠三軍，衆莫能禦，宗之敗績。振追奔，遇宗之單騎於道，弗之識也，乃問宗之所在。紿曰：「已前走矣。」宗之於是自後而退。〔九〕尋而劉毅等破馮該，平江陵。振聞該敗，衆潰而走。後與該子宏出自涓城，復襲江陵。荆州刺史司馬休之奔襄陽，振自號荆州刺史。建威將軍劉懷肅率寧遠將軍索邈，與振戰於沙橋。振兵雖少，左右皆力戰，每一合，振輒瞋目奮擊，衆莫敢當。振時醉，且中流矢，廣武將軍唐興臨陣斬之。

石秀，幼有令名，風韵秀徹，博涉羣書，尤善老莊。常獨處一室，簡於應接，時人方之庾純。甚爲簡文帝所重。豁爲荆州，請爲鷹揚將軍、竟陵太守，非其好也。尋代叔父沖爲寧遠將軍、江州刺史、領鎮蠻護軍、西陽太守，居尋陽。性放曠，常弋釣林澤，不以榮爵嬰心。善騎射，發則命中。嘗從沖獵，登九井山，徒旅甚盛，觀者傾坐，石秀未嘗屬目，止嘯詠而已。謝安嘗訪以世務，默然不答，安甚怪之。他日，安以語其從弟嗣，嗣以問之，石秀曰：

「世事此公所諳，吾又何言哉！」在州五年，以疾去職。年四十三卒於家，朝野悼惜之。追贈後將軍，後改贈太常。子稚玉嗣。玄之篡也，以石秀一門之令，封稚玉爲臨沅王。

石民，弱冠知名，衞將軍謝安引爲參軍。叔父沖上疏，版督荆江豫三州之十郡軍事、振武將軍，領襄城太守，戍夏口，與石虔攻苻堅荆州刺史梁成等於竟陵。明年，又與隨郡太守夏侯澄之破苻堅將慕容垂、姜成等於漳口。復領譙國內史、梁郡太守。沖薨，詔以石民監荆州軍事、西中郎將、荆州刺史。桓氏世莅荆土，石民兼以才望，甚爲人情所仰。

初，沖遣竟陵太守趙統伐襄陽。至是，石民復遣兵助之。尋而苻堅敗於淮肥，石民遣南陽太守高茂衞山陵。時堅雖破敗，而慕容垂等復盛。石民遣將軍晏謙伐弘農，賊東中郎將慕容夔降之。始置湖陝二戍。獲關中擔幢伎，以充太樂。時苻堅子丕僭號於河北，謀襲洛陽。石民遣將軍馮該討之，臨陣斬丕，及其左僕射王孚、吏部尚書苟操等，傳首京都。而丁零翟遼復侵逼山陵，〔一〇〕石民使河南太守馮遵討之。時乞活黃淮自稱并州刺史，與遼共攻長社，衆數千人。石民復遣南平太守郭銓、松滋太守王遐之擊淮，斬之，遼走河北。以前後功，進左將軍。卒，無子。

石生，隆安中以司徒左長史遷侍中，歷驃騎、太傅長史。會稽世子元顯將伐桓玄，石生馳書報玄，玄甚德之。及玄用事，以爲前將軍、江州刺史。尋卒於官。

石綏，元顯時爲司徒左長史。玄用事，拜黃門郎、左衞將軍。玄敗，石綏走江西塗中，〔一一〕聚衆攻歷陽，後爲梁州刺史傅歆之所殺。〔一二〕

石康，偏爲玄所親愛，玄爲荆州，以爲振威將軍。累遷荆州刺史。討庾仄功，封武陵王，事具玄傳。

祕字穆子。少有才氣，不倫於俗。初拜祕書郎，兄溫抑而不用。久之，爲輔國將軍、宣城內史。時梁州刺史司馬勳叛入蜀，祕以本官監梁益二州征討軍事、假節。勳平，還郡。後爲散騎常侍，徙中領軍。孝武帝初卽位，妖賊盧竦入宮，〔一三〕祕與左衞將軍殷康俱入擊之。溫入朝，窮考竦事，收尚書陸始等，罹罪者甚衆。祕亦免官，居于宛陵，每憤憤有不平之色。溫疾篤，祕與溫子熙、濟等謀共廢沖。沖密知之，不敢入。頃溫氣絕，先遣力士拘錄熙、濟，而後臨喪。祕於是廢棄，遂居於墓所，放志田園，好遊山水。後起爲散騎常侍，凡三表自

陳。詔曰：「祕受遇先朝，是以延之，而頻有讓表，以棲尚告誠，兼有疾疢，省用增歎。可順其所執。」祕素輕沖，沖時貴盛，祕恥常侍位卑，故不應朝命。與謝安書及詩十首，辭理可觀，其文多引簡文帝之眄遇。先沖卒。長子蔚，官至散騎常侍、游擊將軍。玄篡，以爲醴陵王。

沖字幼子，溫諸弟中最淹識，有武幹，溫甚器之。弱冠，太宰、武陵王晞辟，不就。除鷹揚將軍、鎮蠻護軍、西陽太守。從溫征伐有功，遷督荆州之南陽襄陽新野義陽順陽雍州之京兆揚州之義成七郡軍事、寧朔將軍、義成新野二郡太守，鎮襄陽。又從溫破姚襄。及虜周成，進號征虜將軍，賜爵豐城公。尋遷振威將軍、江州刺史、領鎮蠻護軍、西陽譙二郡太守。溫之破姚襄也，獲襄將張駿、楊凝等，徙于尋陽。沖在江陵，未及之職，而駿率其徒五百人殺江州督護趙毗，掠武昌府庫，將妻子北叛。沖遣將討獲之，遂還所鎮。

初，彝亡後，沖兄弟並少，家貧，母患，須羊以解，無由得之，溫乃以沖爲質。羊主甚富，言不欲爲質，幸爲養買德郎。買德郎，沖小字也。及沖爲江州，出射，羊主於堂邊看，沖識之，謂曰：「我買德也。」遂厚報之。頃之，進監江荆豫三州之六郡軍事、南中郎將、假節，州郡如故。

在江州凡十三年而溫薨。孝武帝詔沖爲中軍將軍、都督揚江豫三州軍事、揚豫二州刺史、假節。時詔賻溫錢布漆蠟等物，而不及大斂。沖上疏陳溫素懷每存清儉，且私物足舉凶事，求還官庫。詔不許，沖猶固執不受。初，溫執權，大辟之罪皆自己決。沖既莅事，上疏以爲生殺之重，古今所愼，凡諸死罪，先上，須報。沖既代溫居任，盡忠王室。或勸沖誅除時望，專執權衡，沖不從。

謝安以時望輔政，爲羣情所歸，沖懼逼，寧康三年，乃解揚州，自求外出。桓氏黨與以爲非計，莫不扼腕苦諫，郗超亦深止之。沖皆不納，處之澹然，不以爲恨，忠言嘉謀，每盡心力。於是改授都督徐兗豫青揚五州之六郡軍事、車騎將軍、徐州刺史，以北中郎府并中軍，鎮京口，假節。又詔沖及謝安並加侍中，以甲杖五十人入殿。時丹楊尹王蘊以后父之重昵於安，安意欲出蘊爲方伯，乃復解沖徐州，直以車騎將軍都督豫江二州之六郡軍事，自京口遷鎮姑熟。

既而苻堅寇涼州，沖遣宣城內史朱序、豫州刺史桓伊率衆向壽陽，淮南太守劉波汎舟淮泗，乘虛致討，以救涼州，乃表曰：

氐賊自幷東胡，醜類實繁，而蜀漢寡弱，西涼無備，斯誠暴與疾顚，祇速其亡。然而天未剿絕，屢爲國患。臣聞勝於無形，功立事表，伐謀之道，兵之上略。況此賊陸

梁，終必越逸。北狄陵縱，常在秋冬。今日月迅邁，高風行起，臣輒較量畿甸，守衞重複，又淮泗通流，長江如海，荆楚偏遠，密邇寇讎，方城、漢水無天險之實，而過備之重勢在西門。

臣雖凡庸，識乏武略，然猥荷重任，思在投袂。請率所統，徑進南郡，與征西將軍臣豁參同謀猷。賊若果驅犬羊，送死沔漢，庶仰憑正順，因致人利，一舉乘風，掃清氛穢，不復重勞王師，有事三秦，則先帝盛業永隆於聖世，宣武遺志無恨於在昔。如其憚皇威，闚闔計屈，則觀兵伺釁，更議進取，振旅旋旆，遲速唯宜。伏願陛下覽臣所陳，特垂聽許。

詔答曰：「醜類違天，比年縱肆，梁益不守，河西傾喪。每惟宇內未一，憤歎盈懷。將軍經略深長，思算重復，忠國之誠，形於義旨。覽省未周，以感以慨。寇雖乘間竊利，而以無道臨之，黷武窮兇，虐用其衆，滅亡之期，勢何得久！然備豫不虞，軍之善政。輒詢于羣后，敬從高算。想與征西協參令圖，嘉謀遠猷，動靜以聞。」會張天錫陷沒，於是罷兵。俄而豁卒，遷都督江荆梁益寧交廣七州揚州之義成雍州之京兆司州之河東軍事、領護南蠻校尉、荆州刺史、持節，將軍、侍中如故。又以其子嗣爲江州刺史。沖將之鎮，帝餞於西堂，賜錢五十萬。又以酒三百四十石、牛五十頭犒賜文武。謝安送至溧洲。

沖既到江陵，時苻堅强盛，沖欲移阻江南，乃上疏曰：「自中興以來，荆州所鎮，隨宜迴轉。臣亡兄溫以石季龍死，經略中原，因江陵路便，卽而鎮之。事與時遷，勢無常定。且兵者詭道，示之以弱，今宜全重江南，輕戍江北。南平孱陵縣界，地名上明，田土膏良，可以資業軍人。在吳時樂鄉城以上四十餘里，北枕大江，西接三峽。若狂狡送死，則舊郢以北堅壁不戰，接會濟江，路不云遠，乘其疲墮，撲翦爲易。臣司存閫外，輒隨宜處分。」於是移鎮上明，使冠軍將軍劉波守江陵，諮議參軍楊亮守江夏。詔以荆州水旱饑荒，又沖新移草創，歲運米三十萬斛以供軍資，須年豐乃止。

堅遣其將苻融寇樊、鄧，石越寇魯陽，姚萇寇南鄉，韋鍾寇魏興，所在陷沒。沖遣江夏相劉奭、南中郎將朱序擊之，而奭畏懦不進，序又爲賊所擒。沖深自咎責，上疏送章節，請解職，不許。遣左衞將軍張玄之詣沖諮謀軍事。沖率前將軍劉波及兄子振威將軍石民、冠軍將軍石虔等伐苻堅，拔堅筑陽。攻武當，走堅兗州刺史張崇。堅遣慕容垂、毛當寇鄧城，苻熙、石越寇新野。沖既憚堅衆，又以疾疫，還鎮上明。表以「夏口江沔衝要，密邇强寇，兄子石民堪居此任，輒版督荆江十郡軍事、振武將軍、襄城太守。尋陽北接强蠻，西連荆郢，亦一任之要。今府州既分，請以王薈補江州刺史」，詔從之。時薈始遭兄劭喪，〔一四〕將葬，辭不欲出。於是衞將軍謝安更以中領軍謝輶代之。沖聞之而怒，上疏以爲輶文武無堪，求自

領江州，帝許之。沖使石虔伐堅襄陽太守閻震，擒之，及大小帥二十九人，送於京都，詔歸沖府。以平震功，封次子謙宜陽侯。堅使其將郝貴守襄陽，〔一三〕沖使揚威將軍朱綽討之，遂焚燒沔北田稻，拔六百餘戶而還。又遣上庸太守郭寶伐堅魏興太守褚垣、上庸太守段方，並降之。新城太守麴常遁走，三郡皆平。詔賜錢百萬，袍表千端。

初，沖之西鎮，以賊寇方强，故移鎮上明，謂江東力弱，正可保固封疆，自守而已。又以將相異宜，自以德望不逮謝安，故委之內相，而四方鎮扞，以爲己任。又與朱序款密。俄而序沒於賊，沖深用愧惋。既而苻堅盡國內侵，沖深以根本爲慮，乃遣精銳三千來赴京都。謝安謂三千人不足以爲損益，而欲外示閑暇，聞軍在近，固不聽。報云：「朝廷處分已定，兵革無闕，西藩宜以爲防。」時安已遣兄子玄及桓伊等諸軍，沖謂不足以爲廢興，召佐吏，對之歎曰：「謝安乃有廟堂之量，不閑將略。今大敵垂至，方遊談不暇，雖遣諸不經事少年，衆又寡弱，天下事可知，吾其左衽矣！」俄而聞堅破，大勳克舉，又知朱序因以得還，沖本疾病，加以慚恥，發病而卒，時年五十七。贈太尉，本官如故，謚曰宣穆。賻錢五十萬，布五百匹。

沖性儉素，而謙虛愛士。嘗浴後，其妻送以新衣，沖大怒，促令持去。其妻復送之，而謂曰：「衣不經新，何緣得故！」沖笑而服之。命處士南陽劉驎之爲長史，驎之不屈，親往迎之，禮之甚厚。又辟處士長沙鄧粲爲別駕，備禮盡恭。粲感其好賢，乃起應命。初，郗鑒、

庾亮、庾翼臨終皆有表，樹置親戚，唯沖獨與謝安書云：「妙靈、靈寶尚小，亡兄寄託不終，以此爲恨！」言不及私，論者益嘉之。及喪下江陵，士女老幼皆臨江瞻送，號哭盡哀。後玄篡位，追贈太傅、宣城王。有七子：嗣、謙、脩、崇、弘、羡、怡。

嗣字恭祖。少有清譽，與豁子石秀並爲桓氏子姪之冠。沖既代豁西鎮，詔以嗣督荆州之三郡豫州之四郡軍事、建威將軍、江州刺史。莅事簡約，修所住齋，應作版檐，嗣命以茅代之，版付船官。轉西陽、襄城二郡太守，鎮夏口。後領江夏相，卒官。追贈南中郎將，謚曰靖。子胤嗣。

胤字茂遠。少有清操，雖奕世華貴，甚以恬退見稱。初拜祕書丞，累遷中書郎、祕書監。玄甚欽愛之，遷中書令。玄篡位，爲吏部尚書，隨玄西奔。玄死，歸降。詔曰：「夫善著則祚遠，勳彰故事殊。以宣孟之忠，蒙後晉國；子文之德，世嗣獲存。故太尉沖，昔藩陝西，忠誠王室。諸子染凶，自貽罪戮。念沖遺勤，用悽於懷。其孫胤宜見矜宥，以獎爲善。可特全生命，徙于新安。」及東陽太守殷仲文、永嘉太守駱球等謀反，〔一六〕陰欲立胤爲玄嗣，事覺，伏誅。

謙字敬祖，詳正有器望。初以父功封宜陽縣開國侯，累遷輔國將軍、吳國內史。孫恩之亂，謙出奔無錫。徵拜尚書，驃騎大將軍元顯引爲諮議參軍，轉司馬。元興初，朝廷將伐玄，以桓氏世在陝西，謙父沖有遺惠於荆楚，懼人情向背，乃用謙爲持節、都督荆益寧梁四州諸軍事、西中郎將、荆州刺史、假節，以安荆楚。

玄既用事，以謙爲尚書左僕射，領吏部，加中軍將軍。謙兄弟顯列，玄甚倚杖之，而內不能善也。改封謙爲寧都侯，拜尚書令，加散騎常侍。遷侍中、衞將軍、開府、錄尚書事。玄篡位，復領揚州刺史，本官如故，封新安王。

及桓振作亂，謙保護乘輿，頗有功焉。然而暗愞，尤不可以造事。初，勸振率軍下戰，己守江陵。振既輕謙用事，故不從。及振敗，謙奔於姚興。先是，譙縱稱藩於姚興，縱與盧循通使，潛相影響，乃表興請謙共順流東下。興問謙，謙曰：「臣門著恩荆楚，從弟玄末雖篡位，皆是逼迫，人神所明。今臣與縱東下，百姓自應駭動。」興曰：「小水不容大舟，若縱才力足以濟事，亦不假君爲鱗翼。宜自求多福。」遂遣之。謙至蜀，欲虛懷引士，縱疑之，乃置謙於龍格，使人守之。謙向諸弟泣曰：「姚主言神矣！」後與縱引譙道福俱下，謙於道占募，百姓感沖遺惠，投者二萬人。劉道規破謙，斬之。

脩字承祖。尚簡文帝女武昌公主，歷吏部郎，稍遷左衞將軍。王恭將伐譙王尚之，先遣何澹之、孫無終向句容。脩以左衞領振武將軍，與輔國將軍陶無忌距之。脩次句容。俄而恭敗，無終遺書求降。脩既旋軍，而楊佺期已至石頭，時朝廷無備，內外崩駭。脩進說曰：「殷、桓之下，專恃王恭，恭既破滅，莫不失色。今若優詔用玄，玄必內喜，則能制仲堪、佺期，使並順命。」朝廷納之。以脩爲龍驤將軍、荆州刺史、假節，權領左衞文武之鎮。又令劉牢之以千人送之。轉仲堪爲廣州。脩未及發，而玄等盟於尋陽，求誅牢之。尚之并訴仲堪無罪，獨被降黜。於是詔復仲堪荆州。御史中丞江績奏脩承受楊佺期之言，交通信命，宣傳不盡，以爲身計，疑誤朝算，請收付廷尉。特詔免官。尋代王凝之爲中護軍。頃之，玄破仲堪、佺期，詔以脩爲征虜將軍、江州刺史。尋復爲中護軍。

玄執政，以脩都督六州、右將軍、徐兗二州刺史、假節。尋進撫軍將軍，加散騎常侍。玄篡，以爲撫軍大將軍，封安成王。劉裕義旗起，斬之。

徐寧者，東海鄖人也。少知名，爲輿縣令。時廷尉桓彝稱有人倫鑒識，彝嘗去職，至廣陵尋親舊，還遇風，停浦中，累日憂悒，因上岸，見一室宇，有似廨署，訪之，云是輿縣。彝乃

造之。寧清惠博涉，相遇欣然，因留數夕。彝大賞之，結交而別。至都，謂庾亮曰：「吾爲卿得一佳吏部郎。」語在彝傳。卽遷吏部郎、左將軍、江州刺史，卒官。

史臣曰：醨風潛煽，醇源浸竭，遺道德於情性，顯忠信於名教。首陽高節，求仁而得仁；泗上微言，朝聞而夕死。原軫免胄，懍然於往策；季路絕纓，邈矣於前志。況交霜雪於杪歲，晦風雨於將晨，嗜響或以變其音，貞柯罕能全其性。桓茂倫抱中和之氣，懷不撓之節，邁周庾之清塵，遵許郭之遐軌。懼臨危於取免，知處死之爲易，揚芬千載之上，淪骨九泉之下。仁者之勇，不其然乎！至夫基構迭汙隆，龍蛇俱山澤，沖逡巡於內輔，豁陵厲於上游，處振北門之威，秀坦西陽之務，外有扞城之用，裏無末大之嫌，求之名臣，抑亦可算。而溫爲亢極之資，玄逐履霜之業，是知敬仲之美不息檀臺之亂，寧俞之忠無救弈棊之禍。子文之不血食，悲夫！

贊曰：矯矯宣城，貞心莫陵。身隨露夭，名與雲興。處豁重世，沖秀雙美。國賴忠臣，家推才子。振武謙文，辱邑爲羣。歸之篡亂，曷足以云。

校勘記

〔一〕義成太守　「義成」原作「義城」。地理志無義成郡。前後文均作「義成」，今據改。參卷七三校記。

〔二〕慕容屈塵　哀紀、通鑑一〇一並作「慕容塵」。

〔三〕桓淡　海西公紀、通鑑一〇一作「桓濬」。

〔四〕竺瑤　「瑤」，各本均作「瑗」，今據海西公紀、苻堅載記上、桓溫傳及通鑑一〇二、一〇三改。下同。

〔五〕荆州刺史梁成　斠正：「梁成」，堅載記作「都貴」。按：孝武紀、通鑑一〇四並作「都貴」。貴以秦建元十六年十二月爲荆州刺史。

〔六〕閻震　苻堅載記上作「閻振」。

〔七〕作塘侯　斠注：「塘」當從地理志爲「唐」。

〔八〕桓歆　通鑑一一三作「桓歆」。歆，溫子，又見桓玄傳。疑「欽」爲誤字。

〔九〕宗之於是自後而退　局本、殿本等無「宗之」二字，今從宋本。通志一二七句首亦有「宗之」二字。

〔一〇〕翟遼　見卷九校記。

〔一一〕塗中　商榷：「塗」當作「涂」。涂中即今滁縣。

〔一二〕傅歆之　通鑑一一五作「傅韶」。斠校：宋書傅弘之傳作「傅韶」。

〔一三〕盧竦　孝武紀、毛安之傳及通鑑一〇三「竦」並作「悚」。

〔一四〕始遭兄劭喪　「劭」，各本作「邵」，今從宋本及王劭傳。

〔一五〕郗貴　斠校：孝武紀作「都貴」。按：通鑑一〇四亦作「都貴」。疑「郗」「都」形近誤。

〔一六〕騶球　「球」，各本作「騄」，今從南監本。安紀、殷仲文傳、通志一二七、宋書武帝紀上亦均作「球」。

晉書

唐　房玄齡等撰

第七册

卷七五至卷八八（傳）

中華書局

二十四史　中華書局

晉書卷七十五

列傳第四十五

王湛 子承　承子述　述子坦之　禕之　坦之子愷　愉　國寶　忱　愉子綏　承族子嶠　袁悅之　祖台之

王湛字處沖，司徒渾之弟也。少有識度。身長七尺八寸，龍顙大鼻，少言語。初有隱德，人莫能知，兄弟宗族皆以爲癡，其父昶獨異焉。遭父喪，居於墓次。服闋，闔門守靜，不交當世，沖素簡淡，器量隤然，有公輔之望。

兄子濟輕之，所食方丈盈前，不以及湛。湛命取菜蔬，對而食之。濟嘗詣湛，見牀頭有周易，問曰：「叔父何用此爲？」湛曰：「體中不佳時，脫復看耳。」濟請言之。湛因剖析玄理，微妙有奇趣，皆濟所未聞也。濟才氣抗邁，於湛略無子姪之敬。既聞其言，不覺慄然，心形俱肅。遂留連彌日累夜，自視缺然，乃歎曰：「家有名士，三十年而不知，濟之罪也。」既而辭

去，湛送至門。濟有從馬絕難乘，濟問湛曰：「叔頗好騎不？」湛曰：「亦好之。」因騎此馬，姿容既妙，迴策如縈，善騎者無以過之。又濟所乘馬，甚愛之，湛曰：「此馬雖快，然力薄不堪苦行。近見督郵馬當勝，但芻秣不至耳。」濟試養之，而與己馬等。湛又曰：「此馬任重方知之，平路無以別也。」於是當蟻封內試之，濟馬果躓，而督郵馬如常。濟益歎異，還白其父，曰：「濟始得一叔，乃濟以上人也。」武帝亦以湛爲癡，每見濟，輒調之曰：「卿家癡叔死未？」濟常無以答。及是，帝又問如初，濟曰：「臣叔殊不癡。」因稱其美。帝曰：「誰比？」濟曰：「山濤以下，魏舒以上。」時人謂湛上方山濤不足，下比魏舒有餘。湛聞曰：「欲處我於季孟之閒乎？」

湛少仕歷秦王文學、太子洗馬、尚書郎、太子中庶子，出爲汝南內史。元康五年卒，年四十七。子承嗣。

承字安期。清虛寡欲，無所修尚。言理辯物，但明其指要而不飾文辭，有識者服其約而能通。弱冠知名。太尉王衍雅貴異之，比南陽樂廣焉。

永寧初，爲驃騎參軍。值天下將亂，乃避難南下。遷司空從事中郎。豫迎大駕，賜爵藍田縣侯。遷尚書郎，不就。東海王越鎮許，以爲記室參軍，雅相知重，敕其子毗曰：「夫學

之所益者淺，體之所安者深。閑習禮度，不如式瞻儀形；諷味遺言，不若親承音旨。王參軍人倫之表，汝其師之。」在府數年，見朝政漸替，辭以母老，求出。越不許。久之，遷東海太守，政尚清淨，不爲細察。小吏有盜池中魚者，綱紀推之，承曰：「文王之囿與衆共之，池魚復何足惜耶！」有犯夜者，爲吏所拘，承問其故，答曰：「從師受書，不覺日暮。」承曰：「鞭撻甯越以立威名，非政化之本。」使吏送令歸家。其從容寬恕若此。

尋去官，東渡江。是時道路梗澀，人懷危懼，承每遇艱險，處之夷然，雖家人近習，不見其憂喜之色。既至下邳，登山北望，歎曰：「人言愁，我始欲愁矣。」及至建鄴，爲元帝鎮東府從事中郎，甚見優禮。承少有重譽，而推誠接物，盡弘恕之理，故衆咸親愛焉。渡江名臣王導、衞玠、周顗、庾亮之徒皆出其下，爲中興第一。年四十六卒，朝野痛惜之。自昶至承，世有高名，論者以爲祖不及孫，孫不及父。子述嗣。

述字懷祖。少孤，事母以孝聞。安貧守約，不求聞達。性沈靜，每坐客馳辨，異端競起，而述處之恬如也。少襲父爵。年三十，尚未知名，人或謂之癡。司徒王導以門地辟爲中兵屬。既見，無他言，惟問以江東米價。述但張目不答。導曰：「王掾不癡，人何言癡也？」嘗見導每發言，一坐莫不贊美，述正色曰：「人非堯舜，何得每事盡善！」導改容謝之，

謂庾亮曰：「懷祖清貞簡貴，不減祖、父，但曠淡微不及耳。」

康帝爲驃騎將軍，召補功曹，出爲宛陵令。太尉、司空頻辟，又除尚書吏部郎，並不行。

歷庾冰征虜長史。時庾翼鎮武昌，以累有妖怪，又猛獸入府，欲移鎮避之。述與冰牋曰：

竊聞安西欲移鎮樂鄉，不審此爲算邪，將爲情邪？若謂爲算，則彼去武昌千有餘里，數萬之衆造創移徙，方當興立城壁，公私勞擾。若信要害之地，所宜進據，猶當計移徙之煩，權二者輕重，況此非今日之要邪！方今強胡陸梁，當稸力養銳，而無故遷動，自取非算。又江州當泝流數千，供繼軍府，力役增倍，疲曳道路。且武昌實是江東鎮戍之中，非但扞禦上流而已。急緩赴告，駿奔不難。若移樂鄉，遠在西陲，一朝江渚有虞，不相接救。方嶽取重將，故當居要害之地，爲內外形勢，使闚闔之心不知所向。若是情邪，則天道玄遠，鬼神難言，妖祥吉凶，誰知其故！是以達人君子直道而行，不以情失。昔秦忌「亡胡」之讖，卒爲劉項之資；周惡「檿弧」之謠，而成褒姒之亂。此既然矣。歷觀古今，鑒其遺事，妖異速禍敗者，蓋不少矣。禳避之道，苟非所審，且當擇人事之勝理，思社稷之長計，斯則天下幸甚，令名可保矣。

若安西盛意已耳，不能安於武昌，但得近移夏口，則其次也。樂鄉之舉，咸謂不可。顧將軍體國爲家，固審此舉。

時朝議亦不允，翼遂不移鎮。

述出補臨海太守，遷建威將軍、會稽內史。莅政清肅，終日無事。母憂去職。服闋，代殷浩爲揚州刺史，加征虜將軍。初至，主簿請諱。報曰：「亡祖先君，名播海內，遠近所知；內諱不出門，餘無所諱。」尋加中書監，固讓，經年不拜。復加征虜將軍，進都督揚州徐州之琅邪諸軍事、衞將軍、并冀幽平四州大中正，刺史如故。尋還散騎常侍、尚書令，將軍如故。

述每受職，不爲虛讓，其有所辭，必於不受。至是，子坦之諫，以爲故事應讓。述曰：「汝謂我不堪邪？」坦之曰：「非也。但克讓自美事耳。」述曰：「既云堪，何爲復讓！人言汝勝我，定不及也。」坦之爲桓溫長史。溫欲爲子求婚於坦之。及還家省父，而述愛坦之，雖長大，猶抱置膝上。坦之因言溫意。述大怒，遽排下，曰：「汝竟癡邪！詎可畏溫面而以女妻兵也。」坦之乃辭以他故。溫曰：「此尊君不肯耳。」遂止。簡文帝每言述才既不長，直以眞率便敵人耳。謝安亦歎美之。

初，述家貧，求試宛陵令，頗受贈遺，而修家具，爲州司所檢，有一千三百條。王導使謂之曰：「名父之子不患無祿，屈臨小縣，甚不宜耳。」述答曰：「足自當止。」時人未之達也。比後屢居州郡，清潔絕倫，祿賜皆散之親故，宅宇舊物不革於昔，始爲當時所歎。但性急爲累。嘗食雞子，以筯刺之，不得，便大怒擲地。雞子圓轉不止，便下牀以屐齒踏之，又不得。

瞋甚，掇內口中，齧破而吐之。既躋重位，每以柔克爲用。謝奕性粗，嘗忿述，極言罵之。述無所應，面壁而已。居半日，奕去，始復坐。人以此稱之。

太和二年，以年迫懸車，上疏乞骸骨，曰：「臣曾祖父魏司空昶白牋於文皇帝曰：『昔與南陽宗世林共爲東宮官屬。世林少得好名，州里瞻敬。及其年老，汲汲自勵，恐見廢棄，時人咸共笑之。若天假其壽，致仕之年，不爲此公婆娑之事。』情旨慷慨，深所鄙薄。雖是牋書，乃實訓誡。臣忝端右，而以疾患，禮敬廢替，猶謂可有差理。日復一日，而年衰疾痼，永無復瞻華幄之期。乞奉先誡，歸老丘園。」不許。述竟不起。三年卒，時年六十六。

初，桓溫平洛陽，議欲遷都，朝廷憂懼，將遣侍中止之。述曰：「溫欲以虛聲威朝廷，非事實也。但從之，自無所至。」事果不行。又議欲移洛陽鍾虡，述曰：「永嘉不競，暫都江左。方當蕩平區宇，旋軫舊京。若其不耳，宜改遷園陵，不應先事鍾虡。」溫竟無以奪之。追贈侍中、驃騎將軍，開府，諡曰穆，以避穆帝，改曰簡。子坦之嗣。

坦之字文度。弱冠與郗超俱有重名，時人爲之語曰：「盛德絕倫郗嘉賓，江東獨步王文度。」嘉賓，超小字也。僕射江虨領選，將擬爲尚書郎。坦之聞曰：「自過江來，尚書郎正用第二人，何得以此見擬！」虨遂止。簡文帝爲撫軍將軍，辟爲掾。累遷參軍、從事中郎，仍爲

司馬，加散騎常侍。出爲大司馬桓溫長史。尋以父憂去職。服闋，徵拜侍中，襲父爵。時卒士韓悵逃亡歸首，云「失牛故叛」。有司劾悵偷牛，考掠服罪。坦之以爲悵束身自歸，而法外加罪，懈怠失牛，事或可恕，加之木石，理有自誣，宜附罪疑從輕之例，遂以見原。海西公廢，領左衞將軍。

坦之有風格，尤非時俗放蕩，不敦儒教，頗尚刑名學，著廢莊論曰：

荀卿稱莊子「蔽於天而不知人」，揚雄亦曰「莊周放蕩而不法」，何晏云「鬻莊軀，放玄虛，而不周乎時變」。三賢之言，遠有當乎！夫獨構之唱，唱虛而莫和；無感之作，義偏而用寡。動人由於兼忘，應物在乎無心。孔父非不體遠，以體遠故用近；顏子豈不具德，以德備故膺教。胡爲其然哉？不獲已而然也。

夫自足者寡，故理懸於羲農；徇教者衆，故義申於三代。道心惟微，人心惟危，吹萬不同，孰知正是！雖首陽之情，三黜之智，摩頂之甘，落毛之愛，枯槁之生，負石之死，格諸中庸，未入乎道，而況下斯者乎！先王知人情之難肆，懼違行以致訟，悼司徹之貽悔，審褫帶之所緣，故陶鑄羣生，謀之未兆，每攝其契，而爲節焉。使夫敦禮以崇化，日用以成俗，誠存而邪忘，利損而競息，成功遂事，百姓皆曰我自然。蓋善闇者無怪，故所遇而無滯，執道以離俗，孰踰於不達！語道而失其爲者，非其道也；辯德而有

其位者，非其德也。言默所未究，況揚之以爲風乎！且即濠以尋魚，想彼之我同；推顯以求隱，理得而情昧。若夫莊生者，望大庭而撫契，仰彌高於不足，寄積想於三篇，恨我懷之未盡，其言詭譎，其義恢誕。君子內應，從我游方之外，衆人因藉之，以爲弊薄之資。然則天下之善人少，不善人多，莊子之利天下也少，害天下也多。故曰魯酒薄而邯鄲圍，莊生作而風俗穨。禮與浮雲俱征，僞與利蕩並肆，人以克己爲恥，士以無措爲通，時無履德之譽，俗有蹈義之愆。驟語賞罰不可以造次，屢稱無爲不可與適變。雖可用於天下，不足以用天下人。

昔漢陰丈人修渾沌之術，孔子以爲識其一不識其二，莊生之道，無乃類乎！與夫如愚之契，何殊間哉！若夫利而不害，天之道也；爲而不爭，聖之德也。羣方所資而莫知誰氏，在儒而非儒，非道而有道，彌貫九流，玄同彼我，萬物用之而不既，亹亹日新而不朽，昔吾孔老固已言之矣。

又領本州大中正。簡文帝臨崩，詔大司馬溫依周公居攝故事。坦之自持詔入，於帝前毀之。帝曰：「天下，儻來之運，卿何所嫌！」坦之曰：「天下，宣元之天下，陛下何得專之！」帝乃使坦之改詔焉。

溫薨，坦之與謝安共輔幼主，遷中書令，領丹楊尹。俄授都督徐兗青三州諸軍事、北中

郎將、徐兗二州刺史，鎮廣陵。將之鎮，上表曰：

臣聞人君之道以孝敬爲本，臨御四海以委任爲貴。恭順無爲，則盛德日新；親杖賢能，則政道邕睦。昔周成、漢昭，並以幼年纂承大統。當時天下未爲無難，終能顯揚祖考，保安社稷，蓋尊尊親親，信納大臣之所致也。

伏維陛下誕奇秀之姿，稟生知之量，春秋尚富，涉道未廣，方須訓導以成天德。皇太后仁淑之體，過於三母，先帝奉事積年，每稱聖明。臣願奉事之心，便當自同孝宗；太后慈愛之隆，亦不必異所生。〔一〕琅邪王、餘姚主及諸皇女，宜朝夕定省，承受教誨，導習儀刑，以成景仰恭敬之美，不可以屬非至親，自爲疏疑。昔肅祖崩殂，成康幼沖，事無大小，必諮丞相導，所以克就聖德，實此之由。今僕射臣安、中軍臣沖，人望具瞻，社稷之臣。且受遇先帝，綢繆繾綣，並志竭忠貞，盡心盡力，歸誠陛下，以報先帝。愚謂周旋舉動，皆應諮此二臣。二臣之於陛下，則周之旦奭，漢之霍光，顯宗之於王導。沖雖在外，路不云遠，事容信宿，必宜參詳，然後情聽獲盡，庶事可畢。

又天聽雖聰，不啓不廣；羣情雖忠，不引不盡。宜數引侍臣，詢求讜言。平易之世，有道之主猶尚誠懼，日昃不倦；況今艱難理盡，慮經安危，祖宗之基繫之陛下，不可不精心務道，以申先帝堯舜之風。可不敬修至德，以保宣元天地之祚？

表奏，帝納之。

初，謝安愛好聲律，朞功之慘，不廢妓樂，頗以成俗。坦之非而苦諫之。安遺坦之書曰：「知君思相愛惜之至。僕所求者聲，謂稱情義，無所不可爲，聊復以自娛耳。若絜軌跡，崇世教，非所擬議，亦非所屑。常謂君粗得鄙趣者，猶未悟之濠上邪！故知莫逆，未易爲人。」坦之答曰：「具君雅旨，此是誠心而行，獨往之美，然恐非大雅中庸之謂。意者以爲人之體韻猶器之方圓，方圓不可錯用，體韻豈可易處！各順其方，以弘其業，則歲寒之功必有成矣。吾子少立德行，體議淹允，加以令地，優游自居，僉曰之談，咸以清遠相許。至於此事，實有疑焉。公私二三，莫見其可。以此爲濠上，悟之者得無鮮乎！且天下之寶，故爲天下所惜，天下之所非，何爲不可以天下爲心乎？想君幸復三思。」書往反數四，安竟不從。

坦之又嘗與殷康子書論公謙之義曰：

夫天道以無私成名，二儀以至公立德。立德存乎至公，故無親而非理；成名在乎無私，故在當而忘我。此天地所以成功，聖人所以濟化。由斯論之，公道體於自然，故理泰而愈降；謙義生於不足，故時弊而義著。故大禹、咎繇稱功言惠而成名於彼，孟反、范燮殿軍後入而全身於此。從此觀之，則謙公之義固以殊矣。

夫物之所美，己不可收；人之所貴，我不可取。誠患人惡其上，衆不可蓋，故君子居之，而每加損焉。隆名在於矯伐，而不在於期當；匿跡在於違顯，而不在於求是。於是謙光之義與矜競而俱生，卑挹之義與夸伐而並進。由親譽生於不足，未若不知之有餘；良藥效於瘳疾，未若無病之爲貴也。

夫乾道確然，示人易矣；坤道隤然，示人簡矣。二象顯於萬物，兩德彰於羣生，豈矯枉過直而失其所哉！由此觀之，則大通之道公坦於天地，謙伐之義險巇於人事。今存公而廢謙，則自伐者託至公以生嫌，自美者因存黨以致惑。此王生所謂同貌而實異，不可不察者也。然理必有源，敎亦有主。苟探其根，則玄指自顯；若尋其末，弊無不至。豈可以嫌似而疑至公，弊貪而忘於諒哉！

康子及袁宏並有疑難，坦之標章摘句，一一申而釋之，莫不厭服。又孔嚴著通葛論，坦之與書贊美之。其忠公慷慨，標明賢勝，皆此類也。

初，坦之與沙門竺法師甚厚，每共論幽明報應，便要先死者當報其事。後經年，師忽來云：「貧道已死，罪福皆不虛。惟當勤修道德，以升濟神明耳。」言訖不見。坦之尋亦卒，時年四十六。臨終，與謝安、桓沖書，言不及私，惟憂國家之事，朝野甚痛惜之。追贈安北將軍，謚曰獻。

褘之字文邵。少知名，尚尋陽公主，歷中書侍郎。年未三十而卒，贈散騎常侍。

坦之四子：愷、愉、國寶、忱。

愷字茂仁，愉字茂和，並少踐清階。愷襲父爵，愉稍遷驃騎司馬，加輔國將軍。愷太元末爲侍中，領右衞將軍，多所獻替。兄弟貴盛，當時莫比。

及王恭等討國寶，愷、愉並請解職。以與國寶異生，又素不協，故得免禍。國寶既死，出愷爲吳郡內史，愉爲江州刺史、都督豫州四郡、輔國將軍、假節。未幾，徵愷爲丹楊尹。及桓玄等至江寧，愷領兵守石頭。〔二〕俄而玄等走，復爲吳郡。病卒，追贈太常。

愉至鎮，未幾，殷仲堪、桓玄、楊佺期舉兵應王恭，乘流奄至。愉既無備，惶遽奔臨川，爲玄所得。玄盟于尋陽，以愉置壇所，愉甚恥之。及事解，除會稽內史。玄篡位，以爲尚書僕射。劉裕義旗建，加前將軍。愉既桓氏壻，父子寵貴，又嘗輕侮劉裕，心不自安，潛結司州刺史溫詳，謀作亂，事泄，被誅，子孫十餘人皆伏法。

國寶少無士操，不修廉隅。婦父謝安惡其傾側，每抑而不用。除尚書郎。國寶以中興膏腴之族，惟作吏部，不爲餘曹郎，甚怨望，固辭不拜。從妹爲會稽王道子妃，由是與道子游處，遂問毀安焉。

及道子輔政，以爲祕書丞。俄遷琅邪內史，領堂邑太守，加輔國將軍。入補侍中，遷中書令、中領軍，與道子持威權，扇動內外。中書郎范甯，國寶舅也，儒雅方直，疾其阿諛，勸孝武帝黜之。國寶乃使陳郡袁悅之因尼支妙音致書與太子母陳淑媛，說國寶忠謹，宜見親信。帝知之，託以他罪殺悅之。國寶大懼，遂因道子譖毀甯，甯由是出爲豫章太守。及弟忱卒，國寶自表求解職迎母，幷奔忱喪。詔特賜假，而盤桓不時進發，爲御史中丞褚粲所奏。國寶懼罪，衣女子衣，託爲王家婢，詣道子告其事。道子言之於帝，故得原。後驃騎參軍王徽請國寶同讌，國寶素驕貴使酒，怒尚書左丞祖台之，攘袂大呼，以盤醆樂器擲台之，台之不敢言，復爲粲所彈。詔以國寶縱肆情性，甚不可長，台之懦弱，非監司體，並坐免官。頃之，復職，愈驕蹇不遵法度。起齋侔清暑殿，帝惡其僭侈。國寶懼，遂諂媚於帝，而頗疏道子。道子大怒，嘗於內省面責國寶，以劍擲之，舊好盡矣。

是時王雅亦有寵，薦王珣於帝。帝夜與國寶及雅宴，帝微有酒，令召珣，將至，國寶自知才出珣下，恐至，傾其寵，因曰：「王珣當今名流，不可以酒色見。」帝遂止，而以國寶爲忠。將納國寶女爲琅邪王妃，未婚，而帝崩。

安帝即位，國寶復事道子，進從祖弟緒爲琅邪內史，亦以佞邪見知。道子復惑之，倚爲

心腹，並爲時之所疾。國寶遂參管朝權，威震內外。遷尚書左僕射，領選，加後將軍、丹楊尹，道子悉以東宮兵配之。

時王恭與殷仲堪並以才器，各居名藩。恭惡道子、國寶亂政，屢有憂國之言。道子等亦深忌憚之，將謀去其兵。未及行，而恭檄至，以討國寶爲名，國寶惶遽不知所爲。緒說國寶，令矯道子命，召王珣、車胤殺之，以除羣望，因挾主相以討諸侯。國寶許之。珣、胤既至，而不敢害，反問計於珣。珣勸國寶放兵權以迎恭，國寶信之。語在珣傳。又問計於胤，胤曰：「南北同舉，而荊州未至，若朝廷遣軍，恭必城守。昔桓公圍壽陽，彌時乃克。若京城未拔，而上流奄至，君將何以待之？」國寶尤懼，遂上疏解職，詣闕待罪。既而悔之，詐稱詔復其本官，欲收其兵距王恭。

道子既不能距諸侯，欲委罪國寶，乃遣譙王尚之收國寶，付廷尉，賜死，幷斬緒於市，以謝王恭。國寶貪縱聚斂，不知紀極，後房伎妾以百數，天下珍玩充滿其室。及王恭伏法，詔追復國寶本官。元興初，桓玄得志，表徙其家屬於交州。

忱字元達。弱冠知名，與王恭、王珣俱流譽一時。歷位驃騎長史。嘗造其舅范甯，與張玄相遇，甯使與玄語。玄正坐斂衽，待其有發，忱竟不與言，玄失望便去。甯讓忱曰：「張玄，吳中之秀，何不與語？」忱笑曰：「張祖希欲相識，自可見詣。」甯謂曰：「卿風流儁望，眞後來之秀。」忱曰：「不有此舅，焉有此甥！」既而甯使報玄，玄束帶造之，始爲賓主。

太元中，出爲荊州刺史、都督荊益寧三州軍事、建武將軍、假節。忱自恃才氣，放酒誕節，慕王澄之爲人，又年少居方伯之任，談者憂之。及鎮荊州，威風肅然，殊得物和。桓玄時在江陵，既其本國，且奕葉故義，常以才雄駕物。忱每裁抑之。玄嘗詣忱，通人未出，乘轝直進。忱對玄鞭門幹，玄怒，去之，忱亦不留。嘗朔日見客，仗衞甚盛，玄言欲獵，借數百人，忱悉給之，玄憚而服焉。

性任達不拘，末年尤嗜酒，一飲連月不醒，或裸體而游，每歎三日不飲，便覺形神不相親。婦父嘗有慘，忱乘醉弔之，婦父慟哭，忱與賓客十許人，連臂被髮裸身而入，繞之三帀而出。其所行多此類。數年卒官，追贈右將軍，謚曰穆。

綏字彥猷。少有美稱，厚自矜邁，實鄙而無行。愉爲殷、桓所捕，綏未測存亡，在都有憂色，居處飲食，每事貶降，時人每謂爲「試守孝子」。

桓玄之爲太尉，綏以桓氏甥甚見寵待，爲太尉右長史。及玄篡，遷中書令。劉裕建義，以爲冠軍將軍。其家夜中梁上無故有人頭墮於牀，而流血滂沲。俄拜荊州刺史、假節。坐

父愉之謀，與弟納並被誅。

初，綏與王謐、桓胤齊名，爲後進之秀。謐位宦既極，保身而終。胤以從坐誅，聲稱猶全。綏身死，名論殆盡，亦以薄行矜峭而尙人故也。自昶父漢雁門太守澤已有名稱，忱又秀出，綏亦著稱，八葉繼軌，軒冕莫與爲比焉。

嶠字開山。祖默，魏尙書。父佑，以才智稱，爲楊駿腹心。駿之排汝南王亮，退衞瓘，皆佑之謀也。位至北軍中候。嶠少有風尙，幷、司二州交辟，不就。永嘉末，攜其二弟避亂渡江。時元帝鎭建鄴，教曰：「王佑三息始至，名德之胄，並有操行，宜蒙飾敍。且可給錢三十萬，帛三百匹，米五十斛，親兵二十人。」尋以嶠參世子東中郎軍事，不就。愍帝徵拜著作郎，右丞相南陽王保辟，皆以道險不行。元帝作相，以爲水曹屬，除長山令，遷太子中舍人，以疾不拜。王敦請爲參軍，爵九原縣公。

敦在石頭，欲禁私伐蔡洲荻，〔三〕以問羣下。時王師新敗，士庶震懼，莫敢異議。嶠獨曰：「中原有菽，庶人採之。百姓不足，君孰與足！若禁人樵伐，未知其可。」敦不悅。敦將殺周顗、戴若思，嶠於坐諫曰：「濟濟多士，文王以寧。安可戮諸名士，以自全生！」敦大怒，欲斬嶠，賴謝鯤以免。敦猶銜之，出爲領軍長史。敦平後，除中書侍郎，兼大著作，固辭。

轉越騎校尉，頻遷吏部郎、御史中丞、祕書監，領本州大中正。

咸和初，朝議欲以嶠爲丹楊尹。嶠以京尹望重，不宜以疾居之，求補廬陵郡，乃拜嶠廬陵太守。以嶠家貧，無以上道，賜布百匹，錢十萬。尋卒官，謚曰穆。子淡嗣，歷位右衞將軍、侍中、中護軍、尚書、廣州刺史。淡子度世，驍騎將軍。

袁悅之字元禮，〔四〕陳郡陽夏人也。父朗，給事中。悅之能長短說，甚有精理。始爲謝玄參軍，爲玄所遇，丁憂去職。服闋還都，止齎戰國策，言天下要惟此書。後甚爲會稽王道子所親愛，每勸道子專覽朝權，〔五〕道子頗納其說。俄而見誅。

祖台之字元辰，范陽人也。官至侍中、光祿大夫。撰志怪，書行於世。

荀崧 子蕤 羨

荀崧字景猷，潁川臨潁人，〔六〕魏太尉彧之玄孫也。父頵，羽林右監、安陵鄉侯，與王濟、何劭爲拜親之友。崧志操清純，雅好文學。齠齔時，族曾祖顗見而奇之，以爲必興頵門。弱冠，太原王濟甚相器重，以方其外祖陳郡袁侃，謂侃弟奧曰：「近見荀監子，清虛名

理，〔七〕當不及父，德性純粹，是賢兄輩人也。」其爲名流所賞如此。

泰始中，詔以崧代兄襲父爵，補濮陽王允文學。與王敦、顧榮、陸機等友善。趙王倫引爲相國參軍。倫篡，轉護軍司馬、給事中，稍遷尚書吏部郎、太弟中庶子，累遷侍中、中護軍。

王彌入洛，崧與百官奔于密，未至而母亡。賊追將及，同旅散走，崧被髮從車，守喪號泣。賊至，棄其母尸於地，奪車而去。崧被四創，氣絕，至夜方蘇。葬母於密山。服闋，族父藩承制，以崧監江北軍事、南中郎將、後將軍、假節、襄城太守。〔八〕時山陵發掘，崧遣主簿石覽將兵入洛，修復山陵。以勳進爵舞陽縣公，遷都督荆州江北諸軍事、平南將軍，鎮宛，改封曲陵公。爲賊杜曾所圍。石覽時爲襄城太守，崧力弱食盡，使其小女灌求救於覽及南中郎將周訪。訪卽遣子撫率兵三千人會石覽，俱救崧。賊聞兵至，散走。崧既得免，乃遣南陽中部尉王國、劉願等潛軍襲穰縣，獲曾從兄僞新野太守保，斬之。

元帝踐阼，徵拜尚書僕射，使崧與刁協共定中興禮儀。從弟馗早亡，二息序、廞，年各數歲，崧迎與共居，恩同其子。太尉、臨淮公荀顗國胤廢絕，朝廷以崧屬近，欲以崧子襲封。崧哀序孤微，乃讓封與序，論者稱焉。轉太常。時方修學校，簡省博士，置周易王氏、尚書鄭氏、古文尚書孔氏、毛詩鄭氏、周官禮記鄭氏、春秋左傳杜氏服氏、論語孝經鄭氏博士各

一人，凡九人，其儀禮、公羊、穀梁及鄭易皆省不置。崧以爲不可，乃上疏曰：

自喪亂以來，儒學尤寡，今處學則闕朝廷之秀，仕朝則廢儒學之俊。昔咸寧、太康、永嘉之中，侍中、常侍、黃門通洽古今、行爲世表者，領國子博士。一則應對殿堂，奉酬顧問；二則參訓國子，以弘儒訓；三則祠、儀二曹及太常之職，以得質疑。今皇朝中興，美隆往初，宜憲章令軌，祖述前典。世祖武皇帝應運登禪，崇儒興學。經始明堂，營建辟雍，告朔班政，鄉飲大射。西閣東序，河圖祕書禁籍。臺省有宗廟太府金墉故事，太學有石經古文先儒典訓。賈、馬、鄭、杜、服、孔、王、何、顏、尹之徒，章句傳注衆家之學，置博士十九人。九州之中，師徒相傳，學士如林，猶選張華、劉寔居太常之官，以重儒教。

傳稱「孔子沒而微言絕，七十二子終而大義乖」。自頃中夏殄瘁，講誦遏密，斯文之道，將墮於地。陛下聖哲龍飛，恢崇道教，樂正雅頌，於是乎在。江、揚二州，先漸聲教，學士遺文，於今爲盛。然方疇昔，猶千之一。臣學不章句，才不弘通，方之華寔，〔九〕儒風殊邈。思竭駑駘，庶增萬分。願斯道隆於百世之上，搢紳詠於千載之下。

伏聞節省之制，皆三分置二。博士舊置十九人，今五經合九人，準古計今，猶未能半，宜及節省之制，以時施行。今九人以外，猶宜增四。願陛下萬機餘暇，時垂省覽。

宜爲鄭易置博士一人，鄭儀禮博士一人，春秋公羊博士一人，穀梁博士一人。

昔周之衰，下陵上替，上無天子，下無方伯，善者誰賞，惡者誰罰，孔子懼而作春秋。諸侯諱妬，懼犯時禁，是以微辭妙旨，義不顯明，故曰「知我者其惟春秋，罪我者其惟春秋」。時左丘明、子夏造膝親受，無不精究。孔子既沒，微言將絕，於是丘明退撰所聞，而爲之傳。其書善禮，多膏腴美辭，張本繼末，以發明經意，信多奇偉，學者好之。稱公羊高親受子夏，立於漢朝，辭義清雋，斷決明審，董仲舒之所善也。穀梁赤師徒相傳，暫立於漢世。向、歆，漢之碩儒，猶父子各執一家，莫肯相從。其書文清義約，諸所發明，或是左氏、公羊所不載，亦足有所訂正。是以三傳並行於先代，通才未能孤廢。今去聖久遠，其文將墮，與其過廢，寧與過立。臣以爲三傳雖同曰春秋，而發端異趣，案如三家異同之說，此乃義則戰爭之場，辭亦劍戟之鋒，於理不可得共。博士宜各置一人，以博其學。〔一〇〕

元帝詔曰：「崧表如此，皆經國之務，爲政所由。息馬投戈，猶可講藝，今雖日不暇給，豈忘本而遺存邪！可共博議者詳之。」議者多請從崧所奏。詔曰：「穀梁膚淺，不足置博士，餘如奏。」會王敦之難，不行。

敦表以崧爲尚書左僕射。及帝崩，羣臣議廟號，王敦遣使謂曰：「豺狼當路，梓宮未反，

祖宗之號，宜別思詳。」崧議以爲「禮，祖有功，宗有德。元皇帝天縱聖哲，光啓中興，德澤侔於太戊，功惠邁於漢宣，臣敢依前典，上號曰中宗」。旣而與敦書曰：「承以長蛇未翦，別詳祖宗。先帝應天受命，以隆中興；中興之主，寧可隨世數而遷毀！敢率丹直，詢之朝野，上號中宗。卜日有期，不及重請，專輒之愆，所不敢辭。」初，敦待崧甚厚，欲以爲司空，於此銜之而止。

太寧初，加散騎常侍，後領太子太傅。以平王敦功，更封平樂伯。坐使威儀爲猛獸所食，免職。後拜金紫光祿大夫、錄尚書事，散騎常侍如故。遷右光祿大夫、開府儀同三司，錄尚書如故。又領祕書監，給親兵百二十人。年雖衰老，而孜孜典籍，世以此嘉之。蘇峻之役，崧與王導、陸曄共登御牀擁衞帝，及帝被逼幸石頭，崧亦侍從不離帝側。賊平，帝幸溫嶠舟，崧時年老病篤，猶力步而從。咸和三年薨，〔二〕時年六十七。贈侍中，諡曰敬。

其後著作郎虞預與丞相王導牋曰：「伏見前祕書、光祿大夫荀公，生於積德之族，少有儒雅之稱，歷位內外，在貴能降。蘇峻肆虐，乘輿失幸，公處嫌忌之地，有累卵之危，朝士爲之寒心，論者謂之不免。而公將之以智，險而不慴，扶侍至尊，繾綣不離。雖無扶迎之勳，宜蒙守節之報。且其宣慈之美，早彰遠近，朝野之望，許以台司，雖未正位，已加儀同。至

守終純固，名定闔棺，而薨卒之日，直加侍中。生有三槐之望，沒無鼎足之名，寵不增於前秩，榮不副於本望，此一時愚智所慷慨也。今承大弊之後，淳風頹散，苟有一介之善，宜在旌表之例，而況國之元老，志節若斯者乎！」不從。升平四年，崧改葬，詔賜錢百萬，布五千匹。有二子：蕤、羨。蕤嗣。

蕤字令遠。起家祕書郎，稍遷尚書左丞。蕤有儀操風望，雅爲簡文帝所重。時桓溫平蜀，朝廷欲以豫章郡封溫。蕤言於帝曰：「若溫復假王威，北平河洛，修復園陵，將何以加此！」於是乃止。轉散騎常侍、少府，不拜，出補東陽太守。除建威將軍、吳國內史。卒官。子籍嗣位，至散騎常侍、大長秋。

羨字令則。清和有準。纔年七歲，遇蘇峻難，隨父在石頭，峻甚愛之，恒置膝上。羨陰白其母，曰：「得一利刀子，足以殺賊。」母掩其口，曰：「無妄言！」年十五，將尚尋陽公主，羨不欲連婚帝室，仍遠遁去。監司追，不獲已，乃出尚公主，拜駙馬都尉。弱冠，與琅邪王洽齊名，沛國劉惔、太原王濛、陳郡殷浩並與交好。驃騎將軍何充出鎭京口，請爲參軍。穆帝又以爲撫軍參軍，徵補太常博士，皆不就。

後拜祕書丞、義興太守。征北將軍褚裒以爲長史。旣到，裒謂佐吏曰：「荀生資逸羣之氣，將有沖天之舉，諸君宜善事之。」尋遷建威將軍、吳國內史。除北中郎將、徐州刺史、監徐兗二州揚州之晉陵諸軍事、假節。殷浩以羨在事有能名，故居以重任。時年二十八，中興方伯，未有如羨之少者。羨至鎭，發二州兵，使參軍鄭襲戍淮陰。羨尋北鎭淮陰，屯田於東陽之石鼈。尋加監青州諸軍事，又領兗州刺史，鎭下邳。羨自鎭來朝，時蔡謨固讓司徒，不起，中軍將軍殷浩欲加大辟，以問於羨。羨曰：「蔡公今日事危，明日必有桓文之舉。」浩乃止。

及慕容儁攻段蘭於青州，〔三〕詔使羨救之。儁將王騰、趙盤寇琅邪、鄄城，北境騷動。羨討之，擒騰，盤迸走。軍次琅邪，而蘭已沒，羨退還下邳，留將軍諸葛攸、高平太守劉莊等三千人守琅邪，參軍戴遂、蕭鎋二千人守泰山。是時，慕容蘭以數萬衆屯汴城，〔三〕甚爲邊害。羨自光水引汶通渠，〔四〕至于東阿以征之，臨陣，斬蘭。帝將封之，羨固辭不受。

先是，石季龍死，胡中大亂，羨撫納降附，甚得衆心。以疾篤解職。後除右軍將軍，加散騎常侍，讓不拜。升平二年卒，〔五〕時年三十八。帝聞之，歎曰：「荀令則、王敬和相繼凋落，股肱腹心將復誰寄乎！」追贈驃騎將軍。

范汪 子甯　汪叔堅

范汪字玄平，雍州刺史晷之孫也。父稚，蚤卒。汪少孤貧，六歲過江，依外家新野庾氏。荊州刺史王澄見而奇之，曰：「興范族者，必是子也。」年十三，喪母，居喪盡禮，親鄰哀之。及長，好學。外氏家貧，無以資給，汪乃廬於園中，布衣蔬食，然薪寫書，寫畢，誦讀亦遍，遂博學多通，善談名理。

弱冠，至京師，屬蘇峻作難，王師敗績，汪乃遁逃西歸。庾亮、溫嶠屯兵尋陽，時行李斷絕，莫知峻之虛實，咸恐賊强，未敢輕進。及汪至，嶠等訪之，汪曰：「賊政令不一，貪暴縱橫，滅亡已兆，雖强易弱。朝廷有倒懸之急，宜時進討。」嶠深納之。是日，護軍、平南二府禮命交至，始解褐，參護軍事。賊平，賜爵都鄉侯。復爲庾亮平西參軍，從討郭默，進爵亭侯。辟司空郗鑒掾，除宛陵令。復參亮征西軍事，轉州別駕。汪爲亮佐吏十有餘年，甚相欽待。轉鷹揚將軍、安遠護軍、武陵內史，徵拜中書侍郎。

時庾翼將悉郢漢之衆以事中原，軍次安陸，尋轉屯襄陽。汪上疏曰：

臣伏思安西將軍翼今至襄陽，倉卒攻討，凡百草創，安陸之調，不復爲襄陽之用。而玄冬之月，沔漢乾涸，皆當魚貫而行，排推而進。設一處有急，勢不相救。臣所至慮

一也。又既至之後，桓宣當出。宣往實翦豺狼之林，招攜貳之衆，待之以至寬，御之以無法。田疇墾闢，生產始立，而當移之，必有嗷然，悔吝難測。臣所至慮二也。襄陽頓益數萬口，奉師之費，皆當出於江南。運漕之難，船人之力，不可不熟計。臣之所至慮三也。且申伯之尊，而與邊將並驅。又東軍不進，殊爲孤懸。兵書云：「知彼知此，百戰不殆。知彼不知此，一勝一負。」賊誠衰弊，然得臣猶在；我雖方隆，今實未暇。而連兵不解，患難將起。臣所至慮四也。

翼豈不知兵家所患常在於此，顧以門戶事任，憂責莫大，晏然終年，非心情所安，是以抗表輒行，畢命原野。以翼宏規經略，文武用命，忽遇釁會，大事便濟。然國家之慮，常以萬全，非至安至審，王者不舉。臣謂宜嚴詔諭翼，還鎮養銳，以爲後圖。若少合聖聽，乞密出臣表，與車騎臣冰等詳共集議。

尋而驃騎將軍何充輔政，請爲長史。桓溫代翼爲荆州，復以汪爲安西長史。溫西征蜀，委以留府。蜀平，進爵武興縣侯。而溫頻請爲長史、江州刺史，皆不就。自請還京，求爲東陽太守。溫甚恨焉。在郡大興學校，甚有惠政。頃之，召入，頻遷中領軍、本州大中正。時簡文帝作相，甚相親昵，除都督徐兗青冀四州揚州之晉陵諸軍事、安北將軍、徐兗二州刺史、假節。

既而桓溫北伐，令汪率文武出梁國，以失期，免爲庶人。朝廷憚溫不敢執，談者爲之歎恨。汪屛居吳郡，從容講肆，不言枉直。後至姑孰，見溫。溫時方起屈滯以傾朝廷，謂汪遠來詣己，傾身引望，謂袁宏曰：「范公來，可作太常邪？」汪既至，纔坐，溫謝其遠來意。汪實來造溫，恐以趨時致損，乃曰：「亡兒瘞此，故來視之。」溫殊失望而止。時年六十五，卒於家。贈散騎常侍，謚曰穆。長子康嗣，早卒。康弟甯，最知名。

甯字武子。少篤學，多所通覽。簡文帝爲相，將辟之，爲桓溫所諷，遂寢不行。故終溫之世，兄弟無在列位者。

時以浮虛相扇，儒雅日替，甯以爲其源始於王弼、何晏，二人之罪深於桀紂，乃著論曰：

或曰：「黃唐緬邈，至道淪翳，濠濮輟詠，風流靡託，爭奪兆於仁義，是非成於儒墨。平叔神懷超絕，輔嗣妙思通微，振千載之頹綱，落周孔之塵網。斯蓋軒冕之龍門，濠梁之宗匠。嘗聞夫子之論，以爲罪過桀紂，何哉？」

答曰：「子信有聖人之言乎？夫聖人者，德侔二儀，道冠三才，雖帝皇殊號，質文異制，而統天成務，曠代齊趣。王何蔑棄典文，不遵禮度，游辭浮說，波蕩後生，飾華言以翳實，騁繁文以惑世。搢紳之徒，翻然改轍，洙泗之風，緬焉將墜。遂令仁義幽淪，儒

雅蒙塵，禮壞樂崩，中原傾覆。古之所謂言僞而辯、行僻而堅者，其斯人之徒歟！昔夫子斬少正於魯，太公戮華士於齊，豈非曠世而同誅乎！桀紂暴虐，正足以滅身覆國，爲後世鑒戒耳，豈能迴百姓之視聽哉！王何叨海內之浮譽，資膏粱之傲誕，畫螭魅以爲巧，扇無檢以爲俗。鄭聲之亂樂，利口之覆邦，信矣哉！吾固以爲一世之禍輕，歷代之罪重，自喪之釁小，迷衆之愆大也。」

甯崇儒抑俗，率皆如此。

溫薨之後，始解褐爲餘杭令，在縣興學校，養生徒，潔己修禮，志行之士莫不宗之。朞年之後，風化大行。自中興已來，崇學敦教，未有如甯者也。在職六年，遷臨淮太守，封陽遂鄉侯。頃之，徵拜中書侍郎。在職多所獻替，有益政道。時更營新廟，博求辟雍、明堂之制，甯據經傳奏上，皆有典證。孝武帝雅好文學，甚被親愛，朝廷疑議，輒諮訪之。甯指斥朝士，直言無諱。

王國寶，甯之甥也，以諂媚事會稽王道子，懼爲甯所不容，乃相驅扇，因被疏隔。求補豫章太守，帝曰：「豫章不宜太守，何急以身試死邪？」甯不信卜占，固請行。臨發，上疏曰：

「臣聞道尚虛簡，政貴平靜，坦公亮於幽顯，流子愛於百姓，然後可以經夷險而不憂，乘休否而常夷。先王所以致太平，如此而已。今四境晏如，烽燧不舉，而倉庾虛耗，帑藏空匱。古

者使人，歲不過三日，今之勞擾，殆無三日休停，至有殘刑翦髮，要求復除，生兒不復舉養，鰥寡不敢妻娶。豈不怨結人鬼，感傷和氣。臣恐社稷之憂，積薪不足以爲喻。臣久欲粗啓所懷，日復一日。今當永離左右，不欲令心有餘恨。請出臣啓事，付外詳擇。」帝詔公卿牧守普議得失，甯又陳時政曰：

古者分土割境，以益百姓之心；聖王作制，籍無黃白之別。昔中原喪亂，流寓江左，庶有旋反之期，故許其挾注本郡。自爾漸久，人安其業，丘壟墳柏，皆已成行，雖無本邦之名，而有安土之實。今宜正其封疆，以土斷人戶，明考課之科，修閭伍之法。難者必曰：「人各有桑梓，俗自有南北。一朝屬戶，長爲人隸，君子則有土風之慨，小人則懷下役之慮。」斯誠幷兼者之所執，而非通理者之篤論也。古者失地之君，猶臣所寓之主，列國之臣，亦有違適之禮。隨會仕秦，致稱春秋；樂毅宦燕，見褒良史。且今普天之人，原其氏出，皆隨世遷移，何至於今而獨不可？

凡荒郡之人，星居東西，遠者千餘，近者數百，而舉召役調，皆相資須，期會差違，輒致嚴坐，人不堪命，叛爲盜賊。是以山湖日積，刑獄愈滋。今荒小郡縣，皆宜幷合，不滿五千戶，不得爲郡，不滿千戶，不得爲縣。守宰之任，宜得清平之人。頃者選舉，惟以卹貧爲先，雖制有六年，而富足便退。又郡守長吏，牽置無常，或兼臺職，或帶府

官。夫府以統州，州以監郡，郡以莅縣，如令互相領帖，則是下官反爲上司，賦調役使無復節限。且牽曳百姓，營起廨舍，東西流遷，人人易處，文書簿籍，少有存者。先之室宇，皆爲私家，後來新官，復應修立。其爲弊也，胡可勝言！

又方鎭去官，皆割精兵器仗以爲送故，米布之屬不可稱計。監司相容，初無彈糾。其中或有清白，亦復不見甄異。送兵多者至有千餘家，少者數十戶。既力入私門，復資官廩布。兵役既竭，枉服良人，牽引無端，以相充補。若是功勳之臣，則已享裂土之祚，豈應封外復置吏兵乎！謂送故之格宜爲節制，以三年爲斷。夫人性無涯，奢儉由勢。今并兼之士亦多不贍，非力不足以厚身，非祿不足以富家，是得之有由，而用之無節。蒱酒永日，馳騖卒年，一宴之饌，費過十金，麗服之美，不可貲算，盛狗馬之飾，營鄭衞之音，南畝廢而不墾，講誦闕而無聞，凡庸競馳，傲誕成俗。謂宜驗其鄉黨，考其業尙，試其能否，然後升進。如此，匪惟家給人足，賢人豈不繼踵而至哉！

官制謫兵，不相襲代。頃者小事，便以補役，一愆之違，辱及累世，親戚傍支，罹其禍毒，戶口減耗，亦由於此。皆宜料遣，以全國信。禮，十九爲長殤，以其未成人也。十五爲中殤，以爲尙童幼也。今以十六爲全丁，則備成人之役矣。以十三爲半丁，所任非復童幼之事矣。豈可傷天理，違經典，困苦萬姓，乃至此乎！今宜修禮文，以二十

爲全丁，十六至十九爲半丁，則人無夭折，生長滋繁矣。帝善之。

初，甯之出，非帝本意，故所啟多合旨。甯在郡又大設庠序，遣人往交州採磬石，以供學用，改革舊制，不拘常憲。遠近至者千餘人，資給衆費，一出私祿。〔一六〕并取郡四姓子弟，皆充學生，課讀五經。又起學臺，功用彌廣。江州刺史王凝之上言曰：「豫章郡居此州之半。太守臣甯入參機省，出宰名郡，而肆其奢濁，所爲狼籍。郡城先有六門，甯悉改作重樓，復更開二門，合前爲八。私立下舍七所。臣伏尋宗廟之設，各有品秩，而甯自置家廟。又下十五縣，皆使左宗廟，右社稷，準之太廟，皆資人力，又奪人居宅，工夫萬計。甯若以古制宜崇，自當列上，而敢專輒，惟在任心。州既聞知，即符從事，制不復聽。而甯嚴威屬縣，惟令速立。願出臣表下太常，議之禮典。」詔曰：「漢宣云：『可與共治天下者，良二千石也。』若范甯果如凝之所表者，豈可復宰郡乎！」以此抵罪。子泰時爲天門太守，棄官稱訴。帝以甯所務惟學，事久不判。會赦，免。

初，甯嘗患目痛，就中書侍郎張湛求方，湛因嘲之曰：「古方，宋陽里子少得其術，以授魯東門伯，魯東門伯以授左丘明，遂世世相傳。及漢杜子夏鄭康成、魏高堂隆、晉左太沖，凡此諸賢，並有目疾，得此方云：用損讀書一，減思慮二，專內視三，簡外觀四，旦晚起五，夜早眠六。凡六物熬以神火，下以氣簁，蘊於胸中七日，然後納諸方寸。修之一時，近能數其目睫，遠視尺捶之餘。長服不已，洞見牆壁之外。非但明目，乃亦延年。」既免官，家於丹楊，猶勤經學，終年不輟。年六十三，卒于家。

初，甯以春秋穀梁氏未有善釋，遂沈思積年，爲之集解。其義精審，爲世所重。既而徐邈復爲之注，世亦稱之。

子泰，元熙中，爲護軍將軍。

堅字子常。博學善屬文。永嘉中，避亂江東，拜佐著作郎、撫軍參軍。討蘇峻，賜爵都亭侯。累遷尙書右丞。

時廷尉奏殿中帳吏邵廣盜官幔三張，合布三十四，有司正刑棄市。廣二子，宗年十三，雲年十一，黃幡撾登聞鼓乞恩，〔一七〕辭求自沒爲奚官奴，以贖父命。尙書郎朱暎議以爲天下之人父，無子者少，一事遂行，便成永制，懼死罪之刑，於此而弛。堅亦同暎議。時議者以廣爲鉗徒，二兒沒入，既足以懲，又使百姓知父子之道，聖朝有垂恩之仁。可特聽減廣死罪爲五歲刑，宗等付奚官爲奴，而不爲永制。堅駁之曰：「自淳朴澆散，刑辟仍作，刑之所以止刑，殺之所以止殺。雖時有赦過宥罪，議獄緩死，未有行小不忍而輕易典刑者也。且既許

宗等，宥廣以死，若復有宗比而不求贖父者，豈得不擯絕人倫，同之禽獸邪！案主者今奏云，惟特聽宗等而不爲永制。臣以爲王者之作，動關盛衰，嚬笑之間，尙慎所加，況於國典，可以徒虧！今之所以宥廣，正以宗等耳。人之愛父，誰不如宗？今既居然許宗之請，將來訴者，何獨匪民！特聽之意，未見其益；不以爲例，交與怨讟。此爲施一恩於今，而開萬怨於後也。」成帝從之，正廣死刑。後遷護軍長史，卒官。

子啟，字榮期，雖經學不及堅，而以才義顯於當世。於時清談之士庾龢、韓伯、袁宏等，並相知友。爲祕書郞，累居顯職，終於黃門侍郎。父子並有文筆傳於世。

劉惔

劉惔字眞長，沛國相人也。祖宏，字終嘏，光祿勳。宏兄粹，字純嘏，侍中。宏弟潢，字沖嘏，吏部尙書。並有名中朝。時人語曰：「洛中雅雅有三嘏。」父耽，晉陵太守，亦知名。

惔少清遠，有標奇，與母任氏寓居京口，家貧，織芒屩以爲養，雖蓽門陋巷，晏如也。人未之識，惟王導深器之。後稍知名，論者比之袁羊。惔喜，還告其母。其母，聰明婦人也，謂之曰：「此非汝比，勿受之。」又有方之范汪者。惔復喜，母又不聽。及惔年德轉升，論者遂比之荀粲。尙明帝女廬陵公主。以惔雅善言理，簡文帝初作相，與王濛並爲談客，俱蒙

上賓禮。時孫盛作易象妙於見形論，帝使殷浩難之，不能屈。帝曰：「使眞長來，故應有以制之。」乃命迎惔。盛素敬服惔，及至，便與抗答，辭甚簡至，盛理遂屈。一坐撫掌大笑，咸稱美之。

累遷丹楊尹。爲政清整，門無雜賓。時百姓頗有訟官長者，諸郡往往有相舉正，惔歎曰：「夫居下訕上，此弊道也。古之善政，司契而已，豈不以其敦本正源，鎭靜流末乎！君雖不君，下安可以失禮。若此風不革，百姓將往而不反。」遂寢而不問。

性簡貴，與王羲之雅相友善。郗愔有傖奴善知文章，羲之愛之，每稱奴於惔。惔曰：「何如方回邪？」羲之曰：「小人耳，何比郗公！」惔曰：「若不如方回，故常奴耳。」桓溫嘗問惔：「會稽王談更進邪？」惔曰：「極進，然故第二流耳。」〔一八〕溫曰：「第一復誰？」惔曰：「故在我輩。」其高自標置如此。

惔每奇溫才，而知其有不臣之迹。及溫爲荆州，惔言於帝曰：「溫不可使居形勝地，其位號常宜抑之。」勸帝自鎭上流，而己爲軍司，帝不納。又請自行，復不聽。及溫伐蜀，時咸謂未易可制，惟惔以爲必克。或問其故。云：「以蒱博驗之，其不必得，則不爲也。」恐溫終專制朝廷。及後竟如其言。嘗薦吳郡張憑，憑卒爲美士，衆以此服其知人。

尤好老莊，任自然趣。疾篤，百姓欲爲之祈禱，家人又請祭神，惔曰：「丘之禱久矣。」年

三十六，卒官。孫綽爲之誄云：「居官無官官之事，處事無事事之心。」時人以爲名言。後綽嘗詣褚裒，言及惔，流涕曰：「可謂人之云亡，邦國殄瘁。」裒大怒曰：「眞長生平何嘗相比數，而卿今日作此面向人邪！」其爲名流所敬重如此。

張憑

張憑字長宗。祖鎭，蒼梧太守。憑年數歲，鎭謂其父曰：「我不如汝有佳兒。」憑曰：「阿翁豈宜以子戲父邪！」及長，有志氣，爲鄉閭所稱。舉孝廉，負其才，自謂必參時彥。初，欲詣惔，鄉里及同舉者共笑之。既至，惔處之下坐，神意不接，憑欲自發而無端。會王濛就惔清言，有所不通，憑於末坐判之，言旨深遠，足暢彼我之懷，一坐皆驚。惔延之上坐，清言彌日，留宿至旦遣之。憑既還船，須臾，惔遣傳教覓張孝廉船，便召與同載，遂言之於簡文帝。帝召與語，歎曰：「張憑勃窣爲理窟。」官至吏部郎、御史中丞。

韓伯

韓伯字康伯，潁川長社人也。母殷氏，高明有行。家貧窶，伯年數歲，至大寒，母方爲作襦，令伯捉熨斗，而謂之曰：「且著襦，尋當作複褌。」伯曰：「不復須。」母問其故。對曰：

「火在斗中，而柄尙熱，今既著襦，下亦當煖。」母甚異之。及長，清和有思理，留心文藝。舅殷浩稱之曰：「康伯能自標置，居然是出羣之器。」潁川庾龢名重一時，少所推服，常稱伯及王坦之曰：「思理倫和，我敬韓康伯；志力強正，吾愧王文度。自此以還，吾皆百之矣。」

舉秀才，徵佐著作郎，並不就。簡文帝居藩，引爲談客，自司徒左西屬轉撫軍掾、中書郎、散騎常侍、豫章太守，入爲侍中。陳郡周勰爲謝安主簿，居喪廢禮，崇尙莊老，脫落名教。伯領中正，不通勰，議曰：「拜下之敬，猶違衆從禮。情理之極，不宜以多比爲通。」時人憚焉。識者謂伯可謂澄世所不能澄，而裁世所不能裁者矣，與夫容己順衆者，豈得同時而共稱哉！

王坦之又嘗著公謙論，袁宏作論以難之。伯覽而美其辭旨，以爲是非既辯，誰與正之，遂作辯謙以折中曰：

夫尋理辯疑，必先定其名分所存。所存既明，則彼我之趣可得而詳也。夫謙之爲義，存乎降己者也。以高從卑，以賢同鄙，故謙名生焉。孤寡不穀，人之所惡，而侯王以自稱，降其貴者也。執御執射，衆之所賤，而君子以自目，降其賢者也。與夫山在地中之象，其致豈殊哉！捨此二者，而更求其義，雖南轅求冥，終莫近也。

夫有所貴，故有降焉；夫有所美，故有謙焉。譬影響之與形聲，相與而立。道足

者，忘貴賤而一賢愚；體公者，乘理當而均彼我。降挹之義，於何而生！則謙之爲美，固不可以語至足之道，涉乎大方之家矣。然君子之行己，必尙於至當，而必造乎匿善。至理在乎無私，而動之於降己者何？誠由未能一觀於能鄙，則貴賤之情立；非忘懷於彼我，則私己之累存。當其所貴在我則矜，值其所賢能之則伐。處貴非矜，而矜己者常有其貴；言善非伐，而伐善者驟稱其能。是以知矜貴之傷德者，故宅心於卑素；悟驟稱之虧理者，故情存於不言。情存於不言，則善斯匿矣；宅心於卑素，則貴斯降矣。夫所況君子之流，苟理有未盡，情有未夷，存我之理未冥於內，豈不同心於降挹洗之所滯哉！〔一九〕體有而擬無者，聖人之德；有累而存理者，君子之情。雖所滯不同，其於遣情之累緣有弊而用，〔二〇〕降己之道由私我而存，一也。故懲忿窒欲，著於損象；卑以自牧，實繫謙爻。皆所以存其所不足，拂其所有餘者也。

王生之談，以至理無謙，近得之矣。云人有爭心，善不可收，假後物之迹，以逃動者之患，以語聖賢則可，施之於下斯者，豈惟逃患於外，亦所以洗心於內也。

轉丹楊尹、吏部尙書、領軍將軍。既疾病，占候者云：「不宜此宜。」朝廷改授太常，未拜，卒，時年四十九。卽贈太常。子璯，官至衡陽太守。

史臣曰：王湛門資台鉉，地處膏腴，識表鄰機，才惟王佐。叶宣尼之遠契，翫道韋編；邈伯陽之幽旨，含虛牝谷。所謂天質不雕，合於大朴者也。安期英姿挺秀，籍甚一時。朝野挹其風流，人倫推其表燭。雖崇勳懋績有闕於旂常，素德清規足傳於汗簡矣。懷祖鑒局夷遠，沖衿玉粹。坦之牆宇凝曠，逸操金貞。騰諷庾之良箴，情嗤語怪；演廢莊之宏論，道煥崇儒。或寄重文昌，允釐於袞職；或任華綸閣，密勿於王言。咸能克著徽音，〔二一〕保其榮秩，美矣！國寶檢行無聞，坐升彼相，混暗識於心鏡，開險路於情田。於時疆埸多虞，憲章罕備，天子居綴旒之運，人臣微覆餗之憂。於是竊勢擁權，黷明王之彝典；窮奢縱侈，假凶豎之餘威。繡桷雕楹，陵跨於宸極；麗珍冶質，充牣於帷房。亦猶犬彘腴肥，不知禍之將及。告盡私室，固其宜哉！荀景猷履孝居忠，無慚往烈。范玄平陳謀獻策，有會時機。崧則思業該通，緝遺經於已紊。汪則風飇直亮，抗高節於將顛。揚搉而言，俱爲雅士。劉韓儁爽，標置軼羣，勝氣籠霄，飛談卷霧，並蘭芬菊耀，無絕於終古矣。

贊曰：處沖純懿，是稱奇器。養素虛庭，同塵下位。雅道雖屈，高風不墜。猗歟後胤，世傳清德。帝室馳芬，士林揚則。國寶庸暗，託意驕奢。既豐其屋，終蔀其家。荀范令望，金聲遠暢。劉韓秀士，珠談間起。異術同華，葳蕤青史。

校勘記

〔一〕亦不必異所生　周校：「必不」誤倒。

〔二〕領兵守石頭　「石頭」，各本作「石城」，今從宋本。通志一二七亦作「石頭」。

〔三〕蔡洲　「洲」，各本誤作「州」，今據通志一二七改正。

〔四〕袁悅之　王恭傳、世說讒險及注引袁世譜並無「之」字。

〔五〕專覽朝權　通志一二七「覽」作「攬」。

〔六〕臨潁人　勞校：魏志荀彧傳云潁陰人。按：本書荀勗傳亦曰潁陰人。

〔七〕清虛名理　「名」，局本、殿本作「明」，今從宋本。通志一二七亦作「名」。

〔八〕襄城太守　「襄城」，各本作「襄陽」，今從宋本。通鑑八七、通志一二七皆作「襄城」。

〔九〕華𡨴　「𡨴」，各本作「寔」，今從宋本。華、𡨴指張華、劉𡨴，俱曾爲太常，此時荀崧亦正爲太常，故云。

〔一〇〕以博其學　宋書禮志一、通典五三引「博」並作「傳」，疑是。

〔一一〕咸和三年薨　上文云「帝幸溫嶠舟，崧猶力步而從」，此事在咸和四年二月，則崧死固當在其後。「三年」之「三」字疑誤。

〔一二〕段蘭　校文：當從穆紀及載記作「段龕」，下同。按：通鑑一〇〇亦作「龕」。蘭已死于永和六年。

〔一三〕汴城　斠注：通鑑胡注曰：「汴」當作「卞」。惜抱軒筆記曰：魯郡有卞縣，與汶水東阿近，故右軍有一帖云，荀侯定居下邳，復遣兵取卞城，正指此事。

〔一四〕光水　水經汶水、泗水及洙水注、讀史方輿紀要並作「洸水」，汶水支流也。

〔一五〕升平二年卒　「二」當爲「三」字之誤。勞、周、吳並有校。

〔一六〕一出私祿　「祿」，各本誤作「錄」，今從宋本。御覽一七七引亦作「祿」。

〔一七〕黃幡撾登聞鼓乞恩　御覽六四六引「黃幡」上有「操」字。

〔一八〕然故第二流耳　「二」，各本作「三」，今從吳本。世說品藻、册府九一七皆作「二」。

〔一九〕豈不同心於降挹洗之所滯哉　周校：句末有脫誤。

〔二〇〕其於遺情之累　各本無「情」字「累」字，殿本有，今從之。

〔二一〕咸能克著徽音　「咸」，各本誤作「或」，今從宋本。

晉書卷七十六

列傳第四十六

王舒 子允之

王舒字處明，丞相導之從弟也。父會，侍御史。舒少爲從兄敦所知，以天下多故，不營當時名，恒處私門，潛心學植。年四十餘，州禮命，太傅辟，皆不就。及敦爲青州，舒往依焉。時敦被徵爲祕書監，以寇難路險，輕騎歸洛陽，委棄公主。時輜重金寶甚多，親賓無不競取，惟舒一無所眄，益爲敦所賞。

及元帝鎮建康，因與諸父兄弟俱渡江委質焉。參鎮東軍事，出補溧陽令。明帝之爲東中郎將，妙選上佐，以舒爲司馬。轉後將軍、宣城公褚裒諮議參軍，[一]遷軍司，固辭不受。裒鎮廣陵，復以舒爲車騎司馬。頻領望府，咸稱明練。裒薨，遂代裒鎮，除北中郎將、監青徐二州軍事。頃之，徵國子博士，加散騎常侍，未拜，轉少府。太寧初，徙廷尉。敦表舒爲

鷹揚將軍、荆州刺史、領護南蠻校尉、監荆州沔南諸軍事。及敦敗，王含父子俱奔舒，舒遣軍逆之，並沈於江。進都督荆州、平西將軍、假節。尋以陶侃代舒，遷舒爲安南將軍、廣州刺史。舒疾病，不樂越嶺，朝議亦以其有功，不應遠出，乃徙爲湘州刺史，將軍、都督、持節如故。徵代鄧攸爲尚書僕射。

時將徵蘇峻，司徒王導欲出舒爲外援，乃授撫軍將軍、會稽內史，秩中二千石。舒上疏辭以父名，朝議以字同音異，於禮無嫌。舒復陳音雖異而字同，求換他郡。於是改「會」字爲「鄶」。舒不得已而行。在郡二年而蘇峻作逆，乃假舒節都督，行揚州刺史事。時吳國內史庾冰棄郡奔舒，舒移告屬郡，[二]以吳王師虞駿爲軍司，御史中丞謝藻行龍驤將軍、監前鋒征討軍事，率衆一萬，與庾冰俱渡浙江。前義興太守顧衆、護軍參軍顧颺等，皆起義軍以應舒。舒假衆揚威將軍、督護吳中軍事，颺監晉陵軍事，於御亭築壘。峻聞舒等兵起，乃赦庾亮諸弟，以悅東軍。舒率衆次郡之西江，爲冰、藻後繼。冰、颺等遣前鋒進據無錫，遇賊將張健等數千人，交戰，大敗，奔還御亭，復自相驚擾，冰、颺等並退于錢唐，藻守嘉興。賊遂入吳，燒府舍，掠諸縣，所在塗地。舒以輕進奔敗，斬二軍主者，免冰、颺督護，以白衣行事。更以顧衆督護吳晉陵軍，屯兵章埭。吳興太守虞潭率所領討健，屯烏苞亭，並不敢進。時暴雨大水，賊管商乘船旁出，襲潭及衆。潭等奔敗。潭還保吳興，衆退守錢唐。舒更遣將軍陳孺率精銳千人增戍海浦，所在築壘。或勸舒宜還都，[三]使謝藻守西陵，扶海立柵。舒不聽，留藻守錢唐，使衆、颺守紫壁。[四]於是賊轉攻吳興，潭諸軍復退。賊復掠東遷、餘杭、武康諸縣。舒遣子允之行揚烈將軍，與將軍徐遜、陳孺及揚烈司馬朱燾，以精銳三千，輕邀賊於武康，出其不意，遂破之，斬首數百級，賊悉委舟步走。允之收其器械，進兵助潭。時賊韓晃既破宣城，轉入故鄣、長城。允之遣朱燾、何準等擊之，戰於于湖。潭以强弩射之，晃等退走，斬首千餘級，納降二千人。潭由是得保郡。是時臨海、新安諸山縣並反應賊，舒分兵悉討平之。會陶侃等至京都，舒、潭等並以屢戰失利，移書盟府，自貶去節。侃遣使敦喻，不聽。及侃立行臺，上舒監浙江東五郡軍事，允之督護吳郡、義興、晉陵三郡征討軍事。既而晃等南走，允之追躡於長塘湖，復大破之。賊平，以功封彭澤縣侯，尋卒官，贈車騎大將軍、儀同三司，謚曰穆。

長子晏之，蘇峻時爲護軍參軍，被害。晏之子崐之嗣。卒，子陋之嗣。宋受禪，國除。晏之弟允之最知名。

允之字深猷。[五]總角，從伯敦謂爲似己，恒以自隨，出則同輿，入則共寢。敦嘗夜飲，允之辭醉先臥。敦與錢鳳謀爲逆，允之已醒，悉聞其言，慮敦或疑己，便於臥處大吐，衣面

並污。鳳既出，敦果照視，見允之臥吐中，以爲大醉，不復疑之。時父舒始拜廷尉，允之求還定省，敦許之。至都，以敦、鳳謀議事白舒，舒卽與導俱啓明帝。

舒爲荆州，允之隨在西府。及敦平，帝欲令允之仕，舒請曰：「臣子尚少，不樂早宦。」帝許隨舒之會稽。及蘇峻反，允之討賊有功，封番禺縣侯，邑千六百戶，除建武將軍、錢唐令，領司鹽都尉。舒卒，去職。既葬，除義興太守，以憂哀不拜。從伯導與其書曰：「太保、安豐侯以孝聞天下，不得辭司隸；和長輿海內名士，不免作中書令。吾羣從死亡略盡，子弟零落，遇汝如親，如其不爾，吾復何言！」允之固不肯就。咸和末，除宣城內史、監揚州江西四郡事、[六]建武將軍，鎮于湖。咸康中，進號西中郎將、假節。尋遷南中郎將、江州刺史。莅政甚有威惠。時王恬服闋，除豫章郡。允之聞之驚愕，以爲恬丞相子，應被優遇，不可出爲遠郡，乃求自解州，欲與庾冰言之。冰聞甚愧，卽以恬爲吳郡，而以允之爲衞將軍、會稽內史。未到，卒，年四十。謚曰忠。子晞之嗣。卒，子肇之嗣。

王廙 弟彬 彬子彪之 彬從兄棱

王廙字世將，丞相導從弟，而元帝姨弟也。父正，尚書郎。廙少能屬文，多所通涉，工

書畫，善音樂、射御、博弈、雜伎。辟太傅掾，轉參軍。豫迎大駕，封武陵縣侯，拜尚書郎，出為濮陽太守。元帝作鎮江左，廙棄郡過江。帝見之大悅，以為司馬。頻守廬江、鄱陽二郡。豫討周馥、杜弢，以功累增封邑，除冠軍將軍，鎮石頭，領丞相軍諮祭酒。王敦啓為寧遠將軍、荆州刺史。

及帝即位，廙奏中興賦，上疏曰：

臣託備肺腑，幼蒙洪潤，爰自齠齔，至於弱冠，陛下之所撫育，恩侔於兄弟，義同於交友，思欲攀龍鱗附鳳翼者，有年矣。是以昔忝濮陽，棄官遠跡，扶持老母，攜將細弱，越長江歸陛下者，誠以道之所存，願託餘蔭故也。天誘其願，遇陛下中興。當大明之盛，而守局遐外，不得奉瞻大禮，聞問之日，悲喜交集。昔司馬相如不得覩封禪之事，慷慨發憤，況臣情則骨肉，服膺聖化哉！

又臣昔嘗侍坐於先后，說陛下誕育之日，光明映室，白毫生於額之左，相者謂當王有四海。又臣以壬申歲見用為鄱陽內史，七月，四星聚于牽牛。又臣郡有枯樟更生。及臣後還京都，陛下見臣白兔，命臣作賦。時琅邪郡又獻甘露，陛下命臣嘗之。又驃騎將軍導向臣說晉陵有金鐸之瑞，郭璞云必致中興。璞之爻筮，雖京房、管輅不過也。明天之曆數在陛下矣。

臣少好文學，志在史籍，而飄放遐外，嘗與桀寇為對。臣犬馬之年四十三矣，未能上報天施，而譽負屢彰。恐先朝露，塡溝壑，令微情不得上達，謹竭其頑，獻中興賦一篇。雖未足以宣揚盛美，亦是詩人嗟歎詠歌之義也。

文多不載。

初，王敦左遷陶侃，使廙代為荆州。將吏馬儁、[七]鄭攀等上書請留侃，敦不許。廙為儁等所襲，奔於江安。賊杜曾與儁、攀北迎第五猗以距廙。廙督諸軍討曾，又為曾所敗。敦命湘州刺史甘卓、豫章太守周廣等助廙擊曾，曾衆潰，廙得到州。廙性儁率，嘗從南下，旦自尋陽，迅風飛帆，暮至都，倚舫樓長嘯，神氣甚逸。王導謂庾亮曰：「世將為傷時識事。」亮曰：「正足舒其逸氣耳。」廙在州大誅戮侃時將佐，及徵士皇甫方回。於是大失荆土之望，人情乖阻。帝乃徵廙為輔國將軍，加散騎常侍。以母喪去職。服闋，拜征虜將軍，進左衞將軍。

及王敦構禍，帝遣廙喻敦，既不能諫其悖逆，乃為敦所留，受任助亂。敦得志，以廙為平南將軍、領護南蠻校尉、荆州刺史。尋病卒。帝猶以親故，深痛愍之。喪還京都，皇太子親臨拜柩，如家人之禮。贈侍中、驃騎將軍，謚曰康。明帝與大將軍溫嶠書曰：「痛謝鯤未絕於口，世將復至於此。並盛年儁才，不遂其志，痛切於心。廙明古多通，鯤遠有識致。其言雖未足令人改聽，然味之不倦，近未易有也。坐相視盡，如何！」

子頤之嗣，仕至東海內史。頤之弟胡之，字修齡，弱冠有聲譽，歷郡守、侍中、丹楊尹。素有風眩疾，發動甚數，而神明不損。石季龍死，朝廷欲綏輯河洛，以胡之為西中郎將、司州刺史、假節，以疾固辭，未行而卒。子茂之亦有美譽，官至晉陵太守。子敬弘，義熙末為尚書。

彬字世儒。少稱雅正，弱冠，不就州郡之命。光祿大夫傅祗辟為掾。後與兄廙俱渡江，為揚州刺史劉機建武長史。元帝引為鎮東賊曹參軍，轉典兵參軍。豫討華軼功，封都亭侯。愍帝召為尚書郎，以道險不就。遷建安太守，徙義興內史，未之職，轉軍諮祭酒。

中興建，稍遷侍中。從兄敦舉兵入石頭，帝使彬勞之。會周顗遇害，彬素與顗善，先往哭顗，甚慟。既而見敦，敦怪其有慘容，而問其所以。彬曰：「向哭伯仁，情未能已。」敦怒曰：「伯仁自致刑戮，且凡人遇汝，復何為者哉！」彬曰：「伯仁長者，君之親友，在朝雖無謇諤，亦非阿黨，而赦後加以極刑，所以傷惋也。」因勃然數敦曰：「兄抗旌犯順，殺戮忠良，謀圖不軌，禍及門戶。」音辭慷慨，聲淚俱下。敦大怒，厲聲曰：「爾狂悖乃可至此，為吾不能殺汝邪！」時王導在坐，為之懼，勸彬起謝。彬曰：「有腳疾已來，見天子尚欲不拜，何跪之有！

此復何所謝！」敦曰：「腳痛孰若頸痛？」彬意氣自若，殊無懼容。後敦議舉兵向京師，彬諫甚苦。敦變色目左右，將收彬，彬正色曰：「君昔歲害兄，今又殺弟邪？」先是，彬從兄豫章太守棱為敦所害，[八]敦以彬親故容忍之。俄而以彬為豫章太守。彬為人樸素方直，乏風味之好，雖居顯貴，常布衣蔬食。遷前將軍、江州刺史。

及敦死，王含欲投王舒，王應勸含投彬。含曰：「大將軍平素與江州云何，汝欲歸之？」應曰：「此乃所以宜往也。江州當人強盛時，能立同異，此非常人所及。覩衰厄，必興愍惻。荆州守文，豈能意外行事！」含不從，遂共投舒，舒果沈含父子於江。彬聞應來，密具船以待之。既不至，深以為恨。

敦平，有司奏彬及兄子安成太守籍之，並是敦親，皆除名。詔曰：「司徒導以大義滅親，其後昆雖或有違，猶將百世宥之，況彬等公之近親。」乃原之。徵拜光祿勳，轉度支尚書。蘇峻平後，改築新宮，彬為大匠。以營創勳勞，賜爵關內侯，遷尚書右僕射。卒官，年五十九。贈特進、衞將軍，加散騎常侍，謚曰肅。長子彭之嗣，位至黃門郎。次彪之，最知名。

彪之字叔武。[九]年二十，鬚鬢皓白，時人謂之王白鬚。初除佐著作郎、東海王文學。

從伯導謂曰：「選官欲以汝爲尚書郎，汝幸可作諸王佐邪！」彪之曰：「位之多少既不足計，自當任之於時。至於超遷，是所不願。」遂爲郎。鎮軍將軍、武陵王晞以爲司馬，累遷尚書左丞、司徒左長史、御史中丞、侍中、廷尉。

時永嘉太守謝毅，赦後殺郡人周矯，矯從兄球詣州訴冤。揚州刺史殷浩遣從事收毅，付廷尉。彪之以球爲獄主，身無王爵，非廷尉所料，不肯受，與州相反覆。穆帝發詔令受之。彪之又上疏執據，時人比之張釋之。時當南郊，簡文帝爲撫軍，執政，訪彪之應有赦不。答曰：「中興以來，郊祀往往有赦，愚意嘗謂非宜。何者？黎庶不達其意，將謂郊祀必赦，至此時，凶愚之輩復生心於僥倖矣。」遂從之。

轉吏部尚書。簡文有命用秣陵令曲安遠補句容令，殿中侍御史奚朗補湘東郡。彪之執不從，曰：「秣陵令三品縣耳，殿下昔用安遠，談者紛然。句容近畿，三品佳邑，豈可處卜術之人無才用者邪！湘東雖復遠小，所用未有朗比，談者謂頗兼卜術得進。殿下若超用寒悴，當令人才可拔。朗等凡器，實未足充此選。」

太尉桓溫欲北伐，屢詔不許。溫輒下武昌，人情震懼。或勸殷浩引身告退，彪之言於簡文曰：「此非保社稷爲殿下計，皆自爲計耳。若殷浩去職，人情崩駭，天子獨坐。既爾，當有任其責者，非殿下而誰！」又謂浩曰：「彼抗表問罪，卿爲其首。事任如此，猜釁已構，欲作

匹夫，豈有全地邪？且當靜以待之。令相王與手書，示以款誠，陳以成敗，當必旋旆。若不順命，即遣中詔。如復不奉，乃當以正義相裁。無故怱怱，先自猖蹶。」浩曰：「決大事正自難，頃日來欲使人悶，聞卿此謀，意始得了。」溫亦奉帝旨，果不進。

時衆官漸多，而遷徙每速，彪之上議曰：

爲政之道，以得賢爲急，非謂雍容廊廟，標的而已，固將莅任贊時，職思其憂也。得賢之道，在於莅任；莅任之道，在於能久；久於其道，天下化成。是以三載考績，三考黜陟，不收一切之功，不採速成之譽。故勳格辰極，道融四海，風流遐邈，聲冠百代。凡庸之族衆，賢能之才寡，才寡於世而官多於朝，焉得不賢鄙共貫，清濁同官！官衆則闕多，闕多則遷速，前後去來，更相代補，非爲故然，理固然耳。所以職事未修，朝風未澄者也。職事之修，在於省官；朝風之澄，在於并職。官省則選清而得久，職并則吏簡而俗靜；選清則勝人久於其事，事久則中才猶足有成。

今內外百官，較而計之，固應有并省者矣。六卿之任，太常望雅而職重，然其所司，義高務約。宗正所統蓋尠，可以并太常。宿衞之重，二衞任之，其次驍騎、左軍各有所領，無兵軍校皆應罷廢。四軍皆罷，則左軍之名不宜獨立，宜改游擊以對驍騎。內官自侍中以下，舊員皆四，中興之初，二人而已。二人對直，或有不周，愚謂三人，於

事則無闕也。凡餘諸官，無綜事實者，可令大官隨才位所帖而領之。若未能頓廢，自可因缺而省之。委之以職分，責之以有成，能否因考績而著，清濁隨黜陟而彰。雖緝熙之隆、康哉之歌未可，使庶官之選差清，莅職之日差久，無奉祿之虛費，簡吏寺之煩役矣。

永和末，多疾疫。舊制，朝臣家有時疾，染易三人以上者，身雖無病，百日不得入宮。至是，百官多列家疾，不入。彪之又言：「疾疫之年，家無不染。若以之不復入宮，則直侍頓闕，王者宮省空矣。」朝廷從之。

既而長安人雷弱兒、梁安等詐云殺苻健、苻眉，請兵應接。時殷浩鎮壽陽，便進據洛，營復山陵。屬彪之疾歸，上簡文帝牋，陳弱兒等容有詐僞，浩未應輕進。尋而弱兒果詐，姚襄反叛，浩大敗，退守譙城。簡文笑謂彪之曰：「果如君言。自頃以來，君謀無遺策，張、陳復何以過之！」

轉領軍將軍，遷尚書僕射，以疾病，不拜。徙太常，領崇德衞尉。時或謂簡文曰：「武陵第中大修器杖，將謀非常也。」簡文以問彪之。彪之曰：「武陵王志意盡於馳騁田獵耳。願深靜之，以懷異同者。」或復以此爲言，簡文甚悅。

復轉尚書僕射。時豫州刺史謝奕卒，簡文遽使彪之舉可以代奕者。對曰：「當今時賢，

備簡高監。」簡文曰：「人有舉桓雲者，君謂如何？」彪之曰：「雲不必非才，然溫居上流，割天下之半，其弟復處西藩，兵權盡出一門，亦非深根固蔕之宜也。人才非可豫量，但當令不與殿下作異者耳。」簡文頷曰：「君言是也。」

後以彪之爲鎮軍將軍、會稽內史，加散騎常侍。居郡八年，豪右斂跡，亡戶歸者三萬餘口。桓溫下鎮姑孰，威勢震主，四方修敬，皆遣上佐綱紀。彪之獨曰：「大司馬誠爲富貴，朝廷既有宰相，動靜之宜自當諮稟。修敬若遣綱紀，致貢天子復何以過之！」竟不遣。溫以山陰縣折布米不時畢，郡不彈糾，上免彪之。彪之去郡，郡見罪謫未上州臺者，皆原散之。溫復以爲罪，乃檻收下吏。會赦，免，左降爲尚書。

頃之，復爲僕射。是時溫將廢海西公，百僚震慄，溫亦色動，莫知所爲。彪之既知溫不臣迹已著，理不可奪，乃謂溫曰：「公阿衡皇家，便當倚傍先代耳。」命取霍光傳。禮度儀制，定於須臾，曾無懼容。溫歎曰：「作元凱不當如是邪！」時廢立之儀既絕於曠代，朝臣莫有識其故典者。彪之神彩毅然，朝服當階，文武儀準莫不取定，朝廷以此服之。溫又廢武陵王遵，〔一〇〕以事示彪之。彪之曰：「武陵親尊，未有顯罪，不可以猜嫌之間，便相廢徙。公建立聖明，遐邇歸心，當崇獎王室，伊周同美。此大事，宜更深詳。」溫曰：「此已成事，卿勿復言。」

及簡文崩，羣臣疑惑，未敢立嗣。或云，宜當須大司馬處分。彪之正色曰：「君崩，太子代立，大司馬何容得異！若先面諮，必反爲所責矣。」於是朝議乃定。及孝武帝卽位，太皇太后令以帝沖幼，加在諒闇，令溫依周公居攝故事。事已施行，彪之曰：「此異常大事，大司馬必當固讓，使萬機停滯，稽廢山陵，未敢奉令。謹具封還內，請停。」事遂不行。

溫遇疾，諷朝廷求九錫。袁宏爲文，以示彪之。彪之視訖，歎其文辭之美，謂宏曰：「卿固大才，安可以此示人！」時謝安見其文，又頻使宏改之，宏遂逡巡其事。既屢引日，乃謀於彪之。彪之曰：「聞彼病日增，亦當不復支久，自可更小遲迴。」宏從之。溫亦尋薨。

時桓沖及安夾輔朝政，安以新喪元輔，主上未能親覽萬機，太皇太后宜臨朝。彪之曰：「先代前朝，主在襁抱，母子一體，故可臨朝。太后亦不能決政事，終是顧問僕與君諸人耳。今上年出十歲，垂婚冠，反令從嫂臨朝，示人君幼弱，豈是翼戴讚揚立德之謂乎！二君必行此事，豈僕所制，所惜者大體耳。」時安不欲委任桓沖，故使太后臨朝決政，獻替專在乎己。彪之不達安旨，故以爲言。安竟不從。

尋遷尚書令，與安共掌朝政。安每曰：「朝之大事，衆不能決者，諮王公無不得判。」以年老，上疏乞骸骨，詔不許。轉拜護軍將軍，加散騎常侍。安欲更營宮室，彪之曰：「中興初，卽位東府，殊爲儉陋，元明二帝亦不改制。蘇峻之亂，成帝止蘭臺都坐，殆不蔽寒暑，

是以更營修築。方之漢魏，誠爲儉狹，復不至陋，殆合豐約之中，今自可隨宜增益修補而已。強寇未殄，正是休兵養士之時，何可大興功力，勞擾百姓邪！」安曰：「宮室不壯，後世謂人無能。」彪之曰：「任天下事，當保國寧家，朝政惟允，豈以修屋宇爲能邪！」安無以奪之。故終彪之之世，不改營焉。

加光祿大夫、儀同三司，未拜。疾篤，帝遣黃門侍郎問所苦，賜錢三十萬以營醫藥。太元二年卒，年七十三。卽以光祿爲贈，謚曰簡。二子：越之，撫軍參軍；臨之，東陽太守。

棱字文子，彬季父國子祭酒琛之子也。少歷清官。渡江，爲元帝丞相從事中郎。從兄導以棱有政事，宜守大郡，乃出爲豫章太守，加廣武將軍。棱知從兄敦驕傲自負，有罔上心，日夕諫諍，以爲宜自抑損，推崇盟主，且羣從一門，並相與服事，應務相崇高，以隆勳業。每言苦切。敦不能容，潛使人害之。

弟侃，亦知名，少歷顯職，位至吳國內史。

虞潭 孫嘯父　兄子駿

虞潭字思奧，會稽餘姚人，吳騎都尉翻之孫也。父忠，仕至宜都太守。吳之亡也，堅壁

不降，遂死之。潭清貞有檢操，州辟從事、主簿，舉秀才，大司馬、齊王冏請爲祭酒，除祁鄉令，〔二〕徙醴陵令。值張昌作亂，郡縣多從之，潭獨起兵斬昌別率鄧穆等。襄陽太守華恢上潭領建平太守，以疾固辭。遂周旋征討，以軍功賜爵都亭侯。

陳敏反，潭東下討敏弟讚於江州。廣州刺史王矩上潭領廬陵太守。綏撫荒餘，咸得其所。又與諸軍共平陳恢，仍轉南康太守，進爵東鄉侯。

尋被元帝檄，使討江州刺史華軼。潭至廬陵，會軼已平，而湘川賊杜弢猶盛。江州刺史衞展上潭并領安成太守。時甘卓屯宜陽，爲弢所逼。潭進軍救卓，卓上潭領長沙太守，固辭不就。王敦版潭爲湘東太守，復以疾辭。弢平後，元帝召補丞相軍諮祭酒，轉琅邪國中尉。

帝爲晉王，除屯騎校尉，徙右衞將軍，遷宗正卿，以疾告歸。會王含、沈充等攻逼京都，潭遂於本縣招合宗人，及郡中大姓，共起義軍，衆以萬數，自假明威將軍。乃進赴國難，至上虞。明帝手詔潭爲冠軍將軍，領會稽內史。潭卽受命，義衆雲集。時有野鷹飛集屋梁，衆咸懼。潭曰：「起大義，而剛鷙之鳥來集，破賊必矣。」遣長史孔坦領前鋒過浙江，追躡充。潭次於西陵，爲坦後繼。會充已擒，罷兵。徵拜尚書，尋補右衞將軍，加散騎常侍。

成帝卽位，出爲吳興太守，秩中二千石，加輔國將軍。以討充功，進爵零陵縣侯。蘇峻

反，加潭督三吳、晉陵、宣城、義興五郡軍事。會王師敗績，大駕逼遷，潭勢弱，不能獨振，乃固守以俟四方之舉。會陶侃等下，潭與郗鑒、王舒協同義舉。侃等假潭節、監揚州浙江西軍事。潭率衆與諸軍并勢，東西犄角。遣督護沈伊距管商於吳縣，爲商所敗，潭自貶還節。

尋而峻平，潭以母老，輒去官還餘姚。詔轉鎮軍將軍、吳國內史。復徙會稽內史，未發，還復吳郡。以前後功，進爵武昌縣侯，邑一千六百戶。是時軍荒之後，百姓饑饉，死亡塗地，潭乃表出倉米振救之，又修滬瀆壘，以防海抄，百姓賴之。

咸康中，進衞將軍。潭貌雖和弱，而內堅明，有膽決，雖屢統軍旅，而匙有傾敗。以母憂去職。服闋，以侍中、衞將軍徵。既至，更拜右光祿大夫、開府儀同三司，給親兵三百人，侍中如故。年七十九，卒於位。追贈左光祿大夫，開府、侍中如故，謚曰孝烈。子仡嗣，官至右將軍司馬。仡卒，子嘯父嗣。

嘯父少歷顯位，後至侍中，爲孝武帝所親愛。嘗侍飲宴，帝從容問曰：「卿在門下，初不聞有所獻替邪？」嘯父家近海，謂帝有所求，對曰：「天時尚溫，鮆魚蝦鮓未可致，尋當有所上獻。」帝大笑。因飲大醉，出，拜不能起，帝顧曰：「扶虞侍中。」嘯父曰：「臣位未及扶，醉不及

亂，非分之賜，所不敢當。」帝甚悅。

隆安初，爲吳國內史。徵補尚書，未發，而王廞舉兵，版嘯父行吳興太守。嘯父卽入吳興應廞。廞敗，有司奏嘯父與廞同謀，罪應斬。詔以祖潭舊勳，聽以疾贖爲庶人。四年，復拜尚書。桓玄用事，以爲太尉左司馬。尋遷護軍將軍，出爲會稽內史。義熙初，去職，卒於家。

駿字思行，潭之兄子也。雖機幹不及於潭，然而素行過之。與譙國桓彝俱爲吏部郎，情好甚篤。彝遣溫拜駿，駿使子谷拜彝。歷吳興太守、金紫光祿大夫。王導嘗謂駿曰：「孔愉有公才而無公望，丁潭有公望而無公才，兼之者，其在卿乎！」官未達而喪，時人惜之。子谷，位至吳國內史。

顧衆

顧衆字長始，吳郡吳人，驃騎將軍榮之族弟也。父祕，交州刺史，有文武才幹。衆出後伯父，早終，事伯母以孝聞。光祿朱誕器之。州辟主簿，舉秀才，除餘杭、秣陵令，並不行。元帝爲鎮東將軍，命爲參軍。以討華軼功，封東鄉侯，辟丞相掾。

祕卒，州人立衆兄壽爲刺史，尋爲州人所害。衆往交州迎喪，值杜弢之亂，崎嶇六年乃還。

祕曾莅吳興，吳興義故以衆經離寇難，共遺錢二百萬，一無所受。

及帝踐阼，徵拜駙馬都尉、奉朝請，轉尚書郎。大將軍王敦請爲從事中郎，上補南康太守。會詔除鄱陽太守，加廣武將軍。衆徑之鄱陽，不過敦，敦甚怪焉。及敦構逆，令衆出軍，衆遲迴不發。敦大怒，以軍期召衆還，詰之，聲色甚厲。衆不爲動容，敦意漸釋。時敦又怒宣城內史陸喈，衆又辨明之。敦長史陸玩在坐，代衆危懼，出謂衆曰：「卿眞所謂剛亦不吐，柔亦不茹，雖仲山甫何以加之！」敦事捷，欲以衆爲吳興內史。衆固辭，舉吏部郎桓彝，彝亦讓衆，事並不行。敦鎭姑孰，復以衆爲從事中郎。敦平，除太子中庶子，爲義興太守，加揚威將軍。

蘇峻反，王師敗績，衆還吳，潛圖義舉。時吳國內史庾冰奔於會稽，峻以蔡謨代之。前陵江將軍張悊爲峻收兵於吳，衆遣人喩悊，悊從之。衆乃遣郎中徐機告謨曰：「衆已潛合家兵，待時而奮，又與張悊剋期效節。」謨乃檄衆爲本國督護，揚威將軍仍舊，衆從弟護軍將軍颺爲威遠將軍、〔三〕前鋒督護。吳中人士同時響應。

峻遣將弘徽領甲卒五百，鼓行而前。衆與颺、悊要擊徽，戰於高莋，大破之，收其軍實。謨以冰當還任，故便去郡。衆遣颺率諸軍屯無錫。冰至，鎭御亭，恐賊從海虞道入，衆自往備之。而賊率張健、馬流攻無錫，颺等大敗，庾冰亦失守，健等遂據吳城。衆自海虞由婁縣東倉與賊別率交戰，破之，義軍又集進屯烏苞。會稽內史王舒、吳興內史虞潭並檄衆爲五郡大督護，統諸義軍討健。潭遣將姚休爲衆前鋒，與賊戰沒。衆還守紫壁。

時賊黨方銳，義軍沮退，人咸勸衆過浙江。衆曰：「不然。今保固紫壁，可得全錢唐以南五縣。若越他境，便爲寓軍，控引無所，非長計也。」臨平人范明亦謂衆曰：「此地險要，可以制寇，不可委也。」衆乃版明爲參軍。明率宗黨五百人，合諸軍，凡四千人，復進討健。健退于曲阿，留錢弘爲吳令。軍次路丘，卽斬弘首。衆進住吳城，遣督護朱祈等九軍，與蘭陵太守李閎共守麥亭。健遣馬流、陶陽等往攻之。閎與祈等逆擊，大破之，斬首二千餘級。

峻平，論功，衆以承檄奮義，推功於謨，謨以衆唱謀，非己之力，俱表相讓，論者美之。封鄱陽縣伯，除平南軍司，不就。更拜丹楊尹、本國大中正，入爲侍中，轉尚書。咸康末，遷領軍將軍、揚州大中正，固讓不拜。以母憂去職。

穆帝卽位，何充執政，復徵衆爲領軍，不起。服闋，乃就。是時充與武陵王不平，衆會通其間，遂得和釋。充崇信佛教，衆議其糜費，每以爲言。嘗與充同載，經佛寺，充要衆入門，衆不下車。充以衆州里宿望，每優遇之。

以年老，上疏乞骸骨，詔書不許。遷尚書僕射。永和二年卒，時年七十三。追贈特進、光祿大夫，諡曰靖。長子昌嗣，爲建康令。第三子會，中軍諮議參軍。時稱美士。

張闓

張闓字敬緒，丹楊人，吳輔吳將軍昭之曾孫也。少孤，有志操。太常薛兼進之於元帝，言闓才幹貞固，當今之良器。卽引爲安東參軍，甚加禮遇。轉丞相從事中郎，以母憂去職。既葬，帝强起之，闓固辭疾篤。優命敦逼，遂起視事。及帝爲晉王，拜給事黃門侍郎，領本郡大中正。以佐翼勳，賜爵丹楊縣侯，遷侍中。

帝踐阼，出補晉陵內史，在郡甚有威惠。帝下詔曰：「夫二千石之任，當勉勵其德，綏齊所莅，使寬而不縱，嚴而不苛，其於勤功督察，便國利人，抑强扶弱，使無雜濫，眞太守之任也。若聲過其實，古人所不取，攻乎異端，爲政之甚害，蓋所貴者本也。」闓遵而行之。時所部四縣並以旱失田，闓乃立曲阿新豐塘，溉田八百餘頃，每歲豐稔。葛洪爲其頌。計用二十一萬一千四百二十功，以擅興造免官。後公卿並爲之言曰：「張闓興陂溉田，可謂益國，而反被黜，使臣下難復爲善。」帝感悟，乃下詔曰：「丹楊侯闓昔以勞役部人免官，雖從吏議，猶未掩其忠節之志也。倉廩國之大本，宜得其才。今以闓爲大司農。」闓陳黜免始爾，不宜便居九列。疏奏，不許，然後就職。帝晏駕，以闓爲大匠卿，營建平陵，事畢，遷尚書。

蘇峻之役，闓與王導俱入宮侍衞。峻使闓持節權督東軍。王導潛與闓謀，密宣太后詔於三吳，令速起義軍。陶侃等至，假闓節，行征虜將軍，與振威將軍陶回共督丹楊義軍。闓到晉陵，使內史劉耽盡以一部穀，幷遣吳郡度支運四部穀，以給車騎將軍郗鑒。又與吳郡內史蔡謨、前吳興內史虞潭、會稽內史王舒等招集義兵，以討峻。峻平，以尚書加散騎常侍，賜爵宜陽伯。遷廷尉，以疾解職，拜金紫光祿大夫。尋卒，時年六十四。子混嗣。闓牋表文議傳於世。

史臣曰：季孫行父稱見有禮於其君者，如孝子之養父母；無禮於其君者，如鷹鸇之逐鳥雀。是以石碏戮厚，叔向誅鮒，前史以爲美譚。王敦之惡，不足矜其類。然而朱家容布，爲大俠之首；酈寄載呂，興賣友之譏。亦所以激揚風俗，弘長名教。王彬艤船而厚其所薄，王舒沈江而薄其所厚，較之優劣，斷乎可知。思行、彪之厲風規於多僻之日，虞潭、顧衆徇貞心於危蹙之辰。龍筦爲出納之端，〔一三〕絜魚非獻替之術，嘯父之對，何其鄙歟！

贊曰：處明夙令，聲積暮年。允之騂角，無棄山川。廙稱多藝，綢繆哲后。二三其德，亦孔之醜。世儒憤發，慟顫陵敦。彪之不撓，寧浩旋溫。顧實南金，虞惟東箭。銑質無改，筠心不變。公望公才，驍爲其選。

校勘記

〔一〕宣城公褚裒　錢大昕諸史拾遺：宣城公裒，元帝子也。此「褚」字蓋校書者妄增。按：錢說是。以各本皆如是，姑仍之。

〔二〕舒移告屬郡　「郡」，局本、殿本等作「縣」，今從宋本。通志一二八、册府三五〇亦作「郡」。

〔三〕或勸舒宜還都　册府三五〇「都」作「郡」，疑是。

〔四〕柴壁　斠注：漢地理志曰柴辟，故就李鄉。讀史方輿紀要云，闞駰曰，由拳故城今謂之柴辟，卽古檇李也。或作「柴壁」，誤。顧衆傳亦誤作「柴壁」。

〔五〕允之字深猷　斠注：御覽三九六、四三二引晉中興書作「淵猷」。唐人避諱改「深」。

〔六〕監揚州江西四郡事　舉正：「四郡」下少「諸軍」二字。

〔七〕馬俊　陶侃傳、杜曾傳作「馬儁」，通鑑八九、九一作「馬雋」。

〔八〕稜　宋本、毛本、殿本及通鑑八九、世說人名譜皆作「稜」，今從局本。本傳同，不具校。

〔九〕字叔武　斠注：御覽二一五引晉中興書、淳化閣帖七均作「叔虎」。按：御覽五一三及通志一二八、世說人名譜亦作「叔虎」，「武」蓋唐人避諱改。

〔一〇〕溫又廢武陵王遵　張森楷云：簡文紀，溫廢武陵王晞，非遵。

〔一一〕祁鄉令　勞校：劉弘傳作「泝鄉令」。斠注：地理志荆州有泝鄉，無祁鄉，此「祁」字當爲「泝」之誤。

〔一二〕衆從弟護軍將軍颺　勞校：「護軍將軍」當依王舒傳作「護軍參軍」。是時庾亮爲護軍將軍，颺蓋亮之參軍也。按：勞說是。册府三五〇正作「護軍參軍」。

〔一三〕龍筦爲出納之端　「筦」，各本誤作「莞」，今從殿本。考證云，漢書谷永傳「昔龍筦納言而帝命惟允」，此以喻虞嘯父爲門下侍郎事。

晉書卷七十七

列傳第四十七

陸曄 弟玩 玩子納

陸曄字士光，吳郡吳人也。伯父喜，吳吏部尚書。父英，高平相，員外散騎常侍。曄少有雅望，從兄機每稱之曰：「我家世不乏公矣。」居喪，以孝聞。同郡顧榮與鄉人書曰：「士光氣息裁屬，慮其性命，言之傷心矣。」

後察孝廉，除永世、烏江二縣令，皆不就。元帝初鎮江左，辟爲祭酒，尋補振威將軍、義興太守，以疾不拜。預討華軼功，封平望亭侯，累遷散騎常侍、本郡大中正。太興元年，遷太子詹事。時帝以侍中皆北士，宜兼用南人，曄以清貞著稱，遂拜侍中，徙尚書，領州大中正。

明帝即位，轉光祿勳，遷太常，代紀瞻爲尚書左僕射，領太子少傅，尋加金紫光祿大夫，

代卞壼爲領軍將軍。以平錢鳳功，進爵江陵伯。帝不豫，曄與王導、卞壼、庾亮、溫嶠、郗鑒並受顧命，輔皇太子，更入殿將兵直宿。遺詔曰：「曄清操忠貞，歷職顯允，且其兄弟事君如父，憂國如家，歲寒不凋，體自門風。既委以六軍，可錄尚書事，加散騎常侍。」

成帝踐阼，拜左光祿大夫、開府儀同三司，給親兵百人，常侍如故。蘇峻之難，曄隨帝在石頭，舉動方正，不以凶威變節。峻以曄吳士之望，不敢加害，使守留臺。匡術以苑城歸順，時共推曄督宮城軍事。峻平，加衞將軍，給千兵百騎，以勳進爵爲公，封次子嘏新康子。

咸和中，求歸鄉里拜墳墓。有司奏，舊制假六十日。侍中顏含、黃門侍郎馮懷駁曰：「曄內蘊至德，清一其心，受託付之重，居台司之位，既蒙詔許歸省墳塋，大臣之義本在忘己，豈容有期而反，無期必違。愚謂宜還自還，不須制日。」帝從之，曄因歸。以疾卒，時年七十四。追贈侍中、車騎大將軍，謚曰穆。子謀，散騎常侍。

玩字士瑤。器量淹雅，弱冠有美名，賀循每稱其清允平當。郡檄綱紀，東海王越辟爲掾，皆不就。元帝引爲丞相參軍。時王導初至江左，思結人情，請婚於玩。玩對曰：「培塿無松柏，薰蕕不同器。玩雖不才，義不能爲亂倫之始。」導乃止。玩嘗詣導食酪，因而得疾。與導牋曰：「僕雖吳人，幾爲傖鬼。」其輕易權貴如此。

累加奮武將軍，徵拜侍中，以疾辭。王敦請爲長史，逼以軍期，不得已，乃從命。敦平，尚書令郗鑒議敦佐吏不能匡正姦惡，宜皆免官禁錮。會溫嶠上表申理，得不坐。復拜侍中，遷吏部尚書，領會稽王師，讓不拜。轉尚書左僕射，領本州大中正。及蘇峻反，遣玩與兄曄俱守宮城。玩潛說匡術歸順，以功封興平伯。轉尚書令。又詔曰：「玩體道清純，雅量弘遠，歷位內外，風績顯著。宜居台司，以允衆望。授左光祿大夫、開府儀同三司，加散騎常侍，餘如故。」玩頻自表，優詔褒揚。重復自陳曰：「臣實凡短，風操不立，階緣嘉會，便蕃榮顯，遂總括憲臺，豫聞政道。竟不能敷融玄風，清一朝序，咎責之來，於臣已重。誠以身許國，義忘曲讓。而慺慺所守，終於陳訴者，特以端右機要，事務殷多，臣已盈六十之年，智力有限，疾患深重，體氣日弊，朝夕自勵，非復所堪。若偃息苟免，職事並廢，則莫大之悔，天下將謂臣何！乞陛下披豁聖懷，霈然垂允。」詔不許。玩重表曰：「臣比披誠款，不足上暢天聰，聖恩徘徊，厲以體國。臣聞至公之道，上下玄同，用才不負其長，量力不受其短。雖加官重祿無世不有，皆庸勳親賢，時所須賴，兼統以濟世務，非優崇以榮一人。臣受遇三世，恩隆寵厚，豈敢辭職事之勞，求沖讓之譽。徒以端右要重，興替所存，久以無任，妨賢曠職。臣猶自知不可，況天下之人乎！今復外參論道，內統百揆，不堪之名，有如皎日。願陛下少垂哀矜，使四海知官不可以私於人，人不可以私取官，則天工弘坦，誰不謂允！」猶不

許。尋而王導、郗鑒、庾亮相繼而薨，朝野咸以爲三良既沒，國家殄瘁。以玩有德望，乃遷侍中、司空，給羽林四十人。玩既拜，有人詣之，索盃酒，瀉置柱梁之間，呪曰：「當今乏材，以爾爲柱石，莫傾人梁棟邪！」玩笑曰：「戢卿良箴。」〔一〕既而歎息，謂賓客曰：「以我爲三公，是天下爲無人。」談者以爲知言。

玩雖登公輔，謙讓不辟掾屬。成帝聞而勸之。玩不得已而從命，所辟皆寒素有行之士。玩翼亮累世，常以弘重爲人主所貴，加性通雅，不以名位格物，誘納後進，謙若布衣，由是搢紳之徒莫不廕其德宇。後疾甚，上表曰：「臣嬰遘疾疢，沈頓歷月，不蒙痊損，而日夕漸篤，自省微綿，無復生望。荷恩不報，孤負已及，仰瞻天覆，伏枕賈涕。臣年向中壽，窮極寵榮，終身歸全，將復何恨！惟願陛下崇明聖德，弘敷洪化，嗇構祖宗之基，道濟羣生之命。臣不勝臨命遺戀之情，貪及視息，上表以聞。」薨年六十四。謚曰康，給兵千人，守冢七十家。太元中，功臣普被減削，司空何充等止得六家，以玩有佐命之勳，先陪陵而葬，由是特置興平伯官屬以衞墓。子始嗣，歷侍中、尚書。

納字祖言。少有清操，貞厲絕俗。初辟鎮軍大將軍、武陵王掾，州舉秀才。太原王述雅敬重之，引爲建威長史。累遷黃門侍郎、本州別駕、尚書吏部郎，出爲吳興太守。將之

郡，先至姑孰辭桓溫，因問溫曰：「公致醉可飲幾酒？食肉多少？」溫曰：「年大來飲三升便醉，白肉不過十臠。卿復云何？」納曰：「素不能飲，止可二升，肉亦不足言。」後伺溫閑，謂之曰：「外有微禮，方守遠郡，欲與公一醉，以展下情。」溫欣然納之。時王坦之、刁彝在坐，及受禮，唯酒一斗，鹿肉一柈，坐客愕然。納徐曰：「明公近云飲酒三升，納止可二升，今有一斗，以備杯杓餘瀝。」溫及賓客並歎其率素，更敕中廚設精饌，酣飲極歡而罷。納至郡，不受俸祿。頃之，徵拜左民尚書，領州大中正。將應召，外白宜裝幾船？納曰：「私奴裝糧食來，無所復須也。」臨發，止有被襆而已，其餘並封以還官。遷太常，徙吏部尚書，加奉車都尉、衞將軍。謝安嘗欲詣納，而納殊無供辦。其兄子俶不敢問之，乃密爲之具。安既至，納所設唯茶果而已。俶遂陳盛饌，珍羞畢具。客罷，納大怒曰：「汝不能光益父叔，乃復穢我素業邪！」於是杖之四十。其舉措多此類。

後以愛子長生有疾，求解官營視，兄子禽又犯法應刑，乞免官謝罪。詔特許輕降。頃長生小佳，喩還攝職。尋還尚書僕射，轉左僕射，加散騎常侍。俄拜尚書令，常侍如故。恪勤貞固，始終不渝。時會稽王道子以少年專政，委任羣小，納望闕而歎曰：「好家居，纖兒欲撞壞之邪！」朝士咸服其忠亮。尋除左光祿大夫、開府儀同三司，未拜而卒，卽以爲贈。長生先卒，無子，以弟子道隆嗣，元熙中，爲廷尉。

何充

何充字次道，廬江灊人，魏光祿大夫禎之曾孫也。〔三〕祖惲，豫州刺史。父叡，安豐太守。充風韻淹雅，文義見稱。初辟大將軍王敦掾，轉主簿。敦兄含時爲廬江郡，貪汙狼藉，敦嘗於座中稱曰：「家兄在郡定佳，廬江人士咸稱之。」充正色曰：「充卽廬江人，所聞異於此。」敦默然。傍人皆爲之不安，充晏然自若。由是忤敦，左遷東海王文學。尋屬敦敗，累遷中書侍郎。

充卽王導妻之姊子，充妻，明穆皇后之妹也，故少與導善，早歷顯官。嘗詣導，導以麈尾指牀呼充共坐，曰：「此是君坐也。」導繕揚州解舍，顧而言曰：「正爲次道耳。」明帝亦友昵之。

成帝卽位，遷給事黃門侍郎。蘇峻作亂，京都傾覆，導從駕在石頭，充東奔義軍。其後導奔白石，充亦得還。賊平，封都鄉侯，拜散騎常侍，出爲東陽太守，仍除建威將軍、會稽內史。在郡甚有德政，薦徵士虞喜，拔郡人謝奉、魏顗等以爲佐吏。後以墓被發去郡。詔徵侍中，不拜。改葬畢，除建威將軍、丹楊尹。王導、庾亮並言於帝曰：「何充器局方概，有萬夫之望，必能總錄朝端，爲老臣之副。臣死之日，願引充內侍，則外譽唯緝，社稷無虞矣。」由是加吏部尚書，進號冠軍將軍，又領會稽王師。及導薨，轉護軍將軍，與中書監庾冰參錄尚書事。詔充、冰各以甲杖五十人至止車門。尋遷尚書令，加左將軍。充以內外統任，宜相糾正，若使事綜一人，於課對爲嫌，乃上疏固讓。許之。徙中書令，加散騎常侍，領軍如故。又領州大中正，以州有先達宿德，固讓不拜。

庾冰兄弟以舅氏輔王室，權侔人主，慮易世之後，戚屬轉疏，將爲外物所攻，謀立康帝，卽帝母弟也。每說帝以國有強敵，宜須長君，帝從之。充建議曰：「父子相傳，先王舊典，忽妄改易，懼非長計。故武王不授聖弟，卽其義也。昔漢景亦欲傳祚梁王，朝臣咸以爲虧亂典制，據而弗聽。今琅邪踐阼，如孺子何！社稷宗廟，將其危乎！」冰等不從。既而康帝立，帝臨軒，冰、充侍坐。帝曰：「朕嗣鴻業，二君之力也。」充對曰：「陛下龍飛，臣冰之力也。若如臣議，不覩升平之世。」帝有慚色。

建元初，出爲驃騎將軍、都督徐州揚州之晉陵諸軍事、假節，領徐州刺史，鎮京口，以避諸庾。頃之，庾翼將北伐，庾冰出鎮江州，充入朝，言於帝曰：「臣冰舅氏之重，宜居宰相，不應遠出。」朝議不從。於是徵充入爲都督揚豫徐州之琅邪諸軍事、假節，領揚州刺史，將軍如故。先是，翼悉發江、荆二州編戶奴以充兵役，士庶嗷然。充復欲發揚州奴以均其謗。後以中興時已發三吳，今不宜復發而止。

俄而帝疾篤，冰、翼意在簡文帝，而充建議立皇太子，奏可。及帝崩，充奉遺旨，便立太子，是爲穆帝，冰、翼甚恨之。獻后臨朝，詔曰：「驃騎任重，可以甲杖百人入殿。」又加中書監、錄尚書事。充自陳既錄尚書，不宜復監中書，許之。復加侍中，羽林騎十人。

冰、翼等尋卒，充專輔幼主。翼臨終，表以後任委息爰之。于時論者並以諸庾世在西藩，人情所歸，宜依翼所請，以安物情。充曰：「不然。荆楚國之西門，戶口百萬，北帶強胡，西鄰勁蜀，經略險阻，周旋萬里。得賢則中原可定，勢弱則社稷同憂，所謂陸抗存則吳存，抗亡則吳亡者，豈可以白面年少猥當此任哉！桓溫英略過人，有文武識度，西夏之任，無出溫者。」議者又曰：「庾爰之肯避溫乎？如令阻兵，恥懼不淺。」充曰：「溫足能制之，諸君勿憂。」乃使溫西。爰之果不敢爭。充以衞將軍褚裒皇太后父，宜綜朝政，上疏薦裒參錄尚書。裒以地逼，固求外出。充每曰：「桓溫、褚裒爲方伯，殷浩居門下，我可無勞矣。」

充居宰相，雖無澄正改革之能，而強力有器局，臨朝正色，以社稷爲己任，凡所選用，皆以功臣爲先，不以私恩樹親戚，談者以此重之。然所昵庸雜，信任不得其人，而性好釋典，崇修佛寺，供給沙門以百數，糜費巨億而不吝也。親友至於貧乏，無所施遺，以此獲譏於世。阮裕嘗戲之曰：「卿志大宇宙，勇邁終古。」充問其故。裕曰：「我圖數千戶郡尚未能得，卿圖作佛，不亦大乎！」于時郗愔及弟曇奉天師道，而充與弟準崇信釋氏，謝萬譏之云：「二郗諂於道，二何佞於佛。」充能飲酒，雅爲劉惔所貴。惔每云：「見次道飲，令人欲傾家釀。」言其能溫克也。

永和二年卒，時年五十五。贈司空，謚曰文穆。無子，弟子放嗣。卒，又無子，又以兄孫松嗣，位至驃騎諮議參軍。充弟準，見外戚傳。

褚翜

褚翜字謀遠，太傅裒之從父兄也。父顗，少知名，早卒。翜以才藝楨幹稱。襲爵關內侯，補冠軍參軍。于時長沙王乂擅權，成都、河間阻兵于外，翜知內難方作，乃棄官避地幽州。後河北有寇難，復還鄉里。河南尹舉翜行本縣事。

及天下鼎沸，翜招合同志，將圖過江，先移住陽城界。潁川庾敳，卽翜之舅也，亦憂世亂，以家付翜。翜道斷，不得前。東海王越以爲參軍，辭疾不就。

尋洛陽覆沒，與滎陽太守郭秀共保萬氏臺。秀不能綏衆，與將陳撫、郭重等構怨，遂相攻擊。翜懼禍及，謂撫等曰：「以諸君所以在此，謀逃難也。今宜共勠力以備賊，幸無外難，而內自相擊，是避坑落井也。郭秀誠爲失理，應且容之。若遂所忿，城內自潰，胡賊聞之，指來掩襲，諸君雖得殺秀，無解胡虜矣。累弱非一，宜深思之。」撫等悔悟，與秀交和。時數萬口賴翜獲全。

明年，率數千家將謀東下，遇道險，不得進，因留密縣。司隸校尉荀組以爲參軍、廣威將軍，復領本縣，率邑人三千，督新城、梁、陽城三郡諸營事。[三]頃之，遷司隸司馬，仍督營事。率衆進至汝水柴肥口，復阻賊。翜乃單馬至許昌，見司空荀藩，以爲振威將軍，行梁國內史。

建興初，復爲豫州司馬，督司州軍事。太傅參軍王玄代翜爲郡。時梁國部曲將耿奴甚得人情，而專勢，翜常優遇之。玄爲政既急，翜知其不能容奴，因戒之曰：「卿威殺已多，而人情難一，宜深慎之。」玄納翜言，外羈縻奴，而內懷憤。會遷爲陳留，將發，乃收奴斬之。奴餘黨聚衆殺玄。梁郡既有內難，而徐州賊張平等欲掩襲之。郡人遑惑，將以郡歸平。荀組遣翜往撫之，衆心乃定。頃之，組舉翜爲吏部郎，不應召，遂東過江。

元帝爲晉王，以翜爲散騎郎，轉太子中庶子，出爲奮威將軍、淮南內史。永昌初，王敦構逆，征西將軍戴若思令翜出軍赴難，翜遣將領五百人從之。明帝卽位，徵拜屯騎校尉，遷太子左衞率。

成帝初，爲左衞將軍。蘇峻之役，朝廷戒嚴，以翜爲侍中，典征討軍事。既而王師敗績，司徒王導謂翜曰：「至尊當御正殿，君可啓令速出。」翜卽入上閤，躬自抱帝登太極前殿。[四]

導升御牀抱帝，翜及鍾雅、劉超侍立左右。時百官奔散，殿省蕭然。峻兵既入，叱翜令下。翜正立不動，呵之曰：「蘇冠軍來覲至尊，軍人豈得侵逼！」由是兵士不敢上殿。及峻執政，猶以爲侍中，從乘輿幸石頭。明年，與光祿大夫陸曄等出據苑城。蘇逸、任讓圍之，翜等固守。賊平，以功封長平縣伯，遷丹楊尹。時京邑焚蕩，人物凋殘，翜收集散亡，甚有惠政。代庾亮爲中護軍，鎮石頭。尋爲領軍，徙五兵尚書，加奉車都尉，監新宮事。遷尚書右僕射，轉左僕射，加散騎常侍。久之，代何充爲護軍將軍，常侍如故。

咸康七年卒，時年六十七。贈衞將軍，謚曰穆。子希嗣，官至豫章太守。

蔡謨

蔡謨字道明，陳留考城人也。世爲著姓。曾祖睦，魏尚書。祖德，樂平太守。父克，少好學，博涉書記，爲邦族所敬。性公亮守正，行不合己，雖富貴不交也。高平劉整恃才縱誕，服飾詭異，無所拘忌。嘗行造人，遇克在坐，整終席慚不自安。克時爲處士，而見憚如此。後爲成都王穎大將軍記室督。穎爲丞相，擢爲東曹掾。

克素有格量，及居選官，苟進之徒望風畏憚。初，克未仕時，河內山簡嘗與琅邪王衍書曰：「蔡子尼今之正人。」衍以書示衆曰：「山子以一字拔人，然未易可稱。」後衍聞克在選官，

曰：「山子正人之言，驗於今矣。」陳留時爲大郡，號稱多士，琅邪王澄行經其界，太守呂豫遣吏迎之。澄入境，問吏曰：「此郡人士爲誰？」吏曰：「有蔡子尼、江應元。」是時郡人多居大位者，澄以其姓名問曰：「甲乙等，非君郡人邪？」吏曰：「是也。」曰：「然則何以但稱此二人？」吏曰：「向謂君侯問人，不謂問位。」澄笑而止。到郡，以吏言謂豫曰：「舊名此郡有風俗，果然小吏亦知如此。」

克以朝政日弊，遂絕不仕。東嬴公騰爲車騎將軍，鎮河北，以克爲從事中郎，知必不就，以軍期致之。克不得已，至數十日，騰爲汲桑所攻，城陷，克見害。

謨弱冠察孝廉，州辟從事，舉秀才，東海王越召爲掾，皆不就。避亂渡江。時明帝爲東中郎將，引爲參軍。元帝拜丞相，復辟爲掾，轉參軍，後爲中書侍郎，歷義興太守、大將軍王敦從事中郎、司徒左長史，遷侍中。

蘇峻構逆，吳國內史庾冰出奔會稽，乃以謨爲吳國內史。謨既至，與張闓、顧衆、顧颺等共起義兵，迎冰還郡。峻平，復爲侍中，遷五兵尚書，領琅邪王師。謨上疏讓曰：「八坐之任，非賢莫居，前後所用，資名有常。孔愉、諸葛恢並以清節令才，少著名望。昔愉爲御史中丞，臣尚爲司徒長史；恢爲會稽太守，臣爲尚書郎；恢尹丹楊，臣守小郡。名輩不同，階級殊懸。今猥以輕鄙，超倫踰等，上亂聖朝貫魚之序，下違羣士準平之論。豈惟微臣其亡之

誠，實招聖政惟塵之累。且左長史一超而侍帷幄，再登而廁納言，中興已來，上德之舉所未嘗有。臣何人斯，而猥當之！是以叩心自忖，三省愚身，與其苟進以穢清塗，寧受違命狷固之罪。」疏奏，不許。轉掌吏部。以平蘇峻勳，賜爵濟陽男，又讓，不許。

冬蒸，謨領祠部，主者忘設明帝位，與太常張泉俱免，白衣領職。頃之，遷太常，領祕書監，以疾不堪親職，上疏自解，不聽。成帝臨軒，遣使拜太傅、太尉、司空。會將作樂，宿懸於殿庭，門下奏，非祭祀燕饗則無設樂之制。事下太常。謨議臨軒遣使宜有金石之樂，遂從之。臨軒作樂，自此始也。彭城王紘上言，樂賢堂有先帝手畫佛象，經歷寇難，而此堂猶存，宜敕作頌。帝下其議。謨曰：「佛者，夷狄之俗，非經典之制。先帝量同天地，多才多藝，聊因臨時而畫此象，至於雅好佛道，所未承聞也。盜賊奔突，王都隳敗，而此堂塊然獨存，斯誠神靈保祚之徵，然未是大晉盛德之形容，歌頌之所先也。人臣覩物興義，私作賦頌可也。今欲發王命，敕史官，上稱先帝好佛之志，下爲夷狄作一象之頌，於義有疑焉。」於是遂寢。

時征西將軍庾亮以石勒新死，欲移鎮石城，爲滅賊之漸。事下公卿。謨議曰：

時有否泰，道有屈伸。暴逆之寇雖終滅亡，然當其强盛，皆屈而避之。是以高祖受黜於巴漢，忍辱於平城也。若爭强於鴻門，則亡不終日。故蕭何曰「百戰百敗，不死

何待」也。原始要終，歸於大濟而已。豈與當亡之寇爭遲速之間哉！夫惟鴻門之不爭，故垓下莫能與之爭。文王身圮於羑里，〔四〕故道泰於牧野；句踐見屈於會稽，故威申於强吳。今日之事，亦由此矣。賊假息之命垂盡，而豺狼之力尚强，宜抗威以待時。

或曰：「抗威待時，時已可矣。」愚以爲時之可否在賊之强弱，賊之强弱在季龍之能否。季龍之能否，可得而言矣。自勒初起，則季龍爲爪牙，百戰百勝，遂定中國，境土所據，同於魏世。及勒死之日，將相內外欲誅季龍。季龍獨起於衆異之中，殺嗣主，誅寵臣。內難既定，千里遠出，一攻而拔金墉，再戰而斬石生，禽彭彪，殺石聰，滅郭權，還據根本，內外並定，四方鎮守，不失尺土。詳察此事，豈能乎，將不能也？假令不能者爲之，其將濟乎，將不濟也？賊前攻襄陽而不能拔，誠有之矣。不信百戰之效，而執一攻之驗，棄多從少，於理安乎？譬若射者，百發而一不中，可謂之拙乎？且不拔襄陽者，非季龍身也。桓平北，守邊之將耳。賊前攻之，爭疆埸耳，得之爲善，不得則止，非其所急也。今征西之往，則異於是。何者？重鎮也，名賢也，中國之人所聞而歸心也。今而西度，實有席卷河南之勢，賊所大懼，豈與桓宣同哉！季龍必率其精兵，身來距爭。若欲與戰，戰何如石生？若欲城守，守何如金墉？若欲阻沔，沔何如大江？蘇峻何如季龍？凡此數者，宜詳校之。

愚謂石生猛將，關中精兵，征西之戰不能勝也。金墉險固，劉曜十萬所不能拔，今征西之守不能勝也。又是時兗州、洛陽、關中皆舉兵擊季龍。今此三處反爲其用，方之於前，倍半之覺也。若石生不能敵其半，而征西欲當其倍，愚所疑也。蘇峻之强，不及季龍，沔水之險，不及大江。大江不能禦蘇峻，而以沔水禦季龍，又所疑也。昔祖士稚在譙，佃於城北，慮賊來攻，因以爲資，故豫安軍屯，以禦其外。穀將熟，賊果至。丁夫戰於外，老弱穫於內，多持炬火，急則燒穀而走。如此數年，竟不得其利。是時賊唯據沔北，方之於今，四分之一耳。士稚不能捍其一，而征西欲禦其四，又所疑也。或云：「賊若多來，則必無糧。」然致糧之難，莫過崤函。而季龍昔涉此險，深入敵國，平關中而後還。今至襄陽，路既無險，又行其國內，自相供給，方之於前，難易百倍。前已經至難，而謂今不能濟其易，又所疑也。

然此所論，但說征西既至之後耳，尚未論道路之慮也。自沔以西，水急岸高，魚貫泝流，首尾百里。若賊無宋襄之義，及我未陣而擊之，將如之何？今王士與賊，水陸異勢，便習不同。寇若送死，雖開江延敵，以一當千，猶吞之有餘，宜誘而致之，以保萬全。棄江遠進，以我所短擊彼所長，懼非廟勝之算。

朝議同之，故亮不果移鎮。

初，皇后每年拜陵，勞費甚多，謨建議曰：「古者皇后廟見而已，不拜陵也。」由是遂止。及太尉郗鑒疾篤，出謨爲太尉軍司，加侍中。鑒卒，卽拜謨爲征北將軍、都督徐兗青三州揚州之晉陵豫州之沛郡諸軍事、領徐州刺史、假節。時左衞將軍陳光上疏請伐胡，詔令攻壽陽，謨上疏曰：

今壽陽城小而固。自壽陽至琅邪，城壁相望，其間遠者裁百餘里，一城見攻，衆城必救。且王師在路五十餘日，劉仕一軍早已入淮，又遣數部北取堅壁，大軍未至，聲息久聞。而賊之郵驛，一日千里，河北之騎足以來赴，非惟鄰城相救而已。夫以白起、韓信、項籍之勇，猶發梁焚舟，背水而陣。今欲停船水渚，引兵造城，前對堅敵，顧臨歸路，此兵法之所誡也。若進攻未拔，胡騎卒至，懼桓子不知所爲，而舟中之指可掬。

今征軍五千，皆王都精銳之衆，又光爲左衞，遠近聞之，名爲殿中之軍，宜令所向有征無戰。而頓之堅城之下，勝之不武，不勝爲笑。今以國之上駟擊寇之下邑，得之則利薄而不足損敵，失之則害重而足以益寇，懼非策之長者。臣愚以爲聞寇而致討，賊退而振旅，於事無失。不勝管見，謹冒陳聞。

季龍於青州造船數百，掠緣海諸縣，所在殺戮，朝廷以爲憂。謨遣龍驤將軍徐玄等守中洲，并設募，若得賊大白船者，賞布千匹，小船百匹。是時謨所統七千餘人，所戍東至土

山，西至江乘，鎮守八所，城壘凡十一處，烽火樓望三十餘處，隨宜防備，甚有算略。先是，郗鑒上部下有勳勞者凡一百八十人，帝並酬其功，未卒而鑒薨，斷不復與。謨上疏以爲先已許鑒，今不宜斷。且鑒所上者皆積年勳效，百戰之餘，亦不可不報。詔聽之。

康帝即位，徵拜左光祿大夫、開府儀同三司，領司徒。代殷浩爲揚州刺史。又錄尚書事，領司徒如故。〔五〕初，謨沖讓不辟僚佐，詔屢敦逼之，始取掾屬。

石季龍死，中國大亂。時朝野咸謂當太平復舊，謨獨謂不然，語所親曰：「胡滅，誠大慶也，然將貽王室之憂。」或曰：「何哉？」謨曰：「夫能順天而奉時，濟六合於草昧，若非上哲，必由英豪。度德量力，非時賢所及。必將經營分表，疲人以逞志。才不副意，略不稱心，財單力竭，智勇俱屈，此韓盧、東郭所以雙斃也。」

遷侍中、司徒。上疏讓曰：「伏自惟省，昔階謬恩，蒙忝非據，尸素累積而光寵更崇，謗讟彌興而榮進復加，上虧聖朝棟隆之舉，下增微臣覆餗之釁，惶懼戰灼，寄顏無所。乞垂天鑒，回恩改謬，以允羣望。」皇太后詔報不許。謨猶固讓，謂所親曰：「我若爲司徒，將爲後代所哂，義不敢拜也。」皇太后遣使喻意，自四年冬至五年末，詔書屢下，謨固守所執。六年，復上疏，以疾病乞骸骨，上左光祿大夫、領司徒印綬。章表十餘上。穆帝臨軒，遣侍中紀據、〔六〕黃門郎丁纂徵謨。謨陳疾篤，使主簿謝攸對曰：「臣謨不幸有公族穆子之疾，天威不

違顏咫尺，不敢奉詔，寢伏待罪。」自旦至申，使者十餘反，而謨不至。時帝年八歲，甚倦，問左右曰：「所召人何以至今不來？臨軒何時當竟？」君臣俱疲弊。皇太后詔：「必不來者，宜罷朝。」中軍將軍殷浩奏免吏部尚書江虨官。簡文時爲會稽王，命曹曰：「蔡公傲違上命，無人臣之禮。若人主卑屈於上，大義不行於下，亦不知復所以爲政矣。」於是公卿奏曰：「司徒謨頃以常疾，久逋王命，皇帝臨軒，百僚齊立，俯僂之恭，有望於謨。若志存止退，自宜致辭闕庭，安有人君卑勞終日而人臣曾無一酬之禮！悖慢傲上，罪同不臣。臣等參議，宜明國憲，請送廷尉以正刑書。」謨懼，率子弟素服詣闕稽顙，躬到廷尉待罪。皇太后詔曰：「謨先帝師傅，服事累世。且歸罪有司，內訟思愆。若遂致之于理，情所未忍。可依舊制免爲庶人。」

謨既被廢，杜門不出，終日講誦，教授子弟。數年，皇太后詔曰：「前司徒謨以道素著稱，軌行成名，故歷事先朝，致位台輔。以往年之失，用致黜責。自爾已來，闔門思愆，誠合大臣罪己之義。以謨爲光祿大夫、開府儀同三司。」於是遣謁者僕射孟洪就加册命。謨上疏陳謝曰：「臣以頑薄，昔忝殊寵，尸素累紀，加違慢詔命，當肆市朝。幸蒙寬宥，不悟天施復加光飾，非臣隕越所能上報。臣寢疾未損，不任詣闕。不勝仰感聖恩，謹遣拜章。」遂以疾篤，不復朝見。詔賜几杖，門施行馬。十二年，卒，時年七十六。賵贈之禮，一依太尉陸

玩故事。詔贈侍中、司空，諡曰文穆。

謨博學，於禮儀宗廟制度多所議定。文筆論議，有集行於世。總應劭以來注班固漢書者，爲之集解。謨初渡江，見彭蜞，大喜曰：「蟹有八足，加以二螯。」令烹之。既食，吐下委頓，方知非蟹。後詣謝尚而說之。尚曰：「卿讀爾雅不熟，幾爲勸學死。」〔七〕謨性方雅。丞相王導作女伎，施設牀席。謨先在坐，不悅而去，導亦不止之。性尤篤慎，每事必爲過防。故時人云：「蔡公過浮航，脫帶腰舟。」長子劭，永嘉太守。少子系，有才學文義，位至撫軍長史。

諸葛恢

諸葛恢字道明，琅邪陽都人也。祖誕，魏司空，爲文帝所誅。父靚，奔吳，爲大司馬。吳平，逃竄不出。武帝與靚有舊，靚姊又爲琅邪王妃，帝知靚在姊間，因就見焉。靚逃於廁，帝又逼見之，謂曰：「不謂今日復得相見。」靚流涕曰：「不能漆身皮面，復覩聖顏！」詔以爲侍中，固辭不拜，歸於鄉里，終身不向朝廷而坐。

恢弱冠知名，試守即丘長，轉臨沂令，爲政和平。值天下大亂，避地江左，名亞王導、庾亮。導嘗謂曰：「明府當爲黑頭公。」及導拜司空，恢在坐，導指冠謂曰：「君當復著此。」導嘗

與恢戲爭族姓，曰：「人言王葛，不言葛王也。」恢曰：「不言馬驢，而言驢馬，豈驢勝馬邪！」其見親狎如此。于時潁川荀闓字道明、陳留蔡謨字道明，與恢俱有名譽，號曰「中興三明」，人爲之語曰：「京都三明各有名，蔡氏儒雅荀葛清。」

元帝爲安東將軍，以恢爲主簿，再遷江寧令。討周馥有功，封博陵亭侯，復爲鎮東參軍。與卞壼並以時譽遷從事中郎，兼統記室。時四方多務，牋疏殷積，恢斟酌酬答，咸稱折中。于時王氏爲將軍，而恢兄弟及顏含並居顯要，劉超以忠謹掌書命，時人以帝善任一國之才。愍帝即位，徵用四方賢儁，召恢爲尚書郎，元帝以經緯須才，上疏留之，承制調爲會稽太守。臨行，帝爲置酒，謂曰：「今之會稽，昔之關中，足食足兵，在於良守。以君有莅任之方，是以相屈。四方分崩，當匡振圮運。政之所先，君爲言之。」恢陳謝，因對曰：「今天下喪亂，風俗陵遲，宜尊五美，屏四惡，進忠實，退浮華。」帝深納焉。太興初，以政績第一，詔曰：「自頃多難，官長數易，益有諸弊，雖聖人猶久於其道，然後化成，況其餘乎！漢宣帝稱『與我共安天下者，其惟良二千石』，斯言信矣。是以黃霸等或十年，或二十年而不徙，所以能濟其中興之勳也。賞罰黜陟，所以明政道也。會稽內史諸葛恢莅官三年，政清人和，爲諸郡首，宜進其位班，以勸風教。今增恢秩中二千石。」

頃之，以母憂去官。服闋，拜中書令。王敦上恢爲丹楊尹，以久疾免。明帝征敦，以恢

爲侍中，加奉車都尉。討王含有功，進封建安伯，以先爵賜次子虪爲關內侯。又拜恢後將軍、會稽內史。徵爲侍中，遷左民尚書、武陵王師、吏部尚書。累遷尚書右僕射，加散騎常侍、銀青光祿大夫，領選本州大中正，尚書令，常侍、吏部如故。成帝踐阼，加侍中、金紫光祿大夫。[八]卒，年六十二。贈左光祿大夫、儀同三司。賵贈之禮，一依太尉興平伯故事。謚曰敬，祠以太牢。子甝嗣，位至散騎常侍。

恢兄頤，字道回，亦爲元帝所器重，終於太常。

殷浩 顧悅之 蔡裔

殷浩字深源，[九]陳郡長平人也。父羨，字洪喬，爲豫章太守，都下人士因其致書者百餘函，行次石頭，皆投之水中，曰：「沈者自沈，浮者自浮，殷洪喬不爲致書郵。」其資性介立如此。終於光祿勳。

浩識度清遠，弱冠有美名，尤善玄言，與叔父融俱好老易。融與浩口談則辭屈，著篇則融勝，浩由是爲風流談論者所宗。或問浩曰：「將莅官而夢棺，將得財而夢糞，何也？」浩曰：「官本臭腐，故將得官而夢尸。錢本糞土，故將得錢而夢穢。」時人以爲名言。

三府辟，皆不就。征西將軍庾亮引爲記室參軍，累遷司徒左長史。安西庾翼復請爲司

馬。除侍中、安西軍司，並稱疾不起。遂屏居墓所，幾將十年，于時擬之管、葛。王濛、謝尚猶伺其出處，以卜江左興亡，因相與省之，知浩有確然之志。既反，相謂曰：「深源不起，當如蒼生何！」庾翼貽浩書曰：「當今江東社稷安危，內委何、褚諸君，外託庾、桓數族，恐不得百年無憂，亦朝夕而弊。足下少標令名，十餘年間，位經內外，而欲潛居利貞，斯理難全。且夫濟一時之務，須一時之勝，何必德均古人，韻齊先達邪！王夷甫，先朝風流士也，然吾薄其立名非眞，而始終莫取。若以道非虞夏，自當超然獨往，而不能謀始，大合聲譽，極致名位，正當抑揚名教，以靜亂源。而乃高談莊老，說空終日，雖云談道，實長華競。及其末年，人望猶存，思安懼亂，寄命推務。而甫自申述，徇小好名，既身囚胡虜，棄言非所。凡明德君子，遇會處際，寧可然乎？而世皆然之。益知名實之未定，弊風之未革也。」浩固辭不起。

建元初，庾冰兄弟及何充等相繼卒。簡文帝時在藩，始綜萬機，衞將軍褚裒薦浩，徵爲建武將軍、揚州刺史。浩上疏陳讓，并致牋於簡文，具自申敍。簡文答之曰：「屬當厄運，危弊理盡，誠賴時有其才，不復遠求版築。足下沈識淹長，思綜通練，起而明之，足以經濟。若復深存挹退，苟遂本懷，吾恐天下之事於此去矣。今紘領不振，晉網不綱，顧蹈東海，復可得邪！由此言之，足下去就即是時之廢興，時之廢興則家國不異。足下弘思之，靜算之，

亦將有以深鑒可否。望必廢本懷，率羣情也。」浩頻陳讓，自三月至七月，乃受拜焉。

時桓溫既滅蜀，威勢轉振，朝廷憚之。簡文以浩有盛名，朝野推伏，故引爲心膂，以抗於溫，於是與溫頗相疑貳。會遭父憂，去職，時以蔡謨攝揚州，以俟浩。服闋，徵爲尚書僕射，不拜。復爲建武將軍、揚州刺史，遂參綜朝權。潁川荀羨少有令聞，浩擢爲義興、吳郡，以爲羽翼。王羲之密說浩、羨，令與桓溫和同，不宜內構嫌隙，浩不從。

及石季龍死，胡中大亂，朝廷欲遂蕩平關河，於是以浩爲中軍將軍、假節、都督揚豫徐兗青五州軍事。浩既受命，以中原爲己任，上疏北征許洛。將發，墜馬，時咸惡之。既而以淮南太守陳逵、兗州刺史蔡裔爲前鋒，安西將軍謝尚、北中郎將荀羨爲督統，開江西疁田千餘頃，以爲軍儲。

師次壽陽，潛誘苻健大臣梁安、雷弱兒等，使殺健，許以關右之任。初，降人魏脫卒，[一〇]其弟憬代領部曲。姚襄殺憬，以并其衆。浩大惡之，使龍驤將軍劉啓守譙，遷襄於梁。既而魏氏子弟往來壽陽，襄益猜懼。俄而襄部曲有欲歸浩者，襄殺之，浩於是謀誅襄。會苻健殺其大臣，健兄子眉自洛陽西奔，浩以爲梁安事捷，意苻健已死，請進屯洛陽，修復園陵，使襄爲前驅，冠軍將軍劉洽鎮鹿臺，建武將軍劉遯據倉垣，又求解揚州，專鎮洛陽，詔不許。浩既至許昌，會張遇反，謝尚又敗績，浩還壽陽。後復進軍，次山桑，而襄反，浩懼，棄輜重，

退保譙城，器械軍儲皆爲襄所掠，士卒多亡叛。浩遣劉啓、王彬之擊襄於山桑，並爲襄所殺。

桓溫素忌浩，及聞其敗，上疏罪浩曰：

案中軍將軍浩過蒙朝恩，叨竊非據，寵靈超卓，再司京輦，不能恭慎所任，恪居職次，而侵官離局，高下在心。前司徒臣謨執義履素，位居台輔，師傅先帝，朝之元老，年登七十，以禮請退，雖臨軒固辭，不順恩旨，適足以明遜讓之風，弘優賢之禮。而浩虛生狡說，疑誤朝聽，獄之有司，將致大辟。自羯胡夭亡，羣凶殄滅，而百姓塗炭，企遲拯接。浩受專征之重，無雪恥之志，坐自封植，妄生風塵，遂使寇讎稽誅，姦逆並起，華夏鼎沸，黎元殄悴。浩懼罪將及，不容於朝，外聲進討，內求苟免。出次壽陽，頓甲彌年，傾天府之資，竭五州之力，收合無賴，以自强衞，爵命無章，猜害罔顧。故范豐之屬反叛於芍陂，奇德、龍會作變於肘腋。羌帥姚襄率衆歸化，遣其母弟入質京邑，浩不能撫而用之，陰圖殺害，再遣刺客，爲襄所覺。襄遂惶懼，用致逆命。生長亂階，自浩始也。復不能以時掃滅，縱放小豎，鼓行毒害，身狼狽於山桑，軍破碎於梁國，舟車焚燒，輜重覆沒，三軍積實，反以資寇，精甲利器，更爲賊用。神怒人怨，衆之所棄，傾危之憂，將及社稷。臣所以忘寢屏營，啓處無地。

夫率正顯義，所以致訓，明罰敕法，所以齊衆，伏願陛下上追唐堯放命之刑，下鑒春秋無君之典。若聖上含弘，未忍誅殛，且宜遐棄，擯之荒裔。雖未足以塞山海之責，粗可以宣誡於將來矣。

竟坐廢爲庶人，徙于東陽之信安縣。

浩少與溫齊名，而每心競。溫嘗問浩：「君何如我？」浩曰：「我與君周旋久，寧作我也。」溫既以雄豪自許，每輕浩，浩不之憚也。至是，溫語人曰：「少時吾與浩共騎竹馬，我棄去，浩輒取之，故當出我下也。」又謂郗超曰：「浩有德有言，向使作令僕，足以儀刑百揆，朝廷用違其才耳。」

浩雖被黜放，口無怨言，夷神委命，談詠不輟，雖家人不見其有流放之慼。但終日書空，作「咄咄怪事」四字而已。浩甥韓伯，浩素賞愛之，隨至徙所。經歲還都，浩送至渚側，詠曹顏遠詩云：「富貴他人合，貧賤親戚離。」因而泣下。後溫將以浩爲尚書令，遺書告之，浩欣然許焉。將答書，慮有謬誤，開閉者數十，竟達空函，大忤溫意，由是遂絕。永和十二年卒。

子涓，亦有美名。咸安初，桓溫廢太宰、武陵王晞，誣涓及庾倩與晞謀反，害之。浩後將改葬，其故吏顧悅之上疏訟浩曰：

伏見故中軍將軍、揚州刺史殷浩體德沈粹，識理淹長，風流雅勝，聲蓋當時。再臨神州，萬里肅清，勳績茂著，聖朝欽嘉，遂授分陝推轂之任。戎旗既建，出鎭壽陽，驅其豺狼，翦其荆棘，收羅向義，廣開屯田，沐雨櫛風，等勤臺僕。仰憑皇威，羣醜革面，進軍河洛，修復園陵。不虞之變，中路猖蹶，遂令爲山之功崩於垂成，忠款之志於是而廢。既受削黜，自擯山海，杜門終身，與世兩絕，可謂克己復禮，窮而無怨者也。

尋浩所犯，蓋負敗之常科，非卽情之永責。論其名德深誠則如彼，察其補過罪已則如此，豈可棄而不卹，使法有餘冤！方今宅兆已成，埏隧已開，懸棺而窆，禮同庶人，存亡有非命之分，九泉無自訴之期，仰感三良，昊天罔極。若使明詔爰發，旌我善人，崇復本官，遠彰幽昧，斯則國家威恩有兼濟之美，死而可作，無負心之恨。

疏奏，詔追復浩本官。

顧悅之字君叔，少有義行。與簡文同年，而髮早白。帝問其故。對曰：「松柏之姿，經霜猶茂；蒲柳常質，望秋先零。」簡文悅其對。始將抗表訟浩，浩親故多謂非宜，悅之決意以聞，又與朝臣爭論，故衆無以奪焉。時人咸稱之。爲州別駕，歷尚書右丞，卒。子凱之，〔一一〕別有傳。

蔡裔者，有勇氣，聲若雷震。嘗有二偸入室，裔拊牀一呼，而盜俱隕，故浩委以軍鋒焉。

史臣曰：陸曄等並以時望國華，效彰歷試，迭居端揆，參掌機衡。然皆率由舊章，得免祗悔。而充抗言孺子，雖屈壓於權臣，翊奉儲君，竟導揚於末命，頻參大議，屢畫嘉謀，可謂忠貞在斯而已。殷浩清徽雅量，衆議攸歸，高秩厚禮，不行而至，咸謂教義由其興替，社稷俟以安危。及其入處國鈞，未有嘉謀善政，出總戎律，唯聞蹙國喪師，是知風流異貞固之才，談論非奇正之要。違方易任，以致播遷，悲夫！蔡謨度德而處，弘斯止足，置以刑書，斯爲過矣。

贊曰：士光時望，士瑤允當。政既弟兄，任惟台相。祖言簡率，遺風可尙。蔡葛知名，或雅或淸。次道方概，謀遠忠貞。中軍鑒局，譽光雅俗。夷曠有餘，經綸不足。舍長任短，功虧名辱。

校勘記

〔一〕戢卿良箴　通志一二八及册府八六七「戢」作「戚」。

〔二〕魏光祿大夫禎　斠注：武紀、四夷傳、魏志管寧傳注引文士傳「禎」均作「楨」。按：楨字元幹，用「國之楨幹」義。類聚五六引文士傳亦作「楨」。

〔三〕督新城梁陽城三郡　斠注：地理志，新城、梁、陽城三縣皆屬司州河南郡，此「三郡」乃「三縣」之譌。

〔四〕文王身圮於羑里　册府六二四「圮」作「阨」。

〔五〕康帝卽位至領司徒如故　李校：「康帝」當作「穆帝」。按：據穆紀及殷浩傳，李說是。

〔六〕紀璩　通鑑九八作「紀據」。

〔七〕幾爲勸學死　「勸」，各本均作「勤」。諸史考異：世說紕漏作「幾爲勸學死」，劉注引大戴勸學篇。按：此作「勤學」是淺人所改。李校同。今據改。

〔八〕成帝踐阼加侍中金紫光祿大夫　周校：成帝崩，恢受顧命。「康」誤作「成」。按：加侍中等官當在康帝建元時或永和之初，周說是。

〔九〕字深源　斠注：「深源」，書鈔六三引晉中興書、世說政事注引浩別傳均作「淵源」。按：御覽二四九引晉中興書亦作「淵源」。浩本字淵源，唐人避諱改作「深源」。

〔一〇〕魏脫　冉閔載記、通鑑九九作「魏統」。

〔一一〕凱之　當從本傳作「愷之」。

晉書卷七十八

列傳第四十八

孔愉 子汪 安國 弟祗 從子坦 嚴 從弟羣 羣子沈

孔愉字敬康，會稽山陰人也。其先世居梁國。曾祖潛，太子少傅，漢末避地會稽，因家焉。祖竺，吳豫章太守。父恬，湘東太守。從兄侃，大司農。俱有名江左。愉年十三而孤，養祖母以孝聞，與同郡張茂字偉康、丁潭字世康齊名，時人號曰「會稽三康」。

吳平，愉遷于洛。惠帝末，歸鄉里，行至江淮間，遇石冰、封雲爲亂，雲逼愉爲參軍，不從，將殺之，賴雲司馬張統營救獲免。東還會稽，入新安山中，改姓孫氏，以稼穡讀書爲務，信著鄉里。後忽捨去，皆謂爲神人，而爲之立祠。永嘉中，元帝始以安東將軍鎮揚土，命愉爲參軍。邦族尋求，莫知所在。建興初，始出應召，爲丞相掾，仍除駙馬都尉、參丞相軍事，時年已五十矣。以討華軼功，封餘不亭侯。愉嘗行經餘不亭，見籠龜於路者，愉買而放之

溪中，龜中流左顧者數四。及是，鑄侯印，而印龜左顧，三鑄如初。印工以告，愉乃悟，遂佩焉。

帝爲晉王，使長兼中書郎。于時刁協、劉隗用事，王導頗見疏遠。愉陳導忠賢，有佐命之勳，謂事無大小皆宜諮訪。由是不合旨，出爲司徒左長史，累遷吳興太守。沈充反，愉棄官還京師，拜御史中丞，遷侍中、太常。及蘇峻反，愉朝服守宗廟。初，愉爲司徒長史，以平南將軍溫嶠母亡遭亂不葬，乃不過其品。至是，峻平，而嶠有重功，愉往石頭詣嶠，嶠執愉手而流涕曰：「天下喪亂，忠孝道廢。能持古人之節，歲寒不凋者，唯君一人耳。」時人咸稱嶠居公而重愉之守正。尋徙大尚書，遷安南將軍、江州刺史，不行。轉尚書右僕射，領東海王師。尋遷左僕射。

咸和八年，詔曰：「尚書令玩、左僕射愉並恪居官次，祿不代耕。端右任重，先朝所崇，其給玩親信三十人，愉二十人，稟賜。」愉上疏固讓，優詔不許。重表曰：「臣以朽闇，忝厠朝右，而以惰劣，無益毗佐。方今強寇未殄，疆埸日駭，政煩役重，百姓困苦，姦吏擅威，暴人肆虐。大弊之後，倉庫空虛，功勞之士，賞報不足，困悴之餘，未見拯卹，呼嗟之怨，人鬼感動。宜并官省職，貶食節用，勤撫其人，以濟其艱。臣等不能贊揚大化，糾明刑政，而偸安高位，橫受寵給，無德而祿，殃必及之，不敢橫受殊施，以重罪戾。」從之。王導聞而非之，於

都坐謂愉曰：「君言姦吏擅威，暴人肆虐，爲患是誰？」愉欲大論朝廷得失，陸玩抑之乃止。後導將以趙胤爲護軍，愉謂導曰：「中興以來，處此官者，周伯仁、應思遠耳。今誠乏才，豈宜以趙胤居之邪！」導不從。其守正如此。由是爲導所銜。

後省左右僕射，以愉爲尚書僕射。愉年在懸車，累乞骸骨，不許。轉護軍將軍，加散騎常侍。復徙領軍將軍，加金紫光祿大夫，領國子祭酒。頃之，出爲鎮軍將軍、會稽內史，加散騎常侍。句章縣有漢時舊陂，毀廢數百年。愉自巡行，修復故堰，溉田二百餘頃，皆成良業。在郡三年，乃營山陰湖南侯山下數畝地爲宅，草屋數間，便棄官居之。送資數百萬，悉無所取。病篤，遺令斂以時服，鄉邑義賵，一不得受。年七十五，咸康八年卒。贈車騎將軍、開府儀同三司，謚曰貞。

三子：誾、汪、安國。誾嗣爵，位至建安太守。誾子靜，[一]字季恭，再爲會稽內史，累遷尚書左僕射，加後將軍。

汪字德澤，好學有志行，孝武帝時位至侍中。時茹千秋以佞媚見幸於會稽王道子，汪屢言之于帝，帝不納。遷尚書太常卿，以不合意，求出，爲假節、都督交廣二州諸軍事、征虜將軍、平越中郎將、廣州刺史，甚有政績，爲嶺表所稱。太元十七年卒。

安國字安國，年小諸兄三十餘歲。羣從諸兄並乏才名，以富強自立，唯安國與汪少厲孤貧之操。汪既以直亮稱，安國亦以儒素顯。孝武帝時甚蒙禮遇，仕歷侍中、太常。及帝崩，安國形素羸瘦，服衰絰，涕泗竟日，見者以爲眞孝。再爲會稽內史、領軍將軍。安帝隆安中下詔曰：「領軍將軍孔安國貞慎清正，出內播譽，可以本官領東海王師，必能導達津梁，依仁游藝。」後歷尚書左右僕射。義熙四年卒，贈左光祿大夫。

祗字承祖。太守周札命爲功曹史。札爲沈充所害，故人賓吏莫敢近者。祗冒刃號哭，親行殯禮，送喪還義興，時人義之。

坦字君平。祖沖，丹楊太守。父侃，大司農。坦少方直，有雅望，通左氏傳，解屬文。元帝爲晉王，以坦爲世子文學。東宮建，補太子舍人，遷尚書郎。時臺郎初到，普加策試，帝手策問曰：「吳興徐馥爲賊，殺郡將，郡今應舉孝廉不？」坦對曰：「四罪不相及，殛鯀而興禹。徐馥爲逆，何妨一郡之賢！」又問：「姦臣賊子弒君，汚宮瀦宅，莫大之惡也。鄉舊廢四科之選，今何所依？」坦曰：「季平子逐魯昭公，豈可以廢仲尼也！」竟不能屈。

中華書局

先是，以兵亂之後，務存慰悅，遠方秀孝到，不策試，普皆除署。至是，帝申明舊制，皆令試經，有不中科，刺史、太守免官。太興三年，秀孝多不敢行，其有到者，並託疾。帝欲除署孝廉，而秀才如前制。坦奏議曰：

臣聞經邦建國，敎學爲先，移風崇化，莫尚斯矣。古者且耕且學，三年而通一經，以平康之世，猶假漸漬，積以日月。自喪亂以來，十有餘年，干戈載揚，俎豆禮戢，家廢講誦，國闕庠序，率爾責試，竊以爲疑。然宣下以來，涉歷三載，累遇慶會，遂未一試。揚州諸郡，接近京都，懼累及君父，多不敢行。其遠州邊郡，掩誣朝廷，冀於不試，冒昧來赴，既到審試，遂不敢會。臣愚以不會與不行，其爲闕也同。若當偏加除署，是爲肅法奉憲者失分，僥倖投射者得官，穢風傷敎，懼於是始。

夫王言如絲，其出如綸，臨事改制，示短天下，人聽有惑，臣竊惜之。愚以王命無貳，憲制宜信。去年察舉，一皆策試。如不能試，可不拘到，遣歸不署。又秀才雖以事策，亦汜問經義，苟所未學，實難闇通，不足復曲碎垂例，違舊造異。謂宜因其不會，徐更革制。可申明前下，崇修學校，普延五年，以展講習，鈞法齊訓，示人軌則。夫信之與法，爲政之綱，施之家室，猶弗可貳，況經國之典而可翫黷乎！

帝納焉。聽孝廉申至七年，秀才如故。

時典客令萬默領諸胡，胡人相誣，朝廷疑默有所偏助，將加大辟。坦獨不署，由是被譴，遂棄官歸會稽。久之，除領軍司馬，未赴召。會王敦反，與右衞將軍虞潭俱在會稽起義，而討沈充。事平，始就職。揚州刺史王導請爲別駕。

咸和初，遷尚書左丞，深爲臺中之所敬憚。尋屬蘇峻反，坦與司徒司馬陶回白王導曰：「及峻未至，宜急斷阜陵之界，守江西當利諸口，彼少我衆，一戰決矣。若峻未至，可往逼其城。今不先往，峻必先至。先人有奪人之功，時不可失。」導然之。庾亮以爲峻脫逕來，是襲朝廷虛也，故計不行。峻遂破姑熟，取鹽米，亮方悔之。坦謂人曰：「觀峻之勢，必破臺城。自非戰士，不須戎服。」既而臺城陷，戎服者多死，白衣者無他，時人稱其先見。及峻挾天子幸石頭，坦奔陶侃，侃引爲長史。時侃等夜築白石壘，至曉而成。聞峻軍嚴聲，咸懼來攻。坦曰：「不然。若峻攻壘，必須東北風急，令我水軍不得往救。今天清靜，賊必不動，決遣軍出江乘，掠京口以東矣。」果如所籌。時郗鑒鎭京口，侃等各以兵會。既至，坦議以爲本不應須召郗公，遂使東門無限。今宜遣還，雖晚，猶勝不也。侃等猶疑，坦固爭甚切，始令鑒還據京口，遣郭默屯大業，又令驍將李閎、曹統、周光與默并力，賊遂勢分，卒如坦計。

及峻平，以坦爲吳郡太守。自陳吳多賢豪，而坦年少，未宜臨之。王導、庾亮並欲用坦爲丹楊尹。時亂離之後，百姓凋弊，坦固辭之。導等猶未之許。坦慨然曰：「昔肅祖臨崩，諸君親據御牀，共奉遺詔。孔坦疏賤，不在顧命之限。既有艱難，則以微臣爲先。今由俎上肉，任人膾截耳！」乃拂衣而去。導等亦止。於是遷吳興內史，封晉陵男，加建威將軍。以歲饑，運家米以振窮乏，百姓賴之。時使坦募江淮流人爲軍，有殿中兵，因亂東還，來應坦募，坦不知而納之。或諷朝廷，以坦藏臺叛兵，遂坐免。尋拜侍中。

咸康元年，石聰寇歷陽，王導爲大司馬，討之，請坦爲司馬。會石勒新死，季龍專恣，石聰及譙郡太守彭彪等各遣使請降。坦與聰書曰：

華狄道乖，南北迥邈，瞻河企宋，每懷饑渴。數會陽九，天禍晉國，姦凶猾夏，乘釁肆虐。我德雖衰，天命未改。乾符啓再集之慶，中興應靈期之會，百六之艱既過，惟新之美日隆。而神州振蕩，遺氓波散，誓命戎狄之手，跼蹐豺狼之穴，朝廷每臨寐永歎，痛心疾首。天罰既集，罪人斯隕，王旅未加，自相魚肉。豈非人怨神怒，天降其災！蘭艾同焚，賢愚所歎，哀矜勿喜，我后之仁，大赦曠廓，唯季龍是討。彭譙使至，粗具動靜，知將軍忿疾醜類，翻然同舉。承問欣豫，慶若在己。何知幾之先覺，砎石之易悟哉！引領來儀，怪無聲息。

將軍出自名族，誕育洪冑。遭世多故，國傾家覆，生離親屬，假養異類。雖逼僞寵，將亦何賴！聞之者猶或有悼，況身嬰之，能不憤慨哉！非我族類，其心必異，誠反

族歸正之秋，圖義建功之日也。若將軍喻納往言，宣之同盟，率關右之衆，輔河南之卒，申威趙魏，爲國前驅，雖竇融之保西河，黥布之去項羽，比諸古今，未足爲喻。聖上寬明，宰輔弘納，雖射鉤之隙，賞之故行，雍齒之恨，侯之列國。況二三子無釁人之嫌，而遇天啓之會，當如影響，有何遲疑！

今六軍誡嚴，水陸齊舉，熊羆踴躍，齕噬爭先，鋒鏑一交，玉石同碎，雖復後悔，何嗟及矣！僕以不才，世荷國寵，雖實不敏，誠爲行李之主，區區之情，還信所具。夫機事不先，鮮不後悔，自求多福，唯將軍圖之。

朝廷遂不果北伐，人皆懷恨。

坦在職數年，遷侍中。時成帝每幸丞相王導府，拜導妻曹氏，有同家人，坦每切諫。時帝刻日納后，而尚書左僕射王彬卒，議者以爲欲卻期。坦曰：「婚禮之重，重於救日蝕。救日蝕，有后之喪，太子墮井，則止。納后盛禮，豈可以臣喪而廢！」從之。及帝既加元服，猶委政王導，坦每發憤，以國事爲己憂，嘗從容言於帝曰：「陛下春秋以長，聖敬日躋，宜博納朝臣，諮諏善道。」由是忤導，出爲廷尉，怏怏不悅，以疾去職。加散騎常侍，遷尚書，未拜。

疾篤，庾冰省之，乃流涕。坦慨然曰：「大丈夫將終不問安國寧家之術，乃作兒女子相問邪！」冰深謝焉。臨終，與庾亮書曰：「不謂疾苦，遂至頓弊，自省緜緜，奄忽無日。修短命

也，將何所悲！但以身往名沒，朝恩不報，所懷未敍，即命多恨耳！足下以伯舅之尊，居方伯之重，抗威顧眄，名震天下，榱椽之佐，常願下風。使九服式序，四海一統，封京觀於中原，反紫極於華壤，是宿昔之所味詠，慷慨之本誠矣。今中道而斃，豈不惜哉！若死而有靈，潛聽風烈。」俄卒，時年五十一。追贈光祿勳，謚曰簡。亮報書曰：「廷尉孔君，神遊體離，嗚呼哀哉！得八月十五日書，知疾患轉篤，遂不起濟，悲恨傷楚，不能自勝。足下方在中年，素少疾患，雖天命有在，亦禍出不圖。且足下才經於世，世常須才，況於今日，倍相痛惜。吾以寡乏，忝當大任，國恥未雪，夙夜憂憤。常欲足下同在外藩，勠力時事。此情未果，來書奄至。申尋往復，不覺涕隕。深明足下慷慨之懷，深痛足下不遂之志。邈然永隔，夫復何言！謹遣報答，并致薄祭，望足下降神饗之。」子混嗣。

嚴字彭祖。祖父奕，全椒令，明察過人。時有遺其酒者，始提入門，奕遙呵之曰：「人餉吾兩罌酒，其一何故非也？」檢視之，一罌果是水。或問奕何以知之，笑曰：「酒重水輕，提酒者手有輕重之異故耳。」在官有惠化，及卒，市人若喪慈親焉。父倫，黃門郎。

嚴少仕州郡，歷司徒掾、尚書殿中郎。殷浩臨揚州，請爲別駕。遷尚書左丞。時朝廷崇樹浩，以抗擬桓溫，溫深以不平。浩又引接荒人，謀立功於閫外。嚴言於浩曰：「當今時

事艱難，可謂百六之運，使君屈己應務，屬當其會。聖懷所以日昃匪懈，臨朝斤斤，每欲深根固本，靜邊寧國耳，亦豈至私哉！而處任者所志不同，〔二〕所見各異，人口云云，無所不至。頃來天時人情，良可寒心。古人爲政，防人之口甚於防川。間日侍座，亦已粗申所懷，不審竟當何以鎮之？老子云『夫唯不爭，則萬物不能與之爭』，此言不可不察也。愚意故謂朝廷宜更明授任之方，韓彭可專征伐，蕭曹守管籥，內外之任，各有攸司。深思廉藺屈申之道，平勃相和之義，令婉然通順，人無間言，然後乃可保大定功，平濟天下也。又觀頃日降附之徒，皆人面獸心，貪而無親，難以義感。而聚著都邑，雜處人間，使君常疲聖體以接之，虛府庫以拯之，足以疑惑視聽耳。」浩深納之。

及哀帝踐阼，議所承統，時多異議。嚴與丹楊尹庾龢議曰：「順本居正，親親不可奪，宜繼成皇帝。」諸儒咸以嚴議爲長，竟從之。

隆和元年，詔曰：「天文失度，太史雖有禳祈之事，猶釁眚屢彰。今欲依鴻祀之制，於太極殿前庭親執虔肅。」嚴諫曰：「鴻祀雖出尚書大傳，先儒所不究，歷代莫之興，承天接神，豈可以疑殆行事乎！天道無親，唯德是輔，陛下祇順恭敬，留心兆庶，可以消災復異。皆已蹈而行之，德合神明，丘禱久矣，豈須屈萬乘之尊，修雜祀之事！君舉必書，可不慎歟！」帝嘉之而止。以爲揚州大中正，嚴不就。有司奏免，詔特以侯領尚書。

時東海王奕求海鹽、錢塘以水牛牽埭稅取錢直，帝初從之，嚴諫乃止。初，帝或施私恩，以錢帛賜左右。嚴又啓諸所別賜及給廚食，皆應減省。帝曰：「左右多困乏，故有所賜，今通斷之。又廚膳宜有減徹，思詳具聞。」嚴多所匡益。

太和中，拜吳興太守，加秩中二千石。善於宰牧，甚得人和。餘杭婦人經年荒，賣其子以活夫之兄子。武康有兄弟二人，妻各有孕，弟遠行未反，遇荒歲，不能兩全，棄其子而活弟子。嚴並褒薦之。又甄賞才能之士，論者美焉。五年，以疾去職，卒于家。

三子：道民，宣城內史；靜民，散騎侍郎；福民，太子洗馬，〔三〕皆爲孫恩所害。

羣字敬林，嚴叔父也。有智局，志尚不羈。蘇峻入石頭，時匡術有寵於峻，賓從甚盛。羣與從兄愉同行於橫塘，遇之，愉止與語，而羣初不視術。術怒，欲刃之。愉下車抱術曰：「吾弟發狂，卿爲我宥之。」乃獲免。後峻平，王導保存術，嘗因衆坐，令術勸羣酒，以釋橫塘之憾。羣答曰：「羣非孔子，厄同匡人。雖陽和布氣，鷹化爲鳩，至於識者，猶憎其目。」導有愧色。

仕歷中丞。性嗜酒，導嘗戒之曰：「卿恒飲，不見酒家覆瓿布，日月久糜爛邪？」答曰：「公不見肉糟淹更堪久邪？」嘗與親友書云：「今年田得七百石秫米，不足了麴糵事。」其耽湎如此。卒於官。嗣子沈。

沈字德度，有美名。何充薦沈於王導曰：「文思通敏，宜登宰門。」辟丞相司徒掾、琅邪王文學，並不就。從兄坦以裘遺之，辭不受。坦曰：「晏平仲儉，祀其先人，豚肩不掩豆，猶狐裘數十年，卿復何辭！」於是受而服之。是時沈與魏顗、虞球、虞存、謝奉並爲四族之儁。

沈子廞，位至吳興太守、廷尉。廞子琳之，以草書擅名，又爲吳興太守、侍中。

丁潭　張茂

丁潭字世康，會稽山陰人也。祖固，吳司徒。父彌，梁州刺史。潭初爲郡功曹，察孝廉，除郎中，稍遷丞相西閤祭酒。時元帝稱制，使各陳時事損益，潭上書曰：

爲國者恃人須才，蓋二千石長吏是也。安可不明簡其才，使必允當。既得其人，使久於其職，在官者無苟且，居下者有恒心，此爲政之較也。今之長吏，遷轉既數，有送迎之費。古人三載考績，三考黜陟，中才處局，故難以速成矣。

夫兵所以防禦未然，鎮壓姦凶，周雖三聖，功成由武。今戎戰之世，益宜留心，簡選精銳，以備不虞。無事則優其身，有難則責其力。竊聞今之兵士，或私有役使，而營

陣不充。夫爲國者，由爲家也。計財力之所任，審趨舍之舉動，不營難成之功，損棄分外之役。今兵人未强，當審其宜，經塗遠舉，未獻大捷，更使力單財盡而威望挫弱也。

及帝踐阼，拜駙馬都尉、奉朝請、尚書祠部郎。時琅邪王裒始受封，帝欲引朝賢爲其國上卿，將用潭，以問中書令賀循。循曰：「郎中令職望清重，實宜審授。潭清淳貞粹，雅有隱正，聖明所簡，才實宜之。」遂爲琅邪王郎中令。會裒薨，潭上疏求行終喪禮，曰：「在三之義，禮有達制，近代已來，或隨時降殺，宜一匡革，以敦于後。輒案令文，王侯之喪，官僚服斬，既葬而除。今國無繼統，喪庭無主，臣實陋賤，不足當重，謬荷首任，禮宜終喪。」詔下博議。國子祭酒杜夷議：〔四〕「古者諒闇，三年不言。下及周世，稅衰效命。春秋之時，天子諸侯既葬而除。此所謂三代損益，禮有不同。故三年之喪，由此而廢。然則漢文之詔，合於隨時，凡有國者，皆宜同也，非唯施於帝皇而已。案禮，殤與無後，降於成人。有後，既葬而除。今不得以無後之故而獨不除也。愚以丁郎中應除衰麻，自宜主祭，以終三年。」太常賀循議：「禮，天子諸侯俱以至尊臨人，上下之義，君臣之禮，自古以來，其例一也。故禮盛則並全其重，禮殺則從其降。春秋之事，〔五〕天子諸侯不行三年。至於臣爲君服，亦宜以君爲節，未有君除而臣服，君服而臣除者。今法令，諸侯卿相官屬爲君斬衰，既葬而除。以令文言之，明諸侯不以三年之喪與天子同可知也。君若遂服，則臣子輕重無應除者也。若當皆

除，無一人獨重之文。禮有攝主而無攝重，故大功之親主人喪者，必爲之再祭練祥，以大功之服，主人三年喪者也。苟謂諸侯與天子同制，國有嗣王，自不全服，而人主居喪，素服主祭，三年不攝吉事，以尊令制。若當遠迹三代，令復舊典，不依法令者，則侯之服貴賤一例，亦不得唯一人論。」於是詔使除服，心喪三年。

太興三年，遷王導驃騎司馬，轉中書郎，出爲廣武將軍、東陽太守，以清潔見稱。徵爲太子左衞率，不拜。成帝踐阼，以爲散騎常侍、侍中。蘇峻作亂，帝蒙塵於石頭，唯潭及侍中鍾雅、劉超等隨從不離帝側。峻誅，以功賜爵永安伯，遷大尚書，徙廷尉，累遷左光祿大夫、領國子祭酒、本國大中正，加散騎常侍。

康帝即位，屢表乞骸骨。詔以光祿大夫還第，門施行馬，祿秩一如舊制，給傳詔二人，賜錢二十萬，牀帳褥席。年八十，卒。贈侍中，大夫如故，謚曰簡。王導嘗謂孔敬康有公才而無公望，丁世康有公望而無公才。子詁，位至散騎侍郎。

張茂字偉康，少單貧，有志行，爲鄉里所敬信。初起義兵，討賊陳斌，一郡用全。元帝辟爲掾屬。官有老牛數十，將賣之，茂曰：「殺牛有禁，買者不得輒屠，齒力疲老，又不任耕駕，是以無用之物收百姓利也。」帝乃止。遷太子右衞率，出補吳興內史。沈充之反也，茂

與三子並遇害。茂弟盎，爲周札將軍，充討札，盎又死之。贈茂太僕。茂少時夢得大象，以問占夢萬推。推曰：「君當爲大郡，而不善也。」問其故，推曰：「象者大獸，獸者守也，故知當得大郡。然象以齒焚，爲人所害。」果如其言。

陶回

陶回，丹楊人也。祖基，吳交州刺史。父抗，太子中庶子。回辟司空府中軍、主簿，並不就。大將軍王敦命爲參軍，轉州別駕。敦死，司徒王導引爲從事中郎，遷司馬。

蘇峻之役，回與孔坦言於導，請早出兵守江口，語在坦傳。峻將至，回復謂亮曰：「峻知石頭有重戍，不敢直下，必向小丹楊南道步來，宜伏兵要之，可一戰而擒。」亮不從。峻果由小丹楊經秣陵，迷失道，逢郡人，執以爲鄉導。時峻夜行，甚無部分。亮聞之，深悔不從回等之言。尋王師敗績，回還本縣，收合義軍，得千餘人，並爲步軍，與陶侃、溫嶠等并力攻峻，又別破韓晃，以功封康樂伯。

時大賊新平，綱維弛廢，司徒王導以回有器幹，擢補北軍中候，俄轉中護軍。久之，遷征虜將軍、吳興太守。時人饑穀貴，三吳尤甚。詔欲聽相鬻賣，以拯一時之急。回上疏曰：「當今天下不普荒儉，唯獨東土穀價偏貴，便相鬻賣，聲必遠流，北賊聞之，將窺疆埸。如愚

臣意，不如開倉廩以振之。」乃不待報，輒便開倉，及割府郡軍資數萬斛米以救乏絕，由是一境獲全。既而下詔，并敕會稽、吳郡依回振恤，二郡賴之。在郡四年，徵拜領軍將軍，加散騎常侍，征虜將軍如故。

回性雅正，不憚强禦。丹楊尹桓景佞事王導，甚爲導所昵。回常慷慨謂景非正人，不宜親狎。會熒惑守南斗經旬，導語回曰：「南斗，揚州分，而熒惑守之，吾當遜位以厭此譴。」回答曰：「公以明德作相，輔弼聖主，當親忠貞，遠邪佞，而與桓景造膝，熒惑何由退舍！」導深愧之。

咸和二年，以疾辭職，帝不許。徙護軍將軍，常侍、領軍如故，未拜，卒，〔六〕年五十一。謚曰威。

四子：汪、陋、隱、無忌。汪嗣爵，位至輔國將軍、宣城內史，陋冠軍將軍，隱少府，無忌光祿勳，兄弟咸有幹用。

史臣曰：孔愉父子暨丁潭等，咸以篠簜之材，邀締構之運，策名霸府，騁足高衢，歷試清階，遂登顯要，外宣政績，內盡謀猷，罄心力以佐時，竭股肱以衞主，並能保全名節，善始令終。而愉高謝百萬之貲，辭榮數畝之宅，弘止足之分，有廉讓之風者矣。陶回陳邪佞之宜

遠，明鬻賣之非宜，並補闕弼違，良可稱也。

贊曰：愉既公才，潭唯公望。領軍儒雅，平越忠亮。君平料敵，彭祖弘益。茂以象焚，釁由匡厄。陶回規過，言同金石。

校勘記

〔一〕闓子靜　安紀「靜」作「靖」。斠注：宋書、南史孔靖傳、元和姓纂「靜」作「靖」。

〔二〕所志不同　「志」，各本作「至」，唯南監本作「志」，今從之。册府七二二亦作「志」。

〔三〕道民至太子洗馬　孫恩傳作「中書郎孔道，太子洗馬孔福」。

〔四〕杜夷　華恒傳作「杜彝」。

〔五〕春秋之事　周校：「時」誤「事」。按：周校是。上文「春秋之時」云云，此針對上文而言，亦當作「春秋之時」。

〔六〕咸和二年至卒　張森楷云：上文回以破蘇峻功封，又在吳興郡四年。蘇峻反在咸和二年，回不應轉於是年卒。「咸和」疑爲「咸康」之訛。按：萬斯同歷代史表一五列回卒於咸康二年，當是。

晉書卷七十九

列傳第四十九

謝尚

謝尚字仁祖，豫章太守鯤之子也。幼有至性。七歲喪兄，哀慟過禮，親戚異之。八歲，神悟夙成。鯤嘗攜之送客，或曰：「此兒一坐之顏回也。」尚應聲答曰：「坐無尼父，焉別顏回！」席賓莫不歎異。十餘歲，遭父憂，丹楊尹溫嶠弔之，尚號咷極哀。既而收涕告訴，舉止有異常童，嶠甚奇之。及長，開率穎秀，辨悟絕倫，脫略細行，不爲流俗之事。好衣刺文袴，諸父責之，因而自改，遂知名。善音樂，博綜衆藝。司徒王導深器之，比之王戎，常呼爲「小安豐」，辟爲掾。襲父爵咸亭侯。始到府通謁，導以其有勝會，謂曰：「聞君能作鴝鵒舞，一坐傾想，寧有此理不？」尚曰：「佳。」便著衣幘而舞。導令坐者撫掌擊節，尚俯仰在中，傍若無人，其率詣如此。

轉西曹屬。時有遭亂與父母乖離，議者或以進仕理王事，婚姻繼百世，於理非嫌。尚議曰：「典禮之興，皆因循情理，開通弘勝。如運有屯夷，要當斷之以大義。夫無後之罪，三千所不過，今婚姻將以繼百世，崇宗緒，此固不可塞也。然至於天屬生離之痛，痛之深者，莫深於茲。夫以一體之小患，猶或忘思慮，損聽察，況於抱傷心之巨痛，懷怛之至戚，方寸既亂，豈能綜理時務哉！有心之人，決不冒榮苟進。冒榮苟進之疇，必非所求之旨，徒開偷薄之門而長流弊之路。或有執志丘園、守心不革者，猶當崇其操業以弘風尚，而況含艱履慼之人，勉之以榮貴邪？」

遷會稽王友，入補給事黃門侍郎，出爲建武將軍、歷陽太守，轉督江夏義陽隨三郡軍事、江夏相，將軍如故。時安西將軍庾翼鎮武昌，尚數詣翼諮謀軍事。嘗與翼共射，翼曰：「卿若破的，當以鼓吹相賞。」尚應聲中之，翼卽以其副鼓吹給之。尚爲政清簡，始到官，郡府以布四十匹爲尚造烏布帳。尚壞之，以爲軍士襦袴。建元二年，詔曰：「尚往以戎戍事要，故輟黃散，以授軍旅。所處險要，宜崇其威望。今以爲南中郎將，餘官如故。」會庾冰薨，復以本號督豫州四郡，領江州刺史。俄而復轉西中郎將、督揚州之六郡諸軍事、豫州刺史、假節，鎮歷陽。

大司馬桓溫欲有事中原，使尚率衆向壽春，進號安西將軍。初，苻健將張遇降尚，尚不

中華書局

能綏懷之。遇怒，據許昌叛。尙討之，爲遇所敗，收付廷尉。時康獻皇后臨朝，卽尙之甥也，特令降號爲建威將軍。初，尙之行也，使建武將軍、濮陽太守戴施據枋頭。會冉閔之子智與其大將蔣幹來附，復遣行人劉猗詣尙請救。施止猗，求傳國璽，猗歸，以告幹。幹謂尙已敗，慮不能救己，猶豫不許。施遣參軍何融率壯士百人入鄴，登三臺助戍，譎之曰：「今且可出璽付我。凶寇在外，道路梗澀，亦未敢送璽，當遣單使馳白。天子聞璽已在吾許，知卿等至誠，必遣重軍相救，并厚相餉。」幹乃出璽付融，融齎璽馳還枋頭。尙遣振武將軍胡彬率騎三百迎璽，致諸京師。時苻健將楊平戍許昌，〔一〕尙遣兵襲破之，徵授給事中，賜軺車、鼓吹，戍石頭。

永和中，拜尙書僕射，出爲都督江西淮南諸軍事、前將軍、豫州刺史，給事中、僕射如故，鎭歷陽，加都督豫州揚州之五郡軍事，在任有政績。上表求入朝，因留京師，署僕射事。尋進號鎭西將軍，鎭壽陽。尙於是採拾樂人，并制石磬，以備太樂。江表有鍾石之樂，自尙始也。

桓溫北平洛陽，上疏請尙爲都督司州諸軍事。將鎭洛陽，以疾病不行。升平初，又進都督豫、冀、幽、幷四州。病篤，徵拜衞將軍，加散騎常侍，未至，卒於歷陽，時年五十。詔贈散騎常侍、衞將軍、開府儀同三司，謚曰簡。

無子，從弟奕以子康襲爵，早卒。康弟靜復以子肅嗣，又無子。靜子虔以子靈祐繼鯤後。

謝安 子琰 琰子混 安兄奕 奕子玄 安弟萬 萬弟石 石兄子朗 朗弟子邈

謝安字安石，尙從弟也。父裒，太常卿。安年四歲時，譙郡桓彝見而歎曰：「此兒風神秀徹，後當不減王東海。」及總角，神識沈敏，風宇條暢，善行書。弱冠詣王濛，淸言良久，旣去，濛子脩曰：「向客何如大人？」濛曰：「此客亹亹，爲來逼人。」王導亦深器之。由是少有重名。

初辟司徒府，除佐著作郎，並以疾辭。寓居會稽，與王羲之及高陽許詢、桑門支遁遊處，出則漁弋山水，入則言詠屬文，無處世意。揚州刺史庾冰以安有重名，必欲致之，累下郡縣敦逼，不得已赴召，月餘告歸。復除尙書郎、琅邪王友，並不起。吏部尙書范汪舉安爲吏部郎，安以書距絕之。有司奏安被召，歷年不至，禁錮終身，遂棲遲東土。嘗往臨安山中，坐石室，臨濬谷，悠然歎曰：「此去伯夷何遠！」嘗與孫綽等汎海，風起浪湧，諸人並懼，安吟嘯自若。舟人以安爲悅，猶去不止。風轉急，安徐曰：「如此將何歸邪？」舟人承言卽迴。衆咸服其雅量。安雖放情丘壑，然每游賞，必以妓女從。旣累辟不就，簡文帝時爲相，曰：「安石旣與人同樂，必不得不與人同憂，召之必至。」時安弟萬爲西中郎將，總藩任之重。安雖處衡門，其名猶出萬之右，自然有公輔之望，處家常以儀範訓子弟。安妻，劉惔妹也，旣見家門富貴，而安獨靜退，乃謂曰：「丈夫不如此也？」安掩鼻曰：「恐不免耳。」及萬黜廢，安始有仕進志，時年已四十餘矣。

征西大將軍桓溫請爲司馬，將發新亭，朝士咸送，中丞高崧戲之曰：「卿累違朝旨，高臥東山，諸人每相與言，安石不肯出，將如蒼生何！蒼生今亦將如卿何！」安甚有愧色。旣到，溫甚喜，言生平，歡笑竟日。旣出，溫問左右：「頗嘗見我有如此客不？」溫後詣安，值其理髮。安性遲緩，久而方罷，使取幘。溫見，留之曰：「令司馬著帽進。」其見重如此。

溫當北征，會萬病卒，安投牋求歸。尋除吳興太守。在官無當時譽，去後爲人所思。頃之，徵拜侍中，遷吏部尙書、中護軍。

簡文帝疾篤，溫上疏薦安宜受顧命。及帝崩，溫入赴山陵，止新亭，大陳兵衞，將移晉室，呼安及王坦之，欲於坐害之。坦之甚懼，問計於安。安神色不變，曰：「晉祚存亡，在此一行。」旣見溫，坦之流汗沾衣，倒執手版。安從容就席，坐定，謂溫曰：「安聞諸侯有道，守在四鄰，明公何須壁後置人邪？」溫笑曰：「正自不能不爾耳。」遂笑語移日。坦之與安初齊名，至是方知坦之之劣。溫嘗以安所作簡文帝謚議以示坐賓，曰：「此謝安石碎金也。」

時孝武帝富於春秋，政不自己，溫威振內外，人情噂嗒，互生同異。安與坦之盡忠匡翼，終能輯穆。及溫病篤，諷朝廷加九錫，使袁宏具草。安見，輒改之，由是歷旬不就。會溫薨，錫命遂寢。

尋爲尙書僕射，領吏部，加後將軍。及中書令王坦之出爲徐州刺史，詔安總關中書事。安義存輔導，雖會稽王道子亦賴弼諧之益。時强敵寇境，邊書續至，梁益不守，樊鄧陷沒，安每鎭以和靖，御以長算。德政旣行，文武用命，不存小察，弘以大綱，威懷外著，人皆比之王導，謂文雅過之。嘗與王羲之登冶城，悠然遐想，有高世之志。羲之謂曰：「夏禹勤王，手足胼胝；文王旰食，日不暇給。今四郊多壘，宜思自效，而虛談廢務，浮文妨要，恐非當今所宜。」安曰：「秦任商鞅，二世而亡，豈淸言致患邪？」

是時宮室毀壞，安欲繕之。尙書令王彪之等以外寇爲諫，安不從，竟獨決之。宮室用成，皆仰模玄象，合體辰極，而役無勞怨。又領揚州刺史，詔以甲仗百人入殿。時帝始親萬機，進安中書監、驃騎將軍、錄尙書事，固讓軍號。于時懸象失度，亢旱彌年，安奏興滅繼絕，求晉初佐命功臣後而封之。頃之，加司徒，後軍文武盡配大府，又讓不拜。復加侍中、都督揚豫徐兗青五州幽州之燕國諸軍事、假節。

時苻堅强盛，疆埸多虞，諸將敗退相繼。安遣弟石及兄子玄等應機征討，所在克捷。拜衞將軍、開府儀同三司，封建昌縣公。堅後率衆，號百萬，次于淮肥，京師震恐。加安征討大都督。玄入問計，安夷然無懼色，答曰：「已別有旨。」既而寂然。玄不敢復言，乃令張玄重請。安遂命駕出山墅，親朋畢集，方與玄圍棊賭別墅。安常棊劣於玄，是日玄懼，便爲敵手而又不勝。安顧謂其甥羊曇曰：「以墅乞汝。」安遂游涉，〔三〕至夜乃還，指授將帥，各當其任。玄等既破堅，有驛書至，安方對客圍棊，看書既竟，便攝放牀上，了無喜色，棊如故。客問之，徐答云：「小兒輩遂已破賊。」既罷，還內，過戶限，心喜甚，不覺屐齒之折，其矯情鎭物如此。以總統功，進拜太保。

安方欲混一文軌，上疏求自北征，乃進都督揚、江、荊、司、豫、徐、兗、青、冀、幽、幷、寧、益、雍、梁十五州軍事，加黃鉞，其本官悉如故，置從事中郎二人。安上疏讓太保及爵，不許。是時桓沖既卒，荊、江二州並缺，物論以玄勳望，宜以授之。安以父子皆著大勳，恐爲朝廷所疑，又懼桓氏失職，桓石虔復有沔陽之功，慮其驍猛，在形勝之地，終或難制，乃以桓石民爲荊州，改桓伊於中流，石虔爲豫州。既以三桓據三州，彼此無怨，各得所任。其經遠無競，類皆如此。

性好音樂，自弟萬喪，十年不聽音樂。及登台輔，朞喪不廢樂。王坦之書喻之，不從，衣冠效之，遂以成俗。又於土山營墅，樓館林竹甚盛，每攜中外子姪往來游集，肴饌亦屢費

百金，世頗以此譏焉，而安殊不以屑意。常疑劉牢之既不可獨任，又知王味之不宜專城。牢之既以亂終，而味之亦以貪敗，由是識者服其知人。

時會稽王道子專權，而姦諂頗相扇構，安出鎭廣陵之步丘，築壘曰新城以避之。帝出祖於西池，獻觴賦詩焉。安雖受朝寄，然東山之志始末不渝，每形於言色。及鎭新城，盡室而行，造汎海之裝，欲須經略粗定，自江道還東。雅志未就，遂遇疾篤。上疏請量宜旋旆，幷召子征虜將軍琰解甲息徒，命龍驤將軍朱序進據洛陽，前鋒都督玄抗威彭沛，委以董督。若二賊假延，來年水生，東西齊舉。詔遣侍中慰勞，遂還都。聞當輿入西州門，自以本志不遂，深自慨失，因悵然謂所親曰：「昔桓溫在時，吾常懼不全。忽夢乘溫輿行十六里，見一白雞而止。乘溫輿者，代其位也。十六里，止今十六年矣。白雞主酉，今太歲在酉，吾病殆不起乎！」乃上疏遜位，詔遣侍中、尙書喻旨。先是，安發石頭，金鼓忽破，又語未嘗謬，而忽一誤，衆亦怪異之。尋薨，時年六十六。帝三日臨于朝堂，賜東園祕器、朝服一具、衣一襲、錢百萬、布千匹、蠟五百斤，贈太傅，謚曰文靖。以無下舍，詔府中備凶儀。及葬，加殊禮，依大司馬桓溫故事。又以平苻堅勳，更封廬陵郡公。

安少有盛名，時多愛慕。鄉人有罷中宿縣者，還詣安。安問其歸資，答曰：「有蒲葵扇五萬。」安乃取其中者捉之，京師士庶競市，價增數倍。安本能爲洛下書生詠，有鼻疾，故其

音濁，名流愛其詠而弗能及，或手掩鼻以斅之。及至新城，築埭於城北，後人追思之，名爲召伯埭。

羊曇者，太山人，知名士也，爲安所愛重。安薨後，輟樂彌年，行不由西州路。嘗因石頭大醉，扶路唱樂，不覺至州門。左右白曰：「此西州門。」曇悲感不已，以馬策扣扉，誦曹子建詩曰：「生存華屋處，零落歸山丘。」慟哭而去。

安有二子：瑤、琰。瑤襲爵，官至琅邪王友，早卒。子該嗣，終東陽太守。無子，弟光祿勳模以子承伯嗣，有罪，國除。

劉裕以安勳德濟世，特更封該弟澹爲柴桑侯，邑千戶，奉安祀。澹少歷顯位。桓玄簒位，以澹兼太尉，與王謐俱齎册到姑孰。元熙中，爲光祿大夫，復兼太保，持節奉册禪宋。

琰字瑗度。弱冠，以貞幹稱，美風姿。與從兄護軍淡雖比居，不往來，宗中子弟惟與才令者數人相接。拜著作郎，轉祕書丞，累遷散騎常侍、侍中。苻堅之役，安以琰有軍國才用，出爲輔國將軍，以精卒八千，與從兄玄俱陷陣破堅，以勳封望蔡公。尋遭父憂去官，服闋，除征虜將軍、會稽內史。頃之，徵爲尙書右僕射，領太子詹事，加散騎常侍，將軍如故。又遭母憂，朝廷疑其葬禮。時議者云：「潘岳爲賈充婦宜城宣君誄云：『昔在武侯，喪禮殊

倫。伉儷一體，朝儀則均。』謂宜資給葬禮，悉依太傅故事。」先是，王珣娶萬女，珣弟珉娶安女，並不終，由是與謝氏有隙。珣時爲僕射，猶以前憾緩其事。琰聞恥之，遂自造輼輬車以葬，議者譏之。

太元末，爲護軍將軍，加右將軍。會稽王道子以爲司馬，右將軍如故。王恭舉兵，假琰節，都督前鋒軍事。恭平，遷衞將軍、徐州刺史、假節。

孫恩作亂，加督吳興、義興二郡軍事，討恩。至義興，斬賊許允之，迎太守魏鄢還郡。〔三〕進討吳興賊丘尫，破之。又詔琰與輔國將軍劉牢之俱討孫恩。恩逃於海島，朝廷憂之，以琰爲會稽內史、都督五郡軍事，本官並如故。琰既以資望鎭越土，議者謂無復東顧之虞。及至郡，無綏撫之能，而不爲武備。將帥皆諫曰：「强賊在海，伺人形便，宜振揚仁風，開其自新之路。」琰曰：「苻堅百萬，尚送死淮南，況孫恩奔衄歸海，何能復出！若其復至，正是天不養國賊，令速就戮耳。」遂不從其言。恩後果復寇浹口，入餘姚，破上虞，進及邢浦，去山陰北三十五里。琰遣參軍劉宣之距破恩。既而上黨太守張虔碩戰敗，羣賊銳進，人情震駭，咸以宜持重嚴備，且列水軍於南湖，分兵設伏以待之。琰不聽。賊既至，尚未食，琰曰：「要當先滅此寇而後食也。」跨馬而出。廣武將軍桓寶爲前鋒，摧鋒陷陣，殺賊甚多，而塘路迮狹，琰軍魚貫而前，賊於艦中傍射之，前後斷絕。琰至千秋亭，敗績。琰帳下都督張猛於後

斫琰馬，琰墮地，與二子肇、峻俱被害，寶亦死之。後劉裕左里之捷，生擒猛，送琰小子混，混刳肝生食之。詔以琰父子隕於君親，忠孝萃於一門，贈琰侍中、司空，謚曰忠肅。

三子：肇、峻、混。肇歷驃騎參軍，峻以琰勳封建昌侯。及沒於賊，詔贈肇散騎常侍，峻散騎侍郎。

混字叔源。少有美譽，善屬文。初，孝武帝爲晉陵公主求壻，謂王珣曰：「主壻但如劉眞長、王子敬便足。如王處仲、桓元子誠可，才小富貴，便豫人家事。」珣對曰：「謝混雖不及眞長，不減子敬。」帝曰：「如此便足。」未幾，帝崩，袁山松欲以女妻之，[四]珣曰：「卿莫近禁臠。」初，元帝始鎭建業，公私窘罄，每得一㹠，以爲珍膳，項上一臠尤美，輒以薦帝，羣下未嘗敢食，于時呼爲「禁臠」，故珣因以爲戲。混竟尚主，襲父爵。桓玄嘗欲以安宅爲營，混曰：「召伯之仁，猶惠及甘棠；文靖之德，更不保五畝之宅邪？」玄聞，慚而止。歷中書令、中領軍、尚書左僕射、領選。以黨劉毅誅，國除。及宋受禪，謝晦謂劉裕曰：「陛下應天受命，登壇日恨不得謝益壽奉璽紱。」裕亦歎曰：「吾甚恨之，使後生不得見其風流！」益壽，混小字也。

奕字無奕，少有名譽。初爲剡令，有老人犯法，奕以醇酒飲之，醉猶未已。安時年七八歲，在奕膝邊，諫止之。奕爲改容，遣之。與桓溫善。溫辟爲安西司馬，猶推布衣好。在溫坐，岸幘笑詠，無異常日。桓溫曰：「我方外司馬。」奕每因酒，無復朝廷禮，嘗逼溫飲，溫走入南康主門避之。主曰：「君若無狂司馬，我何由得相見！」奕遂攜酒就聽事，引溫一兵帥共飲，曰：「失一老兵，得一老兵，亦何所怪。」[五]溫不之責。

從兄尚有德政，既卒，爲西藩所思，朝議以奕立行有素，必能嗣尚事，乃遷都督豫司冀幷四州軍事、安西將軍、豫州刺史、假節。未幾，卒官，贈鎭西將軍。

三子：泉、[六]靖、玄。泉早有名譽，歷義興太守。靖官至太常。

玄字幼度。少穎悟，與從兄朗俱爲叔父安所器重。安嘗戒約子姪，因曰：「子弟亦何豫人事，而正欲使其佳？」諸人莫有言者。玄答曰：「譬如芝蘭玉樹，欲使其生於庭階耳。」安悅。玄少好佩紫羅香囊，安患之，而不欲傷其意，因戲賭取，卽焚之，於此遂止。

及長，有經國才略，屢辟不起。後與王珣俱被桓溫辟爲掾，並禮重之。轉征西將軍桓豁司馬、領南郡相、監北征諸軍事。于時苻堅强盛，邊境數被侵寇，朝廷求文武良將可以鎭禦北方者，安乃以玄應舉。中書郎郗超雖素與玄不善，聞而歎之，曰：「安違衆舉親，明也。

玄必不負舉，才也。」時咸以爲不然。超曰：「吾嘗與玄共在桓公府，見其使才，雖履屐間亦得其任，所以知之。」於是徵還，拜建武將軍、兗州刺史、領廣陵相、監江北諸軍事。

時苻堅遣軍圍襄陽，車騎將軍桓沖禦之。詔玄發三州人丁，[七]遣彭城內史何謙游軍淮泗，[八]以爲形援。襄陽既沒，堅將彭超攻龍驤將軍戴逯於彭城。玄率東莞太守高衡、後軍將軍何謙次於泗口，欲遣間使報逯，令知救至，其道無由。小將田泓請行，乃沒水潛行，將趣城，爲賊所獲。賊厚賂泓，使云「南軍已敗」。泓僞許之。既而告城中曰：「南軍垂至，我單行來報，爲賊所得，勉之！」遂遇害。時彭超置輜重於留城，玄乃揚聲遣謙等向留城。超聞之，還保輜重。謙馳進，解彭城圍。超復進軍南侵，堅將句難、[九]毛當自襄陽來會。超圍幽州刺史田洛於三阿，有衆六萬。詔征虜將軍謝石率水軍次涂中，右衞將軍毛安之、游擊將軍河間王曇之、淮南太守楊廣、宣城內史丘準次堂邑。既而盱眙城陷，高密內史毛藻沒，[一〇]安之等軍人相驚，遂各散退，朝廷震動。玄於是自廣陵西討難等。何謙解田洛圍，進據白馬，與賊大戰，破之，斬其僞將都顏。[一一]因復進擊，又破之，斬其僞將邵保。超、難引退。玄率何謙、戴逯、田洛追之，戰于君川，復大破之。玄參軍劉牢之攻破浮航及白船，督護諸葛侃、單父令李都又破其運艦。難等相率北走，僅以身免。於是罷彭城、下邳二戍。詔遣殿中將軍慰勞，進號冠軍，加領徐州刺史，還于廣陵，以功封東興縣侯。

及苻堅自率兵次於項城，衆號百萬，而涼州之師始達咸陽，蜀漢順流，幽幷係至。先遣苻融、慕容暐、張蚝、苻方等至潁口，梁成、王顯等屯洛澗。[一二]詔以玄爲前鋒、都督徐兗青三州揚州之晉陵幽州之燕國諸軍事，與叔父征虜將軍石、從弟輔國將軍琰、西中郎將桓伊、龍驤將軍檀玄、建威將軍戴熙、揚武將軍陶隱等距之，衆凡八萬。玄先遣廣陵相劉牢之五千人直指洛澗，卽斬梁成及成弟雲，步騎崩潰，爭赴淮水。牢之縱兵追之，生擒堅僞將梁他、王顯、梁悌、慕容屈氏等，收其軍實。堅進屯壽陽，列陣臨肥水，玄軍不得渡。玄使謂苻融曰：「君遠涉吾境，而臨水爲陣，是不欲速戰。諸君稍却，令將士得周旋，僕與諸君緩轡而觀之，不亦樂乎！」堅衆皆曰：「宜阻肥水，莫令得上。我衆彼寡，勢必萬全。」堅曰：「但却軍，令得過，而我以鐵騎數十萬向水，逼而殺之。」融亦以爲然，遂麾使却陣，衆因亂不能止。於是玄與琰、伊等以精銳八千涉渡肥水。石軍距張蚝，小退。玄、琰仍進，決戰肥水南。堅中流矢，臨陣斬融。堅衆奔潰，自相蹈藉投水死者不可勝計，肥水爲之不流。餘衆棄甲宵遁，聞風聲鶴唳，皆以爲王師已至，草行露宿，重以飢凍，死者十七八。獲堅乘輿雲母車，儀服、器械、軍資、珍寶山積，牛馬驢騾駱駝十萬餘。詔遣殿中將軍慰勞，進號前將軍、假節，固讓不受。賜錢百萬，綵千匹。

既而安奏苻堅喪敗，宜乘其釁會，以玄爲前鋒都督，率冠軍將軍桓石虔徑造渦潁，經略舊都。玄復率衆次于彭城，遣參軍劉襲攻堅兗州刺史張崇於鄄城，走之，使劉牢之守鄄城。兗州既平，玄患水道險澀，糧運艱難，用督護聞人奭謀，堰呂梁水，樹柵，立七埭爲派，擁二岸之流，以利運漕，自此公私利便。又進伐青州，故謂之青州派。遣淮陵太守高素以三千人向廣固，降堅青州刺史苻朗。又進伐冀州，遣龍驤將軍劉牢之、濟北太守丁匡據碻磝，濟陽太守郭滿據滑臺，奮武將軍顏雄渡河立營。〔一三〕堅子丕遣將桑據屯黎陽。玄命劉襲夜襲據，走之。丕惶遽欲降，玄許之。丕告飢，玄饋丕米二千斛。〔一四〕又遣晉陵太守滕恬之渡河守黎陽，三魏皆降。以兗、青、司、豫平，加玄都督徐、兗、青、司、冀、幽、并七州軍事。玄上疏以方平河北，幽冀宜須總督，司州懸遠，應統豫州。以勳封康樂縣公。玄請以先封東興侯賜兄子玩，詔聽之，更封玩豫寧伯。復遣寧遠將軍桓演伐申凱於魏郡，破之。玄欲令豫州刺史朱序鎮梁國，玄住彭城，北固河上，西援洛陽，內藩朝廷。朝議以征役既久，宜置戍而還，使玄還鎮淮陰，序鎮壽陽。會翟遼據黎陽反，〔一五〕執滕恬之，又泰山太守張願舉郡叛，河北騷動，玄自以處分失所，上疏送節，盡求解所職。詔慰勞，令且還鎮淮陰，以朱序代鎮彭城。

玄既還，遇疾，上疏解職，詔書不許。玄又自陳，既不堪攝職，慮有曠廢。詔又使移鎮東陽城。玄即路，於道疾篤，上疏曰：

臣以常人，才不佐世，忽蒙殊遇，不復自量，遂從戎政。驅馳十載，不辭鳴鏑之險，每有征事，輒請爲軍鋒，由恩厚忘軀，甘死若生也。冀有毫釐，上報榮寵。天祚大晉，王威屢舉，實由陛下神武英斷，無思不服。亡叔臣安協贊雍熙，以成天工。而雰霧尚翳，六合未朗，遺黎塗炭，巢窟宜除，復命臣荷戈前驅，董司戎首。冀仰憑皇威，宇宙寧一，陛下致太平之化，庸臣以塵露報恩，然後從亡叔臣安退身東山，以道養壽。此誠以形于文旨，達于聖聽矣。臣所以區區家國，實在於此。不謂臣愆咎夙積，罪鍾中年，上延亡叔臣安、亡兄臣靖，數月之間，相係殂背，下逮稚子，尋復夭昏。哀毒兼纏，痛百常情。臣不勝禍酷暴集，每一慟殆弊。所以含哀忍悲，期之必存者，雖哲輔傾落，聖明方融，伊周嗣作，人懷自厲，猶欲申臣本志，隆國保家，故能豁其情滯，同之無心耳。

去冬奉司徒道子告括囊遠圖，逮問臣進止之宜。臣進不達事機，以蹙境爲恥，退不自揆，故欲順其宿心。豈謂經略不振，自貽斯戾。是以奉送章節，待罪有司，執徇常儀，實有愧心。而聖恩赦過，黷法垂宥，使抱罪之臣復得更名於所司。木石猶感，而況臣乎！顧將身不良，動與釁會，謙德不著，害盈是荷，先疾既動，便至委篤。陛下體臣疢重，使還藩淮側。甫欲休兵靜衆，綏懷善撫，兼苦自療，冀日月漸瘳，繕甲俟會，思更奮迅。而所患沈頓，有增無損。今者惙惙，救命朝夕。臣之平日，率其常矩，加以匪懈，猶不能令政理弘宣，況今內外天隔，永不復接，寧可臥居重任，以招患慮！追尋前事，可爲寒心。臣之微身，復何足惜，區區血誠，憂國實深。謹遣兼長史劉濟重奉送節蓋章傳。伏願陛下垂天地之仁，拯將絕之氣，時遣軍司鎮慰荒雜，聽臣所乞，盡醫藥消息，歸誠道門，冀神祇之祐。若此而不差，修短命也。使臣得及視息，瞻覲墳柏，以此之盡，公私眞無恨矣。伏枕悲慨，不覺流涕。

詔遣高手醫一人，令自消息，又使還京口療疾。玄奉詔便還，病久不差，又上疏曰：「臣同生七人，凋落相繼，惟臣一己，孑然獨存。在生荼酷，無如臣比。所以含哀忍痛，希延視息者，欲報之德，實懷罔極，庶蒙一瘳，申其此志。且臣孤遺滿目，顧之惻然，爲欲極其求生之心，未能自分於灰土。慺慺之情，可哀可愍。伏願陛下矜其所訴，霈然垂恕，不令微臣銜恨泉壤。」表寢不報。前後表疏十餘上，久之，乃轉授散騎常侍、左將軍、會稽內史。時吳興太守晉寧侯張玄之亦以才學顯，自吏部尚書與玄同年之郡，而玄之名亞於玄，時人稱爲「南北二玄」，論者美之。

玄既輿疾之郡，十三年，卒于官，時年四十六。追贈車騎將軍、開府儀同三司，謚曰獻武。

子瑍嗣，祕書郎，早卒。子靈運嗣。瑍少不惠，而靈運文藻艷逸，玄嘗稱曰：「我尚生瑍，瑍那得生靈運！」〔一六〕永熙中，爲劉裕世子左衞率。

始從玄征伐者，何謙字恭子，東海人，戴遯字安丘，處士逵之弟，並驍果多權略。逵厲操東山，而遯以武勇顯。謝安嘗謂遯曰：「卿兄弟志業何殊？」遯曰：「下官不堪其憂，家兄不改其樂。」遯以軍功封廣信侯，位至大司農。

萬字萬石，才器儁秀，雖器量不及安，而善自衒曜，故早有時譽。工言論，善屬文，敍漁父、屈原、季主、賈誼、楚老、龔勝、孫登、嵇康四隱四顯爲八賢論，其旨以處者爲優，出者爲劣，以示孫綽。綽與往反，以體公識遠者則出處同歸。〔一七〕嘗與蔡系送客於征虜亭，與系爭言。系推萬落牀，冠帽傾脫。萬徐拂衣就席，神意自若，坐定，謂系曰：「卿幾壞我面。」系曰：「本不爲卿面計。」然俱不以介意，時亦以此稱之。

弱冠，辟司徒掾，遷右西屬，不就。簡文帝作相，聞其名，召爲撫軍從事中郎。萬著白綸巾，鶴氅裘，履版而前。〔一八〕既見，與帝共談移日。太原王述，萬之妻父也，爲揚州刺史。萬嘗衣白綸巾，乘平肩輿，徑至聽事前，謂述曰：「人言君侯癡，君侯信自癡。」述曰：「非無此論，但晚合耳。」〔一九〕

萬再遷豫州刺史、領淮南太守、監司豫冀并四州軍事、假節。王羲之與桓溫箋曰：「謝萬才流經通，處廊廟，參諷議，故是後來一器。而今屈其邁往之氣，以俯順荒餘，近是違才易務矣。」溫不從。

萬既受任北征，矜豪傲物，嘗以嘯詠自高，未嘗撫衆。兄安深憂之，自隊主將帥已下，安無不慰勉。謂萬曰：「汝爲元帥，諸將宜數接對，以悅其心，豈有傲誕若斯而能濟事也！」萬乃召集諸將，都無所說，直以如意指四坐云：「諸將皆勁卒。」諸將益恨之。既而先遣征虜將軍劉建修治馬頭城池，自率衆入渦潁，以援洛陽。北中郎將郗曇以疾病退還彭城，萬以爲賊盛致退，便引軍還，衆遂潰散，狼狽單歸，廢爲庶人。後復以爲散騎常侍，會卒，時年四十二，因以爲贈。

子韶，字穆度，少有名。時謝氏尤彥秀者，稱封、胡、羯、末。封謂韶，胡謂朗，羯謂玄，末謂川，〔二〇〕皆其小字也。韶、朗、川並早卒，惟玄以功名終。韶至車騎司馬。韶子恩，字景伯，宏達有遠略，韶爲黃門郎、〔二一〕武昌太守。恩三子：曜、弘微，皆歷顯位。

朗字長度。父據，早卒。朗善言玄理，文義艷發，名亞於玄。總角時，病新起，體甚羸，未堪勞，於叔父安前與沙門支遁講論，遂至相苦。其母王氏再遣信令還，安欲留，使竟論，王氏因出云：「新婦少遭艱難，一生所寄惟在此兒。」遂流涕攜朗去。安謂坐客曰：「家嫂辭

情慷慨，恨不使朝士見之。」朗終於東陽太守。

子重，字景重，明秀有才名，爲會稽王道子驃騎長史。嘗因侍坐，于時月夜明淨，道子歎以爲佳。重率爾曰：「意謂乃不如微雲點綴。」道子因戲重曰：「卿居心不淨，乃復强欲滓穢太清邪！」

子絢，字宣映，曾於公坐戲調，無禮於其舅袁湛。湛甚不堪之，謂曰：「汝父昔已輕舅，汝今復來加我，可謂世無渭陽情也。」絢父重，卽王胡之外孫，與舅亦有不協之論，湛故有此及云。

石字石奴。初拜祕書郎，累遷尚書僕射。征句難，以勳封興平縣伯。淮肥之役，詔石解僕射，以將軍假節征討大都督，與兄子玄、琰破苻堅。先是，童謠云：「誰謂爾堅石打碎。」故桓豁皆以「石」名子，以邀功焉。堅之敗也，雖功始牢之，而成于玄、琰，然石時實爲都督焉。遷中軍將軍、尚書令，更封南康郡公。于時學校陵遲，石上疏請興復國學，以訓冑子，班下州郡，普修鄉校。疏奏，孝武帝納焉。

兄安薨，石遷衞將軍，加散騎常侍。以公事與吏部郎王恭互相短長，恭甚忿恨，自陳褊阨不允，且疾源深固，乞還私門。石亦上疏遜位。有司奏，石輒去職，免官。詔曰：「石以疾求退，豈準之常制！其喻令還。」歲餘不起。表十餘上，帝不許。石乞依故尚書令王彪之例，於府綜攝，詔聽之。疾篤，進位開府儀同三司，加鼓吹，未拜，卒，時年六十二。

石少患面創，療之莫愈，乃自匿。夜有物來舐其瘡，隨舐隨差，舐處甚白，故世呼爲謝白面。石在職務存文刻，既無他才望，直以宰相弟兼有大勳，遂居清顯，而聚斂無饜，取譏當世。追贈司空，禮官議謚，博士范弘之議謚曰襄墨公，語在弘之傳。朝議不從，單謚曰襄。

子汪嗣，早卒。汪從兄沖以子明慧嗣，爲孫恩所害。明慧從兄喻復以子屬嗣。宋受禪，國除。

邈字茂度。父鐵，永嘉太守。邈性剛鯁，無所屈撓，頗有理識。累遷侍中。時孝武帝觴樂之後多賜侍臣文詔，辭義有不雅者，邈輒焚毀之，其他侍臣被詔者或宣揚之，故論者以此多邈。後爲吳興太守。孫恩之亂，爲賊胡桀、郜驃等所執，害之，〔二二〕賊逼令北面，邈厲聲曰：「我不得罪天子，何北面之有！」遂害之。邈妻郗氏，甚妬。邈先娶妾，郗氏怨懟，與邈書告絕。邈以其書非婦人詞，疑其門下生仇玄達爲之作，遂斥玄達。玄達怒，遂投孫恩，并害邈兄弟，竟至滅門。

史臣曰：建元之後，時政多虞，巨猾陸梁，權臣横恣。其有兼將相於中外，系存亡於社稷，負扆資之以端拱，鑿井賴之以晏安者，其惟謝氏乎！簡侯任總中臺，效彰分閫；正議云唱，喪禮墮而復弘；遺音既補，雅樂缺而還備。君子哉，斯人也！文靖始居塵外，高謝人間，嘯詠山林，浮泛江海，當此之時，蕭然有陵霞之致。暨于褫薜蘿而襲朱組，去衡泌而踐丹墀，庶績於是用康，彝倫以之載穆。苻堅百萬之衆已瞰吳江，桓溫九五之心將移晉鼎，衣冠易慮，遠邇崩心。從容而杜姦謀，宴衎而清羣寇，宸居獲太山之固，惟揚去累卵之危，斯爲盛矣。然激繁會於朞服之辰，敦一歡於百金之費，廢禮於媮薄之俗，崇侈於耕戰之秋，雖欲混哀樂而同歸，齊奢儉於一致，而不知穨風已扇，雅道日淪，國之儀刑，豈期若是！琰稱貞幹，卒以忠勇垂名；混曰風流，竟以文詞獲譽：並階時宰，無墮家風。奕萬以放肆爲高，石奴以褊濁興累，雖粤微類，猶稱名實。康樂才兼文武，志存匡濟，淮肥之役，勍寇望之而土崩；渦潁之師，中州應之而席卷。方欲西平鞏洛，北定幽燕，廟算有遺，良圖不果，降齡何促，功敗垂成，拊其遺文，經綸遠矣。

贊曰：安西英爽，才兼辯博。宣力方鎮，流聲臺閣。太保沈浮，曠若虛舟。任高百辟，情惟一丘。琰邈忠壯，奕萬虛放。爲龍爲光，或卿或將。偉哉獻武，功宣授斧。克翦凶渠，幾

清中寓。

校勘記

〔一〕楊平　通鑑九九作「楊羣」。

〔二〕安遂游涉　通鑑一〇五、通志一二八、建康實錄九、册府三二一「涉」並作「陟」。

〔三〕魏邸　斠注：安紀作「魏隱」。按：世說賞譽及注引魏氏譜、通鑑一一一亦作「魏隱」。

〔四〕袁山松　各本均誤作「袁崧」，今據本傳及世說排調諸書改。

〔五〕亦何所怪　「怪」，各本作「在」，惟吳本作「怪」，今從之。蓋「怪」或作「恠」，因譌爲「在」。御覽八四四、册府八五五均作「怪」。

〔六〕三子泉　李校：世說賢媛注「泉」作「淵」。蓋本名淵，唐人避諱改泉。

〔七〕三州人丁　「丁」，各本誤作「下」，今從宋本。册府三五〇亦作「丁」。

〔八〕何謙　斠注：苻堅載記作「何謙之」。

〔九〕句難　見卷九校記。

〔一〇〕毛藻　周校：「毛藻」當照孝武紀、苻堅載記作「毛璪之」。按：通鑑一〇四亦作「毛璪之」。

〔一一〕都顏　「都顏」，各本均作「都督顏」，誤衍「督」字。今據苻堅載記删。

〔一二〕王顯　「王顯」，各本誤作「王先」。王先乃晉安豐太守，玆據下文及苻堅載記改。

〔一三〕顏雄　苻堅載記、通鑑一〇五作「顏肱」。

〔一四〕饋丕米二千斛　「饋」，各本作「潰」，今從宋本。册府三五〇亦作「饋」。

〔一五〕翟遼　見卷九校記。

〔一六〕瑯邪得生靈運　各本均作「瑯邪得不生靈運」，多一「不」字，文意不貫。此係襲用宋書謝靈運傳，宋書無「不」字，今據删。

〔一七〕體公識遠　斠注：世說文學注引中興書「公」作「玄」。

〔一八〕履版而前　李校：「版」當作「展」。

〔一九〕但晚合耳　李校：「合」當作「令」，世說簡傲作「令」，劉注詳之。

〔二〇〕末謂川　川卽上文之泉（見校〔六〕），本名淵，修史者上文改作「泉」，此又改作「川」，殊爲失檢。

〔二一〕宏達有遠略韶爲黃門郎　此叙謝恩官位，不得及其父韶。恩爲黃門郎、武昌太守，南史謝密傳、世說人名譜亦言之，可證。周家祿以爲「韶」當作「仕」。通志一二八上句作「宏達有遠韻」，或者「韻」誤爲「韶」，後人又誤增「略」字。

〔二二〕害之　下文云「遂害之」，則此「害之」二字不當有，疑衍。

晉書卷八十

列傳第五十

王羲之　子玄之　凝之　徽之　徽之子楨之　徽之弟操之　獻之　許邁

王羲之字逸少，司徒導之從子也。祖正，尚書郎。父曠，淮南太守。元帝之過江也，曠首創其議。羲之幼訥於言，人未之奇。年十三，嘗謁周顗，顗察而異之。時重牛心炙，坐客未噉，顗先割啗羲之，於是始知名。及長，辯贍，以骨鯁稱，尤善隸書，爲古今之冠，論者稱其筆勢，以爲飄若浮雲，矯若驚龍。深爲從伯敦、導所器重。時陳留阮裕有重名，爲敦主簿。敦嘗謂羲之曰：「汝是吾家佳子弟，當不減阮主簿。」裕亦目羲之與王承、王悅爲王氏三少。時太尉郗鑒使門生求女壻於導，導令就東廂徧觀子弟。門生歸，謂鑒曰：「王氏諸少並佳，然聞信至，咸自矜持。惟一人在東牀坦腹食，獨若不聞。」鑒曰：「正此佳壻邪！」訪之，乃羲之也，遂以女妻之。

起家祕書郎，征西將軍庾亮請爲參軍，累遷長史。亮臨薨，上疏稱羲之清貴有鑒裁。遷寧遠將軍、江州刺史。羲之既少有美譽，朝廷公卿皆愛其才器，頻召爲侍中、吏部尚書，皆不就。復授護軍將軍，又推遷不拜。揚州刺史殷浩素雅重之，勸使應命，乃遺羲之書曰：「悠悠者以足下出處足觀政之隆替，如吾等亦謂爲然。至如足下出處，正與隆替對，豈可以一世之存亡，必從足下從容之適？幸徐求衆心。卿不時起，復可以求美政不？若豁然開懷，當知萬物之情也。」羲之遂報書曰：「吾素自無廊廟志，〔一〕直王丞相時果欲內吾，誓不許之，手跡猶存，由來尙矣，不於足下參政而方進退。自兒娶女嫁，便懷尙子平之志，數與親知言之，非一日也。若蒙驅使，關隴、巴蜀皆所不辭。吾雖無專對之能，直謹守時命，宣國家威德，固當不同於凡使，必令遠近咸知朝廷留心於無外，此所益殊不同居護軍也。漢末使太傅馬日磾慰撫關東，若不以吾輕微，無所爲疑，宜及初冬以行，吾惟恭以待命。」

羲之既拜護軍，又苦求宣城郡，不許，乃以爲右軍將軍、會稽內史。時殷浩與桓溫不協，羲之以國家之安在於內外和，因以與浩書以戒之，〔二〕浩不從。及浩將北伐，羲之以爲必敗，以書止之，言甚切至。浩遂行，果爲姚襄所敗。復圖再舉，又遺浩書曰：

知安西敗喪，公私惋怛，不能須臾去懷。以區區江左，所營綜如此，天下寒心，固以久矣，而加之敗喪，此可熟念。往事豈復可追，願思弘將來，令天下寄命有所，自隆中興之業。政以道勝寬和爲本，力爭武功，作非所當，因循所長，以固大業，想識其由來也。

自寇亂以來，處內外之任者，未有深謀遠慮，括囊至計，而疲竭根本，各從所志，竟無一功可論，一事可記，忠言嘉謀棄而莫用，遂令天下將有土崩之勢，何能不痛心悲慨也。任其事者，豈得辭四海之責！追咎往事，亦何所復及，宜更虛己求賢，當與有識共之，不可復令忠允之言常屈於當權。今軍破於外，資竭於內，保淮之志非復所及，莫過還保長江，都督將各復舊鎮，自長江以外，羈縻而已。任國鈞者，引咎責躬，深自貶降以謝百姓，更與朝賢思布平政，除其煩苛，省其賦役，與百姓更始，庶可以允塞羣望，救倒懸之急。

使君起於布衣，任天下之重，尚德之舉，未能事事允稱，當董統之任而敗喪至此，恐闔朝羣賢未有與人分其謗者。今亟修德補闕，廣延羣賢，與之分任，尚未知獲濟所期。若猶以前事爲未工，故復求之於分外，宇宙雖廣，自容何所！知言不必用，或取怨執政，然當情慨所在，正自不能不盡懷極言。若必親征，未達此旨，果行者，愚智所不解也。願復與衆共之。

復被州符，增運千石，徵役兼至，皆以軍期，對之喪氣，罔知所厝。自頃年割剝遺

黎，刑徒竟路，殆同秦政，惟未加參夷之刑耳，恐勝廣之憂，無復日矣。

又與會稽王牋陳浩不宜北伐，并論時事曰：

古人恥其君不爲堯舜，北面之道，豈不願尊其所事，比隆往代，況遇千載一時之運？顧智力屈於當年，何得不權輕重而處之也。今雖有可欣之會，內求諸己，而所憂乃重於所欣。傳云「自非聖人，外寧必有內憂」。今外不寧，內憂已深。古之弘大業者，或不謀於衆，傾國以濟一時功者，亦往往而有之。誠獨運之明足以邁衆，暫勞之弊終獲永逸者可也。求之於今，可得擬議乎！

夫廟算決勝，必宜審量彼我，萬全而後動。功就之日，便當因其衆而即其實。今功未可期，而遺黎殲盡，萬不餘一。且千里饋糧，自古爲難，況今轉運供繼，西輸許洛，北入黃河。雖秦政之弊，未至於此，而十室之憂，便以交至。今運無還期，徵求日重，以區區吳越經緯天下十分之九，不亡何待！而不度德量力，不弊不已，此封內所痛心歎悼而莫敢吐誠。

往者不可諫，來者猶可追，願殿下更垂三思，解而更張，令殷浩、荀羡還據合肥、廣陵，許昌、譙郡、梁、彭城諸軍皆還保淮，爲不可勝之基，須根立勢舉，謀之未晚，此實當今策之上者。若不行此，社稷之憂可計日而待。安危之機，易於反掌，考之虛實，著於

目前，願運獨斷之明，定之於一朝也。

地淺而言深，豈不知其未易。然古人處閭閻行陣之間，尚或干時謀國，評裁者不以爲譏，況廁大臣末行，豈可默而不言哉！存亡所係，決在行之，不可復持疑後機，不定之於此，後欲悔之，亦無及也。

殿下德冠宇內，以公室輔朝，最可直道行之，致隆當年，而未允物望，受殊遇者所以寤寐長歎，實爲殿下惜之。國家之慮深矣，常恐伍員之憂不獨在昔，麋鹿之游將不止林藪而已。願殿下暫廢虛遠之懷，以救倒懸之急，可謂以亡爲存，轉禍爲福，則宗廟之慶，四海有賴矣。

時東土饑荒，羲之輒開倉振貸。然朝廷賦役繁重，吳會尤甚，羲之每上疏爭之，事多見從。又遺尚書僕射謝安書曰：[三]

頃所陳論，每蒙允納，所以令下小得蘇息，各安其業。若不耳，此一郡久以蹈東海矣。

今事之大者未布，漕運是也。吾意望朝廷可申下定期，委之所司，勿復催下，但當歲終考其殿最。長吏尤殿，命檻車送詣天臺。三縣不舉，二千石必免，或可左降，令在疆塞極難之地。

又自吾到此，從事常有四五，兼以臺司及都水御史行臺文符如雨，倒錯違背，不復可知。吾又瞑目循常推前，取重者及綱紀，輕者在五曹。主者莅事，未嘗得十日，吏民趨走，功費萬計。卿方任其重，可徐尋所言。江左平日，揚州一良刺史便足統之，況以羣才而更不理，正由爲法不一，牽制者衆，思簡而易從，便足以保守成業。

倉督監耗盜官米，動以萬計，吾謂誅翦一人，其後便斷，而時意不同。近檢校諸縣，無不皆爾。餘姚近十萬斛，重斂以資姦吏，令國用空乏，良可歎也。

自軍興以來，征役及充運死亡叛散不反者衆，虛耗至此，而補代循常，所在凋困，莫知所出。上命所差，上道多叛，則吏及叛者席卷同去。又有常制，輒令其家及同伍課捕。課捕不擒，家及同伍尋復亡叛。百姓流亡，戶口日減，其源在此。又有百工醫寺，死亡絕沒，家戶空盡，差代無所，上命不絕，事起或十年、十五年，彈舉獲罪無懈息，而無益實事，何以堪之！謂自今諸死罪原輕者及五歲刑，可以充此，其減死者，可長充兵役，五歲者，可充雜工醫寺，皆令移其家以實都邑。都邑既實，是政之本，又可絕其亡叛。不移其家，逃亡之患復如初耳。今除罪而充雜役，盡移其家，小人愚迷，或以爲重於殺戮，可以絕姦。刑名雖輕，懲肅實重，豈非適時之宜邪！

羲之雅好服食養性，不樂在京師，初渡浙江，便有終焉之志。會稽有佳山水，名士多居

之，謝安未仕時亦居焉。孫綽、李充、許詢、支遁等皆以文義冠世，並築室東土，與羲之同好。嘗與同志宴集於會稽山陰之蘭亭，羲之自爲之序以申其志，曰：

永和九年，歲在癸丑，暮春之初，會于會稽山陰之蘭亭，修禊事也。羣賢畢至，少長咸集。此地有崇山峻嶺，茂林修竹，又有清流激湍，映帶左右，引以爲流觴曲水，列坐其次。雖無絲竹管絃之盛，一觴一詠，亦足以暢敘幽情。

是日也，天朗氣清，惠風和暢，仰觀宇宙之大，俯察品類之盛，所以游目騁懷，足以極視聽之娛，信可樂也。

夫人之相與，俯仰一世，或取諸懷抱，悟言一室之內，或因寄所託，放浪形骸之外。雖趣舍萬殊，靜躁不同，當其欣於所遇，暫得於己，快然自足，不知老之將至。及其所之既倦，情隨事遷，感慨係之矣。向之所欣，俛仰之間，已爲陳跡，猶不能不以之興懷。況修短隨化，終期於盡。古人云，死生亦大矣，豈不痛哉！

每覽昔人興感之由，若合一契，未嘗不臨文嗟悼，不能喻之於懷。固知一死生爲虛誕，齊彭殤爲妄作，後之視今，亦猶今之視昔，悲夫！故列敘時人，錄其所述，雖世殊事異，所以興懷，其致一也。後之覽者，亦將有感於斯文。

或以潘岳金谷詩序方其文，羲之比於石崇，聞而甚喜。

性愛鵝，會稽有孤居姥養一鵝，善鳴，求市未能得，遂攜親友命駕就觀。姥聞羲之將至，烹以待之，羲之歎惜彌日。又山陰有一道士，養好鵝，羲之往觀焉，意甚悅，固求市之。道士云：「爲寫道德經，當舉羣相贈耳。」羲之欣然寫畢，籠鵝而歸，甚以爲樂。其任率如此。嘗詣門生家，見棐几滑淨，因書之，眞草相半。後爲其父誤刮去之，門生驚懊者累日。又嘗在蕺山見一老姥，持六角竹扇賣之。羲之書其扇，各爲五字。姥初有慍色。因謂姥曰：「但言是王右軍書，以求百錢邪。」姥如其言，人競買之。他日，姥又持扇來，羲之笑而不答。其書爲世所重，皆此類也。每自稱「我書比鍾繇，當抗行；比張芝草，猶當雁行也」。曾與人書云：「張芝臨池學書，池水盡黑，使人耽之若是，未必後之也。」羲之書初不勝庾翼、郗愔，及其暮年方妙。嘗以章草答庾亮，而翼深歎伏，因與羲之書云：「吾昔有伯英章草十紙，過江顚狽，遂乃亡失，常歎妙迹永絕。忽見足下答家兄書，煥若神明，頓還舊觀。」

時驃騎將軍王述少有名譽，與羲之齊名，而羲之甚輕之，由是情好不協。述先爲會稽，以母喪居郡境，羲之代述，止一弔，遂不重詣。述每聞角聲，謂羲之當候己，輒洒掃而待之。如此者累年，而羲之竟不顧，述深以爲恨。及述爲揚州刺史，將就徵，周行郡界，而不過羲之，臨發，一別而去。先是，羲之常謂賓友曰：「懷祖正當作尙書耳，投老可得僕射。更求會稽，便自邈然。」及述蒙顯授，羲之恥爲之下，遣使詣朝廷，求分會稽爲越州。行人失辭，大

爲時賢所笑。既而內懷愧歎，謂其諸子曰：「吾不減懷祖，而位遇懸邈，當由汝等不及坦之故邪！」述後檢察會稽郡，辯其刑政，主者疲於簡對。羲之深恥之，遂稱病去郡，於父母墓前自誓曰：「維永和十一年三月癸卯朔，九日辛亥，小子羲之敢告二尊之靈。羲之不天，夙遭閔凶，不蒙過庭之訓。母兄鞠育，得漸庶幾，遂因人乏，蒙國寵榮。進無忠孝之節，退違推賢之義，每仰詠老氏、周任之誡，常恐死亡無日，[四]憂及宗祀，豈在微身而已！是用寤寐永歎，若墜深谷。止足之分，定之於今。謹以今月吉辰肆筵設席，稽顙歸誠，告誓先靈。自今之後，敢渝此心，貪冒苟進，是有無尊之心而不子也。子而不子，天地所不覆載，名教所不得容。信誓之誠，有如皦日！」

羲之既去官，與東土人士盡山水之游，弋釣爲娛。又與道士許邁共修服食，採藥石不遠千里，徧游東中諸郡，窮諸名山，泛滄海，歎曰：「我卒當以樂死。」謝安嘗謂羲之曰：「中年以來，傷於哀樂，與親友別，輒作數日惡。」羲之曰：「年在桑榆，自然至此。頃正賴絲竹陶寫，恒恐兒輩覺，損其歡樂之趣。」朝廷以其誓苦，亦不復徵之。

時劉惔爲丹楊尹，許詢嘗就惔宿，牀帷新麗，飲食豐甘。詢曰：「若此保全，殊勝東山。」惔曰：「卿若知吉凶由人，吾安得保此。」羲之在坐，曰：「令巢許遇稷契，當無此言。」二人並有愧色。

初，羲之既優游無事，與吏部郎謝萬書曰：

古之辭世者或被髮陽狂，或汚身穢跡，可謂艱矣。今僕坐而獲逸，遂其宿心，其爲慶幸，豈非天賜！違天不祥。

頃東游還，修植桑果，今盛敷榮，率諸子，抱弱孫，游觀其間，有一味之甘，割而分之，以娛目前。雖植德無殊邈，猶欲教養子孫以敦厚退讓。或以輕薄，庶令舉策數馬，彷彿萬石之風。君謂此何如？

比當與安石東游山海，并行田視地利，頤養閑暇。衣食之餘，欲與親知時共歡讌，雖不能興言高詠，銜杯引滿，語田里所行，故以爲撫掌之資，其爲得意，可勝言邪！常依陸賈、班嗣、楊王孫之處世，甚欲希風數子，老夫志願盡於此也。

萬後爲豫州都督，又遺萬書誡之曰：「以君邁往不屑之韻，而俯同羣辟，誠難爲意也。然所謂通識，正自當隨事行藏，乃爲遠耳。願君每與士之下者同，則盡善矣。食不二味，居不重席，此復何有，而古人以爲美談。濟否所由，實在積小以致高大，君其存之。」萬不能用，果敗。

年五十九卒，贈金紫光祿大夫。諸子遵父先旨，固讓不受。有七子，知名者五人。玄之早卒。次凝之，亦工草隸，仕歷江州刺史、左將軍、會稽內

史。」王氏世事張氏五斗米道，凝之彌篤。孫恩之攻會稽，僚佐請爲之備。凝之不從，方入靖室請禱，出語諸將佐曰：「吾已請大道，許鬼兵相助，賊自破矣。」既不設備，遂爲孫恩所害。

徽之字子猷。性卓犖不羈，爲大司馬桓溫參軍，蓬首散帶，不綜府事。又爲車騎桓沖騎兵參軍，沖問：「卿署何曹？」對曰：「似是馬曹。」又問：「管幾馬？」曰：「不知馬，何由知數！」又問：「馬比死多少？」曰：「未知生，焉知死！」嘗從沖行，值暴雨，徽之因下馬排入車中，謂曰：「公豈得獨擅一車！」沖嘗謂徽之曰：「卿在府日久，比當相料理。」徽之初不酬答，直高視，以手版柱頰云：「西山朝來致有爽氣耳。」

時吳中一士大夫家有好竹，欲觀之，便出坐輿造竹下，諷嘯良久。主人灑埽請坐，徽之不顧。將出，主人乃閉門，徽之便以此賞之，盡歡而去。嘗寄居空宅中，便令種竹。或問其故，徽之但嘯詠，指竹曰：「何可一日無此君邪！」嘗居山陰，夜雪初霽，月色清朗，四望皓然，獨酌酒詠左思招隱詩，忽憶戴逵。逵時在剡，便夜乘小船詣之，經宿方至，造門不前而反。人問其故，徽之曰：「本乘興而行，興盡而反，何必見安道邪！」雅性放誕，好聲色，嘗夜與弟獻之共讀高士傳讚，獻之賞井丹高潔，徽之曰：「未若長卿慢世也。」其傲達若此。時人皆欽其才而穢其行。

後爲黃門侍郎，棄官東歸，與獻之俱病篤。時有術人云：「人命應終，而有生人樂代者，則死者可生。」徽之謂曰：「吾才位不如弟，請以餘年代之。」術者曰：「代死者，以己年有餘，得以足亡者耳。今君與弟算俱盡，何代也！」未幾，獻之卒，徽之奔喪不哭，直上靈牀坐，取獻之琴彈之，久而不調，歎曰：「嗚呼子敬，人琴俱亡！」因頓絕。先有背疾，遂潰裂，月餘亦卒。子楨之。

楨之字公幹，歷位侍中、大司馬長史。桓玄爲太尉，朝臣畢集，問楨之：「我何如君亡叔？」在坐咸爲氣咽。楨之曰：「亡叔一時之標，公是千載之英。」一坐皆悅。

操之字子重，歷侍中、尚書、豫章太守。

獻之字子敬。少有盛名，而高邁不羈，雖閑居終日，容止不怠，風流爲一時之冠。年數歲，嘗觀門生摴蒱，曰：「南風不競。」門生曰：「此郎亦管中窺豹，時見一斑。」獻之怒曰：「遠慚荀奉倩，近愧劉眞長。」遂拂衣而去。嘗與兄徽之、操之俱詣謝安，二兄多言俗事，獻之寒溫而已。既出，客問安王氏兄弟優劣，安曰：「小者佳。」客問其故，安曰：「吉人之辭寡，以其少言，故知之。」嘗與徽之共在一室，忽然火發，徽之遽走，不遑取履。獻之神色恬然，徐呼左右扶出。夜臥齋中，而有偷人入其室，盜物都盡。獻之徐曰：「偷兒，青氈我家舊物，可特置之。」羣偷驚走。

工草隸，善丹青。七八歲時學書，羲之密從後掣其筆不得，歎曰：「此兒後當復有大名。」嘗書壁爲方丈大字，羲之甚以爲能，觀者數百人。桓溫嘗使書扇，筆誤落，因畫作烏駮牸牛，甚妙。

起家州主簿、祕書郎，轉丞，以選尚新安公主。嘗經吳郡，聞顧辟彊有名園，先不相識，乘平肩輿徑入。時辟彊方集賓友，而獻之游歷既畢，傍若無人。辟彊勃然數之曰：「傲主人，非禮也。以貴驕士，非道也。失是二者，不足齒之傖耳。」便驅出門。獻之傲如也，不以屑意。

謝安甚欽愛之，請爲長史。安進號衞將軍，復爲長史。太元中，新起太極殿，安欲使獻之題榜，以爲萬代寶，而難言之，試謂曰：「魏時陵雲殿榜未題，而匠者誤釘之，不可下，乃使韋仲將懸橙書之。比訖，鬚鬢盡白，裁餘氣息。還語子弟，宜絕此法。」獻之揣知其旨，正色曰：「仲將，魏之大臣，寧有此事！使其若此，有以知魏德之不長。」安遂不之逼。安又問曰：「君書何如君家尊？」答曰：「故當不同。」安曰：「外論不爾。」答曰：「人那得知！」尋除建威將軍、吳興太守，徵拜中書令。

及安薨，贈禮有同異之議，惟獻之、徐邈共明安之忠勳。獻之乃上疏曰：「故太傅臣安少振玄風，道譽洋溢。弱冠遐棲，則契齊箕皓；應運釋褐，而王猷允塞。及至載宣威靈，彊猾消殄。功勳既融，投韍高讓。且服事先帝，眷隆布衣。陛下踐阼，陽秋尚富，盡心竭智以輔聖明。考其潛躍始終，事情繾綣，實大晉之儁輔，義篤於曩臣矣。伏惟陛下留心宗臣，澄神於省察。」孝武帝遂加安殊禮。

未幾，獻之遇疾，家人爲上章，道家法應首過，問其有何得失。對曰：「不覺餘事，惟憶與郗家離婚。」獻之前妻，郗曇女也。俄而卒於官。安僖皇后立，以后父追贈侍中、特進、光祿大夫、太宰，諡曰憲。無子，以兄子靜之嗣，位至義興太守。時議者以爲羲之草隸，江左中朝莫有及者，獻之骨力遠不及父，而頗有媚趣。桓玄雅愛其父子書，各爲一袠，置左右以翫之。始羲之所與共游者許邁。

許邁字叔玄，一名映，丹楊句容人也。家世士族，而邁少恬靜，不慕仕進。未弱冠，嘗造郭璞，璞爲之筮，遇泰之大畜，其上六爻發。[五]璞謂曰：「君元吉自天，宜學升遐之道。」時南海太守鮑靚隱跡潛遁，人莫之知。邁乃往候之，探其至要。父母尚存，未忍違親。謂餘杭懸霤山近延陵之茅山，是洞庭西門，潛通五嶽，陳安世、茅季偉常所游處，於是立精舍於懸霤，而往來茅嶺之洞室，放絕世務，以尋仙館，朔望時節還家定省而已。父母既終，乃遣婦孫氏還家，遂攜其同志徧游名山焉。

初採藥於桐廬縣之桓山，餌朮涉三年，時欲斷穀。以此山近人，不得專一，四面藩之，好道之徒欲相見者，登樓與語，以此爲樂。常服氣，一氣千餘息。永和二年，移入臨安西山，登巖茹芝，眇爾自得，有終焉之志。乃改名玄，字遠游。與婦書告別，又著詩十二首，論神僊之事焉。羲之造之，未嘗不彌日忘歸，相與爲世外之交。玄遺羲之書云：「自山陰南至臨安，多有金堂玉室，仙人芝草，左元放之徒，漢末諸得道者皆在焉。」羲之自爲之傳，述靈異之跡甚多，不可詳記。玄自後莫測所終，好道者皆謂之羽化矣。

制曰：書契之興，肇乎中古，繩文鳥跡，不足可觀。末代去朴歸華，舒牋點翰，爭相誇尙，競其工拙。伯英臨池之妙，無復餘蹤；師宜懸帳之奇，罕有遺跡。逮乎鍾王以降，略可言焉。鍾雖擅美一時，亦爲迥絕，論其盡善，或有所疑。至於布纖濃，分疏密，霞舒雲卷，無所閒然。但其體則古而不今，字則長而逾制，語其大量，以此爲瑕。獻之雖有父風，殊非新巧。觀其字勢疏瘦，如隆冬之枯樹；覽其筆蹤拘束，若嚴家之餓隸。其枯樹也，雖槎枿而無屈伸；其餓隸也，則羈羸而不放縱。兼斯二者，故翰墨之病歟！子雲近出，擅名江表，然僅

得成書，無丈夫之氣，行行若縈春蚓，字字如綰秋蛇；臥王濛於紙中，〔六〕坐徐偃於筆下；雖禿千兔之翰，聚無一毫之筋，窮萬轂之皮，斂無半分之骨；以茲播美，非其濫名邪！此數子者，皆譽過其實。所以詳察古今，研精篆素，盡善盡美，其惟王逸少乎！觀其點曳之工，裁成之妙，煙霏露結，狀若斷而還連；鳳翥龍蟠，勢如斜而反直。〔七〕翫之不覺爲倦，覽之莫識其端，心慕手追，此人而已。其餘區區之類，何足論哉！

校勘記

〔一〕吾素自無廊廟志　各本無「志」字，唯殿本有。今從之。

〔二〕因以與浩書　通志一二九無「以」字，疑是。

〔三〕又遺尙書僕射謝安書曰　惜抱軒筆記、諸史拾遺並謂，羲之任會稽內史時，謝安尙未出仕。此書當是與謝尙。「安」或「尙」字之誤。

〔四〕常恐死亡無日　「死」，各本作「斯」，今從殿本。册府八一三亦作「死」。

〔五〕遇泰之大畜其上六爻發　各本均無「大畜其」三字，今從殿本。

〔六〕王濛　「濛」，各本均作「蒙」。此謂王仲祖，因依本傳改「濛」。

〔七〕斜而反直　「直」，各本作「正」，今從宋本。

晉書卷八十一

列傳第五十一

王遜

王遜字邵伯，魏興人也。仕郡察孝廉，爲吏部令史，轉殿中將軍，累遷上洛太守。私牛馬在郡生駒犢者，秩滿悉以付官，云是郡中所產也。轉魏興太守。

惠帝末，西南夷叛，寧州刺史李毅卒，城中百餘人奉毅女固守經年。永嘉四年，治中毛孟詣京師求刺史，不見省。孟固陳曰：「君亡親喪，幽閉窮城，萬里訴哀，不垂愍救。既慚包胥無哭秦之感，又愧梁妻無崩城之驗，存不若亡，乞賜臣死。」朝廷憐之，乃以遜爲南夷校尉、寧州刺史，使於郡便之鎭。

遜與孟俱行，道遇寇賊，踰年乃至。外逼李雄，內有夷寇，吏士散沒，城邑丘墟。遜披荒糾厲，收聚離散，專仗威刑，鞭撻殊俗。遜未到州，遙舉董聯爲秀才，建寧功曹周悅謂聯

非才，不下版檄。遜既到，收悅殺之。悅弟潛謀殺遜，以前建寧太守趙混子濤代爲刺史。事覺，並誅之。又誅豪右不奉法度者數十家。征伐諸夷，俘馘千計，獲馬及牛羊數萬餘，於是莫不振服，威行寧土。又遣子澄奉表勸進於元帝，帝嘉之，累加散騎常侍、安南將軍、假節，校尉、刺史如故，賜爵褒中縣公。遜以地勢形便，上分牂柯爲平夷郡，分朱提爲南廣郡，分建寧爲夜郎郡，分永昌爲梁水郡，又改益州郡爲晉寧郡，事皆施行。

先是，越巂太守李釗爲李雄所執，自蜀逃歸，遜復以釗爲越巂太守。李雄遣李驤、任回攻釗，釗自南秦與漢嘉太守王載共距之，戰于溫水，釗敗績，載遂以二郡附雄。後驤等又渡瀘水寇寧州，遜使將軍姚崇、〔一〕爨琛距之，戰于堂狼，大破驤等，崇追至瀘水，透水死者千餘人。崇以道遠不敢渡水，遜以崇不窮追也，怒囚羣帥，執崇，鞭之，怒甚，髮上衝冠，冠爲之裂，夜中卒。

遜在州十四年，州人復立遜中子堅行州府事。詔除堅爲南夷校尉、寧州刺史、假節，謚遜曰壯。陶侃懼堅不能抗對蜀人，太寧末，表以零陵太守尹奉爲寧州，徵堅還京，病卒。兄澄襲爵，歷魏興太守、散騎常侍。

蔡豹

蔡豹字士宣，陳留圉城人。高祖質，漢衞尉，左中郎將邕之叔父也。祖睦，魏尚書。父宏，陰平太守。豹有氣幹，歷河南丞，長樂、清河太守。避亂南渡，元帝以爲振武將軍、臨淮太守，遷建威將軍、徐州刺史。初，祖逖爲徐州，豹爲司馬，素易豹。至是，逖爲豫州，而豹爲徐州，俱受征討之寄，逖甚愧之。

是時太山太守徐龕與彭城內史劉遐同討反賊周撫於寒山，龕將于藥斬撫。及論功，而遐先之。龕怒，以太山叛，自號安北將軍、兗州刺史，攻破東莞太守侯史旄而據其塢。〔三〕石季龍伐之，龕懼，求降，元帝許焉。既而復叛歸石勒，勒遣其將王伏都、〔四〕張景等數百騎助龕。〔五〕詔征虜將軍羊鑒、武威將軍侯禮、臨淮太守劉遐、鮮卑段文鴦等與豹共討之。諸將畏懊，頓兵下邳，不敢前。豹欲進軍，鑒固不許。龕遣使請救於勒，勒辭以外難，而多求於龕。又王伏都等淫其室。龕知勒不救，且患伏都等縱暴，乃殺之，復求降。元帝惡其反覆，不納，敕豹、鑒以時進討。鑒及劉遐等並疑憚不相聽從，互有表聞，故豹久不得進。尚書令刁協奏曰：「臣等伏思淮北征軍已失不速，今方盛暑，冒涉山險，山人便弓弩，習土俗，一人守阨，百夫不當。且運漕至難，一朝糧乏，非復智力所能防禦也。書云寧致人，不致於人。宜頓兵所在，深壁固壘，至秋不了，乃進大軍。」詔曰：「知難而退，誠合兵家之言。然小賊雖狡猾，故成擒耳。未戰而退，先自摧衄，亦古之所忌。且邵存已據賊壘，威勢既振，不可退

一步也。」於是遣治書御史郝嘏爲行臺，催攝令進討。豹欲逕進，鑒執不聽。協又奏免鑒官，委豹爲前鋒，以鑒兵配之，降號折衝將軍，以責後效。豹進據卞城，欲以逼龕。時石季龍屯鉅平，將攻豹，豹夜遁，退守下邳。徐龕襲取豹輜重於檀丘，將軍留寵、陸黨力戰，死之。

豹既敗，將歸謝罪，北中郎王舒止之，曰：「胡寇方至，使君且當攝職，爲百姓障扞。賊退謝罪，不晚也。」豹從之。元帝聞豹退，使收之。使者至，王舒夜以兵圍豹，豹以爲他難，率麾下擊之，聞有詔乃止。舒執豹，送至建康，斬之，尸于市三日，時年五十二。

豹在徐土，內撫將士，外懷諸衆，甚得遠近情，聞其死，多悼惜之。無子，兄子裔字元子，散騎常侍、兗州刺史、高陽鄉侯。殷浩北伐，使裔率衆出彭城，卒於軍。

羊鑒

羊鑒字景期，太山人也。父濟，匈奴中郎將。兄煒，歷太僕、兗徐二州刺史。鑒爲東陽太守，累遷太子左衞率。時徐龕反叛，司徒王導以鑒是龕州里冠族，必能制之，請遣北討。鑒深辭才非將帥。太尉郗鑒亦表謂鑒非才，不宜妄使。導不納，強啓授以征討都督，果敗績。導以舉鑒非才，請自貶，帝不從。有司正鑒斬刑，元帝詔以鑒太妃外屬，特免死，除名。久之，爲少府。及王敦反，明帝以鑒敦舅，又素相親黨，微被嫌責。及成帝卽位，豫討蘇峻，以功封豐城縣侯，徙光祿勳，卒。

劉胤

劉胤字承胤，東萊掖人，漢齊悼惠王肥之後也。美姿容，善自任遇，交結時豪，名著海岱間，士咸慕之。舉賢良，辟司空掾，並不就。

會天下大亂，攜母欲避地遼東，路經幽州，刺史王浚留胤，表爲渤海太守。浚敗，轉依冀州刺史邵續。續徒衆寡弱，謀降於石勒，胤言於續曰：「夫田單、包胥，齊楚之小吏耳，猶能存已滅之邦，全喪敗之國。今將軍杖精銳之衆，居全勝之城，如何墜將登之功於一簣，委忠信之人於豺狼乎！且項羽、袁紹非不强也，高祖縞冠，人應如響；曹公奉帝，而諸侯綏穆。何者？蓋逆順之理殊，自然之數定也。況夷戎醜類，屯結無賴，雖有犬羊之盛，終有庖宰之患，而欲託根結援，無乃殆哉！」續曰：「若如君言，計將安出？」胤曰：「琅邪王以聖德欽明，創基江左，中興之隆可企踵而待。今爲將軍計者，莫若抗大順以激義士之心，奉忠正以厲軍人之志。夫機事在密，時至難違，存亡廢興，在此舉矣。」續從之，乃殺異議者數人，遣使江南，朝廷嘉之。胤仍求自行，續厚遣之。

既至，元帝命爲丞相參軍，累遷尚書吏部郎。胤聞石季龍攻厭次，言於元帝曰：「北方方鎮皆沒，惟餘邵續而已。如使君爲季龍所制，孤義士之心，阻歸本之路。愚謂宜存救援。」元帝將遣救之，會續已沒而止。王敦素與胤交，甚欽貴之，請爲右司馬。胤知敦有不臣心，枕疾不視事，以是忤敦意，出爲豫章太守，辭以腳疾，詔就家授印綬。郡人莫鴻，南士豪族，因亂，殺本縣令，橫恣無道，百姓患之。胤至，誅鴻及諸豪右，界內肅然。咸和初，爲平南軍司，加散騎常侍。蘇峻作亂，溫嶠率衆而下，留胤等守湓口。事平，以勳賜爵豐城子。俄而代嶠爲平南將軍、都督江州諸軍事、領江州刺史、假節。

胤位任轉高，矜豪日甚，縱酒耽樂，不恤政事，大殖財貨，商販百萬。初，胤之代嶠也，遠近皆謂非選。陶侃、郗鑒咸云胤非方伯才，朝廷不從。或問王悅曰：「今大難之後，綱紀弛頓，自江陵至于建康三千餘里，流人萬計，布在江州。江州，國之南藩，要害之地，而胤以侈忲之性，臥而對之，不有外變，必有內患。」悅曰：「聞溫平南語家公云，連得惡夢，思見代者。尋云可用劉胤。此乃溫意，非家公也。」是時朝廷空罄，百官無祿，惟資江州運漕。而胤商旅繼路，以私廢公。有司奏免胤官。書始下，而胤爲郭默所害，年四十九。子赤松嗣，尚南平長公主，位至黃門郎、義興太守。

桓宣 族子伊

桓宣，譙國銍人也。祖詡，義陽太守。父弼，冠軍長史。宣開濟篤素，爲元帝丞相舍人。

時塢主張平自稱豫州刺史，樊雅自號譙郡太守，各據一城，衆數千人。帝以宣信厚，又與平、雅同州里，轉宣爲參軍，使就平、雅。平、雅遣軍主簿隨宣詣丞相府受節度，帝皆加四品將軍，即其所部，使扞禦北方。南中郎將王含請宣爲參軍。頃之，豫州刺史祖逖出屯蘆洲，〔五〕遣參軍殷乂詣平、雅。乂意輕平，視其屋，云當持作馬廄，見大鑊，欲鑄作鐵器。平曰：「此是帝王大鑊，天下定後方當用之，奈何打破！」乂曰：「卿能保頭不？而惜大鑊邪！」平大怒，於坐斬乂，阻兵固守。歲餘，逖攻平殺之，而雅據譙城。逖以力弱，求助於含，含遣宣領兵五百助逖。逖謂宣曰：「卿先已說平、雅，信義大著於彼。今復爲我說雅。雅若降者，方相擢用，不但免死而已。」宣復單馬從兩人詣雅，曰：「祖逖方欲平蕩二寇，每倚卿爲援。前殷乂輕薄，非豫州意。今若和解，則忠勳可立，富貴可保。若猶固執，東府赫然更遣猛將，以卿烏合之衆，憑阻窮城，强賊伺其北，國家攻其南，萬無一全也。願善量之。」雅與宣置酒結友，遣子隨宣詣逖。少日，雅便自詣逖，逖遣雅還撫其衆。

雅僉謂前數罵辱，〔六〕懼罪不敢降。雅復閉城自守。逖往攻之，復遣宣入說雅。雅即斬異己者，遂出降。未幾，石勒別將圍譙城，含又遣宣率衆救逖，未至而賊退。逖留宣討諸未服，皆破之。遷譙國內史。

祖約之棄譙城也，宣以牋諫，不從，由是石勒遂有陳留。及約與蘇峻同反，宣謂祖智曰：「今强胡未滅，將勠力以討之，而與峻俱反，此安得久乎！使君若欲爲雄霸，何不助國討峻，威名自舉。」智等不能用。宣欲諫約，遣其子戎白約求入。約知宣必諫，不聽。宣遂距約，不與之同。邵陵人陳光率部落數百家降宣，宣皆慰撫之。約還歷陽，宣將數千家欲南投尋陽，營於馬頭山。值祖煥欲襲湓口，〔七〕陶侃使毛寶救之。煥遣衆攻宣，宣使戎求救於寶。寶擊煥，破之，宣因投溫嶠。嶠以戎爲參軍。賊平，宣居於武昌，戎復爲劉胤參軍。郭默害胤，復以戎爲參軍。

陶侃討默，默遣戎求救於宣，宣僞許之。西陽太守鄧嶽、武昌太守劉詡皆疑宣與默同。豫州西曹王隨曰：「宣尙背祖約，何緣同郭默邪！」嶽、詡乃遣隨詣宣以觀之。隨謂宣曰：「明府心雖不爾，無以自明，惟有以戎付隨耳。」宣乃遣戎與隨俱迎陶侃。侃辟戎爲掾，上宣爲武昌太守。尋遷監沔中軍事、南中郎將、江夏相。

石勒荆州刺史郭敬戍襄陽，陶侃使其子平西參軍斌與宣俱攻樊城，拔之。竟陵太守李

陽又破新野。敬懼，遁走。宣與陽遂平襄陽。侃使宣鎮之，以其淮南部曲立義成郡。宣招懷初附，勸課農桑，簡刑罰，略威儀，或載鉏耒於軺軒，或親芸穫於隴畝。十餘年間，石季龍再遣騎攻之，宣能得衆心，每以寡弱距守，論者以爲次於祖逖、周訪。

侃方欲使宣北事中原，會侃薨。後庾亮爲荆州，將謀北伐，以宣爲都督沔北前鋒征討軍事、平北將軍、司州刺史、假節，鎮襄陽。季龍使騎七千渡沔攻之，亮遣司馬王愆期、輔國將軍毛寶救宣。賊三面爲地窟攻城，宣募精勇，出其不意，殺傷數百，多獲鎧馬，賊解圍退走。久之，宣遣步騎收南陽諸郡百姓沒賊者八千餘人以歸。庾翼代亮，欲傾國北討，更以宣爲都督司梁雍三州荆州之南陽襄陽新野南鄉四郡軍事、梁州刺史，持節、將軍如故。以前後功，封竟陵縣男。

宣久在襄陽，綏撫僑舊，甚有稱績。庾翼還鎮襄陽，令宣進伐石季龍將李羆，軍次丹水，爲賊所敗。翼怒，貶宣爲建威將軍，使移戍峴山。宣望實俱喪，兼以老疾，時南蠻校尉王愆期守江陵，以疾求代，翼以宣爲鎮南將軍、南郡太守，代愆期。宣不得志，未之官，發憤卒。追贈鎮南將軍。戎官至新野太守。

伊字叔夏。父景，有當世才幹，仕至侍中、丹楊尹、中領軍、護軍將軍、長社侯。

伊有武幹，標悟簡率，爲王濛、劉惔所知，頻參諸府軍事，累遷大司馬參軍。時苻堅强盛，邊鄙多虞，朝議選能距捍疆埸者，乃授伊淮南太守。以綏御有方，進督豫州之十二郡揚州之江西五郡軍事、建威將軍、歷陽太守，淮南如故。與謝玄共破賊別將王鑒、張蚝等，以功封宣城縣子，又進都督豫州諸軍事、西中郎將、豫州刺史。及苻堅南寇，伊與冠軍將軍謝玄、輔國將軍謝琰俱破堅於肥水，以功封永脩縣侯，進號右軍將軍，賜錢百萬，袍表千端。

伊性謙素，雖有大功，而始終不替。善音樂，盡一時之妙，爲江左第一。有蔡邕柯亭笛，常自吹之。王徽之赴召京師，泊舟青溪側。素不與徽之相識。伊於岸上過，船中客稱伊小字曰：「此桓野王也。」徽之便令人謂伊曰：「聞君善吹笛，試爲我一奏。」伊是時已貴顯，素聞徽之名，便下車，踞胡牀，爲作三調，弄畢，便上車去，客主不交一言。

時謝安女壻王國寶專利無檢行，安惡其爲人，每抑制之。及孝武末年，嗜酒好內，而會稽王道子昏醟尤甚，惟狎昵諂邪，於是國寶讒諛之計稍行於主相之間。而好利險詖之徒，以安功名盛極，而構會之，嫌隙遂成。帝召伊飲讌，安侍坐。帝命伊吹笛。伊神色無迕，即吹爲一弄，乃放笛云：「臣於箏分乃不及笛，然自足以韵合歌管，請以箏歌，幷請一吹笛人。」帝善其調達，乃敕御妓奏笛。伊又云：「御府人於臣必自不合，臣有一奴，善相便串。」帝彌

賞其放率，乃許召之。奴既吹笛，伊便撫箏而歌怨詩曰：「爲君既不易，爲臣良獨難。忠信事不顯，乃有見疑患。周旦佐文武，金縢功不刊。推心輔王政，二叔反流言。」聲節慷慨，俯仰可觀。安泣下沾衿，乃越席而就之，捋其鬚曰：「使君於此不凡！」帝甚有愧色。

伊在州十年，綏撫荒雜，甚得物情。桓沖卒，遷都督江州荊州十郡豫州四郡軍事、江州刺史，將軍如故，假節。伊到鎮，以邊境無虞，宜以寬卹爲務，乃上疏以江州虛耗，加連歲不登，今餘戶有五萬六千，宜并合小縣，除諸郡逋米，移州還鎮豫章。詔令移州尋陽，其餘皆聽之。伊隨宜拯撫，百姓賴焉。在任累年，徵拜護軍將軍，以右軍府千人自隨，配護軍府。卒官。贈右將軍，加散騎常侍，諡曰烈。

初，伊有馬步鎧六百領，豫爲表，令死乃上之。表曰：「臣過蒙殊寵，受任西藩。淮南之捷，逆兵奔北，人馬器鎧，隨處放散。于時收拾敗破，不足貫連。比年營繕，並已修整。今六合雖一，餘燼未滅，臣不以朽邁，猶欲輪效力命，仰報皇恩。此志永絕，銜恨泉壤。謹奉輸馬具裝百具、步鎧五百領，並在尋陽，請勒所屬領受。」詔曰：「伊忠誠不遂，益以傷懷，仍受其所上之鎧。」

子肅之嗣。卒，子陵嗣。宋受禪，國除。伊弟不才，亦有將略，討孫恩，至冠軍將軍。

朱伺

朱伺字仲文，安陸人。少爲吳牙門將陶丹給使。吳平，內徙江夏。伺有武勇，而訥口，不知書，爲郡將督，見鄉里士大夫，揖稱名而已。及爲將，遂以謙恭稱。

張昌之逆，太守弓欽走灄口，伺與同輩郴寶、布興合衆討之，不克，乃與欽奔武昌。後更率部黨攻滅之。轉騎部曲督，加綏夷都尉。伺部曲等以諸縣附昌，惟本部唱義討逆，逆順有嫌，求別立縣，因此遂割安陸東界爲灄陽縣而貫焉。

其後陳敏作亂，陶侃時鎮江夏，以伺能水戰，曉作舟艦，乃遣作大艦，署爲左甄，據江口，摧破敏前鋒。敏弟恢稱荊州刺史，在武昌，侃率伺及諸軍進討，破之。敏、恢既平，伺以功封亭侯，領騎督。時西陽夷賊抄掠江夏，太守楊珉每請督將議距賊之計，〔六〕伺獨不言。珉曰：「朱將軍何以不言？」伺答曰：「諸人以舌擊賊，伺惟以力耳。」珉又問：「將軍前後擊賊，何以每得勝邪？」伺曰：「兩敵共對，惟當忍之。彼不能忍，我能忍，是以勝耳。」珉大笑。

永嘉中，石勒破江夏，伺與楊珉走夏口。及陶侃來戍夏口，伺依之，加明威將軍。隨侃討杜弢，有殊功，語在侃傳。夏口之戰，伺用鐵面自衞，以弩的射賊大帥數人，皆殺之。賊挽船上岸，於水邊作陣。伺逐水上下以邀之，箭中其脛，氣色不變。諸軍尋至，賊潰，追擊之，皆棄船投水，死者太半。賊夜還長沙，伺追至蒲圻，不及而反。加威遠將軍，赤幢曲蓋。

建興中，陳聲率諸無賴二千餘家斷江抄掠，侃遣伺爲督護討聲。聲衆雖少，伺容之不擊，求遣弟詣侃降，伺外許之。及聲去，伺乃遣勁勇要聲弟斬之，潛軍襲聲。聲正旦並出祭祀飲食，伺軍入其門，方覺。聲將閻晉、鄭進皆死戰，伺軍人多傷，乃還營。聲東走，保董城。伺又率諸軍圍守之，遂重柴繞城，作高櫓，以勁弩下射之，又斷其水道。城中無水，殺牛飲血。閻晉，聲婦弟也，乃斬聲首出降。又以平蜀賊襲高之功，加伺廣威將軍，領竟陵內史。

時王敦欲用從弟廙代侃爲荊州，侃故將鄭攀、馬儁等乞侃於敦，敦不許。攀等以侃始滅大賊，人皆樂附，又以廙忌戾難事，謀共距之。遂屯結涓口，遣使告伺。伺外許之，而稱疾不赴。攀等遂進距廙。既而士衆疑阻，復散還橫桑口，欲入杜曾。時朱軌、趙誘、李桓率衆將擊之，攀等懼誅，以司馬孫景造謀距廙，因斬之，降軌等。

廙將西出，遣長史劉浚留鎮揚口壘。時杜曾請討第五猗於襄陽，伺謂廙曰：「曾是猾賊，外示西還，以疑衆心，欲誘引官軍使西，然後兼道襲揚口耳。宜大部分，未可便西。」廙性矜厲自用，兼以伺老怯難信，遂西行。曾等果馳還。廙乃遣伺歸，裁至壘，卽爲曾等所圍。劉浚以壘北門危，欲令伺守之。或說浚云：「伺與鄭攀同者。」乃轉守南門。賊知之，攻

其北門。時鄭攀黨馬儁等亦來攻壘，儁妻子先在壘內，或請皮其面以示之。伺曰：「殺其妻子，未能解圍，但益其怒耳。」乃止。伺常所調弩忽噤不發，伺甚惡之。及賊攻陷北門，伺被傷退入船。初，浚開諸船底，以木掩之，名爲船械。伺既入，賊舉鋋摘伺，伺逆接得鋋，反以摘賊。賊走上船屋，大喚云：「賊帥在此！」伺從船底沈行五十步，乃免。遇醫療，創小差。杜曾遣說伺云：「馬儁等感卿恩，妻孥得活。盡以卿家外內百口付儁，儁已盡心收視，卿可來也。」伺答曰：「賊無白首者，今吾年六十餘，不能復與卿作賊。吾死，當歸南，妻子付汝。」乃還甑山。時王廙與李桓、杜曾相持，累戰甑山下。軍士數驚喚云：「賊欲至！」伺驚創而卒。因葬甑山。

毛寶　子穆之　孫璩　安之　宗人德祖

毛寶字碩眞，滎陽陽武人也。王敦以爲臨湘令。敦卒，爲溫嶠平南參軍。蘇峻作逆，嶠將赴難，而征西將軍陶侃懷疑不從。嶠屢說不能迴，更遣使順侃意曰：「仁公且守，僕宜先下。」遣信已二日，會寶別使還，聞之，說嶠曰：「凡舉大事，當與天下共同，衆克在和，不聞有異。假令可疑，猶當外示不覺，況自作疑耶！便宜急追信，改舊書，說必應俱征。若不及前信，宜更遣使。」嶠意悟，卽追信改書，侃果共征峻。寶領千人爲嶠前鋒，俱次茄子浦。

初，嶠以南軍習水，峻軍便步，欲以所長制之，宣令三軍，有上岸者死。時蘇峻送米萬斛饋祖約，約遣司馬桓撫等迎之。寶告其衆曰：「兵法，軍令有所不從，豈可不上岸邪！」乃設變力戰，悉獲其米，虜殺萬計，約用大飢。嶠嘉其勳，上爲廬江太守。

約遣祖煥、桓撫等欲襲湓口，陶侃將自擊之，寶曰：「義軍恃公，公不可動，寶請討之。」侃顧謂坐客曰：「此年少言可用也。」乃使寶行。先是，桓宣背約，南屯馬頭山，爲煥、撫所攻，求救於寶。寶衆以宣本是約黨，疑之。宣遣子戎重請，寶卽隨戎赴之。未至，而賊已與宣戰。寶軍懸兵少，器杖濫惡，大爲煥、撫所破。寶中箭，貫髀徹鞍，使人蹋鞍拔箭，血流滿韉，夜奔船所百餘里，望星而行。到，先哭戰亡將士，洗瘡訖，夜還救宣。寶至宣營，而煥、撫亦退。寶進攻祖約，軍次東關，破合肥，尋召歸石頭。

陶侃、溫嶠未能破賊，侃欲率衆南還。寶謂嶠曰：「下官能留之。」乃往說侃曰：「公本應領蕪湖，爲南北勢援，前旣已下，勢不可還。且軍政有進無退，非直整齊三軍，示衆必死而已，亦謂退無所據，終至滅亡。往者杜弢非不强盛，公竟滅之，何至於峻獨不可破邪！賊亦畏死，非皆勇健，公可試與寶兵，使上岸斷賊資糧，出其不意，使賊困蹙。若寶不立效，然後公去，人心不恨。」侃然之，加寶督護。寶燒峻句容、湖孰積聚，峻頗乏食，侃遂留不去。

峻旣死，匡術以苑城降。侃使寶守南城，鄧嶽守西城。賊遣韓晃攻之，寶登城射殺數

十人。晃問寶曰：「君是毛廬江邪？」寶曰：「是。」晃曰：「君名壯勇，何不出鬭！」寶曰：「君若健將，何不入鬭！」晃笑而退。賊平，封州陵縣開國侯，千六百戶。

庾亮西鎮，請爲輔國將軍、江夏相、督隨義陽二郡，鎮上明。又進南中郎。隨亮討郭默。默平，與亮司馬王愆期等救桓宣於章山，擊賊將石遇，破之，進征虜將軍。亮謀北伐，上疏解豫州，請以授寶。於是詔以寶監揚州之江西諸軍事、豫州刺史，將軍如故，與西陽太守樊峻以萬人守邾城。〔九〕石季龍惡之，乃遣其子鑒與其將夔安、李菟等五萬人來寇，張貉渡二萬騎攻邾城。〔一〇〕寶求救於亮，亮以城固，不時遣軍，城遂陷。寶、峻等率左右突圍出，赴江死者六千人，寶亦溺死。亮哭之慟，因發疾，遂薨。

詔曰：「寶之傾敗，宜在貶裁。然蘇峻之難，致力王室。今咎其過，故不加贈，祭之可也。」其後公卿言寶有重勳，加死王事，不宜奪爵。升平三年，乃下詔復本封。

初，寶在武昌，軍人有於市買得一白龜，長四五寸，養之漸大，放諸江中。邾城之敗，養龜人被鎧持刀，自投於水中，如覺墮一石上，視之，乃先所養白龜，長五六尺，送至東岸，遂得免焉。

寶二子：穆之、安之。

穆之字憲祖，小字武生，〔一一〕名犯王靖后諱，故行字，後又以桓溫母名憲，乃更稱小字。穆之果毅有父風，安西將軍庾翼以爲參軍，襲爵州陵侯。翼等專威陝西，以子方之爲建武將軍，守襄陽。方之年少，翼選武將可信杖者爲輔弼，乃以穆之爲建武司馬。俄而翼薨，大將干瓚、戴羲等作亂，穆之與安西長史江彪、司馬朱燾等共平之。

桓溫代翼，復取爲參軍。從溫平蜀，以功賜次子都鄉侯。尋除揚威將軍、〔一二〕潁川太守，隨溫平洛，入關。溫將旋師，以謝尚未至，留穆之以二千人衞山陵。升平初，遷督寧州諸軍事、揚威將軍、寧州刺史。以桓溫封南郡，徙穆之爲建安侯，復爲溫太尉參軍，加冠軍將軍，以所募兵配之。溫伐慕容暐，使穆之監鑿鉅野百餘里，引汶會于濟川。及溫焚舟步歸，使穆之督東燕四郡軍事，領東燕太守，本官如故。袁眞以壽陽叛，溫將征之。穆之以冠軍領淮南太守，守歷陽。眞平，餘黨分散，乃以穆之督揚州之江西軍事，復領陳郡太守。俄而徙督揚州之義成荆州五郡雍州之京兆軍事、襄陽義成河南三郡太守，將軍如故。尋進領梁州刺史。頃之，以疾解職，詔以冠軍徵還。

苻堅別將寇彭城，復以將軍假節、監江北軍事，鎮廣陵。遷右將軍、宣城內史、假節，鎮姑孰。穆之以爲戍在近畿，無復軍警，不宜加節，上疏辭讓，許之。苻堅別將圍襄陽，詔穆之就上明受桓沖節度。沖使穆之游軍沔中。穆之始至，而朱序陷沒，引軍還郡。堅衆又寇

蜀漢，梁州刺史楊亮、益州刺史周仲孫奔退，沖使穆之督梁州之三郡軍事、右將軍、西蠻校尉、益州刺史、領建平太守、假節，戍巴郡。以子球爲梓潼太守。穆之與球伐堅，至于巴西郡，以糧運乏少，退屯巴東，病卒。追贈中軍將軍，謚曰烈。子珍嗣，位至天門太守。珍弟璩、球、璠、瑾、瑗，〔一三〕璩最知名。

璩字叔璉。弱冠，右將軍桓豁以爲參軍。尋遭父憂。服闋，爲謝安衞將軍參軍，除尚書郎。安復請爲參軍，轉安子琰征虜司馬。淮肥之役，苻堅迸走，璩與田次之共躡堅，至中陽，不及而歸。遷寧朔將軍、淮南太守。尋補鎮北將軍、譙王恬司馬。海陵縣界地名青蒲，四面湖澤，皆是菰葑，逃亡所聚，威令不能及。璩建議率千人討之。時大旱，璩因放火，菰葑盡然，亡戶窘迫，悉出詣璩自首，近有萬戶，皆以補兵，朝廷嘉之。轉西中郎司馬、龍驤將軍、譙梁二郡內史。尋代郭銓爲建威將軍、益州刺史。

安帝初，進征虜將軍。及桓玄簒位，遣使加璩散騎常侍、左將軍。璩執留玄使，不受命。玄以桓希爲梁州刺史，王異據涪，郭法戍宕渠，師寂戍巴郡，周道子戍白帝以防之。璩傳檄遠近，列玄罪狀，遣巴東太守柳約之、建平太守羅述、征虜司馬甄季之擊破希等，仍率衆次於白帝。武陵王令曰：「益州刺史毛璩忠誠懇亮，自桓玄萌禍，常思躡其後。今若平殄

兇逆，肅清荆郢者，便當卽授上流之任。」

初，璩弟寧州刺史璠卒官，璩兄球孫祐之及參軍費恬以數百人送喪，葬江陵。會玄敗，謀奔梁州。璩弟瑾子脩之時爲玄屯騎校尉，誘玄使入蜀。既而脩之與祐之、費恬及漢嘉人馮遷共殺玄。約之等聞玄死，進軍到枝江，而桓振復攻沒江陵。劉毅等還尋陽，約之亦退。俄而季之、述皆病，〔一四〕約之詣振僞降，因欲襲振。事泄，被害。約之司馬時延祖、涪陵太守文處茂等撫其餘衆，保涪陵。振遣桓放之爲益州，屯西陵。處茂距擊，破之。振死，安帝反正，詔曰：「夫貞松標於歲寒，忠臣亮於國危。益州刺史璩體識弘正，誠契義旗，受命偏師，次于近畿，匡翼之勳，實感朕心。可進征西將軍，加散騎常侍，都督益梁秦涼寧五州軍事，行宜都、寧蜀太守。文處茂宣讚蕃牧，蒙險夷難，可輔國將軍、西夷校尉、巴西梓潼二郡太守。」又詔西夷校尉瑾爲持節、監梁秦二州軍事、征虜將軍、梁秦二州刺史、略陽武都太守。瑾弟蜀郡太守瑗爲輔國將軍、寧州刺史。

初，璩聞振陷江陵，率衆赴難，使瑾、瑗順外江而下，使參軍譙縱領巴西、梓潼二郡軍下涪水，當與璩軍會於巴郡。蜀人不樂東征，縱因人情思歸，於五城水口反，還襲涪，害瑾。瑾留府長史鄭純之自成都馳使告璩。璩時在略城，去成都四百里，遣參軍王瓊討反者，相距於廣漢。僰道令何林聚黨助縱，而璩下人受縱誘說，遂共害璩及瑗，幷子姪之在蜀者，一時

殄沒。璩子弘之嗣。

義熙中，時延祖爲始康太守，上疏訟璩兄弟，於是詔曰：「故益州刺史璩、西夷校尉瑾、蜀郡太守瑗勤王忠烈，事乖慮外。葬送日近，益懷惻愴。可皆贈先所授官，給錢三十萬、布三百匹。」論璩討桓玄功，追封歸鄉公，千五百戶。又以祐之斬玄功，封夷道縣侯。

自寶至璩三葉，擁旄開國者四人，將帥之家，與尋陽周氏爲輩，而人物不及也。

瑾子脩之，頻歷清顯，至右衞將軍，從劉裕平姚泓。後爲安西司馬，沒於魏。

安之字仲祖，亦有武幹，累遷撫軍參軍、魏郡太守。簡文輔政，委以爪牙。及登阼，安之領兵從駕，使止宿宮中。尋拜游擊將軍。時庾希入京口，朝廷震動，命安之督城門諸軍事。孝武卽位，妖賊盧悚突入殿廷，〔一五〕安之聞難，率衆直入雲龍門，手自奮擊。既而左衞將軍殷康、領軍將軍桓祕等至，與安之幷力，悚因剿滅。遷右衞將軍。定后崩，領將作大匠。卒官。追贈光祿勳。

四子：潭、泰、邃、遁。潭嗣爵，官至江夏相。泰歷太傅從事中郎、後軍諮議參軍，與邃俱爲會稽王父子所昵，乃追論安之討盧悚勳，賜爵平都子，命潭襲爵。元顯嘗宴泰家，既而欲去，泰苦留之曰：「公若遂去，當取公腳。」元顯大怒，奮衣而出，遂與元顯有隙。及元顯敗，泰時爲冠軍將軍、堂邑太山二郡太守。邃爲游擊將軍，遁爲太傅主簿。桓玄得志，使泰收元顯，送于新亭，泰因宿恨，手加毆辱。俄並爲玄所殺，惟遁被徙廣州。義熙初，得還，至宜都太守。

德祖，璩宗人也。父祖並沒于賊中。德祖兄弟五人，相攜南渡，皆有武幹。荆州刺史劉道規以德祖爲建武將軍、始平太守，又徙涪陵太守。盧循之役，道規又以爲參軍，伐徐道覆於始興。尋遭母憂。

劉裕伐司馬休之，版補太尉參軍、義陽太守，賜爵遷陵縣侯，轉南陽太守。從劉裕伐姚泓，頻攻滎陽、扶風、南安、馮翊數郡，所在克捷。裕嘉之，以爲龍驤將軍、秦州刺史。裕留第二子義眞爲安西將軍、雍州刺史。以德祖爲中兵參軍，領天水太守，從義眞還。裕以德祖督河東平陽二郡軍事、輔國將軍、河東太守，代劉遵考守蒲坂。及河北覆敗，德祖全軍而歸。裕方欲蕩平關洛，先以德祖督九郡軍事、冠軍將軍、滎陽京兆太守，以前後功，賜爵灌陽縣男，〔一六〕尋遷督司雍幷三州諸軍事、冠軍將軍、司州刺史，戍武牢，爲魏所沒。

德祖次弟嶷，嶷弟辯，並有志節。嶷死於盧循之難，辯沒於魯宗之役，〔一七〕並奮不顧命，爲世所歎。

劉遐

劉遐字正長，廣平易陽人也。性果毅，便弓馬，開豁勇壯。值天下大亂，遐爲塢主，每擊賊，率壯士陷堅摧鋒，冀方比之張飛、關羽。鄉人冀州刺史邵續深器之，以女妻焉，遂壁于河濟之間，賊不敢逼。遐間道遣使受元帝節度，朝廷嘉之，璽書慰勉，以爲龍驤將軍、平原內史。建武初，元帝令曰：「遐忠勇果毅，義誠可嘉。以遐爲下邳內史，將軍如故。」

初，沛人周堅，一名撫，與同郡周默因天下亂，各爲塢主，以寇抄爲事。默降祖逖，撫怒，遂襲殺默，以彭城叛，石勒遣騎援之。詔遐領彭城內史，與徐州刺史蔡豹、太山太守徐龕共討撫，戰於寒山，撫敗走。詔徙遐爲臨淮太守。徐龕復反，事平，以遐爲北中郎將、兗州刺史。

太寧初，自彭城移屯泗口。王含反，遐與蘇峻俱赴京都。含敗，隨丹楊尹溫嶠追含至于淮南，遐頗放兵虜掠。嶠曰：「天道助順，故王含剿絕，不可因亂爲亂也。」遐深自陳而拜謝。事平，以功封泉陵公，遷散騎常侍、監淮北軍事、北中郎將、〔一八〕徐州刺史、假節，代王邃鎮淮陰。咸和元年卒，追贈安北將軍。

子肇年幼，成帝以徐州授郗鑒，以郭默爲北中郎將，領遐部曲。遐妹夫田防及遐故將

史迭、卞咸、李龍等不樂他屬，共立肇，襲遐故位以叛。成帝遣郭默等率諸郡討之。默等始上道，而臨淮太守劉矯率將士數百掩襲遐營，迭等迸走，斬田防及督護卞咸等，追斬迭、龍于下邳，傳首詣闕。遐母妻子參佐將士悉還建康。

遐妻驍果有父風。遐嘗爲石季龍所圍，妻單將數騎，拔遐出於萬衆之中。及田防等欲爲亂，遐妻止之，不從，乃密起火燒甲杖都盡。

肇襲爵，官至散騎侍郎。肇卒，子舉嗣。卒，子遵之嗣。卒，子伯齡嗣。宋受禪，國除。

鄧嶽 子遐

鄧嶽字伯山，陳郡人也。本名岳，以犯康帝諱，改爲嶽，後竟改名爲岱焉。少有將帥才略，爲王敦參軍，轉從事中郎、西陽太守。王含構逆，嶽領兵隨含向京都。及含敗，嶽與周撫俱奔蠻王向蠶。後遇赦，與撫俱出。久之，司徒王導命爲從事中郎，後復爲西陽太守。及蘇峻反，平南將軍溫嶠遣嶽與督護王愆期、鄱陽太守紀睦等率舟軍赴難。峻平，還郡。郭默之殺劉胤也，大司馬陶侃使嶽率西陽之衆討之。默平，還督交廣二州軍事、建武將軍、領平越中郎將、廣州刺史、假節，錄前後勳，封宜城縣伯。咸康三年，〔一九〕嶽遣軍伐夜郎，破之，加督寧州，進征虜將軍，遷平南將軍。卒，子遐嗣。

遐字應遠。勇力絕人，氣蓋當時，時人方之樊噲。桓溫以爲參軍，數從溫征伐。歷冠軍將軍，數郡太守，號爲名將。襄陽城北沔水中有蛟，常爲人害，遐遂拔劍入水，蛟繞其足，遐揮劍截蛟數段而出。枋頭之役，溫既懷恥忿，且忌憚遐之勇果，因免遐官，尋卒。寧康中，追贈廬陵太守。

嶽弟逸，字茂山，亦有武幹。嶽卒後，以逸監交廣州、建威將軍、平越中郎將、廣州刺史、假節。

朱序

朱序字次倫，義陽人也。父燾，以才幹歷西蠻校尉、益州刺史。序世爲名將，累遷鷹揚將軍、江夏相。興寧末，梁州刺史司馬勳反，桓溫表序爲征討都護往討之，以功拜征虜將軍，封襄平子。

太和中，遷兗州刺史。時長城人錢弘聚黨百餘人，藏匿原鄉山。以序爲中軍司馬、吳興太守。序至郡，討擒之。事訖，還兗州。

寧康初，拜使持節、監沔中諸軍事、南中郎將、梁州刺史，鎮襄陽。是歲，苻堅遣其將苻丕等率衆圍序，序固守，賊糧將盡，率衆苦攻之。初，苻丕之來攻也，序母韓自登城履行，謂西北角當先受弊，遂領百餘婢并城中女子於其角斜築城二十餘丈。賊攻西北角，果潰，衆便固新築城。丕遂引退。襄陽人謂此城爲夫人城。序累戰破賊，人情勞懈，又以賊退稍遠，疑未能來，守備不謹。督護李伯護密與賊相應，襄陽遂沒，序陷於苻堅。堅殺伯護徇之，以其不忠也。序欲逃歸，潛至宜陽，藏夏揆家。堅疑揆，收之，序乃詣苻暉自首，堅嘉而不問，以爲尚書。

太元中，苻堅南侵，謝石率衆距之。時堅大兵尚在項，苻融以三十萬衆先至。堅遣序說謝石，稱己兵威。序反謂石曰：「若堅百萬之衆悉到，莫可與敵。及其未會，擊之，可以得志。」於是石遣謝琰選勇士八千人涉肥水挑戰。堅衆小却，序時在其軍後，唱云：「堅敗！」衆遂大奔，序乃得歸。拜龍驤將軍、琅邪內史，轉揚州豫州五郡軍事、〔二〇〕豫州刺史，屯洛陽。

後丁零翟遼反，序遣將軍秦膺、童斌與淮泗諸郡共討之。又監兗青二州諸軍事、二州刺史，將軍如故，進鎮彭城。序求鎮淮陰，帝許焉。翟遼又使其子釗寇陳潁，序還遣秦膺討釗，走之，拜征虜將軍。表求運江州米十萬斛、布五千匹以資軍費，詔聽之。加都督司、雍、梁、秦四州軍事。帝遣廣威將軍、河南太守楊佺期，南陽太守趙睦，各領兵千人隸序。序又表求故荆州刺史桓石生府田百頃，并穀八萬斛，給之。仍戍洛陽，衞山陵也。

其後慕容永率衆向洛陽，序自河陰北濟，與永僞將王次等相遇，乃戰於沁水，次敗走，斬其支將勿支首。參軍趙睦、江夏相桓不才追永，破之于太行。永歸上黨。時楊楷聚衆數千，在湖陝，聞永敗，遣任子詣序乞降。序追永至上黨之白水，與永相持二旬。聞翟遼欲向金墉，乃還，遂攻翟釗於石門，遣參軍趙蕃破翟遼於懷縣，遼宵遁。序退次洛陽，留鷹揚將軍朱黨戍石門。序仍使子略督護洛城，趙蕃爲助。序還襄陽。會稽王道子以序勝負相補，不加褒貶。

其後東羌校尉竇衝欲入漢川，安定人皇甫釗、京兆人周勳等謀納之。梁州刺史周瓊失巴西三郡，衆寡力弱，告急於序，序遣將軍皇甫貞率衆赴之。衝據長安東，釗、勳散走。序以老病，累表解職，不許。詔斷表，遂輒去任。數旬，歸罪廷尉，詔原不問。太元十八年卒，贈左將軍、散騎常侍。

史臣曰：晉氏淪喪，播遷江表，內難荐臻，外虞不息，經略之道，是所未弘，將帥之功，無聞焉爾。遜、豹、宣、胤服勤於太興之間，毛、鄧、劉、朱馳騖乎咸和之後。雖人不逮古，亦足列於當世焉。

贊曰：氣分淮海，災流瀍澗。覆類玄蚖，興微鴻雁。鼓鞞在聽，兔罝有作。赳赳羣英，勸茲王略。

校勘記

〔一〕姚崇　周校：明紀、李雄載記皆作「姚岳」。按：通鑑九二作「姚嶽」。蓋此人本名「岳」，或爲「嶽」。其後晉史臣避康帝諱，改其名爲「崇」。

〔二〕侯史旄　校文：此侯史光之孫也，光傳「旄」作「施」。

〔三〕王伏都　石勒載記作「王步都」。

〔四〕張旻　石勒載記、通鑑九一作「張敬」。

〔五〕蘆洲　「洲」，各本均誤作「州」，今據御覽七五七引及通鑑九〇改。

〔六〕雅僉謂前數罵辱　校文：「雅」字衍文，御覽三二四引無。按：壽此文之意，謂樊雅之衆以曾罵辱祖逖而不敢降，非樊雅本意如此，刪「雅」字爲是。又御覽引「辱」下有「逖」字，文意較明。

〔七〕祖煥　祖約傳、蘇峻傳及通鑑九四「煥」皆作「渙」。下毛寶傳同，不另出校。

〔八〕楊珉　石勒載記作「楊岠」。

〔九〕樊峻　成紀及水經江水注作「樊俊」。

〔一〇〕張駱渡　周校：成帝紀作「張駱」，石季龍載記作「張賀度」。斠注：水經江水注作「張格度」，實一人。

〔一一〕小字武生　李校：「武生」，宋書作「虎生」。按：通鑑一〇二亦作「虎生」。蓋本名「虎生」，唐人避諱改作「武生」。

〔一二〕尋除揚威將軍　周校：穆帝紀「揚威」作「揚武」。下文云「升平初遷督寧州諸軍事、揚威將軍」，可知先除「揚武」，後進「揚威」，此當作「揚武」爲是。

〔一三〕珍弟璩球璠瑾瑗　李校：下云「璩兄球」，則「球」當在「璩」之上。

〔一四〕逑　「逑」，各本均作「逑之」，殿本刪「之」字，考證云：上文云征虜將軍甄季之、建平太守羅逑，不應作「逑之」。按：通鑑一一三亦無「之」字，今從殿本與通鑑。

〔一五〕盧悚　見卷九校記。

〔一六〕賜爵灌陽縣男　李校：前已賜爵遷陵縣侯，此不當反賜男爵，疑有誤。斠注：魏書太宗紀作觀陽縣伯毛德祖。疑此「男」字當作「伯」。

〔一七〕魯宗之役　李校：當重「之」字。按：通志一二九重「之」字。

〔一八〕北中郎將　各本均作「北軍中郎將」。周校：「北」下衍「軍」字。按：成紀不衍「軍」字，今據刪。

〔一九〕咸康三年　校文：帝紀在咸康二年。按：通鑑九五亦列事於二年，疑此「三」爲「二」之誤。

〔二〇〕轉揚州豫州五郡軍事　李校：「轉」下當脫一監字。

晉書卷八十二

列傳第五十二

陳壽

陳壽字承祚，巴西安漢人也。少好學，師事同郡譙周，仕蜀爲觀閣令史。宦人黃皓專弄威權，大臣皆曲意附之，壽獨不爲之屈，由是屢被譴黜。遭父喪，有疾，使婢丸藥，客往見之，鄉黨以爲貶議。及蜀平，坐是沈滯者累年。司空張華愛其才，以壽雖不遠嫌，原情不至貶廢，舉爲孝廉，除佐著作郎，出補陽平令。〔一〕撰蜀相諸葛亮集，奏之。除著作郎，領本郡中正。撰魏吳蜀三國志，凡六十五篇。時人稱其善敍事，有良史之才。夏侯湛時著魏書，見壽所作，便壞己書而罷。張華深善之，謂壽曰：「當以晉書相付耳。」其爲時所重如此。或云丁儀、丁廙有盛名於魏，壽謂其子曰：「可覓千斛米見與，當爲尊公作佳傳。」丁不與之，竟不爲立傳。壽父爲馬謖參軍，謖爲諸葛亮所誅，壽父亦坐被髡，諸葛瞻又輕壽。壽爲亮立

傳，謂亮將略非長，無應敵之才，言瞻惟工書，名過其實。議者以此少之。

張華將舉壽爲中書郎，荀勖忌華而疾壽，遂諷吏部遷壽爲長廣太守。辭母老不就。杜預將之鎮，復薦之於帝，宜補黃散。由是授御史治書。以母憂去職。母遺言令葬洛陽，壽遵其志。又坐不以母歸葬，竟被貶議。初，譙周嘗謂壽曰：「卿必以才學成名，當被損折，亦非不幸也。宜深慎之。」壽至此，再致廢辱，皆如周言。後數歲，起爲太子中庶子，未拜。

元康七年，病卒，時年六十五。梁州大中正、尚書郎范頵等上表曰：「昔漢武帝詔曰：『司馬相如病甚，可遣悉取其書。』使者得其遺書，言封禪事，天子異焉。臣等案：故治書侍御史陳壽作三國志，辭多勸誡，明乎得失，有益風化，雖文艷不若相如，而質直過之，願垂採錄。」於是詔下河南尹、洛陽令，就家寫其書。壽又撰古國志五十篇，益都耆舊傳十篇，餘文章傳於世。

王長文

王長文字德叡，廣漢郪人也。少以才學知名，而放蕩不羈，州府辟命皆不就。州辟別駕，乃微服竊出，舉州莫知所之。後於成都市中蹲踞齧胡餅。刺史知其不屈，禮遣之。閉門自守，不交人事。著書四卷，擬易，名曰通玄經，有文言、卦象，可用卜筮，時人比之揚雄

太玄。同郡馬秀曰：「揚雄作太玄，惟桓譚以爲必傳後世。晚遭陸績，玄道遂明。長文通玄經，未遭陸績、君山耳。」〔二〕

太康中，蜀土荒饉，開倉振貸。長文居貧，貸多，後無以償。郡縣切責，送長文到州。刺史徐幹捨之，不謝而去。後成都王穎引爲江源令。或問：「前不降志，今何爲屈？」長文曰：「祿以養親，非爲身也。」梁王肜爲丞相，引爲從事中郎。在洛出行，輒著白旃小鄣以載車，當時異焉。後終於洛。

虞溥

虞溥字允源，高平昌邑人也。父祕，爲偏將軍，鎮隴西。溥從父之官，專心墳籍。時疆場閱武，人爭視之，溥未嘗寓目。郡察孝廉，除郎中，補尚書都令史。尚書令衞瓘、尚書褚䂮並器重之。溥謂瓘曰：「往者金馬啓符，大晉應天，宜復先王五等之制，以綏久長。不可承暴秦之法，遂漢魏之失也。」瓘曰：「歷代歎此，而終未能改。」

稍遷公車司馬令，除鄱陽內史。大修庠序，廣招學徒，移告屬縣曰：「學所以定情理性而積衆善者也。情定於內而行成於外，積善於心而名顯於教，故中人之性隨教而移，善積則習與性成。唐虞之時，皆比屋而可封，及其廢也，而云可誅，豈非化以成俗，教移人心者

哉！自漢氏失御，天下分崩，江表寇隔，久替王教，庠序之訓，廢而莫修。今四海一統，萬里同軌，熙熙兆庶，咸休息乎太和之中，宜崇尚道素，廣開學業，以讚協時雍，光揚盛化。」乃具爲條制。於是至者七百餘人。溥乃作誥以奬訓之，曰：

文學諸生皆冠帶之流，年盛志美，始涉學庭，講修典訓，此大成之業，立德之基也。夫聖人之道淡而寡味，故始學者不好也。及至朞月，所觀彌博，所習彌多，日聞所不聞，日見所不見，然後心開意朗，敬業樂羣，忽然不覺大化之陶己，至道之入神也。故學之染人，甚於丹青。丹青吾見其久而渝矣，未見久學而渝者也。

夫工人之染，先修其質，後事其色，質修色積，而染工畢矣。學亦有質，孝悌忠信是也。君子內正其心，外修其行，行有餘力，則以學文，文質彬彬，然後爲德。夫學者不患才不及，而患志不立，故曰希驥之馬，亦驥之乘，希顏之徒，亦顏之倫也。又曰鍥而舍之，朽木不知；鍥而不舍，金石可虧。斯非其效乎！

今諸生口誦聖人之典，體閑庠序之訓，比及三年，可以小成。而令名宣流，雅譽日新，朋友欽而樂之，朝士敬而歎之。於是州府交命，擇官而仕，不亦美乎！若乃含章舒藻，揮翰流離，稱述世務，探賾究奇，使楊班韜筆，仲舒結舌，亦惟才所居，固無常人也。然積一勺以成江河，累微塵以崇峻極，匪志匪勤，理無由濟也。諸生若絕人間之務，心專親學，累一以貫之，積漸以進之，則亦或遲或速，或先或後耳，何滯而不通，何遠而不至邪！

時祭酒求更起屋行禮，溥曰：「君子行禮，無常處也，故孔子射於矍相之圃，而行禮於大樹之下。況今學庭庠序，高堂顯敞乎！」

溥爲政嚴而不猛，風化大行，有白烏集于郡庭。注春秋經、傳，撰江表傳及文章詩賦數十篇。卒於洛，時年六十二。子勃，過江上江表傳於元帝，詔藏于祕書。

司馬彪

司馬彪字紹統，高陽王睦之長子也。出後宣帝弟敏。少篤學不倦，然好色薄行，爲睦所責，故不得爲嗣，雖名出繼，實廢之也。彪由此不交人事，而專精學習，故得博覽羣籍，終其綴集之務。初拜騎都尉。泰始中，爲祕書郎，轉丞。注莊子，作九州春秋。以爲「先王立史官以書時事，載善惡以爲沮勸，撮教世之要也。是以春秋不修，則仲尼理之；關雎既亂，則師摯修之。前哲豈好煩哉？蓋不得已故也。漢氏中興，訖于建安，忠臣義士亦以昭著，而時無良史，記述煩雜，譙周雖已刪除，然猶未盡，安順以下，亡缺者多」。彪乃討論衆書，綴其所聞，起于世祖，終于孝獻，編年二百，錄世十二，通綜上下，旁貫庶事，爲紀、志、傳凡八

十篇，號曰續漢書。泰始初，武帝親祠南郊，彪上疏定議，語在郊祀志。〔三〕後拜散騎侍郎。惠帝末年卒，時年六十餘。

初，譙周以司馬遷史記書周秦以上，或採俗語百家之言，不專據正經，周於是作古史考二十五篇，皆憑舊典，以糾遷之謬誤。彪復以周爲未盡善也，條古史考中凡百二十二事爲不當，多據汲冢紀年之義，亦行於世。

王隱

王隱字處叔，陳郡陳人也。世寒素。父銓，歷陽令，少好學，有著述之志，每私錄晉事及功臣行狀，未就而卒。隱以儒素自守，不交勢援，博學多聞，受父遺業，西都舊事多所諳究。

建興中，過江，丞相軍諮祭酒涿郡祖納雅相知重。納好博弈，每諫止之。納曰：「聊用忘憂耳。」隱曰：「蓋古人遭時，則以功達其道；不遇，則以言達其才，故否泰不窮也。當今晉未有書，天下大亂，舊事蕩滅，非凡才所能立。君少長五都，游宦四方，華夷成敗皆在耳目，何不述而裁之！應仲遠作風俗通，崔子眞作政論，蔡伯喈作勸學篇，史游作急就章，猶行於世，便爲沒而不朽。當其同時，人豈少哉？而了無聞，皆由無所述作也。故君子疾沒世而

無聞，易稱自強不息，況國史明乎得失之跡，何必博弈而後忘憂哉！」納喟然歎曰：「非不悅子之道，力不足也。」乃上疏薦隱。元帝以草創務殷，未遑史官，遂寢不報。

太興初，典章稍備，乃召隱及郭璞俱爲著作郎，令撰晉史。豫平王敦功，賜爵平陵鄉侯。時著作郎虞預私撰晉書，而生長東南，不知中朝事，數訪於隱，并借隱所著書竊寫之，所聞漸廣。是後更疾隱，形於言色。預既豪族，交結權貴，共爲朋黨，以斥隱，竟以謗免，黜歸于家。貧無資用，書遂不就，乃依征西將軍庾亮于武昌。亮供其紙筆，書乃得成，詣闕上之。隱雖好著述，而文辭鄙拙，蕪舛不倫。其書次第可觀者，皆其父所撰；文體混漫義不可解者，隱之作也。年七十餘，卒於家。

隱兄瑚，字處仲。少重武節，成都王穎舉兵向洛，以爲冠軍參軍，積功，累遷游擊將軍，與司隸滿奮、河南尹周馥等俱屯大司馬門，以衞宮掖。時上官巳縱暴，瑚與奮等共謀除之，反爲所害。

虞預

虞預字叔寧，徵士喜之弟也，本名茂，犯明穆皇后母諱，故改焉。預十二而孤，少好學，有文章。餘姚風俗，各有朋黨，宗人共薦預爲縣功曹，欲使沙汰穢濁。預書與其從叔父

曰：「近或聞諸君以預入寺，便應委質，則當親事，不得徒已。然預下愚，過有所懷。邪黨互瞻，異同蜂至，一旦差跌，衆鼓交鳴。毫釐之失，差以千里，此古人之炯戒，而預所大恐也。」卒如預言，未半年，遂見斥退。

太守庾琛命爲主簿，預上記陳時政所失，曰：「軍寇以來，賦役繁數，兼值年荒，百姓失業，是輕繇薄斂，寬刑省役之時也。自頃長吏輕多去來，送故迎新，交錯道路。受迎者惟恐船馬之不多，見送者惟恨吏卒之常少。窮奢竭費謂之忠義，省煩從簡呼爲薄俗，轉相放效，流而不反，雖有常防，莫肯遵修。加以王塗未夷，所在停滯，送者經年，永失播植。一夫不耕，十夫無食，況轉百數，所妨不訾。愚謂宜勒屬縣，若令、尉先去官者，人船吏侍皆具條列，到當依法減省，使公私允當。又今統務多端，動加重制，每有特急，輒立督郵。計今直兼三十餘人，人船吏侍皆當出官，益不堪命，宜復減損，嚴爲之防。」琛善之，即皆施行。太守紀瞻到，預復爲主簿，轉功曹史。察孝廉，不行。安東從事中郎諸葛恢、參軍庾亮等薦預，召爲丞相行參軍兼記室。遭母憂，服竟，除佐著作郎。

太興二年，大旱，詔求讜言直諫之士。預上書諫曰：

大晉受命，于今五十餘載。自元康以來，王德始闕，戎翟及於中國，宗廟焚爲灰燼，千里無煙爨之氣，華夏無冠帶之人，自天地開闢，書籍所載，大亂之極未有若茲者也。

陛下以聖德先覺，超然遠鑒，作鎮東南，聲教遐被，上天眷顧，人神贊謀，雖云中興，其實受命，少康、宣王誠未足喻。然南風之歌可著，而陵遲之俗未改者，何也？臣愚謂爲國之要在於得才，得才之術在於抽引。苟其可用，讎賤必舉。高宗、文王思佐發夢，拔巖徒以爲相，載釣老而師之。下至列國，亦有斯事，故燕重郭隗而三士競至，魏式干木而秦兵退舍。今天下雖弊，人士雖寡，十室之邑，必有忠信，世不乏驥，求則可致。而束帛未賁於丘園，蒲輪頓轂而不駕，所以大化不洽而雍熙有闕者也。

預以寇賊未平，當須良將，又上疏曰：

臣聞承平之世，其教先文，撥亂之運，非武不克；故牧野之戰，呂望杖鉞；淮夷作難，召伯專征；玁狁爲暴，衞霍長驅。故陰陽不和，擢士爲相；三軍不勝，拔卒爲將。漢帝既定天下，猶思猛士以守四方；孝文志存鉅鹿，馮唐進說，魏尚復守。詩稱「赳赳武夫，公侯干城」，折衝之佐，豈可忽哉！況今中州荒弊，百無一存，牧守官長非戎貊之族類，即寇竊之幸脫。陛下登阼，威暢四遠，故令此等反善向化。然狼子獸心，輕薄易動，羯虜未殄，益使難安。周撫、陳川相係背叛；徐龕驕黠，無所拘忌，放兵侵掠，罪已彰灼。

昔葛伯違道，湯獻之牛；吳濞失禮，錫以几杖，惡成罪著，方復加戮。龕之小醜，可

不足滅。然豫備不虞，古之善教，矧乃有虞，可不爲防！爲防之術，宜得良將。將不素簡，難以應敵。壽春無鎮，祖逖孤立，前有勁虜，後無係援，雖有智力，非可持久。願陛下諮之羣公，博舉於衆。若當局之才，必允其任，則宜奬厲，使不顧命。旁料宂猥，或有可者，厚加寵待，足令忘身。昔英布見慢，恚欲自裁，出觀供置，然後致力。禮遇之恩，可不隆哉！

誠知山河之量非塵露可益，神鑒之慮非愚淺所測；然匹夫嫠婦猶有憂國之言，況臣得廁朝堂之末，蒙冠帶之榮者乎！

轉琅邪國常侍，遷祕書丞、著作郎。

咸和初，夏旱，詔衆官各陳致雨之意。預議曰：

臣聞天道貴信，地道貴誠。誠信者，蓋二儀所以生植萬物，人君所以保乂黎蒸。是以殺伐擬於震電，推恩象於雲雨。刑罰在於必信，慶賞貴於平均。臣聞間者以來，刑獄轉繁，多力者則廣牽連逮，以稽年月；無援者則嚴其檟楚，期於入重。是以百姓嗷然，感傷和氣。臣愚以爲輕刑耐罪，宜速決遣，殊死重囚，重加以請。寬徭息役，務遵節儉，砥礪朝臣，使各知禁。

蓋老牛不犧，禮有常制，而自頃衆官拜授祖贈，轉相夸尙，屠殺牛犢，動有十數，醉

酒流湎，無復限度，傷財敗俗，所虧不少。

昔殷宗修德以消桑穀之異，宋景善言以退熒惑之變，楚國無災，莊王是懼。盛德之君，未嘗無眚，應以信順，天祐乃隆。臣學見淺闇，言不足採。

從平王含，賜爵西鄉侯。蘇峻作亂，預先假歸家，太守王舒請爲諮議參軍。峻平，進爵平康縣侯，遷散騎侍郎，著作如故。除散騎常侍，仍領著作。以年老歸，卒于家。

預雅好經史，憎疾玄虛，其論阮籍裸袒，比之伊川被髮，所以胡虜遍於中國，以爲過衰周之時。著晉書四十餘卷、會稽典錄二十篇、諸虞傳十二篇，皆行於世。所著詩賦碑誄論難數十篇。

孫盛

孫盛字安國，太原中都人。祖楚，馮翊太守。父恂，潁川太守。恂在郡遇賊，被害。盛年十歲，避難渡江。及長，博學，善言名理。于時殷浩擅名一時，與抗論者，惟盛而已。盛嘗詣浩談論，對食，奮擲麈尾，毛悉落飯中，食冷而復煖者數四，至暮忘餐，理竟不定。盛又著醫卜及易象妙於見形論，浩等竟無以難之，由是遂知名。

起家佐著作郎，以家貧親老，求爲小邑，出補瀏陽令。太守陶侃請爲參軍。庾亮代侃，

引爲征西主簿，轉參軍。時丞相王導執政，亮以元舅居外，南蠻校尉陶稱讒構其間，導、亮頗懷疑貳。盛密諫亮曰：「王公神情朗達，常有世外之懷，豈肯爲凡人事邪！此必佞邪之徒欲間內外耳。」亮納之。庾翼代亮，以盛爲安西諮議參軍，尋遷廷尉正。會桓溫代翼，留盛爲參軍，與俱伐蜀。軍次彭模，溫自以輕兵入蜀。盛領羸老輜重在後，賊數千忽至，衆皆遑遽。盛部分諸將，并力距之，應時敗走。蜀平，賜爵安懷縣侯，累遷溫從事中郎。從入關平洛，以功進封吳昌縣侯，出補長沙太守。以家貧，頗營資貨，部從事至郡察知之，服其高名而不劾之。盛與溫牋，而辭旨放蕩，稱州遣從事觀採風聲，進無威鳳來儀之美，退無鷹鸇搏擊之用，徘徊湘川，將爲怪鳥。溫得盛牋，復遣從事重案之，贓私狼籍，檻車收盛到州，捨而不罪。累遷祕書監，加給事中。年七十二卒。

盛篤學不倦，自少至老，手不釋卷。著魏氏春秋、晉陽秋，并造詩賦論難復數十篇。晉陽秋詞直而理正，咸稱良史焉。既而桓溫見之，怒謂盛子曰：「枋頭誠爲失利，何至乃如尊君所說！若此史遂行，自是關君門戶事。」其子遽拜謝，謂請刪改之。時盛年老還家，性方嚴有軌憲，雖子孫班白，而庭訓愈峻。至此，諸子乃共號泣稽顙，請爲百口切計。盛大怒。諸子遂爾改之。盛寫兩定本，寄於慕容儁。〔四〕太元中，孝武帝博求異聞，始於遼東得之，以相考校，多有不同，書遂兩存。子潛、放。

潛字齊由，爲豫章太守。殷仲堪之討王國寶也，潛時在郡，仲堪逼以爲諮議參軍，固辭不就，以憂卒。

放字齊莊，幼稱令慧。年七八歲，在荆州，與父俱從庾亮獵，亮謂曰：「君亦來邪？」應聲答曰：「無小無大，從公于邁。」亮又問：「欲齊何莊邪？」放曰：「欲齊莊周。」亮曰：「不慕仲尼邪？」答曰：「仲尼生而知之，非希企所及。」亮大奇之，曰：「王輔嗣弗過也。」庾翼子爰客嘗候盛，〔五〕見放而問曰：「安國何在？」放答曰：「庾稚恭家。」爰客大笑曰：「諸孫太盛，有兒如此也！」放又曰：「未若諸庾翼翼。」既而語人曰：「我故得重呼奴父也。」終於長沙相。

干寶

干寶字令升，新蔡人也。祖統，吳奮武將軍、都亭侯。父瑩，丹楊丞。寶少勤學，博覽書記，以才器召爲著作郎。〔六〕平杜弢有功，賜爵關內侯。

中興草創，未置史官，中書監王導上疏曰：「夫帝王之迹，莫不必書，著爲令典，垂之無窮。宣皇帝廓定四海，武皇帝受禪於魏，至德大勳，等蹤上聖，而紀傳不存於王府，德音未被乎管絃。陛下聖明，當中興之盛，宜建立國史，撰集帝紀，上敷祖宗之烈，下紀佐命之勳，務以實錄，爲後代之準，厭率土之望，悅人神之心，斯誠雍熙之至美，王者之弘基也。宜備

史官，敕佐著作郎干寶等漸就撰集。」元帝納焉。寶於是始領國史。以家貧，求補山陰令，遷始安太守。王導請爲司徒右長史，遷散騎常侍。著晉紀，自宣帝迄于愍帝五十三年，凡二十卷，奏之。其書簡略，直而能婉，咸稱良史。

性好陰陽術數，留思京房、夏侯勝等傳。寶父先有所寵侍婢，母甚妒忌，及父亡，母乃生推婢于墓中。寶兄弟年小，不之審也。後十餘年，母喪，開墓，而婢伏棺如生，載還，經日乃蘇。言其父常取飲食與之，恩情如生。在家中吉凶輒語之，考校悉驗，地中亦不覺爲惡。既而嫁之，生子。又寶兄嘗病氣絕，積日不冷，後遂悟，云見天地間鬼神事，如夢覺，不自知死。寶以此遂撰集古今神祇靈異人物變化，名爲搜神記，凡三十卷。以示劉惔，惔曰：「卿可謂鬼之董狐。」寶既博採異同，遂混虛實，因作序以陳其志曰：

雖考先志於載籍，收遺逸於當時，蓋非一耳一目之所親聞覩也，亦安敢謂無失實者哉！衛朔失國，二傳互其所聞；呂望事周，子長存其兩說，若此比類，往往有焉。從此觀之，聞見之難一，由來尚矣。夫書赴告之定辭，據國史之方策，猶尚若茲，況仰述千載之前，記殊俗之表，綴片言於殘闕，訪行事於故老，將使事不二迹，言無異塗，然後爲信者，固亦前史之所病。然而國家不廢注記之官，學士不絕誦覽之業，豈不以其所失者小，所存者大乎！今之所集，設有承於前載者，則非余之罪也。若使采訪近世之事，

苟有虛錯，願與先賢前儒分其譏謗。及其著述，亦足以明神道之不誣也。

羣言百家不可勝覽，耳目所受不可勝載，今粗取足以演八略之旨，成其微說而已。幸將來好事之士錄其根體，有以游心寓目而無尤焉。

寶又爲春秋左氏義外傳，注周易、周官凡數十篇，及雜文集皆行於世。

鄧粲

鄧粲，長沙人。少以高潔著名，與南陽劉驎之、南郡劉尚公同志友善，並不應州郡辟命。荊州刺史桓沖卑辭厚禮請粲爲別駕，粲嘉其好賢，乃起應召。驎之、尚公謂之曰：「卿道廣學深，衆所推懷，忽然改節，誠失所望。」粲笑答曰：「足下可謂有志於隱而未知隱。夫隱之爲道，朝亦可隱，市亦可隱。隱初在我，不在於物。」尚公等無以難之，然粲亦於此名譽減半矣。後患足疾，不能朝拜，求去職，不聽，令臥視事。後以病篤，乞骸骨，許之。

粲以父騫有忠信言而世無知者，乃著元明紀十篇，注老子，並行於世。

謝沈

謝沈字行思，會稽山陰人也。曾祖斐，吳豫章太守。父秀，吳翼正都尉。沈少孤，事母

至孝，博學多識，明練經史。郡命爲主簿、功曹，察孝廉，太尉郗鑒辟，並不就。會稽內史何充引爲參軍，以母老去職。平西將軍庾亮命爲功曹，征北將軍蔡謨版爲參軍，皆不就。閑居養母，不交人事，耕耘之暇，研精墳籍。康帝卽位，朝議疑七廟迭毀，乃以太學博士徵，以質疑滯。以母憂去職。服闋，除尚書度支郎。

何充、庾冰並稱沈有史才，遷著作郎，撰晉書三十餘卷。會卒，時年五十二。沈先著後漢書百卷及毛詩、漢書外傳，所著述及詩賦文論皆行於世。其才學在虞預之右云。

習鑿齒

習鑿齒字彥威，襄陽人也。宗族富盛，世爲鄉豪。鑿齒少有志氣，博學洽聞，以文筆著稱。荊州刺史桓溫辟爲從事，江夏相袁喬深器之，數稱其才於溫，轉西曹主簿，親遇隆密。

時溫有大志，追蜀人知天文者至，夜執手問國家祚運修短。答曰：「世祀方永。」溫疑其難言，乃飾辭云：「如君言，豈獨吾福，乃蒼生之幸。然今日之語自可令盡，必有小小厄運，亦宜說之。」星人曰：「太微、紫微、文昌三宮氣候如此，決無憂虞。至五十年外不論耳。」溫不悅，乃止。異日，送絹一匹、錢五千文以與之。星人乃馳詣鑿齒曰：「家在益州，被命遠下，今受旨自裁，無由致其骸骨。緣君仁厚，乞爲標碣棺木耳。」鑿齒問其故，星人曰：「賜絹一匹，令僕自裁，惠錢五千，以買棺耳。」鑿齒曰：「君幾誤死！君嘗聞干知星宿有不覆之義乎？〔七〕此以絹戲君，以錢供道中資，是聽君去耳。」星人大喜，明便詣溫別。溫問去意，以鑿齒言答。溫笑曰：「鑿齒憂君誤死，君定是誤活。然徒三十年看儒書，不如一詣習主簿。」

累遷別駕。溫出征伐，鑿齒或從或守，所在任職，每處機要，莅事有績，善尺牘論議，溫甚器遇之。時清談文章之士韓伯、伏滔等並相友善，後使至京師，簡文亦雅重焉。既還，溫問：「相王何似？」答曰：「生平所未見。」〔八〕以此大忤溫旨，左遷戶曹參軍。時有桑門釋道安，俊辯有高才，自北至荊州，與鑿齒初相見。道安曰：「彌天釋道安。」鑿齒曰：「四海習鑿齒。」時人以爲佳對。

初，鑿齒與其二舅羅崇、羅友俱爲州從事。及遷別駕，以坐越舅右，屢經陳請。溫後激怒既盛，乃超拔其二舅，相繼爲襄陽都督，出鑿齒爲滎陽太守。

溫弟祕亦有才氣，素與鑿齒相親善。鑿齒既罷郡歸，與祕書曰：

吾以去五月三日來達襄陽，觸目悲感，略無歡情，痛惻之事，故非書言之所能具也。每定省家舅，從北門入，西望隆中，想臥龍之吟；東眺白沙，思鳳雛之聲；北臨樊墟，存鄧老之高；南眷城邑，懷羊公之風；縱目檀溪，念崔徐之友；肆睇魚梁，追二德之遠，未嘗不徘徊移日，惆悵極多，撫乘躊躇，慨爾而泣。曰若乃魏武之所置酒，〔九〕孫堅

之所隕斃，裴杜之故居，繁王之舊宅，遺事猶存，星列滿目。璅璅常流，碌碌凡士，焉足以感其方寸哉！

夫芬芳起於椒蘭，清響生乎琳琅。命世而作佐者，必垂可大之餘風；高尚而邁德者，必有明勝之遺事。若向八君子者，千載猶使義想其爲人，況相去之不遠乎！彼一時也，此一時也，焉知今日之才不如疇辰，百年之後，吾與足下不並爲景升乎！

其風期俊邁如此。

是時溫覬覦非望，鑿齒在郡，著漢晉春秋以裁正之。起漢光武，終於晉愍帝。於三國之時，蜀以宗室爲正，魏武雖受漢禪晉，尚爲篡逆，至文帝平蜀，乃爲漢亡而晉始興焉。引世祖諱炎興而爲禪受，〔一〇〕明天心不可以勢力强也。凡五十四卷。後以腳疾，遂廢於里巷。

及襄陽陷於苻堅，堅素聞其名，與道安俱輿而致焉。既見，與語，大悅之，賜遺甚厚。又以其蹇疾，與諸鎮書：「昔晉氏平吳，利在二陸；今破漢南，獲士裁一人有半耳。」俄以疾歸襄陽。尋而襄鄧反正，朝廷欲徵鑿齒，使典國史，會卒，不果。臨終上疏曰：

臣每謂皇晉宜越魏繼漢，不應以魏後爲三恪。而身微官卑，無由上達，懷抱愚情，三十餘年。今沈淪重疾，性命難保，遂嘗懷此，當與之朽爛，區區之情，切所悼惜，謹力疾著論一篇，寫上如左。願陛下考尋古義，求經常之表，超然遠覽，不以臣微賤廢其所

言。論曰：

或問：「魏武帝功蓋中夏，文帝受禪於漢，而吾子謂漢終有晉，豈實理乎？且魏之見廢，晉道亦病，晉之臣子寧可以同此言哉！」

答曰：「此乃所以尊晉也。但絕節赴曲，非常耳所悲，見殊心異，雖奇莫察，請爲子言焉。

「昔漢氏失御，九州殘隔，三國乘間，鼎跱數世，干戈日尋，流血百載，雖各有偏平，而其實亂也。宣皇帝勢逼當年，力制魏氏，蠖屈從時，遂羈戎役，晦明掩耀，龍潛下位，俛首重足，鞠躬屏息，道有不容之難，躬蹈履霜之險，可謂危矣！魏武既亡，大難獲免，始南擒孟達，東蕩海隅，西抑勁蜀，旋撫諸夏，摧吳人入侵之鋒，掃曹爽見忌之黨，植靈根以跨中嶽，樹羣才以翼子弟，命世之志既恢，非常之業亦固。景文繼之，靈武冠世，克伐貳違，以定厥庸，席卷梁益，奄征西極，功格皇天，勳侔古烈，豐規顯祚，故以灼如也。至於武皇，遂并強吳，混一宇宙，乂清四海，同軌二漢。除三國之大害，靜漢末之交爭，開九域之蒙晦，定千載之盛功者，皆司馬氏也。而推魏繼漢，以晉承魏，比義唐虞，自託純臣，豈不惜哉！

「今若以魏有代王之德，則其道不足；有靜亂之功，則孫劉鼎立。道不足則不可謂

制當年，當年不制於魏，則魏未曾爲天下之主；王道不足於曹，則曹未始爲一日之王矣。昔共工伯有九州，秦政奄平區夏，鞭撻華戎，專總六合，猶不見序於帝王，淪沒於戰國，何況暫制數州之人，威行境內而已，便可推爲一代者乎！

「若以晉嘗事魏，懼傷皇德，拘惜禪名，謂不可割，則惑之甚者也。何者？隗囂據隴，公孫帝蜀，蜀隴之人雖服其役，取之大義，於彼何有！且吳楚僭號，周室未亡，子文、延陵不見貶絕。宣皇帝官魏，逼於性命，舉非擇木，何虧德美，禪代之義，不同堯舜，校實定名，必彰於後，人各有心，事胡可掩！定空虛之魏以屈於己，孰若杖義而以貶魏哉！夫命世之人正情遇物，假之際會，必兼義勇。宣皇祖考立功於漢，世篤爾勞，思報亦深。魏武超越，志在傾主，德不素積，義險冰薄，宣帝與之，情將何重！雖形屈當年，意申百世，降心全己，憤慨於下，非道服北面，有純臣之節，畢命曹氏，忘濟世之功者也。

「夫成業者係於所爲，不係所藉；立功者言其所濟，不言所起。是故漢高稟命於懷王，劉氏乘斃於亡秦，超二僞以遠嗣，不論近而計功，考五德於帝典，不疑道於力政，季無承楚之號，漢有繼周之業，取之既美，而己德亦重故也。凡天下事有可借喻於古以曉於今，定之往昔而足爲來證者。當陽秋之時，吳楚二國皆僭號之王也，若使楚莊推

鄢郢以尊有德，闔閭舉三江以奉命世，命世之君、有德之主或藉之以應天，或撫之而光宅，彼必自係於周室，不推吳楚以爲代明矣。況積勳累功，靜亂寧衆，數之所錄，衆之所與，不資於燕噲之授，不賴於因藉之力，長轡廟堂，吳蜀兩斃，運奇二紀而平定天下，服魏武之所不能臣，蕩累葉之所不能除者哉！

「自漢末鼎沸五六十年，吳魏犯順而強，蜀人杖正而弱，三家不能相一，萬姓曠而無主。夫有定天下之大功，爲天下之所推，孰如見推於闇人，受尊於微弱？配天而爲帝，方駕於三代，豈比俛首於曹氏，側足於不正？即情而恒實，〔二〕取之而無慚，何與詭事而託僞，開亂於將來者乎？是故故舊之恩可封魏後，三恪之數不宜見列。以晉承漢，功實顯然，正名當事，情體亦厭，又何爲虛尊不正之魏而虧我道於大通哉！

「昔周人詠祖宗之德，追述翦商之功；仲尼明大孝之道，高稱配天之義。然后稷勤於所職，聿來未以翦商，異於司馬氏仕乎曹族，三祖之寓於魏世矣。且夫魏自君之道不正，則三祖臣魏之義未盡。義未盡，故假塗以運高略；道不正，故君臣之節有殊。然則弘道不以輔魏而無逆取之嫌，高拱不勞汗馬而有靜亂之功者，蓋勳足以王四海，義可以登天位，雖我德慚於有周，而彼道異於殷商故也。

「今子不疑共工之不得列於帝王，不嫌漢之係周而不係秦，何至於一魏猶疑滯而

不化哉！夫欲尊其君而不知推之於堯舜之道，欲重其國而反厝之於不勝之地，豈君子之高義！若猶未悟，請於是止矣。」

子辟強，才學有父風，位至驃騎從事中郎。

徐廣

徐廣字野民，東莞姑幕人，侍中邈之弟也。世好學，至廣尤爲精純，百家數術無不研覽。謝玄爲兗州，辟從事。譙王恬爲鎮北，補參軍。孝武世，除祕書郎，典校祕書省。增置省職，轉員外散騎侍郎，仍領校書。尚書令王珣深相欽重，舉爲祠部郎。會稽世子元顯時錄尚書，欲使百僚致敬，內外順之，使廣爲議，廣常以爲愧焉。元顯引爲中軍參軍，遷領軍長史。桓玄輔政，以爲大將軍文學祭酒。義熙初，奉詔撰車服儀注，除鎮軍諮議，領記室，封樂成侯，轉員外散騎常侍，領著作。尚書奏：「左史述言，右官書事，乘志顯於晉鄭，春秋著乎魯史。自聖代有造中興記者，道風帝典，煥乎史策。而太和以降，世歷三朝，玄風聖迹，儵爲疇古。臣等參詳，宜敕著作郎徐廣撰成國史。」於是敕廣撰集焉。遷驍騎將軍，領徐州大中正，轉正員常侍、大司農，仍領著作如故。十二年，勒成晉紀，凡四十六卷，表上之。因乞解史任，不許。遷祕書監。

初，桓玄篡位，帝出宮，廣陪列，悲動左右。及劉裕受禪，恭帝遜位，廣獨哀感，涕泗交流。謝晦見之，謂曰：「徐公將無小過也。」廣收淚而言曰：「君爲宋朝佐命，吾乃晉室遺老，憂喜之事固不同時。」乃更歔欷。因辭衰老，乞歸桑梓。性好讀書，老猶不倦。年七十四，卒于家。廣答禮問行於世。

史臣曰：古之王者咸建史臣，昭法立訓，莫近於此。若夫原始要終，紀情括性，其言微而顯，其義皎而明，然後可以茵藹緹油，〔一二〕作程遐世者也。丘明既沒，班馬迭興，奮鴻筆於西京，騁直詞於東觀。自斯已降，分明競爽，可以繼明先典者，陳壽得之乎！江漢英靈，信有之矣。允源將率之子，篤志典墳；紹統戚藩之胤，研機載籍：咸能綜緝遺文，垂諸不朽，豈必克傳門業，方擅箕裘者哉！處叔區區，勵精著述，混淆蕪舛，良不足觀。叔寧寡聞，穿窬王氏，雖勤成一家，未足多尚。令升、安國有良史之才，而所著之書惜非正典。悠悠晉室，斯文將墜。鄧粲、謝沈祖述前史，葺宇重軒之下，施牀連榻之上，奇詞異義，罕見稱焉。習氏、徐公俱云筆削，彰善癉惡，以爲懲勸。夫蹈忠履正，貞士之心；背義圖榮，君子不取。而彥威跡淪寇壤，逡巡於僞國；野民運遭革命，流漣於舊朝。行不違言，廣得之矣。

贊曰：陳壽含章，巖巖孤峙。彪溥勵節，摛辭綜理。王恧雅才，虞慚惇史。干孫撫翰，

前良可擬。鄧謝懷鉛，異聞無紀。習亦研思，徐非絢美。咸被簡册，共傳遐祀。

校勘記

〔一〕出補陽平令　考異：泰始十年壽上表稱「平陽侯相」，此云「陽平令」，恐誤。斠注：華陽國志一一正作「平陽侯相」。

〔二〕君山　「山」，各本誤作「出」，今從殿本。御覽六〇一、册府八五四俱作「山」。

〔三〕語在郊祀志　周校：本書有禮志，無郊祀志。禮志亦不載彪議。

〔四〕寄於慕容儁　考異：枋頭之役在慕容暐時，儁已先死久矣。

〔五〕爰客　庾翼傳作「爰之」。

〔六〕召爲著作郎　周校：「著作」上脫「佐」字。按：下文王導疏可證。

〔七〕君嘗聞干知星宿有不覆之義乎　「干知」，殿本作「前知」，册府七八八作「干支」，通志一二九下作「子知」。

〔八〕生平所未見　「生平」，各本作「生年」，今從殿本。

〔九〕曰若乃魏武之所置酒　商榷：衍「曰」字。

〔一〇〕引世祖諱炎興而爲禪受　李校：語有脫落，當作「引世祖諱炎爲炎興，而後主諱禪爲禪受」，文義方明。

〔一一〕卽情而恒實　「恒」疑「衡」字之誤。

〔一二〕然後可以茵藹緹油　各本均無「後」字，今依殿本。

晉書卷八十三

列傳第五十三

顧和

顧和字君孝，侍中衆之族子也。曾祖容，吳荆州刺史。祖相，臨海太守。和二歲喪父，總角便有清操，族叔榮雅重之，曰：「此吾家麒麟，興吾宗者，必此子也。」時宗人球亦有令聞，爲州別駕，榮謂之曰：「卿速步，君孝超卿矣！」

王導爲揚州，辟從事。月旦當朝，未入，停車門外。周顗遇之，和方擇蝨，夷然不動。顗既過，顧指和心曰：「此中何所有？」和徐應曰：「此中最是難測地。」顗入，謂導曰：「卿州吏中有一令僕才。」導亦以爲然。和嘗詣導，導小極，對之疲睡。和欲叩會之，因謂同坐曰：「昔每聞族叔元公道公叶贊中宗，保全江表。體小不安，令人喘息。」導覺之，謂和曰：「卿珪璋特達，機警有鋒，不徒東南之美，實爲海內之俊。」由是遂知名。既而導遣八部從事之部，

和爲下傳還，同時俱見，諸從事各言二千石官長得失，和獨無言。導問和：「卿何所聞？」答曰：「明公作輔，寧使網漏吞舟，何緣採聽風聞，以察察爲政。」導咨嗟稱善。

累遷司徒掾。時東海王沖爲長水校尉，妙選僚屬，以沛國劉耽爲司馬，和爲主簿。永昌初，除司徒左曹掾。太寧初，王敦請爲主簿，遷太子舍人、車騎參軍、護軍長史。王導爲揚州，請爲別駕，所歷皆著稱。遷散騎侍郎、尚書吏部。司空郗鑒請爲長史，領晉陵太守。咸康初，拜御史中丞，劾奏尚書左丞戴抗贓汙百萬，付法議罪，并免尚書傅玩、郎劉傭官，百僚憚之。遷侍中。初，中興東遷，舊章多闕，而冕旒飾以翡翠珊瑚及雜珠等。和奏：「舊冕十有二旒，皆用玉珠，今用雜珠等，非禮。若不能用玉，可用白琁珠。」〔一〕成帝於是始下太常改之。先是，帝以保母周氏有阿保之勞，欲假其名號，內外皆奉詔。和獨上疏以爲「周保祐聖躬，不遺其勳，第舍供給擬於戚屬，恩澤所加已爲過隆。若假名號，記籍未見明比。惟漢靈帝以乳母趙嬈爲平氏君，此末代之私恩，非先代之令典。且君舉必書，將軌物垂則。書而不法，後嗣何觀」！帝從之。轉吏部尚書，頻徙領軍將軍、太常卿、國子祭酒。

康帝即位，將祀南北郊，和議以爲車駕宜親行。帝從之，皆躬親行禮。遷尚書僕射，以母老固辭，詔書敕喻，特聽暮出朝還，其見優遇如此。尋朝議以端右之副不宜處外，更拜銀青光祿大夫，領國子祭酒。頃之，母憂去職，居喪以孝聞。既練，衞將軍褚裒上疏薦和，起

爲尚書令，遣散騎郎喻旨。和每見逼促，輒號咷慟絕，謂所親曰：「古人或有釋其憂服以祇王命，蓋以才足幹時，故不得不體國徇義。吾在常日猶不如人，況今中心荒亂，將何以補於萬分，祇足以示輕忘孝道，貽素冠之譏耳。」帝又下詔曰：「百揆務殷，端右總要，而曠職經久，甚以悒然。昔先朝政道休明，中夏隆盛，山賈諸公皆釋服從時，不獲遂其情禮。況今日艱難百王之弊，尚書令禮已過祥練，豈得聽不赴急疾而遂罔極之情乎！」和表疏十餘上，遂不起，服闋，然後視職。

時南中郎將謝尚領宣城內史，收涇令陳幹殺之，有司以尚違法糾黜，詔原之。和重奏曰：「尚先劾姦贓罪，入甲戌赦，聽自首減死。而尚近表云幹包藏姦猾，輒收行刑。幹事狀自郡，非犯軍戎，不由都督。案尚蒙親賢之舉，荷文武之任，不能爲國惜體，平心聽斷，內挾小憾，肆其威虐，遠近怪愕，莫不解體。尚忝外屬，宥之有典，至於下吏，宜正刑辟。」尚，皇太后舅，故寢其奏。時汝南王統、江夏公衞崇並爲庶母制服三年，和乃奏曰：「禮所以軌物成敎，故有國家者莫不崇正明本，以一其統，斯人倫之紀，不二之道也。爲人後者，降其所出，奪天屬之性，顯至公之義，降殺節文，著于周典。案汝南王統爲庶母居廬服重，江夏公衞崇本由疏屬，開國之緒，近喪所生，復行重制，違冒禮度，肆其私情。閭閻許其過厚，談者莫以爲非，則政道陵遲由乎禮廢，憲章穨替始於容違。若弗糾正，無以齊物。皆可下太常

奪服。若不祇王命，應加貶黜。」詔從之。和居任多所獻納，雖權臣不苟阿撓。

永和七年，以疾篤辭位，拜左光祿大夫、儀同三司，加散騎常侍，尚書令如故。其年卒，年六十四。追贈侍中、司空，謚曰穆。

子淳，歷尚書吏部郎、給事黃門侍郎、左衞將軍。

袁瓌 子喬　喬孫山松　瓌弟猷　從祖準　準孫耽　耽子質　質子湛　豹

袁瓌字山甫，陳郡陽夏人，魏郎中令渙之曾孫也。〔二〕祖、父並早卒。瓌與弟猷欲奉母避亂，求爲江淮閒縣，拜呂令，轉江都，因南渡。元帝以爲丹楊令。中興建，拜奉朝請，遷治書御史。時東海王越尸既爲石勒所焚，妃裴氏求招魂葬越，朝廷疑之。瓌與博士傅純議，以爲招魂葬是謂埋神，不可從也。帝然之，雖許裴氏招魂葬越，遂下詔禁之。尋除廬江太守。大將軍王敦引爲諮議參軍。俄爲臨川太守。敦平，爲鎭南將軍卞敦軍司。尋自解還都，游於會稽。蘇峻之難，與王舒共起義軍，以功封長合鄉侯，徵補散騎常侍，徙大司農。尋除國子祭酒。頃之，加散騎常侍。

于時喪亂之後，禮教陵遲，瓌上疏曰：

臣聞先王之教也，崇典訓以弘遠代，明禮樂以流後生，所以導萬物之性，暢爲善之

道也。宗周既興，文史載煥，端委垂於南蠻，頌聲溢於四海，故延州聘魯，聞雅而歎；韓起適魯，觀易而美。何者？立人之道，於斯爲首。孔子恂恂以教洙泗，孟軻係之，誨誘無倦，是以仁義之聲于今猶存，禮讓之節時或有之。

疇昔皇運陵替，喪亂屢臻，儒林之教漸積，庠序之禮有闕，國學索然，墳籍莫啓，有心之徒抱志無由。昔魏武帝身親介胄，務在武功，猶尙廢鞍覽卷，投戈吟詠，況今陛下以聖明臨朝，百官以虔恭莅事，朝野無虞，江外謐靜，如之何泱泱之風漠然無聞，洋洋之美墜於聖世乎！古人有言，「詩書義之府，禮樂德之則」。實宜留心經籍，闡明學義，使諷誦之音盈於京室，味道之賢是則是詠，豈不盛哉！若得給其宅地，備其學徒，博士僚屬粗有其官，則臣之願也。

疏奏，成帝從之。國學之興，自瓌始也。以年在懸車，上疏告老，尋卒。追贈光祿大夫，謚曰恭。子喬嗣。

喬字彥叔。初拜佐著作郎。輔國將軍桓溫請爲司馬，除司徒左西屬，不就，拜尙書郎。桓溫鎭京口，復引爲司馬，領廣陵相。初，喬與褚裒友善，及康獻皇后臨朝，喬與裒書曰：「皇太后踐登正阼，臨御皇朝，將軍之於國，外姓之太上皇也。至於皇子近屬，咸有揖讓之

禮，而況策名人臣，而交媟人父，天性攸尊，亦宜體國而重矣。故友之好，請於此辭。染絲之變，墨翟致懷，岐路之感，楊朱興歎，況與將軍游處少長，雖世譽先後而臭味同歸也。平昔之交，與禮數而降，箕踞之歡，隨時事而替，雖欲虛詠濠肆，脫落儀制，其能得乎！來物無停，變化遷代，豈惟寸晷，事亦有之。夫御器者神，制衆以約，願將軍怡情無事，以理勝爲任，親杖賢達，以納善爲大。執筆惆悵，不能自盡。」論者以爲得禮。〔三〕

遷安西諮議參軍、長沙相，不拜。尋督沔中諸戍江夏隨義陽三郡軍事、建武將軍、江夏相。時桓溫謀伐蜀，衆以爲不可，喬勸溫曰：「夫經略大事，故非常情所具，智者了於胸心，然後舉無遺算耳。今天下之難，二寇而已。蜀雖險固，方胡爲弱，將欲除之，先從易者。今泝流萬里，經歷天險，彼或有備，不必可克。然蜀人自以斗絕一方，恃其完固，不修攻戰之具，若以精卒一萬，輕軍速進，比彼聞之，我已入其險要，李勢君臣不過自力一戰，擒之必矣。論者恐大軍既西，胡必闚覦，此又似是而非。何者？胡聞萬里征伐，以爲內有重備，必不敢動。縱復越逸江渚，諸軍足以守境，此無憂矣。蜀土富實，號稱天府，昔諸葛武侯欲以抗衡中國。今誠不能爲害，然勢據上流，易爲寇盜。若襲而取之者，有其人衆，此國之大利也。」溫從之，使喬以江夏相領二千人爲軍鋒。師次彭模，去賊已近，議者欲兩道並進，以分賊勢。喬曰：「今深入萬里，置之死地，士無反顧之心，所謂人自爲戰者也。今分爲兩軍，軍力不一，萬一偏敗，則大事去矣。不如全軍而進，棄去釜甑，齎三日糧，勝可必矣。」溫以爲然，即一時俱進。去成都十里，與賊大戰，前鋒失利，喬軍亦退，矢及馬首，左右失色。喬因麾而進，聲氣愈厲，遂大破之，長驅至成都。李勢既降，勢將鄧定、隗文以其屬反，衆各萬餘。溫自擊定，喬擊文，破之。進號龍驤將軍，封湘西伯。尋卒，年三十六，溫甚悼惜之。追贈益州刺史，謚曰簡。

喬博學有文才，注論語及詩，并諸文筆皆行於世。

子方平嗣，亦以軌素自立，辟大司馬掾，歷義興、琅邪太守。卒，子山松嗣。

山松少有才名，博學有文章，著後漢書百篇。衿情秀遠，善音樂。舊歌有行路難曲，辭頗疏質，山松好之，乃文其辭句，婉其節制，每因酣醉縱歌之，聽者莫不流涕。初，羊曇善唱樂，桓伊能挽歌，及山松行路難繼之，時人謂之「三絕」。時張湛好於齋前種松柏，而山松每出游，好令左右作挽歌，人謂「湛屋下陳尸，山松道上行殯」。

山松歷顯位，爲吳郡太守。孫恩作亂，山松守滬瀆，城陷被害。

猷字申甫，少與瓌齊名。代瓌爲呂令，復相繼爲江都，由是俱渡江。瓌爲丹楊，猷爲武

康，兄弟列宰名邑，論者美之。歷位侍中、衞尉卿。猷孫宏，見文苑傳。

準字孝尼，以儒學知名，注喪服經。官至給事中。準子沖，字景玄，光祿勳。沖子耽。

耽字彥道，少有才氣，俶儻不羈，爲士類所稱。桓溫少時游于博徒，資產俱盡，尙有負進，思自振之方，莫知所出，欲求濟於耽，而耽在艱，試以告焉。耽略無難色，遂變服懷布帽，隨溫與債主戲。耽素有藝名，債者聞之而不相識，謂之曰：「卿當不辦作袁彥道也。」遂就局，十萬一擲，直上百萬。耽投馬絕叫，探布帽擲地，曰：「竟識袁彥道不？」其通脫若此。

蘇峻之役，王導引爲參軍，隨導在石頭。初，路永、匡術、賈寧等皆峻心腹，聞祖約奔敗，懼事不立，迭說峻誅大臣。峻既不納，永等慮必敗，陰結於導。導使耽潛說路永，使歸順。峻平，封秭歸男，拜建威將軍、歷陽太守。

咸康初，石季龍游騎十餘匹至歷陽，耽上列不言騎少。時胡寇强盛，朝野危懼，王導以宰輔之重請自討之。既而賊騎不多，又已退散，導止不行。朝廷以耽失於輕妄，黜之。尋復爲導從事中郎，方加大任，會卒，時年二十五。子質。

質字道和。自湊至質五世，並以道素繼業，惟其父耽以雄豪著。及質，又以孝行稱。官歷琅邪內史、東陽太守。質子湛。

湛字士深。少有操植，以沖粹自立，而無文華，故不爲流俗所重。時謝混爲僕射，范泰贈湛及混詩云：「亦有後出雋，離羣頗騫翥。」湛恨而不答。自中書令爲僕射、左光祿大夫、晉寧男，卒於官。湛弟豹。

豹字士蔚。博學善文辭，有經國材，爲劉裕所知。後爲太尉長史、丹楊尹，卒。

江逌 從弟灌 灌子績

江逌字道載，陳留圉人也。曾祖蕤，譙郡太守。祖允，蕪湖令。父濟，安東參軍。逌少孤，與從弟灌共居，甚相友悌，由是獲當時之譽。避蘇峻之亂，屏居臨海，絕棄人事，翦茅結宇，耽翫載籍，有終焉之志。本州辟從事，除佐著作郎，並不就。征北將軍蔡謨命爲參軍，何充復引爲驃騎功曹。以家貧，求試守，爲太末令。縣界深山中，有亡命數百家，恃險爲阻，前後守宰莫能平。逌到官，召其魁帥，厚加撫接，諭以禍福，旬月之間，襁負而至，朝廷

嘉之。州檄爲治中，轉別駕，遷吳令。

中軍將軍殷浩將謀北伐，請爲諮議參軍。浩甚重之，遷長史。浩方修復洛陽，經營荒梗，逌爲上佐，甚有匡弼之益，軍中書檄皆以委逌。時羌及丁零叛，浩軍震懼。姚襄去浩十里結營以逼浩，浩令逌擊之。逌進兵至襄營，謂將校曰：「今兵非不精，而衆少於羌，且其塹柵甚固，難與校力，吾當以計破之。」乃取數百雞以長繩連之，繫火於足。羣雞駭散，飛集襄營。襄營火發，因其亂，隨而擊之，襄遂小敗。及桓溫奏廢浩佐吏，逌遂免。頃之，除中書郎。升平中，遷吏部郎，長兼侍中。

穆帝將修後池，起閣道，逌上疏曰：

臣聞王者處萬乘之極，享富有之大，必顯明制度以表崇高，盛其文物以殊貴賤。建靈臺，浚辟雍，立宮館，設苑囿，所以弘於皇之尊，彰臨下之義。前聖創其禮，後代遵其矩，當代之君咸營斯事。周宣興百堵之作，鴻雁歌安宅之歡；魯僖修泮水之宮，採芹有思樂之頌。蓋上之有爲非予欲是盈，下之奉上不以劬勞爲勤，此自古之令典，軌儀之大式也。

夫理無常然，三正相詭，司牧之體，與世而移。致飾則素，故賁返於剝；有大必盈，則受之以謙。損上益下，順兆庶之悅；享以二簋，用至約之義。是以唐虞流化於茅茨，

夏禹垂美於卑室。過儉之陋，非中庸之制，然三聖行之以致至道。漢高祖當營建之始，怒宮庫之壯；孝文處既富之世，愛十家之產，亦以播惠當時，著稱來葉。

今者二虜未殄，神州荒蕪，舉江左之衆，經略艱難，漕揚越之粟，北餽河洛，兵不獲戢，運戍悠遠，倉庫內罄，百姓力竭。加春夏以來，水旱爲害，遠近之收普減常年，財傷人困，大役未已，軍國之用無所取給。方之往代，豐弊相懸。損之又損，實在今日。伏惟陛下聖質天縱，凝曠清虛，闡日新之盛，茂欽明之量，無欲體於自然，沖素刑乎萬國。韶既盡美，則必盡善。宜養以玄虛，守以無爲，登覽不以臺觀，游豫不以苑沼，偃息畢於仁義，馳騁極於六藝，觀巍巍之隆，鑒二代之文，仰味羲農，俯尋周孔。其爲逍遙，足以尊道德之輔，親搢紳之秀。疇咨以時，顧問不倦，獻替諷諫，日月而聞，則庶績惟凝，六合咸熙，中興之盛邁於殷宗，休嘉之慶流乎無窮。

昔漢起德陽，鍾離抗言；魏營宮殿，陳羣正辭。臣雖才非若人，然職忝近侍，言不足採，而義在以聞。

帝嘉其言而止。復領本州大中正。升平末，遷太常，逌累讓，不許。

穆帝崩，山陵將用寶器，逌諫曰：「以宣皇顧命終制，山陵不設明器，以貽後則。景帝奉遵遺制。逮文明皇后崩，武皇帝亦承前制，無所施設，惟脯糒之奠，瓦器而已。昔康皇帝玄

宮始用寶劍金舄，此蓋太妃罔已之情，實違先旨累世之法。今外欲以爲故事，臣請述先旨，停此二物。」書奏，從之。

哀帝以天文失度，欲依尚書洪祀之制，於太極前殿親執虔肅，冀以免咎，使太常集博士草其制。逌上疏諫曰：

臣尋史漢舊事，藝文志劉向五行傳，洪祀出於其中。然自前代以來，莫有用者。又其文惟說爲祀，而不載儀注。此蓋久遠不行之事，非常人所參校。案漢儀，天子所親之祠，惟宗廟而已。祭天於雲陽，祭地於汾陰，在於別宮遙拜，不詣壇所。其餘羣祀之所，必在幽靜，是以圓丘方澤列於郊野。今若於承明之庭，正殿之前，設羣神之坐，行躬親之禮，準之舊典，有乖常式。

臣聞妖眚之發，所以鑒悟時主，故夤畏上通，則宋災退度；德禮增修，則殷道以隆。此往代之成驗，不易之定理。頃者星辰頗有變異，陛下祇戒之誠達於天人，在予之懼，忘寢與食，仰虞玄象，俯凝庶政，嘉祥之應，實在今日。而猶乾乾夕惕，思廣茲道，誠實聖懷殷勤之至。然洪祀有書無儀，不行於世，詢訪時學，莫識其禮。且其文曰：「洪祀，大祀也。陽曰神，陰曰靈。舉國相率而行祀，順四時之序，無令過差。」今案文而言，皆漫而無適，不可得詳。若不詳而修，其失不小。

帝不納，逌又上疏曰：

臣謹更思尋，參之時事。今强戎據於關雍，桀狄縱於河朔，封豕四逸，虔劉神州，長旌不卷，鉦鼓日戒，兵疲人困，歲無休已。人事弊於下，則七曜錯於上，災沴之作，固其宜然。又頃者以來，無乃大異。彼月之蝕，義見詩人，星辰莫同，載於五行，故洪範不以爲沴。

陛下今以晷度之失同之六沴，引其輕變方之重眚，求己篤於禹湯，憂勤踰乎日昃，將修大祀，以禮神祇。傳曰：「外順天地時氣而祭其鬼神。」然則神必有號，祀必有義。案洪祀之文，惟神靈大略而無所祭之名，稱舉國行祀而無貴賤之阻，有赤黍之盛而無牲醴之奠，儀法所用，闕略非一。若率文而行，則舉義皆閡；有所施補，則不統其源。漢侍中盧植，時之達學，受法不究，則不敢厝心。誠以五行深遠，神道幽昧，探賾之求難以常思，錯綜之理不可一數。臣非至精，孰能與此！

帝猶敕撰定，逌又陳古義，帝乃止。

逌在職多所匡諫。著阮籍序贊、逸士箴及詩賦奏議數十篇行於世。〔四〕病卒，時年五十八。子蔚，吳興太守。

灌字道羣。父蕾，尚書郎。灌少知名，才識亞于逌。州辟主簿，舉秀才，爲治中，轉別駕，歷司徒屬、北中郎長史，領晉陵太守。簡文帝引爲撫軍從事中郎，後遷吏部郎。時謝奕爲尚書，銓敍不允，灌每執正不從，奕託以他事免之，受黜無怨色。頃之，簡文帝又以爲撫軍司馬，甚相賓禮。遷御史中丞，轉吳興太守。

灌性方正，視權貴蔑如也，爲大司馬桓溫所惡。溫欲中傷之，徵拜侍中，以在郡時公事有失，追免之。後爲祕書監，尋復解職。時溫方執權，朝廷希旨，故灌積年不調。溫末年，以爲諮議參軍。會溫薨，遷尚書、中護軍，復出爲吳郡太守，加秩中二千石，未拜，卒。子績。

績字仲元，有志氣，除祕書郎。以父與謝氏不穆，故謝安之世辟召無所從，論者多之。安薨，始爲會稽王道子驃騎主簿，多所規諫。歷諮議參軍，出爲南郡相。會荊州刺史殷仲堪舉兵以應王恭，仲堪要績與南蠻校尉殷顗同行，並不從。仲堪等屢以爲言，績終不爲之屈。顗慮績及禍，乃於仲堪坐和解之。績曰：「大丈夫何至以死相脅！江仲元行年六十，但未知獲死所耳。」一坐皆爲之懼。仲堪憚其堅正，以楊佺期代之。朝廷聞而徵績爲御史中丞，奏劾無所屈撓。

會稽世子元顯專政，夜開六門，績密啓會稽王道子，欲以奏聞，道子不許。車胤亦曰：「元顯驕縱，宜禁制之。」道子默然。元顯聞而謂衆曰：「江績、車胤間我父子。」遣人密讓之。俄而績卒，朝野悼之。

車胤

車胤字武子，南平人也。曾祖浚，吳會稽太守。父育，郡主簿。太守王胡之名知人，見胤於童幼之中，謂胤父曰：「此兒當大興卿門，可使專學。」胤恭勤不倦，博學多通。家貧不常得油，夏月則練囊盛數十螢火以照書，以夜繼日焉。及長，風姿美劭，機悟敏速，甚有鄉曲之譽。桓溫在荊州，辟爲從事，以辯識義理深重之。引爲主簿，稍遷別駕、征西長史，遂顯於朝廷。時惟胤與吳隱之以寒素博學知名於世。又善於賞會，當時每有盛坐而胤不在，皆云：「無車公不樂。」謝安游集之日，輒開筵待之。

寧康初，以胤爲中書侍郎、關內侯。孝武帝嘗講孝經，僕射謝安侍坐，尚書陸納侍講，侍中卞眈執讀，黃門侍郎謝石、吏部郎袁宏執經，胤與丹楊尹王混擿句，時論榮之。累遷侍中。太元中，增置太學生百人，以胤領國子博士。其後年，議郊廟明堂之事，胤以「明堂之制既甚難詳，且樂主於和，禮主於敬，故質文不同，音器亦殊。既茅茨廣廈不一其度，何必

守其形範而不弘本順時乎！九服咸寧，四野無塵，然後明堂辟雍可光而修之」。時從其議。又遷驃騎長史、太常，進爵臨湘侯，以疾去職。俄爲護軍將軍。時王國寶諂於會稽王道子，諷八坐啓以道子爲丞相，加殊禮。胤曰：「此乃成王所以尊周公也。今主上當陽，非成王之地，〔五〕相王在位，豈得爲周公乎！望實二三，並不宜爾，必大忤上意。」乃稱疾不署其事。疏奏，帝大怒，而甚嘉胤。

隆安初，爲吳興太守，秩中二千石，辭疾不拜。加輔國將軍、丹楊尹。頃之，遷吏部尚書。元顯有過，胤與江績密言於道子，將奏之，事泄，元顯逼令自裁。俄而胤卒，朝廷傷之。

殷顗

殷顗字伯通，陳郡人也。祖融，太常卿。父康，吳興太守。顗性通率，有才氣，少與從弟仲堪俱知名。太元中，以中書郎擢爲南蠻校尉，莅職清明，政績肅舉。

及仲堪得王恭書，將興兵內伐，告顗，欲同舉。顗不平之，曰：「夫人臣之義，愼保所守。朝廷是非，宰輔之務，豈藩屏之所圖也。晉陽之事，宜所不豫。」仲堪要之轉切，顗怒曰：「吾進不敢同，退不敢異。」仲堪甚以爲恨。猶密諫仲堪，辭甚切至。仲堪既貴，素情亦殊，而志望無厭，謂顗言爲非。顗見江績亦以正直爲仲堪所斥，知仲堪當逐異己，樹置所親，因出行

散，託疾不還。仲堪聞其病，出省之，謂顗曰：「兄病殊爲可憂。」顗曰：「我病不過身死，但汝病在滅門，幸熟爲慮，勿以我爲念也。」仲堪不從，卒與楊佺期、桓玄同下。顗遂以憂卒。隆安中，詔曰：「故南蠻校尉殷顗忠績未融，奄焉隕喪，可贈冠軍將軍。」弟仲文、叔獻別有傳。〔六〕

王雅

王雅字茂達，東海郯人，魏衞將軍肅之曾孫也。祖隆，後將軍。父景，大鴻臚。雅少知名，州檄主簿，舉秀才，除郎中，出補永興令，以幹理著稱。累遷尚書左右丞，歷廷尉、侍中、左衞將軍、丹楊尹，領太子左衞率。雅性好接下，敬慎奉公，孝武帝深加禮遇，雖在外職，侍見甚數，朝廷大事多參謀議。帝每置酒宴集，雅未至，不先舉觴，其見重如此。然任遇有過其才，時人被以佞幸之目。帝起清暑殿於後宮，開北上閤，出華林園，與美人張氏同游止，惟雅與焉。

會稽王道子領太子太傅，以雅爲太子少傅。時王珣兒婚，賓客車騎甚衆，會聞雅拜少傅，迴詣雅者過半。時風俗穨弊，無復廉恥。然少傅之任，朝望屬珣，珣亦頗以自許。及中詔用雅，衆遂赴雅焉。將拜，遇雨，請以繖入。王珣不許之，因冒雨而拜。雅既貴倖，威

權甚震，門下車騎常數百，而善應接，傾心禮之。

帝以道子無社稷器幹，慮晏駕之後皇室傾危，乃選時望以爲藩屏，將擢王恭、殷仲堪等，先以訪雅。雅以恭等無當世之才，不可大任，乃從容曰：「王恭風神簡貴，志氣方嚴，既居外戚之重，當親賢之寄，然其稟性峻隘，無所苞容，執自是之操，無守節之志。仲堪雖謹於細行，以文義著稱，亦無弘量，且幹略不長。若委以連率之重，據形勝之地，今四海無事，足能守職，若道不常隆，必爲亂階矣。」帝以恭等爲當時秀望，謂雅疾其勝己，故不從。二人皆被升用，其後竟敗，有識之士稱其知人。

遷領軍、尚書、散騎常侍，方大崇進之，將參副相之重，而帝崩，倉卒不獲顧命。雅素被優遇，一旦失權，又以朝廷方亂，內外攜離，但慎默而已，無所辯正。雖在孝武世，亦不能犯顏廷爭，凡所謀謨，唯唯而已。尋遷左僕射。隆安四年卒，時年六十七。追贈光祿大夫、儀同三司。

長子準之，散騎侍郎。次協之，黃門。次少卿，侍中。並有士操，立名於世云。

史臣曰：爰在中興，玄風滋扇，溺王綱於拱默，撓國步於淸虛，骨鯁蹇諤之風蓋亦微矣。而君孝固情禮而違顯命，山甫獻誠讜而振穨風，彥叔之兵謀，道戢之正諫，洋洋盈耳，有足

可稱。灌不屈節於權臣，績敢危言於賊將，道子殊物之禮，車胤沮之無懾心，仲堪反常之舉，殷顗折之以正色，〔七〕求諸古烈，何以加焉！山松悅哀挽於軒冕之辰，彥道歡博徒於裦經之日，天心已喪，其能濟乎！旋及於促齡，俄致於非命，宜哉！

贊曰：顧生軌物，屢申誠讜。袁子崇儒，拯斯穨喪。遒績剛蹇，車殷忠壯。晚言遺直，莫之能尚。

校勘記

〔一〕可用白琁珠　原無「珠」字。斠注：書鈔五八、御覽六八六引中興書「琁」下有「珠」字。按：本書輿服志、通典五七、通志四七皆有「珠」字，今據補。

〔二〕魏郎中令渙　「渙」，各本均作「煥」。斠注：魏志本傳及隸釋二七引袁渙碑、世說文學注引袁氏世紀均作「渙」。下文質傳下卽作「渙」。按：世說任誕注引袁氏家傳、元和姓纂、通鑑九五及胡注並作「渙」，今據改。

〔三〕論者以爲得禮　通志一二九下「禮」作「體」。

〔四〕逸士箴　斠注：類聚三六引作「逸民箴」。按：疑本作「逸民」，語出論語。唐人避李世民二名改「民」爲「士」。

〔五〕非成王之地　册府四〇六「地」作「比」，疑是。

〔六〕弟仲文叔獻別有傳　斠注：本書無叔獻傳，蓋誤襲佚晉書舊文也。

〔七〕殷顗折之以正色　「顗」，各本誤作「覬」，今據本傳改。

晉書卷八十四

列傳第五十四

王恭

王恭字孝伯，光祿大夫蘊子，定皇后之兄也。少有美譽，清操過人，自負才地高華，恆有宰輔之望。與王忱齊名友善，慕劉惔之爲人。謝安常曰：「王恭人地可以爲將來伯舅。」嘗從其父自會稽至都，忱訪之，見恭所坐六尺簟，忱謂其有餘，因求之。恭輒以送焉，遂坐薦上。忱聞而大驚，恭曰：「吾平生無長物。」其簡率如此。

起家爲佐著作郎，歎曰：「仕宦不爲宰相，才志何足以騁！」因以疾辭。俄爲祕書丞，轉中書郎，未拜，遭父憂。服闋，除吏部郎，歷建威將軍。太元中，代沈嘉爲丹楊尹，遷中書令，領太子詹事。

孝武帝以恭后兄，深相欽重。時陳郡袁悅之以傾巧事會稽王道子，〔一〕恭言之於帝，遂

誅之。道子嘗集朝士，置酒於東府，尚書令謝石因醉爲委巷之歌，恭正色曰：「居端右之重，集藩王之第，而肆淫聲，欲令羣下何所取則！」石深銜之。淮陵內史虞珧子妻裴氏有服食之術，常衣黃衣，狀如天師，道子甚悅之，令與賓客談論，時人皆爲降節。恭抗言曰：「未聞宰相之坐有失行婦人。」坐賓莫不反側，道子甚愧之。其後帝將擢時望以爲藩屏，乃以恭爲都督兗青冀幽并徐州晉陵諸軍事、平北將軍、兗青二州刺史、假節，鎮京口。初，都督以「北」爲號者，累有不祥，故桓沖、王坦之、刁彝之徒不受鎮北之號。恭表讓軍號，以超受爲辭，而實惡其名，於是改號前將軍。慕容垂入青州，恭遣偏師禦之，失利，降號輔國將軍。

及帝崩，會稽王道子執政，寵昵王國寶，委以機權。恭每正色直言，道子深憚而忿之。及赴山陵，罷朝，歎曰：「榱棟雖新，便有黍離之歎矣。」時國寶從弟緒說國寶，因恭入覲相王，伏兵殺之，國寶不許。而道子亦欲輯和內外，深布腹心於恭，冀除舊惡。恭多不順，每言及時政，輒厲聲色。道子知恭不可和協，王緒之說遂行，於是國難始結。或勸恭因入朝以兵誅國寶，而庾楷黨於國寶，士馬甚盛，恭憚之，不敢發，遂還鎮。臨別，謂道子曰：「主上諒闇，冢宰之任，伊周所難，願大王親萬機，納直言，遠鄭聲，放佞人。」辭色甚厲，故國寶等愈懼。以恭爲安北將軍，不拜。乃謀誅國寶，遣使與殷仲堪、桓玄相結，仲堪僞許之。恭得書，大喜，乃抗表京師曰：「後將軍國寶得以姻戚頻登顯列，不能感恩效力，以報時施，而專寵肆威，將危社稷。先帝登遐，夜乃犯閤叩扉，欲矯遺詔。賴皇太后聰明，相王神武，故逆謀不果。又割東宮見兵以爲己府，讒疾二昆甚於讐敵。與其從弟緒同黨凶狡，共相扇動。此不忠不義之明白也。以臣忠誠，必亡身殉國，是以譖臣非一。賴先帝明鑒，浸潤不行。昔趙鞅興甲，誅君側之惡，臣雖駑劣，敢忘斯義！」表至，內外戒嚴。國寶及緒惶懼不知所爲，用王珣計，請解職。道子收國寶，賜死，斬緒于市，深謝愆失，恭乃還京口。

恭之初抗表也，慮事不捷，乃版前司徒左長史王廞爲吳國內史，令起兵於東。會國寶死，令廞解軍去職。廞怒，以兵伐恭。恭遣劉牢之擊滅之，上疏自貶，詔不許。譙王尚之復說道子以藩伯強盛，宰相權弱，宜多樹置以自衞。道子然之，乃以其司馬王愉爲江州刺史，割庾楷豫州四郡使愉督之。由是楷怒，遣子鴻說恭曰：「尚之兄弟專弄相權，欲假朝威貶削方鎮，懲警前事，勢轉難測。及其議未成，宜早圖之。」恭以爲然，復以謀告殷仲堪、桓玄。玄等從之，推恭爲盟主，剋期同赴京師。

時內外疑阻，津邏嚴急，仲堪之信因庾楷達之，以斜絹爲書，內箭簳中，合鏑漆之，楷送於恭。恭發書，絹文角戾，不復可識，謂楷爲詐。又料仲堪去年已不赴盟，今無動理，乃先期舉兵。司馬劉牢之諫曰：「將軍今動以伯舅之重，執忠貞之節，相王以姬旦之尊，時望所係，昔年已戮寶、緒，送王廞書，是深伏將軍也。頃所授用，雖非皆允，未爲大失。割庾楷四

郡以配王愉，於將軍何損！晉陽之師，其可再乎！」恭不從，乃上表以討王愉、司馬尚之兄弟爲辭。朝廷使元顯及王珣、謝琰等距之。

恭夢牢之坐其處，且謂牢之曰：「事克，卽以卿爲北府。」遣牢之率帳下督顏延先據竹里。元顯使說牢之，啗以重利，牢之乃斬顏延以降。是日，牢之遣其壻高雅之、子敬宣，因恭曜軍，輕騎擊恭。恭敗，將還，雅之已閉城門，恭遂與弟履單騎奔曲阿。恭久不騎乘，髀生瘡，不復能去。曲阿人殷確，恭故參軍也，以船載之，藏於葦席之下，將奔桓玄。至長塘湖，遇商人錢強，強宿憾於確，以告湖浦尉。尉收之，以送京師。道子聞其將至，欲出與語，面折之，而未之殺也。時桓玄等已至石頭，懼其有變，卽於建康之倪塘斬之。恭五男及弟爽、爽兄子祕書郎和及其黨孟璞、張恪等皆殺之。

恭性抗直，深存節義，讀左傳至「奉王命討不庭」，每輟卷而歎。爲性不弘，以闇於機會，自在北府，雖以簡惠爲政，然自矜貴，與下殊隔。不閑用兵，尤信佛道，調役百姓，修營佛寺，務在壯麗，士庶怨嗟。臨刑，猶誦佛經，自理鬚鬢，神無懼容，謂監刑者曰：「我闇於信人，所以致此，原其本心，豈不忠於社稷！但令百代之下知有王恭耳。」家無財帛，唯書籍而已，爲識者所傷。

恭美姿儀，人多愛悅，或目之云：「濯濯如春月柳。」嘗被鶴氅裘，涉雪而行，孟昶窺見

之，歎曰：「此眞神仙中人也！」初見執，遇故吏戴耆之爲湖孰令，恭私告之曰：「我有庶兒未舉，在乳母家，卿爲我送寄桓南郡。」耆之遂送之於夏口。桓玄撫養之，爲立喪庭弔祭焉。及玄執政，上表理恭，詔贈侍中、太保，謚曰忠簡。爽贈太常，和及子簡並通直散騎郎，殷確散騎侍郎。腰斬湖浦尉及錢強等。恭庶子曇亨，義熙中爲給事中。〔二〕

庾楷

庾楷，征西將軍亮之孫，會稽內史羲小子也。初拜侍中，代兄準爲西中郎將、豫州刺史、假節，鎮歷陽。隆安初，進號左將軍。時會稽王道子憚王恭、殷仲堪等擅兵，故出王愉爲江州，督豫州四郡，以爲形援。楷上疏以江州非險塞之地，而西府北帶寇戎，不應使愉分督，詔不許。時楷懷恨，使子鴻說王恭，以譙王尚之兄弟復握機權，勢過國寶。恭亦素忌尚之，遂連謀舉兵，事在恭傳。詔使尚之討楷。楷遣汝南太守段方逆尚之，戰于慈湖，方大敗，被殺，楷奔于桓玄。及玄等盟于柴桑，連名上疏自理，詔赦玄等而不赦恭、楷，楷遂依玄，玄用爲武昌太守。楷後懼玄必敗，密遣使結會稽世子元顯：「若朝廷討玄，當爲內應。」及玄得志，楷以謀泄，爲玄所誅。

劉牢之 子敬宣

劉牢之字道堅，彭城人也。曾祖羲，以善射事武帝，歷北地、雁門太守。父建，有武幹，爲征虜將軍。世以壯勇稱。牢之面紫赤色，鬚目驚人，而沈毅多計畫。太元初，謝玄北鎮廣陵，時苻堅方盛，玄多募勁勇，牢之與東海何謙、〔三〕琅邪諸葛侃、樂安高衡、東平劉軌、西河田洛及晉陵孫無終等以驍猛應選。玄以牢之爲參軍，領精銳爲前鋒，百戰百勝，號爲「北府兵」，敵人畏之。及堅將句難南侵，〔四〕玄率何謙等距之。牢之破難輜重於盱眙，獲其運船，遷鷹揚將軍、廣陵相。

時車騎將軍桓沖擊襄陽，宣城內史胡彬率衆向壽陽，以爲沖聲援。牢之領卒二千，爲彬後繼。淮肥之役，苻堅遣其弟融及驍將張蚝攻陷壽陽，謝玄使彬與牢之距之。師次硤石，不敢進。堅將梁成又以二萬人屯洛澗，玄遣牢之以精卒五千距之。去賊十里，成阻澗列陣。牢之率參軍劉襲、諸葛求等直進渡水，臨陣斬成及其弟雲，又分兵斷其歸津。賊步騎崩潰，爭赴淮水，殺獲萬餘人，盡收其器械。堅尋亦大敗，歸長安，餘黨所在屯結。牢之進平譙城，使安豐太守戴寶戍之。遷龍驤將軍、彭城內史，以功賜爵武岡縣男，食邑五百戶。牢之進屯鄄城，討諸未服，河南城堡承風歸順者甚衆。

時苻堅子丕據鄴，爲慕容垂所逼，請降，牢之引兵救之。垂聞軍至，出新城北走。〔五〕牢之與沛郡太守田次之追之，〔六〕行二百里，至五橋澤中，爭趣輜重，稍亂，爲垂所擊，牢之敗績，士卒殲焉。牢之策馬跳五丈澗，得脫。會丕救至，因入臨漳，集亡散，兵復少振。牢之以軍敗徵還。頃之，復爲龍驤將軍，守淮陰。後進戍彭城，復領太守。祆賊劉黎僭尊號於皇丘，牢之討滅之。苻堅將張遇遣兵擊破金鄉，圍太山太守羊邁，牢之遣參軍向欽之擊走之。會慕容垂叛將翟釗救遇，牢之引還。釗還，牢之進平太山，追釗於鄄城，釗走河北，因獲張遇以歸之彭城。祆賊司馬徽聚黨馬頭山，牢之遣參軍竺朗之討滅之。時慕容氏掠廩丘，高平太守徐含遠告急，牢之不能救，坐畏懦免。

及王恭將討王國寶，引牢之爲府司馬，領南彭城內史，加輔國將軍。恭使牢之討破王廞，以牢之領晉陵太守。恭本以才地陵物，及檄至京師，朝廷戮國寶、王緒，自謂威德已著，雖杖牢之爲爪牙，但以行陣武將相遇，禮之甚薄。牢之負其才能，深懷恥恨。及恭之後舉，元顯遣廬江太守高素說牢之使叛恭，事成，當卽其位號，牢之許焉。恭參軍何澹之以其謀告恭。牢之與澹之有隙，故恭疑而不納。乃置酒請牢之於衆中，拜牢之爲兄，精兵利器悉以配之，使爲前鋒。行至竹里，牢之背恭歸朝廷。恭旣死，遂代恭爲都督兗、青、冀、幽、并、徐、揚州、晉陵軍事。牢之本自小將，一朝據恭位，衆情不悅，乃樹用腹心徐謙之等以自強。時

楊佺期、桓玄將兵逼京師，上表理王恭，求誅牢之。牢之率北府之衆馳赴京師，次于新亭。玄等受詔退兵，牢之還鎮京口。

及孫恩攻陷會稽，牢之遣將桓寶率師救三吳，復遣子敬宣爲寶後繼。比至曲阿，吳郡內史桓謙已棄郡走，牢之乃率衆東討，拜表輒行。至吳，與衞將軍謝琰擊賊，屢勝，殺傷甚衆，徑臨浙江。進拜前將軍、都督吳郡諸軍事。時謝琰屯烏程，遣司馬高素助牢之。牢之率衆軍濟浙江，恩懼，逃于海。牢之還鎮，恩復入會稽，害謝琰。牢之進號鎮北將軍、都督會稽五郡，率衆東征，屯上虞，分軍戍諸縣。恩復攻破吳國，殺內史袁山松。牢之使參軍劉裕討之，恩復入海。頃之，恩浮海奄至京口，戰士十萬，樓船千餘。牢之在山陰，使劉裕自海鹽赴難，牢之率大衆而還。裕兵不滿千人，與賊戰，破之。恩聞牢之已還京口，乃走郁洲，〔七〕又爲敬宣、劉裕等所破。及恩死，牢之威名轉振。

元興初，朝廷將討桓玄，以牢之爲前鋒都督、征西將軍，領江州事。元顯遣使以討玄事諮牢之。牢之以玄少有雄名，杖全楚之衆，懼不能制，又慮平玄之後功蓋天下，必不爲元顯所容，深懷疑貳，不得已率北府文武屯洌洲。桓玄遣何穆說牢之曰：「自古亂世君臣相信者有燕昭樂毅、玄德孔明，然皆勳業未卒而二主早世，設使功成事遂，未保二臣之禍也。鄙語有之：『高鳥盡，良弓藏；狡兔殫，獵犬烹。』故文種誅於句踐，韓白戮於秦漢。彼皆英雄霸王

之主，猶不敢信其功臣，況凶愚凡庸之流乎！自開闢以來，戴震主之威，挾不賞之功，以見容於闇世者而誰？至如管仲相齊，雍齒侯漢，則往往有之，況君見與無射鉤屢逼之仇邪！今君戰敗則傾宗，戰勝亦覆族，欲以安歸乎？〔八〕孰若翻然改圖，保其富貴，則身與金石等固，名與天壤無窮，孰與頭足異處，身名俱滅，爲天下笑哉！惟君圖之。」牢之自謂握强兵，才能算略足以經綸江表，時譙王尚之已敗，人情轉沮，乃頗納穆說，遣使與玄交通。其甥何無忌與劉裕固諫之，並不從。俄令敬宣降玄。玄大喜，與敬宣置酒宴集，陰謀誅之，陳法書畫圖與敬宣共觀，以安悅其志。敬宣不之覺，玄佐吏莫不相視而笑。

元顯既敗，玄以牢之爲征東將軍、會稽太守，牢之乃歎曰：「始爾，便奪我兵，禍將至矣！」時玄屯相府，敬宣勸牢之襲玄，猶豫不決，移屯班瀆，將北奔廣陵相高雅之，欲據江北以距玄，集衆大議。參軍劉襲曰：「事不可者莫大於反，而將軍往年反王兗州，近日反司馬郎君，今復欲反桓公。一人而三反，豈得立也。」語畢，趨出，佐吏多散走。而敬宣先還京口拔其家，失期不到。牢之謂其爲劉襲所殺，乃自縊而死。俄而敬宣至，不遑哭，奔于高雅之。將吏共殯斂牢之，喪歸丹徒。桓玄令斲棺斬首，暴尸於市。及劉裕建義，追理牢之，乃復本官。

敬宣，牢之長子也。智略不及父，而技藝過之。孫恩之亂，隨父征討，所向有功。爲元顯從事中郎，又爲桓玄諮議參軍。牢之敗，與廣陵相高雅之俱奔慕容超，〔九〕夢丸土而服之，既覺，喜曰：「丸者桓也，丸既吞矣，我當復本土也。」旬日而玄敗，遂與司馬休之還京師。拜輔國將軍、晉陵太守。與諸葛長民破桓歆於芍陂，遷建威將軍、江州刺史，鎮尋陽。又擊桓亮、苻宏於湘中，所在有功。

安帝反政，徵拜冠軍將軍、宣城內史，領襄城太守。譙縱反，以敬宣督征蜀諸軍事、假節，與寧朔將軍臧喜西伐。〔一〇〕敬宣入自白帝，所攻皆克。軍次黃獸，〔一一〕與僞將譙道福相持六十餘日，遇癘疫，又以食盡，班師，爲有司所劾，免官。

頃之，爲中軍諮議，加冠軍將軍，尋遷鎮蠻護軍、安豐太守、梁國內史。會盧循反，以冠軍將軍從大軍南討。循平，還左衞將軍、散騎常侍，又還征虜將軍、青州刺史。尋改鎮冀州，爲其參軍司馬道賜所害。

殷仲堪

殷仲堪，陳郡人也。祖融，太常、吏部尚書。父師，驃騎諮議參軍、晉陵太守、沙陽男。仲堪能清言，善屬文，每云三日不讀道德論，便覺舌本間强。其談理與韓康伯齊名，士咸愛

慕之。

調補佐著作郎。冠軍謝玄鎮京口，請爲參軍。除尚書郎，不拜。玄以爲長史，厚任遇之。仲堪致書於玄曰：

胡亡之後，中原子女鬻於江東者不可勝數，骨肉星離，荼毒終年，怨苦之氣，感傷和理，誠喪亂之常，足以懲戒，復非王澤廣潤，愛育蒼生之意也。當世大人既慨然經略，將以救其塗炭，而使理至於此，良可歎息！願節下弘之以道德，運之以神明，隱心以及物，垂理以禁暴，使足踐晉境者必無懷感之心，枯槁之類莫不同漸天潤，仁義與干戈並運，德心與功業俱隆，實所期於明德也。

頃聞抄掠所得，多皆採梠飢人，壯者欲以救子，少者志在存親，行者傾筐以顧念，居者吁嗟以待延。而一旦幽縶，生離死絕，求之於情，可傷之甚。昔孟孫獵而得麑，使秦西以之歸，其母隨而悲鳴，不忍而放之，孟孫赦其罪以傅其子。禽獸猶不可離，況於人乎！夫飛鴞，惡鳥也，食桑葚，猶懷好音。雖曰戎狄，其無情乎！苟感之有物，非難化也。必使邊界無貪小利，强弱不得相陵，德音一發，必聲振沙漠，二寇之黨，將靡然向風，何憂黃河之不濟，函谷之不開哉！

玄深然之。

領晉陵太守，居郡禁產子不舉，久喪不葬，錄父母以質亡叛者，所下條教甚有義理。父病積年，仲堪衣不解帶，躬學醫術，究其精妙，執藥揮淚，遂眇一目。居喪哀毀，以孝聞。服闋，孝武帝召爲太子中庶子，甚相親愛。仲堪父嘗患耳聰，聞牀下蟻動，謂之牛鬭。帝素聞之而不知其人。至是，從容問仲堪曰：「患此者爲誰？」仲堪流涕而起曰：「臣進退惟谷。」帝有愧焉。復領黃門郎，寵任轉隆。帝嘗示仲堪詩，乃曰：「勿以己才而笑不才。」帝以會稽王非社稷之臣，擢所親幸以爲藩捍，乃授仲堪都督荆益寧三州軍事、振威將軍、荆州刺史、假節，鎮江陵。將之任，又詔曰：「卿去有日，使人酸然。常謂永爲廊廟之寶，而忽爲荆楚之珍，良以慨恨！」其恩狎如此。

仲堪雖有英譽，議者未以分陝許之。既受腹心之任，居上流之重，朝野屬想，謂有異政。及在州，綱目不舉，而好行小惠，夷夏頗安附之。先是，仲堪游於江濱，見流棺，接而葬焉。旬日間，門前之溝忽起爲岸。其夕，有人通仲堪，自稱徐伯玄，云：「感君之惠，無以報也。」仲堪因問：「門前之岸是何祥乎？」對曰：「水中有岸，其名爲洲，君將爲州。」言終而沒。至是，果臨荆州。桂陽人黃欽生父沒已久，詐服衰麻，言迎父喪。府曹先依律詐取父母卒棄市，仲堪乃曰：「律詐取父母寧依毆詈法棄市。原此之旨，當以二親生存而橫言死沒，情事悖逆，忍所不當，故同之毆詈之科，正以大辟之刑。今欽生父實終沒，墓在舊邦，積年久遠，

方詐服迎喪，以此爲大妄耳。比之於父存言亡，相殊遠矣。」遂活之。又以異姓相養，禮律所不許，子孫繼親族無後者，唯令主其蒸嘗，不聽別籍以避役也。佐史咸服之。

時朝廷徵益州刺史郭銓，犍爲太守卞苞於坐勸銓以蜀反，仲堪斬之以聞。朝廷以仲堪事不預察，降號鷹揚將軍。尚書下以益州所統梁州三郡人丁一千番戍漢中，益州未肯承遣。仲堪乃奏之曰：

夫制險分國，各有攸宜，劍閣之隘，實蜀之關鍵。巴西、梓潼、宕渠三郡去漢中遼遠，在劍閣之內，成敗與蜀爲一，而統屬梁州，蓋定鼎中華，慮在後伏，所以分斗絕之勢，開荷戟之路。自皇居南遷，守在岷邛，衿帶之形，事異曩昔。是以李勢初平，割此三郡配隸益州，將欲重複上流爲習坎之防。事經英略，歷年數紀。梁州以統接曠遠，求還得三郡，忘王侯設險之義，背地勢內外之實，盛陳事力之寡弱，飾哀矜之苦言。今華陽乂清，浙隴順軌，關中餘燼，自相魚肉，梁州以論求三郡，益州以本統有定，更相牽制，莫知所從。致令巴、宕二郡爲羣獠所覆，城邑空虛，士庶流亡，要害膏腴皆爲獠有。今遠慮長規，宜保全險塞。又蠻獠熾盛，兵力寡弱，如遂經理乖謬，號令不一，則劍閣非我保，醜類轉難制。此乃藩扞之大機，上流之至要。

昔三郡全實，正差文武三百，以助梁州。今俘沒蠻獠，十不遺二，加逐食鳥散，資

生未立，苟順符指以副梁州，恐公私困弊，無以堪命，則劍閣之守無擊柝之儲，號令選用不專於益州，虛有監統之名，而無制御之用，懼非分位之本旨，經國之遠術。謂今正可更加梁州文武五百，合前爲一千五百，自此之外，一仍舊貫。設梁州有急，蜀當傾力救之。

書奏，朝廷許焉。

桓玄在南郡，論四晧來儀漢庭，孝惠以立。而惠帝柔弱，呂后凶忌，此數公者，觸彼埃塵，欲以救弊。二家之中，各有其黨，奪彼與此，其讐必興。不知匹夫之志，四公何以逃其患？素履終吉，隱以保生者，其若是乎！以其文贈仲堪。仲堪乃答之曰：

隱顯默語，非賢達之心，蓋所遇之時不同，故所乘之塗必異。道無所屈而天下以之獲寧，仁者之心未能無感。若夫四公者，養志巖阿，道高天下，秦網雖虐，游之而莫懼，漢祖雖雄，請之而弗顧，徒以一理有感，汎然而應，事同賓客之禮，言無是非之對，孝惠以之獲安，莫由報其德，如意以之定藩，無所容其怨。且爭奪滋生，主非一姓，則百姓生心，祚無常人，則人皆自賢。況夫漢以劍起，人未知義，式遏姦邪，特宜以正順爲寶。天下，大器也，苟亂亡見懼，則滄海橫流。原夫若人之振策，豈爲一人之廢興哉！苟可以暢其仁義，與夫伏節委質可榮可辱者，道迹懸殊，理勢不同，君何疑之哉！

又謂諸呂強盛，幾危劉氏，如意若立，必無此患。夫禍福同門，倚伏萬端，又未可斷也。于時天下新定，權由上制，高祖分王子弟，有磐石之固，社稷深謀之臣，森然比肩，豈瑣瑣之麼產所能傾奪之哉！此或四公所預，于今亦無以辯之，但求古賢之心，宜存之遠大耳。端本正源者，雖不能無危，其危易持。苟啓競津，雖未必不安，而其安難保。此最有國之要道，古今賢哲所同惜也。

玄屈之。

仲堪自在荊州，連年水旱，百姓饑饉，仲堪食常五椀，盤無餘肴，飯粒落席間，輒拾以噉之，雖欲率物，亦緣其性眞素也。每語子弟云：「人物見我受任方州，謂我豁平昔時意，今吾處之不易。貧者士之常，焉得登枝而捐其本？爾其存之！」其後蜀水大出，漂浮江陵數千家。以隄防不嚴，復降爲寧遠將軍。安帝即位，進號冠軍將軍，固讓不受。

初，桓玄將應王恭，乃說仲堪，推恭爲盟主，共興晉陽之舉，立桓文之功，仲堪然之。仲堪以王恭在京口，去都不盈二百，自荊州道遠連兵，勢不相及，乃僞許恭，而實不欲下。聞恭已誅王國寶等，始抗表興師，遣龍驤將軍楊佺期次巴陵。會稽王道子遣書止之，仲堪乃還。

初，桓玄棄官歸國，仲堪憚其才地，深相交結。玄亦欲假其兵勢，誘而悅之。國寶之

役，仲堪既納玄之誘，乃外結雍州刺史郗恢，內要從兄南蠻校尉顗、南郡相江績等。恢、顗、績並不同之，乃以楊佺期代績，顗自遜位。[二]

會王恭復與豫州刺史庾楷舉兵討江州刺史王愉及譙王尚之等，仲堪因集議，以爲朝廷去年自戮國寶，王恭威名已震，今其重舉，勢無不克。而我去年緩師，已失信於彼，今可整棹晨征，參其霸功。於是使佺期舟師五千爲前鋒，桓玄次之，仲堪率兵二萬，相繼而下。佺期、玄至湓口，王愉奔于臨川，玄遣偏軍追獲之。佺期等進至橫江，庾楷敗奔於玄，譙王尚之等退走，尚之弟恢之所領水軍皆沒。玄等至石頭，仲堪至蕪湖，忽聞王恭已死，劉牢之反恭，領北府兵在新亭，玄等三軍失色，無復固志，乃迴師屯于蔡洲。[三]

時朝廷新平恭、楷，且不測西方人心，仲堪等擁衆數萬，充斥郊畿，內外憂逼。玄從兄脩告會稽王道子曰：「西軍可說而解也。脩知其情矣。若許佺期以重利，無不倒戈於仲堪者。」道子納之，乃以玄爲江州，佺期爲雍州，黜仲堪爲廣州，以桓脩爲荊州，遣仲堪叔父太常茂宣詔迴軍。仲堪恚被貶退，以王恭雖敗，己衆亦足以立事，令玄等急進軍。玄等喜於寵授，並欲順朝命，猶豫未決。會仲堪弟遹爲佺期司馬，夜奔仲堪，說佺期受朝命，納桓脩。仲堪遑遽，即於蕪湖南歸，使徇於玄等軍曰：「若不各散而歸，大軍至江陵，當悉戮餘口。」仲堪將劉系先領二千人隸于佺期，輒率衆而歸。玄等大懼，狼狽追仲堪，至尋陽，及之。於是

仲堪失職，倚玄爲援，玄等又資仲堪之兵，雖互相疑阻，亦不得異。仲堪與佺期以子弟交質，遂於尋陽結盟，玄爲盟主，臨壇歃血，並不受詔，申理王恭，求誅劉牢之、譙王尚之等。朝廷深憚之，於是詔仲堪曰：「間以將軍憑寄失所，朝野懷憂。然既往之事，宜其兩忘，用乃班師迴旆，祗順朝旨，所以改授方任，蓋隨時之宜。將軍大義，誠感朕心，今還復本位，卽撫所鎮，釋甲休兵，則內外寧一，故遣太常茂具宣乃懷。」仲堪等並奉詔，各旋所鎮。

頃之，桓玄將討佺期，先告仲堪云：「今當入沔討除佺期，已頓兵江口。若見與無貳，可殺楊廣；若其不然，便當率軍入江。」仲堪乃執玄兄偉，遣從弟遹等水軍七千至江西口。〔一四〕玄使郭銓、苻宏擊之，遹等敗走。玄頓巴陵，而館其穀。玄又破楊廣於夏口。仲堪既失巴陵之積，又諸將皆敗，江陵震駭。城內大饑，以胡麻爲廩。仲堪急召佺期。佺期率衆赴之，直濟江擊玄，爲玄所敗，走還襄陽。仲堪出奔酇城，爲玄追兵所獲，逼令自殺，死于柞溪，弟子道護、參軍羅企生等並被殺。仲堪少奉天師道，又精心事神，不吝財賄，而怠行仁義，嗇於周急，及玄來攻，猶勤請禱。然善取人情，病者自爲診脉分藥，而用計倚伏煩密，少於鑒略，以至於敗。

子簡之，載喪下都，葬于丹徒，遂居墓側。義旗建，率私僮客隨義軍躡桓玄。玄死，簡之食其肉。桓振之役，義軍失利，簡之沒陣。弟曠之，有父風，仕至剡令。

楊佺期

楊佺期，弘農華陰人，漢太尉震之後也。曾祖準，太常。自震至準，七世有名德。祖林，少有才望，值亂沒胡。父亮，少仕僞朝，後歸國，終於梁州刺史，以貞幹知名。佺期沈勇果勁，而兄廣及弟思平等皆强獷粗暴。自云門戶承籍，江表莫比，有以其門地比王珣者，猶恚恨，而時人以其晚過江，婚宦失類，每排抑之，恆慷慨切齒，欲因事際以逞其志。

佺期少仕軍府。咸康中，〔一五〕領衆屯成固。苻堅將潘猛距守康回壘，佺期擊走之，其衆悉降，拜廣威將軍、河南太守，戍洛陽。苻堅將竇衝率衆攻平陽太守張元熙於皇天塢，佺期擊走之。佺期自湖城入潼關，累戰皆捷，斬獲千計，降九百餘家，歸於洛陽，進號龍驤將軍。以病，改爲新野太守，領建威司馬。遷唐邑太守，〔一六〕督石頭軍事，以疾去職。荆州刺史殷仲堪引爲司馬，代江績爲南郡相。

仲堪與桓玄舉衆應王恭、庾楷，仲堪素無戎略，軍旅之事一委佺期兄弟，以兵五千人爲前鋒，與桓玄相次而下。至石頭，恭死，楷敗，朝廷未測玄軍，乃以佺期代郗恢爲都督梁雍秦三州諸軍事、雍州刺史，仲堪、玄皆有遷換，於是俱還尋陽，結盟不奉詔。俄而朝廷復仲堪本職，乃各還鎮。

初，玄未奉詔，欲自爲雍州，以郗恢爲廣州。恢懼玄之來，問於衆，咸曰：「佺期來者，誰不勠力！若桓玄來，恐難與爲敵。」既知佺期代己，乃謀於南陽太守閭丘羨，稱兵距守。佺期慮事不濟，乃聲言玄來入沔，而佺期爲前驅。恢衆信之，無復固志。恢軍散請降，佺期入府斬閭丘羨，放恢還都，撫將士，恤百姓，繕修城池，簡練甲卒，甚得人情。

佺期、仲堪與桓玄素不穆，佺期屢欲相攻，仲堪每抑止之。玄以是告執政，求廣其所統。朝廷亦欲成其釁隙，故以桓偉爲南蠻校尉。佺期內懷忿懼，勒兵建牙，聲云援洛，欲與仲堪襲玄。仲堪雖外結佺期，內疑其心，苦止之，又遣從弟遹屯北塞以駐之。佺期勢不獨舉，乃解兵。

隆安三年，桓玄遂舉兵討佺期，先攻仲堪。初，仲堪得玄書，急召佺期。佺期曰：「江陵無食，當何以待敵？可來見就，共守襄陽。」仲堪自以保境全軍，無緣棄城逆走，憂佺期不赴，乃紿之曰：「比來收集，已有儲矣。」佺期信之，乃率衆赴焉。步騎八千，精甲耀日。既至，仲堪唯以飯餉其軍。佺期大怒曰：「今茲敗矣！」乃不見仲堪。時玄在零口，佺期與兄廣擊玄。玄畏佺期之鋭，乃渡軍馬頭。明日，佺期率殷道護等精鋭萬人乘艦出戰，玄距之，不得進。佺期乃率其麾下數十艦，直濟江，徑向玄船。俄而迴擊郭銓，殆獲銓，會玄諸軍至，佺期退走，餘衆盡沒，單馬奔襄陽。玄追軍至，佺期與兄廣俱死之，傳首京都，梟於朱雀門。

弟思平，從弟尚保、孜敬，俱逃于蠻。劉裕起義，始歸國，歷位州郡。

孜敬爲人剽鋭，果於行事。昔與佺期勸殷仲堪殺殷顗，仲堪不從，孜敬拔刃而起，欲自出取之，仲堪苦禁乃止。及爲梁州刺史，常怏怏不滿其志。經襄陽，見魯宗之侍衞皆佺期之舊也，孜敬愈憤，見於辭色。宗之參軍劉千期於座面折之，因大發怒，抽劍刺千期立死。宗之表而斬之。思平、尚保後亦以罪誅，楊氏遂滅。

史臣曰：生靈道斷，忠貞路絕，棄彼弊冠，崇茲新履。牢之事非其主，抑亦不臣，功多見疑，勢陵難信，而投兵散地，二三之甚。若夫司牧居愆，方隅作戾，口順勤王，心乖抗節。王恭鯁言時政，有昔賢之風。國寶就誅，而晉陽猶起。是以仲堪僥倖，佺期無狀，雅志多隙，佳兵不和，足以亡身，不足以靜亂也。

贊曰：孝伯懷功，牢之總戎。王因起釁，劉亦慚忠。殷楊乃武，抽旆爭雄。庾君含怨，交鬬其中。猗歟羣采，道睽心異。是曰亂階，非關臣事。

校勘記

〔一〕袁悅之　各本作「袁悅」，今從宋本，與本傳合。

[二] 義熙中　各本「義熙」上衍一「宋」字，今據通志一二九下删。

[三] 何謙　苻堅載記上作「何謙之」。

[四] 句難　見卷九校記。

[五] 新城　各本均作「新興城」，衍「興」字，今據地理志上、慕容垂載記及通鑑一〇六删。

[六] 田次之　校文：孝武紀作「沛郡太守周次」。

[七] 郁洲　各本均作「郁州」。斠注：當從安紀、孫恩傳作「郁洲」。御覽一二八引徐爰宋書亦作「郁洲」。按：通鑑一一二亦作「郁洲」，今據改。

[八] 欲以安歸乎　「以」下通鑑一一二有「此」字，御覽四六二引晉中興書有「是」字。

[九] 慕容超　諸史考異：以載記及桓玄傳考之，「慕容超」當作「慕容德」。按：宋書、南史劉敬宣傳俱作「慕容德」。

[一〇] 臧喜　宋書、南史朱齡石傳、通鑑一一三「喜」均作「熹」。

[一一] 黄獸　考異：宋書，「次遂寧郡之黄虎」。按：通鑑一一四亦作「黄虎」。此作「獸」，唐人避諱改。

[一二] 顗自遜位　「顗」，各本作「覬」，今依上文及本傳改。下同。

[一三] 蔡洲　各本作「蔡州」，通志一二九下及通鑑一一〇作「蔡洲」，今據改。

[一四] 江西口　通鑑一一一作「西江口」，胡注引水經江水注云「夏浦俗謂之西江口」。

[一五] 咸康中　「咸康」當爲「寧康」之誤。若咸康中，恐楊佺期尚未生。

[一六] 唐邑　周校：「堂邑」誤作「唐邑」。

晉書卷八十五

列傳第五十五

劉毅 兄邁

劉毅字希樂，彭城沛人也。曾祖距，廣陵相。叔父鎭，左光祿大夫。毅少有大志，不修家人產業，仕爲州從事，桓弘以爲中兵參軍屬。

桓玄篡位，毅與劉裕、何無忌、魏詠之等起義兵，密謀討玄，毅討徐州刺史桓脩於京口、青州刺史桓弘於廣陵。裕率毅等至竹里，玄使其將皇甫敷、吳甫之北距義軍，遇之於江乘，臨陣斬甫之，進至羅落橋，又斬敷首。玄大懼，使桓謙、何澹之屯覆舟山。毅等軍至蔣山，裕使羸弱登山，多張旗幟，玄不之測，益以危懼。謙等士卒多北府人，素慴伏裕，莫敢出鬬。裕與毅等分爲數隊，進突謙陣，皆殊死戰，無不一當百。時東北風急，義軍放火，煙塵張天，鼓譟之音震駭京邑，謙等諸軍一時奔散。

玄既西走，裕以毅爲冠軍將軍、青州刺史，與何無忌、劉道規躡玄。玄逼帝及琅邪王西上，毅與道規及下邳太守孟懷玉等追及玄，戰於峥嶸洲。毅乘風縱火，盡銳爭先，玄衆大潰，燒輜重夜走。玄將郭銓、劉雅等襲陷尋陽，[一]毅遣武威將軍劉懷肅討平之。

及玄死，桓振、桓謙復聚衆距毅於靈溪。玄將馮該以兵會於振，毅進擊，爲振所敗，退次尋陽，坐免官，尋原之。劉裕命何無忌受毅節度，無忌以督攝爲煩，輒便解統。毅疾無忌專擅，免其琅邪內史，以輔國將軍攝軍事，無忌遂與毅不平。毅唯自引咎，時論韙之。毅復與道規發尋陽。桓亮自號江州刺史，遣劉敬宣擊走之。毅軍次夏口。時振黨馮該戍大岸，孟山圖據魯城，桓山客守偃月壘，[二]衆合萬人，連艦二岸，水陸相援。毅督衆軍進討，未至夏口，遇風飄沒千餘人。毅與劉懷肅、索邈等攻魯城，道規攻偃月壘，何無忌與檀祇列艦於中流，以防越逸。毅躬貫甲胄，陵城半日而二壘俱潰，生擒山客，而馮該遁走。毅進平巴陵。以毅爲使持節、兗州刺史，將軍如故。毅號令嚴整，所經墟邑，百姓安悅。南陽太守魯宗之起義，襲襄陽，破桓蔚。毅等諸軍次江陵之馬頭。振擁乘輿，出營江津。宗之又破僞將溫楷，振自擊宗之。毅因率無忌、道規等諸軍破馮該於豫章口，推鋒而進，遂入江陵。振聞城陷，與謙北走，乘輿反正，毅執玄黨卞範之、羊僧壽、夏侯崇之、桓道恭等，皆斬之。桓振復與苻宏自鄖城襲陷江陵，與劉懷肅相持。毅遣部將擊振，殺之，并斬僞輔國將軍桓殄。毅又攻拔遷陵，斬玄太守劉叔祖於臨嶂。其餘擁衆假號以十數，皆討平之。二州既平，以毅爲撫軍將軍。時刁預等作亂，屯於湘中，毅遣將分討，皆滅之。

初，毅丁憂在家，及義旗初興，遂墨絰從事。至是，軍役漸寧，上表乞還京口，以終喪禮，曰：「弘道爲國者，理盡於仁孝。訴窮歸天者，莫甚於喪親。但臣凡庸，本無感概，不能隕越，故其宜耳。往年國難滔天，故志竭愚忠，靦然苟存。去春鑾駕迴軫，而狂狡未滅，雖姦凶時梟，餘燼竄伏，威懷寡方，文武勞弊，微情未申，顧景悲憤。今皇威遐肅，海內淸蕩，臣窮毒艱穢，亦已具於聖聽。兼羸患滋甚，衆疾互動，如今寢頓無復人理。臣之情也，本不甘生；語其事也，亦可以沒。乞賜餘骸，終其丘墳，庶幾忠孝之道獲宥於聖世。」不許。詔以毅爲都督豫州揚州之淮南歷陽廬江安豐堂邑五郡諸軍事、〔三〕豫州刺史，持節、將軍、常侍如故，本府文武悉令西屬。以匡復功，封南平郡開國公，兼都督宣城軍事，給鼓吹一部。梁州刺史劉稚反，毅遣將討擒之。初，桓玄於南州起齋，悉畫盤龍於其上，號爲盤龍齋。毅小字盤龍，至是，遂居之。俄進拜衞將軍、開府儀同三司。

及何無忌爲盧循所敗，賊軍乘勝而進，朝廷震駭。毅具舟船討之，將發，而疾篤，內外失色。朝議欲奉乘輿北就中軍劉裕，會毅疾瘳，將率軍南征，裕與毅書曰：「吾往與妖賊戰，曉其變態。今修船垂畢，將居前撲之。克平之日，上流之任皆以相委。」又遣毅從弟藩往止

之。毅大怒，謂藩曰：「我以一時之功相推耳，汝便謂我不及劉裕也！」投書於地。遂以舟師二萬發姑孰。徐道覆聞毅將至建鄴，〔四〕報盧循曰：「劉毅兵重，成敗繫此一戰，宜併力距之。」循乃引兵發巴陵，與道覆連旗而下。毅次于桑落洲，與賊戰，敗績，棄船，以數百人步走，餘衆皆爲賊所虜，輜重盈積，皆棄之。毅走，經涉蠻晉，飢困死亡，至者十二三。參軍羊邃竭力營護之，僅而獲免。劉裕深慰勉之，復其本職。毅乃以邃爲諮議參軍。

及裕討循，詔毅知內外留事。毅以喪師，乞解任，降爲後將軍。尋轉衞將軍、開府儀同三司、江州都督。毅上表曰：

臣聞天以盈虛爲運，政以損益爲道。時否而政不革，人凋而事不損，則無以救急病於已危，拯塗炭於將絕。自頃戎車屢駭，干戈溢境，所統江州，以一隅之地當逆順之衝，自桓玄以來，驅蹙殘敗，至乃男不被養，女無匹對，逃亡去就，不避幽深，自非財殫力竭，無以至此。若不曲心矜理，有所釐改，則靡遺之歎奄焉必及。

夫設官分職，軍國殊用，牧養以息務爲大，武略以濟事爲先。兼而領之，蓋出於權事，因藉既久，遂似常體。江州在腹心之內，憑接揚豫，藩屛所倚，實爲重複。昔胡寇縱逸，朔馬臨江，抗禦之宜，蓋權爾耳。今江左區區，戶不盈數十萬，地不踰數千里，而統旅鱗次，未獲減息，大而言之，足爲國恥。況乃地在無虞，而猶置軍府文武將佐，資

費非要，豈所謂經國大情，揚湯去火者哉！自州郡邊江，〔五〕百姓遼落，加郵亭險閡，畏阻風波，轉輸往復，恒有淹廢，又非所謂因其所利以濟其弊者也。愚謂宜解軍府，移鎭豫章，處十郡之中，厲簡惠之政，比及數年，可有生氣。且屬縣凋散，示有所存，而役調送迎不得止息，亦謂應隨宜幷合以簡衆費。刺史庾悅，自臨莅以來，甚有恤隱之誠，但綱維不革，自非綱目所理。尋陽接蠻，宜示有遏防，可卽州府千兵以助郡戍。

於是解悅，毅移鎭豫章，遣其親將趙恢領千兵守尋陽。〔六〕俄進毅爲都督荆寧秦雍四州之河東河南廣平揚州之義成四郡諸軍事、〔七〕衞將軍、開府儀同三司、荆州刺史，持節、公如故。毅表荆州編戶不盈十萬，器械索然。廣州雖凋殘，猶出丹漆之用，請依先準。於是加督交、廣二州。

毅至江陵，乃輒取江州兵及豫州西府文武萬餘，留而不遣，又告疾困，請藩爲副。劉裕以毅貳于己，乃奏之。安帝下詔曰：「劉毅傲很凶戾，履霜日久，中間覆敗，宜卽顯戮。晉法含弘，復蒙寵授。曾不思愆內訟，怨望滋甚。賴宰輔藏疾，特加遵養，遂復推轂陝西，寵榮隆泰，庶能洗心感遇，革音改意。而長惡不悛，志爲姦宄，陵上虐下，縱逸無度。旣解督任，江州非復所統，而輒徙兵衆，略取軍資，驅斥舊戍，厚樹親黨。西府二局，文武盈萬，悉皆割留，曾無片言。肆心恣欲，罔顧天朝。又與從弟藩遠相影響，招聚剽狡，繕甲阻兵，外託省

疾，實規伺隙，同惡相濟，圖會荆郢。尙書左僕射謝混憑藉世資，超蒙殊遇，而輕佻躁脫，職爲亂階，扇動內外，連謀萬里，是而可忍，孰不可懷！」乃誅藩、混。

劉裕自率衆討毅，命王弘、王鎭惡、蒯恩等率軍至豫章口，〔八〕於江津燔舟而進。毅參軍朱顯之逢鎭惡，以所統千人赴毅。鎭惡等攻陷外城，毅守內城，精銳尙數千人，戰至日昃，鎭惡以裕書示城內，毅怒，不發書而焚之。毅冀有外救，督士卒力戰。衆知裕至，莫有鬬心。旣暮，鎭惡焚諸門，齊力攻之，毅衆乃散。毅自北門單騎而走，去江陵二十里而縊。經宿，居人以告，乃斬於市，子姪皆伏誅。毅兄模奔於襄陽，魯宗之斬送之。

毅剛猛沈斷，而專肆很愎，與劉裕協成大業，而功居其次，深自矜伐，不相推伏。及居方嶽，常怏怏不得志，裕每柔而順之。毅驕縱滋甚，每覽史籍，至藺相如降屈於廉頗，輒絕歎以爲不可能也。嘗云：「恨不遇劉項，與之爭中原。」又謂郗僧施曰：「昔劉備之有孔明，猶魚之有水。今吾與足下雖才非古賢，而事同斯言。」衆咸惡其陵傲不遜。及敗於桑落，知物情去已，彌復憤激。初，裕征盧循，凱歸，帝大宴於西池，有詔賦詩。毅詩云：「六國多雄士，正始出風流。」自知武功不競，故示文雅有餘也。後於東府聚摴蒱大擲，一判應至數百萬，餘人並黑犢以還，唯劉裕及毅在後。毅次擲得雉，大喜，褰衣繞牀，叫謂同坐曰：「非不能盧，不事此耳。」裕惡之，因挼五木久之，曰：「老兄試爲卿答。」旣而四子俱黑，其一子轉躍未

定，裕厲聲喝之，卽成盧焉。毅意殊不快，然素黑，其面如鐵色焉，而乃和言曰：「亦知公不能以此見借！」旣出西藩，雖上流分陝，而頓失內權，又頗自嫌事計，故欲擅其威强，伺隙圖裕，以至於敗。

初，江州刺史庾悅，隆安中爲司徒長史，曾至京口。毅時甚屯窶，先就府借東堂與親故出射。而悅後與僚佐徑來詣堂，毅告之曰：「毅輩屯否之人，合一射甚難。君於諸堂並可，望以今日見讓。」悅不許。射者皆散，唯毅留射如故。旣而悅食鵝，毅求其餘，悅又不答，毅常銜之。義熙中，故奪悅豫章，解其軍府，使人微示其旨，悅忿懼而死。毅之褊躁如此。

邁字伯羣。少有才幹，爲殷仲堪中兵參軍。桓玄之在江陵，甚豪橫，士庶畏之，過於仲堪。玄曾於仲堪廳事前戲馬，以矟擬仲堪。邁時在坐，謂玄曰：「馬矟有餘，精理不足。」玄自以才雄冠世，而心知外物不許之。仲堪爲之失色。玄出，仲堪謂邁曰：「卿乃狂人也！玄夜遣殺卿，我豈能相救！」邁以正辭折仲堪，而不以爲悔。仲堪使邁下都以避之。玄果令追之，邁僅而免禍。後玄得志，邁詣門稱謁，玄謂邁曰：「安知不死而敢相見？」邁對曰：「射鉤、斬袪，與邁爲三，故知不死。」玄甚喜，以爲刑獄參軍。後爲竟陵太守。及毅與劉裕等同謀起義，邁將應之，事泄，爲玄所害。

諸葛長民

諸葛長民，琅邪陽都人也。有文武幹用，然不持行檢，無鄉曲之譽。桓玄引爲參軍平西軍事，[九]尋以貪刻免。及劉裕建義，與之定謀，爲揚武將軍。從裕討桓玄，以功拜輔國將軍、宣城內史。于時桓歆聚衆向歷陽，長民擊走之，又與劉敬宣破歆于芍陂，封新淦縣公，食邑二千五百戶，以本官督淮北諸軍事，鎭山陽。義熙初，慕容超寇下邳，長民遣部將徐琰擊走之，進位使持節、督青揚二州諸軍事、靑州刺史，領晉陵太守，鎭丹徒，本號及公如故。

及何無忌爲徐道覆所害，賊乘勝逼京師，朝廷震駭，長民率衆入衞京都，因表曰：「妖賊集船伐木，[一〇]而南康相郭澄之隱蔽經年，又深相保明，屢欺無忌，罪合斬刑。」詔原澄之。及盧循之敗劉毅也，循與道覆連旗而下，京都危懼，長民勸劉裕權移天子過江。裕不聽，令長民與劉毅屯于北陵，以備石頭。事平，轉督豫州揚州之六郡諸軍事、豫州刺史，領淮南太守。

及裕討毅，以長民監太尉留府事，詔以甲杖五十人入殿。長民驕縱貪侈，不恤政事，多聚珍寶美色，營建第宅，不知紀極，所在殘虐，爲百姓所苦。自以多行無禮，恒懼國憲。及劉毅被誅，長民謂所親曰：「昔年醢彭越，前年殺韓信，禍其至矣！」謀欲爲亂，問劉穆之曰：「人間論者謂太尉與我不平，其故何也？」穆之曰：「相公西征，老母弱弟委之將軍，何謂不平！」長民弟黎民輕狡好利，固勸之曰：「黥彭異體而勢不偏全，劉毅之誅，亦諸葛氏之懼，可因裕未還以圖之。」長民猶豫未發，旣而歎曰：「貧賤常思富貴，富貴必履機危。今日欲爲丹徒布衣，豈可得也！」裕深疑之，駱驛繼遣輜重兼行而下，前剋至日，百司於道候之，輒差其期。旣而輕舟徑進，潛入東府。明旦，長民聞之，驚而至門，裕伏壯士丁旿於幔中，引長民進語，素所未盡皆說焉。長民悅，旿自後拉而殺之，輿尸付廷尉。使收黎民，黎民驍勇絕人，與捕者苦戰而死。小弟幼民爲大司馬參軍，逃于山中，追擒戮之。諸葛氏之誅也，士庶咸恨正刑之晚，若釋桎梏焉。

初，長民富貴之後，常一月中輒十數夜眠中驚起，跳踉，如與人相打。毛脩之嘗與同宿，見之駭愕，問其故。長民答曰：「正見一物，甚黑而有毛，脚不分明，奇健，非我無以制之。」其後來轉數。屋中柱及椽桷間，悉見有蛇頭，令人以刀懸斫，應刃隱藏，去輒復出。又擣衣杵相與語如人聲，不可解。於壁見有巨手，長七八尺，臂大數圍，令斫之，豁然不見。未幾伏誅。

何無忌

何無忌，東海郯人也。少有大志，忠亮任氣，人有不稱其心者，輒形於言色。州辟從事，轉太學博士。鎭北將軍劉牢之，卽其舅也，時鎭京口，每有大事，常與參議之。會稽世子元顯子彥章封東海王，[一一]以無忌爲國中尉，加廣武將軍。及桓玄害彥章於市，無忌入市慟哭而出，時人義焉。隨牢之南征桓玄。牢之將降於玄也，無忌屢諫，辭旨甚切，牢之不從。及玄篡位，無忌與玄吏部郎曹靖之有舊，請莅小縣。靖之白玄，玄不許，無忌乃還京口。

初，劉裕嘗爲劉牢之參軍，與無忌素相親結。至是，因密共圖玄。劉毅家在京口，與無忌素善，言及興復之事，無忌曰：「桓氏强盛，其可圖乎？」毅曰：「天下自有强弱，雖强易弱，正患事主難得耳！」無忌曰：「天下草澤之中非無英雄也。」毅曰：「所見唯有劉下邳。」無忌笑而不答，還以告裕，因共要毅，與相推結，遂共舉義兵，襲京口。無忌僞著傳詔服，稱敕使，城中無敢動者。

初，桓玄聞裕等及無忌之起兵也，甚懼。其黨曰：「劉裕烏合之衆，勢必無成，願不以爲慮。」玄曰：「劉裕勇冠三軍，當今無敵。劉毅家無儋石之儲，摴蒱一擲百萬。何無忌，劉牢之之甥，酷似其舅。共舉大事，何謂無成！」其見憚如此。及玄敗走，武陵王遵承制以無忌爲輔國將軍、琅邪內史，以會稽王道子所部精兵悉配之，南追桓玄，與振武將軍劉道規俱受冠軍將軍劉毅節度。玄留其龍驤將軍何澹之、前將軍郭銓、江州刺史郭昶之守湓口。無忌等次桑落洲，澹之等率軍來戰。澹之常所乘舫旌旗甚盛，無忌曰：「賊帥必不居此，欲詐我耳，宜亟攻之。」衆咸曰：「澹之不在其中，其徒得之無益。」無忌謂道規曰：「今衆寡不敵，戰無全勝。澹之雖不居此舫，取則易獲，因縱兵騰之，可以一鼓而敗也。」道規從之，遂獲賊舫，因傳呼曰：「已得何澹之矣！」賊中驚擾，無忌之衆亦謂爲然。道規乘勝徑進，無忌又鼓譟赴之，澹之遂潰。進據尋陽，遣使奉送宗廟主祏及武康公主、琅邪王妃還京都。又與毅、道規破走玄於崢嶸洲。無忌進據巴陵。玄從兄謙、從子振乘間陷江陵，無忌、道規進攻謙於馬頭，攻桓蔚於龍泉，皆破之。既而爲桓振所敗，退還尋陽。無忌與毅、道規復進討振，克夏口三城，遂平巴陵，進次馬頭。桓謙請割荆、江二州，奉送天子，無忌不許。進軍破江陵，謙等敗走。無忌侍衞安帝還京師，以無忌督豫州揚州淮南廬江安豐歷陽堂邑五郡軍事、右將軍、豫州刺史、加節，甲杖五十人入殿，未之職。還會稽內史、督江東五郡軍事，持節、將軍如故，給鼓吹一部。義熙二年，遷都督江荆二州江夏隨義陽綏安豫州西陽新蔡汝南潁川八郡軍事、江州刺史，將軍、持節如故。以興復之功，封安成郡開國公，〔三〕食邑三千戶，增督

司州之弘農揚州之松滋，加散騎侍郎，進鎭南將軍。

盧循遣別帥徐道覆順流而下，舟艦皆重樓。無忌將率衆距之，長史鄧潛之諫曰：「今以神武之師抗彼逆衆，迴山壓卵，未足爲譬。然國家之計在此一舉。聞其舟艦大盛，勢居上流。蜂蠆之毒，邾魯成鑒。宜決破南塘，守二城以待之，其必不敢捨我遠下。蓄力俟其疲老，然後擊之。若棄萬全之長策，而決成敗於一戰，如其失利，悔無及矣。」無忌不從，遂以舟師距之。既及，賊令强弩數百登西岸小山以邀射之，而薄于山側。俄而西風暴急，無忌所乘小艦被飄東岸，賊乘風以大艦逼之，衆遂奔敗，無忌尚厲聲曰：「取我蘇武節來！」節至，乃躬執以督戰。賊衆雲集，登艦者數十人。無忌辭色無撓，遂握節死之。詔曰：「無忌秉哲履正，忠亮明允，亡身殉國，則契協英謨；經綸屯昧，則重氛載廓。及敷政方夏，實播風惠。妖寇搆亂，侵擾邦畿，投袂致討，志淸王略。而事出慮外，臨危彌厲，握節隕難，誠貫古賢，朕用傷慟于厥懷。其贈侍中、司空，本官如故，謚曰忠肅。」子邕嗣。

初，桓玄克京邑，劉裕東征，無忌密至裕軍所，潛謀舉義，勸裕於山陰起兵。裕以玄大逆未彰，恐在遠舉事，克濟爲難。若玄遂竊天位，然後於京口圖之，事未晚也。無忌乃還。及義師之舉，參贊大勳，皆以算略攻取爲效，而此舉敗於輕脫，朝野痛之。

檀憑之

檀憑之字慶子，高平人也。少有志力。閨門邕肅，爲世所稱。從兄子韶兄弟五人，皆稚弱而孤，憑之撫養若己所生。初爲會稽王驃騎行參軍，轉桓脩長流參軍，領東莞太守，加寧遠將軍。與劉裕有州閭之舊，又數同東討，情好甚密。義旗之建，憑之與劉毅俱以私艱墨絰而赴。雖才望居毅之後，而官次及威聲過之，故裕以爲建武將軍。

裕將義舉也，嘗與何無忌、魏詠之同會憑之所。會善相者晉陵韋叟見憑之，大驚曰：「卿有急兵之厄，其候不過三四日耳。且深藏以避之，不可輕出。」及桓玄將皇甫敷之至羅落橋也，憑之與裕各領一隊而戰，軍敗，爲敷軍所害。贈冀州刺史。義熙初，詔曰：「夫旌善紀功，有國之通典，沒而不朽，節義之篤行。故冀州刺史檀憑之忠烈果毅，亡身爲國，既義敦其情，故臨危授命。考諸心迹，古人無以遠過，近者之贈，意猶恨焉。可加贈散騎常侍，本官如故。既隕身王事，亦宜追論封賞。可封曲阿縣公，邑三千戶。」

魏詠之

魏詠之字長道，任城人也。家世貧素，而躬耕爲事，好學不倦。生而兔缺。有善相者

謂之曰：「卿當富貴。」年十八，聞荆州刺史殷仲堪帳下有名醫能療之，貧無行裝，謂家人曰：「殘醜如此，用活何爲！」遂齎數斛米西上，以投仲堪。既至，造門自通。仲堪與語，嘉其盛意，召醫視之。醫曰：「可割而補之，但須百日進粥，不得語笑。」詠之曰：「半生不語，而有半生，亦當療之，況百日邪！」仲堪於是處之別屋，令醫善療之。詠之遂閉口不語，唯食薄粥，其厲志如此。及差，仲堪厚資遣之。

初爲州主簿，嘗見桓玄。既出，玄鄙其精神不雋，謂坐客曰：「庸神而宅偉幹，不成令器。」竟不調而遣之。詠之早與劉裕游款，及玄篡位，協贊義謀。玄敗，授建威將軍、豫州刺史。桓歆寇歷陽，詠之率衆擊走之。義熙初，進征虜將軍、吳國內史，尋轉荆州刺史、持節、都督六州，領南蠻校尉。詠之初在布衣，不以貧賤爲恥；及居顯位，亦不以富貴驕人。始爲殷仲堪之客，未幾竟踐其位，論者稱之。尋卒于官。詔曰：「魏詠之器宇弘劭，識局貞隱，同獎之誠，實銘王府；敷績之效，垂惠在人。奄致隕喪，惻愴于心。可贈太常，加散騎常侍。」其後錄其贊義之功，追封江陵縣公，食邑二千五百戶，謚曰桓。弟順之至琅邪內史。

史臣曰：臣觀自古承平之化，必杖正人；非常之業，莫先奇士。當衰晉陵夷之際，逆玄僭擅之秋，外乏桓文，內無平勃，不有雄傑，安能濟之哉！此數子者，氣足以冠時，才足以經

世，屬大亨數窮之運，乘義熙天啓之資，建大功若轉圜，翦羣兇如拉朽，勢傾百辟，祿極萬鍾，斯亦丈夫之盛也。然希樂陵傲而速禍，諸葛驕淫以成釁，造宋而乖同德，復晉而異純臣，謀之不臧，自取夷滅。無忌挾功名之大志，挺文武之良才，追舊而慟感時人，率義而響震勍敵，因機效捷，處死不懦，比乎向時之輩，豈同日而言歟！

贊曰：劉生剛愎，葛侯凶恣。患結滿盈，禍生疑貳。安成英武，體茲忠烈。捨家殉義，忘生存節。檀實棱威，身隕名飛。魏終協契，效績揚輝。

校勘記

〔一〕玄將郭銓劉雅等襲陷尋陽　周校：玄傳「郭銓劉稚」作「劉統馮雅」。郭銓時已歸降，當從玄傳。按：通鑑一一三與玄傳同，周校是。

〔二〕桓山客　斠注：宋書劉道規、劉懷肅傳「山客」均作「仙客」。按：通鑑一一三亦作「仙客」。

〔三〕淮南歷陽廬江安豐堂邑五郡　宋本、殿本皆無「堂邑」二字，惟局本有，蓋據通志一二九下及下何無忌傳增入。今從之。

〔四〕將至建鄴　李校：「建鄴」疑「建昌」之誤。

〔五〕自州郡邊江　李校：「自」當從宋書作「其」。

〔六〕於是解悅毅移鎮豫章遣其親將趙恢領千兵守尋陽　李校：宋書庾悅傳作「解悅都督、將軍官，移鎮豫章」，移鎮乃悅非毅。按：李校是。「毅」字當在「遣」字上，通鑑一一六可證。

〔七〕俄進毅爲都督荆寧秦雍四州之河東河南廣平揚州之義成四郡諸軍事　考異云：桓沖傳稱「司州之河東」，宋書劉道規傳稱「司州之河南」，則此四州下當脫「司州」二字。

〔八〕蒯恩　「恩」，各本誤作「思」。今據宋書蒯恩傳及通鑑一一六改。

〔九〕參軍平西軍事　李校：上「軍」字衍。

〔一〇〕集船伐木　各本作「伐船集木」，今從殿本。

〔一一〕彥章　安紀、元四王傳作「彥璋」。

〔一二〕安成郡　「安成」，各本作「安城」。周校：安紀及本傳贊俱作「安成」，與地理志合。按：通鑑一一四亦作「安成」，今據改。

晉書卷八十六

列傳第五十六

張軌　子寔　寔弟茂　寔子駿　駿子重華　華子耀靈　靈伯父祚　靈弟玄靚　靚叔天錫

張軌字士彥，安定烏氏人，漢常山景王耳十七代孫也。家世孝廉，以儒學顯。父溫，爲太官令。軌少明敏好學，有器望，姿儀典則，與同郡皇甫謐善，隱于宜陽女几山。泰始初，受叔父錫官五品。中書監張華與軌論經義及政事損益，甚器之，謂安定中正爲蔽善抑才，乃美爲之談，以爲二品之精。衞將軍楊珧辟爲掾，除太子舍人，累遷散騎常侍、征西軍司。

軌以時方多難，陰圖據河西，筮之，遇泰之觀，乃投筴喜曰：「霸者兆也。」於是求爲涼州。公卿亦舉軌才堪御遠。永寧初，出爲護羌校尉、涼州刺史。于時鮮卑反叛，寇盜從橫，軌到官，卽討破之，斬首萬餘級，遂威著西州，化行河右。以宋配、陰充、氾瑗、陰澹爲股肱

謀主，徵九郡胄子五百人，立學校，始置崇文祭酒，位視別駕，春秋行鄉射之禮。祕書監繆世徵、少府摯虞夜觀星象，相與言曰：「天下方亂，避難之國唯涼土耳。張涼州德量不恒，殆其人乎！」及河間、成都二王之難，遣兵三千，東赴京師。初，漢末金城人陽成遠殺太守以叛，郡人馮忠赴尸號哭，嘔血而死。張掖人吳詠爲護羌校尉馬賢所辟，後爲太尉龐參掾，參、賢相誣，罪應死，各引詠爲證，詠計理無兩直，遂自刎而死。參、賢慚悔，自相和釋。軌皆祭其墓而旌其子孫。永興中，鮮卑若羅拔能皆爲寇，軌遣司馬宋配擊之，斬拔能，俘十餘萬口，威名大震。惠帝遣加安西將軍，封安樂鄉侯，邑千戶。於是大城姑臧。其城本匈奴所築也，南北七里，東西三里，地有龍形，故名臥龍城。初，漢末博士敦煌侯瑾謂其門人曰：「後城西泉水當竭，有雙闕起其上，與東門相望，中有霸者出焉。」至魏嘉平中，郡官果起學館，築雙闕于泉上，與東門正相望矣。至是，張氏遂霸河西。

永嘉初，會東羌校尉韓稚殺秦州刺史張輔，〔一〕軌少府司馬楊胤言於軌曰：「今稚逆命，擅殺張輔，明公杖鉞一方，宜懲不恪，此亦春秋之義，諸侯相滅亡，桓公不能救，則桓公恥之。」軌從焉，遣中督護氾瑗率衆二萬討之，先遺稚書曰：「今王綱紛撓，牧守宜勠力勤王。適得雍州檄，云卿稱兵內侮。吾董任一方，義在伐叛，武旅三萬，駱驛繼發，伐木之感，心豈可言！古之行師，全國爲上，卿若單馬軍門者，當與卿共平世難也。」稚得書而降。遣主簿

令狐亞聘南陽王模，模甚悅，遺軌以帝所賜劍，謂軌曰：「自隴以西，征伐斷割悉以相委，如此劍矣。」俄而王彌寇洛陽，軌遣北宮純、張纂、馬魴、陰濬等率州軍擊破之，又敗劉聰于河東，京師歌之曰：「涼州大馬，橫行天下。涼州鴟苕，寇賊消；鴟苕翩翩，怖殺人。」帝嘉其忠，進封西平郡公，不受。張掖臨松山石有「金馬」字，磨滅粗可識，而「張」字分明，又有文曰：「初祚天下，西方安萬年。」姑臧又有玄石，白點成二十八宿。于時天下既亂，所在使命莫有至者，軌遣使貢獻，歲時不替。朝廷嘉之，屢降璽書慰勞。

軌後患風，口不能言，使子茂攝州事。酒泉太守張鎮潛引秦州刺史賈龕以代軌，密使詣京師，請尚書侍郎曹祛爲西平太守，圖爲輔車之勢。軌別駕麴晁欲專威福，又遣使詣長安，告南陽王模，稱軌廢疾，以請賈龕，而龕將受之。其兄讓龕曰：「張涼州一時名士，威著西州，汝何德以代之！」龕乃止。更以侍中爰瑜爲涼州刺史。〔三〕治中楊澹馳詣長安，割耳盤上，訴軌之被誣，模乃表停之。

晉昌張越，涼州大族，讖言張氏霸涼，自以才力應之。從隴西內史遷梁州刺史。越志在涼州，遂託病歸河西，陰圖代軌，乃遣兄鎮及曹祛、麴佩移檄廢軌，以軍司杜耽攝州事，使耽表越爲刺史。軌令曰：「吾在州八年，不能綏靖區域，又值中州兵亂，秦隴倒懸，加以寢患委篤，實思斂迹避賢。但負荷任重，未便輒遂。不圖諸人橫興此變，是不明吾心也。吾視

去貴州如脫屣耳！」欲遣主簿尉髦奉表詣闕，便速脂轄，將歸老宜陽。長史王融、參軍孟暢蹋折鎮檄，排閤入諫曰：「晉室多故，人神塗炭，實賴明公撫寧西夏。張鎮兄弟敢肆凶逆，宜聲其罪而戮之，不可成其志也。」軌嘿然。融等出而戒嚴。武威太守張琠遣子坦馳詣京，表曰：「魏尚安邊而獲戾，充國盡忠而被譴，皆前史之所譏，今日之明鑒也。順陽之思劉陶，守闕者千人。〔四〕刺史之莅臣州，若慈母之於赤子，百姓之愛臣軌，若旱苗之得膏雨。伏聞信惑流言，當有遷代，民情嗷嗷，如失父母。今戎夷猾夏，不宜搔動一方。」尋以子寔爲中督護，率兵討鎮。遣鎮外甥太府主簿令狐亞前喻鎮曰：「舅何不審安危，明成敗？主公西河著德，兵馬如雲，此猶烈火已焚，待江漢之水，溺於洪流，望越人之助，其何及哉！今數萬之軍已臨近境，今唯全老親，存門戶，輸誠歸官，必保萬全之福。」鎮流涕曰：「人誤我也！」乃委罪功曹魯連而斬之，詣寔歸罪。南討曹祛，走之。張坦至自京師，帝優詔勞軌，依模所表，命誅曹祛。軌大悅，赦州內殊死已下。命寔率尹員、宋配步騎三萬討祛，別遣從事田迥、王豐率騎八百自姑臧西南出石驢，據長寧。祛遣麴晁距戰于黃阪。寔詭道出浩亹，戰于破羌。軌斬祛及牙門田囂。

遣治中張閬送義兵五千及郡國秀孝貢計、器甲方物歸于京師。令有司可推詳立州已來清貞德素，嘉遁遺榮；高才碩學，著述經史；臨危殉義，殺身爲君；忠諫而嬰禍，專對而釋

患；權智雄勇，爲時除難；諂佞誤主，傷陷忠賢；具狀以聞。州中父老莫不相慶。光祿傅祗、太常摯虞遺軌書，告京師飢匱，軌即遣參軍杜勳獻馬五百匹、毯布三萬匹。帝遣使者進拜鎮西將軍、都督隴右諸軍事，封霸城侯，進車騎將軍、開府辟召、儀同三司。策未至，而王彌遂逼洛陽，軌遣將軍張斐、北宮純、郭敷等率精騎五千來衞京都。及京都陷，斐等皆沒於賊。中州避難來者日月相繼，分武威置武興郡以居之。太府主簿馬魴言於軌曰：「四海傾覆，乘輿未反，明公以全州之力徑造平陽，必當萬里風披，有征無戰。未審何憚不爲此舉？」軌曰：「是孤心也。」又聞秦王入關，乃馳檄關中曰：「主上遘危，遷幸非所，普天分崩，率土喪氣。秦王天挺聖德，神武應期。世祖之孫，王今爲長。凡我晉人，食土之類，龜筮克從，幽明同款。宜簡令辰，奉登皇位。今遣前鋒督護宋配步騎二萬，徑至長安，翼衞乘輿，折衝左右。西中郎寔中軍三萬，武威太守張琠胡騎二萬，駱驛繼發，仲秋中旬會于臨晉。」

俄而秦王爲皇太子，遣使拜軌爲驃騎大將軍、儀同三司，固辭。秦州刺史裴苞、東羌校尉貫與據險斷使，命宋配討之。西平王叔與曹祛餘黨麴儒等劫前福祿令麴恪爲主，執太守趙彝，東應裴苞。寔迴師討之，斬儒等。左督護陰預與苞戰狹西，大敗之，苞奔桑凶塢。是歲，北宮純降劉聰。皇太子遣使重申前授，固辭。左司馬竇濤言於軌曰：「曲阜周旦弗辭，營丘齊望承命，所以明國憲，厲殊勳。天下崩亂，皇輿遷幸，州雖僻遠，不忘匡衞，故朝廷傾

懷，嘉命屢集。宜從朝旨，以副羣心。」軌不從。

初，寔平麴儒，徙元惡六百餘家。治中令狐瀏曰：「夫除惡人，猶農夫之去草，令絕其本，勿使能滋。今宜悉徙，以絕後患。」寔不納。儒黨果叛，寔進平之。

愍帝即位，進位司空，固讓。太府參軍索輔言於軌曰：「古以金貝皮幣爲貨，息穀帛量度之秏。二漢制五銖錢，通易不滯。泰始中，河西荒廢，遂不用錢，裂匹以爲段數。縑布既壞，市易又難，徒壞女工，不任衣用，弊之甚也。今中州雖亂，此方安全，宜復五銖以濟通變之會。」軌納之，立制準布用錢，錢遂大行，人賴其利。是時劉曜寇北地，軌又遣參軍麴陶領三千人衞長安。帝遣大鴻臚辛攀拜軌侍中、太尉、涼州牧、西平公，軌又固辭。

在州十三年，寢疾，遺令曰：「吾無德於人，今疾病彌留，殆將命也。文武將佐咸當弘盡忠規，務安百姓，上思報國，下以寧家。素棺薄葬，無藏金玉。善相安遜，以聽朝旨。」表立子寔爲世子。卒年六十。謚曰武公。

寔字安遜，學尚明察，敬賢愛士，以秀才爲郎中。永嘉初，固辭驍騎將軍，請還涼州，許之，改授議郎。及至姑臧，以討曹祛功，封建武亭侯。尋還西中郎將，進爵福祿縣侯。建興初，除西中郎將，領護羌校尉。軌卒，州人推寔攝父位。愍帝因下策書曰：「維乃父武公，著

勳西夏。頃胡賊狡猾，侵逼近甸，義兵銳卒，萬里相尋，方貢遠珍，府無虛歲。方委事征，蕩清九域，昊天不弔，凋余藩后，朕用悼厥心。維爾雋劭英毅，宜世表西海。今授持節、都督涼州諸軍事、西中郎將、涼州刺史、領護羌校尉、西平公。往欽哉！其闡弘先緒，俾屏王室。」

蘭池長趙奭上軍士張冰得璽，文曰「皇帝璽」。羣僚上慶稱德，寔曰：「孤常忿袁本初擬肘，諸君何忽有此言！」因送于京師。下令國中曰：「忝紹前蹤，庶幾刑政不爲百姓之患，而比年飢旱，殆由庶事有缺。竊慕箴誦之言，以補不逮。自今有面刺孤罪者，酬以束帛；翰墨陳孤過者，答以筐篚；謗言於市者，報以羊米。」賊曹佐高昌隗瑾進言曰：「聖王將舉大事，必崇三訊之法，朝置諫官以匡大理，疑承輔弼以補闕拾遺。〔四〕今事無巨細，盡決聖慮，興軍布令，朝中不知，若有謬闕，則下無分謗。竊謂宜偃聰塞智，開納羣言，政刑大小，與衆共之。若恒內斷聖心，則羣僚畏威而面從矣。善惡專歸於上，雖賞千金，終無言也。」寔納之，增位三等，賜帛四十匹。遣督護王該送諸郡貢計，獻名馬方珍、經史圖籍于京師。

會劉曜逼長安，寔遣將軍王該率衆以援京城。帝嘉之，拜都督陝西諸軍事。及帝將降于劉曜，下詔于寔曰：「天步厄運，禍降晉室，京師傾陷，先帝晏駕賊庭。朕流漂宛許，爰暨舊京。羣臣以宗廟無主，歸之於朕，遂以沖眇之身託于王公之上。自踐寶位，四載于茲，不

能翦除巨寇以救危難，元元兆庶仍遭塗炭，皆朕不明所致。羯賊劉載僭稱大號，禍加先帝，肆殺藩王，深惟仇恥，枕戈待旦。劉曜自去年九月率其蟻衆，乘虛深寇，劫質羌胡，攻沒北地。麴允總戎在外，六軍敗績，侵逼京城，矢流宮闕。胡崧等雖赴國難，殿而無效，圍塹十重，外救不至，糧盡人窮，遂爲降虜。仰慚乾靈，俯痛宗廟。君世篤忠亮，勳隆西夏，四海具瞻，朕所憑賴。今進君大都督、涼州牧、侍中、司空，承制行事。琅邪王宗室親賢，遠在江表。今朝廷播越，社稷倒懸，朕以詔王，時攝大位。君其挾贊琅邪，共濟艱運。若不忘主，宗廟有賴。明便出降，故夜見公卿，屬以後事，密遣黃門郎史淑、侍御史王沖齎詔假授。臨出寄命，公其勉之！」寔以天子蒙塵，沖讓不拜。

建威將軍、西海太守張肅，寔叔父也，以京師危逼，請爲先鋒擊劉曜。寔以肅年老，弗許。肅曰：「狐死首丘，心不忘本；鍾儀在晉，楚弁南音。肅受晉寵，剖符列位。羯逆滔天，朝廷傾覆，肅宴安方裔，難至不奮，何以爲人臣！」寔曰：「門戶受重恩，自當闔宗效死，忠衞社稷，以申先公之志。但叔父春秋已高，氣力衰竭，軍旅之事非耆耄所堪。」乃止。既而聞京師陷沒，肅悲憤而卒。

寔知劉曜逼遷天子，大臨三日。遣太府司馬韓璞、滅寇將軍田齊、撫戎將軍張閬、前鋒督護陰預步騎一萬，東赴國難。命討虜將軍陳安、故太守賈騫、〔五〕隴西太守吳紹各統郡兵

爲璞等前驅。戒璞曰：「前遣諸將多違機信，所執不同，致有乖阻。且內不和親，焉能服物！今遣卿督五將兵事，當如一體，不得令乖異之問達孤耳也。」復遣南陽王保書曰：「王室有事，不忘投軀。孤州遠域，首尾多難，是以前遣賈騫，瞻望公舉。中被符命，敕騫還軍。忽聞北地陷沒，寇逼長安，胡崧不進，麴允持金五百請救於崧，是以決遣騫等進軍度嶺。會聞朝廷傾覆，爲忠不達於主，遣兵不及於難，痛慨之深，死有餘責。今更遣韓璞等，唯公命是從。」及璞次南安，諸羌斷軍路，相持百餘日，糧竭矢盡。璞殺駕牛饗軍，泣謂衆曰：「汝曹念父母乎？」曰：「念。」「念妻子乎？」曰：「念。」「欲生還乎？」曰：「欲。」「從我令乎？」曰：「諾。」乃鼓譟進戰。會張閬率金城軍繼至，夾擊，大敗之，斬級數千。

時焦崧、陳安寇隴右，東與劉曜相持，雍秦之人死者十八九。初，永嘉中，長安謠曰：「秦川中，血沒腕，惟有涼州倚柱觀。」至是，謠言驗矣。焦崧、陳安逼上邽，南陽王保遣使告急。以金城太守竇濤爲輕車將軍，率威遠將軍宋毅及和苞、張閬、宋輯、辛韜、張選、董廣步騎二萬赴之。軍次新陽，會愍帝崩問至，素服舉哀，大臨三日。

時南陽王保謀稱尊號，破羌都尉張詵言於寔曰：「南陽王忘莫大之恥，而欲自尊，天不受其圖籙，〔六〕德不足以應運，終非濟時救難者也。晉王明德昵藩，先帝憑屬，宜表稱聖德，勸卽尊號，傳檄諸藩，副言相府，則欲競之心息，未合之徒散矣。」從之。於是馳檄天下，推

崇晉王爲天子，遣牙門蔡忠奉表江南，勸卽尊位。是歲，元帝卽位于建鄴，改年太興，寔猶稱建興六年，不從中興之所改也。

保聞愍帝崩，自稱晉王，建元，署置百官，遣使拜寔征西大將軍、儀同三司，增邑三千戶。俄而保爲陳安所叛，氐羌皆應之。保窘迫，遂去上邽，遷祁山，寔遣將韓璞步騎五千赴難。陳安退保緜諸，保歸上邽。未幾，保復爲安所敗，使詣寔乞師。寔遣宋毅赴之，而安退。會保爲劉曜所逼，遷于桑城，將謀奔寔。寔以其宗室之望，若至河右，必動物情，遣其將陰監逆保，聲言翼衞，實禦之也。會保薨，其衆散奔涼州者萬餘人。寔自恃險遠，頗自驕恣。

初，寔寢室梁間有人像，無頭，久而乃滅，寔甚惡之。京兆人劉弘者，挾左道，客居天梯第五山，然燈懸鏡於山穴中爲光明，以惑百姓，受道者千餘人，寔左右皆事之。帳下閻沙、牙門趙仰皆弘鄉人，弘謂之曰：「天與我神璽，應王涼州。」沙、仰信之，密與寔左右十餘人謀殺寔，奉弘爲主。寔潛知其謀，收弘殺之。沙等不之知，以其夜害寔。在位六年。私謚曰昭公，元帝賜謚曰元。子駿，年幼，弟茂攝事。

茂字成遜，虛靖好學，不以世利嬰心。建興初，南陽王保辟從事中郎，又薦爲散騎侍

郎、中壘將軍，皆不就。二年，徵爲侍中，以父老固辭。尋拜平西將軍、秦州刺史。太興三年，寔既遇害，州人推茂爲大都督、太尉、涼州牧，茂不從，但受使持節、平西將軍、涼州牧。乃誅閻沙及黨與數百人，赦其境內。復以兄子駿爲撫軍將軍、武威太守、西平公。

歲餘，茂築靈鈞臺，周輪八十餘堵，基高九仞。武陵人閻曾夜叩門呼曰：「武公遣我來，曰：『何故勞百姓而築臺乎？』」姑臧令辛巖以曾妖妄，請殺之。茂曰：「吾信勞人。曾稱先君之令，何謂妖乎！」太府主簿馬魴諫曰：「今世難未夷，唯當弘尙道素，不宜勞役崇飾臺榭。且比年已來，轉覺衆務日奢於往，每所經營，輕違雅度，實非士女所望於明公。」茂曰：「吾過也，吾過也！」命止作役。

明年，劉曜遣其將劉咸攻韓璞於冀城，呼延寔攻寧羌護軍陰鑒于桑壁。臨洮人翟楷、石琮等逐令長，以縣應曜，河西大震。參軍馬岌勸茂親征，長史汜禕怒曰：「亡國之人復欲干亂大事，宜斬岌以安百姓。」岌曰：「汜公書生糟粕，刺舉近才，不惟國家大計。且朝廷旰食有年矣，今大賊自至，不煩遠師，遐邇之情，實繫此州，事勢不可以不出。且宜立信勇之驗，以副秦隴之望。」茂曰：「馬生之言得之矣。」乃出次石頭。茂謂參軍陳珍曰：「劉曜以乘勝之聲握三秦之銳，繕兵積年，士卒習戰，若以精騎奄克南安，席卷河外，長驅而至者，計將何出？」珍曰：「曜雖乘威怙衆，恩德未結於下，又其關東離貳，內患未除，精卒寡少，多是氐

羌烏合之衆，終不能近舍關東之難，增隴上之戍，曠日持久與我爭衡也。若二旬不退者，珍請爲明公率弊卒數千以擒之。」茂大悅，以珍爲平虜護軍，率卒騎一千八百救韓璞。曜陰欲引歸，聲言要先取隴西，然後迴滅桑壁。珍募發氐羌之衆，擊曜走之，克復南安。茂深嘉之，拜折衝將軍。

未幾，茂復大城姑臧，修靈鈞臺，別駕吳紹諫曰：「伏惟修城築臺，蓋是懲既往之事。愚以爲恩德未洽於近侍，雖處層樓，適所以疑諸下，徒見不安之意而失士民繫託之本心，示怯弱之形，乖匡霸之勢。遐方異境窺我之齷齪也，必有乘人之規。嘗願止役省勞，與下休息。而更興功動衆，百姓豈所望於明君哉！」茂曰：「亡兄怛然失身於物。王公設險，武夫重閉，亦達人之至戒也。且忠臣義士豈不欲盡節義於亡兄哉？直以危機密發，雖有賁、育之勇，無所復施。今事未靖，不可以拘繫常言，以太平之理責人於迍邅之世。」紹無以對。

茂雅有志節，能斷大事。涼州大姓賈摹，寔之妻弟也，勢傾西土。先是，謠曰：「手莫頭，圖涼州。」茂以爲信，誘而殺之，於是豪右屏跡，威行涼域。永昌初，茂使將軍韓璞率衆取隴西南安之地，以置秦州。

太寧三年卒，臨終，執駿手泣曰：「昔吾先人以孝友見稱。自漢初以來，世執忠順。今雖華夏大亂，皇輿播遷，汝當謹守人臣之節，無或失墜。吾遭擾攘之運，承先人餘德，假攝此州，以全性命，上欲不負晉室，下欲保完百姓。然官非王命，位由私議，苟以集事，豈榮之哉！氣絕之日，白帢入棺，無以朝服，以彰吾志焉。」年四十八。在位五年。私諡曰成。茂無子，駿嗣位。

駿字公庭，幼而奇偉。建興四年，封霸城侯。十歲能屬文，卓越不羈，而淫縱過度，常夜微行于邑里，國中化之。及統任，年十八。先是，愍帝使人黃門侍郎史淑在姑臧，左長史汜禕、右長史馬謨等諷淑，令拜駿使持節、大都督、大將軍、涼州牧、領護羌校尉、西平公。赦其境內，置左右前後四率官，繕南宮。劉曜又使人拜駿涼州牧、涼王。

時辛晏阻兵於枹罕，駿讌羣僚于閑豫堂，命竇濤等進討辛晏。從事劉慶諫曰：「霸王不以喜怒興師，不以乾沒取勝，必須天時人事，然後起也。辛晏父子安忍凶狂，其亡可待，奈何以饑年大舉，猛寒攻城！昔周武迴戈以須亡殷之期，曹公緩袁氏使自斃，何獨殿下以旋兵爲恥乎！」駿納之。

遣參軍王騭聘于劉曜。曜謂之曰：「貴州必欲追蹤竇融，款誠和好，卿能保之乎？」騭曰：「不能。」曜侍中徐邈曰：「君來和同，而云不能，何也？」騭曰：「齊桓貫澤之盟，憂心兢兢，諸侯不召自至。葵丘之會，驕而矜誕，叛者九國。趙國之化，常如今日可也，若政教陵遲，

尙未能察邇者之變，況鄙州乎！」曜顧謂左右曰：「此涼州高士，使乎得人！」禮而遣之。

太寧元年，駿猶稱建興十二年，駿親耕藉田。尋承元帝崩問，駿大臨三日。會有黃龍見于揟次之嘉泉，右長史汜禕言於駿曰：「案建興之年，是少帝始起之號。帝以凶終，理應改易。朝廷越在江南，音問隔絕，宜因龍改號，以章休徵。」不從。初，駿之立也，姑臧謠曰：「鴻從南來雀不驚，誰謂孤鶵尾翅生，高舉六翮鳳皇鳴。」至是而復收河南之地。

咸和初，駿遣武威太守竇濤、金城太守張閬、武興太守辛巖、揚烈將軍宋輯等率衆東會韓璞，攻討秦州諸郡。曜遣其將劉胤來距，屯于狄道城。韓璞進度沃干嶺。辛巖曰：「我握衆數萬，藉氐羌之銳，宜速戰以滅之，不可以久，久則變生。」璞曰：「自夏末以來，太白犯月，辰星逆行，白虹貫日，皆變之大者，不可以輕動。輕動而不捷，爲禍更深。吾將久而斃之。且曜與石勒相攻，胤亦不能久也。」積七十餘日，軍糧竭，遣辛巖督運於金城。胤聞之，大悅，謂其將士曰：「韓璞之衆十倍於吾，羌胡皆叛，不爲之用。吾糧廩將懸，難以持久。今虜分兵運糧，可謂天授吾也。若敗辛巖，璞等自潰。彼衆我寡，宜以死戰。戰而不捷，當無匹馬得還，宜厲爾戈矛，竭汝智力。」衆咸奮。於是率騎三千，襲巖于沃干嶺，敗之，璞軍遂潰，死者二萬餘人。面縛歸罪，駿曰：「孤之罪也，將軍何辱！」皆赦之。胤乘勝追奔，濟河，攻陷令居，入據振武，河西大震。駿遣皇甫該禦之，赦其境內。

會劉曜東討石生，長安空虛。大蒐講武，將襲秦雍，理曹郎中索詢諫曰：「曜雖東征，胤猶守本。險阻路遙，爲主人甚易。胤若輕騎憑氐羌以距我者，則奔突難測；輟彼東合而逆戰者，則寇我未已。頃年頻出，戎馬生郊，外有飢羸，內資虛秏，豈是殿下子物之謂邪！」駿曰：「每患忠言不獻，面從背違，吾政教缺然而莫我匡者。卿盡辭規諫，深副孤之望也。」以羊酒禮之。

西域諸國獻汗血馬、火浣布、犎牛、孔雀、巨象及諸珍異二百餘品。西域長史李柏請擊叛將趙貞，爲貞所敗。議者以柏造謀致敗，請誅之。駿曰：「吾每以漢世宗之殺王恢，不如秦穆之赦孟明。」竟以減死論，羣心咸悅。駿觀兵新鄉，狩于北野，因討軻沒虜，破之。下令境中曰：「昔鯀殛而禹興，芮誅而缺進，唐帝所以殄洪災，晉侯所以成五霸。法律犯死罪，朞親不得在朝。今盡聽之，唯不宜內參宿衞耳。」於是刑清國富，羣僚勸駿稱涼王，領秦、涼二州牧，置公卿百官，如魏武、晉文故事。駿曰：「此非人臣所宜言也。敢有言此者，罪在不赦。」然境內皆稱之爲王。羣僚又請駿立世子，駿不從。中堅將軍宋輯言於駿曰：「禮急儲君者，蓋重宗廟之故。周成、漢昭立於繦褓，誠以國嗣不可曠，儲宮當素定也。昔武王始有國，元王作儲君。建興之初，先王在位，殿下正名統，況今社稷彌崇，聖躬介立，大業遂殷，繼貳闕然哉！臣竊以爲國有累卵之危，而殿下以爲安踰泰山，非所謂也。」駿納之，遂立子

重華爲世子。

先是，駿遣傅穎假道于蜀，通表京師。李雄弗許。駿又遣治中從事張淳稱藩于蜀，託以假道焉。雄大悅。雄又有憾於南氐楊初，淳因說曰：「南氐無狀，屢爲邊害，宜先討百頃，次平上邽。二國并勢，席卷三秦，東清許洛，掃氛燕趙，拯二帝梓宮於平陽，反皇輿於洛邑，此英霸之舉，千載一時。寡君所以遣下臣冒險通誠，不遠萬里者，以陛下義聲遠播，必能愍寡君勤王之志。天下之善一也，惟陛下圖之。」雄怒，僞許之，將覆淳於東峽。蜀人橋贇密以告淳。淳言於雄曰：「寡君使小臣行無迹之地，通百蠻之域，萬里表誠者，誠以陛下義矜勠力之臣，能成人之美節故也。若欲殺臣者，當顯於都市，宜示衆目，云涼州不忘舊義，通使琅邪，爲表忠誠，假途於我，主聖臣明，發覺殺之。當令義聲遠著，天下畏威。今盜殺江中，威刑不顯，何足以揚休烈，示天下也！」雄大驚曰：「安有此邪！當相放還河右耳。」雄司隸校尉景騫言於雄曰：「張淳壯士，宜留任之。」雄曰：「壯士豈爲人留，且可以卿意觀之。」騫謂淳曰：「卿體大，暑熱，可且遣下吏，少住須涼。」淳曰：「寡君以皇輿幽辱，梓宮未反，天下之恥未雪，蒼生之命倒懸，故遣淳來，表誠大國。所論事重，非下吏所了者，則淳本亦不來。雖有火山湯海，無所辭難，豈寒暑之足避哉！」雄曰：「此人矯矯，不可得用也。」厚禮遣之。謂淳曰：「貴主英名蓋世，土險兵盛，何不稱帝自娛一方？」淳曰：「寡君以乃祖乃父世濟忠良，未能雪天人之大恥，解衆庶之倒懸，日昃忘食，枕戈待旦。以琅邪中興江東，故萬里翼戴，將成桓文之事，何言自娛邪！」雄有慚色，曰：「我乃祖乃父亦是晉臣，往與六郡避難此都，爲同盟所推，遂有今日。琅邪若能中興大晉於中州者，亦當率衆輔之。」淳還至龍鶴，募兵通表，後皆達京師，朝廷嘉之。

駿議欲嚴刑峻制，衆咸以爲宜。參軍黃斌進曰：「臣未見其可。」駿問其故。斌曰：「夫法制所以經綸邦國，篤俗齊物，既立必行，不可窪隆也。若尊者犯令，則法不行矣。」駿屏机改容曰：「夫法唯上行，制無高下。且微黃君，吾不聞過矣。黃君可謂忠之至也。」於坐擢爲敦煌太守。駿有計略，於是厲操改節，勤修庶政，總御文武，咸得其用，遠近嘉詠，號曰積賢君。自軌據涼州，屬天下之亂，所在征伐，軍無寧歲。至駿，境內漸平。又使其將楊宣率衆越流沙，伐龜茲、鄯善，於是西域並降。鄯善王元孟獻女，號曰美人，立賓遐觀以處之。焉耆前部、于寘王並遣使貢方物。得玉璽於河，其文曰「執萬國，建無極」。

時駿盡有隴西之地，士馬强盛，雖稱臣於晉，而不行中興正朔。舞六佾，建豹尾，所置官僚府寺擬於王者，而微異其名。又分州西界三郡置沙州，東界六郡置河州。二府官僚莫不稱臣。又於姑臧城南築城，起謙光殿，畫以五色，飾以金玉，窮盡珍巧。殿之四面各起一殿，東曰宜陽青殿，以春三月居之，章服器物皆依方色；南曰朱陽赤殿，夏三月居之；西曰政

刑白殿，秋三月居之；北曰玄武黑殿，冬三月居之。其傍皆有直省內官寺署，一同方色。及末年，任所遊處，不復依四時而居。

咸和初，懼爲劉曜所逼，使將軍宋輯、魏纂將兵徙隴西南安人二千餘家于姑臧，使聘於李雄，修鄰好。及曜攻枹罕，護軍辛晏告急，駿使韓璞、辛巖率步騎二萬擊之，戰于臨洮，大爲曜軍所敗，璞等退走，追至令居，駿遂失河南之地。初，戊己校尉趙貞不附于駿，至是，駿擊擒之，以其地爲高昌郡。及石勒殺劉曜，駿因長安亂，復收河南地，至于狄道，置武衞、〔七〕石門、候和、漒川、甘松五屯護軍，與勒分境。勒遣使拜駿官爵，駿不受，留其使。後懼勒强，遣使稱臣於勒，兼貢方物，遣其使歸。

駿境內嘗大饑，穀價踊貴，市長譚詳請出倉穀與百姓，秋收三倍徵之。從事陰據諫曰：「昔西門豹宰鄴，積之於人；解扁莅東封之邑，計入三倍。文侯以豹有罪而可賞，扁有功而可罰。今詳欲因人之饑，以要三倍，反裘傷皮，未足喻之。」駿納之。

初，建興中，敦煌計吏耿訪到長安，既而遇賊，不得反，奔漢中，因東渡江，以太興二年至京都，屢上書，以本州未知中興，宜遣大使，乞爲鄉導。時連有內難，許而未行。至是，始以訪守治書御史，拜駿鎮西大將軍，校尉、刺史、公如故，選西方人隴西賈陵等十二人配之。訪停梁州七年，以驛道不通，召還。訪以詔書付賈陵，託爲賈客。到長安，不敢進，以咸和

八年始達涼州。駿受詔，遣部曲督王豐等報謝，并遣陵歸，上疏稱臣，而不奉正朔，猶稱建興二十一年。九年，復使訪隨豐等齎印板進駿大將軍。自是每歲使命不絕。後駿遣參軍麴護上疏曰：

東西隔塞，踰歷年載，夙承聖德，心繫本朝。而江吳寂蔑，餘波莫及，雖肆力修塗，同盟靡恤。奉詔之日，悲喜交并。天恩光被，褒崇輝渥，即以臣爲大將軍、都督陝西雍秦涼州諸軍事。休寵振赫，萬里懷戴，嘉命顯至，銜感屏營。

伏惟陛下天挺岐嶷，堂構晉室，遭家不造，播幸吳楚，宗廟有黍離之哀，園陵有殄廢之痛，普天咨嗟，含氣悲傷。臣專命一方，職在斧鉞，遐域僻陋，勢極秦隴。勒雄既死，人懷反正，謂季龍、李期之命曾不崇朝，而皆篡繼凶逆，鴟目有年。東西遼曠，聲援不接，遂使桃蟲鼓翼，四夷諠譁，向義之徒更思背誕，鉛刀有干將之志，螢燭希日月之光。是以臣前章懇切，欲齊力時討。而陛下雍容江表，坐觀禍敗，懷目前之安，替四祖之業，馳檄布告，徒設空文，臣所以宵吟荒漠，痛心長路者也。且兆庶離主，漸冉經世，先老消落，後生靡識，忠良受梟懸之罰，羣凶貪縱橫之利，懷君戀故，日月告流。雖時有尙義之士，畏逼首領，哀歎窮廬。

臣聞少康中興，由於一旅，光武嗣漢，衆不盈百，祀夏配天，不失舊物，況以荆揚慓

悍，臣州突騎，吞噬遺羯，在於掌握哉！顧陛下敷弘臣慮，永念先績，敕司空鑒、征西亮等汎舟江沔，使首尾俱至也。

自後駿遣使多爲季龍所獲，不達。後駿又遣護羌參軍陳寓、從事徐虓、華馭等至京師。征西大將軍亮上疏言陳寓等冒險遠至，宜蒙銓敍，詔除寓西平相，虓等爲縣令。永和元年，以世子重華爲五官中郎將、涼州刺史。酒泉太守馬岌上言：「酒泉南山，即崑崙之體也。周穆王見西王母，樂而忘歸，即謂此山。此山有石室玉堂，珠璣鏤飾，煥若神宮。宜立西王母祠，以裨朝廷無疆之福。」駿從之。

駿在位二十二年卒，時年四十。私諡曰文公，穆帝追諡曰忠成公。

重華字泰臨，駿之第二子也。寬和懿重，沈毅少言。父卒，時年十六。以永和二年自稱持節、大都督、太尉、護羌校尉、涼州牧、西平公、假涼王，赦其境內。尊其母嚴氏爲太王太后，居永訓宮；所生母馬氏爲王太后，居永壽宮。輕賦斂，除關稅，省園囿，以恤貧窮。遣使奉章於石季龍。季龍使王擢、麻秋、孫伏都等侵寇不輟。金城太守張沖降于秋。於是涼州振動。重華掃境內，使其征南將軍裴恒禦之。恒壁于廣武，欲以持久弊之。牧府相司馬張耽言於重華曰：「臣聞國以兵爲强，以將爲主。主將者，存亡之機，吉凶所繫。故

燕任樂毅，克平全齊，及任騎劫，喪七十城之地。是以古之明君靡不慎于將相也。今之所要，在於軍師。然議者舉將多推宿舊，未必妙盡精才也。且韓信之舉，非舊名也；穰苴之信，非舊將也；呂蒙之進，非舊勳也；魏延之用，非舊德也。蓋明王之舉，舉無常人，才之所能，則授以大事。今强寇在郊，諸將不進，人情騷動，危機稍逼。主簿謝艾，兼資文武，明識兵略，若授以斧鉞，委以專征，必能折衝禦侮，殲殄凶類。」重華召艾，問以討寇方略。艾曰：「昔耿弇不欲以賊遺君父，黃權願以萬人當寇。乞假臣兵七千，爲殿下吞王擢、麻秋等。」重華大悅，以艾爲中堅將軍，配步騎五千擊秋。引師出振武，夜有二梟鳴于牙中，艾曰：「梟，邀也，六博得梟者勝。今梟鳴牙中，克敵之兆。」於是進戰，大破之，斬首五千級。重華封艾爲福祿伯，善待之。諸寵貴惡其賢，共毁譖之，乃出爲酒泉太守。

季龍又令麻秋進陷大夏，大夏護軍梁式執太守宋晏，以城應秋。秋遣晏以書誘宛戍都尉宋矩。宋矩謂秋曰：「辭父事君，當立功義；功義不立，當守名節。矩終不背主偷生於世。」於是先殺妻子，自刎而死。

是月，有司議遣司兵趙長迎秋西郊。謝艾以春秋之義，國有大喪，省蒐狩之禮，宜待踰年。別駕從事索遐議曰：「禮，天子崩，諸侯薨，未殯，五祀不行，既殯而行之。魯宣三年，天王崩，不廢郊祀。今聖上統承大位，百揆惟新，宜在璿璣玉衡以齊七政。立秋，萬物將成，

殺氣之始，其於王事，杖麾誓衆，釁鼓禮神，所以討逆除暴，成功濟務，寧宗廟社稷，致天下之福，不可廢也。」重華從之。

俄而麻秋進攻枹罕，時晉陽太守郎坦以城大難守，〔八〕宜棄外城。武城太守張悛曰：〔九〕「棄外城則大事去矣，不可以動衆心。」寧戎校尉張璩從之，固守大城。秋率衆八萬，圍塹數重，雲梯雹車，地突百道，皆通於內。城中亦應之，殺傷秋衆已數萬。季龍復遣其將劉渾等率步騎二萬會之。郎坦恨言之不從，教軍士李嘉潛與秋通，引賊千餘人上城西北隅。璩使宋脩、張弘、辛挹、郭普距之，短兵接戰，斬二百餘人，賊乃退。璩戮李嘉以徇，燒其攻具。秋退保大夏，謂諸將曰：「我用兵於五都之間，攻城略地，往無不捷。及登秦隴，謂有征無戰。豈悟南襲仇池，破軍殺將；築城長最，匹馬不歸；及攻此城，傷兵挫銳。殆天所贊，非人力也。」季龍聞而歎曰：「吾以偏師定九州，今以九州之力困於枹罕，眞所謂彼有人焉，未可圖也。」

重華以謝艾爲使持節、軍師將軍，率步騎三萬，進軍臨河。秋以三萬衆距之。艾乘軺車，冠白帢，鳴鼓而行。秋望而怒曰：「艾年少書生，冠服如此，輕我也。」命黑矟龍驤三千人馳擊之。艾左右大擾。左戰帥李偉勸艾乘馬，艾不從，乃下車踞胡牀，指麾處分。賊以爲伏兵發也，懼不敢進。張瑁從左南緣河而截其後，秋軍乃退。艾乘勝奔擊，遂大敗之，斬秋

將杜勳、汲魚，俘斬一萬三千級，秋西馬奔大夏。重華論功，以謝艾爲太府左長史，進封福祿縣伯，〔一〇〕邑五千戶，帛八千匹。

麻秋又據枹罕，有衆十二萬，進屯河內，遣王擢略地晉興、廣武，越洪池嶺，至于曲柳，姑臧大震。重華議欲親出距之，謝艾固諫以爲不可。別駕從事索遐進曰：「賊衆甚盛，漸逼京畿。君者，國之鎭也，不可以親動。左長史謝艾，文武兼資，國之方邵，宜委以推轂之任。殿下居中作鎭，授以算略，小賊不足平也。」重華納之，於是以艾爲使持節、都督征討諸軍事、行衞將軍，遐爲軍正將軍，率步騎二萬距之。艾建牙旗，盟將士，有西北風吹旌旗東南指。遐曰：「風爲號令，今能令旗指之，天所贊也，破之必矣。」軍次神鳥，王擢與前鋒戰，敗，遁還河南。還討叛虜斯骨眞萬餘落，破之，斬首千餘級，俘擒二千八百，獲牛羊十餘萬頭。

重華自以連破勍敵，頗怠政事，希接賓客。司直索遐諫曰：「殿下承四聖之基，當升平之會，荷當今之任，憂率土之塗炭，宜躬親萬機，開延英乂，夙夜乾乾，勉於庶政。自頃內外囂然，皆云去賊投誠者應卽撫慰，而彌日不接。國老朝賢，當虛己引納，詢訪政事，比多經旬積朔，不留意接之。文奏入內，歷月不省，廢替見務，注情於棋弈之間，縺綣左右小臣之娛，不存將相遠大之謀。至使親臣不言，朝吏杜口，愚臣所以迴惶忘寢與食也。今王室如燬，百姓倒懸，正是殿下銜膽茹辛厲心之日。深願垂心朝政，延納直言，周爰五美，以成六

德，捐彼近習，弭塞外釁，修政聽朝，使下觀而化。」重華覽之大悅，優文答謝，然不之改也。

詔遣侍御史俞歸拜重華護羌校尉、涼州刺史、假節。是時石季龍西中郎將王擢屯結隴上，爲苻雄所破，奔重華。重華厚寵之，以爲征虜將軍、秦州刺史、假節，使張弘、宗悠率步騎萬五千配擢，〔一一〕伐苻健。健遣苻碩禦之，〔一二〕戰于龍黎。擢等大敗，單騎而還，弘、悠皆沒。重華痛之，素服爲戰亡吏士舉哀號慟，各遣弔問其家。復授擢兵，使攻秦州，克之。遣使上疏曰：「季龍自斃，遺燼游魂，取亂侮亡，覩機則發。臣今遣前鋒都督裴恒步騎七萬，逕出隴上，以俟聖朝赫然之威。山東騷擾不足厝懷，長安膏腴，宜速平蕩。臣守任西荒，山川悠遠，大誓六軍，不及聽受之末，猛將鷹揚，不豫告成之次。瞻雲望日，孤憤義傷，彈劍慷慨，中情蘊結。」於是康獻皇后詔報，遣使進重華爲涼州牧。

是時御史俞歸至涼州，重華方謀爲涼王，不肯受詔，使親信人沈猛謂歸曰：「我家主公奕世忠於晉室，而不如鮮卑矣。臺加慕容皝燕王，今甫授州主大將軍，何以加勸有功忠義之臣乎！〔一三〕明臺今宜移河右，共勸州主爲涼王。大夫出使，苟利社稷，專之可也。」歸對曰：「王者之制，異姓不得稱王，九州之內，重爵不得過公。漢高一時王異姓，尋皆誅滅，蓋權時之宜，非舊體也。故王陵曰：『非劉氏而王，天下共伐之。』至於戎狄，不從此例。春秋時吳楚稱王，而諸侯不以爲非者，蓋蠻夷畜之也。假令齊魯稱王，諸侯豈不伐之！故聖上以貴公忠賢，是以爵以上公，位以方伯，鮮卑北狄，豈足爲比哉！子失問也。且吾又聞之，有殊勳絕世者亦有不世之賞，若今便以貴公爲王者，設貴公以河右之衆南平巴蜀，東掃趙魏，修復舊都，以迎天子，天子復以何爵何位可以加賞？幸三思之。」猛具宣歸言，重華遂止。

重華好與羣小游戲，屢出錢帛以賜左右。徵事索振諫曰：「先王寢不安席，志平天下，故繕甲兵，積資實。大業未就，懷恨九泉。殿下遭巨寇於諒闇之中，賴重餌以挫勍敵。今遺燼尙廣，倉帑虛竭，金帛之費，所宜慎之。昔世祖卽位，躬親萬機，章奏詣闕，報不終日，故能隆中興之業，定萬世之功。今章奏停滯，動經時月，下情不得上達，哀窮困於囹圄，蓋非明主之事，臣竊未安。」重華善之。

將受詔，未及而卒，時年二十七。在位十一年。私諡曰昭公，後改曰桓公，穆帝賜諡曰敬烈。子耀靈嗣。

耀靈字元舒。〔一四〕年十歲嗣事，稱大司馬、校尉、刺史、西平公。伯父長寧侯祚性傾巧，善承內外，初與重華寵臣趙長、尉緝等結異姓兄弟。長等矯稱重華遺令，以祚爲持節、督中外諸軍、撫軍將軍，輔政。長等議以耀靈沖幼，時難未夷，宜立長君。祚先烝重華母馬氏，

馬氏遂從緝議，命廢耀靈爲涼寧侯而立祚。祚尋使楊秋胡害耀靈於東苑，埋之於沙坑，私諡曰哀公。

祚字太伯，博學雄武，有政事之才。既立，自稱大都督、大將軍、涼州牧、涼公。淫暴不道，又通重華妻裴氏，自閤內媵妾及駿、重華未嫁子女，無不暴亂，國人相目，咸賦牆茨之詩。

永和十年，祚納尉緝、趙長等議，僭稱帝位，立宗廟，舞八佾，置百官，下書曰：「昔金行失馭，戎狄亂華，胡、羯、氐、羌咸懷竊璽。我武公以神武撥亂，保寧西夏，貢款勤王，旬朔不絕。四祖承光，忠誠彌著。往受晉禪，天下所知，謙沖遜讓，四十年于茲矣。今中原喪亂，華裔無主，羣后僉以九州之望無所依歸，神祇嶽瀆罔所憑係，逼孤攝行大統，以一四海之心。辭不獲已，勉從羣議。待掃穢二京，蕩清周魏，然後迎帝舊都，謝罪天闕，思與兆庶同茲更始。」改建興四十二年爲和平元年，赦殊死，賜鰥寡帛，加文武爵各一級。追崇曾祖軌爲武王，祖寔爲昭王，從祖茂爲成王，父駿爲文王，弟重華爲明王。立妻辛氏爲皇后，弟天錫爲長寧王，子泰和爲太子，庭堅爲建康王，耀靈弟玄靚爲涼武侯。其夜，天有光如車蓋，聲若雷霆，震動城邑。明日，大風拔木。災異屢見，而祚凶虐愈甚。其尙書馬岌以切諫免

官。郎中丁琪又諫曰：「先公累執忠節，遠宗吳會，持盈守謙，五十餘載。蒼生所以鵠企西望、四海所以注心大涼、皇天垂贊、士庶效死者，正以先公道高彭昆，忠踰西伯，萬里通虔，任節不貳故也。能以一州之衆抗崩天之虜，師徒歲起，人不告疲。陛下雖以大聖雄姿纂戎鴻緒，勳德未高於先公，而行革命之事，臣竊未見其可。華夷所以歸系大涼、義兵所以千里響赴者，以陛下爲本朝之故。今既自尊，人斯高競，一隅之地何以當中國之師！城峻衝生，負乘致寇，惟陛下圖之。」祚大怒，斬之于闕下。遣其將和昊率衆伐驪靬戎於南山，大敗而還。

太尉桓溫入關，王擢時鎭隴西，馳使於祚，言溫善用兵，勢在難測。祚既震懼，又慮擢反噬，卽召馬岌復位而與之謀。密遣親人刺擢，事覺，不克。祚益懼，大聚衆，聲言東征，實欲西保敦煌。會溫還而止。更遣其平東將軍秦州刺史牛霸、司兵張芳率三千人擊擢，破之。擢奔于苻健。其國中五月霜降，殺苗稼果實。

祚宗人張瓘時鎭枹罕，祚惡其强，遣其將易揣、張玲率步騎萬三千以襲之。時張掖人王鸞頗知神道，言於祚曰：「軍出不復還，涼國將有不利矣。」祚大怒，以鸞訞言沮衆，斬之以徇，三軍乃發。鸞臨刑曰：「我死不二十日，軍必敗。」時有神降於玄武殿，自稱玄冥，與人交語。祚日夜祈之，神言與之福利，祚甚信之。祚又遣張掖太守索孚代瓘鎭枹罕，爲瓘所殺。

玲等濟河未畢，又爲瓘兵所破。揣單騎奔走，瓘軍躡之，祚衆震懼。敦煌人宋混與弟澄等聚衆以應瓘。趙長、張璹等懼罪，入閤呼重華母馬氏出殿拜耀靈庶弟玄靚爲主。揣等率衆入殿伐長，殺之。瓘弟琚及子嵩募數百市人，揚聲言「張祚無道，我兄大軍已到城東，敢有舉手者誅三族」。祚衆披散。琚、嵩率衆入城，祚按劍殿上，大呼，令左右死戰。祚既失衆心，莫有鬭志，於是被殺。梟其首，宣示內外，暴尸道左，國內咸稱萬歲。祚篡立三年而亡。

玄靚字元安。既立，自號大都督、大將軍、校尉、涼州牧、西平公，赦其國內，廢和平之號，復稱建興四十三年。誅祚二子，以張瓘爲衞將軍，領兵萬人，行大將軍事，改易僚屬。

有隴西人李儼，誅大姓彭姚，自立於隴右，奉中興年號，百姓悅之。玄靚遣牛霸率衆討之，未達，而西平人衞綝又據郡叛。霸衆潰，單騎而還。瓘先欲征綝，以兄琟在綝中爲疑，綝亦以弟在瓘中，故彼我經年不相伐。西平人郭勛解天文，不應州郡之命，綝禮聘之。勛曰：「張氏應衰，衞氏當興，豈得以一弟而滅一門，宜速伐瓘。」綝將從之。瓘遣弟琚領大衆征綝，敗之。西平田旋要酒泉太守馬基背瓘應綝，旋謂基曰：「綝擊其東，我等絕其西，不六旬，天下可定，斯閉口捕舌也。」基許之。瓘遣司馬張姚、王國將二千人伐基，敗之，斬基、旋二人之首，傳姑臧。

瓘兄弟强盛，負其勳力，有篡立之謀。輔國宋混與弟澄共討瓘，盡夷其屬。玄靚以混爲都督中外諸軍事、車騎大將軍、假節，輔政。混卒，又以澄代之。玄靚右司馬張邕惡澄專擅，殺之，遂滅宋氏。玄靚乃以邕爲中護軍，叔父天錫爲中領軍，共輔政。

邕自以功大，驕矜淫縱，又通馬氏，樹黨專權，國人患之。天錫腹心郭增、劉肅二人，並年十八九，因寢，謂天錫曰：「天下事欲未靜。」天錫曰：「何謂也？」二人曰：「今護軍出入，有似長寧。」天錫大驚曰：「我早疑之，未敢出口。計當云何？」肅曰：「政當速除之耳。」天錫曰：「安得其人？」肅曰：「肅卽是也。」天錫曰：「汝年少，更求可與謀者。」肅曰：「趙白駒及肅二人足以辦之矣。」於是天錫從兵四百人，與邕俱入朝，肅與白駒劘刀鞘出刃，從天錫入。值邕於門下，肅斫之不中，白駒繼之，又不克，二人與天錫俱入禁中。邕得逸走，因率甲士三百餘人反攻禁門。天錫上屋大呼，謂將士曰：「張邕凶逆，所行無道，諸宋何罪，盡誅滅之？傾覆國家，肆亂社稷。我不惜死，實懼先人廢祀，事不獲已故耳。我家門戶事，而將士豈可以干戈見向！今之所取，邕身而已。天地有靈，吾不食言。」邕衆聞之，悉散走，邕以劍自刎而死。於是悉誅邕黨。

玄靚年既幼沖，性又仁弱，天錫既克邕，專掌朝政，改建興四十九年，奉升平之號。興寧元年，駿妻馬氏卒，玄靚以其庶母郭氏爲太妃。郭氏以天錫專政，與大臣張欽等

謀討之。事泄，欽等伏法。

是歲，天錫率衆入禁門，潛害玄靚，宣言暴薨，時年十四。在位九年。私謚曰沖公，孝武帝賜謚曰敬悼公。

天錫字純嘏，駿少子也，小名獨活。初字公純嘏，入朝，人笑其三字，因自改焉。玄靚死，國人立之，自號大將軍、校尉、涼州牧、西平公。遣司馬綸騫奉章請命，并送御史俞歸還京都。太和初，詔以天錫爲大將軍、大都督、督隴右關中諸軍事、護羌校尉、涼州刺史、西平公。

天錫數宴園池，政事頗廢。盪難將軍、校書祭酒索商上疏極諫，天錫答曰：「吾非好行，行有得也。觀朝榮，則敬才秀之士；翫芝蘭，則愛德行之臣；覩松竹，則思貞操之賢；臨清流，則貴廉潔之行；覽蔓草，則賤貪穢之吏；逢飇風，則惡凶狡之徒。若引而申之，觸類而長之，庶無遺漏矣。」

羌廉岐自稱益州刺史，[一五]率略陽四千家背苻堅就李儼。天錫自往討之，以別駕楊遹爲監前鋒軍事、前將軍，趣金城，晉興相常據爲使持節、[一六]征東將軍，向左南，游擊將軍張統出白土，天錫自率三萬人次倉松，伐儼。儼大敗，入城固守，遣子純求救於苻堅。堅使其

將王猛救之。天錫敗績，死者十二三，天錫乃還。立子大懷爲世子。

自天錫之嗣事也，連年地震山崩，水泉湧出，柳化爲松，火生泥中。而天錫荒于聲色，不䘏政事。初，安定梁景、敦煌劉肅並以門胄，總角與天錫友昵。張邕之誅，肅、景有勳，天錫深德之，賜姓張氏，又改其字，以爲己子。天錫諸子皆以「大」爲字，故景曰大奕，肅曰大誠。廢大懷爲高昌公，更立嬖子大豫爲世子，景、肅等俱參政事。人情怨懼，從弟從事中郎憲切諫，不納。

時苻堅强盛，每攻之，兵無寧歲。天錫甚懼，乃立壇刑牲，率典軍將軍張寧、中堅將軍馬芮等，遙與晉三公盟誓，獻書大司馬桓溫，剋六年夏誓同大舉。遣從事中郎韓博、奮節將軍康妙奉表，并送盟文。博有口才，溫甚稱之。嘗大會，溫使司馬刁彝嘲之，彝謂博曰：「君是韓盧後邪？」博曰：「卿是韓盧後。」溫笑曰：「刁以君姓韓，故相問焉。他自姓刁，那得韓盧後邪！」博曰：「明公脫未之思，短尾者則爲刁也。」一坐推歎焉。

太元元年，苻堅遣其將苟萇、毛當、〔一七〕梁熙、姚萇來寇，渡石城津。天錫集議，中錄事席仂曰：「先公既有故事，徐思後變，此孫仲謀屈伸之略也。」衆以仂爲老怯，咸曰：「龍驤將軍馬達，〔一八〕精兵萬人距之，必不敢進。」廣武太守辛章保城固守。章與晉興相彭知正、〔一九〕西平相趙疑謀曰：「馬達出於行陣，必不爲用，則秦軍深入。吾相與率三郡精卒，斷其糧運，

決一朝命矣。」征東常據亦欲先擊姚萇，須天錫命。天錫率萬人頓金昌城。馬達率萬人逆萇等，因請降，兵人散走。常據、席仂皆戰死。司兵趙充哲與萇苦戰，又死。中衞將軍史景亦沒于陣。天錫大懼，出城自戰，城內又反。天錫窘逼，降于萇等。初，天錫所居安昌門及平章殿無故而崩，〔二〇〕旬日而國亡。卽位凡十三年。自軌爲涼州，至天錫，凡九世，七十六年矣。苻堅先爲天錫起宅，至，以爲尚書，封歸義侯。

堅大敗于淮肥時，天錫爲苻融征南司馬，於陣歸國。詔曰：「昔孟明不替，終顯厥功，豈以一眚而廢才用！其以天錫爲散騎常侍、左員外。」又詔曰：「故太尉、西平公張軌著德遐域，世襲前勞。强兵縱害，遂至失守。散騎常侍天錫拔迹登朝，先祀淪替，用增矜慨，可復天錫西平郡公爵。」俄拜金紫光祿大夫。

天錫少有文才，流譽遠近。及歸朝，甚被恩遇。朝士以其國破身虜，多共毁之。會稽王道子嘗問其西土所出，天錫應聲曰：「桑葚甜甘，鴟鴞革響，乳酪養性，人無妬心。」後形神昏喪，雖處列位，不復被齒遇。隆安中，會稽世子元顯用事，常延致之，以爲戲弄。以其家貧，拜廬江太守，本官如故。桓玄時，欲招懷四遠，乃用天錫爲護羌校尉、涼州刺史。尋卒，年六十一。追贈金紫光祿大夫。

史臣曰：長河外區，流沙作紀，玉關懸險，金城負固。有苗攸竄，帝舜投而不羈；渠搜是居，大禹卽而方敍。世逢多難，嬰五郡以誰何；時遇兵凶，阻三邊而高視。雖非久安之地，足爲苟全之所乎！周公保之而立功，士彥擁之而延世。摯虞觀象，記洪災之不流；侯瑾覘泉，知霸者之斯在。匪唯地勢，抑亦有天道歟！茂、駿、重華資忠踵武，崎嶇僻陋，無忘本朝，故能西控諸戎，東攘巨猾，綰累葉之珪組，賦絕域之琛賓，振曜遐荒，良由杖順之效矣。祚以卑孽，陰傾冢嗣，播有莢於彤管，擬宸居於黑山，丁琪以切諫遇誅夷，王鸞以讜言嬰顯戮，境內雲擾，讐其竊名，卒致梟懸，自然之理也。純嘏微弱，竟亡其衆。奉身魏闕，齒迹朝流，再襲銀黃，祖德之延慶矣。

贊曰：三象構氛，九土瓜分。鼎遷江介，地絕河濆。歸誠晉室，美矣張君。內撫遺黎，外攘逋寇。世既緜遠，國亦完富。杖順爲基，蓋天所祐。

校勘記

〔一〕永嘉初會東羌校尉韓稚殺秦州刺史張輔　斠注：惠紀事在永興二年六月。按：通鑑八六擊㧞能、討韓稚亦繫永興二年。傳文上出「永興中」，此「永嘉初」三字疑誤駁。

〔二〕爰瑜　通鑑八六作「袁瑜」。袁瑜又見文選謝平原內史表及注引王隱晉書。

〔三〕守關者千人　「千」，各本皆作「十」，局本作「千」，蓋據册府二二一改。今從局本。

〔四〕疑承輔弼　周校：「承」當作「丞」。

〔五〕故太守賈鶱　通鑑九〇作「安故太守賈鶱」，胡注云：安故郡，張氏分金城西平二郡置。「故」上疑脫「安」字。

〔六〕天不受其圖籙　通志一八六、册府二三二「受」作「授」。

〔七〕武衞　斠注：「武衞」爲「武街」之譌。按：通鑑九七胡注云：張駿置五屯，武街其一。斠注說是。

〔八〕時晉陽太守郎坦　「時」，各本作「與」，今從殿本。「晉陽」，通鑑九七作「晉昌」，疑是。

〔九〕武城　周校：宜照地理志作「武成」。按：通鑑九七亦作「武成」。

〔一〇〕進封福祿縣伯　校文：「伯」當爲「侯」。

〔一一〕宗悠　校文：以苻健載記考之，「宗悠」乃「宋修」之譌。張弘、宋修亦見上文。按：通鑑九九卽作「宋修」。下「弘、悠皆沒」，「悠」字亦當作「修」。

〔一二〕苻碩　校文：穆紀、苻健載記均作「苻雄」，此「碩」字誤。按：通鑑九九亦作「雄」。

〔一三〕何以加勸有功忠義之臣乎　册府六五九「加」作「嘉」。

〔一四〕耀靈　穆紀作「靈耀」。

〔一五〕廉岐　斠注：苻堅、姚襄載記、元和姓纂作「斂岐」。按：通鑑一〇一亦作「斂岐」，胡注云：斂，羌

姓也。

〔一六〕常據　校文：「常據」傳凡三見，皆「掌據」之誤，苻堅載記及元和姓纂可證。按：廣韻、通鑑一〇四亦作「掌」。

〔一七〕毛當　斠注：苻堅載記、元和郡縣志俱作「毛盛」。按：通鑑一〇四亦作「毛盛」。

〔一八〕馬達　周校：苻堅載記作「馬建」。按：通鑑一〇四亦作「馬建」。

〔一九〕彭知正　通鑑一〇四作「彭和正」。

〔二〇〕安昌門　「安」，各本作「西」，宋本、吳本作「安」，安昌門又見魏書曜靈傳，今從宋本、吳本。

晉書卷八十七

列傳第五十七

涼武昭王李玄盛 子士業

武昭王諱暠，字玄盛，小字長生，隴西成紀人，姓李氏，漢前將軍廣之十六世孫也。廣曾祖仲翔，漢初爲將軍，討叛羌于素昌，素昌卽狄道也，衆寡不敵，死之。仲翔子伯考奔喪，因葬于狄道之東川，遂家焉。世爲西州右姓。高祖雍，曾祖柔，仕晉並歷位郡守。祖弇，仕張軌爲武衞將軍、安世亭侯。父昶，幼有令名，早卒，遺腹生玄盛。少而好學，性沈敏寬和，美器度，通涉經史，尤善文義。及長，頗習武藝，誦孫吳兵法。嘗與呂光太史令郭黁及其同母弟宋繇同宿，黁起謂繇曰：「君當位極人臣，李君有國土之分，家有騧草馬生白額駒，此其時也。」

呂光末，京兆段業自稱涼州牧，以敦煌太守趙郡孟敏爲沙州刺史，署玄盛效穀令。敏

尋卒，敦煌護軍馮翊郭謙、沙州治中敦煌索仙等以玄盛溫毅有惠政，推爲寧朔將軍、敦煌太守。玄盛初難之，會宋繇仕於業，告歸敦煌，言於玄盛曰：「兄忘郭黁之言邪？白額駒今已生矣。」玄盛乃從之。尋進號冠軍，稱藩于業。業以玄盛爲安西將軍、敦煌太守，領護西胡校尉。

及業僭稱涼王，其右衞將軍索嗣構玄盛於業，乃以嗣爲敦煌太守，率騎五百而西，未至二十里，移玄盛使迎己。玄盛驚疑，將出迎之，效穀令張邈及宋繇止之曰：「呂氏政衰，段業闇弱，正是英豪有爲之日。將軍處一國成資，奈何束手於人！索嗣自以本邦，謂人情附己，不虞將軍卒能距之，可一戰而擒矣。」宋繇亦曰：「大丈夫已爲世所推，今日便授首於嗣，豈不爲天下笑乎！大兄英姿挺傑，有雄霸之風，張王之業不足繼也。」玄盛曰：「吾少無風雲之志，因宦至此，不圖此郡士人忽爾見推。向言出迎者，未知士大夫之意故也。」因遣繇覘嗣。繇見嗣，啗以甘言，還謂玄盛曰：「嗣志驕兵弱，易擒耳。」於是遣其二子士業、讓與邈、繇及司馬尹建興等逆戰，破之，嗣奔還張掖。玄盛素與嗣善，結爲刎頸交，反爲所構，故深恨之，乃罪狀嗣於段業。業將且渠男又惡嗣，〔一〕至是，因勸除之。業乃殺嗣，遣使謝玄盛，分敦煌之涼興、烏澤、晉昌之宜禾三縣爲涼興郡，進玄盛持節、都督涼興已西諸軍事、鎭西將軍，領護西夷校尉。時有赤氣起于玄盛後園，龍跡見于小城。

隆安四年，晉昌太守唐瑤移檄六郡，推玄盛爲大都督、大將軍、涼公、領秦涼二州牧、護羌校尉。玄盛乃赦其境內，建年爲庚子，追尊祖弇曰涼景公，父昶涼簡公。以唐瑤爲征東將軍，郭謙爲軍諮祭酒，索仙爲左長史，張邈爲右長史，尹建興爲左司馬，張體順爲右司馬，張條爲牧府左長史，令狐溢爲右長史，張林爲太府主簿，宋繇、張謖爲從事中郎，繇加折衝將軍，謖加揚武將軍，索承明爲牧府右司馬，令狐遷爲武衛將軍、晉興太守，氾德瑜爲寧遠將軍、西郡太守，張靖爲折衝將軍、河湟太守，[二]索訓爲威遠將軍、西平太守，趙開爲騂馬護軍、大夏太守，索慈爲廣武太守，陰亮爲西安太守，令狐赫爲武威太守，索術爲武興太守，以招懷東夏。又遣宋繇東伐涼興，并擊玉門已西諸城，皆下之，遂屯玉門、陽關，廣田積穀，爲東伐之資。

初，呂光之稱王也，遣使市六璽玉於于寘，至是，玉至敦煌，納之郡府。仍於南門外臨水起堂，名曰靖恭之堂，[三]以議朝政，閱武事。圖讚自古聖帝明王、忠臣孝子、烈士貞女，玄盛親爲序頌，以明鑒戒之義，當時文武羣僚亦皆圖焉。有白雀翔于靖恭堂，玄盛觀之大悅。又立泮宮，增高門學生五百人。起嘉納堂於後園，以圖讚所志。

義熙元年，玄盛改元爲建初，遣舍人黃始、梁興間行奉表詣闕曰：

昔漢運將終，三國鼎峙，鈞天之曆，數鍾皇晉。高祖闡鴻基，景文弘帝業，嗣武受

終，要荒率服，六合同風，宇宙齊貫。而惠皇失馭，權臣亂紀，懷愍屯邅，蒙塵于外，懸象上分，九服下裂，眷言顧之，普天同憾。伏惟中宗元皇帝基天紹命，遷幸江表，荆揚蒙弘覆之矜，五都爲荒榛之藪。故太尉、西平武公軌當元康之初，屬擾攘之際，受命典方，出撫此州，威略所振，聲蓋海內。明盛繼統，[四]不隕前志，長旌所指，仍關三秦，義立兵強，拓境萬里。文桓嗣位，奕葉載德，囊括關西，化被崐裔，遐邇款藩，世修職貢。晉德之遠揚，緊此州是賴。大都督、大將軍天錫以英挺之姿，承七世之業，志匡時難，剋隆先勳，而中年降災，兵寇侵境，皇威遐邈，同獎弗及，以一方之師抗七州之衆，兵孤力屈，社稷以喪。

臣聞曆數相推，歸餘於終，帝王之興，必有閏位。是以共工亂象於黃農之間，秦項篡竊於周漢之際，皆機不轉踵，覆餗成凶。自戎狄陵華，已涉百齡，五胡僭襲，期運將杪，四海顒顒，懸心象魏。故師次東關，趙魏莫不企踵；淮南大捷，三方欣然引領。伏惟陛下道協少康，德侔光武，繼天統位，志清函夏。至如此州，世篤忠義，臣之羣僚以臣高祖東莞太守雍、曾祖北地太守柔荷寵前朝，參忝時務，伯祖龍驤將軍、廣晉太守、長寧侯卓，亡祖武衛將軍、天水太守、安世亭侯弇毗佐涼州，著功秦隴，殊寵之隆，勒于天府，妄臣無庸，輒依竇融故事，迫臣以義，上臣大都督、大將軍、涼公、領秦涼二州牧、

護羌校尉。臣以爲荆楚替貢，齊桓興召陵之師，諸侯不恭，晉文起城濮之役，用能勳光踐土，業隆一匡，九域賴其弘猷，春秋恕其專命，功冠當時，美垂千祀。況今帝居未復，諸夏昏墊，大禹所經，奄爲戎墟，五嶽神山，狄汙其三，九州名都，夷穢其七，辛有所言，於茲而驗。微臣所以叩心絕氣，忘寢與食，雕肝焦慮，不遑寧息者也。江涼雖遼，義誠密邇，風雲苟通，實如脣齒。臣雖名未結于天臺，量未著于海內，然憑賴累祖寵光餘烈，義不細辭，以稽大務，輒順羣議，亡身卽事。輶弱任重，懼忝威命。昔在春秋，諸侯宗周，國皆稱元，以布時令。今天臺邈遠，正朔未加，發號施令，無以紀數，輒年冠建初，以崇國憲。冀杖寵靈，全制一方，使義誠著于所天，玄風扇于九壤，殉命灰身，隕越慷慨。

玄盛謂羣僚曰：「昔河右分崩，羣豪競起，吾以寡德爲衆賢所推，何嘗不忘寢與食，思濟黎庶。故前遣母弟繇董率雲騎，東殄不庭，軍之所至，莫不賓下。今惟蒙遜鴟跱一城。自張掖已東，晉之遺黎雖爲戎虜所制，至於向義思風，過於殷人之望西伯。大業須定，不可安寢，吾將遷都酒泉，漸逼寇穴，諸君以爲何如？」張邈贊成其議，玄盛大悅曰：「二人同心，其利斷金。張長史與孤同矣，夫復何疑！」乃以張體順爲寧遠將軍、建康太守，鎭樂涫，徵宋繇爲右將軍，領敦煌護軍，與其子敦煌太守讓鎭敦煌，遂遷居于酒泉。手令誡其諸子曰：

吾自立身，不營世利；經涉累朝，通否任時；初不役智，有所要求，今日之舉，非本願也。然事會相驅，遂荷州土，憂責不輕，門戶事重。雖詳人事，未知天心，登車理轡，百慮塡胸。後事付汝等，粗舉旦夕近事數條，遭意便言，不能次比。至於杜漸防萌，深識情變，此當任汝所見深淺，非吾敕誡所益也。汝等雖年未至大，若能克己纂修，比之古人，亦可以當事業矣。苟其不然，雖至白首，亦復何成！汝等其戒之愼之。

節酒愼言，喜怒必思，愛而知惡，憎而知善，動念寬恕，審而後舉。衆之所惡，勿輕承信，詳審人，核眞僞，遠佞諛，近忠正。蠲刑獄，忍煩擾，存高年，恤喪病，勤省案，聽訟訴。刑法所應，和顏任理，愼勿以情輕加聲色。賞勿漏疏，罰勿容親。耳目人間，知外患苦；禁禦左右，無作威福。勿伐善施勞，逆詐億必，以示己明。廣加諮詢，無自專用，從善如順流，去惡如探湯。富貴而不驕者至難也，念此貫心，勿忘須臾。僚佐邑宿，盡禮承敬，讌饗饌食，事事留懷。古今成敗，不可不知，退朝之暇，念觀典籍，面牆而立，不成人也。

此郡世篤忠厚，人物敦雅，天下全盛時，海內猶稱之，況復今日，實是名邦。正爲五百年鄉黨婚親相連，至于公理，時有小小頗迴，爲當隨宜斟酌。吾臨莅五年，兵難騷動，未得休衆息役，惠康士庶。至于掩瑕藏疾，滌除疵垢，朝爲寇讎，夕委心膂，雖未足

希準古人，粗亦無負於新舊。事任公平，坦然無類，初不容懷，有所損益，計近便爲少，經遠如有餘，亦無愧於前志也。

初，玄盛之西也，留女敬愛養於外祖尹文。文既東遷，玄盛從姑梁褒之母養之。〔五〕其後秃髮傉檀假道於北山，鮮卑遣褒送敬愛于酒泉，并通和好。玄盛遣使報聘，贈以方物。玄盛親率騎二萬，略地至于建東，鄯善前部王遣使貢其方物。且渠蒙遜來侵，至于建康，掠三千餘戶而歸。玄盛大怒，率騎追之，及于彌安，〔六〕大敗之，盡收所掠之戶。

初，苻堅建元之末，徙江漢之人萬餘戶于敦煌，中州之人有田疇不闢者，亦徙七千餘戶。郭黁之寇武威，武威、張掖已東人西奔敦煌、晉昌者數千戶。及玄盛東遷，皆徙之于酒泉，分南人五千戶置會稽郡，中州人五千戶置廣夏郡，餘萬三千戶分置武威、武興、張掖三郡，築城于敦煌南子亭，以威南虜。又以前表未報，復遣沙門法泉間行奉表，曰：

江山悠隔，朝宗無階，延首雲極，翹企遐方。伏惟陛下應期踐位，景福自天。臣去乙巳歲順從羣議，假統方城，時遣舍人黃始奉表通誠，遙途嶮曠，未知達不？吳涼懸邈，蜂蠆充衢，方珍貢使，無由展御，謹副寫前章，或希簡達。

臣以其歲進師酒泉，戒戎廣平，庶攘茨穢，而黠虜恣睢，未率威教，憑守巢穴，阻臣前路。竊以諸事草創，倉帑未盈，故息兵按甲，務農養士。時移節邁，荏苒三年，撫劍

歎憤，以日成歲。今資儲已足，器械已充，西招城郭之兵，北引丁零之衆，冀憑國威，席卷河隴，揚旌秦川，承望詔旨，盡節竭誠，隕越爲效。

又臣州界迴遠，勍寇未除，當須鎮副爲行留部分，輒假臣世子士業監前鋒諸軍事、撫軍將軍、護羌校尉，督攝前軍，爲臣先驅。又敦煌郡大衆殷，制御西域，管轄萬里，爲軍國之本，輒以次子讓爲寧朔將軍、西夷校尉、敦煌太守，統攝崐裔，輯寧殊方。自餘諸子，皆在戎間，率先士伍。臣總督大綱，畢在輪力，臨機制命，動靖續聞。

玄盛既遷酒泉，乃敦勸稼穡。羣僚以年穀頻登，百姓樂業，請勒銘酒泉，玄盛許之。於是使儒林祭酒劉彥明爲文，刻石頌德。既而蒙遜每年侵寇不止，玄盛志在以德撫其境內，但與通和立盟，弗之校也。是時白狼、白兎、白雀、白雉、白鳩皆棲其園囿，其羣下以爲白祥金精所誕，皆應時邕而至，又有神光、甘露、連理、嘉禾衆瑞，請史官記其事，玄盛從之。尋而蒙遜背盟來侵，玄盛遣世子士業要擊敗之，獲其將且渠百年。

玄盛上巳日讌于曲水，命羣僚賦詩，而親爲之序。於是寫諸葛亮訓誡以勗諸子曰：「吾負荷艱難，寧濟之勳未建，雖外總良能，憑股肱之力，而戎務孔殷，坐而待旦。以維城之固，宜兼親賢，故使汝等未及師保之訓，皆弱年受任。常懼弗克，以貽咎悔。古今之事不可以不知，苟近而可師，何必遠也。覽諸葛亮訓勵，應璩奏諫，尋其終始，周孔之教盡在中矣。爲國足以致安，立身足以成名，質略易通，寓目則了，雖言發往人，道師於此。且經史道德如採菽中原，勤之者則功多，汝等可不勉哉！」玄盛乃修敦煌舊塞東西二圍，以防北虜之患，築敦煌舊塞西南二圍，以威南虜。

玄盛以緯世之量，當呂氏之末，爲羣雄所奉，遂啓霸圖，兵無血刃，坐定千里，謂張氏之業指期而成，河西十郡歲月而一。既而秃髮傉檀入據姑臧，且渠蒙遜基宇稍廣，於是慨然著述志賦焉，其辭曰：

涉至虛以誕駕，乘有輿於本無，稟玄元而陶衍，承景靈之冥符。蔭朝雲之菴藹，仰朗日之照昫。既敷既載，以育以成。幼希顏子曲肱之榮，游心上典，玩禮敦經。蔑玄冕于朱門，羨漆園之傲生；尚漁父於滄浪，善沮溺之耦耕。穢鵷鳶之籠嚇，欽飛鳳于太清；杜世競於方寸，絕時譽之嘉聲。超霄吟於崇領，奇秀木之陵霜；挺修榦之青蔥，經歲寒而彌芳。情遙遙以遠寄，想四老之暉光；將戢繁榮於常衢，控雲轡而高驤；攀瓊枝於玄圃，漱華泉之淥漿；和吟鳳之逸響，應鳴鸞于南岡。

時弗獲彰，心往形留，眷駕陽林，宛首一丘；衝風沐雨，載沈載浮。利害繽紛以交錯，歡慼循環而相求。乾扉奄寂以重閉，天地絕津而無舟；悼貞信之道薄，謝慚德於圜流。遂乃去玄覽，應世賓，肇弱巾於東宮，並羽儀於英倫，踐宣德之祕庭，翼明后於紫

宸。赫赫謙光，崇明奕奕，岌岌王居，詵詵百辟，君希虞夏，臣庶夔益。張王頹巖，梁后墜壑。淳風杪莽以永喪，搢紳淪胥而覆溺。呂發釁於閨牆，厥構摧以傾顛；疾風飄于高木，迴湯沸於重泉；飛塵翕以蔽日，大火炎其燎原；名都幽然影絕，千邑闃而無煙。斯乃百六之恒數，起滅相因而迭然。於是人希逐鹿之圖，家有雄霸之想，闇王命而不尋，邀非分於無象。故覆車接路而繼軌，膏生靈於土壤。哀餘類之忪懞，邈靡依而靡仰；求欲專而失逾遠，寄玄珠於罔象。

悠悠涼道，鞠焉荒凶，杪杪余躬，迢迢西邦，非相期之所會，諒冥契而來同。跨弱水以建基，躡崐墟以爲墉，總奔駟之駭轡，接摧轅於峻峯。崇崖崨嶫，重嶮萬尋，玄邃窈窕，磐紆嶔岑，榛棘交橫，河廣水深，狐貍夾路，鴞鵄羣吟。挺非我以爲用，任至當如影響；執同心以御物，懷自彼於握掌；匪矯情而任荒，乃冥合而一往，華德是用來庭，野逸所以就鞅。

休矣時英，茂哉儁哲，庶罩網以遠籠，豈徒射鉤與斬袂！或脫梏而纓蕤，或後至而先列，採殊才於巖陸，拔翹彥於無際。思留侯之神遇，振高浪以蕩穢；想孔明於草廬，運玄籌之罔滯；洪操槃而慷慨，起三軍以激銳。詠羣豪之高軌，嘉關張之飄傑，誓報曹而歸劉，何義勇之超出！據斷橋而橫矛，亦雄姿之壯發。輝輝南珍，英英周魯，挺奇荆

吳，昭文烈武，建策烏林，龍驤江浦。摧堂堂之勁陣，鬱風翔而雲舉，紹樊韓之遠蹤，侔徽猷於召武，非劉孫之鴻度，孰能臻茲大祜！信乾坤之相成，庶物希風而潤雨。

崤函既蕩，三江已清，穆穆盛勳，濟濟隆平，御羣龍而奮策，彌萬載以飛榮，仰遺塵於絕代，企高山而景行。將建朱旗以啓路，驅長轂而迅征，靡商風以抗旆，拂招搖之華旌，資神兆於皇極，協五緯之所寧。赳赳干城，翼翼上弼，恣馘奔鯨，截彼醜類。且灑游塵於當陽，拯涼德於已墜。間昌寓之驂乘，暨襄城而按轡。知去害之在茲，體牧童之所述，審機動之至微，思遺餐而忘寐，表略韵於紈素，託精誠于白日。

玄盛寢疾，顧命宋繇曰：「吾少離荼毒，百艱備嘗，於喪亂之際，遂爲此方所推，才弱智淺，不能一同河右。今氣力惙然，當不復起矣。死者大理，吾不悲之，所恨志不申耳。居元首之位者，宜深誡危殆之機。吾終之後，世子猶卿子也，善相輔導，述吾平生，勿令居人之上，專驕自任。軍國之宜，委之於卿，無使籌略乖衷，失成敗之要。」十三年，薨，時年六十七。國人上謚曰武昭王，墓曰建世陵，廟號太祖。

先是，河右不生楸、槐、柏、漆，張駿之世，取於秦隴而植之，終於皆死，而酒泉宮之西北隅有槐樹生焉，玄盛又著槐樹賦以寄情，蓋歎僻陋遐方，立功非所也。亦命主簿梁中庸及劉彥明等並作文。感兵難繁興，時俗諠競，乃著大酒容賦以表恬豁之懷。與辛景、辛恭靖

同志友善，景等歸晉，遇害江南，玄盛聞而弔之。玄盛前妻，同郡辛納女，貞順有婦儀，先卒，玄盛親爲之誄。自餘詩賦數十篇。世子譚早卒，第二子士業嗣。

涼後主諱歆，字士業。玄盛薨時，府僚奉爲大都督、大將軍、涼公、領涼州牧、護羌校尉，大赦境內，改年爲嘉興。尊母尹氏爲太后，以宋繇爲武衞將軍、廣夏太守、軍諮祭酒、錄三府事，索仙爲征虜將軍、張掖太守。

且渠蒙遜遣其張掖太守且渠廣宗詐降誘士業，士業遣武衞溫宜等赴之，親勒大軍爲之後繼。蒙遜率衆三萬，設伏于蓼泉。士業聞，引兵還，爲遜所逼。士業親貫甲先登，大敗之，追奔百餘里，俘斬七千餘級。明年，蒙遜又伐士業，士業將出距之，左長史張體順固諫，乃止。蒙遜大芟秋稼而還。是歲，朝廷以士業爲持節、都督七郡諸軍事、鎮西大將軍、護羌校尉、酒泉公。

士業用刑頗嚴，又繕築不止，從事中郎張顯上疏諫曰：「入歲已來，陰陽失序，屢有賊風暴雨，犯傷和氣。今區域三分，勢不久並，幷兼之本，實在農戰，懷遠之略，事歸寬簡。而更繁刑峻法，宮室是務，人力凋殘，百姓愁悴。致災之咎，實此之由。」主簿氾稱又上疏諫曰：

臣聞天之子愛人后，殷勤至矣。故政之不修，則垂災譴以戒之。改者雖危必昌，

宋景是也；其不改者，雖安必亡，虢公是也。元年三月癸卯，敦煌謙德堂陷；八月，效穀地裂；二年元日，昏霧四塞；四月，日赤無光，二旬乃復；十一月，狐上南門；今茲春夏地頻五震；六月，隕星于建康。臣雖學不稽古，敏謝仲舒，頗亦聞道於先師，且行年五十有九，請爲殿下略言耳目之所聞見，不復能遠論書傳之事也。

乃者咸安之初，西平地裂，狐入謙光殿前，俄而秦師奄至，都城不守。梁熙既爲涼州，藉秦氏兵亂，規有全涼之地，外不撫百姓，內多聚斂，建元十九年姑臧南門崩，隕石於閑豫堂，二十年而呂光東反，子敗於前，身戮於後。段業因羣胡創亂，遂稱制此方，三年之中，地震五十餘所，既而先王龍興瓜州，蒙遜殺之張掖。此皆目前之成事，亦殿下之所聞知。效穀，先王鴻漸之始，謙德，卽尊之室，基陷地裂，大凶之徵也。日者太陽之精，中國之象，赤而無光，中國將爲胡夷之所陵滅。諺曰：「野獸入家，主人將去。」今狐上南門，亦災之大也。又狐者胡也，天意若曰將有胡人居于此城，南面而居者也。昔春秋之世，星隕于宋，襄公卒爲楚所擒。地者至陰，胡夷之象，當靜而動，反亂天常，天意若曰胡夷將震動中國，中國若不修德，將有宋襄之禍。

臣蒙先朝布衣之眷，輒自同子弟之親，是以不避忤上之誅，昧死而進愚款。願殿下親仁善鄰，養威觀釁，罷宮室之務，止游畋之娛。後宮嬪妃、諸夷子女，躬受分田，身

勸蠶績，以清儉素德爲榮，息茲奢靡之費，百姓租稅，專擬軍國。虛衿下士，廣招英儁，修秦氏之術，以强國富俗。待國有數年之積，庭盈文武之士，然後命韓白爲前驅，納子房之妙算，一鼓而姑臧可平，長驅可以飲馬涇渭，方東面而爭天下，豈蒙遜之足憂！不然，臣恐宗廟之危必不出紀。

士業並不納。

士業立四年而宋受禪，士業將謀東伐，張體順切諫，乃止。士業聞蒙遜南伐禿髮傉檀，〔七〕命中外戒嚴，將攻張掖。尹氏固諫，不聽，宋繇又固諫，士業並不從。繇退而歎曰：「大事去矣，吾見師之出，不見師之還也！」士業遂率步騎三萬東伐，次于都瀆澗。蒙遜自浩亹來，距戰於懷城，爲蒙遜所敗。左右勸士業還酒泉，士業曰：「吾違太后明誨，遠取敗辱，不殺此胡，復何面目以見母也！」勒衆復戰，敗于蓼泉，爲蒙遜所害。士業諸弟酒泉太守翻、新城太守預、領羽林右監密、左將軍眺、右將軍亮等西奔敦煌，蒙遜遂入于酒泉。士業之未敗也，有大蛇從南門而入，至于恭德殿前；有雙雉飛出宮內，通街大樹上有烏鵲爭巢，鵲爲烏所殺。又有敦煌父老令狐熾夢白頭公衣帢而謂熾曰：「南風動，吹長木，胡桐椎，不中轂。」言訖忽然不見。士業小字桐椎，至是而亡。

翻及弟敦煌太守恂與諸子等棄敦煌，奔于北山，蒙遜以索嗣子元緒行敦煌太守。元緒

中華書局

粗險好殺，大失人和。郡人宋承、張弘以恂在郡有惠政，密信招恂。恂率數十騎入于敦煌，元緒東奔涼興，宋承等推恂爲冠軍將軍、涼州刺史。蒙遜遣世子德政率衆攻恂，〔八〕恂閉門不戰，蒙遜自率衆二萬攻之，三面起隄，以水灌城。恂遣壯士一千，連版爲橋，潛欲決隄，蒙遜勒兵逆戰，屠其城。士業子重耳，脫身奔于江左，仕于宋。後歸魏，爲恒農太守。蒙遜徙翻子寶等于姑臧，歲餘，北奔伊吾，後歸于魏，獨尹氏及諸女死於伊吾。

玄盛以安帝隆安四年立，至宋少帝景平元年滅，據河右凡二十四年。

史臣曰：王者受圖，咸資世德，猶混成之先大帝，若一氣之生兩儀。是以中陽勃興，資豢龍之構趾；景亳垂統，本吞鷰之開基。涼武昭王英姿傑出，運陰陽而緯武，應變之道如神；吞日月以經天，成物之功若歲。故能懷荒弭暴，開國化家，宅五郡以稱藩，屈三分而奉順。若乃詩褒秦仲，後嗣建削平之業；頌美公劉，末孫興配天之祚。或發迹於汧渭，或布化於邠岐，覆簣創元天之基，疏涓開環海之宅。彼既有漸，此亦同符，是知景命攸歸，非一朝之可致，累功積慶，其所由來遠矣。

贊曰：武昭英叡，忠勇霸世。王室雖微，乃誠無替。遺黎飲德，絕壤霑惠。積祉丕基，克昌來裔。

校勘記

〔一〕且渠男 校文：據北涼載記，「男」下脫「成」字。男成，蒙遜兄。李校：沮渠男成見沮渠蒙遜載記、呂光載記。按：魏書沮渠蒙遜傳、通鑑一一一俱作「沮渠男成」。

〔二〕河湟太守 斠注：張駿時涼州所統有湟河郡，此作「河湟」，疑是誤倒。按：沮渠蒙遜載記、禿髮傉檀載記、通鑑一一七並有湟河太守。

〔三〕靖恭之堂 下文及御覽一二四引西涼錄、一七六引三十國春秋皆無「之」字。

〔四〕明盛繼統 李校：「明盛」當作「明成」，明謂張寔，成謂張茂也。寔謚昭公而曰「明」者，或由當時避司馬昭之諱也。

〔五〕梁褒 通鑑一一四作「梁哀」。

〔六〕彌安 「彌安」當作「安彌」，地理志上屬酒泉郡。

〔七〕南伐禿髮傉檀 此時傉檀已亡，據魏書李暠傳，蒙遜所伐者为乞伏。

〔八〕德政 沮渠蒙遜載記、通鑑一一九作「政德」。

晉書卷八十八

列傳第五十八

孝友

大矣哉，孝之爲德也。分渾元而立體，道貫三靈；資品彙以順名，功苞萬象。用之于國，動天地而降休徵；行之于家，感鬼神而昭景福。若乃博施備物，尊仁安義，柔色承顏，怡怡盡樂，擊鮮就養，亹亹忘劬，集包思藝黍之勤，循陔有採蘭之詠，事親之道也。屬屬如在，哀哀罔極，聚薪流慟，銜索興嗟，矖風樹以隤心，頫寒泉而沬泣，追遠之情也。審德筮仕，正務移官，居高匪危，在醜無爭，協修升以匡化，懷履冰而砥節，立身之行也。是以閔曾翼翼，遵六教而緝貞規；蔡董烝烝，弘七體而垂令迹。亦有至誠上感，明祇下贊，郭巨致錫金之慶，陽雍標蒔玉之祉；烏馴丹羽，巢叔和之室，鹿呈白毳，擾功文之廬。然則因彼孝慈而生友悌，理在兼綜，義歸一揆。夫天倫之重，共氣分形，心睽則棄領荊枝，性合則華承棣蕚。乃有

推肥代瘦，徇急難之情；讓果同衾，盡歡愉之致：緬窺緗素，載流塵躅者歟！

晉氏始自中朝，逮于江左，雖百六之災遄及，而君子之道未消，孝悌名流，猶爲繼踵。王偉元之行己，許季義之立節，夏方、盛彥體至性以馳芬，庾衮、顏含篤友于而宣範，自餘羣士，咸標懿德。採其遺絢，足厲澆風，故著孝友篇以續前史云耳。

李密

李密字令伯，犍爲武陽人也，一名虔。父早亡，母何氏改醮。密時年數歲，感戀彌至，烝烝之性，遂以成疾。祖母劉氏，躬自撫養，密奉事以孝謹聞。劉氏有疾，則涕泣側息，未嘗解衣，飲膳湯藥必先嘗後進。有暇則講學忘疲，而師事譙周，周門人方之游夏。

少仕蜀，爲郎。數使吳，有才辯，吳人稱之。蜀平，泰始初，詔徵爲太子洗馬。密以祖母年高，無人奉養，遂不應命。乃上疏曰：

臣以險釁，夙遭閔凶，生孩六月，慈父見背，行年四歲，舅奪母志。祖母劉愍臣孤弱，躬親撫養。〔一〕臣少多疾病，九歲不行，零丁辛苦，至于成立。既無伯叔，終鮮兄弟，門衰祚薄，晚有兒息。外無朞功强近之親，內無應門五尺之童，煢煢孑立，形影相弔。而劉早嬰疾病，常在牀蓐，臣侍湯藥，未嘗廢離。

自奉聖朝，沐浴清化，前太守臣逵察臣孝廉，後刺史臣榮舉臣秀才。臣以供養無主，辭不赴命。明詔特下，拜臣郎中，尋蒙國恩，除臣洗馬。猥以微賤，當侍東宮，非臣隕首所能上報。臣具以表聞，辭不就職。詔書切峻，責臣逋慢，郡縣逼迫，催臣上道，州司臨門，急於星火。臣欲奉詔奔馳，則劉病日篤；苟徇私情，則告訴不許。臣之進退，實為狼狽。

伏惟聖朝以孝治天下，凡在故老，猶蒙矜卹，況臣孤苦尫羸之極。且臣少仕僞朝，歷職郎署，本圖宦達，不矜名節。今臣亡國賤俘，至微至陋，猥蒙拔擢，寵命殊私，豈敢盤桓有所希冀！但以劉日薄西山，氣息奄奄，人命危淺，朝不慮夕。臣無祖母，無以至今日；祖母無臣，無以終餘年。母孫二人更相為命，是以私情區區不敢棄遠。臣密今年四十有四，祖母劉今年九十有六，是臣盡節於陛下之日長，而報養劉之日短也。烏鳥私情，願乞終養。

臣之辛苦，非但蜀之人士及二州牧伯之所明知，皇天后土實所鑒見。伏願陛下矜愍愚誠，聽臣微志，庶劉僥倖，保卒餘年。臣生當隕身，死當結草。

帝覽之曰：「士之有名，不虛然哉！」乃停召。

後劉終，服闋，復以洗馬徵至洛。司空張華問之曰：「安樂公何如？」密曰：「可次齊桓。」

華問其故，對曰：「齊桓得管仲而霸，用豎刁而蟲流。安樂公得諸葛亮而抗魏，任黃皓而喪國，是知成敗一也。」次問：「孔明言教何碎？」密曰：「昔舜、禹、皋陶相與語，故得簡雅；大誥與凡人言，〔三〕宜碎。孔明與言者無己敵，言教是以碎耳。」華善之。

出為溫令，而憎疾從事，嘗與人書曰：「慶父不死，魯難未已。」從事白其書司隸，司隸以密在縣清慎，弗之劾也。密有才能，常望內轉，而朝廷無援，乃遷漢中太守，自以失分懷怨。及賜餞東堂，詔密令賦詩，末章曰：「人亦有言，有因有緣。官無中人，不如歸田。明明在上，斯語豈然！」武帝忿之，於是都官從事奏免密官。後卒於家。二子：賜、興。

賜字宗石，少能屬文，嘗為玄鳥賦，詞甚美。州辟別駕，舉秀才，未行而終。興字雋石，亦有文才，刺史羅尚辟別駕。尚為李雄所攻，使興詣鎮南將軍劉弘求救，興因願留，為弘參軍而不還。尚白弘，弘即奪其手版而遣之。興之在弘府，弘立諸葛孔明、羊叔子碣，使興俱為之文，甚有辭理。

盛彥

盛彥字翁子，廣陵人也。少有異才。年八歲，詣吳太尉戴昌，〔四〕昌贈詩以觀之，彥於坐答之，辭甚慷慨。母王氏因疾失明，彥每言及，未嘗不流涕。於是不應辟召，躬自侍養，

母食必自哺之。母既疾久，至于婢使數見捶撻。婢忿恨，伺彥暫行，取蠐螬炙飴之。母食以為美，然疑是異物，密藏以示彥。彥見之，抱母慟哭，絕而復蘇。母目豁然即開，從此遂愈。

彥仕吳，至中書侍郎。吳平，陸雲薦之於刺史周浚，本邑大中正劉頌又舉彥為小中正。太康中卒。

夏方

夏方字文正，會稽永興人也。家遭疫癘，父母伯叔羣從死者十三人。方年十四，夜則號哭，晝則負土，十有七載，葬送得畢，因廬于墓側，種植松柏，烏鳥猛獸馴擾其旁。

吳時拜仁義都尉，累遷五官中郎將。朝會未嘗乘車，行必讓路。吳平，除高山令。百姓有罪應加捶撻者，方向之涕泣而不加罪，大小莫敢犯焉。在官三年，州舉秀才，還家，卒，年八十七。

王裒

王裒字偉元，城陽營陵人也。祖脩，有名魏世。父儀，高亮雅直，為文帝司馬。東關之

役，帝問於衆曰：「近日之事，誰任其咎？」儀對曰：「責在元帥。」帝怒曰：「司馬欲委罪於孤邪！」遂引出斬之。

裒少立操尚，行己以禮，身長八尺四寸，容貌絕異，音聲清亮，辭氣雅正，博學多能，痛父非命，未嘗西向而坐，示不臣朝廷也。於是隱居教授，三徵七辟皆不就。廬于墓側，旦夕常至墓所拜跪，攀柏悲號，涕淚著樹，樹為之枯。母性畏雷，母沒，每雷，輒到墓曰：「裒在此。」及讀詩至「哀哀父母，生我劬勞」，未嘗不三復流涕，門人受業者並廢蓼莪之篇。

家貧，躬耕，計口而田，度身而蠶。或有助之者，不聽。諸生密為刈麥，裒遂棄之。知舊有致遺者，皆不受。門人為本縣所役，告裒求屬令，裒曰：「卿學不足以庇身，吾德薄不足以蔭卿，屬之何益！且吾不執筆已四十年矣。」乃步擔乾飯，兒負鹽豉草屩，送所役生到縣，門徒隨從者千餘人。安丘令以為詣己，整衣出迎之。裒乃下道至土牛旁，磬折而立，云：「門生為縣所役，故來送別。」因執手涕泣而去。令即放之，一縣以為恥。

鄉人管彥少有才而未知名，裒獨以為必當自達，拔而友之，男女各始生，便共許為婚。彥後為西夷校尉，卒而葬于洛陽，裒後更嫁其女。彥弟馥問裒，裒曰：「吾薄志畢願山藪，昔嫁姊妹皆遠，吉凶斷絕，每以此自誓。今賢兄子葬父于洛陽，此則京邑之人也，豈吾結好之本意哉！」馥曰：「嫂，齊人也，當還臨淄。」裒曰：「安有葬父河南而隨母還齊！用意如此，何

婚之有！」

北海邴春少立志操，寒苦自居，負笈遊學，鄉邑僉以爲邴原復出。袞以春性險狹慕名，終必不成。其後春果無行，學業不終，有識以此歸之。袞常以爲人之所行期於當歸善道，何必以所能而責人所不能。

及洛京傾覆，寇盜蜂起，親族悉欲移渡江東，袞戀墳壟不去。賊大盛，方行，猶思慕不能進，遂爲賊所害。

許孜

許孜字季義，東陽吳寧人也。孝友恭讓，敏而好學。年二十，師事豫章太守會稽孔沖，受詩、書、禮、易及孝經、論語。學竟，還鄉里。沖在郡喪亡，孜聞問盡哀，負擔奔赴，送喪還會稽，蔬食執役，制服三年。俄而二親沒，柴毀骨立，杖而能起，建墓于縣之東山，躬自負土，不受鄉人之助。或愍孜羸憊，苦求來助，孜晝則不逆，夜便除之。每一悲號，鳥獸翔集。孜以方營大功，乃棄其妻，鎭宿墓所，列植松柏亙五六里。時有鹿犯其松栽，孜悲歎曰：「鹿獨不念我乎！」明日，忽見鹿爲猛獸所殺，置於所犯栽下。孜悵惋不已，乃爲作冢，埋於隧側。猛獸卽於孜前自撲而死，孜益歎息，又取埋之。自後樹木滋茂，而無犯者。積二十餘年，孜

乃更娶妻，立宅墓次，烝烝朝夕，奉亡如存，鷹雉棲其梁，簷鹿與猛獸擾其庭圃，交頸同遊，不相搏噬。

元康中，郡察孝廉，不起，巾褐終身。年八十餘，卒于家。邑人號其居爲孝順里。

咸康中，太守張虞上疏曰：「臣聞聖賢明訓存乎舉善，褒貶所興，不遠千載。謹案所領吳寧縣物故人許孜，至性孝友，立節淸峻，與物恭讓，言行不貳。當其奉師，則在三之義盡；及其喪親，實古今之所難。咸稱殊類致感，猛獸弭害。雖臣不及見，然備聞斯語，竊謂蔡順、董黯無以過之。孜沒積年，其子尚在，性行純愨，今亦家於墓側。臣以爲孜之履操，世所希逮，宜標其令跡，甄其後嗣，以酬既往，[四]以獎方來。陽秋傳曰：『善善及其子孫。』臣不達大體，請臺量議。」疏奏，詔旌表門閭，蠲復子孫。其子生亦有孝行，圖孜像於堂，朝夕拜焉。

庾袞

庾袞字叔褒，明穆皇后伯父也。少履勤儉，篤學好問，事親以孝稱。咸寧中，大疫，二兄俱亡，次兄毗復殆，癘氣方熾，父母諸弟皆出次於外，袞獨留不去。諸父兄强之，乃曰：「袞性不畏病。」遂親自扶持，晝夜不眠，其間復撫柩哀臨不輟。[五]如此十有餘旬，疫勢既歇，家人乃反，毗病得差，袞亦無恙。父老咸曰：「異哉此子！守人所不能守，行人所不能行，歲寒然後知松柏之後凋，始疑疫癘之不相染也。」

初，袞諸父並貴盛，惟父獨守貧約。袞躬親稼穡，以給供養，而執事勤恪，與弟子樹籬，跪以授條。或曰：「今在隱屏，先生何恭之過？」袞曰：「幽顯易操，非君子之志也。」父亡，作筥賣以養母。母見其勤，曰：「我無所食。」對曰：「母食不甘，袞將何居！」母感而安之。袞前妻荀氏，繼妻樂氏，皆官族富室，及適袞，俱棄華麗，散資財，與袞共安貧苦，相敬如賓。母終，服喪居于墓側。

歲大饑，藜羹不糝，門人欲進其飯者，而袞每曰已食，莫敢爲設。及麥熟，穫者已畢，而採捃尚多，袞乃引其羣子以退，曰：「待其間。」及其捃也，不曲行，不旁掇，跪而把之，則亦大獲。又與邑人入山拾橡，分夷嶮，序長幼，推易居難，禮無違者。或有斬其墓柏，莫知其誰，乃召鄰人集于墓而自責焉，因叩頭泣涕，謝祖禰曰：「德之不修，不能庇先人之樹，袞之罪也。」父老咸亦爲之垂泣，自後人莫之犯。撫諸孤以慈，奉諸寡以仁，事加於厚而教之義方，使長者體其行，幼者忘其孤。孤甥郭秀，比諸子姪，衣食而每先之。孤兄女曰芳，將嫁，美服既具，袞乃刈荆苕爲箕箒，召諸子集之于堂，男女以班，命芳曰：「芳乎！汝少孤，汝逸汝豫，不汝疵瑕。今汝適人，將事舅姑，灑掃庭內，婦之道也，故賜汝此。匪器之爲美，欲溫恭朝夕，雖休勿休也。」而以舊宅與其長兄子賡、翕。及翕卒，袞哀其早孤，痛其成人而未娶，乃撫柩

長號，哀感行路，聞者莫不垂涕。

初，袞父誡袞以酒，每醉，輒自責曰：「余廢先父之誡，其何以訓人！」乃於父墓前自杖三十。鄰人褚德逸者，善事其親，老而不倦，袞每拜之。嘗與諸兄過邑人陳準兄弟，諸兄友之，皆拜其母，袞獨不拜。準弟徽曰：「子不拜吾親何？」袞曰：「未知所以拜也。夫拜人之親者，將自同於人之子也，其義至重，袞敢輕之乎！」遂不拜。準、徽歎曰：「古有亮直之士，君近之矣。君若當朝，則社稷之臣歟！君若握兵，臨大節，孰能奪之！方今徵聘，君實宜之。」於是鄉黨薦之，州郡交命，察孝廉，舉秀才、淸白異行，皆不降志，世遂號之爲異行。

元康末，潁川太守召爲功曹，袞服造役之衣，杖鍤荷斧，不俟駕而行，曰：「請受下夫之役。」太守飾車而迎，袞遂巡辭退，請徒行入郡，將命者遂逼扶升車，納於功曹舍。既而袞自取己車而寢處焉，形雖恭而神有不可動之色。太守知其不屈，乃歎曰：「非常士也，吾何以降之！」厚爲之禮而遣焉。

齊王冏之唱義也，張泓等肆掠于陽翟，袞乃率其同族及庶姓保于禹山。是時百姓安寧，未知戰守之事，袞曰：「孔子云：『不教而戰，是謂棄之。』」乃集諸羣士而謀曰：「二三君子相與處於險，將以安保親尊，全妻孥也。古人有言：『千人聚而不以一人爲主，不散則亂矣。』將若之何？」衆曰：「善。今日之主非君而誰！」袞默然有間，乃言曰：「古人急病讓夷，不敢逃

難，然人之立主，貴從其命也。」乃誓之曰：「無恃險，無怙亂，無暴鄰，無抽屋，無樵採人所植，無謀非德，無犯非義，勠力一心，同恤危難。」衆咸從之。於是峻險阨，杜蹊徑，修壁塢，樹藩障，考功庸，計丈尺，均勞逸，通有無，繕完器備，量力任能，物應其宜，使邑推其長，里推其賢，而身率之。分數既明，號令不二，上下有禮，少長有儀，將順其美，匡救其惡。及賊至，袞乃勒部曲，整行伍，皆持滿而勿發。賊挑戰，晏然不動，且辭焉。賊服其慎而畏其整，是以皆退，如是者三。時人語曰：「所謂臨事而懼，好謀而成者，其庾異行乎！」

及冏歸于京師，踰年不朝，袞曰：「晉室卑矣，寇難方興！」乃攜其妻子適林慮山，事其新鄉如其故鄉，言忠信，行篤敬。比及朞年，而林慮之人歸之，咸曰庾賢。及石勒攻林慮，父老謀曰：「此有大頭山，九州之絕險也。上有古人遺迹，可共保之。」惠帝遷于長安，袞乃相與登于大頭山而田於其下。年穀未熟，食木實，餌石蘂，同保安之，有終焉之志。及將收穫，命子怞與之下山，中塗目眩瞀，墜崖而卒。同保赴哭曰：「天乎！獨不可舍我賢乎！」時人傷之曰：「庾賢絕塵避地，超然遠迹，固窮安陋，木食山棲，不與世同榮，不與人爭利，不免遭命，悲夫！」

袞學通詩書，非法不言，非道不行，尊事耆老，惠訓蒙幼，臨人之喪必盡哀，會人之葬必躬築，勞則先之，逸則後之，言必行之，行必安之。是以宗族鄉黨莫不崇仰，門人感慕，為之

樹碑焉。

有四子：怞、蔑、澤、捃。在澤生，故名澤，因捃生，故曰捃。蔑後南渡江，中興初，為侍中。蔑生顒，安成太守。

孫晷

孫晷字文度，吳國富春人，吳伏波將軍秀之曾孫也。晷為兒童，未嘗被呵怒。顧榮見而稱之，謂其外祖薛兼曰：「此兒神明清審，[六]志氣貞立，非常童也。」及長，恭孝清約，學識有理義，每獨處幽闇之中，容止瞻望未嘗傾邪。雖侯家豐厚，而晷常布衣蔬食，躬親壟畝，誦詠不廢，欣然獨得。父母愍其如此，欲加優饒，而夙興夜寐，無暫懈也。父母起居嘗饌，雖諸兄親饋，而晷不離左右。富春車道既少，動經江川，[七]父難於風波，每行乘籃輿，晷躬自扶侍，所詣之處，則於門外樹下藩屏之間隱息，初不令主人知之。兄嘗篤疾經年，晷躬自扶侍，藥石甘苦，必經心目，跋涉山水，祈求懇至。而聞人之善，欣若有得；聞人之惡，慘若有失。見人饑寒，並周贍之，鄉里贈遺，一無所受。親故有窮老者數人，恒往來告索，人多厭慢之，而晷見之，欣敬逾甚，寒則與同衾，食則與同器，或解衣推被以卹之。時年饑穀貴，人有生刈其稻者，晷見而避之，須去而出，既而自刈送與之。鄉鄰感愧，莫敢侵犯。

會稽虞喜隱居海嵎，有高世之風。晷欽其德，聘喜弟預女為妻。喜戒女棄華尚素，與晷同志。時人號為梁鴻夫婦。濟陽江惇少有高操，聞晷學行過人，自東陽往候之，始面，便終日譚宴，結歡而別。

司空何充為揚州，檄晷為主簿，司徒蔡謨辟為掾屬，並不就。尚書張國明，州土之望，表薦晷，公車特徵。會卒，時年三十八，朝野嗟痛之。晷未及大斂，有一老父縕袍草屨，不通姓名，徑入撫柩而哭，哀聲慷慨，感于左右。哭止便出，容貌甚清，眼瞳叉方，門者告之喪主，怪而追焉。直去不顧。同郡顧和等百餘人歎其神貌有異，而莫之測也。

顏含

顏含字弘都，琅邪莘人也。[八]祖欽，給事中。父默，汝陰太守。含少有操行，以孝聞。兄畿，咸寧中得疾，就醫自療，遂死於醫家。家人迎喪，旐每繞樹而不可解，引喪者顛仆，稱畿言曰：「我壽命未死，但服藥太多，傷我五藏耳。今當復活，慎無葬也。」其父祝之曰：「若爾有命復生，豈非骨肉所願！今但欲還家，不爾葬也。」旐乃解。及還，其婦夢之曰：「吾當復生，可急開棺。」婦頗說之。其夕，母及家人又夢之，即欲開棺，而父不聽。含時尚少，乃慨然曰：「非常之事，古則有之，今靈異至此，開棺之痛，孰與不開相負？」父母從之，乃共發棺，

果有生驗，以手刮棺，指爪盡傷，然氣息甚微，存亡不分矣。飲哺將護，累月猶不能語，飲食所須，託之以夢。闔家營視，頓廢生業，雖在母妻，不能無倦矣。含乃絕棄人事，躬親侍養，足不出戶者十有三年。石崇重含淳行，贈以甘旨，含謝而不受。或問其故，答曰：「病者綿昧，生理未全，既不能進噉，又未識人惠，若當謬留，豈施者之意也！」畿竟不起。

含二親既終，兩兄繼沒，次嫂樊氏因疾失明，含課勵家人，盡心奉養，每日自嘗省藥饌，察問息耗，必簪屨束帶。醫人疏方，應須髯蛇膽，而尋求備至，無由得之，含憂歎累時。嘗晝獨坐，忽有一青衣童子年可十三四，持一青囊授含，含開視，乃蛇膽也。童子逡巡出戶，化成青鳥飛去。得膽，藥成，嫂病即愈。由是著名。

本州辟，不就。東海王越以為太傅參軍，出補闓陽令。元帝初鎮下邳，復命為參軍。過江，以含為上虞令，轉王國郎中、[九]丞相東閤祭酒，出為東陽太守。東宮初建，含以儒素篤行補太子中庶子，遷黃門侍郎、本州大中正，歷散騎常侍、大司農。豫討蘇峻功，封西平縣侯，拜侍中，除吳郡太守。王導問含曰：「卿今莅名郡，政將何先？」答曰：「王師歲動，編戶虛耗，南北權豪競招遊食，國弊家豐，執事之憂。且當徵之勢門，使反田桑，數年之間，欲令戶給人足，如其禮樂，俟之明宰。」含所歷簡而有恩，明而能斷，然以威御下。導歎曰：「顏公在事，吳人斂手矣。」未之官，復為侍中。尋除國子祭酒，加散騎常侍，遷光祿勳，以年老遜

位。成帝美其素行，就加右光祿大夫，門施行馬，賜牀帳被褥，敕太官四時致膳，固辭不受。

于時論者以王導帝之師傅，名位隆重，百僚宜爲降禮。太常馮懷以問於含，含曰：「王公雖重，理無偏敬，降禮之言，或是諸君事宜。鄙人老矣，不識時務。」既而告人曰：「吾聞伐國不問仁人。向馮祖思問佞於我，我有邪德乎？」人嘗論少正卯、盜跖其惡孰深。或曰：「正卯雖姦，不至剖人充膳，盜跖爲甚。」含曰：「爲惡彰露，人思加戮；隱伏之姦，非聖不誅。由此言之，少正爲甚。」衆咸服焉。郭璞嘗遇含，欲爲之筮。含曰：「年在天，位在人，修己而天不與者，命也；守道而人不知者，性也。自有性命，無勞蓍龜。」桓溫求婚於含，含以其盛滿，不許。惟與鄧攸深交。或問江左羣士優劣，答曰：「周伯仁之正，鄧伯道之清，卞望之之節，餘則吾不知也。」其雅重行實，抑絕浮僞如此。

致仕二十餘年，年九十三卒。遺命素棺薄斂。謚曰靖。喪在殯而鄰家失火，移棺紼斷，火將至而滅，僉以爲淳誠所感也。三子：髦、謙、約。髦歷黃門郎、侍中、光祿勳，謙至安成太守，約零陵太守，並有聲譽。

劉殷

劉殷字長盛，新興人也。高祖陵，漢光祿大夫。殷七歲喪父，哀毀過禮，服喪三年，未

曾見齒。曾祖母王氏，盛冬思堇而不言，食不飽者一旬矣。殷怪而問之，王言其故。殷時年九歲，乃於澤中慟哭，曰：「殷罪釁深重，幼丁艱罰，王母在堂，無旬月之養。殷爲人子，而所思無獲，皇天后土，願垂哀愍。」聲不絕者半日，於是忽若有人云：「止，止聲。」殷收淚視地，便有堇生焉，因得斛餘而歸，食而不減，至時堇生乃盡。又嘗夜夢人謂之曰：「西籬下有粟。」寤而掘之，得粟十五鍾，銘曰「七年粟百石，以賜孝子劉殷」。自是食之，七載方盡。時人嘉其至性通感，競以穀帛遺之。殷受而不謝，直云待後貴當相酬耳。

弱冠，博通經史，綜核羣言，文章詩賦靡不該覽。性倜儻，有濟世之志，儉而不陋，清而不介，望之頹然而不可侵也。鄉黨親族莫不稱之。郡命主簿，州辟從事，皆以供養無主，辭不赴命。司空、齊王攸辟爲掾，征南將軍羊祜召參軍事，皆以疾辭。同郡張宣子，識達之士也，勸殷就徵。殷曰：「當今二公，有晉之棟楹也。吾方希達如榱椽耳，不憑之，豈能立乎！吾今王母在堂，既應他命，無容不竭盡臣禮，便不得就養。子輿所以辭齊大夫，良以色養無主故耳。」宣子曰：「如子所言，豈庸人所識哉！而今而後，吾子當爲吾師矣。」遂以女妻之。宣子者，并州豪族也，家富於財，其妻怒曰：「我女年始十四，姿識如此，何慮不得爲公侯妃，而遽以妻劉殷乎！」宣子曰：「非爾所及也。」誡其女曰：「劉殷至孝冥感，兼才識超世，此人終當遠達，爲世名公，汝其謹事之。」張氏性亦婉順，事王母以孝聞，奉殷如君父焉。及王氏卒，殷夫婦毀瘠，幾至滅性。時柩在殯而西鄰失火，風勢甚盛，殷夫婦叩殯號哭，火遂越燒東家。後有二白鳩巢其庭樹，自是名譽彌顯。

太傅楊駿輔政，備禮聘殷，殷以母老固辭。駿於是表之，優詔遂其高志，聽終色養，敕所在供其衣食，蠲其傜賦，賜帛二百匹，穀五百斛。趙王倫篡位，孫秀夙重殷名，以散騎常侍徵之，殷逃奔雁門。及齊王冏輔政，辟爲大司馬軍諮祭酒。既至，謂殷曰：「先王虛心召君，君不至。今孤辟君，君何能屈也？」殷曰：「世祖以大聖應期，先王以至德輔世，既堯舜爲君，稷契爲佐，故殷希以一夫而距千乘，爲不可迴之圖，幸邀唐虞之世，是以不懼斧鉞之戮耳。今殿下以神武睿姿，除殘反政，然聖迹稍粗，嚴威滋肅，殷若復爾，恐招華士之誅，故不敢不至也。」冏奇之，轉拜新興太守，明刑旌善，甚有政能。

屬永嘉之亂，沒於劉聰。〔一〇〕聰奇其才而擢任之，累至侍中、太保、錄尚書事。殷恒戒子孫曰：「事君之法，當務幾諫，凡人尚不可面斥其過，而況萬乘乎！夫犯顏之禍，將彰君過，宜上思召公咨商之義，下念鮑勛觸鱗之誅也。」在聰之朝，與公卿恂恂然，常有後己之色。士不修操行者，無得入其門，然滯理不申，藉殷而濟者，亦已百數。

有七子，五子各授一經，一子授太史公，一子授漢書，一門之內，七業俱興，北州之學，殷門爲盛。竟以壽終。

王延

王延字延元，西河人也。九歲喪母，泣血三年，幾至滅性。每至忌日，則悲啼至旬。〔一一〕繼母卜氏遇之無道，恒以蒲穰及敗麻頭與延貯衣。其姑聞而問之，延知而不言，事母彌謹。卜氏嘗盛冬思生魚，敕延求而不獲，杖之流血。延尋汾叩凌而哭，忽有一魚長五尺，踊出水上，延取以進母。卜氏食之，積日不盡，於是心悟，撫延如己生。延事親色養，夏則扇枕席，冬則以身溫被，隆冬盛寒，體無全衣，而親極滋味。晝則傭賃，夜則誦書，遂究覽經史，皆通大義。州郡禮辟，貪供養不起。父母終後，廬于墓側，非其蠶不衣，非其耕不食。

屬天下喪亂，隨劉元海遷于平陽，農蠶之暇，訓誘宗族，侃侃不倦。家牛生一犢，他人認之，延牽而授與，初無吝色。其人後自知妄認，送犢還延，叩頭謝罪，延仍以與之，不復取也。

年六十，方仕於劉聰，稍遷尚書左丞，至金紫光祿大夫。聰死後，靳準將作亂，謀之于延，延不從。準既誅劉氏，自號漢天王，以延爲左光祿大夫，延又大罵不受，準遂殺之。

王談

王談，吳興烏程人也。年十歲，父爲鄰人竇度所殺。談陰有復讎志，而懼爲度所疑，寸刃不畜，日夜伺度，未得。至年十八，乃密市利鍤，陽若耕鉏者。度常乘船出入，經一橋下，談伺度行還，伏草中，度既過，談於橋上以鍤斬之，應手而死。既而歸罪有司，太守孔巖義其孝勇，〔二〕列上宥之。巖諸子爲孫恩所害，無嗣，談乃移居會稽，修理巖父子墳墓，盡其心力。後太守孔廞究其義行，元興三年，舉談爲孝廉，時稱其得人。談不應召，終于家。

桑虞

桑虞字子深，魏郡黎陽人也。父沖，有深識遠量，惠帝時爲黃門郎。河間王顒執權，引爲司馬。沖知顒必敗，就職一旬，便稱疾求退。虞仁孝自天至，年十四喪父，毀瘠過禮，日以米百粒用糝藜藿，其姊諭之曰：「汝毀瘠如此，必至滅性，滅性不孝，宜自抑割。」虞曰：「藜藿雜米，足以勝哀。」虞有園在宅北數里，瓜果初熟，有人踰垣盜之。虞以園援多棘刺，恐偷見人驚走而致傷損，乃使奴爲之開道。及偷負瓜將出，見道通利，知虞使除之，乃送所盜瓜，叩頭請罪。虞乃歡然，盡以瓜與之。嘗行，寄宿逆旅，同宿客失脯，疑虞爲盜。虞默然無言，便解衣償之。主人曰：「此舍數失魚肉雞鴨，多是狐貍偷去，君何以疑人？」乃將脯主至山冢間尋求，果得之。客求還衣，虞投之不顧。

虞諸兄仕于石勒之世，咸登顯位，惟虞恥臣非類，陰欲避地海東，會丁母憂，遂止。哀毀骨立，廬于墓側。五年後，石勒以爲武城令。虞以密邇黃河，去海徵近，將申前志，欣然就職。石季龍太守劉徵甚器重之，徵遷青州刺史，請虞爲長史，帶祝阿郡。徵遇疾還鄴，令虞監行州府屬。季龍死，國中大亂，朝廷以虞名父之子，必能立功海岱，潛遣東莞人華挺授虞寧朔將軍、青州刺史。虞曰：「功名非吾志也。」乃附使者啓讓刺史，靖居海右，不交境外。雖歷僞朝，而不豫亂，世以此高之。卒于官。

虞五世同居，閨門邕穆。苻堅青州刺史苻朗甚重之，嘗詣虞家，升堂拜其母，時人以爲榮。

何琦

何琦字萬倫，司空充之從兄也。祖父龕，後將軍。父阜，淮南內史。琦年十四喪父，哀毀過禮。性沈敏有識度，好古博學，居于宣城陽穀縣，事母孜孜，朝夕色養。常患甘鮮不贍，乃爲郡主簿，察孝廉，除郎中，以選補宣城涇縣令。司徒王導引爲參軍，不就。

及丁母憂，居喪泣血，杖而後起。停柩在殯，爲鄰火所逼，煙焰已交，家乏僮使，計無從出，乃匍匐撫棺號哭。俄而風止火息，堂屋一間免燒，其精誠所感如此。服闋，乃慨然歎曰：「所以出身仕者，非謂有尺寸之能以效智力，實利微祿，私展供養。一旦縈然，無復恃怙，豈可復以朽鈍之質塵黷清朝哉！」於是養志衡門，不交人事，耽翫典籍，以琴書自娛。不營產業，節儉寡欲，豐約與鄉鄰共之。鄉里遭亂，姊沒人家，琦惟有一婢，便爲購贖。然不爲小謙，凡有贈遺，亦不苟讓，但於己有餘，輒復隨而散之。任心而行，率意而動，不占卜，無所事。司空陸玩、太尉桓溫並辟命，皆不就。詔徵博士，又不起。簡文帝時爲撫軍，欽其名行，召爲參軍，固辭以疾。公車再徵通直散騎侍郎、散騎常侍，不行。由是君子仰德，莫能屈也。桓溫嘗登琦縣界山，喟然歎曰：「此山南有人焉，何公眞止足者也！」

琦善養性，老而不衰，布褐蔬食，恒以述作爲事，著三國評論，〔三〕凡所撰錄百許篇，皆行于世。年八十二卒。

吳逵

吳逵，吳興人也。經荒饑疾病，合門死者十有三人，逵時亦病篤，其喪皆鄰里以葦席裹而埋之。逵夫妻既存，家極貧窘，冬無衣被，晝則傭賃，夜燒磚甓，晝夜在山，未嘗休止，遇毒蟲猛獸，輒爲之下道。朞年，成七墓、十三棺。時有賻贈，一無所受。太守張崇義之，以羔雁之禮禮焉。卒於家。

史臣曰：尊親之道，禮經之明訓；孝友之義，詩人之美談，是知人倫之本，罔茲攸尚。盛翁子立行淳至，素蓄異才，流慟致其感通，含哺申其就養，戴昌賞其清韵，陸雲嘉其茂德。王裒隱居不從其辟，行己莫逾其禮，枯柏以應其誠，驚雷以危其慮。永言董蔡，異時均美。許孜少而敏學，禮備在三，馴雉棲其梁棟，猛獸擾其庭圃，居喪之禮，實古今之所難焉。庾叔褒不匱表於執勤，則裕存乎敬業，幽顯不易其操，疫癘不駭其心，急病讓夷之規，有古人之風烈矣。孫晷之匪懈，王談之復讎，神人惜其亡，良守宥其罪。劉殷幼丁艱酷，柴毀逾制，發三冬之董，賜七年之粟，至誠之契，義形于茲。王延叩冰而召鱗，扇席而清暑，雖黃香、孟宗，抑爲倫輩。其餘羣子，並孝養可崇，清風素範，高山景行，會其宗流，同斯志也。

贊曰：德之所屆，有感必徵。孝哉王許，永慕烝烝。揮泗凋柏，對梘巢鷹。密、彥、夏、庾，夙標至性。文度、弘都，勤修懿行。敦彼孝友，載光謠詠。鳩馴長盛，魚薦延元。談桑義闡，琦吳道存。專洞之德，咸擒左言。

校勘記

〔一〕躬親撫養　「親」，各本作「見」，唯宋本作「親」，與文選合。以文法論，亦以作「親」為是，今從之。

〔二〕故得簡雅大誥與凡人言　各本「雅大」二字顚倒，致文義難曉。殿本乙正，今從殿本。詳殿本考證。

〔三〕吳太尉戴昌　張森楷云：吳未嘗有戴昌為太尉，據戴若思傳，父昌為會稽太守。若思嘗往省之武陵，是又為武陵太守也。此戴昌卽其人，「尉」蓋「守」之誤。按：戴昌為武陵太守又見潘京傳，張說疑是。

〔四〕以酬旣往　「酬」，各本作「疇」，今從宋本。

〔五〕哀臨不輟　「輟」，各本作「輒」，今從殿本。册府八五一亦作「輟」。

〔六〕神明清審　「明」，各本作「用」，殿本作「明」，考證云據宋本改，今從之。

〔七〕動經江川　「江川」，各本均作「山川」，惟局本作「江川」，疑據通志一六七改。以下文「難於風波」論，「江川」義長，今從之。

〔八〕顏含至琅邪莘人也　校文：含，臨沂人，李闡顏含碑及顏眞卿家廟碑可證。按：梁書及南史之顏協傳、北齊書及北史之顏之推傳、元和姓纂並云含，琅邪臨沂人。

〔九〕王國郎中　「王」，各本均作「主」，殿本從元紀作「王」。據職官志，作「王」是，今從之。

〔一〇〕沒於劉聰　校文：元海載記有侍中劉殷諫元海事，時為永嘉元年，則殷非沒於聰時明矣。

〔一一〕則悲唏至旬　「至旬」，宋本作「一旬」，局本作「三旬」，今從殿本。

〔一二〕孔巖　「巖」當從本傳作「嚴」。

〔一三〕三國評論　隋書經籍志二作「論三國志」。

晉書

唐　房玄齡等撰

第八册

卷八九至卷一〇〇（傳）

中華書局

晉書卷八十九

列傳第五十九

忠義

古人有言：「君子殺身以成仁，不求生以害仁。」又云：「非死之難，處死之難。」信哉斯言也！是知隕節苟合其宜，義夫豈吝其沒；捐軀若得其所，烈士不愛其存。故能守鐵石之深衷，厲松筠之雅操，見貞心於歲暮，標勁節於嚴風，赴鼎鑊其如歸，履危亡而不顧，書名竹帛，畫象丹青，前史以爲美談，後來仰其徽烈者也。

晉自元康之後，政亂朝昏，禍難荐興，艱虞孔熾，遂使姦凶放命，戎狄交侵，函夏沸騰，蒼生塗炭，干戈日用，戰爭方興。雖背恩忘義之徒不可勝載，而蹈節輕生之士無乏於時。至若嵇紹之衞難乘輿，卞壼之亡軀鋒鏑，桓雄之義高田叔，周崎之節邁解揚，羅丁致命于舊君，辛吉恥臣于戎虜，張禕引鴆以全節，王諒斷臂以厲忠，莫不志烈秋霜，精貫白日，足以

激清風于萬古，厲薄俗于當年者歟！所謂亂世識忠臣，斯之謂也。卞壼、劉超、鍾雅、周虓等已入列傳，其餘即敍其行事以爲忠義傳，用旌晉氏之有人焉。

嵇紹 從子含

嵇紹字延祖，魏中散大夫康之子也。十歲而孤，事母孝謹。以父得罪，靖居私門。山濤領選，啓武帝曰：「康誥有言：『父子罪不相及。』嵇紹賢侔郤缺，宜加旌命，請爲祕書郎。」帝謂濤曰：「如卿所言，乃堪爲丞，何但郎也。」乃發詔徵之，起家爲祕書丞。

紹始入洛，或謂王戎曰：「昨於稠人中始見嵇紹，昂昂然如野鶴之在鷄羣。」戎曰：「君復未見其父耳。」累遷汝陰太守。尚書左僕射裴頠亦深器之，每曰：「使延祖爲吏部尚書，可使天下無復遺才矣。」沛國戴晞少有才智，與紹從子含相友善，時人許以遠致，紹以爲必不成器。晞後爲司州主簿，以無行被斥，州黨稱紹有知人之明。轉豫章內史，以母憂，不之官。服闋，拜徐州刺史。時石崇爲都督，性雖驕暴，而紹將之以道，崇甚親敬之。後以長子喪去職。

元康初，爲給事黃門侍郎。時侍中賈謐以外戚之寵，年少居位，潘岳、杜斌等皆附託焉。謐求交於紹，紹距而不答。及謐誅，紹時在省，以不阿比凶族，封弋陽子，遷散騎常侍，

領國子博士。太尉、廣陵公陳準薨，太常奏謚，紹駁曰：「謚號所以垂之不朽，大行受大名，細行受細名，文武顯於功德，靈厲表於闇蔽。自頃禮官協情，謚不依本。準謚爲過，宜謚曰繆。」事下太常。時雖不從，朝廷憚焉。

趙王倫篡位，署爲侍中。惠帝復阼，遂居其職。司空張華爲倫所誅，議者追理其事，欲復其爵，紹又駁之曰：「臣之事君，當除煩去惑。華歷位內外，雖粗有善事，然闔棺之責，著于遠近，兆禍始亂，華實爲之。故鄭討幽公之亂，斲子家之棺；魯戮隱罪，終篇貶翬。未忍重戮，事已弘矣，謂不宜復其爵位，理其無罪。」時帝初反正，紹又上疏曰：「臣聞改前轍者則車不傾，革往弊者則政不爽。太一統于元首，百司役于多士，故周文興于上，成康穆于下也。存不忘亡，易之善義；願陛下無忘金墉，大司馬無忘潁上，大將軍無忘黃橋，則禍亂之萌無由而兆矣。」

齊王冏既輔政，大興第舍，驕奢滋甚，紹以書諫曰：「夏禹以卑室稱美，唐虞以茅茨顯德，豐屋蔀家，無益危亡。竊承毀敗太樂以廣第舍，興造功力爲三王立宅，此豈今日之先急哉！今大事始定，萬姓顒顒，咸待覆潤，宜省起造之煩，深思謙損之理。復主之勳不可棄矣，矢石之殆不可忘也。」冏雖謙順以報之，而卒不能用。紹嘗詣冏諮事，遇冏讌會，召董艾、葛旟等共論時政。艾言於冏曰：「嵇侍中善於絲竹，公可令操之。」左右進琴，紹推不受。

冏曰：「今日爲歡，卿何吝此邪！」紹對曰：「公匡復社稷，當軌物作則，垂之于後。紹雖虛鄙，忝備常伯，腰紱冠冕，鳴玉殿省，豈可操執絲竹，以爲伶人之事！若釋公服從私宴，所不敢辭也。」冏大慚。艾等不自得而退。頃之，以公事免，冏以爲左司馬。旬日，冏被誅。初，兵交，紹奔散赴宮，有持弩在東閤下者，將射之，遇有殿中將兵蕭隆，見紹姿容長者，疑非凡人，趣前拔箭，於此得免。遂還滎陽舊宅。

尋徵爲御史中丞，未拜，復爲侍中。河間王顒、成都王穎舉兵向京都，以討長沙王乂，大駕次于城東。乂宣言於衆曰：「今日西討，欲誰爲都督乎？」六軍之士皆曰：「願嵇侍中勠力前驅，死猶生也。」遂拜紹使持節、平西將軍。屬乂被執，紹復爲侍中。公王以下皆詣鄴謝罪於穎，紹等咸見廢黜，免爲庶人。尋而朝廷復有北征之役，徵紹，復其爵位。紹以天子蒙塵，承詔馳詣行在所。值王師敗績于蕩陰，百官及侍衞莫不散潰，唯紹儼然端冕，以身捍衞，兵交御輦，飛箭雨集，紹遂被害于帝側，血濺御服，天子深哀歎之。及事定，左右欲浣衣，帝曰：「此嵇侍中血，勿去。」

初，紹之行也，侍中秦準謂曰：「今日向難，卿有佳馬否？」紹正色曰：「大駕親征，以正伐逆，理必有征無戰。若使皇輿失守，臣節有在，駿馬何爲！」聞者莫不歎息。及張方逼帝遷長安，河間王顒表贈紹司空，進爵爲公。會帝還洛陽，事遂未行。東海王越屯許，路經滎

陽，過紹墓，哭之悲慟，刊石立碑，又表贈官爵。帝乃遣使册贈侍中、光祿大夫，加金章紫綬，進爵爲侯，賜墓田一頃，客十戶，祠以少牢。元帝爲左丞相，承制，以紹死節事重，而贈禮未副勳德，更表贈太尉，祠以太牢。及帝卽位，賜謚曰忠穆，復加太牢之祠。

紹誕于行己，不飾小節，然曠而有檢，通而不雜。與從子含等五人共居，撫卹如所同生。門人故吏思慕遺愛，行服墓次，畢三年者三十餘人。長子眕，有父風，早夭，以從孫翰襲封。成帝時追述紹忠，以翰爲奉朝請。翰以無兄弟，自表還本宗。太元中，孝武帝詔曰：「褒德顯仁，哲王令典。故太尉、忠穆公執德高邈，在否彌宣，貞潔之風，義著千載。每念其事，愴然傷懷。忠貞之胤，蒸嘗宜遠，所以大明至節，崇獎名教。可訪其宗族，襲爵主祀。」於是復以翰孫曠爲弋陽侯。

含字君道。祖喜，徐州刺史。父蕃，太子舍人。含好學能屬文。家在鞏縣亳丘，自號亳丘子，門曰歸厚之門，室曰慎終之室。楚王瑋辟爲掾。瑋誅，坐免。舉秀才，除郎中。

時弘農王粹以貴公子尚主，館宇甚盛，圖莊周于室，廣集朝士，使含爲之讚。含援筆爲弔文，文不加點。其序曰：「帝壻王弘遠華池豐屋，廣延賢彥，圖莊生垂綸之象，記先達辭聘之事，畫眞人於刻桷之室，載退士於進趣之堂，可謂託非其所，可弔不可讚也。」其辭曰：「邁

矣莊周，天縱特放，大塊授其生，自然資其量，器虛神清，窮玄極曠。人僞俗季，眞風既散，野無訟屈之聲，朝有爭寵之歎，上下相陵，長幼失貫，於是借玄虛以助溺，引道德以自奬，戶詠恬曠之辭，家畫老莊之象。今王生沈淪名利，身尚帝女，連耀三光，有出無處，池非巖石之溜，宅非茅茨之宇，馳屈產於皇衢，畫茲象其焉取！嗟乎先生，高跡何局！生處巖岫之居，死寄彫楹之屋，託非其所，沒有餘辱，悼大道之湮晦，遂含悲而吐曲。」粹有愧色。

齊王冏辟爲征西參軍，襲爵武昌鄉侯。長沙王乂召爲驃騎記室督、尚書郎。乂與成都王穎交戰，[一]穎軍轉盛，尚書郎旦出督戰，夜還理事。含言于乂曰：「昔魏武每有軍事，增置掾屬。青龍二年，尚書令陳矯以有軍務，亦奏增郎。今姦逆四逼，王路擁塞，倒懸之急，不復過此。但居曹理事，尚須增郎，況今都官中騎三曹晝出督戰，夜還理事，一人兩役，內外廢乏。含謂今有十萬人，都督各有主帥，推轂授綏，委付大將，不宜復令臺僚雜與其間。」乂從之，乃增郎及令史。

懷帝爲撫軍將軍，以含爲從事中郎。惠帝北征，轉中書侍郎。及蕩陰之敗，含走歸滎陽。永興初，除太弟中庶子。西道阻閡，未得應召。范陽王虓爲征南將軍，屯許昌，復以含爲從事中郎。尋授振威將軍、襄城太守。虓爲劉喬所破，含奔鎭南將軍劉弘於襄陽，弘待以上賓之禮。含性通敏，好薦達才賢，常欲崇趙武之謚，加臧文之罪。屬陳敏作亂，江揚震

蕩，南越險遠，而廣州刺史王毅病卒，弘表含爲平越中郎將、廣州刺史、假節。未發，會弘卒，時或欲留含領荆州。含性剛躁，素與弘司馬郭勱有隙，勱疑含將爲己害，夜掩殺之，時年四十四。懷帝卽位，謚曰憲。

王豹

王豹，順陽人也。少而抗直。初爲豫州別駕，齊王冏爲大司馬，以豹爲主簿。冏驕縱，失天下心，豹致牋於冏曰：

豹聞王臣蹇蹇，匪躬之故，將以安主定時，保存社稷者也。是以爲人臣而欺其君者，刑罰不足以爲誅；爲人主而逆其諫者，靈厲不足以爲謚。伏惟明公虛心下士，開懷納善，款誠以著，而逆耳之言未入於聽。豹伏思晉政漸缺，始自元康以來，宰相在位，未有一人獲終，乃事勢使然，未爲輒有不善也。今公克平禍亂，安國定家，故復因前傾敗之法，尋中間覆車之軌，欲冀長存，非所敢聞。今河間樹根於關右，成都盤桓於舊魏，新野大封於江漢，三面貴王，各以方剛强盛，並典戎馬，處險害之地。且明公興義討逆，功蓋天下，聖德光茂，名震當世。今以難賞之功，挾震主之威，獨據京都，專執大權，進則亢龍有悔，退則蒺藜生庭，冀此求安，未知其福。敢以淺見，陳寫愚情。

昔武王伐紂，封建諸侯爲二伯，自陝以東，周公主之，自陝以西，召公主之。及至其末，霸國之世，不過數州之地，四海强兵不敢入闚九鼎，所以然者，天下習於所奉故也。今誠能尊用周法，以成都爲北州伯，統河北之王侯，明公爲南州伯，以攝南土之官長，各因本職，出居其方，樹德於外，盡忠於內，歲終率所領而貢於朝，簡良才，命賢儁，以爲天子百官，則四海長寧，萬國幸甚，明公之德當與周召同其至美，危敗路塞，社稷可保。願明公思高祖納婁敬之策，悟張良履足之謀，遠臨深之危，保泰山之安。若合聖思，宛許可都也。

書入，無報，豹重牋曰：

豹書御已來，十有二日，而聖旨高遠，未垂採察，不賜一字之令，不敕可否之宜。蓋霸王之神寶，安危之祕術，不可須臾而忽者也。伏思明公挾大功，抱大名，懷大德，執大權，此四大者，域中所不能容，賢聖所以戰戰兢兢，日昃不暇食，雖休勿休者也。昔周公以武王爲兄，成王爲君，伐紂有功，以親輔政，執德弘深，聖恩博遠，[二]至忠至仁，至孝至敬。而攝事之日，四國流言，離主出奔，居東三年，賴風雨之變，成王感悟。若不遭皇天之應，神人之察，恐公旦之禍未知所限也。[三]至于執政，猶與召公分陝爲伯。今明公自視功德孰如周公。且元康以來，宰相之患，危機竊發，不及容思，密禍潛起，

輒在呼噏，豈復晏然得全生計！前鑒不遠，公所親見也。君子不有遠慮，必有近憂，憂至乃悟，悔無所及也。

今若從豹此策，皆遣王侯之國，北與成都分河爲伯，成都在鄴，明公都宛，寬方千里，以與圻內侯伯子男小大相率，結好要盟，同奬皇家；貢御之法，一如周典。若合聖規，可先旨與成都共論。雖以小才，願備行人。昔厮養，燕趙之微者耳，百里奚，秦楚之商人也，一開其說，兩國以寧。況豹雖陋，大州之綱紀，加明公起事險難之主簿也。故身雖輕，其言未必否也。

冏令曰：「得前後白事，具意，輒別思量也。」

會長沙王乂至，于冏案上見豹牋，謂冏曰：「小子離間骨肉，何不銅駝下打殺！」冏既不能嘉豹之策，遂納乂言，乃奏豹曰：「臣忿姦凶肆逆，皇祚顚墜，與成都、長沙、新野共興義兵，安復社稷，唯欲勠力皇家，與親親宗室腹心從事，此臣夙夜自誓，無負神明。而主簿王豹比有白事，敢造異端，謂臣忝備宰相，必遘危害，慮在一旦，不祥之聲可蹻足而待，欲臣與成都分陝爲伯，盡出藩王。上誣聖朝鑒御之威，下長妖惑，疑阻衆心，噂喈背憎，巧賣兩端，訕上謗下，讒內間外，遘惡導姦，坐生猜嫌。昔孔丘匡魯，乃誅少正；子產相鄭，先戮鄧析，誠以交亂名實，若趙高詭怪之類也。豹爲臣不忠不順不義，輒敕都街考竟，以明邪正。」豹

將死，曰：「懸吾頭大司馬門，見兵之攻齊也。」衆庶冤之。俄而冏敗。

劉沈

劉沈字道眞，燕國薊人也。世爲北州名族。少仕州郡，博學好古。太保衞瓘辟爲掾，領本邑大中正。敦儒道，愛賢能，進霍原爲二品，及申理張華，皆辭旨明峻，爲當時所稱。齊王冏輔政，引爲左長史，遷侍中。于時李流亂蜀，詔沈以侍中、假節，統益州刺史羅尙、梁州刺史許雄等以討流。行次長安，河間王顒請留沈爲軍司，遣席薳代之。後領雍州刺史。及張昌作亂，詔顒遣沈將州兵萬人并征西府五千人，自藍田關以討之，顒不奉詔。沈自領州兵至藍田，顒又逼奪其衆。長沙王乂命沈將武吏四百人還州。

張方既逼京都，王師屢敗，王瑚、〔四〕祖逖言于乂曰：「劉沈忠義果毅，雍州兵力足制河間，宜啓上詔與沈，使發兵襲顒，顒窘急，必召張方以自救，此計之良也。」乂從之。沈奉詔馳檄四境，合七郡之衆及守防諸軍、塢壁甲士萬餘人，以安定太守衞博、〔五〕新平太守張光、安定功曹皇甫澹爲先登，襲長安。顒時頓于鄭縣之高平亭，爲東軍聲援，聞沈兵起，還鎭渭城，遣督護虞夔率步騎萬餘人逆沈于好時。接戰，夔衆敗，顒大懼，退入長安，果急呼張方。沈渡渭而壘，顒每遣兵出關，輒不利。沈乘勝攻之，使澹、博以精甲五千，從長安門而入，力

戰至顒帳下。沈軍來遲，顒軍見澹等無繼，氣益倍。馮翊太守張輔率衆救顒，橫擊之，大戰于府門，博父子皆死之，澹又被擒。顒奇澹壯勇，將活之。澹不爲之屈，於是見殺。沈軍遂敗，率餘卒屯于故營。張方遣其將敦偉夜至，沈軍大驚而潰，與麾下百餘人南遁，爲陳倉令所執。沈謂顒曰：「夫知己之顧輕，在三之節重，不可違君父之詔，量强弱以苟全。投袂之日，期之必死，葅醢之戮，甘之如薺。」辭義慷慨，見者哀之。顒怒，鞭之而後腰斬。有識者以顒干上犯順，虐害忠義，知其滅亡不久也。

麴允 焦嵩

麴允，金城人也。與游氏世爲豪族，西州爲之語曰：「麴與游，牛羊不數頭。南開朱門，北望青樓。」

洛陽傾覆，閻鼎等立秦王爲皇太子於長安，鼎總攝百揆。允時爲安夷護軍、始平太守，心害鼎功，且規權勢，因鼎殺京兆太守梁綜，乃與綜弟馮翊太守緯等攻鼎，〔六〕走之。會雍州刺史賈疋爲屠各所殺，允代其任。

愍帝卽尊位，以允爲尙書左僕射、領軍、持節、西戎校尉、錄尙書事，雍州如故。時劉曜、殷凱、趙染數萬衆逼長安，〔七〕允擊破之，擒凱於陣。曜復攻北地，允爲大都督、驃騎將

軍，次于青白城以救之。〔八〕曜聞而轉寇上郡，允軍于靈武，以兵弱不敢進。曜後復圍北地，太守麴昌遣使求救，允率步騎赴之。去城數十里，羣賊繞城放火，煙塵蔽天，縱反間詐允曰：「郡城已陷，焚燒向盡，無及矣。」允信之，衆懼而潰。後數日，麴昌突圍赴長安，北地遂陷。

允性仁厚，無威斷，吳皮、王隱之徒，無賴凶人，皆加重爵，新平太守竺恢、始平太守楊像、扶風太守竺爽、安定太守焦嵩，皆征鎭杖節，加侍中、常侍，村塢主帥小者，猶假銀青、將軍之號，欲以撫結衆心。然諸將驕恣，恩不及下，人情頗離，由是羌胡因此跋扈，關中淆亂，劉曜復攻長安，百姓飢甚，死者太半。久之，城中窘逼，帝將出降，歎曰：「誤我事者，麴、索二公也。」帝至平陽，爲劉聰所幽辱，允伏地號哭不能起。聰大怒，幽之於獄，允發憤自殺。聰嘉其忠烈，贈車騎將軍，謚節愍侯。

焦嵩，安定人。初率衆據雍。曜之逼京都，允告難於嵩，嵩素侮允，曰：「須允困，當救之。」及京都敗，嵩亦尋爲寇所滅。

賈渾

賈渾，不知何郡人也。太安中，爲介休令。及劉元海作亂，遣其將喬晞攻陷之。渾抗

節不降，曰：「吾爲晉守，不能全之，豈苟求生以事賊虜，何面目以視息世間哉！」晞怒，執將殺之，晞將尹崧曰：「將軍舍之，以勸事君。」晞不聽，遂害之。

王育

王育字伯春，京兆人也。少孤貧，爲人傭牧羊，每過小學，必歔欷流涕。時有暇，即折蒲學書，忘而失羊，爲羊主所責，育將鬻己以償之。同郡許子章，敏達之士也，聞而嘉之，代育償羊，給其衣食，使與子同學，遂博通經史。身長八尺餘，鬚長三尺，容貌絕異，音聲動人。子章以兄之子妻之，爲立別宅，分之資業，育受之無愧色。然行己任性，頗不偶俗。妻喪，弔之者不過四五人，然皆鄉閭名士。

太守杜宣命爲主簿。俄而宣左遷萬年令，杜令王攸詣宣，〔九〕宣不迎之，攸怒曰：「卿往爲二千石，吾所敬也。今吾儕耳，何故不見迎？欲以小雀遇我，使我畏死鷂乎？」育執刀叱攸曰：「君辱臣死，自昔而然。我府君以非罪黜降，如日月之蝕耳，小縣令敢輕辱吾君！汝謂吾刀鈍邪，敢如是乎！」前將殺之。宣懼，跣下抱育，乃止。自此知名。

司徒王渾辟爲掾，除南武陽令。爲政清約，宿盜逃奔他郡。遷幷州督護。成都王穎在鄴，又以育爲振武將軍。劉元海之爲北單于，育說穎曰：「元海今去，育請爲殿下促之，不

然，懼不至也。」穎然之，以育爲破虜將軍。元海遂拘之，其後以爲太傅。

韋忠

韋忠字子節，平陽人也。少慷慨，有不可奪之志。好學博通，性不虛諾。閉門修己，不交當世，每至吉凶，親表贈遺，一無所受。年十二，喪父，哀慕毀悴，杖而後起。司空裴秀弔之，匍匐號訴，哀慟感人。秀出而告人曰：「此子長大必爲佳器。」歸而命子頠造焉。服闋，遂廬於墓所。頠慕而造之，皆託行不見。家貧，藜藿不充，人不堪其憂，而忠不改其樂。頠爲僕射，數言之於司空張華，華辟之，辭疾不起。人問其故，忠曰：「吾茨簷賤士，本無宦情。且茂先華而不實，裴頠慾而無厭，棄典禮而附賊后，若此，豈大丈夫之所宜行邪！裴常有心託我，常恐洪濤蕩嶽，餘波見漂，況可臨尾閭而闚沃焦哉！」

太守陳楚迫爲功曹。會山羌破郡，楚攜子出走，賊射之，中三創。忠冒刃伏楚，以身捍之，泣曰：「韋忠願以身代君，〔一〇〕乞諸君哀之。」亦遭五矢。賊相謂曰：「義士也！」舍之。忠於是負楚以歸。後仕劉聰，爲鎮西大將軍、平羌校尉，討叛羌，矢盡，不屈節而死。

辛勉

辛勉字伯力，隴西狄道人也。父洪，左衞將軍。勉博學，有貞固之操。懷帝世，累遷爲侍中。及洛陽陷，隨帝至平陽。劉聰將署爲光祿大夫，勉固辭不受。聰遣其黃門侍郎喬度齎藥酒逼之，勉曰：「大丈夫豈以數年之命而虧高節，事二姓，下見武皇帝哉！」引藥將飲，度遽止之曰：「主上相試耳，君眞高士也！」歎息而去。聰嘉其貞節，深敬異之，爲築室于平陽西山，月致酒米，勉亦辭而不受。年八十，卒。

勉族弟賓，愍帝時爲尚書郎。及帝蒙塵於平陽，劉聰使帝行酒洗爵，欲觀晉臣在朝者意。賓起而抱帝大哭。聰曰：「前殺庾珉輩，故不足爲戒邪！」引出，遂加害焉。

劉敏元

劉敏元字道光，北海人也。厲已修學，不以險難改心。好星曆陰陽術數，潛心易、太玄，不好讀史，常謂同志曰：「誦書當味義根，何爲費功於浮辭之文！易者，義之源，太玄，理之門，能明此者，即吾師也。」

永嘉之亂，自齊西奔。同縣管平年七十餘，隨敏元而西，行及滎陽，爲盜所劫。敏元已免，乃還謂賊曰：「此公孤老，餘年無幾，敏元請以身代，願諸君舍之。」賊曰：「此公於君何親？」敏元曰：「同邑人也。窮窶無子，依敏元爲命。諸君若欲役之，老不堪使，若欲食之，復

不如敏元，乞諸君哀也。」有一賊瞋目叱敏元曰：「吾不放此公，憂不得汝乎！」敏元奮劍曰：「吾豈望生邪！當殺汝而後死。此公窮老，神祇尙當哀矜之。吾親非骨肉，義非師友，但以見投之故，乞以身代。諸大夫慈惠，皆有聽吾之色，汝何有靦面目而發斯言！」顧謂諸盜長曰：「夫仁義何常，寧可失諸君子！上當爲高皇、光武之事，下豈失爲陳項乎！當取之由道，使所過稱詠威德，柰何容畜此人以損盛美！當爲諸君除此人，以成諸君霸王之業。」前將斬之。盜長遽止之，而相謂曰：「義士也！害之犯義。」乃俱免之。後仕劉曜，爲中書侍郎、太尉長史。

周該

周該，天門人也。性果烈，以義勇稱。雖不好學，而率由名教。叔父級爲宜都內史，亦忠節士也。聞譙王承立義湘州，甘卓又不同王敦之舉，而書檄不至，級謂該曰：「吾嘗疾王敦挾陵上之心，今稱兵構逆，有危社稷之勢。譙王宗室之望，據方州之重，建旗誓衆，圖襲武昌。甘安南少著勇名，士馬器械當今爲盛，聞與譙王剋期舉義。此乃烈士急病之秋，吾致死之時也，汝其成吾之志，申款于譙王乎？」該欣然奉命，潛至湘州，與承相見，口陳至誠。承大悅。會王敦遣其將魏乂圍承甚急，該乃與湘州從事周崎間出反命，俱爲乂所執，考之

至死，竟不言其故，緻由是獲免王敦之難。

桓雄

桓雄，長沙人也。少仕州郡。譙王承爲湘州刺史，命爲主簿。王敦之逆，承爲敦將魏乂所執，佐吏奔散，雄與西曹韓階、從事武延並毀服爲僮豎，隨承向武昌。乂見雄姿貌長者，進退有禮，知非凡人，有畏憚之色，因害之。

韓階

韓階，長沙人也。性廉謹篤慎，爲閭里所敬愛。刺史、譙王承辟爲議曹祭酒，轉西曹書佐。及承爲魏乂所執，送武昌，階與武延等同心隨從，在承左右。桓雄被害之後，二人執志愈固。及承遇禍，階、延親營殯斂，送柩還都，朝夕哭奠，俱葬畢乃還。

周崎

周崎，邵陵人也。爲湘州從事。王敦之難，譙王承使崎求救于外，與周該俱爲魏乂偵人所執，乂責崎辭情，臨以白刃。崎曰：「州將使求援于外，本無定指，隨時制宜耳。」又謂崎

曰：「汝爲我語城中，稱大將軍已破劉隗、戴若思，甘卓住襄陽，無復異議，三江州郡，萬里肅清，外援理絕。如是者，我當活汝。」崎僞許之。既到城下，大呼曰：「王敦軍敗於于湖，甘安南已克武昌，卽日分遣大衆來赴此急，努力堅守，賊今散矣！」乂於是數而殺之。

易雄

易雄字興長，長沙瀏陽人也。少爲縣吏，自念卑賤，無由自達，乃脫幘挂縣門而去。因習律令及施行故事，交結豪右，州里稍稱之。仕郡，爲主簿。張昌之亂也，執太守萬嗣，將斬之，雄與賊爭論曲直。賊怒，叱使牽雄斬之，雄趨出自若。賊又呼問之，雄對如初。如此者三，賊乃舍之。嗣由是獲免，雄遂知名。舉孝廉，爲州主簿，遷別駕。自以門寒，不宜久處上綱，謝職還家。後爲舂陵令。

刺史、譙王承既距王敦，將謀起兵以赴朝廷。雄承符馳檄遠近，列敦罪惡，宣募縣境，數日之中，有衆千人，負糧荷戈而從之。承既固守，而湘中殘荒之後，城池不完，兵資又闕。敦遣魏乂、李恒攻之，雄勉厲所統，扞禦累旬，士卒死傷者相枕。力屈城陷，爲乂所虜，意氣慷慨，神無懼色。送到武昌，敦遣人以檄示雄而數之。雄曰：「此實有之，惜雄位微力弱，不能救國之難。王室如燬，雄安用生爲！今日卽戮，得作忠鬼，乃所願也。」敦憚其辭正，釋之。衆人皆賀，雄笑曰：「昨夜夢乘車，挂肉其傍。夫肉必有筋，筋者斤也，車傍有斤，吾其戮乎！」尋而敦遣殺之。當時見者，莫不傷惋。

樂道融

樂道融，丹楊人也。少有大志，好學不倦，與朋友信，每約己而務周給，有國士之風。爲王敦參軍。

敦將圖逆，謀害朝賢，以告甘卓。卓以爲不可，遲留不赴。敦遣道融召之。道融雖爲敦佐，忿其逆節，因說卓曰：「主上躬統萬機，非專任劉隗。今慮七國之禍，故割湘州以削諸侯，而王氏擅權日久，卒見分政，便謂被奪耳。王敦背恩肆逆，舉兵伐主，國家待君至厚，今若同之，豈不負義！生爲逆臣，死爲愚鬼，永成宗黨之恥邪！君當僞許應命，而馳襲武昌，敦衆聞之，必不戰自散，大勳可就矣。」卓大然之，乃與巴東監軍柳純等露檄陳敦過逆，率所統致討，又遣齎表詣臺。卓性不果決，且年老多疑，遂待諸方同進，出軍稽遲。至豬口，敦聞卓已下兵，卓兄子卬時爲敦參軍，使卬求和於卓，令其旋軍。卓信之，將旋，主簿鄧騫與道融勸卓曰：「將軍起義兵而中廢，爲敗軍之將，竊爲將軍不取。今將軍之下，士卒各求其利，一旦而還，恐不可得也。」卓不從。道融晝夜涕泣諫卓，憂憤而死。

虞悝

虞悝，長沙人也。弟望，字子都。並有士操，孝悌廉信爲鄉黨所稱，而俱好臧否，以人倫爲己任。少仕州郡，兄弟更爲治中、別駕。元帝爲丞相，招延四方之士，多辟府掾，時人謂之「百六掾」。望亦被召，恥而不應。

譙王承臨州，知其名，檄悝爲長史。未到，遭母喪。會王敦作逆，承往弔悝，因留與語曰：「吾前被詔，遣鎮此州，正以王敦專擅，防其爲禍。今敦果爲逆謀，吾受任一方，欲率所領馳赴朝廷，而衆少糧乏，且始到貴州，恩信未著。卿兄弟南夏之翹儁，而智勇遠聞，古人墨絰卽戎，況今鯨鯢塞路，王室危急，安得遂罔極之情，忘忠義之節乎！如今起事，將士器械可以濟不？」悝、望對曰：「王敦居分陝之任，一旦構逆，圖危社稷，此天地所不容，人神所忿疾。大王不以猥劣，枉駕訪及，悝兄弟並受國恩，敢不自奮！今天朝中興，人思晉德，大王以宗子之親，奉信順而誅有罪，孰不荷戈致命！但鄙州荒弊，糧器空竭，舟艦寡少，難以進討。宜且收衆固守，傳檄四方，其勢必分，然後圖之，事可捷也。」承以爲然，乃命悝爲長史，望爲司馬，督護諸軍。湘東太守鄭澹，敦之姊夫也，不順承旨，遣望討之。望率衆一旅，直入郡斬澹，以徇四

中華書局

境。及魏乂來攻，望每先登，力戰而死。城破，悝復爲乂所執，將害之，子弟對之號泣，悝謂曰：「人生有死，闔門爲忠義鬼，亦何恨哉！」及王敦平，贈悝襄陽太守，望滎陽太守，遣謁者至墓，祭以少牢。

沈勁

沈勁字世堅，吳興武康人也。父充，與王敦構逆，衆敗而逃，爲部曲將吳儒所殺。勁當坐誅，鄉人錢舉匿之得免。其後竟殺讎人。

勁少有節操，哀父死于非義，志欲立勳以雪先恥。年三十餘，以刑家不得仕進。郡將王胡之深異之，及遷平北將軍、司州刺史，將鎮洛陽，上疏曰：「臣當藩衞山陵，式遏戎狄，雖義督羣心，人思自百，然方翦荆棘，奉宣國恩，艱難急病，非才不濟。吳興男子沈勁，清操著於鄉邦，貞固足以幹事。且臣今西，文武義故，吳興人最多，若令勁參臣府事者，見人既悅，義附亦衆。勁父充昔雖得罪先朝，然其門戶累蒙曠蕩，不審可得特垂沛然，許臣所上否？」詔聽之。勁既應命，胡之以疾病解職。

升平中，慕容恪侵逼山陵。時冠軍將軍陳祐守洛陽，衆不過二千，勁自表求配祐效力，因以勁補冠軍長史，令自募壯士，得千餘人，以助祐擊賊，頻以寡制衆。而糧盡援絕，祐懼

不能保全。會賊寇許昌，祐因以救許昌爲名，興寧三年，[二]留勁以五百人守城，祐率衆而東。會許昌已沒，祐因奔崖塢。勁志欲致命，欣獲死所。尋爲恪所攻，城陷，被執，神氣自若。恪奇而將宥之，其中軍將軍慕容虔曰：「勁雖奇士，觀其志度，終不爲人用。今若赦之，必爲後患。」遂遇害。恪還，從容言於慕容暐曰：「前平廣固，不能濟辟閭，今定洛陽而殺沈勁，實有愧於四海。」朝廷聞而嘉之，贈東陽太守。子赤黔爲大長秋。赤黔子叔任，義熙中爲益州刺史。

吉挹

吉挹字祖沖，馮翊蓮芍人也。祖朗，愍帝時爲御史中丞。西朝不守，朗歎曰：「吾智不能謀，勇不能死，何忍君臣相隨北面事賊虜乎！」乃自殺。

挹少有志節。孝武帝初，苻堅陷梁益，桓豁表挹爲魏興太守，尋加輕車將軍，領晉昌太守。以距堅之功，拜員外散騎侍郎。苻堅將韋鍾攻魏興，挹遣衆距之，斬七百餘級，加督五郡軍事。鍾率衆欲趣襄陽，挹又邀擊，斬五千餘級。鍾怒，迴軍圍之，挹又屢挫其鋭。其後賊衆繼至，挹力不能抗，城將陷，引刃欲自殺，其友止之曰：「且苟存以展他計，爲計不立，死未晚也。」挹不從，友人逼奪其刀。會賊執之，挹閉口不言，不食而死。

車騎將軍桓沖上言曰：「故輕車將軍、魏興太守吉挹祖朗，西臺傾覆，隕身守節。挹世篤忠孝，乃心本朝。臣亡兄溫昔伐咸陽，軍次灞水，挹攜將二弟，單馬來奔，錄其此誠，仍加擢授，自新野太守轉在魏興。久處兵任，委以邊戍，疆埸歸懷，著稱所莅。前年狡氐縱逸，浮河而下，挹孤城獨立，衆無一旅，外摧凶鋭，內固津要，虜賊舟船，俘馘千計。而賊并力攻圍，經歷時月，會襄陽失守，邊情沮喪，加衆寡勢殊，以至陷沒。挹辭氣慷慨，志在不辱，杖刃推戈，期之以隕，將吏持守，用不即斃，遂乃杜口無言，絕粒而死。挹參軍史穎，近於賊中得還，[三]齎挹臨終手疏，并具說意狀。挹之忠志，猶在可錄。若蒙天地垂曲宥之恩，則榮加枯朽，惠隆泉壤矣。」帝嘉之，追贈益州刺史。

王諒

王諒字幼成，丹楊人也。少有幹略，爲王敦所擢，參其府事，稍遷武昌太守。

初，新昌太守梁碩專威交土，迎立陶咸爲刺史。咸卒，王敦以王機爲刺史，碩發兵距機，自領交阯太守，乃迎前刺史修則子湛行州事。永興三年，敦以諒爲交州刺史。諒將之任，敦謂曰：「修湛、梁碩皆國賊也，卿至，便收斬之。」諒既到境，湛退還九眞。廣州刺史陶侃遣人誘湛來詣諒所，諒敕從人不得入閤，既前，執之。碩時在坐，曰：「湛故州將之子，有

罪可遣，不足殺也。」諒曰：「是君義故，無豫我事。」即斬之。碩怒而出。諒陰謀誅碩，使客刺之，弗克，遂率衆圍諒於龍編。陶侃遣軍救之，未至而諒敗。碩逼諒奪其節，諒固執不與，遂斷諒右臂。諒正色曰：「死且不畏，臂斷何有！」十餘日，憤恚而卒。碩據交州，凶暴酷虐，一境患之，竟爲侃軍所滅，傳首京都。

宋矩

宋矩字處規，敦煌人也。慷慨有志節。張重華據涼州地，以矩爲宛戍都尉。石季龍遣將麻秋攻大夏，護軍梁式[四]執太守宋晏，以城應秋。秋遣晏以書致矩。矩既至，謂秋曰：「辭父事君，當立功與義；苟功義不立，當守名節。矩終不背主覆宗，偷生於世。」先殺妻子，自刎而死。秋曰：「義士也！」命葬之。重華嘉其誠節，贈振威將軍。

車濟

車濟字萬度，敦煌人也。果毅有大量。張重華以爲金城令，爲石季龍將麻秋所陷，濟不爲秋屈。秋必欲降之，乃臨之以兵。濟辭色不撓，曰：「吾雖才非龐德，而受任同之。身可殺，志不可移。」乃伏劍而死。秋歎其忠節，以禮葬之。後重華迎致其喪，親臨慟哭，贈宜

禾都尉。

丁穆

丁穆字彥遠，譙國人也。積功勞，封眞定侯，累遷爲順陽太守。太元四年，除振武將軍、梁州刺史。受詔未發，會苻堅遣衆寇順陽，穆戰敗，被執至長安，稱疾不仕僞朝。堅又傾國南寇，穆與關中人士唱義，謀襲長安，事泄，遇害，臨死作表以付其妻周。其後周得至京師，詣闕上之。孝武帝下詔曰：「故順陽太守、眞定侯丁穆力屈身陷，而誠節彌固，直亮壯勁，義貫古烈。其喪柩始反，言尋傷悼。可贈龍驤將軍、雍州刺史，賻賜一依周虓故事。爲立屋宅，并給其妻衣食，以終厥身。」

辛恭靖

辛恭靖，隴西狄道人也。少有器幹，才量過人。隆安中，爲河南太守。會姚興來寇，恭靖固守百餘日，以無救而陷，被執至長安。興謂之曰：「朕將任卿以東南之事，可乎？」恭靖厲色曰：「我寧爲國家鬼，不爲羌賊臣。」興怒，幽之別室。經三年，至元興中，誑守者，乃踰垣而遁，歸于江東，安帝嘉之。桓玄請爲諮議參軍，置之朝首。尋而病卒。

羅企生

羅企生字宗伯，豫章人也。多才藝。初拜佐著作郎，以家貧親老，求補臨汝令，刺史王凝之請爲別駕。殷仲堪之鎮江陵，引爲功曹。累遷武陵太守。未之郡而桓玄攻仲堪，仲堪更以企生爲諮議參軍。仲堪多疑少決，企生深憂之，謂弟遵生曰：「殷侯仁而無斷，事必無成。成敗，天也，吾當死生以之。」仲堪果走，文武無送者，唯企生從焉。路經家門，遵生曰：「作如此分離，何可不執手！」企生迴馬授手，遵生有勇力，便牽下之，謂曰：「家有老母，將欲何之？」企生揮淚曰：「今日之事，我必死之。汝等奉養不失子道，一門之中有忠與孝，亦復何恨！」遵生抱之愈急。仲堪於路待之，企生遙呼曰：「生死是同，願少見待。」仲堪見企生無脫理，策馬而去。

玄至荊州，人士無不詣者，企生獨不往，而營理仲堪家。或謂之曰：「玄猜忍之性，未能取卿誠節，若遂不詣，禍必至矣。」企生正色曰：「我是殷侯吏，見遇以國士，爲弟以力見制，遂不我從，不能共殄醜逆，致此奔敗，亦何面目就桓求生乎！」玄聞之大怒，然素待企生厚，先遣人謂曰：「若謝我，當釋汝。」企生曰：「爲殷荊州吏，荊州奔亡，存亡未判，何顏復謝！」玄卽收企生，遣人問欲何言，答曰：「文帝殺嵇康，嵇紹爲晉忠臣，從公乞一弟，以養老母。」玄許之。又引企生於前，謂曰：「吾相遇甚厚，何以見負？今者死矣！」企生對曰：「使君既興晉陽之甲，軍次尋陽，並奉王命，各還所鎮，升壇盟誓，口血未乾，而生姦計。自傷力劣，不能翦滅凶逆，恨死晚也。」玄遂害之，時年三十七，衆咸悼焉。先是，玄以羔裘遺企生母胡氏，及企生遇害，卽日焚裘。

張禕

張禕，〔一三〕吳郡人也。少有操行。恭帝爲琅邪王，以禕爲郎中令。及帝踐阼，劉裕以禕帝之故吏，素所親信，封藥酒一甖付禕，密令鴆帝。禕既受命而歎曰：「鴆君而求生，何面目視息世間哉，不如死也！」因自飲之而死。

史臣曰：中散以膚受見誅，王儀以抗言獲戾，時皆可謂死非其罪也。偉元恥臣晉室，延祖甘赴危亡，所由之理雖同，所趣之塗卽異，而並見稱當世，垂芳竹帛，豈不以君父居在三之極，忠孝爲百行之先者乎！且裒獨善其身，故得全其孝，而紹兼濟于物，理宜竭其忠，可謂蘭桂異質而齊芳，韶武殊音而並美。或有論紹者以死難獲譏，揚搉言之，未爲篤論。夫君，天也，天可讎乎！安既享其榮，危乃違其禍，進退無據，何以立人！嵇生之隕身全節，用

此道也。

贊曰：重義輕生，亡軀殉節。勁松方操，嚴霜比烈。白刃可陵，貞心難折。道光振古，芳流來哲。

校勘記

〔一〕乂與成都王穎交戰　「乂」，各本誤作「又」，今從宋本。冊府七二二亦作「乂」。

〔二〕聖恩博遠　「恩」，各本作「思」，今從宋本。冊府七一三亦作「恩」。

〔三〕未知所限　「限」，各本作「恨」，今從殿本。

〔四〕王瑚　「瑚」，各本作「湖」。校文：據王隱傳、馬隆傳當作「瑚」。按：通鑑八五亦作「瑚」，今據改。

〔五〕衞博　通鑑八五作「衙博」。華陽國志八、廣韻九麻皆有「衙博」。

〔六〕馮翊太守緯　通鑑八八「緯」作「肅」。

〔七〕趙染　愍紀、劉琨傳作「趙冉」。

〔八〕青白城　參卷五校記。

〔九〕杜令　斠注：「杜」下當脫「陵」字。

〔一〇〕願以身代君　通志一六六「君」上有「使」字。

〔一〕興寧三年　周校：哀紀在興寧二年。按：通鑑亦在興寧二年，疑「三」爲「二」之誤。
〔二〕於賊中得還　各本均無「還」字，局本有，蓋據通志一六六補，今從之。
〔三〕梁式　「式」，各本作「㦴」，唯宋本作「式」，與張重華傳、通鑑九七合，今從之。
〔四〕張禕　通鑑一一九作「張偉」。

晉書卷九十

列傳第六十

良吏

漢宣帝有言：「百姓所以安其田里而無歎息愁恨之心者，政平訟理也。與我共此者，其唯良二千石乎！」此則長吏之官實爲撫導之本。是以東里相鄭，西門宰鄴，潁川黃霸，蜀郡文翁，或吏不敢欺，或人懷其惠，或教移齊魯，或政務寬和，斯並惇史播其徽音，良吏以爲準的。〔一〕

有晉肇茲王業，光啓霸圖，授方任能，經文緯武。泰始受禪，改物君臨，纂三葉之鴻基，膺百王之大寶，勞心庶績，垂意黎元，申敕守宰之司，屢發憂矜之詔，辭旨懇切，誨諭殷勤，欲使直道正身，抑末敦本。當此時也，可謂農安其業，吏盡其能者歟！而帝寬厚足以君人，明威未能厲俗，政刑以之私謁，賄賂於此公行，結綬者以放濁爲通，彈冠者以苟得爲貴，流

遁忘反，寖以爲常。劉毅抗賣官之言，當時以爲矯枉，察其風俗，豈虛也哉！爰及惠懷，中州鼎沸，逮於江左，晉政多門，元帝比少康之隆，處仲爲梗，海西微昌邑之罪，元子亂常，既權偪是憂，故羈縻成俗。莅職者爲身擇利，銓綜者爲人擇官，下僚多英儁之才，勢位必高門之胄，遂使良能之績僅有存焉。雖復茂弘以明允贊經綸，安石以時宗鎭雅俗，然外虞孔熾，內難方殷，而匡救彌縫，方免傾覆，弘風革弊，彼則未遑。今采其政績可稱者，以爲良吏傳。

魯芝

魯芝字世英，扶風郿人也。世有名德，爲西州豪族。父爲郭汜所害，芝繈褓流離，年十七，乃移居雍，耽思墳籍。郡舉上計吏，州辟別駕。魏車騎將軍郭淮爲雍州刺史，深敬重之。舉孝廉，除郎中。會蜀相諸葛亮侵隴右，淮復請芝爲別駕。事平，薦於公府，辟大司馬曹眞掾，轉臨淄侯文學。鄭袤薦於司空王朗，朗即加禮命。後拜騎都尉、參軍事、行安南太守，〔二〕遷尚書郎。曹眞出督關右，又參大司馬軍事。眞薨，宣帝代焉，乃引芝參驃騎軍事，轉天水太守。郡鄰于蜀，數被侵掠，戶口減削，寇盜充斥，芝傾心鎭衞，更造城市，數年間舊境悉復。遷廣平太守。天水夷夏慕德，老幼赴闕獻書，乞留芝。魏明帝許焉，仍策書嘉歎，勉以黃霸之美，加討寇將軍。

曹爽輔政，引爲司馬。芝屢有讜言嘉謀，爽弗能納。及宣帝起兵誅爽，芝率餘衆犯門斬關，馳出赴爽，勸爽曰：「公居伊周之位，一旦以罪見黜，雖欲牽黃犬，復可得乎！若挾天子保許昌，杖大威以羽檄徵四方兵，孰敢不從！捨此而去，欲就東市，豈不痛哉！」爽懦惑不能用，遂委身受戮。芝坐爽下獄，當死，而口不訟直，志不苟免。宣帝嘉之，赦而不誅。俄而起爲使持節、領護匈奴中郎將、振威將軍、并州刺史。以綏緝有方，遷大鴻臚。

高貴鄉公即位，賜爵關內侯，邑二百戶。毌丘儉平，隨例增邑二百戶，拜揚武將軍、荆州刺史。諸葛誕以壽春叛，文帝奉魏帝出征，徵兵四方，芝率荆州文武以爲先驅。誕平，進爵武進亭侯，又增邑九百戶。遷大尚書，掌刑理。

常道鄉公即位，進爵饒城鄉侯，又增邑八百戶，遷監青州諸軍事、振武將軍、青州刺史，轉平東將軍。五等建，封陰平伯。

武帝踐阼，轉鎮東將軍，進爵爲侯。帝以芝清忠履正，素無居宅，使軍兵爲作屋五十間。芝以年及懸車，告老遜位，章表十餘上，於是徵爲光祿大夫，位特進，給吏卒，門施行馬。羊祜爲車騎將軍，乃以位讓芝，曰：「光祿大夫魯芝潔身寡欲，和而不同，服事華髮，以禮終始，未蒙此選，臣更越之，何以塞天下之望！」上不從。其爲人所重如是。泰始九年卒，年八十四。帝爲舉哀，賵贈有加，謚曰貞，賜塋田百畝。

胡威

胡威字伯武，〔三〕一名貔，淮南壽春人也。父質，以忠清著稱，少與鄉人蔣濟、朱績俱知名於江淮間，仕魏至征東將軍、荆州刺史。威早厲志尚。質之爲荆州也，威自京都定省，家貧，無車馬僮僕，自驅驢單行。每至客舍，躬放驢，取樵炊爨，食畢，復隨侶進道。既至，見父，停廄中十餘日。告歸，父賜絹一匹爲裝。威曰：「大人清高，不審於何得此絹？」質曰：「是吾俸祿之餘，以爲汝糧耳。」威受之，辭歸。質帳下都督先威未發，請假還家，陰資裝於百餘里，要威爲伴，每事佐助。行數百里，威疑而誘問之，既知，乃取所賜絹與都督，謝而遣之。後因他信以白質，質杖都督一百，除吏名。其父子清慎如此。於是名譽著聞。拜侍御史，歷南鄉侯、安豐太守，遷徐州刺史。勤於政術，風化大行。

後入朝，武帝語及平生，因歎其父清，謂威曰：「卿孰與父清？」對曰：「臣不如也。」帝曰：「卿父以何爲勝耶？」對曰：「臣父清恐人知，臣清恐人不知，是臣不及遠也。」帝以威言直而婉，謙而順。累遷監豫州諸軍事、右將軍、豫州刺史，入爲尚書，加奉車都尉。

威嘗諫時政之寬，帝曰：「尚書郎以下，吾無所假借。」威曰：「臣之所陳，豈在丞郎令史，正謂如臣等輩，始可以肅化明法耳。」拜前將軍、監青州諸軍事、青州刺史，以功封平春侯。太康元年，卒于位，追贈使持節、都督青州諸軍事、鎮東將軍，餘如故，謚曰烈。子奕嗣。奕字次孫，仕至平東將軍。威弟羆，字季象，亦有幹用，仕至益州刺史、安東將軍。

杜軫

杜軫字超宗，蜀郡成都人也。父雄，綿竹令。軫師事譙周，博涉經書。州辟不就，爲郡功曹史。時鄧艾至成都，軫白太守曰：「今大軍來征，必除舊布新，明府宜避之，此全福之道也。」太守乃出。艾果遣其參軍牽弘自之郡，弘問軫前守所在，軫正色對曰：「前守達去就之機，輒自出官舍以俟君子。」弘器之，命復爲功曹，軫固辭。

察孝廉，除建寧令，導以德政，風化大行，夷夏悅服。秩滿將歸，羣蠻追送，賂遺甚多，軫一無所受，去如初至。又除池陽令，爲雍州十一郡最。百姓生爲立祠，得罪者無怨言。累遷尚書郎。

軫博聞廣涉，奏議駁論多見施用。時涪人李驤亦爲尚書郎，與軫齊名，每有論議，朝廷莫能踰之，號蜀有二郎。軫後拜犍爲太守，甚有聲譽。當遷，會病卒，年五十一。子毗。

毗字長基。州舉秀才，成都王穎辟大將軍掾，遷尚書郎，參太傅軍事。及洛陽覆沒，毗南渡江，王敦表爲益州刺史，將與宜都太守柳純共固白帝。杜弢遣軍要毗，遂遇害。

毗弟秀，字彥穎，爲羅尚主簿。州沒，爲氐賊李驤所得，欲用爲司馬。秀不受，見害。毗次子歆，舉秀才。

軫弟烈，明政事，察孝廉，歷平康、安陽令，所居有異績，遷衡陽太守。聞軫亡，因自表兄子幼弱，求去官，詔轉犍爲太守，蜀土榮之。後遷湘東太守，爲成都王穎郎中令，病卒。烈弟良，舉秀才，除新都令、涪陵太守，不就，補州大中正，卒。

竇允

竇允字雅，始平人也。出自寒門，清尚自修。少仕縣，稍遷郡主簿。察孝廉，除浩亹長。勤於爲政，勸課田蠶，平均調役，百姓賴之。遷謁者。泰始中，詔曰：「當官者能潔身修己，然後在公之節乃全。身善有章，雖賤必賞，此興化立教之務也。謁者竇允前爲浩亹長，以修勤清白見稱河右。是輩當擢用，使立行者有所勸。主者詳復參訪，有以旌表之。」拜臨水令。克己厲俗，改修政事，士庶悅服，咸歌詠之。遷鉅鹿太守，甚有政績。卒於官。

王宏

王宏字正宗，高平人，魏侍中粲之從孫也。魏時辟公府，累遷尚書郎，歷給事中。泰始初，爲汲郡太守，撫百姓如家，耕桑樹藝，屋宇阡陌，莫不躬自教示，曲盡事宜，在郡有殊績。司隸校尉石鑒上其政術，武帝下詔稱之曰：「朕惟人食之急，而懼天時水旱之運，夙夜警戒，念在於農。雖詔書屢下，敕厲殷勤，猶恐百姓廢惰以損生植之功。而刺史、二千石、百里長吏未能盡勤，至使地有遺利而人有餘力，每思聞監司糾舉能不，將行其賞罰，以明沮勸。今司隸校尉石鑒上汲郡太守王宏勤恤百姓，導化有方，督勸開荒五千餘頃，而熟田常課頃畝不減。比年普饑，人食不足，而宏郡界獨無匱乏，可謂能矣。其賜宏穀千斛，布告天下，咸使聞知。」

俄遷衞尉、河南尹、大司農，無復能名，更爲苛碎。坐桎梏罪人，以泥墨塗面，置深坑中，餓不與食，又擅縱五歲刑以下二十一人，爲有司所劾。帝以宏累有政績，聽以贖罪論。太康中，代劉毅爲司隸校尉，於是檢察士庶，使車服異制，庶人不得衣紫絳及綺繡錦績。帝常遣左右微行，觀察風俗，宏緣此復遣吏科檢婦人袒服，至褰發於路。論者以爲暮年謬妄，由是獲譏於世，復坐免官。後起爲尚書。太康五年卒，追贈太常。

曹攄

曹攄字顏遠，譙國譙人也。祖肇，魏衞將軍。攄少有孝行，好學善屬文，太尉王衍見而

器之，調補臨淄令。縣有寡婦，養姑甚謹。姑以其年少，勸令改適，婦守節不移。姑愍之，密自殺。親黨告婦殺姑，官爲考鞫，寡婦不勝苦楚，乃自誣。獄當決，適值攄到。攄知其有冤，更加辨究，具得情實，時稱其明。獄有死囚，歲夕，攄行獄，愍之，曰：「卿等不幸致此非所，如何？新歲人情所重，豈不欲暫見家邪？」衆囚皆涕泣曰：「若得暫歸，死無恨也。」攄悉開獄出之，剋日令還。掾吏固爭，咸謂不可。攄曰：「此雖小人，義不見負，自爲諸君任之。」至日，相率而還，並無違者，一縣歎服，號曰聖君。入爲尚書郎，轉洛陽令，仁惠明斷，百姓懷之。時天大雨雪，宮門夜失行馬，羣官檢察，莫知所在。攄使收門士，衆官咸謂不然。攄曰：「宮掖禁嚴，非外人所敢盜，必是門士以燎寒耳。」詰之，果服。以病去官。復爲洛陽令。

及齊王冏輔政，攄與左思俱爲記室督。冏嘗從容問攄曰：「天子爲賊臣所逼，莫有能奮。吾率四海義兵興復王室，今入輔朝廷，匡振時艱，或有勸吾還國，於卿意如何？」攄曰：「蕩平國賊，匡復帝祚，古今人臣之功未有如大王之盛也。然道罔隆而不殺，物無盛而不衰，非唯人事，抑亦天理。竊預下問，敢不盡情。願大王居高慮危，在盈思沖，精選百官，存公屏欲，舉賢進善，務得其才，然後脂車秣馬，高揖歸藩，則上下同慶，攄等幸甚。」冏不納。尋轉中書侍郎，長沙王乂以爲驃騎司馬。乂敗，免官。因丁母憂。惠帝末，起爲襄城太守。時襄城屢經寇難，攄綏懷振理，旬月克復。

永嘉二年，高密王簡鎮襄陽，以攄爲征南司馬。其年流人王逌等聚衆屯冠軍，寇掠城邑。簡遣參軍崔曠討之，令攄督護曠。曠，姦凶人也，譎攄前戰，期爲後繼，既而不至。攄獨與逌戰于酈縣，軍敗死之。故吏及百姓並奔喪會葬，號哭卽路，如赴父母焉。

潘京

潘京字世長，武陵漢壽人也。弱冠，郡辟主簿，太守趙廞甚器之，嘗問曰：「貴郡何以名武陵？」京曰：「鄙郡本名義陵，在辰陽縣界，與夷相接，數爲所攻，光武時移東出，遂得全完，共議易號。傳曰止戈爲武，詩稱高平曰陵，於是名焉。」爲州所辟，因謁見問策，探得「不孝」字，刺史戲京曰：「辟士爲不孝邪？」京舉版答曰：「今爲忠臣，不得復爲孝子。」其機辯皆此類。後太廟立，州郡皆遣使賀，京白太守曰：「夫太廟立，移神主，應問訊，不應賀。」遂遣京作文，使詣京師，以爲永式。

京仍舉秀才，到洛。尚書令樂廣，京州人也，共談累日，深歎其才，謂京曰：「君天才過人，恨不學耳。若學，必爲一代談宗。」京感其言，遂勤學不倦。時武陵太守戴昌亦善談論，與京共談，京假借之，昌以爲不如己，笑而遣之，令過其子若思，京方極其言論。昌竊聽之，乃歎服曰：「才不可假。」遂父子俱屈焉。歷巴丘、邵陵、泉陵三令。京明於政術，路不拾遺。

遷桂林太守，不就，歸家，年五十卒。

范晷

范晷字彥長，南陽順陽人也。少游學清河，遂徙家僑居。郡命爲五官掾，歷河內郡丞。太守裴楷雅知之，薦爲侍御史。調補上谷太守，遭喪，不之官。後爲司徒左長史，轉馮翊太守，甚有政能，善於綏撫，百姓愛悅之。徵拜少府，出爲涼州刺史，轉雍州。于時西土荒毀，氐羌蹈藉，田桑失收，百姓困弊，晷傾心化導，勸以農桑，所部甚賴之。元康中，加左將軍，卒於官。二子：廣、稚。

廣字仲將。舉孝廉，除靈壽令，不之官。姊適孫氏，早亡，有孫名邁，廣負以南奔，雖盜賊艱急，終不棄之。元帝承制，以爲堂邑令。丞劉榮坐事當死，郡劾以付縣。榮卽縣人，家有老母，至節，廣輒聽暫還，榮亦如期而反。縣堂爲野火所及，榮脫械救火，事畢，還自著械。後大旱，米貴，廣散私穀振饑人，至數千斛，遠近流寓歸投之，戶口十倍。卒於官。

稚少知名，辟大將軍掾，早卒。子汪，別有傳。

丁紹

丁紹字叔倫，〔四〕譙國人也。少開朗公正，早歷清官。爲廣平太守，政平訟理，道化大行。于時河北騷擾，靡有完邑，而廣平一郡四境乂安，是以皆悅其法而從其令。及臨漳被圍，南陽王模窘急，紹率郡兵赴之，模賴以獲全。模感紹恩，生爲立碑。遷徐州刺史，士庶戀慕，攀附如歸。未之官，復轉荆州刺史。從車千乘，南渡河至許。時南陽王模爲都督，留紹，啓轉爲冀州刺史。到鎭，率州兵討破汲桑有功，加寧北將軍、假節、監冀州諸軍事。時境內羯賊爲患，紹捕而誅之，號爲嚴肅，河北人畏而愛之。

紹自以爲才足爲物雄，當官莅政，每事克舉，視天下之事若運於掌握，遂慨然有董正四海之志矣。是時王浚盛於幽州，苟晞盛於青州，然紹視二人蔑如也。永嘉三年，暴疾而卒，臨終歎曰：「此乃天亡冀州，豈吾命哉！」懷帝策贈車騎將軍。

喬智明

喬智明字元達，鮮卑前部人也。少喪二親，哀毀過禮，長而以德行著稱。成都王穎辟爲輔國將軍。穎之敗趙王倫也，表智明爲殄寇將軍、隆慮、共二縣令。二縣愛之，號爲「神君」。部人張兌爲父報仇，母老單身，有妻無子，智明愍之，停其獄。歲餘，令兌將妻入獄，兼陰縱之。人有勸兌逃者，兌曰：「有君如此，吾何忍累之！縱吾得免，作何面目視息世

間！」於獄產一男。會赦，得免。其仁感如是。

惠帝之伐鄴也，穎以智明爲折衝將軍、參丞相前鋒軍事。智明勸穎奉迎乘輿，穎大怒曰：「卿名曉事，投身事孤。主上爲羣小所逼，將加非罪於孤，卿奈何欲使孤束手就刑邪！共事之義，正若此乎？」智明乃止。尋屬永嘉之亂，仕於劉曜。

鄧攸

鄧攸字伯道，平陽襄陵人也。祖殷，亮直强正。鍾會伐蜀，奇其才，自黽池令召爲主簿。賈充伐吳，請殷爲長史。後授皇太子詩，爲淮南太守。夢行水邊，見一女子，猛獸自後斷其盤囊。〔五〕占者以爲水邊有女，汝字也，斷盤囊者，新獸頭代故獸頭也，不作汝陰，當汝南也。果遷汝陰太守。後爲中庶子。

攸七歲喪父，尋喪母及祖母，居喪九年，以孝致稱。清和平簡，貞正寡欲。少孤，與弟同居。初，祖父殷有賜官，敕攸受之。後太守勸攸去王官，欲舉爲孝廉，攸曰：「先人所賜，不可改也。」嘗詣鎭軍賈混，混以人訟事示攸，使決之。攸不視，曰：「孔子稱聽訟吾猶人也，必也使無訟乎！」混奇之，以女妻焉。舉灼然二品，爲吳王文學，歷太子洗馬、東海王越參軍。越欽其爲人，轉爲世子文學、吏部郎。越弟騰爲東中郎將，請攸爲長史。出爲河東太守。

永嘉末，沒于石勒。然勒宿忌諸官長二千石，聞攸在營，馳召，將殺之。攸至門，門幹乃攸爲郎時幹，識攸，攸求紙筆作辭。幹候勒和悅，致之。勒重其辭，乃勿殺。勒長史張賓先與攸比舍，重攸名操，因稱攸于勒。勒召至幕下，與語，悅之，以爲參軍，給車馬。勒每東西，置攸車營中。勒夜禁火，犯之者死。攸與胡鄰轂，胡夜失火燒車。吏按問，胡乃誣攸。攸度不可與爭，遂對以弟婦散發溫酒爲辭。勒赦之。既而胡人深感，自縛詣勒以明攸，而陰遺攸馬驢，諸胡莫不歎息宗敬之。石勒過泗水，攸乃斫壞車，以牛馬負妻子而逃。又遇賊，掠其牛馬，步走，擔其兒及其弟子綏。度不能兩全，乃謂其妻曰：「吾弟早亡，唯有一息，理不可絕，止應自棄我兒耳。幸而得存，我後當有子。」妻泣而從之，乃棄之。其子朝棄而暮及。明日，攸繫之於樹而去。

至新鄭，投李矩。三年，將去，而矩不聽。荀組以爲陳郡、汝南太守，愍帝徵爲尚書左丞、長水校尉，皆不果就。後密捨矩去，投荀組於許昌，矩深恨焉，久之，乃送家屬還攸。攸與刁協、周顗素厚，遂至江東。元帝以攸爲太子中庶子。時吳郡闕守，人多欲之，帝以授攸。攸載米之郡，俸祿無所受，唯飲吳水而已。時郡中大饑，攸表振貸，未報，乃輒開倉救之。臺遣散騎常侍桓彝、虞𩦎慰勞饑人，觀聽善不，乃劾攸以擅出穀。俄而有詔原之。攸

在郡刑政清明，百姓歡悅，爲中興良守。後稱疾去職。郡常有送迎錢數百萬，攸去郡，不受一錢。百姓數千人留牽攸船，不得進，攸乃小停，夜中發去。吳人歌之曰：「紞如打五鼓，雞鳴天欲曙。鄧侯拖不留，〔六〕謝令推不去。」百姓詣臺乞留一歲，不聽。拜侍中。歲餘，轉吏部尚書。蔬食弊衣，周急振乏。性謙和，善與人交，賓無貴賤，待之若一，而頗敬媚權貴。

永昌中，代周顗爲護軍將軍。太寧二年，王敦反，明帝密謀起兵，乃遷攸爲會稽太守。初，王敦伐都之後，中外兵數每月言之於敦。攸已出在家，不復知護軍事，有惡攸者，誣攸尚白敦兵數。帝聞而未之信，轉攸爲太常。時帝南郊，攸病不能從。車駕過攸問疾，攸力病出拜。有司奏攸不堪行郊而拜道左，坐免。攸每有進退，無喜慍之色。久之，遷尚書右僕射。咸和元年卒，贈光祿大夫，加金章紫綬，祠以少牢。

攸棄子之後，妻不復孕。過江，納妾，甚寵之，訊其家屬，說是北人遭亂，憶父母姓名，乃攸之甥。攸素有德行，聞之感恨，遂不復畜妾，卒以無嗣。時人義而哀之，爲之語曰：「天道無知，使鄧伯道無兒。」弟子綏服攸喪三年。

吳隱之

吳隱之字處默，濮陽鄄城人，魏侍中質六世孫也。隱之美姿容，善談論，博涉文史，以

儒雅標名。弱冠而介立，有清操，雖日晏歠菽，不饗非其粟，儋石無儲，不取非其道。年十餘，丁父憂，每號泣，行人爲之流涕。事母孝謹，及其執喪，哀毀過禮。家貧，無人鳴鼓，每至哭臨之時，恒有雙鶴警叫，及祥練之夕，復有羣雁俱集，時人咸以爲孝感所至。嘗食鹹菹，以其味旨，掇而棄之。

與太常韓康伯鄰居，康伯母，殷浩之姊，賢明婦人也，每聞隱之哭聲，輟餐投筯，爲之悲泣。既而謂康伯曰：「汝若居銓衡，當舉如此輩人。」及康伯爲吏部尚書，隱之遂階清級，解褐輔國功曹，轉參征虜軍事。兄坦之爲袁眞功曹，眞敗，將及禍，隱之詣桓溫，乞代兄命，溫矜而釋之。遂爲溫所知賞，拜奉朝請、尚書郎，累遷晉陵太守。在郡清儉，妻自負薪。入爲中書侍郎、國子博士、太子右衞率，轉散騎常侍，領著作郎。孝武帝欲用爲黃門郎，以隱之貌類簡文帝，乃止。尋守廷尉、祕書監、御史中丞，領著作如故，遷左衞將軍。雖居清顯，祿賜皆班親族，冬月無被，嘗澣衣，乃披絮，勤苦同於貧庶。

廣州包帶山海，珍異所出，一篋之寶，可資數世，然多瘴疫，人情憚焉。唯貧寠不能自立者，求補長史，〔七〕故前後刺史皆多黷貨。朝廷欲革嶺南之弊，隆安中，以隱之爲龍驤將軍、廣州刺史、假節，領平越中郎將。未至州二十里，地名石門，有水曰貪泉，飲者懷無厭之欲。隱之既至，語其親人曰：「不見可欲，使心不亂。越嶺喪清，吾知之矣。」乃至泉所，酌而

飲之，因賦詩曰：「古人云此水，一歃懷千金。試使夷齊飲，終當不易心。」及在州，清操踰厲，常食不過菜及乾魚而已，帷帳器服皆付外庫，時人頗謂其矯，然亦終始不易。帳下人進魚，每剔去骨存肉，隱之覺其用意，罰而黜焉。元興初，詔曰：「夫孝行篤於閨門，清節厲乎風霜，實立人之所難，而君子之美致也。龍驤將軍、廣州刺史吳隱之孝友過人，祿均九族，菲己潔素，儉愈魚飧。夫處可欲之地，而能不改其操，饗惟錯之富，而家人不易其服，革奢務嗇，南域改觀，朕有嘉焉。可進號前將軍，賜錢五十萬、穀千斛。」

及盧循寇南海，隱之率厲將士，固守彌時，長子曠之戰沒。循攻擊百有餘日，踰城放火，焚燒三千餘家，死者萬餘人，城遂陷。隱之攜家累出，欲奔還都，爲循所得。循表朝廷，以隱之黨附桓玄，宜加裁戮，詔不許。劉裕與循書，令遣隱之還，久方得反。歸舟之日，裝無餘資。及至，數畝小宅，籬垣仄陋，內外茅屋六間，不容妻子。劉裕賜車牛，更爲起宅，固辭。尋拜度支尚書、太常，以竹篷爲屏風，坐無氈席。後遷中領軍，清儉不革，每月初得祿，裁留身糧，其餘悉分振親族，家人績紡以供朝夕。時有困絕，或并日而食，身恒布衣不完，妻子不霑寸祿。

義熙八年，請老致事，優詔許之，授光祿大夫，加金章紫綬，賜錢十萬、米三百斛。九年，卒，追贈左光祿大夫，加散騎常侍。隱之清操不渝，屢被褒飾，致事及於身沒，常蒙優錫顯贈，廉士以爲榮。

初，隱之爲奉朝請，謝石請爲衞將軍主簿。隱之將嫁女，石知其貧素，遣女必當率薄，乃令移廚帳助其經營。使者至，方見婢牽犬賣之，此外蕭然無辦。後至自番禺，其妻劉氏齎沈香一斤，隱之見之，遂投於湖亭之水。

子延之復厲清操，爲鄱陽太守。延之弟及子爲郡縣者，常以廉愼爲門法，雖才學不逮隱之，而孝悌潔敬猶爲不替。

史臣曰：魯芝等建旟剖竹，布政宣條，存樹威恩，沒留遺愛，咸見知明主，流譽當年。若伯武之潔己克勤，顏遠之申冤緩獄，鄧攸贏糧以述職，吳隱酌水以厲清，晉代良能，此焉爲最。而攸棄子存姪，以義斷恩，若力所不能，自可割情忍痛，何至預加徽纆，絕其奔走者乎！斯豈慈父仁人之所用心也？卒以絕嗣，宜哉！勿謂天道無知，此乃有知矣。世英蠹節曹氏，犯門斬關，宣帝收雷霆之威，奬忠貞之烈，豈非既已在我，欲其罵人者歟！

贊曰：猗歟良宰，嗣美前賢。威同御黠，靜若烹鮮。唯嘗吳水，但挹貪泉。人風既偃，俗化斯遷。

校勘記

〔一〕良吏以爲準的　「良吏」，各本均作「良能」，今從宋本。

〔二〕行安南太守　周校：地理志無安南郡，秦州有南安郡，故下就近轉天水太守，當作「南安」。

〔三〕伯武　斠注：魏志胡質傳注、世說德行注引晉陽秋均作「伯虎」，此唐人避諱改。按：通志一七〇亦作「伯虎」。

〔四〕丁紹　考證：「紹」，南陽王模傳作「邵」。校文：東海王越傳作「劭」。

〔五〕盤囊　斠注：書鈔七六引王隱晉書作「鞶囊」。按：御覽六九一引亦作「鞶囊」。鞶囊見班固與竇將軍牋及東觀漢記，詳桂馥札樸。

〔六〕鄧侯拖不留　局本作「拖」，宋本、殿本及御覽二六一、四六五引並作「挽」，職官分紀四一、樂府詩集八六「拖不留」作「挽不來」，局本蓋從通志一七〇改。

〔七〕求補長史　「長史」，李校：當作「長吏」。

晉書卷九十一

列傳第六十一

儒林

昔周德既衰，諸侯力政，禮經廢缺，雅頌陵夷。夫子將聖多能，固天攸縱，歎鳳鳥之不至，傷麟出之非時，於是乃删詩書，定禮樂，贊易道，修春秋，載籍逸而復存，風雅變而還正。其後卜商、衞賜、田、吳、孫、孟之儔，或親稟微言，或傳聞大義，猶能强晉存魯，藩魏郤秦，既抗禮於邦君，亦馳聲於海內。及嬴氏慘虐，棄德任刑，煬墳籍於埃塵，填儒林於坑穽，嚴是古之法，抵挾書之罪，先王徽烈，靡有孑遺。漢祖勃興，救焚拯溺，粗修禮律，未遑俎豆。逮于孝武，崇尚文儒。爰及東京，斯風不墜。於是傍求蠹簡，博訪遺書，創甲乙之科，擢賢良之舉，莫不紆青拖紫，服冕乘軒，或徒步而取公卿，或累旬以膺台鼎，故搢紳之士靡然嚮風，餘芳遺烈，焕乎可紀者也。洎當塗草創，深務兵權，而主好斯文，朝多君子，鴻儒

碩學，無乏於時。

武帝受終，憂勞軍國，時既初并庸蜀，方事江湖，訓卒厲兵，務農積穀，猶復修立學校，臨幸辟雍。而荀顗以制度贊惟新，鄭沖以儒宗登保傅，茂先以博物參朝政，子眞以好禮居秩宗，雖媿明揚，亦非遐棄。既而荆揚底定，區寓乂安，羣公草封禪之儀，天子發謙沖之詔，未足比隆三代，固亦擅美一時。惠帝纘戎，朝昏政弛，釁起宮掖，禍成藩翰。惟懷逮愍，喪亂弘多，衣冠禮樂，掃地俱盡。元帝運鍾百六，光啓中興，賀、荀、刁、杜諸賢並稽古博文，財成禮度。雖尊儒勸學亟降於綸言，東序西膠未聞於弦誦。明皇聰睿，雅愛流略，簡文玄默，敦悅丘墳，乃招集學徒，弘獎風烈，並時艱祚促，未能詳備。有晉始自中朝，迄於江左，莫不崇飾華競，祖述虛玄，擯闕里之典經，習正始之餘論，指禮法為流俗，目縱誕以清高，遂使憲章弛廢，名教穨毁，五胡乘間而競逐，二京繼踵以淪胥，運極道消，可為長歎息者矣。鄭沖等名位既隆，自有列傳，其餘編之于左，以續前史儒林云。

范平

范平字子安，吳郡錢塘人也。其先銍侯馥，避王莽之亂適吳，因家焉。平研覽墳素，遍該百氏，姚信、賀邵之徒皆從受業。吳時舉茂才，累遷臨海太守，政有異能。孫晧初，謝病還家，敦悅儒學。吳平，太康中，頻徵不起，年六十九卒。有詔追加謚號曰文貞先生，賀循勒碑紀其德行。

三子：奭、咸、泉，並以儒學至大官。泉子蔚，關內侯。家世好學，有書七千餘卷。遠近來讀者恒有百餘人，蔚為辦衣食。蔚子文才，亦幼知名。

文立

文立字廣休，巴郡臨江人也。蜀時游太學，專毛詩、三禮，師事譙周，門人以立為顏回，陳壽、李虔為游夏，羅憲為子貢。仕至尚書。蜀平，舉秀才，除郎中。泰始初，拜濟陰太守，入為太子中庶子。上表請以諸葛亮、蔣琬、費禕等子孫流徙中畿，宜見敍用，一以慰巴蜀之心，其次傾吳人之望，事皆施行。詔曰：「太子中庶子文立忠貞清實，有思理器幹。前在濟陰，政事修明。後事東宮，盡輔導之節。昔光武平隴蜀，皆收其賢才以敍之，蓋所以拔幽滯而濟殊方也。其以立為散騎常侍。」

蜀故尚書犍為程瓊雅有德業，與立深交。武帝聞其名，以問立，對曰：「臣至知其人，但年垂八十，稟性謙退，無復當時之望，不以上聞耳。」瓊聞之曰：「廣休可謂不黨矣，故吾善夫人也。」時西域獻馬，帝問立：「馬何如？」對曰：「乞問太僕。」帝善之。遷衞尉。咸寧末，卒。

所著章奏詩賦數十篇行於世。

陳邵

陳邵字節良，東海襄賁人也。郡察孝廉，不就。以儒學徵為陳留內史，累遷燕王師。撰周禮評，甚有條貫，行於世。泰始中，詔曰：「燕王師陳邵清貞潔靜，行著邦族，篤志好古，博通六籍，耽悅典誥，老而不倦，宜在左右以篤儒教。可為給事中。」卒於官。

虞喜

虞喜字仲寧，會稽餘姚人，光祿潭之族也。父察，吳征虜將軍。喜少立操行，博學好古。諸葛恢臨郡，屈為功曹。察孝廉，州舉秀才，司徒辟，皆不就。元帝初鎮江左，上疏薦喜。懷帝即位，公車徵拜博士，不就。喜邑人賀循為司空，先達貴顯，每詣喜，信宿忘歸，自云不能測也。

太寧中，與臨海任旭俱以博士徵，不就。復下詔曰：「夫興化致政，莫尚乎崇道教，明退素也。喪亂以來，儒雅陵夷，每覽子衿之詩，未嘗不慨然。臨海任旭、會稽虞喜並潔靜其操，歲寒不移，研精墳典，居今行古，志操足以勵俗，博學足以明道，前雖不至，其更以博士

徵之。」喜辭疾不赴。咸和末，詔公卿舉賢良方正直言之士，太常華恒舉喜爲賢良。會國有軍事，不行。咸康初，內史何充上疏曰：「臣聞二八舉而四門穆，十亂用而天下安，徽猷克闡，有自來矣。方今聖德欽明，思恢遐烈，旌輿整駕，俟賢而動。伏見前賢良虞喜天挺貞素，高尚邈世，束脩立德，皓首不倦，加以傍綜廣深，博聞强識，鑽堅研微有弗及之勤，處靜味道無風塵之志，高枕柴門，怡然自足。宜使蒲輪紆衡，以旌殊操，一則翼贊大化，二則敦勵薄俗。」疏奏，詔曰：「尋陽翟湯、會稽虞喜並守道清貞，不營世務，耽學高尚，操擬古人。往雖徵命而不降屈，豈素絲難染而搜引禮簡乎！政道須賢，宜納諸廊廟，其並以散騎常侍徵之。」又不起。

永和初，有司奏稱十月殷祭，京兆府君當遷祧室，征西、豫章、潁川三府君初毀主，內外博議不能決。時喜在會稽，朝廷遣就喜諮訪焉。其見重如此。

喜專心經傳，兼覽讖緯，乃著安天論以難渾、蓋，又釋毛詩略，注孝經，爲志林三十篇。凡所注述數十萬言，行於世。年七十六卒，無子。弟豫自有傳。[一]

劉兆

劉兆字延世，濟南東平人，漢廣川惠王之後也。兆博學洽聞，溫篤善誘，從受業者數千

人。武帝時五辟公府，三徵博士，皆不就。安貧樂道，潛心著述，不出門庭數十年。以春秋一經而三家殊塗，諸儒是非之議紛然，互爲讎敵，乃思三家之異，合而通之。周禮有調人之官，作春秋調人七萬餘言，皆論其首尾，使大義無乖，時有不合者，舉其長短以通之。又爲春秋左氏解，名曰全綜，公羊、穀梁解詁皆納經傳中，朱書以別之。又撰周易訓注，以正動二體互通其文。凡所讚述百餘萬言。

嘗有人著韡騎驢至兆門外，曰：「吾欲見劉延世。」兆儒德道素，青州無稱其字者，門人大怒。兆曰：「聽前。」既進，踞牀問兆曰：「聞君大學，比何所作？」兆答如上事，末云：「多有所疑。」客問之。兆說疑畢，客曰：「此易解耳。」因爲辯釋疑者是非耳。[二]兆別更立意，客一難，兆不能對。客去，已出門，兆欲留之，使人重呼還。客曰：「親親在此營葬，宜赴之，後當更來也。」既去，兆令人視葬家，不見此客，竟不知姓名。兆年六十六卒。有五子：卓、炤、燿、育、臍。

氾毓

氾毓字稚春，濟北盧人也。奕世儒素，敦睦九族，客居青州，逮毓七世，時人號其家「兒無常父，[三]衣無常主」。毓少履高操，安貧有志業。父終，居于墓所三十餘載，至晦朔，躬掃

墳壠，循行封樹，還家則不出門庭。或薦之武帝，召補南陽王文學、祕書郎、太傅參軍，並不就。

于時青土隱逸之士劉兆、徐苗等皆務教授，惟毓不蓄門人，清淨自守。時有好古慕德者諮詢，亦傾懷開誘，以一隅示之。合三傳爲之解注，撰春秋釋疑、肉刑論，凡所述造七萬餘言。年七十一卒。

徐苗

徐苗字叔胄，高密淳于人也。累世相承，皆以博士爲郡守。曾祖華，有至行。嘗宿亭舍，夜有神人告之「亭欲崩」，遽出，得免。祖邵，爲魏尚書郎，以廉直見稱。

苗少家貧，晝執鉏耒，夜則吟誦。弱冠，與弟賈就博士濟南宋鈞受業，遂爲儒宗。作五經同異評，又依道家著玄微論，前後所造數萬言，皆有義味。

性抗烈，輕財貴義，兼有知人之鑒。弟患口癰，膿潰，苗爲吮之。其兄弟皆早亡，撫養孤遺，慈愛聞于州里，田宅奴婢盡推與之。鄉鄰有死者，便輟耕助營棺槨，門生亡於家，即斂於講堂。其行己純至，類皆如此。遠近咸歸其義，師其行焉。

郡察孝廉，州辟從事、治中、別駕，舉異行，公府五辟博士，再徵，並不就。武惠時計吏

至臺，帝輒訪其安不。永寧二年卒，遺命濯巾澣衣，楡棺雜塼，露車載尸，葦席瓦器而已。

崔遊

崔遊字子相，上黨人也。少好學，儒術甄明，恬靖謙退，自少及長，口未嘗語及財利。魏末，察孝廉，除相府舍人，出爲氐池長，甚有惠政。以病免，遂爲廢疾。泰始初，武帝錄敍文帝故府僚屬，就家拜郎中。年七十餘，猶敦學不倦，撰喪服圖，行於世。及劉元海僭位，命爲御史大夫，固辭不就。卒於家，時年九十三。

范隆

范隆字玄嵩，鴈門人。父方，魏鴈門太守。隆在孕十五月，生而父亡。年四歲，又喪母，哀號之聲，感慟行路。單孤無緦功之親，疏族范廣愍而養之，迎歸教書，爲立祠堂。隆好學修謹，奉廣如父。博通經籍，無所不覽，著春秋三傳，撰三禮吉凶宗紀，甚有條義。

惠帝時，天下將亂，隆隱迹不應州郡之命，晝勤耕稼，夜誦書典。頗習祕曆陰陽之學，知并州將有氛祲之祥，故彌不復出仕。與上黨朱紀友善，嘗共紀游山，見一父老於窮澗之濱。父老曰：「二公何爲在此？」隆等拜之，仰視則不見。後與紀依于劉元海，元海以隆爲大

鴻臚，紀爲太常，並封公。隆死于劉聰之世，聰贈太師。

杜夷

杜夷字行齊，廬江灊人也。世以儒學稱，爲郡著姓。夷少而恬泊，操尙貞素，居甚貧窘，不營產業，博覽經籍百家之書，算曆圖緯靡不畢究。寓居汝潁之間，十載足不出門。年四十餘，始還鄉里，閉門教授，生徒千人。

惠帝時三察孝廉，州命別駕，永嘉初，公車徵拜博士，太傅、東海王越辟，並不就。懷帝詔王公舉賢良方正，刺史王敦以賀循爲賢良，夷爲方正，乃上疏曰：「臣聞有唐疇咨，元凱時登，漢武欽賢，俊彥響應，故能允協時雍，敷崇盛化。伏見太孫舍人會稽賀循、處士廬江杜夷履道彌高，清操絕俗，思學融通，才經王務。循宰二縣，皆有名績，備僚東宮，忠恪允著。夷清虛沖淡，與俗異軌，考槃空谷，肥遁匿跡。蓋經國之良寶，聘命之所急。若得待詔公車，承對冊問，必有忠讜良謨，弘益政道矣。」敦於是逼夷赴路。夷遁於壽陽。鎭東將軍周馥傾心禮接，引爲參軍，夷辭之以疾。馥知不可屈，乃自詣夷，爲起宅宇，供其醫藥。馥敗，夷歸舊居，道遇兵寇，刺史劉陶告廬江郡曰：「昔魏文侯軾干木之閭，齊相曹參尊崇蓋公，皆所以優賢表德，敦勵末俗。徵士杜君德懋行潔，高尙其志，頃流離道路，聞其頓躓，刺史忝任，

不能崇飾有道，而使高操之士有此艱屯。今遣吏宣慰，郡可遣一吏，縣五吏，恒營卹之，常以市租供給家人糧廩，勿令闕乏。」尋以胡寇，又移渡江，王導遣吏周贍之。元帝爲丞相，教曰：「今大義頹替，禮典無宗，朝廷滯義莫能攸正，宜特立儒林祭酒官，以弘其事。處士杜夷棲情遺遠，確然絕俗，才學精博，道行優備，其以夷爲祭酒。」夷辭疾，未嘗朝會。帝常欲詣夷，夷陳萬乘之主不宜往庶人之家。帝乃與夷書曰：「吾與足下雖情在忘言，然虛心歷載。正以足下羸疾，故欲相省，寧論常儀也！」又除國子祭酒。建武中，令曰：「國子祭酒杜夷安貧樂道，靜志衡門，日不暇給，雖原憲無以加也。其賜穀二百斛。」皇太子三至夷第，執經問義。夷雖逼時命，亦未嘗朝謁，國有大政，恒就夷諮訪焉。明帝卽位，夷自表請退。詔曰：「先王之道將墜於地，君下帷研思，今之劉、楊。搢紳之徒景仰軌訓，豈得高退，而朕靡所取則焉！」

太寧元年卒，年六十六。贈大鴻臚，謚曰貞子。夷臨終，遺命子晏曰：「吾少不出身，頃雖見羈錄，冠冕之飾，未嘗加體，其角巾素衣，斂以時服，殯葬之事，務從簡儉，亦不須苟取矯異也。」夷所著幽求子二十篇行於世。

晏仕至蒼梧太守。夷兄弟三人。兄崧，〔四〕字行高，亦有志節。惠帝時，俗多浮僞，著任子春秋以刺之。弟援，高平相。援子濬，右衞將軍。

董景道

董景道字文博，弘農人也。少而好學，千里追師，所在惟晝夜讀誦，略不與人交通。明春秋三傳、京氏易、馬氏尙書、韓詩，皆精究大義。三禮之義，專遵鄭氏，著禮通論非駁諸儒，演廣鄭旨。

永平中，知天下將亂，隱於商洛山，衣木葉，食樹果，彈琴歌笑以自娛，毒蟲猛獸皆繞其傍，是以劉元海及聰屢徵，皆礙而不達。至劉曜時出山，廬于渭汭。曜徵爲太子少傅、散騎常侍，並固辭，竟以壽終。

續咸

續咸字孝宗，上黨人也。性孝謹敦重，履道貞素。好學，師事京兆杜預，專春秋、鄭氏易，教授常數十人，博覽羣言，高才善文論。又修陳杜律，明達刑書。

永嘉中，歷廷尉平、東安太守。劉琨承制于幷州，以爲從事中郎。後遂沒石勒，勒以爲理曹參軍。持法平詳，當時稱其淸裕，比之于公。著遠游志、異物志、汲冢古文釋，皆十卷，行於世。年九十七，死于石季龍之世，季龍贈儀同三司。

徐邈

徐邈，東莞姑幕人也。祖澄之爲州治中，屬永嘉之亂，遂與鄉人臧琨等率子弟幷閭里士庶千餘家，南渡江，家于京口。父藻，都水使者。

邈姿性端雅，勤行勵學，博涉多聞，以愼密自居。少與鄉人臧壽齊名，下帷讀書，不游城邑。

及孝武帝始覽典籍，招延儒學之士，邈旣東州儒素，太傅謝安舉以應選。年四十四，始補中書舍人，在西省侍帝。雖不口傳章句，然開釋文義，標明指趣，撰正五經音訓，學者宗之。遷散騎常侍，猶處西省，前後十年，每被顧問，輒有獻替，多所匡益，甚見寵待。帝宴集酣樂之後，好爲手詔詩章以賜侍臣，或文詞率爾，所言穢雜，邈每應時收斂，還省刊削，皆使可觀，經帝重覽，然後出之。是時侍臣被詔者，或宣揚之，故時議以此多邈。及謝安薨，論者或有異同，邈固勸中書令王獻之奏加殊禮，仍崇進謝石爲尙書令，玄爲徐州。邈轉祠部郎，上南北郊宗廟迭毀禮，皆有證據。

豫章太守范甯欲遣十五議曹下屬城採求風政，幷吏假還，訊問官長得失。邈與甯書曰：

知足下遣十五議曹各之一縣，又吏假歸，白所聞見，誠是足下留意百姓，故廣其視聽。吾謂勸導以實不以文，十五議曹欲何所敷宣邪？庶事辭訟，足下聽斷允塞，則物理足矣。上有理務之心，則下之求理者至矣。日昃省覽，庶事無滯，則吏愼其負而人聽不惑，豈須邑至里詣，飾其游聲哉！非徒不足致益，乃是蠶漁之所資，又不可縱小吏爲耳目也。豈有善人君子而干非其事，多所告白者乎！君子之心，誰毀誰譽？如有所譽，必由歷試；如有所毀，必以著明。託社之鼠，政之甚害。自古以來，欲爲左右耳目者，無非小人，皆先因小忠而成其大不忠，先藉小信而成其大不信，遂使君子道消，善人與尸，前史所書，可爲深鑒。

足下選綱紀必得國士，足以攝諸曹；諸曹皆是良吏，則足以掌文案；又擇公方之人以爲監司，則清濁能否，與事而明。足下但平心居宗，何取於耳目哉！昔明德馬后未嘗顧與左右言，可謂遠識，況大丈夫而不能免此乎！

遷中書侍郎，專掌綸詔，帝甚親昵之。

初，范甯與邈皆爲帝所任使，共補朝廷之闕。甯才素高而措心正直，遂爲王國寶所讒，出守遠郡。邈孤宦易危，而無敢排强族，乃爲自安之計。會帝頗疏會稽王道子，邈欲和協之，因從容言於帝曰：「昔淮南、齊王，漢晉成戒。會稽王雖有酣媟之累，而奉上純一，宜加

弘貸，消散紛議，外爲國家之計，內慰太后之心。」帝納焉。邈嘗詣東府，遇衆賓沈湎，引滿諠譁。道子曰：「君時有暢不？」邈對曰：「邈陋巷書生，惟以節儉清修爲暢耳。」道子以邈業尚道素，笑而不以爲忤也。道子將用爲吏部郎，邈以波競成俗，非己所能節制，苦辭乃止。

時皇太子尚幼，帝甚鍾心，文武之選皆一時之俊。以邈爲前衞率，領本郡大中正，授太子經。帝謂邈曰：「雖未敕以師禮相待，然不以博士相遇也。」古之帝王，受經必敬，自魏晉以來，多使微人教授，號爲博士，不復尊以爲師，故帝有云。邈雖在東宮，猶朝夕入見，參綜朝政，修飾文詔，拾遺補闕，劬勞左右。帝嘉其謹密，方之於金霍，有託重之意，將進顯位，未及行而帝暴崩。

安帝卽位，拜驍騎將軍。隆安元年，遭父憂。邈先疾患，因哀毀增篤，不踰年而卒，年五十四，州里傷悼，識者悲之。

邈莅官簡惠，達於從政，論議精密，當時多諮稟之，觸類辯釋，問則有對。舊疑歲辰在卯，此宅之左則彼宅之右，何得俱忌於東。邈以爲太歲之屬，自是遊神，譬如日出之時，向東皆逆，非爲藏體地中也。所注穀梁傳，見重於時。

邈長子豁，有父風，以孝聞，爲太常博士、祕書郎。豁弟浩，散騎侍郎。鎭南將軍何無忌請爲功曹，出補西陽太守，與無忌俱爲盧循所害。邈弟廣，別有傳。

孔衍

孔衍字舒元，〔五〕魯國人，孔子二十二世孫也。祖文，〔六〕魏大鴻臚。父毓，征南軍司。衍少好學，年十二，能通詩書。弱冠，公府辟，本州舉異行直言，皆不就。避地江東，元帝引爲安東參軍，專掌記室。書令殷積，而衍每以稱職見知。中興初，與庾亮俱補中書郎。明帝之在東宮，領太子中庶子。于時庶事草創，衍經學深博，又練識舊典，朝儀軌制多取正焉。由是元明二帝並親愛之。

王敦專權，衍私於太子曰：「殿下宜博延朝彥，搜揚才俊，詢謀時政，以廣聖聰。」敦聞而惡之，乃啓出衍爲廣陵郡。時人爲之寒心，而衍不形于色。雖郡鄰接西賊，猶敎誘後進，不以戎務廢業。石勒嘗騎至山陽，敕其黨以衍儒雅之士，不得妄入郡境。視職朞月，以太興三年卒於官，年五十三。

衍雖不以文才著稱，而博覽過於賀循，凡所撰述，百餘萬言。

子啓，廬陵太守。

宗人夷吾有美名，博學不及衍，涉世聲譽過之。元帝以爲主簿，轉參軍，稍遷侍中，從太子左衞率，卒，追贈太僕。

范宣

范宣字宣子，陳留人也。年十歲，能誦詩書。嘗以刀傷手，捧手改容。人問痛邪，答曰：「不足爲痛，但受全之體而致毀傷，不可處耳。」家人以其年幼而異焉。少尚隱遁，加以好學，手不釋卷，以夜繼日，遂博綜衆書，尤善三禮。家至貧儉，躬耕供養。親沒，負土成墳，廬于墓側。太尉郗鑒命爲主簿，詔徵太學博士、散騎郎，並不就。

家于豫章，太守殷羨見宣茅茨不完，欲爲改宅，宣固辭之。庾爰之以宣素貧，加年荒疾疫，厚餉給之，宣又不受。爰之問宣曰：「君博學通綜，何以太儒？」宣曰：「漢興，貴經術，至於石渠之論，實以儒爲弊。正始以來，世尚老莊。逮晉之初，競以裸裎爲高。僕誠太儒，然『丘不與易』。」宣言談未嘗及老莊。客有問人生與憂俱生，不知此語何出。宣云：「出莊子至樂篇。」客曰：「君言不讀老莊，何由識此？」宣笑曰：「小時嘗一覽。」時人莫之測也。

宣雖閑居屢空，常以講誦爲業，譙國戴逵等皆聞風宗仰，自遠而至，諷誦之聲，有若齊、魯。太元中，順陽范甯爲豫章太守，甯亦儒博通綜，在郡立鄉校，敎授恒數百人。由是江州人士並好經學，化二范之風也。年五十四卒。著禮易論難皆行於世。

子輯，歷郡守、國子博士、大將軍從事中郎。自免歸，亦以講授爲事。義熙中，連徵

不至。

韋謏

韋謏字憲道，京兆人也。雅好儒學，善著述，於羣言祕要之義，無不綜覽。仕於劉曜，爲黃門郎。後又入石季龍，署爲散騎常侍，歷守七郡，咸以清化著名。又徵爲廷尉，識者擬之于、張。前後四登九列，六在尙書，二爲侍中，再爲太子太傅，封京兆公。好直諫，陳軍國之宜，多見允納。著伏林三千餘言，遂演爲典林二十三篇。凡所述作及集記世事數十萬言，皆深博有才義。

至冉閔，又署爲光祿大夫。時閔拜其子胤爲大單于，而以降胡一千處之麾下。謏諫曰：「今降胡數千，接之如舊，誠是招誘之恩。然胡羯本爲仇敵，今之款附，苟全性命耳。或有刺客，變起須臾，敗而悔之，何所及也！古人有言，一夫不可狃，[七]而況千乎！願誅屏降胡，去單于之號，深思聖王苞桑之誡也。」閔志在綏撫，銳於澄定，聞其言，大怒，遂誅之，并殺其子伯陽。

謏性不嚴重，好徇己之功，論者亦以是少之。嘗謂伯陽曰：「我高我曾重光累徽，我祖我考父父子子，汝爲我對，正値惡抵。」伯陽曰：「伯陽之不肖，誠如尊教，尊亦正値軟抵耳。」

謏慚無言。時人傳之以爲嗤笑。

范弘之

范弘之字長文，安北將軍汪之孫也。襲爵武興侯。雅正好學，以儒術該明，爲太學博士。時衞將軍謝石薨，請謚，下禮官議。弘之議曰：

石階藉門廕，屢登崇顯，總司百揆，翼贊三臺，閑練庶事，勤勞匪懈，內外僉議，皆曰與能。當淮肥之捷，勳拯危墜，雖皇威遐震，狡寇天亡，因時立功，石亦與焉。又開建學校，以延胄子，雖盛化未洽，亦愛禮存羊。然古之賢輔，大則以道事君，侃侃終日；次則厲身奉國，夙夜無怠；下則愛人惜力，以濟時務。此數者，然後可以免惟塵之譏，塞素餐之責矣。今石位居朝端，任則論道，唱言無忠國之謀，守職則容身而已，不可謂事君；貨黷京邑，聚斂無厭，不可謂厲身；坐擁大衆，侵食百姓，大東流於遠近，怨毒結於衆心，不可謂愛人；工徒勞於土木，思慮殫於機巧，紈綺盡於婢妾，財用縻於絲桐，不可謂惜力。此人臣之大害，有國之所去也。

先王所以正風俗，理人倫者，莫尚乎節儉，故夷吾受謗乎三歸，平仲流美於約己。自頃風軌陵遲，奢僭無度，廉恥不興，利競交馳，不可不深防原本，以絕其流。漢文襲弋綈之服，諸侯猶侈；武帝焚雉頭之裘，靡麗不息。良由儉德雖彰，而威禁不肅，道自我建，而刑不及物。若存罰其違，亡貶其惡，則四維必張，禮義行矣。

案謚法，因事有功曰「襄」，貪以敗官曰「墨」，宜謚曰襄墨公。

又論殷浩宜加贈謚，不得因桓溫之黜以爲國典，仍多敍溫移鼎之迹。時謝族方顯，桓宗猶盛，尙書僕射王珣，溫故吏也，素爲溫所寵，三怨交集，乃出弘之爲餘杭令。將行，與會稽王道子牋曰：

下官輕微寒士，謬得廁在俎豆，實懼辱累清流，惟塵聖世。竊以人君居廟堂之上，智周四海之外者，非徒聰明內照，亦賴羣言之助也。是以舜之佐堯，以啓闢爲首；咎繇謩禹，以侃侃爲先，故下無隱情之責，上收神明之功。敢緣斯義，志在輸盡。常以謝石黷累，應被清澄；殷浩忠貞，宜蒙褒顯，是以不量輕弱，先衆言之。而惡直醜正，其徒實繁，雖仰恃聖主欽明之度，俯賴明公愛物之隆，而交至之患，實有無賴。下官與石本無怨忌，生不相識，事無相干，正以國體宜明，不應稍計强弱。與浩年時邈絕，世不相及，無復藉聞，故老語其遺事耳，於下官之身有何痛癢，而當爲之犯時干主邪！

每覩載籍，志士仁人有發中心任直道而行者，有懷知陽愚負情曲從者，所用雖異，而並傳後世。故比干處三仁之中，箕子爲名賢之首。後人用捨，參差不同，各信所見，

率應而至，或榮名顯赫，或禍敗係踵，此皆不量時趣，以身嘗禍，雖有硜硜之稱，[八]而非大雅之致，此亦下官所不爲也。世人乃云下官正直，能犯艱難，斯談實過。下官知主上聖明，明公虛己，思求格言，必不使盡忠之臣屈於邪枉之門也。是以敢獻愚誠，布之執事，豈與昔人擬其輕重邪！亦以臣之事君，惟思盡忠而已，不應復計利鈍，事不允心則讜言悟主，義感於情則陳辭靡悔。若懷情藏意，蘊而不言，此乃古人所以得罪於明君，明君所以致法於羣下者也。

桓溫事跡，布在天朝，逆順之情，暴之四海。在三者臣子，情豈或異！凡厥黔首，誰獨無心！舉朝嘿嘿，未有唱言者，是以頓筆按氣，不敢多云。桓溫於亡祖，雖其意難測，求之於事，止免黜耳，非有至怨也。亡父昔爲溫吏，推之情禮，義兼他人。所以每懷憤發，痛若身首者，明公有以尋之。王珣以下官議殷浩謚，不宜暴揚桓溫之惡。珣感其提拔之恩，懷其入幙之遇，託以廢黜昏闇，建立聖明，自謂此事足以明其忠貞之節。明公試復以一事觀之。昔周公居攝，道致升平，禮樂刑政皆自己出。以德言之，周公大聖，以年言之，成王幼弱，猶復遠避君位，復子明辟。漢之霍光，大勳赫然，孝宣年未二十，亦反萬機。故能君臣俱隆，道邁千歲。若溫忠爲社稷，誠存本朝，便當仰遵二公，式是令矩，何不奉還萬機，退守藩屏？方提勒公王，匡總朝廷，豈爲先帝幼弱，未可

親政邪？將德桓溫，不能聽政邪？又逼脅袁宏，使作九錫，備物光赫，其文具存，朝廷畏怖，莫不景從，惟謝安、王坦之以死守之，故得稽留耳。會上天降怒，姦惡自亡，社稷危而復安，靈命墜而復構。

晉自中興以來，號令威權多出强臣，中宗、肅祖斂衽於王敦，先皇受屈於桓氏。今主上親覽萬機，明公光讚百揆，政出王室，人無異望，復不於今大明國典，作制百代，不審復欲待誰？先王統物，必明其典誥，貽厥孫謀，故令問休嘉，千歲承風。願明公遠覽殷周，近察漢魏，慮其所以危，求其所以安，如此而已。

又與王珣書曰：

見足下答仲堪書，深具義發之懷。夫人道所重，莫過君親，君親所係，忠孝而已。孝以揚親爲主，忠以節義爲先。〔九〕殷侯忠貞居正，心貫人神，加與先帝隆布衣之好，著莫逆之契，契闊艱難，夷嶮以之，雖受屈姦雄，志達千載，此忠貞之徒所以義干其心不獲以已者也。既當時貞烈之徒所究見，亦後生所備聞，吾亦何敢苟避狂狡，以欺聖明。足下不推居正之大致，而懷知己之小惠，欲以幙府之小節奪名教之重義，於君臣之際既以虧矣。尊大君以殷侯協契忠規，同戴王室，志厲秋霜，誠貫一時，殷侯所以得宣其義聲，實尊大君協贊之力也。足下不能光大君此之直志，乃感溫小顧，懷其曲澤，公在

聖世，欺罔天下，使丞相之德不及三葉，領軍之基一構而傾，此忠臣所以解心，孝子所以喪氣，父子之道固若是乎？足下言臣則非忠，語子則非孝。二者既亡，吾誰畏哉！

吾少嘗過庭，備聞祖考之言，未嘗不發憤衝冠，情見乎辭。當爾之時，惟覆亡是懼，豈暇謀及國家。不圖今日得操筆斯事，是以上憤國朝無正義之臣，次惟祖考有沒身之恨，豈得與足下同其肝膽邪！先君往亦嘗爲其吏，于時危懼，恒不自保，仰首聖朝，心口憤歎，豈復得計策名昔日，自同在三邪！昔子政以五世純臣，子駿以下委質王莽，先典既已正其逆順，後人亦已鑒其成敗。每讀其事，未嘗不臨文痛歎，憤愾交懷。以今況古，乃知一揆耳。

弘之詞雖亮直，終以桓、謝之故不調，卒於餘杭令，年四十七。

王歡

王歡字君厚，樂陵人也。安貧樂道，專精耽學，不營產業，常丐食誦詩，雖家無斗儲，意怡如也。其妻患之，或焚毀其書而求改嫁，歡笑而謂之曰：「卿不聞朱買臣妻邪？」時聞者多哂之。歡守志彌固，遂爲通儒。至慕容暐襲僞號，署爲國子博士，親就受經。遷祭酒。及暐爲苻堅所滅，歡死於長安。

史臣曰：范平等學府儒宗，譽隆望重，或質疑是屬，或師範攸歸，雖爲未及古人，故亦一時之俊。若仲寧之清貞守道，抗志柴門；行齊之居室屢空，棲心陋巷；文博之漱流枕石，鏟跡銷聲；宣子之樂道安貧，弘風闡教：斯並通儒之高尚者也。而邈協和主相，刊削繁辭，可謂將順其美，匡救其惡。舒元入參機務，明主賞其博聞；出莅邊隅，獷狄欽其明德。弘之抗言立論，不避朝權，貶石抵溫，斯爲當矣，遂乃厄於三怨，以至陵遲，悲夫！

贊曰：郁郁周文，洋洋漢典。炙輠流譽，解頤飛辯。雅誥弗淪，微言復顯。爰及晉代，斯風逾闡。

校勘記

〔一〕弟豫自有傳　「豫」當從本傳作「預」。

〔二〕因爲辯釋疑者是非耳　周校：「耳」衍文。

〔三〕兒無常父　斠注：文選奏彈劉整注引王隱晉書「父」作「母」。

〔四〕兄嵩　斠注：惠紀作「嵩」。

〔五〕孔衍字舒元　斠注：書鈔五七、七四引晉中興書均作「孔演」，御覽二二〇引晉中興書作「孔演

字元舒」。按：隋書經籍志、唐書藝文志俱作「孔衍」。

〔六〕祖文　斠注：魏志三少帝紀有散騎常侍諫議大夫孔乂奏；倉慈傳稱沛國孔乂，注引孔氏譜，孔乂字元儁，是「文」爲「乂」之譌。

〔七〕一夫不可狃　「狃」，各本作「忸」，殿本作「狃」，與左傳僖公十五年原文合，今從之。

〔八〕雖有硜硜之稱　「硜硜」，各本作「踁踁」，殿本則作「硜硜」，今從殿本，蓋此語本論語「鄙哉硜硜」。音義亦云「當作硜」。

〔九〕忠以節義爲先　「節義」，各本作「義節」，宋本作「節義」，今從之。

晉書卷九十二

列傳第六十二

文苑

夫文以化成，惟聖之高義，行而不遠，前史之格言，是以溫洛禎圖，綠字符其丕業；苑山靈篆，金簡成其帝載。既而書契之道聿興，鍾石之文逾廣，移風俗於王化，崇孝敬於人倫，經緯乾坤，彌綸中外，故知文之時義大哉遠矣！

洎姬曆云季，歌頌滋繁，荀宋之流，導源自遠，總金羈而齊鶩，揚玉軑而並馳，言泉會於九流，文律諧於六變。自時已降，軌躅同趣，西都賈馬耀靈蛇於掌握，東漢班張發雕龍於綈槧，俱標稱首，咸推雄伯。逮乎當塗基命，文宗鬱起，三祖叶其高韵，七子分其麗則，翰林總其菁華，典論詳其藻絢，彬蔚之美，競爽當年。獨彼陳王，思風遒舉，備乎典奧，懸諸日月。及金行纂極，文雅斯盛，張載擅銘山之美，陸機挺焚研之奇，潘夏連輝，頡頏名輩，並綜

采繁縟，杼軸清英，窮廣內之青編，緝平臺之麗曲，嘉聲茂迹，陳諸別傳。至於吉甫、太沖，江右之才傑；曹毗、庾闡，中興之時秀。信乃金相玉潤，林蒼川沖，埒美前修，垂裕來葉。今撰其鴻筆之彥，著之文苑云。

應貞

應貞字吉甫，汝南南頓人，魏侍中璩之子也。自漢至魏，世以文章顯，軒冕相襲，為郡盛族。貞善談論，以才學稱。夏侯玄有盛名，貞詣玄，玄甚重之。舉高第，頻歷顯位。武帝為撫軍大將軍，以為參軍。及踐阼，遷給事中。帝於華林園宴射，貞賦詩最美。其辭曰：

悠悠太上，人之厥初。皇極肇建，彝倫攸敷。五德更運，應籙受符。陶唐既謝，天曆在虞。於時上帝，乃顧惟眷。光我晉祚，應期納禪。位以龍飛，文以豹變。玄澤滂流，仁風潛扇。區內宅心，方隅迴面。天垂其象，地耀其文。鳳鳴朝陽，龍翔景雲。嘉禾重穎，蓂莢載芬。率土咸寧，人胥悅欣。

恢恢皇度，穆穆聖容。言思其允，貌思其恭。在視斯明，在聽斯聰。登庸以德，明試以功。其恭惟何？昧旦丕顯。無義不經，無理不踐。行舍其華，言去其辯。游心至虛，同規易簡。六府孔修，九有來踐。澤罔不被，化莫不加。聲教南暨，西漸流沙。幽

人肆險，遠國忘遐；越常重譯，充牣皇家。峨峨列辟，赫赫武臣。內和五品，外威四賓。順時貢職，入覲天人。備言錫命，羽蓋朱輪。

貽宴好會，不常厥數。神心所授，不言而喻。於時肆射，弓矢斯具。發彼五的，〔一〕有酒斯飫。文武之道，厥猷未墜。在昔先王，射御茲器。示武懼荒，過則有失。凡厥羣后，無懈于位。

初置太子中庶子官，貞與護軍長史孔恂俱為之。後遷散騎常侍，以儒學與太尉荀顗撰定新禮，未施行。泰始五年卒，文集行於世。

弟純。純子紹，永嘉中，至黃門郎，為東海王越所害。純弟秀，秀子詹，自有傳。

成公綏

成公綏字子安，東郡白馬人也。幼而聰敏，博涉經傳。性寡欲，不營資產，家貧歲飢，常晏如也。少有俊才，詞賦甚麗，閑默自守，不求聞達。時有孝烏，每集其廬舍，綏謂有反哺之德，以為祥禽，乃作賦美之，文多不載。又以「賦者貴能分賦物理，敷演無方，天地之盛，可以致思矣。歷觀古人未之有賦，豈獨以至麗無文，難以辭贊；不然，何其闕哉？」遂為天地賦曰：

惟自然之初載兮，道虛無而玄清，太素紛以溷淆兮，始有物而混成，何元一之芒昧兮，廓開闢而著形。爾乃清濁剖分，玄黃判離。太極既殊，是生兩儀，星辰煥列，日月重規，天動以尊，地靜以卑，昏明迭炤，或盈或虧，陰陽協氣而代謝，寒暑隨時而推移。三才殊性，五行異位，千變萬化，繁育庶類，授之以形，稟之以氣。色表文采，聲有音律，覆載無方，流形品物。鼓以雷霆，潤以慶雲，八風翱翔，六氣氤氳。蚑行蠕動，方聚類分，鱗殊族別，羽毛異羣，各含精而鎔冶，咸受範於陶鈞，何滋育之罔極兮，偉造化之至神！

若夫懸象成文，列宿有章，三辰燭燿，五緯重光，河漢委蛇而帶天，虹蜺偃蹇於昊蒼，望舒彌節於九道，羲和正轡於中黃，衆星回而環極，招搖運而指方，白獸峙據於參伐，青龍垂尾於心房，玄龜匿首於女虛，朱鳥奮翼於注張，帝皇正坐於紫宮，輔臣列位於文昌，垣屏駱驛而珠連，三台差池而雁翔，軒轅華布而曲列，攝提鼎跱而相望。若乃徵瑞表祥，災變呈異，交會薄蝕，抱暈帶珥，流逆犯歷，譴悟象事，蓬容著而妖害生，老人形而主受喜，天矢黃而國吉祥，彗孛發而世所忌。

爾乃旁觀四極，俯察地理，川瀆浩汗而分流，山嶽磊落而羅峙，滄海沆漭而四周，懸圃隆崇而特起，昆吾嘉於南極，燭龍曜於北阯，扶桑高于萬仞，尋木長于千里，崑崙鎮於陰隅，赤縣據於辰巳。於是八十一域，區分方別；風乖俗異，險斷阻絕。萬國羅

從事中郎。軍還，徙黃門侍郎、冀州刺史、太子中庶子。太康中卒，時年五十餘。所著詩賦論四十五首，遇亂多亡失。

子腆，字玄方，亦以文章顯。永嘉中爲襄城太守。弟嵩，字臺產，才藝尤美，爲太子中庶子、散騎常侍，爲石勒所殺。

褚陶

褚陶字季雅，吳郡錢塘人也。弱不好弄，少而聰慧，清淡閑默，以墳典自娛。年十三，作鷗鳥、水碓二賦，見者奇之。陶嘗謂所親曰：「聖賢備在黃卷中，捨此何求！」州郡辟，不就。吳平，召補尚書郎。張華見之，謂陸機曰：「君兄弟龍躍雲津，顧彥先鳳鳴朝陽，謂東南之寶已盡，不意復見褚生。」機曰：「公但未覩不鳴不躍者耳。」華曰：「故知延州之德不孤，〔四〕川嶽之寶不匱矣。」遷九眞太守，轉中尉。年五十五卒。

王沈

王沈字彥伯，高平人也。少有俊才，出於寒素，不能隨俗沈浮，爲時豪所抑。仕郡文學掾，鬱鬱不得志，乃作釋時論，其辭曰：

東野丈人觀時以居，隱耕汙腴之墟。有冰氏之子者，出自沍寒之谷，過而問塗。丈人曰：「子奚自？」曰：「自涸陰之鄉。」「奚適？」曰：「欲適煌煌之堂。」丈人曰：「入煌煌之堂者，必有赫赫之光。今子困於寒而欲求諸熱，無得熱之方。」冰子瞿然曰：「胡爲其然也？」丈人曰：「融融者皆趣熱之士，其得爐冶之門者，惟挾炭之子。苟非斯人，不如其已。」冰子曰：「吾聞宗廟之器不要華林之木，四門之賓何必冠蓋之族。前賢有解韋索而佩朱韍，舍徒擔而乘丹轂。由此言之，何恤而無祿！惟先生告我塗之速也。」

丈人曰：「嗚呼！子聞得之若是，不知時之在彼。吾將釋子。夫道有安危，時有險易，才有所應，行有所適。英奇奮於從横之世，賢智顯於霸王之初，當厄難則騁權譎以良圖，值制作則展儒道以暢攄，是則衰龍出於緼褐，卿相起於匹夫，故有朝賤而夕貴，先卷而後舒。當斯時也，豈計門資之高卑，論勢位之輕重乎！今則不然。上聖下明，時隆道寧，羣后逸豫，宴安守平。百辟君子，奕世相生，公門有公，卿門有卿。指禿腐骨，不簡蚩儜。多士豐於貴族，爵命不出閨庭。四門穆穆，綺襦是盈，仍叔之子，皆爲老成。賤有常辱，貴有常榮，肉食繼踵於華屋，疏飯襲跡於耨耕。談名位者以諂媚附勢，舉高譽者因資而隨形。至乃空嚚者以泓噌爲雅量，瑣慧者以淺利爲鎗鎗，脢胎者以無檢爲弘曠，僂垢者以守意爲堅貞，嘲哮者以粗發爲高亮，韞蠢者以色厚爲篤誠，痷婪者以博納爲通濟，眂眂者以難入爲凝清，拉答者有沈重之譽，嗛閃者得清剿之聲，嗆哼怯畏於謙讓，闒茸勇敢於饕諍。斯皆寒素之死病，榮達之嘉名。凡茲流也，視其用心，察其所安，責人必急，於己恒寬。德無厚而自貴，位未高而自尊，眼罔嚮而遠視，鼻䶑𪖐而刺天。忌惡君子，悅媚小人，敖蔑道素，懾吁權門。心以利傾，智以勢惛，姻黨相扇，毀譽交紛。當局迷於所受，聽採惑於所聞。京邑翼翼，羣士千億，奔集勢門，求官買職，童僕闚其車乘，閽寺相其服飾，親客陰參於靖室，疏賓徙倚於門側。時因接見，矜厲容色，心懷內荏，外詐剛直，譚道義謂之俗生，論政刑以爲鄙極。高會曲宴，惟言遷除消息，官無大小，問是誰力。今以子孤寒，懷眞抱素，志陵雲霄，偶景獨步，直順常道，關津難渡，欲騁韓盧，時無狡兔，衆塗圮塞，投足何錯！」

於是冰子釋然乃悟曰：「富貴人之所欲，貧賤人之所惡。僕少長於孔顏之門，久處於清寒之路，不謂熱勢自共遮錮。敬承明誨，服我初素，彈琴詠典，以保年祚。伯成、延陵，高節可慕。丹轂滅族，呂霍哀吟，朝榮夕滅，旦飛暮沈。聃周道師，巢由德林，豐屋蔀家，易著明箴。人薄位尊，積罰難任，三郤尸晉，宋華咎深，投局正幅，實獲我心。」

是時王政陵遲，官才失實，君子多退而窮處，遂終于里閭。

元康初，松滋令吳郡蔡洪字叔開，有才名，作孤奮論，與釋時意同，讀之者莫不歎息焉。

張翰

張翰字季鷹，吳郡吳人也。父儼，吳大鴻臚。翰有清才，善屬文，而縱任不拘，時人號爲「江東步兵」。會稽賀循赴命入洛，經吳閶門，於船中彈琴。翰初不相識，乃就循言譚，便大相欽悅。問循，知其入洛，翰曰：「吾亦有事北京。」便同載卽去，而不告家人。

齊王冏辟爲大司馬東曹掾。冏時執權，翰謂同郡顧榮曰：「天下紛紛，禍難未已。夫有四海之名者，求退良難。吾本山林間人，無望於時。子善以明防前，以智慮後。」榮執其手，愴然曰：「吾亦與子採南山蕨，飲三江水耳。」翰因見秋風起，乃思吳中菰菜、蓴羹、鱸魚膾，曰：「人生貴得適志，何能羈宦數千里以要名爵乎！」遂命駕而歸。著首丘賦，文多不載。俄而冏敗，人皆謂之見機。然府以其輒去，除吏名。

翰任心自適，不求當世。或謂之曰：「卿乃可縱適一時，獨不爲身後名邪？」答曰：「使我有身後名，不如卽時一杯酒。」時人貴其曠達。性至孝，遭母憂，哀毀過禮。年五十七卒。其文筆數十篇行於世。

庾闡

庾闡字仲初，潁川鄢陵人也。祖輝，安北長史。父東，以勇力聞。武帝時，有西域健胡趫捷無敵，晉人莫敢與校。帝募勇士，惟東應選，遂撲殺之，名震殊俗。闡好學，九歲能屬文。少隨舅孫氏過江。母隨兄肇爲樂安長史，在項城。永嘉末，爲石勒所陷，闡母亦沒。闡不櫛沐，不婚宦，絕酒肉，垂二十年，鄉親稱之。

州舉秀才，元帝爲晉王，辟之，皆不行。後爲太宰、西陽王羕掾，累遷尚書郎。蘇峻之難，闡出奔郗鑒，爲司空參軍。峻平，以功賜爵吉陽縣男，拜彭城內史。鑒復請爲從事中郎。尋召爲散騎侍郎，領大著作。頃之，出補零陵太守，入湘川，弔賈誼。其辭曰：

中興二十三載，余忝守衡南，鼓枻三江，路次巴陵，望君山而過洞庭，涉湘川而觀汨水，臨賈生投書之川，慨以永懷矣。及造長沙，觀其遺象，喟然有感，乃弔之云。

偉哉蘭生而芳，玉產而潔，陽葩熙冰，寒松負雪，莫邪挺鍔，天驥汗血，苟云其雋，誰與比傑！是以高明倬茂，獨發奇秀，道率天眞，不議世疚，煥乎若望舒燿景而焯羣星，矯乎若翔鸞拊翼而逸宇宙也。飛榮洛汭，擢穎山東，質清浮磬，聲若孤桐，琅琅其璞，巖巖其峯，信道居正，而以天下爲公，方駕逸步，不以曲路期通。是以張高弦悲，聲激柱落，清唱未和，而桑濮代作；雖有惠音，莫過韶濩；雖有騰鱗，終仆一壑。嗚呼！大庭既邈，玄風悠緬，皇道不以智隆，上德不以仁顯。三五親譽，其軌可仰而標；霸功雖逸，

其塗可翼而闡，悲矣先生，何命之蹇！懷寶如玉，而生運之淺！

昔咎繇謩虞，呂尙歸昌，德協充符，乃應帝王。夷吾相桓，漢登蕭張，草廬三顧，臭若蘭芳。是以道隱則蠖屈，數感則鳳覩，若棲不擇木，翔非九五，雖曰玉折，儁才何補！夫心非死灰，智必存形，形託神王，〔五〕故能全生。奈何蘭膏，揚芳漢庭，摧景飆風，獨喪厥明。悠悠太素，存亡一指，道來斯通，世往斯圮。吾哀其生，未見其死，敢不敬弔，寄之淥水。

後以疾，徵拜給事中，復領著作。吳國內史虞潭爲太伯立碑，闡製其文。又作揚都賦，爲世所重。年五十四卒，謚曰貞，所著詩賦銘頌十卷行於世。

子肅之，亦有文藻著稱，歷給事中、相府記室、湘東太守。太元中卒。

曹毗

曹毗字輔佐，譙國人也。高祖休，魏大司馬。父識，右軍將軍。毗少好文籍，善屬詞賦。郡察孝廉，除郎中，蔡謨舉爲佐著作郎。父憂去職。服闋，遷句章令，徵拜太學博士。時桂陽張碩爲神女杜蘭香所降，毗因以二篇詩嘲之，并續蘭香歌詩十篇，甚有文彩。又著揚都賦，亞於庾闡。

累遷尚書郎、鎭軍大將軍從事中郎、下邳太守。以名位不至，著對儒以自釋。其辭曰：

或問曹子曰：「夫寶以含珍爲貴，士以藏器爲峻，麟以絕迹標奇，松以負霜稱雋，是以蘭生幽澗，玉輝千仞。故子州浮滄瀾而龍蟠，吳季忽萬乘以解印，虞公潛崇巖以頤神，梁生適南越以保愼，固能全眞養和，夷跡洞潤，陵冬揚芳，披雪獨振也。

今子少睎冥風，弱挺秀容，奇發幼齡，翰披孺童。吐辭則藻落揚班，抗心則志擬高鴻，味道則理貫莊肆，研妙則穎奪豪鋒。固以騰廣莫而萋蒨，排素薄而青蔥者矣，何必以刑禮爲己任，申韓爲宏通！既登東觀，染史筆；又據太學，理儒功。曾無玄韵淡泊，逸氣虛洞，養采幽翳，晦明蒙籠。不追林棲之迹，不希抱鱗之龍，不營練眞之術，不慕內聽之聰。而處汎位以核物，扇塵教以自濛，負鹽車以顯能，飾一己以求恭。退不居漆園之場，出不躡曾城之衢，游不踐綽約之室，越不希騄駬之蹤；徒以區區之懷而整名目之典，覆簣之量而塞北川之洪，檢名實於俄頃之間，定得失乎一管之鋒。

子若謂我果是邪？則是不必以合俗。子若云俗果非邪？則俗非不可以苟從。〔六〕俗我紛以交爭，利害渾而彌重，何異執朽轡以御逸駟，承勁風以握秋蓬，役恬性以充勞府，對羣物以耦怨讎者乎？子不聞乎終軍之穎，賈生之才，拔奇山東，玉映漢臺，可謂響播六合，聲駭嬰孩，而見毀絳灌之口，身離狼狽之災。由此言之，名爲實賓，福萌禍

胎，朝敷榮華，夕歸塵埃，未若澄虛心於玄圃，蔭瑤林於蓬萊，絕世事而雋黃綺，鼓滄川而浪龍鯤者矣。蒙竊惑焉。」

主人煥耳而笑，欣然而言曰：「夫兩儀既闢，陰陽汗浩，五才迭用，化生紛擾，萬類云云，孰測其兆！故不登閬風，安以瞻殊目之形？不步景宿，何以觀恢廓之表？是以迷粗者循一往之智，狷介者守一方之矯，豈知火林之蔚炎柯，冰津之擢陽草！故大人達觀，任化昏曉，出不極勞，處不巢皓，在儒亦儒，在道亦道，運屈則紆其清暉，時申則散其龍藻，此蓋員動之用舍，非尋常之所寶也。

今三明互照，二氣載宣，玄教夕凝，朗風晨鮮，道以才暢，化隨理全。故五典克明於百揆，虞音齊響於五絃，安期解褐於秀林，漁父擺鉤於長川。如斯則化無不融，道無不延，風澄于俗，波清于川。方將舞黃虯於慶雲，招儀鳳於靈山，流玉醴乎華闥，秀朱草於庭前。何有違理之患，累眞之嫌！子徒知辯其說而未測其源，明朝菌不可喻晦朔，〔七〕蟪蛄無以觀大年，固非管翰之所述，聊敬對以終篇。」

累遷至光祿勳，卒。凡所著文筆十五卷，傳於世。

李充

中華書局

驚曰：「此太逼人！」因罷。愷之每食甘蔗，恒自尾至本。人或怪之。云：「漸入佳境。」

尤善丹青，圖寫特妙，謝安深重之，以爲有蒼生以來未之有也。愷之每畫人成，或數年不點目精。人問其故，答曰：「四體妍蚩，本無闕少於妙處，〔一七〕傳神寫照，正在阿堵中。」嘗悅一鄰女，挑之弗從，乃圖其形於壁，以棘針釘其心，女遂患心痛。愷之因致其情，女從之，遂密去針而愈。愷之每重嵇康四言詩，因爲之圖，恒云：「手揮五絃易，目送歸鴻難。」每寫起人形，妙絕於時，嘗圖裴楷象，頰上加三毛，觀者覺神明殊勝。又爲謝鯤象，在石巖裏，云：「此子宜置丘壑中。」欲圖殷仲堪，仲堪有目病，固辭。愷之曰：「明府正爲眼耳，若明點瞳子，飛白拂上，使如輕雲之蔽月，豈不美乎！」仲堪乃從之。愷之嘗以一廚畫糊題其前，寄桓玄，皆其深所珍惜者。玄乃發其廚後，竊取畫，而緘閉如舊以還之，紿云未開。愷之見封題如初，但失其畫，直云妙畫通靈，變化而去，亦猶人之登仙，了無怪色。

愷之矜伐過實，少年因相稱譽以爲戲弄。又爲吟詠，自謂得先賢風制。或請其作洛生詠，答曰：「何至作老婢聲！」義熙初，爲散騎常侍，與謝瞻連省，夜於月下長詠，瞻每遙贊之，愷之彌自力忘倦。瞻將眠，令人代己，愷之不覺有異，遂申旦而止。尤信小術，以爲求之必得。桓玄嘗以一柳葉紿之曰：「此蟬所翳葉也，取以自蔽，人不見己。」愷之喜，引葉自蔽，玄就溺焉，愷之信其不見己也，甚以珍之。

初，愷之在桓溫府，常云：「愷之體中癡黠各半，合而論之，正得平耳。」故俗傳愷之有三絕：才絕，畫絕，癡絕。年六十二，卒於官，所著文集及啓蒙記行於世。

郭澄之

郭澄之字仲靜，太原陽曲人也。少有才思，機敏兼人。調補尚書郎，出爲南康相。値盧循作逆，流離僅得還都。劉裕引爲相國參軍。從裕北伐，既克長安，裕意更欲西伐，集僚屬議之，多不同。次問澄之，澄之不答，西向誦王粲詩曰：「南登霸陵岸，迴首望長安。」裕便意定，謂澄之曰：「當與卿共登霸陵岸耳。」因還。

澄之位至裕相國從事中郎，封南豐侯，卒於官，所著文集行於世。

史臣曰：夫賞好生於情，剛柔本於性，情之所適，發乎詠歌，而感召無象，風律殊製。至於應貞宴射之文，極形言之美，華林羣藻罕或疇之。子安幼標明敏，少蓄清思，懷天地之寥廓，賦辭人之所遺，特構新情，豈常均之所企！太沖含豪歷載，以賦三都，士安見而稱善，平原覩而韜翰，匪惟高步當年，故以騰華終古。鄒湛之持論，棗據之緣情，實南陽之人傑，蓋潁川之時秀。季雅摛屬遒邁，夙備成德，稱爲泉岱之珍，固其然矣。彥伯未能混迹光塵，而

屈乎卑位，釋時宏論，亦足見其志耳。季鷹縱誕一時，不邀名爵，黃花之什，濬發神府。仲初之文，風流可尙，擢秀士林，揚都之美，〔一八〕尤重時彥。曹毗沈研祕籍，踠足下僚，綺靡降神之歌，朗暢對儒之論。李充之學箴，信淸壯也。袁宏東征、名臣之作，抑潘陸之亞。玄度學藝優贍，筆削擅奇，降帝問於西堂，故其榮觀也。君章耀湘中之寶，挺荆楚之材，夢鳥發乎精誠，豈獨日者之蛟鳳！長康矜能過實，譚諧取容，而才多逸氣，故有三絕之目。仲靜機思通敏，延譽清流，德與西伐之計，取定於微指者矣。

贊曰：爻象垂法，宮徵流音。美哉羣彥，揚蕤翰林。俱諧振玉，各擅鏘金。子安、太沖，遒文綺爛。袁、庾、充、愷，縟藻霞煥。架彼辭人，共超淸貫。

校勘記

〔一〕發彼互的　「互的」，周校：文選作「五的」。按：「五的」卽「五正」，見周禮射人。「互」蓋形譌。

〔二〕蔡邕之於典引也　「邕」，各本誤作「雍」。蔡邕注典引，在文選中，今據改。

〔三〕陳留衞權　「權」，各本作「瓘」。嚴可均全晉文注：左思傳有「陳留衞瓘」，乃「衞權」之誤。按：魏志衞臻傳裴松之注云，臻孫權，晉尙書郎，作左思吳都賦敍及注。今據改。

〔四〕故知延州之德不孤　「延州」，各本作「延門」，今從吳本作「延州」，與世說賞譽注引褚氏家傳

合。通志一七五亦作「延州」。延州指吳季子，見左傳襄公三十一年及淮南子精神訓。

〔五〕形託神王　「王」，局本作「川」，殿本作「用」，宋本作「王」，今從宋本。「王」卽「旺」。

〔六〕則俗非不可以苟從　周校：「俗」衍文。

〔七〕明朝菌不可喻晦朔　「喻」，各本作「踰」，今從宋本，與莊子「朝菌不知晦朔」原義合。

〔八〕率爾與左右微服泛江　「率爾」，各本作「率耳」，今從宋本。通志一七五亦作「率爾」。

〔九〕豈天懷發中　李校：文選「豈」下有「非」字，是，此脫。

〔一〇〕總角料主　「料」，各本作「斷」，局本作「料」，與文選合，今從之。

〔一一〕糾獸雖驚　「獸」，袁宏原文作「虎」，文選及李善注可證。蓋唐人修史避諱改。下「端委獸門」同。

〔一二〕吳楚陳蔡之與地　斠注：寰宇記一二九引「與」作「輿」。

〔一三〕歷黃門郎　各本於「黃門郎」下有「侍郎」二字，宋本無。今從宋本。

〔一四〕伐木爲材　通志一七五「材」作「牀」，與類聚六一引羅含別傳合。

〔一五〕白布纏根樹旒旐　斠注：世說排調「根」作「棺」，「樹」作「豎」。

〔一六〕臨深池　册府八三四及世說排調「臨」上並有「夜半」二字。

〔一七〕本無闕少於妙處　御覽七五〇作「本無關於妙處」，與世說巧藝合。

〔一八〕揚都之美　「揚都」，各本誤作「陽都」。周校：當作「揚都」，庾闡有揚都賦。今據改。

晉書卷九十三

列傳第六十三

外戚

詳觀往誥，逖聽前聞，階緣外戚以致顯榮者，其所由來尚矣。而多至禍敗，鮮克令終者，何哉？豈不由祿以恩升，位非德舉，識慚明悊，材謝經通，假椒房之寵靈，總軍國之樞要，或威權震主，或勢力傾朝，居安而不慮危，務進而不知退，驕奢既至，釁隙隨之者乎！是以呂霍之家誅夷於西漢，梁鄧之族剿絕於東都，其餘干紀亂常，害時蠹政者，不可勝載。至若樊靡卿之父子，竇廣國之弟兄，陰興之守約戒奢，史丹之掩惡揚善，斯並后族之所美者也。由此觀之，干時縱溢者必以凶終，守道謙沖者永保貞吉，古人所謂禍福無門，惟人所召，此非其效歟！

逮于晉難，始自宮掖。楊駿藉武帝之寵私，叨竊非據，賈謐乘惠皇之蒙昧，成此厲階，

遂使悼后遇雲林之災，愍懷濫湖城之酷。天人道盡，喪亂弘多，宗廟以之顛覆，黎庶於焉殄瘁。詩云：「赫赫宗周，褒姒滅之。」其此之謂也。爰及江左，未改覆車。庾亮世族羽儀，王恭高門領袖，既而職兼出納，任切股肱。孝伯竟以亡身，元規幾於敗國，豈不哀哉！若褚季野之畏避朝權，王叔仁之固求出鎮，用能全身遠害，有可稱焉。賈充、楊駿、庾亮、王獻之、王恭等已入列傳，其餘卽敍其成敗，以爲外戚篇云。

羊琇

羊琇字稚舒，景獻皇后之從父弟也。父耽，官至太常。兄瑾，尚書右僕射。琇少與郡計，參鎮西鍾會軍事，從平蜀。及會謀反，琇正言苦諫，還，賜爵關內侯。

琇涉學有智算，少與武帝通門，甚相親狎，每接筵同席，嘗謂帝曰：「若富貴見用，任領護各十年。」帝戲而許之。初，帝未立爲太子，而聲論不及弟攸，文帝素意重攸，恒有代宗之議。琇密爲武帝畫策，甚有匡救。又觀察文帝爲政損益，揆度應所顧問之事，皆令武帝默而識之。其後文帝與武帝論當世之務及人間可否，武帝荅無不允，由是儲位遂定。及帝爲撫軍，命琇參軍事。帝卽王位後，擢琇爲左衞將軍，封甘露亭侯。帝踐阼，累遷中護軍，加散騎常侍。琇在職十三年，典禁兵，豫機密，寵遇甚厚。

初，杜預拜鎮南將軍，朝士畢賀，皆連榻而坐。琇與裴楷後至，曰：「杜元凱乃復以連榻而坐客邪？」遂不坐而去。

琇性豪侈，費用無復齊限，而屑炭和作獸形以溫酒，洛下豪貴咸競效之。又喜遊讌，以夜續晝，中外五親無男女之別，時人譏之。然黨慕勝己，其所推奉，便盡心無二。窮窘之徒，特能振恤。選用多以得意者居先，不盡銓次之理。將士有冒官位者，爲其致節，不惜軀命。然放恣犯法，每爲有司所貸。其後司隸校尉劉毅劾之，應至重刑，武帝以舊恩，直免官而已。尋以侯白衣領護軍。頃之，復職。

及齊王攸出鎮也，琇以切諫忤旨，左遷太僕。既失寵憤怨，遂發病，以疾篤求退。拜特進，加散騎常侍，還第，卒。帝手詔曰：「琇與朕有先后之親，少小之恩，歷位外內，忠允茂著。不幸早薨，朕甚悼之。其追贈輔國大將軍、開府儀同三司，賜東園祕器，朝服一襲，錢三十萬，布百匹。」謚曰威。

王恂 弟虔 愷

王恂字良夫，文明皇后之弟也。父肅，魏蘭陵侯。恂文義通博，在朝忠正，累遷河南尹，建立二學，崇明五經。鬲令袁毅嘗餽以駿馬，恂不受。及毅敗，受貨者皆被廢黜焉。

魏氏給公卿已下租牛客戶數各有差，自後小人憚役，多樂爲之，貴勢之門動有百數。又太原諸部亦以匈奴胡人爲田客，多者數千。武帝踐位，詔禁募客，恂明峻其防，所部莫敢犯者。咸寧四年卒，贈車騎將軍。恂弟虔、愷。

虔字恭祖。以功幹見稱，累遷衞尉，封安壽亭侯，拜平東將軍、假節、監青州諸軍事。徵爲光祿勳，轉尚書，卒。子士文嗣，歷右衞將軍、南中郎將，鎮許昌，爲劉聰所害。

愷字君夫。少有才力，歷位清顯，雖無細行，有在公之稱。以討楊駿勳，封山都縣公，邑千八百戶。遷龍驤將軍，領驍騎將軍，加散騎常侍，尋坐事免官。起爲射聲校尉，久之，轉後將軍。愷既世族國戚，性復豪侈，用赤石脂泥壁。石崇與愷將爲鴆毒之事，司隸校尉傅祗劾之，有司皆論正重罪，詔特原之。由是衆人僉畏愷，故敢肆其意，所欲之事無所顧憚焉。及卒，謚曰醜。

楊文宗

楊文宗，武元皇后父也。其先事漢，四世爲三公。文宗爲魏通事郎，襲封蓩亭侯。早

卒，以后父，追贈車騎將軍，謚曰穆。

羊玄之

羊玄之，惠皇后父，尚書右僕射瑾之子也。玄之初爲尚書郎，以后父，拜光祿大夫、特進、散騎常侍，更封興晉侯。遷尚書右僕射，加侍中，進爵爲公。成都王穎之攻長沙王乂也，以討玄之爲名，遂憂懼而卒。追贈車騎將軍、開府儀同三司。

虞豫 子胤

虞豫，元敬皇后父也。少有美稱，州郡禮辟，並不就。拜南陽王文學。早卒。明帝即位，追贈散騎常侍、驃騎大將軍、開府儀同三司、平山縣侯。子胤嗣。

胤，敬后弟也。初拜散騎常侍，遷步兵校尉。太寧末，追贈豫官，以胤襲侯爵，轉右衞將軍。與南頓王宗俱爲明帝所昵，並典禁兵。及帝不豫，宗以陰謀發覺，事連胤，帝隱忍不問，徙胤爲宗正卿，加散騎常侍。咸和二年，宗伏誅，左遷胤爲桂陽太守，秩中二千石。頻徙琅邪、廬陵太守。咸康元年卒，追贈衞將軍，加散騎常侍。子洪襲爵。

庾琛

庾琛字子美，明穆皇后父也。兄袞，在孝友傳。琛永嘉初爲建威將軍，過江，爲會稽太守，徵爲丞相軍諮祭酒。卒官，以后父追贈左將軍，妻毋丘氏追封鄉君，子亮陳先志不受。咸和中，成帝又下詔追贈琛驃騎將軍、儀同三司，亮又辭焉。亮在列傳。

杜乂

杜乂字弘理，〔二〕成恭皇后父，鎮南將軍預孫，尚書左丞錫之子也。性純和，美姿容，有盛名於江左。王羲之見而目之曰：「膚若凝脂，眼如點漆，此神仙人也。」桓彝亦曰：「衞玠神清，杜乂形清。」襲封當陽侯，辟公府掾，爲丹楊丞。早卒，無男，生后而乂終，妻裴氏嫠居養后，以禮自防，甚有德音。咸康初，追贈金紫光祿大夫，謚曰穆。封裴氏爲高安鄉君，邑五百戶。至孝武帝時，崇進爲廣德縣君。裴氏壽考，百姓號曰杜姥。初，司徒蔡謨甚器重乂，嘗言於朝曰：「恨諸君不見杜乂也。」其爲名流所重如此。

褚裒

褚裒字季野，康獻皇后父也。祖䂮，有局量，以幹用稱。嘗爲縣吏，事有不合，令欲鞭之，䂮曰：「物各有所施，榱椽之材不合以爲藩落也，願明府垂察。」乃捨之。家貧，辭吏。年垂五十，鎮南將軍羊祜與䂮有舊，言於武帝，始被升用，官至安東將軍。父洽，武昌太守。

裒少有簡貴之風，與京兆杜乂俱有盛名，冠于中興。譙國桓彝見而目之曰：「季野有皮裏陽秋。」言其外無臧否，而內有所褒貶也。謝安亦雅重之，恒云：「裒雖不言，而四時之氣亦備矣。」

初辟西陽王掾、吳王文學。蘇峻之構逆也，車騎將軍郗鑒以裒爲參軍。峻平，以功封都鄉亭侯，稍遷司徒從事中郎，除給事黃門侍郎。康帝爲琅邪王時，將納妃，妙選素望，詔娉裒女爲妃，於是出爲豫章太守。及康帝即位，徵拜侍中，遷尚書。以后父，苦求外出，除建威將軍、江州刺史，鎮半洲。〔三〕在官清約，雖居方伯，恒使私童樵採。頃之，徵爲衞將軍，領中書令。裒以中書銓管詔命，不宜以姻戚居之，固讓，詔以爲左將軍、兗州刺史、都督兗州徐州之琅邪諸軍事，假節，鎮金城，又領琅邪內史。

初，裒總角詣庾亮，亮使郭璞筮之。卦成，璞駭然，亮曰：「有不祥乎？」璞曰：「此非人臣卦，不知此年少何以乃表斯祥？二十年外，吾言方驗。」及此二十九年而康獻皇太后臨朝，有司以裒皇太后父，議加不臣之禮，拜侍中、衞將軍、錄尚書事，持節、都督、刺史如故。裒

以近戚，懼獲譏嫌，上疏固請居藩，曰：「臣以虛鄙，才不周用，過蒙國恩，累忝非據。無勞受寵，負愧實深，豈可復加殊特之命，顯號重疊！臣有何勳可以克堪？何顏可以冒進？委身聖世，豈復遺力！實懼顛墜，所誤者大。今王略未振，萬機至殷，陛下宜委誠宰輔，一遵先帝任賢之道，虛己受成，坦平心於天下，無宜內示私親之舉，〔四〕朝野失望，所損豈少！」於是改授都督徐兗青揚州之晉陵吳國諸軍事、衞將軍、徐兗二州刺史，假節，鎮京口。

永和初，復徵裒，將以爲揚州、錄尚書事。吏部尚書劉遐說裒曰：「會稽王令德，國之周公也，足下宜以大政付之。」裒長史王胡之亦勸焉，於是固辭歸藩，朝野咸歎服之。進號征北大將軍、開府儀同三司，固辭開府。裒又以政道在於得才，宜委賢任能，升敬舊齒，乃薦前光祿大夫顧和、侍中殷浩。疏奏，即以和爲尚書令，浩爲揚州刺史。

及石季龍死，裒上表請伐之，即日戒嚴，直指泗口。朝議以裒事任貴重，不宜深入，可先遣偏師。裒重陳前所遣前鋒督護王頤之等徑造彭城，示以威信，後遣督護麋嶷進軍下邳，賊即奔潰，嶷率所領據其城池，今宜速發，以成聲勢，於是除征討大都督青、揚、徐、兗、豫五州諸軍事。裒率衆三萬徑進彭城，河朔士庶歸降者日以千計，裒撫納之，甚得其歡心。先遣督護徐龕伐沛，〔五〕獲僞相支重，郡中二千餘人歸降。魯郡山有五百餘家，亦建義請援，裒遣龕領銳卒三千迎之。龕違裒節度，軍次代陂，爲石遵將李菟所敗，〔六〕死傷太半，龕

執節不撓，爲賊所害。裒以春秋責帥，授任失所，威略虧損，上疏自貶，以征北將軍行事，求留鎮廣陵。詔以偏帥之責，不應引咎，逋寇未殄，方鎮任重，不宜貶降，使還鎮京口，解征討都督。

時石季龍新死，其國大亂，遺戶二十萬口渡河，將歸順，乞師救援。會裒已旋，威勢不接，莫能自拔，皆爲慕容皝及苻健之衆所掠，死亡咸盡。裒以遠圖不就，憂慨發病。及至京口，聞哭聲甚衆，裒問：「何哭之多？」左右曰：「代陂之役也。」裒益慚恨。永和五年卒，年四十七，遠近嗟悼，吏士哀慕之。贈侍中、太傅，本官如故，謚曰元穆。子歆，字幼安，以學行知名，歷散騎常侍、秘書監。

何準 子澄

何準字幼道，穆章皇后父也。高尚寡欲，弱冠知名，州府交辟，並不就。兄充爲驃騎將軍，勸其令仕，準曰：「第五之名何減驃騎？」準兄弟中第五，故有此言。充居宰輔之重，權傾一時，而準散帶衡門，不及人事，唯誦佛經，修營塔廟而已。徵拜散騎郎，不起。年四十七卒。升平元年，追贈金紫光祿大夫，封晉興縣侯。子惔以父素行高潔，表讓不受。三子：放、惔、澄。

放繼充。

惔官至南康太守，早卒。惔子元度，西陽太守；次叔度，太常卿、尚書。

澄字季玄，起家秘書郎，轉丞，清正有器望，累遷秘書監、太常、中護軍。孝武帝深愛之，以爲冠軍將軍、吳國內史。太元末，琅邪王出居外第，妙選師傅，徵拜尚書，領琅邪王師。安帝即位，遷尚書左僕射，典選，王師如故。時澄腳疾，固讓，特聽不朝，坐家視事。又領本州大中正。及桓玄執政，以疾奏免，卒于家。安帝反正，追贈金紫光祿大夫。長子籍，早卒。次子融，元熙中，爲大司農。

王濛 子脩

王濛字仲祖，哀靖皇后父也。曾祖黯，歷位尚書。祖佑，北軍中候。父訥，新淦令。濛少時放縱不羈，不爲鄉曲所齒，晚節始克己勵行，有風流美譽，虛己應物，恕而後行，莫不敬愛焉。事諸母甚謹，奉祿資產常推厚居薄，喜慍不形於色，不修小潔，而以清約見稱。善隸書。美姿容，嘗覽鏡自照，稱其父字曰：「王文開生如此兒邪！」居貧，帽敗，自入市買之，嫗悅其貌，遺以新帽，時人以爲達。與沛國劉惔齊名友善，惔常稱濛性至通，而自然有節。濛每云：「劉君知我，勝我自知。」時人以惔方荀奉倩，濛比袁曜卿，凡稱風流者，舉濛、惔爲宗焉。

司徒王導辟爲掾。導復引匡術弟孝，濛致牋於導曰：「開國承家，小人勿用。杖德義以尹天下，方將澄清彝倫，崇重名器。夫軍國殊用，文武異容，豈可令涇渭混流，虧清穆之風，以允答具瞻，〔六〕儀形海內！」導不答。後出補長山令，復爲司徒左西屬。濛以此職有譴則應受杖，固辭。詔爲停罰，猶不就。徙中書郎。

簡文帝之爲會稽王也，嘗與孫綽商略諸風流人，綽言曰：「劉惔清蔚簡令，王濛溫潤恬和，桓溫高爽邁出，謝尚清易令達，而濛性和暢，能言理，辭簡而有會。」及簡文帝輔政，益貴幸之，與劉惔號爲入室之賓。轉司徒左長史。晚求爲東陽，不許。及濛病，乃恨不用之。濛聞之曰：「人言會稽王癡，竟癡也！」疾漸篤，於燈下轉麈尾視之，歎曰：「如此人曾不得四十也！」年三十九卒。臨殯，劉惔以犀杷麈尾置棺中，因慟絕久之。謝安亦常稱美濛云：「王長史語甚不多，可謂有令音。」有二子：脩、蘊。

脩字敬仁，小字苟子。〔七〕明秀有美稱，善隸書，號曰流奕清舉。年十二，作賢全論。濛以示劉惔曰：「敬仁此論，便足以參微言。」起家著作郎、琅邪王文學，轉中軍司馬，未拜而

卒，年二十四。臨終，歎曰：「無愧古人，年與之齊矣。」

王遐

王遐字桓子，簡順皇后父，〔八〕驃騎將軍述之從叔也。少以華族，仕至光祿勳。寧康初，追贈特進、光祿大夫，加散騎常侍，謚曰靖。

長子恪，領軍將軍。恪子欣之，豫章太守，秩中二千石。欣之弟歡之，廣州刺史。遐少子臻，崇德衛尉。

王蘊

王蘊字叔仁，孝武定皇后父，司徒左長史濛之子也。起家佐著作郎，累遷尚書吏部郎。性平和，不抑寒素，每一官缺，求者十輩，蘊無所是非。時簡文帝爲會稽王，輔政，蘊輒連狀白之，曰：「某人有地，某人有才。」務存進達，各隨其方，故不得者無怨焉。補吳興太守，甚有德政。屬郡荒人飢，輒開倉贍卹。主簿執諫，請先列表上待報，蘊曰：「今百姓嗷然，路有饑饉，若表上須報，何以救將死之命乎！專輒之愆，罪在太守，且行仁義而敗，無所恨也。」於是大振貸之，賴蘊全者十七八焉。朝廷以違科免蘊官，士庶詣闕訟之，詔特左降晉陵太

守。復有惠化，百姓歌之。

定后立，以后父，遷光祿大夫，領五兵尚書、本州大中正，封建昌縣侯。蘊以恩澤賜爵，非三代令典，固辭不受。朝廷敦勸，終不肯拜，乃授都督京口諸軍事、左將軍、徐州刺史、假節，復固讓。謝安謂蘊曰：「卿居后父之重，不應妄自菲薄，以虧時遇，宜依褚公故事，但令在貴權於事不事耳。可暫臨此任，以紓國姻之重。」於是乃受命，鎮於京口。頃之，徵拜尚書左僕射，將軍如故，遷丹楊尹，即本軍號加散騎常侍。蘊以姻戚，不欲在內，苦求外出，復以爲都督浙江東五郡、鎮軍將軍、會稽內史，常侍如故。

蘊素嗜酒，末年尤甚。及在會稽，略少醒日，然猶以和簡爲百姓所悅。時王悅來拜墓，蘊子恭往省之，素相善，遂留十餘日方還。蘊問其故，恭曰：「與阿太語，蟬連不得歸。」蘊曰：「恐阿太非爾之友。」阿太，悅小字也。後竟乖初好，時以爲知人。太元九年卒，年五十五，追贈左光祿大夫、開府儀同三司。

長子華，早卒。次恭，在列傳。恭弟爽，字季明，强正有志力，歷給事黃門侍郎、侍中。孝武帝崩，王國寶夜欲開門入爲遺詔，爽距之，曰：「大行晏駕，皇太子未至，敢入者斬！」乃止。爽嘗與會稽王道子飲，道子醉呼爽爲小子，爽曰：「亡祖長史與簡文皇帝爲布衣之交，亡姑、亡姊伉儷二宮，何小子之有！」及國寶執權，免爽官。後兄恭再起事，並以爽爲寧朔將

軍，參預軍事。恭敗，被誅。

褚爽

褚爽字弘茂，小字期生，恭思皇后父也。祖裒，父歆。爽少有令稱，謝安甚重之，嘗曰：「若期生不佳，我不復論士矣。」爲義興太守，早卒，以后父，追贈金紫光祿大夫。爽子秀之、炎之、喻之，義熙中，並歷大官。

史臣曰：羊琇託肺腑之親，處多聞之益，遭逢潛躍之際，預參經始之謀，故得繾綣恩私，便蕃任遇。憑寵靈而逞慾，恃勢位而驕陵，屢犯憲章，頻干國紀，幸逢寬政，得免刑書。王愷地即渭陽，家承世祿，曾弗聞於恭儉，但崇縱於奢淫，競爽於季倫，爭先於武子，既塵清論，有斁王猷，雖復議行易名，未足懲惡勸善。弘理儀形外朗，季野神鑒內融，仲祖溫潤風流，幼道清虛寡慾，皆擅名江表，見重當時，豈惟后族之英華，抑亦搢紳之令望者也。

贊曰：託屬丹掖，承輝紫宸。地既權寵，任惟執鈞。約乃寡失，驕則陵人。覆車遺戒，諒足書紳。

校勘記

〔一〕字弘理　世說賞譽、品藻、容止諸篇及注「弘理」皆作「弘治」，魏志杜畿傳注引晉諸公贊同。蓋本字「弘治」，唐人避諱改「治」爲「理」。

〔二〕半洲　各本誤作「平州」，今從殿本。與庾懌傳合。

〔三〕無宜內示私親之舉　「宜」，各本作「疑」，殿本作「宜」。周校：「無宜」猶「不宜」也。今從之。

〔四〕徐龕　考異：太山太守徐龕先已爲石勒所殺，當從穆紀作「王龕」。按：通鑑九八亦作「王龕」。校文：此「徐」字疑本「王」之譌。

〔五〕李菆　周校：穆紀及載記作「李農」。按：通鑑九八亦作「李農」。

〔六〕以允答具瞻　通志一六五、册府七二三「以」上皆有「何」字。

〔七〕荀子　各本皆作「荀子」。斠注：世說文學作「荀子」。按：世說文學、賞譽、品藻稱「荀子」者六七見，無作「荀子」者。通志一六五亦作「荀子」，今據改。

〔八〕簡順皇后父　周校：「簡」下脫「文」字。

晉書卷九十四

列傳第六十四

隱逸

若夫穹昊垂景，少微以躔其次；文繫探幽，貞遁以成其象。故有避於言色，其道聞乎孔公；驕乎富貴，厥義詳於孫子。是以處柔伊存，有生之恒性；在盈斯害，惟神之常道。古先智士體其若茲，介焉超俗，浩然養素，藏聲江海之上，卷迹囂氛之表，漱流而激其清，寢巢而韜其耀，良畫以符其志，絕機以虛其心。玉輝冰潔，川渟嶽峙，修至樂之道，固無疆之休，長往邈而不追，安排窅而無悶，修身自保，悔吝弗生，詩人考槃之歌，抑在茲矣。至於體天作制之後，訟息刑清之時，尚乃仄席幽貞以康神化，徵聘之禮賁於巖穴，玉帛之贄委於窐衡，故月令曰「季春之月聘名士，禮賢者」，斯之謂歟！自典午運開，旁求隱逸，譙元彥之杜絕人事，江思悛之嘯詠林藪，峻其貞白之軌，成其

出塵之迹，雖不應其嘉招，亦足激其貪競。今美其高尚之德，綴集於篇。

孫登

孫登字公和，汲郡共人也。無家屬，於郡北山爲土窟居之，夏則編草爲裳，冬則被髮自覆。好讀易，撫一絃琴，見者皆親樂之。性無恚怒，人或投諸水中，欲觀其怒，登既出，便大笑。時時游人間，所經家或設衣食者，一無所辭，去皆捨棄。〔一〕嘗住宜陽山，有作炭人見之，知非常人，與語，登亦不應。文帝聞之，使阮籍往觀，既見，與語，亦不應。嵇康又從之游三年，問其所圖，終不答，康每歎息。將別，謂曰：「先生竟無言乎？」登乃曰：「子識火乎？火生而有光，而不用其光，果在於用光。人生而有才，而不用其才，而果在於用才。故用光在乎得薪，所以保其耀；用才在乎識眞，所以全其年。今子才多識寡，難乎免於今之世矣！子無求乎？」康不能用，果遭非命，乃作幽憤詩曰：〔二〕「昔慚柳下，今愧孫登。」或謂登以魏晉去就，易生嫌疑，故或嘿者也。竟不知所終。

董京

董京字威輦，不知何郡人也。初與隴西計吏俱至洛陽，〔三〕被髮而行，逍遙吟詠，常宿白社中。時乞於市，得殘碎繒絮，結以自覆，全帛佳緜則不肯受。或見推排罵辱，曾無怒色。

孫楚時爲著作郎，數就社中與語，遂載與俱歸，京不肯坐。楚乃貽之書，勸以今堯舜之世，胡爲懷道迷邦。京答之以詩曰：「周道斁兮頌聲沒，夏政衰兮五常汨。便便君子，顧望而逝，洋洋乎滿目，而作者七。豈不樂天地之化也？哀哉乎時之不可與，對之以獨處。無娛我以爲歡，清流可飲，至道可餐，何爲棲棲，自使疲單？魚懸獸檻，鄙夫知之。夫古之至人，藏器於靈，縕袍不能令暖，軒冕不能令榮；動如川之流，靜如川之渟。鸚鵡能言，泗濱浮磬，衆人所翫，豈合物情！玄鳥紓幕，而不被害？鳩隼遠巢，咸以欲死。眄彼梁魚，逡巡倒尾，沈吟不決，忽焉失水。嗟乎！魚鳥相與，萬世而不悟；以我觀之，乃明其故。焉知不有達人，深穆其度，亦將闚我，顰顣而去。萬物皆賤，惟人爲貴，動以九州爲狹，靜以環堵爲大。」

後數年，遁去，莫知所之，於其所寢處惟有一石竹子及詩二篇。其一曰：「乾道剛簡，坤體敦密，茫茫太素，是則是述。末世流奔，以文代質，悠悠世目，孰知其實！逝將去此至虛，歸我自然之室。」又曰：「孔子不遇，時彼感麟。麟乎麟！胡不遁世以存眞？」

夏統

夏統字仲御，會稽永興人也。幼孤貧，養親以孝聞，睦於兄弟，每採梠求食，星行夜歸，或至海邊，拘螊蜮以資養。雅善談論。宗族勸之仕，謂之曰：「卿清亮質直，可作郡綱紀，與府朝接，自當顯至，如何甘辛苦於山林，畢性命於海濱也！」統悖然作色曰：「諸君待我乃至此乎！使統屬太平之時，當與元凱評議出處；遇濁代，念與屈生同汙共泥；若汙隆之間，自當耦耕沮溺，豈有辱身曲意於郡府之間乎！聞君之談，不覺寒毛盡戴，白汗四帀，顏如渥丹，心熱如炭，舌縮口張，兩耳壁塞也。」言者大慚。統自此遂不與宗族相見。

會母疾，統侍醫藥，宗親因得見之。其從父敬寧祠先人，迎女巫章丹、陳珠二人，並有國色，莊服甚麗，善歌儛，又能隱形匿影。甲夜之初，撞鐘擊鼓，間以絲竹，丹、珠乃拔刀破舌，吞刀吐火，雲霧杳冥，流光電發。統諸從兄弟欲往觀之，難統，於是共紿之曰：「從父間疾病得瘳，大小以爲喜慶，欲因其祭祀，並往賀之，卿可俱行乎？」統從之。入門，忽見丹、珠在中庭，輕步佪儛，靈談鬼笑，飛觸挑柈，酬酢翩翻。統驚愕而走，不由門，破藩直出。歸責諸人曰：「昔淫亂之俗興，衞文公爲之悲惋；螮蝀之氣見，君子尚不敢指；季桓納齊女，仲尼載馳而退；子路見夏南，〔四〕憤恚而忼慨。吾常恨不得頓叔向之頭，陷華父之眼。奈何諸君

迎此妖物，夜與游戲，放傲逸之情，縱奢淫之行，亂男女之禮，破貞高之節，何也？」遂隱牀上，被髮而臥，不復言。衆親踧踖，卽退遣丹、珠，各各分散。

後其母病篤，乃詣洛市藥。會三月上巳，洛中王公已下並至浮橋，士女駢填，車服燭路。統時在船中曝所市藥，諸貴人車乘來者如雲，統並不之顧。太尉賈充怪而問之，統初不應，重問，乃徐答曰：「會稽夏仲御也。」充使問其土地風俗，統曰：「其人循循，猶有大禹之遺風，太伯之義讓，嚴遵之抗志，黃公之高節。」又問：「卿居海濱，頗能隨水戲乎？」答曰：「可。」統乃操柂正櫓，折旋中流，初作鯔鯢躍，後作鯆䱐引，飛鷁首，掇獸尾，奮長梢而船直逝者三焉。於是風波振駭，雲霧杳冥，俄而白魚跳入船者有八九。觀者皆悚遽，充心尤異之，乃更就船與語，其應如響，欲使之仕，卽俛而不答。充又謂曰：「昔堯亦歌，舜亦歌，子與人歌而善，必反而後和之，明先聖前哲無不盡歌。卿頗能作卿土地閒曲乎？」統曰：「先公惟寓稽山，朝會萬國，授化鄙邦，崩殂而葬。恩澤雲布，聖化猶存，百姓感詠，遂作慕歌。又孝女曹娥，年甫十四，貞順之德過越梁宋，其父墮江不得尸，娥仰天哀號，中流悲歎，便投水而死，父子喪尸，後乃俱出，國人哀其孝義，爲歌河女之章。伍子胥諫吳王，言不納用，見戮投海，國人痛其忠烈，爲作小海唱。今欲歌之。」衆人僉曰：「善。」統於是以足叩船，引聲喉囀，清激慷慨，大風應至，含水嗽天，雲雨響集，叱咤讙呼，雷電晝冥，集氣長嘯，沙塵煙起。王

公已下皆恐，止之乃已。諸人顧相謂曰：「若不游洛水，安見是人！聽慕歌之聲，便髣髴見大禹之容。聞河女之音，不覺涕淚交流，卽謂伯姬高行在目前也。聆小海之唱，謂子胥、屈平立吾左右矣。」充欲耀以文武鹵簿，覬其來觀，因而謝之，遂命建朱旗，舉幡校，分羽騎爲隊，軍伍肅然。須臾，鼓吹亂作，胡葭長鳴，車乘紛錯，縱橫馳道，又使妓女之徒服袿襡，炫金翠，繞其船三帀。統危坐如故，若無所聞。充等各散曰：「此吳兒是木人石心也。」統歸會稽，竟不知所終。

朱沖

朱沖字巨容，南安人也。少有至行，閑靜寡欲，好學而貧，常以耕藝爲事。鄰人失犢，認沖犢以歸，後得犢於林下，大慚，以犢還沖，沖竟不受。有牛犯其禾稼，沖屢持芻送牛而無恨色。主愧之，乃不復爲暴。

咸寧四年，詔補博士，沖稱疾不應。尋又詔曰：「東宮官屬亦宜得履蹈至行、敦悅典籍者，其以沖爲太子右庶子。」沖每聞徵書至，輒逃入深山，時人以爲梁管之流。沖居近夷俗，羌戎奉之若君，沖亦以禮讓爲訓，邑里化之，路不拾遺，邨無凶人，毒蟲猛獸皆不爲害。卒以壽終。

范粲 子喬

范粲字承明，陳留外黃人，漢萊蕪長丹之孫也。[三]粲高亮貞正，有丹風，而博涉強記，學皆可師，遠近請益者甚衆，性不矜莊，而見之皆肅如也。魏時州府交辟，皆無所就。久之，乃應命爲治中，轉別駕，辟太尉掾、尚書郎，出爲征西司馬，所歷職皆有聲稱。

及宣帝輔政，遷武威太守。到郡，選良吏，立學校，勸農桑。是時戎夷頗侵疆場，粲明設防備，敵不敢犯，西域流通，無烽燧之警。又郡壤富實，珍玩充積，粲檢制之，息其華侈。以母老罷官。郡既接近寇戎，粲以重鎮輒去職，朝廷尤之，左遷樂涫令。

頃之，轉太宰從事中郎。遭母憂，以至孝稱。服闋，復爲太宰中郎。齊王芳被廢，遷于金墉城，粲素服拜送，哀慟左右。時景帝輔政，召羣官會議，粲又不到，朝廷以其時望，優容之。粲又稱疾，闔門不出。於是特詔爲侍中，持節使於雍州。粲因陽狂不言，寢所乘車，足不履地。子孫恒侍左右，至有婚宦大事，輒密諮焉。合者則色無變，不合則眠寢不安，妻子以此知其旨。

武帝踐阼，泰始中，粲同郡孫和時爲太子中庶子，表薦粲，稱其操行高潔，久嬰疾病，可使郡縣輿致京師，加以聖恩，賜其醫藥，若遂瘳除，必有益於政。乃詔郡縣給醫藥，又以二

千石祿養病，歲以爲常，加賜帛百匹。子喬以父疾篤，辭不敢受，詔不許。以太康六年卒，時年八十四，不言三十六載，終於所寢之車。長子喬。

喬字伯孫。年二歲時，祖馨臨終，撫喬首曰：「恨不見汝成人！」因以所用硯與之。至五歲，祖母以告喬，喬便執硯涕泣。九歲請學，在同輩之中，言無媟辭。弱冠，受業於樂安蔣國明。濟陰劉公榮有知人之鑒，見喬，深相器重。友人劉彥秋夙有聲譽，嘗謂人曰：「范伯孫體應純和，理思周密，吾每欲錯其一事而終不能。」光祿大夫李銓嘗論楊雄才學優於劉向，喬以爲向定一代之書，正羣籍之篇，使雄當之，故非所長，遂著劉楊優劣論，文多不載。

喬好學不倦。父粲陽狂不言，喬與二弟並棄學業，絕人事，侍疾家庭，至粲沒，足不出邑里。司隸校尉劉毅嘗抗論於朝廷曰：「使范武威疾若不篤，是爲伯夷、叔齊復存於今。如其信篤，益是聖主所宜哀矜。其子久侍父疾，名德著茂，不加敍用，深爲朝廷惜遺賢之譏也。」元康中，詔求廉讓沖退履道寒素者，不計貲，以參選敍。尚書郎王琨乃薦喬曰：「喬稟德真粹，立操高潔，儒學精深，含章內奧，安貧樂道，棲志窮巷，簞瓢詠業，長而彌堅，誠當今之寒素，著厲俗之清彥。」時張華領司徒，天下所舉凡十七人，於喬特發優論。又吏部郎郗隆亦思求海內幽遁之士，喬供養衡門，至於白首，於是除樂安令。辭疾不拜。喬凡一舉孝

廉，八薦公府，再舉清白異行，又舉寒素，一無所就。

初，喬邑人臘夕盜斫其樹，人有告者，喬陽不聞，邑人愧而歸之。喬往喩曰：「卿節日取柴，欲與父母相歡娛耳，何以愧爲！」其通物善導，皆此類也。外黃令高顥歎曰：「諸士大夫未有不及私者，而范伯孫恂恂率道，名諱未嘗經於官曹，士之貴異，於今而見。大道廢而有仁義，信矣！」其行身不穢，爲物所歎服如此。以元康八年卒，年七十八。

魯勝

魯勝字叔時，代郡人也。少有才操，爲佐著作郎。元康初，遷建康令。到官，著正天論云：「以冬至之後立晷測影，準度日月星。臣案日月裁徑百里，無千里；星十里，不百里。」遂表上求下羣公卿士考論。「若臣言合理，當得改先代之失，而正天地之紀。如無據驗，甘即刑戮，以彰虛妄之罪」。事遂不報。嘗歲日望氣，知將來多故，便稱疾去官。中書令張華遣子勸其更仕，再徵博士，舉中書郎，皆不就。

其著述爲世所稱，遭亂遺失，惟注墨辯，存其敍曰：

名者所以別同異，明是非，道義之門，政化之準繩也。孔子曰：「必也正名，名不正則事不成。」墨子著書，作辯經以立名本，惠施、公孫龍祖述其學，以正別名顯於世。孟

子非墨子，其辯言正辭則與墨同。荀卿、莊周等皆非毀名家，而不能易其論也。

名必有形，察形莫如別色，〔六〕故有堅白之辯。名必有分明，分明莫如有無，故有無序之辯。是有不是，可有不可，是名兩可。同而有異，異而有同，是之謂辯同異。至同無不同，至異無不異，是謂辯同辯異。同異生是非，是非生吉凶，取辯於一物而原極天下之汙隆，名之至也。

自鄧析至秦時名家者，世有篇籍，率頗難知，後學莫復傳習，於今五百餘歲，遂亡絕。墨辯有上下經，經各有說，凡四篇，與其書衆篇連第，故獨存。今引說就經，各附其章，疑者闕之。又采諸衆雜集爲刑名二篇，〔七〕略解指歸，以俟君子。其或興微繼絕者，亦有樂乎此也！

董養

董養字仲道，陳留浚儀人也。泰始初，到洛下，不干祿求榮。及楊后廢，養因游太學，升堂歎曰：「建斯堂也，將何爲乎？每覽國家赦書，謀反大逆皆赦，至於殺祖父母、父母不赦者，以爲王法所不容也。奈何公卿處議，文飾禮典，以至此乎！天人之理既滅，大亂作矣。」因著無化論以非之。〔八〕

永嘉中，洛城東北步廣里中地陷，有二鵝出焉，其蒼者飛去，白者不能飛。養聞歎曰：「昔周時所盟會狄泉，即此地也。今有二鵝，蒼者胡象，白者國家之象，其可盡言乎！」顧謂謝鯤、阮孚曰：「易稱知機其神乎，君等可深藏矣。」乃與妻荷擔入蜀，莫知所終。

霍原

霍原字休明，燕國廣陽人也。少有志力，叔父坐法當死，原入獄訟之，楚毒備加，終免叔父。年十八，觀太學行禮，因留習之。貴游子弟聞而重之，欲與相見，以其名微，不欲晝往，乃夜共造焉。父友同郡劉岱將舉之，未果而病篤，臨終，敕其子沈曰：「霍原慕道清虛，方成奇器，汝後必薦之。」後歸鄉里。高陽許猛素服其名，會爲幽州刺史，將詣之，主簿當車諫不可出界，猛歎恨而止。

原山居積年，門徒百數，燕王月致羊酒。及劉沈爲國大中正，元康中，進原爲二品，司徒不過，沈乃上表理之。詔下司徒參論，中書監張華令陳準奏爲上品，詔可。元康末，原與王褒等俱以賢良徵，〔九〕累下州郡，以禮發遣，皆不到。後王浚稱制謀僭，使人問之，原不答，浚心銜之。又有遼東囚徒三百餘人，依山爲賊，意欲劫原爲主事，亦未行。時有謠曰：「天子在何許？近在豆田中。」浚以豆爲霍，收原斬之，懸其首。諸生悲哭，夜竊尸共埋殯

之。遠近駭愕，莫不冤痛之。

郭琦

郭琦字公偉，太原晉陽人也。少方直，有雅量，博學，善五行，作天文志、五行傳，注穀梁、京氏易百卷。鄉人王游等皆就琦學。武帝欲以琦爲佐著作郎，問琦族人尚書郭彰。彰素疾琦，答云：「不識。」帝曰：「若如卿言，烏丸家兒能事卿，即堪爲郎矣。」遂決意用之。及趙王倫篡位，又欲用琦，琦曰：「我已爲武帝吏，不容復爲今世吏。」終身處於家。

伍朝

伍朝字世明，武陵漢壽人也。少有雅操，閑居樂道，不修世事。性好學，以博士徵，不就。刺史劉弘薦朝爲零陵太守，主者以非選例，不聽。尚書郎胡濟奏曰：「臣以爲當今資喪亂之餘運，承百王之遺弊，進趨者乘國故以僥倖，守道者懷蘊匱以終身，故令敦褒之化虧，退讓之風薄。案朝游心物外，不屑時務，守靜衡門，志道日新，年過耳順而所尚無虧，誠江南之奇才，丘園之逸老也。不加飾進，何以勸善！且白衣爲郡，前漢有舊，宜聽光顯，以奬風尚。」奏可，而朝不就，終於家。

魯褒

魯褒字元道，南陽人也。好學多聞，以貧素自立。元康之後，綱紀大壞，褒傷時之貪鄙，乃隱姓名，而著錢神論以刺之。其略曰：

錢之爲體，有乾坤之象，內則其方，外則其圓。其積如山，其流如川。動靜有時，行藏有節，市井便易，不患耗折。難折象壽，不匱象道，故能長久，爲世神寶。親之如兄，字曰「孔方」，失之則貧弱，得之則富昌。無翼而飛，無足而走，解嚴毅之顏，開難發之口。錢多者處前，錢少者居後。處前者爲君長，在後者爲臣僕。君長者豐衍而有餘，臣僕者窮竭而不足。詩云：「哿矣富人，哀此煢獨。」

錢之爲言泉也，無遠不往，無幽不至。京邑衣冠，疲勞講肄，厭聞清談，對之睡寐，見我家兄，莫不驚視。錢之所祐，吉無不利，何必讀書，然後富貴！昔呂公欣悅於空版，漢祖克之於嬴二，文君解布裳而被錦繡，相如乘高蓋而解犢鼻，官尊名顯，皆錢所致。空版至虛，而況有實；嬴二雖少，以致親密。由此論之，謂爲神物。無德而尊，無勢而熱，排金門而入紫闥。危可使安，死可使活，貴可使賤，生可使殺。是故忿爭非錢不勝，幽滯非錢不拔，怨讎非錢不解，令問非錢不發。

洛中朱衣，當塗之士，愛我家兄，皆無已已。執我之手，抱我終始，不計優劣，不論年紀，賓客輻輳，門常如市。諺曰：「錢無耳，可使鬼。」凡今之人，惟錢而已。故曰軍無財，士不來；軍無賞，士不往。仕無中人，不如歸田。雖有中人，而無家兄，不異無翼而欲飛，無足而欲行。

蓋疾時者共傳其文。

褒不仕，莫知其所終。

氾騰

氾騰字無忌，敦煌人也。舉孝廉，除郎中。屬天下兵亂，去官還家。太守張閟造之，閉門不見，禮遺一無所受。歎曰：「生於亂世，貴而能貧，乃可以免。」散家財五十萬，以施宗族，柴門灌園，琴書自適。張軌徵之爲府司馬，騰曰：「門一杜，其可開乎！」固辭。病兩月餘而卒。

任旭

任旭字次龍，臨海章安人也。父訪，吳南海太守。旭幼孤弱，兒童時勤於學。及長，立操清修，不染流俗，鄉曲推而愛之。郡將蔣秀嘉其名，請爲功曹。秀居官貪穢，每不奉法，旭正色苦諫。秀既不納，旭謝去，閉門講習，養志而已。久之，秀坐事被收，旭狼狽營送，秀慨然歎曰：「任功曹眞人也。吾違其讜言，以至於此，復何言哉！」尋察孝廉，除郎中，州郡仍舉爲郡中正，固辭歸家。

永康初，惠帝博求清節儁異之士，太守仇馥薦旭清貞潔素，學識通博，詔下州郡以禮發遣。旭以朝廷多故，志尚隱遁，辭疾不行。尋天下大亂，陳敏作逆，江東名豪並見羈縶，惟旭與賀循守死不迴。敏卒不能屈。

元帝初鎮江東，聞其名，召爲參軍，手書與旭，欲使必到，旭固辭以疾。後帝進位鎮東大將軍，復召之；及爲左丞相，辟爲祭酒，並不就。中興建，公車徵，會遭母憂。於時司空王導啓立學校，選天下明經之士，旭與會稽虞喜俱以隱學被召。事未行，會有王敦之難，尋而帝崩，事遂寢。

明帝卽位，又徵拜給事中，旭稱疾篤，經年不到，尚書以稽留除名，僕射荀崧議以爲不可。太寧末，明帝復下詔備禮徵旭，始下而帝崩。咸和二年卒，太守馮懷上疏謂宜贈九列，值蘇峻作亂，事竟不行。

子琚，位至大宗正，終於家。

郭文

郭文字文舉，河內軹人也。少愛山水，尚嘉遁。年十三，每游山林，彌旬忘反。父母終，服畢，不娶，辭家游名山，歷華陰之崖，以觀石室之石函。洛陽陷，乃步擔入吳興餘杭大辟山中窮谷無人之地，倚木於樹，苫覆其上而居焉，亦無壁障。時猛獸爲暴，入屋害人，而文獨宿十餘年，卒無患害。恆著鹿裘葛巾，不飲酒食肉，區種菽麥，採竹葉木實，貿鹽以自供。人或酬下價者，亦卽與之。後人識文，不復賤酬。食有餘穀，輒恤窮匱。人有致遺，取其粗者，示不逆而已。有猛獸殺大麀鹿於菴側，文以語人，人取賣之，分錢與文。文曰：「我若須此，自當賣之。所以相語，正以不須故也。」聞者皆嗟歎之。嘗有猛獸忽張口向文，文視其口中有橫骨，乃以手探去之，猛獸明旦致一鹿於其室前。獵者時往寄宿，文夜爲擔水而無倦色。

餘杭令顧颺與葛洪共造之，而攜與俱歸。颺以文山行或須皮衣，贈以韋袴褶一具，文不納，辭歸山中。颺追遣使者置衣室中而去，文亦無言，韋衣乃至爛於戶內，竟不服用。

王導聞其名，遣人迎之，文不肯就船車，荷擔徒行。既至，導置之西園，園中果木成林，又有鳥獸麋鹿，因以居文焉。於是朝士咸共觀之，文頹然踑踞，傍若無人。溫嶠嘗問文曰：

「人皆有六親相娛，先生棄之何樂？」文曰：「本行學道，不謂遭世亂，欲歸無路，是以來也。」又問曰：「飢而思食，壯而思室，自然之性，先生安獨無情乎？」文曰：「情由憶生，不憶故無情。」又問曰：「先生獨處窮山，若疾病遭命，則爲烏鳥所食，顧不酷乎？」文曰：「藏埋者亦爲螻蟻所食，復何異乎！」又問曰：「猛獸害人，人之所畏，而先生獨不畏邪？」文曰：「人無害獸之心，則獸亦不害人。」又問曰：「苟世不寧，身不得安。今將用先生以濟時，若何？」文曰：「山草之人，安能佐世！」導嘗衆賓共集，絲竹並奏，試使呼之。文瞪眸不轉，跨躡華堂如行林野。於時坐者咸有鉤深味遠之言，文常稱不達來語。天機鏗宏，莫有闚其門者。溫嶠嘗稱曰：「文有賢人之性，而無賢人之才，柳下、梁踦之亞乎！」永昌中，大疫，文病亦殆。王導遺藥，文曰：「命在天，不在藥也。夭壽長短，時也。」

居導園七年，未嘗出入。一旦忽求還山，導不聽。後逃歸臨安，結廬舍於山中。臨安令萬寵迎置縣中。及蘇峻反，破餘杭，而臨安獨全，人皆異之，以爲知機。自後不復語，但舉手指麾，以宣其意。病甚，求還山，欲枕石安尸，不令人殯葬，寵不聽。不食二十餘日，亦不瘦。寵問曰：「先生復可得幾日？」文三舉手，果以十五日終。寵葬之於所居之處而祭哭之，葛洪、庾闡並爲作傳，贊頌其美云。

龔壯

龔壯字子瑋，巴西人也。潔己自守，與鄉人譙秀齊名。父叔爲李特所害，壯積年不除喪，力弱不能復仇。及李壽戍漢中，與李期有嫌，期，特孫也，壯欲假壽以報，乃說壽曰：「節下若能并有西土，稱藩於晉，人必樂從。且捨小就大，以危易安，莫大之策也。」壽然之，遂率衆討期，果克之。壽猶襲僞號，欲官之，壯誓不仕，賂遺一無所取。會天久雨，百姓饑墊，壯上書說壽以歸順，允天心，應人望，永爲國藩，福流子孫。壽省書內愧，祕而不宣。乃遣使入胡，壯又諫之，壽又不納。壯謂百行之本莫大忠孝，既假壽殺期，私仇以雪，又欲使其歸朝，以明臣節。壽既不從，壯遂稱聾，又云手不制物，終身不復至成都，惟研考經典，譚思文章，〔一〇〕至李勢時卒。

初，壯每歎中夏多經學，而巴蜀鄙陋，兼遭李氏之難，無復學徒，乃著邁德論，文多不載。

孟陋

孟陋字少孤，武昌人也。吳司空宗之曾孫也。兄嘉，桓溫征西長史。陋少而貞立，清操絕倫，布衣蔬食，以文籍自娛。口不及世事，未曾交游，時或弋釣，孤興獨往，〔一一〕雖家人亦不知其所之也。喪母，毀瘠殆於滅性，不飲酒食肉十有餘年。親族迭謂之曰：「少孤！誰無父母？誰有父母！聖人制禮，令賢者俯就，不肖企及。若使毀性無嗣，更爲不孝也。」陋感此言，然後從吉。由是名著海內。

簡文帝輔政，命爲參軍，稱疾不起。桓溫躬往造焉。或謂溫曰：「孟陋高行，學爲儒宗，宜引在府，以和鼎味。」溫歎曰：「會稽王尚不能屈，非敢擬議也。」陋聞之曰：「桓公正當以我不往故耳。億兆之人，無官者十居其九，豈皆高士哉！我疾病不堪恭相王之命，非敢爲高也。」由是名稱益重。

博學多通，長於三禮。注論語，行於世。卒以壽終。

韓績

韓績字興齊，廣陵人也。其先避亂，居於吳之嘉興。父建，仕吳至大鴻臚。績少好文學，以潛退爲操，布衣蔬食，不交當世，由是東土並宗敬焉。司徒王導聞其名，辟以爲掾，不就。咸康末，會稽內史孔愉上疏薦之，詔以安車束帛徵之。尚書令諸葛恢奏績名望猶輕，未宜備禮，於是召拜博士。稱老病不起，卒於家。

於時高密劉鰤字長魚、城陽邴郁字弘文，並有高名。鰤幼不慕俗，長而希古，篤學厲行，化流邦邑。郁，魏徵士原之曾孫，少有原風，敕身謹潔，口不妄說，耳不妄聽，端拱恂恂，舉動有禮。咸康中，成帝博求異行之士，鰤、郁並被公卿薦舉，於是依績及翟湯等例，以博士徵之。郁辭以疾，鰤隨使者到京師，自陳年老，不拜。各以壽終。

譙秀

譙秀字元彥，巴西人也。祖周，以儒學著稱，顯明蜀朝。秀少而靜默，不交於世，知天下將亂，預絕人事，雖內外宗親，不與相見。郡察孝廉，州舉秀才，皆不就。及李雄據蜀，略有巴西，雄叔父驤、驤子壽皆慕秀名，具束帛安車徵之，皆不應。常冠皮弁，弊衣，躬耕山藪。龔壯常歎服焉。桓溫滅蜀，上疏薦之，朝廷以秀年在篤老，兼道遠，故不徵，遣使敕所在四時存問。尋而范賁、蕭敬相繼作亂，秀避難宕渠，鄉里宗族依憑之者以百數。秀年出八十，衆人欲代之負擔，秀曰：「各有老弱，當先營護。吾氣力猶足自堪，豈以垂朽之年累諸君也。」年九十餘卒。

翟湯　子莊

翟湯字道深，〔三〕尋陽人。篤行純素，仁讓廉潔，不屑世事，耕而後食，人有饋贈，雖釜庾一無所受。永嘉末，寇害相繼，聞湯名德，皆不敢犯，鄉人賴之。司徒王導辟，不就，隱於縣界南山。始安太守干寶與湯通家，遣船餉之，敕吏云：「翟公廉讓，卿致書訖，便委船還。」湯無人反致，乃貨易絹物，因寄還寶。寶本以爲惠，而更煩之，益愧歎焉。咸康中，征西大將軍庾亮上疏薦之，成帝徵爲國子博士，湯不起。建元初，安西將軍庾翼北征石季龍，大發僮客以充戎役，敕有司特蠲湯所調。湯悉推僕使委之鄉吏，吏奉旨一無所受，湯依所調限，放免其僕，使令編戶爲百姓。康帝復以散騎常侍徵湯，固辭老疾，不至。年七十三，卒於家。

子莊字祖休。少以孝友著名，遵湯之操，不交人物，耕而後食，語不及俗，惟以弋釣爲事。及長，不復獵。或問：「漁獵同是害生之事，而先生止去其一，何哉？」莊曰：「獵自我，釣自物，未能頓盡，故先節其甚者。且夫貪餌吞鉤，豈我哉！」時人以爲知言。晚節亦不復釣，端居篳門，歠菽飲水。州府禮命，及公車徵，並不就。年五十六，卒。

子矯亦有高操，屢辭辟命。矯子法賜，孝武帝以散騎郎徵，亦不至。世有隱行云。

郭翻

郭翻字長翔，武昌人也。伯父訥，廣州刺史。父察，安城太守。翻少有志操，辭州郡辟及賢良之舉。家於臨川，不交世事，惟以漁釣射獵爲娛。居貧無業，欲墾荒田，先立表題，經年無主，然後乃作。稻將熟，有認之者，悉推與之。縣令聞而詰之，以稻還翻，翻遂不受。嘗以車獵，去家百餘里，道中逢病人，以車送之，徒步而歸。其漁獵所得，或從買者，便與之而不取直，亦不告姓名。由是士庶咸敬貴焉。

與翟湯俱爲庾亮所薦，公車博士徵，不就。咸康末，乘小船暫歸武昌省墳墓，安西將軍庾翼以帝舅之重，躬往造翻，欲强起之。翻曰：「人性各有所短，焉可强逼！」翼又以其船小狹，欲引就大船。翻曰：「使君不以鄙賤而辱臨之，此固野人之舟也。」翼俯屈入其船中，終日而去。

嘗墜刀於水，路人有爲取者，因與之。路人不取，固辭，翻曰：「爾向不取，我豈能得！」路人曰：「我若取此，將爲天地鬼神所責矣。」翻知其終不受，復沈刀於水。路人悵焉，乃復沈沒取之。翻於是不逆其意，乃以十倍刀價與之。其廉不受惠，皆此類也。卒於家。

辛謐

辛謐字叔重，隴西狄道人也。父怡，幽州刺史，世稱冠族。謐少有志尚，博學善屬文，工草隸書，爲時楷法。性恬靜，不妄交游。召拜太子舍人、諸王文學，累徵不起。永嘉末，以謐兼散騎常侍，慰撫關中。謐以洛陽將敗，故應之。及長安陷沒於劉聰，聰拜太中大夫，固辭不受。又歷石勒、季龍之世，並不應辟命。雖處喪亂之中，頽然高邁，視榮利蔑如也。

及冉閔僭號，復備禮徵爲太常，謐遺閔書曰：「昔許由辭堯，以天下讓之，全其清高之節。伯夷去國，子推逃賞，皆顯史牒，傳之無窮。此往而不反者也。然賢人君子雖居廟堂之上，無異於山林之中，斯窮理盡性之妙，豈有識之者邪！是故不嬰於禍難者，非爲避之，但冥心至趣而與吉會耳。謐聞物極則變，冬夏是也；致高則危，累棋是也。君王功以成矣，而久處之，非所以顧萬全遠危亡之禍也。宜因茲大捷，歸身本朝，必有許由、伯夷之廉，享松喬之壽，永爲世輔，豈不美哉！」因不食而卒。

劉驎之

劉驎之字子驥，南陽人，光祿大夫耽之族也。驎之少尚質素，虛退寡欲，不修儀操，人

莫之知。好游山澤，志存遁逸。嘗採藥至衡山，深入忘反，見有一澗水，水南有二石囷，一囷閉，一囷開，水深廣不得過。欲還，失道，遇伐弓人，問徑，僅得還家。或說囷中皆仙靈方藥諸雜物，驎之欲更尋索，終不復知處也。

車騎將軍桓沖聞其名，請爲長史，驎之固辭不受。沖嘗到其家，驎之於樹條桑，使者致命，驎之曰：「使君既枉駕光臨，宜先詣家君。」沖聞大愧，於是乃造其父。父命驎之，然後方還，拂短褐與沖言話。父使驎之於內自持濁酒蔬菜供賓，沖敕人代驎之斟酌，父辭曰：「若使從者，非野人之意也。」沖慨然，至昏乃退。

驎之雖冠冕之族，信義著於羣小，凡厮伍之家婚娶葬送，無不躬自造焉。居於陽岐，在官道之側，人物來往，莫不投之。驎之躬自供給，士君子頗以勞累，更憚過焉。凡人致贍，一無所受。去驎之家百餘里，有一孤姥，病將死，歎息謂人曰：「誰當埋我，惟有劉長史耳！何由令知？」驎之先聞其有患，故往候之，值其命終，乃身爲營棺殯送之。其仁愛隱惻若此。卒以壽終。

索襲

索襲字偉祖，敦煌人也。虛靖好學，不應州郡之命，舉孝廉、賢良方正，皆以疾辭。游

思於陰陽之術，著天文地理十餘篇，多所啓發。不與當世交通，或獨語獨笑，或長歎涕泣，或請問不言。

張茂時，敦煌太守陰澹奇而造焉，經日忘反，出而歎曰：「索先生碩德名儒，眞可以諮大義。」澹欲行鄉射之禮，請襲爲三老，曰：「今四表輯寧，將行鄉射之禮，先生年耆望重，道冠一時，養老之義，實繫儒賢。既樹非梧桐，而希鸞鳳降翼，器謝曹公，而冀蓋公枉駕，誠非所謂也。然夫子至聖，有召赴焉；孟軻大德，無聘不至，蓋欲弘闡大猷，敷明道化故也。今之相屈，遵道崇敎，非有爵位，意者或可然乎！」會病卒，時年七十九。澹素服會葬，贈錢二萬。澹曰：「世人之所有餘者，富貴也；目之所好者，五色也；耳之所玩者，五音也。而先生棄衆人之所收，收衆人之所棄，味無味於慌惚之際，兼重玄於衆妙之內。宅不彌畝而志忽九州，形居塵俗而棲心天外，雖黔婁之高遠，莊生之不願，蔑以過也。」乃諡曰玄居先生。

楊軻

楊軻，天水人也。少好易，長而不娶，學業精微，養徒數百，常食粗飲水，衣褐縕袍，人不堪其憂，而軻悠然自得，疏賓異客，音旨未曾交也。雖受業門徒，非入室弟子，莫得親言。欲所論授，須旁無雜人，授入室弟子，令遞相宣授。

劉曜僭號，徵拜太常，軻固辭不起，曜亦敬而不逼，遂隱於隴山。曜後爲石勒所擒，秦人東徙，軻留長安。及石季龍嗣僞位，備玄纁束帛安車徵之，軻以疾辭。迫之，乃發。既見季龍，不拜，與語，不言，命舍之於永昌乙第。其有司以軻倨傲，請從大不敬論，季龍不從，下書任軻所尙。

軻在永昌，季龍每有饋餉，輒口授弟子，使爲表謝，其文甚美，覽者歎有深致。季龍欲觀其眞趣，乃密令美女夜以動之，軻蕭然不顧。又使人將其弟子盡行，遣魁壯羯士衣甲持刀，臨之以兵，幷竊其所賜衣服而去，軻視而不言，了無懼色。常臥土牀，覆以布被，倮寢其中，下無茵褥。潁川荀鋪，好奇之士也，造而談經，軻瞑目不答。鋪發軻被，露其形，大笑之。軻神體頹然，無驚怒之狀。于時咸以爲焦先之徒，未有能量其深淺也。

後上疏陳鄉思，求還，季龍送以安車蒲輪，蠲十戶供之。自歸秦州，仍敎授不絕。其後秦人西奔涼州，軻弟子以牛負之，爲戍軍追擒，幷爲所害。

公孫鳳

公孫鳳字子鸞，上谷人也。隱於昌黎之九城山谷，冬衣單布，寢處土牀，夏則幷食於器，停令臭敗，然後食之。彈琴吟咏，陶然自得，人咸異之，莫能測也。慕容暐以安車徵至

鄴，及見暐，不言不拜，衣食舉動如在九城。賓客造請，尟得與言。數年病卒。

公孫永

公孫永字子陽，襄平人也。少而好學恬虛，隱於平郭南山，不娶妻妾，非身所墾植，則不衣食之，吟詠巖間，欣然自得，年餘九十，操尙不虧。與公孫鳳俱被慕容暐徵至鄴，及見暐，不拜，王公以下造之，皆不與言，雖經隆冬盛暑，端然自若。一歲餘，詐狂，暐送之平郭。後苻堅又將備禮徵之，難其年耆路遠，乃遣使者致問。未至而永亡，堅深悼之，諡曰崇虛先生。

張忠

張忠字巨和，中山人也。永嘉之亂，隱於泰山。恬靜寡欲，清虛服氣，餐芝餌石，修導養之法。冬則縕袍，夏則帶索，端拱若尸。無琴書之適，不修經典，勸教但以至道虛無爲宗。其居依崇巖幽谷，鑿地爲窟室。弟子亦以窟居，去忠六十餘步，五日一朝。其教以形不以言，弟子受業，觀形而退。立道壇於窟上，每旦朝拜之。食用瓦器，鑿石爲釜。左右居人饋之衣食，一無所受。好事少年頗或問以水旱之祥，忠曰：「天不言而四時行

焉，萬物生焉，陰陽之事非窮山野叟所能知之。」其遺諸外物，皆此類也。年在期頤，而視聽無爽。

苻堅遣使徵之。使者至，忠沐浴而起，謂弟子曰：「吾餘年無幾，不可以逆時主之意。」浴訖就車。及至長安，堅賜以冠衣，辭曰：「年朽髮落，不堪衣冠，請以野服入覲。」從之。及見，堅謂之曰：「先生考槃山林，〔一三〕研精道素，獨善之美有餘，兼濟之功未也。故遠屈先生，將任齊尙父。」忠曰：「昔因喪亂，避地泰山，與鳥獸爲侶，以全朝夕之命。屬堯舜之世，思一奉聖顏。年衰志謝，不堪展效，尙父之況，非敢竊擬。山棲之性，情存巖岫，乞還餘齒，歸死岱宗。」堅以安車送之。行達華山，歎曰：「我東嶽道士，沒於西嶽，命也，奈何！」行五十里，及關而死。使者馳驛白之，堅遣黃門郎韋華持節策弔，祀以太牢，褒賜命服，諡曰安道先生。

石垣

石垣字洪孫，〔一四〕自云北海劇人。居無定所，不娶妻妾，不營產業，食不求美，衣必粗弊。或有遺其衣服，受而施人。人有喪葬，輒杖策弔之。路無遠近，時有寒暑，必在其中；或同日共時，咸皆見焉。又能闇中取物，如晝無差。姚萇之亂，莫知所終。

宋纖

宋纖字令艾，敦煌效穀人也。少有遠操，沈靖不與世交，隱居於酒泉南山。明究經緯，弟子受業三千餘人。不應州郡辟命，惟與陰顒、齊好友善。張祚時，太守楊宣畫其象於閣上，出入視之，作頌曰：「爲枕何石？爲漱何流？身不可見，名不可求。」酒泉太守馬岌，高尚之士也，具威儀，鳴鐃鼓，造焉。纖高樓重閣，距而不見。岌歎曰：「名可聞而身不可見，德可仰而形不可覩，吾而今而後知先生人中之龍也。」銘詩於石壁曰：「丹崖百丈，青壁萬尋。奇木蓊鬱，蔚若鄧林。其人如玉，維國之琛。室邇人遐，實勞我心。」

纖注論語，及爲詩頌數萬言。年八十，篤學不倦。張祚後遣使者張興備禮徵爲太子友，興逼喻甚切，纖喟然歎曰：「德非莊生，才非干木，何敢稽停明命！」遂隨興至姑臧。祚遣其太子太和以執友禮造之，〔一五〕纖稱疾不見，贈遺一皆不受。尋遷太子太傅。頃之，上疏曰：「臣受生方外，心慕太古。生不喜存，死不悲沒。素有遺屬，屬諸知識，在山投山，臨水投水，處澤露形，在人親土。〔一六〕聲聞書疏，勿告我家。今當命終，乞如素願。」遂不食而卒，時年八十二，諡曰玄虛先生。

郭荷

郭荷字承休，略陽人也。六世祖整，漢安順之世，公府八辟，公車五徵，皆不就。自整及荷，世以經學致位。荷明究羣籍，特善史書。不應州郡之命。張祚遣使者以安車束帛徵爲博士祭酒，使者迫而致之。及至，署太子友。荷上疏乞還，祚許之，遣以安車蒲輪送還張掖東山。年八十四卒，諡曰玄德先生。

郭瑀

郭瑀字元瑜，敦煌人也。少有超俗之操，東游張掖，師事郭荷，盡傳其業。精通經義，雅辯談論，多才藝，善屬文。荷卒，瑀以爲父生之，師成之，君爵之，而五服之制，師不服重，蓋聖人謙也，遂服斬衰，廬墓三年。禮畢，隱於臨松薤谷，鑿石窟而居，服柏實以輕身，作春秋墨說、孝經錯緯，弟子著錄千餘人。

張天錫遣使者孟公明持節，以蒲輪玄纁備禮徵之，遺瑀書曰：「先生潛光九皋，懷眞獨遠，心與至境冥符，志與四時消息，豈知蒼生倒懸，四海待拯者乎！孤忝承時運，負荷大業，思與賢明同贊帝道。昔傅說龍翔殷朝，尙父鷹揚周室，孔聖車不停軌，墨子駕不俟旦，皆以黔首之禍不可以不救，君不獨立，道由人弘故也。況今九服分爲狄場，二都盡爲戎穴，天子僻陋江東，名教淪於左衽，創毒之甚，開闢未聞。先生懷濟世之才，坐觀而不救，其於仁智，孤竊惑焉。故遣使者虛左授綏，鶴企先生，乃眷下國。」公明至山，瑀指翔鴻以示之曰：「此鳥也，安可籠哉！」遂深逃絕迹。公明拘其門人，瑀歎曰：「吾逃祿，非避罪也，豈得隱居行義，害及門人！」乃出而就徵。及至姑臧，值天錫母卒，瑀括髮入弔，三踊而出，還於南山。

及天錫滅，苻堅又以安車徵瑀定禮儀，會父喪而止。太守辛章遣書生三百人就受業焉。及苻氏之末，略陽王穆起兵酒泉，以應張大豫，遣使招瑀。瑀歎曰：「臨河救溺，不卜命之短長；脈病三年，不豫絕其餐饋；魯連在趙，義不結舌，況人將左衽而不救之！」乃與敦煌索嘏起兵五千，運粟三萬石，東應王穆。穆以瑀爲太府左長史、軍師將軍。雖居元佐，而口詠黃老，冀功成世定，追伯成之蹤。

穆惑於讒間，西伐索嘏，瑀諫曰：「昔漢定天下，然後誅功臣。今事業未建而誅之，立見麋鹿游於此庭矣。」穆不從。瑀出城大哭，舉手謝城曰：「吾不復見汝矣！」還而引被覆面，不與人言，不食七日，輿疾而歸，旦夕祈死。夜夢乘青龍上天，至屋而止，寤而歎曰：「龍飛在天，今止於屋。屋之爲字，尸下至也。龍飛至尸，吾其死也。古之君子不卒內寢，況吾正士乎！」遂還酒泉南山赤厓閣，飲氣而卒。

祈嘉

祈嘉字孔賓，酒泉人也。少清貧，好學。年二十餘，夜忽窗中有聲呼曰：「祈孔賓，祈孔賓！隱去來，隱去來！修飾人世，甚苦不可諧。所得未毛銖，所喪如山崖。」旦而逃去，西至敦煌，依學官誦書，貧無衣食，爲書生都養以自給，〔一七〕遂博通經傳，精究大義。西游海渚，教授門生百餘人。張重華徵爲儒林祭酒。性和裕，教授不倦，依孝經作二九神經。在朝卿士、郡縣守令彭和正等受業獨拜牀下者二千餘人，天錫謂爲先生而不名之。竟以壽終。

瞿硎先生

瞿硎先生者，不得姓名，亦不知何許人也。太和末，常居宣城郡界文脊山中，山有瞿硎，因以爲名焉。大司馬桓溫嘗往造之。既至，見先生被鹿裘，坐於石室，神無忤色，溫及僚佐數十人皆莫測之，乃命伏滔爲之銘贊。竟卒於山中。

謝敷

謝敷字慶緒，會稽人也。性澄靖寡欲，入太平山十餘年。鎭軍郗愔召爲主簿，臺徵博士，皆不就。

初，月犯少微，少微一名處士星，占者以隱士當之。譙國戴逵有美才，人或憂之。俄而歎死，故會稽人士以嘲吳人云：「吳中高士，便是求死不得死。」

戴逵

戴逵字安道，譙國人也。少博學，好談論，善屬文，能鼓琴，工書畫，其餘巧藝靡不畢綜。總角時，以鷄卵汁溲白瓦屑作鄭玄碑，又爲文而自鐫之，詞麗器妙，時人莫不驚歎。性不樂當世，常以琴書自娛。師事術士范宣於豫章，宣異之，以兄女妻焉。太宰、武陵王晞聞其善鼓琴，使人召之，逵對使者破琴曰：「戴安道不爲王門伶人！」晞怒，乃更引其兄述。述聞命欣然，擁琴而往。

逵後徙居會稽之剡縣。性高潔，常以禮度自處，深以放達爲非道，乃著論曰：

夫親沒而採藥不反者，不仁之子也；君危而屢出近關者，苟免之臣也。而古之人未始以彼害名教之體者何？達其旨故也。達其旨，故不惑其迹。若元康之人，可謂好遁跡而不求其本，故有捐本徇末之弊，舍實逐聲之行，是猶美西施而學其顰眉，慕有道而折其巾角，所以爲慕者，非其所以爲美，徒貴貌似而已矣。夫紫之亂朱，以其似朱

也。故鄉原似中和，所以亂德；放者似達，所以亂道。然竹林之爲放，有疾而爲顰者也，元康之爲放，無德而折巾者也，可無察乎！

且儒家尚譽者，本以興賢也，既失其本，則有色取之行。懷情喪眞，以容貌相欺，其弊必至於末僞。道家去名者，欲以篤實也，苟失其本，又有越檢之行。情禮俱虧，則仰詠兼忘，其弊必至於本薄。夫僞薄者，非二本之失，而爲弊者必託二本以自通。夫道有常經，而弊無常情，是以六經有失，王政有弊，[一八]苟乖其本，固聖賢所無奈何也。

嗟夫！行道之人自非性足體備、闇蹈而當者，亦曷能不棲情古烈，擬規前修。[一九]苟迷擬之然後動，議之然後言，固當先辯其趣舍之極，求其用心之本，識其枉尺直尋之旨，採其被褐懷玉之由。若斯，塗雖殊，而其歸可觀也；跡雖亂，而其契不乖也。不然，則流遁忘反，爲風波之行，自驅以物，自誑以僞，外眩囂華，內喪道實，以矜尚奪其眞主，以塵垢翳其天正，貽笑千載，可不慎歟！

孝武帝時，以散騎常侍、國子博士累徵，辭父疾不就。郡縣敦逼不已，乃逃於吳。吳國內史王珣有別館在武丘山，逵潛詣之，與珣游處積旬。會稽內史謝玄慮逵遠遁不反，乃上疏曰：「伏見譙國戴逵希心俗表，不嬰世務，棲遲衡門，與琴書爲友。雖策命屢加，幽操不回，超然絕跡，自求其志。且年垂耳順，常抱羸疾，時或失適，輒至委篤。今王命未回，將離風霜之患。陛下既已愛而器之，亦宜使其身名並存，請絕其召命。」疏奏，帝許之，逵復還剡。

後王珣爲尚書僕射，上疏復請徵爲國子祭酒，加散騎常侍，徵之，復不至。太元二十年，皇太子始出東宮，太子太傅會稽王道子、少傅王雅、詹事王珣又上疏曰：「逵執操貞厲，含味獨游，年在耆老，清風彌劭。東宮虛德，式延事外，宜加旌命，以參僚侍。逵既重幽居之操，必以難進爲美，宜下所在備禮發遣。」會病卒。

長子勃，有父風。義熙初，以散騎侍郎徵，不起，尋卒。

龔玄之

龔玄之字道玄，[二〇]武陵漢壽人也。父登，歷長沙相、散騎常侍。玄之好學潛默，安於陋巷。州舉秀才，公府辟，不就。孝武帝下詔曰：「夫哲王御世，必搜揚幽隱，故空谷流縶維之詠，丘園旅束帛之觀。譙國戴逵、武陵龔玄之並高尚其操，依仁游藝，潔己貞鮮，學弘儒業，朕虛懷久矣。二三君子，豈其戢賢於懷抱哉！思挹雅言，虛誠諷議，可並以爲散騎常侍，領國子博士，指下所在備禮發遣，不得循常，以稱側席之望。」郡縣敦逼，苦辭疾篤，不行。尋卒，時年五十八。

弟子元壽，亦有德操，高尚不仕，舉秀才及州辟召，並稱疾不就。孝武帝以太學博士、散騎侍郎、給事中累徵，遂不起。卒於家。

陶淡

陶淡字處靜，太尉侃之孫也。父夏，以無行被廢。淡幼孤，好導養之術，謂仙道可祈。年十五六，便服食絕穀，不婚娶。家累千金，僮客百數，淡終日端拱，曾不營問。頗好讀易，善卜筮。於長沙臨湘山中結廬居之，養一白鹿以自偶。親故有候之者，輒移渡澗水，莫得近之。州舉秀才，淡聞，遂轉逃羅縣埤山中，終身不返，莫知所終。

陶潛

陶潛字元亮，大司馬侃之曾孫也。祖茂，武昌太守。潛少懷高尚，博學善屬文，穎脫不羈，任眞自得，爲鄉鄰之所貴。嘗著五柳先生傳以自況曰：「先生不知何許人，不詳姓字，宅邊有五柳樹，因以爲號焉。閑靜少言，不慕榮利。好讀書，不求甚解，每有會意，欣然忘食。性嗜酒，而家貧不能恒得。親舊知其如此，或置酒招之，造飲必盡，期在必醉，既醉而退，曾不吝情。環堵蕭然，不蔽風日，短褐穿結，簞瓢屢空，晏如也。常著文章自娛，頗示己志，忘

中華書局

懷得失，以此自終。」其自序如此，時人謂之實錄。

以親老家貧，起爲州祭酒，不堪吏職，少日自解歸。州召主簿，不就，躬耕自資，遂抱羸疾。復爲鎮軍、建威參軍，謂親朋曰：「聊欲絃歌，以爲三徑之資可乎？」執事者聞之，以爲彭澤令。在縣公田悉令種秫穀，曰：「令吾常醉於酒足矣。」妻子固請種秔，乃使一頃五十畝種秫，五十畝種秔。素簡貴，不私事上官。郡遣督郵至縣，吏白應束帶見之，潛歎曰：「吾不能爲五斗米折腰，拳拳事鄉里小人邪！」義熙二年，解印去縣，乃賦歸去來。其辭曰：

歸去來兮，田園將蕪，胡不歸？既自以心爲形役，奚惆悵而獨悲？悟已往之不諫，知來者之可追。實迷塗其未遠，覺今是而昨非。舟遙遙以輕颺，風飄飄而吹衣。問征夫以前路，恨晨光之希微。乃瞻衡宇，載欣載奔。僮僕來迎，稚子候門。三徑就荒，松菊猶存。攜幼入室，有酒盈樽。引壺觴以自酌，眄庭柯以怡顏。倚南窗以寄傲，審容膝之易安。園日涉而成趣，門雖設而常關。策扶老而流憩，時翹首而遐觀。雲無心而出岫，鳥倦飛而知還。景翳翳其將入，撫孤松而盤桓。

歸去來兮，請息交以絕游。世與我而相遺，復駕言兮焉求！悅親戚之情話，樂琴書以消憂。農人告余以暮春，將有事乎西疇。或命巾車，或棹孤舟。既窈窕以尋壑，亦崎嶇而經丘。木欣欣以向榮，泉涓涓而始流。善萬物之得時，感吾生之行休。

已矣乎！寓形宇內復幾時，曷不委心任去留，胡爲乎遑遑欲何之？富貴非吾願，帝鄉不可期。懷良晨以孤往，或植杖而芸秄。登東皋以舒嘯，臨清流而賦詩。聊乘化而歸盡，樂夫天命復奚疑！

頃之，徵著作郎，不就。既絕州郡覲謁，其鄉親張野及周旋人羊松齡、寵遵等或有酒要之，或要之共至酒坐，雖不識主人，亦欣然無忤，酣醉便反。未嘗有所造詣，所之唯至田舍及廬山游觀而已。

刺史王弘以元熙中臨州，甚欽遲之，後自造焉。潛稱疾不見，既而語人云：「我性不狎世，因疾守閑，幸非潔志慕聲，豈敢以王公紆軫爲榮邪！夫謬以不賢，此劉公幹所以招謗君子，其罪不細也。」弘每令人候之，密知當往廬山，乃遣其故人龐通之等齎酒，先於半道要之。潛既遇酒，便引酌野亭，欣然忘進。弘乃出與相見，遂歡宴窮日。潛無履，弘顧左右爲之造履。左右請履度，潛便於坐申腳令度焉。弘要之還州，問其所乘，答云：「素有腳疾，向乘籃輿，亦足自反。」乃令一門生二兒共轝之至州，而言笑賞適，不覺其有羨於華軒也。弘後欲見，輒於林澤間候之。至於酒米乏絕，亦時相贍。

其親朋好事，或載酒肴而往，潛亦無所辭焉。每一醉，則大適融然。又不營生業，家務悉委之兒僕。未嘗有喜慍之色，惟遇酒則飲，時或無酒，亦雅詠不輟。嘗言夏月虛閑，高臥北窗之下，清風颯至，自謂羲皇上人。性不解音，而畜素琴一張，絃徽不具，每朋酒之會，則撫而和之，曰：「但識琴中趣，何勞絃上聲！」以宋元嘉中卒，時年六十三，所有文集並行於世。

史臣曰：君子之行殊塗，顯晦之謂也。出則允釐庶政，以道濟時；處則振拔囂埃，以卑自牧。詳求厥義，其來敻矣。公和之居窟室，裳唯編草，誠叔夜而凝神鑒；威輦之處叢祠，衣無全帛，對子荊而陳貞則：並滅景而弗追，柳禽、尚平之流亞。夏統遠邇稱其孝友，宗黨高其諒直，歌小海之曲，則伍胥猶存，固貞石之心，則公閭尤愧，時幸洛濱之觀，信乎茲言。宋纖幼懷遠操，清規映拔，楊宣頌其畫象，馬岌歎其人龍，玄虛之號，實斯爲美。餘之數子，或移病而去官，或著論而矯俗，或箕踞而對時人，或弋釣而棲衡泌，含和隱璞，乘道匿輝，不屈其志，激清風於來葉者矣。

贊曰：厚秩招累，修名順欲。確乎羣士，超然絕俗。養粹巖阿，銷聲林曲。激貪止競，永垂高躅。

校勘記

〔一〕一無所辭去皆捨棄　各本「所」下原有「受」字。李校：「受」字衍。按：李說是，今刪。若有「受」字，而從「受」字句絕，則「辭去皆捨棄」爲複語矣。魏志王粲傳注引嵇康集目錄云「每所止家，輒給其衣服食飲，得無辭讓」。「得無辭讓」即此「一無所辭」，可證「受」字爲衍文，或淺人所妄加。

〔二〕乃作幽憤詩　「乃」，各本作「仍」，今從宋本作「乃」。

〔三〕初與隴西計吏　「與」，各本作「爲」，今從殿本，與通志一七七合。

〔四〕子路見夏南　顧炎武日知錄：「夏」當作「衛」。

〔五〕漢萊蕪長丹之孫也　後漢書獨行傳「丹」作「冉」，注云「一作丹」。

〔六〕名必有形察形莫如別色　各本「必」上無「名」字，「察」下無「形」字，殿本有之。今從殿本。孫詒讓墨子閒詁附錄亦謂當有「名」「形」兩字。

〔七〕爲刑名二篇　孫詒讓墨子閒詁附錄：「刑」當作「形」。

〔八〕無化論　御覽五九五引作「元化論」。謝鯤有元化論序，見世說賞譽注。蓋「元」訛爲「无」，又轉訛爲「無」。

〔九〕王褒　周校：「褒」當作「裒」。

〔一〇〕譚思文章　周校：覃思之覃不從言旁。按：御覽五〇三引王隱晉書作「覃」。

〔一一〕孤興獨往　「往」，各本作「歸」，宋本、吳本作「往」，今從之。

〔一二〕道深　斠注：世說棲逸及注引晉陽秋、又御覽八一七引中興書「深」作「淵」。按：御覽四二五引中興書亦作「淵」。「深」乃唐人避諱改。

〔一三〕考磐山林　通志一七七、册府二二八「磐」作「槃」，與詩衞風合。

〔一四〕石垣　「垣」，宋本作「坦」。

〔一五〕太子太和　「太和」，册府二二八作「泰和」，與張祚傳合。

〔一六〕在人親土　「土」，各本作「士」，今從殿本作「土」。

〔一七〕書生都養　局本脫「生」字，殿本作「書生都養」，與通志一七七合，今從之。「書生都養」與漢書兒寬傳「弟子都養」義同。御覽五〇三引王隱晉書作「儒生都養」，亦此義。

〔一八〕王政有弊　「王」，各本均作「二」，唯吳本作「王」，今從之。

〔一九〕亦曷能不棲情古烈擬規前修　「不」字疑衍。

〔二〇〕龔玄之　商榷：舊本作「襲玄之」。「襲」是僻姓，不學者妄改爲「龔」。斠注：水經沅水注有晉徵士漢壽襲玄之墓銘。水經注刊誤曰：宋本晉書作「襲玄之」。通志氏族略，晉有隱士襲玄之。

晉書卷九十五

列傳第六十五

藝術

藝術之興，由來尚矣。先王以是決猶豫，定吉凶，審存亡，省禍福。曰神與智，藏往知來；幽贊冥符，弼成人事；既興利而除害，亦威衆以立權，所謂神道設教，率由於此。然而詭託近於妖妄，迂誕難可根源，法術紛以多端，變態諒非一緒，眞雖存矣，僞亦憑焉。聖人不語怪力亂神，良有以也。逮丘明首唱，敍妖夢以垂文，子長繼作，援龜策以立傳，自茲厥後，史不絕書。漢武雅好神仙，世祖尤耽讖術，遂使文成、五利逞詭詐而取寵榮，尹敏、桓譚由忤時而嬰罪戾，斯固通人之所蔽，千慮之一失者乎！

詳觀衆術，抑惟小道，棄之如或可惜，存之又恐不經。載籍既務在博聞，筆削則理宜詳備，晉謂之乘，義在於斯。今錄其推步尤精、伎能可紀者，以爲藝術傳，式備前史云。

陳訓

陳訓字道元，歷陽人。少好祕學，天文、算曆、陰陽、占候無不畢綜，尤善風角。孫晧以爲奉禁都尉，使其占候。晧政嚴酷，訓知其必敗而不敢言。時錢唐湖開，〔一〕或言天下當太平，青蓋入洛陽。晧以問訓，訓曰：「臣止能望氣，不能達湖之開塞。」退而告其友曰：「青蓋入洛，將有輿櫬銜璧之事，非吉祥也。」尋而吳亡。訓隨例內徙，拜諫議大夫。俄而去職還鄉。

及陳敏作亂，遣弟宏爲歷陽太守，〔二〕訓謂邑人曰：「陳家無王氣，不久當滅。」宏聞，將斬之，訓鄉人秦璩爲宏參軍，乃說宏曰：「訓善風角，可試之。如不中，徐斬未晚也。」乃赦之。時宏攻征東參軍衡彥於歷陽，乃問訓曰：「城中有幾千人？攻之可拔不？」訓登牛渚山望氣，曰：「不過五百人。然不可攻，攻之必敗。」宏復大怒曰：「何有五千人攻五百人而有不得理？」命將士攻之，果爲彥所敗，方信訓有道術，乃優遇之。

都水參軍淮南周亢嘗問訓以官位，訓曰：「君至卯年當剖符近郡，酉年當有曲蓋。」亢曰：「脫如來言，當相薦拔。」訓曰：「性不好官，惟欲得米耳。」後亢果爲義興太守、金紫將軍。時劉聰、王彌寇洛陽，歷陽太守武瑕問訓曰：「國家人事如何？」訓曰：「胡賊三逼，國家當敗，天子野死。今尚未也。」其後懷愍二帝果有平陽之酷焉。或問其以明年吉凶者，訓曰：「揚州刺史當死，武昌大火，上方節將亦當死。」至時，劉陶、周訪皆卒，武昌大火，燒數千家。時甘卓爲歷陽太守，訓私謂所親曰：「甘侯頭低而視仰，相法名爲眄刀，又目有赤脈，自外而入，不出十年，必以兵死，不領兵則可以免。」卓果爲王敦所害。丞相王導多病，每自憂慮，以問訓。訓曰：「公耳竪垂肩，必壽，亦大貴，子孫當興於江東。」咸如其言。訓年八十餘卒。

戴洋

戴洋字國流，吳興長城人也。年十二，遇病死，五日而蘇。說死時天使其爲酒藏吏，授符籙，給吏從幡麾，將上蓬萊、崐崘、積石、太室、恒、廬、衡等諸山。既而遣歸，逢一老父，謂之曰：「汝後當得道，爲貴人所識。」及長，遂善風角。

爲人短陋，無風望，然好道術，妙解占候卜數。吳末爲臺吏，知吳將亡，託病不仕。及吳平，還鄉里。後行至瀨鄉，經老子祠，皆是洋昔死時所見使處，但不復見昔物耳。因問守藏應鳳曰：「去二十餘年，嘗有人乘馬東行，過老君而不下馬，未達橋，墜馬死者不？」鳳言有之。所問之事，多與洋同。

揚州刺史嘗問吉凶於洋，答曰：「熒惑入南斗，八月有暴水，九月當有客軍西南來。」如

期果大水，而石冰作亂。冰既據揚州，洋謂人曰：「視賊雲氣，四月當破。」果如其言。時陳敏爲右將軍，堂邑令孫混見而羨之。洋曰：「敏當作賊族滅，何足願也！」未幾，敏果反而誅焉。初，混欲迎其家累，洋曰：「此地當敗，得臘不得正，豈可移家於賊中乎！」混便止。歲末，敏弟昶攻堂邑，混遂以單身走免。其後都水馬武舉洋爲都水令史，洋請急還鄉。將赴洛，夢神人謂之曰：「洛中當敗，人盡南渡，後五年揚州必有天子。」洋信之，遂不去。既而皆如其夢。

廬江太守華譚問洋曰：「天下誰當復作賊者？」洋曰：「王機。」尋而機反。陳眕問洋曰：「人言江南當有貴人，顧彥先、周宣珮當是不？」[三]洋曰：「顧不及臘，周不見來年八月。」榮果以十二月十七日卒，十九日臘；玘以明年七月晦亡。王導遇病，召洋問之。洋曰：「君侯本命在申，金爲土使之主，而於申上石頭立冶，火光照天，此爲金火相爍，水火相煎，以故受害耳。」導卽移居東府，病遂差。

鎮東從事中郎張闓舉洋爲丞相令史。時司馬颺爲烏程令，將赴職，洋曰：「君宜深慎下吏。」颺後果坐吏免官。洋又謂曰：「卿雖免官，十一月當作郡，加將軍。」至期，爲太山太守、鎮武將軍。颺賣宅將行，洋止之曰：「君不得至，當還，不可無宅。」颺果爲徐龕所逼，不得之郡。元帝增颺衆二千，使助祖逖。洋勸颺不行，颺乃稱疾。收付廷尉，俄而因赦得出。

元帝將登阼，使洋擇日，洋以爲宜用三月二十四日丙午。太史令陳卓奏用二十二日，言：「昔越王用甲辰三月反國，范蠡稱在陽之前，當主盡出，上下盡空，德將出遊，刑入中宮，今與此同。」洋曰：「越王爲吳所囚，雖當時遜媚，實懷怨憤，蠡故用甲辰，乘德而歸，留刑吳宮。今大王內無含咎，外無怨憤，當承天洪命，納祚無窮，何爲追越王去國留殃故事邪！」乃從之。

及祖約代兄鎮譙，請洋爲中典軍，遷督護。永昌元年四月庚辰，[四]禺中時有大風，起自東南，折木。洋謂約曰：「十月必有賊到譙城東，至歷陽，南方有反者。」主簿王振以洋爲妖，白約收洋，付刺姦而絕其食五十日，言語如故。約知其有神術，乃赦之而讓振。振後有罪被收，洋救之。約曰：「振往日相繫，今何以救之？」洋曰：「振不識風角，非有宿嫌。振往時垂餓死，洋養活之，振猶尚遺忘。夫處富貴而不棄貧賤甚難。」約義之，卽原振，賜洋米三十石。至十月三日，石勒騎果到譙城東。洋言於約曰：「賊必向城父，可遣騎水南追之，步軍於水北斷要路，賊必敗。」約竟不追，賊乃掠城父婦女輜重而去。約將魯延求追賊，洋曰：「不可。」約不從，使兄子智與延追之。賊僞棄婦女輜重走，智與延等爭物，賊還掩之，智、延僅以身免，士卒皆死。約表洋爲下邑長。時梁國人反，逐太守袁晏。梁城峻嶮，約欲討之而未決，洋曰：「賊以八月辛酉日反，日辰俱王，辛德在南方，酉受自刑，梁在譙北，乘德伐

刑，賊必破亡。又甲子日東風而雷西行，譙在東南，雷在軍前，爲軍驅除。昔吳伐關羽，天雷在前，周瑜拜賀。今與往同，故知必克。」約從之，果平梁城。

太寧三年正月，有大流星東南行，洋曰：「至秋，府當移壽陽。」及王敦作逆，約問其勝敗，洋曰：「太白在東方，辰星不出。兵法先起爲主，應者爲客。辰星若出，太白爲主，辰星爲客。辰星不出，太白爲客，先起兵者敗。今有客無主，有前無後，宜傳檄所部，應詔伐之。」約乃率衆向合肥。俄而敦死衆敗，遂住壽陽。洋又曰：「江淮之間當有軍事，譙城虛曠，宜還固守。不者，雍丘、沛皆非官有也。」約不從，豫土遂陷於賊。

咸和元年春，約南行佃，遇大雷雨西南來，洋曰：「甲子西南天雷，其夏必失大將。」至夏，汝南人反，執約兄子濟，送於石勒。約府內地忽赤如丹血丸丸，洋曰：「案河圖徵云：『地赤如丹血丸丸，當有下反上者。』恐十月二十七日胡馬當來飲淮水。」至時，石勒騎大至，[五]攻城大戰。其日西風，[六]兵火俱發，約大懼。會風迴，賊退。時傳言勒遣騎向壽陽，約欲送其家還江東，洋曰：「必無此事。」尋而傳言果妄。

咸和初，月暈左角，有赤白珥。約問洋，洋曰：「角爲天門，開布陽道，官門當有大戰。」俄而蘇峻遣使招約俱反，洋謂約曰：「蘇峻必敗，然其初起，兵鋒不可當，可外和內嚴，以待其變。」約不從，遂與峻反。至三年五月，大風雷雨西北來，城內晦暝，洋謂約曰：「雷鳴人

上，明使君當遠佞近直，愛下振貧。昔秦有此變，卒致亂亡。」約大怒，收洋繫之。遣部將李概將兵到廬江，其衆盡散。約召洋出，問之曰：「吾還東何如留壽陽？若留壽陽，何如入胡？」洋曰：「東入失半，入胡滅門，留壽陽尚可。」約欲東向歷陽，其衆不樂東下，皆叛約，劫約姊及嫂奔於石勒。約到歷陽，祖煥問洋曰：〔七〕「君昔言平西在壽陽可得五年，果如君言。今在歷陽，可得幾時？」洋曰：「得六月耳。」約問洋：「臺下及此氣候何如？」洋曰：「此當復有反者。臺下來年三月當太平，江州當大喪。後南方復有軍事，去此千里。」尋而牽騰叛約，約率所親將家屬奔於石勒。二月而天子反正，四月而溫嶠卒，郭默據湓口以叛。後勒誅約及親屬並盡，皆如洋言。

約既敗，洋往尋陽。時劉胤鎭尋陽，胤問洋曰：「我病當差不？」洋曰：「不憂使君不差，憂使君今年有大厄。使君年四十七，行年入庚寅。太公陰謀曰：『六庚爲白獸，在上爲客星，在下爲害氣。』年與命并，必凶當忌。十二月二十二日庚寅勿見客。」胤曰：「我當解職，將君還野中治病。」洋曰：「使君當作江州，不得解職。」胤曰：「溫公不復還邪？」洋曰：「溫公雖還，使君故作江州。」俄如其言。九月甲寅申時，迴風從東來，入胤兒船中，西過，狀如匹練，長五六丈。洋曰：「風從咸池下來，攝提下去，咸池爲刀兵，大殺爲死喪。到甲子日申時，府內大聚骨埋之。」胤問在何處，洋曰：「不出州府門也。」胤架府東門。洋又曰：「東爲天

牢，牢下開門，憂天獄至。」十二月十七日，洋又曰：「臘近可閉門，以五十人備守，并以百人備東北寅上，以却害氣。」胤不從。二十四日壬辰，胤遂爲郭默所害。

南中郎將桓宣以洋爲參軍，將隨宣往襄陽，太尉陶侃留之住武昌。時侃謀北伐，洋曰：「前年十一月熒惑守胃昴，至今年四月，積五百餘日。昴，趙之分野，石勒遂死。熒惑以七月退，從畢右順行入黃道，未及天關，以八月二十二日復逆行還鉤，繞畢向昴。昴畢爲邊兵，主胡夷，故置天弓以射之。熒惑逆行，司無德之國，石勒死是也。勒之餘燼，以自殘害。今年官與太歲、太陰三合癸巳，癸爲北方，北方當受災。歲鎭二星共合翼軫，從子及巳，徘徊六年。荆楚之分，歲鎭所守，其下國昌，豈非功德之徵也！今年六月，鎭星前角亢。角亢，鄭之分。歲星移入房，太白在心。心房，宋分。順之者昌，逆之者亡。石季龍若興兵東南，此其死會也。官若應天伐刑，徑據宋鄭，則無敵矣。若天與不取，反受其咎。」侃志在中原，聞而大喜。會病篤，不果行。

侃薨，征西將軍庾亮代鎭武昌，復引洋問氣候。洋曰：「天有白氣，喪必東行，不過數年必應。」尋有大鹿向西城門，洋曰：「野獸向城，主人將去。」城東家夜半望見城內有數炬火，從城上出，如大車狀，白布幔覆，與火俱出城東北行，至江乃滅。洋聞而歎曰：「此與前白氣同。」時亮欲西鎭石城，或問洋：「此西足當欲東不？」洋曰：「不當也。」咸康三年，洋言於亮曰：「武昌土地有山無林，政可圖始，不可居終。山作八字，數不及九。昔吳用壬寅來上，創立宮城，至己酉，還下秣陵。陶公亦涉八年。土地盛衰有數，人心去就有期，不可移也。公宜更擇吉處，武昌不可久住。」五年，亮令毛寶屯邾城。九月，洋言於亮曰：「毛豫州今年受死問。昨朝大霧晏風，當有怨賊報仇，攻圍諸侯，誠宜遠偵邏。」寶問當在何時，答曰：「五十日內。」其夕，又曰：「九月建戌，朱雀飛驚，征軍還歸，乘戴火光，天示有信，災發東房，葉落歸本，慮有後患。」明日，又曰：「昨夜火殃，非國福，今年架屋，致使君病，可因燒屋，移家南渡，無嫌也。」寶卽遣兒婦還武昌。尋傳賊當來攻城，洋曰：「十月丁亥夜半時得賊問，干爲君，支爲臣，丁爲征西府，亥爲邾城，功曹爲賊神，加子時十月水王木相，王相氣合，賊必來。寅數七，子數九，賊高可九千人，下可七千人。從魁爲貴人加丁，下克上，有空亡之事，不敢進武昌也。」賊果陷邾城而去。亮問洋曰：「故當不失石城否？」洋曰：「賊從安陸向石城，逆太白，當伐身，無所慮。」亮曰：「天何以利胡而病我？」洋曰：「天符有吉凶，土地有盛衰，今年害氣三合己亥，己爲天下，亥爲戎胡，季龍亦當受死。今乃不憂賊，但憂公病耳。」亮曰：「何方救我疾？」洋曰：「荆州受兵，江州受災，公可去此二州。」亮曰：「如此，當有解不？」洋曰：「恨晚，猶差不也。」亮竟不能解二州，遂至大困。洋曰：「昔蘇峻時，公於白石祠中祈福，許賽其牛，至今未解，故爲此鬼所考。」亮曰：「有之，君是神人也。」或問洋曰：「庾公可得幾

時？」洋曰：「見明年。」時亮已不識人，咸以爲妄，果至正月一日而薨。

庾翼代亮，洋復爲占候。少時卒，年八十餘。所占驗者不可勝紀。

韓友

韓友字景先，廬江舒人也。爲書生，受易於會稽伍振，善占卜，能圖宅相冢，亦行京費厭勝之術。

龍舒長鄧林婦病積年，垂死，醫巫皆息意。友爲筮之，使畫作野猪著臥處屏風上，一宿覺佳，於是遂差。舒縣廷掾王睦病死，已復魄。友爲筮之，令以丹畫版作日月置牀頭，又以豹皮馬鄣泥臥上，立愈。劉世則女病魅積年，巫爲攻禱，伐空冢故城間，得狸鼉數十，病猶不差。友筮之，命作布囊，依女發時，張囊著窗牖間，友閉戶作氣，若有所驅。斯須之間，見囊大脹如吹，因決敗之，女仍大發。友乃更作皮囊二枚，沓張之，施張如前，囊復脹滿，因急縛囊口，懸著樹二十許日，漸消，開視有二斤狐毛，女遂差。

宣城邊洪以四月中就友卜家中安否，友曰：「卿家有兵殃，其禍甚重。可伐七十束柴，積於庚地，至七月丁酉放火燒之，咎可消也。不爾，其凶難言。」洪卽聚柴。至日，大風，不敢發火。洪後爲廣陽領校，遭母喪歸家，友來投之，時日已暮，出告從者，速裝束，吾當夜

去。從者曰：「今日已暝，數十里草行，何急復去？」友曰：「非汝所知也。此間血覆地，寧可復住！」苦留之，不待食而去。其夜洪欻發狂，絞殺兩子，并殺婦，又斫父妾二人，皆被創，因出亡走。明日，其宗族往收殯亡者，尋索洪，數日，於宅前林中得之，已自經死。

宣城太守殷祐有病，友筮之，曰：「七月晦日，將有大鸛鳥來集廳事上，宜勤伺取，若獲者爲善，不獲將成禍。」祐乃謹爲其備。至日，果有大鸛垂尾九尺，來集廳事上，掩捕得之，祐乃遷石頭督護，後爲吳郡太守。

友卜占神效甚多，而消殃轉禍，無不皆驗。干寶問其故，友曰：「筮卦用五行相生殺，如案方投藥治病，以冷熱相救。其差與不差，不可必也。」友以元康六年舉賢良，元帝渡江，以爲廣武將軍，永嘉末卒。

淳于智

淳于智字叔平，濟北盧人也。有思義，能易筮，善厭勝之術。高平劉柔夜臥，鼠齧其左手中指，以問智。智曰：「是欲殺君而不能，當爲君使其反死。」乃以朱書手腕橫文後三寸作田字，辟方一寸二分，使露手以臥。明旦，有大鼠伏死手前。譙人夏侯藻母病困，詣智卜，忽有一狐當門向之嗥。藻怖愕，馳見智。智曰：「其禍甚急，君速歸，在狐嗥處拊心啼哭，令

家人驚怪，大小必出，一人不出，哭勿止，然後其禍可救也。」藻還，如其言，母亦扶病而出。家人既集，堂屋五間拉然而崩。護軍張劭母病篤，智筮之，使西出市沐猴，繫母臂，令傍人搥拍，恒使作聲，三日放去。劭從之。其猴出門即爲犬所咋死，母病遂差。上黨鮑瑗家多喪病貧苦，或謂之曰：「淳于叔平神人也，君何不試就卜，知禍所在？」瑗性質直，不信卜筮，曰：「人生有命，豈卜筮所移！」會智來，應詹謂曰：「此君寒士，每多屯虞，君有通靈之思，可爲一卦。」智乃爲卦，卦成，謂瑗曰：「君安宅失宜，故令君困。君舍東北有大桑樹，君徑至市，入門數十步，當有一人持荆馬鞭者，便就買以懸此樹，三年當暴得財。」瑗承言詣市，果得馬鞭，懸之三年，浚井，得錢數十萬，銅鐵器復二十餘萬，於是致贍，疾者亦愈。其消災轉禍，不可勝紀，而卜筮所占，千百皆中。應詹少亦多病，智乃爲符使詹佩之，誦其文，既而皆驗，莫能學也。

性深沈，常自言短命，曰：「辛亥歲天下有事，當有巫醫挾道術者死。吾守易義以行之，猶當不應此乎！」太康末，爲司馬督，有寵於楊駿，故見殺。

步熊

步熊字叔羆，陽平發干人也。少好卜筮數術，門徒甚盛。熊學舍側有一人燒死，吏持熊諸生，謂爲失火。熊曰：「已爲卿卜得其人矣。使從道南行，當有一人來問得火主未者，便縛之。」吏如熊言，果是耕人，自言草惡難耕，故燒之，忽風起延燒遠近，實不知草中有人。又鄰人兒遠行，或告已死，其父母號哭制服，熊爲之卜，剋日當還，如期果至。

趙王倫聞其名，召之。熊謂諸生曰：「倫死不久，不足應也。」倫怒，遣兵圍之數重。熊乃使諸生著其裘南走，倫兵悉赴捉之，熊密從北出，得脫。後爲成都王穎所辟，穎使熊射覆，物無所失。後穎奔關中，平昌公模鎮鄴，以熊穎黨，誅之。

杜不愆

杜不愆，廬江人也。少就外祖郭璞學易卜，屢有驗。高平郗超年二十餘，得重疾，試令筮之。不愆曰：「案卦言之，卿所苦尋除。然宜於東北三十里上宮姓家索其所養雄雉，籠盛置東檐下，却後九日丙午日午時，必當有雌雉飛來與交，既而雙去。若如此，不出二十日病都除，又是休應，年將八十，位極人臣。若但雌逝雄留者，病一周方差，年半八十，名位亦失。」超時正羸篤，慮命在旦夕，笑而答曰：「若保八十之半，便有餘矣。一周病差，何足爲淹！」然未之信。或勸依其言，索雉果得。至丙午日，超臥南軒之下觀之，至日晏，果有雌雉飛入籠，與雄雉交而去，雄雉不動。超歎息曰：「雖管郭之奇，何以尚此！」超病彌年乃起，至

四十，卒於中書郎。

不愆後占筮轉疏，無復此類。後爲桓嗣建威參軍。

嚴卿

嚴卿，會稽人也。善卜筮。鄉人魏序欲暫東行，荒年多抄盜，令卿筮之。卿筮曰：「君慎不可東行，必遭暴害之氣，而非劫也。」序不之信。卿曰：「既必不停，宜以禳之，可索西郭外獨母家白雄狗繫著船前。」求索止得駮狗，無白者。卿曰：「駮者亦足，然猶恨其色不純，當餘小毒，正及六畜輩耳，無所復憂。」序行半路，狗忽然作聲甚急，有如人打之者。比視，已死，吐黑血斗餘。其夕，序墅上白鵝數頭無故自死，而序家無恙。

隗炤

隗炤，汝陰人也。善於易。臨終，書版授其妻曰：「吾亡後當大荒窮，雖爾，慎莫賣宅也。卻後五年春，當有詔使來頓此亭，姓龔，此人負吾金，即以此版往責之，勿違言也。」炤亡後，其家大困乏，欲賣宅，憶夫言輒止。期日，有龔使者止亭中，妻遂齎版往責之。使者執版惘然，不知所以。妻曰：「夫臨亡，手書版見命如此，不敢妄也。」使者沈吟良久而悟，謂

曰：「賢夫何善？」妻曰：「夫善於易，而未曾爲人卜也。」使者曰：「噫，可知矣！」乃命取蓍筮之，卦成，撫掌而歎曰：「妙哉隗生！含明隱迹，可謂鏡窮達而洞吉凶者也。」於是告炤妻曰：「吾不相負金也，賢夫自有金耳，知亡後當暫窮，故藏金以待太平，所以不告兒婦者，恐金盡而困無已也。知吾善易，故書版以寄意耳。金有五百斤，盛以青甕，覆以銅柈，埋在堂屋東頭，去壁一丈，入地九尺。」妻還掘之，皆如卜焉。

卜珝

卜珝字子玉，匈奴後部人也。少好讀易，郭璞見而歎曰：「吾所弗如也，柰何不免兵厄！」珝曰：「然。吾大厄在四十一，位爲卿將，當受禍耳。不爾者，亦爲猛獸所害。吾亦未見子之令終也。」璞曰：「吾禍在江南，甚營之，未見免兆。雖然，在南猶可延期，住此不過時月。」珝曰：「子勿爲公吏，可以免諸。」璞曰：「吾不能免公吏，猶子之不能免卿將也。」珝曰：「吾此雖當有帝王子，終不復奉二京矣。琅邪可奉，卿謹奉之，主晉祀者必此人也。」珝遂隱於龍門山。

劉元海僭號，徵爲大司農、侍中，固以疾辭。元海曰：「人各有心，卜珝之不欲在吾朝，何異高祖四公哉！可遂其高志。」後復徵爲光祿大夫，珝謂使者曰：「非吾死所也。」及劉聰

嗣僞位，徵爲太常。時劉琨據幷州，聰問何時可平，珝答曰：「幷州陛下之分，今茲克之必矣。」聰戲曰：「朕欲勞先生一行可乎？」珝曰：「臣所以來不及裝者，正爲是行也。」聰大悅，署珝使持節、平北將軍。將行，謂其妹曰：「此行也，死自吾分，後慎勿紛紜。」及攻晉陽，爲琨所敗，珝卒先奔，爲其元帥所殺。

鮑靚

鮑靚字太玄，東海人也。年五歲，語父母云：「本是曲陽李家兒，九歲墜井死。」其父母尋訪得李氏，推問皆符驗。靚學兼內外，明天文河洛書，稍遷南陽中部都尉，爲南海太守。嘗行部入海，遇風，飢甚，取白石煑食之以自濟。王機時爲廣州刺史，入廁，忽見二人著烏衣，與機相捍，良久擒之，得二物似烏鴨。靚曰：「此物不祥。」機焚之，徑飛上天，機尋誅死。靚嘗見仙人陰君，授道訣，百餘歲卒。

吳猛

吳猛，豫章人也。少有孝行，夏日常手不驅蚊，懼其去已而噬親也。年四十，邑人丁義始授其神方。因還豫章，江波甚急，猛不假舟楫，以白羽扇畫水而渡，觀者異之。庾亮爲江州刺史，嘗遇疾，聞猛神異，乃迎之，問己疾何如。猛辭以算盡，請具棺服。旬日而死，形狀如生。未及大斂，遂失其尸。識者以爲亮不祥之徵。亮疾果不起。

幸靈

幸靈者，豫章建昌人也。性少言，與小人羣居，見侵辱而無慍色，邑里號之癡，雖其父母兄弟亦以爲癡也。嘗使守稻，羣牛食之，靈見而不驅，待牛去乃往理其殘亂者。其父母見而怒之，靈曰：「夫萬物生天地之間，各欲得食。牛方食，柰何驅之！」其父愈怒曰：「卽如汝言，復用理壞者何爲？」靈曰：「此稻又欲得終其性，牛自犯之，靈可以不收乎！」

時順陽樊長賓爲建昌令，發百姓作官船於建城山中，吏令人各作箸一雙。〔八〕靈作而未輸，或竊之焉。俄而竊者心痛欲死，靈謂之曰：「爾得無竊我箸乎？」竊者不應。有頃，愈急，靈曰：「若爾不以情告我者，今眞死矣。」竊者急遽，乃首出之。靈於是飲之以水，病卽立愈。行人由此敬畏之。船成，當下，吏以二百人引一艘，不能動，方請益人。靈曰：「此以過足，但部分未至耳。靈請自牽之。」乃手執箸，惟用百人，而船去如流。衆大驚怪，咸稱其神，於是知名。

有龔仲儒女病積年，氣息財屬，靈使以水含之，已而强起，應時大愈。又呂猗母皇氏得

痿痹病，十有餘年，靈療之，去皇氏數尺而坐，冥目寂然，有頃，顧謂猗曰：「扶夫人令起。」猗曰：「老人得病累年，柰何可倉卒起邪？」靈曰：「但試扶起。」於是兩人夾扶以立。少選，靈又令去扶，卽能自行，由此遂愈。於是百姓奔趣，水陸輻輳，從之如雲。皇氏自以病久，懼有發動，靈乃留水一器令食之，每取水，輒以新水補處，二十餘年水淸如新，塵垢不能加焉。

時高悝家有鬼怪，言語訶叱，投擲內外，不見人形，或器物自行，再三發火，巫祝厭劾而不能絕。適值靈，乃要之。靈於陌頭望其屋，謂悝曰：「此君之家邪？」悝曰：「是也。」靈曰：「知之足矣。」悝固請之，靈不得已，至門，見符索甚多，謂悝曰：「當以正止邪，而以邪救邪，惡得已乎！」並使焚之，惟據軒小坐而去，其夕鬼怪卽絕。

靈所救愈多此類，然不取報謝。行不騎乘，長不娶妻，性至恭，見人卽先拜，言輒自名。凡草木之夭傷於山林者，必起理之，器物之傾覆於途路者，必舉正之。周旋江州間，謂其士人曰：「天地之於人物，一也，咸欲不失其情性，柰何制服人以爲奴婢乎！諸君若欲享多福以保性命，可悉免遣之。」十餘年間，賴其術以濟者極多。後乃娶妻，畜車馬奴婢，受貨賂致遺，於是其術稍衰，所療得失相半焉。

佛圖澄

佛圖澄，天竺人也。本姓帛氏。少學道，妙通玄術。永嘉四年，來適洛陽，自云百有餘歲，常服氣自養，能積日不食。善誦神呪，能役使鬼神。腹旁有一孔，常以絮塞之，每夜讀書，則拔絮，孔中出光，照于一室。又嘗齋時，平旦至流水側，從腹旁孔中引出五藏六府洗之，訖，還內腹中。又能聽鈴音以言吉凶，莫不懸驗。

及洛中寇亂，乃潛草野以觀變。石勒屯兵葛陂，專行殺戮，沙門遇害者甚衆。澄投勒大將軍郭黑略家，黑略每從勒征伐，輒豫克勝負，勒疑而問曰：「孤不覺卿有出衆智謀，而每知軍行吉凶何也？」黑略曰：「將軍天挺神武，幽靈所助，有一沙門智術非常，云將軍當略有區夏，已應爲師。臣前後所白，皆其言也。」勒召澄，試以道術。澄即取鉢盛水，燒香呪之，須臾鉢中生青蓮花，光色曜日，勒由此信之。

勒自葛陂還河北，過枋頭，枋頭人夜欲斫營，澄謂黑略曰：「須臾賊至，可令公知。」果如其言，有備，故不敗。勒欲試澄，夜冠冑衣甲，執刀而坐，遣人告澄云：「夜來不知大將軍何所在。」使人始至，未及有言，澄逆問曰：「平居無寇，何故夜嚴？」勒益信之。勒後因忿，欲害諸道士，并欲苦澄。澄迺潛避至黑略舍，語弟子曰：「若將軍信至，問吾所在者，報云不知所之。」既而勒使至，覓澄不得。使還報勒，勒驚曰：「吾有惡意向澄，澄捨我去矣。」通夜不寢，思欲見澄。澄知勒意悔，明旦造勒。勒曰：「昨夜何行？」澄曰：「公有怒心，昨故權避公。今

改意，是以敢來。」勒大笑曰：「道人謬矣。」

襄國城塹水源在城西北五里，其水源暴竭，勒問澄何以致水。澄曰：「今當敕龍取水。」迺與弟子法首等數人至故泉源上，坐繩牀，燒安息香，呪願數百言。如此三日，水泫然微流，有一小龍長五六寸許，隨水而來，諸道士競往視之。有頃，水大至，隍塹皆滿。

鮮卑段末波攻勒，衆甚盛。勒懼，問澄。澄曰：「昨日寺鈴鳴云，明旦食時，當擒段末波。」勒登城望末波軍，不見前後，失色曰：「末波如此，豈可獲乎！」更遣夔安問澄。澄曰：「已獲末波矣。」時城北伏兵出，遇末波，執之。澄勸勒宥末波，遣還本國，勒從之，卒獲其用。

劉曜遣從弟岳攻勒，勒遣石季龍距之。岳敗，退保石梁塢，季龍堅柵守之。澄在襄國，忽歎曰：「劉岳可憫！」弟子法祚問其故，澄曰：「昨日亥時，岳已敗被執。」果如所言。

及曜自攻洛陽，勒將救之，其羣下咸諫以爲不可。勒以訪澄，澄曰：「相輪鈴音云：『秀支替戾岡，僕谷劬禿當。』此羯語也。秀支，軍也。替戾岡，出也。僕谷，劉曜胡位也。劬禿當，捉也。此言軍出捉得曜也。」又令一童子潔齋七日，取麻油合胭脂，躬自研於掌中，舉手示童子，粲然有輝。童子驚曰：「有軍馬甚衆，見一人長大白晳，以朱絲縛其肘。」澄曰：「此即曜也。」勒甚悅，遂赴洛距曜，生擒之。

勒僭稱趙天王，行皇帝事，敬澄彌篤。時石葱將叛，澄誡勒曰：「今年葱中有蟲，食必害人，可令百姓無食葱也。」勒班告境內，慎無食葱。俄而石葱果走。勒益重之，事必諮而後行，號曰大和尚。

勒愛子斌暴病死，將殯，勒歎曰：「朕聞虢太子死，扁鵲能生之，今可得效乎？」乃令告澄。澄取楊枝沾水，灑而呪之，就執斌手曰：「可起矣！」因此遂蘇，有頃，平復。自是勒諸子多在澄寺中養之。勒死之年，天靜無風，而塔上一鈴獨鳴，澄謂衆曰：「鈴音云，國有大喪，不出今年矣。」既而勒果死。

及季龍僭位，遷都於鄴，傾心事澄，有重於勒。下書衣澄以綾錦，乘以彫輦，朝會之日，引之升殿，常侍以下悉助舉輿，太子諸公扶翼而上，主者唱大和尚，衆坐皆起，以彰其尊。又使司空李農旦夕親問，其太子諸公五日一朝，尊敬莫與爲比。支道林在京師，聞澄與諸石遊，乃曰：「澄公其以季龍爲海鷗鳥也。」百姓因澄故多奉佛，皆營造寺廟，相競出家，眞僞混淆，多生愆過。季龍下書料簡，其著作郎王度奏曰：「佛，外國之神，非諸華所應祠奉。漢代初傳其道，惟聽西域人得立寺都邑，以奉其神，漢人皆不出家。魏承漢制，亦循前軌。今可斷趙人悉不聽詣寺燒香禮拜，以遵典禮，其百辟卿士下逮衆隸，例皆禁之，其有犯者，與淫祀同罪。其趙人爲沙門者，還服百姓。」朝士多同度所奏。季龍以澄故，下書曰：「朕出自

邊戎，忝君諸夏，至於饗祀，應從本俗。佛是戎神，所應兼奉，其夷趙百姓有樂事佛者，特聽之。」

澄時止鄴城寺中，弟子徧於郡國。嘗遣弟子法常北至襄國，弟子法佐從襄國還，相遇於梁基城下，對車夜談，言及和尚，比旦各去。佐始入，澄逆笑曰：「昨夜爾與法常交車共說汝師邪？」佐愕然愧懺。於是國人每相語：「莫起惡心，和尚知汝。」及澄之所在，無敢向其方面涕唾者。

季龍太子邃有二子，在襄國，澄語邃曰：「小阿彌比當得疾，可往看之。」邃即馳信往視，果已得疾。太醫殷騰及外國道士自言能療之，澄告弟子法牙曰：「正使聖人復出，不愈此疾，況此等乎！」後三日果死。邃將圖爲逆，謂內豎曰：「和尚神通，儻發吾謀。明日來者，當先除之。」澄月望將入覲季龍，謂弟子僧慧曰：「昨夜天神呼我曰：『明日若入，還勿過人。』我儻有所過，汝當止我。」澄常入，必過邃。邃知澄入，要候甚苦。澄將上南臺，僧慧引衣，澄曰：「事不得止。」坐未安便起，邃固留不住，所謀遂差。還寺，歎曰：「太子作亂，其形將成，欲言難言，欲忍難忍。」乃因事從容箴季龍，季龍終不能解。俄而事發，方悟澄言。

後郭黑略將兵征長安北山羌，墮羌伏中。時澄在堂上坐，慘然改容曰：「郭公今有厄。」乃唱云：「衆僧祝願。」澄又自祝願。須臾，更曰：「若東南出者活，餘向者則困。」復更祝願。有

頸，曰：「脫矣。」後月餘，黑略還，自說墜羌圍中，東南走，馬乏，正遇帳下人，推馬與之曰：「公乘此馬，小人乘公馬，濟與不濟，命也。」略得其馬，故獲免。推檢時日，正是澄祝願時也。

時天旱，季龍遣其太子詣臨漳西滏口祈雨，久而不降，乃令澄自行，卽有白龍二頭降於祠所，其日大雨方數千里。澄嘗遣弟子向西域市香，既行，澄告餘弟子曰：「掌中見買香弟子在某處被劫垂死。」因燒香祝願，遙救護之。弟子後還，云某月某日某處爲賊所劫，垂當見殺，忽聞香氣，賊無故自驚曰：「救兵已至。」棄之而走。黃河中舊不生黿，時有得者，以獻季龍。澄見而歎之曰：「桓溫入河，其不久乎！」溫字元子，後果如其言也。季龍嘗晝寢，夢見羣羊負魚從東北來，寤以訪澄。澄曰：「不祥也，鮮卑其有中原乎！」後亦皆驗。澄嘗與季龍升中臺，澄忽驚曰：「變，變，幽州當火災。」乃取酒噀之，〔九〕久而笑曰：「救已得矣。」季龍遣驗幽州，云爾日火從四門起，西南有黑雲來，驟雨滅之，雨亦頗有酒氣。

石宣將殺石韜，宣先到寺與澄同坐，浮屠一鈴獨鳴，澄謂曰：「解鈴音乎？鈴云胡子洛度。」宣變色曰：「是何言歟？」澄謬曰：「老胡爲道，不能山居無言，重茵美服，豈非洛度乎！」石韜後至，澄孰視良久。韜懼而問澄，澄曰：「怪公血臭，故相視耳。」季龍夢龍飛西南，自天而落，旦而問澄，澄曰：「禍將作矣，宜父子慈和，深以愼之。」季龍引澄入東閤，與其后杜氏問訊之。澄曰：「脅下有賊，不出十日，自浮圖以西，此殿以東，當有血流，愼勿東也。」杜后

曰：「和尚耄邪！何處有賊？」澄卽易語云：「六情所受，皆悉是賊。老自應耄，但使少者不昏卽好耳。」遂便寓言，不復彰的。後二日，宣果遣人害韜於佛寺中，欲因季龍臨喪殺之。季龍以澄先誡，故獲免。及宣被收，澄諫季龍曰：「皆陛下之子也，何爲重禍邪！陛下若含怒加慈者，尙有六十餘歲。如必誅之，宣當爲彗星下掃鄴宮。」季龍不從。後月餘，有一妖馬，髦尾皆有燒狀，入中陽門，出顯陽門，東首東宮，皆不得入，走向東北，俄爾不見。澄聞而歎曰：「災其及矣！」季龍大享羣臣於太武前殿，澄吟曰：「殿乎，殿乎！棘子成林，將壞人衣。」季龍令發殿石下視之，有棘生焉。冉閔小字棘奴。

季龍造太武殿初成，圖畫自古賢聖、忠臣、孝子、烈士、貞女，皆變爲胡狀，旬餘，頭悉縮入肩中，惟冠髣髴微出，季龍大惡之，祕而不言也。澄對之流涕，乃自啓塋墓於鄴西紫陌，還寺，獨語曰：「得三年乎？」自答：「不得。」又曰：「得二年、一年、百日、一月乎？」自答：「不得。」遂無復言。謂弟子法祚曰：「戊申歲禍亂漸萌，己酉石氏當滅。吾及其未亂，先從化矣。」卒於鄴宮寺。後有沙門從雍州來，稱見澄西入關，季龍掘而視之，惟有一石而無尸。季龍惡之曰：「石者，朕也，葬我而去，吾將死矣。」因而遇疾。明年，季龍死，遂大亂。

麻襦

麻襦者，不知何許人也，莫得其姓名。石季龍時，在魏縣市中乞丐，恒着麻襦布裳，故時人謂之麻襦。言語卓越，狀如狂者，乞得米穀不食，輒散置大路，云飴天馬。趙興太守籍狀收送詣季龍。

先是，佛圖澄謂季龍曰：「國東二百里某月日當送一非常人，勿殺之也。」如期果至。季龍與共語，了無異言，惟道「陛下當終一柱殿下」。季龍不解，送以詣澄。麻襦謂澄曰：「昔在光和中會，奄至今日。酉戎受玄命，〔一〇〕絕曆終有期。金離消于壤，邊荒不能遵，驅除靈期迹，莫已已之懿。裔苗葉繁，其來方積。休期於何期，永以歎之。」澄曰：「天迴運極，否將不支，九木水爲難，無可以術寧。玄哲雖存世，莫能基必莫能基必穨。〔一一〕久遊閻浮利，擾擾多此患。行登陵雲宇，會於虛游間。」其所言人莫能曉。季龍遣驛馬送還本縣，既出城，請步，云：「我當有所過，君至合口橋見待。」使人如言而馳，至橋，麻襦已先至。

後慕容儁投季龍尸於漳水，倚橋柱不流，時人以爲「一柱殿下」卽謂此也。及元帝嗣位江左，亦以爲「天馬」之應云。

單道開

單道開，敦煌人也。常衣粗褐，或贈以繒服，皆不著，不畏寒暑，晝夜不臥。恒服細石

子，一吞數枚，日一服，或多或少。好山居，而山樹諸神見異形試之，初無懼色。

石季龍時，從西平來，一日行七百里，其一沙彌年十四，行亦及之。至秦州，表送到鄴，季龍令佛圖澄與語，不能屈也。初止鄴城西沙門法綝祠中，後徙臨漳昭德寺。於房內造重閣，高八九尺，於上編菅爲禪室，常坐其中。季龍資給甚厚，道開皆以施人。人或來諮問者，道開都不答。日服鎭守藥數丸，大如梧子，藥有松蜜薑桂伏苓之氣，時復飲茶蘇一二升而已。自云能療目疾，就療者頗驗。視其行動，狀若有神。佛圖澄曰：「此道士觀國興衰，若去者，當有大亂。」及季龍末，道開南渡許昌，尋而鄴中大亂。

升平三年至京師，後至南海，入羅浮山，獨處茅茨，蕭然物外。年百餘歲，卒於山舍，敕弟子以尸置石穴中，弟子乃移入石室。陳郡袁宏爲南海太守，與弟穎叔及沙門支法防共登羅浮山，至石室口，見道開形骸如生，香火瓦器猶存。宏曰：「法師業行殊羣，正當如蟬蛻耳。」乃爲之贊云。

黃泓

黃泓字始長，魏郡斥丘人也。父沈，善天文祕術。泓從父受業，精妙踰深，兼博覽經史，尤明禮易。性忠勤，非禮不動。永嘉之亂，與渤海高瞻避地幽州，說瞻曰：「王浚昏暴，

終必無成，宜思去就以圖久安。慕容廆法政修明，虛懷引納，且讖言眞人出東北，儻或是乎？宜相與歸之，同建事業。」瞻不從。泓乃率宗族歸廆，廆待以客禮，引爲參軍，軍國之務動輒訪之。泓指說成敗，事皆如言。廆常曰：「黃參軍，孤之仲翔也。」

及皝嗣位，遷左常侍，領史官，甚重之。石季龍攻皝，皝將走遼東，泓曰：「賊有敗氣，無可憂也，不過二日，必當奔潰。宜嚴勒士馬，爲追擊之備。」皝曰：「今寇盛如此，卿言必走，孤未敢信。」泓曰：「殿下言盛者，人事耳，臣言必走者，天時也，胡足爲疑！」及期，季龍果退，皝益奇之。

及慕容儁卽王位，遷從事中郎。儁聞冉閔亂，將圖中原，訪之於泓。泓勸行，儁從之。及僭號，署爲進謀將軍、太史令、關內侯，尋加奉車都尉、西海太守、領太史令、開陽亭侯，又封平舒縣五等伯，常從左右，諮決大事。靈臺令許敦害其寵，諂事慕容評，設異議以毀之，乃以泓爲太史靈臺諸署統，加給事中。泓待敦彌厚，不以毀己易心。

慕容暐敗，以老歸家，歎曰：「燕必中興，其在吳王，恨吾年過不見耳。」年九十七卒。卒後三年，爲吳王慕容垂興焉。

索紞

索紞字叔徹，敦煌人也。少遊京師，受業太學，博綜經籍，遂爲通儒。明陰陽天文，善術數占候。司徒辟，除郎中，知中國將亂，避世而歸。鄉人從紞占問吉凶，門中如市，紞曰：「攻乎異端，戒在害已；無爲多事，多事多患。」遂詭言虛說，無驗乃止。惟以占夢爲無悔吝，乃不逆問者。

孝廉令狐策夢立冰上，與冰下人語。紞曰：「冰上爲陽，冰下爲陰，陰陽事也。士如歸妻，迨冰未泮，婚姻事也。君在冰上與冰下人語，爲陽語陰，媒介事也。君當爲人作媒，冰泮而婚成。」策曰：「老夫耄矣，不爲媒也。」會太守田豹因策爲子求鄉人張公徵女，仲春而成婚焉。郡主簿張宅夢走馬上山，還繞舍三周，但見松柏，不知門處。紞曰：「馬屬離，離爲火。火，禍也。人上山，爲凶字。但見松柏，墓門象也。不知門處，爲無門也。三周，三朞也。後三年必有大禍。」宅果以謀反伏誅。索充初夢天上有二棺落充前。紞曰：「棺者，職也，當有京師貴人舉君。二官者，頻再遷。」俄而司徒王戎書屬太守使舉充，太守先署充功曹而舉孝廉。充後夢見一虜，脫上衣來詣充。紞曰：「虜去上中，下半男字，夷狄陰類，君婦當生男。」終如其言。宋桷夢內中有一人著赤衣，桷手把兩杖，極打之。紞曰：「內中有人，肉字也。肉色，赤也。兩杖，箸象也。極打之，飽肉食也。」俄而亦驗焉。黃平問紞曰：「我昨夜夢舍中馬舞，數十人向馬拍手，此何祥也？」紞曰：「馬者，火也，舞爲火起。向馬拍手，救火人也。」平未歸而火作。索綏夢東有二角書詣綏，大角朽敗，小角有題韋囊角佩，一在前，一在後。紞曰：「大角朽敗，腐棺木。小角有題，題所詣。一在前，前凶也。一在後，後背也。當有凶背之問。」時綏父在東，居三日而凶問至。郡功曹張邈嘗奉使詣州，夜夢狼啖一脚。紞曰：「脚肉被啖，爲郤字。」會東虜反，遂不行。凡所占莫不驗。

太守陰澹從求占書，紞曰：「昔入太學，因一父老爲主人，其人無所不知，又匿姓名，有似隱者，紞因從父老問占夢之術，審測而說，實無書也。」澹命爲西閤祭酒，紞辭曰：「少無山林之操，游學京師，交結時賢，希申鄙藝。會中國不靖，欲養志終年。老亦至矣，不求聞達。又少不習勤，老無吏幹，濛汜之年，弗敢聞命。」澹以束帛禮之，月致羊酒。年七十五，卒于家。

孟欽

孟欽，洛陽人也。有左慈、劉根之術，百姓惑而赴之。苻堅召詣長安，惡其惑衆，命苻融誅之。俄而欽至，融留之，遂大讌郡僚，酒酣，目左右收欽。欽化爲旋風，飛出第外。頃之，有告在城東者，融遣騎追之，垂及，忽然已遠，或有兵衆距戰，或前有谿澗，騎不得過，遂不知所在。堅末，復見於青州。苻朗尋之，入于海島。

王嘉

王嘉字子年，隴西安陽人也。輕舉止，醜形貌，外若不足，而聰睿內明。滑稽好語笑，不食五穀，不衣美麗，清虛服氣，不與世人交游。隱於東陽谷，鑿崖穴居，弟子受業者數百人，亦皆穴處。

石季龍之末，棄其徒衆，至長安，潛隱於終南山，結菴廬而止。門人聞而復隨之，乃遷於倒獸山。苻堅累徵不起，公侯已下咸躬往參詣，好尙之士無不師宗之。問其當世事者，皆隨問而對。好爲譬喻，狀如戲調；言未然之事，辭如讖記，當時鮮能曉之，事過皆驗。

堅將南征，遣使者問之。嘉曰：「金剛火强。」乃乘使者馬，正衣冠，徐徐東行數百步，而策馬馳反，脫衣服，棄冠履而歸，下馬踞牀，一無所言。使者還告，堅不悟，復遣問之，曰：「吾世祚云何？」嘉曰：「未央。」咸以爲吉。明年癸未，敗於淮南，所謂未年而有殃也。人候之者，至心則見之，不至心則隱形不見。衣服在架，履杖猶存，或欲取其衣者，終不及，企而取之，衣架踰高，而屋亦不大，履杖諸物亦如之。

姚萇之入長安，禮嘉如苻堅故事，逼以自隨，每事諮之。萇既與苻登相持，問嘉曰：「吾得殺苻登定天下不？」嘉曰：「略得之。」萇怒曰：「得當云得，何略之有！」遂斬之。先此，釋道安謂嘉曰：「世故方殷，可以行矣。」嘉答曰：「卿其先行，吾負債未果去。」俄而道安亡，至是而嘉戮死，所謂「負債」者也。苻登聞嘉死，設壇哭之，贈太師，謚曰文。及萇死，萇子興字子略方殺登，「略得」之謂也。嘉之死日，人有隴上見之。其所造牽三歌讖，事過皆驗，累世猶傳之。又著拾遺錄十卷，其記事多詭怪，今行於世。

僧涉

僧涉者，西域人也，不知何姓。少爲沙門，苻堅時入長安。虛靜服氣，不食五穀，日能行五百里，言未然之事，驗若指掌。能以祕祝下神龍，每旱，堅常使之呪龍請雨。俄而龍下鉢中，天輒大雨，堅及羣臣親就鉢觀之。卒於長安。後大旱移時，苻堅歎曰：「涉公若在，豈憂此乎！」

郭黁

郭黁，西平人也。少明式易，[一二]仕郡主簿。張天錫末年，苻氏每有西伐之問，太守趙凝使黁筮之，黁曰：「若郡內二月十五日失囚者，東軍當至，涼祚必終。」凝乃申約屬縣。至十五日，鮮卑折掘送馬於凝，凝怒其非驗，幽之內廐，鮮卑懼而夜遁。凝以告黁，黁曰：「是

也。國家將亡，不可復振。」

苻堅末，當陽門震，刺史梁熙問黁曰：「其祥安在？」黁曰：「爲四夷之事也。當有外國二王來朝主上，一當反國，一死此城。」歲餘而鄯善及前部王朝於苻堅，西歸，鄯善王死於姑臧。

呂光之王河西也，西海太守王楨叛，黁勸光襲之。光之左丞呂寶曰：「千里襲人，自昔所難，況王者之師天下所聞，何可僥倖以邀成功！黁不可從，誤人大事。」黁曰：「若其不捷，黁自伏鈇鉞之誅。如其克也，左丞爲無謀矣。」光從而克之。光比之京管，常參帷幄密謀。

光將伐乞伏乾歸，黁諫曰：「今太白未出，不宜行師，往必無功，終當覆敗。」太史令賈曜以爲必有秦隴之地。及克金城，光使曜詰黁，黁密謂光曰：「昨有流星東墜，當有伏尸死將，雖得此城，憂在不守。」正月上旬，河冰將解，若不早渡，恐有大變。」後二日而敗問至，光引軍渡河，訖，冰泮。時人服其神驗。光以黁爲散騎常侍、太常。

黁後以光年老，知其將敗，遂與光僕射王祥起兵作亂。[一三]百姓聞黁起兵，咸以聖人起事，事無不成，故相率從之如不及。黁以爲代呂者王，乃推王乞基爲主。[一四]後呂隆降姚興，興以王尚爲涼州刺史，終如黁言。黁之與光相持也，逃人稱呂統病死，黁曰：「未也，光、統之命盡在一時。」後統死三日而光死。黁嘗曰：「涼州謙光殿後當有索頭鮮卑居之。」終於禿髮傉檀，沮渠蒙遜迭據姑臧。黁性褊酷，不爲士庶所附。戰敗，奔乞伏乾歸。乾歸敗，入姚興。黁以滅姚者晉，遂將妻子南奔，爲追兵所殺也。

鳩摩羅什

鳩摩羅什，天竺人也。世爲國相。父鳩摩炎，聰懿有大節，將嗣相位，乃辭避出家，東渡葱嶺。龜茲王聞其名，郊迎之，請爲國師。王有妹，年二十，才悟明敏，諸國交娉，並不許，及見炎，心欲當之，王乃逼以妻焉。既而羅什在胎，其母慧解倍常。及年七歲，母遂與俱出家。

羅什從師受經，日誦千偈，偈有三十二字，凡三萬二千言，義亦自通。年十二，其母攜到沙勒，國王甚重之，遂停沙勒一年。博覽五明諸論及陰陽星算，莫不必盡，妙達吉凶，言若符契。爲性率達，不拘小檢，修行者頗共疑之。然羅什自得於心，未嘗介意，專以大乘爲化，諸學者皆共師焉。年二十，龜茲王迎之還國，廣說諸經，四遠學徒莫之能抗。

有頃，羅什母辭龜茲王往天竺，留羅什住，謂之曰：「方等深教，不可思議，傳之東土，惟爾之力。但於汝無利，其可如何？」什曰：「必使大化流傳，雖苦而無恨。」母至天竺，道成，進登第三果。西域諸國咸伏羅什神儁，每至講說，諸王皆長跪坐側，令羅什踐而登焉。

苻堅聞之，密有迎羅什之意。會太史奏云：「有星見外國分野，當有大智入輔中國。」堅曰：「朕聞西域有鳩摩羅什，將非此邪？」乃遣驍騎將軍呂光等率兵七萬，西伐龜茲，謂光曰：「若獲羅什，即馳驛送之。」光軍未至，羅什謂龜茲王白純曰：「國運衰矣，當有勍敵從日下來，宜恭承之，勿抗其鋒。」純不從，出兵距戰，光遂破之，乃獲羅什。光見其年齒尚少，以凡人戲之，强妻以龜茲王女，羅什距而不受，辭甚苦至。光曰：「道士之操不踰先父，何所固辭！」乃飲以醇酒，同閉密室。羅什被逼，遂妻之。光還，中路置軍於山下，將士已休，羅什曰：「在此必狼狽，宜徙軍隴上。」光不納。至夜，果大雨，洪潦暴起，水深數丈，死者數千人，光密異之。

光欲留王西國，羅什謂光曰：「此凶亡之地，不宜淹留，中路自有福地可居。」光還至涼州，聞苻堅已爲姚萇所害，於是竊號河右。屬姑臧大風，羅什曰：「不祥之風當有姦叛，然不勞自定也。」俄而有叛者，尋皆殄滅。

沮渠蒙遜先推建康太守段業爲主，光遣其子纂率衆討之。時論謂業等烏合，纂有威聲，勢必全克。光以訪羅什，答曰：「此行未見其利。」既而纂敗於合黎，[一五]俄又郭黁起兵，纂委大軍輕還，復爲黁所敗，僅以身免。

中書監張資病，光博營救療。有外國道人羅叉，云能差資病。光喜，給賜甚重。羅什

知叉誑詐，告資曰：「叉不能爲益，徒煩費耳。冥運雖隱，可以事試也。」乃以五色絲作繩結之，燒爲灰末，投水中，灰若出水還成繩者，病不可愈。須臾，灰聚浮出，復爲繩，叉療果無效，少日資亡。

頃之，光死，纂立。有豬生子，一身三頭。龍出東箱井中，於殿前蟠臥，比旦失之。纂以爲美瑞，號其殿爲龍翔殿。俄而有黑龍升於當陽九宮門，纂改九宮門爲龍興門。羅什曰：「比日潛龍出游，豕妖表異，龍者陰類，出入有時，而今屢見，則爲災眚，必有下人謀上之變。宜克己修德，以答天戒。」纂不納，後果爲呂超所殺。

羅什之在涼州積年，呂光父子既不弘道，故蘊其深解，無所宣化。姚興遣姚碩德西伐，破呂隆，乃迎羅什，待以國師之禮，仍使入西明閣及逍遙園，譯出衆經。羅什多所暗誦，無不究其義旨，既覽舊經多有紕繆，於是興使沙門僧叡、僧肇等八百餘人傳受其旨，更出經論，凡三百餘卷。沙門慧叡才識高明，常隨羅什傳寫，羅什每爲慧叡論西方辭體，商略同異，云：「天竺國俗甚重文制，其宮商體韻，以入管弦爲善。凡覲國王，必有贊德，經中偈頌，皆其式也。」羅什雅好大乘，志在敷演，常歎曰：「吾若著筆作大乘阿毗曇，非迦旃子比也。今深識者既寡，將何所論！」惟爲姚興著實相論二卷，興奉之若神。

嘗講經於草堂寺，興及朝臣、大德沙門千有餘人肅容觀聽，羅什忽下高坐，謂興曰：「有二小兒登吾肩，欲鄣須婦人。」興乃召宮女進之，一交而生二子焉。興嘗謂羅什曰：「大師聰明超悟，天下莫二，何可使法種少嗣。」遂以伎女十人，逼令受之。爾後不住僧坊，別立解舍，諸僧多效之。什乃聚針盈鉢，引諸僧謂之曰：「若能見效食此者，乃可畜室耳。」因舉匕進針，與常食不別，諸僧愧服乃止。

杯渡比丘在彭城，聞羅什在長安，乃歎曰：「吾與此子戲，別三百餘年，相見杳然未期，遲有遇於來生耳。」羅什未終少日，覺四大不愈，乃口出三番神呪，令外國弟子誦之以自救，未及致力，轉覺危殆，於是力疾與衆僧告別曰：「因法相遇，殊未盡心，方復後世，惻愴可言。」死於長安。姚興於逍遙園依外國法以火焚尸，薪滅形碎，惟舌不爛。

曇霍

沙門曇霍者，不知何許人也。秃髮傉檀時從河南來，持一錫杖，令人跪曰：「此是般若眼，奉之可以得道。」時人咸異之。或遺以衣服，受而投之於河，後日以還其本主，衣無所汙。行步如風雲，言人死生貴賤無毫釐之差。人或藏其錫杖，曇霍大哭數聲，閉目須臾，起而取之，咸奇其神異，莫能測也。每謂傉檀曰：「若能安坐無爲，則天下可定，祚胤克昌。如其窮兵好殺，禍將及己。」傉檀不能從。傉檀女病甚，請救療，曇霍曰：「人之生死自有定期，聖人亦不能轉禍爲福，曇霍安能延命邪！正可知早晚耳。」傉檀固請之。時後宮門閉，曇霍曰：「急開後門，及開門則生，不及則死。」傉檀命開之，不及而死。後兵亂，不知所在也。

臺產

臺產字國儁，上洛人，漢侍中崇之後也。少專京氏易，善圖讖、祕緯、天文、洛書、風角、星算、六日七分之學，尤善望氣、占候、推步之術。隱居商洛南山，兼善經學，汎情教授，不交當世。

劉曜時，災異特甚，命公卿各舉博識直言之士一人。其大司空劉均舉產。曜親臨東堂，遣中黃門策問之，產極言其故。曜覽而嘉之，引見，訪以政事。產流涕歔欷，具陳災變之禍，政化之闕，辭甚懇至。曜改容禮之，署爲博士祭酒、諫議大夫，領太史令。至明年而其言皆驗，曜彌重之，轉太中大夫，歲中三遷。歷位尚書、光祿大夫、太子少師，位特進，金章紫綬，爵關中侯。

史臣曰：陳戴等諸子並該洽墳典，研精數術，究推步之幽微，窮陰陽之祕奧，雖前代京

管，何以加之！郭麐知有晉之亡姚，去姚以歸晉，追兵奄及，致斃中塗，斯則遠見秋毫，不能近知目睫。澄什爰自遐裔，來游諸夏。什既兆見星象，澄乃驅役鬼神，並通幽洞冥，垂文闡教，諒見珍於道藝，非取貴於他山，姚石奉之若神，良有以也。鮑、吳、王、幸等或假靈道訣，或受教神方，遂能厭勝禳災，隱文彰義，雖獲譏於妖妄，頗有益於世用者焉。然而碩學通人，未宜枉轡。

贊曰：傳敍災祥，書稱龜筮。應如影響，叶若符契。怪力亂神，詭時惑世。崇尚弗已，必致流弊。

校勘記

〔一〕錢唐湖　吳志孫晧傳、建康實錄四並作「臨平湖」。

〔二〕弟宏　校文：陳敏傳「宏」作「閎」。

〔三〕周宣珮　周玘傳「珮」作「佩」。

〔四〕永昌元年四月庚辰　是月甲辰朔，無庚辰。

〔五〕石勒騎大至　據成紀、通鑑九三「石勒」當作「石聰」。

〔六〕其日西風　宋本、殿本「西風」作「西南」，局本作「西風」，蓋據通志一八二改，今從之。

〔七〕祖煥　祖約傳、蘇峻傳及通鑑九三、九四「煥」作「渙」。

〔八〕作箸一雙　斠注：太平廣記八一引豫章記「箸」作「楫」，曉讀書齋雜錄疑是「篙」之訛。

〔九〕乃取酒噀之　「乃」，各本作「仍」，宋本作「乃」，與事類賦八引合，今從之。

〔一〇〕酉戎受玄命　「酉戎」，高僧傳作「西戎」，神僧傳作「酉戌」。

〔一一〕莫能基必莫能基必積　高僧傳、神僧傳皆不重「莫能基必」四字，疑此四字駁文。

〔一二〕少明式易　「式易」，不明其義。殿本作「老易」，通篇未涉及老子。御覽一九全句引作「少明於易」，或然。

〔一三〕王祥　周校：呂光載記作「王詳」。按：通鑑一〇八亦作「王詳」。

〔一四〕王乞基　周校：呂光載記作「王氣乞機」。按：通鑑一〇九作「田胡王乞基」，胡注云：田胡，胡之一種也。

〔一五〕合黎　呂光載記作「合離」。

晉書卷九十六

列傳第六十六

列女

夫三才分位，室家之道克隆；二族交歡，貞烈之風斯著。振高情而獨秀，魯册於是飛華；挺峭節而孤標，周篇於焉騰茂。徽烈兼劭，柔順無愆，隔代相望，諒非一緒。然則虞興嬀汭，夏盛塗山，有娀、有㜪廣隆殷之業，大妊、大姒衍昌姬之化，馬鄧恭儉，漢朝推德，宣昭懿淑，魏代揚芬，斯皆禮極中闈，義殊月室者矣。至若恭姜誓節，孟母求仁，華率傳而經齊，樊授規而霸楚，譏文伯於奉劍，讓子發於分菽，少君之從約禮，孟光之符隱志，既昭婦則，且擅母儀。子政緝之於前，元凱編之於後，具宣閫範，有裨陰訓。故上從泰始，下迄恭安，一操可稱，一藝可紀，咸皆撰錄，爲之傳云。或位極后妃，或事因夫子，各隨本傳，今所不錄。在諸僞國，暫阻王猷，天下之善，足以懲勸，亦同搜次，附於篇末。

羊耽妻辛氏

羊耽妻辛氏，字憲英，隴西人，魏侍中毗之女也。聰朗有才鑒。初，魏文帝得立爲太子，抱毗項謂之曰：「辛君知我喜不？」毗以告憲英，憲英歎曰：「太子，代君主宗廟社稷者也。代君不可以不戚，主國不可以不懼，宜戚而喜，何以能久！魏其不昌乎？」

弟敞爲大將軍曹爽參軍，宣帝將誅爽，因其從魏帝出而閉城門，爽司馬魯芝率府兵斬關赴爽，呼敞同去。敞懼，問憲英曰：「天子在外，太傅閉城門，人云將不利國家，於事可得爾乎？」憲英曰：「事有不可知，然以吾度之，太傅殆不得不爾。明皇帝臨崩，把太傅臂，屬以後事，此言猶在朝士之耳。且曹爽與太傅俱受寄託之任，而獨專權勢，於王室不忠，於人道不直，此舉不過以誅爽耳。」敞曰：「然則敞無出乎？」憲英曰：「安可以不出！職守，人之大義也。凡人在難，猶或恤之；爲人執鞭而棄其事，不祥也。且爲人任，爲人死，親昵之職也，汝從衆而已。」敞遂出。宣帝果誅爽。事定後，敞歎曰：「吾不謀於姊，幾不獲於義！」

其後鍾會爲鎮西將軍，憲英謂耽從子祜曰：「鍾士季何故西出？」祜曰：「將爲滅蜀也。」憲英曰：「會在事縱恣，非持久處下之道，吾畏其有他志也。」及會將行，請其子琇爲參軍，憲英憂曰：「他日吾爲國憂，今日難至吾家矣。」琇固請於文帝，帝不聽。憲英謂琇曰：「行矣，戒之！古之君子入則致孝於親，出則致節於國，在職思其所司，在義思其所立，不遺父母憂患而已。軍旅之閒可以濟者，其惟仁恕乎！」會至蜀果反，琇竟以全歸。祜嘗送錦被，憲嫌其華，反而覆之，其明鑒儉約如此。泰始五年卒，年七十九。

杜有道妻嚴氏

杜有道妻嚴氏，字憲，京兆人也。貞淑有識量。年十三，適於杜氏，十八而嫠居。子植、女韡並孤藐，憲雖少，誓不改節，撫育二子，教以禮度，植遂顯名於時，韡亦有淑德，傅玄求爲繼室，憲便許之。時玄與何晏、鄧颺不穆，晏等每欲害之，時人莫肯共婚。及憲許玄，內外以爲憂懼。或曰：「何、鄧執權，必爲玄害，亦由排山壓卵，以湯沃雪耳，柰何與之爲親？」憲曰：「爾知其一，不知其他。晏等驕侈，必當自敗，司馬太傅獸睡耳，吾恐卵破雪銷，行自有在。」遂與玄爲婚。晏等尋亦爲宣帝所誅。植後爲南安太守。

植從兄預爲秦州刺史，被誣，徵還，憲與預書戒之曰：「諺云忍辱至三公。卿今可謂辱矣，能忍之，公是卿坐。」〔一〕預後果爲儀同三司。玄前妻子咸年六歲，嘗隨其繼母省憲，謂咸曰：「汝千里駒也，必當遠至。」以其妹之女妻之。咸後亦有名於海內。其知人之鑒如此。年六十六卒。

王渾妻鍾氏

王渾妻鍾氏，字琰，潁川人，魏太傅繇曾孫也。父徽，黃門郎。琰數歲能屬文，及長，聰慧弘雅，博覽記籍。美容止，善嘯詠，禮儀法度爲中表所則。既適渾，生濟。渾嘗共琰坐，濟趨庭而過，渾欣然曰：「生子如此，足慰人心。」琰笑曰：「若使新婦得配參軍，生子故不翅如此。」參軍，謂渾中弟淪也。琰女亦有才淑，爲求賢夫。時有兵家子甚俊，濟欲妻之，白琰，琰曰：「要令我見之。」濟令此兵與羣小雜處，琰自幃中察之，既而謂濟曰：「緋衣者非汝所拔乎？」濟曰：「是。」琰曰：「此人才足拔萃，然地寒壽促，不足展其器用，不可與婚。」遂止。其人數年果亡。琰明鑒遠識，皆此類也。

渾弟湛妻郝氏亦有德行，琰雖貴門，與郝雅相親重，郝不以賤下琰，琰不以貴陵郝，時人稱鍾夫人之禮，郝夫人之法云。

鄭袤妻曹氏

鄭袤妻曹氏，魯國薛人也。袤先娶孫氏，早亡，娉之爲繼室。事舅姑甚孝，躬紡績之勤，以充奉養，至於叔妹羣娣之閒，盡其禮節，咸得歡心。及袤爲司空，其子默等又顯朝列，時人稱其榮貴。曹氏深懼盛滿，每默等升進，輒憂之形於聲色。然食無重味，服浣濯之衣，袤等所獲祿秩，曹氏必班散親姻，務令周給，家無餘貲。

初，孫氏瘞於黎陽，及袤薨，議者以久喪難舉，欲不合葬。曹氏曰：「孫氏元妃，理當從葬，何可使孤魂無所依邪。」〔二〕於是備吉凶導從之儀以迎之，具衣衾几筵，親執雁行之禮，聞者莫不歎息，以爲趙姬之下叔隗，不足稱也。太康元年卒，年八十三。

愍懷太子妃王氏

愍懷太子妃王氏，太尉衍女也，字惠風。貞婉有志節。太子既廢居於金墉，衍請絕婚，惠風號哭而歸，行路爲之流涕。及劉曜陷洛陽，以惠風賜其將喬屬，屬將妻之。惠風拔劍距屬曰：「吾太尉公女，皇太子妃，義不爲逆胡所辱。」屬遂害之。

鄭休妻石氏

鄭休妻石氏，不知何許人也。少有德操，年十餘歲，鄉邑稱之。既歸鄭氏，爲九族所重。休前妻女既幼，又休父布臨終，有庶子沈生，命棄之，〔三〕石氏曰：「柰何使舅之胤不存乎！」遂養沈及前妻女。力不兼舉，九年之中，三不舉子。

陶侃母湛氏

陶侃母湛氏，豫章新淦人也。初，侃父丹娉爲妾，生侃，而陶氏貧賤，湛氏每紡績資給之，使交結勝己。侃少爲尋陽縣吏，嘗監魚梁，以一坩鮓遺母。湛氏封鮓及書，責侃曰：「爾爲吏，以官物遺我，非惟不能益吾，乃以增吾憂矣。」鄱陽孝廉范逵寓宿於侃，時大雪，湛氏乃徹所臥新薦，自剉給其馬，又密截髮賣與鄰人，供肴饌。逵聞之，歎息曰：「非此母不生此子！」侃竟以功名顯。

賈渾妻宗氏

賈渾妻宗氏，不知何許人也。渾爲介休令，被劉元海將喬晞攻破，死之。宗氏有姿色，晞欲納之。宗氏罵曰：「屠各奴！豈有害人之夫而欲加無禮，於爾安乎？何不促殺我！」因仰天大哭。晞遂害之，時年二十餘。

梁緯妻辛氏

梁緯妻辛氏，隴西狄道人也。緯爲散騎常侍，西都陷沒，爲劉曜所害。辛氏有殊色，曜將妻之。辛氏據地大哭，仰謂曜曰：「妾聞男以義烈，女不再醮。妾夫已死，理無獨全。且婦人再辱，明公亦安用哉！乞即就死，下事舅姑。」遂號哭不止。曜曰：「貞婦也，任之。」乃自縊而死。曜以禮葬之。

許延妻杜氏

許延妻杜氏，不知何許人也。延爲益州別駕，爲李驤所害。驤欲納杜氏爲妻，杜氏號哭守夫尸，罵驤曰：「汝輩逆賊無道，死有先後，寧當久活！我杜家女，豈爲賊妻也！」驤怒，遂害之。

虞潭母孫氏

虞潭母孫氏，吳郡富春人，孫權族孫女也。初適潭父忠，恭順貞和，甚有婦德。及忠亡，遺孤藐爾，孫氏雖少，誓不改節，躬自撫養，劬勞備至。性聰敏，識鑒過人。潭始自幼童，便訓以忠義，故得聲望允洽，爲朝廷所稱。

永嘉末，潭爲南康太守，值杜弢構逆，率衆討之。孫氏勉潭以必死之義，俱傾其資產以餽戰士，潭遂克捷。及蘇峻作亂，潭時守吳興，又假節征峻。孫氏戒之曰：「吾聞忠臣出孝子

之門，汝當捨生取義，勿以吾老爲累也。」仍盡發其家僮，[五]令隨潭助戰，貿其所服環珮以爲軍資。於時會稽內史王舒遣子允之爲督護，孫氏又謂潭曰：「王府君遣兒征，汝何爲獨不？」潭即以子楚爲督護，與允之合勢。其憂國之誠如此。拜武昌侯太夫人，加金章紫綬。潭立養堂於家，王導以下皆就拜謁。咸和末卒，年九十五。成帝遣使弔祭，謚曰定夫人。

周顗母李氏

周顗母李氏，字絡秀，汝南人也。少時在室，顗父浚爲安東將軍，時嘗出獵，遇雨，過止絡秀之家。會其父兄不在，絡秀聞浚至，與一婢於內宰猪羊，具數十人之饌，甚精辦而不聞人聲。浚怪使覘之，獨見一女子甚美，浚因求爲妾。其父兄不許，絡秀曰：「門戶殄瘁，何惜一女！若連姻貴族，將來庶有大益矣。」父兄許之。遂生顗及嵩、謨。而顗等既長，絡秀謂之曰：「我屈節爲汝家作妾，門戶計耳。汝不與我家爲親親者，吾亦何惜餘年！」顗等從命，由此李氏遂得爲方雅之族。

中興時，顗等並列顯位。嘗冬至置酒，絡秀舉觴賜三子曰：「吾本渡江，託足無所，不謂爾等並貴，列吾目前，吾復何憂！」嵩起曰：「恐不如尊旨。伯仁志大而才短，名重而識闇，好乘人之弊，此非自全之道。嵩性抗直，亦不容於世。唯阿奴碌碌，當在阿母目下耳。」阿奴，謨小字也。後果如其言。

張茂妻陸氏

張茂妻陸氏，吳郡人也。茂爲吳郡太守，被沈充所害，陸氏傾家產，率茂部曲爲先登以討充。充敗，陸詣闕上書，爲茂謝不克之責。詔曰：「茂夫妻忠誠，舉門義烈，宜追贈茂太僕。」

尹虞二女

尹虞二女，長沙人也。虞前任始興太守，起兵討杜弢，戰敗，二女爲弢所獲，並有國色，弢將妻之。女曰：「我父二千石，終不能爲賊婦，有死而已！」弢並害之。

荀崧小女灌

荀崧小女灌，幼有奇節。崧爲襄城太守，爲杜曾所圍，力弱食盡，欲求救於故吏平南將軍石覽，計無從出。灌時年十三，乃率勇士數十人，踰城突圍夜出。賊追甚急，灌督厲將士，且戰且前，得入魯陽山獲免。自詣覽乞師，又爲崧書與南中郎將周訪請援，仍結爲兄弟，訪即遣子撫率三千人會石覽俱救崧。賊聞兵至，散走，灌之力也。

王凝之妻謝氏

王凝之妻謝氏，字道韞，安西將軍奕之女也。聰識有才辯。叔父安嘗問：「毛詩何句最佳？」道韞稱：「吉甫作頌，穆如清風。仲山甫永懷，以慰其心。」安謂有雅人深致。又嘗內集，俄而雪驟下，安曰：「何所似也？」安兄子朗曰：「散鹽空中差可擬。」道韞曰：「未若柳絮因風起。」安大悅。

初適凝之，還，甚不樂。安曰：「王郎，逸少子，不惡，汝何恨也？」答曰：「一門叔父則有阿大、中郎，羣從兄弟復有封、胡、羯、末，不意天壤之中乃有王郎！」封謂謝韶，[六]胡謂謝朗，羯謂謝玄，末謂謝川，皆其小字也。又嘗譏玄學植不進，曰：「爲塵務經心，爲天分有限邪？」凝之弟獻之嘗與賓客談議，詞理將屈，道韞遣婢白獻之曰：「欲爲小郎解圍。」乃施青綾步鄣自蔽，申獻之前議，客不能屈。

及遭孫恩之難，舉厝自若，既聞夫及諸子已爲賊所害，方命婢肩輿抽刃出門。亂兵稍至，手殺數人，乃被虜。其外孫劉濤時年數歲，賊又欲害之，道韞曰：「事在王門，何關他族！必其如此，寧先見殺。」恩雖毒虐，爲之改容，乃不害濤。自爾嫠居會稽，家中莫不嚴肅。太守劉柳聞其名，請與談議。道韞素知柳名，亦不自阻，乃簪髻素褥坐於帳中，柳束脩

整帶造於別榻。道韞風韵高邁，敍致清雅，先及家事，慷慨流漣，徐酬問旨，詞理無滯。柳退而歎曰：「實頃所未見，瞻察言氣，使人心形俱服。」道韞亦云：「親從凋亡，始遇此士，聽其所問，殊開人胸府。」

初，同郡張玄妹亦有才質，適於顧氏，玄每稱之，以敵道韞。有濟尼者，游於二家，或問之，濟尼答曰：「王夫人神情散朗，故有林下風氣。顧家婦清心玉映，自是閨房之秀。」道韞所著詩賦誄頌並傳於世。

劉臻妻陳氏

劉臻妻陳氏者，亦聰辯能屬文。嘗正旦獻椒花頌，其詞曰：「旋穹周迴，三朝肇建。青陽散輝，澄景載煥。標美靈葩，爰採爰獻。聖容映之，永壽於萬。」又撰元日及冬至進見之儀，行於世。

皮京妻龍氏

皮京妻龍氏，字憐，西道縣人也。年十三適京，未逾年而京卒，京二弟亦相次而隕，既無胤嗣，又無朞功之親。憐貨其嫁時資裝，躬自紡織，數年間三喪俱舉，葬斂既畢，每時享

祭無闕。州里聞其賢，屢有娉者，憐誓不改醮，守節窮居五十餘載而卒。

孟昶妻周氏

孟昶妻周氏，昶弟顗妻又其從妹也。二家並豐財產。初，桓玄雅重昶而劉邁毀之，昶知，深自惋失。及劉裕將建義，與昶定謀，昶欲盡散財物以供軍糧，其妻非常婦人，可語以大事，乃謂之曰：「劉邁毀我於桓公，便是一生淪陷，決當作賊。卿幸可早爾離絕，脫得富貴，相迎不晚也。」周氏曰：「君父母在堂，欲建非常之謀，豈婦人所諫！事之不成，當於奚官中奉養大家，義無歸志也。」昶愴然久之而起。周氏追昶坐，云：「觀君舉厝，非謀及婦人者，不過欲得財物耳。」時其所生女在抱，推而示之曰：「此而可賣，亦當不惜，況資財乎！」遂傾資產以給之，而託以他用。及事之將舉，周氏謂顗妻云：「一昨夢殊不好，門內宜浣濯沐浴以除之，且不宜赤色，我當悉取作七日藏厭。」顗妻信之，所有絳色者悉斂以付焉。乃置帳中，潛自剔緜，以絳與昶，遂得數十人被服赫然，悉周氏所出，[七]而家人不之知也。

何無忌母劉氏

何無忌母劉氏，征虜將軍建之女也。少有志節。弟牢之為桓玄所害，劉氏每銜之，常思報復。及無忌與劉裕定謀，而劉氏察其舉厝有異，喜而不言。會無忌夜於屏風裏制檄文，劉氏潛以器覆燭，徐登橙於屏風上窺之，既知，泣而撫之曰：「我不如東海呂母明矣！既孤其誠，常恐壽促，汝能如此，吾讎恥雪矣。」因問其同謀，知事在裕，彌喜，乃說桓玄必敗、義師必成之理以勸勉之。後果如其言。

劉聰妻劉氏

劉聰妻劉氏，名娥，字麗華，偽太保殷女也。幼而聰慧，晝營女工，夜誦書籍，傅母恒止之，娥敦習彌厲。每與諸兄論經義，理趣超遠，諸兄深以歎伏。性孝友，善風儀進止。

聰既僭位，召為右貴嬪，甚寵之。俄拜為后，將起䳨儀殿以居之，其廷尉陳元達切諫，聰大怒，將斬之。娥時在後堂，私敕左右停刑，手疏啓曰：「伏聞將為妾營殿，今昭德足居，䳨儀非急。四海未一，禍難猶繁，動須人力資財，尤宜慎之。廷尉之言，國家大政。夫忠臣之諫，豈為身哉？帝王距之，亦非顧身也。妾仰謂陛下上尋明君納諫之昌，下忿闇主距諫之禍，宜賞廷尉以美爵，酬廷尉以列土，如何不惟不納，而反欲誅之？陛下此怒由妾而起，廷尉之禍由妾而招，人怨國疲，咎歸於妾，距諫害忠，亦妾之由。自古敗國喪家，未始不由婦人者也。妾每覽古事，忿之忘食，何意今日妾自為之！後人之觀妾，亦猶妾之視前人也，

復何面目仰侍巾櫛，請歸死此堂，以塞陛下誤惑之過。」聰覽之色變，謂其羣下曰：「朕比得風疾，喜怒過常。元達，忠臣也，朕甚愧之。」以娥表示元達曰：「外輔如公，內輔如此后，朕無憂矣。」及娥死，偽諡武宣皇后。

其姊英，字麗芳，亦聰敏涉學，而文詞機辯，曉達政事，過於娥。初與娥同召拜左貴嬪，尋卒，偽追諡武德皇后。

王廣女

王廣女者，不知何許人也。容質甚美，慷慨有丈夫之節。廣仕劉聰，為西揚州刺史。蠻帥梅芳攻陷揚州，而廣被殺。王時年十五，芳納之。俄於闇室擊芳，不中，芳驚起曰：「何故反邪？」王罵曰：「蠻畜！我欲誅反賊，何謂反乎？吾聞父仇不同天，母仇不同地，汝反逆無狀，害人父母，而復以無禮陵人，吾所以不死者，欲誅汝耳！今死自吾分，不待汝殺，但恨不得梟汝首於通逵，以塞大恥。」辭氣猛厲，言終乃自殺，芳止之不可。

陝婦人

陝婦人，不知姓字，年十九。劉曜時嫠居陝縣，事叔姑甚謹，其家欲嫁之，此婦毀面自

誓。後叔姑病死，其叔姑有女在夫家，先從此婦乞假不得，因而誣殺其母，有司不能察而誅之。時有羣鳥悲鳴尸上，其聲甚哀，盛夏暴尸十日，不腐，亦不爲蟲獸所敗，其境乃經歲不雨。曜遣呼延謨爲太守，既知其冤，乃斬此女，設少牢以祭其墓，諡曰孝烈貞婦，其日大雨。

靳康女

靳康女者，不知何許人也。美姿容，有志操。劉曜之誅靳氏，將納靳女爲妾，靳曰：「陛下既滅其父母兄弟，復何用妾爲！妾聞逆人之誅也，尚汚宮伐樹，而況其子女乎！」因號泣請死，曜哀之，免康一子。

韋逞母宋氏

韋逞母宋氏，不知何郡人也，家世以儒學稱。宋氏幼喪母，其父躬自養之。及長，授以周官音義，謂之曰：「吾家世學周官，傳業相繼，此又周公所制，經紀典誥，百官品物，備於此矣。吾今無男可傳，汝可受之，勿令絕世。」屬天下喪亂，宋氏諷誦不輟。其後爲石季龍徙之於山東，宋氏與夫在徙中，推鹿車，背負父所授書，到冀州，依膠東富人程安壽，壽養護之。逞時年小，宋氏晝則樵採，夜則教逞，然紡績無廢。壽每歎曰：「學

家多士大夫，得無是乎！」逞遂學成名立，仕苻堅爲太常。堅嘗幸其太學，問博士經典，乃憫禮樂遺闕。時博士盧壼對曰：「廢學既久，書傳零落，比年綴撰，正經粗集，唯周官禮注未有其師。竊見太常韋逞母宋氏世學家女，傳其父業，得周官音義，今年八十，視聽無闕，自非此母無可以傳授後生。」於是就宋氏家立講堂，置生員百二十人，隔絳紗幔而受業，號宋氏爲宣文君，賜侍婢十人。周官學復行於世，時稱韋氏宋母焉。〔七〕

張天錫妾閻氏薛氏

張天錫妾閻氏、薛氏，並不知何許人也，咸有寵於天錫。天錫寢疾，謂之曰：「汝二人將何以報我？吾死後，豈可爲人妻乎！」皆曰：「尊若不諱，妾請效死，供灑掃地下，誓無他志。」及其疾篤，二姬皆自刎。天錫疾瘳，追悼之，以夫人禮葬焉。

苻堅妾張氏

苻堅妾張氏，不知何許人，明辯有才識。堅將入寇江左，羣臣切諫不從。張氏進曰：「妾聞天地之生萬物，聖王之馭天下，莫不順其性而暢之，故黃帝服牛乘馬，因其性也；禹鑿龍門，決洪河，因水之勢也；后稷之播殖百穀，因地之氣也；湯武之滅夏商，因人之欲也。是以有因成，無因敗。今朝臣上下皆言不可，陛下復何所因也？書曰：『天聰明自我民聰明。』天猶若此，況於人主乎！妾聞人君有伐國之志者，必上觀乾象，下採衆祥。天道崇遠，非妾所知。以人事言之，未見其可。諺言：『雞夜鳴者不利行師，犬羣嗥者宮室必空，兵動馬驚，軍敗不歸。』秋冬已來，每夜羣犬大嗥，衆雞夜鳴，伏聞廄馬驚逸，武庫兵器有聲，吉凶之理，誠非微妾所論，願陛下詳而思之。」堅曰：「軍旅之事非婦人所豫也。」遂興兵。張氏請從。堅果大敗於壽春，張氏乃自殺。

竇滔妻蘇氏

竇滔妻蘇氏，始平人也，名蕙，字若蘭。善屬文。滔，苻堅時爲秦州刺史，被徙流沙，蘇氏思之，織錦爲迴文旋圖詩以贈滔。宛轉循環以讀之，詞甚悽惋，凡八百四十字，文多不錄。

苻登妻毛氏

苻登妻毛氏，不知何許人，壯勇善騎射。登爲姚萇所襲，營壘既陷，毛氏猶彎弓跨馬，率壯士數百人，與萇交戰，殺傷甚衆。衆寡不敵，爲萇所執。萇欲納之，毛氏罵曰：「吾天子

后，豈爲賊羌所辱，何不速殺我！」因仰天大哭曰：「姚萇無道，前害天子，今辱皇后，皇天后土，寧不鑒照！」萇怒，殺之。

慕容垂妻段氏

慕容垂妻段氏，字元妃，僞右光祿大夫儀之女也。少而婉慧，有志操，常謂妹季妃曰：「我終不作凡人妻。」季妃亦曰：「妹亦不爲庸夫婦。」鄰人聞而笑之。垂之稱燕王，納元妃爲繼室，遂有殊寵。僞范陽王德亦娉季妃焉。姊妹俱爲垂、德之妻，卒如其志。垂既僭位，拜爲皇后。

垂立其子寶爲太子也，元妃謂垂曰：「太子姿質雍容，柔而不斷，承平則爲仁明之主，處難則非濟世之雄，陛下託之以大業，妾未見克昌之美。遼西、高陽二王，陛下兒之賢者，宜擇一以樹之。趙王麟姦詐負氣，常有輕太子之心，陛下一旦不諱，必有難作。此陛下之家事，宜深圖之。」垂不納。寶及麟聞之，深以爲恨。其後元妃又言之，垂曰：「汝欲使我爲晉獻公乎？」元妃泣而退，告季妃曰：「太子不令，羣下所知，而主上比吾爲驪戎之女，何其苦哉！主上百年之後，太子必亡社稷。范陽王有非常器度，若燕祚未終，其在王乎！」

垂死，寶嗣僞位，遣麟逼元妃曰：「后常謂主上不能嗣守大統，今竟何如？宜早自裁，以

全段氏。」元妃怒曰：「汝兄弟尚逼殺母，安能保守社稷！吾豈惜死，念國滅不久耳。」遂自殺。寶議以元妃謀廢嫡統，無母后之道，不宜成喪，羣下咸以爲然。僞中書令眭邃大言於朝曰：〔六〕「子無廢母之義，漢之安思閻后親廢順帝，猶配饗安皇，先后言虛實尚未可知，宜依閻后故事。」寶從之。其後麟果作亂，寶亦被殺，德復僭稱尊號，終如元妃之言。

段豐妻慕容氏

段豐妻慕容氏，德之女也。有才慧，善書史，能鼓琴。德既僭位，署爲平原公主。年十四，適於豐。豐爲人所譖，被殺，慕容氏寡歸，將改適僞壽光公餘熾。慕容氏謂侍婢曰：「我聞忠臣不事二君，貞女不更二夫。段氏既遭無辜，己不能同死，豈復有心於重行哉！今主上不顧禮義嫁我，若不從，則違嚴君之命矣。」於是剋日交禮。慕容氏姿容婉麗，服飾光華，熾覩之甚喜。經再宿，慕容氏僞辭以疾，熾亦不之逼。三日還第，沐浴置酒，言笑自若，至夕，密書其帬帶云：「死後當埋我於段氏墓側，若魂魄有知，當歸彼矣。」遂於浴室自縊而死。及葬，男女觀者數萬人，莫不歎息曰：「貞哉公主！」路經餘熾宅前，熾聞挽歌之聲，慟絕良久。

呂纂妻楊氏　呂紹妻張氏

呂纂妻楊氏，弘農人也。美艷有義烈。纂被呂超所殺，楊氏與侍婢十數人殯纂於城西。將出宮，超慮齎珍物出外，使人搜之。楊氏厲聲責超曰：「爾兄弟不能和睦，手刃相屠，我旦夕死人，何用金寶！」超慚而退。又問楊氏玉璽所在，楊氏怒曰：「盡毀之矣。」超將妻之，謂其父桓曰：「后若自殺，禍及卿宗。」桓以告楊氏，楊氏曰：「大人本賣女與氐以圖富貴，一之已甚，其可再乎！」乃自殺。

時呂紹妻張氏亦有操行，年十四，紹死，便請爲尼。呂隆見而悅之，欲穢其行，張氏曰：「欽樂至道，誓不受辱。」遂昇樓自投於地，二脛俱折，口誦佛經，俄然而死。

涼武昭王李玄盛后尹氏

涼武昭王李玄盛后尹氏，天水冀人也。幼好學，清辯有志節。初適扶風馬元正，元正卒，爲玄盛繼室。以再醮之故，三年不言。撫前妻子踰於己生。玄盛之創業也，謨謀經略多所毗贊，故西州諺曰：「李、尹王敦煌。」

及玄盛薨，子士業嗣位，尊爲太后。士業將攻沮渠蒙遜，尹氏謂士業曰：「汝新造之國，地狹人稀，靖以守之猶懼其失，云何輕舉，闚冀非望！蒙遜驍武，善用兵，汝非其敵。吾觀其數年已來有并兼之志，且天時人事似欲歸之。今國雖小，足以爲政。知足不辱，道家明誡也。且先王臨薨，遺令殷勤，志令汝曹深慎兵戰，俟時而動。言猶在耳，柰何忘之！不如勉修德政，蓄力以觀之。彼若淫暴，人將歸汝；汝苟德之不建，事之無日矣。汝此行也，非唯師敗，國亦將亡。」士業不從，果爲蒙遜所滅。

尹氏至姑臧，蒙遜引見勞之，對曰：「李氏爲胡所滅，知復何言！」或諫之曰：「母子命懸人手，柰何倨傲！且國敗子孫屠滅，何獨無悲？」尹氏曰：「興滅死生，理之大分，何爲同凡人之事，起兒女之悲！吾一婦人，不能死亡，豈憚斧鉞之禍，求爲臣妾乎！若殺我者，吾之願矣。」蒙遜嘉之，不誅，爲子茂虔娉其女爲妻。及魏氏以武威公主妻茂虔，尹氏及女遷居酒泉。既而女卒，撫之不哭，曰：「汝死晚矣！」沮渠無諱時鎮酒泉，每謂尹氏曰：「后諸孫在伊吾，后能去不？」尹氏未測其言，答曰：「子孫流漂，託身醜虜，老年餘命，當死於此，不能作氈裘鬼也。」俄而潛奔伊吾，無諱遣騎追及之。尹氏謂使者曰：「沮渠酒泉許我歸北，何故來追？汝可斬吾首歸，終不迴矣。」使者不敢逼而還。年七十五，卒於伊吾。

史臣曰：夫繁霜降節，彰勁心於後凋；橫流在辰，表貞期於上德，匪伊君子，抑亦婦人焉。自晉政陵夷，罕樹風檢，虧閑爽操，相趨成俗，荐之以劉石，汩之以苻姚。三月歌胡，唯見爭新之飾；一朝辭漢，曾微戀舊之情。馳鶩風埃，脫落名教，頹縱忘反，於茲爲極。至若惠風之數喬屬，道韞之對孫恩，荀女釋急於重圍，張妻報怨於強寇，僭登之后，蹈死不迴，僞纂之妃，捐生匪吝，宗辛抗情而致夭，王靳守節而就終，斯皆冥踐義途，匪因教至。聳清漢之喬葉，有裕徽音；振幽谷之貞蕤，無慚雅引，比夫懸梁靡顧，齒劍如歸，異日齊風，可以激揚千載矣。

贊曰：從容陰禮，婉娩柔則。載循六行，爰昭四德。操潔風霜，譽流邦國。彤管貽訓，清芬靡忒。

校勘記

〔一〕公是卿坐　御覽五一三引「公」上有「三」字。

〔二〕何可使孤魂無所依邪　「何」，各本作「不」。通志一八五作「豈」，吳本作「何」，今從吳本。

〔三〕有庶子沈生命棄之　御覽五一七引「生」作「休」，「休」連下爲句。

〔四〕仍盡發其家僮　斠注：錢塘先賢傳贊引「仍」作「乃」。

〔五〕謝韶　各本作「謝歆」，今從謝萬傳改。世說賢媛、人名譜均作「韶」。

〔六〕悉周氏所出　「周」，各本多作「孟」，今從宋本、吳本作「周」。

〔七〕時稱韋氏宋母焉　周校：當作「韋母宋氏」。

〔八〕眭邃　「眭」，各本均作「畦」，今據魏書、北史隱逸傳、慕容廆傳及通鑑一〇八改。

晉書卷九十七

列傳第六十七

四夷

夫恢恢乾德，萬類之所資始；蕩蕩坤儀，九區之所均載。考羲軒於往統，肇承天而理物；訊炎昊於前辟，爰制地而疏疆。襲冠帶以辨諸華，限要荒以殊遐裔，區分中外，其來尚矣。九夷八狄，被青野而亙玄方；七戎六蠻，緜西宇而橫南極。繁種落，異君長，遇有道則時遵聲教，鍾無妄則爭肆虔劉，趨扇風塵，蓋其常性也。詳求遐議，歷選深謨，莫不待以羈縻，防其猾夏。

武帝受終衰魏，廓境全吳，威略既申，招攜斯廣，迷亂華之議，矜來遠之名，撫舊懷新，歲時無怠，凡四夷入貢者，有二十三國。既而惠皇失德，中宗遷播，凶徒分據，天邑傾淪，朝化所覃，江外而已，賝貢之禮，於茲殆絕，殊風異俗，所未能詳。故採其可知者，為之傳云。

北狄竊號中壤，備於載記；在其諸部種類，今略書之。

東夷　夫餘國　馬韓　辰韓　肅慎氏　倭人　裨離等十國

夫餘國

夫餘國在玄菟北千餘里，南接鮮卑，北有弱水，地方二千里，戶八萬，有城邑宮室，地宜五穀。其人強勇，會同揖讓之儀有似中國。其出使，乃衣錦罽，以金銀飾腰。其法，殺人者死，沒入其家；盜者一責十二；男女淫，婦人妬，皆殺之。若有軍事，殺牛祭天，以其蹄占吉凶，蹄解者為凶，合者為吉。死者以生人殉葬，有槨無棺。其居喪，男女皆衣純白，婦人著布面衣，去玉佩。出善馬及貂豽、美珠，珠大如酸棗。其國殷富，自先世以來，未嘗被破。其王印文稱「穢王之印」。國中有古穢城，本穢貊之城也。

武帝時，頻來朝貢，至太康六年，為慕容廆所襲破，其王依慮自殺，子弟走保沃沮。帝為下詔曰：「夫餘王世守忠孝，為惡虜所滅，甚愍念之。若其遺類足以復國者，當為之方計，使得存立。」有司奏護東夷校尉鮮于嬰不救夫餘，失於機略。詔免嬰，以何龕代之。明年，夫餘後王依羅遣詣龕，〔一〕求率見人還復舊國，仍請援。龕上列，遣督郵賈沈以兵送之。〔二〕廆又要之於路，沈與戰，大敗之，廆衆退，羅得復國。爾後每為廆掠其種人，賣於中國。帝愍之，又發詔以官物贖還，下同、冀二州，禁市夫餘之口。

馬韓

韓種有三：一曰馬韓，二曰辰韓，三曰弁韓。辰韓在帶方南，東西以海爲限。

馬韓居山海之間，無城郭，凡有小國五十六所，大者萬戶，小者數千家，各有渠帥。俗少綱紀，無跪拜之禮。居處作土室，形如冢，其戶向上，舉家共在其中，無長幼男女之別。不知乘牛馬，畜者但以送葬。俗不重金銀錦罽，而貴瓔珠，用以綴衣或飾髮垂耳。其男子科頭露紒，衣布袍，履草蹻，性勇悍。國中有所調役，及起築城隍，年少勇健者皆鑿其背皮，貫以大繩，以杖搖繩，終日讙呼力作，不以爲痛。善用弓楯矛櫓，雖有鬬爭攻戰，而貴相屈服。俗信鬼神，常以五月耕種畢，羣聚歌舞以祭神；至十月農事畢，亦如之。國邑各立一人主祭天神，謂爲天君。又置別邑，名曰蘇塗，立大木，懸鈴鼓。其蘇塗之義，有似西域浮屠也，而所行善惡有異。

武帝太康元年、二年，其主頻遣使入貢方物，七年、八年、十年，又頻至。太熙元年，詣東夷校尉何龕上獻。咸寧三年復來，[三]明年又請內附。

辰韓

辰韓在馬韓之東，自言秦之亡人避役入韓，韓割東界以居之，立城柵，言語有類秦人，由是或謂之爲秦韓。初有六國，後稍分爲十二，又有弁辰，亦十二國，合四五萬戶，各有渠帥，皆屬於辰韓。辰韓常用馬韓人作主，雖世世相承，而不得自立，明其流移之人，故爲馬韓所制也。地宜五穀，俗饒蠶桑，善作縑布，服牛乘馬。其風俗可類馬韓，兵器亦與之同。初生子，便以石押其頭使扁。喜舞，善彈瑟，瑟形似筑。

武帝太康元年，其王遣使獻方物。二年復來朝貢，七年又來。

肅愼氏

肅愼氏一名挹婁，在不咸山北，去夫餘可六十日行。東濱大海，西接寇漫汗國，北極弱水。其土界廣袤數千里，居深山窮谷，其路險阻，車馬不通。夏則巢居，冬則穴處。父子世爲君長。無文墨，以言語爲約。有馬不乘，但以爲財產而已。無牛羊，多畜猪，食其肉，衣其皮，績毛以爲布。有樹名雒常，若中國有聖帝代立，則其木生皮可衣。無井竈，作瓦鬲，受四五升以食。坐則箕踞，以足挾肉而啖之，得凍肉，坐其上令暖。土無鹽鐵，燒木作灰，灌取汁而食之。俗皆編髮，以布作襜，徑尺餘，以蔽前後。將嫁娶，男以毛羽插女頭，女和則持歸，然後致禮娉之。婦貞而女淫，貴壯而賤老，死者其日卽葬之於野，交木作小椁，殺猪積其上，以爲死者之糧。性凶悍，以無憂哀相尚。父母死，男子不哭泣，哭者謂之不壯。相盜竊，無多少皆殺之，故雖野處而不相犯。有石砮，皮骨之甲，檀弓三尺五寸，楛矢長尺有咫。其國東北有山出石，其利入鐵，將取之，必先祈神。

周武王時，獻其楛矢、石砮。逮於周公輔成王，復遣使入賀。爾後千餘年，雖秦漢之盛，莫之致也。及文帝作相，魏景元末，來貢楛矢、石砮、弓甲、貂皮之屬。魏帝詔歸於相府，賜其王傉雞、錦罽、緜帛。至武帝元康初，復來貢獻。[四]元帝中興，又詣江左貢其石砮。至成帝時，通貢於石季龍，四年方達。季龍問之，答曰「每候牛馬向西南眠者三年矣，是知有大國所在，故來」云。

倭人

倭人在帶方東南大海中，依山島爲國，地多山林，無良田，食海物。舊有百餘小國相接，至魏時，有三十國通好。戶有七萬。男子無大小，悉黥面文身。自謂太伯之後，又言上古使詣中國，皆自稱大夫。昔夏少康之子封於會稽，斷髮文身以避蛟龍之害，今倭人好沈

沒取魚，亦文身以厭水禽。計其道里，當會稽東冶之東。其男子衣以橫幅，但結束相連，略無縫綴。婦人衣如單被，穿其中央以貫頭，而皆被髮徒跣。其地溫暖，俗種禾稻紵麻而蠶桑織績。土無牛馬，有刀楯弓箭，以鐵爲鏃。有屋宇，父母兄弟臥息異處。食飲用俎豆。嫁娶不持錢帛，以衣迎之。死有棺無槨，封土爲冢。初喪，哭泣，不食肉。已葬，舉家入水澡浴自潔，以除不祥。其舉大事，輒灼骨以占吉凶。不知正歲四節，但計秋收之時以爲年紀。人多壽百年，或八九十。國多婦女，不淫不妒。無爭訟，犯輕罪者沒其妻孥，重者族滅其家。舊以男子爲主。漢末，倭人亂，攻伐不定，乃立女子爲王，名曰卑彌呼。

宣帝之平公孫氏也，其女王遣使至帶方朝見，其後貢聘不絕。及文帝作相，又數至。泰始初，遣使重譯入貢。

裨離等十國

裨離國在肅愼西北，馬行可二百日，領戶二萬。養雲國去裨離馬行又五十日，領戶二萬。寇莫汗國去養雲國又百日行，領戶五萬餘。一羣國去莫汗又百五十日，計去肅愼五萬餘里。其風俗土壤並未詳。

泰始三年，各遣小部獻其方物。至太熙初，復有牟奴國帥逸芝惟離、模盧國帥沙支臣

芝、于離末利國帥加牟臣芝、蒲都國帥因末、繩余國帥馬路、沙樓國帥鈐加，各遣正副使詣東夷校尉何龕歸化。

西戎　吐谷渾　焉耆國　龜茲國　大宛國　康居國　大秦國

吐谷渾　吐延　葉延　辟奚　視連　視羆　樹洛干

吐谷渾，慕容廆之庶長兄也，其父涉歸分部落一千七百家以隸之。及涉歸卒，廆嗣位，而二部馬鬬，廆怒曰：「先公分建有別，奈何不相遠離，而令馬鬬！」吐谷渾曰：「馬爲畜耳，鬬其常性，何怒於人！乖別甚易，[五]當去汝於萬里之外矣。」於是遂行。廆悔之，遣其長史史那樓馮及父時耆舊追還之。吐谷渾曰：「先公稱卜筮之言，當有二子克昌，祚流後裔。我卑庶也，理無並大，今因馬而別，殆天所啓乎！諸君試驅馬令東，馬若還東，我當相隨去矣。」樓馮遣從者二千騎，擁馬東出數百步，輒悲鳴西走。如是者十餘輩，樓馮跪而言曰：「此非人事也。」遂止。鮮卑謂兄爲阿干，廆追思之，作阿干之歌，歲暮窮思，常歌之。

吐谷渾謂其部落曰：「我兄弟俱當享國，廆及曾玄纔百餘年耳。我玄孫已後，庶其昌乎！」於是乃西附陰山。屬永嘉之亂，始度隴而西，其後子孫據有西零已西甘松之界，極乎白蘭數千里。然有城郭而不居，隨逐水草，廬帳爲屋，以肉酪爲糧。其官置長史、司馬、將

軍，頗識文字。其男子通服長裙，帽或戴冪䍦。婦人以金花爲首飾，辮髮縈後，綴以珠貝。其婚姻，富家厚出娉財，竊女而去。父卒，妻其羣母；兄亡，妻其諸嫂。喪服制，葬訖而除。國無常稅，調用不給，輒斂富室商人，取足而止。殺人及盜馬者罪至死，他犯則徵物以贖。地宜大麥，而多蔓菁，頗有菽粟。出蜀馬、氂牛。西北雜種謂之爲阿柴虜，或號爲野虜焉。吐谷渾年七十二卒，有子六十人，長曰吐延，嗣。

吐延身長七尺八寸，雄姿魁傑，羌虜憚之，號曰項羽。性俶儻不羣，嘗慷慨謂其下曰：「大丈夫生不在中國，當高光之世，與韓、彭、吳、鄧並驅中原，定天下雌雄，使名垂竹帛，而潛竄窮山，隔在殊俗，不聞禮教於上京，不得策名於天府，生與麋鹿同羣，死作氊裘之鬼，雖偸觀日月，獨不愧於心乎！」性酷忍，而負其智，不能恤下，爲羌酋姜聰所刺。劍猶在其身，謂其將紇拔泥曰：「豎子刺吾，吾之過也，上負先公，下愧士女。所以控制諸羌者，以吾故也。吾死之後，善相葉延，速保白蘭。」言終而卒。在位十三年，有子十二人，長子葉延嗣。

葉延年十歲，其父爲羌酋姜聰所害，每旦縛草爲姜聰之象，哭而射之，中之則號泣，不中則瞋目大呼。其母謂曰：「姜聰，諸將已屠鱠之矣，汝何爲如此？」葉延泣曰：「誠知射草人不益於先讐，以申罔極之志耳。」性至孝，母病，五日不食，葉延亦不食。長而沈毅，好問天地造化、帝王年曆。司馬薄洛鄰曰：「臣等不學，實未審三皇何父之子，五帝誰母所生。」延曰：「自羲皇以來，符命玄象昭言著見，而卿等面牆，何其鄙哉！語曰『夏蟲不知冬冰』，良不虛也。」又曰：「禮云公孫之子得以王父字爲氏，吾祖始自昌黎光宅於此，今以吐谷渾爲氏，尊祖之義也。」在位二十三年卒，年三十三。有子四人，長子辟奚嗣。

辟奚性仁厚慈惠。初聞苻堅之盛，遣使獻馬五十匹，金銀五百斤。堅大悅，拜爲安遠將軍。

時辟奚三弟皆專恣，長史鍾惡地恐爲國害，謂司馬乞宿雲曰：「昔鄭莊公、秦昭王以一弟之寵，宗祀幾傾，況今三孽並驕，必爲社稷之患。吾與公忝當元輔，若獲保首領以沒於地，先君有問，其將何辭！吾今誅之矣。」宿雲請白辟奚，惡地曰：「吾王無斷，不可以告。」於是因羣下入覲，遂執三弟而誅之。辟奚自投於牀，惡地等奔而扶之，曰：「臣昨夢先王告臣云：『三弟將爲逆亂，汝速除之。』臣謹奉先王之命矣。」辟奚素友愛，因恍惚成疾，謂世子視連曰：「吾禍滅同生，何以見之於地下！國事大小，汝宜攝之，吾餘年殘命，寄食而已。」遂以憂卒。在位二十五年，時年四十二。有子六人，視連嗣。

視連既立，通聘於乞伏乾歸，拜爲白蘭王。視連幼廉慎有志性，以父憂卒，不知政事，不飲酒遊田七年矣。鍾惡地進曰：「夫人君者，以德御世，以威齊衆，養以五味，娛以聲色。此四者，聖帝明王之所先也，而公皆略之。昔昭公儉嗇而喪，偃王仁義而亡，然則仁義所以存身，亦所以亡己。經國者，德禮也；濟世者，刑法也。二者或差，則綱維失緒。明公奕葉重光，恩結西夏，雖仁孝發於天然，猶宜憲章周孔，不可獨追徐偃之仁，使刑德委而不建。」視連泣曰：「先王追友于之痛，悲憤升遐，孤雖纂業，尸存而已。聲色遊娛，豈所安也！綱維刑禮，付之將來。」臨終，謂其子視羆曰：[六]「我高祖吐谷渾公常言子孫必有興者，永爲中國之西藩，慶流百世。吾已不及，汝亦不見，當在汝之子孫輩耳。」在位十五年而卒。有二子，長曰視羆，少曰烏紇堤。

視羆性英果，有雄略，嘗從容謂博士金城騫苞曰：「易云：『動靜有常，剛柔斷矣。』先王以仁宰世，不任威刑，所以剛柔靡斷，取輕鄰敵。當仁不讓，豈宜拱默者乎！今將秣馬厲兵，爭衡中國，先生以爲何如？」苞曰：「大王之言，高世之略，秦隴英豪所願聞也。」於是虛襟撫納，衆赴如歸。

乞伏乾歸遣使拜爲使持節、都督龍涸已西諸軍事、沙州牧、白蘭王。視羆不受，謂使者曰：「自晉道不綱，姦雄競逐，劉、石虐亂，秦、燕跋扈，河南王處形勝之地，宜當糾合義兵，以懲不順，奈何私相假署，擬僭羣凶！寡人承五祖之休烈，控弦之士二萬，方欲掃氛秦、隴，清彼沙涼，然後飲馬涇渭，戮問鼎之豎，以一丸泥封東關，閉燕趙之路，迎天子於西京，以盡遐藩之節，終不能如季孟、子陽妄自尊大。爲吾白河南王，何不立勳帝室，策名王府，建當年之功，流芳來葉邪！」乾歸大怒，然憚其強，初猶結好，後竟遣衆擊之。視羆大敗，退保白蘭。在位十一年，年三十三卒。子樹洛干年少，傳位於烏紇堤。

烏紇堤一名大孩，性懦弱，耽酒淫色，不恤國事。乞伏乾歸之入長安也，烏紇堤屢抄其境。乾歸怒，率騎討之。烏紇堤大敗，亡失萬餘口，保於南涼，遂卒於胡國。〔七〕在位八年，時年三十五。視羆之子樹洛干立。

樹洛干九歲而孤，其母念氏聰惠有姿色，烏紇堤妻之，有寵，遂專國事。洛干十歲便自稱世子，年十六嗣立，率所部數千家奔歸莫何川，自稱大都督、車騎大將軍、大單于、吐谷渾王。化行所部，衆庶樂業，號爲戊寅可汗，沙漒雜種莫不歸附。乃宣言曰：「孤先祖避地於此，暨孤七世，思與羣賢共康休緒。今士馬桓桓，控弦數萬，孤將振威梁益，稱霸西戎，觀兵

三秦，遠朝天子，諸君以爲何如？」衆咸曰：「此盛德之事也，願大王自勉！」

乞伏乾歸甚忌之，率騎二萬，攻之於赤水。樹洛干大敗，遂降乾歸，乾歸拜爲平狄將軍、赤水都護，又以其弟吐護眞爲捕虜將軍、層城都尉。其後屢爲乞伏熾磐所破，〔八〕又保白蘭，慚憤發病而卒。在位九年，時年二十四。熾磐聞其死，喜曰：「此虜矯矯，所謂有豕白蹢也。」有子四人，世子拾虔嗣。其後世嗣不絕。

焉耆國

焉耆國西去洛陽八千二百里，其地南至尉犂，北與烏孫接，方四百里。四面有大山，道險隘，百人守之，千人不過。其俗丈夫翦髮，婦人衣襦，著大袴。婚姻同華夏。好貨利，任姦詭。王有侍衞數十人，皆倨慢無尊卑之禮。

武帝太康中，其王龍安遣子入侍。安夫人獪胡之女，姙身十二月，剖脅生子，曰會，立之爲世子。會少而勇傑，安病篤，謂會曰：「我嘗爲龜茲王白山所辱，不忘於心。汝能雪之，乃吾子也。」及會立，襲滅白山，遂據其國，遣子熙歸本國爲王。會有膽氣籌略，遂霸西胡，葱嶺以東莫不率服。然恃勇輕率，嘗出宿於外，爲龜茲國人羅雲所殺。

其後張駿遣沙州刺史楊宣率衆疆理西域，宣以部將張植爲前鋒，所向風靡。軍次其國，熙距戰於賁崙城，爲植所敗。植進屯鐵門，未至十餘里，熙又率衆先要之於遮留谷。植將至，或曰：「漢祖畏於柏人，岑彭死於彭亡，今谷名遮留，殆將有伏？」植單騎嘗之，果有伏發。植馳擊敗之，進據尉犂，熙率羣下四萬人肉袒降於宣。呂光討西域，復降於光。及光僭位，熙又遣子入侍。

龜茲國

龜茲國西去洛陽八千二百八十里，俗有城郭，其城三重，中有佛塔廟千所。人以田種畜牧爲業，男女皆翦髮垂項。王宮壯麗，煥若神居。

武帝太康中，其王遣子入侍。惠懷末，以中國亂，遣使貢方物於張重華。苻堅時，堅遣其將呂光率衆七萬伐之，其王白純距境不降，光進軍討平之。

大宛國

大宛西去洛陽萬三千三百五十里，南至大月氏，北接康居，大小七十餘城。土宜稻麥，有蒲陶酒，多善馬，馬汗血。其人皆深目多鬚。其俗娶婦先以金同心指鐶爲娉，又以三婢試之，不男者絕婚。姦淫有子，皆卑其母。與人馬乘不調墜死者，馬主出斂具。善市賈，爭

分銖之利，得中國金銀，輒爲器物，不用爲幣也。

太康六年，武帝遣使楊顥拜其王藍庾爲大宛王。藍庾卒，其子摩之立，遣使貢汗血馬。

康居國

康居國在大宛西北可二千里，與粟弋、伊列鄰接。其王居蘇薤城。風俗及人貌、衣服略同大宛。地和暖，饒桐柳蒲陶，多牛羊，出好馬。泰始中，其王那鼻遣使上封事，并獻善馬。

大秦國

大秦國一名犂鞬，在西海之西，其地東西南北各數千里。有城邑，其城周迴百餘里。屋宇皆以珊瑚爲梲栭，琉璃爲牆壁，水精爲柱礎。其王有五宮，其宮相去各十里，每旦於一宮聽事，終而復始。若國有災異，輒更立賢人，放其舊王，被放者亦不敢怨。有官曹簿領，而文字習胡，亦有白蓋小車、旌旗之屬，及郵驛制置，一如中州。其人長大，貌類中國人而胡服。其土多出金玉寶物、明珠、大貝，有夜光璧、駭雞犀及火浣布，又能刺金縷繡及織錦縷罽。以金銀爲錢，銀錢十當金錢之一。安息、天竺人與之交市於海中，其利百倍。鄰國使

到者，輒廩以金錢。途經大海，海水鹹苦不可食，商客往來皆齎三歲糧，是以至者稀少。漢時都護班超遣掾甘英使其國，入海，船人曰：「海中有思慕之物，往者莫不悲懷。若漢使不戀父母妻子者，可入。」英不能渡。　武帝太康中，其王遣使貢獻。

南蠻 林邑　扶南

林邑國

林邑國本漢時象林縣，則馬援鑄柱之處也，去南海三千里。後漢末，縣功曹姓區，有子曰連，殺令自立爲王，子孫相承。其後王無嗣，外孫范熊代立。熊死，子逸立。其俗皆開北戶以向日，至於居止，或東西無定。人性凶悍，果於戰鬪，便山習水，不閑平地。四時暄暖，無霜無雪，人皆倮露徒跣，以黑色爲美。貴女賤男，同姓爲婚，婦先娉壻。女嫁之時，著迦盤衣，橫幅合縫如井欄，首戴寶花。居喪翦鬢謂之孝，燔尸中野謂之葬。其王服天冠，被纓絡，每聽政，子弟侍臣皆不得近之。

自孫權以來，不朝中國。至武帝太康中，始來貢獻。咸康二年，范逸死，奴文篡位。文，日南西卷縣夷帥范椎奴也。嘗牧牛澗中，獲二鯉魚，化成鐵，用以爲刀。刀成，乃對大石嶂而呪之曰：「鯉魚變化，冶成雙刀，石嶂破者，是有神靈。」進斫之，石卽瓦解，因知

其神，乃懷之。隨商賈往來，見上國制度，至林邑，遂教逸作宮室、城邑及器械。逸甚愛信之，使爲將。文乃譖逸諸子，或徙或奔。

及逸死，無嗣，文遂自立爲王。以逸妻妾悉置之高樓，從己者納之，不從者絕其食。於是乃攻大岐界、小岐界、式僕、徐狼、屈都、乾魯、扶單等諸國，幷之，有衆四五萬人。遣使通表入貢於帝，其書皆胡字。至永和三年，文率其衆攻陷日南，害太守夏侯覽，殺五六千人，餘奔九眞，以覽尸祭天，鏟平西卷縣城，遂據日南。告交州刺史朱蕃，求以日南北鄙橫山爲界。

初，徼外諸國嘗齎寶物自海路來貿貨，而交州刺史、日南太守多貪利侵侮，十折二三。至刺史姜壯時，使韓戢領日南太守，戢估較太半，又伐船調枹，聲云征伐，由是諸國恚憤。且林邑少田，貪日南之地，戢死絕，〔九〕繼以謝擢，侵刻如初。及覽至郡，又耽荒於酒，政教愈亂，故被破滅。

既而文還林邑。是歲，朱蕃使督護劉雄戍於日南，文復攻陷之。四年，文又襲九眞，害士庶十八九。明年，征西督護滕畯率交廣之兵伐文於盧容，爲文所敗，退次九眞。其年，文死，子佛嗣。

升平末，廣州刺史滕含率衆伐之，佛懼，請降，含與盟而還。至孝武帝寧康中，遣使貢獻。至義熙中，每歲又來寇日南、九眞、九德等諸郡，殺傷甚衆，交州遂致虛弱，而林邑亦用疲弊。

佛死，子胡達立，上疏貢金盤椀及金鉦等物。

扶南國

扶南西去林邑三千餘里，在海大灣中，其境廣袤三千里，有城邑宮室。人皆醜黑拳髮，倮身跣行。性質直，不爲寇盜，以耕種爲務，一歲種，三歲穫。又好雕文刻鏤，食器多以銀爲之，貢賦以金銀珠香。亦有書記府庫，文字有類於胡。喪葬婚姻略同林邑。

其王本是女子，字葉柳。時有外國人混潰者，先事神，夢神賜之弓，又教載舶入海。混潰旦詣神祠，得弓，遂隨賈人汎海至扶南外邑。葉柳率衆禦之，混潰舉弓，葉柳懼，遂降之。於是混潰納以爲妻，而據其國。後胤衰微，子孫不紹，其將范尋復世王扶南矣。

武帝泰始初，遣使貢獻。太康中，又頻來。穆帝升平初，復有竺旃檀稱王，遣使貢馴象。帝以殊方異獸，恐爲人患，詔還之。

北狄

匈奴

匈奴之類，總謂之北狄。匈奴地南接燕趙，北暨沙漠，東連九夷，西距六戎。世世自相君臣，不稟中國正朔。夏曰薰鬻，殷曰鬼方，周曰獫狁，漢曰匈奴。其強弱盛衰、風俗好尙、區域所在，皆列於前史。

前漢末，匈奴大亂，五單于爭立，而呼韓邪單于失其國，攜率部落，入臣於漢。漢嘉其意，割幷州北界以安之。於是匈奴五千餘落入居朔方諸郡，與漢人雜處。呼韓邪感漢恩，來朝，漢因留之，賜其邸舍，猶因本號，聽稱單于，歲給緜絹錢穀，有如列侯。子孫傳襲，歷代不絕。其部落隨所居郡縣，使宰牧之，與編戶大同，而不輸貢賦。多歷年所，戶口漸滋，彌漫北朔，轉難禁制。後漢末，天下騷動，羣臣競言胡人猥多，懼必爲寇，宜先爲其防。建安中，魏武帝始分其衆爲五部，部立其中貴者爲帥，選漢人爲司馬以監督之。魏末，復改帥爲都尉。其左部都尉所統可萬餘落，居於太原故茲氏縣；右部都尉可六千餘落，居祁縣；南部都尉可三千餘落，居蒲子縣；北部都尉可四千餘落，居新興縣；中部都尉可六千餘落，居大陵縣。〔一〇〕

武帝踐阼後，塞外匈奴大水，塞泥、黑難等二萬餘落歸化，帝復納之，使居河西故宜陽城下。後復與晉人雜居，由是平陽、西河、太原、新興、上黨、樂平諸郡靡不有焉。泰始七年，單于猛叛，屯孔邪城。武帝遣婁侯何楨持節討之。楨素有志略，以猛衆凶悍，非少兵所制，乃潛誘猛左部督李恪殺猛，於是匈奴震服，積年不敢復反。其後稍因忿恨，殺害長史，〔一一〕漸爲邊患。侍御史西河郭欽上疏曰：「戎狄强獷，歷古爲患。魏初人寡，西北諸郡皆爲戎居。今雖服從，若百年之後有風塵之警，胡騎自平陽、上黨不三日而至孟津，北地、西河、太原、馮翊、安定、上郡盡爲狄庭矣。宜及平吳之威，謀臣猛將之略，出北地、西河、安定，復上郡，實馮翊，於平陽已北諸縣募取死罪，徙三河、三魏見士四萬家以充之。裔不亂華，漸徙平陽、弘農、魏郡、京兆、上黨雜胡，峻四夷出入之防，明先王荒服之制，萬世之長策也。」帝不納。至太康五年，復有匈奴胡太阿厚率其部落二萬九千三百人歸化。七年，又有匈奴胡都大博及萎莎胡等各率種類大小凡十萬餘口，詣雍州刺史扶風王駿降附。明年，匈奴都督大豆得一育鞠等復率種落大小萬一千五百口，牛二萬二千頭，羊十萬五千口，車廬什物不可勝紀，來降，幷貢其方物，帝並撫納之。

北狄以部落爲類，其入居塞者有屠各種、鮮支種、寇頭種、烏譚種、赤勒種、捍蛭種、黑狼種、赤沙種、鬱鞞種、萎莎種、禿童種、勃蔑種、羌渠種、賀賴種、鍾跂種、大樓種、雍屈種、

眞樹種、力羯種，凡十九種，皆有部落，不相雜錯。屠各最豪貴，故得爲單于，統領諸種。其國號有左賢王、右賢王、左奕蠡王、右奕蠡王、左於陸王、右於陸王、左漸尙王、右漸尙王、左朔方王、右朔方王、左獨鹿王、右獨鹿王、左顯祿王、右顯祿王、左安樂王、右安樂王，凡十六等，皆用單于親子弟也。其左賢王最貴，唯太子得居之。其四姓，有呼延氏、卜氏、蘭氏、喬氏。而呼延氏最貴，則有左日逐、右日逐，世爲輔相；卜氏則有左沮渠、右沮渠；蘭氏則有左當戶、右當戶；喬氏則有左都侯、右都侯。又有車陽、沮渠、餘地諸雜號，猶中國百官也。其國人有綦毋氏、勒氏，皆勇健，好反叛。武帝時，有騎督綦毋俔邪伐吳有功，遷赤沙都尉。

惠帝元康中，匈奴郝散攻上黨，殺長吏，入守上郡。明年，散弟度元又率馮翊、北地羌胡攻破二郡。自此已後，北狄漸盛，中原亂矣。

史臣曰：夫宵形稟氣，是稱萬物之靈；繫土隨方，迺有羣分之異。蹈仁義者爲中寓，肆凶獷者爲外夷，譬諸草木，區以別矣。夷狄之徒，名教所絕，闚邊候隙，自古爲患，稽諸前史，憑陵匪一。軒皇北逐，唐帝南征，殷后東戡，周王西狩，皆所以禦其侵亂也。嬴劉之際，匈奴最强；元成之間，呼韓委質，漢嘉其節，處之中壤。歷年斯永，種類逾繁，舛號殊名，不可勝載。爰及泰始，匪革前迷，廣闢塞垣，更招種落，納萎莎之後附，開育鞠之新降，接帳連鞲，充郊掩甸。既而沸脣成俗，鳴鏑爲羣，振鴞響而挻災，恣狼心而逞暴。何楨縱策，弗沮於姦萌；郭欽馳疏，無救於妖漸。未環星紀，坐傾都邑，黎元塗地，凶族滔天。迹其所由，抑武皇之失也。吐谷渾分緒僞燕，遠辭正嫡，率東胡之餘衆，掩西羌之舊宇，網疏政暇，地廣兵全，廓萬里之基，貽一匡之訓，弗忘忠義，良可嘉焉。吐延夙標宏偉，見方於項籍，始遵朝化，遽夭於姜聰，高節不羣，亦殊藩之秀也。葉延至孝，寄新哀於射草；辟奚深友，邁古烈於分荆；視連蒸蒸，光奉先之義；視羆矯矯，蘊經時之略；洛干童幼，早擅英規，未騁雄心，先摧凶手，奉順者必敗，豈天亡晉乎！且渾廆連枝，生自邊極，各謀孫而翼子，咸革裔而希華。廆胤姦凶，假鳳圖而竊號；渾嗣忠謹，距龍涸而歸誠。懷姦者數世而亡，資忠者累葉彌劭，積善餘慶，斯言信矣。

贊曰：逖矣前王，區別羣方。叛由德弛，朝因化昌。武后升圖，智昧遷胡。遽淪家國，多謝明謨。谷渾英奮，思矯積運；克昌其緒，實資忠訓。

校勘記

〔一〕依羅遣詣龕　御覽七八一引「遣」下有「使」字。

〔二〕督郵　周校：當照慕容廆載記作「督護」。按：通鑑八一亦作「督護」。

〔三〕咸寧三年復來　斠注：咸寧建元在太康太熙之前，本傳先後互倒。

〔四〕至武帝元康初復來貢獻　斠注：武紀獻楛矢石砮在咸寧五年。「元康」爲惠帝年號，大誤。按：咸寧五年十二月使來，翌年春卽改元太康，疑「元康」爲「太康」之誤。

〔五〕乖別甚易　「易」，各本均作「異」，但宋書、魏書、通典、北史、通志一九五均作「易」，今據改。

〔六〕視羆　「羆」，各本均作「熊」，今據下文及魏書、北史吐谷渾傳改。

〔七〕胡國　斠注：通鑑作「胡園」。

〔八〕乞伏熾磐　「磐」，各本均作「盤」，唯殿本作「磐」，今從殿本，以歸一致。

〔九〕戢死絕　「絕」字疑衍。册府一〇〇〇引無。

〔一〇〕居大陵縣　「大」，各本作「太」，據地理志上、劉元海載記改「大」。

〔一一〕殺害長史　周校：「長吏」誤「長史」。

晉書卷九十八

列傳第六十八

王敦 沈充

王敦字處仲，司徒導之從父兄也。父基，治書侍御史。敦少有奇人之目，尚武帝女襄城公主，拜駙馬都尉，除太子舍人。時王愷、石崇以豪侈相尚，愷嘗置酒，敦與導俱在坐，有女伎吹笛小失聲韵，愷便歐殺之，一坐改容，敦神色自若。他日，又造愷，愷使美人行酒，以客飲不盡，輒殺之。酒至敦、導所，敦故不肯持，美人悲懼失色，而敦傲然不視。導素不能飲，恐行酒者得罪，遂勉强盡觴。導還，歎曰：「處仲若當世，心懷剛忍，非令終也。」洗馬潘滔見敦而目之曰：「處仲蜂目已露，但豺聲未振，若不噬人，亦當爲人所噬。」及太子遷許昌，詔東宮官屬不得送。敦及洗馬江統、潘滔，舍人杜蕤、魯瑤等，冒禁於路側望拜流涕，時論稱之。遷給事黃門侍郎。

趙王倫簒位，敦叔父彥爲兗州刺史，倫遣敦慰勞之。會諸王起義兵，彥被齊王冏檄，懼倫兵强，不敢應命，敦勸彥起兵應諸王，故彥遂立勳績。惠帝反正，敦遷散騎常侍、左衞將軍、大鴻臚、侍中，出除廣武將軍、青州刺史。

永嘉初，徵爲中書監。于時天下大亂，敦悉以公主時侍婢百餘人配給將士，金銀寶物散之於衆，單車還洛。東海王越自滎陽來朝，敦謂所親曰：「今威權悉在太傅，而選用表請，尚書猶以舊制裁之，太傅今至，必有誅罰。」俄而越收中書令繆播等十餘人殺之。越以敦爲揚州刺史，潘滔說越曰：「今樹處仲於江外，使其肆豪强之心，是見賊也。」越不從。

其後徵拜尚書，不就。元帝召爲安東軍諮祭酒。會揚州刺史劉陶卒，帝復以敦爲揚州刺史，加廣武將軍。尋進左將軍、都督征討諸軍事、假節。帝初鎮江東，威名未著，敦與從弟導等同心翼戴，以隆中興，時人爲之語曰：「王與馬，共天下。」尋與甘卓等討江州刺史華軼，斬之。

蜀賊杜弢作亂，荆州刺史周顗退走，敦遣武昌太守陶侃、豫章太守周訪等討弢，而敦進住豫章，爲諸軍繼援。及侃破弢，敦上侃爲荆州刺史。既而侃爲弢將杜曾所敗，敦以處分失所，自貶爲廣武將軍，帝不許。侃之滅弢也，敦以元帥進鎮東大將軍、開府儀同三司，加都督江揚荆湘交廣六州諸軍事、江州刺史，封漢安侯。敦始自選置，兼統州郡焉。頃之，杜弢將杜弘南走廣州，求討桂林賊自效，敦許之。陶侃距弘不得進，乃詣零陵太守尹奉降，奉送弘與敦，敦以爲將，遂見寵待。南康人何欽所居嶮固，聚黨數千人，敦就加四品將軍，於是專擅之迹漸彰矣。

建武初，又遷征南大將軍，開府如故。中興建，拜侍中、大將軍、江州牧。遣部將朱軌、趙誘伐杜曾，爲曾所殺，敦自貶，免侍中，并辭牧不拜。尋加荆州牧，敦上疏曰：

昔漢祖以神武革命，開建帝業，繼以文帝之賢，纂承洪緒，清虛玄默，擬跡成康。賈誼歎息，以爲天下倒懸，雖言有抑揚，不失事體。今聖朝肇建，漸振宏綱，往段匹磾遣使求效忠節，尚未有勞，便以方州與之。今靳明等爲國雪恥，欲除大逆，此之志望，皆欲附翼天飛。雖功大宜報，亦宜有以裁之，當杜漸防萌，慎之在始。中間不逞，互生事變，皆非忠義，率以一朝之榮。天下漸弊，實由於此。春秋之時，天子微弱，諸侯奢侈，晉文思崇周室，至有求隧之請，襄王讓之以禮，聞義而服，自爾諸侯莫敢越度。臣謂前者賊寇未殄，苟以濟事，朝廷諸所加授，頗多爵位兼重。今自臣以下，宜皆除之，且以塞羣小矜功之望，夷狄無厭之求。若復遷延，顧望流俗，使姦狡生心，遂相怨謗，指擿朝廷，讒諛蜂起，臣有以知陛下無以正之。此安危之機，天下之望。

臣門戶特受榮任，備兼權重，渥恩偏隆，寵過公族。行路厮賤猶謂不可，臣獨何心可以安之。臣一宗誤陛下，傾覆亦將尋至；雖復灰身剖心，陛下追悔將何所及！伏願諒臣至款，及今際會，小解散之，並授賢儁，少慰有識，各得盡其所懷，則人思競勸矣。州牧之號，所不敢當，輒送所假侍中貂蟬。又宜并官省職，以塞羣小覬覦之望。

帝優詔不許。又固辭州牧，聽爲刺史。

時劉隗用事，頗疏間王氏，導等甚不平之。敦上疏曰：

導昔蒙殊寵，委以事機，虛己求賢，竭誠奉國，遂藉恩私，居輔政之重。帝王體遠，事義不同，雖皇極初建，道教方闡，惟新之美，猶有所闕。臣每慷慨於遐遠，愧憤於門宗，是以前後表疏，何嘗不寄言及此。陛下未能少垂顧眄，暢臣微懷，云導頃見疏外，所陳如昨，而其萌已著，其爲咎責，豈惟導身而已。羣從所蒙，並過才分。導誠不能自量，陛下亦愛忘其短。常人近情，恃恩昧進，獨犯龍鱗，迷不自了。臣竊所自憂慮，未詳所由，惶愧踧踖，情如灰土。天下事大，盡理實難，導雖凡近，未有穢濁之累；既往之勳，疇昔之顧，情好綢繆，足以厲薄俗，明君臣，合德義，同古賢。昔臣親受嘉命，云：「吾與卿及茂弘當管鮑之交。」臣忝外任，漸冉十載，訓誘之誨，日有所忘；至於斯命，銘之於心，竊猶眷眷，謂前恩不得一朝而盡。

伏惟陛下聖哲日新，廣延俊乂，臨之以政，齊之以禮。頃者令導內綜機密，出錄尚書，杖節京都，并統六軍，既爲刺史，兼居重號，殊非人臣之體。流俗好評，必有譏謗，宜省錄尚書、杖節及都督。且王佐之器，當得宏達遠識、高正明斷、道德優備者，以臣闇識，未見其才。然於見人，未踰于導；加輔翼積年，實盡心力。霸王之主，何嘗不任賢使能，共相終始！管仲有三歸反坫之譏，子犯有臨河要君之責，蕭何、周勃得罪囹圄，然終爲良佐。以導之才，何能無失！當令任不過分，役其所長，以功補過，要之將來。導性慎密，尤能忍事，善於斟酌，有文章才義，動靜顧問，起予聖懷，外無過寵，公私得所。今皇祚肇建，八表承風；聖恩不終，則遐邇失望。天下荒弊，人心易動；物聽一移，將致疑惑。臣非敢苟私親親，惟欲忠於社稷。

表至，導封以還敦，敦復遣奏之。

初，敦務自矯厲，雅尚清談，口不言財色。既素有重名，又立大功於江左，專任閫外，手控强兵，羣從貴顯，威權莫貳，遂欲專制朝廷，有問鼎之心。帝畏而惡之，遂引劉隗、刁協等以爲心膂。敦益不能平，於是嫌隙始構矣。每酒後輒詠魏武帝樂府歌曰：「老驥伏櫪，志在千里。烈士暮年，壯心不已。」以如意打唾壺爲節，壺邊盡缺。及湘州刺史甘卓遷梁州，敦欲以從事中郎陳頒代卓，帝不從，更以譙王承鎮湘州。敦復上表陳古今忠臣見疑於君，而蒼蠅之人交構其間，欲以感動天子。帝愈忌憚之。俄加敦羽葆鼓吹，增從事中郎、掾屬、舍

人各二人。帝以劉隗爲鎮北將軍，戴若思爲征西將軍，悉發揚州奴爲兵，外以討胡，實禦敦也。永昌元年，敦率衆內向，以誅隗爲名，上疏曰：

劉隗前在門下，邪佞諂媚，譖毀忠良，疑惑聖聽，遂居權寵，撓亂天機，威福自由，有識杜口。大起事役，勞擾士庶；外託舉義，內自封植；奢僭過制，乃以黃散爲參軍，晉魏已來，未有此比。傾盡帑藏，以自資奉；賦役不均，百姓嗟怨；免良人奴，自爲惠澤。自可使其大田以充倉廩，今便割配，皆充隗軍。臣前求迎諸將妻息，聖恩聽許，而隗絕之，使三軍之士莫不怨憤。又徐州流人辛苦經載，家計始立，隗悉驅逼，以實己府。當陛下踐阼之始，投刺王官，本以非常之慶使豫蒙榮分。而更充征役，復依舊名，普取出客，從來久遠，經涉年載，或死亡滅絕，或自贖得免，或見放遣，或父兄時事身所不及，有所不得，輒罪本主，百姓哀憤，怨聲盈路。身欲北渡，以遠朝廷爲名，而密知機要，潛行險慝，進人退士，高下任心，姦狡饕餮，未有隗比，雖無忌、宰嚭、弘恭、石顯未足爲喩。是以遐邇憤慨，羣后失望。

臣備位宰輔，與國存亡，誠乏平勃濟時之略，然自忘駑駘，志存社稷，豈忍坐視成敗，以虧聖美。事不獲已，今輒進軍，同討姦孽，願陛下深垂省察，速斬隗首，則衆望厭服，皇祚復隆。隗首朝懸，諸軍夕退。昔太甲不能遵明湯典，顚覆厥度，幸納伊尹之

勳，殷道復昌。漢武雄略，亦惑江充讒佞邪說，至乃父子相屠，流血丹地，終能克悟，不失大綱。今日之事，有踰於此，願陛下深垂三思，諮詢善道，則四海乂安，社稷永固矣。

又曰：

陛下昔鎮揚州，虛心下士，優賢任能，寬以得衆，故君子盡心，小人畢力。臣以闇蔽，豫奉徽猷，是以遐邇望風，有識自竭，王業遂隆，惟新克建，四海延頸，咸望太平。

自從信隗已來，刑罰不中，街談巷議，皆云如吳之將亡。聞之惶惑，精魂飛散，不覺胸臆摧破，泣血橫流。陛下當全祖宗之業，存神器之重，察臣前後所啓，奈何棄忽忠言，遂信姦佞，誰不痛心！願出臣表，諮之朝臣，介石之幾，不俟終日，令諸軍早還，不至虛擾。

敦黨吳興人沈充起兵應敦。敦至蕪湖，又上表罪狀刁協。帝大怒，下詔曰：「王敦憑恃寵靈，敢肆狂逆，方朕太甲，欲見幽囚。是可忍也，孰不可忍也！今親率六軍，以誅大逆，有殺敦者，封五千戶侯。」召戴若思、劉隗並會京師。敦兄含時爲光祿勳，叛奔於敦。敦至石頭，欲攻劉隗，其將杜弘曰：「劉隗死士衆多，未易可克，不如攻石頭。周札少恩，兵不爲用，攻之必敗。札敗，則隗自走。」敦從之。札果開城門納弘。諸將與敦戰，王師敗績。既入石頭，擁兵不朝，放肆兵士劫掠內外。官省奔散，惟有侍中二人侍帝。帝脫戎

衣，著朝服，顧而言曰：「欲得我處，但當早道，我自還琅邪，何至困百姓如此！」敦收周顗、戴若思害之。以敦爲丞相、江州牧，進爵武昌郡公，邑萬戶，使太常荀崧就拜，又加羽葆鼓吹，並僞讓不受。還屯武昌，多害忠良，寵樹親戚，以兄含爲衞將軍、都督沔南軍事、領南蠻校尉、荆州刺史，以義陽太守任愔督河北諸軍事、南中郎將，敦又自督寧、益二州。

及帝崩，太寧元年，敦諷朝廷徵己，明帝乃手詔徵之，語在明帝紀。又使兼太常應詹拜授加黃鉞，班劍武賁二十人，奏事不名，入朝不趨，劍履上殿。敦移鎮姑孰，帝使侍中阮孚齎牛酒犒勞，敦稱疾不見，使主簿受詔。以王導爲司徒，敦自爲揚州牧。

敦既得志，暴慢愈甚，四方貢獻多入己府，將相嶽牧悉出其門。徙含爲征東將軍、都督揚州江西諸軍事，從弟舒爲荆州，彬爲江州，邃爲徐州。含字處弘，凶頑剛暴，時所不齒，以敦貴重，故歷顯位。敦以沈充、錢鳳爲謀主，諸葛瑤、鄧嶽、周撫、李恒、謝雍爲爪牙。充等並凶險驕恣，共相驅扇，殺戮自己；又大起營府，侵人田宅，發掘古墓，剽掠市道，士庶解體，咸知其禍敗焉。敦從弟豫章太守稜日夜切諫，敦怒，陰殺之。敦無子，養含子應。及敦病甚，拜應爲武衞將軍以自副。錢鳳謂敦曰：「脫其不諱，便當以後事付應。」敦曰：「非常之事，豈常人所能！且應年少，安可當大事。我死之後，莫若解衆放兵，歸身朝廷，保全門戶，此計之上也。退還武昌，收兵自守，貢獻不廢，亦中計也。及吾尚存，悉衆而下，萬一僥倖，

計之下也。」鳳謂其黨曰：「公之下計，乃上策也。」遂與沈充定謀，須敦死後作難。

敦又忌周札，殺之而盡滅其族。常從督冉曾、公乘雄等爲元帝腹心，敦又害之。以宿衞尚多，奏令三番休二。及敦病篤，詔遣侍中陳晷、散騎常侍虞駿問疾。時帝將討敦，微服至蕪湖，察其營壘，又屢遣大臣訊問其起居。遷含驃騎大將軍、開府儀同三司，含子瑜散騎常侍。

敦以溫嶠爲丹楊尹，欲使覘伺朝廷。嶠至，具言敦逆謀。帝欲討之，知其爲物情所畏服，乃僞言敦死，於是下詔曰：

先帝以聖德應運，創業江東，司徒導首居心膂，以道翼讚。故大將軍敦參處股肱，或內或外，夾輔之勳，與有力焉。階緣際會，遂據上宰，杖節專征，委以五州。刁協、劉隗立朝不允，敦抗義致討，情希鸞拳，兵雖犯順，猶嘉乃誠，禮秩優崇，人臣無貳。事解之後，劫掠城邑，放恣兵人，侵及宮省，背違赦信，誅戮大臣，縱凶極逆，不朝而退。六合阻心，人情同憤。先帝含垢忍恥，容而不責，委任如舊，禮秩有加。朕以不天，尋丁酷罰，煢煢在疚，哀悼靡寄。而敦曾無臣子追遠之誠，又無輔孤同獎之操，繕甲聚兵，盛夏來至，輒以天官假授私屬，將以威脅朝廷，傾危宗社。朕愍其狂戾，冀其覺悟，故且含隱以觀其終。而敦矜其不義之強，有侮弱朝廷之志，棄親用羇，背賢任惡。錢鳳

豎子，專爲謀主，逞其凶慝，誣罔忠良。周嵩亮直，讜言致禍；周札、周莚累世忠義，聽受讒構，殘夷其宗。秦人之酷，刑不過五。敦之誅戮，傍濫無辜，滅人之族，莫知其罪。天下駭心，道路以目。神怒人怨，篤疾所嬰，昏荒悖逆，日以滋甚，輒立兄息以自承代，多樹私黨，莫非同惡，〔一〕未有宰相繼體而不由王命者也。頑凶相獎，無所顧忌，擅錄治工，輒割運漕，志騁凶醜，以闚神器。社稷之危，匪夕則旦。天不長姦，敦以隕斃。鳳承凶宄，彌復煽逆。是可忍也，孰不可忍也！

今遣司徒導，鎮南將軍、丹楊尹嶠，建威將軍趙胤武旅三萬，十道並進；平西將軍邃率兗州刺史遐、奮武將軍峻、奮威將軍瞻精銳三萬，水陸齊勢；朕親御六軍，左衞將軍亮，右衞將軍胤，護軍將軍詹，領軍將軍瞻，中軍將軍壼，驍騎將軍艾，驃騎將軍、南頓王宗，鎮軍將軍、汝南王祐，太宰、西陽王羕被練三千，組甲三萬，總統諸軍，討鳳之罪。罪止一人，朕不濫刑。有能殺鳳送首，封五千戶侯，賞布五千匹。

冠軍將軍鄧嶽志氣平厚，識經邪正；前將軍周撫質性詳簡，義誠素著；功臣之胄，情義兼常，往年從敦，情節不展，畏逼首領，不得相違，論其乃心，無貳王室，朕嘉其誠，方任之以事。其餘文武，諸爲敦所授用者，一無所問，刺史二千石不得輒離所職。書到奉承，自求多福，無或猜嫌，以取誅滅。敦之將士，從敦彌年，怨曠日久，或父母隕沒，或妻子喪亡，不得奔赴，銜哀從役，朕甚愍之，希不悽愴。其單丁在軍無有兼重者，皆遣歸家，終身不調，其餘皆與假三年，休訖還臺，當與宿衞同例三番。明承詔書，朕不負信。

又詔曰：「敢有捨王敦姓名而稱大將軍者，軍法從事。」

敦病轉篤，不能御衆，使錢鳳、鄧嶽、周撫等率衆三萬向京師。含謂敦曰：「此家事，吾便當行。」於是以含爲元帥。鳳等問敦曰：「事克之日，天子云何？」敦曰：「尚未南郊，何得稱天子！便盡卿兵勢，保護東海王及裴妃而已。」乃上疏罪狀溫嶠，以誅姦臣爲名。

含至江寧，司徒導遺含書曰：

近承大將軍困篤綿綿，或云已有不諱，悲怛之情，不能自勝。尋知錢鳳大嚴，欲肆姦逆，朝士忿憤，莫不扼腕。去月二十三日，得征北告，劉遐、陶瞻、蘇峻等深懷憂慮，不謀同辭。都邑大小及二宮宿衞咸懼有往年之掠，不復保其妻孥，是以聖主發赫斯之命，具如檄旨。近有嘉詔，崇兄八命，望兄奬羣賢忠義之心，抑姦細不逞之計，當還武昌，盡力藩任。卒奉來告，乃承與犬羊俱下，雖當逼迫，猶以罔然。兄立身率素，見信明於門宗，年踰耳順，位極人臣，仲玉、安期亦不足作佳少年，本來門戶，良可惜也！兄之此舉，謂可得如大將軍昔年之事乎？昔年佞臣亂朝，人懷不寧，如導之徒，心

思外濟。今則不然。大將軍來屯于湖，漸失人心，君子危怖，百姓勞弊。將終之日，委重安期，安期斷乳未幾日，又乏時望，〔二〕便可襲宰相之迹邪？自開闢以來，頗有宰相孺子者不？諸有耳者皆是將禪代意，〔三〕非人臣之事也。先帝中興，遺愛在人。聖主聰明，德洽朝野，思與賢哲弘濟艱難。不北面而執臣節，乃私相樹建，肆行威福，凡在人臣，誰不憤歎！此直錢鳳不良之心聞於遠近，自知無地，遂唱姦逆。至如鄧伯山、周道和恒有好情，往來人士咸皆明之，方欲委任，與共戮力，非徒無慮而已也。

導門戶小大受國厚恩，兄弟顯寵，可謂隆矣。導雖不武，情在寧國。今日之事，明目張膽爲六軍之首，寧忠臣而死，不無賴而生矣。但恨大將軍桓文之勳不遂，而兄一旦爲逆節之臣，負先人平素之志，既沒之日，何顏見諸父於黃泉，謁先帝於地下邪？執省來告，爲兄羞之，且悲且慚。願速建大計，惟取錢鳳一人，使天下獲安，家國有福，故是竹素之事，非惟免禍而已。

夫福如反手，用之卽是。導所統六軍，石頭萬五千人，宮內後苑二萬人，護軍屯金城六千人，劉遐已至，征北昨已濟江萬五千人。以天子之威，文武畢力，豈可當乎！事猶可追，兄早思之。大兵一奮，導以爲灼炟也。

含不答。

帝遣中軍司馬曹渾等擊含于越城，含軍敗，敦聞，怒曰：「我兄老婢耳，門戶衰矣！兄弟才兼文武者，世將、處季皆早死，今世事去矣。」語參軍呂寶曰：「我當力行。」因作勢而起，困乏復臥。

鳳等至京師，屯于水南。帝親率六軍以禦鳳，頻戰破之。敦謂羊鑒及子應曰：「我亡後，應便卽位，先立朝廷百官，然後乃營葬事。」初，敦始病，夢白犬自天而下嚙之，又見刁協乘軺車導從，瞋目令左右執之。俄而敦死，時年五十九。應祕不發喪，裹尸以席，蠟塗其外，埋于廳事中，與諸葛瑤等恒縱酒淫樂。

沈充自吳率衆萬餘人至，與含等合。充司馬顧颺說充曰：「今舉大事，而天子已扼其喉，情離衆沮，鋒摧勢挫，持疑猶豫，必致禍敗。今若決破柵塘，因湖水灌京邑，肆舟艦之勢，極水軍之用，此所謂不戰而屈人之兵，上策也。藉初至之銳，并東南衆軍之力，〔四〕十道俱進，衆寡過倍，理必摧陷，中策也。轉禍爲福，因敗爲成，召錢鳳計事，因斬之以降，下策也。」充不能用，颺逃歸於吳。含復率衆渡淮，蘇峻等逆擊，大敗之，充亦燒營而退。

既而周光斬錢鳳，吳儒斬沈充，並傳首京師。有司議曰：「王敦滔天作逆，有無君之心，宜依崔杼、王淩故事，剖棺戮尸，以彰元惡。」於是發瘞出尸，焚其衣冠，跽而刑之。敦、充首同日懸于南桁，觀者莫不稱慶。敦首既懸，莫敢收葬者。尚書令郗鑒言於帝曰：「昔王莽漆

頭以輗車，董卓然腹以照市，王淩儭土，徐馥焚首。前朝誅楊駿等，皆先極官刑，後聽私殯。然春秋許齊襄之葬紀侯，魏武義王修之哭袁譚。由斯言之，王誅加於上，私義行於下。臣以爲可聽私葬，於義爲弘。」詔許之，於是敦家收葬焉。含父子乘單船奔荊州刺史王舒，舒使人沈之于江，餘黨悉平。

敦眉目疏朗，性簡脫，有鑒裁，學通左氏，口不言財利，尤好清談，時人莫知，惟族兄戎異之。經略指麾，千里之外肅然，而麾下擾而不能整。武帝嘗召時賢共言伎藝之事，人人皆有所說，惟敦都無所關，意色殊惡。自言知擊鼓，因振袖揚枹，音節諧韵，神氣自得，傍若無人，舉坐歎其雄爽。石崇以奢豪矜物，廁上常有十餘婢侍列，皆有容色，置甲煎粉、沈香汁，有如廁者，皆易新衣而出。客多羞脫衣，而敦脫故著新，意色無怍。羣婢相謂曰：「此客必能作賊。」又嘗荒恣於色，體爲之弊，左右諫之，敦曰：「此甚易耳。」乃開後閤，驅諸婢妾數十人並放之，時人歎異焉。

沈充字士居。少好兵書，頗以雄豪聞於鄉里。敦引爲參軍，充因薦同郡錢鳳。鳳字世儀，敦以爲鎧曹參軍，數得進見。知敦有不臣之心，因進邪說，遂相朋構，專弄威權，言成禍福。遭父喪，外託還葬，而密爲敦使，與充交構。

初，敦參軍熊甫見敦委任鳳，將有異圖，因酒酣謂敦曰：「開國承家，小人勿用，佞倖在位，鮮不敗業。」敦作色曰：「小人阿誰？」甫無懼容，因此告歸。臨與敦別，因歌曰：「徂風颷起蓋山陵，氛霧蔽日玉石焚。往事既去可長歎，念別惆悵復會難。」敦知其諷己而不納。

明帝將伐敦，遣其鄉人沈禎諭充，〔五〕許以爲司空。充謂禎曰：「三司具瞻之重，豈吾所任！幣厚言甘，古人所畏。且丈夫共事，終始當同，寧可中道改易，人誰容我！」禎曰：「不然。舍忠與順，未有不亡者也。大將軍阻兵不朝，爵賞自己，五尺之童知其異志。今此之舉，將行篡弒耳，豈同於往年乎？是以疆場諸將莫不歸赴本朝，內外之士咸願致死，正以移國易主，義不北面以事之也，奈何協同逆圖，當不義之責乎！朝廷坦誠，禎所知也。〔六〕賊之黨類，猶宥其罪，與之更始，況見機而作邪！」充不納。率兵臨發，謂其妻子曰：「男兒不豎豹尾，終不還也。」及敗歸吳興，亡失道，誤入其故將吳儒家。儒誘充內重壁中，因笑謂充曰：「三千戶侯也。」充曰：「封侯不足貪也。爾以大義存我，我宗族必厚報汝。若必殺我，汝族滅矣。」儒遂殺之。充子勁竟滅吳氏。勁見忠義傳。

史臣曰：琅邪之初鎮建鄴，龍德猶潛，雖當璧膺圖預定於冥兆，豐功厚利未被於黎氓。王敦歷官中朝，威名夙著，作牧淮海，望實逾隆，遂能託魚水之深期，定金蘭之密契，弼成王

度，光佐中興，卜世延百二之期，論都創三分之業，此功固不細也。既而負勳高而圖非望，恃勢逼而肆驕陵。釁隙起自刁劉，禍難成於錢沈。興晉陽之甲，纏象魏之兵。蜂目既露，豺聲又發，擅竊國命，殺害忠良，遂欲篡盜乘輿，逼遷龜鼎。賴嗣君英略，晉祚靈長，諸侯釋位，股肱勠力，用能運茲廟算，殄彼凶徒，克固鴻圖，載清天步者矣。

桓溫 孟嘉

桓溫字元子，宣城太守彝之子也。生未朞而太原溫嶠見之，曰：「此兒有奇骨，可試使啼。」及聞其聲，曰：「眞英物也！」彝以嶠所賞，故遂名之曰溫。嶠笑曰：「果爾，後將易吾姓也。」彝爲韓晃所害，涇令江播豫焉。溫時年十五，枕戈泣血，志在復讎。至年十八，會播已終，子彪兄弟三人居喪，置刃杖中，以爲溫備。溫詭稱弔賓，得進，刃彪於廬中，并追二弟殺之，時人稱焉。

溫豪爽有風概，姿貌甚偉，面有七星。少與沛國劉惔善，惔嘗稱之曰：「溫眼如紫石棱，鬚作蝟毛磔，孫仲謀、晉宣王之流亞也。」選尚南康長公主，拜駙馬都尉，襲爵萬寧男，除琅邪太守，累遷徐州刺史。

溫與庾翼友善，恒相期以寧濟之事。翼嘗薦溫於明帝曰：〔七〕「桓溫少有雄略，願陛下

勿以常人遇之，常獋畜之，宜委以方召之任，託其弘濟艱難之勳。」翼卒，以溫爲都督荆梁四州諸軍事、安西將軍、荆州刺史、領護南蠻校尉、假節。

時李勢微弱，溫志在立勳于蜀，永和二年，率衆西伐。時康獻太后臨朝，溫將發，上疏而行。朝廷以蜀險遠，而溫兵寡少，深入敵場，甚以爲憂。初，諸葛亮造八陣圖於魚復平沙之上，壘石爲八行，行相去二丈。溫見之，謂「此常山蛇勢也」。文武皆莫能識之。及軍次彭模，乃命參軍周楚、孫盛守輜重，自將步卒直指成都。勢使其叔父福及從兄權等攻彭模，楚等禦之，福退走。溫又擊權等，三戰三捷，賊衆散，自間道歸成都。勢於是悉衆與溫戰于笮橋，參軍龔護戰沒，衆懼欲退，而鼓吏誤鳴進鼓，於是攻之，勢衆大潰。溫乘勝直進，焚其小城。勢遂夜遁九十里，至晉壽葭萌城，其將鄧嵩、昝堅勸勢降，乃面縛輿櫬請命。溫解縛焚櫬，送于京師。溫停蜀三旬，舉賢旌善，僞尚書僕射王誓、中書監王瑜、〔八〕鎮東將軍鄧定、散騎常侍常璩等，皆蜀之良也，並以爲參軍，百姓咸悅。軍未旋而王誓、鄧定、隗文等反，溫復討平之。振旅還江陵，進位征西大將軍、開府，封臨賀郡公。

及石季龍死，溫欲率衆北征，先上疏求朝廷議水陸之宜，久不報。時知朝廷杖殷浩等以抗己，溫甚忿之，然素知浩，弗之憚也。以國無他釁，遂得相持彌年，雖有君臣之跡，亦相羈縻而已，八州士衆資調，殆不爲國家用。聲言北伐，拜表便行，順流而下，行達武昌，衆四

五萬。殷浩慮爲溫所廢，將謀避之，又欲以騶虞幡住溫軍，內外噂喈，人情震駭。簡文帝時爲撫軍，與溫書明社稷大計，疑惑所由。溫卽迴軍還鎮，上疏曰：

臣近親率所統，欲北埽趙魏，軍次武昌，獲撫軍大將軍、會稽王昱書，說風塵紛紜，妄生疑惑，辭旨危急，憂及社稷。省之惋愕，不解所由，形影相顧，隕越無地。臣以闇蔽，忝荷重任，雖才非其人，職在靜亂。寇讎不滅，國恥未雪，幸因開泰之期，遇可乘之會，匹夫有志，猶懷憤慨，臣亦何心，坐觀其弊！故荷戈驅馳，不遑寧處，前後表陳，于今歷年矣。丹誠坦然，公私所察，有何纖介，容此嫌忌？豈醜正之徒心懷怵惕，操弄虛說，以惑朝聽？

昔樂毅竭誠，垂涕流奔，霍光盡忠，上官告變。讒說殄行，姦邪亂德，乃歷代之常患，存亡之所由也。今主上富於陽秋，陛下以聖淑臨朝，恭己委任，責成羣下，方寄會通於羣才，布德信於遐荒。況臣世蒙殊恩，服事三朝，身非羈旅之賓，跡無韓彭之釁，而反間起於胸心，交亂過於四國，此古賢所以歎息於旣往，而臣亦大懼於當年也。今寇賊冰消，大事垂定，晉之遺黎鵠立南望，赴義之衆慷慨卽路，元凶之命縣在漏刻，而橫議妄生，成此貝錦，使垂滅之賊復獲蘇息，所以痛心絕氣，悲慨彌深。臣雖所存者公，所務者國，然外難未弭，而內弊交興，則臣本心陳力之志也。

進位太尉，固讓不拜。

時殷浩至洛陽修復園陵，經涉數年，屢戰屢敗，器械都盡。溫復進督司州，因朝野之怨，乃奏廢浩，自此內外大權一歸溫矣。溫遂統步騎四萬發江陵，水軍自襄陽入均口，至南鄉，步自淅川以征關中，命梁州刺史司馬勳出子午道。別軍攻上洛，獲苻健荆州刺史郭敬，進擊青泥，破之。健又遣子生、弟雄衆數萬屯嶢柳、愁思堆以距溫，〔九〕遂大戰，生親自陷陣，殺溫將應誕、劉泓，死傷千數。溫軍力戰，生衆乃散。雄又與將軍桓沖戰白鹿原，又爲沖所破。雄遂馳襲司馬勳，勳退次女媧堡。溫進至霸上，健以五千人深溝自固，居人皆安堵復業，持牛酒迎溫於路者十八九，耆老感泣曰：「不圖今日復見官軍！」初，溫恃麥熟，取以爲軍資，而健芟苗清野，軍糧不屬，收三千餘口而還。帝使侍中黃門勞溫于襄陽。

初，溫自以雄姿風氣是宣帝、劉琨之儔，有以其比王敦者，意甚不平。及是征還，於北方得一巧作老婢，訪之，乃琨伎女也，一見溫，便潸然而泣。溫問其故，答曰：「公甚似劉司空。」溫大悅，出外整理衣冠，又呼婢問。婢云：「面甚似，恨薄；〔一〇〕眼甚似，恨小；鬚甚似，恨赤；形甚似，恨短；聲甚似，恨雌。」溫於是褫冠解帶，昏然而睡，不怡者數日。

母孔氏卒，上疏解職，欲送葬宛陵，詔不許。贈臨賀太夫人印綬，諡曰敬，遣侍中弔祭，謁者監護喪事，旬月之中，使者八至，軺軒相望於道。溫葬畢視事，欲修復園陵，移都洛陽，

表疏十餘上，不許。進溫征討大都督、督司冀二州諸軍事，委以專征之任。

溫遣督護高武據魯陽，輔國將軍戴施屯河上，勒舟師以逼許洛，以譙梁水道旣通，請徐豫兵乘淮泗入河。溫自江陵北伐，行經金城，見少爲琅邪時所種柳皆已十圍，慨然曰：「木猶如此，人何以堪！」攀枝執條，泫然流涕。於是過淮泗，踐北境，與諸僚屬登平乘樓，眺矚中原，慨然曰：「遂使神州陸沈，百年丘墟，王夷甫諸人不得不任其責！」袁宏曰：「運有興廢，豈必諸人之過！」溫作色謂四座曰：「頗聞劉景升有千斤大牛，噉芻豆十倍於常牛，負重致遠，曾不若一羸牸，魏武入荆州，以享軍士。」意以況宏，坐中皆失色。師次伊水，姚襄屯水北，距水而戰。溫結陣而前，親被甲督弟沖及諸將奮擊，襄大敗，自相殺死者數千人，越北芒而西走，追之不及，遂奔平陽。溫屯故太極殿前，徙入金墉城，謁先帝諸陵，陵被侵毀者皆繕復之，兼置陵令。遂旋軍，執降賊周成以歸，遷降人三千餘家於江漢之間。遣西陽太守滕畯出黃城，討蠻賊文盧等，又遣江夏相劉岵、義陽太守胡驥討妖賊李弘，皆破之，傳首京都。溫還軍之後，司、豫、青、兗復陷于賊。升平中，改封南郡公，降臨賀爲縣公，以封其次子濟。

隆和初，寇逼河南，太守戴施出奔，冠軍將軍陳祐告急，溫使竟陵太守鄧遐率三千人助祐，并欲還都洛陽，上疏曰：

巴蜀既平，逆胡消滅，時來之會既至，休泰之慶顯著。而人事乖違，屢喪王略，復使二賊雙起，海內崩裂，河洛蕭條，山陵危逼，所以遐邇悲惶，痛心於既往者也。伏惟陛下稟乾坤自然之姿，挺羲皇玄朗之德，鳳棲外藩，龍飛皇極，時務陵替，備徹天聽，人之情僞，盡知之矣。是以九域宅心，幽遐企踵，思佇雲羅，混網四裔。誠宜遠圖廟算，大存經略，光復舊京，疆理華夏，使惠風陽澤洽被八表，霜威寒飈陵振無外，豈不允應靈休，天人齊契！今江河悠闊，風馬殊邈，故向義之徒覆亡相尋，而建節之士猶繼踵無悔。況辰極既迴，衆星斯仰，本源既運，枝泒自遷；則晉之餘黎欣皇德之攸憑，羣凶妖逆知滅亡之無日，騁思順之心，鼓雷霆之勢，則二豎之命不誅而自絕矣。故員通貴於無滯，明哲尚於應機，砎如石焉，所以成務。若乃海運既徙，而鵬翼不舉，永結根於南垂，廢神州於龍漠，令五尺之童掩口而歎息。

夫先王經始，玄聖宅心，畫爲九州，制爲九服，貴中區而內諸夏，誠以晷度自中，霜露惟均，冠冕萬國，朝宗四海故也。自强胡陵暴，中華蕩覆，狼狽失據，權幸揚越，蠖屈以待龍伸之會，潛蟠以俟風雲之期，蓋屯圮所鍾，非理勝而然也。而喪亂緬邈，五十餘載，先舊徂沒，後來童幼，班荆輟音，積習成俗，遂望絕於本邦，宴安於所託。眷言悼之，不覺悲歎！臣雖庸劣，才不周務，然攝官承乏，屬當重任，顧竭筋骨，宜力先鋒，翦

除荆棘，驅諸豺狼。自永嘉之亂，播流江表者，請一切北徙，以實河南，資其舊業，反其土宇，勸農桑之務，盡三時之利，導之以義，齊之以禮，使文武兼宜，信順交暢，井邑既修，綱維粗舉。然後陛下建三辰之章，振旍旗之旌，冕旒錫鑾，朝服濟江，則宇宙之內誰不幸甚！

夫人情昧安，難與圖始；非常之事，衆人所疑。伏願陛下決玄照之明，斷常均之外，責臣以興復之效，委臣以終濟之功。此事既就，此功既成，則陛下盛勳比隆前代，周宣之詠復興當年。如其不效，臣之罪也，褰裳赴鑊，其甘如薺。

詔曰：「在昔喪亂，忽涉五紀，戎狄肆暴，繼襲凶跡，眷言西顧，慨歎盈懷！知欲躬率三軍，蕩滌氛穢，廓清中畿，光復舊京，非夫外身殉國，孰能若此者哉！諸所處分，委之高算。但河洛丘墟，所營者廣，經始之勤，致勞懷也。」於是改授并、司、冀三州，以交、廣遼遠，罷都督，溫表辭不受。又加侍中、大司馬、都督中外諸軍事、假黃鉞。

溫以既總督內外，不宜在遠，又上疏陳便宜七事：其一，朋黨雷同，私議沸騰，宜抑杜浮競，莫使能植。其二，戶口凋寡，不當漢之一郡，宜并官省職，令久於其事。其三，機務不可停廢，常行文案宜爲限日。其四，宜明長幼之禮，獎忠公之吏。其五，褒貶賞罰，宜允其實。其六，宜述遵前典，敦明學業。其七，宜選建史官，以成晉書。有司皆奏行之。尋加羽葆鼓

吹，置左右長史、司馬、從事中郎四人。受鼓吹，餘皆辭。復率舟軍進合肥。加揚州牧、錄尚書事，使侍中顏旄宣旨，召溫入參朝政。溫上疏曰：

方攘除羣凶，掃平禍亂，當竭天下智力，與衆共濟，而朝議咸疑，聖詔彌固，事異本圖，豈敢執遂！至於入參朝政，非所敢聞。臣違離宮省二十餘載，犇馳戎務，役勤思苦，若得解帶逍遙，鳴玉闕廷，參贊無爲之契，豫聞曲成之化，雖實不敏，豈不是願！但顧以江漢艱難，不同曩日，而益梁新平，寧州始服，懸兵漢川，戍禦彌廣，加强蠻盤互，勢處上流，江湖悠遠，當制命侯伯，自非望實重威，無以鎮御遐外。臣知捨此之艱危，敢背之而無怨，顧奮臂投身造事中原者，實恥帝道皇居仄陋於東南，痛神華桑梓遂埋於戎狄。若憑宗廟之靈，則雲徹席卷，呼吸蕩清。如當假息游魂，則臣據河洛，親臨二寇，廣宣皇靈，襟帶秦趙，遠不五載，大事必定。

今臣昱以親賢贊國，光輔二世，卽無煩以臣疏鈍，並間機務。且不有行者，誰扞牧圉？表裏相濟，實深實重。伏願陛下察臣所陳，兼訪內外，乞時還屯，撫寧方隅。

詔不許，復徵溫。溫至赭圻，詔又使尚書車灌止之，溫遂城赭圻，固讓內錄，遙領揚州牧。屬鮮卑攻洛陽，陳祐出奔，簡文帝時輔政，會溫於洌洲，議征討事，溫移鎮姑孰。會哀帝崩，事遂寢。

溫性儉，每讌惟下七奠柈茶果而已。然以雄武專朝，窺覦非望，或臥對親僚曰：「爲爾寂寂，將爲文景所笑。」衆莫敢對。既而撫枕起曰：「既不能流芳後世，不足復遺臭萬載邪！」嘗行經王敦墓，望之曰：「可人，可人！」其心迹若是。時有遠方比丘尼名有道術，於別室浴，溫竊窺之。尼倮身先以刀自破腹，次斷兩足。浴竟出，溫問吉凶，尼云：「公若作天子，亦當如是。」

太和四年，又上疏悉衆北伐。平北將軍郗愔以疾解職，又以溫領平北將軍、徐兗二州刺史，率弟南中郎沖、西中郎袁眞步騎五萬北伐。百官皆於南州祖道，都邑盡傾。軍次湖陸，〔二〕攻慕容暐將慕容忠，獲之，進次金鄉。時亢旱，水道不通，乃鑿鉅野三百餘里以通舟運，自清水入河。暐將慕容垂、傅末波等率衆八萬距溫，戰于林渚。溫擊破之，遂至枋頭。先使袁眞伐譙梁，開石門以通運。眞討譙梁皆平之，而不能開石門，軍糧竭盡。溫焚舟步退，自東燕出倉垣，經陳留，鑿井而飲，行七百餘里。垂以八千騎追之，戰于襄邑，溫軍敗績，死者三萬人。溫甚恥之，歸罪於眞，表廢爲庶人。眞怨溫誣己，據壽陽以自固，潛通苻堅、慕容暐。

帝遣侍中羅含以牛酒犒溫於山陽，使會稽王昱會溫于涂中，詔以溫世子給事熙爲征虜將軍、豫州刺史、假節。及南康公主薨，詔賻布千匹，錢百萬，溫辭不受。又陳息熙三年之

孤，且年少未宜使居偏任，詔不許。發州人築廣陵城，移鎮之。時溫行役既久，又兼疾癘，死者十四五，百姓嗟怨。

袁眞病死，其將朱輔立其子瑾以嗣事。慕容暐、苻堅並遣軍援瑾，溫使督護竺瑤、矯陽之等與水軍擊之。時暐軍已至，瑤等與戰於武丘，破之。溫率二萬人自廣陵又至，瑾嬰城固守，溫築長圍守之。苻堅乃使其將王鑒、張蚝等率兵以救瑾，屯洛澗，先遣精騎五千次於肥水北。溫遣桓伊及弟子石虔等逆擊，大破之，瑾衆遂潰，生擒之，并其宗族數十人及朱輔送於京都而斬之，瑾所侍養乞活數百人悉坑之，以妻子爲賞。溫以功，詔加班劍十人，犒軍於路次，文武論功賞賜各有差。

溫既負其才力，久懷異志，欲先立功河朔，還受九錫。既逢覆敗，名實頓減，於是參軍郗超進廢立之計，溫乃廢帝而立簡文帝。詔溫依諸葛亮故事，甲仗百人入殿，賜錢五千萬，絹二萬匹，布十萬匹。溫多所廢徙，誅庾倩、殷涓、曹秀等。是時溫威勢翕赫，侍中謝安見而遙拜，溫驚曰：「安石，卿何事乃爾！」安曰：「未有君拜於前，臣揖於後。」時溫有腳疾，詔乘輿入朝，既見，欲陳廢立本意，帝便泣下數十行，溫兢懼不得一言而出。

初，元明世，郭璞爲讖曰：「君非無嗣，兄弟代禪。」謂成帝有子，而以國祚傳弟。又曰：「有人姓李，兒專征戰。譬如車軸，脫在一面。」兒者，子也；李去子木存，車去軸爲亘，合成

「桓」字也。又曰：「爾來，爾來，河內大縣。」爾來謂自爾已來爲元始，溫字元子也；故河內大縣，溫也。成康既崩，桓氏始大，故連言之。又曰：「賴子之薨，延我國祚。痛子之隕，皇運其暮。」二子者，元子、道子也。溫志在篡奪，事未成而死，幸之也。會稽王道子雖首亂晉國，而其死亦晉衰之由也，故云痛也。

溫復還白石，上疏求歸姑孰。詔曰：「夫乾坤體合，而化成萬物；二人同心，則不言所利。古之哲王咸賴元輔，姬旦光于四表，而周道以隆；伊尹格于皇天，而殷化以洽。大司馬明德應期，光大深遠，上合天心，含章時發，用集大命，在予一人，功美博陸，道固萬世。今進公丞相，其大司馬本官皆如故，留公京都，以鎮社稷。」溫固辭，仍請還鎮。遣侍中王坦之徵溫入相，增邑爲萬戶，又辭。詔以西府經袁眞事故，軍用不足，給世子熙布三萬匹，米六萬斛，又以熙弟濟爲給事中。

及帝不豫，詔溫曰：「吾遂委篤，足下便入，冀得相見。便來，便來！」於是一日一夜頻有四詔。溫上疏曰：「聖體不和，以經積日，愚心惶恐，無所寄情。夫盛衰常理，過備無害，故漢高枕疾，呂后問相，孝武不豫，霍光啓嗣。嗚噎以問身後，蓋所存者大也。今皇子幼稚，而朝賢時譽惟謝安、王坦之才識智能皆簡在聖鑒。內輔幼君，外禦强寇，實羣情之大懼，然理盡於此。陛下便宜崇授，使羣下知所寄，而安等奉命陳力，公私爲宜。至如臣溫位兼將

相，加陛下垂布衣之顧，但朽邁疾病，懼不支久，無所復堪託以後事。」疏未及奏而帝崩，遺詔家國事一稟之於公，如諸葛武侯、王丞相故事。溫初望簡文臨終禪位於己，不爾便爲周公居攝。事既不副所望，故甚憤怨，與弟沖書曰：「遺詔使吾依武侯、王公故事耳。王、謝處大事之際，日憤憤少懷。」

及孝武即位，詔曰：「先帝遺敕云：『事大司馬如事吾。』令答表便可盡敬。」又詔：「大司馬社稷所寄，先帝託以家國，內外衆事便就關公施行。」復遣謝安徵溫入輔，加前部羽葆鼓吹，武賁六十人，溫讓不受。及溫入朝，赴山陵，詔曰：「公勳德尊重，師保朕躬，兼有風患，其無敬。」又敕尚書安等於新亭奉迎，百僚皆拜于道側。當時豫有位望者咸戰慴失色，或云因此殺王、謝，內外懷懼。溫既至，以盧悚入宮，乃收尚書陸始付廷尉，責替慢罪也。於是拜高平陵，左右覺其有異，既登車，謂從者曰：「先帝向遂靈見。」既不述帝所言，故衆莫之知，但見將拜時頻言「臣不敢」而已。又問左右殷涓形狀，答者言肥短，溫云：「向亦見在帝側。」初，殷浩既爲溫所廢死，涓頗有氣尚，遂不詣溫，而與武陵王晞游，故溫疑而害之，竟不識也。及是，亦見涓爲祟，因而遇疾。凡停京師十有四日，歸於姑孰，遂寢疾不起。諷朝廷加己九錫，累相催促。謝安、王坦之聞其病篤，密緩其事。錫文未及成而薨，時年六十二。皇太后與帝臨於朝堂三日，詔賜九命袞冕之服，又朝服一具，衣一襲，東園祕器，錢二百萬，

布二千匹，臘五百斤，以供喪事。及葬，一依太宰安平獻王、漢大將軍霍光故事，賜九旒鸞輅，黃屋左纛，輼輬車，挽歌二部，羽葆鼓吹，武賁班劍百人，優冊即前南郡公增七千五百戶，進地方三百里，賜錢五千萬，絹二萬匹，布十萬匹，追贈丞相。

初，沖問溫以謝安、王坦之所任，溫曰：「伊等不爲汝所處分。」溫知己存彼不敢異，害之無益於沖，更失時望，所以息謀。

溫六子：熙、濟、歆、〔三〕禕、偉、玄。熙字伯道，初爲世子，後以才弱，使沖領其衆。及溫病，熙與叔祕謀殺沖，沖知之，徙于長沙。濟字仲道，與熙同謀，俱徙長沙。歆字叔道，賜爵臨賀公。禕最愚，不辨菽麥。偉字幼道，平厚篤實，居藩爲士庶所懷。歷使持節、督荊益寧秦梁五州諸軍事、安西將軍、領南蠻校尉、荊州刺史、西昌侯，贈驃騎將軍、開府儀同三司。玄嗣爵，別有傳。

孟嘉字萬年，江夏鄳人，吳司空宗曾孫也。嘉少知名，太尉庾亮領江州，辟部廬陵從事。嘉還都，亮引問風俗得失，對曰：「還傳當問吏。」亮舉麈尾掩口而笑，謂弟翼曰：「孟嘉故是盛德人。」轉勸學從事。褚裒時爲豫章太守，正旦朝亮，裒有器識，亮大會州府人士，嘉坐次甚遠。裒問亮：「聞江州有孟嘉，其人何在？」亮曰：「在坐，卿但自覓。」裒歷觀，指嘉謂

亮曰：「此君小異，將無是乎？」亮欣然而笑，喜裒得嘉，奇嘉爲裒所得，乃益器焉。

後爲征西桓溫參軍，溫甚重之。九月九日，溫燕龍山，僚佐畢集。時佐吏並著戎服，有風至，吹嘉帽墮落，嘉不之覺。溫使左右勿言，欲觀其舉止。嘉良久如廁，溫令取還之，命孫盛作文嘲嘉，著嘉坐處。嘉還見，卽答之，其文甚美，四坐嗟歎。

嘉好酣飲，愈多不亂。溫問嘉：「酒有何好，而卿嗜之？」嘉曰：「公未得酒中趣耳。」又問：「聽妓，絲不如竹，竹不如肉，何謂也？」嘉答曰：「漸近使之然。」〔一三〕一坐咨嗟。轉從事中郎，遷長史。年五十三卒于家。

史臣曰：桓溫挺雄豪之逸氣，韞文武之奇才，見賞通人，夙標令譽。時旣豺狼孔熾，疆埸多虞，受寄扞城，用恢威略，乃踰越險阻，戡定岷峨，獨克之功，有可稱矣。及觀兵洛汭，修復五陵，引旆秦郊，威懷三輔，雖未能梟除凶逆，亦足以宣暢王靈。旣而總戎馬之權，居形勝之地，自謂英猷不世，勳績冠時。挾震主之威，蓄無君之志，企景文而慨息，想處仲而思齊，睥睨漢廷，窺覦周鼎。復欲立奇功於趙魏，允歸望於天人；然後步驟前王，憲章虞夏。逮乎石門路阻，襄邑兵摧，懟謀略之乖違，恥師徒之撓敗，遷怒於朝廷，委罪於偏裨，廢主以立威，殺人以逞欲，曾弗知寶命不可以求得，神器不可以力征。豈不悖哉！豈不悖哉！斯實斧鉞之所宜加，人神之所同棄。然猶存極光寵，沒享哀榮，是知朝政之無章，主威之不立也。

贊曰：播越江濆，政弱權分。元子恃力，處仲矜勳。迹旣陵上，志亦無君。罪浮浞豷，心窺舜禹。樹威外略，稱兵內侮。惟身與嗣，竟罹齊斧。

校勘記

〔一〕莫非同惡　「非」，各本作「能」，宋本作「非」，與通志一三〇合，今從之。

〔二〕安期斷乳未幾日又乏時望　「未」，各本作「來」；「乏」，各本作「於」。今從宋本作「未」、作「乏」。

〔三〕皆是將禪代意　通志一三〇「皆」下有「謂」字。

〔四〕幷東南衆軍之力　通鑑九三作「幷東西衆軍之力」，胡注云：東軍謂沈充軍，西軍謂王含、錢鳳等軍也。按：疑此「南」字誤。

〔五〕沈禎　通鑑九三「禎」作「楨」。

〔六〕禎所知也　「知」，各本作「具」。今從宋本、吳本。

〔七〕翼嘗薦溫於明帝　舉正：「明帝」，翼傳作「成帝」，爲是。按：通鑑九七亦作「成帝」。

〔八〕王璵　李班、李勢載記作「王嘏」。疑此誤。

〔九〕愁思塠　「塠」，各本作「搥」，今從殿本。載記作「堆」，「堆」、「塠」同。

〔一〇〕面甚似恨薄　御覽五〇〇引「面」作「脣」。

〔一一〕湖陸　見卷一四校記。

〔一二〕歆　「歆」，各本作「韵」。斠注：世說政事注引桓氏譜云歆字叔道，溫第三子。「韵」當爲「歆」字之誤。按：桓玄傳亦作「歆」，今據改。

〔一三〕漸近使之然　世說識鑒注引嘉別傳作「漸近自然」。

晉書卷九十九

列傳第六十九

桓玄

桓玄字敬道，一名靈寶，大司馬溫之孽子也。其母馬氏嘗與同輩夜坐，於月下見流星墜銅盆水中，忽如二寸火珠，冏然明淨，競以瓢接取，馬氏得而吞之，若有感，遂有娠。及生玄，有光照室，占者奇之，故小名靈寶。妳媪每抱詣溫，輒易人而後至，云其重兼常兒，溫甚愛異之。臨終，命以為嗣，襲爵南郡公。

年七歲，溫服終，府州文武辭其叔父沖，沖撫玄頭曰：「此汝家之故吏也。」玄因涕淚覆面，衆並異之。及長，形貌瓌奇，風神疏朗，博綜藝術，善屬文。常負其才地，以雄豪自處，衆咸憚之，朝廷亦疑而未用。年二十三，始拜太子洗馬，時議謂溫有不臣之跡，故折玄兄弟而為素官。

太元末，出補義興太守，鬱鬱不得志。嘗登高望震澤，歎曰：「父為九州伯，兒為五湖長！」棄官歸國。自以元勳之門而負謗於世，乃上疏曰：

臣聞周公大聖而四國流言，樂毅王佐而被謗騎劫，巷伯有豺獸之慨，蘇公興飄風之刺，惡直醜正，何代無之！先臣蒙國殊遇，姻婭皇極，常欲以身報德，投袂乘機，西平巴蜀，北清伊洛，使竊號之寇繫頸北闕，園陵修復，大恥載雪，飲馬灞滻，懸旌趙魏，勤王之師，功非一捷。太和之末，皇基有潛移之懼，遂乃奉順天人，翼登聖朝，明離既朗，四凶兼澄。向使此功不建，此事不成，宗廟之事豈可孰念！昔太甲雖迷，商祚無憂；昌邑雖昏，弊無三孽。因茲而言，晉室之機危於殷漢，先臣之功高於伊霍矣。而負重既往，蒙謗清時，聖世明王黜陟之道，不聞廢忽顯明之功，探射冥冥之心，啓嫌謗之塗，開邪枉之路者也。先臣勤王艱難之勞，匡復克平之勳，朝廷若其遺之，臣亦不復計也。至於先帝龍飛九五，陛下之所以繼明南面，請問談者，誰之由邪？誰之德邪？豈惟晉室永安，祖宗血食，於陛下一門，實奇功也。

自頃權門日盛，醜政實繁，咸稱述時旨，互相扇附，以臣之兄弟皆晉之罪人，臣等復何理可以苟存聖世？何顏可以尸饗封祿？若陛下忘先臣大造之功，信貝錦萋菲之說，臣等自當奉還三封，受戮市朝，然後下從先臣，歸先帝於玄宮耳。若陛下述遵先

旨，追錄舊勳，竊望少垂愷悌覆蓋之恩。

疏寢不報。

玄在荊楚積年，優游無事，荊州刺史殷仲堪甚敬憚之。及中書令王國寶用事，謀削弱方鎮，內外騷動，知王恭有憂國之言，玄潛有意於功業，乃說仲堪曰：「國寶與君諸人素已為對，唯患相斃之不速耳。今既執權要，與王緒相為表裏，其所迴易，罔不如志。孝伯居元舅之地，正情為朝野所重，必未便動之，唯當以君為事首。君為先帝所拔，超居方任，人情未以為允，咸謂君雖有思致，非方伯人。若發詔徵君為中書令，用殷顗為荊州，〔一〕君何以處之？」仲堪曰：「憂之久矣，君謂計將安出？」玄曰：「國寶姦兇，天下所知，孝伯疾惡之情每至而當，今日之會，以理推之，必當過人。君若密遣一人，信說王恭，宜興晉陽之師，以內匡朝廷，已當悉荊楚之衆順流而下，推王為盟主，僕等亦皆投袂，當此無不響應。此事既行，桓文之舉也。」仲堪持疑未決。俄而王恭信至，招仲堪及玄匡正朝廷。國寶既死，於是兵罷。玄乃求為廣州，會稽王道子亦憚之，不欲使在荊楚，故順其意。

隆安初，詔以玄督交廣二州、建威將軍、平越中郎將、廣州刺史、假節，玄受命不行。其年，王恭又與庾楷起兵討江州刺史王愉及譙王尚之兄弟。玄、仲堪謂恭事必克捷，一時響應。仲堪給玄五千人，與楊佺期俱為前鋒。軍至湓口，王愉奔於臨川，玄遣偏將軍追獲之。

玄、佺期至石頭，仲堪至蕪湖。恭將劉牢之背恭歸順。恭既死，庾楷戰敗，奔於玄軍。既而詔以玄為江州，仲堪等皆被換易，乃各迴舟西還，屯於尋陽，共相結約，推玄為盟主。玄始得志，乃連名上疏申理王恭，求誅尚之、牢之等。朝廷深憚之，乃免桓脩、復仲堪以相和解。

初，玄在荊州豪縱，士庶憚之，甚於州牧。仲堪親黨勸殺之，仲堪不聽。及還尋陽，資其聲地，故推為盟主，玄逾自矜重。佺期為人驕悍，常自謂承藉華胄，江表莫比，而玄每以寒士裁之，佺期甚憾，即欲於壇所襲玄 仲堪惡佺期兄弟虓勇，恐克玄之後復為己害，苦禁之。於是各奉詔還鎮。玄亦知佺期有異謀，潛有吞并之計，於是屯於夏口。

隆安中，詔加玄都督荊州四郡，以兄偉為輔國將軍、南蠻校尉。仲堪慮玄跋扈，遂與佺期結婚為援。初，玄既與仲堪、佺期有隙，恒慮掩襲，求廣其所統。朝廷亦欲成其釁隙，故分佺期所督四郡與玄，佺期甚忿懼。會姚興侵洛陽，佺期乃建牙，聲云援洛，密欲與仲堪共襲玄。仲堪雖外結佺期而疑其心，距而不許，猶慮弗能禁，復遣從弟遹屯於北境以遏佺期。佺期既不能獨舉，且不測仲堪本意，遂息甲。南蠻校尉楊廣，佺期之兄也，欲距桓偉，仲堪不聽，乃出廣為宜都、建平二郡太守，加征虜將軍。佺期弟孜敬先為江夏相，玄以兵襲而召之。既至，以為諮議參軍。玄於是興軍西征，亦聲云救洛，與仲堪書，說佺期受國恩而棄山陵，宜共罪之。今親率戎旅，逕造金墉，使仲堪收楊廣，如其不爾，無以相信。仲堪本計欲

兩全之，既得玄書，知不能禁，乃曰：「君自沔而行，不得一人入江也。」玄乃止。

後荊州大水，仲堪振恤飢者，倉廩空竭。玄乘其虛而伐之，先遣軍襲巴陵。梁州刺史郭銓當之所鎮，路經夏口，玄聲云朝廷遣銓爲己前鋒，[三]乃授以江夏之衆，使督諸軍並進，密報兄偉令爲內應。偉遑遽不知所爲，乃自齎疏示仲堪。仲堪執偉爲質，令與玄書，辭甚苦至。玄曰：「仲堪爲人不能專決，常懷成敗之計，爲兒子作慮，我兄必無憂矣。」

玄既至巴陵，仲堪遣衆距之，爲玄所敗。玄進至楊口，又敗仲堪弟子道護，乘勝至零口，去江陵二十里，仲堪遣軍數道距之。佺期自襄陽來赴，與兄廣共擊玄，玄懼其銳，乃退軍馬頭。佺期等方復追玄苦戰，佺期敗，走還襄陽，仲堪出奔酇城，玄遣將軍馮該躡佺期，獲之。廣爲人所縛，送玄，並殺之。仲堪聞佺期死，乃將數百人奔姚興，至冠軍城，爲該所得，玄令害之。

於是遂平荊雍，乃表求領江、荊二州。詔以玄都督荊司雍秦梁益寧七州、後將軍、荊州刺史、假節，以桓脩爲江州刺史。玄上疏固爭江州，於是進督八州及楊豫八郡，復領江州刺史。玄又輒以偉爲冠軍將軍、雍州刺史。時寇賊未平，朝廷難違其意，許之。玄於是樹用腹心，兵馬日盛，屢上疏求討孫恩，詔輒不許。其後恩逼京都，玄建牙聚衆，外託勤王，實欲觀釁而進，復上疏請討之。會恩已走，玄又奉詔解嚴。以偉爲江州，鎮夏口，司馬刁暢爲

輔國將軍，督八郡，鎮襄陽，遣桓振、皇甫敷、馮該等戍湓口。移沮漳蠻二千戶於江南，立武寧郡；更招集流人，立綏安郡。又置諸郡丞。詔徵廣州刺史刁逵、豫章太守郭昶之，玄皆留不遣。自謂三分有二，知勢運所歸，屢上禎祥以爲己瑞。

初，庾楷既奔於玄，玄之求討孫恩也，以爲右將軍。玄既解嚴，楷亦去職。楷以玄方與朝廷構怨，恐事不克，禍及於己，乃密結於後將軍元顯，許爲內應。元興初，元顯稱詔伐玄，玄從兄石生時爲太傅長史，密書報玄。玄本謂揚土饑饉，孫恩未滅，必未遑討己，可得蓄力養衆，觀釁而動。既聞元顯將伐之，甚懼，欲保江陵。長史卞範之說玄曰：「公英略威名振於天下，元顯口尙乳臭，劉牢之大失物情，若兵臨近畿，示以威賞，則土崩之勢可翹足而待，何有延敵入境自取蹙弱者乎！」玄大悅，乃留其兄偉守江陵，抗表率衆，下至尋陽，移檄京邑，罪狀元顯。檄至，元顯大懼，下船而不克發。玄既失人情，而興師犯順，慮衆不爲用，恒有迴旆之計。既過尋陽，不見王師，意甚悅，其將吏亦振。庾楷謀泄，收縶之。至姑孰，使其將馮該、苻宏、皇甫敷、索元等先攻譙王尙之，尙之敗。劉牢之遣子敬宣詣玄降。

玄至新亭，元顯自潰。玄入京師，矯詔曰：「義旗雲集，罪在元顯。太傅已別有教，其解嚴息甲，以副義心。」又矯詔加己總百揆，侍中、都督中外諸軍事、丞相、錄尙書事、揚州牧，領徐州刺史，又加假黃鉞、羽葆鼓吹、班劍二十人，置左右長史、司馬、從事中郎四人，甲仗二百人上殿。玄表列太傅道子及元顯之惡，徙道子於安成郡，[三]害元顯於市。於是玄入居太傅府，害太傅中郎毛泰、泰弟游擊將軍邃、太傅參軍荀遜、前豫州刺史庾楷父子、吏部郎袁遵、譙王尙之等，流尙之弟丹楊尹恢之、廣晉伯允之、驃騎長史王誕、太傅主簿毛遁等於交廣諸郡，尋追害恢之、允之於道。以兄偉爲安西將軍、荊州刺史，領南蠻校尉，從兄謙爲左僕射、加中軍將軍、領選，脩爲右將軍、徐兗二州刺史，石生爲前將軍、江州刺史，長史卞範之爲建武將軍、丹楊尹，王謐爲中書令、領軍將軍。大赦，改元爲大亨。玄讓丞相，自署太尉、領平西將軍、豫州刺史。又加袞冕之服，綠綟綬，增班劍爲六十人，劍履上殿，入朝不趨，讚奏不名。

玄將出居姑孰，訪之於衆，王謐對曰：「公羊有言，周公何以不之魯？欲天下一乎周也。願靜根本，以公旦爲心。」玄善其對而不能從。遂大築城府，臺館山池莫不壯麗，乃出鎮焉。既至姑孰，固辭錄尙書事，詔許之，而大政皆諮焉，小事則決於桓謙、卞範之。

自禍難屢構，干戈不戢，百姓厭之，思歸一統。及玄初至也，黜凡佞，擢儁賢，君子之道粗備，京師欣然。後乃陵侮朝廷，幽擯宰輔，豪奢縱欲，衆務繁興，於是朝野失望，人不安業。時會稽饑荒，玄令賑貸之。百姓散在江湖採梠，內史王愉悉召之還。請米，米既不多，吏不時給，頓仆道路死者十八九焉。玄又害吳興太守高素、輔國將軍竺謙之、謙之從兄高

平相朗之、輔國將軍劉襲、襲弟彭城內史季武、冠軍將軍孫無終等，皆牢之之黨，北府舊將也。襲兄冀州刺史軌及寧朔將軍高雅之、牢之子敬宣並奔慕容德。玄諷朝廷以己平元顯功，封豫章公，食安成郡地方二百二十五里，邑七千五百戶；平仲堪、佺期功，封桂陽郡公，地方七十五里，邑二千五百戶；本封南郡如故。玄以豫章改封息昇，桂陽郡公賜兄子濬，[四]降爲西道縣公。又發詔爲桓溫諱，有姓名同者一皆改之，贈其母馬氏豫章公太夫人。

元興二年，玄詐表請平姚興，又諷朝廷作詔，不許。玄本無資力，而好爲大言，既不克行，乃云奉詔故止。初欲飾裝，無他處分，先使作輕舸，載服玩及書畫等物。或諫之，玄曰：「書畫服玩既宜恒在左右，且兵凶戰危，脫有不意，當使輕而易運。」衆咸笑之。

是歲，玄兄偉卒，贈開府、驃騎將軍，以桓脩代之。從事中郎曹靖之說玄以桓脩兄弟職居內外，恐權傾天下，玄納之，乃以南郡相桓石康爲西中郎將、荊州刺史。偉服始以公除，玄便作樂。初奏，玄撫節慟哭，既而收淚盡歡。玄所親仗唯偉，偉既死，玄乃孤危。而不臣之迹已著，自知怨滿天下，欲速定篡逆，殷仲文、卞範之等又共催促之，於是先改授羣司，解琅邪王司徒，遷太宰，加殊禮，以桓謙爲侍中、衞將軍、開府、錄尙書事，王謐散騎常侍、中書監，領司徒，桓胤中書令，加桓脩散騎常侍、撫軍大將軍。置學官，敎授二品子弟數百人。又矯詔加其相國，總百揆，封南郡、南平、宜都、天門、零陵、營陽、桂陽、衡陽、義陽、建平十

郡爲楚王，揚州牧，領平西將軍、豫州刺史如故，加九錫備物，楚國置丞相已下，一遵舊典。又諷天子御前殿而策授焉。玄屢僞讓，詔遣百僚敦勸，又云：「當親降鑾輿乃受命。」矯詔贈父溫爲楚王，南康公主爲楚王后。以平西長史劉瑾爲尚書，刁逵爲中領軍，王嘏爲太常，殷叔文爲左衞，〔五〕皇甫敷爲右衞，凡衆官合六十餘人，爲楚官屬。玄解平西、豫州，以平西文武配相國府。

新野人庾仄聞玄受九錫，乃起義兵，襲馮該於襄陽，走之。仄有衆七千，於城南設壇，祭祖宗七廟。南蠻參軍庾彬、安西參軍楊道護、江安令鄧襄子謀爲內應。仄本仲堪黨，桓偉既死，石康未至，故乘間而發，江陵震動。桓濟之子亮起兵於羅縣，自號平南將軍、湘州刺史，以討仄爲名。南蠻校尉羊僧壽與石康共攻襄陽，仄衆散，奔姚興，彬等皆遇害。長沙相陶延壽以亮乘亂起兵，遣收之。玄徙亮於衡陽，誅其同謀桓奧等。

玄僞上表求歸藩，又自作詔留之，遣使宣旨，玄又上表固請，又諷天子作手詔固留焉。玄好逞僞辭，塵穢簡牘，皆此類也。謂代謝之際宜有禎祥，乃密令所在上臨平湖開除清朗，使衆官集賀。矯詔曰：「靈瑞之事非所敢聞也，斯誠相國至德，故事爲之應。太平之化，於是乎始，六合同悅，情何可言！」又詐云江州甘露降王成基家竹上。玄以歷代咸有肥遁之士，而己世獨無，乃徵皇甫謐六世孫希之爲著作，并給其資用，皆令讓而不受，號曰高士，時

人名爲「充隱」。議復肉刑，斷錢貨，迴復改異，造革紛紜，志無一定，條制森然，動害政理。性貪鄙，好奇異，尤愛寶物，珠玉不離於手。人士有法書好畫及佳園宅者，悉欲歸己，猶難逼奪之，皆蒱博而取。遣臣佐四出，掘果移竹，不遠數千里，百姓佳果美竹無復遺餘。信悅諂譽，逆忤讜言，或奪其所憎與其所愛。

十一月，玄矯制加其冕十有二旒，建天子旌旗，出警入蹕，乘金根車，駕六馬，備五時副車，置旄頭雲罕，樂儛八佾，設鍾虡宮縣，妃爲王后，世子爲太子，其女及孫爵命之號皆如舊制。玄乃多斥朝臣爲太宰僚佐，又矯詔使王謐兼太保，領司徒，奉皇帝璽禪位於己。又諷帝以禪位告廟，出居永安宮，移晉神主於琅邪廟。

初，玄恐帝不肯爲手詔，又慮璽不可得，逼臨川王寶請帝自爲手詔，因奪取璽。比臨軒，璽已久出，玄甚喜。百官到姑孰勸玄僭僞位，玄僞讓，朝臣固請，玄乃於城南七里立郊，登壇篡位，以玄牡告天，百僚陪列，而儀注不備，忘稱萬歲，又不易帝諱。榜爲文告天皇后帝云：「晉帝欽若景運，敬順明命，以命于玄。夫天工人代，帝王所以興，匪君莫治，惟德司其元，故承天理物，必由一統。並聖不可以二君，非賢不可以無主，故世換五帝，鼎遷三代。爰暨漢魏，咸歸勳烈。晉自中葉，仍世多故，海西之亂，皇祚殆移，九代廓寧之功，升明黜陟之勳，微禹之德，左衽將及。太元之末，君子道消，積釁基亂。鍾於隆安，禍延士庶，理絕人

倫。玄雖身在草澤，見棄時班，義情理感，胡能無慨！投袂克清之勞，阿衡撥亂之績，皆仰憑先德遺愛之利，玄何功焉！屬當理運之會，猥集樂推之數，以寡昧之身踵下武之重，膺革泰之始，託王公之上，誠仰藉洪基，德漸有由。夕惕祗懷，罔知攸厝。君位不可以久虛，人神不可以乏饗，是用敢不奉以欽恭大禮，敬簡良辰，升壇受禪，告類上帝，以永綏衆望，式孚萬邦，惟明靈是饗。」乃下書曰：「夫三才相資，天人所以成功，理由一統，貞夫所以司契，帝王之興，其源深矣。自三五已降，世代參差，雖所由或殊，其歸一也。朕皇考宣武王聖德高邈，誕啓洪基，景命攸歸，理貫自昔。中間屯險，弗克負荷，仰瞻宏業，殆若綴旒。藉否終之運，遇時來之會，用獲除姦救溺，拯拔人倫。晉氏以多難荐臻，曆數唯旣，典章唐虞之準，述遵漢魏之則，用集天祿於朕躬。惟德不敏，辭不獲命，稽若令典，遂升壇燎于南郊，受終于文祖。思覃斯慶，願與億兆聿茲更始。」於是大赦，改元永始，賜天下爵二級，孝悌力田人三級，鰥寡孤獨不能自存者穀人五斛。其賞賜之制，徒設空文，無其實也。初出僞詔，改年爲建始，右丞王悠之曰：〔六〕「建始，趙王倫僞號也。」又改爲永始，復是王莽始執權之歲，其兆號不祥，冥符僭逆如此。又下書曰：「夫三恪作賓，有自來矣。爰暨漢魏，咸建疆宇。晉氏欽若曆數，禪位于朕躬，宜則是古訓，授茲茅土。以南康之平固縣奉晉帝爲平固王，車旗正朔一如舊典。」遷帝居尋陽，即陳留王處鄴宮故事。降永安皇后爲零陵君，琅邪王爲石陽縣

公，武陵王遵爲彭澤縣侯。追尊其父溫宣武皇帝，廟稱太廟，南康公主爲宣皇后。封子昇爲豫章郡王，叔父雲孫放之爲寧都縣王，豁孫稚玉爲臨沅縣王，豁次子石康爲右將軍、武陵郡王，祕子蔚爲醴陵縣王，贈沖太傅、宣城郡王，加殊禮，依晉安平王故事，以孫胤襲爵，爲吏部尚書，沖次子謙爲揚州刺史、新安郡王，謙弟脩爲撫軍大將軍、安成郡王，兄歆臨賀縣王，禕富陽縣王，贈偉侍中、大將軍、義興郡王，以子濬襲爵，爲輔國將軍，濬弟邈西昌縣王。封王謐爲武昌公，班劍二十人，卞範之爲臨汝公，殷仲文爲東興公，馮該爲魚復侯。又降始安郡公爲縣公，長沙爲臨湘縣公，廬陵爲巴丘縣公，各千戶。其康樂、武昌、南昌、望蔡、建興、永脩、觀陽皆降封百戶，公侯之號如故。又普進諸征鎭軍號各有差。以相國左長史王綏爲中書令。崇桓謙母庾氏爲宣城太妃，加殊禮，給以輦乘。號溫墓曰永崇陵，置守衞四十人。

玄入建康宮，逆風迅激，旍旗儀飾皆傾偃。及小會于西堂，設妓樂，殿上施絳綾帳，縷黃金爲顏，四角作金龍，頭銜五色羽葆旒蘇，羣臣竊相謂曰：「此頗似輀車，亦王莽仙蓋之流也。龍角，所謂亢龍有悔者也。」又造金根車，駕六馬。是月，玄臨聽訟觀閱囚徒，罪無輕重，多被原放。有干輿乞者，時或卹之。其好行小惠如此。自以水德，壬辰，臘于祖。〔七〕改尚書都官郎爲賊曹，又增置五校、三將及强弩、積射武衞官。元興三年，玄之永始二年也，尚

書答「春蒐」字誤爲「春菟」，凡所關署皆被降黜。玄大綱不理，而糾擿纖微，皆此類也。以其妻劉氏爲皇后，將修殿宇，乃移入東宮。又開東掖、平昌、廣莫及宮殿諸門，皆爲三道。更造大輦，容三十人坐，以二百人舁之。性好畋遊，以體大不堪乘馬，又作徘徊輿，施轉關，令迴動無滯。既不追尊祖曾，疑其禮儀，問於羣臣。散騎常侍徐廣據晉典宜追立七廟，又敬其父則子悅，位彌高者情理得申，道愈廣者納敬必普也。玄曰：「禮云三昭、三穆，與太祖爲七，然則太祖必居廟之主也，昭穆皆自下之稱，則非逆數可知也。禮，太祖東向，左昭右穆。如晉室之廟，則宣帝在昭穆之列，不得在太祖之位。昭穆既錯，太祖無寄，失之遠矣。」玄曾祖以上名位不顯，故不欲序列，且以王莽九廟見譏於前史，遂以一廟矯之，郊廟齋二日而已。祕書監卞承之曰：「祭不及祖，知楚德之不長也。」又毀晉小廟以廣臺榭。其庶母蒸嘗，靡有定所，忌日見賓客遊宴，唯至亡時一哭而已。朞服之內，不廢音樂。玄出遊水門，飄風飛其儀蓋。夜，濤水入石頭，大桁流壞，殺人甚多。大風吹朱雀門樓，上層墜地。

玄自篡盜之後，驕奢荒侈，遊獵無度，以夜繼晝。兄偉葬日，旦哭晚遊，或一日之中屢出馳騁。性又急暴，呼召嚴速，直官咸繫馬省前，禁內讙雜，無復朝廷之體。於是百姓疲苦，朝野勞瘁，怨怒思亂者十室八九焉。於是劉裕、劉毅、何無忌等共謀興復。裕等斬桓脩於京口，斬桓弘於廣陵，河內太守辛扈興、弘農太守王元德、振威將軍童厚之、竟陵太守劉

邁謀爲內應。至期，裕遣周安穆報之，而邁惶遽，遂以告玄。玄震駭，卽殺扈興等，安穆馳去得免。封邁重安侯，〔八〕一宿又殺之。

裕率義軍至竹里，玄移還上宮，百僚步從，召侍官皆入止省中。赦揚、豫、徐、兗、青、冀六州，加桓謙征討都督、假節，以殷仲文代桓脩，遣頓丘太守吳甫之、右衞將軍皇甫敷北距義軍。裕等於江乘與戰，臨陣斬甫之，進至羅落橋，與敷戰，復梟其首。玄聞之大懼，乃召諸道術人推算數爲厭勝之法，乃問衆曰：「朕其敗乎？」曹靖之對曰：「神怒人怨，臣實懼焉。」玄曰：「人或可怨，神何爲怒？」對曰：「移晉宗廟，飄泊失所，大楚之祭，不及於祖，此其所以怒也。」玄曰：「卿何不諫？」對曰：「輦上諸君子皆以爲堯舜之世，臣何敢言！」玄愈忿懼，使桓謙、何澹之屯東陵，卞範之屯覆舟山西，衆合二萬，以距義軍。裕至蔣山，使羸弱貫油帔登山，分張旗幟，數道並前。玄偵候還云：「裕軍四塞，不知多少。」玄益憂惶，遣武衞將軍庾頤之配以精卒，副援諸軍。於時東北風急，義軍放火，煙塵張天，鼓譟之音震駭京邑。劉裕執鉞麾而進，謙等諸軍一時奔潰。玄率親信數千人聲言赴戰，遂將其子昇、兄子濬出南掖門，西至石頭，使殷仲文具船，相與南奔。

初，玄在姑孰，將相星屢有變，篡位之夕，月及太白，又入羽林，玄甚惡之。及敗走，腹心勸其戰，玄不暇答，直以策指天。而經日不得食，左右進以粗飯，咽不能下。昇時年數歲，抱玄胸而撫之，玄悲不自勝。

劉裕以武陵王遵播萬機，立行臺，總百官。遣劉毅、劉道規躡玄，誅玄諸兄子及石康兄權、振兄洪等。

玄至尋陽，江州刺史郭昶之給其器用兵力。殷仲文自後至，望見玄舟，旌旗輿服備帝者之儀，歎息曰：「敗中復振，故可也。」玄於是逼乘輿西上。桓歆聚黨向歷陽，宣城內史諸葛長民擊破之。玄於道作起居注，敍其距義軍之事，自謂經略指授，算無遺策，諸將違節度，以致虧喪，非戰之罪。於是不遑與羣下謀議，唯耽思誦述，宣示遠近。玄至江陵，石康納之，張幔屋於城南，署置百官，以卞範之爲尚書僕射，其餘職多用輕資。於是大修舟師，曾未三旬，衆且二萬，樓船器械甚盛。謂其羣黨曰：「卿等並清塗翼從朕躬，都下竊位者方應謝罪軍門，其觀卿等入石頭，無異雲霄中人也。」

玄以奔敗之後，懼法令不肅，遂輕怒妄殺，人多離怨。殷仲文諫曰：「陛下少播英譽，遠近所服，遂掃平荆雍，一匡京室，聲被八荒矣。既據有極位，而遇此圮運，非爲威不足也。百姓喁喁，想望皇澤，宜弘仁風，以收物情。」玄怒曰：「漢高、魏武幾遇敗，但諸將失利耳！以天文惡，故還都舊楚，而羣小愚惑，妄生是非，方當糾之以猛，未宜施之以恩也。」玄左右稱玄爲「桓詔」，桓胤諫曰：「詔者，施於辭令，不以爲稱謂也。漢魏之主皆無此言，唯聞北虜

以苻堅爲「苻詔」耳。願陛下稽古帝則，令萬世可法。」玄曰：「此事已行，今宜敕罷之，更爲不祥。必其宜革，可待事平也。」荆州郡守以玄播越，或遣使通表，有匪寧之辭，玄悉不受，仍乃更令所在表賀遷都。〔九〕

玄遣遊擊將軍何澹之、武衞將軍庾稚祖、〔一〇〕江夏太守桓道恭就郭銓以數千人守湓口。又遣輔國將軍桓振往義陽聚衆，至弋陽，爲龍驤將軍胡譁所破，振單騎走還。何無忌、劉道規等破郭銓、何澹之、郭昶之於桑落洲，進師尋陽。玄率舟艦二百發江陵，使苻宏、羊僧壽爲前鋒。以鄱陽太守徐放散騎常侍，欲遣說解義軍，謂放曰：「諸人不識天命，致此妄作，遂懼禍屯結，不能自反。卿三州所信，可明示朕心，若退軍散甲，當與之更始，各授位任，令不失分。江水在此，朕不食言。」放對曰：「劉裕爲唱端之主，劉毅兄爲陛下所誅，並不可說也。輒當申聖旨於何無忌。」玄曰：「卿使若有功，當以吳興相敍。」放遂受使，入無忌軍。

魏詠之破桓歆於歷陽，諸葛長民又敗歆於芍陂，歆單馬渡淮。毅率道規及下邳太守孟懷玉與玄戰於崢嶸洲。於時義軍數千，玄兵甚盛，而玄懼有敗衂，常漾輕舸於舫側，故其衆莫有鬭心。義軍乘風縱火，盡銳爭先，玄衆大潰，燒輜重夜遁，郭銓歸降。玄故將劉統、馮稚等聚黨四百人，襲破尋陽城，毅遣建威將軍劉懷肅討平之。玄留永安皇后及皇后於巴陵。殷仲文時在玄艦，求出別船收集散軍，因叛玄，奉二后奔於夏口。玄入江陵城，馮該勸

使更下戰，玄不從，欲出漢川，投梁州刺史桓希，而人情乖阻，制令不行。玄乘馬出城，至門，左右於闇中斫之，不中，前後相殺交橫，玄僅得至船。於是荆州別駕王康產奉帝入南郡府舍，太守王騰之率文武營衞。

時益州刺史毛璩使其從孫祐之、參軍費恬送弟璠喪葬江陵，有衆二百，璩弟子脩之爲玄屯騎校尉，誘玄以入蜀，玄從之。達枚回洲，恬與祐之迎擊玄，矢下如雨。玄嬖人丁仙期、萬蓋等以身蔽玄，並中數十箭而死。玄被箭，其子昇輒拔去之。益州督護馮遷抽刀而前，玄拔頭上玉導與之，仍曰：「是何人邪？敢殺天子！」遷曰：「欲殺天子之賊耳。」遂斬之，時年三十六。又斬石康及濬等五級，庾頤之戰死。昇云：「我是豫章王，諸君勿見殺。」送至江陵市斬之。

初，玄在宮中，恒覺不安，若爲鬼神所擾，語其所親云：「恐己當死，故與時競。」元興中，衡陽有雌雞化爲雄，八十日而冠萎。〔二〕及玄建國於楚，衡陽屬焉，自篡盜至敗，時凡八旬矣。其時有童謠云：「長干巷，巷長干，今年殺郎君，後年斬諸桓。」其凶兆符會如此。郎君，謂元顯也。

是月，王騰之奉帝入居太府。桓謙亦聚衆沮中，爲玄舉哀，立喪庭，僞謚爲武悼皇帝。毅等傳送玄首，梟於大桁，百姓觀者莫不欣幸。

何無忌等攻桓謙於馬頭，桓蔚於龍洲，皆破之。義軍乘勝競進，振、謙等距戰於靈溪，道規等敗績，死沒者千餘人。義軍退次尋陽，更繕舟甲。毛璩自領梁州，遣將攻漢中，殺桓希。江夏相張暢之、高平太守劉懷肅攻何澹之於西塞磯，破之。振遣桓蔚代王曠守襄陽。道規進討武昌，破僞太守王旻。魏詠之、劉藩破桓石綏於白茅。義軍發尋陽。桓亮自號江州刺史，侵豫章，江州刺史劉敬宣討走之。義軍進次夏口。僞鎮東將軍馮該等守夏口，揚武將軍孟山圖據魯城，輔國將軍桓山客守偃月壘。〔三〕劉毅攻魯城，道規攻偃月壘，無忌與檀祇列艦中流，以防越逸。義軍騰赴，叫聲動山谷，自辰及午，二城俱潰，馮該散走，生擒山客。毅等平巴陵。毛璩遣涪陵太守文處茂東下，振遣桓放之爲益州，屯夷陵，處茂距戰，放之敗走，還江陵。

義熙元年正月，南陽太守魯宗之起義兵襲襄陽，破僞雍州刺史桓蔚。無忌諸軍次江陵之馬頭，振擁帝出營江津。魯宗之率衆於柞溪，破僞武賁中郎溫楷，進至紀南。振自擊宗之，宗之失利。時劉軍據靈溪，毅率無忌、道規等破馮該軍，推鋒而前，即平江陵。振見火起，知城已陷，乃與謙等北走。是日，安帝反正。大赦天下，唯逆黨就戮，詔特免桓胤一人。桓亮自豫章，自號鎮南將軍、湘州刺史。苻宏寇安成、廬陵，劉敬宣遣將討之，宏走入湘中。二月，桓謙、何澹之、溫楷等奔於姚興。桓振與宏出自涓城，襲破江陵，劉懷肅自雲杜伐振等，破之。廣武將軍唐興斬振及僞輔國將軍桓珍，毅於臨鄣斬僞零陵太守劉叔祖。〔四〕桓亮、苻宏復出寇湘中，害郡守長吏，檀祇討宏於湘東，斬之，廣武將軍郭彌斬亮於益陽，其餘擁衆假號皆討平之。詔徙桓胤及諸黨與於新安諸郡。

三年，東陽太守殷仲文與永嘉太守駱球謀反，欲建桓胤爲嗣，曹靖之、桓石松、卞承之、劉延祖等潛相交結，劉裕以次收斬之，并誅其家屬。後桓謙走入蜀，蜀賊譙縱以謙爲荆州刺史，使率兵而下，荆楚之衆多應之。謙至枝江，荆州刺史劉道規斬之，梁州刺史傅歆又斬桓石綏，桓氏遂滅。

卞範之

卞範之字敬祖，濟陰宛句人也。〔五〕識悟聰敏，見美於當世。太元中，自丹楊丞爲始安太守。桓玄少與之遊，及玄爲江州，引爲長史，委以心膂之任，潛謀密計，莫不決之。後玄將爲篡亂，以範之爲丹楊尹。範之與殷仲文陰撰策命，進範之爲征虜將軍、散騎常侍。玄僭位，以範之爲侍中，班劍二十人，進號後將軍，封臨汝縣公。其禪詔，即範之文也。

玄既奢侈無度，範之亦盛營館第。自以佐命元勳，深懷矜伐，以富貴驕人，子弟慠慢，衆咸畏嫉之。義軍起，範之屯兵於覆舟山西，爲劉毅所敗，隨玄西走，玄又以範之爲尚書僕

射。玄爲劉毅等所敗，左右分散，唯範之在側。玄平，斬於江陵。

殷仲文

殷仲文，南蠻校尉顗之弟也。少有才藻，美容貌。從兄仲堪薦之於會稽王道子，即引爲驃騎參軍，甚相賞待。俄轉諮議參軍，後爲元顯征虜長史。會桓玄與朝廷有隙，玄之姊，仲文之妻，疑而間之，左遷新安太守。仲文於玄雖爲姻親，而素不交密，及聞玄平京師，便棄郡投焉。玄甚悅之，以爲諮議參軍。時王謐見禮而不親，卞範之被親而少禮，而寵遇隆重，兼於王、卞矣。玄將爲亂，使總領詔命，以爲侍中，領左衞將軍。玄九錫，仲文之辭也。

初，玄篡位入宮，其牀忽陷，羣下失色，仲文曰：「將由聖德深厚，地不能載。」玄大悅。以佐命親貴，厚自封崇，輿馬器服，窮極綺麗，後房伎妾數十，絲竹不絕音。性貪吝，多納貨賄，家累千金，常若不足。玄爲劉裕所敗，隨玄西走，其珍寶玩好悉藏地中，皆變爲土。至巴陵，因奉二后投義軍，而爲鎮軍長史，轉尚書。

帝初反正，抗表自解曰：「臣聞洪波振壑，川無恬鱗；驚飆拂野，林無靜柯。何者？勢弱則受制於巨力，質微則無以自保。於理雖可得而言，於臣實非所敢譬。昔桓玄之代，誠復驅逼者衆。至如微臣，罪實深矣，進不能見危授命，亡身殉國，退不能辭粟首陽，拂衣高謝。

遂乃宴安昏寵，叨昧僞封，錫文篡事，曾無獨固。名義以之俱淪，情節自茲兼撓，宜其極法，以判忠邪。會鎮軍將軍劉裕匡復社稷，大弘善貸，佇一戮於微命，申三驅於大信，既惠之以首領，又申之以縶維。於時皇輿否隔，天人未泰，用忘進退，是以僶俛從事，自同令人。今宸極反正，唯新告始，憲章既明，品物思舊，臣亦胡顏之厚，可以顯居榮次！乞解所職，待罪私門。違離闕庭，乃心慕戀。」詔不許。

仲文因月朔與衆至大司馬府，府中有老槐樹，顧之良久而歎曰：「此樹婆娑，無復生意！」仲文素有名望，自謂必當朝政，又謂混之徒疇昔所輕者，並皆比肩，常怏怏不得志。忽遷爲東陽太守，意彌不平。劉毅愛才好士，深相禮接，臨當之郡，游宴彌日。行至富陽，慨然歎曰：「看此山川形勢，當復出一伯符。」何無忌甚慕之。東陽，無忌所統，仲文許當便道修謁，無忌故益欽遲之，令府中命文人殷闡、孔甯子之徒撰義構文，以俟其至。仲文失志恍惚，遂不過府。無忌疑其薄己，大怒，思中傷之。時屬慕容超南侵，無忌言於劉裕曰：「桓胤、殷仲文乃腹心之疾，北虜不足爲憂。」義熙三年，又以仲文與駱球等謀反，及其弟南蠻校尉叔文並伏誅。仲文時照鏡不見其面，數日而遇禍。

仲文善屬文，爲世所重，謝靈運嘗云：「若殷仲文讀書半袁豹，則文才不減班固。」言其文多而見書少也。

史臣曰：桓玄纂凶，父之餘基。挾姦回之本性，含怒於失職；苞藏其豕心，抗表以稱冤。登高以發憤，觀釁而動，窺圖非望。始則假寵於仲堪，俄而戮殷以逞欲，遂得據全楚之地，驅勁勇之兵，因晉政之陵遲，乘會稽之酗醟，縱其狙詐之計，肆其陵暴之心，敢率犬羊，稱兵內侮。天長喪亂，凶力實繁，踰年之閒，奄傾晉祚，自謂法堯禪舜，改物君臨，鼎業方隆，卜年惟永。俄而義旗電發，忠勇雷奔，半辰而都邑廓清，踰月而凶渠卽戮，更延墜曆，復振頹綱。是知神器不可以闇干，天祿不可以妄處者也。夫帝王者，功高宇內，道濟含靈，龍宮鳳曆表其祥，彤雲玄石呈其瑞，然後光臨大寶，克享鴻名，允徯后之心，副樂推之望。若桓玄之幺麼，豈足數哉！適所以干紀亂常，傾宗絕嗣，肇金行之禍難，成宋氏之驅除者乎！

贊曰：靈寶隱賊，世載凶德。信順未孚，姦回是則。肆逆遷鼎，憑威縱慝。違天虐人，覆宗殄國。

校勘記

〔一〕殷顗　「顗」，各本作「覬」，今據本傳改。

〔二〕朝廷遺銓爲己前鋒　「銓」，各本作「佺期」。校文：殷仲堪傳，玄使郭銓等擊敗各軍於江西口。「佺」當爲「銓」之誤，又衍「期」字。按：丁說是。通鑑一一一正作「遣銓爲己先鋒」，今據改。

〔三〕安成郡　各本作「安城郡」，今從宋本作「安成郡」，與地理志下、通鑑一一二、通志一三〇合。

〔四〕賜兄子濬　「濬」，各本均作「俊」。周校：「俊」當作「濬」。按：濬，偉之子，下文「以子濬襲爵」可證。世說人名譜亦作「濬」，因據改。

〔五〕殷叔文　據殷仲文傳，「叔文」當爲「仲文」之誤。

〔六〕右丞王悠之　斠注：魏書桓玄傳作「左丞王納之」。按：納之，臨之子。

〔七〕臘于祖　「于」，各本誤作「子」，今從宋本。

〔八〕重安侯　「重安」，各本作「安重」，地理志無安重，宋書、南史武帝紀、通鑑一一三均作「重安」，今據改。

〔九〕仍乃更令所在表賀遷都　校文：「乃」字衍。

〔一〇〕庾稚祖　周校：安紀作「庾稚」。

〔一一〕冠婁　「冠婁」下各本有「具」字，今依五行志上、御覽九一八引刪。

〔一二〕桓山客　見卷八五校記。下同。

〔一三〕臨鄣　劉毅傳「鄣」作「嶂」，當從之。

〔一四〕宛句　見卷一四校記。

晉書卷一百

列傳第七十

王彌

王彌，東萊人也。家世二千石。祖頎，魏玄菟太守，武帝時，至汝南太守。彌有才幹，博涉書記。少游俠京都，隱者董仲道見而謂之曰：「君豺聲豹視，好亂樂禍，若天下騷擾，不作士大夫矣。」

惠帝末，妖賊劉柏根起於東萊之𢡺縣，彌率家僮從之，柏根以爲長史。柏根死，聚徒海渚，爲苟純所敗，亡入長廣山爲羣賊。彌多權略，凡有所掠，必豫圖成敗，舉無遺策，弓馬迅捷，膂力過人，青土號爲「飛豹」。後引兵入寇青徐，兗州刺史苟晞逆擊，大破之。彌退集亡散，衆復大振，晞與之連戰，不能克。彌進兵寇泰山、魯國、譙、梁、陳、汝南、潁川、襄城諸郡，入許昌，開府庫，取器杖，所在陷沒，多殺守令，有衆數萬，朝廷不能制。

會天下大亂，進逼洛陽，京邑大震，宮城門晝閉。司徒王衍等率百官距守，彌屯七里澗，王師進擊，大破之。彌謂其黨劉靈曰：「晉兵尚強，歸無所厝。劉元海昔爲質子，我與之周旋京師，深有分契，今稱漢王，將歸之，可乎？」靈然之。乃渡河歸元海。元海聞而大悅，遣其侍中兼御史大夫郊迎，致書於彌曰：「以將軍有不世之功，超時之德，故有此迎耳。遲望將軍之至，孤今親行將軍之館，輒拂席洗爵，敬待將軍。」及彌見元海，勸稱尊號，元海謂彌曰：「孤本謂將軍如竇周公耳，今眞吾孔明、仲華也。烈祖有云：『吾之有將軍，如魚之有水。』」於是署彌司隸校尉，加侍中、特進，彌固辭。使隨劉曜寇河內，又與石勒攻臨漳。

永嘉初，寇上黨，圍壺關，東海王越遣淮南內史王曠、安豐太守衞乾等討之，及彌戰於高都、長平閒，大敗之，死者十六七。元海進彌征東大將軍，封東萊公。與劉曜、石勒等攻魏郡、汲郡、頓丘，陷五十餘壁，皆調爲軍士。又與勒攻鄴，安北將軍和郁棄城而走。懷帝遣北中郎將裴憲次白馬討彌，車騎將軍王堪次東燕討勒，平北將軍曹武次大陽討元海。武部將軍彭默爲劉聰所敗，見害，衆軍皆退。聰渡黃河，帝遣司隸校尉劉暾、將軍宋抽等距之，皆不能抗。彌、聰以萬騎至京城，焚二學。東海王越距戰於西明門，彌等敗走。彌復以二千騎寇襄城諸縣，河東、平陽、弘農、上黨諸流人之在潁川、襄城、汝南、南陽、河南者數萬家，爲舊居人所不禮，皆焚燒城邑，殺二千石長吏以應彌。彌又以二萬人會石勒寇陳郡、潁川，屯陽翟，遣弟璋與石勒共寇徐兗，因破越軍。

彌後與曜寇襄城，遂逼京師。時京邑大饑，人相食，百姓流亡，公卿奔河陰。曜、彌等遂陷宮城，至太極前殿，縱兵大掠。幽帝於端門，逼辱羊皇后，殺皇太子詮，〔一〕發掘陵墓，焚燒宮廟，城府蕩盡，百官及男女遇害者三萬餘人，遂遷帝於平陽。

彌之掠也，曜禁之，彌不從。曜斬其牙門王延以徇，彌怒，與曜阻兵相攻，死者千餘人。彌長史張嵩諫曰：「明公與國家共興大事，事業甫耳，便相攻討，何面見主上乎！平洛之功誠在將軍，然劉曜皇族，宜小下之。晉二王平吳之鑒，其則不遠，願明將軍以爲慮。縱將軍阻兵不還，其若子弟宗族何！」彌曰：「善，微子，吾不聞此過也。」於是詣曜謝，結分如初。彌曰：「下官聞過，乃是張長史之功。」曜謂嵩曰：「君爲朱建矣，豈況范生乎！」各賜嵩金百斤。彌謂曜曰：「洛陽天下之中，山河四險之固，城池宮室無假營造，可徙平陽都之。」曜不從，焚燒而去。彌怒曰：「屠各子，豈有帝王之意乎！汝柰天下何！」遂引衆東屯項關。

初，曜以彌先入洛，不待己，怨之，至是嫌隙遂構。劉暾說彌還據青州，彌然之，乃以左長史曹嶷爲鎭東將軍，給兵五千，多齎寶物還鄉里，招誘亡命，且迎其室。彌將徐邈、高梁輒率部曲數千人隨嶷去，彌益衰弱。

初，石勒惡彌驍勇，常密爲之備。彌之破洛陽也，多遺勒美女寶貨以結之。時勒擒苟晞，以爲左司馬，彌謂勒曰：「公獲苟晞而用之，何其神妙！使晞爲公左，彌爲公右，天下不足定也！」勒愈忌彌，陰圖之。劉暾又勸彌徵曹嶷，藉其衆以誅勒。於是彌使暾詣青州，令曹嶷引兵會己，而詐要勒共向青州。暾至東阿，爲勒游騎所獲。勒見彌與嶷書，大怒，乃殺暾。彌未之知，勒伏兵襲彌，殺之，并其衆。

張昌

張昌，本義陽蠻也。少爲平氏縣吏，武力過人，每自占卜，言應當富貴。好論攻戰，儕類咸共笑之。及李流寇蜀，昌潛遁半年，聚黨數千人，盜得幢麾，詐言臺遣其募人討流。會壬午詔書發武勇以赴益土，號曰「壬午兵」。自天下多難，數術者云當有帝王興於江左，及此調發，人咸不樂西征，昌黨因之詿惑，百姓各不肯去。而詔書催遣嚴速，所經之界停留五日者，二千石免。由是郡縣官長皆躬出驅逐，展轉不遠，屯聚而爲劫掠。是歲江夏大稔，流人就食者數千口。

太安二年，昌於安陸縣石巖山屯聚，去郡八十里，諸流人及避戍役者多往從之。昌乃易姓名爲李辰。太守弓欽遣軍就討，輒爲所破。昌徒衆日多，遂來攻郡。欽出戰，大敗，乃將家南奔沔口。鎭南大將軍、新野王歆遣騎督靳滿討昌於隨郡西，大戰，滿敗走，昌得其器杖，據有江夏，即其府庫。造妖言云：「當有聖人出。」

山都縣吏丘沈遇於江夏，昌名之爲聖人，盛車服出迎之，立爲天子，置百官。沈易姓名爲劉尼，稱漢後，以昌爲相國，昌兄味爲車騎將軍，弟放廣武將軍，各領兵。於石巖中作宮殿，又於巖上織竹爲鳥形，衣以五綵，聚肉於其傍，衆鳥羣集，詐云鳳皇降，又言珠袍、玉璽、鐵券、金鼓自然而至。乃下赦書，建元神鳳，郊祀、服色依漢故事。其有不應其募者，族誅。又流訛言云：「江淮已南當圖反逆，官軍大起，悉誅討之。」羣小互相扇動，人情惶懼，江沔間一時猋起，豎牙旗，鳴鼓角，以應昌，旬月之間，衆至三萬，皆以絳科頭，撍之以毛。江夏、義陽士庶莫不從之，惟江夏舊姓江安令王僱、秀才呂蕤不從。昌以三公位徵之，僱、蕤密將宗室北奔汝南，〔三〕投豫州刺史劉喬。鄉人期思令李權、常安令吳鳳、孝廉吳暢糾合善士，得五百餘家，追隨僱等，不豫妖逆。

新野王歆上言：「妖賊張昌、劉尼妄稱神聖，犬羊萬計，絳頭毛面，挑刀走戟，其鋒不可當。請臺敕諸軍，三道救助。」於是劉喬率諸軍據汝南以禦賊，前將軍趙驤領精卒八千據宛，助平南將軍羊伊距守。昌遣其將軍黃林爲大都督，率二萬人向豫州，前驅李宮欲掠取汝水居人，喬遣將軍李楊逆擊，大破之。林等東攻弋陽，太守梁桓嬰城固守。又遣其將馬武破武昌，害太守，昌自領其衆。西攻宛，破趙驤，害羊伊。進攻襄陽，害新野王歆。昌別

率石冰東破江、揚二州，僞置守長。當時五州之境皆畏逼從逆。又遣其將陳貞、陳蘭、張甫等攻長沙、湘東、零陵諸郡。昌雖跨帶五州，樹立牧守，皆桀盜小人而無禁制，但以劫掠爲務，人情漸離。

是歲，詔以寧朔將軍、領南蠻校尉劉弘鎮宛，弘遣司馬陶侃、參軍蒯桓、皮初等率衆討昌於竟陵，劉喬又遣將軍李楊、督護尹奉總兵向江夏。侃等與昌苦戰累日，大破之，納降萬計，昌乃沈竄于下儁山。〔三〕明年秋，乃擒之，傳首京師，同黨並夷三族。

陳敏

陳敏字令通，廬江人也。少有幹能，以郡廉吏補尚書倉部令史。及趙王倫篡逆，三王起義兵，久屯不散，京師倉廩空虛，敏建議曰：「南方米穀皆積數十年，時將欲腐敗，而不漕運以濟中州，非所以救患周急也。」朝廷從之，以敏爲合肥度支，遷廣陵度支。

張昌之亂，遣其將石冰等趣壽春，都督劉準憂惶計無所出。時敏統大軍在壽春，謂準曰：「此等本不樂遠戍，故逼迫成賊。烏合之衆，其勢易離。敏請合率運兵，公分配衆力，破之必矣。」準乃益敏兵擊之，破吳弘、石冰等，敏遂乘勝逐北，戰數十合。時冰衆十倍，敏以少擊衆，每戰皆克，遂至揚州。迴討徐州賊封雲，雲將張統斬雲降。敏以功爲廣陵相。時

惠帝幸長安，四方交爭，敏遂有割據江東之志。其父聞之，怒曰：「滅我門者，必此兒也！」父亡，去職。

東海王越當西迎大駕，承制起敏爲右將軍、假節、前鋒都督，致書於敏曰：

將軍建謀富國，則有大漕之勳。及遭冰昌之亂，則首率義徒，以寡敵衆。外無强兵之援，內無運籌之侶，隻身挺立，雄略從橫，擢奇謀於馬首，奮靈計於臨危，金聲振於江外，精光赫於揚楚。攻堅陷嶮，三十餘戰，師徒無虧，勍敵自滅。五州復全，苞茅入貢，豈非將軍之功力哉！

今羯賊屯結，遊魂河濟，鼠伏雉竄，藏匿陳留，始欲姦盜，終圖不軌。將軍孫吳之術既明，已試之功先著，孤與將軍情分特隆，想割草土之哀，抑難居之思，捨絰執戈，來卹國難。天子遠巡，鑾輿未反，引領東眷，有懷山陵。當憑將軍勠力，王略有旋。將軍率將所領，承書風發，米布軍資，惟將軍所運。

時越討豫州刺史劉喬，敏引兵會之，與越俱敗於蕭。

敏因中國大亂，遂請東歸，收兵據歷陽。會吳王常侍甘卓自洛至，教卓假稱皇太弟命，拜敏爲揚州刺史，并假江東首望顧榮等四十餘人爲將軍、郡守，榮並僞從之。敏爲息娶卓女，遂相爲表裏。揚州刺史劉機、丹楊太守王廣等皆棄官奔走。〔四〕敏弟昶知顧榮等有貳

心，勸敏殺之，敏不從。昶將精兵數萬據烏江，弟恢率錢端等南寇江州，刺史應邈奔走，弟斌東略諸郡，遂據有吳越之地。敏命寮佐以己爲都督江東軍事、大司馬、楚公，封十郡，加九錫，列上尚書，稱自江入河，奉迎鑾駕。

東海王軍諮祭酒華譚聞敏自相署置，而顧榮等並江東首望，悉受敏官爵，乃遺榮等書曰：

石冰之亂，朝廷錄敏微功，故加越次之禮，授以上將之任，庶有韓盧一噬之效。而本性凶狡，素無識達，貪榮干運，逆天而動，阻兵作威，盜據吳會，內用凶弟，外委軍吏，上負朝廷寵授之榮，下孤宰輔過禮之惠。天道伐惡，人神所不祐。雖阻長江，命危朝露。忠節令圖，君子高行，屈節附逆，義士所恥。王蠋匹夫，志不可屈；於期慕義，隕首燕庭。況吳會仁人並受國寵，或剖符名郡，或列爲近臣，而便辱身姦人之朝，降節逆叛之黨，稽顙屈膝，不亦羞乎！昔龔勝絕粒，不食莽朝；魯連赴海，恥爲秦臣。君子義行，同符千載，遙度雅量，豈獨是安！

昔吳之武烈，稱美一代，雖奮奇宛葉，亦受折襄陽。討逆雄氣，志存中夏，臨江發怒，命訖丹徒。賴先主承運，雄謀天挺，尙內倚慈母仁明之教，外杖子布廷爭之忠，又有諸葛、顧、步、張、朱、陸、全之族，故能鞭笞百越，稱制南州。然兵家之興，不出三世，

運未盈百，歸命入臣。今以陳敏倉部令史，七第頑宂，六品下才，欲躡桓王之高蹤，蹈大皇之絕軌，遠度諸賢，猶當未許也。諸君垂頭，不能建翟義之謀；而顧生俛眉，已受羈絆之辱。皇輿東軒，行卽紫館，百僚垂纓，雲翔鳳闕，廟勝之謨，潛運帷幄。然後發荊州武旅，順流東下，徐州銳鋒，南據堂邑；征東勁卒，耀威歷陽；飛橋越橫江之津，泛舟涉瓜步之渚；威震丹楊，擒寇建鄴，而諸賢何顏見中州之士邪！

小寇隔津，音符道闊，引領南望，情存舊懷。忠義之人，何世蔑有！夫危而不能安，亡而不能存，將何貴乎！永長宿德，情所素重；彥先垂髮，分著金石；公冑早交，恩紀特隆；令伯義聲，親好密結。上欲與諸賢效翼紫宸，建功帝籍。如其不爾，亦可泛舟河渭，擊楫淸歌。何爲辱身小寇之手，以蹈逆亂之禍乎！昔爲同志，今已殊域；往爲一體，今成異身。瞻江長歎，非子誰思！顧圖良策，以存嘉謀也。

敏凡才無遠略，一旦據有江東，刑政無章，不爲英俊所服，且子弟凶暴，所在爲患。周玘、顧榮之徒常懼禍敗，又得譚書，皆有慚色。玘、榮遣使密報征東大將軍劉準遣兵臨江，己爲內應。準遣揚州刺史劉機、寧遠將軍衡彥等出歷陽，敏使弟昶及將軍錢廣次烏江以距之，又遣弟閎爲歷陽太守，〔五〕戍牛渚。錢廣家在長城，玘鄉人也，玘潛使圖昶。廣遣其屬何康、錢象投募送白事於昶，昶頫頭視書，康揮刀斬之，稱州下已殺敏，敢有動者誅三族，吹角爲內應。廣先勒兵在朱雀橋，陳兵水南，玘、榮又說甘卓，卓遂背敏。敏率萬餘人將與卓

戰，未獲濟，榮以白羽扇麾之，敏衆潰散。敏單騎東奔至江乘，爲義兵所斬，母及妻子皆伏誅，於是會稽諸郡並殺敏諸弟無遺焉。

王如

王如，京兆新豐人也。初爲州武吏，遇亂流移至宛。時諸流人有詔並遣還鄉里，如以關中荒殘，不願歸，征南將軍山簡、南中郎將杜蕤各遣兵送之，而促期令發。如遂潛結諸無賴少年，夜襲二軍，破之。杜蕤悉衆擊如，戰于涅陽，蕤軍大敗。山簡不能禦，移屯夏口，如又破襄城。於是南安龐寔、〔六〕馮翊嚴嶷、長安侯脫等各帥其黨攻諸城鎮，多殺令長以應之。未幾，衆至四五萬，自號大將軍，領司、雍二州牧。

如懼石勒之攻己也，乃厚賂於勒，結爲兄弟，勒亦假其強而納之。時侯脫據宛，與如不協，如說勒曰：「侯脫雖名漢臣，其實漢賊。如常恐其來襲，兄宜備之。」勒素怒脫貳己，憚如脣齒，故不攻之。及聞如言，甚悅，遂夜令三軍蓐食待命，鷄鳴而駕，後出者斬，晨壓宛門攻之，旬有二日而克之，勒遂斬脫。如於是大掠沔漢，進逼襄陽。征南山簡使將趙同帥師擊之，經年不能克，智力並屈，遂嬰城自守。王澄帥軍赴京都，如邀擊破之。

如連年種穀皆化爲莠，軍中大飢，其黨互相攻劫，官軍進討，各相率來降。如計無所出，歸于王敦。敦從弟稜愛如驍武，請敦配己麾下。敦曰：「此輩婋險難蓄，汝性忌急，不能容養，更成禍端。」稜固請，與之。稜置諸左右，甚加寵遇。如數與敦諸將角射，屢鬭爭爲過失，稜果不容而杖之，如甚以爲恥。初，敦有不臣之迹，稜每諫之，敦常怒其異己。及敦聞如爲稜所辱，密使人激怒之，勸令殺稜。如詣稜，因閑宴，請劍舞爲歡，稜從之。如於是舞刀爲戲，漸漸來前。稜惡而呵之不止，叱左右使牽去，如直前害稜。敦聞而陽驚，亦捕如誅之。

杜曾

杜曾，新野人，南中郎將蕤之從祖弟也。少驍勇絕人，能被甲游於水中。始爲新野王歆鎭南參軍，歷華容令，至南蠻司馬。凡有戰陣，勇冠三軍。

會永嘉之亂，荊州荒梗，故牙門將胡亢聚衆於竟陵，自號楚公，假曾竟陵太守。亢後與其黨自相猜貳，誅其驍將數十人，曾心不自安，潛謀圖之，乃卑身屈節以事於亢，亢弗之覺，甚信任之。會荊州賊王沖自號荊州刺史，部衆亦盛，屢遣兵抄亢所統，亢患之，問計於曾，曾勸令擊之，亢以爲然。曾白亢取帳下刀戟付工磨之，因潛引王沖之兵。亢遣精騎出

距沖，城中空虛，曾因斬亢而幷其衆，自號南中郎將，領竟陵太守。曾求南郡太守劉務女不得，盡滅其家。會愍帝遣第五猗爲安南將軍、荊州刺史，曾迎猗於襄陽，爲兄子娶猗女，遂分據沔漢。

時陶侃新破杜弢，乘勝擊曾，有輕曾之色。侃司馬魯恬言於侃曰：「古人爭戰，先料其將，今使君諸將無及曾者，未易可逼也。」侃不從，進軍圍之於石城。時曾軍多騎，而侃兵無馬，曾密開門，突侃陣，出其後，反擊其背，侃師遂敗，投水死者數百人。曾將趨順陽，下馬拜侃，告辭而去。既而致牋於平南將軍荀崧，求討丹水賊以自效，崧納之。侃遺崧書曰：「杜曾凶狡，所將之卒皆豺狼也，可謂鴟梟食母之物。此人不死，州土未寧，足下當識吾言。」崧以宛中兵少，藉曾爲外援，不從侃言。曾復率流亡二千餘人圍襄陽，數日不下而還。

及王廙爲荊州刺史，曾距之，廙使將朱軌、趙誘擊曾，皆爲曾所殺。王敦遣周訪討之，屢戰不能克，訪潛遣人緣山開道，出曾不意以襲之，曾衆潰，其將馬儁、蘇溫等執曾詣訪降。訪欲生致武昌，而朱軌息昌、趙誘息胤皆乞曾以復冤，於是斬曾，而昌、胤臠其肉而噉之。

杜弢

杜弢字景文，蜀郡成都人也。祖植，有名蜀土，武帝時爲符節令。父眕，略陽護軍。弢

初以才學著稱，州舉秀才。遭李庠之亂，〔七〕避地南平，太守應詹愛其才而禮之。後爲醴陵令。

時巴蜀流人汝班、蹇碩等數萬家，布在荆湘間，而爲舊百姓之所侵苦，並懷怨恨。會蜀賊李驤殺縣令，屯聚樂鄉，衆數百人，弢與應詹擊驤，破之。蜀人杜疇、蹇撫等復擾湘州，參軍馮素與汝班不協，言於刺史荀眺曰：「流人皆欲反。」眺以爲然，欲盡誅流人。班等懼死，聚衆以應疇。時弢在湘中，賊衆共推弢爲主，弢自稱梁益二州牧、平難將軍、湘州刺史，攻破郡縣，眺委城走廣州。廣州刺史郭訥遣始興太守嚴佐率衆攻弢，弢逆擊破之。荆州刺史王澄復遣王機擊弢，敗於巴陵。弢遂縱兵肆暴，僞降於山簡，簡以爲廣漢太守。眺之走也，州人推安成太守郭察領州事，因率衆討弢，反爲所敗，察死之。弢遂南破零陵，東侵武昌，害長沙太守崔敷、宜都太守杜鑒、邵陵太守鄭融等。元帝命征南將軍王敦、荆州刺史陶侃等討之，前後數十戰，弢將士多物故，於是請降。帝不許。弢乃遺應詹書曰：

天步艱難，始自吾州，州黨流移，在於荆土。其所遇値，蔑之如遺，頓伏死亡者略復過半，備嘗荼毒，足下之所鑒也。客主難久，嫌隙易構，不謂樂鄉起變出於不意，時與足下思散疑結，求擒其黨帥，惟患算不經遠，力不陷堅耳。及在湘中，懼死求生，遂相結聚，欲守善自衞，天下小定，然後輸誠盟府。尋山公鎭夏口，即具陳之。此公鑒開

塞之會，察窮通之運，納吾於衆疑之中，非高識玄覩，孰能若此！西州人士得沐浴於清流，豈惟滌蕩瑕穢，乃骨肉之施。此公薨逝，斯事中廢，賢愚痛毒，竊心自悼。欲遣滕永文、張休豫詣大府備列起事以來本末，但恐貪功殉名之徒將讒間於聖主之聽，戮吾使於市朝以彰叛逆之罪，故未敢遣之。而甘陶卒至，水陸十萬，旌旗曜於山澤，舟艦盈於三江，威則威矣，然吾衆竊未以爲懼。晉文伐原，以全信爲本，故能使諸侯歸之。陶侃宜赦書而繼之以進討，豈所以崇奉明詔，示軌憲於四海！逼向義之夫以爲叛逆之虜，蹴思善之衆以極不赦之責，非不戰而屈人之算也。驅略烏合，欲與必死者求一戰，未見爭衡之機權也。吾之赤心，貫於神明，西州人士，卿粗悉之耳。寧當令抱枉於時，不證於大府邪！

昔虞卿不榮大國之相，與魏齊同其安危；司馬遷明言於李陵，雖刑殘而無慨。足下抗威千里，聲播汶衡，進宜爲國思靜難之略，退與舊交措枉直之正，不亦綽然有餘裕乎！望卿騰吾箋令，時達盟府，遣大使光臨，使吾得披露肝膽，沒身何恨哉！伏想盟府必結紐於紀綱，爲一匡於聖世，使吾廁列義徒，負戈前驅，迎皇輿於閶闔，掃長蛇於荒裔，雖死之日，猶生之年也。若然，先淸方夏，却定中原，吾得一年之糧，使泝流西歸，夷李雄之逋寇，修禹貢之舊獻，展微勞以補往愆，復州邦以謝鄰國，亦其志也，惟所裁

處耳。

吾遠州寒士，與足下出處殊倫，誠不足感神交而濟其傾危。但顯吾忠誠，則汶嶽荷忠順之恕，衡湘無伐叛之虞，隆足下宏納之望，拯吾徒陷溺之艱，焉可金玉其音哉！然顒顒十餘萬口，亦勞瘁於警備，思放逸於南畝矣。衡嶽、江、湘列吾左右，若往言有貳，血誠不亮，益梁受殃，不惟鄙門而已。

詹甚哀之，乃啓呈弢書，幷上言曰：「弢益州秀才，素有清望，文理旣優，幹事兼美。往因使流寓，居詹郡界，其貞心堅白，詹所委究。李驤爲變樂鄉，劫略良善，弢時出家財，招募忠勇，登壇歃血，義誠慷慨。會驤攻燒南平，弢遂東下巴漢，與湘中鄉人相遇，推其素望，遂相憑結。論弢本情，非首作亂階者也。然破湘川，實弢之罪，亦由兵交其間，遂使滋蔓。按弢今書，血誠亦至矣。昔朱鮪自疑於洛陽，光武指河水以明心，鮪感義歸誠，終展力報施，受封侯之寵，由恕過以錄功也。詹竊謂今者當圮運之會，思弘遠猷，故齊赦射鉤之誅，晉貰斬袪之戮，用能濟翼戴之高勳，隆一匡之美譽，況弢等素無斯愆而稽顙投命邪！以爲可遣大使宣揚聖旨，雲澤沾之於上，百姓沐浴於下，則上下交泰，江左無風塵之虞矣。」帝乃使前南海太守王運受弢降，宣詔書大赦，凡諸反逆一皆除之，加弢巴東監軍。弢受命後，諸將殉功者攻擊之不已，弢不勝憤怒，遂殺運而使其將王眞領精卒三千爲

奇兵，出江南，向武陵，斷官軍運路。陶侃使伏波將軍鄭攀邀擊，大破之，眞步走湘城。於是侃等諸軍齊進，眞遂降侃，衆黨散潰。弢乃逃遁，不知所在。

王機　兄矩

王機字令明，長沙人也。父毅，廣州刺史，甚得南越之情。機美姿儀，倜儻有度量。陳恢之亂，機年十七，率衆擊破之。嘗慕王澄爲人，澄亦雅知之，以爲己亞，遂與友善，內綜心膂，外爲牙爪。尋用爲成都內史。機終日醉酒，不存政事，由是百姓怨之，人情騷動。

會澄遇害，機懼禍及，又屬杜弢所在發墓，而獨爲機守冢，機益自疑。就王敦求廣州，敦不許。會廣州人背刺史郭訥，迎機爲刺史，機遂將奴客門生千餘人入廣州，州部將溫邵率衆迎機。敦遣參軍葛幽追之，及於廬陵，機叱幽曰：「何以敢來？欲取死邪？」幽不敢逼而歸。郭訥聞邵之納機也，乃遣兵擊邵，反爲所破。訥又遣機父兄時吏距之，咸倒戈迎機，訥衆皆散，乃握節而避機。機遂入城就訥求節，訥歎曰：「昔蘇武不失其節，前史以爲美談。此節天朝所假，義不相與，自可遣兵來取之。」機慚而止。

機自以篡州，懼爲王敦所討，乃更求交州。時杜弢餘黨杜弘奔臨賀，送金數千兩與機，求討桂林賊以自效。機爲列上，朝廷許之。王敦以機難制，又欲因機討梁碩，故以降杜弘

之勳轉爲交州刺史。碩聞而遣子侯侯機於鬱林，機怒其迎遲，責云：「須至州當相收拷。」碩子馳使報碩，碩曰：「王郎已壞廣州，何可復來破交州也！」乃禁州人不許迎之。府司馬杜讚以碩不迎機，率兵討碩，爲碩所敗。碩恐諸僑人爲機，於是悉殺其良者，乃自領交阯太守。機既爲碩所距，遂往鬱林。[八]時杜弘大破桂林賊還，遇機於道，機勸弘取交州。弘素有意，乃執機節曰：「當相與迭持，何可獨捉！」機遂以節與之。於是機與弘及溫邵、劉沈等並反。尋而陶侃爲廣州，到始興，州人皆諫不可輕進，侃不聽。及至州，諸郡縣皆已迎機矣。侃先討溫邵、劉沈，皆殺之。機遣牙門屈藍還州，詐言增糧，密招誘所部，欲以距侃。侃卽收藍斬之，遣督護許高討機走之，病死于道。高掘出其尸斬首，幷殺其二子焉。

機兄矩，字令式。美姿容，每出游，觀者盈路。初爲南平太守，豫討陳恢有功，遷廣州刺史。將赴職，忽見一人持奏謁矩，自云京兆杜靈之。矩問之，答稱：「天上京兆，被使召君爲主簿。」矩意甚惡之。至州月餘卒。

祖約

祖約字士少，豫州刺史逖之弟也。初以孝廉爲成皐令，與逖甚相友愛。永嘉末，隨逖

過江。元帝稱制，引爲掾屬，與陳留阮孚齊名。後轉從事中郎，典選舉。

約妻無男而性妬，約亦不敢違忤。嘗夜寢於外，忽爲人所傷，疑其妻所爲，約求去職，帝不聽，約便從右司馬營東門私出。司直劉隗劾之曰：「約幸荷殊寵，顯位選曹，銓衡人物，衆所具瞻。當敬以直內，義以方外，杜漸防萌，式遏寇害。而乃變起蕭牆，患生婢妾，身被刑傷，虧其膚髮。羣小噂𠴲，聰聲遠被，塵穢清化，垢累明時。天恩含垢，猶復慰喻，而約違命輕出，既無明智以保其身，又孤恩廢命，宜加貶黜，以塞衆謗。」帝不之罪。隗重加執據，終不許。

及逖有功於譙沛，約漸見任遇。逖卒，自侍中代逖爲平西將軍、豫州刺史，領逖之衆。約異母兄光祿大夫納密言於帝曰：「約內懷陵上之心，抑而使之可也。今顯侍左右，假其權勢，將爲亂階矣。」帝不納。時人亦謂納與約異生，忌其寵貴，故有此言。而約竟無綏馭之才，不爲士卒所附。

及王敦舉兵，約歸衞京都，率衆次壽陽，逐敦所署淮南太守任台，以功封五等侯，進號鎭西將軍，使屯壽陽，爲北境藩扞。自以名輩不後郗、卞，而不豫明帝顧命，又望開府，及諸所表請多不見許，遂懷怨望。石聰嘗以衆逼之，約屢表請救，而官軍不至。聰既退，朝議又欲作涂塘以遏胡寇，約謂爲棄己，彌懷憤恚。先是，太后使蔡謨勞之，約見謨，瞋目攘袂，非毀朝政。及蘇峻舉兵，遂推崇約而罪執政，約聞而大喜。從子智及衍並傾險好亂，又讚成其事，於是命逖子沛內史渙、[九]女壻淮南太守許柳以兵會峻。逖妻，柳之姊也，固諫不從。及峻克京都，矯詔以約爲侍中、太尉、尙書令。潁川人陳光率其屬攻之，約左右閻禿貌類約，光謂爲約而擒之，約踰垣獲免。光奔於石勒，而約之諸將復陰結於勒，請爲內應。勒遣石聰來攻之，約衆潰，奔歷陽。遣兄子渙攻桓宣于皖城，會毛寶援宣，擊渙，敗之。趙胤復遣將軍甘苗從三焦上歷陽，約懼而夜遁，其將牽騰率衆出降。

約以左右數百人奔於石勒，勒薄其爲人，不見者久之。勒將程遐說勒曰：「天下粗定，當顯明逆順，此漢高祖所以斬丁公也。今忠於事君者莫不顯擢，背叛不臣者無不夷戮，此天下所以歸伏大王也。祖約猶存，臣切惑之。[一〇]且約大引賓客，又占奪鄉里先人田地，地主多怨。」於是勒乃詐約曰：「祖侯遠來，未得喜歡，可集子弟一時俱會。」至日，勒辭之以疾，令遐請約及其宗室。約知禍及，大飲致醉。既至於市，抱其外孫而泣。遂殺之，幷其親屬中外百餘人悉滅之，婦女伎妾班賜諸胡。

初，逖有胡奴曰王安，待之甚厚。及在雍丘，告之曰：「石勒是汝種類，吾亦不在爾一人。」乃厚資遣之，遂爲勒將。祖氏之誅也，安多將從人於市觀省，潛取逖庶子道重，藏之爲沙門，時年十歲。石氏滅後來歸。

蘇峻

蘇峻字子高，長廣掖人也。[一一]父模，安樂相。峻少爲書生，有才學，仕郡主簿。年十八，舉孝廉。永嘉之亂，百姓流亡，所在屯聚，峻糾合得數千家，結壘於本縣。于時豪傑所在屯聚，而峻最强。遣長史徐瑋宣檄諸屯，示以王化，又收枯骨而葬之，遠近感其恩義，推峻爲主。遂射獵於海邊青山中。

元帝聞之，假峻安集將軍。時曹嶷領青州刺史，表峻爲掖令，峻辭疾不受。嶷惡其得衆，恐必爲患，將討之。峻懼，率其所部數百家汎海南渡。既到廣陵，朝廷嘉其遠至，轉鷹揚將軍。會周堅反於彭城，峻助討之，有功，除淮陵內史，遷蘭陵相。

王敦作逆，詔峻討敦。卜之不吉，遲迴不進。及王師敗績，峻退保盱眙。淮陵故吏徐深、艾穀重請峻爲內史，詔聽之，加奮威將軍。

太寧初，更除臨淮內史。王敦復肆逆，尙書令郗鑒議召峻及劉遐援京都，敦遣峻兄說峻曰：「富貴可坐取，何爲自來送死？」峻不從，遂率衆赴京師，頓於司徒故府。道遠行速，軍人疲困。沈充、錢鳳謀曰：「北軍新到，未堪攻戰，擊之必克。若復猶豫，後難犯也。」賊於其夜度竹格渚，拔柵將戰，峻率其將韓晃於南塘橫截，大破之。又隨庾亮追破沈充。進使持

節、冠軍將軍、歷陽內史，加散騎常侍，封邵陵公，食邑一千八百戶。

峻本以單家聚衆於擾攘之際，歸順之後，志在立功，旣有功於國，威望漸著。至是有銳卒萬人，器械甚精，朝廷以江外寄之。而峻頗懷驕溢，自負其衆，潛有異志，撫納亡命，得罪之家有逃死者，峻輒蔽匿之。衆力日多，皆仰食縣官，運漕者相屬，稍有不如意，便肆忿言。

時明帝初崩，委政宰輔，護軍庾亮欲徵之。峻聞將徵，遣司馬何仍詣亮曰：「討賊外任，遠近從命，至於內輔，實非所堪。」不從，遂下優詔徵峻爲大司農，加散騎常侍，位特進，以弟逸代領部曲。峻素疑亮欲害己，表曰：「昔明皇帝親執臣手，使臣北討胡寇。今中原未靖，無用家爲，乞補青州界一荒郡，以展鷹犬之用。」復不許。峻嚴裝將赴召，而猶豫未決，參軍任讓謂峻曰：「將軍求處荒郡而不見許，事勢如此，恐無生路，不如勒兵自守。」峻從之，遂不應命。朝廷遣使諷諭之，峻曰：「臺下云我欲反，豈得活邪！我寧山頭望廷尉，不能廷尉望山頭。往者國危累卵，非我不濟，狡兔旣死，獵犬理自應烹，但當死報造謀者耳。」於是遣參軍徐會結祖約，謀爲亂，而以討亮爲名。約遣祖渙、許柳率衆助峻，峻遣將韓晃、張健等襲姑孰，進逼慈湖，殺于湖令陶馥及振威將軍司馬流。峻自率渙、柳衆萬人，乘風濟自橫江，次於陵口，與王師戰，頻捷，遂據蔣陵覆舟山，率衆因風放火，臺省及諸營寺署一時蕩盡。遂陷宮城，縱兵大掠，侵逼六宮，窮凶極暴，殘酷無道。驅役百官，光祿勳王彬等皆被捶撻，逼

令擔負登蔣山。裸剝士女，皆以壞席苫草自鄣，無草者坐地以土自覆，哀號之聲震動內外。時官有布二十萬匹，金銀五千斤，錢億萬，絹數萬匹，他物稱是，峻盡廢之。〔一二〕矯詔大赦，惟庾亮兄弟不在原例。自爲驃騎領軍將軍、〔一三〕錄尚書事，許柳丹楊尹，加前將軍馬雄左衞將軍，祖渙驍騎將軍，復弋陽王羕爲西陽王、太宰、錄尚書事，羕息播亦復本官。於是改易官司，置其親黨，朝廷政事一皆由之。又遣韓晃入義興，張健、〔一四〕管商、弘徽等入晉陵。

時溫嶠、陶侃已唱義於武昌，峻聞兵起，用參軍賈寧計，還據石頭，更分兵距諸義軍，所過無不殘滅。嶠等將至，峻遂遷天子於石頭，逼迫居人，盡聚之後苑，使懷德令匡術守苑城。嶠等旣到，乃築壘於白石，峻率衆攻之，幾至陷沒。東西抄掠，多所擒虜，兵威日盛，戰無不克，由是義衆沮衄，人懷異計。朝士之奔義軍者，皆云：「峻狡黠有智力，其徒黨驍勇，所向無敵。惟當以天討有罪，誅滅不久；若以人事言之，未易除也。」溫嶠怒曰：「諸君怯懦，乃是譽賊。」及後累戰不捷，嶠亦深憚之。管商等進攻吳郡，焚吳縣、海鹽、嘉興，敗諸義軍。韓晃又攻宣城，害太守桓彝。商等又焚餘杭，而大敗於武康，退還義興。嶠與趙胤率步兵萬人，從白石南上，欲以臨之。峻與匡孝將八千人逆戰，峻遣子碩與孝以數十騎先薄趙胤，敗之。峻望見胤走，曰：「孝能破賊，我更不如乎！」因舍其衆，與數騎北下突陣，不得入，將迴趨白木陂，牙門彭世、李千等投之以矛，墜馬，斬首臠割之，焚其骨，三軍皆稱萬歲。峻司馬任讓等共立峻弟逸爲主。求峻尸不獲，碩乃發庾亮父母墓，剖棺焚尸。逸閉城自守。韓晃聞峻死，引兵赴石頭。管商及弘徽進攻庱亭壘，督護李閎及輕車長史滕含擊破之，斬首千級。商率衆走延陵，李閎與庱亭諸軍追之，斬獲數千級。商詣庾亮降，匡術舉苑城降。韓晃與蘇逸等并力攻術，不能陷。溫嶠等選精銳將攻賊營，碩率驍勇數百渡淮而戰，於陣斬碩。晃等震懼，以其衆奔張健於曲阿，門阨不得出，更相蹈藉，死者萬數。逸爲李湯所執，斬於車騎府。

管商之降也，餘衆並歸張健。健又疑弘徽等不與己同，盡殺之，更以舟軍自延陵向長塘，小大二萬餘口，金銀寶物不可勝數。揚烈將軍王允之與吳興諸軍擊健，大破之，獲男女萬餘口。健復與馬雄、韓晃等輕軍俱走，閎率銳兵追之，及於巖山，攻之甚急。健等不敢下山，惟晃獨出，帶兩步靫箭，却據胡牀，彎弓射之，傷殺甚衆。箭盡，乃斬之。健等遂降，並梟其首。

孫恩

孫恩字靈秀，琅邪人，孫秀之族也。世奉五斗米道。恩叔父泰，字敬遠，師事錢唐杜子恭。而子恭有祕術，嘗就人借瓜刀，其主求之，子恭曰：「當卽相還耳。」旣而刀主行至嘉興，

有魚躍入船中，破魚得瓜刀。其爲神效往往如此。子恭死，泰傳其術。然浮狡有小才，誑誘百姓，愚者敬之如神，皆竭財產，進子女，以祈福慶。王珣言於會稽王道子，流之於廣州。廣州刺史王懷之以泰行鬱林太守，南越亦歸之。太子少傅王雅先與泰善，言於孝武帝，以泰知養性之方，因召還。道子以爲徐州主簿，猶以道術眩惑士庶。稍遷輔國將軍、新安太守。王恭之役，泰私合義兵，得數千人，爲國討恭。黃門郎孔道、鄱陽太守桓放之、驃騎諮議周勰等皆敬事之，會稽世子元顯亦數詣泰求其祕術。泰見天下兵起，以爲晉祚將終，乃扇動百姓，私集徒衆，三吳士庶多從之。于時朝士皆懼泰爲亂，以其與元顯交厚，咸莫敢言。會稽內史謝輶發其謀，道子誅之。

恩逃于海。衆聞泰死，惑之，皆謂蟬蛻登仙，故就海中資給。恩聚合亡命得百餘人，志欲復讎。及元顯縱暴吳會，百姓不安，恩因其騷動，自海攻上虞，殺縣令，因襲會稽，害內史王凝之，有衆數萬。於是會稽謝鍼、吳郡陸瓌、吳興丘尫、義興許允之、臨海周胄、永嘉張永及東陽、新安等凡八郡，一時俱起，殺長吏以應之，旬日之中，衆數十萬。於是吳興太守謝邈、永嘉太守謝逸、〔一五〕嘉興公顧胤、南康公謝明慧、黃門郎謝沖、張琨、中書郎孔道、太子洗馬孔福、烏程令夏侯愔等皆遇害。吳國內史桓謙、〔一六〕義興太守魏傿、〔一七〕臨海太守、新蔡王崇等並出奔。於是恩據會稽，自號征東將軍，號其黨曰「長生人」，宣語令誅殺異己，有不同

者戮及嬰孩，由是死者十七八。畿內諸縣處處蜂起，朝廷震懼，內外戒嚴。遣衞將軍謝琰、鎮北將軍劉牢之討之，並轉鬬而前。吳會承平日久，人不習戰，又無器械，故所在多被破亡。諸賊皆燒倉廩，焚邑屋，刊木堙井，虜掠財貨，相率聚於會稽。其婦女有嬰累不能去者，囊簏盛嬰兒投於水，而告之曰：「賀汝先登仙堂，我尋後就汝。」

初，恩聞八郡響應，告其屬曰：「天下無復事矣，當與諸君朝服而至建康。」既聞牢之臨江，復曰：「我割浙江，不失作句踐也。」尋知牢之已濟江，乃曰：「孤不羞走矣。」乃虜男女二十餘萬口，一時逃入海。懼官軍之躡，乃緣道多棄寶物子女，時東土殷實，莫不粲麗盈目，牢之等遽於收斂，故恩復得逃海。朝廷以謝琰爲會稽，率徐州文武戍海浦。

隆安四年，恩復入餘姚，破上虞，進至刑浦。〔一八〕琰遣參軍劉宣之距破之，恩退縮。少日，復寇刑浦，害謝琰。朝廷大震，遣冠軍將軍桓不才、輔國將軍孫無終、寧朔將軍高雅之擊之，恩復還於海。於是復遣牢之東屯會稽，吳國內史袁山松築扈瀆壘，〔一九〕緣海備恩。

明年，恩復入浹口，雅之敗績。牢之進擊，恩復還于海。轉寇扈瀆，害袁山松，仍浮海向京口。牢之率衆西擊，未達，而恩已至，劉裕乃總兵緣海距之。及戰，恩衆大敗，狼狽赴船。尋又集衆，欲向京都，朝廷駭懼，陳兵以待之。恩至新州，〔二〇〕不敢進而退，北寇廣陵，陷之，乃浮海而北。劉裕與劉敬宣并軍躡之於郁洲，累戰，恩復大敗，由是漸衰弱，復沿海

還南。裕亦尋海要截，復大破恩於扈瀆，恩遂遠迸海中。及桓玄用事，恩復寇臨海，臨海太守辛景討破之。恩窮慼，乃赴海自沈，妖黨及妓妾謂之水仙，投水從死者百數。餘衆復推恩妹夫盧循爲主。自恩初入海，所虜男女之口，其後戰死及自溺并流離被傳賣者，至恩死時裁數千人存，而恩攻沒謝琰、袁山松，陷廣陵，前後數十戰，亦殺百姓數萬人。

盧循

盧循字于先，小名元龍，司空從事中郎諶之曾孫也。雙眸冏徹，瞳子四轉，善草隸弈棊之藝。沙門慧遠有鑒裁，見而謂之曰：「君雖體涉風素，而志存不軌。」

循娶孫恩妹。及恩作亂，與循通謀。恩性酷忍，循每諫止之，人士多賴以濟免。恩亡，餘衆推循爲主。元興二年正月，寇東陽，八月，攻永嘉。劉裕討循至晉安，循窘急，泛海到番禺，寇廣州，逐刺史吳隱之，自攝州事，號平南將軍，遣使獻貢。時朝廷新誅桓氏，中外多虞，乃權假循征虜將軍、廣州刺史、平越中郎將。

義熙中，劉裕伐慕容超，循所署始興太守徐道覆，循之姊夫也，使人勸循乘虛而出，循不從。道覆乃至番禺，說循曰：「朝廷恒以君爲腹心之疾，劉公未有旋日，不乘此機而保一日之安，若平齊之後，劉公自率衆至豫章，遣銳師過嶺，雖復君之神武，必不能當也。今日之機，萬不可失。既克都邑，劉裕雖還，無能爲也。君若不同，便當率始興之衆直指尋陽。」循甚不樂此舉，無以奪其計，乃從之。

初，道覆密欲裝舟艦，乃使人伐船材於南康山，僞云將下都貨之。後稱力少不能得致，卽於郡賤賣之，價減數倍，居人貪賤，賣衣物而市之。贛石水急，出船甚難，皆儲之。如是者數四，故船版大積，而百姓弗之疑。及道覆舉兵，案賣券而取之，無得隱匿者，乃并力裝之，旬日而辦。遂舉衆寇南康、廬陵、豫章諸郡，守相皆委任奔走。鎮南將軍何無忌率衆距之，兵敗被害。

循遣道覆寇江陵，未至，爲官軍所敗，馳走告循曰：「請并力攻京都，若克之，江陵非所憂也。」乃連旗而下，戎卒十萬，舳艫千計，敗衞將軍劉毅於桑落洲，逕至江寧。道覆素有膽決，知劉裕已還，欲乾沒一戰，請於新亭至白石，焚舟而上，數道攻之。循多謀少決，欲以萬全之計，固不聽。道覆以循無斷，乃歎曰：「我終爲盧公所誤，事必無成。使我得爲英雄驅馳，天下不足定也！」裕懼其侵軼，乃柵石頭，斷柤浦，〔二一〕以距之。循攻柵不利，船艦爲暴風所傾，人有死者。列陣南岸，戰又敗績。乃進攻京口，寇掠諸縣，無所得。循謂道覆曰：「師老矣！弗能復振。可據尋陽，并力取荆州，徐更與都下爭衡，猶可以濟。」因自蔡洲南走，復

據尋陽。裕先遣羣率追討，自統大衆繼進，又敗循於雷池。循欲遁還豫章，〔二二〕乃悉力柵斷左里。裕命衆攻柵，循衆雖死戰，猶不能抗。裕乘勝擊之，循單舸而走，收散卒得千餘人，還保廣州。裕先遣孫處從海道據番禺城，循攻之不下。道覆保始興，因險自固。循乃襲合浦，克之，進攻交州。至龍編，刺史杜慧度譎而敗之。

循勢屈，知不免，先鴆妻子十餘人，又召妓妾問曰：「我今將自殺，誰能同者？」多云：「雀鼠貪生，就死實人情所難。」有云：「官尙當死，某豈願生！」於是悉鴆諸辭死者，因自投於水。慧度取其尸斬之，及其父嘏，同黨盡獲，傳首京都。

譙縱

譙縱，巴西南充人也。祖獻之，有重名於西土。縱少而謹慎，蜀人愛之。爲安西府參軍。義熙元年，刺史遣縱及侯暉等領諸縣氐進兵東下。暉有貳志，因梁州人不樂東也，將圖益州刺史毛璩，與巴西陽昧結謀於五城水口，共逼縱爲主。縱懼而不當，走投於水，暉引出而請之，至於再三，遂以兵逼縱於輿上。攻璩弟西夷校尉瑾於涪城，城陷，瑾死之，縱乃自號梁、秦二州刺史。璩聞縱反，自略城步還成都，〔二三〕遣參軍王瓊率三千人討縱，又遣弟瑗領四千兵繼瓊後進。縱遣弟明子及暉距瓊於廣漢，〔二四〕瓊擊破暉等，追至緜竹。明子設

二伏以待之，大敗瓊衆，死者十八九。益州營戶李騰開城以納縱。

毛璩既死，縱以從弟洪爲益州刺史，明子爲鎭東將軍、巴州刺史，率其衆五千人屯白帝，自稱成都王。明年，遣使稱藩於姚興，將順流東寇，以討車騎將軍劉裕爲名，乞師於姚興，且請桓謙爲助，興遣之。

九年，劉裕以西陽太守朱齡石爲益州刺史，寧朔將軍臧喜、〔三五〕下邳太守劉鍾、蘭陵太守蒯恩等率衆二萬，自江陵討縱。初謀元率，僉難其人，齡石資名素淺，裕違衆拔之，授以麾下之半。臧喜，裕妻弟也，位出其右，又隸焉。齡石次於白帝，縱遣譙道福重兵守涪。齡石師次平模，去成都二百里，縱遣其大將軍侯暉、尚書僕射譙詵屯平模，夾岸連城，層樓重柵，衆未能攻。齡石謂劉鍾曰：「天方暑熱，賊今固險，攻之難拔，祇困我師。吾欲蓄銳息兵，伺隙而進，卿以爲何如？」鍾曰：「不然。前揚聲言大將由內水，故道福不敢捨涪，今重軍逼之，出其不意，侯暉之徒已破膽矣。正可因其兇而攻之，勢當必克。克平模之後，自可鼓行而前，成都必不能守。若緩兵相持，虛實相見，涪軍復來，難爲敵也。進不能戰，退無所資，二萬餘人因爲蜀子虜耳。」從之。翌日，進攻皆克，斬侯暉等，於是遂進。縱之城守者相次瓦解，縱乃出奔。其尚書令馬耽封倉庫以待王師。及齡石入成都，誅縱同祖之親，餘皆安堵，使復其業。

縱之走也，先如其墓，縱女謂縱曰：「走必不免，祇取辱焉。等死，死於先人之墓可也。」縱不從，投道福於涪。道福怒謂縱曰：「大丈夫居如斯功業，安可棄哉！今欲爲降虜，豈可而得！人誰不死，何懼之甚！」因投縱以劍，中其馬鞍。縱去之，乃自縊。道福謂其徒曰：「吾養爾等，正爲今日。蜀之存亡，實係在我，不在譙王。我尚在，猶足一戰。」士咸許諾。乃散金帛以賜其衆，衆受之而走。道福獨奔廣漢，廣漢人杜瑾執之。朱齡石徙馬耽於越巂，追殺之。耽之徒也，謂其徒曰：「朱侯不送我京師，滅衆口也，吾必不免。」乃盥洗而臥，引繩而死。須臾，齡石師至，〔二六〕遂戮尸焉。

史臣曰：惠皇失御，政紊朝危，難起蕭牆，毒痡函夏，九州波駭，五嶽塵飛，干戈日尋，戎車競逐。王彌好亂樂禍，挾詐懷姦，命儔嘯侶，伺間候隙，助悖逆於平陽，肆殘忍於都邑，遂使生靈塗炭，神器流離，邦國軫麥秀之哀，宮廟興黍離之痛，豈天意乎？豈人事乎？何醜虜之猖狂而亂離之斯瘼者也！張昌等或鴟張淮浦，或蟻聚荆衡，招烏合之凶徒，逞豺狼之貪暴，憑陵險隘，倔强江湖，〔二七〕未淹歲稔，咸至誅戮，實自取之，非爲不幸。峻約同惡相濟，生此亂階，孫盧同類相求，嗣成妖逆。至乃干戈掃地，災沴滔天，雖樊謝之毒被含靈，李郭之禍延宮闕，方凶比暴，弗是加也。譙縱乘茲釁隙，肆彼姦謀，旋踵而亡，無足論矣。

贊曰：中朝墜政，王彌肇亂。神器流離，生靈塗炭。羣妖伺隙，構茲多難。荐食荆衡，陵虐江漢。孫盧姦慝，約峻殘賊。窮凶極暴，爲鬼爲蜮。縱竊岷峨，旋至顚踣。

校勘記

〔一〕 皇太子詮 清河康王傳「詮」作「銓」。

〔二〕 密將宗室 通志一三〇「宗」作「家」。

〔三〕 昌乃沈竄于下儁山 周校：「昌乃沈」當作「昌及沈」。斠注：沈卽上文之丘沈也。

〔四〕 王廣 周校：惠紀、顧榮傳作「王曠」。按：通鑑八六亦作「王曠」。

〔五〕 弟閎爲歷陽太守 陳訓傳、通鑑八六「閎」作「宏」。

〔六〕 南安龐寔 周校：懷紀作「新平人龐寔」。

〔七〕 遭李庠之亂 校文：「庠」當作「特」。

〔八〕 遂往鬱林 「往」，各本作「住」，宋本作「往」，張元濟以爲作「往」是，今從之。

〔九〕 內史渙 桓宣傳「渙」作「煥」。下同。蘇峻傳亦同，不再出校。

〔一〇〕 臣切惑之 通志一三〇、册府九四二「切」作「竊」。

〔一一〕 長廣掖人也 地理志下掖屬東萊國，長廣郡有挺縣，疑「掖」乃「挺」之誤。

〔一二〕 峻盡廢之 「廢」，殿本及通鑑九四作「費」。

〔一三〕 自爲驃騎領軍將軍 成紀、建康實錄七、通鑑九四皆無「領軍」二字。

〔一四〕 張健 斠注：成紀、魏書司馬叡傳均作「張瑾」。按：建康實錄七亦作「張瑾」。

〔一五〕 謝逸 安紀、通鑑一一一「謝逸」作「司馬逸」，宋書、南史張進之傳作「司馬逸之」。

〔一六〕 桓謙 「謙」，各本作「謹」，誤。桓謙有傳。安紀、劉牢之傳、通鑑一一一及魏書司馬叡傳均作「謙」，今據改。

〔一七〕 魏傿 安紀、世說賞譽注引魏氏譜、通鑑一一一作「魏隱」，謝琰傳作「魏鄢」。

〔一八〕 刑浦 謝琰傳、通鑑一一一作「邢浦」。

〔一九〕 扈瀆壘 袁山松傳、宋書南史武帝紀、通鑑一一一「扈」均作「滬」。

〔二〇〕 新州 通志一三〇及通鑑一一二作「新洲」，胡注云，新洲在京口西大江中。

〔二一〕 柤浦 安紀、宋書南史宋武帝紀、蒯恩傳、通鑑一一五均作「查浦」。

〔二二〕 循欲遁還豫章 各本「欲」作「又」，局本作「欲」，與通志一三〇合，今從之。

〔二三〕 自略城步還成都 「略城」，各本作「洛城」，今據毛璩傳及通鑑一一四改。

〔二四〕 明子 安紀作「子明」。

〔二五〕 臧喜 見卷八四校記。

〔二六〕齡石師至 「齡石師未至越巂」，通鑑一一六、通志一三〇「師」作「使」，疑是。
〔二七〕倔强江湖 「倔」，各本作「屈」，今從宋本。

晉書

唐 房玄齡等撰

第九册
卷一〇一至卷一一六（載記）

中華書局

晉書卷一百一

載記第一

古者帝王乃生奇類，淳維、伯禹之苗裔，豈異類哉？反首衣皮，餐羶飲湩，而震驚中域，其來自遠。天未悔禍，種落彌繁。其風俗險詖，性靈馳突，前史載之，亦以詳備。軒帝患其干紀，所以徂征；武王竄以荒服，同乎禽獸。而於露寒之野，候月覘風，覩隙揚埃，乘間騁暴，邊城不得緩帶，百姓靡有室家。孔子曰：「微管仲，吾其被髮左衽矣。」此言能教訓卒伍，整齊車甲，邊場既伏，境內以安。然則燕築造陽之郊，秦塹臨洮之險，登天山，絕地脈，苞玄菟，款黃河，所以防夷狄之亂中華，其備豫如此。

漢宣帝初納呼韓，居之亭鄣，委以候望，始寬戎狄。光武亦以南庭數萬徙入西河，後亦轉至五原，連延七郡。董卓之亂，則汾晉之郊蕭然矣。郭欽騰牋於武帝，江統獻策於惠皇，皆以為魏處戎夷，繡居都鄙，請移沙塞之表，定一殷周之服。統則憂諸并部，欽則慮在盟津。言猶自口，元海已至。語曰「失以豪釐」，晉卿大夫之辱也。聰之誓兵，東兼齊地；曜之馳旆，西踰隴山，覆沒兩京，蒸徒百萬。天子陵江御物，分據地險，迴首中原，力不能救，劃長淮以北，大抵棄之。胡人利我艱虞，分鑣起亂，晉臣或阻兵遐遠，接武效尤。

大凡劉元海以惠帝永興元年據離石稱漢。後九年，石勒據襄國稱趙。張氏先據河西，是歲，自石勒後三十六年也，重華自稱涼王。[一]後一年，冉閔據鄴稱魏。後一年，苻健據長安稱秦。慕容氏先據遼東稱燕，是歲，自苻健後一年也，儁始僭號。後三十一年，後燕慕容垂據鄴。後二年，西燕慕容沖據阿房。是歲也，乞伏國仁據枹罕稱秦。後一年，慕容永據上黨。是歲也，呂光據姑臧稱涼。後十二年，慕容德據滑臺稱南燕。是歲也，禿髮烏孤據廉川稱南涼，段業據張掖稱北涼。[二]後三年，李玄盛據敦煌稱西涼。後一年，沮渠蒙遜殺段業，自稱涼。後四年，譙縱據蜀稱成都王。後二年，赫連勃勃據朔方稱大夏。後二年，馮跋殺離班，據和龍稱北燕。提封天下，十喪其八，莫不龍旌帝服，建社開祊，華夷咸暨，人物斯在。或篡通都之鄉，或擁數州之地，雄圖內卷，師旅外并，窮兵凶於勝負，盡人命於鋒鏑，其為戰國者一百三十六載，抑元海為之禍首云。

劉元海 子和 劉宣

劉元海，新興匈奴人，冒頓之後也。名犯高祖廟諱，故稱其字焉。初，漢高祖以宗女為公主，以妻冒頓，約為兄弟，故其子孫遂冒姓劉氏。建武初，烏珠留若鞮單于子右奧鞬日逐王比自立為南單于，入居西河美稷，今離石左國城即單于所徙庭也。中平中，單于羌渠使子於扶羅將兵助漢，討平黃巾。會羌渠為國人所殺，於扶羅以其眾留漢，自立為單于。屬董卓之亂，寇掠太原、河東，屯於河內。於扶羅死，弟呼廚泉立，以於扶羅子豹為左賢王，即元海之父也。魏武分其眾為五部，以豹為左部帥，其餘部帥皆以劉氏為之。太康中，改置都尉，左部居太原茲氏，右部居祁，南部居蒲子，北部居新興，中部居大陵。劉氏雖分居五部，然皆居于晉陽汾澗之濱。

豹妻呼延氏，魏嘉平中祈子於龍門，俄而有一大魚，頂有二角，軒鬐躍鱗而至祭所，久之乃去。巫覡皆異之，曰：「此嘉祥也。」其夜夢旦所見魚變為人，左手把一物，大如半雞子，光景非常，授呼延氏，曰：「此是日精，服之生貴子。」寤而告豹，豹曰：「吉徵也。吾昔從邯鄲張冏母司徒氏相，云吾當有貴子孫，三世必大昌，仿像相符矣。」自是十三月而生元海，左手文有其名，遂以名焉。齠齔英慧，七歲遭母憂，擗踴號叫，哀感旁鄰，宗族部落咸共歎賞。時司空太原王昶等聞而嘉之，並遣弔賻。幼好學，師事上黨崔游，習毛詩、京氏易、馬氏尚書，尤好春秋左氏傳、孫吳兵法，略皆誦之，史、漢、諸子，無不綜覽。嘗謂同門生朱紀、范隆曰：「吾每觀書傳，常鄙隨陸無武，絳灌無文。道由人弘，一物之不知者，固君子之所恥也。二生遇高皇而不能建封侯之業，兩公屬太宗而不能開庠序之美，惜哉！」於是遂學武事，妙絕於眾，猿臂善射，膂力過人。姿儀魁偉，身長八尺四寸，鬚長三尺餘，當心有赤毫毛三根，長三尺六寸。有屯留崔懿之、襄陵公師彧等，皆善相人，及見元海，驚而相謂曰：「此人形貌非常，吾所未見也。」於是深相崇敬，推分結恩。太原王渾虛襟友之，命子濟拜焉。

咸熙中，為任子在洛陽，文帝深待之。泰始之後，渾又屢言之於武帝。帝召與語，大悅之，謂王濟曰：「劉元海容儀機鑒，雖由余、日磾無以加也。」濟對曰：「元海儀容機鑒，實如聖旨，然其文武才幹賢於二子遠矣。陛下若任之以東南之事，吳會不足平也。」帝稱善。孔恂、楊珧進曰：「臣觀元海之才，當今懼無其比，陛下若輕其眾，不足以成事；若假之威權，平吳之後，恐其不復北渡也。非我族類，其心必異。任之以本部，臣竊為陛下寒心。若舉天阻之固以資之，無乃不可乎！」帝默然。

後秦涼覆沒，帝疇咨將帥，上黨李憙曰：「陛下誠能發匈奴五部之眾，假元海一將軍之號，鼓行而西，可指期而定。」孔恂曰：「李公之言，未盡殄患之理也。」憙勃然曰：「以匈奴之勁悍，元海之曉兵，奉宣聖威，何不盡之有！」恂曰：「元海若能平涼州，斬樹機能，恐涼州方有難耳。蛟龍得雲雨，非復池中物也。」帝乃止。後王彌從洛陽東歸，元海餞彌於九曲之濱，泣謂彌曰：「王渾、李憙以鄉曲見知，每相稱達，讒間因之而進，深非吾願，適足為害。吾本無宦情，惟足下明之。恐死洛陽，永與子別。」因慷慨歔欷，縱酒長嘯，聲調亮然，坐者爲之流涕。齊王攸時在九曲，比聞而馳遣視之，見元海在焉，言於帝曰：「陛下不除劉元海，臣恐并州不得久寧。」王渾進曰：「元海長者，渾爲君王保明之。且大晉方表信殊俗，懷遠以德，如之何以無萌之疑殺人侍子，以示晉德不弘。」帝曰：「渾言是也。」

會豹卒，以元海代爲左部帥。太康末，拜北部都尉。明刑法，禁姦邪，輕財好施，推誠接物，五部俊傑無不至者。幽冀名儒，後門秀士，不遠千里，亦皆遊焉。楊駿輔政，以元海爲建威將軍、五部大都督，封漢光鄉侯。元康末，坐部人叛出塞免官。成都王穎鎮鄴，表元海行寧朔將軍、監五部軍事。

惠帝失馭，寇盜蜂起，元海從祖故北部都尉、左賢王劉宣等竊議曰：「昔我先人與漢約爲兄弟，憂泰同之。自漢亡以來，魏晉代興，我單于雖有虛號，無復尺土之業，自諸王侯，降同編戶。今司馬氏骨肉相殘，四海鼎沸，興邦復業，此其時矣。左賢王元海姿器絕人，榦宇超世，天若不恢崇單于，終不虛生此人也。」於是密共推元海爲大單于。乃使其黨呼延攸詣鄴，以謀告之。元海請歸會葬，穎弗許。乃令攸先歸，告宣等招集五部，引會宜陽諸胡，聲言應穎，實背之也。穎爲皇太弟，以元海爲太弟屯騎校尉。惠帝伐穎，次于蕩陰，穎假元海輔國將軍、督北

城守事。及六軍敗績，穎以元海爲冠軍將軍，封盧奴伯。并州刺史東嬴公騰、〔三〕安北將軍王浚，起兵伐穎，元海說穎曰：「今二鎮跋扈，衆餘十萬，恐非宿衞及近都士庶所能禦之，請爲殿下還說五部，以赴國難。」穎曰：「五部之衆可保發已不？縱能發之，鮮卑、烏丸勁速如風雲，何易可當邪？吾欲奉乘輿還洛陽，避其鋒銳，徐傳檄天下，以逆順制之。君意何如？」元海曰：「殿下武皇帝之子，有殊勳於王室，威恩光洽，四海欽風，孰不思爲殿下沒命投軀者哉，何難發之有乎！王浚豎子，東嬴疏屬，豈能與殿下爭衡邪！殿下一發鄴宮，示弱於人，洛陽可復至乎？縱達洛陽，威權不復在殿下也。紙檄尺書，誰爲人奉之！且東胡之悍不踰五部，願殿下勉撫士衆，靖以鎮之，當爲殿下以二部摧東嬴，三部梟王浚，二豎之首可指日而懸矣。」穎悅，拜元海爲北單于、參丞相軍事。

元海至左國城，劉宣等上大單于之號，二旬之間，衆已五萬，都于離石。

王浚使將軍祁弘率鮮卑攻鄴，穎敗，挾天子南奔洛陽。元海曰：「穎不用吾言，逆自奔潰，眞奴才也。然吾與其有言矣，不可不救。」於是命右於陸王劉景、左獨鹿王劉延年等率步騎二萬，將討鮮卑。劉宣等固諫曰：「晉爲無道，奴隸御我，是以右賢王猛不勝其忿。屬晉綱未弛，大事不遂，右賢塗地，單于之恥也。今司馬氏父子兄弟自相魚肉，此天厭晉德，授之於我。單于積德在躬，爲晉人所服，方當興我邦族，復呼韓邪之業，鮮卑、烏丸可以爲援，奈何距之而拯仇敵！今天假手於我，不可違也。違天不祥，逆衆不濟；天與不取，反受其咎。願單于勿疑。」元海曰：「善。當爲崇岡峻阜，何能爲培塿乎！夫帝王豈有常哉，大禹出於西戎，文王生於東夷，顧惟德所授耳。今見衆十餘萬，皆一當晉十，鼓行而摧亂晉，猶拉枯耳。上可成漢高之業，下不失爲魏氏。雖然，晉人未必同我。漢有天下世長，恩德結於人心，是以昭烈崎嶇於一州之地，而能抗衡於天下。吾又漢氏之甥，約爲兄弟，兄亡弟紹，不亦可乎？且可稱漢，追尊後主，以懷人望。」乃遷于左國城，遠人歸附者數萬。

永興元年，元海乃爲壇于南郊，僭卽漢王位，下令曰：「昔我太祖高皇帝以神武應期，廓開大業。太宗孝文皇帝重以明德，升平漢道。世宗孝武皇帝拓土攘夷，地過唐日。中宗孝宣皇帝搜揚俊乂，多士盈朝。是我祖宗道邁三王，功高五帝，故卜年倍於夏商，卜世過於姬氏。而元成多僻，哀平短祚，賊臣王莽，滔天篡逆。我世祖光武皇帝誕資聖武，恢復鴻基，祀漢配天，不失舊物，俾三光晦而復明，神器幽而復顯。顯宗孝明皇帝、肅宗孝章皇帝累葉重暉，炎光再闡。自和安已後，皇綱漸頹，天步艱難，國統頻絕。黃巾海沸於九州，羣閹毒流於四海，董卓因之肆其猖勃，曹操父子凶逆相尋。故孝愍委棄萬國，昭烈播越岷蜀，冀否終有泰，旋軫舊京。何圖天未悔禍，後帝窘辱。自社稷淪喪，宗廟之不血食四十年于茲矣。今天誘其衷，悔禍皇漢，使司馬氏父子兄弟迭相殘滅。黎庶塗炭，靡所控告。孤今猥爲羣

公所推，紹修三祖之業。顧茲尫闇，戰惶靡厝。但以大恥未雪，社稷無主，銜膽棲冰，勉從羣議。」乃赦其境內，年號元熙，追尊劉禪爲孝懷皇帝，立漢高祖以下三祖五宗神主而祭之。立其妻呼延氏爲王后。置百官，以劉宣爲丞相，崔游爲御史大夫，劉宏爲太尉，其餘拜授各有差。

東嬴公騰使將軍聶玄討之，戰于大陵，玄師敗績，騰懼，率并州二萬餘戶下山東，遂所在爲寇。元海遣其建武將軍劉曜寇太原、泫氏、屯留、長子、中都，皆陷之。二年，騰又遣司馬瑜、周良、石鮮等討之，次于離石汾城。元海遣其武牙將軍劉欽等六軍距瑜等，四戰，瑜皆敗，欽振旅而歸。是歲，離石大饑，遷于黎亭，以就邸閣穀，留其太尉劉宏、護軍馬景守離石，使大司農卜豫運糧以給之。以其前將軍劉景爲使持節、征討大都督、大將軍，要擊并州刺史劉琨于版橋，爲琨所敗，琨遂據晉陽。其侍中劉殷、王育進諫元海曰：「殿下自起兵以來，漸已一周，而顓守偏方，王威未震。誠能命將四出，決機一擲，梟劉琨，定河東，建帝號，鼓行而南，克長安而都之，以關中之衆席卷洛陽，如指掌耳。此高皇帝之所以創啓鴻基，克殄强楚者也。」元海悅曰：「此孤心也。」遂進據河東，攻寇蒲坂、平陽，皆陷之。元海遂入都蒲子，河東、平陽屬縣壘壁盡降。時汲桑起兵趙魏，上郡四部鮮卑陸逐延、氐酋大單于徵、〔四〕東萊王彌及石勒等並相次降之，元海悉署其官爵。

永嘉二年，元海僭即皇帝位，大赦境內，改元永鳳。以其大將軍劉和爲大司馬，封梁王，尙書令劉歡樂爲大司徒，封陳留王，御史大夫呼延翼爲大司空，封鴈門郡公，宗室以親疏爲等，悉封郡縣王，異姓以勳謀爲差，皆封郡縣公侯。太史令宣于脩之言於元海曰：〔五〕「陛下雖龍興鳳翔，奄受大命，然遺晉未殄，皇居仄陋，紫宮之變，猶鍾晉氏，不出三年，必克洛陽。蒲子崎嶇，非可久安。平陽勢有紫氣，兼陶唐舊都，願陛下上迎乾象，下協坤祥。」於是遷都平陽。汾水中得玉璽，文曰「有新保之」，蓋王莽時璽也。得者因增「泉海光」三字，〔六〕元海以爲己瑞，大赦境內，改年河瑞。封子裕爲齊王，隆爲魯王。

於是命其子聰與王彌進寇洛陽，劉曜與趙固等爲之後繼。東海王越遣平北將軍曹武、將軍宋抽、彭默等距之，王師敗績。聰等長驅至宜陽，平昌公模遣將軍淳于定、呂毅等自長安討之，戰于宜陽，定等敗績。聰恃連勝，不設備，弘農太守垣延詐降，夜襲，聰軍大敗而還，元海素服迎師。

是冬，復大發卒，遣聰、彌與劉曜、劉景等率精騎五萬寇洛陽，使呼延翼率步卒繼之，敗王師于河南。聰進屯于西明門，護軍賈胤夜薄之，戰于大夏門，斬聰將呼延顥，其衆遂潰。聰迴軍而南，壁於洛水，尋進屯宣陽門，曜屯上東門，彌屯廣陽門，景攻大夏門，聰親祈嵩嶽，令其將劉厲、呼延朗等督留軍。東海王越命參軍孫詢、將軍丘光、樓裒等率帳下勁卒三

千，自宣陽門擊朗，斬之。聰聞而馳還。厲懼聰之罪己也，赴水而死。王彌謂聰曰：「今既失利，洛陽猶固，殿下不如還師，徐爲後舉。下官當於兗豫之間收兵積穀，伏聽嚴期。」宣于脩之又言於元海曰：「歲在辛未，當得洛陽。今晉氣猶盛，大軍不歸，必敗。」元海馳遣黃門郞傅詢召聰等還師。王彌出自轘轅，越遣薄盛等追擊彌，戰于新汲，彌師敗績。於是攝蒲阪之戍，還於平陽。

以劉歡樂爲太傅，劉聰爲大司徒，劉延年爲大司空，劉洋爲大司馬，赦其境內。立其妻單氏爲皇后，子和爲皇太子，封子乂爲北海王。

元海寢疾，將爲顧託之計，以歡樂爲太宰，洋爲太傅，延年爲太保，聰爲大司馬、大單于，並錄尙書事，置單于臺于平陽西，以其子裕爲大司徒。元海疾篤，召歡樂及洋等入禁中受遺詔輔政。以永嘉四年死，在位六年，〔七〕僞諡光文皇帝，廟號高祖，墓號永光陵。子和立。

和字玄泰。身長八尺，雄毅美姿儀，好學夙成，習毛詩、左氏春秋、鄭氏易。及爲儲貳，內多猜忌，馭下無恩。元海死，和嗣僞位。其衞尉西昌王劉銳、宗正呼延攸恨不參顧命也，說和曰：「先帝不惟輕重之計，而使三王總彊兵於內，大司馬擁十萬勁卒居于近郊，陛下今便爲寄坐耳。此之禍難，未可測也，願陛下早爲之所。」和即攸之甥也，深然之，召其領軍劉盛及劉欽、馬景等告之。盛曰：「先帝尙在殯宮，四王未有逆節，今忽一旦自相魚肉，臣恐人不食陛下之餘。四海未定，大業甫爾，願陛下以上成先帝鴻基爲志，且塞耳勿聽此狂簡之言也。詩云：『豈無他人，不如我同父。』陛下既不信諸弟，復誰可信哉！」銳、攸怒曰：「今日之議，理無有二。」於是命左右刃之。景懼曰：「惟陛下詔，臣等以死奉之，蔑不濟矣。」乃相與盟于東堂，使銳、景攻聰，攸率劉安國攻裕，使侍中劉乘、武衞劉欽攻魯王隆，尙書田密、武衞劉璿攻北海王乂。

密、璿等使人斬關奔于聰，聰命貫甲以待之。銳知聰之有備也，馳還，與攸、乘等會攻隆、裕。攸、乘懼安國、欽之有異志也，斬之。是日，斬裕及隆。聰攻西明門，克之。銳等奔入南宮，前鋒隨之，斬和于光極西室。銳、攸梟首通衢。

劉宣字士則。朴鈍少言，好學修潔。師事樂安孫炎，沈精積思，不舍晝夜，好毛詩、左氏傳。炎每嘆之曰：「宣若遇漢武，當踰於金日磾也。」學成而返，不出門閭蓋數年。每讀漢書，至蕭何、鄧禹傳，未曾不反覆詠之，曰：「大丈夫若遭二祖，終不令二公獨擅美於前矣。」

并州刺史王廣言之於武帝，帝召見，嘉其占對，因曰：「吾未見宣，謂廣言虛耳。今見其進止風儀，眞所謂如珪如璋，觀其性質，足能撫集本部。」乃以宣爲右部都尉，特給赤幢曲蓋。莅官淸恪，所部懷之。元海即王位，宣之謀也，故特荷尊重，勳戚莫二，軍國內外靡不專之。

校勘記

〔一〕是歲自石勒後三十六年也重華自稱涼王　是歲指永興元年後九年，即永嘉六年，張重華稱涼王據通鑑九八在永和六年，相距三十八年。「六」當作「八」。

〔二〕是歲也禿髮烏孤據廉川稱南涼段業據張掖稱北涼　是歲指慕容德據滑臺之年，檢慕容德載記事在隆安二年，而禿髮烏孤稱南涼，段業稱涼州牧，據安紀在隆安元年，不在一歲。此誤。

〔三〕東嬴公騰　各本「嬴」作「瀛」，今據騰本傳改。

〔四〕氐酋大單于徵　通鑑八六作「氐酋單徵」，通鑑考異云：當時戎狄酋長皆謂之「大」，徵即光文單后之父。「于」衍字也。

〔五〕宣于脩之　通鑑考異云：「晉春秋作『鮮于脩之』」，今從載記、十六國春秋。按：諸氏姓書，有「鮮于」而無「宣于」。

〔六〕得者因增泉海光三字　魏書劉聰傳「泉」作「淵」，御覽六八二引前趙錄作「深」。蓋字本作「淵」，「泉」「深」皆避唐諱改。

〔七〕在位六年　淵於永興元年稱漢王，至永嘉四年計共七年。

晉書卷一百二

載記第二

劉聰　子粲　陳元達

劉聰字玄明，一名載，元海第四子也。母曰張夫人。初，聰之在孕也，張氏夢日入懷，寤而以告，元海曰：「此吉徵也，慎勿言。」十五月而生聰焉，夜有白光之異。形體非常，左耳有一白毫，長二尺餘，甚光澤。幼而聰悟好學，博士朱紀大奇之。年十四，究通經史，兼綜百家之言，孫吳兵法靡不誦之。工草隸，善屬文，著述懷詩百餘篇、賦頌五十餘篇。十五習擊刺，猿臂善射，彎弓三百斤，膂力驍捷，冠絕一時。太原王渾見而悅之，謂元海曰：「此兒吾所不能測也。」

弱冠游于京師，名士莫不交結，樂廣、張華尤異之也。新興太守郭頤辟爲主簿，〔一〕舉良將，入爲驍騎別部司馬，累遷右部都尉，善於撫接，五部豪右無不歸之。河間王顒表爲赤沙

中郎將。聰以元海在鄴，懼爲成都王穎所害，乃亡奔成都王，拜右積弩將軍，參前鋒戰事。元海爲北單于，立爲右賢王，隨還右部。及卽大單于位，更拜鹿蠡王。既殺其兄和，羣臣勸卽尊位。聰初讓其弟北海王乂，乂與公卿泣涕固請，聰久而許之，曰：「乂及羣公正以四海未定，禍難尙殷，貪孤年長故耳。此國家之事，孤敢不祗從。今便欲遠遵魯隱，待乂年長，復子明辟。」於是以永嘉四年僭卽皇帝位，大赦境內，改元光興。〔二〕尊元海妻單氏曰皇太后，其母張氏爲帝太后，乂爲皇太弟，領大單于、大司徒，立其妻呼延氏爲皇后，封其子粲爲河內王，署使持節、撫軍大將軍、都督中外諸軍事，易河間王，翼彭城王，悝高平王。遣粲及其征東王彌、龍驤劉曜等率衆四萬，長驅入洛川，遂出轘轅，周旋梁、陳、汝、潁之間，陷壘壁百餘。以其司空劉景爲大司馬，左光祿劉殷爲大司徒，右光祿王育爲大司空。

僞太后單氏姿色絕麗，聰烝焉。單卽乂之母也，乂屢以爲言，單氏慚恚而死，聰悲悼無已。後知其故，乂之寵因此漸衰，然猶追念單氏，未便黜廢。又尊母爲皇太后。

署其衞尉呼延晏爲使持節、前鋒大都督、前軍大將軍，配禁兵二萬七千，自宜陽入洛川，命王彌、劉曜及鎭軍石勒進師會之。晏比及河南，王師前後十二敗，死者三萬餘人。彌等未至，晏留輜重于張方故壘，遂寇洛陽，攻陷平昌門，焚東陽、宣陽諸門及諸府寺。懷帝遣河南尹劉默距之，王師敗于社門。〔三〕晏以外繼不至，出自東陽門，掠王公已下子女二百

餘人而去。時帝將濟河東遁，具船于洛水，晏盡焚之，還于張方故壘。王彌、劉曜至，復與晏會圍洛陽。時城內饑甚，人皆相食，百官分散，莫有固志。宣陽門陷，彌、晏入于南宮，升太極前殿，縱兵大掠，悉收宮人、珍寶。曜於是害諸王公及百官已下三萬餘人，於洛水北築爲京觀。遷帝及惠帝羊后、傳國六璽于平陽。聰大赦，改年嘉平，以帝爲特進、左光祿大夫、平阿公。

遣其平西趙染、安西劉雅率騎二萬攻南陽王模于長安，粲、曜率大衆繼之。染敗王師于潼關，將軍呂毅死之。軍至于下邽，模乃降染。染送模於粲，粲害模及其子范陽王黎，送衛將軍梁芬、模長史魯繇、兼散騎常侍杜鰲、辛謐及北宮純等于平陽。聰以粲之害模也，大怒。粲曰：「臣殺模本不以其晚識天命之故，但以其晉氏肺腑，洛陽之難不能死節，天下之惡一也，故誅之。」聰曰：「雖然，吾恐汝不免誅降之殃也。夫天道至神，理無不報。」

署劉曜爲車騎大將軍、開府儀同三司、雍州牧，改封中山王，鎮長安，王彌爲大將軍，封齊公。尋而石勒等殺彌於己吾而并其衆，表彌叛狀。聰大怒，遣使讓勒專害公輔，有無上之心，又恐勒之有二志也，以彌部衆配之。劉曜既據長安，安定太守賈疋及諸氐羌皆送質任，唯雍州刺史麴特、新平太守竺恢固守不降。護軍麴允、頻陽令梁肅自京兆南山將奔安定，遇疋任子於陰密，擁還臨涇，推疋爲平南將軍，〔四〕率衆五萬，攻曜於長安，扶風太守梁綜及

麴特、竺恢等亦率衆十萬會之。曜遣劉雅、趙染來距，敗績而還。曜又盡長安銳卒與諸軍戰于黃丘，曜衆大敗，中流矢，退保甘渠。〔五〕杜人王禿、紀特等攻劉粲于新豐，粲還平陽。曜攻陷池陽，掠萬餘人歸于長安。時閻鼎等奉秦王爲皇太子，入于雍城，關中戎晉莫不響應。

聰后呼延氏死，將納其太保劉殷女，其弟乂固諫。聰更訪之於太宰劉延年、太傅劉景，景等皆曰：「臣常聞太保自云周劉康公之後，與聖氏本源既殊，納之爲允。」聰大悅，使其兼大鴻臚李弘拜殷二女爲左右貴嬪，位在昭儀上。又納殷女孫四人爲貴人，位次貴嬪。謂弘曰：「此女輩皆姿色超世，女德冠時，且太保於朕實自不同，卿意安乎？」弘曰：「太保胤自有周，與聖源實別，陛下正以姓同爲恨耳。且魏司空東萊王基當世大儒，豈不達禮乎！爲子納司空太原王沈女，以其姓同而源異故也。」聰大悅，賜弘黃金六十斤，曰：「卿當以此意諭吾子弟輩。」於是六劉之寵傾於後宮，聰稀復出外，事皆中黃門納奏，左貴嬪決之。

聰假懷帝儀同三司，封會稽郡公，庾珉等以次加秩。聰引帝入讌，謂帝曰：「卿爲豫章王時，朕嘗與王武子相造，武子示朕於卿，卿言聞其名久矣。以卿所製樂府歌示朕，謂朕曰：『聞君善爲辭賦，試爲看之。』朕時與武子俱爲盛德頌，卿稱善者久之。又引朕射于皇堂，朕得十二籌，卿與武子俱得九籌，卿贈朕柘弓、銀研，卿頗憶否？」帝曰：「臣安敢忘之，但

恨爾日不早識龍顏。」聰曰：「卿家骨肉相殘，何其甚也？」帝曰：「此殆非人事，皇天之意也。大漢將應乾受曆，故爲陛下自相驅除。且臣家若能奉武皇之業，九族敦睦，陛下何由得之！」至日夕乃出，以小劉貴人賜帝，謂帝曰：「此名公之孫，今特以相妻，卿宜善遇之。」拜劉爲會稽國夫人。

遣其鎮北靳沖寇太原，平北卜珝率衆繼之。沖攻太原不克，而歸罪于珝，輒斬之。聰聞之，大怒曰：「此人朕所不得加刑，沖何人哉！」遣其御史中丞浩衍持節斬沖。

左都水使者襄陵王攄坐魚蟹不供，將作大匠望都公靳陵坐溫明、徽光二殿不成，皆斬于東市。聰游獵無度，常晨出暮歸，觀漁於汾水，以燭繼晝。中軍王彰諫曰：「今大難未夷，餘晉假息，陛下不懼白龍魚服之禍，而昏夜忘歸。陛下當思先帝創業之艱難，嗣承之不易，鴻業已爾，四海屬情，何可墜之於垂成，隳之於將就！比竊觀陛下所爲，臣實痛心疾首有日矣。且愚人係漢之心未專，而思晉之懷猶盛，劉琨去此咫尺之間，狂狷刺客息頃而至。帝王輕出，一夫敵耳。願陛下改往修來，則億兆幸甚。」聰大怒，命斬之。上夫人王氏叩頭乞哀，乃囚之詔獄。聰母以聰刑怒過差，三日不食，弟乂、子粲並輿櫬切諫。聰怒曰：「吾豈桀、紂、幽、厲乎，而汝等生來哭人！」其太宰劉延年及諸公卿列侯百有餘人，皆免冠涕泣固諫曰：「光文皇帝以聖武膺期，創建鴻祚，而六合未一，夙世升遐。陛下睿德自天，龍飛紹統，

東平洛邑，南定長安，眞可謂功高周成，德超夏啓。往也唐虞，今則陛下，歷觀書記，未有此比。而頃頻以小務不供而斬王公，直言忤旨，便囚大將，游獵無度，機管不修，臣等竊所未解，臣等所以破肝糜胃忘寢與食者也。」聰乃赦彰。

麴特等圍長安，劉曜連戰敗績，乃驅掠士女八萬餘口退還平陽，因攻司徒傅祗于三渚，使其右將軍劉參攻郭默于懷城。祗病卒，城陷，遷祗孫純、粹并其二萬餘戶于平陽縣。聰贈祗太保，純、粹皆給事中，謂祗子暢曰：「尊公雖不達天命，然各忠其主，吾亦有以亮之。但晉主已降，天命非人所支，而虔劉南鄙，沮亂邊萌，此其罪也。以元惡之種而贈同勳舊，逆臣之孫荷榮禁闥，卿知皇漢之德弘曠以不？」暢曰：「陛下每嘉先臣，不以小臣之故而虧其忠節，及是恩也，自是明主伐國弔人之義，臣輒同萬物，未敢謝生於自然。」

聰遣劉粲、劉曜等攻劉琨於晉陽，琨使張喬距之，戰于武灌，喬敗績，死之，晉陽危懼。太原太守高喬、琨別駕郝聿以晉陽降粲。琨與左右數十騎，攜其妻子奔于趙郡之亭頭，遂如常山。粲、曜入于晉陽。先是，琨與代王猗盧結爲兄弟，乃告敗於猗盧，且乞師。猗盧遣子日利孫、賓六須及將軍衞雄、姬澹等率衆數萬攻晉陽，〔六〕琨收散卒千餘爲之鄉導，猗盧率衆六萬至于狼猛。曜及賓六須戰于汾東，曜墜馬，中流矢，身被七創。討虜傅武〔七〕以馬授曜，曜曰：「當今危亡之極，人各思免。吾創已重，自分死此矣。」武泣曰：「武小人，蒙大王

識拔，以至於是，常思效命，今其時矣。且皇室始基，大難未弭，天下何可一日無大王也。」於是扶曜乘馬，驅令渡汾，迴而戰死。曜入晉陽，夜與劉粲等掠百姓，踰蒙山遁歸。猗盧率騎追之，戰于藍谷，粲敗績，斬其征虜邢延，獲其鎮北劉豐。琨收合離散，保于陽曲，猗盧戍之而還。

正旦，聰讌于光極前殿，逼帝行酒，光祿大夫庾珉、王儁等起而大哭，聰惡之。會有告珉等謀以平陽應劉琨者，聰遂鴆帝而誅珉、儁，復以賜帝劉夫人為貴人，大赦境內殊死已下。

立左貴嬪劉氏為皇后。聰將為劉氏起䳒儀殿於後庭，[八]廷尉陳元達諫曰：「臣聞古之聖王愛國如家，故皇天亦祐之如子。夫天生蒸民而樹之君者，使為之父母以刑賞之，不欲使殿屎黎元而蕩逸一人。晉氏闇虐，視百姓如草芥，[九]故上天勦絕其祚。乃眷皇漢，蒼生引領息肩，懷更蘇之望有日矣。我高祖光文皇帝靖言惟茲，痛心疾首，故身衣大布，居不重茵，先皇后嬪服無綺綵。重逆羣臣之請，故建南北宮焉。今光極之前足以朝羣后饗萬國矣，昭德、溫明已後足可以容六宮，列十二等矣。陛下龍興已來，外殄二京不世之寇，內興殿觀四十餘所，重之以饑饉疾疫，死亡相屬，兵疲於外，人怨於內，為之父母固若是乎！伏聞詔旨，將營䳒儀，中宮新立，誠臣等樂為子來者也。竊以大難未夷，宮宇粗給，今之所營，

尤實非宜。臣聞太宗承高祖之業，惠呂息役之後，以四海之富，天下之殷，尚以百金之費而輟露臺，歷代垂美，為不朽之迹。故能斷獄四百，擬於成康。陛下之所有，不過太宗二郡地耳，戰守之備者，豈僅匈奴、南越而已哉！孝文之廣，思費如彼；陛下之狹，欲損如此。愚臣所以敢昧死犯顏色，冒不測之禍者也。」聰大怒曰：「吾為萬機主，將營一殿，豈問汝鼠子乎！不殺此奴，沮亂朕心，朕殿何當得成邪！將出斬之，并其妻子同梟東市，使羣鼠共穴。」時在逍遙園李中堂，元達抱堂下樹叫曰：「臣所言者，社稷之計也，而陛下殺臣。若死者有知，臣要當上訴陛下於天，下訴陛下於先帝。朱雲有云：『臣得與龍逢、比干游於地下足矣。』未審陛下何如主耳！」元達先鎖腰而入，及至，即以鎖繞樹，左右曳之不能動。聰怒甚。劉氏時在後堂，聞之，密遣中常侍私敕左右停刑，於是手疏切諫，聰乃解，引元達而謝之，易逍遙園為納賢園，李中堂為愧賢堂。

時愍帝即位于長安，聰遣劉曜及司隸喬智明、武牙李景年等寇長安，命趙染率衆赴之。時大都督麴允據黃白城，累為曜、染所敗。染謂曜曰：「麴允率大衆在外，長安可襲而取之。得長安，黃白城自服。願大王以重衆守此，染請輕騎襲之。」曜乃承制加染前鋒大都督、安南大將軍，以精騎五千配之而進。王師敗於渭陽，將軍王廣死之。染夜入長安外城，帝奔射鴈樓，染焚燒龍尾及諸軍營，殺掠千餘人，旦退屯逍遙園。麴允率衆襲曜，連戰敗之。曜入粟邑，遂歸平陽。

時流星起於牽牛，入紫微，龍形委蛇，其光照地，落于平陽北十里。視之，則有肉長三十步，廣二十七步，臭聞于平陽，肉旁常有哭聲，晝夜不止。聰甚惡之，延公卿已下問曰：「朕之不德，致有斯異，其各極言，勿有所諱。」陳元達及博士張師等進對曰：「星變之異，其禍行及，臣恐後庭有三后之事，亡國喪家，靡不由此，願陛下慎之。」聰曰：「此陰陽之理，何關人事！」既而劉氏產一蛇一猛獸，各害人而走，尋之不得，頃之，見在隕肉之旁。俄而劉氏死，乃失此肉，哭聲亦止。自是後宮亂寵，進御無序矣。

聰以劉易為太尉。初置相國，官上公，有殊勳德者死乃贈之。於是大定百官，置太師、丞相，自大司馬以上七公，位皆上公，綠綟綬，遠遊冠。置輔漢，都護，中軍，上軍，輔軍，[一〇]鎮、衞京，前、後、左、右、上、下軍，輔國，冠軍，龍驤，武牙大將軍，營各配兵二千，皆以諸子為之。置左右司隸，各領戶二十餘萬，萬戶置一內史，凡內史四十三。單于左右輔，各主六夷十萬落，萬落置一都尉。省吏部，置左右選曹尚書。自司隸以下六官，皆位次僕射。置御史大夫及州牧，位皆亞公。以其子粲為丞相、領大將軍、錄尚書事，進封晉王，食五都。[一一]劉延年錄尚書六條事，劉景為太師，王育為太傅，任顗為太保，馬景為大司徒，朱紀為大司空，劉曜為大司馬。

曜復次渭汭，趙染次新豐。索綝自長安東討染，染狃于累捷，有輕綝之色。長史魯徽曰：「今司馬鄴君臣自以逼僭王畿，雄劣不同，必致死距我，將軍宜整陣案兵以擊之，弗可輕也。困獸猶鬬，況於國乎！」染曰：「以司馬模之強，吾取之如拉朽。索綝小豎，豈能汚吾馬蹄刀刃邪！要擒之而後食。」晨率精騎數百，馳出逆之，戰于城西，敗績而歸，悔曰：「吾不用魯徽之言，以至於此，何面見之！」於是斬徽。徽臨刑謂染曰：「將軍愎諫違謀，戇而取敗，而復忌前害勝，誅戮忠良，以逞愚忿，亦何顏面瞬息世間哉！袁紹為之於前，將軍踵之於後，覆亡敗喪，亦當相尋，所恨不得一見大司馬而死。死者無知則已；若其有知，下見田豐為徒，要當訴將軍於黃泉，使將軍不得服牀枕而死。」叱刑者曰：「令吾面東向。」大司馬曜聞之曰：「蹄涔不容尺鯉，染之謂也。」

曜還師攻郭默于懷城，收其米粟八十萬斛，列三屯以守之。聰遣使謂曜曰：「今長安假息，劉琨游魂，此國家所尤宜先除也。郭默小醜，何足以勞公神略，可留征虜將軍貝丘王翼光守之，公其還也。」於是曜歸蒲坂。俄而徵曜輔政。

趙染寇北地，夢魯徽大怒，引弓射之，染驚悸而寤。旦將攻城，中弩而死。

聰以粲為相國，總百揆，省丞相以并相國。平陽地震，烈風拔樹發屋。光義人羊充妻產子二頭，其兄竊而食之，三日而死。聰以其太廟新成，大赦境內，改年建元。雨血於其東

宮延明殿，徹瓦在地者深五寸。劉乂惡之，以訪其太師盧志、太傅崔瑋、太保許遐。志等曰：「主上往以殿下爲太弟者，蓋以安衆望也，志在晉王久矣，王公已下莫不希旨歸之。相國之位，自魏武已來，非復人臣之官，主上本發明詔，置之爲贈官，今忽以晉王居之，羽儀威尊踰於東宮，萬機之事無不由之，置太宰、大將軍及諸王之營以爲羽翼，此事勢去矣，殿下不得立明也。然非止不得立而已，不測之危厄在於旦夕，宜早爲之所。四衞精兵不減五千，餘營諸王皆年齒尚幼，可奪而取之。相國輕佻，正可煩一刺客耳。大將軍無日不出，其營可襲而得也。殿下但當有意，二萬精兵立便可得，鼓行向雲龍門，宿衞之士孰不倒戈奉迎，大司馬不慮爲異也。」乂弗從，乃止。

聰如中護軍靳準第，納其二女爲左右貴嬪，大曰月光，小曰月華，皆國色也。數月，立月光爲皇后。

東宮舍人荀裕告盧志等勸乂謀反，乂不從之狀。聰於是收志、瑋、遐於詔獄，假以他事殺之。使冠威卜抽監守東宮，禁乂朝賀。乂憂懼不知所爲，乃上表自陳，乞爲黔首，并免諸子之封，褒美晉王粲宜登儲副，抽又抑而弗通。

其青州刺史曹嶷攻汶陽關、公丘，陷之，害齊郡太守徐浮，執建威劉宣，齊魯之間郡縣壘壁降者四十餘所。嶷遂略地，西下祝阿、平陰，衆十餘萬，臨河置戍，而歸于臨淄。嶷於

是遂有雄據全齊之志。石勒以嶷之懷二也，請討之。聰又憚勒之并齊，乃寢而弗許。

劉曜濟自盟津，將攻河南，將軍魏該奔于一泉塢。[一二]曜進攻李矩于滎陽，矩遣將軍李平師於成皋，曜覆而滅之。矩恐，送質請降。

時聰以其皇后靳氏爲上皇后，立貴妃劉氏爲左皇后，右貴嬪靳氏爲右皇后。[一三]左司隸陳元達以三后之立也，極諫，聰不納，乃以元達爲右光祿大夫，外示優賢，內實奪其權也。於是太尉范隆、大司馬劉丹、大司空呼延晏、尚書令王鑒等皆抗表遜位，以讓元達。聰乃以元達爲御史大夫、儀同三司。

劉曜寇長安，頻爲王師所敗。曜曰：「彼猶強盛，弗可圖矣。」引師而歸。

聰宮中鬼夜哭，三日而聲向右司隸寺，乃止。其上皇后靳氏有淫穢之行，陳元達奏之。聰廢靳，靳慚恚自殺。靳有殊寵，聰迫於元達之勢，故廢之。既而追念其姿色，深仇元達。

劉曜進師上黨，將攻陽曲，聰遣使謂曜曰：「長安擅命，國家之深恥也。公宜以長安爲先，陽曲一委驃騎。天時人事，其應至矣，公其亟還。」曜迴滅郭邁，朝于聰，遂如蒲阪。

平陽地震，雨血于東宮，廣袤頃餘。

劉曜又進軍，屯于粟邑。麴允饑甚，去黃白而軍于靈武。曜進攻上郡，太守張禹與馮翊太守梁肅奔于允吾。於是關右翕然，所在應曜。曜進據黃阜。

聰武庫陷入地一丈五尺。時聰中常侍王沈、宣懷、俞容，中宮僕射郭猗，中黃門陵修等皆寵幸用事。聰游宴後宮，或百日不出，羣臣皆因沈等言事，多不呈聰，率以其意愛憎而決之，故或有勳舊功臣而弗見敍錄，姦佞小人數日而便至二千石者。軍旅無歲不興，而將士無錢帛之賞，後宮之家賜賚及於僮僕，動至數千萬。沈等車服宅宇皆踰於諸王，子弟、中表布衣爲內史令長者三十餘人，皆奢僭貪殘，賊害良善。靳準合宗內外諂以事之。

郭猗有憾於劉乂，謂劉粲曰：「太弟於主上之世猶懷不逞之志，此則殿下父子之深仇，四海蒼生之重怨也。而主上過垂寬仁，猶不替二尊之位，一旦有風塵之變，臣竊爲殿下寒心。且殿下高祖之世孫，主上之嫡統，凡在含齒，孰不係仰。萬機事大，何可與人！臣昨聞太弟與大將軍相見，極有言矣，若事成，許以主上爲太上皇，大將軍爲皇太子。乂又許衞軍爲大單于，二王已許之矣。二王居不疑之地，並握重兵，以此舉事，事何不成！臣謂二王茲舉，禽獸之不若也。背父親人，人豈親之！今又苟貪其一切之力耳，事成之後，主上豈有全理！殿下兄弟故在忘言，東宮、相國、單于在武陵兄弟，何肯與人！許以三月上巳因讌作難，事淹變生，宜早爲之所。春秋傳曰：『蔓草猶不可除，況君之寵弟乎！』臣屢啓主上，主上性敦友于，謂臣言不實。刑臣刀鋸之餘，而蒙主上、殿下成造之恩，故不慮逆鱗之誅，每所聞必言，冀垂採納。臣當入言之，願殿下不泄，密表其狀也。若不信臣言，可呼大將軍從

事中郎王皮、衞軍司馬劉惇，假之恩顧，通其歸善之路以問之，必可知也。」粲深然之。猗密謂皮、惇曰：「二王逆狀，主、相已具知之矣，卿同之乎？」二人驚曰：「無之。」猗曰：「此事必無疑，吾憐卿親舊并見族耳。」於是歔欷流涕。皮、惇大懼，叩頭求哀。猗曰：「吾爲卿作計，卿能用不？」二人皆曰：「謹奉大人之教。」猗曰：「相國必問卿，卿但云有之。若責卿何不先啓，卿即答云：『臣誠負死罪，然仰惟主上聖性寬慈，殿下篤於骨肉，恐言成詿僞故也。』」皮、惇許諾。粲俄而召問二人，至不同時，而辭若畫一，粲以爲信然。

初，靳準從妹爲乂孺子，淫于侍人，乂怒殺之，而屢以嘲準。準深慚恚，說粲曰：「東宮萬機之副，殿下宜自居之，以領相國，使天下知早有所繫望也。」至是，準又說粲曰：「昔孝成距子政之言，使王氏卒成篡逆，可乎？」粲曰：「何可之有！」準曰：「然，誠如聖旨。下官亟欲有所言矣，但以德非更生，親非皇宗，恐忠言暫出，霜威已及，故不敢耳。」粲曰：「君但言之。」準曰：「聞風塵之言，謂大將軍、衞將軍及左右輔皆謀奉太弟，剋季春構變，殿下宜爲之備。不然，恐有商臣之禍。」粲曰：「爲之奈何？」準曰：「主上愛信於太弟，恐卒聞未必信也。如下官愚意，宜緩東宮之禁固，勿絕太弟賓客，使輕薄之徒得與交游。太弟既素好待士，必不思防此嫌，輕薄小人不能無逆意以勸太弟之心。小人有始無終，不能如貫高之流也。然後下官爲殿下露表其罪，殿下與太宰拘太弟所與交通者考問之，窮其事原，主上必以無將

之罪罪之。不然，今朝望多歸太弟，主上一旦晏駕，恐殿下不得立矣。」於是粲命卜抽引兵去東宮。

聰自去冬至是，遂不復受朝賀，軍國之事一決於粲，唯發中旨殺生除授，王沈、郭猗等意所欲皆從之。又立市於後庭，與宮人讌戲，或三日不醒。聰臨上秋閣，誅其特進綦毋達、太中大夫公師彧、尚書王琰、田歆、少府陳休、左衞卜崇、大司農朱誕等，皆羣閹所忌也。侍中卜幹泣諫聰曰：「陛下方隆武宣之化，欲使幽谷無考槃，奈何一旦先誅忠良，將何以垂之於後！昔秦愛三良而殺之，君子知其不霸。以晉厲之無道，尸三卿之後，猶有不忍之心，陛下如何忽信左右愛憎之言，欲一日尸七卿！詔尚在臣閒，猶未宣露，乞垂昊天之澤，迴雷霆之威。且陛下直欲誅之耳，不露其罪名，何以示四海！此豈是帝王三訊之法邪！」因叩頭流血。王沈叱幹曰：「卜侍中欲距詔乎？」聰拂衣而入，免幹爲庶人。

太宰劉易及大將軍劉敷、御史大夫陳元達、金紫光祿大夫王延等詣闕諫曰：「臣聞善人者，乾坤之紀，政教之本也。邪佞者，宇宙之螟螣，王化之蟊賊也。故文王以多士基周，桓、靈以羣閹亡漢，國之興亡，未有不由此也。自古明王之世，未嘗有宦者與政，武、元、安、順豈足爲故事乎！今王沈等乃處常伯之位，握生死與奪於中，勢傾海內，愛憎任之，矯弄詔旨，欺誣日月，內諂陛下，外佞相國，威權之重，侔於人主矣。王公見之駭目，卿宰望塵下

車，銓衡迫之，選舉不復以實，士以屬舉，政以賄成，多樹姦徒，殘毒忠善。知王琰等忠臣，必盡節於陛下，懼其姦萌發露，陷之極刑。陛下不垂三察，猥加誅戮，怨感穹蒼，痛入九泉，四海悲惋，賢愚傷懼。沈等皆刀鋸之餘，背恩忘義之類，豈能如士人君子感恩展效，以答乾澤也。陛下何故親近之？何故貴任之？昔齊桓公任易牙而亂，孝懷委黃皓而滅，此皆覆車於前，殷鑒不遠。比年地震日蝕，雨血火災，皆沈等之由。願陛下割翦凶醜與政之流，引尚書、御史朝省萬機，相國與公卿五日一入，會議政事，使大臣得極其言，忠臣得逞其意，則衆災自弭，和氣呈祥。今遺晉未殄，巴蜀未賓，石勒潛有跨趙魏之志，曹嶷密有王全齊之心，而復以沈等助亂大政，陛下心腹四支何處無患！復誅巫咸，戮扁鵲，臣恐遂成桓侯膏肓之疾，後雖欲療之，其如病何！請免沈等官，付有司定罪。」聰以表示沈等，笑曰：「是兒等爲元達所引，遂成癡也。」寢之。沈等頓首泣曰：「臣等小人，過蒙陛下識拔，幸得備洒掃宮閤，而王公朝士疾臣等如仇讎，又深恨陛下。願收大造之恩，以臣等膏之鼎鑊，皇朝上下自然雍穆矣。」聰曰：「此等狂言恒然，卿復何足恨乎！」更以訪粲，粲盛稱沈等忠清，乃心王室。聰大悅，封沈等爲列侯。太宰劉易詣闕，又上疏固諫。聰大怒，手壞其表，易遂忿恚而死。元達哭之悲慟，曰：「人之云亡，邦國殄悴。吾既不復能言，安用此默默生乎！」歸而自殺。

北地饑甚，人相食噉，羌酋大軍須運糧以給麴昌，劉雅擊敗之。麴允與劉曜戰于磻石

谷，王師敗績，允奔靈武。平陽大饑，流叛死亡十有五六。石勒遣石越率騎二萬，屯于并州，以懷撫叛者。聰使黃門侍郎喬詩讓勒，勒不奉命，潛結曹嶷，規爲鼎峙之勢。

聰立上皇后樊氏，卽張氏之侍婢也。時四后之外，〔四〕佩皇后璽綬者七人，朝廷內外無復綱紀，阿諛日進，貨賄公行，軍旅在外，饑疫相仍，後宮賞賜動至千萬。劉敷屢泣言之，聰不納，怒曰：「爾欲得使汝公死乎？朝朝夕夕生來哭人！」敷憂忿發病而死。

河東大蝗，唯不食黍豆。靳準率部人收而埋之，哭聲聞於十餘里，後乃鑽土飛出，復食黍豆。平陽饑甚，司隸部人奔于冀州二十萬戶，石越招之故也。犬與豕交于相國府門，又交于宮門，又交司隸、御史門。有豕著進賢冠，升聰坐。犬冠武冠，帶綬，與豕並升。俄而鬬死殿上。宿衞莫有見其入者。而聰昏虐愈甚，無誡懼之心。讌羣臣于光極前殿，引見其太弟乂，容貌毀悴，鬢髮蒼然，涕泣陳謝。聰亦對之悲慟，縱酒極歡，待之如初。

劉曜陷長安外城，愍帝使侍中宋敞送牋于曜，帝肉袒牽羊，輿櫬銜璧出降。及至平陽，聰以帝爲光祿大夫、懷安侯，使粲告于太廟，大赦境內，改年麟嘉。麴允自殺。

聰東宮四門無故自壞，後內史女人化爲丈夫。時聰子約死，一指猶暖，遂不殯殮。及蘇，言見元海於不周山，經五日，遂復從至崐崘山，三日而復返於不周，見諸王公卿將相死者悉在，宮室甚壯麗，號曰蒙珠離國。元海謂約曰：「東北有遮須夷國，無主久，待汝父爲

之。汝父後三年當來，來後國中大亂相殺害，吾家死亡略盡，但可永明輩十數人在耳。汝且還，後年當來，見汝不久。」約拜辭而歸，道遇一國曰猗尼渠餘國，引約入宮，與約皮囊一枚，曰：「爲吾遺漢皇帝。」約辭而歸，謂約曰：「劉郎後年來必見過，當以小女相妻。」約歸，置皮囊於机上。俄而蘇，使左右机上取皮囊開之，有一方白玉，題文曰：「猗尼渠餘國天王敬信遮須夷國天王，歲在攝提，當相見也。」馳使呈聰，聰曰：「若審如此，吾不懼死也。」及聰死，與此玉幷葬焉。

時東宮鬼哭；赤虹經天，南有一歧；三日並照，各有兩珥，五色甚鮮；客星歷紫宮入於天獄而滅。太史令康相言於聰曰：「蛇虹見彌天；一歧南徹；三日並照；客星入紫宮。此皆大異，其徵不遠也。今虹達東西者，許洛以南不可圖也。一歧南徹者，李氏當仍跨巴蜀，司馬叡終據全吳之象，天下其三分乎！月爲胡王，皇漢雖苞括二京，龍騰九五，然世雄燕代，肇基北朔，太陰之變其在漢域乎！漢既據中原，曆命所屬，紫宮之異，亦不在他，此之深重，胡可盡言。石勒鴟視趙魏，曹嶷狼顧東齊，鮮卑之衆星布燕代，齊、代、燕、趙皆有將大之氣。願陛下以東夏爲慮，勿顧西南。吳蜀之不能北侵，猶大漢之不能南向也。今京師寡弱，勒衆精盛，若盡趙魏之銳，燕之突騎自上黨而來，曹嶷率三齊之衆以繼之，陛下將何以抗之？紫宮之變何必不在此乎！願陛下早爲之所，無使兆人生心。陛下誠能發詔，外以遠追秦

皇、漢武循海之事，內爲高帝圖楚之計，無不克矣。」聰覽之不悅。

劉粲使王平謂劉乂曰：「適奉中詔，云京師將有變，敕裹甲以備之。」乂以爲信然，令命宮臣裹甲以居。粲馳遣告靳準、王沈等曰：「向也王平告云東宮陰備非常，將若之何？」準白之，聰大驚曰：「豈有此乎！」王沈等同聲曰：「臣等久聞，但恐言之陛下弗信。」於是使粲圍東宮。粲遣沈、準收氐羌酋長十餘人，窮問之，皆懸首高格，燒鐵灼目，乃自誣與乂同造逆謀。聰謂沈等言曰：「而今而後，吾知卿等忠於朕也。當念爲知無不言，勿恨往日言不用也。」於是誅乂素所親厚大臣及東宮官屬數十人，皆靳準及閹豎所怨也。廢乂爲北部王，粲使準賊殺之。坑士衆萬五千餘人，平陽街巷爲之空。氐羌叛者十餘萬落，以靳準行車騎大將軍以討之。時聰境內大蝗，平陽、冀、雍尤甚。靳準討之，震其二子而死。河汾大溢，漂沒千餘家。東宮災異，〔一五〕門閣宮殿蕩然。立粲爲皇太子，大赦殊死已下。以粲領相國、大單于，總攝朝政如前。

聰校獵上林，以帝行車騎將軍，戎服執戟前導，行三驅之禮。粲言於聰曰：「今司馬氏跨據江東，趙固、李矩同逆相濟，興兵聚衆者皆以子鄴爲名，不如除之，以絕其望。」聰然之。

趙固郭默攻其河東，至於絳邑，右司隸部人盜牧馬負妻子奔之者三萬餘騎。騎兵將軍劉勳追討之，殺萬餘人，固、默引歸。劉頡遮邀擊之，爲固所敗。使粲及劉雅等伐趙固，次

于小平津，固揚言曰：「要當生縛劉粲以贖天子。」聰聞而惡之。

李矩使郭默、郭誦救趙固，屯于洛汭，遣耿稚、張皮濳濟，襲粲。貝丘王翼光自厘城覘之，以告粲。粲曰：「征北南渡，趙固望聲逃竄，彼方憂自固，何暇來邪！且聞上身在此，自當不敢北視，況敢濟乎！不須驚動將士也。」是夜，稚等襲敗粲軍，粲奔據陽鄉，稚館穀粲壘。雅聞而馳還，柵于壘外，與稚相持。聰聞粲敗，使太尉范隆率騎赴之，稚等懼，率衆五千，突圍趣北山而南。劉勳追之，戰于河陽，稚師大敗，死者三千五百人，投河死者千餘人。

聰所居螽斯則百堂災，焚其子會稽王衷已下二十有一人。〔一六〕聰聞之，自投於牀，哀塞氣絕，良久乃蘇。平陽西明門牡自亡，〔一七〕霍山崩。

署其驃騎大將軍、濟南王劉驥爲大將軍、都督中外諸軍事、錄尚書，衞大將軍、齊王劉勱爲大司徒。

中常侍王沈養女年十四，有妙色，聰立爲左皇后。尚書令王鑒、中書監崔懿之、中書令曹恂等諫曰：「臣聞王者之立后也，將以上配乾坤之性，象二儀敷育之義，生承宗廟，母臨天下，亡配后土，執饋皇姑，必擇世德名宗，幽閑淑令，副四海之望，稱神祇之心。是故周文造舟，姒氏以興，關雎之化饗，則百世之祚永。孝成任心縱欲，以婢爲后，使皇統亡絕，社稷淪傾。有周之隆既如彼矣，大漢之禍又如此矣。從麟嘉以來，亂淫於色，縱沈之弟女，刑餘小

醜猶不可塵瓊寢，汙淸廟，況其家婢邪！六宮妃嬪皆公子公孫，奈何一旦以婢主之，何異象榱玉簀而對腐木朽楹哉！臣恐無福於國家也。」聰覽之大怒，使宣懷謂粲曰：「鑒等小子，慢侮國家，狂言自口，無復君臣上下之禮，其速考竟。」於是收鑒等送市。金紫光祿大夫王延馳將入諫，門者弗通。鑒等臨刑，王沈以杖叩之曰：「庸奴，復能爲惡乎？乃公何與汝事！」鑒瞋目叱之曰：「豎子！使皇漢滅者，坐汝鼠輩與靳準耳，要當訴汝於先帝，取汝等於地下。」懿之曰：「靳準梟聲鏡形，必爲國患。汝既食人，人亦當食汝。」皆斬之。聰又立其中常侍宣懷養女爲中皇后。

鬼哭於光極殿，又哭於建始殿。雨血平陽，廣袤十里。時聰子約已死，至是晝見。聰甚惡之，謂粲曰：「吾寢疾惙頓，怪異特甚。往以約之言爲妖，比累日見之，此兒必來迎吾也。何圖人死定有神靈，如是，吾不悲死也。今世難未夷，非諒闇之日，朝終夕殯，旬日而葬。」徵劉曜爲丞相、錄尚書，輔政，固辭乃止。仍以劉景爲太宰，劉驥爲大司馬，劉顗爲太師，朱紀爲太傅，呼延晏爲太保，並錄尚書事；范隆守尚書令、儀同三司，靳準爲大司空、領司隸校尉，皆迭決尚書奏事。

太興元年，聰死，在位九年，僞謚曰昭武皇帝，廟號烈宗。

粲字士光。少而儁傑，才兼文武。自爲宰相，威福任情，疏遠忠賢，昵近姦佞，任性嚴刻無恩惠，距諫飾非。好興造宮室，相國之府仿像紫宮，在位無幾，作兼晝夜，飢困窮叛，死亡相繼，粲弗之恤也。

既嗣僞位，尊聰后靳氏爲皇太后，樊氏號弘道皇后，宣氏號弘德皇后，王氏號弘孝皇后。靳等年皆未滿二十，並國色也，粲晨夜烝淫於內，志不在哀。立其妻靳氏爲皇后，子元公爲太子，大赦境內，改元漢昌。雨血于平陽。

靳準將有異謀，私於粲曰：「如聞諸公將欲行伊尹、霍光之事，謀先誅太保及臣，以大司馬統萬機。陛下若不先之，臣恐禍之來也不晨則夕。」粲弗納。準懼其言之不從，謂聰二靳氏曰：〔一八〕「今諸公侯欲廢帝，立濟南王，恐吾家無復種矣。盍言之於帝。」二靳承間言之。粲誅其太宰、上洛王劉景，太師、昌國公劉顗，大司馬、濟南王劉驥，〔一九〕大司徒、齊王劉勱等。太傅朱紀、太尉范隆出奔長安。又誅其車騎大將軍、吳王劉逞，驥母弟也。粲大閱上林，謀討石勒。以靳準爲大將軍、錄尚書事。粲荒耽酒色，游讌後庭，軍國之事一決於準。準矯粲命，以從弟明爲車騎將軍，康爲衞將軍。

準將作亂，以金紫光祿大夫王延耆德時望，謀之于延。延弗從，馳將告之，遇靳康，劫延以歸。準勒兵入宮，升其光極前殿，下使甲士執粲，數而殺之。劉氏男女無少長皆斬于

東市。發掘元海、聰墓，焚燒其宗廟。鬼大哭，聲聞百里。

準自號大將軍、漢大王，〔二〇〕置百官，遣使稱藩于晉。左光祿劉雅出奔西平。尚書北宫純、胡崧等招集晉人，保於東宮，靳康攻滅之。準將以王延爲左光祿，延罵曰：「屠各逆奴，何不速殺我，以吾左目置西陽門，觀相國之入也，右目置建春門，觀大將軍之入也。」準怒，殺之。

陳元達字長宏，後部人也。本姓高，以生月妨父，故改云陳。少而孤貧，常躬耕兼誦書，樂道行詠，忻忻如也。至年四十，不與人交通。

元海之爲左賢王，聞而招之，元達不答。及元海僭號，人謂元達曰：「往劉公相屈，君蔑而不顧，今稱號龍飛，君其懼乎？」元達笑曰：「是何言邪？彼人姿度卓犖，有籠羅宇宙之志，吾固知之久矣。然往日所以不往者，以期運未至，不能無事喧喧，彼自有以亮吾矣。卿但識之，吾恐不過二三日，驛書必至。」其暮，元海果徵元達爲黄門郎。人曰：「君殆聖乎！」既至，引見，元海曰：「卿若早來，豈爲郎官而已。」元達曰：「臣惟性之有分，盈分者顛。臣若早叩天門者，恐大王賜處於九卿、納言之間，此則非臣之分，臣將何以堪之！是以抑情盤桓，待分而至，大王無過授之謗，小臣免招寇之禍，不亦可乎！」元海大悦。在位忠謇，屢進讜

言，退而削草，雖子弟莫得而知也。聰每謂元達曰：「卿當畏朕，反使朕畏卿乎？」元達叩頭謝曰：「臣聞師臣者王，友臣者霸。臣誠愚闇無可採也，幸邀陛下垂齊桓納九九之義，故使微臣得盡愚忠。昔世宗遙可汲黯之奏，故能恢隆漢道；桀紂誅諫，幽厲弭謗，是以三代之亡也忽焉。陛下以大聖應期，挺不世之量，能遠捐商周覆國之弊，近模孝武光漢之美，則天下幸甚，羣臣知免。」及其死也，人盡冤之。

校勘記

〔一〕郭頤　各本「頤」作「熙」，元大德九路刊本以下簡稱元二十二字本作「頤」，與通志一八六、魏書聰傳合，今從之。

〔二〕改元光興　各本「元」下衍「年」字，今據册府二一九删。

〔三〕王師敗於社門　「社」下局本注「元作『杜』」。舉正：洛陽有稅門，即清明門，無社、杜二門，「社」、「杜」蓋「稅」之譌。

〔四〕推疋爲平南將軍　通鑑八七、册府二三四「平南」皆作「平西」。疋本安定太守，軍號當帶「西」字，疑「南」字譌。

〔五〕退保甘渠　賈疋傳「渠」作「泉」。當時晉軍由臨涇東下攻長安，甘泉在長安北，地位相當，或當時甘泉亦名甘渠。

〔六〕猗盧遣子日利孫賓六須至姬澹　魏書序紀作「遣子六脩、桓帝子普根」。通鑑八八從魏書，通鑑考異云：十六國春秋云：「遣其子利孫、宥六須」，載記云「賓六須」，劉琨集云「左、右賢王」，又云「右賢王撲速根」。按：王浚傳見猗盧子右賢王日律孫，似即「撲速根」，亦即「普根」，然音不合。懷紀但舉猗盧子利孫一人。疑利孫或日利孫、日律孫並即六脩之異譯，誤歧爲二人，又誤以當普根。又「姬澹」，劉琨傳、通鑑八八並作「箕澹」，而石勒載記上、魏書衞操傳復作「姬澹」。

〔七〕傅武　「武」本作「虎」，唐修晉書避諱改，通鑑八八作「虎」。

〔八〕鵄儀殿　「殿」原作「樓」，毛本、局本「樓」下注「元作『殿』」。本書列女傳、册府二三三、通鑑八八、御覽一四二引前趙錄並作「殿」，下文亦云「將營一殿」「朕殿」。今據改。

〔九〕視百姓如草芥　「芥」，各本作「莽」，殿本、通志一八六作「芥」。「草芥」用孟子離婁、左傳哀公元年文，今從殿本。

〔一〇〕輔軍　册府二二九、通志一八六皆作「撫軍」，撫軍是魏晉舊名，疑作「撫軍」爲是。

〔一一〕食五都　通志一八六「都」作「郡」，疑是。

〔一二〕一泉塢　「一泉塢」當從水經洛水注作「一合塢」。

〔一三〕右貴嬪靳氏爲右皇后　各本「靳」作「劉」，獨局本作「靳」。上文云聰納靳準二女爲左、右貴嬪，

大曰月光，小曰月華。通鑑八九云「月華爲右皇后」，正是靳氏。通志一八六亦作「靳」。「劉」字譌，今從局本。

〔一四〕四后之外　通鑑八九「四后」作「三后」，通鑑考異云：時靳上皇后已死，唯三后耳，云「四」誤也。

〔一五〕東宮災異　李校：「異」字衍。

〔一六〕焚其子會稽王衷已下二十有一人　斠注：御覽一一九引十六國春秋前趙錄「衷」作「康」。按：通鑑九〇亦作「康」。

〔一七〕西明門牡自亡　各本「牡」作「社」，獨局本作「牡」。局本當據通志一八六改。漢書天文志以門牡自亡爲災，今從局本。

〔一八〕謂聰二靳氏曰　通鑑九〇作「復使二靳氏言之」，胡注：「二靳氏，聰后與粲后。」按：此處當衍「聰」字。

〔一九〕濟南王劉驥　各本無「劉」字，吳本獨有，當是據本條劉景、劉顗、劉勱、劉逞例補，今從之。

〔二〇〕漢大王　通鑑九〇「大」作「天」，疑「大」字譌。

晉書卷一百三

載記第三

劉曜

劉曜字永明，元海之族子也。少孤，見養於元海。幼而聰慧，有奇度。年八歲，從元海獵于西山，遇雨，止樹下，迅雷震樹，旁人莫不顛仆，曜神色自若。元海異之曰：「此吾家千里駒也，從兄爲不亡矣！」身長九尺三寸，垂手過膝，生而眉白，目有赤光，鬚髯不過百餘根，而皆長五尺。性拓落高亮，與衆不羣。讀書志於廣覽，不精思章句，善屬文，工草隸。雄武過人，鐵厚一寸，射而洞之，于時號爲神射。尤好兵書，略皆闇誦。常輕侮吳、鄧，而自比樂毅、蕭、曹，時人莫之許也，惟聰每曰：「永明，世祖、魏武之流，何數公足道哉！」

弱冠游于洛陽，坐事當誅，亡匿朝鮮，遇赦而歸。自以形質異衆，恐不容于世，隱迹管涔山，〔一〕以琴書爲事。嘗夜閑居，有二童子入跪曰：「管涔王使小臣奉謁趙皇帝，獻劍一口。」置前再拜而去。以燭視之，劍長二尺，光澤非常，赤玉爲室，背上有銘曰：「神劍御，除衆毒。」曜遂服之。劍隨四時而變爲五色。

元海世頻歷顯職，後拜相國、都督中外諸軍事，鎮長安。靳準之難，自長安赴之。至于赤壁，太保呼延晏等自平陽奔之，與太傅朱紀、太尉范隆等上尊號。曜以太興元年僭卽皇帝位，大赦境內，惟準一門不在赦例，改元光初。以朱紀領司徒，呼延晏領司空，范隆以下悉復本位。使征北劉雅、鎮北劉策次于汾陰，與石勒爲掎角之勢。

靳準遣侍中卜泰降于勒，勒囚泰，送之曜。謂泰曰：「先帝末年，實亂大倫，羣閹撓政，誅滅忠良，誠是義士匡討之秋。司空執心忠烈，行伊霍之權，拯濟塗炭，使朕及此，勳高古人，德格天地。朕方寧濟大艱，終不以非命及君子賢人。司空若執忠誠，早迎大駕者，政由靳氏，祭則寡人，以朕此意布之司空，宣之朝士。」泰還平陽，具宣曜旨。準自以殺曜母兄，沈吟未從。尋而喬泰、王騰、靳康、馬忠等殺準，推尚書令靳明爲盟主，遣卜泰奉傳國六璽降于曜。曜大悅，謂泰曰：「使朕獲此神璽而成帝王者，子也。」石勒聞之，怒甚，增兵攻之。明戰累敗，遣使求救于曜，曜使劉雅、劉策等迎之。明率平陽士女萬五千歸于曜，曜命誅明，靳氏男女無少長皆殺之。使劉雅迎母胡氏喪于平陽，還葬粟邑，墓號陽陵，僞謚宣明皇太后。僭尊高祖父亮爲景皇帝，曾祖父廣爲獻皇帝，祖防懿皇帝，考曰宣成皇帝。徙都長安，起光世殿於前，紫光殿於後。立其妻羊氏爲皇后，子熙爲皇太子，封子襲爲長樂王，闡太原王，沖淮南王，敞齊王，高魯王，徽楚王，徵諸宗室皆進封郡王。繕宗廟、社稷、南北郊。以水承晉金行，國號曰趙。牲牡尚黑，旗幟尚玄，冒頓配天，元海配上帝，大赦境內殊死已下。

黃石屠各路松多起兵於新平、扶風，聚衆數千，附于南陽王保。保以其將楊曼爲雍州刺史，王連爲扶風太守，據陳倉；張顗爲新平太守，周庸爲安定太守，據陰密。松多下草壁，秦隴氐羌多歸之。曜遣其車騎劉雅、平西劉厚攻楊曼于陳倉，二旬不克。曜率中外精銳以赴之，行次雍城，太史令弁廣明言於曜曰：「昨夜妖星犯月，師不宜行。」乃止。敕劉雅等攝圍固壘，以待大軍。

地震，長安尤甚。時曜妻羊氏有殊寵，頗與政事，陰有餘之徵也。

三年，曜發雍，攻陳倉，曼、連謀曰：「諜者適還，云其五牛旗建，多言胡主自來，其鋒恐不可當也。吾糧廩既少，無以支久，若頓軍城下，圍人百日，不待兵刃而吾自滅，不如率見衆以一戰。如其勝也，關中不待檄而至；如其敗也，一等死，早晚無在。」遂盡衆背城而陣，爲曜所敗，王連死之，楊曼奔于南氐。曜進攻草壁，又陷之，松多奔隴城，進陷安定。保懼，遷于桑城，氐羌悉從之。曜振旅歸于長安，署劉雅爲大司徒。

晉將李矩襲金墉，克之。曜左中郎將宋始、振威宋恕降于石勒。署其大將軍、廣平王岳爲征東大將軍，鎮洛陽。會三軍疫甚，岳遂屯澠池。石勒遣石生馳應宋始等，軍勢甚盛。曜將尹安、趙慎等以洛陽降生，岳乃班師，鎮于陝城。

西明門內大樹風吹折，經一宿，樹撥變爲人形，髮長一尺，鬚眉長三寸，皆黃白色，有斂手之狀，亦有兩腳著裙之形，惟無目鼻，每夜有聲，十日而生柯條，遂成大樹，枝葉甚茂。

長水校尉尹車謀反，潛結巴酋徐庫彭，〔二〕曜乃誅車，囚庫彭等五十餘人于阿房，將殺之。光祿大夫游子遠固諫，曜不從。子遠叩頭流血，曜大怒，幽子遠而盡殺庫彭等，尸諸街巷之中十日，乃投之於水。於是巴氐盡叛，推巴歸善王句渠知爲主，四山羌、氐、巴、羯應之者三十餘萬，關中大亂，城門晝閉。子遠又從獄表諫，曜怒甚，毀其表曰：「大荔奴不憂命在須臾，猶敢如此，嫌死晚邪？」叱左右速殺之。劉雅、朱紀、呼延晏等諫曰：「子遠幽而尙諫者，所謂忠於社稷，不知死之將至。陛下縱弗能用，奈何殺之！若子遠朝誅，臣等亦暮死，以彰陛下過差之咎。天下之人皆當去陛下蹈西海而死耳，陛下復與誰居乎！」曜意解，乃赦之。於是敕內外戒嚴，將親討渠知。子遠進曰：「陛下誠能納愚臣之計者，不勞大駕親動，一月之中可使清定。」曜曰：「卿試言之。」子遠曰：「彼匪有大志，希竊非望也，但逼於陛下峻網耳。今死者不可追，莫若赦諸逆人之家老弱沒奚官者，使迭相撫育，聽其復業，大赦與之更始。彼生路既開，不降何待！若渠知自以罪重不卽下者，願假臣弱兵五千，以爲陛下梟之，不敢勞陛下之將帥也。不爾者，今賊黨既衆，彌川被谷，雖以天威臨之，恐非年歲可除。」曜大悅，以子遠爲車騎大將軍、開府儀同三司、都督雍秦征討諸軍事。大赦境內。子遠次于雍城，降者十餘萬。進軍安定，氐羌悉下，惟句氏宗黨五千餘家保于陰密，進攻平之，遂振旅循隴右，陳安郊迎。

先是，上郡氐羌十餘萬落保嶮不降，酋大虛除權渠自號秦王。子遠進師至其壁下，權渠率衆來距，五戰敗之。權渠恐，將降，其子伊餘大言於衆曰：「往劉曜自來，猶無若我何，況此偏師而欲降之！」率勁卒五萬，晨壓壘門。左右勸戰，子遠曰：「吾聞伊餘之勇，當今無敵，士馬之强，復非其匹；又其父新敗，怒氣甚盛；且西戎剽勁，鋒銳不可擬也。不如緩之，使氣竭而擊之。」乃堅壁不戰。伊餘有驕色。子遠候其無備，夜，誓衆蓐食，晨，大風霧，子遠曰：「天贊我也！」躬先士卒，掃壁而出，遲明覆之，生擒伊餘，悉俘其衆。權渠大懼，被髮割面而降。子遠啓曜以權渠爲征西將軍、西戎公，分徙伊餘兄弟及其部落二十餘萬口于長安。西戎之中，權渠部最强，皆稟其命而爲寇暴，權渠既降，莫不歸附。

曜大悅，讌羣臣于東堂，語及平生，泫然流涕，遂下書曰：「蓋褒德惟舊，聖后之所先；念惠錄孤，明王之恒典。是以世祖草創河北，而致封於嚴尤之孫；魏武勒兵梁宋，追慟於橋公之墓。前新贈大司徒、烈愍公崔岳，中書令曹恂，晉陽太守王忠，太子洗馬劉綏等，或識朕

於童齔之中，或濟朕於艱窘之極，言念君子，實傷我心。詩不云乎：『中心藏之，何日忘之！』岳，漢昌之初雖有褒贈，屬否運之際，禮章莫備，今可贈岳使持節、侍中、大司徒、遼東公，恂大司空、南郡公，綏左光祿大夫、平昌公，忠鎮軍將軍、安平侯，並加散騎常侍。但皆丘墓夷滅，申哀莫由，有司其速班訪岳等子孫，授以茅土，稱朕意焉。」初，曜之亡，與曹恂奔於劉綏，綏匿之於書匱，載送於忠，忠送之朝鮮。歲餘，飢窘，變姓名，客爲縣卒。岳爲朝鮮令，見而異之，推問所由。曜叩頭自首，流涕求哀。岳曰：「卿謂崔元嵩不如孫賓碩乎，何懼之甚也！今詔捕卿甚峻，百姓間不可保也。此縣幽僻，勢能相濟，縱有大急，不過解印綬與卿俱去耳。吾既門衰，無兄弟之累，身又薄祜，未有兒子，卿猶吾子弟也，勿爲過憂。大丈夫處身立世，鳥獸投人，要欲濟之，而況君子乎！」給以衣服，資供書傳。曜遂從岳，質通疑滯，恩顧甚厚。岳從容謂曜曰：「劉生姿宇神調，命世之才也！四海脫有微風搖之者，英雄之魁，卿其人矣。」曹恂雖於屯厄之中，事曜有君臣之禮，故皆德之。

曜立太學於長樂宮東，小學於未央宮西，簡百姓年二十五已下十三已上，神志可教者千五百人，選朝賢宿儒明經篤學以教之。以中書監劉均領國子祭酒。置崇文祭酒，秩次國子。散騎侍郎董景道以明經擢爲崇文祭酒。以游子遠爲大司徒。

曜命起酆明觀，立西宮，建陵霄臺於滈池，又將於霸陵西南營壽陵。侍中喬豫、和苞上

疏諫曰：「臣聞人主之興作也，必仰準乾象，俯順人時，是以衞文承亂亡之後，宗廟社稷流漂無所，而猶上候營室以構楚宮。彼其急也猶尚若茲，故能興康叔、武公之迹，以延九百之慶也。奉詔書將營酆明觀，市道芻蕘咸以非之，曰一觀之功可以平涼州矣。又奉敕旨復欲擬阿房而建西宮，模瓊臺而起陵霄，此則費萬酆明，功億前役也。以此功費，亦可以吞吳蜀，翦齊魏矣。陛下何爲於中興之日而蹤亡國之事！自古聖王，人誰無過！陛下此役，實爲過舉。過貴在能改，終之實難。又伏聞敕旨將營建壽陵，周迴四里，下深二十五丈，以銅爲棺槨，黃金飾之，恐此功費非國內所能辦也。且臣聞堯葬穀林，市不改肆；顓頊葬廣陽，下不及泉。聖王之於終也如是。秦皇下錮三泉，周輪七里，身亡之後，毀不旋踵，闇主之於終也如此。向魋石椁，孔子以爲不如速朽；王孫倮葬，識者嘉其矯世。自古無有不亡之國，不掘之墓，故聖王知厚葬之招害也，故不爲之。臣子之於君父，陵墓豈不欲高廣如山岳哉！但以保全始終，安固萬世爲優耳。興亡奢儉，冏然於前，惟陛下覽之。」曜大悅，下書曰：「二侍中懇懇有古人之風烈矣，可謂社稷之臣也。非二君，朕安聞此言乎！以孝明於承平之世，四海無虞之日，尚納鍾離一言而罷北宮之役，況朕之闇眇，當今極弊，而可不敬從明誨乎！今敕悉停壽陵制度，一遵霸陵之法。詩不云乎：『無言不酬，無德不報。』其封豫安昌子，苞平輿子，並領諫議大夫。可敷告天下，使知區區之朝思聞過也。自今政法有不便於

時，不利社稷者，其詣闕極言，勿有所諱。」省酆水囿以與貧戶。

終南山崩，長安人劉終於崩所得白玉方一尺，有文字曰：「皇亡，皇亡，敗趙昌。井水竭，構五梁，咢酉小衰困嚻喪。嗚呼！嗚呼！赤牛奮靷其盡乎！」時羣臣咸賀，以爲勒滅之徵。曜大悅，齋七日而後受之於太廟，大赦境內，以終爲奉瑞大夫。中書監劉均進曰：「臣聞國主山川，故山崩川竭，君爲之不舉。終南，京師之鎮，國之所瞻，無故而崩，其凶焉可極言！昔三代之季，其災也如是。今朝臣皆言祥瑞，臣獨言非，誠上忤聖旨，下違衆議，然臣不達大理，竊所未同。何則？玉之於山石也，猶君之於臣下。山崩石壞，象國傾人亂。『皇亡，皇亡，敗趙昌』者，此言皇室將爲趙所敗，趙因之而昌。今大趙都於秦雍，而勒跨全趙之地，趙昌之應，當在石勒，不在我也。『井水竭，構五梁』者，井謂東井，秦之分也，五謂五車，梁謂大梁，五車、大梁，趙之分也，此言秦將竭滅，以構成趙也。咢者，歲之次名作咢也，言歲馭作咢酉之年，當有敗軍殺將之事。困謂困敦，歲在子之年名，玄囂亦在子之次，言歲馭於子，國當喪亡。赤牛奮靷謂赤奮若，在丑之歲名也。牛謂牽牛，東北維之宿，丑之分也，言歲在丑當滅亡，盡無復遺也。此其誡悟蒸蒸，欲陛下勤修德化以禳之。縱爲嘉祥，尚願陛下夕惕以答之。書曰：『雖休勿休。』願陛下追蹤周旦盟津之美，捐鄗虢公夢廟之凶，謹歸沐浴以待妖言之誅。」曜憮然改容。御史劾均狂言瞽說，誣罔祥瑞，請依大不敬論。曜曰：

「此之災瑞，誠不可知，深戒朕之不德，朕收其忠惠多矣，何罪之有乎！」

曜親征氐羌，仇池楊難敵率衆來距，前鋒擊敗之，難敵退保仇池，仇池諸氐羌多降於曜。曜後復西討楊韜于南安，韜懼，與隴西太守梁勛等降于曜，皆封列侯。使侍中喬豫率甲士五千，遷韜等及隴右萬餘戶于長安。曜又進攻仇池。時曜寢疾，兼癘疫甚，議欲班師，恐難敵躡其後，乃以其尚書郎王獷爲光國中郎將，使于仇池，以說難敵，難敵於是遣使稱藩。曜大悅，署難敵爲使持節、侍中、假黃鉞、都督益寧南秦涼梁巴六州隴上西域諸軍事、上大將軍、益寧南秦三州牧、領護南氐校尉、寧羌中郎將、武都王，子弟爲公侯列將二千石者十五人。

陳安請朝，曜以疾篤不許。安怒，且以曜爲死也，遂大掠而歸。曜疾甚篤，馬輿而還，使其將呼延寔監輜重於後。陳安率精騎要之于道，寔奔戰無路，與長史魯憑俱沒于安。安囚寔而謂之曰：「劉曜已死，子誰輔哉？孤當與足下終定大業。」寔叱安曰：「狗輩！汝荷人榮寵，處不疑之地，前背司馬保，今復如此。汝自視何如主上？憂汝不久梟首上邽通衢，何謂大業！可速殺我，懸我首於上邽東門，觀大軍之入城也。」安怒，遂殺之。以魯憑爲參軍，又遣其弟集及將軍張明等率騎二萬追曜，曜衞軍呼延瑜逆戰，擊斬之，悉俘其衆。安懼，馳還上邽。曜至自南安。陳安使其將劉烈、趙罕襲汧城，[三]拔之，西州氐羌悉從安。安士馬

雄盛，衆十餘萬，自稱使持節、大都督、假黃鉞、大將軍、雍涼秦梁四州牧、涼王，以趙募爲相國，領左長史。魯憑對安大哭曰：「吾不忍見陳安之死也。」安怒，命斬之。憑曰：「死自吾分，懸吾頭於秦州通衢，觀趙之斬陳安也。」遂殺之。曜聞憑死，悲慟曰：「賢人者，天下之望也。害賢人，是塞天下之情。夫承平之君猶不敢乖臣妾之心，況於四海乎！陳安今於招賢採哲之秋，而害君子，絕當時之望，吾知其無能爲也。」

休屠王石武以桑城降，[四]曜大悅，署武爲使持節、都督秦州隴上雜夷諸軍事、平西大將軍、秦州刺史，封酒泉王。

曜后羊氏死，僞謚獻文皇后。羊氏內有特寵，外參朝政，生曜三子熙、襲、闡。

曜始禁無官者不聽乘馬，祿八百石已上婦女乃得衣錦繡，自季秋農功畢，乃聽飲酒，非宗廟社稷之祭不得殺牛，[五]犯者皆死。曜臨太學，引試學生之上第者拜郎中。

武功男子蘇撫、陝男子伍長平並化爲女子。石言於陝，若言勿東者。

曜將葬其父及妻，親如粟邑以規度之。負土爲墳，其下周迴二里，作者繼以脂燭，怨呼之聲盈于道路。游子遠諫曰：「臣聞聖主明王、忠臣孝子之於終葬也，棺足周身，椁足周棺，藏足周椁而已，不封不樹，爲無窮之計。伏惟陛下聖慈幽被，神鑒洞遠，每以清儉恤下爲先，社稷資儲爲本。今二陵之費至以億計，計六萬夫百日作，所用六百萬功。二陵皆下錮

三泉，上崇百尺，積石爲山，增土爲阜，發掘古冢以千百數，役夫呼嗟，氣塞天地，暴骸原野，哭聲盈衢，臣竊謂無益於先皇先后，而徒喪國之儲力。陛下脫仰尋堯舜之軌者，則功不盈百萬，費亦不過千計，下無怨骨，上無怨人，先帝先后有太山之安，陛下饗舜、禹、周公之美，惟陛下察焉。」曜不納，乃使其將劉岳等帥騎一萬，迎父及弟暉喪於太原。疫氣大行，死者十三四。上洛男子張盧死二十七日，有盜發其冢者，盧得蘇。曜葬其父，墓號永垣陵，葬妻羊氏，墓號顯平陵。大赦境內殊死已下，賜人爵二級，孤老貧病不能自存者帛各有差。

太寧元年，陳安攻曜征西劉貢於南安，休屠王石武自桑城將攻上邽，以解南安之圍。安聞之懼，馳歸上邽，遇於瓜田。武以衆寡不敵，奔保張春故壘。安引軍追武曰：「叛逆胡奴！要當生縛此奴，然後斬劉貢。」武閉壘距之。貢敗安後軍，俘斬萬餘。安馳還赴救，貢逆擊敗之。俄而武騎大至，安衆大潰，收騎八千，奔于隴城。貢乃留武督後衆，躬先士卒，戰輒敗之，遂圍安于隴城。

大雨霖，震曜父墓門屋，大風飄發其父寢堂于垣外五十餘步。曜避正殿，素服哭于東堂五日，使其鎮軍劉襲、太常梁胥等繕復之。松柏衆木植已成林，至是悉枯。署其大司馬劉雅爲太宰，加劍履上殿，入朝不趨，讚拜不名，給千兵百騎，甲仗百人入殿，增班劍六十人，前後鼓吹各二部。

曜親征陳安，圍安于隴城。安頻出挑戰，累擊敗之，斬獲八千餘級。右軍劉幹攻平襄，克之，隴上諸縣悉降。曲赦隴右殊死已下，惟陳安、趙募不在其例。安留楊伯支、姜沖兒等守隴城，帥騎數百突圍而出，欲引上邽、平襄之衆還解隴城之圍。安既出，知上邽被圍，平襄已敗，乃南走陝中。曜使其將軍平先、丘中伯率勁騎追安，頻戰敗之，俘斬四百餘級。安與壯士十餘騎於陝中格戰，安左手奮七尺大刀，右手執丈八蛇矛，近交則刀矛俱發，輒害五六；[六]遠則雙帶鞬服，左右馳射而走。平先亦壯健絕人，勇捷如飛，與安搏戰，三交，奪其蛇矛而退。會日暮，雨甚，安棄馬，與左右五六人步踰山嶺，匿于溪澗。翌日尋之，遂不知所在。會連雨始霽，輔威呼延清尋其徑迹，[七]斬安于澗曲。曜大悅。

安善於撫接，吉凶夷險與衆同之，及其死，隴上歌之曰：「隴上壯士有陳安，軀幹雖小腹中寬，愛養將士同心肝。騧驄父馬鐵瑕鞍，七尺大刀奮如湍，丈八蛇矛左右盤，十盪十決無當前。戰始三交失蛇矛，棄我騧驄竄巖幽，爲我外援而懸頭。西流之水東流河，一去不還奈子何！」曜聞而嘉傷，命樂府歌之。

楊伯支斬姜沖兒，以隴城降。宋亭斬趙募，以上邽降。徙秦州大姓楊、姜諸族二千餘戶于長安。氐羌悉下，並送質任。

時劉岳與涼州刺史張茂相持于河上，曜自隴長驅至西河，戎卒二十八萬五千，臨河列

營，百餘里中，鍾鼓之聲沸河動地，自古軍旅之盛未有斯比。茂臨河諸戍皆望風奔退。揚聲欲百道俱渡，直至姑臧，涼州大怖，人無固志。諸將咸欲速濟，曜曰：「吾軍旅雖盛，不踰魏武之東也。畏威而來者，三有二焉。中軍宿衞已皆疲老，不可用也。張氏以吾新平陳安，師徒殷盛，以形聲言之，非彼五郡之衆所能抗也，必怖而歸命，受制稱藩，吾復何求！卿等試之，不出中旬，張茂之表不至者，吾爲負卿矣。」茂懼，果遣使稱藩，獻馬一千五百匹，牛三千頭，羊十萬口，黃金三百八十斤，銀七百斤，女妓二十人，及諸珍寶珠玉、方域美貨不可勝紀。曜大悅，使其大鴻臚田崧署茂使持節、假黃鉞、侍中、都督涼南北秦梁益巴漢隴右西域雜夷匈奴諸軍事、太師、領大司馬、涼州牧、領西域大都護、護氐羌校尉、涼王。

曜至自河西，遣胡元增其父及妻墓高九十尺。

楊難敵以陳安既平，內懷危懼，奔于漢中。鎭西劉厚追擊之，獲其輜重千餘兩，士女六千餘人，還之仇池。曜以大鴻臚田崧爲鎭南大將軍、益州刺史，鎭仇池，以劉岳爲侍中、都督中外諸軍事，進封中山王。

初，靳準之亂，曜世子胤沒于黑匿郁鞠部，至是，胤自言，郁鞠大驚，資給衣馬，遣子送之。曜對胤悲慟，嘉郁鞠忠款，署使持節、散騎常侍、忠義大將軍、左賢王。胤字義孫，美姿貌，善機對，年十歲，身長七尺五寸，眉鬢如畫。聰奇之，謂曜曰：「此兒神氣豈同義眞乎！

固當應爲卿之家嫡，卿可思文王廢伯邑考立武王之意也。」曜曰：「臣之藩國，僅能守祭祀便足矣，不可以亂長幼之倫也。」聰曰：「卿勳格天地，國兼百城，當世祚太師，受專征之任，五侯九伯得專征之者，卿之子孫，柰何言同諸藩國也！義眞既不能遠追太伯高讓之風，吾不過爲卿封之以一國。」義眞，曜子儉之字也。於是封儉爲臨海王，立胤爲世子。胤雖少離屯難，流蹟殊荒，而風骨俊茂，爽朗卓然。身長八尺三寸，髮與身齊，多力善射，驍捷如風雲，曜因以重之，其朝臣亦屬意焉。曜於是顧謂羣下曰：「義孫可謂歲寒而不凋，涅而不淄者矣。義光雖先已樹立，然沖幼儒謹，恐難乎爲今世之儲貳也，懼非所以上固社稷，下愛義光。義孫年長明德，又先世子也，朕欲遠追周文，近蹤光武，使宗廟有太山之安，義光饗無疆之福，於諸卿意如何？」其太傅呼延晏等咸曰：「陛下遠擬周漢，爲國家無窮之計，豈惟臣等賴之，實亦宗廟四海之慶。」左光祿卜泰、太子太保韓廣等進曰：「陛下若以廢立爲是也，則不應降日月之明，垂訪羣下。若以爲疑也，固思聞臣等異同之言，竊以誠廢太子非也。何則？昔周文以未建之前，擇聖表而超樹之可也。光武緣母色而廢立，豈足爲聖朝之模範！光武誠以東海纂統，何必不如明帝！皇子胤文武才略，神度弘遠，信獨絕一時，足以擬蹤周發，然太子孝友仁慈，志尚沖雅，亦足以堂負聖基，爲承平之賢主。何況儲宮者，六合人神所繫望也，不可輕以廢易。陛下誠實爾者，臣等有死而已，未敢奉詔。」曜默然。胤前泣曰：

「慈父之於子也，當務存尸鳩之仁，何可替熙而立臣也！陛下謬恩乃爾者，臣請死於此，以明赤心。且陛下若愛忘其醜，以臣微堪指授，亦當能輔導義光，仰遵聖軌。」因歔欷流涕，悲感朝臣。曜亦以太子羊氏所生，羊有寵，哀之不忍廢，乃止。追謚前妻卜氏爲元悼皇后，胤之母也。卜泰，胤之舅，曜嘉之，拜上光祿大夫、儀同三司、領太子太傅。封胤爲永安王，署侍中、衞大將軍、都督二宮禁衞諸軍事、開府儀同三司、錄尚書事，領太子太傅，號曰皇子。命熙於胤盡家人之禮。

時有鳳皇將五子翔於故未央殿五日，悲鳴不食皆死。曜立后劉氏。

石勒將石他自雁門出上郡，襲安國將軍、北羌王盆句除，俘三千餘落，獲牛馬羊百餘萬而歸。曜大怒，投袂而起。是日次于渭城，遣劉岳追之，曜次于富平，爲岳聲援。岳及石他戰于河濱，敗之，斬他及其甲士一千五百級，赴河死者五千餘人，悉收所虜，振旅而歸。楊難敵自漢中還襲仇池，克之，執田崧，立之於前。難敵左右叱崧令拜，崧瞋目叱之曰：「氐狗！安有天子牧伯而向賊拜乎！」難敵曰：「子岱，吾當與子終定大事。子謂劉氏可爲盡忠，吾獨不可乎！」崧厲色大言曰：「若賊氐奴才，安敢欲希覬非分！吾寧爲國家鬼，豈可爲汝臣，何不速殺我！」顧排一人，取其劍，前刺難敵，不中，爲難敵所殺。

曜遣劉岳攻石生于洛陽，配以近郡甲士五千，宿衞精卒一萬，濟自盟津。鎭東呼延謨

率荆司之衆自崤澠而東。岳攻石勒盟津、石梁二戍，克之，斬獲五千餘級，進圍石生于金墉。石季龍率步騎四萬入自成皋關，岳陳兵以待之。戰于洛西，岳師敗績，岳中流矢，退保石梁。季龍遂塹柵列圍，遏絕內外。岳衆飢甚，殺馬食之。季龍又敗呼延謨，斬之。曜親率軍援岳，季龍率騎三萬來距。曜前軍劉黑大敗季龍將石聰于八特坂。〔八〕曜次于金谷，夜無故大驚，軍中潰散，乃退如澠池。夜中又驚，士卒奔潰，遂歸長安。季龍執劉岳及其將王騰等八十餘人，并氐羌三千餘人，送于襄國，坑士卒一萬六千。曜至自澠池，素服郊哭，七日乃入城。

武功豕生犬，上邽馬生牛，及諸妖變不可勝記。曜命其公卿各舉博識直言之士一人，司空劉均舉參軍臺產，曜親臨東堂，遣中黃門策問之。產極言其故，曜覽而嘉之，引見東堂，訪以政事。產流涕歔欷，具陳災變之禍，政化之闕，辭旨諒直，曜改容禮之，卽拜博士祭酒、諫議大夫，領太史令。其後所言皆驗，曜彌重之，歲中三遷，歷位尚書、光祿大夫、太子少師，位特進。

曜署劉胤爲大司馬，進封南陽王，以漢陽諸郡十三爲國，置單于臺于渭城，拜大單于，置左右賢王已下，皆以胡、羯、鮮卑、氐、羌豪桀爲之。曜自還長安，憤恚發病，至是疾瘳，曲赦長安殊死已下。署其汝南王劉咸爲太尉、錄尚

書事，光祿大夫劉綏爲大司徒，卜泰爲大司空。

曜妻劉氏疾甚，曜親省臨之，問其所欲言。劉泣曰：「妾叔父昶無子，妾少養於叔，恩撫甚隆，無以報德，願陛下貴之。妾叔皚女芳有德色，願備後宮。」曜許之。言終而死，僞謚獻烈皇后。以劉昶爲使持節、侍中、大司徒、錄尚書事，進封河南郡公，封昶妻張氏爲慈鄉君，立劉皚女芳爲皇后，追念劉氏之言也。俄署驃騎劉述爲大司徒，劉昶爲太保。召公卿已下子弟有勇幹者爲親御郎，被甲乘鎧馬，動止自隨，以充折衝之任。尚書郝述、都水使者支當等固諫，曜大怒，鴆而殺之。

咸和三年，夜夢三人金面丹脣，東向逡巡，不言而退，曜拜而履其跡。旦召公卿已下議之，朝臣咸賀以爲吉祥，惟太史令任義進曰：「三者，曆運統之極也。東爲震位，王者之始次也。金爲兌位，物衰落也。脣丹不言，事之畢也。逡巡揖讓，退舍之道也。爲之拜者，屈伏於人也。履跡而行，愼不出疆也。東井，秦分也。五車，趙分也。秦兵必暴起，亡主喪師，留敗趙地。遠至三年，近七百日，其應不遠。願陛下思而防之。」曜大懼，於是躬親二郊，飾繕神祠，望秩山川，靡不周及。大赦殊死已下，復百姓租稅之半。長安自春不雨，至於五月。

曜遣其武衞劉朗率騎三萬襲楊難敵于仇池，弗克，掠三千餘戶而歸。張駿聞曜軍爲石氏所敗，乃去曜官號，復稱晉大將軍、涼州牧，遣金城太守張閬及枹罕護軍辛晏、將軍韓璞等率衆數萬人，自大夏攻掠秦州諸郡。曜遣劉胤率步騎四萬擊之，夾洮相持七十餘日。冠軍呼延那雞率親御郎二千騎，絕其運路。胤濟師逼之，璞軍大潰，奔還涼州。胤追之，及于令居，斬級二萬。張閬、辛晏率衆數萬降于曜，皆拜將軍，封列侯。

石勒遣石季龍率衆四萬，自軹關西入伐曜，河東應之者五十餘縣，進攻蒲坂。曜將東救蒲坂，懼張駿、楊難敵承虛襲長安，遣其河間王述發氐羌之衆屯于秦州。曜盡中外精銳水陸赴之，自衞關北濟。〔九〕季龍懼，引師而退。追之，及于高候，大戰，敗之，斬其將軍石瞻，枕尸二百餘里，收其資仗億計。季龍奔于朝歌。曜遂濟自大陽，攻石生于金墉，決千金堨以灌之。曜不撫士衆，專與嬖臣飮博，左右或諫，曜怒，以爲妖言，斬之。大風拔樹，昏霧四塞。聞季龍進據石門，續知勒自率大衆已濟，始議增滎陽戍，杜黃馬關。俄而洛水候者與勒前鋒交戰，擒羯，送之。曜問曰：「大胡自來邪？其衆大小復如何？」羯曰：「大胡自來，軍盛不可當也。」曜色變，使攝金墉之圍，陳于洛西，南北十餘里。曜少而淫酒，末年尤甚。勒至，曜將戰，飮酒數斗，常乘赤馬無故跼頓，乃乘小馬。比出，復飮酒斗餘。至於西陽門，撝陣就平，勒將石堪因而乘之，師遂大潰。曜昏醉奔退，馬陷石渠，墜于冰上，被瘡十餘，通中者三，爲堪所執，送于勒所。曜曰：「石王！憶重門之盟不？」勒使徐光謂曜曰：「今日之事，

天使其然，復云何邪！」幽曜于河南丞廨，使金瘡醫李永療之，歸于襄國。

曜瘡甚，勒載以馬輿，使李永與同載。北苑市三老孫機上禮求見曜，勒許之。機進酒于曜曰：「僕谷王，關右稱帝皇。當持重，保土疆。輕用兵，敗洛陽。祚運窮，天所亡。開大分，持一觴。」曜曰：「何以健邪！當爲翁飮。」勒聞之，悽然改容曰：「亡國之人，足令老叟數之。」舍曜于襄國永豐小城，給其妓妾，嚴兵圍守。遣劉岳、劉震等乘馬，從男女，衣帢以見曜，曜曰：「久謂卿等爲灰土，石王仁厚，全宥至今，而我殺石他，〔一〇〕負盟之甚。今日之禍，自其分耳。」留宴終日而去。勒諭曜與其太子熙書，〔一一〕令速降之，曜但敕熙「與諸大臣匡維社稷，勿以吾易意也」。勒覽而惡之，後爲勒所殺。

熙及劉胤、劉咸等議西保秦州，尚書胡勳曰：「今雖喪主，國尚全完，將士情一，未有離叛，可共并力距險，走未晚也。」胤不從，怒其沮衆，斬之，遂率百官奔于上邽，劉厚、劉策皆捐鎭奔之。關中擾亂，將軍蔣英、辛恕擁衆數十萬，據長安，遣使招勒，勒遣石生率洛陽之衆以赴之。胤及劉遵率衆數萬，自上邽將攻石生于長安，隴東、武都、安定、新平、北地、扶風、始平諸郡戎夏皆起兵應胤。胤次于仲橋，石生固守長安。勒使石季龍率騎二萬距胤，戰於義渠，爲季龍所敗，死者五千餘人。胤奔上邽，季龍乘勝追戰，枕尸千里，上邽潰。季龍執其僞太子熙、南陽王劉胤幷將相諸王等及其諸卿校公侯已下三千餘人，皆殺之。徙其

臺省文武、關東流人、秦雍大族九千餘人于襄國，又坑其王公等及五郡屠各五千餘人于洛陽。曜在位十年而敗。始，元海以懷帝永嘉四年僭位，至曜三世，凡二十有七載，以成帝咸和四年滅。〔一二〕

史臣曰：彼戎狄者，人面獸心，見利則棄君親，臨財則忘仁義者也。投之遐遠，猶懼外侵，而處以封畿，窺我中釁。昔者幽后不綱，胡塵暗於戲水；襄王失御，戎馬生于關洛。至于算强弱，妙兵權，體興衰，知利害，於我中華未可量也。況元海人傑，必致青雲之上；許以殊才，不居庸劣之下。是以策馬鴻騫，乘機豹變，五部高嘯，一旦推雄，皇枝相害，未有與之爭衡者矣。伊秩啓興王之略，骨都論克定之秋，單于無北顧之懷，獫狁有南郊之祭，大哉天地，茲爲不仁矣！若乃習以華風，溫乎雅度；兼其舊俗，則罕規模。雖復石勒稱藩，王彌效款，終爲夷狄之邦，未辯君臣之位。至於不遠儒風，虛襟正直，則昔賢所謂幷仁義而盜之者焉。

僞主斯亡，玄明纂嗣，樹恩戎旅，既總威權，關河開曩日之疆，士馬倍前人之氣。然則信不由中，自乖弘遠，貌之爲美，處事難終。縱武窮兵，殘忠害謇，佞人方轡，並后載馳，閹豎類於迴天，凝科踰於炮烙。遣豺狼之將，逐鷹犬之師，懸旌俯渭，分麾陷洛，鐵馬陵山，胡

笳遵渚，粉忠貞於戎手，聚搢紳於京觀。先王井賦，乃眷維桑，舊都宮室，咸成茂草。墜露沾衣，行人洒泪。若乃上古敦龎，不親其子，功成高讓，歸諸有德。爰及三代，乃用干戈，將以拯厥版蕩，恭膺天命。懿彼武王，殷之列辟，載旆乘時，興兵誓野，投焚旣隕，可以絕言。而輕呂旁揮，彤弧三發，豈若響清蹕於常道之門，馳金車於山陽之館！故知黔首來蘇，居今愛古；白旗陳肆，古不如今。胡寇不仁，有同豺豕，役天子以行觴，驅乘輿以執蓋，庾珉之淚旣盡，辛賓加之以血。若乃有生之貴，處死爲難，弘在三之義，忘七尺之重，主憂之恨，畢命同歸，自古篡奪，於斯爲甚。是以災氣呈形，賊臣苞亂，政荒民散，可以危亡。劉聰竟得壽終，非不幸也。

曜則天資虓勇，運偶時艱，用兵則王翦之倫，好殺亦董公之亞。而承基醜類，或有可稱。子遠納忠，高旌暫偃；和苞獻直，酆明罷觀。而師之所處，荊棘生焉，自絕强藩，禍成勁敵。天之所厭，人事以之，駭戰士而宵奔，酌戎杯而不醒，有若假手，同乎拾芥。豈石氏之興歟，何不支之甚也！

贊曰：惟皇不範，遐甸居穹。丹朱罕嗣，冒頓爭雄。胡旌颺月，朔馬騰風。埃塵淮浦，虓呼河宮。未央朝寂，謻門且空。郭欽之慮，辛有知戎。

校勘記

〔一〕管涔山　各本「管」作「菅」，今據御覽四五引前趙錄、册府二二〇、水經汾水注改。下「菅涔王」同改。

〔二〕巴酋徐庫彭　通鑑九一「徐」上有「句」字，胡注：「句、庫皆姓也。」通鑑以句徐、庫彭爲二人。下文「囚庫彭」，「盡殺庫彭等」，通鑑亦並作「徐、彭」。疑載記脫「句」字，誤以爲一人。

〔三〕浉城　各本「浉」作「阠」，今據本書地理志上及通鑑九二改。

〔四〕石武　御覽二九九引三十國春秋作「石虎」，與石季龍同名，唐人避諱改石武。

〔五〕非宗廟社稷之祭不得殺牛　周校：「宗廟」上當有「非」字。按：通志一八六正有「非」字，周說是，今據通志補。

〔六〕輒害五六　御覽三一二引晉書「五六」下有「人」字。此字不宜省，疑是脫文。

〔七〕呼延淸　通鑑九二「淸」作「青人」，敍事較詳，當本前趙錄。御覽三一二引晉書作「青」。其人當名「青人」，單稱作「青」。

〔八〕曜前軍劉黑大敗季龍將石聰于八特坂　各本「聰」作「悤」。周校：「悤」卽石聰，當作「聰」。按：通鑑九二正作「聰」，今據改。

〔九〕自衞關北濟　斠注：御覽一一九引前趙錄，「衞關」作「潼關」，讀史方輿紀要曰：「衙關」，史誤作「衞關」。按：元和郡縣志潼關條，河在關內南流衝激關、山，因謂之「衝關」。則潼關一名衝關。「衞」字乃「衝」形近而譌。

〔一〇〕而我殺石他　各本「他」作「生」，殿本作「他」。考證云：本書，曜次於富平，爲岳聲援，岳及石他戰於河濱，敗之，斬他。未嘗殺生。則「生」爲「他」字之誤無疑。按：商榷略同考證說，通鑑九四正作「他」，今從殿本。

〔一一〕勒論曜與其太子熙書　成紀、御覽一一九引前趙錄、魏書曜傳「熙」並作「毗」。然通鑑九四亦作「熙」，知非字訛，或是二名。下「熙」字同，不再出校。

〔一二〕元海以懷帝永嘉四年僭位至曜三世凡二十有七載以成帝咸和四年滅　御覽一一九引前趙錄「二十有七載」作「二十有六載」。按：元海稱漢王，在永興元年，至咸和四年凡二十六年。其稱帝在永嘉二年，至咸和四年又僅二十二年。而永嘉四年乃劉聰卽帝位之年，其誤更不待言。然御覽一一九引晉書與傳本同，知原文已誤。

中華書局

晉書卷一百四

載記第四

石勒上

石勒字世龍，初名㔨，上黨武鄉羯人也。其先匈奴別部羌渠之冑。祖耶奕于，父周曷朱，一名乞翼加，並爲部落小率。勒生時赤光滿室，白氣自天屬于中庭，見者咸異之。年十四，隨邑人行販洛陽，倚嘯上東門，王衍見而異之，顧謂左右曰：「向者胡雛，吾觀其聲視有奇志，恐將爲天下之患。」馳遣收之，會勒已去。長而壯健有膽力，雄武好騎射。曷朱性凶粗，不爲羣胡所附，每使勒代己督攝，部胡愛信之。所居武鄉北原山下草木皆有鐵騎之象，〔一〕家園中生人參，花葉甚茂，悉成人狀。父老及相者皆曰：「此胡狀貌奇異，志度非常，其終不可量也。」勸邑人厚遇之。時多嗤笑，唯鄔人郭敬、陽曲甯驅以爲信然，並加資贍。勒亦感其恩，爲之力耕。每聞鞞鐸之音，歸以告其母，母曰：「作勞耳鳴，非不祥也。」

太安中，并州飢亂，勒與諸小胡亡散，乃自鴈門還依甯驅。北澤都尉劉監欲縛賣之，驅匿之，獲免。勒於是潛詣納降都尉李川，路逢郭敬，泣拜言飢寒。敬對之流涕，以帶貨鬻食之，并給以衣服。勒謂敬曰：「今者大餓，不可守窮。諸胡飢甚，宜誘將冀州就穀，因執賣之，可以兩濟。」敬深然之。會建威將軍閻粹說并州刺史、東嬴公騰執諸胡於山東賣充軍實，騰使將軍郭陽、張隆虜羣胡將詣冀州，兩胡一枷。勒時年二十餘，亦在其中，數爲隆所毆辱。敬先以勒屬郭陽及兄子時，陽，敬族兄也，是以陽、時每爲解請，道路飢病，賴陽、時而濟。既而賣與茌平人師懽爲奴。有一老父謂勒曰：「君魚龍髮際上四道已成，當貴爲人主。甲戌之歲，王彭祖可圖。」勒曰：「若如公言，弗敢忘德。」忽然不見。每耕作於野，常聞鼓角之聲。勒以告諸奴，諸奴亦聞之，因曰：「吾幼來在家恒聞如是。」諸奴歸以告懽，懽亦奇其狀貌而免之。

懽家鄰於馬牧，與牧率魏郡汲桑往來，勒以能相馬自託於桑。嘗傭於武安臨水，爲遊軍所囚。會有羣鹿旁過，軍人競逐之，勒乃獲免。俄而又見一父老，謂勒曰：「向羣鹿者我也，君應爲中州主，故相救爾。」勒拜而受命。遂招集王陽、夔安、支雄、冀保、吳豫、劉膺、桃豹、逯明等八騎爲羣盜。後郭敖、劉徵、劉寶、張曀僕、呼延莫、郭黑略、張越、孔豚、趙鹿、支屈六等又赴之，號爲十八騎。復東如赤龍、騄驥諸苑中，乘苑馬遠掠繒寶，以賂汲桑。

及成都王穎敗乘輿于蕩陰，逼帝如鄴宮，王浚以穎陵辱天子，使鮮卑擊之，穎懼，挾惠帝南奔洛陽。帝復爲張方所逼，遷于長安。關東所在兵起，皆以誅穎爲名。河間王顒懼東師之盛，欲輯懷東夏，乃奏議廢穎。是歲，劉元海稱漢王于黎亭，穎故將陽平人公師藩等自稱將軍，起兵趙魏，衆至數萬。勒與汲桑帥牧人乘苑馬數百騎以赴之。桑始命勒以石爲姓，勒爲名焉。藩拜勒爲前隊督，從攻平昌公模於鄴。模使將軍馮嵩逆戰，敗之。藩濟自白馬而南，濮陽太守苟晞討藩斬之。勒與桑亡潛苑中，桑以勒爲伏夜牙門，帥牧人劫掠郡縣繫囚，又招山澤亡命，多附勒，勒率以應之。桑乃自號大將軍，稱爲成都王穎誅東海王越、東嬴公騰爲名。桑以勒爲前驅，屢有戰功，署爲掃虜將軍、忠明亭侯。桑進軍攻鄴，以勒爲前鋒都督，大敗騰將馮嵩，因長驅入鄴，遂害騰，殺萬餘人，掠婦女珍寶而去。濟自延津，南擊兗州，越大懼，使苟晞、王讚等討之。

桑、勒攻幽州刺史石尟於樂陵，尟死之。乞活田禋帥衆五萬救尟，〔二〕勒逆戰，敗禋，與晞等相持于平原、陽平間數月，大小三十餘戰，互有勝負。越懼，次於官渡，爲晞聲援。桑、勒爲晞所敗，死者萬餘人，乃收餘衆，將奔劉元海。冀州刺史丁紹要之于赤橋，〔三〕又大敗之。桑奔馬牧，勒奔樂平。王師斬桑于平原。

時胡部大張㔨督、馮莫突等擁衆數千，〔四〕壁于上黨，勒往從之，深爲所昵，因說㔨督

曰：「劉單于舉兵誅晉，部大距而不從，豈能獨立乎？」曰：「不能。」勒曰：「如其不能者，兵馬當有所屬。今部落皆已被單于賞募，往往聚議欲叛部大而歸單于矣，宜早爲之計。」㔨督等素無智略，懼部衆之貳己也，乃潛隨勒單騎歸元海。元海署㔨督爲親漢王，莫突爲都督部大，以勒爲輔漢將軍、平晉王以統之。勒於是命㔨督爲兄，賜姓石氏，名之曰會，言其遇己也。

烏丸張伏利度亦有衆二千，壁于樂平，元海屢招而不能致。勒僞獲罪于元海，因奔伏利度。伏利度大悅，結爲兄弟，使勒率諸胡寇掠，所向無前，諸胡畏服。勒知衆心之附己也，乃因會執伏利度，告諸胡曰：「今起大事，我與伏利度孰堪爲主？」諸胡咸以推勒。勒於是釋伏利度，率其部衆歸元海。元海加勒督山東征討諸軍事，以伏利度衆配之。

元海使劉聰攻壺關，命勒率所統七千爲前鋒都督。劉琨遣護軍黃秀等救壺關，勒敗秀於白田，〔五〕秀死之，勒遂陷壺關。元海命勒與劉零、閻羆等七將率衆三萬寇魏郡、頓丘諸壘壁，多陷之，假壘主將軍、都尉，簡强壯五萬爲軍士，老弱安堵如故，軍無私掠，百姓懷之。

及元海僭號，遣使授勒持節、平東大將軍，校尉、都督、王如故。勒并軍寇鄴，鄴潰，和郁奔于衞國。執魏郡太守王粹于三臺。進攻趙郡，害冀州西部都尉馮沖。攻乞活赦亭、田禋于中丘，皆殺之。元海授勒安東大將軍、開府，置左右長史、司馬、從事中郎。進軍攻鉅

鹿、常山，害二郡守將。陷冀州郡縣堡壁百餘，衆至十餘萬，其衣冠人物集爲君子營。乃引張賓爲謀主，始署軍功曹，以刁膺、張敬爲股肱，夔安、孔萇爲爪牙，支雄、呼延莫、王陽、桃豹、逯明、吳豫等爲將率。使其將張斯率騎詣并州山北諸郡縣，說諸胡羯，曉以安危。諸胡懼勒威名，多有附者。進軍常山，分遣諸將攻中山、博陵、高陽諸縣，降之者數萬人。

王浚使其將祁弘帥鮮卑段務塵等十餘萬騎討勒，大敗勒于飛龍山，死者萬餘。勒退屯黎陽，分命諸將攻諸未下及叛者，降三十餘壁，置守宰以撫之。進寇信都，害冀州刺史王斌。於是車騎將軍王堪、北中郎將裴憲自洛陽率衆討勒，勒燒營并糧，迴軍距之，次于黃牛壘。魏郡太守劉矩以郡附于勒，勒使矩統其壘衆爲中軍左翼。勒至黎陽，裴憲棄其軍奔于淮南，王堪退堡倉垣。元海授勒鎮東大將軍，封汲郡公，持節、都督、王如故。勒固讓公不受。與閻羆攻睹圈、苑市二壘，陷之，羆中流矢死，勒并統其衆。潛自石橋濟河，攻陷白馬，坑男女三千餘口。東襲鄄城，害兗州刺史袁孚。因攻倉垣，陷之，遂害堪。渡河攻廣宗、清河、平原、陽平諸縣，降勒者九萬餘口。復南濟河，滎陽太守裴純奔于建業。

時劉聰攻河內，勒率騎會之，攻冠軍將軍梁巨于武德，懷帝遣兵救之。勒留諸將守武德，與王桑逆巨於長陵。巨請降，勒弗許，巨踰城而遁，軍人執之。勒馳如武德，坑降卒萬餘，數梁巨罪而害之。王師退還，河北諸堡壁大震，皆請降送任于勒。

及元海死，劉聰授勒征東大將軍、并州刺史、汲郡公，持節、開府、都督、校尉、王如故。勒固辭將軍，乃止。

劉粲率衆四萬寇洛陽，勒留輜重于重門，率騎二萬會粲於大陽，大敗王師於澠池，遂至洛川。粲出轘轅，勒出成皋關，圍陳留太守王讚於倉垣，爲讚所敗，退屯文石津。將北攻王浚，會浚將王甲始率遼西鮮卑萬餘騎敗趙固于津北，〔六〕勒乃燒船棄營，引軍向柏門，迎重門輜重，至于石門，濟河，攻襄城太守崔曠於繁昌，害之。

先是，雍州流人王如、侯脫、嚴嶷等起兵江淮間，聞勒之來也，懼，遣衆一萬屯襄城以距，勒擊敗之，盡俘其衆。勒至南陽，屯于宛北山。如懼勒之攻襄也，使送珍寶車馬犒師，結爲兄弟，勒納之。如與侯脫不平，說勒攻脫。勒夜令三軍雞鳴而駕，晨壓宛門，〔七〕攻之，旬有二日而克。嚴嶷率衆救脫，至則無及，遂降于勒。勒斬脫，囚嶷送于平陽，盡并其衆，軍勢彌盛。

勒南寇襄陽，攻陷江西壘壁三十餘所，留刁膺守襄陽，躬帥精騎三萬還攻王如。憚如之盛，遂趣襄城。如知之，遣弟璃率騎二萬五千，詐言犒軍，實欲襲勒。勒逆擊，滅之，復屯江西，蓋欲有雄據江漢之志也。張賓以爲不可，勸勒北還，弗從，以賓爲參軍都尉，領記室，位次司馬，專居中總事。

元帝慮勒南寇，使王導率衆討勒。勒軍糧不接，死疫太半，納張賓之策，乃焚輜重，裹糧卷甲，渡沔，寇江夏，太守楊岠棄郡而走。〔八〕北寇新蔡，害新蔡王確于南頓，朗陵公何襲、廣陵公陳眕、〔九〕上黨太守羊綜、廣平太守邵肇等率衆降于勒。勒進陷許昌，害平東將軍王康。

先是，東海王越率洛陽之衆二十餘萬討勒，越薨于軍，衆推太尉王衍爲主，率衆東下，勒輕騎追及之。衍遣將軍錢端與勒戰，爲勒所敗，端死之，衍軍大潰，勒分騎圍而射之，相登如山，無一免者。於是執衍及襄陽王範、任城王濟、〔一〇〕西河王喜、梁王禧、齊王超、〔一一〕吏部尚書劉望、豫州刺史劉喬、太傅長史庾敳等，坐之于幕下，問以晉故。衍、濟等懼死，多自陳說，惟範神色儼然，意氣自若，顧呵之曰：「今日之事，何復紛紜！」勒甚奇之。勒於是引諸王公卿士於外害之，死者甚衆。勒重衍清辨，奇範神氣，不能加之兵刃，夜使人排牆填殺之。左衛何倫、右衛李惲聞越薨，奉越妃裴氏及越世子毗出自洛陽。勒逆毗於洧倉，軍復大潰，執毗及諸王公卿士，皆害之，死者甚衆。因率精騎三萬，入自成皋關。會劉曜、王彌寇洛陽，洛陽既陷，勒歸功彌、曜，〔一二〕遂出轘轅，屯于許昌。劉聰署勒征東大將軍，勒固辭不受。

先是，平陽人李洪有衆數千，壘于舞陽，苟晞假洪雍州刺史。勒進寇穀陽，害冠軍將軍王茲，〔一三〕破王讚于陽夏，獲讚，以爲從事中郎。襲破大將軍苟晞于蒙城，執晞，署爲左司馬。劉聰授勒征東大將軍、幽州牧，固辭將軍不受。

先是，王彌納劉暾之說，將先誅勒，東王青州，使暾徵其將曹嶷於齊。勒遊騎獲暾，得彌所與嶷書，勒殺之，密有圖彌之計矣。會彌將徐邈輒引部兵去彌，彌漸削弱。及勒之獲苟晞也，彌惡之，僞卑辭使謂勒曰：「公獲苟晞而赦之，何其神也！使晞爲公左，彌爲公右，天下不足定。」勒謂張賓曰：「王彌位重言卑，恐其遂成前狗意也。」賓曰：「觀王公有青州之心，桑梓本邦，固人情之所樂，明公獨無并州之思乎？王公遲迴未發者，懼明公躡其後，已有規明公之志，但未獲便爾。今不圖之，恐曹嶷復至，共爲羽翼，後雖欲悔，何所及邪！徐邈既去，軍勢稍弱，觀其控御之懷猶盛，可誘而滅之。」勒以爲然。勒時與陳午相攻于蓬關，王彌亦與劉瑞相持甚急。彌請救于勒，勒未之許。張賓進曰：「明公常恐不得王公之便，今天以其便授我矣。陳午小豎，何能爲寇？王彌人傑，將爲我害。」勒因迴軍擊瑞，斬之。彌大悅，謂勒深心推奉，無復疑也。勒引師攻陳午于肥澤，午司馬上黨李頭說勒曰：「公天生神武，當平定四海，四海士庶皆仰屬明公，望濟于塗炭。有與公爭天下者，公不早圖之，而返攻我曹流人。我曹鄉黨，終當奉戴，何遽見逼乎！」勒心然之，詰朝引退。詭請王彌讌于已吾，彌長史張嵩諫彌勿就，恐有專諸、孫峻之禍，彌不從。既入，酒酣，勒手斬彌而并其衆，啓聰稱彌叛逆之狀。聰署勒鎮東大將軍、督并幽二州諸軍事、領并州刺史，持節、征討都督、校尉、開府、幽州牧、公如故。

苟晞、王讚謀叛勒，勒害之。以將軍左伏肅爲前鋒都尉，攻掠豫州諸郡，臨江而還，屯于葛陂，〔一四〕降諸夷楚，署將軍二千石以下，稅其義穀，以供軍士。

初，勒被鬻平原，與母王相失。至是，劉琨遣張儒送王于勒，遺勒書曰：「將軍發迹河朔，席卷兗豫，飲馬江淮，折衝漢沔，雖自古名將，未足爲諭。所以攻城而不有其人，略地而不有其土，翕爾雲合，忽復星散，將軍豈知其然哉？存亡決在得主，成敗要在所附；得主則爲義兵，附逆則爲賊衆。義兵雖敗，而功業必成；賊衆雖克，而終歸殄滅。昔赤眉、黃巾橫逆宇宙，所以一旦敗亡者，正以兵出無名，聚而爲亂。將軍以天挺之質，威振宇內，擇有德而推崇，隨時望而歸之，勳義堂堂，長享遐貴。背聽則禍除，向主則福至。採納往誨，翻然改圖，天下不足定，蟻寇不足掃。今相授侍中、持節、車騎大將軍、領護匈奴中郎將、襄城郡公，總內外之任，兼華戎之號，顯封大郡，以表殊能，將軍其受之，副遠近之望也。自古以來誠無戎人而爲帝王者，至於名臣建功業者，則有之矣。今之遲想，蓋以天下大亂，當須雄才。遙聞將軍攻城野戰，合於機神，雖不視兵書，闇與孫吳同契，所謂生而知之者上，學而知之者次。但得精騎五千，以將軍之才，何向不摧！至心實事，皆張儒所具。」勒報琨曰：「事功殊途，非腐儒所聞。君當逞節本朝，吾自夷，難爲效。」遺琨名馬珍寶，厚賓其使，謝歸以絕之。

勒於葛陂繕室宇，課農造舟，將寇建鄴。會霖雨歷三月不止，元帝使諸將率江南之衆大集壽春，勒軍中飢疫死者太半。檄書朝夕繼至，勒會諸將計之。右長史刁膺諫勒先送款於帝，求掃平河朔，待軍退之後徐更計之。勒愀然長嘯。中堅夔安勸勒就高避水，勒曰：「將軍何其怯乎！」孔萇、支雄等三十餘將進曰：「及吳軍未集，萇等請各將三百步卒，乘船三十餘道，夜登其城，斬吳將頭，得其城，食其倉米。今年要當破丹楊，定江南，盡生縛取司馬家兒輩。」勒笑曰：「是勇將之計也。」各賜鎧馬一匹。顧問張賓曰：「於君計何如？」賓曰：「將軍攻陷帝都，囚執天子，殺害王侯，妻略妃主，擢將軍之髮不足以數將軍之罪，奈何復還相臣奉乎！去年誅王彌之後，不宜於此營建。天降霖雨方數百里中，示將軍不應留也。鄴有三臺之固，西接平陽，四塞山河，有喉衿之勢，宜北徙據之。伐叛懷服，河朔既定，莫有處將軍之右者。晉之保壽春，懼將軍之往擊爾，今卒聞迴軍，必欣於敵去，未遑奇兵掎擊也。輜重逕從北道，大軍向壽春，輜重既過，大軍徐迴，何懼進退無地乎！」勒攘袂鼓髯曰：「賓之計是也。」責刁膺曰：「君共相輔佐，當規成功業，如何便相勸降！此計應斬。然相明性怯，所以宥君。」於是退膺爲將軍，擢賓爲右長史，加中壘將軍，號曰「右侯」。

發自葛陂，遣石季龍率騎二千距壽春。會江南運船至，獲米布數十艘，將士爭之，不設備。晉伏兵大發，敗季龍于巨靈口，赴水死者五百餘人，奔退百里，及于勒軍。軍中震擾，

謂王師大至，勒陣以待之。晉懼有伏兵，退還壽春。勒所過路次，皆堅壁清野，採掠無所獲，軍中大飢，士衆相食。行達東燕，聞汲郡向冰有衆數千，壁于枋頭，勒將於棘津北渡，懼冰邀之，會諸將問計。張賓進曰：「如聞冰船盡在瀆中，未上枋內，可簡壯勇者千人，詭道潛渡，襲取其船，以濟大軍。大軍既濟，冰必可擒也。」勒從之，使支雄、孔萇等從文石津縛筏潛渡，勒引其衆自酸棗向棘津。冰聞勒軍至，始欲內其船。會雄等已渡，屯其壘門，下船三十餘艘以濟其軍，令主簿鮮于豐挑戰，設三伏以待之。冰怒，乃出軍，將戰，而三伏齊發，夾擊攻之，又因其資，軍遂豐振。長驅寇鄴，攻北中郎將劉演于三臺。演部將臨深、牟穆等率衆數萬降于勒。

時諸將佐議欲攻取三臺以據之，張賓進曰：「劉演衆猶數千，三臺險固，攻守未可卒下，舍之則能自潰。王彭祖、劉越石大敵也，宜及其未有備，密規進據罕城，〔一五〕廣運糧儲，西稟平陽，掃定幷薊，桓文之業可以濟也。且今天下鼎沸，戰爭方始，遊行羇旅，人無定志，難以保萬全、制天下也。夫得地者昌，失地者亡。邯鄲、襄國，趙之舊都，依山憑險，形勝之國，可擇此二邑而都之，然後命將四出，授以奇略，推亡固存，兼弱攻昧，則羣凶可除，王業可圖矣。」勒曰：「右侯之計是也。」於是進據襄國。賓又言於勒曰：「今我都此，越石、彭祖深所忌也，恐及吾城池未固，資儲未廣，送死於我。聞廣平諸縣秋稼大成，可分遣諸將收掠野穀。

遣使平陽，陳宜鎮此之意。」勒又然之。於是上表於劉聰，分命諸將攻冀州郡縣壘壁，率多降附，運糧以輸勒。劉聰署勒使持節、散騎常侍、都督冀幽幷營四州雜夷、征討諸軍事、冀州牧，進封本國上黨郡公，邑五萬戶，開府、幽州牧、東夷校尉如故。

廣平游綸、張豺擁衆數萬，受王浚假署，保據苑鄉。勒使夔安、支雄等七將攻之，破其外壘。浚遣督護王昌及鮮卑段就六眷、末柸、匹磾等部衆五萬餘以討勒。時城隍未修，乃於襄國築隔城重柵，設鄣以待之。就六眷屯于渚陽，勒分遣諸將連出挑戰，頻爲就六眷所敗，又聞其大造攻具，勒顧謂其將佐曰：「今寇來轉逼，彼衆我寡，恐攻圍不解，外救不至，內糧罄絕，縱孫吳重生，亦不能固也。吾將簡練將士，大陣於野以決之，何如？」諸將皆曰：「宜固守以疲寇，彼師老自退，追而擊之，蔑不克矣。」勒顧謂張賓、孔萇曰：「君以爲何如？」賓、萇俱曰：「聞就六眷剋來月上旬送死北城，其大衆遠來，戰守連日，以我軍勢寡弱，謂不敢出戰，意必懈怠。今段氏種衆之悍，末柸尤最，其卒之精勇，悉在末柸所，可勿復出戰，示之以弱。速鑿北壘爲突門二十餘道，候賊列守未定，出其不意，直衝末柸帳，敵必震惶，計不及設，所謂迅雷不及掩耳。末柸之衆既奔，餘自摧散。擒末柸之後，彭祖可指辰而定。」勒笑而納之，即以萇爲攻戰都督，造突門于北城。鮮卑入屯北壘，勒候其陣未定，躬率將士鼓譟于城上。會孔萇督諸突門伏兵俱出擊之，生擒末柸，就六眷等衆遂奔散。萇乘勝追擊，枕

尸三十餘里，獲鎧馬五千匹。就六眷收其遺衆，屯于渚陽，遣使求和，送鎧馬金銀，并以末柸三弟爲質而請末柸。諸將并勸勒殺末柸以挫之，勒曰：「遼西鮮卑，健國也，與我素無怨讎，爲王浚所使耳。今殺一人，結怨一國，非計也。放之必悅，不復爲王浚用矣。」於是納其質，遣石季龍盟就六眷于渚陽，結爲兄弟，就六眷等引還。使參軍閻綜獻捷於劉聰。於是游綸、張豺請降稱藩，勒將襲幽州，務養將士，權宜許之，皆就署將軍。於是遣衆寇信都，害冀州刺史王象。王浚復以邵舉行冀州刺史，保于信都。

建興元年，石季龍攻鄴三臺，鄴潰，劉演奔于廩丘，將軍謝胥、田青、郎牧等率三臺流人降于勒，勒以桃豹爲魏郡太守以撫之。命段末柸爲子，署爲使持節、安北將軍、北平公，遣還遼西。末柸感勒厚恩，在途日南面而拜者三，段氏遂專心歸附，自是王浚威勢漸衰。

勒襲苑鄉，執游綸以爲主簿。攻乞活李惲于上白，斬之，將坑其降卒，見郭敬而識之，曰：「汝郭季子乎？」敬叩頭曰：「是也。」勒下馬執其手，泣曰：「今日相遇，豈非天邪！」賜衣服車馬，署敬上將軍，悉免降者以配之。其將孔萇寇定陵，害兗州刺史田徽。烏丸薄盛執渤海太守劉旣，率戶五千降于勒。劉聰授勒侍中、征東大將軍，餘如故，拜其母王氏爲上黨國太夫人，妻劉氏上黨國夫人，章綬首飾一同王妃。

段末柸任弟亡歸遼西，勒大怒，所經令尉皆殺之。

烏丸審廣、漸裳、郝襲背王浚，密遣使降于勒，勒厚加撫納。司冀漸寧，人始租賦。立太學，簡明經善書吏署爲文學掾，選將佐子弟三百人敎之。勒母王氏死，潛窆山谷，莫詳其所。既而備九命之禮，虛葬于襄國城南。

勒謂張賓曰：「鄴，魏之舊都，吾將營建。既風俗殷雜，須賢望以綏之，誰可任也？」賓曰：「晉故東萊太守南陽趙彭忠亮篤敏，有佐時良幹，將軍若任之，必能允副神規。」勒於是徵彭，署爲魏郡太守。彭至，入泣而辭曰：「臣往策名晉室，食其祿矣。犬馬戀主，切不敢忘。誠知晉之宗廟鞠爲茂草，亦猶洪川東逝，往而不還。明公應符受命，可謂攀龍之會。但受人之榮，復事二姓，臣志所不爲，恐亦明公之所不許。若賜臣餘年、全臣一介之願者，明公大造之惠也。」勒默然。張賓進曰：「自將軍神旗所經，衣冠之士靡不變節，未有能以大義進退者。至如此賢，以將軍爲高祖，自擬爲四公，所謂君臣相知，此亦足成將軍不世之高，何必吏之。」勒大悅，曰：「右侯之言得孤心矣。」於是賜安車駟馬，養以卿祿，辟其子明爲參軍。

勒以石季龍爲魏郡太守，鎭鄴三臺，季龍篡奪之萌兆于此矣。

時王浚署置百官，奢縱淫虐，勒有吞并之意，欲先遣使以觀察之。議者僉曰：「宜如羊祜與陸抗書相聞。」時張賓有疾，勒就而謀之。賓曰：「王浚假三部之力，稱制南面，雖曰晉藩，實懷僭逆之志，必思協英雄，圖濟事業。將軍威聲震于海內，去就爲存亡，所在爲輕重，

浚之欲將軍，猶楚之招韓信也。今權譎遣使，無誠款之形，脫生猜疑，圖之兆露，後雖奇略，無所設也。夫立大事者必先爲之卑，當稱藩推奉，尚恐未信，羊、陸之事，臣未見其可。」勒曰：「右侯之計是也。」乃遣其舍人王子春、董肇等多齎珍寶，奉表推崇浚爲天子曰：「勒本小胡，出於戎裔，値晉綱弛御，海內饑亂，流離屯厄，竄命冀州，共相帥合，以救性命。今晉祚淪夷，遠播吳會，中原無主，蒼生無繫。伏惟明公殿下，州鄉貴望，四海所宗，爲帝王者，非公復誰？勒所以捐軀命、興義兵誅暴亂者，正爲明公驅除爾。伏願殿下應天順時，踐登皇阼。勒奉戴明公，如天地父母，明公當察勒微心，慈眄如子也。」亦遺棗嵩書而厚賂之。浚謂子春等曰：「石公一時英武，據趙舊都，成鼎峙之勢，何爲稱藩于孤，其可信乎？」子春對曰：「石將軍英才儁拔，士馬雄盛，實如聖旨。仰惟明公州鄉貴望，累葉重光，出鎭藩嶽，威聲播于八表，固以胡越欽風，戎夷歌德，豈唯區區小府而敢不斂衽神闕者乎！昔陳嬰豈其鄙王而不王，韓信薄帝而不帝者哉？但以知帝王不可以智力爭故也。石將軍之擬明公，猶陰精之比太陽，江河之比洪海爾。項籍、子陽覆車不遠，是石將軍之明鑒，明公亦何怪乎！且自古誠胡人而爲名臣者實有之，帝王則未之有也。石將軍非所以惡帝王而讓明公也，顧取之不爲天人之所許耳。願公勿疑。」浚大悅，封子春等爲列侯，遣使報勒，答以方物。浚司馬游統時鎭范陽，陰叛浚，馳使降于勒。勒斬其使，送于浚，以表誠實。浚雖不罪統，彌

信勒之忠誠，無復疑矣。

子春等與王浚使至，勒命匿勁卒精甲，虛府羸師以示之，北面拜使而受浚書。浚遺勒麈尾，勒僞不敢執，懸之于壁，朝夕拜之，云：「我不得見王公，見王公所賜如見公也。」復遣董肇奉表于浚，期親詣幽州奉上尊號，亦修牋于棗嵩，乞并州牧、廣平公，以見必信之誠也。

勒將圖浚，引子春問之。子春曰：「幽州自去歲大水，人不粒食，浚積粟百萬，不能贍恤，刑政苛酷，賦役殷煩，賊害賢良，誅斥諫士，下不堪命，流叛略盡。鮮卑、烏丸離貳于外，棗嵩、田矯貪暴于內，人情沮擾，甲士羸弊。而浚猶置立臺閣，布列百官，自言漢高、魏武不足並也。又幽州謠怪特甚，聞者莫不爲之寒心，浚意氣自若，曾無懼容，此亡期之至也。」勒撫几笑曰：「王彭祖眞可擒也。」浚使達幽州，具陳勒形勢寡弱，款誠無二。浚大悅，以勒爲信然。

勒纂兵戒期，將襲浚，而懼劉琨及鮮卑、烏丸爲其後患，沈吟未發。張賓進曰：「夫襲敵國，當出其不意。軍嚴經日不行，豈顧有三方之慮乎？」勒曰：「然，爲之奈何？」賓曰：「彭祖之據幽州，唯仗三部，今皆離叛，還爲寇讎，此則外無聲援以抗我也。幽州飢儉，人皆蔬食，衆叛親離，甲旅寡弱，此則內無强兵以禦我也。若大軍在郊，必土崩瓦解。今三方未靖，將軍便能懸軍千里以征幽州也。輕軍往返，不出二旬。就使三方有動，勢足旋趾。宜應機電

發，勿後時也。且劉琨、王浚雖同名晉藩，其實仇敵。若修牋于琨，送質請和，琨必欣于得我，喜于浚滅，終不救浚而襲我也。」勒曰：「吾所不了，右侯已了，復何疑哉！」

於是輕騎襲幽州，以火宵行。至柏人，殺主簿游綸，以其兄統在范陽，懼聲軍計故也。遣張慮奉牋于劉琨，陳己過深重，求討浚以自效。琨既素疾浚，乃檄諸州郡，說勒知命思愆，收累年之咎，求拔幽都，效善將來，今聽所請，受任通和。軍達易水，浚督護孫緯馳遣白浚，將引軍距勒，游統禁之。浚將佐咸請出擊勒，浚怒曰：「石公來，正欲奉戴我也，敢言擊者斬！」乃命設饗以待之。勒晨至薊，叱門者開門。疑有伏兵，先驅牛羊數千頭，聲言上禮，實欲塡諸街巷，使兵不得發。浚乃懼，或坐或起。勒升其廳事，命甲士執浚，立之于前，使徐光讓浚曰：「君位冠元台，爵列上公，據幽都驍悍之國，跨全燕突騎之鄉，手握强兵，坐觀京師傾覆，不救天子，而欲自尊。又專任姦暴，殺害忠良，肆情恣欲，毒徧燕壤。自貽于此，非爲天也。」使其將王洛生驛送浚襄國市斬之。於是分遣流人各還桑梓，擢荀綽、裴憲，資給車服。數朱碩、棗嵩、田矯等以賄亂政，責游統以不忠于浚，皆斬之。還烏丸審廣、漸裳、郝襲、靳市等于襄國。焚燒浚宮殿。以晉尙書劉翰爲寧朔將軍、行幽州刺史，戍薊，置守宰而還。遣其東曹掾傅遘兼左長史，封王浚首，獻捷于劉聰。勒既還襄國，劉翰叛勒，奔段匹磾。襄國大飢，穀二升直銀一斤，[一六]肉一斤直銀一兩。劉聰以平幽州之勳，乃遣其使人柳

純持節署勒大都督陝東諸軍事、驃騎大將軍、東單于，侍中、使持節、開府、校尉、二州牧、公如故，加金鉦黃鉞，前後鼓吹二部，增封十二郡。勒固辭，受二郡而已。勒封左長史張敬等十一人爲伯、子、侯，文武進位有差。

勒將支雄攻劉演於廩丘，爲演所敗。演遣其將韓弘、潘良襲頓丘，斬勒所署太守邵攀。支雄追擊弘等，害潘良于廩丘。劉琨遣樂平太守焦球攻勒常山，斬其太守邢泰。琨司馬溫嶠西討山胡，勒將逯明要之，敗嶠于潞城。

勒以幽冀漸平，始下州郡閱實人戶，戶貲二匹，租二斛。

勒將陳午以浚儀叛于勒。[一七]逯明攻甯黑于茌平，降之，因破東燕酸棗而還，徙降人二萬餘戶于襄國。勒使其將葛薄寇濮陽，陷之，害太守韓弘。

劉聰遣其使人范龕持節策命勒，賜以弓矢，加崇爲陝東伯，得專征伐，拜封刺史、將軍、守宰、列侯，歲盡集上。署其長子興爲上黨國世子，加翼軍將軍，爲驃騎副貳。

劉琨遣王旦攻中山，逐勒所署太守秦固。勒將劉勔距旦，敗之，執旦于望都關。勒襲邵續于樂陵。續盡衆逆戰，大敗而還。

章武人王眘起兵于科斗壘，擾亂勒河間、渤海諸郡。勒以揚武張夷爲河間太守，參軍臨深爲渤海太守，各率步騎三千以鎭靜之，使長樂太守程遐屯于昌亭爲之聲勢。

徙平原烏丸展廣、劉哆等部落三萬餘戶于襄國。

使石季龍襲乞活王平于梁城，敗績而歸。又攻劉演于廩丘。支雄、逯明擊甯黑于東武陽，陷之，黑赴河而死，徙其衆萬餘于襄國。邵續使文鴦救演，季龍退止盧關津避之，文鴦弗能進，屯于景亭。兗豫豪右張平等起兵救演。季龍夜棄營設伏于外，揚聲將歸河北。平等以爲信然，入于空營。季龍迴擊敗之，遂陷廩丘，演奔文鴦軍，獲演弟啓，送于襄國。演卽劉琨之兄子也。勒以琨撫存其母，德之，賜啓田宅，令儒官授其經。

時大蝗，中山、常山尤甚。中山丁零翟鼠叛勒，攻中山、常山，勒率騎討之，獲其母妻而還。鼠保于胥關，遂奔代郡。

勒攻樂平太守韓據于坫城，劉琨遣將軍姬澹率衆十餘萬討勒，琨次廣牧，爲澹聲援。勒將距之，或諫之曰：「澹兵馬精盛，其鋒不可當，宜深溝高壘以挫其銳，攻守勢異，必獲萬全。」勒曰：「澹大衆遠來，體疲力竭，犬羊烏合，號令不齊，可一戰而擒之，何强之有！寇已垂至，胡可捨去，大軍一動，豈易中還！若澹乘我之退，顧乃無暇，焉得深溝高壘乎！此爲不戰而自滅亡之道。」立斬諫者。以孔萇爲前鋒都督，令三軍後出者斬。設疑兵于山上，分爲二伏。勒輕騎與澹戰，僞收衆而北。澹縱兵追之，勒前後伏發，夾擊，澹軍大敗，獲鎧馬萬匹，澹奔代郡，據奔劉琨。琨長史李弘以幷州降于勒，琨遂奔于段匹磾。勒還陽曲、樂平

戶于襄國，置守宰而退。孔萇追姬澹于桑乾。勒遣兼左長史張敷獻捷于劉聰。

勒之征樂平也，其南和令趙領招合廣川、平原、渤海數千戶叛勒，奔于邵續。河間邢嘏累徵不至，亦聚衆數百以叛。勒巡下冀州諸縣，以右司馬程遐爲寧朔將軍、監冀州七郡諸軍事。

勒姊夫廣威張越與諸將蒱博，勒親臨觀之。越戲言忤勒，勒大怒，叱力士折其脛而殺之。

孔萇攻代郡，澹死之。時司、冀、幷、兗州流人數萬戶在于遼西，迭相招引，人不安業。孔萇等攻馬嚴、馮䐗，久而不克。勒問計於張賓，賓對曰：「馮䐗等本非明公之深仇，遼西流人悉有戀本之思。今宜班師息甲，差選良守，任之以龔遂之事，不拘常制，奉宣仁澤，奮揚威武，幽冀之寇可翹足而靜，遼西流人可指時而至。」勒曰：「右侯之計是也。」召萇等歸，署武遂令李回爲易北都護、振武將軍、高陽太守。馬嚴士衆多李潛軍人，回先爲潛府長史，素服回威德，多叛嚴歸之。嚴以部衆離貳，懼，奔于幽州，溺水而死。馮䐗率衆降于勒。回移居易京，[一八]流人降者歲常數千，勒甚嘉之，封回弋陽子，邑三百戶。加賓封一千戶，進賓位前將軍，固辭不受。

河朔大蝗，初穿地而生，二旬則化狀若蠶，七八日而臥，四日蛻而飛，彌亘百草，唯不食

三豆及麻，幷冀尤甚。

石季龍濟自長壽津，寇梁國，害內史荀闓。劉琨與段匹磾、涉復辰、疾六眷、段末柸等會于固安，將謀討勒，勒使參軍王續齎金寶遺末柸以間之。末柸既思有以報勒恩，又忻於厚賂，乃說辰眷等引還，琨、匹磾亦退如薊城。

邵續使兄子濟攻勒渤海，虜三千餘人而還。劉聰將趙固以洛陽歸順，恐勒襲之，遣參軍高少奉書推崇勒，請師討聰。勒以大義讓之，固深恨恚，與郭默攻掠河內、汲郡。

段末柸殺鮮卑單于截附眞，立忽跋鄰爲單于。段匹磾自幽州攻末柸，末柸逆擊敗之，匹磾奔還幽州，因害太尉劉琨，琨將佐相繼降勒。末柸遣弟騎督擊匹磾于幽州，匹磾率其部衆數千，將奔邵續，勒將石越要之于鹽山，大敗之，匹磾退保幽州。越中流矢死，勒爲之屏樂三月，贈平南將軍。

初，曹嶷據有青州，既叛劉聰，南稟王命，以建鄴懸遠，勢援不接，懼勒襲之，故遣通和。勒授嶷東州大將軍、青州牧，封琅邪公。

劉聰疾甚，驛召勒爲大將軍、錄尚書事，受遺詔輔政，勒固辭乃止。聰又遣其使人持節署勒大將軍、持節鉞，都督、侍中、校尉、二州牧、公如故，增封十郡，勒不受。聰死，其子粲襲僞位，其大將軍靳準殺粲于平陽，勒命張敬率騎五千爲前鋒以討準，勒統精銳五萬繼之，

據襄陵北原，羌羯降者四萬餘落。準數挑戰，勒堅壁以挫之。劉曜自長安屯于蒲阪，曜復僭號，署勒大司馬、大將軍，加九錫，增封十郡，幷前十三郡，進爵趙公。勒攻準于平陽小城，平陽大尹周置等率雜戶六千降于勒。巴帥及諸羌羯降者十餘萬落，徙之司州諸縣。準使卜泰送乘輿服御請和，勒與劉曜競有招懷之計，乃送泰于曜，使知城內無歸曜之意，以挫其軍勢。曜潛與泰結盟，使還平陽宣慰諸屠各。勒疑泰與曜有謀，欲斬泰以速降之，諸將皆曰：「今斬卜泰，準必不復降，就令泰宣漢要盟于城中，使相率誅靳準，準必懼而速降矣。」勒久乃從諸將議遣之。泰入平陽，與準將喬泰、馬忠等起兵攻準，殺之，推靳明爲盟主，遣泰及卜玄奉傳國六璽送于劉曜。勒大怒，遣令史羊升使平陽，責明殺準之狀。明怒，斬升。勒怒甚，進軍攻明，明出戰，勒擊敗之，枕尸二里。明築城門堅守，不復出戰。勒遣其左長史王脩獻捷于劉曜。晉彭城內史周堅害沛內史周默，以彭沛降于勒。石季龍率幽、冀州兵會勒攻平陽。劉曜遣征東劉暢救明。勒命舍師于蒲上。靳明率平陽之衆奔于劉曜，曜西奔粟邑。勒焚平陽宮室，使裴憲、石會修復元海、聰二墓，收劉粲已下百餘尸葬之，徙渾儀、樂器于襄國。

劉曜又遣其使人郭汜等持節署勒太宰、領大將軍，進爵趙王，增封七郡，幷前二十郡，出入警蹕，冕十有二旒，乘金根車，駕六馬，如曹公輔漢故事，夫人爲王后，世子爲王太子。

勒舍人曹平樂因使留仕於曜，言於曜曰：「大司馬遣王脩等來，外表至虔，內覘大駕强弱，謀待脩之返，將輕襲乘輿。」時曜勢實殘弊，懼脩宣之。曜大怒，追汜等還，斬脩于粟邑，停太宰之授。劉茂逃歸，言王脩死故，勒大怒，誅平樂三族，贈脩太常。又知停殊禮之授，怒甚，下令曰：「孤兄弟之奉劉家，人臣之道過矣，若微孤兄弟，豈能南面稱朕哉！根基既立，便欲相圖。天不助惡，使假手靳準。孤惟事君之體當資舜求瞽瞍之義，故復推崇令主，齊好如初，何圖長惡不悛，殺奉誠之使。帝王之起，復何常邪！趙王、趙帝，孤自取之，名號大小，豈其所節邪！」於是置太醫、尚方、御府諸令，命參軍鼂讚成正陽門。俄而門崩，勒大怒，斬讚。既怒刑倉卒，尋亦悔之，賜以棺服，贈大鴻臚。

平西將軍祖逖攻陳川于蓬關，石季龍救川，逖退屯梁國，季龍使揚武左伏肅攻之。勒增置宣文、宣教、崇儒、崇訓十餘小學于襄國四門，簡將佐豪右子弟百餘人以教之，且備擊柝之衞。置挈壺署，鑄豐貨錢。河西鮮卑日六延叛于勒，石季龍討之，敗延于朔方，斬首二萬級，俘三萬餘人，獲牛馬十餘萬。孔萇討平幽州諸郡。時段匹磾部衆饑散，棄其妻子，匹磾奔邵續。曹嶷遣使來聘，獻其方物，請以河爲斷。桃豹至蓬關，祖逖退如淮南。徙陳川部衆五千餘戶于廣宗。

石季龍與張敬、張賓及諸將佐百餘人勸勒稱尊號，勒下書曰：「孤猥以寡德，忝荷崇寵，

夙夜戰惶，如臨深薄，豈可假尊竊號，取譏四方！昔周文以三分之重，猶服事殷朝；小白居一匡之盛，而尊崇周室。況國家道隆殷周，孤德卑二伯哉！其亟止斯議，勿復紛紜。自今敢言，刑茲無赦！」乃止。

勒又下書曰：「今大亂之後，律令滋煩，其採集律令之要，爲施行條制。」於是命法曹令史貫志造辛亥制度五千文，施行十餘歲，乃用律令。晉太山太守徐龕叛降于勒。

石季龍及張敬、張賓、左右司馬張屈六、程遐文武等一百二十九人上疏曰：「臣等聞有非常之度，必有非常之功；有非常之功，必有非常之事。是以三代陵遲，五伯迭興，靜難濟時，績侔睿后。伏惟殿下天縱聖哲，誕應符運，鞭撻宇宙，弼成皇業，普天率土，莫不來蘇，嘉瑞徵祥，日月相繼，物望去劉氏，威懷于明公者十分而九矣。今山川夷靜，星辰不孛，夏海重譯，天人係仰，誠應升御中壇，卽皇帝位，使攀附之徒蒙寸尺之潤。請依劉備在蜀、魏王在鄴故事，以河內、魏、汲、頓丘、平原、清河、鉅鹿、常山、中山、長樂、樂平十一郡，幷前趙國、廣平、陽平、章武、渤海、河間、上黨、定襄、范陽、漁陽、武邑、燕國、樂陵十三郡，合二十四郡、戶二十九萬爲趙國。[一九]封內依舊改爲內史，準禹貢、魏武復冀州之境，南至盟津，西達龍門，東至于河，北至于塞垣。以大單于鎭撫百蠻。罷幷、朔、司三州，通置部司以監之。伏願欽若昊天，垂副羣望也。」勒西面而讓者五，南面而讓者四，百僚皆叩頭固請，勒乃

許之。

校勘記

〔一〕所居武鄉北原山下　毛本、局本「山下」注「元作『上』」。御覽四五引十六國春秋、通志一八七並作「山上」，疑作「上」是。

〔二〕田禋　東海王越傳作「田甄」。通鑑八六亦作「甄」。

〔三〕丁紹　周校：越傳作「丁劭」。南陽王模傳亦作「劭」。通鑑八六則作「紹」。

〔四〕馮莫突等擁衆數千　各本「莫突」作「突莫」，殿本據下文乙正。通鑑八六前後皆作「莫突」，今從殿本。

〔五〕勒敗秀於白田　通鑑八七「秀」作「肅」，「白田」作「封田」。通鑑考異云從十六國春秋及劉琨集。

〔六〕王甲始　校文：懷帝紀作「王申始」，凡兩見。御覽八七六引前趙錄作「王申」，亦不作「甲」。按：「申始」作「申」乃雙名單稱，懷紀與前趙錄合，疑此處「甲」字乃「申」形近而訛。

〔七〕晨壓宛門　各本「宛」作「苑」。周校：王如傳作「宛門」，時侯脫據宛，勒又屯於宛北山，「苑門」必「宛門」之誤。按：周說是，今據王如傳改。

〔八〕楊岠　斠注：懷帝紀及朱伺傳均作「楊珉」。

〔九〕廣陵公陳眕　「眕」原作「軫」。惠紀、元紀、賈謐傳及通鑑八五俱作「眕」，今據改。

〔一〇〕任城王濟　各本「濟」譌「躋」，今據任城景王陵傳、通鑑八七改。下同改。

〔一一〕齊王超　各本「超」譌「韶」，今據齊王冏傳、通鑑八七改。

〔一二〕勒歸功彌曜　各本「功」作「攻」。斠注：「歸攻」當從魏書石勒傳作「歸功」，於文義方合。按：「歸攻」於情事不符，今據魏書改。

〔一三〕害冠軍將軍王茲　懷紀作「沛王滋」，疑「王」上脫「沛」字，「茲」「滋」同音通用，其人當是沛王韜後。

〔一四〕屯于葛陂　各本「陂」作「陵」，殿本據下「勒於葛陂繕室宇」句改作「陂」。通鑑八七、八八、御覽四九九引趙書並作「陂」。今從殿本。

〔一五〕進據罕城　斠注：元和郡縣圖志作「宜及未至，密規進據牢城」，「罕城」疑爲「牢城」之譌。

〔一六〕穀二升直銀二斤　通鑑八九、御覽三五引三十國春秋「二斤」皆作「一斤」，文較合理，疑此「二」爲「一」之誤。

〔一七〕勒將陳午以浚儀叛于勒　斠注：元帝紀作：「陳川以浚儀叛，降於石勒。」據敦煌石室本晉紀，則陳午死後，其從父川大懼，以浚儀叛。是叛者陳川，非陳午也，且亦不得稱爲勒將。按：斠注說是，祖逖傳、通鑑九一並同元紀。此處「勒將」二字當在下「逯明攻甯黑於茌平」句上，傳本錯簡，又誤「陳川」爲「陳午」。

〔一八〕易京　各本「京」作「涼」，殿本作「京」。通鑑八九亦作「易京」。今從殿本。

〔一九〕戶二十九萬　御覽一二〇引前趙錄作「十九萬」。

晉書卷一百五

載記第五

石勒下 子弘 張賓

太興二年，勒僞稱趙王，赦殊死已下，均百姓田租之半，賜孝悌力田死義之孤帛各有差，孤老鰥寡穀人三石，大酺七日。依春秋列國、漢初侯王每世稱元，改稱趙王元年。始建社稷，立宗廟，營東西宮。署從事中郎裴憲、參軍傅暢、杜嘏並領經學祭酒，參軍續咸、庾景爲律學祭酒，任播、崔濬爲史學祭酒。中壘支雄、遊擊王陽並領門臣祭酒，專明胡人辭訟，以張離、張良、劉羣、劉謨等爲門生主書，司典胡人出內，重其禁法，不得侮易衣冠華族。號胡爲國人。遣使循行州郡，勸課農桑。加張賓大執法，專總朝政，位冠僚首。署石季龍爲單于元輔、都督禁衞諸軍事，署前將軍李寒領司兵勳，教國子擊刺戰射之法。命記室佐明楷、程機撰上黨國記，[一]中大夫傅彪、賈蒲、江軌撰大將軍起居注，參軍石泰、石同、石謙、

孔隆撰大單于志。自是朝會常以天子禮樂饗其羣下，威儀冠冕從容可觀矣。羣臣議請論功，勒曰：「自孤起軍，十六年于茲矣。文武將士從孤征伐者，莫不蒙犯矢石，備嘗艱阻，其在葛陂之役，厥功尤著，宜爲賞之先也。若身見存，爵封輕重隨功位爲差，死事之孤，賞加一等，庶足以慰答存亡，申孤之心也。」又下書禁國人不聽報嫂及在喪婚娶，其燒葬令如本俗。

孔萇攻邵續別營十一，皆下之。續尋爲石季龍所獲，送于襄國。劉曜將尹安、宋始據洛陽，降于勒。

晉徐州刺史蔡豹敗徐龕于檀丘，龕遣使詣勒，陳討豹之計。勒遣將王步都爲龕前鋒，使張敬率騎繼之。敬達東平，龕疑敬之襲己也，斬步都等三百餘人，復降于晉。勒大怒，命張敬據其襟要以守之。

大雨霖，中山、常山尤甚，滹沲汎溢，衝陷山谷，巨松僵拔，浮于滹沲，東至渤海，原隰之間皆如山積。

孔萇攻陷文鴦十餘營，萇不設備，鴦夜擊之，大敗而歸。

勒始制軒懸之樂，八佾之舞，爲金根大輅，黄屋左纛，天子車旗，禮樂備矣。

使石季龍率步騎四萬討徐龕，龕遣長史劉霄詣勒乞降，送妻子爲質，勒納之。時蔡豹屯于譙城，[二]季龍攻豹，豹夜遁，季龍引軍城封丘而旋。

徙朝臣掾屬已上士族者三百戶于襄國崇仁里，置公族大夫以領之。勒宮殿及諸門始就，制法令甚嚴，諱胡尤峻。有醉胡乘馬突入止車門，勒大怒，謂宮門小執法馮翥曰：「夫人君爲令，尚望威行天下，況宮闕之間乎！向馳馬入門爲是何人，而不彈白邪？」翥惶懼忘諱，對曰：「向有醉胡乘馬馳入，甚呵禦之，而不可與語。」勒笑曰：「胡人正自難與言。」恕而不罪。

使石季龍擊託候部掘咄哪於岍北，大破之，俘獲牛馬二十餘萬。

勒清定五品，以張賓領選。復續定九品。署張班爲左執法郎，孟卓爲右執法郎，典定士族，副選舉之任。令羣僚及州郡歲各舉秀才、至孝、廉清、賢良、直言、武勇之士各一人。置署都部從事各一部一州，[三]秩二千石，職準丞相司直。

勒下令曰：「去年水出巨材，所在山積，將皇天欲孤繕修宮宇也！其擬洛陽之太極起建德殿。」遣從事中郎任汪帥使工匠五千採木以供之。黎陽人陳武妻一產三男一女，武攜其妻子詣襄國上書自陳。勒下書以爲二儀諧暢，和氣所致，賜其乳婢一口，穀一百石，雜綵四十匹。

石季龍攻段匹磾于厭次。孔萇討匹磾部內諸城，陷之。匹磾勢窮，乃率其臣下輿櫬出

降。季龍送之襄國，勒署匹磾爲冠軍將軍，以其弟文鴦、亞將衞麟爲左右中郎將，皆金章紫綬。散諸流人三萬餘戶，復其本業，置守宰以撫之。於是冀、幷、幽州、遼西巴西諸屯結皆陷於勒。[四]

時晉征北將軍祖逖據譙，將平中原。逖善於撫納，自河以南多背勒歸順。勒憚之，不敢爲寇，乃下書曰：「祖逖屢爲邊患。逖，北州士望也，儻有首丘之思。其下幽州，修祖氏墳墓，爲置守冢二家。冀逖如趙他感恩，輟其寇暴。」逖聞之甚悅，遣參軍王愉使於勒，贈以方物，修結和好。勒厚賓其使，遣左常侍董樹報聘，以馬百匹、金五十斤答之。自是兗豫乂安，人得休息矣。

從事中郎劉奧坐營建德殿井木斜縮，斬于殿中。勒悔之，贈太常。

建德校尉王和掘得員石，銘曰：「律權石，重四鈞，同律度量衡，有新氏造。」議者未詳，或以爲瑞。參軍續咸曰：「王莽時物也。」其時兵亂之後，典度堙滅，遂命下禮官爲準程定式。又得一鼎，容四升，[五]中有大錢三十文，曰：「百當千，千當萬。」[六]鼎銘十三字，篆書不可曉，藏之於永豐倉。因此令公私行錢，而人情不樂，乃出公絹市錢，限中絹匹一千二百，下絹八百。然百姓私買中絹四千，下絹二千，巧利者賤買私錢，貴賣於官，坐死者十數人，而錢終不行。勒徙洛陽銅馬、翁仲二于襄國，列之永豐門。

祖逖牙門童建害新蔡內史周密，遣使降于勒。勒斬之，送首于祖逖，曰：「天下之惡一也。叛臣逃吏，吾之深仇，將軍之惡，猶吾惡也。」逖遣使報謝。自是兗豫間壘壁叛者，逖皆不納，二州之人率多兩屬矣。

勒令武鄉耆舊赴襄國。既至，勒親與鄉老齒坐歡飲，語及平生。初，勒與李陽鄰居，歲常爭麻池，〔七〕迭相毆擊。至是，謂父老曰：「李陽，壯士也，何以不來？漚麻是布衣之恨，孤方崇信于天下，寧讎匹夫乎！」乃使召陽。既至，勒與酣謔，引陽臂笑曰：「孤往日厭卿老拳，卿亦飽孤毒手。」因賜甲第一區，拜參軍都尉。〔八〕令曰：「武鄉，吾之豐沛，萬歲之後，魂靈當歸之，其復之三世。」勒以百姓始復業，資儲未豐，於是重制禁釀，郊祀宗廟皆以醴酒，行之數年，無復釀者。

署石季龍爲車騎將軍，率騎三萬討鮮卑鬱粥于離石，俘獲及牛馬十餘萬，鬱粥奔烏丸，悉降其衆城。

先是，勒世子興死，至是，立子弘爲世子，領中領軍。

遣季龍統中外精卒四萬討徐龕，龕堅守不戰，於是築室返耕，列長圍以守之。晉鎮北將軍劉隗降于勒，拜鎮南將軍，封列侯。石季龍攻陷徐龕，送之襄國，勒囊盛於百尺樓自上撲殺之，令步都等妻子刳而食之，坑龕降卒三千。晉兗州刺史劉遐懼，自鄒山退屯于下

邳。〔九〕琅邪內史孫默以琅邪叛降于勒。徐兗間壘壁多送任請降，皆就拜守宰。

清河張披爲程遐長史，遐甚委昵之，張賓舉爲別駕，引參政事。遐疾披去己，又惡賓之權盛。勒世子弘，卽遐之甥也，自以有援，欲收威重於朝，乃使弘之母譖之曰：「張披與張賓爲游俠，門客日百餘乘，物望皆歸之，非社稷之利也，宜除披以便國家。」勒然之。至是，披取急召不時至，因此遂殺之。賓知遐之間己，遂弗敢請。無幾，以遐爲右長史，總執朝政，自是朝臣莫不震懼，赴于程氏矣。

時祖逖卒，勒始侵寇邊戍。勒征虜石他敗王師于酇西，執將軍衞榮而歸。征北將軍祖約懼，退如壽春。勒境內大疫，死者十二三，乃罷徽文殿作。遣其將王陽屯于豫州，有闚闟之志，於是兵難日尋，梁鄭之間騷然矣。

又遣季龍統中外步騎四萬討曹嶷。先是，嶷議欲徙海中，保根余山，會疾疫甚，計未及就。季龍進兵圍廣固，東萊太守劉巴、長廣太守呂披皆以郡降。以石他爲征東將軍，擊羌胡于河西。左軍石挺濟師于廣固，曹嶷降，送于襄國。勒害之，坑其衆三萬。季龍將盡殺嶷衆，其青州刺史劉徵曰：「今留徵，使牧人也；無人焉牧，徵將歸矣。」季龍乃留男女七百口配徵，鎮廣固。青州諸郡縣壘壁盡陷。

勒司州刺史石生攻晉揚武將軍郭誦于陽翟，不克，進寇襄城，俘獲千餘而還。

勒以參軍樊坦清貧，擢授章武內史。既而入辭，勒見坦衣冠弊壞，大驚曰：「樊參軍何貧之甚也！」坦性誠朴，率然而對曰：「頃遭羯賊無道，資財蕩盡。」勒笑曰：「羯賊乃爾暴掠邪！今當相償耳。」坦大懼，叩頭泣謝。勒曰：「孤律自防俗士，不關卿輩老書生也。」賜車馬衣服裝錢三百萬，以勵貪俗。

勒將兵都尉石瞻寇下邳，敗晉將軍劉長，遂寇蘭陵，又敗彭城內史劉續。東莞太守竺珍、東海太守蕭誕以郡叛降于勒。

勒親臨大小學，考諸學生經義，尤高者賞帛有差。勒雅好文學，雖在軍旅，常令儒生讀史書而聽之，每以其意論古帝王善惡，朝賢儒士聽者莫不歸美焉。嘗使人讀漢書，聞酈食其勸立六國後，大驚曰：「此法當失，何得遂成天下！」至留侯諫，乃曰：「賴有此耳。」其天資英達如此。

勒徵徐、揚州兵，會石瞻于下邳，劉遐懼，又自下邳奔于泗汭。

石生攻劉曜河內太守尹平于新安，斬之，克壘壁十餘，降掠五千餘戶而歸。自是劉、石禍結，兵戈日交，河東、弘農間百姓無聊矣。

以右常侍霍皓爲勸課大夫，與典農使者朱表、典勸都尉陸充等循行州郡，核定戶籍，勸課農桑。農桑最修者賜爵五大夫。

使石生自延壽關出寇許潁，俘獲萬餘，降者二萬，生遂攻陷康城。晉將軍郭誦追生，生大敗，死者千餘。生收散卒，屯于康城。勒汲郡內史石聰聞生敗，馳救之，進攻郭默，俘獲男女二千餘人。石聰攻敗晉將李矩、郭默等。

勒將狩於近郊，主簿程琅諫曰：「劉、馬刺客，離布如林，變起倉卒，帝王亦一夫之敵耳。孫策之禍可不慮乎！且枯木朽株盡能爲害，馳騁之弊，今古戒之。」勒勃然曰：「吾躰力自可，足能裁量。但知卿文書事，不須白此輩也。」是日逐獸，馬觸木而死，勒亦幾殆，乃曰：「不用忠臣言，吾之過也。」乃賜琅朝服錦絹，爵關內侯。於是朝臣謁見，忠言競進矣。

晉都尉魯潛叛，以許昌降於勒。石瞻攻陷晉兗州刺史檀斌于鄒山，〔一〇〕斌死之。勒西夷中郎將王勝襲殺幷州刺史崔琨、上黨內史王眘，以幷州叛于勒。先是，石季龍攻劉曜將劉岳于石梁，至是，石梁潰，執岳送襄國。季龍又攻王勝于幷州，殺之。李矩以劉岳之敗也，懼，自榮陽遁歸。矩長史崔宣率矩衆二千降于勒。於是盡有司兗之地，徐豫濱淮諸郡縣皆降之。

勒命徙洛陽晷影于襄國，列之單于庭。銘佐命功臣三十九人于石函，置于建德前殿。立桑梓苑于襄國。

勒嘗夜微行，檢察營衞，齎繒帛金銀以賂門者求出。永昌門門候王假欲收捕之，從者

至，乃止。旦召假以爲振忠都尉，爵關內侯。勒如苑鄉，召記室參軍徐光，光醉不至。以光物情所湊，常不平之，因此發怒，退爲牙門。勒自苑鄉如鄴，徐光侍直，慍然攘袂振紛，仰視不顧。勒因而惡之，讓光曰：「何負卿而敢怏怏邪！」於是幽光幷其妻子于獄。

勒既將營鄴宮，又欲以其世子弘爲鎮，密與程遐謀之。石季龍自以勳效之重，仗鄴爲基，雅無去意。及修構三臺，遷其家室，季龍深恨遐，遣左右數十人夜入遐宅，姦其妻女，掠衣物而去。勒以弘鎮鄴，配禁兵萬人，車騎所統五十四營悉配之，以驍騎領門臣祭酒王陽專統六夷以輔之。

石聰攻壽春，不克，遂寇逡遒、阜陵，殺掠五千餘人，京師大震。

濟岷太守劉闓、將軍張闓等叛，害下邳內史夏侯嘉，〔一一〕以下邳降于石生。

石瞻攻河南太守王羨于邾，陷之。

龍驤將軍王國叛，以南郡降于勒。〔一二〕晉彭城內史劉續復據蘭陵、石城，石瞻攻陷之。

勒令州郡，有墳發掘不掩覆者推劾之，骸骨暴露者縣爲備棺衾之具。以牙門將王波爲記室參軍，典定九流，始立秀、孝試經之制。

茌平令師懽獲黑兔，獻之於勒，程遐等以爲勒「龍飛革命之祥，於晉以水承金，兔陰精之獸，玄爲水色，此示殿下宜速副天人之望也」。於是大赦，以咸和三年改年曰太和。

石堪攻晉豫州刺史祖約于壽春，屯師淮上。晉龍驤將軍王國以南郡叛降于堪。南陽都尉董幼叛，率襄陽之衆又降于堪。祖約諸將佐皆陰遣使附于勒。石聰與堪濟淮，陷壽春，祖約奔歷陽，壽春百姓陷于聰者二萬餘戶。

劉曜敗季龍于高候，遂圍洛陽。勒滎陽太守尹矩、野王太守張進等皆降之，襄國大震。勒將親救洛陽，左右長史、司馬郭敖、程遐等固諫曰：「劉曜乘勝雄盛，難與爭鋒，金墉糧豐，攻之未可卒拔。曜懸軍千里，勢不支久。不可親動，動無萬全，大業去矣。」勒大怒，按劍叱遐等出。於是赦徐光，召而謂之曰：「劉曜乘高候之勢，圍守洛陽，庸人之情皆謂其鋒不可當也。然曜帶甲十萬，攻一城而百日不克，師老卒殆，以我初銳擊之，可一戰而擒。若洛陽不守，曜必送死冀州，自河已北，席卷南向，吾事去矣。程遐等不欲吾親行，卿以爲何如？」光對曰：「劉曜乘高候之勢而不能進臨襄國，更守金墉，此其無能爲也。懸軍三時，亡攻戰之利，若鸞旗親駕，必望旌奔敗。定天下之計，在今一舉。今此機會，所謂天授，授而弗應，禍之攸集。」勒笑曰：「光之言是也。」佛圖澄亦謂勒曰：「大軍若出，必擒劉曜。」勒尤悅，使內外戒嚴，有諫者斬。命石堪、石聰及豫州刺史桃豹等各統見衆會滎陽，使石季龍進據石門，以左衞石邃都督中軍事，勒統步騎四萬赴金墉，濟自大堨。先是，流澌風猛，軍至，冰泮清和，濟畢，流澌大至，勒以爲神靈之助也，命曰靈昌津。勒顧謂徐光曰：「曜盛兵成皋關，上計也；阻洛水，其次也；坐守洛陽者成擒也。」諸軍集于成皋，步卒六萬，騎二萬七千。勒見曜無守軍，大悅，舉手指天，又自指額曰：「天也！」乃卷甲銜枚而詭道兼路，出于鞏、訾之間。知曜陳其軍十餘萬于城西，彌悅，謂左右曰：「可以賀我矣！」勒統步騎四萬入自宣陽門，升故太極前殿。季龍步卒三萬，自城北而西，攻其中軍，石堪、石聰等各以精騎八千，城西而北，〔一三〕擊其前鋒，大戰于西陽門。勒躬貫甲冑，出自閶闔，夾擊之。曜軍大潰，石堪執曜，送之以徇于軍，斬首五萬餘級，枕尸于金谷。勒下令曰：「所欲擒者一人耳，今已獲之，其敕將士抑鋒止銳，縱其歸命之路。」乃旋師。使征東石邃等帥騎衞曜而北。

及是，祖約舉兵敗，降于勒，勒使王波讓之曰：「卿逆極勢窮，方來歸命，吾朝豈逋逃之藪邪？而卿敢有靦面目也。」示之以前後檄書，乃赦之。

劉曜子熙等去長安，奔于上邽，遣季龍討之。

勒巡行冀州諸郡，引見高年、孝悌、力田、文學之士，班賜穀帛有差。令遠近牧守宣告屬城，諸所欲言，靡有隱諱，使知區區之朝虛渴讜言也。

季龍克上邽，遣主簿趙封送傳國玉璽、金璽、太子玉璽各一于勒。季龍進攻集木且羌于河西，克之，俘獲數萬，秦隴悉平。涼州牧張駿大懼，遣使稱藩，貢方物于勒。徙氐羌十五萬落于司、冀州。

勒羣臣議以勒功業既隆，祥符並萃，宜時革徽號以答乾坤之望，於是石季龍等奉皇帝璽綬，上尊號于勒，勒弗許。羣臣固請，勒乃以咸和五年僭號趙天王，行皇帝事。尊其祖邪曰宣王，父周曰元王。立其妻劉氏爲王后，世子弘爲太子。署其子宏爲持節、散騎常侍、都督中外諸軍事、驃騎大將軍、大單于，封秦王；左衞將軍斌太原王；小子恢爲輔國將軍、南陽王；中山公季龍爲太尉、守尚書令、中山王；石生河東王；石堪彭城王；以季龍子邃爲冀州刺史，封齊王，加散騎常侍、武衞將軍；宣左將軍；挺侍中、梁王。署左長史郭敖爲尚書左僕射，右長史程遐爲右僕射、領吏部尚書，左司馬夔安、右司馬郭殷、從事中郎李鳳、前郎中令裴憲爲尚書，署參軍事徐光爲中書令、領祕書監。論功封爵，開國郡公文武二十一人，侯二十四人，縣公二十六人，侯二十二人，其餘文武各有差。侍中任播等參議，以趙承金爲水德，旗幟尚玄，牲牡尚白，子社丑臘，勒從之。勒下書曰：「自今有疑難大事，八坐及委丞郎齎詣東堂，詮詳平決。其有軍國要務須啟，有令僕尚書隨局入陳，勿避寒暑昏夜也。」

勒以祖約不忠於本朝，誅之，及其諸子姪親屬百餘人。

羣臣固請勒宜即尊號，勒乃僭即皇帝位，大赦境內，改元曰建平，自襄國都臨漳。〔一四〕追尊其高祖曰順皇，曾祖曰威皇，祖曰宣皇，父曰世宗元皇帝，妣曰元昭皇太后，文武封進各有差。立其妻劉氏爲皇后，又定昭儀、夫人位視上公，貴嬪、貴人視列侯，員各一人，三英、九華視伯，淑媛、淑儀視子，容華、美人視男，務簡賢淑，不限員數。

勒荆州監軍郭敬、南蠻校尉董幼寇襄陽。勒驛敕敬退屯樊城，戒之使偃藏旗幟，寂若無人，彼若使人觀察，則告之曰：「自愛堅守，後七八日大騎將至，相策不復得走矣。」敬使人浴馬于津，周而復始，晝夜不絕。偵諜還告南中郎將周撫，撫以爲勒軍大至，懼而奔武昌。敬入襄陽，軍無私掠，百姓安之。晉平北將軍魏該弟遐等率該部衆自石城降于敬。敬毁襄陽，遷其百姓于沔北，城樊城以戍之。

秦州休屠王羌叛于勒，刺史臨深遣司馬管光帥州軍討之，爲羌所敗，隴右大擾，氐羌悉叛。勒遣石生進據隴城。王羌兄子擢與羌有仇，生乃賂擢，與掎擊之。羌敗，奔涼州。徙秦州夷豪五千餘戶于雍州。

勒下書曰：「自今諸有處法，悉依科令。吾所忿戮、怒發中旨者，若德位已高，不宜訓罰，或服勤死事之孤，邂逅罹譴，門下皆各列奏之，吾當思擇而行也。」堂陽人陳豬妻一產三男，賜其衣帛廩食，乳婢一口，復三歲勿事。時高句麗、肅愼致其楛矢，宇文屋孤並獻名馬于勒。涼州牧張駿遣長史馬詵奉圖送高昌、于寘、鄯善、大宛使，獻其方物。晉荆州牧陶侃遣兼長史王敷聘于勒，致江南之珍寶奇獸。秦州送白獸、白鹿，荆州送白雉、白兔，濟陰木連理，甘露降苑鄉。勒以休瑞並臻，遐方慕義，赦三歲刑已下，均百姓去年逋調；特赦涼州

殊死，涼州計吏皆拜郎中，賜絹十匹，綿十斤。勒南郊，有白氣自壇屬天，勒大悅，還宮，赦四歲刑。遣使封張駿武威郡公，食涼州諸郡。勒親耕藉田，還宮，赦五歲刑，賜其公卿已下金帛有差。勒以日蝕，避正殿三日，令羣公卿士各上封事。禁州郡諸祠堂非正典者皆除之，其能興雲致雨，有益於百姓者，郡縣更爲立祠堂，殖嘉樹，準嶽瀆已下爲差等。

勒將營鄴宮，廷尉續咸上書切諫。勒大怒，曰：「不斬此老臣，朕宮不得成也！」敕御史收之。中書令徐光進曰：「陛下天資聰睿，超邁唐虞，而更不欲聞忠臣之言，豈夏癸、商辛之君邪？其言可用用之，不可用故當容之，奈何一旦以直言而斬列卿乎！」勒歎曰：「爲人君不得自專如是！豈不識此言之忠乎？向戲之爾。人家有百匹資，尚欲市別宅，況有天下之富，萬乘之尊乎！終當繕之耳。且敕停作，成吾直臣之氣也。」因賜咸絹百匹，稻百斛。又下書令公卿百僚歲薦賢良、方正、直言、秀異、至孝、廉清各一人，答策上第者拜議郎，中第中郎，下第郎中。其舉人得遞相薦引，廣招賢之路。起明堂、辟雍、靈臺于襄國城西。時大雨霖，中山西北暴水，流漂巨木百餘萬根，集于堂陽。勒大悅，謂公卿曰：「諸卿知不？此非爲災也，天意欲吾營鄴都耳。」於是令少府任汪、都水使者張漸等監營鄴宮，勒親授規模。

蜀梓潼、建平、漢固三郡蠻巴降于勒。

勒以成周土中，漢晉舊京，復欲有移都之意，乃命洛陽爲南都，置行臺治書侍御史于洛陽。

勒因饗高句麗、宇文屋孤使，酒酣，謂徐光曰：「朕方自古開基何等主也？」對曰：「陛下神武籌略邁于高皇，雄藝卓犖超絕魏祖，自三王已來無可比也，其軒轅之亞乎！」勒笑曰：「人豈不自知，卿言亦以太過。朕若逢高皇，當北面而事之，與韓彭競鞭而爭先耳。脫遇光武，當並驅于中原，未知鹿死誰手。大丈夫行事當礌礌落落，如日月皎然，終不能如曹孟德、司馬仲達父子，欺他孤兒寡婦，狐媚以取天下也。朕當在二劉之間耳，軒轅豈所擬乎！」其羣臣皆頓首稱萬歲。

晉將軍趙胤攻克馬頭，石堪遣將軍韓雍救之，至則無及，遂寇南沙、海虞，俘獲五千餘人。初，郭敬之退據樊城也，王師復戍襄陽。至是，敬又攻陷之，留戍而歸。

暴風大雨，震電建德殿端門、襄國市西門，殺五人。雹起西河介山，大如雞子，平地三尺，洿下丈餘，行人禽獸死者萬數，歷太原、樂平、武鄉、趙郡、廣平、鉅鹿千餘里，樹木摧折，禾稼蕩然。勒正服于東堂，以問徐光曰：「歷代已來有斯災幾也？」光對曰：「周、漢、魏、晉皆有之，雖天地之常事，然明主未始不爲變，所以敬天之怒也。去年禁寒食，介推，帝鄉之神也，歷代所尊，或者以爲未宜替也。一人吁嗟，王道尚爲之虧，況羣神怨憾而不怒動上帝乎！縱不能令天下同爾，介山左右，晉文之所封也，宜任百姓奉之。」勒下書曰：「寒食既

并州之舊風，朕生其俗，不能異也。前者外議以子推諸侯之臣，王者不應爲忌，故從其議，儻或由之而致斯災乎！子推雖朕鄉之神，非法食者亦不得亂也，尚書其促檢舊典定議以聞。」有司奏以子推歷代攸尊，請普復寒食，更爲植嘉樹，立祠堂，給戶奉祀。勒黄門郎韋謏駁曰：「案春秋，藏冰失道，陰氣發泄爲雹。自子推已前，雹者復何所致？此自陰陽乖錯所爲耳。且子推賢者，曷爲暴害如此！求之冥趣，必不然矣。今雖爲冰室，懼所藏之冰不在固陰沍寒之地，多皆山川之側，氣泄爲雹也。以子推忠賢，令縣、介之間奉之爲允，於天下則不通矣。」勒從之。於是遷冰室於重陰凝寒之所，并州復寒食如初。

勒令其太子省可尚書奏事，使中常侍嚴震參綜可否，征伐刑斷大事乃呈之。自是震威權之盛過于主相矣。季龍之門可設雀羅，季龍愈怏怏不悅。

郭敬南掠江西，晉南中郎將桓宣承其虛攻樊城，取城中之衆而去。敬旋師救樊，追戰于涅水。敬前軍大敗，宣亦死傷太半，盡取所掠而止。宣遂南取襄陽，留軍戍之。

勒如鄴，臨石季龍第，謂之曰：「功力不可並興，待宮殿成後，當爲王起第，勿以卑小悒悒也。」季龍免冠拜謝，勒曰：「與王共有天下，何所謝也！」有流星大如象，尾足蛇形，自北極西南流五十餘丈，光明燭地，墜于河，聲聞九百餘里。黑龍見鄴井中，勒觀龍有喜色。朝其羣臣于鄴。

命郡國立學官，每郡置博士祭酒二人，弟子百五十人，三考修成，顯升台府。於是擢拜太學生五人爲佐著作郎，錄述時事。時大旱，勒親臨廷尉錄囚徒，五歲刑已下皆輕決遣之，重者賜酒食，聽沐浴，一須秋論。還未及宮，澍雨大降。

勒如其灃水宮，因疾甚而還。召石季龍與其太子弘、中常侍嚴震等侍疾禁中。季龍矯命絕弘、震及內外羣臣親戚，勒疾之增損莫有知者。詐召石宏、石堪還襄國。勒疾小瘳，見宏，驚曰：「秦王何故來邪？使王藩鎮，正備今日。有呼者邪？自來也？有呼者誅之！」季龍大懼曰：「秦王思慕暫還耳，今謹遣之。」數日復問之，季龍曰：「奉詔即遣，今已半路矣。」更諭宏在外，遂不遣之。

廣阿蝗。季龍密遣其子邃率騎三千遊于蝗所。熒惑入昴。星隕于鄴東北六十里，初赤黑黃雲如幕，長數十匹，交錯，聲如雷震，墜地氣熱如火，塵起連天。時有耕者往視之，土猶燃沸，見有一石方尺餘，青色而輕，擊之音如磬。

勒疾甚，遺令：「三日而葬，內外百僚既葬除服，無禁婚娶、祭祀、飲酒、食肉，征鎮牧守不得輒離所司以奔喪，斂以時服，載以常車，無藏金寶，無內器玩。大雅沖幼，恐非能構荷朕志。中山已下其各司所典，無違朕命。大雅與斌宜善相維持，司馬氏汝等之殷鑒，其務於敦穆也。中山王深可三思周霍，勿爲將來口實。」以咸和七年死，〔二五〕時年六十，在位十五

年。夜瘞山谷，莫知其所，備文物虛葬，號高平陵。僞諡明皇帝，廟號高祖。

弘字大雅，勒之第二子也。幼有孝行，以恭謙自守，受經於杜嘏，誦律於續咸。勒曰：「今世非承平，不可專以文業教也。」於是使劉徵、任播授以兵書，王陽教之擊刺。立爲世子，領中領軍，尋署衞將軍，使領開府辟召，後鎮鄴。

勒僭位，立爲太子。虛襟愛士，好爲文詠，其所親昵，莫非儒素。勒謂徐光曰：「大雅愔愔，殊不似將家子。」光曰：「漢祖以馬上取天下，孝文以玄默守之，聖人之後，必世勝殘，天之道也。」勒大悅。光因曰：「皇太子仁孝溫恭，中山王雄暴多詐，陛下一旦不諱，臣恐社稷必危，宜漸奪中山威權，使太子早參朝政。」勒納之。程遐又言於勒曰：「中山王勇武權智，羣臣莫有及者。觀其志也，自陛下之外，視之蔑如。兼荷專征歲久，威振外內，性又不仁，殘忍無賴。其諸子並長，皆預兵權。陛下在，自當無他，恐其怏怏不可輔少主也。宜早除之，以便大計。」勒曰：「今天下未平，兵難未已，大雅沖幼，宜任強輔。中山佐命功臣，親同魯衞，方委以伊霍之任，何至如卿言也。卿當恐輔幼主之日，不得獨擅帝舅之權故耳。吾亦當參卿於顧命，勿爲過懼也。」遐泣曰：「臣所言者至公，陛下以私賜距，豈明主開襟納說，忠臣必盡之義乎！中山雖爲皇太后所養，非陛下天屬，不可以親義期也。杖陛下神規，微

建鷹犬之效，陛下酬其父子以恩榮，亦以足矣。魏任司馬懿父子，終於鼎祚淪移，以此而觀，中山豈將來有益者乎！臣因緣多幸，託瓜葛於東宮，臣而不竭言於陛下，而誰言之！陛下若不除中山，臣已見社稷不復血食矣。」勒不聽。遐退告徐光曰：「主上向言如此，太子必危，將若之何？」光曰：「中山常切齒於吾二人，恐非但國危，亦爲家禍，當爲安國寧家之計，不可坐而受禍也。」光復承間言於勒曰：「陛下廓平八州，帝有海內，而神色不悅者何也？」勒曰：「吳蜀未平，書軌不一，司馬家猶不絕於丹楊，恐後之人將以吾爲不應符籙。每一思之，不覺見於神色。」光曰：「臣以陛下爲憂腹心之患，而何暇更憂四支乎！何則？魏承漢運，爲正朔帝王，劉備雖紹興巴蜀，亦不可謂漢不滅也。吳雖跨江東，豈有虧魏美？陛下既苞括二都，爲中國帝王，彼司馬家兒復何異玄德，李氏亦猶孫權。符籙不在陛下，竟欲安歸？此四支之輕患耳。中山王藉陛下指授神略，天下皆言其英武亞於陛下，兼其殘暴多姦，見利忘義，無伊霍之忠。父子爵位之重，勢傾王室。觀其耿耿，常有不滿之心。近於東宮曲讌，有輕皇太子之色。陛下隱忍容之，臣恐陛下萬年之後，宗廟必生荊棘，此心腹之重疾也，惟陛下圖之。」勒默然，而竟不從。

及勒死，季龍執弘使臨軒，命收程遐、徐光下廷尉，召其子邃率兵入宿衞，文武靡不奔散。弘大懼，讓位于季龍。季龍曰：「君薨而世子立，臣安敢亂之！」弘泣而固讓，季龍怒曰：

「若其不堪，天下自當有大議，何足預論！」遂以咸和七年逼立之，〔二六〕改年曰延熙，文武百僚進位一等。誅程遐、徐光。弘策拜季龍爲丞相、魏王、大單于，加九錫，以魏郡等十三郡爲邑，總攝百揆。季龍僞固讓，久而受命，赦其境內殊死已下，立季龍妻鄭氏爲魏王后，子邃爲魏太子，加使持節、侍中、大都督中外諸軍事、大將軍、錄尚書事；宣爲使持節、車騎大將軍、冀州刺史，封河間王；韜爲前鋒將軍、司隸校尉，封樂安王；遵齊王，鑒代王，苞樂平王；徙太原王斌爲章武王。勒文武舊臣皆補左右丞相閑任，季龍府僚舊昵悉署臺省禁要。命太子宮曰崇訓宮，勒妻劉氏已下皆徙居之。簡其美淑及勒車馬、珍寶、服御之上者，皆入于己署。鎮軍夔安領左僕射，尚書郭殷爲右僕射。

劉氏謂石堪曰：「皇祚之滅不復久矣，王將何以圖之？」堪曰：「先帝舊臣皆已斥外，衆旅不復由人，宮殿之內無所措籌，臣請出奔兗州，據廩丘，挾南陽王爲盟主，宣太后詔於諸牧守征鎮，令各率義兵同討桀逆，蔑不濟也。」劉氏曰：「事急矣，便可速發，恐事淹變生。」堪許諾，微服輕騎襲兗州，失期，不克，遂南奔譙城。季龍遣其將郭太等追擊之，獲堪于城父，送襄國，炙而殺之。徵石恢還于襄國。劉氏謀泄，季龍殺之。尊弘母程氏爲皇太后。

時石生鎮關中，石朗鎮洛陽，皆起兵於二鎮。季龍留子邃守襄國，統步騎七萬攻朗于金墉。金墉潰，獲朗，刖而斬之。進師攻長安，以石挺爲前鋒大都督。生遣將軍郭權率鮮

卑涉瓌部衆二萬爲前鋒距之，生統大軍繼發，次于蒲坂。前鋒及挺大戰潼關，敗績，〔一七〕挺及丞相左長史劉陒皆戰死，季龍退奔澠池，枕尸三百餘里。鮮卑密通于季龍，背生而擊之。生時停蒲坂，不知挺之死也，懼，單馬奔長安。郭權乃復收衆三千，與越騎校尉石廣相持于渭汭。生遂去長安，潛于雞頭山。將軍蔣英固守長安。季龍聞生之奔也，進師入關，進攻長安，旬餘拔之，斬蔣英等。分遣諸將屯于汧。徙雍、秦州華戎十餘萬戶于關東。生部下斬生于雞頭山。季龍還襄國，大赦，諷弘命己建魏臺，一如魏輔漢故事。

郭權以生敗，據上邽以歸順，詔以權爲鎮西將軍、秦州刺史，於是京兆、新平、扶風、馮翊、北地皆應之。弘鎮西石廣與權戰，敗績。季龍遣郭敖及其子斌等率步騎四萬討之，次于華陰。上邽豪族害權以降。徙秦州三萬餘戶于青、并二州諸郡。南氐楊難敵等送任通和。長安陳良夫奔于黑羌，招誘北羌四角王薄句大等擾北地、馮翊，與石斌相持。石韜等率騎掎句大之後，與斌夾擊，敗之，句大奔于馬蘭山。郭敖等懸軍追北，爲羌所敗，死者十七八。斌等收軍還于三城。季龍聞而大怒，遣使殺郭敖。石宏有怨言，季龍幽之。

弘齎璽綬親詣季龍，諭禪位意。季龍曰：「天下人自當有議，何爲自論此也！」弘還宮，對其母流涕曰：「先帝眞無復遺矣！」俄而季龍遣丞相郭殷持節入，廢弘爲海陽王。弘安步就車，容色自若，謂羣臣曰：「不堪纂承大統，顧慚羣后，此亦天命去矣，又何言！」百官莫

不流涕，宮人慟哭。咸康元年，幽弘及程氏幷宏、恢于崇訓宮，尋殺之，在位二年，時年二十二。

張賓字孟孫，趙郡中丘人也。父瑤，中山太守。賓少好學，博涉經史，不爲章句，闊達有大節，常謂昆弟曰：「吾自言智算鑒識不後子房，但不遇高祖耳。」爲中丘王帳下都督，非其好也，病免。

及永嘉大亂，石勒爲劉元海輔漢將軍，與諸將下山東，賓謂所親曰：「吾歷觀諸將多矣，獨胡將軍可與共成大事。」乃提劍軍門，大呼請見，勒亦未之奇也。後漸進規謨，乃異之，引爲謀主。機不虛發，算無遺策，成勒之基業，皆賓之勳也。及爲右長史、大執法，封濮陽侯，任遇優顯，寵冠當時，而謙虛敬愼，開襟下士，士無賢愚，造之者莫不得盡其情焉。肅淸百僚，屏絕私昵，入則格言，出則歸美。勒甚重之，每朝，常爲之正容貌，簡辭令，呼曰「右侯」而不名之，勒朝莫與爲比也。

及卒，勒親臨哭之，哀慟左右，贈散騎常侍、右光祿大夫、儀同三司，諡曰景。將葬，送于正陽門，望之流涕，顧左右曰：「天欲不成吾事邪，何奪吾右侯之早也！」程遐代爲右長史，勒每與遐議，有所不合，輒歎曰：「右侯捨我去，令我與此輩共事，豈非酷乎！」因流涕彌日。

校勘記

〔一〕命記室佐明楷程機撰上黨國記　史通正史篇敍石趙修史諸人有程陰，徐機。斠注：冉閔載記有尙書令徐機，疑卽修史之人。此作「程機」，或因「程陰」而誤。按：當是「程」下脫「陰徐」二字。

〔二〕時蔡豹屯于譙城　蔡豹傳，豹先屯下邳，進據卞城，欲逼徐龕，而石虎軍在鉅平，亦欲取龕。徐龕在東莞，今山東沂水縣，卞城在今泗水縣，鉅平今泰安縣，地望相接。譙城今安徽亳縣，遠在東莞西南，與蔡豹行軍道路不合。屯譙城者乃祖逖，石虎攻譙，見元紀建武元年及祖逖傳。載記誤合二事爲一。

〔三〕置署都部從事各一部一州　册府二二九、通志一八七無「署」字。

〔四〕遼西巴西諸屯結皆陷於勒　「巴西」遼不相及，「巴」當是「巳」之譌，今不標。

〔五〕容四升　毛本、局本「升」下注「元作『斗』」。

〔六〕百當千千當萬　御覽八三六引後趙錄作「當千，當萬」。

〔七〕歲常爭麻池　類聚一九、御覽三九一引中興書、四九六引勒別傳、通鑑九一「麻池」上並有「漚」字。疑此脫「漚」字。

〔八〕拜參軍都尉　御覽三九一引中興書「參軍」作「奉車」。按：「參軍都尉」不聞有此官，疑當作「奉

車」，形近而譌。

〔九〕晉兗州刺史劉遐懼自鄒山退屯于下邳　商榷：帝紀作兗州刺史郗鑒自鄒山退守合肥，郗鑒傳亦云然，此作「劉遐」疑誤。按：紀瞻傳、通鑑九一略同紀文，商榷說是。

〔一〇〕石瞻攻陷晉兗州刺史檀斌于鄒山　明紀，「石瞻」作「石良」，「檀斌」作「檀贇」。「斌」「贇」通，石良又見李矩傳。

〔一一〕害下邳內史夏侯嘉　各本脫「侯」字，今據成紀、通鑑九二補。

〔一二〕龍驤將軍王國叛以南郡降于勒　商榷：下文又言「晉龍驤將軍王國以南郡叛降于堪」，數行之中，一事重出，疏矣。周校：事在成帝咸和三年。兩文中間有「咸和三年改年太和」文，則敍在前者當删也。斠注：成帝紀作「南陽太守王國叛降于勒」，諸史拾遺謂「南郡」疑「南陽」之譌，是也。按：紀明言石勒攻宛，宛爲南陽郡治，此作「南郡」誤。通鑑九四亦從紀。

〔一三〕城西而北　通鑑九四「城」上有「自」字。「自城西而北」，與上步卒「自城北而西」句一律，當脫「自」字。

〔一四〕自襄國都臨漳　通鑑考異云：載記云「自襄國都臨漳，卽鄴也」。按建平二年四月，勒如鄴，議營新宮，三年，勒如鄴，臨石虎第；勒疾，虎詐召石宏還襄國；至虎建武元年九月，始遷鄴。是勒未嘗都鄴也。

〔一五〕以咸和七年死　校文：據帝紀及天文志，咸云勒死於咸和八年七月。考勒僭卽王位，在元帝太興二年，至咸和八年，正合在位十五年之數。傳作死於七年實誤。舉正云：魏書序紀，烈帝五年勒死，是年卽晉咸和八年也。按：成紀，勒於咸和五年八月稱帝，載記云改年建平，御覽一二〇引後趙錄，勒死於建平（原作建元誤）四年七月，卽晉咸和八年，亦與本書帝紀合。此作「七年」顯誤。

〔一六〕遂以咸和七年逼立之　校文：弘立於咸和八年七月，云「七年」亦誤。

〔一七〕敗績　周校：文似前鋒敗績，與下挺戰死，季龍退奔文不相應。「敗績」宜作「敗之」，謂前鋒戰敗挺也。

晉書卷一百六

載記第六

石季龍上

石季龍，勒之從子也，名犯太祖廟諱，故稱字焉。祖曰㔨邪，父曰寇覓。勒父朱幼而子季龍，故或稱勒弟焉。年六七歲，有善相者曰：「此兒貌奇有壯骨，貴不可言。」永興中，與勒相失。後劉琨送勒母王及季龍于葛陂，時年十七矣。性殘忍，好馳獵，游蕩無度，尤善彈，數彈人，軍中以爲毒患。勒白王將殺之，王曰：「快牛爲犢子時，多能破車，汝當小忍之。」年十八，稍折節。身長七尺五寸，趫捷便弓馬，勇冠當時，將佐親戚莫不敬憚。勒深嘉之，拜征虜將軍。爲娉將軍郭榮妹爲妻。季龍寵惑優僮鄭櫻桃而殺郭氏，更納清河崔氏女，櫻桃又譖而殺之。所爲酷虐。軍中有勇幹策略與己侔者，輒方便害之，前後所殺甚衆。至於降城陷壘，不復斷別善惡，坑斬士女，鮮有遺類。勒雖屢加責誘，而行意自若。然御衆嚴而不

煩，莫敢犯者，指授攻討，所向無前，故勒寵之，信任彌隆，仗以專征之任。

勒之居襄國，署爲魏郡太守，鎭鄴三臺，後封繁陽侯。勒卽大單于、趙王位，署爲單于元輔、都督禁衞諸軍事，遷侍中、開府，進封中山公。及勒僭號，授太尉、守尚書令，進封爲王，邑萬戶。季龍自以勳高一時，謂勒卽位之後，大單于必在己，而更以授其子弘。季龍深恨之，私謂其子邃曰：「主上自都襄國以來，端拱指授，而以吾躬當矢石。二十餘年，南擒劉岳，北走索頭，東平齊魯，西定秦雍，剋殄十有三州。成大趙之業者，我也。大單于之望實在于我，而授黃吻婢兒，每一憶此，令人不復能寢食。待主上晏駕之後，不足復留種也。」

咸康元年，季龍廢勒子弘，羣臣已下勸其稱尊號。季龍下書曰：「王室多難，海陽自棄，四海業重，故俛從推逼。朕聞道合乾坤者稱皇，德協人神者稱帝，皇帝之號非所敢聞，且可稱居攝趙天王，以副天人之望。」於是赦其境內，改年曰建武。以夔安爲侍中、太尉、守尚書令，郭殷爲司空，韓晞爲尚書左僕射，魏槩、馮莫、張崇、曹顯爲尚書，申鍾爲侍中，郎闓爲光祿大夫，〔一〕王波爲中書令，文武封拜各有差。立其子邃爲太子。季龍以讖文天子當從東北來，於是備法駕行自信都而還以應之。分麋陶之柳鄉立停駕縣。

季龍徐州從事朱縱殺刺史郭祥，以彭城歸順。季龍遣將王朗擊之，縱奔淮南。

季龍荒游廢政，多所營繕，使邃省可尙書奏事，選牧守，祀郊廟，惟征伐刑斷乃親覽之。

觀雀臺崩，殺典匠少府任汪。復使修之，倍於常度。

季龍自率衆南寇歷陽，臨江而旋，京師大震。遣其征虜石遇寇中廬，遂圍平北將軍桓宣于襄陽。輔國將軍毛寶、南中郎將王國、征西司馬王愆期等率荆州之衆救之，屯于章山。遇攻守二旬，軍中飢疫而還。

季龍以租入殷廣，轉輸勞煩，令中倉歲入百萬斛，餘皆儲之水次。

晉將軍淳于安攻其琅邪費縣，俘獲而歸。

石邃保母劉芝初以巫術進，既養邃，遂有深寵，通賄賂，豫言論，權傾朝廷，親貴多出其門，遂封芝爲宜城君。

季龍下書令刑贖之家得以錢代財帛，無錢聽以穀麥，皆隨時價輸水次倉。冀州八郡雨雹，大傷秋稼，下書深自咎責。遣御史所在發水次倉麥，以給秋種，尤甚之處差復一年。

季龍將遷于鄴，尚書請太常告廟，季龍曰：「古者將有大事，必告宗廟，而不列社稷。尚書可詳議以聞。」公卿乃請使太尉告社稷，從之。及入鄴宮，澍雨周洽，季龍大悅，赦殊死已下。尚方令解飛作司南車成，季龍以其構思精微，賜爵關內侯，賞賜甚厚。始制散騎常侍已上得乘軺軒，王公郊祀乘副車，駕四馬，龍旂八旒，朔望朝會卽乘軺軒。

時羌薄句大猶保險未賓，遣其子章武王斌帥精騎二萬，并秦、雍二州兵以討之。

季龍如長樂、衞國，有田疇不闢、桑業不修者，貶其守宰而還。

咸康二年，使牙門將張彌徙洛陽鍾虡、九龍、翁仲、銅駝、飛廉于鄴。鍾一沒于河，募浮沒三百人入河，繫以竹絙，牛百頭，鹿櫨引之乃出。造萬斛舟以渡之，以四輪纏輞車，轍廣四尺，深二尺，運至鄴。季龍大悅，赦二歲刑，賚百官穀帛，百姓爵一級。

下書曰：「三載考績，黜陟幽明，斯則先王之令典，政道之通塞。魏始建九品之制，三年一清定之，雖未盡弘美，亦縉紳之清律，人倫之明鏡。從爾以來，遵用無改。先帝創臨天下，黃紙再定。至於選舉，銓爲首格。自不清定，三載于茲。主者其更銓論，務揚清激濁，使九流咸允也。吏部選舉，可依晉氏九班選制，永爲揆法。選畢，經中書、門下宣示三省，然後行之。其著此詔書于令。銓衡不奉行者，御史彈坐以聞。」

索頭郁鞠率衆三萬降于季龍，署鞠等一十三人親通趙王，〔三〕皆封列侯，散其部衆于冀青等六州。

時衆役煩興，軍旅不息，加以久旱穀貴，金一斤直米二斗，〔三〕百姓嗷然無生賴矣。又納解飛之說，於鄴正南投石于河，以起飛橋，功費數千億萬，橋竟不成，役夫饑甚，乃止。使令長率丁壯隨山澤采橡捕魚以濟老弱，而復爲權豪所奪，人無所得焉。又料殷富之家，配饑人以食之，公卿已下出穀以助振給，姦吏因之侵割無已，雖有貸贍之名而無其實。

改直盪爲龍騰，冠以絳幘。

於襄國起太武殿，於鄴造東西宮，至是皆就。太武殿基高二丈八尺，以文石綷之，下穿伏室，置衞士五百人於其中。東西七十五步，南北六十五步。皆漆瓦、金鐺、銀楹、金柱、珠簾、玉壁，窮極伎巧。又起靈風臺九殿于顯陽殿後，選士庶之女以充之。後庭服綺縠、玩珍奇者萬餘人，內置女官十有八等，教宮人星占及馬步射。置女太史于靈臺，仰觀災祥，以考外太史之虛實。又置女鼓吹羽儀，雜伎工巧，皆與外侔。禁郡國不得私學星讖，敢有犯者誅。

左校令成公段造庭燎于崇杠之末，高十餘丈，上盤置燎，下盤置人，絙繳上下。季龍試而悅之。其太保夔安等文武五百九人勸季龍稱尊號，安等方入而庭燎油灌下盤，死者七人。季龍惡之，大怒，斬成公段于閶闔門。

於是依殷周之制，以咸康三年僭稱大趙天王，卽位于南郊，大赦殊死已下。追尊祖𩖍邪爲武皇帝，父寇覓爲太宗孝皇帝。立其鄭氏爲天王皇后，以子邃爲天王皇太子。親王皆貶封郡公，藩王爲縣侯，百官封署各有差。

太原徙人五百餘戶叛入黑羌。

武鄉長城徙人韓彊獲玄玉璽，方四寸七分，龜紐金文，詣鄴獻之。拜彊騎都尉，復其一

門。夔安等又勸進曰：「臣等謹案大趙水德，玄龜者，水之精也；玉者，石之寶也；分之數以象七政，寸之紀以準四極。昊天成命，不可久違。輒下史官擇吉日，具禮儀，謹昧死上皇帝尊號。」季龍下書曰：「過相褒美，猥見推逼，覽增恧然，非所望也，其亟止茲議。今東作告始，自非京城內外，皆不得表慶。」中書令王波上玄璽頌以美之。季龍以石弘時造此璽，彊遇而獻之。

邃自總百揆之後，荒酒淫色，驕恣無道，或盤游于田，懸管而入，或夜出于宮臣家，淫其妻妾。妝飾宮人美淑者，斬首洗血，置於盤上，傳共視之。又內諸比丘尼有姿色者，與其交褻而殺之，合牛羊肉煮而食之，亦賜左右，欲以識其味也。河間公宣、樂安公韜有寵於季龍，邃疾之如仇。季龍荒耽內游，威刑失度，邃以事爲可呈呈之，季龍恚曰：「此小事，何足呈也。」時有所不聞，復怒曰：「何以不呈？」誚責杖捶，月至再三。邃甚恨，私謂常從無窮、長生、中庶子李顏等曰：「官家難稱，吾欲行冒頓之事，卿從我乎？」顏等伏不敢對。邃稱疾不省事，率宮臣文武五百餘騎宴于李顏別舍，謂顏等曰：「我欲至冀州殺石宣，有不從者斬！」行數里，騎皆逃散，李顏叩頭固諫，邃亦昏醉而歸。邃母鄭氏聞之，私遣中人責邃。邃怒，殺其使。季龍聞邃有疾，遣所親任女尚書察之。邃呼前與語，抽劍擊之。季龍大怒，收李顏等詰問，顏具言始末，誅顏等三十餘人。幽邃于東宮，既而赦之，引見太武東堂。邃朝而

不謝，俄而便出。季龍遣使謂邃曰：「太子應入朝中宮，何以便去？」邃逕出不顧。季龍大怒，廢邃爲庶人。其夜，殺邃及妻張氏并男女二十六人，同埋於一棺之中。誅其宮臣支黨二百餘人。廢鄭氏爲東海太妃。立其子宣爲天王皇太子，宣母杜昭儀爲天王皇后。

安定人侯子光，〔四〕弱冠美姿儀，自稱佛太子，從大秦國來，當王小秦國。易姓名爲李子楊，游于鄠縣爰赤眉家，頗見其妖狀，事微有驗。赤眉信敬之，妻以二女，轉相扇惑。京兆樊經、竺龍、嚴諶、謝樂子等聚衆數千人於杜南山，子楊稱大黄帝，建元曰龍興。赤眉與經爲左右丞相，龍、諶爲左右大司馬，樂子爲大將軍。鎮西石廣擊斬之。子楊頸無血，十餘日而面色無異於生。

季龍將伐遼西鮮卑段遼，募有勇力者三萬人，皆拜龍騰中郎。遼遣從弟屈雲襲幽州，刺史李孟退奔易京。季龍以桃豹爲橫海將軍，王華爲渡遼將軍，統舟師十萬出漂渝津，支雄爲龍驤大將軍，姚弋仲爲冠軍將軍，統步騎十萬爲前鋒，以伐段遼。季龍衆次金臺，支雄長驅入薊，遼漁陽太守馬鮑、代相張牧、北平相陽裕、上谷相侯龕等四十餘城並率衆降于季龍。支雄攻安次，斬其部大夫那樓奇。遼懼，棄令支，奔于密雲山。遼左右長史劉羣、盧諶、司馬崔悅等封其府庫，遣使請降。季龍遣將軍郭太、麻秋等輕騎二萬追遼，及之，戰于密雲，獲其母妻，斬級三千。遼單馬竄險，遣子乞特眞送表及名馬，季龍納之。乃還其戶二

萬餘于雍、司、兗、豫四州之地，諸有才行者皆擢敍之。先是，北單于乙回爲鮮卑敦那所逐，既平遼西，遣其將李穆擊那破之，復立乙回而還。季龍入遼宮，論功封賞各有差。

初，慕容皝與段遼有隙，遣使稱藩于季龍，陳遼宜伐，請盡衆來會。及軍至令支，皝師不出，季龍將伐之。天竺佛圖澄進曰：「燕福德之國，未可加兵。」季龍作色曰：「以此攻城，何城不克？以此衆戰，誰能禦之？區區小豎，何所逃也！」太史令趙攬固諫曰：「燕地歲星所守，行師無功，必受其禍。」季龍怒，鞭之，黜爲肥如長。進師攻棘城，旬餘不克。皝遣子恪帥胡騎二千，晨出挑戰，諸門皆若有師出者，四面如雲，季龍大驚，棄甲而遁。於是召趙攬復爲太史令。季龍旋自令支，過易京，惡其固而毀之。還謁石勒墓，朝其羣臣於襄國建德前殿，復從征文武有差。至鄴，設飲至之禮，賜侔偏於丞郎。

季龍謀伐昌黎，遣渡遼曹伏將青州之衆渡海，戍蹋頓城，無水而還，因戍于海島，運穀三百萬斛以給之。又以船三百艘運穀三十萬斛詣高句麗，使典農中郎將王典率衆萬餘屯田于海濱。又令青州造船千艘。使石宣率步騎二萬擊朔方鮮卑斛摩頭破之，斬首四萬餘級。

冀州八郡大蝗，司隸請坐守宰，季龍曰：「此政之失和，朕之不德，而欲委咎守宰，豈禹湯罪己之義邪！司隸不進讜言，佐朕不逮，而歸咎無辜，所以重吾之責，可白衣領司隸。」

加其子司徒韜金鉦黃鉞，鑾輅九旒。

先是，使襄城公涉歸、上庸公日歸率衆戍長安，二歸告鎮西石廣私樹恩澤，潛謀不軌。季龍大怒，追廣至鄴，殺之。

段遼於密雲山遣使詐降，季龍信之，使征東麻秋百里郊迎，敕秋曰：「受降如待敵，將軍愼之。」遼又遣使降于慕容皝曰：「胡貪而無謀，吾今請降求迎，彼終不疑也。若伏重軍以要之，可以得志。」皝遣子恪伏兵於密雲。麻秋統衆三萬迎遼，爲恪所襲，死者十六七，秋步遁而歸。季龍聞之驚怒，方食吐餔，乃削秋官爵。

下書令諸郡國立五經博士。初，勒置大小學博士，至是復置國子博士、助教。季龍以吏部選舉斥外耆德，而勢門童幼多爲美官，免郎中魏奐爲庶人。以其太子宣爲大單于，建天子旌旗。

以夔安爲征討大都督，統五將步騎七萬寇荊揚北鄙。石閔敗王師于沔陰，將軍蔡懷死之。宣將朱保又敗王師于白石，將軍鄭豹、談玄、郝莊、隨相、蔡熊皆遇害。季龍將張賀度攻陷邾城，敗晉將毛寶于邾西，死者萬餘人。夔安進據胡亭，晉將軍黃沖、歷陽太守鄭進皆降之。安於是掠七萬戶而還。〔五〕

時豪戚侵恣，賄託公行，季龍患之，擢殿中御史李矩爲御史中丞，特親任之。自此百僚

震懾，州郡肅然。季龍曰：「朕聞良臣如猛獸，高步通衢而豺狼避路，信矣哉！」

鎮遠王擢表雍、秦二州望族，自東徙已來，遂在戍役之例，既衣冠華冑，宜蒙優免，從之。自是皇甫、胡、梁、韋、杜、牛、辛等十有七姓蠲其兵貫，一同舊族，隨才銓敍，思欲分還桑梓者聽之；其非此等，不得爲例。

以其撫軍李農爲使持節、監遼西北平諸軍事、征東將軍、營州牧，鎮令支。

于時大旱，白虹經天，季龍下書曰：「朕在位六載，不能上和乾象，下濟黎元，以致星虹之變。其令百僚各上封事，解西山之禁，蒲葦魚鹽除歲供之外，皆無所固。公侯卿牧不得規占山澤，奪百姓之利。」又下書曰：「前以豐國、澠池二冶初建，徙刑徒配之，權救時務。而主者循爲恒法，致起怨聲。自今罪犯流徒，皆當申奏，不得輒配也。京獄見囚，非手殺人，一皆原遣。」其日澍雨。

季龍將討慕容皝，令司、冀、青、徐、幽、并、雍兼復之家五丁取三，四丁取二，合鄴城舊軍滿五十萬，具船萬艘，自河通海，運穀豆千一百萬斛于安樂城，〔六〕以備征軍之調。徙遼西、北平、漁陽萬戶于兗、豫、雍、洛四州之地。

季龍僭位之後，有所調用，皆選司擬官，經令僕而後奏行。不得其人，案以爲令僕之負，尚書及郎不坐。至是，吏部尚書劉眞以爲失銓考之體而言之，季龍責怒主者，加眞光祿

大夫，金章紫綬。

季龍如宛陽，大閱於曜武場。

慕容皝襲幽冀，略三萬餘家而去。幽州刺史石光坐愞弱徵還。

賜徵士辛謐几杖衣服，穀五百斛，敕平原爲起甲第。

先是，李壽將李宏自晉奔于季龍，〔七〕壽致書請之，題曰趙王石君。季龍不悅，付外議之，多有異同。中書監王波議曰：「今李宏以死自誓，若得反魂蜀漢，當鳩率宗族，混同王化。若遣而果也，則不煩一旅之師而坐定梁益，就有進退，豈在逃命一夫。壽既號並日月，跨僭一方，今若制詔，或敢酬反，則取誚戎裔。宜書答之，并贈以楛矢，使壽知我遐荒必臻也。」於是遣宏，備物以酬之。

以石韜爲太尉，與太子宣迭日省可尚書奏事。自幽州東至白狼，大興屯田。

張駿憚季龍之盛，遣其別駕馬詵朝之。季龍初大悅，及覽其表，辭頗蹇傲，季龍大怒，將斬詵。侍中石璞進曰：〔八〕「爲陛下之患者，丹楊也。區區河右，焉能爲有無！今斬馬詵，必征張駿，則南討之師勢分爲二，建鄴君臣延其數年之命矣。勝之不爲武，弗克爲四夷所笑，不如因而厚之。彼若改圖謝罪，率其臣職者，則我又何求！迷而不悟，討之未後也。」季龍乃止。

李宏既至蜀漢，李壽欲誇其境內，下令云：「羯使來庭，獻其楛矢。」季龍聞之怒甚，黜王波以白衣守中書監。

季龍志在窮兵，以其國內少馬，乃禁畜私馬，匿者腰斬，收百姓馬四萬餘匹以入于公。兼盛興宮室於鄴，起臺觀四十餘所，營長安、洛陽二宮，作者四十餘萬人。又敕河南四州具南師之備，并、朔、秦、雍嚴西討之資，青、冀、幽州三五發卒，諸州造甲者五十萬人。兼公侯牧宰競興私利，百姓失業，十室而七。船夫十七萬人爲水所沒、猛獸所害，三分而一。貝丘人李弘因衆心之怨，自言姓名應讖，遂連結姦黨，署置百僚。事發，誅之，連坐者數千家。

季龍畋獵無度，晨出夜歸，又多微行，躬察作役之所。侍中韋謏諫曰：「臣聞千金之子坐不垂堂，萬乘之主行不履危。陛下雖天生神武，雄據四海，乾坤冥贊，萬無所慮。然白龍魚服，有豫且之禍；海若潛游，罹葛陂之酷，深願陛下清宮蹕路，思二神爲元鑒，不可忽天下之重，輕行斤斧之間。一旦有狂夫之變，龍騰之勇不暇施也，智士之計豈及設哉！又自古聖王之營建宮室，未始不於三農之隙，所以不奪農時也。今或盛功于耘藝之辰，或煩役于收穫之月，頓斃屬途，怨聲塞路，誠非聖君仁后所忍爲也。昔漢明賢君也，鍾離一言而德陽役止。臣誠識慚昔士，言無可採，陛下道越前王，所宜哀覽。」季龍省而善之，賜以穀帛，而興繕滋繁，游察自若。

右僕射張離領五兵尚書，專總兵要，而欲求媚于石宣，因說之曰：「今諸公侯吏兵過限，宜漸削弱，以盛儲威。」宣素疾石韜之寵，甚說其言，乃使離奏奪諸公府吏，秦、燕、義陽、樂平四公聽置吏一百九十七人，帳下兵二百人，自此以下，三分置一，餘兵五萬，悉配東宮。於是諸公咸怨，爲大釁之漸矣。

遣征北張舉自雁門討索頭郁鞠，克之。

制：「征士五人車一乘，〔九〕牛二頭，米各十五斛，絹十匹，調不辦者以斬論。」將以圖江表。於是百姓窮窘，鬻子以充軍制，猶不能赴，自經于道路死者相望，而求發無已。會青州言濟南平陵城北石獸，一夜中忽移在城東南善石溝，上有狼狐千餘迹隨之，迹皆成路。季龍大悅曰：「獸者，朕也。自平陵城北而東南者，天意將使朕平蕩江南之徵也。天命不可違，其敕諸州兵明年悉集。朕當親董六軍，以副成路之祥。」羣臣皆賀，上皇德頌者一百七人。時祆怪尤多，石然于泰山，八日而滅。東海有大石自立，旁有血流。鄴西山石間血流出，長十餘步，廣二尺餘。太武殿畫古賢悉變爲胡，旬餘，頭悉縮入肩中。季龍大惡之，佛圖澄對之流涕。

寧遠劉寧攻武都狄道，陷之。使石宣討鮮卑斛穀提，大破之，斬首三萬級。

中謁者令申扁有寵於季龍，而宣亦昵之。扁聰辯明斷，專綜機密之任。季龍既不省奏

案，宣荒酒內游，石韜沈湎好獵，生殺除拜皆扁所決。於是權傾內外，刺史二千石多出其門，九卿已下望塵而拜，唯侍中鄭系、王謨、常侍盧諶、崔約等十餘人與之抗禮。

季龍又取州郡吏馬一萬四千餘匹，以配曜武關將，馬主皆復一年。

鎮北宇文歸執送段遼之子蘭降于季龍，〔一〇〕獻駿馬萬匹。

季龍以平西張伏都爲使持節、都督征討諸軍事，帥步騎三萬擊涼州。既濟河，與張駿將謝艾大戰于河西，伏都敗績。〔一一〕

季龍雖昏虐無道，而頗慕經學，遣國子博士詣洛陽寫石經，校中經于祕書。國子祭酒聶熊注穀梁春秋，列于學官。

燕公石斌淫酒荒獵，常懸管而入。征北張賀度以邊防宜警，每裁諫之。斌怒，辱賀度。季龍聞之大怒，杖斌一百，遣主書禮儀持節監之。斌行意自若，儀持法呵禁，斌怒殺之。欲殺賀度，賀度嚴衞馳白之，季龍遣尚書張離持節帥騎追斌，鞭之三百，免官歸第，誅其親任十餘人。

建元初，季龍饗羣臣于太武前殿，有白雁百餘集于馬道南。季龍命射之，無所獲。既將討三方，諸州兵至者百餘萬。太史令趙攬私於季龍曰：「白雁集殿庭，宮室將空，不宜行也。」季龍納之，臨宣武觀大閱而解嚴。

以燕公斌爲使持節、侍中、大司馬、錄尚書事。置左右戎昭、曜武將軍，位在左右衞上。東宮置左右統將軍，位在四率上。置上、中光祿大夫，在左右光祿上。置鎮衞將軍，在車騎將軍上。

時石宣淫虐日甚，而莫敢以告。領軍王朗言之於季龍曰：「今隆冬雪寒，而皇太子使人斫伐宮材，引於漳水，功役數萬，士衆吁嗟。陛下宜因游觀而罷之也。」季龍如其言。既而宣知朗所爲，怒欲殺之而無因。會熒惑守房，趙攬承宣旨言於季龍曰：「昴者，趙之分也，熒惑所在，其主惡之。房爲天子，此殃不小。宜貴臣姓王者當之。」季龍曰：「誰可當者？」攬久而對曰：「無復貴於王領軍也。」季龍既惜朗，且猜之，曰：「更言其次。」攬曰：「其次唯中書監王波耳。」季龍乃下書追波前議遣李宏及答楛矢之愆，腰斬之，及其四子投于漳水，以厭熒惑之變。尋愍波之無罪，追贈司空，封其孫爲侯。

平北尹農攻慕容皝凡城，不克而還。黜農爲庶人。

時白虹出自太社，經鳳陽門，東南連天，十餘刻乃滅。季龍下書曰：「蓋古明王之理天下也，政以均平爲首，化以仁惠爲本，故能允協人和，緝熙神物。朕以眇薄，君臨萬邦，夕惕乾乾，思遵古烈，是以每下書蠲除徭賦，休息黎元，庶俯懷百姓，仰稟三光。而中年已來變眚彌顯，天文錯亂，時氣不應，斯由人怨於下，譴感皇天。雖朕之不明，亦羣后不能翼獎之

所致也。昔楚相修政，洪災旋弭，鄭卿厲道，氛祲自消，皆股肱之良，用康羣變。而羣公卿士各懷道迷邦，拱默成敗，豈所望於台輔百司哉！其各上封事，極言無隱。」於是閉鳳陽門，唯元日乃開。立二畤于靈昌津，祠天及五郊。

李壽以建寧、上庸、漢固、巴徼、梓潼五郡降于季龍。

先是，季龍起河橋於靈昌津，采石爲中濟，石無大小，下輒隨流，用功五百餘萬而不成。季龍遣使致祭，沈璧于河。俄而所沈璧流于渚上，地震，水波騰上，津所殿觀莫不傾壞，壓死者百餘人。季龍恚甚，斬工匠而止作焉。

命石宣、石韜，生殺拜除皆迭日省決，不復啓也。司徒申鍾諫曰：「慶賞刑威，后皇攸執，名器至重，不可以假人，皆以防姦杜漸，以示軌儀。太子國之儲貳，朝夕視膳而不及政也。庶人邃往以聞政致敗，殷鑒不遠，宜革而弗遵。且二政分權，鮮不及禍。周有子頹之釁，鄭有叔段之難，此皆由寵之不道，所以亂國害親，惟陛下覽之。」季龍不從。太子詹事孫珍問侍中崔約曰：「吾患目疾，何方療之？」約素狎珍，戲之曰：「溺中則愈。」珍曰：「目何可溺？」約曰：「卿目睕睕，正耐溺中。」珍恨之，以白宣。宣諸子中最胡狀，目深，聞之大怒，誅約父子。珍有寵于宣，頗預朝政，自誅約之後，公卿已下憚之側目。

季龍子義陽公鑒時鎮關中，役煩賦重，失關右之和。其友李松勸鑒，文武有長髮者，拔

爲冠纓，餘以給宮人。長史取髮白之，季龍大怒，以其右僕射張離爲征西左長史、龍驤將軍、雍州刺史以察之，信然，徵鑒還鄴，收松下廷尉，以石苞代鎮長安。發雍、洛、秦、幷州十六萬人城長安未央宮。

季龍性既好獵，其後體重，不能跨鞍，乃造獵車千乘，轅長三丈，高一丈八尺，置高一丈七尺，格獸車四十乘，立三級行樓二層于其上，剋期將校獵。自靈昌津南至滎陽，東極陽都，使御史監察，其中禽獸有犯者罪至大辟。御史因之擅作威福，百姓有美女好牛馬者，求之不得，便誣以犯獸論，死者百餘家，海岱、河濟間人無寧志矣。

又發諸州二十六萬人修洛陽宮。發百姓牛二萬餘頭配朔州牧官。

增置女官二十四等，東宮十有二等，諸公侯七十餘國皆爲置女官九等。先是，大發百姓女二十已下十三已上三萬餘人，爲三等之第以分配之。郡縣要媚其旨，務於美淑，奪人婦者九千餘人。百姓妻有美色，豪勢因而脅之，率多自殺。石宣及諸公又私令采發者，亦垂一萬。總會鄴宮。季龍臨軒簡第諸女，大悅，封使者十二人皆爲列侯。自初發至鄴，諸殺其夫及奪而遣之縊死者三千餘人。荆、楚、揚、徐間流叛略盡，宰守坐不能綏懷，下獄誅者五十餘人。金紫光祿大夫逯明因侍切諫，季龍大怒，遣龍騰拉而殺之。自是朝臣杜口，相招爲祿仕而已。季龍常以女騎一千爲鹵簿，皆著紫綸巾、熟錦袴、金銀鏤帶、五文織成

鞾，游于戲馬觀。觀上安詔書五色紙，在木鳳之口，鹿盧迴轉，狀若飛翔焉。

遣涼州刺史麻秋等伐張重華。

尚書朱軌與中黃門嚴生不協，會大雨霖，道路陷滯不通，生因而譖軌不修道，又訕謗朝政，季龍遂殺之。於是立私論之條，偶語之律，聽吏告其君，奴告其主，威刑日濫，公卿已下，朝會以目，吉凶之問，自此而絕。軌之囚也，冠軍苻洪諫曰：「臣聞聖主之馭天下也，土階三尺，茅茨不翦，食不累味，刑措而不用。亡君之馭海內也，傾宮瓊榭，象箸玉杯，截脛剖心，脯賢刳孕，故其亡也忽焉。今襄國、鄴宮足康帝宇，長安、洛陽何爲者哉？盤于游田，耽於女德，三代之亡恒必由此。而忽爲獵車千乘，養獸萬里，奪人妻女，十萬盈宮。尚書朱軌，納言大臣，以道路不修，將加酷法，此自陛下政之失和，陰陽災沴，暴降霖雨七旬，霽方二日，縱有鬼兵百萬，尚未及修之，而況人乎！刑政如此，其如史筆何！其如四海何！特願止作徒，休宮女，赦朱軌，允衆望。」季龍省之不悅，憚其彊，但寢而不納，弗之罪也。乃停二京作役焉。

校勘記

〔一〕郎闓　各本「闓」作「闔」，今據石季龍載記下、通鑑九五、九八、通志一八七改。

〔二〕署鞠等一十三人親通趙王　通鑑九五無「通」字，九八又云石祗以姚弋仲爲親趙王。疑「通」字衍。

〔三〕金一斤直米二斗　御覽三五引三十國春秋、八一〇引後趙錄「斗」並作「升」。

〔四〕侯子光　御覽三七九引後趙錄「侯子光」作「劉光」。

〔五〕歷陽太守鄭進皆降之安於是掠七萬戶而還　周校：「歷陽」，成帝紀作「義陽」，「降之」作「死之」爲是。「七萬戶」作「七千餘家」。按：歷陽屬揚州，在今安徽和縣，遠不相及，晉義陽治仁順城在今河南信陽西，見水經淮水注。作「義陽」是。「七萬戶」當是據石趙誇大之辭，此類數字歧異，皆由兩方戰報不同，今不悉舉。

〔六〕運穀豆千一百萬斛于安樂城　通鑑九六「安樂」作「樂安」，胡注以爲卽水經濡水注之樂安亭（今河北樂亭北）。安樂屬幽州漁陽郡，亦見水經沽河注，在今北京市順義北，與上「自河通海」不合，疑作「樂安」是。

〔七〕李宏　成紀、李壽載記、通鑑九六「宏」並作「閎」。下同。

〔八〕石璞　石崇傳「璞」作「樸」。石季龍載記下同。

〔九〕征士五人車一乘　通鑑九七「車」上有「出」字。

〔一〇〕段遼之子蘭　通鑑九七「子」作「弟」。慕容皝載記亦稱「遼弟蘭」，北史段就六眷傳作「鬱蘭」，亦

云遼弟。疑作「弟」是。但本書段匹磾傳作遼子，與此同。

〔一一〕季龍以平西張伏都至伏都敗績　此事與石季龍載記下所云永和三年孫伏都爲征西將軍，與麻秋率步騎三萬攻涼事略同，一事重出，又訛「孫」爲「張」。據張重華載記，事在重華時，穆紀在永和二年，此條記於「建元初」之前，張駿未死，並不合，則繫於載記下者爲是。

晉書卷一百七

載記第七

石季龍下 子世 遵 鑒 冉閔

永和三年，季龍親耕藉田于其桑梓苑，其妻杜氏祠先蠶于近郊，遂如襄國謁勒墓。以中書監石寧爲征西將軍，率幷、司州兵二萬餘人爲麻秋等後繼。張重華將宋秦等率戶二萬來降。河湟間氐羌十餘萬落與張璩相首尾，麻秋憚之，不進。重華金城太守張沖又以郡降石寧。麻秋尋次曲柳，劉寧、王擢進攻晉興武街。〔一〕重華將楊康等與寧戰于沙阜，寧敗績，乃引還金城。王擢克武街，執重華護軍曹權、胡宣，徙七千餘戶于雍州。季龍又以孫伏都爲征西將軍，與麻秋率步騎三萬長驅濟河，且城長最。重華大懼，遣將謝艾逆擊，敗之，秋退歸金城。

勒及季龍並貪而無禮，既王有十州之地，金帛珠玉及外國珍奇異貨不可勝紀，而猶以

爲不足，曩代帝王及先賢陵墓靡不發掘，而取其寶貨焉。邯鄲城西石子堈上有趙簡子墓，至是季龍令發之，初得炭深丈餘，次得木板厚一尺，積板厚八尺，乃及泉，其水清冷非常，作絞車以牛皮囊汲之，月餘而水不盡，不可發而止。又使掘秦始皇冢，取銅柱鑄以爲器。

時沙門吳進言于季龍曰：「胡運將衰，晉當復興，宜苦役晉人以厭其氣。」季龍于是使尚書張羣發近郡男女十六萬，車十萬乘，運土築華林苑及長牆于鄴北，廣長數十里。趙攬、申鍾、石璞等上疏陳天文錯亂，蒼生凋弊，及因引見，又面諫，辭旨甚切。季龍大怒曰：「牆朝成夕沒，吾無恨矣。」乃促張羣以燭夜作。起三觀、四門，三門通漳水，皆爲鐵扉。暴風大雨，死者數萬人。揚州送黃鵠雛五，頸長一丈，聲聞十餘里，泛之于玄武池。郡國前後送蒼麟十六，白鹿七，季龍命司虞張曷柱調之，以駕芝蓋，列于充庭之乘。鑿北城，引水于華林園。城崩，壓死者百餘人。

命石宣祈于山川，因而游獵，乘大輅，羽葆、華蓋，建天子旌旗，十有六軍，戎卒十八萬，出自金明門。季龍從其後宮升陵霄觀望之，笑曰：「我家父子如是，自非天崩地陷，當復何愁，但抱子弄孫日爲樂耳！」宣既馳逐無厭，所在陳列行宮，四面各以百里爲度，驅圍禽獸，皆暮集其所。文武跪立，圍守重行，烽炬星羅，光燭如晝，命勁騎百餘馳射其中。宣與嬖姬顯德美人乘輦觀之，嬉娛忘反，獸殫乃止。其有禽獸奔逸，當之者坐，有爵者奪馬步驅一

中華書局

日，無爵者鞭之一百。峻制嚴刑，文武戰慄，士卒饑凍而死者萬有餘人。宣弓馬衣食皆號爲御，有亂其間者，以冒禁罪罪之。所過三州十五郡，資儲靡有孑遺。季龍復命石韜亦如之，出自并州，游于秦晉。宣素惡韜寵，是行也，嫉之彌甚。宦者趙生得幸于宣而無寵于韜，微勸宣除之，於是相圖之計起矣。

麻秋又襲張重華將張瑁於河陝，敗之，斬首三千餘級。枹罕護軍李逵率衆七千降于季龍。自河已南，氐羌皆降。

石韜起堂于太尉府，號曰宣光殿，梁長九丈。宣視而大怒，斬匠，截梁而去。韜怒，增之十丈。宣聞之，恚甚，謂所幸楊柸、〔三〕牟成曰：「韜凶豎勃逆，敢違我如是！汝能殺之者，吾入西宮，當盡以韜之國邑分封汝等。韜既死，主上必親臨喪，因行大事，蔑不濟矣。」柸等許諾。時東南有黃黑雲，大如數畝，稍分爲三，狀若匹布，東西經天，色黑而青。酉時貫日，日沒後分爲七道，每相去數十丈，間有白雲如魚鱗，子時乃滅。韜素解天文，見而惡之，顧謂左右曰：「此變不小，當有刺客起于京師，不知誰定當之？」是夜，韜讌其僚屬于東明觀，樂奏，酒酣，愀然長歎曰：「人居世無常，別易會難。各付一杯，開意爲吾飲，令必醉。知後會復何期而不飲乎！」因泫然流涕，左右莫不歔欷，因宿于佛精舍。宣使楊柸、牟皮、牟成、趙生等緣獼猴梯而入，殺韜，置其刀箭而去。旦，宣奏之。季龍哀驚氣絕，久之方蘇。將出臨之，

其司空李農諫曰：「害秦公者恐在蕭牆之內，慮生非常，不可以出。」季龍乃止。嚴兵發哀于太武殿。宣乘素車，從千人，臨韜喪，不哭，直言呵呵，使舉衾看尸，大笑而去。收大將軍記室參軍鄭靖、尹武等，將委之以罪。

季龍疑宣之害韜也，謀召之，懼其不入，乃僞言其母哀過危惙。宣不虞己之見疑也，入朝中宮，因而止之。建興人史科告稱：「韜死夜，宿東宮長上楊柸家，柸夜與五人從外來，相與語曰：『大事已定，但願大家老壽，吾等何患不富貴。』語訖便入。科寢闇中，柸不見也。科尋出逃匿。俄而柸與二人出求科不得，柸曰：『宿客聞人向語，當殺之斷口舌。今而得去，作大事矣。』科踰牆獲免。」季龍馳使收之，獲楊柸、牟皮、趙生等。柸、皮尋皆亡去，執趙生而詰之，生具首服。季龍悲怒彌甚，幽宣於席庫，以鐵環穿其頷而鎖之，作數斗木槽，和羹飯，以猪狗法食之。取害韜刀箭舐其血，哀號震動宮殿。積柴鄴北，樹標於其上，標末置鹿盧，穿之以繩，倚梯柴積，送宣於標所，使韜所親宦者郝稚、劉霸拔其髮，抽其舌，牽之登梯，上於柴積。郝稚以繩貫其頷，鹿盧絞上，劉霸斷其手足，斫眼潰腹，如韜之傷。四面縱火，煙炎際天。季龍從昭儀已下數千登中臺以觀之。火滅，取灰分置諸門交道中。殺其妻子九人。宣小子年數歲，季龍甚愛之，抱之而泣。兒曰：「非兒罪。」季龍欲赦之，其大臣不聽，遂於抱中取而戮之，兒猶挽季龍衣而大叫，時人莫不爲之流涕，季龍因此發病。又誅其

四率已下三百人，宦者五十人，皆車裂節解，棄之漳水。洿其東宮，養豬牛。東宮衞士十餘萬人皆謫戍涼州。先是，散騎常侍趙攬言於季龍曰：「中宮將有變，宜防之。」及宣之殺韜也，季龍疑其知而不告，亦誅之。廢宣母杜氏爲庶人。貴嬪柳氏，尚書耆之女也，以才色特幸，坐其二兄有寵于宣，亦殺之。季龍追其姿色，復納耆少女于華林園。

季龍議立太子，其太尉張舉進曰：「燕公斌、彭城公遵並有武藝文德，陛下神齒已衰，四海未一，請擇二公而樹之。」初，戎昭張豺之破上邽也，獲劉曜幼女，年十二，有殊色，季龍得而嬖之，生子世，封齊公。至是，豺以季龍年長多疾，規立世爲嗣，劉當爲太后，己得輔政，說季龍曰：「陛下再立儲宮，皆出自倡賤，是以禍亂相尋。今宜擇母貴子孝者立之。」季龍曰：「卿且勿言，吾知太子處矣。」又議于東堂，季龍曰：「吾欲以純灰三斛洗吾腹，腹穢惡，故生凶子，兒年二十餘便欲殺公。今世方十歲，比其二十，吾已老矣。」於是與張舉、李農定議，敕公卿上書請立世。大司農曹莫不署名，季龍使張豺問其故。莫頓首曰：「天下業重，不宜立少，是以不敢署也。」季龍曰：「莫，忠臣也，然未達朕意。張舉、李農知吾心矣，其令諭之。」遂立世爲皇太子，劉氏爲皇后。季龍召太常條攸、光祿勳杜嘏謂之曰：「煩卿傅太子，實希改轍，吾之相託，卿宜明之。」署攸太傅，嘏爲少傅。

季龍時疾瘳，以永和五年僭卽皇帝位于南郊，大赦境內，建元曰太寧。百官增位一等，

諸子進爵郡王。以尚書張良爲右僕射。

故東宮謫卒高力等萬餘人當戍涼州，行達雍城，既不在赦例，又敕雍州刺史張茂送之，茂皆奪其馬，令步推鹿車，致糧戍所。高力督定陽梁犢等因衆心之怨，謀起兵東還，陰令胡人頡獨鹿微告戍者，戍者皆踊抃大呼。梁犢乃自稱晉征東大將軍，率衆攻陷下辯，逼張茂爲大都督、大司馬，載以軺車。安西劉寧自安定擊之，大敗而還。秦雍間城戍無不摧陷，斬二千石長史，長驅而東。高力等皆多力善射，一當十餘人，雖無兵甲，所在掠百姓大斧，施一丈柯，攻戰若神，所向崩潰，戍卒皆隨之，比至長安，衆已十萬。其樂平王石苞時鎮長安，盡銳距之，一戰而敗。犢遂東出潼關，進如洛川。季龍以李農爲大都督，行大將軍事，統衞軍張賀度、征西張良、征虜石閔等，率步騎十萬討之。戰于新安，農師不利。又戰于洛陽，農師又敗，乃退壁成皋。犢東掠滎陽、陳留諸郡，季龍大懼，以燕王石斌爲大都督中外諸軍事，率精騎一萬，統姚弋仲、苻洪等擊犢于滎陽東，大敗之，斬犢首而還，討其餘黨，盡滅之。

俄而晉將軍王龕拔其沛郡。始平人馬勖起兵於洛氏葛谷，自稱將軍。石苞攻滅之，誅三千餘家。

時熒惑犯積尸，又犯昴、月，及熒惑北犯河鼓。未幾，季龍疾甚，以石遵爲大將軍，鎮關右，石斌爲丞相、錄尚書事，張豺爲鎮衞大將軍、領軍將軍、吏部尚書，並受遺輔政。劉氏懼

斌之輔政也害世，與張豺謀誅之。斌時在襄國，乃遣使詐斌曰：「主上患已漸損，王須獵者，可小停也。」斌性好酒耽獵，遂游畋縱飲。劉氏矯命稱斌無忠孝之心，免斌官，以王歸第，使張豺弟雄率龍騰五百人守之。石遵自幽州至鄴，敕朝堂受拜，配禁兵三萬遣之，遵慟泣而去。是日季龍疾小瘳，問曰：「遵至未？」左右答言久已去矣。季龍曰：「恨不見之。」季龍臨於西閤，龍騰將軍、中郎二百餘人列拜于前。季龍曰：「何所求也？」皆言聖躬不和，宜令燕王入宿衛，典兵馬，或言乞爲皇太子。季龍不知斌之廢也，責曰：「燕王不在內邪？呼來！」左右言王酒病，不能入。季龍曰：「促持輦迎之，當付其璽綬。」亦竟無行者。尋惛眩而入。張豺使弟雄等矯季龍命殺斌，劉氏又矯命以豺爲太保、都督中外諸軍、錄尚書事，加千兵百騎，一依霍光輔漢故事。侍中徐統歎曰：「禍將作矣，吾無爲豫之。」乃仰藥而死。俄而季龍亦死。季龍始以咸康元年僭立，至此太和六年，〔三〕凡在位十五歲。

於是世卽僞位，尊劉氏爲皇太后，臨朝，進張豺爲丞相。豺請石遵、石鑒爲左右丞相，以慰其心，劉氏從之。豺與張舉謀誅李農，而舉與農素善，以豺謀告之。農懼，率騎百餘奔廣宗，率乞活數萬家保于上白。劉氏使張舉等統宿衛精卒圍之。豺以張離爲鎭軍大將軍、監中外諸軍事、司隸校尉，爲己之副。鄴中羣盜大起，迭相劫掠。

石遵聞季龍之死，屯于河內。姚弋仲、苻洪、石閔、劉寧及武衛王鸞、寧西王午、石榮、王

鐵、立義將軍段勤等既平秦洛，班師而歸，遇遵于李城，說遵曰：「殿下長而且賢，先帝亦有意于殿下矣。但以末年惛惑，爲張豺所誤。今上白相持未下，京師宿衛空虛，若聲張豺之罪，鼓行而討之，孰不倒戈開門而迎殿下者邪！」遵從之。洛州刺史劉國等亦率洛陽之衆至于李城。遵檄至鄴，張豺大懼，馳召上白之軍。遵次于蕩陰，戎卒九萬，石閔爲前鋒。豺將出距之，耆舊羯士皆曰：「天子兒來奔喪，吾當出迎之，不能爲張豺城戍也。」踰城而出，豺斬之不能止。張離率龍騰二千斬關迎遵。劉氏懼，引張豺入，對之悲哭曰：「先帝梓宮未殯，而禍難繁興。今皇嗣沖幼，託之于將軍，將軍何以匡濟邪？加遵重官，可以弭不？」豺惶怖失守，無復籌計，但言唯唯。劉氏令以遵爲丞相、領大司馬、大都督中外諸軍、錄尚書事，加黃鉞、九錫，增封十郡，委以阿衡之任。遵至安陽亭，張豺懼而出迎，遵命執之。於是貫甲曜兵，入自鳳陽門，升于太武前殿，擗踴盡哀，退如東閤。斬張豺于平樂市，夷其三族。假劉氏令曰：「嗣子幼沖，先帝私恩所授，皇業至重，非所克堪。其以遵嗣位。」遵僞讓至于再三，羣臣敦勸，乃受之，僭卽尊位于太武前殿，大赦殊死已下，罷上白圍。封世爲譙王，邑萬戶，待以不臣之禮，廢劉氏爲太妃，尋皆殺之。世凡立三十三日。

于是李農歸請罪，遵復其位，待之如初。尊其母鄭氏爲皇太后，其妻張氏爲皇后，以石斌子衍爲皇太子，石鑒爲侍中，石沖爲太保，石苞爲大司馬，石琨爲大將軍，石閔爲中外諸

軍事、輔國大將軍、錄尚書事，輔政。暴風拔樹，震雷，雨雹大如盂升。太武、暉華殿災，諸門觀閣蕩然，其乘輿服御燒者太半，光燄照天，金石皆盡，火月餘乃滅。雨血周遍鄴城。

石沖時鎭于薊，聞遵殺世而自立，乃謂其僚佐曰：「世受先帝之命，遵輒廢殺，罪逆莫大，其敕內外戒嚴，孤將親討之。」於是留寧北沭堅戍幽州，帥衆五萬，自薊討遵，傳檄燕趙，所在雲集，比及常山，衆十餘萬。次于苑鄉，遇遵赦書，謂左右曰：「吾弟一也，死者不可復追，何爲復相殘乎！吾將歸矣。」其將陳暹進曰：「彭城篡弒自尊，爲罪大矣。王雖北旆，臣將南轅，平京師，擒彭城，然後奉迎大駕。」沖從之。遵馳遣王擢以書喻沖，沖弗聽。遵假石閔黃鉞、金鉦，與李農等率精卒十萬討之。戰于平棘，沖師大敗，獲沖于元氏，賜死，坑其士卒三萬餘人。

始葬季龍，號其墓爲顯原陵，僞諡武皇帝，廟號太祖。

遵揚州刺史王浹以淮南歸順。晉西中郎將陳逵進據壽春。征北將軍褚裒率師伐遵，次于下邳，遵以李農爲南討大都督，率騎二萬來距。裒不能進，退屯廣陵。陳逵聞之，懼，遂焚壽春積聚，毀城而還。

石苞時鎭長安，謀帥關中之衆攻鄴，左長史石光、司馬曹曜等固諫。苞怒，誅光等百餘人。苞性貪而無謀，雍州豪右知其無成，並遣使告晉梁州刺史司馬勳。勳於是率衆赴之，

壁於懸鉤，去長安二百餘里，使治中劉煥攻京兆太守劉秀離，斬之。三輔豪右多殺其令長，擁三十餘壁，有衆五萬以應勳。苞輟攻鄴之謀，使麻秋、姚國等率騎距勳。遵遣車騎王朗率精騎二萬，外以討勳爲名，因劫苞，送之于鄴。勳又爲朗所距，釋懸鉤，拔宛城，殺遵南陽太守袁景而還。

初，遵之發李城也，謂石閔曰：「努力！事成，以爾爲儲貳。」既而立衍，閔甚失望，自以勳高一時，規專朝政，遵忌而不能任。閔既爲都督，總內外兵權，乃懷撫殿中將士及故東宮高力萬餘人，皆奏爲殿中員外將軍，爵關外侯，賜以宮女，樹己之恩。遵弗之猜也，而更題名善惡以挫抑之，衆咸怨矣。而又納中書令孟準、左衞將軍王鸞之計，頗疑憚於閔，稍奪兵權。閔益有恨色，準等咸勸誅之。遵召石鑒等入，議于其太后鄭氏之前，皆請誅之。鄭氏曰：「李城迴師，無棘奴豈有今日！小驕縱之，不可便殺也。」鑒出，遣宦者楊環馳以告閔，閔遂劫李農及右衞王基，密謀廢遵。使將軍蘇亥、周成率甲士三十執遵于如意觀。〔四〕遵時方與婦人彈棊，問成等曰：「反者誰也？」成曰：「義陽王鑒當立。」遵曰：「我尚如是，汝等立鑒，復能幾時！」乃殺之于琨華殿，誅鄭氏及其太子衍、上光祿張斐、中書令孟準、左衞王鸞等。遵凡在位一百八十三日。

鑒乃僭位，大赦殊死已下。以石閔爲大將軍，封武德王，李農爲大司馬，並錄尚書事，

郎闓爲司空，秦州刺史劉羣爲尚書左僕射，侍中盧諶爲中書監。

鑒使石苞及中書令李松、殿中將軍張才等夜誅閔、農於琨華殿，不克，禁中擾亂。鑒恐閔爲變，僞若不知者，夜斬松、才於西中華門，并誅石苞。

時石祗在襄國，與姚弋仲、苻洪等通和，連兵檄誅閔、農。鑒遣石琨爲大都督，與張舉及侍中呼延盛率步騎七萬分討祗等。中領軍石成、侍中石啓、前河東太守石暉謀誅閔、農，閔、農殺之。

龍驤孫伏都、劉銖等結羯士三千伏于胡天，亦欲誅閔等。時鑒在中臺，伏都率三十餘人將升臺挾鑒以攻之。鑒見伏都毀閣道，臨問其故。伏都曰：「李農等反，已在東掖門，臣嚴率衞士，謹先啓知。」鑒曰：「卿是功臣，好爲官陳力。朕從臺觀卿，勿慮無報也。」於是伏都及銖率衆攻閔、農，不克，屯於鳳陽門。閔、農率衆數千毀金明門而入。鑒懼閔之誅己也，馳招閔、農，開門內之，謂曰：「孫伏都反，卿宜速討之。」閔、農攻斬伏都等，自鳳陽至琨華，橫尸相枕，流血成渠。宣令內外六夷敢稱兵杖者斬之。胡人或斬關，或踰城而出者，不可勝數。使尚書王簡、少府王鬱帥衆數千，守鑒于御龍觀，懸食給之。令城內曰：「與官同心者住，不同心者各任所之。」敕城門不復相禁。於是趙人百里內悉入城，胡羯去者填門。閔知胡之不爲己用也，班令內外趙人，斬一胡首送鳳陽門者，文官進位三等，武職悉拜牙

門。一日之中，斬首數萬。閔躬率趙人誅諸胡羯，無貴賤男女少長皆斬之，死者二十餘萬，尸諸城外，悉爲野犬豺狼所食。屯據四方者，所在承閔書誅之，于時高鼻多鬚至有濫死者半。

太宰趙庶、〔五〕太尉張舉、中軍張春、光祿石岳、撫軍石寧、武衞張季及諸公侯、卿、校、龍騰等萬餘人出奔襄國。石琨奔據冀州，撫軍張沈屯滏口，張賀度據石瀆，建義段勤據黎陽，寧南楊羣屯桑壁，劉國據陽城，段龕據陳留，姚弋仲據混橋，苻洪據枋頭，衆各數萬。王朗、麻秋自長安奔于洛陽。秋承閔書，誅朗部胡千餘。朗奔于襄國。麻秋率衆奔于苻洪。石琨及張舉、王朗率衆七萬伐鄴，石閔率騎千餘，距之城北。閔執兩刃矛，馳騎擊之，皆應鋒摧潰，斬級三千。琨等大敗，遂歸于冀州。

閔與李農率騎三萬討張賀度于石瀆，鑒密遣宦者齎書召張沈等，使承虛襲鄴。宦者以告閔、農，閔、農馳還，廢鑒殺之，誅季龍孫三十八人，盡殪石氏。鑒在位一百三日。

季龍小男混，永和八年將妻妾數人奔京師，敕收付廷尉，俄而斬之於建康市。季龍十三子，五人爲冉閔所殺，八人自相殘害，混至此又死。初，讖言滅石者陵，尋而石閔徙封蘭陵公，季龍惡之，改蘭陵爲武興郡，至是終爲閔所滅。始勒以成帝咸和三年僭立，二主四子，凡二十三年，以穆帝永和五年滅。〔六〕

閔字永曾，小字棘奴，季龍之養孫也。父瞻，字弘武，本姓冉，名良，魏郡內黃人也。其先漢黎陽騎都督，累世牙門。勒破陳午，獲瞻，時年十二，命季龍子之。驍猛多力，攻戰無前。歷位左積射將軍、西華侯。閔幼而果銳，季龍撫之如孫。及長，身長八尺，善謀策，勇力絕人。拜建節將軍，徙封脩成侯，歷位北中郎將、游擊將軍。季龍之敗於昌黎，閔軍獨全，由此功名大顯。及敗梁犢之後，威聲彌振，胡夏宿將莫不憚之。

永和六年，殺石鑒，其司徒申鍾、司空郎闓等四十八人上尊號于閔，閔固讓李農，農以死固請，於是僭即皇帝位于南郊，大赦，改元曰永興，國號大魏，復姓冉氏。追尊其祖隆元皇帝，考瞻烈祖高皇帝，尊母王氏爲皇太后，立妻董氏爲皇后，子智爲皇太子。以李農爲太宰、領太尉、錄尚書事，封齊王，農諸子皆封爲縣公。封其子胤、明、裕皆爲王。文武進位三等，封爵有差。遣使者持節赦諸屯結，皆不從。

石祗聞鑒死，僭稱尊號于襄國，諸六夷據州郡擁兵者皆應之。閔遣使臨江告晉曰：「胡逆亂中原，今已誅之。若能共討者，可遣軍來也。」朝廷不答。閔誅李農及其三子，并尚書令王謨、侍中王衍、中常侍嚴震、趙昇等。晉廬江太守袁眞攻其合肥，執南蠻校尉桑坦，遷其百姓而還。

石祗遣其相國石琨率衆十萬伐鄴，進據邯鄲。祗鎮南劉國自繁陽會琨。閔大敗琨于邯鄲，死者萬餘。劉國還屯繁陽。苻健自枋頭入關。張賀度、段勤與劉國、靳豚會于昌城，將攻鄴。閔遣尚書左僕射劉羣爲行臺都督，使其將王泰、崔通、周成等帥步騎十二萬次于黃城，閔躬統精卒八萬繼之，戰于蒼亭。賀度等大敗，死者二萬八千，追斬靳豚于陰安鄉，〔七〕盡俘其衆，振旅而歸。戎卒三十餘萬，旌旗鍾鼓緜亙百餘里，雖石氏之盛無以過之。閔至自蒼亭，行飮至之禮，清定九流，準才授任，儒學後門多蒙顯進，于時翕然，方之爲魏晉之初。

閔率步騎十萬攻石祗于襄國，署其子太原王胤爲大單于、驃騎大將軍，以降胡一千配爲麾下。光祿大夫韋謏啓諫甚切，閔覽之大怒，誅謏及其子孫。閔攻襄國百餘日，爲土山地道，築室反耕。祗大懼，去皇帝之號，稱趙王，遣使詣慕容儁、姚弋仲以乞師。會石琨自冀州援祗，弋仲復遣其子襄率騎三萬八千至自滆頭，儁遣將軍悅綰率甲卒三萬自龍城，三方勁卒合十餘萬。閔遣車騎胡睦距襄于長蘆，將軍孫威候琨于黃丘，皆爲敵所敗，士卒略盡，睦、威單騎而還。琨等軍且至，閔將出擊之，衞將軍王泰諫曰：「窮寇固迷，希望外援。今强救雲集，欲吾出戰，腹背擊我。宜固壘勿出，觀勢而動，以挫其謀。今陛下親戎，如失萬全，大事去矣。請慎無出，臣請率諸將爲陛下滅之。」閔將從之，道士法饒進曰：「太白經

昂，當殺胡王，一戰百克，不可失也。」閔攘袂大言曰：「吾戰決矣，敢諫者斬！」於是盡衆出戰。姚襄、悅綰、石琨等三面攻之，祗衝其後，閔師大敗。閔潛于襄國行宮，與十餘騎奔鄴。降胡栗特康等執冉胤及左僕射劉琦等送于祗，盡殺之。司空石璞、尚書令徐機、車騎胡睦、侍中李琳、中書監盧諶、少府王鬱、尚書劉欽、劉休等及諸將士死者十餘萬人，於是人物殲矣。賊盜蜂起，司冀大饑，人相食。自季龍末年而閔盡散倉庫以樹私恩。〔八〕與羌胡相攻，無月不戰。青、雍、幽、荆州徙戶及諸氐、羌、胡、蠻數百餘萬，各還本土，道路交錯，互相殺掠，且饑疫死亡，其能達者十有二三。諸夏紛亂，無復農者。閔悔之，誅法饒父子，支解之，贈韋謏大司徒。

石祗使劉顯帥衆七萬攻鄴。時閔潛還，莫有知者，內外兇兇，皆謂閔已沒矣。射聲校尉張艾勸閔親郊，以安衆心，閔從之，訛言乃止。劉顯次于明光宮，去鄴二十三里。閔懼，召衞將軍王泰議之。泰恚其謀之不從，辭以瘡甚。閔親臨問之，固稱疾篤。閔怒，還宮，顧謂左右曰：「巴奴，乃公豈假汝爲命邪！要將先滅羣胡，却斬王泰。」於是盡衆而戰，大敗顯軍，追奔及于陽平，斬首三萬餘級。顯懼，密使請降，求殺祗爲效，閔振旅而歸。會有告王泰招集秦人，將奔關中，閔怒，誅泰，夷其三族。劉顯果殺祗及其太宰趙鹿等十餘人，傳首于鄴，送質請命。驃騎石寧奔于柏人。閔命焚祗首于通衢。

閔兗州刺史劉啓以鄄城歸順。〔九〕劉顯復率衆伐鄴，閔擊敗之。還，稱尊號于襄國。閔徐州刺史周成、兗州刺史魏統、豫州牧冉遇、〔一〇〕荆州刺史樂弘皆以城歸順。平南高崇、征虜呂護執洛州刺史鄭系，以三河歸順。〔一一〕慕容彪攻陷中山，殺閔寧北白同、幽州刺史劉準，降于慕容儁。時有雲黃赤色，起東北，長百餘丈，一白鳥從雲間西南去，占者惡之。

劉顯率衆伐常山，太守蘇亥告難于閔。閔留其大將軍蔣幹等輔其太子智守鄴，親率騎八千救之。顯所署大司馬、清河王寧以棗強降于閔，收其餘衆，擊顯，敗之，追奔及于襄國。顯大將曹伏駒開門爲應，遂入襄國，誅顯及其公卿已下百餘人，焚襄國宮室，遷其百姓于鄴。顯領軍范路率衆千餘，斬關奔于枋頭。

時慕容儁已克幽薊，略地至于冀州。閔帥騎距之，與慕容恪相遇於魏昌城。閔大將軍董閏、車騎張溫言於閔曰：「鮮卑乘勝氣勁，不可當也，請避之以溢其氣，然後濟師以擊之，可以捷也。」閔怒曰：「吾成師以出，將平幽州，斬慕容儁。今遇恪而避之，人將侮我矣。」乃與恪遇，十戰皆敗之。恪乃以鐵鎖連馬，簡善射鮮卑勇而無剛者五千，方陣而前。閔所乘赤馬曰朱龍，日行千里，左杖雙刃矛，右執鉤戟，順風擊之，斬鮮卑三百餘級。俄而燕騎大至，圍之數周。閔衆寡不敵，躍馬潰圍東走，行二十餘里，馬無故而死，爲恪所擒，及董閏、張溫等送之于薊。儁立閔而問之曰：「汝奴僕下才，何自妄稱天子？」閔曰：「天下大亂，

爾曹夷狄，人面獸心，尚欲篡逆。我一時英雄，何爲不可作帝王邪！」儁怒，鞭之三百，送于龍城，告廆、皝廟。

遣慕容評率衆圍鄴。劉寧及弟崇帥胡騎三千奔于晉陽，蘇亥棄常山奔于新興。鄴中饑，人相食，季龍時宮人被食略盡。冉智尚幼，蔣幹遣侍中繆嵩、詹事劉猗奉表歸順，且乞師于晉。濮陽太守戴施自倉垣次于棘津，止猗，不聽進，責其傳國璽。猗使嵩還鄴復命，幹沈吟未決，施乃率壯士百餘人入鄴，助守三臺，譎之曰：「且出璽付我。今凶寇在外，道路不通，未敢送也。須得璽，當馳白天子耳。天子聞璽已在吾處，信卿至誠，必遣軍糧厚相救餉。」幹以爲然，乃出璽付之。施宣言使督護何融迎糧，陰令懷璽送于京師。長水校尉馬願、龍驤田香開門降評。施、融、蔣幹懸縋而下，〔一二〕奔于倉垣。評送閔妻董氏、太子智、太尉申鍾、司空條攸、中書監聶熊、司隸校尉籍羆、中書令李垣及諸王公卿士于薊。尚書令王簡、左僕射張乾、右僕射郎肅自殺。

儁送閔既至龍城，斬于遏陘山。山左右七里草木悉枯，蝗蟲大起，五月不雨，至于十二月。儁遣使者祀之，謚曰武悼天王，其日大雪。是歲永和八年也。〔一三〕

史臣曰：夫拯溺救焚，帝王之師也；窮凶騁暴，戎狄之舉也。蠢茲雜種，自古爲虞，限以

塞垣，猶懼侵軼，況乃入居中壤，窺我王政，乘弛紊之機，覘危亡之隙，而莫不嘯羣鳴鏑，汩亂天常者乎！

石勒出自羌渠，見奇醜類。聞鞞上黨，季子鑒其非凡；倚嘯洛城，夷甫識其爲亂。及惠皇失統，宇內崩離，遂乃招聚蝗徒，乘間煽禍，虔劉我都邑，翦害我黎元。朝市淪胥，若沈航於鯨浪；王公顛仆，譬游魂於龍漠。豈天厭晉德而假茲妖孽者歟！觀其對敵臨危，運籌賈勇，奇謨間發，猛氣橫飛。遠嗤魏武，則風情慷慨；近答劉琨，則音詞倜儻。焚元超於苦縣，陳其亂政之諐；戮彭祖于襄國，數以無君之罪。於是跨躡燕趙，并吞韓魏，杖奇材而竊徽號，擁舊都而抗王室，褫氈裘，襲冠帶，釋介冑，開庠序，鄰敵懼威而獻款，絕域承風而納貢，則古之爲國，曷以加諸！雖曰凶殘，亦一時傑也。而託授非所，貽厥無謀，身隕嗣滅，業歸攜養，斯乃知人之闇焉。

季龍心昧德義，幼而輕險，假豹姿於羊質，騁梟心於狼性，始懷怨懟，終行篡奪。於是窮驕極侈，勞役繁興，畚鍤相尋，干戈不息，刑政嚴酷，動見誅夷，慄慄遺黎，求哀無地，戎狄殘獷，斯爲甚乎！既而父子猜嫌，兄弟讎隙，自相屠膾，取笑天下。墳土未燥，禍亂薦臻，釁起於張豺，族傾於冉閔，積惡致滅，有天道哉！夫從逆則凶，事符影響；爲咎必應，理若循環。世龍之殪晉人，既窮其酷；永曾之誅羯士，亦殲其類。無德不報，斯之謂乎！

贊曰：中朝不競，蠻狄爭衡。塵飛五嶽，霧晻三精。狡焉石氏，怙亂窮兵。流災肆虐，剽邑屠城。始自羣盜，終假鴻名。勿謂凶醜，亦曰時英。季龍篡奪，淫虐播聲。身喪國泯，其由禍盈。

校勘記

〔一〕晉興 各本「晉興」作「始興」。按：張重華傳、通鑑九七並作「晉興」。晉興乃涼州屬郡，張軌分西平置，見地理志上，「始」字誤，今據改。

〔二〕楊杯 各本「杯」作「杯」，宋本作「杯」。按：魏書石勒傳作「柯」。册府二二五、御覽一二〇並作「杯」，與宋本合，今從宋本。下同。

〔三〕至此太和六年 周校：按穆帝紀，季龍死在永和五年，咸康元年至永和五年正十五歲。若廢帝太和五年，則季龍死久矣。今按：「太和六年」自當作「永和五年」，然御覽一二〇引晉書亦作「太和六年」，知原書已誤。

〔四〕蘇亥周成率甲士三十執遵于如意觀 通鑑九八「蘇亥」作「蘇彥」，「三十」作「三千」，御覽一二〇引後趙錄亦作「蘇彥」，「三十」字殘。慕容儁載記亦作「蘇亥」。甲士三十似太少，疑作「三千」是。

〔五〕趙鹿 通鑑九八「鹿」作「庶」。下同。

〔六〕始勒以成帝咸和三年僭立二主四子凡二十三年以穆帝永和五年滅 校文：考勒自立於太興二年，非成帝咸和三年。載記勒、季龍在位皆十五年。冉閔滅石鑒又在季龍卒後一年，合計石氏二主四子，凡三十一年，不得云二十三年。季龍於永和五年死，六年閏月，冉閔立，石氏乃盡滅，亦不得滅於永和五年。此數語舛誤特甚。

〔七〕追斬斬豚于陰安鄉 陰安乃頓丘郡屬縣，見地理志上，「鄉」字不當有，通鑑九八無「鄉」字亦可證。

〔八〕自季龍末年而閔盡散倉庫以樹私恩 此兩語與上下文俱不相連屬，疑有脫文，今姑以此單獨爲句。

〔九〕閔兗州刺史劉啓以鄄城歸順 周校：穆帝紀「閔」作「石祗」。按：通鑑九九作趙兗州刺史劉啓，亦即以爲石祗之刺史。此時劉顯殺祗降冉閔，故啓降晉。疑「閔」當作「祗」。

〔一〇〕豫州牧冉遇 斠注：穆帝紀及謝尚傳皆作「張遇」，苻健載記亦作「豫州刺史張遇」。按：通鑑九九從載記文，但亦作「張遇」。疑「冉」字譌。

〔一一〕平南高崇至以三河歸順 穆帝紀載當時降晉諸人，稱「高昌屯野王」，當卽此「高崇」。慕容儁載記稱：「石季龍將李歷、張平、高昌等並率其所部稱藩於儁，遣子入侍。旣而投款建鄴，結援苻堅。」姚襄載記，稱襄南至滎陽後，「與高昌、李歷戰於麻田」。野王、滎陽並在所云「三河」地域內。此「高崇」疑當作「高昌」。

〔一二〕施融蔣幹懸縋而下 上文已云何融懷璽送京師，謝尚傳亦云「融齎璽馳還枋頭」，則融已不在城中，何得又與戴施、蔣幹縋城而下，記事前後矛盾。

〔一三〕是歲永和八年也 各本「永」作「太」，獨殿本作「永」。穆紀及通鑑九九冉閔死在永和八年，太和乃海西公年號，遠在其後，且止五年。今從殿本。

晉書卷一百八

載記第八

慕容廆 裴嶷 高瞻

慕容廆字弈洛瓌，昌黎棘城鮮卑人也。其先有熊氏之苗裔，世居北夷，邑于紫蒙之野，號曰東胡。其後與匈奴並盛，控弦之士二十餘萬，風俗官號與匈奴略同。秦漢之際爲匈奴所敗，分保鮮卑山，因以爲號。曾祖莫護跋，魏初率其諸部入居遼西，從宣帝伐公孫氏有功，拜率義王，始建國於棘城之北。時燕代多冠步搖冠，莫護跋見而好之，乃斂髮襲冠，諸部因呼之爲步搖，其後音訛，遂爲慕容焉。或云慕二儀之德，繼三光之容，遂以慕容爲氏。祖木延，左賢王。父涉歸，以全柳城之功，進拜鮮卑單于，遷邑於遼東北，於是漸慕諸夏之風矣。

廆幼而魁岸，美姿貌，身長八尺，雄傑有大度。安北將軍張華雅有知人之鑒，廆童冠時

往謁之，〔一〕華甚歎異，謂曰：「君至長必爲命世之器，匡難濟時者也。」因以所服簪幘遺廆，結殷勤而別。

涉歸死，其弟耐篡位，將謀殺廆，廆亡潛以避禍。後國人殺耐，迎廆立之。

初，涉歸有憾於宇文鮮卑，廆將修先君之怨，表請討之。武帝弗許。廆怒，入寇遼西，殺略甚衆。帝遣幽州諸軍討廆，戰于肥如，廆衆大敗。自後復掠昌黎，每歲不絕。又率衆東伐扶餘，扶餘王依慮自殺，廆夷其國城，驅萬餘人而歸。東夷校尉何龕遣督護賈沈將迎立依慮之子爲王，廆遣其將孫丁率騎邀之。沈力戰斬丁，遂復扶餘之國。

廆謀於其衆曰：「吾先公以來世奉中國，且華裔理殊，强弱固別，豈能與晉競乎？何爲不和以害吾百姓邪！」乃遣使來降。帝嘉之，拜爲鮮卑都督。廆致敬於東夷府，巾衣詣門，抗士大夫之禮。何龕嚴兵引見，廆乃改服戎衣而入。人問其故，廆曰：「主人不以禮，賓復何爲哉！」龕聞而慚之，彌加敬憚。時東胡宇文鮮卑段部以廆威德日廣，懼有吞幷之計，因爲寇掠，往來不絕。廆卑辭厚幣以撫之。

太康十年，廆又遷于徒河之青山。廆以大棘城卽帝顓頊之墟也，元康四年乃移居之。敎以農桑，法制同于上國。永寧中，燕垂大水，廆開倉振給，幽方獲濟。天子聞而嘉之，褒賜命服。

太安初，宇文莫圭遣弟屈雲寇邊城，雲別帥大素延攻掠諸部，廆親擊敗之。素延怒，率衆十萬圍棘城，衆咸懼，人無距志。廆曰：「素延雖犬羊蟻聚，然軍無法制，已在吾計中矣。諸君但爲力戰，無所憂也。」乃躬貫甲冑，馳出擊之，素延大敗，追奔百里，俘斬萬餘人。

永嘉初，廆自稱鮮卑大單于。遼東太守龐本以私憾殺東夷校尉李臻，附塞鮮卑素連、木津等託爲臻報讎，實欲因而爲亂，遂攻陷諸縣，殺掠士庶。太守袁謙頻戰失利，校尉封釋懼而請和。連歲寇掠，百姓失業，流亡歸附者日月相繼。廆子翰言於廆曰：「求諸侯莫如勤王，自古有爲之君靡不杖此以成事業者也。今連、津跋扈，王師覆敗，蒼生屠膾，豈甚此乎！豎子外以龐本爲名，內實幸而爲寇。封使君以誅本請和，而毒害滋深。遼東傾沒，垂已二周，中原兵亂，州師屢敗，勤王杖義，今其時也。單于宜明九伐之威，救倒懸之命，數連、津之罪，合義兵以誅之。上則興復遼邦，下則幷吞二部，忠義彰於本朝，私利歸于我國，此則吾鴻漸之始也，終可以得志於諸侯。」廆從之。是日，率騎討連、津，大敗斬之，二部悉降，徙之棘城，立遼東郡而歸。

懷帝蒙塵于平陽，王浚承制以廆爲散騎常侍、冠軍將軍、前鋒大都督、大單于，廆不受。建興中，愍帝遣使拜廆鎭軍將軍、昌黎遼東二國公。建武初，元帝承制拜廆假節、散騎常侍、都督遼左雜夷流人諸軍事、龍驤將軍、大單于、昌黎公，廆讓而不受。征虜將軍魯昌說

廆曰：「今兩京傾沒，天子蒙塵，琅邪承制江東，實人命所係。明公雄據海朔，跨總一方，而諸部猶怙衆稱兵，未遵道化者，蓋以官非王命，又自以爲强。今宜通使琅邪，勸承大統，然後敷宣帝命，以伐有罪，誰敢不從！」廆善之，乃遣其長史王濟浮海勸進。及帝卽尊位，遣謁者陶遼重申前命，授廆將軍、單于，廆固辭公封。

時二京傾覆，幽冀淪陷，廆刑政修明，虛懷引納，流亡士庶多襁負歸之。廆乃立郡以統流人，冀州人爲冀陽郡，豫州人爲成周郡，青州人爲營丘郡，幷州人爲唐國郡。於是推舉賢才，委以庶政，以河東裴嶷、代郡魯昌、北平陽耽爲謀主，北海逢羨、廣平游邃、北平西方虔、〔二〕渤海封抽、西河宋奭、河東裴開爲股肱，渤海封弈、平原宋該、安定皇甫岌、蘭陵繆愷以文章才儁任居樞要，會稽朱左車、太山胡毋翼、魯國孔纂以舊德清重引爲賓友，平原劉讚儒學該通，引爲東庠祭酒，其世子皝率國胄束脩受業焉。廆覽政之暇，親臨聽之，於是路有頌聲，禮讓興矣。

時平州刺史、東夷校尉崔毖自以爲南州士望，意存懷集，而流亡者莫有赴之。毖意廆拘留，乃陰結高句麗及宇文、段國等，謀滅廆以分其地。太興初，三國伐廆，廆曰：「彼信崔毖虛說，邀一時之利，烏合而來耳。既無統一，莫相歸伏，吾今破之必矣。然彼軍初合，其鋒甚銳，幸我速戰。若逆擊之，落其計矣。靖以待之，必懷疑貳，迭相猜防。一則疑吾與毖

譎而覆之，二則自疑三國之中與吾有韓魏之謀者，待其人情沮惑，然後取之必矣。」於是三國攻棘城，廆閉門不戰，遣使送牛酒以犒宇文，大言於衆曰：「崔毖昨有使至。」於是二國果疑宇文同於廆也，引兵而歸。宇文悉獨官曰：「二國雖歸，吾當獨兼其國，何用人爲！」盡衆逼城，連營三十里。廆簡銳士配皝，推鋒於前；翰領精騎爲奇兵，從旁出，直衝其營；廆方陣而進。悉獨官自恃其衆，不設備，見廆軍之至，方率兵距之。前鋒始交，翰已入其營，縱火焚之，其衆皆震擾，不知所爲，遂大敗，悉獨官僅以身免，盡俘其衆。於其營候獲皇帝玉璽三紐，遣長史裴嶷送于建鄴。崔毖懼廆之仇己也，使兄子燾僞賀廆。會三國使亦至請和，曰：「非我本意也，崔平州教我耳。」廆將燾示以攻圍之處，臨之以兵，曰：「汝叔父教三國滅我，何以詐來賀我乎？」燾懼，首服。廆乃遣燾歸說毖曰：「降者上策，走者下策也。」以兵隨之。毖與數十騎棄家室奔于高句麗，廆悉降其衆，徙燾及高瞻等于棘城，待以賓禮。明年，高句麗寇遼東，廆遣衆擊敗之。

裴嶷至自建鄴，帝遣使者拜廆監平州諸軍事、安北將軍、平州刺史，增邑二千戶。尋加使持節、都督幽州東夷諸軍事、[三]車騎將軍、平州牧，進封遼東郡公，邑一萬戶，常侍、單于並如故；丹書鐵券，承制海東，命備官司，置平州守宰。

段末波初統其國，而不修備，廆遣皝襲之，入令支，收其名馬寶物而還。

石勒遣使通和，廆距之，送其使於建鄴。勒怒，遣宇文乞得龜擊廆，廆遣皝距之。以裴嶷爲右部都督，率索頭爲右翼，命其少子仁自平郭趣柏林爲左翼，攻乞得龜，克之，悉虜其衆。乘勝拔其國城，收其資用億計，徙其人數萬戶以歸。

成帝即位，加廆侍中，位特進。咸和五年，又加開府儀同三司，固辭不受。

廆嘗從容言曰：「獄者，人命之所懸也，不可以不慎。賢人君子，國家之基也，不可以不敬。稼穡者，國之本也，不可以不急。酒色便佞，亂德之甚也，不可以不戒。」乃著家令數千言以申其旨。

遣使與太尉陶侃箋曰：

明公使君轂下：振德曜威，撫寧方夏，勞心文武，士馬無恙，欽高仰止，注情彌久。王塗嶮遠，隔以燕越，每瞻江湄，延首遐外。

天降艱難，禍害屢臻，舊都不守，奄爲虜庭，使皇輿遷幸，假勢吳楚。大晉啓基，祚流萬世，天命未改，玄象著明，是以義烈之士深懷憤踴。猥以功薄，受國殊寵，上不能掃除羣羯，下不能身赴國難，仍縱賊臣，屢逼京輦。王敦唱禍於前，蘇峻肆毒於後，凶暴過於董卓，惡逆甚於傕汜，普天率土，誰不同忿！深怪文武之士，過荷朝榮，不能滅中原之寇，刷天下之恥。

君侯植根江陽，發曜荆衡，杖葉公之權，有包胥之志，而令白公、伍員殆得極其暴，竊爲丘明恥之。區區楚國子重之徒，猶恥君弱、羣臣不及先大夫，厲己戒衆，以服陳鄭；越之種蠡尚能弼佐句踐，取威黃池；況今吳土英賢比肩，而不輔翼聖主，陵江北伐。以義聲之直，討逆暴之羯，檄命舊邦之士，招懷存本之人，豈不若因風振落，頓坂走輪哉！且孫氏之初，以長沙之衆摧破董卓，志匡漢室。雖中遇寇害，雅志不遂，原其心誠，乃忽身命。及權據揚越，外杖周張，內馮顧陸，距魏赤壁，克取襄陽。自兹以降，世主相襲，咸能侵逼徐豫，令魏朝旰食。不知今之江表爲賢儁匿智，藏其勇略邪？將呂蒙、凌統高蹤曠世哉？況今凶羯虐暴，中州人士逼迫勢促，其顛沛之危，甚於累卵。假號之强，衆心所去，敵有釁矣，易可震蕩。王郎、袁術雖自詐僞，皆基淺根微，禍不旋踵，此皆君侯之所聞見者矣。

王司徒清虛寡欲，善於全己，昔曹參亦崇此道，著畫一之稱也。庾公居元舅之尊，處申伯之任，超然高蹈，明智之權。廆於寇難之際，受大晉累世之恩，自恨絕域，無益聖朝，徒係心萬里，望風懷憤。今海內之望，足爲楚漢輕重者，惟在君侯。若勠力盡心，悉五州之衆，據兗豫之郊，使向義之士倒戈釋甲，則羯寇必滅，國恥必除。廆在一方，敢不竭命。孤軍輕進，不足使勒畏首畏尾，則懷舊之士欲爲內應，無由自發故也。

故遠陳寫，言不宣盡。

廆使者遭風沒海。其後廆更寫前箋，并齎其東夷校尉封抽、行遼東相韓矯等三十餘人疏上侃府曰：

自古有國有家，鮮不極盛而衰。自大晉龍興，克平崏會，神武之略，邁蹤前史。惠皇之末，后黨構難，禍結京畿，釁成公族，遂使羯寇乘虛，傾覆諸夏，舊都淪滅，山陵毀掘，人神悲悼，幽明發憤。昔獫狁之强，匈奴之盛，未有如今日羯寇之暴，跨躡華裔，盜稱尊號者也。

天祚有晉，挺授英傑。車騎將軍慕容廆自弱冠涖國，忠於王室，明允恭肅，志在立勳。屬海內分崩，皇輿遷幸，元皇中興，初唱大業，肅祖繼統，蕩平江外。廆雖限以山海，隔以羯寇，翹首引領，係心京師，常假寤寐，欲憂國忘身。貢篚相尋，連舟載路，戎不稅駕，動成義舉。今羯寇滔天，怙其醜類，樹基趙魏，跨略燕齊。廆雖率義衆，誅討大逆，然管仲相齊，猶曰寵不足以御下，況廆輔翼王室，有匡霸之功，而位卑爵輕，九命未加，非所以寵異藩翰，敦奬殊勳者也。

方今詔命隔絕，王路嶮遠，貢使往來，動彌年載。今燕之舊壤，北周沙漠，東盡樂浪，西暨代山，南極冀方，而悉爲虜庭，非復國家之域。將佐等以爲宜遠遵周室，近準漢初，進封廆爲燕王，行大將軍事，上以總統諸部，下以割損賊境。使冀州之人望風向化，廆得祗承詔命，率合諸國，奉辭夷逆，以成桓文之功，苟利社稷，專之可也。而廆固執謙光，守節彌高，每詔所加，讓動積年，非將佐等所能敦逼。今區區所陳，不欲苟相崇重，而愚情至心，實爲國計。

侃報抽等書，其略曰：「車騎將軍憂國忘身，貢篚載路，羯賊求和，執使送之，西討段國，北伐塞外，遠綏索頭，荒服以獻。惟北部未賓，屢遣征伐。又知東方官號，高下齊班，進無統攝之權，退無等差之降，欲進車騎爲燕王，一二具之。夫功成進爵，古之成制也。車騎雖未能爲官摧勳，然忠義竭誠。今騰牋上聽，可不、遲速，當任天臺也。」朝議未定。八年，廆卒，乃止。時年六十五，在位四十九年。帝遣使者策贈大將軍、開府儀同三司，諡曰襄。及儁僭號，僞諡武宣皇帝。

裴嶷字文冀，河東聞喜人也。父昶，司隸校尉。嶷清方有幹略，累遷至中書侍郎，轉給事黃門郎、滎陽太守。屬天下亂，嶷兄武先爲玄菟太守，嶷遂求爲昌黎太守。至郡，久之，武卒，嶷被徵，乃將武子開送喪俱南。既達遼西，道路梗塞，乃與開投廆。時諸流寓之士見廆草創，並懷去就。嶷首定名分，爲羣士啓行。廆甚悅，以嶷爲長史，委以軍國之謀。

及悉獨官寇逼城下，外內騷動，廆問策於嶷，嶷曰：「悉獨官雖擁大衆，軍無號令，衆無部陣，若簡精兵乘其無備，則成擒耳。」廆從之，遂陷寇營。廆威德於此甚振，將遣使獻捷於建鄴，妙簡行人，令嶷將命。

初，朝廷以廆僻在荒遠，猶以邊裔之豪處之。嶷既使至，盛言廆威略，又知四海英賢並爲其用，舉朝改觀焉。嶷將還，帝試留嶷以觀之，嶷辭曰：「臣世荷朝恩，濯纓華省，因事遠寄，投迹荒遐。今遭開泰，得覲朝廷，復賜恩詔，卽留京輦，於臣之私，誠爲厚幸。顧以皇居播遷，山陵幽辱，慕容龍驤將軍越在遐表，乃心王室，慷慨之誠，義感天地，方掃平中壤，奉迎皇輿，故遣使臣，萬里表誠。今若留臣，必謂國家遺其僻陋，孤其丹心，使懷義懈怠。是以微臣區區忘身爲國，貪還反命耳。」帝曰：「卿言是也。」乃遣嶷還。廆後謂羣僚曰：「裴長史名重中朝，而降屈于此，豈非天以授孤也。」出爲遼東相，轉樂浪太守。

高瞻字子前，渤海蓨人也。少而英爽有俊才，身長八尺二寸。光熙中，調補尚書郎。屬永嘉之亂，還鄉里，乃與父老議曰：「今皇綱不振，兵革雲擾，此郡沃壤，憑固河海，若兵荒歲儉，必爲寇庭，非謂圖安之所。王彭祖先在幽薊，據燕代之資，兵强國富，可以託也。諸君以爲何如？」衆咸善之。乃與叔父隱率數千家北徙幽州。既而以王浚政令無恒，乃依崔毖，隨毖如遼東。

毖之與三國謀伐廆也，瞻固諫以爲不可，毖不從。及毖奔敗，瞻隨衆降于廆。廆署爲將軍，瞻稱疾不起。廆敬其姿器，數臨候之，撫其心曰：「君之疾在此，不在餘也。今天子播越，四海分崩，蒼生紛擾，莫知所係，孤思與諸君匡復帝室，翦鯨豕于二京，迎天子於吳會，廓清八表，侔勳古烈，此孤之心也，孤之願也。君中州大族，冠冕之餘，宜痛心疾首，枕戈待旦，柰何以華夷之異，有懷介然。且大禹出于西羌，文王生于東夷，但問志略何如耳，豈以殊俗不可降心乎！」瞻仍辭疾篤，廆深不平之。瞻又與宋該有隙，該陰勸廆除之。瞻聞其言，彌不自安，遂以憂死。

校勘記

〔一〕廆童冠時往謁之　各本「童冠」作「童丱」，宋本及御覽四七八引燕書、通志一八八並作「童冠」。載記此段文字多同燕書。今從宋本。

〔二〕西方虔　元和姓纂「虔」作「武」。按：唐人避諱亦偶用形近之字。魏書四九崔秉、六三王肅弟秉，北史並改作「康」。魏書四七盧玄族人「叔虔」，北史作「叔彪」，北齊書四二又作「叔武」，與此「西方虔」同例，其人本皆名「虎」，「虔」「武」皆避唐諱改。

〔三〕都督幽州東夷諸軍事　周校：「幽州」，元帝紀作「幽、平二州」。按：官爲平州牧，所督州例必有平州。御覽一二一引前燕錄、通鑑九一皆作「都督幽、平二州東夷諸軍事」，此「幽」字下當脫「平二」二字。

晉書卷一百九

載記第九

慕容皝 慕容翰 陽裕

慕容皝字元眞，廆第三子也。龍顏版齒，身長七尺八寸。雄毅多權略，尙經學，善天文。廆爲遼東公，立爲世子。建武初，拜爲冠軍將軍、左賢王，封望平侯，率衆征討，累有功。太寧末，拜平北將軍，進封朝鮮公。廆卒，嗣位，以平北將軍行平州刺史，督攝部內。尋而宇文乞得龜爲其別部逸豆歸所逐，奔死於外，皝率騎討之，逸豆歸懼而請和，遂築榆陰、安晉二城而還。

初，皝庶兄建威翰驍武有雄才，素爲皝所忌，母弟征虜仁、廣武昭並有寵於廆，皝亦不平之。及廆卒，並懼不自容。至此，翰出奔段遼，仁勸昭舉兵廢皝。皝殺昭，遣使按檢仁之虛實，遇仁於險瀆。仁知事發，殺皝使，東歸平郭。皝遣其弟建武幼、司馬佟壽等討之。〔一〕

仁盡衆距戰，幼等大敗，皆沒於仁。襄平令王冰、將軍孫機以遼東叛于皝，東夷校尉封抽、護軍乙逸、遼東相韓矯、玄菟太守高詡等棄城奔還。仁於是盡有遼左之地，自稱車騎將軍、平州刺史、遼東公。宇文歸、段遼及鮮卑諸部並爲之援。

咸和九年，皝遣其司馬封弈攻鮮卑木堤于白狼，揚威淑虞攻烏丸悉羅侯於平墹，皆斬之。材官劉佩攻乙連，不克。段遼遂寇徒河，皝將張萌逆擊，敗之。遼弟蘭與翰寇柳城，都尉石琮擊敗之。旬餘，蘭、翰復圍柳城，皝遣寧遠慕容汗及封弈等救之。皝戒汗曰：「賊衆氣銳，難與爭鋒，宜顧萬全，愼勿輕進，必須兵集陣整，然後擊之。」汗性驍銳，遣千餘騎爲前鋒而進，封弈止之，汗不從，爲蘭所敗，死者太半。蘭復攻柳城，爲飛梯、地道，圍守二旬，石琮躬勒將士出擊，敗之，斬首千五百級，蘭乃遁歸。

是歲，成帝遣謁者徐孟、閭丘幸等持節拜皝鎭軍大將軍、平州刺史、大單于、遼東公，持節、都督、承制封拜，一如廆故事。

皝自征遼東，克襄平。仁所署居就令劉程以城降，新昌人張衡執縣宰以降。於是斬仁所置守宰，分徙遼東大姓於棘城，置和陽、武次、西樂三縣而歸。

咸康初，遣封弈襲宇文別部涉奕于，〔二〕大獲而還。涉奕于率騎追戰于渾水，又敗之。皝將乘海討仁，羣下咸諫，以海道危阻，宜從陸路。皝曰：「舊海水無凌，自仁反已來，凍合

者三矣。昔漢光武因滹沱之冰以濟大業，天其或者欲吾乘此而克之乎！吾計決矣，有沮謀者斬！」乃率三軍從昌黎踐凌而進。仁不虞皝之至也，軍去平郭七里，候騎乃告，仁狼狽出戰，爲皝所擒，殺仁而還。

立藉田於朝陽門東，置官司以主之。

段遼遣其將李詠夜襲武興，遇雨，引還，都尉張萌追擊，擒詠。段蘭擁衆數萬屯于曲水亭，將攻柳城，宇文歸入寇安晉，爲蘭聲援。皝以步騎五萬擊之，師次柳城，蘭、歸皆遁。遣封弈率輕騎追擊，敗之，收其軍實，館穀二旬而還。謂諸將曰：「二虜恥無功而歸，必復重至，宜於柳城左右設伏以待之。」遣封弈率騎潛于馬兜山諸道。俄而遼騎果至，弈夾擊，大敗之，斬其將榮保。遣兼長史劉斌、郎中令陽景送徐孟等歸于京師。使其世子儁伐段遼諸城，封弈攻宇文別部，皆大捷而歸。

立納諫之木，以開讜言之路。

後徙昌黎郡，築好城於乙連東，使將軍蘭勃戍之，以逼乙連。又城曲水，以爲勃援。乙連饑甚，段遼輸之粟，蘭勃要擊獲之。遼遣將屈雲攻興國，與皝將慕容遵大戰於五官水上，雲敗，斬之，盡俘其衆。

封弈等以皝任重位輕，宜稱燕王，皝於是以咸康三年僭卽王位，赦其境內。以封弈爲

國相，韓壽爲司馬，裴開、陽鶩、王寓、李洪、杜羣、宋該、劉瞻、石琮、皇甫眞、陽協、宋晃、平熙、張泓等並爲列卿將帥。起文昌殿，乘金根車，駕六馬，出入稱警蹕。以其妻段氏爲王后，世子儁爲太子，皆如魏武、晉文輔政故事。

皝以段遼屢爲邊患，遣將軍宋回稱藩于石季龍，請師討遼。季龍於是總衆而至。皝率諸軍攻遼令支以北諸城，遼遣其將段蘭來距，大戰，敗之，斬級數千，掠五千餘戶而歸。季龍至徐無，遼奔密雲山。季龍進入令支，怒皝之不會師也，進軍擊之，至于棘城，戎卒數十萬，四面進攻，郡縣諸部叛應季龍者三十六城。相持旬餘，左右勸皝降。皝曰：「孤方取天下，何乃降人乎！」遣子恪等率騎二千，晨出擊之。季龍諸軍驚擾，棄甲而遁。恪乘勝追之，斬獲三萬餘級，築戍凡城而還。段遼遣使詐降於季龍，請兵應接。季龍遣其將麻秋率衆迎遼，恪伏精騎七千於密雲山，大敗之，獲其司馬陽裕、將軍鮮于亮，擁段遼及其部衆以歸。

帝又遣使進皝爲征北大將軍、幽州牧，領平州刺史，加散騎常侍，增邑萬戶，持節、都督、單于、公如故。

皝前軍帥慕容評敗季龍將石成等于遼西，斬其將呼延晃、張支，掠千餘戶以歸。段遼謀叛，皝誅之。

季龍又使石成入攻凡城，不克，進陷廣城。

皝雖稱燕王，未有朝命，乃遣其長史劉祥獻捷京師，兼言權假之意，幷請大舉討平中原。又聞庾亮薨，弟冰、翼繼爲將相，乃表曰：

臣究觀前代昏明之主，若能親賢並建，則功致升平；若親黨后族，必有傾辱之禍。是以周之申伯號稱賢舅，以其身藩于外，不握朝權。降及秦昭，足爲令主，委信二舅，幾至亂國。逮于漢武，推重田蚡，萬機之要，無不決之。及蚡死後，切齒追恨。成帝闇弱，不能自立，內惑豔妻，外恣五舅，卒令王莽坐取帝位。每覽斯事，孰不痛惋！設使舅氏賢若穰侯、王鳳，則但聞有二臣，不聞有二主。若其不才，則有竇憲、梁冀之禍。凡此成敗，亦旣然矣。苟能易軌，可無覆墜。

陛下命世天挺，當隆晉道，而遭國多難，殷憂備嬰，追述往事，至今楚灼。迹其所由，實因故司空亮居元舅之尊，勢業之重，執政裁下，輕侮邊將，故令蘇峻、祖約不勝其忿，遂致敗國。至令太后發憤，一旦升遐。若社稷不靈，人神無助，豺狼之心當可極邪！前事不忘，後事之表，而中書監、左將軍冰等內執樞機，外擁上將，昆弟並列，人臣莫疇。陛下深敦渭陽，冰等自宜引領。臣常謂世主若欲崇顯舅氏，何不封以藩國，豐其祿賜，限其勢利，使上無偏優，下無私論。如此，榮辱何從而生！噂喈何辭而起！往者惟亮一人，宿有名望，尙致世變，況今居之者素無聞焉！且人情易惑，難以戶告，縱

令陛下無私於彼，天下之人誰謂不私乎！

臣與冰等名位殊班，出處懸邈，又國之戚昵，理應降悅，以適事會。臣獨矯抗此言者，上爲陛下，退爲冰計，疾苟容之臣，坐鑒得失。顚而不扶，焉用彼相！昔徐福陳霍氏之戒，宣帝不從，至令忠臣更爲逆族，良由察之不審，防之無漸。臣今所陳，可謂防漸矣。但恐陛下不明臣之忠，不用臣之計，事過之日，更處焦爛之後耳。昔王章、劉向每上封事，未嘗不指斥王氏，故令二子或死或刑。谷永、張禹依違不對，故容身苟免，取譏於世。臣被髮殊俗，位爲上將，夙夜惟憂，罔知所報，惟當外殄寇讎，內盡忠規，陳力輸誠，以答國恩。臣若不言，誰當言者！

又與冰書曰：

君以椒房之親，舅氏之昵，總據樞機，出內王命，兼擁列將州司之位，昆弟網羅，顯布畿甸。自秦漢以來，隆赫之極，豈有若此者乎！以吾觀之，若功就事舉，必享申伯之名；如或不立，將不免梁竇之迹矣。

每覩史傳，未嘗不寵恣母族，使執權亂朝，先有殊世之榮，尋有負乘之累，所謂愛之適足以爲害。吾常忿歷代之主，不盡防萌終寵之術，何不業以一土之封，令藩國相承，如周之齊陳？如此則永保南面之尊，復何黜辱之憂乎！竇武、何進好善虛己，賢士歸心，雖爲閹豎所危，天下嗟痛，猶有能履以不驕，圖國亡身故也。

方今四海有倒懸之急，中夏逋僭逆之寇，家有漉血之怨，人有復讎之憾，寧得安枕逍遙，雅談卒歲邪！吾雖寡德，過蒙先帝列將之授，以數郡之人，尙欲幷吞强虜，是以自頃迄今，交鋒接刃，一時務農，三時用武，而猶師徒不頓，倉有餘粟，敵人日畏，我境日廣，況乃王者之威，堂堂之勢，豈可同年而語哉！

冰見表及書甚懼，以其絕遠，非所能制，遂與何充等奏聽皝稱燕王。

其年皝伐高句麗，王釗乞盟而還。明年，釗遣其世子朝於皝。

初，段遼之敗也，建威翰奔于宇文歸，自以威名夙振，終不保全，乃陽狂恣酒，被髮歌呼。歸信而不禁，故得周遊自任，至於山川形便，攻戰要路，莫不練之。皝遣商人王車陰使察翰，翰見車無言，撫膺而已。車還以白，皝曰：「翰欲來也。」乃遣車遺翰弓矢，翰乃竊歸駿馬，攜其二子而還。

皝將圖石氏，從容謂諸將曰：「石季龍自以安樂諸城守防嚴重，〔三〕城之南北必不設備，今若詭路出其不意，冀之北土盡可破也。」於是率騎二萬出蠮螉塞，長驅至于薊城，進渡武遂津，入于高陽，所過焚燒積聚，掠徙幽冀三萬餘戶。

使陽裕、唐柱等築龍城，構宮廟，改柳城爲龍城縣。於是成帝使兼大鴻臚郭希持節拜

皝侍中、大都督河北諸軍事、大將軍、燕王，其餘官皆如故。封諸功臣百餘人。

咸康七年，皝遷都龍城。率勁卒四萬，入自南陝，以伐宇文、高句麗，又使翰及子垂爲前鋒，遣長史王寓等勒衆萬五千，從北置而進。高句麗王釗謂皝軍之從北路也，乃遣其弟武統精銳五萬距北置，躬率弱卒以防南陝。翰與釗戰于木底，大敗之，乘勝遂入丸都，釗單馬而遁。皝掘釗父利墓，載其尸幷其母妻珍寶，掠男女五萬餘口，焚其宮室，毀丸都而歸。明年，釗遣使稱臣於皝，貢其方物，乃歸其父尸。

宇文歸遣其國相莫淺渾伐皝，諸將請戰，皝不許。渾以皝爲憚之，荒酒縱獵，不復設備。皝曰：「渾奢怠已甚，今則可一戰矣。」遣翰率騎擊之，渾大敗，僅以身免，盡俘其衆。

皝躬巡郡縣，勸課農桑，起龍城宮闕。

尋又率騎二萬親伐宇文歸，以翰及垂爲前鋒。歸使其騎將涉奕于盡衆距翰，皝馳遣謂翰曰：「奕于雄悍，宜小避之，待虜勢驕，然後取也。」翰曰：「歸之精銳，盡在於此，今若克之，則歸可不勞兵而滅。奕于徒有虛名，其實易與耳，不宜縱敵挫吾兵氣。」於是前戰，斬奕于，盡俘其衆，歸遠遁漠北。皝開地千餘里，徙其部人五萬餘落於昌黎，改涉奕于城爲威德城。行飮至之禮，論功行賞各有差。

以牧牛給貧家，田于苑中，〔四〕公收其八，二分入私。有牛而無地者，亦田苑中，公收其

七，三分入私。皝記室參軍封裕諫曰：

臣聞聖王之宰國也，薄賦而藏於百姓，分之以三等之田，十一而稅之；寒者衣之，飢者食之，使家給人足。雖水旱而不爲災者，何也？高選農官，務盡勸課，人治周田百畝，亦不假牛力；力田者受旌顯之賞，惰農者有不齒之罰。又量事置官，量官置人，使官必稱須，人不虛位，度歲入多少，裁而祿之。供百僚之外，藏之太倉，三年之耕，餘一年之粟。以斯而積，公用於何不足？水旱其如百姓何！雖務農之令屢發，二千石令長莫有志勤在公、銳盡地利者。故漢祖知其如此，以墾田不實，徵殺二千石以十數，是以明章之際，號次升平。

自永嘉喪亂，百姓流亡，中原蕭條，千里無煙，飢寒流隕，相繼溝壑。先王以神武聖略，保全一方，威以殄姦，德以懷遠，故九州之人，塞表殊類，襁負萬里，若赤子之歸慈父，流人之多舊土十倍有餘，人殷地狹，故無田者十有四焉。殿下以英聖之資，克廣先業，南摧強趙，東滅句麗，開境三千，戶增十萬，繼武闡廣之功，有高西伯。宜省罷諸苑，以業流人。人至而無資產者，賜之以牧牛。人既殿下之人，牛豈失乎！善藏者藏於百姓，若斯而已矣。邇者深副樂土之望，中國之人皆將壺餐奉迎，石季龍誰與居乎！且魏晉雖道消之世，猶削百姓不至於七八，持官牛田者官得六分，百姓得四分，私

牛而官田者與官中分，百姓安之，人皆悅樂。臣猶曰非明王之道，而況增乎！且水旱之厄，堯湯所不免，王者宜濬治溝澮，循鄭白、西門、史起溉灌之法，旱則決溝爲雨，水則入於溝瀆，上無雲漢之憂，下無昏墊之患。

句麗、百濟及宇文、段部之人，皆兵勢所徙，非如中國慕義而至，咸有思歸之心。今戶垂十萬，狹湊都城，恐方將爲國家深害，宜分其兄弟宗屬，徙于西境諸城，撫之以恩，檢之以法，使不得散在居人，知國之虛實。

今中原未平，資畜宜廣，官司猥多，游食不少，一夫不耕，歲受其飢。必取於耕者而食之，一人食一人之力，游食數萬，損亦如之，安可以家給人足，治致升平！殿下降覽古今之事多矣，政之巨患莫甚於斯。其有經略出世，才稱時求者，自可隨須置之列位。非此已往，其耕而食，蠶而衣，亦天之道也。

殿下聖性寬明，思言若渴，故人盡芻蕘，有犯無隱。前者參軍王憲、大夫劉明並竭忠獻款，以貢至言，雖頗有逆鱗，意在無責。主者奏以妖言犯上，致之於法，殿下慈弘苞納，恕其大辟，猶削黜禁錮，不齒於朝。其言是也，殿下固宜納之；如其非也，宜亮其狂狷。罪諫臣而求直言，亦猶北行詣越，豈有得邪！右長史宋該等阿媚苟容，輕劾諫士，己無骨鯁，嫉人有之，掩蔽耳目，不忠之甚。

四業者國之所資，教學者有國盛事。習戰務農，尤其本也。百工商賈，猶其末耳。宜量軍國所須，置其員數，已外歸之於農，教之戰法，學者三年無成，亦宜還之於農，不可徒充大員，以塞聽僞之路。

臣之所言當也，願時速施行；非也，登加罪戮，使天下知朝廷從善如流，罰惡不淹。王憲、劉明，忠臣也，願宥忤鱗之愆，收其藥石之效。

皝乃令曰：「覽封記室之諫，孤實懼焉。君以黎元爲國，黎元以穀爲命。然則農者，國之本也，而二千石令長不遵孟春之令，惰農弗勸，宜以尤不修闢者措之刑法，肅厲屬城。主者明詳推檢，具狀以聞。苑囿悉可罷之，以給百姓無田業者。貧者全無資產，不能自存，各賜牧牛一頭。若私有餘力，樂取官牛墾官田者，其依魏晉舊法。溝洫溉灌，有益官私，主者量造，務盡水陸之勢。中州未平，兵難不息，勳誠既多，官僚不可以減也。待克平凶醜，徐更議之。百工商賈數，四佐與列將速定大員，餘者還農。學生不任訓教者，亦除員錄。夫人臣關言於人主，至難也，妖妄不經之事皆應蕩然不問，擇其善者而從之。王憲、劉明雖其罪應禁黜，亦猶孤之無大量也。可悉復本官，仍居諫司。封生蹇蹇，深得王臣之體。詩不云乎：『無言不酬。』其賜錢五萬，明宣內外，有欲陳孤過者，不拘貴賤，勿有所諱。」

時有黑龍白龍各一，見于龍山，皝親率羣僚觀之，去龍二百餘步，祭以太牢。二龍交首

嬉翔，解角而去。皝大悅，還宮，赦其境內，號新宮曰和龍，立龍翔佛寺于山上。賜其大臣子弟爲官學生者號高門生，立東庠于舊宮，以行鄉射之禮，每月臨觀，考試優劣。皝雅好文籍，勤於講授，學徒甚盛，至千餘人。親造太上章以代急就，又著典誡十五篇，以教冑子。

慕容恪攻高句麗南蘇，克之，置戍而還。三年，〔三〕遣其世子儁與恪率騎萬七千東襲夫餘，克之，虜其王及部衆五萬餘口以還。

皝親臨東庠考試學生，其經通秀異者，擢充近侍。以久旱，丐百姓田租。罷成周、冀陽、營丘等郡。以勃海人爲興集縣，河間人爲寧集縣，廣平、魏郡人爲興平縣，東萊、北海人爲育黎縣，吳人爲吳縣，悉隸燕國。

皝嘗畋于西鄙，將濟河，見一父老，服朱衣，乘白馬，舉手麾皝曰：「此非獵所，王其還也。」祕之不言，遂濟河，連日大獲。後見白兎，馳射之，馬倒被傷，乃說所見。輦而還宮，引儁屬以後事。以永和四年死，在位十五年，時年五十二。儁僭號，追謚文明皇帝。

慕容翰字元邕，廆之庶長子也。性雄豪，多權略，猨臂工射，膂力過人。廆甚奇之，委以折衝之任。行師征伐，所在有功，威聲大振，爲遠近所憚。作鎮遼東，高句麗不敢爲寇。

善撫接，愛儒學，自士大夫至于卒伍，莫不樂而從之。

及奔段遼，深爲遼所敬愛。柳城之敗，段蘭欲乘勝深入，翰慮成本國之害，詭說於蘭，蘭遂不進。後石季龍征遼，皝親將三軍略令支以北，遼議欲追之，翰知皝躬自總戎，戰必克勝，乃謂遼曰：「今石氏向至，方對大敵，不宜復以小小爲事。燕王自來，士馬精銳。兵者凶器，戰有危慮，若其失利，何以南禦乎！」蘭怒曰：「吾前聽卿誑說，致成今患，不復入卿計中矣。」乃率衆追皝，蘭果大敗。翰雖處仇國，因事立忠，皆此類也。

及遼奔走，翰又北投宇文歸。既而逃歸，乃遣勁騎百餘追之。翰遙謂追者曰：「吾既思戀而歸，理無反面。吾之弓矢，汝曹足知，無爲相逼，自取死也。吾處汝國久，恨不殺汝。汝可百步豎刀，吾射中者，汝便宜反；不中者，可來前也。」歸騎解刀豎之，翰一發便中刀鐶，追騎乃散。

既至，皝甚加恩禮。建元二年，從皝討宇文歸，臨陣爲流矢所中，臥病積時。後疾漸愈，於其家中騎馬自試，或有人告翰私習騎，疑爲非常。皝素忌之，遂賜死焉。翰臨死謂使者曰：「翰懷疑外奔，罪不容誅，不能以骸骨委賊庭，故歸罪有司。天慈曲愍，不肆之市朝，今日之死，翰之生也。但逆胡跨據神州，中原未靖，翰常剋心自誓，志吞醜虜，上成先王遺旨，下謝山海之責。不圖此心不遂，沒有餘恨，命也奈何！」仰藥而死。

陽裕字士倫，右北平無終人也。少孤，兄弟皆早亡，單煢獨立，雖宗族無能識者，惟叔父耽幼而奇之，曰：「此兒非惟吾門之標秀，乃佐時之良器也。」刺史和演辟爲主簿。王浚領州，轉治中從事，忌而不能任。

石勒既克薊城，問棗嵩曰：「幽州人士，誰最可者？」嵩曰：「燕國劉翰，德素長者。北平陽裕，幹事之才。」勒曰：「若如君言，王公何以不任？」嵩曰：「王公由不能任，所以爲明公擒也。」勒方任之，裕乃微服潛遁。

時鮮卑單于段眷爲晉驃騎大將軍、遼西公，雅好人物，虛心延裕。裕謂友人成泮曰：「仲尼喜佛肸之召，以匏瓜自喻，伊尹亦稱何事非君，何使非民，聖賢尚如此，況吾曹乎！眷今召我，豈徒然哉！」泮曰：「今華夏分崩，九州幅裂，軌迹所及，易水而已。欲偃蹇考槃，以待大通者，俟河之清也。人壽幾何？古人以爲白駒之歎。少游有云，郡掾足以蔭後，況國相乎！卿追蹤伊孔，抑亦知機其神也。」裕乃應之。拜郎中令、中軍將軍，處上卿位。歷事段氏五主，甚見尊重。

段遼與皝相攻，裕諫曰：「臣聞親仁善鄰，國之寶也。慕容與國世爲婚姻，且皝令德之主，不宜連兵構怨，凋殘百姓。臣恐禍害之興，將由於此。顧兩追前失，通款如初，使國家有太山之安，蒼生蒙息肩之惠。」遼不從。出爲燕郡太守。石季龍克令支，裕以郡降，拜北平太守，徵爲尚書左丞。

段遼之請迎於季龍也，裕以左丞領征東麻秋司馬。〔六〕秋敗，裕爲軍人所執，將詣皝。皝素聞裕名，卽命釋其囚，拜郎中令，遷大將軍左司馬。東破高句麗，北滅宇文歸，皆豫其謀，皝甚器重之。及遷都和龍，裕雅有巧思，皝所制城池宮閣，皆裕之規模。裕雖仕皝日近，寵秩在舊人之右，性謙恭清儉，剛簡慈篤，雖歷居朝端，若布衣之士。士大夫流亡羈絕者，莫不經營收葬，存恤孤遺，士無賢不肖皆傾身待之，是以所在推仰。

初，范陽盧諶每稱之曰：「吾及晉之清平，歷觀朝士多矣，忠清簡毅，篤信義烈，如陽士倫者，實亦未幾。」及死，皝甚悼之，時年六十二。

校勘記

〔一〕司馬佟壽　「佟壽」，各本作「佟燾」，唯宋本作「佟壽」。通鑑九五亦作「佟壽」，今從宋本。

〔二〕涉奕于　通鑑九七「涉奕于」作「涉夜干」。「奕」「夜」譯音之異，「于」「干」二字常相混，不知孰是。下不再出校。

〔三〕安樂　通鑑九六作「樂安」，是。參卷一〇六校記。

〔四〕田于苑中　各本「苑」作「宛」，宋本作「菀」，卽「苑」。下文有「省罷諸苑」、「苑囿悉可罷之」語，各本皆同。通典四亦作「苑中」。今從宋本。

〔五〕三年　周校：三年上脫年號，按之當爲永和也。今按：永和元年十二月皝始不用晉年號，自稱十二年（見通鑑九七）。御覽一二一引前燕錄自咸和九年後卽用皝之紀年，晉封皝爲燕王及遷都龍城在八年（晉咸康七年），龍見立寺在十二年（晉永和元年），皝於東庠考試學生在十四年（永和三年）。則此「三年」當是「十三年」，脫「十」字。通鑑九七在永和二年可證。

〔六〕裕以左丞領征東麻秋司馬　各本「丞」下有「相」字，宋本無。通志一八八同宋本。上文云「徵爲尚書左丞」，「相」字衍，今從宋本。

晉書卷一百十

載記第十

慕容儁 韓恒 李產 產子績

慕容儁字宣英，皝之第二子也。初，廆常言：「吾積福累仁，子孫當有中原。」既而生儁，廆曰：「此兒骨相不恒，吾家得之矣。」及長，身長八尺二寸，姿貌魁偉，博觀圖書，有文武幹略。皝爲燕王，拜儁假節、安北將軍、東夷校尉、左賢王、燕王世子。

皝死，永和五年，僭卽燕王位，依春秋列國故事稱元年，〔一〕赦于境內。是時石季龍死，趙魏大亂，儁將圖兼并之計，以慕容恪爲輔國將軍，慕容評爲輔弼將軍，陽騖爲輔義將軍，慕容垂爲前鋒都督、建鋒將軍，簡精卒二十餘萬以待期。是歲，穆帝使謁者陳沈拜儁爲使持節、侍中、大都督、都督河北諸軍事、幽冀并平四州牧、大將軍、大單于、燕王，承制封拜一如廆、皝故事。

明年，儁率三軍南伐，出自盧龍，次于無終。石季龍幽州刺史王午棄城走，留其將王他守薊。儁攻陷其城，斬他，因而都之。徙廣寧、上谷人于徐無，代郡人于凡城而還。

及冉閔殺石祗，僭稱大號，遣其使人常煒聘於儁。〔二〕儁引之觀下，使其記室封裕詰之曰：「冉閔養息常才，負恩篡逆，有何祥應而僭稱大號？」煒曰：「天之所興，其致不同，狼烏紀于三王，麟龍表于漢魏。寡君應天馭曆，能無祥乎！且用兵殺伐，哲王盛典，湯武親行誅放，而仲尼美之。魏武養於宦官，莫知所出，衆不盈旅，遂能終成大功。暴胡酷亂，蒼生屠膾，寡君奮劍而誅除之，黎元獲濟，可謂功格皇天，勳侔高祖。恭承乾命，有何不可？」裕曰：「石祗去歲使張舉請救，云璽在襄國，其言信不？又聞閔鑄金爲己象，壞而不成，奈何言有天命？」煒曰：「誅胡之日，在鄴者略無所遺，璽何從而向襄國，此求救之辭耳。天之神璽，實在寡君。且妖孽之徒，欲假奇眩衆，或改作萬端，以神其事。寡君今已握乾符，類上帝，四海懸諸掌，大業集於身，何所求慮而取信此乎！鑄形之事，所未聞也。」儁既銳信舉言，又欣于閔鑄形之不成也，必欲審之，乃積薪置火於其側，命裕等以意喻之。煒神色自若，抗言曰：「結髮已來，尚不欺庸人，況千乘乎！巧詐虛言以救死者，使臣所不爲也。直道受戮，死自分耳。益薪速火，君之大惠。」左右勸儁殺之，儁曰：「古者兵交，使在其間，此亦人臣常事。」遂赦之。

遣慕容恪略地中山，慕容評攻王午于魯口。恪次唐城，冉閔將白同、中山太守侯龕固守不下。恪留其將慕容彪攻之，進討常山。評次南安，王午遣其將鄭生距評。評逆擊，斬之，侯龕踰城出降。恪進克中山，斬白同。儁軍令嚴明，諸將無所犯。閔章武太守賈堅率郡兵邀評戰于高城，擒堅於陣，斬首三千餘級。

是歲丁零翟鼠及冉閔將劉準等率其所部降于儁，封鼠歸義王，拜準左司馬。

時鮮卑段勤初附於儁，其後復叛。儁遣慕容恪及相國封弈討冉閔于安喜，慕容垂討段勤于繹幕，儁如中山，爲二軍聲勢。閔懼，奔于常山，恪追及於泒水。閔威名素振，衆咸憚之。恪謂諸將曰：「閔師老卒疲，實爲難用；加其勇而無謀，一夫之敵耳。雖有甲兵，不足擊也。吾今分軍爲三部，掎角以待之。閔性輕銳，又知吾軍勢非其敵，必出萬死衝吾中軍。吾今貫甲厚陣以俟其至，諸君但厲卒，從旁須其戰合，夾而擊之，蔑不克也。」及戰，敗之，斬首七千餘級，擒閔，送之，斬於龍城。恪屯軍呼沲。閔將蘇亥遣其將金光率騎數千襲恪，恪逆擊，斬之，亥大懼，奔于并州。恪進據常山，段勤懼而請降，遂進攻鄴。閔將蔣幹閉城距守。儁又遣慕容評等率騎一萬會攻鄴。是時鶡巢于儁正陽殿之西椒，生三雛，項上有豎毛；凡城獻異鳥，五色成章。儁謂羣僚曰：「是何祥也？」咸稱：「鶡者，燕鳥也。首有毛冠者，言大燕龍興，冠通天章甫之象也。巢正陽西椒者，言至尊臨軒朝萬國之徵也。三子者，數

應三統之驗也。神鳥五色，言聖朝將繼五行之籙以御四海者也。」儁覽之大悅。既而蔣幹率銳卒五千出城挑戰，慕容評等擊敗之，斬首四千餘級，幹單騎還鄴。於是羣臣勸儁稱尊號，儁答曰：「吾本幽漠射獵之鄉，被髮左衽之俗，曆數之籙寧有分邪！卿等苟相褒舉，以覬非望，實匪寡德所宜聞也。」慕容恪、封弈討王午于魯口，降之。尋而慕容評攻克鄴城，送冉閔妻子僚屬及其文物于中山。

先是，蔣幹以傳國璽送于建鄴，儁欲神其事業，言曆運在己，乃詐云閔妻得之以獻，賜號曰「奉璽君」，因以永和八年僭卽皇帝位，大赦境內，建元曰元璽，署置百官。以封弈爲太尉，慕容恪爲侍中，陽騖爲尚書令，皇甫眞爲尚書左僕射，張希爲尚書右僕射，宋活爲中書監，韓恒爲中書令，其餘封授各有差。追尊廆爲高祖武宣皇帝，皝爲太祖文明皇帝。時朝廷遣使詣儁，儁謂使者曰：「汝還白汝天子，我承人乏，爲中國所推，已爲帝矣。」初，石季龍使人探策于華山，得玉版，文曰：「歲在申酉，不絕如綫。歲在壬子，眞人乃見。」及此，燕人咸以爲儁之應也。改司州爲中州，置司隸校尉官。羣下言：「大燕受命，上承光紀黑精之君，運曆傳屬，代金行之后，宜行夏之時，服周之冕，旗幟尚黑，牲牡尚玄。」儁從之。其從行文武、諸藩使人及登號之日者，悉增位三級。泒河之師，守鄴之軍，下及戰士，賜各有差。臨陣戰亡者，將士加贈二等，士卒復其子孫。殿中舊人皆隨才擢敍。立其妻可足渾氏爲皇

后，世子曄爲皇太子。

晉寧朔將軍榮胡以彭城、魯郡叛降于儁。

常山人李犢聚衆數千，反于普壁壘，儁遣慕容恪率衆討降之。

初，冉閔既敗，王午自號安國王。午既死，呂護復襲其號，保于魯口。恪進討走之，遣前軍悅綰追及于野王，悉降其衆。

姚襄以梁國降于儁。以慕容評爲都督秦、雍、益、梁、江、揚、荆、徐、兗、豫十州河南諸軍事，權鎮于洛水；慕容彊爲前鋒都督、都督荆徐二州緣淮諸軍事，進據河南。

儁自和龍至薊城，幽冀之人以爲東遷，互相驚擾，所在屯結。其下請討之，儁曰：「羣小以朕東巡，故相惑耳。今朕既至，尋當自定。然不虞之備亦不可不爲。」於是令內外戒嚴。

苻生河內太守王會、黎陽太守韓高以郡歸儁。晉蘭陵太守孫黑、濟北太守高柱、建興太守高瓮各以郡叛歸于儁。初，儁車騎大將軍、范陽公劉寧屯據蓨城，降于苻氏，至此，率戶二千詣薊歸罪，拜後將軍。高句麗王釗遣使謝恩，貢其方物。儁以釗爲營州諸軍事、征東大將軍、營州刺史，封樂浪公，王如故。

儁給事黃門侍郎申胤上言曰：

夫名尊禮重，先王之制。冠冕之式，代或不同。漢以蕭曹之功，有殊羣辟，故劍

履上殿，入朝不趨。世無其功，則禮宜闕也。至於東宮，體此爲儀，魏晉因循，制不納舄。今皇儲過謙，準同百僚，禮卑逼下，有違朝式。太子有統天之重，而與諸王齊冠遠游，非所以辨章貴賤也。

祭饗朝慶，宜正服袞衣九文，冠冕九旒。

又仲冬長至，太陰數終，黃鍾產氣，緜微於下，此月閉關息旅，后不省方。禮記曰：「是月也，事欲靜，君子齋戒去聲色。」唯周官有天子之南郊從八能之說。或以有事至靈，非朝饗之節，故有樂作之理。王者慎微，禮從其重。前來二至闕鼓，不宜有設，今之鏗鏘，蓋以常儀。二至之禮，事殊餘節，猥動金聲，驚越神氣，施之宜養，實爲未盡。

又朝服雖是古禮，絳構始於秦漢，迄于今代，遂相仍準。朔望正旦，乃具袞舄。禮，諸侯旅見天子，不得終事者三，雨沾服失容，其在一焉。今或朝日天雨，未有定儀。禮貴適時，不在過恭。近以地溼不得納舄，而以袞襆改履。案言稱朝服，所以服之而朝，一體之間，上下二制，或廢或存，實乖禮意。大燕受命，侔蹤虞夏，諸所施行，宜損益定之，以爲皇代永制。

儁曰：「其劍舄不趨，事下太常參議。太子服袞冕，冠九旒，超級逼上，未可行也。冠服何容一施一廢，皆可詳定。」

初，段蘭之子龕因冉閔之亂，擁衆東屯廣固，自號齊王，稱藩于建鄴，遣書抗中表之儀，非儁正位。儁遣慕容恪、慕容塵討之。恪既濟河。龕弟羆驍勇有智計，言於龕曰：「慕容恪善用兵，加其衆旅既盛，恐不可抗也。若頓兵城下，雖復請降，懼終不聽。王但固守，羆請率精銳距之。若其戰捷，王可馳來追擊，使虜匹馬無反。如其敗也，遽出請降，不失千戶侯也。」龕弗從。羆固請行，龕怒斬之，率衆三萬來距恪。恪遇龕於濟水之南，與戰，大敗之，遂斬其弟欽，盡俘其衆。恪進圍廣固，諸將勸恪宜急攻之，恪曰：「軍勢有宜緩以克敵，有宜急而取之。若彼我勢均，且有強援，慮腹背之患者，須急攻之，以速大利。如其我強彼弱，外無寇援，力足制之者，當羈縻守之，以待其斃。兵法十圍五攻，此之謂也。龕恩結賊黨，衆未離心，濟南之戰，非不銳也，但其用之無術，以致敗耳。今憑固天險，上下同心，攻守勢倍，軍之常法。若其促攻，不過數旬，克之必矣，但恐傷吾士衆。自有事已來，卒不獲寧，吾每思之，不覺忘寢，亦何宜輕殘人命乎！當持久以取耳。」諸將皆曰：「非所及也。」乃築室反耕，嚴固圍壘。龕所署徐州刺史王騰、索頭單于薛雲降于恪。段龕之被圍也，遣使詣建鄴請救。穆帝遣北中郎將荀羨赴之，憚虜強遷延不敢進。攻破陽都，斬王騰以歸。恪遂克廣固，以龕爲伏順將軍，徙鮮卑胡羯三千餘戶于薊，留慕容塵鎮廣固，恪振旅而歸。

儁太子曄死，僞諡獻懷。升平元年，復立次子暐爲皇太子，赦其境內，改元曰光壽。

遣其撫軍慕容垂、中軍慕容虔與護軍平熙等率步騎八萬討丁零敕勒于塞北，大破之，俘斬十餘萬級，獲馬十三萬匹，牛羊億餘萬。

初，廆有駿馬曰赭白，有奇相逸力。石季龍之伐棘城也，皝將出避難，欲乘之，馬悲鳴蹄齧，人莫能近。皝曰：「此馬見異先朝，孤常仗之濟難，今不欲者，蓋先君之意乎！」乃止。季龍尋退，皝益奇之。至是，四十九歲矣，而駿逸不虧，儁比之於鮑氏驄，命鑄銅以圖其象，親爲銘贊，鐫勒其旁，置之薊城東掖門。是歲，象成而馬死。

匈奴單于賀賴頭率部落三萬五千降于儁，拜寧西將軍、雲中郡公，處之于代郡平舒城。

晉太山太守諸葛攸伐其東郡。儁遣慕容恪距戰，王師敗績。北中郎將謝萬先據梁宋，[三]懼而遁歸。恪進兵入寇河南，汝、潁、譙、沛皆陷，置守宰而還。

儁自薊城遷于鄴，赦其境內，繕修宮殿，復銅雀臺。

廷尉監常煒上言：「大燕雖革命創制，至於朝廷銓謨，亦多因循魏晉，唯祖父不殯葬者，獨不聽宦身清朝，斯誠王教之首，不刊之式。然禮貴適時，世或損益，是以高祖制三章之法，而秦人安之。自頃中州喪亂，連兵積年，或遇傾城之敗，覆軍之禍，坑師沈卒，往往而然，孤孫煢子，十室而九。兼三方岳峙，父子異邦，存亡吉凶，杳成天外。或便假一時，或依嬴博之制，孝子糜身無補，順孫心喪靡及，雖招魂虛葬以敍罔極之情，又禮無招葬之文，令

不此載。若斯之流，抱琳琅而無申，懷英才而不齒，誠可痛也。恐非明揚側陋，務盡時珍之道。吳起、二陳之疇，終將無所展其才幹。漢祖何由免於平城之圍？郅支之首何以懸於漢闕？謹案戊辰詔書，蕩清瑕穢，與天下更始，以明惟新之慶。五六年間，尋相違伐，於則天之體，臣竊未安。」儁曰：「煒宿德碩儒，練明刑法，覽其所陳，良足採也。今六合未寧，喪亂未已，又正當搜奇拔異之秋，未可才行兼舉，且除此條，聽大同更議。」

使昌黎、遼東二郡營起廆廟，范陽、燕郡構皝廟，以其護軍平熙領將作大匠，監造二廟焉。

苻堅平州刺史劉特率戶五千降于儁。

河間李黑聚衆千餘，攻略州郡，殺棗彊令衞顏，儁長樂太守傅顏討斬之。

常山大樹自拔，根下得璧七十、珪七十三，光色精奇，有異常玉。儁以爲嶽神之命，遣其尚書郎段勤以太牢祀之。

初，冉閔之僭號也，石季龍將李歷、張平、高昌等並率其所部稱藩於儁，遣子入侍。既而投款建鄴，結援苻堅，並受爵位，羈縻自固，雖貢使不絕，而誠節未盡。呂護之走野王也，遣弟奉表謝罪於儁，拜寧南將軍、河內太守。又上黨馮鴦自稱太守，附于張平，平屢言之，儁以平故，赦其罪，以爲京兆太守。護、鴦亦陰通京師。張平跨有新興、雁門、西河、太原、

上黨、上郡之地，壘壁三百餘，胡晉十餘萬戶，遂拜置征、鎮，爲鼎峙之勢。儁遣其司徒慕容評討平，領軍慕輿根討鴦，司空陽騖討昌，撫軍慕容臧攻歷。并州壘壁降者百餘所，以尚書右僕射悅綰爲安西將軍、領護匈奴中郎將、并州刺史以撫之。平所署征西諸葛驤、鎮北蘇象、寧東喬庶、鎮南石賢等率壘壁百三十八降于儁，儁大悅，皆復其官爵。既而平率衆三千奔于平陽，鴦奔于野王，歷走滎陽，昌奔邵陵，悉降其衆。

儁于是復圖入寇，兼欲經略關西，乃令州郡校閱見丁，精覆隱漏，率戶留一丁，餘悉發之，欲使步卒滿一百五十萬，期明年大集，將進臨洛陽，爲三方節度。武邑劉貴上書極諫，陳百姓凋弊，召兵非法，恐人不堪命，有土崩之禍，并陳時政不便于時者十有三事。儁覽而悅之，付公卿博議，事多納用，乃改爲三五占兵，寬戎備一周，悉令明年季冬赴集鄴都。

是歲，晉將荀羨攻山茌，拔之，斬儁太山太守賈堅。〔四〕儁青州刺史慕容塵遣司馬悅明救之，羨師敗績，復陷山茌。

儁立小學于顯賢里以教冑子。封其子泓爲濟北王，沖爲中山王。讌羣臣於蒲池，酒酣，賦詩，因談經史，語及周太子晉，潸然流涕，顧謂羣臣曰：「昔魏武追痛倉舒，孫權悼登無已，孤常謂二主緣愛稱奇，無大雅之體。自暐亡以來，孤鬢髮中白，始知二主有以而然。卿等言暐定何如也？孤今悼之，得無貽怪將來乎？」其司徒左長史李績對曰：「獻懷之在東宮，臣爲中庶子，既忝近侍，聖質志業，臣實不敢不知。臣聞道備無愆，其唯聖人乎。先太子大德有八，未見闕也。」儁曰：「卿言亦以過矣，然試言之。」績曰：「至孝自天，性與道合，此其一也。聰敏慧悟，機思若流，此其二也。沈毅好斷，理詣無幽，此其三也。疾諛亮物，雅悅直言，此其四也。好學愛賢，不恥下問，此其五也。英姿邁古，藝業超時，此其六也。虛襟恭讓，尊師重道，此其七也。輕財好施，勤恤民隱，此其八也。」儁泣曰：「卿雖褒譽，然此兒若在，吾死無憂也。吾既不能追蹤唐虞，官天下以禪有德，近模三王，以世傳授。景茂幼沖，器藝未舉，卿以爲何如？」績曰：「皇太子天資岐嶷，聖敬日躋，而八德闃然，二闕未補，雅好遊田，娛心絲竹，所以爲損耳。」儁顧謂暐曰：「伯陽之言，藥石之惠，汝宜戢之。」因問高年疾苦、孤寡不能自存者，賜穀帛有差。

儁夜夢石季龍齧其臂，寤而惡之，命發其墓，剖棺出尸，蹋而罵之曰：「死胡安敢夢生天子！」遣其御史中尉陽約數其殘酷之罪，鞭之，棄于漳水。攸部將匡超進據碻磝，蕭館屯于新柵，又遣督護徐冏率水軍三千泛舟上下，爲東西聲勢。儁遣慕容評、傅顏等統步騎五萬，戰于東阿，王師敗績。

塞北七國賀蘭、涉勒等皆降。

俄而儁寢疾，謂慕容恪曰：「吾所疾惙然，當恐不濟。修短命也，復何所恨！但二寇未除，景茂沖幼，慮其未堪多難。吾欲遠追宋宣，以社稷屬汝。」恪曰：「太子雖幼，天縱聰聖，必能勝殘刑措，不可以亂正統也。」儁怒曰：「兄弟之間豈虛飾也！」恪曰：「陛下若以臣堪荷天下之任者，寧不能輔少主乎！」儁曰：「若汝行周公之事，吾復何憂！李績清方忠亮，堪任大事，汝善遇之。」

是時兵集鄴城，盜賊互起，每夜攻劫，晨昏斷行。於是寬常賦，設奇禁，賊盜有相告者賜奉車都尉，捕誅賊首木穀和等百餘人，乃止。

升平四年，儁死，時年四十二，在位十一年。〔五〕僞謚景昭皇帝，廟號烈祖，墓號龍陵。

儁雅好文籍，自初即位至末年，講論不倦，覽政之暇，唯與侍臣錯綜義理，凡所著述四十餘篇。性嚴重，慎威儀，未曾以慢服臨朝，雖閑居宴處亦無懈怠之色云。

韓恒字景山，灌津人也。父默，以學行顯名。恒少能屬文，師事同郡張載，載奇之，曰：「王佐才也。」身長八尺一寸，博覽經籍，無所不通。

永嘉之亂，避地遼東。廆既逐崔毖，復徙昌黎，召見，嘉之，拜參軍事。咸和中，宋該等建議以廆立功一隅，勤誠王室，位卑任重，不足以鎮華夷，宜表請大將軍、燕王之號。廆納

之，命羣僚博議，咸以爲宜如該議。恒駁曰：「自羣胡乘間，人嬰荼毒，諸夏蕭條，無復綱紀。明公忠武篤誠，憂勤社稷，抗節孤危之中，建功萬里之外，終古勤王之義，未之有也。夫立功者患信義不著，不患名位不高，故桓文有寧復一匡之功，亦不先求禮命以令諸侯。宜繕甲兵，候機會，除羣凶，靖四海，功成之後，九錫自至。且要君以求寵爵者，非爲臣之義也。」廆不平之，出爲新昌令。

皝爲鎮軍，復參軍事。遷營丘太守，政化大行。儁爲大將軍，徵拜諮議參軍，加揚烈將軍。

儁僭位，將定五行次，衆論紛紜。恒時疾在龍城，儁召恒以決之。恒未至而羣臣議以燕宜承晉爲水德。既而恒至，言於儁曰：「趙有中原，非唯人事，天所命也。天實與之，而人奪之，臣竊謂不可。且大燕王迹始自於震，於易，震爲青龍。受命之初，有龍見於都邑城，龍爲木德，幽契之符也。」儁初雖難改，後終從恒議。儁祕書監清河聶熊聞恒言，乃歎曰：「不有君子，國何以興，其韓令君之謂乎！」後與李產俱傅東宮，從太子暐入朝，儁顧謂左右曰：「此二傅一代偉人，未易繼也。」其見重如此。

李產字子喬，范陽人也。少剛厲，有志格。永嘉之亂，同郡祖逖擁衆部於南土，力能自

固，產遂往依之。逖素好從橫，弟約有大志，產微知其旨，乃率子弟十數人間行還鄉里，仕於石氏，爲本郡太守。

及慕容儁南征，前鋒達郡界，鄉人皆勸產降，產曰：「夫受人之祿，當同其安危，今若舍此節以圖存，義士將謂我何！」衆潰，始詣軍請降。儁嘲之曰：「卿受石氏寵任，衣錦本鄉，何故不能立功於時，而反委質乎！」產泣曰：「誠知天命有歸，非微臣所抗。然犬馬爲主，豈忘自效，但以孤窮勢蹙，致力無術，僶俛歸死，實非誠款。」儁嘉其慷慨，顧謂左右曰：「此眞長者也。」乃擢用之，歷位尚書。性剛正，好直言，每至進見，未曾不論朝政之得失，同輩咸憚焉，儁亦敬其儒雅。前後固辭年老，不堪理劇。轉拜太子太保。謂子績曰：「以吾之才而致於此，始者之願亦已過矣，不可復以西夕之年取笑於來今也。」固辭而歸，死於家。子績。〔六〕

績字伯陽，少以風節知名，清辯有辭理。弱冠爲郡功曹。時石季龍親征段遼，師次范陽，百姓饑儉，軍供有闕。季龍大怒，太守惶怖避匿。績進曰：「郡帶北裔，與寇接壤，疆埸之間，人懷危慮。聞輿駕親戎，將除殘賊，雖嬰兒白首，咸思效命，非唯爲國，亦自求寧，雖身膏草野，猶甘爲之，敢有私吝而闕軍實！但六年災儉，家有菜色，困弊力屈，無所取濟，逋廢之罪，情在可矜。」季龍見績年少有壯節，嘉而恕之，於是太守獲免。

刺史王午辟爲主簿。儁之南征也，隨午奔魯口。鄧恒謂午曰：「績鄉里在北，父已降燕，今雖在此，終不爲用，方爲人患。」午曰：「績於喪亂之中捐家立義，情節之重，有侔古烈，若懷嫌害之，必駭衆望。」恒乃止。午恐績終爲恒所害，乃資遣之。及到，儁責其背親後至，績答曰：「臣聞豫讓報智伯仇，稱于前史。既官身所在，何事非君！陛下方弘唐虞之化，臣實未謂歸順之晚也。」儁曰：「此亦事主之一節耳。」累遷太子中庶子。

及暐立，慕容恪欲以績爲尚書右僕射，暐憾績往言，不許。恪屢請，乃謂恪曰：「萬機之事委之叔父，伯陽一人，暐請獨裁。」績遂憂死。

校勘記

〔一〕皝死永和五年僭即燕王位依春秋列國故事稱元年　皝死儁嗣位在永和四年，改稱元年則在五年。御覽一二一引前燕錄作：「皝薨，即燕王位，赦其境內。元年春正月，儁依春秋列國故事稱元年」，甚明。載記改「元年春正月」爲「永和五年」，而誤移於「即燕王位」之前，遂似皝死即位亦在五年。

〔二〕冉閔殺石祗至常煒聘於儁　通鑑九九常煒使儁在永和七年三月，時閔方攻祗於襄國，祗死在

五月。疑「殺」當作「攻」，或「石祗」爲「石鑒」之誤。

〔三〕北中郎將謝萬先據梁宋　校文：謝萬時爲西中郎將，北中郎將則郗曇也。傳脫郗名而以其官加之萬，疏矣。又考帝紀，萬喪師事在升平三年七月，荀羨山在之敗則在二年十二月，今先列萬事而羨敗遠次於下文，序事先後倒置。

〔四〕斬儁太山太守賈堅　通鑑一〇〇云堅被擒，憤惋而卒，疑「斬」當作「擒」。

〔五〕在位十一年　校文：儁立於永和四年，至升平四年凡十三年，此云「十一年」，「一」當爲「三」之譌。按：此自永和五年改元起算，亦當是「十二年」，「一」字必譌。

〔六〕子績　斠注：李秀碑作「產子續」，此「績」字爲「續」之譌。按：册府二二五又譌作「緒」。李績已見上文，下有附傳，不具出校。

晉書卷一百十一

載記第十一

慕容暐 慕容恪 陽騖 皇甫真

慕容暐字景茂，儁第三子也。初封中山王，尋立爲太子。及儁死，羣臣欲立慕容恪，恪辭曰：「國有儲君，非吾節也。」於是立暐。升平四年，僭即皇帝位，大赦境內，改元曰建熙，立其母可足渾氏爲皇太后。以慕容恪爲太宰、錄尚書，行周公事；慕容評爲太傅，副贊朝政；慕輿根爲太師；慕容垂爲河南大都督、征南將軍、兗州牧、荆州刺史，領護南蠻校尉，鎮梁國；孫希爲安西將軍、并州刺史；傅顏爲護軍將軍；其餘封授各有差。

暐既庸弱，國事皆委之於恪。慕輿根自恃勳舊，驕傲有無上之心，忌恪之總朝權，將伺隙爲亂，乃言於恪曰：「今主上幼沖，母后干政，殿下宜慮楊駿、諸葛元遜之變，思有以自全。

且定天下者，殿下之功也，兄亡弟及，先王之成制，過山陵之後，可廢主上爲一國王，殿下踐尊位，以建大燕無窮之慶。」恪曰：「公醉乎？何言之勃也！昔曹臧、吳札並於家難之際，猶曰爲君非吾節，況今儲君嗣統，四海無虞，宰輔受遺，奈何便有私議！公忘先帝之言乎？」根大懼，陳謝而退。恪以告慕容垂，垂勸恪誅之。恪曰：「今新遭大凶，二虜伺隙，山陵未建，而宰輔自相誅滅，恐乖遠近之望，且可容忍之。」根與左衞慕輿干潛謀誅恪及評，因而篡位。入白可足渾氏及暐曰：「太宰、太傅將謀爲亂，臣請率禁兵誅之，以安社稷。」可足渾氏將從之，暐曰：「二公國之親穆，先帝所託，終應無此，未必非太師將爲亂也。」於是使其侍中皇甫真、護軍傅顏收根等，於禁中斬之，大赦境內。遣傅顏率騎二萬觀兵河南，臨淮而還，軍威甚盛。

初，儁所署寧南將軍呂護據野王，陰通京師，穆帝以護爲前將軍、冀州刺史。儁死，謀引王師襲鄴，事覺，暐使慕容恪等率衆五萬討之。傅顏言於恪曰：「護窮寇假合，王師既臨，則上下喪氣，曾不敢闚兵中路，展其螗蜋之心。此則士卒懾魂，敗亡之驗也。殿下前以廣固天險，守易攻難，故爲長久之策。今賊形便不與往同，宜急攻之，以省千金之費。」恪曰：「護老賊，經變多矣。觀其爲備之道，未易卒平。今圍之窮城，樵採路絕，內無蓄積，外無強援，不過十旬，其斃必矣，何必遽殘士卒之命而趣一時之利哉！吾嚴濬圍壘，休養將卒，以

重官美貨間而離之。事淹勢窮，其釁易動；我則未勞，而寇已斃。此爲兵不血刃，坐以制勝也。」遂列長圍守之。護遣其將張興率勁卒七千出戰，傅顏擊斬之。自三月至八月而野王潰，護南奔于晉，悉降其衆。尋復叛歸于暐，暐待之如初。因遣傅顏與護率衆據河陰。顏北襲勑勒，大獲而還。護攻洛陽，中流矢而死。將軍段崇收軍北渡，屯于野王。

暐遣其寧東慕容忠攻陷滎陽，又遣鎮南慕容塵寇長平。〔一〕時晉冠軍將軍陳祐戍洛陽，遣使請救，帝遣桓溫援之。

興寧初，暐復使慕容評寇許昌、懸瓠、陳城，〔二〕並陷之，遂略汝南諸郡，徙萬餘戶于幽冀。暐豫州刺史孫興上疏，請步卒五千先圖洛陽。暐納之，遣其太宰司馬悅希軍于盟津，孫興分戍成皐，以爲之聲援。尋而陳祐率衆奔陸渾，河南諸壘悉陷于希。慕容恪攻陷金墉，害揚威將軍沈勁。以其左中郎將慕容筑爲假節、征虜將軍、洛州刺史，鎮金墉，慕容垂爲都督荆揚洛徐兗豫雍益梁秦等十州諸軍事、征南大將軍、荆州牧，配兵一萬，鎮魯陽。

時暐境內多水旱，慕容恪、慕容評並稽首歸政，請遜位還第，曰：「臣以朽闇，器非經國，過荷先帝拔擢之恩，又蒙陛下殊常之遇，猥以輕才，竊位宰錄，不能上諧陰陽，下釐庶政，致使水旱愆和，彝倫失序，轅弱任重，夕惕唯憂。臣聞王者則天建國，辨方正位，司必量才，官惟德舉。台傅之重，參理三光，苟非其人，則靈曜爲虧。尸祿貽殃，負乘招悔，由來常道，未

之或差。以姬旦之勳聖，猶近則二公不悅，遠則管蔡流言，況臣等寵緣戚來，榮非才授，而可久點天官，塵蔽賢路！是以中年拜表，披陳丹款。聖恩齒舊，未忍遐棄，奄冉偷榮，愆責彌厚。自待罪鼎司，歲餘辰紀，忝冒宰衡，七載于茲。雖乃心經略，而思不周務，至令二方干紀，跋扈未庭，同文之詠，有慚盛漢，深乖先帝託付之規，甚違陛下垂拱之義。臣雖不敏，竊聞君子之言，敢忘虞丘避賢之美，輒循兩疏知止之分，謹送太宰、大司馬、太傅、司徒章綬，惟垂昭許。」暐曰：「朕以不天，早傾乾覆，先帝所託，唯在二公。二公懿親碩德，勳高魯衞，翼贊王室，輔導朕躬，宣慈惠和，坐而待旦，虔誠夕惕，美亦至矣。故能外掃羣凶，內清九土，四海晏如，政和時洽。雖宗廟社稷之靈，抑亦公之力也。今關右有未賓之氐，江吳有遺燼之虜，方賴謀猷，混寧六合，豈宜虛己謙沖，以違委任之重！王其割二疏獨善之小，以成公旦復袞之大。」恪、評等固請致政，暐曰：「夫建德者必以終善爲名，佐命者則以功成爲效。公與先帝開構洪基，膺天明命，將廓夷羣醜，紹復隆周之迹。災眚橫流，乾光墜曜。朕以眇躬，猥荷大業，不能上成先帝遺志，致使二虜遊魂，所以功未成也，豈宜沖退。且古之王者，不以天下爲榮，憂四海若荷擔，然後仁讓之風行，則比屋而可封。今道化未純，鯨鯢未殄，宗社之重，非唯朕身，公所憂也。當思所以寧濟兆庶，靖難敦風，垂美將來，侔蹤周漢，不宜崇飾常節，以違至公。」遂斷其讓表，恪、評等乃止。

暐鍾律郎郭欽奏議以暐承石季龍水爲木德，暐從之。

太和元年，〔三〕暐遣撫軍慕容厲攻晉太山太守諸葛攸。攸奔于淮南，厲悉陷兗州諸郡，置守宰而還。

慕容恪有疾，深慮暐政不在己，慕容評性多猜忌，大司馬之位不能允授人望，乃召暐兄樂安王臧謂之曰：「今勁秦跋扈，强吳未賓，二寇並懷進取，但患事之無由耳。夫安危在得人，國興在賢輔，若能推才任忠，和同宗盟，則四海不足圖，二虜豈能爲難哉！吾以常才，受先帝顧託之重，每欲掃平關隴，蕩一甌吳，庶嗣成先帝遺志，謝憂責于當年。而疾固彌留，恐此志不遂，所以沒有餘恨也。吳王天資英傑，經略超時，司馬職統兵權，不可以失人，吾終之後，必以授之。若以親疏次第，不以授汝，當以授沖。汝等雖才識明敏，然未堪多難，國家安危，實在于此，不可昧利忘憂，以致大悔也。」又以告評。月餘而死，其國中皆痛惜之。

先是，晉南陽督護趙弘以宛降于暐，暐遣其南中郎將趙盤自魯陽戍宛。至此，晉右將軍桓豁攻宛，拔之，趙盤退奔魯陽。豁遣輕騎追盤，及於雉城，大戰敗之，執盤，戍宛而歸。

苻堅將苻廋據陝，〔四〕降于暐。時有圖書云：「燕馬當飲渭水。」堅恐暐乘釁入關，大懼，乃盡精銳以備華陰。暐羣下議欲遣兵救廋，因圖關右。慕容評素無經略，又受苻堅間貨，

沮議曰：「秦雖有難，未易可圖。朝廷雖明，豈如先帝，吾等經略，又非太宰之匹，終不能平秦也。但可閉關息旅，保寧疆埸足矣。」暐魏尹慕容德上疏曰：「先帝應天順時，受命革代，方以文德懷遠，以一六合。神功未就，奄忽升遐。昔周文既沒，武王嗣興，伏惟陛下則天比德，揆聖齊功，方闡崇乾基，纂成先志。逆氐僭據關隴，號同王者，惡積禍盈，自相疑戮，釁起蕭牆，勢分四國，投誠請援，旬日相尋，豈非凶運將終，數歸有道。兼弱攻昧，取亂侮亡，機之上也。今秦土四分，可謂弱矣。時來運集，天贊我也。天與不取，反受其殃。吳越之鑒，我之師也。宜應天人之會，建牧野之旗。命皇甫眞引并冀之衆，徑趣蒲坂；臣垂引許洛之兵，馳解廋圍；太傅總京都武旅，爲二軍後繼。飛檄三輔，仁聲先路，獲城即侯，微功必賞，此則鬱慨待時之雄，抱志未申之傑，必嶽峙灞上，雲屯隴下。天羅既張，內外勢合，區區僭豎，不走則降，大同之舉，今其時也。願陛下獨斷聖慮，無訪仁人。」暐覽表大悅，將從之。評固執不許，乃止。苻廋知評、暐之無遠略，恐救師弗至，乃牋於慕容垂、皇甫眞曰：「苻堅、王猛皆人傑也，謀爲燕患，爲日久矣。今若乘機不赴，恐燕之君臣將有甬東之悔。」垂得書，私於眞曰：「方爲人患者必在於秦，主上富於春秋，未能留心政事，觀太傅度略，豈能抗苻堅、王猛乎？」眞曰：「然，繞朝有云，謀之不從可如何！」

暐僕射悅綰言於暐曰：「太宰政尚寬和，百姓多有隱附。傳曰，唯有德者可以寬臨衆，

其次莫如猛。今諸軍營戶，三分共貫，風教陵弊，威綱不舉，宜悉罷軍封，以實天府之饒，肅明法令，以清四海。」暐納之。綰既定制，朝野震驚，出戶二十餘萬。慕容評大不平，尋賊綰，殺之。

晉大司馬桓溫、江州刺史桓沖、豫州刺史袁眞率衆五萬伐暐，前兗州刺史孫元起兵應之。溫部將檀玄攻胡陸，執暐寧東慕容忠。暐遣其將慕容厲與溫戰于黃墟，厲師大敗，單馬奔還。高平太守徐翻以郡歸順。溫前鋒朱序又破暐將傅顏于林渚，溫軍大振，次于枋頭。暐懼，謀奔和龍。慕容垂曰：「不然。臣請擊之，若戰不捷，走未晚也。」乃以垂爲使持節、南討大都督，慕容德爲征南將軍，率衆五萬距溫，使其散騎侍郎樂嵩乞師於苻堅。堅遣將軍苟池率衆二萬，出自洛陽，師于潁川，外爲赴援，內實觀隙，有兼幷之志矣。慕容德屯于石門，絕溫糧漕。豫州刺史李邽〔五〕率州兵五千斷溫餽運。溫頻戰不利，糧運復絕，及聞堅師之至，乃焚舟棄甲而退。德率勁騎四千，先溫至襄邑東，伏於澗中，與垂前後夾擊，王師大敗，死者三萬餘人。苟池聞溫班師，邀擊於譙，溫衆又敗，死者萬計。

垂既有大功，威德彌振，慕容評素不平之。垂又言其將孫蓋等摧鋒陷銳，宜論功超授，評寢而不錄。垂數以爲言，頗與評廷爭。可足渾氏素惡垂，毀其戰功，遂與評謀殺垂。垂懼，奔于苻堅。

先是，暐使其黃門侍郎梁琛聘于堅。琛還，言於評曰：「秦揚兵講武，運粟陝東，以琛觀之，無久和之理。兼吳王西奔，必有觀釁之計，深宜備之。」評曰：「不然。秦豈可受吾叛臣而不懷和好哉！」琛曰：「鄰國相幷，有自來矣。況今並稱大號，理無俱存。苻堅機明好斷，納善如流。王猛有王佐之才，銳於進取。觀其君臣相得，自謂千載一時。桓溫不足爲慮，終爲人患者，其唯王猛乎。」暐、評不以爲虞。皇甫眞又陳其事曰：「苻堅雖聘使相尋，託輔車爲諭，然抗均鄰敵，勢同戰國，明其甘於取利，無慕善之心，終不能守信存和，以崇久要也。頃來行人累續，兼師出洛川，夷險要害，具之耳目。觀虛實以措姦圖，聽風塵而伺國隙者，寇之常也。又吳王外奔，爲之謀主，伍員之禍，不可不慮。洛陽、并州、壺關諸城，並宜增兵益守，以防未兆。」暐召評而謀之。評曰：「秦國小力弱，杖我爲援，且苻堅庶幾善道，終不納叛臣之言。不宜輕自擾懼，以動寇心也。」暐從之。

俄而堅遣其將王猛率衆伐暐，攻慕容筑于金墉。暐遣慕容臧率衆救之。臧次滎陽，猛部將梁成、洛州刺史鄧羌與臧戰于石門，臧師敗績，死者萬餘，遂相持于石門。筑以救兵不至，以金墉降于猛。梁成又敗慕容臧，斬首三千餘級，獲其將軍楊璩，臧遂城新樂而還。

桓溫之敗也，歸罪于豫州刺史袁眞。眞怒，以壽陽降暐，暐遣其大鴻臚溫統署眞爲使持節、散騎常侍、都督淮南諸軍事、征南大將軍、領護南蠻校尉、揚州刺史，封宣城公，未至

而眞、統俱卒。眞黨朱輔立眞子瑾爲建威將軍、豫州刺史，以固壽陽。

時外則王師及苻堅交侵，兵革不息；內則暐母亂政，評等貪冒，政以賄成，官非才舉，羣下切齒焉。其尚書左丞申紹上疏曰：

臣聞漢宣有言：「與朕共治天下者，其唯良二千石乎！」是以特重此選，必妙盡英才，莫不拔自貢士，歷資內外，用能仁感猛獸，惠致羣祥。今者守宰或擢自匹夫兵將之間，或因寵戚，藉緣時會，非但無聞於州閭，亦不經于朝廷。又無考績，黜陟幽明。貪惰爲惡，無刑戮之懼；清勤奉法，無爵賞之勸。百姓窮弊，侵賕無已，兵士逋逃，乃相招爲賊盜。風頹化替，莫相糾攝。且吏多則政煩，由來常患。今之見戶，不過漢之一大郡，而備置百官，加之新立軍號，兼重有過往時。虛假名位，廢棄農業，公私驅擾，人無聊生。宜并官省職，務勸農桑。秦吳二虜僭僞一時，尚能任道捐情，肅諧僞部，況大燕累聖重光，君臨四海，而可美政或虧，取陵姦寇哉！鄰之有善，衆之所望，我之不修，彼之願也。

秦吳狡猾，地居形勝，非唯守境而已，乃有吞噬之心。中州豐實，戶兼二寇，弓馬之勁，秦晉所憚，雲騎風馳，國之常也，而比赴敵後機，兵不速濟者何也？皆由賦法靡恒，役之非道。郡縣守宰每於差調之際，無不舍越殷強，首先貧弱，行留俱窘，資贍無

所，人懷嗟怨，遂致奔亡，進闕供國之饒，退離蠶農之要。兵豈在多，貴於用命。宜嚴制軍科，務先饒復，習兵教戰，使偏伍有常，從戎之外，足營私業，父兄有陟岵之觀，子弟懷孔邇之顧，雖赴水火，何所不從！

節儉約費，先王格謨；去華敦朴，哲后恒憲。故周公戒成王以畜財爲本，漢文以皁幃變俗，孝景宮人弗過千餘，魏武寵賜不盈十萬，薄葬不墳，儉以率下，所以割肌膚之惠，全百姓之力。謹案後宮四千有餘，僮侍厮養通兼十倍，日費之重，價盈萬金，綺縠羅紈，歲增常調，戎器弗營，奢玩是務。今帑藏虛竭，軍士無襜褕之賚，宰相侯王迭以侈麗相尚，風靡之化，積習成俗，臥薪之諭，未足甚焉。宜罷浮華非要之役，峻明婚姻喪葬之條，禁絕奢靡浮煩之事，出傾宮之女，均商農之賦。公卿以下以四海爲家，信賞必罰，綱維肅舉者，溫猛之首可懸之白旗，秦吳二主可以禮之歸命，豈唯不復侵寇而已哉！陛下若不遠追漢宗弋綈之模，近崇先帝補衣之美，臣恐頹風弊俗亦革變靡途，中興之歌無以軫之絃詠。

又拓宇兼并，不在一城之地；控制戎夷者，懷之以德。今魯陽、上郡重山之外，雲陰之北，四百有餘，而未可以羈服塞表，爲平寇之基，徒孤危託落，令善附內駭。宜攝就并豫，以臨二河，通接漕轂，擬之丘後；重晉陽之戍，增南藩之兵，戰守之備，衒以千金之餌，蓄力待時，可一舉而滅。如其虔劉送死，俟入境而斷之，可令匹馬不反。非唯絕二賊闚闔，乃是戡殄之要，惟陛下覽焉。

暐不納。

苻堅又使王猛、楊安率衆伐暐，猛攻壺關，安攻晉陽。暐使慕容評等率中外精卒四十餘萬距之。猛、安進師潞川。州郡盜賊大起，鄴中多怪異，暐憂懼不知所爲，乃召其使而問曰：「秦衆何如？今大師既出，猛等能戰不？」或對曰：「秦國小兵弱，豈王師之敵，景略常才，又非太傅之匹，不足憂也。」黃門侍郎梁琛、中書侍郎樂嵩進曰：「不然。兵書之義，計敵能鬭，當以算取之。若冀敵不鬭，非萬全之道也。慶鄭有云：『秦衆雖少，戰士倍我。』衆之多少，非可問也。且秦行師千里，固戰是求，何不戰之有乎！」暐不悅。

猛與評等相持。評以猛懸軍遠入，利在速戰，議以持久制之。猛乃遣其將郭慶率騎五千，夜從間道起火高山，燒評輜重，火見鄴中。評性貪鄙，鄣固山泉，賣樵鬻水，積錢絹如丘陵，三軍莫有鬭志。暐遣其侍中蘭伊讓評曰：「王，高祖之子也，宜以宗廟社稷爲憂，奈何不務撫養勳勞，專以聚斂爲心乎！府藏之珍貨，朕豈與王愛之！若寇軍冒進，王持錢帛安所置也！皮之不存，毛將安傅！錢帛可散之三軍，以平寇凱旋爲先也。」評懼而與猛戰于潞川，評師大敗，死者五萬餘人，評等單騎遁還。猛遂長驅至鄴，堅復率衆十萬會猛攻暐。

先是，慕容桓以衆萬餘屯于沙亭，爲評等後繼。聞評敗，引屯內黃。堅遣將鄧羌攻信都，桓率鮮卑五千退保和龍。散騎侍郎徐蔚等率扶餘、高句麗及上黨質子五百餘人，夜開城門以納堅軍。暐與評等數十騎奔于昌黎。堅遣郭慶追及暐于高陽，堅將巨武執暐，〔六〕將縛之，暐曰：「汝何小人而縛天子！」武曰：「我梁山巨武，受詔縛賊，何謂天子邪！」遂送暐于堅。堅詰其奔狀，暐曰：「狐死首丘，欲歸死于先人墳墓耳！」堅哀而釋之，令還宮率文武出降。郭慶遂追評、桓于和龍。桓殺其鎮東慕容亮而并其衆，攻其遼東太守韓稠于平川。郭慶遣將軍朱嶷擊桓，執而送之。

堅徙暐及其王公已下并鮮卑四萬餘戶于長安，封暐新興侯，署爲尚書。堅征壽春，以暐爲平南將軍、別部都督。淮南之敗，隨堅還長安。既而慕容垂攻苻丕于鄴，慕容沖起兵關中，暐謀殺堅以應之，事發，爲堅所誅，時年三十五。及德僭稱尊號，僞謚幽皇帝。

始廆以武帝太康六年稱公，至暐四世。暐在位一十一年，〔七〕以海西公太和五年滅，通廆、皝凡八十五年。〔八〕

慕容恪字玄恭，皝之第四子也。幼而謹厚，沈深有大度。母高氏無寵，皝未之奇也。年十五，身長八尺七寸，容貌魁傑，雄毅嚴重，每所言及，輒經綸世務，皝始異焉，乃授之以兵。

數從皝征伐，臨機多奇策。使鎭遼東，甚有威惠，高句驪憚之，不敢爲寇。皝使恪與儁俱伐夫餘，儁居中指授而已，恪身當矢石，推鋒而進，所嚮輒潰。

皝將終，謂儁曰：「今中原未一，方建大事，恪智勇俱濟，汝其委之。」及儁嗣位，彌加親任。累戰有大功，封太原王，拜侍中、假節、大都督、錄尙書。儁寢疾，引恪與慕容評屬以後事。及暐之世，總攝朝權。初，建鄴聞儁死，曰：「中原可圖矣。」桓溫曰：「慕容恪尙存，所憂方爲大耳。」

慕輿根之就誅也，內外危懼。恪容止如常，神色自若，出入往還，一人步從。或有諫之者，恪曰：「人情懷懼，且當自安以靖之。吾復不安，則衆何瞻仰哉！」於是人心稍定。恪虛襟待物，諮詢善道，量才處任，使人不踰位。朝廷謹肅，進止有常度，雖執權政，每事必諮之於評。罷朝歸第，則盡心色養，手不釋卷。其百僚有過，未嘗顯之，自是庶僚化德，稀有犯者。

恪之圍洛陽也，秦中大震，苻堅親將以備潼關，軍迴乃定。恪爲將不尙威嚴，專以恩信御物，務於大略，不以小令勞衆。軍士有犯法，密縱舍之，捕斬賊首以令軍。營內不整似可犯，而防禦甚嚴，終無喪敗。

臨終，暐親臨問以後事，恪曰：「臣聞報恩莫大薦士，板築猶可，而況國之懿藩！吳王文武兼才，管、蕭之亞，陛下若任之以政，國其少安。不然，臣恐二寇必有闚𨵦之計。」言終

而死。

陽騖字士秋，右北平無終人也。父耽，仕廆，官至東夷校尉。騖少淸素好學，器識沈遠。起家爲平州別駕，屢獻安時强國之術，事多納用，廆甚奇之。

皝卽王位，遷左長史。東西征伐，參謀幃幄。皝臨終謂儁曰：「陽士秋忠幹貞固，可託付大事，汝善待之。」儁之將圖中原也，騖制勝之功亞于慕容恪。

暐旣嗣僞位，申以師傅之禮，親遇日隆。及爲太尉，慨然而歎曰：「昔常林、徐邈先代名臣，猶以鼎足任重而終辭三事。以吾虛薄，何德以堪之！」固求罷職，言甚懇至，暐優答不許。

騖淸貞謙謹，老而彌篤，旣以宿望舊齒，自慕容恪已下莫不畢拜。性儉約，常乘弊車瘠馬，及死，無歛財。

皇甫眞字楚季，安定朝那人也。弱冠，以高才，廆拜爲遼東國侍郎。皝嗣位，遷平州別駕。時內難連年，百姓勞瘁，眞議欲寬減歲賦，休息力役。不合旨，免官。後以破麻秋之功，拜奉車都尉，守遼東、營丘二郡太守，皆有善政。及儁僭位，入爲典書令。後從慕容評攻拔鄴都，珍貨充溢，眞一無所取，唯存恤人物，收圖籍而已。儁臨終，與慕容恪等俱受顧託。

慕輿根將謀爲亂，眞陰察知之，乃言於恪，請除之。恪未忍顯其事。俄而根謀發伏誅，恪謝眞曰：「不從君言，幾成禍敗。」呂護之叛，恪謀於朝曰：「遠人不服，修文德以來之。今護宜以恩詔降乎，不宜以兵戈取也？」眞曰：「護九年之間三背王命，揆其姦心，凶勃未已。明公方飲馬江湘，勒銘劍閣，況護蕞爾近畿而不梟戮，宜以兵算取之，不可復以文檄喩也。」恪從之。以眞爲冠軍將軍、別部都督。師還，拜鎭西將軍、幷州刺史，領護匈奴中郎將。徵還，拜侍中、光祿大夫，累遷太尉、侍中。

苻堅密謀兼幷，欲觀釁隙，乃遣其西戎主簿郭辯潛結匈奴左賢王曹轂，〔九〕令轂遣使詣鄴，辯因從之。眞兄典仕苻堅爲散騎常侍，從子奮、覆並顯關西。辯旣至鄴，歷造公卿，言于眞曰：「辯家爲秦所誅，故寄命曹王，貴兄常侍及奮、覆兄弟並相知在素。」眞怒曰：「臣無境外之交，斯言何以及我！君似姦人，得無因緣假託乎！」乃白暐請窮詰之，暐、評不許。辯還謂堅曰：「燕朝無綱紀，實可圖之。鑒機識變，唯皇甫眞耳。」堅曰：「以六州之地，豈無智識士一人哉！眞亦秦人，而燕用之，固知關西多君子矣。」

眞性淸儉寡慾，不營產業，飮酒至石餘不亂，雅好屬文，凡著詩賦四十餘篇。

王猛入鄴，眞望馬首拜之。明日更見，語乃卿猛。猛曰：「昨拜今卿，何恭慢之相違也？」眞答曰：「卿昨爲賊，朝是國士，吾拜賊而卿國士，何所怪也？」猛大嘉之，謂權翼曰：「皇甫眞故大器也。」從堅入關，爲奉車都尉，數歲而死。

史臣曰：觀夫北陰衍氣，醜虜彙生，隔閡諸華，聲教莫之漸，雄據殊壤，貪悍成其俗，先叛後服，蓋常性也。自當塗紊紀，典午握符，推亡之功，掩岷吳而可錄，御遠之策，懷戎狄而猶漏。慕容廆英姿偉量，是曰邊豪，釁迹姦圖，實惟亂首。何者？無名而舉，表深譏於魯冊；象龔致罰，昭大訓於姚典。況乎放命挻禍，距戰發其狼心；剽邑屠城，略地騁其螫賊。旣而二帝遘平陽之酷，按兵窺運；五鐸啓金陵之祚，率禮稱藩。勤王之誠，當君危而未立；匡主之節，俟國泰而將徇。適所謂相時而動，豈素蓄之款哉！然其制敵多權，臨下以惠，勸農桑，敦地利，任賢士，該時傑，故能恢一方之業，創累葉之基焉。

元眞體貌不恒，暗符天表，沈毅自處，頗懷奇略。于時羣雄角立，爭奪在辰，顯宗主祭于沖年，庾亮竊政于元舅，朝綱不振，天步孔艱，遂得據已成之資，乘土崩之會。揚兵南騖，則烏丸卷甲；建旆東征，則宇文摧陣。乃負險自固，恃勝而驕，端拱稱王，不待朝命。昔鄭武職居三事，爵不改伯；齊桓績宣九合，位止爲侯。瞻曩烈而功微，徵前經而禮縟，谿壑難

滿，此之謂乎？

宣英文武兼優，加之以機斷，因石氏之釁，首圖中原，燕士協其籌，冀馬爲其用，一戰而平巨寇，再舉而拔堅城，氣讋傍鄰，威加邊服。便謂深功被物，天數在躬，遽竊鴻名，偷安寶籙。猶將席卷京洛，肆其蟻聚之徒；宰割黎元，縱其鯨吞之勢。使江左疲於奔命，職此之由。非夫天厭素靈而啓異類，不然者，其鋒何以若斯！

景茂庸材，不親厥務，賢輔攸賴，逆臣挫謀，於是陷金墉而款河南，包銅城而臨漠北，西秦勁卒頓函關而不進，東夏遺黎企鄴宮而授首。當此之時也，凶威轉熾。及玄恭即世，虐媪亂朝。垂以勳德不容，評以黷貨干政，志士絕忠貞之路，讒人襲交亂之風。輕鄰反速其咎，禦敵罕修其備，以攜離之衆，抗敢死之師。鋒鏑未交，白溝淪境；衢輣暫擬，紫陌成墟。是知由余出而戎亡，子常升而郢覆，終於身死異域，智不自全，吉凶惟人，良所謂也。

贊曰：青山徙構，玄塞分疆。蠢茲雜種，奕世彌昌。角端掩月，步搖翻霜。乘危蝟起，怙險鴟張。假竊神器，憑陵帝鄉。守不以德，終致餘殃。

校勘記

〔一〕暐遣其寧東慕容忠至寇長平　哀紀、通鑑一〇一事在興寧元年。此記下文：「興寧初，暐復使

慕容評寇許昌」，事在興寧二年。下「興寧初」三字應在此句上方合。

〔二〕陳城　哀紀、通鑑一〇一「城」作「郡」，是。

〔三〕太和元年　前記境內多水旱及恪請歸政。據御覽一一一引前燕錄稱建熙七年五月，暐下書稱「亢陽三時」云云，建熙七年乃晉太和元年。又慕容恪請歸政，通鑑一〇一亦在太和元年。則此「太和元年」四字應在上文「暐境內皆水旱」句之前方合。

〔四〕苻堅將苻謏　周校：「謏」，苻堅載記作「庾」。按：魏書苻堅傳亦作「庾」。然本書苻生載記仍作「謏」。通鑑一〇一作「廋」，胡注「疏鳩反」。本書音義作「謏」，「蘇鳥反」。「謏」「廋」音近。「廋」「庾」不知孰是。

〔五〕李邦　通鑑一〇二作「李邽」。

〔六〕巨武　校文：御覽一二一引前燕錄作「巨虎」，此避唐諱而改。

〔七〕暐在位一十一年　各本「一十一」作「二十一」。校文：暐於升平四年嗣位，至太和五年計十一年，此云「二十一年」，「二」字當衍。御覽一二一引晉書作「暐在位十一年」，本無「二」字。按：校文說是，張元濟校勘記謂所見另一宋本作「一十一」，故知「二」字非衍，乃「一」之訛。今改正。

〔八〕始廆以武帝太康六年稱公至暐四世至通廆就凡八十五年　自太康六年至太和五年凡八十六年。廆載記亦未言廆於是年稱公，但云「建興中愍帝遣使拜廆鎮軍將軍、昌黎、遼東二國公」，魏書廆傳同。自建興元年至太和五年亦止五十八年。且廆載記稱建武初，元帝封廆爲昌黎公，廆讓而不受，似建興之封亦未受。其受遼東公之封實在太興四年，下至太和五年更止五十年。不知何以致誤。

〔九〕左賢王曹轂　周校：苻堅載記作「右賢王」。按：海西公紀同苻堅載記，疑作「右」是。

晉書卷一百十二

載記第十二

苻洪

苻洪字廣世，略陽臨渭氐人也。其先蓋有扈之苗裔，世爲西戎酋長。始其家池中蒲生，長五丈，五節如竹形，時咸謂之蒲家，因以爲氏焉。父懷歸，部落小帥。先是，隴右大雨，百姓苦之，謠曰：「雨若不止，洪水必起。」故因名曰洪。好施，多權略，驍武善騎射。屬永嘉之亂，乃散千金，召英傑之士訪安危變通之術。宗人蒲光、蒲突遂推洪爲盟主。劉曜僭號長安，光等逼洪歸曜，拜率義侯。曜敗，洪西保隴山。石季龍將攻上邽，洪又請降。季龍大悅，拜冠軍將軍，委以西方之事。季龍滅石生，洪說季龍宜徙關中豪傑及羌戎內實京師。季龍從之，以洪爲龍驤將軍、流人都督，處于枋頭。累有戰功，封西平郡公，其部下賜爵關內侯者二千餘人，以洪爲關內領侯將。冉閔言於季龍曰：「苻洪雄果，其諸子並

非常才，宜密除之。」季龍待之愈厚。及石遵卽位，閔又以爲言，遵乃去洪都督，餘如前。洪怨之，乃遣使降晉。後石鑒殺遵，所在兵起，洪有衆十餘萬。

永和六年，帝以洪爲征北大將軍、都督河北諸軍事、冀州刺史、廣川郡公。時有說洪稱尊號者，洪亦以讖文有「艸付應王」，又其孫堅背有「艸付」字，遂改姓苻氏，自稱大將軍、大單于、三秦王。洪謂博士胡文曰：「孤率衆十萬，居形勝之地，冉閔、慕容儁可指辰而殄，姚襄父子克之在吾數中，孤取天下，有易於漢祖。」初，季龍以麻秋鎮枹罕，冉閔之亂，秋歸鄴，洪使子雄擊而獲之，以秋爲軍師將軍。秋說洪西都長安，洪深然之。既而秋因宴鴆洪，將幷其衆，世子健收而斬之。洪將死，謂健曰：「所以未入關者，言中州可指時而定。今見困豎子，中原非汝兄弟所能辦。關中形勝，吾亡後便可鼓行而西。」言終而死，年六十六。健僭位，僞謚惠武帝。

苻健

苻健字建業，洪第三子也。初，母姜氏夢大羆而孕之，〔一〕及長，勇果便弓馬，好施，善事人，甚爲石季龍父子所親愛。季龍雖外禮苻氏，心實忌之，乃陰殺其諸兄，而不害健也。及洪死，健嗣位，去秦王之號，稱晉爵，遣使告喪于京師，且聽王命。時京兆杜洪竊據長安，自稱晉征北將軍、雍州刺史，戎夏多歸之。健密圖關中，懼洪知之，乃僞受石祗官，繕宮室於枋頭，課所部種麥，示無西意，有知而不種者，健殺之以徇。既而自稱晉征西大將軍、都督關中諸軍事、雍州刺史，盡衆西行，起浮橋於盟津以濟。遣其弟雄率步騎五千入潼關，兄子菁自軹關入河東。健執菁手曰：「事若不捷，汝死河北，我死河南，不及黃泉，〔二〕無相見也。」既濟，焚橋，自統大衆繼雄而進。杜洪遣其將張先要健於潼關，健逆擊破之。健雖戰勝，猶修牋于洪，幷送名馬珍寶，請至長安上尊號。洪曰：「幣重言甘，誘我也。」乃盡召關中之衆來距。健筮之，遇泰之臨，健曰：「小往大來，吉亨。昔往東而小，今還西而大，吉孰大焉！」是時衆星夾河西流，占者以爲百姓還西之象。健遂進軍，次赤水，遣雄略地渭北，又敗張先於陰槃，擒之，諸城盡陷，菁所至無不降者，三輔略定。健引兵至長安，洪奔司竹。健入而都之，遣使獻捷京師，幷修好於桓溫。

健軍師將軍賈玄碩等表健爲侍中、大都督關中諸軍事、大單于、秦王，健怒曰：「我官位輕重，非若等所知。」既而潛使諷玄碩等使上尊號。永和七年，僭稱天王、大單于，赦境內死罪，建元皇始，繕宗廟社稷，置百官于長安。立妻强氏爲天王皇后，子萇爲天王皇太子，弟雄爲丞相、都督中外諸軍事、車騎大將軍、領雍州刺史，自餘封授各有差。

初，杜洪之奔也，招晉梁州刺史司馬勳。至是，勳率步騎三萬入秦川，健敗之於五

丈原。

八年，健僭卽皇帝位于太極前殿，諸公進爲王，以大單于授其子萇。

杜洪屯宜秋，爲其將張琚所殺，琚自立爲秦王，置百官。健率步騎二萬攻琚，斬其首。健至自宜秋，遣雄、菁率衆掠關東，幷援石季龍豫州刺史張遇於許昌，與晉鎮西將軍謝尚戰于潁水之上，王師敗績。雄乘勝逐北，至于壘門，殺傷太半，遂虜遇及其衆歸于長安，拜遇司空、豫州刺史，鎮許昌。雄攻王擢於隴上，擢奔涼州，雄屯隴東。張重華拜擢征東大將軍，使與其將張弘、宋脩連兵伐雄。雄與菁率衆擊敗之，獲弘、脩送長安。

初，張遇自許昌來降，健納遇後母韓氏爲昭儀，每於衆中謂遇曰：「卿，吾子也。」遇慚恨，引關中諸將欲以雍州歸順，乃與健中黃門劉晃謀夜襲健，事覺，遇害。於是孔特起池陽，〔三〕劉珍、夏侯顯起鄠，喬景起雍，〔四〕胡陽赤起司竹，呼延毒起霸城，衆數萬人，並遣使詣征西桓溫、中軍殷浩請救。

雄遣菁掠上洛郡，於豐陽縣立荆州，以引南金奇貨、弓竿漆蠟，通關市，來遠商，於是國用充足，而異賄盈積矣。

十年，溫率衆四萬趣長安，遣別將從均口入淅川，〔五〕攻上洛，執健荆州刺史郭敬，而遣司馬勳掠西鄙。健遣其子萇率雄、菁等衆五萬，距溫于堯柳城愁思堆。溫轉戰而前，次于

灞上，萇等退營城南。健以羸兵六千固守長安小城，遣精銳三萬爲游軍以距溫。三輔郡縣多降于溫。健別使雄領騎七千，與桓沖戰于白鹿原，王師敗績，又破司馬勳于子午谷。初，健聞溫之來也，收麥清野以待之，故溫衆大飢。至是，徙關中三千餘戶而歸。及至潼關，又爲萇等所敗，司馬勳奔還漢中。

其年，西虜乞沒軍邪遣子入侍，健于是置來賓館于平朔門以懷遠人。起靈臺於杜門。與百姓約法三章，薄賦卑宮，垂心政事，優禮耆老，修尚儒學，而關右稱來蘇焉。

新平有長人見，語百姓張靖曰：「苻氏應天受命，今當太平，外面者歸中而安泰。」問姓名，弗答，俄而不見。新平令以聞，健以爲妖，下靖獄。會大雨霖，河渭溢，蒲津監寇登得一屐於河，長七尺三寸，人跡稱之，指長尺餘，文深一寸。健歎曰：「覆載之中何所不有，張靖所見定不虛也。」赦之。蝗蟲大起，自華澤至隴山，食百草無遺。牛馬相噉毛，猛獸及狼食人，行路斷絕。健自蠲百姓租稅，減膳徹懸，素服避正殿。

初，桓溫之入關也，其太子萇與溫戰，爲流矢所中死。至是，立其子生爲太子。健寢疾，菁勒兵入東宮，將殺苻生自立。時生侍健疾，菁以健爲死，迴攻東掖門。健聞變，升端門陳兵，衆皆舍杖逃散，執菁殺之。數日，健死，時年三十九，在位四年。〔六〕僞謚明皇帝，廟號世宗，後改曰高祖。

苻生 苻雄 王墮

生字長生，健第三子也。幼而無賴，祖洪甚惡之。生無一目，爲兒童時，洪戲之，問侍者曰：「吾聞瞎兒一淚，信乎？」侍者曰：「然。」生怒，引佩刀自刺出血，曰：「此亦一淚也。」洪大驚，鞭之。生曰：「性耐刀槊，不堪鞭捶。」洪曰：「汝爲爾不已，吾將以汝爲奴。」生曰：「可不如石勒也。」洪懼，跣而掩其口，謂健曰：「此兒狂勃，宜早除之，不然，長大必破人家。」健將殺之，雄止之曰：「兒長成自當修改，何至便可如此！」健乃止。及長，力舉千鈞，雄勇好殺，手格猛獸，走及奔馬，擊刺騎射，冠絕一時。桓溫之來伐也，生單馬入陣，搴旗斬將者前後十數。

萇既死，健以讖言三羊五眼應符，故立爲太子。健卒，僭卽皇帝位，大赦境內，改年壽光，時永和十二年也。〔七〕尊其母强氏爲皇太后，立妻梁氏爲皇后。以呂婆樓爲侍中、左大將軍，苻安領太尉，苻柳爲征東大將軍、并州牧，鎭蒲坂，苻廋爲鎭東大將軍、豫州牧，鎭陝城，自餘封授有差。

初，生將强懷與桓溫戰沒，其子延未及封而健死。會生出游，懷妻樊氏於道上書，論懷忠烈，請封其子。生怒，射而殺之。僞中書監胡文、中書令王魚言於生曰：「比頻有客星孛

于大角，熒惑入于東井。大角爲帝坐，東井秦之分野，於占，不出三年，國有大喪，大臣戮死。願陛下遠追周文，修德以禳之，惠和羣臣，以成康哉之美。」生曰：「皇后與朕對臨天下，亦足以塞大喪之變。毛太傅、梁車騎、梁僕射受遺輔政，可謂大臣也。」於是殺其妻梁氏及太傅毛貴，車騎、尚書令梁楞，左僕射梁安。未幾，又誅侍中、丞相雷弱兒及其九子、二十七孫。諸羌悉叛。弱兒，南安羌酋也，剛鯁好直言，見生嬖臣趙韶、董榮亂政，每大言於朝，故榮等譖而誅之。

生雖在諒闇，游飲自若，荒耽淫虐，殺戮無道，常彎弓露刃以見朝臣，錘鉗鋸鑿備置左右。又納董榮之言，誅其司空王墮以應日蝕之災。饗羣臣于太極前殿，飲酣樂奏，生親歌以和之。命其尚書令辛牢典勸，既而怒曰：「何不强酒？猶有坐者！」引弓射牢而殺之。於是百僚大懼，無不引滿昏醉，汙服失冠，蓬頭僵仆，生以爲樂。

生聞張祚見殺，玄靚幼沖，命其征東苻柳參軍閻負、梁殊使涼州，以書喻之。負、殊至姑臧，玄靚年幼，不見殊等。其涼州牧張瓘謂負、殊曰：「孤之本朝，世執忠節，遠宗大晉，臣無境外之交，君等何爲而至？」負、殊曰：「晉王以鄰藩義好，有自來矣。雖擁阻山河，然風通道會，不欲使羊、陸二公獨美於前。主上以欽明紹統，八表宅心，光被四海，格于天地。晉王思與張王齊曜大明，交玉帛之好，兼與君公同金蘭之契，是以不遠而來，有何怪乎！」瓘

曰：「羊、陸一時之事，亦非純臣之義也。本朝六世重光，固忠不貳，若與苻征東交玉帛之好者，便是上違先公純誠雅志，下乖河右遵奉之情。」負、殊曰：「昔微子去殷，項伯歸漢，雖背君違親，前史美其先覺。亡晉之餘，遠逃江會，天命去之，淪絕已久，〔八〕故尊先王翻然改圖，北面二趙，蓋神算無方，鑒機而作。君公若欲稱制河西，衆旅非秦之敵，如欲宗歸遺晉，深乖先君雅旨，孰若遠蹤竇融附漢之規，近述先王歸趙之事，垂祚無窮，永享遐祉乎？」瓘曰：「中州無信，好食誓言。往與石氏通好，旋見寇襲。中國之風，誠在昔日，不足復論通和之事也。」負、殊曰：「三王異政，五帝殊風，趙多姦詐，秦以義信，豈可同年而語哉！張先、楊初皆擅兵一方，不供王貢，先帝命將擒之，有其難恕之罪，加以爵封之榮。今上道合二儀，慈弘山海，信符陰陽，御物無際，不可以二趙相況也。」瓘曰：「秦若兵强化盛，自可先取江南，天下自然盡爲秦有，何辱征東之命！」負、殊曰：「先帝以大聖神武，開構鴻基，强燕納款，八州順軌。主上欽明，道必隆世，慨徽號擁于河西，正朔未加吳會，以吳必須兵，涼可以義，故遣行人先申大好。如君公不能蹈機而發者，正可緩江南數年之命，迴師西旆，恐涼州弗可保也。」瓘曰：「我跨據三州，帶甲十萬，西包崑域，東阻大河，伐人有餘，而況自固！秦何能爲患！」負、殊曰：「貴州險塞，孰若崤函？五郡之衆，何如秦雍？張琚、杜洪因趙之成資，據天阻之固，策三秦之銳，藉陸海之饒，勁士風集，驍騎如雲，自謂天下可平，關中可固，先帝神

矛一指，望旗冰解，人詠來蘇，不覺易主。燕雖武視關東，猶以地勢之義，逆順之理，北面稱藩，貢不踰月。致肅愼楛矢，通九夷之珍；單于屈膝，名王內附。控弦之士百有餘萬，鼓行而濟西河者，君公何以抗之？盍追遵先王臣趙故事，世享大美，爲秦之西藩。」璀曰：「然秦之德義加於天下，江南何以不賓？」負、殊曰：「文身之俗，負阻江山，道洿先叛，化盛後賓，自古而然，豈但今也！故詩曰：『蠢爾蠻荆，大邦爲仇。』言其不可以德義懷也。」璀曰：「秦據漢舊都，地兼將相，文武輔臣，領袖一時者誰也？」負、殊曰：「皇室懿藩，忠若公旦者，則大司馬、武都王安，征東大將軍、晉王柳；文武兼才，神器秀拔，入可允釐百工，出能折衝萬里者，則衞大將軍、廣平王黃眉，後將軍、清河王法，龍驤將軍、東海王堅之兄弟；其耆年碩德，德侔尚父者，則太師、錄尚書事、廣甯公魚遵；其清素剛嚴，骨鯁貞亮，則左光祿大夫强平，金紫光祿程肱、牛夷；博聞强識，探賾索幽，則中書監胡文，中書令王魚，黃門侍郎李柔；雄毅厚重，權智無方，則左衞將軍李威，右衞將軍苻雅；才識明達，令行禁止，則特進、領御史中丞梁平老，特進、光祿大夫强汪，侍中、尚書呂婆樓；文史富贍，鬱爲文宗，則尚書右僕射董榮，祕書監王颺，著作郎梁讜；驍勇多權略，攻必取，戰必勝，關張之流，萬人之敵者，則前將軍、新興王飛，建節將軍鄧羌，立忠將軍彭越，安遠將軍范俱難，〔九〕建武將軍徐盛；常伯納言，卿校牧守，則人皆文武，莫非才賢；其餘懷經世之才，蘊佐時之略，守南山之操，遂而不奪

者，王猛、朱彤之倫，相望於巖谷。濟濟多士，焉可罄言！姚襄、張平一時之傑，各擁衆數萬，狼顧偏方，皆委忠獻款，請爲臣妾。小不事大，春秋所誅，惟君公圖之。」璀笑曰：「此事決之主上，非身所了。」負、殊曰：「涼王雖天縱英睿，然尚幼沖，君公居伊霍之任，安危所繫，見機之義，實在君公。」璀新輔政，河西所在兵起，懼秦師之至，乃言於玄靚，遣使稱藩，生因其所稱而授之。

慕容儁遣將慕輿長卿等率衆七千入自軹關，攻幽州刺史張哲于裴氏堡。〔一〇〕晉將軍劉度等率衆四千，攻青州刺史袁朗于盧氏。〔一一〕生遣其前將軍苻飛距晉，建節鄧羌距燕。飛未至而度退。羌及長卿戰于堡南，大敗之，獲長卿及甲首二千七百餘級。

姚襄率衆萬餘，攻其平陽太守苻產于匈奴堡，苻柳救之，爲襄所敗，引還蒲坂。襄遂攻堡，克之，殺苻產，盡坑其衆，遣使從生假道，將還隴西。生將許之，苻堅諫曰：「姚襄，人傑也，今還隴西，必爲深害，不如誘以厚利，伺隙而擊之。」生乃止。遣使拜襄官爵，襄不受，斬其使者，焚所送章策，寇掠河東。生怒，命其大將軍張平討之。襄乃卑辭厚幣與平結爲兄弟，平更與襄通和。

生發三輔人營渭橋，金紫光祿大夫程肱以妨農害時，上疏極諫。生怒，殺之。

長安大風，發屋拔樹，行人顚頓，宮中奔擾，或稱賊至，宮門晝閉，五日乃止。生推告賊

者，殺之，刳而出其心。左光祿大夫强平諫曰：「元正盛旦，日有蝕之，正陽神朔，昏風大起，兼水旱不時，獸災未息，此皆由陛下不勉强於政事，乖和氣所致也。願陛下務養元元，平章百姓，棄纖介之嫌，含山嶽之過，致敬宗社，愛禮公卿，去秋霜之威，垂三春之澤，則姦回寢止，妖祲自消，乾靈祇祐皇家，永保無窮之美矣。」生怒，以爲妖言，鑿其頂而殺之。

平之囚也，僞衞將軍苻黃眉、前將軍苻飛、建節鄧羌侍讌禁中，叩頭固諫，以太后爲言。平卽生母强氏之弟也。生旣弗許，强氏憂恨而死。

生下書曰：「朕受皇天之命，承祖宗之業，君臨萬邦，子育百姓，嗣統已來，有何不善，而謗讟之音扇滿天下！殺不過千，而謂刑虐。行者比肩，未足爲稀。方當峻刑極罰，復如朕何！」時猛獸及狼大暴，晝則斷道，夜則發屋，惟害人而不食六畜。自生立一年，獸殺七百餘人，百姓苦之，皆聚而邑居。爲害滋甚，遂廢農桑，內外兇懼。羣臣奏請禳灾，生曰：「野獸飢則食人，飽當自止，終不能累年爲患也。天豈不子愛羣生，而年年降罰，正以百姓犯罪不已，將助朕專殺而施刑敎故耳。但勿犯罪，何爲怨天而尤人哉！」

生如阿房，遇兄與妹俱行者，逼令爲非禮，不從，生怒殺之。又讌羣臣于咸陽故城，有後至者，皆斬之。嘗使太醫令程延合安胎藥，問人參好惡幷藥分多少，延曰：「雖小小不具，自可堪用。」生以爲譏其目，鑿延目出，然後斬之。

有司奏：「太白犯東井。東井，秦之分也　太白罰星，必有暴兵起于京師。」生曰：「星入井者，必將渴耳，何所怪乎！」

姚襄遣姚蘭、王欽盧等招動鄜城、定陽、北地、芹川諸羌胡，皆應之，有衆二萬七千，進據黃落。生遣苻黃眉、苻堅、鄧羌率步騎萬五千討之。襄深溝高壘，固守不戰。鄧羌說黃眉曰：「傷弓之鳥，落於虛發。襄頻爲桓溫、張平所敗，銳氣喪矣。今謀固壘不戰，是窮寇也。襄性剛很，易以剛動，若長驅鼓行，直壓其壘，襄必忿而出師，可一戰擒也。」黃眉從之，遣羌率騎三千軍於壘門。襄怒，盡銳出戰。羌僞不勝，引騎而退，襄追之于三原，羌迴騎距襄。俄而黃眉與堅至，大戰，斬之，盡俘其衆。黃眉等振旅而歸。黃眉雖有大功，生不加旌賞，每於衆中辱之。黃眉怒，謀殺生自立，事發，伏誅，其王公親戚多有死者。

初，生夢大魚食蒲，又長安謠曰：「東海大魚化爲龍，男便爲王女爲公。問在何所洛門東。」東海，苻堅封也，時爲龍驤將軍，第在洛門之東。生不知是堅，以謠夢之故，誅其侍中、太師、錄尚書事魚遵及其七子、十孫。時又謠曰：「百里望空城，鬱鬱何青青。瞎兒不知法，仰不見天星。」於是悉壞諸空城以禳之。金紫光祿大夫牛夷懼不免禍，請出鎭上洛。生曰：「卿忠肅篤敬，宜左右朕躬，豈有外鎭之理。」改授中軍。夷懼，歸而自殺。

初，生少凶暴嗜酒，健臨死，恐其不能保全家業，誡之曰：「酋帥、大臣若不從汝命，可漸

除之。」及即僞位，殘虐滋甚，耽湎於酒，無復晝夜。羣臣朔望朝謁，罕有見者，或至暮方出，臨朝輒怒，惟行殺戮。動連月昏醉，文奏因之遂寢。納姦佞之言，賞罰失中。左右或言陛下聖明宰世，天下惟歌太平。生曰：「媚于我也。」引而斬之。或言陛下刑罰微過。曰：「汝謗我也。」亦斬之。所幸妻妾小有忤旨，便殺之，流其尸于渭水。又遣宮人與男子裸交於殿前。生剝牛羊驢馬，活爓雞豚鵝，三五十爲羣，放之殿中。或剝死囚面皮，令其歌舞，引羣臣觀之，以爲嬉樂。宗室、勳舊、親戚、忠良殺害略盡，王公在位者悉以疾告歸，人情危駭，道路以目。既自有目疾，其所諱者不足、不具、少、無、缺、傷、殘、毀、偏、隻之言皆不得道，左右忤旨而死者不可勝紀，至於截脛、刳胎、拉脅、鋸頸者動有千數。

太史令康權言于生曰：「昨夜三月並出，孛星入於太微，遂入于東井。秉自去月上旬沈陰不雨，迄至于今，將有下人謀上之禍，深願陛下修德以消之。」生怒，以爲妖言，撲而殺之。

生夜對侍婢曰：「阿法兄弟亦不可信，明當除之。」是夜清河王苻法夢神告之曰：「旦將禍集汝門，惟先覺者可以免之。」寤而心悸。會侍婢來告，乃與特進梁平老、强汪等率壯士數百人潛入雲龍門，苻堅與呂婆樓率麾下三百餘人鼓譟繼進，宿衞將士皆舍杖歸堅。生猶昏寐未寤。堅衆既至，引生置於別室，廢之爲越王，俄而殺之。生臨死猶飲酒數斗，昏醉無所知矣。時年二十三，在位二年，〔一三〕僞謚厲王。

苻雄字元才，洪之季子也。少善兵書，而多謀略，好施下士，便弓馬，有政術。健僭位，爲佐命元勳，權侔人主，而謙恭奉法。健常曰：「元才，吾姬旦也。」及卒，健哭之歐血，曰：「天不欲吾定四海邪？何奪元才之速也！」子堅，別有載記。

王墮字安生，京兆霸城人也。博學有雄才，明天文圖緯。苻洪征梁犢，以墮爲司馬，謂洪曰：「讖言苻氏應王，公其人也。」洪深然之。及爲宰相，著匪躬之稱。健常歎曰：「天下羣官皆如王令君者，陰陽曷不和乎！」甚敬重之。

性剛峻疾惡，雅好直言。疾董榮、强國如仇讎，每於朝見之際，略不與言。人謂之曰：「董尚書貴幸一時，公宜降意。」墮曰：「董龍是何雞狗，而令國士與之言乎！」榮聞而慚恨，遂勸生誅之。及刑，榮謂墮曰：「君今復敢數董龍作雞狗乎？」墮瞋目而叱之。龍，榮之小字也。

校勘記

〔一〕母姜氏夢大羆而孕之　各本「姜」作「羌」。册府八九二，御覽九〇八引載記，一二一、四六五引前秦錄並作「姜」。「羌」字譌，今據改。

〔二〕不及黃泉　「不」原作「比」。魏書苻健傳「比」作「不」。此用左傳隱公元年文，今據改。

〔三〕孔特　通鑑九九「特」作「持」。

〔四〕喬景　通鑑九九「景」作「秉」，胡注：載記作「喬景」，避唐諱也。

〔五〕遣別將從均口入淅川　各本無「從均口」三字，宋本有。通志一八九同宋本，今從之。

〔六〕時年三十九在位四年　校文：穆帝紀健卒於永和十一年，距永和七年健稱天王時凡五年，此云「四年」誤。至其卒年，御覽一二一引前秦錄作四十九，相較差十年。

〔七〕時永和十二年也　穆紀生嗣位在永和十一年。御覽一二一引前秦錄，生於苻健皇始五年即位，改元壽光，即晉永和十一年，通鑑一〇〇同。此云「十二年」，疑「二」爲「一」字之誤。

〔八〕淪絕已久　各本無此四字，宋本獨有，册府六五九亦有此四字，今從宋本。

〔九〕安遠將軍范俱難　苻堅載記屢見「俱難」，無「范」字。通鑑一〇四胡注以爲俱姓難名。孝武紀、謝玄傳並作「句難」，「句」「俱」音近，當是傳聞以「俱」爲「句」，然亦可證其人本不姓范。此「范」字疑衍。

〔一〇〕張哲　通鑑一〇〇「張」作「强」。

〔一一〕袁朗　通鑑一〇〇「袁」作「王」。

〔一二〕在位二年　校文：生嗣位在永和十一年，被殺在升平元年，凡在位三年。此云「二年」，蓋誤以生即位在永和十二年故也。

晉書卷一百十三

載記第十三

苻堅上

苻堅字永固，一名文玉，雄之子也。祖洪，從石季龍徙鄴，家於永貴里。其母苟氏嘗游漳水，祈子於西門豹祠，其夜夢與神交，因而有孕，十二月而生堅焉。有神光自天燭其庭。背有赤文，隱起成字，曰「草付臣又土王咸陽」。臂垂過膝，目有紫光。洪奇而愛之，名曰堅頭。

年七歲，聰敏好施，舉止不踰規矩。每侍洪側，輒量洪舉措，取與不失機候。洪每曰：「此兒姿貌瓌偉，質性過人，非常相也。」高平徐統有知人之鑒，遇堅於路，異之，執其手曰：「苻郎，此官之御街，小兒敢戲於此，不畏司隸縛邪？」堅曰：「司隸縛罪人，不縛小兒戲也。」統謂左右曰：「此兒有霸王之相。」左右怪之，統曰：「非爾所及也。」後又遇之，統下車屏人，

密謂之曰：「苻郎骨相不恒，後當大貴，但僕不見，如何！」堅曰：「誠如公言，不敢忘德。」八歲，請師就家學。洪曰：「汝戎狄異類，世知飲酒，今乃求學邪！」欣而許之。健之入關也，夢天神遣使者朱衣赤冠，命拜堅爲龍驤將軍，健翌日爲壇於曲沃以授之。健泣謂堅曰：「汝祖昔受此號，今汝復爲神明所命，可不勉之！」堅揮劍捶馬，志氣感厲，士卒莫不憚服焉。性至孝，博學多才藝，有經濟大志，要結英豪，以圖緯世之宜。王猛、呂婆樓、強汪、梁平老等並有王佐之才，爲其羽翼。太原薛讚、略陽權翼見而驚曰：「非常人也！」

及苻生嗣僞位，讚、翼說堅曰：「今主上昏虐，天下離心。有德者昌，無德受殃，天之道也。神器業重，不可令他人取之，願君王行湯武之事，以順天人之心。」堅深然之，納爲謀主。生既殘虐無度，梁平老等亟以爲言，堅遂弒生，以僞位讓其兄法。法自以庶孽，不敢當。堅及母苟氏並慮衆心未服，難居大位，羣僚固請，乃從之。以升平元年僭稱大秦天王，誅生倖臣董龍、趙韶等二十餘人，赦其境內，改元曰永興。追謚父雄爲文桓皇帝，尊母苟氏爲皇太后，妻苟氏爲皇后，子宏爲皇太子。兄法爲使持節、侍中、都督中外諸軍事、丞相、錄尚書，從祖侯爲太尉，從兄柳爲車騎大將軍、尚書令，封弟融爲陽平公，雙河南公，子丕長樂公，暉平原公，熙廣平公，叡鉅鹿公。李威爲衞將軍、尚書左僕射，梁平老爲右僕射，強汪爲領軍將軍，仇騰爲尚書，領選，席寶爲丞相長史、行太子詹事，呂婆樓爲司隸校尉，王猛、

薛讚爲中書侍郎，權翼爲給事黃門侍郎，與猛、讚並掌機密。追復魚遵、雷弱兒、毛貴、王墮、梁楞、梁安、段純、辛牢等本官，以禮改葬之，其子孫皆隨才擢授。初，堅母以法長而賢，又得衆心，懼終爲變，至此，遣殺之。堅性仁友，與法訣于東堂，慟哭嘔血，贈以本官，謚曰哀，封其子陽爲東海公，敷爲清河公。於是修廢職，繼絕世，禮神祇，課農桑，立學校，鰥寡孤獨高年不自存者，賜穀帛有差，其殊才異行、孝友忠義、德業可稱者，令在所以聞。

其將張平以并州叛，堅率衆討之，以其建節將軍鄧羌爲前鋒，率騎五千據汾上。堅至銅壁，平盡衆拒戰，爲羌所敗，獲其養子蚝，送之，平懼，乃降于堅。堅赦其罪，署爲右將軍，蚝武賁中郎將，加廣武將軍，徙其所部三千餘戶于長安。

堅自臨晉登龍門，顧謂其羣臣曰：「美哉山河之固！婁敬有言，『關中四塞之國』，眞不虛也。」權翼、薛讚對曰：「臣聞夏殷之都非不險也，周秦之衆非不多也，終於身竄南巢，首懸白旗，軀殘於犬戎，國分於項籍者何也？德之不修故耳。吳起有言：『在德不在險。』深願陛下追蹤唐虞，懷遠以德，山河之固不足恃也。」堅大悅，乃還長安。賜爲父後者爵一級，鰥寡高年穀帛有差，丐所過田租之半。是秋，大旱，堅減膳徹懸，金玉綺繡皆散之戎士，後宮悉去羅紈，衣不曳地。開山澤之利，公私共之，偃甲息兵，與境內休息。

王猛親寵愈密，朝政莫不由之。特進樊世，氐豪也，有大勳於苻氏，負氣倨傲，衆辱猛

曰：「吾輩與先帝共興事業，而不預時權，君無汗馬之勞，何敢專管大任？是爲我耕稼而君食之乎！」猛曰：「方當使君爲宰夫，安直耕稼而已。」世大怒曰：「要當懸汝頭于長安城門，不爾者，終不處于世也。」猛言之於堅，堅怒曰：「必須殺此老氐，然後百僚可整。」俄而世入言事，堅謂猛曰：「吾欲以楊壁尚主，壁何如人也？」世勃然曰：「楊壁，臣之壻也，婚已久定，陛下安得令之尚主乎！」猛讓世曰：「陛下帝有海內，而君敢競婚，是爲二天子，安有上下！」世怒起，將擊猛，左右止之。世遂醜言大罵，堅由此發怒，命斬之于西廄。諸氐紛紜，競陳猛短，堅恚甚，慢罵，或有鞭撻於殿庭者。權翼進曰：「陛下宏達大度，善馭英豪，神武卓犖，錄功捨過，有漢祖之風。然慢易之言，所宜除之。」堅笑曰：「朕之過也。」自是公卿以下無不憚猛焉。

堅起明堂，繕南北郊，郊祀其祖洪以配天，宗祀其伯健于明堂以配上帝。親耕藉田，其妻苟氏親蠶於近郊。

堅南游霸陵，顧謂羣臣曰：「漢祖起自布衣，廓平四海，佐命功臣孰爲首乎？」權翼進曰：「漢書以蕭曹爲功臣之冠。」堅曰：「漢祖與項羽爭天下，困於京索之間，身被七十餘創，通中六七，父母妻子爲楚所囚。平城之下，七日不火食，賴陳平之謀，太上、妻子克全，免匈奴之禍。二相何得獨高也！雖有人狗之喻，豈黃中之言乎！」于是酣飲極歡，命羣臣賦詩。大

赦，復改元曰甘露。以王猛爲侍中、中書令、京兆尹。

其特進强德，健妻之弟也，昏酒豪横，爲百姓之患。猛捕而殺之，陳尸於市。其中丞鄧羌，性鯁直不撓，與猛協規齊志，數旬之間，貴戚强豪誅死者二十有餘人。於是百僚震肅，豪右屏氣，路不拾遺，風化大行。堅歎曰：「吾今始知天下之有法也，天子之爲尊也！」於是遣使巡察四方及戎夷種落，州郡有高年孤寡，不能自存，長吏刑罰失中、爲百姓所苦，清修疾惡、勸課農桑、有便於俗，篤學至孝、義烈力田者，皆令具條以聞。

時匈奴左賢王衞辰遣使降于堅，遂請田內地，堅許之。雲中護軍賈雍遣其司馬徐斌率騎襲之，因縱兵掠奪。堅怒曰：「朕方修魏絳和戎之術，不可以小利忘大信。昔荆吴之戰，事興蠶婦；澆瓜之惠，梁宋息兵。夫怨不在大，事不在小，擾邊動衆，非國之利也。所獲資產，其悉以歸之。」免雍官，以白衣領護軍，遣使修和，示之信義。辰於是入居塞內，貢獻相尋。烏丸獨孤、鮮卑沒奕于率衆數萬又降於堅。堅初欲處之塞內，苻融以「匈奴爲患，其興自古。比虜馬不敢南首者，畏威故也。今處之于內地，見其弱矣，方當闚兵郡縣，爲北邊之害。不如徙之塞外，以存荒服之義」。堅從之。

堅僭位五年，鳳皇集於東闕，大赦其境內，百僚進位一級。初，堅之將爲赦也，與王猛、苻融密議於露堂，〔一〕悉屏左右。堅親爲赦文，猛、融供進紙墨。有一大蒼蠅入自牖間，鳴

聲甚大，集於筆端，驅而復來。俄而長安街巷市里人相告曰：「官今大赦。」有司以聞。堅驚謂融、猛曰：「禁中無耳屬之理，〔二〕事何從泄也？」於是敕外窮推之，咸言有一小人衣黑衣，大呼於市曰：「官今大赦。」須臾不見。堅歎曰：「其向蒼蠅乎？聲狀非常，吾固惡之。諺曰：『欲人勿知，莫若勿爲。』聲無細而弗聞，事未形而必彰者，其此之謂也。」堅廣修學官，召郡國學生通一經以上充之，公卿已下子孫並遣受業。其有學爲通儒、才堪幹事、清修廉直、孝悌力田者，皆旌表之。于是人思勸勵，號稱多士，盜賊止息，請託路絕，田疇修闢，帑藏充盈，典章法物靡不悉備。堅親臨太學，考學生經義優劣，品而第之。問難五經，博士多不能對。堅謂博士王寔曰：「朕一月三臨太學，黜陟幽明，躬親奬勵，罔敢倦違，庶幾周孔微言不由朕而墜，漢之二武其可追乎！」寔對曰：「自劉石擾覆華畿，二都鞠爲茂艸，儒生罕有或存，墳籍滅而莫紀，經淪學廢，奄若秦皇。陛下神武撥亂，道隆虞夏，開庠序之美，弘儒敎之風，化盛隆周，垂馨千祀，漢之二武焉足論哉！」堅自是每月一臨太學，諸生競勸焉。

屠各張罔聚衆數千，自稱大單于，寇掠郡縣。堅以其尚書鄧羌爲建節將軍，率衆七千討平之。

時商人趙掇、丁妃、鄒瓫等皆家累千金，車服之盛，擬則王侯，堅之諸公競引之爲國二卿。黃門侍郎程憲言於堅曰：「趙掇等皆商販醜豎，市郭小人，車馬衣服僭同王者，官齊君子，爲藩國列卿，傷風敗俗，有塵聖化，宜肅明典法，使清濁顯分。」堅於是推檢引掇等爲國卿者，降其爵。乃下制：「非命士已上，不得乘車馬於都城百里之內。金銀錦繡，工商、皁隸、婦女不得服之，犯者棄市。」

興寧三年，堅又改元爲建元。慕容暐遣其太宰慕容恪攻拔洛陽，略地至於崤澠。堅懼其入關，親屯陝城以備之。

匈奴右賢王曹轂、左賢王衞辰舉兵叛，率衆二萬攻其杏城已南郡縣，屯於馬蘭山。索虜烏延等亦叛堅而通于辰、轂。堅率中外精鋭以討之，以其前將軍楊安、鎮軍毛盛等爲前鋒都督。轂遣弟活距戰于同官川，安大敗之，斬活并四千餘級，轂懼而降。堅徙其酋豪六千餘戶於長安。進擊烏延，斬之。鄧羌討衞辰，擒之於木根山。堅自驄馬城如朔方，巡撫夷狄，以衞辰爲夏陽公以統其衆。轂尋死，分其部落，貳城已西二萬餘落封其長子璽爲駱川侯，貳城已東二萬餘落封其小子寅爲力川侯，故號東、西曹。

秦、雍二州地震裂，水泉湧出，金象生毛，長安大風震電，壞屋殺人，堅懼而愈修德政焉。

使王猛、楊安等率衆二萬寇荆州北鄙諸郡，掠漢陽萬餘戶而還。羌斂岐叛堅，自稱益州刺史，率部落四千餘家西依張天錫叛將李儼。堅遣王猛與隴西太守姜衡、南安太守邵羌討斂岐於略陽。張天錫率步騎三萬擊李儼，攻其大夏、武始二郡，克之。天錫將掌據又敗

儼諸軍於葵谷，儼懼，遣兄子純謝罪於堅，仍請救。尋而猛攻破略陽，斂岐奔白馬。堅遣楊安與建威王撫率衆會猛以救儼。猛遣邵羌追斂岐，使王撫守侯和，姜衡守白石。猛與楊安救枹罕，及天錫將楊遹戰于枹罕東，猛不利。〔三〕邵羌擒斂岐於白馬，送之長安。天錫遂引師而歸。儼猶憑城未出，猛乃服白乘輿，從數十人，請與相見。儼開門延之，未及設備，而將士續入，遂虜儼而還。堅以其將軍彭越爲平西將軍、涼州刺史，鎮枹罕。以儼爲光祿勳、歸安侯。

是歲，苻雙據上邽，苻柳據蒲坂叛於堅，苻庾據陝城、〔四〕苻武據安定並應之，將共伐長安。堅遣使諭之，各齧梨以爲信，皆不受堅命，阻兵自守。堅遣後禁將軍楊成世、左將軍毛嵩等討雙、武，王猛、鄧羌攻蒲坂，楊安、張蚝攻陝城。成世、毛嵩爲雙、武所敗，堅又遣其武衞王鑒、寧朔呂光等率中外精鋭以討之，左衞苻雅、左禁竇衝率羽林騎七千繼發。雙、武乘勝至於榆眉，鑒等擊敗之，斬獲萬五千人。武棄安定，隨雙奔上邽，鑒等攻之。苻柳出挑戰，猛閉壘不應。柳以猛爲憚己，留其世子良守蒲坂，率衆二萬，將攻長安。長安去蒲坂百餘里，〔五〕鄧羌率勁騎七千夜襲敗之，柳引軍還，猛又盡衆邀擊，悉俘其卒，柳與數百騎入於蒲坂。鑒等攻上邽，克之，斬雙、武。猛又尋破蒲坂，斬柳及其妻子，傳首長安。猛屯蒲坂，遣鄧羌與王鑒等攻陷陝城，克之，送庾於長安，殺之。

太和四年，晉大司馬桓溫伐慕容暐，次於枋頭。暐衆屢敗，遣使乞師於堅，請割武牢以西之地。堅亦欲與暐連橫，乃遣其將苟池等率步騎二萬救暐。王師尋敗，引歸，池乃還。

是時慕容垂避害奔於堅，王猛言於堅曰：「慕容垂，燕之戚屬，世雄東夏，寬仁惠下，恩結士庶，燕趙之間咸有奉戴之意。觀其才略，權智無方，兼其諸子明毅有幹藝，人之傑也。蛟龍猛獸，非可馴之物，不如除之。」堅曰：「吾方以義致英豪，建不世之功。且其初至，吾告之至誠，今而害之，人將謂我何！」

王師既旋，慕容暐悔割武牢之地，遣使謂堅曰：「頃者割地，行人失辭。有國有家，分災救患，理之常也。」堅大怒，遣王猛與建威梁成、鄧羌率步騎三萬，署慕容垂爲冠軍將軍，以爲鄉導，攻暐洛州刺史慕容筑於洛陽。暐遣其將慕容臧率精卒十萬，將解筑圍。猛使梁成等以精銳萬人卷甲赴之，大破臧於滎陽。筑懼而請降，猛陳師以受之，留鄧羌鎮金墉，猛振旅而歸。

太和五年，又遣猛率楊安、張蚝、鄧羌等十將率步騎六萬伐暐。堅親送猛於霸東，謂曰：「今授卿精兵，委以重任，便可從壺關、上黨出潞川，此捷濟之機，所謂捷雷不及掩耳。吾當躬自率衆以繼卿後，於鄴相見。已敕運漕相繼，但憂賊，不煩後慮也。」猛曰：「臣庸劣孤生，操無豪介，蒙陛下恩榮，內侍帷幄，出總戎旅，藉宗廟之靈，稟陛下神算，殘胡不足平也。

願不煩鑾軫，冒犯霜露。臣雖不武，望克不淹時。但願速敕有司，部置鮮卑之所。」堅大悅。於是進師。楊安攻晉陽。猛攻壺關，執暐上黨太守慕容越，所經郡縣皆降於猛，猛留屯騎校尉苟萇戍壺關。會楊安攻晉陽，爲地道，遣張蚝率壯士數百人入其城中，大呼斬關，猛、安遂入晉陽，執暐幷州刺史慕容莊。暐遣其太傅慕容評率衆四十餘萬以救二城，評憚猛不敢進，屯於潞川。猛留將軍毛當戍晉陽，進師與評相持。遣游擊郭慶以銳卒五千，夜從閒道出評營後，傍山起火，燒其輜重，火見鄴中。暐懼，遣使讓評，催之速戰。猛知評賣水鬻薪，有可乘之會，評又求戰，乃陣於渭原而誓衆曰：〔六〕「王景略受國厚恩，任兼內外，今與諸君深入賊地，宜各勉進，不可退也。願勠力行閒，以報恩顧，受爵明君之朝，慶觴父母之室，不亦美乎！」衆皆勇奮，破釜棄糧，大呼競進。猛望評師之衆也，惡之，謂鄧羌曰：「今日之事，非將軍莫可以捷。成敗之機，在斯一舉。將軍其勉之！」羌曰：「若以司隸見與者，公無以爲憂。」猛曰：「此非吾之所及也。必以安定太守、萬戶侯相處。」羌不悅而退。俄而兵交，猛召之，羌寢而弗應。猛馳就許之，羌於是大飲帳中，與張蚝、徐成等跨馬運矛，馳入評軍，出入數四，旁若無人，搴旗斬將，殺傷甚衆。及日中，評衆大敗，俘斬五萬有餘，乘勝追擊，又降斬十萬，於是進師圍鄴。堅聞之，留李威輔其太子宏守長安，以苻融鎮洛陽，躬率精銳十萬向鄴。七日而至於安陽，過舊閭，引諸耆老語及祖父之事，泫然流涕，乃停信宿。猛潛至安陽迎堅，堅謂之曰：「昔亞夫不出軍迎漢文，將軍何以臨敵而棄衆也？」猛曰：「臣每覽亞夫之事，嘗謂前却人主，以此而爲名將，竊未多之。臣奉陛下神算，擊垂亡之虜，若摧枯拉朽，何足慮也！監國沖幼，鑾駕遠臨，脫有不虞，其如宗廟何！」堅遂攻鄴，陷之。慕容暐出奔高陽，堅將郭慶執而送之。堅入鄴宮，閱其名籍，凡郡百五十七，縣一千五百七十九，戶二百四十五萬八千九百六十九，口九百九十八萬七千九百三十五。諸州郡牧守及六夷渠帥盡降於堅。郭慶窮追餘燼，慕容評奔於高句麗，慶追至遼海，句麗縛評送之。堅散暐宮人珍寶以賜將士，論功封賞各有差。以王猛爲使持節、都督關東六州諸軍事、車騎大將軍、開府儀同三司、冀州牧，鎮鄴，以郭慶爲持節、都督幽州諸軍事、揚武將軍、幽州刺史，鎮薊。

堅自鄴如枋頭，讌諸父老，改枋頭爲永昌縣，復之終世。堅至自永昌，行飲至之禮，歌勞止之詩，以饗其羣臣。赦慕容暐及其王公已下，皆徙於長安，封授有差。堅於是行禮於辟雍，祀先師孔子，其太子及公侯卿大夫士之元子，皆束脩釋奠焉。徙關東豪傑及諸雜夷十萬戶於關中，處烏丸雜類於馮翊、北地，丁零翟斌于新安，徙陳留、東阿萬戶以實青州。諸因亂流移，避仇遠徙，欲還舊業者，悉聽之。

晉叛臣袁瑾固守壽春，爲大司馬桓溫所圍，遣使請救於堅。堅遣王鑒、張蚝率步騎二萬救之，鑒據洛澗，蚝屯八公山。桓溫遣諸將夜襲鑒、蚝，敗之，鑒、蚝屯慎城。

初，仇池氐楊世以地降於堅，堅署爲平南將軍、秦州刺史、仇池公。既而歸順於晉。世死，子纂代立，遂受天子爵命而絕於堅。世弟統驍武得衆，起兵武都，與纂分爭。堅遣其將苻雅、楊安與益州刺史王統率步騎七萬，先取仇池，進圖寧益。〔七〕雅等次于鷲陝，纂率衆五萬距雅。晉梁州刺史楊亮遣督護郭寶率騎千餘救之，戰於陝中，爲雅等所敗，纂收衆奔還。雅進攻仇池，楊統帥武都之衆降於雅。纂將楊他遣子碩密降於雅，請爲內應。纂懼，面縛出降。雅釋其縛，送之長安。以楊統爲平遠將軍、南秦州刺史，加楊安都督，鎮仇池。

先是，王猛獲張天錫將敦煌陰據及甲士五千，堅既東平六州，西擒楊纂，欲以德懷遠，且跨威河右，至是悉送所獲還涼州。天錫懼而遣使謝罪稱藩，堅大悅，即署天錫爲使持節、散騎常侍、都督河右諸軍事、驃騎大將軍、開府儀同三司、涼州刺史、西域都護、西平公。吐谷渾碎奚以楊纂既降，懼而遣使送馬五千匹、金銀五百斤。堅拜奚安遠將軍、漒川侯。〔八〕

堅嘗如鄴，狩于西山，旬餘，樂而忘返。伶人王洛叩馬諫曰：「臣聞千金之子坐不垂堂，萬乘之主行不履危。故文帝馳車，袁公止轡；孝武好田，相如獻規。陛下爲百姓父母，蒼生所繫，何可盤于游田，以玷聖德。若禍起須臾，變在不測者，其如宗廟何！其如太后何！」堅曰：「善。昔文公悟愆於虞人，朕聞罪於王洛，吾過也。」自是遂不復獵。

堅聞桓溫廢海西公也，謂羣臣曰：「溫前敗灞上，後敗枋頭，十五年間，再傾國師。六十歲公舉動如此，不能思愆免退，以謝百姓，方廢君以自悅，將如四海何！諺云『怒其室而作色於父』者，其桓溫之謂乎！」

堅以境內旱，課百姓區種。懼歲不登，省節穀帛之費，太官、後宮減常度二等，百僚之秩以次降之。復魏晉士籍，使役有常聞，諸非正道，典學一皆禁之。〔九〕堅臨太學，考學生經義，上第擢敍者八十三人。自永嘉之亂，庠序無聞，及堅之僭，頗留心儒學，王猛整齊風俗，政理稱舉，學校漸興。關隴清晏，百姓豐樂，自長安至于諸州，皆夾路樹槐柳，二十里一亭，四十里一驛，旅行者取給於途，工商貿販於道。百姓歌之曰：「長安大街，夾樹楊槐。下走朱輪，上有鸞栖。英彥雲集，誨我萌黎。」

是歲，有大風從西南來，俄而晦冥，恒星皆見，又有赤星見於西南。太史令魏延言於堅曰：「於占西南國亡，明年必當平蜀漢。」堅大悅，命秦梁密嚴戎備。乃以王猛爲丞相，以苻融爲鎮東大將軍，代猛爲冀州牧。融將發，堅祖於霸東，奏樂賦詩。堅母苟氏以融少子，甚愛之，比發，三至灞上，其夕又竊如融所，內外莫知。是夜，堅寢於前殿，魏延上言：「天市南門屏內后妃星失明，左右閽寺不見，后妃移動之象。」堅推問知之，驚曰：「天道與人何其不遠！」遂重星官。王猛至長安，加都督中外諸軍事，猛辭讓再三，堅不許。

其後天鼓鳴，有彗星出於尾箕，長十餘丈，名蚩尤旗，經太微，掃東井，自夏及秋冬不滅。太史令張孟言於堅曰：「彗起尾箕，而掃東井，此燕滅秦之象。」因勸堅誅慕容暐及其子弟。堅不納，更以暐爲尚書，垂爲京兆尹，沖爲平陽太守。苻融聞之，上疏於堅曰：「臣聞東胡在燕，曆數彌久，逮于石亂，遂據華夏，跨有六州，南面稱帝。陛下爰命六師，大舉征討，勞卒頻年，勤而後獲，本非慕義懷德歸化。而今父子兄弟列官滿朝，執權履職，勢傾勞舊，陛下親而幸之。臣愚以爲猛獸不可養，狼子野心。往年星異，災起於燕，願少留意，以思天戒。臣據可言之地，不容默已。詩曰：『兄弟急難』，『朋友好合』。昔劉向以肺腑之親，尚能極言，況於臣乎！」堅報之曰：「汝爲德未充而懷是非，立善未稱而名過其實。詩云：『德輶如毛，人鮮克舉。』君子處高，戒懼傾敗，可不務乎！今四海事曠，兆庶未寧，黎元應撫，夷狄應和，方將混六合以一家，同有形於赤子，汝其息之，勿懷耿介。夫天道助順，修德則禳災。苟求諸己，何懼外患焉。」

晉梁州刺史楊亮遣子廣襲仇池，與堅將楊安戰，廣敗績，晉沮水諸戍皆委城奔潰，亮懼而退守磬險，安遂進寇漢川。堅遣王統、朱肜率卒二萬爲前鋒寇蜀，前禁將軍毛當、鷹揚將軍徐成率步騎三萬入自劍閣。楊亮率巴獠萬餘拒之，戰于青谷，王師不利，亮奔固西城。肜乘勝陷漢中，徐成又攻二劍，克之，楊安進據梓潼。晉奮威將軍、西蠻校尉周虓降于肜。揚

武將軍、益州刺史周仲孫勒兵距肜等于緜竹，聞堅將毛當將至成都，仲孫率騎五千奔於南中。安、當進兵，遂陷益州。於是西南夷邛、莋、夜郎等皆歸之。堅以安爲右大將軍、益州牧，鎮成都；毛當爲鎮西將軍、梁州刺史，鎮漢中；姚萇爲寧州刺史、領西蠻校尉；〔一〇〕王統爲南秦州刺史，鎮仇池。

蜀人張育、楊光等起兵，以叛於堅。晉益州刺史竺瑤、威遠將軍桓石虔率衆三萬據墊江。育乃自號蜀王，遣使歸順，與巴獠酋帥張重、尹萬等五萬餘人進圍成都。尋而育與萬爭權，舉兵相持，堅遣鄧羌與楊安等擊敗之，育、光退屯緜竹。安又敗張重、尹萬于成都南，重死之，及首級二萬三千。〔一一〕鄧羌復擊張育、楊光于緜竹，皆害之。桓石虔敗姚萇於墊江，萇退據五城，石虔與竺瑤移屯巴東。

時有人於堅明光殿大呼謂堅曰：「甲申乙酉，魚羊食人，悲哉無復遺。」堅命執之，俄而不見。祕書監朱肜等因請誅鮮卑，堅不從。遣使巡行四方，觀風俗，問政道，明黜陟，恤孤獨不能自存者。以安車蒲輪徵隱士樂陵王歡爲國子祭酒。〔一二〕及王猛卒，堅置聽訟觀於未央之南。禁老、莊、圖讖之學。中外四禁、二衞、四軍長上將士，皆令修學。課後宮，置典學，立內司，以授于掖庭，選閹人及女隸有聰識者署博士以授經。

遣其武衞苟萇、左將軍毛盛、〔一三〕中書令梁熙、步兵校尉姚萇等率騎十三萬伐張天錫於

姑臧。遣尚書郎閻負、梁殊銜命軍前，下書徵天錫。堅嚴飾鹵簿，親餞萇等於城西，賞行將各有差。又遣其秦州刺史苟池、河州刺史李辯、涼州刺史王統，率三州之衆以繼之。閻負等到涼州，天錫自以晉之列藩，志在保境，命斬之，遣將軍馬建出距萇等。俄而梁熙、王統等自清石津攻其將梁桀於河會城，〔一四〕陷之。苟萇濟自石城津，與梁熙等會攻纏縮城，又陷之。馬建懼，自楊非退還清塞。天錫又遣將軍掌據率衆三萬，與馬建陣於洪池。苟萇遣姚萇以甲卒三千挑戰，諸將勸據擊之，以挫其鋒，據不從。天錫乃率中軍三萬次金昌。萇、熙聞天錫來逼，急攻據、建，建降於萇，遂攻據，害之，及其軍司席仂。萇進軍入清塞，乘高列陣。天錫又遣司兵趙充哲爲前鋒，率勁勇五萬，與萇等戰於赤岸，哲大敗。天錫懼而奔還，致牋請降。萇至姑臧，天錫乘素車白馬，面縛輿櫬，降於軍門。萇釋縛焚櫬，送之於長安，諸郡縣悉降。堅以梁熙爲持節、西中郎將、涼州刺史，領護西羌校尉，鎮姑臧。徙豪右七千餘戶於關中，五品稅百姓金銀一萬三千斤以賞軍士，餘皆安堵如故。堅封天錫重光縣之東寧鄉二百戶，號歸義侯。初，萇等將征天錫，堅爲其立第於長安，至是而居之。

堅既平涼州，又遣其安北將軍、幽州刺史苻洛爲北討大都督，率幽州兵十萬討代王涉翼犍。又遣後將軍俱難與鄧羌等率步騎二十萬東出和龍，西出上郡，與洛會於涉翼犍庭。翼犍戰敗，遁於弱水。苻洛逐之，勢窘迫，退還陰山。其子翼圭縛父請降，洛等振旅而還，

封賞有差。堅以翼犍荒俗，未參仁義，令入太學習禮。以翼圭執父不孝，遷之於蜀。散其部落於漢鄣邊故地，立尉、監行事，官僚領押，課之治業營生，三五取丁，優復三年無稅租。其渠帥歲終令朝獻，出入行來爲之制限。堅嘗之太學，召涉翼犍問曰：「中國以學養性，而人壽考，漠北噉牛羊而人不壽，何也？」翼犍不能答。又問：「卿種人有堪將者，可召爲國家用。」對曰：「漠北人能捕六畜，善馳走，逐水草而已，何堪爲將！」又問：「好學否？」對曰：「若不好學，陛下用教臣何爲？」堅善其答。

堅以關中水旱不時，議依鄭白故事，發其王侯已下及豪望富室僮隸三萬人，開涇水上源，鑿山起堤，通渠引瀆，以溉岡鹵之田。及春而成，百姓賴其利。以涼州新附，復租賦一年。爲父後者賜爵一級，孝悌力田爵二級，孤寡高年穀帛有差，女子百戶牛酒，大酺三日。

遣其尚書令苻丕率司馬慕容暐、苟萇等步騎七萬寇襄陽。使楊安將樊鄧之衆爲前鋒，屯騎校尉石越率精騎一萬出魯陽關，慕容垂與姚萇出自南鄉，苟池等與強弩王顯將勁卒四萬從武當繼進，大會漢陽。師次沔北，晉南中郎將朱序以丕軍無舟檝，不以爲虞，石越遂游馬以渡。序大懼，固守中城。越攻陷外郛，獲船百餘艘以濟軍。丕率諸將進攻中城，遣苟池、石越、毛當以衆五萬屯於江陵。晉車騎將軍桓沖擁衆七萬爲序聲援，憚池等不進，保據上明。兗州刺史彭超遣使上言於堅曰：「晉沛郡太守戴逯以卒數千戍彭城，臣請率精銳五

萬攻之，願更遣重將討淮南諸城。」堅於是又遣其後將軍俱難率右將軍毛當、後禁毛盛、陵江邵保等步騎七萬寇淮陰、盱眙。揚武彭超寇彭城。梁州刺史韋鍾寇魏興，攻太守吉挹於西城。晉將軍毛武生率衆五萬距之，與俱難等相持於淮南。[一五]

先是，梁熙遣使西域，稱揚堅之威德，并以繒綵賜諸國王，於是朝獻者十有餘國。大宛獻天馬千里駒，皆汗血、朱鬣、五色、鳳膺、麟身，及諸珍異五百餘種。堅曰：「吾思漢文之返千里馬，咨嗟美詠。今所獻馬，其悉返之，庶克念前王，髣髴古人矣。」乃命羣臣作止馬詩而遣之，示無欲也。其下以爲盛德之事，遠同漢文，於是獻詩者四百餘人。

是時苻丕久圍襄陽，御史中丞李柔劾丕以師老無功，請徵下廷尉。堅曰：「丕等費廣無成，實宜貶戮。但師已淹時，不可虛然中返，其特原之，令以功成贖罪。」因遣其黃門郎韋華持節切讓丕等，仍賜以劍，曰：「來春不捷者，汝可自裁，不足復持面見吾也。」初，丕之寇襄陽也，將急攻之，苟萇諫曰：「今以十倍之衆，積粟如山，但掠徙荊楚之人內於許洛，絕其糧運，使外援不接，糧盡無人，不攻自潰，何爲促攻以傷將士之命？」丕從之。及堅讓至，衆咸疑懼，莫知所爲。征南主簿河東王施進曰：「以大將軍英秀，諸將勇銳，以攻小城，何異洪鑪燎羽毛。所以緩攻，欲以計制之。若決一旦之機，可指日而定。今破襄陽，上明自遁，復何所疑！願請一旬之期，以展三軍之勢。如其不捷，施請爲戮首。」丕於是促圍攻之。堅將親率衆助丕等，使苻融將關東甲卒會于壽春，梁熙統河西之衆以繼中軍。融、熙並上言，以爲未可興師，乃止。

太元四年，晉兗州刺史謝玄率衆數萬次于泗汭，將救彭城。苻丕陷襄陽，執南中郎將朱序，送于長安，堅署爲度支尚書。以其中壘梁成爲南中郎將、都督荊揚州諸軍事、荊州刺史，領護南蠻校尉，配兵一萬鎮襄陽，以征南府器杖給之。彭超圍彭城也，置輜重於留城。至是，晉將謝玄遣將軍何謙之、高衡率衆萬餘，聲趣留城，超引軍赴之。戴逯率彭城之衆奔於謝玄，超留其治中徐褒守彭城而復寇盱眙。俱難既陷淮陰，留邵保戍之，與超會師而南。晉將毛武生救魏興，遣前鋒督護趙福、將軍袁虞等將水軍一萬，泝江而上。堅南巴校尉姜宇遣將張紹、仇生等水陸五千距之，戰於南縣，王師敗績。尋而韋鍾攻陷魏興，執太守吉挹。毛當與王顯自襄陽而東，會攻淮南。彭超陷盱眙，獲晉建威將軍、高密內史毛璪之，遂攻晉幽州刺史田洛於三阿，去廣陵百里，京都大震，臨江列戍。孝武帝遣征虜將軍謝石率水軍次于涂中，右衞將軍毛安之、游擊將軍河間王曇之次于堂邑，謝玄自廣陵救三阿。毛當、毛盛馳襲安之，王師敗績。玄率衆三萬次於白馬塘，俱難遣其將都顏率騎逆玄，戰於塘西，玄大敗之，斬顏。玄進兵至三阿，與難、超戰，超等又敗，退保盱眙。玄進次石梁，與田洛攻盱眙，難、超出戰，復敗，退屯淮陰。玄遣將軍何謙之、督護諸葛侃率舟師乘潮而上，焚

淮橋，又與難等合戰，謙之斬其將邵保，難、超退師淮北。難歸罪彭超，斬其司馬柳渾。堅聞之，大怒，檻車徵超下獄，超自殺，難免爲庶人。

堅以毛當爲平南將軍、徐州刺史，鎮彭城；毛盛爲平東將軍、兗州刺史，鎮胡陸；王顯爲平吳校尉、揚州刺史，戍下邳：賞堂邑之功也。又以苻洛爲散騎常侍、持節、都督益寧西南夷諸軍事、征南大將軍、益州牧，領護西夷校尉，鎮成都，命從伊闕自襄陽泝漢而上。洛，健之兄子也。雄勇多力，而猛氣絕人，堅深忌之，故常爲邊牧。洛有征伐之功而未賞，及是還也，恚怒，謀於衆曰：「孤於帝室，至親也，主上不能以將相任孤，常擯孤於外，既投之西裔，復不聽過京師，此必有伏計，令梁成沈孤於漢水矣。爲宜束手就命，爲追晉陽之事以匡社稷邪？諸君意如何？」其治中平顏妄陳祥瑞，[一六]勸洛舉兵。洛因攘袂大言曰：「孤計決矣，沮謀者斬！」於是自稱大將軍、大都督、秦王，署置官司，以平顏爲輔國將軍、幽州刺史，爲其謀主。分遣使者徵兵於鮮卑、烏丸、高句麗、百濟及薛羅、休忍等諸國，並不從。洛懼而欲止，平顏曰：「且宜聲言受詔，盡幽并之兵出自中山、常山，陽平公必郊迎於路，因而執之，進據冀州，總關東之衆以圖秦雍，可使百姓不覺易主而大業定矣。」洛從之，乃率衆七萬發和龍，將圖長安。於是關中騷動，盜賊並起。堅遣使數之曰：「天下未一家，兄弟匪他，何爲而反？可還和龍，當以幽州永爲世封。」洛謂使者曰：「汝還白東海王，幽州褊阨，不足容萬乘，

須還王咸陽，以承高祖之業。若能候駕潼關者，位爲上公，爵歸本國。」堅大怒，遣其左將軍竇衝及呂光率步騎四萬討之，右將軍都貴馳傳詣鄴，率冀州兵三萬爲前鋒，以苻融爲大都督，授之節度。使石越率騎一萬，自東萊出石徑，襲和龍，海行四百餘里。苻重亦盡薊城之衆會洛，次於中山，有衆十萬。衝等與洛戰於中山，大敗之，執洛及其將蘭殊，送於長安。呂光追斬苻重於幽州，石越克和龍，斬平顏及其黨與百餘人。堅赦蘭殊，署爲將軍，徙洛於涼州，徵苻融爲車騎大將軍、領宗正、錄尚書事。

洛既平，堅以關東地廣人殷，思所以鎮靜之，引其羣臣於東堂議曰：「凡我族類，支胤彌繁，今欲分三原、九嵕、武都、汧、雍十五萬戶於諸方要鎮，不忘舊德，爲磐石之宗，於諸君之意如何？」皆曰：「此有周所以祚隆八百，社稷之利也。」於是分四帥子弟三千戶，以配苻丕鎮鄴，如世封諸侯，爲新券主。堅送丕於灞上，流涕而別。諸戎子弟離其父兄者，皆悲號哀慟，酸感行人，識者以爲喪亂流離之象。於是分幽州置平州，以石越爲平州刺史，領護鮮卑中郎將，鎮龍城；大鴻臚韓胤領護赤沙中郎將，移烏丸府于代郡之平城；中書令梁讜爲安遠將軍、〔一七〕幽州刺史，鎮薊城；毛興爲鎮西將軍、河州刺史，鎮枹罕；王騰爲鷹揚將軍、幷州刺史，領護匈奴中郎將，鎮晉陽；二州各配支戶三千；〔一八〕苻暉爲鎮東大將軍、豫州牧，鎮洛陽；苻叡爲安東將軍、雍州刺史，鎮蒲坂。

先是，高陸人穿井得龜，大三尺，背有八卦文，堅命太卜池養之，食以粟，及此而死，藏其骨於太廟。其夜廟丞高虜夢龜謂之曰：「我本出將歸江南，遭時不遇，隕命秦庭。」又有人夢中謂虜曰：「龜三千六百歲而終，終必妖興，亡國之徵也。」

堅自平諸國之後，國內殷實，遂示人以侈，懸珠簾於正殿，以朝羣臣，宮宇車乘，器物服御，悉以珠璣、琅玕、奇寶、珍怪飾之。尚書郎裴元略諫曰：「臣聞堯舜茅茨，周卑宮室，故致和平，慶隆八百。始皇窮極奢麗，嗣不及孫。願陛下則采椽之不琢，鄙瓊室而不居，敷純風於天下，流休範於無窮，賤金玉，珍穀帛，勤恤人隱，勸課農桑，捐無用之器，棄難得之貨，敦至道以厲薄俗，修文德以懷遠人。然後一軌九州，同風天下，刑措既登，告成東嶽，蹤軒皇以齊美，哂二漢之徙封，臣之願也。」堅大悅，命去珠簾，以元略爲諫議大夫。鄯善王、車師前部王來朝，大宛獻汗血馬，肅愼貢楛矢，天竺獻火浣布，康居、於闐及海東諸國，凡六十有二王，皆遣使貢其方物。

初，堅母少寡，將軍李威有辟陽之寵，史官載之。至是，堅收起居注及著作所錄而觀之，見其事，慚怒，乃焚其書而大檢史官，將加其罪。著作郎趙泉、〔一九〕車敬等已死，乃止。

荆州刺史都貴遣其司馬閻振、〔二〇〕中兵參軍吳仲等率衆二萬寇竟陵，留輜重于管城，水陸輕進。桓沖遣南平太守桓石虔、竟陵太守郭銓等水陸二萬距之，相持月餘，戰於激水。振等大敗，退保管城。石虔乘勝攻破之，斬振及仲，俘斬萬七千。

校勘記

〔一〕露堂　斠注：御覽九四四引前秦書、太平廣記四七三引廣古今五行記「露」上有「甘」字。

〔二〕禁中無耳屬之理　斠注：御覽九四四引前秦書作「禁中無屬耳之垣」。載記「之理」當作「之垣」。

〔三〕猛不利　張天錫傳謂「天錫敗績」，通鑑一〇一稱「猛大破之」。疑此誤。

〔四〕苻庾　慕容暐載記作「苻謏」。參卷一一一校記。

〔五〕長安去蒲坂百餘里　長安去蒲坂不止百餘里，此當是苻柳自蒲坂行百餘里，「長安」二字涉上「將攻長安」語而衍，通鑑一〇一無此二字可證。

〔六〕渭原　斠注：御覽三一二引十六國春秋「渭原」作「潞原」。按上文云「評不敢進，屯於潞川」，無西至渭原之理，當以作「潞原」爲是。今按：通典一五九亦作「潞原」。「潞原」當卽漳水經潞城處，與潞川非別地。

〔七〕進圖寧益　各本「圖」作「圍」，册府二三一、通志一八八並作「圖」。册府、通志並出載記，於文義亦作「圖」是，今據改。

〔八〕堅拜奚安遠將軍濔川侯　各本「奚」作「纂」。張森楷云：濔川地在吐谷渾，楊纂爲武都氐族首

領，不應以濔川地授之。且上文方敍吐谷渾，此處插入楊纂官爵，文理亦覺不倫。吐谷渾傳謂苻堅拜辟奚爲安遠將軍，與此相合，「纂」當爲「奚」之譌。按：通鑑一〇三作「辟奚」，據宋書、魏書吐谷渾傳「碎」作「辟」，作「碎」誤，但此處自當作「奚」，今據改。

〔九〕使役有常聞諸非正道典學一皆禁之　「聞」字屬上、屬下皆贅，疑是衍文或字訛。

〔一〇〕姚萇爲寧州刺史領西蠻校尉　通鑑一〇三下有「鎮墊江」句。按：上下文記以某人爲某州刺史，並有鎮某地一語，疑此脫去。

〔一一〕及首級二萬三千　通鑑一〇三「及」作「斬」，疑是。

〔一二〕王歡　各本「歡」作「勸」。按：事見儒林王歡傳，「勸」字譌，今改正。

〔一三〕左將軍毛盛　張天錫傳「毛盛」作「毛當」，下文見「右將軍毛當、後禁毛盛」，疑作「毛當」是，但「左」「右」微異。

〔一四〕梁粲　通鑑一〇四作「梁濟」。

〔一五〕梁州刺史韋鍾寇魏興攻太守吉挹於西城晉將軍毛武生率衆五萬距之與俱難等相持於淮南　毛穆之(卽武生)傳云：「苻堅別將寇彭城，復以將軍假節監江北軍事，鎮廣陵。」此處上文方稱「彭超寇彭城」，卽應逕接「晉將軍毛武生率衆五萬拒之」，情事始明。而中間忽插入韋鍾攻魏興事，遂似武生拒韋鍾軍於魏興。疑「韋鍾寇魏興」云云本在「相持於淮南」句下，錯簡在上，通鑑

一〇四敍次正如此，可證。又「武生」，通鑑作「虎生」，當是晉書避唐諱改「武」。

〔一六〕平顏　通鑑一〇四「顏」作「規」。下同。

〔一七〕中書令梁讜　各本無「令」字，宋本有。通鑑一〇四、通志一八九並有「令」字，今從宋本。

〔一八〕各配支戶三千　通鑑一〇四「支」作「氐」，疑是。

〔一九〕著作郎趙泉　斠注：史通正史篇曰：前秦史官，初有趙淵、車敬。趙淵以唐人避諱改「泉」。

〔二〇〕都貴遣其司馬閻振　「都貴」，斠注：孝武紀作「都貴」，桓沖傳作「郗貴」，桓石虔傳作「梁成」，人名各異，蓋不可定其孰是孰非。又云：司馬閻振，孝武紀及桓沖、桓石虔傳俱作「襄陽太守閻震」。

晉書卷一百十四

載記第十四

苻堅下　王猛　苻融　苻朗

太元七年，堅饗羣臣於前殿，樂奏賦詩。秦州別駕天水姜平子詩有「丁」字，直而不曲。堅問其故，平子曰：「臣丁至剛，不可以屈，且曲下者不正之物，未足獻也。」堅笑曰：「名不虛行。」因擢爲上第。

堅兄法子東海公陽與王猛子散騎侍郎皮謀反，〔一〕事洩，堅問反狀，陽曰：「禮云，父母之仇，不同天地。臣父哀公，死不以罪，齊襄復九世之仇，而況臣也！」皮曰：「臣父丞相有佐命之勳，而臣不免貧餒，所以圖富也。」堅流涕謂陽曰：「哀公之薨，事不在朕，卿寧不知之！」讓皮曰：「丞相臨終，託卿以十具牛爲田，不聞爲卿求位。知子莫若父，何斯言之徵也！」皆赦不誅，徙陽於高昌，皮於朔方之北。苻融以位忝宗正，不能肅遏姦萌，上疏請待罪私藩。

堅不許。將以融爲司徒，融固辭。堅銳意荊揚，將謀入寇，乃改授融征南大將軍、開府儀同三司。

新平郡獻玉器。初，堅即僞位，新平王彫陳說圖讖，堅大悅，以彫爲太史令。嘗言於堅曰：「謹案讖云：『古月之末亂中州，洪水大起健西流，惟有雄子定八州。』此即三祖、陛下之聖諱也。又曰：『當有艸付臣又土，滅東燕，破白虜，氐在中，華在表。』案圖讖之文，陛下當滅燕，平六州。願徙汧隴諸氐於京師，三秦大戶置之於邊地，以應圖讖之言。」堅訪之王猛，猛以彫爲左道惑衆，勸堅誅之。彫臨刑上疏曰：「臣以趙建武四年，從京兆劉湛學，明于圖記，謂臣曰：『新平地古顓頊之墟，里名曰雞閭。〔二〕記云，此里應出帝王寶器，其名曰延壽寶鼎。顓頊有云，河上先生爲吾隱之於咸陽西北，吾之孫有艸付臣又土應之。』湛又云：『吾嘗齋於室中，夜有流星大如半月，落於此地，斯蓋是乎！』願陛下誌之，平七州之後，出於壬午之年。」至是而新平人得之以獻，器銘篆書文題之法，一爲天王，二爲王后，三爲三公，四爲諸侯，五爲伯子男，六爲卿大夫，七爲元士。自此已下，考載文記，列帝王名臣，自天子王后，內外次序，上應天文，象紫宮布列，依玉牒版辭，不違帝王之數。從上元人皇起，至中元，窮於下元，天地一變，盡三元而止。堅以彫言有徵，追贈光祿大夫。

幽州蝗，廣袤千里，堅遣其散騎常侍劉蘭持節爲使者，發靑、冀、幽、幷百姓討之。

以苻朗爲使持節、都督青徐兗三州諸軍事、鎮東將軍、青州刺史，以諫議大夫裴元略爲陵江將軍、西夷校尉、巴西梓潼二郡太守，密授規模，令與王撫備舟師於蜀，將以入寇。

車師前部王彌寘、鄯善王休密馱朝於堅，堅賜以朝服，引見西堂。寘等觀其宮宇壯麗，儀衞嚴肅，甚懼，因請年年貢獻。堅以西域路遙，不許，令三年一貢，九年一朝，以爲永制。寘等請曰：「大宛諸國雖通貢獻，然誠節未純，請乞依漢置都護故事。若王師出關，請爲鄉導。」堅於是以驍騎呂光爲持節、都督西討諸軍事，與陵江將軍姜飛、輕騎將軍彭晃等配兵七萬，以討定西域。苻融以虛秏中國，投兵萬里之外，得其人不可役，得其地不可耕，固諫以爲不可。堅曰：「二漢力不能制匈奴，猶出師西域。今匈奴既平，易若摧朽，雖勞師遠役，可傳檄而定，化被崑山，垂芳千載，不亦美哉！」朝臣又屢諫，皆不納。

晉將軍朱綽焚踐沔北屯田，掠六百餘戶而還。堅引羣臣會議，曰：「吾統承大業垂二十載，〔三〕芟夷逋穢，四方略定，惟東南一隅未賓王化。吾每思天下不一，未嘗不臨食輟餔，今欲起天下兵以討之。略計兵杖精卒，可有九十七萬，吾將躬先啓行，薄伐南裔，於諸卿意何如？」祕書監朱肜曰：「陛下應天順時，恭行天罰，嘯咤則五嶽摧覆，呼吸則江海絕流，若一舉百萬，必有征無戰。晉主自當銜璧輿櫬，啓顙軍門，若迷而弗悟，必逃死江海，猛將追之，卽可賜命南巢。中州之人，還之桑梓。然後迴駕岱宗，告成封禪，起白雲於中

嶽，爾則終古一時，書契未有。」堅大悅曰：「吾之志也。」左僕射權翼進曰：「臣以爲晉未可伐。夫以紂之無道，天下離心，八百諸侯不謀而至，武王猶曰彼有人焉，迴師止旆。三仁誅放，然後奮戈牧野。今晉道雖微，未聞喪德，君臣和睦，上下同心。謝安、桓沖，江表偉才，可謂晉有人焉。臣聞師克在和，今晉和矣，未可圖也。」堅默然久之，曰：「諸君各言其志。」太子左衞率石越對曰：「吳人恃險偏隅，不賓王命，陛下親御六師，問罪衡越，誠合人神四海之望。但今歲鎮星守斗牛，福德在吳。懸象無差，弗可犯也。且晉中宗，藩王耳，夷夏之情，咸共推之，遺愛猶在於人。昌明，其孫也，國有長江之險，朝無昏貳之釁。臣愚以爲利用修德，未宜動師。孔子曰：『遠人不服，修文德以來之。』願保境養兵，伺其虛隙。」堅曰：「吾聞武王伐紂，逆歲犯星。天道幽遠，未可知也。昔夫差威陵上國，而爲句踐所滅。仲謀澤洽全吳，孫晧因三代之業，龍驤一呼，君臣面縛，雖有長江，其能固乎！以吾之衆旅，投鞭於江，足斷其流。」越曰：「臣聞紂爲無道，天下患之。夫差淫虐，孫晧昏暴，衆叛親離，所以敗也。今晉雖無德，未有斯罪，深願厲兵積粟以待天時。」羣臣各有異同，庭議者久之。堅曰：「所謂築室于道，沮計萬端，吾當內斷於心矣。」羣臣出後，獨留苻融議之。堅曰：「自古大事，定策者一兩人而已，羣議紛紜，徒亂人意，吾當與汝決之。」融曰：「歲鎮在斗牛，吳越之福，不可以伐一也。晉主休明，朝臣用命，不可以伐二也。我數戰，兵疲將倦，有憚敵之

意，不可以伐三也。諸言不可者，策之上也，願陛下納之。」堅作色曰：「汝復如此，天下之事，吾當誰與言之！今有衆百萬，資仗如山，吾雖未稱令主，亦不爲闇劣。以累捷之威，擊垂亡之寇，何不克之有乎！吾終不以賊遺子孫，爲宗廟社稷之憂也。」融泣曰：「吳之不可伐昭然，虛勞大舉，必無功而反。臣之所憂，非此而已。陛下寵育鮮卑、羌、羯，布諸畿甸，舊人族類，斥徙遐方。今傾國而去，如有風塵之變者，其如宗廟何！監國以弱卒數萬留守京師，鮮卑、羌、羯攢聚如林，此皆國之賊也，我之仇也。臣恐非但徒返而已，亦未必萬全。臣智識愚淺，誠不足採；王景略一時奇士，陛下每擬之孔明，其臨終之言不可忘也。」堅不納。游於東苑，命沙門道安同輦。權翼諫曰：「臣聞天子法駕，侍中陪乘，清道而行，進止有度。三代末主，或虧大倫，適一時之情，書惡來世。故班姬辭輦，垂美無窮。道安毀形賤士，不宜參穢神輿。」堅作色曰：「安公道冥至境，德爲時尊，朕舉天下之重，未足以易之。非公與輦之榮，此乃朕之顯也。」命翼扶安升輦，顧謂安曰：「朕將與公南游吳越，整六師而巡狩，謁虞陵於疑嶺，瞻禹穴於會稽，泛長江，臨滄海，不亦樂乎！」安曰：「陛下應天御世，居中土而制四維，逍遙順時，以適聖躬，動則鳴鑾清道，止則神栖無爲，端拱而化，與堯舜比隆，何爲勞身於馳騎，口倦於經略，櫛風沐雨，蒙塵野次乎？且東南區區，地下氣癘，虞舜游而不返，大禹適而弗歸，何足以上勞神駕，下困蒼生。詩云：『惠此中國，以綏四方。』苟文德足以懷遠，

可不煩寸兵而坐賓百越。」堅曰：「非爲地不廣、人不足也，但思混一六合，以濟蒼生。天生蒸庶，樹之君者，所以除煩去亂，安得憚勞！朕既大運所鍾，將簡天心以行天罰。高辛有熊泉之役，唐堯有丹水之師，此皆著之前典，昭之後王。誠如公言，帝王無省方之文乎？且朕此行也，以義舉耳，使流度衣冠之胄，還其墟墳，復其桑梓，止爲濟難銓才，不欲窮兵極武。」安曰：「若鑾駕必欲親動，猶不願遠涉江淮，可暫幸洛陽，明授勝略，馳紙檄於丹楊，開其改迷之路。如其不庭，伐之可也。」堅不納。先是，羣臣以堅信重道安，謂安曰：「主上欲有事於東南，公何不爲蒼生致一言也！」故安因此而諫。苻融及尚書原紹、石越等上書面諫，前後數十，堅終不從。堅少子中山公詵有寵於堅，又諫曰：「臣聞季梁在隨，楚人憚之；宮奇在虞，晉不闚兵。國有人焉故也。及謀之不用，而亡不淹歲。前車之覆軌，後車之明鑒。陽平公，國之謀主，而陛下違之；晉有謝安、桓沖，而陛下伐之。是行也，臣竊惑焉。」堅曰：「國有元龜，可以決大謀；朝有公卿，可以定進否。孺子言焉，將爲戮也。」

所司奏劉蘭討蝗幽州，經秋冬不滅，請徵下廷尉詔獄。堅曰：「災降自天，殆非人力所能除也。此自朕之政違所致，蘭何罪焉！」

明年，呂光發長安，堅送於建章宮，謂光曰：「西戎荒俗，非禮義之邦。羈縻之道，服而赦之，示以中國之威，導以王化之法，勿極武窮兵，過深殘掠。」加鄯善王休密馱使持節、散

騎常侍、都督西域諸軍事、寧西將軍、車師前部王彌窴使持節、平西將軍、西域都護，率其國兵爲光鄉導。

是年，益州西南夷、海東諸國皆遣使貢其方物。

堅南游灞上，從容謂羣臣曰：「軒轅，大聖也，其仁若天，其智若神，猶隨不順者從而征之，居無常所，以兵爲衞，故能日月所照，風雨所至，莫不率從。今天下垂平，惟東南未殄。朕忝荷大業，巨責攸歸，豈敢優游卒歲，不建大同之業！每思桓溫之寇也，江東不可不滅。今有勁卒百萬，文武如林，鼓行而摧遺晉，若商風之隕秋籜。朝廷內外，皆言不可，吾實未解所由。晉武若信朝士之言而不征吳者，天下何由一軌！吾計決矣，不復與諸卿議也。」太子宏進曰：「吳今得歲，不可伐也。且晉主無罪，人爲之用；謝安、桓沖兄弟皆一方之儁才，君臣勠力，阻險長江，未可圖也。但可厲兵積粟，以待暴主，一舉而滅之。今若動而無功，則威名損於外，資財竭於內。是故聖王之行師也，內斷必誠，然後用之。彼若憑長江以固守，徙江北百姓於江南，增城清野，杜門不戰，我已疲矣。彼未引弓，土下氣癘，不可久留，陛下將若之何？」堅曰：「往年車騎滅燕，亦犯歲而捷之。天道幽遠，非汝所知也。昔始皇之滅六國，其王豈皆暴乎？且吾內斷於心久矣，舉必克之，何爲無功！吾方命蠻夷以攻其內，精甲勁兵以攻其外，內外如此，安有不克！」道安曰：「太子之言是也，願陛下納之。」堅弗從。

冠軍慕容垂言於堅曰：「陛下德侔軒唐，功高湯武，威澤被於八表，遠夷重譯而歸。司馬昌明因餘燼之資，敢距王命，是而不誅，法將安措！孫氏跨僭江東，終併於晉，其勢然也。臣聞小不敵大，弱不御强，況大秦之應符，陛下之聖武，强兵百萬，韓白盈朝，而令其偷魂假號，以賊虜遺子孫哉！詩云：『築室于道謀，是用不潰于成。』陛下內斷神謀足矣，不煩廣訪朝臣以亂聖慮。昔晉武之平吳也，言可者張杜數賢而已，若採羣臣之言，豈能建不世之功！諺云憑天俟時，時已至矣，其可已乎！」堅大悅，曰：「與吾定天下者，其惟卿耳。」賜帛五百匹。

彗星掃東井。自堅之建元十七年四月，長安有水影，遠觀若水，視地則見人，至是則止。堅惡之。上林竹死，洛陽地陷。

晉車騎將軍桓沖率衆十萬伐堅，遂攻襄陽。遣前將軍劉波、冠軍桓石虔、振威桓石民攻沔北諸城；輔國楊亮伐蜀，攻拔伍城，進攻涪城；龍驤胡彬攻下蔡；鷹揚郭銓攻武當；沖別將攻萬歲城，拔之。堅大怒，遣其子征南叡及冠軍慕容垂、左衞毛當率步騎五萬救襄陽，揚武張崇救武當，後將軍張蚝、步兵校尉姚萇救涪城。叡次新野，垂次鄧城。王師敗張崇於武當，掠二千餘戶而歸。叡遣垂及驍騎石越爲前鋒，次於沔水。垂、越夜命三軍人持十炬火，繫炬於樹枝，光照十數里中。沖懼，退還上明。張蚝出斜谷，楊亮亦引兵退歸。

堅下書悉發諸州公私馬，人十丁遣一兵。門在灼然者，爲崇文義從。良家子年二十已下，武藝驍勇，富室材雄者，皆拜羽林郎。下書期克捷之日，以帝爲尚書左僕射，謝安爲吏部尚書，桓沖爲侍中，並立第以待之。良家子至者三萬餘騎。其秦州主簿金城趙盛之爲建威將軍、少年都統。遣征南苻融、驃騎張蚝、撫軍苻方、衞軍梁成、平南慕容暐、冠軍慕容垂率步騎二十五萬爲前鋒。堅發長安，戎卒六十餘萬，騎二十七萬，前後千里，旗鼓相望。堅至項城，涼州之兵始達咸陽，蜀漢之軍順流而下，幽冀之衆至於彭城，東西萬里，水陸齊進。運漕萬艘，自河入石門，達於汝潁。

融等攻陷壽春，執晉平虜將軍徐元喜、安豐太守王先。垂攻陷鄖城，〔四〕害晉將軍王太丘。梁成與其揚州刺史王顯、弋陽太守王詠等率衆五萬，屯於洛澗，柵淮以遏東軍。成頻敗王師。晉遣都督謝石、徐州刺史謝玄、豫州刺史桓伊、輔國謝琰等水陸七萬，相繼距融，去洛澗二十五里，憚成不進。龍驤將軍胡彬先保硤石，爲融所逼，糧盡，詐揚沙以示融軍，潛遣使告石等曰：「今賊盛糧盡，恐不見大軍。」〔五〕融軍人獲而送之。融乃馳使白堅曰：「賊少易俘，但懼其越逸，宜速進衆軍，掎禽賊帥。」堅大悅，恐石等遁也，捨大軍於項城，以輕騎八千兼道赴之，令軍人曰：「敢言吾至壽春者拔舌。」故石等弗知。晉龍驤將軍劉牢之率勁卒五千，夜襲梁成壘，克之，斬成及王顯、王詠等十將，士卒死者萬五千。謝石等以既敗梁成，

水陸繼進。堅與苻融登城而望王師，見部陣齊整，將士精銳，又北望八公山上草木，皆類人形，顧謂融曰：「此亦勍敵也，何謂少乎！」憮然有懼色。初，朝廷聞堅入寇，會稽王道子以威儀鼓吹求助於鍾山之神，奉以相國之號。及堅之見草木狀人，若有力焉。

堅遣其尚書朱序說石等以衆盛，欲脅而降之。序詭謂石曰：「若秦百萬之衆皆至，則莫可敵也。及其衆軍未集，宜在速戰。若挫其前鋒，可以得志。」石聞堅在壽春也，懼，謀不戰以疲之。謝琰勸從序言，遣使請戰，許之。時張蚝敗謝石於肥南，謝玄、謝琰勒卒數萬，陣以待之。蚝乃退，列陣逼肥水。王師不得渡，遣使謂融曰：「君懸軍深入，置陣逼水，此持久之計，豈欲戰者乎？若小退師，令將士周旋，僕與君公緩轡而觀之，不亦美乎！」融於是麾軍卻陣，欲因其濟水，覆而取之。軍遂奔退，制之不可止。融馳騎略陣，馬倒被殺，軍遂大敗。王師乘勝追擊，至於青岡，死者相枕。堅爲流矢所中，單騎遁還於淮北，飢甚，人有進壺飧豚髀者，堅食之，大悅，曰：「昔公孫豆粥何以加也！」命賜帛十匹，緜十斤。辭曰：「臣聞白龍厭天池之樂而見困豫且，陛下目所覩也，耳所聞也。今蒙塵之難，豈自天乎！且妄施不爲惠，妄受不爲忠。陛下，臣之父母也，安有子養而求報哉！」弗顧而退。堅大慚，顧謂其夫人張氏曰：「朕若用朝臣之言，豈見今日之事邪！當何面目復臨天下乎？」潸然流涕而去。聞風聲鶴唳，皆謂晉師之至。其僕射張天錫、尚書朱序及徐元喜等皆歸順。初，諺言「堅不出

頃」，羣臣勸堅停頃，爲六軍聲鎭，堅不從，故敗。

諸軍悉潰，惟慕容垂一軍獨全，堅以千餘騎赴之。垂子寶勸垂殺堅，垂不從，乃以兵屬堅。初，慕容暐屯鄖城，姜成等守漳口，晉隨郡太守夏侯澄攻姜成，斬之，暐棄其衆奔還。堅收離集散，比至洛陽，衆十餘萬，百官威儀軍容粗備。未及關而垂有貳志，說堅請巡撫燕岱，并求拜墓，堅許之。權翼固諫以爲不可，堅不從。尋懼垂爲變，悔之，遣驍騎石越率卒三千戍鄴，驃騎張蚝率羽林五千戍并州，留兵四千配鎭軍毛當戍洛陽。堅至自淮南，次於長安東之行宮，哭苻融而後入，告罪於其太廟，赦殊死已下，文武增位一級，厲兵課農，存卹孤老，諸士卒不返者皆復其家終世。贈融大司馬，謚曰哀公。

衞軍從事中郎丁零翟斌反於河南，長樂公苻丕遣慕容垂及苻飛龍討之。垂南結丁零，殺飛龍，盡坑其衆。豫州牧、平原公苻暉遣毛當擊翟斌，爲斌所敗，當死之。垂子農亡奔列人，招集羣盜，衆至萬數千。丕遣石越擊之，爲農所敗，越死之。垂引丁零、烏丸之衆二十餘萬，爲飛梯地道以攻鄴城。

慕容暐弟燕故濟北王泓先爲北地長史，聞垂攻鄴，亡命奔關東，收諸馬牧鮮卑，衆至數千，還屯華陰。慕容暐乃潛使諸弟及宗人起兵於外。堅遣將軍強永率騎擊之，爲泓所敗，泓衆遂盛，自稱使持節、大都督陝西諸軍事、大將軍、雍州牧、濟北王，推叔父垂爲丞相、都

督陝東諸軍事、領大司馬、冀州牧、吳王。

堅謂權翼曰：「吾不從卿言，鮮卑至是。關東之地，吾不復與之爭，將若泓何？」翼曰：「寇不可長。慕容垂正可據山東爲亂，不暇近逼。今暐及宗族種類盡在京師，鮮卑之衆布於畿甸，實社稷之元憂，宜遣重將討之。」堅乃以廣平公苻熙爲使持節、都督雍州雜戎諸軍事、鎭東大將軍、雍州刺史，鎭蒲坂。徵苻叡爲都督中外諸軍事、衞大將軍、司隸校尉、錄尙書事，配兵五萬，以左將軍竇衝爲長史，龍驤姚萇爲司馬，討泓於華澤。平陽太守慕容沖起兵河東，有衆二萬，進攻蒲坂，堅命竇衝討之。苻叡勇果輕敵，不恤士衆。泓聞其至也，懼，率衆將奔關東，叡馳兵要之。姚萇諫曰：「鮮卑有思歸之心，宜驅令出關，〔六〕不可遏也。」叡弗從，戰於華澤，叡敗績，被殺。堅大怒。萇懼誅，遂叛。竇衝擊慕容沖於河東，大破之，沖率騎八千奔於泓軍。泓衆至十餘萬，遣使謂堅曰：「秦爲無道，滅我社稷。今天誘其衷，使秦師傾敗，將欲興復大燕。吳王已定關東，可速資備大駕，奉送家兄皇帝并宗室功臣之家。泓當率關中燕人，翼衞皇帝，還返鄴都，與秦以武牢爲界，分王天下，永爲鄰好，不復爲秦之患也。鉅鹿公輕戇銳進，爲亂兵所害，非泓之意。」堅大怒，召慕容暐責之曰：「卿父子干紀僭亂，乖逆人神，朕應天行罰，盡兵勢而得卿。卿非改迷歸善，而合宗蒙宥，兄弟布列上將、納言，雖曰破滅，其實若歸。奈何因王師小敗，便猖悖若此！垂爲長蛇於關東，泓、沖稱兵內侮。泓書如此，卿欲去者，朕當相貲。卿之宗族，可謂人面獸心，殆不可以國士期也。」暐叩頭流血，泣涕陳謝。堅久之曰：「書云，父子兄弟無相及也。卿之忠誠，實簡朕心，此自三豎之罪，非卿之過。」復其位而待之如初。命暐以書招喻垂及泓、沖，使息兵還長安，恕其反叛之咎。而暐密遣使者謂泓曰：「今秦數已終，長安怪異特甚，當不復能久立。吾既籠中之人，必無還理。昔不能保守宗廟，致令傾喪若斯，吾罪人也，不足復顧吾之存亡。社稷不輕，勉建大業，以興復爲務。可以吳王爲相國，中山王爲太宰、領大司馬，汝可爲大將軍、領司徒，承制封拜。聽吾死問，汝便卽尊位。」泓於是進向長安，改年曰燕興。是時鬼夜哭，三旬而止。

堅率步騎二萬討姚萇於北地，次於趙氏塢，使護軍楊壁游騎三千，斷其奔路，右軍徐成、左軍竇衝、鎭軍毛盛等屢戰敗之，仍斷其運水之路。馮翊游欽因淮南之敗，聚衆數千，保據頻陽，遣軍運水及粟，以饋姚萇，楊壁盡獲之。萇軍渴甚，遣其弟鎭北尹買率勁卒二萬決堰。竇衝率衆敗其軍於鸛雀渠，斬尹買及首級萬三千。萇衆危懼，人有渴死者。俄而降雨於萇營，營中水三尺，周營百步之外，寸餘而已，於是萇軍大振。堅方食，去案怒曰：「天其無心，何故降澤賊營！」萇又東引慕容泓爲援。

泓謀臣高蓋、宿勤崇等以泓德望後沖，且持法苛峻，乃殺泓，立沖爲皇太弟，承制行事，

自相署置。

姚萇留其弟征虜緒守楊渠川大營，率衆七萬來攻堅。堅遣楊壁等擊之，爲萇所敗，獲楊壁、毛盛、徐成及前軍齊午等數十人，皆禮而遣之。

苻暉率洛陽、陝城之衆七萬歸於長安。益州刺史王廣遣將軍王蚝率蜀漢之衆來赴難。堅聞慕容沖去長安二百餘里，引師而歸，使撫軍苻方戍驪山，拜苻暉使持節、散騎常侍、都督中外諸軍事、車騎大將軍、司隸校尉、錄尙書，配兵五萬距沖，河間公苻琳爲中軍大將軍，爲暉後繼。沖乃令婦人乘牛馬爲衆，揭竿爲旗，揚土爲塵，督厲其衆，晨攻暉營於鄭西。暉出距戰，沖揚塵鼓譟，暉師敗績。堅又以尙書姜宇爲前將軍，與苻琳率衆三萬，擊沖於灞上，爲沖所敗，宇死之，琳中流矢，沖遂據阿房城。初，堅之滅燕，沖姊爲清河公主，年十四，有殊色，堅納之，寵冠後庭。沖年十二，亦有龍陽之姿，堅又幸之。姊弟專寵，宮人莫進。長安歌之曰：「一雌復一雄，雙飛入紫宮。」咸懼爲亂。王猛切諫，堅乃出沖。長安又謠曰：「鳳皇鳳皇止阿房。」堅以鳳皇非梧桐不棲，非竹實不食，乃植桐竹數十萬株於阿房城以待之。沖小字鳳皇，至是，終爲堅賊，入止阿房城焉。

晉西中郎將桓石虔進據魯陽，〔七〕遣河南太守高茂北戍洛陽。晉冠軍謝玄次於下邳，徐州刺史趙遷棄彭城奔還。玄前鋒張願追遷及於碭山，轉戰而免。玄進據彭城。

時呂光討平西域三十六國，所獲珍寶以萬萬計。堅下書以光爲使持節、散騎常侍、都督玉門以西諸軍事、安西將軍、西域校尉，進封順鄉侯，增邑一千戶。

劉牢之伐兗州，堅刺史張崇棄鄄城奔於慕容垂。牢之遣將軍劉襲追崇，戰於河南，斬其東平太守楊光而退。牢之遂據鄄城。

慕容沖進逼長安，堅登城觀之，歎曰：「此虜何從出也？其强若斯！」大言責沖曰：「爾輩羣奴正可牧牛羊，何爲送死！」沖曰：「奴則奴矣，既厭奴苦，復欲取爾見代。」堅遣使送錦袍一領遺沖，稱詔曰：「古人兵交，使在其間。卿遠來草創，得無勞乎？今送一袍，以明本懷。朕於卿恩分如何，而於一朝忽爲此變！」沖命詹事答之，亦稱「皇太弟有令：孤今心在天下，豈顧一袍小惠。苟能知命，便可君臣束手，早送皇帝，自當寬貸苻氏，以酬曩好，終不使既往之施獨美於前」。堅大怒曰：「吾不用王景略、陽平公之言，使白虜敢至於此。」

苻丕在鄴糧竭，馬無草，削松木而食之。會丁零叛慕容垂，垂引師去鄴，始具西問，知苻叡等喪敗，長安危逼，乃遣其陽平太守邵興率騎一千，將北引重合侯苻謨、高邑侯苻亮、阜城侯苻定于常山，固安侯苻鑒、中山太守王兗於中山，以爲己援。垂遣將軍張崇要興，獲之於襄國南。又遣其參軍封孚西引張蚝、并州刺史王騰於晉陽，蚝、騰以衆寡不赴。丕進退路窮，乃謀於羣僚。司馬楊膺唱歸順之計，丕猶未從。會晉遣濟北太守丁匡據碻磝，濟陽

太守郭滿據滑臺，將軍顏肱、〔八〕劉襲次於河北，丕遣將軍桑據距之，爲王師所敗。襲等進攻黎陽，克之。丕懼，乃遣從弟就與參軍焦逵請救於謝玄。丕書稱假途求糧，還赴國難，須軍援既接，以鄴與之，若西路不通，長安陷沒，請率所領保守鄴城。乃羈縻一方，文降而已。逵與參軍姜讓密謂楊膺曰：「今禍難如此，京師阻隔，吉凶莫審，密邇寇仇，三軍罄絕，傾危之甚，朝不及夕。觀公豪氣不除，非救世之主，既不能竭盡誠款，速致糧援，方設兩端，必無成也。今日之殆，疾於轉機，不容虛設，徒成反覆。宜正書爲表，以結殷勤。若王師之至，必當致身。如其不從，可逼縛與之。苟不義服，一人力耳。古人行權，寧濟爲功，況君侯累葉載德，顯祖初著名於晉朝，今復建崇勳，使功業相繼，千載一時，不可失也。」膺素輕丕，自以力能逼之，乃改書而遣逵等，并遣濟南毛蜀、毛鮮等分房爲任於晉。

堅遣鴻臚郝稚徵處士王嘉於到獸山。既至，堅每日召嘉與道安於外殿，動靜諮問之。慕容暐入見東堂，稽首謝曰：「弟沖不識義方，孤背國恩，臣罪應萬死。陛下垂天地之容，臣蒙更生之惠。臣二子昨婚，明當三日，愚欲暫屈鑾駕，幸臣私第。」堅許之。暐出，嘉曰：「椎蘆作蘧篨，不成文章，會天大雨，不得殺羊。」堅與羣臣莫之能解。是夜大雨，晨不果出。初，暐之遣諸弟起兵於外也，堅防守甚嚴，謀應之而無因。時鮮卑在城者猶有千餘人，暐乃密結鮮卑之衆，謀伏兵請堅，因而殺之。令其豪帥悉羅騰、屈突鐵侯等潛告之曰：「官今使

侯外鎮，聽舊人悉隨，可於某日會集某處。」鮮卑信之。北部人突賢與其妹別，妹爲左將軍竇衝小妻，聞以告衝，請留其兄。衝馳入白堅，堅大驚，召騰問之，騰具首服。堅乃誅暐父子及其宗族，城內鮮卑無少長及婦女皆殺之。

慕容垂復圍鄴城。焦逵既至，朝廷果欲徵丕任子，然後出師。逵固陳丕款誠無貳，并宣楊膺之意，乃遣劉牢之等率衆二萬，水陸運漕救鄴。

時長安大飢，人相食，諸將歸而吐肉以飴妻子。

慕容沖僭稱尊號於阿房，改年更始。堅與沖戰，各有勝負。嘗爲沖軍所圍，殿中上將軍鄧邁、左中郎將鄧綏、尚書郎鄧瓊相謂曰：「吾門世荷榮寵，先君建殊功於國家，不可不立忠效節，以成先君之志。且不死君難者，非丈夫也。」於是與毛長樂等蒙獸皮，奮矛而擊沖軍。沖軍潰，堅獲免，嘉其忠勇，並拜五校，加三品將軍，賜爵關內侯。沖又遣其尚書令高蓋率衆夜襲長安，攻陷南門，入於南城。左將軍竇衝、前禁將軍李辯等擊敗之，斬首千八百級，分其屍而食之。堅尋敗沖於城西，追奔至於阿城。〔九〕諸將請乘勝入城，堅懼爲沖所獲，乃擊金以止軍。

是時劉牢之至枋頭。征東參軍徐義、宦人孟豐告苻丕，楊膺、姜讓等謀反，丕收膺、讓戮之。牢之以丕自相屠戮，盤桓不進。

苻暉屢爲沖所敗，堅讓之曰：「汝，吾之子也，擁大衆，屢爲白虜小兒所摧，何用生爲！」暉憤恚自殺。關中堡壁三千餘所，推平遠將軍馮翊趙敖爲統主，相率結盟，遣兵糧助堅。左將軍苟池、右將軍俱石子率騎五千，與沖爭麥，戰於驪山，爲沖所敗，池死之，石子奔鄴。堅大怒，復遣領軍楊定率左右精騎二千五百擊沖，大敗之，俘掠鮮卑萬餘而還。堅怒，悉坑之。定果勇善戰，沖深憚之，遂穿馬埳以自固。

劉牢之至鄴，慕容垂北如新城。鄴中飢甚，丕率鄴城之衆就晉穀于枋頭。牢之入屯鄴城。慕容垂軍人飢甚，多奔中山，幽冀人相食。初，關東謠曰：「幽州𡙇，生當滅。若不滅，百姓絕。」𡙇，垂之本名。與丕相持經年，百姓死幾絕。

先是，姚萇攻新平，新平太守苟輔將降之，郡人遼西太守馮傑、蓮勺令馮翊等諫曰：「天下喪亂，忠臣乃見。昔田單守一城而存齊，今秦之所有，猶連州累鎮，郡國百城。臣子之於君父，盡心焉，盡力焉，死而後已，豈宜貳哉！」輔大悅，於是憑城固守。萇爲土山地道，輔亦爲之。或戰山峯，萇衆死者萬有餘人。輔乃詐降，萇將入，覺之，引衆而退。輔馳出擊之，斬獲萬計。至是，糧竭矢盡，外救不至，萇遣吏謂輔曰：「吾方以義取天下，豈仇忠臣乎？卿但率見衆男女還長安，吾須此城置鎮。」輔以爲然，率男女萬五千口出城，萇圍而坑之，男女無遺。初，石季龍末，清河崔悅爲新平相，爲郡人所殺。悅子液後仕堅，爲尚書郎，自表父

仇不同天地，請還冀州。」堅愍之，禁錮新平人，缺其城角以恥之。新平酋望深以爲慚，故相率距萇，以立忠義。

時有羣烏數萬，翔鳴於長安城上，其聲甚悲，占者以爲鬬羽不終年，有甲兵入城之象。沖率衆登城，堅身貫甲冑，督戰距之，飛矢滿身，血流被體。時雖兵寇危逼，馮翊諸堡壁猶有負糧冒難而至者，多爲賊所殺。堅謂之曰：「聞來者率不善達，誠是忠臣赴難之義。當今寇難殷繁，非一人之力所能濟也。庶明靈有照，禍極災返，善保誠順，爲國自愛，蓄糧厲甲，端聽師期，不可徒喪無成，相隨獸口。」三輔人爲沖所略者，咸遣使告堅，請放火以爲內應。堅曰：「哀諸卿忠誠之意也，何復已已。但時運圮喪，恐無益於國，空使諸卿坐自夷滅，吾所不忍也。且吾精兵若獸，利器如霜，而衄於烏合疲鈍之賊，豈非天也！宜善思之。」衆固請曰：「臣等不愛性命，投身爲國，若上天有靈，單誠或冀一濟，沒無遺恨矣。」堅遣騎七百應之。而沖營放火者爲風焰所燒，其能免者十有一二。堅深痛之，身爲設祭而招之曰：「有忠有靈，來就此庭。歸汝先父，勿爲妖形。」歔欷流涕，悲不自勝。衆咸相謂曰：「至尊慈恩如此，吾等有死無移。」沖毒暴關中，人皆流散，道路斷絕，千里無煙。堅以甘松護軍仇騰爲馮翊太守，加輔國將軍，與破虜將軍蜀人蘭犢慰勉馮翊諸縣之衆。衆咸曰：「與陛下同死共生，誓無有貳。」

每夜有人周城大呼曰：「楊定健兒應屬我，宮殿臺觀應坐我，父子同出不共汝。」旦尋而不見人跡。城中有書曰古符傳賈錄，載「帝出五將久長得」。先是，又謠曰：「堅入五將山長得。」堅大信之，告其太子宏曰：「脫如此言，天或導予。今留汝兼總戎政，勿與賊爭利，朕當出隴收兵運糧以給汝。天其或者正訓予也。」於是遣衛將軍楊定擊沖於城西，爲沖所擒。堅彌懼，付宏以後事，將中山公詵、張夫人率騎數百出如五將，宣告州郡，期以孟冬救長安。宏尋將母妻宗室男女數千騎出奔，百僚逃散。慕容沖入據長安，縱兵大掠，死者不可勝計。

初，秦之未亂也，關中土然，無火而煙氣大起，方數十里中，月餘不滅。堅每臨聽訟觀，令百姓有怨者舉煙於城北，觀而錄之。長安爲之語曰：「欲得必存當舉煙。」又爲謠曰：「長鞘馬鞭擊左股，太歲南行當復虜。」秦人呼鮮卑爲白虜。慕容垂之起於關東，歲在癸未。堅之分氐戶於諸鎮也，趙整因侍，援琴而歌曰：「阿得脂，阿得脂，博勞舊父是仇綏，尾長翼短不能飛，遠徙種人留鮮卑，一旦緩急語阿誰！」堅笑而不納。至是，整言驗矣。

堅至五將山，姚萇遣將軍吳忠圍之。堅衆奔散，獨侍御十數人而已。神色自若，坐而待之，召宰人進食。俄而忠至，執堅以歸新平，幽之於別室。萇求傳國璽於堅曰：「萇次膺符曆，可以爲惠。」堅瞋目叱之曰：「小羌乃敢干逼天子，豈以傳國璽授汝羌也。圖緯符命，何所依據？五胡次序，無汝羌名。違天不祥，其能久乎！璽已送晉，不可得也。」萇又遣尹緯說堅，求爲堯舜禪代之事。堅責緯曰：「禪代者，聖賢之事。姚萇叛賊，奈何擬之古人！」堅既不許萇以禪代，罵而求死，萇乃縊堅於新平佛寺中，時年四十八。中山公詵及張夫人並自殺。是歲，太元十年也。

宏之奔也，歸其南秦州刺史楊璧於下辯，璧距之，乃奔武都氐豪强熙，〔一〕假道歸順，〔二〕朝廷處宏於江州。宏歷位輔國將軍。桓玄篡位，以宏爲梁州刺史。〔三〕義熙初，以謀叛被誅。

初，堅强盛之時，國有童謠云：「河水清復清，苻詔死新城。」堅聞而惡之，每征伐，戒軍候云：「地有名新者避之。」時又童謠云：「阿堅連牽三十年，若後欲敗當在江淮間。」堅在位二十七年，〔四〕因壽春之敗，其國大亂，後二年，竟死於新平佛寺，咸應謠言矣。丕僭號，僞追謚堅曰世祖宣昭皇帝。

王猛字景略，北海劇人也，家於魏郡。少貧賤，以鬻畚爲業。嘗貨畚於洛陽，乃有一人貴買其畚，而云無直，自言家去此無遠，可隨我取直。猛利其貴而從之，行不覺遠，忽至深山，見一父老，鬚髮皓然，踞胡牀而坐，左右十許人，有一人引猛進拜之。父老曰：「王公何緣拜也！」乃十倍償畚直，遣人送之。猛既出，顧視，乃嵩高山也。

猛瓌姿儁偉，博學好兵書，謹重嚴毅，氣度雄遠，細事不干其慮，自不參其神契，略不與

交通，是以浮華之士咸輕而笑之。猛悠然自得，不以屑懷。少游於鄴都，時人罕能識也。惟徐統見而奇之，召爲功曹。遁而不應，遂隱於華陰山。懷佐世之志，希龍顏之主，斂翼待時，候風雲而後動。桓溫入關，猛被褐而詣之，一面談當世之事，捫蝨而言，旁若無人。溫察而異之，問曰：「吾奉天子之命，率銳師十萬，杖義討逆，爲百姓除殘賊，而三秦豪傑未有至者何也？」猛曰：「公不遠數千里，深入寇境，長安咫尺而不渡灞水，百姓未見公心故也，所以不至。」溫默然無以酬之。溫之將還，賜猛車馬，拜高官督護，請與俱南。猛還山諮師，師曰：「卿與桓溫豈並世哉！在此自可富貴，何爲遠乎！」猛乃止。

苻堅將有大志，聞猛名，遣呂婆樓招之，一見便若平生，語及廢興大事，異符同契，若玄德之遇孔明也。及堅僭位，以猛爲中書侍郎。時始平多枋頭西歸之人，豪右縱橫，劫盜充斥，乃轉猛爲始平令。猛下車，明法峻刑，澄察善惡，禁勒彊豪。鞭殺一吏，百姓上書訟之，有司劾奏，檻車徵下廷尉詔獄。堅親問之，曰：「爲政之體，德化爲先，莅任未幾而殺戮無數，何其酷也！」猛曰：「臣聞宰寧國以禮，治亂邦以法。陛下不以臣不才，任臣以劇邑，謹爲明君翦除凶猾。始殺一姦，餘尚萬數，若以臣不能窮殘盡暴，肅清軌法者，敢不甘心鼎鑊，以謝孤負。酷政之刑，臣實未敢受之。」堅謂羣臣曰：「王景略固是夷吾、子產之儔也。」於是赦之。

中華書局

遷尚書左丞、咸陽內史、京兆尹。未幾，除吏部尚書、太子詹事，又遷尚書左僕射、輔國將軍、司隸校尉，加騎都尉，居中宿衞。時猛年三十六，歲中五遷，權傾內外，宗戚舊臣皆害其寵。尚書仇騰、丞相長史席寶數譖毀之，堅大怒，黜騰爲甘松護軍，寶白衣領長史。爾後上下咸服，莫有敢言。頃之，遷尚書令、太子太傅，加散騎常侍。猛頻表累讓，堅竟不許。又轉司徒、錄尚書事，餘如故。猛辭以無功，不拜。

後率諸軍討慕容暐，軍禁嚴明，師無私犯。猛之未至鄴也，劫盜公行，及猛之至，遠近帖然，燕人安之。軍還，以功進封清河郡侯，賜以美妾五人，上女妓十二人，中妓三十八人，馬百匹，車十乘。猛上疏固辭不受。

時既留鎭冀州，堅遣猛於六州之內聽以便宜從事，簡召英儁，以補關東守宰，授訖，言臺除正。居數月，上疏曰：「臣前所以朝聞夕拜，不顧艱虞者，正以方難未夷，軍機權速，庶竭命戎行，甘驅馳之役，敷宣皇威，展筋骨之效，故僶俛從事，叨據負乘，可謂恭命於濟時，俟太平於今日。今聖德格于皇天，威靈被于八表，弘化已熙，六合清泰，竊敢披貢丹誠，請避賢路。設官分職，各有司存，豈應孤任愚臣，以速傾敗！東夏之事，非臣區區所能康理，願徙授親賢，濟臣顚墜。若以臣有鷹犬微勤，未忍捐棄者，乞待罪一州，效盡力命。徐方始賓，淮汝防重，六州處分，府選便宜，輒以悉停。督任弗可虛曠，深願時降神規。」堅不許，遣

其侍中梁讜詣鄴喩旨，猛乃視事如前。

俄入爲丞相、中書監、尚書令、太子太傅、司隸校尉，持節、常侍、將軍、侯如故。稍加都督中外諸軍事。猛表讓久之。堅曰：「卿昔螭蟠布衣，朕龍潛弱冠，屬世事紛紜，厲士之際，[三]顚覆厥德。朕奇卿於暫見，擬卿爲臥龍，卿亦異朕於一言，迴考槃之雅志，豈不精契神交，千載之會！雖傅巖入夢，姜公悟兆，今古一時，亦不殊也。自卿輔政，幾將二紀，內釐百揆，外蕩羣凶，天下向定，彝倫始敍。朕且欲從容於上，望卿勞心於下，弘濟之務，非卿而誰！」遂不許。其後數年，復授司徒。猛復上疏曰：「臣聞乾象盈虛，惟后則之；位稱以才，官非則曠。鄭武翼周，仍世載詠；王叔昧寵，政替身亡，斯則成敗之殷監，爲臣之炯戒。竊惟鼎宰崇重，參路太階，宜妙盡時賢，對揚休命。魏祖以文和爲公，貽笑孫后；千秋一言致相，匈奴嗤之。臣何庸猥，而應斯舉！不但取嗤鄰遠，實令爲虜輕秦。昔東野窮馭，顏子知其將弊。陛下不復料度臣之才力，私懼敗亡是及。且上虧憲典，臣何顏處之！雖陛下私臣，其如天下何！願迴日月之鑒，矜臣後悔，使上無過授之謗，臣蒙覆燾之恩。」堅竟不從。猛乃受命。軍國內外萬機之務，事無巨細，莫不歸之。

猛宰政公平，流放尸素，拔幽滯，顯賢才，外修兵革，內崇儒學，勸課農桑，教以廉恥，無罪而不刑，無才而不任，庶績咸熙，百揆時敍。於是兵强國富，垂及升平，猛之力也。堅嘗從容謂猛曰：「卿夙夜匪懈，憂勤萬機，若文王得太公，吾將優游以卒歲。」猛曰：「不圖陛下知臣之過，臣何足以擬古人！」堅曰：「以吾觀之，太公豈能過也。」常敕其太子宏、長樂公丕等曰：「汝事王公，如事我也。」其見重如此。

廣平麻思流寄關右，因母亡歸葬，請還冀州。猛謂思曰：「便可速裝，是暮已符卿發遣。」及始出關，郡縣已被符管攝。其令行禁整，事無留滯，皆此類也。性剛明清肅，於善惡尤分。微時一餐之惠，睚眦之忿，靡不報焉，時論頗以此少之。

其年寢疾，堅親祈南北郊、宗廟、社稷，分遣侍臣禱河嶽諸祀，靡不周備。猛疾未瘳，乃大赦其境內殊死已下。猛疾甚，因上疏謝恩，并言時政，多所弘益。堅覽之流涕，悲慟左右。及疾篤，堅親臨省病，問以後事。猛曰：「晉雖僻陋吳越，乃正朔相承。親仁善鄰，國之寶也。臣沒之後，願不以晉爲圖。鮮卑、羌虜，我之仇也，終爲人患，宜漸除之，以便社稷。」言終而死，時年五十一。堅哭之慟。比斂，三臨，謂太子宏曰：「天不欲使吾平一六合邪？何奪吾景略之速也！」贈侍中，丞相餘如故。給東園溫明祕器，帛三千匹，穀萬石。謁者僕射監護喪事，葬禮一依漢大將軍霍光故事。[四]謚曰武侯。朝野巷哭三日。

苻融字博休，堅之季弟也。少而岐嶷夙成，魁偉美姿度。健之世封安樂王，融上疏固

辭，健深奇之，曰：「且成吾兒箕山之操。」乃止。苻生愛其器貌，常侍左右，未弱冠便有台輔之望。長而令譽彌高，爲朝野所屬。

堅僭號，拜侍中，尋除中軍將軍。融聰辯明慧，下筆成章，至於談玄論道，雖道安無以出之。耳聞則誦，過目不忘，時人擬之王粲。嘗著浮圖賦，壯麗清贍，世咸珍之。未有升高不賦，臨喪不誄，朱彤、趙整等推其妙速。旅力雄勇，騎射擊刺，百夫之敵也。銓綜內外，刑政修理，進才理滯，王景略之流也。尤善斷獄，姦無所容，故爲堅所委任。

後爲司隸校尉。京兆人董豐游學三年而返，過宿妻家。是夜妻爲賊所殺，妻兄疑豐殺之，送豐有司。豐不堪楚掠，誣引殺妻。融察而疑之，問曰：「汝行往還，頗有怪異及卜筮以不？」豐曰：「初將發，夜夢乘馬南渡水，返而北渡，復自北而南，馬停水中，鞭策不去。俯而視之，見兩日在於水下，馬左白而溼，右黑而燥。寤而心悸，竊以爲不祥。還之夜，復夢如初。問之筮者，筮者云：『憂獄訟，遠三枕，避三沐。』既至，妻爲具沐，夜授豐枕。豐記筮者之言，皆不從之。妻乃自沐，枕枕而寢。」融曰：「吾知之矣。周易坎爲水，馬爲離，夢乘馬南渡，旋北而南者，從坎之離。三爻同變，變而成離。離爲中女，坎爲中男。兩日，二夫之象。坎爲執法吏。吏詰其夫，婦人被流血而死。坎二陰一陽，離二陽一陰，相承易位。離下坎上，既濟，文王遇之囚牖里，有禮而生，無禮而死。馬左而溼，溼，水也，左水右馬，馮字也。

兩日，昌字也。其馮昌殺之乎！」於是推檢，獲昌而詰之，昌具首服，曰：「本與其妻謀殺董豐，期以新沐枕枕爲驗，是以誤中婦人。」在冀州，有老母遇劫於路，母揚聲唱盜，行人爲母逐之。既擒劫者，劫者返誣行人爲盜。時日垂暮，母及路人莫知孰是，乃俱送之。融見而笑曰：「此易知耳，可二人並走，先出鳳陽門者非盜。」既而還入，融正色謂後出者曰：「汝眞是盜，何以誣人！」其發姦擿伏，皆此類也。所在盜賊止息，路不拾遺。堅及朝臣雅皆歎服，州郡疑獄莫不折之於融。融觀色察形，無不盡其情狀。雖鎮關東，朝之大事靡不馳驛與融議之。

性至孝，初届冀州，遣使參問其母動止，或日有再三。堅以爲煩，月聽一使。後上疏請還侍養，堅遣使慰喻不許。久之，徵拜侍中、中書監、都督中外諸軍事、車騎大將軍、司隸校尉、太子太傅、領宗正、錄尚書事。俄轉司徒，融苦讓不受。

融爲將善謀略，好施愛士，專方征伐，必有殊功。

堅既有意荆揚，時慕容垂、姚萇等常說堅以平吳封禪之事，堅謂江東可平，寢不暇旦。融每諫曰：「知足不辱，知止不殆，窮兵極武，未有不亡。且國家，戎族也，正朔會不歸人。江東雖不絕如綖，然天之所相，終不可滅。」堅曰：「帝王曆數豈有常哉，惟德之所授耳！汝所以不如吾者，正病此不達變通大運。劉禪可非漢之遺祚，然終爲中國之所并。吾將任汝

以天下之事，奈何事事折吾，沮壞大謀！汝尚如此，況於衆乎！」堅之將入寇也，融又切諫曰：「陛下聽信鮮卑、羌虜諂諛之言，採納良家少年利口之說，臣恐非但無成，亦大事去矣。垂、萇皆我之仇敵，思聞風塵之變，冀因之以逞其凶德。少年等皆富足子弟，希關軍旅，苟說佞諂之言，以會陛下之意，不足採也。」堅弗納。及淮南之敗，垂、萇之叛，堅悼恨彌深。

苻朗字元達，堅之從兄子也。性宏達，神氣爽邁，幼懷遠操，不屑時榮。堅嘗目之曰：「吾家千里駒也。」徵拜鎮東將軍、青州刺史，封樂安男，不得已起而就官。及爲方伯，有若素士，耽翫經籍，手不釋卷，每談虛語玄，不覺日之將夕；登涉山水，不知老之將至。在任甚有稱績。

後晉遣淮陰太守高素伐青州，〔二五〕朗遣使詣謝玄於彭城求降，玄表朗許之，詔加員外散騎侍郎。既至揚州，風流邁於一時，超然自得，志陵萬物，所與悟言，不過一二人而已。驃騎長史王忱，江東之儁秀，聞而詣之，朗稱疾不見。沙門釋法汰問朗曰：「見王吏部兄弟未？」朗曰：「吏部爲誰？非人面而狗心、狗面而人心兄弟者乎？」〔二六〕王忱醜而才慧，國寶美貌而才劣于弟，故朗云然。汰悵然自失。其忤物侮人，皆此類也。

謝安常設讌請之，朝士盈坐，並机褥壺席。朗每事欲誇之，唾則令小兒跪而張口，既唾而含出，頃復如之，坐者以爲不及之遠也。又善識味，鹹酢及肉皆別所由。會稽王司馬道子爲朗設盛饌，極江左精餚。食訖，問曰：「關中之食孰若此？」答曰：「皆好，惟鹽味小生耳。」既問宰夫，皆如其言。或人殺雞以食之，既進，朗曰：「此雞棲恒半露。」檢之，皆驗。又食鵝肉，知黑白之處。人不信，記而試之，無豪釐之差。時人咸以爲知味。

後數年，王國寶譖而殺之。王忱將爲荆州刺史，待殺朗而後發。臨刑，志色自若，爲詩曰：「四大起何因？聚散無窮已。既過一生中，又入一死理。冥心乘和暢，未覺有終始。如何箕山夫，奄焉處東市！曠此百年期，遠同嵇叔子。命也歸自天，委化任冥紀。」著苻子數十篇行於世，亦老莊之流也。

校勘記

〔一〕東海公陽　周虓傳「陽」作「苞」。卷一一三亦作「陽」。

〔二〕里名日雞閭　御覽七五六引秦書「日」作「白」。「白雞閭」爲一詞。

〔三〕吾統承大業垂二十載　通鑑一〇四「二」作「三」，胡注云：「自升平元年自立，至此凡二十六年。」按：慕容垂載記苻堅報垂書有云「君臨萬邦，三十年矣」，此「二十」當作「三十」。

〔四〕垂攻陷鄖城　各本「鄖城」作「項城」。據張元濟校勘記云，所見另一宋本本作「鄖」，從殿本改

作「項」。局本作「鄖城」，當是據通鑑一〇五、通志一八九改。按：御覽一二二引前秦錄稱「九月堅至項城」，在苻融攻壽春之前，載記此條在融攻壽春之後。是項城先已屬秦，不待垂之攻取。（考秦置東豫州，治許昌，淮北諸縣非晉所有，項城當亦屬東豫。）慕容垂載記，垂上表苻堅，有「迴討鄖城，俘馘萬計」語，此處作「鄖城」無疑，今從局本。

〔五〕恐不見大軍　各本「大」下有「將」字，宋本無。通鑑一〇五、通志一八九皆無「將」字，今從宋本。

〔六〕宜驅令出關　各本無「令」字，宋本有，與通鑑一〇五、通志一八九合，今從之。

〔七〕晉西中郎將桓石虔進據魯陽　周校：「石民」誤「石虔」。按：周所據乃石民傳及通鑑一〇五。

〔八〕將軍顏肱　校文：謝玄傳作「顏雄」。

〔九〕阿城　通志一八九作「阿房」。周校：當作「阿房城」。按：「阿房城」似不能簡稱「阿城」，疑「城」乃「房」之譌。

〔一〇〕武都氐豪强熙　各本「强」作「張」，宋本作「强」。强乃氐大姓，姚興載記上亦見「安南强熙」，今從宋本。

〔一一〕以玄爲梁州刺史　各本「梁」作「涼」，宋本作「梁」。斠注：魏書苻健傳「涼」作「梁」。按：册府二二五、通志一八九及御覽一二二引前秦錄並作「梁」，今從宋本。

〔一二〕堅在位二十七年　堅於升平元年六月殺苻生而自立，至太元十年乃二十九年。「七」字當譌。

〔一三〕厲士之際　李校：「厲士」當爲「厲王」，謂苻生也。按：册府二二七作「厲事」，語亦晦澀。下云「顚覆厥德」，李說當是。

〔一四〕一依漢大將軍霍光故事　各本無「霍光」二字，宋本有。通鑑一〇三、通志一八九並有此二字，今從宋本。

〔一五〕淮陰太守　周校：「淮陰」，謝玄傳作「淮陵」爲是。按：地理志下，淮陰乃廣陵郡屬縣，不得有太守。淮陵本臨淮郡屬縣，元康七年立郡。周說是。

〔一六〕非人面而狗心狗面而人心兄弟者乎　各本無「兄弟」二字，宋本有。册府九四四、通志一八九並有此二字，今從宋本。

晉書卷一百十五

載記第十五

苻丕

苻丕字永叔，〔一〕堅之長庶子也。少而聰慧好學，博綜經史。堅與言將略，嘉之，命鄧羌敎以兵法。文武才榦亞于苻融，爲將善收士卒情，出鎭于鄴，東夏安之。

堅敗歸長安，丕爲慕容垂所逼，自鄴奔枋頭。堅之死也，丕復入鄴城，將收兵趙魏，西赴長安。會幽州刺史王永、平州刺史苻沖頻爲垂將平規等所敗，乃遣昌黎太守宋敞焚燒和龍、薊城宮室，率衆三萬進屯壺關，遣使招丕。丕乃去鄴，率男女六萬餘口進如潞川。驃騎張蚝、幷州刺史王騰迎之，入據晉陽，始知堅死問，舉哀于晉陽，三軍縞素。王永留苻沖守壺關，率騎一萬會丕，勸稱尊號，丕從之，乃以太元十年僭卽皇帝位于晉陽南。立堅行廟，大赦境內，改元曰太安。〔二〕置百官，以張蚝爲侍中、司空，封上黨郡公；王永爲使持節、侍

中、都督中外諸軍事、車騎大將軍、尙書令，進封淸河公；王騰爲散騎常侍、中軍大將軍、司隸校尉、陽平郡公；苻沖爲左光祿大夫、尙書左僕射、西平王；俱石子爲衞將軍、濮陽公；楊輔爲尙書右僕射、濟陽公；王亮爲護軍將軍、彭城公；强益耳、梁暢爲侍中，徐義爲吏部尙書，並封縣公。自餘封授各有差。

是時安西呂光自西域還師，至于宜禾，堅涼州刺史梁熙謀閉境距之。高昌太守楊翰言于熙曰：「呂光新定西國，兵强氣銳，其鋒不可當也。度其事意，必有異圖。且今關中擾亂，京師存亡未知，自河已西迄于流沙，地方萬里，帶甲十萬，鼎峙之勢實在今日。若光出流沙，其勢難測。高梧谷口，水險之要，宜先守之而奪其水。彼旣窮渴，自然投戈。如其以遠不守，伊吾之關亦可距也。若度此二要，雖有子房之策，難爲計矣。地有所必爭，眞此機也。」熙弗從。美水令犍爲張統說熙曰：「主上傾國南討，覆敗而還。慕容垂擅兵河北，泓、沖寇逼京師，丁零雜虜，跋扈關洛，州郡姦豪，所在風扇，王綱弛絕，人懷利己。今呂光回師，將軍何以抗也？」熙曰：「誠深憂之，未知計之所出。」統曰：「光雄果勇毅，明略絕人，今以蕩西域之威，擁歸師之銳，鋒若猛火之盛於原，弗可敵也。將軍世受殊恩，忠誠夙著，立勳王室，宜在于今。行唐公洛，上之從弟，勇冠一時。爲將軍計者，莫若奉爲盟主，以攝衆望，推忠義以總率羣豪，則光無異心也。資其精銳，東兼毛興，連王統、楊璧，集四州之衆，掃凶

逆於諸夏，寧帝室于關中，此桓文之舉也。」熙又不從。殺洛于西海，以子胤爲鷹揚將軍，率衆五萬距光于酒泉。敦煌太守姚靜、晉昌太守李純以郡降光。胤及光戰于安彌，爲光所敗。武威太守彭濟執熙迎光，光殺之。建威、西郡太守索泮，奮威、督洪池已南諸軍事、酒泉太守宋皓等，並爲光所殺。

堅尙書令、魏昌公苻纂自關中來奔，拜太尉，進封東海王。以中山太守王兗爲平東將軍、平州刺史、阜城侯，苻定爲征東將軍、冀州牧、高城侯，苻紹爲鎭東將軍、督冀州諸軍事、重合侯，苻謨爲征西將軍、幽州牧、〔三〕高邑侯，苻亮爲鎭北大將軍、督幽幷二州諸軍事，並進爵郡公。定、紹據信都，謨、亮先據常山，慕容垂之圍鄴城也，並降于垂，聞丕稱尊號，遣使謝罪。王兗固守博陵，與垂相持。左將軍竇衝、秦州刺史王統、河州刺史毛興、益州刺史王廣、南秦州刺史楊壁、衞將軍楊定，並據隴右，遣使招丕，請討姚萇。丕大悅，以定爲驃騎大將軍、雍州牧，衝爲征西大將軍、梁州牧，統鎭西大將軍，興車騎大將軍，壁征南大將軍，並開府儀同三司，加散騎常侍，廣安西將軍，皆進位州牧。

於是王永宣檄州郡曰：「大行皇帝棄背萬國，四海無主。征東大將軍、長樂公，先帝元子，聖武自天，受命荆南，威振衡海，分陝東都，道被夷夏，仁澤光于宇宙，德聲侔于下武。永與司空蚝等謹順天人之望，以季秋吉辰奉公紹承大統，銜哀卽事，栖谷總戎，枕戈待旦，

志雪大恥。慕容垂爲封豕于關東，泓沖繼凶于京邑，致乘輿播越，宗社淪傾。羌賊姚萇，我之牧士，乘釁滔天，親行大逆，有生之巨賊也。永累葉受恩，世荷將相，不與驪山之戎、滎澤之狄共戴皇天，同履厚土。諸牧伯公侯或宛沛宗臣，或四七勳舊，豈忍捨破國之醜豎，縱殺君之逆賊乎！主上飛龍九五，實協天心，靈祥休瑞，史不輟書，投戈效義之士三十餘萬，少康、光武之功可旬朔而成。今以衞將軍俱石子爲前軍師，司空張蚝爲中軍都督。武將猛士，風烈雷震，志殄元兇，義無他顧。永謹奉乘輿，恭行天罰。君臣終始之義，在三忘軀之誠，勠力同之，以建晉鄭之美。」

先是，慕容驎攻王兗于博陵，至是糧竭矢盡，郡功曹張猗踰城聚衆應驎。兗臨城數之曰：「卿，秦之人也。吾，卿之君也。起衆應賊，號稱義兵，何名實相違之甚！卿兄往合鄉宗，親逐城主，天地不容，爲世大戮。身滅未幾，卿復續之。卿見爲吾吏，親尋干戈，競爲戎首，爲爾君者，不亦難乎！今人可取卿一切之功，〔四〕寧能忘卿不忠不孝之事！古人有云，求忠臣必出孝子之門，卿母在城，不能顧之，何忠義之可望！惡不絕世，卿之謂也。不圖中州禮義之邦，而卿門風若斯。卿去老母如脫屣，吾復何論哉！」既而城陷，兗及固安侯苻鑒並爲驎所殺。

丕復以王永爲司徒、錄尙書事，徐義爲尙書令，加右光祿大夫。

初，王廣還自成都也，奔其兄秦州刺史統。及長安不守，廣攻河州牧毛興于枹罕。興遣建節將軍、臨淸伯衞平率其宗人千七百夜襲廣軍，大敗之。王統復遣兵助廣，興於是嬰城固守。既而襲王廣，敗之，廣亡奔秦州，爲隴西鮮卑匹蘭所執，送詣姚萇。興既敗王廣，謀伐王統，平上邽。枹罕諸氐皆窘於兵革而疲不堪命，乃殺興，推衞平爲使持節、安西將軍、河州刺史，遣使請命。

刁雲殺慕容忠，乃推慕容永爲使持節、大都督中外諸軍事、大將軍、大單于、雍秦梁涼四州牧、錄尚書事、河東王，稱藩于垂。征東苻定、鎭東苻紹、征北苻謨、鎭北苻亮皆降于慕容垂。

丕又進王永爲左丞相，苻纂爲大司馬，張蚝爲太尉，王騰爲驃騎大將軍、儀同三司，徐義爲司空，苻沖爲車騎大將軍、尙書令、儀同三司，俱石子爲衞大將軍、尙書左僕射，領官皆如故。永又檄州郡曰：「昔夏有窮夷之難，少康起焉；王莽毒殺平帝，世祖重光漢道。百六之運，何代無之！天降喪亂，羌胡猾夏，先帝晏駕賊庭，京師鞠爲戎穴，神州蕭條，生靈塗炭。天未亡秦，社稷有奉。主上聖德恢弘，道侔光武，所在宅心，天人歸屬，必當隆中興之功，復配天之美。姚萇殘虐，慕容垂凶暴，所過滅戶夷煙，毀發丘墓，毒徧存亡，痛纏幽顯，雖黃巾之害于九州，赤眉之暴于四海，方之未爲甚也。今素秋將及，行師令辰，公侯牧守，壘主鄉

豪，或勠力國家，乃心王室，各率所統，以孟冬上旬會大駕于臨晉。」於是天水姜延、馮翊寇明、河東王昭、新平張晏、京兆杜敏、扶風馬郎、建忠高平牧官都尉王敏等咸承檄起兵，各有衆數萬，遣使應丕。皆就拜將軍、郡守，封列侯。冠軍鄧景擁衆五千據彭池，與竇衝爲首尾，擊萇平涼太守金熙。安定北部都尉鮮卑沒奕于率鄯善王胡員吒、護羌中郎將梁苟奴等，與萇左將軍姚方成、鎭遠强京戰于孫丘谷，大敗之。

枹罕諸氐以衞平年老，不可以成事業，議廢之，而憚其宗强，連日不決。氐有啖青者，謂諸將曰：「大事宜定，東討姚萇，不可沈吟猶豫。一旦事發，反爲人害。諸軍但請衞公會集衆將，青爲諸軍決之。」衆以爲然。於是大饗諸將，青抽劍而前曰：「今天下大亂，豺狼塞路，吾曹今日可謂休戚是同，非賢明之主莫可濟艱難也。衞公朽耄，不足以成大事，宜反初服，以避賢路。狄道長苻登雖王室疏屬，而志略雄明，請共立之，以赴大駕。諸君若有不同者，便下異議。」乃奮劍攘袂，將斬貳己者，衆皆從之，莫敢仰視。於是推登爲帥，遣使于丕請命。丕以登爲征西大將軍、開府儀同三司、南安王，持節及州郡督因其所稱而授之。又以徐義爲右丞相。

丕留王騰守晉陽，楊輔戍壺關，率衆四萬進據平陽。王統以秦州降姚萇。慕容永以丕至平陽，恐不自固，乃遣使求假道還東，丕弗許。遣王永及苻纂攻之，以俱石子爲前鋒都

督，與慕容永戰于襄陵。王永大敗，永及石子皆死之。

初，苻纂之奔丕也，部下壯士三千餘人，丕猜而忌之。及永之敗，懼爲纂所殺，率騎數千南奔東垣。晉揚威將軍馮該自陝要擊，敗之，斬丕首，執其太子寧、長樂王壽，送于京師，朝廷赦而不誅，歸之于苻宏。徐義爲慕容永所獲，械埋其足，將殺之。義誦觀世音經，至夜中，土開械脫，於重禁之中若有人導之者，遂奔楊佺期，佺期以爲洛陽令。苻纂及弟師奴率丕餘衆數萬，奔據杏城。苻登稱尊號，僞謚丕爲哀平皇帝。丕之臣佐皆沒慕容永，永乃進據上黨之長子，僭稱大號，改元曰中興。丕在位二年而敗。

苻登 索泮　徐嵩

登字文高，堅之族孫也。父敞，健之世爲太尉司馬、隴東太守、建節將軍，後爲苻生所殺。堅卽僞位，追贈右將軍、涼州刺史，以登兄同成嗣。毛興之鎭上邽，以爲長史。登少而雄勇，有壯氣，粗險不修細行，故堅弗之奇也。長而折節謹厚，頗覽書傳。拜殿上將軍，稍遷羽林監、揚武將軍、長安令，坐事黜爲狄道長。

及關中亂，去縣歸毛興。同成言於興，請以登爲司馬，常在營部。登度量不羣，好爲奇略，同成常謂之曰：「汝聞不在其位，不謀其政，無數干時，將爲博識者不許。吾非疾汝，恐

或不喜人妄豫耳，自是可止。汝後得政，自可專意。」時人聞同成言，多以爲疾登而抑蔽之。登乃屏迹不妄交遊。興有事則召之，戲謂之曰：「小司馬可坐評事。」登出言輒析理中，興內服焉，然敬憚而不能委任。姚萇作亂，遣其弟碩德率衆伐毛興，相持久之。興將死，告同成曰：「與卿累年共擊逆羌，事終不克，何恨之深！可以後事付卿小弟司馬，殄碩德者，必此人也。卿可換攝司馬事。」

登既代衞平，遂專統征伐。是時歲旱衆飢，道殣相望，登每戰殺賊，名爲熟食，謂軍人曰：「汝等朝戰，暮便飽肉，何憂於飢！」士衆從之，噉死人肉，輒飽健能鬭。姚萇聞之，急召碩德曰：「汝不來，必爲苻登所食盡。」碩德於是下隴奔萇。

及丕敗，丕尚書寇遺奉丕子渤海王懿、濟北王昶自杏城奔登。登乃具丕死問，於是爲丕發喪行服，三軍縞素。登請立懿爲主，衆咸曰：「渤海王雖先帝之子，然年在幼沖，未堪多難。國亂而立長君，春秋之義也。三虜跨僭，寇旅殷强，豺狼梟鏡，舉目而是，自古厄運之極，莫甚于斯。大王挺劍西州，鳳翔秦隴，偏師暫接，姚萇奔潰，一戰之功，可謂光格天地。宜龍驤武奮，拯拔舊京，以社稷宗廟爲先，不可顧曹臧、吳札一介微節，以失圖運之機，不建中興之業也。」登於是以太元十一年僭卽皇帝位，大赦境內，改元曰太初。

立堅神主于軍中，載以輜軿，羽葆青蓋，車建黃旗，武賁之士三百人以衞之，將戰必告，

凡欲所爲，啓主而後行。繕甲纂兵，將引師而東，乃告堅神主曰：「維曾孫皇帝臣登，以太皇帝之靈恭踐寶位。昔五將之難，賊羌肆害于聖躬，實登之罪也。今合義旅，衆餘五萬，精甲勁兵，足以立功，年穀豐穰，足以資贍。卽日星言電邁，直造賊庭，奮不顧命，隕越爲期，庶上報皇帝酷冤，下雪臣子大恥。惟帝之靈，降監厥誠。」因歔欷流涕。將士莫不悲慟，皆刻鉾鎧爲「死休」字，示以戰死爲志。每戰以長矟鉤刃爲方圓大陣，知有厚薄，從中分配，故人自爲戰，所向無前。

初，長安之將敗也，堅中壘將軍徐嵩、屯騎校尉胡空各聚衆五千，據險築堡以自固，而受姚萇官爵。及萇之害堅，嵩等以王禮葬堅于二堡之間。至是，各率衆降登。拜嵩鎭軍將軍、雍州刺史，空輔國將軍、京兆尹。登復改葬堅以天子之禮。又僭立其妻毛氏爲皇后，弟懿爲皇太弟。遣使拜苻纂爲使持節、侍中、都督中外諸軍事、太師、領大司馬，進封魯王，纂弟師奴爲撫軍大將軍、并州牧、朔方公。纂怒謂使者曰：「渤海王世祖之孫，先帝之子，南安王何由不立而自尊乎？」纂長史王旅諫曰：「南安已立，理無中改。賊虜未平，不可宗室之中自爲仇敵，願大王遠蹤光武推聖公之義，梟二虜之後，徐更圖之。」纂乃受命。於是貳縣虜帥彭沛穀、屠各董成、張龍世、新平羌雷惡地等盡應之，有衆十餘萬。纂遣師奴攻上郡羌酋金大黑、金洛生，大黑等逆戰，大敗之，斬首五千八百。

登以竇衝爲車騎大將軍、南秦州牧，楊定爲大將軍、益州牧，楊璧爲司空、梁州牧。

苻纂敗姚碩德于涇陽，姚萇自陰密距纂，纂退屯敷陸。竇衝攻萇汧、雍二城，克之，斬其將軍姚元平、張略等。又與萇戰于汧東，爲萇所敗。登次于瓦亭。萇攻彭沛穀堡，陷之，沛穀奔杏城，萇還陰密。〔五〕登征虜、馮翊太守蘭犢率衆二萬自頻陽入于和寧，與苻纂首尾，將圖長安。師奴勸其兄纂稱尊號，纂不從，乃殺纂，自立爲秦公。蘭犢絕之，皆爲姚萇所敗。

登進據胡空堡，戎夏歸之者十有餘萬。姚萇遣其將軍姚方成攻陷徐嵩堡，嵩被殺，悉坑戎士。登率衆下隴入朝那，姚萇據武都相持，累戰互有勝負。登軍中大饑，收葚以供兵士。立其子崇爲皇太子，弁爲南安王，尚爲北海王。姚萇退還安定。登就食新平，留其大軍于胡空堡，率騎萬餘圍萇營，四面大哭，哀聲動人。萇惡之，乃命三軍哭以應登，登乃引退。

萇以登頻戰輒勝，謂堅有神驗，亦於軍中立堅神主，請曰：「往年新平之禍，非萇之罪。臣兄襄從陝北渡，假路求西，狐死首丘，欲暫見鄉里。陛下與苻眉要路距擊，不遂而沒。襄敕臣行殺，非臣之罪。苻登陛下末族，尚欲復讎，臣爲兄報恥，於情理何負！昔陛下假臣龍驤之號，謂臣曰：『朕以龍驤建業，卿其勉之！』明詔昭然，言猶在耳。陛下雖過世爲神，

豈假手于苻登而圖臣，忘前征時言邪！今爲陛下立神象，可歸休于此，勿計臣過，聽臣至誠。」登進師攻萇，既而升樓謂萇曰：「自古及今，安有殺君而反立神象請福，望有益乎！」大呼曰：「殺君賊姚萇出來，吾與汝決之，何爲枉害無辜！」萇懼而不應。萇自立堅神象，戰未有利，軍中每夜驚恐，乃嚴鼓斬象首以送登。

登將軍竇洛、竇于等謀反發覺，出奔于萇。登進討彭池不克，攻彌姐營及繁川諸堡，皆克之。萇連戰屢敗，乃遣其中軍姚崇襲大界，登引師要之，大敗崇于安丘，俘斬二萬五千。登進攻萇將吳忠、唐匡于平涼，克之，以尚書苻碩原爲前禁將軍、滅羌校尉，戍平涼。登進據苟頭原以逼安定。萇率騎三萬夜襲大界營，陷之，殺登妻毛氏及其子弁、尚，擒名將數十人，驅掠男女五萬餘口而去。

登收合餘兵，退據胡空堡，遣使齎書加竇衝大司馬、驃騎將軍、前鋒大都督、都督隴東諸軍事，楊定左丞相、上大將軍、都督中外諸軍事，楊璧大將軍、都督隴右諸軍事。遣衝率見衆爲先驅，自繁川趣長安。登率衆從新平逕據新豐之千戶固。使定率隴上諸軍爲其後繼，璧留守仇池。又命其并州刺史楊政、冀州刺史楊楷率所統大會長安。萇遣其將軍王破虜略地秦州，楊定及破虜戰于清水之格奴坂，大敗之。登攻張龍世于鵞泉堡，姚萇救之，登引退。萇密遣其將任瓮、宗度詐爲內應，遣使招登，許開門納之。登以爲然。雷惡地馳謂

登曰：「姚萇多計略，善御人，必爲姦變，願深宜詳思。」登乃止。萇聞惡地之詣登也，謂諸將曰：「此羌多姦智，今其詣登，事必無成。」登聞萇懸門以待之，大驚，謂左右曰：「雷征東其殆聖乎！微此公，朕幾爲豎子所誤。」萇攻陷新羅堡。萇扶風太守齊益男奔登。〔六〕登將軍路柴、强武等並以衆降於萇。登攻萇將張業生于隴東，萇救之，不克而退。登將軍魏褐飛攻姚當成于杏城，爲萇所殺。

馮翊郭質起兵廣鄉以應登，宣檄三輔曰：「義感君子，利動小人。吾等生逢先帝堯舜之化，累世受恩，非常伯納言之子，卽卿校牧守之胤，而可坐視豺狼忍害君父！裸尸薦棘，痛結幽泉，山陵無松隧之兆，靈主無清廟之頌，賊臣莫大之甚，自古所未聞。雖茹荼之苦，銜蓼之辛，何以諭之！姚萇窮凶肆害，毒被人神，於圖讖曆數萬無一分，而敢妄竊重名，厚顏瞬息，日月固所不照，二儀實亦不育。皇天雖欲絕之，亦將假手於忠節。凡百君子，皆夙漸神化，有懷義方，含恥而存，孰若蹈道而沒乎！」衆咸然之。唯鄭縣人苟曜不從，聚衆數千應姚萇。登以質爲平東將軍、馮翊太守。質遣部將伐曜，大敗而歸。質乃東引楊楷，以爲聲援，又與曜戰于鄭東，爲曜所敗，遂歸于萇，萇以爲將軍，質衆皆潰散。

登自雍攻萇將金溫于范氏堡，〔七〕克之，遂渡渭水，攻萇京兆太守韋范于段氏堡，不克，進據曲牢。苟曜有衆一萬，據逆方堡，〔八〕密應登，登去曲牢繁川，次于馬頭原。萇率騎來

距，大戰敗之，斬其尚書吳忠，進攻新平。萇率衆救之，登引退，復攻安定，爲萇所敗，據路承堡。

是時萇疾病，見苻堅爲祟。登聞之，秣馬厲兵，告堅神主曰：「曾孫登自受任執戈，幾將一紀，未嘗不上天錫祐，皇鑒垂矜，所在必克，賊旅冰摧。今太皇帝之靈降災疢于逆羌，以形類推之，醜虜必將不振。登當因其隕斃，順行天誅，拯復梓宮，謝罪清廟。」於是大赦境內，百僚進位二等。與萇將姚崇爭麥于清水，累爲崇所敗。進逼安定，去城九十餘里。萇疾小瘳，率衆距登，登去營逆萇，萇遣其將姚熙隆別攻登營，登懼，退還。萇夜引軍過登營三十餘里以躡登後。旦而候人告曰：「賊諸營已空，不知所向。」登驚曰：「此爲何人，去令我不知，來令我不覺，謂其將死，忽然復來，朕與此羌同世，何其厄哉！」遂罷師還雍。

以竇衝爲右丞相。尋而衝叛，自稱秦王，建年號。登攻之于野人堡，衝請救于姚萇，萇遣其太子興攻胡空堡以救之。登引兵還赴胡空堡，衝遂與萇連和。

至是萇死，登聞之喜曰：「姚興小兒，吾將折杖以笞之。」於是大赦，盡衆而東，攻屠各姚奴、帛蒲二堡，克之，自甘泉向關中。興追登不及數十里，登從六陌趣廢橋，興將尹緯據橋以待之。登爭水不得，衆渴死者十二三。與緯大戰，爲緯所敗，其夜衆潰，登單馬奔雍。

初，登之東也，留其弟司徒廣守雍，太子崇守胡空堡。廣、崇聞登敗，出奔，衆散。登

至，無所歸，遂奔平涼，收集遺衆入馬毛山。興率衆攻之，登遣子汝陰王宗質于隴西鮮卑乞伏乾歸，結婚請援，乾歸遣騎二萬救登。登引軍出迎，與興戰于山南，爲興所敗，登被殺。在位九年，時年五十二。崇奔于湟中，僭稱尊號，改元延初。僞謚登曰高皇帝，廟號太宗。崇爲乾歸所逐，崇、定皆死。〔九〕

始，健以穆帝永和七年僭立，至登五世，凡四十有四歲，以孝武帝太元十九年滅。

索泮字德林，敦煌人也。世爲冠族。泮少時游俠，及長，變節好學，有佐世才器。張天錫輔政，以泮爲冠軍、記室參軍。天錫卽位，拜司兵，歷位禁中錄事。執法御撿，州府肅然，郡縣改迹。遷羽林左監，有勤榦之稱。出爲中壘將軍、西郡武威太守、典戎校尉。政務寬和，戎夏懷其惠。天錫甚敬之。苻堅見而歎曰：「涼州信多君子！」既而以泮河西德望，拜別駕。

呂光既克姑臧，泮固郡不降，光攻而獲之。光曰：「孤既平西域，將赴難京師，梁熙無狀，絕孤歸路，此朝廷之罪人，卿何意阻郡固迷，自同元惡！」泮厲色責光曰：「將軍受詔討叛胡，可受詔亂涼州邪？寡君何罪，而將軍害之？泮但苦力寡，不能固守以報君父之讎，豈如逆氐彭濟望風反叛！主滅臣死，禮之常也。」乃就刑于市，神色不變。

弟菱有儁才，仕張天錫爲執法中郎、冗從右監。苻堅世至伏波將軍、典農都尉，與泮俱被害。

徐嵩字元高，盛之子也。少以清白著稱。苻堅時舉賢良，爲郎中，稍遷長安令，貴戚子弟犯法者，嵩一皆考竟，請託路絕。堅甚奇之，謂其叔父成曰：「人爲長吏，故當應耳。此年少落落，有端貳之才。」遷守始平郡，甚有威惠。

及壘陷，姚方成執而數之，嵩厲色謂方成曰：「汝姚萇罪應萬死，主上止黃眉之斬而宥之，叨據內外，位爲列將，無犬馬識養之誠，首爲大逆。汝曹羌輩豈可以人理期也！何不速殺我，早見先帝，取姚萇于地下。」方成怒，三斬嵩，漆其首爲便器。登哭之哀慟，贈車騎大將軍、儀同三司，謚曰忠武。

史臣曰：自兩京殄覆，九土分崩，赤縣成蛇豕之墟，紫宸遷鼉黽之穴，干戈日用，戰爭方興，猶逐鹿之並驅，若瞻烏之靡定。苻洪擅轡陬之桀黠，乘羯虜之危亡，乃附款江東而志圖關右，禍生蠆毒，未逞狼心。健既承家，克隆凶緒，率思歸之衆，投山西之隙，據億丈之巖

險，總三秦之果銳，敢窺大寶，遂竊鴻名，校數姦雄，有可言矣。長生慘虐，稟自率由。覩辰象之災，謂法星之夜飲；忍生靈之命，疑猛獸之朝飢。但肆毒于刑殘，曾無心於戒懼。招亂速禍，不亦宜乎！

永固雅量瓌姿，變夷從夏，叶魚龍之謠詠，挺草付之休徵，克翦姦回，纂承僞曆，遵明王之德教，闡先聖之儒風，撫育黎元，憂勤庶政。王猛以宏材緯軍國，苻融以懿戚贊經綸，權薛以諒直進規謨，鄧張以忠勇恢威略，雋賢效足，杞梓呈才，文武兼施，德刑具舉。乃平燕定蜀，擒代吞涼，跨三分之二，居九州之七，遐荒慕義，幽險宅心，因止馬而獻歌，託棲鸞以成頌，因以功侔曩烈，豈直化洽當年！雖五胡之盛，莫之比也。

既而足己夸世，愎諫違謀，輕敵怒鄰，窮兵黷武。尠三正之未叶，恥五運之猶乖，傾率土之師，起滔天之寇，負其犬羊之力，肆其吞噬之能。自謂戰必勝，攻必取，便欲鳴鸞禹穴，駐蹕疑山，疏爵以侯楚材，築館以須歸命。曾弗知人道助順，神理害盈，雖矜涿野之强，終致昆陽之敗。遂使凶渠候隙，狡寇伺間，步搖啓其禍先，燒當乘其亂極，宗社遷於他族，身首罄于賊臣，貽戒將來，取笑天下，豈不哀哉！豈不謬哉！

苻丕承亂僭竊，尋及傾敗，斯可謂天之所廢，人不能支。苻登集離散之兵，厲死休之志，雖衆寡不敵，難以立功，而義烈慷慨，有足稱矣。

贊曰：洪惟壯勇，威棱氐種。健藉世資，遂雄關隴。長生昏虐，敗不旋踵。永固禎祥，肇自龍驤。垂旒負扆，竊帝圖王。患生縱敵，難起矜强。丕登僭假，淪胥以亡。

校勘記

〔一〕字永叔　斠注：御覽一二二引十六國春秋前秦錄、魏書苻健傳「永叔」均作「永敍」。「叔」與「敍」形近致譌，疑當作「敍」。按：册府二一九、通志一八九亦並作「敍」，「叔」字當譌。

〔二〕改元曰太安　御覽一二二引前秦錄「太安」作「太平」，通鑑一〇六又作「大安」。

〔三〕苻讓爲征西將軍幽州牧　周校：幽州不當爲征西。按下文云「征北苻讓」，知「西」乃「北」之誤。

〔四〕今人可取卿一切之功　各本「可」作「何」，局本作「可」。册府九四三亦作「可」，局本當是據册府改，於文義爲長，今從之。

〔五〕萇遷陰密　通鑑一〇七「遷」作「還」。上云「姚萇自陰密拒纂」，疑作「還」是。

〔六〕萇扶風太守齊益男奔登　通鑑一〇七稱：「後秦主萇攻秦扶風太守齊益男於新羅堡，克之，益男走。」則益男乃苻登之扶風太守。疑此「萇」字衍。

〔七〕金溫　通鑑一〇七作「金榮」。

〔八〕據逆方堡　周校：「逆方堡」，姚萇載記作「逆萬堡」，疑「萬」古作「万」而誤爲「方」也。按：御覽

二九三引十六國春秋、通典一五四並作「萬」，周說是。

〔九〕崇定皆死　斠注：御覽一二二引前秦錄，崇奔於楊定，帥衆二萬攻乾歸，爲乾歸所敗，崇、定皆死。是「定」爲楊定，載記漏書楊定，不詳始末。按：乾歸敗斬楊定，亦見乾歸載記。此處先未見楊定，忽云「崇、定皆死」，令人不解定是何人。

晉書卷一百十六

載記第十六

姚弋仲

姚弋仲，南安赤亭羌人也。其先有虞氏之苗裔。禹封舜少子於西戎，世爲羌酋。其後燒當雄於洮罕之間，七世孫塡虞，漢中元末寇擾西州，爲楊虛侯馬武所敗，徙出塞。虞九世孫遷那率種人內附，漢朝嘉之，假冠軍將軍、西羌校尉、歸順王，處之於南安之赤亭。那玄孫柯迴爲魏鎮西將軍、綏戎校尉、西羌都督。迴生弋仲，少英毅，不營產業，唯以收恤爲務，衆皆畏而親之。永嘉之亂，東徙榆眉，戎夏繈負隨之者數萬，自稱護西羌校尉、雍州刺史、扶風公。

劉曜之平陳安也，以弋仲爲平西將軍，封平襄公，邑之于隴上。及石季龍克上邽，弋仲說之曰：「明公握兵十萬，功高一時，正是行權立策之日。隴上多豪，秦風猛勁，道隆後服，

道洿先叛，宜徙隴上豪強，虛其心腹，以實畿甸。」季龍納之，啓勒以弋仲行安西將軍、六夷左都督。後晉豫州刺史祖約奔於勒，勒禮待之，弋仲上疏曰：「祖約殘賊晉朝，逼殺太后，不忠於主，而陛下寵之，臣恐姦亂之萌，此其始矣。」勒善之，後竟誅約。

勒既死，季龍執權，思弋仲之言，遂徙秦雍豪傑於關東。弋仲率部衆數萬遷于清河，拜奮武將軍、西羌大都督，封襄平縣公。及季龍廢石弘自立，弋仲稱疾不賀。季龍累召之，乃赴，正色謂季龍曰：「奈何把臂受託而反奪之乎！」季龍憚其強正而不之責。遷持節、十郡六夷大都督、冠軍大將軍。性清儉鯁直，不修威儀，屢獻讜言，無所迴避，季龍甚重之。朝之大議，靡不參決，公卿亦憚而推下之。武城左尉，季龍寵姬之弟也，曾擾其部，弋仲執尉，數以迫脅之狀，命左右斬之。尉叩頭流血，左右諫，乃止。其剛直不回，皆此類也。

季龍末，梁犢敗李農於滎陽，季龍大懼，馳召弋仲。弋仲率其部衆八千餘人屯于南郊，輕騎至鄴。時季龍病，不時見弋仲，引入領軍省，賜其所食之食。弋仲怒不食，曰：「召我擊賊，豈來覓食邪！我不知上存亡，若一見，雖死無恨。」左右言之，乃引見。弋仲數季龍曰：「兒死來愁邪？乃至於疾！兒小時不能使好人輔相，至令相殺。兒自有過，責其下人太甚，故反耳。汝病久，所立兒小，若不差，天下必亂。當宜憂此，不煩憂賊也。犢等因思歸之心，共爲姦盜，所行殘賊，此成擒耳。老羌請效死前鋒，使一舉而了。」弋仲性狷直，俗無尊卑皆汝之，季龍恕而不責，於坐授使持節、侍中、征西大將軍，賜以鎧馬。弋仲曰：「汝看老羌堪破賊以不？」於是貫鉀跨馬于庭中，策馬南馳，不辭而出，遂滅梁犢。以功加劍履上殿，入朝不趨，進封西平郡公。

冉閔之亂，弋仲率衆討閔，次於混橋。石祗僭號于襄國，以弋仲爲右丞相，待以殊禮。祗與閔相攻，弋仲遣其子襄救祗，戒襄曰：「汝才十倍於閔，若不梟擒，不須復見我也。」襄擊閔於常盧澤，〔一〕大破之而歸。弋仲怒襄之不擒閔也，杖之一百。

弋仲部曲馬何羅博學有文才，張豺之輔石世也，背弋仲歸豺，豺以爲尚書郎。豺敗，復歸，咸勸殺之。弋仲曰：「今正是招才納奇之日，當收其力用，不足害也。」以爲參軍。其寬恕如此。

弋仲有子四十二人，常戒諸子曰：「吾本以晉室大亂，石氏待吾厚，故欲討其賊臣以報其德。今石氏已滅，中原無主，自古以來未有戎狄作天子者。我死，汝便歸晉，當竭盡臣節，無爲不義之事。」乃遣使請降。永和七年，拜弋仲使持節、六夷大都督、都督江淮諸軍事、〔二〕車騎大將軍、儀同三司、大單于，封高陵郡公。八年，卒，時年七十三。

子襄之入關也，爲苻生所敗，弋仲之柩爲生所得，生以王禮葬之於天水冀縣。萇僭位，追諡曰景元皇帝，廟號始祖，墓曰高陵，置園邑五百家。

姚襄

襄字景國，弋仲之第五子也。年十七，身長八尺五寸，臂垂過膝，雄武多才藝，明察善撫納，士衆愛敬之，咸請爲嗣。弋仲弗許，百姓固請者日有千數，乃授之以兵。石祗僭號，以襄爲使持節、驃騎將軍、護烏丸校尉、豫州刺史、新昌公。晉遣使拜襄持節、平北將軍、并州刺史、即丘縣公。

弋仲死，襄祕不發喪，率戶六萬南攻陽平、元城、發干，皆破之，殺掠三千餘家，屯於碻磝津。以太原王亮爲長史，天水尹赤爲司馬，略陽伏子成爲左部帥，南安斂岐爲右部帥，略陽王黑那爲前部帥，強白爲後部帥，太原薛讚、略陽權翼爲參軍。南至滎陽，始發喪行服。與高昌、李歷戰於麻田，馬中流矢死，賴其弟萇以免。晉處襄於譙城，遣五弟爲任，單騎度淮，見豫州刺史謝尚於壽春。尚命去仗衞，幅巾以待之，一面交款，便若平生。

襄少有高名，雄武冠世，好學博通，雅善談論，英濟之稱著于南夏。中軍將軍、揚州刺史殷浩憚其威名，乃因襄諸弟，頻遣刺客殺襄，刺客皆推誠告實，襄待之若舊。浩潛遣將軍魏憬率五千餘人襲襄，襄乃斬憬而并其衆。浩愈惡之，乃使將軍劉啓守譙，遷襄于梁國蠡臺，表授梁國內史。襄遣權翼詣浩，浩曰：「姚平北每舉動自由，豈所望也。」翼曰：「將軍輕

納姦言，自生疑貳，愚謂猜嫌之由，不在於彼。」浩曰：「姚君縱放小人，盜竊吾馬，王臣之體固若是乎？」翼曰：「將軍謂姚平北以威武自強，終爲難保，校兵練衆，將懲不恪，取馬者欲以自衞耳。」浩曰：「何至是也。」浩遣謝萬討襄，襄逆擊破之。浩甚怒，會聞關中有變，浩率衆北伐，襄乃要擊浩於山桑，大敗之，斬獲萬計，收其資仗。使兄益守山桑壘，復如淮南。浩遣劉啓、王彬之伐山桑，襄自淮南擊滅之，鼓行濟淮，屯于盱眙，招掠流人，衆至七萬，分置守宰，勸課農桑，遣使建鄴，罪狀殷浩，幷自陳謝。

流人郭斁等千餘人執晉堂邑內史劉仕降于襄，〔三〕朝廷大震，以吏部尚書周閔爲中軍將軍，緣江備守。襄將佐部衆皆北人，咸勸襄北還。襄方軌北引，自稱大將軍、大單于，進攻外黃，爲晉邊將所敗。襄收散卒而勤撫恤之，於是復振。乃據許昌，將如河東以圖關右，自許遂攻洛陽，踰月不克。其長史王亮諫襄曰：「公英略蓋天下，士衆思效力命，不可損威勞衆，守此孤城。宜還河北，以弘遠略。」襄曰：「洛陽雖小，山河四塞之固，亦是用武之地。吾欲先據洛陽，然後開建大業。」俄而亮卒，襄哭之甚慟，曰：「天將不欲成吾事乎？王亮捨我去也！」

晉征西大將軍桓溫自江陵伐襄，戰於伊水北，爲溫所敗，率麾下數千騎奔于北山。其夜，百姓棄妻子隨襄者五千餘人，屯據陽鄉，赴者又四千餘戶。襄前後敗喪數矣，衆知襄所

在，輒扶老攜幼奔馳而赴之。時或傳襄創重不濟，溫軍所得士女莫不北望揮涕。其得物情如此。先是，弘農楊亮歸襄，襄待以客禮。後奔桓溫，溫問襄於亮，亮曰：「神明器宇，孫策之儔，而雄武過之。」其見重如是。

襄尋徙北屈，將圖關中，進屯杏城，遣其從兄輔國姚蘭略地鄜城，使其兄益及將軍王欽盧招集北地戎夏，歸附者五萬餘戶。苻生遣其將苻飛拒戰，蘭敗，爲飛所執。襄率衆西引，生又遣苻堅、鄧羌等要之。襄將戰，沙門智通固諫襄，宜厲兵收衆，更思後舉。襄曰：「二雄不俱立，冀天不棄德以濟黎元，吾計決矣。」會羌師來逼，襄怒，遂長驅而進，戰于三原。襄敗，爲堅所殺，時年二十七，是歲晉升平元年也。苻生以公禮葬之。萇僭號，追謚魏武王，封襄孫延定爲東城侯。

姚萇

萇字景茂，弋仲第二十四子也。少聰哲，多權略，廓落任率，不修行業，諸兄皆奇之。隨襄征伐，每參大謀。襄之寇洛陽也，夢萇服袞衣，升御坐，諸酋長皆侍立，且謂將佐曰：「吾夢如此，此兒志度不恒，或能大起吾族。」襄之敗于麻田也，馬中流矢死，萇下馬以授襄，襄曰：「汝何以自免？」萇曰：「但令兄濟，豎子安敢害萇！」會救至，俱免。

及襄死，萇率諸弟降於苻生。苻堅以萇爲揚武將軍，歷左衞將軍，隴東、汲郡、河東、武都、武威、巴西、扶風太守，寧、幽、兗三州刺史，復爲揚武將軍、步兵校尉，封益都侯。爲堅將，累有大功。

初，萇隨楊安伐蜀，嘗晝寢水旁，上有神光煥然，左右咸異之。及苻堅寇晉，以萇爲龍驤將軍、督益梁州諸軍事，謂萇曰：「朕本以龍驤建業，龍驤之號未曾假人，今特以相授，山南之事一以委卿。」堅左將軍竇衝進曰：「王者無戲言，此將不祥之徵也，惟陛下察之。」堅默然。

堅既敗於淮南，歸長安，慕容泓起兵叛堅。堅遣子叡討之，以萇爲司馬。爲泓所敗，叡死之。萇遣龍驤長史趙都詣堅謝罪，堅怒，殺之。萇懼，奔於渭北，遂如馬牧。西州豪族尹詳、趙曜、王欽盧、牛雙、狄廣、張乾等率五萬餘家，咸推萇爲盟主。萇將距之，天水尹緯說萇曰：「今百六之數既臻，秦亡之兆已見，以將軍威靈命世，必能匡濟時艱，故豪傑驅馳，咸同推仰。明公宜降心從議，以副羣望，不可坐觀沈溺而不拯救之。」萇乃從緯謀，以太元九年自稱大將軍、大單于、萬年秦王，大赦境內，年號白雀，稱制行事。以天水尹詳、南安龐演爲左右長史，南安姚晃、尹緯爲左右司馬，天水狄伯支、焦虔、梁希、龐魏、任謙爲從事中郎，姜訓、〔四〕閻遵爲掾屬，王據、焦世、蔣秀、尹延年、牛雙、張乾爲參軍，王欽盧、姚方成、王破

虜、楊難、尹嵩、裴騎、趙曜、狄廣、党删等爲帥。

時慕容沖與苻堅相攻，衆甚盛。萇將西上，恐沖遏之，乃遣使通和，以子崇爲質於沖，進屯北地，厲兵積粟，以觀時變。苻堅先徙晉人李詳等數千戶于敷陸，〔五〕至是，降於萇，北地、新平、安定羌胡降者十餘萬戶。堅率諸將攻之，不能克。

萇聞慕容沖攻長安，議進趣之計，羣下咸曰：「宜先據咸陽以制天下。」萇曰：「燕因懷舊之士而起兵，若功成事捷，咸有東歸之思，安能久固秦川！吾欲移兵嶺北，廣收資實，須秦弊燕迴，然後垂拱取之。兵不血刃，坐定天下，此卞莊得二之義也。」堅寧朔將軍宋方率騎三千從雲中將赴長安，萇自貳縣要破之，方單馬奔免，其司馬田晃率衆降萇。萇遣諸將攻新平，克之，因略地至安定，嶺北諸城盡降之。

時苻堅爲慕容沖所逼，走入五將山。沖入長安。堅司隸校尉權翼、尚書趙遷、大鴻臚皇甫覆、光祿大夫薛讚、扶風太守段鏗等文武數百人奔於萇。萇遣驍騎將軍吳忠率騎圍堅，萇如新平。俄而忠執堅，送之。

慕容沖遣其車騎大將軍高蓋率衆五萬來伐，戰於新平南，大破之，蓋率麾下數千人來降，拜散騎常侍。

沖既率衆東下，長安空虛。盧水郝奴稱帝於長安，渭北盡應之。扶風王驎有衆數千，

保據馬嵬。奴遣弟多攻麟。萇伐麟，破之，麟走漢中。執多而進攻奴，降之。

以太元十一年萇僭即皇帝位于長安，大赦，改元曰建初，國號大秦，改長安曰常安。立妻虵氏爲皇后，子興爲皇太子，置百官。自謂以火德承苻氏木行，服色如漢氏承周故事。徙安定五千餘戶于長安。以弟征虜緒爲司隸校尉，鎮長安。

萇如安定，擊平涼胡金熙、鮮卑沒奕于，大破之。遂如秦州，與苻堅秦州刺史王統相持，天水屠各、略陽羌胡應萇者二萬餘戶，統懼，乃降。因饗將士于上邽，南安人古成詵進曰：「臣州人殷地險，儁傑如林，用武之國也。王秦州不能收拔賢才，三分鼎足，而坐玩珠玉，以至于此。陛下宜散秦州金帛以施六軍，旌賢表善以副鄙州之望。」萇善之，擢爲尚書郎。拜弟碩德都督隴右諸軍事、征西將軍、秦州刺史，領護東羌校尉，鎮上邽。萇還安定，修德政，布惠化，省非急之費，以救時弊，閭閻之士有豪介之善者，皆顯異之。

萇復如秦州，爲苻登所敗，語在登傳。以其太子興鎮長安，而與登相距。登馮翊太守蘭櫝與苻師奴離貳，慕容永攻之，櫝遣使請救。萇將赴救，尚書令姚旻、左僕射尹緯等言於萇曰：「苻登近在瓦亭，陛下未宜輕舉。」萇曰：「登遲重少決，每失時機，聞吾自行，正當廣集兵資，必不能輕軍深入。兩月之間，足可克此三豎，吾事必矣。」遂師次於渥源。〔六〕師奴率

衆來距，大戰，敗之，盡俘其衆。又擒蘭櫝，收其士馬。萇乃掘苻堅尸，鞭撻無數，裸剝衣裳，薦之以棘，坎土而埋之。慕容永征西將軍王宣率衆降萇。

初，關西雄傑以苻氏既終，萇雄略命世，天下之事可一旦而定。萇既與苻登相持積年，數爲登所敗，遠近咸懷去就之計，唯征虜齊難、冠軍徐洛生、輔國劉郭單、冠威彌姐婆觸、龍驤趙惡地、鎮北梁國兒等守忠不貳，並留子弟守營，供繼軍糧，身將精卒，隨萇征伐。時諸營既多，故號萇軍爲大營，大營之號自此始也。時天大雪，萇下書深自責罰，散後宮文綺珍寶以供戎事，身食一味，妻不重綵。將帥死王事者，加秩二等，士卒戰沒，皆有褒贈。立太學，禮先賢之後。

敦煌索盧曜請刺苻登，萇曰：「卿以身徇難，將爲誰乎？」曜曰：「臣死之後，深以友人隴西辛遲仰託。」萇遣之。事發，爲登所殺，萇以遲爲騎都尉。

登進逼安定，諸將勸萇決戰，萇曰：「與窮寇競勝，兵家之下。吾將以計取之。」於是留其尚書令姚旻守安定，夜襲登輜重於大界，克之。〔七〕諸將或欲因登駭亂擊之，萇曰：「登衆雖亂，怒氣猶盛，未可輕也。」遂止。萇以安定地狹，且逼苻登，使姚碩德鎮安定，徙安定千餘家于陰密，遣弟征南靖鎮之。

立社稷于長安。百姓年七十有德行者，拜爲中大夫，歲賜牛酒。

尹緯、姚晃謂古成詵曰：「苻登窮寇，歷年未滅，姦雄鴟峙，所在糾扇，夷夏皆貳，將若之何？」詵曰：「主上權略無方，信賞必罰，賢能之士，咸懷樂推，豈慮大業不成，氐賊不滅乎！」緯曰：「登窮寇未滅，姦雄所在扇合，吾等寧無懼乎？」詵曰：「三秦天府之國，主上十分已有其八。今所在可慮者，苻登、楊定、雷惡地耳，自餘瑣瑣，焉足論哉！然惡地地狹衆寡，不足爲憂。苻登藉烏合犬羊，偷存假息，料其智勇，非至尊之匹。霸王之起，必有驅除，然後克定大業。昔漢魏之興也，皆十有餘年，乃能一同於海內，五六年間未爲久也。主上神略內明，英武外發，可謂無敵於天下耳，取登有餘力。願布德行仁，招賢納士，厲兵秣馬，以候天機。如其鴻業不成者，詵請腰斬以謝明公。」緯言之於萇，萇大悅，賜詵爵關內侯。

雷惡地率衆降萇，拜爲鎮東將軍。魏褐飛自稱大將軍、衝天王，率氐胡數萬人攻安北姚當城於杏城，雷惡地應之，攻鎮東姚漢得於李潤。萇議將討之，羣臣咸曰：「陛下不憂六十里苻登，乃憂六百里褐飛？」萇曰：「登非可卒殄，吾城亦非登所能卒圖。惡地多智，非常人也。南引褐飛，東結董成，〔八〕甘言美說以成姦謀，若得杏城、李潤，惡地據之，控制遠近，相爲羽翼，長安東北非復吾有。」於是潛軍赴之。萇時衆不滿二千，褐飛、惡地衆至數萬，氐胡赴之者首尾不絕。萇每見一軍至，輒有喜色。羣下怪而問之，萇曰：「今同惡相濟，皆來會集，吾得乘勝席卷，一舉而覆其巢穴，東北無復餘也。」褐飛等以萇兵少，盡衆來攻。萇固

壘不戰，示之以弱，潛遣子崇率騎數百，出其不意，以乘其後。褐飛兵擾亂，萇遣鎮遠王超、平遠譚亮率步騎擊之，褐飛衆大潰，斬褐飛及首級萬餘。惡地請降，萇待之如初。惡地每謂人曰：「吾自言智勇所施，足爲一時之傑。校數諸雄，如吾之徒，皆應跨據一方，獸嘯千里。遇姚公智力摧屈，是吾分也。」惡地猛毅清肅，不可干以非義，嶺北諸豪皆敬憚之。

萇命其將當城於營處一栅孔中蒔樹一根，以旌戰功。歲餘，問之，城曰：「營所至小，已廣之矣。」萇曰：「少來鬬戰無如此快，以千六百人破三萬衆，國之事業，由此克舉。小乃爲奇，大何足貴！」

貳城胡曹寅、王達獻馬三千匹。以寅爲鎮北將軍、并州刺史，達鎮遠將軍、金城太守。

萇性簡率，羣下有過，或面加罵辱。太常權翼言於萇曰：「陛下弘達自任，不修小節，駕馭羣雄，苞羅儁異，棄嫌錄善，有高祖之量。然輕慢之風，所宜除也。」萇曰：「吾之性也。吾於舜之美，未有片焉；漢祖之短，已收其一。若不聞讜言，安知過也！」

南羌竇鴦率戶五千來降，拜安西將軍。

萇下書，有復私仇者，皆誅之。將吏亡滅者，各隨所親以立後，振給長育之。

鎮東苟曜據逆萬堡，密引苻登。萇與登戰，敗於馬頭原，收衆復戰。姚碩德謂諸將曰：「上慎於輕戰，每欲以計取之。今戰既失利，而更逼賊者，必有由也。」萇聞而謂碩德曰：「登

用兵遲緩，不識虛實，今輕兵直進，逕據吾東，必苟曜豎子與之連結也。事久變成，其禍難測。所以速戰者，欲使豎子謀之未就，好之未深，散敗其事耳。」進戰，大敗之，登退屯于郿。登將金槌以新平降萇，〔九〕萇輕將數百騎入槌營。羣下諫之，萇曰：「槌既去苻登，復欲圖我，將安所歸！且懷德初附，推款委質，吾復以不信待之，何以御物乎！」羣氐果有異謀，槌不從而止。

萇如陰密攻登，敕其太子興曰：「苟曜好姦變，將爲國害，聞吾還北，必來見汝，汝便執之。」苟曜果見興于長安，興遣尹緯讓而誅之。

萇大敗登于安定東，置酒高會，諸將咸曰：「若值魏武王，不令此賊至今，陛下將牢太過耳。」萇笑曰：「吾不如亡兄有四：身長八尺五寸，臂垂過膝，人望而畏之，一也；當十萬之衆，與天下爭衡，望麾而進，前無橫陣，二也；溫古知今，講論道藝，駕馭英雄，收羅雋異，三也；董率大衆，履險若夷，上下咸允，人盡死力，四也。所以得建立功業，策任羣賢者，正望算略中一片耳。」羣臣咸稱萬歲。

萇下書令留臺諸鎮各置學官，勿有所廢，考試優劣，隨才擢敍。苻登驃騎將軍沒奕于率戶六千降，拜使持節、車騎將軍、高平公。

萇寢疾，遣姚碩德鎮李潤，尹緯守長安，召其太子興詣行營。征南姚方成言於興曰：

「今寇賊未滅，上復寢疾，王統、苻胤等皆有部曲，終爲人害，宜盡除之。」興於是誅苻胤、王統、王廣、徐成、毛盛，乃赴召。興至，萇怒曰：「王統兄弟是吾州里，無他遠志，徐成等昔在秦朝，並爲名將。天下小定，吾方任之，奈何輒便誅害，令人喪氣！」

萇下書，兵吏從征伐，戶在大營者，世世復其家，無所豫。

苻登與竇衝相持，萇議擊之，尹緯言於萇曰：「太子純厚之稱，著于遐邇，將領英略，未爲遠近所知。宜遣太子親行，可以漸廣威武，防闚闔之原。」萇從之，戒興曰：「賊徒知汝轉近，必相驅入堡，聚而掩之，無不克矣。」比至胡空堡，衝圍自解。登聞興向胡空堡，引還，與因襲平涼，大獲而歸，咸如萇策。使興還鎮長安。

萇下書除妖謗之言及赦前姦穢，有相劾舉者，皆以其罪罪之。

晉平遠將軍、護氐校尉楊佛嵩率胡蜀三千餘戶降于萇，晉將楊佺期、趙睦追之。遣姚崇赴救，大敗晉師，斬趙睦。以佛嵩爲鎮東將軍。

萇如長安，至於新支堡，疾篤，輿疾而進。夢苻堅將天官使者、鬼兵數百突入營中，萇懼，走入宮，宮人迎萇刺鬼，誤中萇陰，鬼相謂曰：「正中死處。」拔矛，出血石餘。寤而驚悸，遂患陰腫，醫刺之，出血如夢。萇遂狂言，或稱「臣萇，殺陛下者兄襄，非臣之罪，願不枉臣」。至長安，召太尉姚旻、尚書左僕射尹緯、右僕射姚晃、尚書狄伯支等入，受遺輔政。萇

謂興曰：「有毀此諸人者，慎勿受之。汝撫骨肉以仁，接大臣以禮，待物以信，遇黔首以恩，四者既備，吾無憂矣。」以太元十八年死，時年六十四，在位八年。僞謚武昭皇帝，廟號太祖，墓稱原陵。

校勘記

〔一〕常盧澤　冉閔載記、通鑑九九「常盧」作「長蘆」。水經濁漳水注見長蘆水。字當作「長」，「常」蓋當後秦史臣避姚萇嫌名而改，唐人未及回改者。

〔二〕都督江淮諸軍事　御覽一二三引後秦錄、通鑑九九「江淮」作「江北」。胡注：「『江北』恐當作『河北』。」按：江淮爲東晉根本重地，地域甚廣，豈能以都督授弋仲。弋仲時在清河，亦未必使其都督江北。胡說疑是。

〔三〕流人郭斅等千餘人執晉堂邑內史劉仕降于襄　據張元濟校勘記云，所見另一宋本「斅」字空格，百衲本從殿本補。周校：穆帝紀作「郭敞執陳留內史劉仕」。按：通鑑九九從紀。堂邑西晉雖曾置郡，不聞曾爲王國，何以稱內史，疑誤。「斅」字當是舊本模糊，故宋本已空格，或本是「敞」字，形近譌「斅」。

〔四〕姜訓　通鑑一〇五作「羌訓」。

〔五〕李詳　各本「詳」作「祥」，宋本作「詳」。通志一九〇亦作「詳」，今從宋本。

〔六〕遂師次於涅源　通鑑一〇七「涅」作「泥」，胡注：「漢書地理志，北地郡有泥陽縣，應劭注云：泥水出郁致北蠻中。」疑「涅」乃「泥」之譌。

〔七〕諸將或欲因登駭亂擊之　各本「亂」下衍「欲」字，今據册府二二七、通志一九〇删。又「或」字，册府、通志並作「咸」。

〔八〕董成　御覽二九三引十六國春秋、通典一五四「成」作「咸」。

〔九〕金槌　通鑑一〇七作「强金槌」。

晉書

唐 房玄齡等撰

第十冊

卷一一七至卷一三〇(載記)

中華書局

晉書卷一百十七

載記第十七

姚興上

姚興字子略，萇之長子也。苻堅時爲太子舍人。萇之在馬牧，興自長安冒難奔萇，萇立爲皇太子。萇出征討，常留統後事。及鎮長安，甚有威惠。與其中舍人梁喜、洗馬范勖等講論經籍，不以兵難廢業，時人咸化之。

萇死，興祕不發喪，以其叔父緒鎮安定，碩德鎮陰密，弟崇守長安。碩德將佐言於碩德曰：「公威名宿重，部曲最强，今喪代之際，朝廷必相猜忌，非永安之道也。宜奔秦州，觀望事勢。」碩德曰：「太子志度寬明，必無疑阻。今苻登未滅而自尋干戈，所謂追二袁之蹤，授首與人。吾死而已，終不若斯。」及至，興優禮而遣之。

興自稱大將軍，以尹緯爲長史，狄伯支爲司馬，率衆伐苻登。咸陽太守劉忌奴據避世

堡以叛，興襲忌奴，擒之。苻登自六陌向廢橋，始平太守姚詳據馬嵬堡以距登。登衆甚盛，興慮詳不能遏，乃自將精騎以追登。遣尹緯領步卒赴詳。緯用詳計，據廢橋以抗登。登因急攻緯，緯將出戰，興馳遣狄伯支謂緯曰：「兵法不戰而制人者，蓋爲此也。苻登窮寇，宜持重，不可輕戰。」緯曰：「先帝登遐，人情擾懼，今不因思奮之力，梟殄逆豎，大事去矣。緯敢以死爭。」遂與登戰，大破之，登衆渴死者十二三，其夜大潰，登奔雍。興乃發喪行服。太元十九年，僭即帝位于槐里，大赦境內，改元曰皇初，遂如安定。

先是，苻登使弟廣守雍，子崇屯胡空堡，聞登敗，各棄守走。登無所投據，遂奔平涼，率其餘衆入馬毛山。興自安定如涇陽，與登戰于山南，斬登。散其部衆，歸復農業。徙陰密三萬戶于長安，分大營戶爲四，置四軍以領之。

安南强熙、鎮遠楊多叛，推竇衝爲盟主，所在擾亂。興率諸將討之，軍次武功，多兄子良國殺多而降。衝弟彰武與衝離貳，衝奔强熙。熙聞興將至，率戶二千奔秦州。竇衝走汧川，汧川氐仇高執送之。衝從弟統率其衆降于興。

封征虜緒爲晉王，征西碩德爲隴西王，征南靖等及功臣尹緯、齊難、楊佛嵩等並爲公侯，其餘封爵各有差。

鮮卑薛勃於貳城爲魏軍所伐，遣使請救，使姚崇赴救。魏師既還，薛勃復叛，崇伐而執

之，大收其士馬而還。

興追尊其庶母孫氏爲皇太后，配饗太廟。

楊盛保仇池，遣使請命，拜使持節、鎮南將軍、仇池公。鮮卑越質詰歸率戶二萬叛乞伏乾歸，降于興，興處之于成紀，拜使持節、鎮西將軍、平襄公。

姚碩德討平涼胡金豹于洛城，克之。初，上邽姜乳據本縣以叛，自稱秦州刺史。碩德進討之，乳率衆降。以碩德爲秦州牧，領護東羌校尉，鎮上邽。徵乳爲尚書。强熙及略陽豪族權千城率衆三萬圍上邽，〔一〕碩德擊破之。熙南奔仇池，遂假道歸晉。碩德西討千城，千城降。

興令郡國各歲貢清行孝廉一人。

慕容永既爲慕容垂所滅，河東太守柳恭等各阻兵自守，興遣姚緒討之。恭等依河距守，緒不得濟。鎮東薛彊先據楊氏壁，引緒從龍門濟河，遂入蒲坂。恭勢屈，請降。徙新平、安定新戶六千于蒲坂。

興母虵氏死，興哀毁過禮，不親庶政。羣臣議請依漢魏故事，既葬卽吉。興尚書郎李嵩上疏曰：「三王異制，五帝殊禮。孝治天下，先王之高事也，宜遵聖性，以光道訓。既葬之後，應素服臨朝，率先天下，仁孝之舉也。」尹緯駁曰：「帝王喪制，漢魏爲準。嵩矯常越禮，

愆于軌度，請付有司，以專擅論。既葬卽吉，乞依前議。」興曰：「嵩忠臣孝子，有何咎乎？尹僕射棄先王之典，而欲遵漢魏之權制，豈所望於朝賢哉！其一依嵩議。」

鮮卑薛勃叛奔嶺北，上郡、貳川雜胡皆應之，遂圍安遠將軍姚詳於金城。遣姚崇、尹緯討之。勃自三交趣金城，崇列營掎之，而租運不繼，三軍大飢。緯言於崇曰：「輔國彌姐高地、建節杜成等皆諸部之豪，位班三品，督運稽留，令三軍乏絕，宜明置刑書，以懲不肅。」遂斬之。諸部大震，租入者五十餘萬。興率步騎二萬親討之，勃懼，棄其衆奔于高平公沒奕于，于執而送之。

泫氏男姚買得欲因興葬母虵氏殺興，會有告之者，興未之信，遣李嵩詐往。買得具以告嵩，嵩還，以聞，興乃賜買得死，誅其黨與。

興下書禁百姓造錦繡及淫祀。

興率衆寇湖城，晉弘農太守陶仲山、華山太守董邁皆降於興。遂如陝城，進寇上洛，陷之。遣姚崇寇洛陽，晉河南太守夏侯宗之固守金墉，崇攻之不克，乃陷柏谷，徙流人西河嚴彥、河東裴岐、韓襲等二萬餘戶而還。

興下書，令士卒戰亡者守宰所在埋藏之，求其近親爲之立後。

武都氐屠飛、啖鐵等殺隴東太守姚迴，略三千餘家，據方山以叛。興遣姚紹等討之，斬飛、鐵。遣狄伯支迎流人曹會、牛壽萬餘戶于漢中。

興留心政事，苞容廣納，一言之善，咸見禮異。京兆杜瑾、馮翊吉默、始平周寶等上陳時事，皆擢處美官。天水姜龕、東平淳于岐、馮翊郭高等皆耆儒碩德，經明行修，各門徒數百，教授長安，諸生自遠而至者萬數千人。興每於聽政之暇，引龕等于東堂，講論道藝，錯綜名理。涼州胡辯，苻堅之末，東徙洛陽，講授弟子千有餘人，關中後進多赴之請業。興敕關尉曰：「諸生諮訪道藝，修己厲身，往來出入，勿拘常限。」於是學者咸勸，儒風盛焉。給事黃門侍郎古成詵、中書侍郎王尚、尚書郎馬岱等，以文章雅正，參管機密。詵風韻秀舉，確然不羣，每以天下是非爲己任。時京兆韋高慕阮籍之爲人，居母喪，彈琴飲酒。詵聞而泣曰：「吾當私刃斬之，以崇風教。」遂持劍求高。高懼，逃匿，終身不敢見詵。

興遣將鎮東楊佛嵩攻陷洛陽。

班命郡國，百姓因荒自賣爲奴婢者，悉免爲良人。興以日月薄蝕，災眚屢見，降號稱王，下書令羣公卿士將牧守宰各降一等。於是其太尉趙公旻等五十三人上疏諫曰：〔二〕「伏惟陛下勳格皇天，功濟四海，威靈振於殊域，聲教暨於遐方，雖成湯之隆殷基，武王之崇周業，未足比喻。方當廓靖江吳，告成中岳，豈宜過垂沖損，違皇天之眷命乎！」興曰：「殷湯、夏禹德冠百王，然猶順守謙沖，未居崇極，況朕寡昧，安可以處之哉！」乃遣旻告于社稷宗

廟，大赦，改元弘始。〔三〕賜孤獨鰥寡粟帛有差，年七十已上加衣杖。始平太守周班、槐里令李彰皆以贖貨誅，於是郡國肅然矣。洛陽既陷，自淮漢已北諸城，多請降送任。

興下書聽祖父母昆弟得相容隱。姚緒、姚碩德以興降號，固讓王爵，興弗許。

京兆韋華、譙郡夏侯軌、始平龐眺等率襄陽流人一萬叛晉，奔于興。興引見東堂，謂華曰：「晉自南遷，承平已久，今政化風俗何如？」華曰：「晉主雖有南面之尊，無總御之實，宰輔執政，政出多門，權去公家，遂成習俗。刑網峻急，風俗奢宕。自桓溫、謝安已後，未見寬猛之中。」興大悅，拜華中書令。

興如河東。時姚緒鎮河東，興待以家人之禮。下書封其先朝舊臣姚驢磑、趙惡地、王平、馬萬載、黃世等子爲五等子男。命百僚舉殊才異行之士，刑政有不便於時者，皆除之。兵部郎金城邊熙上陳軍令煩苛，宜遵簡約。興覽而善之，乃依孫吳誓衆之法以損益之。興立律學于長安，召郡縣散吏以授之。其通明者還之郡縣，論決刑獄。若州郡縣所不能決者，讞之廷尉。興常臨諮議堂聽斷疑獄，于時號無冤滯。

姚緒、姚碩德固讓王爵，許之。緒、碩德威權日盛，興恐姦佞小人沮惑之，乃簡清正君子爲之輔佐。

興以司隸校尉郭撫、扶風太守强超、長安令魚佩、槐里令彭明、倉部郎王年等清勤貞

白，下書褒美，增撫邑一百戶，賜超爵關內侯，佩等進位一級。

使碩德率隴右諸軍伐乞伏乾歸，興潛軍赴之，乾歸敗走，降其部衆三萬六千，收鎧馬六萬匹。軍無私掠，百姓懷之。興進如枹罕，班賜王公以下，徧於卒伍。

興之西也，沒奕于密欲乘虛襲安定，長史皇甫序切諫乃止。于自恨失言，陰欲殺序。

乞伏乾歸以窮蹙來降，拜鎮遠將軍、河州刺史、歸義侯，復以其部衆配之。

興下書，將帥遭大喪，非在疆場嶮要之所，皆聽奔赴，及朞，乃從王役。臨戎遭喪，聽假百日。若身爲邊將，家有大變，交代未至，敢輒去者，以擅去官罪罪之。遣晉將軍劉嵩等二百三十七人歸于建鄴。

魏人襲沒奕于，于棄其部衆，率數千騎與赫連勃勃奔于秦州。魏軍進次瓦亭，長安大震，諸城閉門固守。魏平陽太守貳塵入侵河東。興於是練兵講武，大閱于城西，幹勇壯異者召入殿中，引見羣臣于東堂，大議伐魏。羣臣咸諫以爲不可，興不從。司隸姚顯進曰：「陛下天下之鎮，不宜親行，可使諸將分討，授以廟勝之策。」興曰：「王者正以廓土靖亂爲務，吾焉得而辭之！」

興立其子泓爲皇太子，大赦境內，賜男子爲父後者爵一級。

遣姚平、狄伯支等率步騎四萬伐魏，姚碩德、姚穆率步騎六萬伐呂隆。平等軍次河東，

興遣其光遠党娥、立節雷星、建忠王多等率杏城及嶺北突騎自和寧赴援，越騎校尉唐小方、〔四〕積弩姚良國率關中勁卒爲平後繼，姚緒統河東見兵爲前軍節度，姚紹率洛東之兵，姚詳率朔方見騎，並集平望，以會于興。使沒奕于權鎮上邽，中軍、廣陵公斂權鎮洛陽，姚顯及尚書令姚晃輔其太子泓，入直西宮。

碩德至姑臧，大敗呂隆之衆，俘斬一萬。隆將呂他等率衆二萬五千，以東苑來降。先是，禿髮利鹿孤據西平，沮渠蒙遜據張掖，李玄盛據敦煌，與呂隆相持。至是，皆遣使降。

興率戎卒四萬七千，自長安赴姚平。平攻魏乾城，陷之，遂據柴壁。魏軍大至，攻平，截汾水以守之。興至蒲坂，憚而不進。

時碩德攻呂隆，撫納夷夏，分置守宰，節糧積粟，爲持久之計。隆懼，遂降。碩德軍令齊整，秋毫無犯，祭先賢，禮儒哲，西土悅之。

姚平糧竭矢盡，將麾下三十騎赴汾水而死，狄伯支等十將四萬餘人，皆爲魏所擒。興下書，軍士戰沒者，皆厚加褒贈。魏軍乘勝進攻蒲坂，姚緒固守不戰，魏乃引還。

興徙河西豪右萬餘戶于長安。

晉輔國將軍袁虔之、寧朔將軍劉壽、冠軍將軍高長慶、龍驤將軍郭恭等貳于桓玄，懼而奔興。興臨東堂引見，謂虔之等曰：「桓玄雖名晉臣，其實晉賊，其才度定何如父也？能辦成大事以不？」虔之曰：「玄藉世資，雄據荆楚，屬晉朝失政，遂偸竊宰衡。安忍無親，多忌好殺，位不才授，爵以愛加，無公平之度，不如其父遠矣。今既握朝權，必行篡奪，既非命世之才，正可爲他人驅除耳。此天以機便授之陛下，願速加經略，廓清吳楚。」興大悅，以虔之爲大司農，餘皆有拜授。虔之固讓，請疆場自效，改授假節、寧南將軍、廣州刺史。

興立其昭儀張氏爲皇后，封子懿、弼、洸、宣、諶、愔、璞、質、逵、裕、國兒皆爲公。遣其兼大鴻臚梁斐，以新平張構爲副，拜禿髮傉檀車騎將軍、廣武公，沮渠蒙遜鎮西將軍、沙州刺史、西海侯，李玄盛安西將軍、高昌侯。

興遣鎮遠趙曜率衆二萬西屯金城，建節王松忿率騎助呂隆等守姑臧。松忿至魏安，爲傉檀弟文眞所圍，衆潰，執松忿，送于傉檀。傉檀大怒，送松忿還長安，歸罪文眞，深自陳謝。

興下書，錄馬嵬戰時將吏，盡擢敍之，其堡戶給復二十年。興性儉約，車馬無金玉之飾，自下化之，莫不敦尚清素。然好游田，頗損農要。京兆杜挻以僕射齊難無匡輔之益，著豐草詩以箴之，馮翊相雲作德獵賦以諷焉。興皆覽而善之，賜以金帛，然終弗能改。

晉順陽太守彭泉以郡降興，興遣楊佛嵩率騎五千，與其荆州刺史趙曜迎之，遂寇陷南鄉，擒建威將軍劉嵩，略地至于梁國而歸。又遣其兼散騎常侍席確詣涼州，徵呂隆弟超入

侍，隆遣之。呂隆懼禿髮傉檀之逼，表請內徙。興遣齊難及鎮西姚詰、鎮遠乞伏乾歸、鎮遠趙曜等步騎四萬，迎隆于河西。難至姑臧，以其司馬王尚行涼州刺史，配兵三千鎮姑臧，以將軍閻松爲倉松太守，郭將爲番禾太守，分戍二城，徙隆及其宗室僚屬于長安。沮渠蒙遜遣弟如子貢其方物。〔五〕王尚綏撫遺黎，導以信義，百姓懷其惠化，翕然歸之。北部鮮卑並遣使貢款。

桓玄遣使來聘，請辛恭靖、何澹之。興留恭靖而遣澹之，謂曰：「桓玄不推計曆運，將圖篡逆，天未忘晉，必將有義舉，以吾觀之，終當傾覆。卿今馳往，必逢其敗，相見之期，邈不云遠。」初，恭靖至長安，引見興而不拜，興曰：「朕將任卿以東南之事。」靖曰：「我寧爲國家鬼，不爲羌賊臣。」興怒，幽之別室。至是，恭靖亦踰牆遁歸。

興遣其將姚碩德、姚斂成、姚壽都等率衆三萬，伐楊盛于仇池。壽都等入自宕昌，斂成從下辯而進。盛遣其弟壽距成，從子斌距都。都逆擊擒之，盡俘其衆。楊壽等懼，率衆請降。碩德還師。

晉汝南太守趙策委守奔于興。

興如逍遙園，引諸沙門于澄玄堂聽鳩摩羅什演說佛經。羅什通辯夏言，尋覽舊經，多有乖謬，不與胡本相應。興與羅什及沙門僧略、僧遷、道樹、僧叡、道坦、僧肇、曇順等八百

餘人，〔六〕更出大品，羅什持胡本，興執舊經，以相考校，其新文異舊者皆會於理義。續出諸經并諸論三百餘卷。今之新經皆羅什所譯。興既託意於佛道，公卿已下莫不欽附，沙門自遠而至者五千餘人。起浮圖於永貴里，立波若臺于中宮，沙門坐禪者恒有千數。州郡化之，事佛者十室而九矣。

使姚碩德及冠軍徐洛生等伐仇池，又遣建武趙琨自宕昌而進，遣其將斂俱寇漢中。

時劉裕誅桓玄，迎復安帝，玄衞將軍、新安王桓謙，臨原王桓怡，雍州刺史桓蔚，左衞將軍桓謐，中書令桓胤，〔七〕將軍何澹之等奔于興。劉裕遣大參軍衡凱之詣姚顯，請通和，顯遣吉默報之，自是聘使不絕。晉求南鄉諸郡，興許之。羣臣咸諫以爲不可，興曰：「天下之善一也，劉裕拔萃起微，匡輔晉室，吾何惜數郡而不成其美乎！」遂割南鄉、順陽、新野、舞陰等十二郡歸於晉。

姚碩德等頻敗楊盛，盛懼，請降，遣子難當及僚佐子弟數十人爲質，碩德等引還。署盛爲使持節、散騎常侍、都督益寧州諸軍事、征南大將軍、開府、益州牧、武都侯。斂俱陷城固，徙漢中流人郭陶等三千餘家於關中。

興班告境內及在朝文武，立名不得犯叔父緒及碩德之名，以彰殊禮。興謙恭孝友，每見緒及碩德，如家人之禮，整服傾悚，言則稱字，車馬服玩，必先二叔，然後服其次者，朝廷

大政，必諮之而後行。

太史令郭黁言於興曰：「戊亥之歲，當有孤寇起於西北，宜慎其鋒。起兵如流沙，死者如亂麻，戎馬悠悠會隴頭，鮮卑、烏丸居不安，國朝疲於奔命矣。」時所在有泉水涌出，傳云飲則愈病，後多無驗。屢有妖人自稱神女，戮之乃止。

興大閱，自杜郵至於羊牧。興以姚碩德來朝，大赦其境內。及碩德歸於秦州，興送之，及雍乃還。

禿髮傉檀獻興馬三千匹，羊三萬頭。興以爲忠於己，乃署傉檀爲涼州刺史，徵涼州刺史王尚還長安。涼州人申屠英等二百餘人，遣主簿胡威詣興，請留尚，興弗許。引威見之，威流涕謂興曰：「臣州奉國五年，王威不接，銜膽栖冰，孤城獨守者，仰恃陛下威靈，俯杖良牧惠化。忽違天人之心，以華土資狄。若傉檀才望應代，臣豈敢言。竊聞乃以臣等貿馬三千匹，羊三萬口，如所傳實者，是爲棄人貴畜。苟以馬供軍國，直煩尚書一符，三千餘家戶輸一匹，朝下夕辦，何故以一方委此姦胡！昔漢武傾天下之資，開建河西，隔絕諸戎，斷匈奴右臂，所以終能屠大宛王毋寡。今陛下方布政玉門，流化西域，奈何以五郡之地資之玁狁，忠誠華族棄之虐虜！非但臣州里塗炭，懼方爲聖朝旰食之憂。」興乃遣西平人車普馳止王尚，又遣使喻傉檀。會傉檀已至姑臧，普以狀先告之。傉檀懼，脅遣王尚，遂入姑臧。

尚既至長安，坐匿呂氏宮人，擅殺逃人薄禾等，禁止南臺。涼州別駕宗敞、治中張穆、主簿邊憲、胡威等上疏理尚曰：

臣州荒裔，鄰帶寇讎，居泰無垂拱之安，運否離傾覆之難。自張氏頹基，德風絕而莫扇；呂數將終，梟鴟以之翻翔。羣生嬰罔極之痛，西夏有焚如之禍。幸皇鑒降眷，純風遠被。刺史王尚受任垂滅之州，策成難全之際，輕身率下，躬儉節用，勞逸豐約，與衆同之，勸課農桑，時無廢業。然後振王威以掃不庭，迴天波以蕩氛穢。則羣逆冰摧，不俟朱陽之曜；若秋霜隕籜，豈待勁風之威。何定遠之足高，營平之獨美！經始甫爾，會朝算改授，使希世之功不終於必成，易失之機踐之而莫展。當其時而明其事者，誰不慨然！

既遠役遐方，劬勞于外，雖效未酬恩，而在公無闕。自至京師，二旬于今，出車之命莫逮，萋斐之責惟深。以取呂氏宮人裴氏及殺逃人薄禾等爲南臺所禁，天鑒玄鏡，暫免囹圄，譏繩之文，未離簡墨。裴氏年垂知命，首髮二毛，嫠居本家，不在尚室，年邁姿陋，何用送爲！邊藩要捍，衆力是寄，禾等私逃，罪應憲墨，以殺止殺，安邊之義也。假若以不送裴氏爲罪者，正闕奚官之一女子耳。論勳則功重，言瑕則過微。而執憲吹毛求疵，忘勞記過，斯先哲所以泣血於當年，微臣所以仰天而洒淚。

且尚之奉國，歷事二朝，能否效于既往，優劣簡在聖心，就有微過，功足相補，宜弘罔極之施，以彰覆載之恩。

臣等生自西州，無翰飛之翼，久沈僞政，絕進趣之途。及皇化既沾，投竿之心冥發，遂策名委質，位忝吏端。主辱臣憂，故重繭披款，惟陛下亮之。

興覽之大悅，謂其黃門侍郎姚文祖曰：「卿知宗敞乎？」文祖曰：「與臣州里，西方之英儁。」興曰：「有表理王尚，文義甚佳，當王尚研思耳。」文祖曰：「尚在南臺，禁止不與賓客交通，敞寓於楊桓，非尚明矣。」興曰：「若爾，桓爲措思乎？」文祖曰：「西方評敞甚重，優於楊桓。敞昔與呂超周旋，陛下試可問之。」興因謂超曰：「宗敞文才何如？可是誰輩？」超曰：「敞在西土，時論甚美，方敞魏之陳、徐，晉之潘、陸。」卽以表示超曰：「涼州小地，寧有此才乎？」超曰：「臣以敞餘文比之，未足稱多。琳琅出于崑嶺，明珠生於海濱，若必以地求人，則文命大夏之棄夫，姬昌東夷之擯士。但當問其文彩何如，不可以區宇格物。」興悅，赦尚之罪，以爲尚書。

校勘記

〔一〕權千城　元二十二字本及通鑑一〇八「干」並作「千」。下同。

〔二〕趙公旻　「趙公旻」，各本作「趙旻公」。宋本作「公旻」。册府二二〇、通志一九〇並作「公旻」。

據下文「遺旻」云云，是其人封趙公，名旻。當姓姚，下卷有姚旻，即其人。故從宋本。

〔三〕改元弘始　諸史考異云：魏書崔光傳：鴻乃撰爲十六國春秋，勒成百卷，鴻經緯旣廣，多有違謬。至太祖天興二年，姚興改號，鴻以爲改在元年。頤煊按：姚興傳（此指魏書興傳），天興元年，興去皇帝之號，降稱天王，號年弘始。晉沙門法顯傳，法顯以弘始二年，歲在己亥，至天竺。天興元年戊戌，二年己亥，則亦以弘始改元在天興元年。惟梁高僧傳，鳩摩羅什以僞秦弘始十一年八月二十日卒於長安，是歲晉義熙五年，此以弘始改元在天興二年。今按：姚興載記下記興死於義熙十二年，與魏書太宗紀合，皆以弘始改元在天興二年，即晉隆安三年，故御覽一二三引後秦錄，興攻取洛陽在弘始改元後，而載記系於改元前。

〔四〕唐小方　各本原無「小」字。魏書太祖紀、姚興傳、通鑑一一二「唐方」並作「唐小方」。此處固雙名單稱。然下卷即作「唐小方」，故補「小」字，以資一律。

〔五〕如子　考證云：「如子」，一本作「孥」。按：沮渠蒙遜載記、通鑑一一二、一一三並作「孥」，「如子」乃「孥」之譌。

〔六〕興與羅什及沙門僧略僧遷道樹僧叡道坦僧肇曇順等八百餘人　校文：僧遷、僧叡、僧肇、曇順俱見梁沙門慧皎高僧傳，而僧略、道坦、道樹無其名。考鳩摩羅什傳言興使沙門僧䂮、僧遷、法欽、道流、道恒、道標、僧肇等八百人諮受什旨云云，乃知僧略、道樹、道坦實僧䂮、道標、道恒之譌，

皆形近致誤也。僧䂮爲姚興國內僧主，高僧傳中有專傳。標與恒同什譯經事，亦具道恒傳中，均可互證載記字形之譌。

〔七〕桓胤　桓胤附桓彝傳，稱：桓玄敗後，徙於新安。及東陽太守殷仲文、永嘉太守駱球等謀反，陰欲立胤爲玄嗣，事覺伏誅。桓玄傳末略同。是胤未嘗奔秦，此誤。

晉書卷一百十八

載記第十八

姚興下　尹緯

晉義熙二年，〔一〕平北將軍、梁州督護苻宣入漢中，興梁州別駕呂瑩、〔二〕漢中徐逸、席難起兵應宣，求救於楊盛。盛遣軍臨濜口，南梁州刺史王敏退守武興。楊盛復通於晉。興以太子泓錄尚書事。

慕容超司徒、北地王鍾，右僕射、濟陽王凝，高都公始，皆來奔。

華山郡地涌沸，廣袤百餘步，燒生物皆熟，歷五月乃止。

赫連勃勃殺高平公沒奕于，收其衆以叛。

先是，魏主拓跋珪送馬千匹，求婚于興，興許之。以魏別立后，遂絕婚，故有柴壁之戰。至是，復與魏通和，魏放狄伯支、姚伯禽、唐小方、姚良國、康宦還長安，皆復其爵位。

時禿髮傉檀、沮渠蒙遜迭相攻擊，傉檀遂東招河州刺史西羌彭奚念，奚念阻河以叛。蜀譙縱遣使稱藩，請桓謙，欲令順流東伐劉裕。興以問謙，謙請行，遂許之。使中軍姚弼、後軍斂成、〔三〕鎮遠乞伏乾歸等率步騎三萬伐傉檀，左僕射齊難等率騎二萬討勃勃。吏部尚書尹昭諫曰：「傉檀恃遠，輕敢違逆，宜詔蒙遜及李玄盛，使自相攻擊。待其斃也，然後取之，此卞莊之舉也。」興不從。勃勃退保河曲。弼濟自金城，弼部將姜紀言於弼曰：「今王師聲討勃勃，傉檀猶豫，未爲嚴防，請給輕騎五千，掩其城門，則山澤之人皆爲吾有，孤城獨立，坐可克也。」弼不從，進拔昌松，長驅至姑臧。傉檀嬰城固守，出其兵擊弼，弼敗，退據西苑。興又遣衞大將軍姚顯率騎二萬，爲諸軍節度。至高平，聞弼敗績，兼道赴之，撫慰河外，率衆而還。傉檀遣使人徐宿詣興謝罪。齊難爲勃勃所擒。興遣平北姚沖、征虜狄伯支、輔國斂曼嵬、鎮東楊佛嵩率騎四萬討勃勃。沖次于嶺北，欲回師襲長安，伯支不從，乃止，懼其謀泄，遂鴆殺伯支。

時王師伐譙縱，大敗之，縱遣使乞師于興。興遣平西姚賞、南梁州刺史王敏率衆二萬救之，王師引還。縱遣使拜師，仍貢其方物。興遣其兼司徒韋華持節策拜縱爲大都督、相國、蜀王，加九錫，備物典策一如魏晉故事，承制封拜悉如王者之儀。

興自平涼如朝那，聞沖謀逆，以其弟中最少，雄武絕人，猶欲隱忍容之。斂成泣謂興

曰：「沖凶險不仁，每侍左右，臣常寢不安席，願早爲之所。」興曰：「沖何能爲也！但輕害名將，吾欲明其罪於四海。」乃下書賜沖死，葬以庶人之禮。

晉河間王子國璠、章武王子叔道來奔，興謂之曰：「劉裕匡復晉室，卿等何故來也？」國璠等曰：「裕與不逞之徒削弱王室，宗門能自修立者莫不害之。是避之來，實非誠款，所以避死耳。」興嘉之，以國璠爲建義將軍、揚州刺史，叔道爲平南將軍、兗州刺史，[四]賜以甲第。

興如貳城，將討赫連勃勃，遣安遠姚詳及斂曼嵬、鎮軍彭白狼分督租運。諸軍未集而勃勃騎大至，興欲留步軍，輕如嵬營。衆咸惶懼，羣臣固以爲不可，興弗納。尚書郎韋宗希旨勸興行，蘭臺侍御史姜楞越次而進曰：「韋宗傾險不忠，沮敗國計，宜先腰斬以謝天下。脫車駕動軫，六軍駭懼，人無守志，取危之道也。宜遣單使以徵詳等。」興默然。右僕射韋華等諫曰：「若車騎輕動，必不戰自潰，嵬營亦未必可至，惟陛下圖之。」興乃遣左將軍姚文宗率禁兵距戰，中壘齊莫統氐兵以繼之。文宗與莫皆勇果兼人，以死力戰，勃勃乃退。留禁兵五千配姚詳守貳城，興還長安。

譙縱遣其侍中譙良、太常楊軌朝於興，請大舉以寇江東。遣其荊州刺史桓謙、梁州刺史譙道福率衆二萬東寇江陵。興乃遣前將軍苟林率騎會之。謙屯枝江，[五]林屯江津。

謙，江左貴族，部曲徧於荊楚，晉之將士皆有叛心。荊州刺史劉道規大懼，嬰城固守。雍州刺史魯宗之率襄陽之衆救之，道規乃留宗之守江陵，率軍逆戰。謙等舟師大盛，兼列步騎以待之。大戰枝江，謙敗績，乘輕舸奔就苟林，晉人獲而斬之。苟林懼而引歸。

興以國用不足，增關津之稅，鹽竹山木皆有賦焉。羣臣咸諫，以爲天殖品物以養羣生，王者子育萬邦，不宜節約以奪其利。興曰：「能踰關梁通利於山水者，皆豪富之家。吾損有餘以裨不足，有何不可！」乃遂行之。

興從朝門游於文武苑，及昏而還，將自平朔門入。前驅既至，城門校尉王滿聰被甲持杖，閉門距之，曰：「今已昏闇，姦良不辨，有死而已，門不可開。」興乃迴從朝門而入。旦而召滿聰，進位二等。

乞伏乾歸以衆叛，攻陷金城，執太守任蘭。蘭厲色責乾歸以背恩違義，乾歸怒而囚之，蘭遂不食而死。

赫連勃勃遣其將胡金纂將萬餘騎攻平涼。興如貳城，因救平涼，纂衆大潰，生擒纂。勃勃遣兄子提攻陷定陽，執北中郎將姚廣都。興將曹熾、曹雲、王肆佛等各將數千戶避勃勃內徙，興處佛于湟山澤，熾、雲於陳倉。勃勃寇隴右，攻白崖堡，破之，遂趣清水。略陽太守姚壽都委守奔秦州，勃勃又收其衆而歸。興自安定追之，至壽渠川，不及而還。

初，天水人姜紀，呂氏之叛臣，阿諂姦詐，好間人之親戚。興子弼有寵於興，紀遂傾心附之。弼時爲雍州刺史，鎮安定，與密謀還朝，令傾心事常山公顯，樹黨左右。至是，興以弼爲尚書令、侍中、大將軍。既居將相，虛襟引納，收結朝士，勢傾東宮，遂有奪嫡之謀矣。

興以勃勃、乾歸作亂西北，傉檀、蒙遜擅兵河右，疇咨將帥之臣，欲鎮撫二方。隴東太守郭播言於興曰：「嶺北二州鎮戶皆數萬，若得文武之才以綏撫之，足以靖塞姦略。」興曰：「吾每思得廉頗、李牧鎮撫四方，使便宜行事。然任非其人，恒致負敗。卿試舉之。」播曰：「清潔善撫邊，則平陸子王元始；雄武多奇略，則建威王煥；賞罰必行，臨敵不顧，則奮武彭蚝。」興曰：「蚝令行禁止則有之，非綏邊之才也。始、煥年少，吾未知其爲人。」播曰：「廣平公弼才兼文武，宜鎮督一方，願陛下遠鑒前車，近悟後轍。」興不從，以其太常索棱爲太尉，領隴西內史，綏誘乾歸。政績既美，乾歸感而歸之。太史令任猗言於興曰：「白氣出於北方，東西竟天五百里，當有破軍流血。」乞伏乾歸遣使送所掠守宰，謝罪請降。興以勃勃之難，權宜許之，假乾歸及其子熾磐官爵。

姚詳時鎮杏城，爲赫連勃勃所逼，糧盡委守，南奔大蘇。勃勃要之，衆散，爲勃勃所執。時遣衛大將軍顯迎詳，詳敗，遂屯杏城，因令顯都督安定嶺北二鎮事。

潁川太守姚平都自許昌來朝，言於興曰：「劉裕敢懷姦計，屯聚芍陂，有擾邊之志，宜遣

燒之，以散其衆謀。」興曰：「裕之輕弱，安敢闚吾疆埸！苟有姦心，其在子孫乎！」召其尚書楊佛嵩謂之曰：「吳兒不自知，乃有非分之意。待至孟冬，當遣卿率精騎三萬焚其積聚。」嵩曰：「陛下若任臣以此役者，當從肥口濟淮，直趣壽春，舉大衆以屯城，縱輕騎以掠野，使淮南蕭條，兵粟俱了，足令吳兒俯仰回惶，神爽飛越。」興大悅。

時西胡梁國兒於平涼作壽冢，每將妻妾入冢飲讌，酒酣，升靈牀而歌。時人或譏之，國兒不以爲意。前後征伐，屢有大功，興以爲鎮北將軍，封平輿男，年八十餘乃死。

時客星入東井，所在地震，前後一百五十六。興公卿抗表請罪，興曰：「災譴之來，咎在元首；近代或歸罪三公，甚無謂也。公等其悉冠履復位。」

仇池公楊盛叛，侵擾祁山。遣建威趙琨率騎五千爲前鋒，立節楊伯壽統步卒繼之，[六]前將軍姚恢、左將軍姚文宗入自鷩陜，鎮西、秦州刺史姚嵩入羊頭陜，右衛胡翼度從陰密出自汧城，討盛。興將輕騎五千，自雍赴之，與諸將軍會于隴口。天水太守王松忿言于嵩曰：「先皇神略無方，威武冠世，冠軍徐洛生猛毅兼人，佐命英輔，再入仇池，無功而還。非楊盛智勇能全，直是地勢然也。今以趙琨之衆，使君之威，準之先朝，實未見成功。使君具悉形便，何不表聞？」嵩不從。盛率衆與琨相持，伯壽畏懦弗進，琨衆寡不敵，爲盛所敗，興斬伯壽而還。嵩乃具陳松忿之言，興善之。

乾歸爲其下人所殺，子熾磐新立，羣下咸勸興取之。興曰：「乾歸先已返善，吾方當懷撫，因喪伐之，非朕本志也。」

以楊佛嵩都督嶺北討虜諸軍事、安遠將軍、雍州刺史，率嶺北見兵以討赫連勃勃。嵩發數日，興謂羣臣曰：「佛嵩驍勇果銳，每臨敵對寇，不可制抑，吾常節之，配兵不過五千。今衆旅既多，遇賊必敗。今去已遠，追之無及，吾深憂之。」其下咸以爲不然。佛嵩果爲勃勃所執，絕亢而死。

興立昭儀齊氏爲皇后。又下書以其故丞相姚緒、太宰姚碩德、太傅姚旻、大司馬姚崇、司徒尹緯等二十四人配饗於萇廟。興以大臣屢喪，令所司更詳臨赴之制。所司白興，依故事東堂發哀。興不從，每大臣死，皆親臨之。

姚文宗有寵於姚泓，姚弼深疾之，誣文宗有怨言，以侍御史廉桃生爲證。興怒，賜文宗死。是後羣臣累足，莫敢言弼之短。

時貳縣羌叛興，興遣後將軍斂成、鎮軍彭白狼、北中郎將姚洛都討之。斂成爲羌所敗，甚懼，詣趙興太守姚穆歸罪。穆欲送殺之，成怒，奔赫連勃勃。

興遣姚紹與姚弼率禁衞諸軍鎮撫嶺北。遼東侯彌姐亭地率其部人南居陰密，劫掠百姓。弼收亭地送之，殺其衆七百餘人，徙二千餘戶于鄭城。

弼寵愛方隆，所欲施行，無不信納。乃以嬖人尹沖爲給事黃門侍郎，唐盛爲治書侍御史，左右機要，皆其黨人，漸欲廣樹爪牙，彌縫其闕。右僕射梁喜、侍中任謙、京兆尹尹昭承間言於興曰：「父子之際，人罕得而言。然君臣亦猶父子，臣等理不容默。並后匹嫡，未始不傾國亂家。廣平公弼姦凶無狀，潛有陵奪之志，陛下寵之不道，假其威權，傾險無賴之徒，莫不鱗湊其側。市巷諷議，皆言陛下欲有廢立之志。誠如此者，臣等有死而已，不敢奉詔。」興曰：「安有此乎！」昭等曰：「若無廢立之事，陛下愛弼，適所以禍之，願去其左右，減其威權。非但弼有太山之安，宗廟社稷亦有磐石之固矣。」興默然。

興寢疾，妖賊李弘反于貳原，貳原氐仇常起兵應弘。興輿疾討之，斬常，執弘而還，徙常部人五百餘戶于許昌。

興疾篤，其太子泓屯兵于東華門，侍疾於諮議堂。姚弼潛謀爲亂，招集數千人，被甲伏于其第。撫軍姚紹及侍中任謙、右僕射梁喜、冠軍姚讚、京兆尹尹昭、輔國斂曼嵬並典禁兵，宿衞于內。姚裕遣使告姚懿于蒲坂，并密信諸藩，論弼逆狀。懿流涕以告將士曰：「上今寢疾，臣子所宜冠履不整。而廣平公弼擁兵私第，不以忠於儲宮，正是孤徇義亡身之日。諸君皆忠烈之士，亦當同孤徇斯舉也。」將士無不奮怒攘袂曰：「惟殿下所爲，死生不敢貳。」於是盡赦囚徒，散布帛數萬匹以賜其將士，建牙誓衆，將赴長安。鎮東、豫州牧姚洸起兵洛陽，平西姚諶起兵於雍，將以赴泓之難。興疾瘳，朝其羣臣，征虜劉羌泣謂興曰：「陛下寢疾數旬，奈何忽有斯事！」興曰：「朕過庭無訓，使諸子不穆，愧于四海。卿等各陳所懷，以安社稷。」尹昭曰：「廣平公弼恃寵不虔，阻兵懷貳，自宜置之刑書，以明典憲。陛下若含忍未便加法者，且可削奪威權，使散居藩國，以紓闔閭之禍，全天性之恩。」興謂梁喜曰：「卿以爲何如？」喜曰：「臣之愚見，如昭所陳。」興以弼才兼文武，未忍致法，免其尚書令，以將軍、公就第。懿等聞興疾瘳，各罷兵還鎮。懿、恢及弟諶等皆抗表罪弼，請致之刑法，興弗許。

時魏遣使聘于興，且請婚。會平陽太守姚成都來朝，興謂之曰：「卿久處東藩，與魏鄰接，應悉彼事形。今來求婚，吾已許之，終能分災共患，遠相接援以不？」成都曰：「魏自柴壁克捷已來，戎甲未曾損失，士馬桓桓，師旅充盛。今修和親，兼婚姻之好，豈但分災共患而已，實亦永安之福也。」興大悅，遣其吏部郎嚴康報聘，并致方物。

時姚懿、姚洸、姚宣、姚諶來朝，使姚裕言於興曰：「懿等今悉在外，欲有所陳。」興曰：「汝等正欲道弼事耳，吾已知之。」裕曰：「弼苟有可論，陛下所宜垂聽。若懿等言違大義，便當肆之刑辟，奈何距之！」於是引見諮議堂。宣流涕曰：「先帝以大聖起基，陛下以神武定業，方隆七百之祚，爲萬世之美，安可使弼謀傾社稷。宜委之有司，肅明刑憲。臣等敢以死請。」興曰：「吾自處之，非汝等所憂。」先是，大司農竇溫、司徒左長史王弼皆有密表，勸興廢

立。興雖不從，亦不以爲責。撫軍東曹屬姜虬上疏曰：「廣平公弼懷姦積年，謀禍有歲，傾諂羣豎爲之畫足，釁成逆著，取嗤戎裔。文王之化，刑于寡妻；聖朝之亂，起自愛子。今雖欲含忍其瑕，掩蔽其罪，而逆黨猶繁，扇惑不已，弼之亂心其可革耶！宜斥散凶徒，以絕禍始。」興以虬表示梁喜曰：「天下之人莫不以吾兒爲口實，將何以處之？」喜曰：「信如虬言，陛下宜早裁決。」興默然。

太子詹事王周亦虛襟引士，樹黨東宮。弼惡之，每規陷害周。周抗志確然，不爲之屈。興嘉其守正，以周爲中書監。

興如三原，顧謂羣臣曰：「古人有言，關東出相，關西出將，三秦饒儁異，汝潁多奇士。吾應天明命，跨據中原，自流沙已東，淮漢已北，未嘗不傾己招求，冀匡不逮。然明不照下，弗感懸魚。至於智效一官，行著一善，吾歷級而進之，不使有後門之歎。卿等宜明揚仄陋，助吾舉之。」梁喜對曰：「奉旨求賢，弗曾休倦，未見儒亮大才王佐之器，可謂世之乏賢。」興曰：「自古霸王之起也，莫不將則韓吳，相兼蕭鄧，終不採將於往賢，求相於後哲。卿自識拔不明，求之不至，奈何厚誣四海乎！」羣臣咸悅。

晉荊州刺史司馬休之據江陵，雍州刺史魯宗之據襄陽，與劉裕相攻，遣使求援。興遣姚成王、司馬國璠率騎八千赴之。

弼恨姚宣之毀己，遂譖宣於興。會宣司馬權丕至長安，興責丕以無匡輔之益，將戮之。丕性傾巧，因誣宣罪狀。興大怒，遂收宣于杏城，下獄，而使弼將三萬人鎮秦州。尹昭言於興曰：「廣平公與皇太子不平，握强兵於外，陛下一旦不諱，恐社稷必危。小不忍以致大亂者，陛下之謂也。」興弗納。赫連勃勃攻杏城，興又遣弼救之，至冠泉而杏城陷。興如北地，弼次於三樹，遣弼及斂曼嵬向新平，興還長安。

姚成王至于南陽，司馬休之等爲劉裕所敗，引歸。休之、宗之等遂與譙王文思、新蔡王道賜，寧朔將軍、梁州刺史馬敬，輔國將軍、竟陵太守魯軌，寧朔將軍、南陽太守魯範奔于興。

勃勃遣其將赫連建率衆寇貳縣，數千騎入平涼。姚恢與建戰于五井，平涼太守姚興都爲建所獲，遂入新平。姚弼討之，戰于龍尾堡，大破之，擒建，送於長安。初，勃勃攻彭雙方于石堡，方力戰距守，積年不能克。至是，聞建敗，引歸。

休之等至長安，興謂之曰：「劉裕崇奉晉帝，豈便有闕乎？」休之曰：「臣前下都，琅邪王德文泣謂臣曰：『劉裕供御主上，克薄奇深。』以事勢推之，社稷之憂方未可測。」興將以休之爲鎮南將軍、揚州刺史，宗之等並有拜授。休之固辭，請與魯宗之等擾動襄陽、淮、漢。乃以休之爲鎮南將軍、揚州刺史，宗之等並有拜授。休之將行，侍御史唐盛言於興曰：「符命所記，司馬氏應

復河洛。休之既得濯鱗南翔，恐非復池中之物，可以崇禮，不宜放之。」興曰：「司馬氏脫如所記，留之適足爲患。」遂遣之。

揚武、安鄉侯康宦驅略白鹿原氐胡數百家奔上洛，太守宋林距之。商洛人黃金等起義兵以掎宦，宦乃率衆歸罪。興赦之，復其爵位。

時白虹貫日，有術人言於興曰：「將有不祥之事，終當自消。」時興藥動，姚弼稱疾不朝，集兵於第。興聞之怒甚，收其黨殿中侍御史唐盛、孫玄等殺之。泓言於興曰：「臣誠不肖，不能訓諧於弟，致弼構造是非，仰慚天日。陛下若以臣爲社稷之憂，除臣而國寧，亦家之福也。若垂天性之恩，不忍加臣刑戮者，乞聽臣守藩。」興慘然改容，召姚讚、梁喜、尹昭、斂曼嵬於諮議堂，密謀收弼。時姚紹屯兵雍城，馳遣告之，數日不決。弼黨兇懼。興慮其爲變，乃收弼，囚之中曹，窮責黨與，將殺之。泓流涕固請之，乃止。興謂梁喜曰：「泓天心平和，性少猜忌，必能容養羣賢，保全吾子。」於是皆赦弼黨。

靈臺令張泉又言於興曰：「熒惑入東井，旬紀而返，未餘月，復來守心。王者惡之，宜修仁虛己，以答天譴。」興納之。

正旦，興朝羣臣于太極前殿，沙門賀僧慟泣不能自勝，衆咸怪焉。賀僧者，莫知其所從來也，言事皆有效驗，興甚神禮之，常與隱士數人預於讌會。

興如華陰，以泓監國，入居西宮。因疾篤，還長安。泓欲出迎，其宮臣曰：「今主上疾篤，姦臣在側，廣平公每希覬非常，變故難測。今殿下若出，進則不得見主上，退則有弼等之禍，安所歸乎！自宜深抑情禮，以寧宗社。」泓從之，乃拜迎於黃龍門櫓下。弼黨見興升輿，咸懷危懼。尹沖等先謀欲因泓出迎害之，尚書姚沙彌曰：「若太子有備，不來迎侍，當奉乘輿直趣公第。宿衛者聞上在此，自當來奔，誰與太子守乎！吾等以廣平公之故，陷身逆節。今以乘輿南幸，自當是杖義之理，匪但救廣平之禍，足可以申雪前愆。」沖等不從，欲隨興入殿中作亂，復未知興之存亡，疑而不發。興命泓錄尚書事，使姚紹、胡翼度典兵禁中，防制內外，遣斂曼嵬收弼第中甲杖，內之武庫。

興疾轉篤，興妹僞南安長公主問疾，不應。興少子耕兒出告其兄愔曰：「上已崩矣，宜速決計。」於是愔與其屬率甲士攻端門，殿中上將軍斂曼嵬勒兵距戰，右衞胡翼度率禁兵閉四門。愔等遣壯士登門，緣屋而入，及于馬道。泓時侍疾於諮議堂，遣斂曼嵬率殿中兵登武庫距戰，太子右衞率姚和都率東宮兵入屯馬道南。愔等既不得進，遂燒端門。興力疾臨前殿，賜弼死。禁兵見興，喜躍，貫甲赴賊，賊衆駭擾。和都勒東宮兵自後擊之，愔等奔潰，逃于驪山，愔黨呂隆奔雍，尹沖等奔于京師。興引紹及讚、梁喜、尹昭、斂曼嵬入內寢，受遺輔政。義熙十二年，興死，〔七〕時年五十一，〔八〕在位二十二年。僞謚文桓皇帝，廟號高祖，墓曰偶陵。

尹緯字景亮，天水人也。少有大志，不營產業。身長八尺，腰帶十圍，魁梧有爽氣。每覽書傳至宰相立勳之際，常輟書而歎。苻堅以尹赤之降姚襄，諸尹皆禁錮不仕。緯晚乃爲吏部令史，風志豪邁，郎皆憚之。堅末年，祆星見于東井，緯知堅將滅，喜甚，向天再拜，既而流涕長歎。友人略陽桓識怪而問之，緯曰：「天時如此，正是霸王龍飛之秋，吾徒杖策之日。然知己難遭，恐不得展吾才志，是以欣懼交懷。」

及姚萇奔馬牧，緯與尹詳、龐演等扇動羣豪，推萇爲盟主，遂爲佐命元功。萇既敗苻堅，遣緯說堅，求禪代之事。堅問緯曰：「卿於朕何官？」緯曰：「尚書令史。」堅歎曰：「宰相之才也，王景略之儔。而朕不知卿，亡也不亦宜乎！」

緯性剛簡清亮，慕張子布之爲人。馮翊段鏗性傾巧，萇愛其博識，引爲侍中。緯固諫以爲不可，萇不從。緯屢衆中辱鏗，鏗心不平之。萇聞而謂緯曰：「卿性不好學，何爲憎學者？」緯曰：「臣不憎學，憎鏗不正耳。」萇因曰：「卿好不自知，每比蕭何，眞何如也？」緯曰：「漢祖與蕭何俱起布衣，是以相貴。陛下起貴中，是以賤臣。」萇曰：「卿實不及，胡爲不也？」緯曰：「陛下何如漢祖？」萇曰：「朕實不如漢祖，卿遠蕭何，故不如甚也！」緯曰：「漢祖所以勝

陛下者，以能遠段鏗之徒故耳。」萇默然，乃出鏗爲北地太守。

萇死，緯與姚興滅苻登，成興之業，皆緯之力也。歷輔國將軍、司隸校尉、尚書左右僕射、清河侯。

緯友人隴西牛壽率漢中流人歸興，謂緯曰：「足下平生自謂：『時明也，才足以立功立事，道消也，則追二疏、朱雲，發其狂直，不能如胡廣之徒洿隆隨俗。』今遇其時矣，正是垂名竹素之日，可不勉歟！」緯曰：「吾之所庶幾如是，但未能委宰衡於夷吾，讓韓信於羈旅，以斯爲愧耳。立功立事，竊謂未負昔言。」興聞而謂緯曰：「君之與壽言也，何其誕哉！立功立事，自謂何如古人？」緯曰：「臣實未愧古人。何則？遇時來之運，則輔翼太祖，建八百之基。及陛下龍飛之始，翦滅苻登，盪清秦雍，生極端右，死饗廟庭，古之君子，正當爾耳。」興大悅。及死，興甚悼之，贈司徒，諡曰忠成侯。

校勘記

〔一〕晉義熙二年　通鑑一一四事在義熙三年。下文姚興以太子泓錄尚書事，據御覽一二三引後秦錄在興之弘始九年，則此事亦當在此年。弘始元年，據魏書崔鴻傳在魏天興二年　即晉隆安三年，其九年即晉義熙三年。此誤前一年。參下校記。

〔二〕呂營　通鑑一一四、宋書氐胡傳「營」作「瑩」。

〔三〕斂成　周校：當作「姚斂成」，下同。按：姚斂成見上卷姚興載記上，周說是。

〔四〕兗州刺史　册府二三〇、通鑑一一五、通志一九〇「兗州」並作「交州」。「兗」字當是形近而譌。

〔五〕謙屯枝江　各本「枝」作「支」。本書地理志下、宋書、南齊書州郡志、宋書武帝紀、通鑑一一五「支江」並作「枝江」。今據改。

〔六〕楊伯壽　通鑑一一六「楊」作「姚」。

〔七〕義熙十二年興死　通鑑考異云：晉本紀、三十國、晉春秋皆云義熙十一年二月姚興卒，魏本紀、北史本紀、姚興、姚泓載記皆在十二年。按：後魏書崔鴻傳：太祖天興二年改號，鴻以爲元年，故晉本紀、三十國、晉春秋凡弘始後事，皆在前一年，由鴻之誤也。

〔八〕時年五十一　御覽一二三引後秦錄「五十一」作「五十三」。

晉書卷一百十九

載記第十九

姚泓

姚泓字元子，興之長子也。孝友寬和而無經世之用，又多疾病，興將以爲嗣而疑焉。久之，乃立爲太子。興每征伐巡游，常留總後事。博學善談論，尤好詩詠。尚書王尚、黃門郎段章、尚書郎富允文以儒術侍講，胡義周、夏侯稚以文章游集。時尚書王敏、右丞郭播以刑政過寬，議欲峻制，泓曰：「人情挫辱，則壯厲之心生；政教煩苛，則苟免之行立。上之化下，如風靡草。君等參贊朝化，弘昭政軌，不務仁恕之道，惟欲嚴法酷刑，豈是安上馭下之理乎！」敏等遂止。泓受經於博士淳于岐。岐病，泓親詣省疾，拜于牀下。自是公侯見師傅皆拜焉。

興之如平涼也，馮翊人劉厥聚衆數千，據萬年以叛。泓遣鎮軍彭白狼率東宮禁兵討

之，斬厥，赦其餘黨。諸將咸勸泓曰：「殿下神算電發，蕩平醜逆，宜露布表言，廣其首級，以慰遠近之情。」泓曰：「主上委吾後事，使式遏寇逆。吾綏御失和，以長姦寇，方當引咎責躬，歸罪行間，安敢過自矜誕，以重罪責乎！」其右僕射韋華聞而謂河南太守慕容筑曰：「皇太子實有恭惠之德，社稷之福也。」其弟弼有奪嫡之謀，泓恩撫如初，未嘗見於色。姚紹每爲弼羽翼，泓亦推心宗事，弗以爲嫌。及僭位，任紹以兵權，紹亦感而歸誠，卒守其忠烈。其明識寬裕，皆此類也。

興既死，祕不發喪。南陽公姚愔及大將軍尹元等謀爲亂，泓皆誅之。命其齊公姚恢殺安定太守呂超，恢久乃誅之。泓疑恢有陰謀，恢自是懷貳，陰聚兵甲焉。泓發喪，以義熙十二年僭即帝位，大赦殊死已下，改元永和，廬于諮議堂。既葬，乃親庶政，內外百僚增位一等，令文武各盡直言，政有不便于時，事有光益宗廟者，極言勿有所諱。

初，興徙李閏羌三千家於安定，尋徙新支。至是，羌酋党容率所部叛還，遣撫軍姚讚討之。容降，徙其豪右數百戶于長安，餘遣還李閏。北地太守毛雍據趙氏塢以叛于泓，姚紹討擒之。姚宣時鎮李閏，未知雍敗，遣部將姚佛生等來衛長安。衆既發，宣參軍韋宗姦諂好亂，說宣曰：「主上初立，威化未著，勃勃強盛，侵害必深，本朝之難未可弭也。殿下居維城之任，宜深慮之。邢望地形險固，總三方之要，若能據之，虛心撫衆，非但克固維城，亦霸

中華書局

王之業也。」宣乃率戶三萬八千，棄李閏，南保邢望。宣既南移，諸羌據李閏以叛，紹進討破之。宣詣紹歸罪，紹怒殺之。初，宣在邢望，泓遣姚佛生諭宣，佛生遂讚成宣計。紹數其罪，又戮之。

泓下書，士卒死王事，贈以爵位，永復其家。將封宮臣十六人五等子男，姚讚諫曰：「東宮文武，自當有守忠之誠，未有赫然之效，何受封之多乎？」泓曰：「懸爵於朝，所以懲勸來效，標明盛德。元子遭家不造，與宮臣同此百憂，獨享其福，得不愧於心乎！」讚默然。姚紹進曰：「陛下不忘報德，封之是也。古者敬其事，命之以始，可須來春，然後議之。」乃止。并州、定陽、貳城胡數萬落叛泓，入于平陽，攻立義姚成都於匈奴堡，推匈奴曹弘爲大單于，所在殘掠。征東姚懿自蒲坂討弘，戰于平陽，大破之，執弘，送於長安，徙其豪右萬五千落于雍州。

仇池公楊盛攻陷祁山，執建節王總，遂逼秦州。泓遣後將軍姚平救之，盛引退。姚嵩與平追盛及于竹嶺，姚讚率隴西太守姚秦都、略陽太守王煥以禁兵赴之。讚至清水，嵩爲盛所敗，嵩及秦都、王煥皆戰死。讚至秦州，退還仇池。[一]先是，天水冀縣石鼓鳴，聲聞數百里，野雉皆雊。秦州地震者三十二，殷殷有聲者八，山崩舍壞，咸以爲不祥。及嵩將出，羣僚固諫止之。嵩曰：「若有不祥，此乃命也，安所逃乎！」遂及於難。識者以爲秦州泓之故

鄉，將滅之徵也。

赫連勃勃攻陷陰密，執秦州刺史姚軍都，坑將士五千餘人。軍都瞋目厲聲數勃勃殘忍之罪，不爲之屈，勃勃怒而殺之。勃勃既克陰密，進兵侵雍，嶺北雜戶悉奔五將山。征北姚恢棄安定，率戶五千奔新平，安定人胡儼、華韜等率衆距恢，恢單騎歸長安。立節彌姐成、建武裴岐爲儼所殺，鎮西姚諶委鎮東走。勃勃遂據雍，抄掠郿城。姚紹及征虜尹昭、鎮軍姚洽等率步騎五萬討勃勃，姚恢以精騎一萬繼之。軍次橫水，勃勃退保安定，胡儼閉門距之，殺鮮卑數千人，據安定以降。紹進兵躡勃勃，戰于馬鞍坂，敗之，追至朝那，不及而還。

楊盛遣兄子倦入寇長蛇。平陽氐苟渴聚衆千餘，據五丈原以叛，遣鎮遠姚萬、恢武姚難討之，爲渴所敗。姚諶討渴，擒之。泓使輔國斂曼嵬、前將軍姚光兒討楊倦于陳倉，倦奔于散關。勃勃遣兄子提南侵池陽，車騎姚裕、前將軍彭白狼、建義蛇玄距却之。

尋而晉太尉劉裕總大軍伐泓，次于彭城，遣冠軍將軍檀道濟、龍驤將軍王鎮惡入自淮肥，攻漆丘、項城，將軍沈林子自汴入河，攻倉垣。泓將王苟生以漆丘降鎮惡，徐州刺史姚掌以項城降道濟，王師遂入潁口，所至多降服。惟新蔡太守董遵固守不降，道濟攻破之，縛遵而致諸軍門。遵厲色曰：「古之王者伐國，待士以禮。君奈何以不義行師，待國士以非禮乎！」道濟怒殺之。姚紹聞王師之至，還長安，言于泓曰：「晉師已過許昌，豫州、安定孤遠，卒難救衞，宜遷諸鎮戶內實京畿，可得精兵十萬，足以橫行天下。假使二寇交侵，無深害也。如其不爾，晉侵豫州，勃勃寇安定者，將若之何！事機已至，宜在速決。」其左僕射梁喜曰：「齊公恢雄勇有威名，爲嶺北所憚，鎮人已與勃勃深仇，理應守死無貳，勃勃終不能棄安定遠寇京畿。若無安定，虜馬必及於郿、雍。今關中兵馬足距晉師，豈可未有憂危先自削損也。」泓從之。吏部郎懿橫密言於泓曰：「齊公恢於廣平之難有忠勳於陛下，自陛下龍飛紹統，未有殊賞以答其意。今外則致之死地，內則不豫朝權，安定人自以孤危逼寇，欲思南遷者十室而九，若擁精兵四萬，鼓行而向京師，得不爲社稷之累乎！宜徵還朝廷，以慰其心。」泓曰：「恢若懷不逞之心，徵之適所以速禍耳。」又不從。

王師至成皋，[二]征南姚洸時鎮洛陽，馳使請救。泓遣越騎校尉閻生率騎三千以赴之，武衞姚益男將步卒一萬助守洛陽，又遣征東、并州牧姚懿南屯陝津爲之聲援。洸部將趙玄說洸曰：「今寇逼已深，百姓駭懼，衆寡勢殊，難以應敵。宜攝諸戍兵士，固守金墉，以待京師之援，不可出戰。如脫不捷，大事去矣。金墉既固，師無損敗，吳寇終不敢越金墉而西。困之於堅城之下，可以坐制其斃。」時洸司馬姚禹潛通於道濟，主簿閻恢、楊虔等皆禹之黨，嫉玄忠誠，咸共毀之，固勸洸出戰。洸從之，乃遣玄率精兵千餘南守柏谷塢，廣武石無諱東戍鞏城，以距王師。玄泣謂洸曰：「玄受三帝重恩，所守正死耳。但明公不用忠臣之言，爲姦

孽所誤，後必悔之，但無及耳。」會陽城及成皋、滎陽、武牢諸城悉降，道濟等長驅而至。無諱至石關，奔還。玄與晉將毛德祖戰于柏谷，以衆寡而敗，被瘡十餘，據地大呼。玄司馬蹇鑒冒刃抱玄而泣，[三]玄曰：「吾瘡已重，君宜速去。」鑒曰：「若將軍不濟，當與俱死，去將安之！」皆死於陣。姚禹踰城奔于王師。道濟進至洛陽，洸懼，遂降。時閻生至新安，益男至湖城，會洛陽已沒，遂留屯不進。

姚懿險薄，惑於信受，其司馬孫暢姦巧傾佞，好亂樂禍，勸懿襲長安，誅姚紹，廢泓自立。懿納之，乃引兵至陝津，散穀以賜河北夷夏，欲虛損國儲，招引和戎諸羌，樹己私惠。懿左常侍張敞、侍郎左雅固諫懿曰：「殿下以母弟之親，居分陝之重，安危休戚，與國共之。漢有七國之難，實賴梁王。今吳寇內侵，四州傾沒，西虜擾邊，秦涼覆敗，朝廷之危有同累卵，正是諸侯勤王之日。穀者，國之本也，而今散之。若朝廷問殿下者，將何辭以報？」懿怒，笞而殺之。泓聞之，召姚紹等密謀於朝堂。紹曰：「懿性識鄙近，從物推移，造成此事，惟當孫暢耳。但馳使徵暢，遣撫軍讚據陝城，臣向潼關爲諸軍節度。若暢奉詔而至者，臣當遣懿率河東見兵共平吳寇。如其逆釁已成，違距詔敕者，當明其罪於天下，聲鼓以擊之。」泓曰：「叔父之言，社稷之計也。」於是遣姚讚及冠軍司馬國璠、建義蛇玄屯陝津，武衞姚驢屯潼關。

懿遂舉兵僭號，傳檄州郡，欲運匈奴堡穀以給鎮人。寧東姚成都距之，懿乃卑辭招誘，深自結託，送佩刀爲誓，成都送以呈泓。懿又遣驍騎王國率甲士數百攻成都，成都擒國，囚之，遣讓懿曰：「明公以母弟之親，受推轂之寄，今社稷之危若綴旒然，宜恭恪憂勤，匡輔王室。而更包藏奸宄，謀危宗廟，三祖之靈豈安公乎！此鎮之糧，一方所寄，鎮人何功？而欲給之！王國爲蛇畫足，國之罪人，已就囚執，聽詔而戮之。成都方糾合義衆，以懲明公之罪，復須大兵悉集，當與明公會於河上。」乃宣告諸城，勉以忠義，厲兵秣馬，徵發義租。河東之兵無詣懿者，懿深患之。臨晉數千戶叛應懿。姚紹濟自蒲津，擊臨晉叛戶，大破之，懿等震懼。鎮人安定郭純、王奴等率衆圍懿。紹入於蒲坂，執懿囚之，誅孫暢等。

泓以內外離叛，王師漸逼，歲旦朝羣臣于其前殿，悽然流涕，羣臣皆泣。時征北姚恢率安定鎮戶三萬八千，焚燒室宇，以車爲方陣，自北雍州趣長安，自稱大都督、建義大將軍，移檄州郡，欲除君側之惡。揚威姜紀率衆奔之。建節彭完都聞恢將至，棄陰密，奔還長安。恢至新支，姜紀說恢曰：「國家重將在東，京師空虛，公可輕兵徑襲，事必克矣。」恢不從，乃南攻郿城。鎮西姚諶爲恢所敗，恢軍勢彌盛，長安大震。泓馳使徵紹，遣姚裕及輔國胡翼度屯于灃西。扶風太守姚儁、安夷護軍姚墨蠡、建威姚娥都、揚威彭蚝皆懼而降恢。恢舅苟和時爲立節將軍，守忠不貳，泓召而謂之曰：「衆人咸懷去就，卿何能自安邪？」和曰：「若天縱妖賊，得肆其逆節者，舅甥之理，不待奔馳而加親。如其罪極逆銷，天盈其罰者，守忠執志，臣之體也。違親叛君，臣之所恥。」泓善其忠恕，加金章紫綬。姚紹率輕騎先赴難，使姚洽、司馬國璠將步卒三萬赴長安。恢從曲牢進屯杜成，紹與恢相持于靈臺。姚讚聞恢漸逼，留寧朔尹雅爲弘農太守，守潼關，率諸軍還長安。泓謝讚曰：「元子不能崇明德義，導率羣下，致禍起蕭牆，變自同氣，既上負祖宗，亦無顏見諸父。懿始構逆滅亡，恢復擁衆內叛，將若之何？」讚曰：「懿等所以敢稱兵內侮者，諒由臣等輕弱，無防遏之方故也。」因攘袂大泣曰：「臣與大將軍不滅此賊，終不持面復見陛下！」泓於是班賜軍士而遣之。恢衆見諸軍悉集，咸懼而思善，其將齊黃等棄恢而降。恢進軍逼紹，讚自後要擊，大破之，殺恢及其三弟。泓哭之悲慟，葬以公禮。

至是，王鎮惡至宜陽。毛德祖攻弘農太守尹雅于蠡城，〔四〕衆潰，德祖使騎追獲之，既而殺晉守者奔固潼關。

檀道濟、沈林子攻拔襄邑堡，建威薛帛奔河東。道濟自陝北渡，攻蒲坂，使將軍苟卓攻匈奴堡，爲泓寧東姚成都所敗。泓遣姚驢救蒲坂，胡翼度據潼關。泓進紹太宰、大將軍、大都督、都督中外諸軍事、假黃鉞，改封魯公，侍中、司隸、宗正、節錄並如故，朝之大政皆往決焉。紹固辭，弗許。於是遣紹率武衞姚鸞等步騎五萬，距王師于潼關。姚驢與并州刺史尹

昭爲表裏之勢，夾攻道濟。道濟深壁不戰，沈林子說道濟曰：「今蒲坂城堅池濬，非可卒克，攻之傷衆，守之引日，不如棄之，先事潼關。潼關天岨，〔五〕形勝之地，鎮惡孤軍，勢危力寡，若使姚紹據之，則難圖矣。如克潼關，紹可不戰而服。」道濟從之，乃棄蒲坂，南向潼關。姚讚率禁兵七千，自渭北而東，進據蒲津。劉裕使沈田子及傅弘之率衆萬餘人入上洛，所在多委城鎮奔長安。田子等進及青泥，姚紹方陣而前，以距道濟。道濟固壘不戰，紹乃攻其西營，不克，遂以大衆逼之。道濟率王敬、沈林子等逆衝紹軍，將士驚散，引還定城。紹留姚鸞守險，絕道濟糧道。

時裕別將姚珍入自子午，竇霸入自洛谷，衆各數千人。泓遣姚萬距霸，姚彊距珍。姚鸞遣將尹雅與道濟司馬徐琰戰于潼關南，爲琰所獲，送之劉裕。裕以雅前叛，欲殺之。雅曰：「前活本在望外，今死寧不甘心。明公將以大義平天下，豈可使秦無守信之臣乎！」裕嘉而免之。

泓遣給事黃門侍郎姚和都屯于堯柳，以備田子。姚紹謂諸將曰：「道濟等遠來送死，衆旅不多，嬰壘自固者，正欲曠日持久，以待繼援耳。吾欲分軍逕據閿鄉，以絕其糧運，不至一月，道濟之首可懸之麾下矣。濟等既沒，裕計自沮。」諸將咸以爲然。其將胡翼度曰：「軍勢宜集不可以分，若偏師不利，人心駭懼，胡可以戰！」紹乃止。薛帛據河曲以叛。紹分道置諸軍爲犄角之勢，遣輔國胡翼度據東原，武衞姚鸞營於大路，與晉軍相接。沈林子簡精銳銜枚夜襲之，鸞衆潰戰死，士卒死者九千餘人。

姚讚屯于河上，遣恢武姚難運蒲坂穀以給其軍，至香城，爲王師所敗。時泓遣姚諶守堯柳，姚和都討薛帛於河東，聞王師要難，乃兼道赴救，未至而難敗，因破裕裨將于河曲，遂屯蒲坂。姚讚爲林子所敗，單馬奔定城。紹遣左長史姚洽及姚墨蠡等率騎三千屯于河北之九原，欲絕道濟諸縣租輸。洽辭曰：「夫小敵之堅，大敵之擒。今兵衆單弱，而遠在河外，雖明公神武，然鞭短勢殊，恐無所及。」紹不聽。沈林子率衆八千，要洽于河上，洽戰死，衆皆沒。紹聞洽等敗，忿恚發病，託姚讚以後事，使姚難屯關西，紹嘔血而死。

泓以晉師之逼，遣使乞師于魏。魏遣司徒、南平公拔拔嵩、〔六〕正直將軍、安平公乙旃眷，進據河內，游擊將軍王洛生屯于河東，爲泓聲援。

劉裕次于陝城，遣沈林子率精兵萬餘，越山開道，會沈田子等于青泥，將攻堯柳。泓使姚裕率步騎八千距之，泓躬將大衆繼發。裕爲田子所敗，泓退次于灞上，關中郡縣多潛通于王師。劉裕至潼關，遣將軍朱超石、徐猗之會薛帛于河北，以攻蒲坂。姚讚距裕于關西，姚難屯于香城。裕遣王鎮惡、王敬自秋社西渡渭，以逼難軍。鎮東姚璞及姚和都擊敗猗之等於蒲坂，猗之遇害，超石棄其衆奔于潼關。姚讚遣司馬休之及司馬國璠自軹關向河

內，引魏軍以躡裕後。姚難既爲鎭惡所逼，引師而西。時大霖雨，渭水汎溢，讚等不得北渡。鎭惡水陸兼進，追及姚難。泓自灞上還軍，次于石橋以援之。讚退屯鄭城。鎭北姚彊率郡人數千，與姚難陣于涇上，以距鎭惡。鎭惡遣毛德祖擊彊，大敗，彊戰死，難遁還長安。

劉裕進據鄭城。泓使姚裕、尚書龐統屯兵宮中，姚洸屯于灃西，尚書姚白瓜徙四軍雜戶入長安，姚丕守渭橋，胡翼度屯石積，姚讚屯霸東，泓軍于逍遙園。鎭惡夾渭進兵，破姚丕于渭橋。泓自逍遙園赴之，逼水地狹，因丕之敗，遂相踐而退。姚諶及前軍姚烈、左衞姚寶安、散騎王帛、建武姚進、揚威姚蚝、尚書右丞孫玄等皆死於陣，泓單馬還宮。鎭惡入自平朔門，泓與姚裕等數百騎出奔于石橋。讚聞泓之敗也，召將士告之，衆皆以刀擊地，攘袂大泣。胡翼度先與劉裕陰通，是日棄衆奔裕。讚夜率諸軍，將會泓于石橋，王師已固諸門，讚軍不得入，衆皆驚散。

泓計無所出，謀欲降于裕。其子佛念，年十一，謂泓曰：「晉人將逞其欲，終必不全，願自裁決。」泓憮然不答。佛念遂登宮牆自投而死。泓將妻子詣壘門而降。讚率宗室子弟百餘人亦降于裕，裕盡殺之，餘宗遷于江南。送泓于建康市斬之，時年三十，在位二年。建康百里之內，草木皆燋死焉。

姚萇以孝武太元九年僭立，至泓三世，以安帝義熙十三年而滅，凡三十二年。〔七〕

史臣曰：自長江徙御，化龍創業，巨寇乘機而未寧，戎馬交馳而不息，晦重氛于六漠，鼓洪流於八際，天未厭亂，凶旅實繁。弋仲越自金方，言歸石氏，抗直詞於暴主，闡忠訓於危朝，貽厥之謀，在乎歸順，嗚哀之義，有足稱焉。景國弱歲英奇，見方孫策，詳其榦識，無忝斯言，遽踐迷途，良可悲矣！

景茂因仲襄之緖，躡苻亡之會，嘯命羣豪，恢弘霸業，假容沖之鋭，俯定函秦；挫雷惡之鋒，載寧東北。在茲姦略，實冠凶徒。列樹而表新營，雖云效績；荐棘而陵舊主，何其不仁！安枕而終，斯爲幸也。

子略克摧勍敵，荷成先構，虛襟訪道，側席求賢，敦友弟以睦其親，明賞罰以臨其下，英髦盡節，爪牙畢命。取汾絳，陷許洛，款僭燕而藩僞蜀，夷隴右而靜河西，俗阜年豐，遠安邇輯，雖楚莊、秦穆何以加焉！既而逞志矜功，弗虞後患。委涼都於禿髮，授朔方於赫連，專己生災，邊城繼陷，距諫招禍，蕭牆屢發，戰無寧歲，人有危心。豈宜騁彼雄圖，被深恩於介士，翻崇詭說，加殊禮於桑門！當有爲之時，肆無爲之業，麗衣腴食，殆將萬數，析實談空，靡然成俗。夫以漢朝殷廣，猶鄙鴻都之費；況乎僞境日侵，寧堪永貴之役！儲用殫竭，山林有稅，政荒威挫，職是之由，坐致淪胥，非天喪也。

元子以庸懦之質，屬傾擾之餘，內難方殷，外禦斯輟。王師杖順，弭節而下長安；凶嗣失圖，係組而降軹道。物極則反，抑斯之謂歟！

贊曰：弋仲剛烈，終表奇節。襄實英果，萇惟姦桀。興始崇構，泓遂摧滅。貽誡將來，無踐危轍。

校勘記

〔一〕讚至秦州退還仇池　「退還」上當有「盛」字。

〔二〕成皐　各本「成」作「城」。「成」「城」同音通用，然地理志上皆作「成皐」，今據改。

〔三〕鶱鑒　通鑑一一七作「蹇鑒」。

〔四〕鬵城　各本「鬵」下有「吾」字。通鑑一一八同，胡注：鬵吾自是漢清河國界亭名，此乃鬵城，非鬵吾城也。按：宋書王鎭惡傳正作「鬵城」，胡說是，今據刪。

〔五〕潼關天岨　岨，各本作「限」，獨局本作「岨」。通志一九〇亦作「岨」，局本當即據通志改。今從局本。

〔六〕拔拔嵩　毛本、局本「拔」字不重，殿本上「拔」字作「拓」，宋本、南北監本重「拔」字。「拔拔嵩」即長孫嵩，事見魏書嵩傳。魏書官氏志「拓跋氏後改爲長孫氏」，鄧名世古今姓氏辯證三七云「拔

拔氏後改爲長孫氏」，通鑑一一九云長孫嵩「實姓拔拔」。歷來考證並以官氏志此條「拓拔」爲「拔拔」之譌。今從宋本。

〔七〕凡三十二年　姚萇以太元九年稱秦王，至義熙十三年姚泓之亡實三十四年。此云三十二年，或自太元十一年萇稱皇帝時起算。

晉書卷一百二十

載記第二十

李特

李特字玄休，巴西宕渠人，其先廩君之苗裔也。昔武落鍾離山崩，有石穴二所，其一赤如丹，一黑如漆。有人出於赤穴者，名曰務相，姓巴氏。有出于黑穴者，凡四姓：曰曎氏、樊氏、柏氏、〔一〕鄭氏。五姓俱出，皆爭爲神，於是相與以劍刺穴屋，能著者以爲廩君。四姓莫著，而務相之劍懸焉。又以土爲船，雕畫之而浮水中，曰：「若其船浮存者，以爲廩君。」務相船又獨浮。於是遂稱廩君，乘其土船，將其徒卒，當夷水而下，至於鹽陽。鹽陽水神女子止廩君曰：「此魚鹽所有，地又廣大，與君俱生，可止無行。」廩君曰：「我當爲君求廩地，不能止也。」鹽神夜從廩君宿，旦輒去爲飛蟲，諸神皆從其飛，蔽日晝昏。廩君欲殺之不可，別又不知天地東西。如此者十日，廩君乃以青縷遺鹽神曰：「嬰此，卽宜之，與汝俱生。弗宜，將去

汝。」鹽神受而嬰之。廩君立碭石之上，〔二〕望膺有青縷者，跪而射之，中鹽神。鹽神死，羣神與俱飛者皆去，天乃開朗。廩君復乘土船，下及夷城，夷城石岸曲，泉水亦曲。廩君望如穴狀，歎曰：「我新從穴中出，今又入此，奈何！」岸卽爲崩，廣三丈餘，而階陛相乘，廩君登之。岸上有平石方一丈，長五尺，廩君休其上，投策計算，皆著石焉，因立城其旁而居之。其後種類遂繁。秦并天下，以爲黔中郡，薄賦斂之，口歲出錢四十。巴人呼賦爲賨，因謂之賨人焉。及漢高祖爲漢王，募賨人平定三秦，既而求還鄉里。高祖以其功，復同豐沛，不供賦稅，更名其地爲巴郡。土有鹽鐵丹漆之饒，俗性剽勇，又善歌舞。高祖愛其舞，詔樂府習之，今巴渝舞是也。漢末，張魯居漢中，以鬼道教百姓，賨人敬信巫覡，多往奉之。值天下大亂，自巴西之宕渠遷于漢中楊車坂，抄掠行旅，百姓患之，號爲楊車巴。魏武帝克漢中，特祖將五百餘家歸之，〔三〕魏武帝拜爲將軍，遷於略陽，北土復號之爲巴氐。〔四〕

特父慕爲東羌獵將。

特少仕州郡，見異當時，身長八尺，雄武善騎射，沈毅有大度。元康中，氐齊萬年反，關西擾亂，頻歲大飢，百姓乃流移就穀，相與入漢川者數萬家。特隨流人將入于蜀，至劍閣，箕踞太息，顧眄險阻曰：「劉禪有如此之地而面縛於人，豈非庸才邪！」同移者閻式、〔五〕趙肅、李遠、任回等咸歎異之。

初，流人既至漢中，上書求寄食巴蜀，朝議不許，遣侍御史李苾持節慰勞，且監察之，不令入劍閣。苾至漢中，受流人貨賂，反爲表曰：「流人十萬餘口，非漢中一郡所能振贍，東下荆州，水湍迅險，又無舟船。蜀有倉儲，人復豐稔，宜令就食。」朝廷從之，由是散在益梁，不可禁止。

永康元年，詔徵益州刺史趙廞爲大長秋，以成都內史耿滕代廞。廞遂謀叛，潛有劉氏割據之志，乃傾倉廩，振施流人，以收衆心。特之黨類皆巴西人，與廞同郡，率多勇壯，廞厚遇之，以爲爪牙，故特等聚衆，專爲寇盜，蜀人患之。滕密上表，以爲流人剛剽而蜀人懦弱，客主不能相制，必爲亂階，宜使移還其本。若致之險地，將恐秦雍之禍萃於梁益，必貽聖朝西顧之憂。廞聞而惡之。時益州文武千餘人已往迎滕，滕率衆入州，廞遣衆逆滕，戰于西門，滕敗，死之。

廞自稱大都督、大將軍、益州牧。特弟庠與兄弟及妹夫李含、任回、上官惇、〔六〕扶風李攀、始平費佗、氐苻成、隗伯等以四千騎歸廞。廞以庠爲威寇將軍，使斷北道。庠素東羌良將，曉軍法，不用麾幟，舉矛爲行伍，斬部下不用命者三人，部陣肅然。廞惡其齊整，欲殺之而未言。長史杜淑、司馬張粲言於廞曰：「傳云五大不在邊，將軍起兵始爾，便遣李庠握强兵於外，愚竊惑焉。且非我族類，其心必異，倒戈授人，竊以爲不可，願將軍圖之。」廞斂容

曰：「卿言正當吾意，可謂起予者商，此天使卿等成吾事也。」會庠在門，請見廞，廞大悅，引庠見之。庠欲觀廞意旨，再拜進曰：「今中國大亂，無復綱維，晉室當不可復興也。明公道格天地，德被區宇，湯武之事，實在於今。宜應天時，順人心，拯百姓於塗炭，使物情知所歸，則天下可定，非但庸蜀而已。」廞怒曰：「此豈人臣所宜言！」令淑等議之。於是淑等上庠大逆不道，廞乃殺之，及其子姪宗族三十餘人。廞慮特等爲難，遣人喻之曰：「庠非所宜言，罪應至死，不及兄弟。」以庠尸還特，復以特兄弟爲督將，以安其衆。牙門將許弇求爲巴東監軍，杜淑、張粲固執不許。弇怒，於廞閤下手刃殺淑、粲，淑、粲左右又殺弇，〔七〕皆廞腹心也。

特兄弟既以怨廞，引兵歸緜竹。廞恐朝廷討己，遣長史費遠、犍爲太守李苾、督護常俊督萬餘人斷北道，次緜竹之石亭。特密收合得七千餘人，夜襲遠軍，遠大潰，因放火燒之，死者十八九。進攻成都。廞聞兵至，驚懼不知所爲。李苾、張徵等夜斬關走出，文武盡散。廞獨與妻子乘小船走至廣都，爲下人朱竺所殺。特至成都，縱兵大掠，害西夷護軍姜發，殺廞長史袁洽及廞所置守長，〔八〕遣其牙門王角、李基詣洛陽陳廞之罪狀。

先是，惠帝以梁州刺史羅尚爲平西將軍、〔九〕領護西夷校尉、益州刺史，督牙門將王敦、上庸都尉義歆、蜀郡太守徐儉、廣漢太守辛冉等凡七千餘人入蜀。特等聞尚來，甚懼，使其

弟驤於道奉迎，并貢寶物。尚甚悅，以驤爲騎督。特及弟流復以牛酒勞尚於緜竹。王敦、辛冉並說尚曰：「特等流人，專爲盜賊，急宜梟除，可因會斬之。」尚不納。冉先與特有舊，因謂特曰：「故人相逢，不吉當凶矣。」特深自猜懼。

尋有符下秦、雍州，凡流人入漢川者，皆下所在召還。特兄輔素留鄉里，託言迎家，既至蜀，謂特曰：「中國方亂，不足復還。」特以爲然，乃有雄據巴蜀之意。朝廷以討趙廞功，拜特宣威將軍，封長樂鄉侯，流爲奮威將軍、武陽侯。璽書下益州，條列六郡流人與特協同討廞者，將加封賞。會辛冉以非次見徵，不願應召，又欲以滅廞爲己功，乃寢朝命，不以實上。衆咸怨之。羅尚遣從事催遣流人，限七月上道。辛冉性貪暴，欲殺流人首領，取其資貨，乃移檄發遣。又令梓潼太守張演於諸要施關，搜索寶貨。特等固請，求至秋收。流人布在梁益，爲人傭力，及聞州郡逼遣，人人愁怨，不知所爲。又知特兄弟頻請求停，皆感而恃之。且水雨將降，年穀未登，流人無以爲行資，遂相與詣特。特乃結大營於緜竹，以處流人，移冉求自寬。冉大怒，遣人分牓通逵，購募特兄弟，許以重賞。特見，大懼，悉取以歸，與驤改其購云：「能送六郡之豪李、任、閻、趙、楊、上官及氐、叟侯王一首，賞百匹。」流人既不樂移，咸往歸特，騁馬屬鞬，同聲雲集，旬月間衆過二萬。流亦聚衆數千。特乃分爲二營，特居北營，流居東營。

特遣閻式詣羅尚，求申期。式既至，見冉營柵衝要，謀掩流人，歎曰：「無寇而城，讎必保焉。今而速之，亂將作矣！」又知冉及李苾意不可迴，乃辭尚還緜竹。尚謂式曰：「子且以吾意告諸流人，今聽寬矣。」式曰：「明公惑於姦說，恐無寬理。弱而不可輕者百姓也，今促之不以理，衆怒難犯，恐爲禍不淺。」尚曰：「然。吾不欺子，子其行矣。」式至緜竹，言於特曰：「尚雖云爾，然未可必信也。何者？尚威刑不立，冉等各擁强兵，一旦爲變，亦非尚所能制，深宜爲備。」特納之。冉、苾相與謀曰：「羅侯貪而無斷，日復一日，流人得展姦計。李特兄弟並有雄才，吾屬將爲豎子虜矣。宜爲決計，不足復問之。」乃遣廣漢都尉曾元、牙門張顯、劉並等潛率步騎三萬襲特營。羅尚聞之，亦遣督護田佐助元。特素知之，乃繕甲厲兵，戒嚴以待之。元等至，特安臥不動，待其衆半入，發伏擊之，殺傷者甚衆，害田佐、曾元、張顯，傳首以示尚、冉。尚謂將佐曰：「此虜成去矣，而廣漢不用吾言，以張賊勢，今將若之何！」

於是六郡流人推特爲主，特命六郡人部曲督李含、上邽令任臧、始昌令閻式、諫議大夫李攀、陳倉令李武、陰平令李遠、將兵都尉楊褒等上書，請依梁統奉竇融故事，推特行鎭北大將軍，承制封拜，其弟流行鎭東將軍，以相鎭統。於是進兵攻冉於廣漢。冉衆出戰，特每破之。尚遣李苾及費遠率衆救冉，憚特不敢進。冉智力既窘，出奔江陽。〔一〇〕特入據廣漢，以李超爲太守，進兵攻尚於成都。閻式遺尚書，責其信用讒構，欲討流人，又陳特兄弟立功王室，以寧益土。尚覽書，知特等將有大志，嬰城固守，求救於梁、寧二州。於是特自稱使持節、大都督、鎭北大將軍，承制封拜一依竇融在河西故事。兄輔爲驃騎將軍，弟驤爲驍騎將軍，長子始爲武威將軍，次子蕩爲鎭軍將軍，少子雄爲前將軍，李含爲西夷校尉，含子國離、任回、李恭、上官晶、李攀、費佗等爲將帥，任臧、上官惇、楊褒、楊珪、王達、麴歆等爲爪牙，李遠、李博、夕斌、嚴檉、上官琦、李濤、王懷等爲僚屬，閻式爲謀主，何巨、趙肅爲腹心。時羅尚貪殘，爲百姓患，而特與蜀人約法三章，施捨振貸，禮賢拔滯，軍政肅然。百姓爲之謠曰：「李特尚可，羅尚殺我。」尚頻爲特所敗，乃阻長圍，緣水作營，自都安至犍爲七百里，與特相距。

河間王顒遣督護衙博、廣漢太守張徵討特，〔一一〕南夷校尉李毅又遣兵五千助尚，尚遣督護張龜軍繁城，三道攻特。特命蕩、雄襲博。特躬擊張龜，龜衆大敗。蕩又與博接戰連日，博亦敗績，死者太半。蕩追博至漢德，博走葭萌。蕩進寇巴西，巴西郡丞毛植、五官襄珍以郡降蕩。蕩撫恤初附，百姓安之。蕩進攻葭萌，博又遠遁，其衆盡降於蕩。

太安元年，特自稱益州牧、都督梁益二州諸軍事、大將軍、大都督，改年建初，〔一二〕赦其境內。於是進攻張徵。徵依高據險，與特相持連日。時特與蕩分爲二營，徵候特營空虛，遣步兵循山攻之，特逆戰不利，山險窘逼，衆不知所爲。羅準、任道皆勸引退，特量蕩必來，

故不許。徵衆至稍多，山道至狹，唯可一二人行，蕩軍不得前，謂其司馬王辛曰：〔一三〕「父在深寇之中，是我死日也。」乃衣重鎧，持長矛，大呼直前，推鋒必死，殺十餘人。徵衆來相救，蕩軍皆殊死戰，徵軍遂潰。特議欲釋徵還涪，蕩與王辛進曰：「徵軍連戰，士卒傷殘，智勇俱竭，宜因其弊遂擒之。若舍而寬之，徵養病收亡，餘衆更合，圖之未易也。」特從之，復進攻徵，徵潰圍走。蕩水陸追之，遂害徵，生擒徵子存，以徵喪還之。

以騫碩爲德陽太守，碩略地至巴郡之墊江。

特之攻張徵也，使李驤與李攀、任回、李恭屯軍毗橋，以備羅尚。尚遣軍挑戰，驤等破之。尚又遣數千人出戰，驤又陷破之，大獲器甲，攻燒其門。流進次成都之北。尚遣將張興僞降於驤，以觀虛實。時驤軍不過二千人，興夜歸白尚，尚遣精勇萬人銜枚隨興夜襲驤營。李攀逆戰死，驤及將士奔于流柵，與流并力迴攻尚軍。尚軍亂，敗還者十一二。晉梁州刺史許雄遣軍攻特，特陷破之，進擊，破尚水上軍，遂寇成都。蜀郡太守徐儉以小城降，特以李瑾爲蜀郡太守以撫之。〔一四〕羅尚據大城自守。流進屯江西，尚懼，遣使求和。

是時蜀人危懼，並結邨堡，請命于特，特遣人安撫之。益州從事任明說尚曰：〔一五〕「特既凶逆，侵暴百姓，又分人散衆，在諸邨堡，驕怠無備，是天亡之也。可告諸邨，密剋期日，內外擊之，破之必矣。」尚從之。明先僞降特，特問城中虛實，明曰：「米穀已欲盡，但有貨帛

耳。」因求省家，特許之。明潛說諸郵，諸郵悉聽命。還報尚，尚許如期出軍，諸郵亦許一時赴會。

二年，惠帝遣荆州刺史宋岱〔一六〕、建平太守孫阜救尚。阜已次德陽，特遣蕩督李璜助任臧距阜。尚遣大衆奄襲特營，連戰二日，衆少不敵，特軍大敗，收合餘卒，引趣新繁。尚軍引還，特復追之，轉戰三十餘里。尚出大軍逆戰，特軍敗績，斬特及李輔、李遠，皆焚尸，傳首洛陽。在位二年。其子雄僭稱王，追諡特景王，及僭號，追尊曰景皇帝，廟號始祖。

李流 李庠

李流字玄通，特第四弟也。少好學，便弓馬，東羌校尉何攀稱流有賁育之勇，舉爲東羌督。及避地益州，刺史趙廞器異之。廞之使庠合部衆也，流亦招鄉里子弟得數千人。庠爲廞所殺，流從特安慰流人，破常俊於緜竹，平趙廞於成都。朝廷論功，拜奮威將軍，封武陽侯。

特之承制也，以流爲鎮東將軍，居東營，號爲東督護。特常使流督銳衆，與羅尚相持。特之陷成都小城，使六郡流人分口入城，壯勇督領郵堡。流言於特曰：「殿下神武，已克小城，然山藪未集，糧仗不多，宜錄州郡大姓子弟以爲質任，送付廣漢，縶之二營，收集猛銳，

嚴爲防衞。」又書與特司馬上官惇，深陳納降若待敵之義。特不納。特既死，蜀人多叛，流人大懼。流與兄子蕩、雄收遺衆，還赤祖，流保東營，蕩、雄保北營。流自稱大將軍、大都督、益州牧。

時宋岱水軍三萬，次于墊江，前鋒孫阜破德陽，獲特所置守將騫碩，太守任臧等退屯涪陵縣。羅尚遣督護常深軍毗橋，牙門左氾、黃訇、何沖三道攻北營。流身率蕩、雄攻深柵，克之，深士衆星散。追至成都，尚閉門自守，蕩馳馬追擊，觸倚矛被傷死。流以特、蕩並死，而岱、阜又至，甚懼。太守李含又勸流降，流將從之。雄與李驤迭諫，不納，流遣子世及含子胡質於阜軍。胡兄含子離聞父欲降，自梓潼馳還，欲諫不及，退與雄謀襲阜軍，曰：「若功成事濟，約與君三年迭爲主。」雄曰：「今計可定，二翁不從，將若之何？」離曰：「今當制之，若不可制，便行大事。翁雖是君叔，勢不得已，老父在君，夫復何言！」雄大喜，乃攻尚軍。尚保大城。雄渡江害汶山太守陳圖，遂入郫城，流移營據之。三蜀百姓並保險結塢，城邑皆空，流野無所略，士衆飢困。涪陵人范長生率千餘家依青城山，尚參軍涪陵徐轝求爲汶山太守，欲要結長生等，與尚掎角討流。尚不許，轝怨之，求使江西，遂降於流，說長生等使資給流軍糧。長生從之，故流軍復振。

流素重雄有長者之德，每云：「興吾家者，必此人也。」敕諸子尊奉之。流疾篤，謂諸將曰：「驍騎高明仁愛，識斷多奇，固足以濟大事，然前軍英武，殆天所相，可共受事於前軍，以爲成都王。」遂死，時年五十六。諸將共立雄爲主。雄僭號，追諡流秦文王。

李庠字玄序，特第三弟也。少以烈氣聞。仕郡督郵、主簿，皆有當官之稱。元康四年，察孝廉，不就。後以善騎射，舉良將，亦不就。州以庠才兼文武，舉秀異，固以疾辭。州郡不聽，以其名上聞，中護軍切徵，不得已而應之，拜中軍騎督。弓馬便捷，膂力過人，時論方之文鴦。

以洛陽方亂，稱疾去官。性在任俠，好濟人之難，州黨爭附之。與六郡流人避難梁益，道路有飢病者，庠常營護隱恤，振施窮乏，大收衆心。至蜀，趙廞深器之，與論兵法，無不稱善，每謂所親曰：「李玄序蓋亦一時之關張也。」及將有異志，委以心膂之任，乃表庠爲部曲督，使招合六郡壯勇，至萬餘人。以討叛羌功，表庠爲威寇將軍，假赤幢曲蓋，封陽泉亭侯，賜錢百萬，馬五十匹。被誅之日，六郡士庶莫不流涕，時年五十五。

校勘記

〔一〕柏氏　御覽三七引世本，太平寰宇記一七八「柏」作「相」，斠注據謂「柏」爲「相」字之譌。按：後

漢書南蠻傳亦作「相」，斠注說是。

〔二〕碭石　後漢書南蠻傳引盛弘之荆州記「碭石」作「陽石」。水經夷水注云：「又有鹽石，即陽石也。盛弘之以是推之，疑即廩君所射鹽神處也。將知陰石是對陽石之名矣。」則酈道元亦同盛說。疑作「陽」是。

〔三〕特祖將五百餘家歸之　李校：據華陽國志、李雄載記「祖」下當有「武」字。斠注亦引華陽國志九「曾（此字衍）祖父虎」及御覽一二三引蜀錄「特祖父虎」之文，謂載記不書虎名，蓋避唐諱，惟李雄記則改「虎」爲「武」。按：此處當脫「武」字，李說是。

〔四〕巴氏　廩君族乃巴郡、南郡蠻，本非氐族。後漢書列之南蠻傳中。巴乃巴郡，南郡蠻五姓之一，傳稱廩君爲「巴氏子」，又云「及秦惠王幷巴中，以巴氏爲蠻夷君長」，數言「巴氏」，皆以爲族姓。華陽國志九此句作「北土復號曰巴人」，御覽一二三引蜀錄作「所在號爲巴人」，並無「巴氐」之稱。此處「巴氐」疑爲「巴氏」之譌。

〔五〕同移者閻式　各本「移」作「夷」，殿本作「移」。御覽一二三引蜀錄亦作「移」，今從殿本。

〔六〕上官惇　斠注：華陽國志八作「上官晶」，惟下文則上官晶、上官惇二人並列。按：通鑑八三亦作「上官晶」。此處上官惇敍於任回下，李攀、費佗上，下文在任下李、費上者正是晶而非惇，知此處「惇」當是「晶」之誤。

〔七〕手刃殺淑粲淑粲左右又殺彰　各本皆不重「淑粲」二字，册府二二二、通鑑八四、通志一九〇皆重「淑粲」二字，疑此脱，今據補。

〔八〕袁洽　南北監本、毛本、殿本「洽」作「治」，據張元濟校勘記云，所見另一宋本此字空格，百衲本從殿本補「治」字，獨局本作「洽」。通志一九〇、華陽國志八並作「治」。今從局本。

〔九〕梁州刺史羅尚　各本「梁」作「涼」。羅尚傳及華陽國志八並云尚以梁州刺史遷益州。斠注：「涼州」當從羅尚傳及華陽國志作「梁州」。按：通鑑八四亦作「梁州」。斠注説是，今據改。

〔一〇〕出奔江陽　華陽國志八及通鑑八四「江陽」作「德陽」。擧正：通鑑作「德陽」爲是。德陽屬廣漢，特攻冉於廣漢，就近出奔耳。

〔一一〕廣漢太守張徵　惠紀「徵」作「微」。華陽國志八上文及此處兩見「廣漢太守張徵」，而上文李特攻趙廞，入成都，稱張徵斬關出走，與載記同。斠注：張徵、張微以形近致譌。徵字建興，張翼之子，見華陽國志壽良傳。則載記作「徵」不誤。凡本書不誤者本不出校記，以華陽國志先後雜出，通鑑八四從紀作「微」，故錄斠注語。

〔一二〕太安元年至改年建初　通鑑八五此事繫於太安二年正月，通鑑考異云：「帝紀：『太安元年五月，特自號大將軍。』載記：『太安元年，特稱大將軍改元。』後魏書李雄傳曰：『昭帝七年，特稱大將軍，號年建初。』昭帝七年，太安元年也。祖孝徵修文殿御覽云：『太安二年，特大赦，改年建初元

年。特見殺。』三十國晉春秋云：『太安二年正月特僭位改年。』今從御覽等書。」按：御覽一二三引蜀錄云：「太安二年，都下推特爲大將軍，大赦，改元爲建初元年。」

〔一三〕王辛　通鑑八四「辛」作「幸」。

〔一四〕李瑾　通鑑八五「瑾」作「璜」。下文及李雄載記皆作「李璜」，疑「瑾」字譌。

〔一五〕任明　通鑑八五「任明」作「任叡」，通鑑考異云：「羅尚傳作『任鋭』，今從華陽國志。」

〔一六〕宋岱　參卷四校記。

晉書卷一百二十一

載記第二十一

李雄

李雄字仲儁，特第三子也。母羅氏，夢雙虹自門升天，一虹中斷，既而生蕩。後羅氏因汲水，忽然如寐，又夢大蛇繞其身，遂有孕，十四月而生雄。常言吾二子若有先亡，在者必大貴。蕩竟前死。雄身長八尺三寸，美容貌。少以烈氣聞，每周旋鄉里，識達之士皆器重之。有劉化者，道術士也，每謂人曰：「關隴之士皆當南移，李氏子中惟仲儁有奇表，終爲人主。」

特起兵於蜀，承制，以雄爲前將軍。流死，雄自稱大都督、大將軍、益州牧，都於郫城。羅尚遣將攻雄，雄擊走之。李驤攻犍爲，斷尚運道，尚軍大餒，攻之又急，遂留牙門羅特固守，尚委城夜遁。特開門內雄，〔一〕遂克成都。于時雄軍飢甚，乃率衆就穀於郪，掘野芋而

食之。蜀人流散，東下江陽，南入七郡。雄以西山范長生巖居穴處，求道養志，欲迎立爲君而臣之。長生固辭。雄乃深自挹損，不敢稱制，事無巨細，皆決於李國、李離兄弟。國等事雄彌謹。

諸將固請雄卽尊位，以永興元年僭稱成都王，赦其境內，建元爲建興，除晉法，約法七章。以其叔父驤爲太傅，兄始爲太保，折衝李離爲太尉，建威李雲爲司徒，翊軍李璜爲司空，材官李國爲太宰，其餘拜授各有差。追尊其曾祖武曰巴郡桓公，〔二〕祖慕隴西襄王，父特成都景王，母羅氏曰王太后。范長生自西山乘素輿詣成都，〔三〕雄迎之於門，執版延坐，拜丞相，尊曰范賢。長生勸雄稱尊號，雄於是僭卽帝位，赦其境內，改年曰太武。〔四〕追尊父特曰景帝，廟號始祖，母羅氏爲太后。加范長生爲天地太師，封西山侯，復其部曲不豫軍征，租稅一入其家。雄時建國草創，素無法式，諸將恃恩，各爭班位。其尚書令閻式上疏曰：「夫爲國制法，勳尚仍舊。〔五〕漢晉故事，惟太尉、大司馬執兵，太傅、太保父兄之官，論道之職，司徒、司空掌五教九土之差。秦置丞相，總領萬機。漢武之末，越以大將軍統政。今國業初建，凡百未備，諸公大將班位有差，降而競請施置，不與典故相應，宜立制度以爲楷式。」雄從之。

遣李國、李雲等率衆二萬寇漢中，梁州刺史張殷奔于長安。國等陷南鄭，盡徙漢中人

于蜀。

先是，南土頻歲饑疫，死者十萬計。南夷校尉李毅固守不降，雄誘建寧夷使討之。毅病卒，城陷，殺壯士三千餘人，送婦女千口於成都。

時李離據梓潼，其部將羅羕、張金苟等殺離及閻式，以梓潼歸于羅尚。尚遣其將向奮屯安漢之宜福以逼雄，雄率衆攻奮，不克。時李國鎮巴西，其帳下文碩又殺國，以巴西降尚。雄乃引還，遣其將張寶襲梓潼，陷之。會羅尚卒，巴郡亂，李驤攻涪，又陷之，執梓潼太守譙登，遂乘勝進軍討文碩，害之。雄大悅，赦其境內，改元曰玉衡。

雄母羅氏死，雄信巫覡者之言，多有忌諱，至欲不葬。其司空趙肅諫，雄乃從之。雄欲申三年之禮，羣臣固諫，雄弗許。李驤謂司空上官惇曰：「今方難未弭，吾欲固諫，不聽主上終諒闇，君以爲何如？」惇曰：「三年之喪，自天子達於庶人，故孔子曰『何必高宗，古之人皆然。』但漢魏以來，天下多難，宗廟至重，不可久曠，故釋縗絰，至哀而已。」驤曰：「任回方至，此人決於行事，且上常難違其言，待其至，當與俱請。」及回至，驤與回俱見雄。驤免冠流涕，固請公除。雄號泣不許。回跪而進曰：「今王業初建，凡百草創，一日無主，天下惶惶。昔武王素甲觀兵，晉襄墨絰從戎，豈所願哉？爲天下屈己故也。願陛下割情從權，永隆天保。」遂强扶雄起，釋服親政。

是時南得漢嘉、涪陵，遠人繼至，雄於是下寬大之令，降附者皆假復除。虛己愛人，授用皆得其才，益州遂定。僞立其妻任氏爲皇后。氐王楊難敵兄弟爲劉曜所破，奔葭萌，遣子入質。隴西賊帥陳安又附之。

遣李驤征越巂，太守李釗降。驤進軍由小會攻寧州刺史王遜，遜使其將姚岳悉衆距戰。驤軍不利，又遇霖雨，驤引軍還，爭濟瀘水，士衆多死。釗到成都，雄待遇甚厚，朝廷儀式，喪紀之禮，皆決於釗。

楊難敵之奔葭萌也，雄安北李稚厚撫之，縱其兄弟還武都，難敵遂恃險多爲不法，稚請討之。雄遣中領軍琀及將軍樂次、費佗、李乾等由白水橋攻下辯，征東李壽督琀弟玝攻陰平。難敵遣軍距之，壽不得進，而琀、稚長驅至武街。難敵遣兵斷其歸道，四面攻之，獲琀、稚，死者數千人。琀、稚，雄兄蕩之子也。雄深悼之，不食者數日，言則流涕，深自咎責焉。

其後將立蕩子班爲太子。雄有子十餘人，羣臣咸欲立雄所生。雄曰：「起兵之初，舉手扞頭，本不希帝王之業也。值天下喪亂，晉氏播蕩，羣情義舉，志濟塗炭，而諸君遂見推逼，處王公之上。本之基業，功由先帝。吾兄適統，丕祚所歸，恢懿明叡，殆天所命，大事垂克，薨于戎戰。班姿性仁孝，好學夙成，必爲名器。」李驤與司徒王達諫曰：「先王樹冢適者，所以防篡奪之萌，不可不慎。吳子捨其子而立其弟，所以有專諸之禍；宋宣不立與夷而立穆公，卒有宋督之變。猶子之言，豈若子也？深願陛下思之。」雄不從，竟立班。驤退而流涕曰：「亂自此始矣！」

張駿遣使遺雄書，勸去尊號，稱藩于晉。雄復書曰：「吾過爲士大夫所推，然本無心於帝王也，進思爲晉室元功之臣，退思共爲守藩之將，掃除氛埃，以康帝宇。而晉室陵遲，德聲不振，引領東望，有年月矣。會獲來貺，情在闇室，有何已已。知欲遠遵楚漢，尊崇義帝，春秋之義，於斯莫大。」駿重其言，使聘相繼。巴郡嘗告急，云有東軍。雄曰：「吾嘗慮石勒跋扈，侵逼琅邪，以爲耿耿。不圖乃能舉兵，使人欣然。」雄之雅譚，多如此類。

雄以中原喪亂，乃頻遣使朝貢，與晉穆帝分天下。〔六〕張駿領秦梁，先是，遣傅穎假道于蜀，通表京師，雄弗許。駿又遣治中從事張淳稱藩于蜀，託以假道。雄大悅，謂淳曰：「貴主英名蓋世，土險兵強，何不自稱帝一方？」淳曰：「寡君以乃祖世濟忠良，未能雪天下之恥，解衆人之倒懸，日昃忘食，枕戈待旦。以琅邪中興江東，故萬里翼戴，將成桓文之事，何言自取邪！」雄有慚色，曰：「我乃祖乃父亦是晉臣，往與六郡避難此地，爲同盟所推，遂有今日。琅邪若能中興大晉於中夏，亦當率衆輔之。」淳還，通表京師，天子嘉之。

時李驤死，以其子壽爲大將軍、西夷校尉，督征南費黑、征東任巳攻陷巴東，〔七〕太守楊謙退保建平。壽別遣費黑寇建平，晉巴東監軍毌丘奧退保宜都。雄遣李壽攻朱提，以費

黑、卬攀爲前鋒，〔八〕又遣鎮南任回征木落，分寧州之援。寧州刺史尹奉降，遂有南中之地。雄於是赦其境內，使班討平寧州夷，以班爲撫軍。

咸和八年，雄生瘍於頭，六日死，〔九〕時年六十一，在位三十年。〔一〇〕僞謚武帝，廟曰太宗，墓號安都陵。

雄性寬厚，簡刑約法，甚有名稱。氐苻成、隗文既降復叛，〔一一〕手傷雄母，及其來也，咸釋其罪，厚加待納。由是夷夏安之，威震西土。時海內大亂，而蜀獨無事，故歸之者相尋。雄乃興學校，置史官，聽覽之暇，手不釋卷。其賦男丁歲穀三斛，女丁半之，戶調絹不過數丈，綿數兩。事少役稀，百姓富實，閭門不閉，無相侵盜。然雄意在招致遠方，國用不足，故諸將每進金銀珍寶，多有以得官者。丞相楊褒諫曰：「陛下爲天下主，當網羅四海，何有以官買金邪！」雄遜辭謝之。後雄嘗酒醉而推中書令，杖太官令，褒進曰：「天子穆穆，諸侯皇皇，安有天子而爲酗也！」雄卽捨之。雄無事小出，褒於後持矛馳馬過雄。雄怪問之，對曰：「夫統天下之重，如臣乘惡馬而持矛也，急之則慮自傷，緩之則懼其失，是以馬馳而不制也。」雄寤，卽還。雄爲國無威儀，官無祿秩，班序不別，君子小人服章不殊；行軍無號令，用兵無部隊，戰勝不相讓，敗不相救，攻城破邑動以虜獲爲先。此其所以失也。

李班

班字世文。初署平南將軍，後立爲太子。班謙虛博納，敬愛儒賢，自何點、李釗，班皆師之，又引名士王嘏及隴西董融、天水文夔等以爲賓友。每謂融等曰：「觀周景王太子晉、魏太子丕、吳太子孫登，文章鑒識，超然卓絕，未嘗不有慚色。何古賢之高朗，後人之莫逮也！」爲性汎愛，動修軌度。時諸李子弟皆尚奢靡，而班常戒厲之。每朝有大議，雄輒令豫之。班以古者墾田均平，貧富獲所，今貴者廣占荒田，貧者種殖無地，富者以己所餘而賣之，此豈王者大均之義乎！雄納之。及雄寢疾，班晝夜侍側。雄少數攻戰，多被傷夷，至是疾甚，痕皆膿潰，雄子越等惡而遠之。班爲吮膿，殊無難色，每嘗藥流涕，不脫衣冠，其孝誠如此。

雄死，嗣僞位，以李壽錄尚書事輔政。班居中執喪禮，政事皆委壽及司徒何點、尚書令王瓌等。越時鎮江陽，以班非雄所生，意甚不平。至此，奔喪，與其弟期密計圖之。李玝勸班遣越還江陽，以期爲梁州刺史，鎮葭萌。班以未葬，不忍遣，推誠居厚，心無纖芥。時有白氣二道帶天，太史令韓豹奏：「宮中有陰謀兵氣，戒在親戚。」班不悟。咸和九年，班因夜哭，越殺班于殯宮，時年四十七，在位一年，遂立雄之子期嗣位焉。

李期

期字世運，雄第四子也。聰慧好學，弱冠能屬文，輕財好施，虛心招納。初爲建威將軍，雄令諸子及宗室子弟以恩信合衆，多者不至數百，而期獨致千餘人。其所表薦，雄多納之，故長史列署頗出其門。

既殺班，欲立越爲主，越以期雄妻任氏所養，又多才藝，乃讓位于期。于是僭卽皇帝位，大赦境內，改元玉恆。誅班弟都。使李壽伐都弟玝于涪，玝棄城降晉。封壽漢王，拜梁州刺史、東羌校尉、中護軍、錄尚書事；封兄越建寧王，拜相國、大將軍、錄尚書事。立妻閻氏爲皇后。以其衞將軍尹奉爲右丞相，驃騎將軍、尚書令，王瓌爲司徒。期自以謀大事既果，輕諸舊臣，外則信任尚書令景騫、尚書姚華、田褒。褒無他才藝，雄時勸立期，故寵待甚厚。內則信宦豎許涪等。國之刑政，希復關之卿相，慶賞威刑，皆決數人而已，于是綱維紊矣。乃誣其尚書僕射、武陵公李載謀反，下獄死。

先是，晉建威將軍司馬勳屯漢中，期遣李壽攻而陷之，遂置守宰，戍南鄭。

雄子霸、保並不病而死，皆云期鴆殺之，於是大臣懷懼，人不自安。天雨大魚于宮中，其色黃。又宮中豕犬交。期多所誅夷，籍沒婦女資財以實後庭，內外兇兇，道路以目，諫者獲罪，人懷苟免。期又鴆殺其安北李攸。攸，壽之養弟也。於是與越及景騫、田褒、姚華謀襲壽等，欲因燒市橋而發兵。期又累遣中常侍許涪至壽所，伺其動靜。及殺攸，壽大懼，又疑許涪往來之數也，乃率步騎一萬，自涪向成都，表稱景騫、田褒亂政，興晉陽之甲，以除君側之惡。以李奕爲先登。壽到成都，期、越不虞其至，素不備設，壽遂取其城，屯兵至門。期遣侍中勞壽，壽奏相國、建寧王越，尚書令、河南公景騫，尚書田褒、姚華，中常侍許涪，征西將軍李遐及將軍李西等，皆懷姦亂政，謀傾社稷，大逆不道，罪合夷滅。期從之，於是殺越、騫等。壽矯任氏令，廢期爲邛都縣公，幽之別宮。期歎曰：「天下主乃當爲小縣公，不如死也！」咸康三年，自縊而死，〔一三〕時年二十五，在位三年。〔一四〕謚曰幽公。及葬，賜鸞輅九旂，餘如王禮。雄之子皆爲壽所殺。

李壽

壽字武考，驤之子也。敏而好學，雅量豁然，少尚禮容，異於李氏諸子。雄奇其才，以爲足荷重任，拜前將軍、督巴西軍事，遷征東將軍。時年十九，聘處士譙秀以爲賓客，盡其讜言，在巴西威惠甚著。驤死，遷大將軍、大都督、侍中，封扶風公，錄尚書事。征寧州，攻圍百餘日，悉平諸郡，雄大悅，封建寧王。雄死，受遺輔政。期立，改封漢王，食梁州五郡，

領梁州刺史。

壽威名遠振，深爲李越、景騫等所憚，壽深憂之。代李玝屯涪，每應期朝覲，常自陳邊疆寇警，不可曠鎮，故得不朝。壽又見期、越兄弟十餘人年方壯大，而並有强兵，懼不自全，乃數聘禮巴西龔壯。壯雖不應聘，數往見壽。時岷山崩，江水竭，壽惡之，每問壯以自安之術。壯以特殺其父及叔，欲假手報仇，未有其由，因說壽曰：「節下若能捨小從大，以危易安，則開國裂土，長爲諸侯，名高桓文，勳流百代矣。」壽從之，陰與長史略陽羅恆〔一五〕巴西解思明共謀據成都，稱藩歸順。乃誓文武，得數千人，襲成都，克之，縱兵虜掠，至乃姦略雄女及李氏諸婦，多所殘害，數日乃定。

恆與思明及李奕、王利等勸壽稱鎮西將軍、益州牧、成都王，稱藩于晉，而任調與司馬蔡興、侍中李豔及張烈等勸壽自立。壽命筮之，占者曰：「可數年天子。」調喜曰：「一日尚爲足，而況數年乎！」思明曰：「數年天子，孰與百世諸侯？」壽曰：「朝聞道，夕死可矣。任侯之言，策之上也。」遂以咸康四年僭卽僞位，赦其境內，改元爲漢興。以董皎爲相國，羅恆、馬當爲股肱，李奕、任調、李閎爲爪牙，解思明爲謀主。以安車束帛聘龔壯爲太師，壯固辭，特聽縞巾素帶，居師友之位。拔擢幽滯，處之顯列。追尊父驤爲獻帝，母昝氏爲太后，立妻閻氏爲皇后，世子勢爲太子。

有告廣漢太守李乾與大臣通謀，欲廢壽者。壽令其子廣與大臣盟于前殿，徙乾漢嘉太守。大風暴雨，震其端門。壽深自悔責，命羣臣極盡忠言，勿拘忌諱。

遣其散騎常侍王嘏、中常侍王廣聘於石季龍。先是，季龍遺壽書，欲連横入寇，約分天下。壽大悅，乃大修船艦，嚴兵繕甲，吏卒皆備糇糧。以其尚書令馬當爲六軍都督，假節鉞，營東場大閱，軍士七萬餘人，舟師泝江而上。過成都，鼓譟盈江，壽登城觀之。其羣臣咸曰：「我國小衆寡，吳會險遠，圖之未易。」解思明又切諫懇至，壽於是命羣臣陳其利害。龔壯諫曰：「陛下與胡通，孰如與晉通？胡，豺狼國也。晉既滅，不得不北面事之。若與之爭天下，則强弱勢異。此虞、虢之成範，已然之明戒，願陛下熟慮之。」羣臣以壯之言爲然，叩頭泣諫，壽乃止，士衆咸稱萬歲。

遣其鎮東大將軍李奕征牂柯，太守謝恕保城距守者積日，不拔。會奕糧盡，引還。

壽以其太子勢領大將軍、錄尚書事。

壽承雄寬儉，新行篡奪，因循雄政，未逞其志欲。會李閎、王嘏從鄴還，盛稱季龍威强，宮觀美麗，鄴中殷實。壽又聞季龍虐用刑法，王遜亦以殺罰御下，並能控制邦域，壽心欣慕，人有小過，輒殺以立威。又以郊甸未實，都邑空虛，工匠器械，事未充盈，乃徙旁郡戶三丁已上以實成都，興尚方御府，發州郡工巧以充之，廣修宮室，引水入城，務於奢侈。又廣

太學，起讌殿。百姓疲於使役，呼嗟滿道，思亂者十室而九矣。其左僕射蔡興切諫，壽以爲誹謗，誅之。右僕射李嶷數以直言忤旨，壽積忿非一，託以他罪，下獄殺之。

壽疾篤，常見李期、蔡興爲祟。八年，壽死，[一五]時年四十四，在位五年。[一六]僞諡昭文帝，廟曰中宗，墓曰安昌陵。

壽初爲王，好學愛士，庶幾善道，每覽良將賢相建功立事者，未嘗不反覆誦之，故能征伐四克，闢國千里。雄既垂心於上，壽亦盡誠於下，號爲賢相。及卽僞位之後，改立宗廟，以父驤爲漢始祖廟，特、雄爲大成廟，又下書言與期、越別族，凡諸制度，皆有改易。公卿以下，率用己之僚佐，雄時舊臣及六郡士人，皆見廢黜。壽初病，思明等復議奉王室，壽不從。李演自越巂上書，勸壽歸正返本，釋帝稱王，壽怒殺之，以威龔壯、思明等。壯作詩七篇，託言應璩以諷壽。壽報曰：「省詩知意。若今人所作，賢哲之話言也。古人所作，死鬼之常辭耳！」動慕漢武、魏明之所爲，恥聞父兄時事，上書者不得言先世政化，自以己勝之也。

李勢

勢字子仁，壽之長子也。初，壽妻閻氏無子，驤殺李鳳，爲壽納鳳女，生勢。期愛勢姿貌，拜翊軍將軍、漢王世子。勢身長七尺九寸，腰帶十四圍，善於俯仰，時人異之。壽死，勢嗣僞位，赦其境內，改元曰太和。尊母閻氏爲太后，妻李氏爲皇后。

太史令韓皓奏熒惑守心，以宗廟禮廢，勢命羣臣議之。其相國董皎、侍中王嘏等以爲景武昌業，獻文承基，至親不遠，無宜疏絕。勢更令祭特、雄，同號曰漢王。

勢弟大將軍、漢王廣以勢無子，求爲太弟，勢弗許。馬當、解思明以勢兄弟不多，若有所廢，則益孤危，固勸許之。勢疑當等與廣有謀，遣其太保李奕襲廣於涪城，命董皎收馬當、思明斬之，夷其三族。貶廣爲臨邛侯，廣自殺。思明有計謀，强諫諍，馬當甚得人心，自此之後，無復紀綱及諫諍者。

李奕自晉壽舉兵反之，蜀人多有從奕者，衆至數萬。勢登城距戰。奕單騎突門，門者射而殺之，衆乃潰散。勢既誅奕，大赦境內，改年嘉寧。

初，蜀土無獠，至此，始從山而出，北至犍爲、梓潼，布在山谷，十餘萬落，不可禁制，大爲百姓之患。勢既驕吝，而性愛財色，常殺人而取其妻，荒淫不恤國事。夷獠叛亂，軍守離缺，境宇日蹙。加之荒儉，性多忌害，誅殘大臣，刑獄濫加，人懷危懼。斥外父祖臣佐，親任左右小人，羣小因行威福。又常居內，少見公卿。史官屢陳災譴，乃加董皎太師，以名位優之，實欲與分災眚。

大司馬桓溫率水軍伐勢。溫次青衣，勢大發軍距守，又遣李福與昝堅等數千人從山陽

趣合水距溫。謂溫從步道而上，諸將皆欲設伏於江南以待王師，昝堅不從，率諸軍從江北鴛鴦碕渡向犍爲。而溫從山陽出江南，昝堅到犍爲，方知與溫異道，乃迴從沙頭津北渡。及堅至，溫已造成都之十里陌，昝堅衆自潰。溫至城下，縱火燒其大城諸門。勢衆惶懼，無復固志，其中書監王嘏、散騎常侍常璩等勸勢降。勢以問侍中馮孚，孚言：「昔吳漢征蜀，盡誅公孫氏。今晉下書，不赦諸李，雖降，恐無全理。」勢乃夜出東門，與昝堅走至晉壽，然後送降文於溫曰：「僞嘉寧二年三月十七日，略陽李勢叩頭死罪。伏惟大將軍節下，先人播流，恃險因釁，竊自汶蜀。勢以闇弱，復統末緒，偷安荏苒，未能改圖。猥煩朱軒，踐冒險阻。將士狂愚，干犯天威。仰慚俯愧，精魂飛散，甘受斧鑕，以釁軍鼓。伏惟大晉，天網恢弘，澤及四海，恩過陽日。逼迫倉卒，自投草野。卽日到白水城，謹遣私署散騎常侍王幼奉牋以聞，并敕州郡投戈釋杖。窮池之魚，待命漏刻。」勢尋輿櫬面縛軍門，溫解其縛，焚其櫬，遷勢及弟福、[一七]從兄權親族十餘人于建康，封勢歸義侯。升平五年，死于建康。在位五年而敗。

始，李特以惠帝太安元年起兵，至此六世，凡四十六年，[一八]以穆帝永和三年滅。

史臣曰：昔周德方隆，古公切踰梁之患；漢祚斯永，宣后興渡湟之師。是知戎狄亂華，釁深自古，況乎巴濮雜種，厥類實繁，資剽竊以全生，習獷悍而成俗。李特世傳兇狡，早擅梟雄，太息劍門，志吞井絡。屬晉綱之落紐，乘羅侯之無斷，騁馬屬鞬，同聲雲集，殲殄蜀漢，薦食巴梁，沃野無半菽之資，華陽有析骸之爨。蓋上失其道，覆敗之至於斯！

仲僞天挺英姿，見稱奇偉，推鋒累載，〔一九〕克隆霸業。蹈玄德之前基，掩子陽之故地，薄賦而綏弊俗，約法而悅新邦，擬於其倫，實孫權之亞也。若夫立子以嫡，往哲通訓，繼體承基，前修茂範。而雄闇經國之遠圖，蹈匹夫之小節，傳大統於猶子，託强兵於厥胤。遺骸莫斂，尋戈之釁已深；星紀未周，傾巢之釁便及。雖云天道，抑亦人謀。

班以寬愛罹災，期以暴戾速禍，殊塗並失，異術同亡。武考憑藉世資，窮兵竊位，罪百周帶，毒甚楚圍，獲保歸全，何其幸也！子仁承緒，繼傳昏虐，驅率餘燼，敢距大邦。授甲晨征，則理均於困獸；斬關宵遁，則義殊於前禽。宜其懸首國門，以明大戮，遂得禮同劉禪，不亦優乎！

贊曰：晉圖弛馭，百六斯鍾。天垂伏鼈，野戰羣龍。李特窺釁，盜我巴庸。世歷五朝，年將四紀。篡殺移國，昏狂繼軌。德之不修，險亦難恃。

校勘記

〔一〕遂留牙門羅特固守丟特開門內雄　通鑑八五「羅特」作「張羅」，通鑑考異云從華陽國志。按：華陽國志八云：「留牙門張羅持城」，又云「倉卒失節鉞，羅持從後得之」，似作「張羅持」，但所云「張羅持城」，又似「持」非人名，「持城」作守城解，下「羅持從後得之」衍「持」字，故通鑑以爲作「張羅」。然華陽國志不云張羅開門納雄，下文稱羅進據犍爲之合水，又以巴郡太守行三府事，與隗文戰死。開門納雄者是否即張羅，仍可疑。

〔二〕追尊其曾祖武曰巴郡桓公　華陽國志九「武」作「虎」，晉書避唐諱改。

〔三〕范長生自西山乘素輿詣成都　各本「西山」作「山西」，周校：「西山」誤倒。按：上文已見「西山范長生」，下云「封西山侯」，今據乙。

〔四〕改年曰太武　通鑑八六作「改元晏平，國號大成」。通鑑考異據十六國春秋目錄及華陽國志八以爲李雄建元建興，後改晏平，無「太武」。雄稱帝後，國號大成，載記誤以「大成」爲年號。又譌「成」爲「武」。按：今本華陽國志作「太武」，蓋後人據載記妄改。

〔五〕勳尚仍舊　毛本、局本「勳」下注「元作『動』」。疑是。

〔六〕與晉穆帝分天下　商榷：雄死在咸和八年，是成帝時，何云「與晉穆帝分天下」，「穆」字誤。按：語出魏書李雄傳，本無「晉」字，穆帝乃指魏追謚穆帝之猗盧。載記採魏書，妄增「晉」字。

〔七〕任砈　華陽國志九「砈」作「邵」。疑本作「卲」，即「昭」字。魏書莊帝紀尒朱榮所殺常山王邵，新出墓誌「邵」作「卲」，可證。

〔八〕卬攀　華陽國志「卬」作「邵」。

〔九〕咸和八年雄生瘍於頭六日死　校文：成帝紀及華陽國志皆言雄死於九年六月，此誤前一年。通鑑書雄卒於九年六月丁卯，亦不從載記。斠正：魏書，烈帝六年李雄死，即咸和九年也。按：御覽一二三引蜀錄，謂雄卒於玉衡二十四年。永嘉五年，雄改年玉衡，二十四年正當咸和九年。此作八年誤。又御覽引蜀錄，稱「五月雄寢疾，六月丁卯薨」。丁卯乃六月二十五日，必非病六日死。此處「日」字當爲「月」之譌。

〔一〇〕在位三十年　雄以永興元年稱成都王，至咸和九年應爲三十一年。此少一年，亦以雄死誤爲咸和八年之故。

〔一一〕氐苻成隗文既降　各本「隗文」倒作「文隗」。華陽國志八、穆紀俱作「隗文」，今乙正。

〔一二〕咸康三年自縊而死　成紀、華陽國志九、通鑑九六俱繫期死於咸康四年，魏書李壽傳，壽廢期自立在什翼犍之建國元年，亦即咸康四年，此作「三年」，亦因雄死誤前一年而誤。

〔一三〕在位三年　校文：成帝紀，期立於咸和九年十月，華陽國志同。死於咸康四年四月，當從國志作五月。凡五年。此傳以期死屬之三年固誤，謂在位三年，亦駁文也。

〔一四〕羅恒　各本「恒」作「桓」，殿本據下文改「恒」。華陽國志九、通鑑九六並作「恒」，「桓」字形近而譌，今從殿本。下同。

〔一五〕八年壽死　康紀及華陽國志九並謂壽死於建元元年，此作咸康八年，誤前一年。

〔一六〕在位五年　校文：帝紀，壽立於咸康四年，卒於建元元年，計在位六年。華陽國志所記年月與帝紀同，御覽一二三引蜀錄亦云壽死於漢興六年（卽晉建元元年），此云五年誤。按：此誤以壽死於咸康八年，故少一年。

〔一七〕遷勢及弟福　周校：桓溫傳作「勢叔父福」爲是。校文：桓溫傳作「勢叔父福」，御覽一二三引蜀錄、三二四引晉書並同。按：「弟」上疑脫「壽」字。

〔一八〕始李特以惠帝太安元年起兵至此六世凡四十六年　惠紀，李特於永寧元年起兵，至永和三年滅，應是四十七年，御覽一二三引蜀錄即云「合四十七年」，此云太安元年起兵，故少一年，實誤。

〔一九〕推鋒累載　各本「推」作「椎」，獨宋本作「推」。文選左太沖魏都賦有「推鋒積紀」語，「推鋒」亦屢見本書，今從宋本。

晉書卷一百二十二

載記第二十二

呂光

呂光字世明，略陽氏人也。其先呂文和，漢文帝初，自沛避難徙焉，世爲酋豪。父婆樓，佐命苻堅，官至太尉。光生于枋頭，夜有神光之異，故以光爲名。年十歲，與諸童兒游戲邑里，爲戰陣之法，儔類咸推爲主。部分詳平，羣童歎服。不樂讀書，唯好鷹馬。及長，身長八尺四寸，目重瞳子，左肘有肉印。沈毅凝重，寬簡有大量，喜怒不形于色。時人莫之識也，惟王猛異之，曰：「此非常人。」言之苻堅，舉賢良，除美陽令，夷夏愛服。遷鷹揚將軍。從堅征張平，戰于銅壁，刺平養子蚝，中之，自是威名大著。苻雙反于秦州，堅將楊成世爲雙將苟興所敗，光與王鑒討之。鑒欲速戰，光曰：「興初破成世，姦氣漸張，宜持重以待其弊。興乘勝輕來，糧竭必退，退而擊之，可以破也。」二旬

而興退，諸將不知所爲，光曰：「揆其姦計，必攻榆眉。若得榆眉，據城斷路，資儲復贍，非國之利也，宜速進師。若興攻城，尤須赴救。如其奔也，彼糧既盡，可以滅之。」鑒從焉，果敗興軍。從王猛滅慕容暐，封都亭侯。

苻重之鎮洛陽，以光爲長史。及重謀反，苻堅聞之，曰：「呂光忠孝方正，必不同也。」馳使命光檻重送之。尋入爲太子右率，甚見敬重。蜀人李焉聚衆二萬，攻逼益州。堅以光爲破虜將軍，率兵討滅之，遷步兵校尉。苻洛反，光又擊平之，拜驍騎將軍。〔一〕

堅既平山東，士馬强盛，遂有圖西域之志，乃授光使持節、都督西討諸軍事，率將軍姜飛、彭晃、杜進、康盛等總兵七萬，鐵騎五千，以討西域。以隴西董方、馮翊郭抱、武威賈虔、弘農楊穎爲四府佐將。堅太子宏執光手曰：「君器相非常，必有大福，宜深保愛。」行至高昌，聞堅寇晉，光欲更須後命。部將杜進曰：「節下受任金方，赴機宜速，有何不了，而更留乎！」光乃進及流沙，三百餘里無水，將士失色。光曰：「吾聞李廣利精誠玄感，飛泉涌出，吾等豈獨無感致乎！皇天必將有濟，諸君不足憂也。」俄而大雨，平地三尺。進兵至焉耆，其王泥流率其旁國請降。龜茲王帛純距光，光軍其城南，五里爲一營，深溝高壘，廣設疑兵，以木爲人，被之以甲，羅之壘上。帛純驅徙城外人入于城中，附庸侯王各嬰城自守。

至是，光左臂內脈起成字，文曰「巨霸」。營外夜有一黑物，大如斷堤，搖動有頭角，目光若電，及明而雲霧四周，遂不復見。旦視其處，南北五里，東西三十餘步，鱗甲隱地之所，昭然猶在。光笑曰：「黑龍也。」俄而雲起西北，暴雨滅其跡。杜進言於光曰：「龍者神獸，人君利見之象。易曰：『見龍在田，德施普也。』斯誠明將軍道合靈和，德符幽顯。願將軍勉之，以成大慶。」光有喜色。

又進攻龜茲城，夜夢金象飛越城外。光曰：「此謂佛神去之，胡必亡矣。」光攻城既急，帛純乃傾國財寶請救獪胡。獪胡弟吶龍、侯將馗率騎二十餘萬，并引溫宿、尉頭等國王，〔二〕合七十餘萬以救之。胡便弓馬，善矛矟，鎧如連鎖，射不可入，以革索爲羂，策馬擲人，多有中者。衆甚憚之。諸將咸欲每營結陣，案兵以距之。光曰：「彼衆我寡，營又相遠，勢分力散，非良策也。」於是遷營相接陣，爲勾鎖之法，精騎爲遊軍，彌縫其闕。戰于城西，大敗之，斬萬餘級。帛純收其珍寶而走，王侯降者三十餘國。光入其城，大饗將士，賦詩言志。見其宮室壯麗，命參軍京兆段業著龜茲宮賦以譏之。胡人奢侈，厚於養生，家有蒲桃酒，或至千斛，經十年不敗，士卒淪沒酒藏者相繼矣。諸國憚光威名，貢款屬路，乃立帛純弟震爲王以安之。光撫寧西域，威恩甚著，桀黠胡王昔所未賓者，不遠萬里皆來歸附，上漢所賜節傳，光皆表而易之。

堅聞光平西域，以爲使持節、散騎常侍、都督玉門已西諸軍事、安西將軍、西域校尉，道絕不通。光既平龜茲，有留焉之志。時始獲鳩摩羅什，羅什勸之東還，語在西夷傳。〔三〕光於是大饗文武，博議進止。衆咸請還，光從之，以駝二萬餘頭致外國珍寶及奇伎異戲、殊禽怪獸千有餘品，駿馬萬餘匹。而苻堅高昌太守楊翰說其涼州刺史梁熙距守高桐、〔四〕伊吾二關，熙不從。光至高昌，翰以郡迎降。初，光聞翰之說，惡之，又聞苻堅喪敗，長安危逼，謀欲停師。杜進諫曰：「梁熙文雅有餘，機鑒不足，終不能納善從說也，願不足憂之。聞其上下未同，宜在速進，進而不捷，請受過言之誅。」光從之。及至玉門，梁熙傳檄責光擅命還師，遣子胤與振威姚皓、別駕衞翰率衆五萬，距光于酒泉。光報檄涼州，責熙無赴難之誠，數其遏歸師之罪。遣彭晃、杜進、姜飛等爲前鋒，擊胤，大敗之。胤輕將麾下數百騎東奔，杜進追擒之。於是四山胡夷皆來款附。武威太守彭濟執熙請降。光入姑臧，自領涼州刺史、護羌校尉，表杜進爲輔國將軍、武威太守，封武始侯，自餘封拜各有差。

光主簿尉祐，姦佞傾薄人也，見棄前朝，與彭濟同謀執梁熙，光深見寵任，乃譖誅南安姚皓、天水尹景等名士十餘人，遠近頗以此離貳。光尋擢祐爲寧遠將軍、金城太守。祐次允吾，襲據外城以叛，祐從弟隨據鸇陰以應之。光遣其將魏眞討隨，隨敗，奔祐，光將姜飛又擊敗祐衆。祐奔據興城，扇動百姓，夷夏多從之。飛司馬張象、參軍郭雅謀殺飛應祐，發

覺，逃奔。

初，苻堅之敗，張天錫南奔，其世子大豫爲長水校尉王穆所匿。及堅還長安，穆將大豫奔禿髮思復鞬，思復鞬送之魏安。是月，魏安人焦松、齊肅、張濟等起兵數千，迎大豫於揟次，陷昌松郡。光遣其將杜進討之，爲大豫所敗。大豫遂進逼姑臧，求決勝負，王穆諫曰：「呂光糧豐城固，甲兵精銳，逼之非利。不如席卷嶺西，厲兵積粟，東向而爭，不及朞年，可以平也。」大豫不從，乃遣穆求救於嶺西諸郡，建康太守李隰、祁連都尉嚴純及閻襲起兵應之。大豫進屯城西，王穆率衆三萬及思復鞬子奚于等陣于城南。光出擊，破之，斬奚于等二萬餘級。光謂諸將曰：「大豫若用王穆之言，恐未可平也。」諸將曰：「大豫豈不及此邪！皇天欲贊成明公八百之業，故令大豫迷於良算耳。」光大悅，賜金帛有差。大豫自西郡詣臨洮，驅略百姓五千餘戶，保據俱城。光將彭晃、徐炅攻破之，大豫奔廣武，穆奔建康。廣武人執大豫，送之，斬于姑臧市。

光至是始聞苻堅爲姚萇所害，奮怒哀號，三軍縞素，大臨于城南，僞謚堅曰文昭皇帝，長吏百石已上服斬縗三月，庶人哭泣三日。光於是大赦境內，建元曰太安，〔五〕自稱使持節、侍中、中外大都督、督隴右河西諸軍事、大將軍、領護匈奴中郎將、涼州牧、酒泉公。王穆襲據酒泉，自稱大將軍、涼州牧。時穀價踊貴，斗直五百，人相食，死者太半。光西平太

守康寧自稱匈奴王，阻兵以叛，光屢遣討之，不捷。

初，光之定河西也，杜進有力焉，以爲輔國將軍、武威太守。既居都尹，權高一時，出入羽儀，與光相亞。光甥石聰至自關中，光曰：「中州人言吾政化何如？」聰曰：「止知有杜進耳，實不聞有舅。」光默然，因此誅進。光後讌羣僚，酒酣，語及政事。時刑法峻重，參軍段業進曰：「嚴刑重憲，非明王之義也。」光曰：「商鞅之法至峻，而兼諸侯；吳起之術無親，而荆蠻以霸，何也？」業曰：「明公受天眷命，方君臨四海，景行堯舜，猶懼有弊，奈何欲以商申之末法臨道義之神州，豈此州士女所望於明公哉！」光改容謝之，於是下令責躬，及崇寬簡之政。

其將徐炅與張掖太守彭晃謀叛，光遣師討炅，炅奔晃。晃東結康寧，西通王穆，光議將討之，諸將咸曰：「今康寧在南，阻兵伺隙，若大駕西行，寧必乘虛出于嶺左。晃、穆未平，康寧復至，進退狼狽，勢必大危。」光曰：「事勢實如卿言。今而不往，當坐待其來。晃、穆共相脣齒，寧又同惡相救，東西交至，城外非吾之有，若是，大事去矣。今晃叛逆始爾，寧、穆與之情契未密，及其倉卒，取之爲易。且隆替命也，卿勿復言。」光於是自率步騎三萬，倍道兼行。既至，攻之二旬，晃將寇顒斬關納光，於是誅彭晃。王穆以其黨索嘏爲敦煌太守，既而忌其威名，率衆攻嘏。光聞之，謂諸將曰：「二虜相攻，此成擒也。」光將攻之，衆咸以爲不

可。光曰：「取亂侮亡，武之善經，不可以累征之勞而失永逸之舉。」率步騎二萬攻酒泉，克之，進次涼興。穆引師東還，路中衆散，穆單騎奔騂馬，騂馬令郭文斬首送之。

是時麟見金澤縣，百獸從之，光以爲己瑞，以孝武太元十四年僭即三河王位，置百官自丞郎已下，赦其境內，年號麟嘉。光妻石氏、子紹、弟德世至自仇池，光迎于城東，大饗羣臣。遣其子左將軍他、武賁中郎將纂討北虜匹勤于三巖山，〔六〕大破之。立妻石氏爲王妃，子紹爲世子。讌其羣臣于內苑新堂。太廟新成，追尊其高祖爲敬公，曾祖爲恭公，祖爲宣公，父爲景昭王，母曰昭烈妃。其中書侍郎楊穎上疏，請依三代故事，追尊呂望爲始祖，永爲不遷之廟，光從之。

是歲，張掖督郵傅曜考覈屬縣，而丘池令尹興殺之，〔七〕投諸空井。曜見夢於光曰：「臣張掖郡小吏，案校諸縣，而丘池令尹興贓狀狼藉，懼臣言之，殺臣投於南亭空井中。臣衣服形狀如是。」光寤而猶見，久之乃滅。遣使覆之如夢，光怒，殺興。著作郎段業以光未能揚清激濁，使賢愚殊貫，因療疾于天梯山，作表志詩九歎、七諷十六篇以諷焉。光覽而悅之。

南羌彭奚念入攻白土，都尉孫峙退奔興城。光遣其南中郎將呂方及其弟右將軍呂寶、振威楊範、強弩竇苟討乞伏乾歸于金城。方屯河北，寶進師濟河，爲乾歸所敗，寶死之。武賁呂纂、強弩竇苟率步騎五千南討彭奚念，戰于盤夷，大敗而歸。光親討乾歸、奚念，遣纂

及揚武楊軌、建忠沮渠羅仇、建武梁恭軍于左南。奚念大懼，于白土津累石爲堤，以水自固，遣精兵一萬距守河津。光遣將軍王寶潛趣上津，夜渡湟河。光濟自石堤，攻克枹罕，奚念單騎奔甘松，光振旅而旋。

初，光徙西海郡人於諸郡，至是，謠曰：「朔馬心何悲？念舊中心勞。燕雀何徘徊？意欲還故巢。」頃之，遂相扇動，復徙之於西河樂都。

羣議以高昌雖在西垂，地居形勝，外接胡虜，易生翻覆，宜遣子弟鎮之。光以子覆爲使持節、鎮西將軍、都督玉門已西諸軍事、西域大都護，鎮高昌，命大臣子弟隨之。

光於是以太元二十一年僭即天王位，大赦境內，改年龍飛。立世子紹爲太子，諸子弟爲公侯者二十人。中書令王詳爲尚書左僕射，段業等五人爲尚書。

乾歸從弟軻彈來奔，光下書曰：「乾歸狼子野心，前後反覆。朕方東清秦趙，勒銘會稽，豈令豎子鴟峙洮南！且其兄弟內相離間，可乘之機，勿過今也。其敕中外戒嚴，朕當親討。」光於是次于長最，使呂纂率楊軌、竇苟等步騎三萬攻金城。乾歸率衆二萬救之。光遣其將王寶、徐炅率騎五千邀之，乾歸懼而不進。光又遣其將梁恭、金石生以甲卒萬餘出陽武下峽，與秦州刺史沒奕于攻其東，光弟天水公延以枹罕之衆攻臨洮、武始、河關，皆克之。呂纂克金城，擒乾歸金城太守衞鞬，鞬瞋目謂光曰：「我寧守節斷頭，不爲降虜也。」光義而免之。

乾歸因大震，泣歎曰：「死中求生，正在今日也。」乃縱反間，稱乾歸衆潰，東奔成紀。呂延信之，引師輕進。延司馬耿稚諫曰：「乾歸雄勇過人，權略難測，破王廣，克楊定，皆羸師以誘之，雖蕞爾小國，亦不可輕也。困獸猶鬬，況乾歸而可望風自散乎！且告者視高而色動，必爲姦計。而今宜部陣而前，步騎相接，徐待諸軍大集，可一舉滅之。」延不從，與乾歸相遇，戰敗，死之。耿稚及將軍姜顯收集散卒，屯于枹罕。光還于姑臧。

光荒耄信讒，殺尚書沮渠羅仇、三河太守沮渠麴粥。羅仇弟子蒙遜叛光，殺中田護軍馬邃，攻陷臨松郡，屯兵金山，大爲百姓之患。蒙遜從兄男成先爲將軍，守晉昌，聞蒙遜起兵，逃奔貲虜，扇動諸夷，衆至數千，進攻福祿、建安。寧戎護軍趙策擊敗之，男成退屯樂涫。呂纂敗蒙遜于忽谷。〔八〕酒泉太守壘澄率將軍趙策、趙陵步騎萬餘討男成于樂涫，戰敗，澄、策死之。男成進攻建康，說太守段業曰：「呂氏政衰，權臣擅命，刑罰失中，人不堪役，一州之地，叛者連城，瓦解之勢，昭然在目，百姓嗷然，無所宗附。府君豈可以蓋世之才，而立忠於垂亡之世！男成等既唱大義，欲屈府君撫臨鄙州，使塗炭之餘蒙來蘇之惠。」業不從。相持二旬而外救不至，郡人高逵、史惠等言於業曰：「今孤城獨立，臺無救援，府君雖心過田單，而地非即墨，宜思高算，轉禍爲福。」業先與光侍中房晷、僕射王詳不平，慮不自容，乃許之。男成等推業爲大都督、龍驤大將軍、涼州牧、建康公。光命呂纂討業，沮渠蒙遜進

屯臨洮，爲業聲勢。戰于合離，纂師大敗。

光散騎常侍、太常郭麐明天文，善占候，謂王詳曰：「於天文，涼之分野將有大兵。主上老病，太子沖闇，纂等凶武，一旦不諱，必有難作。以吾二人久居內要，常有不善之言，恐禍及人，深宜慮之。田胡王氣乞機部衆最強，〔九〕二苑之人多其故衆。吾今與公唱義，推機爲主，則二苑之衆盡我有也。克城之後，徐更圖之。」詳以爲然。夜燒光洪範門，二苑之衆皆附之，詳爲內應。事發，光誅之。麐遂據東苑以叛。光馳使召纂，諸將勸纂曰：「業聞師迴，必躡軍後。若潛師夜還，庶無後患矣。」纂曰：「業雖憑城阻衆，無雄略之才，若夜潛還，張其姦志。」乃遣使告業曰：「郭麐作亂，吾今還都。卿能決者，可出戰。」於是引還。業不敢出。纂司馬楊統謂其從兄桓曰：「郭麐明善天文，起兵其當有以。京城之外非復朝廷之有，纂今還都，復何所補！統請除纂，勒兵推兄爲盟主，西襲呂弘，據張掖以號令諸郡，亦千載一時也。」桓怒曰：「吾聞臣子之事君親，有隕無二，吾未有包胥存救之效，豈可安榮其祿，亂增其難乎！呂宗若敗，吾爲弘演矣。」統懼，至番禾，遂奔郭麐。麐遣軍邀纂于白石，纂大敗。光西安太守石元良率步騎五千赴難，與纂共擊麐軍，破之，遂入于姑臧。麐之叛也，得光孫八人于東苑。及軍敗，恚甚，悉投之于鋒刃之上，枝分節解，飲血盟衆，衆皆掩目，不忍視之，麐悠然自若。

麐推後將軍楊軌爲盟主，軌自稱大將軍、涼州牧、西平公。呂纂擊麐將王斐于城西，大破之，自是麐勢漸衰。光遺楊軌書曰：「自羌胡不靖，郭麐叛逆，南藩安否，音問兩絕。行人風傳，云卿擁逼百姓，爲麐脣齒。卿雅志忠貞，有史魚之操，鑒察成敗，遠侔古人，豈宜聽納姦邪，以虧大美！陵霜不彫者松柏也，臨難不移者君子也，何圖松柏彫於微霜，雞鳴已於風雨！郭麐巫卜小數，時或誤中，考之大理，率多虛謬。朕宰化寡方，澤不逮遠，致世事紛紜，百城離叛。戮力一心，同濟巨海者，望之於卿也。今中倉積粟數百千萬，東人戰士一當百餘，入則言笑晏晏，出則武步涼州，吞麐咀業，綽有餘暇。但與卿形雖君臣，心過父子，欲全卿名節，不使貽笑將來。」軌不答，率步騎二萬北赴郭麐。至姑臧，壘于城北。軌以士馬之盛，議欲大決成敗，麐每以天文裁之。呂弘爲段業所逼，光遣呂纂迎之。軌謀於衆曰：「呂弘精兵一萬，若與光合，則敵強我弱。養獸不討，將爲後患。」遂率兵邀纂，纂擊敗之。郭麐聞軌敗，東走魏安，遂奔于乞伏乾歸。楊軌聞麐走，南奔廉川。

光疾甚，立其太子紹爲天王，自號太上皇帝。以呂纂爲太尉，呂弘爲司徒。謂紹曰：「吾疾病唯增，恐將不濟。三寇闚闞，迭伺國隙。吾終之後，使纂統六軍，弘管朝政，汝恭己無爲，委重二兄，庶可以濟。若內相猜貳，釁起蕭牆，則晉、趙之變旦夕至矣。」又謂纂、弘曰：「永業才非撥亂，直以正嫡有常，猥居元首。今外有強寇，人心未寧，汝兄弟緝穆，則貽厥萬

世。若內自相圖，則禍不旋踵。」纂、弘泣曰：「不敢有二心。」光以安帝隆安三年死，時年六十三。〔一〇〕在位十年。〔一一〕僞諡懿武皇帝，廟號太祖，墓號高陵。

呂纂

纂字永緒，光之庶長子也。少便弓馬，好鷹犬。苻堅時入太學，不好讀書，唯以交結公侯聲樂爲務。及堅亂，西奔上邽，轉至姑臧，拜武賁中郎將，封太原公。

光死，呂紹祕不發喪，纂排閤入哭，盡哀而出。紹懼爲纂所害，以位讓之，曰：「兄功高年長，宜承大統，願兄勿疑。」纂曰：「臣雖年長，陛下國家之冢嫡，不可以私愛而亂大倫。」紹固以讓纂，纂不許之。及紹嗣僞位，呂超言於紹曰：「纂統戎積年，威震內外，臨喪不哀，步高視遠，觀其舉止亂常，恐成大變，宜早除之，以安社稷。」紹曰：「先帝顧命，音猶在耳，兄弟至親，豈有此乎！吾弱年而荷大任，方賴二兄以寧家國。縱其圖我，我視死如歸，終不忍有此意也，卿慎勿過言。」超曰：「纂威名素盛，安忍無親，今不圖之，後必噬臍矣。」紹曰：「吾每念袁尚兄弟，未曾不痛心忘寢食，寧坐而死，豈忍行之。」超曰：「聖人稱知機其神，陛下臨機不斷，臣見大事去矣。」既而纂見紹於湛露堂，超執刀侍紹，目纂請收之，紹弗許。

初，光欲立弘爲世子，會聞紹在仇池，乃止，弘由是有憾於紹。遣尚書姜紀密告纂曰：

「先帝登遐，主上闇弱，兄總攝內外，威恩被于遐邇，輒欲遠追廢昌邑之義，以兄爲中宗何如？」纂於是夜率壯士數百，踰北城，攻廣夏門，弘率東苑之衆斫洪範門。左衛齊從守融明觀，逆問之曰：「誰也？」衆曰：「太原公。」從曰：「國有大故，主上新立，太原公行不由道，夜入禁城，將爲亂邪？」因抽劍直前，斫纂中額。纂左右擒之，纂曰：「義士也，勿殺。」紹遣武賁中郎將呂開率其禁兵距戰于端門，驍騎呂超率卒二千赴之。衆素憚纂，悉皆潰散。

纂入自青角門，升于謙光殿。紹登紫閣自殺，呂超出奔廣武。纂憚弘兵強，勸弘即位。弘曰：「自以紹弟也而承大統，衆心不順，是以違先帝遺敕，慚負黃泉。今復越兄而立，何面目以視息世間！大兄長且賢，威名振于二賊，宜速即大位，以安國家。」纂以隆安四年遂僭即天王位，〔三〕大赦境內，改元爲咸寧。謚紹爲隱王。以弘爲使持節、侍中、大都督、都督中外諸軍事、大司馬、車騎大將軍、司隸校尉、錄尚書事，改封番禾郡公，其餘封拜各有差。

纂謂齊從曰：「卿前斫我，一何甚也！」從泣曰：「隱王先帝所立，陛下雖應天順時，而微心未達，惟恐陛下不死，何謂甚也！」纂嘉其忠，善遇之。纂遣使謂征東呂方曰：「超實忠臣，義勇可嘉，但不識經國大體，權變之宜。方賴其忠節，誕濟世難，可以此意諭之。」超上疏陳謝，纂復其爵位。

呂弘自以功名崇重，恐不爲纂所容，纂亦深忌之。弘遂起兵東苑，劫尹文、楊桓以爲謀

主，請宗燮俱行。燮曰：「老臣受先帝大恩，位爲列棘，不能隕身授命，死有餘罪，而復從殿下，親爲戎首者，豈天地所容乎！且智不能謀，衆不足恃，將焉用之！」弘曰：「君爲義士，我爲亂臣！」乃率兵攻纂。纂遣其將焦辨擊弘，弘衆潰，出奔廣武。纂縱兵大掠，以東苑婦女賞軍，弘之妻子亦爲士卒所辱。纂笑謂羣臣曰：「今日之戰何如？」其侍中房晷對曰：「天禍涼室，釁起戚藩。先帝始崩，隱王幽逼，山陵甫訖，大司馬驚疑肆逆，京邑交兵，友于接刃。雖弘自取夷滅，亦由陛下無棠棣之義。宜考己責躬，以謝百姓，而反縱兵大掠，幽辱士女。釁自由弘，百姓何罪！且弘妻，陛下之弟婦也；弘女，陛下之姪女也，奈何使無賴小人辱爲婢妾。天地神明，豈忍見此！」遂歔欷悲泣。纂改容謝之，召弘妻及男女于東宮，厚撫之。呂方執弘繫獄，馳使告纂，纂遣力士康龍拉殺之。是月，立其妻楊氏爲皇后，以楊氏父桓爲散騎常侍、尚書左僕射、涼都尹，封金城侯。

纂將伐禿髮利鹿孤，中書令楊穎諫曰：「夫起師動衆，必參之天人，苟非其時，聖賢所不爲。禿髮利鹿孤上下用命，國未有釁，不可以伐。宜繕甲養銳，勸課農殖，待可乘之機，然後一舉蕩滅。比年多事，公私罄竭，不深根固本，恐爲患將來，願抑赫斯之怒，思萬全之算。」纂不從。度浩亹河，爲鹿孤弟傉檀所敗，遂西襲張掖。姜紀諫曰：「方今盛夏，百姓廢農，所利既少，所喪者多。若師至嶺西，虜必乘虛寇抄都下，宜且迴師以爲後圖。」纂曰：「虜無大志，聞朕西征，正可自固耳。今速襲之，可以得志。」遂圍張掖，略地建康。聞傉檀寇姑臧，乃還。

即序胡安據盜發張駿墓，見駿貌如生，得真珠簏、〔四〕琉璃榼、白玉樽、赤玉簫、紫玉笛、珊瑚鞭、馬腦鍾，水陸奇珍不可勝紀。纂誅安據黨五十餘家，遣使弔祭駿，并繕修其墓。

道士句摩羅耆婆言於纂曰：「潛龍屢出，豕犬見妖，將有下人謀上之禍，宜增修德政，以答天戒。」纂納之。耆婆，即羅什之別名也。

纂游田無度，荒耽酒色，其太常楊穎諫曰：「臣聞皇天降鑒，惟德是與。德由人弘，天應以福，故勃焉之美奄在聖躬。大業已爾，宜以道守之，廓靈基於日新，邀洪福於萬祀。自陛下龍飛，疆宇未闢，崎嶇二嶺之內，綱維未振於九州。當兢兢夕惕，經略四方，成先帝之遺志，拯蒼生於荼蓼。而更飲酒過度，出入無恒，宴安游盤之樂，沈湎樽酒之間，不以寇讎爲慮，竊爲陛下危之。糟丘酒池，洛汭不返，皆陛下之殷鑒。臣蒙先帝夷險之恩，故不敢避干將之戮。」纂曰：「朕之罪也。不有貞亮之士，誰匡邪僻之君！」然昏虐自任，終不能改。常與左右因醉馳獵於坑澗之間，殿中侍御史王回、中書侍郎王儒扣馬諫曰：「千金之子坐不垂堂，萬乘之主清道而行，奈何去輿輦之安，冒奔騎之危！銜橜之變，動有不測之禍。愚臣竊所不安，敢以死爭。願陛下遠思袁盎攬轡之言，不令臣等受譏千載。」纂不納。

纂番禾太守呂超擅伐鮮卑思盤，思盤遣弟乞珍訴超於纂，纂召超將盤入朝。超至姑臧，大懼，自結於殿中監杜尚。纂見超，怒曰：「卿恃兄弟桓桓，欲欺吾也，要當斬卿，然後天下可定。」超頓首不敢。纂因引超及其諸臣讌于內殿。呂隆屢勸纂酒，已至昏醉，乘步輓車將超等游于內。至琨華堂東閤，車不得過，纂親將竇川、駱騰倚劍於壁，推車過閤。超取劍擊纂，纂下車擒超，超刺纂洞胸，奔于宣德堂。川、騰與超格戰，超殺之。纂妻楊氏命禁兵討超，杜尚約兵舍杖。將軍魏益多入，斬纂首以徇曰：「纂違先帝之命，殺害太子，荒耽酒獵，昵近小人，輕害忠良，以百姓爲草芥。番禾太守超以骨肉之親，懼社稷顛覆，已除之矣。上以安宗廟，下爲太子報仇。凡我士庶，同茲休慶。」

僞巴西公呂他、隴西公呂緯時在北城，或說緯曰：「超陵天逆上，士衆不附。明公以懿弟之親，投戈而起，姜紀、焦辨在南城，楊桓、田誠在東苑，皆我之黨也，何慮不濟！」緯乃嚴兵謂他曰：「隆、超弑逆，所宜擊之。昔田恒之亂，孔子鄰國之臣，猶抗言於哀公，況今蕭牆有難，而可坐觀乎！」他將從之，他妻梁氏止之曰：「緯、超俱兄弟之子，何爲舍超助緯而爲禍首乎！」他謂緯曰：「超事已立，據武庫，擁精兵，圖之爲難。且吾老矣，無能爲也。」超聞，登城告他曰：「纂信讒言，將滅超兄弟。超以身命之切，且懼社稷覆亡，故出萬死之計，爲國家唱義，叔父當有以亮之。」超弟邈有寵於緯，說緯曰：「纂殘國破家，誅戮兄弟，隆、超此舉應

天人之心，正欲尊立明公耳。先帝之子，明公爲長，四海顒顒，人無異議。隆、超雖不達臧否，終不以孽代宗，更圖異望也，願公勿疑。」緯信之，與隆、超結盟，單馬入城，超執而殺之。

初，纂嘗與鳩摩羅什棊，殺羅什子，曰：「斫胡奴頭。」羅什曰：「不斫胡奴頭，胡奴斫人頭。」超小字胡奴，竟以殺纂。纂在位三年，以元興元年死。〔四〕隆既篡位，僞謚纂靈皇帝，墓號白石陵。

呂隆

隆字永基，光弟寶之子也。美姿貌，善騎射。光末拜北部護軍，稍歷顯位，有聲稱。

超既殺纂，讓位於隆，隆有難色。超曰：「今猶乘龍上天，豈可中下！」隆以安帝元興元年遂僭即天王位。〔五〕超先於番禾得小鼎，以爲神瑞，大赦，改元爲神鼎。追尊父寶爲文皇帝，母衞氏爲皇太后，妻楊氏爲皇后。以弟超有佐命之勳，拜使持節、侍中、都督中外諸軍事、輔國大將軍、司隸校尉、錄尚書事，封安定公。

隆多殺豪望，以立威名，內外囂然，人不自固。魏安人焦朗遣使說姚興將姚碩德曰：「呂氏因秦之亂，制命此州，自武皇棄世，諸子競尋干戈，德刑不恤，殘暴是先，饑饉流亡，死者太半，唯泣訴昊天，而精誠無感。伏惟明公道邁前賢，任尊分陝，宜兼弱攻昧，經略此方，

救生靈之沈溺，布徽政于玉門。篡奪之際，爲功不難。」遣妻子爲質。碩德遂率衆至姑臧。其部將姚國方言於碩德曰：「今懸師三千，後無繼援，師之難也。宜曜勁鋒，示其威武。彼以我遠來，必決死距戰，可一舉而平。」碩德從之。呂超出戰，大敗，遁還。隆收集離散，嬰城固守。

時熒惑犯帝坐，有羣雀鬭于太廟，死者數萬。東人多謀外叛，將軍魏益多又唱動羣心，乃謀殺隆、超，事發，誅之，死者三百餘家。於是羣臣表求與姚興通好，隆弗許。呂超諫曰：「通塞有時，艱泰相襲，孫權屈身於魏，譙周勸主迎降，豈非大丈夫哉？勢屈故也。天錫承七世之資，樹恩百載，武旅十萬，謀臣盈朝，秦師臨境，識者導以見機，而愎諫自專，社稷爲墟。前鑒不遠，我之元龜也。何惜尺書單使，不以危易安！且令卑辭以退敵，然後內修德政，廢興由人，未損大略。」隆曰：「吾雖常人，屬當家國之重，不能嗣守成基，保安社稷，以太祖之業委之於人，何面目見先帝於地下！」超曰：「應龍以屈伸爲靈，大人以知機爲美。今連兵積歲，資儲內盡，强寇外逼，百姓嗷然無餬口之寄，假使張、陳、韓、白，亦無如之何！陛下宜思權變大綱，割區區常慮。苟卜世有期，不在和好。若天命去矣，宗族可全。」隆從之，乃請降。碩德表隆爲使持節、鎮西大將軍、涼州刺史、建康公。於是遣母弟愛子文武舊臣慕容筑、楊穎、史難、閻松等五十餘家質于長安，碩德乃還。姚興謀臣皆曰：「隆藉伯父餘資，制命河外。今雖飢窘，尚能自支。若將來豐贍，終非國有。涼州險絕，世難先違，道清後順，不如因其飢弊而取之。」興乃遣使來觀虛實。

沮渠蒙遜又伐隆，隆擊敗之，蒙遜請和結盟，留穀萬餘斛以振飢人。姑臧穀價踊貴，斗直錢五千文，人相食，餓死者十餘萬口。城門晝閉，樵採路絕，百姓請出城乞爲夷虜奴婢者日有數百。隆懼沮動人情，盡坑之，於是積屍盈于衢路。

禿髮傉檀及蒙遜頻來伐之，隆以二寇之逼也，遣超率騎二百，多齎珍寶，請迎于姚興。興乃遣其將齊難等步騎四萬迎之。難至姑臧，隆素車白馬迎于道旁。使胤告光廟曰：「陛下往運神略，開建西夏，德被蒼生，威振遐裔。枝嗣不臧，迭相篡弒。二虜交逼，將歸東京，謹與陛下奉訣於此。」歔欷慟泣，酸感興軍。隆率騎一萬，〔六〕隨難東遷，至長安，興以隆爲散騎常侍，公如故；超爲安定太守；文武三十餘人皆擢敍之。其後隆坐與子弼謀反，爲興所誅。

呂光以孝武太元十二年定涼州，十五年僭立，至隆凡十有三載，〔七〕以安帝元興三年滅。〔八〕

史臣曰：自晉室不綱，中原蕩析，苻氏乘釁，竊號神州。世明委質僞朝，位居上將，爰以心膂，受脤遐征。鐵騎如雲，出玉門而長騖；琱戈耀景，捐金丘而一息。蕞爾夷陬，承風霧卷，宏圖壯節，亦足稱焉。屬永固運銷，羣雄競起，班師右地，便有覬覦。於是要結六戎，潛窺雁鼎；并吞五郡，遂假鴻名。控黃河以設險，負玄漠而爲固，自謂克昌霸業，貽厥孫謀。尋而耄及政昏，親離衆叛，瞑目甫爾，釁發蕭牆。紹纂凡才，負乘致寇；弘超兇狡，職爲亂階；永基庸庸，面縛姚氏。昔竇融歸順，榮煥累葉；隗囂干紀，靡終身世。而光棄茲勝躅，遵彼覆車，十數年間，終致殘滅。向使矯邪歸正，革僞爲忠，鳴檄而蕃晉朝，仗義而誅醜虜，則燕秦之地可定，桓文之功可立，郭黁、段業豈得肆其姦，蒙遜、烏孤無所窺其隙矣。而猥竊非據，何其謬哉！夫天地之大德曰生，聖人之大寶曰位。非其人而處其位者，其禍必速；在其位而忘其德者，其殃必至。天鑒非遠，庸可濫乎！

贊曰：金行不競，寶業斯屯。瓜分九寓，沴聚三秦。呂氏伺隙，欺我人神。天命難假，終亦傾淪。

校勘記

〔一〕拜驍騎將軍　各本「驍」作「驃」，宋本作「驍」。本書苻堅載記、鳩摩羅什傳、冊府二一二、通志

一九〇、魏書呂光傳、御覽八九五引十六國春秋並作「驍騎」。周校以爲作「驍騎」是。今從宋本。

〔二〕引溫宿尉頭等國王　各本「尉頭」訛「尉須」，今據漢書、北史西域傳及御覽一二五引後涼錄改。

〔三〕語在西夷傳　周校：羅什語見藝術傳，誤作西夷。斠注：本書西戎傳但云光進軍討平龜茲，並無始獲羅什及勸其東還之語，且傳稱「西戎」，非「西夷」。

〔四〕涼州刺史梁熙距守高桐　苻丕載記「高桐」作「高梧」，通鑑一〇六從之，胡注云「當在高昌西界」，未能確指其地。讀史方輿紀要引或說，「高梧，交河之譌」。今按：或說近是，則此「桐」字乃「梧」之譌。但無確證。

〔五〕建元曰太安　御覽一二五引後涼錄、通鑑一〇六「太」作「大」。按：「太安」乃苻丕年號，此時光自稱大將軍、涼州牧、酒泉公，當是用丕年號，非自建元。故魏書呂光傳稱光紀年始於麟嘉，不記建元太安事。

〔六〕遣其子左將軍他武賁中郎將纂　舉正：「下呂超及隆殺呂纂，呂緯說他擊之。他妻梁氏曰：『緯、超俱兄弟之子。』又他謂緯曰：『吾老矣。』而超告他呼爲『叔父』。夫隆爲光弟寶之子，超乃隆弟。使他爲光子，則超爲從兄弟，不應稱叔父；而是時光沒甫三年，他亦不應言老，并以超爲兄弟之子。尋前後文義，當爲光弟，非子也。」按：舉正說是，「子」字當在「武賁中郎將纂」上，此處當作「弟」。

〔七〕丘池　洪亮吉十六國疆域志一〇：「按兩漢張掖有氐池縣。晉書武帝紀泰始三年四月『張掖太守焦勝上言，氐池大神谷口有玄石一所，白畫成文』。是晉初有氐池縣，本未嘗省。地理志失載也。『丘池』即『氐池』之誤。」按：禿髮烏孤載記、傉檀載記、沮渠蒙遜載記並見「氐池」，洪說是。

〔八〕忽谷　通鑑一〇九「忽谷」作「忽谷」。

〔九〕王氣乞機　周校：藝術郭麐傳及禿髮載記俱作「王乞基」，「機」、「基」同音通用。「氣」古爲「气」，今爲「乞」，一字誤書，當去其一。參卷九五校記。

〔一〇〕時年六十三　御覽三八五引涼州記，謂光石氏建武四年生。按：石趙建武四年當晉咸康四年，至隆安三年，則是六十二歲。

〔一一〕在位十年　上文及孝武紀並云太元十四年即三河王位，隆安三年卒，應云「十一年」。

〔一二〕纂以隆安四年遂僭即天王位　呂光死於隆安三年十二月，呂紹立五日而自殺，纂即位即在本年十二月內。御覽一二五引後涼錄稱纂改龍飛四年爲咸寧元年。龍飛四年即晉隆安三年。可證其即位改元在隆安三年歲末。此作「四年」誤。

〔一三〕眞珠簾　册府九三〇「簾」作「簾」。御覽三五九引後涼錄，七〇〇、七〇一引涼州記，八〇二引晉書並作「簾」。疑「簾」字譌。

〔一四〕纂在位三年以元興元年死　周校：安帝紀，纂死在隆安五年。按：通鑑一一二同紀，纂改元咸寧在隆安三年，在位三年正是隆安五年。載記既誤纂即位改元在隆安四年，故其死亦誤後一年。

〔一五〕隆以安帝元興元年遂僭即天王位　周校：紀作隆安五年。按：通鑑一一二同紀。御覽一二五引後涼錄，呂隆即位，「改咸寧三年爲神鼎元年」，咸寧三年即晉隆安五年，魏書太祖紀隆立在天興四年，亦即隆安五年，此誤後一年。參上條校記。

〔一六〕隆率騎一萬　御覽一二五引後涼錄、通鑑一一三「騎」作「戶」。按：姚興載記云呂隆降後，「興徙河西豪右萬餘戶於長安」，即隆所率東遷之衆。作「戶」是。

〔一七〕呂光以孝武太元十二年定涼州十五年僭立至隆凡十有三載　所謂「定涼州」，當指光據姑臧，稱酒泉公，事在太元十年。（孝武紀在九年誤）所謂「僭立」，若指稱「三河王」，改元大赦，則在太元十四年，前有明文；若指稱「天王」，則在二十一年，亦有明文。此處紀年誤。

〔一八〕以安帝元興三年滅　通鑑一一三在「二年」。按：御覽一二五引後涼錄稱隆滅於神鼎三年，歲在癸卯，當晉元興二年。此作「三年」亦誤後一年。

晉書卷一百二十三

載記第二十三

慕容垂

慕容垂字道明，〔一〕皝之第五子也。少岐嶷有器度，身長七尺七寸，手垂過膝。皝甚寵之，常目而謂諸弟曰：「此兒闊達好奇，終能破人家，或能成人家。」故名霸，字道業，恩遇踰于世子儁，故儁不能平之。以滅宇文之功，封都鄉侯。石季龍來伐，既還，猶有兼并之志，遣將鄧恒率衆數萬屯于樂安，營攻取之備。垂戍徒河，與恒相持，恒憚而不敢侵。垂少好畋遊，因獵墜馬折齒。慕容儁僭卽王位，改名缺，外以慕郤缺爲名，內實惡而改之。尋以讖記之文，乃去夬，以「垂」爲名焉。

石季龍之死也，趙魏亂，垂謂儁曰：「時來易失，赴機在速，兼弱攻昧，今其時矣。」儁以新遭大喪，不許。慕輿根言於儁曰：「王子之言，千載一時，不可失也。」儁乃從之，以垂爲前

鋒都督。儁既克幽州，將坑降卒，垂諫曰：「弔伐之義，先代常典。今方平中原，宜綏懷以德，坑戮之刑不可爲王師之先聲。」儁從之。及儁僭稱尊號，封垂吳王，徙鎮信都，以侍中、右禁將軍錄留臺事，大收東北之利。又爲征南將軍、荆兗二州牧，有聲於梁楚之南。再爲司隸，僞王公已下莫不累迹。時慕容暐嗣僞位，慕容恪爲太宰。恪甚重垂，常謂暐曰：「吳王將相之才十倍於臣，先帝以長幼之次，以臣先之，臣死之後，願陛下委政吳王，可謂親賢兼舉。」及敗桓溫于枋頭，威名大振。慕容評深忌惡之，乃謀誅垂。垂懼禍及己，與世子全奔于苻堅。〔二〕

自恪卒後，堅密有圖暐之謀，憚垂威名而未發。及聞其至，堅大悅，郊迎執手，禮之甚重。堅相王猛惡垂雄略，勸堅殺之。堅不從，以爲冠軍將軍，封賓都侯，〔三〕食華陰之五百戶。王猛伐洛，引全爲參軍。猛乃令人詭傳垂語於全曰：「吾已東還，汝可爲計也。」全信之，乃奔暐。猛表全叛狀，垂懼而東奔，及藍田，爲追騎所獲。堅引見東堂，慰勉之曰：「卿家國失和，委身投朕。賢子志不忘本，猶懷首丘。書不云乎：『父父子子，無相及也。』卿何爲過懼而狼狽若斯也！」於是復垂爵位，恩待如初。

及堅擒暐，垂隨堅入鄴，收集諸子，對之悲慟，見其故吏，有不悅之色。前郎中令高弼私於垂曰：「大王以命世之姿，遭無妄之運，迍邅棲伏，艱亦至矣。天啓嘉會，靈命暫遷，此乃鴻漸之始，龍變之初，深願仁慈有以慰之。且夫高世之略必懷遺俗之規，方當網漏吞舟，以弘苞養之義；收納舊臣之胄，以成爲山之功。奈何以一怒捐之？竊爲大王不取。」垂深納之。垂在堅朝，歷位京兆尹，進封泉州侯，所在征伐，皆有大功。

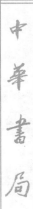

堅之敗於淮南也，垂軍獨全，堅以千餘騎奔垂。垂世子寶言於垂曰：「家國傾喪，皇綱廢弛，至尊明命著之圖籙，當隆中興之業，建少康之功。但時來之運未至，故韜光俟奮耳。今天厭亂德，凶衆土崩，可謂乾啓神機，授之于我。千載一時，今其會也，宜恭承皇天之意，因而取之。且夫立大功者不顧小節，行大仁者不念小惠。秦既蕩覆三京，〔四〕竊辱神器，仇恥之深，莫甚於此，願不以意氣微恩而忘社稷之重。五木之祥，今其至矣。」垂曰：「汝言是也。然彼以赤心投命，若何害之！苟天所棄，圖之多便。且縱令北還，更待其釁，既不負宿心，可以義取天下。」垂弟德進曰：「夫鄰國相吞，有自來矣。秦强而幷燕，秦弱而圖之，此爲報仇雪辱，豈所謂負宿心也！昔鄧祁侯不納三甥之言，終爲楚所滅；吳王夫差違子胥之諫，取禍句踐。前事之不忘，後事之師表也。願不棄湯武之成蹤，追韓信之敗迹，乘彼土崩，恭行天罰，斬逆氐，復宗祀，建中興，繼洪烈，天下大機，弗宜失也。若釋數萬之衆，授干將之柄，是卻天時而待後害，非至計也。語曰：『當斷不斷，反受其亂。』願兄無疑。」垂曰：「吾昔爲太傅所不容，投身於秦主，又爲王猛所譖，復見昭亮，國士之禮每深，報德之分未一。如

使秦運必窮，曆數歸我者，授首之便，何慮無之。關西之地，會非吾有，自當有擾之者，吾可端拱而定關東。君子不怙亂，不爲禍先，且可觀之。」乃以兵屬堅。初，寶在長安，與韓黄、李根等因讌摴蒱，寶危坐整容，誓之曰：「世云摴蒱有神，豈虛也哉！若富貴可期，頻得三盧。」於是三擲盡盧，寶拜而受賜，故云五木之祥。

堅至澠池，垂請至鄴展拜陵墓，因張國威刑，以安戎狄。堅許之。權翼諫曰：「垂爪牙名將，所謂今之韓白，世豪東夏，志不爲人用。頃以避禍歸誠，非慕德而至，列土千城未可以滿其志，〔五〕冠軍之號豈足以稱其心！且垂猶鷹也，飢則附人，飽便高颺，遇風塵之會，必有陵霄之志。惟宜急其羈靽，不可任其所欲。」堅不從，遣其將李蠻、閔亮、尹國率衆三千送垂，又遣石越戍鄴，張蚝戍幷州。

時堅子丕先在鄴，及垂至，丕館之于鄴西，垂具說淮南敗狀。會堅將苻暉告丁零翟斌聚衆謀逼洛陽，丕謂垂曰：「翟斌兄弟因王師小失，敢肆凶勃，子母之軍，殆難爲敵，非冠軍英略，莫可以滅也。欲相煩一行可乎？」垂曰：「下官殿下之鷹犬，敢不惟命是聽。」於是大賜金帛，一無所受，惟請舊田園。丕許之，配垂兵二千，遣其將苻飛龍率氐騎一千爲垂之副。丕戒飛龍曰：「卿王室肺腑，年秩雖卑，其實帥也。垂爲三軍之統，卿爲謀垂之主，用兵制勝之權，防微杜貳之略，委之於卿，卿其勉之。」垂請入鄴城拜廟，丕不許。乃潛服而入，亭吏

禁之，垂怒，斬吏燒亭而去。石越言於丕曰：「垂之在燕，破國亂家，及投命聖朝，蒙超常之遇，忽敢輕侮方鎮，殺吏焚亭，反形已露，終爲亂階。將老兵疲，可襲而取之矣。」丕曰：「淮南之敗，衆散親離，而垂侍衞聖躬，誠不可忘。」越曰：「垂既不忠於燕，其肯盡忠於我乎！且其亡虜也，主上寵同功舊，不能銘澤誓忠，而首謀爲亂，今不擊之，必爲後害。」丕不從。越退而告人曰：「公父子好存小仁，[六]不顧天下大計，吾屬終當爲鮮卑虜矣。」

垂至河內，殺飛龍，悉誅氐兵，召募遠近，衆至三萬，濟河焚橋，令曰：「吾本外假秦聲，內規興復。亂法者軍有常刑，奉命者賞不踰日。天下既定，封爵有差，不相負也。」

翟斌聞垂之將濟河也，遣使推垂爲盟主。垂距之曰：「吾父子寄命秦朝，危而獲濟，荷主上不世之恩，蒙更生之惠，雖曰君臣，義深父子，豈可因其小隙，便懷二三。吾本救豫州，不赴君等，何爲斯議而及於我！」垂進欲襲據洛陽，故見苻暉以臣節，退又未審斌之誠款，故以此言距之。垂至洛陽，暉閉門距守，不與垂通。斌又遣長史河南郭通說垂，乃許之。斌率衆會垂，勸稱尊號，垂曰：「新興侯，國之正統，孤之君也。若以諸君之力，得平關東，當以大義喻秦，奉迎反正。無上自尊，非孤心也。」謀于衆曰：「洛陽四面受敵，北阻大河，至於控馭燕趙，非形勝之便，不如北取鄴都，據之而制天下。」衆咸以爲然。乃引師而東，遣建威將軍王騰起浮橋于石門。

初，垂之發鄴中，子農及兄子楷、紹，弟子宙，爲苻丕所留。及誅飛龍，遣田生密告農等，使起兵趙魏以相應。於是農、宙奔列人，楷、紹奔辟陽，衆咸應之。農西招庫辱官偉于上黨，東引乞特歸于東阿，各率衆數萬赴之，衆至十餘萬。丕遣石越討農，爲農所敗，斬越于陳。

垂引兵至滎陽，以太元八年自稱大將軍、大都督、燕王，[七]承制行事，建元曰燕元。令稱統府，府置四佐，王公已下稱臣，凡所封拜，一如王者。以翟斌爲建義大將軍，封河南王；翟檀爲柱國大將軍、弘農王；弟德爲車騎大將軍、范陽王；兄子楷征西大將軍、太原王。衆至二十餘萬，濟自石門，長驅攻鄴。農、楷、紹、宙等率衆會垂。立子寶爲燕王太子，封功臣爲公侯伯子男者百餘人。

苻丕乃遣侍郎姜讓謂垂曰：「往歲大駕失據，君保衞鑾輿，勤王誠義，邁蹤前烈。宜述修前規，終忠貞之節，奈何棄崇山之功，爲此過舉！過貴能改，先賢之嘉事也。深宜詳思，悟猶未晚。」垂謂讓曰：「孤受主上不世之恩，故欲安全長樂公，使盡衆赴京師，然後修復家國之業，與秦永爲鄰好。何故闇於機運，不以鄴見歸也？大義滅親，況於意氣之顧！公若迷而不返者，孤亦欲窮兵勢耳。今事已然，恐單馬乞命不可得也。」讓厲色責垂曰：「將軍不容於家國，投命於聖朝，燕之尺土，將軍豈有分乎！主上與將軍風殊類別，臭味不同，奇將軍於一見，託將軍以斷金，寵踰宗舊，任齊懿藩，自古君臣冥契之重，豈甚此邪！方付將軍以六尺之孤，萬里之命，奈何王師小敗，便有二圖！夫師起無名，終則弗成，天之所廢，人不能支。將軍起無名之師，而欲興天所廢，竊未見其可。長樂公主上之元子，聲德邁于唐衞，居陝東之任，爲朝廷維城，其可束手輸將軍以百城之地！大夫死王事，國君死社稷，將軍欲裂冠毀冕，拔本塞源者，自可任將軍兵勢，何復多云。但念將軍以七十之年，懸首白旗，高世之忠，忽爲逆鬼，竊爲將軍痛之。」垂默然。左右勸垂殺之，垂曰：「古者兵交，使在其間，犬各吠非其主，何所問也！」乃遣讓歸。

垂上表于苻堅曰：「臣才非古人，致禍起蕭牆，身嬰時難，歸命聖朝。陛下恩深周漢，猥叨微顧之遇，位爲列將，爵忝通侯，誓在戮力輸誠，常懼不及。去夏桓沖送死，一擬雲消，迴討鄖城，俘馘萬計，斯誠陛下神算之奇，頗亦愚臣忘死之效。方將飲馬桂州，懸旌閩會，不圖天助亂德，大駕班師。陛下單馬奔臣，臣奉衞匪貳，豈陛下聖明鑒臣單心，皇天后土實亦知之。臣奉詔北巡，受制長樂。然丕外失衆心，內多猜忌，令臣野次外庭，不聽謁廟。丁零逆豎寇逼豫州，丕迫臣單赴，限以師程，惟給弊卒二千，盡無兵杖，復令飛龍潛爲刺客。及至洛陽，平原公暉復不信納。臣竊惟進無淮陰功高之慮，退無李廣失利之愆，懼有青蠅，交亂白黑。丁零夷夏以臣忠而見疑，乃推臣爲盟主。臣受託善始，不遂令終，泣望西京，揮涕

卽邁。軍次石門，所在雲赴，雖復周武之會於孟津，漢祖之集于垓下，不期之衆，實有甚焉。欲令長樂公盡衆赴難，以禮發遣，而丕固守匹夫之志，不達變通之理。臣息農收集故營，以備不虞，而石越傾鄴城之衆，輕相掩襲，兵陣未交，越已隕首。臣既單車懸軫，歸者如雲，斯實天符，非臣之力。且鄴者臣國舊都，應卽惠及，然後西面受制，永守東藩，上成陛下遇臣之意，下全愚臣感報之誠。今進師圍鄴，幷喻丕以天時人事。而丕不察機運，杜門自守，時出挑戰，鋒戈屢交，恒恐飛矢誤中，以傷陛下天性之念。臣之此誠，未簡神聽，輒遏兵止銳，不敢窮攻。夫運有推移，去來常事，惟陛下察之。」

堅報曰：「朕以不德，忝承靈命，君臨萬邦，三十年矣。遐方幽裔，莫不來庭，惟東南一隅，敢違王命。朕爰奮六師，恭行天罰，而玄機不弔，王師敗績。賴卿忠誠之至，輔翼朕躬，社稷之不隕，卿之力也。詩云：『中心藏之，何日忘之。』方任卿以元相，爵卿以郡侯，庶弘濟艱難，敬酬勳烈，何圖伯夷忽毀冰操，柳惠條爲淫夫！覽表惋然，有慚朝士。卿既不容於本朝，匹馬而投命，朕則寵卿以將位，禮卿以上賓，任同舊臣，爵齊勳輔，歃血斷金，披心相付。謂卿食椹懷音，保之偕老。豈意畜水覆舟，養獸反害，悔之噬臍，將何所及！誕言駭衆，誇擬非常，周武之事，豈卿庸人所可論哉！失籠之鳥，非羅所羈；脫網之鯨，豈罟所制！翹陸任懷，何須聞也。念卿垂老，老而爲賊，生爲叛臣，死爲逆鬼，侏張幽顯，布毒存亡，中

原士女，何痛如之！朕之曆運興喪，豈復由卿！但長樂、平原以未立之年，遇卿於兩都，慮其經略未稱朕心，所恨者此焉而已。」

垂攻拔鄴郛，丕固守中城，垂塹而圍之，分遣老弱於魏郡、肥鄉，築新興城以置輜重，擁漳水以灌之。

翟斌潛諷丁零及西人，請斌爲尚書令。垂訪之羣僚，其安東將軍封衡厲色曰：「馬能千里，不免羈靮，明畜生不可以人御也。斌戎狄小人，遭時際會，兄弟封王，自驩兜已來，未有此福。忽履盈忘止，復有斯求，魂爽錯亂，必死不出年也。」垂猶隱忍容之，令曰：「翟王之功宜居上輔，但臺既未建，此官不可便置。待六合廓清，更當議之。」斌怒，密應苻丕，潛使丁零決防潰水。事洩，垂誅之。斌兄子眞率其部衆北走邯鄲，引兵向鄴，欲與丕爲內外之勢，垂令其太子寶、冠軍慕容隆擊破之。眞自邯鄲北走，又使慕容楷率騎追之，戰于下邑，爲眞所敗，眞遂屯于承營。垂謂諸將曰：「苻丕窮寇，必守死不降。丁零叛擾，乃我腹心之患。吾欲遷師新城，開其逸路，進以謝秦主疇昔之恩，退以嚴擊眞之備。」於是引師去鄴，北屯新城。慕容農進攻翟嵩于黃泥，破之。垂謂其范陽王德曰：「苻丕吾縱之不能去，方引晉師規固鄴都，不可置也。」進師又攻鄴，開其西奔之路。

垂將有北都中山之意，農率衆數萬迎之。羣僚聞慕容暐爲苻堅所殺，勸垂僭位。垂以

慕容沖稱號關中，不許。

晉龍驤將軍劉牢之率衆救苻丕，至鄴，垂逆戰，敗績，遂徹鄴圍，退屯新城。垂自新城北走，牢之追垂，連戰皆敗。又戰于五橋澤，王師敗績，德及隆引兵要之於五丈橋，牢之馳馬跳五丈澗，會苻丕救至而免。

翟眞去承營，徙屯行唐，眞司馬鮮于乞殺眞，盡誅翟氏，自立爲趙王。營人攻殺乞，迎立眞從弟成爲主，眞子遼奔黎陽。

高句驪寇遼東，垂平北慕容佐遣司馬郝景率衆救之，爲高句驪所敗，遼東、玄菟遂沒。

建節將軍徐巖叛于武邑，〔八〕驅掠四千餘人，北走幽州。垂馳敕其將平規曰：「但固守勿戰，比破丁零，吾當自討之。」規違命距戰，爲巖所敗。巖乘勝入薊，掠千餘戶而去，所過寇暴，遂據令支。

翟成長史鮮于得斬成而降，垂入行唐，悉坑其衆。

苻丕棄鄴城，奔于幷州。

慕容農攻克令支，斬徐巖兄弟。進伐高句驪，復遼東、玄菟二郡，還屯龍城。

垂定都中山，羣僚勸卽尊號，具典儀，修郊燎之禮。垂從之，以太元十一年僭卽位，赦其境內，改元曰建興，置百官，繕宗廟社稷，立寶爲太子。以其左長史庫辱官偉、右長史段崇、龍驤張崇，中山尹封衡爲吏部尚書，〔九〕慕容德爲侍中、都督中外諸軍事、領司隸校尉，撫軍慕容麟爲衛大將軍，其餘拜授有差。追尊母蘭氏爲文昭皇后，遷皝后段氏，以蘭氏配饗。博士劉詳、董謐議以堯母妃位第三，不以貴陵姜嫄，明聖王之道以至公爲先。垂不從。

遣其征西慕容楷、衛軍慕容麟、鎭南慕容紹、征虜慕容宙等攻苻堅冀州牧苻定、鎭東苻紹、幽州牧苻謨、鎭北苻亮。楷與定等書，喻以禍福，定等悉降。

垂留其太子寶守中山，率諸將南攻翟遼，以楷爲前鋒都督。遼之部衆皆燕趙人也，咸曰：「太原王之子，吾之父母。」相率歸附。遼懼，遣使請降。垂至黎陽，遼肉袒謝罪，垂厚撫之。

爲其太子寶起承華觀，以寶錄尚書政事，巨細皆委之，垂總大綱而已。立其夫人段氏爲皇后。又以寶領侍中、大單于、驃騎大將軍、幽州牧。建留臺于龍城，以高陽王慕容隆錄留臺尚書事。時慕容暐及諸宗室爲苻堅所害者，並招魂葬之。

清河太守賀耕聚衆定陵以叛，南應翟遼，〔一〇〕慕容農討斬之，毀定陵城。進師入鄴，以鄴城廣難固，築鳳陽門大道之東爲隔城。

其尚書郎婁會上疏曰：「三年之喪，天下之達制，兵荒殺禮，遂以一切取士。人心奔競，苟求榮進，至乃身冒縗絰，以赴時役，豈必殉忠於國家，亦昧利于其間也。聖王設教，不以

顚沛而虧其道，不以喪亂而變其化，故能杜豪競之門，塞奔波之路。陛下鍾百王之季，廓中興之業，天下漸平，兵革方偃，誠宜蠲蕩瑕穢，率由舊章。吏遭大喪，聽終三年之禮，則四方知化，人斯服禮。」垂不從。

翟遼死，子釗代立，攻逼鄴城，慕容農擊走之。垂引師伐釗于滑臺，次于黎陽津，釗于南岸距守，諸將惡其兵精，咸諫不宜濟河。垂笑曰：「豎子何能爲，吾今爲卿等殺之。」遂徙營就西津，爲牛皮船百餘艘，載疑兵列杖，溯流而上。釗先以大衆備黎陽，見垂向西津，乃棄營西距。垂潛遣其桂林王慕容鎭、驃騎慕容國於黎陽津夜濟，壁于河南。釗聞而奔還，士衆疲渴，走歸滑臺，釗攜妻子率數百騎北趣白鹿山。農追擊，盡擒其衆，釗單騎奔長子。釗所統七郡戶三萬八千皆安堵如故。徙徐州流人七千餘戶于黎陽。

於是議征長子。諸將咸諫，以慕容永未有釁，連歲征役，士卒疲怠，請俟他年。垂將從之，及聞慕容德之策，笑曰：「吾計決矣。且吾投老，扣囊底智，足以克之，不復留逆賊以累子孫也。」乃發步騎七萬，遣其丹楊王慕容瓚、龍驤張崇攻永弟支于晉陽。〔一一〕永遣其將刁雲、慕容鍾率衆五萬屯潞川。垂遣慕容楷出自滏口，慕容農入自壺關，垂頓于鄴之西南，月餘不進。永謂垂詭道伐之，乃攝諸軍還杜太行軹關。垂進師入自天井關，至于壺壁。〔一二〕永率精卒五萬來距，阻河曲以自固，馳使請戰。垂列陣于壺壁之南，農、楷分爲二翼，慕容國

伏千兵于深澗，與永大戰。垂引軍僞退，永追奔數里，國發伏兵馳斷其後，楷、農夾擊之，永師大敗，斬首八千餘級，永奔還長子。慕容瓚攻克晉陽。垂進圍長子，永將賈韜等潛爲內應。垂進軍入城，永奔北門，爲前驅所獲，於是數而戮之，幷其所署公卿刁雲等三十餘人。永所統新舊八郡戶七萬六千八百及乘輿、服御、伎樂、珍寶悉獲之，於是品物具矣。

使慕容農略地河南，〔一三〕攻廩丘、陽城，皆克之，太山、琅邪諸郡皆委城奔潰，農進師臨海，置守宰而還。垂告捷于龍城之廟。

遣其太子寶及農與慕容麟等率衆八萬伐魏，慕容德、慕容紹以步騎一萬八千爲寶後繼。魏聞寶將至，徙往河西。寶進師臨河，懼不敢濟。還次參合，忽有大風黑氣，狀若隄防，或高或下，臨覆軍上。沙門支曇猛言於寶曰：「風氣暴迅，魏軍將至之候，宜遣兵禦之。」寶笑而不納。曇猛固以爲言，乃遣麟率騎三萬爲後殿，以禦非常。麟以曇猛言爲虛，縱騎遊獵。俄而黃霧四塞，日月晦冥，是夜魏師大至，三軍奔潰，寶與德等數千騎奔免，士衆還者十一二，紹死之。初，寶至幽州，所乘車軸無故自折。術士靳安以爲大凶，固勸寶還，寶怒不從，故及於敗。

寶恨參合之敗，屢言魏有可乘之機。慕容德亦曰：「魏人狃於參合之役，有陵太子之心，宜及聖略，摧其銳志。」垂從之，留德守中山，自率大衆出參合，鑿山開道，次于獵嶺。遣

寶與農出天門，征北慕容隆、征西慕容盛踰青山，襲魏陳留公泥于平城，〔一四〕陷之，收其衆三萬餘人而還。

垂至參合，見往年戰處積骸如山，設弔祭之禮，死者父兄一時號哭，軍中皆慟。垂慚憤歐血，因而寢疾，乘馬輿而進，過平城北三十里疾篤，築燕昌城而還。寶等至雲中，聞垂疾，皆引歸。及垂至于平城，或有叛者奔告魏曰：「垂病已亡，輿屍在軍。」魏又聞參合大哭，以爲信然，乃進兵追之，知平城已陷而退，還館陰山。垂至上谷之沮陽，〔一五〕以太元二十一年死，時年七十一，凡在位十三年。遺令曰：「方今禍難尙殷，喪禮一從簡易，朝終夕殯，事訖成服，三日之後，釋服從政。強寇伺隙，祕勿發喪，至京然後舉哀行服。」寶等遵行之。僞諡成武皇帝，〔一六〕廟號世祖，墓曰宣平陵。

校勘記

〔一〕字道明　慕容德載記稱慕容鍾亦字道明，垂、鍾兄弟，不應同字。屠喬孫本十六國春秋垂傳作「字叔仁」，屠書雖僞，或別有所據。

〔二〕世子全　通鑑一〇二「全」作「令」。同書一〇〇已云垂妻段氏生子令、寶。下文及慕容寶載記敍「全」事，通鑑並作「令」。

〔三〕封賓都侯　通鑑一〇二「賓都」作「賓徒」。胡注：「賓徒，漢縣名，屬遼西郡。」本書地理志上賓徒屬平州昌黎縣。「都」「徒」音近，當時人地名多通用同音及音近字。但本名自當作「徒」。

〔四〕秦旣蕩覆三京　各本「三」作「二」，獨宋本作「三」。通志一九一作「三」，慕容德載記亦有「三京社稷，鞠爲丘墟」語。三京指慕容廆都大棘城，與龍城及鄴。後人不數大棘，遂改作「二京」。今從宋本。

〔五〕列土千城未可以滿其志　宋本、元二十二字本、南北監本、殿本「千」作「干」，毛本、局本作「千」。御覽一二五引後燕錄「列土千城」作「列地百里」，指封縣侯。載記改「百里」爲「千城」，已不合原意，又字譌作「干城」。

〔六〕好存小仁　「仁」，各本並作「人」，獨殿本作「仁」，當是依通鑑一〇二改。今從殿本。

〔七〕以太元八年自稱大將軍大都督燕王　通鑑一〇五此事繫於太元九年正月。御覽一二五引後燕錄稱元年正月改秦建元爲燕元元年。按：苻堅淝水之敗在太元九年十月，則此「正月」必是九年，與通鑑合。此「八」字當爲「九」之譌。

〔八〕建節將軍徐巖叛于武邑　通鑑一〇六「徐」作「餘」。按：燕有餘姓，爲扶餘人。慕容暐載記有「徐蔚」，通鑑作「餘蔚」。參卷一一一校記。

〔九〕以其左長史庫辱官偉至封衡爲吏部尙書　李校：此處庫辱官偉、段崇、張崇三人姓名下皆有脫

文。據下卷稱庫辱官偉爲太尉、段崇爲光祿大夫，則此處當作「庫辱官偉爲太尉，段崇爲左光祿大夫。」按：偉加太尉，據通鑑一〇八在太元十八年，李說未盡是，但三人下必有脫文，今於「張崇」下爲句。

〔一〇〕清河太守賀耕至南應翟遼　前數行云「遼肉袒謝罪」，忽云賀耕「南應翟遼」，令人不解。檢通鑑一〇七，遼降在太元十二年四月，十月稱「翟遼又叛燕」，載記失載。

〔一一〕永弟支　魏書慕容廆傳、通鑑一〇八「支」並作「友」。

〔一二〕壺壁　斠注：當從魏書慕容廆傳、地形志及水經濁漳水注作「臺壁」。按：通鑑一〇八亦作「臺壁」，斠注說是。下同。

〔一三〕略地河南　各本「河南」作「河內」，宋本作「河南」。下舉廩丘、陽城並在河南，今從宋本。

〔一四〕魏陳留公泥　北史魏宗室傳有「陳留王虔」，死於此役。「泥」「虔」當是鮮卑名之省譯。

〔一五〕垂至上谷之沮陽　「沮」，各本作「俎」。斠注：「俎陽」當從地理志作「沮陽」。按：御覽一二五引後燕錄、通志一九一並同載記，通鑑一〇八則作「沮陽」。「沮」「俎」音近，當時通用，但本名當作「沮」，今據改。

〔一六〕僞諡成武皇帝　册府二二四「成武」作「武成」。御覽一二五引後燕錄亦作「武成」，疑此誤倒。

晉書卷一百二十四

載記第二十四

慕容寶

慕容寶字道祐，垂之第四子也。少輕果無志操，好人佞己。苻堅時爲太子洗馬、萬年令。堅淮肥之役，以寶爲陵江將軍。及爲太子，砥礪自修，敦崇儒學，工談論，善屬文，曲事垂左右小臣，以求美譽。垂之朝士翕然稱之，垂亦以爲克保家業，甚賢之。

垂死，其年寶嗣僞位，大赦境內，改元爲永康。以其太尉庫辱官偉爲太師、左光祿大夫，段崇爲太保，其餘拜授各有差。遵垂遺令，校閱戶口，罷諸軍營分屬郡縣，定士族舊籍，明其官儀，而法峻政嚴，上下離德，百姓思亂者十室而九焉。

初，垂以寶冢嗣未建，每憂之。寶庶子清河公會多材藝，有雄略，垂深奇之。及寶之北伐，使會代攝宮事，總錄、禮遇一同太子，所以見定旨也。垂之伐魏，以龍城舊都，宗廟所

在，復使會鎮幽州，委以東北之重，高選僚屬以崇威望。臨死顧命，以會爲寶嗣。而寶寵愛少子濮陽公策，意不在會。寶庶長子長樂公盛自以同生年長，恥會先之，乃盛稱策宜爲儲貳，而非毀會焉。寶大悅，乃訪其趙王麟、高陽王隆，麟等咸希旨贊成之。寶遂與麟等定計，立策母段氏爲皇后，策爲皇太子，盛、會進爵爲王。策字道符，年十一，美姿貌，而惷弱不慧。

魏伐并州，驃騎農逆戰，〔一〕敗績，還于晉陽，司馬慕輿嵩閉門距之。農率騎數千奔歸中山，行及潞川，爲魏追軍所及，餘騎盡沒，單馬遁還。寶引羣臣于東堂議之。中山尹苻謨曰：「魏軍強盛，千里轉鬭，乘勝而來，勇氣兼倍，若逸騎平原，形勢彌盛，殆難爲敵，宜度險距之。」中書令眭邃曰：〔二〕「魏軍多騎，師行剽銳，馬上齎糧，不過旬日。宜令郡縣聚千家爲一堡，深溝高壘，清野待之，至無所掠，資食無出，不過六旬，自然窮退。」尚書封懿曰：「今魏師十萬，天下之勍敵也。百姓雖欲營聚，不足自固，是則聚糧集兵以資強寇，且動衆心，示之以弱。阻關距戰，計之上也。」慕容麟曰：「魏今乘勝氣銳，其鋒不可當，宜自完守設備，待其弊而乘之。」於是修城積粟，爲持久之備。

魏攻中山不克，進據博陵魯口，諸將望風奔退，郡縣悉降于魏。寶聞魏有內難，乃盡衆出距，步卒十二萬，騎三萬七千，次于曲陽柏肆。〔三〕魏軍進至新梁。寶憚魏師之銳，乃遣征

北隆夜襲魏軍，敗績而還。魏軍方軌而至，對營相持，上下兇懼，三軍奪氣。農、麟勸寶還中山，乃引歸。魏軍追擊之，寶、農等棄大軍，率騎二萬奔還。時大風雪，凍死者相枕于道。寶恐爲魏軍所及，命去袍杖戎器，寸刃無返。

魏軍進攻中山，屯于芳林園。其夜尚書慕容晧謀殺寶，立慕容麟。晧妻兄蘇泥告之，寶使慕容隆收晧，晧與同謀數十人斬關奔魏。麟懼不自安，以兵劫左衞將軍、北地王精，謀率禁旅弒寶。精以義距之，麟怒，殺精，出奔丁零。

初，寶聞魏之來伐也，使慕容會率幽并之衆赴中山。麟既叛，寶恐其逆奪會軍，將遣兵迎之。麟侍郎段平子自丁零奔還，說麟招集丁零，軍衆甚盛，謀襲會軍，東據龍城。寶與其太子策及農、隆等萬餘騎迎會于薊，以開封公慕容詳守中山。會傾身誘納，繕甲厲兵，步騎二萬，列陣而進，迎寶薊南。寶分其兵給農、隆，遣西河公庫辱官驥率衆三千助守中山。會以策爲太子，有恨色。寶以告農、隆，俱曰：「會一年少，專任方事，習驕所致，豈有他也。臣當以禮責之。」幽平之士皆懷會威德，不樂去之，咸請曰：「清河王天資神武，權略過人，臣等與之誓同生死，感王恩澤，皆勇氣自倍。願陛下與皇太子、諸王止駕薊宮，使王統臣等進解京師之圍，然後奉迎車駕。」寶左右皆害其勇略，譖而不許，衆咸有怨言。左右勸寶殺會，侍御史仇尼歸聞而告會曰：「左右密謀如是，主上將從之。大王所恃唯父母也，父已異圖；所

杖者兵也，兵已去手，進退路窮，恐無自全之理。盍誅二王，廢太子，大王自處東宮，兼領將相，以匡社稷。」會不從。寶謂農、隆曰：「觀會爲變，事當必然，宜早殺之。不爾，恐成大禍。」農曰：「寇賊內侮，中州紛亂，會鎮撫舊都，安衆寧境，及京師有難，萬里星赴，威名之重，可以振服戎狄。又逆跡未彰，宜且隱忍。今社稷之危若綴旒然，復內相誅戮，有損威望。」寶曰：「會逆心已成，而王等仁慈，不欲去之，恐一旦釁發，必先害諸父，然後及吾。事敗之後，當思朕言。」農等固諫，乃止。會聞之彌懼，奔于廣都黃榆谷。會遣仇尼歸等率壯士二十餘人分襲農、隆，〔四〕隆是夜見殺，農中重創。既而會歸于寶，寶意在誅會，誘而安之，潛使左衞慕輿騰斬會，不能傷。會復奔其衆，於是勒兵攻寶。寶率數百騎馳如龍城，會率衆追之，遣使請誅左右佞臣，并求太子，寶弗許。會圍龍城，侍御郎高雲夜率敢死士百餘人襲會，敗之，衆悉逃散，單馬奔還中山，乃踰圍而入，爲慕容詳所殺。

詳僭稱尊號，置百官，改年號。荒酒奢淫，殺戮無度，誅其王公以下五百餘人，內外震局，莫敢忤視。城中大飢，公卿餓死者數十人。麟率丁零之衆入中山，斬詳及其親黨三百餘人，復僭稱尊號。中山飢甚，麟出據新市，與魏師戰於義臺，麟軍敗績。魏師遂入中山，麟乃奔鄴。

慕容德遣侍郎李延勸寶南伐，寶大悅。慕容盛切諫，以爲兵疲師老，魏新平中原，宜養

兵觀釁，更俟他年。寶將從之。撫軍慕輿騰進曰：「今衆旅已集，宜乘新定之機以成進取之功。人可使由之，而難與圖始，惟當獨決聖慮，不足廣採異同，以沮亂軍議也。」寶曰：「吾計決矣，敢諫者斬！」寶發龍城，以慕輿騰爲前軍大司馬，慕容農爲中軍，寶爲後軍，步騎三萬，次于乙連。長上段速骨、宋赤眉因衆軍之憚役也，殺司空、樂浪王宙，逼立高陽王崇。寶單騎奔農，仍引軍討速骨。衆咸憚征幸亂，投杖奔之。騰衆亦潰，寶、農馳還龍城。蘭汗潛與速骨通謀，速骨進師攻城，農爲蘭汗所譎，潛出赴賊，爲速骨所殺。衆皆奔散，寶與慕容盛、慕輿騰等南奔。蘭汗奉太子策承制，遣使迎寶，及于薊城。寶欲還北，盛等咸以汗之忠款虛實未明，今單馬而還，汗有貳志者，悔之無及。寶從之，乃自薊而南。至黎陽，聞慕容德稱制，懼而退。遣慕輿騰招集散兵于鉅鹿，慕容盛結豪桀于冀州，段儀、段溫收部曲于內黃，衆皆響會，剋期將集。會蘭汗遣左將軍蘇超迎寶，寶以汗垂之季舅，盛又汗之壻也，必謂忠款無貳，乃還至龍城。汗引寶入于外邸，弒之，時年四十四，在位三年，即隆安三年也。[五]汗又殺其太子策及王公卿士百餘人。汗自稱大都督、大將軍、大單于、昌黎王。盛僭位，僞謚寶惠愍皇帝，廟號烈宗。

皝之遷于龍城也，植松爲社主。及秦滅燕，大風吹拔之。後數年，社處忽有桑二根生焉。先是，遼川無桑，及廆通于晉，求種江南，平州桑悉由吳來。廆終而垂以吳王中興，寶

之將敗，大風又拔其一。

慕容盛

盛字道運，寶之庶長子也。少沈敏，多謀略。苻堅誅慕容氏，盛潛奔于沖。及沖稱尊號，有自得之志，賞罰不均，政令不明。盛年十二，[六]謂叔父柔曰：「今中山王智不先衆，才不出下，恩未施人，先自驕大，以盛觀之，鮮不覆敗。」俄而沖爲段木延所殺，盛隨慕容永東如長子，謂柔曰：「今崎嶇於鋒刃之間，在疑忌之際，愚則爲人所猜，智則危甚巢幕，當如鴻鵠高飛，一舉萬里，不可坐待罟網也。」於是與柔及弟會間行東歸于慕容垂。遇盜陝中，盛曰：「我六尺之軀，入水不溺，在火不焦，汝欲當吾鋒乎！試豎爾手中箭百步，我若中之，宜慎爾命，如其不中，當束身相授。」盜乃豎箭，盛一發中之。盜曰：「郎貴人之子，故相試耳。」資而遣之。歲餘，永誅儁、垂之子孫，男女無遺。盛既至，垂問以西事，畫地成圖。垂笑曰：「昔魏武撫明帝之首，遂乃侯之，祖之愛孫，有自來矣。」於是封長樂公。驍勇剛毅，有伯父全之風烈。

寶卽僞位，進爵爲王。寶自龍城南伐，盛留統後事。及段速骨作亂，馳出迎衛。寶幾爲速骨所獲，賴盛以免。盛屢進奇策於寶，寶不能從，是以屢敗。寶既如龍城，盛留在後。寶爲蘭汗所殺，盛馳進赴哀，將軍張眞固諫以爲不可。盛曰：「我今投命，告以哀窮。汗性愚近，必顧念婚姻，不忍害我。旬月之間，足展吾志。」遂入赴喪。汗妻乙氏泣涕請盛，汗亦哀之，遣其子穆迎盛，舍之宮內，親敬如舊。汗兄提、弟難勸汗殺盛，汗不從。慕容奇，汗之外孫也，汗亦宥之。奇入見盛，遂相與謀。盛遣奇起兵于外，衆至數千。汗遣蘭提討奇。提驕很淫荒，事汗無禮，盛因間之於汗曰：「奇，小兒也，未能辦此，必內有應之者。提素驕，不可委以大衆。」汗因發怒，收提誅之，遣其撫軍仇尼慕率衆討奇。汗兄弟見提之誅，莫不危懼，皆阻兵背汗，襲敗慕軍。汗大懼，遣其子穆率衆討之。穆謂汗曰：「慕容盛，我之仇也。奇今起逆，盛必應之。兼內有蕭牆之難，不宜養心腹之疾。」汗將誅盛，引見察之。盛妻以告，於是僞稱疾篤，不復出入，汗乃止。有李旱、[七]衞雙、劉志、張豪、張眞者，皆盛之舊昵，蘭穆引爲腹心。旱等屢入見盛，潛結大謀。會穆討蘭難等斬之，大饗將士，汗、穆皆醉。盛夜因如廁，袒而踰牆，入于東宮，與李旱等誅穆，衆皆踴呼，進攻汗，斬之。汗二子魯公和、陳公楊分屯令支、白狼，遣李旱、張眞襲誅之。於是內外怗然，士女咸悅。盛謙揖自卑，不稱尊號。其年，以長樂王稱制，赦其境內，改元曰建平。諸王降爵爲公，文武各復舊位。

初，慕容奇聚衆于建安，將討蘭汗，百姓翕然從之。汗遣兄子全討奇，奇擊滅之，進屯乙連。盛既誅汗，命奇罷兵，奇遂與丁零嚴生、烏丸王龍之阻兵叛盛，引軍至横溝，去龍城

十里。盛出兵擊敗之，執奇而還，斬龍、生等百餘人。盛於是僭卽尊位，大赦殊死已下，追尊伯考獻莊太子全爲獻莊皇帝，尊寶后段氏爲皇太后，全妃丁氏爲獻莊皇后，謚太子策爲獻哀太子。盛幽州刺史慕容豪、尚書左僕射張通、昌黎尹張順謀叛，盛皆誅之。改年爲長樂。有犯罪者，十日一自決之，無撾捶之罰，而獄情多實。

高句驪王安遣使貢方物。有雀素身綠首，集于端門，棲翔東園，二旬而去，改東園爲白雀園。

盛聽詩歌及周公之事，顧謂羣臣曰：「周公之輔成王，不能以至誠感上下，誅兄弟以杜流言，猶擅美於經傳，歌德於管絃。至如我之太宰桓王，承百王之季，主在可奪之年，二寇闚窬，難過往日，臨朝輔政，羣情緝穆，經略外敷，闢境千里，以禮讓維宗親，德刑制羣后，敦睦雍熙，時無二論。勳道之茂，豈可與周公同日而言乎！而燕詠闕而不論，盛德掩而不述，非所謂也。」乃命中書更爲燕頌以述恪之功焉。又引中書令常忠、尚書陽璆、祕書監郎敷于東堂，問曰：「古來君子皆謂周公忠聖，豈不謬哉！」璆曰：「周公居攝政之重，而能達君臣之名，及流言之謗，致烈風以悟主，道契神靈，義光萬代，故累葉稱其高，後王無以奪其美。」盛曰：「常令以爲何如？」忠曰：「昔武王疾篤，周公有請命之誠，流言之際，義感天地，楚撻伯禽以訓就王德。周公爲臣之忠，聖達之美，詩書已來未之有也。」盛曰：「異哉二君之言！朕

見周公之詐，未見其忠聖也。昔武王得九齡之夢，白文王，文王曰：『我百，爾九十，吾與爾三焉。』及文王之終，已驗武王之壽矣。武王之算未盡而求代其死，是非詐乎！若惑于天命，是不聖也。據攝天位而丹誠不見，致兄弟之間有干戈之事。夫文王之化自近及遠，故曰刑于寡妻，至于兄弟。周公親違聖父之典而蹈嫌疑之蹤，戮罰同氣以逞私忿，何忠之有乎！但時無直筆之史，後儒承其謬談故也。」忠曰：「啓金縢而返風，亦足以明其不詐。遭二叔流言之變，而能大義滅親，終安宗國，復子明辟，輔成大業，以致太平，制禮作樂，流慶無窮，亦不可謂非至德也。」盛曰：「卿徒因成文而未原大理，朕今相爲論之。昔周自后稷積德累仁，至于文武。文武以大聖應期，遂有天下。生靈仰其德，四海歸其仁。成王雖幼統洪業，而卜世修長，加呂、召、毛、畢爲之師傅。若無周公攝政，王道足以成也。周公無故以安危爲己任，專臨朝之權，闕北面之禮。管蔡忠存王室，以爲周公代主非人臣之道，故言公將不利於孺子。周公當明大順之節，陳誠義以曉羣疑，而乃阻兵都邑，擅行誅戮。不臣之罪彰于海內，方貽王鴟鴞之詩，歸非於主，是何謂乎！又周公舉事，稱告二公，二公足明周公之無罪而坐觀成王之疑，此則二公之心亦有猜於周公也。但以疏不問親，故寄言於管蔡，可謂忠不見於當時，仁不及於兄弟。知羣望之有歸，天命之不在己，然後返政成王，以爲忠耳。大風拔木之徵，乃皇天祐存周道，不忘文武之德，是以赦周公之始愆，欲成周室之大

美。考周公之心，原周公之行，乃天下之罪人，何至德之謂也！周公復位，二公所以杜口不言其本心者，以明管蔡之忠也。」

又謂常忠曰：「伊尹、周公孰賢？」忠曰：「伊尹非有周公之親而功濟一代，太甲亂德，放於桐宮，思愆改善，然後復之。使主無怨言，臣無流謗，道存社稷，美溢來今。臣謂伊尹之勳有高周旦。」盛曰：「伊尹以舊臣之重，顯阿衡之任，太甲嗣位，君道未洽，不能竭忠輔導，而放黜桐宮，事同夷羿，何周公之可擬乎！」郎敷曰：「伊尹處人臣之位，不能匡制其君，恐成湯之道墜而莫就，是以居之桐宮，與小人從事，使知稼穡之艱難，然後返之天位，此其忠也。」盛曰：「伊尹能廢而立之，何不能輔之以至於善乎？若太甲性同桀紂，則三載之間未應便成賢后。如其性本休明，義心易發，當務盡匡規之理以弼成君德，安有人臣幽主而據其位哉！且臣之事君，惟力是視，奈何挾智藏仁以成君惡！夫太甲之事，朕已鑒之矣。太甲，至賢之主也，以伊尹歷奉三朝，績無異稱，將失顯祖委授之功，故匿其日月之明，受伊尹之黜，所以濟其忠貞之美。夫非常之人，然後能立非常之事，非常人之所見也，亦猶太伯之三讓，人無德而稱焉。」敷曰：「太伯三以天下讓，至仲尼而後顯其至德。太甲受謗於天下，遭陛下乃申其美。」因而談讌賦詩，賜金帛各有差。

遼西太守李朗在郡十年，威制境內，盛疑之，累徵不赴。以母在龍城，未敢顯叛，乃陰引魏軍，將爲自安之計，因表請發兵以距寇。盛曰：「此必詐也。」召其使而詰之，果驗，盡滅其族，遣輔國將軍李旱率騎討之。師次建安，召旱旋師。朗聞其家被誅也，擁三千餘戶以自固。及聞旱中路而還，謂有內變，不復爲備，留其子養守令支，躬迎魏師于北平。旱候知之，襲克令支，遣廣威孟廣平率騎追朗，及于無終，斬之。初，盛之追旱還也，羣臣莫知其故。旱既斬朗，盛謂羣臣曰：「前以追旱還者，正爲此耳。朗新爲叛逆，必忌官威，一則鳩合同類，劫掠良善，二則亡竄山澤，未可卒平，故非意而還，以盈怠其志，卒然掩之，必克之理也。」羣臣皆曰：「非所及也。」

李旱自遼西還，聞盛殺其將衞雙，懼，棄軍奔走。既而歸罪，復其爵位。盛謂侍中孫勍曰：「旱總三軍之任，荷專征之重，不能杖節死綏，無故逃亡，考之軍正，不赦之罪也。然當先帝之避難，衆情離貳，骨肉忘其親，股肱失忠節，旱以刑餘之體，效力盡命，忠款之至，精貫白日。朕故錄其忘身之功，免其丘山之罪耳。」

盛去皇帝之號，稱庶人大王。〔八〕

魏襲幽州，執刺史盧溥而去。遣孟廣平援之，無及。

盛率衆三萬伐高句驪，襲其新城、南蘇，皆克之，散其積聚，徙其五千餘戶于遼西。

盛引見百僚于東堂，考詳器藝，超拔者十有二人。命百司舉文武之士才堪佐世者各一

人。立其子遼西公定爲太子，大赦殊死已下。讌其羣臣于新昌殿，盛曰：「諸卿各言其志，朕將覽之。」七兵尚書丁信年十五，盛之舅子也，進曰：「在上不驕，高而不危，臣之願也。」盛笑曰：「丁尚書年少，安得長者之言乎！」盛以威嚴馭下，驕暴少親，多所猜忌，故信言及之。

盛討庫莫奚，大虜獲而還。左將軍慕容國與殿中將軍秦輿、段讚等謀率禁兵襲盛，事覺，誅之，死者五百餘人。前將軍、思悔侯段璣，輿子興、讚子泰等，因衆心動搖，夜於禁中鼓譟大呼。盛聞變，率左右出戰，衆皆披潰。俄而有一賊從闇中擊傷盛，遂輦升前殿，申約禁衞，召叔父河間公熙屬以後事。熙未至而盛死，時年二十九，在位三年。〔九〕僞謚昭武皇帝，墓號興平陵，廟號中宗。

盛幼而羈賤流漂，長則遭家多難，夷險安危，備嘗之矣。懲寶闇而不斷，遂峻極威刑，纖芥之嫌，莫不裁之於未萌，防之於未兆。於是上下振局，人不自安，雖忠誠親戚亦皆離貳，舊臣靡不夷滅，安忍無親，所以卒于不免。是歲隆安五年也。

慕容熙

熙字道文，垂之少子也。初封河間王。段速骨之難，諸王多被其害，熙素爲高陽王崇所親愛，故得免焉。蘭汗之簒也，以熙爲遼東公，備宗祀之義。盛初即位，降爵爲公，拜都

督中外諸軍事、驃騎大將軍、尚書左僕射，領中領軍。從征高句驪、契丹，皆勇冠諸將。盛曰：「叔父雄果英壯，有世祖之風，但弘略不如耳。」

及盛死，其太后丁氏以國多難，宜立長君。羣望皆在平原公元，而丁氏意在於熙，遂廢太子定，迎熙入宮。羣臣勸進，熙以讓元，元固以讓熙，熙遂僭卽尊位。誅其大臣段璣、秦興等，並夷三族。元以嫌疑賜死。元字道光，寶之第四子也。赦殊死已下，改元曰光始，改北燕臺爲大單于臺，置左右輔，位次尚書。

初，熙烝于丁氏，故爲所立。及寵幸苻貴人，丁氏怨恚呪詛，與兄子七兵尚書信謀廢熙。熙聞之，大怒，逼丁氏令自殺，葬以后禮，誅丁信。

熙狩于北原，石城令高和殺司隸校尉張顯，閉門距熙。熙率騎馳返，和衆皆投杖，熙入誅之。於是引見州郡及單于八部耆舊于東宮，問以疾苦。

大築龍騰苑，廣袤十餘里，役徒二萬人。起景雲山于苑內，基廣五百步，峯高十七丈。又起逍遙宮、甘露殿，連房數百，觀閣相交。鑿天河渠，引水入宮。又爲其昭儀苻氏鑿曲光海、清涼池。季夏盛暑，士卒不得休息，暍死者太半。熙游於城南，止大柳樹下，若有人呼曰：「大王且止。」熙惡之，伐其樹，乃有蛇長丈餘，從樹中而出。

立其貴嬪苻氏爲皇后，赦殊死已下。

熙北襲契丹，大破之。

昭儀苻氏死，僞諡愍皇后。贈苻謨太宰，諡文獻公。二苻並美而艷，好微行游讌，熙弗之禁也。請謁必從，刑賞大政無不由之。初，昭儀有疾，龍城人王溫稱能療之，〔一〇〕未幾而卒。熙忿其妄也，立於公車門支解溫而焚之。其后好游田，熙從之，北登白鹿山，東過青嶺，南臨滄海，百姓苦之，士卒爲豺狼所害及凍死者五千餘人矣。會高句驪寇燕郡，殺略百餘人。熙伐高句驪，以苻氏從，爲衝車地道以攻遼東。熙曰：「待剗平寇城，朕當與后乘輦而入，不聽將士先登。」於是城內嚴備，攻之不能下。會大雨雪，士卒多死，乃引歸。

擬鄴之鳳陽門，作弘光門，累級三層。

熙與苻氏襲契丹，憚其衆盛，將還，苻氏弗聽，遂棄輜重，輕襲高句驪，周行三千餘里，士馬疲凍，死者屬路。攻木底城，不克而還。

盡殺寶諸子。大城肥如及宿軍，以仇尼倪爲鎭東大將軍、營州刺史，鎭宿軍，上庸公懿爲鎭西將軍、幽州刺史，鎭令支；尚書劉木爲鎭南大將軍、冀州刺史，鎭肥如。

爲苻氏起承華殿，高承光一倍。負土於北門，土與穀同價。典軍杜靜載棺詣闕，上書極諫。熙大怒，斬之。苻氏嘗季夏思凍魚膾，仲冬須生地黃，皆下有司切責，不得，加以大辟，其虐也如此。苻氏死，熙悲號躃踊，若喪考妣，擁其尸而撫之曰：「體已就冷，命遂斷矣！」於是僵仆氣絕，久而乃蘇。大斂既訖，復啓其棺而與交接。服斬縗，食粥。制百僚於宮內哭臨，令沙門素服。使有司案檢哭者，有淚以爲忠孝，無則罪之，於是羣臣震懼，莫不含辛以爲淚焉。慕容隆妻張氏，熙之嫂也，美姿容，有巧思。熙將以爲苻氏之殉，欲以罪殺之，乃毀其襚韡，中有弊氈，遂賜死。三女叩頭求哀，熙不許。制公卿已下至于百姓，率戶營墓，費殫府藏。下錮三泉，周輪數里，內則圖畫尚書八坐之象。熙曰：「善爲之，朕將隨后入此陵。」識者以爲不祥。其右僕射韋璆等並懼爲殉，沐浴而待死焉。號苻氏墓曰徽平陵。熙被髮徒跣，步從苻氏喪。轜車高大，毀北門而出。長老竊相謂曰：「慕容氏自毀其門，將不久也。」

中衞將軍馮跋、〔一一〕左衞將軍張興，先皆坐事亡奔，以熙政之虐也，與跋從兄萬泥等二十二人結盟，推慕容雲爲主，發尚方徒五千餘人閉門距守。中黃門趙洛生奔告之，熙曰：「此鼠盜耳，朕還當誅之。」乃收髮貫甲，馳還赴難。夜至龍城，攻北門不克，遂敗，走入龍騰苑，微服隱于林中，爲人所執，雲得而弒之，及其諸子同殯城北。時年二十三，在位六年。〔一二〕雲葬之于苻氏墓，僞諡昭文皇帝。

垂以孝武帝太元八年僭立，〔一三〕至熙四世，凡二十四年，以安帝義熙三年滅。〔一四〕初，童謠曰：「一束藁，兩頭然，禿頭小兒來滅燕。」藁字上有艸，下有禾，兩頭然則禾艸俱盡而成高字。雲父名拔，小字禿頭，三子，而雲季也。熙竟爲雲所滅，如謠言焉。

慕容雲

慕容雲字子雨，寶之養子也。祖父和，高句驪之支庶，自云高陽氏之苗裔，故以高爲氏焉。雲沈深有局量，厚重希言，時人咸以爲愚，唯馮跋奇其志度而友之。寶之爲太子，雲以武藝給事侍東宮，〔一五〕拜侍御郎，襲敗慕容會軍。寶子之，賜姓慕容氏，封夕陽公。

熙之葬苻氏也，馮跋詣雲，告之以謀。雲懼曰：「吾嬰疾歷年，卿等所知，願更圖之。」跋逼曰：「慕容氏世衰，河間虐暴，惑妖淫之女而逆亂天常，百姓不堪其害，思亂者十室九焉，此天亡之時也。公自高氏名家，何能爲他養子！機運難邀，千歲一時，公焉得辭也！」扶之而出。雲曰：「吾疾苦日久，廢絕世務。卿今興建大事，謬見推逼。所以徘徊，非爲身也，實惟否德不足以濟元元故耳。」跋等强之，雲遂卽天王位，復姓高氏，大赦境內殊死以下，改元曰正始，國號大燕。署馮跋侍中、都督中外諸軍事、征北大將軍、開府儀同三司、錄尚書事、武邑公，封伯、子、男、鄉、亭侯者五十餘人，士卒賜穀帛有差。熙之羣官，復其爵位。立妻李氏爲天王后，子彭爲太子。

越騎校尉慕輿良謀叛，雲誅之。

雲臨東堂，幸臣離班、桃仁懷劍執紙而入，稱有所啓，拔劍擊雲，雲以几距班，桃仁進而弑之。馮跋遷雲尸于東宮，僞謚惠懿皇帝。雲自以無功德而爲豪桀所推，常內懷懼，故寵養壯士以爲腹心。離班、桃仁等並專典禁衞，委之以爪牙之任，賞賜月至數千萬，衣食卧起皆與之同，終以此致敗云。

史臣曰：四星東聚，金陵之氣已分；五馬南浮，玉塞之雄方擾。市朝屢改，鼎虡靡息。慕容垂天資英傑，威震本朝，以雄略見猜而庇身寬政，永固受之而以禮，道明事之而畢力。然而隼質難羈，狼心自野。淮南失律，三甥之謀已構；河朔分麾，五木之祥云啓。斬飛龍而遐舉，踰石門而長邁，遂使翟氏景從，鄴師宵逸，收羅趙魏，驅駕英雄。叩囊餘奇，摧五萬於河曲；浮船祕策，招七郡於黎陽。返遼陰之舊物，創中山之新社，類帝禋宗，僭擬斯備。夫以重耳歸晉，賴五臣之功；句踐紿吳，資五千之卒。惡有業殊二霸，衆微一旅，掎拔而傾山嶽，騰嘯而御風雲！雖衞人忘亡復傳於東國，任好餘裕伊愧於西鄰，信苻氏之姦回，非晉室之鯨鯢矣。

寶以浮譽獲升，峻文御俗，蕭牆內憤，勍敵外陵，雖毒不被物而惡足自勦。盛則孝友冥

符，文武不墜，韜光而夷讐賊，罪己而遜高危，翩翩然濁世之佳虜矣。熙乃地非奧主，舉因淫德。驪戎之態，取悅於匡牀；玄妻之姿，見奇於竇髮。蕩輕舟於曲光之海，望朝涉於景雲之山，飾土木於驕心，窮怨嗟於蕞壤，宗祀夷滅，爲馮氏之驅除焉。

贊曰：戎狄憑陵，山川沸騰。天未悔禍，人非與能。疾走而捷，先鳴則興。道明烈烈，鞭笞豪傑。掃燕夷魏，剷屠永滅。大盜潛移，鴻名遂竊。寶心生亂，盛淸家難。熙極驕淫，人懷憤惋。孽貽身咎，災無以逭。

校勘記

〔一〕驃騎農　各本「農」上有「李」字。斠注：魏書太祖紀作「遼西王農」乃慕容農，非李農也。按：通鑑一〇八同魏書。慕容農下文屢見，別無所謂「李農」。「李」字衍，今删。

〔二〕眭邃　各本「眭」譌「畦」，今據魏書、北史隱逸傳、慕容廆傳，通鑑一〇八改。參卷九六校記。

〔三〕曲陽柏肆　各本「柏肆」作「柏津」。斠注據十六國疆域志，以爲「津」爲「肆」之譌。按：魏書太祖紀、慕容寶傳並作「柏肆」。通鑑一〇九同魏書，胡注：「此趙國之下曲陽縣也。有柏肆塢，隋開皇十六年置柏肆縣。」今據魏書改。

〔四〕率壯士二十餘人分襲農隆　各本「二十」作「二千」，宋本作「二十」。通鑑一〇九、通志一九一並作「二十」，今從宋本。

〔五〕在位三年即隆安三年也　安紀及通鑑一一〇寶死在隆安二年，魏書太祖紀在天興元年，亦即隆安二年。寶於太元二十一年即位，至此三年。此處「隆安三年」當作「隆安二年」。

〔六〕盛年十二　通鑑一〇六「十二」作「十三」。盛死於隆安五年，年二十九，逆推生於寧康元年。上云「慕容沖稱尊號」，事在太元十年，是年盛應年十三。但御覽一二五引後燕錄，盛於苻秦建元十年生於長安。據御覽一二二引前秦錄，建元二十一年，即晉太元十年，慕容沖稱帝。自建元十年至二十一年，盛十二歲。然前秦錄仍以盛死年二十九，則此種紀載歧異，前秦錄已然。

〔七〕李旱　册府二二六、魏書慕容廆傳「旱」均作「早」。

〔八〕庶人大王　御覽一二五引後燕錄作「庶民天王」。李校：「大王」本書五行志及通鑑、十六國春秋俱作「天王」。按：魏書慕容廆傳又作「庶民大王」。「人」本是「民」字，唐人避諱改。「大」「天」不知孰是。

〔九〕在位三年　安紀，盛於隆安二年「稱長樂王，攝天子位」。御覽一二五引後燕錄，建平元年七月，盛以長樂王稱制，是年十月「即皇帝位」。建平元年亦即晉隆安二年。自二年至五年死，應云「在位四年」始合。

〔一〇〕王溫　通鑑一一三作「王榮」。

〔一一〕中衞將軍馮跋　各本「中衞」作「衞中」。周校：「衞中」，跋記作「中衞」爲是。斠注亦引馮跋載記及御覽一二五引後燕錄作「中衞」，云「衞中」誤倒。按：通鑑一一四亦作「中衞」。中衞將軍魏末司馬昭置，見本書職官志。今據乙。

〔一二〕在位六年　安紀，熙以隆安五年立，至義熙三年死，當云「在位七年」。

〔一三〕垂以孝武帝太元八年僭立　垂立於太元九年，此作「八年」誤。參卷一二三校記。

〔一四〕以安帝義熙三年滅　各本「三年」作「二年」，宋本作「三年」。安紀亦在三年。今從宋本。

〔一五〕雲以武藝給事侍東宮　御覽一二五引後燕錄作「給侍東宮」。按：疑「事」譌作「侍」，後人旁注「事」字，傳寫入正文。原文當作「給事東宮」。

晉書卷一百二十五

載記第二十五

乞伏國仁

乞伏國仁，隴西鮮卑人也。在昔有如弗斯、出連、叱盧三部，[一]自漠北南出大陰山，遇一巨蟲於路，狀若神龜，大如陵阜，乃殺馬而祭之，祝曰：「若善神也，便開路；惡神也，遂塞不通。」俄而不見，乃有一小兒在焉。時又有乞伏部有老父無子者，請養爲子，衆咸許之。老父欣然自以有所依憑，字之曰紇干。紇干者，夏言依倚也。年十歲，驍勇善騎射，彎弓五百斤。四部服其雄武，推爲統主，號之曰乞伏可汗託鐸莫何。託鐸者，言非神非人之稱也。其後有祐鄰者，卽國仁五世祖也。泰始初，率戶五千遷于夏緣，部衆稍盛。鮮卑鹿結七萬餘落，屯于高平川，與祐鄰迭相攻擊。鹿結敗，南奔略陽，祐鄰盡并其衆，因居高平川。祐鄰死，子結權立，徙于牽屯。結權死，子利那立，擊鮮卑吐賴于烏樹山，討尉遲渴權于大非

川，收衆三萬餘落。利那死，弟祁埿立。祁埿死，利那子述延立，討鮮卑莫侯于苑川，大破之，降其衆二萬餘落，因居苑川。以叔父軻埿爲師傅，委以國政，斯引烏埿爲左輔將軍，鎭蔡園川，出連高胡爲右輔將軍，鎭至便川，叱盧那胡爲率義將軍，鎭牽屯山。述延死，子傉大寒立。會石勒滅劉曜，懼而遷于麥田无孤山。大寒死，子司繁立，始遷于度堅山。尋爲苻堅將王統所襲，部衆叛降于統。司繁歎謂左右曰：「智不距敵，德不撫衆，劍騎未交而本根已敗，見衆分散，勢亦難全。若奔諸部，必不我容，吾將爲呼韓邪之計矣。」乃詣統降于堅。堅大悅，署爲南單于，留之長安。以司繁叔父吐雷爲勇士護軍，撫其部衆。俄而鮮卑勃寒侵斥隴右，堅以司繁爲使持節、都督討西胡諸軍事、鎭西將軍以討之。勃寒懼而請降，司繁遂鎭勇士川，甚有威惠。

司繁卒，國仁代鎭。及堅興壽春之役，徵爲前將軍，領先鋒騎。會國仁叔父步頹叛於隴西，堅遣國仁還討之。步頹聞而大悅，迎國仁於路。國仁置酒高會，攘袂大言曰：「苻氏往因趙石之亂，遂妄竊名號，窮兵極武，跨僭八州。疆宇既寧，宜綏以德，方虛廣威聲，勤心遠略，騷動蒼生，疲弊中國，違天怒人，將何以濟！且物極則虧，禍盈而覆者，天之道也。以吾量之，是役也，難以免矣。當與諸君成一方之業。」及堅敗歸，乃招集諸部，有不附者，討而并之，衆至十餘萬。及堅爲姚萇所殺，國仁謂其豪帥曰：「苻氏以高世之姿而困於烏合

之衆，可謂天也。夫守常迷運，先達恥之，見機而作，英豪之舉。吾雖薄德，藉累世之資，豈可覩時來之運而不作乎！」以孝武太元十年自稱大都督、大將軍、大單于、領秦河二州牧，建元曰建義。以其將乙旃音埿爲左相，[二]屋引出支爲右相，獨孤匹蹄爲左輔，武羣勇士爲右輔，弟乾歸爲上將軍，自餘拜授各有差。置武城、武陽、安固、武始、漢陽、天水、略陽、潳川、甘松、匡朋、白馬、苑川十二郡，築勇士城以居之。

鮮卑匹蘭率衆五千降。明年，南安祕宜及諸羌虜來擊國仁，四面而至。國仁謂諸將曰：「先人有奪人之心，不可坐待其至。宜抑威餌敵，羸師以張之，軍法所謂怒我而怠寇也。」於是勒衆五千，襲其不意，大敗之。祕宜奔還南安，尋與其弟莫侯悌率衆三萬餘戶降於國仁，[三]各拜將軍、刺史。

苻登遣使者署國仁使持節、大都督、都督雜夷諸軍事、大將軍、大單于、苑川王。國仁率騎三萬襲鮮卑大人密貴、裕苟、提倫等三部於六泉。高平鮮卑沒奕于、東胡金熙連兵來襲，相遇于渴渾川，大戰敗之，斬級三千，獲馬五千匹。沒奕于及熙奔還，三部震懼，率衆迎降。署密貴建義將軍、六泉侯，裕苟建忠將軍、蘭泉侯，提倫建節將軍、鳴泉侯。

國仁建威將軍叱盧烏孤跋擁衆叛，保牽屯山。國仁率騎七千討之，斬其部將叱羅侯，降者千餘戶。跋大懼，遂降，復其官位。因討鮮卑越質叱黎于平襄，大破之，獲其子詰歸、

弟子復半及部落五千餘人而還。

太元十三年，國仁死，在位四年，僞謚宣烈王，廟號烈祖。

乞伏乾歸

乾歸，國仁弟也。雄武英傑，沈雅有度量。國仁之死也，其羣臣咸以國仁子公府沖幼，宜立長君，乃推乾歸爲大都督、大將軍、大單于、河南王，赦其境內，改元曰太初。立其妻邊氏爲王后，以出連乞都爲丞相，鎭南將軍、南梁州刺史悌眷爲御史大夫，自餘封拜各有差。遂遷于金城。

太元十四年，苻登遣使署乾歸大將軍、大單于、金城王。南羌獨如率衆七千降之。休官阿敦、侯年二部各擁五千餘落，據牽屯山，爲其邊害。乾歸討破之，悉降其衆，於是聲振邊服。吐谷渾大人視連遣使貢方物。鮮卑豆留犄、叱豆渾及南丘鹿結并休官曷呼奴、盧水尉地跋並率衆降于乾歸，皆署其官爵。隴西太守越質詰歸以平襄叛，自稱建國將軍、右賢王。乾歸擊敗之，詰歸東奔隴山。旣而擁衆來降，乾歸妻以宗女，署立義將軍。

苻登將沒奕于遣使結好，以二子爲質，請討鮮卑大兜國。乾歸乃與沒奕于攻大兜於安陽城，大兜退固鳴蟬堡，乾歸攻陷之，遂還金城。爲呂光弟寶所攻，敗於鳴雀峽，退屯青岸。

寶進追乾歸，乾歸使其將彭奚念斷其歸路，躬貫甲冑，連戰敗之，寶及將士投河死者萬餘人。

苻登遣使署乾歸假黃鉞、大都督隴右河西諸軍事、左丞相、大將軍、河南王，領秦梁益涼沙五州牧，加九錫之禮。時登爲姚興所逼，遣使請兵，進封乾歸梁王，命置官司，納其妹東平長公主爲梁王后。乾歸遣其前將軍乞伏益州、冠軍翟瑥率騎二萬救之。會登爲興所殺，乃還師。

氐王楊定率步騎四萬伐之。乾歸謂諸將曰：「楊定以勇虐聚衆，窮兵逞欲。兵猶火也，不戢，將自焚。定之此役，殆天以之資我也。」於是遣其涼州牧乞伏軻殫、秦州牧乞伏益州、立義將軍詰歸距之。定敗益州於平川，軻殫、詰歸引衆而退。翟瑥奮劍諫曰：「吾王以神武之姿，開基隴右，東征西討，靡不席卷，威震秦梁，聲光巴漢。將軍以維城之重，受閫外之寄，宜宣力致命，輔寧家國。秦州雖敗，二軍猶全，奈何不思赴救，便逆奔敗，何面目以見王乎！昔項羽斬慶子以寧楚，胡建戮監軍以成功，將軍之所聞也。瑥誠才非古人，敢忘項氏之義乎！」軻殫曰：「向所以未赴秦州者，未知衆心何如耳。敗不相救，軍罰所先，敢自寧乎！」乃率騎赴之。益州、詰歸亦勒衆而進，大敗定，斬定及首虜萬七千級。於是盡有隴西、巴西之地。

太元十七年，赦其境內殊死以下，署其長子熾磐領尚書令，左長史邊芮爲尚書左僕射，右長史祕宜爲右僕射，翟瑥爲吏部尚書，翟勍爲主客尚書，杜宣爲兵部尚書，王松壽爲民部尚書，樊謙爲三公尚書，方弘、麴景爲侍中，自餘拜授一如魏武、晉文故事。猶稱大單于、大將軍。

楊定之死也，天水姜乳襲據上邽。至是，遣乞伏益州討之。邊芮、王松壽言於乾歸曰：「益州以懿弟之親，屢有戰功，狃於累勝，常有驕色。若其遇寇，必將易之。且未宜專任，示有所先。」乾歸曰：「益州驍勇，善御衆，諸將莫有及之者，但恐其專擅耳。若以重佐輔之，當無慮也。」於是以平北韋虔爲長史、散騎常侍務和爲司馬。至大寒嶺，益州恃勝自矜，不爲部陣，命將士解甲游畋縱飲，令曰：「敢言軍事者斬！」虔等諫曰：「王以將軍親重，故委以專征之任，庶能摧彼凶醜，以副具瞻。賊已垂逼，奈何解甲自寬，宴安酖毒，竊爲將軍危之。」益州曰：「乳以烏合之衆，聞吾至，理應遠竄。今乃與吾決戰者，斯成擒也。吾自揣之有方，卿等不足慮也。」乳率衆距戰，益州果敗。乾歸曰：「孤違蹇叔，以至於此。將士何爲，孤之罪也。」皆赦之。

索虜禿髮如苟率戶二萬降之，乾歸妻以宗女。

呂光率衆十萬，將伐乾歸，左輔密貴周、左衞莫者羖羝言於乾歸曰：「光旦夕將至。陛下以命世雄姿，開業洮罕，克翦羣凶，威振遐邇，將鼓淳風於東夏，建八百之鴻慶。不忍小屈，與姦豎競於一時，若機事不捷，非國家利也。宜遣愛子以退之。」乾歸乃稱藩於光，遣子敕勃爲質。既而悔之，遂誅周等。

乞伏軻殫與乞伏益州不平，奔于呂光。光又伐之，咸勸其東奔成紀，乾歸不從，謂諸將曰：「昔曹孟德敗袁本初於官渡，陸伯言摧劉玄德於白帝，皆以權略取之，豈在衆乎！光雖舉全州之軍，而無經遠之算，不足憚也。且其精卒盡在呂延，延雖勇而愚，易以奇策制之。延軍若敗，光亦遁還，乘勝追奔，可以得志。」衆咸曰：「非所及也。」隆安元年，光遣其子纂伐乾歸，使呂延爲前鋒。乾歸泣謂衆曰：「今事勢窮蹙，逃命無所，死中求生，正在今日。涼軍雖四面而至，然相去遼遠，山河既阻，力不周接，敗其一軍而衆軍自退。」乃縱反間，稱秦王乾歸衆潰，東奔成紀。延信之，引師輕進，果爲乾歸所敗，遂斬之。

禿髮烏孤遣使來結和親。使乞伏益州攻克支陽、鸇武、允吾三城，俘獲萬餘人而還。又遣益州與武衞慕容允、〔四〕冠軍翟瑥率騎二萬伐吐谷渾視羆，至于度周川，大破之。視羆遁保白蘭山，遣使謝罪，貢其方物，以子宕豈爲質。鮮卑疊掘河內率戶五千，自魏降乾歸。

乾歸所居南景門崩，惡之，遂遷于苑川。姚興將姚碩德率衆五萬伐之，入自南安峽。乾歸次于隴西以距碩德。興潛師繼發。乾歸聞興將至，謂諸將曰：「吾自開建以來，屢摧勍

敵，乘機藉算，舉無遺策。今姚興盡中國之師，軍勢甚盛。山川阻狹，無縱騎之地，宜引師平川，伺其怠而擊之。存亡之機，在斯一舉，卿等勠力勉之。若梟翦姚興，關中之地盡吾有也。」於是遣其衞軍慕容允率中軍二萬屯于柏陽，鎭軍羅敦將外軍四萬屯于侯辰谷，乾歸自率輕騎數千候興軍勢。俄而大風昏霧，遂與中軍相失，爲興追騎所逼，入于外軍。旦而交戰，爲興所敗。乾歸遁還苑川，遂走金城，謂諸豪帥曰：「吾才非命世，謬爲諸君所推，心存撥亂，而德非時雄，叨竊名器，年踰一紀，負乘致寇，傾喪若斯！今人衆已散，勢不得安，吾欲西保允吾，以避其鋒。若方軌西邁，理難俱濟，卿等宜安土降秦，保全妻子。」羣下咸曰：「昔古公杖策，豳人歸懷；玄德南奔，荊楚襁負。分岐之感，古人所悲，況臣等義深父子，而有心離背！請死生與陛下俱。」乾歸曰：「自古無不亡之國，廢興命也。苟天未亡我，冀興復有期。德之不建，何爲俱死！公等自愛，吾將寄食以終餘年。」於是大哭而別，乃率騎數百至允吾。禿髮利鹿孤遣弟傉檀迎乾歸，處之於晉興。

南羌梁弋等遣使招之。乾歸將叛，謀洩，利鹿孤遣弟吐雷屯于捫天嶺。乾歸懼爲利鹿孤所害，謂其子熾磐曰：「吾不能負荷大業，致茲顚覆。以利鹿孤義兼姻好，冀存脣齒之援，方乃忘義背親，謀人父子，忌吾威名，勢不全立。姚興方盛，吾將歸之。若其俱去，必爲追騎所及。今送汝兄弟及汝母爲質，彼必不疑。吾既在秦，終不害汝。」於是送熾磐兄弟於西

平，乾歸遂奔長安。姚興見而大悅，署乾歸持節、都督河南諸軍事、鎮遠將軍、河州刺史、歸義侯，遣乾歸還鎮苑川，盡以部衆配之。乾歸既至苑川，以邊芮爲長史，王松壽爲司馬，公卿大將已下悉降號爲偏裨。

元興元年，熾磐自西平奔長安，姚興以爲振忠將軍、興晉太守。尋遣使者加乾歸散騎常侍、左賢王。遣隨興將齊難迎呂隆于河西，討叛羌党龍頭于滋川，攻楊盛將苻帛于皮氏堡，並克之。又破吐谷渾將大孩，俘獲萬餘人而還。尋復率衆攻楊盛將楊玉于西陽堡，克之。既而苑川地震裂生毛，狐雉入于寢內，乾歸甚惡之。姚興慮乾歸終爲西州之患，因其朝也，興留爲主客尚書，以熾磐爲建武將軍、行西夷校尉，監撫其衆。

熾磐以長安兵亂將始，乃招結諸部二萬七千，築城于嵻崀山以據之。熾磐攻克枹罕，遣使告之，乾歸奔還苑川。鮮卑悅大堅有衆五千，自龍馬苑降乾歸。乾歸遂如枹罕，留熾磐鎮之。乾歸收衆三萬，遷于度堅山。羣下勸乾歸稱王，乾歸以寡弱弗許。固請曰：「夫道應符曆，雖廢必興；圖籙所棄，雖成必敗。本初之衆，非不多也，魏武運籌，四州瓦解。尋、邑之兵，非不盛也，世祖龍申，亡新鳥散。固天命不可虛邀，符籙不可妄冀。姚數將終，否極斯泰，乘機撫運，實係聖人。今見衆三萬，足可以疆理秦隴，清蕩洮河。陛下應運再興，四海鵠望，豈宜固守謙沖，不以社稷爲本！願時卽大位，允副羣心。」乾歸從之。義熙三

年，[五]僭稱秦王，赦其境內，改元更始，置百官，公卿已下皆復本位。

遣熾磐討諭薄地延，師次煩于，地延率衆出降，署爲尚書，徙其部落于苑川。又遣隴西羌昌何攻克姚興金城郡，以其驍騎乞伏務和爲東金城太守。乾歸復都苑川，又攻克興略陽、南安、隴西諸郡，徙二萬五千戶於苑川、枹罕。姚興力未能西討，恐更爲邊害，遣使署乾歸使持節、散騎常侍、都督隴西嶺北匈奴雜胡諸軍事、征西大將軍、河州牧、大單于、河南王。乾歸方圖河右，權宜受之，遂稱藩于興。

遣熾磐與其次子中軍審虔率步騎一萬伐禿髮傉檀，師濟河，敗傉檀太子武臺于嶺南，[六]獲牛馬十餘萬而還。又攻克興別將姚龍于伯陽堡，王憬于永洛城，[七]徙四千餘戶於苑川，三千餘戶于譚郊。乾歸率步騎三萬征西羌彭利髮於枹罕，師次于奴葵谷，利髮棄其部衆南奔。乾歸遣其將公府追及于清水，斬之。乾歸入枹罕，收羌戶一萬三千。因率騎二萬討吐谷渾支統阿若干于赤水，大破降之。

乾歸畋于五谿，有梟集于其手，甚惡之。六年，[八]爲兄子公府所弒，幷其諸子十餘人。公府奔固大夏，熾磐與乾歸弟廣武智達、揚武木奕于討之。[九]公府走，達等追擒于嵻崀南山，幷其四子，轘之於譚郊。葬乾歸于枹罕，僞諡武元王，在位二十四年。[一〇]

乞伏熾磐

熾磐，乾歸長子也。性勇果英毅，臨機能斷，權略過人。初，乾歸爲姚興所敗，熾磐質於禿髮利鹿孤。後自西平逃而降興，[一一]興以爲振忠將軍、興晉太守，又拜建武將軍、行西夷校尉，留其衆鎮苑川。及乾歸返政，復立熾磐爲太子，領冠軍大將軍、都督中外諸軍、錄尚書事。後乾歸稱藩于姚興，興遣使署熾磐假節、鎮西將軍、左賢王、平昌公，尋進號撫軍大將軍。

乾歸死，義熙六年，[一二]熾磐襲僞位，大赦，改元曰永康。署翟勍爲相國，麴景爲御史大夫，段暉爲中尉，弟延祚爲禁中錄事，樊謙爲司直。罷尚書令、僕射、尚書、六卿、侍中、散騎常侍、黃門郞官，置中左右常侍，侍郞各三人。

義熙九年，遣其龍驤乞伏智達、平東王松壽討吐谷渾樹洛干於澆河，大破之，獲其將呼那烏提，虜三千餘戶而還。又遣其鎮東曇達與松壽率騎一萬，東討破休官權小郞、呂破胡于白石川，虜其男女萬餘口，進據白石城，休官降者萬餘人。後顯親休官權小成、呂奴迦等叛保白坑，曇達謂將士曰：「昔伯珪憑險，卒有滅宗之禍；韓約肆暴，終受覆族之誅。今小成等逆命白坑，宜在除滅。王者之師，有征無戰，粤爾輿人，勠力勉之！」衆咸拔劍大呼，於是

進攻白坑，斬小成、奴迦及首級四千七百，隴右休官悉降。遣安北烏地延、冠軍翟紹討吐谷渾別統句旁于泣勤川，大破之，俘獲甚衆。熾磐率諸將討吐谷渾別統支旁于長柳川，掘達于渴渾川，[一三]皆破之，前後俘獲男女二萬八千。

僭立十年，[一四]有雲五色，起於南山。熾磐以爲己瑞，大悅，謂羣臣曰：「吾今年應有所定，王業成矣！」於是繕甲整兵，以待四方之隙。聞禿髮傉檀西征乙弗，投劍而起曰：「可以行矣！」率步騎二萬襲樂都。禿髮武臺憑城距守，熾磐攻之，一旬而克。遂入樂都，論功行賞各有差。遣平遠犍虔率騎五千追傉檀，徙武臺與其文武及百姓萬餘戶于枹罕。傉檀遂降，署爲驃騎大將軍、左南公。隨傉檀文武，依才銓擢之。熾磐既兼傉檀，兵強地廣，置百官，立其妻禿髮氏爲王后。

十一年，熾磐攻克沮渠蒙遜河湟太守沮渠漢平，[一五]以其左衞匹逵爲河湟太守，[一六]因討降乙弗窟乾而還。遣其將曇達、王松壽等討南羌彌姐康薄于赤水，降之。

熾磐攻强川，師次沓中，沮渠蒙遜率衆攻石泉以救之。熾磐聞而引還，遣曇達與其將出連虔率騎五千赴之。蒙遜聞曇達至，引歸，遣使聘于熾磐，遂結和親。又遣曇達、王松壽等率騎一萬伐姚艾于上邽。曇達進據蒲水，艾距戰，大敗之，艾奔上邽。曇達進屯大利，破黃石、大羌二戍，徙五千餘戶于枹罕。

令其安東木奕干率騎七千討吐谷渾樹洛干于塞上，破其弟阿柴於堯杆川，俘獲五千餘口而還，洛干奔保白蘭山而死。熾磐聞而喜曰：「此虜矯矯，所謂有豕白蹢。往歲曇達東征，姚艾敗走；今木奕干西討，黠虜遠逃。境宇稍清，姦凶方殄，股肱惟良，吾無患矣。」於是以曇達爲左丞相，其子元基爲右丞相，麴景爲尚書令，翟紹爲左僕射。遣曇達、元基東討姚艾，降之。

至是，乙弗鮮卑烏地延率戶二萬降于熾磐，署爲建義將軍。地延尋死，弟他子立，以子軻蘭質于西平。他子從弟提孤等率戶五千以西還，叛于熾磐。涼州刺史出連虔遣使喻之，提孤等歸降。熾磐以提孤姦猾，終爲邊患，稅其部中戎馬六萬匹。後二歲而提孤等扇動部落，西奔出塞。他子率戶五千入居西平。

先是，姚艾叛降蒙遜，蒙遜率衆迎之。艾叔父儁言于衆曰：「秦王寬仁有雅度，自可安土事之，何爲從涼主西遷？」衆咸以爲然，相率逐艾，推儁爲主，遣使請降。熾磐大悅，徵儁爲侍中、中書監、征南將軍，封隴西公，邑一千戶。

使征西孔子討吐谷渾覓地于弱水南，〔一七〕大破之。覓地率衆六千降于熾磐，署爲弱水護軍。遣其左衞匹逵、建威梯君等討彭利和于漒川，大破之，利和單騎奔仇池，獲其妻子。徙羌豪三千戶于枹罕，漒川羌三萬餘戶皆安堵如故。

元熙元年，立其第二子慕末爲太子，〔一八〕領撫軍大將軍、都督中外諸軍事，大赦境內，改元曰建弘，其臣佐等多所封授。熾磐在位七年而宋氏受禪，〔一九〕以宋元嘉四年死。〔二〇〕子慕末嗣僞位，在位四年，〔二一〕爲赫連定所殺。始，國仁以孝武太元十年僭位，至慕末四世，凡四十有六載而滅。〔二二〕

史臣曰：夫天地閉，大祲生，雲雷屯，羣凶作。自晉室遘孽，胡兵肆禍，封域無紀，干戈是務。國仁陰山遺噍，難以義服，伺我阽危，長其陵暴。向使偶欽明之運，遭雄略之主，已當褫魂沙漠，請命稾街，豈暇竊據近郊，經綸王業者也。乾歸智不及遠而以力詐自矜。陷呂延之師，姦謀潛斷；俘視羆之衆，威策遐舉。便欲誓泝隴之餘卒，窺崤函之奥區，秣疲馬而宵征，翦勍敵而朝食。既而控弦鳴鏑，厥志未逞，沮岸崩山，其功已喪。履重氛於外難，幸以計全；貽巨釁於蕭牆，終成凶禍，宜哉！熾磐叱咤風雲，見機而動，牢籠儁傑，決勝多奇，故能命將掩澆河之會，臨戎襲樂都之地，不盈數載，遂隆僞業。覽其遺迹，盜亦有道乎！

馮跋 馮素弗

馮跋字文起，長樂信都人也，小字乞直伐，其先畢萬之後也。萬之子孫有食采馮鄉者，因以氏焉。永嘉之亂，跋祖父和避地上黨。父安，雄武有器量，慕容永時爲將軍。永滅，跋東徙和龍，家于長谷。幼而懿重少言，寬仁有大度，飲酒一石不亂。三弟皆任俠，不修行業，惟跋恭慎，勤於家產，父母器之。所居上每有雲氣若樓閣，時咸異之。嘗夜見天門開，神光赫然燭於庭內。及慕容寶僭號，署中衞將軍。

初，跋弟素弗與從兄萬泥及諸少年游于水濱，有一金龍浮水而下。素弗謂萬泥曰：「頗有見否？」萬泥等皆曰：「無所見也。」乃取龍而示之，咸以爲非常之瑞。慕容熙聞而求焉，素弗祕之，熙怒。及即僞位，密欲誅跋兄弟。其後跋又犯熙禁，懼禍，乃與其諸弟逃于山澤。每夜獨行，猛獸常爲避路。時賦役繁數，人不堪命，跋兄弟謀曰：「熙今昏虐，兼忌吾兄弟，既還首無路，不可坐受誅滅。當及時而起，立公侯之業。事若不成，死其晚乎！」遂與萬泥等二十二人結謀。跋與二弟乘車，使婦人御，潛入龍城，匿于北部司馬孫護之室。遂殺熙，立高雲爲主。雲署跋爲使持節、侍中、都督中外諸軍事、征北大將軍、開府儀同三司、錄尚書事、武邑公。

跋讌羣僚，忽有血流其左臂，跋惡之。從事中郎王垂因說符命之應，跋戒其勿言。雲爲其幸臣離班、桃仁所殺，跋升洪光門以觀變。〔二三〕帳下督張泰、李桑謂跋曰：「此豎勢何所至！請爲公斬之。」於是奮劍而下，桑斬班于西門，泰殺仁于庭中。衆推跋爲主，跋曰：「范陽公素弗才略不恒，志於靖亂，掃清凶桀，皆公勳也。」素弗辭曰：「臣聞父兄之有天下，傳之於子弟，未聞子弟藉父兄之業而先之。今鴻基未建，危甚綴旒，天工無曠，業係大兄。願上順皇天之命，下副元元之心。」羣臣固請，乃許之。於是以太元二十年乃僭稱天王于昌黎，〔二四〕而不徙舊號，即國曰燕，赦其境內，建元曰太平。分遣使者巡行郡國，觀察風俗。追尊祖和爲元皇帝，父安爲宣皇帝，尊母張氏爲太后，立妻孫氏爲王后，子永爲太子。署弟素弗爲侍中、車騎大將軍、錄尚書事，弘爲侍中、征東大將軍、尚書右僕射、汲郡公，從兄萬泥爲驃騎大將軍、幽平二州牧，務銀提爲上大將軍、遼東太守，孫護爲侍中、尚書令、陽平公，張興爲衞將軍、尚書左僕射、永寧公，郭生爲鎮東大將軍、領右衞將軍、陳留公，從兄子乳陳爲征西大將軍、幷青二州牧、上谷公，姚昭爲鎮南大將軍、司隸校尉、上黨公，馬弗勤爲吏部尚書、廣宗公，王難爲侍中、撫軍將軍、潁川公，自餘拜授，文武進位各有差。尋而萬泥抗表請代，跋曰：「猥以不德，謬爲羣賢所推，思與兄弟同茲休戚。今方難未寧，維城任重，非明德懿親，孰克居也！且折衝禦侮，爲國藩屏，雖有他人，不如我弟兄，豈得如所陳也。」於是加開府儀同三司。

義熙六年，跋下書曰：「昔高祖爲義帝舉哀，天下歸其仁。吾與高雲義則君臣，恩踰兄弟。其以禮葬雲及其妻子，立雲廟於韮町，置園邑二十家，四時供薦。」

初，跋之立也，萬泥、乳陳自以親而有大功，謂當入爲公輔，跋以二藩任重，因而弗徵，並有憾焉。乳陳性粗獷，勇氣過人，密遣告萬泥曰：「乳陳有至謀，願與叔父圖之。」萬泥遂奔白狼，阻兵以叛。跋遣馮弘與將軍張興將步騎二萬討之。弘遣使喻之曰：「昔者兄弟乘風雲之運，撫翼而起。羣公以天命所鍾，人望攸係，推逼主上光踐寶位。裂土疏爵，當與兄弟共之，奈何欲尋干戈於蕭牆，棄友于而爲閼伯！過貴能改，善莫大焉。宜舍茲嫌，同獎王室。」萬泥欲降，乳陳按劍怒曰：「大丈夫死生有命，決之于今，何謂降也！」遂剋期出戰。興謂弘曰：「賊明日出戰，今夜必來驚我營，宜命三軍以備不虞。」弘乃密嚴人課草十束，畜火伏兵以待之。是夜，乳陳果遣壯士千餘人來斫營。衆火俱起，伏兵邀擊，俘斬無遺。乳陳等懼而出降，弘皆斬之。

署素弗爲大司馬，改封遼西公，馮弘爲驃騎大將軍，改封中山公。

跋下書曰：「自頃多故，事難相尋，賦役繁苦，百姓困窮。宜加寬宥，務從簡易，前朝苛政，皆悉除之。守宰當垂仁惠，無得侵害百姓，蘭臺都官明加澄察。」初，慕容熙之敗也，工

人李訓竊寶而逃，貲至巨萬，行貨于馬弗勤，弗勤以訓爲方略令。既而失志之士書之於闕下碑，馮素弗言之於跋，請免弗勤官，仍推罪之。跋曰：「大臣無忠清之節，貨財公行於朝，雖由吾不明所致，弗勤宜肆諸市朝，以正刑憲。但大業草創，彝倫未敍，弗勤拔自寒微，未有君子之志，其特原之。李訓小人，汙辱朝士，可東市考竟。」於是上下肅然，請賕路絕。

蠕蠕勇斛律遣使求跋女僞樂浪公主，〔二五〕獻馬三千匹，跋命其羣下議之。素弗等議曰：「前代舊事，皆以宗女妻六夷，宜許以妃嬪之女，樂浪公主不宜下降非類。」跋曰：「女生從夫，千里豈遠！朕方崇信殊俗，奈何欺之！」乃許焉。遣其游擊秦都率騎二千，送其女歸于蠕蠕。庫莫奚虞出庫眞率三千餘落請交市，獻馬千匹，許之，處之於營丘。

分遣使者巡行郡國，孤老久疾不能自存者，振穀帛有差，孝悌力田閨門和順者，皆褒顯之。昌黎郝越、營丘張買成、周刁、溫建德、何纂以賢良皆擢敍之。遣其太常丞劉軒徙北部人五百戶于長谷，爲祖父園邑。以其太子永領大單于，置四輔。跋勵意農桑，勤心政事，乃下書省徭薄賦，墮農者戮之，力田者褒賞，命尚書紀達爲之條制。每遣守宰，必親見東堂，問爲政事之要，令極言無隱，以觀其志。於是朝野競勸焉。

先是，河間人褚匡言於跋曰：「陛下至德應期，龍飛東夏，舊邦宗族，傾首朝陽，以日爲歲。若聽臣往迎，致之不遠。」跋曰：「隔絕殊域，阻迴數千，將何可致也？」匡曰：「章武郡臨海，船路甚通，出於遼西臨渝，不爲難也。」跋許之，署匡游擊將軍、中書侍郎，厚加資遣。匡尋與跋從兄買、從弟睹自長樂率五千餘戶來奔，署買爲衞尉，封城陽伯，睹爲太常、高城伯。

契丹庫莫奚降，署其大人爲歸善王。

跋又下書曰：「今疆宇無虞，百姓寧業，而田畝荒穢，有司不隨時督察，欲令家給人足，不亦難乎！桑柘之益，有生之本。此土少桑，人未見其利，可令百姓人殖桑一百根，柘二十根。」又下書曰：「聖人制禮，送終有度。重其衣衾，厚其棺槨，將何用乎？人之亡也，精魂上歸於天，骨肉下歸於地，朝終夕壞，無寒煖之期，衣以錦繡，服以羅紈，寧有知哉！厚於送終，貴而改葬，皆無益亡者，有損於生。是以祖考因舊立廟，皆不改營陵寢。申下境內，自今皆令奉之。」

魏使耿貳至其國，跋遣其黃門郎常陋迎之於道。跋爲不稱臣，怒而不見。及至，跋又遣陋勞之。貳忿而不謝。跋散騎常侍申秀言於跋曰：「陛下接貳以禮，而敢驕蹇若斯，不可容也。」中給事馮懿以傾佞有幸，又盛稱貳之陵慠以激跋。跋曰：「亦各其志也。匹夫尚不可屈，況一方之主乎！」請幽而降之，跋乃留貳不遣。

是時，并竭三日而復。其尚書令孫護里有犬與豕交，護見而惡之，召太史令閔尚筮之。尚曰：「犬豕異類而交，違性失本，其於洪範爲犬禍，將勃亂失衆，以至敗亡。明公位極冢

宰，遐邇具瞻，諸弟並封列侯，貴傾王室，妖見里庭，不爲他也。願公戒滿盈之失，修尚恭儉，則妖怪可消，永享元吉。」護默然不悅。

昌黎尹孫伯仁、護弟叱支、叱支弟乙拔等俱有才力，以驍勇聞。跋之立也，並冀開府，而跋未之許，由是有怨言。每於朝饗之際，常拔劍擊柱曰：「興建大業，有功力焉，而滯於散將，豈是漢祖河山之義乎！」跋怒，誅之，進護左光祿大夫、開府儀同三司、錄尚書事以慰之。護自三弟誅後，常怏怏有不悅之色，跋怒，酖之。尋而遼東太守務銀提自以功在孫護、張興之右，而出爲邊郡，抗表有恨言，密謀外叛。跋怒，殺之。

跋下書曰：「武以平亂，文以經務，寧國濟俗，實所憑焉。自頃喪難，禮崩樂壞，閭閻絕諷誦之音，後生無庠序之教，子衿之歎復興于今，豈所以穆章風化，崇闡斯文！可營建太學，以長樂劉軒、營丘張熾、成周翟崇爲博士郎中，簡二千石已下子弟年十五已上教之。」

跋弟丕，先是，因亂投於高句驪，跋迎致之，至龍城，以爲左僕射、常山公。

蠕蠕斛律爲其弟大但所逐，盡室奔跋，乃館之于遼東郡，待之以客禮。跋納其女爲昭儀。時三月不雨，至于夏五月。斛律上書請還塞北，跋曰：「棄國萬里，又無內應。若以强兵相送，糧運難繼；少也，勢不能固。且千里襲國，古人爲難，況數千里乎！」斛律固請曰：「不煩大衆，願給騎三百足矣。得達勅勒國，〔二六〕人必欣而來迎。」乃許之，遣單于前輔萬陵

率騎三百送之。陵憚遠役，至黑山，殺斛律而還。晉青州刺史申永遣使浮海來聘，跋乃使其中書郎李扶報之。蠕蠕大但遣使獻馬三千匹，羊萬口。

有赤氣四塞，太史令張穆言於跋曰：「兵氣也。今大魏威制六合，而聘使斷絕。自古未有鄰國接境，不通和好。違義怒鄰，取亡之道。宜還前使，修和結盟。」跋曰：「吾當思之。」尋而魏軍大至，遣單于右輔古泥率騎候之。去城十五里，遇軍奔還。又遣其將姚昭、皇甫軌等距戰，軌中流矢死。魏以有備，引還。

跋境地震山崩，洪光門鸛雀折。又地震，右寢壞。跋問閔尚曰：「比年屢有地動之變，卿可明言其故。」尚曰：「地，陰也，主百姓。震有左右，比震皆向右，臣懼百姓將西移。」跋曰：「吾亦甚慮之。」分遣使者巡行郡國，問所疾苦，孤老不能自存者，賜以穀帛有差。

跋立十一年，至是，元熙元年也，此後事入于宋。至元嘉七年死。弟弘殺跋子翼自立，後爲魏所伐，東奔高句麗。居二年，高句麗殺之。始，跋以孝武太元二十年僭號，至弘二世，凡二十有八載。〔二七〕

馮素弗，跋之長弟也。慷慨有大志，姿貌魁偉，雄傑不羣，任俠放蕩，不修小節，故時人

未之奇，惟王齊異焉，曰：「撥亂才也。」惟交結時豪爲務，不以產業經懷。弱冠，自詣慕容熙尚書左丞韓業請婚，業怒而距之。復求尚書郎高邵女，邵亦弗許。南宮令成藻，豪俊有高名，素弗造焉，藻命門者勿納。素弗逕入，與藻對坐，旁若無人。談飲連日，藻始奇之，曰：「吾遠求騏驥，不知近在東鄰，何識子之晚也！」當世俠士莫不歸之。及熙僭號，爲侍御郎、小帳下督。

跋之僞業，素弗所建也。及爲宰輔，謙虛恭慎，非禮不動，雖廝養之賤，皆與之抗禮。車服屋宇，務於儉約，修己率下，百僚憚之。初爲京尹，及鎭營丘，百姓歌之。嘗謂韓業曰：「君前既不顧，今將自取，何如？」業拜而陳謝。素弗曰：「既往之事，豈復與君計之！」然待業彌厚。好存亡繼絕，申拔舊門，問侍中陽哲曰：「秦趙勳臣子弟今何在乎？」哲曰：「皆在中州，惟桃豹孫鮮在焉。」素弗召爲左常侍，論者歸其有宰衡之度。跋之七年死，跋哭之哀慟。比葬，七臨之。

史臣曰：自五胡縱慝，九域淪胥，帝里神州，遂混之於荒裔，鴻名寶位，咸假之於雜種。嘗謂戎狄凶嚚，未窺道德，欺天擅命，抑乃其常。而馮跋出自中州，有殊醜類，因鮮卑之昏虐，亦盜名於海隅。然其遷徙之餘，少非雄傑，幸以寬厚爲衆所推。初雖砥礪，終罕成德，舊史稱其信惑妖祀，斥黜諫臣，無開馭之才，異經決之士，信矣。速禍致寇，良謂在茲。猶能撫育黎萌，保守疆宇，發號施令，二十餘年，豈天意乎，非人事也！

贊曰：國仁驍武，乾歸勇悍。矯矯熾磐，臨機能斷。孰謂獯虜，亦懷沈算。文起常才，憑時叛換。咸竊大寶，爲我多難。

校勘記

〔一〕在昔有如弗斯出連叱盧三部　古今姓氏書辯證三引西秦錄云：「有乞伏氏與斯引氏自漢北出陰山。」元和姓纂引西秦錄同，但「斯」作「期」。通志氏族略引西秦錄作「乞伏國仁之先如弗與出連、斯引、叱盧二（當作三）部自漢北出陰山」。按：魏書乞伏國仁傳但云「其先如弗」，無「斯」字，亦不舉三部名，知「斯」字不與上「如弗」連讀。據上引諸書，知西秦錄所記與如弗同出陰山者有「斯引」，據下文國仁初據苑川，即以「斯引烏埿」爲左輔將軍，與出連高胡、叱盧那胡並列，當即斯引、出連、叱盧三部之長。此處原文當作「在昔有如弗與斯引、出連、叱盧三部」，脫去「與」「引」二字。

〔二〕以其將乙旃音埿爲左相　通鑑一〇六「音埿」作「童埿」。

〔三〕莫侯悌　通鑑一〇六「悌」下有「眷」字。廣韻十九鐸亦作「莫侯悌眷」，下乾歸載記稱「南梁州刺史悌眷爲御史大夫」，即其人。「莫侯」當即「莫何」之異譯，乃官名。此處單作「悌」當是省稱。

〔四〕慕容允　斠注：通鑑一一〇作「慕兀」，胡注云：「慕兀，晉書載記作慕容兀。蓋亦乞伏氏，載記誤也。」按：如胡注所云，胡所見本晉書作「兀」，並不作「允」。

〔五〕義熙三年　周校：安帝紀作「義熙五年」。按：通鑑一一五事在五年，魏書太宗紀在永興元年，亦即晉義熙五年。此處「三年」當是「五年」之譌。

〔六〕武臺　「武臺」本名「虎臺」，避唐諱改，參卷一二六校記。

〔七〕永洛城　通鑑一一六「永洛」作「水洛」，胡注引水經渭水注及元豐九域志並作「水洛城」。「永」字乃「水」形近而譌。

〔八〕六年　周校：紀作「八年」。通鑑一一六事在八年，魏書太宗紀在永興四年，亦即晉義熙八年。此處「六年」乃「八年」之譌。

〔九〕揚武　各本「揚」作「陽」。「揚武」乃軍號，今據通鑑一一六改。

〔一〇〕在位二十四年　乾歸稱河南王在太元十三年，至義熙八年，共二十五年。

〔一一〕後自西平逃而降與　各本「西平」作「南平」。周校：當作「西平」。按：上乾歸載記明言「元興元年，熾磐自西平奔長安」，是時禿髮利鹿孤居西平。周說是，今據上文改。

〔一三〕義熙六年　「六年」乃「八年」之譌，見本卷校記。

〔一三〕掘逵　册府二三一、通鑑一一六「掘逵」並作「掘達」。

〔一四〕僭立十年　安紀，熾磐立於義熙八年，其滅傉檀在十年。校文據此謂相拒僅三載，安得曰「僭立十年」，知「僭立」乃「義熙」二字之譌。按：校文說或是，但御覽一二七引西秦錄所謂「有雲五色」云云及滅傉檀在熾磐之永康三年，則其誤或不在「僭立」二字，而在「三年」譌「十年」。

〔一五〕河湟　周校：蒙遜載記作「湟河」，爲是。按：禿髮傉檀載記、通鑑一一七並作「湟河」，地理志上有湟河，無河湟，周說是。參卷八七校記。

〔一六〕西逵　斠注：元本作「四逵」。按：南北監本、明周若年本以下簡稱周本作「四逵」，通鑑一一七、一一八、通志一九一並作「西逵」。

〔一七〕孔子　各本「孔子」作「他子」，張元濟校勘記云，所見另一宋本作「孔子」。按：册府二三一、通鑑一一八、通志一九一並作「孔子」，今從之。

〔一八〕元熙元年立其第二子慕末爲太子　通鑑一一九此事在宋永初元年，御覽一二七引西秦錄在熾磐之建弘元年，並即晉元熙二年，疑「元」字譌。

〔一九〕熾磐在位七年而宋氏受禪　熾磐於義熙八年即位，至元熙二年劉裕代晉，應作「在位九年」。

〔二〇〕以宋元嘉四年死　通志一九一「四年」作「五年」。通鑑一二一亦系於五年。御覽一二七引西秦

錄云熾磐卒在建弘九年，魏書世祖紀在神䴥元年，並當宋元嘉五年。此處「四年」當是「五年」之譌。

〔二一〕在位四年　各本「四」作「三」。斠注：慕末在位，自戊辰至辛未，實爲四年。按：通鑑一二二記夏殺慕末在元嘉八年六月，斠注說是。册府二一九、通志一九一並作「四年」。今據改。

〔二二〕凡四十有六載而滅　通志一九一「四十有六」作「四十有七」。國仁以太元十年立，慕末以元嘉八年滅，作「四十七載」是。但慕末降夏據魏書世祖紀實在正月，不計此年，則作「四十六載」未爲甚誤。

〔二三〕洪光門　慕容熙載記「洪」作「弘」。按：本當是「弘」字，避魏獻文帝拓跋弘諱改。

〔二四〕於是以太元二十年乃僭稱天王于昌黎　校文：帝紀，跋立在義熙五年，太元二十年乃慕容垂稱帝時，相拒十餘年矣。四字（指「太元二十」四字）顯誤。按：通志一九一「太元二十年」作「晉義熙五年」，魏書太宗紀在永興元年，即晉之義熙五年，通鑑一一五與安紀、通志、魏書同。册府二一九此條無「於是以太元二十年」八字。覩下文稱「跋以孝武太元二十年僭號」，則非傳刻之誤，通志、册府當是知其謬誤，或改或刪。

〔二五〕蝚蠕勇斛律　李校：「勇」字疑誤，魏書蠕蠕傳言：「斛律號靄苦蓋可汗，魏言姿質美好也。」並無「勇」字，此下亦止稱斛律。按：通志一九一、通鑑一一六並無「勇」字，當是衍文。

〔二六〕得逵敕勒國　各本「勒」作「勤」。周校：「敕勒」誤「敕勤」。按：北史高車傳云：「初號爲狄歷，北方以爲敕勒，諸夏以爲高車、丁零。」字當作「勒」無疑，今據改。

〔二七〕始跋以孝武太元二十年僭號至弘二世凡二十有八載　校文：跋立於義熙五年，故云「至弘二世，凡二十八載」，若作太元二十年，則三十九年矣。按：册府二一九、通志一九一「孝武太元二十年」作「安帝義熙五年」，是。上文已誤馮跋稱天王在太元二十年，當是原文已誤，册府、通志並以意改正。

晉書卷一百二十六

載記第二十六

禿髮烏孤

禿髮烏孤，河西鮮卑人也。其先與後魏同出。八世祖匹孤率其部自塞北遷于河西，其地東至麥田、牽屯，西至濕羅，南至澆河，北接大漠。匹孤卒，子壽闐立。初，壽闐之在孕，母胡掖氏因寢而產於被中，鮮卑謂被爲「禿髮」，因而氏焉。壽闐卒，孫樹機能立，壯果多謀略。泰始中，殺秦州刺史胡烈於萬斛堆，敗涼州刺史蘇愉于金山，盡有涼州之地，武帝爲之旰食。後爲馬隆所敗，部下殺之以降。從弟務丸立。死，孫推斤立。死，子思復鞬立，部衆稍盛。烏孤卽思復鞬之子也。及嗣位，務農桑，修鄰好。呂光遣使署爲假節、冠軍大將軍、河西鮮卑大都統、廣武縣侯。烏孤謂諸將曰：「呂氏遠來假授，當可受不？」衆咸曰：「吾士衆不少，何故屬人！」烏孤將從之，其將石眞若留曰：「今本根未固，理宜隨時。光德刑修明，境

內無虞，若致死于我者，大小不敵，後雖悔之，無所及也。不如受而遵養之，以待其釁耳。」烏孤乃受之。

烏孤討乙弗、折掘二部，大破之，遣其將石亦干築廉川堡以都之。烏孤登廉川大山，泣而不言。石亦干進曰：「臣聞主憂臣辱，主辱臣死，大王所爲不樂者，將非呂光乎？光年已衰老，師徒屢敗。今我以士馬之盛，保據大川，乃可以一擊百，光何足懼也。」烏孤曰：「光之衰老，亦吾所知。但我祖宗以德懷遠，殊俗憚威，盧陵、契汗萬里委順。及吾承業，諸部背叛，邇既乖違，遠何以附，所以泣耳。」其將苻渾曰：「大王何不振旅誓衆，以討其罪。」烏孤從之，大破諸部。呂光封烏孤廣武郡公。又討意云鮮卑，大破之。

光又遣使署烏孤征南大將軍、益州牧、左賢王。烏孤謂使者曰：「呂王昔以專征之威，遂有此州，不能以德柔遠，惠安黎庶。諸子貪淫，三甥肆暴，郡縣土崩，下無生賴。吾安可違天下之心，受不義之爵！帝王之起，豈有常哉！無道則滅，有德則昌。吾將順天人之望，爲天下主。」留其鼓吹羽儀，謝其使而遣之。

隆安元年，自稱大都督、大將軍、大單于、西平王，赦其境內，年號太初。曜兵廣武，攻克金城。光遣將軍竇苟來伐，戰于街亭，大敗之。降光樂都、湟河、澆河三郡，嶺南羌胡數萬落皆附之。光將楊軌、王乞基率戶數千來奔。烏孤更稱武威王。後三歲，〔一〕徙于樂都，署弟利鹿孤爲驃騎大將軍、西平公，鎭安夷，傉檀爲車騎大將軍、廣武公，鎭西平。以楊軌爲賓客。金石生、時連珍，四夷之豪儁；陰訓、郭倖，西州之德望；楊統、楊貞、衞殷、麴丞明、郭黃、郭奮、史暠、鹿嵩，文武之秀傑；梁昶、韓疋、張昶、郭韶，中州之才令；金樹、薛翹、〔二〕趙振、王忠、趙晁、蘇霸，秦雍之世門，皆內居顯位，外宰郡縣。官方授才，咸得其所。

烏孤從容謂其羣下曰：「隴右區區數郡地耳！因其兵亂，分裂遂至十餘。乾歸擅命河南，段業阻兵張掖，虜氏假息，偷據姑臧。吾藉父兄遺烈，思廓清西夏，兼弱攻昧，三者何先？」楊統進曰：「乾歸本我所部，終必歸服。段業儒生，才非經世，權臣擅命，制不由己，千里伐人，糧運懸絕，且與我鄰好，許以分災共患，乘其危弊，非義舉也。呂光衰老，嗣紹沖闇，二子纂、弘，雖頗有文武，而內相猜忌。若天威臨之，必應鋒瓦解。宜遣車騎鎭浩亹，鎭北據廉川，乘虛迭出，多方以誤之，救右則擊其左，救左則擊其右，使纂疲於奔命，人不得安其農業。兼弱攻昧，於是乎在，不出二年，可以坐定姑臧。姑臧既拔，二寇不待兵戈，自然服矣。」烏孤然之，遂陰有吞幷之志。

段業爲呂纂所侵，遣利鹿孤救之。纂懼，燒氐池、張掖穀麥而還。以利鹿孤爲涼州牧，鎭西平，追傉檀入錄府國事。

是歲，烏孤因酒墜馬傷脅，笑曰：「幾使呂光父子大喜。」俄而患甚，顧謂羣下曰：「方難

未靜，宜立長君。」言終而死。在王位三年，僞謚武王，廟號烈祖。弟利鹿孤立。

禿髮利鹿孤

利鹿孤以隆安三年卽僞位，赦其境內殊死已下，又徙居于西平。使記室監麴梁明聘于段業。業曰：「貴主先王創業啓運，功高先世，宜爲國之太祖，有子何以不立？」梁明曰：「有子羌奴，先王之命也。」業曰：「昔成王弱齡，周召作宰；漢昭八歲，金霍夾輔。雖嗣子沖幼，而二叔休明，左提右挈，不亦可乎？」明曰：「宋宣能以國讓，春秋美之；孫伯符委事仲謀，終開有吳之業。且兄終弟及，殷湯之制也，亦聖人之格言，萬代之通式，何必胤己爲是，紹兄爲非。」業曰：「美哉！使乎之義也。」

利鹿孤聞呂光死，遣其將金樹、蘇翹率騎五千屯于昌松漠口。既逾年，赦其境內，改元曰建和。二千石長吏清高有惠化者，皆封亭侯、關內侯。呂纂來伐，使傉檀距之。纂士卒精銳，進度三堆，三軍擾懼。傉檀下馬據胡牀而坐，士衆心乃始安。與纂戰，敗之，斬二千餘級。纂西擊段業，傉檀率騎一萬，乘虛襲姑臧。纂弟緯守南北城以自固。傉檀置酒于朱明門上，鳴鍾鼓以饗將士，耀兵于青陽門，虜八千餘戶而歸。

乞伏乾歸爲姚興所敗，率騎數百來奔，處之晉興，待以上賓之禮。乾歸遣子謙等質于西平。鎮北將軍俱延言於利鹿孤曰：「乾歸本我之屬國，妄自尊立，理窮歸命，非有款誠。若奔東秦，必引師西侵，非我利也。宜徙於乙弗之間，防其越逸之路。」利鹿孤曰：「吾方弘信義以收天下之心，乾歸投誠而徙之，四海將謂我不可以誠信託也。」俄而乾歸果奔于姚興。利鹿孤謂延曰：「不用卿言，乾歸果叛，卿爲吾行也。」延追乾歸至河，不及而還。

利鹿孤立二年，龍見于長寧，麒麟游于綏羌，於是羣臣勸進，以隆安五年僭稱河西王。其將鍮勿崘進曰：「昔我先君肇自幽朔，被髮左衽，無冠冕之儀，遷徙不常，無城邑之制，用能中分天下，威振殊境。今建大號，誠順天心。然寧居樂土，非貽厥之規；倉府粟帛，生敵人之志。且首兵始號，事必無成，陳勝、項籍，前鑒不遠。宜置晉人於諸城，勸課農桑，以供軍國之用，我則習戰法以誅未賓。若東西有變，長算以糜之；如其敵强於我，徙而以避其鋒，不亦善乎！」利鹿孤然其言。

於是率師伐呂隆，大敗之，獲其右僕射楊桓。傉檀謂之曰：「安寢危邦，不思擇木，老爲囚虜，豈曰智也！」桓曰：「受呂氏厚恩，位忝端貳，雖洪水滔天，猶欲濟彼俱溺，實恥爲叛臣以見明主。」傉檀曰：「卿忠臣也！」以爲左司馬。

利鹿孤謂其羣下曰：「吾無經濟之才，忝承業統，自負乘在位，三載于茲。雖夙夜惟寅，

思弘道化，而刑政未能允中，風俗尙多凋弊；戎車屢駕，無闢境之功；務進賢彥，而下猶蓄滯。豈所任非才，將吾不明所致也？二三君子其極言無諱，吾將覽焉。」祠部郎中史暠對曰：「古之王者，行師以全軍爲上，破國次之，拯溺救焚，東征西怨。今不以綏寧爲先，惟以徙戶爲務，安土重遷，故有離叛，所以斬將克城，土不加廣。今取士拔才，必先弓馬，文章學藝爲無用之條，非所以來遠人，垂不朽也。孔子曰：『不學禮，無以立。』宜建學校，開庠序，選耆德碩儒以訓胄子。」利鹿孤善之，於是以田玄沖、趙誕爲博士祭酒，以教胄子。

時利鹿孤雖僭位，尙臣姚興。楊桓兄經佐命姚萇，早死，興聞桓有德望，徵之。利鹿孤餞桓于城東，謂之曰：「本期與卿共成大業，事乖本圖，分歧之感，實情深古人。但鯤非溟海，無以運其軀；鳳非修梧，無以晞其翼。卿有佐時之器，夜光之寶，當振纓雲閣，耀價連城，區區河右，未足以逞卿才力。善勗日新，以成大美。」桓泣曰：「臣往事呂氏，情節不建。陛下宥臣於俘虜之中，顯同賢舊，每希攀龍附鳳，立尺寸之功。龍門既開，而臣違離，公衡之戀，豈曰忘之！」利鹿孤爲之流涕。

遣傉檀又攻呂隆昌松太守孟禕于顯美，克之。傉檀執禕而數之曰：「見機而作，賞之所先；守迷不變，刑之所及。吾方耀威玉門，掃平秦隴，卿固守窮城，稽淹王憲，國有常刑，於分甘乎？」禕曰：「明公開翦河右，聲播宇內，文德以綏遠人，威武以懲不恪。況禕蕞爾，敢距天命！釁鼓之刑，禕之分也。但忠於彼者，亦忠於此。荷呂氏厚恩，受藩屏之任，明公至而歸命，恐獲罪於執事，惟公圖之。」傉檀大悅，釋其縛，待之客禮。徙顯美、麗靬二千餘戶而歸。嘉禕忠烈，拜左司馬。禕請曰：「呂氏將亡，聖朝之并河右，昭然已定。但爲人守而不全，復忝顯任，竊所未安。明公之恩，聽禕就戮於姑臧，死且不朽。」傉檀義而許之。

呂隆爲沮渠蒙遜所伐，遣使乞師，利鹿孤引羣下議之。尙書左丞婆衍崘曰：「今姑臧饑荒殘弊，穀石萬錢，野無青草，資食無取。蒙遜千里行師，糧運不屬，使二寇相殘，以乘其釁。若蒙遜拔姑臧，亦不能守，適可爲吾取之，不宜救也。」傉檀曰：「崘知其一，未知其二。姑臧今雖虛弊，地居形勝，河西一都之會，不可使蒙遜據之，宜在速救。」利鹿孤曰：「車騎之言，吾之心也。」遂遣傉檀率騎一萬救之。至昌松而蒙遜已退，傉檀徙涼澤、段冢五百餘家而歸。

利鹿孤寢疾，令曰：「內外多虞，國機務廣，其令車騎嗣業，以成先王之志。」在位三年而死，〔三〕葬于西平之東南，僞謚曰康王。弟傉檀嗣。

禿髮傉檀

傉檀少機警，有才略。其父奇之，謂諸子曰：「傉檀明識榦藝，非汝等輩也。」是以諸兄

不以授子，欲傳之於傉檀。及利鹿孤卽位，垂拱而已，軍國大事皆以委之。以元興元年僭號涼王，遷于樂都，改元曰弘昌。

初，乞伏乾歸之在晉興也，以世子熾磐爲質。後熾磐逃歸，爲追騎所執，利鹿孤命殺之。傉檀曰：「臣子逃歸君父，振古通義，故魏武善關羽之奔，秦昭恕頃襄之逝。熾磐雖逃叛，孝心可嘉，宜垂全宥以弘海岳之量。」乃赦之。至是，熾磐又奔允街，傉檀歸其妻子。

姚興遣使拜傉檀車騎將軍、廣武公。傉檀大城樂都。姚興遣將齊難率衆迎呂隆于姑臧，傉檀攝昌松、魏安二戍以避之。

興涼州刺史王尙遣主簿宗敞來聘。敞父燮，呂光時自湟河太守入爲尙書郎，見傉檀于廣武，執其手曰：「君神爽宏拔，逸氣陵雲，命世之傑也，必當克清世難。恨吾年老不及見耳，以敞兄弟託君。」至是，傉檀謂敞曰：「孤以常才，謬爲尊先君所見稱，每自恐有累大人水鏡之明。及忝家業，竊有懷君子。詩云：『中心藏之，何日忘之。』不圖今日得見卿也。」敞曰：「大王仁侔魏祖，存念先人，雖朱暉眄張堪之孤，叔向撫汝齊之子，無以加也。」酒酣，語及平生。傉檀曰：「卿魯子敬之儔，恨不與卿共成大業耳。」

傉檀以姚興之盛，又密圖姑臧，乃去其年號，罷尙書丞郎官，遣參軍關尙聘于興。興謂尙曰：「車騎投誠獻款，爲國藩屏，擅興兵衆，輒造大城，爲臣之道固若是乎？」尙曰：「王侯設

險以自固，先王之制也，所以安人衞衆，預備不虞。車騎僻在遐藩，密邇勍寇，南則逆羌未賓，西則蒙遜跋扈，蓋爲國家重門之防，不圖陛下忽以爲嫌。」興笑曰：「卿言是也。」

傉檀遣其將文支討南羌、西虜，大破之。上表姚興，求涼州，不許，加傉檀散騎常侍，增邑二千戶。傉檀於是率師伐沮渠蒙遜，次于氐池。蒙遜嬰城固守，芟其禾苗，至于赤泉而還。獻興馬三千匹，羊三萬頭。興乃署傉檀爲使持節、都督河右諸軍事、車騎大將軍、領護匈奴中郎將、涼州刺史，常侍、公如故，鎮姑臧。傉檀率步騎三萬次于五澗，興涼州刺史王尚遣辛晁、孟禕、彭敏出迎。尚出自清陽門，鎮南文支入自涼風門。宗敞以別駕送尚還長安，傉檀曰：「吾得涼州三千餘家，情之所寄，唯卿一人，奈何捨我去乎？」敞曰：「今送舊君，所以忠於殿下。」傉檀曰：「吾今新牧貴州，懷遠安邇之略，爲之若何？」敞曰：「涼土雖弊，形勝之地，道由人弘，實在殿下。段懿、孟禕，武威之宿望；辛晁、彭敏，秦隴之冠冕；裴敏、馬輔，中州之令族；張昶，涼國之舊胤；張穆、邊憲、文齊、楊班、梁崧、趙昌，武同飛羽。以大王之神略，撫之以威信，農戰並修，文教兼設，可以從橫於天下，河右豈足定乎！」傉檀大悅，賜敞馬二十匹。於是大饗文武於謙光殿，班賜金馬各有差。

遣西曹從事史暠聘于姚興。興謂暠曰：「車騎坐定涼州，衣錦本國，其德我乎？」暠曰：「車騎積德河西，少播英問，王威未接，投誠萬里。陛下官方任才，量功授職，彝倫之常，何

德之有！」興曰：「朕不以州授車騎者，車騎何從得之！」暠曰：「使河西雲擾、呂氏顛狽者，實由車騎兄弟傾其根本。陛下雖鴻羅遐被，涼州猶在天網之外。故征西以周召之重，力屈姑臧；齊難以王旅之盛，勢挫張掖。王尚孤城獨守，外逼羣狄，陛下不連兵十年，殫竭中國，涼州未易取也。今以虛名假人，內收大利，乃知妙算自天，聖與道合，雖云遷授，蓋亦時宜。」興悅其言，拜騎都尉。

傉檀讌羣僚于宣德堂，仰視而歎曰：「古人言作者不居，居者不作，信矣。」孟禕進曰：「張文王築城苑，繕宗廟，爲貽厥之資，萬世之業，秦師濟河，漼然瓦解。梁熙據全州之地，擁十萬之衆，軍敗於酒泉，身死于彭濟。呂氏以排山之勢，王有西夏，率土崩離，銜璧秦雍。寬饒有言：『富貴無常，忽輒易人。』此堂之建，年垂百載，十有二主，唯信順可以久安，仁義可以永固，願大王勉之。」傉檀曰：「非君無以聞讜言也。」傉檀雖受制于姚興，然車服禮章一如王者。以宗敞爲太府主簿、錄記室事。

傉檀僞游澆河，襲徙西平、湟河諸羌三萬餘戶于武興、番禾、武威、昌松四郡。徵集戎夏之兵五萬餘人，大閱于方亭，遂伐沮渠蒙遜，入西陝。蒙遜率衆來距，戰于均石，爲蒙遜所敗。傉檀率騎二萬，運穀四萬石以給西郡。蒙遜攻西郡，陷之。其後傉檀又與赫連勃勃戰于陽武，爲勃勃所敗，將佐死者十餘人，傉檀與數騎奔南山，幾爲追騎所得。傉檀懼東

西寇至，徙三百里內百姓入于姑臧，國中駭怨。屠各成七兒因百姓之擾也，率其屬三百人叛傉檀於北城。推梁貴爲盟主，貴閉門不應。一夜衆至數千。殿中都尉張猛大言於衆曰：「主上陽武之敗，蓋恃衆故也。責躬悔過，明君之義，諸君何故從此小人作不義之事！殿內武旅正爾相尋，目前之危，悔將無及。」衆聞之，咸散。七兒奔晏然，殿中騎將白路等追斬之。軍諮祭酒梁裒、輔國司馬邊憲等七人謀反，傉檀悉誅之。

姚興以傉檀外有陽武之敗，內有邊、梁之亂，遣其尚書郎韋宗來觀釁。傉檀與宗論六國從橫之規，三家戰爭之略，遠言天命廢興，近陳人事成敗，機變無窮，辭致清辯。宗出而歎曰：「命世大才、經綸名教者，不必華宗夏士；撥煩理亂、澄氣濟世者，亦未必八索、九丘。五經之外，冠冕之表，復自有人。車騎神機秀發，信一代之偉人，由余、日磾豈足爲多也！」宗還長安，言於興曰：「涼州雖殘弊之後，風化未積，傉檀權詐多方，憑山河之固，未可圖也。」興曰：「勃勃以烏合之衆尚能破之，吾以天下之兵，何足克也！」宗曰：「形移勢變，終始殊途，陵人者易敗，自守者難攻。陽武之役，傉檀以輕勃勃致敗。今以大軍臨之，必自固求全，臣竊料羣臣無傉檀匹也。雖以天威臨之，未見其利。」興不從，乃遣其將姚弼及斂成等率步騎三萬來伐，又使其將姚顯爲弼等後繼，遺傉檀書云：「遣尚書左僕射齊難討勃勃，懼其西逸，故令弼等於河西邀之。」傉檀以爲然，遂不設備。弼衆至漢口，昌松太守蘇霸嬰城

固守，弼喻霸令降，霸曰：「汝違負盟誓，伐委順之藩，天地有靈，將不祐汝！吾寧爲涼鬼，何降之有！」城陷，斬霸。弼至姑臧，屯于西苑。州人王鍾、宋鍾、王娥等密爲內應，候人執其使送之。傉檀欲誅其元首，前軍伊力延侯曰：「今强敵在外，內有姦豎，兵交勢蹙，禍難不輕，宜悉坑之以安內外。」傉檀從之，殺五千餘人，以婦女爲軍賞。命諸郡縣悉驅牛羊於野，斂成縱兵虜掠。傉檀遣其鎮北俱延、鎮軍敬歸等十將率騎分擊，大敗之，斬首七千餘級。姚弼固壘不出，傉檀攻之未克，乃斷水上流，欲以持久斃之。會雨甚，堰壞，弼軍乃振。姚顯聞弼敗，兼道赴之，軍勢甚盛。遣射將孟欽等五人挑戰於涼風門，弦未及發，材官將軍宋益等馳擊斬之。顯乃委罪斂成，遣使謝傉檀，引師而歸。

傉檀於是僭卽涼王位，赦其境內，改年爲嘉平，置百官。立夫人折掘氏爲王后，世子武臺爲太子、〔四〕錄尚書事，左長史趙晁、右長史郭倖爲尚書左右僕射，鎮北俱延爲太尉，鎮軍敬歸爲司隸校尉，自餘封署各有差。

遣其左將軍枯木、駙馬都尉胡康伐沮渠蒙遜，掠臨松人千餘戶而還。蒙遜大怒，率騎五千至于顯美方亭，破車蓋鮮卑而還。俱延又伐蒙遜，大敗而歸。傉檀將親率衆伐蒙遜，趙晁及太史令景保諫曰：「今太白未出，歲星在西，宜以自守，難以伐人。比年天文錯亂，風霧不時，唯修德責躬可以寧吉。」傉檀曰：「蒙遜往年無狀，入我封畿，掠我邊疆，殘我禾稼。

吾蓄力待時，將報東門之恥。今大軍已集，卿欲沮衆邪？」保曰：「陛下不以臣不肖，使臣主察乾象，若見事不言，非爲臣之體。天文顯然，動必無利。」傉檀曰：「吾以輕騎五萬伐之，蒙遜若以騎兵距我，則衆寡不敵；兼步而來，則舒疾不同；救右則擊其左，赴前則攻其後，終不與之交兵接戰，卿何懼乎？」保曰：「天文不虛，必將有變。」傉檀怒，鎖保而行，曰：「有功當殺汝以徇，無功封汝百戶侯。」既而蒙遜率衆來距，戰于窮泉，傉檀大敗，單馬奔還。景保爲蒙遜所擒，讓之曰：「卿明於天文，爲彼國所任，違天犯順，智安在乎？」保曰：「臣匪爲無智，但言而不從。」蒙遜曰：「昔漢祖困于平城，以婁敬爲功；袁紹敗于官渡，而田豐爲戮。卿策同二子，貴主未可量也。卿必有婁敬之賞者，吾今放卿，但恐有田豐之禍耳。」保曰：「寡君雖才非漢祖，猶不同本初，正可不得封侯，豈慮禍也。」蒙遜乃免之。至姑臧，傉檀謝之曰：「卿，孤之蓍龜也，而不能從之，孤之深罪。」封保安亭侯。

蒙遜進圍姑臧，百姓懲東苑之戮，悉皆驚散。疊掘、麥田、車蓋諸部盡降于蒙遜。傉檀遣使請和，蒙遜許之，乃遣司隸校尉敬歸及子他爲質，歸至胡坑，逃還，他爲追兵所執。蒙遜徙其衆八千餘戶而歸。右衞折掘奇鎭據石驢山以叛。傉檀懼爲蒙遜所滅，又慮奇鎭克嶺南，乃遷于樂都，留大司農成公緒守姑臧。傉檀始出城，焦諶、王侯等閉門作難，[五]收合三千餘家，保據南城。諶推焦朗爲大都督、龍驤大將軍，諶爲涼州刺史，降于蒙遜。鎭軍敬

歸討奇鎭於石驢山，戰敗，死之。

蒙遜因克姑臧之威來伐，傉檀遣其安北段苟、左將軍雲連乘虛出番禾以襲其後，徙三千餘家於西平。蒙遜圍樂都，三旬不克，遣使謂傉檀曰：「若以寵子爲質，我當還師。」傉檀曰：「去否任卿兵勢。卿違盟無信，何質以供！」蒙遜怒，築室返耕，爲持久之計。羣臣固請，乃以子安周爲質，蒙遜引歸。

吐谷渾樹洛干率衆來伐，傉檀遣其太子武臺距之，爲洛干所敗。

傉檀又將伐蒙遜，邯川護軍孟愷諫曰：「蒙遜初并姑臧，凶勢甚盛，宜固守伺隙，不可妄動。」不從。五道俱進，至番禾、苕藋，掠五千餘戶。其將屈右進曰：「陛下轉戰千里，前無完陣，徙戶資財，盈溢衢路，宜倍道旋師，早度峻險。蒙遜善於用兵，士衆習戰，若輕軍卒至，出吾慮表，大敵外逼，徙戶內攻，危之道也。」衞尉伊力延曰：「我軍勢方盛，將士勇氣自倍，彼徒我騎，勢不相及，若倍道旋師，必捐棄資財，示人以弱，非計也。」屈右出而告其諸弟曰：「吾言不用，天命也。此吾兄弟死地。」俄而昏霧風雨，蒙遜軍大至，傉檀敗績而還。蒙遜進圍樂都，傉檀嬰城固守，以子染干爲質，蒙遜乃歸。久之，遣安西紇勃耀兵西境。蒙遜侵西平，徙戶掠牛馬而還。

邯川護軍孟愷表鎭南、湟河太守文支荒酒愎諫，不卹政事。傉檀謂伊力延曰：「今州土傾覆，所杖者文支而已，將若之何？」延曰：「宜召而訓之，使改往修來。」傉檀乃召文支，既到，讓之曰：「二兄英姿早世，吾以不才嗣統，不能負荷大業，顛狽如是，胡顏視世，雖存若隕。庶憑子鮮存衞，藉文種復吳，卿之謂也。聞卿唯酒是耽，荒廢庶事。吾年已老，卿復若斯，祖宗之業將誰寄也？」文支頓首陳謝。

邯川人衞章等謀殺孟愷，南啓乞伏熾磐。郭越止之曰：「孟君寬以惠下，何罪而殺之！吾寧違衆而死，不負君以生。」乃密告之愷，誘章等飲酒，殺四十餘人。愷懼熾磐軍之至，馳告文支，文支遣將軍匹珍赴之。熾磐軍到城，聞珍將至，引歸。

蒙遜又攻樂都，二旬不克而還。鎭南文支以湟河降蒙遜，徙五千餘戶于姑臧。蒙遜又來伐，傉檀以太尉俱延爲質，蒙遜乃引還。

傉檀議欲西征乙弗，孟愷諫曰：「連年不收，上下飢弊，南逼熾磐，北迫蒙遜，百姓騷動，下不安業。今遠征雖克，後患必深，不如結盟熾磐，通糴濟難，慰喻雜部，以廣軍資，畜力繕兵，相時而動。易曰：『其亡其亡，繫於苞桑。』惟陛下圖之。」傉檀曰：「孤將略地，卿無沮衆。」謂其太子武臺曰：「今不種多年，內外俱窘，事宜西行，以拯此弊。蒙遜近去，不能卒來，旦夕所慮，唯在熾磐。彼名微衆寡，易以討禦，吾不過一月，自足周旋。汝謹守樂都，無使失墜。」傉檀乃率騎七千襲乙弗，大破之，獲牛馬羊四十餘萬。

熾磐乘虛來襲，撫軍從事中郎尉肅言於武臺曰：「今外城廣大，難以固守，宜聚國人於內城，肅等率諸晉人距戰於外，如或不捷，猶有萬全。」武臺曰：「小賊蕞爾，旦夕當走，卿何慮之過也。」武臺懼晉人有二心也，乃召豪望有勇謀者閉之於內。孟愷泣曰：「熾磐不道，人神同憤。愷等進則荷恩重遷，退顧妻子之累，豈有二乎！今事已急矣，人思自效，有何猜邪？」武臺曰：「吾豈不知子忠，實懼餘人脫生慮表，以君等安之耳。」一旬而城潰。

安西樊尼自西平奔告傉檀，傉檀謂衆曰：「今樂都爲熾磐所陷，男夫盡殺，婦女賞軍，雖欲歸還，無所赴也。卿等能與吾藉乙弗之資，取契汗以贖妻子者，是所望也。不爾，歸熾磐便爲奴僕矣，豈忍見妻子在他懷抱中！」[六]遂引師而西，衆多逃返，遣鎭北段苟追之，苟亦不還。於是將士皆散，惟中軍紇勃、後軍洛肱、安西樊尼、散騎侍郎陰利鹿在焉。傉檀曰：「蒙遜、熾磐昔皆委質於吾，今而歸之，不亦鄙哉！四海之廣，匹夫無所容其身，何其痛也！蒙遜與吾名齊年比，熾磐姻好少年，俱其所忌，勢皆不濟。與其聚而同死，不如分而或全。樊尼長兄之子，宗部所寄，吾衆在北者戶垂一萬，[七]蒙遜方招懷遐邇，存亡繼絕，汝其西也。紇勃、洛肱亦與尼俱。吾年老矣，所適不容，寧見妻子而死！」遂歸熾磐，唯陰利鹿隨之。傉檀謂利鹿曰：「去危就安，人之常也。吾親屬皆散，卿何獨留？」利鹿曰：「臣老母在家，方寸實亂。但忠孝之義，勢不俱全。雖不能西哭沮渠，申包胥之誠；東感秦援，展毛遂之操，負

羈靮而侍陛下者，臣之分也。惟願開弘遠猷，審進止之算。」傉檀歎曰：「知人固未易，人亦未易知。大臣親戚皆棄我去，終始不虧者，唯卿一人。歲寒不凋，見之於卿。」傉檀至西平，熾磐遣使郊迎，待以上賓之禮。

初，樂都之潰也，諸城皆降于熾磐，傉檀將尉賢政固守浩亹不下。熾磐呼之曰：「樂都已潰，卿妻子皆在吾間，孤城獨守，何所爲也！」賢政曰：「受涼王厚恩，爲國家藩屏，雖知樂都已陷，妻子爲擒，先歸獲賞，後順受誅，然不知主上存亡，未敢歸命。妻子小事，豈足動懷！昔羅憲待命，晉文亮之；文聘後來，魏武不責。邀一時之榮，忘委付之重，竊用恥焉，大王亦安用之哉！」熾磐乃遣武臺手書喻政，政曰：「汝爲國儲，不能盡節，面縛於人，棄父負君，虧萬世之業，賢政義士，豈如汝乎！」既而聞傉檀至左南，乃降。

熾磐以傉檀爲驃騎大將軍，封左南公。歲餘，爲熾磐所鴆。左右勸傉檀解藥，傉檀曰：「吾病豈宜療邪！」遂死，時年五十一，在位十三年，僞諡景王。武臺後亦爲熾磐所殺。傉檀少子保周、臘于破羌、〔八〕俱延子覆龍、鹿孤孫副周、烏孤孫承鉢皆奔沮渠蒙遜。久之，歸魏，魏以保周爲張掖王，覆龍酒泉公，破羌西平公，副周永平公，承鉢昌松公。

烏孤以安帝隆安元年僭立，至傉檀三世，凡十九年，〔九〕以安帝義熙十年滅。

史臣曰：禿髮累葉酋豪，擅強邊服，控弦玉塞，躍馬金山，候滿月而窺兵，乘折膠而縱鏑，禮容弗被，聲教斯阻。烏孤納苻渾之策，治兵以討不賓；鹿孤從史暠之言，建學而延胄子。遂能開疆河右，抗衡強國。道由人弘，抑此之謂！傉檀承累捷之銳，藉二昆之資，摧呂氏算無遺策，取姑臧兵不血刃，武略雄圖，比蹤前烈。既而叨竊重位，盈滿易期，窮兵以逞其心，縱慝自貽其斃，地奪於蒙遜，勢衄於赫連，覆國喪身，猶爲幸也。昔宋殤好戰，致災於華督；楚靈黷武，取殺於乾谿。異代同亡，其於傉檀見之矣。

贊曰：禿髮弟兄，擅雄羣虜。開疆河外，淸氛西土。傉檀傑出，騰駕時英。窮兵黷武，喪國積聲。

校勘記

〔一〕後三歲　「後三歲」承上烏孤稱武威王。據安紀及通鑑一一〇稱武威王在隆安二年，而徙樂都，據御覽一二六引南涼錄在太初三年，即隆安三年，則二事相距僅一歲，此云「後三歲」，疑誤。

〔二〕薛翹　斠注：下文利鹿孤載記作「蘇翹」，「蘇」與「薛」必有一誤。按：下云「秦雍之世門」。蘇氏爲武功大族。而薛氏則河東大族，不在秦雍範圍內，疑作「蘇」是。

〔三〕在位三年而死　校文：安帝紀，利鹿孤於隆安三年八月即位，元興元年三月卒，凡四年，非三年。

〔四〕世子武臺爲太子　斠注：通鑑晉紀屢作「虎臺」，蓋亦唐人避諱改作「武」。按：御覽一二六引南涼錄、魏書烏孤傳並作「虎臺」，斠注說是。

〔五〕焦諶王侯等閉門作難　通鑑一一五「焦諶王侯」作「侯諶」。

〔六〕在他懷抱中　殿本作「在他人抱中」。

〔七〕戶垂一萬　各本「一萬」作「二萬」，宋本作「一萬」。通鑑一一六亦作「一萬」，今從宋本。

〔八〕傉檀少子保周臘于破羌　通志一九二「臘」作「獵」。通鑑一一六「臘于破羌」四字作「賀」。按：魏書源賀傳，賀，傉檀子，初名「破羌」。則「破羌」人名。下稱魏封「破羌西平公」，亦可證。「臘于破羌」不可解，通志改「臘」作「獵」，則以爲地名，實誤。疑「保周」下文有譌脫，「于」乃「子」字之譌。

〔九〕凡十九年　御覽一二六引南涼錄云：「自烏孤太初九年歲在丁酉至檀薨之歲甲寅十有八載。」斠注：隆安元年丁酉至義熙十年甲寅實十八年也，崔氏不誤，載記誤多一年。按：通志一九二

亦作「十八年」，此處「九」字當是「八」之譌。

中華書局

晉書卷一百二十七

載記第二十七

慕容德

慕容德字玄明，皝之少子也。母公孫氏夢日入臍中，晝寢而生德。年未弱冠，身長八尺二寸，姿貌雄偉，額有日角偃月重文。博觀羣書，性清慎，多才藝。慕容儁之僭立也，封爲梁公，歷幽州刺史、左衞將軍。及暐嗣位，改封范陽王，稍遷魏尹，加散騎常侍。俄而苻堅將苻雙據陝以叛，堅將苻柳起兵枹罕，將應之。德勸暐乘釁討堅，辭旨慷慨，識者言其有遠略。暐竟不能用。德兄垂甚壯之，因共論軍國大謀，言必切至。垂謂之曰：「汝器識長進，非復吳下阿蒙也。」枋頭之役，德以征南將軍與垂擊敗晉師。及垂奔苻堅，德坐免職。後遇暐敗，徙于長安，苻堅以爲張掖太守，數歲免歸。

及堅以兵臨江，拜德爲奮威將軍。堅之敗也，堅與張夫人相失，慕容暐將護致之，德正

色謂暐曰：「昔楚莊滅陳，納巫臣之諫而棄夏姬。此不祥之人，惑亂人主，戎事不邇女器，秦之敗師當由於此。宜掩目而過，奈何將衞之也！」暐不從，德馳馬而去之。還次滎陽，言於暐曰：「昔句踐棲於會稽，終獲吳國。聖人相時而動，百舉百全。天將悔禍，故使秦師喪敗，宜乘其弊以復社稷。」暐不納。乃從垂如鄴。

及垂稱燕王，以德爲車騎大將軍，復封范陽王，居中鎮衞，參斷政事。久之，遷司徒。于時慕容永據長子，有衆十萬，垂議討之。羣臣咸以爲疑，德進曰：「昔三祖積德，遺詠在耳，〔一〕故陛下龍飛，不謀而會，雖由聖武，亦緣舊愛，燕趙之士樂爲燕臣也。今永既建僞號，扇動華戎，致令羣豎從橫，逐鹿不息，宜先除之，以一衆聽。昔光武馳蘇茂之難，不顧百官之疲，夫豈不仁？機急故也。兵法有不得已而用之，陛下容得已乎！」垂笑謂其黨曰：「司徒議與吾同。二人同心，其利斷金，吾計決矣。」遂從之。垂臨終，敕其子寶以鄴城委德。寶既嗣位，以德爲使持節、都督冀兗青徐荆豫六州諸軍事、特進、車騎大將軍、冀州牧，領南蠻校尉，鎮鄴，罷留臺，以都督專總南夏。

魏將拓拔章攻鄴，〔二〕德遣南安王慕容青等夜擊，敗之。魏師退次新城，青等請擊之。別駕韓諄進曰：「古人先決勝廟堂，然後攻戰。今魏不可擊者四，燕不宜動者三。魏懸軍遠入，利在野戰，一不可擊也。深入近畿，頓兵死地，二不可擊也。前鋒既敗，後陣方固，三不

可擊也。彼衆我寡，四不可擊也。官軍自戰其地，一不宜動。動而不勝，衆心難固，二不宜動。城郭未修，敵來無備，三不宜動。此皆兵家所忌，不如深溝高壘，以逸待勞。彼千里饋糧，野無所掠，久則三軍靡資，攻則衆旅多斃，師老釁生，詳而圖之，可以捷矣。」德曰：「韓別駕之言，良、平之策也。」於是召青還師。魏又遣遼西公賀賴盧率騎與章圍鄴，德遣其參軍劉藻請救於姚興，且參毋兄之問，而興師不至，衆大懼。德於是親饗戰士，厚加撫接，人感其恩，皆樂爲致死。會章、盧內相乖爭，各引軍潛遁。章司馬丁建率衆來降，言章師老，可以敗之。德遣將追破章軍，人心始固。

時魏師入中山，慕容寶出奔于薊，慕容詳又僭號。會劉藻自姚興而至，興太史令高魯遣其甥王景暉隨藻送玉璽一紐，幷圖讖祕文，曰「有德者昌，無德者亡。德受天命，柔而復剛」。又有謠曰：「大風蓬勃揚塵埃，八井三刀卒起來。四海鼎沸中山潰，惟有德人據三臺。」於是德之羣臣議以慕容詳僭號中山，魏師盛于冀州，未審寶之存亡，因勸德即尊號。德不從。會慕容達自龍城奔鄴，稱寶猶存，羣議乃止。尋而寶以德爲丞相，領冀州牧，承制南夏。

德兄子麟自義臺奔鄴，因說德曰：「中山既沒，魏必乘勝攻鄴，雖糧儲素積，而城大難固，且人情沮動，不可以戰。及魏軍未至，擁衆南渡，就魯陽王和，據滑臺而聚兵積穀，伺隙而動，計之上也。魏雖拔中山，勢不久留，不過驅掠而返。人不樂從，理自生變，然後振威

以援之，魏則內外受敵，使繼舊之士有所依憑，廣開恩信，招集遺黎，可一舉而取之。」先是，慕容和亦勸德南徙，於是許之。隆安二年，乃率戶四萬、車二萬七千乘，自鄴將徙于滑臺。遇風，船沒，魏軍垂至，衆懼，議欲退保黎陽。其夕流澌凍合，是夜濟師，旦，魏師至而冰泮，若有神焉。遂改黎陽津爲天橋津。及至滑臺，景星見于尾箕。漳水得白玉，狀若璽。於是德依燕元故事，稱元年，大赦境內殊死已下，置百官。以慕容麟爲司空、領尚書令，慕容法爲中軍將軍，慕輿拔爲尚書左僕射，丁通爲尚書右僕射，自餘封授各有差。初，河間有麟見，慕容麟以爲己瑞。及此，潛謀爲亂，事覺，賜死。其夏，魏將賀賴盧率衆附之。

至是，慕容寶自龍城南奔至黎陽，遣其中黃門令趙思召慕容鍾來迎。鍾本首議勸德稱尊號，聞而惡之，執思付獄，馳使白狀。德謂其下曰：「卿等前以社稷大計，勸吾攝政。吾亦以嗣帝奔亡，人神曠主，故權順羣議，以繫衆望。今天方悔禍，嗣帝得還，吾將具駕奉迎，謝罪行闕，然後角巾私第，卿等以爲何如？」其黃門侍郎張華進曰：「夫爭奪之世，非雄才不振；從橫之時，豈懦夫能濟！陛下若蹈匹婦之仁，捨天授之業，威權一去，則身首不保，何退讓之有乎！」德曰：「吾以古人逆取順守，其道未足，所以中路徘徊，悵然未決耳。」慕輿護請馳問寶虛實，德流涕而遣之。乃率壯士數百，隨思而北，因謀殺寶。初，寶遣思之後，知德攝位，懼而北奔。護至無所見，執思而還。德以思閑習典故，將任之。思曰：「昔關羽見重曹

公，猶不忘先主之恩。思雖刑餘賤隸，荷國寵靈，犬馬有心，而況人乎！乞還就上，以明微節。」德固留之，思怒曰：「周室衰微，晉鄭夾輔；漢有七國之難，實賴梁王。殿下親則叔父，位則上台，不能率先羣后以匡王室，而幸根本之傾為趙倫之事。思雖無申胥哭秦之效，猶慕君賓不生莽世。」德怒，斬之。

晉南陽太守閭丘羨、寧朔將軍鄧啓方率衆二萬來伐，師次管城。德遣其中軍慕容法、撫軍慕容和等距之，王師敗績。德怒法不窮追晉師，斬其撫軍司馬靳瓌。

初，苻登既為姚興所滅，登弟廣率部落降於德，拜冠軍將軍，處之乞活堡。會熒惑守東井，或言秦當復興者，廣乃自稱秦王，敗德將慕容鍾。時德始都滑臺，介于晉魏之間，地無十城，衆不過數萬。及鍾喪師，反側之徒多歸于廣。德乃留慕容和守滑臺，親率衆討廣，斬之。

初，寶之至黎陽也，和長史李辯勸和納之，和不從。辯懼謀洩，乃引晉軍至管城，冀德親率師，於後作亂。會德不出，愈不自安。及德此行也，辯又勸和反，和不從。辯怒，殺和，以滑臺降于魏。時將士家悉在城內，德將攻之，韓範言於德曰：「魏師已入城，據國成資，客主之勢，翻然復異，人情既危，不可以戰。宜先據一方，為關中之基，然後畜力而圖之，計之上也。」德乃止。德右衞將軍慕容雲斬李辯，率將士家累二萬餘人而出，三軍慶悅。德謀於

衆曰：「苻廣雖平，而撫軍失據，進有强敵，退無所託，計將安出？」張華進曰：「彭城阻帶山川，楚之舊都，地嶮人殷，可攻而據之，以為基本。」慕容鍾、慕輿護、封逞、韓諄等固勸攻滑臺，潘聰曰：「滑臺四通八達，非帝王之居。且北通大魏，西接强秦，此二國者，未可以高枕而待之。彭城土曠人稀，地平無嶮，晉之舊鎮，必距王師。又密邇江淮，水路通浚，秋夏霖潦，千里為湖。且水戰國之所短，吳之所長，今雖克之，非久安之計也。青齊沃壤，號曰『東秦』，土方二千，戶餘十萬，四塞之固，負海之饒，可謂用武之國。三齊英傑，蓄志以待，孰不思得明主以立尺寸之功！廣固者，曹嶷之所營，山川阻峻，足為帝王之都。宜遣辯士馳說于前，大兵繼進于後。辟閭渾昔負國恩，必翻然向化。如其守迷不順，大軍臨之，自然瓦解。既據之後，閉關養銳，伺隙而動，此亦二漢之有關中、河內也。」德猶豫未決。沙門朗公素知占候，德因訪其所適。朗曰：「敬覽三策，潘尚書之議可謂興邦之術矣。今歲初，長星起於奎婁，遂掃虛危，而虛危，齊之分野，除舊布新之象。宜先定舊魯，巡撫琅邪，待秋風戒節，然後北轉臨齊，天之道也。」德大悅，引師而南，兗州北鄙諸縣悉降，置守宰以撫之。存問高年，軍無私掠，百姓安之，牛酒屬路。

德遣使喻齊郡太守辟閭渾，渾不從，遣慕容鍾率步騎二萬擊之。德進據琅邪，徐兗之士附者十餘萬，自琅邪而北，迎者四萬餘人。德進寇莒城，守將任安委城而遁，以潘聰鎮莒

城。鍾傳檄青州諸郡曰：「隆替有時，義列昔經；困難啓聖，事彰中籙。是以宣王龍飛於危周，光武鳳起於絕漢，斯蓋曆數大期，帝王之興廢也。自我永康多難，長鯨逸網，華夏四分，黎元五裂。逆賊辟閭渾父蔚，昔同段龕阻亂淄川，太宰東征，勦絕凶命。渾於覆巢之下，蒙全卵之施，曾微犬馬識養之心，復襲凶父樂禍之志，盜據東秦，遠附吳越，割剝黎元，委輸南海。皇上應期，大命再集，矜彼營丘，暫阻王略，故以七州之衆二十餘萬，巡省岱宗，問罪齊魯。昔韓信以裨將伐齊，有征無戰；耿弇以偏軍討步，克不移朔。況以萬乘之師，掃一隅之寇，傾山碎卵，方之非易。孤以不才，忝荷先驅，都督元戎一十二萬，皆烏丸突騎，三河猛士，奮劍與夕火爭光，揮戈與秋月競色。以此攻城，何城不克；以此衆戰，何敵不平！昔竇融以河西歸漢，榮被於後裔；彭寵盜逆漁陽，身死於奴僕。近則曹嶷跋扈，見擒於後趙；段龕干紀，取滅於前朝。此非古今之吉凶，已然之成敗乎？渾若先迷後悟，榮寵有加。如其敢抗王師，敗滅必無遺燼。稷下之雄，岱北之士，有能斬送渾者，賞同佐命。脫履機不發，必玉石俱摧。」渾聞德軍將至，徙八千餘家入廣固。諸郡皆承檄降于德。渾懼，將妻子奔于魏。德遣射聲校尉劉綱追斬於莒城。渾參軍張瑛常與渾作檄，辭多不遜。及此，德擒而讓之。瑛神色自若，徐對曰：「渾之有臣，猶韓信之有蒯通。通遇漢祖而蒙恕，臣遭陛下而嬰戮，比之古人，竊為不幸。防風之誅，臣實甘之，但恐堯舜之化未弘於四海耳。」德初善其

言，後竟殺之。德遂入廣固。

四年，僭卽皇帝位于南郊，〔三〕大赦，改元為建平。設行廟於宮南，遣使奉策告成焉。進慕容鍾為司徒，慕輿拔為司空，封孚為左僕射，慕輿護為右僕射。遣其度支尚書封愷、中書侍郎封逞觀省風俗，所在大饗將士。以其妻段氏為皇后。建立學官，簡公卿已下子弟及二品士門二百人為太學生。

後因讌其羣臣，酒酣，笑而言曰：「朕雖寡薄，恭己南面而朝諸侯，在上不驕，夕惕於位，可方自古何等主也？」其青州刺史鞠仲曰：「陛下中興之聖后，少康、光武之儔也。」德顧命左右賜仲帛千匹。仲以賜多為讓，德曰：「卿知調朕，朕不知調卿乎！卿飾對非實，故亦以虛言相賞。賞不謬加，何足謝也！」韓範進曰：「臣聞天子無戲言，忠臣無妄對。今日之論，上下相欺，可謂君臣俱失。」德大悅，賜範絹五十匹。自是昌言競進，朝多直士矣。

德母兄先在長安，遣平原人杜弘如長安問存否。弘曰：「臣至長安，若不奉太后動止，便卽西如張掖，以死為效。臣父雄年踰六十，未沾榮貴，乞本縣之祿，以申烏鳥之情。」張華進曰：「杜弘未行而求祿，要利情深，不可使也。」德曰：「吾方散所輕之財，招所重之死，況為親尊而可吝乎！且弘為君迎親，為父求祿，雖外如要利，內實忠孝。」乃以雄為平原令。弘至張掖，為盜所殺，德聞而悲之，厚撫其妻子。

明年，德如齊城，登營丘，望晏嬰冢，顧謂左右曰：「禮，大夫不逼城葬。平仲古之賢人，達禮者也，而生居近市，死葬近城，豈有意乎？」青州秀才晏謨對曰：「孔子稱臣先人平仲賢，則賢矣。豈不知高其梁，豐其禮？蓋政在家門，故儉以矯世。存居湫隘，卒豈擇地而葬乎！所以不遠門者，猶冀悟平生意也。」遂以謨從至漢城陽景王廟，讌庶老于申池，北登社首山，東望鼎足，因目牛山而歎曰：「古無不死！」愴然有終焉之志。遂問謨以齊之山川丘陵，賢哲舊事。謨歷對詳辯，畫地成圖。德深嘉之，拜尚書郎。立冶於商山，置鹽官于烏常澤，以廣軍國之用。

德故吏趙融自長安來，始具母兄凶問。德號慟吐血，因而寢疾。其司隸校尉慕容達因此謀反，遣牙門皇璆率衆攻端門，殿中師侯赤眉開門應之。〔四〕中黃門孫進扶德踰城，隱於進舍。段宏等聞宮中有變，勒兵屯四門。德入宮，誅赤眉等，達懼而奔魏。慕容法及魏師戰于濟北之摽榆谷，魏師敗績。

其尚書韓諄上疏曰：「二寇逋誅，國恥未雪，關西爲豺狼之藪，揚越爲鵄鴞之林，三京社稷，鞠爲丘墟，四祖園陵，蕪而不守，豈非義夫憤歎之日，烈士忘身之秋。而皇室多難，威略未振，是使長蛇弗翦，封豕假息。人懷憤慨，常謂一日之安不可以永久，終朝之逸無卒歲之憂。陛下中興大業，務在遵養，矜遷萌之失土，假長復而不役，愍黎庶之息肩，貴因循而不

擾。斯可以保寧于營丘，難以經措于秦越。今羣凶僭逆，實繁有徒，據我三方，伺國瑕釁。深宜審量虛實，大校成敗，養兵厲甲，廣農積糧，進爲雪恥討寇之資，退爲山河萬全之固。而百姓因秦晉之弊，迭相蔭冒，或百室合戶，或千丁共籍，依託城社，不懼燻燒，公避課役，擅爲姦宄，損風毀憲，法所不容。但檢令未宜，弗可加戮。今宜隱實黎萌，正其編貫，庶上增皇朝理物之明，下益軍國兵資之用。若蒙採納，冀裨山海，雖遇商鞅之刑，悅綰之害，所不辭也。」德納之，遣其車騎將軍慕容鎮率騎三千，緣邊嚴防，備百姓逃竄。以諄爲使持節、散騎常侍、行臺尚書，巡郡縣隱實，得蔭戶五萬八千。諄公廉正直，所在野次，人不擾焉。

德大集諸生，親臨策試。既而饗宴，乘高遠矚，顧謂其尚書魯邃曰：「齊魯固多君子，當昔全盛之時，接、愼、巴生、〔五〕淳于、鄒、田之徒，蔭修檐，臨清沼，馳朱輪，佩長劍，恣非馬之雄辭，〔六〕奮談天之逸辯，指麾則紅紫成章，俛仰則丘陵生韵。至於今日，荒草穢墳，氣消煙滅，永言千載，能不依然！」邃答曰：「武王封比干之墓，漢祖祭信陵之墳，皆留心賢哲，每懷往事。陛下慈深二主，澤被九泉，若使彼而有知，寧不銜荷矣。」

先是，妖賊王始聚衆于太山，自稱太平皇帝，號其父爲太上皇，兄爲征東將軍，弟征西將軍。慕容鎮討擒之，斬於都市。臨刑，或問其父及兄弟所在，始答曰：「太上皇帝蒙塵於外，征東、征西亂兵所害。惟朕一身，獨無聊賴。」其妻怒之曰：「止坐此口，以至於此，奈何復爾！」始曰：「皇后！自古豈有不破之家，不亡之國邪」行刑者以刀鐶築之，仰視曰：「崩卽崩矣，終不改帝號。」德聞而哂之。

時桓玄將行篡逆，誅不附己者。冀州刺史劉軌、襄城太守司馬休之、征虜將軍劉敬宣、廣陵相高雅之、江都長張誕並內不自安，皆奔於德。於是德中書侍郎韓範上疏曰：「夫帝王之道，必崇經略。有其時無其人，則弘濟之功闕；有其人無其時，則英武之志不申。至於能成王業者，惟人時合也。自晉國內難，七載于茲。桓玄逆篡，虐踰董卓，神怒人怨，其殃積矣。可乘之機，莫過此也。以陛下之神武，經而緯之，驅樂奮之卒，接厭亂之機，譬猶聲發響應，形動影隨，未足比其易也。且江淮南北戶口未幾，公私戎馬不過數百，守備之事蓋亦微矣。若以步騎一萬，建雷霆之舉，卷甲長驅，指臨江會，必望旗草偃，壺漿屬路。跨地數千，衆踰十萬，可以西幷強秦，北抗大魏。夫欲拓境開疆，保寧社稷，無過今也。如使後機失會，豪桀復起，梟除桓玄，布惟新之化，遐邇既寧，物無異望，非但建鄴難屠，江北亦不可冀。機過患生，憂必至矣。天與不取，悔將及焉。惟陛下覽之。」德曰：「自頃數纏百六，宏綱暫弛，遂令姦逆亂華，舊京墟穢，每尋否運，憤慨兼懷。昔少康以一旅之衆，復夏配天，況朕據三齊之地，藉五州之衆，敎之以軍旅，訓之以禮讓，上下知義，人思自奮，繕甲待釁，爲日久矣。但欲先定中原，掃除逋孽，然後宣布淳風，經理九服，飲馬長江，懸旌隴坂。此志

未遂，且韜戈耳。今者之事，王公其詳議之。」咸以桓玄新得志，未可圖，乃止。於是講武於城西，步兵三十七萬，車一萬七千乘，鐵騎五萬三千，周亘山澤，旌旗彌漫，鉦鼓之聲，振動天地。德登高望之，顧謂劉軌、高雅之曰：「昔郤克忿齊，子胥怨楚，終能暢其剛烈，名流千載。卿等既知投身有道，當使無慚昔人也。」雅之等頓首答曰：「幸蒙陛下天覆之恩，大造之澤，存亡繼絕，實在聖時，雖則萬隕，何以上報！」俄聞桓玄敗，德以慕容鎮爲前鋒，慕容鍾爲大都督，配以步卒二萬，騎五千，剋期將發，而德寢疾，於是罷兵。

初，德迎其兄子超于長安，及是而至。德夜夢其父曰：「汝既無子，何不早立超爲太子。不爾，惡人生心。」寤而告其妻曰：「先帝神明所敕，觀此夢意，吾將死矣。」乃下書以超爲皇太子，大赦境內，子爲父後者人爵二級。其月死，卽義熙元年也，時年七十。乃夜爲十餘棺，分出四門，潛葬山谷，竟不知其尸之所在。在位五年，〔七〕僞謚獻武皇帝。

校勘記

〔一〕遺詠在耳　各本「詠」作「訓」，宋本作「詠」。「遺詠」與下「舊愛」「樂爲燕臣」相應，今從宋本。

〔二〕魏將拓拔章攻鄴　魏書太祖紀、昭成子孫傳攻鄴主將爲東平公儀，通鑑一〇八從魏書。

〔三〕四年僭即皇帝位于南郊　校文：安帝紀，德即帝位在隆安三年，御覽一二六引南燕錄言德建平

元年歲在己亥，蓋即隆安三年也。下超傳云「二世，凡十一年，以義熙六年滅」，上推至隆安三年，正合十一年之數。此「四年」蓋「三年」之誤。

〔四〕殿中師　周校：「師」當作「帥」。按：通鑑一一三正作「帥」。周說是。

〔五〕巴生　史記魯仲連傳正義引魯仲連子有齊辯士田巴，疑「巴生」指田巴，故此以名冠生。

〔六〕悲非馬之雄辭　各本「非」作「飛」，殿本作「非」，通志一九二亦作「非」，今從殿本。

〔七〕在位五年　德即帝位在隆安三年，至義熙元年死，凡七年，即如上文以德即位在隆安四年，亦應作「六年」。

晉書卷一百二十八

載記第二十八

慕容超　慕容鍾　封孚

慕容超字祖明，德兄北海王納之子。苻堅破鄴，以納爲廣武太守，數歲去官，家于張掖。德之南征，留金刀而去。及垂起兵山東，苻昌收納及德諸子，皆誅之，納母公孫氏以耄獲免，納妻段氏方娠，未決，囚之于郡獄。獄掾呼延平，德之故吏也，嘗有死罪，德免之。至是，將公孫及段氏逃于羌中，而生超焉。年十歲而公孫氏卒，臨終授超以金刀，曰：「若天下太平，汝得東歸，可以此刀還汝叔也。」平又將超母子奔于呂光。及呂隆降于姚興，超又隨涼州人徙于長安。超母謂超曰：「吾母子全濟，呼延氏之力。平今雖死，吾欲爲汝納其女以答厚惠。」於是娶之。超自以諸父在東，恐爲姚氏所錄，乃陽狂行乞。秦人賤之，惟姚紹見而異焉，勸興拘以爵位。召見與語，超深自晦匿，興大鄙之，謂紹曰：「諺云『妍皮不裹癡骨』，

妄語耳。」由是得去來無禁。德遣使迎之，超不告母妻乃歸。及至廣固，呈以金刀，具宣祖母臨終之言，德撫之號慟。

超身長八尺，腰帶九圍，精彩秀發，容止可觀。德甚加禮遇，始名之曰超，封北海王，拜侍中、驃騎大將軍、司隸校尉，開府，置佐吏。德無子，欲以超爲嗣，故爲超起第於萬春門內，朝夕觀之。超亦深達德旨，入則盡歡承奉，出則傾身下士，於是內外稱美焉。頃之，立爲太子。

及德死，以義熙元年僭嗣僞位，大赦境內，改元曰太上。尊德妻段氏爲皇太后。以慕容鍾都督中外諸軍、錄尚書事，慕容法爲征南、都督徐兗揚南兗四州諸軍事，慕容鎮加開府儀同三司、尚書令，封孚爲太尉，鞠仲爲司空，〔一〕潘聰爲左光祿大夫，封嵩爲尚書左僕射，自餘封拜各有差。後又以鍾爲青州牧，段宏爲徐州刺史，公孫五樓爲武衞將軍、領屯騎校尉，內參政事。封孚言於超曰：「臣聞五大不在邊，五細不在庭。鍾，國之宗臣，社稷所賴；宏，外戚懿望，親賢具瞻。正應參翼百揆，不宜遠鎮方外。今鍾等出藩，五樓內輔，臣竊未安。」超新即位，害鍾等權逼，以問五樓。五樓欲專斷朝政，不欲鍾等在內，屢有間言，孚說竟不行。鍾、宏俱有不平之色，相謂曰：「黃犬之皮恐當終補狐裘也。」五樓聞之，嫌隙漸遘。

初，超自長安行至梁父，慕容法時爲兗州，鎮南長史悅壽還謂法曰：「向見北海王子，天

資弘雅，神爽高邁，始知天族多奇，玉林皆寶。」法曰：「昔成方遂詐稱衞太子，人莫辯之，此復天族乎？」超聞而恚恨，形于言色。法亦怒，處之外館，由是結憾。及德死，法又不奔喪，超遣使讓焉。法常懼禍至，因此遂與慕容鍾、段宏等謀反。超知而徵之，鍾稱疾不赴，於是收其黨侍中慕容統、右衞慕容根、散騎常侍段封誅之，車裂僕射封嵩於東門之外。西中郎將封融奔于魏。

超尋遣慕容鎮等攻青州，慕容昱等攻徐州，慕容凝、韓範攻梁父。昱等攻莒城，拔之，徐州刺史段宏奔于魏。封融又集羣盜襲石塞城，殺鎮西大將軍餘鬱，青土振恐，人懷異議。慕容凝謀殺韓範，將襲廣固。範知而攻之，凝奔梁父。範幷其衆，攻梁父克之，凝奔姚興，慕容法出奔于魏。慕容鎮克青州，鍾殺其妻子，爲地道而出，單馬奔姚興。

于時超不恤政事，畋游是好，百姓苦之。其僕射韓諄切諫，不納。超議復肉刑、九等之選，乃下書於境內曰：「陽九數纏，永康多難。自北都傾陷，典章淪滅，律令法憲，靡有存者。綱理天下，此焉爲本，既不能導之以德，必須齊之以刑。且虞舜大聖，猶命咎繇作士，刑之不可已已也如是！先帝季興，大業草創，兵革尚繁，未遑修制。朕猥以不德，嗣承大統，撫御寡方，致蕭牆釁發，遂戎馬生郊，典儀寢廢。今四境無虞，所宜修定，尚書可召集公卿。至如不忠不孝若封嵩之輩，梟斬不足以痛之，宜致烹轘之法，亦可附之律條，納以大辟之科。

肉刑者，乃先聖之經，不刊之典，漢文易之，輕重乖度。今犯罪彌多，死者稍衆。肉刑之于化也，濟育既廣，懲慘尤深，光壽、建興中二祖已議復之，未及而晏駕。其令博士已上參考舊事，依呂刑及漢、魏、晉律令，消息增損，議成燕律。五刑之屬三千，而罪莫大于不孝。孔子曰：『非聖人者無法，非孝者無親，此大亂之道也。』轘裂之刑，烹煮之戮，雖不在五品之例，然亦行之自古。渠彌之轘，著之春秋；哀公之烹，爰自中代。世宗都齊，亦愍刑罰失中，咨嗟寢食。王者之有刑糺，猶人之左右手焉。故孔子曰：『刑罰不中，則人無所措手足。』是以蕭何定法令而受封，叔孫通以制儀爲奉常。立功立事，古之所重。其明議損益，以成一代準式。周漢有貢士之條，魏立九品之選，二者孰愈，亦可詳聞。」羣下議多不同，乃止。

超母妻既先在長安，爲姚興所拘，責超稱藩，求太樂諸伎，若不可，使送吳口千人。超下書遣羣臣詳議。左僕射段暉議曰：「太上囚楚，高祖不迴。今陛下嗣守社稷，不宜以私親之故而降統天之尊。又太樂諸伎皆是前世伶人，不可與彼，使移風易俗，宜掠吳口與之。」尚書張華曰：「若侵掠吳邊，必成鄰怨。此既能往，彼亦能來，兵連禍結，非國之福也。昔孫權重黎庶之命，屈己以臣魏；惠施惜愛子之頭，捨志以尊齊。況陛下慈德在秦，方寸崩亂，宜暫降大號，以申至孝之情。權變之道，典謨所許。韓範智能迴物，辯足傾人，昔與姚興俱爲秦太子中舍人，可遣將命，降號修和。所謂屈于一人之下，申于萬人之上也。」超大悅，

曰：「張尚書得吾心矣。」使範聘于興。及至長安，興謂範曰：「封愷前來，燕王與朕抗禮。及卿至也，款然而附。爲依春秋以小事大之義？爲當專以孝敬爲母屈也？」範曰：「周爵五等，公侯異品，小大之禮，因而生焉。今陛下命世龍興，光宅西秦，本朝主上承祖宗遺烈，定鼎東齊，中分天曜，南面並帝。通聘結好，義尚謙沖，便至矜誕，苟折行人，殊似吳晉爭盟，滕薛競長，恐傷大秦堂堂之盛，有損皇燕巍巍之美，彼我俱失，竊未安之。」興怒曰：「若如卿言，便是非爲大小而來。」範曰：「雖由大小之義，亦緣寡君純孝過于重華，願陛下體敬親之道，霈然垂愍。」興曰：「吾久不見賈生，自謂過之，今不及矣。」於是爲範設舊交之禮，申敍平生，謂範曰：「燕王在此，朕亦見之，風表乃可，於機辯未也。」範曰：「大辯若訥，聖人美之，況爾日龍潛鳳戢，和光同塵，若使負日月而行，則無繼天之業矣。」興笑曰：「可謂使乎延譽者也。」範承間逞說，姚興大悅，賜範千金，許以超母妻還之。慕容凝自梁父奔于姚興，言于興曰：「燕王稱藩，本非推德，權爲母屈耳。古之帝王尚興師徵質，豈可虛還其母乎！母若一還，必不復臣也。宜先制其送伎，然後歸之。」興意乃變，遣使聘于超。超遣其僕射張華、給事中宗正元入長安，送太樂伎一百二十人于姚興。興大悅，延華入讌。酒酣，樂作，興黃門侍郎尹雅謂華曰：「昔殷之將亡，樂師歸周；今皇秦道盛，燕樂來庭。廢興之兆，見于此矣。」華曰：「自古帝王，爲道不同，權譎之理，會于功成。故老子曰：『將欲取之，必先與之。』

今總章西入，必由余東歸，禍福之驗，此其兆乎！」興怒曰：「昔齊楚競辯，二國連師。卿小國之臣，何敢抗衡朝士！」華遜辭曰：「奉使之始，實願交歡上國，上國既遺小國之臣，辱及寡君社稷，臣亦何心，而不仰酬！」興善之，于是還超母妻。

義熙三年，〔三〕追尊其父爲穆皇帝，立其母段氏爲皇太后，妻呼延氏爲皇后。祀南郊，將登壇，有獸大如馬，狀類鼠而色赤，集于圓丘之側，俄而不知所在。須臾大風暴起，天地晝昏，其行宮羽儀皆振裂。超懼，密問其太史令成公綏，對曰：「陛下信用姦臣，誅戮賢良，賦斂繁多，事役殷苦所致也。」超懼而大赦，譴責公孫五樓等。俄而復之。是歲廣固地震，天齊水湧，井水溢，女水竭，河濟凍合，而澠水不冰。

超正旦朝羣臣于東陽殿，聞樂作，歎音佾不備，悔送伎于姚興，遂議入寇。其領軍韓諄諫曰：「先帝以舊京傾沒，戢翼三齊，苟時運未可，上智輟謀。今陛下嗣守成規，宜閉關養士，以待賦釁，不可結怨南鄰，廣樹仇隙。」超曰：「我計已定，不與卿言。」于是遣其將斛穀提、公孫歸等率騎寇宿豫，陷之，執陽平太守劉千載、濟陰太守徐阮，大掠而去。簡男女二千五百，付太樂教之。

時公孫五樓爲侍中、尚書，領左衞將軍，專總朝政，兄歸爲冠軍、常山公，叔父穨爲武衞、興樂公。五樓宗親皆夾輔左右，王公內外無不憚之。

超論宿豫之功，封斛穀提等並爲郡、縣公。慕容鎮諫曰：「臣聞懸賞待勳，非功不侯。今公孫歸結禍延兵，殘賊百姓，陛下封之，得無不可乎！夫忠言逆耳，非親不發。臣雖庸朽，忝國戚滯，輒盡愚款，惟陛下圖之。」超怒，不答，自是百僚杜口，莫敢開言。尚書都令史王儼諂事五樓，遷尚書郎，出爲濟南太守，入爲尚書左丞，時人爲之語曰：「欲得侯，事五樓。」

又遣公孫歸等率騎三千入寇濟南，執太守趙元，略男女千餘人而去。劉裕率師將討之，超引見羣臣于東陽殿，議距王師。公孫五樓曰：「吳兵輕果，所利在戰，初鋒勇銳，不可爭也。宜據大峴，使不得入，曠日延時，沮其銳氣。可徐簡精騎二千，循海而南，絕其糧運，別敕段暉率兗州之軍，緣山東下。腹背擊之，上策也。各命守宰，依險自固，校其資儲之外，餘悉焚蕩，芟除粟苗，使敵無所資。堅壁清野，以待其釁，中策也。縱賊入峴，出城逆戰，下策也。」超曰：「京都殷盛，戶口衆多，非可一時入守。青苗布野，非可卒芟。設使芟苗城守，以全性命，朕所不能。今據五州之强，帶山河之固，戰車萬乘，鐵馬萬羣，縱令過峴，至于平地，徐以精騎踐之，此成擒也。」賀賴盧苦諫，不從，退謂五樓曰：「上不用吾計，亡無日矣。」慕容鎮曰：「若如聖旨，必須平原用馬爲便，宜出峴逆戰，戰而不勝，猶可退守。不宜縱敵入峴，自貽窘逼。昔成安君不守井陘之關，終屈于韓信；諸葛瞻不據束馬之嶮，卒擒于

鄧艾。臣以爲天時不如地利，阻守大峴，策之上也。」超不從。鎮出，謂韓諄曰：「主上既不能芟苗守嶮，又不肯徙人逃寇，酷似劉璋矣。今年國滅，吾必死之，卿等中華之士，復爲文身矣。」超聞而大怒，收鎮下獄。乃攝莒、梁父二戍，修城隍，簡士馬，畜銳以待之。

其夏，王師次東莞，超遣其左軍段暉、輔國賀賴盧等六將步騎五萬，進據臨朐。俄而王師度峴，超懼，率卒四萬就暉等于臨朐，謂公孫五樓曰：「宜進據川源，晉軍至而失水，亦不能戰矣。」五樓馳騎據之。劉裕前驅將軍孟龍符已至川源，五樓戰敗而返。裕遣諮議參軍檀韶率銳卒攻破臨朐，超大懼，單騎奔段暉于城南。暉衆又戰敗，裕軍人斬暉。超又奔還廣固，徙郭內人入保小城，使其尚書郎張綱乞師于姚興。赦慕容鎮，進錄尚書、都督中外諸軍事。引見羣臣，謝之曰：「朕嗣奉成業，不能委賢任善，而專固自由，覆水不收，悔將何及！智士逞謀，必在事危，忠臣立節，亦在臨難，諸君其勉思六奇，共濟艱運。」鎮進曰：「百姓之心，係于一人。陛下既躬率六軍，身先奔敗，羣臣解心，士庶喪氣，內外之情，不可復恃。如聞西秦自有內難，恐不暇分兵救人，正當更決一戰，以爭天命。今散卒還者，猶有數萬，可悉出金帛、宮女，餌令一戰。天若相我，足以破賊。如其不濟，死尚爲美，不可閉門坐受圍擊。」司徒慕容惠曰：「不然。今晉軍乘勝，有陵人之氣，敗軍之將，何以禦之！秦雖與勃勃相持，不足爲患。且二國連橫，勢成脣齒，今有寇難，秦必救我。但自古乞援，不遣大

臣則不致重兵，是以趙隸三請，楚師不出；平原一使，援至從成。尚書令韓範德望具瞻，燕秦所重，宜遣乞援，以濟時艱。」于是遣範與王蒲乞師于姚興。〔三〕

未幾，裕師圍城，四面皆合。人有竊告裕軍曰：「若得張綱爲攻具者，城乃可得耳。」是月，綱自長安歸，遂奔于裕。裕令綱周城大呼曰：「勃勃大破秦軍，無兵相救。」超怒，伏弩射之，乃退。右僕射張華、中丞封愷並爲裕軍所獲。裕令華、愷與超書，勸令早降。超乃遣裕書，請爲藩臣，以大峴爲界，并獻馬千匹，以通和好，裕弗許。江南繼兵相尋而至。尚書張俊自長安還，又降于裕，說裕曰：「今燕人所以固守者，外杖韓範，冀得秦援。範既時望，又與姚興舊昵，若勃勃敗後，秦必救燕，宜密信誘範，啗以重利，範來則燕人絕望，自然降矣。」裕從之，表範爲散騎常侍，遺範書以招之。時姚興乃遣其將姚强率步騎一萬，隨範就其將姚紹于洛陽，并兵來援。會赫連勃勃大破秦軍，興追强還長安。範歎曰：「天其滅燕乎！」會得裕書，遂降于裕。裕謂範曰：「卿欲立申包胥之功，何以虛還也？」範曰：「自亡祖司空世荷燕寵，故泣血秦庭，冀匡禍難。屬西朝多故，丹誠無效，可謂天喪弊邑而贊明公。智者見機而作，敢不至乎！」翌日，裕將範循城，由是人情離駭，無復固志。裕謂範曰：「卿宜至城下，告以禍福。」範曰：「雖蒙殊寵，猶未忍謀燕。」裕嘉而不强。左右勸超誅範家，以止後叛。超知敗在旦夕，又弟諱盡忠無貳，故不罪焉。是歲東萊雨血，廣固城門鬼夜哭。

明年朔旦，超登天門，朝羣臣于城上，殺馬以饗將士，文武皆有遷授。超幸姬魏夫人從超登城，見王師之盛，握超手而相對泣。韓諄諫曰：「陛下遭百六之會，正是勉强之秋，而反對女子悲泣，何其鄙也！」超拭目謝之。其尚書令董銳勸超出降，〔四〕超大怒，繫之于獄。于是賀賴盧、公孫五樓爲地道出戰王師，不利。河間人玄文說裕曰：「昔趙攻曹嶷，望氣者以爲澠水帶城，非可攻拔，若塞五龍口，城必自陷。石季龍從之，而嶷請降。後慕容恪之圍段龕，亦如之，而龕降。降後無幾，又震開之。今舊基猶在，可塞之。」裕從其言。至是，城中男女患腳弱病者太半。超輦而升城，尚書悅壽言于超曰：「天地不仁，助寇爲虐，戰士尪病，日就凋隕，守困窮城，息望外援，天時人事，亦可知矣。苟曆運有終，堯舜降位，轉禍爲福，聖達以先。宜追許鄭之蹤，以全宗廟之重。」超歎曰：「廢興，命也。吾寧奮劍決死，不能銜璧求生。」於是張綱爲裕造衝車，覆以版屋，蒙之以皮，并設諸奇巧，城上火石弓矢無所施用；又爲飛樓、懸梯、木幔之屬，遙臨城上。超大怒，懸其母而支解之。城中出降者相繼。裕四面進攻，殺傷甚衆，悅壽遂開門以納王師。超與左右數十騎出亡，爲裕軍所執。裕數之以不降之狀，超神色自若，一無所言，惟以母託劉敬宣而已。送建康市斬之，時年二十六，在位六年。

德以安帝隆安四年僭位，至超二世，凡十一年，以義熙六年滅。

慕容鍾字道明，德從弟也。少有識量，喜怒不形于色，機神秀發，言論清辯。至于臨難對敵，智勇兼濟，累進奇策，德用之頗中。由是政無大小，皆以委之，遂爲佐命元勳。後公孫五樓規挾威權，慮鍾抑己，因勸超誅之，鍾遂謀反。事敗，奔于姚興，興拜始平太守、歸義侯。

封孚字處道，渤海蓨人也。祖悛，振威將軍。父放，慕容暐之世吏部尚書。孚幼而聰敏和裕，有士君子之稱。寶僭位，累遷吏部尚書。及蘭汗之篡，南奔辟閭渾，渾表爲渤海太守。德至莒城，孚出降。德曰：「朕平青州，不以爲慶，喜于得卿也。」常外總機事，內參密謀，雖位任崇重，謙虛博納，甚有大臣之體。及超嗣位，政出權嬖，多違舊章，軌憲日頹，殘虐滋甚，孚屢盡匡救，超不能納也。後臨軒謂孚曰：「朕于百王可方誰？」孚對曰：「桀紂之主。」超大慚怒。孚徐步而出，不爲改容。司空鞠仲失色，謂孚曰：「與天子言，何其亢厲，宜應還謝。」孚曰：「行年七十，墓木已拱，惟求死所耳。」竟不謝。以超三年死于家，時年七十一。文筆多傳于世。

史臣曰：慕容德以季父之親，居鄴中之重，朝危未聞其節，君存遽踐其位，豈人理哉！然稟僭偽之雄姿，韞從橫之遠略，屬分崩之運，成角逐之資，跨有全齊，竊弄神器，撫劍而爭衡秦魏，練甲而志靜荆吳，崇儒術以弘風，延讜言而勵己，觀其爲國，有足稱焉。超繼已成之基，居霸者之業，政刑莫恤，畋游是好，杜忠良而讒佞進，暗聽受而勳戚離，先緒俄穨，家聲莫振，陷宿豫而貽禍，啓大峴而延敵，君臣就虜，宗廟爲墟。迹其人謀，非不幸也。

贊曰：德實姦雄，轉敗爲功。奄有青土，淫名域中。超承僞祚，撓其國步。廟失良籌，庭悲霑露。

校勘記

〔一〕鞠仲爲司空　各本「鞠」作「麴」。斠注：元和姓纂南燕有司空鞠仲，則此不當作「麴」。按：慕容德載記正見青州刺史鞠仲，下文封孚傳又見「司空鞠仲」，並作「鞠」，今據改。

〔二〕義熙三年　御覽一二六引南燕錄系追封事在太上四年。超以義熙元年改元太上，則此當在義熙四年。通鑑一一四系於四年，是。

〔三〕王蒲　各本「蒲」作「薄」，宋本作「蒲」，通鑑一一五亦作「蒲」，今從宋本。

〔四〕董銳　通鑑一一五「銳」作「詵」。

晉書卷一百二十九

載記第二十九

沮渠蒙遜

沮渠蒙遜，臨松盧水胡人也。其先世爲匈奴左沮渠，遂以官爲氏焉。蒙遜博涉羣史，頗曉天文，雄傑有英略，滑稽善權變，梁熙、呂光皆奇而憚之，故常游飲自晦。

會伯父羅仇、麴粥從呂光征河南，光前軍大敗，麴粥言于兄羅仇曰：「主上荒耄驕縱，諸子朋黨相傾，讒人側目。今軍敗將死，正是智勇見猜之日，可不懼乎！吾兄弟素爲所憚，與其經死溝瀆，豈若勒衆向西平，出苕藋，奮臂大呼，涼州不足定也。」羅仇曰：「理如汝言，但吾家累世忠孝，爲一方所歸，寧人負我，無我負人。」俄而皆爲光所殺。宗姻諸部會葬者萬餘人，蒙遜哭謂衆曰：「昔漢祚中微，吾之乃祖翼奬竇融，保寧河右。呂王昏耄，荒虐無道，豈可不上繼先祖安時之志，使二父有恨黃泉！」衆咸稱萬歲。遂斬光中田護軍馬邃、臨松令

井祥以盟，一旬之間，衆至萬餘。屯據金山，與從兄男成推光建康太守段業爲使持節、大都督、龍驤大將軍、涼州牧、建康公，改呂光龍飛二年爲神璽元年。業以蒙遜爲張掖太守，男成爲輔國將軍，委以軍國之任。

業將使蒙遜攻西郡，衆咸疑之。蒙遜曰：「此郡據嶺之要，不可不取。」業曰：「卿言是也。」遂遣之。蒙遜引水灌城，城潰，執太守呂純以歸。于是王德以晉昌，孟敏以敦煌降業。業封蒙遜臨池侯。呂弘去張掖，將東走，業議欲擊之。蒙遜諫曰：「歸師勿遏，窮寇弗追，此兵家之戒也。不如縱之，以爲後圖。」業曰：「一日縱敵，悔將無及。」遂率衆追之，爲弘所敗。業賴蒙遜而免，歎曰：「孤不能用子房之言，以至于此！」業築西安城，以其將臧莫孩爲太守。蒙遜曰：「莫孩勇而無謀，知進忘退，所謂爲之築冢，非築城也。」業不從。俄而爲呂纂所敗。

蒙遜懼業不能容己，每匿智以避之。

業僭稱涼王，以蒙遜爲尚書左丞，梁中庸爲右丞。

呂光遣其二子紹、纂伐業，業請救于禿髮烏孤，烏孤遣其弟鹿孤及楊軌救業。紹以業等軍盛，欲從三門關挾山而東。纂曰：「挾山示弱，取敗之道，不如結陣衝之，彼必憚我而不戰也。」紹乃引軍而南。業將擊之，蒙遜諫曰：「楊軌恃虜騎之强，有窺覦之志。紹、纂兵在死地，必決戰求生。不戰則有太山之安，戰則有累卵之危。」業曰：「卿言是也。」乃按兵不戰。紹亦難之，各引兵歸。

業憚蒙遜雄武，微欲遠之，乃以蒙遜從叔益生爲酒泉太守，蒙遜爲臨池太守。業門下侍郎馬權儁爽有逸氣，武略過人。業以權代蒙遜爲張掖太守，甚見親重，每輕陵蒙遜。蒙遜亦憚而怨之，乃譖之于業曰：「天下不足慮，惟當憂馬權耳。」業遂殺之。蒙遜謂男成曰：「段業愚闇，非濟亂之才，信讒愛佞，無鑒斷之明。所憚惟索嗣、馬權，今皆死矣，蒙遜欲除業以奉兄何如？」男成曰：「業羈旅孤飄，我所建立，有吾兄弟，猶魚之有水。人既親我，背之不祥。」乃止。蒙遜既爲業所憚，內不自安，請爲西安太守。業亦以蒙遜有大志，懼爲朝夕之變，乃許焉。

蒙遜期與男成同祭蘭門山，密遣司馬許咸告業曰：「男成欲謀叛，許以取假日作逆。若求祭蘭門山，臣言驗矣。」至期日，果然。業收男成，令自殺。男成曰：「蒙遜欲謀叛，先已告臣，臣以兄弟之故，隱忍不言。以臣今在，恐部人不從，與臣剋期祭山，返相誣告。臣若朝死，蒙遜必夕發。乞詐言臣死，說臣罪惡，蒙遜必作逆，臣投袂討之，事無不捷。」業不從。蒙遜聞男成死，泣告衆曰：「男成忠于段公，枉見屠害，諸君能爲報仇乎？且州土兵亂，似非業所能濟。吾所以初奉之者，以之爲陳、吳耳，而信讒多忌，枉害忠良，豈可安枕卧觀，使百姓離于塗炭。」男成素有恩信，衆皆憤泣而從之。比至氐池，衆逾一萬。鎮軍臧莫孩率部衆附

之，羌胡多起兵響應。蒙遜壁于侯塢。

業先疑其右將軍田昂，幽之于內，至是，謝而赦之，使與武衞梁中庸等攻蒙遜。業將王豐孫言于業曰：「西平諸田，世有反者，昂貌恭而心很，志大而情險，不可信也。」業曰：「吾疑之久矣，但非昂無可以討蒙遜。」豐孫言既不從，昂至侯塢，率騎五百歸于蒙遜。蒙遜至張掖，昂兄子承愛斬關內之，業左右皆散。蒙遜大呼曰：「鎮西何在？」軍人曰：「在此。」業曰：「孤單飄一己，爲貴門所推，可見匄餘命，投身嶺南，庶得東還，與妻子相見。」蒙遜遂斬之。

業，京兆人也。博涉史傳，有尺牘之才，爲杜進記室，從征塞表。儒素長者，無他權略，威禁不行，羣下擅命，尤信卜筮、讖記、巫覡、徵祥，故爲姦佞所誤。

隆安五年，梁中庸、房晷、田昂等推蒙遜爲使持節、大都督、大將軍、涼州牧、張掖公，赦其境內，改元永安。署從兄伏奴爲鎮軍將軍、張掖太守、和平侯，弟挐爲建忠將軍、都谷侯，田昂爲鎮南將軍、西郡太守，臧莫孩爲輔國將軍，房晷、梁中庸爲左右長史，張騭、謝正禮爲左右司馬。擢任賢才，文武咸悅。

時姚興遣將姚碩德攻呂隆于姑臧，蒙遜遣從事中郎李典聘于興，以通和好。蒙遜以呂隆既降于興，酒泉、涼寧二郡叛降李玄盛，乃遣建忠挐、牧府長史張潛見碩德于姑臧，請軍迎接，率郡人東遷。碩德大悅，拜潛張掖太守，挐建康太守。潛勸蒙遜東遷。挐私于蒙遜

曰：「呂氏猶存，姑臧未拔，碩德糧竭將還，不能久也。何故違離桑梓，受制于人！」輔國莫孩曰：「建忠之言是也。」蒙遜乃斬張濳，因下書曰：「孤以虛薄，猥忝時運，未能弘闡大猷，戡蕩羣孽，使桃蟲鼓翼東京，封豕烝涉西裔，戎車屢動，干戈未戢，農失三時之業，百姓戶不粒食。可蠲省百徭，專功南畝，明設科條，務盡地利。」

時梁中庸爲西郡太守，西奔李玄盛。蒙遜聞之，笑曰：「吾與中庸義深一體，而不信我，但自負耳，孤豈怪之！」乃盡歸其妻孥。

蒙遜下令曰：「養老乞言，晉文納輿人之誦，所以能招禮英奇，致時邕之美。況孤寡德，智不經遠，而可不思聞讜言以自鏡哉！內外羣僚，其各搜揚賢儁，廣進芻蕘，以匡孤不逮。」

遣輔國臧莫孩襲山北虜，大破之。姚興遣將齊難率衆四萬迎呂隆，隆勸難伐蒙遜，難從之。莫孩敗其前軍，難乃結盟而還。

蒙遜伯父中田護軍親信、臨松太守孔篤並驕奢侵害，百姓苦之。蒙遜曰：「亂吾國者，二伯父也，何以綱紀百姓乎！」皆令自殺。

蒙遜襲狄洛磐于番禾，不克，遷其五百餘戶而還。

姚興遣使人梁斐、張構等拜蒙遜鎮西大將軍、沙州刺史、西海侯。時興亦拜禿髮傉檀爲車騎將軍，封廣武公。蒙遜聞之，不悅，謂斐等曰：「傉檀上公之位，而身爲侯者何也？」構

對曰：「傉檀輕狡不仁，款誠未著，聖朝所以加其重爵者，褒其歸善卽敍之義耳。將軍忠貫白日，勳高一時，當入諧鼎味，匡贊帝室，安可以不信待也。聖朝爵必稱功，官不越德，如尹緯、姚晃佐命初基，齊難、徐洛元勳驍將，並位纔二品，爵止侯伯。將軍何以先之乎？竇融殷勤固讓，不欲居舊臣之右，未解將軍忽有此問！」蒙遜曰：「朝廷何不卽以張掖見封，乃更遠封西海邪？」構曰：「張掖，規畫之內，將軍已自有之。所以遠授西海者，蓋欲廣大將軍之國耳。」蒙遜大悅，乃受拜。

時地震，山崩折木。太史令劉梁言于蒙遜曰：「辛酉，金也。地動于金，金動剋木，大軍東行無前之徵。」時張掖城每有光色，蒙遜曰：「王氣將成，百戰百勝之象也。」遂攻禿髮西郡太守楊統於日勒。統降，拜爲右長史，寵踰功舊。

張掖太守句呼勒出奔西涼。以從弟成都爲金山太守，羅仇子也；鄯爲西郡太守，麴粥子也。句呼勒自西涼奔還，待之如初。

蒙遜率騎二萬東征，次于丹嶺，北虜大人思盤率部落三千降之。

時木連理，生于永安，〔一〕永安令張披上書曰：「異枝同榦，遐方有齊化之應；殊本共心，上下有莫二之固。蓋至道之嘉祥，大同之美徵。」蒙遜曰：「此皆二千石令長匪躬濟時所致，豈吾薄德所能感之！」

蒙遜率步騎三萬伐禿髮傉檀，次于西郡。大風從西北來，氣有五色，俄而晝昏。至顯美，徙數千戶而還。傉檀追及蒙遜于窮泉，蒙遜將擊之。諸將皆曰：「賊已安營，弗可犯也。」蒙遜曰：「傉檀謂吾遠來疲弊，必輕而無備，及其壘壁未成，可以一鼓而滅。」進擊，敗之，乘勝至于姑臧，夷夏降者萬數千戶。傉檀懼，請和，許之而歸。及傉檀南奔樂都，魏安人焦朗據姑臧自立，蒙遜率步騎三萬攻朗，克而宥之。饗文武將士于謙光殿，班賜金馬有差。以敦煌張穆博通經史，才藻淸贍，擢拜中書侍郎，委以機密之任。以其弟挐爲護羌校尉、秦州刺史，封安平侯，鎭姑臧。旬餘而挐死，又以從祖益子爲鎭京將軍、護羌校尉、秦州刺史，鎭姑臧。

俄而蒙遜遷于姑臧，以義熙八年僭卽河西王位，大赦境內，改元玄始。置官僚，如呂光爲三河王故事。繕宮殿，起城門諸觀。立其子政德爲世子，加鎭衞大將軍、錄尙書事。

傉檀來伐，蒙遜敗之于若厚塢。傉檀湟河太守文支據湟川，護軍成宜侯率衆降之。署文支鎭東大將軍、廣武太守、振武侯，成宜侯爲振威將軍、湟川太守，以殿中將軍王建爲湟河太守。蒙遜下書曰：「古先哲王應期撥亂者，莫不經略八表，然後光闡純風。孤雖智非靖難，職在濟時，而狡虜傉檀鴟峙舊京，毒加夷夏。東苑之戮，酷甚長平，邊城之禍，害深獫狁。每念蒼生之無辜，是以不遑啓處，身疲甲冑，體倦風塵。雖傾其巢穴，傉檀猶未授首。

傉檀弟文支追項伯歸漢之義，據彼重藩，請爲臣妾。自西平已南，連城繼順。惟傉檀窮獸，守死樂都。四支既落，命豈久全！五緯之會已應，淸一之期無賒，方散馬金山，黎元永逸。可露布遠近，咸使聞知。」

蒙遜西如苕藋，遣冠軍伏恩率騎一萬襲卑和、烏啼二虜，大破之，俘二千餘落而還。

蒙遜寢于新臺，閹人王懷祖擊蒙遜，傷足，其妻孟氏擒斬之，夷其三族。

蒙遜母車氏疾篤，蒙遜升南景門，散錢以賜百姓。下書曰：「孤庶憑宗廟之靈，乾坤之祐，濟否剝之運會，拯遺黎之荼蓼，上望掃淸氛穢，下冀保寧家福。而太后不豫，涉歲彌增，將刑獄枉濫，衆有怨乎？賦役繁重，時不堪乎？羣望不絜，神所譴乎？內省諸身，未知罪之攸在。可大赦殊死已下。」俄而車氏死。

蒙遜遣其將運糧于湟河，自率衆攻克乞伏熾磐廣武郡。以運糧不繼，自廣武如湟河，度浩亹。熾磐遣將乞伏魋尼寅距蒙遜，蒙遜擊斬之。熾磐又遣將王衡、折斐、麴景等率騎一萬據勒姐嶺，蒙遜且戰且前，大破之，擒折斐等七百餘人，麴景奔還。蒙遜以弟漢平爲折衝將軍、湟河太守，乃引還。

晉益州刺史朱齡石遣使來聘。蒙遜遣舍人黃迅報聘益州，因表曰：「上天降禍，四海分崩，靈耀擁于南裔，蒼生沒于醜虜。陛下累聖重光，道邁周漢，純風所被，八表宅心。臣雖

被髮邊徼，才非時雋，謬爲河右遺黎推爲盟主。臣之先人，世荷恩寵，雖歷夷崄，執義不回，傾首朝陽，乃心王室。去冬益州刺史朱齡石遣使詣臣，始具朝廷休問。承車騎將軍劉裕秣馬揮戈，以中原爲事，可謂天贊大晉，篤生英輔。臣聞少康之興大夏，光武之復漢業，皆奮劍而起，衆無一旅，猶能成配天之功，著車攻之詠。陛下據全楚之地，擁荆揚之銳，而可垂拱晏然，棄二京以資戎虜！若六軍北軫，克復有期，臣請率河西戎爲晉右翼前驅。」〔二〕

熾磐率衆三萬襲湟河，漢平力戰固守，遣司馬隗仁夜出擊熾磐，斬級數百。熾磐將引退，先遣老弱。漢平長史焦昶、將軍段景密信招熾磐，熾磐復進攻漢平。漢平納昶、景之說，面縛出降。仁勒壯士百餘據南門樓上，三日不下，衆寡不敵，爲熾磐所擒。熾磐怒，命斬之。段暉諫曰：「仁臨難履危，奮不顧命，忠也。宜宥之，以厲事君。」熾磐乃執之而歸。在熾磐所五年，暉又爲之固請，乃得還姑臧。及至，蒙遜執其手曰：「卿，孤之蘇武也！」以爲高昌太守。爲政有成惠之稱，然頗以愛財爲失。

蒙遜西祀金山，遣沮渠廣宗率騎一萬襲烏啼虜，大捷而還。蒙遜西至苕藋，遣前將軍沮渠成都將騎五千襲卑和虜，蒙遜率中軍三萬繼之，卑和虜率衆迎降。遂循海而西，至鹽池，祀西王母寺。寺中有玄石神圖，命其中書侍郎張穆賦焉，銘之于寺前，遂如金山而歸。

蒙遜下書曰：「頃自春炎旱，害及時苗，碧原青野，倏爲枯壤。將刑政失中，下有冤獄

乎？役繁賦重，上天所譴乎？內省多缺，孤之罪也。書不云乎：『百姓有過，罪予一人。』可大赦殊死已下。」翌日而澍雨大降。

蒙遜聞劉裕滅姚泓，怒甚。門下校郎劉祥言事于蒙遜，〔三〕蒙遜曰：「汝聞劉裕入關，敢研研然也！」遂殺之。其峻暴如是。顧謂左右曰：「古之行師，不犯歲鎮所在。姚氏舜後，軒轅之苗裔也。今鎮星在軒轅，而裕滅之，亦不能久守關中。」

蒙遜爲李士業敗于鮮支澗，〔四〕復收散卒欲戰。前將軍成都諫曰：「臣聞高祖有彭城之敗，終成大漢，宜旋師以爲後圖。」蒙遜從之，城建康而歸。

其羣下上書曰：「設官分職，所以經國濟時；恪勤官次，所以緝熙庶政。當官者以匪躬爲務，受任者以忘身爲效。自皇綱初震，戎馬生郊，公私草創，未遑舊式。而朝士多違憲制，不遵典章，或公文御案，在家臥署，或事無可否，望空而過。至令黜陟絕于皇朝，駁議寢于聖世，清濁共流，能否相雜，人無勸競之心，苟爲度日之事。豈憂公忘私，奉上之道也！今皇化日隆，遐邇寧泰，宜肅振綱維，申修舊則。」蒙遜納之，命征南姚艾、尚書左丞房晷撰朝堂制。行之旬日，百僚振肅。

太史令張衍言于蒙遜曰：「今歲臨澤城西當有破兵。」蒙遜乃遣其世子政德屯兵若厚塢。蒙遜西至白岸，謂張衍曰：「吾今年當有所定，但太歲在申，月又建申，未可西行。且當南巡，要其歸會，主而勿客，以順天心。計在臨機，慎勿露也。」遂攻浩亹，而蛇盤于帳前。蒙遜笑曰：「前一爲騰蛇，今盤在吾帳，天意欲吾迴師先定酒泉。」燒攻具而還，次于川巖。聞李士業徵兵欲攻張掖，蒙遜曰：「入吾計矣。但恐聞吾迴軍，不敢前也。兵事尚權。」乃露布西境，稱得浩亹，將進軍黃谷。士業聞而大悅，進入都瀆澗。蒙遜潛軍逆之，敗士業于壞城，〔五〕遂進克酒泉。百姓安堵如故，軍無私焉。以子茂虔爲酒泉太守，士業舊臣皆隨才擢敘。

蒙遜以安帝隆安五年自稱州牧，〔六〕義熙八年僭立，後八年而宋氏受禪，以元嘉十年死，時年六十六，在僞位三十三年。子茂虔立，六年，爲魏所擒，〔七〕合三十九載而滅。

史臣曰：蒙遜出自夷陬，擅雄邊塞。屬呂光之悖德，深懷仇恥之冤，推段業以濟時，假以陳吳之事。稱兵白澗，南涼請和；出師丹嶺，北寇賓服。然而見利忘義，苞禍滅親，雖能制命一隅，抑亦備諸凶德者矣。

贊曰：光猜人傑，業忌時賢。游飲自晦，匿智圖全。兇心既逞，僞績攸宣。挺玆姦數，馳競當年。

校勘記

〔一〕永安 斠注：十六國疆域志曰：考平陽郡有永安縣，相去較遠，或疑即「永平」之誤。

〔二〕臣請率河西戎爲晉右翼前驅 李校：「河西戎」下當脫一「夏」字或「旅」字。

〔三〕門下校郎劉祥 魏書沮渠蒙遜傳「門下校郎」作「校書郎」。通鑑一一八胡注云：「蒙遜置諸曹校郎，如門下校郎、中興校郎是也。」不知所據。

〔四〕鮮支澗 各本「鮮」作「解」。安紀作「鮮」。宋書氐胡傳作「西支間」，「澗」譌「間」。「西支」與「鮮支」音近，知此「解」乃「鮮」形近而譌，今據改。

〔五〕壞城 斠注：士業傳作「懷城」。按：御覽一二六引十六國春秋、通鑑一一九並作「懷城」。疑作「懷」是。

〔六〕蒙遜以安帝隆安五年自稱州牧 各本「五」作「元」。周校：隆安五年誤作「元年」。按：上文本云隆安五年梁中庸等推蒙遜爲涼州牧，與安紀合。自隆安五年至元嘉十年死，亦正合下文在位三十三年之數。「元」字顯爲傳刻之譌，今據上文改。

〔七〕六年爲魏所擒 魏書世祖紀、沮渠蒙遜傳，此事在太延五年，即宋元嘉十六年，與宋書氐胡傳合。茂虔以元嘉十年即位，至十六年，應是七年。御覽一二四引北涼錄，茂虔即位，改元永和，永和七年九月「面縛出降」，與諸書同。此處作「六年」誤。

晉書卷一百三十

載記第三十

赫連勃勃

赫連勃勃字屈孑，[一]匈奴右賢王去卑之後，劉元海之族也。曾祖武，[二]劉聰世以宗室封樓煩公，拜安北將軍、監鮮卑諸軍事、丁零中郎將，雄據肆盧川。爲代王猗盧所敗，遂出塞表。祖豹子招集種落，復爲諸部之雄，石季龍遣使就拜平北將軍、左賢王、丁零單于。父衞辰入居塞內，苻堅以爲西單于，督攝河西諸虜，屯于代來城。及堅國亂，遂有朔方之地，控弦之士三萬八千。後魏師伐之，辰令其子力俟提距戰，[三]爲魏所敗。魏人乘勝濟河，克代來，執辰殺之。勃勃乃奔于叱干部。叱干他斗伏送勃勃于魏。他斗伏兄子阿利先戍大洛川，聞將送勃勃，馳諫曰：「鳥雀投人，尚宜濟免，況勃勃國破家亡，歸命于我？縱不能容，猶宜任其所奔。今執而送之，深非仁者之舉。」他斗伏懼爲魏所責，弗從。阿利潛遣

勁勇篡勃勃于路，送于姚興高平公沒奕于，奕于以女妻之。

勃勃身長八尺五寸，腰帶十圍，性辯慧，美風儀。興見而奇之，深加禮敬，拜驍騎將軍，加奉車都尉，常參軍國大議，寵遇踰于勳舊。興弟邕言于興曰：「勃勃天性不仁，難以親近。陛下寵遇太甚，臣竊惑之。」興曰：「勃勃有濟世之才，吾方收其藝用，與之共平天下，有何不可！」乃以勃勃爲安遠將軍，封陽川侯，使助沒奕于鎮高平，以三城、朔方雜夷及衞辰部衆三萬配之，使爲伐魏偵候。姚邕固諫以爲不可。興曰：「卿何以知其性氣？」邕曰：「勃勃奉上慢，御衆殘，貪暴無親，輕爲去就，寵之踰分，終爲邊害。」興乃止。頃之，以勃勃爲持節、安北將軍、五原公，配以三交五部鮮卑及雜虜二萬餘落，鎮朔方。時河西鮮卑杜崙獻馬八千匹于姚興，[四]濟河，至大城，勃勃留之，召其衆三萬餘人僞獵高平川，襲殺沒奕于而并其衆，衆至數萬。

義熙三年，[五]僭稱天王、大單于，赦其境內，建元曰龍昇，署置百官。自以匈奴夏后氏之苗裔也，國稱大夏。以其長兄右地代爲丞相、代公，次兄力俟提爲大將軍、魏公，叱干阿利爲御史大夫、梁公，弟阿利羅引爲征南將軍、司隸校尉，若門爲尚書令，叱以韃爲征西將軍、尚書左僕射，乙斗爲征北將軍、尚書右僕射，自餘以次授任。

其年，討鮮卑薛干等三部，[六]破之，降衆萬數千。進討姚興三城已北諸戍，斬其將楊丕、姚石生等。諸將諫固險，不從，又復言于勃勃曰：「陛下將欲經營宇內，南取長安，宜先固根本，使人心有所憑係，然後大業可成。高平險固，山川沃饒，可以都也。」勃勃曰：「卿徒知其一，未知其二。吾大業草創，衆旅未多，姚興亦一時之雄，關中未可圖也。且其諸鎮用命，我若專固一城，彼必并力于我，衆非其敵，亡可立待。吾以雲騎風馳，出其不意，救前則擊其後，救後則擊其前，使彼疲于奔命，我則游食自若，不及十年，嶺北、河東盡我有也。待姚興死後，徐取長安。姚泓凡弱小兒，擒之方略，已在吾計中矣。昔軒轅氏亦遷居無常二十餘年，豈獨我乎！」于是侵掠嶺北，嶺北諸城門不晝啓。興歎曰：「吾不用黃兒之言，以至于此！」黃兒，姚邕小字也。

勃勃初僭號，求婚于禿髮傉檀，傉檀弗許。勃勃怒，率騎二萬伐之，自楊非至于支陽三百餘里，[七]殺傷萬餘人，驅掠二萬七千口、牛馬羊數十萬而還。傉檀率衆追之，其將焦朗謂傉檀曰：「勃勃天姿雄驁，御軍齊肅，未可輕也。今因抄掠之資，率思歸之士，人自爲戰，難與爭鋒。不如從溫圍北渡，趣萬斛堆，阻水結營，制其咽喉，百戰百勝之術也。」傉檀將賀連怒曰：「勃勃以死亡之餘，率烏合之衆，犯順結禍，幸有大功。今牛羊塞路，財寶若山，窘弊之餘，人懷貪競，不能督厲士衆以抗我也。我以大軍臨之，必土崩魚潰。今引軍避之，示敵以弱。我衆氣銳，宜在速追。」傉檀曰：「吾追計決矣，敢諫者斬！」勃勃聞而大喜，乃于陽

武下陜鑿凌埋車以塞路。傉檀遣善射者射之，中勃勃左臂。勃勃乃勒衆逆擊，大敗之，追奔八十餘里，殺傷萬計，斬其大將十餘人，以爲京觀，號「髑髏臺」，還于嶺北。

勃勃與姚興將張佛生戰于青石原，又敗之，俘斬五千七百人。興遣將齊難率衆二萬來伐，勃勃退如河曲。難以去勃勃既遠，縱兵掠野，勃勃潛軍覆之，俘獲七千餘人，收其戎馬兵杖。難引軍而退，勃勃復追擊于木城，拔之，擒難，俘其將士萬有三千，戎馬萬匹。嶺北夷夏降附者數萬計，勃勃于是拜置守宰以撫之。勃勃又率騎二萬入高岡，及于五井，掠平涼雜胡七千餘戶以配後軍，進屯依力川。

姚興來伐，至三城，[八]勃勃候興諸軍未集，率騎擊之。興大懼，遣其將姚文宗距戰，勃勃僞退，設伏以待之。興遣其將姚榆生等追之，伏兵夾擊，皆擒之。興將王奚聚羌胡三千餘戶于敕奇堡，勃勃進攻之。奚驍悍有膂力，短兵接戰，勃勃之衆多爲所傷。于是堰斷其水，堡人窘迫，執奚出降。勃勃謂奚曰：「卿忠臣也！朕方與卿共平天下。」奚曰：「若蒙大恩，速死爲惠。」乃與所親數十人自刎而死。勃勃又攻興將金洛生于黃石固，彌姐豪地于我羅城，皆拔之，徙七千餘家于大城，以其丞相右地代領幽州牧以鎮之。

遣其尚書金纂率騎一萬攻平涼，姚興來救，纂爲興所敗，死之。勃勃兄子左將軍羅提率步騎一萬攻興將姚廣都于定陽，克之，坑將士四千餘人，以女弱爲軍賞。拜廣都爲太常。

勃勃又攻興將姚壽都于清水城，壽都奔上邽，徙其人萬六千家于大城。是歲，齊難、姚廣都謀叛，皆誅之。

姚興將姚詳棄三城，南奔大蘇。勃勃遣其將平東鹿奕于要擊之，執詳，盡俘其衆。詳至，勃勃數而斬之。

其年，勃勃率騎三萬攻安定，與姚興將楊佛嵩戰于青石北原，敗之，降其衆四萬五千，獲戎馬二萬匹。進攻姚興將党智隆于東鄉，降之，署智隆光祿勳，徙其三千餘戶于貳城。姚興鎮北參軍王買德來奔。勃勃謂買德曰：「朕大禹之後，世居幽朔。祖宗重暉，常與漢魏爲敵國。中世不競，受制于人。逮朕不肖，不能紹隆先構，國破家亡，流離漂虜。今將應運而興，復大禹之業，卿以爲何如？」買德曰：「自皇晉失統，神器南移，羣雄岳峙，人懷問鼎，況陛下奕葉載德，重光朔野，神武超于漢皇，聖略邁于魏祖，而不于天啓之機建成大業乎！今秦政雖衰，藩鎮猶固，深願蓄力待時，詳而後舉。」勃勃善之，拜軍師中郎將。

乃赦其境內，改元爲鳳翔。以叱干阿利領將作大匠，發嶺北夷夏十萬人，于朔方水北、黑水之南營起都城。勃勃自言：「朕方統一天下，君臨萬邦，可以統萬爲名。」阿利性尤工巧，然殘忍刻暴，乃蒸土築城，錐入一寸，卽殺作者而并築之。勃勃以爲忠，故委以營繕之任。又造五兵之器，精銳尤甚。既成呈之，工匠必有死者：射甲不入卽斬弓人，如其入也，

便斬鎧匠。又造百鍊剛刀，爲龍雀大環，號曰「大夏龍雀」，銘其背曰：「古之利器，吳楚湛盧。大夏龍雀，名冠神都。可以懷遠，可以柔邇。如風靡草，威服九區。」世甚珍之。復鑄銅爲大鼓，飛廉、翁仲、銅駝、龍獸之屬，皆以黃金飾之，列于宮殿之前。凡殺工匠數千，以是器物莫不精麗。

于是議討乞伏熾磐。王買德諫曰：「明王之行師也，軌物以德，不以暴。且熾磐我之與國，新遭大喪，今若伐之，豈所謂乘理而動，上感靈和之義乎！苟恃衆力，因人喪難，匹夫猶恥爲之，而況萬乘哉！」勃勃曰：「甚善。微卿，朕安聞此言！」

其年，下書曰：「朕之皇祖，自北遷幽朔，姓改姒氏，音殊中國，故從母氏爲劉。子而從母之姓，非禮也。古人氏族無常，或以因生爲氏，或以王父之名。朕將以義易之。帝王者，係天爲子，是爲徽赫實與天連，今改姓曰赫連氏，庶協皇天之意，永享無疆大慶。係天之尊，不可令支庶同之，其非正統，皆以鐵伐爲氏，庶朕宗族子孫剛銳如鐵，皆堪伐人。」立其妻梁氏爲王后，子璝爲太子，封子延陽平公，昌太原公，倫酒泉公，定平原公，滿河南公，安中山公。

又攻姚興將姚逵于杏城，二旬，克之，執逵及其將姚大用、姚安和、姚利僕、尹敵等，坑戰士二萬人。

遣其御史中丞烏洛孤盟于沮渠蒙遜曰：「自金晉數終，禍纏九服，趙魏爲長蛇之墟，秦隴爲豺狼之穴，二都神京，鞠爲茂草，蠢爾羣生，罔知憑賴。上天悔禍，運屬二家，封疆密邇，道會義親，宜敦和好，弘康世難。爰自終古，有國有家，非盟誓無以昭神祇之心，非斷金無以定終始之好。然晉楚之成，吳蜀之約，咸口血未乾，而尋背之。今我二家，契殊曩日，言未發而有篤愛之心，音一交而懷傾蓋之顧，息風塵之警，同克濟之誠，勠力一心，共濟六合。若天下有事，則雙振義旗，區域既清，則並敦魯衞。夷險相赴，交易有無，爰及子孫，永崇斯好。」蒙遜遣其將沮渠漢平來盟。

勃勃聞姚泓將姚嵩與氐王楊盛相持，率騎四萬襲上邽，未至而嵩爲盛所殺。勃勃攻上邽，二旬克之，殺泓秦州刺史姚平都及將士五千人，[九]毀城而去。進攻陰密，又殺興將姚良子及將士萬餘人。以其子昌爲使持節、前將軍、雍州刺史，鎮陰密。泓將姚恢棄安定，奔于長安，安定人胡儼、華韜率戶五萬據安定，降于勃勃。以儼爲侍中，韜爲尚書，留鎮東羊苟兒鎮之，配以鮮卑五千。進攻泓將姚諶于雍城，諶奔長安。勃勃進師次郿城，泓遣其將姚紹來距，勃勃退如安定。胡儼等襲殺苟兒，以城降泓。勃勃引歸杏城，笑謂羣臣曰：「劉裕伐秦，水陸兼進，且裕有高世之略，姚泓豈能自固！吾驗以天時人事，必當克之。又其兄弟內叛，安可以距人！裕既克長安，利在速返，正可留子弟及諸將守關中。待裕發軫，吾取

之若拾芥耳，不足復勞吾士馬。」于是秣馬厲兵，休養士卒。尋進據安定，姚泓嶺北鎮戍郡縣悉降，勃勃于是盡有嶺北之地。

俄而劉裕滅泓，入于長安，遣使遺勃勃書，請通和好，約爲兄弟。勃勃命其中書侍郎皇甫徽爲文而陰誦之，召裕使前，口授舍人爲書，封以答裕。裕覽其文而奇之，使者又言勃勃容儀瓌偉，英武絕人。裕歎曰：「吾所不如也！」既而勃勃還統萬，裕留子義眞鎮長安而還。勃勃聞之，大悅，謂王買德曰：「朕將進圖長安，卿試言取之方略。」買德曰：「劉裕滅秦，所謂以亂平亂，未有德政以濟蒼生。關中形勝之地，而以弱才小兒守之，非經遠之規也。狼狽而返者，欲速成篡事耳，無暇有意于中原。陛下以順伐逆，義貫幽顯，百姓以君命望陛下義旗之至，[一〇]以日爲歲矣。青泥、上洛，南師之衝要，宜置遊兵斷其去來之路。然後杜潼關，塞崤陝，絕其水陸之道。陛下聲檄長安，申布恩澤，三輔父老皆壺漿以迎王師矣。義眞獨坐空城，逃竄無所，一旬之間必面縛麾下，所謂兵不血刃，不戰而自定也。」勃勃善之，以子璝都督前鋒諸軍事，領撫軍大將軍，率騎二萬南伐長安，前將軍赫連昌屯兵潼關，以買德爲撫軍右長史，南斷青泥，勃勃率大軍繼發。璝至渭陽，降者屬路。義眞遣龍驤將軍沈田子率衆逆戰，不利而退，屯劉迴堡。田子與義眞司馬王鎮惡不平，因鎮惡出城，遂殺之。義眞又殺田子。于是悉召外軍入于城中，閉門距守。關中郡縣悉降。璝夜襲長安，不克。勃勃

進據咸陽，長安樵採路絕。劉裕聞之，大懼，乃召義眞東鎭洛陽，以朱齡石爲雍州刺史，守長安。義眞大掠而東，至于灞上，百姓遂逐齡石，而迎勃勃入于長安。璝率衆三萬追擊義眞，王師敗績，義眞單馬而遁。買德獲晉寧朔將軍傅弘之、輔國將軍蒯恩、義眞司馬毛脩之于靑泥，積人頭以爲京觀。于是勃勃大饗將士于長安，舉觴謂王買德曰：「卿往日之言，一周而果效，可謂算無遺策矣。雖宗廟社稷之靈，亦卿謀猷之力也。此觴所集，非卿而誰！」于是拜買德都官尙書，加冠軍將軍，封河陽侯。

赫連昌攻齡石及龍驤將軍王敬于潼關之曹公故壘，克之，執齡石及敬送于長安。羣臣乃勸進，勃勃曰：「朕無撥亂之才，不能弘濟兆庶，自枕戈寢甲，十有二年，而四海未同，遺寇尙熾，不知何以謝責當年，垂之來葉！將明揚仄陋，以王位讓之，然後歸老朔方，琴書卒歲。皇帝之號，豈薄德所膺！」羣臣固請，乃許之。于是爲壇于灞上，僭卽皇帝位，赦其境內，改元爲昌武。遣其將叱奴侯提率步騎二萬攻晉并州刺史毛德祖于蒲坂，德祖奔于洛陽。以侯提爲并州刺史，鎭蒲坂。

勃勃歸于長安，徵隱士京兆韋祖思。既至而恭懼過禮，勃勃怒曰：「吾以國士徵汝，柰何以非類處吾！汝昔不拜姚興，何獨拜我？我今未死，汝猶不以我爲帝王，吾死之後，汝輩弄筆，當置吾何地！」遂殺之。

羣臣勸都長安，勃勃曰：「朕豈不知長安累帝舊都，有山河四塞之固！但荆吳僻遠，勢不能爲人之患。東魏與我同壤境，去北京裁數百餘里，若都長安，北京恐有不守之憂。朕在統萬，彼終不敢濟河，諸卿適未見此耳！」其下咸曰：「非所及也！」乃于長安置南臺，以璝領大將軍、雍州牧、錄南臺尙書事。

勃勃還統萬，以宮殿大成，于是赦其境內，又改元曰眞興。刻石都南，頌其功德，曰：

夫庸大德盛者，必建不刊之業；道積慶隆者，必享無窮之祚。昔在陶唐，數鍾厄運，我皇祖大禹以至聖之姿，當經綸之會，鑿龍門而闢伊闕，疏三江而決九河，夷一元之窮災，拯六合之沈溺，鴻績侔于天地，神功邁于造化，故二儀降祉，三靈叶贊，揖讓受終，光啓有夏。傳世二十，歷載四百，賢辟相承，哲王繼軌，徽猷冠于玄古，高範煥乎疇昔。而道無常夷，數或屯險，王桀不綱，網漏殷氏，用使金暉絕于中天，神轡輟于促路。然純曜未渝，慶緜萬祀，龍飛漠南，鳳峙朔北。長轡遠馭，則西罩崐山之外；密網遐張，則東絓滄海之表。爰始逮今，二千餘載，雖三統迭制于崤函，五德革運于伊洛，秦雍成篡弒之墟，周豫爲爭奪之藪，而幽朔謐爾，主有常尊于上；海代晏然，物無異望于下。故能控弦之衆百有餘萬，躍馬長驅，鼓行秦趙，使中原疲于奔命，諸夏不得高枕，爲日久矣。是以偏師暫擬，涇陽摧隆周之鋒；赫斯一奮，平陽挫漢祖之銳。雖霸王繼蹤，猶朝日之升扶桑；英豪接踵，若夕月之登濛汜。自開闢已來，未始聞也。非夫卜世與乾坤比長，鴻基與山嶽齊固，孰能本枝于千葉，重光于萬祀，履寒霜而踰榮，蒙重氛而彌耀者哉！

于是玄符告徵，大猷有會，我皇誕命世之期，應天縱之運，仰協時來，俯順時望。龍升北京，則義風蓋于九區；鳳翔天域，則威聲格于八表。屬姦雄鼎峙之秋，羣凶嶽立之際，昧旦臨朝，日旰忘膳，運籌命將，舉無遺策。親御六戎，則有征無戰。故僞秦以三世之資，喪魂于關隴；河源望旗而委質，北虜欽風而納款。德音著于柔服，威刑彰于伐叛，文教與武功並宣，俎豆與干戈俱運。五稔之間，道風弘著，曁乎七載而王猷允洽。乃遠惟周文，啓經始之基；近詳山川，究形勝之地，遂營起都城，開建京邑。背名山而面洪流，左河津而右重塞。高隅隱日，崇墉際雲，石郭天池，周緜千里。其爲獨守之形，險絕之狀，固以遠邁於咸陽，超美於周洛。若迺廣五郊之義，尊七廟之制，崇左社之規，建右稷之禮，御太一以繕明堂，模帝坐而營路寢，閶闔披霄而山亭，象魏排虛而嶽峙，華林靈沼，崇臺祕室，通房連閣，馳道苑園，可以蔭映萬邦，光覆四海，莫不鬱然並建，森然畢備，若紫微之帶皇穹，閬風之跨后土。然宰司鼎臣，羣黎士庶，僉以爲重威之式，有闕前王。于是延王爾之奇工，命班輸之妙匠，搜文梓于鄧林，採繡石于恒嶽，

九域貢以金銀，八方獻其瓌寶，親運神奇，參制規矩，營離宮于露寢之南，起別殿于永安之北。高構千尋，崇基萬仞。玄棟鏤楹，若騰虹之揚眉；飛簷舒咢，似翔鵬之矯翼。二序啓矣，而五時之坐開；四隅陳設，而一御之位建。溫宮膠葛，涼殿崢嶸，絡以隨珠，綷以金鏡。雖曦望互升于表，而中無晝夜之殊；陰陽迭更于外，而內無寒暑之別。故善目者不能爲其名，博辯者不能究其稱，斯蓋神明之所規模，非人工之所經制。若乃尋名以求類，跡狀以效眞，據質以究名，形疑妙出，雖如來須彌之寶塔，帝釋忉利之神宮，尙未足以喻其麗，方其飾矣。

昔周宣考室而詠于詩人，閟宮有侐而頌聲是作。況乃太微肇制，淸都啓建，軌一文昌，舊章唯始，咸秩百神，賓享萬國，羣生開其耳目，天下詠其來蘇，亦何得不播之管弦，刊之金石哉！乃樹銘都邑，敷讚碩美，俾皇風振于來葉，聖庸垂乎不朽。其辭曰：

於赫靈祚，配乾比隆。巍巍大禹，堂堂聖功。仁被蒼生，德格玄穹。帝錫玄珪，揖讓受終。哲王繼軌，光闡徽風。道無常夷，數或不競。金精南邁，天輝北映。靈祉踰昌，世葉彌盛。惟祖惟父，克廣休命。如彼日月，連光接鏡。玄符瑞德，乾運有歸。誕鍾我后，應圖龍飛。落落神武，恢恢聖姿。名教內敷，羣妖外夷。化光四表，威截九圍。封畿之制，王者常經。乃延輪爾，肇建帝京。土苞上壤，地跨勝形。庶人子來，不

日而成。崇臺霄峙，秀闕雲亭。千榭連隅，萬閣接屏。晃若晨曦，昭若列星。離宮既作，別宇云施。爰構崇明，仰準乾儀。懸甍風閱，飛軒雲垂。温室嵯峨，層城參差。楹彫虬獸，節鏤龍螭。瑩以寶璞，飾以珍奇。稱因褒著，名由實揚。偉哉皇室，盛矣厥章！義高靈臺，美隆未央。邁軌三五，貽則霸王。永世垂範，億載彌光。

其祕書監胡義周之辭也。名其南門曰朝宋門，東門曰招魏門，西門曰服涼門，北門曰平朔門。追尊其高祖訓兒曰元皇帝，〔一二〕曾祖武曰景皇帝，祖豹子曰宣皇帝，父衞辰曰桓皇帝，廟號太祖，母苻氏曰桓文皇后。

勃勃性凶暴好殺，無順守之規。常居城上，置弓劍于側，有所嫌忿，便手自殺之，羣臣忤視者毁其目，笑者決其脣，諫者謂之誹謗，先截其舌而後斬之。夷夏囂然，人無生賴。在位十三年而宋受禪，〔一三〕以宋元嘉二年死。子昌嗣僞位，尋爲魏所擒。弟定僭號于平涼，遂爲魏所滅。自勃勃至定凡二十有六載而亡。〔一四〕

史臣曰：赫連勃勃獯醜種類，入居邊宇，屬中壤分崩，緣間肆慝，控弦鳴鏑，據有朔方。然遂乃法玄象以開宮，擬神京而建社，竊先王之徽號，備中國之禮容，驅駕英賢，闚闞天下。

其器識高爽，風骨魁奇，姚興覩之而醉心，宋祖聞之而動色。豈陰山之韞異氣，不然何以致斯乎！雖雄略過人，而凶殘未革，飾非距諫，酷害朝臣，部內囂然，忠良卷舌，滅亡之禍，宜在厥身，猶及其嗣，非不幸也。

贊曰：淳維遠裔，名王之餘。嘯羣龍漠，乘釁侵漁。爰創宮宇，易彼氊廬。雖弄神器，猶曰凶渠。

校勘記

〔一〕赫連勃勃字屈孑　各本「孑」作「子」。魏書劉虎傳作「孑」。斠注：「屈子」爲「屈孑」之譌，以形近也。按：晉義亦作「孑」。「子」字譌，今據改。

〔二〕曾祖武　魏書有劉虎傳，御覽一二七引夏錄亦作「劉虎」。此作「武」，避唐諱改。

〔三〕力俟提　魏書劉虎傳、通鑑一〇七作「直力鞮」。按：「直」「俟」音近，「直力」「力俟」互倒，必有一誤。

〔四〕河西鮮卑杜崘　通鑑一一四「河西鮮卑杜崘」作「柔然可汗社崘」。北史蠕蠕傳（卽柔然傳）不載此事，河西鮮卑亦不得云卽柔然，不知通鑑何據。但其名當是「社崘」，故通鑑以爲與柔然可汗爲一人，疑「杜」字譌。

〔五〕義熙三年　各本「三」作「二」。册府二一九作「三」。校文：「二年」，帝紀作「三年」。據御覽一二七引十六國春秋夏錄，勃勃初號龍昇元年，歲在丁未。考義熙三年歲正在丁未。此言「義熙二年」，蓋誤前一年。按：魏書太祖紀，事在天賜四年，卽晉義熙三年。校文說是，今據册府改。

〔六〕鮮卑薛干　各本「干」作「于」。校文：據魏書薛干傳「于」當作「干」，蓋卽上叱干部也。按：魏書太祖紀、劉虎傳、通鑑一〇七此字諸本亦「干」「于」雜出，然「薛干」卽「叱干」，魏書官氏志「叱干氏後改爲薛氏」，金石萃編有唐資州刺史叱干公道場碑。以「叱干」之作「干」，可知「薛于」爲「薛干」之譌無疑，今據魏書高車傳改。

〔七〕支陽　漢書地理志下、後漢書郡國志五、元和郡縣志「支」並作「枝」，載記作「支」，同音通用，但本名當作「枝陽」。

〔八〕姚興來伐至三城　姚興載記下、通鑑一一五「三城」作「貳城」。按：上云勃勃掠平涼雜戶，下云勃勃攻黄石固，魏書地形志下原州長城郡有黄石縣。黄石、平涼並在今甘肅平涼、華亭附近。通鑑一一五胡注：「貳城，貳縣城也，在杏城西北，平涼東南。」雖不能確指其地，必與今平涼、華亭相近。至三城則魏書地形志下云在東夏州偏城郡廣武，地在今延安東，距戰地甚遠。當是「貳」寫作「二」，又譌作「三」。

〔九〕秦州刺史姚平都　周校：姚泓載記作「姚軍都」。按：通鑑一一七作「平涼太守姚軍都」，官稱不

同，必別有所據，而名亦作「軍都」，與姚泓載記合。疑作「軍都」是。

〔一〇〕百姓以君命望陛下義旗之至　「以君命」三字不可解，疑有訛脫，或三字衍。

〔一一〕訓兒　斠注：魏書劉虎傳，虎父誥升爰，一名訓兜，此作「訓兒」，爲「訓兜」之誤。

〔一二〕在位十三年而宋受禪　勃勃於義熙三年稱天王，至元熙二年劉裕代晉稱宋，應爲十四年。

〔一三〕自勃勃至定凡二十有六載而亡　御覽一二七引夏錄：「勃勃初號龍昇元年，歲在丁未，至是歲在辛未，二十五載也。」按：義熙三年丁未至元嘉八年辛未，凡二十五載。此作二十六載誤。

晉書音義序

晉書音義，余內弟東京處士何超字令升之所纂也。令升，卽仲舅商州府君之子。惟我仲舅，實蘊多才。强學懿文，紹興門範；剖符行節，弘闡帝猷。雖位望兼崇，大名猶鬱，而增脩益振，餘慶方鍾。確爾專精，深期克復。時之未與，衣冠之嗣曷沈；道在則聞，儒素之風自遠。不隕其業，斯爲得歟！處士弟約以優閑，溺於墳史。嘗訝晉室之典，未昭其音，思欲發揮前人，啓迪後進。由是博考諸傳，綜覽羣言，研覆異同，撰成音義。亦足以暢先皇旨趣，爲學者司南。式敍其由，勸成其美。三都尙隱，思旌擅洛之文；五等迴封，遠愧平吳之績。巨唐天寶六載，天王左史弘農楊齊宣字正衡序。

晉書音義三卷

卷之上紀志

卷之中列傳上

卷之下列傳及載記

先朝所撰晉書，帝紀十，志二十，列傳七十，載記三十，合一百三十篇。令升此音，紀、志共爲一卷，其列傳、載記各自區分，都成三軸，件目如左。仍依陸氏經典釋文注字，並以朱暎。服勤編簡，頗涉暄寒。凡所訓釋，必求典據，庶無牆面，疇敢師心。如或未周，敬俟來哲耳。

晉書音義卷之上 紀志

起第一盡三十

帝紀第一卷 晉書一

黎落兮反。痹必至反。踞音據。每與音預。令掎上力呈反，下居綺反。宛於元反。向鄉式亮反。有閒閒側之閒。水柵〔一〕字林曰：柵，編豎木也。側白反。造七到反。扼音厄。向皖漢書音乎衮反，又音胡版反。廬江縣也。下短反，又胡官反。泝音素。朐腮如淳曰：上音蠢，下音如允反。郃音合。郿音眉。黥渠京反。險麋上以朱反，下音眉。芟所銜反。餌仍吏反。鹵音魯。使使上音史，下音所吏反。勞洛到反。衄女六反。監冶音也。僑音喬。挑徒了反。巾幗古獲反。婦人首飾。鯁古杏反。卒子忽反。五藏昨浪反。蒺蔾疾、梨二音。軟而兗反。木屐奇逆反。氐當兮反。輸音戍。碣音竭。遼隧漢書音遂。旗幟昌志反。樵音譙。詭道居委反。詐也。楯櫓上食允反，下音魯。鉤橦直江反。芒鬣忙、獵二音。震慴之涉反。懼也。篡初宦反。鯨鯢上渠京反，下五奚反。詿音卦，又胡卦反。襦日朱反。施式智反。薊音計。心惡烏故反。先是蘇見反。更古行反。倭烏和反。重譯上直龍反，下音亦。焉者於乾反。芍陂芍，七削反。隲之日反。掠粗上力讓反，下側孤反。郾音偃。漕左到反。水運穀也。皆從才用反。肘陟柳反。謚名必反。〔二〕挾音叶。鄢於幰反。彪甫尤反。

涂音除。折簡之舌反。祟雖遂反。轀輬溫、涼二音。丕敷悲反。佑音右。戢阻立反。

帝紀第二卷 晉書二

胡見敕側反。毋丘音無，〔三〕下同。艾五蓋反。暇古雅反。一作蝦。酆音豐。緝七入反。儌古堯反。要一遙反。鑠書藥反。〔四〕宂從上而勇反，下才用反。辟旁益反。嫚與慢同。裸郎果反。恚一避反。璽斯此反。髦音毛。惰徒臥反。本作墮。趾音止。佻吐彫反。宄音軌。摯音至。蔑莫結反。琢丁角反。顓頊上音專，下許玉反。柏招漢書古今人表：帝嚳師。彗因歲反。瀧橋說文曰：瀧水出潁川陽城少室山，〔五〕東入潁。音殷，又音隱。枚莫回反。鷲烏郎反，又於良反。冠古亂反。譟蘇到反。披靡上西靡反。綝丑林反。楯食允反。瘤音留。齧五結反。苛音何。褘於離反。亟紀力反。震讋說文讋若慴，之涉反。子靚才姓反。隗五罪反。輜側持反。餒奴罪反。完胡官反。懌音亦。譎古穴反。蹙子六反。曼音万。叱齒日反。顗魚豈反。倅七碎反。璝音黃。楛矢音戶。砮音奴，又音弩。貂音彫。絆音半。沓徒合反。纂作管反。斌府巾反。廖化廖音力救反。漢有廖湛。以隳許規反。履哲本或作喆，與哲同。迪宣音狄。櫛阻瑟反。蛑音謀，與蝥同。擐音患。元憝字林曰：憝，惡也。尚書云元惡大憝。徒對反。勍渠京反。馘古獲反。信威信音申。叟蘇口反。狡古巧反。悍音翰。提封徒奚反。胙昨誤反。校尉隊公才反。苴子余反。酇侯音贊。綟盧結反。賁音奔。鈇鉞甫、越二音。彤徒冬反。嫁音盧。秬鬯巨、暢二音。卣音由。將校上子亮反，下音效。莘所臻反。媵以證反。帳音旻。傳張戀反。檻胡黯反。虡音巨。弑音試。

帝紀第三卷 晉書三

輯音集。於戲烏、希二音。惴之睡反。憂也，懼也。伷音宙。莞音官。雎音雖。菑側持反。尉他音陀。亦作佗。禰乃禮反。澠音沔。本或作黽，同。皇子衷音中。孛音佩，又卜內反。羊祜下古反。必泥奴戾反。郁於六反。毛炅古鼎反。字林音桂。販方願反。郭廙音弋。渦口說文：渦水受淮陽浮溝浪蕩渠，〔六〕東入淮。屋戈反，又古和反。堆都回反。綴張衞反。皇子柬音簡。冠古亂反。氾敷劍反。大雩音于。旱祭也。戸調徒弔反。袤莫候反。組音祖。其帥所類反。枳諸氏反。軫之忍反。夏謖字林：謖，起也。所六反。稱尺證反。螟音冥。頠魚毀反。璩音渠。荔支力智反。召或作邵，同。顒魚容反。耽丁含反。蕤儒隹反。唐彬音斌。秣莫割反。瑩烏定反。蹙子六反。櫬初覲反。酃音零。浩亹漢書：金城郡浩亹縣。孟康曰浩亹音合門。顏云浩音誥，水名。亹者，水流夾山岸若門。詩大雅「鳧鷖在亹」亦其義也。今俗呼此水為閤門河，蓋疾言之耳。浩音閤。〔七〕廆五罪、胡罪二反。牂則郎反。獠音老。玷音點。褚翜力灼反。朱提山漢書：犍為郡有朱提山，出銀。蘇林曰：朱音銖，提音匙。北方人名匕曰匙。犍其連反。朱整之領反。祫音洽。皇孫遹音聿。次子兼弋向反。繇音遙。造次七到反。青絲紖字林曰：牛系也。丈忍反。紊音汶。佚音逸。

帝紀第四卷 晉書四

翼本或作翌，與翼同。楙莫候反。泓烏宏反。郝好各反。奎苦圭反。解系胡計反。氐帥所類反。禖音梅。裴頠魚毀反。皇孫虨補閑反。冏九永反。彗似歲反，又似醉反。歆許金反。汶山音岷。堮五各反。湨公壁反，又補賴反。饕吐高反。葛旟音余。韡韋鬼反。虓許交反。炤亦照字。之肖反。駝徒何反。堨烏葛反。碓音對。涸下各反。蹴子六反。周玘音起。郫音皮。圮符鄙反。陳眕字林曰：眕，目有所恨也。之忍反，又音眞。鶡音曷。齎即兮反。秔音庚。燥蘇老反。乾也。盂音于。歔欷上音虛，下音許既反。暾他昆反。馥音復。繆胤音謬。騫驅敕居反。刁默音彫。愊令漢書愊音壁。〔八〕爨七亂反。跋蒲撥反。蝦蟆遐、麻二音。麋靡爲反。鴆直禁反。赧奴版反。鼃烏瓜反。蝦蟆也。又烏喎反。

帝紀第五卷 晉書五

螘衆牛綺反。喁喁字林曰：喁喁，衆口上見。魚容反。玫莫迴反。尟息淺反。鄄音絹。惲於粉反。錢璯苦邁反。沶音怡。枹鼓音浮。本亦作桴。晞音希。瑁音妹。珉武巾反。杜弢他勞反。轘轅還、袁二音。緄古本反。疋音雅。崧音嵩。昵尼質反。梟古堯反。沌音篆。髦音毛。灄中書涉反。骼音格。觜前智反。䴵必郢反。磾音低。螽音終。薈烏外反。喋音牒。淇音其。蹠之石反。羯居謁反。耒盧對反。嫄音元。貊音陌。櫛阻毖反。梟音里反。弛式是反。核下革反。燮蘇叶反。鼈五勞反。獷音鹘。顱力胡反。仆音赴。

帝紀第六卷　晉書六

覬渠刃反。藁音杲。刈音乂。煒如也于鬼反。窘其隕反。徼工釣反。軼音逸。擐音患。鈇音甫，又甫于反。毖音秘。麗姬與驪反。羿五計反。蕢周易音蹄。浹辰子協反。嵛音踰。逡七旬反。郤音隙。本或作郄，俗。悝苦迴反。諝私呂反。輯音集。茹而據反。贄音至。惏盧含反。珥仍吏反。璠音繁。龕可含反。莞胡管反，又音官。句驪上古侯反，下音離。歃次上一球反，又一涉反。下如字，又音恣。紐女九反。詮此緣反。愞乃亂反。一作懦。隗五罪反。遻雖遂反。郗丑脂反。鄒側鳩反。靑綀所居反。釵初佳反。榼苦盍反。貯張呂反。扛鼎音江。隳許規反。齊斧張晏曰：征伐斧也。以整齊天下也。張軌云：齊斧，蓋黃鉞也。應劭曰：齊，利也。虞喜志林云：〔九〕齊當作齋，凡師出必齋戒入廟而受斧也。彝音夷。鞅於兩反。驤音襄。嶲息委反。釗指遙反。跣蘇典反。盱眙上況于反，下與之反。簒初宦反。公乘雄公乘，姓也。見風俗通。巴滇都賢反。嫗衣遇反。壼苦本反。朱雀桁胡郎反。惋烏亂反。爨七亂反。李埸他歷反。稷契私列反。贇於巾反。禋音因。崧音嵩。本亦作嵩。悆羊茹反。曄筠輒反。慨古代反。扞音翰。推轂吐迴切。圉音語。緝七入反。崎嶇上去奇反，下音區。大祲字林子沁反。縗絰上音崔，下徒結反。簭之累反。

帝紀第七卷　晉書七

迭徒結反。涪音浮。曹勱音邁。嵤音旻。劉闓音鎧，又音開。枹罕上甫于反，又音扶。下音漢。瑾音覲。勰音協。柤側孤又側加反。燼徐刃反。溧陽音栗。上邽音圭。琉音充。本或作玩。〔一〇〕毋丘音無。塢烏古。霍彪甫休反。騶側鳩反。皝黃蕩反。郿音眉。玕音午。噲苦怪反。凱音愷。奎苦圭反。桁與航同。貉音鶴。晞音希。懌音亦。降殺所拜反。驎力珍反。闐音田。聃他含反。瞿音句。阽音鹽。

帝紀第八卷　晉書八

瓚昨旱反。燾徒到反。爨頠上七亂反，下魚毀反。儁與俊同。畯音俊。亢剛、抗二音。氐帥上丁奚反，下所類反。枋音方。邯鄲寒、丹二音。垣音袁。遂與遁同。芍陂七削反。鮪榮美反。萇音長。靚音淨。鴦於良反。竺音竹。佽飛音次。鴆直任反。曇音潭。山茌仕疑反。梁王璲子仁反。本亦作璡，下同。子暐于鬼反。雝士于反。汪烏皇反。浩亹上音閤，下音門。饋逵位反。茍音何。劉岵音戶。餌仍吏反。瓠胡故反。赭圻上之也反，下音祈。泯武盡反。涂中音途。〔一一〕虓許交反。痿疾字林：痿，痹也。人垂反，又於隹反。白帢苦洽反。重閟音秘。第莊几反，又側里反。禳汝商反。僰扶北反，又符逼反。

帝紀第九卷　晉書九

葆音保。幘音責。頤與之反。勠音六。秕政補几、俾以二反，見國語。滑泥上音骨。儋都濫反。樂浪洛、郎二音。卞眈丁含反。赧奴版反。寧康一本云康寧。郁於六反。天門蜑徒旱反。蠻屬，見文字集略。或作蜒。墊江音牒。邸都禮反。句䴗音鉤。璪音早。逋博孤反。句町應劭：句音鉤。顏：町音挺。牢音勞。阿房如淳音旁。雹蒲角反。雨冰也。龢音和。螽音終。忱氏林反。潼音同。湟音皇。水名，在安定。晡博孤反。臨力禁反。惡烏路反。醒音星，又息定反。讖初譖反。孕以證反。屯陟倫反。吒陟嫁反。釿力弔反。一作料，本亦作斷。彙音謂。鬻音育。鑣甫驕反。

帝紀第十卷　晉書十

薊音計。磨奴昆反。坰古迴反。阯音止。沮渠子余反。柵側戟反。堀音賈。騶側鳩反。傉檀內沃反。仄阻力反。謐音蜜。湓口蒲奔反。水名，見尋陽記。崢嶸上士耕反，下音宏。腆他典反。柞在各反，又音作。棱威來登反。憝徒對反。猖狂上音昌。狡古巧反。沮慈呂反。孜子之反。球音求。跋蒲撥反。臨朐其俱反。鴟處脂反。蒯苦怪反。僖許其反。眚所景反。句驪上古侯反，下音離。倭烏和反。鵝五歌反。縊於賜反。袞古本反。緳盧結反。瞋目充人反。字林云張目也。莊子云瞋目而語難。〔一二〕飪如甚反。敂行戶郎反。閫苦本反。

墜音遂。有間古莧反。屠音徒。隻之石反。爋許云反。湎彌兖反。

志第一卷　晉書十一

庖犧上薄交反，下許奇反。嚳苦沃反。佚音逸。裨頻卑反。燔音煩。髀傍米反。隤杜回反。推磨莫賀反，下同。蟻魚倚反。瞀莫候反。窈烏皎反。塡星陟刃反。魄焉上音薄。覆冒音副。聳音悚。覆奩上芳福反，下音廉。駮北角反。晷音軌。伺相吏反。候也。璣居希反。廡音武。堂下。楯食允反。閎音宏。蓂莢上音冥，下古叶反。卵落管反。殼苦角反。甄曜居還反。郵音尤。啻施智反。穊音冀。共之居勇反。杠音江。魁苦回反。杓必消反。腐音父。芒音亡。紐女久反。熛甫遙反。武賁音奔。抵丁禮反。禨居希反。槍初庚反。棓片口反。果蓏郎果反。在木曰果，在地曰蓏。鉤鈐巨淹反。鈇鑕上甫于反，又音府。下音質。跗甫于反。桴甫于反。本作枹。潢音黃。爲帝于僞反。盛饘上音成，下之然反。爟音貫。鍵音件。貉音陌。觜觿上子規反，下戶圭反。囷去倫反。儈古外反。重譯上直龍反，下音亦。共工音恭。句古侯反。杵尺與反。氐丁禮反。枵許嚻反。諏子侯反。樂浪洛、郎二音。敦煌屯、皇二音。牂柯上子郎反，下音歌。

志第二卷　晉書十二

慝吐得反。高埤音卑。麓音鹿。爍書藥反。爲焠七碎反。僇音六。壅沮上於容反，下七余反。壅本亦作瘢。孛音佩。格澤如字。兌音銳。本亦作銳。天欃初銜反。雚音丸。鏠與鋒同。天柎甫于反。綎音庭。天榬禹煩反。毚士咸反。蓬絮息據反。詘區物反。十煇音運，見周禮。眂祲上音視，下子任反。僪音決，又其聿反。本亦作璚。觿子垂反，又戶圭反。本亦作鑴。瞢莫登反，又莫亙反。璚音瓊，見玉篇。亟紀力反。叉初牙反。杵昌汝反。霾莫皆反。蜄時忍反。員簦音登。闍視奢反，又音都。㠹音鳥。[一三]蛪音結，見蒼頡篇。瞀莫候反。遹音聿。隗五罪反。仄匿莊力反。眕之忍反。狡古巧反。皝音晃。

志第三卷　晉書十三

楗閉其輦反，又其偃反。甄氏音真。虓許交反。眗音衢。鬣良輒反。繆胤音謬。砰普耕反。弢他高反。

志第四卷　晉書十四

蟠音盤。㕧音乂。碭大浪反。上谷古木反，又音欲。邯鄲寒、丹二音。黔音琴。閬音旻。洮吐刀反。千乘繩證反。儋都甘反。巂小委反。汶山音旻。犍為其連反。拓土音托。鄱陽薄波反。朱提上音殊，下上支反。涪陵音浮。東莞音官。睨五計反。崦音淹，又音掩。豎亥殊主反。鋞丁乙反。秸公八反。要一遙反。摯音至。虺火鬼反。閒音閑。參之音三。賙音周。酇作管反。聚名，見周禮。分限符問反。邾陟輸反。鄖音云。共音恭。郜音告。邘羽俱反。郇相倫反。鬲音革。過古和反。偪陽音逼。邿音詩。鄶古外反。邶音佩。鄘

音羽。聃奴甘反，又他酣反。莘所臻反。鄟音專。姺蘇典反。緡音旻。飂音留。鬷子紅反。五伯音霸。綫息棘反。篡初宦反。畦戶圭反。果蓏郎果反。太行胡郎反。郟鄏夾、辱二音。成皋音高。卷丘圓反。黽池黽，一作澠，同。俱音沔。嶢音堯。鞅於兩反。讘之輒反，又而涉反。濩澤烏獲反。析城音錫。猗乙奇。軹音紙。孱陵士限反，又士連反。宛句上於元反，下音劬。單父善、甫二音。方與房、預二音。亢父上古郎反，下音甫。扁鵲蒲殄反。山茌仕疑反。盱眙上況于反，下與之反。郾一健反。隱於晚反。鮦陽音紂。沛博蓋反。杼秋音緒。洨胡交反。虹音絳。酇才何反。龍亢古郎反。軑音大。蘄音祈。雩婁況于反。黥渠京反。鄡口堯反。廮陶上嬰并反，下音遙。茌平仕疑反。厭次一琰反。[一四]漯他合反。蓨音調。蠡音禮。鄃式朱反。陘音邢。遒子由反。薊音計。沮陽七余反。句麗上古侯反，下音離。令支上來定反，下巨支反。跋蒲撥反。盂音于。郻一古反。泫氏工玄反，又乎犬反。鞮音低。轑音老。崞音郭。涅陶上乎往反，亦作汪。下音搖。葰人沙瓦反。雍閼擁、遏二音。大荔力計反。下邽音圭。蓮勺[一五]上力善反，下音酌。嶻嶭上昨結反，下五結反。蒯城苦壞反。璝公回反。浩亹上古合反，下音門。驪靬上力馳反，下音虔。番和白干反。本作禾。騂息營反。涫音官。湟音皇。沮渠子余反。獂音丸。墊音牒。葭萌上音加，下亡行反。朐䏰蠢、閏二音。郫音皮。僰白北反。稗音卑，又必爾反。旄音毛。莋音昨。鷩必世反，又必舌反。栟楝上音弄，下丁送反。蛉音零。楪榆弋涉反。句町劬、挺二音。句又古侯反。毋掇上音無，下之劣反。鐔大南反。篖音唐。存駹亡嫁反。母單母、丹二音。滇丁田反。

志第五卷　晉書十五

浞仕角反。黔陬上其廉反，又音琴。下子侯反。怰音堅。下邳符悲反。東莞音官，又音丸。嶧音亦。睢陵音雖。郯音談。襄賁音肥。贛榆音感。繒才陵反。費音祕。贅之稅反。高郵音尤。黔中音琴。鄳武庚反。編步典反。鄀音若。嬖博計反。臨沮七余反。邔音起，又渠記反。鄾音憂。犨昌牛反。淯以六反。葉音攝。比陽音毗。涅奴結反。酈音歷。酇音贊。筑音竹，又音逐。穰人羊反。浘音怡。秭歸音姊。佷山恆墾反。黚其炎反。鐔大南反，又音尋。漊力主反。下雋似轉反。酃來丁反。茶陵大家反。耒力對反，又力水反。鄣音章。潕片備反。秣音末。溧音栗。灊音潛。皖胡管反。[一六]鄞音銀，又牛巾反。鮚埼上巨乙反，下音祈。鄮莫候反。剡上檢反，又羊檢反。曁音既。黟音伊。歙失反。鄡陽口堯反。雩都音于，又況于反。揭陽音竭。趙他音陁。番禺潘、愚二音，下同。苟扇上古豆反，下來豆反。贏陵上音蓮。下力口反，又力主反。鳶羊全反。麋泠音眉。都洨胡交反。含洭音匡。湞音貞，又丈莖反。

志第六卷　晉書十六

侈弇音奄。正日音征。械胡界反。徵張里反。嘉量力向反。籥合藥、閤二音。伶音零。竅苦弔反。琯音管。泠音零。太蔟音湊。洗四典反，下同。無射音亦。函鍾[一七]音含。捃居運反。廂音襄。种整之郢反。

箱音襄，本作廂。釐力之反。有奇居宜反。匏白交反。哨七嘯反。小也，見考工記。[一八]又邪也，見廣雅。詖彼義反。律中張仲反。緹幔徒奚反。赤色也。庳音婢。下也。葭莩加、孚二音。覆音副。臬魚列反。黼音父。黗徒渾反。荅都合反。絫力委反。錘直垂反。錙鐶淄、還二音。碓音對。

志第七卷　晉書十七

扐音勒。撓如紹反，又如效反。禨居希反。差跌上初皆反，下徒結反。三號音豪。奇居宜反。耦五口反。

志第八卷　晉書十八

鶩音務。告朔古沃反。陬子侯反。紕繆上匹夷反，下音謬。岌魚及反。蔀音部。朓吐鳥反。駁音剝。

志第九卷　晉書十九

噎烏計反。秕卑履反。瑄音宣。璧名。崧音嵩。摭之石反。駵音留。赤馬黑鬣曰騮。菻與赫同。毳昌芮反。窊窊[一九]烏瓜反。笄音雞。騩音隗。馬淺黑色。壝音位。壇也，周禮音帷。荀彧於六反。禖音梅。雩音于。澍之遇反。禜音詠。幘音責。灊音潛。憝徒對反。嘏古雅反。葦茭偉、交二音。梗古杏反。磔竹客反。煽音扇。祧他彫反。昭音韶。嫄音原。祫音洽。窋竹律反。墠音善。醢音海。剿子小反。索綝丑林反。

晉書二十

志第十卷

豐殺所拜反。苴子余反。絰大結反。瑩音瓊。衰音崔。軺輂音遙。晡補胡反。臨力禁反。險易以豉反。洿音烏。江彪甫巾反，又方閑反。齊斬上音資。燕音宴。咺況晚反。賵芳鳳反。塊苦對反。厭降一葉反。倅七碎反。號咷豪、陶二音。匍匐上音蒲，下蒲北反。武賁音奔。楯食允反。鹵簿上音魯，下裴古反。蠆丑芥反。輓音万。枚音梅。裼〔三〇〕先擊反。屠蕢苦壞反，本作蒯。篋苦協反。識音志。珥仍吏反。椑蒲歷反，又音闢。毖音秘。悝苦回反。恧女六反。五員音云。析音錫。礿音藥。

晉書二十一

志第十一卷

正會音征。贄音至。百華音花。跪去委反，又求累反。壝以水反，亦音遺。旂音祈。燔音繁。禰乃禮反。跳音條。瞽叟上音古，下素口反。逌音由。壼苦本反。構幘鉤、責二音。勱音邁。孟縶張立反。宿縣音懸。本作懸。杕杜音悌。鬣良涉反。麛音迷。貙劉敕俱反，本亦作貙。肆羊至反。阼音胙。東階。醮子笑反。華廙音翼。祺音其。紞都敢反。纁音勳。鍪之郢反。罼音必。雩婁侯即令升之十五代祖。雩音況于反。悸其季反。禊音系。祓除音弗。

晉書二十二

志第十二卷

倕音垂。聆音零。袒音但。迓五駕反。蹲音存。鼙蒲迷反。鼐乃代反。洿萊音烏。徵張里反。蔟音湊。蕤儒隹反。緧音秋。紐女九反。於蔿音烏，或如字。燕及音宴。於乎烏、呼二音。牷音全。竢與俟同。薆烏代反。豢音患。酤音姑，又音故。廂音襄。頎音祈。虡音巨。煌音皇。儐必刃反。焜燿混、耀二音。垠音銀，又語巾、五根二反。晢晢旨熱反，又音制。喤喤音橫。楛音戶。瀸與瀸同。獒音遨。渟音亭。投袂協韻音滅。纊音曠。玁狁險、允二音。鞹苦郭反。瘁疾醉反。螽音終。樛居幽反。賨在宗反。种音沖。斌府巾反。

晉書二十三

志第十三卷

氂力之反。齊斧如字，亦音資。解已見上文。鉦音征。鐃也，似鈴。鐃女交反。繆音謬。攄敕居反。皖胡管反。獮息淺反。痡普胡反，又音孚。礫音歷。螭丑之反。麓音鹿。闞火斬反，又火檻反。鍠鍠協韻音皇。鷊莫駕反。舫甫彭反。蠲音蜀，又音濁。蜿蜿音婉。翽翽呼外反。髦才音毛。酷祝之六反。鞞蒲迷反。亦作鼙。猥烏回反。哮闞上許交反，下火斬反。慴之涉反。茨疾賚反。身患協韻音還。削中音肖。嚙五結反。嶋都浩反。槈鎛字當作鎛，鉏屬也。補各反。澌音斯。綆古杏反。蘐符云反。魑魅上丑知反，下音媚。兜當侯反。郝好各反。珉音旻。懊憹上烏浩反，下奴浩反。廞許金反。柈音盤。紵音佇。嗽蘇豆反。扛音江。絙古恆反。

跂音岐。棬音權。笮側陌反，又音昨。

晉書二十四

志第十四卷

仲虺許鬼反。操版布綰反。佽音次。銑蘇典反。騭之日反。盭音麗。或作綟。盧結反。軺音遙。皁昨早反。鎧苦愛反。卿官古者，天子諸侯皆名執政，大臣曰正卿。自周以來，始有三公九卿之號。大率九卿其官無卿字，至梁始加卿字，其後因之。晉書及唐初重撰，故或有加卿字處，或無卿字，並存。賵芳鳳反。珧音姚。惇音敦。嘉虛里反。郃音合。鵠胡沃反。輸音戍。貂璫彫、當二音。惔大甘反。亢從上而勇反，下才用反。廄音救。驊騮華、留二音。大簞音丹。本或作箪，音殫。灌溉古礙反。琇音秀。勰音協。幟音志，又昌志反。又音試，所以相別。

晉書二十五

志第十五卷

纁音勳。赬敕貞反。鞙胡犬反。韍分物反。杓音標。鞗音條。鷸音聿。豸宅買反。燼疾刃反。袀居春反。戎服也。貜許縛反。軔音刃。葆音保。儐必刃反。地正音征。櫝其巨反。軨音零。繆字當作鏐。渠糾反。軾音式。軛音厄。筩音同。橑音老。玳瑁代、冒二音。鶡翅上音昆，下施智反。棨音啟。槖音託。字或作橐，音高。亞甫勿反。古文。蛙蟆上烏蝸反，下音麻。杪音眇。氂理之反。纛音導。揉人久反。髦插上音毛，下初洽反。顱音盧。叜亡范反。鉉魚訖反。罽居厲反。茸而容反。鈴音零。瓌音襄。馬帶抉名也。抉音決。韉陟留反。

轙魚倚反。幩扶云反。耒耜上盧對反，下音祀。幢翳宅江反。輞音罔。闟徒盍反，又土盍反。蹋徒盍反。弩箙音服。盛弓箭器。槌直追反。屬車音燭。繐似歲反。揭去竭反。佽音次。四行戶郎反。掘音岡。舉也。邪拖託何反。鞉音陶。轍蘇但反。矟山卓反。袴褶神入反。較音角。蚤音早。旛音藩，下同。𢤱虛偃反。傳乘張戀反。輜側持反。軿蒲丁反，又音頻。騩音愧。淺黑色。歐烏侯反。縹紺上敷沼反，下古暗反。幅音福。裨音卑。冕也。韎望發反。帢苦洽反。琁音旋。蟪音惠。勁悍音翰。縰山綺反。纚同。咋鉏陌反，又壯伯反。纚所綺反。鷸音聿。幡孚袁反。噲音快。鶡音曷。璂音其。邸音底。尖軼上子廉反，下音昧。啤況羽反。頷五陌反。本亦作頟。蜯步項反，本亦作蚌。螭丑知反。鞶音盤。騶側鳩反。袷古洽反。盛音成。緌儒隹反。襮音博。韠音畢。相繆武彪反。翡扶沸反。于窴音田，又音殿。婕妤接、予二音。瓄音獨。鐭音臭。緄古本反。幗古獲反。

晉書二十六

志第十六卷

罩都孝反。耜音似。鴟夷處脂反。扈音戶。膾古兌反。琅玕郎、干二音。梢所交反。蒲梢，良馬也。裸郎果反。赧女版反。貸音忒。菁茅音精。孑居力反。廡音武。帑他朗反。傕音角。氾音泛。啖徒敢反。侯汶音問。濺子賤反。糇糧侯、良二音。輸音戍。稆音呂。椹食稔反。沴音麗。荷鍤初洽反。麴與餅同。賧士濫反。蠻夷以財贖罪。挻式連反。覬音冀。芍七削反。堨音遏。斐妃尾反。褸犁音婁。溉古礙反。舄鹵昔、叠二音。完音桓。沘音比。販方顧反。殿最都見反。汙音烏。磽埆上口交反，下音籍。螺蜯上藤和反，下白項反。塡淤音於。孳音茲。葦音偉。沮子據反。完音丸。瓫與盆同。滀丑六反。涸音鶴。賨在宗反。占之贍反。鈒色立反。熯音漢。氾勝音凡。騑音斐。鼈并列反。賈販音古，下同。杼柚佇、逐二音。盬音古。礫音歷。鍥公節反，又音契，又口頡反。

志第十七卷　晉書二十七

迪音狄。虙生音伏。眭息爲反。雰音紛。勰音協。熲音炅。本作潁。〔二〕鈴音零。掛卦買反，又音卦。埜古野字。蓰蒲上所甲反，下音甫。綝丑林反。珧音遙。紞都敢反。屐其逆反。柝音託。眊莫報反。媌武酣反，老女稱。隼思尹反。恣睢許悸反。荼陵丈加反。昭穆音韶。東莞音官。冏舉永反。航胡郎反。艘蘇曹反。觜在智反。燠於六反。霿莫弄反。天氣下地不應。又音務。猲〔三〕音禍，與禍同。豸池爾反。滛作任反。剽匹妙反。倮郎果反。傸此緣反。詠音詠，又休正反。酟音姑。帢苦洽反。縹敷沼反。褻音薛。劚音摩。標一霄反。貊音陌。炙之夜反。絈與帕同。莫格反，方言：帕頭，〔三〕幧頭也。南楚江淮之間曰帕頭，自關以西秦晉之郊曰絡頭。字書：帕，頭巾者也。幧，且消反。毳此芮反。擷胡結反。鐓徒猥反。屩音腳。縗衰音催。帩士遙反。楄扶然反。髲皮義反。殮力驗反。菰音孤。葆音保。輀音而。玘音起。媼烏老反。寍武庚反。

志第十八卷　晉書二十八

蜩音調。螗音唐。譁音華。炕苦朗反。箝巨淹反。螽音終。欬嗽上苦愛反，下蘇豆反。傎都田反。謏所六反。澍之戍反，又音樹。荐與洊同。在見反。兜當侯反。鼉徒何反。刮古刖反。拊音撫。愞乃亂反，本作懦。嵯峨上昨何反，下五歌反。髑髏獨、婁二音。曨昫上盧紅反，下音凶。咀嚼上慈呂反，下在爵反。鄣諸良反。屠蘇音塗。瞎許鎋反。訇呼宏反。甒音武。瓿音部。甊盧斗反。堙音因。礚礚苦蓋反。韁居良反。縊一賜反。曇音潭。忱氏林反。拉颯上盧合反，下蘇合反。孵音孚。捻乃叶反。喝於介反。嘶聲。懊憹上烏浩反，下奴浩反。啄丁角反。荻徒歷反。艦胡黯反。橙橙直耕反。礐居筠反。讙音喧。欻許物反。坼丑格反。黧音黎。黑而黃也。覘敕豔反。傴於武反。撞宅江反。噪蘇到反。檛陟瓜反。禖音梅。鉦音征。弛式是反。螟螣音特。稗旁賣反。賣音買。枇杷毗、琶二音。樛居虯反。蝘於殄反。字或作鼴，音偃。螫音釋。樟諸良反。仆音赴。泓烏宏反。鵜鶘題、胡二音。汙澤音烏。共公音恭。觳苦候反。吻武粉反。鶖音秋。帆檣凡、牆二音。瘤音留。汙萊烏、來二音。鵄與鴟同，本亦作鴟。猗於離反。咋助陌反，又壯百反。淖奴效反。滑扂隕反。賕音求。委蛇逶、迤二音。

志第十九卷　晉書二十九

詆都禮反。漳諸良反。枹罕上音扶，又甫于反。下音漢。彭與彤同，本作靚。殪於計反。趺甫于反。釘釘上音丁，下丁定反。猳音加。牡豕也。豚徒渾反。酗香句反。區霿上烏豆反，下亡豆反。蹉七何反。韓音韋。轊輗上西計反，下五計反。剎初轄反。絀音黜。彭蜞音其。駛所吏反。秭將几反。渦音戈。犍其焉反。呴呼后反。胥息魚反。朱提殊、匙二音。滹沲上火乎反，下音陀。浩亹上古合反，下音門。亡位音無，下同。貿莫侯反。春秋曰王師敗績於貿戎。〔一四〕嘻許其反。漦浚淄反。蟠音盤。橑音老。綫仙箭反。黿愚袁反。蹠之石反。濞匹備反。曁居未反。柘之夜反。髭鬚上即移反，下相俞反。蔚音尉。

志第二十卷　晉書三十

痡普胡反。犴音岸。陬子侯反。惛音昏。扑普木反。本一作扐。臏毗忍反。皐音高。肺芳廢反。鎔音容。老旄莫報反。惷丑江反，又丑用反。縶張立反。宄音軌。狙七余反。殛紀力反。榜音彭。箠之累反。鉆鑽上巨淹反，下子亂反。所以穿也。讞魚列反。耐乃代反。應劭音膺。菅蒯上音姦。下音怪，又苦壞反。或於六反。痝莫江反。鬻拳育、權二音。鋸音據。釱音第，又音大。趾音止。械胡芥反。撾陟瓜反。悝音恢。狡古巧反。糅人又反，又女救反。猲許葛反。相恐也。又起法反。謾武安反。呵呼何反。郵音尤。烽燧峯、遂二音。髡苦昆反。梟葅側疎反。歐一口反。毋丘音無。匄音蓋。戕疾良反。捍音汗。銖音殊。珽他鼎反。蹴取育反。頠魚毀反。售音授。概古礙反。圮符鄙反。嶷魚力反。惇音敦。

校勘記

〔一〕水柵　正文作「木柵」。

〔二〕謚注名必反　此原在「皆從」上，今據正文序次移「肘」下。以下類此者均照正文序次移易，不具出校。

〔三〕毋丘注音無　正文改作「毌丘」，「毌丘」乃複姓。毌音貫，不讀無。下同字不另出校。

〔四〕鑠注書藥反　「書」爲「書」之誤字。廣韻作「書藥反」，經典釋文詩酌及爾雅釋詁音義俱作「舒灼反」，得音相同。

〔五〕注說文曰㵐水出潁川　說文本作「㶏」。「㵐」乃「㶏」之或體，見集韻。

〔六〕注說文渦水受淮陽浮溝浪蕩渠　說文「渦」作「過」，漢書地理志以後簡稱漢志上作「渦」。「受」原作「出」，說文、漢志及水經陰溝水皆作「受」，「出」字誤，今據改。「淮陽」原作「淮南陽」，今據說文删「南」字。

〔七〕注漢書至浩音閤　此引顏師古漢書地理志下注與今本略異。

〔八〕惤令注漢書惤音堅　「惤」，正文改作「㡛」。漢志上及注「惤」並作「㡛」。據說文，作「㡛」是。下同字不另出校。

〔九〕注廣憙　本書儒林傳作「廣喜」。

〔一〇〕注本或作玩　宋本正作「玩」，正文已據改。

〔一一〕涂中注音途　李校：說文涂水出益州，非此「涂中」也。廣韻：「涂，直魚切」，集韻音除，水名，與「滁」同。

〔一二〕注莊子云臏目而語難　今本莊子無此文。商君書君臣篇有「臏目扼腕而語」。

〔一三〕杓　正文無此字，乃正文「杓」之誤字，宋本以誤「杓」爲「杓」可證。局本、殿本正文皆作「杓」。史記天官書本作「杓雲如繩」，當從局本、殿本。

〔一四〕厭次注一琰反　「一」原作「二」，今據帝紀六「猒次」音義改。

〔一五〕蓮勺　正文「勺」作「芍」。

〔一六〕皖注胡管反　卷上及集韻皆作「胡官反」。地名讀平聲，音桓。此作「胡管反」，「管」字疑誤。下同字不另出校。

〔一七〕函鍾　正文無「函鍾」，蓋即「林鍾」。周禮大師本作「函鍾」，何超所見晉書蓋亦作「函鍾」。

〔一八〕注小也見考工記　「考工記」下當有「注」字。周禮考工記梓人「大胸燿後」，注云：「燿讀爲哨，頎小也」。何超蓋引此。

〔一九〕菀窊　正文「菀」作「宛」。

校勘記　三二四一

晉書音義卷之上　三二四二

〔二〇〕裼　正文無此字，當爲「錫」之誤字。

〔二一〕熲注音炅本作穎　今各本正文皆作「熲」，不作「熲」。

〔二二〕碣　正文已改作「禍」字。

〔二三〕注方言帕頭　「帕頭」之「帕」，方言作「帞」，釋名、廣韻、集韻同。廣韻，帕，莫轄切，額首飾。「帕」「帞」二字不同。

〔二四〕貿　原作「貿」，春秋公羊傳作「貿」，今據改。「貿」乃「貿」之或體。

晉書音義卷之中　傳上

起第三十一盡七十

列傳第一卷　晉書三十一

伉儷抗、麗二音。敻虛政反。礐苦沃反。彤漢書音吐彤反，〔一〕又吐烏反。龍敽史記音俟其反，字林丑之反。挺式連反。枌音汾。甀音眞。孌力兗反。詖彼義反。睢七余反。彤徒冬反。勣則歷反。綈音啼。痹必至反。恚於避反。衜古文道字。笄音雞。紡方兩反。浣胡管反。矇音蒙。輀音而。轀輬溫、涼二音。艷說文曰艷好而長也。以贍反。柬音簡。語魚據反。孫音孫。瘁疾醉反。窀穸屯、夕二音。王假音格。儷合韵音離。嫄音元。嫣居爲反。翬音揮。晻烏感反。躊躇儔、除二音。翣所甲反。嫕於計反。悝苦回反。要募腰、慕二音。泯武盡反。忉怛音刀。憧憧尺容反。皚五來反。劉慄音劉。歔欷上音虛，下許旣反。號咷豪、桃二音。漣洏連、而二音。蔟倉谷反。繭古典反。綢繆上直牛反，下武彪反。禔福上氏支反，又章移反。妊如林反。聃他含反。縱音遂。晣章熱反。仡許訖反。輓音萬，又音晚。媵以證反。闓音開，又音愷。烟熅上音因，下於云反。曮晛上一見反。說文：曮星無雲暫見也。下乃見反。詩云見晛曰消。楉敕居反。玫音梅。峕古時字。踧踖上子六反，下音迹。珧音姚。厮音斯。嫗紆遇反。篪音鹿。寺人時志反。暾他昆反。祊甫彭反。

列傳　三二四三

晉書音義卷之中　三二四四

列傳第二卷　晉書三十二

濟子禮反。郖陽音云。和熹音熙。毌丘無字。籥音藥。姥莫補反。彪布蠻反，又甫巾反。蒜蘇投反。怖普故反。贅之芮反。恇然〔二〕音匡。喁魚容反。瀶音潛。濛音蒙。隗五罪反。有娠音申。陰沴音戾。嚚語巾反。蛙烏蝸反。蛤音閤。戚周許劣反。鏑音的。化芈彌爾反。事見史記春申君傳。

列傳第三卷　晉書三十三

砥音止。睢陵音雖。耆艾上音耶，下五蓋反。耄莫報反。簟徒玷反。玦音決。筍相吏反。甓蒲歷反。奩音廉。糒平祕反。降殺所芥反。酖直任反。簞音丹。緼於問反。憮音武。詘音黜。核下革反。擯必刃反。匄音蓋。鶡側鳩反。繆靡幼反。酢音昨。燕見宴、現二音。坼丑格反。忲他蓋反。黻紼上方物反，下直引反。瑩烏定反。鬲音革。縣名，在平原。鯤音昆。姣胡茅反。販方願反。較音角。輜側持反。詭居委反。葆音保。折撓奴效反。脆此銳反。幢宅江反。眕之忍反。虓許交反。悸其季反。戢側立反。鉗巨淹反。料音僚。訕所晏反。狽音貝。貲卽移反。珥仍吏反。粘澳與之反。咄當沒反。齏卽奚反。蹁蒲田反，又音匹面反。麝神夜反。螺盧和反。碓音對。畦戶圭反。蘦息委反。沍胡故反。逶迤上於爲反，下弋支反。撞宅江反。螳蜋堂、郎二音。飪如甚反。

晉書三十四

列傳第四卷

祜音戶。汶音問。識音志。和逌音由。佑音右。戌邏盧箇反。鈴音零。棨音啓。衄女六反。譎音決。俘音孚。償音尙，又音常。愨苦角反。紞丁敢反。憾胡暗反。驤音襄。吳會古外反。霓五奚反。搴居輦反，又音褰。堡音保。岷音旻。秣音末。楯食允反。讜議都朗反。峴胡典反。鬚鬢相余反。柩音臼。憩去例反。儈古外反。懦奴亂反。摹莫胡反。墍其器反。鄼音贊。菑側持反。檻胡黯反。人排蒲芥反。魏志韓墍作水排。譁音花。晷音軌。攲器去奇反。事見孔子家語，又韓詩外傳。完牢丸、勞二音。曖音愛。枰音平。幟昌志反。陴頻卑反。沅音元。潦音老。耽丁含反，又都含反。癭一井反。瓠胡故反。頸居郢反。泮音判。滍淯左傳曰夾滍而軍。杜云，滍水在魯陽縣東，〔三〕經襄城、定陵入汝。滍音雉。字林曰：淯水出酈縣西北山中，南入漢。酈離字亦同。淯音育。刊音看。瀉悉野反。鮮息淺反。跨苦化反。摯音至。擗音辟。餉式向反。嘔吐烏口反。祭仲側芥反。隧音遂。洧榮美反。椵古雅反。刺七亦反。砥音旨。幅音輻，又音逼。檀徒丹反。

晉書三十五

列傳第五卷

曄于輒反。枳音紙，又居爾反。膂音旅。郝詡況禹反。强其兩反。甄擿吉遷反。迂乙俱反，下同。罙入武移反。陬子侯反，又側鳩反。頠魚毀反。憬九永反。紿之音待。該古來反。模莫胡反。謨音模。郤單音善。

祖己音紀。佚音逸。埤音卑。祼裎說文曰：裎，袒也。直貞反。摭之石反。矍居縛反。仿佛上方往反，下方味反。餌仍吏反。從伯饑巨衣反。當否丁浪反。斥音尺。眸莫浮反。甑子孕反。拳音權。蕪菁音精。瓚昨旱反。闃榮逼反，又況逼反。鯤音昆。庾敳五來反。岨與阻同。勒簿裴古反。觳音角。盾徒損反。泠音零。笥相吏反。嬀姑柴反。

晉書三十六

列傳第六卷

覬几利反。閔妄雲反。眩音縣。仆撫遇反。菑音淄。敦煌屯、皇二音。索素各反。筋音斤。綟音戾。璪玠上早，下界。螺落戈反。撾陟瓜反。齎子奚反。創痍音夷。頡胡結反。委虵逶、迤二音。苯蓴本、樽二音。峨嵯上音俄，下才何反。蚑蚑音岐。蚑蚑，行也。阿那上安可反，下難可反。猗於離反。籀直救反。胡毋音無。摹印音模。殳音殊。甄音眞。鍼之林反。櫛阻瑟反。緼於云反。振擊西結反。字林：擊，擊也。震叶韵音眞。從者音蹤。杳杪烏了反。郤音隙。般倕班、垂二音。韜翰叶韵音寒。頫仰說文：頫，低頭也。太史卜書頫仰字如此。俗作俛，靡卷反。柎甫于反，又撫夫反。鵠胡沃反。釘丁定反。砥音旨。蜿蜒上於遠反，下餘善反。廣音亘。嶄巖鋤銜反。巀才結反，又才割反。剿子小反。崎去奇反。踟跓上知之上聲，下智主反。點騙乃簟反。怫音佛。惴慄之瑞反。槁枯老反。搗字林：搗，撽持也。几尼反。巇許羈反。嶊徒猥反。較音角。披看苦幹反。惔徒含反。鷦鷯焦、寮二音。罻蔚同、尉二音。翳薈烏外反。茝音止，又昌待反。鵰鶡彫、曷二音。犄距卽委反。鷩音路。軼音逸。鵾音昆。蘆音盧。繳音灼。鷙音至。紲音薛。塊苦對反。縶張立反。坻都禮反。蚑睫文、接二音。鵬音朋。漕昨到反。伺間上相吏反，下居莧反。紞都敢反。輈張留反。騶側留反。屐奇逆反。韙韋鬼反。坼丑格反。頸居穎反。篋苦叶反。凫音符。鮓側買反。茅積紫賜反。雊古候反。蛇蛻舒芮反，又託臥反。槌之直追反。瘉音庾。要音邀。效與音予。函音咸。拭音式。芒武芳反。炫音縣。蟠縈薄官反。冏九永反。崔杼直呂反。斲陟角反。欒郤黨、隙二音。阜作早反。竺音竹。犖力角反。殄瘁音萃。

晉書三十七

列傳第七卷

馗渠追反。倦渠眷反。邽音圭。股音古。墉音庸。阼音祚。跪渠廨反。鑾音鸞。賁音奔。魁苦回反。芍陂七削反。整之郢反。棘陽力、戟二音。襄賁音肥。確苦角反。諶氏林反。晞音希。虓許交反。莞音官。韡音偉。顒魚容反。湞應劭曰：湞水出南海龍川。音貞，又丈耕反。緝七入反。宂從上而勇反。蕃薛前漢魯國蕃縣。應劭曰：邾國也。音皮。臣瓚云：陳蕃之子爲魯國相，〔四〕人爲之諱，改曰皮。顏云：臣說非也，郡縣之名土俗各有別稱，不必皆依本字。詈力智反。誹府謂反。奏劾胡得反。惤古賢反。萊音來。叟人所求反。郝好各反。攄敕居反。浚音濬。斌音邪。鄃弋朱反。曼音萬。噉徒敢反。癘音厲。疋音雅。攘汝羊反。窘渠隕反。痿人垂反，又於佳反。猜佻吐彫反。詖彼義反。孑居列反。惇音敦。扞音汗。唼山洽反。耽丁含反。媧堡上姑洼反，下音保。梟古堯反。隗五罪反。潰胡對反。迭徒結反。鉛音緣。葦茭偉、交二音。鮮息淺反。悝苦回反。圮符鄙

反。睹陟魚反。廙音翼。捍音汗。警音景。涓公玄反。叱齒日反。舟艦字林：艦，屋船也。音檻。涂音徒。浙說文曰：江水東至會稽爲浙江。之舌反。赧奴版反。郗丑之反。揉汝教反。恇音匡。詫丑亞反。渾胡本反。蓼音了。皐陶高、遙二音。眷魚紀反。說文曰：眷讀若疑。梗古杏反。汲黯烏檻反。

晉書三十八

列傳第八卷

伷音宙。肜音融。本或作彤，徒東反。腐爛音輔。釘丁定反。踞音據。闕去隨反。堙音因。箋則前反。靚疾正反。秔音庚。俶昌六反。酗香遇反。禧許之反。喆音哲。鬑髯汝鹽反。悖音佩。質左傳音至。嬖博計反。洵音荀。裨頻卑反。副將。啖徒敢反。臠力轉反。嚼疾藥反。㦨盧偃反。盾徒損反。羕餘亮反。牘音讀。嵇音奚。差選初皆反。乃責側賣反。鞭扑普木反。餒奴罪反。閽音昏。紞都敢反。袗之忍反。歐烏口反。泫胡犬反。鯀古本反。殛紀力反。恚於避反。痼音固。逼或作偪。褫周易音直是反。

晉書三十九

列傳第九卷

廞許金反。翯力灼反。祝鮀堂何反。櫬初覲反。浚音峻。薊音計。鹵音魯。瓮烏貢反。鴦於良反，又烏郎反。鎧苦愛反。簏音鹿。薈烏外反。絚古亘反。猗於宜反。毖音祕。讖初譖反。踞音據。調徒弔反。彧於六反。椵古雅反。顥音浩。契音薛。棐音匪。肸許乙反，又許訖反。佑音又。閶闔昌、盍二音。倅千內反。刺

七賜反。斥音尺。雎七余反。賈音古。鐸徒洛反。嗷音遨。徼古堯反。孜音玆。挈瓶苦結反。悁於緣反。撓奴教反。饜一豔反。奸音干。駁北角反。否音圮。毗房脂反。珧弋昭反。圈畜上渠篆反，下音色。邴與丙同。迕爭音悟。輯音集。畯音俊。適音嫡。磬苦定反。邃闓上雖遂反。下音愷，亦音開。刁音彫。汪烏皇反。秣音末。莘所臻反。媵以證反。叟蘇口反。獯許云反。漳滏章、釜二音。稔如甚反。焚燎力召反。獷古猛反。鶩音務。煽音扇。狙七余反。投畀必至反。蝥賊左傳音牟。

列傳第十卷　晉書四十

逵渠追反。度支待洛反。汲音急。毋丘音無。壘力軌反。蹕音必。釐力之反。煇與輝同。經緯云貴反。要一遙反。禰乃禮反。緹幢上徒奚反，下宅江反。鉞音越。疫音役。轘轅還、袁二音。犒苦到反。綟音戾，又盧結反。轀輬溫、涼二音。武賁音奔。佾音逸。荃音銓。攘而羊反。幔莫半反。愕五各反。貍里之反。輻音福。紱府巾反。摯音至。昣之忍反。傅會音付。限斷丁亂反。飄頻霄反。閒使古莧反。詈力智反。戇丁降反。悛七全反。虡音巨。憔悴上音樵，下在醉反。彝音夷。裁在代反。確苦角反。粢盛咨、成二音。珧音遙。頷五感反。愎符逼反。昵女乙反。蒯苦怪反。跪渠靡反。閹音奄。宦官，又豎也，宮中閹閽閉門也。怯懦上去業反，下乃亂反。廄音救。斫斫之藥反。刺刺七亦反。務亭亡附反，又亡古、亡毒二反。蓼莪劉炫上音力救反，下岸何反。文琚音居。函音咸。毓音育。袴褶紳入反，又是汁反。乞丐古太反。泆音逸。

列傳第十一卷　晉書四十一

甯乃定反。碓音對。澠彌淺反。浚音峻。汰音太。樸房玉反。贄音至。憮音武。賵賻上芳鳳反，下音附。怛當割反。燧音遂。繐音歲。牕與窗同。阜昨早反。鞮當奚反。泫氏漢書上黨泫氏縣。工玄反，又乎犬反。陔古來反。占之瞻反。繆惑音謬。頤音怡。斥音尺。玷音點。肖音笑。竽音于。稽音啓。咎繇高、遙二音。欒黶上音鸞，下乙減反。躋卽奚反。啖徒敢反。磋七何反。級音急。筋力音斤。飪如甚反。確苦角反。寠其羽反。憩去例反。絳音降。裀褥因、辱二音。囊奴當反。祭仲側界反。賕音求。賾仕責反。槪古礙反。

列傳第十二卷　晉書四十二

渾戶昆反。昶丑兩反。瑩烏定反。皖胡官反，又胡板反。艘蘇遭反。瀨音賴。兪恭丑救反。釃所宜反。詩云釃酒有藇。說文曰：釃，下酒也。一音山爾反。縢徒登反。與聞音預。佃駿甸、俊二音。睢音雖。厭一葉反，又音壓。甄音眞。稽顙上啓，下蘇黨反。佑音右。埒音劣。駁北角反。睹音覩。貯張呂反。蒸肫徒魂反。鄣音章。擗芳辟反。汶音問。恢苦回反。幡旗翻、其二音。鵠胡沃反。曁其器反。輯音集。徼古弔反。艦音檻。舫府妄反。櫓音魯。鷁五狄反。柿芳廢反。木片也。驤音襄。彬音斌。險磧七迹反，蒼歷反。字林云：磧，小渚有石也。錐職追反。間諜音牒。筏音伐。炬其呂反。鼓棹亦櫂字。幅音福。衰音催。櫬初覲反。瑾音覲。犒苦到反。秣音末。泝音素。要音腰。帆音凡。泊傍各反。蹴子六反。怖普故反。慄音栗。螳螂唐、郎二音。庇必至反。噂嗒上子本反，下徒合反。惷丑江反，又丑龍反、丑用反。腦奴浩反。嚭否鄙反。間閭廁之間。慝他得反。繭古典反。噬時制反。沸府謂反。脆此銳反。攄敕居反。案行下孟反。跳刀字林曰：跳，躍也。大幺反。竄七亂反。篋笥音伺。劵音勸。盜跖之石反。瓶罄薄經反。眚所景反。龔音恭。褊方緬反。猜倉才反。餬口左傳音胡。泯武盡反。顥音昊。鎧苦愛反。搔蘇曹反。隅一作嵎。音愚。彊埸音亦。莫廆五罪反。拓音託。洎其器反。烽音峯。閬音浪。本作閬。幅芳逼反，又音福。黷音讀。扆衣豈反。斁音亦。

列傳第十三卷　晉書四十三

宛句上於元反，下其俱反。蹴取育反。眠莫賢反。咄當沒反。傳張戀反。藜落奚反。枚音梅。逌音由。呢尼質反。沓徒合反。甄居還反。與音預。瞑莫見反。跣蘇典反。模莫胡反。猋必遙反。牢音勞。晷音軌。媵以證反。鬲音革。埃音哀。該古來反。尪烏皇反。茗艼上莫迥反，下音頂。湼乃結反。嶷魚力反。軼音逸。伶人郎丁反。弛式是反。饕吐刀反。何足算蘇管反。虓吼上呼交反，下呼垢反。賻音附。禊下計反。蘄音祈。邾音誅。筩音同。苫失廉反。粥之竹反。圮符鄙反。旟音餘。碓音對。嗇音色。肓音荒。鑽借官反。核下革反。郟古洽反。璞匹角反。縮初六反。壚音盧。糲紲私列反。穅音康。嫗紆遇反。馨呼刑反。樏力軌反。器名也。麈音主。愎復逼反。錮音固。窟苦骨反。輜重上側狸反，下直用反。萇音長。塡陟鄰反。淸峙

直里反。擔糞都甘反。敳五來反。豎殊主反。鯤音昆。胡毋音無。鷇字林：鳥子生哺者。音卵，又公豆反。飄符霄反。寵洲力董反。弢音滔。孱應劭音棧，顏音仕連反。沓徒合反。扈音戶。搤烏革反。稚直利反。彪甫休反。勱音邁。廞許金反。叱齒日反。棒步項反。恚於避反。掐口洽反。灸音久。沌口音篆。稆音呂。啖徒檻反。廙音翼。繆音謬。誹府謂反。僑音喬。髦音毛。裸郎果反。鏑音的。衵女日反。左傳衷其衵服。近身衣。捫音門。跰步田反。愞乃亂反。

列傳第十四卷　晉書四十四

袤莫候反。甄吉然反。踵之隴反。詡況羽反。嘏下革反。删所姦反。雋徂兗反。廝音斯。邃雖遂反。嚌諮嚌一作詶。訊音信。羸力爲反。誄力軌反。涿丁角反。毓音育。沔彌兗反。軺音遙。鎧苦愛反。饉音覲。匱逵位反。貲卽移反。疽七余反。珽他鼎反。猲[illegible]。驤音襄。朝歌如字。轢音歷。衄女六反。泓烏宏反。觖窺瑞反，又音玦。猾音滑。綝丑林反。粗徂古反。駑怯上音奴，下去劫反。諶氏林反。猗於離反。磾音低。迕五故反。賕音求。詭居委反。瘖於今反。鰓[illegible]。猪陟魚反。整之郢反。薈烏外反。蔬色魚反。戇丁降反。雩音于。覘敕廉反，又敕豔反。爲己音紀。參綅音三。郁於六反。

列傳第十五卷　晉書四十五

掖音亦。喈音皆。擾居縛反。鼷音奚。蓋古盍反。嵎五愧反。鄒側愁反。蜂蠆丑芥反。沫音末。滎決濵反。瞿然俱遇反。詾音凶。疵疾移反。悴疾醉反。曁其器反。駁北角反。培薄回反。撓奴效反。捶之累反。峭七肖反。劾胡得反，又胡爱反。諡音示。暾總上他昆反，下作孔反。紞都敢反。扞音汗。懟直類反。詰去吉反。粹雖遂反。艾五蓋反。晅況晚反。鴆直禁反。棱魯登反。殲子廉反。幅音福。蠡音禮。峙直里反。佑音右。琇音秀。屬吏音燭。逌音由。磥砢上音落猥反，下勒可反。吝力晉反。陔古哀反。邳符悲反。詮論字林云：詮，具也。七全反。論具說事理。昊胡老反。昵尼質反。檢覈音核。下筋持據反。一作箸。瘖於今反。番直孚袁反。鷂弋笑反。郤音隙。瑠璃字林云：火齊珠也。留、離二音。詭說居委反。少選呂覽云：覆以玉筐，少選而發視之。高誘云：少選，須臾之頃也。珠叢少音尸紹反。選音先兗反，又音雪絹反。幢宅江反。郫音皮。共驩上音恭。

列傳第十六卷　晉書四十六

碓音對。芍七削反。穉直利反。剽匹妙反。堙音因。氾敷劍反。瞽音古。鈇鉞方主反，又甫于反。概古礙反。蔕都計反。捍音汗。圈閉渠篆反。赧奴版反。械胡界反。較音角。諳烏含反。竊隱〔五〕於靳反。付也。本或作穩。軟而兗反。眚所景反。旒音流。充昌終反，本或作䘪。纊音曠。兕徐姊反。逡七旬反。瘁疾醉反。謳烏侯反。渾幷胡本反。訾即移反。殺所拜反。嬖博計反。隁音偃。鄒側鳩反。呵呼何反。否滯符鄙反。醉子內反。珩音衡。鐲音獨。級音急。耋耄上田結反，下莫報反。菹醢上側魚，下音海。愜苦協反。亹亹無匪反。懋哉莫候反。

列傳第十七卷　晉書四十七

泥陽說文云：泥水出北地郁郅蠻夷中。〔六〕漢書泥音彌。繆音謬。鶉觚鶉音純。貲即移反。亟定紀力反。莘所巾反。懞音蒙。黽直遙反。綦毋龢其、無、和三音。誼譁上與喧同，下音花。暵音漢。墾康本反。偪與逼同。車誼音義。儻音倘。窟苦骨反。募音暮。恚於避反。罵莫駕反。竦踊悚、勇二音。菲妃尾反。慚恧女六反。馥房六反。激訕上古歷反，下所晏反。茅茨疾脂反。以茅覆屋也。賈豎古、樹二音。玠音介。烝烝諸丞反。悾苦貢反，又音空。癡丑之反。快苦夬反。肇音趙。造詣七到反。吠符廢反。叵普可反。欻許物反。頟頟五陌反。鬚相俞反。仄音側。譸咨上音疇。本作疇。泥乎寧細反。論語曰：致遠恐泥。闋苦穴反。覥他典反。翅施智反。弛式是反。溷淆上胡困反，下音肴。倩千見反。倩而美也。沽音姑。更互上音庚，下胡怒反。縷力主反。纂作管反。椵音賈。堰於建反。瓚咋旱反。楫音接。盟津音孟。諤五各反。崎嶇上卿宜反，下曲俱反。

列傳第十八卷　晉書四十八

笞丑支反。骼音格。胔在智反。幢宅江反。敦煌屯、皇二音。洮土刀反。懍懍力稔反。尚書曰：百姓懍懍。耒耜上盧會反，下音似。吞吐根反。戇丁降反。狼狽博蓋反。慷慨上苦朗反，下苦愛反。或有作忼慨者，其例不一。柩音舊。圜音還。盤薄官反。貯張呂反。糅女久反。餌人吏反。闔閭音盍。匕卑履反。耀弋照反。尫悴上烏光反。萐山輒反，又所甲反。婁音樓。孟軻口何反。闚闒上口隨反，下音侖。慺落侯反。蜫音昆。糟音遭。羖音古。獺他達反。鸇諸然反。讖初譖反。砥矢上征履反。概古礙反。嚋音儔。一作疇。蓽音畢。纘作管反。牂柯上則郎反，下音哥。塡音田。遹音聿。鮮衣音仙。磋七何反。一作瑳。操七刀反。閽音昏。絜息據反。叱齒日反。髡鉗本或作髠。上口昆反，下巨炎反。戢阻立反。撻他達反。窋竹骨反。俶昌六反。恣睢許鼻反。縱心肆志也。弱植時敕反。楚詞：弱顏固植。王逸云：植，立志也。〔七〕懾之涉反。欒落官反。謨莫胡反。啜其泣矣啜音陟衛反，又昌雪反。啜，泣兒也，見詩傳。

列傳第十九卷　晉書四十九

瑀音羽。彗囚歲反。鄣之亮反。嘻許其反。釀女亮反。竄七亂反。肫徒昆反。瘠音籍。踞音據。喭迎戀反。懌音亦。齎即奚反。壚音盧。蝨音瑟。褌古屯反。縫房用反。絮息據反。襠音當。灑山寄反，又所買反。垣音袁。氛祲作任反。爝音爵。屐奇逆反。屏當上卑政反，下丁浪反。簏音鹿。蠟音臘。儋都濫反。阜音婦。亹音尾。鵬音朋。鸑於角反。鷃音晏。祟雖遂反。凓音栗。弛式是反。剡上冉反。綜子宋反。貰式射反。腆他典反。嵇音奚。銍陟栗反。飴以之反。庖薄交反。餌仍吏反。悢悢力讓反。鍛都亂反。縲紲上力追反，下音薛。煢音瓊。襁褓上居兩反，下音保。姐子據反。痏榮美反。恧女六反。囹圄零、語二音。沮慈呂反。浪音郎。祗音支。煌音皇。向式亮反。狷吉掾反。躊躇儔、除二音。伶音零。鍤初洽反。跪祝渠廉反。酲音呈。隗五罪反。拳音權。肋音勒。扃古螢反。卮章移反。觚音孤。挈榼苦盍反。甖烏莖反。漱所又反。醪音勞。髯汝鹽反。蜾蠃上音果，下盧果反。螟蛉冥、靈二音。鯤音昆。挑徒了反。儋徒濫反。胛音甲。吳春秋：貫甲牽背。弸音明。勌與倦同。砥礪旨、麗二音。曼音萬。胡毋音無。敳五來反。鋸音據。騶側愁反。尻苦高反。鮦音紂。蟹音解。螯音遨。拍普伯反。笨盆本反。睚眦上五懈反，下士懈反。荼音徒。蹌七將反。舐痔上食爾反，下直里反。鳶弋專反。客腐〔八〕音輔。潺湲水流貌也。上士連反，下于權反。瀨音賴。躅丈足反。

列傳第二十卷　晉書五十

鄄音絹。譎音決。隧音遂。掉徒弔反。棣提細反。鴟鴞上處脂反，下于嬌反。鰋與鰋同。顆苦果反。鄢音偃，又於建反。踶齧上徒計反。漢書云：乘牸牝者不得聚會。注云：踶齧，案踶蹋也。蝎音曷。蠹當故反。襪亡伐反。秕卑履反。屣所綺反。珉音旻。輻芳逼反。礌砢上方罪反，下力可反。犢隨上音賁，下徒果反。瀉音寫。魁苦回反。訶呼何反。名公鉾騁反。相名目也。譊女交反。錯倉故反。酗香句反。龐白江反。疵疾移反。醒息定反。拊音撫。湎音緬。俾卑婢反。使也。販普版反。亟去吏反。專音孚。芮而銳反。芘左傳音毗至反。整之郢反。臖力灼反。丐音蓋。節彼詩音齊結反。簀音責。怙音戶。鄫疾陵反。婞下挺反。悽音妻。詹音詠，又音矣。醽酒也。癉多旱反。

列傳第二十一卷　晉書五十一

癡丑之反。痹必至反。鞅於兩反。喑於吟反。硜口萌反。睨五計反。瞵力神反。臏頻忍反。劫居怯反。瑣蘇果反。較音角。扁薄泫反，又方典反。摯音至。榛士臻反。咳苦愛反。噏許及反。𪎊古猛反。贄音至。戔昨千反。纁音勳。璵璠于、繁二音。捫音門。哈下紺反。阬口庚反。觕徂古反。蘧蒢渠、除二音。齎卽奚反。祔音附。弢音叨。璜音黃。霓五兮反。爚音藥。緹徒奚反。蜩音調。繇音由。厮音斯。燧音遂。殿丁練反。彯音飄。亹音尾。筐音匡。懸音玄。韡曅上韋鬼反，下筠輒反。吸許及反。廩力甚反。纚鷁上所綺反，下卽遙反。駔子朗反。凱音愷。溽音辱。鷁五歷反。舳艫逐、盧二音。汎數劍反。漂音飄。毚士咸反。蓐音辱。滀丑六反。瞰苦濫反。佪佪，儒也。㳽箭反，又音沔。黔音琴。婁句協韵音俱。跖之石反。巛與坤同。攘人當反。永歎他安反。弧翺奴盍反。彎烏還反。殪於計反。轙軜上魚綺反，下張留反。屆古拜反。旃之然反。爍書藥反。猋音標。攕纖上息廉反，下協韵所宜反。傑傑仰頭貌也。牛錦反。炫音縣。闔昜上音湯，下吐盍反。眚所景反。蓽音必。於休音烏。隩烏到反。圮符鄙反。岷音旻。朝鮮上持遙反，下音仙。貊音陌。憝徒對反。重譯音亦。邛冉渠容反。騤巨追反。櫜音高。猗於離反。緦音叶。絓閡上胡卦反，下吾愛反。昭音韶。澍音注。

橡音象。餒奴罪反。晳音錫。龕音堪。鑒古銜反。咍火才反。烹撫庚反。咏音詠。深識叶韵音志。蟠音盤。長沮七余反，又子余反。揆音睆。鰌音秋。埳音坎。盱況于反。梏古沃反。桎音質。藿音霍。蟨蛁上厥，下彫。峥嵘上士耕反，下音宏。蔕丑芥反。拖徒可反。稸丑六反。夸苦瓜反。薙他計反。綏儒隹反。霡霂陌、沐二音。滂沲上普郎反，下音陁。雩音于。疆畎公犬反。藨甫嬌反。袞古本反。牂祖桑反。淸渤河淸、〔九〕勃海二郡。魼下沒反，又胡結反。騅駓上職追反，下敷悲反。坰古螢反。泞直呂反。洿音烏。舄鹵尺、魯二音。塢烏古反。臿初洽反。稌陁古反。隮卽奚反。禜音詠。不準不音甫鳩反。姓也。共伯音恭。繳音灼。燼疾刃反。洸祓音拂，又方吠反。騂騧息營反。硋五愛反。從理卽容反。

列傳第二十二卷　晉書五十二

郤音隙。單父善、甫二音。讜音黨。誷音罔。購古候反。絞古巧反。兕徐姊反。种直忠反。獫狁險、允二音。悍音翰。狙七余反。塡徒賢反。瀚音汗。沴魯帝反。錐職追反。磽口交反。穡音色。斵子角反。砥音旨。廋所鳩反。諝仙與反。趑雎上七私反，下七余反。慤苦角反。黠胡八反。跣蘇典反。嘲張交反。郟音洽。珧餘昭反。快於亮反。啻施智反。觖窺瑞反。繒疾陵反。帢口洽反。絹幘也。齏卽奚反。珩音行。薖軸上苦和反。詩注：毛云寬大貌，鄭飢意也。下音逐。褎弋授反。褫池爾反。

列傳第二十三卷　晉書五十三

遹音聿。毖音祕。禕於宜反。廙音翼。嬉許其反。弛式是反。埤音婢。鞅於兩反。酤音姑。揣初委反。訶呼何反。廂音襄。郁於六反。臘盧合反。汝鬉子紅反。嵯峨上才何反，下五他反。髑髏獨、婁二音。吐他故反。酖直任反。杵椎上昌與反，下直追反。忉音刀。憂也。韡王非反。髫音調。齔初覲反。牝毗忍反。髦音毛。泯彌鄰反。彪甫斤反，又方閑反。哽咽古杏反。掇多活反。胙昨故反。

列傳第二十四卷　晉書五十四

伯世音霸。羿五計反。馘古獲反。祊甫彭反。猋甫遙反。哮闞上呼交反，下火斬反。怙音戶。稔如甚反。翕許及反。鉏士魚反。疇諮音儔。一作誚。晞音希。輻音福。鷙之日反。惇音敦。喟丘愧反。滸呼古反。濡日朱反。蓬蘢盧紅反。孑居列反。衄女竹反。莞胡版反。蒐所鳩反。棘音戟。鎩所八反。圻渠希反。瑋韋鬼反。瑰古回反。輶音由。繃扶萌反。凱苦亥反。阜音負。梯湯奚反。隊徒對反。浹之叶反。貿莫候反。岷音旻。稚直利反。偪彼力反。燮蘇叶反。跼蹐局、積二音。忼慨上苦朗反，下苦愛反。阨烏懈反。沿音緣。坑客庚反。踠迹音宛。烽燧峯、遂二音。殄瘁疾醉反。酪音洛。蓴蕘音淳。珽他鼎反。筩音同。頸居郢反。胥所交反。袪音縣。奭音適。芒武方反。惡覩音烏。饕音叨。賈音古。瞪直耕反。瞪，直視也。又音丈證反。仆撫遇反。堙音因。昶丑兩反。昣音軫。否符鄙反。號音豪。岨側呂反。宄音軌。鉦鼙上之成反，下步迷反。閫苦本反。共和音恭。嬖博計反。扼腕上音厄，下烏段反。鬻音育。貉音鶴。拯蒸上聲。郝好各反。噓虛偃反。帢口洽反。唳音戾。鶴鳴也。漂撫昭反。踝胡寡反。鬚相俞反。縗絰上音崔。睽渠追反。麋武悲反。肆羊至反。習也。厮音斯。籥音藥。邯鄲寒、丹二音。諦音帝。戇丁降反。逗音豆。瑁莫佩反。較古岳反。瑩烏定反。坼丑格反。惌於袁反。

列傳第二十五卷　晉書五十五

茵音因。抵諸氏反。萃疾醉反。彤徒冬反。煇與輝同。蟠音盤。駘徒亥反。噫於其反。嘔喁上於武反，下虞矩反。函音咸。瑣素果反。爨七亂反。噓音虛。噏許及反。嶒疾陵反。枳落博雅：落，居也。閑居賦：芳枳樹籬藩。音己爾反。渦烏和反。詁音古。誹府謂反。抵柲字林：抵，側擊也。之爾反。柲，推也。毗必反。蹉跎七何反。仡許乞反。蹴蹐上蒲結反，下先結反。迕五故反。驊音華。鑑格懺反。鴳烏澗反。徼古堯反。三紬音軸。才生音哉。於戲嗚、呼二音。砥礪旨、厲二音。稾音杲。鑽借官反。緝七入反。蕞在外反。矧式忍反。逌音由。劇居衞反。芘音毗。壝以季反。周禮大司徒掌社稷之壝。〔一〇〕枑音互。行馬也。黕丁感反。阼在護反。葸犗古邁反。縹軛上匹妙反，下烏革反。紺古憾反。耜鄭玄禮記注：耜，耒之金也。音似。幰釋名云：車幰也，所以御熱也。〔一一〕虛偃反。魚麗呂知反。種稑鄭玄周禮注云：先種後熟謂之種，後種先熟謂之稑。上直龍反，下力竹反。挈壺苦結反。錚鎗上又莖反，下又莊反。綃音消。綷縩上七碎反，下七大反。沛艾上普賴反，下五賴反。縞古老反。鈒所立反。晻烏感反。嘲哳上竹交反，下陟轄反。啾嘈上子秋反，下音曹。鼙步迷反。硡礚上火宏反，下音隱。砰磕上普耕反，下苦蓋反。筍簴筍、巨二音。翥之庶反。震填上音真，下徒年反。頵工迴反。麋牛嚼也。靡宜反。遝徒合反。頒斌上版蠻反，下甫巾反。磬大聊反。掎居靡反。攙與抉同。當作攙，攫攇也。音藝。李善注文選亦作攙，即抉字。今依諸本及音義。祧他堯反。諏足俱反。簠簋甫、軌二音。淖乃孝反。縮邑上所六反，下勑亮反。尟息踐反。桊盛子夷反。耨奴豆反。斯齊子夷反。坻直夷反。鞅於亮反。輶七牛反。刺促七亦反。官攤音離。鼇之郢反。槅公厄反。大車軛。寫鞍先夜反。劵音勸。洒與灑同。躁則到反。誚才笑反。筲所交反。酤酪上古胡反，下盧各反。黝於糾反。礮匹孝反。蝱莫行反。棖質鄰反。與振同。瀺灂上士咸反，下士角反。菌萏上胡感反，下徒感反。椑必移反。郁棣提細反。蒜芋上蘇亂反，下于句反。筍戌尹反。堇薺上居隱反，下齊禮反。葵肯維反。〔一二〕蘘而羊反。薤戶戒反。版輿以版爲輿，見周遷輿服雜事。挂禎敕貞反。禊胡計反。汜辭理反。狡黠古巧反。刎無粉反。噂喈上慈損反，下徒合反。粕匹各反。闛闒上他唐反，下他合反。般辟房益反。哇於佳反。洙音殊。瀸潰上子廉反，下子賜反。闉語巾反。盥音管，又去聲。蒔音侍。種也。蛻舒芮反，又他臥反。蚌步項反。埴常職反。椵古雅反。澡音早。奓尺氏反。屣所綺反。杅音于。帆幡音波。邛僰傍北反。趦趄七余反。鐫子泉反。榷古角反，又古學反。犀音西。吳榜方孟反。螭丑知反。骹口交反。韝古侯反。櫺音靈。孱孟康云：冀州謂懦弱爲孱。仕連反。昫〔一三〕香句反。碌音祿。嶔岑去音反。濛汜濛、祀二音。輾尼展

反。崢嶸上士爭反，下音宏。渾濩胡郭反。嵺嶆上音料，或音牢曹。礫音歷。巘魚蹇反。汀濘上吐冷反，下奴冷反。翳薈烏外反。腴以朱反。崥崹上扶雞反，下音啼。跖之石反。茗莫冷反。嶕嶢上昨焦反，下五聊反。蓂荚上莫經反，下古協反。爛旰古岸反。闤音還。頳敕貞反。本一作輕。枌枎墳、扶二音。葩普巴反。蠖烏郭反。麓音鹿。蘭音鬒。愬音素。鰓蘇才反。熷音增。櫂與棹同。驌驦肅、霜二音。罠音旻。鉦諸盈反。轂音遘。豣音堅。豵子公反。齩五交反。瓬音瓦。以鼻搖物。賁音奔。蹴子六反。豨許豈反。攢令升案：諸家書並無此字。李善注文選作賁，甫運反。僨謂僵也，應得其實。善云僨或爲攢，非也。柳顧言音浮沸反。拉盧合反。䰲胡甘反。鼀音叔。紕直市反。擺北買反。踣蒲北反，又音副。驃彼喬反。醑子諝反，又在爵反。鋌徒鼎反。鍱音葉。鍛丁亂反。奮椎直追反。瞯胡山反。鵽丁刮反。蹯音繁。髀卑履反，又傍禮反。猩音生。能言獸。鮐他來反。鶹呂售反。燀音闡。酟他兼反。鬐巨黎反。楱音湊。鷇叶韵音苦豆反。蟣居豈反。一作蟻。腊音昔。皷音鼓。夥胡果反。烟熅上音因，下於云反。狷吉掾反。蔀音部。韙音偉。

列傳第二十六卷　晉書五十六

蕤儒隹反。亢父剛、甫二音。崎嶇上去奇反，下音區。婪盧含反。悍音汗。顙蘇朗反。繒疾陵反。鄭瞞毋官反。綫私箭反。衽如甚反。肘腋上陟柳反，下音亦。愈以主反。一作愉。燼似刃反。忸字當作狃。女救反。忲音太。段頍古鼎反。扞音翰。溉古礙反。札瘥昨何反。狡猾音滑。迸北諍反。逷他歷反。槮素感反。

粒音立。擠音霽，又將西反。拓音託。句驪上古侯反，又音俱。下音離。噬齧上時制反，下五結反。喆陟列反。史佚音逸。采椽直緣反。綈徒奚反。蚡扶粉反。藍縷上力甘反，下力主反。桷音角。餼許既反。生餉也。弁皮變反。販方萬反。鬻與逐反。圃博戶反。攣呂員反。攄敷居反。郗丑脂反。成皋音高。虨方閑反。瓚昨旱反。敳五才反。悛此緣反。紐女九反。隩烏到反。乘桴芳于反。輮轢上人又反，下音歷。枹鼓音孚。楛音戶。擾攘如兩反。合從上音閤，下即容反。膽都敢反。稽音啓。蛻託臥反。艘蘇遭反。刳苦胡反。秣莫割反。肓呼光反。俞附以朱反。訕所諫反。蛙蝦上烏媧反，下音霞。鄞語巾反。楓音風。汰音太。簸布火反。秕卑履反。蹴子六反。挈苦結反。仆音赴。漕昨到反。痒弋丈反。慴之涉反。

列傳第二十七卷　晉書五十七

臨力禁反。廞許金反。郫音皮。紲私列反。櫬初覲反。遯徒困反。募莫故反。鎧苦愛反。幢宅江反。猝跋上粗沒反，下蒲撥反。珧音遙。硜北口莖反。字當作陘，戶經反。即井陘之北。斛埆與斛同。下都回反。璝音黃。阯音止。諝私呂反。汜詳理反，又符嚴、敷劍二反。珝況禹反。呵呼何反。阻險與岨嶮同。獠盧浩反。宛陵於袁反。譯音亦。帥所類反。尪烏光反。磽确上口交反，下苦角反。貿莫候反。湮音因。跳徒聊反。昵尼質反。敦煌上徒渾反，下音皇。餽逵位反。弢吐高反。猗於離反。脤市忍反。酋字秋反。薪槱音猶。

列傳第二十八卷　晉書五十八

魴符方反。額五陌反。蛟音交。搏音博。蹉七何反。跎徒何反。釃所宜反。齊斧解已見上。𩦠音驪，子朗反。瑲苦頁反。愞奴亂反。恚於避反。慹音叶。傖助庚反。內荏如甚反。一作恁。涂度都反。卞壺苦本反。梟古堯反。闔胡臘反。狽音貝。咤陟訝反。槔音高。棖直庚反。廙音翼。沌文字集略：沌水出江夏，入江。音篆，上聲。左甄音堅。釗指遙反。虓許交反。崗古郎反。汙音烏。跅弛上音託，下式是反。

列傳第二十九卷　晉書五十九

赧奴版反。祏音石。軹音枳。齎即奚反。偪彼側反。羯居謁反。懟徒對反。絜大下結反。煽音扇。丐古泰反。祓敷勿反。羕余亮反。劫鈔居業反。崧息戎反。珉音旻。貂音彫。騶側留反。礔礰霹、靂二音。歔欷上音虛，下許既反。緝七入反。嬖博計反。佽音次。莩音孚。本作莩。詡況羽反。顥胡老反。櫓音魯。徼古弔反。嚚語巾反。訬楚交反。健也。又亡少反。販方願反。諺音彥。瘤音留。顒魚容反。穎一作潁，古鼎反。堮五各反。皐音高。髦音毛。懣莫旱反，又亡本反。惔徒含反。汶音問。敞昌兩反。診之忍反。覘敕艷反。候也。邃雖遂反。旟音餘。檻胡黯反。泱音殃。迕五故反。鈇鑕上方主反，下之日反。湎彌兗反。惚恫上作弄反，下徒弄反。無知貌。闚去隨反。喋音牒。闒音闔。袹莫白反。犖呂角反。歃山洽反。嚧虛偃反。殄徒典反。慨苦蓋

反。郅之日反。痍音夷。墐奇鎭反。胗之忍反。或作眕。逯力玉反。薳爲委反。龕音堪。疋與雅同。麋武悲反。扼烏革反。田甄音眞。惲於粉反。裨頻卑反。洧榮美反。祧吐彫反。纛徒到反。狙七余反。奸音干。

列傳第三十卷 晉書六十

蟹下買反。斲喪息浪反。欒郤綺戟反。認而震反。旂渠希反。趫去遙反。悍音汗。慴之涉反。鞞步迷反。繆音謬。郝呼各反。坫都念反。睢七余反。躓音致。奭音適。羆彼爲反。㦧側前反。薈烏外反。塢烏古反。晼況晩反，又古鄧反。綝丑林反。靖疾郢反。汎朿凡、忠二音。甝胡甘反。紾之忍反。虫蛇盧鬼反。虬蟉渠糾反。阿那上烏可反，下乃可反。欻許物反。肸許訖反。窊烏瓜反。踞音據。差初宜反。窈嬈上烏皎反，下奴烏反。苫失廉反。猗音倚。螭丑知反。鸓力尾反。俶儻他朗反，又他浪反。析先擊反。磥虛罪反。腕烏段反。鯁綣去阮反。芟所銜反。蝮芳伏反。螫施尺反。稆音呂。竺陟六反。獷古猛反。

列傳第三十一卷 晉書六十一

浚私閏反。俘馘古獲反。惲於粉反。狷吉掾反。詆都禮反。碌盧谷反。衰范初危反。胗之忍反。崤胡茅反。險澀所立反。漕在到反。晞音希。紓音舒。虓許交反。栅楚革反。壘力軌反。援枹芳于反，本與桴同。羯居謁反。湣亡本反。劫居怯反。瑁莫佩反。盾徒損反。軼夷質反。悝苦回反。崎嶇上去奇反，下音區。袪

去魚反。緹當奚反。篪音禠。

列傳第三十二卷 晉書六十二

荂音孚。帀子荅反。楯食尹反。緹當奚反。〔一四〕犍舉軒反。耨奴豆反。勞徠上盧到反，下音賴。猗㐌上於離反，下弋支反。痍音夷。拓音託。覆餗音速。翅施智反。蟻魚豈反。殪於計反。磾當奚反。唼所洽反。邏騎盧箇反。遊兵也。慷愾〔一五〕忼、慨二音。輈張留反。攄敕居反。縊於賜反。擾攘如兩反。傾仆音赴。跋蒲撥反。櫜音高。蹸力珍反。踦嶇上去奇反，下音區。蔾落奚反。猶膩女利反。械胡芥反。殮力驗反。疽七余反。鶬於良反，又烏郎反。遒子由反。賙音周。蹴取育反。剽匹笑反。鎧苦愛反。楫紫葉反。譎古穴反。擔都濫反。樵昨焦反。醊音綴。妖於喬反。羖音古。喈音皆。蹠之石反。錐職追反。捶之累反。佻巧吐彫反。跅弛上音託，下式是反。圄音語。獯音勳。

列傳第三十三卷 晉書六十三

亟去吏反。掠力勺反。齔初覲反。塢烏古反。堨烏葛反。薈烏外反。軺音遙。堮五各反。猗於離反。麈音主。峴胡典反。槊所角反。洎其器反。旤〔一六〕字當作鴆。直任反。繹幕顚音弋尺反。襁居兩反。該古哀反。倮郎果反。肫徒昆反。孔煒于鬼反。呴呼后反。虓呴也。眦睚上士懈反，下五懈反。戾協韵盧結反。

列傳第三十四卷 晉書六十四

吡房脂反。柬音簡。瑋于鬼反。匱逵位反。譟蘇到反。忼苦朗反。愾苦愛反。懦乃臥反，又乃亂反。籥音藥。鈴郎丁反。欻許物反。剽匹笑反。璡音津。與璡同。曚莫紅反。翣所甲反。柷昌六反。甒音武。已罷音皮。奭音適。姏姆上武酣反，下莫候反。頜五感反。儂奴冬反。茹音如，又而據反。殣音僅。忱氏林反。鉏助魚反。傅會音附。鄱薄波反。蹂人久反。桴橡上房謀反，下音象。朱芾封物反。楪楪音牒。尼媼烏浩反。童丱古患反。韶西鄙反。札瘥才何反。

列傳第三十五卷 晉書六十五

覘敕艷反。愀茲糾反，又子了反。泮普半反。龕音堪。隗五罪反。帑他朗反。金帛舍也。綀色魚反。賵撫諷反。縱音蹤。轀輬溫、涼二音。纛音導。檮杌上徒刀反，下五忽反。圮符鄙反。襞字林曰：襞，卷衣也。音必益反。嘏古雅反。曬所買反。如椽直緣反。曇徒含反。墮徒臥反。饘諸然反。飴音嗣。廞許金反。隼思尹反。櫛阻瑟反。隤杜回反。贙胡犬反。

列傳第三十六卷 晉書六十六

研音硯。梟古堯反。沶鄉與之反。擩日朱反。醪音勞。勱音邁。璠音繁。逵渠追反。髲皮義反。樅陽七容反。啅字林曰：啅，明也。丁角反。弢吐高反。潯音尋。泠力丁反。沌音篆。溳音云。慴之涉反。遡音素。芟所銜反。鍵其輦反。圻渠希反。笮子各反，又在各反。某音母。挑徒了反。頒布還反。百甓蒲歷反。扑普木反。樗敕居反。睹陟魚反。訶呼何反。把博下反。湓蒲奔反。珧音遙。浮長直亮反。愾許旣反，又苦愛反。毋丘音無。傳知戀反。棨音啓。梭蘇和反。裛於輒反。毹羊朱反。舸古我反。陬子侯反。髦音毛。江澳於六反。

列傳第三十七卷 晉書六十七

憺徒敢反。敳五來反。員音云。鞚苦貢反。庇人并至反。幘側革反。桁胡郎反。愎符逼反。琉〔一七〕音充。粢盛資、成二音。曄筠輒反。斲丁角反。重趼古典反。唼山洽反。褊阨上方緬反，下烏懈反。怯去業反。綢繆上直牛反，下武彪反。裸郎果反。鉦諸盈反。四望磯居希反。大石激水也。躓陟利反。燬許委反。狡古巧反。慭牛吝反。噎烏結反。鑑古銜反。卹辛聿反。嶧音亦。蟄直立反。汩古沒反。殛紀力反。庱亭丑升反。扞音汗。忖倉本反。哺博孤反。飴音嗣。頰古叶反。犖呂角反。髯汝鹽反。頜毛。澀色立反。枋府良反。

盰音幹。誄力軌反。屐巨戟反。鬚相俞反。紐女久反。拓音託。掎居綺反。猰貐軋、愈二音。

列傳第三十八卷　晉書六十八

炙之夜反。啗徒濫反。旟以魚反。舳艫逐、盧二音。蔕芥上丑芥反，下古邁反。蹉跌上七何反，下徒結反。蛙烏媧反。婭音亞。拓音託。隮卽奚反。闓音開，下同。鄢音偃。混沌上胡本反，下徒損反。幪莫紅反。曁音旣。燔爇如雪反。蓷聳鬼反。

列傳第三十九卷　晉書六十九

隗五罪反。砥音旨。龕口含反。魑魅上丑知反，下美祕反。囂語巾反。惷丑江反，又丑龍反。釐理之反。詾嚇兇、赫二音。諠譁喧、花二音。刁協音彫。懦乃亂、乃臥二反。塢烏古反。諳烏含反。猗於離反。蠹當故反。井渫息列反。緣音緣。璵璠余、繁二音。沁七鴆反。弢吐高反。繆坦音繆。黌音横。洙音殊。羯居竭反。鴟處脂反。籩布玄反。媟私列反。賁嵩音肥。風俗通賁甫。前漢賁赫。禮有縣賁父，音奔。腐脅上音父。瞋昌鄰反。郝嘏上呼各反，下古雅反。捋敕居反。絜息據反。肘陟柳反。料力弔反。腴羊朱反。

列傳第四十卷　晉書七十

應音膺。玫莫杯反。酋自由反。券去願反。覬覦上几利反，下羊朱反。鞅於兩反。秕卑履反。漉音鹿。蔿爲委反。頡頏上胡結反，下胡朗反。繾綣上音遣，下去阮反。尟息淺反。玘音起。估音古。憾下紺反。拉盧合反。卬五岡反。騷蘇遭反。樻逵位反。槌直追反。很愎符逼反。訏姜謁反。裴盾徒損反。狷吉掾反。賸以證反。意斷上於力反，下都亂反。詮此緣反。燁〔一八〕與燁同。犄輒反。謨莫胡反。撓奴效反。峰岠音巨。桁胡郎反。創初良反。眕盱上之忍反，下凶于反。矢擔說文曰：擔，建大木置石其上，發以搥敵也。〔一九〕春秋傳曰：擔動而鼓。古外反。厭一葉反。僵居良反。拳巨員反。瞻以贍反。眈丁含反。悛此全反。胡毋音無。盱眙上許于反，下與夷反。愞而兗反，又奴亂反。璲徐醉反。儋石都濫反。函音咸。廄音救。褒音崔。旆蒲蓋反。葩普巴反。檥音襄。

校勘記

〔一〕 眺注漢書音吐彫反　漢書五行志下、孔光傳注皆作「吐了反」。

〔二〕 恇然　正文作「惘然」。

〔三〕 注左傳曰夾湍而軍至魯陽縣東　左傳僖公三十三年及杜注「湍」並作「泜」。

〔四〕 注白褒云陳蕃之子爲魯國相　漢志下「褒」作「裒」，「國相」作「相國」。

〔五〕 竊隱　正文無「竊隱」。

〔六〕 注說文至蠻夷中　說文「蠻夷」上有「北」字，據漢志下應劭注，「北」字當有。

〔七〕 注王逸云植立志也　今本楚辭招魂注作「植，志也。植一作立。」

〔八〕 吝腐　正文「吝」作「吞」。

〔九〕 注河清　「河清」非郡，乃「清河」之誤倒。

〔一〇〕 注周禮大司徒掌社稷之壝　「掌」當作「設」。

〔一一〕 注釋名至御熱也　今本釋名釋車作「幰，憲也，禦熱也」。與此異。

〔一二〕 菱注肯維反　「菱」卽「荾」字，是心母字，「肯」當爲「胥」之誤。「胥」古文作「胥」，易誤認爲「肯」。

〔一三〕 煦　正文作「煦」。

〔一四〕 緹注當奚反　正文無「緹」字。

〔一五〕 慷愾　正文作「慷慨」。

〔一六〕 酖　正文作「鴆」。

〔一七〕 琉　正文作「玩」，無「琉」字。

〔一八〕 燁　「燁」，正文改作「曄」。參見卷七十校記。

〔一九〕 注說文至發以搥敵也　說文作「發以機以追敵也」。追，說文繫傳云，左傳桓公五年釋文引作「磓」。